Anfänge westdeutscher Sicherheitspolitik 1945–1956

Anfänge westdeutscher Sicherheitspolitik 1945–1956

Band 2

Herausgegeben
vom Militärgeschichtlichen Forschungsamt

R. Oldenbourg Verlag München 1990

Die EVG-Phase

Von Lutz Köllner, Klaus A. Maier,
Wilhelm Meier-Dörnberg
und Hans-Erich Volkmann

R. Oldenbourg Verlag München 1990

Kartenskizzen und Graphiken: Ulf Balke, Hans Gaenshirt, Vera Kluge, Rolf Schindler (Zeichenstelle und Kartenstelle des Militärgeschichtlichen Forschungsamtes)

CIP-Kurztitelaufnahme der Deutschen Bibliothek
Anfänge westdeutscher Sicherheitspolitik : 1945–1956 / hrsg. vom Militärgeschichtl. Forschungsamt. – München : Oldenbourg.
NE: Deutschland ‹Bundesrepublik› / Militärgeschichtliches Forschungsamt

Bd. 2. Die EVG-Phase / von Lutz Köllner …– 1989
ISBN 3-486-51681-7
NE: Köllner, Lutz [Mitverf.]

Gesamtherstellung: R. Oldenbourg Graphische Betriebe GmbH, München

ISBN 3-486-51681-7

Inhalt

VIERTER TEIL

FINANZWISSENSCHAFTLICHE, FINANZWIRTSCHAFTLICHE UND FINANZPOLITISCHE ASPEKTE EINES DEUTSCHEN BEITRAGS ZUR EVG

Von *Lutz Köllner*

KARTENSKIZZEN UND GRAPHIKEN

Einleitung

Mit dem Ende des Zweiten Weltkrieges hat eine qualitative und strukturelle Veränderung des internationalen Systems stattgefunden. In der nunmehr dominant bipolaren, von zwei Supermächten beherrschten weltpolitischen Szene ist alle Politik mehr oder minder von globaler Dimension. Was sich im kleinsten Staat der Erde außen-, innen-, verteidigungs- und wirtschafts- bzw. sozialpolitisch ereignet, auch im neutralen Lager, geschieht unter den wachsamen, auf ihren Vorteil, zumindest auf den Erhalt des Status quo bedachten Augen der USA und der UdSSR. Die Bundesrepublik Deutschland verdankt ihr Entstehen und ihre Existenz dieser Konfrontation, die als Kalter Krieg apostrophiert wird. Ihr bleibt, an der Seite des Westens stehend, nur geringer außenpolitischer Handlungsspielraum. An der europäischen Nahtstelle zwischen Ost und West genoß und genießt sie höchstes politisches Interesse beider Seiten, besaß und besitzt sie eine militärstrategische Schlüsselposition, war und ist sie somit ein gewichtiger Faktor der Sicherheitspolitik im Weltmaßstab.

Mit dem Begriff der Sicherheit wird ein besonders charakteristisches Merkmal der Politik nach 1945 aufgezeigt. Da sich seit dem Zerbrechen der Anti-Hitler-Koalition die ehemaligen west-östlichen Verbündeten wechselseitig des Ideologieexportes und der Systemtransplantation mit den Mitteln des inneren Umsturzes wie der äußeren Bedrohung verdächtigen, wurden innere und äußere Sicherheit zu politischen Schlüsselbegriffen und zum Orientierungspunkt innen- wie außenpolitischer Gestaltungsprozesse, die unter diesem Gesichtspunkt in Wechselwirkung zueinander traten.

Im ersten Band des inzwischen auf vier Teile angelegten Werkes über die „Anfänge westdeutscher Sicherheitspolitik 1945–1956" ist die internationale sicherheitspolitische Entwicklung von der deutschen Kapitulation bis zum Zeitpunkt erster konkreter westlicher Überlegungen zu einem Verteidigungsbeitrag der Bundesrepublik Deutschland im Rahmen eines westeuropäischen bzw. atlantischen Bündnisses aufgezeigt worden. Bis zum Beginn des Korea-Krieges waren die vier Besatzungszonen bzw. die daraus geformten beiden deutschen Staaten lediglich Objekt, ab Sommer 1950 wurden sie Subjekt bipolarer Sicherheitspolitik. In der Zeit zwischen den Potsdamer Beschlüssen und dem Pleven-Plan war der Teil Deutschlands westlich von Oder und Neiße der Zankapfel internationaler Konfrontation, ehe man auf östlicher wie westlicher Seite wechselseitig Besitzstandswahrung praktizierte und die Deutsche Demokratische Republik wie die Bundesrepublik Deutschland jeweils vom Okkupierten zum Kombattanten aufsteigen ließ. Das bedeutet nicht, wie im ersten Band des Sammelwerkes bereits sichtbar wurde, daß westdeutsche sicherheitspolitische Erwägungen erst im Sommer 1950 eingesetzt hätten. Wo sie angestellt wurden, blieben sie allerdings unterhalb der sichtbaren politischen Oberfläche – bei Parteien, Bundesregierung und bei den ehemaligen Soldaten –, ohne daß sie bereits Gegenstand offizieller Besprechungen mit Repräsentanten der Besatzungsmächte gewesen wären.

Die Sicherheitsfrage bildete fortan ein wesentliches und zwar mehrfunktionales Kernproblem der Politik der beiden ersten von Adenauer geführten Bonner Koalitionsregierungen. Das traf zumindest für die Außen- und Innenpolitik zu. Außenpolitisch vollzog sich in diesem Zeitraum eine besondere Entwicklung, nämlich die vertraglich fixierte und abgesicherte militärische Einbindung der Bundesrepublik in den Westen und in engem Zusammenhang damit die Entwicklung vom okkupierten zum gleichberechtigten Mitglied der westlichen Staatengemeinschaft.

Diese Umwertung fand zuerst im Rahmen der Anstrengungen um den Aufbau einer Europäischen Verteidigungsgemeinschaft statt, die allerdings als Organisationsmodell nicht realisiert wurde, weshalb dem Bonner Staat die Souveränität bis zum Eintritt in die NATO noch versagt blieb. In der im vorliegenden Band behandelten, vom Bemühen um das Zustandekommen einer Europäischen Verteidigungsgemeinschaft gekennzeichneten sicherheitspolitischen Phase wurden allerdings wichtige Weichen für eine westdeutsche Mitgliedschaft im Atlantikpakt gestellt. Sie waren nicht zuletzt politisch-psychologischer, militärischer und finanzieller Natur.

Die Tatsache des Nichtzustandekommens der EVG beraubt den Historiker also nicht der wissenschaftlichen Legitimation einer Beschäftigung mit ihr. In unseren Tagen gewinnt die EVG sogar über das historische Interesse hinaus wieder politische Aktualität, wenn die Regierungen in Bonn und Paris, wie anläßlich des Festaktes zum 25. Jahrestag der Unterzeichnung des deutsch-französischen Freundschaftsvertrages (22. Januar 1988) geschehen, laut über gemeinsame militärische Einrichtungen nachdenken, zunächst in Form einer deutsch-französischen Brigade und eines mindestens zweimal jährlich tagenden Verteidigungsrates. Es ist vielmehr daran gedacht, die Vereinbarungen zum Kern einer abgestimmten gesamtwesteuropäischen Verteidigungspolitik werden zu lassen. „Am Ende dieses Weges muß eine gemeinsame europäische Verteidigung stehen, wenn möglich mit einer europäischen Armee – unter Einschluß unserer europäischen Freunde und in vertrauensvoller Partnerschaft mit den Vereinigten Staaten von Amerika[1]."

Es bedarf kaum des Hinweises, daß solche Absichtserklärungen und konkreten Vorhaben auch aus dem reflektorischen Rückgriff auf die gescheiterte EVG zu verstehen sind, daß den Initiatoren eines Neuanlaufes zur Begründung einer intensiveren deutsch-französischen militärischen Partnerschaft die einstmals geplante Europäische Verteidigungsgemeinschaft als ein – variables – Modell vor Augen steht.

Der Vorsitzende der CDU/CSU-Bundestagsfraktion, Alfred Dregger, beschwor in diesem Zusammenhang die deutsch-französische sicherheitspolitische Gemeinsamkeit vor dem Hintergrund der Möglichkeit eines nachlassenden Verteidigungsengagements der USA in Europa, eine Furcht, die auch Bundeskanzler Adenauer stets umgetrieben hat[2].

Wie schon zu Zeiten der Debatten über die EVG finden auch die aktuellen Pläne eines deutsch-französischen militärischen Zusammenwirkens, die Bundeskanzler Kohl durchaus in Verbindung mit dem Zusammenwachsen einer europäischen wirtschaftlichen und politischen Union sieht, ihre Kritiker und dies durchaus auch in personeller Kontinuität. Wie schon in den 50er Jahren als einer der profilierten Bundestagsabgeordneten der Opposition, hob Willy Brandt auch in der neu aufkeimenden europäisch orientierten Sicherheitsdiskussion darauf ab, daß in der gegebenen politischen Situation der Abrüstung mehr Aufmerksamkeit geschenkt werden müsse als einem neuen Verteidigungsbündnis. Eine in der Auseinandersetzung um die EVG bereits gehegte Befürchtung scheint immer noch zu bestehen, daß nämlich die angestrebte neue „Waffenbrüderschaft" nicht zwingend neues europäisches Denken einschließen müsse[3].

Ganz allgemein bildet das Jahr 1950 eine wichtige Zäsur in der internationalen Nachkriegsentwicklung, markiert durch den Ausbruch des wahrscheinlich von der UdSSR geschürten mili-

[1] Rede des Bundeskanzlers Helmut Kohl, 22.1.1988, in Paris, in: Bulletin, Nr. 11, 27.1.1988, S. 77–81, hier S. 80. Vgl. zu dieser Problematik Deutsch-französische Sicherheitspolitik.
[2] Vgl. Die Welt, 5.2.1988.
[3] Ebd.

tärischen Konflikts in Korea, durch den der Kalte Krieg, so schien es zumindest temporär, in einen heißen umzuschlagen drohte. Der Bruderkrieg im Fernen Osten ließ, begründet oder nicht, in der westlichen Welt allenthalben die Befürchtung aufkommen, Moskau führe auf einem Nebenschauplatz einen „Stellvertreterkrieg" gegen die USA, von dessen Ausgang es möglicherweise abhänge, ob Stalin an anderer Stelle, etwa in Deutschland, einen zweiten Kriegsherd entfachen werde. Dies war *ein* Hintergrund, vor dem die Bemühungen Konrad Adenauers gesehen werden müssen, von den westlichen Besatzungsmächten, insbesondere den Vereinigten Staaten, eine Sicherheitsgarantie zu erhalten und darüber hinaus selbst einen militärischen Verteidigungsbeitrag der Bundesrepublik zu leisten.

Angesichts des Korea-Krieges konstatierte Washington eine tendenzielle „totale" Bedrohung der USA aufgrund unterstellter kommunistischer Weltherrschaftsambitionen. Man plante daher Westeuropa mit seinem Menschenpotential und seinen materiellen Ressourcen in seine unmittelbaren Verteidigungsanstrengungen mit ein. Das amerikanische Sicherheitsinteresse an und in Europa und die dort herrschenden politischen, wirtschaftlichen und militärischen Verhältnisse erforderten nach Auffassung der Washingtoner Regierung und ihrer westlichen Verbündeten eine integrierte Verteidigungsorganisation im Rahmen der NATO unter Führung der USA. In den Vereinigten Staaten verstärkte sich der Wille, die westeuropäischen Länder zu größeren Sicherheitsanstrengungen innerhalb des 1949 geschlossenen Nordatlantikpaktes zu bewegen. Die Einbeziehung westdeutscher Truppen in diese militärische Organisation betrachteten die Amerikaner als eine willkommene Möglichkeit zur Stärkung des Bündnisses.

Der in Washington konzipierte und konzedierte Grad westdeutscher militärischer Integration barg jedoch in französischen Augen immer noch die Gefahr, daß die von den USA und der NATO-Mehrheit als unverzichtbar angesehene Bewaffnung der Bundesrepublik sich einer genauen Kontrolle entziehen könne und daß noch immer die Möglichkeit gegeben sei, daß sich der immer stärker werdende, territorial nicht saturierte deutsche Teilstaat als zu erwartende Vormacht Westeuropas am Ende der Sowjetunion zuwenden oder aber seine Nachbarn bzw. präsumtiven Partner in militärische Abenteuer mit hineinziehen könne, hielt doch Moskau wichtige deutschlandpolitische Trümpfe in der Hand. Paris wollte zwar immer Sicherheit *für* die Bundesrepublik, aber stets nur unter dem Primat der Sicherheit *vor* ihr.

Alternativ zu dieser westdeutschen direkten NATO-Integration entwarf die französische Seite daher den Plan einer indirekten. Der in das Konzept einer Europäischen Verteidigungsgemeinschaft einmündende Pleven-Plan ist als ein französischer Versuch zu werten, entsprechenden, sich konkret abzeichnenden amerikanisch-deutschen Vereinbarungen entgegenzuwirken. Wenn sich schon eine Aufrüstung der Bundesrepublik aufgrund der internationalen Spannungen offenkundig nicht verhindern ließ, dann wollte Paris zumindest darauf bedacht sein, den Bonner Staat militärisch unter Kuratel zu stellen und zu halten, um auf diese Art und Weise die politisch-militärische Dominanz Frankreichs auf dem Kontinent zu gewährleisten – dies in Konsequenz leidvoller Erfahrung mit der ehemaligen Militärmacht des deutschen Nachbarn. Als die französische Regierung gegen den amerikanischen Plan eines NATO-integrierten nationalen westdeutschen Kontingents ihr Konzept einer supranationalen Europaarmee zum Zwecke der kontrollierten westdeutschen Aufrüstung in Form der EVG letztlich durchsetzen konnte, weil kein anderer Weg zur Überwindung des deutsch-französischen Interessengegensatzes – hier Gleichberechtigung, dort Kontrolle – möglich schien, war die amerikanische Regierung bestrebt, die geplante Europäische Verteidigungsgemeinschaft fest in die NATO einzubinden, um die Gefahr einer militärischen oder gar politischen Diversion innerhalb des Bündnisses auszuschließen.

Wenn es Frankreich auch sehr schwer fiel, im Verlauf der EVG-Verhandlungen eine politische Aufwertung des potentiellen Mitgliedes Bundesrepublik Deutschland vom teilsouveränen, unter Vormundschaft der drei westlichen Hochkommissare stehenden staatlichen Gebildes zu einem vollgültigen Bündnispartner zu akzeptieren, so scheiterte die geplante Gemeinschaft letztlich doch an einem in diesem Kontext zu sehenden französischen Bedenken: Paris erachtete es als unzumutbar, seine nationalen Truppen „nur gleichberechtigt" in eine supranationale Armee einzubringen.

Die historische Bedeutung der EVG wird noch durch einen *weiteren* Aspekt gekennzeichnet, nämlich den europäisch-integralen. Den Befürwortern der Verteidigungsgemeinschaft in den in Frage kommenden Mitgliedsländern – an Gegnern hat es wahrlich auch nicht gefehlt – erschien die anvisierte Gemeinschaft als erster Schritt in Richtung auf eine über den militärischen Sektor hinausgreifende politische Einigung Europas. Es ist bekannt, daß französisches Sicherheitsbedürfnis und europäisches Bewußtsein dort endeten, wo der Pariser Anspruch auf politische Dominanz in Westeuropa, die Furcht vor einem erstarkenden westdeutschen Staat und letztlich die verständlicherweise noch gering entwickelte Fähigkeit zur Aussöhnung mit dem deutschen Nachbarn Grenzen setzten.

Es ist oft die Frage gestellt worden, ob die EVG am französischen Desinteresse scheitern mußte oder ob es realistische Chancen gegeben hat, sie zu verwirklichen. Ein scharfsinniger Beobachter der damaligen politischen Szenerie und früherer Mitarbeiter in der Adenauer-Administration meinte rückblickend auf vierzig Jahre Geschichte der Bundesrepublik, es sei deren Politikern Anfang der 50er Jahre nicht schwer gefallen, nationale Abstriche zugunsten einer supranationalen Ordnung zu machen und die Westintegration – auch die militärische – eines deutschen Teilstaates den zunächst wohl aussichtslosen Bemühungen um die Wiedervereinigung voranzustellen. Man müsse dies vor dem Hintergrund der kurzen Periode deutscher Einheit und damit der langen föderalistischen Tradition sehen und begreifen. Die Franzosen hätten demgegenüber europäisch integrale Gedanken aufgrund ihrer langen nationalen Geschichte schwerer zu rezipieren vermocht. „Wir haben diese Unterschiede zu gering geachtet und deshalb einige Fehler gemacht[4]."

Pressesprecher Felix v. Eckardt und andere hätten damals die Meinung vertreten, die Europäische Verteidigungsgemeinschaft sei dennoch und gerade – dessen eingedenk – durchaus zu retten gewesen, wenn man in Bonn diese unterschiedliche Interessenkonstellation ins politische Kalkül einbezogen hätte, „wenn wir uns bereit gefunden hätten, den supranationalen, hochintegrierten Charakter, der im Vertrag festgeschrieben worden war, abzuschwächen". Aber dies sind Spekulationen.

Für die junge Bundesrepublik lag die zweite wesentliche Bedeutung der EVG darin, während der Verhandlungen aus dem Schatten der westlichen Alliierten heraustreten zu können, denn Bundeskanzler Adenauer verknüpfte den Eintritt in eine Europäische Verteidigungsgemeinschaft bewußt mit der Frage der Gleichberechtigung im Bündnis und später, auf Druck aus den Reihen der Koalition hin, auch mit der der Souveränität. Aus dem Objekt westlicher Nachkriegspolitik wurde ein sehr selbstbewußtes Subjekt, auch ohne daß das EVG-Projekt zustande kam.

Aufbauend auf den bisherigen wissenschaftlichen Ergebnissen über das Scheitern der EVG, die hauptsächlich auf die jeweils nationalen Interessenlagen sowie auf die Instrumentalisierung des Europagedankens für die unpopuläre westdeutsche Aufrüstung und damit auf die Diskredi-

[4] Hier und im folgenden Diehl, Anmerkungen, S. 51.

tierung der Europaidee selbst abheben, liegt das besondere Augenmerk dieser Studie auf dem Problem der politischen und militärischen Koordination der supranationalen militärischen Integration Europas innerhalb eines multinational organisierten und von den USA dominierten nordatlantischen Bündnisses.

Für die Darstellung des internationalen Entscheidungsprozesses bis zum Scheitern der EVG, die selbst wesentlich durch die nordatlantische Bündnisorganisation vorstrukturiert war, konnte auf umfangreiche, erst jüngst freigegebene amerikanische und britische Akten bis zum Jahre 1954 zurückgegriffen werden. In den National Archives in Washington wurden vor allem Bestände des US Department of State, des Secretary of Defense und der Joint Chiefs of Staff eingesehen. Diese Materialien werden ergänzt durch die einschlägigen Aktenpublikationen in Form der Foreign Relations of the United States von 1950 bis 1954. Im Public Record Office in London wurden hauptsächlich die Kabinettsprotokolle und Kabinettsvorlagen herangezogen sowie der Aktenbestand des Premierministers und des Defence Committee. Französische Akten standen leider nicht zur Verfügung. Lediglich für ein Jahr, nämlich für 1954, waren die publizierten Documents diplomatiques français aufschlußreich, doch konnte die französische Position anhand der britischen und amerikanischen Akten in Umrisssen deutlich gemacht werden. Das Auswärtige Amt in Bonn gewährte uneingeschränkte Einsicht in seine Bestände, von denen insbesondere die Materialien des Büros des Staatssekretärs herangezogen werden konnten. Da aus diesen Unterlagen, von wenigen Ausnahmen abgesehen, nicht zitiert werden durfte, konnten die Autoren sie im Interesse der Nachprüfbarkeit der Aussagen in ihrer Darstellung nicht unmittelbar verwenden. Die bekannte Unzugänglichkeit sowjetischer Quellen zwang dazu, das Augenmerk ausschließlich auf die westinternen Entscheidungsprozesse zu richten. Die Behandlung der sowjetischen Initiativen im Zusammenhang mit der Deutschland- und der sogenannten Wiederbewaffnungsfrage beschränkt sich daher auf die westliche Perzeption dieser Vorgänge unter Vernachlässigung der tatsächlichen Hintergründe der sowjetischen Außenpolitik im Zusammenhang mit der EVG.

Ein vertieftes Verständnis für Ursachen und Charakter des Ost-West-Konfliktes in der ersten Hälfte der fünfziger Jahre und damit für die entscheidenden Rahmenbedingungen für die westdeutsche Bewaffnung wird auch durch die unzureichende Verfügbarkeit amerikanischer Akten zu den Beziehungen zwischen Washington und Moskau erschwert. Trotz dieser Einschränkungen sind bestimmte gesicherte Aussagen zu diesem Komplex möglich. Der mit dem Konzept der EVG beschrittene komplizierte Weg westlicher Sicherheitspolitik gegenüber der Sowjetunion, mit ihrem Postulat der gleichzeitigen Sicherheit mit und vor der Bundesrepublik, verlängerte und strapazierte die Formationsphase des Westblocks. Vor deren Abschluß durch die Westintegration der Bundesrepublik und ihre Aufrüstung war vor allem die westliche Führungsmacht – in vollkommenem Einklang mit der Politik des ersten deutschen Bundeskanzlers – wenig geneigt, in ernsthafte Ost-West-Verhandlungen über Deutschland einzutreten.

Diese Feststellung besitzt auch Gültigkeit bezüglich der bis heute viel und kontrovers diskutierten Stalin-Note vom 10. März 1952. Bekanntlich richtete der Kreml-Chef darin an die Westmächte die Offerte, Deutschland wiederzuvereinigen und ihm den Status begrenzt bewaffneter Neutralität zu verleihen. Ob diese Note ernst gemeint oder lediglich taktischer Natur war, diese Frage ist weiterhin offen. Eine Anfang der 80er Jahre angefertigte Dissertation[5] geht auf der Basis der wissenschaftlichen, Memoiren- und publizistischen Literatur der Diskussion um Adenauers Deutschlandpolitik nach, wie sie sich im Spannungsfeld der Verhandlungen um die militärische

[5] Dittmann, Adenauer.

Westintegration (EVG) und dem an die Westmächte gerichteten Moskauer Angebot zu Verhandlungen über eine Wiedervereinigung auf der Grundlage bewaffneter Neutralität vollzog. Wie bei anderen Autoren vorher, wird die sowjetische Initiative lediglich als Versuch bezeichnet, die Einbeziehung der Bundesrepublik in ein westliches Bündnissystem zu verhindern, ein zumindest voreiliges Urteil in Anbetracht der für den Verfasser unzugänglichen Akten westlicher und östlicher Provenienz. Die politischen und historischen Gemüter erhitzen sich darüber hinaus an der Frage, ob damals ein einmaliges Angebot leichtfertig oder gar nach nüchternem Kalkül ausgeschlagen wurde. Im Jahre 1981 fand in der Stiftung Bundeskanzler-Adenauer-Haus eine Aussprache zwischen Historikern und „Tatzeugen" statt, in der diese Problematik im Mittelpunkt stand[6]. Diesem sogenannten Rhöndorfer Gespräch war eine unter Auswertung Washingtoner Akten entstandene Publikation über die Vorgänge um die Stalin-Note vorausgegangen[7]. Endlich, zum dreißigsten Jahrestag der Übergabe des Schriftstückes, wurde das Thema wieder von der Presse der Bundesrepublik aufgegriffen und aufgearbeitet, unter anderem von einem langjährigen engen Mitarbeiter Konrad Adenauers[8]. Mit der Problematik bestens vertraut, weist der Autor den Vorwurf einer verpaßten Gelegenheit mit dem Hinweis zurück, daß weder die Ernsthaftigkeit des Moskauer Angebotes bewiesen sei, noch daß sich eine Neutralität Deutschlands in das politische Konzept der Westmächte, einschließlich der unter Führung Adenauers stehenden Bundesrepublik, eingefügt hätte. Diese Antwort ist kaum befriedigend, zumal weder die Bundesrepublik – wenngleich nicht Adressat, so doch Betroffener – noch die Westmächte, in tiefem Mißtrauen gegenüber der Moskauer Politik befangen, den leisesten Versuch einer Prüfung dieses Anerbietens unternommen haben. Die Westintegration der Bundesrepublik war bereits beschlossen und stand weder in Bonn noch in den Hauptstädten der Westalliierten in Frage, auch wenn in einer jüngeren Aktenpublikation und -auswertung diese entschlossene Haltung bestritten wird[9]. Darüber hinaus erschien gewissen Kräften innerhalb der westlichen Siegermächte des Zweiten Weltkrieges, insonderheit Frankreich, ein wiedervereinigtes Deutschland eine politische Größe, deren Wiedererstehen zu verhindern als Sinn und Inhalt des Potsdamer Abkommens interpretiert wurde.

Mit den EVG-Verhandlungen wurde der Prozeß der Einbindung der Bundesrepublik in das bestehende westliche Sicherheitssystem begonnen, das seinen Teil dazu beigetragen hat, Westeuropa über dreißig Jahre lang den Frieden zu bewahren. Das Bestreben der damals auf westdeutscher Seite verantwortlich handelnden und verhandelnden Persönlichkeiten, so des Bundeskanzlers und der später reaktivierten Generale wie Speidel und Heusinger, durch Westintegration und Verteidigungsbeitrag der Bundesrepublik Deutschland eine militärpolitische Situation zu schaffen, die einen militärischen Ost-West-Konflikt in Europa und speziell auf deutschem Boden ausschloß, ist Wunsch, aber auch politische Verpflichtung geblieben.

Ob nach der mit dem Waffenstillstand in Korea und dem Tode Stalins einsetzenden relativen Entspannung Chancen einer Verständigung unter den Weltmächten über Europa und insbesondere in der Deutschlandpolitik versäumt wurden, läßt sich freilich mit Sicherheit erst nach einer umfassenderen Kenntnis der Moskauer Quellen zu den sowjetischen Absichten beantworten.

Den Handlungsspielraum westdeutscher Außenpolitik hatte in der EVG-Phase nicht nur der französische Nachbar abgesteckt. Die außenpolitischen Rahmenbedingungen bestimmte im großen eindeutig Washington, auch wenn es auf Paris Rücksicht nehmen mußte und schließlich die

[6] Die Ergebnisse sind publiziert in Legende von der verpaßten Gelegenheit, S. 16–37.
[7] Graml, Die Legende, S. 307–341.
[8] Grewe, Ein zählebiger Mythos vom März 1952.
[9] Steininger, Chance zur Wiedervereinigung.

zunächst favorisierte unmittelbare NATO-Mitgliedschaft gegen die EVG als gedankliches Modell eintauschte. Aber dennoch war man sich in der Bundesrepublik wie in Frankreich bewußt, daß die äußere Sicherheit Westeuropas vom Verteidigungswillen der USA abhing, und insofern waren auch französischen Eigenwilligkeiten deutlich Grenzen gesetzt.

Was Großbritannien anbetraf, so besaß es zwar keine europäischen Ambitionen, wohl aber und gerade deshalb eine Vermittlerposition zwischen den oft differierenden Auffassungen von Paris und Washington. In London liefen die wichtigsten diplomatischen Fäden zusammen; hier wurden sie oft zu handfester Politik geknüpft. Daher sind die Londoner Akten auch besonders aufschlußreich, ersetzen zum Teil auch die französischen.

Innenpolitisch erweist sich die Sicherheitspolitik als von besonderer Tragweite. In der diesbezüglichen Studie dieses Bandes soll ihr Facettenreichtum aufgezeigt werden. Über längere Zeit schien es so, als könne das anfänglich schwache erste Kabinett Adenauer über der Sicherheitsfrage zerbrechen. Es kann gezeigt werden, welchen Belastungsproben der Bundeskanzler die Unionsparteien, aber auch die Koalitionspartner ausgesetzt hat, gab es doch eine innerparteiliche und innerkoalitionäre Opposition nicht geringen Ausmaßes gegen seine militärische Westintegration. Sehr rasch wurde ein Kausalzusammenhang zwischen der sogenannten Wiederbewaffnung und der Wiedervereinigung hergestellt. Würde die vorschnelle militärische und politische Einbindung in den Westen, so lautete die im Regierungslager nicht selten gestellte Frage, nicht einen entsprechenden Inkorporationsprozeß der DDR in den Osten provozieren? Und wenn ja, welches deutschlandpolitische Konzept besaß dann der Bundeskanzler? Aber es sollte nicht bei Fragen bleiben, sondern zu Konsequenzen führen, wenn der Kanzler die Westintegration gegenüber der Wiedervereinigung favorisierte. Die Wirksamkeit seiner Politik der Stärke, mittels der er Moskau an den deutschlandpolitischen Verhandlungstisch zwingen wollte, war auch unter den Regierungsparteien umstritten[10]. Adenauers erster Innenminister Gustav Heinemann trat zurück[11]. Dies wäre als persönliche Entscheidung ohne weiteres akzeptabel und zu verschmerzen gewesen, wenn Heinemann nicht Repräsentant des ehedem schwachen protestantischen Flügels in der Union gewesen wäre. Mit seinem Ausscheiden aus der Regierung und später auch aus der CDU zog er möglicherweise die protestantischen Wähler von der Union ab, die von ihr bei den nächsten Wahlen unbedingt benötigt wurden, war doch Adenauer nur mit einer – seiner eigenen – Stimme Mehrheit Kanzler geworden. Und wenn er seine Sicherheitspolitik durchziehen wollte, bedurfte er angesichts des breiten Widerstandes in der westdeutschen Öffentlichkeit einer verstärkten Partei- und Koalitionsbasis, unter Umständen einer Zweidrittelmehrheit im Bundestag, um das Grundgesetz im Sinne des Erlangens der Wehrhoheit ergänzen zu können.

Auch das Verhältnis zur stärksten Oppositionspartei, zur SPD, gestaltete sich unter dem Spannungsbogen von Westintegration und Wiedervereinigung, wobei die damals noch starke nationale Töne anschlagende Sozialdemokratie deutlich den Primat der Schaffung eines gesamtdeutschen Staates betonte. In der vorliegenden Arbeit spiegeln sich die Auseinandersetzung und Konfrontation zwischen Union und Opposition in der Fraktionsarbeit wider, aber auch die innerparteilichen Differenzen und Meinungsfindungen werden dargestellt.

Eine wichtige politische Rolle spielten große gesellschaftliche Gruppen und Organisationen in der Frühphase der Bundesrepublik. Sie sollen in ihrer Opposition gegen und in ihrem Votum für die Sicherheitspolitik des Bundeskanzlers zu Wort kommen. Orientierungspunkt wird im-

[10] Vgl. Volkmann, Adenauer und die deutschlandpolitischen Opponenten.
[11] Vgl. neuerdings Koch, Heinemanns Kritik.

mer die Position des Bundeskanzlers als der außen- und sicherheitspolitisch bestimmenden Größe westdeutscher Politik in der damaligen Zeit sein.

Sicherheitspolitik, das war in den frühen fünfziger Jahren in der Bundesrepublik aber auch eine Thematik, die Bedeutsamkeit genug besaß, um alle Verfassungsorgane zu ermuntern, im Wechselspiel der demokratischen institutionellen Kräfte an ihr ihre konstitutionelle Standortbestimmung vorzunehmen, indem sie an der Sicherheitsfrage die faktischen Grenzen der ihnen grundgesetzlich theoretisch zugedachten Position im praktischen gewaltenteiligen Prozeß erfuhren. Beginnen wir beim *Deutschen Bundestag:* er wollte geklärt wissen, ob auch in der zweiten deutschen Demokratie allein die *Regierung* Verträge ohne Mithilfe des Parlaments aushandeln könne, ob allein ihr die inhaltliche Ausgestaltung von völkerrechtlichen Kontrakten zukomme, während dem Plenum des Bundestages lediglich das Recht verblieb, das diplomatische Werk der Bundesregierung gutzuheißen oder zu verwerfen. Das Parlament blieb auf seine ihm bereits in der Weimarer Republik zugedachte Funktion eingeengt und mußte der Regierung das uneingeschränkte Verhandlungsrecht zugestehen.

Nehmen wir den *Bundesrat:* er wollte wissen, und besaß gute Gründe dafür, ob er eine gleichberechtigte zweite Kammer neben dem Bundestag sei. Immerhin hatten die Westmächte bei der Abfassung des Grundgesetzes darauf hingewirkt, daß die festzuschreibenden Befugnisse einer Zentralgewalt in bestimmtem Rahmen durch die Länder paralysiert werden konnten. In einem intrigenreichen Spiel glaubte der Bundesrat in den Westverträgen einen Joker zu besitzen, den es wirkungsvoll auszuspielen galt, um ein Optimum an Mitbestimmung im Bund zu erlangen. Auch er mußte zurückstecken und blieb das, was er heute ist: eine lediglich in Länderfragen nicht übergehbare, hier jedoch wichtige politische Institution mit sehr begrenzten bundespolitischen Einwirkungsmöglichkeiten.

Sprechen wir vom *Bundesverfassungsgericht:* die Frage der Grundgesetzkonformität der Westverträge stellte den ersten Aufsehen erregenden Fall dar, den es zu bearbeiten hatte. Die Behandlung der entsprechenden Klagen war die Nagelprobe darauf, ob das nach Bonner Parteienproporz gebildete höchste Gericht stark genug sein würde, um Drohungen und Verlockungen von einzelnen Parteien zu widerstehen und sich in Unparteilichkeit zu üben. Es hat diese Probe bestanden.

Und noch ein Blick auf den *Bundespräsidenten:* im Meinungsstreit um das Für und Wider westdeutscher Streitkräfte und bundesdeutscher Westintegration war er als Vermittler gefordert: er wurde aber von der Bundesregierung instrumentell eingesetzt und ließ dies auch widerspruchslos geschehen. Es zeigte sich, daß das Bonner Staatsoberhaupt bei aller politischen Enthaltsamkeit glaubte, Mitverantwortung für die Politik der Bundesregierung übernehmen zu müssen. Dabei ist es bis zum heutigen Tage geblieben. Es wurde offenkundig, daß der Bundespräsident zwar kein politisches Korrektiv, aber auch kein politisches Neutrum war und ist.

Noch eine Bemerkung zum Verhältnis von *Koalitionsfraktionen* und *Bundesregierung:* in der Behandlung der Sicherheitsfrage machte der Bundeskanzler extensiv von seiner Richtlinienkompetenz innerhalb der Koalition und gegenüber seiner eigenen Fraktion im Deutschen Bundestag Gebrauch. Das Entscheidende war: er setzte sich damit auch durch. Bei aller möglichen Opposition ist es bis heute so geblieben, daß sich die Regierungsfraktionen in der Regel in der Gefolgschaft der jeweiligen Bundesregierung bewegen.

Und eines weiteren Hinweises bedarf es, nämlich bezüglich der *öffentlichen Meinung:* das Grundgesetz enthält mehr oder weniger kein plebiszitäres Element und sieht kein imperatives Mandat vor. Die Volksmeinung kann also nicht unmittelbar als politische Willensbekundung von unten nach oben durchgesetzt, höchstens in unterschiedlichen Formen protestierender oder zustimmender Demonstration artikuliert werden. Adenauers Sicherheitspolitik ist in weiten Kreisen der Öffentlichkeit auf strikte oder bedingte Ablehnung gestoßen, die in Versammlungen, Unterschriftenaktionen und in einer Flut publizistischer Äußerungen ihren Niederschlag fand. Wenn auch nicht einheitlich organisiert, so kann man doch von der ersten außerparlamentarischen Opposition in der Geschichte der Bundesrepublik sprechen, der sich der Kanzler und die Koalitionsparteien völlig unvorbereitet gegenübergestellt sahen. Erstmals mußten sie sich seit den Tagen der Weimarer Republik im Umgang mit einem so ungewöhnlichen politischen Phänomen üben, mußten sie es für die fernere Zukunft als natürlichen politischen Faktor anerkennen und respektieren, mit ihm leben lernen. Dies vollzog sich in einem sehr schmerzhaften Prozeß, in dessen Verlauf sich nicht selten offenbarte, daß sowohl die Politiker als auch ihre Kritiker weit von ausgeprägtem Demokratieverständnis und Toleranz entfernt waren. Im übrigen läßt sich eine dünne Verbindungslinie von den Protestlern gegen Aufrüstung aus den frühen 50er Jahren über die Ostermarschierer (z. B. Renate Riemeck) zur Studentenrevolte bis hin ins terroristische Aktionsfeld (Ulrike Meinhof, Pflegetochter v. R. Riemeck) ziehen[12].

Nach den außen- und innenpolitischen Auseinandersetzungen wird im Dritten Teil des Bandes auf den eigentlichen kontroversen Gegenstand selbst, auf die geplanten westdeutschen Streitkräfte, speziell auf deren Größe, Gliederung, Status und Bewaffnung eingegangen. Es ist die Geschichte eines fehlgeschlagenen Experiments, das aber wohl notwendig war, ehe in einem zweiten Anlauf die Mitgliedschaft der Bundesrepublik im Nordatlantikpakt und damit die Bundeswehrlösung politisch durchgesetzt werden konnte. Die EVG-Phase stellt insofern einen historisch notwendigen Gärungs- und Klärungsprozeß dar, als sie es erlaubte, sich dem umstrittenen und folgenreichen Vorhaben des Aufbaues westdeutscher Streitkräfte unter bislang unbekannten Bedingungsfaktoren zunächst einmal politisch-reflektiv und diplomatisch zu nähern.

Es wird deutlich, daß die Planung des westdeutschen Verteidigungsbeitrages erheblich mehr beinhaltet als die Lösung einer an sich auch schon nicht leicht zu lösenden militärischen Organisationsaufgabe. Es handelte sich vor allem um ein sehr komplexes, politisches Problem, weil Form und Gewicht der in Aussicht genommenen Streitkräfte innerhalb des Bündnisses korrespondierende Folgen für den politischen Status der Bundesrepublik haben mußten. Eine Planung nach rein militärischen Gesichtspunkten war von Anfang an nicht möglich. Wie auf politischer Ebene, so standen die Westmächte auch in den Konsultationen um das militärische Instrument vor dem Zielkonflikt, größere Sicherheit *durch* den ehemaligen Kriegsgegner und gleichzeitig Sicherheit *vor* ihm zu erlangen. Diese Widersprüchlichkeit zwischen militärischer Effizienz und politischer Kontrolle war das eigentlich charakteristische Problem bei den rein militärischen Verhandlungen. Es dürfte kaum ein zweites Beispiel in der Geschichte dafür geben, daß die bewaffnete Macht eines Staates unter so gegenläufigen Absichten begründet werden sollte.

Die Schwierigkeit der Aufgabe bestand demnach darin, den künftigen deutschen Truppen eine Struktur zu verleihen, innerhalb derer die – teilweise sogar widersprüchlichen – deutschlandpolitischen Interessen der Westmächte mit den militärischen harmonierten. Diese Wechselbeziehung von politischen und militärischen Überlegungen zu verdeutlichen, ist ein Hauptanliegen der Untersuchung.

Die EVG-Konferenz hatte die unterschiedlichen militärischen Entwicklungen, Erfahrungen und Traditionen der sechs Mitgliedsstaaten auf einen gemeinsamen europäischen Nenner zu

[12] Vgl. dazu Rolke, Protestbewegungen.

bringen und ein von manchen westlichen Politikern und Militärs als künstlich und unhistorisch empfundenes supranationales Raster für die europäischen Streitkäfte zu entwerfen. Nicht zuletzt in dieser gefühlsmäßigen Ablehnung ist ein wichtiger Grund für das Scheitern der EVG zu sehen.

Eingegangen werden muß auf die militärischen und militärpolitischen Hauptpunkte des EVG-Vertragswerkes. Analysiert werden Umfang und Organisation der „Europäischen Verteidigungsstreitkräfte“ und ihres deutschen Kontingents, das geheime Sonderabkommen über die Aufstellung, die Bündnisklausel, das in Aussicht genommene Verhältnis der Gemeinschaft zur NATO und zu Großbritannien sowie Bestimmungen über die Rüstungsproduktion. Erst der Vertragsabschluß ermöglichte die Planung des deutschen Kontingents im einzelnen, so daß ein abschließender Blick den personellen, materiellen und operativen Aspekten der Planung der westdeutschen Streitkräfte gilt.

Auch wenn die EVG nicht zustande kam, so wurden die an ihr ausgerichteten Überlegungen doch nicht zur rein gedanklichen Makulatur. Die umfänglichen Planungen erwiesen sich nicht als völlig umsonst: Als nach dem Inkrafttreten der Pariser Verträge 1955 der Aufbau der Bundeswehr tatsächlich begann, konnte in vielen Bereichen auf die in der EVG-Phase geleisteten planerischen Vorarbeiten zurückgegriffen werden. Nicht zuletzt hatten sich die Kriegsgegner von gestern in diesen vier Jahren besser kennengelernt, was die zukünftige Zusammenarbeit im gemeinsamen Bündnis wesentlich erleichterte.

Diese Vorbemerkungen zu den außen-, innen und militärpolitischen Kapiteln des Bandes verdeutlichen, wie weit moderne Sicherheitspolitik auf nahezu alle übrigen Politikfelder übergreift. In der Tat ist dem Sammelwerk ein sehr weitgefaßter Begriff von Militärgeschichte unterlegt. Dies wird insbesondere dadurch deutlich, daß auch der Zusammenhang von Verteidigungsbeitrag und Finanzen hergestellt ist, wobei der finanztheoretische Aspekt neben dem finanzwirtschaftlichen und -politischen nicht ausgespart werden konnte, sahen sich doch Finanzwissenschaftler und -praktiker zu Beginn der Aufrüstungsdiskussion erstmals in der Geschichte Deutschlands vor die Aufgabe gestellt, innerhalb eines liberalen Wirtschaftssystems eines demokratischen Staatswesens Militärausgaben festzulegen, die vom Parlament verabschiedet und kontrolliert werden mußten. Bei den entsprechenden Überlegungen galt es das Faktum in Rechnung zu stellen, daß Militärausgaben unter Berücksichtigung wichtiger anderer finanzieller Verpflichtungen, die dem Staat aus der besonderen Nachkriegssituation erwuchsen, geleistet werden mußten, wie sie sich aus dem Flüchtlings- und Vertriebenenzustrom und dem damit verbundenen Integrationsproblem, aus der problematischen Wirtschaftslage zwischen Demontage, Reparationen, Handelsrestriktionen und unerläßlichem Wiederaufbau, aus der sozialen Verpflichtung gegenüber den Kriegsopfern und -hinterbliebenen ergaben. Erste Schwierigkeiten in den Überlegungen zur Finanzierung von Militärausgaben resultierten bereits aus der Tatsache eines gewaltigen Theoriedefizits.

Wie die Bezeichnung „Schwarze Reichswehr“ schon beinhaltet, war auch diese Armee außerhalb des Budgets zum großen Teil „schwarz“, d.h. unter Ausschaltung bzw. Umgehung des Reichstages finanziert worden. Der auf Militärausgaben bezogene finanzwirtschaftliche und finanzwissenschaftliche Komplex ist nach dem Zweiten Weltkrieg in Westdeutschland als Gegenstand wirtschaftswissenschaftlicher und wirtschaftshistorischer Forschung und Lehre weitgehend aus der Betrachtung ausgeklammert worden. Angesichts des seit 1945 bestehenden Okkupationsregimes und der damit verbundenen Kosten besaß die Frage von Militärausgaben, bei denen es sich zunächst ausschließlich um Besatzungslasten handelte, nach 1945 keine wissenschaftstheoretische oder wirtschaftspolitische Aktualität. Der allgemeine Rückstand in der entsprechenden Debatte wurde deutlich, wenn man den Namen des Engländers J. M. Keynes[13] und die mit diesem verbundene „Neue ökonomische Theorie" nannte.

Man kann bereits diesen wenigen Bemerkungen entnehmen, welchen Schwierigkeiten die Bonner Politiker bei der Schaffung eines westdeutschen Verteidigungsinstrumentes über den außen- und innenpolitischen Rahmen hinaus auch im Hinblick auf die Finanzierung gegenüberstanden. Hieraus ergibt sich die Notwendigkeit, gerade dem letztgenannten Problemkreis besondere Aufmerksamkeit zu widmen. Der eigentliche rüstungswirtschaftliche Komplex, also z.B. die Fragen nach den gesamtökonomischen Implikationen und nach den Möglichkeiten und Grenzen der materiellen Voraussetzungen für eine Aufrüstung der Bundesrepublik, wird im vierten Band des projektierten Arbeitsvorhabens über die „Anfänge westdeutscher Sicherheitspolitik" behandelt werden.

Zwei besonderen Notwendigkeiten sah sich die Bundesregierung bei den EVG-Verhandlungen gegenüber: *Zum einen* bot das Bonner Grundgesetz nicht mehr als eine finanzpolitische Rahmengesetzgebung föderativen Zuschnitts. Militärausgaben aber waren Leistungen der Zentralstaatsorgane, die diese bereits in Form der Besatzungskosten erbrachten. Es mußte in den Konsultationen darum gehen, diese Besatzungskosten durch direkte Militärausgaben zu substituieren und die Kosten für die innere Sicherheit, die sich aus der besonderen Nachkriegssituation der Bundesrepublik ergaben, in Anrechnung bringen zu lassen, dies wiederum aus einer doppelten Begründung heraus: Erstens mußten die sozialen und ökonomischen Voraussetzungen dafür geschaffen werden, daß die Bevölkerung die Bundesrepublik für verteidigenswert hielt. Zweitens schien es auf den ersten Blick so – das Wirtschaftswunder konnte noch nicht in seinem ganzen Ausmaß vorhergesehen werden –, als sei mit den genannten Ausgaben die Grenze der Budgetbelastung bereits erreicht.

Zum anderen ging es der Bundesregierung ganz allgemein darum, nationale Rüstungsfinanzierung in eine supranationale umzuwandeln, die EVG mit einem eigenen Finanzsystem auszustatten, sie also von der Unwägbarkeit der nationalen Parlamente und ihrer Mitgliedsstaaten unabhängig zu machen. Dieses EVG-Finanzsystem stellte bald mehr als eine bloße Finanzierungsinstanz für eine übernationale, integrierte Armee dar und bildete seinem in Bonn gewünschten supranationalen Charakter gemäß eine finanz- und wirtschaftspolitische Novität. Aber es mußte nicht nur im Blick auf die EVG und deren Leistungsfähigkeit ein allein auf die Finanzierung dieser Organisation ausgerichtetes zentrales Finanzsystem geben, sondern die Bundesregierung wollte und wünschte auch ein vereinigtes Europa, nicht nur im ökonomischen (Montanunion) und im militärischen (EVG) Bereich. Sie faßte die Europäische Verteidigungsgemeinschaft als eine der Urzellen eines politisch vereinten Europas auf, das ohne ein eigenes europäisches Finanzsystem nicht auskommen konnte. Folglich entsprach es ihren Intentionen, mit dem Finanzsystem der EVG den Kristallisationspunkt für ein größeres europäisches Finanzsystem zu installieren. Die Schwierigkeiten bei der Finanzierung der EVG und der Schaffung eines wirksamen Finanzsystems erhellt allein schon die Tatsache, daß z.B. die Fragen eines vertikalen Finanzausgleiches zwischen Bund, Ländern und Gemeinden noch keine – geschweige denn eine dem föderativen Staatsaufbau genügende – Regelung gefunden hatten. In dieser Situation dachte man aber bereits daran, ein übernationales Finanzsystem zu errichten. So war denn, wie zu zeigen sein wird, Bonn stets bestrebt, das nationale Budgetrecht der zukünftigen Mitgliedsstaaten der EVG zugunsten verbindlicher Kompetenzen einer europäischen Zentralgewalt in Form der EVG zu schmälern. Wenn Frankreich und Italien auch zögernd folgten, wußten aber

[13] Keynesianismus.

die Beneluxstaaten eine entsprechende Regelung zu verhindern. Dies geht ganz deutlich aus den untersuchten Verhandlungsprotokollen und anderen Papieren hervor. Und so stellt der Artikel über die finanzwissenschaftlichen, -wirtschaftlichen und -politischen Probleme der Schaffung der EVG – wie übrigens alle anderen Darstellungen – nicht nur einen Beitrag zur Frühgeschichte der Bundesrepublik dar, sondern auch zum Ringen um die Schaffung eines vereinten Westeuropas.

Die Verfasser des sogenannten „Finanzbeitrages“ konnten sich auf keine finanztheoretischen Vorarbeiten zur Finanzierung des westdeutschen Verteidigungsbeitrages stützen. Wo sie durchgeführt worden sind, geschah dies recht spät, nämlich bereits in der entsprechenden Verhandlungsphase, und zwar bezeichnenderweise in der Regel durch Personen, die in der Administration und in den Konsultationen unmittelbar mit dieser Problematik befaßt waren. Eine monographische Darstellung der Finanzierung eines westdeutschen Verteidigungsbeitrages in Form der EVG liegt nicht vor. Grundlage der Untersuchung bilden somit aus der Not der unmittelbaren Verhandlungssituation heraus entstandene Gutachten und die internen Akten des Amtes Blank sowie des Bundesministeriums der Finanzen, letztlich die Aufzeichnungen über die Verhandlungen selbst.

Dieses weite Spektrum der Betrachtung macht – hoffentlich – die besondere Attraktivität des Sammelwerkes aus. Die Autoren haben es sich zur Aufgabe gemacht, den geschichtlichen Stoff über den im engeren Sinne militärhistorisch interessierten und ambitionierten Personenkreis hinaus auch für den auf breiter zeitgeschichtlicher Grundlage forschenden und lehrenden Wissenschaftler lesbar und lesenswert aufzubereiten.

An dieser Stelle erscheint noch ein Wort über den Forschungsstand bezüglich der Europäischen Verteidigungsgemeinschaft angebracht. Zu den frühen, fundierten Arbeiten zählt eine Schrift, die, wie nachfolgende Arbeiten auch, den Prozeß der sogenannten Wiederbewaffnung der Bundesrepublik in den fünfziger Jahren in den Zusammenhang internationaler Auseinandersetzungen stellt und vor allem dem westeuropäischen Integrationsprozeß in Verbindung mit einem westdeutschen Sicherheitsbeitrag spezielle Aufmerksamkeit widmet[14]. Als Unterlagen dienten dem Verfasser Parlamentsprotokolle, amtliches Schriftgut, die spärlichen Aktenpublikationen, Zeitungen, Memoiren und Befragungen. Der Autor gibt selbst zu, unter eingeschränkten Bedingungen gearbeitet zu haben, was verständlich wird, wenn man weiß, daß das amtliche Schriftgut mindestens dreißig Jahre lang gesperrt ist; Verschlußsachen sind es in der Regel länger. Sicher konnte hier nur eine vorläufige Bilanz gezogen werden, bis, wie ein Rezensent feststellt, „sich einmal die Möglichkeit spezieller fachlicher Untersuchungen ergibt“[15]. Dennoch handelt es sich ohne Frage um ein bis heute unverzichtbares Standardwerk.

Das gilt auch für eine überaus informative Habilitationsschrift[16], ebenfalls außenpolitisch orientiert, bereits auf einer guten Quellengrundlage, vornehmlich Archivmaterial, beruhend, wenn dies auch in den Fußnoten nicht ausdrücklich vermerkt ist. Hier wird die europapolitische Dimension der EVG besonders deutlich sichtbar. Denselben Schwerpunkt setzt eine Dissertation, die das Wechselverhältnis von Aufrüstung und Integration der Bundesrepublik zum Inhalt hat. Versucht wird, die Interdependenz innenpolitischer, militärpolitischer und außenpolitischer Bedingungsfaktoren der Bonner EVG-Politik nachzuvollziehen, ohne allerdings neue Thesen auf-

[14] Wettig, Entmilitarisierung in Deutschland.
[15] Hans Meier-Welcker, in: Das Historisch-Politische Buch 16 (1968) S. 26.
[16] Baring, Außenpolitik.

zustellen, was nicht zuletzt in der skizzierten Quellenlage begründet liegt. Zudem behandelt der Autor lediglich die Jahre 1950 bis 1952[17].

Das Ende des Ringens um eine Europäische Verteidigungsgemeinschaft wird in einer weiteren Publikation dargelegt, in der nun wieder deutlich außenpolitische Akzente gesetzt sind, während sie die innenpolitischen Kontroversen und Bemühungen weitgehend außer acht läßt[18]. Das Verdienst des Verfassers liegt darin, erstmals die außerdeutschen Akteure in ihrem Denken und Handeln präziser als bislang vorgestellt zu haben, obwohl auch diese Publikation darunter leidet, daß sie nur zu einem geringen Teil auf archivalischen Quellen basiert.

Aus der Sicht der DDR wurde Ende der 70er Jahre der Weg der Bundesrepublik in die NATO nachgezeichnet, so wie man ihn in der sowjet-marxistischen Geschichtswissenschaft zu erkennen glaubt: markiert durch Antibolschewismus (was nicht von der Hand zu weisen ist), „imperialistische Militärpolitik" des Westens, „Remilitarisierung", aber auch durch innenpolitischen Widerstand; insgesamt eine Studie auf bekannter Materialgrundlage, informativ und mit gewohnter ideologischer Akzentuierung[19].

Der Widerstand gegen eine westdeutsche Aufrüstung hat bereits im Mittelpunkt zahlreicher Veröffentlichungen gestanden, wenngleich es sich zumeist weniger um wissenschaftliches als um politisch motiviertes Schrifttum handelt, dessen Autoren eine überwiegend kritisch-distanzierte Haltung gegenüber der Bonner Militär- und Sicherheitspolitik einnehmen. Zu dieser Kategorie zählt auch der Beitrag in einem Sammelwerk jüngeren Datums, der originäres Material, insbesondere in Form von politischen Traktaten und Broschüren, verarbeitet, die über längere Zeit gesammelt wurden und in der Regel nicht über Bibliotheken zu beziehen sind, vielmehr bei Behörden und Parteien verwahrt werden[20]. Der hier dokumentierte parteipolitische, publizistische und von einer breiten Öffentlichkeit getragene Widerstand gegen die westdeutsche Aufrüstung wird sorgfältig analysiert, wobei auch die Ergebnisse der Meinungsforschung, soweit greifbar, Berücksichtigung finden.

Dieser Forschungsstand kann nicht befriedigen. Neue Ansätze sind notwendig und zwischenzeitlich auch möglich. Dies nicht zuletzt aufgrund des erfreulichen Umstandes, daß sich allmählich die Archive nicht nur der Bundesrepublik, sondern auch Frankreichs, Großbritanniens und der USA den Wissenschaftlern öffnen, Anlaß genug, erste Früchte bereits begonnener Archivstudien zu sammeln und einer kritischen wissenschaftlichen Öffentlichkeit vorzustellen. Da es sich beim 20. Jahrhundert „um ein Zeitalter krisenhafter Erschütterung und einer eben darin sehr wesentlich begründeten universalen Konstellation" handelt, verbietet es sich von selbst, die EVG nur aus bundesdeutscher Sicht zu betrachten oder nur aus europäischer. Sie bedarf „im Prinzip einer Behandlung im internationalen Rahmen"[21]. Dem hat eine Tagung Rechnung getragen, die das Militärgeschichtliche Forschungsamt im Frühjahr 1982 ausrichtete. Fünfzehn Referenten aus fünf Ländern trugen Forschungsergebnisse zur EVG-Problematik vor, die in einem Sammelband publiziert wurden[22]. Ihnen zufolge ist in Großbritannien die Diskussion um die EVG relativ weit fortgeschritten[23]; in Frankreich sowie in Italien wird weitgehend Neuland

[17] Schubert, Wiederbewaffnung.
[18] Noack, Europäische Verteidigungsgemeinschaft.
[19] Thomas, Der Weg.
[20] Otto, Widerstand.
[21] Rothfels, Zeitgeschichte, S. 7.
[22] Zum neuesten Forschungsstand aus internationaler Sicht s. Die westliche Sicherheitsgemeinschaft.
[23] Vgl. z.B. das Buch von Fursdon, The European Defence Community.

betreten, während die USA immerhin eine Reihe von Dokumenten publizierten, deren Auswertung für unser Thema von besonderer Bedeutung ist[24].

Es sei darauf hingewiesen, daß zur näheren Bestimmung der öffentlichen Meinung erstmals die geheimen Befragungen systematisch ausgewertet werden konnten, die das Allensbach-Institut einzig zur Unterrichtung des Bundeskanzlers und seiner vertrautesten Mitarbeiter durchgeführt hat. Diese demoskopischen Ergebnisse ließen Erkenntnisse nicht nur bezüglich der Haltung der westdeutschen Bevölkerung zum engeren Themenkreis der Sicherheitspolitik zu, sondern erlaubten auch Einblicke in die Grundhaltung der Bundesbürger zu Nationalsozialismus und demokratischer Neugestaltung. In den Akten der Dienststelle Blank befindet sich eine große Pressesammlung und -auswertung.

In Anbetracht der als befriedigend bis gut zu bezeichnenden Quellenlage erübrigte sich die systematische Auswertung der Publizistik zu diesem Thema. Es konnte dabei bleiben, dort einzelne Pressemitteilungen heranzuziehen, wo die Akten sich als lückenhaft überliefert erwiesen. Presseorgane fanden auch dort Beachtung, wo sie als politisches Sprachrohr von Parteien, Verbänden, Kirchen usw. dienten, und dort, wo sie Aufschluß über Auffassungsunterschiede innerhalb solcher Einrichtungen gaben. Inwieweit die damaligen Medien meinungsbildend gewirkt haben, ist eine Frage, die sich bei fehlenden demoskopischen Ermittlungen nicht beantworten läßt. Wie will man das Echo messen, das sogenannte überparteiliche Zeitungen z.B. durch kritische oder positive Beiträge auslösten, wenn Leserbriefe nach dem Prinzip des Proporzes von Zustimmung und Ablehnung gedruckt wurden?

Im übrigen achteten damals auch Rundfunk, Tages- und Wochenzeitungen bzw. -zeitschriften – mit wenigen Ausnahmen, so u.a. Der Spiegel, die Frankfurter Hefte – auf politische Ausgewogenheit, ließen Regierung und Opposition zumeist gleichgewichtig zu Wort kommen. Inwieweit die sogenannte veröffentlichte Meinung Einfluß auf die praktische Politik zu nehmen vermochte, läßt sich gleichfalls qualitativ nicht messen[25].

Manches wird noch längere Zeit im dunkeln bleiben, die Klärung mancher Zusammenhänge noch auf sich warten lassen, weil Archivstudien Zeit benötigen, weil ein internationaler Gedankenaustausch notwendig ist, weil es gilt, Rücksicht zu nehmen auf hemmende Vorschriften des Daten- und Personenschutzes, weil Teile der Öffentlichkeit und gesellschaftliche Gruppen wie Einzelpersonen noch nicht bereit sind, ihre politische Vergangenheit zu reflektieren und als Geschichte zu verstehen. Ungeachtet dieser Schwierigkeiten ist es Aufgabe der Zeitgeschichtsforschung, „daß sie an keinerlei heißen Eisen, weder internationalen noch nationalen, sich vorbeidrückt und nicht leere Räume offenläßt, in die Legenden sich einzunisten neigen"[26].

Dieses Buch wäre nicht zustande gekommen, könnte nicht auf der breiten Quellengrundlage fußen, wenn nicht zahlreiche Archive und andere Institutionen – nicht selten unter Überwindung erheblicher formaler Hindernisse – ihre Materialien zur Verfügung gestellt hätten. Es sei daran erinnert, daß mit Ablauf der 30-Jahre-Frist dem Historiker nur die ohnehin offenen Akten zugänglich sind. Die Autoren haben als Bundesbedienstete zwar alle Akten des Staatsapparates einsehen können, die ihnen für ihre Arbeit relevant erschienen, durften sie aber – wo es sich um Verschlußsachen handelte – im Text nicht erwähnen. Ihr Inhalt diente jedoch oftmals der Skizzierung des Hintergrundes politischer Vorgänge, machte Vergleiche möglich, ließ Zusammenhänge erkennen.

[24] Die Dokumentensammlung Foreign Relations of the United States (FRUS) erstreckt sich bereits in Teilen bis zum Jahr 1957.

[25] Vgl. dazu Jacobsen, Zur Rolle der öffentlichen Meinung.

[26] Rothfels, Zeitgeschichte, S. 8.

An dieser Stelle gilt es daher Dank zu sagen all den verantwortlichen Mitarbeitern der Einrichtungen, die uns Akteneinsicht gewährten. An erster Stelle muß das Bundesministerium der Verteidigung Erwähnung finden, das in mühevoller Arbeit nahezu alle die VS-Akten auf „offen" herabgestuft und damit der Benutzung zugänglich gemacht hat, die benötigt wurden. Auch das Bundeskanzleramt hat Mittel gefunden und Wege gewiesen, die bei ihm eingesehenen Archivalien nicht nur inhaltlich zur Kenntnis nehmen, sondern auch auswerten und zitieren zu können. Unterstützt wurden die Autoren auch vom Deutschen Bundestag, dem Bundesrat, dem Presse- und Informationsamt der Bundesregierung in Bonn und vom Bundesverfassungsgericht in Karlsruhe.

Im Ausland muß gedankt werden: dem Public Record Office in Kew (London), den National Archives in Washington, D.C.; dem NATO-Hauptquartier in Brüssel.

In der Bundesrepublik sind in folgenden staatlichen Archiven Nachforschungen angestellt worden:

Im Bundesarchiv Koblenz, besonders im Bundesarchiv-Militärarchiv Freiburg und im Bundesarchiv-Zwischenarchiv St. Augustin; im Politischen Archiv des Auswärtigen Amts in Bonn; im Hauptstaatsarchiv in Stuttgart; im Bayerischen Hauptstaatsarchiv in München; in den Staatsarchiven Bremen und Freiburg.

Dankenswerterweise haben uns auch politische Parteien und Verbände ihre themenbezogenen Materialien vorgelegt. Es geschah dies durch das Archiv der Sozialen Demokratie der Friedrich-Ebert-Stiftung in Bonn; die Friedrich-Naumann-Stiftung, Archiv des Deutschen Liberalismus in Gummersbach; die Konrad-Adenauer-Stiftung, Archiv für Christlich-Demokratische Politik in St. Augustin; die Stiftung Bundeskanzler-Adenauer-Haus in Rhöndorf; die Ludwig-Erhard-Stiftung in Bonn; die FDP-Fraktion im Deutschen Bundestag (die Fraktionsakten der CDU für diesen Zeitraum gelten als verschollen, die der SPD lagen in der Ebert-Stiftung vor, die CSU hat die Einsichtnahme in die ihrigen verweigert); zu erwähnen sind die Deutsche Angestelltengewerkschaft in Hamburg, der Deutsche Gewerkschaftsbund in Düsseldorf, der Verband der Heimkehrer, Kriegsgefangenen und Vermißtenangehörigen in Bonn, der Bund der Vertriebenen und der Deutsche Bundesjugendring, beide in Bonn.

Zugänglich waren weiterhin das Evangelische Zentralarchiv in Berlin und das Gemeinschaftswerk der Evangelischen Publizistik e.V. in Frankfurt/M., Teile der Bestände des Archivs des Erzbischöflichen Ordinariats in Freiburg – die zentralen Akten der katholischen Bischofskonferenz und die des Bevollmächtigten der katholischen Kirche bei der Bundesregierung sind gesperrt –; die des ersten Bevollmächtigten der evangelischen Kirche verwahrt Bischof a.D. Kunst, der ihre Auswertung nicht ermöglichte.

Durchgesehen werden konnte auch das Archivgut des Instituts für Zeitgeschichte in München.

Folgende Persönlichkeiten haben uns die Genehmigung erteilt, noch gesperrte Deposita einzusehen. Ihnen gilt der besondere Dank der Autoren. Es handelt sich um Irmgard Beermann (NL Beermann), Dr. Gerda Bracker (NL Schäffer), Michael v. Brentano (NL v. Brentano), Theo Brockmann (NL Brockmann), Dr. Ulrich Cartellieri (NL Cartellieri), Dr. Herbert Czaja (Bund der Vertriebenen), Dr. Sieglinde Ehard (NL Ehard), Brigitte und Prof. Dr. Helmut Gollwitzer (NL Heinemann), Dr. Peter Heinemann (NL Heinemann), Heinrich Hellwege (Deutsche Partei), Brigadegeneral a.D. Heinz Karst (eigenes Depositum im MGFA), General a.D. Johann Adolf Graf Kielmansegg (NL Kielmansegg), Dr. Ernst Müller-Hermann (private Materialien), Heinz Westphal (Archiv der Arbeiterjugendbewegung) und Prof. Dr. Manfred Wichelhaus (NL Heinemann).

Die Autoren bedanken sich schließlich bei der unter Leitung von General a.D. Ulrich de Maizière stehenden Kommission aus Wissensträgern und Wissenschaft – Ministerialdirigent a. D. Dr. Joachim Hinz, Professor Dr. Hans-Adolf Jacobsen und Botschafter a. D. Dr. Rolf Pauls – für die beratende Begleitung des Forschungsprojekts.

Hans-Erich Volkmann
Projektleiter

Erster Teil

Die internationalen Auseinandersetzungen um die Westintegration der Bundesrepublik Deutschland und um ihre Bewaffnung im Rahmen der Europäischen Verteidigungsgemeinschaft

von
Klaus A. Maier

I. Das Ringen um den EVG-Vertrag und den Deutschlandvertrag

1. Die Frage der Bewaffnung der Bundesrepublik im Zusammenhang mit der Neuorientierung der amerikanischen Containment-Politik gegenüber der Sowjetunion

Der mit der amerikanischen Containment-Politik beschrittene Weg „regressiver Konfliktregulierung"[1] gegenüber der Sowjetunion mußte nach der für den Westen überraschenden Zündung einer sowjetischen Atombombe im August 1949 und angesichts der Kontrolle des chinesischen Festlands durch die Rotchinesen modifiziert werden. George Kennans Strategie der Verteidigung ausgewählter Schwerpunkte schien der im National-Security-Council-Memorandum NSC 68[2] formulierten unmittelbaren Bedrohung der USA – bis 1954 glaubte man die Sowjetunion im Stande, die USA in einem Nuklearkrieg vernichten zu können – nicht mehr angemessen zu sein. Für das nunmehr „totale"[3] Programm der Abwehr sowjetischer Weltherrschaftspläne („Kremlin design") wurde eine erweiterte Containment-Strategie entwickelt, in der alle Zonen möglicher Bedrohung als gleich wichtig angesehen wurden[4]. Diese Ausweitung des US-Engagements, verbunden mit dem Erfordernis, nicht nur die nuklearstrategische, sondern vor allem auch die konventionelle Rüstung steigern zu müssen, um bei dem heraufziehenden nuklearen Patt der Sowjetunion einigermaßen ebenbürtig zu bleiben, war ein Vorhaben, das verstärkte militärische Anstrengungen der Verbündeten erforderte.

Der Ausbruch des Koreakrieges setzte dieses Vorhaben unter Zeitdruck. Im Hinblick auf das geteilte Deutschland wollten vor allem diejenigen analoge Entwicklungen in Europa nicht mehr ausschließen, die in dem nordkoreanischen Angriff ein Indiz dafür erblickten, daß unter den neuen strategischen Gegebenheiten der Respekt vor den amerikanischen Atomwaffen kein ausreichendes Gewicht im Risikokalkül der Sowjetführung mehr besaß[5]. Zwar war schon vor dem

[1] Nach Link, Ost-West-Konflikt, S. 97 ff., wurde die bei Kriegsende weitgehend nach machtpolitischen Kriterien entworfene kooperative Friedensordnung („integratives Konzept") durch eine 1946 einsetzende „regressive Konfliktregelung" unter den Großmächten abgelöst, die eher durch die ideologisch-ordnungspolitische Konkurrenz unter den beiden Supermächten USA und UdSSR bestimmt wurde, „deren Bedeutung man bei dem Entwurf der neuen Weltordnung 1944/45 unterschätzt hatte". Unter der Vielzahl der nach wie vor unter der Unzugänglichkeit sowjetischer Quellen leidenden und daher „westlastigen" Literatur zum Ost-West-Konflikt sind neben der Arbeit von Link hervorzuheben: Yergin, Shattered Peace; Gaddis, Strategies of Containment; ders., The United States; ders., The Long Peace; Loth, Teilung der Welt; May, The Cold War. Unter besonderer Berücksichtigung der nuklearstrategischen Implikationen: Geiling, Außenpolitik und Nuklearstrategie.

[2] Foreigen Relations of the United States (= FRUS) 1950, I, S. 234 ff.

[3] Siehe NSC 68, ebd., S. 263: „The risks we face are of a new order of magnitude, commensurate with the total struggle in which we are engaged." Die Joint Chiefs of Staff (= JCS) erklärten am 13. 4. 1950 (wiederholt am 15. 1. 1951): „The United States and the USSR are now, to all intents and purposes, engaged in war – except for armed conflict", FRUS 1951, I, S. 73.

[4] Gaddis, Strategies of Containment, S. 89 ff.

[5] Siehe beispielsweise die Ausführungen des Bundeskanzlers in der Besprechung mit den Hochkommissaren am 17. 8. 1950, Kabinettsprotokolle, Bd 3, Nr. 12, S. 76 ff.

Ausbruch des Koreakrieges die Einsicht verbreitet, daß Initialhilfen wie der Marshallplan zum wirtschaftlichen Wiederaufbau Europas mit einer hinreichenden Verteidigungskapazität im Rahmen amerikanisch-europäisch arbeitsteiliger „mutual balanced forces" unter den neuen Bedingungen nicht mehr ausreichen[6], doch erst der Koreakrieg schuf die massenpsychologischen Voraussetzungen, unter denen sich die daraus zu ziehenden Konsequenzen politisch durchsetzen ließen[7]. Auf beiden Seiten des Atlantiks hielt man es für erforderlich, die NATO von einem herkömmlichen Bündnis zu einer Verteidigungsorganisation mit integrierten Streitkräften einschließlich eines amerikanischen Kontingents umzuwandeln, wenn man Europa im Ernstfall wirksam verteidigen und nicht nur wie im Zweiten Weltkrieg aus der Okkupation befreien wollte. Vor den Problemen, die mit dieser europäisch-atlantischen „entangling alliance"[8] verbunden sein würden, hatte Kennan schon während der Gründungsverhandlungen für die NATO im September 1949 gewarnt: Anstelle eines europäischen Zusammenschlusses aller freien Nationen Europas zu einer selbständigen politischen Kraft werde die Spaltung Europas in eine sowjetische und eine amerikanische militärische Zone vertieft. Statt zu einem allmählichen Herauslösen der USA aus der Verantwortung für die Sicherheit Westeuropas werde es zu einer rechtlichen Fortdauer („legal perpetuation") dieser Verantwortung kommen, die auf Dauer weder für die Europäer noch für die USA tragbar sein würde[9].

Gegen diese längerfristigen Vorstellungen Kennans von einem Europa als „dritter Kraft", die der Entwicklung des internationalen Systems in duopolare Einflußsphären entgegenwirken sollte, hatten sich innerhalb der amerikanischen Administration jedoch realistischere Beurteilungen des europäischen Potentials und der politischen Verhältnisse durchgesetzt. Vor dem Hintergrund der Bedrohungsvorstellungen, wie sie sich in NSC 68 niedergeschlagen hatten, konnte Europa nicht mehr sich selbst überlassen bleiben. Ein vereinigtes Europa, von vielen Amerikanern analog der eigenen historischen Entwicklung als politisches Allheilmittel für die Alte Welt gepriesen, war nicht mehr Selbstzweck, sondern vor allem Mittel zur Stärkung der wichtigsten amerikanischen Bündnispartner, die in die Lage versetzt werden sollten, einen zumutbaren Anteil an den Verteidigungslasten zu tragen. Das in Erkenntnis der Interdependenz von ökonomischem Wiederaufbau, politischer Stabilität und äußerer Sicherheit von der US-Administration gegen starke interne Widerstände durchgesetzte militärische Engagement der USA in Europa sollte den Europäern den Einstieg in diese subalterne Rolle innerhalb einer atlantisch definierten Sicherheitspartnerschaft erleichtern. Diese amerikanische militärische Präsenz in Europa war als eine Investition auf Zeit gedacht[10].

Unter dem Eindruck allmählich erlahmender Impulse aus dem European Recovery Program (ERP) für die europäische Integration – bei den Verhandlungen um eine europäische Zahlungsunion schienen sich die divergierenden wirtschaftlichen Interessen zwischen den kontinentaleuropäischen Ländern und Großbritannien (Sterling-Block), aber auch zwischen Europa und den USA in den Vordergrund zu schieben[11] – forderte der amerikanische Außenminister Dean Acheson am 7. März 1950 neue politische Anstöße, um die seiner Ansicht nach verlorengegan-

[6] Siehe dazu Joffe, Europapräsenz, S. 38ff. Am 18. 5. 1950 empfahl der NATO-Rat, die NATO solle ihre Bemühungen auf die Schaffung von „balanced collective forces rather than balanced national forces" konzentrieren, FRUS 1950, III, S. 123.

[7] Mai, Westliche Sicherheitspolitik, S. 173. Wells, The First Cold War Buildup, S. 184f.

[8] Osgood, NATO.

[9] Gaddis, The United States, S. 76.

[10] Joffe, Europapräsenz, S. 8.

[11] FRUS 1950, III, S. 627–630.

gene Initiative, insbesondere zur Verankerung der Bundesrepublik im Westen, wiederzugewinnen. US-Hochkommissar John J. McCloy hielt in diesem Zusammenhang einen „drastic step towards political unity such as the establishing of articles of confederation for Europe" für erforderlich. Im Vergleich dazu nahmen sich die Vorschläge Achesons eher pragmatisch aus. Er dachte an die Weiterentwicklung bereits bestehender Organisationen, neben dem Europarat und der Organisation für europäische wirtschaftliche Zusammenarbeit vor allem an die NATO, da die USA ihr als Mitglied angehörten[12]. Auch die in Europa akkreditierten US-Botschafter sprachen sich im März 1950 mehrheitlich für den politischen Ausbau der NATO aus, wobei Botschafter David Bruce allerdings einschränkend feststellte, daß offenkundige Schwierigkeiten die USA davon abhalten würden, sich zum gegenwärtigen Zeitpunkt für eine mit erweiterten politischen Befugnissen ausgestattete nordatlantische Bündnisorganisation einzusetzen, der die USA einen Teil ihrer Souveränität übertragen müßten[13]. Die Mehrheit der Botschafter war sich aber mit dem US-Gesandten in Paris, Charles E. Bohlen, darin einig, daß politische Direktiven für das Bündnis schon deshalb nötiger seien als bloße militärische Planungen, weil sich bei allen weitergehenden militärischen Überlegungen die Frage nach der Rolle der Bundesrepublik stelle[14]. Im weiteren Zusammenhang war es die Frage, wie die Bundesrepublik in eine im wesentlichen atlantisch definierte und multinational strukturierte westliche Sicherheitsorganisation unter dem Gesichtspunkt der Sicherheit mit und gleichzeitig vor Deutschland integriert und wie dabei das hauptsächlich von unterschiedlichen Interessen der westlichen Hauptmächte bestimmte Verhältnis zwischen europäischer und atlantischer Integration politisch und militärisch geregelt werden sollte[15].

2. Der amerikanische Vorschlag für die Bewaffnung der Bundesrepublik im Rahmen eines NATO-Kontingents

Die Frage eines westdeutschen Verteidigungsbeitrages war im Pentagon schon seit längerer Zeit virulent[16]. Am 8. Juni präsentierte US-Verteidigungsminister Johnson dem National Security Council die Auffassung der Joint Chiefs of Staff vom 2. Mai des gleichen Jahres, wonach es deren feste Überzeugung war, daß unter militärischen Gesichtspunkten eine angemessene und rasche Bewaffnung der Bundesrepublik von grundsätzlicher Bedeutung für eine wirksame Verteidigung Westeuropas war[17]. Präsident Truman hielt damals den Vorstoß der Joint

[12] Ebd., S. 638 ff.

[13] Bruce führte ein Papier des Department of State über die sogen. Justice Roberts Resolution on Federal Union an, in der die Schwierigkeiten einer amerikanischen Beteiligung an einer supranationalen Organisation aufgezeigt wurden, die schon bei Gründung der NATO eine Rolle spielten; siehe Kaplan, An Unequal Triad, S. 117.

[14] FRUS 1950, III, S. 795 ff.

[15] Zum Spannungsverhältnis zwischen europäischer und atlantischer Integration vornehmlich aus amerikanischer Sicht siehe Mai, Dominanz oder Kooperation.

[16] Siehe Wiggershaus, Entscheidung; ders., Zur Frage; ders., Überlegungen und Pläne; ders., Effizienz und Kontrolle; ders., Außenpolitische Voraussetzungen; ders., Zum Problem; Schwartz, The Case of German Rearmament; ders., From Occupation to Alliance; ders., The „Skeleton Key".

[17] FRUS 1950, IV, S. 686 ff. Poole, History of the Joint Chiefs 4, S. 192. Zur Haltung der britischen Chiefs of Staff siehe Warner, The British Labour Government.

Chiefs of Staff noch für „decidedly militaristic" und unter den damaligen politischen Verhältnissen für unrealistisch[18]. Auch im State Department war man bei der Güterabwägung zwischen dem militärischen Vorteil westdeutscher Soldaten und dem möglichen europapolitischen Schaden sehr vorsichtig. Am 3. Juli 1950, wenige Tage nach dem nordkoreanischen Angriff, war man dort zwar bemüht, mit größtmöglicher Eile Bedingungen zu schaffen, „which so definitely commits Germany to the West that her future choice between East and West cannot be in doubt", ein öffentliches Eintreten für die Bewaffnung der Bundesrepublik hielt man jedoch im Hinblick auf deren innenpolitische und wirtschaftliche Entwicklung[19], vor allem aber mit Rücksicht auf die seit dem 20. Juni tagende Konferenz über eine Europäische Gemeinschaft für Kohle und Stahl für unangebracht. An einen Erfolg dieser Konferenz knüpfte das State Department nämlich die Hoffnung, die Franzosen könnten sich auf diesem supranationalen Wege zu einer Lösung deutscher Probleme einschließlich der westdeutschen Aufrüstung bereit finden, der bislang sämtliche französische Regierungen aus Gründen innenpolitischer Rücksichtnahme ihre Zustimmung versagen mußten[20]. Aus dem gleichen Grunde hatte Acheson zwei Monate zuvor von einem aus dem Kongreß an ihn herangetragenen Vorhaben abgeraten, in die Präambel der Foreign Aid Bill die Formel „encouragement of political federation" als Ausdruck amerikanischer Zielvorstellungen einzufügen. Die europäischen Einigungsbestrebungen sollten nicht durch allzu forsche amerikanische Ermunterungen, die leicht als Vorbedingungen für die US-Hilfe mißverstanden werden konnten, belastet werden[21]. Mit dieser Rücksichtnahme auf die Situation in Frankreich und auf die integrationspolitischen Initiativen der französischen Regierung befand sich das State Department im Einklang mit der britischen Regierung[22].

Obwohl das State Department am 3. Juli einer eventuellen begrenzten Bewaffnung Westdeutschlands im Rahmen eines „new concept of balanced North Atlantic forces" in Aussicht stellte[23], widersetzten sich die Joint Chiefs of Staff dem vom State Department artikulierten Konnex zwischen der deutschen Wiederbewaffnung und den europäischen Einigungsbemühungen. Das Joint Strategic Survey Committee wies darauf hin, daß eine wirksame Verteidigung Europas als „vital outer bastion of United States security" nicht nur ein grundsätzliches Sicherheitserfordernis der Westeuropäer, sondern auch der USA sei; jede Reduzierung der Frage der westdeutschen Bewaffnung auf das Problem der europäischen Einigung lasse eine angemessene Berücksichtigung amerikanischer Interessen außer acht[24]. Angesichts des militärischen Engagements der USA in Korea war es verständlich, daß die Joint Chiefs of Staff ähnlich wie die britischen Generalstabschefs[25] die Bewaffnung der Bundesrepublik nicht von komplizierten integrationspolitischen Präliminarien abhängig gemacht wissen wollten.

Amerikanische Diplomaten in Europa waren jedoch der Auffassung, daß es zu politischen Lösungen keine Alternative gab. Zu ihnen gehörte der amerikanische Hochkommissar für Deutschland, John McCloy, der am 3. August 1950, acht Tage vor dem entsprechenden spektakulären Resolutionsentwurf Churchills vor der Beratenden Versammlung des Europarats, die-

[18] FRUS 1950, IV, S. 688.

[19] Die Bundesrepublik gebe 22% ihres Budgets für Stationierungskosten aus, mehr könne sie nicht leisten; ebd., S. 693.

[20] Ebd., S. 691 ff.

[21] FRUS 1950, III, S. 654.

[22] Wiggershaus, Zum Problem, S. 320 ff.

[23] FRUS 1950, IV, S. 693.

[24] NA, MMB, RG 218, GF 1948–1950, Germany (5-4-49), Sec. 3, J. C. S. 2124/11, 27 July 1950, Report by the Joint Strategic Survey Committee to the Joint Chiefs of Staff on Rearmament of Western Germany.

[25] Wiggershaus, Zum Problem, S. 324.

Schaffung einer „genuine European Army“ als Rahmen für die westdeutsche Wiederbewaffnung vorschlug[26]. Zu dieser Europaarmee sollten die USA nach Auffassung McCloys „its share of components and resources“ beisteuern. Von den Briten nahm er an, daß sie einer Europaarmee als Erweiterung des Brüsseler Pakts ihre Unterstützung nicht versagen würden.

Mit diesem Vorschlag rannte McCloy im State Department offene Türen ein. Hier hatte Acheson inzwischen ebenfalls einen Plan für einen „Approach to the Formation for a ‚European Army‘“ ausarbeiten lassen, in dem unter anderem die komplizierten Zusammenhänge zwischen einem amerikanischen Oberbefehlshaber in Europa und einem „Combined Chiefs of Staff arrangement“ untersucht wurden. Achesons Plan eines „unified command“ stieß wieder auf Ablehnung durch die Joint Chiefs of Staff[27]. Am 3. August mußte er sie daher über Verteidigungsminister Johnson mit der Feststellung besänftigen, er denke lediglich an die Errichtung eines Planungsstabes ähnlich dem Chief of Staff to the Supreme Allied Commander (COSSAC) von 1943, „to pull the whole thing together in Europe“. Erst im November oder Dezember sollte aus diesem Stab ein „unified command“ entstehen[28].

Solche Widerstände allein schon gegen eine militärische Integration machten supranationale politische Integrationsentwürfe vollends illusorisch. Aus dieser Erfahrung heraus begegnete Acheson am 10. August, assistiert von W. Averell Harriman (Special Assistant to the President), Vorschlägen von Kongreßmitgliedern für eine „North Atlantic Union“ – angeblich waren über die Hälfte des Senats und etwa 100 Mitglieder des Repräsentantenhauses für eine solche „new political association of the free nations“ – mit dem Argument, die USA sollten sich auf die zwingenden Bedürfnisse der gemeinsamen Verteidigung konzentrieren und die Entwicklung politischer Strukturen erst einmal noch reifen lassen. John Foster Dulles, damals Berater Achesons, umschrieb diese Priorität mit „applying the federal principle to the problems of our common defense with further situations of union flowing from our progress made in the primary approach“[29]. Diesem funktionalistischen Prinzip[30] folgte das Konzept des State Department für eine „European Defense Force of international Character“, über das nach Billigung durch das Pentagon der amerikanische Delegierte beim NATO-Stellvertreterrat, Charles M. Spofford, noch vor dem Außenministertreffen und der NATO-Ratstagung in New York mit den Briten und Franzosen in Verhandlungen treten sollte[31]. Unter der Voraussetzung, daß die USA ihren Willen erkennen ließen, sich an dem mit der partiellen Aufgabe militärischer Souveränität verbundenen europäischen Verteidigungsvorhaben zu beteiligen, beurteile man im State Department die Aussichten für günstig, zu einer allseitig befriedigenden Lösung des Problems eines westdeutschen Verteidigungsbeitrages zu kommen, der nach dortiger Auffassung allerdings die Mitgliedschaft der Bundesrepublik in der NATO implizierte. Wie schon Dulles zuvor gab auch das State Department seiner Hoffnung Ausdruck, daß von einer multinational integrierten Verteidigungsstreitmacht in Westeuropa unter Beteiligung der USA („full participation“) Impulse für eine politische Einigung Europas ausgehen würden.

Wegen der vom State Department nunmehr über die Vorschläge vom 3. Juli hinausgehenden Pläne im Zusammenhang mit dem Aufbau einer „European Defense Force“ sah sich Verteidi-

[26] FRUS 1950, III, S. 180 ff.

[27] Ebd., S. 183 f., Poole, History of the Joint Chiefs 4, S. 194.

[28] FRUS 1950, III, S. 182 f.

[29] Ebd., S. 197 ff.

[30] Zum Begriff siehe David Bruce, der im März 1950, allerdings nur bezüglich der europäischen Einigung, zwischen einem föderalistischen und einem funktionalistischen Weg unterschied; ebd. S. 797.

[31] FRUS 1950, III, S. 211 ff.

gungsminister Johnson zu einer Stellungnahme noch vor Abreise Spoffords außerstande[32]. Die entschiedenste Absage an eine multinational integrierte Lösung mit europapolitischen Hintergedanken formulierte das Joint Strategic Plans Committee in einem Bericht an die Joint Chiefs of Staff vom 26. August 1950: „The proposal by the Department of State for the formation of a European Defense Force, of international character, involving the unification of the military forces of the United States, United Kingdom, the North Atlantic Treaty Organization (NATO) countries of Western Europe, and Western Germany in advance of political unification of those nations is a radical one. It has always been the understanding of the Joint Strategic Survey Committee that national policy dictates that military arrangement with foreign nations may follow but can never precede the necessary appropriate political arrangements[33]."

Neben diesen prinzipiellen Differenzen zwischen State Department und Joint Chiefs of Staff ergaben sich Auffassungsunterschiede zwischen dem Department of Defense und dem State Department im Hinblick auf die gegenüber den europäischen Verbündeten einzuschlagende Verhandlungsstrategie. Unbeeindruckt von den Skrupeln Achesons wollte man im Pentagon den Europäern einen „one package"-Vorschlag unterbreiten, der die Verstärkung der amerikanischen Truppen und ein „unified command" in Europa von deren Zustimmung zur Aufrüstung der Bundesrepublik abhängig machte[34].

Alarmiert durch die Aufrüstung in der sowjetischen Besatzungszone fürchtete Präsident Truman verheerende Konsequenzen für den Fall, daß die US-Delegation auf der New Yorker Außenministerkonferenz nicht mit einer klaren Meinung auftreten würde. Daher ließ er sich am 26. August 1950 über die unterschiedlichen Auffassungen vortragen und verlangte, daß die Differenzen bis zum 5. September anhand eines von ihm vorgelegten differenzierten Fragenkatalogs ausgeräumt würden[35].

Daraufhin lenkten die Joint Chiefs of Staff insofern ein, als sie nun einer „European Defense Force" zustimmten, jedoch darauf bestanden, daß sie aus einzelnen nationalen Komponenten bestehen, also auch einen national geschlossenen deutschen Beitrag enthalten müsse. Den Befürchtungen im State Department vor einem deutschen Verteidigungsministerium, einem deutschen Generalstab und einer deutschen Rüstungsindustrie, „with which the Germans will terrorize the rest of Europe", begegnete das Joint Strategic Plans Committee mit der Überzeugung, daß die Aufrüstung der Bundesrepublik im Rahmen der NATO in ausreichender Weise kontrolliert werden könne, ohne daß hierzu die Europäer und die USA einen militärischen Souveränitätsverzicht leisten müßten, der wahrscheinlich weder in den USA noch in den anderen Ländern die erforderliche Unterstützung erfahren würde. In Unterschätzung oder Vernachlässigung der psychologischen Lage in Europa wenige Jahre nach dem Ende des Zweiten Weltkrieges war das Joint Strategic Plans Committee ganz allgemein der Auffassung, daß es darum gehe, den Status der Bundesrepublik auf den der übrigen Länder anzuheben und nicht, wie das State Department versuche, den Status der übrigen Staaten dem gegenwärtig minderen Status der Bundesrepublik anzupassen, nur um einen westdeutschen Verteidigungsbeitrag zu ermöglichen[36].

[32] Ebd., S. 226f.

[33] NA, RG 218, Germany (8-26-50). J. C. S. 2124/16, 26 August 1950, Report by the Joint Strategic Survey Committee to the Joint Chiefs of Staff on Rearmament of Western Germany; Greiner, Alliierte militärstrategische Planungen, S. 297.

[34] Poole, History of the Joint Chiefs 4, S, 195. Acheson, Present at the Creation, S. 437f.

[35] FRUS 1950, III, S. 250f.

[36] NA, RG 218, Germany (9-1-50) J. C. S. 2124/18, 1 September 1950, Report by the Joint Strategic Plans Committee (in Collaboration with the Joint Logistics Plans Committee) to the Joint Chiefs of Staff on

Unter dem Zeitdruck der bevorstehenden Konferenzen gab Acheson schließlich seine Zustimmung zu dem „one package"-Programm, während das Pentagon sich den Vorschlägen des State Department für ein „unified command" anschloß[37]. Daraufhin konnten am 8. September 1950 Acheson und Johnson Präsident Truman einen gemeinsamen Vorschlag für eine „European Defense Force within the North Atlantic Treaty framework" unterbreiten, den dieser am 11. September als NSC 82 akzeptierte[38]. Die neue „European Defense Force" hatte allerdings, gemessen an den ersten Entwürfen McCloys und des State Department, viel von ihrem Charakter einer integrierten Armee eingebüßt. Es wurde lediglich bestimmt, daß sie der politischen und strategischen Führung der NATO unterliegen sollte und daß der nach Erfüllung der politischen Bedingungen des „one package"-Vorschlages zu ernennende amerikanische Oberbefehlshaber mit ausreichenden Befugnissen ausgestattet werden sollte, um sicherzustellen, daß die einzelnen nationalen Streitkräfte als Teile einer effizienten gemeinsamen Streitmacht organisiert und ausgebildet werden konnten. Diese NATO-Kompetenz setzte nach Meinung der Autoren die Mitgliedschaft der Bundesrepublik in der NATO voraus, die unter militärischen Gesichtspunkten sobald als möglich erfolgen sollte.

Mit seinem Vorschlag einer integrierten NATO-Streitmacht einschließlich eines national geschlossenen deutschen Kontingents, das Bundeskanzler Adenauer inzwischen auf Drängen McCloys auch von sich aus angeboten hatte[39], stieß Acheson auf der New Yorker Außenministerkonferenz auf den entschiedenen Widerstand der Franzosen[40]. Diese waren eher daran inter-

Proposal for Establishment of a European Defense Force, to include West German Armed Forces. Poole, History of the Joint Chiefs 4, S. 200.

37 Acheson, Present at the Creation, S. 440.

38 NSC 82. FRUS 1950, III, S. 273 ff. und 273 Anm. 1.

39 Die von Bundeskanzler Adenauer im Sicherheitsmemorandum vom 29. 8. 1950 (siehe dazu Wiggershaus, Entscheidung, S. 372) erklärte Bereitschaft, „im Falle der Bildung einer internationalen westeuropäischen Armee einen Beitrag in Form eines deutschen Kontingents zu leisten", kommentierte Acheson in einem Schreiben vom 15. 9. 1950 an Präsident Truman: „I think we showed that it was quite possible to deal with the German Government on the issue, not as suppliants, but merely as agreeing to proposals already made by Adenauer to contribute units to European forces and to force him to accept conditions to our acceptance of his proposals" (FRUS 1950, III, S. 1230). Nach Hans Buchheim hatte die Erklärung Adenauers lediglich den „Charakter und Wert einer politischen Initiative", war also kein Angebot, das die Westmächte nur noch hätten anzunehmen brauchen (Buchheim, Deutschlandpolitik, S. 38 f.). Acheson stellte jedoch am 15. 9. während der New Yorker Außenministerkonferenz lapidar fest: „They [die Deutschen, K. M.] have made an offer" (FRUS 1950, III, S. 319, siehe auch S. 318). In der ursprünglichen, aufgrund des französischen Widerstandes revidierten Fassung des Konferenz-Kommuniqués hieß es: „They [die NATO-Außenminister, K. M.] have taken note of the Chancellor's statement of the willingness of Germany to participate in a unified European defense" (FRUS 1950, III, S. 1298, Anm. 22). Zuvor hatten die in New York versammelten Außenminister durch General Hays beim Bundeskanzler anfragen lassen, ob sie sich auf sein Angebot berufen könnten (Wiggershaus, Zur Frage der Planung, S. 82). Die Antwort des Bundeskanzlers wurde im US State Department wie folgt notiert: „Chancellor Adenauer has requested that his statement on German contributions and European defense should not be made public. He feels that if the Ministers make this statement public he will be accused by the Bundestag of taking a decision of major importance without consulting it and that the public would feel that a question of this importance should not be decided without reference to the Bundestag. The Chancellor states that he is prepared to bind his government to support his statement, but he does not consider it politically expedient to bind the Bundestag without consulting it. He therefore suggests that the Foreign Ministers put issue in the form of a question to the Federal Republic, which he then can submit to the Bundestag. This tactic, he feels would put him in a stronger position in the Bundestag and would assure a favorable reply from it." NA, DB, RG 59, US Department of State, Executive Secretariat, Daily Secret Summary, 18. 9. 1950. Siehe auch Kabinettsprotokolle, Bd 3, Nr. 32 u. 33.

40 FRUS 1950, III, S. 1198 ff. Wiggershaus, Zum Problem, S. 327 ff. Guillen, La France et l'intégration.

essiert, die NATO entlang ihren eigenen am 5. und 17. August unterbreiteten Vorschlägen auszubauen[41], die vermutlich einen deutschen militärischen Beitrag überflüssig machen sollten[42]. Acheson konnte lediglich durchsetzen, daß das NATO-Defense-Committee beauftragt wurde, „to make specific recommendations regarding the method by which, from the technical point of view, Germany could make its most useful contribution to the successful implementation of the plan, bearing in mind the unanimous conclusion of the Council that it would not serve the best interests of Europe or of Germany to bring into being a German national army or a German general staff“[43].

Über dieses magere Ergebnis der New Yorker Treffen war man in Washington sehr ärgerlich, zumal man mit der „forward strategy“[44] und der Sicherheitsgarantie für die Bundesrepublik[45] amerikanische Verbindlichkeiten eingegangen war, die man vorerst militärisch noch nicht einlösen konnte. Wieder wurden Stimmen laut, die Fortschritte in Europa nur nach einer Veränderung der politischen Struktur Europas, „which must be remade into something broader and stronger“, für möglich hielten. So hieß es in einem Entwurf, der Anfang Oktober unter den europäischen US-Botschaftern kursierte und der angeblich „high level Government consideration“ genoß, unter den Völkern Europas sei die Überzeugung verbreitet, daß von rein kooperativen Abmachungen zwischen den einzelnen souveränen Regierungen keine Verbesserung der europäischen Verhältnisse zu erwarten sei. Offenbar besitze aber nur die US-Regierung den Elan und die notwendige Handlungsfreiheit, in der Frage der europäischen Integration die Führung zu übernehmen. Die Adressaten dieses Papiers warnten die US-Regierung jedoch mehrheitlich davor, unter dem Eindruck eines scheinbaren Bankrotts der europäischen Einigungspolitik unmittelbar europapolitisch initiativ zu werden. Es gelte vielmehr, das Ansehen der europäischen Regierungen in den Augen der Öffentlichkeit zu stärken, um sie so zur Fortsetzung ihrer europäischen Einigungspolitik zu befähigen[46].

Am 2. Oktober erteilte der neue Secretary of Defense, George C. Marshall (im Amt seit 21. September), den Joint Chiefs of Staff den Auftrag, ihm bis zum 13. Oktober ihr Konzept für

[41] Ebd., S. 220 ff. Mai, Dominanz oder Kooperation. Im britischen Foreign Office wurden die französischen Vorschläge – mit einiger Skepsis – als Zeichen einer französischen Zuwendung von einer rein europäischen zu einer atlantischen Integration begrüßt: „It is a significant and welcome sign that the French are now prepared to look to the Atlantic ‚integration‘ with other countries which they so ardently desire. At least, so it appears: though paragraph 9 of the paper contains references to ‚the European Members of the Atlantic Pact‘, and ‚the establishment of the European community‘ which suggest that they may still have in mind a special and separate position for the United States within the Atlantic Pact. This is the first point of principle which we must question. If any scheme along the lines proposed is to be adopted in the North Atlantic Treaty, it is fundamental to our policy that it should apply no less completely to the United States than to other members.“ PRO, CAB 134/37, Cabinet Atlantic (Official) Committee (A. O. C.) (50) 39, 31st August 1950, The Second French Memorandum. Note by the Joint Secretaries. Anlage: Aufzeichnung von C. A. E. Shuckburgh, damals Leiter des Western Organizations Department im Foreign Office, vom 31. August 1950.

[42] Während der amerikanisch-französischen Ministerbesprechung am 18. 10. 1950 kam der französische Finanzminister auf den französischen Vorschlag eines gemeinsamen NATO-Budgets zurück, das u. a. dazu dienen sollte, finanzielle Beiträge auch von solchen Ländern zu bekommen, „which are not in a position to contribute significantly militarily“, FRUS 1950, III, S. 1429.

[43] FRUS 1950, III, S. 352. Die Sitzung des Defense Committee, ursprünglich für den 16. 10. 1950 geplant, fand vom 28. bis 31. 10. 1950 statt.

[44] Greiner, Alliierte militärische Planungen, S. 301 ff.

[45] Wiggershaus, Entscheidung, S. 378.

[46] FRUS 1950, III, S. 674 ff.

die „European Defense Force" vorzulegen, auf dessen Grundlage er dann im NATO-Defense-Committee eine Einigung unter den Bündnispartnern herbeiführen wollte. Eine gewisse Lockerung der „one package"-Formel bedeutete die Auflage Johnsons, dieses Konzept müsse zwar mit der deutschen Beteiligung kompatibel sein, sollte jedoch nicht unbedingt davon abhängig gemacht werden. Die USA würden zwar weiterhin jedem Plan einer integrierten Streitmacht, der keine deutsche Beteiligung vorsehe, ihre Zustimmung verweigern, die Entscheidung für den deutschen Verteidigungsbeitrag sei jedoch noch Gegenstand weiterer internationaler Verhandlungen[47].

Die Joint Chiefs of Staff fixierten ihre Vorstellungen über die zu bildende „European Defense Force" und über den westdeutschen Verteidigungsbeitrag in zwei Memoranden, die am 14. Oktober im State Department zirkulierten[48]. Darin machten sie ihre Zustimmung zu einer gemeinsamen NATO-Streitmacht wieder nachdrücklich von der westdeutschen Beteiligung abhängig und schlossen für den Fall, daß auf der bevorstehenden Sitzung des Defense Committee und des Military Committee der NATO keine Einigung hierüber erzielt würde, die Warnung an, sie seien der festen Überzeugung, „that the United States course of action for the conduct of a war against the USSR, including the magnitude and extent of the United States contribution to the defense of Western Europe, should be reexamined by the United States"[49].

Die Vorschläge der Joint Chiefs of Staff wurden am 19. Oktober den persönlichen Repräsentanten der NATO-Verteidigungsminister und am 26. Oktober in überarbeiteter Fassung dem NATO-Defense-Committee vorgelegt. Nach dieser Fassung war ein militärischer und ein rüstungswirtschaftlicher deutscher Beitrag vorgesehen. Der militärische Beitrag sollte, wie schon in NSC 82, mit Rücksicht auf die „full exploitation of the infantry – artillery – tank ground team" aus national homogenen „balanced ground divisions" bestehen, die auf Korpsebene und darüber in die European Defense Force integriert werden sollten. Neben diesen Heeresdivisionen wurde in diesem Papier den Deutschen eine kleine Küstenvorfeldmarine zugestanden, während die taktische Luftwaffenunterstützung der deutschen Heeresdivisionen ausschließlich durch außerdeutsche Luftstreitkräfte besorgt werden sollte. Für die administrativen, logistischen und organisatorischen Aufgaben sowie für die Grundausbildung der deutschen Einheiten sollte eine Bundesbehörde eingerichtet werden, die jedoch keinerlei strategische oder taktische Führungskompetenzen besitzen durfte. Innerhalb dieser Bundesbehörde sollte eine alliierte Ausbildungsmission eingerichtet werden, der ein Generalinspekteur mit Berichtsrecht zur Standing Group der NATO präsidierte. Die Besatzungsmächte sollten das Offiziersaufkommen für die deutschen Einheiten überwachen und dabei darauf achten, daß vornehmlich junge Offiziere und weniger wehrmachtsgediente Offiziere eingestellt wurden, eine Forderung, die kaum realisierbar gewesen wäre. Ein ebenfalls unter der Autorität der Besatzungsmächte eingerichtetes Military Security Board sollte über die Einhaltung der Bestimmungen über verbotene und eingeschränkte Industriezweige in Deutschland sowie über die weitere Durchführung der Demilitarisierung wachen.

Diese Einschränkungen, die hauptsächlich den Zweck verfolgten, den amerikanischen Vorschlag im Defense Committee konsensfähig zu machen, waren kaum imstande, die ausdrücklich erklärte Voraussetzung des US-Vorschlages zu erfüllen, nach der die Bedingungen für den deutschen Verteidigungsbeitrag nach Inhalt und Form der Präsentierung für das deutsche Volk ak-

[47] Ebd., S. 356f.
[48] Ebd., S. 371ff.
[49] Ebd., S. 377.

zeptabel sein und zu dessen bereitwilliger Teilnahme an den gemeinsamen westlichen Verteidigungsvorhaben führen müßten[50].

Außenminister Acheson, der aufgrund alarmierender Berichte McCloys die Situation in der Bundesrepublik als sehr kritisch beurteilte[51], wollte nicht zulassen, daß die USA durch die französische Haltung in die Situation der 20er Jahre zurückversetzt wurden, während deren man den freundlich gesinnten Deutschen jegliche Konzession verweigerte, um dann unter Druck jenen Deutschen nachzugeben, die eine feindselige Politik betrieben[52]. Noch am 10. Oktober war er deshalb zusammen mit dem Deputy Secretary of Defense, Lovett, der Meinung, man solle nicht von der eigenen Position abrücken, sondern den Franzosen weiter „Dampf machen" und ihnen, für den Fall, daß sie den amerikanischen Vorschlag ablehnten, die schwierige Aufgabe überlassen, nach neuen Wegen zu suchen[53].

3. Der französische Gegenvorschlag einer supranationalen Europaarmee

Am 16. Oktober argumentierte Acheson jedoch deutlich zurückhaltender. Jetzt wollte er die Möglichkeit einer Überprüfung der amerikanischen Position mit der Begründung offenhalten, falls die Franzosen weiterhin ihre Zustimmung zu dem US-Plan hinausschieben würden und dadurch die Aufstellung der gemeinsamen Streitmacht weiter verzögerten, könne die Situation eintreten, in der eine weitere Verzögerung nicht im Interesse der USA liege, besonders dann nicht, wenn man zu der Überzeugung gelange, die französische Regierung werde in der Lage sein, innerhalb relativ kurzer Zeit einer deutschen Beteiligung an dieser gemeinsamen Streitmacht ihre Zustimmung zu geben[54]. Tags zuvor hatte nämlich die US-Botschaft in Paris aus dem Quai d'Orsay vertrauliche Informationen über die Grundlinien des späteren Pleven-Plans für eine Europaarmee mit deutscher Beteiligung erhalten. Charles Bohlen, damals US-Gesandter in Paris, hatte darüber am gleichen Tage Acheson berichtet. Bohlen kommentierte den Plan grundsätzlich positiv, befürchtete jedoch u.a., der Plan „might turn over to a purely European

[50] Ebd., S. 406ff. Siehe auch den Entwurf einer Arbeitsgruppe aus Vertretern des State Department und des Defense Department vom 6. 10. 1950 (ebd., S. 362ff.), der nach dem kritischen Urteil Marshalls eher die Ziele als die Wege zu deren Erreichung aufzeigte (ebd., S. 364ff.). McCloy schlug am 11. 10. 1950 vor, in der Frage der deutschen Wiederbewaffnung zwischen der prinzipiellen Zustimmung durch den NATO-Rat und einer Entschließung über die hierfür zu treffenden Beschränkungen und Sicherheitsvorkehrungen zu unterscheiden, was auch den Vorstellungen Adenauers entsprechen und die Verhandlungsfreiheit der Westalliierten gegenüber der Bundesrepublik vergrößern würde (ebd., S. 369ff.). Wiggershaus, Entscheidung, S. 390f.

[51] Am 10. 9. 1950 erklärte McCloy gegenüber Präsident Truman die folgenden sechs Monate für entscheidend. Er riet zu einer großen Koalition in der Bundesrepublik, die die Wiederbewaffnung durchsetzen sollte; Schwarz, The Case of German Rearmament, S. 304, Anm. 24. Am 20. 9. 1950 schrieb er an Acheson, es gehe nicht so sehr darum, wie viele Divisionen von der Bundesrepublik gestellt würden, sondern darum, daß die Bundesrepublik von der Neutralität oder gar noch Schlimmerem abgehalten würde, ebd., S. 304. Acheson schien es am 17. 9. 1950 „that we are really at the crossroads with Germany at this present time"; FRUS 1950, III, S. 320.

[52] Acheson an Truman, 20. 9. 1950, FRUS 1950, III, S. 337.

[53] Ebd., S. 368.

[54] Ebd., S. 381f. Poole, History of the Joint Chiefs 4, S. 211.

(probably continental) group the responsibility without US participation for the vital question of German military contribution to European defense"[55].

Vermutlich dienten diese Pariser Indiskretionen dem Zweck, den französischen Ministern, die sich vom 16. bis 18. Oktober zu Gesprächen mit ihren amerikanischen Kollegen in Washington aufhielten, bei deren Versuch zu assistieren, einen Aufschub für die französische Entscheidung in der Wiederbewaffnungsfrage über den 28. Oktober hinaus zu erreichen[56]. Bei diesen Gesprächen traten die Franzosen wieder für ein integriertes NATO-Budget ein und bemühten sich um zusätzliche finanzielle Unterstützung durch die USA. Moch schilderte dabei eindringlich die Verschlechterung der französischen finanziellen Situation insbesondere durch die negative Lageentwicklung in Indochina, und stellte fest, daß die budgetären Schwierigkeiten ohne ausländische finanzielle Hilfe nicht gemeistert werden könnten. Die französische Regierung sehe sich außerstande, noch mehr Unpopularität durch steigende Arbeitslosenzahlen auf sich zu nehmen als sie ohnehin schon durch das Aufrüstungsprogramm auf sich genommen habe. Mochs Lagebeurteilung wurde vom amerikanischen Botschafter in Paris geteilt[57]. Die amerikanischen Gesprächspartner hielten jedoch den Franzosen entgegen, daß auch sie unter innenpolitischem Druck stünden. Acheson hatte bereits nach einem Gespräch mit Schuman und Moch am 23. September[58] daran erinnert, daß die Masse der vom Kongreß bewilligten Mittel für die Inganghaltung der amerikanischen Rüstung verwendet werden müsse. Für zusätzliche Mittel zur Überbrückung der französischen Finanzierungslücke müßte die US-Regierung von neuem an den Kongreß herantreten[59].

Vom Kongreß waren aber kaum zusätzliche Mittel zur Unterstützung Frankreichs zu erhalten, solange die Franzosen einen deutschen Verteidigungsbeitrag blockierten. Alles hing somit von Fortschritten in der Frage des deutschen Verteidigungsbeitrages ab. Aus diesem Grunde hatte das State Department Marshall nahegelegt, bei den amerikanisch-französischen Ministergesprächen die Frage der Aufrüstung der Bundesrepublik anzusprechen. Um die französische Furcht vor Deutschland zu zerstreuen, sollte er folgendes Argument gebrauchen: Deutschland könne wegen der Art der Niederlage, die es erlitten habe, und nach der Entwicklung der Weltlage seither nur noch eine Gefahr für die Welt bedeuten, wenn es sich mit einer oder mehreren Hauptmächten verbünden würde. Es gehe darum, die Deutschen auf die Seite des Westens zu bringen und sicherzustellen, daß das Ruhrgebiet und das deutsche Potential nicht in feindliche Hände falle[60].

Doch Moch ließ sich nicht überzeugen. Er erinnerte an die militärischen Fähigkeiten der Deutschen und äußerte offen seine Skepsis darüber, daß Deutschland dem Westen gegenüber loyal bleiben würde, wenn es erst einmal wieder bewaffnet sei. Deutschland neige dazu, sich mit der militärisch stärkeren Macht zu verbinden. Im Augenblick sei es das Problem der französischen Regierung, zur westdeutschen Aufrüstung weder Ja noch Nein zu sagen, um nicht Nein sagen zu müssen. Zu letzterem Votum finde sich im Parlament eine Mehrheit von 10 zu 1. Mochs Versuche, eine Fristverlängerung für die französische Entscheidung über den 28. Oktober hinaus zu erhalten, wurde von Marshall jedoch ebenso abgelehnt wie sein Vorschlag, die

[55] FRUS 1950, III, S. 380.

[56] Zu den amerikanisch-französischen Ministergesprächen in Washington vom 13. bis 19. 10. 1950 siehe ebd., S. 1396ff.

[57] Ebd., S. 1391.

[58] Ebd., S. 1391ff.

[59] Ebd., S. 1395.

[60] Ebd., S. 1412.

Amerikaner sollten unverzüglich den Supreme Commander ernennen, welcher dann die Frage des deutschen Verteidigungsbeitrages studieren sollte. Unter Hinweis auf die Budget-Verhandlungen im amerikanischen Kongreß, die am 20. November beginnen würden, verlangte Marshall von den Franzosen, sie müßten eine eigene praktische alternative Lösung vorschlagen, falls sie das amerikanische Angebot nicht annehmen würden[61].

Der Pleven-Plan als Alternative zum US-Vorschlag hatte mehrere gedankliche Väter[62]. Am deutlichsten ist jedoch die Handschrift Jean Monnets erkennbar. Einerseits von Adenauers öffentlicher Ablehnung einer deutschen Nationalarmee beeindruckt, andererseits beunruhigt über „einige Symptome der Verhärtung" auf Seiten der deutschen Delegation bei den Verhandlungen über den Schuman-Plan, schrieb Monnet am 14. Oktober Pleven, er solle im Defense Committee am 28. Oktober sich weiterhin dem Aufbau einer deutschen Nationalarmee widersetzen und statt dessen vorschlagen, die Frage der deutschen Wiederbewaffnung analog der angestrebten Regelung für Kohle und Stahl durch die Bildung einer europäischen Armee zu lösen, „die in ihrem Kommando, ihrer Organisation, ihrer Ausrüstung und ihrer Finanzierung vereinheitlicht und der Führung eines supranationalen Oberbefehls unterstellt wird". Dabei sollte sichergestellt werden, daß die Inkraftsetzung dieser Lösung bis zur Unterzeichnung des Schuman-Plans verschoben wurde. Nach Auffassung Monnets wäre nämlich der Schuman-Plan für die Deutschen kaum noch interessant gewesen, wenn sie erst einmal wieder über eine nationale Armee und als Gegenleistung dafür über nationale Souveränität verfügt hätten, ein Zustand, der sie – so Monnet – in die Versuchung gebracht hätte, zwischen Ost und West zu balancieren. In seinen Erinnerungen reflektiert Monnet den Zwang der Geschehnisse, unter denen der Pleven-Plan geboren wurde, folgendermaßen: „Der Schuman-Plan konnte nicht außerhalb des neuen Kontextes weiterverfolgt werden, und die Umstände zwangen uns, die Zelte hinter uns abzubrechen: Die europäische Föderation wurde zu einem Nahziel. Die Armee, die Waffen und die Basisproduktionen mußten unter eine gemeinsame Souveränität gestellt werden. Wir konnten nicht, wie wir es vorgesehen hatten, darauf warten, daß Europa eines Tages eine wachsende Konstruktion krönte, denn eine gemeinsame Verteidigung konnte von Anfang an nur unter einer gemeinsamen politischen Oberhoheit konzipiert werden[63]."

Der Vorschlag Monnets mündete in den Plan einer Europaarmee, der am 21. Oktober im französischen Kabinett einstimmig und am 25. Oktober in der Assemblée Nationale mit 349 gegen 235 Stimmen angenommen wurde. In dieser Fassung, deren Formulierung und Argumentation den zu erwartenden innerfranzösischen wie ausländischen Vorbehalten Rechnung tragen mußten, hob der Plan darauf ab, daß die französische Regierung ursprünglich dachte, „daß die Verwirklichung der Montanunion es ermöglichen würde, sich an den Gedanken einer europäischen Gemeinschaft zu gewöhnen, ehe die so delikate Frage einer gemeinsamen Verteidigung in Angriff genommen würde". Die Ereignisse in der Welt ließen der französischen Regierung jedoch keine Frist. Da aber die Aufstellung deutscher Divisionen und die Einrichtung eines deutschen Verteidigungsministeriums früher oder später in verhängnisvoller Weise zur Wiederherstellung einer nationalen Armee und dadurch zum Wiedererwachen des deutschen Militarismus führen würden, schlage die französische Regierung in direkter Ableitung aus den Empfehlungen

[61] Ebd., S. 1412 ff., 1418 ff., 1428 ff. Über die von Moch ausgesprochenen französischen Befürchtungen siehe auch Schwarz, The Case of German Rearmament, S. 304 f.

[62] Zur Genesis des Pleven-Plans für eine Europaarmee siehe Loth, Sozialismus und Internationalismus, S. 282 ff.

[63] Monnet, Erinnerungen, S. 433.

des Europarats vom 11. August 1950 (Churchill-Initiative) die Schaffung einer europäischen Armee vor, „die mit den politischen Institutionen des geeinten Europa verbunden ist". Die – soweit irgend möglich – vollständige personelle und materielle Verschmelzung dieser Armee sollte sich unter der einheitlichen politischen und militärischen Autorität eines von den beteiligten Regierungen ernannten Verteidigungsministers vollziehen, der wiederum unter noch festzulegenden Bedingungen den nationalen Regierungen und einer europäischen Versammlung verantwortlich sein würde. Im besonderen wäre er damit beauftragt worden, die allgemeinen Direktiven auszuführen, die er von einem aus Ministern der teilnehmenden Länder zusammengesetzten Rat empfangen hätte.

Diesem fünf Jahre nach dem Ende des Zweiten Weltkrieges ebenso kühnen wie psychologisch unzeitgemäßen politischen Entwurf einer europäischen Armee folgten militärische Einzelbestimmungen, die vor allem den Zweck hatten, diesen Plan durch ein Höchstmaß an Sicherheitsvorkehrungen gegenüber dem westdeutschen Partner dem französischen Parlament und der insbesondere von der SFIO abhängigen Regierungsmehrheit schmackhaft zu machen. Sie warfen insgesamt so viele Probleme auf, daß die Vermutung berechtigt erscheint, daß gerade der zu erwartende Zeitverzug, wenn nicht gar die zu erwartende Impraktikabilität des Planes vielen ursprünglichen Gegnern erst die Zustimmung ermöglichte.

Die Kontingente der einzelnen Mitgliedsländer sollten auf der Basis der kleinstmöglichen Einheit in die europäische Armee eingegliedert werden. Mitgliedsstaaten, die bereits über eine eigene nationale Armee verfügten, sollten die Befehlsgewalt über den Teil ihrer Truppen behalten, der nicht in die Europaarmee integriert wurde. Umgekehrt sollte der europäische Verteidigungsminister mit Ermächtigung des Ministerrats einen Teil der integrierten Truppen dem Entsenderstaat für andere Bedürfnisse als die der gemeinsamen Verteidigung wieder zur Verfügung stellen können. Auf die Dauer einer für erforderlich gehaltenen Übergangszeit könne – so der Plan – ein Teil der nationalen Armee eingegliedert werden. Dies werde Schritt für Schritt geschehen, „indem jedes Land seinen Beitrag an Effektivstreitkräften in einem Größenverhältnis stellt, das vom Ministerrat festgesetzt wird und das dem allgemeinen Verteidigungsplan, der vom Atlantikrat ausgearbeitet ist, Rechnung trägt". Weitere Beschränkungen enthielt ein geheimes Informationspapier, das am 2. November der NATO vorgelegt wurde[64]. Danach sollte die Bundesrepublik über keine schwimmenden Einheiten und erst zu einem späten Zeitpunkt über fliegende Verbände verfügen dürfen. Eine Mitgliedschaft der Bundesrepublik in der NATO war ausgeschlossen.

Um die Kompatibilität mit dem US-Vorschlag zu unterstreichen, hieß es zum Verhältnis von Europaarmee und NATO, erstere würde, „was die allgemeine Strategie der Organisation und Ausrüstung betrifft, gemäß den Verpflichtungen des Atlantikpaktes operieren". Überhaupt werde die Schaffung einer europäischen Armee in keiner Weise ein Hemmnis für die Ausführung der geplanten oder schon begonnenen Programme darstellen, die für die Aufstellung nationaler Streitkräfte unter gemeinsamem Oberbefehl im Rahmen der NATO vorgesehen waren.

Die französische Regierung lud „Großbritannien und die Freien Länder Europas" dazu ein, gemeinsam die Verwirklichung der oben vorgestellten Prinzipien auszuarbeiten. Die Arbeit sollte allerdings erst nach Unterzeichnung des Vertrages über die Montanunion beginnen. Während der so gewonnenen Frist schloß die französische Regierung die Möglichkeit einer internationalen Lageentwicklung nicht aus, die einen deutschen Verteidigungsbeitrag eventuell entbehrlich machen würde. So hieß es, die französische Regierung sei im Einklang mit Empfehlun-

[64] Wiggershaus, Entscheidung, S. 395. Wettig, Entmilitarisierung in Deutschland, S. 369.

gen der Vereinten Nationen davon überzeugt, „daß besonders hinsichtlich der europäischen Fragen ein direkter Kontakt zwischen den Vereinigten Staaten, Großbritannien, der Sowjetunion und Frankreich nützlich wäre und daß dies bei regelmäßiger Wiederholung dazu beitragen würde, nach und nach die Ursachen des Mißtrauens und der Konflikte zu beseitigen“[65].

Daß die französische Regierung Großbritannien – es wurde als einziges Land namentlich genannt – zur Teilnahme an den Verhandlungen über die Europaarmee einlud, unterstreicht gleichfalls die dilatorische Absicht des Pleven-Plans. Die ablehnende Haltung, die die britische Labour-Regierung gegenüber dem Schuman-Plan und dem Vorschlag Churchills für eine Europaarmee bisher an den Tag gelegt hatte, konnte die Franzosen schwerlich zu der Annahme ermutigt haben, die Briten würden ihrer Einladung zur Teilnahme an Gesprächen über die Europaarmee Folge leisten[66]. Der britische Botschafter in Washington, Sir Oliver Franks, gab dann auch am 25. Oktober gegenüber Acheson zu verstehen, daß nach seiner Einschätzung der britischen Position die Briten nicht an der vorgeschlagenen Konferenz in Paris teilnehmen könnten[67]. Die vorläufige offizielle Reaktion des britischen Kabinetts am 30. Oktober ging dahin, daß man einer eventuellen Bereitschaft der europäischen Länder, einer Europaarmee beizutreten, zwar keine Hindernisse in den Weg legen, sie aber auch nicht fördern wollte[68]. Verteidigungsminister Shinwell hielt den Pleven-Plan nach einer privaten Äußerung für „disgusting and nauseous, military folly and political madness“[69]. Dabei hätte man gerade von der britischen Regierung etwas mehr Verständnis für die Motive der Franzosen erwarten dürfen, angesichts der Widerstände, die auch im britischen Kabinett trotz der prinzipiellen Zustimmung zur deutschen Wiederbewaffnung, die Bevin nach Rückfrage an das britische Kabinett in New York gewährt hatte, heftig weiterschwelten[70]. Unter Labour-Hinterbänklern favorisierte man immer noch die von der britischen Regierung vor der New Yorker Außenministerkonferenz unterstützte Polizeilösung für die deutsche Wiederbewaffnung, weil diese Form mehr Spielraum für eventuelle Verhandlungen mit der Sowjetunion beließ, ein Argument, das auch in der internen Diskussion innerhalb des britischen Foreign Office weiterhin Gewicht besaß[71].

Die unmittelbare Reaktion in Washington war einhellig negativ. Die US Joint Chiefs of Staff fanden im Pleven-Plan „little merit“ und teilten mit dieser Auffassung das Urteil ihrer britischen und französischen Kollegen[72]. Auch General Eisenhower, später ein Befürworter der Europaarmee, beurteilte den Pleven-Plan anfangs skeptisch: „they [die Franzosen, K. M.] have advanced a

[65] Regierungserklärung des französischen Ministerpräsidenten René Pleven, vom 24. 10. 1950, zit. nach Aufbau Europas, S. 149 ff.

[66] Jones, Labour-Regierung. Zur britischen Haltung zum Schuman-Plan siehe DBPO, Series II, Vol. I. S. 1 ff.

[67] FRUS 1950, III, S. 405.

[68] PRO, CAB 129/44, C. P. (51), 43, 7th February, 1951, German Rearmament, Memorandum by the Minister of State mit Annex: The Position of His Majesty's Government in regard to German Rearmament. Siehe auch DBPO, Series II, Vol. I, S. 334, 339, 342, 399, 463 f., 532, 668; Vol. III: German Rearmament 1950 (erschienen 1989; konnte für diese Arbeit nicht mehr ausgewertet werden). Dockrill, The Evolution of Britain's Policy. Jones, Labour-Regierung, S. 61.

[69] Poole, History of the Joint Chiefs 4, S. 212.

[70] Warner, The British Labour Government, S. 252.

[71] Jones, Labour-Regierung, S. 59 f.

[72] Poole, History of the Joint Chiefs 4, S. 212. Zur Haltung des französischen Generalstabes siehe Guillen, Französische Generalität, S. 132. Am 3. 11. 1950 bemerkte Acheson gegenüber Bruce: „Fr(ench) mil(itary) from top down have told us privately they fully share this view although they cannot express it officially“, FRUS 1950, III, S. 428 f.

theory involving a complicated form of partial German rearmament und hodge podge organization that they feel might be approved by popular French opinion"[73]. Verteidigungsminister Marshall fürchtete gar, daß die im Pleven-Plan vorgesehenen Befugnisse eines europäischen Verteidigungsministers sich mit allen entsprechenden NATO-Kompetenzen überschneiden und dadurch die NATO lähmen würden[74], war man doch gerade im Pentagon und im State Department dabei, Vorschläge für die Reorganisation der NATO zu unterbreiten, die u.a. die Abschaffung der militärischen Organisation des Brüsseler Pakts vorsahen, der auch die Franzosen wenigstens insoweit zustimmten, als sie sich in ihrem Memorandum vom 17. August 1950 dafür ausgesprochen hatten, Doppelarbeit zwischen der NATO und der Brüsseler-Pakt-Organisation zu vermeiden[75]. Außenminister Acheson, dem der französische Botschafter Bonnet am 23. Oktober den Text der Erklärung Plevens vor der Nationalversammlung übergab, erklärte, falls die Franzosen darauf bestehen würden, daß alle ihre Vorschläge realisiert würden, bevor praktische Maßnahmen getroffen werden könnten, sei die Lage hoffnungslos. Es komme vor allem darauf an, in Deutschland Fortschritte zu erzielen[76]. Acheson nahm nicht einmal an, daß die Franzosen mit dem Pleven-Plan ihre prinzipielle Zustimmung zur Bewaffnung der Bundesrepublik erteilt hatten, wollte jedoch stillschweigend so tun, als wäre dies der Fall[77]. Weitere Einzelheiten des Pleven-Plans erfuhr Acheson nach einem Gespräch zwischen Marshall und Moch am 27. Oktober[78]. Danach sollten alle NATO-Planungen, darunter vor allem der Medium-Term-Defense-Plan[79] ohne Verzug weiterlaufen und sofort ein Supreme Commander ernannt werden, dem alle verfügbaren Truppen unterstellt werden sollten, obwohl über dessen Befugnisse erst noch entschieden werden mußte. Parallel dazu, jedoch erst nach Abschluß des Schuman-Plans – „vielleicht 1951" – sollte ein einer europäischen Versammlung verantwortlicher europäischer Verteidigungsminister ernannt werden. Als nächster Schritt war die Aufstellung einer Experimentalstreitmacht einschließlich deutscher Soldaten vorgesehen. Aus ihr sollte durch Abzug von Kadern aus dem französischen Kontingent der NATO-Streitmacht die Europaarmee entstehen. Diese Europaarmee, in die die deutschen Soldaten höchstens auf Kompanie- oder Bataillonsebene integriert würden, würde dann dem Supreme Commander unterstellt. Ganz abgesehen von der aus amerikanischer Sicht unannehmbaren zeitlichen Verschiebung der westdeutschen Aufrüstung, war Acheson überzeugt, daß die Westdeutschen diesem Plan, „where they are openly in fact blatantly labeled as inferiors", nie ihre Zustimmung geben würden.

Die optimistischen Erwartungen des State Department bezüglich einer raschen Verfügbarkeit deutscher Streitkräfte, sobald die NATO dem US-Vorschlag zugestimmt hatte, wurden von McCloy inzwischen etwas gebremst. Im State Department hatte man angenommen, daß eine definitive Antwort der Bundesregierung nach Versicherung der Unterstützung durch das Kabinett, die Opposition und den Bundestag in zwei bis vier Monaten erreichbar sein würde. Die Einberufung von Freiwilligen sollte ab März 1951 beginnen, und mit alliierter Unterstützung (Ausbildung) und der Kriegserfahrung der Freiwilligen sollten gegen Ende 1951 einsatzbereite („reasonably effective") Streitkräfte aufgestellt sein. Die pessimistischeren Schätzungen McCloys ließen Acheson befürchten, die Amerikaner würden ihre Alliierten in sachlich ungerechtfertigter

[73] Eisenhower Diaries, S. 178f.
[74] Poole, History of the Joint Chiefs 4, S. 112.
[75] Ebd., S. 207. FRUS 1950, III, S. 222.
[76] FRUS 1950, III, S. 403f.
[77] Ebd., S. 404.
[78] Resümee Achesons, ebd., S. 410ff. Siehe auch Wiggershaus, Zum Problem, S. 335.
[79] Zum Medium-Term-Defense-Plan siehe die kurze Übersicht in FRUS 1951, III, Teil 1, S. 1ff.

Weise zu einer raschen Entscheidung in der deutschen Wiederbewaffnungsfrage drängen[80]. Am 24. Oktober wies McCloy jedoch darauf hin, daß seine u.a. durch die Heinemann-Niemöller-Aktivitäten beeinflußten pessimistischeren Zeitberechnungen für die westdeutsche Wiederbewaffnung die Notwendigkeit amerikanischen Drucks für eine schnelle Entscheidung nicht tangieren würden. Alles hänge doch von einer raschen prinzipiellen Übereinkunft mit den Franzosen über die Wiederbewaffnung ab. Bevor die französische Position nicht geklärt sei, sei keine offizielle Entscheidung der Bundesregierung zu erhalten. Folglich könnten in der Bundesrepublik auch keinerlei vorbereitende planerische und organisatorische Maßnahmen für deren Aufrüstung einschließlich der Ausbildung der Dienstgruppen bei den alliierten Streitkräften oder von Kader-Einheiten für das spätere westdeutsche Kontingent getroffen werden. Die Dauer der parlamentarischen Debatte in der Bundesrepublik hänge entscheidend davon ab, welchen Vorschlag man den Deutschen unterbreite[81].

Die während der Diskussionen im NATO-Defense-Committee von der amerikanischen Delegation im Interesse möglicher Kompromisse geübte Zurückhaltung wurde von den französischen Vertretern nicht honoriert. Moch erklärte kategorisch, daß man französischerseits deutsche Soldaten nur im Rahmen einer europäischen Armee mit entsprechendem politischen Überbau akzeptieren könne, und daß man zu deutschen Divisionen im Rahmen einer international integrierten NATO-Streitmacht Nein sagen müsse. Am Ende wurde die Lösung dieser Frage erneut verschoben, indem man dem Vorschlag Marshalls folgte, das Problem des westdeutschen Verteidigungsbeitrages an den NATO-Stellvertreterrat und an das Military Committee zu verweisen. Diese Gremien sollten die politischen und militärischen Aspekte des Problems gesondert studieren und dann nach einer gemeinsamen Sitzung dem Defense Committee berichten[82].

In dieser Situation westlicher Uneinigkeit, ja Gereiztheit[83], richtete die Sowjetunion am 3. November gleichlautende Noten an die drei Westmächte, in denen sie unter Gegenüberstellung des Kommuniqués der New Yorker Außenministerkonferenz vom 19. September 1950 und der Prager Erklärung der Ostblockaußenminister vom 20. Oktober das Problem der westdeutschen Wiederbewaffnung aufwarf und die Einberufung des Rates der Außenminister

[80] FRUS 1950, III, S. 394f.

[81] Ebd., S. 402. Über die mit dem Pleven-Plan verfolgten französischen Absichten war sich McCloy noch nicht im klaren. Er wollte am 27. Oktober hierüber mit Monnet und Bruce konferieren. Sollte sich herausstellen, daß die Franzosen mit dem Pleven-Plan aufrichtige Absichten verfolgten, müßten – so McCloy – die NATO-Partner das Beste daraus machen (ebd., S. 423, Anm. 2). Monnet schrieb über das Ergebnis dieses Gesprächs in seinen Erinnerungen: „Wir verstanden es, ihn von unseren Intentionen zu überzeugen und er machte sich bei allen zum Anwalt des französischen Planes, beim State Department mit mehr Erfolg als im Pentagon und sehr überzeugend bei Adenauer." (Monnet, Erinnerungen, S. 441). Am 16. 11. 1950 stimmte McCloy mit Bruce und Spofford darin überein, daß ein westdeutscher Verteidungsbeitrag sich ganz im Rahmen der NATO halten müsse: „Within this framework we could, and in our opinion, should accept in principle and take benevolent attitude toward the concepts of continental political institutions provided their development is not permitted to delay or weaken development of integrated North Atlantic defense." FRUS 1950, III, S. 460.

[82] Zu der ursprünglich für den 16. 10. geplanten, dann aber auf den 28. 10. 1950 verschobenen Tagung des NATO-Defense-Committee siehe FRUS 1950, III, S. 415ff. und PRO, CAB 131/9, D. O. (50) 95, 7th November, 1950, The meeting of the North Atlantic Treaty Defense Committee in Washington on 28th and 31st October, 1950. Memorandum by the Minister of Defense; Wiggershaus, Zum Problem, S. 331ff. (einschließlich der britischen und amerikanischen Vorschläge).

[83] Acheson am 3. 11. an die US-Botschaft in Paris: „Moch, during course discussions, deliberately distorted our motives and in effect accused us breach of faith in now tying estab[lishment] SHAPE to settlement Ger[man] participation issue." FRUS 1950, III, S. 427. Ergänzungen durch den Verf.

vorschlug, „um die Frage der Erfüllung des Potsdamer Abkommens bezüglich der Demilitarisierung Deutschlands zu erörtern“[84]. Auch bei den Vorbereitungsgesprächen über die westlichen Antwortnoten wurden unterschiedliche Positionen deutlich, so daß auch diese Entscheidung bis zur NATO-Ratstagung in Brüssel vertagt werden mußte. Während Briten und Franzosen aus innenpolitischer Rücksichtnahme zu einem Treffen der vier Außenminister auch dann bereit waren, wenn keine Anzeichen dafür erkennbar waren, daß die Sowjets zu einer annehmbaren Lösung bestehender Probleme bereit waren, wollten die Amerikaner einer Einberufung des Rates der Außenminister erst dann zustimmen, wenn positive Ergebnisse vorangegangener Vorbereitungsgespräche dies rechtfertigten[85]. In jedem Fall waren die Amerikaner zu einer harten Gangart entschlossen, die auch der US-Botschafter in Moskau, Kirk, empfohlen hatte[86] und die im übrigen ganz dem Programm entsprach, das das Grundsatzdokument NSC 68 für Verhandlungen mit der Sowjetunion vorsah: Danach stellten Verhandlungen mit der Sowjetunion kein separates Vorgehen dar, sondern waren Mittel zum Zweck des Aufbaus des westlichen Verteidigungssystems. Ohne eine Demonstration des sowjetischen Widerstandes gegen Friedensverträge mit Japan, Deutschland und Österreich, in denen diesen Staaten die Freiheit eingeräumt wurde, sich gemäß der UN-Charta regionalen Sicherheitssystemen anzuschließen, sei deren Einbindung in das westliche Lager schwierig. Nach NSC 68 war es zwar das Ziel der amerikanischen Politik, am Ende zu einer Übereinkunft mit der Sowjetunion zu gelangen, „on which the world can place reliance as an enforceable instrument of peace“, eine solche Übereinkunft könne jedoch „only record the progress which the free world will have made in creating a political and economic system in the world so successful that the frustration of the Kremlin's design for world domination will be complete“[87].

Unterhalb dieser prinzipiellen Verhandlungsstrategie machte man sich im State Department freilich Gedanken über mögliche Verhandlungsobjekte mit der Sowjetunion. Nach einer Aufzeichnung über eine Sitzung der „Group to Consider Negotiations with the U.S.S.R.“ am 1. November, also noch vor Eintreffen der Sowjetnote, hoffte man vor allem auf eine Lösung der Österreichfrage. Zur deutschen Frage wurde festgestellt, die US-Position sei im wesentlichen die, daß man einerseits den Abzug der Sowjets verlange, andererseits die eigenen Truppen aber in der Bundesrepublik belassen wolle und gleichzeitig die politische Kontrolle über Ostdeutschland fordere[88].

Während man in der US-Botschaft in Moskau bezüglich des amerikanisch-sowjetischen Verhältnisses „early ephemeral fruits of our policy of containment and the building of areas of strength“ zu erkennen glaubte[89], drängte Acheson darauf, bis zum Jahresende eine praktikable Lösung der deutschen Wiederbewaffnung zu finden, um den NATO-Aufrüstungsmaßnahmen die öffentliche Unterstützung zu erhalten, den Zeitplan für die Verhandlungen mit dem Kongreß einzuhalten und um der US-Regierung die erwünschten unverzüglichen Schritte zu ermöglichen, mit denen der gefährlichen Schwäche Europas begegnet werden müsse[90]. Wo aber sollte

[84] Englischer Text der Note in FRUS 1950, IV, S. 902f.
[85] Ebd., S. 922.
[86] Ebd., S. 903, Anm. 4.
[87] FRUS 1950, I, S. 275f.
[88] NA, RG 59, 611. 61/11-150 Notes on Meeting November 1, 1950 Group to Consider Negotiations with U.S.S.R.; diese Aufzeichnung gibt hauptsächlich Bemerkungen George Kennans wieder.
[89] NA, RG 59, Executive Secretariat, Daily Secret Summary, 20. 10. 1950; Zusammenfassung eines Berichts der US-Botschaft in Moskau vom 19. 10. 1950.
[90] Acheson an US-Botschaft in Paris am 3. 11. 1950, FRUS 1950, III, S. 430f.

man bei der Überwindung der französisch-amerikanischen Meinungsverschiedenheiten über die westdeutsche Wiederbewaffnung ansetzen?

Acheson sah sich durch den französischen Versuch, die Bundesrepublik nur indirekt über eine Europaarmee militärisch in das westliche Bündnis zu integrieren, mit einem Problem „of most fundamental nature" konfrontiert. Den amerikanisch-französischen Zielkonflikt definierte Acheson folgendermaßen: Die USA wollten mit ihrer atlantischen Perspektive den aktuellen gemeinsamen Sicherheitsinteressen gerecht werden und dem durch die britische Zurückhaltung hervorgerufenen Widerstand gegenüber einem supranationalen europäischen Zusammenschluß Rechnung tragen sowie „to provide a framework of leadership which would encourage the European nations to obtain closer association among themselves and with Germany". Das Motiv für die französische Initiative liege dagegen in der Furcht, die Bundesrepublik könne innerhalb der lockeren Mächtekoalition des nordatlantischen Bündnisses schnell zu politischer Gleichberechtigung aufsteigen und so Frankreich hinter den USA, Großbritannien und der Bundesrepublik zur viertrangigen Macht innerhalb der Allianz deklassieren. In Verbindung mit ihren Zweifeln an einem dauerhaften militärischen Engagement der Angelsachsen auf dem Kontinent würden es die Franzosen daher für ratsam halten, die Bundesrepublik in einen europäischen Rahmen zu integrieren, bevor diese die volle Souveränität und die damit verbundene außen- und bündnispolitische Bewegungsfreiheit erlangt habe. Acheson wollte jedoch weiter nach einer westlichen Verteidigungsorganisation im Rahmen der NATO suchen, welche für die Zukunft weder eine stärkere kontinentaleuropäische Integration, noch „further developments in broader field of Atlantic community which may become necessary" ausschloß[91]. Diese atlantische Pespektive der amerikanischen Politik verlor auch David Bruce, einer der stärksten amerikanischen Befürworter der Europaarmee, nicht aus den Augen. Er sah in der europäischen Integration ebenfalls kein Endziel, sondern lediglich einen notwendigen Zwischenschritt auf dem Wege zu einem umfassenderen politischen Zusammenschluß (unity) im Rahmen der NATO[92].

Während Bruce immer schon eine supranationale Europaarmee mit der NATO für kompatibel hielt[93], warnte der britische Außenminister Bevin am 24. November in einem internen Papier an das britische Defence Committee davor, „to allow the European federal concept to gain a foothold within NATO and thus weaken instead of strengthening the ties between the countries on the two sides of the Atlantic. We must nip it in the bud." Bevin hielt den Pleven-Plan für einen Ausfluß einer verdeckten französischen Antipathie gegenüber den Amerikanern und der NATO, von der man die Franzosen bekehren müsse[94]. Demgegenüber betonte der französische Vertreter im NATO-Stellvertreterrat, Alphand, seine Regierung bewege sich mit ihrem Vorschlag einer Europaarmee im Rahmen der NATO, doch gehe sie davon aus, daß sich die NATO aus drei Gruppen zusammensetze, nämlich aus den USA, dem Commonwealth und Europa. Dabei müsse die europäische Integration allemal enger sein als die atlantische, denn schließlich

[91] FRUS 1950, III, S. 450 ff.

[92] Ebd., S. 466.

[93] Als er am 28. 7. gegenüber Acheson einen „truely common effort" als einzigen Ausweg aus der Gefahr eines möglichen Wiederauflebens des deutschen Militarismus empfahl, meinte er: „Such an approach may run up against the problem that the European nations probably could go much farther than the US and the UK in surrendering control of their defense and rearmament effort to a central body. The French are aware of this fact und acknowledge that it will be more difficult to bury the fear of Germany in a strictly European army than it would be to bury it in an army with a wider basis. However, just as the Schuman proposal of a European federation can be part of a more loosely united Atlantic community, so also could a European army participate in NATO"; FRUS 1950, III, S. 157 f.

[94] Zit. nach Warner, The British Labour Government, S. 253.

gebe es im Gegensatz zur atlantischen Ebene unter den europäischen Staaten eine europäische Idee, die für die Deutschen Attraktivität besitze[95].

4. Der sogenannte „Spofford-Kompromiß" für eine Interimslösung

Die ungünstigen Nachrichten über die Situation in der Bundesrepublik führten im NATO-Stellvertreterrat zu einer Annäherung der Standpunkte, auf deren Grundlage dem amerikanischen Vertreter und Vorsitzenden, Charles Spofford, ein neues Procedere möglich erschien. Er durchschlug den gordischen Knoten, indem er die militärischen Abmachungen aus ihrer Abhängigkeit von der Diskussion über deren politischen Überbau löste und versprach, diese militärischen Abmachungen, die eine rasche Aufstellung eines deutschen NATO-Kontingents ermöglichen sollten, solange als provisorisch zu betrachten, bis die Verhandlungen über den politischen Überbau des westdeutschen Verteidigungsbeitrages erfolgreich abgeschlossen sein würden.

Dieser politische Überbau wurde jedoch der Akzeptanz und Beurteilung durch die NATO unterworfen: „It would be a condition that the political institutions to be so developed would operate within the framework of NATO and that their effectiveness as a regional grouping competent to assume the political and military responsibility involved would be judged by NAT when the time came[96]." Bei diesen Überlegungen ließen sich sowohl Spofford wie auch Acheson insgeheim von der Hoffnung leiten, daß mit dem fortschreitenden Aufbau der Kommandostruktur der NATO und im Laufe der Verhandlungen mit den Deutschen sowie infolge möglicher Veränderungen in der französischen politischen Szene es am Ende doch noch zu der von den USA und der Mehrheit der NATO-Mitglieder favorisierten NATO-Lösung des westdeutschen Verteidigungsbeitrages kommen werde[97].

Wie schon im Juli 1950 waren es Ereignisse auf dem fernöstlichen Kriegsschauplatz, die einen erheblichen Druck für Fortschritte innerhalb des westlichen Bündnisses bewirkten. Nach der chinesischen Intervention in Korea ab dem 26. November befanden sich die USA und die Freie Welt nach Einschätzung des National Security Council und Präsident Trumans in einer „period of greatest danger", die es u.a. erforderlich erscheinen ließ, das ursprünglich auf 1954 abgestellte US-Aufrüstungsprogramm auf das Zieldatum „spätestens 30. Juni 1952" zu verkürzen und unverzüglich Rüstungsproduktions- und Mobilmachungsgrundlagen zu schaffen, die notfalls eine rasche Erweiterung zur vollen Mobilmachung gewährleisteten[98]. Nach Ansicht von

[95] Spofford an Secretary of State, 15. 11. 1950; FRUS 1950, III, S. 482f.

[96] FRUS 1950 III, S. 457ff. NATO, NISCA, D-D/190, Provisional Arrangement for the Participation of Germany in the Defense of Western Europe. Memorandum by the United States Deputy, 22. 11. 1950. Wiggershaus, Entscheidung, S. 397f. Greiner, Alliierte militärstrategische Planungen, S. 305f. Poole, History of the Joint Chiefs 4, S. 213f. Fursdon, The European Defence Community, S. 92ff.

[97] Für Spofford FRUS 1950, III, S. 458f., für Acheson, ebd., S. 472.

[98] NSC 68/4, Note by the Executive Secretary on United States Objectives and Programs for National Security, December 14, 1950, FRUS 1950, I, S. 467ff. Siehe auch National Intelligence Estimate (NIE) 15 vom 11. 12. 1950, FRUS 1951, I, S. 4ff. und NSC 100: Recommended Policies and Actions in Light of the Grave World Situation, ebd., S. 7ff.; dieser Bericht ist vom Vorsitzenden des National Security Resources Board, W. Stuart Symington, verfaßt, der eingangs lapidar feststellt: „The United States is now in a war of survival; the United States is loosing that war".

Verteidigungsminister Marshall hing die Stellung der USA in der Welt von der Stärkung Westeuropas ab. Die USA könnten nämlich in Korea und im Pazifik nicht die erforderlichen Maßnahmen treffen, weil diese die Sowjets in Europa zu Repressalien verleiten könnten, denen am Ende die europäischen Bündnispartner der USA zum Opfer fallen würden. Die Joint Chiefs of Staff verlangten deshalb, die militärischen Programme so zu beschleunigen und zu verstärken, daß die USA in die Lage versetzt wurden, sowohl ihren Verpflichtungen im Fernen Osten als auch im Rahmen der NATO nachkommen zu können[99].

Unter dem „shocking turn of events in Korea" versuchte Acheson die französische Zustimmung zu den Vorschlägen Spoffords zu bekommen. In einem Schreiben vom 29. November an Schuman wies er auf einen „dangerous drift of German opinion" hin und beteuerte das amerikanische Interesse an einer, allerdings nur schrittweise erreichbaren, europäischen Integration als Vorkehrung gegen „communist nihilism and Soviet imperialism". Wieder ließ er jedoch erkennen, daß für ihn die „Atlantic Community" das dominante sicherheits- und bündnispolitische Strukturelement der Freien Welt war, und zwar sowohl unter dem Gesichtspunkt globaler Sicherheit als auch im Hinblick auf eine dauerhafte Verhinderung deutscher Vorherrschaft auf dem europäischen Kontinent[100]. Aber erst am 6. Dezember stimmte das französische Kabinett dem Spofford-Vorschlag zu, nachdem sich Acheson auf Anregung von Bruce zu einem weiteren Brief an Schuman bereitgefunden hatte, in dem sich die US-Regierung auf die Unterstützung für einen erfolgreichen Verlauf der Konferenz über die Europaarmee festlegte. Als bei der vorausgegangenen inhaltlichen Abstimmung zwischen Acheson und dem Vorsitzenden der Joint Chiefs of Staff, General Omar Bradley, letzterer Befürchtungen äußerte, es könne auf diesem Wege zu einer amerikanischen Beteiligung an einer „European Union" kommen, beruhigte ihn Acheson mit der Feststellung, „all we would agree to on this was to send an observer and to use our influence with the other countries to promote the idea"[101]. Achesons Briefentwurf wurde auch während der Gespräche des US-Präsidenten mit Premierminister Clement Attlee am 6. Dezember diskutiert[102]. Die Briten erhoben Einwände gegen die supranationalen Elemente des Schreibens. Bezeichnenderweise fehlte dann auch in der revidierten Fassung das ursprünglich weitergehende amerikanische Versprechen einer Unterstützung der Pariser Konferenz bei ihrer Suche nach den passenden politischen Institutionen für die Europaarmee. Auch wurde der Stärkung der NATO anstelle von ursprünglich „great importance" nunmehr „primary importance" beigemessen[103].

Nach dem Einlenken der Franzosen konnte am 13. Dezember in einer gemeinsamen Sitzung des NATO-Stellvertreterrates und des Militärausschusses über die auf der Basis des Spofford-Vorschlages von diesen Gremien erarbeiteten Berichte über die politischen bzw. militärischen

[99] Poole, History of the Joint Chiefs 4, S. 66ff. und 215. FRUS 1950, I, S. 420 (Editorial Note). Aufschlußreich auch die amerikanisch-britischen Gespräche in Washington, FRUS 1950, III, S. 1747ff. und 1757ff.

[100] FRUS 1950, III, S. 496ff.

[101] Aufzeichnung über ein Telefonat Achesons mit General Bradley am 6. 12. 1950, Harry S. Truman Library, Papers of Dean Acheson (Sanitized copy).

[102] FRUS 1950, III, S. 1749 und 1757f.

[103] Der revidierte (unsignierte) Briefentwurf wurde am 7. 12. 1950 Schuman übergeben. Seine Veröffentlichung sollte erst nach Erreichen einer Übereinkunft im NATO-Verteidigungsausschuß oder im NATO-Rat, jedenfalls nur nach amerikanisch-französischer Abstimmung, erfolgen. FRUS 1950, III, S. 523f., 525f. u. 527f. Nach weiteren Überarbeitungen wurde die endgültige Fassung (datiert: 27. 1. 1951) schließlich am 5. 2. 1952 der französischen Regierung übermittelt und gemäß amerikanischer Auflagen am darauffolgenden Tage zusammen mit der französischen Einladung zu einer Konferenz über die Europaarmee veröffentlicht. FRUS 1951, III, Teil 1, S. 759f.

Aspekte des westdeutschen Verteidigungsbeitrages Einigung erzielt werden[104]. Spofford blieb jedoch davon überzeugt, daß trotz der französischen Zustimmung die grundsätzlichen Meinungsverschiedenheiten zwischen den Franzosen und den übrigen NATO-Mitgliedern in bezug auf Deutschland und vor allem hinsichtlich des westdeutschen Verteidigungsbeitrages weiterbestanden[105].

In ihrer offiziellen Mitteilung an die NATO-Verbündeten vom 15. Dezember über die französische Zustimmung zum Spofford-Vorschlag machte die französische Regierung deutlich, daß sie eine Viermächtekonferenz für „nötiger denn je" erachte, auf der die Gründe für die gegenwärtigen Spannungen sowie Wege zu deren Überwindung untersucht werden sollten. Die Frage der deutschen Wiederbewaffnung wollten die Fanzosen gleichfalls auf die Traktandenliste setzen. Die französische Hoffnung, auf dem Wege über Viermächtevereinbarungen eventuell doch noch der durch die USA forcierten westdeutschen Aufrüstung entrinnen zu können, wurde mit dem Vorbehalt umschrieben, daß im Falle einer veränderten internationalen Situation – als Ergebnis solcher Verhandlungen – die Empfehlungen des NATO-Stellvertreterrates für eine westdeutsche Wiederbewaffnung sehr wohl Gegenstand einer neuerlichen Überprüfung werden könnten[106]. Im Gegensatz zur Auffassung des US State Department und der US-Botschaft in Moskau wuchs in Paris und London die Befürchtung, durch die Wiederbewaffnung der Bundesrepublik könnten sowjetische militärische Gegenmaßnahmen provoziert werden[107]. Diese Entwicklung wurde durch eine neuerliche sowjetische diplomatische Initiative gefördert. Am gleichen Tage, an dem die Franzosen ihre Zustimmung zum Spofford-Vorschlag kundtaten, protestierte die Sowjetregierung in ähnlichen Noten bei der britischen und französischen Regierung gegen die westdeutsche Aufrüstung und die Teilnahme dieser Staaten an einer gegen die Sowjetunion gerichteten Koalition. Die Sowjetregierung sah darin eine Verletzung der Kriegsbündnisse, die Großbritannien am 26. Mai 1942 und Frankreich am 10. Dezember 1944 mit der Sowjetunion abgeschlossen hatten[108].

5. Die Vorstellungen Bundeskanzler Adenauers

Die Ergebnisse der New Yorker Konferenzen hatten die positiven Erwartungen Bundeskanzler Adenauers übertroffen[109]. Die der Bundesrepublik von den Westmächten gewährte Sicherheitsgarantie – erleichtert durch den Beschluß der NATO zur Verteidigung ihres Gebiets, soweit östlich wie möglich, d.h. „irgendwo in Deutschland"[110] – konnte er als Erfolg seiner Politik buchen, wenn auch der Wert dieser Sicherheitsgarantie problematisch blieb, solange das militäri-

[104] Ebd., S. 531ff., 538ff., 586, Anm. 2.
[105] Ebd., S. 572.
[106] Ebd., S. 450ff.
[107] Bruce an Acheson, 14. 12. 1950, ebd., S. 571f. US-Botschaft Moskau an Secretary of State, 17. 12. 1950, FRUS 1950 IV, 1274ff. Memorandum of Conversation (Kirk-Truman), 19. 12. 1950, ebd., S. 1276ff.
[108] Ebd., S. 919 (Editorial Note).
[109] Bericht McCloys vom 24. 9. 1950, FRUS 1950, IV, S. 658. Bericht über ein Gespräch Lord Hendersons mit Adenauer am 23. 9. 1950, PRO, CAB 131/9, D. O. (50) 83, 10th October, 1950, Visit of Lord Henderson to Western Germany and Berlin, Memorandum by the Secretary of State for Foreign Affairs.
[110] Greiner, Alliierte militärstrategische Planungen, S. 302.

sche Kräfteverhältnis in Europa für den Westen weiter ungünstig war. Immerhin wurde dem Bundeskanzler durch General Hays am 27. September die Verstärkung der alliierten Truppen auf 13 Divisionen bis zum 1. April 1951 angekündigt[111]. Die im Sicherheitsmemorandum vom 29. August 1950 erklärte Bereitschaft, im Falle der Bildung einer internationalen westeuropäischen Armee einen Beitrag in Form eines deutschen Kontingents zu leisten, war bei der Mehrheit der NATO-Mitglieder erfolgreich lanciert worden. Ungeachtet der im einzelnen verwirrenden Informationen durch die Hochkommissare konnte sich der Bundeskanzler statt der als Polizeilösung getarnten Aufrüstungsmaßnahmen nunmehr der Planung eines regulären militärischen Beitrages zuwenden[112]. Nach einem Fragenkatalog, der dem Bundeskanzler durch General Hays vorgelegt wurde, konnte er annehmen, daß zumindest die Amerikaner von einem deutschen Kontingent von etwa 10 Divisionen ausgingen, dessen obere Führung durch einen „Interalliierten Europageneralstab" erfolgen sollte, in dem die Deutschen eine gleichberechtigte Vertretung besitzen würden[113]. Die im Auftrag des Bundeskanzlers von einem militärischen Expertengremium verfaßte „Himmeroder Denkschrift" vom 9. Oktober 1950[114] hielt sich zwar an die Auflage des Bundeskanzlers, keine deutsche Nationalarmee, sondern einen Beitrag zu einer europäisch oder atlantisch integrierten Armee zu avisieren, ging jedoch mit ihrer Forderung nach voller Souveränität und militärischer Gleichberechtigung weit über das hinaus, was der modifizierte amerikanische Vorschlag zugestand. Vollends liefen diese Forderungen dem Ziel des Pleven-Plans zuwider. Die auf der Tagung des NATO-Defense-Committee vom 28. bis 31. Oktober diskutierten kontroversen Vorschläge der Amerikaner und Franzosen hatten somit wenigstens eines gemeinsam, nämlich, daß sie beide nicht einmal annähernd den deutschen Vorstellungen genügten.

Beunruhigt durch den psychologischen Schaden, den die anhaltende Ungewißheit über einen westdeutschen Verteidigungsbeitrag in der Bevölkerung der Bundesrepublik hinterlassen habe, drängte der Bundeskanzler am 16. November bei den alliierten Hochkommissaren auf eine rasche Entscheidung. In einem Aide-mémoire erinnerte er die Hochkommissare – wie schon in seinem Memorandum vom 29. August – an die Notwendigkeit eines alliierten Entgegenkommens in der Frage der Ablösung des Besatzungsstatus durch eine vertragliche Regelung der alliierten Beziehungen zur Bundesrepublik, das ebenso wie eine rasche Verstärkung der alliierten Truppen in der Bundesrepublik, die er gleichfalls anmahnte, überhaupt erst die Voraussetzung für die Wehrbereitschaft der westdeutschen Bevölkerung – vor allem auch in den Augen der Sowjets – darstellen. Adenauer versäumte es jedoch nicht, schon zu diesem Zeitpunkt auf die notwendige Balance hinzuweisen, die es zwischen den Besatzungs- und Verteidigungskosten und den sozialen Aufwendungen für Flüchtlinge und den Wiederaufbau herzustellen gelte, wollte man nicht eine Gefahr für das soziale Gefüge und damit die innere Sicherheit der Bundesrepublik heraufbeschwören. Über die finanziellen Möglichkeiten der Bundesrepublik sollten unabhängige Experten befinden. Bezüglich der Form des deutschen Verteidigungsbeitrages beklagte sich der Kanzler, daß er über die Verhandlungen innerhalb der NATO nichts erfuhr. Aus Zeitungsmeldungen entnehme er, daß man dort an deutsche Brigaden im Rahmen einer Europaarmee denke. Er folge in dieser Frage dem Rat seiner Militärexperten und dem Prinzip der Gleichbehandlung. Obwohl seine militärischen Ratgeber bislang die Division als die geeignetste

[111] Wiggershaus, Zur Frage, S. 85.
[112] Derselbe, Entscheidung, S. 389.
[113] Vortragsnotiz betr. Fragen U.S. High Commissioner an den Herrn Bundeskanzler, übermittelt durch General Hays am 4. 10. 1950, BA-MA, BW 9/3105, Zentrale für Heimatdienst.
[114] Rautenberg/Wiggershaus, Himmeroder Denkschrift.

Verbandsgröße ansähen, wolle er sich dem Rat der NATO-Experten beugen, sofern diese die Brigade aus militärischen und nicht aus politischen Motiven favorisierten[115]. Am 1. Dezember 1950 bat der Bundeskanzler die Hochkommissare, bei den westalliierten Regierungen dafür einzutreten, daß diese möglichst bald ihre Absicht ankündigten, das Besatzungsstatut durch einen Sicherheitsvertrag abzulösen[116].

Das französische Taktieren wiederum verdichtete den latenten Argwohn des deutschen Bundeskanzlers, für den die Westbindung der Bundesrepublik das eigentliche Strukturmuster seiner Sicherheitspolitik (Haftendorn) darstellte. Am 16. Dezember suchte er daher McCloy auf, um ihm die Grundpfeiler seiner Außen- und Sicherheitspolitik vorzutragen[117]. Darunter verstand er die Annäherung an Frankreich und gute Beziehungen zu England, vor allem jedoch eine starke Bindung an die USA, da ohne eine starke US-Präsenz in Europa angesichts der Unentschlossenheit der europäischen Mächte kein ausreichendes Gegengewicht gegen den unvermindert anhaltenden Druck aus dem Osten hergestellt werden könne. Seine Politik sei auf eine durchgreifende Integration Deutschlands in den Westen gerichtet, ohne jeden Gedanken an ein neutralisiertes Deutschland, das nur sowjetischem Einfluß ausgesetzt sein würde. Er hielt es – nach McCloy machte Adenauer die folgenden Ausführungen unter sogfältiger Abwägung seiner Worte – in jeder Hinsicht für klüger und besser, für eine Zeitlang auf ein wiedervereinigtes Deutschland zu verzichten, als einem wiedervereinigten Deutschland unter sowjetischem Einfluß den Weg zu bereiten. Denn ein kommunistisches Deutschland sei – so Adenauer – der erste Schritt hin zu einem kommunistischen Europa. Nach dem Bericht McCloys brachte Adenauer mehrmals seine starken Befürchtungen zum Ausdruck, die er hinsichtlich der Ergebnisse einer Viermächtekonferenz hegte, wie sie am 3. November von der Sowjetunion vorgeschlagen worden war. Als westliche Schwachstellen gegenüber derartigen sowjetischen Initiativen in der Deutschlandfrage nannte Adenauer das starke kommunistische Element in der politischen Landschaft Frankreichs, die traditionellen gegen Deutschland gerichteten französisch-sowjetischen Bande sowie die Politik eines Teils der Labour-Regierung. Aufgrund von Presseinformationen über Äußerungen des US-Gesandten in Paris, Charles E. Bohlen, befürchtete Adenauer sogar poröse Stellen in der bisherigen amerikanischen Deutschlandpolitik. Wegen dieser Furcht, verstärkt durch die innenpolitischen Erfahrungen während der Auseinandersetzungen um den Grotewohlbrief und durch den Rücktritt Heinemanns[118], schien Adenauer höchste Eile geboten, die Westbindung der Bundesrepublik durch einen deutschen Verteidigungsbeitrag zu konkretisieren. Als Ergebnis der bevorstehenden Brüsseler NATO-Ratstagung wünschte sich Adenauer daher, daß die Westmächte mit der Bundesrepublik eine Diskussion über einen deutschen Verteidigungsbeitrag beginnen sollten, ohne daß hierfür allerdings Vorschläge unterbreitet würden, zu denen deutscherseits nur noch mit Ja oder Nein Stellung genommen werden konnte. Er

[115] FRUS 1950, IV, S. 780ff. PRO, FO 371/85057–72537, Control Commission for Germany (British Element) an Foreign Office, 17. 11. 1950. Adenauer, Erinnerungen 1, S. 388ff. Bérard, Un Ambassadeur 2, S. 358.

[116] PRO, FO 371/88032, Telegramm Kirkpatrick an FO vom 1. 12. 1950 über die Sitzung der Alliierten Hochkommission mit dem Bundeskanzler am gleichen Tage. Siehe auch den Bericht McCloys an das State Department vom 1. 12. 1950, FRUS 1950, IV, S. 789 ff.

[117] Haftendorn, Sicherheit und Entspannung. Wiggershaus, Bedrohungsvorstellungen Bundeskanzler Adenauers. Über Adenauers außenpolitische Grundorientierung siehe Doering-Manteuffel, Die Bundesrepublik Deutschland in der Ära Adenauer, S. 36ff. Schwarz, Die Ära Adenauer 1949–1957 und 1957–1963; Derselbe, Adenauer. Der Aufstieg; Adenauer, Rhöndorfer Ausgabe; Herbst, Stil; Adenauer und die deutsche Frage.

[118] Zum Rücktritt Heinemanns siehe Kabinettsprotokolle,Bd 3, S. 14ff.

erhoffte sich ferner einen Hinweis darauf, daß ein deutscher Verteidigungsbeitrag den Grundsatz der Gleichberechtigung und einen Wandel des politischen Status der Bundesrepublik einschloß, worüber ebenfalls ein gegenseitiger Meinungsaustausch stattfinden sollte. Zumindest wünschte Adenauer, daß der Grundsatz der vertraglichen Neuregelung der westalliierten Beziehungen zur Bundesrepublik, solange hierüber noch keine Einigung unter den Westmächten erzielt werden konnte, wenigstens nicht als möglicher Weg zu einem neuen Status der Bundesrepublik ausgeschlossen wurde[119]. Für das vorrangige außenpolitische Ziel Adenauers, der irreversiblen Westbindung der Bundesrepublik, war die Ablösung des Besatzungsstatuts nämlich nicht nur Mittel zum Zweck der innenpolitischen Durchsetzung der mit der Westbindung unlösbar verknüpften unpopulären Wiederbewaffnung, sie war die Voraussetzung dieser Westbindung schlechthin. Abmachungen, die lediglich eine unilaterale Revision des Besatzungsstatuts durch die Alliierten darstellten, beließen letztlich den Westmächten die Möglichkeit, diese Abmachungen – folglich auch die Westbindung der Bundesrepublik – wieder rückgängig zu machen, sobald ihnen dies durch etwaige Viermächteübereinkünfte möglich und vorteilhaft erschien.

Dem Anliegen des Bundeskanzlers, durch ein Entgegenkommen der Westalliierten in der Statusfrage angesichts der östlichen Lockungen in Richtung auf ein neutralisiertes Gesamtdeutschland die Attraktivität seiner Westintegrationspolitik zu stärken, wollte man in Washington weitgehend entsprechen. Am 12. Dezember ließ Acheson McCloy und die US-Delegation bei der Londoner Sachverständigengruppe (Intergovernmental Study Group) wissen, daß man es nunmehr im State Department für notwendig erachte, im Verhältnis zur Bundesrepublik zu vertraglichen Regelungen zu kommen, unter der Voraussetzung, daß die Bundesrepublik eine dauernde Zusammenarbeit mit dem Westen wünsche, daß sie entweder an einer europäisch oder atlantisch integrierten Verteidigung partizipiere, dem Schuman-Plan zustimme sowie nach und nach internationalen Organisationen, darunter dem General Agreement on Tariffs and Trade (GATT) und dem International Monetary Fund (IMF), beitrete. Die vertraglichen Abmachungen sollten den alliierten Verzicht auf die oberste Regierungsgewalt, ausgenommen in Berlin, die Auflösung der Hochkommission und die Ernennung von Botschaftern, folglich die Aufhebung des Besatzungsstatuts, umfassen. Lediglich einer begrenzten Anzahl von alliierten Kontrollbefugnissen, auf denen man auch in einem Friedensvertrag bestehen würde, sollte die Bundesrepublik unterworfen bleiben. Das Verhältnis der Bundesrepublik zur NATO wurde mit Rücksicht auf die französischen Vorbehalte bezüglich einer deutschen Mitgliedschaft umständlich dahingehend beschrieben, daß die NATO-Staaten mit der Bundesrepublik ein Abkommen treffen sollten, demzufolge die Bundesrepublik in die gleichen Beziehungen zur NATO treten würde wie andere europäische Länder. Letzten Endes lief dies auf eine De-facto-Mitgliedschaft der Bundesrepublik in der NATO hinaus[120].

Die US-Delegation bei der Londoner Sachverständigengruppe äußerte sich kritisch zu diesem Plan Achesons. Dort bezweifelte man, daß die Aufgaben der obersten Gewalt in der Bundesrepublik die Situation der Alliierten in Berlin nicht tangierte, ja, man hielt es überhaupt für unklug, diese Frage zum gegenwärtigen Zeitpunkt aufzuwerfen[121]. In seinen Instruktionen an die US-Botschaften in Paris und London vom 14. Dezember steckte Acheson dann auch merklich zurück, zumindest in jenen Formulierungen, die Bevin und Schuman zur Kenntnis gebracht werden sollten. Er sprach nur noch von „substantial political freedom und equality". Irgendwel-

[119] FRUS 1950 IV, S. 674ff. Siehe auch den Bericht McCloys über die Unterredung der alliierten Hochkommissare mit dem Bundeskanzler am 14. 12. 1950, ebd., S. 671ff.

[120] Ebd., S. 797ff.

[121] Ebd., S. 799ff.

che Hinweise auf die Aufgabe der alliierten obersten Gewalt in Deutschland sollten die Botschafter unterlassen, da Acheson keine Möglichkeit sah, hierüber auf der bevorstehenden Brüsseler NATO-Ratstagung eine Einigung herbeizuführen. Bezüglich des deutschen Verteidigungsbeitrages rechnete Acheson unter Hinweis auf die Verschlechterung der Stimmung in der Bundesrepublik nicht mehr mit einem Verhandlungserfolg auf der Basis der NATO-Vorschläge vom 13. Dezember, die rigorose Kontroll- und Sanktionsmaßnahmen enthielten, darunter die Möglichkeit alliierter Luftangriffe gegen das Ruhrgebiet[122]. Seiner Meinung nach mußte in Brüssel eine Lösung vereinbart werden, die den Deutschen gleichzeitig mit der Vereinbarung über einen deutschen Verteidigungsbeitrag jene vorgenannte substantielle politische Freiheit und Gleichberechtigung gewährte. Daher sollte Adenauer nach Auffassung Achesons vertraulich über die NATO-Vorstellungen informiert werden, allerdings in einer Weise, daß dieser nicht den Eindruck haben könne, es handele sich um offizielle alliierte Vorschläge, die er unter Stellung von Gegenforderungen ablehnen könne. Gleichzeitig sei ihm anzuzeigen, daß Vereinbarungen über einen westdeutschen Verteidigungsbeitrag logischerweise mit Überlegungen hinsichtlich einer Modifikation des Besatzungsstatuts einhergehen würden. Dies wiederum hänge jedoch in entscheidendem Maße vom Verlauf der Schuman-Plan-Verhandlungen und den Verhandlungen über eine Europaarmee ab, zu deren Erfolg Adenauer nach Kräften beitragen solle[123].

6. Die Beschlüsse der NATO-Ratstagung in Brüssel im Dezember 1950

Am 18. Dezember billigte der NATO-Rat die Empfehlungen des NATO-Stellvertreterrats und des Military Committee vom 13. Dezember[124], wonach die drei westlichen Besatzungsmächte aufgefordert wurden, mit der Bundesregierung die Frage der deutschen Beteiligung an der Verteidigung Europas nach Maßgabe dieser Empfehlungen zu diskutieren. Gleichzeitig sollte der NATO-Rat die Absicht der französischen Regierung zur Kenntnis nehmen, eine Konferenz all jener Länder (einschließlich der Bundesrepublik) einzuberufen, die sich möglicherweise an einer europäischen Armee beteiligen wollten. Über deren Fortgang sollte sich der NATO-Stellvertreterrat informiert halten und zu gegebener Zeit die Empfehlungen dieser Konferenz unter dem Gesichtspunkt der NATO-Erfordernisse prüfen. Diese der Letztentscheidung durch die NATO unterworfenen politischen Probleme sollten unabhängig von notwendigen militärischen Sofortmaßnahmen gelöst werden. Die für eine Übergangszeit zu treffenden militärischen Sofortmaßnahmen hatten provisorischen Charakter und dienten allesamt dem Zweck einer raschen Aufstellung kampfkräftiger deutscher Formationen, über deren endgültige organisatorische Struktur letztlich ebenfalls die NATO entscheiden sollte. Dies betraf besonders die strittige Frage der Integrationsebene des deutschen Beitrages, die nach übereinstimmender Auffassung des Pentagons und des State Department letzten Endes nur auf der Divisionsstufe sinnvoll war[125].

[122] FRUS 1950, III, S. 543. Baring, Bonns Beitrag, S. 97.
[123] FRUS 1950, IV, S. 801 ff. FRUS 1950, III, S. 580 ff.
[124] FRUS 1950, III, S. 587.
[125] Poole, History of the Joint Chiefs 4, S. 214. FRUS 1950 III, S. 531 ff.

Am folgenden Tag einigten sich die drei westalliierten Außenminister darauf, daß die Bundesrepublik erst einmal die in der New Yorker Außenministerkonferenz verabschiedeten Auflagen, darunter die Anerkennung der deutschen Vorkriegsschulden und der deutschen Nachkriegsschulden aus der alliierten Auslandshilfe, erfüllen müsse. Überhaupt waren sich die Außenminister darin einig, daß man bei aller Dringlichkeit eines deutschen Verteidigungsbeitrages bei den Deutschen nicht den Eindruck höchster Eile erwecken dürfe. Hierfür waren allerdings auf seiten der Westalliierten unterschiedliche Motive maßgebend. Während die Amerikaner mehr Vorsicht walten ließen, um einer Ablehnung des NATO-Vorschlags durch Adenauer vorzubeugen, waren Franzosen und Briten, unbeschadet ihrer prinzipiellen Zustimmung zur westdeutschen Wiederbewaffnung, auf Zeitgewinn aus, um in der Lage zu sein, bei eventuellen Viererverhandlungen die Entmilitarisierung Deutschlands diskutieren zu können, ohne daß bereits unwiderrufliche Schritte zur Aufrüstung der Bundesrepublik eingeleitet waren[126]. Diese unterschiedliche Haltung bezüglich möglicher Vierergespräche über Deutschland war dann auch der Grund für eine heftige Kontroverse zwischen Acheson und Schuman über die Frage der Ablösung des Besatzungsstatuts. Schuman hielt es für unmöglich, das Besatzungsregime in der Bundesrepublik, insbesondere in der Frage der Truppenstationierung, durch vertragliche Regelungen abzulösen, wie es der Bundeskanzler in seinem Memorandum vom 29. August 1950 gefordert hatte[127], da die Beziehungen zu Deutschland durch die Vereinbarungen von Jalta und Potsdam sowie infolge der bedingungslosen Kapitulation auf Viermächtebasis geregelt seien: Das Verhältnis der Westmächte zur Bundesrepublik gänzlich auf vertraglicher Basis zu regeln stelle eine Provokation gegenüber der Sowjetunion dar. Ein solcher Schritt schließe zudem künftige Viererverhandlungen über Deutschland aus, da man mit der Rückgabe der Freiheit an die Deutschen die Basis für solche Verhandlungen zerstört haben würde. Vor allem sei es verfrüht, den Deutschen die Aufstellung von Streitkräften zu erlauben, da die Sowjets dann sagen könnten, die Westmächte hätten den Deutschen zu Streitkräften für die Rückgewinnung ihrer verlorenen Gebiete verholfen. Schuman war daher lediglich bereit, vorerst den Westdeutschen, analog den Montanunionsverhandlungen, „equality in procedures" zuzugestehen[128].

Acheson beschwichtigte Schuman zwar mit der Bemerkung, man habe gegenwärtig nicht die Absicht, alle Kontrollen in der Bundesrepublik aufzugeben, die Hochkommissare sollten lediglich zu allen Problemen sondieren. Dann griff er jedoch Schumans völkerrechtliche Begründung scharf an: Die Auffassung, daß die Westmächte durch die Viermächteübereinkünfte über Deutschland so gebunden seien, daß sie zu keinem Schritt mehr fähig seien, der in ihrem Interesse lag, sei ein fatales Zugeständnis an die Sowjetunion. Schließlich habe die Sowjetunion versucht, die Viermächtevereinbarungen und alles, was damit zusammenhing, zu zerstören. Nach Acheson durften die Westmächte nicht zögern, „to take the steps we must take nor should we ever say that the Russians have a legal basis for claiming we cannot do those things which we must do for our own security. He pointed out that there was a difference between whether an action was wise and whether it was legal but he emphasized that we are not tied by a legal relationship to the Russians as regards Germany".

[126] PRO, CAB 129/44, C. P. (51) 43, 7th February, 1951, German Rearmament. Memorandum by the Minister of State, Annex, S. 222. Vgl. Steininger, Chance zur Wiedervereinigung, S. 43 f.

[127] Am 29. 8. 1950 hatte der Bundeskanzler der alliierten Hochkommission neben dem Memorandum über die Sicherung des Bundesgebietes nach innen und nach außen (siehe Anm. 39) ein zweites Memorandum zur Frage der Neuordnung der Beziehungen der Bundesrepublik zu den Besatzungsmächten übergeben; Rautenberg/Wiggershaus, Himmeroder Denkschrift, S. 145.

[128] Zur Haltung des französischen Außenministeriums siehe FRUS 1951, III, Teil 2, S. 1446 f.

Bevin assistierte Schuman mit dem Einwurf, das Potsdamer Abkommen und andere Übereinkünfte seien bisher nie in Frage gestellt worden, und verstand nicht, was Acheson an den Ausführungen Schumans so beunruhigte. Dabei hatte der französische Hochkommissar, François-Poncet, unmittelbar zuvor die prekäre Lage in der Bundesrepublik geschildert: Die Reden Schumachers und Niemöllers sowie der Grotewohlbrief hätten einen deutlichen Eindruck hinterlassen, so daß der Gedanke einer Neutralisierung Deutschlands sehr schnell an Boden gewinne. Eben aus diesem Grund hielt es Acheson für ratsam, die Diskussion über den sowjetischen Vorstoß unter größter Geheimhaltung zu führen, da jede Indiskretion weitreichende Konsequenzen haben würde. Acheson kannte die diesbezüglichen Sorgen Adenauers nur zu gut, und das magere Ergebnis der Brüsseler Gespräche hinsichtlich der von Adenauer gewünschten Ablösung des Besatzungsstatuts war nicht der Art, daß es diese Sorgen Adenauers hätte zerstreuen können. Aus den von der US-Delegation vorbereiteten Empfehlungen für die Verhandlungen der alliierten Hochkommission mit dem Kanzler wurden besonders von Schuman all jene Formulierungen ausgemerzt, die auf irgendeine Weise den Viermächtestatus oder damit zusammenhängende Fragen tangiert hätten. Die Beziehungen zur Bundesrepublik sollten – so die unscharfe Formulierung, „auf einer möglichst breiten vertraglichen Basis“ neu geregelt werden[129].

Der Ausgang der NATO-Ratstagung in Brüssel machte nun immerhin den Weg frei für das im „one-package“-Vorschlag der Amerikaner vorgesehene militärische Engagement der USA in Europa. Die Ankündigung der Entsendung von Truppen und die Ernennung General Dwight D. Eisenhowers zum Supreme Allied Commander Europe (SACEUR) am 19. Dezember 1950 fanden allerdings erst am 4. April 1951 die Zustimmung des US-Senats, der damit die Warnung verband, nach seiner Auffassung sollten künftig keine weiteren US-Verbände mehr ohne die vorherige Billigung durch den Senat nach Europa entsandt werden[130].

7. Die Verhandlungen um den westdeutschen Verteidigungsbeitrag und die Ablösung des Besatzungsstatuts im Schatten möglicher Vierergespräche mit der Sowjetunion

Angesichts der auch auf amerikanischer Seite zunehmenden Einsicht, daß ein deutscher Verteidigungsbeitrag wohl eher über die Europaarmee realisierbar sei[131], wundert es nicht, daß die Hochkommissare am 22. Dezember Adenauer die Brüsseler Beschlüsse in einer Weise präsentierten, daß dieser den Eindruck gewinnen mußte, der Weg zur Europaarmee sei nunmehr deut-

[129] Alle Zitate nach dem amerikanischen Sitzungsprotokoll, FRUS 1950, IV, 803 ff. Nach Byroade war die vage Formel betr. der Neuregelung der Beziehungen der Westalliierten zur Bundesrepublik einmal auf die geringe Zeit zurückzuführen, die die Alliierten für die Harmonisierung ihrer Vorstellungen zur Verfügung hatten, zum anderen sollte der Bundesrepublik mit dieser vagen Formulierung selbst die Möglichkeit gegeben werden, bei der inhaltlichen Konkretisierung mitzuwirken; FRUS 1951, III, Teil 2, S. 1479.

[130] Poole, History of the Joint Chiefs 4, S. 224. Über die „Great Debate“ im amerikanischen Kongreß siehe ebd., S. 221 ff.; FRUS 1951, I, S. 48 (Editorial Note) und Joffe, Europapräsenz, S. 55 ff.

[131] Siehe oben, S. 27 und das Schreiben Achesons an Schuman vom 20. 12. 1950, wonach zur Pariser EVG-Konferenz, falls eingeladen, ein amerikanischer Beobachter entsandt werden sollte. FRUS 1950, III, S. 605 f.

licher vorgezeichnet als derjenige über die von ihm damals bevorzugte raschere Lösung im Rahmen der NATO. Trotz seiner Befriedigung über den neuen Verhandlungsstil – er wurde nicht mehr mit faits accomplis konfrontiert – war der Bundeskanzler so enttäuscht über das prinzipielle Festhalten der Alliierten an der obersten Gewalt, daß er einen Augenblick lang seine Bereitschaft, in eine Diskussion über einen deutschen Verteidigungsbeitrag einzutreten, widerrief. Daß ihm bei eben dieser Besprechung mit den Hochkommissaren die insgesamt positiv gehaltene alliierte Antwortnote auf den sowjetischen Vorschlag einer Konferenz des Rates der Außenminister zur Kenntnis gebracht wurde, war sicherlich dazu angetan, Adenauer in seiner Furcht vor Viermächtevereinbarungen zu Lasten der Bundesrepublik zu bestärken, zumal er aufgrund vertraulicher Quellen bisher angenommen hatte, die USA würden einer solchen Konferenz nur zustimmen, wenn von ihr positive Resultate zu erwarten waren[132].

Am 9. Januar 1951 begannen auf dem Petersberg die Besprechungen der Hochkommissare mit den deutschen Militärexperten. Die deutsche Expertengruppe unter Leitung Theodor Blanks, die über die NATO-Empfehlungen nur sehr unzureichend informiert war, ließ von Anfang an keinen Zweifel darüber aufkommen, daß ein deutscher Verteidigungsbeitrag nur nach Realisierung der von Adenauer mehrfach reklamierten politischen Voraussetzungen zu haben sein würde. Über diesen Aspekt wurde zwischen den Hochkommissaren und dem Bundeskanzler nach Maßgabe des NATO-Auftrags vom Dezember 1950 gesondert verhandelt. Im Gegensatz zu diesen Sondierungsgesprächen wurde auf der Pariser Konferenz über eine Europaarmee, die am 15. Februar 1951 zum ersten Mal zusammentrat, mit dem Ziel konkreter Übereinkünfte verhandelt. Aus amerikanischer Sicht war es von Nachteil, daß die Franzosen auf dem Petersberg ihr volles Gewicht als Besatzungsmacht in die Waagschale werfen konnten, während sie selbst auf den Gang der Pariser Konferenz keinen unmittelbaren Einfluß nehmen konnten. Als Vorteil für die amerikanische Position erwies sich jedoch, daß an dem atlantischen Bündnis, dessen Fortbestand vermutlich nur durch diesen mehrgleisigen Verhandlungskompromiß gesichert werden konnte[133], keine zukünftige europäische Armee mehr vorbeiorganisiert werden konnte, seitdem es mit Hilfe General Eisenhowers gelang, eine integrierte Militärorganisation unter Stärkung der amerikanischen Prädominanz aufzubauen[134]. Die Interdependenz dieser drei Verhandlungsebenen brachte es mit sich, daß eine endgültige Lösung der Frage der westdeutschen Wiederbewaffnung erst nach Abschluß aller dieser Verhandlungen zu erwarten war, ein Umstand, über den vor allem die britische Regierung im Hinblick auf mögliche Vierergespräche über Deutschland nicht unglücklich war.

Nach einem Memorandum Außenminister Bevins vom 12. Dezember 1950 hatte sich die Situation seit der prinzipiellen britischen Zustimmung zur westdeutschen Aufrüstung in New York geändert. Damals habe man, so Bevin, diese als Vorbedingung für die Ernennung eines amerikanischen Oberbefehlshabers und die amerikanische Truppenverstärkung in Europa akzeptiert, eine Entscheidung, zu der man auch weiterhin stehen werde. Doch wegen der von den Franzosen verursachten Verzögerungen und wegen der negativen Lageentwicklung in Korea wollte Bevin schon während der angloamerikanischen Gespräche in Washington Anfang Dezember, daß Premierminister Attlee Präsident Truman mit Rücksicht auf die Gefahr sowjetischer Gegenaktionen vor einem öffentlichen und endgültigen Entschluß, Westdeutschland auf-

[132] FRUS 1951, IV, S. 813 ff. Adenauer, Erinnerungen 1, S. 403.
[133] Siehe Fursdon, The European Defence Community, S. 106.
[134] Poole, History of the Joint Chiefs 4, S. 225 ff.

zurüsten, warnen[135]. Attlee hatte dies jedoch unter dem Eindruck der amerikanischen Zusage hinsichtlich der Verteidigung Europas und um die sich wiederbelebende angloamerikanische Partnerschaft nicht zu gefährden, unterlassen. Eine solche im Hinblick auf mögliche Vierergespräche unerwünschte endgültige Festlegung in der Frage der deutschen Wiederbewaffnung war aber nach dem Stand der Dinge zu Jahresbeginn 1951 nicht so schnell zu erwarten: „His Majesty's Government and their Allies still retain their freedom to adjust the timing of future steps forward. So long as the discussions in Bonn are continued on a tripartite basis, nothing can result beyond a report back to the North Atlantic Treaty Powers that agreement has been reached on the military conditions of a German contribution. There will still remain to be settled the political implications, the effect on the Occupation Statute, The European Army, etc. From the point of view, therefore, of the Four Power talks with the Soviet Union, the Allied Governments are still in the position of not having taken an irrevocable step in the creation of German armed forces, and theoretically they could abandon the whole plan in return for a peace settlement with Russia[136]."

Um aber ganz sicher zu gehen, daß man die Frage der westdeutschen Aufrüstung als Trumpfkarte für Verhandlungen mit der Sowjetunion in der Hand behielt, beschloß das britische Kabinett am 8. Februar, ihren Hochkommissar anzuweisen, die Sondierungsgespräche auf dem Petersberg über einen deutschen Verteidigungsbeitrag zu verschleppen. Gleichzeitig sollte der britische Botschafter in Washington im Sinne dieser zurückhaltenden Position des britischen Kabinetts auf die amerikanische Regierung einwirken[137]. Auf dieser taktischen retardierenden Linie lag auch die Erklärung von Premierminister Attlee vor dem britischen Parlament am 12. Februar, in der er die britischen Bedingungen für eine Aufrüstung der Bundesrepublik nannte. Danach sollte die Aufrüstung der NATO-Mitgliedstaaten und der Aufbau der NATO-Streitmacht der Aufrüstung der Bundesrepublik bzw. der Aufstellung westdeutscher Streitkräfte vorangehen[138]. Im übrigen wiederholte er die Forderungen, wonach die deutschen Streitkräfte so inte-

135 In einem Memorandum an Bevin vom 5. 12. 1950 hatte Sir William Strang, Permanent Undersecretary of State im britischen Foreign Office, davor gewarnt, die westdeutsche Aufrüstung, der man in New York auf amerikanischen Druck hin zugestimmt habe, vor Aufbau der NATO-Streitmacht und der Vermehrung der US-Divisionen in Europa zu realisieren. Das Memorandum ist abgedruckt bei Steininger, Chance zur Wiedervereinigung, S. 102f.

136 PRO, CAB 129/44, C. P. (51), 43, 7th February, 1951, German Rearmament, Memorandum by the Minister of State, 7. 2. 1951. Steininger, Chance zur Wiedervereinigung, S. 44. Siehe auch das Memorandum von Sir Pierson Dixon, Deputy Under-Secretary of State, vom 9. 12. 1950, abgedruckt ebd., S. 103f. PRO, CAB 128/19, C. M. (51) 10th Conclusions, 29th January, 1951; CAB 128/19, C. M. (51) 11th Conclusions, 1st February, 1951, Minute 6.

137 PRO, CAB 128/19, C. M. (51) 12th Conclusions, 8th February, 1951, Minute 4.

138 In diesem Punkt berief man sich im britischen Kabinett und im Foreign Office auf öffentliche Äußerungen General Eisenhowers, die dieser im Anschluß an die Rundreise durch die westeuropäischen Hauptstädte in Washington machte; PRO, CAB 128/19, C. M. (51) 12th Conclusions, 8th February, 1951, Minute 4; CAB 129/44, C. P. (51) 43, 7th February, 1951, German Rearmament, Memorandum by the Minister of State, Annex. Eisenhowers interne Ausführungen vor Truman und hohen amerikanischen Regierungsvertretern am 31. 1. 1951 lassen dagegen keine Akzentuierung im Sinne der von Attlee vorgetragenen Bedingungen erkennen; FRUS 1951, III, Teil 1, S. 449ff.; Dagegen findet sich in einem Memorandum des State Department, das Acheson am 5. 1. Truman für dessen Gespräch mit Eisenhower am darauffolgenden Tage übersandte, eine Stelle, die die erste Bedingung Attlees stützen könnte: Nachdem über die, durch die öffentliche Wiederbewaffnungsdiskussion in der Bundesrepublik geförderte Situation Klage geführt wurde, vor deren Hintergrund die Westdeutschen um „maximum and even unreasonable conditions" feilschen konnten, empfahl das State Department, „[we] should proceed with our plans to integrate Germany solidly with the West so that it can be a fellowmember of the democratic

griert werden mußten, daß die Gefahr einer deutschen Nationalarmee gebannt wurde und wonach die westdeutsche Wiederbewaffnung nur mit Zustimmung der Deutschen erfolgen sollte[139].

Für Außenminister Bevin hatten die politischen Gespräche mit der Bundesregierung Vorrang vor den Sondierungsgesprächen mit den Militärexperten. Dabei war er trotz des Festhaltens an der obersten Gewalt in der Bundesrepublik zu weitgehenden Zugeständnissen in der Statusfrage bereit. Auch hierfür waren für Bevin Rücksichtnahmen auf mögliche Ergebnisse der Vierergespräche maßgebend: „At a time when we are approaching four-Power talks with the Russians concerning Germany it is of the utmost importance that our policies should command general acceptance in Germany and not be handicapped by unnecessary irritants. And if those talks should lead to agreement on the means of re-creating a united Germany, which must inevitably be placed, initally at least, under some form of four-Power supervision, it will be essential that in order to reduce the risk of Russian interference and mischief-making we should be able to ensure that such supervision is restricted to matters of real moment and exercised in accordance with agreed rules that enable the German Government to function as freely and effectively as possible. We shall be greatly assisted in achieving that end if in the meantime we can make good progress towards eliminating all inessential powers of intervention from our own relations with the present Federal Government at Bonn[140]."

Acheson, überzeugt, daß im Hinblick auf die öffentliche Meinung in der Bundesrepublik ein deutscher Verteidigungsbeitrag nur gleichzeitig mit konkreten Fortschritten auf dem Wege zur politischen und militärischen Gleichberechtigung erreichbar war, fürchtete, die Deutschen würden solange bindenden Abmachungen ausweichen, so lange die Frage der Vierergespräche über Deutschland offen blieb[141]. Im US State Department neigte man ebenfalls dazu, an der obersten Gewalt in Deutschland festzuhalten, wollte jedoch nicht zulassen, daß eine Neuregelung der Beziehungen zur Bundesrepublik wenigstens durch Aussetzen konkreter Kontrollbefugnisse aus dem Besatzungsstatut blockiert wurde. Das Festhalten an der alliierten obersten Gewalt oder eines Interventionsrechtes in der Bundesrepublik sollte nach Auffassung des State Department lediglich eine vorläufige Kontrolle über die langfristigen sicherheitspolitischen Abmachungen mit

community, and let the rearmament of Germany follow as a normal part of this process. This procedure, coupled with the build-up of real North Atlantic Treaty defensive strength in Europe, will provide a much greater inducement than efforts first to have Germany make a military contribution"; FRUS 1951, III, Teil 1, S. 399. In einem Fernschreiben des Secretary of State an McCloy vom 14. 2. 1951 wird jedoch klargestellt: „Although some public speculation has arisen both here and in Germany whether Eisenhowers report [vor dem Kongreß am 1. 2., d. Verf.] represented a fundamental change in our policy on German participation in western defense, we do not consider this to be the case. Eisenhower's comments are clearly in line with our policy in this field. He has in effect highlighted publicly certain conclusions regarding the tactics of implementing this policy which had become apparent even before the Brussels meeting and which were generally accepted there, although not publicly stated. His statements underline the necessity for a ‚package' arrangement with Germans covering broadly both political and military relationships." Ebd., S. 1015 f. (Auflösung des Telegrammstils durch Verf.).

139 Text der „Attlee Conditions" in Hansard, House of Commons, 5th series, Vol. 484, 12 February, 1951, cols. 105–6. Vgl. Warner, The British Labour Government, S. 253 f. mit einer aufschlußreichen Notiz aus dem Tagebuch von Kenneth Younger. Jones, Labour-Regierung, S. 69 f.

140 PRO, CAB 129/44, C. P. (51) 74, 9th March, 1951, Policy Towards Germany, Memorandum by the Secretary of State for Foreign Affairs mit Annex: Development of Relations with the German Federal Government. Policy of His Majesty's Government. Mr. Bevin to Sir I. Kirkpatrick, United Kingdom High Commissioner in Germany, 23rd February, 1951. Siehe auch den Bericht des US-Botschafters Gifford an Secretary of State vom 2. 1. 1951, FRUS 1951, III, Teil 1, S. 1055 ff.

141 FRUS 1950, IV, S. 817 f.

der Bundesrepublik sicherstellen und die Basis für künftige Verhandlungen mit der Sowjetunion über Deutschland erhalten, wobei man jedoch betonte, daß man nicht erwarten könne, jemals ein Abkommen über Deutschland durchsetzen zu können, das für die Deutschen selbst nicht akzeptabel wäre. Während man im State Department in der Frage der obersten Gewalt in Deutschland noch zu keiner abschließenden Auffassung gelangt war, waren die Vorstellungen über das Verhältnis zwischen den Sondierungsgesprächen mit den Deutschen und den möglichen Vierergesprächen über Deutschland eindeutig festgelegt. Letztere sollten auf gar keinen Fall die Westbindung und Aufrüstung der Bundesrepublik aufhalten, da diese Entwicklung die beste Gewähr dafür biete, daß Deutschland nicht unter sowjetische Herrschaft falle, eine Eventualität, vor der man im Falle eines wiedervereinigten, demilitarisierten und neutralen Deutschlands bei weitem nicht sicher sei[142].

In dieser Auffassung wurde das State Department durch einen Bericht McCloys bestärkt, demzufolge sich die deutsche Öffentlichkeit mehr um die Wiedervereinigung sorgte als um einen westdeutschen Verteidigungsbeitrag. Nach Auffassung des US-Hochkommissars hatte aber die Konsolidierung Europas, die zumindest den Einschluß Westdeutschlands und eine starke westliche Verteidigungsstreitmacht zur Voraussetzung hatte, Vorrang vor der Wiedervereinigung Deutschlands, die vorerst wahrscheinlich nur auf dem Wege einer Neutralisierung erreichbar sei. Ein wiedervereinigtes, neutralisiertes und unbewaffnetes Deutschland war nach Auffassung McCloys jedoch nur dann akzeptabel, falls die Wiedervereinigung zu vernünftigen Bedingungen erreichbar sei und wenn gleichzeitig einem wiedervereinigten Deutschland der Anschluß an den Westen erlaubt würde[143].

Bundeskanzler Adenauer, zusätzlich alarmiert durch Berichte über französisch-sowjetische Kontakte unterhalb Ministerebene, äußerte gegenüber McCloy, Byroade und Perkins, er erwarte nichts Positives für Deutschland aus Vierergesprächen, denen die Franzosen offenbar hoffnungsvoll entgegensähen. Da auch die britische Haltung aufgrund der durch die krankheitsbedingte Abwesenheit Bevins verursachten Konfusion im Foreign Office unsicher sei, vertraute der Bundeskanzler ausschließlich auf die unerschütterliche Haltung der US-Regierung. Er wiederholte seine Warnung vom 16. Dezember, wonach ein neutralisiertes Deutschland und in der Folge davon Europa über kurz oder lang unter sowjetische Herrschaft geraten würde, und erinnerte seine Gesprächspartner daran, daß eine politische Grundsatzerklärung von alliierter Seite über die Ablösung des Besatzungsstatuts schon vor dem Vorliegen detaillierter Ergebnisse aus den Verhandlungen auf dem Petersberg ihm sehr helfen würde, die öffentliche Meinung in der Bundesrepublik für seinen Kurs der Westintegration und Wiederbewaffnung zu gewinnen.

Nach einem Gespräch mit dem deutschen Oppositionsführer Kurt Schumacher schien es McCloy, daß ebenso wie Adenauer auch Schumacher wenigstens auf lange Sicht von der Unmöglichkeit einer Neutralisierung Gesamtdeutschlands ausging. Schumacher überschätzte jedoch die Risikobereitschaft der Amerikaner, als er McCloy vorschlug, die Alliierten sollten im Falle, daß die Sowjets freie Wahlen für ein blockfreies entwaffnetes Gesamtdeutschland anböten, diese Bedingungen annehmen und auf die demokratischen Kräfte in Deutschland vertrauen, die die unausweichlichen sowjetischen Infiltrationsversuche abwehren würden. Im Interesse einer ausgewogenen Truppenreduzierung in Europa war Schumacher laut McCloys Bericht sogar mit einer Verschmelzung aller Besatzungsstreitkräfte in allen vier Besatzungszonen einverstanden,

142 FRUS 1951, III, Teil 2, S. 1447 ff.
143 Ebd., Teil 1, S. 1068 ff.

unter der Voraussetzung allerdings, daß die Westmächte Vorkehrungen gegen eine Besetzung des Ruhrgebiets durch die Sowjets treffen würden[144].

Während der Gespräche zwischen Truman und Pleven vom 29. bis 30. Januar in Washington konnte eine „grundsätzliche Übereinstimmung der Ansichten" erzielt werden, indem man sich darauf einigte, alle sowjetischen Vorschläge zurückzuweisen, die die Bundesrepublik oder ein wiedervereinigtes Deutschland davon abhalten würden, sich dem Westen und dessen Verteidigungsanstrengungen anzuschließen, die die Handlungsfreiheit der NATO hinsichtlich der Durchführung der Brüsseler Beschlüsse einschränken würden, die den Rückzug der alliierten Truppen aus Deutschland fordern sollten oder die ein neutralisiertes und demilitarisiertes Deutschland zur Folge hätten[145]. Diese Übereinkunft kam dem amerikanischen Anliegen entgegen, die Alliierten auf eine gemeinsame Marschroute entlang der Vorschläge des Policy Planning Staff im State Department zu verpflichten. Danach sollten die Vorbereitungsgespräche bzw. die eventuelle Konferenz der vier Außenminister dazu dienen, Zeit für die westliche Aufrüstung zu gewinnen, Propagandavorteile zu nutzen und die Sowjets von der Entschlossenheit und Zuversicht des Westens zu überzeugen. Was mögliche Ergebnisse einer solchen Konferenz anlangte, so riet der Policy Planning Staff zu Skepsis: „We should not be sanguine of reaching any real settlements although we should always seek them[146]."

Am 5. März 1951 begannen die Vorgespräche im Palais Marbre Rose in Paris über eine Tagesordnung für das von der Sowjetunion vorgeschlagene Treffen des Rates der Vier Außenminister[147]. Die westlichen Agenden umfaßten 1. die Untersuchung der Gründe für die augenblicklichen internationalen Spannungen in Europa und die Wege zur Sicherung einer wirklichen und dauerhaften Verbesserung der Beziehungen, 2. den Abschluß eines Friedensvertrages mit Österreich und 3. das Problem der Wiederherstellung der deutschen Einheit[148] und die Vorbereitung eines Friedensvertrages mit Deutschland. Die sowjetischen Agenden betrafen 1. die Erfüllung des Potsdamer Abkommens bezüglich der Entmilitarisierung Deutschlands und das Verbot seiner Wiederbewaffnung, 2. den beschleunigten Abschluß eines Friedensvertrages mit Deutschland und den Abzug der Besatzungsstreitkräfte sowie 3. die Verbesserung der Situation in Europa und die Truppenverringerung seitens der vier Großmächte. Während der Verhandlungen wurde offenkundig, daß die französische und britische Delegation nicht bereit waren, dem rigorosen Verhandlungskurs der Amerikaner zu folgen, zumal die sowjetische Delegation nicht unerhebliche Konzessionen machte. So gab Gromyko am 28. März in der Frage der Demilitarisierung Deutschlands wenigstens prozedural nach, indem er diese Agenda unter die westliche The-

[144] FRUS 1951, III, Teil 1, S. 1077 ff.

[145] Zu den amerikanisch-französischen Gesprächen siehe das US-Positionspapier in FRUS 1951, III, Teil 1, S. 755 ff. und das „briefing book" für Truman, Harry S. Truman Library, Papers of Harry S. Truman, President's Secretary's Files. Poole, History of the Joint Chiefs 4, S. 248 ff. McGeehan, The German Rearmament Question, S. 104 f.

[146] FRUS 1951, III, Teil 1, S. 1048 ff. NA, RG 59, 611.61/1-451, Preparatory work in UNA on Issues for the Exploratory Talks with the Soviets, January 4, 1951. Ebd., 611.61/1-1851 Memorandum Jessups an Matthews vom 18. 1. 1951. Poole, History of the Joint Chiefs 4, S. 248.

[147] An den Vorgesprächen nahmen als Delegationsführer für die USA Philip Jessup, für Großbritannien Ernest Davies, für Frankreich Alexandre Parodi und für die Sowjetunion Andrej Gromyko teil. Zu den Gesprächen siehe FRUS 1951, III, Teil 1, S. 1048 ff. Acheson, Present at the creation, S. 551 ff. Poole, History of the Joint Chiefs 4, S. 251 ff.

[148] Im Policy Planning Staff waren allerdings bis zu diesem Zeitpunkt noch keine Vorschläge für die Wiedervereinigung Deutschlands ausgearbeitet worden, mit denen die Sowjets hätten konfrontiert werden können; FRUS 1951, I, S. 447.

menliste Nr. 1 (internationale Spannungen) und ohne ausdrücklichen Bezug auf das Potsdamer Abkommen zu inserieren bereit war[149].

Da diese Sortierung der Demilitarisierungsfrage westintern akzeptiert war, brachte diese russische Konzession Acheson in einige Verlegenheit. Er fürchtete, der US-Kongreß, in dem gerade die „Great Debate" lief, würde bei Annahme des russischen Vorschlags durch die Westmächte erst einmal den Ausgang der Vierergespräche über die Demilitarisierung Deutschlands abwarten wollen, bevor er den in Brüssel beschlossenen Maßnahmen seine Zustimmung erteilte. Um aber zu verhindern, daß es in dieser durch russische Konzessionen bestimmten Konferenzphase zu einem für den Westen propagandistisch nachteiligen Abbruch der Verhandlungen kam, wollte Acheson unter der zögernden Zustimmung Schumans, jedoch entgegen dem Rat der US Joint Chiefs of Staff, als taktischen Gegenvorschlag eine gesplittete Themenliste[150] präsentieren, die es wiederum Gromyko schwermachen sollte, ohne Gesichtsverluste die Konferenz abzubrechen[151]. Hierzu kam es jedoch nicht. Am 30. März überraschte Gromyko seine Verhandlungspartner mit der Forderung, als Agenda „den Atlantikpakt und die Schaffung amerikanischer Militärbasen in England, Norwegen, Island und anderen Ländern Europas und des Nahen Ostens" zu akzeptieren[152]. Für Perry Laukhuff, Leiter des Office of German Political Affairs im State Department, schien es so, als ob das akute Interesse der Sowjets am Deutschlandproblem hinter die Sorge über den Rüstungswettlauf mit den USA zurückgetreten wäre[153]. Daraufhin erhielt die amerikanische Delegation am 13. April neue Instruktionen, die mit Präsident Truman abgestimmt waren. Die Demilitarisierung Deutschlands sollte nur dann als Unterpunkt unter dem Thema „internationale Spannungen" akzeptiert werden, falls diese das letzte Hindernis für eine gemeinsame Agendenliste wäre. Unter keinen Umständen sollten das Atlantische Bündnis und die US-Stützpunkte als Verhandlungspunkte zugelassen werden[154]. Außenminister Morrison versuchte am 15. April über den britischen Botschafter in Washington, Sir Oliver Franks, die Amerikaner davon zu überzeugen, daß es der britischen Regierung aus innenpolitischen Gründen unmöglich wäre, eine Viererkonferenz mit der Sowjetunion schon unterhalb der Ministerebene scheitern zu lassen. Britischerseits wollte man hinsichtlich der separaten sowjetischen Agenda „Demilitarisierung Deutschlands" nachgeben, die die Amerikaner am liebsten gar nicht, jedenfalls aber nur unter „Spannungsminderung" diskutieren wollten. Auch in der Abrüstungsfrage beabsichtigten die Briten, eine Kompromißformel anzubieten[155].

Die britische Regierung hatte allen Anlaß, auf Abrüstungsverhandlungen zu setzen. Die durch das Aufrüstungsprogramm verursachten wirtschaftlichen Schwierigkeiten, die Eingriffe in

[149] FRUS 1951, III, Teil 1, S. 1111 f.

[150] Es handelte sich um die nach dem französischen Delegationschef benannte „Parodi-Formel", welche an erster Stelle all jene Tagesordnungspunkte auflistete, über die eine Viermächte-Übereinkunft erreicht war, gefolgt von einer Aufzählung jener Agenden, über die man uneins war.

[151] FRUS 1951, III, Teil 1, S. 1112 ff. Die US Joint Chiefs of Staff warnten am 29. 3. 1951: „If [such] a split agenda were accepted, the Council would either begin and end on the subject of the demilitarization of Germany with nothing accomplished or some form of demilitarization … would be accepted … [We believe] that continuance of West Germany in the status of a demilitarized country jeopardizes the security of Western Europe and impairs the security of the United States." Zit. nach Poole, History of the Joint Chiefs 4, S. 253.

[152] FRUS 1951, III, Teil 1, S. 1118 f.

[153] Ebd., S. 1121 f.

[154] Ebd., S. 1124 ff.

[155] NA, RG 59, Summaries of the Secretary's Daily Meetings, 26. 3. 1951. FRUS 1951, III, Teil 1, S. 1117.

das „soziale Netz" mit sich brachten, rüttelten an der Einheit der Labour Party, als in deren Folge Aneurin Bevan am 22. April als Arbeitsminister zurücktrat[156]. Alles in allem schien der Eindruck zutreffend, den man bei der US-Delegation in Paris von der britischen Haltung hatte. Dort konnte man das Verhalten der Briten nur damit erklären, daß diese in den Brüsseler Beschlüssen vom Dezember 1950 über die westdeutsche Aufrüstung lediglich eine prinzipielle Abmachung über Maßnahmen ansahen, die vor einer Viermächteaußenministerkonferenz nicht ernsthaft in die Tat umgesetzt werden sollte. Die Briten würden vor einer Viererkonferenz nicht einmal ihre eigene Aufrüstung entschlossen in Angriff nehmen oder versuchen, wenigstens die vermeintlich ablehnende Bevölkerung von der absoluten Notwendigkeit der Aufrüstung zu überzeugen. Dies sei zwar nicht ihre offizielle Sprache, sei aber in zunehmendem Maße der Sinn dessen, was sie westintern im Palais Marbre Rose äußerten. Die Amerikaner schlossen ihre Vermutung mit der Warnung, „it would blow our NATO program sky-high if any intimation of such an attitude got out"[157].

Die in der Folge unternommenen und durch den Wechsel im britischen Foreign Office (Morrison hatte den kranken Bevin am 9. März 1951 als Außenminister abgelöst) begünstigten Anstrengungen Achesons, die Briten wieder auf die regressivere amerikanische Politik gegenüber den Sowjets einzuschwören, waren am Ende erfolgreich. In einem Memorandum des Foreign Office vom 1. Juni 1951 wurden vier Möglichkeiten der deutschen Wiedervereinigung erörtert, schließlich aber allesamt mit dem Argument verworfen, daß man so lange keine Wiedervereinigung riskieren könne, selbst wenn sie im Einklang mit demokratischen Prinzipien erfolgen sollte, bis Deutschland entweder die Mittel erlaubt würden, um sich im Rahmen des westlichen Verteidigungssystems zu schützen, oder aber solcher Verteidigungsmöglichkeiten nach einer allgemeinen Abrüstung und nach dem Verschwinden der Angst vor einer Aggression nicht mehr bedürfe[158].

Am 2. Mai hatten die drei westlichen Delegationen drei alternative Agendenlisten vorgelegt, die Gromyko allesamt ablehnte, da sie das Thema „NATO- und US-Stützpunkte" nicht enthielten. Als die Sowjetregierung auch den in einer alliierten Note[159] gemachten Vorschlag, die Demilitarisierung Deutschlands als ersten Unterpunkt unter dem Komplex „Gründe für die Spannungen" zu diskutieren, jedoch von der NATO als Agenda abzusehen, zurückwies, nutzten die Amerikaner auf Veranlassung Trumans diesen in ihren Augen propagandistisch günstigen Augenblick, um bei den Verbündeten den Abbruch der Vorgespräche durchzusetzen, und so einer weiteren Aufweichung der im Dezember in Brüssel erreichten westlichen Position vorzubeugen, die seit der Konzession in der Frage des Verhandlungspunktes „Demilitarisierung Deutsch-

[156] Ende März hatte Hugh Gaitskell, seit Oktober 1950 Chancellor of the Exchequer, gegenüber dem US Undersecretary of State, James E. Webb, erklärt, ohne Lieferung von Rohstoffen und Werkzeugmaschinen durch die USA könne Großbritannien seinen Verpflichtungen auf dem Verteidigungssektor nicht mehr nachkommen; NA, RG 59, Summaries of the Secretary's Daily Meetings, 27. 3. 1951. Zu den Schwierigkeiten bei der Durchführung des britischen Aufrüstungsprogramms siehe PRO, CAB 129/45, C. P. (51) 17, 15th March, 1951, Economic Survey, 1951, Note by the Chancellor of the Exchequer. Morgan, Labour in Power, S. 433 ff. und Warner, The British Labour Government, S. 256 ff.

[157] Dem britischen Delegationsleiter wurde von seiten der amerikanischen Konferenzteilnehmer „,Capitulation', without a stopping point" vorgeworfen; FRUS 1951, III, Teil 1, S. 1128 f.

[158] PRO, FO 371/93450/C 10138, abgedruckt bei Steininger, Chance zur Wiedervereinigung, S. 105 ff.

[159] Diese Form wurde mit Rücksicht auf den Wunsch Morrisons gewählt, die Verhandlungen mit den Sowjets nicht auf der Delegiertenebene der Vorkonferenz scheitern zu lassen. FRUS 1951, III, Teil 1, S. 1127.

lands" in ihren Augen bereits eine empfindliche Einbruchstelle aufwies[160]. Am 21. Juni, von den Westmächten zeitlich koordiniert mit den französischen Parlamentswahlen, vertagte sich die Vorbereitungskonferenz sine die.

Inzwischen hatten die deutschen Militärexperten die deutsche Position hinsichtlich eines Verteidigungsbeitrages der Bundesrepublik gegenüber den Hochkommissaren klar umrissen. Das erste Militärexpertengespräch auf dem Petersberg[161] am 9. Januar war von seiten der Hochkommission mit der prinzipiellen Erklärung eröffnet worden, daß jeder militärische Beitrag der Bundesrepublik im Rahmen der NATO erfolgen müsse, eine Forderung, die Blank in seiner Erwiderung gleichfalls als den einzigen Weg bezeichnet hatte, den die Bundesrepublik zu gehen bereit war[162]. Die folgenden Gespräche litten unter der Tatsache, daß der deutschen Delegation, wie schon am 21. Dezember 1950 dem Bundeskanzler gegenüber, keine über Andeutungen hinausgehenden Informationen über die konkreten Inhalte der vom NATO-Rat gebilligten Empfehlungen des Military Committee mitgeteilt wurden[163]. Um so freier war allerdings auch die deutsche Delegation bei der Formulierung ihrer eigenen Bedingungen, die sie am 17. Januar präsentierte[164]. Danach war ein deutscher Verteidigungsbeitrag an folgende Voraussetzungen gebunden: 1. die westdeutsche Aufrüstung sollte durch angemessene, in der Bundesrepublik stationierte alliierte Land- und Luftstreitkräfte gedeckt werden. 2. Die Besatzungsrechte sollten durch vertragliche Übereinkünfte abgelöst werden. 3. Die alliierte Hochkommission sollte in einen Rat der Botschafter umgewandelt werden. 4. Die westdeutschen Einheiten sollten hinsichtlich ihrer Organisation, Bewaffnung und Kommandostruktur militärische Gleichberechtigung genießen. 5. Der Bundesrepublik müsse eine angemessene finanzielle Unterstützung gewährt werden.

Mit dem Terminus „militärische Gleichberechtigung" wurde allen diskriminierenden Vorschlägen von seiten der alliierten Vertreter begegnet, indem man diese nur unter der Voraussetzung annehmen wollte, daß sie für alle Streitkräfte gleichermaßen Gültigkeit besitzen sollten.

Im US State Department sah man ein, daß die Deutschen keine interimistischen Rekrutierungs- und Ausbildungsmaßnahmen gemäß den NATO-Empfehlungen einleiten würden, solange die Frage der Organisation auf der höheren Verbandsebene (higher military organization) nicht gelöst war und in den politischen Fragen keine Fortschritte erzielt werden konnten. Daher sollte das Hauptgewicht auf die politischen Verhandlungen gelegt werden, während man die Militärexpertengespräche mit einem Bericht über die konkreten deutschen Vorstellungen zur Weiterleitung an die drei westlichen Regierungen unterbrechen wollte[165]. Auf Eisenhower als NATO-Oberbefehlshaber, der sich und seinen Stab zur Lösung des leidigen Problems des Integrationsniveaus der deutschen Verbände anbot, setzte man große Hoffnungen. Auch Bundeskanzler Adenauer, dem die dilatorische Taktik der Briten nicht verborgen geblieben war, drängte die amerikanische Regierung als in seinen Augen einzigen verläßlichen Partner ebenfalls zu raschem Handeln. Alarmiert von alliierten Dislozierungsmaßnahmen in der Bundesrepublik, in denen er Vorbereitungen für eine eventuelle Preisgabe der Bundesrepublik im Kriegsfall vermu-

[160] Ebd., S. 1138 ff. Acheson, Present at the creation, S. 551 ff.

[161] Zu den Verhandlungen auf dem Petersberg siehe die ausführliche Darstellung durch Wettig, Entmilitarisierung in Deutschland, S. 402 ff. und Beitrag Meier-Dörnberg in diesem Band, S. 630–648.

[162] FRUS 1951, III, Teil 1, S. 990.

[163] Siehe die Feststellung im Abschlußbericht der Hochkommissare vom 8. 6. 1951, ebd., S. 1044 und die Weisung des State Department vom 1. 2. 1951, ebd., S. 1002 f.

[164] Ebd., S. 994.

[165] Ebd., S. 1002 f. u. 1014 ff.

tete[166], erinnerte er nachdrücklich an die auf der New Yorker Außenministerkonferenz im Zusammenhang mit der Sicherheitsgarantie versprochene Truppenvermehrung in der Bundesrepublik, an die er sogleich Heusingers Zangenstrategie der Verteidigung des Bundesgebiets applizierte: Nach dem amerikanischen Bericht glaubten die Militärexperten des Bundeskanzlers, die Gefahr einer russischen Invasion im Jahre 1951 könnte weitgehendst abgewehrt werden, wenn Briten und Amerikaner jeweils 10 Divisionen in Schleswig-Holstein bzw. in Bayern konzentrieren würden. Während diese Kräfte auf der Grundlage der traditionellen deutschen Zangenbewegungstaktik („pincers maneuver“) operieren sollten, hielten die deutschen Generale leichte Verbände zwischen diesen beiden Bastionen zur Komplettierung der Verteidigung für ausreichend und gaben zu verstehen, daß man diesen Teil der Aufgabe den Franzosen überlassen könne[167].

Nach dem Bericht der Hochkommissare über die Militärexpertengespräche vom 6. Juni 1951, dem sogenannten Petersberg-Bericht, waren folgende Sicherheitsbestimmungen aus den NATO-Empfehlungen für die deutsche Delegation annehmbar:

1. Jede Form der deutschen Beteiligung muß im Rahmen der NATO-Struktur erfolgen. 2. Dem deutschen Soldaten sollte ein eher europäischer denn ein nationalistischer Geist eingehaucht werden. 3. Der deutsche Beitrag sollte Kontrollen unterworfen werden, denen auch die Streitkräfte der übrigen NATO-Staaten unterworfen sein würden. 4. Angemessene deutsche Luftstreitkräfte zur Unterstützung des Heeres sollten ein Teil der integrierten Luftstreitkräfte unter NATO-Oberbefehl bilden. 5. Die Soldaten würden zuerst als Freiwillige, später als Wehrpflichtige rekrutiert. 6. Eine Rüstungsindustrie sollte, abgesehen von spezifischen französischen Forderungen, in der Bundesrepublik nicht aufgebaut werden. 7. Die deutsche Delegation bestand auf der Errichtung eines deutschen Verteidigungsministeriums. 8. Die Verwaltung der westdeutschen Streitkräfte sollte ziviler Natur sein und der Kontrolle durch den Bundestag unterliegen. Die Deutschen würden Seestreitkräfte aufstellen und maritime Aufträge nach Maßgabe der NATO übernehmen. 9. Der Umfang der deutschen Landstreitkräfte sollte zu keiner Zeit mehr als ein Fünftel aller dem NATO-Oberbefehlshaber unterstellten alliierten Landstreitkräfte betragen.

Folgende Sicherheitsbestimmungen aus den NATO-Empfehlungen wurden von der deutschen Delegation als unannehmbar bezeichnet: 1. Nach Auffassung der deutschen Delegation genügten die brigade groups oder regimental combat teams prinzipiell nicht den deutschen Vorstellungen von militärisch effizienten Verbänden. 2. Solange die Frage deutscher Divisionen un-

[166] Die Briten hatte er in Verdacht, sie würden ein neues „Dünkirchen“ vorbereiten: „[...] the British had already indicated through requisitioning of barracks etc. that they intended to station their forces on an east-west line between Lower Saxony and the Dutch coasts. This, he said, gave rise to disturbing suspicions in the minds of himself and his military experts“. Ebd., S. 1027.

[167] Ebd., S. 1026f. Heusinger trug am 17. 2. 1951 seine strategischen Überlegungen vor; ebd., S. 1017ff. Anfang Mai ließ Adenauer durch den deutschen Generalkonsul in Washington, Krekeler, dem Leiter der Deutschlandabteilung im State Department, Byroade, eine Studie mit deutschen Ansichten zur Verteidigung Europas überreichen, welche dieser als fraglos von den Generalen Heusinger und Speidel verfaßt identifizierte und unter Hinweis auf die Befürchtungen des Bundeskanzlers an General Bradley weiterleitete. Dazu bemerkte Byroade: „You will remember that Adenauer has seemed very eager to establish direct liaison between his German military experts with General Eisenhower“, NA, RG 59, 762A. 5/5-851. Siehe dazu Adenauer, Erinnerungen 1, S. 453. Zu Adenauers Forderung nach Verstärkung der alliierten Truppen in der Bundesrepublik siehe FRUS 1951, III, Teil 2, S. 1468ff. und Adenauers Schreiben an Kirkpatrick, das am 12. 4. 1951 in der US-Hochkommission kursierte. Ebd., S. 1470f.; Adenauer, Erinnerungen 1, S. 450. Zu den strategischen Vorstellungen Heusingers siehe Greiner, General Adolf Heusinger.

gelöst blieb, lehnte die deutsche Delegation die Aufstellung und Ausbildung deutscher Einheiten auch im Rahmen einer Übergangslösung ab. 3. Die deutsche Delegation bestand auf Divisionen, möglichst Panzerdivisionen, zu je 10 000 Mann. 4. Es sollte ein einheitliches deutsches Verteidigungsministerium geben und keine Kompetenzverteilung auf unterschiedliche Ressorts. 5. Die Deutschen lehnten das Verbot einheitlicher Panzerformationen innerhalb der deutschen Verbände ab, da sie Panzerdivisionen für am wirksamsten erachteten und darauf bestanden, nach dem Grundsatz der Gleichberechtigung ausgerüstet zu werden.

Folgende Sicherheitsbestimmungen der NATO waren für die Deutschen solange nicht akzeptabel, wie sie nicht für alle übrigen an der Verteidigung Europas beteiligten Streitkräfte gleichermaßen Gültigkeit besaßen oder solange keine Übereinstimmung über Modalitäten gefunden wurde, die der öffentlichen Meinung in der Bundesrepublik Rechnung trugen: 1. Die Verwaltung des deutschen Verteidigungsbeitrages sollte einem alliierten Kontrollsystem unterworfen sein. 2. Stabsfunktionen im Bereich operativer Planung und des operativen Einsatzes sowie im Feindnachrichtenwesen sollten oberhalb der erlaubten taktischen Gliederungen nur durch die internationalen Stäbe unter dem NATO-Oberbefehlshaber besorgt werden und deutschen Stellen untersagt sein. 3. Deutsche Heeresformationen sollten, allein schon unter dem Sicherheitsgesichtspunkt, unter keinen Umständen so in die NATO-Streitkräfte integriert werden, daß es zu deutschen Verbänden käme, die die Divisionsstärke überschritten. 4. Die Besatzungsmächte sollten ein allgemeines Kontrollrecht über die Rekrutierung der Offiziere haben und sollten dabei, soweit möglich, auf nicht wehrmachtsgediente Offiziere zurückgreifen. Das gleiche sollte für die Rekrutierung der Unteroffiziere gelten.

Die Frage der Überwachung der Rotation einzelner Soldaten von den regulären Streitkräften zu Reserveverbänden war während der Gespräche nicht erörtert worden, da den Hochkommissaren eine Diskussion darüber vor einer Einigung über den deutschen Verteidigungsbeitrag verfrüht schien. Die diesbezüglichen NATO-Sicherheitsbestimmungen sollten verhindern, daß es jemals zu einer unvorhergesehenen oder unerwünschten Verstärkung des deutschen Beitrages kommen würde.

Da die deutschen Vorstellungen zum Teil beträchtlich über den durch die NATO-Empfehlungen gesteckten Rahmen für die Sondierungsgespräche hinausgingen, baten die Hochkommissare am 8. Juni um neue Direktiven, auf deren Grundlage mit den Deutschen weiter verhandelt werden konnte[168].

Der Einladung der französischen Regierung zu einer Konferenz über die Organisation der europäischen Armee[169] waren Belgien, die Bundesrepublik, Italien und Luxemburg gefolgt. Als Beobachter nahmen die Vereinigten Staaten, Kanada, Dänemark, Norwegen, die Niederlande (ab Herbst als Vollmitglied), Portugal und Großbritannien teil. In seiner Eröffnungsrede am 15. Februar hob Schuman besonders den europapolitischen Aspekt der geplanten Europaarmee hervor: „Das atlantische System mag dringenden, zugleich aber auch vorübergehenden Forderungen entsprechen und genügen; das Problem Europa aber bleibt bestehen. Wir sind der Ansicht, daß ohne Rücksicht auf die jeweilige Lage und auf die etwa anderswo gefundenen inter-

[168] FRUS 1951, III, Teil 1, S. 1044 ff.

[169] Zur Pariser EVG-Konferenz bis Sommer 1951 siehe die ausführlichen Darstellungen durch Wettig, Entmilitarisierung in Deutschland, S. 415 ff., 429 ff., 438 ff. und den Beitrag von Wilhelm Meier-Dörnberg in diesem Band, S. 656 ff. Zur amerikanischen Berichterstattung (hauptsächlich durch Botschafter Bruce) siehe FRUS 1951, III, Teil 1, S. 755 ff. Sehr nützlich: EVG-Konferenz, Chronologie, Teil 1 (März 1947 – 31. 12. 1953), Teil 2 (15. 2. 1951 – 22. 7. 1954), Teil 3 (1. 1. 1954 – 30. 8. 1954), BA-MA, BW 9/3372–3374.

kontinentalen und globalen Lösungen ein Europa organisiert werden muß, ein Europa, das aus einer anachronistisch und absurd gewordenen Zerstückelung erlöst werden muß, ein Europa, welches das Stadium eines überlebten Nationalismus überwinden muß. Diese Wahrheit haben wir erkannt, und wir verkünden sie auf dem Gebiet der Wirtschaft und der Politik. Diese Wahrheit gilt aber auch für die Organisation der Verteidigung, wenn man ein für die Dauer bestimmtes militärisches System zu finden bemüht ist[170]."

Zum Verhältnis zwischen der geplanten Europaarmee und dem Nordatlantischen Bündnis bemerkte Schuman, daß sich die atlantische Verteidigung und die europäische Verteidigung nicht ausschließen und nicht überschneiden würden. Sie lägen vielmehr auf verschiedenen Ebenen. Die NATO sei ein Koalitionssystem nationaler Armeen unter einem einzigen Kommando. Dagegen werde die Europaarmee eine supranationale Armee sein, die Schritt für Schritt, aber endgültig, nationale Armeen ersetzen werde. Schuman versprach, daß die französische Regierung ihren Vorschlag zurückstellen werde, falls die französische Initiative die atlantische Verteidigung nachweislich gefährden oder auch nur verzögern würde[171].

An die atlantische Einbindung der Europaarmee war Schuman am 27. Januar 1951 noch einmal von Acheson mit der Bemerkung erinnert worden, „daß der weite Rahmen der atlantischen Gemeinschaft unter Einschluß eines starken Europa ein wichtiger Bestandteil der Struktur der freien Welt und für die Verwirklichung der allgemeinen Sicherheit im Rahmen der Vereinten Nationen wesentlich" sei. Achesons Zusage, einen Beobachter zur Pariser Konferenz zu entsenden und seine Versicherung, die US-Regierung werde ihr Bestes tun, um zum Enderfolg der Beratungen beizutragen, ging freilich nicht über die vage „promote the idea"-Formel in der älteren Fassung dieser Mitteilung Achesons vom 7. Dezember 1950 hinaus[172].

Bundeskanzler Adenauer, der aus den Petersberger Gesprächen mit den Hochkommissaren den „bestimmten Eindruck" gewonnen hatte, daß Amerikaner und Engländer an einem westdeutschen Verteidigungsbeitrag im Rahmen der NATO festhielten[173], räumte dieser Lösung die Priorität vor der Europaarmee ein, da sie nach seiner Auffassung die vertragliche Westintegration der Bundesrepublik und deren Statusverbesserung schneller verwirklichen und so der Gefahr einer Neutralisierung Deutschlands, sei es durch innere oder äußere Kräfte, begegnen half. Die europapolitische Attraktivität der Europaarmee, der sich der Bundeskanzler keineswegs verschloß, verflüchtigte sich allerdings bei näherer Analyse des französischen Plans, der am 15. Februar in Form einer „Arbeitsunterlage" und am 7. März als Vertragsentwurf von der französischen Delegation vorgelegt wurde. Das französische Arbeitspapier wurde am 21. sowie am 26. und 27. Februar zwischen dem Bundeskanzler, Hallstein, Blankenhorn, Roediger, Graf Kielmansegg und de Maizière besprochen. Als Ergebnis dieser Beratung erging an die deutsche Delegation bei der Pariser EVG-Konferenz folgende Weisung: Die deutsche Bereitschaft zur Mitarbeit sei deutlich herauszustellen. An der deutschen Haltung dürfe die Konferenz nicht scheitern. Es gelte, Zeit zu gewinnen; daher solle sich die deutsche Delegation nicht unnötig festlegen lassen. National gemischte Divisionen seien unannehmbar. Von Anfang an müsse die volle deutsche Gleichberechtigung gefordert werden[174]. Gegenüber McCloy bezeichnete Adenauer

[170] Zit. nach Adenauer, Erinnerungen 1, S. 447f.

[171] Neben Adenauer, ebd., S. 447 siehe den Bericht von Bruce vom 15. 2. 1951, FRUS 1951, III, Teil 1, 767ff. Französischer Text: L'Année politique 1951, S. 626.

[172] FRUS 1951, III, Teil 1, 759f. Siehe Anm. 103.

[173] Adenauer, Erinnerungen 1, S. 444.

[174] Nach freundlicher Mitteilung von General a. D. Ulrich de Maizière vom Juni 1988.

den französischen Vertragsentwurf als so unzureichend, daß er dafür Sorge getragen habe, daß keine Informationen darüber an die deutsche Öffentlichkeit gelangten[175].

Nach den französischen Vorstellungen sollte sich der Aufbau der europäischen Verteidigungsorganisation in zwei Etappen vollziehen, wobei die erste Etappe wiederum in zwei Phasen unterteilt war. Während der ersten Phase der ersten Etappe, die 18 Monate dauern sollte, sollte die Bundesrepublik, die als einziger Teilnehmerstaat noch über keine militärischen Verbände verfügte („différences des faits"), grundsätzlich anderen Bedingungen unterworfen werden als die übrigen Staaten, ein Umstand, der nicht nur den Deutschen, sondern auch dem US State Department als eine extensive Diskriminierung der Bundesrepublik erschien[176]. Danach hätte die Aufstellung und die Ausbildung der ersten deutschen Einheiten nahezu ausschließlich der Kontrolle eines Verteidigungskommissars, höchstwahrscheinlich französischer Nationalität, unterlegen und wäre somit in bezug auf die personelle wie auch organisatorische Ausrichtung weitgehend der Einflußmöglichkeit des deutschen Parlaments entzogen worden. Erst in der zweiten Phase der ersten Etappe, deren Dauer nicht fixiert war, sollten die Befugnisse des europäischen Verteidigungskommissars auf alle Kontingente der Europaarmee ausgedehnt werden. In der zweiten Etappe sollten schließlich aus je drei national homogenen Kampfgruppen europäische Divisionen mit einer multinationalen Nachschuborganisation gebildet werden, hinter denen dann die noch bestehenden nationalen Armeen, so die vage Formulierung des Vertragsentwurfs, an Bedeutung allmählich zurücktreten würden. Die französische Integrationsformel war nicht mit der deutschen Forderung nach national homogenen Divisionen in Einklang zu bringen, doch vertrat der französische Delegationsleiter Hervé Alphand am 18. April gegenüber dem amerikanischen NATO-Stabschef, General Gruenther, die Auffassung, daß diese im Grunde eher politische als militärische Frage in zwei oder drei Monaten gelöst werden könne, jedoch nicht vor den französischen Parlamentswahlen am 17. Juni und nicht vor einem Außenministertreffen der vier Großmächte. Würde diese Konzession an die Deutschen vor einer möglichen Viermächtekonferenz gemacht, würde die kommunistische Propaganda der französischen Regierung eine Präjudizierung oder gar Sabotage der Viermächtegespräche vorwerfen[177]. Auch Walter Hallstein berührte am 18. Juni die Frage nach nationalhomogenen Divisionen nicht mehr in seinem Forderungskatalog, den er gegenüber Alphand erhob (Schaffung verantwortlicher deutscher Aushebungsbehörden, Beteiligung Deutschlands an der höheren Führung), „da festzustehen [schien], daß dieser Punkt von den Franzosen selber in unserem Sinne beantwortet werden wird"[178].

Nachdem der Petersberg-Bericht vom 6. Juni vorlag, waren die Franzosen bestrebt, das vorläufige Ergebnis der Pariser Verhandlungen in einem Zwischenbericht an die interessierten Regierungen zusammenzufassen. Die französischerseits hierzu an den Tag gelegte Eile[179], die die deutsche Delegation „im Hinblick auf den vorläufigen Abschluß der Petersberger Besprechungen etwas zu bremsen beauftragt" war, begründete Alphand gegenüber den Deutschen mit der Notwendigkeit, die aus den Wahlen hervorgehende neue französische Regierung informieren zu

[175] FRUS 1951, III, Teil 1, S. 771, Anm. 5. Konferenz über die Bildung der Europäischen Armee, Memorandum der französischen Delegation, 15. 2. 1951 (Übersetzung), BA-MA, BW 9/3131, S. 2–31.

[176] FRUS 1951, III, Teil 1; 782.

[177] Bruce an Sect. State, 18. 4. 1951, ebd.

[178] Schreiben Hallstein an Adenauer vom 20. 6. 1951, BA-MA, BW 9/3256. Zur Rolle Eisenhowers siehe unten S. 43 f.

[179] Nach Alphand sollte der Zwischenbericht Ende Juni vorliegen. Wegen der Bedenken der deutschen Delegation wurde der 10. 7. in Aussicht genommen. Tatsächlich wurde der Bericht am 24. 7. vorgelegt.

müssen, und mit dem Hinweis auf seine Erfahrungen bezüglich der Beratungen innerhalb der NATO, wonach es sich empfehle, nicht allzu lange hinter den Petersberger Empfehlungen zurückzubleiben[180].

Nach dem Ende der Vorbereitungsgespräche im Palais Marbre Rose und nach den französischen Parlamentswahlen, aus denen die Rassemblement du Peuple Français (RPF) gestärkt und die Mouvement Républicain Populaire (MRP) sowie die Section française de l'Internationale ouvrière (SFIO) geschwächt hervorgingen – in der am 10. August gebildeten Regierung unter Pleven verblieb Schuman als Außenminister –, drängte aber auch das US State Department auf einen Bericht über den Stand der Pariser Konferenz, um so, wie schon zuvor bei den Petersberger Gesprächen, die sachlich zusammengehörenden Fragen aus den unterschiedlichen und daher schwer steuerbaren Verhandlungsebenen wieder auf die Regierungs- und NATO-Ebene zu bringen[181]. Dies entsprach ganz dem Anliegen der Bundesregierung, die für eine „Konferenz auf Regierungsebene über den gesamten Fragenkomplex" warb[182].

Um ein Procedere der NATO ausschließlich entlang dem Petersberg-Bericht zu verhindern, mußte der Zwischenbericht über den Stand der Pariser Verhandlungen allerdings mehr sein als nur eine Auflistung deutsch-französischer Meinungsverschiedenheiten. Nach Auffassung von US-Botschafter Bruce war es vor allem die deutsche Ablehnung der NATO-Restriktionen, die bei den Franzosen die Angst vor einem möglichen Wiedererstehen einer deutschen Nationalarmee zu bestätigen schien und diese zu Zugeständnissen zugunsten der Europaarmee als dem alleinigen Ausweg veranlaßten[183]. So enthielt der Zwischenbericht vom 24. Juli nun u.a. die Bestimmung, daß alle in den Mitgliedstaaten der europäischen Verteidigungsorganisation vorhandenen Streitkräfte mit Ausnahme der Verbände zur Verteidigung der überseeischen Besitzungen sowie alle neu aufzustellenden Einheiten der Europaarmee zugeführt werden sollten, sobald das Vertragswerk in Kraft trat[184]. Diese Konzessionen blieben jedoch so lange wirkungslos, solange Fortschritte in den Verhandlungen über die Ablösung des Besatzungsstatuts ausblieben.

Auf der Basis der auf der Brüsseler NATO-Ratssitzung im Dezember 1950 beschlossenen, allgemein gehaltenen Formel, die Beziehungen der Westmächte zur Bundesrepublik im Falle ihrer Einbeziehung in die westliche Verteidigung „on as broad a contractual basis as possible" regeln zu wollen, machte es schwierig, selbst unter den Westmächten eine einheitliche Verhandlungsposition herzustellen. Die Franzosen machten, wie schon in Brüssel, kein Hehl daraus, daß sie lediglich eine Revision des Besatzungsstatuts, jedoch nicht einen neuen Status der Bundesrepublik zulassen wollten. Ja selbst aus den ersten Arbeitspapieren der US-Hochkommission gewann

[180] Bericht Roedigers an Hallstein vom 10. 6. 1951, BA-MA, BW 9/3256. Als sichtbaren Ausdruck seiner Enttäuschung über den französischen Vertragsentwurf beauftragte Adenauer den Vortragenden Legationsrat a.D. Conrad Roediger (offiziell als Vertreter Hallsteins) mit der Leitung der deutschen Delegation. Siehe auch die Analyse der Konferenz bis zum 22. 6. 1951 durch Bruce, FRUS 1951, III, Teil 1, S. 789ff.

[181] Am 23. 6. überreichte die US-Botschaft in Paris ein entsprechendes Aide-mémoire im französischen Außenministerium, FRUS 1951, III, Teil 1, S. 786ff., 788, Anm. 5.

[182] Staatssekretär Hallstein an Bundeskanzler, 20. 6. 1951, BA-MA, BW 9/3256.

[183] FRUS 1951, III, Teil 1, S. 857. Am 18. 6. erklärte Alphand gegenüber Roediger, die französische Regierung werde ihr unbedingtes Veto dagegen einlegen, daß die auf dem Petersberg gestellten Forderungen der Bundesregierung erfüllt würden; Aufzeichnung Roediger vom 20. 6. 1951, BA-MA, BW 9/3256. Vermutlich war dies auch der Hauptgrund, warum Bruce selbst bei den Franzosen auf einen Zwischenbericht gedrängt hatte. Siehe die Äußerung Bruces gegenüber Hallstein am 19. 6. 1951, ebd.

[184] Zum Zwischenbericht siehe Wettig, Entmilitarisierung in Deutschland, S. 438ff. und die synoptische Zusammenstellung der unterschiedlichen Positionen in FRUS 1951, III, Teil 1, S. 862ff.

man im State Department den Eindruck, daß sie nicht den Brüsseler Beschlüssen genügten, indem sie im ganzen gesehen vielleicht zu sehr die Bestätigung der Kontrollen in Form vertraglicher Auflagen für die Deutschen und weniger deren möglichst vollständige Aufhebung unterstützten. Vor allem um eine rasche und sichere Zustimmung des Deutschen Bundestages sicherzustellen, bevorzugte man im State Department statt eines umfangreichen Vertragswerkes eine vorläufige Übereinkunft über die grundsätzlichen Ziele und Verpflichtungen, darunter vor allem über die Verpflichtung der Bundesregierung, einen Verteidigungsbeitrag zu leisten[185]. Dagegen machte McCloy geltend, daß die Deutschen keine Verpflichtungen hinsichtlich eines Verteidigungsbeitrages eingehen würden, solange sie keine Klarheit über Art und Umfang der vertraglichen Regelungen des deutsch-alliierten Verhältnisses hätten. Ihn beunruhigten Meinungsumfragen der US-Hochkommission unter der westdeutschen Bevölkerung über deren Bereitschaft, sich an einer NATO-Armee zu beteiligen. Im Oktober 1950 hatten 63% dafür und 30% dagegen gestimmt. Im Juni 1951 waren nur noch 43% dafür, jedoch 33% dagegen.

Am 8. Juni, nach vierwöchigen Verhandlungen mit den Deutschen über die Ablösung des Besatzungsstatuts durch vertragliche Regelungen, war McCloy überzeugt, daß es selbst nach einer Modifizierung der Brüsseler Bedingungen keinen deutschen Beitrag zu einer NATO-Armee geben würde: „The answer to these difficulties may lie in the European Army concept which may provide a better means to reconcile French and German views than revision of the NATO directive[186]."

8. Das Einlenken der Amerikaner und Briten auf die Europaarmee-Lösung im Sommer 1951

Am 22. März 1951 hatte McCloy General Eisenhowers Auffassung über die Wichtigkeit und Dringlichkeit eines deutschen Verteidigungsbeitrages sondieren lassen. Der General setzte sich nachdrücklich für eine Statusverbesserung der Bundesrepublik ein, damit der westdeutsche Verteidigungsbeitrag nicht nur von der Bundesregierung, sondern auch von der überwiegenden Mehrheit der Bevölkerung gutgeheißen würde. Er wollte keine „Hessian soldiers", wie sie im 18. Jahrhundert von den Briten für den Kampf gegen die aufständischen Kolonien in Nordamerika eingekauft worden waren. Von dem Verfahren, die Verhandlungsergebnisse der Hochkommission über die Regierungsebene wieder den NATO-Gremien vorzulegen, befürchtete Eisenhower noch mehr Streitigkeiten zwischen Franzosen und Deutschen und zwischen Franzosen und Angelsachsen, mit denen er die NATO nicht belastet wissen wollte. Statt dessen bot er die Hilfe seines Stabes an, die strittige Frage nach der kleinsten deutschen Einheit objektiv untersuchen zu lassen und das Ergebnis mit dem Gewicht seines Prestiges gegenüber den beteiligten Regierungen zu vertreten[187]. Anfang Juni arrangierte McCloy ein Treffen zwischen Eisenhower und Jean Monnet, während dessen der General offenbar erfolgreich für die Annahme einer den deutschen Vorstellungen entgegenkommenden Divisionslösung warb und gleichzeitig ver-

[185] FRUS 1951, III, Teil 2, S. 1473 ff. u. 1479 ff.
[186] Ebd., S. 1482.
[187] Ebd., III, Teil 1, S. 1030 ff.

sprach, sich für die Europaarmee einzusetzen[188]. Als Gründe für seinen sicherlich auch unter dem Erfolgszwang seiner beabsichtigten Präsidentschaftskandidatur erfolgten Gesinnungswandel[189] führte er gegenüber Verteidigungsminister Marshall am 18. Juli an, die Europaarmee biete die beste und am frühesten realisierbare Chance, den erforderlichen westdeutschen Verteidigungsbeitrag zu bekommen und Westeuropa zu einem Zusammenschluß (unity) zu bringen, den es für angemessene und anhaltende Verteidigungsanstrengungen benötige[190]. Seinem Tagebuch vertraute er am 11. Juni 1951 an, er glaube, daß das europäische Sicherheitsproblem niemals auf befriedigende Weise gelöst werden könne, solange es keine Vereinigten Staaten von Europa gebe, die alle NATO-Länder, Westdeutschland, Schweden, Spanien, Jugoslawien und Griechenland (falls Jugoslawien außerhalb bliebe) umfassen sollten. Großbritannien könne, falls erforderlich, davon ausgenommen werden. Das erklärte Ziel Eisenhowers war dabei die mögliche Reduzierung der US-Hilfe für Europa: „American help, which could soon be radically reduced both in amount and duration, would quickly render such an organization immune to attack[191]."

Mit dieser Rückendeckung durch Eisenhower machte sich McCloy während seines Aufenthaltes in Washington vor Beamten des State Department und des Pentagon zum Fürsprecher für die Europaarmee. Er sprach von „strong evidence", daß Frankreich westdeutschen Divisonen und einem Verteidigungsministerium – laut Petersbergbericht unverzichtbare deutsche Forderungen – im Rahmen einer Europaarmee zustimmen würden[192].

Tatsächlich blieb Eisenhowers Eintreten für die Europaarmee nicht ohne Wirkung im Pentagon. Nach längeren Diskussionen waren die Joint Chiefs of Staff bereit, die Europaarmee prinzipiell zu akzeptieren, falls sie folgende Voraussetzungen erfüllte:

1. Die Europaarmee dürfe nicht auf ein bestimmtes Einsatzgebiet festgelegt werden.
2. Der NATO-Oberbefehlshaber müsse über ihren Einsatz frei verfügen können.
3. Deutsche Verbände in Divisionsstärke sollten amerikanischen, britischen und französischen Befehlsabschnitten eingegliedert werden können.
4. Die sofortige Aufstellung deutscher Einheiten dürfe dadurch nicht verzögert werden[193].

Trotz aller Sympathiebekundungen für die Europaarmee war man auch im State Department nicht bereit, die Franzosen aus der in Brüssel eingegangenen Verpflichtung für eine rasche Interimslösung des deutschen Verteidigungsbeitrages zu entlassen. Da eine solche Interimslösung der westdeutschen Wiederbewaffnung aber mindestens ebenso von der Erfüllung der deutschen Vorstellungen nach politischer und militärischer Gleichberechtigung und Nichtdiskriminierung abhing wie von den französischen Vorbedingungen, wurde McCloy anläßlich seines Aufenthalts in Washington vom State Department eindringlich ersucht, in der Statusfrage energisch auf Fortschritte zu drängen („We have gone into great detail with him and believe he will build a fire in the High Commission after he returns"). Er sollte versuchen, die Statusverhandlungen mit den Deutschen auf die grundsätzlichen Linien zu beschränken und durch einen not-

[188] Monnet, Erinnerungen, S. 453. McGeehan, The German Rearmament Question, S. 129. Fursdon, The European Defence Community, S. 117 ff. Schwarz, The Case of German Rearmament, S. 307; ders., The „Skeleton Key", S. 380 f.; Poole, History of the Joint Chiefs 4, S. 260.

[189] Siehe den Bericht Hausensteins vom 20. 8. 1951 über entsprechende Äußerungen aus der Umgebung Eisenhowers, BA-MA, BW 9/3256.

[190] FRUS 1951, III, Teil 1, S. 838 f.

[191] Eisenhower Diaries, S. 194 f. Zum Einfluß Eisenhowers siehe Achesons Bemerkungen während des Außenministertreffens in Washington am 12. 9. 1951; FRUS 1951, III, Teil 1, S. 1270.

[192] Poole, History of the Joint Chiefs 4, S. 259 f.

[193] Ebd., S. 260.

falls durch die drei Besatzungsmächte einzeln erstellten Bericht eine Behandlung auch dieser Frage auf Regierungsebene ermöglichen. Unter den Besatzungsmächten sollte Klarheit herbeigeführt werden, ob Franzosen und Briten sich noch dem „Geist von Brüssel" verpflichtet fühlten und eine wirkliche Ablösung des Besatzungsstatuts anstrebten, „or use strict interpretation that we should convert all of our controls to agreements – thus retaining in effect all strings on German souvereignty we have now".

Meinungsunterschiede herrschten in dieser Frage aber nicht nur zwischen den Besatzungsmächten, selbst innerhalb der US Administration gingen die Meinungen auseinander. In der zwischen deutschen und alliierten Besatzungsmächten besonders strittigen Frage der alliierten Vorbehaltsrechte bezüglich der Aufrechterhaltung der inneren Sicherheit in der Bundesrepublik war man in der Deutschlandabteilung des State Department bereit, um politischer Erfolge willen Risiken einzugehen und sich nur solche Rechte vorzubehalten, die zum unmittelbaren Schutz der eigenen Truppen erforderlich waren, während das US European Command und die US-Hochkommission an den bisherigen Interventionsrechten festhalten wollten. Auch die in den Verhandlungen mit den Deutschen sich abzeichnende Übereinkunft, alle Kontrollrechte an die Deutschen zurückzugeben und nur im Falle des Versagens der demokratischen Ordnung in Deutschland wieder an sich zu nehmen, hielt man im State Department für unklug und mit Rücksicht auf die rechtsextremen Angriffe, denen die Bundesregierung ausgesetzt sei, für nicht der Situation angemessen. Außenminister Acheson charakterisierte diesbezügliche Überlegungen in seinen Erinnerungen als „Sargnagel" für die Europaarmee[194].

Während sich die Verhandlungen über die Ablösung des Besatzungsstatuts sowohl mit den Deutschen als auch innerhalb der westlichen Besatzungsmächte den ganzen Sommer lang hinzogen, versuchte das State Department, Briten und Franzosen dafür zu gewinnen, sich über ihre Vertreter in der NATO-Standing-Group mit dem Bericht der Hochkommission vom 6. Juni 1951 zu befassen. Seinem Versprechen, die sich in Form eines Zwischenberichts abzeichnenden Ergebnisse der Pariser Konferenz über die Europaarmee sollten dadurch nicht präjudiziert werden, schloß das State Department folgende grundsätzliche Überlegung an: Es sei für die Europaarmee als langfristige Lösung der europäischen Verteidigungsprobleme, solange sie eindeutig ein Teil der NATO („a part of and under NATO umbrella") darstelle. Man müsse in eine Zukunft blicken, in der die Spannungen zwischen Ost und West zumindest zeitweilig nachlassen würden. Unter dieser langfristigen Perspektive würden ein amerikanischer Oberbefehlshaber und die Stationierung beträchtlicher US-Streitkräfte auf dem Kontinent wahrscheinlich weder im europäischen noch im amerikanischen Interesse liegen. Die US-Regierung wolle aber in diesem Fall, inbesondere im Hinblick auf Westdeutschland, ein Auseinanderfallen der integrierten NATO-Streitmacht in ihre nationalen Bestandteile vermeiden. Daher hoffe man, daß das Europaarmeeprojekt erfolgreich abgeschlossen werden könne.

Um unbeschadet dieses langfristigen Projekts schnellstmöglich zu deutschen Soldaten zu kommen, wollte Acheson nach einer Übereinkunft in den militärischen Fragen des Europaarmeekonzepts, die er, ebenso wie McCloy, für rasch erreichbar hielt, die Europäer der uneingeschränkten amerikanischen Unterstützung im ökonomisch-finanziellen und politischen Komplex des Europaarmeekonzepts versichern. In der Zwischenzeit sollten jedoch seiner Meinung nach gemäß den Brüsseler Empfehlungen vom Dezember 1950 unverzüglich deutsche Einsatz-

194 NA, RG 59, 762 A. 5/6-2851, Briefing Paper Byroades für Acheson vom 28. 6. 1951 für dessen Gespräch mit McCloy. Zur Frage der alliierten Vorbehaltsrechte bezüglich der inneren Sicherheit in der Bundesrepublik siehe auch das Schreiben des State Department an die US-Hochkommission vom 6. 7. 1951; FRUS 1951, III, Teil 2, S. 1486f., Acheson, Present at the Creation, S. 556.

verbände im Rahmen der NATO-Kommandostruktur aufgestellt werden und dort solange verbleiben, bis sie nach Einrichtung der supranationalen politischen Komponenten der Europaarmee zusammen mit den Kontingenten anderer europäischer Länder dieser Armee als Kerntruppe zugeführt werden konnten[195].

Botschafter Bruce nannte dagegen jeden deutschen Verteidigungsbeitrag außerhalb der Europaarmee einen schweren Rückschlag der amerikanischen Europapolitik. Er hielt die Europaarmee nicht nur unter dem vom State Department angeführten langfristigen Aspekt, sondern besonders im Hinblick auf aktuelle rüstungswirtschaftliche Probleme auch für eine interimistische Aufstellung deutscher Verbände für erforderlich. Alle lediglich durch Komitees koordinierten nationalen Bemühungen um die Aufrüstung Kontinentaleuropas würden zuviel Zeit und Mittel verschlingen. Dagegen sei über eine „Integrated European defense structure" eine effiziente Verteidigungskapazität schneller zu erreichen. Sie trage obendrein zur Stärkung der NATO bei, indem sie deren wesentliche Mitglieder auf drei reduziere, auf die Vereinigten Staaten, Großbritannien und Europa. Unter den Hauptargumenten gegen jede interimistische Rekrutierung deutscher Kontingente führte Bruce jene Begründung an, mit der die SPD-Bundestagsfraktion am 31. Januar 1952 ihre vorbeugende Normenkontrollklage beim Bundesverfassungsgericht erhob: Die Bundesregierung könne, so Bruce, erst nach einer Verfassungsänderung, für die eine Zweidrittelmehrheit im Bundestag erforderlich sei, Soldaten ausheben. Um diese Mehrheit zu gewinnen, benötige der Bundeskanzler eine Übereinkunft über die Ablösung des Besatzungsstatuts und einen EVG-Vertrag. Im übrigen bezeichnete David Bruce die Zweifel, die die französischen wie auch die deutschen Verhandlungspartner an der tatsächlichen Einstellung der USA zum Europaarmeegedanken hegten, als eine der Hauptursachen für den relativ langsamen Fortgang der Pariser Konferenz. McCloy und General Eisenhower schlossen sich der Auffassung des Botschafters an. Sie stimmten darin überein, daß es nicht ausreiche, die Errichtung der politischen Institutionen der Europaarmee als künftiges Ziel zu formulieren, „but that their basic structure must be settled and agreed and in course of being created in definite form"[196].

So weit wollte Acheson jedoch nicht gehen. Zur Überwindung des Gegensatzes zwischen der französischen Weigerung, der Bundesrepublik bei der Ablösung des Besatzungsstatus entgegenzukommen, solange ihre Wiederbewaffnung nicht im Sinne Frankreichs vertraglich fixiert, d.h. kontrolliert war, und dem deutschen Zögern, einen militärischen Beitrag zu leisten, solange keine Übereinkunft über die internationale Gleichberechtigung der Bundesrepublik erreicht war, war Acheson zwar zu einer politischen Lösung bereit, die die deutsch-französischen Vorbedingungen gleichzeitig erfüllte. Da sich aber seiner Meinung nach nicht alle damit zusammenhängenden Fragen vor dem rechtzeitigen Beginn erforderlicher Vorausmaßnahmen vollständig und endgültig klären ließen, konnten diese Bedingungen nach Auffassung Achesons nur in Etappen erfüllt werden. Acheson räumte jedoch ein, daß es hierfür ausreichender Garantien bedürfe, „to inspire faith that, while ultimate goals on every question cannot be reached at once, the ultimate goals are accepted by binding promises"[197].

Dieses Stufenprogramm fand Eingang in ein gemeinsames Memorandum des Secretary of State und des Acting Secretary of Defense (Lovett), dem Präsident Truman am 30. Juli 1951 seine Zustimmung erteilte[198]. Darin wurde der Präsident um die Festlegung genereller Richtli-

[195] FRUS 1951, III, Teil 1, S. 801 ff. Acheson, Present at the Creation, S. 357 f.
[196] FRUS 1951, III, Teil 1, S. 805 ff. u. 839 ff. Herz, David Bruce's „Long telegram".
[197] Memoranda Achesons vom 6. 7., 12. 7. u. 16. 7. 1951 in FRUS 1951, III, Teil 1, S. 813 ff., 827 ff. u. 836 ff. Siehe auch das Telegramm Achesons an die US-Botschaft in Paris vom 16. 6. 1951, ebd., S. 834 ff.
[198] Ebd., S. 849 ff. Siehe auch ebd., S. 847 ff. (Editorial Note).

nien ersucht, „which will guide United States policy in bringing about most effectively and most rapidly German participation in the defense of Western Europe without arousing European antagonism which would militate against continued European cooperation in the defense effort“, eine Formulierung, die den hauptsächlich instrumentalen Charakter der amerikanischen Wende zur Europaarmee verdeutlicht. Allerdings wurden auch weitergehende und in die Zukunft weisende politische Überlegungen angestellt: Der deutsch-französische Interessenkonflikt war nach Meinung der Autoren dieses Memorandums auf lange Sicht am besten über die Integration Kontinentaleuropas zu lösen. Wegen der britischen Zurückhaltung gegenüber jeder Form supranationaler europäischer Integration könne diese nur in dem breiteren Rahmen der atlantischen Gemeinschaft sichergestellt werden. Eine solche europäische Integration befinde sich in vollkommenem Einklang mit dem amerikanischen Interesse an einem kontinentaleuropäischen Mächtearrangement, von dem keine Bedrohung der USA ausgehen werde und mit dem man in Harmonie eng zusammenarbeiten könne. Die europäische Integration werde die deutsch-französische Rivalität beseitigen, während in der atlantischen Gemeinschaft unter Beteiligung der USA die britischen Befürchtungen gegenüber Kontinentaleuropa gemildert würden. Da die endgültige Lösung dieser komplexen Probleme jedoch Jahre beanspruche, die derzeitige Situation aber keinen Aufschub in den Verteidigungsanstrengungen Europas, mithin eines westdeutschen Verteidigungsbeitrages dulde, müßten bis zum 1. November 1951 auf drei Gebieten gleichzeitig Fortschritte erzielt werden:

1. Bezüglich einer Übereinkunft über den Aufbau einer European Defense Force,
2. bezüglich eines besonderen Plans für die Aufstellung eines deutschen Kontingents zum frühestmöglichen Zeitpunkt und
3. bezüglich eines Abkommens mit der Bundesrepublik über die Gewährung eines wesentlichen (substantial) Teils politischer Souveränität.

Die amerikanische Unterstützung für die Europaarmee sollte gegenüber den Teilnehmerstaaten „in the clearest terms“ zum Ausdruck gebracht werden, war jedoch verbunden mit folgenden Auflagen: Der Plan für eine European Defense Force müsse Vereinbarungen enthalten, die gewährleisteten, daß diese Streitmacht der gemeinsamen Verteidigung Europas und nicht individuellen nationalen Ambitionen dienen werde. Die European Defense Force dürfe keine eigenständige Armee sein, sondern müsse als europäisches Kontingent dem SACEUR nach Maßgabe militärischer Erfordernisse zur Verfügung stehen[199]. Die Errichtung ihres politisch administrativen Überbaus dürfe keine Vorbedingung für den Beginn der Aufstellung deutscher Einheiten darstellen. Der administrative Apparat der European Defense Force müsse ebenfalls dem der NATO angepaßt sein. Zusammen mit der Forderung nach voller Mitgliedschaft der Bundesrepublik in der NATO verdeutlichen diese Forderungen, wie sehr die US-Regierung um die Erhaltung des atlantischen Rahmens ihrer Sicherheitspolitik in Europa bemüht war, um zu verhindern, daß eine allzu eigenständige, möglicherweise zentrifugale politische und militärische europäische Machtansammlung entstand, die den Führungsanspruch der westlichen Vormacht unter Umständen einmal in Frage stellen konnte. Gegen Ende seiner Amtszeit sollte Acheson die US-Botschaften in den NATO-Ländern noch einmal daran erinnern, daß eine europäische Gemeinschaft sich nur in einem breiteren, festgefügten Verbund atlantischer Staaten entwickeln könne, „thus ensuring unity of purpose of entire group and precluding possibility of EUR Union be-

[199] Eisenhower sprach daher, wie schon vor ihm die Joint Chiefs of Staff, anstelle von „European Army“ lieber von „European Defense Force“, einem Terminus, dem sich Acheson anschloß; ebd., S. 820 u. 836. Vgl. die Terminologie Churchills, Fursdon, The European Defence Community, S. 77.

coming third force or opposing force“[200], dabei war es noch gar nicht mal solange her, daß die USA eine „dritte Kraft“ Europa wünschten[201].

Die im Sommer 1951 unter Wahrung der Präponderanz der nordatlantischen Bündnisorganisation vollzogene Wende der US-Regierung zur Unterstützung der Europaarmee geschah zu einem Zeitpunkt, als die Amerikaner auf beachtliche Aufrüstungserfolge zurückblicken konnten. Seit Juni 1950 waren die amerikanischen Streitkräfte um 8 Divisionen, 104 Kampfschiffe (major combat vessels), 39 Geschwader mit insgesamt annähernd 1,8 Millionen Mann angewachsen. Nach Meinung der Joint Chiefs of Staff war die Stärke der US-Streitkräfte jedoch noch keineswegs den amerikanischen Bündnisverpflichtungen angemessen und für die Durchsetzung der außenpolitischen Ziele der US-Regierung geeignet, zumal nach Schätzungen des Munitions Board damit zu rechnen war, daß mindestens 30% der NSC-68/4-Programme, insbesondere auf dem Gebiet der Produktion von Flugzeugen, Panzern, elektronischen Geräten und Munition nicht, wie vorgesehen, bis Mitte 1952 erfüllt werden würden[202]. Nach Berechnungen des Bureau of the Budget absorbierten die in Korea und in den USA stationierten US-Streitkräfte allein die gesamte Rüstungsproduktion der USA, so daß 1952 wahrscheinlich kaum militärische Ausrüstungsgüter nach Europa geliefert werden konnten[203]. Zu diesen ungünstigen Prognosen gesellten sich Befürchtungen, daß das nach vorausgegangenen diskreten amerikanischen Initiativen[204] vom sowjetischen UN-Botschafter Jacob A. Malik gegebene Signal für Waffenstillstandsverhandlungen in Korea sich ungünstig auf die Unterstützung der US-Aufrüstungsprogramme durch die Öffentlichkeit und den Kongreß auswirken könnte.

Am 6. Juni hatte der National Security Council eine Überprüfung des Zustandes der gemäß NSC 68/4 verfolgten Programme und eine Analyse der aufgetretenen Schwierigkeiten angeordnet. In einer zweiten Untersuchung sollten Empfehlungen für eine eventuell erforderliche Revision oder Modifikation dieser Pläne erarbeitet werden. Zusätzlich ordnete Präsident Truman an, daß eine kontinuierliche Überprüfung der Programme durch eine Arbeitsgruppe aus Vertretern des Pentagon und des State Department durchgeführt wurde. Am 12. Juli verlangte er im Interesse einer fundierten Budgetvorlage für den Verteidigungshaushalt 1953, daß der erste Bericht ihm bis zum 1. August, der zweite bis zum 1. Oktober vorgelegt werde, wobei er für den ersten Bericht besonderen Wert auf die Berücksichtigung der Möglichkeit eines Waffenstillstandes in Korea legte, welcher die Unterstützung dieser Programme durch die Öffentlichkeit und den Kongreß negativ beeinflußen könne, falls dagegen nichts unternommen würde. Die gleiche Bedeutung maß Truman einer Abwägung aller Faktoren bezüglich der Möglichkeiten und Absichten der Sowjetunion und ihrer Satelliten für die kommenden 12 Jahre bei[205].

Am 27. Juli wurde der erste Bericht vom National Security Council Senior Staff als NSC 114 vorgelegt und am 8. August in überarbeiteter Form vom National Security Council als NSC 114/1 angenommen und von Präsident Truman als politische Richtlinie gebilligt.

200 FRUS 1952–1954, V, Teil 1, S. 324. Nach Seydoux war die EVG „ein Zweig des amerikanischen Baumes. Man fragte sich nicht, ob das in Bildung begriffene Europa auch europäisch sein würde. Es wird atlantisch sein, das heißt aufs engste mit Amerika verbunden. Man war bereits so sehr daran gewöhnt, daß man nichts dabei fand.“ Seydoux, Beiderseits des Rheins, S. 157.

201 FRUS 1947, I, S. 770ff.; FRUS 1948, III, S. 11, 287 u. 303.

202 Poole, History of the Joint Chiefs 4, S. 88f. Siehe auch das Memorandum der JCS an den Secretary of Defense vom 27. 7. 1951, FRUS 1951, I, S. 104ff.

203 NA, RG 59, Secretary's Daily Meetings, 30. 4. 1951.

204 Kennan, Memoiren 1950–1963, S. 42ff. Acheson, Present at the Creation, S. 529ff. Gaddis, Strategies of Containment, S. 112.

205 FRUS 1951, I, S. 88f., 91, 102f. Poole, History of the Joint Chiefs 4, S. 89ff.

Nach den Feststellungen in NSC 114/1 hatte sich gezeigt, daß die sowjetische Bereitschaft, einen globalen Krieg zu riskieren, größer war, als sie in NSC 68 vorhergesagt worden war. Wahrscheinlich sei auch der absolute Zuwachs an militärischer Stärke seit April 1950 auf seiten des Ostblocks stärker als auf seiten des Westens. Mitte 1953 würde die Sowjetunion voraussichtlich 200 Atombomben besitzen, eine Zahl, die in NSC 68 erst für Mitte 1954 erwartet worden war. Entsprechend verkürze sich die Frist, innerhalb welcher die USA noch vor verheerenden sowjetischen Luftangriffen geschützt seien. Sollte es der Sowjetunion mißlingen, die Aufrüstung des Westens mit politischen und psychologischen Mitteln zu hintertreiben, so werde die Gefahr sowjetischer Präventivmaßnahmen akut. Neben dieser negativen militärischen Lageperzeption wurden die Unzulänglichkeiten der US-Rüstungsproduktion angeführt. Die US-Armee werde, obwohl bis Mitte 1952 modernisiert, nicht vor Ende 1953 ihre globale Einsatzfähigkeit erreichen. Die US-Marine werde nicht vor 1953/54 ihre Modernisierung und die Bereitstellung von Einsatzreserven geschlossen haben. Die US-Luftwaffe werde ihr 95-Geschwader-Ziel zwar Mitte 1952 erreichen, modernes Fluggerät werde jedoch erst einige Monate später zur Verfügung stehen, z. B. schwere Bomber erst im Juni 1953, leichte und mittlere Bomber gar erst im September 1953. Angesichts dieses Befundes schien es den Autoren von NSC 114/1, „that we are already in a period of acute danger which will continue until the United States and its allies achieve an adequate position of strength". Im Hinblick auf die Sicherheit der USA sei es dringend erforderlich, daß die NSC-68/4-Programm-Ziele zum frühestmöglichen Zeitpunkt erfüllt würden. Ohne eine erhebliche Steigerung des Umfangs und des Tempos der politischen, ökonomischen und militärischen Anstrengungen aller NATO-Länder würden die für Juli 1954 gesteckten Ziele des Medium Term Defense Plan nicht erreicht werden[206].

NSC 114/1 markierte sowohl bezüglich der amerikanischen Bedrohungsperzeption wie auch der daraus abgeleiteten Rüstungsanstrengungen den Kulminationspunkt des Kalten Krieges auf westlicher Seite. Die Stärkeplanung für die US-Streitkräfte im Rahmen der Budget-Verhandlungen für das Haushaltsjahr 1953 beliefen sich auf 21 Heeresdivisionen, 408 Hauptkampfschiffe und 143 Luftwaffengeschwader, darunter 57 Geschwader mit strategischen Aufgaben. Mit der aus dem geplanten Streitkräftezuwachs ersichtlichen Priorität des Strategic Air Command (SAC) war der Grundstein gelegt für die später unter dem „New look" der Eisenhower-Administration verfolgte Strategie der „massiven Vergeltung"[207]. Schon im Januar 1951 hatte der Vorsitzende des National Security Resources Board und frühere US-Luftwaffenminister, W. Stuart Symington, in einem Bericht an den National Security Council eine grundlegende Neuorientierung des amerikanischen NATO-Beitrages empfohlen. Danach sollten die USA anstelle der weiteren Entsendung von Heeresdivisionen nach Europa künftig mehr strategische Flugzeuge, Luftverteidigungseinrichtungen und taktische Heeresunterstützungsstreitkräfte sowie Marineeinheiten bereitstellen[208].

Auch auf britischer Seite begann man sich im Sommer 1951 mit der Europaarmee als der wahrscheinlich politisch einzig möglichen Lösung für einen westdeutschen Verteidigungsbeitrag abzufinden. Schon Anfang Mai hatte Außenminister Morrison die Pariser EVG-Konferenz den Eindruck vermittelt, „as if it might result in an agreement". Einen der wichtigsten britischen Haupteinwände gegen den französischen Plan einer Europaarmee, nämlich daß er unvermeidlich zu einer Verzögerung des westdeutschen Verteidigungsbeitrags führen würde, hielt Morri-

206 FRUS 1951, I, S. 127 ff. Poole, History of the Joint Chiefs 4, S. 92 f.

207 Poole, History of the Joint Chiefs 4, S. 94 ff. Von den geplanten 143 Geschwadern waren im Jahre 1957 137 aufgestellt.

208 FRUS 1951, I, S. 18.

son nun für nicht mehr relevant, da angesichts der schleppenden Verhandlungen um die Modifizierung des Besatzungsstatuts und der britischen Überzeugung, daß die deutschen Streitkräfte in den nächsten zwei Jahren wahrscheinlich nicht mit den erforderlichen Ausrüstungsgütern versorgt werden konnten, sich ein westdeutscher Verteidigungsbeitrag ohnehin verzögerte[209]. Nachdem aber am 6. Juni der Petersberg-Bericht vorlag und die USA zu Konsultationen über dessen Ergebnisse einluden, lag es nach einem gemeinsamen Memorandum des britischen Außenministers und des Verteidigungsministers sowohl im europäischen wie auch im britischen Eigeninteresse, daß die deutsche Wiederbewaffnung in der augenblicklich realisierbaren Form und unter den derzeitigen Bedingungen allem vorzuziehen sei, was am Ende unausweichlich würde, falls man versuchen sollte, die Entwicklung aufzuhalten. Im letzteren Fall würde der Elan für eine europäische oder atlantische Lösung verlorengehen, mit der Folge, daß die Westmächte am Ende mit der Alternative einer nationalistischen oder gar östlich orientierten deutschen Armee konfrontiert würden.

Die mit der amerikanischen Einladung verbundene Warnung „that an undue delay on this important practical matter (German rearmament) would cause serious doubts as to the seriousness of the purpose of the N.A.T.O. nations to proceed in the most expeditious manner for the creation of an adequate defense of Western Europe", dürfte diese britische Einsicht gefördert haben. Angesichts der durch das französische Beharren auf der Europaarmee und das amerikanische Festhalten an einer schnellen Bewaffnung der Bundesrepublik erzeugten „ernsten Spannungen" unter den drei Westalliierten kam man nach Auffassung der britischen Minister bei den bevorstehenden Verhandlungen nicht umhin, „that in any arrangement resulting from these discussions the United States, United Kingdom and Germany will have to give the French an understanding that any German contribution will eventually take the form of a contribution to the European Army", der die Briten jedoch, so versicherten die Minister, nicht beitreten würden. Über diese Nolens-volens-Haltung hinaus bescheinigten die britischen Minister der Europaarmee jedoch auch folgende politischen Vorteile: 1.) die westdeutsche Aufrüstung im Rahmen der Europaarmee würde gegenüber der Weltmeinung und insbesondere gegenüber der Meinung in der Sowjetunion im günstigsten Licht und als am wenigsten provokativ erscheinen, nämlich als Teil eines über den bloßen militärischen Aspekt hinausgehenden Schrittes hin zu einem europäischen Zusammenschluß. 2.) Die Lösung sei auch ein weiterer Schritt auf dem Wege zur Integration der Bundesrepublik (Germany) in den Westen „and might prove a useful half-way house to eventual German membership of N.A.T.O." 3.) Schließlich würde ein deutscher Beitrag zur Europaarmee den Franzosen die Zusammenarbeit mit den Alliierten bei der Neuregelung der Beziehungen zur Bundesrepublik erleichtern, die ihrerseits wiederum die Voraussetzung für die westdeutsche Zustimmung zur Wiederbewaffnung darstellten. Die Neuregelung der alliierten Beziehungen zur Bundesrepublik hatte innerhalb der britischen Deutschlandpolitik immer noch Vorrang vor der „inescapable conclusion" bezüglich eines westdeutschen Verteidigungsbeitrages: „The stakes in the game far transcend the mere recruitment of a few German divisions. In the first place, the whole future of Western Germany is involved, and on our handling of this matter may turn the question whether she can be retained in the Western camp or not. Any attempt permanently to sterilize Western Germany by keeping her disarmed and neutral would inevitably result in her being lost to the West. There are already unpleasant signs in Germany

[209] PRO, CAB 129/45, C. P. (51) 128, 8th May, 1951, The European Army, Memorandum by the Secretary of State for Foreign Affairs.

that the position of inequality and the absence of any positive national purpose cannot be maintained indefinitely without grave risk." Die Minister empfahlen daher, den Franzosen bei den bevorstehenden interalliierten Gesprächen zuzugestehen, daß der westdeutsche Verteidigungsbeitrag letztendlich als Bestandteil der Europaarmee realisiert werden sollte, vorausgesetzt, daß die Franzosen durch eine Modifikation ihres Plans dessen militärische Effizienz und seine Akzeptanz durch die deutsche Bundesregierung sicherstellten. Im einzelnen verlangten die Minister die Divison als Integrationsebene statt der Kampfgruppe, darüber hinaus bestanden sie, ebenso wie das US State Department, auf einer Interimslösung, die eine Rekrutierung und Ausbildung deutscher Einheiten unter dem Kommando General Eisenhowers erlaubte, solange die organisatorischen Probleme der Europaarmee ungelöst blieben[210].

Eine prinzipielle Neubewertung der europäischen Einigungspolitik war mit der britischen Zuwendung zur Europaarmee allerdings nicht verbunden. Alle hierzu angebotenen Konzeptionen enthielten nach Morrison ein Element des Eskapismus, und einige ihrer Verfechter seien, so Morrison, von dem Gefühl des Neutralismus beseelt. Wie die US-Regierung griffen auch die britischen Minister die europäische Einigungsidee hauptsächlich als Instrument der Realisierung des westdeutschen Verteidigungsbeitrages auf. In den Augen Außenminister Morrisons waren die europäischen Einigungskonzeptionen eine Hilfe für die Förderung des europäischen Willens zur Aufrüstung. Daher sollte die britische Regierung, auch wenn sie sich keinem dieser europäischen Einigungskonzepte verschreiben wollte, dem auf dem Kontinent verbreiteten Eindruck entgegenwirken, sie sei gegenüber diesen Konzeptionen prinzipiell feindlich eingestellt. Auf dem Treffen des Ministerausschusses des Europarats in Straßburg am 2. August wollte Morrison die Gelegenheit nutzen, die britische Haltung zur Frage der europäischen Integration in diesem Sinne zu verdeutlichen: „While it will be essential for me to reaffirm the attachment of the United Kingdom above all else to the Atlantic connection I would also like to take the opportunity of making a gesture of friendship towards the „Schuman Plan Concept" (not to the Schuman Plan itself). There would be no need for me to suggest the possibility of British participation in any schemes of integration but I could go some way towards removing the belief that we are automatically opposed to all ideas of European integration even without our participation. I would have to choose my remarks in order not to appear to blessing any project for integration which might be put forward and I would not propose to mention any particular project by name." Immerhin brachte Morrison der Haltung Frankreichs Verständnis entgegen, das, obwohl es beginne, den Wert der NATO zu schätzen, in dieser Organisation lediglich eine modernisierte Form der herkömmlichen Allianzsysteme sehe und daher offensichtlich nach einer weitergehenderen Integrationsform suche[211]. In seiner Sitzung am 30. Juli 1951 stimmte das britische Kabinett den deutschland- und integrationspolitischen Vorstellungen von Außenminister Mor-

[210] PRO, CAB 129/47, C. P. (51) 233, 24th July, 1951, German Contribution to Western Defence, Memorandum by Foreign Secretary and Minister of Defence. Siehe auch die Diskussion im Defence Committee am 26. 7. 1951, PRO, CAB 131/10, D. O. (51) 20th Meeting, 26th July, 1951, Minute 2, German Contribution to Western Defence.

[211] Morrison unterschied drei Varianten: 1. die „United States of Europe"-Konzeption („advocaded only by extremists"), 2. die „Strasbourg thesis" („the surrender by Governments of policy on selected subjects to a central supra-national authority"); diese 2. Variante habe zugunsten der 3. Variante, dem „Schuman-Plan Concept" („pooling of souvereignty not primarily or directly over policy but over ‚commodities'"), an Boden verloren. PRO, CAB 129/47, C. P. (51) 230, 27th July, 1951, The European Defence Effort and European Integration Shemes, Memorandum by the Secretary of State for Foreign Affairs. Zu diesen drei Methoden der europäischen Integration siehe Lipgens, Bedeutung des EVG-Projekts, S. 13 ff.

rison grundsätzlich zu[212]. Damit hatte für die britische Regierung die „Atlantic connection" weiterhin Vorrang vor ihrem Engagement in der europäischen Einigungspolitik[213].

9. Adenauers vorsichtige Reaktion: Zwischenlösung und Sicherheitsvertrag

Über den amerikanischen Kurswechsel zur Unterstützung der Europaarmee wurde Adenauer offiziell am 5. Juli 1951 durch McCloy informiert. Während dieser Unterredung bekannte sich der Bundeskanzler zur Europaarmee als einer Lösung auf längere Sicht, zumal „mit Sicherheit der Zeitpunkt (komme), an dem Amerika sich aus Europa zurückziehe". Dann bedürfe es europäischer Formationen. Dieser langfristigen Lösung stellte er jedoch die Bedeutung der NATO-Streitmacht als Instrument zur Bewältigung der gegenwärtigen Spannungen gegenüber. Adenauer war bereit, die bisher in Paris geübte Zurückhaltung aufzugeben, und sprach sich für den Versuch aus, „die Pariser Verhandlungen auf den Stand der Petersberg-Besprechungen zu heben". Um jedoch schnellstmöglich zu einem deutschen Verteidigungsbeitrag zu kommen, der eine von ihm so sehr befürchtete Neutralisierung Deutschlands verhindern helfen sollte, wollte Adenauer die westdeutsche Aufrüstung nicht ausschließlich vom positiven Ausgang der Pariser Verhandlungen abhängig machen, falls sich dort keine raschen Ergebnisse erzielen ließen[214].

Am 8. Juli beauftragte er Theodor Blank mit der Führung der deutschen Delegation in Paris und erteilte ihm die Weisung, entweder die Franzosen zur Anerkennung des deutschen Standpunkts in den militärischen Fragen zu bewegen oder darzutun, daß in tragbarer Frist eine Verständigung nicht erreicht werden könne. Notfalls sollte Blank die Unterschrift unter den von den Franzosen angestrengten Zwischenbericht verweigern und einen eigenen deutschen Bericht vorlegen. Als Richtlinie für die Verhandlungen nach Abgabe des Zwischenberichts ordnete der Bundeskanzler an, unbeschadet einer Weiterverfolgung des Europaarmeekonzepts eine Zwischenlösung anzustreben, um den deutschen Verteidigungsbeitrag entsprechend den deutschen militärischen Vorschlägen des Petersberg-Berichts rasch zu verwirklichen. Falls in diesem Zusammenhang der Einwand erhoben werde, daß die Bundesrepublik nicht Mitglied der NATO sei, sollte die deutsche Delegation darauf hinweisen, daß die Frage des deutschen Beitrags und des Rechtsstatus der Bundesrepublik auf einer NATO-Konferenz im September behandelt und voraussichtlich einer Klärung zugeführt werden würde[215].

Die deutsche Verhandlungsdelegation in Paris wurde am 20. Juli durch den europapolitisch stark engagierten US-Diplomaten W. M. Tomlinson über die neue Haltung der US-Regierung

[212] PRO, CAB 128/20, C. M. (51) 56th Conclusions, 30th July, 1951, Minute 3 und 6.

[213] Zur Haltung der britischen Regierung hinsichtlich der europäischen Integration bis zum Sommer 1951 siehe die grundsätzlichen Dokumente in DBPO, Series II, Vol. I (1950–1952), Nr. 241, 257, 283, 302, 309, 340, 347, 348, 371.

[214] FRUS 1951, III, Teil 2, S. 1487ff. Adenauer, Erinnerungen 1, S. 455ff. Adenauer, Teegespräche 1950–1954, S. 40.

[215] Weisung für die deutsche Delegation in Paris, 8. Juli 1951, Handakte Graf Kielmanseggs, BA-MA, BW 9/2046. Siehe auch den Bericht von Bruce vom 11. Juli 1951 über den Vortrag Blanks in Paris, FRUS 1951, III, Teil 1, S. 824ff. und den Vermerk Ophüls' vom 21. 7. 1951 mit anliegender Übersetzung einer französischen Aufzeichnung der Besprechungen zwischen Blank und Bérard am 18. 7. 1951, BA-MA, BW 9/3256.

zur Europaarmee unterrichtet[216]. Nach Tomlinsons Äußerungen war die deutsche Gleichberechtigung fortan nur noch pari passu mit der Realisierung des Europaarmeekonzepts erhältlich. Bis zu einer für den 15. September geplanten NATO-Ratstagung, während derer die Fragen der Ablösung des Besatzungsstatuts, der Gewährung der vollen Gleichberechtigung und der westdeutschen Beteiligung an der Europaarmee gleichzeitig zur Entscheidung kommen würden, müßten die Grundzüge eines Vertrages über die Europaarmee fertiggestellt sein. Nach der Entscheidung Mitte September gehe es darum, das Vertragswerk bis zum Jahresende unterschriftsreif zu machen. Gleichzeitig mit der Unterzeichnung des Europaarmee-Vertrages würde seitens der alliierten Regierungen eine verbindliche Erklärung abgegeben, wonach nach der Ratifizierung des Vertrages über die Europaarmee das Besatzungsstatut durch vertragliche Beziehungen unter Gewährung voller Souveränitätsrechte ersetzt werden solle. Mit der Unterzeichnung des Vertrages werde dann auch der Weg frei für eine institutionell gesicherte Zwischenlösung, falls sich eine solche wegen länger andauernder parlamentarischer Verhandlungen als nötig erweisen sollte.

Deutscherseits hatte man es jedoch mit der Zwischenlösung eiliger als die Diplomaten aus der Pariser US-Botschaft. Am 26. Juli erklärte Blank gegenüber Offizieren aus dem Stabe General Eisenhowers, daß die „in den letzten Wochen stark hervorgetretene Patenrolle" der Amerikaner, welche die grundsätzliche Einigung in bezug auf die Schaffung integrierter europäischer Verteidigungskräfte herbeigeführt habe, damit nicht zu Ende sei. Vielmehr müßten sie diese jetzt vermehrt wahrnehmen, um den deutschen Beitrag schnell zu verwirklichen, ohne auf die wahrscheinlich lange Zeitdauer Rücksicht zu nehmen, die bis zum tatsächlichen Wirksamwerden eines Vertrages für die Europäische Verteidigungsgemeinschaft vergehen würde. Aus der von den amerikanischen Offizieren vorgeschlagenen Alternative – entweder gleichzeitige Umwandlung des Besatzungsstatuts in ein Vertragsverhältnis und Unterzeichnung eines Vertrages über europäische Streitkräfte, oder besonderes Vorabkommen zur Aufstellung deutscher Truppen, die nach Unterzeichnung und Ratifizierung des europäischen Verteidigungsvertrages in die Europaarmee zu überführen wären – gab Blank im Sinne der Weisung des Bundeskanzlers einer Vorablösung „in Gestalt eines möglichst einfachen Vorvertrages" den Vorzug. Diese Vorablösung umfaßte nach den Vorstellungen Blanks eine Sicherheitsgarantie der drei NATO-Hauptmächte, welche die New Yorker Versprechungen vom September 1950 im „Sinne einer Erweiterung konkretisierte". Deutschland müsse gegenüber einem russischen Angriff die gleichen Garantien erhalten wie die übrigen NATO-Mächte. So müsse etwa erklärt werden, daß die NATO sich verpflichte, so starke Streitkräfte auf dem Gebiet der Bundesrepublik zu unterhalten, daß diese zusammen mit dem deutschen Beitrag nach menschlichem Ermessen einen Angriff der Sowjetunion auf Europa aussichtslos machten. Diese frühestmöglich abzugebende Sicherheitserklärung müsse im Zusammenhang mit der Zusage einer Umwandlung des Besatzungsstatuts gemacht werden. Des weiteren müsse die Schaffung einer Europäischen Verteidigungsgemeinschaft beabsichtigt sein unter voller Gleichberechtigung Deutschlands. Auf die Frage der amerikanischen Offiziere, ob Deutschland verlangen würde, dann gleich Mitglied der NATO zu werden, erwiderte Blank, daß dies zwar das Ziel sein müsse, der Beitritt aber auch zu einem späteren Zeitpunkt erfolgen könne. Die amerikanischen Offiziere schlugen daraufhin eine inoffizielle

[216] Schreiben Dr. Roedigers vom 21. 7. 1951 an das Auswärtige Amt mit anliegender Aufzeichnung der Äußerungen Tomlinsons, BA-MA, BW 9/3256. Etwa zur gleichen Zeit wurde der deutschen Delegation Einblick in das grundsätzliche Telegramm von Bruce an das State Department vom 3. 7. 1951 gegeben; Herz, David Bruce's „Long Telegram", S. 24.

Zusammenkunft deutscher und amerikanischer Experten vor, die eine Sicherheitsformel und die Grundlagen einer Vorablösung ausarbeiten sollten[217].

Der Eifer der an einer schnellen Rekrutierung deutscher Soldaten interessierten amerikanischen Stabsoffiziere wurde jedoch von der US-Botschaft in Paris gebremst. Dort widersprach man der deutschen Vorstellung, daß eine Vorablösung sich in Deutschland parlamentarisch leichter durchsetzten lassen werde als ein umfassendes Vertragswerk, das nach deutscher Auffassung seiner Natur nach viele Angriffspunkte bot, mit dem Argument, daß einer Vorablösung die volle werbende Kraft des Europa-Gedankens fehlen würde. Es sei auch kaum zu vermeiden, daß sie die Tür zu einer späteren Ausgestaltung im Sinne einer nationalen westdeutschen Armee offenlasse. Eine solche Entwicklung würde in weiten Kreisen Amerikas stärkstes Mißtrauen erregen und für die Franzosen nicht annehmbar sein. Der Versuch der US-Diplomaten aus der Umgebung von Bruce, McCloy und Eisenhower, den Deutschen die Zwischenlösung auszureden, lag letztlich in deren Vorstellung von einem Atlantikpakt auf den drei Säulen USA, Britisches Empire und Europäische Verteidigungsgemeinschaft begründet, in dem es keine nationale Mitgliedschaft der EVG-Teilnehmer mehr geben würde[218]. Diese Einflußnahme war jedoch nicht mit der Direktive des US-Präsidenten vereinbar, die gemäß dem gemeinsamen Memorandum des State Department und des Department of Defense vom 30. Juli 1951 ausdrücklich eine Zwischenlösung verlangte.

Am 9. August einigten sich die Hochkommissare auf einen Bericht über den Stand ihrer Gespräche über die Neuregelung der Beziehung zur Bundesrepublik, in dem die unterschiedlichen Positionen der Deutschen und der Alliierten, aber auch diejenigen der Alliierten untereinander aufgeführt wurden. Die interalliierten Meinungsunterschiede betrafen nicht nur die Vorbehaltsbereiche und die konkrete Anwendung der Vorbehaltsrechte, Meinungsverschiedenheiten herrschten zwischen Franzosen auf der einen und Amerikanern und Engländern auf der anderen Seite auch im Hinblick auf die rechtlichen Formalitäten der hierüber zu treffenden Vereinbarungen. Während der britische und der US-Hochkommissar die Vorbehaltsgebiete vertraglich definieren wollten, fürchtete die französische Hochkommission, daß eine vertragliche Fixierung der Vorbehaltsgebiete der Auffassung Vorschub leisten könnte, die oberste Gewalt selbst beruhe auf einer vertraglichen Übereinkunft. Der französische Hochkommissar war daher für eine unilaterale alliierte Festlegung der Vorbehaltsrechte, womit er sich freilich meilenweit von dem erklärten Ziel Adenauers – einer Neuregelung der Beziehungen mittels gegenseitig bindender Verträge – entfernte[219]. Professor Grewe, der Leiter der Deutschen „Delegation zur Ablösung des Besatzungsstatuts" erreichte nur mittels der Drohung, die Unterschrift unter das gemeinsame Kommuniqué zu verweigern, daß die Hochkommissare im Kommuniqué das Ziel der Diskussionen wenigstens mit „new relationship" umschrieben[220].

Um so dringlicher mußte dem deutschen Bundeskanzler eine Zwischenlösung und als Voraussetzung hierfür ein Sicherheitspakt mit den Westalliierten erscheinen. Am 1. August wurde Professor Grewe daher von Adenauer beauftragt, dessen Vorstellungen in die Form eines Vertragsentwurfs für einen deutsch-alliierten Sicherheitspakt umzusetzen. Dieser Vertragsentwurf

[217] Aufzeichnung Blanks vom 26. 7. 1951, BA-MA, BW 9/3256 und Entwurf „Vorschlag für die Sicherheitsgarantie" vom 28. 7. 1951, Handakte Graf Kielmansegg, BA-MA, BW 9/2046.

[218] Ophüls und Heyden an Auswärtiges Amt, 30. 7. 1951. Aufzeichnungen Ophüls' vom 30. 7. und vom 1. 8. 1951. Aufzeichnung Ophüls' und de Maizières vom 6. 8. 1951 betr. amerikanische Stellung zur europäischen Armee und zum deutschen Verteidigungsbeitrag, alles BA-MA, BW 9/3256.

[219] FRUS 1951, III, Teil 2, S. 1501 ff.

[220] Grewe, Rückblenden, S. 134 ff. Ausführlich Baring, Bonns Beitrag, S. 128 ff.

wurde am 30. August – entgegen den Erinnerungen Grewes – den Alliierten Hochkommissaren übergeben. Darin versuchte Adenauer, der unter dem Eindruck des Koreakrieges auf der New Yorker Außenministerkonferenz vom September 1950 gegebenen alliierten Sicherheitsgarantie für die Bundesrepublik den Charakter einer vertraglichen, also nur einvernehmlich kündbaren Abmachung zu geben. Über diese geschickt gewählte Ausbruchsstelle aus dem Besatzungsstatut zielte der deutsche Vertragsentwurf auf eine vertragliche Rechtsbasis für die in der Bundesrepublik stationierten alliierten Truppen und schließlich auf die Festlegung, daß künftig das deutsch-alliierte Verhältnis insgesamt ausschließlich auf Vertragsbasis und auf den allgemeinen Regeln des Völkerrechts beruhen sollte. Nur in Berlin sollten die Alliierten ihre Rechte behalten, ebenso jene Rechte aus internationalen Übereinkommen, welche – so der Entwurf – den Alliierten „eine Verantwortung für die Wiedervereinigung Deutschlands auferlegen". Die Aufrechterhaltung der demokratischen Ordnung in der Bundesrepublik wurde zum gemeinsamen Ziel der vertragsschließenden Parteien erklärt. Ein alliiertes Notstandsrecht sollte überhaupt nur im Kriegsfall und im Fall schwerer innerer Unruhen zur Anwendung kommen und auch dann nur nach vorheriger Konsultation der Bundesregierung und nur, wenn es dieser und den Länderregierungen nicht gelingen sollte, Herr der Lage zu bleiben. Die beste Vorkehrung gegen innere Unruhen sah der Vertragsentwurf im Weiterfluß der amerikanischen wirtschaftlichen Unterstützung, auf die man die Amerikaner offenbar gleichfalls vertraglich festlegen wollte, zumal diese am 6. März 1951 ihrer Forderung an die Bundesregierung nach einer Modifizierung der freien Marktwirtschaft durch Staatslenkungsmaßnahmen mit dem Ziel der Steigerung der Verteidigungsanstrengungen zu Lasten der Konsumgüterindustrie mit der Drohung, widrigenfalls ihr die finanzielle Unterstützung zu entziehen, Nachdruck verliehen hatten[221]. Adenauers hauptsächlich in seinem Mißtrauen gegenüber dem Quai d'Orsay begründete Furcht vor Viermächtevereinbarungen zu Lasten der Bundesrepublik drückte sich in dem Versuch aus, die vertragsschließenden Parteien zu verpflichten, sich in allen Fragen, die ihre Beziehungen zu den Staaten des Ostblocks betreffen, gegenseitig zu konsultieren. Als Gegenleistung gegen diese zum damaligen Zeitpunkt nicht gerade bescheidenen Forderungen wollte man deutscherseits einen militärischen Beitrag zur Verteidigung der Bundesrepublik, Berlins und der übrigen Länder Westeuropas im Rahmen einer internationalen Armee auf der Basis der Gleichberechtigung leisten. Die EVG wurde in diesem deutschen Vertragsentwurf zwar erwähnt, jedoch offenbar immer noch als Fernziel: Die USA sollten sich zur Truppenstationierung in der Bundesrepublik sowie in anderen strategisch exponierten europäischen Gebieten solange verpflichten, bis die Europäische Verteidigungsgemeinschaft über ausreichende militärische Kräfte zur Abschreckung eines Angreifers verfügte. In der Zwischenzeit sollte diese Aufgabe den alliierten Truppen „zusammen mit den von der Bundesrepublik und gegebenenfalls von anderen Staaten der atlantischen Gemeinschaft gestellten Kräften" zufallen[222].

Obwohl Adenauer am 27. August gegenüber McCloy erklärte, Blank sei angewiesen, in Paris eine „so konstruktive Haltung wie möglich" einzunehmen, überreichte er der Hochkommission

[221] Abelshauser, Ansätze „Kooperativer Marktwirtschaft". Siehe dazu das aufschlußreiche Memorandum vom 25. 10. 1951 mit dem Bericht von Daniel F. Margolies (Office of German Economic Affairs, Department of State) über „the efforts of the Department of State and HICOG to get the Federal Republic to set up a system to coordinate West German industrial production and direct it into defense production in much the same way as has been done by the U. S. Government under U. S. defense mobilization legislation", NA, RG 59, 762 A. 5/10-2551.

[222] FRUS 1951, III, Teil 2, S. 1520f. Notiz „Sicherheitsvertrag", Handakte Graf Kielmansegg, BA-MA, BW 9/2046.

gleichzeitig ein Memorandum über „Preliminary solutions of a European Defense Community", in welchem er unter Hinweis auf die gebotene Eile eine Übereinkunft über Grundfragen vorschlug, die es ermöglichen sollte, mit den gesetzlichen und militärischen Maßnahmen der deutschen Wiederbewaffnung schon vor der Unterzeichnung des eigentlichen EVG-Vertrages, jedoch erst nach Unterzeichnung des Generalvertrages zu beginnen. Als „aus dem späteren Vertrag für die Schaffung einer Europäischen Verteidigungsgemeinschaft vorweggenommene Elemente" sollte der Vorvertrag Vereinbarungen über folgende Punkte enthalten:

1. Schaffung eines vorläufigen Europäischen Verteidigungsrates als einem treuhänderischen Organ für die zukünftige Europäische Verteidigungsgemeinschaft. Dieser Rat sollte sich aus den Verteidigungsministern der beteiligten europäischen Länder und den USA zusammensetzen. Er sollte die Maßnahmen in den einzelnen Ländern im Sinne der Europäischen Verteidigungsgemeinschaft koordinieren und hierfür in einem noch festzulegenden Rahmen sachliche Weisungen geben können, denen ein einstimmiger Beschluß zugrunde liegen sollte. Die Durchführung dieser Weisungen sollte den zuständigen Stellen in den vertragsschließenden Ländern unterliegen.
2. Sicherstellung, daß alle Streitkräfte der beteiligten Staaten mit Ausnahme der Überseetruppen und der Polizei von Anfang an europäischen Charakter trugen, mit europäischem Geist erfüllt und auf europäischer Ebene ausgebildet wurden. Sicherstellung der führungsmäßigen Unterstellung der Streitkräfte aller Staaten unter den NATO-Oberbefehlshaber.
3. Beauftragung der dazu erforderlichen Dienststellen in den einzelnen Staaten, die später der Europäischen Verteidigungsgemeinschaft nach den Vertragsbestimmungen zufallenden Aufgaben durchzuführen.
4. Festlegung des Gesamtumfangs des deutschen Beitrages im Rahmen der Europäischen Armee. Hierzu war die Bundesregierung der Auffassung, daß der deutsche Beitrag 250 000 Mann umfassen könnte, aus welchen 12 Divisionen zu bilden wären.
5. Festlegung der Größe und Organisation der Verbände der Europäischen Armee einschließlich der Luftstreitkräfte und des Küstenschutzes. Der deutsche Vorschlag sah eine Panzer- oder mechanisierte Division in einer Stärke von 11 000 bis 13 000 Mann vor.
6. Festlegung der deutschen politischen und militärischen Behörden im Rahmen der vorgesehenen Spitzengliederung der Europäischen Armee. Hierzu vertrat die Bundesregierung in ihrem Memorandum die Auffassung, daß ein Deutsches Verteidigungsministerium und eine Deutsche „Obere Militärische Behörde" geschaffen werden müßten, die in Deutschland nach den Direktiven des Europäischen Verteidigungsrates die notwendigen Maßnahmen für den deutschen Beitrag durchzuführen hätten.
7. Sicherstellung der gleichen Beteiligung aller teilnehmenden Staaten an allen mit Planung und Führung der Eurpäischen Verteidigung befaßten gemeinsamen politischen und militärischen Institutionen.
8. Klärung der Möglichkeiten der materiellen Ausstattung der für die Europäische Armee aufzustellenden Verbände nach Zeit und Umfang[223].

Insbesondere mit seinem Vorschlag, ein westdeutsches Verteidigungsministerium und eine Obere Deutsche Militärbehörde einzurichten, dürfte Adenauer französische Befürchtungen vor einer Zwischenlösung genährt haben, in der die Franzosen allemal ein Präjudiz für eine westdeutsche Nationalarmee, insbesondere im Falle eines Scheiterns der EVG, erblickten. Auch

[223] FRUS 1951, III, Teil 1, S. 869f. und Teil 2, S. 1519. „Gedanken über eine Ergänzung zum Generalvertrag", 25. 8. 1951, Handakte Graf Kielmansegg, BA-MA, BW 9/2046.

McCloy qualifizierte Adenauers Vorschläge am 1. September als „hardly calculated to induce the Allies to make the basic change in political status envisaged as essential for Bundestag approval of a German defense contribution". McCloy wollte daher die Bundesregierung weiterhin von einer Zwischenlösung abbringen und sie zu einer raschen Fertigstellung eines allgemeinen, umfassenden EVG-Vertrages anhalten[224].

10. Das Außenministertreffen in Washington vom 10. bis 14. September 1951 und das Junktim zwischen dem EVG- und Generalvertrag

Eines der Ziele des State-Defense-Memorandums vom 30. Juli 1951 war, in den entscheidenden Fragen der US-Deutschlandpolitik zu einem neuen Prozedere außerhalb der alliierten Hochkommission zu kommen[225]. Dieses neue Verfahren wurde von Acheson in persönlichen Schreiben an Schuman und Morrison vom 9. August 1951 folgendermaßen präzisiert: Die Westmächte sollten sich auf der Außenministerkonferenz in Washington auf eine einheitliche Stellungnahme zum Bericht der Hochkommissare über die vertraglichen Beziehungen zur Bundesrepublik verständigen. Eine alliierte Übereinstimmung in der Frage des neuen Status der Bundesrepublik sei während der Außenministerkonferenz in Washington so weit herzustellen, daß die Hochkommissare auf dieser Basis mit den Deutschen abschließende Verhandlungen führen könnten. Gleichzeitig sollte in Washington über Fortschritte in der deutschen Wiederbewaffnungsfrage unter besonderer Berücksichtigung der Ergebnisse der Pariser Europaarmee-Konferenz diskutiert werden. Ende Oktober, noch vor dem NATO-Ratstreffen in Rom, müßten dann die drei westlichen Außenminister zu einer abschließenden Übereinkunft in der Frage der vertraglichen Beziehungen kommen, und auch die Verhandlungen der Hochkommissare sollten im Ergebnis soweit gediehen sein, daß der deutsche Außenminister an diesem Treffen mit dem Ziel eines abschließenden Abkommens unter den vier Mächten teilnehmen konnte. Zu diesem Zeitpunkt sollte, so hoffte Acheson, auch ein vollständiger, von den betroffenen Regierungen unterzeichneter und zur Vorlage für die Parlamente bereiter EVG-Vertrag vorliegen, so daß dem Deutschen Bundestag der politische und der militärische Aspekt der Assoziierung der Bundesrepublik mit dem Westen gleichzeitig zur Verabschiedung vorlägen. Auf seiner Sitzung in Rom sollte der NATO-Rat abschließend über die Verträge entscheiden, und zwar im Rahmen der Kompetenzen, wie sie in den Brüsseler Beschlüssen vom Dezember 1950 festgelegt worden waren.

Neben diesem optimistisch terminierten Verhandlungsprogramm für den Generalvertrag und für die „European defense force under the Atlantic umbrella" warf Acheson in seinem Schreiben genau jene Fragen aus dem State-Defense-Memorandum vom 30. Juli auf, die angesichts der bekannten französischen Widerstände eben dieses Programm ernsthaft gefährden mußten: Die Frage der Zwischenlösung und die Frage der NATO-Mitgliedschaft der Bundesrepublik. Acheson hoffte, daß sich die Europäer im Herbst auf eine für die NATO akzeptable Form der Euro-

[224] FRUS 1951, III, Teil 1, S. 874ff. Poole, History of the Joint Chiefs 4, S. 268.

[225] NA, RG 59, Secretary's Daily Meetings, 6. 8. 1951. Ausführlich in Achesons Schreiben an Schuman vom 9. 8. 1951, FRUS 1951, III, Teil 1, S. 1164ff.

paarmee einigen würden, die schon vor den endgültigen und formalen Beschlüssen über die Errichtung der Europaarmee vorbereitende Maßnahmen in der Bundesrepublik erlaubte. Hinsichtlich der westdeutschen Mitgliedschaft in der NATO votierte Acheson für den Beitritt der Bundesrepublik als Vollmitglied, sobald sie ihren neuen politischen Status erlangt habe und eine definitive Entscheidung in der Frage ihres Verteidigungsbeitrages gefallen sei[226].

Die ambivalente US-Europapolitik zwischen dem amerikanischen Interesse an der europäischen Integration – vor allem zur Erreichung eines westdeutschen Verteidigungsbeitrages – und einem langfristigen Ausbau der NATO als dem wichtigsten US-Sicherheitsinstrument und als Mittel „to forestall British and Northern European fears of an eventual Berlin [sic!] – Paris – Rome Axis unbalanced by a broader grouping"[227], machte die Lösung der Frage der deutschen Wiederbewaffnung jedoch nicht einfacher. Gerade im Hinblick auf die Rolle der NATO als Eckpfeiler der amerikanischen Außenpolitik[228] kam unter der Vielzahl der mit der EVG verbundenen Probleme der Regelung des „NATO-EDF-German-Complex"[229] besondere Bedeutung zu, d. h. der Frage nach dem Verhältnis von EVG und NATO unter Berücksichtigung der Tatsache, daß die Bundesrepublik in diesem Konzert das einzige Nichtmitglied der NATO sein würde. Denn je mehr politisches und militärisches Profil der NATO zuwuchs[230], desto mehr wurde die Mitgliedschaft der Bundesrepublik in der NATO zu einem wesentlichen Kriterium ihrer Sicherheit und Gleichberechtigung. Nach einem Positionspapier für die Washingtoner Außenministerkonferenz wollte das State Department den Beitritt der Bundesrepublik zur NATO sobald wie möglich, aber nicht bevor der EVG-Vertrag in Kraft trat[231]. Doch alle Bemühungen Achesons, hierzu die Zustimmung der Franzosen zu erreichen, blieben erfolglos. In seinem Antwortschreiben auf Achesons Brief vom 9. August 1951[232] sprach sich Schuman nachdrücklich gegen einen unmittelbaren Beitritt der Bundesrepublik zum Nordatlantikpakt aus, da dadurch die gesamte Europapolitik und besonders die Integration deutscher Streitkräfte in die Verteidigung des Westens kompromittiert würden, eine Warnung, die Schuman am 29. Januar 1952 Acheson gegenüber noch einmal wiederholte. Gleichzeitig verwarf er jeden Gedanken an eine interimistische Aufstellung deutscher Soldaten. Seiner Meinung nach war es absolut unerläßlich, daß der erste Mann, der in der Bundesrepublik rekrutiert würde, eine europäische Uniform trüge[233].

[226] FRUS 1951, III, Teil 1, S. 11 ff. McCloy hatte gegenüber Byroade den 15. 12. 1951 als frühestmöglichen Termin für die Vorlage des EVG- und des Generalvertrages vor dem Bundestag bezeichnet. Byroade hatte daraufhin den 15. 11. als Datum für die endgültige Entscheidung der Außenminister empfohlen, einen Termin, den Acheson in seinem „working program" schließlich auf Ende Oktober verkürzte. Ebd., S. 1178.

[227] So der Deputy Director des Office of European Regional Affairs im US State Department am 9. 8. 1951, ebd., S. 241. Siehe auch das Plädoyer des holländischen Außenministers, Dirk Stikker, für eine „Atlantic Community" (ebd., S. 244) und Spoffords Bericht über die Sorge der britischen Regierung bezüglich der französischen Haltung zur NATO als „short-term enterprise in comparison with longer range European framework rather than as basis, to which UK attached utmost importance, for permament US-UK-European cooperation". Vgl. auch den Bericht des US-Botschafters in England, Holmes vom 10. 8. 1951, ebd., S. 1168 ff.

[228] So Acheson am 11. 2. 1952, FRUS 1952–1954, V, Teil 1, S. 580.

[229] FRUS 1951, III, Teil 1, S. 926. Acheson bezeichnete dieses Problem am 5. 11. 1951 als „serious impass", ebd., S. 700.

[230] Siehe ebd., S. 244 ff. Poole, History of the Joint Chiefs 4, S. 226 ff. u. 286 ff.

[231] FRUS 1951, III, Teil 2, S. 1556, Anm. 4.

[232] Ebd., Teil 1, S. 1164 ff.

[233] Ebd., S. 1188 f. FRUS 1952–1954, V, Teil 1, S. 7 ff. Bérard, Un Ambassadeur, S. 376.

Zu diesem Zeitpunkt konnte sich Schuman sogar auf die bis dahin der Europaarmee gegenüber eher skeptisch eingestellte französische militärische Führung stützen. Am 23. August teilte der Ausschuß der französischen Generalstabschefs dem Ausschuß für nationale Verteidigung sein bedingtes Einverständnis bezüglich der Schaffung einer Europaarmee mit. Gleichzeitig wies er jedoch auf die Notwendigkeit psychologischer Vorbereitungsmaßnahmen in Frankreich hin, wenn eine ernste Krise vermieden werden solle. Mit der Notwendigkeit der Integration der französischen Streitkräfte in das atlantische Bündnis und mit der Notwendigkeit des Gehorsams gegenüber interalliierten Instanzen habe man sich abgefunden. Die französische Regierung solle nun deutlich machen, daß eine bloße Erweiterung des atlantischen Bündnisses um die Bundesrepublik zu einer Wiederherstellung nationaler deutscher Streitkräfte führen würde. Wenn dagegen deutsche Kontingente in eine Europaarmee aus vornehmlich französischen Streitkräften und unter französischem Kommando eingegliedert würden, könne dies nur zur Stärkung der französischen Sicherheit und der Stellung Frankreichs in Europa führen. Als Punkte, in denen die französische Delegation unnachgiebig verhandeln solle, führten die Generalstabschefs auf: 1. Die Ruhrindustrie als traditionelle Quelle der deutschen Militärmacht müsse der deutschen Kontrolle entzogen bleiben. Aus diesem Grunde müßten der Schumanplan und der Plan einer Europaarmee ein Ganzes bilden. 2. Während alle westdeutschen Militärkontingente einschließlich der Territorialverbände der Europaarmee zu unterstellen seien, solle Frankreich der EVG nur seine bisher der NATO assignierten Kräfte zur Verfügung stellen und ausreichende Verbände unter nationalem Oberbefehl belassen, um seinen Verantwortlichkeiten in Übersee nachkommen zu können. 3. Wegen eben dieser Verpflichtungen müsse Frankreich im Falle ernster Schwierigkeiten innerhalb der Französischen Union ungehindert Truppen aus der Europaarmee wieder abziehen können. 4. Die französische Marine müsse unter nationalem Oberbefehl verbleiben. 5. Frankreich solle der Europaarmee auf alle Fälle mehr Verbände unterstellen als die Deutschen, damit nur ein Franzose als Oberbefehlshaber in Frage komme. 6. Die deutschen Grundeinheiten müßten einem integrierten Kommando unterstellt und versorgungsmäßig von integrierten europäischen Stellen abhängig gehalten werden. 7. Die Verwaltung der Europaarmee müsse so geregelt werden, daß den einzelnen Mitgliedern des geplanten Kommissariats ein der Stärke des jeweiligen nationalen Truppenbeitrages entsprechender Einfluß innerhalb der EVG zufalle.

Die Ratschläge der französischen Generalstabschefs blieben nicht ohne Wirkung auf die französische Regierung, die sich am 7. September damit einverstanden erklärte, daß die von General de Larminat geleitete französische Fraktion im Militärausschuß der EVG-Konferenz ihre Anweisungen unmittelbar vom Ausschuß der Generalstabschefs erhielt[234].

Doch schon am 10. September 1951 mußte der französische Generalstab eingestehen, daß es Frankreich nicht nur unmöglich sein würde, eine dominante französische Streitmacht für die EVG aufzustellen, Frankreich sei sogar außerstande, den nach den Vorstellugnen der Amerikaner zwölf amerikanischen Divisionen entsprechenden Umfang von insgesamt 540000 deutschen Soldaten ein entsprechendes Gegengewicht gegenüberzustellen, ohne eine „mit seinen überseeischen Verpflichtungen unvereinbare Belastung" zu riskieren[235].

[234] Guillen, Französische Generalität. S. 133ff. Zu den unterschiedlichen Auffassungen über die Bewaffnung der Bundesrepublik innerhalb des französischen Offizierkorps siehe Becker, Remilitarisierung, S. 160ff.

[235] Ebd., S. 135.

Die vom französischen Generalstab geforderte französische Prädominanz in der Verwaltungsorganisation der EVG sollte deshalb unter anderem auch gewährleisten, daß die US-Hilfe nicht einseitig die Aufrüstung der Bundesrepublik begünstigte. Daher sprach sich Schuman am 26. August gegenüber Acheson dafür aus, daß die US-Finanz- und Aufrüstungshilfe künftig nicht mehr unmittelbar an die einzelnen Mitgliedsländer der EVG, sondern nur noch über die Europäische Gemeinschaft erfolgen solle, in der die Franzosen entsprechenden Einfluß nehmen könnten. Unabhängig davon wünschte Frankreich jedoch wegen seines Engagements in Indochina separate US-Hilfe, ohne die nach Aussage Schumans das gesamte französische Aufrüstungsprogramm ernsthaft gefährdet war[236].

Auch das britische Aufrüstungsprogramm drohte im Sommer 1951 aus den Fugen zu geraten. Seine schweren Rückwirkungen auf die Inlandproduktion und auf den britischen Export veranlaßten den britischen Schatzkanzler Hugh Gaitskell, das britische Aufrüstungsprogramm um 150 Millionen Pfund zu kürzen und die Amerikaner um Hilfe durch militärische Fertigprodukte anzugehen. Diese wirtschaftlichen und finanziellen Schwierigkeiten Englands[237] wurden durch außenpolitische Rückschläge verstärkt, darunter vor allem durch die Krise im Iran, die nach der Verstaatlichung der britisch-iranischen Ölraffinerien von Abadan in eine militärische Auseinandersetzung zu münden drohte[238]. Angesichts der eigenen Schwäche und der daraus resultierenden erhöhten Abhängigkeit von der Unterstützung durch die USA schien es der britischen Regierung neben dem bereits geschilderten deutschlandpolitischen Aspekt auch aus ökonomischen Gründen nicht opportun, den Amerikanern bei ihrem Drängen nach einer schnellstmöglichen Realisierung der westdeutschen Aufrüstung länger die Gefolgschaft zu versagen. Auf das Schreiben Achesons vom 9. August antwortete Morrison, daß die Europaarmee eine akzeptable Lösung der deutschen Wiederbewaffnungsfrage darstellen würde, sofern sie sich im Lichte des noch auf der Washingtoner Außenministerkonferenz zu diskutierenden Zwischenberichts der Pariser Konferenz als praktikable Lösung erweisen sollte. Da die Zeit jedoch dränge, hielt es Morrison in der Zwischenzeit für nützlich, daß sich die Standing Group zur Vorbereitung des Außenministertreffens gleichzeitig mit dem Zwischenbericht auch mit dem Petersberg-Bericht der Hochkommissare befaßte, welcher seiner Meinung nach viele praktische Elemente eines deutschen Verteidigungsbeitrages enthielt. Den Terminplan Achesons hielt Morrison für zu ehrgeizig, er versprach jedoch, daß man britischerseits alles daransetzen werde, um das gesteckte Ziel zu erreichen. Die in Achesons Schreiben angesprochene westdeutsche NATO-Mitgliedschaft wollte Morrison erst zu einem späteren Zeitpunkt in Betracht ziehen, wenn Fortschritte hinsichtlich des neuen politischen Status der Bundesrepublik und ihrer Bewaffnung erzielt seien[239].

Auf amerikanischer Seite hielt man es jedoch für einen Fehler, wenn sich die Standing Group zu früh mit einer militärischen Expertise über das Europaarmeekonzept befasse, da man hiervon nur eine Verzögerung der Pariser Bemühungen befürchtete, mit Hilfe von SHAPE eine Anlage zum Zwischenbericht zu erstellen, die die militärische Effizienz der Europaarmee gewährleisten

236 Schreiben Schumans an Acheson vom 26. 8. 1951, FRUS 1951, III, Teil 1, S. 1191. Zur prekären wirtschaftlichen Situation Frankreichs siehe den Bericht von Bruce vom 25. 8. 1951, ebd., S. 1184 ff. und die Ausführungen Schumans und Mayers während der Außenministerkonferenz in Washingthon, ebd., S. 1249 und 1289. Zum „Plan général" Edgar Faures siehe unten, S. 108.

237 Morgan, Labour in Power, S. 477 ff. Zu den Ausführungen Gaitskells während der Außenministerkonferenz in Washington am 11. 9. 1951 siehe unten S. 62.

238 Morgan, Labour in Power, S. 464 ff.

239 FRUS 1951, III, Teil 1, S. 1174 f.

sollte[240]. Da die britische Regierung einerseits auf dem bevorstehenden Außenministertreffen nicht in Diskussionen über die Organisation der Europaarmee verwickelt werden wollte, andererseits jedoch an Fortschritten interessiert war, beauftragte das Kabinett am 4. September Außenminister Morrison, seinen amerikanischen und französischen Kollegen davon in Kenntnis zu setzen, daß man britischerseits dem Plan einer Europaarmee zwar wohlwollend gegenüberstehe, daß die hierzu vorgeschlagenen Abkommen jedoch detaillierter ausgearbeitet und von den geeigneten militärischen Stellen der NATO geprüft werden müßten, bevor man einer Rekrutierung und Aufnahme deutscher Einheiten in die Europaarmee endgültig zustimmen könne. Dabei war sich die britische Regierung der Gefahr bewußt, „that, unless we first established precisely the manner of German participation and the degree of control over German forces to be exercised, we might find that we had permitted the creation of forces over whose use we had little say". Unter Hinweis auf westdeutsche Ministeräußerungen bezüglich der Restitution der ehemaligen deutschen Ostgebiete wiederholte die britische Regierung ihre Forderung, daß die militärische Aufrüstung der NATO-Länder auf jeden Fall Vorrang vor der Aufrüstung der Bundesrepublik haben müsse[241]. Mit diesen Auflagen billigte das Kabinett die in einem Memorandum des Premierministers vom 30. August entworfenen Leitlinien der britischen Position für das Außenministertreffen in Washington, die die prinzipielle britische Zustimmung zur westdeutschen Aufrüstung im Rahmen der Europaarmee enthielten und das in der Folge nunmehr in den Vordergrund rückende britische Interesse artikulierten, sicherzustellen, daß die mit dem britischen Verteidigungsbeitrag verbundene ökonomische Belastung infolge der westdeutschen Aufrüstung nicht zunahm[242]. Der britische Schatzkanzler taxierte nämlich bei einem eventuellen Ausfall westdeutscher Stationierungsleistungen die Mehrbelastung des britischen Verteidigungshaushaltes für 1951 auf ca. 150 und für die folgenden Jahre auf 180 Millionen Pfund. Diese Mehrausgaben wollten die Briten auf keinen Fall auf sich nehmen[243].

Auch McCloy erschien der Terminplan Achesons zu eng bemessen, so daß bei den Deutschen leicht der Eindruck erweckt werde, die Alliierten wollten eine Übereinkunft nahezu um jeden Preis. Dies sei Wasser auf die Mühlen der westdeutschen Opposition, die unter dieser Einschätzung der Situation den Bundeskanzler zu höheren Forderungen gegenüber den Alliierten zwingen könnte. Im übrigen beklagte sich McCloy darüber, daß seine Überlegungen im State Department und vor allem im State-Defense-Memorandum vom 30. Juli keine genügende Berücksichtigung gefunden hätten. Besonders nachdrücklich kritisierte er Achesons Eintreten für eine Zwischenlösung. Er war davon überzeugt, daß alle Versuche einer interimistischen Rekrutierung deutscher Soldaten außerhalb der Bestimmungen des EVG-Vertrages zum Scheitern verurteilt waren. Die Rekrutierung und Ausbildung westdeutscher Soldaten konnte nach McCloy frühestens nach der Unterzeichnung des EVG-Vertrages und nach dessen Ratifizierung zumindest durch den Deutschen Bundestag erfolgen[244].

Die auf einer kritischen Beurteilung der westdeutschen politischen Verhältnisse beruhende zurückhaltende Politik McCloys gegenüber der Bundesrepublik, die sich vor allem im Festhal-

240 Ebd., S. 872f.

241 PRO, CAB 128/20, C. M. (51) 58th Conclusions, 4th September, 1951, Minute 2.

242 PRO, CAB 129/47, C. P. (51) 240, 30th August, 1951, Germany, Memorandum by the Prime Minister; C. P. (51) 239, 30th August, 1951, Washington and Ottawa Meetings: Review of British Policy, Memorandum by the Prime Minister.

243 PRO, CAB 128/20, C. M. (51) 58th Conclusions, 4th September, 1951, Minute 2. CAB 129/47, C. P. (51) 238, 30th August, 1951, German Defence Contribution: Economic and Financial Implications, Note by the Prime Minister.

244 FRUS 1951, III, Teil 1, S. 1175ff.

ten des US-Hochkommissars an einem alliierten Interventionsrecht bei inneren Unruhen ausdrückte, stieß in der Deutschlandabteilung des State Department auf heftigen Widerspruch. In einem sehr grundsätzlichen Memorandum setzte Byroade der „Safety-first"-Haltung McCloys eine vertrauensvolle Behandlung Westdeutschlands als einem gleichwertigen Partner entgegen, da andernfalls auf lange Sicht „ganz Deutschland oder vielleicht mehr" dem Westen verlorengehen würde. In einem weiteren Memorandum der Deutschlandabteilung wurde McCloy vorgeworfen, er habe den Blick für die Hierarchie der Ziele in der US-Deutschlandpolitik verloren, in der die Wiederbewaffnung obenanstehe[245].

Die Joint Chiefs of Staff waren aufgrund der optimistischen Terminvorstellungen des State Department und der US-Hochkommission hinsichtlich eines EVG-Vertrages mit der Rekrutierung deutscher Soldaten unmittelbar nach Ratifizierung des EVG-Vertrages durch den Bundestag einverstanden, widersetzten sich aber der in einem Vorbereitungspapier für die Washingtoner Außenministerkonferenz geäußerten Vorstellungen des State Department, wonach die Rekrutierung erst zwischen März und Mai 1952 beginnen und die erste deutsche Division erst im Frühjahr 1953 aktiviert werden konnte. Als US-Verteidigungsminister Lovett jedoch erkannte, daß die Pariser Verhandlungen die optimistischen Erwartungen hinsichtlich der Ratifizierung der Verträge nicht rechtfertigten, griff er auf eine ältere Empfehlung der Joint Chiefs of Staff zurück und bat am 12. September Acheson, bei den Engländern und Franzosen um die Zustimmung nachzusuchen, daß der SACEUR einen speziellen Plan zur Sicherstellung eines sofortigen westdeutschen Verteidigungsbeitrages entwickelte[246].

Wie der vorbereitende Briefwechsel Achesons mit seinen französischen und britischen Kollegen bereits erwarten ließ, war die Washingtoner Außenministerkonferenz von den wirtschaftlichen Problemen der Westeuropäer überschattet, die die im Medium Term Defense Plan (MTDP) vorgesehenen Aufrüstungsziele in Frage stellten[247]. Nach Hugh Gaitskell war Westeuropa dabei, infolge der weltweiten Aufrüstung wirtschaftlich auf den Stand vor der Marshallplan-Hilfe zurückzufallen. Ein spezielles Problem stellte das Dollardefizit dar, das Gaitskell für 1951/52 mit 500 Millionen Pfund für Großbritannien und mit 1,2 Milliarden Pfund für den gesamten Sterlingblock bezifferte. An zweiter Stelle nannte er die negative Handelsbilanz zum Dollarraum, die er auf die Rüstungsproduktion und die hohen Rohstoffpreise zurückführte. Diese Situation würde die Briten, so Gaitskell, bald vor die Notwendigkeit stellen, dem Export vor dem Aufrüstungsprogramm den Vorrang einzuräumen. Gaitskell sah keine Möglichkeit, daß Großbritannien größere Aufrüstungsanstrengungen auf sich nehmen könnte, als die, die im 4,7-Milliarden-Aufrüstungsprogramm vorgesehen waren, und selbst die Erfüllung dieses Programms bezeichnete Gaitskell als zweifelhaft.

Ähnlich kritisch schilderte der französische Wirtschafts- und Finanzminister René Mayer die französische Situation. Auch Frankreich drückte vor allem das Dollardefizit, das Mayer für 1952 mit 500 bis 600 Millionen Dollar angab. Zusammen mit den Belastungen durch den Indochinakrieg sehe sich Frankreich einer Inflationsgefahr gegenüber, die seine Volkswirtschaft zu zerstören drohe. Die französische Delegation drängte daher auf eine umfassende Überprüfung der wirtschaftlichen Situation in den einzelnen NATO-Ländern, auf deren Grundlage dann neue

[245] Ebd., S. 1192 ff. u. Teil 2, S. 1588 ff. Eine ähnliche Position vertrat Byroade, ebd., Teil 2, S. 1327 ff.

[246] Poole, History of the Joint Chiefs 4, S. 265 f.

[247] Zur Außenministerkonferenz in Washington siehe die amerikanischen Sitzungsniederschriften in FRUS 1951, III, Teil 1, S. 1228 ff.

Aufrüstungsprogramme organisiert werden sollten, welche die nationalen Volkswirtschaften weniger gefährdeten.

Vor allem diese angespannte wirtschaftliche Situation ließ die Westeuropäer bei der Analyse der westlichen Containment-Politik im allgemeinen und bezüglich der von den USA geforderten Restriktionen im Ost-West-Handel im besonderen eine an den amerikanischen Vorstellungen gemessen eher zurückhaltende Position einnehmen[248]. Morrison legte Wert darauf, daß der Westen alle Handlungen unterließ, die unabwendbar zu einem dritten Weltkrieg führen würden[249]. Dazu zählte er eine Überreaktion des Westens in Korea, eine zu extensive Versorgung Jugoslawiens mit Waffen, US-Luftwaffenstützpunkte in der Türkei, ein wiedervereinigtes und im Rahmen des Westens aufgerüstetes Deutschland, eine Vereinigung Westdeutschlands mit Österreich, Luftwaffenstützpunkte in Norwegen, die Aufnahme Schwedens in die NATO, eine zu schnelle Aufrüstung Japans und starke Sendeanlagen entlang der Peripherie der Sowjetunion[250]. Schuman unterstützte Morrison und empfahl dringend, der Westen müsse im Interesse seiner Volkswirtschaften mit seinen Kräften haushalten und sollte nicht versuchen, der Sowjetunion auf allen Gebieten entgegenzutreten. Überhaupt solle alles vermieden werden, was der Sowjetunion und den übrigen Staaten sowie gewissen Elementen innerhalb des eigenen Landes den Eindruck vermittle, der Westen wolle die Sowjetunion einkreisen oder gar bedrohen. Dies werfe die Frage auf, wie weit der Westen mit der Erweiterung der NATO gehen könne, ohne an Glaubwürdigkeit bezüglich des defensiven Charakters seiner Politik zu verlieren[251]. Gerade unter diesem Aspekt, so Schuman, habe man Westdeutschland eine Armee versagt, die in der Lage sein würde, Deutschland gewaltsam wiederzuvereinigen.

Für die deutschlandpolitischen Erörterungen auf der Washingtoner Außenministerkonferenz hatten auf einen britischen Vorschlag hin Vertreter der drei Westmächte einen Instruktionsentwurf der alliierten Außenminister für die Hochkommissare mit dem Ziel erarbeitet, daß die darin dokumentierten Meinungsunterschiede auf der Washingtoner Konferenz ausgeräumt würden. Nach dem Willen der Außenminister sollte dieser Instruktionsentwurf bis auf ein anliegendes „agreement on General Relations with the Federal Republic" den Deutschen nicht eröffnet werden[252]. Für die Verhandlungen mit den Deutschen nach diesen Instruktionen wurde den Hochkommissaren in Voraussicht der zu erwartenden Schwierigkeiten ein gewisser Handlungsspielraum nach Maßgabe der in Washington geführten Diskussionen eingeräumt. Die Instruktionen sahen als Zeitplan vor, daß die Außenminister endgültige Entscheidungen hinsichtlich des deutschen Verteidigungsbeitrages und des neuen politischen Status der Bundesrepublik auf einer Zusammenkunft mit dem Bundeskanzler unmittelbar vor der für Ende Oktober geplanten NATO-Ratssitzung treffen sollten. In Washington wurde jedoch diese Terminvorstellung von den Außenministern auf Betreiben Schumans und Morrisons aufgegeben und lediglich bestimmt, daß die abschließende Übereinkunft sobald als möglich getroffen werden sollte. Der in Verhandlungen mit den Deutschen zugrunde zu legende Vertragsentwurf – es sollte sich dabei um keinen Friedensvertrag, sondern lediglich um ein Regierungsabkommen handeln – enthielt folgende Bestimmungen: Nach der Präambel stand die vertragliche Neuordnung der westalliier-

248 Ebd., S. 1244 ff. Zur Handelspolitik der USA gegenüber der Sowjetunion siehe FRUS 1951, I, S. 993 ff.

249 Darin kamen latente Vorbehalte der Labour-Regierung gegenüber den USA zum Ausdruck. Bevin hatte am 12. Januar 1951 gegenüber Attlee die Notwendigkeit geäußert, „to exert sufficient control over the policy of the well intentioned but inexperienced colossus". PRO, PREM 8/1439.

250 NA, RG 59, Executive Secretariat, Daily Summary, September 13, 1951.

251 FRUS 1951, III, Teil 1, S. 1259.

252 Ebd., S. 1283. Der Instruktions- und Vertragsentwurf sind abgedruckt ebd., S. 1197 ff.

ten Beziehungen zur Bundesrepublik unter der Voraussetzung, daß die Bundesrepublik sich einem demokratischen föderativen Regierungssystem verpflichtet sieht, in dem die Rechte des Individuums garantiert sind und in dem sich freiheitliche politische Institutionen entwickelt haben, daß die Bundesrepublik zusammen mit den Westmächten an den Prinzipien der „Universal Declaration of Human Rights" festhält und durch praktische Schritte, namentlich durch die Zugehörigkeit zur Montanunion und zur Europäischen Verteidigungsgemeinschaft ihren Willen bekundet, sich mit den übrigen Nationen Westeuropas einer freien und friedlichen Gemeinschaft anzuschließen. Mit Inkrafttreten dieses Vertrages – im englischen Text wurde er als „convention" oder „agreement" bezeichnet – sollte die Bundesrepublik die volle Verfügungsgewalt (full authority) über ihre inneren und äußeren Angelegenheiten erhalten. Lediglich auf folgenden Gebieten wollten die Alliierten im gemeinsamen Interesse und mit Rücksicht auf die internationale Situation ihre Rechte aus der Viermächteerklärung vom 5. Juni 1945 weiterhin ausüben: Um ihren Verantwortlichkeiten gegenüber Deutschland als Ganzem einschließlich seiner Wiedervereinigung und eines Friedensvertrages nachzukommen, bezüglich Berlins und der Stationierung der alliierten Truppen in Deutschland sowie zum Schutz von deren Sicherheit. Zum Schutz der Sicherheit ihrer Truppen beanspruchten die Westmächte das Recht, unter bestimmten Voraussetzungen den Notstand zu erklären, währenddessen sie alle für notwendig erachteten Maßnahmen ergreifen konnten, so lange bis die Situation eine Beendigung des Ausnahmezustandes erlaubte. Morrison verlangte nachdrücklich, unterstützt von Schuman, eine gesicherte Rechtsgrundlage der Alliierten, um einschreiten zu können, falls sich in der Bundesrepublik eine Situation ergeben sollte, die die Westmächte nicht wünschten, und auch Acheson wollte sicherstellen, daß die Westmächte in der Lage blieben, schnell und energisch jedem Zusammenbruch der öffentlichen oder verfassungsrechtlichen Ordnung zu begegnen.

Von einer konkreten Enumeration der Fälle, in denen die Alliierten zur „Wahrung der Demokratie" in der Bundesrepublik eingreifen wollten, wurde jedoch mit dem Argument abgesehen, daß das neue deutsch-alliierte Verhältnis ohnehin insgesamt überprüft werde, falls die in der Präambel aufgeführten demokratischen Wohlverhaltensvorschriften von der Bundesrepublik verletzt würden[253]. Bei der Ausübung ihrer Vorbehaltsrechte, mit Ausnahme des Rechts auf Truppenstationierung, wollten die Westmächte die Bundesrepublik konsultieren, während die Bundesrepublik sich verpflichtete, keine Maßnahmen zu treffen, die die Ausübung der alliierten Vorbehaltsrechte präjudizierten. Mit Inkrafttreten des Vertrages sollte das Besatzungsstatut widerrufen und die alliierte Hochkommission durch Botschafter abgelöst werden, die jedoch zur Ausübung all jener Deutschland betreffenden Angelegenheiten, die einer trilateralen alliierten Berücksichtigung bedürften, einen Rat der Botschafter bildeten. Einem Schiedsgericht sollte die ausschließliche Rechtssprechung in strittigen Fragen, die dieses Abkommen betreffen, obliegen.

Das in der Präambel zu diesem Vertragsentwurf formulierte Junktim zwischen der Neuregelung der alliierten Beziehungen zur Bundesrepublik und deren Mitgliedschaft in der EVG[254] wurde von der britischen Delegation am 13. September akzeptiert[255]. Zuvor hatte Außenminister Morrison jedoch den Amerikanern zu verstehen gegeben, daß sich Großbritannien zum gegenwärtigen Zeitpunkt keiner europäischen Integrationseinrichtung anschließen könne. Obwohl sich Großbritannien, wie auch die skandinavischen Länder ihrer Schwäche, insbesondere gegenüber der Sowjetunion, bewußt seien, wollten sie sich mit der europäischen Integration

[253] Ebd., S. 127f.
[254] Ebd., S. 1210.
[255] Ebd., S. 1278.

nicht zusätzliche Schwierigkeiten auflasten. Dagegen seien die Kontinentaleuropäer offenbar der Meinung, ihre Probleme durch irgendeine Art von Föderation lösen zu können, anstatt daß sie ihre individuelle Verantwortlichkeit stärken würden. Anstelle anspruchsvoller Integrationspläne bevorzuge Großbritannien wohldurchdachte Lösungen für konkrete Probleme. In diesem Zusammenhang schlug Morrison vor, daß sich die NATO der gemeinsamen wirtschaftlichen und sozialen Probleme ihrer Mitglieder annehme. Der integrationspolitischen Skepsis Morrisons hielt Acheson entgegen, daß die Kontinentaleuropäer im Weltkrieg zu der Einsicht gelangt seien, daß der Nationalismus nicht die Hauptquelle der Politik sein dürfe und daß eine neue Loyalität gegenüber einem vereinten Europa angebracht sei. Die mit der europäischen Integration verbundenen Risiken würden, so Acheson, unter dem „canopy of NATO" minimiert werden können.

Die Hoffnungen, die Acheson an die Integration Europas zur Lösung der europäischen Probleme knüpfte, wurden durch die Mitteilung Schumans bestärkt, wonach konkrete Pläne für eine europäische politische Gemeinschaft bestanden, die gleichsam als Dachkonstruktion über den Säulen Montanunion und EVG ruhen werde. Die Ratifizierung des Schuman-Plans sei während zweier Sitzungen der Nationalversammlung, die erste im November, die zweite im Dezember, vorgesehen, wobei die französische Regierung vorschlagen werde, daß zum ersten Termin das französische Parlament auch die prinzipiellen Linien der Europaarmee billigte. Etwa gleichzeitig denke man französischerseits daran, eine Deklaration zu einer europäischen politischen Einheit zu veröffentlichen, eine Initiative, zu der die französische Regierung auch von de Gasperi und Adenauer angeregt worden sei[256]. Bezüglich der Europaarmee teilte Schuman seinen amerikanischen und britischen Kollegen mit, daß Frankreich alle verfügbaren und der NATO unterstellten Truppen in Europa und Nordafrika mit Ausnahme jener Truppenteile, die zur Verteidigung der überseeischen Besitzungen gebraucht würden, sofort der EVG unterstellen werde. Damit wolle die französische Regierung der deutschen Forderung nach Gleichberechtigung entsprechen, während Westdeutschland andererseits unter Verzicht auf eine Nationalarmee seine Truppen auch während einer Übergangsphase der EVG unmittelbar unterstellen werde. Schuman war mit einem vereinfachten Verfahren (simplified mechanism) einverstanden, das schon vor dem Funktionieren aller politischen Institutionen und Überwachungseinrichtungen der EVG eine möglichst rasche Rekrutierung deutscher Soldaten sicherstellte. Sein Hinweis, daß hierbei bestehende Organisationen wie SHAPE und andere Kommandostellen von Nutzen sein könnten, läßt vermuten, daß Schuman von der Absicht Eisenhowers Kenntnis hatte, sich zur zeitlich befristeten Übernahme der Funktionen eines europäischen Verteidigungsministers anzubieten[257]. Die so lange Zeit im Vordergrund der Diskussion stehende Frage nach der Größe der nationalen Grundeinheit hatte nach Auffassung Schumans viel an Bedeutung verloren, seit eine geeignete politische Gesamtstruktur für die Europaarmee gefunden worden sei.

Achesons Versicherung, die US-Regierung gewähre der Europaarmee „vigorous enthusiastic and full support"[258], hielt Morrison noch einmal die reservierte Haltung der britischen Regierung entgegen, der es traditionell widerstrebe, allgemeinen Prinzipien zuzustimmen, solange nicht deren praktische Details ausformuliert seien. Er hoffe allerdings, daß bis zur NATO-Ratssitzung in Rom eine Reihe solcher Einzelbestimmungen ausgearbeitet werden könnten, wozu

256 Ebd., S. 1256f. Fischer, Projekt der Europäischen Politischen Gemeinschaft.

257 NA, RG 59, Summary of Secretary's Daily Meetings, August 14, 1951. Bericht McCloys über seine Unterredung mit Adenauer am 27. 8. 1951, FRUS 1951, III, Teil 2, S. 1518. PRO, CAB 128/20, C. M. (51) 58th Conclusions, 4th September, 1951, Minute 2.

258 FRUS 1951, III, Teil 1, S. 1270.

die britische Regierung die Entsendung hoher englischer Militärs ankündigte, welche zusammen mit General Eisenhower bei dieser Ausformulierung behilflich sein könnten. Besondere Sorgen bereiteten Morrison die Beibehaltung der alliierten Kontrolle über die Streitkräfte in der Bundesrepublik und eine amerikanische Zusicherung, daß die Waffenlieferungen an die NATO-Länder den vom britischen Kabinett geforderten Vorrang vor einer Belieferung Westdeutschlands behalten würde. Der britische Außenminister wies auf den Wandel in der britischen Regierung zugunsten einer Unterstützung der Europaarmee hin und erhoffte sich dafür von Schuman eine den britischen Interessen entgegenkommende Haltung der französischen Regierung in der Frage der Errichtung eines Middle East Command[259]. Morrisons Vorschlag, man solle den Petersberg-Bericht den übrigen NATO-Mitgliedern zur Kenntnis bringen, wollte Schuman nur unter der Bedingung zustimmen, daß dieser Bericht eindeutig als nicht mehr aktuell bezeichnet werde. Auch Acheson war dagegen, daß dem NATO-Rat ein Bericht vorgelegt würde, der die Aufmerksamkeit auf Probleme lenken könnte, die nicht mehr existierten, und daher nur Schwierigkeiten bereiten würde[260]. Die im Zusammenhang mit der EVG-Lösung noch zu behandelnden Probleme boten ausreichend Stoff für schwierige Verhandlungen, darunter vor allem die Finanzierungsfrage und die vom Bundeskanzler geforderte Sicherheitsgarantie.

In der Frage der Finanzierung des deutschen Verteidigungsbeitrages und deren Rückwirkungen auf die deutsche Beteiligung an den Stationierungskosten für die alliierten Streitkräfte in der Bundesrepublik herrschten unter den Westmächten unterschiedliche Auffassungen, die auch in Washington nicht abschließend miteinander in Einklang gebracht werden konnten. Acheson rechnete vor, daß die Bundesrepublik 1952 voraussichtlich ca. 6 1/2 Milliarden DM an Stationierungskosten bezahlen würde, obwohl schätzungsweise 10 oder gar 12 Milliarden erforderlich seien, eine Summe, die jedoch nahe an die Grenze dessen heranreiche, bzw. diese überschreite, die die Bundesrepublik offenbar finanziell verkraften könne. Sollte die Bundesrepublik zusätzlich noch ihren eigenen Verteidigungsbeitrag finanzieren müssen, werde die Belastung für sie zu hoch. Der US-Kongreß würde jedoch im Falle der Bundesrepublik nicht der Österreich-Regelung zustimmen, wonach die USA im Gegensatz zu Frankreich und Großbritannien die Kosten für ihre Okkupationsstreitkräfte selbst übernommen hätten. Morrison und Schuman vertraten das Prinzip der gleichen Lastenverteilung, das man gegen die westdeutsche Tendenz, sich Vorteile zu verschaffen, durchsetzen müsse. Schuman forderte ein deutsches Äquivalent zu den französischen Verteidigungsausgaben, einschließlich der Kosten für Indochina und andere überseeische Regionen. Die Aufteilung des deutschen Gesamtbeitrages in Stationierungskosten und Kosten für die eigenen Streitkräfte müsse noch festgelegt werden. Seine Forderung, der deutsche Beitrag zur EVG dürfe jedoch nie höher sein als der französische, widersprach Morrison mit dem Argument, falls es einmal einer französischen Regierung einfallen sollte, ihren Beitrag zur EVG um die Hälfte zu kürzen, dann könne auch die deutsche Bundesregierung diesem Beispiel folgen. Acheson schlug schließlich vor, die Lösung dieser Frage einer Expertengruppe zu übertragen, für deren Überlegungen unter anderem die alliierte Übereinstimmung darüber maßgebend sei, daß dem deutschen Beitrag eine vertragliche Abmachung zugrunde zu legen sei und daß die Deutschen ihren vollen Anteil leisten müßten nach Maßgabe der Kriterien, mit denen die Höhe der Beiträge der NATO-Länder festgesetzt würden[261]. Auf alle Fälle müsse bis De-

[259] Ebd., S. 1291. Zur Frage des Middle East Command siehe ebd., S. 670f. und 1231f. Poole, History of the Joint Chiefs 4, S. 233ff.
[260] FRUS 1951, III, Teil 1, S. 1271.
[261] Ebd., S. 1277.

zember 1951 oder Anfang 1952 eine Lösung gefunden werden, da die Deutschen zu keinen Fortschritten auf anderen Gebieten zu bewegen sein würden, solange sie nicht wüßten, was in der Finanzierungsfrage konkret auf sie zukomme.

Bei allem Verständnis für den Wunsch des deutschen Bundeskanzlers nach einer vertraglichen Sicherheitsgarantie für die Bundesrepublik waren die westlichen Außenminister nicht bereit, in dieser Frage über die New Yorker Sicherheitserklärung vom September 1950 hinausgehende Verbindlichkeiten einzugehen. Der Vertragsentwurf hatte ursprünglich folgende amerikanische Formel enthalten: „The United States, the United Kingdom, France and the Federal Republic mutually agree that for a period of ten years or longer, as may subsequently be agreed, an armed attack on the territory of the Federal Republic or of Berlin or on the defense forces stationed in such territory will be considered as an attack against all the signatory powers[262]." Von dieser Formel rückte Acheson in Washington zugunsten einer bloßen Bestätigung der Sicherheitserklärung vom September 1950 ab, da der Meinungsbildungsprozeß hierüber weder in Washington noch in London abgeschlossen war. Man einigte sich auf den Vorschlag Schumans, eine entsprechende Erklärung außerhalb des Vertrages in Verbindung mit einer Erklärung der Hochkommissare abzugeben, in der diese bei Verkündung des neuen Status der Bundesrepublik ihre Vorstellungen vom demokratischen Verhalten der Bundesrepublik definierten.

Gleichermaßen waren die Alliierten darauf bedacht, das Recht, in der Bundesrepublik Truppen zu stationieren, nicht in eine vertragliche Verpflichtung zur Verteidigung der Bundesrepublik umzuwandeln, eine Festlegung, die wohl in keinem der westlichen Länder die parlamentarische Hürde genommen hätte. Schuman erinnerte daran, daß eine solche Festlegung die Beistandsverpflichtung, die die NATO-Mächte sich gegenseitig zugesichert hätten, überschreiten würde, der zufolge jedes einzelne Mitgliedsland im Verteidigungsfall nach eigenem Ermessen, das heißt, eben nicht automatisch, handelt. Schuman vergaß auch nicht auf die Kehrseite der Medaille hinzuweisen, daß nämlich nach einer derartigen vertraglichen Festlegung die Alliierten ihre Truppen aus der Bundesrepublik abziehen müßten, falls die Deutschen dies von ihnen verlangten[263].

Auch die Joint Chiefs of Staff, die von Lovett zur Stellungnahme aufgefordert waren, warnten am 5. Oktober davor, die vom Bundeskanzler geforderte vertragliche Sicherheitsgarantie abzugeben, da diese nur eine schwer einzugrenzende militärische Verpflichtung darstellen und zu einer unangebrachten Steigerung des deutschen Selbstwertgefühls beitragen würde. Auch sie sprachen sich für eine allgemeine Formel aus, wonach die Integrität der Bundesrepublik und Berlins „wichtig für den Frieden der freien Welt" war. Diese Formel solle nicht im Rahmen der vertraglichen Übereinkunft mit der Bundesrepublik verwendet werden, um den Charakter einer förmlichen militärischen Verpflichtung zu vermeiden, durch die die alliierte Handlungsfreiheit ernsthaft beeinträchtigt würde[264]. Die Meinungen innerhalb des britischen Foreign Office in der Frage der Sicherheitsgarantie waren geteilt. Man ließ die US-Botschaft in London wissen, daß die Deutschen zur Zeit nichts dafür anzubieten hätte und riet daher, diese Frage als Tauschobjekt für die kommenden Verhandlungen mit den Westdeutschen offenzuhalten. Auf alle Fälle wurde Morrison vom Foreign Office nahegelegt, in Washington eine Entscheidung hinauszuzögern, um dem Foreign Office Gelegenheit zu weiteren Beratungen zu geben[265]. Nach der ge-

[262] Ebd., S. 1211 f.
[263] Ebd., S. 1280.
[264] Poole, History of the Joint Chiefs 4, S. 268. FRUS 1951, III, Teil 2, S. 1555 ff.
[265] NA, RG 59, Department of State, Executive Secretariat, Daily Secret Summary, September 13, 1951, Unterrichtung US-Botschaft London durch Foreign Office.

meinsamen Erklärung der drei westlichen Außenminister vom 14. September 1951 sollte die Bundesrepublik (Germany) auf der Basis der Gleichberechtigung in die kontinentaleuropäische Staatengemeinschaft aufgenommen werden, welche selbst wiederum ein Teil einer sich stetig entwickelnden atlantischen Staatengemeinschaft darstelle. Ebenso wie der Schuman-Plan sei die EVG ein wesentlicher Schritt auf dem Weg zur Einheit Europas und stelle darüber hinaus einen sehr wichtigen Beitrag zur wirksamen Verteidigung Europas einschließlich Deutschlands dar. Die britische Regierung wünsche eine möglichst enge Assoziierung mit der „European continental Community" auf allen Ebenen ihrer Entwicklung[266].

11. Die NATO-Ratssitzung in Ottawa vom 15. bis 20. September 1951 und die rüstungsökonomischen Schwierigkeiten

Auf der NATO-Ratssitzung in Ottawa[267], an der gemäß der im Frühjahr 1951 beschlossenen Reorganisation des Bündnisses die Mitgliedstaaten zum erstenmal neben ihren Außenministern auch durch ihre Verteidigungs- und Finanzminister vertreten waren, wurde eine Entschließung angenommen, die den Mitgliedsregierungen nahelegte, Griechenland und der Türkei den Weg zur Mitgliedschaft in der NATO zu ebnen. Der in dieser Frage ausgeübte amerikanische Druck nährte die Befürchtungen der Europäer, insbesondere der skandinavischen Mitgliedsländer, die USA würden die NATO unter Vernachlässigung ihrer ökonomischen, sozialen und kulturellen Grundlagen lediglich als eine reine Militärallianz betrachten. Diesen Ressentiments sollte eine Resolution entgegenwirken, die ein aus belgischen, kanadischen, italienischen, holländischen und norwegischen Vertretern besetztes Ministerkomitee ankündigte, das gemäß Artikel II des NATO-Vertrages Vorschläge zur Koordination und regelmäßigen Konsultation in außenpolitischen Fragen, zur engen wirtschaftlichen, finanziellen und sozialen Kooperation und zur Zusammenarbeit auf kulturellem und informationspolitischem Gebiet ausarbeiten sollte[268]. Mehr noch als dieses Vorhaben trug die Einrichtung eines Temporary Council Committee (TCC) zur Bedeutungssteigerung der NATO auf nichtmilitärischem Gebiet bei, das den Sorgen der Europäer wegen der negativen Auswirkungen ihrer Aufrüstungsprogramme auf die wirtschaftliche Stabilität Rechnung tragen sollte. Das Temporary Council Committee hatte die Aufgabe, in einem Zwischenbericht bis zur NATO-Ratssitzung im November 1951 in Rom und in einem Abschlußbericht bis zum 1. Dezember 1951 die für einen effektiven Verteidigungsplan für Westeuropa erforderlichen Aufwendungen und die wirtschaftliche Leitungsfähigkeit der einzelnen NATO-Länder zu analysieren[269].

Damit wurde versucht, einen Mangel zu korrigieren, der dem Medium Term Defense Plan von Anfang an anhaftete. Ihm waren ausschließlich militärische Forderungen und Lagebeurteilungen zugrunde gelegt worden, deren Daten weder von den zivilen Instanzen der US-Admini-

266 FRUS 1951, III, Teil 1, S. 1306. DBPO, Series II, Vol. 1, S. 723 f. Siehe auch das Abschlußkommuniqué, FRUS 1951, III, Teil 1, S. 1306 ff.

267 FRUS 1951, III, Teil 1, S. 616 ff. Lord Ismay, NATO. S. 43 f. Poole, History of the Joint Chiefs 4, S. 269 ff. Fursdon, The European Defence Community, S. 125 f. Eisenhower Diaries, S. 200 f.

268 FRUS 1951, III, Teil 1, S. 687 f.

269 Ebd., S. 677 f.

stration noch der NATO jemals auf ihre wirtschaftliche und finanzielle Realisierbarkeit hin überprüft worden waren[270].

Nicht nur die Europäer, auch die USA waren mit ihrem nach dem Ausbruch des Koreakrieges forcierten Aufrüstungsprogramm an die Grenzen des Machbaren gestoßen, die kaum mehr Spielraum für eine Verstärkung der US-Hilfe an die Europäer beließen. In einem Schreiben an Präsident Truman vom 19. September sah sich Acheson deshalb veranlaßt, Pressemeldungen entgegenzutreten, wonach die USA in Ottawa mit ihrer Unterstützung des politischen und wirtschaftlichen Ausbaus der NATO neue wirtschaftliche Verpflichtungen gegenüber den Europäern zu Lasten des amerikanischen Steuerzahlers eingegangen seien. Auch bezüglich der Offshore-Aufträge zur Minderung der europäischen Dollardefizite habe man, so Acheson, lediglich Interesse an Ausrüstungsgütern bekundet, die angesichts der im Ernstfall zu erwartenden Versorgungsschwierigkeiten über See alternative Rüstungsproduktionsquellen schaffen würden. Auf einen bestimmten Umfang dieser Aufträge habe man sich amerikanischerseits nicht festgelegt[271].

General Eisenhower, immer häufiger von seinen Anhängern zur Annahme der republikanischen Präsidentschaftskandidatur gedrängt – aus Furcht, daß weitere vier Jahre demokratischer Regierung „will put us so far on the road to socialism that there will be no return to a free enterprise" –, meinte, die US-Administration komme langsam aber sicher an den Punkt, wo sie einige Wahrheiten über die amerikanische Rüstungsproduktion bekennen müsse. Er warf der US-Regierung vor, es sich bei der Analyse des Ausmaßes des US-Engagements in Europa und der Erfüllung der daraus resultierenden Verbindlichkeiten zu leicht gemacht zu haben: „O hell, now we cry, delay, delay, delay!" Als Ausweg deutete Eisenhower in seinen Tagebuchnotizen vom 2. September jenes Programm an, das später als „New Look" in der US-Politik den Wahlkampf und die Präsidentschaft Eisenhowers prägen sollte. Gerade von einem Besuch der 6. US-Flotte im Mittelmeer zurückgekehrt, notierte er am 18. Oktober: „The more I look at present-day armaments, of all kinds, including the most advanced (so-called), the more I am convinced that we should institute a basic study at home to examine into the economics of national security". Durch eine solche „industry-government professional examination" wollte Eisenhower die gesamte US-Verteidigungsphilosophie überprüfen, und zwar sowohl ihren außenpolitischen als auch innenpolitischen Aspekt. Es komme darauf an, die wirtschaftlichste und effizienteste Methode der Schädigung des Gegners in einem möglichen Kriege der vorhersehbaren Zukunft herauszufinden, statt Programmen zu folgen, die zwar effizient klängen, jedoch so aufwendig seien, daß sie direkt in eine inflationäre Entwicklung unkontrollierbaren Ausmaßes mündeten: „We can have security without paying the price of national bancruptcy, if we will put brains in the balance[272]."

Gegenüber diesen, unter dem Profilzwang seiner möglichen Präsidentschaftskandidatur formulierten neuen Akzenten Eisenhowers in der US-Containment-Politik mutet die Marschroute Achesons in Ottawa eher als Versuch an, möglichst rasch die Ernte der seit dem Koreakrieg von der Truman-Administration verfolgten außen- und sicherheitspolitischen Anstrengungen einzubringen. Ohne die Bedeutung eines hohen Lebensstandards für die Stabilität in Europa zu verkennen, drängte Acheson darauf, daß die dringenden militärischen Vorbereitungen für den

270 Siehe das Memorandum des Deputy Assistant Administrator for Program in der Economic Cooperation Administration (ECA), Harlan Cleveland, vom 6. September 1951, ebd., S. 646 ff.

271 Acheson an Truman, 19. September 1951, ebd., S. 678 ff.

272 Eisenhower Diaries, S. 201 f.

westdeutschen Verteidigungsbeitrag und die nichtmilitärischen Ziele gleichzeitig und sofort in Angriff genommen wurden[273].

12. Adenauers Enttäuschung über die Washingtoner Beschlüsse und seine Forderung nach Aufnahme der Bundesrepublik in die NATO

Nach einer Aktennotiz über den Tee-Empfang am 20. September 1951 strebte der Bundeskanzler drei große Vertragswerke an:

1. Einen gegenseitigen Verteidigungs- und Sicherheitsvertrag einschließlich eines deutschen Verteidigungsbeitrages und eines Truppenvertrages über die Anwesenheit der alliierten Streitkräfte in Deutschland,
2. einen Vertrag, in dem die gegenseitigen Interessen festgelegt, die Verpflichtung zu gemeinsamer Konsultation ausgesprochen und, wenn möglich, auch die Richtlinien für eine gemeinsame Außenpolitik festgelegt werden,
3. einen Vertrag, in dem sich die Deutschen und die Alliierten verpflichten, die Politik der deutschen Einheit bis zum Ende zu verfolgen.

Als obersten Sinn dieser Verträge nannte der Bundeskanzler, die Alliierten so festzulegen, daß sie auf keinen Fall mehr zu einer Vier-Mächte-Entscheidung mit der Sowjetunion über Deutschland kommen könnten, ohne daß die Bundesrepublik gehört wurde oder als Partner auftrat. In seiner anfänglich positiven Einschätzung der Washingtoner Beschlüsse bemerkte Adenauer, daß nach dem im Washingtoner Abkommen festgelegten Plan, wonach eine Europaarmee sofort gebildet werden solle, seine Idee, zunächst eine militärische Zwischenlösung zu schaffen, an Bedeutung verloren habe[274]. Als ihn die Hochkommissare jedoch am 25. September eingehend über die Washingtoner Beschlüsse informierten, indem sie ihm den alliierten Vertragsentwurf und ein gemeinsames alliiertes Memorandum aushändigten[275], war der Bundeskanzler nach einem Bericht McCloys „offensichtlich beunruhigt“ und schien zu glauben, daß der Vertragsentwurf die Nichtanerkennung Deutschlands als eines gleichberechtigten Partners innerhalb der Europäischen Gemeinschaft bedeutete. Im einzelnen kritisierte er die beabsichtigte Einsetzung eines Botschafterrats, der durch Mehrheitsbeschluß in die Führung der auswärtigen Angelegenheiten der Bundesrepublik eingreifen könne. Die Hochkommission würde in diesem Fall lediglich ihren Namen ändern. Die Idee der Europaarmee werde zunichte gemacht, falls irgendwelche Restriktionen, etwa bezüglich der Herstellung von Flugzeugen oder bestimmter schwerer Waffen oder der atomaren Forschung, nicht für alle Mitglieder dieser Armee gleichermaßen gelten würden. Daß der Entwurf keine Sicherheitsgarantie enthalte, sei eine ernstzunehmende Unterlassung. Das deutsche Volk könne niemals verstehen, warum es zur Verteidigung Europas beitragen sollte, ohne gleichzeitig eine alliierte Zusicherung der Verteidigung der Bundesrepublik zu erhalten. Die von den Alliierten beabsichtigte Erneuerung der New Yorker Sicherheitsgarantie vom September 1950 stelle lediglich eine unilaterale Erklärung der Westmächte dar, die jederzeit ebenso unilateral widerrufen werden könne. Im übrigen sei der alliierte

[273] FRUS 1951, III, Teil 1, S. 657.
[274] Adenauer, Teegespräche 1950–1954, S. 146ff.
[275] Abgedruckt in FRUS 1951, III, Teil 2, S. 1528ff.

Vertragsentwurf in mancher Hinsicht unvereinbar mit dem Schuman-Plan und gefährde dadurch dessen Ratifizierung. Unter Hinweis auf die Haltung Schumachers und der protestantischen Kirchenführer qualifizierte der Bundeskanzler den alliierten Entwurf im Falle seiner Veröffentlichung als beste Unterstützung, die Grotewohl für seine Vorschläge vom 15. September bekommen könne, mit denen der DDR-Ministerpräsident und Vorsitzende der SED sich prinzipiell mit freien Wahlen in Deutschland einverstanden erklärt hatte, eine Konzession, mit der Grotewohl unter den Alliierten und innerhalb der Bundesregierung eine nicht unerhebliche Unruhe ausgelöst hatte[276]. Schließlich legte der Bundeskanzler seinen Entwurf für einen Sicherheitspakt vom August erneut vor und bat, diesen zur Grundlage der deutsch-alliierten Verhandlungen zu machen[277].

Inzwischen hatte die britische Regierung ihren Meinungsbildungsprozeß hinsichtlich einer Sicherheitsgarantie gegenüber der Bundesrepublik abgeschlossen. In einem Aide-mémoire an das US State Department vom 8. Oktober lehnte sie jede Art von „special rights or obligations on either side outside collective NATO arrangements (including EDC)“ ab und schlug vor, die französische Delegation solle bei den Pariser Verhandlungen über die Europaarmee, unterstützt durch die britischen und amerikanischen Beobachter, die Frage der Beistandsverpflichtung mit den übrigen EVG-Mitgliedern erörtern. Sollte eine diesbezügliche Vereinbarung zustande kommen, müsse die NATO darüber entscheiden, ob diese die Interessen der Briten und Amerikaner sowie der übrigen NATO-Mitglieder angemessen berücksichtige oder ob eine zusätzliche NATO-Deklaration erforderlich sei[278].

Nach der mißglückten Sicherheitspaktinitiative war für die politischen Berater des Bundeskanzlers nunmehr die Mitgliedschaft der Bundesrepublik in der NATO von „größter Bedeutung“. Sie drängten den Bundeskanzler, diese bei den Alliierten als Vorbedingung für den deutschen EVG-Beitritt durchzusetzen[279]. Als McCloy während einer informellen Diskussion mit dem Bundeskanzler, Hallstein und Blankenhorn am 11. Oktober nochmals betonte, daß es den Alliierten unmöglich sei, einer Sicherheitsgarantie der Form und des Inhalts, wie sie der Bundeskanzler vorgeschlagen habe, zuzustimmen, erklärte Adenauer, er bevorzuge nunmehr nach reifer Überlegung eine Bestätigung der Sicherheitsgarantie von New York vom September 1950, verbunden mit der Absichtserklärung, in der Bundesrepublik Truppen zu stationieren. Voraussetzung sei allerdings, daß die drei Westmächte sich ausdrücklich für die Aufnahme der Bundesrepublik in die NATO einsetzten. McCloy berichtete über dieses Gespräch nach Washington, es sei offensichtlich, daß der Bundeskanzler nunmehr die deutsche NATO-Mitgliedschaft für wichtig halte. Er scheine aber einzusehen, daß das Verhältnis von EVG und NATO noch weiterer Untersuchungen bedürfe, bevor definitive Zusicherungen gegeben werden könnten, daß der Beitritt der Bundesrepublik zur EVG automatisch deren Mitgliedschaft in der NATO nach sich ziehe. Der Bundeskanzler werde wohl eine kurze technische Verzögerung beim Abschluß der Formalitäten für einen westdeutschen NATO-Beitritt nach Einrichtung der EVG akzeptieren, er wolle jedoch Zusicherungen, daß die Bundesrepublik nicht außerhalb der NATO verbleibe, nachdem sie ihren Verteidigungsbeitrag geleistet hat. Diese Zusicherungen könnten, so McCloy, in Form alliierter Verpflichtungen zur Unterstützung des westdeutschen Beitrittswunsches gege-

276 Zur Grotewohl-Initiative vom 15. September siehe Steininger, Chance zur Wiedervereinigung, S. 44ff.

277 FRUS 1951, III, Teil 2, S. 1525ff. u. 1787f. Ausführlich Baring, Bonns Beitrag, S. 130ff. Adenauer, Erinnerungen 1, S. 474ff.

278 FRUS 1951, III, Teil 2, S. 1548f.

279 Baring, Bonns Beitrag, S. 113f.

ben werden[280]. Im US State Department hatte man immer schon erwartet, daß deutscherseits die Frage der Mitgliedschaft in der NATO aufgeworfen würde. Wie schon das Positionspapier vom 1. September für das Washingtoner Außenministertreffen bestimmt hatte, war man dort bereit, die Aufnahme der Bundesrepublik in die NATO zu unterstützen, sobald diese der EVG beigetreten war, um dadurch eine endgültige Lösung des Problems zur Sicherheitsgarantie herbeizuführen. McCloy wurde daher angewiesen, im privaten Gespräch mit dem Bundeskanzler auf die französischen Vorbehalte bezüglich einer unmittelbaren Mitgliedschaft der Bundesrepublik in der NATO hinzuweisen, die man nicht durch allzu offensichtlichen amerikanischen Druck verstärken wollte[281]. Trotz der herrschenden Zeitnot sollte McCloy den Bundeskanzler dazu überreden, eine gewisse Verzögerung in der Frage der Sicherheitsgarantie zu akzeptieren und zwischenzeitlich energisch an der Lösung anderer Fragen des Generalvertrages zu arbeiten.

Den Briten wollte man auf ihr Aide-mémoire zustimmend antworten, da man im US State Department ebenso wie die Briten davon überzeugt war, daß es keine speziellen Sicherheitsverpflichtungen gegenüber der Bundesrepublik außerhalb der bestehenden NATO-Regelungen geben dürfe, nach Auffassung des Pentagon schon gar nicht in vertraglicher Form. Stärker noch als es im britischen Aide-mémoire anklang, bezweifelte man im State Department jedoch, daß eine entsprechende EVG-Regelung das Problem der Sicherheitsgarantie für die Bundesrepublik in befriedigender Weise lösen würde, da diese Großbritannien und die USA nicht miteinbeziehe und weder für Briten und Amerikaner noch für die Deutschen annehmbar sein würde[282]. Mündlich wurden die Briten informiert, „that we actually consider that only permanent and logical solution lies in bringing Germany into full membership NATO on same basis other EDC members subject modifications which may genereally be applied when relationship EDC members to NATO is finally worked out. We would explain our intention pursue this policy but our desire avoid frontal approach to French until groundwork indirectly laid[283]." Perry Laukhuff, Direktor des Office of German Political Affairs im US State Department, formulierte anläßlich der Übergabe des amerikanischen Aide-mémoire gegenüber dem britischen Botschaftsangestellten Ivor Porter das US-Interesse noch deutlicher: „We feel German membership in NATO is in any event in our interest as giving us an additional point of direct contact with Germany and with German defense efforts, and an additional mechanism through which a certain amount of pressure could be exercised on Germany when necessary[284]."

13. Der Regierungswechsel in London

Von der nach den Unterhauswahlen vom 25. Oktober 1951 gebildeten konservativen Regierung mit Premierminister Churchill und Außenminister Eden an der Spitze war keine grundsätzliche Revision der britischen Europapolitik und der Haltung zur EVG zu erwarten. Die Gegensätze zur Labour-Regierung lagen eher auf dem Gebiet der britisch-amerikanischen Bezie-

280 FRUS 1951, III, Teil 2, S. 1550.

281 Davor hatte Bruce eindringlich gewarnt, ebd., Teil 1, S. 900 ff.

282 NA, RG 59, 762 A. 5/10-851, Aide-mémoire vom 26. 10. 1951.

283 FRUS 1951, III, Teil 2, S. 1555 ff. u. S. 910, Anm. 4.

284 NA, RG 59, FW 762 A. 5/10-851, Memorandum for the files, October 30, 1951. Siehe auch Department of State an Spofford vom 20. 1. 1951, FRUS 1951, III, Teil 1, S. 894 f.

hungen und in der Frage des Zusammenhalts des Commonwealth, beides Gebiete, auf denen die Konservativen der Labour-Regierung Vernachlässigung vorwarfen[285]. Gerade das Interesse an einem Ausbau der britisch-amerikanischen Beziehungen als Voraussetzung für den geordneten Rückzug aus ökonomisch unhaltbaren britischen Weltmachtpositionen[286] verbot es, daß sich die britische Regierung den amerikanischen Optionen in Europa in den Weg stellte. Jenseits des Atlantiks, aber auch innerhalb der britischen Regierung selbst, war man eher besorgt über den offenkundigen Ehrgeiz Churchills, seinem Ruhm als Kriegspremier auch den eines Weltfriedensstifters hinzuzufügen[287], indem er durch eine Gipfelbegegnung mit Stalin nach Wegen der Entspannung suchen wollte. Als man am 19. Oktober im US State Department über entsprechende Äußerungen Churchills während des britischen Wahlkampfes beriet, hielt es Acheson für ratsam, mit Churchill in Kontakt zu treten, um ihm die reservierte amerikanische Einstellung hinsichtlich einer solchen politischen Initiative vorzutragen[288]. Die Befürchtung, Churchill könnte sich im Zusammenhang mit seinem Wunsch nach einem Treffen mit Stalin für eine Verschiebung der westdeutschen Wiederbewaffnung einsetzen, versuchte US-Botschafter Gifford am 30. Oktober mit dem Hinweis auf die militärische Erfahrung Churchills zu zerstreuen, die es dem britischen Premier schwerlich ratsam erscheinen lassen werde, durch eine Verschiebung der deutschen Wiederbewaffnung die westliche Position schon vor dem Beginn möglicher Gespräche mit dem Kreml zu schwächen. Im übrigen sei sich Churchill, der jedem Streit mit den Amerikanern gleich zu Beginn seiner Regierungszeit aus dem Wege gehen wolle, zweifellos im klaren darüber, daß ein solcher Schritt auf amerikanischen Widerstand stoßen würde. Vor allem aber vertraute Gifford in dieser Frage auf die Haltung Edens, der von seiner anfänglichen Ablehnung einer Wiederbewaffnung der Bundesrepublik abgerückt sei, sowie auf Informationen aus dem Foreign Office, denen zufolge man dort an keinen Kurswechsel in der deutschen Wiederbewaffnungsfrage dachte[289].

Darüber, daß die Europäische Verteidigungsgemeinschaft nicht seinen Vorstellungen von einer multinational organisierten Europaarmee entsprach, wie er sie in seiner Rede vor der Beratenden Versammlung des Europarats im August 1950 gefordert hatte, ließ Churchill nie einen Zweifel aufkommen, zumal er aufgrund seiner eigenen Kriegserfahrungen den Wert nationaler, ja regionaler Kohärenz für die Moral der Truppe sehr hoch einschätzte[290]. Zu Churchills militärischen Einwänden gegenüber der EVG gesellten sich Edens politische Vorbehalte. Gerade im Hinblick auf das französische Interesse an einer Kontrolle des westdeutschen Verteidigungsbeitrages hielt Eden die EVG für weniger geeignet, da die Deutschen in diesem begrenzten Arrangement eher eine dominierende Rolle spielen konnten als in dem breiter angelegten nordatlantischen Bündnis[291]. Die konservative britische Regierung sprach sich daher grundsätzlich für einen Beitritt der Bundesrepublik zur NATO aus, dessen Realisierung sie jedoch ebenso wie die vorhergehende Labour-Regierung erst zu einem späteren Zeitpunkt in Aussicht stellen wollte, um der französischen Regierung interne Schwierigkeiten zu ersparen und – möglicherweise

285 Watt, Großbritannien und Europa. Derselbe, Die konservative Regierung.

286 Adamthwaite, Overstretched and overstrung.

287 Seldon, Churchill's Indian Summer, S. 396f.

288 NA, RG 59, Summary of Secretary's Daily Meeting, October 19, 1951.

289 NA, RG 59, 762 A. 5/10-3051, Gifford an Department of State, 30. 10. 1951.

290 PRO, CAB 129/48, C. (51) 32, 29th November, 1951, United Europe, Note by the Prime Minister and Minister of Defence. Watt, Die konservative Regierung, S. 86f.

291 FRUS 1951, III, Teil 1, S. 701.

auch mit Rücksicht auf Churchills Gipfelambitionen – um ernste Unannehmlichkeiten („serious trouble") mit der Sowjetunion zu vermeiden[292].

Nach einem Positionspapier von Sir Pierson Dixon, Deputy Under-Secretary of State for Foreign Affairs, für das Treffen der westlichen Außenminister in Paris im November 1951 war die britische Regierung bereit, bei allen Planungen für die europäische Integration auf multinationaler Basis („on an inter-governmental basis") eine aktive Rolle zu spielen. Verteidigungspolitische Überlegungen, die Beziehungen zum Commonwealth und die Rolle Großbritanniens im Sterlingblock würden die britische Regierung jedoch daran hindern, sich irgendeiner supranationalen europäischen Autorität zu unterwerfen. Obwohl sie eher die Idee einer atlantischen als einer bloß europäischen Staatengemeinschaft fördern wollte, glaube die britische Regierung, daß supranationale europäische Einrichtungen, mit denen sie Methoden der Assoziierung erwägen wolle, innerhalb dieser größeren atlantischen Einheit bestehen und funktionieren könnten. Vor allem aber erschien Dixon die europäische Integration als die einzige Möglichkeit, den traditionellen deutsch-französischen Gegensatz zu lösen und die Bundesrepublik (Germany) erfolgreich in den Westen und in die westliche Verteidigungsorganisation zu integrieren, ein Ziel, dem man britischerseits die höchste Bedeutung beimesse. Die Einrichtung einer supranationalen europäischen politischen Autorität, wie sie Schuman mit der Bildung der europäischen politischen Gemeinschaft vorschwebte, wurde in diesem Positionspapier abgelehnt: „In the context in which he recently raised it, the political control of the European Army, the idea might cut across N.A.T. obligations and thus needs to be handled with great care." So lange das Problem der Beziehungen zwischen EVG und NATO ungelöst blieb, sei es am besten, die Frage der supranationalen politischen Autorität in der Schwebe zu halten. Dixon empfahl, Eden solle seinen Kollegen versichern, daß die britische Regierung weiterhin zu der Washingtoner Dreimächteerklärung vom 14. September 1951 stehe[293].

14. Das Außenministertreffen in Paris vom 21. bis 22. November 1951 und der Entwurf der alliierten Hochkommission für einen Generalvertrag

Als die Hochkommissare am 17. November ihren Bericht über den Stand der Verhandlungen mit der Bundesregierung über den Generalvertrag ihren Außenministern vorlegten[294], waren sie der Auffassung, daß die Bundesregierung für dieses Vertragswerk, selbst wenn es gelingen sollte, die noch verbliebenen Meinungsunterschiede auszuräumen, nur unter sehr großen Schwierigkeiten die erforderliche Mehrheit im Bundestag gewinnen werde. Je länger die Verhandlungen andauerten, um so größer werde der Druck von seiten der SPD, aber auch aus den Reihen der Regierungskoalition auf den Bundeskanzler, noch mehr Konzessionen von den Westalliierten zu fordern.

[292] Nach einer Information Sir Pierson Dixons vom 8. November 1951, ebd., S. 913, Anm. 2.

[293] DBPO, Series II, Vol. 1, S. 742ff. Zu den Ausführungen Dixons über die Integration der Bundesrepublik und deren Bewaffnung im Rahmen der EVG bemerkte Eden am Rande: „I agree, and am personally committed to European Army long ago", ebd., S. 744, Anm. 9.

[294] FRUS 1951, III, Teil 2, S. 1583ff.

Nach zähen Verhandlungen hatte der Bundeskanzler schließlich am 14. November zugestimmt, daß den westalliierten Außenministern, die im November am Rande der 6. Ordentlichen Sitzung der UN-Generalversammlung in Paris konferierten[295], der Entwurf der Hochkommissare für einen Generalvertrag zur Billigung vorgelegt wurde[296], zumal wesentliche Fragen in der Diskussion mit den Hochkommissaren offengeblieben waren und ohnehin einer abschließenden Regelung durch die Außenminister bedurften. Strittig waren vor allem das Recht der Besatzungsmächte, den Ausnahmezustand zu erklären, und die von Adenauer aufgeworfene Frage der ehemaligen deutschen Ostgebiete. In der Notstandsfrage waren die Hochkommissare aufgrund der auf der Washingtoner Außenministerkonferenz beschlossenen Instruktionen gehalten, ein alliiertes Recht auf Verkündung des Ausnahmezustandes durchzusetzen, das weder einer schiedsrichterlichen noch einer anderen Überprüfung unterworfen sein sollte. Die Alliierten beanspruchten dieses Recht für den Fall, daß die Sicherheit ihrer Truppen durch einen Angriff auf die Bundesrepublik oder Berlin, durch einen Umsturz der freiheitlich demokratischen Grundordnung in der Bundesrepublik, durch ernstliche Störungen in der öffentlichen Ordnung bedroht war oder sich solche Gefahren abzeichneten. Der Bundeskanzler wehrte sich gegen dieses sehr weitgehende Notstandsrecht mit dem Hinweis auf dessen Unvereinbarkeit sowohl mit dem Geist der Partnerschaft innerhalb der europäischen Gemeinschaft wie auch mit den allgemeinen demokratischen Grundsätzen, die eine vergleichbare Regelung in keiner westlichen Verfassung zugelassen hätten. Auf Vorschlag des britischen und amerikanischen Hochkommissars verständigten sich die drei westlichen Außenminister am 21. November untereinander und tags darauf auch mit dem Bundeskanzler auf eine Revisionsklausel, die der Bundesregierung die Möglichkeit einräumte, an den NATO-Rat zu appellieren, falls die Westalliierten nicht innerhalb von 30 Tagen nach Verkündung des Ausnahmezustandes dem Ersuchen der Bundesregierung auf Beendigung desselben entsprachen[297]. Der französische Außenminister Schuman, der als Appellationsinstanz lieber den Supreme Allied Commander Europe oder den Vorsitzenden des Europarats gesehen hätte, war mit der NATO-Ratslösung nur unter der Bedingung einverstanden, daß die Bundesrepublik daraus keine Argumente für eine NATO-Mitgliedschaft ableiten konnte[298].

Die in Artikel 7 des Vertragsentwurfs enthaltene Verpflichtung der Vertragsparteien auf das gemeinsame Ziel einer friedlichen Wiedervereinigung Deutschlands provozierte die Frage nach den Grenzen, innerhalb deren Deutschland wiedervereinigt werden sollte. Der Bundeskanzler wies am 14. November die Hochkommissare in sehr resoluten Worten darauf hin, daß weder die deutsche Öffentlichkeit noch der deutsche Bundestag ein Abkommen akzeptieren würden, in welchem eine Unterscheidung zwischen deutschen Gebieten westlich und östlich der Oder-Neiße-Linie getroffen werde. Für den Fall, daß insbesondere durch den Druck der Millionen deutscher Vertriebener auf alle politischen Parteien kein Generalvertrag zustande kommen sollte, malte der Bundeskanzler das Schreckgespenst eines sozialistisch-neonazistischen Bündnisses an die Wand, das den europäischen Zusammenschluß und somit den Schuman- und Pleven-Plan vereiteln und zu einem neutralisierten Deutschland führen würde. Nach dem Bericht McCloys spitzte der Bundeskanzler seine Warnungen sogar soweit zu, daß die deutsche Öffent-

[295] Zu den Treffen der westlichen Außenminister in Paris zwischen dem 2. und 23. 11. (am 21. 11. mit Bundeskanzler Adenauer) siehe den Überblick in FRUS 1951, III, Teil 1, S. 1312 ff.

[296] Ebd., S. 1579. Text des „Draft Agreement on General Relations" ebd., S. 1592 ff.

[297] Ebd., S. 1595, Anm. 11.

[298] Ebd., S. 1599.

lichkeit der Aufstellung deutscher Streitkräfte nicht zustimmen würde, wenn sie erführe, daß die Westalliierten keine Politik der Wiedererlangung der deutschen Gebiete östlich von Oder und Neiße verfolgten, sondern sich in dieser Angelegenheit freie Hand bewahren wollten[299].

Die Hochkommissare reagierten ärgerlich auf diesen Vorstoß des Bundeskanzlers. François-Poncet warnte den Bundeskanzler davor, beim französischen Publikum den Eindruck zu erwekken, als dienten die Bemühungen um die europäische Integration in erster Linie dem Zweck, die verlorenen deutschen Ostgebiete mit Waffengewalt wiederzugewinnen. McCloy, der am Vortage die gleiche Frage ausführlich mit dem wesentlich zurückhaltender argumentierenden Staatssekretär Hallstein erörtert hatte, übermittelte dem State Department den Eindruck, daß der Bundeskanzler die Frage der Ostgebiete hauptsächlich aus innenpolitischen Gründen forcierte, um sich mit dem Widerstand der Alliierten ein politisches Alibi gegenüber seinen Gegnern zu verschaffen und sich bei den Vertriebenen als Fürsprecher lieb Kind zu machen[300]. Unterwegs nach Paris übergab der Bundeskanzler McCloy einen Formulierungsvorschlag, wonach die deutsche Grenzfrage „im Geist der Atlantikkarta" gelöst werden sollte. Bei allem Verständnis für die schwierige innenpolitische Situation des Bundeskanzlers waren die drei westlichen Außenminister jedoch drauf bedacht, Formulierungen zu vermeiden, die bei den Deutschen den Eindruck erwecken konnten, „as if all the Eastern frontiers are open questions and we have gone back on our commitments"[301]. Sie einigten sich schließlich auf eine Variante der Potsdamer Formel, wobei allerdings Acheson eine Erwähnung dieses Abkommens vermeiden wollte, um ihm keine unerwünschte zusätzliche Autorität zu verschaffen: „The Three Powers and the Federal Republic are agreed that a peace settlement for the whole of Germany which should be the foundation of a lasting peace freely negotiated between Germany and her former enemies is an essential aim of their common policy. They further agree that the final determination of the boundaries of Germany must await such a peace settlement".

Innenpolitisch mindestens ebenso brisant wie die Frage der Ostgebiete waren die gleichfalls in Artikel VII des Generalvertrages enthaltenen Ausführungen über ein künftiges wiedervereinigtes Deutschland: „The Three Powers and the Federal Republic agree that a unified Germany shall be bound by the obligations of the Federal Republic under this Convention and the related Conventions and the Treaties for the formation of an integrated European Community, as adjusted according to their terms or by agreement of the parties thereto, and shall likewise be entitled to the rights of the Federal Republic under these Conventions and Treaties[302]."

Der Bundeskanzler hatte in den vorausgegangenen Gesprächen Wert darauf gelegt, daß die mit der Westintegration verbundenen Rechte der Bundesrepublik automatisch auf ein wiedervereinigtes Deutschland übergehen sollten, worauf die Hochkommissare ihrerseits darauf Wert legten, daß dann auch die mit den Westverträgen verbundenen Pflichten auf das wiedervereinigte Deutschland übergehen müßten. Die Festlegung eines wiedervereinigten Deutschlands durch diese sogenannte Bindungsklausel lag in der vollen Absicht des Bundeskanzlers. Mit den Fraktionsführern der drei Koalitionsparteien war er angeblich einer Meinung, daß in dieser Frage das künftige Deutschland gebunden werden müsse. Angesichts der Tatsache, daß ein wiedervereinigtes Deutschland auf friedlichem Wege eine Übereinkunft der vier Siegermächte erforderte, lag die Bedeutung der Bindungsklausel aber in erster Linie in der Festlegung der drei Westmächte, die bei eventuellen Viererverhandlungen keinen Regelungen mehr zustimmen

[299] Ebd., S. 1581.
[300] Ebd., S. 1582 u. 1585 f.
[301] Ebd., S. 1600.
[302] Ebd., S. 1602.

können sollten, die für ein wiedervereinigtes Deutschland einen Rückfall unter die Viermächtekontrolle bedeuten würde[303].

Das Aufwerfen der Ostgebiete-Frage, die Bindungsklausel und das von Adenauer am 10. Oktober angekündigte Verbot der KPD dienten offensichtlich allesamt dem Zweck, der DDR „die kalte Schulter zu zeigen" (Baring) und sie vor weiteren innerdeutschen Kontaktversuchen abzuschrecken, die in den Augen des Bundeskanzlers die Gefahr mit sich brachten, daß die Westmächte sie als Auftakt eigener Verständigungsversuche mit der Sowjetunion über Deutschland zu Lasten der Westintegration der Bundesrepublik weiterverfolgten[304].

Auf ihrer Zusammenkunft am 21. November billigten die westlichen Außenminister den US-Vorschlag für eine erneute Sicherheitsgarantie für die Bundesrepublik mit folgendem Text: „On the occasion of the entry into force of the conventions establishing a new basis for the relationship between France, the United Kingdom and the United States of America on the one hand and the Federal Republic of Germany on the other, the Three Powers

a) Declare that they consider the integrity of the Federal Republic and Berlin an essential element of the peace of the free world.
b) Reaffirm that they will treat any attack against the Federal Republic or Berlin from any quarter as an attack upon themselves, and
c) Declare that they will maintain armed forces within the territory of the German Federal Republic and Berlin for such time as they deem necessary, having regard to their special responsibilities in Germany and the world situation[305]."

Eine vertragliche Verankerung der Sicherheitsgarantie gelang dem Bundeskanzler also wieder nicht. Gegenüber Präsident Truman bemerkte Acheson, die Sicherheitsgarantie sei so formuliert, daß die letzte Entscheidung in dieser Angelegenheit bei den Alliierten verbleibe. Immerhin glaubte Acheson, daß mit der geplanten erneuerten Sicherheitsgarantie die Zeit überbrückt werden könne, bis die Bundesrepublik formell in die NATO aufgenommen wurde[306]. Nach einem Bericht McCloys akzeptierte der Bundeskanzler in einem Gespräch mit den Hochkommissaren die von den drei westlichen Außenministern getroffenen Vereinbarungen hinsichtlich des Generalvertrages und der Sicherheitsgarantie „in good spirit"[307], so daß sich die Außenminister auf einer Sitzung mit dem Bundeskanzler am 22. November ohne längere Diskussion auf ein gemeinsames Kommuniqué einigen konnten[308]. Zu einer separaten Paraphierung des Generalvertrages, wie sie der Bundeskanzler gerne gesehen hätte[309], kam es jedoch nicht, da die westlichen Außenminister darauf bestanden, daß der Generalvertrag nur zusammen mit den bislang noch nicht ausdiskutierten Vertrags-Annexen unterschrieben werden müsse.

Zu den auch unter den Westmächten noch strittigen Punkten gehörte die Frage der Rüstungsbeschränkungen („security controls") für die Bundesrepublik. Die Amerikaner wollten auf das in den NATO-Empfehlungen vom 13. Dezember 1950 enthaltene Verbot der Herstellung schweren militärischen Geräts verzichten. Die EVG und der Rohstoffmangel in der Bundesrepublik boten nach amerikanischer Auffassung ausreichend Schutz vor einem Mißbrauch durch die Bundesrepublik. Nach Acheson lag das eigentliche Problem nicht darin, daß die Bundesre-

303 Über die Entstehung der Bindungsklausel siehe Grewe, Rückblenden, S. 322 u. Baring, Bonns Beitrag, S. 138ff.
304 Ausführlich Baring, Bonns Beitrag, S. 138ff.
305 FRUS 1951, III, Teil 2, S. 1603f., siehe auch ebd., S. 1556 u. 1582.
306 Ebd., S. 1610.
307 Ebd., S. 1604f. u. 1604, Anm. 1.
308 Ebd., S. 1607f.
309 Ebd., S. 1583f.

publik eventuell zuviel produzierte, sondern darin, daß sie wahrscheinlich nicht in ausreichendem Maße produzierte[310]. Ungeklärt war auch die Gesamthöhe des westdeutschen finanziellen Verteidigungsbeitrages, der von den Westmächten für das Haushaltsjahr 1952 mit annähernd 13 Milliarden DM veranschlagt wurde, ein Betrag, den Adenauer am 29. November gegenüber Pressevertretern als für die Bundesrepublik angesichts ihrer besonderen wirtschaftlichen Lage für unannehmbar bezeichnet hatte[311]. Vorsorglich hatte der Kanzler die westlichen Außenminister auf die Aufwendungen für die 9 1/2 Millionen Flüchtlinge hingewiesen, die die Bundesregierung ausgebe, um deren Abwanderung zu links- bzw. rechtsradikalen politischen Gruppierungen zu verhindern[312]. Auch in der Frage des Rechtsstatus der in der Bundesrepublik stationierten alliierten Truppen war zwischen den Alliierten und der Bundesregierung noch keine Einigung erzielt. Diesen offenen Fragen wollten sich die westlichen Außenminister auf der unmittelbar anschließenden NATO-Ratstagung in Rom widmen[313].

15. Die NATO-Ratstagung in Rom vom 24. bis 28. November 1951 und der Vorschlag der Beneluxländer für eine Erweiterung der EVG

Französischen Versuchen, die NATO-Ratstagung in Rom auf Ende Dezember oder gar Anfang Januar 1952 zu verschieben, war man seitens der Amerikaner schon Anfang November mit dem Argument entgegengetreten, man dürfe es den Franzosen nicht schon wieder erlauben, sich vor einigen Realitäten des EVG-NATO-Deutschland-Komplexes zu drücken[314]. Angesichts des nur mäßigen Erfolges des Pariser Außenministertreffens und angesichts der Tatsache, daß kein Bericht der „Drei Weisen" des Temporary Council Committee (TCC) und schon gar kein Abschlußbericht der Pariser EVG-Konferenz zu erwarten war, konnte man sich wohl die Frage stellen, ob eine NATO-Ratssitzung im November sinnvoll war. Acheson wollte jedoch mit Rücksicht auf die bis Ende Dezember vorzubereitenden Ansprachen des Präsidenten vor dem US-Kongreß an einer frühen NATO-Ratssitzung festhalten, da, so der Außenminister, die Frage der amerikanischen Auslandshilfe etwas zusätzliches Neues an Argumenten aus Europa erfordere[315]. Die Ungeduld der Amerikaner wurde noch verstärkt durch ungünstige Nachrichten über die Stellung der französischen Öffentlichkeit und des französischen Parlaments zur EVG. Am 26. November wurden innerhalb der US-Delegation Stimmen laut, die der EVG in der vorliegenden Form keine Chance mehr gaben und denen es schien, „that the only hopeful possibility for achieving a ‚full-blown' EDC lies in causing a kind of catalytic reaction through a strong political shock"[316]. Acheson ging es in erster Linie um eine Bestandsaufnahme der europäischen Situation, wobei die Klagen der Europäer über ihre wirtschaftlichen Schwierigkeiten ihre Wirkung offensichtlich nicht verfehlt hatten. Seiner Meinung nach ging es in Rom vor allem darum,

[310] Siehe die interalliierte Diskussion am 21. 11. 1951, ebd., S. 1715 ff.
[311] Adenauer, Teegespräche 1950–1954, S. 168.
[312] FRUS 1951, III, Teil 2, S. 1605.
[313] Siehe den Bericht Achesons an Truman vom 23. 11. 1951, ebd., S. 1609 ff.
[314] Ebd., Teil 1, S. 698.
[315] Ebd., S. 700.
[316] Ebd., S. 724.

„whether we should continue to proceed as in the past on the basis of a military intelligence estimate of the enemy capabilities and attempt to plan to meet this even if it might bankrupt everybody, or, alternatively, whether to attempt to make effective what we already potentially have"[317].

Eine besonders positive Wirkung auf die europäischen Regierungen für ihre zum Jahresende anstehenden Entschlüsse versprach sich Acheson von einem Auftritt General Eisenhowers. Zusätzlich von Jean Monnet dazu aufgefordert, setzte sich der General energisch für die Europaarmee und für die europäische Einigung ein, zumal er selbst der Überzeugung war, daß viele der von den USA für ECA und MDAP ausgegebenen und noch auszugebenden Milliarden eine schiere Verschwendung bedeuteten, solange sich Europa nicht politisch zusammenschloß. Allerdings warnte Eisenhower auch davor, die europäische Einigung als Alibi für die Unterlassung notwendiger Maßnahmen in der Gegenwart zu mißbrauchen[318].

In seinem Bericht über den Stand der Pariser Verhandlungen[319] kontrastierte Schuman den von Frankreich vorgeschlagenen und seiner Ansicht nach erfolgversprechenden Weg der deutschen Wiederbewaffnung über die EVG mit dem negativen Ausgang der Petersberggespräche, die, wäre man den deutschen Forderungen gefolgt, nach Meinung Schumans zu nationalen Armeekorps nach Wehrmachtsmuster geführt hätten. Dagegen sehe die EVG gemischte nationale Armeekorps zu je ca. 80 000 Mann mit nicht unabhängig kampffähigen, national homogenen Gruppen zu je 12 600 bis 13 000 Mann vor. Vorbehaltlich der Ergebnisse der NATO-Planungen und des Befundes des Temporary Council Committee werde die EVG bis zum 1. Juli 1954 an Landstreitkräften insgesamt 43 Gruppen, darunter 12 deutsche Gruppen (8 Infanterie- und 4 motorisierte Gruppen) aufstellen. Falls die EVG bis zum 1. Juli 1952 in Kraft trete, könnten die deutschen Verbände bis zum 1. April 1954 einsatzbereit sein. Den mit Hilfe von SHAPE erzielten Fortschritten in der militärischen Organisation der EVG standen jedoch noch wesentliche Meinungsverschiedenheiten der EVG-Partner bezüglich des politischen supranationalen Überbaus der Europaarmee gegenüber. Diese betrafen vor allem die Frage des gemeinsamen Budgets, die Struktur und die Kompetenzen der europäischen Behörde, die Ernennung der Offiziere und die Aufstellung und Durchführung der Bewaffnungsprogramme. Auch das Problem des Verhältnisses von EVG und NATO war noch nicht ausdiskutiert. Der Vertragsentwurf machte zu diesem Punkt nur sehr vage Angaben: Der EVG-Kommissar solle mit der NATO eng zusammenarbeiten, und die EVG-Verbände sollten von Anfang an dem Kommando des NATO-Oberbefehlshabers „anvertraut werden". Schuman schloß seinen Bericht mit der Bemerkung, daß weder die Wiedereinrichtung einer Wehrmacht noch die Neutralisierung Deutschlands den Erfordernissen der internationalen Situation gerecht würden. Eine Lösung bestehe ausschließlich in der Integration Deutschlands in Europa unter den Bedingungen der Washingtoner Beschlüsse vom September. Er drückte die Hoffnung aus, daß es mögich sein werde, innerhalb weniger Wochen zur Fertigstellung eines Vertragsentwurfs zu kommen. Der positive Eindruck, den Schuman vom Stand der EVG-Verhandlungen vermittelte, wurde empfindlich gestört durch einen Vorstoß der Benelux-Delegationen, die für die Beteiligung aller freien Länder Europas, vor allem

[317] Ebd., S. 700.

[318] Ebd., S. 704 u. 733 f. Am 24. 11. 1951 hatte Eisenhower eine ausführliche Unterredung mit Jean Monnet, Eisenhower Diaries, S. 206.

[319] Abgedruckt in FRUS 1951, III, Teil 1, S. 933 ff. Nach einem Bericht Kessels war Schumans Vortrag vorab schriftlich an alle NATO-Ratsdelegationen verteilt worden und war in dieser Fassung auf Widerspruch von seiten der Beneluxländer gestoßen. Daraufhin soll Schuman eine um die Hälfte gekürzte Fassung vorgetragen haben. NATO-Konferenz in Rom, 29. 11. 1951, BA-MA, BW 9/3256.

aber Großbritanniens und der Skandinavier, an der EVG eintraten. Dieser Vorstoß war Ausfluß der unter den Beneluxländern verbreiteten Furcht, sie könnten innerhalb der EVG von den drei stärkeren Partnern Bundesrepublik, Frankreich und Italien wirtschaftlich majorisiert werden[320]. Ihr Vorstoß mag nicht zuletzt durch öffentliche Äußerungen Edens ausgelöst worden sein, nach denen jede Hoffnung auf einen Kurswandel in der britischen EVG-Politik unter der konservativen Regierung schwand[321]. Aus Furcht vor einem Auseinanderfallen der NATO bei einem Scheitern der EVG-Verhandlungen und um den negativen Eindruck seiner Äußerungen etwas abzumildern, fragte Eden bei Eisenhower und Acheson an, ob es ihrer Meinung nach sinnvoll sei, wenn England „irgendeine Art institutioneller Assoziierung mit der EVG" vorschlage. Sowohl Eisenhower wie auch Acheson sprachen sich spontan gegen eine solche Initiative zum damaligen Zeitpunkt aus, da sie den Franzosen und Beneluxländern nur neuen Anlaß zu Verzögerungen bieten würde. Aber nur wenige Tage später bat Acheson Eden, sich Gedanken darüber zu machen, in welcher Form eine Assoziierung Großbritanniens an die EVG möglich erscheine, für den Fall, daß nach Abschluß des EVG-Vertrages dessen Verabschiedung durch die Parlamente gefährdet sein würde[322].

Als daraufhin Churchill und Eden bei ihrem Besuch in Paris am 17./18. Dezember erklärten, britischerseits könne man sich zwar an keiner supranationalen europäischen Einrichtung wie dem Schuman-Plan und der EVG beteiligen, doch wolle man „cooperate to the maximum degree possible short of becoming an actual member of these organizations", Acheson dagegen auf einer Pressekonferenz am 19. Dezember die Meinung vertrat, ein Beitritt Großbritanniens zur EVG sei von keiner wesentlichen Bedeutung, kam es zu einer überflüssigen britisch-amerikanischen Verstimmung. Dabei waren doch die Standpunkte beider Parteien gar nicht so weit voneinander entfernt, den Amerikanern war nur daran gelegen, daß unmittelbar vor Abschluß der EVG-Verhandlungen keine neuen retardierenden Gesichtspunkte mehr in die Diskussion eingebracht wurden[323].

Das Ergebnis der NATO-Ratstagung in Rom entsprach nicht den Erwartungen der Amerikaner. Die amerikanische Delegation war mit der Absicht nach Rom gekommen, die Bündnispartner zu veranlassen, bis zum Sommer 1952 die volle Einsatzbereitschaft ihrer bislang nur auf dem Papier stehenden Streitkräfte herzustellen. Im Vorgriff auf den noch ausstehenden Befund des

320 FRUS 1951, III, Teil 1, S. 736f. Fursdon, The European Defence Community, S. 130. Siehe auch den Bericht von Bruce über eine Unterredung Spaaks mit Eisenhower am 14. 12. 1951, FRUS 1951, III, Teil 1, S. 966f.

321 Carlton, Anthony Eden, S. 309f.

322 FRUS 1951, III, Teil 1, S. 746f., 750 u. 955ff.

323 Ebd., S. 959, 970f., 973, 977. Nach dem Bericht der US-Botschaft in London vom 11. 12. 1951, ebd., S. 959. Zur Haltung Churchills gegenüber der EVG siehe jedoch ebd. S. 974f. u. Eisenhower Diaries, Eintrag vom 21. 12. 1951, S. 207. Zu Edens Haltung siehe Carlton, Anthony Eden, S. 310f. u. Watt, Die konservative Regierung, S. 88f. Am 11. 12. 1951 diskutierte das britische Kabinett einen Brief Montgomerys, in welchem dieser der geplanten Europaarmee die Qualität eines effektiven militärischen Instruments absprach. Er war jedoch „strongly in favour [...] of a European Army made up of units maintaining their national character and spirit but integrated under one United Nations Command. Während Churchill diese Ansicht teilte, argumentierte Eden mit Rücksicht auf die französischen und russischen Sorgen bezüglich einer deutschen Nationalarmee vorsichtiger: „They [die Sowjets; d. Verf.] were likely to regard the creation of a German national army as more provocative than any of the steps so far taken in building up the defence of Western Europe. And they would certainly be disturbed by any proposal which seemed to foreshadow the admission of Germany into the North Atlantic Treaty Organisation". PRO, CAB 128/23, C. C. (51) 16th Conclusions, 11th December, 1951, Minute 8.

Temporary Council Committee über die Leistungsfähigkeit und Zumutbarkeit der Rüstungslasten für die NATO-Mitglieder sollten die Grundlagen erarbeitet werden für die daraus resultierenden Beschlüsse der einzelnen Mitgliederregierungen, so daß bis zur nachfolgenden NATO-Ratssitzung entsprechende Beschlüsse entscheidungsreif vorlagen. Für den Abschluß der EVG-Verhandlungen wollte die US-Delegation als Zieldatum das Jahresende 1951 festsetzen, zu dem entweder Erfolg oder Mißerfolg dieses Unternehmens festzustellen wäre. Keines dieser Programme vermochten die Amerikaner in bindende NATO-Resolutionen umzusetzen. Auch der amerikanische Versuch, in Rom wenigstens die Grundlage für das Verhältnis der EVG zur NATO festzulegen, wobei es der US-Regierung vor allem darauf ankam sicherzustellen, daß im Bündnisfall der Einsatz der Europaarmee nicht am Widerstand einzelner Mitgliedsländer scheitern konnte, mißlang. Das Problem der Rüstungsbeschränkungen für die Bundesrepublik blieb ebenfalls ungelöst. Der von einer interalliierten Arbeitsgruppe in London ausgearbeitete Plan hierfür fand nicht die Zustimmung der NATO-Mitglieder, da dieser ein zu hohes Maß an Inspektionen in der Bundesrepublik erforderlich gemacht hätte. Die Franzosen wollten weiter über eine Liste verbotener Waffen für die Bundesrepublik nachdenken. In dieser Frage lediglich auf die entsprechenden Vorkehrungen im EVG-Vertrag zu vertrauen, lehnten sie definitiv ab. Letztere Lösung wäre den Vorstellungen des Bundeskanzlers nach Gleichberechtigung und Nichtdiskriminierung entgegengekommen.

Lediglich in der Frage des deutschen Finanzbeitrages erreichten die Amerikaner in separaten Verhandlungen mit Schuman und Eden eine kurzfristige Lösung, auf deren Grundlage McCloy mit der Bundesregierung verhandeln sollte.

Am Ende der NATO-Ratstagung in Rom wurden die Erfolgschancen der EVG-Konferenz allgemein sehr skeptisch beurteilt. Acheson gab daran hauptsächlich der französischen Regierung die Schuld und berichtete darüber am 30. November Präsident Truman: Unter den Außenministern habe man das Gefühl, daß das Projekt nicht gut vorankomme, daß die französische Verhandlungsführung schwach und verwirrend sei und daß die Planer der Europaarmee einem theoretischen Ansatz ohne Rücksicht auf die politischen und parlamentarischen Realitäten in Europa folgten. Obwohl Adenauer das Problem persönlich nicht zur Sprache bringe, hätten seine engsten Berater in Paris der amerikanischen Delegation ihre Besorgnis angedeutet, daß die gegenwärtigen französischen Pläne zu einer halben Lösung führen würden, die ohne eine komplette europäische Föderation, zu der man deutscherseits bereit sei, nicht funktionieren würde. In dieser Lage, so Acheson, seien die Franzosen angesichts der tiefen politischen Zerrissenheit und der Ungewißheit einer parlamentarischen Mehrheit anscheinend unentschlossen, welchen Weg sie einschlagen sollten. Für Schuman stelle sich das Problem noch komplizierter dar, da in französischen Kreisen zwei vollständig konträre deutschlandpolitische Auffassungen herrschten: Im Quai d'Orsay neige man allgemein zu der Auffassung, daß Deutschland die Hauptgefahr für die Zukunft darstelle und es daher weiterhin durch besatzungsrechtliche Restriktionen kontrolliert werden müsse, während diejenigen Franzosen, die an der gemeinsamen europäischen Streitmacht arbeiteten, davon überzeugt seien, daß man den Deutschen die volle Gleichberechtigung zugestehen müsse, wenn das ganze Unternehmen nicht scheitern solle. Trotz des erkennbar nachlassenden Elans in den EVG-Verhandlungen wollte Acheson an der EVG als der besten Lösung der westdeutschen Aufrüstung festhalten. Er hielt es jedoch für erforderlich, daß die EVG-Verhandlungen, insbesondere über die zu treffenden Abmachungen bezüglich des gemeinsamen Budgets und der für die Bundesrepublik vorgesehenen Kontrollmaßnahmen auf Ministerebene fortgesetzt würden. Zusammenfassend betonte Acheson gegenüber Truman die Notwendigkeit, daß die US-Regierung, um zu einer Lösung zu kommen, eine sehr aktive Rolle übernehmen müsse, besonders gegenüber den Franzosen, um so deren eigenem Plan und deren eigener Initiative zum Erfolg zu verhelfen[324].

16. Die Verhandlungen über die politische Organisation der EVG. Die Saarfrage und die westdeutsche Forderung nach NATO-Mitgliedschaft als Hemmfaktoren

Im Verlaufe der auf die NATO-Ratstagung in Rom folgenden Ministergespräche der EVG-Länder in Straßburg (11. Dezember 1951) und Paris (27. – 30. Dezember 1951) einigten sich die Außen-, Verteidigungs- und Finanzminister der EVG-Länder darauf, daß die Europäische Verteidigungsgemeinschaft und die zu gründende europäische politische Gemeinschaft bundesstaatlich strukturiert sein sollten. In den meisten übrigen Fragen traten jedoch die spätestens seit der NATO-Ratstagung in Rom offenkundigen Meinungsverschiedenheiten zwischen Frankreich, der Bundesrepublik und Italien einerseits und den Beneluxländern andererseits zutage, welche letztlich darauf beruhten, daß die Regierungen der größeren EVG-Länder zu einer engeren supranationalen Integration der EVG-Staaten tendierten, während die Beneluxländer ihre Minderheiteninteressen eher in einer loseren Mächtegruppierung unter dem Dach der NATO aufgehoben sahen, wenigstens solange Großbritannien abseits stand[325]. Über die Zusammensetzung der Streitkräfte und über die politische Spitzengliederung der EVG war man sich grundsätzlich einig. Die politischen Organe der EVG sollten aus einem Kommissariat als Exekutivorgan, einem Ministerrat, einer europäischen Versammlung und einem europäischen Gerichtshof bestehen. Das Kommissariat sollte entgegen den ursprünglichen französischen Vorstellungen nicht mehr nur aus einem – vermutlich französischen – Kommissar, sondern aus mehreren Kommissaren unter einem Präsidenten bestehen. Franzosen, Deutsche und Italiener dachten an insgesamt drei, die Niederländer und Belgier an sechs Kommissare. Während die drei größeren EVG-Länder für eine Stärkung der Stellung des Präsidenten plädierten – er sollte zum Beispiel mit Richtlinienbefugnissen gegenüber dem Kommissariat ausgestattet werden –, wollten die Beneluxländer eher das Kommissariat stärken und die Befugnisse des Präsidenten auf Formales beschränken. Bei der Festlegung des Verhältnisses zwischen Kommisssariat und Ministerrat wollten die Beneluxländer ebenfalls die nationalen Einflußmöglichkeiten durch eine Präponderanz des Ministerrats gewährleistet sehen, indem dieser in allen wichtigen Fragen mit Einstimmigkeit beschließen sollte. Dagegen wehrten sich die übrigen EVG-Mächte im Interesse der Handlungs-

[324] Schreiben Achesons an Truman vom 30. 11. 1951, FRUS 1951, III, Teil 1, S. 747 ff. u. Acheson, Present at the Creation, S. 757 f. Siehe auch den zusammenfassenden Bericht von Ridgeway B. Knight, ebd., S. 751 ff. Zum Problem der Rüstungskontrollbestimmungen für die Bundesrepublik, siehe Achesons chronologische Übersicht für Truman vom 30. 11. 1951, FRUS 1951, III, Teil 2, S. 1730 ff. Zum Beschluß bezüglich des westdeutschen Finanzbeitrages siehe ebd., S. 1685 ff.

[325] Siehe den Bericht Bruces an Acheson vom 30. 12. 1951 über eine Zusammenkunft der sechs EVG-Außen- und -Verteidigungsminister mit den Generalen Eisenhower und Gruenther vom Vortage. Danach trat der niederländische Außenminister Stikker an Eisenhower mit der Bitte heran, sich für eine Art atlantischer Föderation einzusetzen, der sich Eisenhower jedoch wegen seiner mangelnden politischen Kompetenzen und mit dem Hinweis auf die Notwendigkeit der Schaffung der EVG („first things first") entzog. FRUS 1951, III, Teil 1, S. 984 f. Siehe auch den Bericht McCloys an das State Department vom 3. 1. 1952, FRUS 1952–1954, V, Teil 1, S. 576 ff.

fähigkeit der EVG als einem supranationalen Gemeinschaftsorgan, die nicht durch extensive nationale Einflußmöglichkeiten über den Ministerrat zu einer losen Koalition degenerieren sollte, die nur im Falle vollkommener politischer Übereinstimmung aller Mitglieder handlungsfähig sein würde.

Die Rolle als europäische Konstituante, die der europäischen Versammlung schon beim vorausgegangenen Treffen der Minister in Straßburg zugedacht worden war, wurde in Paris bestätigt. Auch die Einrichtung eines europäischen Gerichtshofes bereitete in Paris keine Schwierigkeiten. Dagegen waren es wieder Franzosen, Deutsche und Italiener, die sich für eine fünfzigjährige Vertragsdauer der EVG aussprachen, um deren langfristige Bedeutung zu unterstreichen, während die Beneluxländer den EVG-Vertrag mit dem Nordatlantikvertrag koterminiert wissen wollten, der frühestens 20 Jahre nach seiner Gründung gekündigt werden konnte.

Besondere Schwierigkeiten bereitete das gemeinsame Budget. Zwar waren sich alle EVG-Länder darin einig, daß es nach der Einrichtung eines aus direkten Wahlen hervorgegangenen europäischen Zweikammerparlaments ein gemeinsames Budget geben würde, doch für die bis dahin erforderliche Zwischenlösung war keine Einigung in Sicht. Franzosen und Deutsche wollten von Anfang an eine Gemeinschaftsfinanzierung, über die Bundeskanzler Adenauer jedoch auch die Stationierungskosten für die alliierten Truppen in der Bundesrepublik verrechnen lassen wollte, um bei der westdeutschen Bevölkerung den Anschein fortdauernder Besatzungskosten zu vermeiden. Nach dem Grundsatz der Nichtdiskriminierung wollte er während der Übergangszeit auch den deutschen Beitrag durch das Verfahren des Temporary Council Committee, wie es für die EVG-Länder vorgesehen war, bestimmen lassen[326], ein Verfahren, das nach Ansicht von Botschafter Bruce mit eine Grundlage für die spätere Mitgliedschaft der Bundesrepublik in der NATO schaffen konnte[327]. Acheson wollte aber von einer Prüfung des deutschen finanziellen Verteidigungsbeitrages durch das TCC absehen, da er hiervon weitere Verzögerungen bei den EVG-Verhandlungen befürchtete[328].

Die Beneluxländer waren für die Beibehaltung der nationalen Budgetkompetenz für die Dauer des laufenden Medium Term Defense Plan (MTDP), lediglich der deutsche Beitrag sollte der Gemeinschaftsregelung unterworfen werden. Auch nach Auslaufen des MTDP wollten die Beneluxländer das gemeinsame EVG-Budget, solange ein gewähltes Parlament fehlte, in der letztentscheidenden nationalen Kompetenz belassen, wofür sie die Beiträge zu und die Ausgaben aus dem gemeinsamen EVG-Budget von einstimmigen Beschlüssen des EVG-Ministerrats abhängig machen wollten[329].

Gegen Jahresende 1951 schien es so, als ob sich ungeachtet der noch bestehenden deutsch-französischen Meinungsunterschiede die Konfrontation innerhalb der EVG-Länder von einer deutsch-französischen zu einer solchen zwischen den größeren und kleineren EVG-Staaten entwickelt hätte. Hier und da wurden Überlegungen hinsichtlich einer um die Beneluxländer verkleinerten EVG angestellt. Wegen der dabei von seiten der Parlamente zu erwartenden Schwierigkeiten wollte Adenauer jedoch lieber die Amerikaner veranlassen, mit Hilfe der Briten zu versuchen, die Beneluxländer wieder zur Räson zu bringen. Nach einem Bericht von Bruce war Adenauer sehr daran gelegen, die Westverträge noch unter der Regierung Pleven unter Dach

326 Ebd., S. 981 f.

327 FRUS 1952–1954, V, Teil 1, S. 576.

328 NA, RG 59, Secretary's Daily Meetings, January 11, 1952.

329 Zum Treffen der Außenminister der sechs EVG-Länder in Straßburg siehe die Dokumentation von Lipgens, EVG und politische Föderation. Zum Ergebnis der Ministerverhandlungen in Paris siehe den ausführlichen Bericht von Bruce an den Secretary of State vom 3. 1. 1952, FRUS 1951, III, Teil 1, S. 985 ff.

und Fach zu bringen: Der Bundeskanzler erwäge keine Alternative zur EVG, in der er den einzigen gangbaren Weg zur Lösung des Problems der Sicherheitsbeschränkungen, für die Unterstützung durch amerikanische und britische Truppen, für einen angemessenen deutschen Finanzbeitrag und für die Gleichbehandlung der Bundesrepublik erblicke. Er sei sich im klaren darüber, daß er mit Rücksicht auf die innenpolitische Situation, wegen der Furcht vieler Deutscher vor einem Wiedererwachen von Nationalismus und Militarismus und im Interesse seiner eigenen festen Absicht, ein vereintes Europa aufzubauen, der EVG zum Druchbruch verhelfen müsse[330]. Gleichzeitig berichtete McCloy jedoch dem State Department über pessimistische Äußerungen des FDP-Wohnungsbauministers Wildermuth bezüglich der Akzeptanz der Westverträge durch den deutschen Bundestag. Wildermuth befürchtete im Fall des Scheiterns der Westverträge eine Ostorientierung der Bundesrepublik nach historischem Muster. Industrielle Beschränkungen für die Bundesrepublik würden, so Wildermuth nach dem Bericht McCloys, mit Ausnahme des Verbots der Anlage von Munitionsfabriken in Frontnähe von der FDP abgelehnt. Ein deutscher Finanzbeitrag zur Verteidigung Westeuropas von mehr als sieben, höchstens acht Milliarden DM nannte er absurd. Für McCloy waren Wildermuths Äußerungen von einigem Interesse, wenn nicht hinsichtlich der Genauigkeit ihrer Vorhersage, so doch wenigstens als Indikator für die Geisteshaltung, mit der einflußreiche Elemente der liberalen deutschen Bourgeoisie die künftigen vertraglichen Beziehungen beurteilen würden[331].

Aufgrund der Erfahrungen während seiner Verhandlungen in Europa beurteilte Acheson die Situation zum Jahresende 1951, im Gegensatz etwa zu Byroade, dem Leiter der Deutschlandabteilung des State Department[332], sehr pessimistisch. Im State Department notierte man: „He said he was greatly troubled by the state of confusion and lack of stability in the French and British Governments. […] He said French tend to blame us for all their troubles and that the British government leaders are like people who have been asleep for five years and suddenly awaken and seemed to have little realization that a great deal has gone on. There just seems to be no way to get the British to see and unterstand their problems and make decisions. He said he found Adenauer very good but worried as to whether the British and French might make a deal with the Russians which would sell the Germans down the river“. Die EVG – so Acheson – habe er als „a very confused thing“ angetroffen. Es sei nahezu unmöglich herauszufinden, was dort vor sich gehe, und er habe den Eindruck, daß man versuche, viel weiter zu gehen, als man zur Zeit gehen könne. Vor allem drei Probleme bereiteten Acheson Sorgen: Erstens die Frage danach, wer das Kommando über die Europaarmee habe, „that is who tells the force to start fighting and who tells it to stop“? Zweitens die Frage des gemeinsamen Budgets. Hier schieße man über das Ziel hinaus. Acheson erteilte Bruce Vollmachten, bei der Lösung dieser Frage bis zum Jahresende zu helfen. Drittens nannte Acheson die Vorstellungen der Franzosen bezüglich des gemeinsamen Beschaffungsprogramms „too big“ und befürchtete, sie bereiteten mehr Schwierigkeiten als Nutzen. Vor allem aber urteilte Acheson sehr negativ über die ökonomische Gesamtlage Europas: „In regard to the economic situation, the Secretary thinks that it is as serious as can be. He says that he thinks the emphasis in our mutual security act of military aid and the si-

330 Zur Politik der Beneluxländer äußerte sich Acheson während des amerikanisch-britischen Gipfeltreffens in Washington (Sitzungsprotokoll vom 9. 1. 1952), Kopie MGFA. FRUS 1951, III, Teil 1, S. 982f. Telegramm Achesons an US-Botschaft in Den Haag vom 11. 1. 1952, FRUS 1952–1954, V, Teil 1, S. 580ff. Adenauer, Teegespräche 1950–1954, S. 171ff.

331 NA, RG 59, 782 A. 00/12-1251, McCloy an Secretary of State, 20. 12. 1951.

332 NA, RG 59, Secretary's Daily Meetings, December 17, 1951; danach war Byroade „much more optimistic as to the outcome of the EDF-negotiations that he had been“.

ding of importance to economic aid is exactly opposite as to what the situation should be. He said Secretary Snyder [Secretary of the Treasury, K. M.] is very worried about the situation since Secretary Snyder does not believe that the Congress will give him any additional taxes or controls with which to meet the situation[333]."

Schon Mitte November hatten nämlich die Briten gegenüber dem Temporary Council Committee angedeutet, daß sie von den USA zusätzliche Stahlimporte im Umfang von 1,5 Millionen Tonnen, eine allgemeine Wirtschaftshilfe in Höhe von 600 Millionen Dollar bis Juni 1952 und die kostenlose Überlassung militärischer Ausrüstung benötigten[334]. Diese Abhängigkeit der Briten von den USA stand nicht zuletzt auch einer von Acheson monierten profilierteren britischen Europapolitik im Wege. Eden berichtete am 17. Januar 1952 dem Kabinett, die US-Administration habe den britischen Schwierigkeiten zwar freundliches Verständnis entgegengebracht, es bestehe jedoch kein Zweifel darüber, daß die amerikanische Haltung grundsätzlich durch die abhängige britische Situation beeinflußt sei, und daß sich diese grundlegend ändern würde, sobald die Briten wieder auf eigenen Füßen stünden. Daher gehe es darum, unter allen Umständen die wirtschaftliche und finanzielle Unabhängigkeit Großbritanniens wieder herzustellen, auch wenn infolge davon das britische Aufrüstungsprogramm mehr Zeit in Anspruch nehmen würde als erwartet[335]. In diesem Sinne hatte Eden im November 1951 auf rasche Verhandlungen mit den Deutschen über deren Finanzbeitrag zur westlichen Verteidigung gedrängt, um zu verhindern, daß neue Kosten auf die Briten zukämen, wenn die Bundesrepublik – worauf alles hindeutete – außerstande sein sollte, neben der zu erwartenden Finanzierung ihres EVG-Kontingents auch noch die Stationierungskosten weiterzuzahlen, und die USA nicht in die Bresche sprangen[336].

Bundeskanzler Adenauer wiederholte am 22. Januar 1952 gegenüber Pressevertretern seine Auffassung, daß er die im Gespräch befindlichen 13 Milliarden, ja selbst 10 Milliarden, für nicht tragbar halte. Man sei zwar bereit, für die Dauer der Aufbauphase des deutschen Verteidigungsbeitrages, während der der deutsche Verteidigungshaushalt noch nicht voll in Anspruch genommen werden würde, einen Beitrag zur Stationierung der britischen und amerikanischen Truppen in der Bundesrepublik zu leisten, er verlangte jedoch, daß bei der Festsetzung der Gesamthöhe des deutschen finanziellen Verteidigungsbeitrages durch die NATO die finanziellen Verpflichtungen der Bundesrepublik gegenüber den Vertriebenen und gegenüber Berlin, „das ja in seinem wirtschaftlichen Frieden gehalten werden muß", gebührend berücksichtigt würden[337].

Auch die Franzosen konnten wegen der wirtschaftlichen Überbeanspruchung durch das nationale Aufrüstungsprogramm und durch den militärischen Einsatz in Indochina den notwendigen grundsätzlichen Entscheidungen über sicherheitspolitische Korrekturen nicht mehr länger ausweichen.

Wo immer in Europa Schwierigkeiten bei der Abstimmung der Aufrüstungsprogramme mit den nationalen Volkswirtschaften auftraten, hoffte man auf Abhilfe durch die USA. Innerhalb

333 NA, RG 59, Summary of Secretary's Daily Meetings, December 13, 1951. Eisenhower bezeichnete die wirtschaftliche Situation Europas ebenfalls als „bleak", war jedoch optimistisch hinsichtlich der zukünftigen Entwicklung: „Europe is much closer than ever before to establishing the kind of union among the free countries of this region that safety and prosperity demand". Eisenhower Diaries, S. 214.

334 PRO, CAB 128/23, C. C. (51) 6th Conclusions, 12th November, 1951, Minute 1.

335 PRO, CAB 128/24, C. C. (52) 4th Conclusions, 17th January, 1952, Minute 2.

336 PRO, CAB 128/23, C. C. (51) 17th Conclusion, 15th November, 1951, Minute 4. Ebd., C. C. (51) 8th Conclusion, 19th November, 1951, Minute 2.

337 Adenauer, Teegespräche 1950–1954, S. 188 ff.

der US-Administration hatte sich jedoch, begünstigt durch den Eindruck eines Nachlassens der unmittelbaren Bedrohung durch die Sowjetunion, ein letztlich in ökonomischen Zwängen begründeter Prozeß des Umdenkens angebahnt, indem man statt einer Hochrüstung zur faktischen strategischen Balance mit dem Militärpotential der Sowjetunion sich mit einer Abschreckungsstreitmacht begnügen wollte. Obwohl die Joint Chiefs of Staff wenige Tage vor dem Besuch Churchills in Washington nahelegten, „to increase the estimate of possible danger, primarily to counteract Churchill's tendency to underestimate the danger"[338], vertrat Acheson gegenüber seinem britischen Gesprächspartner die Überzeugung, daß man nicht versuchen dürfe, auf Dauer Streitkräfte zu unterhalten, die die ökonomischen Möglichkeiten der USA und der Verbündeten überschritten, sondern daß es darauf ankomme, Streitkräfte aufzustellen, die ausreichten, einen sowjetischen Angriff in Europa zu einem so unerträglichen Risiko werden zu lassen, daß die Sowjets erst gar nicht einen Versuch dazu unternähmen[339].

Am 15. Januar, zwei Wochen vor dem neuerlichen Treffen der EVG-Außenminister, empfahl Eisenhower allen NATO-Instanzen, zu einer raschen Verwirklichung der Europaarmee beizutragen, da hierfür die Pariser EVG-Konferenz angemessene Pläne produziert habe und da alle übrigen Alternativen zur Erreichung eines westdeutschen Verteidigungsbeitrages „undesirable if not unacceptable" seien[340]. Die Fortschritte, die auf der EVG-Außenministerkonferenz erzielt wurden, schienen Eisenhower recht zu geben. Man einigte sich darauf, daß das Kommissariat der EVG aus neun Mitgliedern (einschließlich eines Präsidenten, jedoch nicht mehr als zwei Mitgliedern pro Nation) bestehen solle, die beim erstenmal auf drei, dann auf sechs Jahre ernannt werden sollten. Eine Verringerung der Mitgliederzahl bedurfte eines einstimmigen Beschlusses. Die Zusammensetzung der EVG-Versammlung war identisch mit der des Schuman-Plans. Die drei größeren Länder erhielten jedoch je drei zusätzliche, nur in EVG-Fragen stimmberechtigte Sitze. Diese Regelung hatte provisorischen Charakter. Falls die Konferenz zur Bildung einer europäischen Föderation innerhalb eines Jahres zu keinem Ergebnis kommen sollte, mußte über die Neuzusammensetzung der Versammmlung beraten werden. Komplizierter war die Zusammensetzung des Ministerrats geregelt: Grundsätzlich besaß jedes Land eine Stimme. In bestimmten Fällen sollten die Stimmen allerdings über einen Mischquotienten ein unterschiedliches Gewicht erhalten, das sich nach dem jeweiligen effektiven nationalen Finanzbeitrag zur EVG wie auch nach der Effektivstärke der der EVG zugeführten Truppen bemaß. Für die Übergangszeit wurde die vertraglich vorgesehene Truppenstärke zugrunde gelegt. Der Gerichtshof war der, der schon für den Schuman-Plan eingerichtet wurde[341].

Nach dem Urteil des deutschen Finanzdelegierten bei der EVG-Konferenz, Vialon, war die Außenministerkonferenz vom 26. und 27. Januar 1952 die bis dahin erfolgreichste Zusammenkunft dieser Art[342]. Aus dem Wortlaut des Kommuniqués dieser Konferenz war diese Qualität nicht unmittelbar ersichtlich, da man die beteiligten Parlamente nicht vor vollendete Tatsachen stellen wollte. Dieser Erfolg war um so erstaunlicher, als die Konferenz von heftigen deutsch-französischen Meinungsverschiedenheiten in der Saarfrage begleitet war. Die Franzosen hatten nämlich am 25. Januar 1952 ihren Hochkommissar im Saarland, Gilbert Grandval, in den Botschafterrang erhoben. Daraufhin hatte Adenauer aus Protest Staatssekretär Hallstein angewiesen,

338 NA, RG 59, Secretary's Daily Meetings, January 3, 1952.

339 Gaddis, Strategies of Containment, S. 124.

340 Poole, History of the Joint Chiefs 4, S. 288.

341 Aufzeichnung über das Ergebnis der Außenministerkonferenz in Paris am 26. u. 27. 1. 1952, Kopie MGFA.

342 Bericht des Finanzdelegierten bei der EVG-Konferenz in Paris, Vialon, vom 28. 1. 1952, Kopie MGFA.

sich auf der EVG-Konferenz in Paris der Stimme zu enthalten[343]. Als Hallstein auf dem Pariser Außenministertreffen am 27. Januar gar den alsbaldigen Beitritt der Bundesrepublik zur NATO forderte, um zu verhindern, daß die deutschen Einheiten den Befehlen einer Instanz ausgesetzt würden, deren Grundlinien ohne deutschen Einfluß bestimmt würden, empfanden die übrigen Delegierten diesen Vorstoß als unmittelbare Antwort auf die französische Saarinitiative. Immerhin ließen auch die Ausführungen des Bundeskanzlers während einer Sitzung des Auswärtigen Ausschusses des Bundesrates am 2. Februar 1952 einen solchen Zusammenhang erkennen. Dort sagte er, es sei seine Absicht gewesen, die Saarfrage erkalten zu lassen, aber man müsse sich einer Entwicklung widersetzen, wonach Frankreich sich mit Hilfe der europäischen Integrationspläne zum Herren über die Europapolitik mache. Gegenüber der Tatsache, daß Deutschland das Hauptziel Rußlands sei, müsse man sich bewußt sein, daß eine Rettung Europas nur durch Amerika erfolgen könne. Die Behandlung der europäischen Streitigkeiten müsse darum immer im Hinblick auf die amerikanische Reaktion hierüber verfolgt werden. Man müsse abwägen, welche negative Wirkung die europäischen Streitigkeiten auf die amerikanische Öffentlichkeit kurz vor den Präsidentschaftswahlen haben könnten. Man müsse auch durchaus die Befürchtung ins Auge fassen, daß in Amerika Auffassungen an Boden gewinnen könnten, Deutschland zu neutralisieren und eine entsprechende strategische Konzeption zu fassen. Im Zusammenhang mit seinen Ausführungen über die Aussichten einer Europaarmee spielte der Bundeskanzler auf die Möglichkeit an, die deutsche Wiederbewaffnung direkt mit Amerika zu betreiben. Falls nur dieser Weg übrigbleibe, der dann sofort in die NATO-Armee führe, glaube er, daß er auf Dauer von Frankreich keinen Widerstand bekomme, da de Gaulle für eine deutsche Nationalarmee sei[344]. Drei Tage später nahm der Bundeskanzler jedoch seine vermutlich im Ärger über die Entwicklung der Saarfrage geäußerte Drohung mit einem deutsch-amerikanischen Alleingang in Richtung auf eine deutsche Nationalarmee wieder zurück. In der Verteidigungsdebatte der CDU/CSU-Fraktion am 5. Februar 1952 bezeichnete er die Europaarmee als das unbedingt zu erstrebende Nahziel der deutschen Politik. Er wies jedoch wiederum auf die Gefahren hin, welche zu weit gehende Auseinandersetzungen über die europäische Verteidigung im Zusammenhang mit den bevorstehenden amerikanischen Präsidentschaftswahlen bedeuten würden. Während der Bundeskanzler vor dem Auswärtigen Ausschuß des Bundesrats noch argumentiert hatte, das Saarproblem müsse von der Bundesregierung mit einer gewissen Mäßigung behandelt werden, um Frankreich vor der amerikanischen Öffentlichkeit als Störenfried erscheinen zu lassen, sagte er jetzt vor der CDU/CSU-Fraktion, daß es für die amerikanische öffentliche Meinung gleichgültig sei, ob Frankreich oder Deutschland der europäische Störenfried sei. Zur Möglichkeit einer deutschen Nationalarmee bemerkte der Bundeskanzler, daß er sie aus innenpolitischen Gründen ablehnen müsse, da noch zuviele nationalistische Brandherde in Deutschland vorhanden seien. Im übrigen machte er darauf aufmerksam, daß diese letzte Möglichkeit das entscheidende Argument für Schuman gewesen sei, die Notwendigkeit einer Eurpaarmee vor der französischen Kammer zu begründen[345]. Eine solche Rücksichtnahme auf französische Interessen ließ der Bundeskanzler allerdings vermissen, als er am 7. Februar vor dem deutschen Bundestag die Überzeugung äußerte, daß die Bundesrepublik, wenn sie

343 Adenauer, Erinnerungen 1, S. 516ff. Zur Saarfrage siehe den Überblick bei Buchheim, Deutschlandpolitik, S. 22ff.

344 Innenpolitischer Bericht, 2. 2. 1952, des Presse- und Informationsamtes der Bundesregierung, BA, B 136/2160.

345 Innenpolitischer Bericht, 5. 2. 1952, des Presse- und Informationsamtes der Bundesregierung, BA, B 136/2160.

erst einmal Mitglied der EVG sei, über kurz oder lang „ganz von selbst“ auch Mitglied der NATO werden würde[346].

Die französische Reaktion auf den zum Teil öffentlich bekundeten Wunsch der Bundesregierung nach Mitgliedschaft in der NATO ließ nicht lange auf sich warten. In einem sehr eindringlichen, vom französischen Kabinett gebilligten Schreiben an Acheson und Eden vom 29. Januar 1952 warb Außenminister Schuman für die abweichende französische Position. Ausgehend von der Feststellung, daß die Europaarmee nicht allein das Problem der Sicherheit vor Deutschland lösen könne, da sie als einzig akzeptable Form der Teilnahme der Bundesrepublik an der gemeinsamen Verteidigung des Westens dem Grundsatz der Nichtdiskriminierung folgen müsse, folglich also nicht die von den Alliierten in Brüssel und Washington beschlossenen Restriktionen realisieren könne, forderte der französische Außenminister gemeinsame Anstrengungen der Alliierten, um in der Neuregelung des Verhältnisses zu Bonn diese Restriktionen durchzusetzen. Der Bundesregierung warf Schuman vor, sie lege das Hauptgewicht der Verhandlungen über die Neuregelung der Beziehungen zwischen der Bundesrepublik und den Westalliierten auf den Generalvertrag, während sie die in den Annex-Verträgen vorgesehenen Beschränkungen, insbesondere das Problem der deutschen Rüstungskontrolle und des Unterhalts für die in der Bundesrepublik stationierten alliierten Streitkräfte, im EVG-Vertrag regeln wolle, wobei sich die deutsche Delegation jedoch jeder Regelung widersetze, die ausschließlich Anwendung auf die Bundesrepublik finden sollte. Ohne solche Restriktionen erhalte jedoch, so Schuman, der EVG-Vertrag in Frankreich keine Unterstützung, zumal sich die französische Regierung dem ernstzunehmenden Problem des Kräftegleichgewichts innerhalb der künftigen Europäischen Gemeinschaft gegenübersehe. Frankreichs außereuropäische Verpflichtungen, die demographische Überlegenheit Westdeutschlands, die schnelle Erholung der Ruhrindustrien und der deutschen Wirtschaft insgesamt seien in unterschiedlichem Maße Elemente eines Ungleichgewichts, dem man korrigierende Elemente entgegensetzen müsse. In diesem Zusammenhang nannte es Schuman unabdingbar, daß Frankreich an seiner Saarpolitik festhielt, da die wirtschaftliche Union zwischen Frankreich und dem Saargebiet seiner Auffassung nach ein wesentliches Element der wirtschaftlichen Balance innerhalb der Europäischen Gemeinschaft darstellte. Nach dieser Begründung der französischen Saarpolitik verlor das von Schuman nachgeschobene Argument viel an Glaubwürdigkeit, wonach die Ernennung eines französischen Botschafters an der Saar lediglich analog der für die gesamte Bundesrepublik ins Auge gefaßten Umwandlung der Hochkommission in alliierte Botschaften zu sehen sei. Auf die Interdependenz zwischen Generalvertrag und EVG-Vertrag eingehend, versuchte sich Schuman noch einmal der alliierten Übereinkunft zu versichern, daß durch einen deutschen Vertragsbruch, insbesondere die Schaffung einer deutschen Nationalarmee, Deutschland sich das Recht auf die im Generalvertrag gewährten Vorteile verwirken würde. In diesem Zusammenhang, so Schuman, sei es aber auch notwendig, „to avoid a situation in which fresh decisions taken on the basis of the principle of the equality of rights, and I refer particularly to the possible entry of Western Germany into the Atlantic Pact, would deprive this convention of its substance and would permit Germany, free from the limitations of the European community, to recover a complete freedom.“ Unter ausdrücklichem Hinweis auf die Rede Hallsteins warnte Schuman vor den Folgen eines deutschen NATO-Beitritts: Ein Beitritt der Bundesrepublik zur NATO werde wegen der deutschen Gebietsansprüche im Osten zweifellos in den Augen eines Großteils der Öffentlichkeit als eine radikale Veränderung des ur-

346 Siehe Baring, Bonns Beitrag, S. 119; Adenauer, Erinnerungen 1, S. 521. Über zahlreiche ähnliche Äußerungen aus der Umgebung des Bundeskanzlers siehe Wettig, Entmilitarisierung in Deutschland, S. 462 ff.

sprünglich strikt defensiven Charakters des Bündnisses angesehen werden. Schuman erinnerte noch einmal an seine Warnung vom 25. August 1951, wonach durch einen westdeutschen NATO-Beitritt die gesamte Europapolitik, insbesondere die Integration deutscher Streitkräfte, kompromittiert würden. Erst zu einem späteren Zeitpunkt, nach dem wirtschaftlichen, militärischen und politischen Aufbau der Europäischen Gemeinschaft, könne man prüfen, wie diese Gemeinschaft anderen internationalen Organisationen angepaßt werden könne[347].

David Bruce riet seinem Außenminister zu einer vorsichtigen Behandlung von Schumans „unfortunate letter". Er zeigte Verständnis für die tiefsitzende Furcht der Franzosen vor einem späteren Austritt der Bundesrepublik aus der EVG und vor einem eventuellen deutschen Versuch zur Wiedergewinnung der verlorenen Ostgebiete. Er schlug eine spezielle, möglichst im Rahmen der Festlegung des Verhältnisses von NATO und EVG zu treffende Garantie der USA und Großbritanniens als Vorkehrung gegen eine solche Entwicklung vor[348].

McCloy urteilte kritischer über den Brief Schumans. Seiner Ansicht nach waren es weniger die Bonner Verhandlungen für einen Generalvertrag als vielmehr die positiven Ergebnisse der Pariser EVG-Konferenz, die den Franzosen Sorge bereiteten. In Paris hätten die Deutschen das Konzept der Europaarmee so weitgehend akzeptiert, daß die Franzosen nunmehr die Konsequenzen fürchteten. Die Franzosen würden jetzt anscheinend ihre Sicherheit weniger auf die Europaarmee als vielmehr auf „outside commitments" gründen. Seiner Meinung nach war man vor einem deutschen Rückzug aus der westlichen Gemeinschaft sicherer, wenn Deutschland Mitglied der NATO wäre. Er glaubte jedoch nicht, daß man die Franzosen zum augenblicklichen Zeitpunkt davon überzeugen könne[349].

Auch Acheson machte in seiner am 4. Februar an Schuman übermittelten Antwort aus seiner Enttäuschung kein Hehl. Eine weitere Verschiebung der Lösung der Probleme wie in Ottawa und Rom bedeutete in seinen Augen das Scheitern der Verträge. Im einzelnen stimmte er mit der französischen Regierung darin überein, daß die Deutschen bezüglich des Unterhalts der alliierten Truppen in der Bundesrepublik eine vertragliche Verpflichtung eingehen müßten. Was die Rüstungsbeschränkungen anging, so hätte Acheson eine Regelung im Rahmen des EVG-Vertrages begrüßt. Falls die französische Regierung eine solche Lösung nicht akzeptieren könne, würde die amerikanische Regierung entweder entsprechende vertragliche Auflagen oder eine einseitige bindende Erklärung seitens der deutschen Regierung unterstützen, die den Deutschen die Herstellung jener Waffen verbot, über die man sich in Brüssel geeinigt hatte. Darunter sollte jedoch nicht mehr die Herstellung schwerer Waffen fallen, auch von einem Verbot der Herstellung ziviler Flugzeuge wollten die Amerikaner absehen. In der brisanten Saarfrage schlug Acheson Schuman vor, die französische Regierung möge eine Erklärung abgeben, wonach die Entwicklung der Situation an der Saar offenblieb. Gleichzeitig sollten die drei Westmächte zusammen mit der Bundesrepublik eine gemeinsame Erklärung abgeben, in der sie frühe Verhandlungen über die Lösung des Saarproblems versprachen. In der Frage des Beitritts der Bundesrepublik zur NATO blieb Acheson auf der bisher verfolgten amerikanischen Linie. Er widersprach der Auffassung Schumans, daß eine deutsche NATO-Mitgliedschaft die Bundesrepublik von den im General- und EVG-Vertrag eingegangenen Pflichten befreien würde. Er vermochte ebenfalls nicht einzusehen, inwiefern ein Beitritt der Bundesrepublik zur NATO den defensiven Charakter dieser Organisation mehr beeinträchtigen sollte, als dies durch den Beitritt der Bundesrepu-

347 FRUS 1952–1954, V, Teil 1, S. 7 ff.
348 Ebd., S. 12 f.
349 Ebd., S. 15 f.

blik zur EVG hinsichtlich dieser Organisation geschah. Die amerikanische Regierung war bereit, eine Entscheidung über den deutschen Beitritt zur NATO vorläufig aufzuschieben, d.h. sie bestand nicht auf einer französischen Zustimmung hierzu, vorausgesetzt, daß nichts getan und gesagt würde, das eine spätere Lösung präjudizierte. Acheson hielt nämlich nach den jüngsten deutschen Äußerungen noch mehr als bisher einen westdeutschen Verteidigungsbeitrag und eine kooperative Haltung der Bundesregierung für unerreichbar, falls die deutsche Mitgliedschaft in der NATO letztendlich abgelehnt würde. Eindringlich wies Acheson auf die unübersehbaren Folgen für den Fall hin, daß die Verträge so kurz vor dem Ziel scheitern sollten[350]. Die französischen Besorgnisse über einen Beitritt der Bundesrepublik zur NATO konnte Acheson jedoch nicht ausräumen. Am 7. Februar erklärte Außenminister Schuman gegenüber Acheson, die deutsche Regierung habe offiziell angekündigt, daß sie für sich das Recht in Anspruch nehme, dem Atlantikpakt anzugehören. Zur gegebenen Zeit könnte daher die deutsche Regierung eine Ablehnung dieses Anspruches zum Anlaß nehmen, die EVG zu verlassen. Angesichts dieser Perspektive seien die Bemühungen der französischen Regierung, das französische Parlament zur Annahme des EVG-Vertrages zu bewegen, merklich schwieriger geworden[351].

Dies zeigte sich in der vom 11. bis 19. Februar 1952 andauernden EVG-Debatte in der französischen Nationalversammlung. Am 19. Februar billigte die Assemblée Nationale mit 327 gegen 276 Stimmen einen ordre du jour, mit dem Ministerpräsident Edgar Faure die Vertrauensfrage gestellt hatte. Nahezu alle Radikalen und 86 der 106 Sozialisten hatten dem ordre du jour zugestimmt. Darin bestätigte das französische Parlament den Willen Frankreichs, mit all seiner Kraft zum Aufbau eines politisch und wirtschaftlich geeinten Europa beizutragen, und billigte die Idee, die nationalen Armeen der europäischen Länder zu einer gemeinsamen Europaarmee zusammenzufassen. An dieser Armee solle die Bundesrepublik ohne diskriminierende Bedingungen teilnehmen können, ihre Aufnahme in die EVG dürfe jedoch nicht den Beitritt der Bundesrepublik zur NATO nach sich ziehen. Weiter sollte nach dem ordre du jour die französische Regierung bei der britischen und amerikanischen Regierung um eine Beistandsgarantie für den Fall nachsuchen, daß eines der Mitgliedsländer der EVG den Vertrag über die Europaarmee brach oder verletzte. Zur Erfüllung dieser Garantie müßten Amerikaner und Briten ausreichende Streitkräfte auf dem Kontinent unterhalten. Am Ende wiederholte der ordre du jour die französische Ablehnung einer deutschen Nationalarmee und eines deutschen Generalstabes[352].

Während also das französische Parlament gegen den Beitritt der Bundesrepublik zur NATO votierte, sprach sich der Ausschuß der Generalstabschefs in einer Stellungnahme vom 8. Februar für den Beitritt der Bundesrepublik zur NATO aus, da er in der Assoziierung der Bundesrepublik „als Vollmitglied oder nach einem anderen Verfahren" die einzige Lösung sah, das Problem des Verhältnisses zwischen EVG und NATO zu lösen[353].

Nach Auffassung des britischen Foreign Office waren die Verhandlungen um den EVG-Vertrag und den Generalvertrag wegen der Saarfrage und der Perspektive eines deutschen NATO-Beitritts in eine kritische Phase geraten. Da man in diesen Verträgen die einzige Möglichkeit sah, die Bundesrepublik sicher in den Westen zu integrieren und den Westen mit ausreichenden Streitkräften gegenüber der sowjetischen Bedrohung zu versorgen, war die britische Regierung bemüht, trotz der damit verbundenen Risiken zum Gelingen der Verträge beizutragen. Die ins-

[350] Ebd., S. 19ff.
[351] Ebd., S. 26ff.
[352] Latte, Die französische Europapolitik, S. 45f.; Faure, Mémoires I, S. 379ff. Fauvet, Naissance et mort d'un traité, S. 25f.
[353] Guillen, Französische Generalität, S. 141.

besondere aus dem Generalvertrag für die britische Deutschlandpolitik erwachsenen Risiken, darunter die Unmöglichkeit, notfalls eine neue Luftbrücke nach Berlin einzurichten und die im Generalvertrag eingeräumten Notstandsrechte unmittelbar auszuüben, müßten angesichts der gegenwärtigen Wirtschaftslage in Großbritannien akzeptiert werden, zumal diese Risiken durch das Vertrauen, das man in die deutschen Behörden und in die eigenen Streitkräfte setze, gemildert würden[354]. Aber auch mit Rücksicht auf die innenpolitische Situation der Bundesrepublik war nach Auffassung Anthony Edens diese Risikobereitschaft der britischen Regierung angezeigt. Dabei schloß sich Eden dem Urteil des britischen Hochkommissars, Sir Ivone Kirkpatrick, an, der am 6. Februar dem Foreign Office sehr kritische Ausführungen über die innenpolitische Lage in der Bundesrepublik, insbesondere bezüglich der Unterstützung für die Wiederbewaffnung, übermittelt hatte. Für Kirkpatrick waren alle Wiederbewaffnungsgegner in der Bundesrepublik „a formidable proportion of the electorate", denen lediglich eine Minorität von echten Befürwortern gegenüberstehe: „What have we got to set on the other side? Only a few professional warriors, who would like to resume the profession of arms, and that section of the population which, whilst disliking German rearmament, is prepared to accept it as part of a satisfactory general arrangement because, from motives of Germany's self-interest, they believe in association with the West. But it is noteworthy that these people in their appeals to the electorate take the line that military service represents a sacrifice which, they explain, must be endured on wider grounds. In a word, whilst there are many who regard German rearmament with great repugnance, there are very few who would welcome it for its own sake." Da die britische Politik das kalkulierte Risiko des Versuchs auf sich genommen habe, die Bundesrepublik in die westliche Verteidigung einzubeziehen, müsse sie die Bundesrepublik nun auch als gleichberechtigten Partner in der westlichen Gemeinschaft ohne jede Übergangsphase akzeptieren[355].

Die Haltung der britischen Regierung gegenüber dem Europaarmee-Projekt blieb unverändert negativ. Äußerungen Achesons während des britisch-amerikanischen Gipfeltreffens im Dezember 1951, wonach die Absicht der USA, Truppen in Europa zu unterhalten, von einer effizienten Europäischen Verteidigungsgemeinschaft abhing, veranlaßten die Briten jedoch zu weiteren Sympathiebekundungen für die Europäische Verteidigungsgemeinschaft, die jedoch ebenso wie die Ausführungen im gemeinsamen britisch-französischen Kommuniqué vom 18. Dezember 1951 hauptsächlich dem Zwecke dienten, Vorkehrungen dagegen zu treffen, daß die Schuld für die Verzögerung beim Abschluß des EVG-Vertrages der britischen Regierung in die Schuhe geschoben werden konnte[356].

Während einer außenpolitischen Debatte im britischen Parlament am 5. Februar 1952 versicherte Eden, Großbritannien sei entschlossen, auf dem europäischen Kontinent seine Streitkräfte solange zu belassen, wie es erforderlich sei. Diese militärischen Zusicherungen waren eingebettet in einen Plan Edens, den Europarat in ein Steuerungs- und Kontrollorgan sowohl für die Gemeinschaft für Kohle und Stahl als auch für die EVG umzuwandeln[357]. All dies erfüllte jedoch nicht die Bedingungen einer vertraglichen britischen Garantie, wie sie die französische

[354] PRO, CAB 129/49, C. (52) 31, 8th February, 1952, German Contractual Settlement, Memorandum by the Secretary of State for Foreign Affairs.

[355] Kirkpatricks Bericht wurde von Eden am 16. 2. 1952 dem Kabinett vorgelegt. PRO, CAB 129/49, C. (52) 42, 16th February , 1952, Germany: Attitude to Rearmament, Memorandum by the Secretary of State for Foreign Affairs.

[356] So Churchill in der Kabinettssitzung vom 19. 12. 1951. PRO, CAB 128/23, C. C. (51) 18th Conclusions, 19th December, 1951, Minute 1.

[357] Fursdon, The European Defence Community, S. 140. Zum Eden-Plan siehe unten, S. 120f.

Nationalversammlung gefordert hatte. Entsprechend unzufrieden reagierten dann auch die Franzosen[358].

Entschlossen, niemals einem supranationalen europäischen Zusammenschluß beizutreten, „von dem wir zutiefst wissen, daß wir es nicht tun können“[359], mußte der britischen Regierung ebenso wie der amerikanischen besonders daran gelegen sein, daß das Verhältnis zwischen EVG und NATO so geregelt wurde, daß die im Entstehen begriffene Europäische Gemeinschaft immer ein Teil einer umfassenderen atlantischen Gemeinschaft blieb. Hierzu hatte der NATO-Stellvertreterrat inzwischen gemäß einem während der NATO-Ratstagung in Rom an ihn ergangenen Auftrag Vorschläge erarbeitet. Zu der vorgesehenen reziproken Regelung des Casus foederis für EVG und NATO wurde in einem Memorandum des Foreign Office mit Befriedigung festgestellt, daß diese der britischen Regierung keine neuen Verpflichtungen auferlege, da Großbritannien ja gegenüber fünf der sechs EVG-Mitglieder bereits durch den NATO-Vertrag zum Beistand verpflichtet sei und zum andern die Last der der Bundesrepublik im September 1950 gegebenen Sicherheitsgarantie nun auf die übrigen NATO-Mitglieder ausgedehnt würde. Das Verhältnis zwischen NATO und EVG war jedoch nach britischer Auffassung solange belastet und kompliziert, solange die Bundesrepublik nicht Mitglied der NATO war. Die deutsche Repräsentanz in gemeinsamen NATO- und EVG-Sitzungen hielt man jedoch für einen ersten Schritt hin zu der als unvermeidbar angesehenen Mitgliedschaft der Bundesrepublik in dieser Organisation: Der deutsche Beitritt sei die logische Konsequenz eines deutschen Beitrages zur Verteidigung Europas. Auf längere Sicht sei ein deutscher NATO-Beitritt unvermeidlich und obendrein wünschenswert, da ein wiederbewaffnetes Deutschland in einem Konsortium, dem die USA und Großbritannien angehörten, leichter unter Kontrolle zu halten sei. Früher oder später würden die Deutschen selbst auf die NATO-Mitgliedschaft drängen, und wenn sie einmal einen effektiven Verteidigungsbeitrag leisteten, solle ihr Anspruch erfüllt werden.

Allerdings sprachen nach britischer Auffassung vier Gründe gegen eine Mitgliedschaft der Bundesrepublik in der NATO zum gegenwärtigen Zeitpunkt:

1. Die französische öffentliche Meinung würde einen solchen Schritt nicht akzeptieren, hier müsse man vorsichtig und Schritt für Schritt vorgehen.
2. Auch mit Rücksicht auf die deutsche öffentliche Meinung sei Vorsicht geboten, da viele Deutsche in einem Beitritt der Bundesrepublik zur NATO eine weitere Verschärfung des Gegensatzes zwischen Westintegration und Wiedervereinigung erblicken würden.
3. Es sei vorteilhaft, auch die Sowjets sich zuerst an den Beitritt der Bundesrepublik zur EVG gewöhnen zu lassen, bevor man den zweiten Schritt tue.
4. Ein finanzielles Argument lag den Briten besonders am Herzen: Im Falle eines Beitritts der Bundesrepublik zur NATO würden die in der Bundesrepublik stationierten Truppen, darunter die britischen, normalen NATO-Status genießen. In diesem Fall seien die Chancen, einen Stationierungsbeitrag für 1952/1953 in Höhe von 150 Millionen Pfund zu bekommen, wesentlich geringer als unter den gegenwärtigen Abmachungen[360].

Um zu verhindern, daß die EVG auf der bevorstehenden NATO-Ratstagung in Lissabon formell akzeptiert, später aber von der Bundesregierung wegen der unzureichenden Regelung des Verhältnisses zwischen EVG und NATO abgelehnt wurde, wurde McCloy angewiesen zu versuchen, den Bundeskanzler vorab auf die Vorschläge des NATO-Stellvertreterrats festzulegen, um

[358] Guillen, Französische Generalität, S. 145.

[359] Eden, The Memoirs, S. 36.

[360] PRO, CAB 129/49, C. (52) 41, 15th February, 1952, German Contribution to Western Defence. Memorandum by the Secretary of State for Foreign Affairs.

so den französischen Außenminister Schuman auf der der NATO-Ratstagung in Lissabon unmittelbar vorausgehenden Außenministerkonferenz in London mit einem definitiven Vorschlag konfrontieren zu können[361].

McCloy suchte am 12. Februar daher Bundeskanzler Adenauer auf, der sich durch die französische Haltung in der Saarfrage und hinsichtlich eines deutschen Beitritts zur NATO tief entmutigt zeigte. Aufgrund der Nachrichten, die ihm über die französischen Versuche, von den USA und Großbritannien Garantien gegen einen Austritt der Bundesrepublik aus der EVG zu erlangen, vorlagen, fürchtete er, Deutschland und Frankreich würden in die politische Situation der Jahre nach 1928 zurückfallen und in Frankreich mache sich ein zunehmender Widerstand gegen die Aufnahme der Bundesrepublik als einem gleichwertigen Partner breit. Seiner Meinung nach hatte Schuman nicht mehr jene Kräfte im Quai d'Orsay und im Parlament unter Kontrolle, welche immer noch nach der Möglichkeit einer Verständigung mit der Sowjetunion suchten. Eine Lösung der Frage der Beziehungen der Bundesrepublik zur NATO hielt der Bundeskanzler, nach einem Bericht McCloys, auf dem Londoner Außenministertreffen für möglich, „provided some device short of full membership could be found which would give Germany voice in decisions involving use of GDR [sic!] contingents in EDF and would not bar Germany permanently from NATO membership"[362].

17. Das Außenministertreffen in London vom 13. bis 19. Februar 1952 und der vorläufige Verzicht der Bundesrepublik auf die NATO-Mitgliedschaft

Das Treffen der drei westlichen Außenminister in London[363], zu dem gegen Ende auch Bundeskanzler Adenauer eingeladen wurde, stand ganz unter dem Eindruck der parlamentarischen Auseinandersetzungen über die EVG in der Bundesrepublik und in Frankreich. Bundeskanzler Adenauer versicherte jedoch, er habe bezüglich der Bundestagsresolution ein ausreichendes Maß an Unbestimmtheit und genügend „escape clauses" erreicht, so daß er in echte Verhandlungen eintreten könne.

Auch Außenminister Schuman beruhigte seine Kollegen mit der Feststellung, die zu erwartende Resolution aus der zu diesem Zeitpunkt noch anhaltenden Debatte in der französischen Nationalversammlung werde lediglich die Form von Empfehlungen ohne bindenden Charakter für die französische Regierung haben, er fügte aber hinzu, sie gäben den Meinungszustand in der französischen Assemblée Nationale wieder, und je mehr die Außenminister sich mit ihren Be-

361 Acheson an US-Botschaft London am 11. 2. 1952, FRUS 1952–1954, V, Teil 1, S. 30f. NA, RG 59, Executive Secretariat, Daily Secret Summary, February 12, 1952.

362 NA, RG 59, 762 A. 00/2-1152, McCloy an Secretary of State am 12. Februar 1952.

363 Bisher ausführlichste Dokumentation in FRUS 1952–1954, V, Teil 1, S. 36ff. Siehe auch Acheson, Present at the creation, S. 64 und Eden, The Memoirs, S. 45. Zum Stand der Verhandlungen über den Generalvertrag zum Zeitpunkt des Außenministertreffens in London siehe den Bericht der alliierten Hochkommissare vom 12. 2. 1952, an ihre Außenminister, HICOM/P (52) 10 Final, State of Contractual Relations with the Federal Republic, FRUS 1952–1954, V, Teil 1, S. 87ff. Die Ergebnisse der Konferenz werden im folgenden, soweit nicht anders belegt, nach dem ausführlichen Bericht Achesons an Truman vom 21. 2. 1952 wiedergegeben, ebd., S. 80ff.

schlüssen diesem Meinungsbild annäherten, um so sicherer sei die französische Zustimmung zu den Verträgen. Um größeren Schwierigkeiten aus dem Wege zu gehen, vermieden es die Außenminister, so heikle Themen wie die Saarfrage und die Frage des Beitritts der Bundesrepublik zur NATO zu Ende zu diskutieren. Acheson wollte, daß diese Probleme erst nach Unterzeichnung der Verträge in Angriff genommen würden. Er erreichte die Zustimmung Schumans und Adenauers dafür, daß die Frage der Mitgliedschaft der Bundesrepublik in der NATO vorerst offenblieb, d.h. weder positiv noch negativ präjudiziert wurde. Adenauer verband jedoch seine Zustimmung mit der Erklärung, daß die vom NATO-Stellvertreterrat vorgeschlagene Regelung des Verhältnisses zwischen NATO und EVG[364] den Wunsch der Bundesrepublik nach Mitgliedschaft in der NATO nicht absorbiere; er interpretiere diese Regelung dahingehend, daß die Bundesrepublik konsultiert werde, falls Beschlüsse des NATO-Rats die EVG betreffen sollten[365].

Der Vorschlag des NATO-Stellvertreterrats sah in der am 22. Februar 1952 auf der Lissaboner NATO-Ratstagung angenommenen Fassung vor, daß gemeinsame NATO-Rats- und EVG-Ministerratssitzungen stattfinden sollten, wenn dies der NATO-Rat oder der EVG-Ministerrat wünschten oder wenn eines der NATO- oder EVG-Mitglieder glaubte, die territoriale Integrität, politische Unabhängigkeit oder Sicherheit irgendeines Mitgliedstaates oder der Fortbestand der NATO oder der EVG seien in Gefahr (siehe ausführlicher unten Kapitel I. 18).

Acheson meinte, durch diese Regelung zwei Fliegen mit einer Klappe geschlagen zu haben. Einerseits kam sie seiner Meinung nach dem Bedürfnis der Bundesrepublik nach Gleichberechtigung entgegen, indem sie Vertretern der Bundesrepublik unter bestimmten Voraussetzungen Zugang zu NATO-Ratssitzungen verschaffte, andererseits linderte diese Regelung in seinen Augen gleichzeitig die französische Furcht vor einem Austritt der Bundesrepublik aus der EVG, indem sie für diesen Fall gemeinsame Beratungen vorschrieb.

Innerhalb der deutschen Delegation war man mit dieser Regelung unzufrieden, da sie für die Bundesrepublik die Möglichkeit, eine gemeinsame Sitzung festzusetzen, nur unter Voraussetzungen zuließ, die denen des Artikel 4 des NATO-Vertrages (Konsultation im Falle ernster äußerer Gefahr) nachgebildet waren. In allen übrigen Fragen, die wesentliche deutsche Belange berührten, vor allem auf institutionellem, militärischem, finanziellem und wirtschaftlichem Gebiet, würde die Bundesrepublik nach Auffassung der deutschen Experten unter dieser Regelung eine gemeinsame Sitzung nicht durchsetzen können. Gegenüber der auf französischer Seite bemerkbaren Tendenz, die Notwendigkeit gemeinsamer EVG- und NATO-Sitzungen auf bestimmte, eng umgrenzte Probleme zu beschränken und im übrigen nur Konsultationen zuzulassen, hatte man von deutscher Seite Wert darauf gelegt, daß die gemeinsamen Sitzungen stattfänden, wann immer Fragen zu erörtern waren, die nach Ansicht eines der Mitglieder der EVG Rückwirkungen auf die EVG haben könnten. Hierzu hatte die deutsche Delegation für das Außenministertreffen in London eine umfangreiche Liste all jener Fragen erstellt, zu deren Behandlung im Atlantikrat gemeinsame Sitzungen mit dem Ministerrat der EVG vorzusehen waren. Eine zweite Liste enthielt Mindestforderungen, die alle Fragen, für deren Behandlung im Atlantikrat nach deutscher Ansicht unbedingt gemeinsame Sitzungen mit dem Ministerrat der EVG vorzusehen wären, aufzählte:

1. Allgemeine Fragen
   a. Regelung der Beziehungen NATO – EVG

[364] D-D (52) 35 Final, Relations between EDC and NATO, Lisbon, February 20, 1952, FRUS 1952–1954, V, Teil 1, S. 247 ff.

[365] Ebd., S. 40 ff. u. 74 ff.

b. Frage, ob ein Fall der Bedrohung oder Aggression vorliegt, ob er noch besteht und welche Maßnahmen dagegen zu ergreifen sind
c. Beitritt neuer Staaten zur NATO, einschließlich der Ausdehnung des NATO-Garantieversprechens auf neue Gebiete
d. Beratungen über Änderungen des NATO-Vertrages
e. Rechte und Pflichten der einzelnen Mitgliedstaaten der EVG im NATO-Rahmen sowie der von der NATO garantierten Streitkräfte

2. Institutionelle Fragen
a. Änderungen der NATO-Organisation, insbesondere der Organe des Nordatlantikpaktsystems, soweit davon Interessen der EVG berührt werden
b. Beratungen in bezug auf Beschlüsse, die von den durch den Nordatlantikpakt eingesetzten Organisationen im Hinblick auf die Anwendung des EVG-Vertrages gefaßt werden
c. Beschlüsse oder Empfehlungen des Rates, die Einwirkungen auf die Arbeit der durch den NATO-Pakt eingesetzten Organe haben, in Fragen, die die EVG berühren

3. Militärische Fragen
a. Aufstellung der Pläne für die Streitkräfte
b. Empfehlungen für die territoriale Dislozierung der Streitkräfte im Frieden
c. Operationspläne, insbesondere Festlegung der grundlegenden strategischen Konzeption
d. Bestimmung der für die Leitung der inneren Verteidigung in den einzelnen Mitgliedstaaten der EVG und für den Einsatz der europäischen Küstenstreitkräfte in den Mitgliedstaaten der EVG jeweils zuständigen Behörden

4. Finanzielle Fragen
a. Aufstellung eines Finanzprogramms, einschließlich der Prüfung der Fragen der gegenseitigen Finanzhilfe, beides im NATO-Rahmen
b. Verfahren zur Ermittlung der Beiträge der Mitgliedstaaten im NATO-Rahmen
c. NATO-Stellungnahme zu den Haushaltsplänen der Teilnehmerstaaten der EVG

5. Wirtschaftliche Fragen
a. Wirtschaftliche und rationelle Verwendung der Hilfsquellen der NATO-Mitglieder, einschließlich der Programmgestaltung der EVG
b. Aufstellung der Programme zur Bewaffnung, Ausrüstung und Versorgung im NATO-Rahmen, einschließlich der Frage der gegenseitigen Materialhilfe im NATO-Rahmen
c. Forschungsprogramme und Erzeugung von Prototypen
d. Fälle, in denen durch Maßnahmen von NATO-Organen Störungen (eventuell auf solche von tiefgreifender und anhaltender Art zu beschränken) im Wirtschaftsleben eines Mitgliedstaates der EVG hervorgerufen worden sind[366].

Achesons Versuch, das Saarproblem bis nach der Unterzeichnung der Verträge zu vertagen, war weniger erfolgreich, allein schon deshalb, weil Schuman und Adenauer in London zu wenig Zeit blieb, um sich darüber zu verständigen.

Die heikle Frage der Behandlung der von alliierten Gerichten wegen Kriegsverbrechen in der Bundesrepublik inhaftierten Deutschen wurde dahingehend entschieden, daß diese Personen in deutschen Gewahrsam überführt werden sollten. Für Verwaltungs- und Begnadigungsfragen sollte ein paritätisch besetzter westalliierter/deutscher Ausschuß eingerichtet werden.

[366] Vermerk betr. Verhältnis Nordatlantikpakt-Organisation–Europäische Verteidigungsgemeinschaft, London, 17. 2. 1952 und Aufzeichnung betr. Verhältnis EVG-NATO; gemeinsame Sitzungen des Ministerrates der EVG mit dem Atlantikrat, o. D., Kopie MGFA.

Mehr Schwierigkeiten bereitete das Problem der Rüstungsbeschränkungen für die deutsche Industrie, da die Meinungen hierüber nicht nur zwischen den Westalliierten und der Bundesrepublik, sondern auch unter den Westalliierten selbst auseinandergingen. Über die Form, unter der sich die Bundesrepublik diesen Restriktionen unterwerfen sollte, war man sich einig: in dem EVG-Vertrag sollte eine Bestimmung eingefügt werden, daß in strategisch exponierten Gebieten („strategically ‚forward' areas") bestimmte Artikel nur nach einstimmigem EVG-Beschluß produziert werden durften. Gleichzeitig sollte der Bundeskanzler in einer Note an die drei westlichen Besatzungsmächte feststellen, daß sich die Bundesrepublik angesichts der internationalen Spannungen und ihrer exponierten Lage nicht diskriminiert fühlen würde, falls die Herstellung bestimmter Artikel in der Bundesrepublik durch die EVG nicht vorgesehen würde. Bezüglich der Verbotsliste für die deutsche Rüstungsindustrie herrschte Einigkeit darüber, daß sie atomare, biologische und chemische Waffen, Langstrecken- und ferngelenkte Flugkörper, Schiffe (mit Ausnahme kleinerer defensiver Einheiten) und Militärflugzeuge enthalten sollte. Meinungsunterschiede herrschten in der Frage der Herstellung ziviler Flugzeuge, von Kanonen über einem Kaliber von 105 mm und von Explosivstoffen. Bezüglich der Herstellung ziviler Flugzeuge waren die Amerikaner gegen ein Verbot, da sie sich vorerst außerstande sahen, die Bundesrepublik ausreichend mit Zivilflugzeugen aus der eigenen Produktion zu beliefern. Die Briten waren hingegen für ein Verbot, nicht zuletzt deshalb, weil sie die Bundesrepublik im Interesse ihrer eigenen Luftfahrtindustrie mit Zivilflugzeugen versorgen wollten. In diesem Punkt deutete der Bundeskanzler lediglich seine Bereitschaft zu einer Erklärung an, wonach es weder die Absicht der Bundesrepublik sei noch in ihrem Vermögen liege, Zivilflugzeuge zu produzieren, da bei dem akzeptierten Verbot der Herstellung militärischer Luftfahrzeuge eine rein zivile deutsche Flugzeugindustrie zu sehr von öffentlichen Subventionen abhängig sein würde. Während Acheson und Eden diesem Vorschlag des Bundeskanzlers zustimmen wollten, bestand Schuman darauf, daß das Verbot der Herstellung von Zivilflugzeugen in den Bestimmungen verblieb, die in den EVG-Vertrag eingefügt werden sollten. Als sich Schuman auch in der Frage der Herstellung großkalibriger Kanonen und der Produktion von Explosivstoffen der etwas nachgiebigeren Haltung seiner britischen und amerikanischen Kollegen widersetzte, fürchteten diese, das mit dieser restriktiven Haltung der Bundesrepublik gegenüber zum Ausdruck gebrachte Mißtrauen könnte „the whole fabric of continental organization" ins Wanken bringen. Da es der NATO gerade an der Versorgung mit diesen Gütern mangelte, wollten die Amerikaner auf eine entsprechende deutsche Produktion zurückgreifen können, um nicht allein diese Lücke schließen zu müssen. Da Schuman offenbar unter strikten Instruktionen verhandelte, wurde diese Frage nicht zu Ende diskutiert, Eden und Acheson hofften jedoch, daß es Schuman bis zur NATO-Ratstagung in Lissabon gelingen werde, eine konziliantere Haltung seiner Regierung in dieser Frage zu erwirken[367].

Unmittelbar vor Beginn der Verhandlungen in London traf ein Bericht des Temporary Council Committee ein, in welchem ein Gesamtverteidigungsbeitrag der Bundesrepublik in Höhe von 11,25 Milliarden Mark als angemessen bezeichnet wurde. Der Bundeskanzler wollte diesen Betrag nicht akzeptieren, ohne vorher das Bundeskabinett gehört zu haben, deutete aber im Ge-

[367] NA, RG 59, Box 3856, 762 A. 00/2-1952 SF, Minutes Quadripartite Meeting U. S., U. K., France and German Federal Republic, British Foreign Office 11:15 A. M., February 19, 1952. FRUS 1952–1954, V, Teil 1, S. 75 u. 104. PRO, CAB 128/24, C. C. (52) 17th Conclusions, 14th February, 1952, Minute 5.

gensatz zu einer pessimistischeren Prognose McCloys an, dieser Verhandlungspunkt könne spätestens bis zum Beginn der NATO-Ratssitzung in Lissabon erledigt werden[368].

Mehr als die Hälfte der vom Temporary Council Committee für die Bundesrepublik empfohlenen finanziellen Verteidigungslasten, nämlich 6,8 Milliarden Mark, sollte die Bundesrepublik nach einer Übereinkunft der drei Westalliierten für die ersten zwölf Monate nach Inkrafttreten der Verträge für die Stationierung der alliierten Truppen im Bundesgebiet aufbringen. Später sollte dieser Betrag nach Maßgabe der Ausgaben der Bundesrepublik für die eigenen Streitkräfte reduziert werden. Diesen Beitrag sollte die Bundesrepublik unmittelbar an die EVG entrichten, mit der Maßgabe allerdings, daß die Stationierungskosten für die britischen und amerikanischen Streitkräfte in der Bundesrepublik automatisch an diese Länder abgeführt würden. Nach Acheson war dies „purely a matter of procedure but will allow the Germans politically to fuzz up the issue of continued ‚occupation cost' which would otherwise cause Adenauer considerable domestic difficulty". Im übrigen kamen die Westmächte überein, daß die Bundesrepublik in Zukunft, was die Festlegung ihrer Gesamtverteidigungslasten anging, die gleiche Behandlung erfahren sollte wie die übrigen NATO-Länder, welche Form hierfür auch immer innerhalb der NATO in Nachfolge des Temporary Council Committee gefunden werde. Die Westalliierten waren sich im klaren darüber, daß die Bundesrepublik, nachdem sie künftig eigene Streitkräfte unterhalten mußte, für die Stationierung der alliierten Truppen in der Bundesrepublik kaum mehr Geld zur Verfügung haben würde. Immerhin kam man überein, daß der verbleibende Betrag je nach der Stärke der alliierten Truppen unter den Alliierten aufgeteilt werden würde. In dieser Frage waren die Briten aufgrund ihrer schlechten wirtschaftlichen Verhältnisse, vor allem wegen ihres Zahlungsbilanzdefizits, besonders alarmiert. In einem Memorandum vom 13. Februar 1952 machte Eden klar, daß die Briten keinerlei neue finanzielle Verpflichtungen für diesen Fall eingehen könnten. Zusätzlichen finanziellen Belastungen für Großbritannien wollte Eden entweder durch eine Umgruppierung der Streikräfte, durch ein Ersuchen um zusätzliche US-Hilfe, eine Kürzung der lokalen Kosten der in Deutschland stationierten britischen Streitkräfte bis unter das damals für die militärische Effizienz notwendig erachtete Maß oder durch eine Kombination dieser Maßnahmen begegnen. In diesem Zusammenhang wies Eden seine Kabinettskollegen jedoch auch darauf hin, daß die Aufrüstung der Bundesrepublik, neben dem Nachteil eines zu erwartenden geringeren Beitrages für die Stationierung der britischen Streitkräfte in der Bundesrepublik, auch Vorteile für die britische Wirtschaft mit sich bringen würde: Abgesehen von den Rüstungsbeschränkungen, die man der Bundesrepublik auferlegen wollte, war Eden dafür, daß bald eine deutsche Rüstungsindustrie in Gang kam, um die deutsche Konkurrenz bei der Verteilung der amerikanischen Mittel aus dem Mutual Security Program zu mindern und um die deutschen Exportvorteile abzubauen, die er als eine der Ursachen für die britischen Außenhandelsschwierigkeiten bezeichnete[369].

Nachdem Außenminister Schuman seine Kollegen am 15. Februar mit dem Resolutionsentwurf der Assemblée Nationale konfrontiert hatte, in dem eine britisch-amerikanische Garantie gegen das Ausbrechen eines der EVG-Mitglieder aus der EVG gefordert wurde, mußte auch diese Frage während der Londoner Verhandlungen erörtert werden. Schon am Tage zuvor hatte

[368] Siehe dazu die Aufzeichnung Laukhuffs über die Verhandlungen am 18. 2. 1952, FRUS 1952–1954, V, Teil 1, S. 62 ff.

[369] PRO, CAB 129/49, C. (52) 36, 13th February, 1952, German Financial Contribution to Defence. Memorandum by the Secretary of State for Foreign Affairs. CAB 128/24, C. C. (52) 16th Conclusions, 12th February, 1952, Minute 4 und C. C. (52) 17th Conclusions, 14th February, 1952, Minute 5.

Churchill, der die damalige politische Lage als größte Krise in Europa seit Kriegsende bezeichnete, sich gegenüber Acheson für eine solche Garantie ausgesprochen, obwohl er für diese Krise hauptsächlich die Franzosen verantwortlich machte[370]. Am gleichen Tage hatte Eden die prinzipielle Zustimmung des Kabinetts für eine solche Garantie („possibly in the form of a declaration rather than a formal agreement") eingeholt[371]. Zu einer so weitgehenden Garantie war Acheson jedoch nicht bereit. Er verwies auf die entsprechenden Resolutionen des US-Kongresses, in denen dieser sich für die Integration Europas und für eine Stationierung amerikanischer Truppen in Europa, so lange dies aus Gründen der Sicherheit des Westens erforderlich sei, ausgesprochen hatte. Acheson und Eden hielten es für äußerst unklug, das Interesse an der europäischen Integration und die Truppenstationierung in Europa in irgendeinen Zusammenhang zu bringen. Jede Garantie müsse so allgemein gehalten werden, daß Adenauer sie als nicht ausschließlich gegen die Bundesrepublik gekehrt akzeptieren könne; darüber hinaus müsse sie dem Umstand Rechnung tragen, „that the problem was not merely a German problem, but might result equally from communist developments in Italy or de Gaullist developments in France". Trotz der Klarstellung Achesons, „that our troops are not in Europe to police the obligations of friends but to prevent aggression from without", hielt Eden eine Erkläung „along the guarantee lines" noch vor Beginn der NATO-Ratstagung in Lissabon für angezeigt. Acheson äußerte dagegen schwere Bedenken und riet Präsident Truman, er solle eine solche Erklärung frühestens bei Unterzeichnung des EVG-Vertrages oder anläßlich der Vorlage des Generalvertrages im Kongreß abgeben und auch dies erst dann, nachdem er Gelegenheit gehabt habe, den Kongreß davon zu überzeugen, daß der Inhalt seiner Erklärung sich im Rahmen dessen bewege, worüber mit dem Kongreß bereits Einvernehmen herrsche. Am Ende der Gespräche in London war Acheson nur zu einer Erklärung bereit, die jeden Bezug auf die von den Franzosen gewünschte Garantie vermied und lediglich den grundsätzlichen Charakter der EVG „as fundamental to the contractual agreements and our future relations with NATO" unterstrich. Dagegen wollte Acheson einer separaten britischen Erklärung, die den französischen Wünschen nach einer Garantie näher kam, nicht im Wege stehen[372].

Am Ende der Verhandlungen in London einigten sich die drei westlichen Außenminister auf drei Textentwürfe, die in unterschiedlichen Formulierungen den französischen Wunsch nach einer Garantie gegen den Austritt eines Mitglieds aus der EVG tangierten, allesamt aber zum Ausdruck brachten, wie sehr die NATO das eigentliche Instrument der Kontrolle war[373]. In dem Entwurf für das am 19. Februar herausgegebene Kommuniqué hieß es: „In particular they studied means by which governments of US and of UK would mark their abiding interest in establishment and integrity of EDC and afford its institutions their cooperation and support. The governments of UK and USA recalled their decision to maintain armed forces in Europe which as associated with EDF will contribute their fair share to joint defense of North Atlantic area." Im Text für eine Deklaration, die die Westmächte anläßlich der Unterzeichnung des Generalvertrages mit der Bundesrepublik abgeben wollten, deren endgültige Formulierung die Außenminister sich jedoch vorbehielten, waren die NATO-Repressalien gegen einen Staat, der eventuell die EVG verlassen wollte, deutlicher angesprochen, indem es dort hieß: „West defense is common enterprise in which US and UK governments are already partners through their membership in

370 FRUS 1952–1954, V, Teil 1, S. 39.
371 PRO, CAB 128/24, C. C. (52) 17th Conclusions, 14th February, 1952, Minute 6.
372 Acheson an Truman am 16. 2. 1952, FRUS 1952–1954, V, Teil 1, S. 78 ff.
373 Alle 3 Texte ebd., S. 66.

NATO. They have each expressed their resolve to station such forces in Europe as may be necessary and appropriate to contribute their fair share to joint defense of North Atlantic area. Thus they have each abiding interest in effectiveness of treaty creating EDC and in strength and continuing integrity of community. Accordingly if any action threatens continuing integrity of community or of NATO with which it is linked or impairs ability of their members to fulfill their obligations to those bodies, two governments would consider it matter of gravest concern to them calling for consultation under Article IV of NAT in order to agree measures to meet situation thus created".

Der Text für die separate britische Erklärung war kürzer und im wesentlichen an den Text der beabsichtigten Dreimächteerklärung angelehnt[374]. Inzwischen hatte man im britischen Kabinett jedoch kalte Füße bekommen. Dort war man zwar der Meinung, daß es der britischen Regierung wohl anstünde, als erste mit einer Garantieerklärung herauszukommen, zumal der konservativen Partei die erste Initiative für eine Europaarmee zu verdanken sei, hielt es aber – wahrscheinlich unter dem Eindruck der amerikanischen Widerstände – für unklug, dies zu tun, solange nicht sichergestellt war, daß die Amerikaner mit einer entsprechenden Erklärung nachzogen[375]. Im übrigen wurde der britischen Regierung sehr bald von französischer Seite bedeutet, daß sie die britische Erklärung für unzureichend hielt.

18. Die Annahme der EVG als Rahmen für die westdeutsche Aufrüstung auf der NATO-Ratstagung in Lissabon vom 20. bis 25. Februar 1952

Auf ihrer neunten NATO-Ratssitzung, an der zum erstenmal Delegationen aus Griechenland und der Türkei teilnahmen, beschäftigten sich die Minister während fünf Plenarsitzungen unter anderem mit einem Bericht des NATO-Stellvertreterrates über die sowjetische Außenpolitik, mit dem Bericht des Temporary Council Committee, mit der Finanzierung des NATO-Infrastrukturprogramms, dem westdeutschen Verteidigungsbeitrag, der künftigen NATO-Organisation und mit einem Bericht des Committee on the North Atlantic Community. Parallel zu den Plenarsitzungen trafen sich die Außen-, Verteidigungs- und Finanzminister im kleineren Kreis, um unter anderem Einzelheiten des Generalvertrages und des EVG-Vertrages sowie der US-Hilfe an Frankreich zu behandeln.

Nach dem während der NATO-Ratstagung in Rom in Auftrag gegebenen Bericht des NATO-Stellvertreterrats über die sowjetische Außenpolitik vom 6. Februar 1952[376] war die sowjetische Außenpolitik unter Stalin „the offspring of a marriage between traditional Russian imperialism and Communist doctrine as developped by Marx, Engels, Lenin and Stalin". Sie sei revolutionär, expansionistisch und zutiefst feindselig gegenüber allen nichtkommunistischen Regierungen. In der weltweiten Auseinandersetzung mit dieser Außenpolitik, die die Form eines „inspired cru-

[374] Die endgültigen Texte des Dreimächte- und des Viermächteabschlußkommuniqués ebd., S. 105 f.

[375] PRO, CAB 128/24, C. C. (52) 18th Conclusions, 18th February, 1952, Minute 3.

[376] Der Bericht ist abgedruckt in FRUS 1952–1954, V, Teil 1, S. 280 ff.; er wurde am 21. 2. 152 im NATO-Rat diskutiert, ebd., S. 120 ff.

sade" angenommen habe, komme Westeuropa aus moralischen, politischen und ökonomischen Gründen besondere Bedeutung zu. Um ihren Einfluß in diesem Gebiet zu vermehren, versuche die Sowjetunion, Westeuropa von den USA zu trennen und eine erfolgreiche Durchführung der NATO-Verteidigungsprogramme zu unterbinden, die wirtschaftliche Erholung zu hemmen und auf lange Sicht sowjetische Regierungen in diesen Ländern zu errichten. Für eine solche sowjetische Kontrolle Europas komme Deutschland, aufgrund seines „formidable industrial and military potential" eine Schlüsselrolle zu. Die sowjetische Außenpolitik folge zwar einer vorgegebenen, durch die Unabhängigkeit von der öffentlichen Meinung begünstigten allgemeinen Revolutionsstrategie, sie sei jedoch auch äußerst flexibel, und die sowjetischen Führer würden nicht zögern, diese Strategie zu modifizieren, wenn es die Umstände erfordern sollten. Vor dem Hintergrund dieser Ambivalenz könne es durchaus sein, daß der Westen in seinem Bemühen, der sowjetischen Aggression zu widerstehen und Positionen der Stärke („positions of strength") aufzubauen, etwa mit der deutschen und japanischen Wiederbewaffnung, vitale sowjetische Interessen in einem Maße verletzte, daß die Sowjetführung militärische Gegenmaßnahmen sogar unter dem Risiko eines allgemeinen Krieges ergreifen könnte. Andererseits bestehe Grund zu der Annahme, daß der Westen, wenn er nur klug und standfest handelte, so stark werden könne, daß er die Sowjetunion von weiteren Übergriffen abhalte und gleichzeitig einen Krieg vermeide. Dieses kalkulierte Risiko müsse der Westen auf sich nehmen, da kein anderer Weg erkennbar sei, die Sowjetunion zu einem Nachlassen in ihrem aggressiven und expansionistischen Druck zu veranlassen.

Die Fortschritte, die die NATO als kollektives westliches Verteidigungssystem inzwischen gemacht hatte, fanden ihren Niederschlag in den Berichten und Empfehlungen, die vom NATO-Rat zur Kenntnis genommen bzw. gebilligt wurden.

Neben der Festsetzung von insgesamt 152 Millionen englischen Pfund für die Errichtung von 53 neuen Flugplätzen, 58 Fernmeldebetriebseinrichtungen und für 10 NATO-Hauptquartiere im Rahmen des weiteren Ausbaues der NATO-Infrastruktur (Third Slice Infrastructure Program) und der Verteilung dieser Kosten auf die Mitgliedstaaten[377] traf dies vor allem auf den Maßnahmenkatalog zu, den der NATO-Rat auf der Grundlage der Berichte des Temporary Council Committee vom 18. Dezember 1951 und vom 8. Februar 1952[378] am 23. Februar in Form einer Resolution verabschiedete[379].

Die umfangreiche Liste von Empfehlungen an die Mitgliederregierungen und Direktiven an die NATO-Instanzen diente hauptsächlich der Streitkräfteplanung für die Jahre 1952–1954, wobei die Zieldaten für 1952 als bindend, die für 1953 (erstmals mit Daten für die deutsche Aufrüstung) als provisorisch und die für 1954 als Planungsgrößen für erste einzuleitende Maßnahmen gelten sollten (siehe Tabelle).

Dem Hauptauftrag des Temporary Council Committee folgend, nämlich die militärischen Erfordernisse mit den jeweiligen nationalen politisch-ökonomischen Möglichkeiten in Einklang zu bringen, beließ es der NATO-Rat in seiner Resolution nicht bei der Festsetzung von Zieldaten. Er sprach konkrete wirtschafts- und finanzpolitische Empfehlungen aus, insbesondere für eine Koordination innerhalb der NATO, und wies die relevaten NATO-Gremien an, dem NATO-

[377] Siehe ebd., S. 116, Anm. 9 u. 196 ff.

[378] Siehe die amerikanische Zusammenfassung des Berichts vom 18. 12. 1951, ebd., S. 203 ff. und den Supplementbericht vom 8. 2. 1952, ebd., S. 211 ff. Über die Diskussion im NATO-Rat siehe ebd., S. 150 ff.

[379] NATO-Ratsbeschluß C 9-D/20 vom 23. 2. 1952, ebd., S. 220 ff.

NATO-Streitkräfteplanung nach dem Beschluß des NATO-Rats am 23. Februar 1952 in Lissabon

	1952 (Firm Commitments)		1953 (Provisional Goals)		1954 (Planning Goals)	
Army (divisions)	M-Day	M+30	M-Day	M+30	M-Day	M+30
France	5⅓	12⅓	5⅓	17⅓	7⅓	22⅓
Germany	–	–	6	6	8	12
Italy	6	11⅔	9	15⅓	9	16⅓
UK	4⅔	6⅔	4⅔	6⅔	4⅔	7⅔
US	5⅔	7⅔	5⅔	7⅔	6⅔	9⅔
Total (all countries)	25	53⅔	36⅔	72⅓	41⅔	89⅔
Navy (major combat vessels)	M-Day	M+180	M-Day	M+180	M-Day	M+180
France	28	62	29	60	40	104
Italy	8	12	9	13	16	21
UK	108	223	114	226	119	247
US	287	448	287	448	288	448
Total (all countries)	461	834	470	848	504	941
Air Force (aircraft, all types)	M-Day	M-Day	M-Day			
France	478	1218	2018			
Germany	–	579	1158			
Italy	300	579	852			
UK	1516	1960	2552			
US	695	1125	1515			
Total (all countries)	4067	7005	9965			

Quelle: Poole, History of the Joint Chiefs 4, S. 293.

Rat bis spätestens Herbst 1952 über die langfristigen ökonomischen Implikationen der Aufrüstung vorzutragen „and in this connection to examine the annual cost to individual NATO countries of currently approved NATO defence plans, projecting these costs into the future as far as these plans permit, and taking into account both the cost of achieving the forces goals and the costs of maintaining the forces contemplated".

Für diese zukünftigen Planungen ging der NATO-Rat von einem wesentlichen deutschen Verteidigungsbeitrag im Rahmen der Europäischen Verteidigungsgemeinschaft „as well as contributions by Germany in other ways" aus. Gleichzeitig verwies der NATO-Rat in seiner Resolution auf den Umstand, daß im Bericht des TCC und in anderen NATO-Studien den Auswirkungen bestimmter neuer Waffen und Technologien nicht detailliert Rechnung getragen worden sei, und empfahl, daß diese Auswirkungen gezielter für die Bestimmung der Risiken und des Streitkräftebedarfs sowie für die Organisation der NATO-Streitkräfte herangezogen wurden. Mit dieser Aufforderung begann sich die NATO wenigstens gedanklich auf die durch die expansive Nuklearwaffenproduktion seit Beginn des Korea-Krieges ausgelöste Entwicklung einzustellen, die in den USA seit Sommer 1951 mit dem VISTA-Projekt in vollem Gange war. VISTA untersuchte den möglichen Einsatz taktischer Atomwaffen unter besonderer Berücksichtigung der Verhältnisse in Westeuropa[380].

[380] Wells, The First Cold War Buildup, S. 192. Rosenberg, The Origins of Overkill, S. 131 ff.

Die in der NATO-Resolution umgesetzten Ergebnisse der TCC-Berichte tangierten die nationalen wirtschafts- und finanzpolitischen Kompetenzen in einem so hohen Maße, daß ohne eine organisatorische Reform der obersten NATO-Instanzen kaum mit einer erfolgreichen Durchsetzung der Aufrüstungsprogramme gerechnet werden konnte. Daher sprachen sich Harriman und Monnet, beide Mitglieder des sogenannten „Rats der Drei Weisen", unter anderem für die Einsetzung eines NATO-Generaldirektors aus, der in seiner gleichzeitigen Funktion als permanenter stellvertretender Ratsvorsitzender unmittelbaren Zugang zu den einzelnen Regierungen der NATO-Länder, zu den NATO-Instanzen und zu den hohen NATO-Kommandobehörden haben sollte[381].

Auch die Vorschläge des NATO-Stellvertreterrates für eine Reorganisation der NATO gingen hauptsächlich auf Empfehlungen des Temporary Council Committee zurück, denen zufolge die NATO dringend eines ständigen Verwaltungsstabes bedurfte, um den neuen, an den politisch-ökonomischen Möglichkeiten der einzelnen Mitgliedsländer orientierten Rüstungsvorhaben innerhalb des Bündnisses Geltung zu verschaffen. Die vom NATO-Rat am 25. Februar gebilligten Empfehlungen des NATO-Stellvertreterrates sahen im wesentlichen zwei organisatorische Maßnahmen vor: Unter Beibehaltung periodischer Ministertagungen sollte der NATO-Rat künftig als ein mit ständigen Vertretern besetztes Gremium permanent tagen. Die ständigen Vertreter sollten künftig all diejenigen Aufgaben wahrnehmen, die bislang von den Council Deputies, dem Defence Production Board, dem Financial and Economic Board sowie vom Temporary Council Committee wahrgenommen worden waren. Mit der Einrichtung eines zentralen internationalen Sekretariats unter einem NATO-Generalsekretär sollte die bislang auf verschiedene internationale Stäbe verteilte Verwaltungsarbeit der NATO gestrafft werden[382].

Während diese Maßnahmen hauptsächlich der Verbesserung der kollektiven Verteidigungsfähigkeit der NATO dienten, wiesen die Vorschläge des während der NATO-Ratstagung in Ottawa gegründeten Committee on the North Atlantic Community über die unmittelbaren militärischen Belange der NATO hinaus. In seinem vom NATO-Rat am 22. Februar gebilligten Bericht stellte dieser Ausschuß fest, daß nach Artikel II des NATO-Vertrages „the enduring nature of the North Atlantic Community must rest on something broader and deeper than military cooperation alone". Nicht nur zur Bewältigung der gegenwärtigen Probleme sei die NATO da, sondern auch zur Konsolidierung der Allianz in der Zukunft, wenn einmal die Bedrohung ihrer Sicherheit abnehmen sollte[383]. Die Vorschläge des Committee on the North Atlantic Community zur außenpolitischen Koordination und Konsultation innerhalb der Allianz, zum Transfer von Arbeitskräften, zur sozialen und kulturellen Zusammenarbeit sowie zur NATO-Informationspolitik blieben allesamt etwas vage. Besonders im Hinblick auf die zentrale Bedeutung der ökonomischen Zusammenarbeit innerhalb der Allianz, ohne deren befriedigende Lösung allen übrigen Formen der Kooperation der Erfolg versagt bleiben würde, schlug das Committee on the North Atlantic Community vor, daß künftig seine Aufgaben unmittelbar vom NATO-Rat wahrgenommen werden sollten, da dort die Interessen aller NATO-Mitglieder besser koordiniert werden könnten als im Committee on the North Atlantic Community, in dem die USA als wirtschaftlich stärkste NATO-Macht keine Vertretung unterhielten. Besonders die Briten waren an einem Ausbau der wirtschaftlichen Koordination innerhalb der NATO interessiert. Außen-

381 Siehe Acheson an Department of State am 20. 2. 1952, FRUS 1952–1954, V, Teil 1, S. 219 f.

382 C9-D/4(Revise)Reorganization of NATO, 29. 2. 1952, ebd., S. 198 ff.

383 C9-D/8 Report by the Committee on the North Atlantic Community to the Ninth Session of the North Atlantic Council, ebd., S. 180 ff.

minister Eden legte am 22. Februar dem NATO-Rat den Entwurf einer Deklaration vor, in der der Verbesserung der sozialen und wirtschaftlichen Lage innerhalb der Mitgliedstaaten der NATO dieselbe Bedeutung wie der Verteidigungsbereitschaft beigemessen wurde: „For this purpose we are resolved to work towards the freest possible intercourse of men, money and goods; towards maintaining full employment and a high standard of living[384]." Als in einem revidierten Entwurf für eine diesbezügliche NATO-Deklaration festgestellt wurde, „it has been agreed in Lisbon to remodel its structure so that it may become a permanent association, intimate but not exclusive, which will maintain in peace the unity of purpose and effort achieved in the face of present dangers, and express itself by continuous cooperation in every field of human activity"[385], fürchtete Acheson, der US-Kongreß könnte hieraus den Eindruck gewinnen, die US-Regierung sei ohne vorherige Konsultationen mit ihm weitergehende Verpflichtungen gegenüber Europa eingegangen[386].

Obwohl der Bericht des Committee on the North Atlantic Community kein „blueprint for NATO action" war, sondern lediglich Probleme aufzeigte, denen die Allianz in Zukunft ihre Aufmerksamkeit schenken sollte[387], und obwohl die britischen Wünsche nach verbindlichereren Formulierungen unberücksichtigt blieben, stellten die organisatorischen Beschlüsse der NATO-Ratstagung in Lissabon einen „Meilenstein in der Geschichte der NATO" (Lord Ismay) dar, der den Wandel von der Planungsphase zur operativen Phase des Bündnisses markierte.

Gemessen an diesem Fortschritt im Aufbau der NATO waren die von Schuman am 22. Februar dem NATO-Rat vorgelegten Ergebnisse der Verhandlungen über einen EVG-Vertrag eher bescheiden. Noch immer konnte kein fertiger Vertragsentwurf vorgelegt werden. Schuman versicherte jedoch, daß über die meisten Punkte unter den EVG-Mitgliedern Einigkeit herrsche und daß die noch zu diskutierenden Probleme das ganze Vertragssystem nicht mehr in Frage stellen könnten, ja, durch die bisher getroffenen Entscheidungen sei, so Schuman, die europäische Einigung „endgültig und unwiderruflich" geworden. Mit dieser positiven Prognose Schumans waren aber die Forderungen des französischen Parlaments nur schwer vereinbar, mit denen Schuman den NATO-Rat konfrontierte. Wie schon zuvor in London bezeichnete Schuman die Forderungen des französischen Parlaments als bloße Ratschläge an die französische Regierung, deren Bedeutung man jedoch nicht unterschätzen dürfe: 1. Das französische Parlament wünsche den Beitritt weiterer Länder zur EVG. Gemeint war offensichtlich vor allem Großbritannien. 2. Die interne Kohärenz der EVG, die vor allem mit den Bestimmungen über das gemeinsame Budget und über die gemeinsame Beschaffung gewährleistet sei, müsse durch äußere Garantien ergänzt werden, insbesondere durch die Stationierung von NATO-Streitkräften im Zentrum des EVG-Territoriums. 3. Kein Streitkräftebeitrag eines anderen EVG-Landes dürfe den französischen Anteil innerhalb der EVG zahlenmäßig übertreffen. 4. Nach dem Willen des französischen Parlaments dürfe die Bundesrepublik nicht Mitglied der NATO werden, um de-

[384] C9-C/18 Draft Declaration by the Members of the North Atlantic Council, 22. 2. 1952, ebd., S. 190f.

[385] Ebd., S. 194f., Anm. 3.

[386] Ebd., S. 155. In der endgültigen u. gebilligten Fassung der Deklaration (ebd., S. 193ff.) fehlte der von Acheson beanstandete Satz. Nach dem Bericht Edens an das Foreign Office vom 26. 2. 1952 (PRO, PREM 11/369) fürchtete Acheson, die weitergehenden britischen Formulierungen hinsichtlich des Ausbaus der NATO auf ökonomischem und sozialem Gebiet „would give the impression that N.A.T.O. was a talking shop and not a serious organization for defence against Russian aggression, and that it would be read as committing the United States to furnish and offer a broad field of activities and be thought it would add greatly to the difficulties of the administration with Congress."

[387] So rückblickend der erste NATO-Generalsekretär, Lord Ismay, NATO, S. 48.

ren defensiven Charakter nicht in Frage zu stellen. Den letzten Punkt kommentierte Schuman ausführlicher im Sinne seines Schreibens an Acheson und Eden vom 29. Januar und warb für die EVG mit dem Argument, diese besitze im Gegensatz zur NATO nicht die Mittel, um die verlorenen deutschen Ostgebiete wiederzuerobern. Schumans Argument, die EVG sei im Gegensatz zur NATO nicht stark genug, um eventuellen deutschen Gebietsforderungen den erforderlichen militärischen Nachdruck zu verleihen, und sei daher für die Sowjetunion nicht so provokativ wie eine um Westdeutschland erweiterte NATO[388], war freilich nur bei einer wenigstens relativen militärischen und politischen Eigenständigkeit der EVG, nicht jedoch bei dem angestrebten engen Konnex von NATO und EVG plausibel. Für Acheson waren EVG und NATO „completely interconnected. Neither complete without other". Auch für den kanadischen Außenminister Pearson waren EVG und NATO „one and indivisible"[389].

Zum Verhältnis zwischen EVG und NATO lag dem NATO-Rat der Bericht des NATO-Stellvertreterrats vor, dessen ältere Fassung schon Gegenstand der Verhandlungen während der Londoner Außenministerkonferenz gewesen war[390]. In seinem Bericht regelte der NATO-Stellvertreterrat die Beistandspflicht von EVG und NATO, die ja unterschiedliche Mitgliedschaften aufwiesen. Alle Mitglieder von EVG und NATO sollten derselben reziproken Beistandspflicht gemäß Artikel 5 des NATO-Vertrages unterliegen. Hierzu sollten die NATO-Mitglieder ein entsprechendes vertragsergänzendes Protokoll unterzeichnen, sobald der EVG-Vertrag unterzeichnet war[391].

Auch in organisatorischer Hinsicht wurde das Verhältnis zwischen EVG und NATO ganz von den Bedürfnissen der Nordatlantischen Allianz her definiert. Die strategische und politische Ausrichtung der EVG sollte ausschließlich durch die NATO-Instanzen erfolgen. Hierfür empfahl der NATO-Stellvertreterrat, solange im NATO-Rat nichts anderes beschlossen würde, folgende Prinzipien:

1. Die Schaffung der EVG werde für diejenigen EVG-Staaten, die gleichzeitig NATO-Mitglieder sind, keinerlei Auswirkungen auf deren Repräsentation in den NATO-Gremien haben.
2. Das zentrale Problem des Verhältnisses von EVG-Ministerrat und NATO-Rat wurde auf folgende komplizierte und im einzelnen sehr auslegungsfähgie Weise geregelt: „On questions affecting the common objectives of the two Organizations there would be reciprocal consultation between the North Atlantic Council and the Council of the European Defense Community and, whenever either Council decides that it is desirable, combined meetings of the two Councils. Whenever any of the parties to the North Atlantic Treaty or any of the parties to the Treaty establishing the European Defense Community considers that the territorial integrity, political independence or security of any of them or the continued existence or integrity of the North Atlantic Treaty Organization or the European Defense Community is

[388] Schuman stand mit dieser Meinung nicht allein. Siehe die in Anm. 323 zitierten Ausführungen Edens im Kabinett vom 11. 12. 1951. George Kennan vertrat Mitte September 1952 während eines Treffens der US-Missionschefs in London die Auffassung, falls man Deutschland in die NATO aufnehme, würden die USA keinen Botschafter mehr in Moskau benötigen. FRUS 1952–1954, VII, Teil 1, S. 362.

[389] Report of the Conference for the Organization of a European Defense Community to the North Atlantic Council, FRUS 1952–1954, V, Teil 1, S. 230 ff.; Aussprache über diesen Bericht ebd., S. 137 ff. Über den Stand der EVG-Verhandlungen nach dem Treffen der Außenminister der EVG-Länder am 26./27. 1. 1952 vgl. auch das „Background Paper" des US State Department für die NATO-Ratstagung in Lissabon: EDC and the German Contribution to European Defense, ebd., S. 597 ff.

[390] D-D(52)35 Final, Relations between EDC and NATO, February 20, 1952, ebd., S. 247 ff.

[391] Siehe den Protokoll-Entwurf in der Anlage A zur NATO-Ratsresolution C9-D/19, German Participation in Western Defence vom 22. 2. 1952, ebd., S. 254 f.

threatened, a combined meeting will be summoned at the request of that party in order to consider the measures necessary to meet the situation."

3. Die jeweiligen Zivilbehörden sollten im Interesse der Vermeidung von Doppelarbeit und personeller Doppelbesetzung in kontinuierlichem Kontakt miteinander stehen, um zwischen den Verwaltungsstäben eine straffe Koordination auf technischer Ebene zu gewährleisten.
4. Zum Verhältnis der militärischen Kommandobehörden von EVG und NATO wurde bestimmt, daß jeder NATO-Befehlshaber, sobald ihm EVG-Kontingente unterstellt wurden, EVG-Offiziere in seinem eigenen Stab und in die ihm unterstellten Stäbe aufnehmen sollte. Ebenso sollten die NATO-Befehlshaber eventuell erforderliche Verbindungen zwischen den ihnen unterstellten EVG-Streitkräften und anderen militärischen NATO-Einrichtungen sicherstellen.

Nach Auffassung des NATO-Stellvertreterrats hatten sowohl EVG wie auch NATO ein identisches Ziel, nämlich die Verteidigung des NATO-Gebiets. Daraus folgerte der NATO-Stellvertreterrat: „their mutual obligations and relationships should be based not on the concept of two separate bodies working independently towards the same objective, but rather on the concept of two closely related organizations, one working, so far as this objective is concerned, within the framework of, and reinforcing, the other[392]." Als diese Formel in das Abschlußkommuniqué der 9. NATO-Ratstagung aufgenommen werden sollte, widersetzte sich Schuman diesem Vorhaben, assistiert von de Gasperi, der die Bedeutung der EVG für den europäischen Zusammenschluß betonte. Dem Bedürfnis nach mehr europäischer Identität für die EVG im Verhältnis zur NATO versuchte Schuman sogar einen deutschlandpolitischen Akzent zu verleihen: Im Anschluß an seine Warnung vor einer Aufnahme der territorial nicht saturierten Bundesrepublik in die NATO empfahl er die EVG als eine Institution, in der selbst die deutschen Gebietsansprüche gut aufgehoben seien, indem er festellte, daß man im Vertrauen auf eine gesunde Entwicklung der EVG, mit gutem Willen und mit Sinn für die Realität am Ende vor dem Aufbruch zu einem neuen Europa stehen könne[393]. Für das Kommuniqué einigte man sich schließlich auf einen abschwächenden amerikanischen Formulierungsvorschlag zum Verhältnis von EVG und NATO, „which deleted negative phrase but retained balance of sentence"[394].

Indem der NATO-Rat am 22. Februar 1952 alle die EVG betreffenden Berichte billigte[395], erhob er die EVG zur offiziellen NATO-Politik, ein Ergebnis, das im Dezember 1950, als die Europaarmee lediglich ein mehrheitlich ungeliebter Bestandteil einer Kompromißformel war, niemand erwartet hatte.

Darüber hinaus gelang es Schuman, die von den Amerikanern und den Westdeutschen angestrebte Zwischenlösung des deutschen Verteidigungsbeitrages offiziell vom Programm abzusetzen. Schuman setzte eine entsprechende Änderung der NATO-Ratsresolution durch, um eindeutig klarzustellen, daß es nicht in der Absicht des NATO-Rats liege, deutsche Soldaten schon

[392] Ebd., S. 247 f.

[393] Ebd., S. 139.

[394] Ebd., S. 178; der endgültige Text lautete: „Therefore, the Council considered that the obligations and relationships between the communities should be based on the concept of two closely related organizations, one working, so far as this objective is concerned, within the framework of, and reinforcing the other". Siehe auch die Formulierung in der „Declaration of Aims" des NATO-Rats vom 25. 2., ebd., S. 195. Zur Diskussion siehe, ebd., S. 158 und PRO, PREM 11/369, United Kingdom Delegation to N.A.T.O. Lisbon to Foreign Office, 25th February, 1952.

[395] FRUS 1952–1954, V, Teil 1, S. 137, 139 u. 252 ff. Die NATO-Verteidigungsminister hatten am 21. 2. den von der EVG-Konferenz erzielten Ergebnissen militärische Effizienz attestiert, ebd. S. 119 u. 137.

vor der Ratifizierung der EVG zu rekrutieren[396]. Dessenungeachtet sondierte insgeheim Colonel Richardson im Auftrag Eisenhowers bei den Generalen Handy und Hays, inwieweit der deutsche Wehrbeitrag schon vor der Unterzeichnung und Ratifikation des EVG-Vertrages antizipiert werden könnte. Dabei ging es vor allem um die Ausbildung deutscher Freiwilliger in den Vereinigten Staaten und um die Schaffung von Organisationsstäben in Deutschland, „die weitgehend ‚zivil' getarnt werden müßten"[397].

Auch der Bericht Edens über die seit der NATO-Ratstagung in Rom und vor allem während des Londoner Außenministertreffens erzielten Ergebnisse hinsichtlich des Generalvertrages mit der Bundesrepublik fand die Zustimmung des NATO-Rats, obwohl wichtige Fragen wie die des deutschen Finanzbeitrages und der Sicherheitskontrollen noch offen waren[398]. Das letztere Problem konnte in einem Treffen der drei westlichen Außenminister dahingehend gelöst werden, daß Kanonen mit einem Kaliber über 105 mm von der Verbotsliste gestrichen wurden, ebenso Explosivstoffe, wobei allerdings die Franzosen eine Übereinkunft innerhalb des EVG-Vertrages anstreben wollten, die die Herstellung von Explosivstoffen als EVG-Monopol nur außerhalb strategisch exponierter Gebiete (also außerhalb der Bundesrepublik) zulassen sollte. Die Herstellung ziviler Flugzeuge in der Bundesrepublik wollte Schuman weiterhin auf der Verbotsliste belassen, glaubte dann aber doch, einen Kompromiß Achesons dem französischen Parlament empfehlen zu können, wonach der Bundeskanzler in einer Erklärung mitteilen sollte, daß die Bundesrepublik vorläufig keine Zivilflugzeuge herstellen würde. Sollte sich die Lage in Zukunft ändern, würde die Bundesrepublik in dieser Angelegenheit eine Übereinkunft mit den Regierungen der USA, Großbritanniens und Frankreichs anstreben[399].

Wesentlich schwieriger waren die Verhandlungen um den deutschen Finanzbeitrag. Am 24. Februar berichtete die Expertengruppe der alliierten Hochkommission den drei westlichen Außenministern in Lissabon über die Ergebnisse ihrer Verhandlungen mit der Bundesregierung. Einen entsprechenden deutschen Entwurf[400] wollten die Hochkommissare den Außenministern nicht zur Annahme empfehlen, obwohl sie eingestehen mußten, daß der deutsche Vorschlag das Optimum dessen war, was von den Deutschen erreicht werden konnte. Die Bundesregierung war grundsätzlich bereit, sich bei der Festsetzung ihres Finanzbeitrages an die Empfehlungen des Exekutivbüros des Temporary Council Committee („Drei Weise") zu halten, eine ausdrückliche Erwähnung der vom TCC veranschlagten Gesamthöhe des westdeutschen Beitrages von 11,25 Milliarden DM unterließ sie jedoch. Da das Temporary Council Committee keine von dem Gesamtbetrag abzugsfähigen westdeutschen Verteidigungsausgaben festlegte, schlug die Bundesregierung als provisorische Lösung vor, monatlich durchschnittlich 850 Millionen DM bis zum 30. Juni 1953, dem Ende des NATO-Haushaltsjahres 1952/1953, zu bezahlen, unter dem Vorbehalt jedoch, daß das westdeutsche Steueraufkommen sich tatsächlich entsprechend den TCC-Vorhersagen entwickelte. Dabei ging die Bundesregierung von der Annahme aus, daß EVG- und Generalvertrag so frühzeitig in Kraft treten würden, daß wahrscheinlich nicht mehr als acht monatliche Raten des Finanzbeitrages aus dem laufenden bundesdeutschen Haushalt, der am 31. März 1953 endete, bezahlt werden müßten. Dies bedeutete, daß EVG- und General-

396 Ebd., S. 139, endgültiger Text ebd., S. 254.

397 Aufzeichnung Speidels über ein Gespräch mit Colonel Richardson am 27. 2. 1952, BA-MA, BW 9/3256.

398 FRUS 1952–1954, V, Teil 1, S. 137, Anm. 5, S. 139.

399 Ebd., S. 165 ff. u. S. 170 f. PRO, PREM 11/369 CE(W)1107/57 und CE(W)1107/69, beide Berichte vom 26. 2. 1952.

400 Der Vorschlag der Bundesregierung wurde von McCloy zuletzt am 23. 2. dem State Department übermittelt; FRUS 1952–1954, V, Teil 1, S. 256 f. Zur Diskussion in Lissabon siehe ebd., S. 159–163, 171 f.

vertrag nach den deutschen Vorstellungen spätestens am 31. Juli 1952 in Kraft treten mußten. Zu den unmittelbar aus dem westdeutschen Budget zu bezahlenden Verteidigungslasten, die vom Gesamtfinanzbeitrag abzuziehen waren, wollte die Bundesregierung die Berlin-Hilfe gerechnet wissen. Die Westalliierten hatten für solche „NATO approved defense expenditures" der Bundesrepublik einen Betrag von 1 Milliarde DM zugestanden. Innerhalb der US-Delegation in Lissabon hielt man das deutsche Angebot im wesentlichen für akzeptabel, nicht jedoch die Formulierungen. Daher übersandte die US-Delegation überarbeitete Vorschläge nach Bonn, die die Briten akzeptierten, die Franzosen jedoch mit der Begründung ablehnten, sie würden nach wie vor keine ausdrückliche deutsche Anerkennung des vom Temporary Council Committee veranschlagten Gesamtbeitrages in Höhe von 11,2 Milliarden DM beinhalten. Sollte sich nämlich das Inkrafttreten des EVG- und Generalvertrages über den 1. Juni 1952 hinaus verzögern, fürchtete die französische Delegation, würde die deutsche finanzielle Belastung gegenüber der französischen wesentlich geringer sein. Die französische Delegation wünschte daher, daß die Deutschen einen absoluten Gesamtbeitrag in Höhe von 11,2 Milliarden DM für das NATO-Haushaltsjahr 1952/1953 akzeptierten, und zwar ohne Rücksicht auf den Zeitpunkt des Inkrafttretens der Verträge. Auf eine sehr eindringliche Botschaft Achesons hin, in welcher der amerikanische Außenminister von Adenauer „eine weitere staatsmännische Tat" erwartete, akzeptierte der Bundeskanzler die überarbeiteten Entwürfe, unter der Bedingung, daß ihnen zumindest in einer Fußnote eine Formulierung inseriert würde, die die Auffassung der Bundesregierung zum Ausdruck brächte, daß im Sinne des EVG-Vertrages die Stationierungskosten für die alliierten Streitkräfte in der Bundesrepublik als Teil des westdeutschen Beitrages zur EVG angesehen würden[401]. Daraufhin einigten sich die drei westlichen Außenminister auf ihrem letzten Treffen am 26. Februar auf eine in Bonn und Lissabon gleichzeitig zu veröffentlichende Viermächte-Presseverlautbarung, die unter anderem folgendes feststellte: „The Federal Government has declared that it will base its defense contribution in the NATO year 1952/53 on the figure recommended by the members of the Executive Bureau of the TCC. This means that, in addition to those expenditures for defense purposes in the regular public budget of the Federal Republic, there will be an average monthly defense contribution of 850 million deutschmarks following establishment of the European Defense Community. It is proposed that the amounts of future total German defense contributions will, of course, be established under the same principles as apply to all participating countries. In the meantime, the three powers will exercise their best effort to maintain at the lowest possible figure their occupation costs for the period prior to the coming into effect of the treaty establishing the European Defense Community[402]."

Außenminister Schuman sah sich allerdings außerstande, die vom Bundeskanzler geforderte Fußnote inhaltlich zu akzeptieren. In französischen Augen stellte das Ansinnen der Bundesregierung, die Stationierungskosten mit dem deutschen Beitrag zum EVG-Budget zu kumulieren, den Versuch dar, den deutschen Stimmenanteil im EVG-Ministerrat entsprechend der höheren Leistungen ins Budget zu verstärken. Die Franzosen legten daher Wert auf eine mündliche Dreimächte-Erklärung, wonach die Fußnote des Bundeskanzlers eine unilaterale deutsche Feststellung sei, die in keiner Weise die drei Westalliierten binde und die Verhandlungen über die EVG in Paris nicht präjudiziere. Acheson hielt diese Lesart zwar für korrekt, fürchtete jedoch, daß eine solche Erklärung die automatische Bezahlung der Stationierungskosten aus dem EVG-

[401] Ebd., S. 263. Botschaft Achesons an Adenauer ebd., S. 260. Redigierte Entwürfe der US-Delegation, ebd., S. 258, 260.

[402] Ebd., S. 262.

Budget gefährdete. McCloy schlug er vor, zusammen mit dem französischen Hochkommissar François-Poncet eine geeignete Erklärung auszuarbeiten und falls dies ohne Beeinträchtigung der Lissaboner Übereinkunft nicht möglich sei, lieber eine individuelle Erklärung durch den französischen Hochkommissar zuzulassen[403].

Amerikanische Befürchtungen, daß es angesichts französischer Ankündigungen einer drastischen Reduzierung ihrer Streitkräfteplanung politisch unmöglich sein würde, einen den französischen Beitrag zahlenmäßig übersteigenden westdeutschen Verteidigungsbeitrag von zwölf Divisionen aufzustellen[404], erhielten im Verlauf der bilateralen französisch-amerikanischen Gespräche in Lissabon neue Nahrung. Der französische Premier- und Finanzminister Edgar Faure teilte der US-Delegation am 25. Febraur mit, daß sich bei den für 1952 zu erwartenden französischen Verteidigungsausgaben von insgesamt 1400 Milliarden Franc nach Abzug der vom TCC veranschlagten französischen Summe von 1100 Milliarden und nach Inrechnungstellung einer US-Hilfe in Höhe von 175 Milliarden eine Deckungslücke von ca. 125 Milliarden ergebe. Dieser Betrag werde für das Auffangen von Preissteigerungen (ca. 50 Milliarden), für erhöhte Aufwendungen in Indochina (ca. 60 Milliarden) und für die französischen Leistungen zum NATO-Infrastrukturprogramm benötigt. Aus diesem Grunde müsse, so Faure, ein vernünftiger französischer Streitkräftebeitrag zur Verteidigung Westeuropas eher auf 10 als auf 12 Divisionen festgesetzt werden. US-Verteidigungsminister Lovett drängte die Franzosen jedoch, aus politischen Gründen an ihrer Streitkräfteplanung von 12 Divisionen festzuhalten, auch wenn dabei in Kauf genommen werden müsse, daß davon 2 Divisionen nur Kadercharakter besitzen würden. Andernfalls wäre es, so Lovett, sehr schwierig, gegenüber dem US-Kongreß einen Antrag auf finanzielle Unterstützung für Frankreich zu rechtfertigen. Eine Reduzierung des vom TCC Frankreich für seine europäischen Verteidigungslasten zugemuteten Betrages von 1100 Milliarden Franc war ebenfalls nicht opportun, zumal Jean Monnet daran erinnerte, daß dieser Betrag eine wichtige Vergleichsgröße bei der Festsetzung des deutschen Finanzbeitrages gewesen sei. Um so naheliegender war es, daß die Franzosen ihr Ersuchen um zusätzliche US-Hilfe hauptsächlich mit den Erfordernissen des Indochina-Krieges begründeten[405]. Schuman unterstrich in diesem Zusammenhang, „that the program of Indo-China dominated the situation. It had to be examined first by France but also by its Allies. A solution was necessary this year, if not we will be led into an impossible position. The program will impose upon us the gravest decision that is to be taken in the course of 1951.“ Die französische Delegation in Lissabon versuchte offensichtlich als Ausweg aus der inflationsträchtigen budgetären Krise, den französischen Kolonialkrieg in Indochina zu einer NATO-Angelegenheit zu machen. Über die mögliche Reichweite der französischen Beschlüsse bezüglich des Indochina-Engagements waren Ende Februar 1952 alarmierende Gerüchte im Umlauf. So wurde Bundeskanzler Adenauer von der deutschen EVG-Delegation in Paris mitgeteilt, aus zuverlässiger französischer Quelle sei zu erfahren[406], daß von offizieller französischer Seite Bestrebungen im Gange seien, über den Kaiser Bao Dai Verhandlungen mit Mao Tse-tung und Moskau anzuknüpfen mit dem Ziel, daß Moskau und Rotchina sich von der Intervention in Indochina distanzierten. Dafür wolle Frankreich zugestehen, eine Einbeziehung

[403] Ebd., S. 170 u. 171 f. PRO, PREM 11/369, CE(W) 1107/69, 26. 2. 1952.

[404] FRUS 1952–1954, V, Teil 1, S. 208, „The French Crisis“.

[405] Zu den französisch-amerikanischen Gesprächen siehe ebd., S. 141 ff., 146 ff. u. 272 ff. Faure, Mémoires I, S. 382 ff.

[406] Die deutsche Delegation stützte sich auf eine Information des spanischen Militärattachés in Paris, Marquis de Iunicio.

Deutschlands in die europäische Verteidigungsgemeinschaft nicht nur zu verzögern, sondern ganz zu verhindern[407].

Das Abschlußkommuniqué der NATO-Ratstagung in Lissabon[408] dokumentierte die beachtlichen Fortschritte in der Organisation des Bündnisses. Nach Eisenhower waren die Ergebnisse „all that I could have expected, even more“[409]. Eden und Acheson würdigten besonders die Ergebnisse bezüglich des westdeutschen Verteidigungsbeitrages. Ersterer bezeichnete das Erreichte als „far beyond our hopes“[410], und Acheson berichtete Präsident Truman sogar, „we have something pretty close to a grand slam“[411]. Angesichts der französischen Situation war jedoch die Realisierung der EVG als von der NATO nunmehr sanktionierte Plattform für die westdeutsche Aufrüstung mehr als unsicher geworden, während gleichzeitig die Realisierung der von der NATO festgelegten Aufrüstungsziele wegen der wachsenden ökonomischen Schwierigkeiten schon zum Zeitpunkt ihrer Festsetzung in Frage gestellt war[412]. Die Notwendigkeit westdeutscher Streitkräfte für die westliche Verteidigung wurde einerseits größer, während andererseits die Aussichten der vor allem von Frankreich geforderten Balance und Kontrolle des westdeutschen Beitrags durch ein ausreichendes Gegengewicht alliierter Truppen immer geringer wurden.

19. Die westliche Reaktion auf die sowjetische Notenoffensive für ein neutralisiertes Deutschland vom Frühjahr 1952

Am 10. März 1952 wurde den Vertretern der Westmächte in Moskau vom stellvertretenden sowjetischen Außenminister Andrej Gromyko eine Note überreicht, die den Vorschlag enthielt, „unverzüglich die Frage eines Friedensvertrages mit Deutschland zu erwägen, damit in nächster Zeit ein vereinbarter Friedensvertagsentwurf vorbereitet und einer entsprechenden internationalen Konferenz unter Beteiligung aller interessierten Staaten zur Prüfung vorgelegt wird“[413]. Dieser Friedensvertrag sollte „unter unmittelbarer Beteiligung Deutschlands, vertreten durch eine gesamtdeutsche Regierung, ausgearbeitet werden“. Für die Vorbereitung des Entwurfs dieses Friedensvertrages legte die sowjetische Regierung mit ihrer Note einen Entwurf für die Grundlagen eines Friedensvertrages mit Deutschland zur Prüfung vor. Danach sollte der Abschluß eines Friedensvertrages mit Deutschland für das deutsche Volk die Bedingungen eines dauerhaf-

407 Aufzeichnung General a. D. Speidel vom 20. 2. 1952, BA-MA, BW 9/3256.

408 FRUS 1952–1954, V, Teil 1, S. 177 ff.

409 Eisenhower Diaries, S. 215 f.

410 PRO, PREM 11/369, Bericht Edens und Aussprache im britischen Unterhaus am 28. 2. 1952.

411 FRUS 1952–1954, V, Teil 1, S. 176.

412 Shuckburgh notierte, die Öffentlichkeitswirkung des Erfolges der Lissaboner NATO-Ratstagung sei verdorben worden „by the insistence of the Americans on issuing an over-optimistic communiqué which spoke of the West having fifty divisions by next year – which is manifestly impossible“. Shuckburgh, Descent to Suez, S. 35. Vor allem die britische Delegation erreichten während der Lissaboner NATO-Ratstagung alarmierende Nachrichten über die britische Haushaltslage; siehe ebd., S. 36 ff.

413 Zit. nach Steininger, Chance zur Wiedervereinigung, S. 114. Zu der anhaltenden Diskussion um die sogenannte Stalin-Note siehe neben der Einleitung Steiningers zu seiner umfassenden Dokumentation auch: Die Legende von der verpaßten Gelegenheit. Doering-Manteuffel, Die Bundesrepublik Deutschland in der Ära Adenauer, S. 65 ff. Buchheim, Deutschlandpolitik, S. 56 ff.

ten Friedens herbeiführen, die Entwicklung Deutschlands als eines einheitlichen, unabhängigen, demokratischen und friedliebenden Staates in Übereinstimmung mit den Potsdamer Beschlüssen fördern und dem deutschen Volk die Möglichkeit einer friedlichen Zusammenarbeit mit anderen Völkern sichern. Als politische Leitsätze enthielt der sowjetische Friedensvertragsentwurf u.a. folgende Punkte:

1. Deutschland wird als einheitlicher Staat wiederhergestellt. Damit wird der Spaltung Deutschlands ein Ende gemacht, und das geeinte Deutschland gewinnt die Möglichkeit, sich als unabhängiger, demokratischer, friedliebender Staat zu entwickeln.
2. Sämtliche Streitkräfte der Besatzungsmächte müssen spätestens ein Jahr nach Inkrafttreten des Friedensvertrags aus Deutschland abgezogen werden. Gleichzeitig werden sämtliche ausländischen Militärstützpunkte auf dem Territorium Deutschlands liquidiert.
3. Dem deutschen Volke müssen die demokratischen Rechte gewährleistet sein, damit alle unter deutscher Rechtsprechung stehenden Personen ohne Unterschied der Rasse, des Geschlechts, der Sprache oder der Religion die Menschenrechte und die Grundfreiheiten genießen, einschließlich der Redefreiheit, der Pressefreiheit, des Rechts der freien Religionsausübung, der Freiheit der politischen Überzeugung und der Versammlungsfreiheit.
4. In Deutschland muß den demokratischen Parteien und Organisationen freie Betätigung gewährleistet sein; sie müssen das Recht haben, über ihre inneren Angelegenheiten frei zu entscheiden, Tagungen und Versammlungen abzuhalten, Presse- und Publikationsfreiheit zu genießen.
5. Auf dem Territorium Deutschlands dürfen Organisationen, die der Demokratie und der Erhaltung des Friedens feindlich sind, nicht bestehen.
6. Allen ehemaligen Angehörigen der deutschen Armee, einschließlich der Offiziere und Generale, allen ehemaligen Nazis, mit Ausnahme derer, die nach Gerichtsurteil eine Strafe für von ihnen begangene Verbrechen verbüßen, müssen die gleichen bürgerlichen und politischen Rechte wie allen anderen deutschen Bürgern gewährt werden zur Teilnahme am Aufbau eines friedliebenden, demokratischen Deutschland.
7. Deutschland verpflichtet sich, keinerlei Koalition oder Militärbündnisse einzugehen, die sich gegen irgendeinen Staat richten, der mit seinen Streitkräften am Krieg gegen Deutschland teilgenommen hat.

Als militärische Leitsätze nannte der sowjetische Vertragsentwurf:

1. Es wird Deutschland gestattet sein, eigene nationale Streitkräfte (Land-, Luft- und Seestreitkräfte) zu besitzen, die für die Verteidigung des Landes notwendig sind.
2. Deutschland wird die Erzeugung von Kriegsmaterial und -ausrüstung gestattet werden, deren Menge oder Typen nicht über die Grenzen dessen hinausgehen dürfen, was für die Streitkräfte erforderlich ist, die für Deutschland durch den Friedensvertrag festgesetzt sind.

Für die Westmächte kam die sowjetische Note nicht unerwartet. Sie waren jedoch von der Reichweite des darin enthaltenen Angebots überrascht. Am 3. März hatte McCloy gegenüber dem State Department die Auffassung vertreten, noch immer müsse man auf eine dramatische Ausnutzung der Wiedervereinigungsfrage durch den Kreml gefaßt sein[414]. In einem National Intelligence Estimate (NIE) über „Probable Soviet Courses of Action with Respect to Germany during 1952“ vom 19. Februar 1952 hatte man es für unwahrscheinlich gehalten, daß die Sowjet-

[414] Graml, Die Legende, S. 312. Frühere Warnungen McCloys, die dieser seit der Washingtoner Außenministerkonferenz und dem Friedensvertragsabschluß mit Japan äußerte, siehe FRUS 1951, III, Teil 2, S. 1522 ff. u. 1536 f.

regierung im Jahre 1952 ihre großen militärischen und ökonomischen Vorteile aus der Kontrolle über Ostdeutschland zugunsten der Einrichtung eines unabhängigen, unbewaffneten und wiedervereinigten Deutschlands in der Hoffnung auf eine erfolgreiche Subversion aufgeben würde. Möglicherweise würden die Sowjets jedoch Verhandlungen über freie Wahlen in Gesamtdeutschland anstrengen, um die westdeutsche Integration in den Westen zu verzögern, wobei es allerdings unwahrscheinlich sei, daß sie am Ende wirklich freie Wahlen zulassen würden[415].

Der Notenwechsel vom Frühjahr 1952 wird bis heute sowohl in der politischen Öffentlichkeit der Bundesrepublik wie auch in der historischen Fachwissenschaft kontrovers diskutiert. Über die Absichten, die die Sowjetführung mit ihren Noten verfolgte, werden trotz scharfsinniger historischer Analysen solange keine sicheren Aussagen möglich sein, solange die sowjetische Regierung Einblick in ihre Archive verweigert. Diejenigen, die in der sowjetischen Initiative kein bloßes Manöver zur Verhinderung der Wiederbewaffnung und Westintegration der Bundesrepublik, sondern ein ernsthaftes Angebot eines wiedervereinigten, neutralisierten Gesamtdeutschlands sehen wollen, berufen sich bisweilen auf ein Gespräch, das Stalin mit dem italienischen Linkssozialisten Pietro Nenni Ende Juli 1952 in Moskau geführt hatte. In diesem Gespräch soll Stalin bezüglich der ersten sowjetischen Note geäußert haben, die Sowjets seien bereit gewesen, Opfer zu bringen, um die Wiedervereinigung Deutschlands zu erreichen. Die unterschiedlichen Versionen, unter denen dieses Gespräch überliefert ist, werfen insgesamt jedoch so gravierende quellenkritische Probleme auf, daß sie nicht als eindeutige Belege für die tatsächlichen Intentionen der sowjetischen Deutschlandpolitik im Frühjahr 1952 herangezogen werden können[416].

Aufgrund der Vielzahl der inzwischen verfügbaren westlichen Dokumente, von denen ein Großteil durch die von Rolf Steininger besorgte Dokumentation seit 1985 und durch die Publikation der amerikanischen Akten in der Reihe der Foreign Relations of the United States (FRUS) seit 1986 sowie durch die 1988 erschienene Arbeit von Nikolaus Meyer-Landrut über die Haltung der französischen Regierung einer breiteren Öffentlichekit vorliegt[417], lassen sich folgende Feststellungen bezüglich der westlichen Reaktion auf die Sowjetnoten treffen:

Nach anfänglichem Zögern waren die Westmächte von der Ernsthaftigkeit des sowjetischen Angebots überzeugt. Sie waren jedoch nicht bereit, ein wiedervereinigtes, aber neutralisiertes Gesamtdeutschland zu akzeptieren, da diese Lösung zwei wesentlichen Interessen der Westmächte zuwiderlief. Sie bot keine ausreichende Gewähr gegen ein Abdriften Deutschlands in den Einflußbereich der Sowjetunion und sie stellte eine wirksame Verteidigung Westeuropas in Frage, für die ein zumindest westdeutscher Verteidigungsbeitrag als unverzichtbar angesehen wurde. Die Kongruenz der Interessen der Westmächte – die freilich noch einer differenzierenden, hier nicht zu leistenden Untersuchung bedürfen – mit denen des Bundeskanzlers trat schon in den ersten Besprechungen mit der Hochkommission über die Märznote zutage. Am 11. und 12. März waren sich Bundeskanzler und Hochkommission darin einig, daß die neue Deutschlandnote der Sowjetunion den Fortgang der Verhandlungen über die Westverträge nicht beeinflusse[418].

[415] NA, RG 59, Department of State, Executive Secretariat, Daily Secret Summary, February 27, 1952.

[416] Rupieper, Zu den sowjetischen Deutschlandnoten.

[417] Steininger, Chance zur Wiedervereinigung. Die amerikanischen Akten sind teilweise veröffentlicht in FRUS 1952–1954, VII, Teil 1, S. 169 ff. Meyer-Landrut, Frankreich und die deutsche Einheit.

[418] Siehe den Bericht Kirkpatricks an das Foreign Office vom 12. 3. 1952, abgedruckt bei Steininger, Chance zur Wiedervereinigung, S. 119 f. Adenauer, Erinnerungen 2, S. 70.

Um jedoch nicht als Gegner der deutschen Wiedervereinigung zu erscheinen und dadurch die auf unbedingten Westkurs ausgerichtete Politik des deutschen Bundeskanzlers zu gefährden, hielten es die Westmächte für angezeigt, gegenüber der sowjetischen Initiative keine ausschließlich ablehnende Haltung einzunehmen. Im Zuge der Vorbereitungen für die westliche Antwortnote auf die zweite Sowjetnote vom 9. April 1952, in der die Sowjets unter anderem zur Prüfung der Voraussetzung für freie Wahlen in Deutschland eine Kommission vorgeschlagen hatten, „die von den vier in Deutschland Besatzungsfunktionen ausübenden Mächte zu bilden wäre“[419], schlug das US State Department vor, daß man sich westintern auf folgende vier Grundsätze einigen sollte:

1. Die Westmächte sollten auf die europäische Einigungspolitik hinweisen, jedoch so, daß sie nicht als Diktat der drei Westmächte erschien, sondern eher als eine Politik der Bundesrepublik und anderer europäischer Länder, die die USA und Großbritannien unterstützten.

2. Die Westmächte sollten in ihrer Antwortnote keine Friedensvertragsregelungen mit Deutschland diskutieren mit Ausnahme jener, die zur Klarstellung der eigenen Position unbedingt erforderlich seien. Im Vordergrund solle die Untersuchung der Bedingungen und Voraussetzungen für die Verhandlungen über einen Friedensvertrag stehen.

3. Hinsichtlich der Diskussion um die deutsche Wiedervereinigung solle man die Frage der wesentlichen ersten Schritte in den Mittelpunkt stellen und soweit möglich die Sowjets darauf festlegen.

4. Da Gespräche irgendeiner Art mit den Sowjets wahrscheinlich notwendig seien, sei es wünschenswert, die Initiative zu ergreifen und solche Unterredungen vorzuschlagen, um die Deutschen davon zu überzeugen, daß man es ernst meine und keine Furcht davor habe sowie um Ebene, Inhalt und Zeitpunkt dieser Gespräche bestimmen zu können. Diese Gespräche sollten erst nach Unterzeichnung des EVG- und Generalvertrages, jedoch spätestens zu Beginn der Ratifizierungsperiode stattfinden.

Für die Verhandlungen mit den Briten und Franzosen erhielt die US-Botschaft in London am 30. April folgende Anweisung: „You should emphasize point which has also been stressed by Adenauer that Soviet attempt to disrupt our plans will not cease when agreements are signed but will probably be intensified during ratification period. Accordingly, it is in our interest to expose Soviet insincerity at earliest possible date and in any event before legislation debates are concluded. We believe meeting at level of HICOMERS, or their representatives, for restricted purposes is most useful procedure [...]. If Soviets are really prepared to open Eastern Zone, we should force their hand. We can *not* allow our plans to be thwarted merely by *speculation* that Soviets may be ready actually to pay a high price[420].“

Daß auch der amerikanische Vorschlag lediglich taktisch motiviert war, hatte Samuel Reber, Director Political Affairs US HICOG und stellvertretender US-Hochkommissar, dem britischen Hochkommissar Kirkpatrick erläutert: „He made it clear that whole United States proposal rested on assumption that signature would nevertheless take place by 20th May. Meeting with Russians in Berlin would follow and would fail all the quicker for being at a low level and having a strictly limited task. But his Government doubted whether ratification in either Germany or France would be possible unless some talks with the Russians took place. Mere exchanges of notes could not sufficiently expose Soviet insincerity[421].“

[419] Text der sowjetischen Note vom 9. 4. 1952 in Steininger, Chance zur Wiedervereinigung, S. 190 ff.
[420] Ebd., S. 233. Siehe auch ebd., S. 232, Anm. 1.
[421] Kirkpatrick an Foreign Office, 2. 5. 1952, ebd., S. 238.

Am 2. Mai wurde Adenauer durch McCloy über den Vorschlag des US State Department unterrichtet. Nach McCloys Bericht sah auch Adenauer in dem amerikanischen Vorschlag ein hilfreiches Mittel, die Öffentlichkeit in der Bundesrepublik von der Aufrichtigkeit des Wunsches der Westmächte nach Wiedervereinigung zu akzeptablen Bedingungen für das deutsche Volk zu überzeugen. Es sei jedoch wichtig, daß sich die Gespräche mit den Sowjets auf die Frage der Bedingungen für freie Wahlen und auf die Möglichkeit einer Untersuchung durch eine unabhängige internationale Kommission beschränkten. Um der Gefahr eines Wiederauflebens des Alliierten Kontrollrats vorzubeugen, war der Bundeskanzler dafür, daß die Hochkommissare bei diesen Verhandlungen nicht persönlich in Erscheinung träten. Dagegen äußerten Mitglieder der britischen und französischen Hochkommission gegenüber McCloy die Auffassung, daß es angesichts der augenblicklichen Situation in der Bundesrepublik und dem offensichtlichen deutschen Zögern, auf dem Weg der Westintegration fortzuschreiten, nicht schaden könne, wenn man den Deutschen durch die Wiederaufnahme der Viermächtegespräche in Berlin zu verstehen gebe, daß für den Fall, daß sie den Westverträgen nicht zustimmten, die Alternative einer Rückkehr zur Behandlung Deutschlands im Rahmen der Befugnisse des Alliierten Kontrollrats bestehe („return to ACC procedure")[422].

Am gleichen Tage wurde dem Bundeskanzler von General Eisenhower bedeutet, daß jede Verzögerung bei der Unterzeichnung der Westverträge neben den gefährlichen Folgen in Europa, wo eher die Gegner der Verträge als deren Befürworter von einer Verzögerung profitieren würden, eine „very bad reaction" in den USA zur Folge haben würde. Der General bezeichnete gegenüber dem Kanzler die Westverträge als Schritte zur ökonomischen und politischen Föderation Europas . Der europäische Zusammenschluß sei der einzig erkennbare Weg, auf dem Europa in den kommenden Jahren die erforderlichen Mindeststreitkräfte unter gleichzeitiger Wahrung des Lebensstandards aufstellen könne[423].

Tags darauf berichtete McCloy Eden, daß nach Auffassung des Bundeskanzlers die Zustimmung zu Vierergesprächen zum gegenwärtigen Zeitpunkt ein Fehler sei: „Wenn ein solches Treffen jetzt vorgeschlagen würde, dann bezweifelt der Kanzler, daß das Kabinett ihn zur Unterzeichnung der Verträge ermächtigt, bevor dieses Treffen nicht Klarheit gebracht hat, ob die Sowjets es mit ihrem Angebot freier Wahlen ernst meinen. Die Opposition bestünde seiner Meinung nach darauf, daß ein solches Treffen vor einer Vertragsunterzeichnung stattfindet, aber er befürchtet jetzt, daß sogar Mitglieder seiner Regierung die gleiche Haltung einnähmen. Er hält es auch für unklug, Viermächte-Gespräche auf das Thema freie Wahlen zu beschränken, da die Sowjets möglicherweise so viele Konzessionen machen, daß sehr lange Verhandlungen gerechtfertigt erscheinen, in deren Verlauf sich das öffentliche Interesse auf diese Zugeständnisse konzentriere und andere Punkte des sowjetischen Vorschlages, die abzulehnen seien, gar nicht mehr beachtet würden. Unter diesen Umständen wäre es dann unmöglich, die Verhandlungen zu einem definitiven Ende zu bringen[424]."

Am 16. April hatte das britische Kabinett der Beurteilung Edens zugestimmt, daß auch mit der sowjetischen Note vom 9. April lediglich die Verhinderung des Deutschland- und des EVG-

[422] McCloy an State Department, 2. 5. 1952, FRUS 1952–1954, VII, Teil 1, S. 223 ff.

[423] NA, RG 59, Department of State, Executive Secretariat, Daily Secret Summary, May 5, 1952. Siehe auch den Bericht des US-Botschafters in Paris, Dunn, vom 3. 5. 1952, FRUS 1952–1954, V, Teil 1, S. 649 ff.

[424] Zit. nach Steininger, Chance zur Wiedervereinigung, S. 63. Siehe auch FRUS 1952–1954, VII, Teil 1, S. 223, Anm. 3.

Vertrages bezweckt sein könne. Da aber das darin gemachte Angebot nach Edens Ansicht über all das hinausgehe, was die sowjetische Regierung bisher vorgelegt habe, hielt er es für unklug, das Angebot kurzerhand abzulehnen. Eden wollte daher einerseits den Abschluß der Westverträge beschleunigen, andererseits jedoch den Sowjets in einer Form antworten, die die Tür für weitere Diskussionen offen ließ[425]. Aus diesem Grunde hatte Eden den amerikanischen Vorschlag zuerst begrüßt. Als ihn jedoch Kirkpatrick am 2. Mai auf die Gefahr einer möglichen Verzögerung der Vertragsabschlüsse durch die Bundesregierung hiewies[426], unterbreitete Eden einen Gegenvorschlag, und zwar zu einem Zeitpunkt, bevor ihn die Nachricht über den Meinungswandel des Bundeskanzlers von der zuerst vorsichtig positiven Aufnahme zur definitiven Ablehnung des amerikanischen Plans erreicht hatte. Eden hielt in seinem Gegenvorschlag an der usprünglichen Forderung fest, wonach eine Untersuchung der Voraussetzungen für freie Wahlen in Deutschland durch eine Kommission der Vereinten Nationen erfolgen sollte. Er wollte als Alternative zur UN-Kommission jedoch auch eine andere unparteiische Kommission für diese Untersuchung zulassen, falls dies die Sowjetregierung wünschte. Vierergespräche sollten nach Auffassung Edens erst nach Vorliegen des Ergebnisses einer solchen Untersuchung stattfinden: „Immediately the report of either of the above bodies is available, representatives of the United Kingdom, United States, French and Soviet Governments would meet to consider it with a view to reaching agreement on the early holding of free elections throughout Germany[427].“ Dieser Vorschlag fand schließlich Eingang in die alliierte Antwortnote vom 13. Mai, zumal auch die Franzosen die britischen Besorgnisse teilten, die Deutschen könnten den amerikanischen Vorschlag zum Anlaß nehmen, mit der Unterschrift unter die Verträge zu warten, bis eine sowjetische Reaktion vorlag[428]. Vor diesem Hintergrund und im Hinblick auf das allgemeine westliche Desinteresse an einem wiedervereinigten, aber nicht mit dem Westen assoziierten Deutschland scheint es nicht sinnvoll, die Ablehnung des amerikanischen Vorschlages für Vierergespräche auf Hochkommissarebene durch Adenauer als eine „historische Entscheidung“ zu bezeichnen, „mit der Adenauer seine Politik schwer belastete“[429]. Im Rahmen seiner außenpolitischen Prioritäten hatte sich der Bundeskanzler nur konsequent verhalten. Für ihn war die Westintegration der Bundesrepublik ein Ziel an sich. Ohne Deutschland, zumindest ohne die Bundesrepublik, war sowohl nach Auffassung des Bundeskanzlers wie auch nach Auffassung der Westmächte eine Integration Westeuropas und dessen Verteidigung unmöglich. Bei einem Fehlschlag der Integration Europas stand es für den Bundeskanzler außer Frage, daß die politischen und insbesondere sicherheitspolitischen Voraussetzungen für ein weiteres Engagement der USA in Europa hinfällig würden. Gerade die bevorstehenden Präsidentschaftswahlen in den USA nahm der Bundeskanzler immer wieder zum Anlaß, auf diesen Umstand hinzuweisen. Am

[425] PRO, CAB 128/24, C. C. (52) 43rd Conclusions, 16th April, 1952, Minute 1.

[426] Steininger, Chance zur Wiedervereinigung, S. 237 f.

[427] Ebd., S. 239. Vgl. FRUS 1952–1954, VII, Teil 1, S. 225 f. Siehe auch den Bericht des amerikanischen Botschafters in London, Gifford, an das State Department über die Sitzung der alliierten Arbeitsgruppe für die Vorbereitung der westlichen Antwortnote am 3. Mai. FRUS 1952–1954, VII, Teil 1, S. 225 ff.

[428] Siehe die Aufzeichnung von W. Strang vom Foreign Office vom 2. 5. 1952 über eine Unterredung mit dem französischen Botschafter in London, Steininger, Chance zur Wiedervereinigung, S. 237. Die westliche Antwortnote vom 13. 5. ist abgedruckt ebd., S. 248 ff. und in FRUS 1952–1954, VII, Teil 1, S. 242 ff.

[429] So Steininger, Chance zur Wiedervereinigung, S. 63.

10. Mai 1952 beschwor er das Kabinett, die deutsche Frage nicht nur aus der nationalen Perspektive, sondern im Rahmen „der ganzen großen internationalen Spannungen, die zur Zeit herrschen" zu betrachten. Auch für die Sowjetunion sei die Frage Deutschland ein Punkt, der im Zusammenhang mit anderen, für die Sowjets entscheidenden, Problemen stehe: Wenn die Sowjetzone wirklich freie Wahlen bekommen würde, würde das auf die übrigen Satellitenstaaten der Sowjetunion einen entscheidenden Einfluß ausüben. In Polen seien schätzungsweise 70 Prozent der Bevölkerung antirussisch. Nach Adenauer war es ganz klar, daß, wenn die Sowjetzone aus der sowjetischen Herrschaft entlassen würde, die Widerstandskräfte in Polen und in den anderen Satellitenstaaten außerordentlich gestärkt würden. „Aus der ganzen Politik Rußlands folgt, daß – ganz abgesehen davon, daß Sowjetrußland den Westmächten dieses Land mit seinen Bodenschätzen und seiner Bevölkerung nicht gönnt – die Deutschlandfrage auch nicht als isolierte Frage betrachtet und behandelt werden kann. Das gleiche gilt von den anderen Weststaaten (Amerika, England, Frankreich, Italien). Ich glaube, daß der Gedanke ‚Europa' sich entweder in einer Föderation vereinigt und dann weiterbestehen kann, wenn es das nicht tut, geht es unter in seiner bisherigen Form und Kultur. Die Neutralisierung Deutschlands oder das Nichteintreten Deutschlands in den westlichen Kreis würde gleichzusetzen sein mit dem Unmöglichwerden eines europäischen Zusammenschlusses. Und das ist ja auch der Grund, warum Frankreich, das das alles doch erkannt hat, und warum Italien und die Beneluxländer sagen, der Zusammenschluß Westeuropas ist eine Frage auf Leben und Tod. Und weil das ohne Deutschland nicht möglich ist, betrachten sie auch die Lösung der deutschen Frage im Zusammenhang mit der ganzen Weltlage."

In Europa seien sich, so der Bundeskanzler, jedoch alle darüber einig, daß selbst ein vereinigtes Europa ohne Unterstützung durch die USA seinem Ende entgegengehen würde. „In den Vereinigten Staaten ist – ich muß das betonen, obwohl man es nicht gerne möchte, daß es ausgesprochen wird – das Wort ‚Isolationismus' verpönt. Aber die Frage ‚Europa' ist sehr akut. Diese Frage läßt sich am besten in drei Namen konzentrieren: Taft, Truman, Eisenhower. Herr Taft steht, wie aus allen seinen Reden hervorgeht, auf dem Standpunkt, wir wollen Europa stützen, aber Europa ist nicht der alleinige Stützpunkt unserer Politik. Truman und Eisenhower stehen auf dem Standpunkt, Europa ist wichtiger als Asien, während Taft sagt, Asien ist wichtiger. Von diesem Standpunkt aus ergibt sich eine ganz andere Betrachtung der Dinge". Der Bundeskanzler war zwar der Auffassung, daß Pressemeldungen, wonach die Aussichten Tafts höher eingeschätzt werden müßten als die Eisenhowers, nicht zutreffend seien, er warnte jedoch, man sei nie vor Überraschungen sicher. „Diese Frage spielt insofern eine Rolle, als die Mehrheit des Senats den Wunsch der Ratifizierung hat, ehe die Präsidentschaftswahlen in den Vereinigten Staaten stattfinden, um eine Sicherung der jetzigen Linie der amerikanischen Außenpolitik durch einen Beschluß des Senats durch die Ratifizierung festzulegen. Wenn die europäischen Länder und wenn insbesondere Deutschland nicht vorankämen in der ganzen Sache, oder zu einem negativen Entscheid kämen, würde dadurch die Wahl Tafts ungeheuer gefördert werden. Das ist vollständig klar. Wir sind in dieser schrecklichen Lage, wir haben den Krieg nicht gewonnen, wir sind abhängig von anderen Völkern. Unser Geschick hängt ab von der Einwirkung, die unsere Stellungnahme auf die amerikanische Öffentlichkeit hat. Ich darf wohl bemerken, daß für uns die hearings, die der Beschlußfassung des Amerikanischen Kongresses über die Unterstützung Europas vorausgehen, ungeheure Wichtigkeit haben. Sie sollten im April stattfinden und McCloy wollte am Ostermontag nach Amerika reisen. Die Reise hat noch nicht stattgefunden. McCloy hat mir offiziell erklärt, daß, wenn nicht unterzeichnet wird im Laufe dieses Monats von den vier Außenministern, die Gewährung amerikanischer Kredite an Deutschland außerordentlich in Frage gestellt ist. Auch insofern stehen wir unter Druck. Das sich nicht einzugestehen, wäre völlig falsch[430]."

Neben diesen aus seiner Sicht der internationalen Gesamtlage gewonnenen Argumente konnte sich der Bundeskanzler bei seiner Ablehnung einer Neutralisierung Deutschlands auch auf eine Beurteilung Heusingers über „die militärische Lage eines nach dem sowjetischen Vorschlag neutralisierten Gesamtdeutschlands" berufen. Heusinger hatte hierfür zwei Fälle geprüft: Fall 1: Die sowjetischen Streitkräfte werden aus Deutschland heraus hinter die Oder-Neiße-Linie und in die Tschechoslowakei zurückgezogen, die Besatzungsstreitkräfte der Westmächte nach Frankreich, Belgien, Holland und Dänemark. Fall 2: Die sowjetischen Streiträfte werden aus Deutschland heraus hinter die polnisch-russische Grenze zurückverlegt, die der Westmächte ebenfalls in ihre Heimatländer. Fall 1 war nach Heusinger militärisch für Jahre nicht zu vertreten, denn auch nach Schaffung einer deutschen Wehrmacht von 30 Divisionnen würde diese Lösung ein schweres Risiko darstellen. Fall 2 beinhalte ebenfalls ein großes Risiko, solange Polen und die Tschechoslowakei fest in der Hand der Sowjets verbleiben und keine starke deutsche Wehrmacht bestehen würde. Abschließend stellte Heusinger fest: „Militärisch zu vertreten wäre nur eine Lösung, in der die Sowjets nach Weißrussland zurückgingen, und die *Tschechei* und *Polen* sich wieder zu *freien, unabhängigen* Staaten entwickeln könnten. Da dies politisch nicht erwartet werden kann, bleibt für Deutschland auch militärisch nur die starke *Anlehnung an die Westmächte*[431]."

Nach alledem mußten dem Bundeskanzler, der am 11. Mai bei McCloy die Möglichkeit einer Inkraftsetzung des Generalvertrages schon vor Ratifizierung des EVG-Vertrages ventilieren ließ[432], alle Initiativen ungelegen kommen, die zu einer Verzögerung der Unterzeichnung der Westverträge führen konnten, die von der US-Regierung nachdrücklich angemahnt wurde. In einem Schreiben an Außenminister Eden verlangte Acheson am 12.4. ultimativ die Unterzeichnung der Verträge bis zum 9. Mai 1952. Falls dies nicht gelinge, sei mit einer Ratifizierung durch die USA wegen der anstehenden Kongreßwahlen erst Anfang 1953 wieder zu rechnen. Unter den Gründen für die Forderung nach einer raschen Unterzeichnung erwähnte Acheson in einem Schreiben an die US-Botschaft in Paris an erster Stelle seine Besorgnis über eine mögliche negative Entwicklung der öffentlichen Meinung in der Bundesrepublik unter dem Druck des sowjetischen Wiedervereinigungsangebots[433]. In einer Unterredung mit prominenten Koalitionspolitikern, darunter v. Brentano, Strauß, Gerstenmaier und v. Merkatz, am 8. Mai hob auch McCloy, wie tags zuvor Eisenhower gegenüber dem Bundeskanzler, die Bedeutung einer frühen Ratifizierung der Verträge durch den US-Senat für ein Fortdauern des amerikanischen Interesses an Europa hervor und hatte am Ende des Gesprächs den Eindruck, daß sein Drängen auf ei-

[430] Kabinettsprotokolle Bd 5, Sondersitzung am 10. 5. 1952, S. 273 ff. Unter den zahlreichen Belegen für die Rücksichtnahme des Bundeskanzlers auf die US-Europapolitik siehe z. B. Pressetee am 6. 3. 1952, Teegespräche 1950–1954, S. 211 f.; Pressetee am 2. 4. 1952, ebd., S. 226; Unterredung mit William Francis Casey, George Herbert Morrison u. a. am 3. 6. 1952, ebd., S. 299. Aufzeichnung über eine Unterredung des Bundeskanzlers mit britischen Teilnehmern einer Tagung der Deutsch-Englischen Gesellschaft am 18. 4. 1952, Kopie MGFA.

[431] „Die militärische Lage eines nach dem sowjetischen Vorschlag neutralisierten Gesamtdeutschlands". Memorandum Heusingers vom 31. 3. 1952, BA-MA, BW 9/2822.

[432] NA, RG 59, 762 A. 00/5-1152, McCloy an Secretary of State, May 11, 1952 und ebd., Acheson an HICOG Bonn, May 13, 1952.

[433] Foreign Office (FO) 371/97742/C 1017/159, siehe Steininger, Chance zur Wiedervereinigung, S. 56. FRUS 1952–1954, V, Teil 1, S. 639 ff., 656 ff., 663 ff. Poole, History of the Joint Chiefs 4, S. 324 f.

nen schnellen Abschluß der Verträge seine Wirkung auf die deutschen Gesprächteilnehmer nicht verfehlt habe[434].

Wenn sich also der Bundeskanzler im Zusammenhang mit den sowjetischen Offerten vom Frühjahr 1952 lediglich konsequent im Rahmen seiner außenpolitischen Prioritätenskala verhielt, so ist ihm eigentlich dieses Verhalten nur im Zusammenhang mit einer generellen Kritik an eben diesen Prioritäten vorwerfbar. Die bis heute anzutreffende Behauptung, die Westmächte und der Bundeskanzler hätten durch die Ablehnung des sowjetischen Angebots eine Chance zur Wiedervereinigung Deutschlands vertan[435], ist solange als historische Hypothese unergiebig, solange nicht wenigstens annähernd aufgezeigt wird, worin diese Chance damals bestand, d.h. welche Alternative zur Westpolitik des Bundeskanzlers damals innen- und außenpolitisch realistisch war. Eine Ahnung davon vermittelt etwa Schuman in seinem persönlichen Schreiben an Eden vom 6. Mai 1952: „Germany must feel the whole weight of her own responsibilities. She will have to choose not between integration with the West and German unity, which would be an impossible dilemma for her, but between unity which entails the guarantees of liberty offered by us and a unity subjected to quadripartite control[436]." Projiziert man nämlich die allein auf westlicher Seite schon für eine im Rahmen der EVG bewaffnete und westintegrierte Bundesrepublik vorgesehenen Kontrollbestimmungen auf die Viermächte-Kontrolle eines wiedervereinigten, neutralisierten Deutschlands, so darf mit Recht vermutet werden, daß dieser deutsche Staat Einschränkungen unterlegen hätte, die ihm nur noch wenig außen- und innenpolitischen Spielraum belassen und ihm dadurch wohl kaum eine gedeihliche Entwicklung ermöglicht hätten. Wer annimmt, die Bundesrepublik habe im Frühjahr 1952 schon so viel politisches Gewicht besessen, daß sie, wenn nur nachdrücklich gefordert, die Westmächte zu einer ernsthaften Auslotung des sowjetischen Angebots hätte zwingen können, wird dies nicht beweisen können, da ein solcher Versuch ja nicht gemacht worden ist. Er unterschätzt aber sicherlich die Durchsetzbarkeit der westalliierten Sicherheitsinteressen, die durch den doppelten Aspekt der Sicherheit *mit* und der Sicherheit *vor* Deutschland geprägt waren. Nach McCloy hatte die sowjetische Notenoffensive die Verhandlungsposition der Bundesrepublik zwar verstärkt, aber eben nur in bezug auf die Aushandlung des Deutschlandvertrages und nicht etwa in der Wiedervereinigungsfrage, da die Sowjetnote ja auf den provisorischen Charakter der Bundesrepublik hinwies, womit sie die Position der Bundesregierung eher schwächte[437]. Vergleicht man den rigorosen Widerstand, den die US-Regierung 1953 den Verhandlungsinitiativen Churchills entgegensetzte, so ist es schwer vorstellbar, daß sich die US-Regierung gegenüber irgendwelchen Wünschen des deutschen Bundeskanzlers nach Vierergesprächen über die deutsche Wiedervereinigung, die über den taktisch-propagandistischen Zweck hinausgingen, im Jahre 1952 willfähriger gezeigt hätte.

Als sich George Kennan als designierter US–Botschafter in Moskau Mitte April 1952 im State Department um Aufklärung über die dortige Haltung in der Deutschlandfrage bemühte, wurde ihm erklärt, daß die US-Regierung „jetzt noch keine Vereinbarung mit der sowjetischen Regierung über Deutschland wünschte und nach Möglichkeit jedes Gespräch vermeiden wollte, das

434 NA, RG 59, 762 A. 00/5-952, McCloy an Secretary of State, May 9, 1952.

435 So u.a. Steininger, Chance zur Wiedervereinigung, S. 73.

436 PRO, CAB 129/52, C. (52) 152, 9th May, 1952, Germany, Note by the Secretary of State for Foreign Affairs. Französische Fassung des Schreibens abgedruckt bei Steininger, Chance zur Wiedervereinigung, S. 244f.

437 McCloy an Acheson am 12. 3. 1952, abgedruckt bei Steininger, Chance zur Wiedervereinigung, S. 122f.

in diese Richtung ginge. Im Augenblick bemühten wir uns ausschließlich darum, neue vertragliche Vereinbarungen mit der westdeutschen Regierung zu treffen und einen Vertrag über die europäischen Verteidigungsstreitkräfte abzuschließen, die beide unterzeichnet und ‚unter Dach und Fach' sein müßten, bevor irgendwelche Gespräche mit den Russen die Lage komplizieren könnten[438]." Nach wie vor galt in der amerikanischen Sicherheitspolitik das NSC-68-Containment-Programm, das in Europa solange nicht zum Abschluß gebracht war, solange der Beitritt der Bundesrepublik zur westeuropäischen Verteidigung nicht sichergestellt war. Im US State Department schien man hinsichtlich möglicher Gespräche mit der Sowjetunion nicht einmal in ausreichendem Maße gedankliche Vorbereitungen zu treffen. Am 16. April schien es dem Rechtsberater im Office of the Ambassador at Large US State Department, Louis A. Pollack, „that the problems posed by the possible present Soviet ‚peace offensive' – spurious as it seems – underscore my feeling that any serious Soviet moves will find us quite unprepared. At present our own incomplete thinking almost compels us to avoid taking seriously any possible Soviet overtures[439]." Interessant ist, daß während des Notenaustausches vom März bis Mai 1952 das US-State Department nie das Pentagon um eine Stellungnahme gebeten hat[440]. Da das sowjetische Angebot vitale US-Sicherheitsinteressen tangierte, kann diese Unterlassung nur als Ausweis für das damalige Desinteresse der US-Regierung an Verhandlungen mit der Sowjetunion über die Neutralisierung Deutschlands interpretiert werden. Die sowjetische Notenoffensive hatte der US-Regierung jedoch gezeigt, daß es notwendig sein würde, den Deutschen gegenüber durch vermehrte Wiedervereinigungsrhetorik den Widerspruch zwischen nationaler Wiedervereinigung und Westintegration zu verschleiern. Eine Studie der US-Hochkommission kam zu dem Schluß, daß wahrscheinlich eine Mehrheit der Deutschen einen Anschluß der Bundesrepublik an den Westen als notwendige Voraussetzung für die Wiedervereinigung ansehen würden, daß die Deutschen jedoch nicht in der Lage wären, Abkommen zu treffen oder Verpflichtungen einzugehen, von denen sie den Eindruck hätten, sie würden jeglichen Fortschritt in Richtung auf Wiedervereinigung blockieren. Daher müsse den Deutschen von westlicher Seite und insbesondere von den USA aufgezeigt werden, „that its grand design for Europe is conceived not exclusively or even mainly as a defensive arrangement but as a peaceful ordering of European affairs in which a reunited Germany is envisaged not as a remote contingency but as an inevitable and essential component"[441].

Am 9. Juli verkündete Ulbricht deutschlandpolitische Weichenstellungen, indem er der 2. Parteikonferenz den Beschluß des SED-Zentralkommittees vorlegte, in der DDR mit der Schaffung der „Grundlagen des Sozialismus" zu beginnen, nationale Streitkräfte aufzustellen und die „volksdemokratische" Entwicklung der DDR im engen Bündnis mit der Sowjetunion und mit den anderen Volksdemokratien voranzutreiben[442]. Beide Lager schienen sich fortan auf die Teilung Deutschlands als den für beide Teile sicherheitspolitisch akzeptabelsten Zustand einzurichten. So bemerkte Eden Ende 1952 im Kabinett: „Relations with Russia, in respect of Germany,

[438] Kennan, Memoiren 1950–1963, S. 116f. Jüngere Untersuchungen zur Rezeption der sowjetischen Deutschlandinitiative vom März 1952 im US-State-Department lassen ein differenziertes Meinungsbild innerhalb der US-Administration erkennen, Neebe, Wahlen als Test.

[439] NA, RG 59, 61161/4-1652, Departmental Thinking on Long-Term Settlements with USSR, March 3, 1952, von Pollack am 16. 4. 1952 Philipp C. Jessup, Ambassador at Large, vorgelegt.

[440] Poole, History of the Joint Chiefs 4, S. 324.

[441] NA, RG 59, 762 A. 00/5-562, HICOG Bonn an Department of State, West German Desire for National Unity, German Studies No. 1, May 6, 1952.

[442] Staritz, Zwischen Ostintegration und nationaler Verpflichtung, S. 287.

were settling down on the basis of Russian consolidation in the east and Russian acceptance of our consolidation in the west. This position, though it would not be called satisfactory, had certain advantages to all parties, not excluding the Germans themselves[443]."

20. Letzte Hindernisse und der Abschluß der Verträge am 26. und 28. Mai 1952

Im Quai d'Orsay hielt man die sowjetische Noteninitiative für einen „ernsthaften, aber sehr gefährlichen Versuch, die deutsche Frage zu lösen"[444]. Die durch das sowjetische Angebot angeregte Vision eines wiedervereinigten Deutschlands mit eigener Nationalarmee verstärkte das französische Interesse an der Einbindung der Bundesrepublik in die westliche Staatenorganisation. Die aufs neue sensibilisierte latente französische Furcht vor Deutschland vermehrte freilich auch das Bedürfnis nach Sicherheitsvorkehrungen gegen eine Sezession der Bundesrepublik[445]. Immer eindringlicher wurden daher die entsprechenden französischen Forderungen nach einer britischen Assoziierung zur Europaarmee, deren Erfüllung immer mehr zum Gradmesser für die Erfolgsaussichten der Europäischen Verteidigungsgemeinschaft wurden. Der Bundeskanzler trug diesem Umstand Rechnung, als er am 21. März 1952 Eden beschwor: „Geben sie den Franzosen Selbstvertrauen[446]!"

Obwohl man im britischen Kabinett weiterhin der Auffassung war, daß eine unmittelbare Beteiligung Englands an der europäischen Integration nicht in Frage kam („we must be with, but not in, any combination of European powers"), verstärkte sich auch dort die Einsicht in die Notwendigkeit, „that the United Kingdom should play a part in guiding and forming European opinion". Würde sich Großbritannien nämlich allzusehr von den europäischen Fragen absentieren, laufe man Gefahr, daß Deutschland eines Tages sich als die dominierende Macht über ein vereinigtes Europa einrichten würde[447]. Nach einer Analyse der französischen politischen Situation durch die britische Botschaft in Paris kam es vor allem darauf an, die Sozialisten für die EVG zu gewinnen, ohne deren Stimmen die Europäische Verteidigungsgemeinschaft in der Assemblée Nationale keine Chance habe: Je positiver die Form der britischen Assoziierung mit der EVG ausfalle, desto wahrscheinlicher sei die Zustimmung der französischen Nationalversammlung zur EVG. Für alle französischen Parteien mit Ausnahme der Kommunisten und des hartgesottenen Teils der R. P. F. sei die britische Assoziierung als Sicherheit vor deutschen Tendenzen von allergrößter Bedeutung[448].

[443] PRO, CAB 128/25, C. C. (52) 102nd Conclusions, 4th December, 1952.

[444] Aufzeichnung von Frank Roberts über die Haltung des Quai d'Orsay vom 14. 3. 1952, abgedruckt bei Steininger, Chance zur Wiedervereinigung, S. 136.

[445] Siehe den Bericht Oliver Harveys an Eden über die Auffassung Schumans vom 12. 3. 1952, abgedruckt ebd., S. 129f.

[446] Aufzeichnung über die Unterredung des Bundeskanzlers mit Eden am 21. 3. 1952 in der britischen Botschaft in Paris, Kopie MGFA.

[447] PRO, CAB 128/24, C. C. (52) 30th Conclusions, March 30, 1952, Minute 3.

[448] PRO, CAB 129/50, C. (52)90, 28th March, 1952, The French Political Situation, Note by the Secretary of State for Foreign Affairs mit anliegendem Bericht der britischen Botschaft in Paris vom 25. 3. 1952.

Der Entwurf der schon auf dem Londoner Außenministertreffen im Februar besprochenen Dreimächteerklärung, mit der sich Großbritannien und die USA zur Stationierung von Truppen auf dem europäischen Kontinent verpflichteten und für den Fall des Austritts eines der Mitglieder der EVG geeignete Maßnahmen versprachen, wurde noch unter den beteiligten Regierungen diskutiert. Über den Text der separaten britischen Garantie hatte Eden mit Schuman während der Lissaboner NATO-Ratstagung Einigung erzielt. Kurz darauf wurde Eden jedoch von seiten der französischen Regierung der Versuch avisiert, unmittelbar vor der abschließenden Debatte des Vertrages in der französischen Nationalversammlung England zum Betritt zur EVG zu bewegen. Als Eden dies ablehnte, wurde die britische Regierung mittels zweier Protokollentwürfe des Rechtsausschusses bei der Pariser EVG-Konferenz ersucht und von Eisenhower gedrängt, der Bundesrepublik, Italien und den europäischen Streitkräften jene automatische militärische Beistandspflicht im Falle eines Angriffs zu gewähren, wie sie bereits Frankreich, Belgien, Luxemburg und die Niederlande aus dem Brüsseler Vertrag besaßen. Die EVG wollte gegenüber Großbritannien reziproke Zusagen machen[449]. Eden empfahl dem britischen Kabinett die Annahme dieses Vorschlages, mit dem Vorbehalt, daß die Gültigkeit dieser Garantie auf die Dauer der Mitgliedschaft Großbritanniens in der NATO beschränkt blieb. In diesem Falle gehe Großbritannien lediglich das Risiko ein, daß eine isolationistisch gesinnte US-Regierung nicht willens sein könnte, im Geist des Nordatlantikvertrages zu handeln und zur Verteidigung eines EVG-Landes in den Krieg zu ziehen. Bei Abgabe dieser Erklärung wollte Eden unmißverständlich dartun, daß mit dieser Garantie Großbritannien am Ende seiner Möglichkeiten im Hinblick auf eine Assoziierung mit der EVG, angelangt sei und daß von Großbritannien keinerlei weitergehenden Schritte, insbesondere keine Mitgliedschaft in der EVG, zu erwarten seien, auch nicht dann, wenn es darum gehe, das EVG-Projekt vor dem Scheitern zu bewahren[450]. Unter diesen Bedingungen nahm das britische Kabinett am 4. April 1952 den Vorschlag Edens an[451].

Kritischer wurde im Kabinett dagegen der ursprünglich auf Anthony Nutting, Parliamentary Under-Secretary of State, zurückgehende Plan Edens bewertet, der in seinem Kern vorsah, den Europarat in ein Steuerungs- und Kontrollorgan sowohl für die Gemeinschaft für Kohle und Stahl als auch für die EVG umzuwandeln[452]. Dabei sollten jene Mitglieder des Ministerausschusses des Europarats, die nicht Mitglied der Sechs waren, als Beobachter zu den Ausschußsitzungen zugelassen werden, die sich mit EVG-Angelegenheiten befaßten. Nutting wies im Kabinett darauf hin, daß nach diesem Plan auf keinen Fall dem Ministerkomitee des Europarats irgendwelche Exekutivkompetenzen im Zusammenhang mit dem Schuman-Plan und der Europäischen Verteidigungsgemeinschaft eingeräumt werden sollten. Nach Nutting galt es vor allem zu verhindern, daß jene Länder, die nicht den europäischen Organisationen Montanunion und EVG angehörten, gegenüber den „federalists" an politischer Effizienz einbüßten. Unter dieser Voraussetzung schloß sich das Kabinett dem Vorschlag Edens an und autorisierte ihn, seinen Plan dem Ministerkomitee beim Europarat vorzutragen[453].

In seinen militärischen Bestandteilen enthielt der Eden-Plan die Zusicherung, daß Großbritannien angesichts der Erfordernisse der EVG, seiner Verpflichtungen im Rahmen des Nordat-

[449] FRUS 1952–1954, V, Teil 1, S. 628 f. u. 632.
[450] PRO, CAB 129/50, C. (52), 28th March, 1952, European Defence Community, Memorandum by the Secretary of State for Foreign Affairs.
[451] PRO, CAB 128/24, C. C. (52) 37th Conclusions, 9th April, 1952, Minute 5.
[452] Siehe Watt, Die Konservative Regierung, S. 89 f.
[453] PRO, CAB 128/24, C. C. (52) 30th Conclusions, March 30, 1952, Minute 3. Zum Eden-Plan siehe DBPO, Series II, Vol. 1, S. 741 ff.

lantikvertrages und seiner besonderen Verantwortung in Deutschland beschlossen habe, seine Streitkräfte so lange auf dem Kontinent zu belassen, wie ihre Anwesenheit erforderlich sei. Die Zusammenarbeit der britischen Luftwaffe mit den kontinentaleuropäischen Luftwaffen hielt man für besonders entwicklungsfähig. Auf dem Verwaltungs- und logistischen Sektor sollte ein Höchstmaß an Kooperation angestrebt werden, vorbehaltlich der endgültigen Entscheidung über Prioritäten durch den NATO-Oberbefehlshaber[454].

Diese einseitigen, nicht vertraglich geregelten militärischen Konzessionen der Briten vermochten die Franzosen freilich wenig zu beeindrucken. Aber abgesehen von den bekannten politischen Überlegungen konnten die Briten offenbar schon aus finanziellen Gründen keine zusätzlichen präsenten Streitkräfte auf dem Kontinent unterhalten, die den französischen Wünschen nach einer militärischen Kräftebalance gegenüber dem bevorstehenden deutschen Militärbeitrag genügt hätten.

Diese finanziellen Schwierigkeiten der Briten verzögerten vor allem den Abschluß der Konvention über den deutschen Finanzbeitrag zur westeuropäischen Verteidigung. Die Briten sahen sich nicht nur mit dem langfristigen Problem konfrontiert, daß infolge der in Lissabon getroffenen Regelung ab Mitte 1953 für den Unterhalt der britischen Streitkräfte in Deutschland bis zu 130 Millionen Pfund in ausländischer Währung fehlen würden, schon die geringeren Mehrkosten bis Mitte 1953, die sich aus der Aufrechnung zwischen eigenen deutschen Kosten für die Wiederbewaffnung und von den Deutschen zu bezahlenden Stationierungskosten innerhalb der beschlossenen monatlichen Gesamtsumme von 850 Millionen DM ergeben würden, bereiteten der britischen Regierung große Sorgen. Abhilfe war kaum in Sicht. Angesichts der in Lissabon gebilligten Planziele für den Aufbau der westeuropäischen Verteidigung und dem französischen Gesuch nach einer Verstärkung des britischen militärischen Engagements auf dem Kontinent war eine Reduzierung der britischen Streitkräfte in der Bundesrepublik nicht vorstellbar, die obendrein schwerwiegende Auswirkungen auf die Verhältnisse in Deutschland haben würde: Jeder öffentliche Hinweis auf einen auch nur in Erwägung gezogenen Rückzug beträchtlicher britischer Truppen würde besonders zu einem Zeitpunkt, da die Briten zur Bestätigung früherer Zusagen bezüglich der britischen Truppenstationierung auf dem Kontinent aufgefordert seien, und die Sowjets eine neue deutschlandpolitische Initiative starteten, die Bereitschaft der britischen Regierung zur entschlossenen Durchsetzung ihrer Politik in Frage stellen. Dies könne am Ende katastrophale Folgen haben[455]. Ein verkleinerter oder in seinem Aufbau verlangsamter deutscher Verteidigungsbeitrag als „attraktive Alternative“ zu englischen Truppenverringerungen war nach Meinung Edens bei den Verbündeten nicht durchsetzbar. Eden hoffte jedoch, daß praktische Schwierigkeiten den Aufbau der neuen deutschen Armee so verzögern würden, daß von daher eine gewisse Entlastung für das britische Budget entstehen könnte, wenn auch in Rechnung zu stellen war, daß die überschüssigen deutschen Finanzmittel eher von der EVG in Anspruch genommen werden würden. Zusätzliche US-Hilfe war nach Auffassung Edens nach den eben getroffenen Dispositionen durch den US-Kongreß nicht zu erwarten und auf Dauer zu unsicher. Eden wollte jedoch der US-Regierung die prekäre britische Lage deutlich schildern, zumal er die Amerikaner im Verdacht hatte, sie würden in ihrem Bestreben, beim Aufbau eines deutschen Verteidigungsbeitrages endlich zu Fortschritten zu kommen, eine höhere Schätzung des deutschen militärischen Finanzbedarfs zu Lasten der Alliierten akzeptieren. In zähen Verhandlungen konnten die Briten schließlich durchsetzen, daß über die Aufteilung des deutschen

[454] Watt, Die Konservative Regierung, S. 89f.

[455] PRO, CAB 129/51, C. (52) 141, 3rd May, 1952, German Financial Contribution to Defence, Memorandum by the Secretary of State for Foreign Affairs.

Finanzbeitrages von 850 Millionen Deutsche Mark monatlich in Ausgaben für die eigenen deutschen Streitkräfte und in Ausgaben für die Stationierungsstreitkräfte schon ein Vierteljahr vor Ablauf des NATO-Haushaltsjahres neu verhandelt werden sollte. Nach der abschließenden Regelung hatte die Bundesrepublik in den ersten sechs Monaten nach Inkrafttreten der Verträge pro Monat 551 Millionen DM für Stationierungskosten und 299 Millionen in das EVG-Budget zu entrichten. In den folgenden drei Monaten waren es 319 Millionen für die Stationierungskosten und 531 für die EVG. Da Eden annahm, daß das Inkrafttreten der Verträge nicht vor dem 1. November 1952 zu bewerkstelligen sei, ging er davon aus, daß die DM-Kosten für die britischen Streitkräfte in der Bundesrepublik bis zum 30. Juni 1953 aus dem deutschen Beitrag bezahlt würden. Damit waren jedoch die langfristigen finanziellen Schwierigkeiten Großbritanniens nicht ausgeräumt, die nach Auffassung Edens die britische Regierung über kurz oder lang zwingen würden, nicht nur einen teilweisen und schließlich vollständigen Rückzug der britischen Streitkräfte aus Deutschland, sondern auch eine allgemeine Reduzierung des britischen militärischen Engagements in der Welt in Betracht zu ziehen[456].

Mit der geplanten Ausdehnung der militärischen Beistandspflicht Großbritanniens aus dem Brüsseler Vertrag auf alle EVG-Mitglieder war zwar die Voraussetzung für die niederländische Zustimmung zu einer automatischen Beistandsgarantie unter den EVG-Mitgliedern geschaffen, auf der vor allem die Bundesrepublik insistierte, da die Briten jedoch die Dauer ihrer Garantie von der britischen Mitgliedschaft in der NATO abhängig machten, verlangten die Niederländer auf dem EVG-Ministertreffen in Paris vom 19. bis 20. Mai ultimativ die Angleichung der EVG-Vertragsdauer an die des Nordatlantikvertrages, d.h. an die Dauer von 17 Jahren. Schuman, Taviani und Hallstein bestanden jedoch auf der 50-Jahre-Frist, da für sie die EVG eine permanente Institution auf dem Wege zu einem vereinten Europa war und sie keine Minderung der europapolitischen Zugkraft der EVG durch eine zu kurze Vertragsdauer hinnehmen wollten[457]. Nach massivem amerikanischen und englischen Druck stimmten die Niederländer schließlich einem Kompromiß zu, der bestimmte, daß im Falle eines Erlöschens des nordatlantischen Bündnisvertrages oder im Falle eines Ausscheidens Großbritanniens oder der USA aus der NATO vor Ablauf der 50-Jahre-Frist der EVG die EVG-Mitglieder über die neue Situation beraten würden. Für Eden war dies eine Frage rein theoretischer Natur: „Seventeen years hence either the European Defence Community will be a strong, vital community from which no component would wish to withdraw, or else long before then it will have received the kiss of death and be but a hollow shell[458].“ Über die Hintergründe für das Ultimatum Stikkers, das dieser offenbar unter strikten Instruktionen des niederländischen Kabinetts abgegeben hatte, berichtete die US-Botschaft in Den Haag dem State Department, die eigentliche Schwierigkeit liege in der niederländischen Frustration darüber, daß die USA sich bei Abschluß des Nordatlantikpaktes nur auf eine Dauer von 20 Jahren eingelassen hätten. Der Generalsekretär des niederländischen Außenmini-

[456] PRO, CAB 129/51, C. (52) 106, 4th April, 1952, German Financial Contribution to Defence, Memorandum by the Secretary of State for Foreign Affairs. C. (52) 141, 3rd May, 1952, German Financial Contribution to Defence, Memorandum by the Secretary of State for Foreign Affairs. CAB 129/52, C. (52) 102, 14th May 1952, German Financial Contribution to Defence, Memorandum by the Secretary of State for Foreign Affairs. CAB 129/52, C. (52) 185, 9th June, 1952, German Financial Contribution to Defence, Memorandum by the Secretary of State for Foreign Affairs.

[457] Siehe den Bericht Achesons an die US-Hochkommission vom 20. 5. 1952, FRUS 1952–1954, V, Teil 1, S. 663 ff.

[458] Acheson an Truman am 26. 5. 1952, ebd., S. 681. Zur britisch-amerikanischen Einflußnahme siehe ebd., S. 665 ff.

steriums, Boon, hielt es daher für sehr wichtig, daß die US-Regierung eine geeignete Erklärung abgab, daß sie in naher Zukunft in Verhandlungen mit den übrigen NATO-Mitgliedern über die Neufestsetzung der Dauer des Atlantikpakts eintreten wolle. Diese NATO-Orientierung der Niederländer hatte nicht zuletzt ihren Grund in der Skepsis gegenüber der Führungsrolle Frankreichs. Nach Boon benutzte Frankreich die EVG dazu, seinen aufgrund innenpolitischer Instabilität fortschreitenden Niedergang als europäische Führungsmacht aufzuhalten, indem es seine Führerschaft für 50 Jahre im EVG-Vertrag festschrieb[459].

Kaum waren die niederländischen Schwierigkeiten ausgeräumt, wozu Acheson eigens vorzeitig aus den USA angereist war, tauchten neue auf, diesmal von französischer Seite. Nach zwei stürmischen Kabinettssitzungen am 23. Mai autorisierte das französische Kabinett Schuman zwar, die Unterschrift unter den EVG-Vertrag zu leisten, stellte jedoch die Bedingung, daß Schuman zuvor eine Neuformulierung der Dreimächtegarantieerklärung erwirkte, die die amerikanische und britische Garantie gegen einen Austritt der Bundesrepublik aus der EVG präziser wiedergab[460]. Im einzelnen verlangte Schuman am darauffolgenden Tage folgende Änderungen der Dreimächteerklärung[461]: Bezüglich des Umfangs der britischen und amerikanischen Truppen auf dem europäischen Kontinent sollte die Formulierung „as they deem necessary and appropriate" ersetzt werden durch die Formulierung „as are necessary and appropriate". Zusätzlich sollte dieser Erklärung folgender Satz eingefügt werden: „If the existence and the security of this community should be threatend by the action which one of its members might take to withdraw from its obligations, their forces would be augmented by the two governments in such a way as to safeguard the requirements of the common defense[462]." Beide Änderungsvorschläge lehnten Eden und Acheson ab. Nach längerem Hin und Her einigten sich die drei Mächte auf einen Formulierungsvorschlag Achesons, der zwar eine energischere Phraseologie benutzte, jedoch keine inhaltliche Änderung bedeutete: „Accordingly, if any action from whatever quarter threatens the integrity or unity of the community, the two Governments will regard this as a threat to their own security. They will act in accordance with Article 4 of the North Atlantic Treaty. Moreover, they have each expressed their resolve to station such forces on the continent of Europe, including the Federal Republic of Germany, as they deem necessary and appropriate to contribute to the joint denfese of the North Atlantic Treaty area, having regard to their obligations under the North Atlantic Treaty, their interest in the integrity of the European Defense Community, and their special responsibilities in Germany[463]."

Nach zähen Verhandlungen konnte am 26. Mai endlich der Generalvertrag von den Außenministern der USA, Großbritanniens, Frankreichs und der Bundesrepublik unterzeichnet werden[464]. Acheson meldete Truman gar den Abschluß einer weiteren Phase der Nachkriegspolitik:

[459] US-Botschaft Den Haag an Department of State, 22. 5. 1952, ebd., S. 672 ff.

[460] Ebd., S. 675, Anm. 3.

[461] Der zu diesem Zeitpunkt vorliegende amerikanische Entwurf ist abgedruckt ebd., S. 660 ff.

[462] Secretary of State to Department of State, 24. 5. 1952, ebd., S. 677 f. Siehe auch Poidevin, Frankreich und das Problem der EVG, S. 113, Anm. 68.

[463] Acheson an Department of State, 24. 5. 1952, FRUS 1952–1954, V, Teil 1, S. 679 f. Text der endgültigen Fassung, ebd., S. 686 ff. Zur Billigung durch Präsident Truman siehe NA, RG 59, 762 A. 00/5-2552 TSF, Discussions on German Peace Treaty, Telegramme Bonn–Washington vom 24. u. 25. 5. 1952.

[464] Gesetz betreffend den Vertrag vom 26. 5. 1952 über die Beziehungen zwischen der Bundesrepublik Deutschland und den Drei Mächten mit Zusatzverträgen, BGBl 1954, Teil II, Nr. 3, S. 57 ff. Die Vertragswerke von Bonn und Paris vom Mai 1952, Dokumente und Berichte des Europa-Archivs, Bd 10, S. 1 ff.

„containment of the new threat with the cooperation of our former enemy“[465]. Tags darauf wurde in Paris der Vertrag über die Europäische Verteidungsgemeinschaft samt einem Accord Spécial über die Truppenstärken – für 1954 waren 12 deutsche, 6 belgisch-luxemburgische, 18 französische, 16 1/3 italienische und 5 holländische, insgesamt also 57 1/3 Divisionen geplant[466] – sowie der dazugehörenden militärischen, finanziellen und juristischen Protokolle unterzeichnet. In einer gemeinsamen Erklärung drückten die Außenminister der EVG-Länder den Wunsch aus, daß die Dauer des Nordatlantikvertrages der 50-Jahre-Frist der Europäischen Verteidigungsgemeinschaft angepaßt werden solle. Zwei Protokolle regelten die reziproke Beistandspflicht zwischen NATO und EVG nach Maßgabe der Artikel VI (1) und (2) bzw. V des NATO-Vertrages. Acheson, Eden und Schuman unterzeichneten die Dreimächteerklärung zur Integrität der europäischen Verteidigungsgemeinschaft, während Eden und die sechs Außenminister der EVG-Staaten den Vertrag über die gegenseitige Beistandspflicht im Falle eines bewaffneten Angriffs in Europa unterschrieben, der die Verpflichtung des Artikels IV aus dem Brüsseler Vertrag vom 17. März 1948 auf die EVG-Staaten ausdehnte. Durch ein von den sechs Außenministern der EVG-Staaten unterzeichnetes Protokoll wurde ein Interimsausschuß eingesetzt, der sich mit den Problemen beschäftigen sollte, die in der Zeit bis zum Inkrafttreten der Vertragsinhalte anfielen[467]. Wie schon die Dreimächte-Garantieerklärung zeigte, war die NATO das letztendliche Kontrollorgan für die westdeutsche Aufrüstung und die Westintegration der Bundesrepublik. Je mehr die Aussichten für eine in französischen Augen erträgliche deutsch-französische Kräftebalance, wie sie im Accord Spécial ihren militärischen Ausdruck gefunden hatte, schwanden, um so mehr besannen sich selbst so ausgewiesene „Europäer“ wie Monnet auf den atlantischen Konnex und sei es nur, um die Briten stärker an den Kontinent zu binden[468].

[465] FRUS 1952–1954, V, Teil 1, S. 681.
[466] Siehe den Beitrag Meier-Dörnberg in diesem Band, S. 704.
[467] Gesetz betreffend den Vertrag vom 27. 5. 1952 über die Gründung der Europäischen Verteidigungsgemeinschaft und betreffend den Vertrag vom 27. 5. 1952 zwischen dem Vereinigten Königreich und den Mitgliedstaaten der Europäischen Verteidigungsgemeinschaft, BGBl 1954, Teil II, Nr. 3, S. 342 ff. Die Vertragswerke von Bonn und Paris vom Mai 1952, Dokumente und Berichte des Europa-Archivs, Bd 10, S. 181 ff. Siehe auch FRUS 1952–1954, V, Teil 1, S. 684 ff. (Editorial Note)
[468] Siehe das Schreiben des britischen Gesandten in Paris, Hayter, an Sir Pierson Dixon vom 18. 7. 1952 betr. Überlegungen Monnets, „that the only way of associating the U. K. with Europe is within the framework of an Atlantic Community, and that this Community will need to take some organic form“. DBPO, II, No. 472.

II. Das Scheitern der Verträge vor dem Hintergrund veränderter internationaler Rahmenbedingungen

1. Die Überprüfung der amerikanischen Bündnispolitik und erste alternative Überlegungen für den Fall des Scheiterns der EVG

Die Unterzeichnung der Verträge rückte diese stärker in das öffentliche Interesse. Besonders lebhaft war die Kritik in Frankreich, die sich vor allem an der als unzulänglich angesehenen angelsächsischen Garantie entzündete[1]. Unter diesen Umständen schien es Premierminister Pinay nicht ratsam, die Verträge dem französischen Parlament zur Verabschiedung vorzulegen. Im französischen Kabinett war man ohnehin der Auffassung, sich damit Zeit lassen zu können. Man hielt es für lohnend, das Ergebnis der Beratungen im deutschen Bundestag und den Ausgang der US-Präsidentschaftswahlen abzuwarten[2]. Zu dieser Taktik paßte auch der Vorschlag Schumans vom 7. Juli 1952 für eine Viererkonferenz zuerst auf Botschafter-, dann auf Ministerebene, der sowohl in Bonn als auch in Washington einige Besorgnis auslöste, zumal auch die Briten an diesem Vorschlag Gefallen fanden[3]. Die Amerikaner hatten einige Mühe, den französischen Vorschlag durch die Formel zu verwässern, daß „bald eine Konferenz von Vertretern der vier Regierungen stattfinden sollte, vorausgesetzt es besteht Übereinstimmung darüber, daß alle vier Regierungen freie Wahlen in ganz Deutschland, im Sinne des Absatzes 4 der vorliegenden Note [der Westmächte vom 10. Juli 1952, d. V.], und die Teilnahme einer freien deutschen Regierung an den Verhandlungen über einen deutschen Friedensbeitrag wünschen"[4]. Absatz 4 der Note bestimmte, daß freie Wahlen nur dann abgehalten werden könnten, wenn die erforderlichen Vorbedingungen in ganz Deutschland gegeben seien. Die amerikanische Delegation im Formulierungsgremium für die westliche Note, welche am 10. Juli den Sowjets übergeben wurde, war davon überzeugt, „that the tenor of the proposed note puts the onus on the Soviets sufficiently to make it unlikely that they will agree to a meeting on the terms proposed and the Secretary therefore feels he has secured agreement on a text which goes far to meet Adenauers requirements"[5]. Man konnte es sich zwar allein schon aus innenpolitischen Gründen nicht leisten, die Tür zu Verhandlungen mit den Sowjets endgültig zuzuschlagen, mit der westlichen Forderung nach freien Wahlen für ein Deutschland, das frei sein sollte, sich dem westlichen Bündnis anzuschließen, hatte man im September 1952 die Sowjets jedoch einstweilen vor weiteren Initiativen abgeschreckt. Die drastische Verschlechterung in den sowjetisch-amerikanischen Beziehungen, nicht zuletzt ausgelöst durch die vom US-Kongreß veranstalteten Hearings über

[1] Zur französischen Kritik an den Verträgen siehe Poidevin, Frankreich und das Problem der EVG, S. 113ff.

[2] Ebd., S. 114 u. 117.

[3] Siehe dazu Steininger, Chance zur Wiedervereinigung, S. 69ff.

[4] Zit. nach ebd., S. 71.

[5] NA, RG 59, Department of State, Executive Secretariat, Daily Secret Summary, June 30, 1952.

die Ermordung polnischer Offiziere im Wald von Katyn im Jahre 1941, trug ein übriges dazu bei[6].

In der Annahme freilich, daß der deutsche Wunsch nach nationaler Einheit nach der Ratifizierung der Verträge eher zunehmen als abnehmen würde, glaubte das US State Department entsprechende propagandistische Vorkehrungen treffen zu müssen: Man dachte an ein Weißbuch über die deutsche Einheit, mit dem die beharrlichen Bemühungen der Westmächte um eine Verständigung mit den Sowjets über die Wiedervereinigung Deutschlands demonstriert werden sollten. Des weiteren dachte man an eine nach Inkrafttreten der Verträge abzugebende Viermächteerklärung über ein klar umrissenes Programm für eine demokratische Regierung eines wiedervereinigten Deutschlands. Die US-Hochkommission, die vom State Department hierzu um Rat gefragt worden war, ging mit ihren Vorschlägen mehr zur Sache. Als Vorkehrung gegen „increasingly disturbing symptoms of an underlying compulsion in the German mind towards German reunification and a feeling that the Soviets must be dealt with to determine what their price is and whether it can be paid", sah sie drei Möglichkeiten, von denen ihr die dritte als die vorteilhafteste erschien:

„(1.) to insist that the Federal Republic recognize the harsh realities of the situation and make the best life it can as part of Western Europe;

(2.) to demonstrate patiently and concretely to the West Germans that unity through negotiations is a fantasy which would involve our meeting at length with the Soviets;

(3.) to sit tight and hope the German sense of frustration will pass without doing our interests great damage. The last possibility appears to be to our temporary advantage if the Kremlin continues its present policy of strengthening the chains which bind East Germany to Soviet control[7]."

Der Vorzug, den die US-Regierung dem Status quo vor riskanten deutschlandpolitischen Experimenten einräumte, entsprach den herrschenden allgemeinen Bedrohungsvorstellungen. Die Lageanalysen des National Security Council, in denen die Ergebnisse einer seit Oktober 1951 durchgeführten Überprüfung der in NSC 20, 68 und 114 beschriebenen nationalen Sicherheitspolitik vorgestellt wurden, bestätigten im großen und ganzen das alte Lagebild[8]. Die westlichen Verteidigungsanstrengungen, vor allem die der USA, hätten, so hieß es in dem grundlegenden Dokument NSC 135/1 vom August 1952, bei aller Unvollständigkeit die Verteidigungsbereitschaft des Westens und damit die Abschreckung vor einem großen Krieg verstärkt. Die Zunahme der atomaren und möglicherweise thermonuklearen Kapazität der Sowjetunion habe jedoch die Verwundbarkeit der USA durch einen unmittelbaren Angriff zu einer ernsten Gefahr werden lassen, die in wenigen Jahren wahrscheinlich kritische Ausmaße annehmen würde. Zur

[6] Nach einer Unterredung mit Außenminister Vischinski hielt US-Botschafter Kennan die Katyn-Hearings für die wahrscheinliche Hauptursache der Verschlechterung des amerikanisch-sowjetischen Klimas. NA, RG 59, 611.61/6–1952, Kennan an Secretary of State, 19.6.1952. FRUS 1952–1954, VI, Teil 1, S. 646. Zu den Katyn-Hearings siehe PRO, CAB 129/50, C. (52) 116, 7th April, 1952, US Congressional Investigation of the Katyn Massacre, Memorandum by the Foreign Secretary; ebd., C. (52) 124, 8th April, 1952, The Katyn Massaçre, Note by the Secretary of State for Foreign Affairs; CAB 128/24, C. C. (52) 40th Conclusions, 9th April, 1952, Minute 4. NA, RG 59, Intelligence Report No. 6164, „Soviet Sensitivities", February 9, 1953.

[7] NA, RG 59, Department of State, Executive Secretariat, Daily Secret Summary, 22.8. u. 21.10. 1952. Siehe auch die zusammenfassenden Notizen über die Diskussionen während der amerikanischen Botschafterkonferenz in London vom 24. bis 26.9.1952, FRUS 1952–1954, VI, Teil 1, S. 643 ff u. VII, Teil 1, S. 361 ff.

[8] Zur Entwicklung und umfangreichen Diskussion über NSC 135/1 bis 135/3 siehe FRUS 1952–1954, II, Teil 1, S. 11 ff., und die Übersicht in der Editorial Note, ebd., S. 56 f.

Abwehr dieser Gefahr schlug NSC 135/1 den Aufbau eines wesentlich verbesserten Zivilschutzsystems zur Festigung der moralischen Widerstandskraft der US-Bevölkerung und zur Erhöhung der Überlebensfähigkeit der US-Wirtschaft und damit zur Erhaltung der Handlungsfreiheit der US-Regierung vor. Sorgen bereitete die Lage der Verbündeten. Zweifel an der Fähigkeit Großbritanniens und Frankreichs, ausreichende Streitkräfte der NATO zu unterstellen und gleichzeitig ihren außereuropäischen Verpflichtungen nachzukommen, sowie Befürchtungen, daß der Mangel an Reserven bei den westlichen Streitkräften verbunden mit politischen und militärischen Schwächezuständen an der Peripherie zur Sowjetunion es unmöglich machen würde, „to permit us to escape from the possibility of having to choose, in the face of local aggression, either the eventual further expansion of Soviet power, inconclusive local counteraction, or general war“, gaben Anlaß zu der Empfehlung, die Höhe und die Verteilung der Mittel auf die verschiedenen Gebiete bezüglich ihrer Art, ihres Umfangs, ihres Zeitpunkts sowie der Prioritäten zu überprüfen. Auf der Grundlage der Ergebnisse dieser Überprüfung sollte dann u. a. entschieden werden, „whether these allocations are in proper relationship to the threats facing the United States in Europe, the Far East and the Middle East, to the importance of these areas for U.S. Security, and to United States commitments“. Hinsichtlich möglicher Verhandlungen mit der Sowjetunion wurde in NSC 135/1 nahegelegt, die Vereinigten Staaten sollten in enger Zusammenarbeit mit ihren Verbündeten eine geeignete Verhandlungsposition in allen die Sowjetunion berührenden Fragen ausarbeiten und gegebenenfalls bereit sein, darüber mit der Sowjetunion in Verhandlungen einzutreten, sofern ein akzeptabler Modus vivendi zu erwarten war oder diese Verhandlungen aus anderen Gründen wünschenswert erschienen. Ansonsten wurde in NSC 135/1 jene skeptische Linie von NSC 68 beibehalten: nur „enforceable agreements“ seien von Bedeutung. Wahrscheinlich liege der hauptsächliche Beitrag von Verhandlungen mit der Sowjetunion auf absehbare Zeit in ihrem Wert als Waffe der politischen Kriegführung, indem man während solcher Verhandlungen die Welt von der Gültigkeit und Aufrichtigkeit der amerikanischen Position überzeugen könne[9].

Acheson vermißte in NSC 135/1 Aussagen über die allgemeine US-Wirtschafts- und Handelspolitik[10]. Ihm lag offenbar daran, zu verhindern, daß vermehrte Aufwendungen für „Continental Defence“ und für die amerikanische Zivilverteidigung zu Lasten der erforderlichen Unterstützung für die Verbündeten in Europa gingen. In einem gemeinsamen Memorandum mit dem Secretary of Defence (Lovett) und dem Director for Mutual Security (Harriman) vom 16. Januar 1953 betonte Acheson daher: „we must not sacrifice our capability of projecting our power abroad by concentrating too heavily on the purely defense aspects of our security should general war occur“. Gerade die Aufrüstungsanstrengungen der europäischen NATO-Länder könnten, so hieß es in diesem Memorandum, wegen der begrenzten wirtschaftlichen Leistungsfähigkeit dieser Länder nur durch amerikanische Hilfe beschleunigt werden. Selbst wenn es nicht möglich sei, die Europäer zu einer wesentlichen Steigerung ihrer Anstrengungen zu bewegen, bzw. die USA sich nicht imstande sähen, ihre Hilfe wesentlich zu steigern, sei es wichtig, für die europäische Luftverteidigung und zur Beseitigung ernster Lücken in den europäischen Aufrüstungsprogrammen, insbesondere zur Behebung des Mangels an Abfangjägern und Munitionsreserven, Mittel bereitzustellen. Abschließend hieß es im Memorandum aber, daß abgesehen von der Fortführung und Verbesserung der gegenwärtigen NATO-Programme ein großer Teil des zusätzlich

[9] NSC 135/1, ebd., S. 80f.

[10] Siehe die Zusammenfassung einer Diskussion über NSC 135/1 während der 122. Sitzung des National Security Concil, ebd., S. 117f., Kritik Achesons, S. 119.

notwendigen Aufbaus der militärischen Stärke der NATO nur mit der Aufstellung deutscher Kontingente besorgt werden könne[11]. Auch in NSC 135/1 war die Integration des westdeutschen Potentials in die europäische Verteidigungsgemeinschaft als am meisten erfolgversprechende Entwicklung im Aufbau des westlichen Verteidigungssystems bezeichnet worden, die, falls die ökonomischen und politischen Schwierigkeiten überwunden und die Ausrüstung der deutschen Verbände sichergestellt werden könnten, neben den in naher Zukunft verfügbaren taktischen Atomwaffen in wenigen Jahren einen bedeutenden Wandel in der allgemeinen militärischen Lage des Westens herbeiführen könnte[12].

Die Notwendigkeit des westdeutschen Verteidigungsbeitrages erhöhte sich vor allem durch Meldungen der US-Militärbehörden in Europa, denen zufolge die europäischen NATO-Länder mit mindestens 15 Divisionen hinter den in Lissabon als verbindliche Gesamtstärke bis zum 31. Dezember 1952 festgesetzten 43 2/3 Divisionen zurückbleiben würden[13]. Diese mit dem wirtschaftlichen Aufstieg einhergehende Zunahme des sicherheitspolitischen Gewichts der Bundesrepublik wurde in Europa aufmerksam registriert. Die harte Haltung der Bundesregierung in der Saarfrage nahm der neuernannte amerikanische Hochkommissar, Walter Donelly, zum Anlaß, auf das wachsende Machtungleichgewicht zwischen der Bundesrepublik und Frankreich hinzuweisen. Donellys Bericht vom 28. August 1952 war offenbar Anlaß für diverse Abteilungen im US State Department, interne alternative Überlegungen für den Fall des Scheiterns der EVG anzustellen. In einer von L. W. Fuller verfaßten Anlage vom 16. Dezember 1952 zu einem Entwurf des Policy Planning Staff vom 3. Dezember 1952 wurden folgende alternative Lösungen untersucht: Eine unmittelbare Mitgliedschaft der Bundesrepublik in der NATO, eine deutsche Assoziierung mit der NATO, eine deutsche Wiederbewaffnung außerhalb der NATO, ein nichtmilitärischer Beitrag der Bundesrepublik zur Verteidigung Westeuropas sowie ein Rückzug der US-Streitkräfte an die Peripherie Europas, nach Norwegen, Großbritannien, Spanien, Italien, Griechenland und die Türkei. Fuller, der offenbar an der europäischen Verteidigungsgemeinschaft als der optimalen Lösung der westdeutschen Wiederbewaffnung festhielt, räumte ein: „we may find ourselves under the necessity of submitting to a species of blackmail in order to salvage a dangerous situation[14]."

Nachdem auch Außenminister Eden in einer Besprechung mit Acheson am 12. November 1952 angeregt hatte, man müsse beginnen, darüber nachzudenken, auf was für einen Alternativplan man zurückgreifen könne, falls es klar werden sollte, daß die Franzosen den EVG-Vertrag nicht ratifizieren könnten[15], ließ sich Acheson am 5. Dezember 1952 die Untersuchung des Policy Planning Staff über Alternativen zur EVG vorlegen. Gleichzeitig verlangte er jedoch einen Abriß über die Genesis der 650-Millionen-Dollarhilfe für die Franzosen und eine Argumentationshilfe gegen die Nichtratifizierung der EVG durch die Bundesrepublik und Frankreich für die bevorstehende NATO-Ratstagung in Paris[16]. Am 21. Oktober hatte Premierminister Pinay dem amerikanischen Botschafter in Paris die 650-Millionen-Dollar-Hilfe für Frankreich als das

[11] Memorandum for the President by the Secretaries of State and Defense and the Director for Mutual Security, January 16, 1953. Anlage zu NSC 141 vom 19.1.1953, ebd., S. 209 ff. Siehe auch unten Anm. 34 und Poole, History of the Joint Chiefs 4, S. 126 ff.

[12] NSC 135/1 Annex, August 22, 1952, FRUS 1952–1954, II, Teil 1, S. 89 ff.; hier S. 110.

[13] Siehe den Bericht des Office of the Director of Mutual Security Program vom 18.8.1952, FRUS 1952–1954, I, Teil 1, S. 517.

[14] FRUS 1952–1954, V, Teil 1, Editorial Note, S. 693 f.

[15] Ebd., S. 697 f.

[16] NA, RG 59, Secretary's Daily Meetings, December 5, 1952.

wichtigste Mittel zur Stärkung der Regierungsposition gegenüber jenen EVG-Gegnern bezeichnet, die der Auffassung seien, daß Frankreich aufgrund der Belastungen durch den Krieg in Indochina zu schwach sei[17].

Wenige Tage später erfuhr die US-Botschaft in Paris von einem Memorandum des französischen Chefdelegierten beim Interimsausschuß in Paris an Premierminister Pinay und an Verteidigungsminister Pleven, in dem im Interesse einer Unterstützung der europäischen Verteidigungsgemeinschaft durch das französische Parlament und die französische Armee Verhandlungen über folgende Punkte vorgeschlagen wurden:

1. Ein Abkommen mit den USA über Indochina einschließlich eines Finanzabkommens, das es Frankreich ermöglichen sollte, als ebenso starkes Mitglied wie Deutschland der EVG anzugehören.
2. Eine Übereinkunft darüber, daß die NATO-Standing-Group sich mit Weltstrategie befaßte, und daß Frankreich als eine NATO-Macht, die ebenso wie die USA und Großbritannien weltweite Verteidigungsverantwortlichkeiten besaß, ihr als drittes ständiges Mitglied angehören sollte.
3. Ein Abkommen über eine frühe Einrichtung einer europäischen politischen Gemeinschaft.
4. Ein Abkommen über eine zweijährige Übergangszeit, die es den außerdeutschen EVG-Streitkräften in der Bundesrepublik ermöglichen sollte, allmählich ihren Status von Besatzungsstreitkräften zu EVG-Streitkräften zu verändern.
5. Eine Regelung für die Stationierungskosten der amerikanischen, britischen und französischen Truppen in der Bundesrepublik voraussichtlich bis 1954[18].

Acheson dachte jedoch nicht daran, mit einer bilateralen 650-Millionen-Dollar-Hilfe an Frankreich die kollektiven Erhebungen im Rahmen des NATO Annual Review zu präjudizieren[19]. Die Verhandlungen im Rahmen des NATO Annual Review waren Mitte November ohnehin ins Stocken geraten, so daß mit einer Einigung über feste Aufrüstungsziele für 1953 und provisorische Ziele für 1954 bis zu der für den 15. Dezember geplanten NATO-Ratstagung in Paris nicht mehr gerechnet werden konnte. Feste Aufrüstungsziele für 1953 waren jedoch für die Organisation der US-Hilfsprogramme unbedingt erforderlich, und wenigstens provisorische Planungsdaten für 1954 waren die Voraussetzung für eine sachgerechte Budget-Vorlage im US-Kongreß für das Haushaltsjahr 1954. Nach Abschluß der hauptsächlich durch amerikanische Hilfsmittel oder Finanzierung ermöglichten Aufstellung moderner Streitkräfte in Westeuropa sah das State Department nämlich ein ernstes Finanzierungsproblem für den Unterhalt und den Ersatz dieser Streitkräfte auf die Westeuropäer zukommen. In diesem Zusammenhang stellte man im State Department Überlegungen an, ob die gegenwärtigen US-Hilfsprogramme fortzuführen seien oder ob die anhaltende Dollarlücke und unzureichende Produktivität in Europa mit anderen Mitteln, einschließlich neuer amerikanischer wirtschaftspolitischer Maßnahmen, bekämpft werden müßten.

Noch aus einem anderen Grund sah das State Department das Jahr 1953 als ein Jahr an, in dem allgemeine Überlegungen über die Zukunft des Bündnisses und über die Zusammensetzung und Stärke seiner künftigen Streitkräfte anstanden. Über die Rolle, die dabei bei der Festlegung neuer militärischer Erfordernisse den nuklearen Gefechtsfeldwaffen zukam, waren Untersuchungen bei SHAPE im Gange. Diese Untersuchungen, deren Ergebnis, so das State De-

[17] Ebd., October 22, 1952. Poidevin, Frankreich und das Problem der EVG, S. 117 f.
[18] NA, RG 59, Secretary's Daily Meetings, October 29, 1952.
[19] NA, RG 59, Department of State, Executive Secretariat, Daily Secret Summary, November 10, 1952.

partment, von den NATO-Verbündeten mit großer Spannung erwartet würden, in der Hoffnung, daß dadurch ihre Verteidigungslasten gemindert würden, seien voraussichtlich im Sommer 1953 verfügbar. Zur Zeit sei man jedoch allgemein der Ansicht, daß die Entwicklung dieser neuen Waffen frühestens 1956 Einfluß auf die Streitkräfteplanung der NATO haben könnten. Wesentliche Auswirkungen seien noch später zu erwarten. Auf alle Fälle sei es erforderlich, den 1953 und 1954 erreichbaren zusätzlichen Streitkräftezuwachs zu verwirklichen[20].

Gerade die Untersuchungen im Rahmen des NATO Annual Review 1953 hatten jedoch den Befund der amerikanischen Militärs in Europa bestätigt, wonach eine ausreichende Bereitstellung von Streitkräften zur Verteidigung des NATO-Gebietes die politischen und ökonomischen Möglichkeiten der europäischen NATO-Länder überstieg[21]. Zwölf deutsche Divisionen und die deutsche Finanz- und Produktivkraft, so hieß es in einem Positionspapier des State Department, seien absolut notwendig für das erforderliche Minimum an Sicherheit in Westeuropa. Der einzige Weg zu diesen deutschen Ressourcen führe über die Europäische Verteidungsgemeinschaft: „Given the facts of Franco-German rivalry, a divided Germany and European nationalism, German participation in Western defense can only be accomplished as part of the political and economic integration of Germany into a larger Western European entity, which is now evolving as the „Community of Six." The Coal and Steel Community (Schuman Plan) and the proposed European Political Community are part of the same picture. It is fair to say that the success of this whole movement toward European integration depends on whether or not the EDC is approved."

Nachdem eine Interimslösung für den westdeutschen Verteidigungsbeitrag seit der Lissaboner NATO-Ratstagung nicht mehr in Frage kam, verstärkte das State Department seine europapolitische Argumentation, um die Ratifizierung des EVG-Vertrages durch die europäischen Parlamente zu beschleunigen. Dabei war man sich im State Department bewußt, daß die EVG immer als ein europäisches und nie als ein amerikanisches Anliegen erscheinen durfte, zumal die Ratifizierung des Vertrages eher von der Entwicklung der öffentlichen Meinung, insbesondere in Frankreich, als von der Einstellung der jeweiligen Regierungen in Europa abhing. Gerade aus diesem Grunde glaubte das State Department keinen unmittelbaren Druck auf die französische Regierung ausüben zu dürfen. Statt dessen war man bemüht, die übrigen EVG-Staaten zu einer raschen Ratifizierung anzuhalten, um so indirekt die französische Regierung unter Zugzwang zu setzen. Um den durch das amerikanische Interregnum verursachten Attentismus der Europäer in Grenzen zu halten, versuchte die Truman-Administration Eisenhower und Dulles für eine Erklärung zu gewinnen, die die Europäer der Kontinuität der US-Europapolitik versichern sollte. Dies geschah jedoch nur mit mäßigem Erfolg, da die neue republikanische Administration begreiflicherweise kein Interesse daran haben konnte, den Eindruck zu erwecken, als bliebe in der amerikanischen Europapolitik alles beim alten. Darüber hinaus kümmerte sich das State Department um eine effektive Planung des Aufbaus der EVG nach Ratifizierung. In diesem Punkt war man mit der Arbeit des Interimsausschusses unzufrieden. Nach Auffassung des US State Department befaßte man sich dort zu sehr mit zweitrangigen Aufgaben, anstatt sich auf die Rüstungsproduktion und die deutsche Streitkräfteaufstellung zu konzentrieren, wobei man

[20] Siehe die Untersuchung „Immediate Problems Facing U.S. in NATO" des Office of European Regional Affairs im US-State Department vom 14.11.1952, FRUS 1952–1954, I, Teil 1, S. 14ff.

[21] Über die im Annual Review offenkundig gewordenen Schwierigkeiten bei der Erhaltung der auf der NATO-Ratstagung von Lissabon beschlossenen Aufrüstungsziele und über die daraus resultierenden Rückwirkungen auf die NATO-Strategie in Europa siehe die ausführliche Darstellung bei Poole, History of the Joint Chiefs 4, S. 299ff. u. 307ff.

allerdings Verständnis dafür hatte, daß die Arbeit des Interimsausschusses unter strikter Geheimhaltung vonstatten gehen mußte, um die Ratifizierung des EVG-Vertrages in Frankreich nicht zu gefährden. Eine rasche Realisierung der EVG nach Ratifizierung hing nach Auffassung des State Department auch von der Art und Weise ab, wie die USA ihre Beziehungen zur EVG regelten: Indem man die „Gemeinschaft der Sechs" als Einheit behandle und die amerikanische Hilfe über diese Gemeinschaft kanalisiere, könnten die USA viel zur Ermunterung und Beschleunigung des gesamten politischen, ökonomischen und militärischen Integrationsprozesses beitragen, von dem der Erfolg der EVG insgesamt abhänge[22].

Der zum Jahresende 1952 von der französischen Regierung aufs neue unternommene Versuch, von der britischen Regierung eine feste Zusage über eine dauerhafte Stationierung eines bestimmten Anteils ihrer Streitkräfte auf dem europäischen Kontinent zu erhalten[23], stieß bei dieser nicht mehr nur auf die bekannten politischen und militärischen Vorbehalte. In London war man inzwischen der Überzeugung, daß solche Zusagen allein schon vor dem Hintergrund der wirtschaftlichen Situation Großbritanniens nicht realisierbar sein würden.

In einem Memorandum vom 3. Oktober 1952 hatte der britische Verteidigungsminister für 1953, 1954 und 1955 Verteidigungsausgaben in Höhe von 5,286 Milliarden Pfund gefordert, eine Summe, die er im Falle erforderlicher allgemeiner Kürzungen im gesamten Haushalt nicht unter 5,031 Milliarden Pfund kürzen könne[24]. Dagegen wandte der Schatzkanzler ein, daß, falls im Verteidigungshaushalt keine weiteren Kürzungen möglich seien, solche auf anderen Gebieten um so schwerwiegender sein würden: „In other words, if, as regards defence, we go partly over to a war effort, then, on the rest of the field, we must go partly over to a war economy[25]." Er konnte sich nicht vorstellen, daß Großbritannien auf lange Sicht über 850000 Männer und Frauen unter Waffen hielt, mit über einer Million ziviler Mitarbeiter, was bedeuten würde, daß Großbritannien auf unabsehbare Zeit ungefähr 10 Prozent seiner gesamten arbeitenden Bevölkerung im Verteidigungsbereich einsetzte. Gegenüber der zu erwartenden Kritik von seiten der USA und der anderen NATO-Bündnispartner glaubte der Schatzkanzler weitere Kürzungen im britischen Haushalt mit dem Hinweis auf entsprechende amerikanische Maßnahmen verteidigen zu können: „We know that the American programme is to level off next year. There are signs that we should not surprise the Continent if we actually reduced our defence effort from its present level. There can surely be no just cause for complaint abroad if we do not go on increasing it. At home we can hardly defend a continually increasing burden, calling for yet further sacrifices, when the largest and most prosperous of the N.A.T.O. partners will have stopped increasing its effort[26]." Am 8. November setzte das Kabinett den britischen Verteidigungshaushalt

[22] The European Defense Community, Teil eines am 17.11. Präsident Truman vorgelegten „briefing book" für dessen Unterredung mit dem designierten Präsidenten Eisenhower. Siehe das Memorandum von McWilliams, Director Executive Secretariat, an William Hopkins vom 18.11.1952, Kopie MGFA. NA, RG 59, Department of State, Daily Secret Summary, November 26, 1952, No. 3.

[23] Poidevin, Frankreich und das Problem der EVG, S. 118.

[24] PRO, CAB 129/55, C. (52) 316, 3rd October, 1952, The Defence Programme, Memorandum by the Minister of Defence. Siehe auch CAB 131/12, D. (52) 41, 29th September, 1952, The Defence Programme, Report by the Chiefs of Staff. D. (52) 45, 31st October, 1952, The Defence Programme, Report by the Chiefs of Staff. D. (52) 46, 31st October, 1952, Defence Programme, Memorandum by the Minister of Defence.

[25] PRO, CAB 129/55, C. (52) 320, 3rd October, 1952, Defence and Economic Policy, Memorandum by the Chancellor of the Exchequer.

[26] PRO, CAB 129/56, C. (52) 393, 5th Ocotober, 1952, Defence Programme, Memorandum by the Chancellor of the Exchequer.

für 1953 auf 1,610 Milliarden Pfund fest und blieb damit mit 35 Millionen Pfund unter der Summe, die die Minister der drei Teilstreitkräfte für die Erhaltung der Kampfkraft der Streitkräfte für unbedingt erforderlich hielten. In der vom Kabinett gebilligten Summe waren weder die zu erwartenden Preissteigerungen noch mögliche, über die bereits gebilligten 30 Millionen Mehrkosten für die Unterhaltung der britischen Streitkräfte in Deutschland hinausgehende Belastungen berücksichtigt. Gleichzeitig beschloß das Kabinett eine radikale Überprüfung der britischen Verteidigungsanstrengungen für die Jahre nach 1953[27].

Die britische Politik gegenüber der EVG befand sich in dem Dilemma, daß die prekäre wirtschaftliche Lage Großbritanniens einerseits einen westdeutschen Verteidigungsbeitrag als nötiger denn je erscheinen ließ, andererseits jedoch die britische Regierung außerstande setzte, ausreichende Streitkräfte auf dem europäischen Kontinent zu unterhalten, die den Franzosen die Angst vor einer deutschen militärischen Dominanz innerhalb der EVG hätten nehmen können.

Dieses Dilemma spiegelten die Empfehlungen Außenminister Edens wider, die dieser in einem Memorandum vom 10. Dezember 1952 dem Kabinett unterbreitete. Danach sollte die britische Regierung der Europäischen Verteidigungsgemeinschaft weiterhin ihre volle Unterstützung gewähren und alles in ihrer Macht Stehende tun, um eine frühe Ratifizierung des EVG-Vertrages zu gewährleisten, der die schnellste Methode zur Erlangung eines westdeutschen Verteidigungsbeitrages und für alle Beteiligten die politisch erträglichste Lösung darstelle. Die britische Regierung müsse deshalb allen Auffassungen entgegentreten, daß alternative Pläne in Betracht gezogen würden. Obwohl ein Beitritt zur EVG ebenso wie die Verpflichtung zur Stationierung einer bestimmten Anzahl britischer Streitkräfte auf eine bestimmte Zeit auf dem europäischen Kontinent abzulehnen seien, solle die britische Regierung den Franzosen die Annahme der EVG erleichtern, indem sie zum geeigneten Zeitpunkt Maßnahmen einer engen Assoziierung Großbritanniens mit der EVG ankündigte, die allesamt dem Zwecke dienen sollten, „to assure the members of the E. D. C. of our support in peace as effectively as the United Kingdom-E. D. C. Treaty assures them of our aid in war".

Im einzelnen hieß es dazu, es liege im eigenen britischen Interesse, mit den Streitkräften der EVG effizient zusammenzuarbeiten. Man habe bereits den Gedanken akzeptiert, daß EVG-Streitkräfte im Rahmen der NATO englischem Kommando unterstellt werden sollten, ebenso englische Steitkräfte unter EVG-Kommando. Voraussetzung sei allerdings, daß diese Streitkräfte ihre logistische Unterstützung über die eigenen Verbindungen erhielten. Man könnte im Einklang mit dem Eden-Plan die britische Bereitschaft signalisieren, am Treffen des Ministerrats der EVG teilzunehmen, falls man dazu eingeladen würde. Dies würde der britischen Regierung zusätzliche Möglichkeiten einräumen, den Stand der deutschen Aufrüstung und die Entwicklung der deutsch-französischen Beziehungen im Auge zu behalten. In gleicher Weise könnte die britische Regierung Beobachter zur EVG-Versammlung entsenden. Die britische Regierung könnte schließlich, wie schon zur Hohen Behörde der Montanunion, eine Delegation zum EVG-Kommissariat entsenden.

Eden rechnete damit, daß die französische Nationalversammlung, aus Furcht vor der Verantwortung für einen Zusammenbruch der supranationalen Lösung, den EVG-Vertrag billigen würde, allerdings unter Bedingungen, die weitere Verhandlungen notwendig machten. Nach seiner Auffassung schien vor allem in politischen Kreisen Frankreichs der Plan an Boden zu ge-

[27] PRO, CAB 128/25, C. C. (52) 94th Conclusions, 8th November, 1952; CAB 129/56, C. (52) 494, 6th November, 1952, Defence Programme, Memorandum by the First Lord of the Admiralty, the Secretary of State for War and the Secretary of State for Air.

winnen, den EVG-Vertrag mit dem Ziel einer lockereren Verteidigungsgemeinschaft umzuformulieren, um so die Mitgliedschaft Englands zu ermöglichen. Dies war für Eden eine Illusion oder nur ein Mittel zur weiteren Verzögerung, denn entweder bedeute die britische Mitgliedschaft in einer Europäischen Verteidigungsgemeinschaft die Aufgabe nationaler Souveränitätsrechte in bezug auf die Kontrolle der britischen Streitkräfte und die Verpflichtung, eine bestimmte Anzahl von britischen Steitkräften für eine bestimmte Zeit auf dem europäischen Kontinent zu stationieren – alles Dinge, die für Großbritannien unmöglich seien –, oder aus der Mitgliedschaft würden sich Verpflichtungen ergeben, die nicht größer seien als die, denen man innerhalb der NATO unterworfen sei. In diesem Fall war es nach Meinung Edens weitaus besser, eine NATO-Lösung anzustreben, die den immensen Vorteil besitze, daß die USA mit von der Partie seien.

Im Falle eines Scheiterns der EVG gab es daher für Eden keinen Mittelweg zwischen der Europäischen Verteidigungsgemeinschaft und der Aufnahme der Bundesrepublik in die NATO. Eine Aufnahme der Bundesrepublik in die NATO würde von der britischen Öffentlichkeit um so eher akzeptiert, je mehr diese Gelegenheit dazu benutzt werden könnte, das Nordatlantische Bündnis zu erneuern und zu revitalisieren: Man könne bei dieser Gelegenheit mit guten Gründen die USA drängen – obwohl es unbesonnen wäre, damit fest zu rechnen – daß sie einer Ausdehnung des zeitlichen Geltungsbereiches der NATO über das Jahr 1969 hinaus zustimmten. Dies würde von den meisten europäischen Ländern im Hinblick auf die damit erreichte längere Bindung der USA in Europa begrüßt werden. Wünschenswert sei auch eine stärkere Integration der dem SACEUR unterstellten Streitkräfte, und zwar nicht nur aus Gründen der Effizienzsteigerung, sondern auch im Interesse einer sicheren Kontrolle des deutschen Verteidigungsbeitrages, welche ein konstantes französisches Anliegen sei. Im Foreign Office sei man dabei, einen Plan für eine Diskussion mit den Chiefs of Staff auszuarbeiten, der die Stärkung der Befugnisse des SACEUR, die Ausdehnung des „principle of international headquarters staffs" auf eine niederere Ebene als bisher und die Ernennung eines NATO-Verteidigungskommissars einschloß, welcher für den Entwurf und die Durchführung (nach Zustimmung durch den NATO-Rat) der Pläne für Bewaffnung, Ausrüstung und Infrastruktur verantwortlich sei. Die britische Mitarbeit an einer solchen Reform der NATO als Alternative zur EVG richtete sich nach Edens Memorandum nach dem Maß der amerikanischen Kooperation und nach den britischen ökonomischen Möglichkeiten: „Any steps towards a more fully integrated Atlantic army in Europe acceptable to the Americans would be acceptable to us within the limits imposed by our economic situation."

Eden war sich freilich im klaren darüber, daß es einiger Anstrengungen bedurfte, um die Franzosen für eine Aufnahme der Bundesrepublik in die NATO zu gewinnen. Hierfür zog er folgende Maßnahmen in Betracht: Man müsse Mittel und Wege suchen, um den Franzosen in Indochina zu helfen. Auch die französische Politik in Nordafrika müsse man unterstützen oder ihr wenigstens mehr Verständnis entgegenbringen. Überhaupt empfahl Eden freundliche Gesten der amerikanischen und der britischen Regierung gegenüber Frankreich, die offenbar zu Lasten der Bundesrepublik gehen sollten: „The Germans under Dr. Adenauer's influence are in a reasonable mood at present and would probably not take strong objection to some declaration by the United States Administration showing an understanding of French difficulties, fears and interests, provided that it was couched in general terms and was not too obviously directed against Germany."

Eine Ausdehnung der Kompetenzen der NATO-Standing-Group auf globalstrategische Zusammenhänge sollte erwogen werden, ein Anliegen, das die Franzosen immer wieder vorgebracht hatten. Dadurch werde Frankreich als eine Macht mit weltweiten Interessen anerkannt und ihr Indochinaproblem etwas mehr in den strategischen Vordergrund gerückt. Eden hielt eine „tripartite superstructure" zur Koordination der Strategie innerhalb der NATO, im mittleren Osten, im ANZUS-Pakt und in Südostasien für attraktiv und logisch. Dies entspreche zwar zum gegenwärtigen Zeitpunkt nicht den Vorstellungen der US-Regierung, doch man könne ihr eine solche Entwicklung als Teil des Preises verkaufen, der für die Stärkung des westlichen Bündnisses durch die Aufnahme der Bundesrepublik in die NATO bezahlt werden müßte.

Eden sah freilich voraus, daß Frankreich auch in diesem neuen Konzept über kurz oder lang von der dynamischen Bundesrepublik eingeholt werden würde: „We should, however, realise that an equally logical corollary of this would be later German and possibly also Japanese demands, probably supported by the Americans, to a seat on this small board of directors, when, as is only too likely, their effective contribution to the club exceeds that of France[28]."

Daß Eden bei seinem Alternativplan zur EVG an einer Kooperation mit Frankreich festhielt, entsprach grundsätzlichen britischen Sicherheitsinteressen, die eine Beeinträchtigung der engen britisch-französischen Beziehungen ausschlossen. Am 24. November hatte US-Botschafter Gifford dem State Department berichtet, daß man dort, vertraulichen Informationen aus dem Foreign Office zufolge, die unmittelbare Mitgliedschaft der Bundesrepublik in der NATO als einzige praktikable Alternative zur EVG ansah, gleichzeitig in diesem Fall aber alles daransetzen wolle, „to keep their relations with French and Germans in balance. They would seek at all costs to avoid any step which would jeopardize relations with either. Practical demonstration of this might be refusal to agree to Ger[man] membership NATO until French prepared to go along[29]."

Zusammenfassend läßt sich die Situation der europäischen Verteidigungsgemeinschaft am Jahresende 1952 wie folgt charakterisieren: Frankreich, durch die militärische Verwicklung in Indochina und durch die aufkommenden Schwierigkeiten in Nordafrika geschwächt, sah sich außerstande, innerhalb der EVG dem deutschen Verteidigungsbeitrag ein gleichstarkes Kontingent entgegenzustellen. Großbritannien war neben den traditionellen Vorbehalten gegenüber supranationalen europäischen Konstruktionen allein schon aus wirtschaftlichen Gründen außerstande, mit einem zahlenmäßig und zeitlich fixierten militärischen Kontingent auf dem europäischen Kontinent in die Bresche zu springen und dadurch eben jene Voraussetzung zu schaffen, unter der die französische Nationalversammlung möglicherweise die EVG, an der die Briten ein eigenes vitales Interesse hatten, ratifizieren konnte. Eden wollte allen Tendenzen entgegenwirken, die supranationalen Konstruktionselemente der EVG zu verwässern, um dadurch Großbritannien eine Mitgliedschaft zu ermöglichen, und setzte alles daran, die Franzosen von der Notwendigkeit der Ratifizierung der Verträge zu überzeugen. Da man sich einer fortdauernden amerikanischen militärischen Präsenz in Europa nicht für alle Fälle sicher sein konnte, war man auf die EVG als Medium der deutschen Aufrüstung angewiesen. Aus dem gleichen Grunde verboten sich Alternativlösungen für die Bewaffnung der Bundesrepublik gegen die Interessen und ohne die Zustimmung Frankreichs[30].

Die Mehrheit, die der deutsche Bundeskanzler für die Verabschiedung der Verträge im deutschen Bundestag hatte, drohte unter der durch die Verfassungsfrage ausgelösten Verzögerung

[28] PRO, CAB 129/57, C. (52) 434, 10th December, 1952, European Defence Community and alternative Plans, Memorandum by the Secretary of State for Foreign Affairs. Siehe auch CAB 128/25, C. C. (52) 102nd Conclusions, 4th December, 1952.

[29] NA, RG 59, 762A.00/11-2452, US-Botschaft London an Department of State, 24.11.1952.

[30] PRO, CAB 128/25, C. C. (52) 102nd Conclusions, 4th December, 1952.

und durch das Saarproblem abzubröckeln. Aus Gleichgewichtsgründen glaubte die französische Regierung nämlich auf das wirtschaftliche Potential der Saarindustrie nicht verzichten zu können. Im Kampf gegen die Vertragsgegner suchte der Bundeskanzler am 20. Dezember Schützenhilfe bei der amerikanischen Regierung. Diese sollte klarstellen, daß im Falle der Nichtratifizierung der Verträge die Alliierten auf eine striktere Anwendung des Besatzungsstatuts zum Schutze ihrer Truppen und der Verteidigungserfordernisse bestehen müßten. Er legte großen Wert darauf, daß die amerikanischen Stellen den Deutschen klarmachten, daß durch Neuverhandlungen der Verträge keine besseren Bedingungen erreichbar seien. Diesem Wunsch des Bundeskanzlers kam Dulles Anfang Februar 1953 in Gesprächen mit deutschen Oppositionellen, darunter Ollenhauer, Schmid und Wehner, bereitwillig nach[31]. Darüber hinaus wollte der Bundeskanzler die US-Regierung an die fortdauernde Gültigkeit des deutschen Anspruchs auf Mitgliedschaft in der NATO und in den Vereinten Nationen sowie an die Notwendigkeit der Berücksichtigung der schweren sozialen Lasten Deutschlands bei der Festsetzung des finanziellen deutschen Verteidigungsbeitrages erinnern[32].

Acheson, der auf der NATO-Ratstagung in Paris vergeblich versuchte, Einigung über einen Zwischenbericht zum Annual Review 1952 zu erreichen, um diesen Anfang Frühjahr 1953 abschließen zu können und so zu festen Aufrüstungszielen für 1953 zu kommen, nahm lediglich die Genugtuung mit nach Hause, daß die Verbündeten wenigstens ein Einsehen hatten, daß sie die Truman-Regierung in ihren letzten Tagen nicht mehr in neue Verpflichtungen verwickeln konnten, darunter vor allem zur Übernahme eines größeren Anteils an den Lasten in Indochina. Erleichtert stellte er fest, daß sich diese Aufgabe erst der neuen US-Regierung stelle[33]. Zu diesem Zeitpunkt müßte Acheson freilich klar gewesen sein, daß die neue US-Administration unter Eisenhower nicht daran dachte, die Containmentpolitik Trumans fortzusetzen, die mit NSC 141 zum letzten Mal versucht hatte, die Rüstung nach Maßgabe von NSC 68 zu maximieren: „to the greatest possible extent we must accordingly develope flexible multipurpose forces to meet the various threats that confront us[34]." Eisenhower trat vielmehr seine Präsidentschaft mit dem Willen an, Strategie und Aufrüstungsziele wieder mit den vorhandenen Mitteln in Einklang zu bringen.

2. Die Rolle der Europäischen Verteidigungsgemeinschaft im „New Look" der Eisenhower-Administration

Eisenhower war kein prinzipieller Gegner der Containment-Politik unter Truman gegenüber der Sowjetunion. Als NATO-Oberbefehlshaber war er einer der wichtigsten Exponenten dieser Politik gewesen. Seine Entscheidung, als republikanischer Präsidentschaftskandidat gegen die Demokraten anzutreten, lag einmal in seinem Wunsch begründet, die republikanische Nomi-

[31] FRUS 1952–1954, V, Teil 2, S. 1568f.
[32] NA, RG 59, Department of State, Executive Secretariat, Daily Secret Summary, November 22, 1952. Siehe auch FRUS 1952–1954, V, Teil 2, S. 1555.
[33] Schreiben Achesons an Präsident Truman vom 17.12.1952, FRUS 1952–1954, V. Teil 1, S. 351ff.
[34] Zit. nach Gaddis, Strategies of Containment, S. 125. Nach Gaddis war NSC 141 „the most uncompromising expression yet of the interlocking logic of expandable means and symetrical response" innerhalb der Containment-Politik der Truman-Administration, ebd., S. 124.

nierung Robert A. Tafts zu verhindern, den Eisenhower als gefährlichen Isolationisten betrachtete. Zu diesem außenpolitischen Motiv traten innenpolitische Gründe: Eisenhower befürchtete, daß eine Fortsetzung der Trumanschen Innen- und Sozialpolitik geradewegs zum Sozialismus führen werde. Darüber hinaus war er ganz allgemein der Auffassung, daß ein Überleben des Zweiparteiensystems in den USA das Ende der 20jährigen demokratischen Herrschaft erfordere[35]. Unter der Devise „we must not destroy what we are attempting to defend“[36], wollte Eisenhower nicht zulassen, daß durch eine inflationäre Entwicklung oder durch staatliche Eingriffe in die amerikanische Wirtschaft infolge ungezügelter Rüstungsausgaben sich die Struktur der amerikanischen Gesellschaft veränderte[37]. Dabei distanzierte er sich keineswegs von dem in NSC 68 gezeichneten kommunistischen Feindbild. Während NSC 68 jedoch die kommunistische Ideologie lediglich als Instrument, nicht jedoch als Determinante der Sowjetpolitik ansah, glaubten Eisenhower und Dulles offenbar daran, daß es das Ziel der Sowjetpolitik sei, „to extend its system throughout the world and establish its ‚one world‘ of state socialism“[38]. Diese Interpretation der sowjetischen Außenpolitik, die den Schwerpunkt auf die ideologischen Prämissen legte, erlaubte es der neuen amerikanischen Administration, sich stärker auf die sowjetischen Absichten als auf die sowjetischen Möglichkeiten zu konzentrieren. Ob es sich bei dieser Neuinterpretation der sowjetischen Politik um genuine Überlegungen handelte, oder ob hier lediglich aus der durch das Übermaß an Aufrüstung erzeugten Not eine Tugend gemacht wurde, wäre eine eigene Untersuchung wert[39].

Diese neue Containment-Politik hatte hauptsächlich zwei Folgen: 1. der stärkere Rekurs auf den dogmatischen Aspekt der Sowjetpolitik prädisponierte die amerikanische Regierung weniger zu systemübergreifenden Verhandlungen mit der Sowjetunion, als dies bei einer Betonung der pragmatischen Seite der sowjetischen Außenpolitik wahrscheinlich der Fall gewesen wäre. Sowjetische Initiativen ließen sich leichter als Fallen für die westliche Politik interpretieren denn als Ausflüsse aktueller sowjetischer Interessenlagen vor dem Hintergrund konkreter politischer Verhältnisse und Umstände. 2. Die Neuinterpretation der sowjetischen Politik erleichterte der Eisenhower-Administration die Suche nach einer neuen Containmentstrategie, welche auf längere Sicht zu gleichzeitiger Verringerung der Kosten führte.

Ab Mai 1953 versuchte die US-Regierung unter dieser Prämisse in großangelegten Planübungen im Rahmen des „Project Solarium“ zu einer konkreten Neuformulierung der amerikanischen Containment-Politik gegenüber der Sowjetunion zu kommen. Eine Gruppe von Experten, geführt von George Kennan, untersuchte die Option der Fortführung der Trumanschen Containmentstrategie, eine zweite eine Abschreckungsstrategie, die entlang der sowjetisch-kom-

[35] Ebd., S. 127; dazu die wichtigsten Literaturangaben über die Motive Eisenhowers, ebd., S. 382, Anm. 1.

[36] Ebd., S. 135.

[37] Am 16. Juli 1953 erklärte Eisenhower hierzu im nationalen Sicherheitsrat: „If you demand of a free people over a long period of time more than they want to give, you can obtain what you want only by using more and more controls; and the more you do this, the more you lose the individual liberty which you are trying to save and become a garrison state (American model).“ FRUS 1952–1954, II, Teil 1, S. 397.

[38] So eine Aussage von Dulles am 7.7.1950, zit. nach Gaddis, Strategies of Containment, S. 137.

[39] Nach John Gaddis war diese Neuinterpretation der sowjetischen Politik durch die Eisenhower-Administration „a curious inversion of ends and means: the Sowjet challenge the removal or neutralization of which had been the original goal of containment, had now become a means by which that doctrine's instruments were to be perpetuated as ends in themselves.“ Ebd., S. 145. Zum britischen Einfluß auf die New-Look-Strategie siehe Freedman, The Evolution of Nuclear Strategy, S. 78 ff. und Gowing, Independence and deterrence 1, S. 436 ff.

munistischen Peripherie jeden Angreifer, der diese Linie überschritt, mit nuklearer Vergeltung bedrohte. Eine dritte Gruppe befaßte sich mit politischen, psychologischen und ökonomischen Möglichkeiten sowie Mitteln des verdeckten Kampfes zur Zurückdrängung („roll back") des existierenden sowjetischen Einflußbereiches. Später trat noch eine vierte Variante hinzu, nämlich Überlegungen über Verhandlungen mit den Sowjets innerhalb einer Zweijahresfrist, innerhalb welcher die US-Regierung glaubte, mit den Sowjets aus einer Position der Stärke verhandeln zu können, bevor diese die amerikanische nukleare Überlegenheit ausgleichen konnten[40]. Die in Form einer Verbindung der beiden ersten Optionen in mehrmonatigen Diskussionen gefundene Strategie für ein Containment unter dem „New Look" fand schließlich ihren schriftlichen Niederschlag in der im Oktober 1953 von Eisenhower gebilligten Direktive NSC 162/2[41]. Kernstück der „New-Look-Strategie" war die Drohung mit massiver Vergeltung durch Nuklearwaffen. Das nukleare Arsenal hatte zwar schon unter der Truman-Administration als Drohpotential eine entscheidende Rolle gespielt, doch erst unter Eisenhower wurde sein Einsatz ausdrücklich propagiert. So hieß es in NSC 162/2, daß die USA im Falle eines Krieges mit der Sowjetunion oder China Nuklearwaffen als „to be as available for use as other munitions" ansehen würden. Das vorhersehbare Dilemma, daß auch die Nuklearstrategie über kurz oder lang zu einem kostspieligen Rüstungswettlauf mit der Sowjetunion führen würde, veranlaßte Eisenhower im September 1953 in einem Schreiben an seinen Außenminister zu folgender apokalyptischer Prognose: „we would have to be constantly ready, on an instantaneous basis, to inflict greater loss upon the enemy than he could reasonably hope to inflict upon us. This would be a deterrent – but if the contest to maintain this relative position should have to continue indefinitely, the cost would either drive us to war – or into some form of dictatorial government. In such circumstances, we would be forced to consider whether or not our duty to future generations did not require us to initiate war at the most propitious moment that we could designate[42]." Wenig später rückte Eisenhower jedoch von dieser Präventivkriegsprognose nachdrücklich ab.

Der wichtigste Geltungsbereich der nuklearen Abschreckung durch massive Vergeltung und taktische Atomwaffen war Westeuropa, das nach dem Befund in NSC 162/2 ohne unzumutbare Belastung für die westeuropäischen Volkswirtschaften selbst nach Aufstellung westdeutscher Kontingente im Rahmen der Europäischen Verteidigungsgemeinschaft auf absehbare Zeit mit konventionellen Mitteln allein nicht gegen einen ernsthaften Angriff aus dem Osten verteidigt werden konnte. Bereits im Jahre 1953 begannen die USA daher in Westeuropa einschließlich der Bundesrepublik ihre Verbände mit Waffen für die taktisch-nukleare Kriegführung auszurüsten. Als in diesem Zusammenhang der NATO-Oberbefehlshaber, General Ridgway, am 15. Juni 1953 von Bundeskanzler Adenauer wissen wollte, ob die neuen amerikanischen 280-mm-Geschütze auch in Europa stationiert werden sollten – es handle sich dabei um eine taktische Waffe, die im herkömmlichen Sinn als Artilleriegeschütz eingesetzt werden könnte, darüber hinaus aber den Vorteil habe, daß sie auch Atomgeschosse verwende –, erwiderte der Bundeskanzler, Europa lebe sicher unter dem Schild der amerikanischen Atomwaffen, und diese Sicherheit könne noch erhöht werden, wenn ein Teil dieses Schildes selbst in Europa stationiert

[40] Gaddis, Strategies of Containment, S. 145 f. Rosenberg, The Origins of Overkill, S. 143 f. Zum „Project Solarium" siehe Watson, History of the Joint Chiefs 5, S. 11 ff. Dokumentation in FRUS 1952–1954, II, Teil 1, S. 323 ff.

[41] FRUS 1952–1954, II, Teil 1, S. 577 ff. Watson, History of the Joint Chiefs 5, S. 21 ff.

[42] Eisenhower an Dulles, 8.9.1953, Eisenhower Papers, Whitman File: International Series, Box 33, „Dulles/Korea/Security Policy", hier zit. nach Gaddis, Strategies of Containment, S. 149, Rosenberg, The Origins of Overkill, S. 143 f.

sei[43]. Dazu hieß es in NSC 162/2: „The major deterrent to aggression against Western Europe is the manifest determination of the United States to use its atomic capability and massive retaliatory striking power if the area is attacked." Die Präsenz amerikanischer Landstreitkräfte in Westeuropa hatte demgegenüber eher die Funktion, zur Stärke und dem Zusammenhalt des Bündnisses der freien Welt beizutragen. Bündnispolitik war nach der massiven Vergeltung die zweitwichtigste Säule der neuen US-Strategie. Nach NSC 162/2 waren die Vereinigten Staaten außerstande „[to] meet its defense needs, even at exorbitant cost, without the support of allies". Die konventionellen Aufrüstungsprogramme im Rahmen der NATO und der EVG, insbesondere die Beteiligung der Bundesrepublik, waren durch die Konzeption des Einsatzes nuklearer Gefechtsfeldwaffen keineswegs überflüssig geworden. Der Einsatz nuklearer Gefechtsfeldwaffen im Ernstfall schien nämlich nur sinnvoll, wenn der Angreifer durch hinreichende konventionelle Verteidigungsstreitkräfte zu Massierungen gezwungen wurde, die ein rechtzeitiges Erkennen der beabsichtigten Schwerpunkte und lohnende Ziele für diese Waffen abgaben[44].

Ganz abgesehen davon, daß Eisenhower seit dem Sommer 1951 als einer der prominentesten Befürworter der Europaarmee galt, wundert es daher nicht, daß sich die neue US-Administration allein schon aus diesem Grund noch vehementer für die Ratifizierung der EVG einsetzte, als dies unter Truman schon der Fall gewesen war. Gegenüber Churchill ließen sowohl Eisenhower wie auch Dulles am 6. Januar 1953 keinen Zweifel darüber aufkommen, daß sie kein Vertrauen in die Zukunft Europas hätten, solange die EVG und der Schuman-Plan nicht erfolgreich abgeschlossen seien[45].

Als in einer Besprechung des State Department mit der Mutual Security Agency und den Joint Chiefs of Staff am 28. Januar 1953[46] General Bradley die Meinung der amerikanischen Militärs dahingehend wiedergab, daß die EVG zwar eine akzeptable Lösung darstelle, jedoch nicht so gut sei wie eine volle Mitgliedschaft der Bundesrepublik in der NATO, widersprach Dulles. Vom politischen Standpunkt aus sei die EVG allen anderen Lösungen vorzuziehen, da sie die deutsch-französischen Streitigkeiten besser als ein herkömmliches Bündnis aus der Welt schaffe. General Bradley beunruhigten jedoch die Beschränkungen, denen die Bundesrepublik im Rahmen der EVG unterworfen sein würde, Beschränkungen, die, so Bradley, der Bundesrepublik im Rahmen der NATO nicht auferlegt werden würden. Nach General Hull,Vice Chief of Staff for Operation and Administration, benötigte der Aufbau eines deutschen Kontingents ein bis zwei Jahre. Aufgrund des Koreakrieges sei der Aufbau der NATO-Streitkräfte um ein Jahr zurück. Ein besonderer Engpaß war die Versorgung mit Divisionsartillerie (105-mm-Haubitzen). Gerade wegen der Belastung durch den Koreakrieg hatte General Bradley gehofft, daß die Deutschen ihre Streitkräfte ohne Restriktionen durch den EVG-Vertrag aus der eigenen Produktion versor-

[43] Aufzeichnung über eine Besprechung des Bundeskanzlers mit General Ridgway am 15.6.1953 in Anwesenheit von Staatssekretär Hallstein, Blank, General Heusinger, General Biddle und Reber, BA-MA, BW 9/2295. Am 20. Juli war der Bundeskanzler jedoch offensichtlich aus Rücksicht auf die bevorstehende Bundestagswahl strikt gegen eine Ankündigung der Anlandung dieser Kanonen vor dem 15.9.; NA, RG 59, 5/7-2053. Siehe auch FRUS 1952–1954, VII, Teil 1, S. 486 f.

[44] Auf die Frage, ob Zentraleuropa unter Berücksichtigung des Einsatzes taktischer Nuklearwaffen im Ernstfall auch ohne einen deutschen Verteidigungsbeitrag gehalten werden könne, erwiderte General Bradley: „We need enough to make them concentrated. We don't have enough atomic weapons to plaster all of Europe. Twelve German divisions would put a completely different picture on the situation. It would force them to a considerable buildup before they could attack. German participation would make it certain that we were given warning." FRUS 1952–1954, V, Teil 1, S. 714.

[45] Eisenhower Diaries, S. 222.

[46] FRUS 1952–1954, V, Teil 1, S. 711 ff.

gen würden. Der hauptsächliche Grund für das Eintreten General Bradleys für die NATO-Alternative war jedoch wohl dessen Einschätzung der sowjetischen Bedrohung, die eine schnelle Verfügbarkeit deutscher Verbände ratsam machte. Nach den Berichten der amerikanischen Nachrichtendienste lag die Periode der größten Gefahr in den Jahren 1954 und 1955, wohingegen, so Bradley, Briten und Franzosen bereits von einem Nachlassen der Gefahr ausgingen. Nur aus verhandlungstaktischen Gründen hielt es Dulles für nützlich, Alternativen zur EVG in der Hinterhand zu haben: „The alternative may not be nice, but otherwise we are dependent upon the Europeans. We are not thinking of how to give up the EDC; the question is how to get the EDC. An alternative is necessary if we are to get it“. Ein möglicher Rückzug der US-Streitkräfte auf eine Linie zur peripheren Verteidigung Europas nach Spanien und in die Türkei, mit dem vor allem Deutsche und Franzosen unter Druck gesetzt werden sollten, wurde von General Bradley jedoch negativ beurteilt. Auch Nitze, Direktor des Policy Planning Staff, faßte das Ergebnis der seit September 1952 laufenden Untersuchungen über Alternativlösungen zur EVG dahingehend zusammen, daß auch ein amerikanischer Rückzug auf eine periphere Verteidigungslinie beträchtliche amerikanische Streitkräfte in Europa binden würde, wolle man dieses Territorium des Kalten Krieges nicht verlieren.

Auf der Grundlage dieser Besprechung mit den Joint Chiefs of Staff orientierte Dulles am 1. Februar 1953 die US-Botschafter in Europa über mögliche Alternativen für den Fall des Scheiterns der EVG mit großer Zurückhaltung: Einen Rückzug der US-Streitkräfte an die Peripherie Europas („perimeter defense“) bezeichnete er als ebenso katastrophal wie das Scheitern der Europäischen Verteidigungsgemeinschaft. Die Aufnahme der Bundesrepublik in die NATO hielt Dulles für nicht praktikabel, da die Franzosen sicherlich ihr Veto dagegen einlegen würden. Angesichts der Unwahrscheinlichkeit, daß der US-Kongreß bei einem fortdauernden Ausbleiben irgendwelcher Erfolge auf dem Wege der europäischen Einigung eine Auslandshilfe für Europa in der Höhe der vergangenen Jahre billigen würde, empfahlen die Botschafter ihrem Außenminister, in vertraulichen Gesprächen die Europäer auf diese innenpolitischen Schwierigkeiten hinzuweisen, öffentlich solle er jedoch der EVG die Fortsetzung der Hilfe durch die USA zusichern. Dulles hielt jedoch eine energischere amerikanische Initiative in der EVG-Politik für erforderlich, „in order to get the psychology of a rolling bandwagon“[47]. Mit seinem britischen Kollegen, Außenminister Eden, vereinbarte Dulles am 5. März 1953, Frankreich zu isolieren, indem man die übrigen EVG-Staaten zur Ratifikation anhielt. Erst wenn Frankreich durch diesen kumulativen Druck mit dem Rücken an der Wand stehe, sollte man seinen Wünschen in bezug auf weitergehende angelsächsische Garantien für die EVG, hinsichtlich Indochina und hinsichtlich der französischen Sorgen in Nordafrika entgegenkommen[48]. Dulles verordnete diesen harten Kurs gegenüber Frankreich zu einem Zeitpunkt, an dem ihm hätte klar sein müssen, daß er damit die politischen Überlebenschancen der neuen französischen Regierung unter Mayer und Bidault empfindlich treffen mußte. In Europa und ganz besonders in Frankreich wurden nämlich mit wachsender Sorge alle Anzeichen registriert, die darauf hindeuteten, daß mit der Forcierung der EVG in erster Linie die Voraussetzungen für den Abzug amerikanischer Verbände aus Europa geschaffen werden sollten. Dieses von Eisenhower von Anfang an verfolgte Ziel[49] sollte sich zu einem Haupthindernis für die Ratifizierung des EVG-Vertrages durch Frankreich entwickeln.

[47] Ebd., Teil 2, S. 1554 ff.

[48] Ebd., Teil 1, S. 748 ff. Vgl. NA, RG 59, 762A.00/2-2853, Department of State an US High Commissioner Conant, 3.3.1953.

[49] Ambrose, Eisenhower, S. 143 f.

3. Die französischen „Zusatzprotokolle" zum EVG-Vertrag

Die neue französische Regierung unter René Mayer und George Bidault, letzterer hatte Robert Schuman als Außenminister abgelöst, mußte sich gleichzeitig der Unterstüztung durch die RPF und die Sozialisten versichern. Aus diesem Grunde wollte sie mit den EVG-Partnern Zusatzprotokolle zum EVG-Vertrag aushandeln, die die Einheit der französischen Armee und die Sicherheit der überseeischen französischen Besitzungen gewährleisteten. Zur demokratischen Kontrolle der europäischen Streitkräfte, eine wesentliche Forderung der Sozialisten, sollte die Gründung der europäischen politischen Gemeinschaft vorangetrieben werden. Für die Ratifizierung des EVG-Vertrages wurde eine befriedigende Saar-Regelung zur Bedingung gemacht. Gleichzeitig verstärkte die französische Regierung die Bemühungen um eine Assoziierung Großbritanniens an die EVG[50].

Angesichts des Widerstandes, den der Führer der RPF, General de Gaulle, der EVG seit jeher entgegenbrachte, mußten sich Mayer und Bidault schon etwas einfallen lassen, um die 91 gaullistischen Parlamentsmitglieder für die EVG zu gewinnen, ohne gleichzeitig die EVG-freundlichen Sozialisten zu verlieren. De Gaulle vertrat – nach einem Interview, das er am 2. Januar 1953 dem Reuter-Korrespondenten Harold King gab –, folgende Alternative zur EVG: Er war für eine politische Konföderation Europas, um Einigkeit unter den europäischen Mitgliedsstaaten in der Außenpolitik herzustellen und um ein bewaffnetes Deutschland daran zu hindern, politische Ziele zu verfolgen, die mit den Interessen der Atlantikpaktmächte nicht vereinbar waren. Die Streitkräfte dieser Konföderation sollten auf nationaler Basis organisiert werden, so daß jede Nation in der Lage sein würde, bei Aufstellung der Truppen ihre eigenen Traditionen zur Geltung zu bringen, die nach Meinung de Gaulles nur so einen wirklichen militärischen Wert für die europäische und atlantische Gemeinschaft besitzen konnten. Diese Konföderation würde im Gegensatz zur EVG keinen ehrgeizigen Versuch darstellen, der von Anfang an einer ausgearbeiteten europäischen Verfassung bedurfte. Er würde eher einem großen Bündnis gleichen, in dem sich jeder Mitgliedsstaat zu bestimmten gemeinsamen Regeln verpflichtete. Als wichtigste Regeln nannte de Gaulle:

1. Kein Mitglied der Konföderation dürfe versuchen, sein gegenwärtiges nationales Staatsgebiet mit militärischer Gewalt zu vergrößern.
2. Kein Mitglied dürfe irgendeine militärische Aktion gegen eine europäische Nation unternehmen, ohne das vorherige Einverständnis aller übrigen Mitgliedsstaaten eingeholt zu haben.
3. Die Bundesrepublik müsse zustimmen, im Frieden nicht mehr Divisionen zu unterhalten als Frankreich, wobei diejenigen Divisionen, die Frankreich für die Sicherung seiner überseeischen Gebiete brauche, außer Betracht bleiben sollten. Andererseits müsse Frankreich als Einheit mit seinen überseeischen Gebieten dieser Konföderation beitreten, um so gegenüber der Bundesrepublik ein Gleichgewicht herzustellen und eine deutsche Vorherrschaft in Europa zu verhindern.

Diese europäische Konföderation, die auf dem Wege einer Volksabstimmung ins Leben gerufen werden sollte, werde sich im Laufe der Zeit, nachdem die notwendige Einheitlichkeit der Außen-, Militär- und Wirtschaftspolitik hergestellt sei, zu einer Integration der Mitgliedsstaaten entwickeln, wenn dies auch eine Aufgabe der Zukunft sei, die erst angegangen werden könne, nachdem das Bündnis seine Arbeitsfähigkeit unter Beweis gestellt habe. Eine unmittelbare Auf-

[50] Poidevin, Frankreich und das Problem der EVG, S. 119.

nahme der Bundesrepublik in das nordatlantische Bündnis hielt de Gaulle aus völkerrechtlichen Gründen für nicht angezeigt: Einmal wegen des fehlenden Friedensvertrages mit Deutschland, zum andern wegen der Verträge der Sowjetunion mit England und Frankreich. Wichtigster Grund für die politische europäische Konföderation war für de Gaulle die Beseitigung der deutsch-französischen Rivalität. Nach de Gaulle mußte die europäische Einheit auf nationalen Realitäten aufgebaut werden. Der Verlust des nationalen Aspektes in der EVG mache diese militärisch und psychologisch impotent und führe zur deutschen Vorherrschaft auf Kosten Frankreichs. Analog dem Verhalten der Briten und Amerikaner, die nicht daran dächten, die nationale Unabhängigkeit und souveräne Kontrolle über ihre eigenen Armeen aufzugeben, widersetzte sich der General der in seinen Augen mit der EVG betriebenen Spaltung der französischen Armee und dem nach seiner Auffassung daraus resultierenden Ende der französischen Union[51].

Die Erhaltung nationaler Streitkräfte zur Sicherung der überseeischen französischen Besitzungen war daher der am deutlichsten erkennbare Zweck einer französischen Note, die am 11. Februar 1953 von der französischen Delegation im Interimsausschuß vorgelegt wurde. Diese Note enthielt die Entwürfe zu fünf Zusatzprotokollen sowie Hinweise auf drei weitere Gebiete, auf denen die französische Regierung eine neue Regelung wünschte. Die Zusatzprotokolle betrafen folgende Gebiete: 1. Ein Abkommen über die Austauschbarkeit des französischen Militärpersonals zwischen den integrierten und in nationaler Verfügungsgewalt verbleibenden Verbänden und eine Vereinbarung über die Anwendung der entsprechenden Artikel 10 und 31 des EVG-Vertrages; 2. ein Protokoll über die Stimmenwägung im Ministerrat; 3. ein erläuterndes Protokoll zu Artikel 75 (Mobilmachung); 4. ein Zusatzprotokoll über die Einrichtung der Schulen; 5. ein erläuterndes Protokoll zu Artikel 107 (Rüstungswirtschaft). Die übrigen Wünsche der französischen Regierung betrafen ein Abkommen über Artikel 13 des Vertrages (Entscheidung über den Abzug von EVG-Streitkräften), ein Abkommen über das Statut und eine Finanzregelung für die in Deutschland stationierten nichtdeutschen Kontingente sowie ein Durchführungsprotokoll zu Artikel 99 des EVG-Vertrages (Außenhilfe)[52].

Nach einer Analyse des Amtes Blank waren die französischen Vorschläge für die Zusatzprotokolle „Anlaß zu ernster Besorgnis“. Man glaubte eine Umkehrung der französischen Politik zu erkennen. Der Pleven-Plan habe auf die kontrollierte Ausnutzung der deutschen Wehrkraft ohne Gleichberechtigung gezielt. Als der EVG-Vertrag eine echte gleichberechtigte Verschmelzung der Wehrkraft der Partner unter gemeinsamer Kontrolle brachte, sei es das französische Bestreben gewesen, soviel Regelungen wie möglich dem nationalen Einfluß zu entziehen. Die Zusatzprotokolle zielten nunmehr aber weitgehend auf die Ersetzung europäischer Lösungen durch nationale Lösungen, jedoch in einer Form, die die Bundesrepublik von den nationalen Regelungen ausschließe oder ihr die Anwendungsmöglichkeit nehme, da sie direkt oder indirekt auf solche Staaten beschränkt seien, die überseeische Verteidigungsaufgaben hätten. Im französi-

[51] Der Bericht Harold Kings ist hier wiedergegeben nach einem Schreiben von Conrad Ahlers, das am 5.1.1953 Blank vorgelegt wurde, BA-MA, BW 9/2813.

[52] Referat Vialon, 12.1. (sic!; richtig: 12.2.) 1953, betr.: Französische Zusatzprotokolle zum EVG-Vertrag, BA-MA, BW 9/2558. Die Zusatzprotokolle waren am 20.1. von Bérard gegenüber Blank und am 26.1. von François-Poncet dem Bundeskanzler angekündigt worden. Aufzeichnungen Blanks vom 21.1.1953 Bundeskanzleramt VS – 37930 (2), hier offen. Aufzeichnungen über Besuch von Herrn François-Poncet bei dem Herrn Bundeskanzler am 26.1.1953, (anwesend ferner: Bérard, Hallstein) BA-MA, BW 9/2813. Über Entstehung und Inhalt der französischen Zusatzprotokolle siehe die ausführliche Darstellung durch Wettig, Entmilitarisierung in Deutschland, S. 534ff., und Fursdon, The European Defence Community, S. 287ff., siehe auch Guillen, Französische Generalität, S. 141ff., und Poidevin, Frankreich und das Problem der EVG, S. 119ff.

schen Vorschlag zu Artikel 13 des EVG-Vertrages erblickte das Amt Blank eine Vertragsänderung, da das im Vertrag vorgesehene Entscheidungs- und Vetorecht von SHAPE beseitigt und die Entscheidung über den Abzug europäischer Truppen französischer Nationalität ausschließlich der französischen Regierung anheimgestellt wurde. Eine solche Entscheidung bedurfte jedoch nach Auffassung des Amtes Blank der Mitwirkung von SHAPE, dem die Führungsverantwortung für die europäische Verteidigung oblag. Um eine erhebliche Gefährdung der operativen Gesamtplanung und damit der europäischen Sicherheit zu vermeiden, wollte das Amt Blank auf die ursprüngliche Regelung nicht verzichten. Was die von den Franzosen gewünschte Neuformulierung der Bedingungen für die Gewährung einer Außenhilfe anging, vermutete das Amt Blank zu Recht, daß die französische Regierung auf diesem Umweg den Einfluß des Gebers, also der USA, auf die Verteilung der Außenhilfe ausschalten wollten. Damit hätte sich nämlich für Frankreich ein Weg eröffnet, Tempo und Umfang der Aufstellung des deutschen Kontingents über die Verteilung der amerikanischen Finanzmittel und Rüstungsmaterialien weitgehendst im französischen Sinne zu beeinflussen. Für ebenso vertragsändernd hielt das Amt Blank das französische Protokoll, mit dem die Übergangsregelung für die Stimmenwägung im Ministerrat auf unbestimmte Zeit verlängert werden sollte. Im Zusammenhang mit dem Protokoll zu Artikel 13 bedeutete dieser französische Vorschlag den Versuch, nach Beseitigung des Vetorechts von SHAPE ein französisches Vetorecht einzuführen. Es hätte Frankreich am Ende ermöglicht, keinen einzigen Soldaten in der EVG zu belassen und doch sein politisches Gewicht in der EVG voll zu wahren. Das Protokoll zu Artikel 75 des EVG-Vertrages legte die Bestimmung des Umfanges der zu mobilisierenden Truppen sowie die Feststellung des Bedarfs dieser Streitkräfte und die Durchführung der Mobilmachungsmaßnahmen im Gegensatz zum EVG-Vertrag entscheidend in die Hand nationaler Behörden. Mit den französischen Änderungsvorschlägen zu Artikel 107 des EVG-Vertrages wurde eine französische Tendenz zu einer möglichst unkontrollierten nationalen Rüstungswirtschaft erkennbar. Aus diesem Grunde hielt das Amt Blank das französische Protokoll zu Artikel 107 für besonders vertragsändernd: Das EVG-Kommissariat solle dadurch verpflichtet werden, für unbegrenzte Zeit und ohne jede Möglichkeit des Widerrufs generell alle Genehmigungen für die Rüstungsproduktion für die national verbliebenen Streitkräfte zu erteilen. Das Genehmigungsverfahren werde damit zu einer reinen Formalität. Ein gemeinsames Rüstungsprogramm aller europäischen Staaten werde hierdurch hinfällig. Da die von Frankreich gewünschte Neuregelung überdies auch auf die Streitkräfte der mit Frankreich assoziierten Staaten Anwendung finden solle, werde die europäische Rüstungsproduktion für unkontrollierbare außereuropäische Ansprüche ausgenutzt und gerade im Zusammenhang mit der Verwendung der Außenhilfe einer wirksamen Kontrolle entzogen. Da auch diese Bestimmungen ausdrücklich nur auf die Staaten bezogen wurden, die überseeische Verteidigungsaufgaben besaßen, sah das Amt Blank auch hierin eine klare Diskriminierung der Bundesrepublik. Abschließend wurde in dieser Analyse des Amtes Blank festgestellt, daß es für die Bundesrepublik darauf ankomme, den europäischen Charakter des Vertrages und den Grundsatz der Nichtdiskriminierung voll zu wahren. Die Bundesrepublik könne Vertragsänderungen vor der Ratifizierung nicht zustimmen und nach der Ratifizierung nur nach den Bestimmungen des Vertrages handeln[53].

[53] Analyse und Stellungnahme zu den französischen Zusatzprotokollen zum EVG-Vertrag, 15.2.1953, von Graf Kielmansegg, Leiter der Unterabteilung, paraphiert, BA-MA, BW 9/2558, II/1 (= Militärische Abteilung/Unterabteilung Militärische Verteidigungsfragen). Siehe auch den Bericht Blanks in der 27. Sitzung des Ausschusses für Fragen der europäischen Sicherheit am 12.3.1953, Auszug aus dem stenographischen Protokoll, BA-MA, BW 9/2558.

Der Bundeskanzler stimmte dieser Würdigung der französischen Zusatzprotokolle durch das Amt Blank am 18. Februar grundsätzlich zu, verlangte jedoch, daß für die am 20. Februar im Lenkungsausschuß des Interimsausschusses in Paris beginnenden Diskussionen über die Zusatzprotokolle die Bedenken stärker aus der europäischen Sicht akzentuiert würden und die Besorgnis über die Diskriminierung Deutschlands dagegen mehr zurücktreten sollte[54]. Wie das Amt Blank war sich auch der Bundeskanzler nicht darüber im klaren, welches Ziel die Franzosen mit ihren Vorschlägen verfolgten. Gegenüber dem britischen Hochkommissar zeigte sich der Bundeskanzler sehr beunruhigt über die Abhängigkeit der französischen Regierung von den gaullistischen Stimmen[55].

Neben der Wahrung der Verteidigungsfähigkeit der französischen überseeischen Besitzungen und der Erhaltung der „Integrität" der französischen Armee dienten die französischen Protokolle, vor allem mit den Änderungswünschen hinsichtlich der Rüstungswirtschaft, offensichtlich auch dem Zweck, den Weg für den Aufbau einer nationalen französischen Nuklearrüstung offenzuhalten[56].

Während der Konferenz der Außenminister der Schuman-Plan-Länder in Rom am 24. und 25. Februar 1953 gelang es der französischen Delegation nicht, die Partnerländer davon zu überzeugen, daß die französischen Wünsche lediglich interpretativen Charakter hätten. Die nichtfranzösischen Außenminister konnten in Rom einen Beschluß durchsetzen, wonach der Interimsausschuß beauftragt wurde, „in seinen Arbeiten unter Berücksichtigung der von einigen Parteien [...] in Übersee übernommenen Verantwortlichkeiten fortzufahren und so schnell wie möglich zu Ergebnissen im Hinblick auf erläuternde Texte (textes interprétatifs) zum Vertrag zu gelangen, ohne daß dadurch der Ablauf der Arbeiten in den verschiedenen Parlamenten gestört wird"[57]. Darin zeigte sich, daß auch die übrigen Partner Frankreichs in den Zusatzprotokollen Vertragsänderungen erblickten und sie daher ablehnten. Als sich im Lenkungsausschuß am 4. März 1953 immer noch keine Einigung abzeichnete, beschloß man, den Rechtsausschuß mit den Zusatzprotokollen zu befassen. Diese streng juristische Prüfung bestätigte nach Meinung Blanks die Auffassung der nichtfranzösischen EVG-Staaten, wonach „sehr viel von den französischen Wünschen zurückgenommen werden" müsse[58], wenn eine Änderung des Vertrages vermieden werden solle.

Der französische Versuch, die unter dem Zeitdruck der amerikanischen Präsidentschaftswahlen hingenommenen Nachteile des EVG-Vertrages nachträglich durch Zusatzprotokolle auszuräumen[59], d. h. Gemeinschaftsregelungen wieder in die nationalen Befugnisse zurückzuführen, konnte nicht ohne Auswirkungen auf die Verhandlungen über den Aufbau der europäischen politischen Gemeinschaft bleiben. Am 10. März legte das Montan-Parlament zwar den „Entwurf eines Vertrages über die Satzung der Europäischen Gemeinschaft" vor, zu dessen Erarbeitung es am 10. September 1952 von den EVG-Außenministern aufgefordert worden war[60]. Angesichts

[54] Aufzeichnung vom 18.2.1953 „Besprechung über Instruktionen für Herrn Blank für die Sitzung des Lenkungsausschusses des Interimsausschusses in Paris am 20.2.1953 in Rhöndorf", BA-MA, BW 9/2558.

[55] PRO, PREM 11/438, Kirkpatrick an Foreign Office, 12.1.1953.

[56] Guillen, Frankreich und das Problem der EVG, S. 143 f. Siehe auch Anm. 221.

[57] Zit. nach dem Bericht Blanks im Ausschuß für Fragen der Europäischen Sicherheit am 12.3.1953, BA-MA, BW 9/2558.

[58] Ebd.

[59] So die Begründung Mayers gegenüber v. Brentano am 24.2.1953, Anlage zu Schreiben v. Brentanos an Bundeskanzler vom 3.3.1953. Kopie MGFA.

[60] Lipgens, EVG und politische Föderation, S. 661.

der mit den Zusatzprotokollen ausgelösten Diskussion war aber nicht zu erwarten, daß dieser Entwurf rasch den Parlamenten vorgelegt werden würde.

In der von Frankreich gleichzeitig wieder aufgeworfenen Saarfrage deuteten sich zwar Lösungsmöglichkeiten an, indem die deutsche Seite sich mit einem autonomen Status der Saar unter europäischer Kontrolle abzufinden gedachte[61], deutscherseits wehrte man sich jedoch gegen das von der französischen Regierung konstruierte Junktim zwischen einer Saar-Lösung und der französischen Ratifizierung der Verträge. Hierin wurde die Bundesregierung von Dulles unterstützt, der gleichfalls keine „organische Verbindung" zwischen der Regelung der Saarfrage und der französischen Ratifizierung des EVG-Vertrages erblicken konnte, obwohl dieser Zusammenhang im Hinblick auf das französische Anliegen einer Verbesserung der französischen wirtschaftlichen Situation gegenüber dem westdeutschen Konkurrenten innerhalb der EVG offensichtlich war. Auch der britische Außenminister Eden zeigte gegenüber den Franzosen wenig Entgegenkommen. Er maß der Saarfrage eher unter dem Aspekt der deutschen Bundestagswahl Bedeutung bei[62].

Angesichts der Erfahrungen der französischen Vorgängerregierungen konnte das Kabinett Mayer/Bidault nicht erwarten, daß seine Bemühungen um eine möglichst enge Assoziierung Großbritanniens an die EVG erfolgreicher sein würden als ihr Versuch, bei den EVG-Partnern Zusatzprotokolle zur Gewinnung der Gaullisten für die EVG durchzusetzen. Am 30. Dezember 1952 hatte der französische Botschafter in London, Massigli, bei Eden das Terrain sondiert. Massigli ging zutreffend davon aus, daß die britische Regierung damals das Zustandekommen der EVG einem unmittelbaren Beitritt der Bundesrepublik zur NATO vorzog. Er stellte jedoch die Frage, ob Großbritannien im Falle eines möglichen Rückzugs der Amerikaner aus Europa einige Jahre nach Inkrafttreten der EVG dem amerikanischen Beispiel folgen würde. Auch wollte er wissen, ob die britische Regierung nach Ratifizierung des EVG-Vertrages durch Deutschland und Frankreich eine Aufnahme der Bundesrepublik in die NATO betreiben würde und was in diesem Falle dann die Rolle der EVG sein würde. Auf die erste Frage Massiglis, die auf eine zeitlich fest umrissene britische militärische Präsenz auf dem europäischen Kontinent zielte, antwortete Eden unter geschicktem Hinweis auf die entsprechenden Wünsche nach Austauschmöglichkeiten für die französischen Truppen in den von Frankreich vorgelegten Zusatzprotokollen, auch Großbritannien könne es sich angesichts seiner weltweiten Verpflichtungen nicht leisten, einen Großteil seiner Divisionen auf unbestimmte Zeit in Europa zu binden. Bezüglich der Rolle der EVG bei einem eventuellen Beitritt der Bundesrepublik zur NATO verwies Eden auf die im EVG-Vertrag vorgesehenen Kontrollen für den deutschen Verteidigungsbeitrag, die im Rahmen eines direkten NATO-Beitritts der Bundesrepublik neu auszuhandeln große Schwierigkeiten bereiten würde[63]. In einem weiteren Gespräch Massiglis mit Eden am 9. Januar 1953 zum gleichen Thema konnte sich der französische Botschafter auf eine Erklärung von

[61] Siehe den Bericht von Bruce an das State Department vom 26.2.1953, FRUS 1952–1954, V, Teil 1, S. 740f.

[62] Siehe die Aufzeichnung über die amerikanisch-britischen Gespräche in Washington am 5.3.1953, FRUS 1952–1954, V, Teil 1, S. 748ff.; zur Saarfrage siehe ebd., S. 752. PRO, PREM 11/438, CW 1081/7, Eden an Harvey, 9.1.1953, über sein Gespräch mit dem französischen Botschafter in London am gleichen Tage, und Harvey an Foreign Office, 15.1.1953 über sein Gespräch mit Bidault.

[63] PRO, PREM 11/438, WF 1052/3, Eden an Harvey, 30.12.1952 über seine Unterredung mit Massigli am gleichen Tage.

Feldmarschall Montgomery berufen, der sich tags zuvor für eine britische Beteiligung an der europäischen Armee ausgesprochen hatte[64].

Nach einem Gespräch mit Alphand riet der ständige britische Vertreter im Interimsausschuß, Sir Hoyer Millar, am 10. Januar seiner Regierung in London, möglichst rasch ihre Absicht zu realisieren, dem Lenkungsausschuß in Paris ein britisches Memorandum über die militärische Assoziierung britischer Streitkräfte mit der EVG vorzulegen, um so einer Initiative der französischen Regierung zuvorzukommen, bei der es aller Wahrscheinlichkeit nach statt um eine rein militärische Assoziierung eher um eine politische Assoziierung oder tatsächliche britische Mitgliedschaft in der EVG gehen werde und zu deren Beantwortung das britische Memorandum über eine bloß militärische Zusammenarbeit wenig tauglich sein würde[65].

Die Warnung von Sir Hoyer Millar kam zu spät. Das während der britisch-französischen Ministerbesprechungen am 12. und 13. Februar 1953 von Bidault als Diskussionsgrundlage vorgelegte Memorandum enthielt im wesentlichen zwei neue Vorschläge:

1. England sollte die Stationierung britischer Truppen in der gegenwärtigen Stärke auf dem Kontinent zusichern, unter dem Vorbehalt, daß im Falle einer ernsten Krise in Übersee, die einen Abzug britischer Streitkräfte erforderlich machen würde, Verhandlungen darüber stattfinden sollten, wie die dem SACEUR in Europa zur Verfügung stehenden Truppen in ihrer Gesamtstärke erhalten bleiben könnten.
2. Für diese Zusicherung sollte England innerhalb der Institutionen der europäischen Verteidigungsgemeinschaft bestimmte politische Rechte genießen, in Form einer Vertretung (participation), wann immer Fragen der britischen Kooperation mit der Europäischen Verteidigungsgemeinschaft zur Debatte standen: In diesem Fall sollte ein britischer Minister an den Ministerratssitzungen der EVG teilnehmen, britische parlamentarische Beobachter den Sitzungen der EVG-Versammlung mit Rede-, jedoch ohne Stimmrecht beiwohnen und ein britischer Vertreter zum EVG-Kommissariat hinzutreten.

In dieser Form war der französische Vorschlag für Eden nicht annehmbar, ja er bezweifelte sogar, daß die Franzosen ernsthaft mit der britischen Akzeptanz rechneten. Er fand es absurd, daß die französische Regierung den Briten für eine Zusicherung der Stationierung ihrer Streitkräfte auf dem Kontinent politische Rechte als Gegenleistung anbot, die britischerseits als politische Konzessionen gewertet wurden. Gegen eine auch nur teilweise britische Beteiligung an den Institutionen der EVG war Eden schon deshalb, weil nach seiner Auffassung über kurz oder lang eine solche Beteiligung von einer Mitgliedschaft kaum mehr zu unterscheiden gewesen wäre. Vor allem aber führte er die politischen, militärischen und ökonomischen Einwände an, die einer förmlichen Verpflichtung zur Stationierung britischer Streitkräfte auf dem Kontinent in festgesetzter Stärke entgegenstanden. Edens Gegenvorschläge, die am 2. März der französischen Regierung und daraufhin den übrigen EVG-Ländern übermittelt wurden, bewegten sich allesamt im Rahmen seines Memorandums vom 10. Dezember 1952[66], das am 26. Februar 1953 vom britischen Kabinett gebilligt worden war[67].

64 PRO, PREM 11/438, WU 1197/13, Eden an Harvey, 9.1.1953 über seine Unterredung mit Massigli am gleichen Tage.

65 PRO, PREM 11/438, Sir Hoyer Millar an Foreign Office, 10.1.1953. Siehe auch den Bericht Harveys vom 15.1.1953 über ein Gespräch mit Bidault, ebd.

66 PRO, CAB 129/57, C. (52) 434, 10th December, 1952, European Defence Community and alternative Plans, Memorandum by the Secretary of State for Foreign Affairs. Siehe Seite 132 ff.

67 PRO, CAB 129/59, C. (52) 73, 21st February, 1953, United Kingdom Association with the European Defence Community, Memorandum by the Secretary of State for Foreign Affairs. CAB 128/26, pt. 1, C.C. (53) 14th Conclusions, 24th February, 1953 u. C.C. (53) 15th Conclusions, 26th February, 1953.

Zu diesen Vorschlägen zählte auch die Bereitschaft der britischen Regierung, sich einem gemeinsamen Appell anzuschließen, der die NATO-Länder aufforderte, die Dauer des Nordatlantischen Bündnisses um weitere 30 Jahre zu verlängern, um so die auf die Mitgliedschaft Großbritanniens in der NATO limitierten Garantieversprechen, die bei der Unterzeichnung des EVG-Vertrages abgegeben worden waren, auf insgesamt 50 Jahre fortzuschreiben. Diese, vor allem von den französischen Sozialisten erhobene Forderung, wurde am 5. März zwischen Eden und seinem amerikanischen Kollegen Dulles diskutiert. Dulles erinnerte zwar daran, daß für eine Verlängerung der vertraglichen Dauer des nordatlantischen Bündnisses eine Zweidrittelmehrheit des US-Senats erforderlich sei, wollte aber die Möglichkeit einer Realisierung nicht gänzlich ausschließen für den Fall, daß die Erfüllung dieser Bedingung zur Ratifizierung des EVG-Vertrages in Frankreich führen würde. Auf konkrete Schritte ließ sich Dulles jedoch nicht festlegen, war er doch gerade dabei, den indirekten amerikanischen Druck über die europäischen Partner Frankreichs auf die französische Regierung zur Ratifizierung der Verträge zu verstärken[68]. Die Chancen dieses amerikanischen Pressionsversuches standen jedoch nicht gut. Der in den französischen Zusatzprotokollen zum EVG-Vertrag manifestierte französische Trend zur Abkehr von der supranationalen Europaarmee hatte die EVG-Partner Frankreichs zutiefst verunsichert. Selbst Außenminister Bidault hatte am 17. Februar gegenüber dem amerikanischen Botschafter in Paris, Dunn, von einem „growing feeling in France accentuating a trend toward ‚coalition' rather than integration" gesprochen[69].

Churchill, der schon in der Kabinettsitzung vom 4. Dezember kein Hehl daraus gemacht hatte, daß er über ein Scheitern der EVG nicht gerade unglücklich wäre, interessierte sich am 27. Februar für die europaarmeefeindlichen öffentlichen Äußerungen General de Gaulles[70]. Es war jedoch weniger diese bekannte Aversion des alternden britischen Premiers gegenüber der supranationalen Europaarmee, die den Fortgang der Ratifizierungsprozesse in den EVG-Ländern hemmte, als vielmehr sein Versuch, auf dem Wege persönlicher Gipfeldiplomatie zur Entspannung zwischen Ost und West beizutragen, ein Unterfangen, in dem sich die „deutsche Frage" zwangsläufig aufs neue stellte.

4. Der Tod Stalins und seine Auswirkungen auf die westliche Sicherheitspolitik

Als Stalin am 5. März 1953 starb, erwarteten die westlichen Regierungen keine grundsätzliche Änderung der sowjetischen Politik. Amerikanische Geheimdienststellen waren beeindruckt von der Schnelligkeit, mit der sich der Wechsel an der sowjetischen Staatsspitze vollzogen hatte. Die neue personelle Konstellation ließ nach Auffassung des US-Geheimdienstes keinen Zweifel an einer „rigid continuity" in der sowjetischen Außenpolitik aufkommen[71]. Von der Truman-Ad-

[68] FRUS 1952–1954, V, Teil 1, S. 748ff. PRO, PREM 11/369, Makins an Foreign Office, 9.3.1953 über seine Unterredung mit Dulles. Siehe auch das Memorandum des Deputy Assistant Secretary of State for European Affairs (Bonbright) an Dulles vom 4.3.1953, FRUS 1952–1954, V, Teil 1, S. 745ff.

[69] FRUS 1952–1954, V, Teil 1, S. 732.

[70] PRO, PREM 11/373. Zur Kabinettssitzung am 4.12.1952 siehe Anm. 28.

[71] NA, RG 59, Intelligence Report No. 6226 „Soviet Adjustments to Stalin's Death", March 9, 1953.

ministration schienen keine gedanklichen Vorbereitungen für die amerikanische Politik gegenüber der Sowjetunion nach dem Tode Stalins getroffen worden zu sein. Eisenhower beklagte sich: „there is no plan, there is no agreed upon position“[72]. In einem Positionspapier des US State Department aus Anlaß der amerikanisch-deutschen Gespräche im April 1953 wurde es für unwahrscheinlich gehalten, daß es die neue Sowjetregierung für wünschenswert und möglich erachten könnte, die bisherige sowjetische Politik der Kontrolle über ihre Interessensphäre und deren Ausweitung, wo immer möglich, grundsätzlich zu ändern. Auch sei es zweifelhaft, daß das neue sowjetische Regime in seinem Versuch nachlassen werde, den Westen zu schwächen, indem es die NATO-Länder zu entzweien und die Realisierung der EVG zu verhindern trachte[73].

Auch das britische Kabinett hielt es am 21. April mehrheitlich für angezeigt, trotz der konzilianteren Haltung der neuen sowjetischen Regierung vorerst von der Annahme auszugehen, daß sich die letzten Ziele der sowjetischen Politik nicht geändert hätten. Die westlichen Länder sollten daher ihre Verteidigungsfähigkeit unter Vermeidung unnötiger Provokationen weiter ausbauen. Vor allem hinsichtlich der EVG sollten alle Anstrengungen unternommen werden, um eine Ratifizierung des Vertrages im Laufe des Sommers vor allem in Frankreich sicherzustellen[74].

Während der NATO-Ratstagung in Paris vom 23.–25. April 1953 herrschte ebenfalls Einigkeit darüber, daß man mit der westlichen Aufrüstung fortfahren müsse, um so die Grundlage für eine gerechte Regelung der ungelösten internationalen Probleme zu schaffen. Konkret einigte man sich auf die Finanzierung eines dreijährigen Infrastrukturprogramms, auf feste Aufrüstungsziele für 1953 sowie auf provisorische Aufrüstungsziele für 1954[75] (siehe Tabelle auf folgender Seite).

Obwohl diese Planziele schon deutlich hinter dem während der NATO-Ratstagung in Lissabon beschlossenen Aufrüstungsplan zurückblieben, äußerten die französische und britische Delegation starke Zweifel daran, daß es in ihren Ländern möglich sein werde, selbst diese verkürzten Aufrüstungsziele für 1954 zu erreichen. Hinweise von seiten der amerikanischen Delegation auf zu erwartende substantielle Kürzungen im amerikanischen Aufrüstungshilfeprogramm verstärkten diese Zweifel[76] und veranlaßten die europäischen NATO-Staaten, noch nachhaltiger als bisher nach einem mehr an den „intentions“ denn an den „capabilities“ der Sowjetunion orientierten längerfristigen Aufrüstungsprogramm für die NATO analog dem New Look der US-Regierung zu verlangen und in diesem Zusammenhang die Bedeutung nuklearer Gefechtsfeldwaffen („new weapons“) angemessen zu berücksichtigen. Vor dem National Security Council faßte Dulles das Ergebnis der NATO-Ministerratstagung in Paris dahingehend zusammen, daß es für die amerikanische Politik fortan darauf ankomme, bei ihrer Hilfe für die europäischen Bündnispartner Qualität vor Quantität zu setzen. Es gehe überhaupt darum, zu einer neuen NATO-Politik zu finden: „We now propose to look on NATO as the defense of Europe by Europe with United States assistance“. Unter diesen Auspizien war es begreiflich, daß der NATO-Rat in einer

[72] Zit. nach Ambrose, Eisenhower, S. 67 f.

[73] NA, RG 59, 762 A. 00/4-653, U.S.-German Political Talks, Washington, April 1951; Background Paper, U.S. Estimate of Soviet Position Following the Death of Stalin, April 1, 1953.

[74] PRO, CAB 128/26, pt. 1, C. C. (53) 28th Conclusions, 21st April, 1953, Minute 6.

[75] Zur Revision der NATO-Streitkräfteplanung im April 1953 siehe Watson, History of the Joint Chiefs 5, S. 284 ff.

[76] Über die von Eisenhower geplanten Kürzungen im US-Auslandshilfeetat siehe FRUS 1952–1954, I, S. 625 f.

Force Goals Approved by North Atlantic Council: April 1953

Force	1953 Firm Commitment		1954 Provisional Goal	
	M-day	M-day Plus 30 days	M-day	M-day Plus 30 days
Army divisions				
United States	[a]5⅓	6⅔	6⅔	8⅔
Western Europe and Canada	24⅓	49⅔	24⅔	54
Greece and Turkey	23⅓	41	23⅓	39⅓
Total divisions	53⅓	97⅓	55	103⅓
Navy ships[b]				
NATO command	693	1640	732	1764
National command	230	490	260	546
Total ships	923	2130	992	2310
Air Force aircraft				
United States	911	(c)	1628	(c)
Western Europe and Canada	4004	(c)	5103	(c)
Greece and Turkey	507	(c)	556	(c)
Total aircraft	5422	(c)	7287	(c)

[a] Fractions refer to regiments or regimental combat teams.
[b] Breakdown by country not available; figures include Turkey but not Greece, for which force goals were under study.
[c] Not available.
Quelle: Watson, History of the Joint Chiefs 5, S. 287.

Resolution die sofortige Ratifizierung der Verträge über die Europäische Verteidigungsgemeinschaft forderte[77].

Auch die offizielle westdeutsche Sprachregelung für die Auslandsvertretungen über die Vorgänge in der Sowjetunion folgte der skeptischen Beurteilung durch die Westmächte[78]. Weniger noch als diesen konnte dem Bundeskanzler an einer durch zu günstige Prognosen hinsichtlich der neuen sowjetischen Politik ausgelösten Detente im Ostwestverhältnis gelegen sein, solange die Westverträge nicht zu einem erfolgreichen Abschluß gebracht waren. Da er damit rechnete, daß die Ratifizierung des EVG-Vertrages in Frankreich noch mindestens ein Jahr in Anspruch nehmen würde, und von diesem Schwebezustand negative Auswirkungen auf den Erfolg seiner Partei bei den bevorstehenden Bundestagswahlen befürchtete, schickte er am 15. März, wenige Wochen vor seinem eigenen USA-Besuch, Herbert Blankenhorn in geheimer Mission zu dem ehemaligen US-Hochkommissar McCloy, um für eine Zwischenlösung zu werben. Nach dem

[77] Zur NATO-Ratstagung in Paris siehe FRUS 1952–1954, V, Teil 1, S. 368–399. PRO, PREM 11/369, Report of the North Atlantic Council Ministerial Meeting. Siehe auch ebd., die Memoranda von Brownjohn und Brooks vom 25.3.1953 und Bericht des Chancellor of the Exchequer an den Prime Minister v. 24.4.1953. Über die Diskussion im britischen Kabinett siehe CAB 128/26, pt.1, C.C. (53) 28th Conclusions, 21st April, 1953, Minute 6 und CAB 128/26, pt.1, C.C. (53) 29th Conclusions, 28th April, 1953, Minute 7.

[78] AA an alle diplomatischen und berufskonsularischen Auslandsvertretungen, betr.: Die Nachfolge Stalins, 28.3.1953, Kopie MGFA.

Bericht McCloys an Außenminister Dulles[79] ließ der Bundeskanzler durch Blankenhorn mitteilen, daß er zwar generell Bescheid wisse, was in Ostdeutschland vor sich gehe, daß er aber keinerlei Nachrichten über die Situation in der Sowjetunion nach dem Tode Stalins besitze. Trotzdem war Adenauer der Überzeugung, „that the Soviets are preparing something definite, perhaps in respect to Berlin, but probably with the idea of again testing strengths in Europe, say in 1954." Aus diesem Grunde wolle der Bundeskanzler, so hieß es in dem Bericht McCloys weiter, alles daransetzen, um die Westverträge im Parlament so rasch wie möglich zu verabschieden. Unmittelbar nach der Ratifizierung der Verträge durch die Bundesrepublik wollte der Bundeskanzler mit der Ausbildung deutscher Kader-Einheiten aus Freiwilligen strikt nach den EVG-Bestimmungen beginnen. Diese vornehmlich in amerikanischen, möglicherweise aber auch in britischen und französischen Einheiten auszubildenden Kader sollten beim Heer etwa 30000 wehrmachtgediente Offiziere (bis zum Rang eines Obersten) und Unteroffiziere sowie 60000 ungediente Rekruten umfassen. Für die Luftwaffe waren insgesamt 10000, für die Marine 5000 ehemalige Offiziere und Freiwillige vorgesehen. Als politische Maßnahmen erhoffte der Bundeskanzler, daß die US-Regierung nach Ratifizierung der Verträge durch die Bundesrepublik bei den Franzosen und Briten um deren Inkraftsetzung nachsuchte, um so der Bundesrepublik schon vor der Ratifizierung der Verträge durch die übrigen Vertragspartner die volle Gewalt in äußeren und inneren Angelegenheiten nach den Bestimmungen des Artikels 1 des Generalvertrages zu verschaffen. Die Alliierten (einschließlich der Franzosen) sollten ihre Vorbehaltsrechte aus dem Generalvertrag und ihre Rechte nach dem Truppenvertrag während dieser Interimsperiode bis zur Ratifizierung der Verträge durch alle Vertragspartner in vollem Umfang genießen.

Obwohl er die Gefährdung der Politik des Bundeskanzlers erkannte, falls die Bundestagswahl im September noch unter dem Besatzungsstatut durchgeführt werden müßte[80], war Dulles nicht bereit, im Interesse einer vorgezogenen Kader-Ausbildung in der Bundesrepublik einer Aufhebung des Junktims zwischen der Ratifizierung der Verträge durch die Bundesrepublik und der Ratifizierung durch die übrigen Länder zuzustimmen. Er versprach dem Bundeskanzler während der deutsch-amerikanischen Gespräche in Washington am 8. April 1953 lediglich, daß die US-Regierung im Falle der Ratifizierung der Verträge durch die Bundesrepublik bezüglich des Wunsches des Bundeskanzlers, die deutschen Vertretungen in Washington, London und Paris in den Rang von Botschaften zu erheben, bei der französischen und britischen Regierung sondieren wolle[81].

[79] FRUS 1952–1954, V, Teil 1, S. 770ff. u. VII, Teil 1, S. 405ff.

[80] NA, RG 59, 762 A. 00/5–753, Department of State an HICOG Bonn, 7.3.1953.

[81] FRUS 1952–1954, V, Teil 1, S. 786ff. Siehe auch das Memorandum Riddlebergers vom 29. März 1953, FRUS 1952–1954, VII, Teil 1, S. 416ff. NA, RG 59, 762 A. 00/4–653, U.S.-German Political Talks, Washington, April 1953, Interdepartmental Meeting Agenda, 1.4.1953. FRUS 1952–1954, VII, Teil 1, S. 424ff.

5. Churchills Initiative für Gipfelgespräche mit der Sowjetregierung

Die prominienteste Ausnahme von der eher skeptischen Reaktion auf den Führungswechsel im Kreml bildete die Initiative Churchills vom 11. März 1953, mit der dieser sich, anknüpfend an seine Gespräche mit dem amerikanischen Präsidenten Anfang Januar in New York, für ein amerikanisch-britisch-sowjetisches oder nur britisch-sowjetisches Gipfeltreffen einsetzte[82]. Trotz der Ablehnung, die sein Vorschlag auch dieses Mal in Washington erfuhr, sprach sich Churchill am 11. Mai im britischen Unterhaus erneut nachdrücklich für eine baldige Einberufung einer solchen Konferenz aus, wobei er zum ersten Mal die Sicherheitsinteressen der Sowjetunion öffentlich anerkannte und ein neutralisiertes, wiedervereinigtes Deutschland als Teil einer Gesamtregelung mit der Sowjetunion nach dem Locarno-Modell nicht ausschloß[83]. Churchills Vorschlag stieß nicht nur bei den Verbündeten auf deutliche Ablehnung, selbst das Foreign Office hielt es für angezeigt, den Premierminister daran zu erinnern, daß die Aufrüstung der Bundesrepublik, ihre Integration in Westeuropa, die gemeinsamen Verteidigungsanstrengungen sowie die Politik der europäischen Einigung alles Teile eines Ganzen seien, und daß man bei einer Revision der Politik gegenüber der Bundesrepublik Gefahr laufe, daß dieses gesamte Gebäude zusammenbreche und die Grenzen des Sowjetblocks an den Rhein verschoben würden[84]. Im US State Department verwies man auf die Rede Eisenhowers vom 16. April, in der er seine Bereitschaft zu einem Treffen mit der sowjetischen Regierung bekundet hatte, falls diese glaubwürdige Beweise guten Willens vorlege. Als Voraussetzung für eine Wende in den sowjetisch-amerikanischen Beziehungen hatte Eisenhower folgende Punkte genannt:

1. Abschluß eines ehrenvollen Waffenstillstandes in Korea,
2. freie Wahlen in einem wiedervereinigten Korea,
3. Abschluß eines Vertrages mit Österreich,
4. Freilassung der österreichischen Kriegsgefangenen,
5. Ende der Feindseligkeiten in Indochina und Malaya,
6. Aufbau eines vereinten freien Europa,
7. Beitritt eines freien, wiedervereinigten Deutschland zu diesem Europa mit einer aus freien, geheimen Wahlen hervorgegangenen gesamtdeutschen Regierung,
8. Freiheit der osteuropäischen Staaten, ihre eigene Regierungsform zu wählen, und Beitritt dieser Staaten zur europäischen Gemeinschaft der freien Nationen und damit Beendigung der unnatürlichen Teilung Europas,
10. umfassende Abrüstung,
11. internationale Kontrolle der Atomenergie[85].

[82] Zur Churchill-Initiative siehe neben der Arbeit von Seldon, Churchill's Indian Summer, die ausführlichen Darstellungen von Steininger, Ein vereintes, unabhängiges Deutschland; ders., Eine Chance zur Wiedervereinigung, S. 76ff.; Foschepoth, Churchill; Carlton, Anthony Eden, S. 330ff. Glees, Churchill's last Gambit.

[83] Hansard, House of Commons, Fifth Series, Vol. 515, S. 887ff.

[84] PRO, PREM 11/449, abgedruckt bei Steininger, Ein vereintes, unabhängiges Deutschland, Dok. Nr. 4. Shuckburgh, Descent to Suez, S. 83ff.

[85] Steininger, Ein vereintes, unabhängiges Deutschland, S. 114. Eisenhowers „peace message" vom 16.4.1953 ging auf eine Anregung des Secretary of Defense, Charles E. Wilson, vom 16.2. zurück; NA, RG 59, 611.61/2-2153, Wilson an Eisenhower. Siehe auch die Diskussion hierüber im Policy Planning Staff am 7.3. und das Memorandum von Dulles vom 27.2., ebd., Records of the PPS.

Die französische Regierung, der ein wiedervereinigtes Deutschland ohnehin ein Dorn im Auge war[86], zeigte sich brüskiert von der Absicht Churchills, Frankreich von der Teilnahme an einer Gipfelkonferenz auszuschließen[87]. Um sich in dieser Frage Gehör zu verschaffen, drängte die französische Regierung am 20. Mai bei Eisenhower auf ein Treffen der drei westlichen Regierungschefs, ein Vorschlag, dem Eisenhower am gleichen Tage nach Rücksprache mit Churchill, jedoch entgegen dem Rat des State Department zustimmte.

Trotz der Versicherung, die Adenauer bei seinem Londonbesuch am 14./15. Mai 1953 von Churchill erhalten hatte, Großbritannien werde zu seinen Verpflichtungen gegenüber der Bundesrepublik stehen und niemals Vereinbarungen mit den Sowjets hinter dem Rücken der Bundesregierung treffen, war der Bundeskanzler äußerst beunruhigt[88]. Er hielt es für notwendig, den Westmächten erneut den Standpunkt der Bundesregierung zur Wiedervereinigung Deutschlands mitzuteilen. Am 29. Mai 1953 übersandte er daher Eisenhower ein Memorandum, das neben dem Hinweis auf freie Wahlen für eine gesamtdeutsche Regierung, der „das Recht einer freien und gleichberechtigten Nation, sich zu friedlichen Zwecken mit anderen Nationen zusammenzuschließen", nicht vorenthalten werden dürfe, auch den Ansatz eines europäischen Sicherheitssystems enthielt: „Der Vertrag über die europäische Verteidigungsgemeinschaft begrenzt die zukünftigen Streitkräfte der Bundesrepublik und gewährleistet damit die Sicherheit ihrer Nachbarn. Deutschland rechnet seinerseits damit, daß auch seine eigene Sicherheit gewährleistet wird[89]." Am 10. Juni legte die Bundesregierung eine Resolution vor, die vom Bundestag mit Ausnahme der KPD-Abgeordneten gebilligt wurde und die die nach Ansicht der Bundesregierung unerläßlichen Voraussetzungen für die Wiederherstellung der Einheit Deutschlands in Frieden und Freiheit aufführte: 1. Abhaltung freier Wahlen in ganz Deutschland, 2. Bildung einer freien Regierung für ganz Deutschland, 3. Abschluß eines mit dieser Regierung frei vereinbarten Friedensvertrages, 4. Regelung aller noch offenen territorialen Fragen in diesem Friedensvertrag, 5. Sicherung der Handlungsfreiheit für ein gesamtdeutsches Parlament und eine gesamtdeutsche Regierung im Rahmen der Grundsätze und der Ziele der Vereinten Nationen[90]. Zwei Ereignisse spielten den Gegnern der Initiative Churchills in die Hände: Die brutale Niederwerfung des Aufstandes in der DDR am 17. Juni 1953 durch die sowjetische Besatzungsmacht war für all jene, die im Westen am bisherigen Kurs ihrer Deutschlandpolitik festhalten wollten, eine Bestätigung[91]. Am 23. Juni erlitt Churchill einen Schlaganfall, der es ihm unmöglich machte, den beschlossenen Konferenzfahrplan einzuhalten. Die geplante westliche Gipfelkonferenz auf den Bermudas, die wegen der Regierungskrise in Frankreich und dem Sturz der Regierung Mayer am 21. Mai schon einmal auf den 29. Juni verlegt worden war, wurde nunmehr auf unbestimmte Zeit verschoben. Statt dessen sollte vom 10. bis 14. Juli in Washington eine Außenministerkonferenz stattfinden.

Als am 6. Juli das britische Kabinett die von der britischen Delegation in Washington einzunehmende Position diskutierte, folgte es am Ende der allgemeinen Linie eines Memorandums

[86] Siehe die Äußerung Mayers gegenüber Dulles am 26.4.1953, FRUS 1952–1954, V, Teil 1, S. 396f.

[87] Nach einer Abschrift eines Gesprächs zwischen Bidault, Mayer und Adenauer am 11.5.1953, hielt Bidault den Gedanken eines Konklave zu dritt für „inadmissible" und auch der Bundeskanzler fand die Rede Churchills „betrübend", Kopie MGFA.

[88] Siehe den Bericht Bruces an USHICOM, Bonn, vom 29.5. über ein Gespräch mit Hallstein, FRUS 1952–1954, VII, Teil 1, S. 457f.

[89] Adenauer, Erinnerungen 2, S. 217f. FRUS 1952–1954, VII, Teil 1, S. 460ff.

[90] Dokumentation zur Deutschlandfrage, hrsg. von Heinrich Siegler, S. 172.

[91] Baring, 17. Juni

des amtierenden Außenministers Lord Salisbury, in dem die Auffassung des Foreign Office wie folgt zusammengefaßt wurde:

1. Die bisherige Deutschlandpolitik müsse öffentlich bekräftigt werden.
2. Die Politik Bundeskanzler Adenauers sei weiterhin zu unterstützen.
3. Bei den Franzosen müsse auf eine möglichst rasche Ratifizierung der Verträge gedrängt werden, die die sicherste Politik gegenüber Deutschland darstellten und die erforderliche Position der Stärke schafften, aus der heraus mit der Sowjetunion wirksam verhandelt werden könne.
4. Dulles müsse abgehalten werden „from any dangerous new initiatives intended to provoke early liberative movements behind the Iron Curtain, as distinct from continued support and encouragement of a spirit of independence and resistance to Communism".
5. Der Notwendigkeit, die militärischen Verteidigungsanstrengungen des Westens beizubehalten und zu verstärken „more especially through the N.A.T.O.", sei zuzustimmen.
6. Die US-Regierung solle dazu überredet werden, die Tür für Viermächtegespräche auf Gipfel- und informeller Ebene offenzuhalten[92].

In der gleichen Kabinettssitzung verlas der amtierende britische Außenminister, Lord Salisbury, ein Schreiben Churchills, in welchem dieser seine Überzeugung kundtat, daß in den kommenden 20 Jahren Deutschland nicht mit Rußland zusammengehen und sich nicht gegen den Westen kehren werde, da der Charakter des deutschen Volkes über die servilen Lebensumstände in der kommunistischen Welt erhaben sei, ihm am Beispiel der Sowjetzone die Schrekken kommunistischer Herrschaft noch viele Jahre lang vor Augen schweben würden, und der Haß, den Hitler gegen den Bolschewismus erzeugt habe, noch stark sei. Aber auch dem sowjetischen Sicherheitsinteresse vor einer neuerlichen „Hitlerite invasion" müsse Rechnung getragen werden. Abschließend verlangte Churchill, „the early ratification of E.D.C. followed by a four-Power Conference: the whole policy being simultaneously announced"[93]. Im Grunde hatte sich im Kabinett damit die Position des Foreign Office als Verhandlungsgrundlage für die Washingtoner Konferenz gegenüber der viel offeneren deutschland- und ostpolitischen Konzeption Churchills durchgesetzt.

Während die britische Regierung sich für eine Viererkonferenz erst nach Ratifizierung der EVG aussprach, sah sich die französische Regierung außerstande, den EVG-Vertrag dem französischen Parlament zur Entscheidung vorzulegen, solange eine Viererkonferenz nicht stattgefunden hatte, auf der die von Churchill aufs neue aufgeworfene Frage der Wiedervereinigung Deutschlands geklärt wurde[94].

Es lag auf der Linie der bereits geschilderten Position der amerikanischen Regierung, daß sie gegen Vierergespräche mit der Sowjetunion war, solange die Integration der Bundesrepublik in

[92] PRO, CAB 129/61, C. (53) 187, 3rd July, 1953, Foreign Ministers Meeting in Washington. Policy towards the Soviet Union and Germany. Memorandum by the Acting Secretary of State for Foreign Affairs, abgedruckt in Steininger, Ein vereintes, unabhängiges Deutschland, Dok. 8.

[93] PRO, CAB 129/61, C. (53) 194, 7th July, 1953, Policy towards the Soviet Union and Germany. Note by the Acting Secretary of State for Foreign Affairs. PREM 11/449, abgedruckt bei Steininger, Ein vereintes, unabhängiges Deutschland, Dok. 10, und ders., Eine Chance zur Wiedervereinigung, Dok. 141. Zur Diskussion im biritischen Kabinett siehe CAB 128/26, pt. 2, C.C. (53) 39th Conclusions, 6th July, 1953, Minute 2. Siehe auch US-Botschaft London an Department of State, 7.7.1953, FRUS 1952–1954, V, Teil 2, S. 1595 ff.

[94] Lord Salisbury berichtete dem britischen Kabinett am 8.7.1953 über eine entsprechende Mitteilung des französischen Botschafters. PRO, CAB 128/26, pt. 2, C.C. (53) 40th Conclusions, 8th July, 1954.

den Westen nicht durch die Ratifizierung der Verträge gesichert war. Die Auffassung Eisenhowers zur deutschen Wiedervereinigung basierte weniger auf der Anerkennung legitimer sowjetischer Sicherheitsinteressen, wie das bei Churchill der Fall zu sein schien, sondern vielmehr auf der auch nach der Truman-Administration fortgesetzten Politik der Stärke. Die Feststellung des stellvertretenden NATO-Oberbefehlshabers, Feldmarschall Montgomery, vom 2. Juli 1953, daß nach der Bewaffnung und Integration der Bundesrepublik in den Westen ein wiedervereinigtes Deutschland nur noch mit Waffengewalt wiederhergestellt werden könne – eine Tatsache, die ihm, so Montgomery, auch der Bundeskanzler bestätigt habe[95] – hielt der amerikanische Präsident für unzutreffend: „I feel that if the integration should take place and progress succesfully, then we will see a steady social, political, military and economic advance in Western Germany. This will greatly increase the pressures inside Eastern Germany for joining up with the other part of Germany. It might even become impossible for the Communists to hold the place by force. While out of this situation there might develop conditions that could be *almost* provocative to a general war, this would come about only if the East – that is, Russia – conducted such a campaign of reprisal, repression, and cruelty that the whole Eastern world would break into flames. However, this could not possibly come about until the West, with the great advantages of EDC, and with greater unification of Western Europe, would have achieved a position of strength that would certainly have a sobering effect on any Russian plan for risking a global war[96]."

Außenminister Dulles wollte sich auf keine Vierergespräche mit den Sowjets einlassen, bevor nicht eine feste Übereinkunft unter den drei Westmächten einschließlich eines Zeitplans erreicht war, um die Risiken zu vermindern, die im Zusammenhang mit den Bundestagswahlen und dem Ratifizierungsprozeß in der Zeit von September bis Oktober 1953 bestanden[97]. Er hielt es allerdings für unwahrscheinlich, daß während der Washingtoner Gespräche eine solche Einigung unter den Westmächten erreichbar sein würde. Auf jeden Fall wollte er vorher auch die Bundesregierung konsultieren. Daher wies er den amerikanischen Hochkommissar, Conant, an, die Meinung des Bundeskanzlers zu folgenden Punkten einzuholen:

1. Ist es im Hinblick auf die Bundestagswahl und auf mögliche Auswirkungen auf den Ratifizierungsprozeß des EVG-Vertrages sowie im Lichte der Vorgänge in der Sowjetzone wünschenswert, in Viermächtegespräche mit den Sowjets einzutreten? Wenn ja, welches wäre der beste Zeitpunkt und die beste Ebene?
2. Falls der Bundeskanzler für Viermächtegespräche eintrete oder solche aufgrund des britisch-französischen Drucks oder auf Druck der Weltmeinung nicht zu vermeiden seien, wäre es dann für den Westen wünschenswert, die Initiative zu ergreifen und solche Gespräche mit den Sowjets vorzuschlagen und die deutsche Frage vor oder während eines solchen Treffens aufzuwerfen?

95 PRO, PREM 11/370, Political Factors affecting the present state of the game in NATO, abgedruckt von Steininger, Ein vereintes, unabhängiges Deutschland, Dok. 9. Adenauers Politik der Stärke schloß jedoch die Anwendung von Waffengewalt aus. Siehe dazu den Beitrag Volkmann in diesem Band, S. 334 ff.

96 Eisenhower an Montgomery, 14.7.1953, Kopie MGFA. Siehe auch das Schreiben Eisenhowers an Adenauer vom 23.7.1953, wiedergegeben bei Adenauer, Erinnerungen II, S. 229 ff. und FRUS 1952–1954, VII, Teil 1, S. 491 ff.

97 Am 26.4. hatte Dulles gegenüber Mayer die Auffassung vertreten, falls sich eine Viermächtekonferenz schon vor dem Inkrafttreten der EVG nicht vermeiden lasse, solle der Westen wenigstens vor einer Behandlung der Deutschlandfrage Korea, Indochina und Österreich als Agenden durchsetzen. FRUS 1952–1954, V, Teil 1, S. 396 f.

3. Sollte eine solcher alliierter Vorschlag sich auf die fünf Punkte der Bundestagsresolution oder auf die acht Punkte des Bundeskanzlerbriefs an Präsident Eisenhower beschränken oder sollte der alliierte Vorschlag einen kompletten Friedensvertragsentwurf und die Wiedervereinigung enthalten?

Dulles gab zu erkennen, daß er die Fortsetzung des Notenaustausches mit der Sowjetunion über Deutschland einem Vierertreffen mit der Sowjetunion vorzog[98]. Dieser Meinung war offenbar auch der Bundeskanzler. Conant berichtete am 2. Juli Dulles, Adenauer widersetze sich vehement Vierergesprächen auf jeglicher Ebene während des Monats August und sei generell gegen solche Gespräche, solange keine vernünftige Sicherheit bestehe, daß sie erfolgreich seien. Dabei hielt es der Bundeskanzler für kein annehmbares Ergebnis einer solchen Konferenz, wenn sie lediglich eine neuerliche Demonstration der sowjetischen Weigerung bedeuten würde, zu einer Lösung der europäischen Probleme einschließlich der deutschen Frage zu kommen[99]. Um so größer war dann vermutlich die Überraschung, als am 10. Juli 1953 Blankenhorn im Auftrag des Bundeskanzlers unmittelbar im State Department vorsprach und ein Schreiben für Außenminister Dulles als dem Vorsitzenden der Außenministerkonferenz in Washington überreichte, in dem Adenauer eine Viererkonferenz über die Deutschlandfrage für spätestens Herbst 1953 vorschlug. Als Grundlage dieser Beratungen nannte der Bundeskanzler die vom Deutschen Bundestag in seiner Sitzung vom 10. Juli 1953 beschlossenen fünf Punkte. Gleichzeitig bezeichnete Adenauer die europäische Verteidigungsgemeinschaft wieder als den Ausgangspunkt für ein Sicherheitssystem, das die Sicherheitsbedürfnisse aller europäischen Völker, einschließlich des sowjetischen Volkes, berücksichtige. Dieses System solle sich einfügen in das von Präsident Eisenhower in seiner Rede vom 16. April vorgeschlagene System allgemeiner Abrüstung und Sicherheit im Rahmen der Vereinten Nationen[100].

Folgt man den Erinnerungen Herbert Blankenhorns, so war der Bundeskanzler seinem Vorschlag gefolgt, einer mit Sicherheit zu erwartenden Initiative der Sowjetunion zuvorzukommen, mittels der diese versuchen würde, auf die Bundestagswahlen Einfluß zu nehmen. Blankenhorn rechnete damit, daß die Sowjets hinsichtlich Wiedervereinigung und freien Wahlen zum Schein weitgehend auf deutsche Wünsche eingehen würden, um in der deutschen Öffentlichkeit den Eindruck zu erwecken, eine Lösung der deutschen Frage scheitere eigentlich nur an mangelndem guten Willen der Bunderegierung. Da Blankenhorn mit Sicherheit erwartete, daß eine deutsche Initiative für die Abhaltung einer Viermächtekonferenz von den Sowjets mit der Gegenforderung eines Verzichts auf die Ratifizierung des EVG-Vertrages beantwortet würde, hielt er es für notwendig, den deutschen Vorschlag mit dem Angebot eines Sicherheitssystems zu verbinden, wofür gewisse Elemente bereits in dem Vertrag über die Europäische Verteidigungsgemeinschaft, besonders hinsichtlich der Rüstungsbeschränkungen für die Bunderepublik, enthalten waren. Diese Sicherheitsgarantien galten nach Auffassung Blankenhorns für den Westen und den Osten gleichermaßen. Botschafter Bruce, dem der Brief des Bundeskanzlers vorgelegt wurde, erklärte sein Einverständnis mit den Motiven und dem Inhalt dieser Initiative des Kanz-

[98] Ebd., Teil 2, S. 1585 ff.
[99] Ebd., S. 1587 ff. Siehe auch FRUS 1952–1954, VII, Teil 1, S. 478 ff.
[100] Die deutsche Fassung des Briefes ist wiedergegeben bei Adenauer, Erinnerungen II, S. 225 f. Engl. Fassung: PRO, PREM 11/419.

lers[101]. Immerhin hat sich Blankenhorn am 10. Juli 1953 dieser Argumentation gegenüber James W. Riddleberger, Director of the Bureau of German Affairs im US State Department, bedient[102]. Nach dem Bericht Sir Frank Roberts an das Foreign Office vom 11. Juli 1953 hatte ihm Blankenhorn in Washington mitgeteilt, daß der Bundeskanzler seinen Vorschlag für eine Viererkonferenz sehr rasch und hauptsächlich aus wahltaktischen Gründen getroffen habe. Ihm hätten Nachrichten vorgelegen, wonach die SED mit der heimlichen Unterstützung durch SPD-Kreise mit dem sowjetischen Hochkommissar in der DDR, Semjonow, eine neue Initiative für eine Viermächtekonferenz gegen Ende Juli ausarbeiten würden. Daher sei der Kanzler der Auffassung gewesen, daß die Westmächte selbst die Initiative ergreifen und deutlich machen sollten, daß er, Adenauer, selbst diesen Vorschlag unterbreitet habe[103]. Auch in den Erinnerungen Adenauers klingt das wahltaktische Motiv für seinen Vorschlag deutlich an, wenn er feststellt, daß das Eingehen der Westalliierten auf seinen Vorschlag ein Beschluß war, „der der SPD geradezu den Atem raubte, da sie der Bundesregierung stets vorwarf, wir verhinderten eine Viermächtekonferenz"[104]. Neben diesem innenpolitischen Motiv läßt sich aber auch eine französische Einflußnahme ausmachen. Am 7. Juli 1953 hatte der stellvertretende französische Ministerpräsident, Pierre-Henri Teitgen, Blankenhorn vor möglichen negativen Konsequenzen gewarnt, die sich im Falle einer eventuellen Wahlniederlage des Bundeskanzlers für das deutsch-französische Verhältnis ergeben würden. In diesem Zusammenhang hatte Teitgen die Frage gestellt, ob sich der Bundeskanzler nicht bereitfinden könne, Bidault nach Washington einen Brief zu schreiben, in dem er diesen bitte, auf der Außenministerkonferenz eine gemeinsame Erklärung der drei westlichen Alliierten durchzusetzen, mit der sich diese eindeutig zur europäischen Integration bekannten und den Hinweis damit verbanden, daß in dieser Integration Sicherheitsgarantien für alle europäischen Länder, also auch für das sowjetische Volk, enthalten seien[105]. Es gibt Anzeichen dafür, daß Adenauers Vorschlag mehr war als nur ein wahltaktischer Schachzug. Die Idee eines Ausbaus der EVG zu einem europäischen Sicherheitssystem wurde von deutscher Seite, möglicherweise ohne die aktive Beteiligung des Bundeskanzlers, zu einem Vorschlag für eine truppenverdünnte Zone in Mitteleuropa konkretisiert[106] und gesellte sich damit zu ähnlichen Überlegungen des belgischen Außenministers Paul van Zeeland[107] und zu Vorstellungen von Außenminister Dulles, die dieser am 6. September 1953 Eisenhower unterbreitete. Alle diese Überlegungen waren Ausdruck einer nach dem Tode Stalins und als Reaktion auf die Vorgänge in Osteuropa, einschließlich des Volksaufstandes in der DDR, kurzfristig in Bewegung geratenen westlichen Außenpolitik gegenüber der Sowjetunion. Es handelte sich, und sei es nur um

[101] Blankenhorn, Verständnis und Verständigung, S. 158ff. Extract from the Diary of David K. E. Bruce, Thursday, July 9, 1953, FRUS 1952–1954, VII, Teil 1, S. 484f.

[102] FRUS 1952–1954, V, Teil 2, S. 1606f.

[103] PRO, PREM 11/419, Lord Salisbury aus Washington an Foreign Office, Nr. 1465, 11.7.1953.

[104] Adenauer, Erinnerungen II, S. 226f. Anfangsjahre der Bundesrepublik Deutschland, S. 130.

[105] Aufzeichnungen Blankenhorns vom 7.7.1953, Kopie MGFA.

[106] Siehe den Bericht Conants an das State Department vom 16.9.1953, FRUS 1952–1954, V, Teil 1, S. 806f.

[107] Der Van-Zeeland-Plan (Literaturhinweise dazu siehe Angaben in Anm. 109) ging ebenso wie die westdeutschen Vorstellungen über eine demilitarisierte Zone in Mitteleuropa vom Zustandekommen der EVG aus. Siehe die Unterredung van Zeelands mit Eisenhower am 29.9.1953, FRUS 1952–1954, V, Teil 1, S. 813f.

entsprechenden Erwartungshaltungen in der Öffentlichkeit zu genügen[108], wenigstens um gedankliche Ansätze einer alternativen Politik.

Spätestens Ende Oktober 1953 wurden diese alternativen politischen Überlegungen jedoch wieder von der bisherigen rigiden Containmentpolitik eingeholt, da sie nach Meinung der Mehrheit der verantwortlichen westlichen Politiker unkalkulierbare Risiken für den schwebenden Ratifizierungsprozeß der EVG und damit für die Integration der Bundesrepublik in den Westen, letztlich also für den Abschluß der Formation des Westblocks, enthielten. Darüber hinaus war die mit diesen Vorschlägen implizierte Wiederaufrüstung eines wiedervereinigten Deutschlands unter gleichzeitigem Abzug angelsächsischer Truppen zumindest aus Kontinentaleuropa nicht mit dem westlichen Interesse der Sicherheit vor Deutschland in Einklang zu bringen[109].

Während der Außenministerkonferenz in Washington vom 10.–14. Juli 1953, welche ganz unter dem Eindruck des Sturzes Berijas stand, gab Dulles dem Drängen Bidaults nach, der eine Viererkonferenz über Deutschland als unabdingbare Voraussetzung für die Verabschiedung der Verträge durch das französische Parlament forderte[110]. Für diese modifizierte amerikanische Position hatte der Vorschlag des Bundeskanzlers den Ausschlag gegeben. Dulles machte jedoch seine Zustimmung zu Vierergesprächen über Deutschland von der festen Zusage Bidaults abhängig, daß die französische Regierung alles in ihrer Macht Stehende unternehmen werde, um die Europäische Verteidigungsgemeinschaft und die übrigen europäischen Integrationsprogramme so rasch wie möglich zu realisieren. Der englischen Delegation blieb nichts anderes übrig, als auf diesen Kurs einzuschwenken, wozu Lord Salisbury am 11. Juli um die Zustimmung des britischen Kabinetts nachsuchte[111]. Obwohl Dulles gegenüber Salisbury im privaten Gespräch erklärte, daß bei gewissen Fortschritten während dieser Vierergespräche auf Außenministerebene – woran Dulles freilich nicht glauben wollte – gegen Ende der Konferenz auch die Staatschefs hinzugezogen werden könnten, war sich Churchill darüber im klaren, daß diese hauptsächlich auf das Deutschlandproblem beschränkte Konferenz nur sehr wenig mit seinem ursprünglichen Vorschlag eines Gipfeltreffens ohne feste Agenda gemein hatte. Enttäuscht telegraphierte er am 11. Juli Lord Salisbury nach Washington, er werde hoffentlich nicht zulassen, daß das Kommuniqué in eine „bristling hedge of conditions“ entartete. Bidaults Argument, daß man eine Viererkonferenz haben müsse, um durch deren erhofften Zusammenbruch der EVG

[108] Amerikanische Stellen hatten die Situation in der Bundesrepublik am 3.7.1953 wie folgt analysiert: „Events, which are largely beyond the political control of any of the participants, have convinced the West Germans that the present fluidity of the international situation has enlarged their sphere of action and made possible a more flexible approach to the integration-unification issue. This development does not mean that the Germans will bolt the Western camp or adopt a neutralist position; but there is a mounting conviction that the static foreign policy of the present government has become absolescent and that eventual reunification might be brougth about by means short of complete integration with the West.“ NA, RG 59, Department of State, Office of Intelligence Research, Intelligence Report No. 6338, New Elements in West German Foreign Policy, July 3, 1953.

[109] Zu den Vorschlägen eines europäischen Sicherheitssystems nach Stalins Tod siehe die ausführliche Darstellung und Dokumentation von Rupieper, Wiedervereinigung und europäische Sicherheit; ders., Deutsche Frage und europäische Sicherheit. Haftendorn, Sicherheit und Entspannung, S. 81. Gaddis, Strategies of Containment, S. 190. Siehe auch das persönliche Schreiben Conants an Dulles vom 17.7.1953, FRUS 1952–1954, VII, Teil 1, S. 487 ff.

[110] Zur Außenministerkonferenz in Washington vom 10.–14.7.1953 siehe FRUS 1952–1954, V, Teil 2, S. 1582 ff. und die Berichte des britischen Delegationsleiters, Lord Salisbury, an das Foreign Office in PRO, PREM 11/419.

[111] PRO, PREM 11/419, Lord Salisbury an Sir Roger Makins, 11.7.1953, No. 1471.

im französischen Parlament zum Erfolg zu verhelfen, sei kläglich. Die Amerikaner müßten dem augenblicklichen Geschehen in der Sowjetunion und den vielen günstigen Ereignissen, die stattgefunden hätten, Gerechtigkeit widerfahren lassen, vor allem dürfe Malenkov nicht bei seinen Bemühungen um Mäßigung entmutigt werden, was nur seinen internen Gegnern in die Hände arbeiten würde. Die Sowjetunion habe ein Recht auf Sicherheit, daß es nicht Opfer eines neuerlichen „Hitler attack" würde. „This is all in accordance with U.N.O. and we are all already bound to resist the aggressor and aid the victim of aggression. As these conditions are not likely to occur for many years, it costs us little to offer security against them, and thus finds something to say which strenghtens the forward movement of peace forces in the Soviet Union[112]." Daß Churchill die altbekannte Forderung des Bundeskanzlers, daß ein Friedensvertrag mit einer deutschen Gesamtregierung frei ausgehandelt werden müsse, in Zweifel zog, ist besonders aufschlußreich für die deutschlandpolitische Grundposition des britischen Premiers. Am 12. Juli telegraphierte er Lord Salisbury: „It ought not to be entirely overlooked that we won the war on the basis of unconditional surrender. I do not press the point, and as you know I am very friendly to the Germans. Still I think this aspect of complete equality between victors and vanquished is one that should not remain unnoticed[113]." Lord Salisbury sah sich dadurch veranlaßt, seinen Premierminister an die Grundlagen des EVG-Vertrages und die damit verbundenen britisch-amerikanischen Garantien zu erinnern, deren Hauptzweck es ja gerade gewesen sei zu verhindern, soweit menschenmöglich, daß es zu einem sowjetisch-deutschen Zusammengehen komme. Nach Lord Salisbury war es seit jeher das Hauptziel der britischen Deutschlandpolitik gewesen, „to work for a reunited Germany which would itself be in effect an extension of the Federal Republic with the same international position and obligations"[114].

Dies blieb trotz seines Eintretens für Viermächtegespräche auch die Linie des Bundeskanzlers. Am 2. Juli hatte er gegenüber dem amerikanischen Hochkommissar Conant erklärt, daß eine gesamtdeutsche Regierung nicht frei sein würde, sich eine nationale Armee zuzulegen und ein Bündnis mit Sowjetrußland einzugehen. Auf den Einwand Conants, dies sei nicht genau der Sinn des fünften Punktes der Bundestagsresolution, der einer gesamtdeutschen Regierung die volle Bündnisfreiheit einräume, erwiderte der Kanzler, man solle diese Resolution nicht zu wörtlich nehmen. Nach den Notizen Conants machte sich der Bundeskanzler offenbar Hoffnungen, daß diese Position von der Sowjetunion früher oder später akzeptiert werden würde: Die verzweifelte wirtschaftliche Lage zwinge Rußland zur Wiederaufnahme seiner Handelsbeziehungen mit der freien Welt. Der Bundeskanzler scheine zu glauben, daß die Sowjets so etwas wie die 5-Punkte-Resolution des Bundestages als Grundlage für die Wiedervereinigung akzeptieren würden, und daß hierfür keine westlichen Konzessionen erforderlich seien. Nach Conant befand sich der Bundeskanzler mit seiner derart extrem optimistischen Sicht der Dinge weder im Einklang mit seiner – Conants – Auffassung noch mit der seines Stabes[115].

Das britische Kabinett gab am 13. Juli seine Zustimmung, daß die britische Delegation in Washington sich dem amerikansich-französisch-deutschen Programm für Vierergespräche über Deutschland und Österreich anschloß[116]. Daraufhin einigten sich die drei westlichen Außenminister auf einen Notenentwurf an die Sowjetregierung, der sich jedoch mit seinem Forderungskatalog so eng an die Bundestagsresolution vom 10. Juni anlehnte, daß er – gerade im Lichte der

[112] PRO, PREM 11/419, Churchill an Lord Salisbury, 11.7.1953, No. 2772.
[113] PRO, PREM 11/419, Churchill an Lord Salisbury, 12.7.1953, No. 2779.
[114] PRO, PREM 11/419, Lord Salisbury an Churchill, 17.8.1953, P.M./S/53/286.
[115] FRUS 1952–1954, V, Teil 2, S. 1587 ff.
[116] PRO, CAB 128/26, pt. 2, C.C. (53) 42nd Conclusions, 13th July, 1953, Minute 1.

oben zitierten Bewertung Conants – die Absicht der Westmächte offenbarte, von vornherein ein Scheitern der Vierergespräche ins Auge zu fassen[117].

Als am 13. August im nationalen Sicherheitsrat die amerikanische Deutschlandpolitik (NSC 160) diskutiert wurde[118], meinte C. D. Jackson, Special Assistant Präsident Eisenhowers, daß die USA mit ihrer Forderung nach deutscher Wiedervereinigung auf der Basis freier Wahlen und nach sowjetischer Akzeptanz eines wiedervereinigten Deutschlands in der EVG von der Sowjetregierung die Annahme eines „almost impossible package" verlange. Da die Sowjets diesen Vorschlag nicht akzeptieren könnten, müsse die US-Regierung nach neuen Wegen suchen, um die eigene Manövrierfähigkeit in ihrer Deutschlandpolitik wiederzugewinnen. Als eine Möglichkeit unter anderen nannte Jackson, nunmehr mit der schrittweisen Bewaffnung der Bundesrepublik zu beginnen. Auch Harold E. Stassen, Director for Mutual Security, bemängelte in der amerikanischen Deutschlandpolitik „a rigidity of thought which was not justified by the facts of the situation". Er hielt es für falsch, nicht schon vor der Ratifizierung der EVG durch Frankreich wenigstens in bescheidenem Umfang mit der Ausbildung und Bewaffnung westdeutscher Streitkräfte zu beginnen. Mit ihren Vorschlägen unterstützten Jackson und Stassen den Druck des Pentagons, das für eine Entscheidung über die EVG und erforderlichenfalls das Anlaufen von Alternativen den 1. Januar 1954 als Frist gesetzt sehen wollte. Verteidigungsminister Wilson nannte als Grund hierfür unter anderem das sich inzwischen anhäufende Kriegsmaterial für die geplanten westdeutschen Divisionen: „What are we going to do with all these arms?" Dulles verteidigte dagegen die Position des State Department und konnte sich am Ende erfolgreich jeder Fristsetzung für die Realisierung der EVG und allen Plänen einer unilateralen Aufrüstung der Bundesrepublik widersetzen. Er war sich mit dem Präsidenten darin einig, daß die Gefahr eines allgemeinen Krieges derzeit so gering sei wie in keinem der vorausgegangenen Jahre, so daß „the urgency to rearm Germany was perhaps not so great as we had thought". Dulles wollte zwar keine Gelegenheit zur deutschen Wiederbewaffnung versäumen, hielt es jedoch für töricht, „to try to settle on a German policy here today, in view of the current confusion in France and Italy". Eine unilaterale Bewaffnung der Bundesrepublik würde ein kommunistisches Frankreich mit all den negativen Konsequenzen für die Situation der amerikanischen Streitkräfte in der Bundesrepublik zur Folge haben. Seiner Bemerkung, daß in diesem Fall eine unilateral bewaffnete Bundesrepublik für die USA nutzlos sein würde, hielt Stassen entgegen, daß der Verlust der Bundesrepublik an die Sowjetunion noch gravierender sei und daß man daher an alternative Verteidigungsmöglichkeiten in Europa denken müsse „with France out of the picture". Dulles war sich zwar mit Verteidigungsminister Wilson darin einig, daß das NSC Planning Board sich sofort mit Alternativen zur EVG befassen sollte, zumal er es für nötig hielt, sich Gedanken darüber zu machen, was geschehen würde, falls Frankreich und Italien „unzuverlässige NATO-Mitglieder" werden würden. Diese Alternativen hatten für Dulles aber hauptsächlich die Funktion, als Druckmittel für die EVG-Ratifizierung zu wirken. Dies galt in besonderem Maße für sein Zugeständnis, „to begin to talk about and even to make a start on rearming Germany" für den Fall, daß nach den Bundestagswahlen im September nur die französische Ratifizierung der EVG noch ausstünde. Auf keinen Fall dürften daraus jedoch ernste Belastungen für das amerikanisch-französische Verhältnis entstehen.

[117] Text siehe FRUS 1952–1954, VII, Teil 1, S. 601 f.
[118] Ebd., S. 501 ff.

Das Ergebnis dieser Diskussion wurde von Eisenhower am 13. August in Form einer grundsätzlichen deutschlandpolitischen Direktive (NSC 160/1) gebilligt[119]. Darin wurde an der Unterstützung der europäischen Integration und an der Teilnahme der Bundesrepublik am westlichen Verteidigungssystem im Rahmen der EVG und unter dem Kommando der NATO festgehalten. Die deutsche Mitgliedschaft in der NATO sollte nach Ratifizierung der EVG zu einem geeigneten Zeitpunkt angestrebt werden. Für den Fall, daß die EVG innerhalb einer vernünftigen Frist nicht realisierbar erschien, sollte die US-Regierung andere Wege in Betracht ziehen, um den Deutschlandvertrag unabhängig vom EVG-Vertrag in Kraft zu setzen, um rasch zu einer ausreichenden europäischen Verteidigung zu kommen und um auf andere Weise eine Assoziierung der Bundesrepublik mit den europäischen Sicherheitsarrangements zu erreichen. Um zu verhindern, daß die Deutschen eventuellen sowjetischen Vorschlägen für ein wiedervereinigtes Deutschland aus freien Wahlen, jedoch mit dem Verbot, Bündnisse einzugehen, folgten, wurde in NSC 160/1 dringend empfohlen, eine einheitliche westliche Position zu erarbeiten, die einem wiedervereinigten Deutschland die volle Souveränität einräume, einschließlich des Rechts, sich dem Westen anzuschließen. Obwohl letzteres als wahrscheinlicher politischer Kurs eines wiedervereinigten Deutschlands angenommen wurde, war man sich des Risikos bewußt, daß dieses Deutschland versucht sein könnte, sich für die Neutralität und die außenpolitische Handlungsfreiheit zu entscheiden. Dieses Risiko müsse man jedoch, so hieß es in NSC 160/1, unter den gegenwärtigen Bedingungen eingehen, es erfordere jedoch gründliche Überlegungen für einen eventuell erforderlichen Rückzug der westalliierten Verbände aus der Bundesrepublik: „Under western plan for a Germany with full freedom of action in external affairs, such withdrawal might be necessary temporarily, until Germany invited their return pursuant to her right to make alliances, and permanently if she failed to do so. The possible removal or relocation of the forces of the Western Powers now in Germany would involve the risk of major dislocations in present U.S. and NATO plans which would need careful evaluation and replanning to guard against unacceptable weaknesses during any transition. Such planning would take account of the effect of current U.S. atomic superiority, as well as the difficulty of finding places in Europe for stationing troops temporarily withdrawn from Germany and the possible impact of U.S. troop withdrawal upon European opinion."

Nach dem deutlichen Wahlsieg des Bundeskanzlers vom 6. September 1953 waren die amerikanischen Zugeständnisse bezüglich einer Viermächtekonferenz über Deutschland vor Ratifizierung des EVG-Vertrages obsolet geworden. Auch Viererverhandlungen, besonders Gipfelgespräche, mit der Sowjetunion über mögliche Sicherheitsgarantien waren nach übereinstimmender Auffassung von Eisenhower und Dulles vor Ratifizierung der EVG ebenfalls nicht opportun, da nach ihrer Meinung die Sowjets wahrscheinlich nicht an einer Lösung europäischer Fragen interessiert waren, solange sie eine Chance sahen, die EVG zu verhindern. Am 16. Oktober 1953 hatten die drei westlichen Außenminister in London die Frage möglicher Sicherheitsgarantien für die Sowjetunion ohne konkretes Ergebnis diskutiert und die Behandlung dieser Frage einem Expertengremium übertragen[120]. Auf Betreiben des Bundeskanzlers hatte Dulles in London gegenüber Eden und Bidault durchgesetzt, daß in der westlichen Antwortnote vom 18. Oktober (auf die Sowjetnote vom 28. September) jeglicher Hinweis auf europäische Sicherheitsgarantien

[119] NSC 160/1, United States Position With Respect to Germany, August 17, 1953, ebd., S. 510 ff.

[120] FRUS 1952–1954, VII, Teil 1, S. 690 und 697. Das Expertengremium tagte vom 21.10. bis zum 2.11. Die Delegationen wurden von François Seydoux (Frankreich), Sir Frank Roberts (Großbritannien) und von Douglas MacArthur II (USA) angeführt; siehe ebd., S. 722 ff.

bzw. einen Nichtangriffspakt mit der Sowjetunion unterblieb[121]. Am 23. Oktober schrieb Dulles an Eisenhower: „Talks at the London Conference and with Hallstein (Germany) and Alphand (France) here, and the probable action on EDC in France by January, all lead me to the conclusion that we ougth not seriously to seek discussions with the Soviets until decisions have been taken on EDC[122].“ Die im internen amerikanischen Planungsprozeß gesetzten Daten für die Aufrüstung der Bundesrepublik drängten zur Eile. Am 13. Oktober hatte der Nationale Sicherheitsrat eine Empfehlung des Secretary of Defense angenommen, wonach der 1. April 1954 als Planungsdatum für den Beginn der Aufstellung westdeutscher Streitkräfte festgelegt wurde. Dieses Datum sollte als Richtlinie für die Produktion und Lieferung der Ausrüstung für die westdeutschen Streitkräfte durch die USA nach Ratifizierung der EVG gelten[123].

Als sich in dem darauffolgenden Notenwechsel[124] die Aussichten für eine Viererkonferenz immer mehr verschlechterten, weil die Sowjets eine Fünferkonferenz unter Einschluß Rotchinas und mit einer wesentlich erweiterten Agenda forderten – Bedingungen, die die US-Regierung ablehnte –, erneuerte Churchill am 5. November seinen Wunsch nach einem Gipfeltreffen der westlichen Regierungschefs auf den Bermudas. Gegen eine Teilnahme Frankreichs hatte Churchill nun nichts mehr einzuwenden, bot sie doch Gelegenheit, mit der französischen Delegation über die EVG zu sprechen, „which surely we ougth to get settled now“[125]. Denn auch Churchill hing zumindest insoweit einer Politik der Stärke an, als er sich von einem ratifizierten EVG-Vertrag eine günstigere Ausgangsposition für Gipfelgespräche mit der Sowjetführung versprach. Seiner Meinung nach war die westdeutsche Aufrüstung das einzige, wovor sich die Sowjets fürchteten. In Anlehnung an die traditionelle englische Gleichgewichtspolitik in Europa verkündete er: „Ich möchte Deutschland und die EVG dazu benutzen, Rußland bei Vernunft zu halten – damit es mitspielt. Und ich würde Rußland gebrauchen, um zu verhindern, daß Deutschland uns entgleitet[126].“ Obwohl Eisenhower befürchtete, daß die Bermundakonferenz den Gegnern der EVG in Frankreich Anlaß zu weiteren Verzögerungen geben könnte, stimmte er am 6. November dem Vorschlag Churchills zu[127]. Nach einer Sprachregelung des State Departments sollte die Bermudakonferenz jedoch lediglich dem Gedankenaustausch über allgemeine Themen von gegenseitigem Interesse dienen und nicht notwendigerweise zu Entschlüssen führen[128].

[121] Ebd., S. 694 ff. Siehe auch den Bericht Dulles' vor dem NSC am 22.10., ebd., S. 719.

[122] The Secretary of State, Memorandum for the President, October 23, 1953, Subject: Atomic Speech; Kopie MGFA. Siehe auch die grundsätzlichen Ausführungen über Verhandlungen mit der Sowjetunion in dem bereits oben erwähnten Dokument NSC 162/2 vom 30.10.1953, FRUS 1952–1954, II, Teil 1, S. 584 f.

[123] FRUS 1952–1954, VII, Teil 1, S. 543. Theodor Blank hatte schon Anfang Juli gegenüber amerikanischen Gesprächspartnern nachdrücklich betont, daß sowohl die Vorarbeiten des EVG-Interimsausschusses zu zivilen und militärischen Strukturen der EVG als auch die nationalen westdeutschen Vorbereitungen soweit gediehen seien, daß mit einer raschen Aufstellung der Streitkräfte gerechnet werden könne, sobald der EVG-Vertrag ratifiziert sei. Ebd., S. 483 f.

[124] Sowjetnote vom 4.8.1953, ebd., S. 604 ff. Note der Westmächte vom 2.9.1953, ebd., S. 630 ff. Sowjetnote vom 28.9.1953, ebd., S. 639 ff. Note der Westmächte vom 18.10.1953, ebd., S. 656 ff. Sowjetnote vom 3.11.1953, ebd., S. 658 ff.

[125] Churchill an Eisenhower, 5.11.1953, ebd., V, Teil 2, S. 1711 f.

[126] Zitiert nach Steininger, Ein vereintes, unabhängiges Deutschland, S. 123.

[127] FRUS 1952–1954, V, Teil 2, S. 1712 f.

[128] Ebd., S. 1713, Editorial Note.

Als die Sowjetregierung am 26. November überraschend doch noch auf den zuletzt in ihrer Note vom 3. November gemachten Vorschlag der Westmächte für ein Treffen der Außenminister in Lugano einging, wobei sie sich allerdings für Berlin als Konferenzort aussprach, war zwar der amerikanische Versuch, eine Viermächtekonferenz vor Ratifizierung des EVG-Vertrages in Paris zu verhindern, mißlungen, gleichzeitig versorgte die Sowjetregierung jedoch die Bermuda-Konferenz mit einem konkreten Tagesordnungspunkt (nämlich der Antwortformulierung auf die Sowjetnote) und lenkte so von einer Diskussion der weitergehenden Vorstellungen Churchills von einem Ost-West-Gipfeltreffen ab. Dieser Umstand hat vermutlich Churchill dazu veranlaßt, während der Bermuda-Konferenz die Frage eines Ost-West-Gipfeltreffens erst gar nicht ernsthaft in die Debatte zu werfen. Statt dessen trat er als einer der stärksten Befürworter für eine rasche Verabschiedung der EVG durch das französische Parlament auf. Die EVG zu verhindern war jedoch gerade das erklärte Motiv für das sowjetische Einlenken gewesen[129].

6. Die Konferenz der Regierungschefs und Außenminister der USA, Großbritanniens und Frankreichs auf den Bermudas vom 4. bis 8. Dezember 1953

Gleich zu Beginn der Konferenz ließ Eisenhower keinen Zweifel darüber aufkommen, daß er nicht daran dachte, an einem Gipfeltreffen mit der Sowjetführung teilzunehmen, bevor diese auf einer vorausgegangenen Außenministerkonferenz nicht ihren guten Willen zur Lösung der internationalen Probleme unter Beweis gestellt hätte[130]. Ebenso unmißverständlich machte er klar, daß er im Umgang der Westmächte mit der Sowjetunion die Führungsrolle beanspruchte: Er kündigte an, daß er am 8. Dezember den Vereinten Nationen den Vorschlag für die Einrichtung einer Atomenergiebehörde unterbreiten werde, die allen Ländern den Zugang zu Spaltmaterial zur Verwendung für friedliche Zwecke ermöglichen sollte. Dieser Atomenergiebehörde unter der Kontrolle der Vereinten Nationen sollten die Atommächte einen bestimmten Anteil ihres spaltbaren Materials zur Verfügung stellen. Neben dem Motiv, die Sowjetunion auf dem Gebiet der friedlichen Nutzung der Atomenergie zur internationalen Kooperation zu bewegen, sind die sicherheitspolitischen Hintergedanken des amerikanischen Präsidenten unübersehbar. Den Teilnehmern an der Bermuda-Konferenz erklärte er unumwunden, daß einer der Zwecke seiner Initiative die Verminderung der sowjetischen Vorräte an spaltbarem Material sei[131]. Es ist nahe-

[129] Text der sowjetischen Note vom 26.11.1953, ebd., VII, Teil 1, S. 673 ff.

[130] Ebd., V, Teil 2, S. 1739 f. Zur Bermuda-Konferenz siehe die amerikanischen Aufzeichnungen ebd., S. 1710 ff., und die britischen Berichte in PRO, PREM 11/619 u. 11/369. Shuckburgh, Descent to Suez, S. 110 ff. Siehe auch Young, Churchill, the Russians and the Western Alliance.

[131] FRUS 1952–1954, V, Teil 2, S. 1752. Nach der Konferenz führte Eisenhower dazu folgendes aus: „the US could unquestionably afford to reduce its atomic stockpile by two or three times the amounts that the Russians might contribute to the UN Agency, and still improve our relative position in the cold war and even in the event of the outbreak of war." Immerhin gab Eisenhower seiner Hoffnung Ausdruck, daß sein Vorschlag einer Atomenergiebehörde „would bring disarmament a little closer". Zit. nach Gaddis, Strategies of Containment, S. 192. Siehe auch Eisenhower Diaries, S. 261 f., und Ambrose, Eisenhower, S. 147 ff. FRUS 1952–1954, II, Teil 2, S. 1285 ff. Text der Rede in Department of State Bulletin, Dec. 21, 1953, S. 847 ff., u. Europa-Archiv, 1954, S. 6275 ff.

liegend, anzunehmen daß der amerikanische Präsident mit seinem Vorschlag die Rigorosität zu kompensieren versuchte, mit der er sich anschickte, den tatsächlichen Einsatz atomarer Waffen im Rahmen der amerikanischen New-Look-Strategie in Betracht zu ziehen. In einer Unterredung mit Churchill am 5. Dezember erklärte er, daß er glaube, „that atomic weapons were now coming to be regarded as a proper part of conventional armament and that he thought this a sound concept“[132]. Während Churchill Eisenhower in dieser Frage zustimmte, schien Eden ziemlich beunruhigt, zumal Eisenhower tags zuvor angekündigt hatte, im Falle eines Bruchs des am 27. Juli 1953 erreichten Waffenstillstandes in Korea Atomwaffen gegen militärische Ziele einzusetzen[133]. Auch vor dem Hintergrund seiner Analyse der sowjetischen Politik seit dem Sturz Berijas ist es eher unwahrscheinlich, daß Eisenhower mit den Sowjets zu diesem Zeitpunkt in ernsthafte Abrüstungsverhandlungen eintreten wollte. Die etwas differenzierteren Lagebeurteilungen Bidaults und Churchills wischte Eisenhower mit der Bemerkung vom Tisch, er wolle bei der Lösung der Frage nach einem eventuellen New Look in der sowjetischen Außenpolitik nicht davon ausgehen, „that there had been any change in the Soviet policy of destroying the Capitalistic free world by all means, by force, by deceit or by lies. This was their long-term purpose. From their writings it was clear there had been no change since Lenin[134].“ Laniel hatte dagegen am 17. November gegenüber dem amerikanischen Geschäftsträger in Frankreich, Achilles, die Meinung vertreten, der Westen sei bei seinen Beziehungen zur Sowjetunion an einem neuen Wendepunkt angelangt, er halte es jedoch nicht für ratsam, dies in der Öffentlichkeit all zu sehr herauszustellen. Nicht in der Möglichkeit irgendwelcher Verhandlungserfolge mit der Sowjetunion sah Laniel die Chance für den Weltfrieden, sondern in der Unwahrscheinlichkeit eines sowjetischen Angriffs. Man solle sich in Europa darauf einrichten, daß der Kontinent auf viele Jahre hin geteilt bleibe. Die erforderlichen Verteidigungsmittel sollten angesichts dieser längerfristigen Situation so ökonomisch wie möglich bemessen werden[135].

Bidault, der auf den Bermudas für den erkrankten Laniel sprach, verwies auf das nicht unproblematische sowjetisch-chinesische Verhältnis, in dem das Fehlen der bisherigen Integrationsfigur Stalin spürbar werde. Zusammen mit Schwierigkeiten auf wirtschaftlichem Gebiet sah Bidault darin einen Anlaß für die Sowjetführung zu einer Änderung der politischen Atmosphäre, nicht jedoch zu einer grundsätzlichen Änderung in der sowjetischen Außenpolitik. Vor allem in den an die französische Adresse gerichteten sowjetischen Signalen bezüglich Indochinas und des Deutschlandproblems erblickte Bidault einen durchsichtigen sowjetischen Versuch, unter Ausnutzung der gegen Hitler-Deutschland noch virulenten Ressentiments in Frankreich eine Spaltung des westlichen Bündnisses herbeizuführen. Es komme daher alles darauf an, durch eine feste Haltung allen eventuellen Illusionen in der öffentlichen Meinung des Westens im Hinblick auf die geänderte Taktik der Sowjets entgegenzuwirken.

Deutlicher als Bidault wollte Churchill einen New Look in der sowjetischen Politik erkennen. Als Gründe hierfür nannte auch er die ökonomische Situation der Sowjetunion und vor allem den Widerstand, den die sowjetische Expansion durch den Westen in der Vergangenheit erfahren habe. „He found it reasonable to believe that these two facts (1) opposition from the United States and (2) the need for economic hope may well have brought about an definite change in Russian policy and outlook which may govern their actions for many years to come. Therefore,

[132] FRUS 1952–1954, V, Teil 2, S. 1768.
[133] Ebd., S. 1739. Zur Reaktion Edens siehe Carlton, Anthony Eden, S. 335.
[134] FRUS 1952–1954, V, Teil 2, S. 1761.
[135] Ebd., S. 1719.

on the question of a new look he would answer let us make sure that we do not too lightly dismiss this possibility[136]." Doch auch für Churchill kam es in erster Linie darauf an, die westliche Einheit zu bewahren. So erklärte er im Verlauf einer kurzen Diskussion über mögliche Sicherheitsgarantien für die Sowjetunion: „We should do something to reassure them. This, of course, was a minor thing compared to the need of maintaining our unity and self-defense[137]."

Damit sprach Churchill besonders Dulles aus dem Herzen, der auf einen frühen Termin für die Außenministerkonferenz mit den Sowjets drängte. Ihm war vor allem daran gelegen, sie so rasch wie möglich und unter möglichst geringem Schaden für den Westen hinter sich zu bringen[138]. Nachdrücklich wies er die Verbündeten auf die Schwierigkeiten hin, auf die die US-Administration im Zusammenhang mit dem Auslandshilfeprogramm im Kongreß stieß. Falls die Wahrscheinlichkeit raschen Handelns und besonders die Schaffung eines „strong Franco-German kernel of strength for NATO" nicht gegeben sei, werde es sehr schwer werden, weitere Mittel vom Kongreß bewilligt zu bekommen. Die Gespräche mit den Sowjets müßten so rechtzeitig beendet werden, daß die notwendigen parlamentarischen Schritte im Laufe des Februar möglich seien. In diesem Zusammenhang erinnerte Dulles an das sogenannte Richards-Amendment vom Juli 1953, mit dem der US-Kongreß die Lieferung von 50 Prozent der für das Haushaltsjahr 1954 festgelegten Militärhilfe für Europa vom Zustandekommen der EVG abhängig gemacht hatte[139]. Am Ende einigten sich die drei westlichen Regierungschefs unter Berücksichtigung der französischen Präsidentschaftswahlen auf den 4. Januar 1954 als Termin für den Beginn der Außenministerkonferenz mit den Sowjets. Er wurde in der Antwortnote der Westmächte, deren Text auch vom Bundeskanzler und dem Berliner Bürgermeister Schreiber gebilligt wurde, am 8. Dezember den Sowjets übermittelt[140].

Nachdem so der französische Wunsch nach einer Viererkonferenz mit den Sowjets vor einer Ratifizierungsdebatte über die EVG in der französischen Nationalversammlung erfüllt war, verwandten sowohl die britische wie auch die amerikanische Delegation den Hauptteil der verbleibenden Verhandlungszeit auf den Bermudas darauf, bei Bidault eine rasche Verabschiedung der EVG durch das französische Parlament anzumahnen, die Briten und Amerikaner schon während der Washingtoner Konferenz zur Bedingung ihrer Zustimmung zu einer Viererkonferenz gemacht hatten. Die Chancen einer Verabschiedung des EVG-Vertrages durch die französische Nationalversammlung hatte sich inzwischen jedoch erheblich verschlechtert. Während einer ursprünglich über die europäische politische Gemeinschaft angesetzten Debatte vom 17.–27. November war es zu heftigen Diskussionen über die EVG gekommen. Ein Resolutionsentwurf der Sozialisten, der die prinzipielle Zustimmung des französischen Parlaments zur europäischen Ar-

[136] Ebd., S. 1759. Am 14.10.1953 hatte Churchill einer wesentlich zurückhaltenderen Lagebeurteilung der britischen Chiefs of Staff zugestimmt, die keine Veranlassung sahen, ihre bisherige Einschätzung der Bedrohung durch die Sowjetunion aufzugeben, jedoch glaubten, daß die Sowjetregierung „temporarily at least, will be more cautious in the conduct of their cold-war struggle against the West. While this trend continues, the danger of war developping from a series of miscalculations will be smaller than it was". Damals wollte Churchill nicht, daß diese britische Lageanalyse amerikanischen Stellen zur Kenntnis gebracht wurde, um die Amerikaner nicht unnötigerweise zu Kürzungen in ihrem Verteidigungshaushalt zu ermuntern. PRO, CAB 131/13, D. (53) 45, 1st October, 1953, Likelihood of general war with the Soviet Union up to the end of 1955, Memorandum by the Chiefs of Staff. CAB 131/13, D. (53) 13th Meeting, 14th October, 1953, Minute 5.

[137] FRUS 1952–1954, V, Teil 2, S. 1830.

[138] Dulles an Eisenhower, 2.12.1953, Gaddis, Strategies of Containment, S. 191.

[139] FRUS 1952–1954, V, Teil 2, S. 1764. Zum Richards-Amendment siehe ebd., Teil 1, S. 796 ff.

[140] Text der Note siehe ebd., Teil 2, S. 1837.

mee feststellen sollte, war mit 247 gegen 325 Stimmen abgelehnt worden. Am Ende war mit knapper Mehrheit ein ordre du jour mit 275 gegen 244 Stimmen angenommen worden, der in einer unverbindlichen Formulierung die Europapolitik der französischen Regierung unterstützte. Da die französische Regierung mit diesem ordre du jour die Vertrauensfrage gestellt hatte, kann angenommen werden, daß ein Großteil der Abgeordneten nur deshalb für den ordre du jour gestimmt hatte, weil er unmittelbar vor der Konferenz auf den Bermudas eine Regierungskrise vermeiden wollte[141]. Nach der französischen Parlamentsdebatte schätzte Bidault die Lage der EVG sehr pessimistisch ein. Er befürchtete sogar, daß sich nach einer wahrscheinlichen Ablehnung der EVG durch das französische Parlament dort auch keine Mehrheit für eine eventuelle Aufnahme der Bundesrepublik in die NATO finden werde. Als Folge davon entstehe, so Bidault, Neutralismus und „damage to the whole fabric of the Atlantic alliance"[142].

Bidault, der sich persönlich während der Debatte in der französischen Nationalversammlung durch eine leidenschaftliche Rede für die EVG hervorgetan hatte, unterstrich daher auf der Bermuda-Konferenz ebenso eindringlich die zwei wichtigsten Voraussetzungen für eine Verabschiedung der EVG durch das französische Parlament: 1. eine im französischen Sinne befriedigende Regelung der Saarfrage, 2. eine langfristige Zusage über die Stationierung britischer und amerikanischer Streitkräfte auf dem europäischen Kontinent. Die zweite Bedingung wurde von Bidault als zentrales Problem herausgestellt. Eindringlich warnte er die britischen und amerikanischen Konferenzteilnehmer: „Nothing could be worse than the idea held in some ill-intentioned quarters that the counterweight of the U.S. and U.K. could be lacking and that the rearmament of Germany, instead of adding new divisions, would merely replace the troops of old allies by those of an old enemy, with whom the French wish to be friends but realize this could not be done in a day. Thus, it appeared indispensible that the strength of U.S. and U.K. forces stationed in Europe should represent a definite proportion of total forces and have a definite proportion relationship to the German forces of the couverture[143]." Da ein britisch-amerikanisches Gegengewicht, wenn überhaupt, dann offensichtlich nur im Rahmen des nordatlantischen Bündnisses erreichbar war, ging Bidault während der Bermuda-Konferenz besonders auf das Verhältnis von EVG und NATO und auf die Rolle ein, die Frankreich in der nordatlantischen Allianz zu spielen gedachte[144]. Er erinnerte an die Außenministerkonferenz in Washington vom September 1951, während der als leitender Grundsatz der Einschluß Frankreichs in eine sich fortwährend entwickelnde atlantische Gemeinschaft herausgestellt worden sei. Er sprach von einer aufrechtzuerhaltenden Parallelität zwischen EVG und atlantischer Gemeinschaft und kündigte französische Vorschläge für eine Reform des atlantischen Bündnisses an. Konsequenterweise bemühte

[141] Fauvet, Naissance et mort d'un traité, S. 37 ff. Latte, Die französische Europapolitik, S. 49.

[142] PRO, PREM 11/618, Sir Oliver Harvey an Foreign Office.

[143] FRUS 1952–1954, V, Teil 2, S. 1800. Siehe auch die Berichte Sir Oliver Harveys an das Foreign Office vom 28.11.1953 über eine Unterredung mit Maurice Schumann, PRO, PREM 11/618.

[144] In einer Richtlinie für den U.S. Commander in Chief, European Command, vom 26.8.1953 hatten auch die Joint Chiefs of Staff von neuem die Rolle der NATO als der entscheidenden Instanz zur Balance einer möglichen deutschen Vorherrschaft in Europa herausgestellt: „The Federal Republic's capability for leadership within a unified Western European community will be feared by France, unless potential German predominance in a united Europe is compensated by closer and more organic ties between Europe and the United States, within the framework of a developping Atlantic Community, as provided by U.S. existing policies." FRUS 1952–1954, VII, Teil 1, S. 522. Da dies die eventuelle Mitgliedschaft der Bundesrepublik in der NATO implizierte, wurde in NSC 160/1 „United States Position With Respect to Germany" vom 17.8.1953 empfohlen, nach Ratifizierung der EVG zu einem geeigneten Zeitpunkt dieses Ziel anzustreben, ebd., S. 519.

sich Bidault um eine Restitution der französischen Stellung innerhalb des Bündnisses, die seines Erachtens nicht durch die Dienste, die Frankreich mit seiner Teilnahme an der supranationalen EVG dem Bündnis zu leisten gedachte, in Mitleidenschaft gezogen werden durfte. Konkret hieß dies, „that while France wishes to build Europe, it does not wish to be engulfed by it and thereby lose its individual personality so that the Continental character of France would no longer be considered except through the European Community, of which France would be a part but not necessarily a spokesman. The position of France on the Standing Group could not be questioned[145]. Auch vor der französischen Nationalversammlung am 20. November 1953 hatte Bidault keinen Zweifel darüber aufkommen lassen, daß er Frankreich von der Gefahr einer allzu engen supranationalen Umarmung durch die EVG und die europäische politische Gemeinschaft befreien wollte. „Cette communauté ... ne saurait à compétence universelle et à vocation générale". Die Kompetenzen der europäischen politischen Gemeinschaft müßten strikt auf die Montanunion und die EVG beschränkt bleiben und dürften in keinem Fall automatisch ausgedehnt werden. In Anlehnung an die auf der Baden-Badener EPG-Konferenz gefundene Formel, in der die Europäische Politische Gemeinschaft als eine Gemeinschaft „souveräner Staaten" bezeichnet wurde, stellte Bidault fest: „la communauté politique à constituer ne sera pas un Etat[146]".

Alle Versuche Bidaults und Laniels[147], während der Bermuda-Konferenz von ihren britischen und amerikanischen Kollegen Zugeständnisse in der Saarfrage und in der Frage der Stationierung britisch-amerikanischer Streitkräfte auf dem Kontinent zu bekommen, blieben erfolglos. Wortreich beschwor Churchill die französische Delegation, „not to let a few fields in the Saar valley come between the life and death of the flaming spirit of France and the break up of the great structure on which so many hopes had been founded[148]. Auch von seiten der amerikanischen Delegation erfuhr Bidault keine konkrete Unterstützung in der Saarfrage.

Seit dem entscheidenden Wahlsieg des Bundeskanzlers im September 1953 hatte die US-Regierung jedoch ihren Durck auf den Bundeskanzler in Richtung auf eine konziliantere Haltung in der Saarfrage verstärkt. In einem Schreiben vom 20. November erinnerte Dulles den Kanzler an dessen Versprechen, eine Lösung der Saarfrage herbeizuführen, das dieser während seines USA-Besuches im April 1953 gegeben hatte. Trotz einer gewissen Annäherung des deutsch-französischen Standpunktes nach einem Treffen des Bundeskanzlers mit Außenminister Bidault am Rande einer Konferenz der Außenminister der Montanunion-Länder Ende November in Den Haag hatten die Amerikaner den Eindruck, daß der Bundeskanzler eine Lösung der Saarfrage verschleppe. Ohne konkrete Vorschläge zu unterbreiten, drängte Dulles den Bundeskanzler, im Interesse der Annahme der EVG durch das französische Parlament weitere Zugeständnisse zu machen, die er ihm angesichts seiner starken Stellung nach dem Wahlsieg auch zumuten zu können glaubte[149].

Nach dem Ergebnis vorausgegangener Gespräche konnte sich Bidault nur schwerlich Hoffnungen darüber hingeben, daß ihm die britische und amerikanische Regierung während der Bermuda-Konferenz wesentliche Zugeständnisse in der Frage einer zeitlich und umfangmäßig verbindlichen Stationierung angelsächsischer Truppen auf dem Kontinent zur Kontrolle der

[145] Ebd., S. 1799.
[146] Zitate nach Latte, Die französische Europapolitik, S. 61.
[147] Siehe das Memorandum über die Unterredung Laniels mit Douglas MacArthur am 4.12.1953, FRUS 1952–1954, V, Teil 2, S. 1740 ff.
[148] Ebd., S. 1803.
[149] Schreiben Dulles' an Adenauer vom 20.11.1953, ebd., VII, Teil 2, S. 1477 f. Zur US-Politik in der Saarfrage siehe ebd., S. 1403 ff.

westdeutschen Aufrüstung machen würde. Die Anfang 1953 dem Interimsausschuß in Paris vorgelegten Vorschläge für eine britische Assoziierung mit der EVG sollten nach Beratungen des britischen Kabinetts im Mai und Juli in ein förmliches Abkommen gefaßt werden. Ein revidierter Entwurf dieses Abkommens sollte Ende November von den Vertretern der britischen Regierung und der Regierungen der EVG-Länder paraphiert werden, jedoch erst zu einem für die Ratifizierung des EVG-Vertrages durch das französische Parlament besonders günstigen Zeitpunkt unterzeichnet und zusammen mit einer ebenfalls vom Interimsausschuß und der Vertretung der britischen Regierung vorgelegten Erklärung über die militärische Zusammenarbeit zwischen der EVG und den britischen Streitkräften publiziert werden[150]. Am 21. November hatte jedoch Bidault, vermutlich unter dem Eindruck des Verlaufs der französischen Parlamentsdebatte über die EVG, einen neuerlichen Notenaustausch zwischen der britischen Regierung und der EVG vorgeschlagen, der die im ursprünglichen Abkommensentwurf vorgesehenen Konsultationspflichten in einer Weise erweiterte, daß es der britischen Regierung kaum möglich gewesen wäre, ihre Truppen jemals vom europäischen Kontinent ohne französische Zustimmung zurückzuziehen. Dieses Ansinnen wurde von Eden kategorisch abgelehnt: Keine britische Regierung könne eine langfristige schriftliche Verpflichtung eingehen, eine bestimmte Anzahl von Streitkräften an einem bestimmten Ort und für eine bestimmte Anzahl von Jahren zu unterhalten[151]. Dagegen war Eden bereit, den französischen Wunsch nach einer Erklärung zu unterstützen, in welcher die Amerikaner ihre Bereitschaft ausdrücken sollten, ihre Verpflichtungen im Rahmen der NATO über den bisher vorgesehenen Vertragszeitraum von 20 Jahren hinaus auf 50 Jahre, also auf die Dauer des EVG-Vertrages, zu verlängern[152].

Das britische Kabinett war am 26. November den Vorschlägen Edens gefolgt, obwohl es die französische Haltung zur EVG als äußerst enttäuschend bezeichnete: „They had now become the victims of their early enthusiasm for a federal conception of European unity; for they were now reluctant to embrace those very elements in the plan on which they had at the outset insisted. At the beginning they had advocated a federal structure, because they had thougth that France would dominate it: but, now that German recovery had made such rapid strides, they feared that she would play the leading part in a federal structure. If they had been willing to accept the looser form of association, which we had advocated, we could have played a part in it which would have helped to allay their fears of German dominance." Für den Fall, daß die Franzosen die EVG nicht ratifizierten, nahm man im britischen Kabinett an, daß die Amerikaner auf eine schnelle Aufnahme der Bundesrepublik in die NATO drängen würden. Da das britische Kabinett inzwischen mehrheitlich der Auffassung war, daß eine Bewaffnung der Bundesrepublik im Rahmen der europäischen Verteidigungsgemeinschaft einstweilen einem Beitritt der Bundesrepublik zur NATO vorzuziehen sei, herrschte Übereinstimmung, daß die britische Delega-

[150] PRO, CAB 129/61, C. (53) 186, 2nd July, 1953, United Kingdom Association with the European Defence Community, Memorandum by the Acting Secretary of State for Foreign Affairs; CAB 128/26, pt. 2., 39th Conclusions, 5th July, 1953, Minute 3.

[151] PRO, PREM 11/618, Foreign Office an Britische Botschaft Paris, 28.11.1953.

[152] PRO, PREM 11/618, C. (53) 332, 26th November, 1953, United Kingdom Association with the European Defence Community. Memorandum by the Foreign Secretary. Annex A: Draft Agreement between the United Kingdom and the Member States of the E.D.C. Regarding Co-operation between the United Kingdom and the European Defence Community. Annex B. Military Assiciations between the Forces of the United Kingdom and the European Defence Community. Draft Statement of Common Policy. Annex C: Draft Letter to be exchanged between the United Kingdom and the Six Member Countries of the European Defence Community (Communicated by the French Ambassador on 21st November).

tion auf der Bermuda-Konferenz alles unternehmen sollte, um die Franzosen zu einer unverzüglichen Ratifizierung der EVG anzuhalten. Außenminister Eden wurde autorisiert, das vorgenannte Abkommen mit den EVG-Ländern zum gegebenen Zeitpunkt zu unterzeichnen und zusammen mit den militärischen Abmachungen („Statement of Common Policy") nach deren Präsentation im Parlament zu veröffentlichen. Allen weitergehenden Wünschen der Franzosen nach einem Notenaustausch sollte sich Eden jedoch widersetzen. Dagegen war man im Kabinett mit Edens Vorschlag einverstanden, die Franzosen bei ihren Bemühungen zu unterstützen, die Amerikaner zu einer Deklaration zu veranlassen, wonach diese ihre Verpflichtungen im Rahmen des Nordatlantischen Bündnisses über die 20-Jahre-Frist hinaus ausdehnten[153].

Mit dieser Formulierung hatte das britische Kabinett von einem Vorschlag wieder Abstand genommen, der, wie oben erwähnt, im Juli 1953 bereits dem Interimsausschuß in Paris übermittelt worden war und der von einer britischen Beteiligung an einer gemeinsamen Erklärung mit den EVG-Länderregierungen sprach, sich für eine Ausdehnung des nordatlantischen Bündnisvertrages auf 50 Jahre auszusprechen. Eden glaubte nämlich inzwischen nicht mehr daran, daß die amerikanischen Regierung ein entsprechendes Vorhaben im Kongreß durchbringen könnte. In Washington wurde diese veränderte britische Haltung mit Interesse notiert: Obwohl die britische Zurücknahme des Vorschlages für eine 50-Jahre-Deklaration zugunsten eines bloßen „common policy statement" mit der US-Regierung nachteilige Reaktionen von seiten der EVG-Staaten hervorrufen könne, sei dies aus amerikanischer Sicht von Vorteil: Dies würde die Aufmerksamkeit von dem amerikanischen Unvermögen bezüglich der Abgabe einer Erklärung über die 50jährige Vertragsdauer des nordatlantischen Bündnisses ablenken[154]. Auch die US-Botschaft in London hatte ganz allgemein den Eindruck, daß es der britischen Regierung nunmehr darum ging, längerfristige Zusagen hinsichtlich einer anglo-amerikanischen Truppenstationierung auf dem europäischen Kontinent anstatt in bilateralen Festlegungen mit der EVG oder Frankreich eher im Kontext einer umfassenden New-Look-Stratgegie für das nordatlantische Bündnis festzumachen. Als Schlußstein in diesem „NATO new look package" sei an eine britisch-amerikanische Entschließung gedacht, die britischen und amerikanischen Streitkräfte „at least for the next few years" in ihrer gegenwärtigen Stärke auf dem Kontinent zu belassen. Dabei seien sich die Briten des delikaten Problems bewußt, diese Entschließung so zu formulieren, daß nicht der Eindruck entstehe, als solle dieses Versprechen lediglich den für die Aufstellung effektiver deutscher Streitkräfte erforderlichen Zeitraum überbrücken, während der Hinweis auf die „next few years" doch lediglich jenen Zeitraum umfasste, für den man sinnvollerweise vorausplanen könne[155]. Gegen eine solche britisch-amerikanische Zusicherung gegenüber der NATO wandte der britische Schatzkanzler am 27. November ein, daß sie von britischer Seite nur abgegeben werden könne, wenn die amerikanische militärische Außenhilfe und die Kredite für die freie Welt weiterflössen. Im übrigen würde eine solche Zusicherung bedeuten, daß man sich britischerseits nach einem möglichen Wegfall der deutschen Stationierungsleistungen zum Unterhalt der britischen Truppen in der Bundesrepublik in der Höhe von circa 80 Millionen Pfund jährlich verpflichten würde. Nur unter der Bedingung, daß das Kabinett von ihm nicht erwarte, daß er in diesem Fall zusätzliche Mittel für den britischen Verteidigungshaushalt bereitstelle,

[153] PRO, CAB 128/26, pt. 2., 72nd Conclusions, 26th November, 1953. Zur Haltung Edens gegenüber der EVG siehe neben dem oben angesprochenen Memorandum vom 26.11. dessen Bericht an Sir Oliver Harvey vom 19.11.1953 über eine Unterredung mit Pinay in: PRO, PREM 11/618.

[154] So in einem Positionspapier der US-State Departments (Office of European Regional Affairs) für die Bermuda-Konferenz vom 2.12.1953: U.S. Assurances, FRUS 1952–1954, V, Teil 2, S. 1733.

[155] US-Botschafter Aldrich an Secretary of State, 27.11.53, ebd., S. 1723 ff.

war der Schatzkanzler bereit, einer solchen britisch-amerikanischen Zusicherung zuzustimmen[156].

Die US-Regierung war sich zwar neben der rein militärischen auch der politischen Bedeutung einer fortdauernden Truppenstationierung in Europa bewußt, nahm für sich jedoch ebenso wie die Europäer das Recht in Anspruch, im Rahmen des NATO Annual Review den Streikräftebedarf im Lichte neuer Waffentechnologien, veränderter Bedrohungseinschätzungen sowie politischer und ökonomischer Möglichkeiten zu überprüfen. Man habe sich immer das Recht vorbehalten, Truppen aus der NATO abzuziehen. Das relevante Dokument über die Befugnisse des NATO-Befehlshabers (DC 24/3) sage über das Recht eines Landes, der NATO assignierte Streitkräfte abzuziehen, zwar nichts aus, es räume jedoch den nationalen Behören das Recht ein, in Europa stationierte Einheiten und Verbände (formations) nach Konsultation des NATO-Oberbefehlshabers umzugruppieren (to change over), vorausgesetzt, daß Umfang, Zusammensetzung und Qualität des nationalen NATO-Beitrages für die sofort verfügbare Streitmacht als NATO-Oberbefehlshaber grundsätzlich unverändert blieben[157]. Bezüglich der Dauer des militärischen Engagements der USA in Europa verwies man im State Department auf die Erklärung des US-Senats anläßlich der Unterzeichnung des NATO-Vertrages, die von einer unbegrenzten Dauer des Vertrages sprach, sowie auf das Kommuniqué der Londoner Konferenz vom 7. Juni 1948, in dem die Delegationen aus den USA, Großbritannien, Frankreich und den Beneluxstaaten übereingekommen waren, „that there could not be any general withdrawal of their forces from Germany until the peace of Europe is secured and without prior consultation“[158]. Diese Erklärungen, so stellte man im US State Department fest, „make our NATO commitment a more enduring one than the finite commitment resulting from a treaty with a specific termination date“[159]. Ein vom US State Department vorgelegter Entwurf für eine neuerliche „Declaration on EDC and NATO“ ging daher inhaltlich nicht über die anläßlich der Unterzeichnung des EVG-Vertrages im Mai 1952 abgegebene Dreimächteerklärung hinaus[160].

Churchill drängte Bidault während der Konferenz auf den Bermudas nachdrücklich, für eine Verabschiedung der EVG durch das französische Parlament zu sorgen. Als er für den Fall, daß dies den Franzosen unmöglich sei, eine „new version of NATO achieving the same hope as EDC“ ins Gespräch brachte, kam dies der amerikanischen Delegation sehr ungelegen. Eisenhower widersetzte sich einer solchen Lösung, indem er besonders auf die Widerstände gegen eine Nationalarmee gerade in der Bundesrepublik hinwies. Den amerikanischen Widerstand gegen eine alternative NATO-Lösung für die Bewaffnung der Bundesrepublik zur Kenntnis nehmend, warnte nun Churchill seinerseits die französische Delegation, daß im Falle eines Scheiterns der EVG und eines Abzugs der amerikanischen Truppen vom europäischen Kontinent auch die britischen Streitkräfte zurückgezogen würden[161].

156 PRO, T 225/413, Chancellor's minute to Prime Minister of 27th November, 1953. Der Schatzkanzler ging davon aus, „that at Bermuda it is proposed to press the Americans to agree that we and they should give N.A.T.O. the firmest assurance that we intend to maintain the effective strength of British and United States forces in Europe at about its present level over the next few years.“

157 U.S. Assurances, FRUS 1952–1954, V, Teil 2, S. 1753.

158 Ebd., S. 1734.

159 Ebd., S. 1736.

160 Ebd., Anlage zu U.S. Assurances, S. 1736f.

161 „It might be that EDC would be cast aside improvidently at this vital und perilous moment and that the NATO organization might not be reorganized in order to achieve the purpose of EDC. He hoped that before the French Parliament would take a final decision they would see the dark possibilities ahead if the U.S. would withdraw from its policy of direct aid and giving to Europe. It was certain that British troops could not stay any longer than the Americans (as long, no longer). If U.S. troops were withdrawn

Mit Eisenhowers beschwörendem Aufruf, niemand dürfe davon ausgehen, daß die EVG mißlingen könnte, war den Konferenzteilnehmern auf den Bermudas eine günstige Gelegenheit verwehrt worden, die Frage der Bewaffnung der Bundesrepublik im Zusammenhang der allfälligen Revision der NATO-Strategie nach dem mit dem amerikanischen New Look veränderten Lagebild neu zu überdenken.

Über die Notwendigkeit, die NATO-Strategie auf eine über einen längeren Zeitraum andauernde, freilich nicht mehr so akute Bedrohung wie zur Zeit des Koreakrieges einzurichten, war man sich auf den Bermudas einig. Eden und Bidault unterbreiteten hierzu konkrete Vorschläge. Edens Vorschläge gingen davon aus, daß die bisherigen Aufrüstungsziele, obwohl sie nach wie vor optimale militärische Zieldaten darstellten, von geringerer unmittelbarer Dringlichkeit waren. Sein Plan sah die Beibehaltung der vorhandenen Streitkräfte, welche zusammen mit der westlichen atomaren Kampfkraft eine wirksame Abschreckung eines sowjetischen Angriffs darstellen würden, vor. Der Umfang dieser Streitkräfte müsse sich im Rahmen der ökonomischen und finanziellen Mittel bewegen, ihre Qualität müsse jedoch, so rasch wie finanziell möglich, verbessert werden. Diese Streitkräfte sollten frühestmöglich um einen deutschen Verteidigungsbeitrag ergänzt werden. Der Westen müsse seine Führung hinsichtlich neuer Waffen und der Forschung aufrechterhalten. Eden wollte, daß die vorgenannten Pläne die Grundlage für den Annual Review 1954 bildeten, der aufzeigen solle, wie man die gegenwärtigen Streitkräfte ohne wirtschaftlichen Schaden beibehalten und wie man die Qualität und Ausgewogenheit dieser Streitkräfte verbessern könne, so daß deren Abschreckungswert erhöht würde.

Ebenso wie Edens Vorschläge zielten die Vorschläge Bidaults wegen der volkswirtschaftlichen Unmöglichkeit einer quantitativen Verbesserung der NATO-Streitkräfte auf deren qualitative Effizienzsteigerung durch die Bereitstellung nuklearer Gefechtsfeldwaffen sowie durch eine verstärkte Koordination und Standardisierung der Ausrüstung und durch eine Modifizierung der Streitkräftestruktur unter stärkerer Berücksichtigung von Reserveformationen. Darüber hinaus versuchte Bidault mit seinem Vorschlag einer Koordination der NATO-Verteidigungspläne mit anderen westlichen Verteidigungsanstrengungen, die NATO für die französischen Probleme in Indochina einzuspannen. Der französische Wunsch nach einer Globalstrategie für die NATO war bereits in einem am 13. November 1953 der britischen Regierung vorgelegten französischen Memorandum enthalten[162] und korrespondierte mit ähnlichen Überlegungen Montgomerys: „We need to know the place of NATO in global stratgegy? We will not win a war by merely defending Western Europe[163].“

Den in diesem Zusammenhang artikulierten britisch-französischen Wunsch nach einer Teilhabe am technischen und taktischen Know-how der amerikanischen Nuklearrüstung nahm die amerikanische Regierung sehr zurückhaltend auf, da ein amerikanisches Entgegenkommen eine Novellierung des Atomic Energy Act von 1946 voraussetzte[164]. Dem französischen Wunsch

from France, it would expose Britain to mortal danger. […] if the EDC were rejected, the British would then have to do their utmost to fight to the death in their own island and this they would not hesitate to do to the best of their ability.“ FRUS 1952–1954, V, Teil 2, S. 1803.

162 PRO, PREM 11/369.

163 Montgomerys Memorandum vom 28.11.1953, „The NATO Military Build-Up. Important Points to understand“ in PRO, PREM 11/370.

164 Zu den britischen und französischen Anfragen während der Bermuda-Konferenz siehe FRUS 1952–1954, V, Teil 2, S. 1767 ff. bzw. S. 1845 f. Zur US-Position in dieser Frage siehe NSC 151/2 „Note by the Executive Secretary to the National Security Council on Disclausure of Atomic Information to Allied Countries“. December 4, 1953, FRUS 1952–1954, II, Teil 2, S. 1256 ff. und den Überblick bei Watson, History of the Joint Chiefs 5, S. 191 f.

nach einer Globalstrategie für die NATO begegnete Dulles auf den Bermudas mit dem Hinweis auf den globalen Aspekt der nuklearen Abschreckung, an dem die NATO teilhabe. Bidaults Vorschlag, daß künftig vor den NATO-Ratssitzungen die Außen- und Verteidigungsminister in kleinen Komitees separat zusammenkommen sollten, um die Entscheidungen der Ministerratssitzungen vertraulich und effektiv vorbereiten zu können, wurde von Dulles positiv aufgenommen, ja er wollte der NATO ganz allgemein mehr politische Kompetenzen zugestehen („to put more political flesh on NATO bones"), wobei er darauf hinwies, daß die Weltgeschichte voll sei von Zusammenbrüchen rein militärischer Organisationen. Dulles schloß jedoch mit der Bemerkung, daß er bei allem, was er zur NATO ausgeführt habe, von der Annahme ausgegangen sei, daß die EVG in Kraft trete[165].

7. Die NATO-Ministerratstagung in Paris vom 14. bis 16. Dezember, und das Verhältnis von EVG und NATO am Jahresende 1953

18 Monate nach der Unterzeichnung des EVG-Vertrages hatte noch kein Mitgliedsland die Ratifikationsurkunde hinterlegt. Über die endgültige Form der von der französischen Regierung zu Jahresbeginn vorgelegten Zusatzprotokolle zum EVG-Vertrag war ebenfalls noch keine einvernehmliche Entscheidung gefallen. Im übrigen entsprachen sie am Jahresende 1953 nicht mehr dem viel weitergehenderen Wunschkatalog des französischen Parlaments. Der am 10. März 1953 vom Montanparlament (Ad-hoc-Versammlung) verabschiedete Verfassungsentwurf für eine „europäische, politische Gemeinschaft" war in die Mühlen der nationalen Ministerialbürokratien geraten, die nach und nach den supranationalen Impetus des Entwurfs aushöhlten. Entgegen der ursprünglichen Intention der Ad-hoc-Versammlung wurde der Verfassungsentwurf nicht den nationalen Parlamenten zur Verabschiedung vorgelegt. Statt dessen berieten die Außenminister am 8. August und am 28. November 1953 ohne entscheidenden Erfolg und ernannten eine Kommission, die einer in Brüssel für März 1954 einzuberufenden Konferenz Bericht erstatten sollte, die jedoch nie stattfand. Damit verlor das EVG-Projekt seine politische Einordnung, ohne die die Frage der Bewaffnung der Bundesrepublik wieder zu einer bloßen Remilitarisierungsdebatte mit entsprechend verminderten Ratifizierungschancen vor allem in Frankreich herabsank[166]. Besonders der französischen Regierung war daran gelegen, sich vom selbstgewählten supranationalen, kontinentaleuropäischen Rahmen ihrer Sicherheitspolitik wieder zu lösen, um einem möglichen Gewichtsverlust Frankreichs innerhalb des Nordatlantischen Bündnisses vorzubeugen, in dem sich Ende 1953 in Folge des New Look der Eisenhower-Administration ein strategischer Wandel vollzog, der unmittelbare Auswirkungen auf die Sicherheit Westeuropas hatte. Unter Bestätigung der Ergebnisse der Bermuda-Konferenz akzeptierte der NATO-Ministerrat auf seiner Tagung in Paris die Politik des „long haul", also die Umstellung der bisherigen NATO-Strategie nach den Prämissen von NSC 68 auf eine Strategie zur

[165] Zur Diskussion über die NATO-Strategie des „long haul" auf den Bermudas siehe FRUS 1952–1954, V, Teil 2, S. 1788 ff. und die britische Aufzeichnung in PRO, PREM 11/369.

[166] Lipgens, Bedeutung des EVG-Projekts, S. 28 ff. – Einen Überblick über den Stand der parlamentarischen Befassung mit dem EVG-Beitrag Ende 1953 gibt Fursdon, The European Defence Community, S. 227 ff.

Begegnung einer länger andauernden, wenn auch nicht mehr so akuten Bedrohung. Gleichzeitig stimmte der Ministerrat zu, daß die Streitkräfteplanung des Bündnisses mit Rücksicht auf das 1957 verfügbare neue atomare Arsenal überprüft würde[167].

Je mehr sich diese neue Strategie konkretisierte, desto mehr wurden sich die Westeuropäer klar darüber, daß diese neben dem Vorteil ökonomischer Streitkräfteplanung auch Nachteile beinhaltete. Im wesentlichen kreisten die westeuropäischen Sorgen um zwei Fragen: 1. Würden die USA in Ausnutzung der Vorteile der neuen Strategie ihre Truppen aus Europa zurückziehen[168]? 2. Wie würde die Mitwirkung der Westeuropäer bei der Entscheidung über den Einsatz nuklearer Waffen einschließlich nuklearer Gefechtsfeldwaffen geregelt, die Europa im Ernstfall in ein atomares Schlachtfeld verwandelten?

Die Konsequenzen der New-Look-Strategie der Eisenhower-Administration nahmen im Zusammenhang mit der Diskussion um die amerikanische Streitkräfteplanung für das Haushaltsjahr 1955 konkrete Formen an. Als das Pentagon am 13. Oktober 1953 dem National Security Council einen Verteidigungshaushalt in Höhe von 43 Milliarden Dollar vorlegte, der zwar unter dem revidierten Budget für 1954 lag, jedoch um 3 Milliarden höher veranschlagt war als der Nationale Sicherheitsrat als Zielmarke für 1955 fixiert hatte, erhob sich Kritik von seiten jener Mitglieder dieses Gremiums, die für das Hauhaltsjahr 1955 eine wesentliche Reduzierung erhofft hatten. Dieser Kritik begegnete der Vorsitzende der Joint Chiefs of Staff, Admiral Radford, mit dem Argument, unter den gegenwärtigen Bedingungen könne er keine geringeren Streitkräftestärken vorschlagen. Eine Reduzierung hielt er nur für möglich, wenn der Nationale Sicherheitsrat die Joint Chiefs of Staff eindeutig autorisiere, bei ihren Plänen davon ausgehen zu können, daß Nuklearwaffen unmittelbar bei Kriegsbeginn zum Einsatz kämen[169]. Daraufhin wurden die Joint Chiefs of Staff von Verteidigungsminister Wilson aufgefordert, ihm bis spätestens 15. September 1953 einen Plan für eine US-Militärstrategie nach Maßgabe von NSC 162 vom Oktober 1953 (siehe oben, S. 137 f.) vorzulegen. Wilson erinnerte in diesem Zusammenhang noch einmal an die wesentlichen Grundsätze dieses Memorandums und führte, vermutlich im Hinblick auf Radfords Forderungen, unter anderem folgendes aus: „We have entered an era where the quantity of atomic weapons and their military application necessitates a review of their impact on our strategy. We shall assume that such weapons will be used in military operations by U.S. forces engaged whenever it is of military advantage to do so[170].“ Ein Ad-hoc-Ausschuß unter Lieutenant General Frank F. Everest, U.S. Air Force, legte am 30. November 1953 einen entsprechenden Plan vor, der nach umfänglichen Diskussionen unter den Chefs der amerikanischen Teilstreitkräfte von den Joint Chiefs of Staff akzeptiert und am 16. Dezember 1953 zusammen mit einem revidierten Militärhaushalt für das Hauhaltsjahr 1955 vom Nationalen Sicherheitsrat und

[167] Zur NATO-Ministerratstagung in Paris vom 14. bis 15.12.1953 siehe FRUS 1952–1954, V, Teil 1, S. 454 ff., und die britischen Sitzungsprotokolle in PRO, PREM 11/369. Das Abschlußkommuniqué ist veröffentlicht im U. S. Department of State Bulletin, January 4, 1954, S. 8 f., und in Agence France Press, vol. I, S. 1633 ff.

[168] Am 18.11.1953 sprach Krekeler im State Department von der „ernsten Besorgnis“ des Bundeskanzlers, „that the United States may be contemplating withdrawal of a large part of its forces and reliance instead on new weapons. The Chancellor greatly feared the effect on both the Russians and the other NATO members if this should be done“. Gesprächsaufzeichnung des Acting Director of the Office of German affairs, Lewis, vom 18.11.1953; FRUS 1952–1954, VII, Teil 1, S. 555 ff.

[169] Memorandum of Discussion at the 166th Meeting of the National Security Council, October 13, 1953, FRUS 1952–1954, II, Teil 1, S. 534 ff.

[170] Memorandum des Secretary of Defence an die Joint Chiefs of Staff, 16 Oct. 43, hier zit. nach Watson, History of the Joint Chiefs 5, S. 27.

vom US-Präsidenten gebilligt wurde. Der Plan der Joint Chiefs of Staff sah für das Haushaltsjahr 1957 eine Gesamtstärke der US-Streitkräfte von 2815000 Mann vor, was eine Reduktion von beinahe 600000 Mann, gemessen an der aktuellen Mannschaftsstärke der US-Streitkräfte, bedeutete. Die Hauptlast der Reduzierung trug dabei die U.S. Army, die nahezu ein Drittel ihrer Mannschaftsstärke einbüßte, während Marine und Marine Corps ca. 15 Prozent bzw. 20 Prozent an Kürzungen aushalten sollten. Dagegen wurde die U.S. Air Force um 60000 Mann vermehrt. Als Voraussetzungen für die neuen Truppenstärken für das Haushaltsjahr 1957 nannten die Joint Chiefs of Staff:

„a. Changes in the present US deployments in some forward areas. b. Emphasis upon the capability of inflicting massive damage upon the USSR by our retaliatory striking power as the major deterrent to aggression, and a vital element of any US strategy in the event of general war. c. An integrated and adequate continental defense system. d. The provision of tactical atomic support for US or allied military forces in general war or in a local aggression whenever the employment of atomic weapons would be militarily advantageous. e. The constitution, generally on US territory, of a strategic reserve with a high degree of combat readiness to move rapidly to any threatened area. f. The maintenance of control over essential sea and air lines of communication. g. The maintenance of a mobilization base adequate to meet the requirements of a general war. h. The maintenance of qualitative superiority of our armed forces."

Die Joint Chiefs of Staff gingen davon aus, daß selbst nach 1957 US-Landstreitkräfte notwendigerweise in Westeuropa stationiert werden müßten. Insgesamt sollten maximal sieben Heeresdivisionen in Friedenszeiten außerhalb der Vereinigten Staaten disloziert werden, wobei die Joint Chiefs of Staff keine Festlegung darüber trafen, wieviel davon in Westeuropa zu stationieren waren. Als „reasonably attainable action [...] in the politico-military field", die Verteidigungsminister Wilson in seinem Auftrag an die Joint Chiefs of Staff vom 16. Oktober gefordert hatte, unterstützten diese die Vorschläge des Everest-Ausschusses „that foreign aid be allocated so as to shape allied military forces in the desired direction, that force requirements be constantly reviewed in the light of nuclear capabilities, and that the establishment of German and Japanese forces be encouraged". Jedem Rückzug von US-Streitkräften aus Westeuropa sollte nach Meinung der Joint Chiefs of Staff ein erfolgreiches „Erziehungsprogramm" vorausgehen, mit dem die Verbündeten vom Wert der neuen Strategie überzeugt werden müßten[171].

Das von den Joint Chiefs of Staff vorgeschlagene Erziehungsprogramm für die europäischen Alliierten hatte Außenminister Dulles im Auge, als er am 10. Dezember im Nationalen Sicherheitsrat davor warnte, daß irgendwelche amerikanische Stellen die Frage eines Rückzugs wesentlicher Teile der amerikanischen Verbände aus Europa ins Gespräch brachten, bevor das State Department die Verbündeten auf diplomatischem Wege darauf vorbereitet hatte. Auch Eisenhower unterstrich, daß man vor der Ratifizierung der EVG durch Frankreich keine Maßnahmen für den Rückzug amerikanischer Verbände vom europäischen Kontinent ergreifen, ja nicht einmal darüber sprechen dürfe, da die Franzosen eine beinahe hysterische Angst davor hätten, daß man sie mit überlegenen deutschen Streitkräften allein lassen werde[172].

[171] JCS 2101/113, 10 Dec 53, CCS 381 US (1-31-50) sec 32. Memo, JCS to Sec Def, „Military Strategy and Posture", 9 Dec 53, JCS 2101/113, ebd. NSC Action No. 987, 16 Dec 53. Zitate nach Watson, History of the Joint Chiefs 5, S. 31. Siehe auch ebd., S. 67 ff.

[172] Memorandum of Discussion at the 174th Meeting of the National Security Council, December 10, 1953, FRUS 1952-1954, V, Teil 1, S. 449 ff. Eisenhower notierte am 11.11.1953: „The reduction of divisions in Europe should be constantly studied, but the State Department is to explore matter with Allies." Eisenhower Diaries, S. 258. Siehe auch Memorandum by the Secretary of State to the President, October 21,

Während der NATO-Ministerratstagung in Paris vermied Dulles daher jeglichen Hinweis auf eine eventuelle Reduzierung der amerikanischen Verbände in Europa. Offensichtlich dienten jedoch seine ausführlichen Bemerkungen zu den neuen Möglichkeiten der atomaren Bewaffnung sowie sein Hinweis auf die vermehrten Ausgaben für die „Continental Defense" zum Schutz des eigenen US-Territoriums gegen einen sowjetischen Nuklearangriff eben gerade der Vorbereitung der Alliierten auf diese Eventualität[173]. Trotz der Schwierigkeiten, die die Europäer Dulles in der Frage eines automatischen Einsatzes amerikanischer Nuklearwaffen bereiteten, war der US-Außenminister der Meinung, daß seine „campaign of education for our allies on atomic weapons" möglicherweise einmal als das wichtigste Ergebnis der gesamten NATO-Ratstagung in Paris angesehen werden würde. Dulles war sich freilich klar darüber, daß seine Ausführungen während der Pariser NATO-Ministerratssitzung über die Rolle der Nuklearwaffen nur einen ersten Schritt in dem Erziehungsprozeß für die europäischen Alliierten darstellten, diese an die neuen Gegebenheiten des „nuclear age" zu gewöhnen, mit dem Ziel, daß diese die nukleare Abschreckung und die taktischen nuklearen Einsatzmöglichkeiten als Kompensation für den beabsichtigten Rückzug amerikanischer Verbände aus Europa akzeptierten[174].

Da die Europäische Verteidigungsgemeinschaft, vor allem als Medium für die westdeutsche Aufrüstung, von der amerikanischen Regierung als Teil dieser Kompensation für den amerikanischen Rückzug aus Europa und damit für die Realisierung der New-Look-Strategie angesehen wurde, drohte Dulles den Franzosen mit einer „agonising reappraisal of basic United States policy" für den Fall, daß die EVG nicht zustande komme und Deutschland und Frankreich wieder zu potentiellen Feinden würden[175]. Diese spektakuläre Drohung, die Dulles am gleichen Tage auf einer Pressekonferenz wiederholte[176], fand ein zwiespältiges Echo. Eden berichtete darüber am 16. Dezember Churchill: „Dulles was certainly a bit rough in his treatment of the French, but be explained to me after the event that this was deliberate. He felt that nothing less would have any real effect. Many French supporters of E.D.C., including Bidault, are upset. On the other hand, Pleven last night told me that he thought that the secondary reactions would be healthy. It is too early to tell[177]." Spätestens seit der Bermuda-Konferenz hätte Dulles sich freilich klar darüber sein müssen, daß er mit dieser Drohung der EVG den Todesstoß versetzte und den Bestand der NATO gefährdete, denn er verlangte, daß die Franzosen mit der Ratifizierung der EVG gerade die Voraussetzungen schafften, die den Amerikanern den Rückzug aus Europa ermöglichten, während diese in einem stärkeren Engagement der Angelsachsen auf dem europäischen Kontinent ihrerseits eine der Hauptvoraussetzungen für die Verabschiedung der EVG durch das französische Parlament sahen. Bezeichnenderweise war in einer ersten Stellungnahme aus dem Quai d'Orsay zu Dulles' Äußerungen zu hören, „that the press conference had finished

1953, FRUS 1952–1954, II, Teil 1, S. 549 f., und die Rede Admiral Radfords am 14.12.1953 vor dem National Press Club in Washington, kommentiert bei Watson, History of the Joint Chiefs 5, S. 35 f., sowie das Memorandum Bonbrights an Morphy vom 1.2.1954, FRUS 1952–1954, V, 1, S. 482 ff.

173 Siehe vor allem die Berichte über die Geheimsitzung am 16.12. FRUS 1952–1954, V, Teil 1, S. 476 ff. PRO, PREM 11/369, Record of the restricted meeting of Ministers of the NATO Council, 16.12.1953. Report by the Chief of the Imperial General Staff on the N.A.T.O. Meetings in Paris, 7th–16th December, 1953. Chiefs of Staff Committee, Confidential Annex to C.O.S. (53) 144th Meeting hold on Tuesday, 22nd December, 1953.

174 Siehe den Bericht von Dulles vor dem National Security Council am 23.12.1953, FRUS 1952–1954, V, Teil 1, S. 481.

175 Ebd., V, Teil 1, S. 463 und S. 868. Fursdon, The European Defence Community, S. 230 ff.

176 FRUS 1952–1954, V, Teil 1, S. 468 f.

177 PRO, PREM 11/618, Eden persönlich an Churchill, 16.12.1953.

EDC, that it must have been deliberate, that the problem now was to save the Atlantic Alliance, that some new way would have to be found to tie Germany to the West, perhaps through NATO, and finally that France would now have to do some painfull rethinking of its own policies“[178].

Eine solche echte Alternative zur EVG war, abgesehen von den bekannten oppositionellen Positionen, in keinem der westlichen Regierungslager erkennbar. Die dort kursierenden alternativen Überlegungen zur EVG verdienten nicht diese Bezeichnung, weil sie entweder nur Modifizierungen darstellten oder alternative Lösungen, die erst im Falle des Scheiterns der Europäischen Verteidigungsgemeinschaft in Angriff genommen werden sollten und bis dahin wegen ihrer möglichen negativen Auswirkungen auf den Ratifizierungsprozeß der EVG unter außenpolitischer Quarantäne standen. Einige dieser Überlegungen seien im Folgenden vorgestellt:

Am 16. November 1953 erklärte Bundeskanzler Adenauer gegenüber General Gruenther, daß er für den Fall, daß die EVG wider Erwarten scheitern sollte, für einen amerikanisch-britisch-deutschen Vertrag sei, der unter Verzicht auf militärische Abmachungen wenigstens die politischen Beziehungen der Bundesrepublik zu den Westalliierten neu regele. Damit sollten die nach einem Scheitern der EVG zu erwartenden negativen psychologischen Auswirkungen in der Bundesrepublik aufgefangen werden. General Gruenther sprach sich jedoch gegen jede Lösung ohne Frankreich aus, da dadurch die erforderliche französische Basis für die NATO-Strategie gefährdet würde[179]. Als auch der amerikanische Hochkommissar Conant von solchen Überlegungen aus der Umgebung des Bundeskanzlers und im Amt Blank hörte, wandte er sich alarmiert an Dulles. Conant war strikt gegen eine deutsche Nationalarmee und wollte notfalls lieber den Rückzug der amerikanischen Verbände in eine periphere Verteidigungsstellung in Kauf nehmen. In einem Schreiben vom 20. November 1953 und seiner persönlichen Unterredung mit dem Kanzler am 13. Dezember 1953 versicherte sich Dulles eindringlich der uneingeschränkten Unterstützung der Europaarmee durch den Bundeskanzler[180].

Die von Adenauer ins Gespräch gebrachte „Politik des leeren Stuhls“ schien allerdings auch von Dulles während der Konferenz auf den Bermudas gegenüber Churchill erwähnt worden zu sein[181]. In einem Entwurf des Office of European Regional Affairs, Department of State, vom 21. November 1953 wurde diese Lösung im Vergleich zu einer Mitgliedschaft der Bundesrepublik in der NATO, einschließlich in einer NATO mit einer analog den EVG-Regelungen verbesserten Integration der Streitkräfte, als die attraktivste Lösung bezeichnet, die jedoch für Frankreich völlig unannehmbar sei. Auch in einem Entwurf des Policy Planning Staff vom 20. November 1953 wurde von einer unilateralen Bewaffnung der Bundesrepublik gesprochen. Neben dieser Möglichkeit dachte man dort an folgende weitere Alternativen: Aufnahme der Bundesrepublik in die NATO, Modifizierung der EVG in eine „looser association of national forces in order to satisfy French opposition elements“, Neutralisierung Deutschlands und Rückzug der

[178] Chief of Mission U.S. Embassy in France (Achilles) an Dulles vom 15.12.1953, FRUS 1952–1954, V, Teil 1, S. 469.

[179] Aufzeichnung eines Gesprächs des Bundeskanzlers mit General Gruenther am 16.11.1953, Kopie MGFA.

[180] Conant an Dulles vom 28.10. und 13.11. FRUS 1952–1954, VII, Teil 1, S. 550 ff. bzw. 553 ff. Dulles an Bundeskanzler vom 20.11.1953, ebd., Teil 2, S. 1477 f. Unterredung Bundeskanzler/Dulles am 13.12.1953, ebd., V, Teil 1, S. 865 ff. NA, RG 59, 762 A. 00/12-1353 TSF, Memorandum of Conversation vom 13.12.1953. Blankenhorn, Verständnis und Verständigung, S. 175 f.

[181] Siehe die Richtigstellung Churchills vom 8.2.1954 gegenüber Lord Ismay, der in einem Schreiben an Churchill vom 29.1.1954 Churchill als den Vater des Gedankens angesehen hatte in: PRO, PREM 11/771.

USA auf eine periphere Verteidigungslinie in Europa. Gleichzeitig wurde in diesem Entwurf eine Reihe von Interimsvorschlägen gemacht, die zumindest einen Teil des EVG-Projekts retten sollten: Ausloten der Bereitschaft der französischen Regierung, die Bundesrepublik in die NATO aufzunehmen, bei gleichzeitigen Anstrengungen, die europäische Einigung auf nichtmilitärischem Gebiet zu realisieren; Inkraftsetzung des Deutschlandvertrages unabhängig von der EVG; Aufstellung deutscher Streitkräfte unter Anwendung ausgewählter Bestimmungen des EVG-Vertrages; Inkraftsetzung des Deutschlandvertrages und Aufstellung einer bescheidenen deutschen Verteidigungsstreitmacht „to be temporarily attached to the forces of the three powers“[182]. Zum Jahresende 1953 gab es also keinen einheitlichen Alternativvorschlag des State Department, der nach Abstimmung mit den Vorstellungen des Pentagon dem Nationalen Sicherheitsrat hätte unterbreitet werden können. In einem Entwurf der Joint Chiefs of Staff wurde unter Zugrundelegung rein militärischer Argumente als alternative Lösung zur EVG nur die volle Mitgliedschaft der Bundesrepublik in der NATO angeführt. Sollten sowohl die EVG wie auch die Aufnahme der Bundesrepublik in die NATO am französischen Widerstand scheitern, so blieb nach Auffassung der Joint Chiefs of Staff den USA nur noch eine periphere Strategie zur Verteidigung Europas übrig[183]. Für diesen Fall hatte Dulles am Rande der NATO-Ratstagung in Paris am 15. Dezember 1953 der britischen Delegation prophezeit, daß die Amerikaner in fünf Jahren kein Interesse mehr an Europa zeigen würden und nur noch an den Fernen Osten dächten. Er habe mit dem Gedanken an eine Assoziierung der Bundesrepublik mit Großbritannien und den Beneluxländern gespielt, habe diese Idee jedoch wieder wegen des Widerstandes der Beneluxländer fallen lassen. Für Dulles stand fest: „there is no alternative to EDC but chaos“[184].

Ende Januar wurde aus dem Quai d'Orsay bekannt, daß eine zunehmende Zahl führender Politiker zu der Auffassung gelangt sei, daß der EVG-Vertrag in einer akzeptableren Form dem französischen Parlament präsentiert werden müsse. Diese Gruppe dachte an eine befristete Außerkraftsetzung vor allem jener Bestimmungen, die das Ende einer französischen Nationalarmee bedeuteten. Diese Modifikation sollte den EVG-Partnerstaaten in einer Form vorgelegt werden, die keine Neuverhandlung des EVG-Vertrages erforderlich machte. Vor allem dürfe diese keinen Anlaß dazu geben, daß die im bisherigen Vertrag den Deutschen auferlegten Beschränkungen gelockert würden[185]. Nach Auffassung des US-Gesandten in Paris, Achilles, war der französischen Furcht vor einer Dominanz der Bundesrepublik innerhalb der EVG und vor möglichen deutschen Ostabenteuern am besten durch eine verstärkte Integration der EVG-Streitkräfte, ihrer Kommandostruktur und ihres logistischen Systems in die NATO und durch die Stärkung der NATO auf politischem Gebiet zu begegnen[186]. Am 26. November 1953 war im britischen

182 FRUS 1952–1954, V, Teil 1, S. 859 ff.

183 Siehe das Memorandum von Leon W. Fuller (Policy Planning Staff) über den Stand der alternativen Überlegungen zur EVG vom 10.12.1953, ebd., S. 863 f.

184 Shuckburgh, Descent to Suez, S. 120.

185 PRO, CAB 129/65, C. (54) 31, 28th January, 1954, The European Defence Community. Memorandum by the Secretary of State for Foreign Affairs. Hierin berichtete Eden dem Kabinett über eine Unterredung zwischen seinem Privatsekretär Shuckburgh mit de Margérie aus dem Quai d'Orsay. Im Auftrag Alphands wurde Ende Januar 1954 bezüglich der Möglichkeit einer Übergangsregelung bei von Etzdorf sondiert; siehe das Schreiben des Bundesministers der Finanzen, Schäffer, an den Bundeskanzler vom 26.1.1954, betr. „Französische Überleitungswünsche im Zusammenhang mit einer etwaigen Ratifizierung des EVG-Vertrages“, Bundeskanzleramt, VS – 37 930 (2), hier offen. Über die alternativen Überlegungen zur EVG in Frankreich siehe Fauvet, Naissance et mort d'un traité, S. 42 ff.

186 FRUS 1952–1954, V, Teil 1, S. 868 ff.

Kabinett der Vorschlag diskutiert worden, die EVG-Länder sollten die supranationalen Elemente des Vertrages einstweilen suspendieren und nur mit der Aufstellung der Europaarmee beginnen, ein Vorschlag, der freilich weder den Forderungen der französischen Sozialisten noch den Vorstellungen der Gaullisten gerecht wurde[187].

Edens Privatsekretär Shuckburgh räsonierte am 16. Dezember 1953 über drei alternative Möglichkeiten zur EVG, über die man jedoch seiner Meinung nach kein Wort verlieren dürfe, um der französischen Regierung kein Alibi für die Ablehnung des EVG-Vertrages zu bieten: „(a) UK take the lead and run Europe as the French want. But we must eliminate the federal element in EDC and Shuman plan if we are to do this. I worked this out a little and suggested we build on Brussels Treaty; offer permanent alliance to Germany/France/Italy/Benelux; agree not to take substantial part of our forces from Continent without consent; form them with the other forces into one ‚confederate army' under British C.-in-C.; have political HQ of the alliance in London, military HQ near SHAPE. It will need a lot of thinking about. (b) Try to persuade the Americans to take over. This will not be easy and goes counter to Dulles's threats. (c) If Americans remove to hemisphere policy rescue what we can by gathering Norway, Denmark, Low Countries to our side[188]."

Von den Konsequenzen einer möglichen peripheren Verteidigungsstrategie der USA in Europa erschreckt, hatte Churchill in einem persönlichen Schreiben an Eisenhower auf seiner schon während der Bermudakonferenz vorgetragenen Alternative bestanden: „If E.D.C. is repudiated by French, I still think some variant of N.A.T.O. will be necessary. After all, this meets the French objection to being in a European Association alone or almost alone with a much more powerful Germany. I think you would find it very difficult to make and get a good plan on the ‚empty chair' basis." In seinem Antwortschreiben warnte Eisenhower vor Alternativen zur EVG, die Neuverhandlungen mit den Deutschen erforderlich machen würden. Eine solche Situation hielt Eisenhower angesichts zunehmender Unzufriedenheit in der Bundesrepublik und anhaltendem Druck der Sowjets gegenüber den europäischen Verbündeten für äußerst gefährlich. Eisenhower war jedoch vom Erfolg der Europäischen Verteidigungsgemeinschaft überzeugt, falls vor allem die britische und amerikanische Regierung in ihren gemeinsamen Bemühungen nicht nachlassen würden, das einmal gesteckte Ziel zu erreichen[189].

Mit ihrer alternativlosen Pressionspolitik gegenüber den Franzosen setzte die amerikanische Regierung alles auf eine Karte, begab sich dabei jedoch in ihrer Europapolitik in die Abhängigkeit der unsicheren, je nach außenpolitischen oder innenpolitischen Präferenzen ständig wechselnden Mehrheitsverhältnisse im französischen Parlament. Allein schon aus taktischen Gründen durfte dem auf die französische Regierung ausgeübten Druck kein Ventil in Form irgendwelcher Entspannungshoffnungen im Rahmen der bevorstehenden Viererkonferenz geöffnet werden. Solange das westliche Lager nicht um die sichere Integration und Bewaffnung der Bundesrepublik arrondiert war, stand nicht zu erwarten, daß die Westmächte in Berlin in ernsthafte Verhandlungen über ein europäisches Sicherheitssystem eintreten ürden. Vielmehr mußte man davon ausgehen, daß die Westmächte die Berliner Konferenz dazu benutzen würden, die sowjetische Intransigenz und damit die Unausweichlichkeit des eigenen sicherheitspolitischen Konzepts vorzuführen.

[187] PRO, CAB 128/26, pt. 2, 72nd Conclusions, 26th November, 1953, Minute 4.

[188] Shuckburgh, Descent to Suez, S. 120 f. Vgl. auch ebd., S. 124 (23.12.1953).

[189] PRO, PREM 11/618, Churchill an Eisenhower vom 19.12.1953 und Antwort Eisenhowers vom 21.12.1953.

8. Die Viermächte-Außenministerkonferenz in Berlin vom 25. Januar bis 28. Februar 1954

Dulles erwartete von der Viererkonferenz in Berlin einen letzten ernsthaften sowjetischen Versuch, die westliche Allianz auseinanderzubrechen und damit die Sicherheit in Westeuropa zu zerstören. Sollte dieser sowjetische Versuch scheitern, würde das eigene sicherheitspolitische Programm für Europa erfolgreich sein. Sollten die Sowjets jedoch in Berlin erfolgreich sein, müßte die gesamte amerikanische Politik bezüglich der EVG und der NATO grundsätzlich überprüft werden. Daher war für den US-Außenminister die Berliner Konferenz „more important in its negative than in its positive aspects". Lediglich in der Österreichfrage schien Dulles ein positives Ergebnis erreichbar. Für den Fall, daß es sich für den Abschluß eines Österreichvertrages als absolut notwendig erweisen sollte, war er bereit, „to envisage some degree of neutralization for Austria". Chancen, zu einem Abkommen über die Wiedervereinigung Deutschlands zu gelangen, hielt Dulles für sehr gering. Solange die Sowjets nicht bereit seien, größere Freiheiten in Polen und der Tschechoslowakei hinzunehmen, könne ihnen nicht daran gelegen sein, mit der Wiedervereinigung Deutschlands einen „Einbruch der Freiheit bis weit hinter den Eisernen Vorhang" zu akzeptieren. Dulles rechnete allerdings damit, daß die Sowjets einen Paketvorschlag für die deutsche Wiedervereinigung vorlegen würden, der die Franzosen dazu verleiten sollte, die EVG und den französischen Kampf in Indochina aufzugeben. In der Frage der europäischen Sicherheit wollte die US-Regierung den im Lichte des vorausgegangenen Notenaustausches freilich wenig erfolgversprechenden Versuch unternehmen, die sowjetische Delegation in Berlin vom Wert der Europäischen Verteidigungsgemeinschaft als einer europäischen Sicherheitsregelung zu überzeugen, in der die Bundesrepublik und eventuell ein wiedervereinigtes Deutschland durch die supranationale Einbindung und durch die ihnen auferlegten Beschränkungen von agressiven Handlungen gegenüber der Sowjetunion abgehalten werden könnten[190].

Auch die britische Deutschlandpolitik hielt unverändert an den im Juni 1953 während der Außenministerkonferenz in Washington eingenommenen deutschlandpolitischen Positionen fest, wie sie im Memorandum Lord Salisburys vom 3. Juli 1953 ausführlich niedergelegt worden waren[191]. Lediglich in der Frage der Einbindung eines möglichen wiedervereinigten Deutschlands in das westliche Sicherheitssystem war eine moderatere Haltung erkennbar: „If we are to convince the world that we are not making German reunification dependent upon conditions obviously unacceptable to the Russians, we must make it clear that the all-German Government which results from free elections must be free to decide its own international relationships consistent with the United Nations Charter. We must show that we are not trying to make the adherence of a united Germany to the E.D.C. an absolute condition of our plans for German reunification. Mr. Dulles and Dr. Adenauer, and perhaps M. Bidault, may be a little hesitant on this. But we should only be following the terms of the Bonn Conventions themselves, to which all four Governments are committed[192]." Auch in der Frage eines europäischen Sicherheitssystems

[190] Aufzeichnung über die Diskussion im National Security Council am 21.1.1954, FRUS 1952–1954, VII, Teil 1, S. 781 f. Siehe auch „Briefing Paper on Prospects for Berlin Conference" vom 20.1.1954, ebd., S. 772 ff.

[191] Siehe Anm. 92.

[192] PRO, CAB 129/65, C. (54) 13, 11th January, 1954, Prospects for the Berlin Meeting. Memorandum by the Secretary of State for Foreign Affairs.

schien Eden konzilianter als Dulles. Um aber die auch von britischer Seite für unbedingt erforderlich gehaltene Komplettierung des westlichen Sicherheitssystems durch die Integration und Bewaffnung der Bundesrepublik sowie die Einheit des Westens nicht zu gefährden, schloß Eden Verhandlungen mit den Sowjets über einen neuen gegenseitigen Beistandspakt oder Nichtangriffspakt während der Berliner Konferenz aus, da diese nur falsche Hoffnungen im Westen erwecken und die Sowjets zu unannehmbaren Gegenvorschlägen einladen würden, mit denen diese die Verhandlungen verwirren und hinauszögern könnten. Als Ergänzung zu den bereits bestehenden Sicherheitsvorkehrungen (UN-Charta, defensiver Charakter von NATO und EVG, englisch-sowjetischer und französisch-sowjetischer Vertrag) schlug Eden lediglich unilaterale Deklarationen der Westmächte und eine Gewaltverzichtserklärung der Bundesregierung vor, die freilich kaum geeignet waren, die sowjetischen Befürchtungen zu zerstreuen[193]. Eden erhoffte sich von der Berliner Konferenz bestenfalls eine weitere Demonstration westlicher Solidarität, möglicherweise eine Übereinkunft über die Vorbereitung weiterer Treffen der vier Außenminister zur Deutschland- und Österreichfrage und in privaten Gesprächen mit Molotow deutlichere Hinweise auf den wahren Trend der sowjetischen Politik[194].

Die Absicht, den Sowjets die Europäische Verteidigungsgemeinschaft als Element eines europäischen Sicherheitssystems zu verkaufen, war freilich wenig aussichtsreich, solange nicht einmal die Franzosen wegen der in ihren Augen unzureichenden angelsächsischen Garantien an die Rolle der EVG als Kontrollinstanz für die Bundesrepublik oder gar für Gesamtdeutschland zu glauben vermochten. Die amerikanisch-britisch-französische Arbeitsgruppe, die nach dem Eintreffen der Sowjetnote vom 26. November 1953 aufs neue zusammengetreten war, um eine gemeinsame westliche Position für die Viererkonferenz mit den Sowjets vorzubereiten, nahm Edens Vorschlag unilateraler westlicher Sicherheitserklärungen für die Sowjetunion auf. Weder die Arbeitsgruppe noch die Außenminister konnten sich jedoch auf eine gemeinsame Sanktionsformel gegenüber der Bundesrepublik oder gegenüber einem eventuellen Gesamtdeutschland einigen, mit der der defensive Charakter von EVG und NATO beteuert werden sollte. Einen französischerseits formulierten Vorschlag, der automatische Sanktionspflichten der Westmächte festlegte, lehnten die Amerikaner mit der Begründung ab, in der französischen Formulierung würden die Konsultationspflichten gemäß Artikel 4 des Nordatlantikvertrages präjudiziert, auf den sich die Dreimächteerklärung vom 27. Mai 1952 beziehe. Damit würden der Sowjetunion Sicherheitsgarantien gewährt, die diejenigen transzendierten, die man gegenüber den NATO-Mitgliedern eingegangen sei, und schon allein deshalb der Zustimmung des Senats bedurften. Der französische Botschafter in Washington quittierte die amerikanische Zurückhaltung mit der Warnung, sie liefere Munition für die Gegner der EVG in Frankreich[195].

Nach seiner Niederlage in den französischen Präsidentschaftswahlen Ende Dezember 1953 – gewählt wurde René Coty, der sich bislang weder für noch gegen die EVG ausgesprochen hatte – blieb Laniel Premierminister. Am 7. Januar sicherte er sich eine unerwartet hohe Rük-

[193] PRO, CAB 129/65, C. (54) 19, 11th January, 1954, The Problem of Security in Europe, Memorandum by the Secretary of State for Foreign Affairs.

[194] So Eden während der Kabinettssitzung am 18.1.1954, während der er seine beiden oben erwähnten Memoranda vorlegte; PRO, CAB 128/27, pt. 1, C.C. (54) 3rd Conclusions, 18th January, 1954, Minute 3. Siehe auch Shuckburgh, Descent to Suez, S. 128.

[195] Eine Zusammenfassung des Abschlußberichtes der Tripartite Working Group vom 23.12.1953 findet sich in FRUS 1952–1954, VII, Teil 1, S. 733 ff. Zum englischen Formulierungsvorschlag für eine Garantieerklärung siehe ebd., S. 729 ff. Der französische und amerikanische Vorschlag werden in einem Memorandum des State Department vom 19.12.1953 gegenübergestellt, ebd., S. 731 ff.

kendeckung mit 319 gegen 249 Stimmen in der französischen Nationalversammlung, die zum richtigen Zeitpunkt die Position seines Außenministers Bidault für die Berliner Konferenz stärkte. Bidault hoffte vor allem, daß die Berliner Konferenz eine politische Lösung des inzwischen sieben Jahre alten Indochinakonflikts näher bringe. Einer von den Sowjets hierfür vorgeschlagenen Fünfmächtekonferenz widersetzte sich jedoch Dulles, um eine Aufwertung Rotchinas nach Maßgabe des Artikels 106 der UN-Charta zu verhindern. Nach Auffassung des amerikanischen Außenministers wäre China damit in das mit dem Potsdamer Abkommen beschriebene Großmächtekonsortium eingetreten und gleichzeitig wäre die Wirkung dieses Abkommens entgegen den amerikanischen Vorstellungen auf fernöstliche Probleme ausgeweitet worden[196].

Daß es zu Vierergesprächen kam, bevor die Verträge von Bonn und Paris unter Dach und Fach waren, machte besonders den deutschen Bundeskanzler nervös. Um im Falle gesamtdeutscher Wahlen, über die freilich keine Einigung in Sicht war, auch den letzten Rest einer Gefahr für die Integration der Bundesrepublik bzw. Gesamtdeutschlands in den Westen zu beseitigen, war der Bundeskanzler am Fortbestand der Bundesregierung während der Frist zwischen gesamtdeutschen Wahlen und der Bildung einer gesamtdeutschen Regierung interessiert. Als notwendiges Quidproquo schlug er daher gleichzeitig mit den gesamtdeutschen Wahlen Neuwahlen für eine ostdeutsche Regierung vor. Später ergänzte er seinen Vorschlag auch noch mit dem Gedanken an ostdeutsche Wahlen zu den wieder einzurichtenden Länderparlamenten, welche analog der föderalistischen Struktur der Bundesrepublik die Autorität und Befugnisse einer neugewählten ostdeutschen Zentralregierung einschränken sollten. Die Vorschläge des Bundeskanzlers sowie seine Forderung nach Reduzierung und Entwaffnung der Volkspolizei vor Beginn gesamtdeutscher Wahlen ließen maßgebliche Mitglieder der Regierungskoalition und der CDU/CSU-Fraktion befürchten, daß die Bundesregierung im Parlament und in der Öffentlichkeit den letzten Rest an deutschlandpolitischer Glaubwürdigkeit verliere, indem sie sich dem Vorwurf aussetzte, die Einheit der Nation gänzlich dem Zustandekommen der EVG unterzuordnen. Nach Auffassung der amerikanischen Hochkommission, hielt nur der, gemessen an den Erfolgsaussichten der Berliner Konferenz, rein theoretische Charakter der Vorschläge des Bundeskanzlers die Kritiker in der Koalition davon ab, es zum offen Streit mit dem Bundeskanzler kommen zu lassen[197].

Die von westlicher Seite und hinsichtlich ihrer Verhandlungsposition in der Österreichfrage auch von sowjetischer Seite auf Mißerfolg programmierte Außenministerkonferenz in Berlin erfüllte so gesehen weithin die Erwartungen ihrer Teilnehmer. Molotow legte den Entwurf eines europäischen Sicherheitspaktes vor, der eine friedliche Streitschlichtung, Konsultationen und Präventivmaßnahmen im Falle einer Friedensbedrohung in Europa und eine Beistandspflicht im Falle eines bewaffneten Angriffs in Europa sowie die Abstinenz von Koalitionen und Bündnissen, die nicht mit dem europäischen Sicherheitspakt im Einklang waren, vorsah. Die USA sollten neben China lediglich als Beobachter an diesem System partizipieren. Dagegen sollten sowohl die DDR als auch die Bundesrepublik dem europäischen Sicherheitssystem angehören. Ihre Gleichberechtigung war jedoch wesentlich beeinträchtigt durch die Einrichtung eines fortdauernden Interventionsrechts der Besatzungsmächte in ihren ehemaligen Zonen. Am 31. März modifizierte die sowjetische Regierung ihren Vorschlag für ein europäisches Sicherheitssystem

196 FRUS 1952–1954, VI, Teil 1, S. 768 ff., 786 u. 790 ff.

197 Berichte Conants vom 21.1.1954 über Gespräche mit v. Brentano und dem Bundeskanzler, ebd., VII, Teil 1, S. 775 ff. und 779 f.

durch die Idee eines sowjetischen NATO-Beitritts, die vermutlich dem westlichen Interesse an einer amerikanischen Beteiligung entgegenkommen sollte[198]. Zur Deutschlandfrage unterbreitete Molotow den Vorschlag einer Nominierung einer gesamtdeutschen provisorischen Regierung auf paritätischer Basis. Seine Vorschläge wurden von den westlichen Delegationen abgelehnt, während die sowjetische Seite, unbeeindruckt von Bidaults Hinweis auf die angeblich freie Bündnisoption einer gesamtdeutschen Regierung, den westlichen Plan einer Wiedervereinigung Deutschlands nach vorausgegangenen freien Wahlen zurückwies. Da die sowjetische Delegation auch eine ursprünglich von westlicher Seite für möglich erachtete Regelung der Österreichfrage ablehnte, solange keine in ihrem Sinne befriedigende Regelung des Deutschlandproblems erreicht war, wäre der Mißerfolg der Berliner Konferenz komplett gewesen, hätten sich die Teilnehmer nicht wenigstens darauf geeinigt, eine Konferenz für den 26. April nach Genf einzuberufen, auf der neben Verhandlungen über die friedliche Regelung des Korea-Konflikts auch Waffenstillstandsverhandlungen über Indochina zwischen den USA, Frankreich, Großbritannien, der Sowjetunion, der Volksrepublik China sowie anderen interessierten Staaten stattfinden sollten[199]. Dulles hatte Gesprächen über Indochina nur widerwillig zugestimmt und nur, weil er davon überzeugt war, daß seine Obstruktion das sofortige Ende der Regierung Laniel/Bidault bedeutet hätte, die nach seiner Befürchtung nur von einer Regierung ersetzt worden wäre, die nicht nur den Krieg in Indochina unter nahezu allen Bedingungen beendet, sondern sich auch einer Ratifizierung der EVG widersetzt hätte. Dulles erhielt dafür von Bidault in Berlin die Zusage, daß die Ratifizierung des EVG-Vertrages in Paris sofort in Angriff genommen und nicht bis zum Abschluß der Genfer Konferenz über Korea/Indochina ausgesetzt werde. Dulles hegte jedoch Zweifel, daß es dem französischen Außenminister möglich sein würde, sein Versprechen einzulösen. Bidault hatte ihm nämlich in Berlin noch einmal die Voraussetzungen genannt, ohne deren Erfüllung ihm eine Ratifizierung des EVG-Vertrages unmöglich erschien: Eine befriedigende Saarregelung, die Klärung des Verhältnisses Großbritanniens und der USA zur EVG einschließlich einer Absichtserklärung, daß die USA ihre Truppen nicht aus Europa abziehen würden, wenn die EVG ratifiziert war, sowie eine Versicherung der USA, daß diese das NATO-Bündnis nicht nach Ablauf der im Vertrag vorgesehenen Frist verlassen würden. Ein weiterer Punkt war die Lösung des internen französischen Problems, wie der Forderung der Sozialisten nach einem supranationalen Überbau für die Europaarmee Rechnung getragen werden könnte, ohne dabei die Zustimmung der Rechtsparteien zu verlieren.

Während eines ausführlichen Gedankenaustausches mit dem Bundeskanzler, der von einer grundsätzlichen Übereinstimmung in der Beurteilung der Ergebnisse der Berliner Konferenz getragen war, hatte Dulles von Adenauer ganz allgemein ein Opfer in der Saarfrage gefordert, vergleichbar dem, das die USA und Großbritannien mit ihren Garantien gegenüber Frankreich für einen Erfolg der EVG bringen würden. Die Opferbereitschaft hinsichtlich amerikanischer Garantien gegenüber Frankreich war jedoch nicht sehr groß. Dulles versicherte seinem in dieser Frage zunehmend ärgerlicher reagierenden Präsidenten, daß man amerikanischerseits in Wirklichkeit bezüglich neuer Zusicherungen an die Franzosen nicht viel mehr tun müsse, als man

[198] Zur Sowjetnote vom 31.3.1954 und zur Ablehnung eines sowjetischen NATO-Beitritts durch die Westmächte siehe FRUS 1952–1954, V, Teil 1, S. 487 ff.

[199] Zur Berliner Konferenz siehe ebd., VII, Teil 1, S. 804 ff., und: Réunions des ministres des Affaires étrangères; L'Année politique, 1954, p. 304–310, 314–330. Die Viererkonferenz in Berlin 1954. Rupieper, Berliner Außenministerkonferenz von 1954. Carlton, Anthony Eden, S. 338 f. Shuckburgh, Descent to Suez, S. 128 ff. Blankenhorn, Verständnis und Verständigung, S. 178 ff. Grewe, Rückblenden, S. 174 ff. Siehe auch die Übersicht bei Fursdon, The European Defence Community, S. 234 ff.

zuvor wiederholt gesagt habe. Was man jetzt brauche sei „a new package tied up with a new ribbon". Bidault, der „ironclad assurances" wolle, habe er bedeutet, daß es keine vertragliche Regelung oder ein „executive agreement" geben könne, da die Stationierung (deployment) der amerikanischen Streitkräfte eine Prärogative des Präsidenten und nicht des amerikanischen Kongresses sei[200].

Nach Auffassung Außenminster Edens hatten die Sowjets in Berlin aus einer Position der Schwäche heraus verhandelt. Er war zwar der Meinung, daß die Sowjets vor Deutschland in unmittelbarer Zukunft keine Befürchtungen hegten und daß sie in einer Ratifizierung der EVG keine ernsthafte Gefährdung ihrer Interessen sehen würden, die irgendeine Form militärischer Gegenmaßnahmen erforderlich machten. Ja, es schien ihm sogar möglich, daß Molotov in der EVG eine Art Versicherung gegen eine deutsche Aggression erblickte. Eden hatte aber keinen Zweifel daran, daß die Sowjets über den Aufbau von US-Stützpunkten in der ganzen Welt und über das große Luftwaffenbasenprogramm in Westeuropa wirklich alarmiert waren. Ebenso wie Dulles riet er dem Kabinett, die Entwicklung des sowjetisch-chinesischen Verhältnisses besonders im Auge zu behalten. Das dringlichste Problem war nach Auffassung Edens nunmehr die Ratifizierung der EVG, zumal er in Berlin den Eindruck gewonnen hatte, daß man sowohl in politischen wie in Wirtschaftskreisen Westdeutschlands ungeduldig über die Politik der Westmächte werde: Die Deutschen erfreuten sich wieder einmal wachsenden Wohlstands, und mit ihrem Wohlstand habe sich ein Hang zur Arroganz („strain of arrogance") eingestellt. Obwohl auch er in Berlin von Bidault um stärkere Garantien für Frankreich ersucht worden war, wollte Eden dem britischen Kabinett keine spektakulären neuen Schritte in dieser Frage empfehlen. Vor allem eine Zusicherung, britische Truppen in der Bundesrepublik in vorher festgelegter Höhe zu belassen, kam für ihn nach wie vor nicht in Betracht: „Especially as it was certain that once E.D.C. had been ratified the Americans would reduce their forces in Germany[201]."

Nachdem die Ergebnisse der Berliner Konferenz weitgehend die amerikanischen und britischen Erwartungen bestätigt hatten, indem sie die Lage in Europa tendenziell zum Status quo hin stabilisierten und dadurch mögliche französische Aspirationen nach einer Verständigung mit den Sowjets über Deutschland zunichte machten, verstärkten Amerikaner und Briten ihren Druck auf die französische Regierung dahingehend, nunmehr so rasch wie möglich ihre mehrfach gegebenen Versprechungen hinsichtlich einer Ratifizierung der EVG einzulösen. Es war jedoch kaum zu erwarten, daß die französische Regierung die mit der Berliner Konferenz eröffnete Möglichkeit einer friedlichen Regelung der Indochinafrage durch die Ratifizierung der EVG gefährden würde.

[200] Bericht Dulles' vor dem National Security Concil am 26.2.1954, FRUS 1952–1954, VII, Teil 1, S. 1221 ff. Memorandum über die Unterredung zwischen Dulles, Merchant, Bidault und Alphand am 17.2.1954, ebd., S. 1150 ff., und FRUS 1952–1954, V, Teil 1, S. 875 ff. Aufzeichnung über die Unterredung Dulles' mit dem Bundeskanzler: „Wiedervereinigung Deutschlands. Entwicklung nach der Berliner Konferenz", Kopie MGFA. Adenauer berichtet ausführlich darüber in seinen Erinnerungen II, S. 259 ff. Amerikanische Aufzeichnung des Gesprächs: FRUS 1952–1954, VI, Teil 1, S. 1208 ff. Adenauer, Teegespräche 1950–1954, S. 529 ff.

[201] Edens Bericht im Kabinett: PRO, CAB 128/21, pt. 1, C.C. (54) 10th Conclusions, 22nd February, 1954, Minute 1. Bidault hatte in einer Unterredung mit Eden am 20.2. bilaterale Gespräche über eine britische Assoziierung zur EVG und trilaterale Gespräche über die Stationierung britischer und amerikanischer Truppen auf dem Kontinent gefordert, PREM 11/618, Foreign Office an britische Botschaft Paris, 20.2.1954. Siehe auch das Schreiben Edens an Churchill, in dem er Pressemeldungen über britische Stationierungszusagen dementierte; ebd., P.M./54/35, ohne Datum; das Schreiben wurde Churchill am 20.2. vorgelegt.

9. Das Ringen um die EVG im Schatten der Genfer Indochinakonferenz bis zum Regierungsantritt von Pierre Mendès-France

Am 20. Januar 1954 hatte der EVG-Vertrag das niederländische Parlament passiert. In Belgien wurde am 12. März durch die Zustimmung des Senats der von der Deputiertenkammer im November 1953 eingeleitete Ratifizierungsprozeß abgeschlossen. Am 26. Februar hatte der Deutsche Bundestag mit der durch die Septemberwahlen von 1953 ermöglichten Zweidrittelmehrheit die Grundgesetzänderung beschlossen (der Bundesrat folgte am 19. März), mit der die am 19. März 1953 vom Bundestag und am 15. Mai 1953 vom Bundesrat verabschiedeten Ratifizierungsgesetze zu den Vertragswerken die verfassungsrechtliche Hürde nahmen. Bundespräsident Heuss hatte die Grundgesetzänderung am 29. März unterzeichnet, nachdem die französische Regierung am 25. März ihr Junktim zwischen der Zustimmung des französischen Hochkommissars zur Grundgesetzänderung und der französischen Forderung nach einer Unterzeichnung der Zusatzprotokolle zum EVG-Vertrag „im Namen des Staatsoberhauptes" auf amerikanischen Druck hin aufgegeben hatte[202]. Luxemburg verabschiedete den EVG-Vertrag am 7. April. In Italien wurde der Ratifizierungsprozeß von den Sozialisten aufgehalten, die den EVG-Vertrag nicht vor der Ratifizierung durch Frankreich und nicht vor der Lösung der Triest-Frage im Parlament passieren lassen wollten.

In Frankreich geriet der Ratifizierungsprozeß zunehmend unter Zeitdruck. Selbst wenn die französische Regierung die Westverträge dem Parlament unmittelbar nach der Berliner Konferenz präsentiert hätte, eine Zusage, die Dulles Ende Februar noch einmal eindringlich in Erinnerung brachte[203], wäre eine Verabschiedung, ganz abgesehen von den politischen Differenzen im Parlament und innerhalb der Parteien, allein schon aus prozeduralen Gründen fraglich gewesen. Einer Vorlage des EVG-Vertrages im Parlament mußte eine Prüfung durch den Auswärtigen Ausschuß und den Verteidigungsausschuß vorausgehen, zu deren Vorsitzendem bzw. Berichterstatter man mit Pierre Koenig und Jules Moch zwei erklärte Gegner der EVG gewählt hatte. Nach Zustimmung der Nationalversammlung mußte der Vertrag die zweite Kammer, den Rat der Republik, passieren, und falls dieser ihn zurückwies, war eine neuerliche Lesung in der Nationalversammlung erforderlich, in welcher der Vertrag, falls der Rat der Republik ihn mit absoluter Mehrheit abgelehnt hatte, ebenfalls nur mit absoluter Mehrheit verabschiedet werden konnte. Den Abschluß der Ratifizierung bildete die Signatur durch den Präsidenten der Republik, welcher jedoch den Vertrag beiden Kammern zur neuerlichen Beratung wieder vorlegen konnte.

Britischerseits und amerikanischerseits strengte man sich nach der Berliner Konferenz in enger Abstimmung untereinander an, die alten Zusagen an Frankreich mit einem Höchstmaß an verbaler Attraktivität auszustatten. Amerikaner und Briten kamen jedoch überein, neuerliche Erklärungen erst abzugeben, nachdem die französische Regierung einen verbindlichen Termin für die Vorlage des EVG-Vertrages im französischen Parlament festgesetzt habe.

[202] FRUS 1952–1954, V, Teil 1, S. 910ff. u. 917f. NA, RG 59, 762 A. 00/3-154, Conant an Dulles, No. 2701, 1.3.1954. Zum Ratifizierungsprozeß in der Bundesrepublik siehe Beitrag Schwengler in Anfänge westdeutscher Sicherheitspolitik, Bd. 4: Die Rechtsgrundlagen der Teilhabe der Bundesrepublik an der westeuropäisch-atlantischen Verteidigung (Arbeitstitel; in Vorbereitung).

[203] FRUS 1952–1954, V, Teil 1, S. 879f. PRO, PREM 11/618, Sir R. Makins an Foreign Office, 23.2.1954.

Als am 5. März im Nationalen Sicherheitsrat ein entsprechender Entwurf des State Department diskutiert wurde, versicherte Walter Bedell Smith, Under Secretary of State, „that there was in this statement very little in the way of additional commitments by the United States to the French. It was mostly a rehash of older assurances". Smith zitierte David Bruce, welcher in dem Entwurf des State Department lediglich einen Versuch sah, „to get timid men to overcome their own uncertainties". Eisenhower fügte sich nur sehr ärgerlich in diese Notwendigkeit und verfügte, daß die bezüglich der Truppenstationierung in Europa zu treffende Formulierung lediglich die Senatsresolution 99 vom 4. April 1951 wiederholte, mit der damals die „Great Debate" ihren Abschluß gefunden hatte: „It is the belief of the Senate that the threat to the security of the United States and our North Atlantic Treaty partners makes it necessary for the U.S. to station abroad such units of our Armed Forces as may be necessary and appropriate to contribute our fair share of the forces needed for the joint defense of the North Atlantic area[204]." Die Bemerkung von Unterstaatssekretär Smith, daß es nach einer vom Kongreß autorisierten Truppenentsendung ins Ausland beim Präsidenten liege, darüber zu befinden, wohin diese Truppen gingen und wie lange sie dort blieben, kommentierte Eisenhower mit der für europäische Ohren wenig tröstlichen Absichtserklärung, „he had no slight idea of reducing the number of our forces in Europe in the next two years"[205]. Um französischen Änderungsvorschlägen vorzubeugen, beabsichtigte das State Department die amerikanischen Zusagen in Form einer Erklärung des Präsidenten, über die nicht weiter verhandelt werden konnte, an alle EVG-Mitglieder zu schicken. Die Versuche Bidaults, vorab den amerikanischen Text mit dem Ziel einer stärkeren Bindung der amerikanischen Truppen in Europa zu beeinflussen, mißlangen bis auf wenige unbedeutende phraseologische Modifizierungen[206].

Am 6. März wurde der amerikanische Text dem Foreign Office vertraulich übermittelt, in der Annahme, daß sich dadurch das Foreign Office in seiner eigenen Erklärung zu möglichst weitgehenden Zusagen bereitfinden würde. In der Kabinettssitzung am 10. März fand Eden die amerikanische Erklärung zwar sehr nützlich, meinte jedoch, die britische Regierung müsse wesentlich präzisere Vorschläge unterbreiten, wenn man die Franzosen damit zur Ratifizierung des EVG-Vertrages überreden wolle. Im wesentlichen schlug er dem Kabinett folgende Zusicherungen vor: „We should express our readiness to maintain, for the next few years, the present fighting capacity of the United Kingdom forces on the Continent and should add that, allthough the introduction of new weapons might call for some variation in the size and shape of our forces, we had no intention of withdrawing from the Continent so long as the threat existed to the

[204] Zit. nach FRUS 1952–1954, V, Teil 1, S. 963.

[205] Zur Diskussion über „assurances to the French in Connection with the European Defense Community (NSC Action No. 1048-b)" siehe ebd., S. 886ff. Am 26.2.1954 hatte Eisenhower im National Security Council das State Department und den Secretary of Defense aufgefordert, bis zur nächsten Sitzung Empfehlungen für eine Deklaration „as to the retention of U.S. forces in Europe and continued participation of the United States in the North Atlantic Treaty Organization" vorzubereiten; ebd., S. 877, Anm. 2. Secretary of Defense, Wilson, war dieser Aufforderung offenbar nicht gefolgt, da man nach seinen Angaben im Pentagon die Meinung vertrat „that it would do no good to provide further assurances to the French in order to induce them to ratify the EDC", ebd., S. 886. Am 5.3. stimmte er jedoch der am gleichen Tage im NSC diskutierten Vorlage zu, ebd., S. 892, Anm. 2, Text: ebd, S. 892ff. Zu den Überlegungen im State Department siehe auch ebd., S. 873f., u. NA, RG 59, 762 A. 00/2-2654, Jones (WE) an Merchant (EUR) „Critical Urgency of U.S. Assurances to French".

[206] FRUS 1952–1954, V, Teil 1, S. 890ff., siehe vor allem S. 898f. Endgültiger Text: Department of State Bulletin, 26.4.1954, S. 619ff. Siehe auch die kommentierte Fassung in FRUS 1952–1954, V, Teil 1, S. 959ff.

security of Western Europe and to the E.D.C. The second and more precise assurance was to offer to put a British armoured divison under command of an E.D.C. corps, if the Supreme Allied Commander, Europe, agreed on operational grounds, and to keep it there so long as he wanted." Eden bezeichnete diese Zusage als „militarily inconvenient" und auch im Kabinett war man überzeugt, daß diese auf einen kurzen Zeitraum beschränkte Zusage „left open the possibility of some reduction in numbers if in the course of time development of new weapons made it possible to maintain the present fighting capacity of our forces on the Continent with fewer men". Der Schatzkanzler wiederholte seine bereits bei früherer Gelegenheit gemachte Warnung, daß mit der Aufrüstung der Bundesrepublik und dem damit verbundenen Wegfall der deutschen Stationierungsleistungen Großbritannien für seine Truppen auf dem Kontinent selbst aufkommen müsse, wofür er zusätzliche Ausgaben in Höhe von 80 Millionen Pfund in ausländischer Währung veranschlagte. Da es nicht möglich sei, die britischen Verteidigungsausgaben zu erhöhen, müßten zusätzliche Kosten, einschließlich solcher, die sich aus den britischen Zusagen an Frankreich ergeben sollten, auf andere Weise gedeckt werden. Der unverbindliche Charakter der militärischen Zusagen erleichterte es dem Kabinett jedoch, am Ende Eden zu autorisieren, die in seinem Memorandum vom 9. März 1954 präzisierten zusätzlichen britischen Zusagen zu dem bereits am 26. November 1953 vom Kabinett inhaltlich gebilligten Erklärungen über die britische Assoziierung zur Europäischen Verteidigungsgemeinschaft und die militärische Zusammenarbeit abzugeben. Letztere waren von der Rechts- bzw. der Militärabteilung des Interimsausschusses in Paris gebilligt, jedoch wegen der zusätzlichen Forderungen Bidaults während der Bermuda-Konferenz noch nicht mit den einzelnen EVG-Regierungen abgestimmt worden. Nach der am 9. März Churchill übermittelten Liste war die britische Regierung insgesamt zu folgenden Zugeständnissen bereit:

„1. We will retain for the next few years the present fighting capacity of United Kingdom forces on the Continent. (This would not of course commit us to a particular number of divisions and squadrons.) 2. We are ready to put an armoured division under command of an E.D.C. corps if the Supreme Allied Commander Europe agrees on operational grounds; and to keep it there as long as he wants. 3. We welcome the suggestion that the German Service Organisation should be converted into an E.D.C. unit and we are ready to discuss it in detail with the Germans and other E.D.C. Governments. 4. We will help to sponsor in N.A.T.O. a proposal that E.D.C. and N.A.T.O. should be co-terminous. 5. We will not regard France's entry into E.D.C. as detracting in any way from her status as an individual Great Power. We should expect France to remain a member of the Standing Group and we shall continue the closest consultation with France on international problems and if desired set up formal machinery for it[207]."

Nach einer stürmischen Kabinettssitzung am 12. April wurde Alphand von der französischen Regierung ermächtigt, zusammen mit den übrigen Delegationschefs beim Interimsausschuß und dem britischen Vertreter das Assoziierungsabkommen zu unterzeichnen. Um dem Vorwurf zu begegnen, daß sich das französische Kabinett mit dieser Entscheidung auf die EVG festgelegt hatte, was die Gefahr eines Rücktritts der EVG-feindlichen Minister mit sich gebracht hätte,

[207] PRO, PREM 11/618, Sir Roger Makins an Foreign Office, 6.3.1954. CAB 129/66, C. (54) 93, 9th March, 1954, United Kingdom Association with the European Defence Community, Memorandum by the Secretary of State for Foreign Affairs. CAB 128/27, pt. 1, C.C. (54) 17th Conclusions, 10th March, 1954, Minute 4. PREM 11/618, Norman Brook an Prime Minister, United Kingdom Association with the European Defence Community (C. (54) 93), March 9, 1954. FRUS 1952–1954, V, Teil 1, S. 950 f. Memorandum regarding United Kingdom Association with the European Defence Community. Siehe auch Hansard, House of Commons, 5th Series, Vol. 526, 14.4.1954, col. 1141–3.

stellte Laniel in einem Kommuniqué fest, daß das Assoziierungsabkommen mit Großbritannien vom Parlament gebilligt werden müsse und daß seine Realisierung vom Inkrafttreten der EVG abhänge. Zwei Tage später legte Eden das Assoziierungsabkommen dem Unterhaus und der Öffentlichkeit vor. Daraufhin beschloß das französische Kabinett am 15. April, nach Abschluß der Verhandlungen über die Vorbedingungen die Präsidentenkonferenz der Nationalversammlung zu bitten, die Debatte in der Nationalversammlung über die britisch-amerikanischen Garantien, über das Saarabkommen, über die Zusatzprotokolle und über die Verträge von Bonn und Paris einzuleiten. Obwohl damit nicht eigentlich ein festes Datum für die Vorlage der Verträge im französischen Parlament, sondern lediglich ein Termin für diese Entscheidung festgelegt wurde, veröffentlichten die USA am 16. April die Erklärung des Präsidenten über die amerikanischen „Assurances Concerning EDC"[208].

Der vom französischen Kabinett avisierte Termin wurde jedoch illusorisch, als am 21. April Guy Mollet den Kongreß der Sozialisten (S.F.I.O.) verschieben mußte, auf dem deren Position zur EVG formuliert werden sollte. Die S.F.I.O. forderte vor einer Entscheidung eine klare Äußerung der französischen Regierung, daß sie zusammen mit den übrigen Regierungen der EVG-Partnerländer eine demokratisch gewählte europäische Versammlung unterstützte, der das EVG-Kommissariat verantwortlich sein sollte. Der belgische Außenminister Spaak organisierte eilends über den Interimsausschuß eine entsprechende Erklärung für die EVG-Regierungen, die inhaltlich zwar nichts präjudizierte, gleichwohl aber dem Sozialistenkongreß am 29. Mai zu einer Mehrheit von 1969 zu 1215 Stimmen bei 185 Enthaltungen für die EVG verhalf (eine schließlich unter Parteiausschlußandrohung durchgeführte Abstimmung ergab ein Ergebnis von 2414 zu 932 Stimmen bei 60 Enthaltungen)[209].

Durch die Vertagung war nicht nur der von massivem amerikanischen Druck diktierte Fahrplan der französischen Regierung für eine Vorlage des EVG-Vertrages im französischen Parlament noch vor der Genfer Indochina-Konferenz vollends aus den Fugen geraten. Noch bedeutsamer war, daß angesichts der sich dramatisch verschlechternden militärischen Lage in Indochina die Regelung des Indochina-Problems inzwischen innerhalb der französischen Regierung und Öffentlichkeit Vorrang vor der Ratifizierung des EVG-Vertrages erlangt hatte. Am 23. April, während der Sitzung des NATO-Rats in Paris, waren sich alle britischen Experten einig, daß die EVG im französischen Parlament nicht mehrheitsfähig war, und daß es höchste Zeit sei, von der gegenteiligen Annahme Abschied zu nehmen. Ihrer Auffassung nach sollten zusammen mit den Franzosen Alternativen ausgearbeitet werden[210].

Noch unter dem Schock von Mollets Terminverschiebung hatte Bidault Dulles berichtet, die Lage in Indochina sei so hoffnungslos, daß nur eine massive Intervention amerikanischer Luftstreitkräfte die Situation bereinigen könnte[211]. Zu diesem Zeitpunkt war die Frage einer militärischen Intervention der USA in Indochina, einschließlich der Überlegungen über den Einsatz von Atomwaffen, in Washington nicht mehr opportun[212]. Neben der Absicht, das antikoloniale Prestige der USA in der „Dritten Welt" für die Containment-Politik gegenüber der Sowjetunion

208 Fauvet, Naissance et mort d'un traité, S. 48. FRUS 1952–1954, V, Teil 1, S. 931–940. Fursdon, The European defence Community, S. 253 f.

209 FRUS 1952–1954, V, Teil 1, S. 946–953. Fauvet, Naissance et mort d'un traité, S. 49 ff. Latte, Die französische Europapolitik, S. 64.

210 Shuckburgh, Descent to Suez, S. 170.

211 Dulles an Eisenhower, 22.4.1954, FRUS 1952–1954, V, Teil 1, S. 940 f.

212 FRUS 1952–1954, XVI. Ambrose, Eisenhower, S. 173 ff. Watson, History of the Joint Chiefs 5, S. 251 ff. Faure, Mémoires I, S. 551 f.

unbeschädigt zu erhalten – „The moral position of the United States was more to be guarded than the Tonking Delta, indeed than all of Indochina“[213] –, war die Entscheidung der US-Regierung, von einer direkten militärischen Intervention in Indochina abzusehen, in der New-Look-Politik begründet. In einem Memorandum des Policy Planning Staff über den Einsatz von US-Streitkräften in Indochina hieß es: „fear that we simply cannot make that promise. We have been progressively moving away from it during the period of the ‚linking‘ of Korea and Indochina as ‚two fronts of the same war‘; the enunciation of the ‚New Look‘ with reliance on atom weapons; the formulation of the ‚disengagement‘ policy, and the declaration of a resolve not to become involve in the war, forced upon us by Congressional clamor over the deployment of a few technicians to Indochina[214].“ Demgegenüber hatte der Hinweis auf die britische Weigerung, sich an einer militärischen Intervention zu beteiligen, eher Alibicharakter. Die britische Unterstützung war nur eine von insgesamt vier Vorbedingungen für den Militäreinsatz der USA in Indochina gewesen, die Eisenhower am 25. März im Nationalen Sicherheitsrat genannt hatte und von deren Erreichbarkeit er kaum überzeugt gewesen sein dürfte: 1. Ein Hilfeersuchen der assoziierten Staaten Indochinas, 2. die Zustimmung der Vereinten Nationen, 3. die Kooperation der amerikanischen Hauptverbündeten, 4. eine vorausgegangene Zustimmung des US-Kongresses[215].

Daß sich Eden jedoch mit Unterstützung durch Prime Minister und Kabinett auch dem ersatzweisen Aufbau eines kollektiven Verteidigungssystems in Südostasien solange widersetzte, bis ein Waffenstillstand in Genf ausgehandelt war, führte zu einer ernsthaften Verstimmung zwischen London und Washington, deren tiefere Ursache in der unterschiedlichen Beurteilung der Rolle Chinas lag. Eden vermutete in Washington einflußreiche Kräfte, die einer militärischen Auseinandersetzung zwischen den USA und China nicht abgeneigt waren, solange die Sowjetunion wegen unzureichender nuklearer Rüstung (im Verhältnis zu den USA) von einer wirksamen militärischen Unterstützung Chinas abgehalten wurde. Angesichts der für sie ohnehin nur sehr schwer durchhaltbaren Kräfteanspannung in Malaya und im Vorderen Orient (Ägypten) wollte die britische Regierung nicht riskieren, in einen möglichen amerikanisch-chinesischen Konflikt in Indochina militärisch involviert zu werden, der ähnlich dem inzwischen abgeklungenen Konflikt in Korea die Gefahr eines dritten Weltkrieges in sich barg[216].

Während die Lage in Indochina die Grenzen der New-Look-Politik aufzeigte – in NSC 162/2 war Indochina noch unter jenen Ländern aufgeführt worden, die, falls nötig, gegen kommunistische Subversion militärisch verteidigt werden müßten –, setzte Dulles auf der NATO-Ministerratstagung in Paris am 23. April 1954 bei den europäischen Verbündeten sein Erziehungspro-

213 Zit. nach Ambrose, Eisenhower, S. 177.

214 Memorandum Edmund A. Gullion (PPS) an Bowie, 10.3.1954, FRUS 1952–1954, XVI, S. 447.

215 Watson, History of the Joint Chiefs 5, S. 253.

216 PRO, CAB 128/27, pt. 1, C.C. (54) 30th Conclusions, April 28, 1954, Minute 3. C.C. (54) 31st Conclusions, May 3, 1954, Minute 1. C.C. (54) 32nd Conclusions, May 5, 1954, Minute 3. C.C. (54) 34th Conclusions, May 24, 1954, Minute 1. C.C. (54) 39th Conclusions, June 6, 1954, Minute 1. C.C. (54) 42nd Conclusions, June 21, 1954, Minute 1. CAB 129/67, C. (54) 134, 7th April 1954, Indo-China. Memorandum by the Secretary of State for Foreign Affairs. C. (54) 155, 27th April, 1954, Indochina. Note by the Secretary of the Cabinet. C. (54) 177, 24th May, 1954, The Geneva Conference. Memorandum by the Secretary of State for Foreign Affairs. C. (54) 190, 5th June, 1954, Indo-China. Note by the Secretary of State for Foreign Affairs. Carlton, Anthony Eden, S. 338 ff.

gramm über die nuklearstrategischen Implikationen des New Look fort[217]. Zu diesem Zeitpunkt war im Pentagon und in der NATO Standing Group sowie in den höchsten NATO-Kommandobehörden gemäß dem Auftrag des NATO-Rats vom Dezember 1953 die konkrete Planungsarbeit für die nukleare Komponente der Strategie des Bündnisses in vollem Gange. Anfang 1954 war im Military Committe von der französischen und italienischen Delegation darauf hingewiesen worden, daß im Falle einer extensiven nuklearen Bewaffnung der amerikanischen NATO-Verbände unter gleichzeitiger Reduzierung der konventionellen Komponente der NATO-Streitkräfte letztere für eine effektive Abwehr eines Angreifers zu schwach sein würden. In diesem Fall wären die europäischen NATO-Mitglieder im Verteidigungsfall ausschließlich von den USA abhängig, die sich das Recht über die Entscheidung vorbehalten würden, ob und wann sie Nuklearwaffen einsetzten. Vom Joint Strategic Survey Committee wurde am 27. Mai ein umfassendes Abkommen verlangt, in welchem für die amerikanische Operationsführung alle notwendigen Rechte „by the single decision by which each NATO Government commits its armed forces to action" eingeräumt wurden. Die NATO-Befehlshaber sollten vorab autorisiert werden, alle in einem gebilligten NATO-Verteidigungsplan vorgesehenen Maßnahmen zu treffen, ohne hierzu die Erlaubnis von seiten einer höheren Instanz einholen zu müssen. Verteidigungsminister Wilson billigte diese Überlegungen am 11. Juni, wartete jedoch das Ergebnis der vom NATO-Rat im Dezember 1953 in Auftrag gegebenen Studien der drei NATO-Kommandobereiche Europa, Atlantik und Ärmelkanal ab. Diese lagen im Juli 1954 vor und bildeten die Grundlage für entsprechende Planungen in der NATO Standing Group, deren Bericht wiederum am 1. Oktober dem Military Representatives Committee und Ende November dem Military Committee vorgelegt werden sollte. In ihrem am 13. August 1954 den Joint Chiefs of Staff unterbreiteten Entwurf ging die Standing Group davon aus, daß ein künftiger Krieg wahrscheinlich in den ersten Tagen durch einen intensiven nuklearen Schlagabtausch entschieden würde. Daher solle die NATO an Stelle der Planung eines maximalen Stärkeaufwuchses nach Ausbruch der Feindseligkeiten sich auf die Unterhaltung einsatzbereiter, mit nuklearen Waffen ausgerüsteter Verbände konzentrieren. Die Standing Group war weitgehendst den Überlegungen im Memorandum der Joint Chiefs of Staff vom 11. Juli 1954 gefolgt, das Wilson am 16. August dem State Department mit der Bemerkung übermittelte, daß es beträchtlicher psychologischer Vorbereitungen bedürfe, um die NATO-Länder zu der Art von Abmachungen zu bewegen, wie sie die Joint Chiefs of Staff wünschten. Bei diesen Vorbereitungen sollte sich das State Department der Untersuchungen der NATO-Behörden bedienen, in denen „the absolute necessity for ‚normalized' use of atomic weapons in the defense of Western Europe" aufgezeigt würde[218].

Nachdem Churchill am 23. März auf eine Anfrage im Parlament die den USA zwei Monate zuvor eingeräumten Stationierungsrechte auf Flugplätzen in Großbritannien für strategische Einsätze öffentlich bestätigt hatte, war es nur verständlich, daß sich auch Bidault darum bemühte, daß französische Stellen ebenfalls in die nuklearstrategische Diskussion eingeschaltet wurden. Über die französische Botschaft ließ er am 30. März im State Department vorschlagen, in einem privaten Gespräch zwischen ihm, Außenminister Eden und Außenminister Dulles den Einsatz atomarer Waffen in Europa allgemein und speziell von französischen Basen in Nordafrika und im Mutterland aus zu diskutieren. Ihm war auch daran gelegen, daß sich die Standing

[217] FRUS 1952–1954, V, Teil 1, S. 509 ff. Siehe auch das Memorandum über die Unterredung Dulles' mit Eden am 12.4.1954, ebd., S. 499 ff., sowie Editorial Note, S. 487 f.
[218] Watson, History of the Joint Chiefs 5, S. 304 ff.

Group schon vor der in Aussicht gestellten Novellierung der informationspolitisch sehr restriktiven Atomic Energy Act von 1946 durch den Kongreß mit dem Einsatz nuklearer Waffen im Rahmen der NATO befaßte[219].

Innerhalb der französischen Armee wurde die von einer supranationalen europäischen militärischen Integration wegführende nuklearstrategische Neuorientierung im Rahmen der NATO ebenfalls gedanklich vorbereitet. Ein Sonderstab unter Marschall Juin, seit Juni 1951 Oberbefehlshaber der NATO in Mitteleuropa, hatte in einem Entwurf im Januar 1954 die EVG zu „einer reinen Organisation der Anregung, der Koordination und der Kontrolle, ohne politische Integration und Supranationalität, unter strenger politischer und militärischer Abhängigkeit von der NATO, mit einem Ministerrat, einem ständigen Generalsekretariat, nationalen Delegierten für die Aufstellung und Verwaltung der nationalen Kontingente" reduziert[220]. Als sich der Marschall am 4. April öffentlich gegen die EVG aussprach, enthob ihn die französische Regierung seines Postens. Am 30. Juni schlug jedoch auch der französische Generalstab des Heeres eine neue „europäische Verteidigungsorganisation" durch Modifizierung und Erweiterung des Brüsseler Vertrages vor. Die Bundesrepublik sollte Mitglied der NATO werden, jedoch nicht der Standing Group angehören dürfen. Wie ein Schreiben des französischen Generalstabs des Heeres vom 11. September 1954 an den Quai d'Orsay im nachhinein zeigt, liefen diese Überlegungen letztlich auf eine europäische Gruppierung unter Einschluß Großbritanniens innerhalb der NATO hinaus. Um nicht vollständig von den Vereinigten Staaten abhängig zu sein, müsse diese europäische Gruppierung Atomwaffen besitzen. Frankreich müsse daher Atommacht werden, auf keinen Fall jedoch die Bundesrepublik. Da Frankreich jedoch die Last der atomaren Bewaffnung und die einer der Bundesrepublik ebenbürtigen konventionellen Bewaffnung allein nicht tragen konnte, empfahl der Generalstab des französischen Heeres „die Schaffung einer integrierten europäischen Atomstreitmacht (nach Möglichkeit mit Beteiligung Englands) im Rahmen eines atlantischen Atompools, wobei die europäischen Nationen durch Rohstoffe, Stellung von Technikern, finanzielle Mittel dazu beitragen würden, daß diese Atomstreitmacht gemeinsam in relativ sicheren Gegenden aufgestellt wird (Südfrankreich, Nordafrika)"[221].

Die sich abzeichnende militärische Niederlage der Franzosen in Indochina[222] wirkte sich neben dem unmittelbaren psychologischen Effekt der Frustration über die verweigerte militärische Hilfe durch die Angelsachsen vor allem auch dadurch negativ auf die EVG aus, daß sie die Einsicht in die Notwendigkeit der Erhaltung der nationalen Handlungsfähigkeit in Sicherheitsfragen, insbesondere zur Erhaltung der Union française, unterstrich. Da die militärische Sicherheit der Union française auch eine der Vorbedingungen der EVG-Resolution des Sozialistenkongresses vom 1. Juni gewesen war, wundert es nicht, daß sich unter den Mehrheiten, mit denen am 9. Juni der Auswärtige Ausschuß der Assemblée Nationale und am 18. Juni der Ausschuß für Na-

[219] FRUS 1952–1954, V, Teil 1, S. 486f. Der Atomic Energy Act (McMahon Act) wurde vom Kongress am 30.8.1954 dahingehend erweitert, daß der US-Präsident und der Secretary of Defense mit anderen Nuklearmächten in einen bilateralen oder multilateralen Informationsaustausch über die Nuklearwaffen und ihre Wirkung treten konnten.

[220] Zit. nach Guillen, Französische Neutralität, S. 155.

[221] Zit. ebd. S. 156f. Zum Entscheidungsprozeß über die Einrichtung einer französischen Atomstreitmacht siehe Scheinman, Atomic energy policy in France; Goldschmidt, Le complexe atomique; Coutrot, La politique atomique; L'aventure de la bombe; Rocard, La naissance de la bombe atomique française; Eckert, Kernenergie und Westintegration.

[222] Die Festung Dien Bien Phu fiel am 7.5. Am 27.5. gelangte ein Bericht einer Militärkommission in die Presse (Express, Nouvel Observateur), wonach Hanoi nicht länger als 30 Tage zu halten sei.

tionale Sicherheit die EVG ablehnten, trotz Androhung von Disziplinarmaßnahmen der Partei auch sozialistische Stimmen befanden[223].

Trotz der Priorität, die die französische Regierung nach dem militärischen Debakel in Indochina einer Verhandlungslösung in Genf zuordnen mußte, und obwohl die US-Botschaft in Paris am 19. Mai warnte, daß jeder Versuch, die EVG vor einer Beilegung der Indochinakrise zur Abstimmung zu bringen, die unbestimmte Verschiebung der EVG-Debatte oder die Ablehnung der EVG zur Folge haben würde[224], ließ die US-Regierung in ihren politischen Pressionen gegenüber den Franzosen nicht nach. Als sich Ende Mai 1954 eine deutsch-französische Übereinkunft in der Saarfrage entlang den Vorschlägen des Ausschusses für allgemeine Angelegenheiten beim Europarat für eine Europäisierung der Saar unter dem supranationalen Dach der EVG abzuzeichnen schien[225] und Maurice Schumann um britische und amerikanische Garantien nachsuchte, diese Regelung im Falle eines Friedensvertrages mit Deutschland zu bestätigen, wurde ihm vom amerikanischen Botschafter Dillon beschieden, daß die USA hierzu nur im Falle der Ratifizierung der EVG bereit seien. Als ihn Maurice Schumann an die für Frankreich wesentlich günstigeren US-Garantien aus den Jahren 1947 und 1951 erinnerte, vertrat Dillon ihm gegenüber die Auffassung, daß im Falle des Scheiterns der EVG im Rahmen einer darauf notwendig folgenden Überprüfung der amerikanischen Europapolitik diese älteren Garantieerklärungen ebenfalls zur Disposition stehen würden[226]. Dulles selbst versuchte unter den EVG-Ländern, die den Vertrag bereits ratifiziert hatten, gemäß Artikel 132 des EVG-Vertrages eine Konferenz vorzubereiten, mit der Druck auf den französischen Ratifizierungsprozeß ausgeübt werden sollte. Der belgische Außenminister Paul-Henri Spaak schloß sich diesem Vorhaben an, das in modifizierter Form schließlich als „Spaak-Plan" diskutiert wurde[227]. Solchermaßen unter Druck gesetzt, mochte es vielen Abgeordneten in der Assemblée Nationale erscheinen, daß die Regierung Laniel/Bidault für einen erfolgreichen Abschluß der Indochinaverhandlungen in Genf, die sich seit dem 26. April ergebnislos hinzogen, wenig disponiert war. Am 12. Juni wurde das Kabinett Laniel am Ende einer Indochinadebatte mit 306 gegen 293 Stimmen bei 12 Enthaltungen gestürzt. Lediglich die Abgeordneten der MRP, 35 Radikale, 11 Abgeordnete der UDSR sowie 24 Gaullisten hatten für Laniel gestimmt[228].

Am 18. Juni wurde Pierre Mendès-France Premierminister. Abzüglich der für ihn abgegebenen kommunistischen Stimmen, die Mendès-France nicht akzeptieren wollte, erhielt er 310 gegen 47 Stimmen bei 143 Enthaltungen. Er konnte alle sozialistischen, nahezu alle radikalen sowie 59 gaullistische Stimmen auf sich vereinigen. Mendès-France setzte klare Prioritäten: Zuerst sollte eine Regelung des Indochinakonflikts und der französischen Probleme in Nordafrika ge-

223 Fauvet, Naissance et mort d'un traité, S. 50f. Der Auswärtige Ausschuß folgte dem negativen Votum von Jules Moch mit 24 gegen 18 Stimmen bei 2 Enthaltungen. Sechs Sozialisten votierten gegen die EVG, drei dafür. Im Ausschuß für nationale Verteidigung war das Verhältnis 29 zu 13 bei einer Enthaltung; hier stimmten vier Sozialisten gegen die EVG und drei dafür.

224 FRUS 1952–1954, V, Teil 1, S. 957.

225 Ebd., VII, Teil 2, S. 1539ff. Zu dem nach dem holländischen Vorsitzenden des Ausschusses für allgemeine Angelegenheiten, Marinus von der Goes van Naters, benannten Plan siehe ebd., S. 1452ff.

226 Ebd., V, Teil 1, S. 968f.

227 Ebd., S. 951ff., 969ff., 975f., 981; siehe auch die Diskussion während einer Konferenz der US-Botschafter in London vom 9. bis 10.6.1954, ebd., VI, Teil 1, S. 690ff. Artikel 132 des EVG-Vertrages bestimmte, daß, falls 6 Monate nach Unterzeichnung des Vertrages der Vertrag noch nicht von allen ratifiziert sein sollte, diejenigen Länder, die die Ratifikationsurkunden hinterlegt hätten, über zu treffende Maßnahmen beraten sollten.

228 Fauvet, Naissance et mort d'un traité, S. 51f.

funden werden, währenddessen sollte eine Regierungskommission, bestehend aus den Ministern Bourgès-Maunouri, einem radikalsozialistischen EVG-Anhänger, und General Koenig, einem gaullistischen EVG-Gegner, ein Kompromiß über die EVG ausgearbeitet werden, der als Grundlage für die Vorlage im Parlament dienen und der nach Auffassung von Mendès-France einer bezüglich der EVG für unverzichtbar gehaltenen breiten nationalen Zustimmung sicher sein konnte[229]. Gegenüber den Verbündeten erläuterte Mendès-France sein Problem folgendermaßen: Während er noch vor einigen Monaten kein Anhänger der EVG gewesen sei, obwohl damals seiner Auffassung nach eine Mehrheit im Parlament für die Ratifizierung bestanden habe, sei er nun ein Anhänger der EVG, denke jedoch, daß keine Mehrheit im Parlament mehr vorhanden sei. Dort gebe es drei Gruppen: Erstens Befürworter der EVG, zweitens eine Gruppe, die die Bewaffnung der Bundesrepublik bejahe, jedoch gegen die EVG sei, und drittens eine Gruppe, die hauptsächlich aus den Kommunisten und einigen wenigen anderen Abgeordneten bestehe und grundsätzlich gegen die westdeutsche Aufrüstung in jeder Form plädiere. Gegenwärtig würden die zweite und die dritte Gruppe zusammen eine Mehrheit darstellen. Sein Ziel sei es jedoch, die erste Gruppe um 60 bis 80 Abgeordnete aus der zweiten Gruppe zu verstärken, um so eine parlamentarische Mehrheit für den EVG-Vertrag zu erreichen[230]. Dabei stellte sich freilich wie schon bei den vorausgegangenen französischen Regierungen das Problem, ob Mendès-France für seine neue Mehrheits-Arithmetik einen Kompromiß finden konnte, der einerseits den Vorstellungen seiner Zielgruppe in ausreichendem Maße genügte, andererseits aber nicht so gravierend in den bestehenden EVG-Vertrag eingriff, daß er bei den EVG-Partnern und den NATO-Verbündeten auf Ablehnung stieß.

10. Der amerikanisch-britische Plan für eine Lösung des Junktims zwischen General- und EVG-Vertrag Anfang Juli 1954

Auf einem britisch-amerikanischen Gipfeltreffen, das vom 25. bis 29. Juni während der Genfer Verhandlungspause in Washington stattfand, warnte Dulles vor der Gefahr, daß sich im Pentagon das Konzept einer peripheren Verteidigung in Europa durchsetzen könnte, falls die Zusagen des State Department hinsichtlich einer Ratifizierung der EVG, die man dem Pentagon zuerst für das Ende der Berliner Konferenz und dann für das Ende der Indochinakonferenz avisiert habe, nicht eingelöst würden[231]. Tatsächlich hatte wenige Tage zuvor Verteidigungsminister Wilson die Joint Chiefs of Staff an die Notwendigkeit alternativer Planungen erinnert. Er war der Auffassung, „that this requirement had been suspended by the President in view of the

[229] Ebd., S. 52 ff.

[230] PRO, PREM 11/618, Britische Botschaft Brüssel an Foreign Office, 1.7.1954, über eine Unterredung zwischen Mendès-France und Spaak vom Vortage. Memorandum über eine Unterredung zwischen Mendès-France, Dulles und Mac Arthur am 13.7.1954, FRUS 1952–1954, V, Teil 1, S. 1018 ff.

[231] Zum Entscheidungsprozeß über die EVG vom Juni 1954 bis zum NATO-Beitritt der Bundesrepublik siehe den auf der Grundlage der in FRUS 1952–1954, V, publizierten amerikanischen Akten und anhand der bis 1985 zugänglichen relevanten britischen Quellen verfaßten Beitrag von Steininger, Scheitern der EVG. Siehe auch die ausführlichere, jedoch auf älterer Quellenbasis verfaßte Untersuchung von Noack, Das Scheitern der Europäischen Verteidigungsgemeinschaft. Fursdon, The European Defence Community, S. 266 ff.

delicacy of the matter but that such a suspension is not now interpreted as precluding planning within the Defense and State Departments"[232]. Daraufhin legten die Joint Chiefs of Staff am 25. Juni ein Memorandum über „EDC Alternative Planning" vor, in welchem sie unter rein militärischen Gesichtspunkten nur die volle Mitgliedschaft der Bundesrepublik in der NATO oder die Bewaffnung der Bundesrepublik durch die USA und Großbritannien in Betracht zogen, wobei sie erstere Lösung vorzogen. Um die französische Regierung zu einer Ratifizierung der EVG zu veranlassen, empfahlen die Joint Chiefs of Staff, daß man ihr unverzüglich mit der einseitigen Inkraftsetzung der Souveränität in der britischen und amerikanischen Zone sowie schließlich mit der Bewaffnung der Bundesrepublik im Rahmen der NATO drohte. Der nationale Sicherheitsrat habe den 1. Oktober 1954 als Planungsdatum für den Beginn der deutschen Wiederbewaffnung angesetzt. Abschließend warnten die Joint Chiefs of Staff: „If none of these courses of action can be implemented, the United States should then reappraise its basic policy toward Western Europe and its NATO commitments[233]."

Zu diesem Zeitpunkt hielt man sich im State Department noch an das Verbot konkreter alternativer Planungen. Alarmierende Meldungen der US-Hochkommission in Bonn, wonach sich die politische Stellung des Bundeskanzlers wegen der französischen Verzögerung der parlamentarischen Behandlung der EVG und wegen des ungelösten Saarproblems rapide verschlechtere[234], sowie die Gefahr, daß sich Briten und Franzosen ohne die amerikanische Regierung auf eine Alternative verständigten, zwangen jedoch auch das State Department zu einer gewissen Prophylaxe. Coburn D. Kidd, Deputy Director for Government and Administration, Office of German Affairs, charakterisierte am 16. Juni gegenüber einem Vertreter der britischen Botschaft in Washington den Stand der Überlegungen im State Department wie folgt: Die amerikanische Position bezüglich der EVG habe sich keinesweg geändert. Alles, was zu diesem Zeitpunkt unternommen werde, müsse die französische Ratifizierung eher erleichtern als verhindern. Deshalb habe man nicht vor, zum gegenwärtigen Zeitpunkt die Frage nach Alternativen aufzuwerfen, man denke jedoch daran, das politische Problem vom militärischen zu trennen, in der Absicht, im ersteren Fortschritte zu erzielen. Die Gedanken gingen dahin, den Generalvertrag unabhängig vom EVG-Vertrag in Kraft zu setzen, entweder durch die erforderlichen parlamentarischen Schritte oder durch Maßnahmen der alliierten Hochkommission „to legislate the occupation out of existence". Hierzu waren von der US-Hochkommission konkrete Vorschläge und Rechtsgutachten erarbeitet worden. In einem dieser Rechtsgutachten wurde auf das Schreiben hingewiesen, das die Hochkommissare anläßlich der Unterzeichnung des Generalvertrages am 16. Mai 1952 dem Bundeskanzler übergeben hatten. Es enthielt das Versprechen, daß die westlichen Besatzungsmächte mit der Bundesrepublik über eine mögliche Inkraftsetzung einzelner Maßnahmen aus dem Generalvertrag beraten würden, falls dessen Ratifizierung infolge einer unzulässigen Verzögerung des Abschlusses des EVG-Vertrages durch eine Vertragsmacht verhin-

[232] Zit. nach Watson, History of the Joint Chiefs 5, S. 308.

[233] FRUS 1952–1954, V, Teil 1, S. 994 f.

[234] Conant telegrafierte am 5.5.1954 an Secretary of State: „Saar presents extra difficulty. To French Saar settlement may be precondition to EDC; from here it seems progress on EDC has now become precondition to Saar settlement. In other words, Chancellor's ability to make compromise has been limited by French in action on EDC" (Auflösung der Telegrammschreibweise durch den Verfasser), NA, RG 59, 762 A.00/5-554. Am 15.5. ließ der Bundeskanzler Conant über Blankenhorn wissen, er bezweifle, auf der Basis der gegenwärtigen Beziehungen zwischen der Bundesrepublik und den westlichen Besatzungsmächten länger als ein paar Monate durchhalten zu können. Conant an Secretary of State, 15.5.1954, NA, RG 59, 762 A.00/5-1554.

dert würde. Daraus folgerte die US-Hochkommission, niemand könne ernstlich behaupten, „that the Conventions and the EDC are so inextricably bound together as to represent an intellectual and legal monolith“[235]. Vom britischen Vertreter wurde Kidd bedeutet, daß auch im Foreign Office noch keine klare Position gefunden sei und daß man auch dort nichts unternehmen wolle, was die Möglichkeit einer französischen Ratifizierung der EVG im Sommer negativ präjudizieren würde. Bezüglich möglicher Alternativen gehe man im Foreign Office jedoch den umgekehrten Weg, d.h. dort habe man sich zuerst dem Problem möglicher militärischer Alternativen für den Fall, daß der EVG-Vertrag nicht ratifiziert würde, zugewandt. Dies habe zu der zweiten Frage der politischen Maßnahmen geführt, die als Interimslösung in Deutschland erforderlich werden könnten, während die militärischen Probleme ausgearbeitet würden. Die Mehrheit im Foreign Office befürwortete wie Churchill als Alternative den Beitritt der Bundesrepublik zur NATO „accompanied if necessary with certain readjustments in SHAPE to improve technical military controls on a non-discriminatory basis“[236].

Auch die Diskussion während des britisch-amerikanischen Gipfeltreffens in Washington war von der Furcht Edens bestimmt, daß es den Sowjets gelingen könnte, „to pull the German across the line“, falls bis zum Oktober wegen der Nichtratifizierung des EVG-Vertrags durch Frankreich Maßnahmen zur Ablösung des Besatzungsstatus in der Bundesrepublik ausblieben. Nach Eisenhower konnte man es sich nicht leisten, Deutschland zu verlieren, selbst wenn man Frankreich verlieren sollte. Am Ende einigte man sich in Washington auf das Programm des State Department: Falls das französische Parlament vor seiner Sommerpause keine positive Entscheidung über die EVG träfe, sollte das Junktim zwischen General- und EVG-Vertrag gelöst werden, indem man die Bestimmungen des Generalvertrages in Kraft setzte, gleichzeitig jedoch mit Bundeskanzler Adenauer ein Übereinkommen treffe, daß die Bundesrepublik vorerst von ihrer Wehrhoheit keinen Gebrauch machen würde. Die Gewährung der Souveränität für die Bundesrepublik sollte in einer Art und Weise vor sich gehen, daß sie eine Ratifizierung der EVG durch Frankreich im Herbst 1954 möglichst wenig beeinträchtigte. Insbesondere wollten Briten und Amerikaner in ihrer öffentlichen und vertraulichen Unterstützung des EVG-Projekts fortfahren und von jeglicher öffentlicher Diskussion über Alternativen zur EVG absehen. Für den Fall, daß die französische Regierung es ablehnte, sich an diesem Vorhaben zu beteiligen, sollte ihr bedeutet werden, daß die USA und Großbritannien entschlossen seien, ihren Plan in die Tat umzusetzen, „to place in effect, insofar as their relations with the Federal Republic were concerned, the provisions of the contractual agreement to the maximum extent practicable“. Zur Vor-

[235] Der Vorschlag der US-Hochkommission vom 8.6.1954 mit den Anlagen „Memorandum from HICOG Legal Adviser on Unanimous and Majority Vote in High Commission“ and „Supplemental Memorandum on Voting Power of the Allied High Commission“ wurde während der Konferenz der US-Botschafter in London vom 8. bis 10.6.1954 diskutiert; FRUS 1952–1954, VI, Teil 1, S. 690ff. Kidd erhielt dort die Texte von Conant; NA, RG 59, 762 A.00/6-1454. Ausführlicher sind die Vorschläge der US-Hochkommission (einschließlich einer militärischen Alternative zur EVG) in einem dort verfaßten, undatierten Entwurf für eine Überarbeitung des deutschlandpolitischen Grundlagendokuments NSC 160/1 vom 17.8.1953 niedergelegt. Dieser Entwurf wurde am 22.4.1954 vom stellvertretenden US-Hochkommissar, Walter Dowling, dem Leiter des Office of German Political Affairs im State Department, Cecil B. Lyon, zur Kenntnisnahme vorgelegt; NA, RG 59, 762 A.00/4-2254. Siehe auch das Schreiben von John W. Auchincloss, Office of German Political Affairs, an Kidd vom 24.6.1954; NA, RG 59, 762 A.00/6-2454.

[236] NA, RG 59, 752 A. 5/6-194, Memorandum of Conversation, June 16, 1954. Am 21.6. war US-Botschafter Dillon „concerned over what appears to be growing divergence between US and UK policy on EDC“, FRUS 1952–1954, V, Teil 1, S. 970f., ebd., S. 979; VII, Teil 1, S. 572f.

bereitung dieses Programms wurde in London eine britisch-amerikanische Expertengruppe eingesetzt[237].

Am 12. Juli legte diese Arbeitsgruppe ihren Bericht vor, in welchem sie für den Fall, daß die französische Nationalversammlung den EVG-Vertrag nicht vor der Sommerpause verabschiedete, die Washingtoner Abmachungen für drei Eventualitäten konkretisierte: 1. Sie legte Protokolle vor, die von den Besatzungsmächten und der Bundesregierung unterzeichnet werden sollten und durch die der Generalvertrag vor Realisierung der EVG in Kraft gesetzt wurde, die gleichzeitig jedoch eine westdeutsche Aufrüstung verhinderten, bevor die EVG oder irgendeine Alternative zustande käme, und die die Weiterbezahlung der Stationierungskosten für die alliierten Truppen sicherstellte. 2. Für den Fall, daß sich die Franzosen diesem Verfahren widersetzten, unterbreitete die Arbeitsgruppe Pläne, die das unter Punkt 1. erklärte Ziel lediglich durch administrative Maßnahmen, höchstwahrscheinlich durch Abkommen zwischen der alliierten Hochkommission und der Bundesregierung, erreichen sollten. 3. Für den Fall, daß sich die französische Seite auch diesem Weg verschlösse, hatte die Arbeitsgruppe Pläne entworfen, nach denen der Inhalt des Generalvertrages durch Briten und Amerikaner allein in Kraft gesetzt werden konnte.

Auf eine Formulierung, mit der die Aufrüstung der Bundesrepublik suspendiert werden sollte, bzw. auf eine Form, in der diese schließlich realisiert werden sollte, konnten sich Briten und Amerikaner vorerst nicht einigen. Es herrschte zwar Einvernehmen darüber, daß mittels einer Klausel verhindert werden sollte, daß die Franzosen jeglichen Fortschritt in der Frage des deutschen Verteidigungsbeitrages verhinderten, die Amerikaner wünschten jedoch darüber hinaus unter Berufung auf Punkt 6 der gemeinsamen amerikanisch-britischen Erklärung von Washington eine Klausel, die der Bundesrepublik nach einem festgesetzten und nicht allzu langen Zeitraum von wahrscheinlich etwa sechs Monaten die Entscheidung über ihre Bewaffnung anheimstellte[238].

Noch am gleichen Tage wurde die französische Regierung durch den britischen und amerikanischen Botschafter in Paris über das von der Londoner Arbeitsgruppe erzielte Ergebnis dahingehend informiert, daß im Falle des Scheiterns der EVG mit einer Lösung des Junktims zwischen General- und EVG-Vertrag den britisch-amerikanischen Interessen am besten gedient sei. Eine solche Absprache („short and simple agreement") zwischen den vier Signatarmächten des Generalvertrages solle jedoch die Bewaffnung der Bundesrepublik einstweilen aufschieben und die Fortzahlung der deutschen finanziellen Leistungen für die alliierten Streitkräfte in der Bundesrepublik sicherstellen. Die Botschafter waren jedoch angewiesen, gegenüber ihren französi-

237 FRUS 1952–1954, V, Teil 1, S. 984 ff. PRO, PREM 11/618, Record of Conversation at the White House on Sunday, June 27, 1954. Ebd., Sir Roger Makins an Foreign Office, No. 1298, June 27, 1954, E.D.C. and Bonn Conventions. Ebd., Sir Roger Makins an Foreign Office, No. 1299, June 27, 1954. Ebd., Sir Roger Makins on Foreign Office, No. 1317, June 28, 1954. PRO, CAB 129/69, C. (54) 226, 7th July, 1954, European Defence Community. Note by the Foreign Secretary.

238 PRO, CAB 129/69, C. (54) 231, 13th July, 1954, Policy toward Germany – Memorandum by the Minister of State. Bericht der Arbeitsgruppe: PREM 11/618, Anglo-American Discussions on Germany, London, July 5 – July 12, 1954. FRUS 1952–1954, V, Teil 1, S. 997 ff. Am 2. Juli hatte Dulles gefordert, daß im Papier der Londoner Arbeitsgruppe die vorgesehene zeitliche Beschränkung des Rechts der Bundesrepublik, sich zu bewaffnen, lediglich mit der Formulierung „for a reasonably period" anstelle von „for an indefinite period" umschrieben werden sollte; NA, RG 59, 762 A.00/7-654, Kidd an Walter K. Scott, 6.7.1954.

schen Gesprächspartnern weder die hierfür von der Londoner Arbeitsgruppe entworfenen Viermächteprotokolle noch deren Vorschläge für ein britisch-amerikanisches Vorgehen im Falle einer französischen Obstruktion zu erwähnen[239].

11. Die Grundlagen der Politik von Mendès-France

Auch ohne die ausdrückliche Erwähnung konnte sich die französische Regierung freilich leicht ausrechnen, daß im Falle einer französischen Weigerung, an dem britisch-amerikanischen Programm zu partizipieren, Frankreich die totale Isolation im Bündnis drohte und nicht nur die Souveränität, sondern schließlich auch die Bewaffnung der Bundesrepublik im deutsch-angelsächsischen oder gar nur deutsch-amerikanischen Alleingang realisiert würden. Damit hätte die innenpolitische Schwäche Frankreichs ihre extreme außenpolitische Entsprechung gefunden. Schon während der Genfer Indochinakonferenz kristallisierten sich jedoch die Mittel und Wege heraus, mit denen sich die Regierung Mendès-France dieser Entwicklung zu widersetzen gedachte. Die in enger Zusammenarbeit mit den Briten gegenüber nicht unerheblichen amerikanischen Widerständen erreichte Übereinkunft über ein Waffenstillstandsabkommen für Indochina markierte bereits einen ersten Erfolg jener Politik, die Mendès-France in seiner Investiturrede in groben Zügen beschrieben und mit der er sein politisches Schicksal und das seines Kabinetts verbunden hatte. Für eine Unterredung mit Molotov am 21. Juli wurde Mendès-France von Philippe Baudet, directeur du cabinet du ministre, mit einem Positionspapier versorgt, in dem folgende außenpolitische Linien gezogen wurden: Der „New Look" in der sowjetischen Außenpolitik dürfe nicht überschätzt werden. Die Berliner Konferenz habe gezeigt, daß die Sowjetunion an der Teilung Deutschlands festhalte, jedoch durch Vorschläge über allgemeine Wahlen in Deutschland, verbunden mit Abrüstungsvorschlägen, die Einheit des Westens zu erschüttern hoffe. Es gehe daher in erster Linie darum, die westliche Solidarität sicherzustellen, „dont la Communauté européenne de défense est devenue un élement mais dont elle n'est pas nécessairement un élement irremplaçable". Am schlimmsten wäre es, wenn der Westen dem Osten über die EVG-Frage zerstritten gegenübertreten würde. Die EVG rundweg abzulehnen berge die Gefahr in sich, daß sich die Deutschen vom europäischen Mythos bei gleichzeitiger Annäherung an die Sowjetunion dem anderen deutschen Mythos, nämlich dem Nationalismus und dem Bestreben nach nationaler Wiedervereinigung, zuwenden würden. Aus diesem Grunde müsse mit der Bundesregierung im Geiste der deutsch-französischen Annäherung nach einer Lösung gesucht werden, die einer möglichst breiten öffentlichen Zustimmung sicher sei, den Zusammenhalt des Westens bewahre und einen Weg zur Überwindung der ausschließlichen Alternative EVG oder NATO-Beitritt der Bundesrepublik aufzeige. Diese französische Alternative für direkte französische Gespräche mit der Bundesregierung müsse jedoch von einem französisch-britischen Dialog begleitet sein[240].

[239] FRUS 1952–1954, V, Teil 1, S. 1016f. Steininger, Scheitern der EVG, S. 6f. Noch am 19.8. beklagte man sich im Quai d'Orsay über diese unzulängliche Information, DDF, 1954 (21 juillet – 31 décembre), No 81, annexe II. Note de la Direction Politique (sous-direction d'Europe centrale), Entretiens anglo-américains de Londres et disjonction des accords de Bonn du traité de Paris.

[240] Réarmement de l'Allemagne et cohésion occidentale, Note de M. Philippe Baudet, directeur du cabinet du Ministre, 21 juillet 1954, DDF, 1954 (21 juillett – 31 décembre), No 1, S. 1ff.

Bevor man jedoch die in Genf bewährte britisch-französische Kooperation gegen die amerikanischen Pressionen in der EVG-Frage mobilisieren konnte, mußte im französischen Parlament selbst eine neue Mehrheit für die EVG bzw. für ihr Substrat organisiert werden. Auf welcher Grundlage sollte dieser Konsens erreicht werden, der nach Auffassung von Mendès-France obendrein so deutlich sein sollte, daß eine Spaltung der Nation in dieser vitalen Sicherheitsfrage vermieden wurde? Nach der auf neuerdings zugänglichen französischen Quellen basierenden Untersuchung von René Girault mußte damals eine französische Politik, die von der Zugehörigkeit Frankreichs zum Westen unter gleichzeitiger Wahrung seiner sicherheitspolitischen Selbstbestimmung ausging[241], folgende Bedingungen erfüllen: Die westliche Verteidigung war in unmittelbarer Zusammenarbeit mit Großbritannien und den USA unter Einschluß eines kontrollierten deutschen Verteidigungsbeitrages zu koordinieren. Den französischen Streitkräften sollte eine ausreichende Unabhängigkeit erhalten bleiben, die Frankreich in den entscheidenden Fragen Handlungsfreiheit beließ. Eine Überwindung der Konfrontation mit der Sowjetunion über einfallsreiche Verhandlungen aus einer Position der Stärke heraus sollte möglich bleiben[242].

Die Zusammenarbeit im nordatlantischen Bündnis und der Rekurs auf einen westdeutschen Verteidigungsbeitrag waren nicht nur notwendig angesichts der ökonomischen Situation Frankreichs, die Mendès-France zu reformieren gedachte, beides war zugleich Voraussetzung für eine neue Struktur der französischen Streitkräfte, die als Instrument zur Wahrung der französischen sicherheitspolitischen Mitbestimmung im Bündnis nach Lage der Dinge nur noch mit einem eigenen atomaren Arsenal vorstellbar waren. Wie schon die Studie des Generalstabes des französischen Heeres zeigte, sollte eine notwendigerweise verringerte konventionelle französische Rüstung durch deutsche Divisionen kompensiert werden. Warum sollte Frankreich auf den Besitz von Atomwaffen verzichten, die ihm den eigenen New Look ermöglichten, seiner Stimme in der NATO und besonders in der Standing Group bei den nuklearstrategischen Dispositionen zumindest ein mit der britischen Stimme vergleichbares Gewicht verlieh und obendrein die nicht erreichbare konventionelle Balance mit dem deutschen Verteidigungsbeitrag durch die nukleare Bewaffnung ermöglichte? Inwieweit Mendès-France eine solche Entwicklung persönlich favorisierte oder hierzu nur Anstößen aus dem Militär oder aus dem Commissariat à l'Energie atomique (CEA) über deren Lobby im Kabinett nachgab, läßt sich anhand der wenigen bis heute zugänglichen Quellen noch nicht mit Sicherheit feststellen. Sicher ist jedoch, daß Mendès-France seit dem 25. August 1954 ein Bericht Boegners vorlag, in dem dieser die Situation Frankreichs innerhalb der NATO untersuchte und die Schaffung einer nationalen französischen Atomstreitmacht vorschlug, und daß er am 22. Oktober mit seiner Unterschrift unter ein Dekret über die Einrichtung der „Commission supérieure des applications militaires" erste Entscheidungen traf[243].

Trotz des Prestiges, das Mendès-France aufgrund des Genfer Ergebnisses zuzukommen schien, war es fraglich, ob es ihm gelingen würde, den EVG-Vertrag im Sinne der vorgenannten

[241] Mélandri, Faire mentir Machiavel, spricht von „l'indépendence dans l'interdépendence", S. 135.

[242] Girault, La France dans les rapports Est-Ouest, S. 243 ff.

[243] Coutrot, La politique atomique, S. 312. Delmas/Masson, Le gouvernement Mendès-France et la défense nationale, S. 304 f. Georges-Henri Soutou gibt wichtige Belege für die Rolle der nuklearstrategischen Überlegungen im Zusammenhang mit dem von Mendès-France angestrebten amerikanisch-britisch-französischen „tripartisme" innerhalb der NATO mit dem Ziel der Offenhaltung der Möglichkeit eines Dialogs mit der Sowjetregierung und zur Wahrung des Gleichgewichts in Europa gegenüber der Bundesrepublik; Soutou, La France, l'Allemagne et les accords de Paris, S. 468 f. Delmas, La perception de la puissance militaire en France en 1954–1958.

Kriterien so zu modifizieren, daß er die von ihm gewünschte deutliche Mehrheit des französischen Parlaments erhielt, ohne gleichzeitig auf die Ablehnung durch die EVG-Partner und die britische und amerikanische Regierung zu stoßen. Diese schiere Unmöglichkeit war für Zeitgenossen und Historiker Anlaß zu der Vermutung, daß Mendès-France eine Modifizierung der EVG nie ernsthaft im Sinne hatte, sondern daß seine Vorschläge lediglich Teil eines schlau angelegten Krisenmanagements waren und eine echte Alternative zu der für aussichtslos gehaltenen EVG vorbereiten sollten[244]. Es gibt allerdings Anzeichen, die die Auffassung unterstützen, die schon in einer sehr kompetenten Analyse der amerikanischen Botschaft in Paris vom 16. September 1954 vertreten wurde, derzufolge Mendès-France auf die Brüsseler Konferenz (19. bis 22. August 1954) weder mit der präzisen Absicht, die EVG zu torpedieren, noch mit dem energischen Wunsch, ihr zum Erfolg zu verhelfen, gefahren ist[245].

Nachdem Bourgès-Maunoury und General Koenig keinen gemeinsamen Nenner für die EVG-Politik seines Kabinetts finden konnten, nahm Mendès-France die Suche nach einer modifizierten EVG selbst in die Hand[246]. In einem gemeinsamen Bericht schilderten der US-Botschafter in Paris, Dillon, und der US-Beobachter beim Interimsausschuß, Bruce, die Schwierigkeiten, denen Mendès-France gegenüberstand. Nach ihren Informationen aus erster Hand hatten die Amerikaner den Eindruck, daß Mendès-France entgegen früheren Erwartungen nun von der Annahme ausging, daß die EVG-Partner nunmehr nahezu alle vernünftigen Änderungen des EVG-Vertrages akzeptieren würden. David Bruce vermutete als Ursache „loose talk" von seiten Spaaks, der einen Monat zuvor jedoch Mendès-France eindringlich vor substantiellen Vertragsänderungen gewarnt hatte[247].

Am 12. August teilte Mendès-France Botschafter Dillon und Reilly, der den abwesenden britischen Botschafter Jebb vertrat, mit, daß er noch am gleichen Tage dem Kabinett vorläufige Entwürfe seines EVG-Vorschlages unterbreiten werde. Für die beabsichtigte Konferenz der EVG-Länder in Brüssel kündigte er an, daß dort die Saarfrage und seine Änderungsvorschläge zum EVG-Vertrag diskutiert werden müßten. Dann schockierte er jedoch seine Zuhörer mit der Nachricht, daß seine Änderungsvorschläge allein nicht ausreichen würden, die Annahme der EVG im französischen Parlament zu garantieren. Nach neuerlichen Vorschlägen der Sowjetregierung sei der Druck auf ihn von seiten des Parlaments und der französischen Öffentlichkeit sehr stark, dem sowjetischen Wunsch nach einem neuerlichen Treffen über Deutschland nachzukommen. Am 24. Juli 1954 hatten die Sowjets in einer Note eine neue Viererkonferenz mit der Teilnahme eines chinesischen Beobachters vorgeschlagen, auf der die Abrüstungsfrage, die Frage der Sicherheit in Europa und das Deutschlandproblem erörtert werden sollten. Am 4. August forderten sie die Einberufung einer europäischen Sicherheitskonferenz. Nach beiden sowjetischen Initiativen hatte Mendès-France Mühe, seine westlichen Verbündeten von der Unrichtigkeit einiger Pressespekulationen zu überzeugen, denen zufolge er in Genf gegenüber den Sowjets die EVG für eine Neutralisierung Deutschlands eingetauscht habe. Fest steht lediglich, daß Mendès-France am 21. Juli Molotov zu einer ernsten Initiative aufgefordert hatte, mit der Ost-

[244] Fauvet, Naissance et mort d'un traité, S. 55. Steininger, Scheitern der EVG, S. 7 f.

[245] Post Mortem on the Rejection of the EDC Treaty, September 16, 1954, FRUS 1952–1954, V, Teil 1, S. 1094 ff. Siehe auch Seydoux, Beiderseits des Rheins, S. 181, und Soutou, La France, l'Allemagne et les accords de Paris, S. 458.

[246] Siehe das Rundschreiben von Mendès-France an die französischen Auslandsvertretungen vom 8.8.1954, DDF, 1954 (21 juillet – 31 décembre), No 46, S. 101 f.

[247] FRUS 1952–1954, V, Teil 1, S. 1023 ff. Zur Warnung Spaaks siehe Anm. 230.

West-Verhandlungen in Gang gesetzt werden sollten[248]. Sein Wunsch, den erfolgreichen Ost-West-Dialog von Genf weiter in Gang zu halten, war verständlich und angebracht und im übrigen weit weniger spektakulär als die neuerliche Initiative Churchills, der am 4. Juli nach Konsultation mit der amerikanischen Führung in Washington, jedoch ohne vorher sein eigenes Kabinett hiervon in Kenntnis zu setzen, in einem persönlichen Schreiben an Malenkov ein sowjetisch-britisches Gipfeltreffen vorgeschlagen hatte[249]. Inzwischen zugängliche französische Quellen aus dem Quai d'Orsay bieten keine Anhaltspunkte für einen „marchandage planétaire" durch Mendès-France. Als Befürworter der Westintegration der Bundesrepublik war er gleichwohl überzeugt, daß nach deren Verwirklichung ernsthafte Gespräche mit der Sowjetregierung über ein europäisches Sicherheitssystem möglich sein würden. Diese Überzeugung teilte er mit einem wesentlichen Teil seiner Anhängerschaft, auf deren Unterstützung er bei der Suche nach einer parlamentarischen Mehrheit für die Bewaffnung der Bundesrepublik, sei es im Rahmen der EVG oder in anderer Form, angewiesen war[250]. Mendès-France war der Auffassung, daß an eine Ratifizierung der Verträge nicht zu denken sei, bevor man sich nicht über die sowjetischen Absichten Klarheit verschafft habe. Aus diesem Grunde wollte er den modifizierten EVG-Vertrag der französischen Nationalversammlung für ein erstes, vorläufig nicht bindendes Votum vorlegen und dann die Ergebnisse einer eventuellen Konferenz mit der Sowjetunion über Deutschland abwarten. In der zweiten Oktoberhälfte würde sich dann der Rat der Republik mit der Vorlage befassen, während die Nationalversammlung ihre zweite Lesung dann Ende November halten konnte, um den Ratifizierungsprozeß wahrscheinlich Anfang Dezember abzuschließen. Diese Verschiebung glaubte Mendès-France mit dem Hinweis auf den schleppenden italienischen Ratifizierungsfahrplan verantworten zu können[251].

Reilly berichtete nach London, „M. Mendès-France did not say explicitly what is his real object, i. e. whether it is to secure ratification of E.D.C., or to secure an agreement with Soviet Government. Nor did he make it clear whether he would abandon the E.D.C. in return for a united and genuinely democratic Germany. From reference to the success of his tactics at Geneva it does however look as if he may now regard threat of ratification primarily as a means to get agreement on a unified but disarmed Germany." Reilly hatte den Verdacht, daß Mendès-France den entschiedenen Widerstand der britischen und amerikanischen Regierung gegen jeglichen Vorschlag einer Neutralisierung Deutschlands unterschätzte[252].

Das Mißtrauen der westlichen Verbündeten wurde durch den Plan von Mendès-France erheblich verstärkt. Dulles war schockiert und entmutigt und ließ über Dillon Mendès-France bedeuten, daß ein neutralisiertes Deutschland, wie es Mendès-France offenbar anstrebe, das Ende der NATO-Verteidigungspläne bedeuten würde, da eine Verteidigung Europas ohne Deutschland unmöglich sei. Nach Dulles war der Plan von Mendès-France dazu angetan, grundsätzliche

[248] Girault, La France dans les rapports Est–Ouest, S. 256. Zu den sowjetischen Noten und der westlichen Antwort am 10.9. siehe Department of State Bulletin, September 20, 1954, S. 397 ff. Zu den Vorwürfen gegenüber Mendès-France, siehe FRUS 1952–1954, V, Teil 1, S. 1099 und Fursdon, The European Defence Community, S. 273 f.

[249] Carlton, Anthony Eden, S. 353 ff. PRO, CAB 128/27, pt. 2, C.C. (54) 48th Conclusions, 8th July, 1954, Confidential Annex.

[250] Soutou, La France, l'Allemagne et les accords de Paris, S. 469. Siehe auch die französische Aufzeichnung über das Gespräch von Mendès-France mit Molotov am 21.7.1954 in Genf, DDF, 1954, annexes (21 juillet – 31 décembre).

[251] FRUS 1952–1954, V, Teil 1, S. 1026 ff. PRO, PREM 11/618, Reilly an Foreign Office, No. 538, 12.8.1954.

[252] PRO, PREM 11/618, Reilly an Foreign Office, No. 539, 12.8.1954.

Positionen und die Solidarität des Westens zu gefährden, und „probably destroy Adenauer". Falls Mendès-France seinen Vorschlag realisiere, würde man in den USA überzeugt sein, daß man sich auf Frankreich nicht mehr als einen Partner verlassen könne, der in der Lage sei, Entscheidungen zu treffen.[253]

Dillon ging die sehr kritischen Bemerkungen seines Außenministers am 13. August mit Mendès-France ausführlich durch. Mendès-France versicherte, daß er nicht an eine Viererkonferenz denke, solange die Sowjets nicht bereit seien, Konzessionen in der Deutschlandfrage zu machen. In seinem Gespräch mit Molotov in Genf habe dieser eine vollkommen negative Haltung gezeigt. Wieder versuchte Mendès-France seine Taktik mit seinem Bemühen um eine deutliche Mehrheit in der Nationalversammlung zu begründen. Er befürchtete, daß die Stimmenverluste, die er für seine Vorschläge von links und rechts hinnehmen müsse, nicht durch Stimmen der MRP kompensiert werden könnten. Er setzte seine Hoffnungen auf eine Verfassungsänderung oder auf ein Nichtzustandekommen einer qualifizierten Mehrheit im Rat der Republik, so daß für die Verabschiedung des EVG-Vertrages in der Nationalversammlung nur eine einfache Mehrheit erforderlich wäre. Abschließend versicherte Mendès-France, „that he felt that the most telling argument for ratification, and in fact the vital argument, will be that the Russians must be forced to show their cards and that the only way to achieve this result is for France to ratify EDC"[254].

Im Vergleich zum US State Department hatte man im Foreign Office weniger Bedenken gegen einen Test der wahren sowjetischen Absichten, zumal Mendès-France offenbar das Ergebnis eines solchen Tests zum damaligen Zeitpunkt pessimistisch beurteilte und einem entsprechenden Notenaustausch nicht unbedingt eine Ost-West-Konferenz folgen mußte. Dagegen war man aus Furcht vor gefährlichen Auswirkungen auf die Situation in der Bundesrepublik strikt gegen den von Mendès-France beabsichtigten provisorischen Charakter der ersten Lesung im französischen Parlament. Daher teilte man die schweren Bedenken von Außenminister Dulles und beauftragte Reilly, Mendès-France auf die kritische politische Lage in der Bundesrepublik hinzuweisen[255]. Kirkpatrick, seit November 1953 Permanent Under Secretary of State, erklärte am 14. August auf die Frage des französischen Botschafters Massigli, welche Schritte die britische Regierung zu unternehmen gedenke, falls die französische Regierung den britischen Einwänden nicht nachkomme, „that we should have to voice our disapproval and moreover take such steps as were open to us to bring Germany, without further delay into the Western association. In such steps we would of course seek the assent of France. But we could not stand idly by and see Germany drift into the Russian camp simply because of impotence in Paris[256]." Churchill kommentierte die Drohung Kirkpatricks mit „v(er)y good" und telegraphierte noch am gleichen Tage an Dulles, daß er der französischen Verzögerungstaktik schon lange überdrüssig sei, daß er jedoch hoffe, „you will not fail to grip the NATO solution which I am sure can be arranged"[257]. Churchills Schreiben wurde in Abwesenheit von Dulles von Unterstaatssekretär Bedell Smith entgegengenommen, der die EVG zu diesem Zeitpunkt offensichtlich verloren gab.

[253] Dulles an US-Botschaft Paris, 12.8.1954, FRUS 1952–1954, V, Teil 1, S. 1029ff.

[254] Dillon an State Department, 13.8.1954, ebd., S. 1031 ff. Zur Enttäuschung von Mendès-France über die Reaktion der Verbündeten siehe dessen Schreiben an den französischen Botschafter in Washington, Henri Bonnet, vom 13.8.1954, DDF, 1954 (21 juillet-31 décembre), No 63, S. 141 ff.

[255] Ausführlich: Steininger, Scheitern der EVG, S. 9. PRO, PREM 11/618, Kirkpatrick an Prime Minister, PM/IK/54/127, 13.8.1954.

[256] PRO, PREM 11/618, Bericht Kirkpatricks an Churchill, 14.8.1954.

[257] FRUS 1952–1954, V, Teil 1, S. 1037. Siehe Steininger, Scheitern der EVG, S. 10, Anm. 30.

Im Zusammenhang mit der von Churchill geforderten NATO-Lösung kamen Bedell Smith jedoch Zweifel, daß diese geeignet sei, die Deutschen ausreichend zu kontrollieren. Effizienz und Gehorsam würden sie dazu verleiten, wenn man ihnen erst einmal die Mittel in die Hand gegeben habe, ihr Land mit Gewalt wieder zu vereinigen. Von einer Neutralisierung Deutschlands hielt Bedell Smith jedoch noch weniger, da sich auch in diesem Fall die USA über kurz oder lang auf periphere Positionen in Europa zurückziehen müßten.

Churchill, dem die Ansichten Bedell Smiths zur Kenntnis gelangten, wurde dadurch nur in seiner lang gehegten Meinung bestärkt: „There is no alternative but a rivised NATO, ‚peripheral' is ruin for Europe." Am 19. August telegraphierte er Dulles, der weiter an der EVG festhielt, daß im Falle eines Scheiterns der EVG man „some variant of NATO" schaffen müsse und daß er hierüber ihm und dem Präsidenten Vorschläge unterbreiten wolle. Noch am gleichen Tage verfaßte er ein Memorandum für Verteidigungsminister Lord Alexander und Kirkpatrick, in dem er seinen Plan für die Integration der Bundesrepublik in die NATO unter gewissen Rüstungskontrollbeschränkungen konkretisierte und die Meinung vertrat, daß im Falle eines französischen Vetos eine neue NATO „notfalls ohne Frankreich" geschaffen werden müsse[258].

12. Zum Stand der britischen, amerikanischen und westdeutschen Überlegungen zur Bewaffnung der Bundesrepublik im Falle eines Scheiterns der EVG im August 1954

In der britisch-amerikanischen Übereinkunft vom 28. Juni 1954 hatte es nicht nur geheißen, daß im Falle einer Ablehnung der EVG durch die französische Nationalversammlung vor deren Sommerpause das in Washington beschlossene Programm für die Lösung des Junktims zwischen EVG-Vertrag und Generalvertrag zur Herstellung eines Höchstmaßes an deutscher Souveränität realisiert werden müsse, sondern auch, daß die US-Regierung und die britische Regierung in diesem Fall zusammen mit den NATO-Partnern dringend über alternative Maßnahmen zur Sicherstellung eines deutschen Verteidigungsbeitrages beraten müßten. Zu diesem Zeitpunkt scheinen sowohl im Foreign Office als auch im US State Department die Arbeiten zu Alternativen zur EVG begonnen zu haben, die anders als die bisherige alternative Gedankenbildung der konkreten Entscheidungsvorbereitung dienten. So erklärte Sir Frank Roberts am 7. Juli in der zur Ausarbeitung von Vorschlägen gemäß der Übereinkunft von Washington gebilderten britisch-amerikanischen Arbeitsgruppe, daß die EVG zwar die erste Präferenz behalte, daß es aber an der Zeit sei, „to give thought to an alternative N.A.T.O. solution", für den Fall, daß die EVG scheiterte. Roberts unterbreitete zwar noch keinen formalen Vorschlag, sondern lediglich erste Gedanken „at the official level", die er in Form einer Ausarbeitung über „Restrictions on German Rearmament which might be feasible in the event of German admission to N.A.T.O." vorlegte[259]. Ausgehend von der Feststellung, daß die öffentliche Meinung in Frankreich und in den übrigen NATO-Ländern eine westdeutsche Mitgliedschaft in der NATO ohne gewisse Restriktionen hinsichtlich der deutschen Bewaffnung nicht akzeptieren würde, nannte das briti-

[258] Zitate nach Steininger, Scheitern der EVG, S. 10f.

[259] PRO, PREM 11/618, Anglo-american Discussions on Germany, London, July 5-July 12, 1954, S. 18f. FRUS 1952–1954, V, Teil 1, S. 997ff.

sche Papier als ideale Lösung, „to transplant to N.A.T.O. as many of the essential E.D.C. safeguards as we can persuade the Germans to accept as the price of joining the leading Western ‚club' as a full member". Art und Umfang eines anfänglichen deutschen Verteidigungsbeitrages zur NATO würden mit der Bundesrepublik im Rahmen der Verhandlungen über ihre Aufnahme in die NATO vereinbart werden. Der deutsche Beitrag sollte auf den im EVG-Vertrag vorgesehenen Stärken von 12 Divisionen und 1300 Flugzeugen basieren und weder Unterseeboote noch strategische Kampfflugzeuge enthalten. Eine Änderung der Zusammensetzung oder Stärke hätte nur nach Konsultationen mit dem NATO-Rat über den Annual-Review-Prozeß und in Übereinstimmung mit der gültigen NATO-Strategie erfolgen können. In einem Protokoll zum Nordatlantikvertrag sollte jene EVG-Regelung inhaltlich aufgenommen werden, die die Produktion bestimmter Waffen (einschließlich entsprechender Forschung), darunter vor allem atomare und thermonukleare Waffen, Unterseeboote und Militärflugzeuge, von der Entscheidung des NATO-Rats abhängig machte. Um eine offensichtliche Diskriminierung der Bundesrepublik zu vermeiden, sei es wahrscheinlich notwendig, als strategisch exponierte Gebiete, für die diese Produktionseinschränkungen gelten sollten, nicht nur das Territorium der Bundesrepublik, sondern auch die Teile des NATO-Gebiets zu bestimmen, die an den sowjetischen Einflußbereich grenzen, wie Nordnorwegen, Dänemark, Thrakien und die Türkei nördlich der Dardanellen. Von politischer und psychologischer Bedeutung sei ein europäischer Rüstungspool, dessen Planung man in erster Linie den EVG-Ländern überlassen wolle. Er sollte innerhalb der NATO unter den sechs EVG-Ländern analog den Bestimmungen des EVG-Vertrages die Produktion sowie den Im- und Export von Kriegsmaterial kontrollieren. Um zu erreichen, daß die Bundesrepublik über die von ihr der NATO unterstellten Truppen hinaus keine weiteren Streitkräfte unterhielte, gleichzeitig jedoch den anderen NATO-Mitgliedern die Möglichkeit, zusätzliche Truppen aufzustellen, beließ, sah das britische Papier ein Abkommen vor, das alle NATO-Länder verpflichtete, neben ihren dem SACEUR unterstellten Truppen mit Ausnahme der nachfolgend aufgezählten Gattungen keine weiteren Kontingente zu unterhalten: 1. Polizeistreitkräfte zur Aufrechterhaltung der inneren Ordnung. 2. Truppen zum persönlichen Schutz des Staatsoberhauptes. 3. Truppen für internationale Aufgaben (z.B. im Rahmen der UNO) oder für jeden anderen, vom NATO-Rat gebilligten Zweck. 4. Truppen, die ein NATO-Mitglied zur Erfüllung seiner Verteidigungsaufgaben „in the North Atlantic area other than the European mainland or outside the N.A.T.O. area" benötigte. Im Rahmen der dem SACEUR bereits obliegenden Hauptaufgabe, nämlich der Aufstellung einer effektiven integrierten Streitmacht, müßten vor allem bezüglich der Luftstreitkräfte Maßnahmen getroffen werden, die gewährleisteten, daß alle deutschen Luftwaffeneinheiten zusammen mit anderen Luftstreitkräften in NATO-Luftwaffenverbände gruppiert werden könnten. Die Lage der Bundesrepublik im Zentrum der NATO-Frontlinie, „coupled with the obvious temptation for German forces to cross the Zonal frontier to assist their compatriots in the Soviet-Zone or even later on to modify the Oder-Neisse frontier", mache eine effektive NATO-Kontrolle über die Dislozierung und Bewegung der deutschen Streitkräfte erforderlich. Hierfür böte die Anwesenheit alliierter Truppen in der Bundesrepublik eine zusätzliche wirksame Sicherheit. Ergänzend zu diesen Kontrollmaßnahmen sei irgendeine Garantie hinsichtlich einer dauernden Stationierung englischer und amerikanischer Truppen auf dem Kontinent die wahrscheinlich befriedigendste Versicherung, die man gegenüber den Franzosen abgeben könne. Die britische und amerikanische Regierung könnten hierzu ähnliche Erklärungen abgeben, wie sie sie bereits im Rahmen ihrer Vorschläge für das Verhältnis ihrer Staaten zur EVG abgegeben hatten. Ein weiteres Protokoll zum Nordatlantikpakt, das die Möglichkeit eines Austritts aus dem Bündnis vor Ablauf von 50 Jahren ausschloß, würde den Franzosen eine zusätzliche Sicherheit geben. Abschließend wurde in dem britischen Papier eine deutsche Gewaltverzichtserklärung in bezug auf die bestehenden Grenzen gefordert. Hierzu sollte die Bundesrepublik angehalten werden, in modifizierter Form zumindest jene Erklärung abzugeben, die der Bundeskanzler im Dezember 1953 im Zusammenhang mit der vorgeschlagenen Sicherheitsgarantie abzugeben bereit war, die bei Inkrafttreten der EVG den Sowjets angeboten werden sollte.

Die amerikanische Delegation war zu diesem Zeitpunkt noch nicht autorisiert, sich zu amerikanischen Alternativplänen zur EVG zu äußern. Sie brachte daher das Gespräch auf einen amerikanischen Plan, der offenbar schon bei früherer Gelegenheit vom amerikanischen Hochkommissar Conant gegenüber Sir Frank Roberts erwähnt worden war. Er gestattete dem Amt Blank gewisse vorläufige Aufrüstungsmaßnahmen, darunter die Aufstellung von Kaderformationen und ein Abkommen über deren militärische Ausbildung bei den alliierten Streitkräften in der Bundesrepublik und in den USA. Diese Maßnahmen sollten eine künftige Form der westdeutschen Bewaffnung nicht präjudizieren, d.h. sie mußten sowohl mit der EVG als auch mit einer NATO-Lösung kompatibel sein[260]. Sir Frank Roberts vertrat die Auffassung, mit einem solchen Vorschlag würde man möglicherweise von seiten Adenauers einmal konfrontiert werden, doch solange noch eine Hoffnung bestehe, daß die EVG zustandekomme, sei es politisch inopportun, solche Maßnahmen in Gang zu setzen. Die öffentliche Meinung in Großbritannien würde jedem „advance rearmament" der Bundesrepublik mit großem Mißtrauen begegnen, solange die politischen Rahmenbedingungen hierfür nicht festgelegt seien[261]. Immerhin scheinen im Rahmen dieses Plans seit Anfang Juli bereits eine Anzahl amerikanischer Offiziere Gespräche im Amt Blank geführt zu haben. Conant berichtete am 12. Juli darüber Merchant: „These were recently authorized, you will recall. They have started off very successfully, I am told, by Tuthill. If Washington will continue to give us a green light in this direction, I believe Blank's office and his generals can be kept usefully busy for another 4 to 6 months on real planning, which up to now has been impossible. It is my guess that though these talks are very secret, the fact they are proceeding will take the heat off the Chancellor from one direction. Therefore, it will probably not be necessary to do anything overt about military preparations for the next six months". Nach Conant arbeitete eine Gruppe ehemaliger deutscher Generale an alternativen Plänen, die eine

260 Die geplanten „Interim Measures to Deal with Continued Delay", sind in dem weiter unten vorgestellten Memorandum des State Department über „U.S. Position on German Defense Contribution in Event of EDC Delay or Rejection" vom 27.7.1954 enthalten (siehe Anm. 268). Dieser Vorschlag für Interimsmaßnahmen wurde am 6.8.1954 von Robert D. Murphy, Deputy Under Secretary of State, in einer gemeinsamen Sitzung von Vertretern des State Department und der Joint Chiefs of Staff mit der Bitte um Stellungnahme vorgelegt. Am 20.8.1954 äußerte sich dazu das Joint Strategic Survey Committee positiv. Sein Formulierungsvorschlag für die Joint Chiefs of Staff schloß jedoch mit der Bemerkung: „However, the Joint Chiefs of Staff wish to point out that this action is a very minor measure as compared to the overall requirement for rearming Germany. It continues to be essential to consider, at this time, other measures that must be taken in the event that the European Defense Community Treaty is rejected or in the event that its ratification is unduly delayed." NA, RG 330, CCS 092, Germany (5-4-49) Sec. 22, I.C.S. 2124/122, 20.8.1954, Report by the Joint Strategic Survey Committee to the Joint Chiefs of Staff on EDC Alternative Planning.

261 Siehe die von Sir Frank Roberts gefertigte und von Cecil B. Lyon (Director of the Office of German Affairs, Department of State) im Entwurf gebilligte Aufzeichnung des Gesprächs vom 7.7.1954. Lyon sandte am 12.7.1954 zwei Kopien an Geoffrey Lewis, Acting Director, Office of German Affairs, Department of State. NA, RG 59, 762 A. 5/7-1254.

althergebrachte, an den Grenzen massierte Armee vorsahen und die Conant mit der Bemerkung kommentierte: „In short, a great deal of nonsense is being talked publicly and privately[262]."

Tatsächlich befaßte man sich im Amt Blank spätestens Anfang Juli 1954 mit Alternativen für den Fall des Scheiterns der EVG. Der Bundeskanzler beabsichtigte jedoch nicht, von sich aus mit solchen Alternativen an die Westmächte heranzutreten, weil er sich nicht dem Vorwurf der Torpedierung der EVG und der Förderung nationalistischer Tendenzen in der Bundesrepublik aussetzen wollte[263]. Am 7. Juli 1954 wurde im Amt Blank eine Ausarbeitung über „Forderungen der Bundesrepublik im Falle einer anderen Lösung als der EVG für einen deutschen Verteidigungsbeitrag" erstellt. Nach diesem Papier sollte der westdeutsche Verteidigungsbeitrag eine Gesamtstärke von 12 Divisionen, bestehend aus 6 Panzerdivisionen, 3 Panzergrenadierdivisionen und 3 motorisierten Infanteriedivisionen mit insgesamt 360 000 Mann besitzen. Die Luftwaffe war mit 28 Geschwadern und rund 170 000 Flugzeugen und insgesamt 110 000 Mann in Ansatz gebracht. Für die Marine sah man rund 190 aktive Schiffseinheiten mit insgesamt 22 000 Mann vor. Dies bedeutete gegenüber dem EVG-Vertrag folgende Änderungen: Durch die Umwandlung von 3 Infanteriedivisionen in Panzerdivisionen bzw. Panzergrenadierdivisionen wurden die Panzer- und Panzerabwehrverbände erhöht. Bei der Luftwaffe war eine Erhöhung um 8 Geschwader gegenüber der EVG veranschlagt, da man eine Verstärkung des Schutzes des deutschen Luftraumes und der deutschen Zivilbevölkerung sowie die Aufstellung von 2 leichten taktischen Bombergeschwadern für erforderlich hielt. Bei der Marine wurden gegenüber der EVG nur einige Änderungen in den Schiffstypen geplant, um eine größere Verteidigungskraft zu erreichen. Der westdeutsche Verteidigungsbeitrag sollte auf der allgemeinen Wehrpflicht basieren. Unter einem parlamentarisch kontrollierten Verteidigungsminister sollte ein militärisches Oberkommando stehen, welches nach den Weisungen des Verteidigungsministers die militärischen Fragen bearbeitete. Die deutschen Streitkräfte sollten dem Atlantischen Oberkommando in Europa „unter den allgemein gültigen NATO-Bedingungen zur Verfügung gestellt" werden. Dies beinhalte eine „unabdingbar gleichberechtigte deutsche Beteiligung an allen NATO-Führungsorganen, die mit der Führung in Europa und mit der Gesamtkriegführung befaßt sind, oder anders ausgedrückt: Integrierung der operativen Führung nach einem allgemein gültigen Integrationsschlüssel bezüglich des personellen Anteils". Dies sollte für alle NATO-Gremien bzw. Kommandobehörden gelten, vom Militärausschuß über die Standing Group und den Ausschuß der Generalstabschefs, über die militärischen Fachausschüsse zu SHAPE und über die Oberkommandos bis hinunter zu den Armeeoberkommandos, Luftflottenoberkommandos und Marineoberkommandos, sofern letztere nicht national geschlossen organisiert wurden. Unterhalb dieser gemischt besetzten Führungsorganisation sollten die deutschen Streitkräfte in national geschlossene Armeekorps, Fliegerkorps und Marinekommandos gegliedert werden. Die Einzelheiten der Unterstellung der deutschen Verbände unter die NATO müßten aufgrund allgemeiner und gleicher Bedingungen ausschließlich nach militärisch operativen Gesichtspunkten geregelt werden können. Außerdem müsse der geschlossene Einsatz deutscher Truppen unter deutschen Armeeoberkommandos und Luftflottenkommandos möglich bleiben. Das Tempo der Aufstellung der deutschen Streitkräfte sollte so rasch vor sich gehen, „daß die unvermeidliche Schwäche und Risikoperiode so kurz wie möglich gehalten wird". Die Aufstellung der Heeresverbände sollte innerhalb von zwei Jahren, die der Masse der Luftwaffenverbände innerhalb von

262 FRUS 1952–1954, VII, Teil 1, S. 583 f.

263 NA, RG 59, 762 A.00/5-554, Conant an Secretary of State, 5.5.1954, und Glees, The secrets of the Service, S. 229 ff.

drei Jahren und die der Marineverbände innerhalb von zweieinhalb Jahren abgeschlossen sein. Für die Aufstellung dieser deutschen Streitkräfte nannte das Papier folgende allgemeine politische Voraussetzungen: 1. Herstellung der vollen Souveränität der Bundesrepublik. 2. Mitgliedschaft der Bundesrepublik in der NATO mit gleichen Rechten und Pflichten wie die übrigen NATO-Mitglieder. 3. Sicherstellung der Belassung genügend starker amerikanischer und englischer Streitkräfte auf dem Gebiet der Bundesrepublik. 4. Klärung über Verbleib und Status der bisherigen Besatzungstruppen nichtangloamerikanischer Herkunft. 5. Besondere bilaterale Abkommen über engere Beistandsverpflichtungen mit USA und United Kingdom (Vorbild: Vertrag United Kingdom mit EVG-Mitgliedern).

Als militärisch bedingte Voraussetzungen nannte das Papier:

1. Keine einseitigen quantitativen und qualitativen Beschränkungen der Streitkräfte. 2. Freiheit in der gesamten Rüstungsproduktion, in der Beschaffung von Rüstungsgut aus dem Ausland und in Forschung und Entwicklung. Bei grundsätzlicher Anerkennung dieser Freiheit erachtete man eine freiwillige Beschränkung bei den A-, B- und C-Waffen für möglich. 3. Garantierte, ausreichende und zeitgerechte amerikansiche und englische Unterstützung in der Lieferung von Waffen und Ausrüstung, insbesondere für die Erstausstattung. 4. Finanzielle Unterstützung in erster Linie durch die USA (Geldhilfe, Off-shore-Aufträge, Anleihen). 5. Wegfall der Stationierungskosten. 6. Angloamerikanische Mithilfe bei der Ausbildung und laufenden Versorgung sowie bei der rechtzeitigen Bereitstellung der erforderlichen Unterkünfte und Ausbildungsstätten. 7. Selbständigkeit im Rahmen der NATO-Vereinbarungen in allen Fragen der Mobilmachung, der Heimatverteidigung, der Territorialorganisation (letzteres bedinge eine Änderung des Truppenvertrages). 8. Klärung des völkerrechtlichen Status der deutschen Soldaten bei Aufstellung nationaler Streitkräfte[264].

Die amerikanischen Militärkontakte mit den Deutschen sind im Zusammenhang mit dem Versuch von Dulles zu sehen, einem permanenten französischen Veto gegen die westdeutsche Aufrüstung vorzubeugen, falls es vorläufig nur zu einer Inkraftsetzung des Deutschlandvertrages gemäß der Washingtoner Vereinbarungen kommen sollte. Die Verhandlungen mit dem US-Senat, dessen Zustimmung zu einer Lösung des Junktims zwischen General- und EVG-Vertrag erforderlich war, hatten gezeigt, daß auch dort der Unwille über die Verzögerung der westdeutschen Bewaffnung sehr stark war[265].

Die Briten widersetzten sich jedoch allen amerikanischen Plänen, die auch nur den Anschein

[264] Bundeskanzleramt, VS – 37930 (14), hier offen, „Forderungen der Bundesrepublik im Falle einer anderen Lösung als der EVG für einen deutschen Verteidigungsbeitrag". Der am 20.7.1954 unter mysteriösen Umständen nach Ost-Berlin gelangte Leiter des Bundesamtes für Verfassungsschutz, Dr. Otto John, behauptete dort am 11.8. öffentlich, die Bundesregierung bereite in Kooperation mit den Vereinigten Staaten ihre Bewaffnung vor. Diese Behauptung wurde von Mendès-France als ein ausschließlich gegen Frankreich gerichtetes Manöver charakterisiert, mit dem die EVG erledigt werden sollte; FRUS 1952–1954, V, Teil 1, S. 1027. Zum „Fall John" siehe auch ebd., VII, Teil 1, S. 585ff. und Glees, The secrets of the Service, S. 229ff.

[265] Über die Verhandlungen des State Department mit dem Senate Foreign Relations Committee siehe das Memorandum Kidds vom 24.6., FRUS 1952–1954, VII, Teil 1, S. 577ff. Den Bericht des Senatsausschusses vom 28.7. (Restoring Souvereignty to Germany, 83d Congress, 2nd Session, Report No. 1991) kommentierte die deutsche Diplomatische Vertretung in Washington wie folgt: „Während das State Department die Frage der Wiederbewaffnung Deutschlands von der Übertragung der Souveränität trennt, zielt der Senat mit seiner Resolution in erster Linie darauf, Deutschland das Recht zur Wiederbewaffnung zu geben." Kessel an Auswärtiges Amt, 4. 8.1954, Kopie MGFA.

einer unilateralen Bewaffnung der Bundesrepublik erweckten[266]. Auch die amerikanische Hochkommission warnte eindringlich vor einer Bewaffnung der Bundesrepublik gegen den Widerstand der französischen Regierung. Am 22. April 1954 hatte der stellvertretende amerikanische Hochkommissar, Walter Dowling, dem Leiter des Office of German Affairs im State Department, Cecil B. Lyon, in Form eines Überarbeitungsvorschlages für das deutschlandpolitische Grundsatzdokument NSC 160/1 vom 17. August 1953 die Vorschläge der amerikanischen Hochkommission für eine „European Entente" als Alternative zur EVG unterbreitet. Man dachte dort an ein europäisches Verteidigungssystem unter Einschluß Großbritanniens „as like EDC as possible – something on the order of a system of loosely associated armies with a combined operations staff", in dem die im EVG-Vertrag vorgesehenen Rüstungsbeschränkungen für die Bundesrepublik beibehalten werden sollten, ohne daß die Franzosen auf ihre Nationalarmee verzichten mußten. Abschließend hieß es in der US-HICOM-Alternative zur EVG: „Any solution looking toward the restoration of German sovereignty and the establishment of a German defense force which might be undertaken without French consent would involve repudiation of executive agreements. Aside from the moral and legal issues which would arise, this would destroy not merely the military basis of NATO necessitating reallocation of supply lines, but it would rend the whole fabric of the political, economic and defense unity of the West as envisaged in the NATO Treaty. It would in essence require the choice of Germany over France as a defense partner, a decision which in itself would seem illusory, since there appears little chance of a European defense not itself based upon Franco-German cooperation. Indeed, the question is whether, in the event of complete rejection by France of Franco-German cooperation, the United States would not be faced with the ultimate decision of establishing its own defense as a peripheral system[267]." In einem Schreiben an Merchant vom 12. Juli 1954 hatte Conant den Alternativ-Vorschlag der US-Hochkommission nochmals in Erinnerung gebracht (siehe Anm. 262). Im State Department hatte man jedoch andere Pläne.

Nachdem Dulles am 8. Juli gegenüber Merchant grünes Licht für entsprechende Überlegungen gegeben hatte, legte das State Department am 27. Juli einen Vorschlag über „Military Aspects of German Problem" vor, der mit dem Policy Planning Staff, dem Bureau of European Regional Affairs und dem Legal Adviser innerhalb des Departments koordiniert war und der als Grundlage für die Verhandlungen mit dem Pentagon dienen sollte. In seinem Vorschlag hielt das State Department an der EVG als der besten Lösung für einen westdeutschen Verteidigungsbeitrag fest, nannte jedoch als Alternativen im Falle einer Ablehnung der EVG durch Frankreich oder falls bei fortdauernder Verzögerung die bereits erwähnten vom State Department vorgeschlagenen Interimsmaßnahmen nicht zum Erfolg führten, erstens die gleichberechtigte Aufnahme der Bundesrepublik in die NATO und zweitens die einseitige Bewaffnung der Bundesrepublik durch die USA und Großbritannien. Für den ersten, vom State Department bevorzugten Weg, wurden folgende Kriterien aufgestellt: 1. Die Lösung müsse einfach und schnell realisierbar sein, es dürfe nicht zu langwierigen Verhandlungen über die Bedingungen einer deutschen NATO-Mitgliedschaft kommen. 2. Jeder Vorschlag für die deutsche NATO-Mitgliedschaft müsse in einer Form gemacht werden, der für die Franzosen und die übrigen EVG-Län-

[266] Am 13.7. berichtete US-Botschafter Aldrich und am darauffolgenden Tag Norris B. Chipman dem State Department über die britischen Widerstände. NA, RG 59, 762 A. 5/7-1354 u. 762 A. 5/7-1454.

[267] NA, RG 59, 762 A. 00/4-2254, Walter Dowling an Cecil B. Lyon, 22.4.1954 mit Anlage: „Some proposals concerning the United States Position with Respect to Germany". Siehe auch 762 A. 00/6-2454, John W. Auchinclos, Office of German Political Affairs, Department of State, an Coburn Kidd, 24.6.1954, betr. US-HICOM-Vorschläge für die Überarbeitung von NSC 160/1.

der akzeptabel sei. Es sei klar, daß die Franzosen einer deutschen NATO-Mitgliedschaft ohne zusätzliche Sicherheiten hinsichtlich der deutschen Aufrüstung nicht zustimmen würden. 3. Der Vorschlag dürfe die Deutschen nicht diskriminieren: „there must be no ‚second class' NATO membership for the Germans". 4. Der Vorschlag müsse ein Abkommen enthalten, das die Vertragspartner verpflichte, keine Angriffshandlungen oder Versuche zur Änderung ihrer bestehenden Grenzen zu unternehmen. 5. Ein weiteres Abkommen müsse die Bundesrepublik zur Leistung eines fairen Beitrages an Mitteln und Streitkräften zur Verteidigung des Westens verpflichten, wobei das deutsche Kontingent möglichst den vom NATO-Rat im September 1950 festgesetzten Umfang von nicht mehr als 20 Prozent der NATO-Landstreitkräfte (diejenigen Griechenlands und der Türkei nicht hinzugerechnet) erreichen sollte.

Nach der Erörterung der bereits erwähnten Interimslösung für ein „‚pre-NATO' training program" entwickelte das State Department seine Vorstellungen, wie die NATO-Lösung für Frankreich und Großbritannien akzeptabel gemacht werden könnte. Hierzu schlug es vor, einen amerikanisch-britisch-französisch-deutschen Sicherheitspakt auszuhandeln, der die rechtlichen Grundlagen für einen deutschen Verteidigungsbeitrag und die Annahme einer Beitrittseinladung von seiten der NATO bilden sollte. Mit dem Sicherheitsvertrag verfolge man den doppelten Zweck, „of expressing the safeguards against resurgent militarism which the Federal Republic agreed to weave into the EDC ‚package', and at the same time bind the Occupying Powers by treaty to the observance of these assurances". An Sicherheitsvorkehrungen wollte das State Department also der Bundesrepublik nicht mehr abverlangen, als diese im EVG-Vertrag bereits zugestanden hatte. Der Katalog umfaßte folgende Punkte. 1. Die in Artikel 107 des EVG-Vertrages festgelegte grundsätzliche Beschränkung der Rüstungsproduktion. 2. Ein Abkommen, daß alle deutschen Streitkräfte (mit Ausnahme von Polizeieinheiten) unter NATO-Kommando stehen, ausschließlich im Rahmen der NATO-Strategie eingesetzt und außerhalb der NATO nur auf Empfehlung des NATO-Rats verwendet werden. 3. Ein Abkommen darüber, daß die Vertragspartner keine Angriffshandlungen oder Versuche zur Änderung ihrer bestehenden Grenzen unternehmen werden. 4. Ein Abkommen, das die Bundesrepublik zur Leistung eines fairen Beitrags von Mitteln und Streitkräften zur Verteidigung des Westens verpflichtet, wobei sie möglichst den vom NATO-Rat im September 1950 festgesetzte Umfang von nicht mehr als 20 Prozent der NATO-Landstreitkräfte (diejenigen Griechenlands und der Türkei nicht hinzugerechnet) erreichen sollte.

Das State Department glaubte, daß ein solcher Viermächtevertrag von den Deutschen akzeptiert würde, da er ihnen die gleichberechtigte NATO-Mitgliedschaft versprach. Gleichzeitig gebe er Frankreich Sicherheit vor einem eventuellen deutschen Angriff und gegenüber möglichen deutschen Ostabenteuern. Als formaler Bündnisvertrag sei er wirksamer als ein NATO-Abkommen, da NATO-Ratsbeschlüsse nicht dieselbe bindende Kraft besäßen. Obendrein könne man einen solchen Viermächtevertrag leichter aushandeln als ein Abkommen innerhalb der NATO. Ein weiteres Mittel, den Verbündeten den NATO-Beitritt der Bundesrepublik schmackhaft zu machen, sah das State Department in einer allgemeinen stärkeren Integration der NATO-Streitkräfte, die sich in ihrem nicht diskriminierenden Charakter eher zur Kontrolle des deutschen Verteidigungsbeitrages eigne als von der NATO auferlegte Streitkräftehöchststärken: „It would be clear that German NATO forces would be so thoroughly enmeshed with other NATO forces that they would be incapable of independent military action."

In Kenntnis der entsprechenden britischen Vorschläge sah das State Department in der Regelung der Frage der deutschen Rüstungsbeschränkungen das Hauptproblem künftiger Verhandlungen mit den Verbündeten: Ein Drei- oder Viermächtemechanismus zur Kontrolle der deutschen Rüstungsproduktion wäre für die Deutschen unannehmbar. Eine NATO-weite Produktionskontrolle wäre sehr schwierig auszuhandeln und zu verwalten, auch bezweifelte man im State Department, daß die USA in der Lage sein könnten, daran teilzunehmen. Der britische Vorschlag, die Rüstungskontrolle „in the European Community context" mittels eines Rüstungspools der sechs EVG-Länder zu lösen, würde nach Auffassung des State Department gleichfalls eine lange Verhandlungsdauer erfordern. Im übrigen sollten die USA nicht zulassen, daß die Einrichtung eines solchen Rüstungspools zu einer Voraussetzung würde, die vor einer Aufnahme der Bundesrepublik in die NATO erfüllt sein müßte. Einen besseren Zugang zur Lösung des Problems der Rüstungskontrolle sei vielleicht die Integration der Rüstungsprogramme innerhalb der NATO. Im Rahmen von „rationalized production programs" würde jedes NATO-Mitglied jene Waffen produzieren, für deren Herstellung es die geeigneten Voraussetzungen besitze. Durch eine solche Spezialisierung werde automatisch eine gegenseitige Abhängigkeit in der Waffenproduktion erreicht, die es jedem einzelnen Land unmöglich machen würde, eine unabhängige Rüstungsindustrie für die Ausrüstung einer rein nationalen Armee zu entwickeln. Abschließend hieß es dazu: „Admittedly, it will be difficult to persuade the British and then the French to agree to German rearmament without production controls extending beyond the prohibitions in Article 107. However, using NATO to *limit* production would be a complete distortion of its concept, and result in practical discrimination against Germany. Unless we can reach agreement on this, our efforts to achieve German membership in NATO may well be fruitless[268]."

Die Auffassung des State Department, daß eine NATO-Lösung als Alternative zur EVG nicht gegen den Willen Frankreichs durchgesetzt werden sollte – die andere Alternative einer Bewaffnung der Bundesrepublik durch die USA und England wurde daher im Memorandum des State Department erst gar nicht diskutiert –, entsprach seit jeher der mehrheitlichen Meinung im Foreign Office. Deshalb war Kirkpatrick am 20. August sogleich der Vorstellung Churchills, notfalls eine neue NATO auch ohne Frankreich zu konstruieren, sofort energisch entgegengetreten: „If the French veto the admission of Germany to N.A.T.O., and we are informed that this is certain, the re-armament of Germany under an Anglo-American-German arrangement would be a breach of our Treaties with the French. We could, of course, argue that their conduct had justified such a breach. But it would be a grave step and might have very grave consequences such as the departure of France from N.A.T.O. and the loss of our air bases, installations and lines of communication through France[269]."

Noch eindringlicher schilderte der britische Verteidigungsminister, Lord Alexander, die negativen militärischen Implikationen einer Lösung ohne Frankreich: 1. Man werde die Nutzung der Versorgungshäfen an der Kanal- und Atlantikküste sowie die Transportmöglichkeiten in Frankreich einbüßen. Dies werde die amerikanischen Verbindungslinien und die Versorgung der britischen Truppen auf dem Kontinent unterbrechen. Lord Alexander hielt es für strategisch nicht

[268] NA, RG 59, 762 A. 5/7-2754, Memorandum „U.S. Position on German Defense Contribution in Event of EDC Delay or Rejection", revised draft, Anlage zum Schreiben von Robert D. Murphy, Deputy Under Secretary of State for Political Affairs, an Dulles vom 27.7.1954. Murphy bemerkte, „the matter is of some urgency in that Defense is pressing us for our views and we should be in a position to exchange views with the British sometime next month". Ein Termin für die Diskussion des Memorandums, um den Murphy Dulles bat, ist laut handschriftlicher Notiz auf den 3.8., 16.30 Uhr, festgesetzt worden. Siehe auch FRUS 1952–1954, V, S. 995, Anmerkung 3.

[269] PRO, PREM 11/618, Kirkpatrick an Prime Minister, PM/IK/54/145, August 20, 1954.

tragbar, sich von Verbindungslinien über die Nordseehäfen angesichts deren Verwundbarkeit durch atomare Angriffe und ihrer Gefährdung durch Unterwasserstreitkräfte abhängig zu machen. In jedem Fall würde die Neueinrichtung der Verbindungslinien immense Kosten verursachen. 2. Man könnte nicht mehr die Luftwaffenbasen in Frankreich benutzen, die wichtig seien für die Verteidigung in Mitteleuropa (Central Sector). 3. Man müßte mit großen Kosten die in Frankreich erstellten Hauptquartiere und Fernmeldeverbindungseinrichtungen ersetzen. 4. Man werde die Häfen und Versorgungseinrichtungen an der Mittelmeerküste verlieren, einschließlich derjenigen in Nordafrika, was die alliierten Operationsmöglichkeiten im Mittelmeer ernsthaft beeinträchtige. Die Franzosen würden ihren Militärbeitrag zu SACEUR (14 ⅓ Divisionen, ca. 500 Flugzeuge, 4 Haupt- und etwa 40 kleinere Marineeinheiten) zurückziehen. Dieser Verlust konnte zwar nach Meinung Lord Alexanders durch den westdeutschen Verteidigungsbeitrag „of about equivalent size and almost certainly of greater operational value" ausgeglichen werden, doch sehe der SACEUR die westdeutsche Aufrüstung als einen zusätzlichen und nicht als einen ersatzweisen Beitrag für die Verteidigung Westeuropas an. Weder Großbritannien noch die USA seien in der Lage bzw. willens, die französischen Streitkräfte zu ersetzen. Aus diesem Grund, so stellte Lord Alexander abschließend fest, sei es von äußerster Wichtigkeit, die Zustimmung Frankreichs entweder zu einem Beitritt der Bundesrepublik zur NATO oder zu einer anderen kontrollierten Aufrüstung der Bundesrepublik zu bekommen, die Frankreich in der NATO beließ[270].

Aus den gleichen Gründen setzte die britische Delegation bei der Londoner Arbeitsgruppe für das Protokoll, das bei einer eventuellen Rückgabe der Souveränität an die Bundesrepublik deren Aufrüstung suspendierte, eine Formulierung durch, die laut Eden verhindern sollte, „even the apperance of recognizing that the Germans had the right to rearm or would be given the right to do so except on British and American, and if possible, French terms"[271]. Das Einlenken der amerikanischen Delegation wurde vermutlich durch ein Gutachten des Rechtsberaters bei der US-Hochkommission in Deutschland erleichtert, in welchem für den Fall eines erforderlichen amerikanisch-britischen Alleingangs bei der Wiederherstellung der Souveränität der Bundesrepublik die Grenzen für Mehrheitsentscheidungen in der Alliierten Hochkommission aufgezeigt wurden, die eine Bewaffnung der Bundesrepublik gegen den Willen der französischen Besatzungsmacht nicht zuließen. Nach diesem Gutachten waren Mehrheitsentscheidungen nur möglich, „so long as the decision is not in conflict with ‚basic tripartite policy' or with preexisting agreements between the Governments of the Occupying Powers relative to the specific subjects listed in paragraph 2(a) und 2(b) of the Occupation Statute." Dazu zählten: Abrüstung und Demilitarisierung einschließlich entsprechender wissenschaftlicher Forschung, Verbote und Restriktionen für die Industrie, Zivilluftfahrt, Ruhrkontrolle, Wiedergutmachung, Reparationen, Dekartellisierung, Dekonzentrierung sowie ausländisches Kapital in Deutschland[272].

Zusammenfassend läßt sich also sagen, daß sich Mitte August sowohl im US State Department als auch im britischen Foreign Office die Überlegungen hinsichtlich einer Alternative für den Fall des Scheiterns der EVG um die Bewaffnung der Bundesrepublik mittelbar oder unmittelbar im Rahmen der NATO und in Kooperation mit Frankreich bewegten. Für beide Ministe-

[270] PRO, PREM 11/618, Alternatives to E.D.C., Lord Alexander an Prime Minister, 23.8.1954.
[271] NA, RG 59, 762 A. 5/8-1154, Norris B. Chipman, First Secretary of Embassy, an Cecil B. Lyon, 11.8.1954. Ebd., 762 A. 5/8-2654, Chipman an Department of State, an US-Vertretungen in Paris, Den Haag, Brüssel, Luxemburg und HICOG Bonn, 31.8.1954 (Text).
[272] Siehe die in Anm. 235 genannten Memoranda des US HICOG Legal Advisers vom 8.6.1954.

rien bestand dabei das Hauptproblem darin, in diese Lösung einen ausreichenden, jedoch die Bundesrepublik nicht diskriminierenden und daher akzeptablen Katalog von militärischen Beschränkungen einzubauen. Die Suche nach einer NATO-Lösung mit Frankreich wurde vom britischen Verteidigungsministerium und den Chiefs of Staff unterstützt und befand sich in Washington wenigstens nicht im Widerspruch zu den Überlegungen im Pentagon. Die von den amerikanischen Joint Chiefs of Staff in ihrem Memorandum vom 25. Juni neben der bevorzugten NATO-Lösung erwogene Aufrüstung der Bundesrepublik allein durch Großbritannien und die USA fand nicht die Zustimmung des State Department und wurde von den Briten blockiert. Eine Abstimmung der britischen und amerikanischen Vorschläge hatte bis Mitte August 1954 allerdings noch nicht stattgefunden.

13. Das „Anwendungsprotokoll" zum EVG-Vertrag der Regierung Mendès-France und das Scheitern der EVG-Konferenz in Brüssel vom 19. bis 22. August 1954

Am 13. August 1954 berichteten Bruce und Dillon dem State Department über erste, noch vorläufige Ergebnisse einer zweitägigen Diskussion im französischen Kabinett. Der von ihnen aus dem Gedächtnis aufgezeichnete Katalog französischer „Verbesserungsvorschläge" enthielt u. a. die vertragsändernde Bestimmung, daß das EVG-Kommissariat keine Lizenzierungsbefugnisse in Fragen der Atomenergie für friedliche Zwecke haben solle, die im Lichte der oben ausgeführten französischen Überlegungen für eine eigene Atomstreitmacht besonders bemerkenswert erscheint. Nach Auffassung der beiden US-Diplomaten hatte sich Mendès-France für die Vorstellungen der Gruppe um de Seynes entschieden, die Änderungsvorschläge zum bestehenden EVG-Vertrag befürwortet hatte, und damit gegen die EVG-feindliche Gruppe um Parodi, die eine Koalition aus sieben Nationalarmeen unter Einschluß Großbritanniens vorschlug. In diesem sogenannten „little NATO"-Konzept der Parodi-Gruppe sollte ein Rüstungspool aus sechs Nationen ein Höchstmaß der im EVG-Vertrag ausgehandelten Rüstungsbeschränkungen für die Bundesrepublik sicherstellen[273].

Mit den als „Anwendungsprotokoll" (protocole d'application) kaschierten Vertragsänderungen sollte der Eindruck einer französischen Ablehnung des EVG-Vertrages vermieden werden, die die französische Position bei Verhandlungen über eine alternative Lösung geschwächt hätte. Im Falle von Neuverhandlungen rechnete nämlich auch die französische Regierung nicht damit, daß sie von der Bundesregierung die gleichen Konzessionen erhalten würde, die diese schon 1952 nur sehr widerwillig eingeräumt hatte. Obwohl die französischen Änderungswünsche die gleiche rechtliche Qualität wie die Bestimmungen des EVG-Vertrages haben sollten, waren nach französischer Auffassung nicht notwendigerweise neuerliche parlamentarische Entscheidungs-

[273] FRUS 1952–1954, V, Teil 1, S. 1033 ff. Siehe auch ebd., S. 1023 ff. Nach Seydoux, der der Parodi-Gruppe angehörte, hätte die Variante Parodis den EVG-Vertrag so stark verändert, daß von der EVG lediglich „eine Art von Verwaltungsbüro für die Waffenproduktion" übriggeblieben wäre, Seydoux, Beiderseits des Rheins, S. 179. Eine ausführliche Gegenüberstellung der Vorschläge von Parodi und von de Seynes fertigte Guérin de Beaumont, secrétaire d'État aux Affaires étrangères, am 6.8.1954 für Mendès-France, DDF, 1954, (21 juillet – 31 décembre) No 44, S. 96 ff.

prozesse in jenen Ländern erforderlich, deren Parlamente den Vertrag bereits verabschiedet hatten. Die Richtigkeit dieser Auffassung wurde freilich selbst innerhalb der französischen Regierung bezweifelt[274].

Die am 13. August vom französischen Kabinett beschlossene endgültige Fassung der französischen Änderungsvorschläge wurde am 14. August den EVG-Partnern übermittelt und enthielt unter anderem die folgenden wesentlichen Bestimmungen: 1. Alle verteidigungspolitischen Entscheidungen, die die Europäische Gemeinschaft berührten, sollten vom EVG-Ministerrat und NATO-Rat gemeinsam getroffen, die Hauptquartiere dieser beiden Organisationen daher am gleichen Ort eingerichtet werden. Dies war eine wesentliche Steigerung der NATO-Kompetenz gegenüber der am 22. Februar 1952 auf der Lissaboner NATO-Ratstagung angenommenen Formel für gemeinsame NATO-Rats- und EVG-Ministerratssitzungen. Die gemeinsamen Sitzungen wurden so, wie Wettig zu Recht feststellt, „aus einem Instrument, das den Willen der Europäischen Gemeinschaft in der Atlantischen Allianz zur Geltung brachte, zu einem Mittel, das umgekehrt dem Willen des Atlantischen Bündnisses in der EVG Einfluß verschaffte"[275]. 2. Politische Entscheidungen verblieben in nationaler Zuständigkeit. 3. Sollte sich in der britisch-amerikanischen Politik, insbesondere hinsichtlich der unbeschränkten Dauer des Nordatlantikvertrages oder bezüglich der Unterhaltung eines angemessenen Anteils ihrer Truppen auf dem europäischen Kontinent etwas ändern oder Deutschland wiedervereinigt werden, würde eine neue Situation entstehen, in der es nach unverzüglichen Beratungen jedem Mitgliedsstaat freistehen müsse, darüber zu entscheiden, ob er weiterhin in der EVG verbleiben wolle. Das Austrittsrecht aus der EVG sollte einem möglichen angelsächsischen Desinteresse an der Verteidigung Kontinentaleuropas entgegenwirken. Für den Fall der Wiedervereinigung Deutschlands reklamierten die Franzosen ein Rücktrittsrecht für alle EVG-Mitglieder, das bisher nur einem wiedervereinigten Deutschland eingeräumt oder doch zumindest auf der Berliner Konferenz gegenüber der russischen Delegation festgestellt worden war[276]. 4. Acht Jahre lang sollte für Entscheidungen des Kommissariats und des Ministerrats Einstimmigkeit gelten, was einem Vetorecht jedes einzelnen Mitglieds der EVG gleichkam. 5. Das Kommissariat wurde der Direktive des Ministerrats unterworfen und seine Befugnisse auf die Verwaltung und Ausrüstung der EVG-Streitkräfte beschränkt. 6. Eine Integration der Landstreitkräfte war nur innerhalb der „zone de couverture" und für die dazugehörigen Luftstreitkräfte vorgesehen. Dies bedeutete, daß nur die deutschen Streitkräfte und die in der Bundesrepublik stationierten alliierten Streitkräfte integriert werden sollten. 7. Die Budget-Entwürfe des Kommissariats sollten zur Festsetzung der Höchstbeträge zuerst den nationalen Parlamenten zugeführt werden, und erst dann dem Ministerrat zur Entscheidung für ein gemeinsames EVG-Budget vorgelegt werden. Dieses EVG-Budget sollte dann vom EVG-Ministerrat und NATO-Rat gemeinsam im Rahmen der NATO Annual Review geprüft wurde. 8. Für die außerhalb der „strategisch exponierten Zone" gelegenen Gebiete wollte Paris jene Bestimmung des EVG-Vertrages nicht mehr gelten lassen, die eine

[274] Note explicative du Département sur le protocole français d'application du traité instituant une Communauté européenne de défense, anonym, undatiert, wahrscheinlich von Parodi unmittelbar vor dem 13.8.1954 verfaßt, DDF, 1954 (21 juillet – 31 décembre), No 66, S. 147 ff. Zu der Auffassung, das französische Anwendungsprotokoll bedürfe keiner neuer parlamentarischer Beschlüsse in der Bundesrepublik und in den Beneluxländern, findet sich folgender Randvermerk: „Impossible d'affirmer cela alors qu' il y a modification du traité."

[275] Wettig, Entmilitarisierung in Deutschland, S. 571 f.

[276] Note explicative du Département sur le protocole français d'application du traité instituant une Communauté européenne de défense, DDF, 1954 (21 juillet – 31 décembre), No 66, S. 149.

jährliche Erzeugung von mehr als 500 Gramm Kernbrennstoff als nukleares Kriegsmaterial ansah und daher der Genehmigung des Kommissariats unterwarf. Mit dieser Bestimmung konnte eine französische Nuklearrüstung ermöglicht, eine westdeutsche jedoch verhindert werden[277].

Die Reaktion auf die französischen Vorschläge, welche ganz allgemein den Zweck hatten, „d'assurer une application graduelle et prudente du traité, afin d'éviter tout bouleversement brutal dans les organisations militaires et les conditions économiques des états membres"[278], war größtenteils negativ. Besonders harsch war das Urteil der amerikanischen Diplomaten. David Bruce nannte die Vorschläge „confused, chauvinistic and destructive". Mendès-France habe „ignorantly outsmarted himself". Er schlug vor, Dulles möge auf einer Pressekonferenz ankündigen, daß der Inhalt der am 16. April abgegebenen Garantieerklärung des US-Präsidenten für die EVG nach der Brüsseler Konferenz wahrscheinlich neu überdacht werden müsse. André de Staercke, belgischer Vertreter im NATO-Rat, nannte die französischen Vorschläge „almost completely unacceptable and highly insolent" und äußerte gegenüber dem belgischen Außenminister Spaak: „Mendes has just presented us with corps of Europe[279]." Für US-Botschafter Dillon waren die französischen Vorschläge „unacceptable beyond our worst expectations"[280].

Auch das State Department hielt die Vorschläge für unannehmbar[281]. Dort war man der Ansicht, daß Mendès-France in Anbetracht der Widerstände gegen neuerliche Parlamentsbeschlüsse und gegen eine Diskriminierung der Bundesrepublik nicht einmal die Hälfte seiner Änderungsvorschläge in Brüssel werde durchsetzen können[282].

Diesem Urteil schloß sich die Bundesregierung als Hauptbetroffene an. Nach einer Analyse des Auswärtigen Amtes stellten 47 der insgesamt 65 Einzelvorschläge Vertragsänderungen dar, von denen in etwa die Hälfte einen neuen Parlamentsbeschluß mit Zweidrittelmehrheit erforderlich machten. Hallstein nannte vier grundsätzliche Kriterien, denen Vertragsänderungen genügen müßten: 1. Es dürften keine Änderungen eingeführt werden, die einen neuerlichen Parlamentsbeschluß erforderlich machten. 2. Der europäische Charakter des Vertrages müsse bewahrt bleiben. 3. Es dürfe keine Diskriminierung Deutschlands stattfinden. 4. Das Ergebnis müsse militärisch vernünftig und praktikabel sein.

Die französischen Vorschläge widersprachen nach den Feststellungen Hallsteins jedem einzelnen dieser vier Punkte[283]. Gegenüber François-Poncet erklärte der Bundeskanzler, daß der Tag, an dem er die französischen Änderungswünsche erhalten habe, der bislang leidvollste Tag

277 Text des „Protocole d'Application": Ministère des Affaires étrangères, Entretiens des ministres des Affaires étrangères concernant les problèmes européens et échanges de messages (juin 1954 - janvier 1955), 1955, S. 105–112. DDF, 1954 annexes (21 juillet – 31 décembre) als Anlage in dem dort abgedruckten belgischen Protokoll der Brüsseler EVG-Konferenz vom 19.–22.8.1954. KAG 1954, S. 4691 ff. Le Monde 24.8.1954. Textes et Documents, Bruxelles, Ministère des Affaires Etrangères et du Commerce Extérieur, 24 août 1954. Auszüge: International Survey (London, Central Office of Information, August 1954), S. 165 ff. Siehe auch Wettig, Entmilitarisierung in Deutschland, S. 571 ff. Fursdon, The European Defence Community S. 281 f. Adenauer, Erinnerungen 2, S. 272 f.

278 Note explicative du Département sur le protocole français d'application du traité instituant une Communauté européenne de défense, DDF, 1954 (21 juillet–31 décembre), No 66, S. 147 ff.

279 FRUS 1952–1954, II, Teil 1, S. 1042. So auch der US-Geschäftsträger in Brüssel, Sprouse, am 22.8., ebd., S. 1064.

280 Ebd., S. 1039.

281 So Bedell Smith am 16.8. an US-Botschaft Paris.

282 PRO, PREM 11/618, Britische Botschaft Washington an Foreign Office. No 1781, 18.8.1954.

283 PRO, PREM 11/618, R. Allen (britische Hohe Kommission) an Foreign Office, No 627, 16.8.1954, u. Allen an FO, No 628, 16.8.1954. Siehe auch den Bericht von François-Poncet an Mendès-France vom 16.8.1954, DDF, 1954, (21 juillet – 31 décembre), No 69, S. 154 f.

seiner Kanzlerschaft gewesen sei. Besonders irritierte den Bundeskanzler jene Formulierung, wonach die EVG lediglich ein komplementäres Organ der NATO sei und wodurch die Europäische Politische Gemeinschaft, durch die die EVG ihren spezifischen Charakter erhalte, mit einem einzigen Federstrich beseitigt werde[284]. In einem Schreiben, das der Bundeskanzler durch seinen Vertrauten, den Bankier Robert Pferdmenges, in London Kirkpatrick übergeben ließ, bezeichnete er die französischen Vorschläge als „schlimmer als alles, was ich erwartet habe“. Er ließ durch Pferdmenges seine Befürchtung mitteilen, daß man in Frankreich dazu neige, die EVG für ein Abkommen mit Rußland über die Neutralisierung Deutschlands zu opfern. Er wisse nicht, was geschehen würde, falls „das gesamte EVG-Projekt in den nächsten Tagen zusammenbricht“. Churchill versuchte am 19. August den Bundeskanzler mit der Bemerkung zu beruhigen, „daß schließlich alles in dieser oder jener Form auf den Weg kommen wird“ und daß die Staatskunst des Bundeskanzlers nicht um ihre Früchte gebracht werde[285].

In einer ersten Stellungnahme für Churchill schien es Kirkpatrick „as if the French proposals are not unacceptable on the points of direct interest to us and the Americans“. Gegenüber der Bitte des französischen Botschafters Massigli, britischerseits solle man sich bei Adenauer für die Annahme der französischen Vorschläge verwenden, wandte Kirkpatrick ein, man werde zwar wie immer den Bundeskanzler zu einer großzügigen und großmütigen Behandlung des Problems anhalten, es sei jedoch offensichtlich, daß es Adenauer bei allem guten Willen in seiner gegenwärtigen schwachen Position unmöglich sei, unvorteilhafte oder diskriminierende Bedingungen anzunehmen, die er 1951, als er noch allmächtig („all powerful“) gewesen sei, mit Blick auf die öffentliche Meinung als unannehmbar empfunden habe[286].

In einer ausführlicheren Stellungnahme des Foreign Office wurde zwar zugegeben, daß das französische Protokoll eine arge Enttäuschung für viele Protagonisten eines engeren europäischen Zusammenschlusses darstelle und für jene Regierungen, die den EVG-Vertrag bereits ratifiziert hätten, ernste Probleme aufwerfe. Man hoffe im Foreign Office jedoch, daß die Partner Frankreichs die vitale Notwendigkeit einer frühen Assoziierung Deutschlands mit dem Westen nicht übersehen würden. Eine möglichst rasche Übereinkunft über die EVG bleibe selbst mit den Beschränkungen, die die Franzosen jetzt vorschlügen, hierfür der hoffnungsvollste Weg, so lange sich dieser nicht als unbegehbar erwiesen habe. Sollte die EVG von der französischen Nationalversammlung zurückgewiesen werden, seien zeitraubende Verhandlungen über Alternativen erforderlich, deren Ausgang keineswegs sicher sei. „We therefore feel that all concerned should go as far as possible to meet these French proposals and above all that they should not be rejected out of hand.“ Im Foreign Office war man nämlich der Auffassung, daß auch nach den Bestimmungen des bisherigen EVG-Vertrages keine Beschlüsse gegen vitale Interessen eines Mitglieds durchgesetzt werden konnten, ein Eingehen auf die französische Forderung nach Einstimmigkeit also kein unzumutbares Zugeständnis darstellte[287].

Robert Rothschild von der belgischen Botschaft in Washington und de Staercke fanden die britische Empfehlung paradox. Auf der einen Seite sei London gegen Vertragsänderungen, die neue parlamentarische Entscheidungen erforderten, während sie auf der anderen Seite gleichzei-

[284] Bericht von François-Poncet vom 17.8.1954, DDF, 1954 (21 juillet – 31 décembre), No, 76, S. 171ff.
[285] Zit. nach Steininger, Scheitern der EVG, S. 12.
[286] PRO, PREM 11/618, Kirkpatrick an Prime Minister, PM/IK/54/135, 16.8.1954.
[287] PRO, PREM 11/618, Foreign Office an britische Botschaft Washington, No 4119, 17.8.1954. Französischerseits war man über den Inhalt einer entsprechenden Sprachregelung für die britischen Auslandsvertretungen informiert, DDF, 1954 (21 juillet – 31 décembre), No. 75, S. 170f.

tig die EVG-Länder aufforderten, die Pariser Vorschläge anzunehmen, um so die französische Ratifizierung zu erreichen[288].

Allen, der Adenauer für eine konziliante Haltung in Brüssel zu präparieren versuchte, traf auf einen pessimistischen und mißtrauischen Bundeskanzler, der es für unmöglich hielt, im Deutschen Bundestag für die französischen Änderungen eine einfache Mehrheit, geschweige denn eine Zweidrittelmehrheit zu bekommen. Für ihn lautete die eigentliche Frage: „Will das französische Parlament die EVG oder will es sie nicht[289]?"

Der Regierungswechsel in Frankreich war vom Auswärtigen Amt in Bonn mit Besorgnis zur Kenntnis genommen worden, wenn auch die Ankündigung von Mendès-France, daß er dem französischen Parlament noch vor den Ferien eine Entscheidung über die EVG abverlangen wolle, mit Genugtuung registriert worden war. Die verringerten Aussichten für eine positive Entscheidung des französischen Parlaments waren für den Bundeskanzler Anlaß, für den Fall weiterer Verzögerungen oder gar einer Ablehnung der EVG auf die Lösung des Junktims zwischen Generalvertrag und EVG zu drängen[290]. Dabei stelle sich freilich automatisch die Frage nach einer alternativen Aufrüstung der Bundesrepublik. Als der Bundeskanzler am 2. Juli in einem Rundfunkgespräch mit Ernst Friedlaender über den „unwahrscheinlichen Fall, daß Frankreich die EVG ablehnt", als einzigen Ausweg eine deutsche Nationalarmee erwähnte, war man in Paris so betroffen, daß Mendès-France den avisierten Besuch seines Staatssekretärs für Auswärtige Angelegenheiten, Guérin de Beaumont, der dem Bundeskanzler die von der französischen Regierung beabsichtigten Modifizierungen des EVG-Vertrages erläutern sollte, absagte, obwohl die Äußerungen des Bundeskanzlers im Grunde ein eindringliches Plädoyer für die EVG waren: „Die in der EVG liegenden Garantien sind eine Wohltat für alle Beteiligten. Ich will uns da gar nicht ausnehmen. Es wäre ein Widersinn der Geschichte und der Politik, wenn wir durch eine französische Ablehnung der EVG, also durch Frankreich gezwungen würden, eine deutsche Nationalarmee aufzustellen[291]." Im Gegensatz zu seinen öffentlichen Äußerungen machte der Bundeskanzler in internen Gesprächen kein Hehl aus seiner Enttäuschung über die französische Politik. Fabian von Schlabrendorff zeichnete während einer Unterredung im US-State-Department am 8. Juli das Bild eines zunehmend in die politische Isolation geratenden Kanzlers, der unter dem Eingeständnis seiner Fehleinschätzung der französischen Politik sich Sorgen um die Westintegration der Bundesrepublik auf der Grundlage der Verständigung mit Frankreich machte, einer Politik, mit der er bereits weit über das innenpolitisch zumutbare Maß an Akzeptanz hinausgegangen sei. Diese Politik könne kein Nachfolger des Bundeskanzlers durchhalten. Eine Diskreditierung seiner Politik führe nach Auffassung des Bundeskanzlers unweigerlich zu einer unabhängigeren Politik der Bundesrepublik und zu einer Orientierung weiter Kreise an den traditionellen deutschen Interessen im Osten[292]. Der Bundeskanzler beließ es

[288] FRUS 1952–1954, V, Teil 1, S. 1047.

[289] PRO, PREM 11/618, Allen an Foreign Office, No. 633, 18.8.1954.

[290] Protokoll, Prof. Kaufmann, Prof. Grewe vom 30.6.1954. Kopie MGFA. In der Anlage im Wortlaut bzw. im Auszug wiedergegebene „grundsätzliche Sprachregelung über die politische Lage" für die bundesdeutschen Auslandsvertretungen.

[291] BA-MA, BW 9/2813, Mitteilung des Bundespresseamtes an die Presse Nr. 711/54 mit dem Text des Rundfunkgesprächs des Bundeskanzlers mit Ernst Friedlaender im Nordwestdeutschen Rundfunk am 2.7.1954. Le Monde, 4.7.1954. Bérard, Un ambassadeur 2, S. 548.

[292] Gegenüber seinen Gesprächspartnern (u.a. Murphy u. Kidd) entschuldigte Fabian von Schlabrendorff seine nach den üblichen diplomatischen Gepflogenheiten ungewöhnliche Vorsprache im State Department mit seiner Stellung als „privilegded to be closely associated with the Chancellor", FRUS 1952–1954, VII, Teil 1, S. 581 ff.

jedoch nicht beim Lamentieren. Hauptsächlich auf Betreiben von Franz Josef Strauß, damals Minister ohne Geschäftsbereich, versuchte der Kanzler durch Erläuterungen zum Artikel 7,3 des Deutschlandvertrages die französische Furcht vor einem Ausscheren eines wiedervereinigten Deutschlands aus der EVG zu zerstreuen, um so der von Pinay angeführten Rechtsopposition gegen Mendès-France den Rücken zu stärken. Strauß hatte bei seinen Kontakten hauptsächlich mit französischen Politikern „rechts von der MRP“ den Eindruck gewonnen, daß es für das Erreichen einer oppositionellen Mehrheit für die EVG von größter Bedeutung sei, daß sich Mendès-France bei der Brüsseler EVG-Konferenz einer geschlossenen Front der übrigen EVG-Länder gegenübersehe und isoliert nach Paris zurückkehre. Strauß bedeutete auch gegenüber dem Bundeskanzler, daß seine französischen Gesprächspartner nach wie vor mit einer guten Mehrheit für die EVG rechneten, darunter mit 130 Stimmen der „Fraktion Pinay“, 90 Stimmen der MRP, 70 der Sozialisten, etwa 60 der Radikalsozialisten und 10 der Gaullisten. Mit dieser Information glaubte der Bundeskanzler ein Argument an der Hand zu haben, mit dem er in Brüssel Mendès-France gegenübertreten konnte, falls dieser mit der Nichtakzeptanz der EVG durch das französische Parlament für seine Änderungswünsche zum EVG-Vertrag argumentieren sollte. Bedeutsamer war jedoch, daß Strauß die Beurteilung von Mendès-France durch die französische Rechte, die er sich zu eigen gemacht hatte, dem Bundeskanzler übermittelte und vor allem mit der Behauptung eines französisch-sowjetischen Zusammenspiels – „in Fortführung der Tradition von Richelieu und Clemenceau“ – die diesbezüglichen latenten Befürchtungen des Bundeskanzlers verstärkte. Mitgliedern der US Hochkommission vertraute Strauß im September 1954 an, er habe gegenüber dem Bundeskanzler vor der Brüsseler Konferenz die Auffassung vertreten, Mendès-France dränge auf eine Viererkonferenz über die Deutschlandfrage, auf der er in Zusammenarbeit mit den Sowjets die westdeutsche Regierung mit der Alternative „Bewaffnung der Bundesrepublik oder neutralisiertes Gesamtdeutschland“ konfrontieren wolle, eine Alternative, an der, falls sie in dieser Form gestellt würde, die Bundesregierung und die sie tragenden politischen Kräfte scheitern würden, egal für welchen Kurs sie sich entscheiden würden[293]. Rückblickend beklagte Herbert Blankenhorn am 28. September 1954 die unzureichenden Kontakte der Bundesregierung zur Regierung Mendès-France: „Viele Mißverständnisse wären uns erspart geblieben. Wir haben die Dinge in Paris halt ein wenig zu sehr durch die Brille unserer MRP-Freunde gesehen[294].“

Auf der anderen Seite ist es verständlich, daß der Bundeskanzler und seine Benelux-Kollegen, die zuletzt am 4. Mai 1954 der französischen Regierung mit einer Absichtserklärung zum supranationalen politischen Überbau der EVG zu Hilfe gekommen waren, die damals ein positives Votum des Sozialistenkongresses ermöglicht hatte, jetzt aber inhaltlich größtenteils wieder aufgehoben werden sollte, wenig kompromißbereit waren. Mit dem moralischen Vorteil, selbst schwierige Ratifizierungsprozesse hinter sich gebracht zu haben, bedienten sie sich verständlicherweise lieber all jener stichhaltigen Argumente, die in der kompromißlos-kritischen Sprachregelung von Dulles für die amerikanischen Auslandsvertretungen aufgeführt waren und die mit der kaum verhohlenen Warnung schlossen, daß einige der französischen Vorschläge „raise fun-

[293] Aktennotiz des Bundeskanzlers über eine Besprechung mit Minister Strauß und dem Gesandten Jansen am 8.8.1954, Bundeskanzleramt, VS – Registratur, dieses Schriftstück offen. NA, RG 59, 762 A. 00/9-2254- Edward T. Lampson, Chief Internal German Affairs Division, Office of Political Affairs US-HICOM, an Department of State, 22.9.1954. Bérard, Un ambassadeur 2, S. 566 f. Faure, Mémoires I, S. 611 f.

[294] Blankenhorn, Verständnis und Verständigung, S. 198.

damental questions relationship EDC to US, UK and NATO"[295]. Nachdem die britische Botschaft jedoch am 18. August dem State Department die positivere britische Beurteilung der französischen Vorschläge unterbreitet und Mendès-France seine politischen Beweggründe gegenüber Dulles noch einmal schriftlich erläutert hatte, schien man dem britischen Bericht zufolge auch in Washington etwas milder zu urteilen: „State Department think it better for the United States Government, and incidentally also for Her Majesty's Government, to say as little as possible in public, except to wish the Brussels conference well. But in answer to enquiries they have let representatives of the E.D.C. Governments know privately that they consider M. Mendès-France proposals go too far and could be improved by redrafting[296]." Als Dulles am 18. August von französischer Seite bedeutet wurde, daß Mendès-France den Eindruck habe, die USA würden die Beneluxländer und die Bundesrepublik zum Widerstand gegen seine Vorschläge anstacheln, stellte er dies in Abrede und erklärte, „that anything Mendès-Frances and Adenauer could agree on would almost automatically have our approval". Er fügte jedoch hinzu, die Vorschläge von Mendès-France könnten seitens des Kanzlers nicht akzeptiert werden, und dieser werde, falls er es trotzdem versuchen sollte, im Parlament scheitern, „and that would mark the end of the last German with whom France could negotiate an organic unity which would prevent a repetition of the past"[297].

Bundeskanzler Adenauer hielt sich nach eigenen Angaben während der Verhandlungen der EVG-Außenminister in Brüssel zurück, „um zu vermeiden, daß ein deutsch-französischer Gegensatz in Erscheinung träte". Aus dem gleichen Grund verweigerte der Bundeskanzler Mendès-France ein Gespräch unter vier Augen, um das François-Poncet am 17. August bei Staatssekretär Hallstein nachgesucht hatte[298]. Als das Gespräch zwischen Mendès-France und Bundeskanzler Adenauer sowie Staatssekretär Hallstein schließlich am 22. August doch noch stattfand, war die Konferenz in Brüssel praktisch schon gescheitert[299]. Auf die Frage des Bundeskanzlers, welcher von seinen Vorschlägen ihm der wichtigste sei, nannte Mendès-France das Vetorecht (gemeint war die französische Forderung nach Einstimmigkeit für die Beschlüsse des Kommissariats und des Ministerrats auf die Dauer von acht Jahren). Dem Hinweis des Bundeskanzlers, daß nach Aufstellung der deutschen Divisionen dieses Vetorecht in der Hand Deutschlands gerade für die

[295] FRUS 1952–1954, V, Teil 1, S. 1046 f.

[296] Siehe Anm. 282. Ein Hinweis auf die Möglichkeit der Abänderung der französischen Vorschläge fehlt im US-Memorandum über dieses Gespräch, FRUS 1952–1954, V, Teil 1, S. 1045 f.

[297] FRUS 1952–1954, V, Teil 1, S. 1049 f. Siehe jedoch ebd., S. 1058, Anm. 3. Am 18.8.1954 überreichte André Meyer Außenminister Dulles ein Schreiben von Mendès-France, in welchem dieser sehr eindringlich für das französische Anwendungsprotokoll als dem für die französische Nationalversammlung einzig gangbaren Kompromiß warb und um amerikanische Schützenhilfe bei den EVG-Partnern nachsuchte. Ebenso nachdrücklich versuchte er, alle Zweifel zu zerstreuen, die sein Vorschlag für ein Vierertreffen mit der Sowjetregierung bei den Verbündeten ausgelöst hatte: „Mais cela n'implique aucunement que je partage les illusions de ceux qui attendent des résultats substantiels d'une éventuelle réunion à quatre. Et, d'autre part, je ne suis aucunement disposé à mettre l'échange de la C.E.D. contre une réunification de l'Allemagne assortie d'une neutralisation." Dulles gab sich in seiner Antwort konziliant im Ton, blieb jedoch in der Sache hart und beschwor die Gefahr des amerikanischen Isolationismus im Falle eines Scheiterns der Brüsseler EVG-Konferenz. Schreiben Mendès-Frances vom 17.8. und Bericht André Meyers vom 19.8. über die Reaktion von Dulles in DDF, 1954, Annexes (21 juillet–31 décembre).

[298] Über die Verärgerung von Mendès-France siehe DDF, 1954 (21 juillet–31 décembre), No 80, S. 178 f.

[299] Die belgischen Konferenzprotokolle sind abgedruckt in DDF, 1954, Annexes (21 juillet–31 décembre).

Befürworter des Vetorechts etwas Bedenkliches sein müsse, erwiderte Mendès-France, „man denke halt in Frankreich nur an die französische Armee“[300].

Daß ihn Adenauer so lange warten ließ, verstärkte die Bitterkeit, die Mendès-France über die schroffe Ablehnung seiner Vorschläge in Brüssel empfand[301]. Vor allem aber führte das Verhalten der EVG-Partner Mendès-France die Isolation Frankreichs vor Augen, der es bei einer Ablehnung der EVG unweigerlich ausgesetzt sein würde. Die damit verbundene Schwächung des Westens war aber genau das, was Mendès-France nach seinen zahlreichen Beteuerungen offenbar auf jeden Fall vermeiden wollte und wogegen er frühzeitig Vorkehrungen getroffen hatte.

14. Das französisch-britische Treffen in Chartwell am 23. August 1954

Nachdem der französische Botschafter in London, Massigli, am 14. August aus dem Munde Kirkpatricks hatte zur Kenntnis nehmen müssen, daß das Foreign Office nicht nur die starken Bedenken der US-Regierung gegen seinen Plan einer nicht bindenden ersten Lesung des EVG-Vertrages im französischen Parlament teilte, sondern für den Fall des Scheiterns der EVG einen britisch-amerikanischen Alleingang bei der Westintegration der Bundesrepublik andeutete, besprach er am 16. August mit Mendès-France die Situation. Am Tag darauf teilte Massigli Kirkpatrick mit, daß ihn Mendès-France autorisiert habe, zu versichern, „[que] sans attendre la procédure parlamentaire la France pourait lever ses objections ou rétablissement de la souveraineté allemande.“ Im Gegenzug zu diesem Zugeständnis, das vor allem die Furcht des Bundeskanzlers vor einem französisch-sowjetischen „marchandage“ zerstreuen sollte, versprach London, sich bei den EVG-Partnern Frankreichs für die Annahme der französischen Änderungsvorschläge zu verwenden, und war Churchill bereit, Mendès-France in Chartwell zu empfangen[302]. In seinem Schreiben an Dulles vom 19. August setzte Churchill den US-Außenminister von dem Vorschlag von Mendès-France, ihn in Chartwell „on his way back from Brussels on Saturday, Sunday or Monday“ zu besuchen, in Kenntnis[303].

In einem Memorandum vom 19. August unterbreitete Philippe Baudet, Directeur du Cabinet du Ministre, Mendès-France Vorschläge für den Fall, daß die Brüsseler Konferenz scheiterte, wofür die Verbündeten wahrscheinlich die französische Regierung verantwortlich machen würden. Diese könne dann nicht umhin, sich an den britisch-amerikanischen Bemühungen zu beteiligen, die politische Stellung des deutschen Bundeskanzlers mittels weitgehender Zugeständnisse sowohl bezüglich der Souveränität als auch der Aufrüstung der Bundesrepublik zu stabilisieren, ja, es sei sogar erforderlich, die Initiative zu ergreifen, „afin de situer ces mesures dans un cadre approprié“. Nach einer dem Memorandum Baudets anliegenden Expertise der Rechtsabteilung im Quai d'Orsay war eine bloße Lösung des Junktims zwischen General- und EVG-Ver-

300 Aktennotiz des Bundeskanzlers vom 25.8.1954 mit Aufzeichnung vom 27.8. über die Unterredung des Bundeskanzlers mit Mendès-France, Bundeskanzleramt, VS – Registratur, dieses Schriftstück offen. Siehe auch die Bemerkungen Hallsteins zum Treffen des Bundeskanzlers mit Mendès-France in FRUS 1952–1954, V, Teil 1, S. 1072, Anm. 2.

301 Siehe die Unterredung Mendès-Frances mit Dillon am 24.8., FRUS 1952–1954, V, Teil 1, S. 1071 ff.

302 Vaisse, La Grande-Bretagne, S. 282. Siehe den Bericht von Massigli an Mendès-France vom 17.8.1954, DDF, 1954 (21 juillet–31 décembre), No 73, S. 165 ff.

303 FRUS 1952–1954, V, Teil 1, S. 1050 f.

trag rechtlich unmöglich. Nach Baudet würden jedoch Verhandlungen über einen neuen Generalvertrag, der sowohl die Souveränitätsfrage (unter Wahrung der alliierten Vorbehaltsrechte) als auch die westdeutsche Aufrüstung unter den bisher im EVG-Vertrag fixierten Einschränkungen regelte, sehr viel Zeit in Anspruch nehmen. Solche Neuverhandlungen müßten obendrein mit einer durch die französische Ablehnung der EVG frustrierten Bundesregierung geführt werden, die die volle Rückendeckung der USA besitzen würde. Um dies zu verhindern, riet Baudet, von der Grundlage des Besatzungsstatuts auszugehen: „En droit, c'est le statut d'occupation qui est notre point de départ. En fait, ce point de départ pourrait être la décision de principe prise il y a six semaines par les gouvernements anglais et américain – décision approuvée par leurs Parlements respectifs – d'aller vers la restitution ‚octroyé' à l'Allemagne de certains des attributs souverains prévus dans le traité de Bonn, la question du réarmement restant réservée conformément à l'article 2 du statut d'occupation [...] et devant faire l'objet de consultations ultérieures." Da auch dieser Weg juristische und politische Probleme aufwarf und nur bei vollkommener Übereinstimmung unter den drei westlichen Besatzungsmächten realisiert werden konnte, sollte Mendès-France die Gelegenheit seines Zusammentreffens mit Churchill in Chartwell dazu benutzen, ein Treffen der drei Westmächte über dieses Projekt zu arrangieren[304].

Am 20. August erklärte Mendès-France gegenüber dem amerikanischen Botschafter in Belgien, Alger, die Entscheidung über die EVG würde in Brüssel fallen und nicht in der Nationalversammlung in Paris. Für den Fall, daß die Brüsseler Konferenz scheiterte, empfahl Mendès-France gemäß dem Vorschlag Baudets, daß Amerikaner, Briten und Franzosen unverzüglich zusammentreten sollten, um über Maßnahmen zu beraten, die den zu erwartenden Schaden für die westliche Einheit und Solidarität möglichst gering halten konnten. Er habe vor der Konferenz in Brüssel, zu einer Zeit, als er nicht einmal die Möglichkeit eines Scheiterns in Betracht gezogen habe, eine Konferenz mit den Briten und Amerikanern über als nächstes zu unternehmende Schritte ins Auge gefaßt. In diesem Zusammenhang erwähnte er das vereinbarte Treffen mit Churchill, und meinte, letzterer würde sich um die Teilnahme des amerikanischen Botschafters in London bemühen[305]. Als der französische Botschafter Massigli am Morgen des 21. August Kirkpatrick bedeutete, daß Mendès-France davon ausgehe, daß die Brüsseler Konferenz am Abend erfolglos zu Ende gehen werde und dieser am darauffolgenden Tag nach London kommen wolle, warnte Kirkpatrick den Botschafter, Mendès-France müsse in Brüssel zu einem Ergebnis kommen, da sonst die Verbündeten Schritte ohne Frankreich unternehmen würden. Den Wunsch von Mendès-France nach einem amerikanischen Teilnehmer an seinem Gespräch mit Churchill hielt Kirkpatrick für eine gute Idee, und schlug vor, US-Botschafter Aldrich einzuladen, falls der Premierminister dem zustimme[306].

Dulles wies jedoch am 21. August seinen Botschafter in London an: „In view uncertainty line Churchill may take with Mendès-France at Chequers [sic!] meeting and importance US avoid appearance immediately entering tripartite conference with France on Brussels results, I feel

[304] Note du Directeur du Cabinet du Ministre. Suggestions en cas d'échec de la conférence de Bruxelles, mit Anlagen: I. Note du Service juridique. Dissociation des conventions de Bonn et du traité de Paris. II. Note de la Direction politique (sous-direction d'Europe centrale). Entretiens anglo-américains de Londres et disjonction des accords de Bonn du traité de Paris. Paris, 19 août 1954. DDF, 1954 (21 juillet–31 décembre), No 81, S. 179ff.

[305] FRUS 1952–1954, V, Teil 1, S. 1056ff.

[306] PRO, PREM 11/618, Kirkpatrick an Prime Minister, PM/IK/54/148, und PM/IK/54/146, 21.8.1954. Noch am Nachmittag des 22.8. wollte Mendès-France, daß seinem Treffen mit Churchill auch ein amerikanischer Vertreter beiwohne; FRUS 1952–1954, V, Teil 1, S. 1066.

strongly that you should use any plausible excuse to avoid presence yourself or any other American official at such meeting if a indicated invitation is offered you[307]." Dulles hatte nämlich andere Absichten. Er ließ Mendès-France durch Bruce warnen, daß man im Falle eines Scheiterns der Brüsseler Konferenz beabsichtige, sich mit der britischen Regierung und den Regierungen der EVG-Länder, die den Vertrag bereits ratifiziert hätten, zu treffen, um unverzüglich zu entscheiden, „what steps should be taken to associate Germany in sovereign equality with the West and bring about German rearmament"[308].

Am gleichen Tag schrieb Dulles an Churchill, falls man nach Alternativen für die deutsche Aufrüstung suchen müsse, käme es zu weiteren Verzögerungen, während denen sich die Situation Adenauers verschlimmern werde. Deshalb müsse man, so lange noch eine Chance für die EVG bestehe, die Augen ausschließlich auf dieses Projekt gerichtet halten. Man dürfe Mendès-France nicht den Eindruck vermitteln, daß man alles, was war, vergessen und man von neuem mit Verhandlungen beginnen würde, die Frankreich am Ende wieder blockieren könne: „We cannot and do not desire to ignore France, but decisions of this importance must be related to a sense of responsibility". Zu diesem Zweck müsse man zusammenstehen[309].

Am 22. August, um 14 Uhr, wurden Churchill die Einwände Edens und Kirkpatricks gegen den Vorschlag von Dulles für eine Konferenz ohne Frankreich telefonisch übermittelt: 1. Es sei gut möglich, daß Mendès-France am 28. August den EVG-Vertrag der Nationalversammlung zur Entscheidung vorlege. In diesem Falle wäre es ein taktischer Fehler, etwas zu unternehmen, was die französischen Gefühle verletze. 2. Die Haltung Italiens müsse bedacht werden. Man habe es zwar als ein Land, das die Verträge noch nicht ratifiziert habe, von einer Teilnahme an dieser Konferenz ausgeschlossen, die italienische Delegation habe jedoch in Brüssel eine nützliche Rolle gespielt. 3. Ohne eine kontinentale Unterstützung, die über die angloamerikanischen Truppen in der Bundesrepublik hinausgehe, würden die Beneluxländer wahrscheinlich keinen Gefallen an der Idee einer Umarmung Westdeutschlands unter Ausschluß Frankreichs finden. Kirkpatrick schloß seinen Kommentar mit der lapidaren Mitteilung: „The Foreign Secretary is against any move now which excludes or isolates France[310]."

Auch unter den Delegationen in Brüssel, mit denen David Bruce den Vorschlag von Dulles erörtert hatte, schien Übereinstimmung zu herrschen, daß keine Schritte in Richtung auf eine solche Konferenz vor einer Abstimmung im französischen Parlament Ende des Monats oder vor einer eindeutigen Verschiebung dieser Entscheidung unternommen werden sollten. Dulles ließ daher den EVG-Ländern, die den Vertrag ratifiziert hatten, durch David Bruce am 22. August folgenden modifizierten Vorschlag unterbreiten: Er teile die Auffassung vollkommen, daß vor einer Entscheidung der französischen Nationalversammlung in der kommenden Woche keine Konferenz der Art, wie er sie vorgeschlagen hatte, stattfinden solle. Es müßten jedoch Maßnahmen getroffen werden, die eine schnelle Einberufung einer solchen Konferenz ermöglichten,

[307] FRUS 1952–1954, V, Teil 1, S. 1051, Anm. 3.

[308] Ebd., S. 1059f. Siehe auch Dulles an Spaak vom 21.8., ebd., S. 1058f. Dulles hatte es David Bruce anheimgestellt, sein Schreiben an Mendès-France zu übermitteln, falls er dies für nützlich hielt. Nur in diesem Fall sollte auch Churchill eine Kopie erhalten. Da dies geschah, ist davon auszugehen, daß Mendès-France das Schreiben von Dulles erhielt. Siehe auch PRO, PREM 11/618, Christopher Steel an Foreign Office, No 155, 22.8.1954, über seine Unterredung mit Bruce am Vormittag des gleichen Tages.

[309] FRUS 1952–1954, V, Teil 1, S. 1060f.

[310] PRO, PREM 11/618, Notiz Kirkpatricks für Churchill, 22.8.1954. Siehe auch den Bericht des US-Geschäftsträgers in London, Penfield, vom 22.8. über seine Unterredung mit Kirkpatrick; FRUS 1952–1954, V, Teil 1, S. 1068f.

falls es klar werde, daß die Franzosen zum geplanten Zeitpunkt keine Abstimmung erreichten oder die EVG ablehnten. Alle Empfehlungen bezüglich eines westdeutschen Verteidigungsbeitrages, die auf einer solchen Konferenz ausgesprochen würden, sollten auf eine außerordentliche NATO-Ratssitzung verweisen. Botschafter Bruce war angewiesen, den Delegationen der Beneluxländer, der Bundesrepublik und Italiens zu versichern, daß die USA strikt gegen jegliche amerikanisch-britisch-französischen Konsultationen seien, bevor diese Schritte zur Vorbereitung einer neuerlichen EVG-Konferenz ohne Frankreich eingeleitet seien[311].

Churchill telegraphierte am 23. August Dulles, er werde Mendès-France in Chartwell drängen, seinen politischen Ruf für einen Erfolg der EVG in die Waagschale zu werfen, und ihm die schlimmen Konsequenzen vor Augen führen, die ein Mißerfolg nach sich ziehen könnte. Gleichzeitig übermittelte der britische Premierminister Dulles den Text des Antwortschreibens des Bundeskanzlers vom 22. August (Antwort auf die Botschaft Churchills an den Bundeskanzler vom 19. August) sowie den Text einer Mitteilung Sir C. Warners aus Brüssel vom gleichen Tage über ein Gespräch mit Dr. Kraps von der deutschen Delegation in Brüssel. Beide Texte bringen die während des Gesprächs mit Mendès-France gewonnene Überzeugung des Bundeskanzlers zum Ausdruck, daß es Mendès-France immer noch möglich sei, die EVG durchzubringen (Churchills Kommentar: „They look good[312].") Churchill wollte mit Dulles engsten Kontakt halten und ging davon aus, daß dieser erforderlichenfalls nach London komme, was ihm Dulles unmittelbar darauf auch zusagte[313]. Im Gegensatz zu Mendès-France waren zu diesem Zeitpunkt offensichtlich weder Churchill noch Dulles und Adenauer vom Scheitern der EVG überzeugt.

Wie versprochen, drängte Churchill am 23. August Mendès-France in Chartwell, sich entschieden für die EVG einzusetzen. Er nannte insgesamt vier Möglichkeiten einer westlichen Europapolitik: 1. Die EVG, als die weitaus beste Lösung. 2. Den Beitritt der Bundesrepublik zur NATO, welches die zweitbeste Lösung sei. 3. Eine Politik des „leeren Stuhls", bei der alle übrigen Länder mit einer vernünftigen Politik gegenüber der Bundesrepublik ohne Frankreich fortfahren würden, und für Frankreich lediglich einen Stuhl freihielten, auf dem es Platz nehmen könne, sobald es dazu bereit sei. Dies wäre zwar bedauerlich, könne aber unvermeidlich werden. Als vierte und letzte Lösung nannte Churchill die periphere Verteidigung, bei der sich die Streitkräfte Großbritanniens und der USA vom europäischen Kontinent zurückziehen würden. Er befürchte sehr, daß sich die USA zu einer solchen Politik mit all ihren schweren Gefahren hinwenden könnten. Churchill erinnerte Mendès-France an seine Rede auf dem Parteitag der Conservative Party in Margate vom 10. Oktober 1953, in der er sich trotz seiner Vorliebe für eine „European Grand Alliance" hinter den Aufbau einer europäischen Armee gestellt habe, daß man aber für den Fall, daß die europäische Armee nicht zustande kommen sollte, keine andere

[311] FRUS 1952–1954, V, Teil 1, S. 1069f. Siehe auch den Bericht Sir Christopher Steels über seine Unterredung mit Bruce. PRO, PREM 11/618, Steel an FO, Nr. 155, 23.8.1954 und Bericht von Bonnet an Mendès-France vom 27.8.1954 über seine Unterhaltung mit Bedell Smith, DDF, 1954 (21 juillet–31 décembre), No 107, S. 227f.

[312] Siehe auch den Bericht Bérards an Mendès-France über die optimistischen Äußerungen des Bundeskanzlers im Kabinett, im Ausschuß für Auswärtige Angelegenheiten und vor den Fraktionschefs der Koalition. Für den Fall, daß die französische Nationalversammlung für die EVG stimmte, versprach der Bundeskanzler, sich bis zur Abstimmung im Rat der Republik mit Mendès-France um eine Regelung der Saarfrage zu bemühen. DDF, 1954 (21 juillet–31 décembre), No 87, S. 194.

[313] FRUS 1952–1954, V, Teil 1, S. 1070f. PRO, PREM 11/618. Prime Minister's personal telegram No. T 290/54 (No. 4229), 23.8.1954 (abgesandt um 2.50 morgens) mit Anlagen.

Wahl habe, als „to fall in with some new arrangement which will join the strength of Germany to the Western Allies through some rearrangements of what is called N.A.T.O.".

Mendès-France erwiderte, daß, wenn damals die französische Kammer mit der Wahl zwischen EVG und dem deutschen NATO-Beitritt konfrontiert worden wäre, sie sich für die eine oder andere Lösung entschieden hätte, und kritisierte in diesem Zusammenhang die Bermuda-Konferenz, die Frankreich nur noch die eine Möglichkeit der EVG gelassen habe. Er sei überzeugt, daß er mit den in Brüssel vorgelegten französischen Änderungsvorschlägen eine Mehrheit für die EVG in der Nationalversammlung bekommen hätte. Da man ihm in Brüssel aber nicht geholfen habe, komme er nun mit leeren Händen nach Paris zurück, so daß er zweifle, ob es überhaupt klug sei, die EVG zur Abstimmung zu bringen, da sie in diesem Fall mit Sicherheit abgelehnt würde und keine Übereinstimmung über eine Alternative bestehe[314]. Doch sowohl Gegner wie Anhänger der EVG innerhalb und außerhalb Frankreichs wünschten eine Entscheidung. Er könne mit dieser Entscheidung jedoch nicht die Vertrauensfrage seines Kabinetts verbinden, ohne dieses zu zerstören. Eden räumte ein, daß sich das Foreign Office in den vergangenen Monaten viele Gedanken über Alternativen gemacht, jedoch keine gefunden habe, die frei von sehr ernsten Schwierigkeiten sei. Weder könne man erwarten, daß die Deutschen 1954 ihr Einverständnis zu Sicherheitsbeschränkungen gäben, wie man sie in den Verträgen von Bonn und Paris erhalten habe, noch könne der Bundeskanzler auf eine weitere Verhandlungsrunde warten. Mendès-France entgegnete darauf, was man brauche, sei eine sehr einfache Lösung („under ten main heads"), die innerhalb zweier Monate realisiert werden könne. Er teilte die kritische Beurteilung seiner britischen Gesprächspartner zur Situation in Deutschland und versicherte, auch er sei gegen eine Neutralisierung Deutschlands und für die Bewaffnung der Bundesrepublik. Mendès-France war auch bereit, der Bundesrepublik sofort die politische Souveränität einzuräumen und diese Absicht vor der Nationalversammlung anzukündigen. In diesem Zusammenhang zeigte er starkes Interesse („keen interest") an Methoden, wie der Generalvertrag in Kraft gesetzt werden könnte, und wünschte hierzu Einsicht in die Empfehlungen der britisch-amerikanischen Arbeitsgruppe, über die er, wie oben gezeigt, ja nur unvollständig unterrichtet worden war. Dem britischen Bericht zufolge gab man Mendès-France in Chartwell jedoch lediglich „a general idea of the recommendations of the Anglo-American Study Group". Als seine britischen Gesprächspartner die Möglichkeit einer einfachen „Zehn-Punkte-Lösung" und deren Realisierung innerhalb zweier Monate als Alternative zu den Verträgen von Bonn und Paris in Zweifel zogen und den Beitritt der Bundesrepublik in die NATO als beste alternative Lösung nannten, machte Mendès-France sehr allgemeine Ausführungen über eine Assoziierung Großbritanniens mit den sechs EVG-Ländern „in some modified structure within N.A.T.O., which would control something equivalent to the armaments pool restricted to the Six Powers". Ob dabei Westdeutschland Mitglied der NATO werden würde oder nicht gab Mendès-France nicht deutlich zu erkennen. Entscheidend war für ihn die Assoziierung Großbritanniens. Er brachte jedoch sehr entschieden seine Überzeugung zum Ausdruck („was very definite"), daß Frankreich es im Falle einer Ablehnung der EVG niemals wagen würde, eine Alternative abzulehnen, nicht einmal einen westdeutschen Beitritt zur NATO, und schien sich über das Problem der Sicherheitsbeschränkungen nicht viel Sorgen zu machen. Mendès-France jedoch widersetzte sich

[314] Mendès-France hatte am 22.8. in Brüssel gegenüber Tomlinson von der US-Botschaft in Paris angedeutet, er denke ernstlich daran, die EVG aus seiner Kompetenz als Regierungschef heraus abzulehnen, um so ein negatives Votum im Parlament zu vermeiden, von dem er nachteilige Auswirkungen auf die Solidarität innerhalb des nordatlantischen Bündnisses befürchtete; FRUS 1952–1954, V, Teil 1, 1066.

nachdrücklich dem amerikanischen Plan eines Treffens jener vier EVG-Länder, die den Vertrag ratifiziert hatten, unter Einschluß Großbritanniens und der USA.

Zusammenfassend werden die Ergebnisse des Gespräches in Chartwell im britischen Bericht wie folgt gewürdigt: „The impression given by M. Mendès-France was that whilst being very firm and definite in explaining that E.D.C. would not pass and in proclaiming his belief in Western unity, the necessity for German rearmament, his opposition to German neutralism, & c., he had not faced up to the very real difficulties about producing an acceptable solution within the very short time limit he mentioned. The United Kingdom Ministers, like the five E.D.C. Ministers at Brussels, were thus left in some uncertainty about M. Mendès-France's real position and intentions[315]." Churchill telegraphierte jedoch am 24. August 1954 an Dulles, er sei überrascht gewesen, „to find that Mendès-France was himself much keener about N.A.T.O.", und vermutete als Grund hierfür das deutliche französische Empfinden, innerhalb der EVG mit einem viel aktiveren und mächtigeren Westdeutschland verbunden zu sein, während dessen Übermacht im Rahmen der NATO erträglicher erschien, in der Großbritannien und die USA „counter balance Germany to her proper proportions"[316].

Ebenso wie in den Mitteilungen Edens und Churchills an Dulles hob auch das Foreign Office in seiner Sprachregelung für die britischen Auslandsvertretungen das starke Bemühen Edens und Churchills hervor, Mendès-France in Chartwell dazu zu bewegen, sich energisch für die Ratifizierung des EVG-Vertrages einzusetzen, der zusammen mit den von Spaak in Brüssel offerierten Interpretationen die weitaus beste Lösung für Frankreich darstelle. Besonders habe man Mendès-France bedeutet, daß die britische Regierung in enger Übereinstimmung mit der amerikanischen Regierung handeln würde und daß man eine Ehrenschuld gegenüber Adenauer und jenen europäischen Ländern habe, deren Parlamente den EVG-Vertrag verabschiedet hätten. Die britischen Botschafter sollten in diesem Sinne die EVG-Außenminister informieren, ohne jedoch irgend etwas Schriftliches zu hinterlassen. Die britischen Vertreter wurden angewiesen, besonders auf den letzten Satz des Brüsseler Kommuniqués hinzuweisen, der von der Bedeutung der Erhaltung der westlichen Einheit und von der Notwendigkeit der hierzu erforderlichen schnellen praktischen Schritte handelte, und in diesem Zusammenhang nachdrücklich zu betonen, „that we have in mind a favourable vote on the E.D.C. in the French Assembly next week or, failing this, rapid alternative action"[317].

Am 26. August informierte Mendès-France US-Botschafter Dillon in einem mehr als einstündigen Gespräch über die Brüsseler Konferenz und seine anschließenden Pläne. Von seinem Gespräch in Chartwell erwähnte Mendès-France nahezu nichts, was den üblichen diplomatischen Gepflogenheiten entsprochen haben mag. Dillon hatte jedoch den zutreffenden Eindruck, daß Churchill und Eden ganz sicher hinter der EVG gestanden haben müssen. Mendès-France nannte gegenüber Dillon drei Gründe, die er für das Scheitern der Brüsseler Konferenz verantwortlich machte: 1. Wegen ihrer schlechten Erfahrungen mit den französischen Vorgängerregierungen seien seine fünf EVG-Partner von einem Gefühl des Mißtrauens befallen, das sie nicht

[315] PRO, PREM 11/618, Conversations at Chartwell with M. Mendès-France on 23rd August, 1954, WU 1197/783 G., mit anliegendem Foreign Office Telegram to Washington No 4241 of August 23, 1954 (persönliche Botschaft Edens an Dulles). Letzteres abgedruckt in FRUS 1952–1954, V, Teil 1, S. 1978f. Die französische Niederschrift des Gesprächs in Chartwell ist abgedruckt in DDF, 1954, Annexes (21 juillet–31 décembre).

[316] FRUS 1952–1954, V, Teil 1, S. 1077.

[317] PRO, PREM 11/618, FO an britische Auslandsvertretungen, No. 1031, 23.8.1954.

habe erkennen lassen, daß seine Regierung im Gegensatz zu den vorhergehenden zum Handeln entschlossen sei. 2. Seine Partner hätten irrtümlicherweise angenommen, daß er mit seinen Vorschlägen nur feilschen, am Ende ihre Bedingungen jedoch annehmen werde. 3. Das Verhalten Adenauers, der sich vier Tage lang geweigert habe, ihn zu sehen, und erst am Ende der Konferenz auf Betreiben von David Bruce mit ihm gesprochen habe. Dieses Gespräch habe zwar den Schaden, den Adenauers Verhalten in der Öffentlichkeit verursacht habe, wiedergutgemacht. Die anfängliche Weigerung Adenauers, mit ihm offen zu reden, sei aber ein Beweis für das tiefe deutsche Mißverständnis über die Politik seiner Regierung. Alles, was ihm in Brüssel an Konzessionen offeriert worden sei, habe keine ausreichende politische Substanz gehabt, um eine wesentliche Zahl jener ungefähr 80 Abgeordneten auf die Seite der EVG zu ziehen, die zwar die westdeutsche Wiederbewaffnung in irgendeiner Form akzeptierten, sich aber öffentlich gegen die EVG, so wie sie sei, ausgesprochen hätten.

Im Anschluß daran eröffnete Mendès-France Dillon sein Programm: 1. In der für eine Dauer von drei Tagen veranschlagten EVG-Debatte, die vermutlich am 30. August zu Ende sein werde, wolle er den Abgeordneten erzählen, was sich in Brüssel ereignet habe. 2. Er werde ankündigen, daß Frankreich beabsichtige, der Bundesrepublik die Souveränität zu gewähren. 3. Ebenso werde er ankündigen, daß Frankreich engen Kontakt mit den fünf EVG-Partnern und den Vereinigten Staaten und Großbritannien halten wolle, um Mittel und Wege für einen westdeutschen Verteidigungsbeitrag zu finden. 4. Er werde dafür sorgen, daß die Abgeordneten sich vergegenwärtigten, daß die Ablehnung der EVG der französischen Regierung das Recht gebe, die Maßnahmen unter 2. und 3. in Angriff zu nehmen.

Bezüglich seiner Vorstellungen über die Realisierung eines deutschen Verteidigungsbeitrages war Mendès-France gegenüber Dillon nicht viel ausführlicher als in Chartwell: Er hielt es für unwahrscheinlich, daß ein direkter Beitritt der Bundesrepublik zur NATO in Frankreich akzeptiert würde. Am aussichtsreichsten war nach Mendès-France „the creation of a loose 7-power military agreement" unter den sechs EVG-Ländern und Großbritannien. Diese Übereinkunft würde keine Diskriminierungen gegenüber der Bundesrepublik enthalten und wegen des Fehlens supranationaler Merkmale die Beteiligung Großbritanniens ermöglichen. Diese Siebenergruppe stellte nach Mendès-France „a little box in the big NATO frame" dar, und sollte durch die Teilnahme Großbritanniens den Eintritt der Bundesrepublik in die NATO für Parlament und Öffentlichkeit in Frankreich akzeptabel machen[318].

Am Tag darauf berichtete Dillon nach Washington, Mendès-France habe bei einem gemeinsamen Briefing den klaren Eindruck erweckt, daß sein Gespräch mit Churchill den Weg für eine alternative Lösung im Falle des Scheiterns der EVG bereitet habe. Dillon hielt deshalb eine Klarstellung für erforderlich, daß im Falle eines Scheitern der EVG Großbritannien zusammen mit den USA eine westdeutsche Nationalarmee aufstellen würde, andernfalls werde der irrige Eindruck weiter bestehen, als gäbe es einen einfachen Ausweg aus der EVG-Krise[319].

So irrig war der Eindruck zu diesem Zeitpunkt freilich nicht mehr, hatte Mendès-France in Chartwell doch erfahren, daß bei einer Ablehnung der EVG durch die französische Nationalversammlung Frankreich trotz der dadurch verursachten Frustration nicht ins Leere fallen würde. Spätestens seit dem 24. August 1954 war man auf französischer Seite durch die Kontakte des französischen Geschäftsträgers in London, de Crouy-Chanel, mit Sir Frank Roberts über die

[318] FRUS 1952–1954, V, Teil 1, S. 1071 ff.
[319] Ebd., S. 1079, Anm. 2.

Grundzüge des britischen Alternativplans für die Aufrüstung der Bundesrepublik informiert[320]. Andererseits konnte es sich die britische Regierung nach der Prognose des Scheiterns der EVG durch Mendès-France leisten, dieses Schicksal der EVG abzuwarten, mit dem allein offenbar die Blockade in Washington gegen alternative Lösungen aufzubrechen war. In der Zwischenzeit mußte dafür Sorge getragen werden, daß der durch das Scheitern der EVG ausgelöste Schock in Westdeutschland durch eine rasche Realisierung des britisch-amerikanischen Programms der Wiederherstellung der Souveränität jene politischen Kräfte an der Regierung hielt, mit denen allein eine Bewaffnung der Bundesrepublik durchsetzbar erschien. Mendès-France hatte, obwohl er die Gefahren für die politische Stellung des Bundeskanzlers nuancierter beurteilte[321], in Chartwell daran das gleiche Interesse bekundet und am 24. August über die Französische Botschaft in London noch einmal um die vertrauliche Einsichtnahme in das Dokument der britisch-amerikanischen Arbeitsgruppe nachgesucht, um sich Klarheit darüber zu verschaffen, ob er für die Gewährung der Souveränität an die Bundesrepublik eventuell die Hilfe des französischen Parlaments noch vor der Sommerpause in Anspruch nehmen mußte[322]. Das Foreign Office versuchte am 25. August, nachdem es tags zuvor Massigli insgeheim über den Inhalt informiert hatte[323], Washington dazu zu bewegen, daß der US-Botschafter in Paris autorisiert wurde, sich seinem britischen Kollegen anzuschließen, „in giving M. Mendès-France before the debate, but in the strictest confidence and on his personal assurance that their existence will not be revealed publicly, copies of the two protocols and draft notes forming Document 3 in the Study Group's Report of July 12[324]." Dieses Dokument vor der Abstimmung in der französischen Nationalversammlung auch dem Bundeskanzler vorzulegen hielt das State Department weder für notwendig noch für ratsam[325].

Im Anschluß an die Unterrichtung Hallsteins durch Allen über das Gespräch in Chartwell nannte es Hallstein einen großen Fehler, die Möglichkeit irgendeiner Alternative konkret zu diskutieren[326]. Am 26. August erhielt das Foreign Office Kenntnis von einem Schreiben, das der Bundeskanzler am Vortage dem amerikanischen Hochkommissar, Conant, durch Hallstein hatte übergeben lassen. Aufgeschreckt durch Informationen aus der Umgebung von Mendès-France, glaubte der Bundeskanzler, Vorkehrungen gegen eventuelle diskriminierende Alternativen für die Bewaffnung der Bundesrepublik treffen zu müssen. Er stellte klar, daß eine diskriminierende Lösung wie die Mitgliedschaft der Bundesrepublik in einer kleinen Koalition innerhalb der NATO ohne Gleichberechtigung für die Bundesregierung und alle Parteien im Bundestag unannehmbar sein würde. Trotz dieser Warnung vor Diskriminierungen teilten die Briten die Auffas-

[320] De Crouy-Chanel an de Margerie, Directeur adjoint des affaires politiques, 24.8.1954, DDF, 1954 (21 juillet–31 décembre), No 96, S. 206f und an Parodi, 26.8.1954, ebd., No 102, S. 217. Siehe auch das Telegramm Massiglis an Mendès-France vom 25.8. über eine Unterredung mit Eden, ebd., No 98, S. 209f.

[321] Mendès-France an Bonnet, 24.8.1954, ebd., No 90, S. 199.

[322] Mendès-France an Massigli, 24.8.1954, ebd., No 91, S. 200f.

[323] Siehe das Telegramm Massiglis an Mendès-France vom 24.8.1954, ebd., No 93, S. 202f.

[324] Es handelte sich um das dritte Teildokument mit dem Protocol to the Convention on Relations between the Three Powers and the Federal Republic of Germany und mit Entwürfen für einen Notenaustausch zwischen dem deutschen Bundeskanzler und der Alliierten Hochkommission. FRUS 1952–1954, V, Teil 1, S. 1003ff.

[325] PRO, PREM 11/618, Foreign Office an Britische Botschaft Washington, No 4279, 25.8.1954.

[326] PRO, PREM 11/618, Allen an FO, No 652, 24.8.1954.

sung der amerikanischen Hochkommission, daß die Bundesregierung über die Protokolle der amerikanisch-britischen Arbeitsgruppe verhandeln und sie nicht einfach zurückweisen werde[327].

Als am 26. August David Bruce, unterstützt von US-Botschafter Dillon, eine Verschiebung der Debatte in der französischen Nationalversammlung und eine neuerliche EVG-Konferenz für den 30. August unter britischer und amerikanischer Beteiligung vorschlug – ein Vorschlag, der von Eisenhower und Churchill gemeinsam angekündigt werden sollte –, lehnten Eden und Churchill dieses Ansinnen strikt ab[328]. Die Amerikaner ihrerseits wiesen den britischen Vorschlag zurück, Mendès-France vertrauliche Einsicht in das Arbeitsgruppenpapier zu gewähren. Bedell Smith erklärte, Mendès-France sei eindeutig auf das Scheitern der EVG aus und man könne ihm nicht trauen, daß er vom Inhalt der Protokolle nicht Gebrauch mache, um zu zeigen, daß er mit Briten und Amerikanern in aktiven Verhandlungen über Alternativen stehe. Seinen Besuch in Chartwell würde Mendès-France ohnehin für diesen Zweck mißbrauchen, und es sei wichtig, daß die Debatte in der französischen Nationalversammlung nicht in eine Diskussion über EVG-Alternativen ausarte. Murphy und Merchant stimmten dieser Auffassung zu[329].

15. Der britische Alternativplan für die Aufnahme der Bundesrepublik in die NATO im Falle des Scheiterns der EVG

Nicht nur bezüglich der Gewährung der Souveränität für die Bundesrepublik, bei einstweiliger Suspendierung ihrer Wehrhoheit, wurde London aktiv, auch bezüglich möglicher Alternativen für den westdeutschen Verteidigungsbeitrag nahm das Ergebnis monatelanger Beratungen zwischen dem britischen Außen-, Verteidigungs- und Finanzministerium nunmehr konkrete Formen an. Außenminister Eden stellte am 27. August 1954 den Stand der britischen Überlegungen in einer Kabinettsvorlage vor. Nach seiner Auffassung war die wahrscheinlich beste Alternative für Großbritannien der Beitritt der Bundesrepublik zur NATO unter Beibehaltung möglichst vieler Sicherheitsvorkehrungen aus dem EVG-Vertrag. Hierzu legte Eden dem Kabinett jenes Arbeitspapier über Sicherheitsbeschränkungen vor, welches am 7. Juli von Sir Frank Roberts der amerikanischen Delegation bei der britisch-amerikanischen Arbeitsgruppe in London unterbreitet worden war, zu dem von amerikanischer Seite aber bis dato noch keine Stellungnahme vorlag[330]. Eden hoffte zwar, einige oder alle dieser Sicherheitsbeschränkungen durchsetzen zu können als Gegenleistung für die Aufnahme der Bundesrepublik in die NATO, „what is the best Western club". Er war aber keinesfalls sicher, daß der Bundeskanzler 1954 so

[327] PRO, PREM 11/618, Johnstone an FO, No 659, 26.8.1954. Blankenhorn, Verständnis und Verständigung. S. 193. Siehe auch das Telegramm François-Poncets an Mendès-France vom 28.8.1954, DDF, 1954 (21 juillet–31 décembre), No 108, S. 228f.

[328] FRUS 1952–1954, V, Teil 1, S. 1079ff. Steininger, Scheitern der EVG, S. 15.

[329] PRO, PREM 11/618 an FO, No 1870, 26.8.1954.

[330] Am 20.8.1954 hatte Kirkpatrick dieses Arbeitspapier über Sicherheitsbeschränkungen Churchill vorgelegt, der den Vorschlag am 22.8. wie folgt kommentierte: „Before we consult Dr. Adenauer or begin to argue in detail with the Americans we must be master of the subject ourselves. It was for this reason that I sent you my note". (Gemeint war Churchills Vorschlag einer „neuen NATO" notfalls ohne Frankreich vom 20.8.). PRO, PREM 11/618, Prime Minister an Kirkpatrick, M. 143/54, 22.8.1954.

viele Diskriminierungen akzeptieren konnte. Auch war ihm bedeutet worden, daß sich trotz der mutigen Ausführungen von Mendès-France in Chartwell das französische Parlament einem deutschen NATO-Beitritt widersetzen würde. Man werde auch auf Schwierigkeiten in England stoßen, wo die deutsche Bewaffnung bislang nur im Rahmen der EVG akzeptiert worden sei. Auch die Amerikaner würden zögern, und zwar nach Auffassung Edens aus drei Gründen: 1. Sie hätten gewollt, daß die EVG alleine die Stellung hält („to hold the field alone"). 2. Sie fürchteten ein französisches Veto nach weiteren Verzögerungen. 3. Sie fänden es schwierig, jene Modifizierungen in der Struktur der NATO für sich selbst zu akzeptieren, mit denen die Sicherheitsbeschränkungen unter Vermeidung einer Diskriminierung der Bundesrepublik realisiert werden sollten. Der erste Einwand, so Eden, würde mit dem Zusammenbruch der EVG verschwinden. Das zweite Problem stelle bestenfalls eine offene Frage dar. Es bleibe dann nur noch das dritte Problem. Bevor man jedoch mit dieser von Eden favorisierten NATO-Lösung für die Bewaffnung der Bundesrepublik zu weit fortschreite und sich innerhalb einer entsprechenden gemeinsamen britisch-amerikanisch-französischen Politik festlege, müsse man sich vergewissern, daß diese Politik für Adenauer annehmbar sei. Daher sollte der Bundeskanzler unmittelbar nach einer negativen Abstimmung über die EVG in Frankreich konsultiert werden.

Neben dieser bevorzugten NATO-Lösung zog Eden noch andere Möglichkeiten in Betracht:

1. Die sogenannte europäische Lösung, bei der die Briten einer modifizierten EVG innerhalb der NATO beitreten würden. Dies sei vermutlich der für Frankreich akzeptabelste Weg, obwohl bisher noch niemand das Problem gelöst habe, „of tying down the Germans while leaving the other parties relatively free". Im übrigen sei es zweifelhaft, ob die außerfranzösischen EVG-Mitglieder, die sich in Brüssel den Vorschlägen von Mendès-France widersetzt hätten und von denen einige die NATO-Lösung bevorzugten, dem Beitritt Großbritanniens unter Bedingungen zustimmten, die weit über das hinausgingen, was Mendès-France in Brüssel gefordert habe. Britischerseits befürchtete man auch, daß sie wie in der Vergangenheit mit immer weitergehenden Wünschen konfrontiert sein würden, darunter: „to share with our European partners atomic and thermo-nuclear secrets, with obviously prejudical results upon our present special relationship with the U.S.A. and Canada in this field". Überhaupt könnte die europäische Lösung die Beziehungen Großbritanniens zu den USA beeinträchtigen und den Trend der Amerikaner hin zu einer peripheren Verteidigung verstärken. Schließlich sei die europäische Lösung zur Kontrolle der Bundesrepublik viel weniger geeignet als die NATO.
2. Die von Mendès-France in Chartwell kurz angesprochene andere europäische Lösung sehe, falls die Informationen aus französischen Quellen zuträfen, vor, daß die sechs EVG-Länder den im EVG-Vertrag vorgesehenen Rüstungspool bildeten, der unter der allgemeinen politischen Kontrolle des EVG-Ministerrats stünde, dem ein britischer Minister mit gleichen Rechten zugesellt werden sollte. Diesem System, das sich in den Rahmen der NATO fügen solle, wobei allerdings unklar geblieben sei, ob Mendès-France die volle Mitgliedschaft der Bundesrepublik wünsche, könne Großbritannien beitreten. Es schütze aber ebenfalls nicht vor weitergehenderen Forderungen an die britische Adresse und erlaube eine westdeutsche Nationalarmee mit einem deutschen Generalstab und beschränke die in der britischen Liste aufgeführten Sicherheitsbeschränkungen auf den Rüstungspool, alles Kriterien, die für weite Teile der öffentlichen Meinung in Großbritannien unannehmbar seien. Außerdem zweifelte Eden daran, daß die Deutschen die zumindest faktisch bestehenden Diskriminierungen hinnehmen würden, so lange ihnen die volle Mitgliedschaft in der NATO verwehrt bliebe.
3. Gegen ein der NATO aufgesetztes britisch-amerikanisch-deutsches Sonderbündnis, das zwar besser sei als ein bloßes amerikanisch-deutsches Bündnis, erhob Eden schwerste politische

Bedenken. Ganz abgesehen von dem Widerstand der Franzosen, der zu deren Austritt aus der NATO mit all den verheerenden Konsequenzen führen könnte, würde die britische Öffentlichkeit ein solches Vorhaben ablehnen.

4. In einer möglichen amerikanischen Alternative würden die Sicherheitsbeschränkungen für die Bundesrepublik nicht über eine revidierte NATO-Struktur, die alle NATO-Mitglieder gleichermaßen betraf, realisiert, sondern durch ein außerhalb der NATO zu treffendes Abkommen zwischen der Bundesrepublik und den Besatzungsmächten. Diese Lösung würde wahrscheinlich die Notwendigkeit spezieller Sicherheitsgarantien als Gegenleistung für die deutschen Sicherheitsbeschränkungen mit sich bringen, die freilich lediglich in einer einfachen Wiederholung der bereits gegebenen Sicherheitserklärungen der Westmächte für die Bundesrepublik und Berlin bestehen könnten.

Eden gab sich keinen Illusionen darüber hin, daß die von ihm gewünschte NATO-Lösung nicht leicht zu realisieren war, zumal man rasch handeln mußte, wenn man Deutschland nicht verlieren wollte. Folgende Maßnahmen sollten aus seiner Sicht für die Realisierung dieses Plans getroffen werden: 1. Unverzügliche Gespräche mit den Amerikanern, 2. separate und frühe Gespräche mit Adenauer und den Franzosen, 3. zum gegebenen Zeitpunkt ein Treffen der USA und Großbritanniens mit den EVG-Ländern, 4. eine Sondersitzung des Nordatlantikrats, sobald ein Plan vorbereitet sei[331].

Aus dem Ressort des Schatzkanzlers wurde der Vorschlag Edens für eine NATO-Lösung positiv kommentiert. Einer modifizierten EVG, einschließlich der Version von Mendès-France, hielt man dort entgegen, daß man, falls diese Alternativen gewählt würden, britischerseits noch mehr Handlungsfreiheit als bisher hinsichtlich der Disposition über die britischen Streitkräfte und ihres Umfangs aufgäbe, und zwar ausgerechnet zu einer Zeit „when there is a new strategic concept of the sort of warfare in which we may be engaged"[332].

In seiner Sitzung am 27. August stimmte das Kabinett prinzipiell der Auffassung zu, daß es im Fall einer Ablehnung der EVG durch die französische Nationalversammlung notwendig sei, unter Einbringung möglichst vieler Sicherheitsbeschränkungen aus dem britischen Arbeitspapier auf einen Beitritt der Bundesrepublik zur NATO hinzuarbeiten. Es autorisierte Eden, nach den in seinem Memorandum aufgezeigten allgemeinen Linien und den in der Kabinettsdiskussion vorgetragenen Gesichtspunkten zu verfahren. In dieser Kabinettsdiskussion hatte der Commonwealth Secretary erklärt, er sei gegen jede engere Assoziierung Großbritanniens mit den kontinentaleuropäischen Ländern, die über das im Zusammenhang mit der EVG vorgesehene Maß hinausgehe, da dies wahrscheinlich in gewissen Commonwealth-Ländern Tendenzen fördere, sich den USA zuzuwenden. Dagegen kündigte Harold Macmillan, damals Minister of Housing, Vorschläge an, wie man die NATO-Lösung sowohl der französischen öffentlichen Meinung als auch der britischen Labour Party annehmbar machen könne, und deutete dabei im Kern jene Lösung an, die in den Pariser Verträgen vom Oktober 1954 schließlich verwirklicht werden sollte. Er stellte die Überlegung an, „if, for this purpose, N.A.T.O. could be made at least to appear to have been modified in the direction of the European idea. Was it possible, for example, for Germany formally to adhere to the Brussels Treaty which continued to subsist within the North Atlantic Treaty[333]?"

[331] PRO, CAB 129/70 C. (54) 276, 27th August, 1954, Alternatives to the European Defence Community. Memorandum by the Secretary of State for Foreign Affairs.

[332] PRO, T 225/413, E. R. an W. Strath 27.8.54, betr: C. (54) 276, Alternatives to E.D.C.

[333] PRO, CAB 128/27, C. C. (54) 57th Conclusions, 27th August, 1954, Minute 3.

Nach dem Scheitern der EVG in der französischen Nationalversammlung kam bei der Suche nach den Gründen, insbesondere für die Haltung von Mendès-France, in Washington die Frage auf, inwieweit der französische Ministerpräsident Kenntnis vom Stand der alternativen Überlegungen der britischen Regierung hatte. US-Botschafter Dillon berichtete am 31. August, daß die amerikanische Vertretung in Paris stärker als zuvor unter dem Eindruck stehe, daß Mendès-France von britischer Seite die Versicherung erhalten habe, daß auch im Falle eines Scheiterns der EVG eine uneingeschränkte deutsche Aufrüstung vermieden werden könne[334]. David Bruce war am 1. September überzeugt, daß Mendès-France Einblick in das Protokoll der anglo-amerikanischen Arbeitsgruppe gewährt worden war[335]. Auch Bedell Smith äußerte sich am gleichen Tage über den Verdacht des State Department, daß es entweder in Chartwell oder über diplomatische Kanäle danach zu einem britisch-französischen Abkommen oder einer Verständigung bezüglich der deutschen Aufrüstung gekommen sei. W. Walton Butterworth, Deputy Chief of Mission an der US-Botschaft in London, berichtete am 2. September auf Anfrage dazu: „With reference to possibility of understanding between British and French on German rearmament, direct evidence that something does not exist is hard to come by. On basis of my contacts here – borne out at all levels by other members of Embassy staff – I do not believe, however, that any bilateral understanding does exist. All our indirect evidence is to the contrary. UK officials distrust Mendès-France far too deeply to put HMG at his disposal[336]."

Nach der britischen Aufzeichnung des Gesprächs in Chartwell kann man davon ausgehen, daß Mendès-France auch ohne die zusätzlichen Informationen über Sir Frank Roberts (siehe oben, S. 221 f.) ausreichende Gewähr dafür geboten worden war, daß eine Aufrüstung der Bundesrepublik gegen den Willen Frankreichs nicht die britische Zustimmung finden würde.

16. Letzte Rettungsversuche und die Ablehnung der EVG durch das französische Parlament

Am 24. August berichtete Sir C. Warner dem Foreign Office über einen Kompromißvorschlag Paul-Henri Spaaks, den dieser ihm unterbreitet hatte, nachdem er von ihm über das Ergebnis des Chartwell-Treffens informiert worden war. Bei seinen Überlegungen, ob zu irgendeinem Zeitpunkt der Brüsseler Konferenz er eine Gelegenheit für einen erfolgreichen Abschluß verpaßt habe, erinnerte sich Spaak an das Gespräch zwischen Mendès-France und dem Bundeskanzler, während dem letzterer Mendès-France angeboten habe, in einem Brief zu versprechen, wann immer im Zusammenhang mit der EVG vitale französische Interessen berührt würden, würde die Bundesregierung Frankreich unterstützen. Mendès-France habe damals diesen Vorschlag nicht aufgenommen[337]. Obwohl der Vorschlag Adenauers angreifbar sei, indem er zu einer „Franco German Gang up" geführt hätte, erkannte Spaak in dieser Formel eine Möglichkeit

[334] FRUS 1952–1954, V, Teil 1. S. 1094.

[335] NA, RG 59, 762 A. 5/9 – 154, Telegramm Bruces an Secretary of State, 1.9.1954.

[336] NA, RG 59, 762 A. 5/9–154, Bedell Smith an US-Botschaft London, 1.9.1954 und 762 A. 5/9–254, US-Botschaft London an Department of State, No. 1129, 2.9.1954. Siehe auch Noack, Scheitern der EVG, S. 97, Anm. 17.

[337] In den Aufzeichnungen des Bundeskanzlers, Anm. 300, findet sich darauf kein Hinweis.

des Kompromisses, falls sie auf alle EVG-Staaten ausgedehnt würde. Er sei mit seinen Rechtsberatern darin einig, daß eine solche Formel als Interpretation innerhalb der Bestimmungen des Artikel 124 des EVG-Vertrages gelten könne, und daß eine neuerliche Befassung der Parlamente nicht erforderlich sei. Diese Formel beinhalte kein Vetorecht und stelle keine temporäre Maßnahme oder Zwischenlösung dar, sondern sei als permanente Vertragsinterpretation abgefaßt. Die Einräumung eines Berufungsrechts beim Europäischen Gerichtshof diene als Vorkehrung gegen einen Mißbrauch dieser Bestimmung aus trivialen Gründen. Der Schwierigkeit, daß die Gerichtsentscheidungen zu lange dauern würden, glaubte Spaak Herr werden zu können. Er habe den belgischen Vertreter bei der NATO instruiert, zum frühestmöglichen Zeitpunkt Mendès-France aufzusuchen und ihm seinen Vorschlag zu unterbreiten. Im Hinblick auf die seines Erachtens übertriebene Intervention der Amerikaner in Brüssel wollte Spaak die US-Regierung nicht um eine aktive Unterstützung seines Vorschlags bitten[338].

Am 27. August 1954 bereitete die Pro-EVG-Fraktion in Paris auf der Basis von Spaaks Kompromißvorschlag eine Verschiebung der EVG-Debatte in der französischen Nationalversammlung bis zum 15. September vor[339]. Am gleichen Tage wurde David Bruce und Botschafter Dillon vom State Department mitgeteilt, daß sie die Sympathie und Bereitschaft zur Teilnahme der amerikanischen Regierung an einer für diesen Fall von der französischen Regierung einzuberufenden Konferenz erklären könnten, auch wenn dadurch ein neuerlicher Zeitverzug in Kauf genommen werden müsse. Die US-Botschaft in London sei instruiert, eine konforme Haltung der britischen Regierung zu erwirken[340]. Am Morgen des 28. August sprach in dieser Sache der US-Geschäftsträger in London bei Sir Frank Roberts vor, der über die Lage in Paris bereits durch ein Telefonat des britischen Botschafters Sir Gladwyn Jebb informiert war. Roberts berichtete Churchill, obwohl die Lage konfus und veränderlich bleibe, stimmten die britischen und amerikanischen Vertreter in Paris in ihrem Urteil überein, daß sich die Aussichten der EVG beträchtlich gebessert hätten und man gemeinsam dem Plan einer Verschiebung der Debatte Rückenwind geben solle. Nach Auskunft des stellvertretenden britischen Hochkommissars in Bonn sei dies auch nahezu sicher ein Anliegen des Bundeskanzlers, der nicht wünsche, daß Briten und Amerikaner in der Zwischenzeit mit Alternativen vorpreschten. Eden ließ durch Roberts dem Premierminister mitteilen, daß er dafür sei, dieselbe Linie wie die Amerikaner zu verfolgen und an einer Achtmächtekonferenz teilzunehmen, falls die Ereignisse im Verlaufe des Wochenendes dies zuließen[341].

In einem Briefentwurf an Eden vom 29. August 1954 schimpfte Churchill: „I suppose there has never been a more magnificent example of the power of impotence than what the French Chamber is providing us with.“ Er erinnerte nochmal an seine Margate-Formel über die Europaarmee und die NATO-Alternative und meinte: „I don't see why ‚the empty chair‘ phase

[338] PRO, PREM 11/618, Sir C. Warner an FO, No. 228, 24.8.1954. Spaak, The Continuing Battle, S. 173f. Die Spaaksche Formel lautete nach der am 27.8. dem Auswärtigen Amt übermittelten Fassung: „Si l'un des états membres estime que l'un de ses intérêts vitaux est mis en péril par une décision du commissariat, il peut porter la question devant le conseil des ministres. Celui-ci doit prendre immédiatement les mesures nécessaires pour mettre fin à cet état de choses. L'exécution de la mesure prise par le commissariat est, dans tous les cas, suspendue jusqu'au règlement définitif de la question. L'un des états membres peut toujours demander à la cour de dire si l'intérêt invoqué par l'état demandeur est bien un intérêt vital. La cour tranche souverainement ce point.“ Telegramm v. Etzdorf/Hausenstein an Auswärtiges Amt, 27.8.1954, Kopie MGFA.

[339] Siehe den Bericht Dillons vom 27.8.1954; FRUS 1952–1954, V, Teil 1, S. 1983ff.

[340] Ebd., S. 1987.

[341] PRO, PREM 11/618, Sir Frank Roberts an Prime Minister, P. M./FKR/54/153, 28.8.1954.

should not give the French Chamber six months to do their duty while they will be continually confronted by the formidable march of events and the awful consequences which they are bringing upon themselves through their selfishness and ingratitude towards their fellow-sufferers and rescuers alike.“ Bezüglich der Achtmächtekonferenz bat er Eden zu überlegen, ob man nicht Präsident Eisenhower zu einer persönlichen Teilnahme bewegen könne. Dies würde sicher die Wirkung der Konferenz verstärken und ihrem Ergebnis mehr Gewicht verleihen. Mit diesem Vorschlag verband Churchill jedoch einen im Zusammenhang mit seiner Initiative vom 4. Juli interessanten Hintergedanken: „This again might be followed, though it seems very improbable now, by a Big-Four Top-Level with the Bear or Bears in London. It doesn't follow we should grovel to them. I am less alarmed about a cold confrontation in the true facts, than I am about the sands running out in the American Year-glass. [Two-three years][342].“

Mendès-France erklärte am 28. August, er werde den Antrag der EVG-Anhänger auf Vertagung der Debatte unterstützen, jedoch nur, wenn der beabsichtigten Achtmächtekonferenz seine ursprünglichen Vorschläge für Brüssel und nicht der Vorschlag Spaaks zugrunde gelegt würden. Die Anhänger einer Verschiebung aus dem französischen EVG-Lager nahmen diese Bedingung notgedrungen an. Tags darauf begann die Debatte in der Nationalversammlung mit den Reden der Sprecher aller relevanten Parlamentskommissionen. Sie sprachen sich alle gegen die EVG aus. Ihnen folgte Mendès-France mit einer äußerst ausgewogenen Rede, der man sein Bemühen anmerkte, der Debatte ein Höchstmaß an Objektivität und Nüchternheit zu verleihen, ein Unterfangen, das bei den bekannten Gegensätzlichkeiten und nicht zuletzt angesichts der im Verlauf der Brüsseler Konferenz geweckten Emotionen sicher nicht leicht war. Offen schilderte er die Schwäche der französischen Position in der EVG-Frage und deren Auswirkung auf die Geduld der EVG-Partner. Dann referierte er nochmals Abschnitt für Abschnitt den Sinn seiner Änderungsvorschläge und betonte deren Charakter als nicht unterbietbare Voraussetzungen für eine Mehrheit im französischen Parlament. Hart ging er sowohl mit Anhängern wie Gegnern der EVG ins Gericht, die ihm durch ihre fortgesetzte Kritik den erforderlichen Rückhalt für Brüssel schuldig geblieben seien und die somit zu seinem dortigen Mißerfolg beigetragen hätten. Die Rolle der NATO wurde von Mendès-France besonders herausgestellt: Sie war für ihn die Basis der französischen Außenpolitik. Die NATO, „qui définit la solidarité des nations occidentales“ sei ein Organismus, den man kenne und an dem die Franzosen teilhätten. Gegenüber dieser Organisation seien die Franzosen Verpflichtungen eingegangen, deren Reichweite man exakt kenne. In der NATO besitze Frankreich einen gewissen Einfluß und spiele eine gewisse Rolle. Freilich müßte auch die EVG in irgendeiner Weise in die NATO eingebunden sein, und diejenigen, die sie konzipiert hätten, hätten darüber nie anders gedacht, „mais il nous a semblé que nous rassurerions un certain nombre de Français qui peuvent avoir des inquiétudes sur les implications politiques futures de la C.E.D., en resserrant plus étroitement les liens, peut-être même les liens de subordination entre l'O.T.A.N. que nous connaissons et qui, je le répète, à beaucoup d'égards peut nous donner certaines garanties et certaines sécurités“. Den ebenfalls im ersten Abschnitt des französischen Anwendungsprotokolls aufgeführten Wunsch, im Falle wesentlicher Änderungen in der amerikanischen oder britischen Europapolitik, speziell hinsichtlich der anglo-amerikanischen Truppenstationierung auf dem Kontinent, den EVG-Mitgliedern das Recht einzuräumen, sich aus der Gemeinschaft zurückzuziehen, kommentierte Mendès-France mit folgender Bemerkung: Diese Sanktionsandrohung richte sich gegen Überlegungen, die, wie

342 PRO, PREM 11/618, Prime Minister an Eden, Private and Personal, 29.8.1954, Entwurf (eckige Klammern im Original).

er vorsichtig, jedoch unzutreffend formulierte, nicht in der amerikanischen Administration kursierten, sondern in gewissen amerikanischen Kreisen, die davon ausgingen, daß es im Falle der Einrichtung der EVG Amerikanern und Briten zu einem gegebenen Zeitpunkt möglich werde, ihre Streitkräfte vom europäischen Kontinent zurückzuziehen.

Ebenso deutlich wie bei früheren Gelegenheiten zuvor sprach sich Mendès-France für eine deutsch-französische Versöhnung im europäischen Rahmen aus und erklärte in diesem Zusammenhang seinen Willen, der Bundesrepublik volle Souveränität zu gewähren, „telle que nos alliés l'ont prévue", womit er freilich seine Abkehr von der EVG wenigstens indirekt offenbarte.

Das oberste Ziel der französischen Diplomatie war nach seiner Auffassung die Erhaltung des Friedens, was dazu zwinge, immerfort an der Konsolidierung und Entwicklung der Atlantischen Gemeinschaft zu arbeiten. Die erste Aufgabe, die der französischen Regierung aus der Notwendigkeit der Stärkung der westlichen Gemeinschaft erwachse, so der Ministerpräsident, sei „le redressement intérieur de notre pays. Sans une France et sans une Union française fortes, il n'y a pas de communauté Atlantique valable." Diese Notwendigkeit der inneren Befriedung und Stärkung der französischen Nation ließ es Mendès-France unangebracht erscheinen, unmittelbar vor Abstimmung über die EVG dezidiert für oder gegen diese Stellung zu nehmen. Daß er spätestens seit seinem Gespräch in Chartwell wußte, daß im Falle eines Scheiterns der EVG zumindest die Briten nichts ohne oder gar gegen Frankreich unternehmen würden, erleichterte Mendès-France das beruhigende Versprechen, mit dem er seine Rede schloß, das freilich, so wie die Dinge lagen, eher geeignet war, den EVG-Gegnern als den EVG-Befürwortern Mut zu machen: „Je ne me dissimule ni les problèmes, ni les obstacles qui se poseront demain au Gouvernement, quel que soit d'ailleurs votre vote. Le gouvernement les surmontra, je n'en doute pas, comme il a surmonté déjà les autres, si, oubliant tant de sujets de discorde et de division, les Français savent enfin surmonter les passions, les colères, les imcompréhensions qui les divisent, pour faire prévaloir, dans l'union, le seul intérêt de la patrie[343]."

Den EVG-Anhängern kam General Aumeran (unabhängiger Delegierter aus Algerien) zuvor, indem er gemäß Artikel 46 der Geschäftsordnung der französischen Nationalversammlung (motion préalable) den Antrag stellte, die EVG von der Tagesordnung abzusetzen. Der darauffolgende Antrag der EVG-Befürworter, auf Verschiebung der Debatte (motion préjudicielle) konnte nun nicht mehr zur Abstimmung gebracht werden, bevor über den Antrag General Aumerans entschieden war. Nach einer Intervention der französischen Regierung zogen beide Parteien ihre Anträge zurück und gaben damit einer EVG-Debatte eine neuerliche Chance. Als jedoch am darauffolgenden Tage der Pro-EVG-Abgeordnete Chupin den Antrag auf Verschiebung der Debatte neu stellte, erklärte Mendès-France, daß er sich nunmehr der Stimme enthalte, und ließ durchblicken, daß er für seine Person nicht mehr länger ein Anhänger der EVG war. Nachdem Herriot für die EVG-Gegner von neuem den Antrag nach Absetzung der EVG von der Tagesordnung stellte, hatte diese nach der Geschäftsordnung wiederum Vorrang in der darauffolgenden Abstimmung, an der 31 Abgeordnete, darunter 23 Regierungsmitglieder, nicht teilnahmen. Dieser Antrag wurde mit 319 Ja- gegen 264 Neinstimmen bei 12 Enthaltungen angenommen. Damit hatte das französische Parlament die EVG abgelehnt.

Das wichtigste an diesem Ergebnis war der Akt der Entscheidung. Er löste die Blockade in Washington für die überfällige Alternative, die seit dem Eklat in Brüssel zumindest in den Augen von Mendès-France und der britischen Führung vor allem im Blick auf die Situation in der Bundesrepublik ein Gebot der Stunde war. Wenn aber spätestens die Konferenz von Brüssel das

343 Zitate nach Mendès-France, Gouverner c'est choisir, S. 55 ff.

politische Ende der EVG markierte, so hat die französische Nationalversammlung am 30. August lediglich einen Leichnam bestattet. Paul Reynaud, der als einziger nach der Abstimmung das Wort ergriff, stellte fest, daß zum ersten Mal in der Geschichte des französischen Parlaments ein Vertrag zurückgewiesen worden sei, ohne daß sein Initiator noch derjenige, der den Vertrag für Frankreich unterzeichnete, die Chance gehabt habe, ihn zu verteidigen[344]. Indem sie die EVG schon im prozeduralen Vorfeld der Debatte parlamentarisch erledigte, hatte die Mehrheit der französischen Nationalversammlung dieses Projekt – um im obigen Bild zu bleiben – nicht einmal eines Begräbnisses erster Klasse für würdig befunden.

Um zu verhindern, daß sich die führenden politischen Kräfte in der Bundesrepublik, durch das Scheitern der EVG desillusioniert, einer Politik der Neutralisierung oder gar Verständigung mit der Sowjetunion zuwandten, wurde der britische Hochkommissar schon einen Tag nach der Entscheidung im französischen Parlament von London angewiesen, möglichst umgehend die Auffassung des Bundeskanzlers über alternative Lösungen für die politische und militärische Integration der Bundesrepublik in den Westen zu sondieren. Während man auf der politischen Ebene mit der Lösung des Junktims zwischen EVG- und Generalvertrag ein zwischen London und Washington abgestimmtes Programm parat hatte, für das Mendès-France in Chartwell und in der französischen Nationalversammlung die französische Zustimmung signalisiert hatte, war man bezüglich einer militärischen Alternative noch nicht so weit. Mit Kenntnis der US-Regierung sollte der britische Hochkommissar versuchen, den Bundeskanzler für die von Eden am 27. August dem britischen Kabinett vorgelegte militärische Alternative zu gewinnen, die im Interesse einer möglichst raschen Bewaffnung der Bundesrepublik „on the basis of existing institutions and existing ideas", also über einen westdeutschen NATO-Beitritt realisiert werden sollte. Im Foreign Office bezweifelte man jedoch zu Recht, daß der deutsche Bundeskanzler die Souveränitätsrestriktionen des Generalvertrages und die für den NATO-Beitritt der Bundesrepublik vorgesehene Übernahme der Rüstungsbeschränkungen aus dem EVG-Vertrag, ohne die man den westdeutschen NATO-Beitritt in den Benelux-Ländern und vor allem in Frankreich nicht für durchsetzbar hielt, unter den neuen Gegebenheiten in der alten Form und in ihrem bisherigen Umfang akzeptieren würde[345].

[344] Fursdon, The European Defence Community, S. 287.
[345] PRO, T 225/413, 130982, Foreign Office an britische Hochkommission, No 1085, 1.9.1954.

III. Zusammenfassung

Der vor dem Hintergrund der in NSC 68 konstatierten und durch den Koreakrieg als bestätigt erachteten „totalen“ Bedrohung der USA durch kommunistische Weltherrschaftspläne rückte Westeuropa mit seinem Menschenpotential und seinen Ressourcen in die vorderste Verteidigungslinie der USA auf. Das amerikanische Sicherheitsinteresse in Europa und die dort herrschenden politischen, wirtschaftlichen und militärischen Verhältnisse erforderten nach Auffassung sowohl der amerikanischen Regierung als auch der europäischen Verbündeten eine über die Form herkömmlicher Militärbündnisse hinausgehende integrierte Verteidigungsorganisation im Rahmen der NATO unter Beteiligung und Führung der USA. Dabei stellte sich die Frage nach der Kompatibilität von europäischer und atlantischer Integration.

Der von Washington konzedierte Grad an Integration innerhalb der NATO mit der Aussicht auf eine deutsche Nationalarmee bot in französischen Augen keine ausreichende Garantie dafür, daß die von den USA und der NATO-Mehrheit als für die westliche Verteidigung unverzichtbar angesehene Bewaffnung der Bundesrepublik so kontrolliert werden konnte, daß sich der immer stärker werdende, territorial jedoch nicht saturierte westdeutsche Teilstaat nicht am Ende der Sowjetunion zuwandte, die wichtige deutschlandpolitische Trümpfe in der Hand hielt oder daß die Bundesrepublik mit ihrer Nationalarmee ihre Nachbarn in militärische Abenteuer zur Rückeroberung der verlorenen Gebiete im Osten mit hineinzog. Die Westintegration der Bundesrepublik mußte sowohl dem Bedürfnis nach Sicherheit *mit* als auch dem Bedürfnis nach Sicherheit *vor* Deutschland genügen. Gleichzeitig lag es im französischen Interesse, zu verhindern, daß die Bundesrepublik aufgrund ihrer demographischen und wirtschaftlichen Potenz und wegen ihrer geostrategischen Bedeutung Frankreichs Rolle als drittstärkste Macht innerhalb der NATO gefährdete, und dadurch die französischen Einflußmöglichkeiten gegenüber dem „Anglo-Saxon Triangle“ – USA, Großbritannien und Kanada – noch mehr verringerte.

Frankreich wollte vielmehr auf dem mit der Montanunion beschrittenen Weg der Europäisierung des westdeutschen Potentials fortfahren, um die eigenen Kräfte vermehrt zur Bewältigung seiner Überbeanspruchung in Südostasien und Nordafrika einsetzen zu können. Mit einem kontinentaleuropäischen Arrangement unter französischer Führung und dem dadurch gewonnenen politischen und militärischen Gewichtszuwachs Frankreichs in der nordatlantischen Allianz, wuchsen – so durften die Franzosen hoffen – auch die Chancen, daß sich das Bündnis zur Lösung der außereuropäischen Probleme Frankreichs einspannen ließ.

Der von der französischen Regierung im Oktober 1950 präsentierte Pleven-Plan diente langfristig diesem Zweck. Kurzfristig bezweckte die französische Regierung damit, der nach der französischen Ablehnung des amerikanischen Plans einer NATO-integrierten Aufrüstung der Bundesrepublik drohenden Isolation im Bündnis zu entgehen und die in Frankreich nicht durchsetzbare Bewaffnung der Bundesrepublik hinauszuzögern. Diese kurzfristige Zielsetzung sicherte dem Pleven-Plan eine Mehrheit im französischen Parlament, da neben den ausgewiesenen „Europäern“ auch die eher skeptischen Abgeordneten und wegen der allgemeinen negativen Prognose führender Militärs bezüglich der Praktikabilität des Pleven-Plans sogar erklärte Gegner der deutschen Aufrüstung ihre Zustimmung geben konnten.

Als die französische Regierung gegen den amerikanischen Plan eines NATO-integrierten nationalen westdeutschen Kontingents einschließlich einer Interimslösung ihr Konzept einer supranationalen Europaarmee für die kontrollierte westdeutsche Aufrüstung durchsetzen konnte, weil kein anderer Ausweg aus dem deutsch-französischen Interessengegensatz – hier Ablösung des Besatzungsstatuts und Gleichberechtigung, dort Kontrolle – möglich erschien, war die amerikanische Regierung erfolgreich bestrebt, die geplante Europäische Verteidigungsgemeinschaft fest in die NATO oder, wie im EVG-Vertrag formuliert, „in die sich entwickelnde atlantische Gemeinschaft" einzubinden, um die Gefahr einer militärischen oder gar politischen Diversion innerhalb des nordatlantischen Bündnisses auszuschließen und ein gemeinsames Dach über seinen drei Säulen, Nordamerika, westliches Kontinentaleuropa und Großbritannien, zu erhalten. Eine „Dritte Kraft" Europa, von George Kennan 1949 noch als Mittel gegen die Entwicklung des internationalen Systems in duopolare Einflußsphären empfohlen, konnte es vor dem Hintergrund der in NSC 68 perzipierten Bedrohungslage nicht mehr geben.

Gleichzeitig gelang es der Bundesregierung mit amerikanischer Hilfe, nahezu alle im Pleven-Plan enthaltenen Diskriminationen zu eliminieren und im EVG-Vertrag eine Regelung durchzusetzen, die in bestimmen Fällen eine Mitsprache der Bundesrepublik im NATO-Rat ermöglichte. Der Anspruch auf eventuelle Mitgliedschaft der Bundesrepublik in der NATO wurde von der Bundesregierung nicht aufgegeben, und auch die französischen Regierungen beharrten auf der vollen Respektierung der französischen nationalen Rolle als Mitglied der „Big Three" innerhalb der NATO. Angesichts der Unterordnung der EVG unter die NATO war es nur verständlich, daß sich die Westeuropäer einschließlich der Bundesrepublik trotz der europapolitischen Attraktivität, die die EVG bei vielen genoß, in ihrer Sicherheitspolitik letztlich an der NATO orientierten, bei der die wichtigeren sicherheitspolitischen Kompetenzen lagen und die sich zu einem effizienten militärischen, rüstungswirtschaftlichen und politischen Steuerungsorgan entwickelt hatte, als die EVG noch nicht einmal vertragsreif ausgehandelt war. Vor allem aber: Je mehr das französische Unvermögen klar wurde, aus eigener Kraft eine militärische Balance gegenüber der Bundesrepublik herzustellen, desto mehr wurde die NATO, nicht die EVG, die eigentliche Instanz zur Kontrolle der Bundesrepublik. Schon die anläßlich der Unterzeichnung des EVG-Vertrages im Mai 1952 abgegebene Dreimächte-Garantie für die Integrität der EVG hatte dies zum Ausdruck gebracht.

Die im New Look der Eisenhower-Administration angelegte Strategie der massiven Vergeltung und der Nuklearisierung der konventionellen Kriegführung und der daraus resultierende verstärkte Einfluß der angelsächsischen Nuklearmächte verstärkten diese Spannung zwischen europäischer und atlantischer Integration. Gleichzeitig erkannten die Europäer die unerwünschte Rolle der EVG als Lückenbüßer für den mit der New-Look-Strategie beabsichtigten Abbau des militärischen Engagements der USA in Europa. Da aber vor allem den Franzosen ohne eine ausreichende militärische Präsenz der USA in Europa sowohl eine erfolgreiche Verteidigung Westeuropas als auch eine wirksame Kontrolle des deutschen Verteidigungsbeitrages unmöglich erschienen, ist es verständlich, daß sie mit der EVG nicht die Voraussetzung schaffen wollten, die den amerikanischen Rückzug aus Europa erleichterte. Der von Paris im Interesse der Wahrung seiner nationalen Stellung und Mitsprache im nordatlantischen Bündnis und im Interesse des hierfür erforderlichen Aufbaus eines eigenen atomaren Arsenals spätestens mit dem Anwendungsprotokoll zum EVG-Vertrag eingeleitete Rückzug aus der beabsichtigen supranationalen EVG-Organisation entlarvte den hauptsächlich instrumentalen Charakter der Europaidee für die westdeutsche Aufrüstung, wobei die Unpopularität dieses Vorhabens so kurze Zeit nach dem Zweiten Weltkrieg die Europaidee selbst beschädigte.

Ein nicht zu überschätzendes Hindernis für die EVG bildete die britische Ablehnung aller Formen supranationaler europäischer Integration. Die öffentliche britische Unterstützung für die Europaarmee war vornehmlich Ausfluß des Bemühens, die „special relationship" zu den

USA nicht durch einen offenen Widerstand gegen deren Integrationspolitik in Europa zu gefährden. Sich eher als Bindeglied zwischen Europa und Nordamerika verstehend, wollten sich die Briten keinesfalls so weit mit Europa identifizieren, daß sie infolge des verstärkten europäischen Profils ihre Rolle als Führer des Commonwealth eventuell zugunsten der USA einbüßten und sich dadurch selbst der Basis ihrer Sonderrolle zwischen Europa und den USA beraubten. Letztlich scheiterte die EVG also an der Schwierigkeit, in einem von den USA dominierten multinationalen Bündnis eine regionale, supranationale Verteidigungsorganisation einzurichten.

Welche Bedeutung hatte die EVG bzw. ihr Scheitern für die Bundesrepublik, für Europa und für das Ost-West-Verhältnis? Mit dem Scheitern der EVG hatte die Politik Bundeskanzler Adenauers einen schweren Rückschlag erfahren. Sein Versuch, die Bundesrepublik mit der Niederlage von 1945 zu versöhnen (Baring), indem er den deutschen Nationalstaat für die Westintegration der Bundesrepublik und ein politisch vereinigtes Europa opferte, war vorerst mißlungen. Für die im Herbst 1954 schließlich gefundene Ersatzlösung eines im Rahmen der Westunion rüstungskontrollierten nationalen westdeutschen Verteidigungsbeitrages zur NATO konnte auf Teilergebnisse der mehrjährigen Verhandlungen über die EVG, insbesondere bezüglich der Rüstungsbeschränkungen, zurückgegriffen werden. Dadurch wurde die Verhandlungsphase für die Ersatzlösung wesentlich verkürzt und die Gefahr einer neutralistischen oder nationalistischen Neuorientierung der westdeutschen Politik vermindert. Eine solche Gefahr war von den Westmächten infolge der Desavouierung der radikal westorientierten und die nationale Wiedervereinigung bewußt suspendierenden Politik des Bundeskanzlers nach dem Scheitern der EVG befürchtet worden.

Die in den Katastrophen der deutschen Militärgeschichte begründete Notwendigkeit durchgreifender Reformen konnte in einem nationalen Verteidigungsbeitrag unmittelbarer und konsequenter eingelöst werden, als dies in einem deutschen Kontingent zu einer supranationalen Armee mit unterschiedlichen Militärtraditionen und Wehrgesetzen der Fall gewesen wäre. Diese mit dem Prinzip des Staatsbürgers in Uniform plakatierte Reform gewährleistete nach den bisherigen Erfahrungen eine effektivere demokratische Einbindung der westdeutschen Streitkräfte in Staat und Gesellschaft und damit eine wirksamere Kontrolle, als die organisatorisch komplizierte, supranationale Europaarmee vermutlich jemals hätte leisten können, zumal dieser Armee unter dem Dach der NATO wahrscheinlich nie ein ausreichendes Maß europäischer Identität und damit eine spezifisch europäische Loyalität ihrer Soldaten vergönnt gewesen wäre.

Für die Konstitutionalisten unter der europäischen Einigungsbewegung bedeutete das Scheitern der EVG einen schweren Rückschlag, da die Europäische Politische Gemeinschaft, bisher notwendige Voraussetzung für die EVG, vorerst nicht mehr so dringlich war. Für die Funktionalisten war das Ende der EVG Anlaß zur Rückbesinnung auf den mit der Gemeinschaft für Kohle und Stahl beschrittenen integrationspolitisch weniger ambitionierten Weg, auf dem mit der Europäischen Wirtschaftsgemeinschaft alsbald fortgeschritten wurde. Die mit den jahrelangen Verhandlungen über die EVG durchschrittene intensive Gewöhnungsphase in den deutsch-französischen Beziehungen hat diesen raschen Fortschritt des wirtschaftlichen Zusammenschlusses sicherlich erleichtert. Die wirtschaftliche Integration Europas schien obendrein weniger Irritationen innerhalb des nordatlantischen Bündnisses zu verursachen, wenigstens solange sie in den Augen der Amerikaner einen effektiveren Einsatz ihrer Hilfsmittel in Europa verhieß und keine Gefahr für ihre eigenen nationalen Wirtschaftsinteressen darstellte.

Die Auswirkungen des Scheitern der EVG auf das internationale System, besonders auf den Ost-West-Konflikt, lassen sich nur schwer bestimmen. Alle Versuche, die Sowjetunion vom Wert der EVG als einem Element eines systemübergreifenden europäischen Sicherheitssystems zur Kontrolle der Bundesrepublik oder eines wiedervereinigten Deutschlands zu überzeugen, blieben erfolglos, zumal ja nicht einmal die französischen Erfinder von der Wirksamkeit dieser Funktion der EVG für Westeuropa überzeugt waren.

Die Einbindung der EVG in die NATO stand der Entwicklung der EVG zu einem gesamteuropäischen Sicherheitssystem ebenfalls im Wege. Angesichts der auf die EVG fixierten Politik der Eisenhower-Administration konnte nur ein vollkommenes Scheitern der EVG den Weg für die organisatorisch einfachere NATO-Lösung des westdeutschen Verteidigungsbeitrages ebnen, der, wäre er von Anfang an beschritten worden, vermutlich rascher zum Ziel geführt hätte. Der mit dem Konzept der EVG beschrittene kompliziertere Weg für die Aufrüstung der Bundesrepublik strapazierte und verlängerte die Formationsphase des Westblocks, vor deren Abschluß durch die Westintegration der Bundesrepublik und ihrer Bewaffnung weder die Westmächte noch die westdeutsche Regierung geneigt waren, in ernsthafte Ost-West-Verhandlungen einzutreten. Wo immer sich Ansätze einer flexibleren Politik gegenüber der Sowjetunion zeigten, konnten sie sich innerhalb der nationalen Administrationen nicht durchsetzen, wenn sie sich nicht gar als bloßes taktisches Finassieren entpuppten, das vor allem in der Bundesrepublik das Dilemma zwischen Westintegration und Wiedervereinigung in der Öffentlichkeit kaschieren sollte. Wo immer möglich wurde die Sowjetunion als Störenfried der westeuropäischen Einigungspolitik und der deutschen Wiedervereinigung vorgeführt. Ob dadurch nach der mit dem Waffenstillstand in Korea und dem Tode Stalins einsetzenden relativen Entspannung in den Ost-West-Beziehungen Chancen einer Verständigung unter den Weltmächten in Europa, etwa bezüglich eines europäischen Sicherheitssystems und in der Deutschlandpolitik, versäumt wurden, läßt sich freilich erst nach einer umfassenderen Kenntnis der Quellen zu den sowjetischen Absichten beantworten. Mutmaßungen, daß es vor allem am rigorosen Westkurs der westdeutschen Bundesregierungen unter Adenauer gelegen habe, daß Chancen für die Lösung des Deutschlandproblems mit entsprechenden Konsequenzen für den Ost-West-Konflikt versäumt wurden, sind angesichts des Mißerfolges alternativer Anstöße wesentlich prominenterer Politiker und einflußreicherer politischen Gruppierungen, wie sie etwa von Churchill und aus dem amerikanischen politischen Planungsstab vorgetragen worden sind, wenig realistisch.

Zweiter Teil

Die innenpolitische Dimension Adenauerscher Sicherheitspolitik in der EVG-Phase

von
Hans-Erich Volkmann

I. Die konstitutionellen Institutionen im Ringen um die Sicherheitspolitik

1. Von Adenauers Sicherheitsmemorandum zum Pleven-Plan

Die sogenannte Wiederbewaffnungsdebatte der 50er Jahre spiegelt eine der schärfsten Kontroversen wider, die in der Bundesrepublik Deutschland um einen politischen Gegenstand ausgetragen worden sind[1]. Wohl kaum ein anderes Thema hat die politischen Gemüter so nachhaltig und auf so breiter öffentlicher Front erhitzt, wie das über den westdeutschen Verteidigungsbeitrag. Zu viele hatten aufgrund der totalen Niederlage 1945 und der vorausgegangenen politisch-militärischen Ereignisse und Verbrechen allem Soldatischen abgeschworen. Dies galt für Politiker, Intellektuelle, Arbeiter, Industrielle, nicht zuletzt für ehemalige Militärs, für die Frauen und insbesondere für die junge Generation. Als fünf Jahre nach der bedingungslosen Kapitulation die Frage einer Aufrüstung der Bundesrepublik in den politischen Raum gestellt wurde, brach eine Meinungskluft um Für und Wider auf, die sich quer durch Parteien, gesellschaftliche Gruppen und Organisationen zog.

Die Haltung der Parteien erklärt sich vornehmlich aus ihrer Grundposition gegenüber dem neuen demokratisch-pluralistischen Staatswesen und aus ihrer Ortsbestimmung der Bundesrepublik im weltpolitischen Szenarium des Kalten Krieges. Führende Politiker der Union haben sich hinsichtlich ihrer politischen Erwartungen wie der einzugehenden Bindungen frühzeitig nach dem Westen orientiert, nicht zuletzt im Sinne der Schaffung eines freiheitlichen Europas. Wenn der Satz „Im Anfang war Adenauer“[2] die Omnipotenz des ersten Kanzlers auch überbewertet, für die Sicherheitspolitik besitzt er Geltung. Schon als CDU-Vorsitzender der britischen Zone brachte Konrad Adenauer im Oktober 1945 unmißverständlich zum Ausdruck: „Nach meiner Ansicht sollten die Westmächte die drei Zonen, die sie besetzt halten, tunlichst in einem staatsrechtlichen Verhältnis zueinander belassen. Das beste wäre, wenn die Russen nicht mittun wollen, sofort wenigstens aus den drei westlichen Zonen einen Bundesstaat zu bilden. Um aber den Sicherheitswünschen Frankreichs [...] zu genügen, müßte man die Wirtschaft dieses [...] Gebiets mit der Frankreichs und Belgiens so eng wie möglich verflechten[3].“ Als Rheinländer wußte er sich niemals dem preußisch-deutschen Reichsgedanken verbunden. Nach dem Zusammenbruch wollte er mithelfen, den klassischen Nationalstaat, den für zwei verheerende Kriege mitverantwortlichen hypertrophen deutschen Nationalismus durch Einbindung Deutschlands in ein freies demokratisches Europa zu überwinden, auch wenn es sich in Anbetracht der Ausdehnung der kommunistischen Herrschaft bis zur Elbe vorerst lediglich um einen Teil Deutschlands und um einen europäischen Torso handeln sollte. Daß die Option für Europa auch die Verpflichtung für dessen Verteidigung einschloß, stand für führende Unionspolitiker außer Zweifel. Der Vorsitzende der CDU/CSU-Bundestagsfraktion, v. Brentano, formulierte dies als übereinstimmende Auffassung aller Koalitionsparteien (CDU/CSU, FDP, DP) Ende 1949 im

[1] Vgl. zu dieser Thematik kursorisch Volkmann, Der westdeutsche Verteidigungsbeitrag.

[2] Titel von Baring, Im Anfang.

[3] Interview Adenauers, 5.10.1945, gegenüber News Chronicle und Associated Press. Zit. n. Weymar, Adenauer, S. 281.

Parlament: „Deutschland, räumlich und geschichtlich ein Bestandteil des abendländischen Kulturkreises, hat den Willen, entsprechend seinem Grundgesetz als gleichberechtigtes Glied in einem vereinten Europa dem Frieden der Welt zu dienen und seine menschliche Freiheit zu wahren[4]." Konkreter äußerte sich Adenauer – wiewohl von der deutschen wie ausländischen Öffentlichkeit kaum bemerkt und von den Adressaten geflissentlich unbeachtet gelassen – kurz nach Übernahme der Kanzlerschaft im „L'Est Républicain", wenn er die Bereitschaft der Bundesrepublik erklärte, sich im Bedarfsfall an der Bildung einer europäischen Armee zu beteiligen. Einige Wochen später wiederholte er das Angebot im „Cleveland Plain Dealer"[5], handelte sich nun aber eine Zurückweisung seitens der Westalliierten ein, die sich weiterhin das Recht der Wahrung der äußeren Sicherheit der Bundesrepublik vorbehielten. Der im Juni 1950 ausgebrochene, vielfach als Stellvertreterkrieg und als auf deutsche Verhältnisse übertragbar qualifizierte Koreakonflikt sowie die verstärktes französisches Engagement fordernden Kampfhandlungen in Indochina ließen Adenauer dann aber einen militärischen Verteidigungsbeitrag der Bundesrepublik aktuell und aufgrund versteckter und offener alliierter Aufmunterungen nun auch möglich erscheinen.

Erste konkrete Initiativen des Bundeskanzlers zur Aufstellung westdeutscher Streitkräfte stießen auf das Interesse der Westallierten. Am 17. August 1950 hatte der westdeutsche Regierungschef den drei Hochkommissaren auf dem Petersberg anschaulich die konventionelle Übermacht der sowjetischen Streitkräfte in Europa, den forcierten Aufbau starker Polizeikräfte in der DDR und deren allmähliche Umstrukturierung zu einer schlagkräftigen militärischen Truppe vor Augen zu führen versucht und Reflexionen über deren mögliche Angriffsabsichten angestellt. Dieser sicher nicht akuten, aber langfristig in Rechnung zu stellenden Bedrohung müsse westlicherseits begegnet werden. „Selbstverständlich sei es besser, daß die Alliierten selbst den Schutz des westdeutschen Gebietes an der Elbegrenze übernehmen. Er zweifle aber daran, ob dies möglich sei. Es bleibe immer noch die Alternative, eine deutsche Verteidigungsmacht aufzubauen in Form von freiwilligen Formationen bis zur Gesamtstärke von 150 000 Mann[6]." Gefragt, ob er in der Lage sei, zuverlässige Freiwillige in dieser Größenordnung zu gewinnen und gegebenenfalls auch gegen den Widerstand der Opposition einen militärischen Verband zusammenzustellen, antwortete der Kanzler, er werde dies nur mit Zustimmung der Sozialdemokraten tun. Er habe die Problematik bereits mit Kurt Schumacher besprochen, und er „werde sich mit ihm erneut verständigen"[7].

Nach diesem Gespräch fühlte Adenauer sich ermutigt, seine Vorstellungen von einem westdeutschen Verteidigungsbeitrag in einem Memorandum für die Hochkommissare niederzulegen[8]. Das in dem Schriftstück enthaltene Anerbieten, „im Falle der Bildung einer internationalen westeuropäischen Armee, einen Beitrag in Form eines deutschen Kontingents zu leisten"[9], wurde von den Hochkommissaren grundsätzlich positiv aufgenommen. Sie gingen aber zunächst nur auf die Frage der Aufstellung einer Bundespolizei, ähnlich der Volkspolizei in der DDR, ein. Sie argumentierten, Adenauer habe die für Europa bedrohliche militärische Lage

[4] Deutscher Bundestag, Sten. Ber., Bd 1, 25. Sitzung, 16.12.1949, S. 735.

[5] Vgl. dazu Wettig, Entmilitarisierung in Deutschland, S. 283, 285.

[6] Protokoll der Besprechung der drei Hochkommissare mit dem Bundeskanzler, 17.8.1950, in: Kabinettsprotokolle 3, S. 76–84, hier S. 79.

[7] Ebd., S. 84.

[8] Vgl. Foerster, Innenpolitische Aspekte, S. 508–543.

[9] Memorandum vom 29.8.1950, in: Sicherheitspolitik I, S. 79–83, hier S. 83, in: Kabinettsprotokolle 3, S. 86–90, hier S. 89.

ohne Berücksichtigung der zahlreichen Atomwaffen der USA und der Seestreitkräfte gezeichnet. „Wenn man diese verschiedenen Kräfte zusammennehme, so verändere sich das in dem Memorandum des Herrn Bundeskanzlers gegebene düstere Bild ins Positive"[10]. Dazu aufgefordert, schob Adenauer seinem Memorandum dann noch konkrete Erläuterungen für den Aufbau einer Bundesschutzpolizei paramilitärischen Zuschnitts nach[11].

Die Westmächte reagierten zunächst einmal dilatorisch und mit einer Sicherheitsgarantie (19. September 1950). Nichtsdestoweniger bedeuteten vor allem die USA dem Kanzler ihr grundsätzliches Interesse an der späteren Aufstellung westdeutscher Streitkräfte. Als der NATO-Rat Ende September 1950 den Beschluß faßte, eine gemeinsame Armee und ein zentrales Oberkommando des Nordatlantikpaktes zu schaffen und es Westdeutschland zu ermöglichen, „einen Beitrag zum Aufbau der Verteidigung Westeuropas zu leisten"[12], fühlte sich Adenauer zu entsprechend vorbereitendem Handeln ermutigt. Dabei lag die Schwierigkeit weniger darin, ein militärisch-organisatorisches, denn ein innenpolitisches und speziell politisch-psychologisches Problem in den Griff zu bekommen: die überwiegend distanzierte Haltung der Bevölkerung gegenüber möglichen westdeutschen Streitkräften. Leicht schien diese Aufgabe nicht lösbar, galt es doch vorab, die Gefolgschaftstreue in den Reihen der eigenen Partei herzustellen. Hier war es vor allem Gustav Heinemann, der den Vorstoß des Regierungschefs in der Wehrfrage kritisierte und den Umstand, daß das besagte Sicherheitsmemorandum von Ende August 1950 ohne Wissen und Zutun des Kabinetts verfaßt und überreicht worden war, zum Anlaß genommen hatte, seinen Rücktritt als Innenminister anzubieten[13].

Heinemann stand mit dieser Kritik am selbstherrlichen Regierungsstil des Bundeskanzlers, die ihren ersten Kulminationspunkt in der bedeutsamen Sicherheitsfrage fand, in den Reihen der Union nicht allein. Laut wurde sie vor allem innerhalb eines moraltheologisch bestimmten katholischen Zirkels um den Münsteraner CDU-Abgeordneten Peter Nellen, in dem idealtypische Vorstellungen vom Funktionieren eines demokratischen Regierungswesens herrschten. Nellen hat den Bundeskanzler nicht nur als autoritär, sondern auch als in gewisser Weise skrupellos bezeichnet[14].

Auch die CSU warnte den Bundeskanzler vor einem geheimdiplomatischen Alleingang: eine so entscheidende Frage könne „heute nicht mehr in der Abgeschiedenheit eines Kabinetts oder in den Zimmern der Generalstäbe allein entschieden werden. Das ganze Volk ist hier zu einer Entscheidung aufgefordert"[15]. Die Partei redete allerdings keiner Volksbefragung in Sachen Sicherheitspolitik das Wort. Ihr kam es vielmehr darauf an, den Ländern gemäß der föderalen Grundstruktur der Bundesrepublik Einfluß auf die Gestaltung der Außen- und Verteidigungspolitik zu verschaffen. Darüber hinaus machte die CSU frühzeitig ihren Anspruch gegenüber der CDU geltend, in der Wehrfrage besondere Verantwortung zu übernehmen. Es müßten „die zuständigen Verfassungsinstanzen mit herangezogen werden: Bundesrat und Bundestag"[16], so

[10] Aufzeichnungen über die Besprechung der drei Hochkommissare mit dem Bundeskanzler, 31.8.1950, in: Kabinettsprotokolle 3, S. 91–98, hier S. 91.

[11] Schreiben des Bundeskanzlers an den Geschäftsführenden Vorsitzenden der Alliierten Hohen Kommission, François-Poncet, 2.1.1950, ebd., S. 99–100.

[12] Zit. n. KAG, 1950, S. 2601 K.

[13] Vgl. dazu Volkmann, Gustav W. Heinemann und Konrad Adenauer.

[14] Vermerk Friedrich Wilhelm Heinz' über eine Besprechung mit Nellen am 12.10.1950, BA-MA, BW 9/3118.

[15] Bayern-Kurier, 19.8.1950, S. 1.

[16] Ebd., 21.10.1950, S. 1.

ließ der Bayern-Kurier verlauten. Franz Josef Strauß hat diesen Anspruch nicht zuletzt mit persönlichen Ambitionen verbunden und dem auch wenig später durch öffentlich bekundetes Mißtrauen gegenüber seinem Konkurrenten Theodor Blank Ausdruck verliehen.

Wenn Adenauer im Spätsommer 1950 noch in öffentlichen Äußerungen die ihn bei der Abfassung seines Sicherheitsmemorandums und der Konzipierung seiner Sicherheitspolitik insgesamt bewegenden Momente verschwieg, in historischer Retrospektive hat er sie formuliert: „1. Die Bundesrepublik mußte Sicherheit gegenüber der Aufrüstung der Sowjetzone durch Sowjetrußland erlangen. 2. Als Folge der Aufrüstung konnte sie Souveränität gewinnen. 3. Ein deutscher Verteidigungsbeitrag würde sich im Streben nach einer europäischen Föderation positiv auswirken[17]."

Diese argumentative Reihenfolge bedeutete sicher eine gewisse Wertigkeit der Sicherheitsproblematik in Adenauers politischem Verständnis. Da der Kanzler lediglich unter dem Korea-Schock von einer akuten Bedrohung ausging, schob sich sehr rasch die Frage der Gewinnung innen- und außenpolitischer Handlungsfreiheit in den Vordergrund seines Interesses[18]. Bereits im Frühherbst 1950 zeigte sich deutlich die Zweck-Mittel-Relation zwischen Aufrüstung und Aufhebung des Besatzungsstatuts – und später auch Souveränität. Vor dem Kabinett erklärte Adenauer: „Wenn wir in Deutschland mithelfen, dann sind wir stark und retten den Frieden. Und wenn wir stark sind, werden die Russen es nicht wagen. Wenn wir wieder ein Außenministerium haben, Vertretungen draußen, wenn es in einer Europa-Armee ein gleichberechtigtes deutsches Kontingent gibt, dann sind wir doch gleichberechtigt. Dann haben wir doch in sehr viel schnellerer Zeit erreicht, daß wir wieder ebenbürtig im Kreise der Mächte stehen[19]." Adenauer suchte über einen westdeutschen Verteidigungsbeitrag nicht nur ein militärisches Gegengewicht gegenüber UdSSR und DDR zu schaffen, sondern als politische Vorleistung die Gewährung staatlicher Souveränität und partnerschaftlicher Gleichberechtigung innerhalb eines westlichen Bündnisses und insbesondere im Blick auf die Schaffung eines freien Europas zu erzielen. Der spätere Bundestagspräsident Eugen Gerstenmaier hat einmal gesagt, Adenauers Politik sei an einer sittlichen Grundorientierung folgender Rangordnung ausgerichtet gewesen: „erstens Freiheit, zweitens Friede, drittens Einheit"[20].

Vielfach in der Presse verbreitete Gerüchte über eine gegenüber den Westmächten bereits eingegangene Bonner militärische Verpflichtung und daraus resultierende Manifestationen und Proteste unterschiedlicher Interessenvertretungen und Einzelpersönlichkeiten[21] hatten auch in die Anhängerschaft der Union Unsicherheit getragen und eine lebhafte Diskussion ausgelöst. Erste, im Auftrag des Bundeskanzleramtes durchgeführte demoskopische Erhebungen zeigten sie inmitten des öffentlichen Meinungstrends: Auf erste Adenauersche Willensbekundungen zur Leistung eines europäischen Verteidigungsbeitrages im Rahmen des Atlantikpaktes hatten repräsentativ befragte CDU-Wähler im Februar 1950 überwiegend negativ reagiert: Lediglich 35% sprachen sich dafür aus, 46% dagegen, 19% enthielten sich einer Äußerung. Auf die im Oktober von dem bekannten Allensbacher demoskopischen Institut gestellte Frage: „Sind Sie

[17] K. Adenauer, Pankow gab den Anstoß. Warum Wiederbewaffnung? – Das Sicherheitsmemorandum vom 29. August 1950, in: Armee gegen den Krieg. S. 13–16, hier S. 13.

[18] Vgl. dazu anders Schwarz, Adenauer, S. 728, der des Kanzlers verteidigungspolitische Anstrengungen aus einem natürlichen Sicherheitsbedürfnis heraus erklärt.

[19] Protokoll der Kabinettssitzung, 17.10.1950, in: Kabinettsprotokolle 3, S. 43–61, hier S. 53.

[20] Rede Gerstenmaiers, 29.5.1954, auf dem 5. Bundesparteitag der CDU in Köln, in: Gerstenmaier, Reden und Aufsätze, S. 293–308, hier S. 229.

[21] Vgl. die Darstellung über Verteidigungsbeitrag und westdeutsche Öffentlichkeit.

für oder gegen den Aufbau einer selbständigen deutschen Armee?", antworteten immer noch 40% der zur CDU hin orientierten Befragten mit nein, gleichviele mit ja, und 20% zeigten sich unentschieden. Noch weniger zustimmend fiel die Antwort auf eine anders formulierte Frage nach einer Integration deutscher Truppen in eine westeuropäische Armee aus: Einer solchen Lösung vermochten im Oktober 1950 lediglich 29% der CDU-Anhänger zuzustimmen, 41% wandten sich dagegen, 18% gaben sich unentschieden, aber 12% meinten nun, es komme auf die allgemeinen Umstände an[22].

Diesen politischen Meinungshintergrund vor Augen, galt es für Adenauer, auf dem ersten Bundesparteitag der CDU in Goslar vorsichtig zu taktieren. Geschickt rückte er die Wiedervereinigung in den thematischen Mittelpunkt seiner Ausführungen, ohne sich auf eine entsprechend aktive Politik festzulegen oder gar die Interdependenz von Deutschlandpolitik und Wehrbeitrag aufzuzeigen. Statt dessen entwarf der Bundeskanzler ein plakatives, in grellen Farben angelegtes und durch grobe Konturen überzeichnetes Bild des Bolschewismus in Form eines die Existenz des christlichen Abendlandes durch ideologische Infiltration und militärische Aggression bedrohenden Schreckgespenstes, dem es durch eine Politik der Stärke entgegenzutreten gelte. Ein totalitärer Staat, so führte er aus, kenne nur die Sprache der Macht. Im Kontext dieser Erkenntnis sei die in der Öffentlichkeit bereits lebhaft diskutierte Frage zu erörtern, „ob Deutschland einen Beitrag zur Verteidigung seiner selbst und Europas leisten sollte"[23]. Die dem Regierungslager angehörenden Delegierten in der Beratenden Versammlung des Europarates hätten angesichts der vom sowjetischen Hegemonialbereich ausgehenden Bedrohung bereits die Bereitschaft der Bundesrepublik bekundet, als gleichberechtigter Partner innerhalb einer europäischen Armee einen Verteidigungsbeitrag zu übernehmen. Das den Westmächten überreichte Sicherheitsmemorandum betone seine, des Kanzlers, ablehnende Haltung gegenüber der Aufstellung einer *selbständigen* westdeutschen Armee, mache aber gleichzeitig deutlich, daß er „für die Beteiligung eines deutschen Kontingents in einer *europäischen* Armee sei"[24]. Die Initiative müsse jedoch von den westlichen Siegermächten ausgehen. Im übrigen falle eine entsprechende Entscheidung in den Kompetenzbereich des Parlaments. Adenauer bestritt energisch, seinerseits einen Verteidigungsbeitrag angeboten zu haben, geschweige denn eine Verpflichtung irgendwelcher Art in dieser Richtung eingegangen zu sein. Diese sibyllinische Formulierung verschwieg aber geflissentlich den Stand der konkreten Planungen für die Aufstellung westdeutscher Streitkräfte und unterschlug, daß die bislang favorisierte Vopo-ähnliche Polizeilösung ad acta gelegt und durch eine rein militärische ersetzt werden sollte.

Durch geschicktes Taktieren faßte der Parteitag weder eine den Regierungschef bindende deutschland- noch sicherheitspolitische Resolution. Die Wahl zum ersten Bundesvorsitzenden stärkte zwar Adenauers Position in Staat und Partei; ein deutschland- bzw. sicherheitspolitisches Mandat erhielt er allerdings nicht, wollte auch nicht durch ein solches gebunden sein, doch konnte er davon ausgehen, daß in seiner Fraktion mit einem grundsätzlichen Widerstand gegen einen Bonner Verteidigungsbeitrag im Rahmen eines westlichen Bündnisses im Spätsommer 1950 mehrheitlich nicht mehr zu rechnen war. Dies traf auch für die Koalitionspartner zu.

[22] IfD: Die Stimmung im Bundesgebiet 1, November 1950, Tab. 1 + 3, BA, B 145/4220. Zu Befragungsmodus und -durchführung vgl. Jahrbuch der öffentlichen Meinung 1947–1955, S. XI-XXV. Die im folgenden ausgewerteten Befragungsergebnisse waren geheim und nur zur Unterrichtung Adenauers bestimmt. Sie haben nicht unwesentlich zur politischen Entscheidungsfindung beigetragen.

[23] Rede vom 20.10.1950 über „Deutschlands Stellung und Aufgabe in der Welt", in: Adenauer, Reden, S. 181–193, hier S. 187.

[24] Ebd. S. 188f.

Die Union hatte als Partei noch keinen sicherheitspolitischen Orientierungsrahmen programmatisch abgesteckt, innerhalb dessen ihre Bonner Parlamentarier, Regierungsmitglieder und letztlich der Bundeskanzler Handlungsspielraum besaßen. Umgekehrt war der sicherheitspolitische Kurs durch Adenauer zumindest in Konturen bereits vorgezeichnet, ehe die CDU sich auf Bundesebene formal zu konstituieren, wenn auch bei weitem noch nicht geschlossen zu artikulieren wußte, doch hielten seit Goslar die Landesverbände unter der stringenten Führung ihres Bundesvorsitzenden allmählich politischen Gleichschritt.

Bei der FDP, dem wichtigsten Koalitionspartner, sollte der innerparteiliche Prozeß der Ausrichtung auf eine sicherheitspolitische Linie relativ lange dauern. Es ist bezeichnend für die innerparteiliche Zerrissenheit der Liberalen, daß es ihnen erst 1957 gelang, ein offizielles Programm auf Bundesebene zu verabschieden. Die FDP war immer dem Spannungsfeld zwischen den Trägern des nationalliberalen Erbes auf der einen und den westlich-demokratisch, marktwirtschaftlich Orientierten der Nachkriegszeit auf der anderen Seite ausgesetzt. Wenn es – läßt man unbedeutende Absplitterungen einmal außer Betracht – nicht zu einer Zerreißprobe gekommen ist, mag dies darin mitbegründet liegen, daß es zu einem eigentlichen Machtkampf zwischen beiden Kräften niemals gekommen ist. Statt dessen fand ein gewisser arbeitsteiliger Prozeß statt, aufgrund dessen die unterschiedlichen Gruppierungen bestimmte politische Felder besetzten und verantworteten. Dies schloß innerparteiliche Kontroversen nicht aus, programmierte sie geradezu, garantierte aber ein Mindestmaß an Loyalität und damit im Ernstfall eine Mehrheit in Kabinett und Bundestag, wenn sie gefordert war. Das nationale, dem Soldatischen verbundene Element der FDP fand seinen personifizierten Ausdruck vielfach in der Mitgliedschaft, aber auch im verantwortlichen Engagement zahlreicher ehemaliger Wehrmachtangehöriger auf Landes- und Bundesebene, die sich einem neuen, demokratischen Staats- und Gesellschaftswesen verpflichtet fühlten. Hingewiesen sei u.a. auf die Generale a.D. Kurt Brennecke, Hubert Lanz, Hasso v. Manteuffel. Letzterer wuchs allmählich in die Rolle des Wehrexperten in Partei und im Zweiten Bundestag hinein. Da war der Theodor Heuss nach dessen Berufung zum Bundespräsidenten im Parteivorsitz ablösende Freiwillige des Ersten Weltkrieges Franz Blücher, für den nationales Pflichtbewußtsein und Soldatentum fixe Orientierungspunkte seines politischen Handelns bedeuteten. Hinzu kam als relativ junger Mann Erich Mende, der 1936 als Offizieranwärter in die Wehrmacht eintrat und als hochdekorierter Major den Zusammenbruch erlebte – als parlamentarischer Geschäftsführer der FDP-Bundestagsfraktion bis 1953 und dann als Stellvertretender Fraktionsvorsitzender sowie als stellvertretender Landesvorsitzender in Nordrhein-Westfalen ein Mann mit wachsendem Einfluß. In diesem Zusammenhang muß auch Eberhard Wildermuth kurz vorgestellt werden: Teilnehmer am Ersten und Zweiten Weltkrieg sowie Träger des Deutschen Kreuzes in Gold und des Ritterkreuzes, Wohnungsbauminister im ersten Kabinett Adenauer. So besaß die FDP eine gleichsam natürliche Affinität zum Militärischen und ausgeprägte Kontakte zu ehemaligen Soldaten. Wildermuth pflegte frühzeitig Umgang mit ehemaligen Militärs, unter anderem mit dem ehemaligen Wehrmacht- und späteren Bundeswehrgeneral Speidel. Er betrieb eine regelrecht konspirative Tätigkeit auf dem seitens der Alliierten für die Westdeutschen gesperrten militärpolitischen Terrain, u.a. mit Professor Kurt Hesse, der sich in Kontinuität vom Ersten Weltkrieg über die Schwarze Reichswehr bis hin zur Wehrmacht und dann wieder im Bundesministerium für Wirtschaft – wenn auch nur für kurze Zeit – schon frühzeitig mit personellen und organisatorischen Fragen eines Verteidigungsbeitrages befaßte[25].

[25] Vgl. Besprechungsvermerke des Wildermuth-Mitarbeiters Roth, 22.8.1950, MGFA, Befragungsmaterialien Ministerialrat a.D. Heinrich Roth; 8.9.1950, BA, NL 251/7.

Obwohl es der Partei nicht an Persönlichkeiten fehlte, die die „Tore weit nach rechts öffnen" wollten, „um Millionen enttäuschte, aber gutgläubige Nationalsozialisten und Soldaten [...] zu gewinnen"[26], hielten sich die Freien Demokraten, sieht man von einigen durch sie angeregten oder von ihr erarbeiteten, zum Teil auch dem Bundeskanzler zugeleiteten Expertisen ab, in der ersten aufkommenden sicherheits- und wehrpolitischen Diskussion auffallend zurück. Diese Enthaltsamkeit erklärt sich zum einen sicherlich aus der Rücksichtnahme auf ihr Wahlvolk, das im Februar 1950 noch mehrheitlich einen westdeutschen Verteidigungsbeitrag ablehnte. Zu diesem Zeitpunkt hatte das Allensbacher Institut folgende Frage vorgelegt: „Würden Sie es begrüßen, wenn Deutschland im Zusammenhang mit dem Atlantikpakt und im Rahmen einer *europäischen* Armee eingeladen würde, eine neue Wehrmacht aufzubauen?" Es antwortete eine absolute Mehrheit von 51% repräsentativ befragter FDP-Sympathisanten mit nein, 36% mit ja, während sich 13% unentschieden gaben. Zum gleichen Zeitpunkt um ihre Meinung zum Aufbau einer *selbständigen* westdeutschen Armee gebeten, votierte immer noch eine Mehrheit von 48% dagegen. Die Gruppe der Unentschiedenen war um 3% auf 10% geschrumpft, während die Befürworter mit 42% unterstrichen, welch bedeutender Anteil der FDP-Anhänger sich aus dem rechten und nationalen politischen Spektrum rekrutierte, auf den es in Konkurrenz zur Union und zur Deutschen Partei aus wahltaktischen Gründen Rücksicht zu nehmen galt[27]. Was Wunder also, daß die FDP in der nach Ausbruch des Korea-Krieges sich entzündenden wehrpolitischen Diskussion zunächst einmal die westlichen Siegermächte in die Pflicht genommen wissen wollte. „Für alle Beschlüsse und Maßnahmen, die unsere Sicherheit betreffen, fällt ausschließlich den Alliierten die Verantwortung zu", ließ der Parteivorsitzende Blücher verlauten[28].

Um so erstaunter nahm man in Politik und Öffentlichkeit zur Kenntnis, daß die FDP im August 1950 im Europarat grundsätzlich positiv auf den dort unterbreiteten Vorschlag des britischen Oppositionsführers Winston Churchill reagierte – und damit ihre Übereinstimmung mit den dortigen Vertretern der Union demonstrierte –, eine europäische Armee unter Einbeziehung bundesrepublikanischer Kontingente aufzustellen[29]. Allerdings machten die Liberalen die Rekrutierung westdeutscher Streitkräfte von der vorherigen Erfüllung gewisser Bedingungen abhängig. Das offizielle Parteiorgan warnte vor der Annahme, „man brauche bei den Deutschen nur ein bißchen einladend mit dem Säbel zu rasseln, dann werde vom Rhein ein donnerndes Hurra als Echo widerhallen". Der Parteivorsitzende Blücher machte deutlich, ohne Souveränität der Bundesrepublik sähen die Freien Demokraten keine Verhandlungsgrundlage für Bonner Verteidigungsanstrengungen gegeben. Aus seiner Sicht bedurfte es „eines umfassenden Gespräches zwischen dem Westen und der Bundesrepublik über die Wiederherstellung der deutschen Souveränität, über die wirtschaftliche und soziale Handlungsfreiheit, über die Beseitigung des formalen Kriegszustandes, über eine grundlegende Änderung des Besatzungsstatutes und über eine westliche Sicherheitsgarantie [...], wenn die Frage einer deutschen Beteiligung an einer europäischen Armee in verbindlicher Form gestellt werden soll"[30].

Mit diesem, zu einem relativ frühen Zeitpunkt geäußerten grundsätzlichen Ja der FDP-Spitze zu einem europäischen Verteidigungsbeitrag der Bundesrepublik bewies die Partei auf einem für die Zukunft des Bundeskanzlers und die Geschicke des jungen westdeutschen Staates entscheidenden Gebiet die erhoffte Koalitionstreue. Dennoch deuteten sich mögliche, mit der Sicher-

[26] Mende, FDP, S. 82.
[27] IfD: Die Stimmung im Bundesgebiet 1, November 1950, Tab. 1 + 3, BA, B 145/4220.
[28] fdk, 26.7.1950, S. 7.
[29] Vgl. dazu Foerster, Innenpolitische Aspekte, S. 512 f.
[30] fdk, 17.8.1950, S. 2 f.

heitsfrage verbundene tiefgreifende Differenzen an. Zwar hatte Adenauer das Kabinett vor Abfassung und Absendung seines Memorandums vom August 1950 von seiner beabsichtigten sicherheitspolitischen Initiative unterrichtet – ohne seine damit verbundenen Absichten und den späteren Inhalt offenzulegen – und dessen Zustimmung erhalten. Das den Kern des Memorandums bildende Anerbieten einer Beteiligung an der Verteidigung Westeuropas stand jedoch in schroffem Gegensatz zu den Präliminarien, die die FDP vor einer solchen Zusicherung erfüllt wissen wollte. Sie hatte rechtzeitig vor dem Mißverständnis gewarnt, „als ob die Bundesregierung erst deutsche Soldaten marschieren lassen wolle, um *später* mit der Gleichberechtigung belohnt zu werden". Gerade dies aber war, wie sich später herausstellen sollte, die Strategie des Regierungschefs. Die FDP ließ keinen Zweifel daran, daß sie es für richtiger hielt, den Weg in umgekehrter Richtung zu beschreiten: „Die vollkommene Normalisierung der politischen Zustände ist die Voraussetzung für eine deutsche Beteiligung an einer europäischen Armee", erklärte Bundestagsvizepräsident Hermann Schäfer[31]. Die aber auch in der FDP lebhaft entwikkelte Bedrohungsvorstellung gegenüber UdSSR und DDR und die Beschlüsse der New Yorker Außenministerkonferenz der drei Westmächte von Mitte September 1950 (Beendigung des Kriegszustandes mit Deutschland, Sicherheitsgarantie für die Bundesrepublik, Alleinvertretungsrecht der Bundesrepublik als Nachfolgerin des Deutschen Reiches) veranlaßten die FDP-Führungsgremien in Partei, Bundestag und Regierung, auf den Kurs des Bundeskanzlers einzuschwenken. Dies war gleichbedeutend mit dem Verzicht auf eine selbständige westdeutsche Armee: „In Bonner Kreisen ist man sich bewußt, daß jeder Gedanke einer Wiederherstellung der *nationalen Wehrhoheit* und an die Bildung einer deutschen Armee auf ein starkes Mißtrauen des Auslandes stoßen würde und zu unheilvollen Verwicklungen führen könnte. Zudem ist im deutschen Volk ein ausgesprochener Widerwillen gegen eine Wiederholung der militaristischen Wagnisse der Vergangenheit festzustellen[32]."

Der Bundeskanzler wußte, daß er zukünftig auf die Unterstützung der FDP in der Wehrfrage würde bauen können. Dies garantierte im Kabinett Wohnungsbauminister Wildermuth, der im September 1950 in einem Gespräch unter vier Augen gegenüber Adenauer seine Anwartschaft auf den Posten des künftig für die Militär- und Sicherheitspolitik zuständigen Ressortchefs anmeldete: „Ich habe [...] den Kanzler darauf angesprochen, daß ich bitte, meine persönliche Stellung zu klären. Er wisse, daß hier eine Aufgabe vorliege, der ich mich mit Leidenschaft unterziehen würde. [...] Ich sagte ihm weiter, daß ich durchaus die persönlichen Schwierigkeiten für ihn sehe, daß er sich aber bisher ja auf meine Loyalität habe verlassen können." Der Bundeskanzler legte sich jedoch nicht fest, sondern stellte die Gegenfrage: „Was meinen die Generäle dazu[33]?"

Schwierigkeiten erwuchsen der FDP bei der nach ihr orientierten Wählerschaft, die sich im Oktober 1950 noch mit 42 Prozent gegen eine Teilnahme westdeutscher Truppen an einer europäischen Armee aussprach, während nur 34 Prozent dafür waren, wohingegen sich die Zahl der Unentschiedenen auf 8 Prozent zugunsten derjenigen vermindert hatte, die unter noch nicht näher formulierten Bedingungen einem solchen Wehrbeitrag zuzustimmen bereit waren (16 Prozent)[34].

Die national-konservative Deutsche Partei brachte alle Voraussetzungen in die Koalition ein, die sie in der Sicherheitspolitik zu einem zuverlässigen Partner im Sinne des Bundeskanzlers werden ließen. Aufgrund ihres Selbstverständnisses einer rechten Integrationspartei wollte sie

[31] Ebd., S. 3.
[32] Ebd., 6.9.1950, S. 2.
[33] Aktenvermerk Wildermuths über eine Besprechung am 27.9.1950, BA, NL 251/7.
[34] IfD: Die Stimmung im Bundesgebiet 1, November 1950, Tab. 3, BA, B 145/4220.

die Schar der nach gültigen Rechtsbegriffen unbelasteten Nationalsozialisten ebenso in den demokratischen Staat einbinden, wie die der ehemaligen Wehrmachtangehörigen. Bereits in den sogenannten Programmpunkten des Jahres 1949 sprach sich die DP für die „Anerkennung der Ehre des reinen Soldatentums" aus[35]. Dem Parteivorsitzenden und späteren Minister für Bundesratsangelegenheiten Heinrich Hellwege lag die Resozialisierung des Berufssoldatentums besonders am Herzen, und deshalb forderte er in den Koalitionsverhandlungen mit dem präsumtiven Bundeskanzler die „Wiederherstellung des Versorgungsrechts der Wehrmachtsangehörigen [...] unter möglichster Aufrechterhaltung des seit 1918 bestehenden Rechtszustandes"[36]. Um der Lösung dieses Problems willen zeigte er sich durchaus bereit, in einem Regierungsbündnis in anderen innenpolitischen Bereichen Konzessionen zu machen, und dies nicht nur aus politischer Einsicht, sondern auch aus politischem Selbsterhaltungstrieb, galt es doch, das DP-Wählerreservoir davor zu schützen, von Union und FDP aufgesogen zu werden. Folglich hatte die DP „insbesondere bei der Frage der Wehrmachtspensionen [...] ohne Rücksicht auf die Folgen ein eigenes Gesicht zu zeigen"[37]. Frühzeitiger als andere Parteien packte die DP das heiße Eisen der Entnazifizierung, der Diffamierung des deutschen Soldaten und der Kriegsverbrecherprozesse an. Anläßlich eines Parteitages in Bremen Anfang Juni 1950 äußerte Hellwege bedauernd, „es dürfte [...] noch niemals vorgekommen sein, daß ein Millionenheer [...] für ehrlos erklärt wurde, weil einige seiner Vertreter sich unwürdig benommen haben, und weil es besiegt wurde", um sodann die Revision der Urteile gegen namhafte Offiziere zu fordern[38]. Selbstgefällig verkündete er gegen Ende der ersten Legislaturperiode: „Ich habe als *erster* Bundesminister das Problem der *Kriegsverurteilten* zur Debatte gestellt und die Namen Mansteins und Kesselrings öffentlich herausgehoben[39]." Der Bundeskanzler hat seinem kleinen Koalitionspartner diesen politischen Tummelplatz vorerst gerne überlassen: Seine Partei mußte sich nicht unbedingt mit den entsprechenden Aktivitäten der DP identifizieren, konnte aber, wenn notwendig, darauf hinweisen, daß seine Regierung sich für die Belange der ehemaligen Wehrmachtangehörigen einsetzte. Als Gegenleistung sicherte ihm die Deutsche Partei die vorbehaltlose Unterstützung seiner Außen- und damit Sicherheitspolitik zu, zumal hier ohnehin eine konzeptionelle Dekkungsgleichheit herrschte.

Nach einem Vierteljahr der Partizipation an der Macht in Bonn versuchte die ursprünglich niedersächsische Landespartei ihr bundespolitisches Rollenverständnis zu definieren, nicht zuletzt im Blick auf die bevorstehenden Landtagswahlen des Jahres 1950. In Anbetracht des Kalten Krieges und der dadurch provozierten, von ihr nicht näher bezeichneten Gefahrenlage für die Bundesrepublik, bekannte sich die DP zu einer den Weltfrieden erhaltenden Außenpolitik. Die Wiederherstellung Gesamtdeutschlands in den Grenzen von 1937 betrachtete sie als einen das Verhältnis zwischen Ost und West stabilisierenden Faktor, wobei sich die Lösung der deutschen Frage ihrer Ansicht nach nur über eine europäische Zusammenarbeit erreichen ließ, in die die Bundesrepublik einbezogen werden mußte. Dies war noch kein Plädoyer für eine Politik der Stärke, eher eines Austarierens des Machtverhältnisses zwischen den beiden Blöcken, das man als Voraussetzung erfolgreicher Verhandlungen über die Zukunft Gesamtdeutschlands erachtete. Sie forderte daher: „Der Weg zu einem künftigen Einvernehmen zwischen einem

[35] Zit. n. Meyn, Die Deutsche Partei, S. 22.
[36] Brief Hellweges, 14.9.1949, an Adenauer, ebd., S. 23.
[37] Rundbrief Hellweges, 22.12.1949, ebd., S. 25.
[38] Rede auf der Kundgebung anläßlich des Parteitages in Bremen am 3.6.1950 von Bundesminister H. Hellwege.
[39] Macht den rechten Flügel stark, S. 7.

freien Deutschland und der Sowjet-Union darf im Hinblick auf einen möglichen Ausgleich zwischen Ost und West nicht verschüttet werden[40]." Da die Partei von personellen Affären im Zusammenhang mit früheren NS-Aktivitäten einiger ihrer Repräsentanten auf Länderebene nicht verschont blieb und in diesem Zusammenhang stets dem Verdacht ausgesetzt war, ausschließlich in nationalem Fahrwasser zu dümpeln, hat der Parlamentarische Geschäftsführer v. Merkatz im Frühsommer 1950 noch einmal den außenpolitischen Standort der DP fixiert: „Wir von der Deutschen Partei lehnen jeden Versuch einer Schaukelpolitik zwischen Ost und West ab. Unsere politische Konzeption ist westlich[41]."

Wie für die Union, so war auch für die DP das Bekenntnis zu Europa gleichbedeutend mit dem Willen, es zu verteidigen. Glaubt man der Demoskopie, dann lag der Prozentsatz derjenigen, die im Februar 1950 den Aufbau einer neuen „deutschen Wehrmacht" im Rahmen einer europäischen Armee und im Zusammenwirken mit dem Atlantikpakt befürworteten, bei den Anhängern der Deutschen Partei mit 56% im Vergleich zu allen übrigen parlamentarisch-demokratischen Parteien am höchsten. 35% signalisierten Ablehnung, und 9% verhielten sich unentschieden[42]. Als Churchill Mitte August 1950 mit seiner Aufforderung, sich durch ein westdeutsches militärisches Kontingent an der Aufstellung einer Europaarmee zu beteiligen, entsprechende Aktivitäten, insbesondere des Bundeskanzlers, auslöste, sah sich der kleinste Koalitionspartner erstmals vor die Notwendigkeit gestellt, ein eigenes sicherheitspolitisches Konzept zu entwickeln. Von einer latenten, wenngleich nicht akuten Bedrohung durch die Sowjetunion ausgehend, betonte v. Merkatz in einem Schreiben an seinen Parteivorsitzenden in dessen Eigenschaft als Bundesminister die Notwendigkeit, „Verteidigungsmaßnahmen in Europa unter Einschluß Deutschlands mit größter Beschleunigung durchzuführen". Es handele sich in dieser Frage „um ein eisernes Muß", das er mit dem Umstand begründete, Westdeutschland werde im Falle einer militärischen Auseinandersetzung Vorfeld und Aufmarschgebiet. Der Überlebenswille gebiete es, die Westmächte zu veranlassen, Europa nicht an den Pyrenäen, sondern mit Offensivkraft an den östlichen Grenzen der Bundesrepublik zu verteidigen. Eine solche Verpflichtung werde nur zu erreichen sein, wenn die Bundesrepublik ihre Bereitschaft zu eigenen Opfern bekunde[43].

Als infolge der bereits erwähnten Adenauerschen Offerte an die Westmächte von Ende August 1950 ein westdeutscher Verteidigungsbeitrag konkreter Verhandlungsgegenstand zwischen den USA, Großbritannien und Frankreich, aber auch zwischen diesen und der Bonner Regierung wurde, war es wieder v. Merkatz, der seine Partei nun auf ein verteidigungspolitisches Grundsatzprogramm festlegte. In einer ausführlichen Expertise über die Stellung der Bundesrepublik und die Möglichkeiten zur Sicherung des Friedens und des Wiederaufbaus entwarf er einen politischen Aufgabenkatalog, der vorsah

„a) Abwehr der Bolschewisierung,
b) Neubegründung einer auf der persönlichen Freiheit beruhenden gesunden Sozialordnung,
c) Wiederaufbau und Verbesserung des Lebenszuschnitts für alle,
d) Wiedervereinigung der deutschen Nation in einem das gesamte deutsche Volk umfassenden freiheitlich-demokratischen und föderativ gegliederten Rechtsstaat,
e) Verhinderung eines dritten Weltkrieges oder eines Bürgerkrieges auf deutschem Boden"[44].

40 Die Deutsche Partei vor neuen Aufgaben, 22.12.1949, ACDP, NL v. Merkatz, I – 148 – 091/1.
41 Deutscher Bundestag, Sten. Ber., Bd 4, 68. Sitzung, 13.6.1950, S. 2493 D.
42 IfD: Die Stimmung im Bundesgebiet 1, Nov. 1950, Tab. 2, BA, B 145/4220.
43 Vermerk v. Merkatz, 25.8.1950, an Hellwege, ACDP, NL v. Merkatz, I – 148 – 042/1.
44 Ebd.

Diese Stufenfolge läßt sicher eine politische Wertigkeit erkennen, aufgrund derer die Abwehr des Bolschewismus als innenpolitisches Phänomen in Gestalt von Infiltration und Infektion seitens der DDR höchste Priorität besaß, der es einerseits durch polizeiliche Maßnahmen, andererseits durch die Schaffung einer gesunden Wirtschafts- und Sozialordnung wirkungsvoll zu begegnen galt. Bemerkenswert ist, daß Wiedervereinigung und sicherheitspolitische Anstrengungen an programmatisch letzter Stelle rangierten. Damit wurde dem Ergebnis einer nüchternen Analyse der gesamtpolitischen Konstellationen Rechnung getragen, die sich für die Lösung der gesamtdeutschen Problematik als höchst ungünstig erwiesen, bezüglich der militärischen Bedrohung der Bundesrepublik und Europas nach Abgabe der westalliierten Sicherheitsgarantie aber Anlaß zu verhaltenem Optimismus zu bieten schienen, wurden sie doch von den Verfassern und dem Adressaten in Moskau übereinstimmend dahin interpretiert, daß ein Angriff auf West-Berlin oder die Bundesrepublik einen den Dritten Weltkrieg auslösenden Akt darstelle. Bedeutsam für die zukünftige verteidigungspolitische Haltung der Deutschen Partei ist die Tatsache, daß sie der Sowjetunion unter Stalin keine Politik der Aggression, sondern der konsequenten Konsolidierung ihres Machtbereichs und der Verteidigung ihres territorialen Besitzstandes unterstellte. Dabei räumte v. Merkatz ein, daß der Kreml unter ihm günstig erscheinenden Umständen durchaus versucht sein könnte, die gesamtdeutsche Frage in seinem Sinne zu lösen, nicht aus Hegemonialstreben, wohl aber aus verständlichem Sicherheitsbedürfnis gegenüber Deutschland. Auch könnte, so stellte er in Rechnung, die Sowjetunion bestrebt sein, die deutsche Frage im Sinne gesamtdeutscher Neutralität zu lösen, was nach seiner Auffassung die Gefahr in sich barg, daß der östliche Landesteil den westlichen allmählich ideologisch aufsöge. Um beiden Gefahrenmomenten rechtzeitig zu begegnen, war für die DP eine eindeutig westlich orientierte Politik, die die europäische Einigung vorantrieb, eine unabdingbare Notwendigkeit. Im Verlauf eines solchen Prozesses mußte die Bundesrepublik bestrebt sein, „Freiheit und Gleichberechtigung, d.h. Souveränität und damit Selbstverantwortlichkeit und Dignität als Staatswesen im Rahmen der sich verwirklichenden neuen Völkerrechtsordnung zu gewinnen". Eine solche Entwicklung mußte „militärisch nach außen und polizeilich im Inneren abgeschirmt werden"[45]. Mit dieser zumindest für die Bonner Repräsentanten der Partei in Parlament und Regierung richtungweisenden Studie bewies die DP ihre weitgehende Übereinstimmung mit der außen- und sicherheitspolitischen Konzeption des Bundeskanzlers.

Die bekannt kritische Einstellung der SPD-Spitze gegenüber einem westdeutschen Verteidigungsbeitrag korrespondierte mit der Haltung ihrer Anhänger- bzw. Wählerschaft, was die demoskopischen Daten eindeutig belegen. Zu Beginn des Jahres 1950 waren nur 23% – die niedrigste Quote bei allen größeren Parteien – der SPD-Sympathisanten bereit, einen westdeutschen Verteidigungsbeitrag im Rahmen einer europäischen Armee und in Verbindung mit dem Antlantikpakt zu akzeptieren, 60% wandten sich strikt dagegen, und 17% hatten keine Meinung[46]. Die wehrpolitischen Vorbehalte der SPD beruhten auf mehreren Faktoren. Zum einen hat die Sozialdemokratie in ihren Reihen immer Pazifisten beherbergt, die aber nach 1945 von den Führungsgremien ausgeschlossen blieben. Zum zweiten gab es unverkennbare Relikte ihres historisch begründeten Antimilitarismus mit einer deutlichen Distanz zum Soldatentum, die im übrigen wechselseitig durch eine Reihe von Vorurteilen entstanden war und aufrechterhalten wurde. So hat die nach Ende des Ersten Weltkrieges verbreitete, von der Reichswehr lebendig

[45] v. Merkatz: Die Stellung der Bundesrepublik und die Möglichkeiten zur Sicherung des Friedens und des Wiederaufbaus, Herbst 1950, ebd.
[46] IfD: Die Stimmung im Bundesgebiet 1, November 1950, Tab. 2, BA, B 145/4220.

gehaltene Dolchstoßlegende im Zusammenwirken mit der von der konservativen Rechten inszenierten Kampagne gegen die sogenannten Versailler Erfüllungspolitiker tiefe Spuren im politischen Bewußtsein der SPD hinerlassen, die auch nach 1945 deutlich sichtbar waren. Kurt Schumachers apostrophierter Nationalismus, der unter anderem seinen Ausdruck in einem dezidiert angemeldeten Wiedervereinigungsanspruch fand, läßt sich darauf ebenso zurückführen, wie, neben anderen Ursachen, seine Skepsis gegenüber den von Paris und der Regierung Adenauer verfolgten europäischen Einigungsbestrebungen. Beides hat die Haltung der SPD, zumindest zu Zeiten ihres Vorsitzenden Schumacher, hypothekarisch belastet. Gleichzeitig war die Partei nach Kriegsende in den westlichen Besatzungszonen strikt antikommunistisch, erst recht nach dem nicht ohne Druck erfolgten Zusammenschluß von SPD und KPD zur Sozialistischen Einheitspartei in der Sowjetzone, und zeigte sich dementsprechend nach innen und außen abwehrbereit. Und letztlich kann die sozialdemokratische Wehrpolitik nur verstehen, wer sie aus dem verunsicherten Selbstverständnis des nach seiner Meinung zu Unrecht von der Regierungsverantwortung Ausgeschlossenen begreift, also von der Notwendigkeit mitdiktiert, sich als größte Oppositionspartei gegenüber der Regierungskoalition kontradiktorisch verhalten zu müssen.

Daß diese unterschiedlichen, die Sicherheitspolitik der SPD beeinflussenden Elemente nicht gerade eine ideale Voraussetzung für eine in sich geschlossene, überzeugende und damit echt alternative Konzeption gegenüber der recht konsequenten und letztlich maßgebenden des Bundeskanzlers bildeten, liegt auf der Hand.

Zunächst einmal ist festzuhalten: Die Sozialdemokratie hat einen westdeutschen Verteidigungsbeitrag niemals kategorisch, sondern immer nur bedingt abgelehnt. Dies machte sie bereits Ende 1948 deutlich, als sie sich früher als andere Parteien intern der Frage zukünftiger deutscher Streitkräfte zuwandte. Der Parteivorstand ging grundsätzlich davon aus, daß sich die Ausgestaltung einer Wehrverfassung nach der deutschen Stellung in einer europäischen Gemeinschaft zu richten habe, ein Verteidigungsbeitrag ausschließlich im Rahmen eines Systems kollektiver Sicherheit und nur dann vorstellbar sei, wenn die westlichen Demokratien ihre unlösbare Verbundenheit mit dem deutschen Schicksal bekundeten und danach handelten[47]. Für eine europäische Zusammenarbeit fehlten der SPD allerdings, als sie im Sommer 1950 in Form eines assoziierten Beitritts der Bundesrepublik zum Europarat erstmals zur Entscheidung stand, die wichtigste Voraussetzung, nämlich die gleichberechtigte Mitgliedschaft der Bundesrepublik als souveräner Staat[48]. Demzufolge tat die Partei sich schwer mit dem Beschluß, Delegierte nach Straßburg zu entsenden, wo diese sich dann auch nachdrücklich von den zustimmenden Erklärungen der die Bonner Koalitionsparteien vertretenden Abgeordneten zu Churchills Vorschlag der Schaffung einer Europaarmee unter westdeutscher Beteiligung distanzierten. Dies geschah nicht, wie der stellvertretende Parteivorsitzende Ollenhauer nachdrücklich feststellte, „weil wir nicht auch die Verteidigung von Freiheit und Recht mit allen Kräften wollen. Unsere politische Entscheidung für die Sache der Freiheit und der Demokratie ist längst gefallen, wir sind zu keinem Kompromiß in der Frage der Verteidigung von Freiheit und Recht bereit[49]." Ihre ablehnende Haltung erklärt sich aus ihrer ideologischen und in Anbetracht der gegebenen politischen Konstellationen völlig irrealen Europakonzeption, die keinen Platz ließ für die Vorstellung einer westdeutschen Integration in eine Gemeinschaft dominant konservativ-privatkapitalistischen,

[47] Erklärung des PV, 10./11.12.1948. Zusammenstellung von Argumenten der Opposition zu dem geplanten Wehrbeitrag, BA, B 145/857.

[48] So Erich Ollenhauer im SPD-Pressedienst vom 21.8.1950, S. 1.

[49] Ebd., S. 2.

vielleicht sogar noch katholisch-klerikalen Zuschnitts. Die SPD vertrat, konkret auf den Wehrbeitrag bezogen, die Auffassung, in der Bundesrepublik fehlten aufgrund des gegebenen fragwürdigen staatsrechtlichen Zustandes, der desolaten wirtschaftlichen Verhältnisse und der schwierigen politisch-psychologischen Situation die entsprechend günstigen Bedingungen. „Deutschland würde nicht in der Lage sein, ernsthaft und eindrucksvoll eine solche Aufgabe zu erfüllen, es würde alle politischen und psychologischen Nachteile einer solchen Politik nach innen und außen auf sich nehmen, ohne auf der anderen Seite einen wirklichen Nutzen für Europa und die Welt und auch für sich selbst zu haben[50]." Hinter solchen Überlegungen verbarg sich die Furcht vor unvorhersehbaren innenpolitischen Turbulenzen und einer Kurzschlußreaktion der Sowjetunion. So hatte der stellvertretende Fraktionsvorsitzende im Bundestag, Carlo Schmid, vor holländischen Genossen betont, „daß man die Völker nicht gefühlsmäßig überfordern dürfe. Bei dem ersten Schritt zur Remilitarisierung sei der Präventivkrieg der Russen wahrscheinlich"[51].

Als auf der 5. Tagung des Nordatlantikrates (18./23./26. September 1950 in New York) der Vorschlag zur Aufstellung einer integrierten Streitmacht zur Verteidigung Westeuropas im Rahmen der Organisation des Nordatlantikpaktes formuliert und der Verteidigungsausschuß ersucht wurde, die Modalitäten für eine westdeutsche Streitmacht zur Abwehr einer Aggression und damit zur Verteidigung Westeuropas zu prüfen, mußte die SPD befürchten, in ihrer sicherheitspolitischen Argumentation vom Gang der Ereignisse überholt zu werden. Sie begründete daher nochmals ihre Position des Nein-Wenn-Nicht. Kurt Schumacher legte nun den Standpunkt seiner Partei in einer Weise fest, die diese bis zu seinem Tode binden und in Sachen Verteidigungspolitik konzessions- und manövrierunfähig machen sollte, mehr noch, die SPD bei der Regelung einer der wichtigsten Nachkriegsangelegenheiten zur politischen Selbstenthaltung zwang.

In der sich in der Folgezeit entwickelnden Auseinandersetzung zwischen der Sozialdemokratie und der Union, besser gesagt mit dem Bundeskanzler, zeichnete sich für die Sozialdemokratie nur langsam und schemenhaft ab, daß Sicherheitsproblematik und Wehrbeitrag für jede der beiden Seiten einen gänzlich anderen politischen Stellenwert besaßen. Wo Adenauer die erhitzte internationale Atmosphäre zu Beginn des Korea-Konfliktes zu nutzen gedachte, um über einen Verteidigungsbeitrag Gleichberechtigung und außenpolitisches Gewicht zu erlangen, auch eine entsprechende Propaganda nicht scheute, um die Furcht vor einem kommunistischen Überfall zu wecken und wachzuhalten, um dergestalt den weit verbreiteten Widerstand in der Bevölkerung gegen eine Aufrüstung aufzuweichen, dort reagierte die SPD wesentlich nüchterner. Sie sah Europa nicht akut militärisch bedroht – der Bundeskanzler, wie wir heute wissen, entgegen seinen damaligen verbalen Äußerungen auch nicht –, weshalb man mit der Aufstellung westdeutscher Streitkräfte nichts zu überstürzen brauchte. Der Freiwillige des Ersten Weltkrieges Kurt Schumacher wußte durchaus in militärisch-strategischen und operativen Kategorien zu denken. Er hielt einen isolierten Übergriff bewaffneter Kräfte der DDR für ausgeschlossen, und von daher erübrigten sich westdeutsche Streitkräfte fürs erste.

Darüber hinaus meinte er, eine militärische Aggression aus dem Osten würde immer von der Sowjetunion getragen. In der gegebenen Situation der westalliierten militärischen Schwäche könnten westdeutsche Kontingente nur unter hohen Verlusten ein militärisches Vorfeld lediglich hinhaltend verteidigen, was nicht zu verantworten sei. Und weiterhin war er der Auffassung, nach den Verlusten im Zweiten Weltkrieg dürfe nur eine Vorneverteidigung offensiven Charak-

[50] Ebd.
[51] Protokoll über die Fraktionssitzung mit holländischen Genossen, 24. 1. 1950, AdsD, Fraktionsakten.

ters, und zwar östlich der Grenzen der Bundesrepublik und schwerpunktmäßig auch nur außerhalb der Grenzen der DDR, zum Zwecke der Wiederherstellung Gesamtdeutschlands erfolgen. Dazu war eine massive, den Erfolg außer Zweifel stellende amerikanische Präsenz in der Bundesrepublik und in Europa notwendig, ehe der westdeutschen Bevölkerung eigene Verteidigungsopfer abverlangt werden konnten[52].

Um die Einschätzung der militärpolitischen Lage ging es aber in der Auseinandersetzung mit dem Bundeskanzler nicht. In Wirklichkeit lag der Konflikt in der unterschiedlichen instrumentalen Bedeutung begründet, die der Oppositionsführer und der Regierungschef dem politischen Gegenstand Verteidigungsbeitrag beimaßen. Die Sozialdemokraten haben der Wiedervereinigung immer eindeutig den Vorzug vor einem Verteidigungsbeitrag eingeräumt. Wenn man schon die Verpflichtung eines militärischen Bündnisses einging, dann durfte sich dessen Aufgabe nicht in einer reinen Verteidigungsfunktion erschöpfen, dann mußte sich im Falle akuter Bedrohung aus der Abwehrfront heraus ein offensives Vorgehen zum Zwecke der befriedigenden Lösung der deutschen Frage ermöglichen lassen. Der Bundeskanzler hingegen sah mit einem westdeutschen Verteidigungsbeitrag primär die Chance verbunden, sich allmählich als gleichberechtigter Partner in den Kreis der freien Völker des Westens einordnen, um wieder europäische und weltpolitische Verantwortung mit übernehmen zu können. Und auch in politisch-taktischer Hinsicht gab es einen grundlegenden Dissens. Während der Bundeskanzler und die CDU/CSU durch Wohlverhalten und Vorleistungen eine Verbesserung des politischen Status der Bundesrepublik zu erreichen suchten, wollte die SPD mit dem Verteidigungsbeitrag einen Trumpf in der Hand behalten, den sie nur gegen politische Konzessionen der westlichen Besatzungsmächte auszuhändigen bereit war.

Mitte September 1950 legte Kurt Schumacher noch einmal seine Argumente vor den führenden Parteigremien auf den Tisch. Er deklarierte die SPD als eine sozialistische Friedenspartei, erteilte aber gleichzeitig jeglichem Pazifismus eine Absage, ebenso deutlich aber auch allen Aufrüstungsplänen „in der heutigen Situation", weil er die von ihm geforderten Präliminarien seitens der Westmächte noch nicht erfüllt sah[53]. Die Einstellung der SPD zu einem westdeutschen Verteidigungsbeitrag läßt sich für den Frühherbst 1950 auf die vereinfachte Formel bringen: Nicht unter den gegebenen Bedingungen; aber grundsätzlich zog die Partei die Zugehörigkeit der Bundesrepublik zum Westen und die Notwendigkeit, zu dessen militärischer Verteidigung beizutragen, nicht in Zweifel.

Die KPD verneinte beides und bewegte sich seit ihrer Neubegründung am politischen Gängelband Moskaus und später der SED, mit der sie 1947 eine Arbeitsgemeinschaft einging, die nur aus Gründen der Taktik 1949 in beiderseitigem Einvernehmen wieder gelöst wurde. In einem vom Parteivorstand 1948 herausgegebenen Leitfaden war die Rede vom bedingungslosen Einstehen für die Politik der UdSSR. Deshalb bekämpfte sie die Westintegration ganz allgemein und die wirtschaftliche und politische Eingliederung der Bundesrepublik in ein freiheitlich-demokratisches Europa insbesondere, der, wie sie richtig voraussah, die militärische unabweisbar folgen mußte, was nach ihrem Sprachgebrauch gleichbedeutend war mit einer Stärkung der aggressiv-imperialistischen Politik der USA gegenüber der Sowjetunion. Entsprechend den drei Phasen der Westintegration (Installation demokratisch-pluralistisch strukturierter Länderregierungen, Gründung der Bundesrepublik, Beitritt zum Atlantikpakt) entfaltete sie ihre gegenläufi-

[52] Vgl. dazu Buczylowski, Schumacher, S. 69–111; vgl. auch Foerster, Innenpolitische Aspekte, S. 441 ff.

[53] Kommuniqué von Stuttgart, S. 1, AdsD, SPD-PV, Protokolle 1950; Referat, gehalten auf einer gemeinsamen Tagung der SPD-Körperschaften, 17.9.1950, in Stuttgart, ebd., S. 3 ff.

gen Aktivitäten. Zwischen 1945 und 1948 zielte sie auf eine antifaschistische Einheitsfront ab, um die Einbeziehung der drei westlichen Besatzungszonen in den Einflußbereich der Vereinigten Staaten zu verhindern und die Grundlagen für eine prosowjetische Politik eines einheitlichen Deutschlands zu schaffen. Nach der Gründung der Bundesrepublik setzte sie alles daran, den in Gang kommenden ökonomischen und militärischen Integrationsprozeß zu verhindern, zumindest zu verlangsamen (1948 bis 1953), um dann 1953 und 1956 die konkreten Versuche einer Verankerung der Bundesrepublik im Westen zu vereiteln[54]. Als Hilfsmittel in diesem Kampf bediente sie sich sowohl der stark propagandistisch untermauerten parlamentarischen Tätigkeit zunächst auf Länder-, später auf Bundesebene, und zwar bei starker Betonung des nationalen Gedankens, mit dem Ziel des Sturzes der Bundesregierung und der Installation eines gesamtdeutschen Staates in Neutralität als Vorform einer späteren Volksdemokratie. Die Kommunistische Partei Deutschlands sprach dem Nordatlantikpakt und seiner militärischen Organisation, der NATO, den defensiven Charakter grundsätzlich ab. „Der Atlantikpakt dient nicht der Aufrechterhaltung des Friedens, er ist das diplomatische Instrument zur Vorbereitung eines neuen Krieges gegen die sozialistische Sowjetunion, gegen die friedlichen Völker der Volksdemokratien". Die Einbeziehung eines westdeutschen Separatstaates in den Nordatlantikpakt wertete die KPD als „Mißbrauch des deutschen Volkes und des wirtschaftlichen Potentials Westdeutschlands für die Realisierung imperialistischer Kriegspläne"[55]. Im Wahlkampf zum Ersten Deutschen Bundestag glaubte die KPD, der westdeutschen Bevölkerung noch eine politische Alternative offerieren zu können: nationale Einheit und Unabhängigkeit in Frieden oder Mitgliedschaft in der Atlantikpaktorganisation, wodurch die Bundesrepublik zur Waffenschmiede und zum Schlachtfeld der USA im Kampf gegen die UdSSR bestimmt werde[56]. Gänzlich in marxistisch-leninistischen Denkkategorien befangen, wonach der Hochkapitalismus die ausgeprägteste Form des Imperialismus und damit des Unfriedens darstellt, sah die KPD in Adenauer den Prototyp des Kriegstreibers. Nach dessen Äußerungen im Cleveland Plain Dealer vom Dezember 1949 brachte die KPD-Bundestagsfraktion den – mit einer Ablehnung beschiedenen – Antrag ein, das Parlament möge beschließen, „dem Bundeskanzler zu untersagen, die Remilitarisierung in jeder Form, auch wenn die Westmächte sie fordern, zu betreiben"[57]. Im Frühjahr 1950 legte sie den Entwurf eines Gesetzes vor, das für die Bundesrepublik Herstellung, Besitz, Einfuhr und Verbreitung von Waffen und Kriegsmaterial verbieten sollte[58].

Die Debatte im Bonner Parlament um den Beitritt der Bundesrepublik in assoziierter Form zum Europarat bot der KPD die Gelegenheit, ihr politisches Plankonstrukt aus europäischer Einigungs- und Sicherheitspolitik eindrucksvoll öffentlich vorzuführen. Hatte der Bundeskanzler eingangs der Diskussion Wert auf die Feststellung gelegt, zwischen Europarat und Nordatlantikpaktorganisation bestünden keinerlei politische Verbindungslinien – was in dieser Form auch nicht stimmte –, so waren für den Sprecher der KPD-Fraktion Europarat, Atlantikpakt und Schuman-Plan drei verschiedene Elemente ein und desselben, von Amerika geschmiedeten Kriegspaktes gegen das sozialistische Lager. Aus seiner Sicht bedeutete der Beitritt zum Europarat den ersten Schritt in Richtung Atlantikpakt, eine Vorausschau, mit der er natürlich nicht völ-

[54] Vgl. dazu Staritz, KPD/Parteienhandbuch, Bd 2, S. 1676.
[55] Erklärung des Parteivorstandes der KPD zum Atlantikpakt, März 1949. Zit. n. Dokumente der KPD, S. 172 f., hier S. 172.
[56] Aus dem Wahlprogramm der KPD, Juli 1949. Ebd., S.186–193.
[57] Deutscher Bundestag, Sten. Ber., Bd 1, 24. Sitzung, 16.12.1949, S. 740 C.
[58] Antrag vom 16.3.1950, Deutscher Bundestag, Drucksachen, Bd 3, Nr. 715.

lig falsch lag[59]. Aufgrund ihrer bescheidenen Sitzzahl (15 Mandate) im Bundestag und in Anbetracht der totalen Verweigerung der Sozialdemokratie gegenüber der Bildung einer sogenannten antimilitaristischen Einheitsfront sah sich die KPD besonders genötigt, ihre schmale politische Basis im Parlament auf die plebiszitäre Ebene auszuweiten, indem sie sich u.a. an national und international gesteuerten außerparlamentarischen Aktionen für den Frieden und gegen die westdeutsche Aufrüstung beteiligte bzw. selbst entsprechende Initiativen ergriff und im Sinne ihrer eigentlichen politischen Zielsetzung, nämlich der Umwandlung des politischen und sozio-ökonomischen Systems der Bundesrepublik, auch vor subversiver Tätigkeit nicht zurückschreckte[60].

Daß sich die KPD-Sympathisanten im Februar 1950 mit 71% gegen den Aufbau westdeutscher Streitkräfte im Zusammenhang mit dem Atlantikpakt und im Rahmen einer europäischen Armee aussprachen, sich lediglich 5% unentschieden zeigten, erscheint nach dem bisher Gesagten ebenso selbstverständlich, wie die Tatsache Erstaunen hervorrufen muß und sich einer rationalen Erklärung entzieht, daß knapp ein Viertel, d.h. 24% der KPD-Wählerschaft unter den vorgegebenen Bedingungen die Aufstellung bundesrepublikanischer Streitkräfte bejahten, 1% mehr – auch wenn das eine sehr fragwürdige demoskopische Größe ist – als bei der SPD-Klientel[61].

Ob die Splitterparteien des Bundestages die Sicherheitspolitik des Bundeskanzlers unterstützen würden, stand im Spätsommer/Frühherbst 1950 durchaus in Frage. Das nationale Lager, zunächst repräsentiert durch die Deutsch-Konservative Partei/Deutsche Rechtspartei (DKP/DRP), löste sich bereits Ende 1949 allmählich zugunsten anderer Parteien, insbesondere der DP, auf und verblieb als eine Art neonazistischer Bodensatz in Form der Sozialistischen Reichspartei (SRP) im Bonner Parlament präsent. Später fusionierte sie teilweise und vorübergehend mit der Wirtschaftlichen Aufbau-Vereinigung (WAV) – nach ihrem Begründer auch Loritz-Partei genannt. DKP/DRP und SRP verfolgten als oberstes politisches Ziel die Reichseinheit, kämpften gegen die sogenannte Unrechtsherrschaft der Alliierten und fielen auch durch einen extremen Antibolschewismus auf. Ihre europapolitischen Vorstellungen waren bis Ende 1950 noch unkonturiert. Erst danach zeichnete sich ein mit dem Europa- und Sicherheitsgedanken verbindendes verteidigungspolitisches Orientierungsmuster ab. Bemerkenswert ist allerdings, daß sich aus der Wählerschaft dieser politischen Gruppierung bereits im Februar 1950 mit 58% gegen 42% der höchste Anteil der Befürworter einer westdeutschen Partizipation an einer europäischen Verteidigungsarmee im Rahmen des Atlantikpaktes rekrutierte[62], was als ausgeprägter Wehrwille gelten kann.

Der Loritz-Partei mangelte es, in Angleichung an ihre parlamentarischen Vertreter, an einem ausgeprägten politischen Profil. Ihre schillernde Farbgebung reichte von neo- bis sozialfaschistisch zu bürgerlich-revolutionär. Die Stellungnahmen der WAV-Abgeordneten im Bundestag zur Wehrfrage zeichneten sich durch Widersprüchlichkeit aus. Obgleich Loritz immer das Gespenst eines bolschewistischen Überfalls an die Wand malte, sprach er sich im November 1949 gegen einen deutschen Verteidigungsbeitrag aus[63]. Gleichzeitig deutete die Fraktion an, die Politik der Westorientierung des Bundeskanzlers mittragen zu wollen. In der entscheidenden Le-

59 Deutscher Bundestag, Sten. Ber., Bd 4, 68. Sitzung, 13.6.1950, S.2496–2500.
60 Vgl. dazu das Kap. über Verteidigungsbeitrag und westdeutsche Öffentlichkeit.
61 IfD: Die Stimmung im Bundesgebiet 1, November 1950, Tab. 2, BA, B 145/4220.
62 Ebd.
63 Deutscher Bundestag, Sten. Ber., Bd 1, 17. Sitzung, 15.11.1949, S.431.

sung über den Beitritt der Bundesrepublik zum Europarat bekundete die Partei dann auch Zustimmung[64].

Der Vorsitzende der SRP, der Bundestagsabgeordnete Dorls, stellte den Beitritt der Bundesrepublik zum Europarat in den größeren Zusammenhang des Bemühens der USA, die Einigung Europas im Sinne der Errichtung eines politischen, ökonomischen und militärischen Walles gegenüber der UdSSR mit Hilfe seines Statthalters Frankreich voranzutreiben. Der Schuman-Plan erhielt aus dieser Sicht der Dinge den Stellenwert eines Instruments, mit dessen Hilfe man sich der Rohstoffe und Arbeitskräfte der Bundesrepublik versichern wollte. „Die Erfassung des Menschenpotentials von der rein militärischen Seite ist dann nur noch eine Frage der Zeit." Die SRP befürwortete durchaus den Gedanken der Schaffung eines vereinigten Europas, allerdings als dritter Kraft zwischen den Blöcken, und sie lehnte es ab, „diesen Gedanken für einseitige politische und militärische Zielsetzungen" – wie sie sich ausdrückte – „mißbrauchen zu lassen", zumal sie in dem Bestreben, die europäische Einigung unter dem Vorzeichen der Stärkung der westlichen Welt gegenüber dem sowjetischen Hegemonialbereich zu betreiben, eine ernsthafte Gefährdung zukünftiger gesamtdeutscher Bemühungen erblickte[65]. Solche Äußerungen kaschierten aber lediglich den aus der NS-Zeit übernommenen Anspruch, Europa unter deutscher Ägide in hegemonialer Absicht zu gestalten[66].

2. Der Pleven-Plan als Objekt innenpolitischer Auseinandersetzung

a) Die erste außen- und sicherheitspolitische Grundsatzdebatte des Deutschen Bundestages

Während die westdeutschen Parteien – unter ihnen die Union – im Frühherbst des Jahres 1950 noch damit beschäftigt waren, ihren internen Meinungsbildungsprozeß über ein grundsätzliches Ja oder Nein zu einem westdeutschen Verteidigungsbeitrag abzuschließen, ihre bereits getroffene ablehnende oder zustimmende Entscheidung in programmatische und öffentlichkeitswirksame Deklarationen zu kleiden bzw. die an ein positives Votum geknüpften Bedingungen zu formulieren, riß Paris plötzlich die sicherheitspolitische Initiative an sich. Bislang hatte sich Frankreich, aufgrund leidvoller historisch-politischer Erfahrung mit seinem östlichen Nachbarn und der laut Potsdamer „Abkommen" übernommenen Verpflichtung, mit dafür Sorge zu tragen, daß von deutschem Boden nie wieder Krieg ausgehe, in der Frage der Schaffung bundesdeutschen Militärs zunächst strikt ablehnend, dann dilatorisch verhalten. Als sich in den USA unter dem Eindruck der Ereignisse in Korea immer deutlicher die sogenannte Containment-Politik gegenüber dem vermeintlich aggressiven Bolschewismus durchsetzte und in Großbritannien wie in der Bundesrepublik eine regelrechte Bedrohungspsychose um sich griff, vermochte sich Frankreich dem Sog dieser Entwicklung nicht zu entziehen. Wenn sich nach Lage der Dinge ein westdeutscher Verteidigungsbeitrag schon nicht verhindern ließ, dann wollte es wenigstens, seinem Sicherheitsinteresse *vor* Deutschland und seinem politischen Selbstverständnis

[64] Ebd., Bd 4, 68. Sitzung, 13.6.1950, S. 2496 B.
[65] Ebd., S. 2501f.
[66] Vgl. zum Rechtsextremismus Jenke, Verschwörung.

als dominante westeuropäische Kontinentalmacht Rechnung tragend, in entscheidender Weise gestaltend und kontrollierend zugleich auf das neu entstehende deutsche Militärwesen Einfluß nehmen. Der am 24. Oktober 1950 im französischen Kabinett verabschiedete, zwei Tage später in der Nationalversammlung gebilligte, nach dem damaligen Ministerpräsidenten Pleven benannte Plan sollte dem Rechnung tragen, indem er die gesamtpolitischen Rahmenbedingungen und die militärischen Konditionen festlegte, unter denen Paris bereit war, einen Bonner Verteidigungsbeitrag zu akzeptieren. War man bei den drei Besatzungsmächten wie bei der Bundesregierung bislang von einer Koalitionsarmee aus gleichberechtigten militärischen Kontingenten der in Europa stationierten atlantischen, *einem* Oberbefehl unterstehenden Truppen ausgegangen, so beinhaltete der französische Vorschlag nun eine supranationale Streitmacht unter einem europäischen Verteidigungsminister, die der Atlantikpaktorganisation zur Verfügung gestellt werden sollte.

Der Pleven-Plan muß als Meilenstein auf dem Weg zur Aufrüstung der Bundesrepublik und zu ihrer Aufnahme in die Reihe der westlichen Verbündeten gewertet werden, auch wenn der Gang der Ereignisse sich letztlich nicht in den Bahnen vollzog, die Frankreich vorgezeichnet hatte. Paris gab, mannigfacher Bedenken und beabsichtigter Erschwernisse ungeachtet, grünes Licht für die Aufstellung westdeutscher Streitkräfte; darin lag die fundamentale Bedeutung des Pleven-Plans. Darüber hinaus, und dies war kaum minder wichtig, verlieh er den Bonner und alliierten Verteidigungsbemühungen eine gegenüber vorausgegangenen Überlegungen veränderte Qualität: Der unmittelbaren atlantischen Einbindung der Bundesrepublik sollte eine europäische vorgeschaltet werden.

Am Rhein rief der französische Vorschlag zunächst ein verhaltenes Echo hervor. Die Presse sprach von einer kühlen, ja negativen Aufnahme, von Enttäuschung seitens der Koalition. Ein Informationsblatt der CDU legte zwar Wert auf die Feststellung, nicht die Auffassung der Regierung wiederzugeben, formulierte aber unter Berufung auf gut unterrichtete Kreise bereits einen Teil der Vorbehalte, die der Bundeskanzler später geltend machen sollte. So war die Rede von einer gewissen Verstimmung darüber, „daß die französischen Vorschläge den berechtigten deutschen Vorstellungen von einer zukünftigen [...] Beteiligung an dieser Verteidigung in keiner Weise zu entsprechen scheinen". Hauptkritikpunkte: Die Franzosen stellten ein Junktim zwischen der Unterzeichnung des Schuman-Plans zur Schaffung der Montanunion und der Aufstellung westdeutscher Streitkräfte her, wollten einen Teil ihrer Armee unter nationaler Verfügung behalten, während sie die Vollintegration aller deutschen Kontingente in die Europaarmee forderten, was das Prinzip der Gleichberechtigung verletzte[1]. Nur der in Sicherheitsfragen stets forsche Innenminister Lehr preschte öffentlich vor und begrüßte die französische Regierungserklärung als „frohe Botschaft"[2], mußte sich aber vom Bundeskanzler zur Zurückhaltung mahnen lassen. In einer am Tage nach der Sitzung der französischen Nationalversammlung zusammengetretenen Bonner Kabinettsrunde wurde das Thema nur am Rande erörtert, wobei der Bundeskanzler eine gewisse Irritation nicht verbarg, sich aber vorläufiges Schweigen in der Öffentlichkeit auferlegte[3]. Dazu bewegten ihn mehrere Gründe: Zum einen bewahrte ihn sein Realitätssinn davor, die französische Stimme im Chor der Westmächte überzubewerten. In ihm gab, ob Frankreich dies wahrhaben wollte oder nicht, auch bezüglich der Gestaltung der europäischen

[1] CDP, 26.10.1950, Bl. 7.

[2] Allgemeiner Morgenbericht des Presse- und Informationsamts der Bundesregierung, 26.10.1950, S. 3, BA-MA, BW 9/2909-1.

[3] 106. Kabinettssitzung, 27.10.1950, in: Kabinettsprotokolle, 2, S. 777, Anm. 51.

Dinge, Washington den Ton an. Nur mit Hilfe der USA und in Übereinstimmung mit ihnen ließen sich in Bonn aktive Sicherheits- und Außenpolitik betreiben. Da aber die amerikanischen Vorstellungen bezüglich der Aufstellung militärischer Verbände der Bundesrepublik noch keine feste Gestalt angenommen hatten – sie sollten erst auf der für Ende November 1950 angesetzten Atlantikpaktkonferenz entworfen werden – hütete sich der Bundeskanzler, bereits vorher das eventuell falsche Modell auszuwählen. Adenauer wußte: „Die Entscheidung über den französischen Plan liegt in der Hauptsache bei den Vereinigten Staaten[4].“ Er betrachtete den Pleven-Plan deshalb – seine eigenen politischen Ziele im Auge behaltend – vornehmlich aus dem amerikanischen Blickwinkel. Aus Washingtoner Sicht, so meinte der Bundeskanzler, entzogen sich die Franzosen dem den Außenministern der Atlantikpaktstaaten erteilten Auftrag, Vorschläge für die Aufstellung einer europäischen Armee unter einheitlichem atlantischem Oberkommando zu erarbeiten. Die französische Konzeption eines Nebeneinander von europäischen und nationalen Streitkräften mußte seiner Meinung nach den Intentionen der USA zuwiderlaufen. Aus wohlverstandenem politischen wie militärischen Eigeninteresse fürchtete Adenauer, die Vereinigten Staaten könnten in der französischen Initiative eine Verzögerungstaktik gegenüber den von Bonn und Washington, aber auch von Großbritannien nachhaltig betriebenen Bemühungen um die Aufstellung westdeutscher Kontingente sehen und aufgrund der bislang unergiebig geführten Verhandlungen und der sich nun wieder als langwierig abzeichnenden Debatten über die französischen Vorstellungen in ihrem europäischen Engagement nachlassen. Zudem bangte der Bundeskanzler um das Zustandekommen einer Mehrheit im Bundestag für die Ratifikation des Schuman-Plans, nachdem dieser mit dem Wehrbeitrag verbunden worden war.

Aufgrund dieser Bedenken bezog Adenauer einerseits eine kritische Distanz zum Pleven-Plan. Doch galt es andererseits, nachdem sich Paris nach langem Zögern endlich in die Unvermeidlichkeit einer Beteiligung der Bundesrepublik an der Verteidigung Westeuropas geschickt hatte, deutscherseits alles zu vermeiden, was die möglicherweise abklingenden antideutschen Ressentiments wiederbeleben konnte. Deshalb blieb ihm vorerst keine andere Wahl, als „zu den französischen Vorschlägen [... zu] schweigen“[5] und die Reaktion der USA abzuwarten.

Jedenfalls setzte der Bundeskanzler nach wie vor auf die rasche Schaffung einer Europaarmee mit anglo-amerikanischer Beteiligung. Bereits in der ersten Kabinettssitzung nach der Entlassung Heinemanns hatte er den Regierungsmitgliedern die Notwendigkeit verdeutlicht, den Westalliierten einen für die Aufstellung geplanter westdeutscher Divisionen verantwortlichen Verhandlungspartner zu benennen. Er schlug den CDU-Bundestagsabgeordneten Theodor Blank zu seinem Beauftragten, später Bevollmächtigten, für die mit der Vermehrung der alliierten Truppen zusammenhängenden Fragen vor. Die Berufung eines Gewerkschafters – Blank war bis November 1950 Vorstandsmitglied der IG Bergbau – und Parlamentariers, nicht etwa eines erfahrenen ehemaligen Militärs oder des ambitionierten Wohnungsbauministers Wildermuth, sollte ein innenpolitisches Zeichen setzen und verdeutlichen, daß in der Frage der äußeren Sicherheit die Federführung zunächst beim Bundeskanzleramt verbleiben und auf alle Fälle der Primat der Politik gewahrt sein werde. „Es soll nach außen sichtbar werden, da steht ein Mann,

[4] Äußerung Adenauers im Kreise ihm vertrauter Journalisten, um deren Verschwiegenheit er wußte. Solche Teegespräche fanden in unregelmäßigen Abständen statt. Hier legte der Bundeskanzler seine politischen Karten recht offen auf den Tisch. Die dort gemachten Ausführungen decken sich gedanklich, oft sogar bis in die sprachliche Diktion hinein, mit solchen in vertraulichen Papieren bzw. im Kabinett oder im engsten parteipolitischen Kreis. Aufzeichnung über ein Teegespräch, 27.10.1950, in: Adenauer, Teegespräche, S. 12–16, hier S. 12.

[5] Ebd.

der nicht die alte Tradition verkörpert. [...] Ich würde Herrn Blank dann auch Graf Schwerin unterstellen. Graf Schwerin beginnt mir langsam etwas sehr zu wachsen, er muß einen über sich haben[6]." Schon zu diesem frühen Zeitpunkt stand Blank für Adenauer als präsumtiver Verteidigungsminister fest. „Wenn es zu der Aufstellung deutscher Divisionen kommt, wird die Frage eines Ministeriums für diese Frage akut. Derjenige, der jetzt die Führung dieser Verhandlungen übernehmen muß, muß schon darauf gefaßt sein, daß das eines Tages auch anders an uns herantritt [...] Wenn es zu der Aufstellung eines deutschen Kontingentes kommt, wäre ich dafür, daß er Ministerrang bekommt[7]." Vor der Ernennung Blanks mußte der Kanzler allerdings erhebliche Bedenken im Kabinett ausräumen. Sie betrafen einmal die Fähigkeiten des Kandidaten und wurden von Wohnungsbauminister Wildermuth und dem gesamtdeutschen Minister Kaiser geltend gemacht. Es galt zudem die Frage zu entscheiden, ob militärpolitische und militärische Angelegenheiten nicht in die Hände eines erfahrenen Soldaten gehörten. Aber Adenauer wies sowohl den von Wildermuth in Vorschlag gebrachten General a.D. Speidel wie den von dem SPD-Vorsitzenden Schumacher favorisierten General a.D. Heusinger zurück. Seine Argumente: „Es muß ein Zivilist sein [...], möglichst einer aus dem Kreise der Arbeitnehmer. Weiter muß er absolut treu sein gegenüber dem Kabinett, und das ist bei Herrn Blank der Fall. Und daß Herr Blank ein jüngerer Mann ist, ist auch wichtig", und zwar im Blick auf die weitverbreitete Aversion der Jugend gegenüber allem Militärischen[8].

Die CSU stand der in Aussicht genommenen Verwendung Theodor Blanks ebenso skeptisch gegenüber wie den Militärs, die sich im Umfeld des Bundeskanzlers bereits beratend und planend mit der Frage westdeutscher Streitkräfte beschäftigten. Maßgebend für diese distanzierte Haltung waren sowohl persönliche Ambitionen ihres Generalsekretärs und Bundestagsabgeordneten Franz Josef Strauß, der bereits langfristig auf das Amt des Verteidigungsministers spekulierte, als auch historisch begründete Ressentiments gegenüber den ehemaligen Soldaten. Man wollte westdeutsche Streitkräfte von Anfang an unter politischer Kontrolle behalten. Sonst, so argwöhnte man in der Parteizentrale in München, gerieten „der Kanzler [...] samt Herrn Blank und dem Grafen Schwerin in die Gefahr, isoliert von allen demokratischen Kräften der Beratung und Führung von ‚Fachleuten' anheimzufallen, die seit Jahrzehnten daran gewöhnt sind, zwar an politischen Entscheidungen von höchster Tragweite mitzuwirken, hinterher aber jede Verantwortung dafür abzulehnen". Die CSU brachte noch eine weitere Sorge zum Ausdruck, daß es nämlich Blank, obwohl Gewerkschafter, womöglich nicht gelingen könnte, das traditionell belastete Verhältnis zwischen Arbeiterschaft und Militär zu entspannen[9].

Die SPD-Opposition übte in ihrer Kritik am Pleven-Plan ebenfalls öffentliche Zurückhaltung. Sie hatte sich vorgenommen, in der seit längerem auf den 8. November 1950 anberaumten außenpolitischen Grundsatzdebatte im Bundestag die erstmalige und günstige Gelegenheit zu nutzen, die Sicherheits- und Wehrproblematik wirkungsvoll aufzurollen, von der Bundesregierung über den Stand der Dinge Auskunft zu verlangen, ihre eigene Auffassung dezidiert darzulegen, um letztlich mit der Politik des Regierungschefs ins Gericht zu gehen.

Der Bundeskanzler wählte die Form der Regierungserklärung, um ein plastisches Bild der internationalen Lage zu entwerfen, so wie sie sich ihm darstellte: nämlich gestaltet vom Willen Moskaus, sich durch kluge Verknüpfung von traditionellem russischem Expansionismus und weltrevolutionärem Antrieb eine Position der Vorherrschaft in Europa zu sichern. Die an den

[6] 104. Kabinettssitzung, 17.10.1950, in: Kabinettsprotokolle, 3, S. 43–61, hier S. 56.
[7] Ebd., S. 57–59.
[8] Ebd., S. 61.
[9] Bayern-Kurier, 21.10.1950, S. 1.

sowjetischen Hegemonialbereich angrenzende Bundesrepublik Deutschland skizzierte er als besonders gefährdet, nicht zuletzt durch die bewaffneten Einheiten der DDR. Wollte man dieser Bedrohung begegnen und die sich im Kalten Krieg manifestierenden Spannungen zwischen den großen Blöcken abbauen, war für Adenauer konsequentes Handeln geboten.

Der Koalitionspartner FDP stimmte in seiner Bedrohungsanalyse mit der des Regierungschefs überein und warf die Formel vom „neuen Byzantinismus [...] im Osten" in die Debatte, dem eine westliche Solidargemeinschaft in Anwendung des Notwehrrechtes durch gemeinsame militärische Anstrengungen entgegenwirken müsse[10]. Aus der Erfahrung der jüngsten deutschen Vergangenheit hatte Adenauer für sich die politische Lehre gezogen, daß internationale Fragen mit Diktatoren auf dem Verhandlungswege nicht zu lösen seien, sondern nur durch eine Demonstration der Stärke. „Totalitäre Staaten, insbesondere Sowjetrußland, kennen nicht wie die demokratischen Staaten als wesentliche Faktoren des Zusammenlebens der Menschen und der Völker Recht und Freiheit; sie kennen nur einen maßgebenden Faktor: das ist die Macht[11]." Wenn man die gegebenen militärischen Konstellationen nur gehörig dramatisierte und demzufolge rasche und entschlossene Verteidigungsmaßnahmen forderte, wie die USA und mit ihnen Adenauer es taten, ließen sich treffliche Argumente gegen den Pleven-Plan ins Feld führen, ohne ihn in Bausch und Bogen verwerfen und die Franzosen, für deren Aussöhnung mit den Deutschen er entschieden eintrat, verprellen zu müssen. Der Opposition entzog er auf diese Weise geschickt die konkrete Unterlage für eine wehrpolitische Auseinandersetzung. Seinen, die Bundesrepublik diskriminierenden Inhalt außer acht lassend, deklarierte der Bundeskanzler den Pleven-Plan als einen möglichen, sogar begrüßenswerten Schritt in Richtung einer längerfristig zu projektierenden europäischen Integration, die er als Hauptziel Bonner Außenpolitik bezeichnete. „Wir wollen deswegen gern bei der Beratung des Pleven-Plans mitarbeiten[12]."

Kurt Schumacher bezeichnete hingegen den Plan des französischen Ministerpräsidenten als untaugliches gedankliches Vehikel zum Transport der europäischen Idee. Er erschien ihm symptomatisch für das französische Bemühen, die Bundesrepublik als einen Partner minderen Rechts in die europäische Gemeinschaft einzubinden. Hinter dem Pleven-Plan argwöhnte die SPD die Pariser Absicht, dem Schuman-Plan als Instrument zur Kontrolle und Ausbeutung der westdeutschen Wirtschaft ein weiteres zur militärischen Disziplinierung hinzuzufügen, um den Zugriff auf die Montan-Industrie zusätzlich als im gemeinsamen europäischen rüstungsökonomischen Interesse motivieren und absichern zu können. Schuman- und Pleven-Plan sowie die Behandlung der Saarfrage im Sinne einer die französischen Interessen wahrenden Europäisierung wertete die Sozialdemokratie mehrheitlich als Beweis dafür, daß bei der französischen Regierung die nationalen Egoismen den Europagedanken noch weitgehend überdeckten. So gesehen enthüllte die französische militärpolitische Initiative die „völlige Mißachtung der europäischen Idee"[13] durch Frankreich.

Als Grundlage zur Erörterung der aktuellen militärpolitischen Situation aber und als Vorlage zum Aufbau eines europäischen Verteidigungssystems lehnte selbst Adenauer den Vorschlag des französischen Ministerpräsidenten ab. „Die Situation in der Welt ist [...] derart, daß wir *bald* zu friedlichen Verhältnissen kommen müssen [...] Man sollte unseres Erachtens unabhängig von der Beratung des Pleven-Plans den auf den Konferenzen der letzten Monate unternommenen

[10] Deutscher Bundestag, Sten.Ber., Bd 5, 98. Sitzung, 8.11.1950, S. 3602 A.

[11] Ebd., S. 3565 C.

[12] Ebd., S. 3565 B.

[13] Schumacher auf der SPD-Fraktionssitzung, 1.11.1950, AdsD, Fraktionssitzungsprotokolle I, 13.9.1949–29.7.1953.

Versuch, zu einer Beendigung der jetzigen gefährlichen Periode internationaler Spannungen zu kommen, so schnell wie möglich und so stark wie möglich weiterführen. Die Beratung des Pleven-Plans braucht darunter in keiner Weise zu leiden[14]."

Adenauer hat, und dies muß gegenüber gängigen Interpretationsmustern deutlich hervorgehoben werden, den Pleven-Plan zwar nicht grundsätzlich verworfen, wohl aber eine gegenüber den französischen Intentionen veränderte Akzentsetzung vorgenommen: Während Paris mit seiner Initiative in erster Linie die militärpolitische Kontrolle über die Bundesrepublik anstrebte und den damit zu erzielenden europäischen Einigungseffekt als Nebenwirkung in Kauf nahm und herausstrich, stellte der Pleven-Plan für Adenauer keine brauchbare Vorlage für eine Ad-hoc-Lösung zur Verteidigung Europas unter bundesrepublikanischer Beteiligung, wohl aber einen Impuls im längerfristigen Prozeß der europäischen Integration dar. Eine vom Kanzler verlesene Entschließung der Regierung lautete in gleichem Sinne.

Diese Resolution ist vom Kabinett weder formuliert noch gefaßt, sondern seinen Mitgliedern zur billigenden Kenntnisnahme seitens des Bundeskanzlers erst kurz vor Beginn der Bundestagsdebatte vorgelegt worden, so daß selbst die Regierungsfraktionen nicht mehr unterrichtet werden konnten[15]. Steht zu vermuten, daß der Kanzler diesen Überraschungseffekt bewußt einkalkulierte, um die Abgeordneten der Regierungskoalition zur Geschlossenheit zu zwingen, wollten sie ihn nicht öffentlich desavouieren. Der Adenauer-Vertraute und seiner Politik nahestehende Journalist Ernst Friedlaender hat wohl ins Schwarze getroffen, wenn er kommentierend zur Bundestagsdebatte schrieb: „Adenauers Sicherheitspolitik ist von Beginn an eine höchstpersönliche Politik gewesen [...] Dr. Adenauer ist in seiner kühlen Einsamkeit in ständiger Gefahr, [...] zu einem Staatsführer" zu werden, „der sich auf seine Adjutanten in der Bundeskanzlei, auf die Bereitschaft zum Befehlsempfang bei seinen Kabinettsmitgliedern und auf die Gefügigkeit der Fraktionsführer der Koalitionsparteien verläßt[16]."

Der Fraktionsvorsitzende der Freien Demokraten vermied es hingegen im Plenum, sich in dieser Deutlichkeit vom Pleven-Plan zu distanzieren. Sein Plädoyer für eine westeuropäische Integration und damit für den Schuman-Plan als ersten wirtschaftspolitischen Schritt auf diesem Wege schloß eine parallele Entwicklung auf militärischem Gebiet nicht unbedingt aus. Wenn man aber Schuman- und Pleven-Plan in einen Kausalzusammenhang brachte, sah Schäfer beide Initiativen, u.a. durch die „Belastungen des Rechtsgefühls", sprich durch die diskriminierenden Tendenzen des letzteren, gefährdet. Deshalb votierte er dafür, den politischen, ökonomischen und militärischen Zusammenschluß Europas unabhängig voneinander zu betreiben, stellte aber keine Präferenz zwischen Akzeptanz des Pleven-Plans und NATO-Beitritt her.

Der Abgeordnete der Deutschen Partei, v. Merkatz, befand sich in tendenzieller Übereinstimmung mit seinem liberalen Kollegen. Sein vehementes Bekenntnis zu Europa schloß die Bereitschaft, es mit der Waffe zu verteidigen, als selbstverständlich ein. Wer Gleichberechtigung und Freiheit in einem vereinigten Europa wollte, mußte auch die Pflicht übernehmen, beides nach außen hin zu wahren, ohne daß dies notwendigerweise im Rahmen der im Pleven-Plan vorfor-

[14] Deutscher Bundestag, Sten.Ber., Bd 5, 98. Sitzung, 8.11.1950, S. 3565 B. Vgl. die Feststellung von Pirker, SPD, S. 134, am „nächsten Tage (8.11.1950) legte der Bundeskanzler dem Parlament den Pleven-Plan zur Bildung einer Europa-Armee vor und schloß seine Ausführungen mit der Verlesung einer Entschließung der Bundesregierung im Sinne dieses Plans"; sie ist ebenso abwegig wie die Bemerkung von Stuby, Die SPD während der Phase des Kalten Krieges, S. 318, „am 8. November 1950 stimmte Adenauer dem Pleven-Plan grundsätzlich zu".

[15] 109. Kabinettssitzung, 7.11.1950, Kabinettsprotokolle, 2, S. 815.

[16] Frankfurter Neue Presse, 11.11.1950.

mulierten Bedingungen zu geschehen hatte. Die DP hob im Bundestag auf die Feststellung ab, daß die Frage des Ob eines westdeutschen Verteidigungsbeitrages, wie in der Entschließung des Kabinetts zum Ausdruck gebracht, seitens der Bundesrepublik positiv entschieden, die des Wie hingegen völlig offen sei. Die beiden Koalitionsfraktionen im Bundestag nahmen offensichtlich eine im Vergleich zu ihren Kabinettskollegen differenziertere Haltung gegenüber dem Pleven-Plan ein, ein Umstand, dem der Bundeskanzler unter Berücksichtigung bislang nicht wirksam gewordener außenpolitischer Faktoren möglicherweise durch Modifizierung oder gar Revision seines Standpunktes einmal würde Rechnung tragen müssen.

Indem die Koalition dem Pleven-Plan die verteidigungspolitische Aktualität absprach und ihn damit inhaltlich aus der Diskussion nahm, nivellierte sie die Bundestagsdebatte auf die Ebene sicherheitspolitischer Grundsatzerklärungen und Gemeinplätze, sicherte sich aber rechtzeitig einen Handlungsspielraum für zukünftige Optionen. Was blieb Kurt Schumacher eigentlich noch zu sagen, als die zustimmende Willenskundgebung der Regierung zu einem Verteidigungsbeitrag einen Blanko-Scheck für eine Verpflichtung zu nennen, deren Umfang nicht einmal schemenhaft erkennbar war? In Anbetracht der Tatsache, daß sich die SPD, und insonderheit ihr Vorsitzender, selbst längst für die Westintegration und grundsätzlich für die Übernahme militärischer Aufgaben ausgesprochen hatten, verstand sich dieser Vorwurf sicherlich als eine oppositionelle Verbalübung, aber nicht nur. Natürlich war die Kritik an der überzogenen Art der antibolschewistischen Propaganda des Bundeskanzlers berechtigt, mit der er die Angstinstinkte der Bevölkerung zu steigern bzw. wachzuhalten und als Mittel psychologischer Aufrüstung einzusetzen suchte; selbst v. Brentano[17] distanzierte sich davon. Aber im wesentlichen stimmten Schumacher und Adenauer in ihrer Bedrohungsanalyse überein. Wenn die Regierung deutsche militärische Verbände nur einer Europaarmee zuzuführen gedachte, die einen ausreichenden Abschreckungseffekt besaß, um die UdSSR jeglicher Aggressionsgelüste zu berauben, hatte sie sich dem Standpunkt des Führers der SPD, der noch einmal sein Konzept der Vorwärtsverteidigung erläuterte, schon fast kompromißfähig angenähert. Daß die Bundesrepublik laut Kabinettsbeschluß „die völlige Gleichberechtigung Deutschlands in dieser Abwehrfront mit den übrigen an ihr teilnehmenden Mächten"[18] beanspruchte, verstand sich für die Sozialdemokraten von selbst.

Dissens bestand allerdings bezüglich des taktischen Vorgehens. Adenauer, und mit ihm sein Kabinett, vertrat die Überzeugung, die unter dem Besatzungsstatut stehende Bundesrepublik habe aus eigenem Recht und in realer Einschätzung ihres geringen politischen Gewichtes von den Okkupationsmächten nichts zu fordern, in Anwendung des Prinzips von *do ut des* aber politisches Entgegenkommen im Sinne einer sukzessiven Entlassung in die Souveränität zu erwarten. Er war daher gewillt, sich zunächst einmal mit dem zu begnügen, was die Westalliierten im Londoner Kommuniqué vom Mai 1950 konzediert hatten: „Deutschland kann seine Souveränität bis zu dem Grad wiedererhalten, der mit der Grundlage des Besatzungsstatuts vereinbar ist. Dieses Besatzungsstatut wurde den Deutschen und den Alliierten infolge der Teilung Deutschlands und der internationalen Länder aufgezwungen. Es kann im gemeinsamen Interesse Deutschlands und Europas erst dann außer Kraft gesetzt werden, wenn dieser Zustand geändert wird[19]." Je eher die Bundesrepublik, so die Argumentation des Kanzlers, etwas Substantielles zu der von Washington und London geforderten Konsolidierung des Westens beitrug – und das

[17] Deutscher Bundestag, Sten.Ber., Bd 5, 98. Sitzung, 8.11.1950, S. 3616 C: „Wir sollten aus der Angst vor dem Osten kein Instrument der Propaganda machen."

[18] Ebd., S. 3567 A.

[19] Ebd., S. 3583 C.

war nach amerikanischer und britischer Ansicht ein militärisches Kontingent –, desto früher und begründeter ließen sich Gleichberechtigung und Abbau besatzungsrechtlicher Restriktionen diplomatisch anmahnen. Unter diesem Aspekt betrachtet, vielmehr als unter dem der momentanen äußeren Bedrohung, erwies sich der Pleven-Plan für Adenauer als ein unakzeptables Moment der Verzögerung.

Die Differenzen zwischen dem Kanzler und Kurt Schumacher in der Wehrfrage sind vielfach auf diesen politisch-taktischen Bereich reduziert worden: wo der eine sich über einen seitens der Anglo-Amerikaner erwarteten Militärbeitrag politische Konzessionen versprach, sah der andere in westdeutschen Truppen ein politisches Pfand, das man nur gegen einen möglichst hohen Erlös aus der Hand gab. Ganz in diesem Sinne forderte der SPD-Vorsitzende nicht nur die Gleichberechtigung als militärischer Bündnispartner, sondern die volle Souveränität als Conditio sine qua non einer Zustimmung der Sozialdemokratie zu einem westdeutschen Verteidigungsbeitrag. „Es kommt nicht darauf an", erklärte er vor der Fraktion, „einzelne Teile des Besatzungsstatuts zu ändern, sondern das Besatzungsregime grundsätzlich aufzugeben. Ein Staat der Hohen Kommissare ist kein Staat einer möglichen militärischen Leistung"[20]. Aus seiner Sicht bot der Pleven-Plan keinen politischen Fortschritt gegenüber der New Yorker Konferenz, sondern unterstrich die dort von den Siegermächten zum Ausdruck gebrachte Absicht, „das *Besatzungsstatut* abzuändern, indem sie aber die juridischen Grundlagen der Okkupation beibehalten", weshalb er den *„Geist der bedingungslosen Kapitulation"* atme[21].

Adenauer und Schumacher unterschieden sich in der Behandlung der Wehrfrage über die politische Taktik hinaus wesentlich darin, daß sie und ihre Parteien dem eigentlich militärischen Komplex einen unterschiedlichen Stellenwert beimaßen. Während sich die SPD bereits den strategischen und unmittelbar mit der Aufrüstung verbundenen Fragen intensiv widmete, lagen diese Problemfelder noch weit außerhalb des Gesichtskreises der Unionsführung. Diese Tatsache unterstreicht einmal mehr, daß vor allem Adenauer in westdeutschen Streitkräften eine außenpolitische Größe erblickte, die – eventuell schon während ihrer Aufstellung – diplomatisch geschickt eingesetzt, kurz- und mittelfristig die Eingliederung der Bundesrepublik Deutschland in den Kreis der Westmächte bewirken und ihr dort und international zu Mitsprache und Ansehen verhelfen konnte, und die erst längerfristig mit dazu beizutragen vermochten, eine Veränderung des militärischen und damit politischen Kräfteverhältnisses in Europa zu schaffen. Für den ehemaligen Offizier Schumacher mußte eine Armee primär von hoher militärischer Qualität sein, wollte man sie politisch, im Falle einer Aggression aber auch kämpferisch einsetzen, und zwar beides im wohlverstandenen nationalen deutschen Interesse. In Anbetracht der gegebenen militärischen Situation bedeutete dies zweierlei: einem Bonner militärischen Anerbieten mußte die Zusage der USA und Großbritanniens vorausgehen, Europa nicht an den Pyrenäen oder, wie es Frankreich vorschwebte, am Rhein zu verteidigen. Deutschland durfte auch nicht Vorfeld sein, Deutsche durften nicht als Kanonenfutter verheizt werden. „Wir dürfen nicht noch einmal das Schicksal der verbrannten Erde erleiden und unsere Volkssubstanz, die viel mehr geschwächt ist als die jeder anderen westlichen Nation, in kriegerischen Handlungen ohne Aussicht auf Erfolg aufs Spiel setzen[22]." Einer entsprechenden Garantie mußte eine tatsächliche

[20] Schumacher in der Fraktionssitzung vom 1.11.1950, AdsD, Fraktionssitzungsprotokolle I, 13.9.1949–29.7.1953.

[21] Deutscher Bundestag, Sten.Ber., Bd 5, 98. Sitzung, 8.11.1950, S. 3567 C–D.

[22] Schumacher, 1.11.1950, vor der SPD-Bundestagsfraktion. AdsD, Fraktionssitzungsprotokolle I, 13.9.1949–29.7.1953.

Aufstockung der anglo-amerikanischen Streitkräfte in einer Größenordnung folgen, die ihren Einsatz gemäß Schumachers offensiver Verteidigungsstrategie erfolgversprechend erscheinen ließ. „Nur [...] wenn die demokratischen Streitkräfte hier in Deutschland so stark sind, daß sie die Kraft haben, bei einem *Angriff aus dem Osten* im sofortigen Gegenstoß die *Kriegsentscheidung außerhalb der deutschen Grenzen* zu tragen, nur dann kann das deutsche Volk seinen militärischen Beitrag für die Verteidigung der Freiheit in der Welt leisten[23]." In diesen Sätzen manifestiert sich der qualitative Unterschied zwischen Adenauers Konzeption militärischer Stärke und Schumachers Vorwärtsstrategie im November 1950; dieser Zeitpunkt ist wichtig, weil beide gedankliche Modelle später eine Modifizierung bzw. Weiterung erfuhren. Zweifellos zielte der Bundeskanzler auf die Wahrung des territorialen Status quo der Bundesrepublik Deutschland und die Sicherung Westeuropas durch militärische Abschreckung. Kurt Schumachers militärpolitischen Vorstellungen kann man eine vergleichbar überzeugende Deutlichkeit der Aussage nicht bescheinigen.

Zweifellos wollte der SPD-Vorsitzende mit seiner Forderung nach militärischer Präsenz der Anglo-Amerikaner in einem den Abschreckungseffekt derart potenzierenden Umfang erreichen, daß eine Aggression auf westliches Territorium bereits im Vorfeld gestoppt und der Feind bis über die Grenzen der DDR hinaus zurückgeworfen werden konnte in der Absicht, Deutschland nicht ein zweites Mal zum Schlachtfeld werden zu lassen. Dies wäre eine militärstrategische Ausformung des politischen Willens des Bundeskanzlers gewesen, nicht mehr und nicht weniger. Aber damit kann es sicherlich nicht sein interpretatorisches Bewenden haben. Hinter dem Ansinnen einer offensiven, nach Osten zu führenden Verteidigung mit dem Ziel, den Krieg außerhalb der deutschen Grenzen zu entscheiden, wird man mehr als rein militärische, nämlich politische, präziser gesagt deutschlandpolitische Intentionen vermuten können. Einen militärischen Sieg pflegt man in politische Münze umzuwechseln, und wie hätte sie, gemessen an den damals hochgesteckten nationalen Erwartungen der deutschen Bevölkerung, niedriger als im gesamtdeutschen Wert ausfallen dürfen? Kam es aber angesichts der Stationierung überlegener Streitkräfte in der Bundesrepublik – und darauf beruhte ja Schumachers Kalkül – nicht zu einem sowjetischen Angriff, dann hätte sich die westalliierte Truppenstärke trefflich als ein die politischen Bemühungen um die Lösung des Deutschlandproblems unterstützendes Element einsetzen lassen. Nur mittels einer solchen Auslegung gewinnen die Überlegungen des SPD-Vorsitzenden einen Sinngehalt. Aber besaßen sie auch einen Realitätsbezug? Wohl kaum. Denn damals lag eine gesamtdeutsche Regelung in Form der Zusammenführung von DDR und Bundesrepublik oder gar im Sinne der Wiederherstellung der Grenzen des Deutschen Reiches von 1937 noch weniger als heute im Sicherheitsinteresse der Westmächte, insbesondere Frankreichs, und die im Osten und Westen seither unternommenen Anstrengungen, sich wechselseitig ein militärisches Übergewicht zu verschaffen, demonstrieren, daß auch Kurt Schumachers Konzept den Rüstungswettlauf forciert hätte, den Gustav Heinemann bereits in seiner Auseinandersetzung mit Konrad Adenauer im Herbst 1950 als Folge von Aufrüstung und Westintegration der Bundesrepublik prophezeite.

Dies war, bei allem Verständnis für das damals noch besonders wache nationale Anliegen, eine brisante strategische Konzeption, weit davon entfernt – und sollte es nach Schumachers Willen auch sein –, eine deutsch-deutsche oder gar deutsch-russische Annäherung zwecks Abbau der Ost-West-Spannungen herbeizuführen. Sie setzte die SPD lange dem östlichen Vorwurf des Revanchismus aus. Die innenpolitische Reaktion erwies sich für die Sozialdemokraten eben-

[23] Deutscher Bundestag, Sten.Ber., Bd 5, 98. Sitzung, 8.11.1950, S. 3571 B.

falls als wenig vorteilhaft, kamen doch Beifall und Zustimmung aus der falschen politischen Ecke, nämlich aus der rechten.

„Zum erstenmal in ihrer Geschichte und durch eine einmalige Verkettung von Umständen", so kommentierte die der Union nahestehende Deutsche Tagespost (11. November 1950) die Ausführungen Kurt Schumachers im Bundestag, „hat die Sozialdemokratie die Möglichkeit, ihre antimilitaristischen und in der Vergangenheit oft defaitistischen Ansichten auf einen Nenner mit der Rankünе und den Forderungen der deutschen Nationalisten zu bringen", und sie vermutete dahinter mehr als eine militärpolitische Auseinandersetzung. Für sie war es die Kandidatenrede des kommenden Kanzlers einer nationalen Koalition. Der DRP-Abgeordnete v. Thadden benannte denn auch Kurt Schumacher zum Zeugen für die Lauterkeit seiner eigenen aggressiv-antirussischen und antibolschewistischen Gesinnung sowie der seiner politischen Freunde. Da hieß es für die SPD schon Obacht geben, daß der Trennungsstrich zwischen ihrer verteidigungs- und deutschlandpolitisch ausgerichteten Militärdoktrin und der dem traditionellen „Drang nach Osten" verhafteten Kreuzzugsidee der DRP deutlich erkennbar blieb. Denn v. Thadden reklamierte Schumachers offensives Verteidigungskonzept für seine Partei und klassifizierte dessen militärpolitische Äußerungen als „das beste [...], was in der letzten Zeit auf dem politischen Markt erschienen ist"[24]. Wenn der DRP-Sprecher einer Europaarmee aus Mitgliedstaaten das Wort redete, die „bis an die Zähne aufrüsten" mußten, wenn er den unverzüglichen und ungebremsten Wiederaufbau der deutschen Kriegsindustrie verlangte, dann pervertierte er die – zugegebenermaßen mehrdeutige – Theorie der Vorwärtsverteidigung zu einer Präventivstrategie. Wenn er meinte, eine Europaarmee müsse imstande sein, „eine Verteidigung zu führen, indem sie, Herr Kollege Dr. Schumacher, so stark ist, daß sie den ersten Schlag führen kann. Hier folgen wir völlig Ihren Argumentationen, die wesentlich realer sind als die der Bundesregierung[25]."

Die Sozialdemokratie kritisierte auch die Ernennung Blanks als eine verderbliche, die deutsche Verhandlungsposition schwächende Vorentscheidung, und sie drängte mit Nachdruck darauf, vor weiteren Schritten erst einmal in einem internen Kreis politischer und militärischer Fachleute „die Voraussetzungen prüfen zu lassen, ob und in welcher Art ein deutscher Beitrag möglich ist"[26]. Dies war durchaus als Angebot positiver Mitarbeit zu verstehen, denn zwischen führenden SPD-Politikern und ehemaligen deutschen Soldaten wie Speidel und Heusinger fand bereits ein intensiver Gedankenaustausch statt[27].

Auf der Suche nach Gemeinsamkeiten und Differenzen zwischen Adenauer und Schumacher muß man konstatieren, daß beiden die Einsicht in die Verknüpfung von äußerer und innerer Sicherheit gemeinsam war; beide wußten, daß eine soziale Befriedung Abwehrkräfte gegenüber kommunistischem Gedankengut mobilisieren, die Bereitschaft der Bevölkerung steigern konnte, die Früchte der Freiheit im Ernstfall auch gegenüber einem äußeren Aggressor zu verteidigen. Daß die SPD der sozio-ökonomischen Konsolidierung einen höheren Stellenwert zuwies, als die CDU/CSU, versteht sich aus den unterschiedlichen parteipolitischen Intentionen, die sich deutlich machen lassen an der Feststellung des Fraktionsvorsitzenden der Union im Bundestag, v. Brentano, der meinte: „Wir können zur Erhaltung des Friedens einen entscheidenden Beitrag

[24] Ebd., S. 3587 D.
[25] Ebd., S. 3589 D.
[26] Schumacher, 1.11.1950, vor der SPD-Bundestagsfraktion, AdsD, Fraktionssitzungsprotokolle I, 13.9.1949–29.7.1953.
[27] Vgl. dazu Kap. II. 2. i).

leisten, [...] um unserem deutschen Volk auch das *Gefühl der Sicherheit* in sich zu geben; wenn wir das Letzte tun, um die Lebensbedingungen des deutschen Volkes zu verbessern, wenn wir den Lebensstandard so gestalten, daß das deutsche Volk noch weiter und noch stärker gegen das Gift von Osten immunisiert wird"; der aber gleichzeitig einschränkend und abschwächend im Rückgriff auf ein Zitat des Altliberalen Friedrich Naumann hinzufügte: „Was nützen die besten Sozialgesetze, wenn die Kosaken kommen[28]!"

Für Schumacher waren die mit einer Bewaffnung der Bundesrepublik verbundenen sozioökonomischen Implikationen insofern „von entscheidender Bedeutung", als es zu verhindern galt, daß zukünftig „die Kosten des Militärischen schlechthin den Vorrang" genossen vor anderen finanziellen Verpflichtungen des Staates. Aufrüstung durfte nicht auf Kosten der arbeitenden und finanziell schwachen Schichten erfolgen, weil sie dann den sozialen Frieden gefährdete und so dem Kommunismus Tür und Tor öffnete. „Eine Minderung des Anteils der Arbeitenden und der Hilfsbedürftigen am Sozialprodukt ist objektiv eine Stärkung der totalitären Chance. Je größer der Anteil der breiten Massen am Sozialprodukt, desto sicherer stabilisiert ist die Demokratie. Es ist nicht nur eine menschliche und soziale, sondern eine staatspolitische und nationale Notwendigkeit, gegen den Klassenkampf von oben und seine rücksichtslose Schwächung der deutschen Sozialstruktur aufzutreten[29]." Vor dem Deutschen Bundestag forderte er erst eine Gesundung der wirtschaftlichen Verhältnisse, die Ende 1950 unter sichtbaren Krisenerscheinungen litten: die Bundesrepublik hatte z.B. ihren Devisenvorrat aufgebraucht, die Zentralbank den Diskontsatz erhöht, eine Maßnahme, von der man negative Auswirkungen auf den Arbeitsmarkt, auf Im- und Export befürchtete. Die Preis-Lohn-Schere klaffte immer weiter auseinander. Der Bundeskanzler dachte bereits an die Ablösung seines Wirtschaftsministers[30].

Der Vorsitzende der größten Oppositionspartei wies speziell auf die außerordentlichen Obligationen des Fiskus gegenüber den Kriegsgeschädigten und -hinterbliebenen sowie auf den finanziellen Bedarf im Wohnungsbau hin. Er warnte zugleich vor Steuererhöhungen, wie Ludwig Erhard sie auf dem Goslarer Parteitag der CDU angekündigt hatte, sofern sie der Aufrüstung dienen sollten. Statt dessen wollte er die Besatzungskosten im Rahmen eines Bündnisses als Verteidigungsausgaben neu festgesetzt wissen, und zwar „nach der Tragfähigkeit der Schultern der einzelnen Völker"[31].

Hier sekundierte ihm die Bayernpartei, die von einer proportionalen Beteiligung der einzelnen Staaten an der Finanzierung der Europaarmee nach einem noch zu findenden Modus unter Anrechnung der deutschen Besatzungskosten ausging.

Daß sich die SPD durch Schumachers national orientierte, die ehemaligen deutschen Ostgebiete mit einschließenden militärstrategischen Überlegungen in Gesellschaft der politischen Repräsentanz der Heimatvertriebenen im Bonner Parlament befand, hat die Partei nicht irritiert, eher Adenauer, der eine allmähliche Auflösung der Splitterparteien, so des Bundes der Heimatvertriebenen und Entrechteten, voraussah und die Hinwendung ihrer Wähler zur Sozialdemokratie befürchtete. Jedenfalls konnte sich die SPD der Zustimmung des BHE im Deutschen Bundestag in der Wehrfrage zunächst sicher sein. Zwar ging das von ihm und der Bayernpartei hergestellte, politisch völlig irreale Junktim zwischen uneingeschränkter, friedensvertraglich ga-

[28] Deutscher Bundestag, Sten.Ber., Bd 5, 98. Sitzung, 8.11.1950, S. 3616 C.

[29] Schumacher, 1.11.1950, vor der SPD-Bundestagsfraktion, AdsD, Fraktionssitzungsprotokolle I, 13.9.1949–29.7.1953.

[30] Vgl. Korea-Krise, S. 152 ff., Dokumente Nr. 37 f.

[31] Deutscher Bundestag, Sten.Ber., Bd 5, 98. Sitzung, 8.11.1950, S. 3573 C.

rantierter Souveränität und westdeutschem Verteidigungsbeitrag über die Zielvorstellung der Sozialdemokratie hinaus, die tendenzielle Übereinstimmung in diesem Punkt ist aber ebenso augenfällig wie in der Verknüpfung von Sozial- und Sicherheitspolitik. Der BHE bezeichnete die Behebung des sozialen Notstandes als die primäre Aufgabe der Politik, und in keinem Fall durfte „die Wiederaufrüstung auf Kosten eines sozial gerechten Lastenausgleiches gehen"[32].

Waren die Standpunkte von Regierungskoalition und SPD, wie sie in der Bundestagsdebatte vom 8. November 1950 fixiert wurden, miteinander vereinbar? Sprecher der Mehrheitsfraktionen glaubten dies offenbar. Es ist eine früh und bis heute geübte – manchmal auch nur proklamierte – Bonner parlamentarische Praxis, in sogenannten lebenswichtigen Fragen eine über den Kreis der Regierungsfraktionen hinausreichende Solidarität zu suchen, so auch in puncto Verteidigung. Dieses Bemühen ließ auch der FDP-Fraktionsvorsitzende Schäfer erkennen, der als wesentlich herausstellte, daß sich hinter rhetorischem Beiwerk und scharfen Pointierungen „doch *wesentliche Übereinstimmung*" verbarg, nämlich „in der tatsächlichen *Bereitschaft,* nun eben das, was wir unter Freiheit und Recht verstehen, zu verteidigen gegen Versuche einer Tyrannei, einer Gewaltherrschaft"[33]. In Anbetracht dieses prinzipiellen Konsenses durfte es nach seiner Auffassung eigentlich nicht schwerfallen, im Interesse aller über die von der SPD geforderten Stufen und Verfahren eines westdeutschen Verteidigungsprogramms Einigkeit zu erzielen.

Sein DP-Kollege v. Merkatz sezierte unter dem „Wahlspeck" der Schumacher-Rede ein außenpolitisch motiviertes Ja, ein innenpolitisch orientiertes Nein, das sich letztlich auf methodische und taktische Probleme reduzieren lasse[34].

Schließlich wies die Rede des dritten Fraktionsvorsitzenden im Bunde der Mehrheitsparteien deutlich vernehmbare Harmonisierungstendenzen auf. Heinrich v. Brentano bescheinigte Kurt Schumacher – wohl auch in der Absicht, dem Bundeskanzler gewisse Bedenken seiner eigenen Parteifreunde ins Bewußtsein zu rufen –, „daß die Vorbehalte, die aus seinen Worten klangen, weitgehend auch die unseren sind. Ich glaube, wir sollten auch über diese Dinge hier sehr offen sprechen, denn ich habe doch den Eindruck, daß eine solche Aussprache vieles klären kann[35]." Wenn er aber den Gesamteindruck der Debatte glaubte dahingehend wiedergeben zu dürfen, daß nicht nur die überwiegende Mehrheit des Hauses „genau wie die [...] des deutschen Volkes [...] im Innersten bereit" sei, „einen Beitrag zur Verteidigung seiner Freiheit zu leisten"[36], dann nahm dies Schumacher nicht widerspruchslos hin. Er schätzte die Haltung der Bevölkerung in der Wehrfrage wenn nicht anders, so doch differenzierter ein und gab sich überzeugt, viele Bundesgenossen zu besitzen, die wie die SPD einen westdeutschen Verteidigungsbeitrag nur unter bestimmten Bedingungen billigten. Zu den Verbündeten seiner Partei zählte Schumacher „das arbeitende Volk, den größten Teil der deutschen Jugend, die Militärs von Verantwortung gegenüber dem neuen Staat und den ihm anvertrauten Menschen und religiös aktive Kreise"[37].

Weil er die öffentliche Meinung auf seiner Seite wähnte[38], demonstrierte Schumacher Entschlossenheit zur Durchsetzung seiner außenpolitischen und militärischen Forderungen: „Unter

[32] Ebd., S. 3601 C.
[33] Ebd., S. 3604 B.
[34] Ebd., S. 3609 B.
[35] Ebd., S. 3616 A.
[36] Ebd.
[37] Fraktionssitzung, 1.11.1950, AdsD, Fraktionssitzungsprotokolle I, 13.9.1949–29.7.1953.
[38] Vgl. den Abschnitt über Verteidigungsbeitrag und öffentliche Meinung.

den heutigen Voraussetzungen, unter den Voraussetzungen, wie sie der Herr Bundeskanzler hier definiert hat, sagt die *Sozialdemokratische Partei* Deutschlands zu diesen Bemühungen der *Remilitarisierung* nein. Sie wird auch nein sagen, wenn die halben und matten Versprechungen der Alliierten für die nächsten Monate verwirklicht werden sollten. Sie wird erst ja sagen, wenn die unzweideutige Entscheidung für die *internationale Solidarität der anderen Nationen mit der deutschen Nation* durch militärische und politische Tatsachen geschaffen ist[39]." Diese Formulierung signalisierte nach Auffassung von Presse und Koalition in der Wehrfrage den Kooperationswillen der SPD, womöglich sogar ihre Bereitschaft, vielleicht sogar ihr eigentliches Ziel, Verantwortung in Form der Regierungsbeteiligung zu übernehmen. „Die Bundestags-Debatte über eine Remilitarisierung hat gezeigt, daß der Kanzler und Schumacher so sehr verschiedener Ansicht gar nicht sind", schrieb Der Spiegel. „Es wäre nichts dagegen zu sagen, wenn nicht zu befürchten stünde, [...] daß Schumacher den Rüstungskarren nur bremst, um selber zu Adenauer auf den Kutsch-Bock steigen zu können[40]."

Daß der Führer der Sozialdemokratie sich tatsächlich mit dieser Absicht getragen hat, muß stark bezweifelt werden. Schumacher setzte in Anbetracht der ihm bekannten ablehnenden Haltung Adenauers nicht auf Koalition, sondern auf Regierungsneubildung. Wie er, versprachen sich andere Fraktionsmitglieder von Neuwahlen einen Erfolg ihrer Partei, unter ihnen Willy Brandt, der „den Fall der Regierung und die Schwächung der CDU" prophezeite[41].

Schumachers schon früher vernehmbarer und in der Bundestags-Debatte wiederholter Ruf nach Neuwahlen des Bundestages mit der Begründung, dieses Parlament sei nicht legitimiert, über ein schicksalsträchtiges Problem zu befinden, das sich zur Zeit seiner Wahl nicht gestellt habe, ist auch im Regierungslager als in dieser Absicht intoniert und als bewußt eingesetztes Druckmittel begriffen worden. Die gleiche Intention wurde hinter seiner Forderung vermutet, das Grundgesetz, das eine Bewaffnung der Bundesrepublik nicht vorsehe, zu ändern. Der Minister für gesamtdeutsche Fragen, Jakob Kaiser, mutmaßte, die „SPD möchte ihr Ja durch Eintritt in die Regierung erkaufen"[42]. Solche Auspizien schreckten ihn nicht, denn er zweifelte daran, daß die sich im Zuge der sogenannten „Wiederbewaffnung" möglicherweise schwieriger gestaltenden „Verhältnisse politisch in Zukunft mit dieser", der bestehenden „Koalition gemeistert werden" konnten[43].

Ein Wahlkampf mit dem Thema Aufrüstung und Remilitarisierung, von der Sozialdemokratie geschickt mit dem der Sozialpolitik verkoppelt, konnte den Koalitionspartnern nicht gelegen kommen. Neuwahlen und ein Regierungsbündnis mit der SPD standen für den Bundeskanzler außerhalb jeder Diskussion. Die große Koalition hatte er 1949 gegen heftigen Widerstand in der eigenen Partei abwenden können, und er sah keine Veranlassung, sie nun aufzulegen. Bei der von der SPD vorgenommenen Verknüpfung von Wirtschafts- und Rüstungsproblematik wäre sie gleichbedeutend gewesen mit einer ökonomischen Kursänderung, nämlich weg von der sozialen und hin zur gelenkten Marktwirtschaft – bestenfalls. Er mußte davon ausgehen, daß die Sozialdemokraten das Wirtschafts- und das Wehrressort beanspruchen würden, höchstwahrscheinlich das Außenministerium, wenn es, wie erwartet, als Folge des Abbaues der Besatzungs-

[39] Deutscher Bundestag, Sten.Ber., Bd 5, 98. Sitzung, 8.11.1950, S. 3572 C.

[40] Der Spiegel, Nr. 46/(15. Nov.) 1950, S. 22.

[41] Fraktionssitzung, 1.11.1950, AdsD, Fraktionssitzungsprotokolle I, 13.9.1949–29.7.1953.

[42] Notiz Seebohms anläßlich der 107. Kabinettssitzung am 31.10.1950 über die außerhalb der Tagesordnung und ohne Protokollierung verhandelte Wehrfrage, in: Kabinettsprotokolle, 2, S. 787, Anm. 40a.

[43] Ebd., S. 786.

herrschaft der Bundesregierung konzediert werden sollte. Gerade die wirtschaftspolitische Programmatik der SPD hatte Adenauer ein Zusammengehen mit ihr unmöglich erscheinen lassen. Über die Sicherheitspolitik führte der Weg in die europäische Integration und in den internationalen Dialog; sie war geradezu der Ersatz für eine Außenpolitik, die der Bundeskanzler derzeit und auch zukünftig nicht aus der Hand geben wollte. In dem ihm eigenen Selbstbewußtsein vertraute er darauf, im Laufe der nächsten Zeit eine genügend breite Wählerschaft durch den Erfolg seiner Politik für die von ihm geführte Koalition gewinnen und die Sozialdemokratie ins politische Abseits stellen zu können. Er zweifelte daran, daß sich die SPD in der Frage eines westdeutschen Sicherheitsbeitrages auf Dauer würde verweigern können, ohne selbst politisch Schaden zu nehmen. „Lehnt sie ab, gräbt sie sich selbst das Grab. Es kommt auf den Mut der Koalitionsparteien an. Kalte Nerven gegen das heimtückische Verhalten der SPD[44]." Außerdem wußte er in Sachen Neuwahlen das Recht auf seiner Seite, das eine Auflösung des Bundestages nur über die Vertrauensfrage des Kanzlers zuließ, die er nicht zu stellen gedachte. Auch die Notwendigkeit einer Grundgesetzänderung schloß er aus, bestimmte doch das Grundgesetz, daß niemand gegen sein Gewissen zum Kriegsdienst mit der Waffe gezwungen werden durfte, wobei das Nähere durch Gesetz zu regeln sei. Diese Aussage und die an anderer Stelle der Bundesrepublik eingeräumte Möglichkeit, sich zur Wahrung des Friedens einem System wechselseitiger kollektiver Sicherheit anzuschließen, lieferten dem Bundeskanzler den Beweis dafür, daß die Väter des Grundgesetzes zukünftige westdeutsche Soldaten bereits in ihre verfassungsrechtlichen Überlegungen als selbstverständlich eingeschlossen hatten.

Ob Neuwahlen politisch sinnvoll und rechtlich möglich seien, blieb selbst unter den SPD-Abgeordneten umstritten. In einer eigens durchgeführten Abstimmung votierten 18 Fraktionsmitglieder jedenfalls dagegen. Wie man sie schließlich hätte herbeiführen sollen, das wußten auch die Befürworter von Neuwahlen nicht zu verraten. Sie knüpften ihre Hoffnungen aber an die Notwendigkeit einer Grundgesetzänderung, die sich nur mit den Stimmen der Sozialdemokraten bewerkstelligen ließ. Die Diskussion über den Hintergrund des sicherheitspolitischen Lavierens der SPD und vor allem ihres Vorsitzenden trieb üppige spekulative Blüten in der Publizistik. „Wir können uns nicht schmeicheln, in das Herz dieses merkwürdigen Mannes zu sehen", schrieb die Frankfurter Allgemeine (13. November 1950). „Aber wer ihn seit Jahren aufmerksam beobachtet, kann sich wohl eine Vorstellung machen von den Gedanken, die in diesen Wochen sein Inneres bewegen [...] Zu den mancherlei Bezirken des Ehrgeizes bei ihm hat es sicherlich in den letzten Jahren mehr als einmal gehört, nicht nur Kanzler, sondern auch Verteidigungsminister der deutschen Republik zu sein." Eine Armee unter republikanischen Offizieren – wenn sie Sozialisten sein sollten, um so besser –, und man darf hinzufügen, in einem sozialistischen Europa, wie sie dem Oppositionsführer letztendlich vorschwebte, war nicht unter Adenauer und Blücher mit den Generalen Manteuffel und Schwerin zu erreichen, meinte das Blatt. Deshalb, so folgerte der Kommentator, wolle Schumacher selber „an die Macht, und er hofft, die Stunde dazu sei jetzt gekommen".

Sprecher der beiden Splitterparteien SRP und DAV, Dorls und Schuster, die hier namentlich genannt werden müssen, weil ihre Meinung nicht unbedingt repräsentativ war für die Meinung ihrer inhomogenen parlamentarischen Gruppe, forderten eine Volksabstimmung zur „Wiederbewaffnung"[45]. Ein unbefangener Beobachter der Parteiszenerie hätte womöglich nicht gezögert, die Stimmen des Zentrums – seiner konfessionellen Nähe zur Union und gemeinsamer histori-

[44] Ebd.

[45] Deutscher Bundestag, Sten.Ber., Bd 5, 98. Sitzung, 8.11.1950, S. 3591, 3593.

scher Wurzeln beider Parteien wegen – in der Wehrfrage dem Regierungslager zuzurechnen. Doch die dominierende Persönlichkeit der Partei, ihre Vorsitzende Helene Wessel, verkörperte die durch Kriegsleid geprüfte Frauengeneration, die der militärischen Macht als Mittel der Politik abgeschworen hatte. Sie malte vor dem Plenum des Bundestages das hinter einer Aufrüstung stehende Gespenst des Militarismus als eine Bedrohung der jungen Demokratie an die Wand. Denn wer sollte die westdeutschen Streitkräfte aufbauen – ein Bedenken, das sie mit Fraktionsmitgliedern aller demokratischen Parteien, natürlich auch der Kommunisten, teilte –, wenn nicht die alten Technokraten des Krieges, unter denen sie nicht wenige vermutete, die über ihrer einstigen Gesinnung das dünne Mäntelchen der Demokraten trugen, das sich unversehens wieder abwerfen ließ. Darüber hinaus hegte sie den Verdacht, daß aus dem Zusammenwirken von Militär und Industrie ein Machtkartell neu entstand, dem ein nicht geringer Schuldanteil an Entstehung und Ausgang des Zweiten Weltkrieges zuzuweisen war. „So kommt es, daß nicht nur die Leute von gestern dank ihrer Fachkenntnisse wieder in leitende Stellungen gelangen und die Bürokratie auf allen Gebieten ein überstarkes Gewicht erhält, sondern wir sehen uns im ganzen einem Restaurierungsprozeß gegenüber, der alle aufrechten Demokraten mit Sorge erfüllen kann[46]."

Den Okkupationsmächten wies sie die Aufgabe zu, die territoriale Integrität der Bundesrepublik zu wahren. Doch Helene Wessel vertrat bezüglich eines eigenen Verteidigungsbeitrages der Bundesrepublik keine Politik der reinen Negation. Sollten sich konkrete Verdachtsmomente für eine expansionistische Politik der UdSSR ergeben, mußte auch Bonn militärische Verpflichtungen im europäischen Rahmen übernehmen, sofern sie ausschließlich defensiven Charakter trugen, Frankreich vorher seine antideutschen Ressentiments abbaute und sich die einzelnen Bündnispartner auf eine gemeinsame Definition dessen einigten, was sie unter Europa verstanden. Letztlich aber schwebte ihr vor, daß zukünftig die in einer UNO-Streitmacht konzentrierte Kraft der freien Völker den Erhalt des Weltfriedens garantierte. Dem Adenauerschen Prinzip der Stärke erteilte sie ebenso eine entschiedene Absage wie der Schumacherschen Vorwärtsstrategie, die im Osten als verbale Kaschierung beabsichtigter aggressiver Akte mißverstanden werden, negative Folgen für die Bevölkerung der DDR zeitigen und zu Spannungen führen konnte, die sich eventuell in einem Bürgerkrieg entladen, wenn nicht zu einem größeren militärischen Konflikt eskalieren mußten. Um dies zu verhindern, plädierte sie, in Anlehnung an die Position von Gustav Heinemann, mit dem sie geraume Zeit später den Rest ihres politischen Lebensweges gemeinsam ging, für eine Politik der Annäherung an die und Verhandlungen mit der Sowjetunion: „Wir sind realistisch genug, um uns keiner Illusion bezüglich der Haltung der Russen hinzugeben, aber auch nicht hoffnungslos genug, um jede Möglichkeit einer friedlichen Auseinandersetzung der Weltsituation zu leugnen und der anscheinend unvermeidlichen Katastrophe zu fatalistisch entgegenzusehen[47]."

Die extreme Rechte (SRP, DRP) und Linke (KPD) galten im Bundestag gleichermaßen als politische Quantité négligeable. Dies lag ebenso an ihren zum Teil unqualifizierten Repräsentanten wie an ihrer Programmatik. Wo die eine nationalsozialistische Reminiszenzen pflegte, trat die andere als Briefträger und Interpret Moskauer Botschaften auf. Beide Gruppen erfuhren in der sicherheitspolitischen Auseinandersetzung aber graduell unterschiedliche Aufmerksamkeit nach dem Motto: der Hauptfeind steht links, weil er nicht nur die Inkarnation des innen-, sondern auch des außenpolitisch Bösen schlechthin zu verkörpern schien. So besaß für neonazi-

[46] Ebd., S. 3577 D.
[47] Ebd., S. 3577 C.

stische Abgeordnete Applaus seitens der Regierungskoalition dort keinen Seltenheitswert, wo sie sich antibolschewistisch und wehrfreudig gebärdeten. Ein Beispiel: Abgeordneter Leuchtgens (DRP): „Unsere Freiheit ist *vom Osten bedroht,* und der Frieden ist ebenso vom Osten bedroht. (Sehr gut! in der Mitte.) Und wenn wir jetzt hören, daß die Absicht besteht, ein *europäisches Heer* aufzustellen, das unter Umständen einen von Rußland ausgehenden Krieg zu verhindern in der Lage ist, dann müssen wir diese Bestrebung in jeder Weise unterstützen. (Abg. Kunze [CDU]: Sehr richtig!) Wer die Freiheit liebt, wer sein Vaterland liebt und wer sein Volk liebt, der muß es auch gegen Bedrohungen verteidigen. (Sehr richtig! in der Mitte [...])." Hier wurde eine partielle Übereinstimmung deutlich, während es die Kollegen von der KPD an jeglicher Identifikation mit Staat und Gesellschaft fehlen ließen[48]. Die KPD-Redner vergaben in dieser wichtigen Bundestagsdebatte die Chance, sachliche und in der Bevölkerung weitverbreitete Bedenken gegen die sogenannte Wiederaufrüstung und die militärische Westintegration der Bundesrepublik vorzubringen, z.B. auf die nicht unproblematische amerikanische Containment-Politik gegenüber der Sowjetunion hinzuweisen, auch auf die speziellen, nicht zuletzt ökonomischen Interessen der USA in Europa und in der Bundesrepublik, worüber man mit Fug und Recht hätte diskutieren und unterschiedlicher Meinung sein können. Statt dessen polemisierten sie auf niedrigstem Niveau gegen die Vereinigten Staaten als den Erbfeind des deutschen Volkes, dessen merkantiler Sinn nur nach der ökonomischen Ausbeutung der Verbündeten und der Unterwerfung der Welt trachte. Durch die propagandistische Art des Vortrages und stereotype Wiedergabe des Original-Wortlautes anstelle fundierter Erläuterungen verhinderten die Redner der Kommunistischen Partei Deutschlands zudem, daß die sogenannte Prager Erklärung der Außenminister der UdSSR und der volksdemokratischen Länder vom Oktober 1950 als eine ernsthafte Diskussionsgrundlage betrachtet wurde. Die in dieser Resolution enthaltene Offerte, unverzüglich einen Friedensvertrag mit Deutschland abzuschließen und durch die Bildung eines paritätischen gesamtdeutschen Konstituierenden Rates eine provisorische gesamtdeutsche Regierung einzusetzen, blieb somit inhaltlich unbeachtet und wurde von den übrigen Fraktionen lediglich als Versuch gewertet, den auf der New Yorker Dreimächtekonferenz sichtbar in Gang gekommenen Prozeß der militärischen Eingliederung der Bundesrepublik in das westliche Lager aufzuhalten. In der Folgezeit hat die Sowjetunion vor wichtigen Integrationsentscheidungen immer wieder spektakuläre alternative Angebote unterbreitet, die allein schon wegen des Zeitpunkts ihrer Abgabe als plumpe Störmanöver und deshalb substantiell wenig seriös abqualifiziert wurden[49]. Sie ist den Beweis schuldig geblieben, daß sie sich auf diese Weise lediglich ein deutschlandpolitisches Alibi verschaffen wollte. Schließlich betrieb die DDR eine unverhohlene Aufrüstung. Diese Bewertung gilt auch für die der Prager Erklärung am 3. November 1950 nachgeschobene Note der Regierung der UdSSR an die drei Westmächte zwecks Einberufung einer Viererkonferenz zur Durchführung des Potsdamer Abkommens über die Entmilitarisierung Deutschlands sowie über andere anstehende, die vier Besatzungsmächte betreffende Fragen[50]. Der Bundestag ging davon unbeeindruckt zur Tagesordnung über.

Zieht man nach dieser ersten großen außenpolitischen Debatte des Deutschen Bundestages Bilanz und fragt nach den innenpolitischen Voraussetzungen einer militärischen Westintegration der Bundesrepublik, so erscheinen sie auf den ersten Blick günstiger, als der Bundeskanzler

[48] Vgl. zu Leuchtgens, ebd., S. 3600 A–B. Die CDU hatte ihm sogar 10 Minuten ihrer Redezeit für seine Erklärung zur Verfügung gestellt.

[49] Prager Erklärung, 22.10.1950, in: Dokumente zur Deutschlandpolitik der Sowjetunion 1, S. 244–253.

[50] Ebd., S. 253f.

aufgrund vorausgegangener öffentlicher Auseinandersetzungen hatte erwarten können. Mit Ausnahme der KPD sahen alle Parteien die Bundesrepublik Deutschland und Europa dem militärischen Druck der Sowjetunion ausgesetzt, wenngleich Grad und Brisanz der Bedrohung unterschiedlich bemessen wurden. Sie stimmten daher der Aufstellung westdeutscher Streitkräfte innerhalb einer europäischen Armee grundsätzlich zu, für die aber der Pleven-Plan, zumindest in der vorgelegten Form, kein Rahmenmodell abgeben durfte. Der Bundeskanzler besaß nun die parlamentarische Legitimation, über eine militärische Westintegration der Bundesrepublik zu verhandeln. Eine Blanko-Vollmacht war dies nicht. Über die Bedenken der Opposition hätte er sich angesichts der Mehrheit der Koalition hinwegsetzen können; doch hatte auch die Koalition Bedingungen formuliert. So stellte die insbesondere von FDP und DP mit Nachdruck geforderte sofortige partnerschaftliche Gleichberechtigung innerhalb eines militärischen Bündnisses Adenauers Politik der Vorleistungen in Frage. Darüber hinaus ließen die Liberalen wie die nationale Rechte den Bundeskanzler nicht im unklaren darüber, daß sie ihre Zustimmung zur Aufstellung westdeutscher Kontingente von der Einstellung der in ihren Augen diskriminierenden Behandlung des ehemaligen Offizierkorps sowohl durch die Westalliierten wie durch deutsche Stellen abhängig machen würden. So verlangten ihre Sprecher unisono die Einstellung der Kriegsverbrecherprozesse und die Freilassung der Kriegsgefangenen seitens der präsumtiven Verbündeten ebenso wie eine offizielle Ehrenerklärung der Bundesregierung für die deutschen Soldaten und deren im Vergleich zu anderen sozialen Gruppen angemessene materielle Versorgung. Nichts war deshalb im militärpolitischen Poker entschieden oder gar gewonnen. Die Bundesregierung hatte sich lediglich entschlossen, das „Spiel zu eröffnen", so der DP-Abgeordnete v. Merkatz[51]. Über das Ob eines westdeutschen Verteidigungsbeitrages konnte es keinen Zweifel mehr geben; über das Wie würde noch zu befinden sein, auf innen- wie auf außenpolitischer Ebene.

Die politische Wetterfahne zeigte an, daß es für den Bundeskanzler stürmisch werden würde. Dem Wetterleuchten am Firmament des Bundestages folgte das Donnergrollen am Länderhimmel. Die Parteien hatten noch einmal ihre bekannten Argumente für oder gegen einen westdeutschen Verteidigungsbeitrag in den Wahlkämpfen zu den Landtagen in Hessen und Württemberg-Baden ausgetauscht und sich das Votum der Wähler erbeten. Als es für die CDU deprimierend ausfiel – in Hessen erhielt die SPD eine überzeugende Mehrheit (44,4%), und die Christdemokraten (18,8%) schieden aus der Regierungsmitverantwortung aus, in Württemberg-Baden mußte die Union im Gegensatz zur SPD erhebliche Verluste hinnehmen, während die FDP/DVP in beiden Regionen einen deutlichen Wählerzuwachs verzeichnete –, stand für die Parteien fest, daß hier u.a. die Wehrfrage den Platz für das Kreuzchen auf dem Stimmzettel mitbestimmt hatte. Zugunsten von Liberalen und Sozialdemokraten hatte sich ganz offensichtlich das nationale Moment ihrer sicherheitspolitischen Diktion ausgewirkt, paradoxerweise für die SPD auch ihr vielfach als absolut mißverstandenes Nein. In der Partei Schumachers schlug man sich in der Euphorie der Wahlsiege selbstgefällig und selbstbewußt an die Brust und betonte, daß die SPD „als einzige Partei eine eindeutige, klare und bis zum Ende durchdachte Konzeption über die Möglichkeit oder Unmöglichkeit eines deutschen militärischen Beitrages zur Sicherheit der Weltdemokratie habe"[52]. Als vermeintlich legitimierte Stimme des Volkes wollte die SPD die Autorität der Bundesregierung fortan propagandistisch untergraben, die Regierung reif für den Rücktritt und damit den Weg frei für Neuwahlen machen.

[51] Deutscher Bundestag, Sten.Ber., Bd 5, 98. Sitzung, 8.11.1950, S. 3609 A.
[52] PPP, 20.11.1950, S. 2.

In Anbetracht der bevorstehenden Landtagswahlen in Bayern demonstrierte Adenauer Einsicht, indem er die entscheidenden Passagen seines Sicherheitsmemorandums vom August 1950, welche sein Angebot eines militärischen Verteidigungsbeitrages sowie den Verzicht auf ein nationales Kontingent beinhalteten und die er bislang Kabinett und Parlament vorenthalten hatte, der Presse übergab. Er tat dies, wie er ausdrücklich betonte, um der allgemeinen Verwirrung in der deutschen Öffentlichkeit über die verteidigungspolitischen Intentionen der Bundesregierung entgegenzuwirken, aber auch in der Absicht, den SPD-Vorsitzenden, der als einziger Parteiführer über den Inhalt des Schriftstückes unterrichtet worden war, des Vertrauensbruches, nämlich des Versuchs zu bezichtigen, aus seinem bevorzugt erlangten Wissen in den Wahlkämpfen Kapital geschlagen zu haben[53].

Viel schwerer wog aber, daß nicht nur des Kanzlers politischer Umgang mit Partei- und Koalitionsfreunden auf Kritik stieß, sondern verstärkt nun auch Zweifel am Erfolg seiner am Beispiel der Wehrfrage praktizierten außenpolitischen Verhandlungspraxis aufkamen, selbst im Regierungslager: Wie anders will man es verstehen, wenn die FDP laut über Ämterhäufung nachdachte, um in einem Atemzug dem Regierungschef nahezulegen, seiner Richtlinienkompetenz unbenommen, die außenpolitischen Geschäfte in andere Hände zu geben[54]? Adenauers Politik der Vorleistungen, sein Vertrauen in die Eigenläufigkeit des Geschehens in deutschem Sinne, stießen im Kontext der Frage der deutschen Gleichberechtigung in einem militärischen Bündnis zunehmend auf Skepsis. Noch anläßlich der Publikation des Sicherheitspapieres hatte der Bundeskanzler dargetan, er stelle im Blick auf einen westdeutschen Verteidigungsbeitrag nur eine einzige Bedingung, nämlich die militärische Gleichberechtigung des deutschen Kontingents innerhalb einer Europa- oder Atlantikarmee[55]. Doch etwa zeitgleich ließen sich FDP- und CDU-Parlamentarier im Europarat, wo der Pleven-Plan trotz umstrittener Zuständigkeit auf der Tagesordnung stand, weniger entgegenkommend vernehmen. Während die SPD-Abgeordneten keine Veranlassung sahen, ihren Standpunkt des Alles-oder-Nichts zu revidieren und „die Wiederherstellung der deutschen Gleichberechtigung auf allen Gebieten, insbesondere auf politischem und wirtschaftlichem Gebiet“[56], also die volle Souveränität als Voraussetzung für eine Beteiligung an einer europäischen Streitmacht rednerisch einklagten, stellten die FDP- und CDU-Repräsentanten in Straßburg übereinstimmend zumindest die Forderung nach partnerschaftlicher Gleichstellung innerhalb eines militärischen Bündnisses auf. Eine Empfehlung der Beratenden Versammlung des Europarats zur „sofortige[n] Schaffung einer europäischen Einheitsarmee“[57] fand nicht die Zustimmung der Koalitionsvertreter, weil sie lediglich Adenauers Verlangen nach militärischer Gleichberechtigung entsprach, der Bundesrepublik aber keinen Einfluß auf die politische Entscheidung zum Einsatz der Truppen zubilligte. Es war kein Geringerer als der Fraktionsvorsitzende der Union im Deutschen Bundestag, v. Brentano, der im Namen aller Koalitionsparteien deren Erwartungshorizont deutlich über dem des Bundeskanzlers ansetzte: „So wie wir damals [gemeint ist der 11. August 1950, an dem man einem Vorschlag Winston Churchills zur Bildung einer Europaarmee unter westdeutscher Beteiligung zustimmte] davon überzeugt waren, daß die Schaffung einer europäischen Armee unter gemeinsamer politisch ver-

[53] Vgl. u.a. Die Welt, 25.11.1950.

[54] Pressekonferenz über Vorstandsitzung und Kommuniqué, 9.12.1950. Vgl. Wagner, FDP, S. 87.

[55] Basler Nachrichten, 25./26.11.1950, S. 1f.

[56] Bericht Mohrs, 28.11.1950, über die Tagung der Beratenden Versammlung des Europarats in Straßburg, 18.–24.11.1950, BA, B 145/438.

[57] Empfehlung, 24.11.1950, ebd.

antwortlicher Führung eine integrale Voraussetzung nicht nur für die Erhaltung des Friedens und der Freiheit, sondern auch für die Verwirklichung des Gedankens der politischen Einigung Europas sei, so sind wir es auch heute noch, und alle meine Freunde haben mich gebeten, das Votum vom 11. August heute noch einmal ohne jeden Vorbehalt zu bestätigen[58]." In der schließlich gegen die Stimmen der SPD verabschiedeten Endfassung wurde dem deutschen Wunsch insofern Rechnung getragen, als man eine Formel des französischen Außenministers Schuman des Inhalts aufnahm, „daß die beteiligten Mächte keine Diskriminierungen machen dürfen"[59]. Von dem seitens der Sozialdemokratie gestellten Souveränitätsbegehren distanzierte sich v. Brentano ostentativ. Durch den deutschen Verzicht auf eine Nationalarmee, also auf ein traditionelles, staatliche Autorität kennzeichnendes Attribut, trete die Bundesrepublik Deutschland bewußt ein Stück nationaler Souveränität zugunsten einer neuen, nämlich europäischen ab.

Daß er hinter diesem dezidiert formulierten Standpunkt führender Parlamentarier der Koalitionsfraktionen nicht mehr zurückstecken konnte, daß man die volle Gleichberechtigung als Bündnispartner einer Militärallianz zumindest parallel zu den militärischen und technischen Fragen eines westdeutschen Verteidigungsbeitrages würde aushandeln müssen, darüber gab sich der Bundeskanzler nun keiner Illusion mehr hin. Er konnte die Auffassung der Liberalen, die diese in der Europadebatte vom November 1950 dargelegt hatten, nicht unberücksichtigt lassen, nämlich: eine deutsche militärische Verpflichtung „hinge davon ab, daß die Gleichberechtigung erst in weitgehendem Umfang verwirklicht sein müsse". Und er tat gut daran, den warnenden Unterton in der Stimme des einflußreichen FDP-Abgeordneten Euler nicht zu überhören, mit dem dieser ihm geraten hatte, daß er die Einlassungen seiner Partei bezüglich der Gleichberechtigung „nicht leicht nehmen möge. Es handelt sich dabei um eine ernste Angelegenheit, und wir werden, wenn die Frage der *deutschen Teilnahme an europäischer Verteidigung* demnächst praktisch zu entscheiden ist, unsere Stellungnahme allerdings davon abhängig machen, inwieweit von einer Verwirklichung der deutschen Gleichberechtigung unter den dann gegebenen Umständen gesprochen werden kann[60]."

Wenn Adenauer gehofft hatte, die Anglo-Amerikaner würden die Initiative Plevens im Sinne einer schnellen und atlantischen Lösung des europäischen Verteidigungsproblems parieren, sah er sich getäuscht. Endlich der französischen und deutschen Zustimmung gewiß, hüteten sich London und Washington, diese und damit die Partizipation der Bundesrepublik an der sicherheitspolitischen Verantwortung in Europa wieder in Frage zu stellen, indem sie zugunsten einer Seite Stellung bezogen, um damit die andere zwangsläufig zu verprellen. Der nach vielfältigen Beratungen unterschiedlichster alliierter Gremien, jedoch ohne Bonner Beteiligung endlich gefundene Kompromiß, der auf der Brüsseler Konferenz der Außenminister der NATO-Staaten (18./19. Dezember 1950) sanktioniert wurde, in Paris im Kreise der europäischen Sechs über den Pleven-Plan als militärisch-politisches Rahmenmodell und parallel dazu auf dem Petersberg zwischen den Hochkommissaren und der Bundesregierung über die militärtechnischen und organisatorischen Einzelheiten eines westdeutschen Verteidigungsbeitrages zu verhandeln, entsprach keineswegs den Erwartungen des Kanzlers. Als nämlich am 9. Januar 1951 die sogenannten Sachverständigengespräche mit der unter Leitung von Theodor Blank stehenden westdeutschen Delegation und am 15. Februar Beratungen über den Pleven-Plan begannen, sah sich Adenauer innen- wie außenpolitisch unter Erfolgszwang. Nachdem er sich nun einmal bereit-

[58] Erklärung v. Brentanos, 24.11.1950, ebd.
[59] Empfehlung, ebd.
[60] Deutscher Bundestag, Sten.Ber., Bd 5, 103. Sitzung, 16.11.1950, S. 3757 B.

erklärt hatte, über den Pleven-Plan zu verhandeln, mußte er nolens volens eine Delegation nach Paris entsenden, die aber ostentativ personell zweitrangig besetzt war und dilatorisch über eine Europaarmee als ein lediglich unter längerfristigen Perspektiven zu betrachtenden westeuropäisches Einigungsmoment verhandeln sollte. Aber auch bei dieser Direktive sah Schumacher keine Diskussionsgrundlage gegeben. Er hielt die französische Initiative für völlig uneuropäisch, weil sie die Bundesrepublik als Staat zweiter Klasse deklarierte. „Nur in der Chance des Blutvergießens werde Deutschland die 1. Klasse zugebilligt[61].“

Immer noch auf die USA als maßgebende politische Größe setzend, versuchte Adenauer, den Beitritt der Bundesrepublik zu Atlantikpakt und NATO auf die Petersberger Tagesordnung zu setzen. Als die Hochkommissare die Koppelung der militärtechnischen mit den politischen Implikationen eines deutschen Verteidigungsbeitrages mangels entsprechender Autorisierung seitens ihrer Regierungen ablehnten, geriet der Bundeskanzler in eine schwierige Situation. Denn während man sich nun in der zusehends entkrampfenden Atmosphäre der Petersberger Runde auf den rein militärischen Komplex konzentrierte und gute Fortschritte erzielte, sich in der französischen Hauptstadt jedoch kein Weiterkommen abzeichnete, bestand die Gefahr, daß man sich, den amerikanischen Wünschen entsprechend, über die unverzügliche Aufstellung der deutschen Armee einigte, ohne daß die politischen Voraussetzungen dafür geschaffen waren. Die Frage westdeutscher Soldaten drohte ihres politisch-instrumentalen Charakters verlustig zu gehen, wenn der Bundeskanzler unversehens mit dem Modell eines deutschen Truppenkontingents dastand, ohne die von Koalition und Opposition angestrebte Verbesserung des politischen und völkerrechtlichen Status der Bundesrepublik erreicht zu haben. Andererseits, und dies war das Dilemma, erwarteten vor allem die USA baldige und ernsthafte deutsche Verteidigungsanstrengungen[62]. In den Vereinigten Staaten meldeten sich Stimmen zu Wort, die einen militärischen Beistand für Europa von dessen und damit auch der Bundesrepublik wirksamer Selbstverteidigung abhängig zu machen rieten und an die Adresse Bonns die Warnung richteten, die Zusage eines westdeutschen Verteidigungsbeitrages nicht mit überzogenen politischen Forderungen zu verbinden. Der von Adenauer vielbeschworene amerikanische Isolationismus wurde von ihm sowohl vor dem Hintergrund seiner Weimarer Erfahrungen wie um der propagandistischen Wirkung willen überbewertet, anders als in der FDP. Eines ihrer Mitglieder einer in die USA entsandten deutschen Parlamentarierdelegation kam mit der Überzeugung zurück, Demokraten wie Republikaner befürworteten eine verstärkte militärische Präsenz der Vereinigten Staaten in Europa und träfen sich in der Erkenntnis, daß es unbedingt notwendig sei, den politischen Status der Bundesrepublik zugunsten einer fairen Partnerschaft grundlegend umzugestalten[63]. Adenauer hatte sich aufgrund interfraktionellen Beschlusses der Regierungsparteien genötigt gesehen, die Westalliierten Ende 1950 zu ersuchen, das Besatzungsstatut durch einen Sicherheitsvertrag zu ersetzen. Wenn er es auch ausdrücklich vermied, Revision des Besatzungsstatuts und Wehrbeitrag in eine konditionelle Verbindung zu bringen, statt dessen beide Problemkreise nebeneinander behandelt sehen wollte, war der interdependente Zusammenhang offenkundig. An der Jahreswende 1950/51 gewannen aufmerksame Beobachter den Eindruck, „daß auch der Bundeskanzler die Abschaffung des Besatzungsstatutes und den Sicherheitsvertrag als fast die einzige Möglichkeit betrachtet, eine zustimmende Mehrheit im Parlament für einen deutschen

[61] PPP, 29.1.1951, S. 1.
[62] Vgl. dazu Beitrag Maier.
[63] Vgl. fdK, 27.2.1951, S. 2–6.

Verteidigungsbeitrag zu erhalten"[64], doch zeigten die Westmächte zunächst wenig Neigung zu Entgegenkommen.

Mit Blick auf die öffentliche Meinung klagte Adenauer: „Die Alliierten sind gegenüber dem deutschen Volk psychologisch nicht immer gut beraten[65]." Auf Parteiveranstaltungen demonstrierte der Kanzler seine Entschlossenheit, auf die Ersetzung des Okkupations- durch Vertragsrecht und die Umwandlung der Hohen Kommission in eine Botschafter-Konferenz – nicht in Botschaften – unnachgiebig hinzuwirken[66].

Gleichzeitig machte er aber parteiintern deutlich, daß „die politische Gleichberechtigung Deutschlands [...] nicht schlagartig auf einmal erfolgen" könne und er sich mit Teilerfolgen zufrieden geben werde. „Dafür hat die Besatzung zu viele rechtliche Tatbestände geschaffen." Auf alle Fälle durften an dieser Frage keineswegs die gemeinsamen außenpolitischen Zukunftsprojektionen von Bundesrepublik und Westmächten scheitern. „Die Hauptsache ist, daß die Politik des Westens und unsere Politik in bezug auf den Osten konform geht[67]."

Da er sich nicht sicher sein konnte, ob den Koalitionspartnern FDP und DP der partielle Abbau der Okkupationsherrschaft genügen würde, um die Rückendeckung aller ihrer Abgeordneten in der Wehrproblematik zu erlangen – die Deutsche Partei hatte nach Beginn der Petersberg-Gespräche in ihrem Presseorgan noch einmal nachdrücklich gefordert, „daß das Besatzungsregime in seiner Grundlage gewandelt wird. An seine Stelle muß ein *Sicherheitsvertrag* treten"[68] –, sah Adenauer sich genötigt, um die Gunst des SPD-Vorsitzenden, mit dem er sich über die Notwendigkeit gemeinsamer militärischer Abwehrmaßnahmen gegenüber der UdSSR ja grundsätzlich einig wußte, zu werben. Indem er noch einmal seine Überzeugung zum Ausdruck brachte, die Beseitigung des Besatzungsrechts müsse „so schnell, wie das arbeitsmäßig möglich ist, erfolgen", bat er aber auch um parlamentarische Unterstützung für den Fall, daß sich die Westalliierten am Anfang lediglich „in einer allgemein verpflichtenden Erklärung zu diesem Prinzip bekennen" würden[69]. Um ein Einlenken auf diese Linie zu erreichen, hatte der Kanzler bereits eine Annäherung an Schumachersche Grundpositionen vollzogen, indem er einen Verteidigungsbeitrag der Bundesrepublik von folgenden Voraussetzungen abhängig machte: 1. Truppenstärke und Politik der Westmächte in der Bundesrepublik mußten „nach sachverständigem Urteil die Gewißheit dafür geben, daß sie ihre ganze Kraft dafür einsetzen, eine Aggression zurückzuschlagen und das Gebiet der Bundesrepublik nicht zum Kampfgebiet werden zu lassen"[70]. 2. Die zukünftigen militärischen Partner mußten der Bundesrepublik finanziell unter die Arme greifen, insbesondere zur „Aufrechterhaltung eines auskömmlichen Lebensniveaus" im Sinne der Stabilisierung der sozialen Sicherheit[71].

Wenn der Bundeskanzler zu Beginn des Jahres 1951 betonte, „das deutsche Volk" müsse „in den nächsten Monaten starke Nerven haben, da sich höchstwahrscheinlich entscheidende Dinge

[64] FAZ, 22.12.1950, S. 1.
[65] Zit. n. Die Neue Zeitung, 1.12.1950.
[66] So auf dem Parteitag der Westfälischen CDU vom 14.1.1951 in Bielefeld. Vgl. dazu Wettig, Entmilitarisierung in Deutschland, S. 405, Anm. 1.
[67] Protokoll der 4. Sitzung, 12.2.1951, des Bundesparteiausschusses der CDU, ACDP, Protokolle des CDU-Bundesparteiausschusses aus den Jahren 1950–1953, VII-001-019/3.
[68] Deutsche Stimmen, 1. Januar-Ausgabe 1951, S. 1.
[69] Brief Adenauers, 31.1.1951, an Schumacher, in: Adenauer, Erinnerungen 1, S. 416–419, hier S. 418.
[70] Ebd., S. 417.
[71] Ebd., S. 417f.

vollziehen" würden[72], befand er sich durchaus in Übereinstimmung mit der SPD, die ebenfalls der Meinung war, die Bundesrepublik Deutschland befände sich „vor der schwersten Entscheidung" seit ihrer Gründung[73].

Unzweideutiger als je zuvor bekundete die Partei in der Öffentlichkeit ihre mit der Koalitionsauffassung korrespondierende Einschätzung der Sowjetunion als potentiellen Aggressor. Und sie wehrte sich vehement gegen das von der Union ihr gegenüber inszenierte Wechselspiel von Gunstbezeugung und Werbung einerseits und Diffamierung als vaterlandslose Gesellen andererseits (so betrieben vom Deutschland-Union-Dienst). Die SPD bemühte sich, „auf die Tatsache [zu] verweisen, daß sie die Gefahren des östlichen Totalitarismus nicht nur am frühesten und klarsten erkannt, sondern auch mit unbeirrbarer Konsequenz nach diesen Erkenntnissen gehandelt" habe[74]. Gleichzeitig unterstrich sie, daß sie „grundsätzlich für den Kriegsfall auch eine starke militärische Verteidigung des Westens einschließlich Deutschlands bejaht[e]"[75]. Dennoch sprach nach ihrer Ansicht unter militärpolitischen Gesichtspunkten nichts dafür, die Bundesrepublik Deutschland – wohl gemerkt – überstürzt in eine westliche Militärallianz einzubinden, sah doch auch der Kanzler eine akute militärische Bedrohung als nicht gegeben an: „*Die Sowjet-Union will keinen heißen Krieg* [...], weil sie weiß, daß sie diesen Krieg letzten Endes verlieren würde", und zwar wegen der größeren ökonomischen Ressourcen und des überlegenen militärischen Potentials des Westens, vor allem der USA[76].

Zudem räumte Schumacher dem von Adenauer vielbeschworenen, als argumentatives Hilfsmittel zur Durchsetzung seiner Militärpolitik und daher bewußt überbewerteten amerikanischen Isolationismus keine Chance ein. In der globalen Auseinandersetzung der beiden Supermächte UdSSR und USA um die politische und militärische Führungsrolle in der Welt konnten sich nach Meinung des Führers der größten Oppositionspartei die Vereinigten Staaten einen Rückzug aus Europa weder aus politisch-psychologischen, noch aus strategischen und ökonomischen Gründen leisten. Was sprach also aus außen-, sicherheits- und parteipolitischen Erwägungen dafür, den Regierungschef aus dem Dilemma zu befreien, einerseits auf dem Weg über die Bereitstellung deutscher Truppen ein gleichberechtigter Bündnispartner der Westmächte werden zu wollen, andererseits aber eben für diesen Wehrbeitrag eine parlamentarische Mehrheit nur dann finden zu können, wenn ihm – wie von der Koalition gewünscht – die Revision des Besatzungsstatuts vorausgegangen war? Zugleich verlangte die SPD als Vorauszahlung für ihre Zustimmung zu einem europäisch-atlantischen Verteidigungsbeitrag die volle Souveränität der Bundesrepublik. Schumacher verwies in seinem Antwortschreiben auf den oben genannten Brief Adenauers – wie sich herausstellen sollte, mit Recht – darauf, die Alliierten erachteten die deutsche Gleichberechtigung lediglich für eine Zukunftsprojektion. Deshalb hielt er jede Politik für im Ansatz gescheitert, die sich bemühte, diese Gleichberechtigung über einen militärischen Beitrag der Bundesrepublik zu erkaufen. „Die politische Gleichberechtigung ist die Voraussetzung eines militärischen Beitrages und nicht sein Ergebnis[77]." Die Sozialdemokratie erwartete, daß der

[72] Adenauer vor dem Bundesparteiausschuß der CDU, 12.2.1951, ACDP, Protokolle des CDU-Bundesparteiausschusses aus den Jahren 1950–1953, VII-001-019/3.

[73] So die gleichnamige Broschüre Schulz, Vor der schwersten Entscheidung.

[74] Ebd., S. 5.

[75] Ebd., S. 12.

[76] So Adenauer in seinem Vortrag „Wo stehen wir jetzt" vor Bonner Studenten am 10.2.1951, Bonn 1951, S. 15.

[77] Antwortschreiben Schumachers, 6.2.1951. Teilabdruck bei Adenauer, Erinnerungen 1, S. 420–422, hier S. 421. Vollständiger Text in: Schumacher, Reden und Schriften, S. 883–894.

Bundeskanzler die sicherheitspolitische Karte im Sinne der Aufhebung der Besatzungsherrschaft konsequent ausreizte. In Anbetracht der auch von der Sozialdemokratie empfundenen Bedrohung aus dem Osten mußten bundesdeutschen Rüstungsanstrengungen solche der Westalliierten vorausgehen. Nach Erfüllung dieser Voraussetzungen war „ein deutscher Beitrag im Rahmen des europäisch-atlantischen Verteidigungssystems [...] eine logische Notwendigkeit, der Deutschland nicht ausweichen sollte und wohl auch nicht ausweichen dürfte". Als ideal hätte es die SPD empfunden, wenn vor einem solchen militärischen Pakt bereits ein politischer, „eine gemeinsame europäisch-atlantische Politik unter Einschluß Deutschlands, das heißt unter Fortfall aller Diskriminierungen und Einschränkungen der deutschen Souveränität", zustande gekommen wäre[78].

Die SPD machte noch ein weiteres, innenpolitisch motiviertes Argument gegen die forcierte Aufrüstung geltend, das sowohl auf ihrem traditionellen antimilitaristischen – nicht antimilitärischen – Ressentiment als auch auf ihrer Erfahrung mit Reichswehr und Wehrmacht beruhte. Obwohl sie sich aus Überzeugung wie aus wahltaktischer Notwendigkeit bestrebt zeigte, sich national wie international gegenüber dem Kommunismus abzugrenzen, ja, sich in die vorderste Reihe seiner Gegner zu stellen – „ein aktiver Antikommunismus ist heute eine Lebensnotwendigkeit"[79] –, wollte sie doch das Risiko vermeiden, den Teufel mit Beelzebub auszutreiben. Das demokratische Gefüge der jungen Republik erschien ihr noch zu ungefestigt, als daß man es gefahrlos den Belastungen durch eine Institution aussetzen konnte, der das Scheitern der Weimarer Republik und der Untergang des Deutschen Reiches u.a. mit anzulasten ist, durch das Militär. Die Freiheit bedurfte der politischen Sicherung, ehe man den Soldaten die militärische anvertraute. Ging man auf amerikanisches Drängen und das des Bundeskanzlers umgekehrt vor, so beschwor man nach sozialdemokratischer Auffassung das Gespenst der Remilitarisierung. Sollten Verhandlungen über eine westdeutsche Aufrüstung aber tatsächlich in Gang kommen, und die Petersberg-Gespräche waren ein Indiz dafür, konnte die Bundesregierung natürlich nicht auf militärische Fachleute verzichten. Aber die SPD hielt es für „die verdammte Pflicht und Schuldigkeit der politischen Exekutive, nach so viel bitteren Erfahrungen diese Fachleute aufs energischste daran zu gewöhnen, daß ihr ‚Spezialistentum' in keiner Weise etwas Besonderes darstellt, das ihnen irgendwelche Privilegien sichern könnte, und daß sie sich genauso zu benehmen haben wie alle anderen Staatsbürger im Rahmen einer Demokratie"[80].

Gegen die Konsultationen auf dem Petersberg erhob Schumacher keine Bedenken, vorausgesetzt, sie dienten lediglich der politischen, technischen und wissenschaftlichen Erörterung der Möglichkeiten, nicht aber der konkreten Vorbereitung eines Verteidigungsbeitrages[81].

Die am 6. März 1951 erfolgte sogenannte kleine Revision des Besatzungsstatuts vermochte die innerdeutschen Konstellationen zugunsten einer militärischen Westintegration in keiner Weise zu verändern. Aus der Tatsache, daß sie de facto nur die okkupationsrechtliche Umsetzung der New Yorker Beschlüsse (19. September 1950) bedeutete[82], konnten Adenauers Gegner

[78] Schulz, Vor der schwersten Entscheidung, S. 14.
[79] Ebd., S. 10.
[80] Ebd., S. 11.
[81] PPP, 29.1.1951.
[82] Zuerkennung der vollen gesetzgeberischen, vollziehenden und richterlichen Gewalt an Bund und Länder, einer eigenständigen, jedoch kontrollierten Außenpolitik; Beibehaltung von Abrüstung, Entmilitarisierung, Kontrolle der Ruhr, des Außenhandels u.a.m., Text in: EA 6, 1951, S. 3829f.; Kommuniqué, S. 3849f.

höchstens schließen, die Besatzungsmächte erachteten einen Bonner Wehrbeitrag nicht für so dringlich, als daß sie durch Konzessionen in Sachen Gleichberechtigung den sicherheitspolitischen Handlungsspielraum des Regierungschefs hätten erweitern müssen[83].

b) Die erste gesamtdeutsche Initiative von UdSSR und DDR

Das Versprechen der Aufstellung westdeutscher Kontingente wurde als Pfand für die Gleichberechtigung seitens der Westmächte zunächst nicht eingelöst. Wenn der Kanzler dennoch auf der atlantischen Integration insistierte, dann unter einem ganz anderen politischen Vorzeichen. Sein entsprechendes Bemühen muß vor dem Hintergrund der sich ergänzenden Deutschlandinitiativen von UdSSR und DDR Ende 1950 betrachtet werden. Über die an die Westmächte gerichtete Sowjetnote (3. November 1950) zur Einberufung einer Viermächtekonferenz zwecks Durchführung der Entmilitarisierung und des Potsdamer Abkommens und den sie flankierenden Brief des DDR-Ministerpräsidenten Grotewohl (30. November 1950) an Adenauer zwecks gemeinsamer deutsch-deutscher Wiedervereinigungsanstrengungen hätte man, als Störmanöver gegen die insbesondere militärische Verankerung der Bundesrepublik im westlichen Lager entlarvt, ohne weitere Beachtung zur politischen Tagesordnung übergehen können. Doch gerade dies taten die westlichen Adressaten der Moskauer Offerte nicht. Als sie ernsthafte Anstrengungen zur Vorbereitung einer Viererkonferenz unternahmen, vermochte sich der Bundeskanzler in Anbetracht des französischen Ressentiments gegen einen erstarkenden Bonner Staat der Befürchtung nicht zu erwehren, die ihn traumatisch bis zum endlichen Eintritt der Bundesrepublik in die atlantische Gemeinschaft nicht verließ, die Siegermächte des Zweiten Weltkrieges könnten sich im Interesse einer Entspannung in Europa durch die Wiederherstellung eines geeinten, unbewaffneten Deutschlands in Neutralität auf Kosten der Bundesrepublik arrangieren. Er aber hatte sich ein für allemal zugunsten der Westbindung des von ihm regierten deutschen Teilstaates im Rahmen eines freien Europas und atlantischen Militärbündnisses entschieden. Um dies glaubhaft zu verdeutlichen, willigte er letztlich auch in die Verhandlungen um den Pleven-Plan ein, in der Absicht, ihn von einem aktuellen militärpolitischen Disziplinierungsinstrument zu einer tragfähigen Grundlage von Verhandlungen über eine europäische militärische Integration, vergleichbar der ökonomischen durch den Schuman-Plan, umzugestalten. Wäre der Bundesrepublik Deutschland kurzfristig der Eintritt in die Atlantikpaktorganisation gelungen, hätten die nunmehrigen westlichen Bündnispartner schwerlich über den Kopf der Bundesregierung hinweg eine nun möglich erscheinende Vierervereinbarung über das Schicksal Deutschlands treffen können. So aber, wie sich die Beziehungen zu den drei Okkupationsmächten in Paris und auf dem Petersberg gestalteten, blieb Adenauer nur die Möglichkeit, die Geschlossenheit der demokratischen Parteien des Bundestages in der Deutschland-, Sicherheits- und Europafrage als Gewicht in die Waagschale der zukünftigen Viermächteverhandlungen zu werfen.

Der angestrebte und letztlich mißlungene Schulterschluß mit der SPD, exemplarisch dokumentiert in dem Briefwechsel Adenauer–Schumacher, ist in diesem Kontext zu verstehen. Der Vorsitzende der Sozialdemokratischen Partei stimmte in der Lagebeurteilung und somit in den daraus zu ziehenden Schlußfolgerungen nicht mit dem CDU-Vorsitzenden überein. Im Gegensatz zu diesem hielt er ein demonstratives Bekenntnis zum Westen durch ein von Adenauer vorgeschlagenes eindeutiges Votum des Parlaments für wenig hilfreich, da eigentlich weder bei den

[83] Vgl. dazu Beitrag Maier.

Verantwortlichen in Paris noch in London und Washington Zweifel darüber bestehen dürften, welcher Seite die Bundesrepublik im Ost-West-Konflikt zuzurechnen sei. Zweites Argument Schumachers: „Eine deutsche Bereitschaftserklärung vor der Viererkonferenz ist zwecklos, denn sie ändert an der Machtverteilung zwischen Ost und West nichts und die Alliierten würden sich dadurch gegenüber den Deutschen zu nichts verpflichtet fühlen[1]," ganz abgesehen davon, daß er den Winkelzug des Kanzlers durchschaute, mit dem dieser in einer die Solidarität aller Demokraten fordernden Situation die SPD-Opposition in der Wehrfrage, über die zu befinden sie dem bestehenden Bundestag ja das Recht absprach, auszumanövrieren gedachte. Anders auch als für den Regierungschef trug für den Führer der Sozialdemokratie „die kommende Konferenz der vier Außenminister [...] nicht ausschließlich oder auch nur überwiegend ‚die denkbar größte Gefahr für das deutsche Volk und für Europa' in sich", wie Adenauer schrieb[2]. Für ihn war das Treffen aufgrund bestehender, auf lange Sicht unüberwindbarer machtpolitischer wie ideologischer Divergenzen zwischen den beiden Lagern a priori zum Scheitern verurteilt, und wenn nicht, dann entschied sich das deutsche Schicksal nur in einer Folge von Konferenzen. Die Entlassung eines bis zur Oder-Neiße-Grenze reichenden Gesamtdeutschlands in die Neutralität war somit höchstens eine Cura posterior.

Man wird kaum fehlgehen in der Annahme, daß Schumachers ausgesprochene Einschätzung des US-Isolationismus und der durch die Sowjet-Note geschaffenen deutschland- und sicherheitspolitischen Lage der unausgesprochenen Adenauers recht nahe kam, letzterer aber um des Erfolgs seiner Politik willen zum propagandistischen Mittel der Überzeichnung der Situation griff. Das gleiche gilt bezüglich des Grotewohl-Briefes, obwohl der Kanzler diesem sowohl in seinen Bekundungen wie nach Maßgabe seiner Überzeugung einen der außenpolitischen Bedeutung des Moskauer Schreibens nicht nur vergleichbaren, sondern höheren politischen Stellenwert beimaß. Und hier findet sich ein weiteres Motiv seines Drängens auf den möglichst baldigen Abschluß einer Militärkonvention mit den Westmächten. Unbestritten war für weite Kreise der Bevölkerung die Wiedervereinigung neben der in der Bundesrepublik garantierten persönlichen Freiheit das höchste politische Gut, das sie durch den Beitritt zu einem antisowjetischen Verteidigungsbündnis gefährdet sahen[3]. Für viele – und das politische Spektrum reichte von ganz rechts bis ganz links – bildete ein geeintes Deutschland in Neutralität, eventuell nach geplantem österreichischen Muster, ein denkbares nationalstaatliches Modell. So gesehen mußte die gesamtdeutsche Initiative des DDR-Ministerpräsidenten als ein nicht ungeschickter politisch-psychologischer Schachzug gelten.

Nicht, daß die KPD, weil beflissener Sachwalter der SED, an Sympathisanten und politischem Gewicht gewinnen könnte, beunruhigte den Kanzler, wenngleich sie in verstärkte parlamentarische und außerparlamentarische Aktivitäten verfiel. Die Partei besaß schon immer die konkurrenzlose Fähigkeit, ein von der politischen Übereinstimmung in Sachfragen her durchaus ansprechbares Wählerpotential sowohl wegen erwiesener Abhängigkeit von Moskau als auch durch die von ihr bevorzugte verbrämte Ideologie, klischierende und antiquierte Kominform-Terminologie eher abzustoßen als anzuziehen. Dies läßt sich am Beispiel der sicherheitspolitischen Problematik der 50er Jahre besonders gut verdeutlichen. Im Bundestag wurde die KPD als Quantité négligeable behandelt, so auch, als sie mittels eingebrachter Anträge versuchte, der Bundesregierung seitens des Bundestages untersagen zu lassen, „Maßnahmen irgendwelcher Art

[1] Memorandum Schumachers als Antwort auf den Brief Adenauers, 6.2.1951, in: Schumacher, Reden und Schriften, S. 883–894; hier S. 892.

[2] Ebd., S. 891.

[3] Vgl. das Kapitel über Verteidigungsbeitrag und westdeutsche Öffentlichkeit.

zu ergreifen, zu veranlassen oder zu unterstützen, die der Durchführung des Planes der drei Westmächte für die Aufstellung deutscher Truppeneinheiten für eine ‚Atlantische' oder eine ‚Europäische' Armee dienlich sind"[4], bzw. sie zu verpflichten, Blank und die beiden ehemaligen Generale Speidel und Heusinger ihres Auftrags, mit der Hohen Kommission über militärische Fragen zu verhandeln, zu entbinden[5]. Obwohl bei den Parteien nach wochenlanger öffentlicher Kontroverse ein echtes Bedürfnis bestand, die durch den Grotewohl-Brief allenthalben in Gang gekommene kontroverse Diskussion über die Sicherheitspolitik der Bundesregierung parlamentarisch zu behandeln, durfte die KPD-Fraktion ihren parlamentarischen Vorschlag lediglich begründen. Auf Antrag der CDU beschloß die Mehrheit des Plenums dann aber, ohne Debatte zur Tagesordnung überzugehen[6]. Da die SPD dieses Mehrheitsvotum mitgetragen hatte, konnte sich der Parteivorstand der KPD ausrechnen, wie die Sozialdemokratie auf sein späteres Angebot zur Gründung einer Einheitsfront gegen die Remilitarisierung reagieren würde. Mitglieder des Parteivorstandes von SPD und KPD mußten nach Auffassung des Vorsitzenden Max Reimann zusammenkommen, um ein gemeinsames Vorgehen zur Sicherung des Friedens zu erörtern. Ganz im Sinne des Grotewohl-Anschreibens schlug die KPD vor, „Deutsche aus Ost und West sollten sich an einen Tisch setzen, um darüber zu beraten, wie ein gesamtdeutscher konstituierender Rat gebildet werden kann, der die Aufgabe hat, die Bildung einer gesamtdeutschen, souveränen, demokratischen und friedlichen Regierung für ganz Deutschland vorzubereiten[7]." Die Antwort ließ Schumacher den KPD-Vorsitzenden in einem Interview wissen: Er bezeichnete es als völlig sinnlos und zeitverschwendend, mit Kommunisten über Abrüstung und Frieden zu diskutieren. Sie seien „die Aufrüstungspartei der Welt in allen Ländern, und in den kommunistisch regierten Ländern ist am stärksten aufgerüstet. Die Kommunisten wünschen jetzt mit psychologisch politischen Taktiken die Militär- und Aufrüstungsposition der Sowjets und ihrer Satelliten zu verstärken [...] So ein Brief ist nicht vorhanden und ohne politische Bedeutung"[8].

Der Kanzler mußte also nicht in der bangen Sorge leben, der Grotewohl-Brief könne von einer der demokratischen Parteien als Grundlage von deutsch-deutschen Konsultationen ernsthaft in Betracht gezogen werden. Ihn irritierte vielmehr der von Pankow ausgelöste deutschlandpolitische Impuls. Zahlreichen, der Adenauerschen Außenpolitik kritisch gegenüberstehenden politischen Persönlichkeiten wurde deutlicher als bisher die gesamtdeutsche Tragweite des bedingungslosen Westkurses bewußt, wenn sie den ersten Satz des Grotewohl-Papiers lasen und dabei über die Lösung der Deutschlandfrage nachdachten: „Durch die Spaltung Deutschlands wurde ein nationaler Notstand herbeigeführt, der durch die Remilitarisierung und Einbeziehung Westdeutschlands in die Pläne der Kriegsvorbereitungen verschärft wurde[9]." Hier war ausgesprochen, was sich die Koalitions- und – mit Ausnahme der KPD – auch die Oppositionsparteien im Bundestag nicht genügend vergegenwärtigt hatten, was vor allem aber der Bundeskanzler bewußt zu verdrängen, ja zu verschleiern suchte, nämlich der unlösliche Zusammenhang von Aufrüstung und Wiedervereinigung, aufgrund dessen die Frage nach möglichen Alternativen zur Westorientierung immer häufiger und nachdrücklicher gestellt wurde. Die Idee der Neutralität gewann Konjunktur und zusehends politische Form. Der Bundeskanzler sah sich mit der

[4] Antrag vom 8.12.1950, in: Deutscher Bundestag, Drucksachen, Bd 8, Nr. 1689.
[5] Antrag vom 11.1.1951, ebd., Nr. 1761.
[6] Deutscher Bundestag, Sten.Ber., Bd 6, 113. Sitzung, 24.1.1951, S. 4261–4266.
[7] Schreiben vom 26.1.1951. Text in: Dokumente der KPD, S. 250–252, hier S. 251.
[8] Pressekonferenz Schumachers, 29.1.1951, BA-MA, BW 9/2906-1.
[9] Brief Grotewohls, 30.11.1950, in: EA 6, 1951, S. 3716f.

Notwendigkeit konfrontiert, die parlamentarische Basis seiner West- und Wehrpolitik und der Union für die kommenden Wahlen den Anhang zu sichern. Neutralität akzeptierte Adenauer nicht als denkbare politische Größe, aber er war sich der Faszination bewußt[10], den der Begriff gerade in konservativen und nationalen Kreisen, auch in den Reihen der Union, ausübte. Natürlich fand eine Neutralitätspolitik dort keine Mehrheit, aber die ihr das Wort redeten, vermochten die Anhängerschaft der CDU/CSU zu verunsichern. Mehr noch: es wurden Ansätze zu einem neutralistischen Kartell unterschiedlicher politischer Kräfte erkennbar. Der wegen unüberbrückbarer Differenzen mit dem Kanzler in der Wehrfrage demissionierte Innenminister Heinemann übte sich nach seinem Ausscheiden aus dem Amt keineswegs in politischer Abstinenz, sondern suchte und sammelte Gesinnungsgenossen, auch und gerade in der Union, die wie er die Wiedervereinigung an die Spitze der politischen Wertskala gesetzt wissen wollten, und die wie er unter Wiedervereinigung und „Wiederbewaffnung" ein sich wechselseitig ausschließendes politisches Phänomen verstanden. In der vermeintlich bevorstehenden Viermächtekonferenz erblickte Heinemann die vielleicht letzte Gelegenheit, unter Vermeidung der Aufrüstung zur Wiedervereinigung zu gelangen.

Bezeichnend aber mag sein, daß Heinemann in dem der Union nahegelegenen gedanklichen Umfeld Gehör fand, im Zentrum, genauer bei der Vorsitzenden der Partei, Helene Wessel. Hier bildete sich ein Kristallisationspunkt für eine zukünftige intensive politische, dann auch parteipolitische Zusammenarbeit. Selbst ohne Bundestagsmandat, kam es Heinemann sehr gelegen, in Helene Wessel und zumindest Teilen des Zentrums Gesinnungsfreunde im Parlament zu wissen. Denn nachdem der Versuch der KPD gescheitert war, zu Beginn der Verhandlungen auf dem Petersberg und in Paris eine wehrpolitische Grundsatzdebatte in der Volksvertretung zu initiieren, war es nun das Zentrum, das eine Aussprache über Kriegsdienstverweigerung auf die Tagesordnung brachte und damit erhebliche öffentliche Unruhe auslöste, weil der Eindruck entstand, die Vorbereitungen für eine bundesdeutsche Aufrüstung seien bereits so weit gediehen, daß konkrete wehrrechtliche Sachfragen zur Klärung anstünden. Diesen Eindruck, und damit eine gewisse Dramatisierung in der Diskussion, wollten mit Ausnahme der KPD aber alle anderen Parteien vermeiden, so daß das Thema auf Antrag der FDP von der Tagesordnung gestrichen wurde[11].

Als der Bundeskanzler vor dem Bundesparteiausschuß der CDU die durch die östliche Initiative entstandene Lage erörterte und eine Wiedervereinigung in Neutralität entschieden zurückwies, weil ein Deutschland zwischen den Fronten nach seiner Auffassung unweigerlich in den Sog der nächstgelegenen Großmacht, der Sowjetunion, geraten müsse, gab es auch Widerworte. Insbesondere die Berliner CDU-Politiker Tillmanns (Minister für besondere Aufgaben im zweiten Kabinett Adenauer) und Gradl (später MdB und Bundesminister für Vertriebene) plädierten dafür, Verhandlungsbereitschaft gegenüber Moskau zu demonstrieren, ohne sich gleichzeitig der Gefahr einer bundesdeutschen Schaukelpolitik zwischen Ost und West auszusetzen oder gar einem deutsch-sowjetischen Interessenausgleich nach dem Vorbild von Rapallo (1922) das Wort zu reden. Wenn die Annahme des Kanzlers zutreffe, die UdSSR werde einen militärischen Konflikt mit den USA und dem Westen letztendlich nicht durchstehen, so argumentierte der eine, dann müsse auf der Viererkonferenz im Sinne deutschlandpolitischer Zugeständnisse hart mit der Sowjetunion verhandelt werden. Ein Scheitern der Viererkonferenz bewertete er schlimmer als eine dort zu erreichende Neutralisierung. Man müsse „den Mut und die Kraft haben, mit

[10] Vgl. Kapitel II. 2. c).
[11] Deutscher Bundestag, Sten.Ber., Bd 6, 116. Sitzung, 1. 2. 1951, S. 4397 f.

dem Teufel zu verhandeln, ohne ihm zu verfallen", wenn man die Wiedervereinigung anstrebe. Der andere bezweifelte, daß ein neutralisiertes Deutschland unabweisbar zum sowjetischen Satelliten werden müsse. „Im Falle einer Neutralisierung sei die Gefahr dazu nicht größer als jetzt, da die Russen schon einen Teil Deutschlands fest in den Händen haben". Bundestagspräsident Ehlers wies auf die Schwierigkeiten hin, vor der Öffentlichkeit den Grotewohl-Brief einfach zurückzuweisen. „Der deutsche Verteidigungsbeitrag sei unpopulär. Die Menschen in Deutschland wollen, daß Bundesregierung und Parlament das Möglichste für die Einigung Deutschlands tun". Außerdem setze er kein hundertprozentiges Vertrauen in die politischen Absichten der Westmächte gegenüber der Bundesrepublik. Der Kanzler wischte diese Bedenken mit dem Hinweis ärgerlich vom Tisch, sie seien „sehr gefährlich". Sie dienten der Sache der Sowjetunion und schwächten das Vertrauen der USA in die Bundesregierung. Als er seine Kritiker im Unterschied zu sich selbst, dem handlungsorientierten Politiker, in die Ecke der Theoretiker verwies und erklärte: „Wenn ich vom Ausland nach meiner Auffassung über die Neutralisation gefragt werde, kann ich nicht sagen, es kommt darauf an, sondern ich muß mich klar entscheiden", erhielt er überwiegend Zustimmung für seine Politik[12].

Der Koalitionspartner FDP hatte stets Schwierigkeiten, die von ihm nachdrücklich befürwortete Westintegration in Einklang mit seiner Forderung nach Wiedervereinigung zu bringen. In der Parteiführung trat dieses Spannungsverhältnis bei jeder deutschlandpolitischen Offensive des Ostblocks deutlich in Erscheinung. Anders als in der Union sprach man dem Kreml-Vorschlag zur Einberufung einer Viererkonferenz nicht ungeprüft das Bestreben ab, in der Deutschlandfrage im Sinne der Wiedervereinigung etwas in Bewegung bringen zu wollen. Der Parteivorsitzende Blücher und Wohnungsbauminister Wildermuth unterstellten Moskau sogar die Absicht, im Interesse der Schaffung eines entmilitarisierten und neutralen Deutschlands das SED-Regime zu opfern, wenn auch nur vorübergehend. Ein solches Deutschland hielt Wildermuth für „das Furchtbarste für uns. Wir sind dann im Westen ohne Besatzung, ohne Polizei und ohne Armee". Beide FDP-Repräsentanten gingen wie Adenauer davon aus, daß in Anbetracht der Ausdehnung des Herrschaftsbereichs der Sowjetunion bis an Oder und Neiße das Ende eines freien Deutschlands sehr bald kommen werde. Das Vorstandsmitglied Höpker-Aschoff (wenig später erster Präsident des Bundesverfassungsgerichts) plädierte als einziger dafür, das Moskauer Angebot unvoreingenommen zu prüfen, und wenn es für ehrlich befunden werde, auch anzunehmen: „Ist die Situation denn wirklich so furchtbar für uns?", fragte er. „Wir hätten dann wunderbare Aufgaben: Flüchtlinge könnten wieder eingegliedert werden, die Agrarreform müßte sich auch lösen lassen. Machtlos sind wir so und so, ein neutralisiertes Gebiet ist machtlos, aber wenn wir getrennt bleiben, sind wir auch machtlos [...] Der Gedanke der Neutralisierung ist ein Gedanke, den wir nicht so ohne weiteres ablehnen können[13]." Auch wenn sich die FDP als ein erfreulich offenes Forum zur Diskussion kontroverser politischer Ansichten erwies, mehrheitlich setzten sich doch stets die Befürworter der vom Bundeskanzler vorgezeichneten sicherheitspolitischen Marschrichtung durch, so daß auch diesmal ein eindeutiges Votum für die Westintegration zustande kam.

Obwohl sich im politischen Entscheidungsraum keine Mehrheit abzeichnete, die bereit gewesen wäre, das Ziel einer militärischen Sicherung der Bundesrepublik im Rahmen eines europäisch-atlantischen Bündnisses zugunsten eines neutralen deutschen Gesamtstaates aufzugeben,

[12] Protokoll der Sitzung des Bundesparteiausschusses der CDU, 12.2.1951, ACDP, Protokolle des CDU-Bundesparteiausschusses aus den Jahren 1950–1953, VII-001-019/3.

[13] Sitzung des geschäftsführenden Vorstandes der FDP, 12.2.1951, zit. n. Rütten, Deutscher Liberalismus, S. 199.

kam es dem Bundeskanzler doch darauf an, gegenüber den drei westlichen Besatzungsmächten eine demonstrativ geschlossene Ablehnungsfront der parlamentarischen Kräfte gegenüber der östlichen Offerte vorzuführen, nachdem der aufgeregten Diskussion in der Öffentlichkeit zu entnehmen war, wie eigentlich die deutsche Bevölkerung dachte. Unter diesem Vorzeichen sind Briefwechsel und Gespräche Adenauers zu Beginn des Jahres 1951 mit der SPD zu sehen. Der Regierungschef wußte sich mit dem Führer der größten Oppositionspartei einig in dem Bemühen, alles zu vermeiden, was nach einer völkerrechtlichen oder gar moralischen Anerkennung des DDR-Regimes aussehen konnte. Das Eingehen auf den Grotewohl-Vorschlag eröffnete nach Auffassung Schumachers den Ostberliner Machthabern die Möglichkeit, gegenüber den westlichen Drei als zweite Repräsentanz eines deutschen Staates aufzutreten, was es zu vermeiden galt, nachdem diese gerade die Bundesrepublik zur einzig legitimierten Vertreterin gesamtdeutscher Interessen deklariert hatten. Zugegebenermaßen war die kommunistische Friedensoffensive nicht völlig ohne Einfluß auf das politische Denken innerhalb der Sozialdemokratie geblieben. Doch insgesamt erwies sich die Partei dem Neutralitätsgedanken gegenüber als immun. Carlo Schmid erklärte im Parteivorstand unwidersprochen, Neutralisierung setze zwei Dinge voraus, nämlich die Fähigkeit, sich selbst zu verteidigen oder eine Garantie der Siegermächte. Das erstere bedeute Bewaffnung bis an die Zähne und eine potentielle Bedrohung der Nachbarn, das zweite Kontrollen fremder Staaten in einem Ausmaß, das die Neutralität zu einer Farce mache[14].

Der Bundeskanzler erreichte es dann auch, daß sich Anfang März 1951 der Bundestag in einer mit großer Mehrheit angenommenen Resolution zur Einheit Deutschlands in Frieden und Freiheit aufgrund gleicher und geheimer Wahlen bekannte, eine Deklaration, an der die Vier-Mächte-Konferenz sich orientieren sollte[15].

Was den eigentlich militärhistorischen Stellenwert der deutschlandpolitischen Debatte Ende 1950/Anfang 1951 ausmacht, ist die unter dem Druck von Öffentlichkeit und vor allem der Koalitionsparteien zustande gekommene qualitative Veränderung der Sicherheitspolitik. Die bisherigen verteidigungs-, okkupations-, bündnispolitisch und europäisch-integrativ bestimmten Bonner sicherheitspolitischen Vorstellungen wurden nun durch ein gesamtdeutsches Element und damit konzeptionell entscheidend ergänzt. Adenauer sah seine, unter gesamtdeutschem Aspekt betrachtet, teilstaatliche Westorientierung und damit seine Sicherheitspolitik durch das kombinierte Vorgehen Moskaus und Ost-Berlins erstmals ernsthaft mit der Wiedervereinigungsproblematik konfrontiert. Der innere Zusammenhang war ihm schon vorher bewußt gewesen, und die Affäre Heinemann hat dies auch deutlich werden lassen, aber bis zum gegebenen Augenblick erschöpfte sich die Deutschlandpolitik in deklamatorischen Einigungsbekundungen aller Parteien, und in der großen außen- und sicherheitspolitischen Debatte des Bundestages im Herbst des Jahres 1950 war sie einfach untergegangen. Der Bundeskanzler hatte sie in nahezu provozierender Weise unberührt gelassen, so daß er sich, schon nach dem eigentlichen Ende der Debatte, noch einmal zu Wort meldete, um das Versäumte nachzuholen. In pathetischer Manier rief er der Bevölkerung der DDR zu, nicht unter dem bedrückenden Regime zu verzagen; er werde sie befreien. Aber wie? Das war nun die Frage, nachdem Stalin und Grotewohl ihr Angebot unterbreitet hatten: Deutschland neutral und entmilitarisiert! Was wußten Bundesregierung und Westmächte dem entgegenzusetzen, welche gesamtdeutsche Perspektive enthielt eigentlich

[14] Sitzung des Parteivorstandes, 20./21.1.1951, AdsD, SPD-PV, Protokolle 1951.
[15] Text der Resolution vom 9.3.1951 in: Deutscher Bundestag, Sten.Ber., Bd 6, 125. Sitzung, 9.3.1951, S. 4779 f.

die Westintegration, und welche Alternative zum gesamtdeutschen Modell in Neutralität vermochte der Kanzler anzubieten? Plötzlich wurde vor aller Öffentlichkeit sichtbar, daß mit Ausnahme der KPD keine Bundestagspartei über ein deutschlandpolitisches Programm oder eine entsprechende Konzeption verfügte. Mußte nicht umgekehrt die politische und sogar die militärische Aufnahme in das nicht- und antikommunistische Lager ein Zusammenbringen der beiden deutschen Staaten ausschließen, so wie es zum Beispiel Heinemann vorhersagte? Viel ist über die letzte außenpolitische Zielsetzung Adenauers diskutiert und geschrieben worden, und es hat nicht an Stimmen gefehlt, die seine Westorientierung als Fortsetzung der ihm in der Weimarer Zeit bereits unterstellten separatistischen Bestrebungen in anderem territorialen Rahmen, nämlich dem der Bundesrepublik, bezeichneten. Die deutsche teilstaatliche Einbindung in die westliche Gemeinschaft, die „westeuropäische Einigung unter Einschluß Westdeutschlands", wurde und wird als „Selbstzweck und Endziel" seiner Politik betrachtet[16]. Manches mag dafür sprechen: sein hier schon erwähnter Versuch, nationalstaatliches Denken zu überwinden, die Einsicht, daß die Sowjetunion nicht das politische, soziale und ökonomische Deutschland westlichen Musters, Frankreich kein Deutschland in einer seine europäische Dominanz gefährdenden Größe wollte, daß die Konfrontation zwischen Ost und West als Zeichen der Teilung der Welt zur territorial-hegemonialen Besitzstandswahrung zwinge, kurz, daß zumindest für ihn das Problem Wiedervereinigung keinen realpolitischen Orientierungspunkt darstellte. An alledem mag etwas richtig sein. Sicherlich hat der Bundeskanzler die Überzeugung gehegt, die Freiheit des westlichen Teilstaates sei kein Preis für die Wiedervereinigung. Er stand mit dieser Auffassung nicht allein. Die Parole hieß „Wiedervereinigung in Freiheit." Ein Großteil der Deutschen, die Mehrheit der Mitglieder und Wähler der Unions- und Koalitionsparteien erwarteten sowohl Westintegration als auch Wiedervereinigung. Eine solche Politik gedanklich zu wagen und überzeugend vorführen zu können, wurde in der ersten Jahreshälfte 1951 zu einer Sache des politischen Überlebens von Kanzler und Regierung. Und es gelang, indem Adenauer seine Politik der „Wiederbewaffnung" als Deutschlandpolitik deklarierte. Die Einbindung in den Westen, die Schaffung eines freien Europas waren nicht Selbstzweck, vielmehr Teil eines Prozesses der Konsolidierung des Westens gegenüber dem Osten: „Die Integration Europas muß das oberste Ziel unserer Außenpolitik sein. Nur wenn sich Europa bildet mit einem freien Deutschland, kann es ein Damm gegen die rote Flut sein." Aber unter deutschlandpolitischen Aspekten konnte sich die Aufgabe Europas darin nicht erschöpfen: „Nur mit einem starken Europa haben wir auch die Aussicht, die Sowjetzone und die Gebiete jenseits der Oder und Neiße für die Freiheit zurückzugewinnen[17]." Hier hat Adenauer erstmals ansatzweise seine sogenannte *Politik der Stärke* unter deutschlandpolitischem Vorzeichen formuliert, die er in der Folgezeit präzisierte. Er war zunehmend von der Notwendigkeit der westlichen Solidarität überzeugt, die sich sowohl auf den politischen, ökonomischen als auch militärischen Sektor erstrecken mußte. Gerade die Mobilisierung der von ihm als immens eingeschätzten Ressourcen der Vereinigten Staaten im Zusammenwirken mit denen eines modernen, industrialisierten und kooperierenden Europas mußte zur politischen, wirtschaftlichen und sozialen Konsolidierung beitragen, den Willen stärken, das, was man materiell und ideell besaß, zu verteidigen. Erst in seiner auf lange Sicht angelegten politischen Programmatik fand die deutsche Frage im Sinne der Wiedervereinigung Platz. Seine Strategie der Stärke eines westlichen Bündnisses verfolgte zunächst das Ziel der po-

[16] Baring, Außenpolitik I, S. 114 und Anm. 52.

[17] Adenauer auf der Sitzung des Bundesparteiausschusses, 12.2.1951, ACDP, Protokolle des CDU-Bundesparteiausschusses aus den Jahren 1950–1953, VII-001-019/3.

litischen, sozialen und ökonomischen Besitzstandswahrung gegenüber allen von der DDR/UdSSR ausgehenden Veränderungsbestrebungen. Der Erhalt der Bundesrepublik als freiheitlich-demokratischer Rechtsstaat erhielt höchste Priorität. Erst ein im Rüstungswettlauf mit dem Westen geschwächtes Moskau hielt der Bundeskanzler hinsichtlich einer territorialen Neugestaltung Deutschlands für verhandlungs- und konzessionsbereit. Adenauer hat im vertrauten politischen Kreise unverhohlen die Ansicht vertreten, man müsse die Sowjetunion rüstungsökonomisch in die Knie zwingen. „Wir müssen darauf vertrauen", so dozierte er Anfang Juli 1951 vor dem Bundesparteiausschuß der CDU, „daß die westliche Welt so aufgerüstet wird, daß Rußland eines Tages bereit sein muß zu verhandeln[18]." Dann kam nach seiner Auffassung der Augenblick, „wo Sowjetrußland sich fragen muß, wenn ich auf dem Wege des kalten Krieges mein Ziel nicht erreichen kann, lohnt es sich dann für mich, daß ich die Rüstung aufrechterhalte [...], oder lohnt es sich, wenn ich in Verhandlungen versuche, mit den Westmächten [...] zu einem Modus vivendi zu kommen, der mir gestattet, meine Kräfte und mein Kapital zu verwenden für die ungeheuren Aufgaben, die im Innern Rußlands vorhanden sind, ohne deren Erfüllung auf die Dauer Sowjetrußland nicht bestehen kann"[19].

Dergestalt besaß Adenauer nun eine deutschlandpolitische Konzeption, auch wenn man über deren möglicherweise höchst fragwürdige Folgen – z. B. den langjährigen Rüstungswettlauf – bei seinen Gegnern kritisch reflektieren und argumentieren mochte. Er befand sich damit gegenüber der Deutschlandpolitik der Sozialdemokratie jedenfalls in einem entscheidenden programmatischen Vorteil und ließ keine Gelegenheit aus, für seine Regierung und die sie tragenden Parteien das deutschlandpolitische Monopol zu reklamieren, mit beachtlichem Erfolg, wie die Bundestagswahl 1953 bewies. Indem er einen Kausalzusammenhang zwischen „Wiederbewaffnung" und Wiedervereinigung herstellte, schuf er auf der Grundlage seiner deutschlandpolitischen Konzeption ein sich zusehends festigendes innenpolitisches Fundament für die von ihm verfolgte militärische Westintegration.

c) Westdeutsche Sicherheitspolitik im Zeichen der Petersberg-Gespräche

Noch in einer zweiten Richtung kam der Bundeskanzler den nationalen Intentionen in Koalition, Opposition und Öffentlichkeit entgegen. Hatte er bisher als Äquivalent für einen Sicherheitsbeitrag der Bundesrepublik zunächst nur auf der militärischen, dann auf der partnerschaftlichen Gleichberechtigung im Bündnis bestanden, so strebte er nun die Souveränität des Bonner Staates an. Während der Fraktionsvorsitzende der Union im Bundestag, v. Brentano, in einem vielbeachteten Interview noch einmal bekräftigte, daß die Bundesregierung auf dieses antiquierte nationalstaatliche Prädikat nicht mehr reflektiere, las man es in dem der CDU nahestehenden und dem den Bundeskanzler oft sensitiv interpretierenden Rheinischen Merkur bereits anders. Hier konnte man die neuerlichen „Voraussetzungen" erfahren, „ohne die ein deutscher Verteidigungsbeitrag psychologisch und tatsächlich keinen Sinn haben kann", nämlich die Gewährung der Souveränität. Zwar hieß es einschränkend, Deutschland sei bereit, auf Souveränitätsrechte zu verzichten. „Aber solange Europa noch nationalstaatlich organisiert ist und die anderen Staaten ihre Rechte beibehalten, muß ein Souveränitätsverzicht Deutschland notwendigerweise in eine zweitrangige Position bringen und damit die deutsche Verteidigungsbereitschaft psychologisch

[18] Protokoll der 5. Sitzung des Bundesparteiausschusses, 4. 7. 1951, ebd., VII-001-019/4.
[19] Sitzung des Bundesparteiausschusses der CDU, 14. 6. 1952, in: Adenauer, Reden, S. 249.

erschweren." Wenn der Autor des Artikels auch weiterhin bestritt, daß hier Bedingungen gestellt würden, so handelte es sich doch in Wirklichkeit um nichts anderes. „Die Ablösung des Besatzungsstatuts durch Verträge und die politische und wirtschaftliche Gleichberechtigung der deutschen Bundesrepublik sind daher selbstverständliche Voraussetzungen. Vorleistungen und Vorverzichte sind wohl nicht unmöglich, erschweren aber die innere Bereitschaft[1]." In dem bereits mehrfach erwähnten Brief an Kurt Schumacher begründete Adenauer denn auch die Übereinstimmung in den jenseits der sicherheitspolitischen Erwägungen liegenden, mit dem Beitritt der Bundesrepublik zu einem westlichen Verteidigungsbündnis verbundenen Erwartungen: „Wir würden wieder ein souveräner Staat werden[2]." Diese vom Bundeskanzler bewußt vollzogene Annäherung der Standpunkte sollte es der Sozialdemokratie in Zukunft schwerer machen, ihre Ablehnung des Verteidigungsbeitrages argumentativ überzeugend zu begründen.

Der Bundeskanzler folgte bei dieser neuerlichen Korrektur seiner Verhandlungsposition weniger persönlicher Neigung und Überzeugung als außen- und innenpolitischer Notwendigkeit. Denn wie sollte er hinter die öffentlich geäußerte Auffassung des NATO-Oberbefehlshabers Eisenhower zurückstecken, die dieser im Anschluß an eine Europavisite gemacht hatte: „Ehe wir die Eingliederung deutscher Truppen in irgendeine Armee erörtern, sollte meiner Ansicht nach eine politische Basis dafür geschaffen werden, eine Verständigung mit dem Ziele endgültiger und verdienter Gleichberechtigung dieser Nation" – gemeint war die Bundesrepublik. Und er hatte hinzugefügt: „Als Militär möchte ich keinesfalls Einheiten kommandieren, die nur unwillig unter mir dienen, keine Soldaten wie die Hessen in unserem Revolutionskrieg. Es würde nur eine Schwächung meiner Streitkräfte bedeuten[3]." Und nachdem die Sozialdemokratie verlauten ließ: „Dieser Standpunkt deckt sich genau mit der von der SPD schon immer vertretenen Auffassung", blieb dem Kanzler nichts anderes übrig, als seinerseits zu erklären: „Wenn die Presse den offiziellen Text wiedergegeben hat, dann ist die Bundesregierung der gleichen Ansicht wie General Eisenhower[4]." Adenauer trug aber auch dem registrierbar wachsenden oder, besser gesagt, wiedererwachenden nationalen Selbstbewußtsein in weiten Kreisen der westdeutschen Bevölkerung Rechnung, nicht zuletzt mit Blick auf die zukünftigen, unvermeidlich aus den Reihen der ehemaligen Wehrmacht zu rekrutierenden Soldaten. Sie nicht ins rechtsnationale Lager abdriften zu lassen, war eine Sorge der Koalition.

Begründet erschien sie nicht zuletzt durch die Tatsache, daß bei den Landtagswahlen in Niedersachsen Anfang Mai 1951 die SRP unter Führung des ehemaligen Generalmajors Remer, der damals mit der von ihm befehligten Einheit in Berlin mithalf, den Aufstand des 20. Juli 1944 gegen Hitler niederzuschlagen, 11% der Stimmen erhielt. Die Bundesregierung sah sich genötigt, im Ausland nicht nur beschwichtigend zu wirken, sondern auch darauf hinzuarbeiten, daß auf dem Schiff einer westlichen Verteidigungsgemeinschaft nur gleichberechtigte Passagiere mitführen. „Die Wahlen von Niedersachsen sprechen zu deutlich dafür, daß ein Deutschland, das in nationaler und sozialer Hinsicht auf dem Niveau eines Zwischendeckpassagiers gehalten wird, eine Gefahr für alle europäischen Völker bedeutet[5]."

So wie die großen Parteien ihren sicherheitspolitischen Kurs nun einmal abgesteckt und sich programmatisch festgelegt hatten, zeichnete sich in der ersten Jahreshälfte 1951 weder auf dem Petersberg noch in Paris ein abschließendes Verhandlungsergebnis ab. Man zog eine vorläufige

[1] Fechter, Unser Verteidigungsbeitrag.
[2] Zit. n. Adenauer, Erinnerungen 1, S. 419.
[3] Zit. n. Die Welt, 2.2.1951, S. 1.
[4] Ebd.
[5] DUD, 8.5.1951, S. 4.

Bilanz, zunächst am Sitz der Hochkommissare über dem Rhein, wobei das entsprechende Papier[6] die deutschen Wünsche nach militärischer Gleichberechtigung in einem Verteidigungsbündnis nicht nur nicht verschwieg, sondern tendenziell anerkannte. An der Seine hatten sich zunächst die Konsultationen festgefahren. Ein in Bearbeitung befindlicher Zwischenbericht drohte an dem französischen Willen zu scheitern, weder den von Bonn an den Wehrbeitrag geknüpften militärischen noch politischen Erwartungen Ausdruck zu verleihen.

Die USA, an der baldigen Aufstellung westdeutscher Streitkräfte immer stärker interessiert, suchten und fanden einen Kompromiß zwischen den Intentionen der deutschen und französischen Verhandlungspartner. McCloy gab Adenauer zu verstehen, die Washingtoner Administration unterstütze das deutsche Streben nach militärischer Gleichberechtigung im Bündnis und nach Ablösung des Besatzungsstatuts. Die Bundesrepublik Deutschland müsse dafür auf einen unmittelbaren Beitritt zum Atlantikpakt zugunsten eines mittelbaren, d.h. über die korporative Unterstellung einer Europaarmee unter den NATO-Oberbefehlshaber, verzichten. Die dieser Information sogleich folgende Ernennung Blanks zum Delegationsleiter in Paris signalisierte die Bereitschaft des Kanzlers, ein europäisches Passepartout innerhalb eines atlantischen Rahmens für westdeutsche Kontingente zu akzeptieren. Jedoch ließ der neue Mann an der Delegationsspitze seine Pariser Gesprächspartner nicht darüber im unklaren, daß eine solche Lösung nur auf der Basis gleichrangiger Partnerschaft denkbar und parlamentarisch mehrheitsfähig sei. In dem endlich am 24. Juli 1951 unterzeichneten Zwischenbericht[7] über die Pleven-Plan-Verhandlungen hieß es dann auch, die anzustrebende Verteidigungsgemeinschaft werde „keine Diskriminierung unter den Teilnehmerstaaten zulassen", doch genügte diese Zusage der deutschen Seite nicht. In einer dem Papier angefügten zusätzlichen Stellungnahme wies sie auf die Unmöglichkeit hin, eine entsprechende Vereinbarung unterzeichnen zu können, ohne vorher die völlige politische und völkerrechtliche Handlungsfreiheit wiedererlangt zu haben.

Der Zwischenbericht bildete eine Zäsur im Tauziehen um den westdeutschen Verteidigungsbeitrag, und zwar insofern, als Frankreich in einer entsprechenden Vereinbarung nicht mehr ausschließlich ein Instrument zur militärischen Disziplinierung, sondern einen Bestandteil des europäischen Einigungsprozesses erblickte. Unter diesem Aspekt betrachtet, verloren zukünftige Verhandlungen ihren ausschließlich militärpolitischen Charakter. Sollte es am Ende wirklich gelingen, das sicherheitspolitische Moment mit dem europäisch-integralen in Einklang zu bringen, bestand die Aussicht, nicht wenige bundesdeutsche Kritiker der Bonner Aufrüstungspläne in das Lager ihrer Befürworter zu ziehen, ein innenpolitisch nicht zu gering zu bewertender Faktor.

Der Kanzler ließ sich jedenfalls von der Europabegeisterung tragen: Der im Frühjahr 1951 unterzeichnete Schuman-Plan, der die Voraussetzung für einen einheitlichen westeuropäischen Kohle- und Stahlmarkt schuf, mußte dahingehend initiierend wirken, den Gedanken der supranationalen Behörde über den ökonomischen Sektor hinaus auch auf andere Bereiche zu übertragen. Adenauer wollte den zu leistenden westdeutschen Sicherheitsbeitrag als einen Beweis für die Bonner Bereitschaft verstanden wissen, „die Integration Europas auf allen Gebieten, einschließlich der Verteidigung, zu fördern"[8].

Seit Sommer 1951 besaß die Sicherheitspolitik für die Bundesregierung ein spezifisch europäisches Gewicht. In der Union stellte man mit einiger Zufriedenheit fest, daß sich, ungeachtet

[6] BA-MA, BW 9/2044.
[7] BA-MA, BW 9/3168.
[8] Adenauer-Interview, 24.7.1951. Inhaltliche Wiedergabe in: Die Neue Zeitung, 25.7.1951.

bestehender Schwierigkeiten und Differenzen, in der nationalen wie internationalen Diskussion um den westdeutschen Verteidigungsbeitrag eine Tendenz zur Versachlichung abzuzeichnen begann, daß die Bereitschaft, insbesondere Frankreichs, zu wachsen schien, angesichts der als politisches Gemeingut gehandelten Notwendigkeit, „Europa und die Werte des Westens vor dem östlichen Totalitarismus, seiner Unmenschlichkeit und seinem Herrschaftsanspruch zu schützen"[9], die antideutschen Ressentiments und die Furcht vor einem erstarkenden und bewaffneten Westdeutschland zu überwinden. Gewonnen war aber noch nichts, Optimismus, wie ihn die CSU verbreitete, fehl am Platze. Franz Josef Strauß eilte mit seiner optimistischen Prognose, wenn der Bundestag zustimme, könne man im Herbst des Jahres mit der Aufstellung eines deutschen Kontingents beginnen, der Realität weit voraus. Nach dem unerwarteten Tod von Wohnungsbauminister Wildermuth war aber fortan mit dem Generalsekretär und Bundestagsabgeordneten der CSU als einem ambitionierten Wehrpolitiker zu rechnen, der bereits konkrete Vorstellungen über Aussehen und Charakter zukünftiger deutscher Streitkräfte entwickelte: Wehrpflichtarmee mit einjähriger Dienstzeit, vorherige Berufsausbildung der Offiziere, kein Kasernenhofdrill. Als unverzichtbare Voraussetzung für den deutschen Verteidigungsbeitrag nannte er in Übereinstimmung mit dem Bundeskanzler „die völlige politische und wirtschaftliche Gleichberechtigung"[10]. Darüber wollte die Union, wollte der Bundeskanzler nicht mit sich feilschen lassen.

Erhielt man sie zugesprochen, war man gewillt, auf der Grundlage freiwilligen Verzichts nationale Souveränitätsrechte auf eine übergeordnete europäische Institution zu übertragen, mehr noch, die Europaarmee mußte zum Träger einer solchen Entwicklung werden. Anläßlich der Ratifizierungsdebatte im Bundestag über den Schuman-Plan brachte der Regierungschef dies nachhaltig zum Ausdruck: „Ich bin der festen Überzeugung, daß, [...] wenn hier sechs europäische Länder [...] freiwillig und ohne Zwang einen Teil ihrer Souveränität auf ein übergeordnetes Organ übertragen, man dann auch auf anderen Gebieten diesem Vorgang folgen und daß damit wirklich der *Nationalismus,* der *Krebsschaden Europas,* einen tödlichen Stoß bekommen wird[11]." Vorerst aber mußte das Okkupationsstatut restlos abgebaut werden. Verhandlungen in dieser Richtung liefen zwischen Hochkommission und Bundesregierung seit Mai 1951 und kamen schrittweise voran. Die Westmächte erklärten sich in vielerlei Hinsicht mit seiner Revision, nicht aber mit seiner Aufhebung einverstanden. Grundlegende Rechte z.B. zur Truppenstationierung und Sicherung der Demokratie wollten sie weiterhin auf das Besatzungsrecht gründen, während sich Adenauer an seinem Ferienort, dem Bürgenstock, am 1. August 1951 nach Konsultation seiner engsten politischen und militärischen Berater – aber ohne Hinzuziehung verantwortlicher Koalitionspolitiker – auf die Ablösung des Besatzungsstatuts durch einen Sicherheitsvertrag festlegte. „Das Kernstück auch der kommenden Absprachen zwischen der Bundesrepublik und den Westmächten" müßte „eine Art Truppenvertrag sein, für den die Umwandlung der Besatzungstruppen in reine Verteidigungstruppen allerdings eine von deutscher Seite geforderte Voraussetzung ist", hieß es im Deutschland-Union-Dienst (7. August 1951). Nach Auffassung der CDU/CSU hatte der Abbau des Besatzungsstatuts bereits Formen angenommen, die bestimmte Okkupationsrechte de jure zwar nicht außer Kraft setzten, de facto aber obsolet werden ließen, wie die Beendigung des Kriegszustandes, die in Aussicht gestellte Ablösung der Hohen Kommissare durch Botschafter und die Einrichtung eines deutsch-alliierten Schiedsgerichts.

[9] DUD, 31.7.1951, S. 1.
[10] Nürnberger Nachrichten, 23.7.1951.
[11] Deutscher Bundestag, Sten.Ber., Bd 8, 161. Sitzung, 12.7.1951, S. 6501 D.

„Die Generalklausel, auf Grund deren die Besatzungsmächte jederzeit die Regierungsgewalt wieder uneingeschränkt übernehmen könnten, hat längst keinen praktischen Sinn mehr. [...] Das Statut ist auf jeden Fall überholt[12]." Was hier für die Parteiöffentlichkeit formuliert wurde, brachte Adenauer in vertrautem journalistischem Kreise drastischer zum Ausdruck: „Die Bundesregierung wird einem deutschen Verteidigungsbeitrag nur zustimmen, wenn sich die Alliierten bereiterklären, gegenseitige Verteidigungspakte abzuschließen". Daß sich die Verhandlungen hierüber längere Zeit hinziehen würden, darüber gab sich der Kanzler keiner Illusion hin. Zwischenzeitlich mußten die technischen Vorbereitungen zur Aufstellung einer deutschen Verteidigungstruppe auf der Basis der Petersberger Ergebnisse getroffen werden. Bezüglich der vorherigen Zurückgewinnung der Souveränität übte sich der Kanzler in Optimismus. Er brachte die Hoffnung der Bundesregierung zum Ausdruck, „daß noch in diesem Jahr die Besatzungszeit abgeschlossen wird: [...] Was die Besatzungsstatutsverhandlungen angeht, so gibt es auf der deutschen Seite auf keinen Fall ein Nachgeben in der Frage der Regierungshoheit[13]."

Als am 3. August 1951 die Petersberger Gespräche ausliefen, stand der Bundeskanzler fast mit leeren Händen da. Die Hochkommissare hatten die Bonner Anliegen lediglich zur Kenntnis genommen, bestenfalls ihre wohlwollende Prüfung versprochen. Entscheidende, hier bereits genannte Rechtstitel wollten sie sich aber weiterhin reservieren. Als einziges konkretes Ergebnis, das aber schon auf vorausgegangenen Verhandlungen beruhte, konnte der Kanzler die Erklärung der Beendigung des Kriegszustandes vorweisen. Sein Ziel, ein Junktim zwischen Ablösung des Besatzungsstatuts und deutschem Verteidigungsbeitrag herzustellen, d.h. als Repräsentant eines souveränen Staates in entsprechende Konsultationen einzutreten, hatte der Bundeskanzler verfehlt. Die Westmächte behielten sich für die auf Anfang September 1951 anberaumte Washingtoner Außenministerkonferenz das Recht vor, die politischen Konditionen für Verhandlungen über eine Europaarmee selbst festzulegen[14].

Das auf dem Petersberg Erreichte befriedigte weder Koalition noch Opposition. Der CDU/CSU-Fraktionsvorsitzende beklagte öffentlich das magere Verhandlungsergebnis und drückte sein Bedauern über die inzwischen unzeitgemäße, auf dem Geist der ersten Nachkriegszeit beruhende Behandlung der Bundesrepublik seitens der Besatzungsmächte aus, „die der vorbehaltlosen Bereitschaft des deutschen Volkes dem Westen gegenüber und den Notwendigkeiten des wirtschaftlichen und sozialen Aufbaues der Bundesrepublik [...] wenig Rechnung" trug[15]. Bei dem Ruf nach Souveränität handele es sich nicht um eine ungerechtfertigte Forderung, sondern darum, daß ein Vertragswerk wie das über die geplante Europaarmee „mit den daraus resultierenden Verpflichtungen eben nur in voller Freiheit von einem Volk auf sich genommen werden" könne[16]. Warum, so fragte man sich in Unionskreisen, zeigten sich die Westmächte nicht geneigt, der Bundesrepublik das zuzubilligen, was sie dem Kriegsgegner Japan im Vertrag von San Francisco (8. September 1951) zugestanden hatten: den Abschluß eines Friedensvertrages, oder wenigstens die Zuerkennung der Souveränität[17]? Es gab aber auch Stimmen, die davor warnten, den Bonner Staat in die volle rechtliche Selbstbestimmung und damit die vier Siegermächte aus ihrer gemeinsamen deutschlandpolitischen Verantwortung zu entlassen – Stichworte: Wiedervereinigung, Sonderstellung Berlins[18].

[12] DUD, 7.8.1951, S. 3f.
[13] Aktennotiz über Tee-Empfang, 22.8.1951, in: Adenauer, Teegespräche, S. 121–124, hier S. 121f.
[14] Vgl. dazu Beitrag Maier.
[15] DUD, 16.8.1951, S. 1–3, Zitat S. 1.
[16] v. Brentano in einem Interview, 13.9.1951, mit Vertretern der CDU-Presse, BA, NL 239/130.
[17] Vgl. dazu Wettig, Entmilitarisierung in Deutschland, S. 445.
[18] Vgl. Grewe, Rückblenden, S. 142f.

Die FDP brachte ihre Unzufriedenheit noch unverhohlener zum Ausdruck. Bereits im Frühjahr 1951 hatte der Abgeordnete Pfleiderer (später erster Bonner Botschafter in Jugoslawien) in London klargestellt, die westalliierten Truppen in der Bundesrepublik würden nicht der Deutschen, sondern der Russen wegen dort benötigt, und dieser ihrer veränderten Aufgabenstellung müsse auch ihr Rechtsstatus entsprechen. Da sich der Charakter der Okkupation gewandelt habe, sei es nur konsequent, wenn „die Beziehungen zwischen der Bundesrepublik und den Besatzungsmächten [...] auf eine völlig neue Grundlage gestellt" würden, „und zwar je eher, desto besser"[19]. Aber genau dies geschah nicht. Ende Juli teilte Blücher, der den im Urlaub befindlichen Bundeskanzler vertrat, den zuständigen Kabinettsmitgliedern seine ernste Besorgnis über den Verlauf der Petersberg-Gespräche mit. Kernpunkt seiner Ausführungen: Die Alliierten gäben zunehmend zu erkennen, das Besatzungsrecht nicht ablösen, sondern in seiner Grundsubstanz konservieren zu wollen: „Von einer Aufgabe der obersten Regierungsgewalt, die das Wesen einer Rückgabe der Souveränität an die Bundesrepublik ausmachen würde, ist überhaupt nicht die Rede[20]." Der FDP-Vorsitzende und Vizekanzler befürchtete, daß das Besatzungsstatut durch eine Art vorweggenommener Friedensregelung ersetzt werden könnte, wobei sich die westlichen Siegermächte Vorbehaltsrechte sicherten, die den Bewegungsspielraum der Bundesrepublik für unabsehbare Zeit in unerträglicher Weise einengten[21]. Besonders verbittert gab sich die FDP darüber, daß die Hochkommissare keinerlei Anstalten gemacht hatten, den Bundeshaushalt durch eine Senkung der Besatzungskosten zu entlasten. Gegenüber dem Kanzler brachte der FDP-Vorsitzende mit großem Ernst zum Ausdruck, „daß die Handlungen der Alliierten in den letzten Wochen und Monaten geeignet seien, den Willen zur Verteidigungsbereitschaft bei unserem Volke zu schwächen, [...] daß die Ansichten, die bei den Verhandlungen über die Änderungen des Besatzungsstatuts zu Tage getreten seien, und daß die mir vorliegenden Dokumente auf manchen Gebieten eine Einengung der deutschen Souveränität und eine politisch für die Zukunft nicht vertretbare Bindung enthielten"[22].

Eng mit dieser sachlichen Kritik an den Verhandlungsergebnissen hing eine prozedurale zusammen, in der sich der Juniorpartner FDP mit der Union traf. Brentano hatte sich im Juni 1951 in einem mehrseitigen Schreiben bitter bei Adenauer über mangelnde Kooperation zwischen Regierung und Fraktion einerseits, aber auch über die unzureichende Organisation der CDU und die daraus resultierende mangelnde Einflußnahme der Partei auf die Regierungsarbeit andererseits beklagt, ohne allerdings auf bestimmte politische Felder abzuheben[23]. Die Freien Demokraten brachten die Kritik und die daraus zu ziehende Konsequenz auf den Punkt: Sie wollten der Sicherheitspolitik einen für ihre Wählerschaft sichtbaren freidemokratischen Stempel mit aufdrücken. Dies fiel um so schwerer, als der Bundeskanzler das im Zuge der Revision des Besatzungsstatuts endlich zugestandene Außenamt in Personalunion selbst übernommen hatte und daher im Kabinett über das außen- und sicherheitspolitische Informationsmonopol verfügte. Genau diesen Zustand galt es zu verändern. Es gelang auch, Adenauer zur Einsetzung eines Kabinettsausschusses für die Verhandlungen in Paris und mit den Hochkommissaren zu bewegen, dem seitens der Union der Regierungschef selbst, Innenminister Lehr, Wirtschaftsminister Erhard, Finanzminister Schäffer und Blank, für die FDP der Bundesminister für den

[19] Rede Pfleiderers, 12.4.1951, in London, in: Pfleiderer, Politik für Deutschland, S. 28–45, hier S. 35.
[20] Aufzeichnung Blüchers für mehrere Bundesministerien, 26.7.1951, BA, B 136/2103.
[21] Brief Blüchers, 10.8.1951, an Adenauer, in: Vogel, Diplomat, S. 189.
[22] Aufzeichnung Blüchers, 24.8.1951, AdL, NL Dehler, N 1-2203.
[23] Brief v. Brentanos, 16.6.1951, an Adenauer, in: Baring, Bundeskanzler, S. 64–70.

Marshallplan, Blücher, Justizminister Dehler und Wohnungsbauminister Wildermuth angehörten. Dieses Gremium sollte zugleich für Fragen des Besatzungsstatuts zuständig sein[24]. Über die formelle Einsetzung hinaus ist der Ausschuß aber nicht tätig geworden. Wenige Tage nach seiner Installation kam es bereits zu einem Eklat im Kabinett, als der Kanzler die ihm durch den Hochkommissar McCloy übermittelten amerikanischen Vorstellungen zur sogenannten „deutschen Wiederbewaffnung“ mitteilte: Es sollten 12 Divisionen aufgestellt werden, Bonn sollte zunächst 500 US-Flugzeuge, vorwiegend Transportmaschinen und Jäger, erhalten, die von deutschen Piloten geflogen werden könnten. Die deutschen Divisionen müßten unter deutscher Führung stehen, und allen deutschen Stäben würden bis zu den untersten Stabseinheiten alliierte Beobachter zugeteilt. Er, der Bundeskanzler, sei aufgefordert worden, bis zum 15. August 1951 einen genauen Plan über die Rekrutierung aufzustellen. Er habe „sofort sein volles Einverständnis zu diesem ganzen Programm erklärt“. Gegen dieses eigenmächtige Vorgehen meldeten die FDP- und DP-Minister lebhaften Widerspruch an mit der Begründung, daß der Regierungschef „in solchen lebenswichtigen Fragen vorerst zumindest das Kabinett um Rat befragen müsse“. Dieser wischte die Kritik „in unerschütterlicher Ruhe“ mit der Bemerkung vom Tisch, die Angelegenheit eile und habe eine vorherige Sondierung der Ministerrunde nicht erlaubt. Man habe keine Zeit zu verlieren, nachdem Washington sein Ja zur Bonner Teilnahme an der westeuropäischen Verteidigung gegeben habe – angesichts des voraussehbar bevorstehenden langen Procedere auf diplomatischer Ebene um die westdeutsche Aufrüstung ein fadenscheiniges und für das Kabinett unbefriedigendes Argument[25].

Die FDP unternahm nun einen massiven Vorstoß, um sich in die Außen- und Sicherheitspolitik einzuschalten. Ihr Fraktionsvorsitzender Euler, neben Blücher und v. Brentano selbst einer der Aspiranten auf den Sessel des Außenministers, legte dem Bundeskanzler einen Tag, bevor dieser sich in seinen Schweizer Urlaub begab, nahe, die Leitung des Außenamts abzugeben. Er begründete dies nicht nur mit der wünschenswerten Arbeitsentlastung des Regierungschefs, sondern auch mit der Notwendigkeit, die Spannungen innerhalb des Regierungslagers abzubauen: „Es sollte verhütet werden, daß die in den nächsten Monaten erreichbare Gleichberechtigung Deutschlands nicht die hinreichend positive Reaktion für die Regierung in der Bevölkerung auslöst, weil inzwischen aus innenpolitischen Gründen zu starke Mißstimmungen entstanden wären[26].“ Doch der Bundeskanzler gedachte nicht, sich in schwieriger Zeit vom Außenamt zu trennen: „In den nächsten 3–6 Monaten wird die Frage der Herbeiführung der Gleichberechtigung, eines Beistandsvertrages und des Beitrages des deutschen Volkes zur Verteidigung zu lösen sein. Diese Aufgabe einem Manne anzuvertrauen, der den bisherigen Gang der Verhandlungen nicht kennt, erscheint mir ganz unmöglich. Ich bitte, auch darauf hinweisen zu dürfen, daß gerade in der Außenpolitik das persönliche Verhältnis unter den leitenden Staatsmännern eine sehr große Rolle spielt, und daß das persönliche Vertrauen, das ich – wie ich annehmen darf – bei maßgebenden ausländischen Staatsmännern genieße, einen großen realen Faktor zugunsten Deutschlands darstellt[27].“

Der Vorstoß der FDP erklärt sich nicht nur aus einer für die Liberalen als Koalitionspartner so typischen Profilneurose, sondern auch aus dem Willen zur Partizipation an der Macht um der Verwirklichung ihrer außenpolitischen Programmatik willen. Nicht zuletzt ging es um die Betei-

[24] Auszug aus dem Kurzprotokoll über die 157. Kabinettssitzung, 3.7.1951, BA, NL 251/7 A.
[25] Aufzeichnung über die Kabinettssitzung, 6.7.1951, BA-MA, BW 9/2146.
[26] Brief Eulers, 13.7.1951, an Adenauer, in: Baring, Bundeskanzler, S. 75f., hier S. 76.
[27] Schreiben Adenauers, 16.7.1951, an Euler, ebd., S. 76f., hier S. 77.

ligung an der Regierungsarbeit und damit um den Versuch der Einbindung des Kanzlers in die Koalitions- und Kabinettsdisziplin. Gerade in der Außen- und Sicherheitspolitik wurde die von Adenauer praktizierte autoritäre Kanzlerdemokratie besonders deutlich sichtbar. Es handelte sich daher im Sommer und Frühherbst 1951 auch weniger um eine Koalitionskrise, als vielmehr um einen schwelenden Konflikt zwischen dem Bundeskanzler und dem Kabinett bzw. den Koalitionsfraktionen, um ein Führungsproblem also. Die FDP hütete sich denn auch, den Bogen zu überspannen, da sie die Befürchtung hegte, das Zusammengehen der Union mit den Sozialdemokraten in der Mitbestimmungsfrage könne zu einer Verständigung in der Wehrproblematik und letztlich zum Bruch des Regierungsbündnisses führen. Deshalb beeilte sich Blücher, die tatsächlich vorhandene grundsätzliche Übereinstimmung mit dem Kanzler herauszustreichen: „Daß es in den Dingen der Nation, in den Fragen der Außenpolitik in ihrer letzten Zielsetzung wohl kaum getreuere Gefolgsleute geben kann als meine Freunde und mich, das ist bekannt. Aber auch hier dürfte die Methode in jedem Fall der gegenseitigen Abstimmung bedürfen[28]." Der Bundeskanzler wollte seinerseits verhindert wissen, daß die Differenzen mit den Liberalen *die* Kräfte innerhalb der Union stärkten, die schon immer dafür eingetreten waren, die Verantwortung für die schicksalhafte Entscheidung über Aufrüstung und Westintegration nicht überwiegend allein und mit schwachen Koalitionspartnern zu übernehmen, sondern auch auf den Schultern der SPD ruhen zu lassen und die daher immer noch mit dem Gedanken einer großen Koalition spielten. So bemühte sich letztlich auch Adenauer um eine Schadensbegrenzung, damit der Konflikt unter Kontrolle blieb und sich nicht zu einer beiderseits ungewollten Koalitionskrise auswuchs. Eine solche Gefahr drohte auch deshalb, weil der Bundeskanzler hinter dem Rücken der Regierungspartner mit dem DGB Verhandlungen über die Einführung der paritätischen Mitbestimmung in der Montan-Wirtschaft führte, der die Liberalen mit Rücksicht auf ihre industrielle Klientel und die DP ablehnend gegenüberstanden. Da Adenauer keine Alternative zur FDP als Regierungspartner sah, schrieb er einlenkend an Blücher: „Es liegt mir daran, mich sehr offen mit Ihnen auszusprechen, weil ich im Interesse Deutschlands entscheidenden Wert auf Fortbestehen der Koalition lege[29]." Beschwichtigend ließ er verlauten: „Die Bundesregierung und die Koalitionsparteien, die sich trotz naturgegebener Meinungsverschiedenheiten über Einzelauffassungen keineswegs in eine Krise hineintreiben lassen, werden auch ohne Mithilfe der Opposition [...] mit den Aufgaben der kommenden Monate fertig werden[30]."

[28] Brief Blüchers, 15.8.1951, an Adenauer, zit. n. Rütten, Deutscher Liberalismus, S. 295.
[29] Brief Adenauers, 13.8.1951, an Blücher, StBKAH, 12.32.
[30] DUD, 23.8.1951, S. 1–3, Zitat S. 2.

3. Das innenpolitische Ringen um die EVG

a) Die Washingtoner Konferenz im Urteil von Koalition und Opposition

Die SPD entfernte sich immer mehr von der seitens des Kanzlers, insbesondere unter dem Druck zahlreicher Militärs, angestrebten außen- und sicherheitspolitischen Gemeinsamkeit. Bereits im Juli 1951 hatte Carlo Schmid apodiktisch erklärt: „Man stirbt nicht für ein Besatzungsstatut[1]." Dieses Satzes eingedenk, nimmt die Reaktion der Sozialdemokratie auf das magere Ergebnis der Petersberg-Gespräche niemanden wunder. Die Führungsgremien der Partei warfen dem Bundeskanzler vor, den von französischer Seite klug geknüpften Zusammenhang von Schuman- und Pleven-Plan zu verkennen. Wie der eine „unter Vorspiegelung europäischer Ziele" die ökonomischen Ressourcen der Bundesrepublik unter die Verfügungsgewalt des westlichen Nachbarn zu bringen suche, solle mit Hilfe des anderen das menschliche und materielle Rüstungspotential französischem Kommando unterstellt werden. „Von einer Gemeinsamkeit im Kampf um die Freiheit ist in dieser Politik nichts zu spüren." Die Westalliierten hätten weder die politischen noch die rechtlichen oder gar moralischen Voraussetzungen für einen westdeutschen Verteidigungsbeitrag geschaffen. „Unter diesen Umständen hält die Sozialdemokratische Partei an ihrer Ablehnung fest. Sie erhebt gegen die Bundesregierung und ihre Parteien den Vorwurf, durch ihre Politik die Schaffung eines sozial fundierten starken Europas mit zu verhindern[2]." Aufgrund dieser Resolution ließ sich unschwer voraussagen, wie die Sozialdemokratie auf den Beschluß der Washingtoner Dreimächteaußenministerkonferenz reagieren würde, der folgendes vorsah:

1. Verhandlungen der drei Alliierten mit der Bundesregierung über die Gründung einer Europäischen Verteidigungsgemeinschaft, „deren Streitkräfte einen Teil der dem nordatlantischen Oberkommando unterstehenden gemeinsamen Verteidigungsstreitmacht bilden werden". 2. Gleichberechtigte deutsche Aufnahme in eine Europäische Gemeinschaft. Revision, nicht Ablösung des Besatzungsstatuts durch einen Generalvertrag (später Deutschlandvertrag genannt). 3. Entgegen den Intentionen von Koalition und Opposition – ein Junktim zwischen General- und EVG-Vertrag[3].

Kurt Schumacher konnte und wollte nach Bekanntwerden dieser Präliminarien für einen westdeutschen Verteidigungsbeitrag einen Aufschrei nationaler Entrüstung nicht unterdrücken: „Jetzt beginnt der Kampf[4]." Und er beabsichtigte, diesen nicht nur gegen die Bundesregierung, sondern hauptsächlich gegen die französische Politik zu führen. Was Adenauer als Ergebnis seiner von ihm als Politik mit Augenmaß verstandenen Bemühungen um die schrittweise Revision des Besatzungsstatuts als Gewinn auf sein politisches Konto buchte, ließ Schumacher als positive Bilanz nicht gelten. Ihm erschien die Differenz zwischen Soll und Haben zu groß. „Es geht hier nicht um die Frage eines taktischen Schritt für Schritt, durch kleine Erfolge vorwärts zu kommen. Es geht um große Probleme, die für lange Zeit durch einmalige Handlungen geregelt werden[5]." Es ging ihm um die gleichberechtigte Einordnung der Bundesrepublik in die freie

[1] Zit. n. Schubert, Wiederbewaffnung, S. 68.
[2] Resolution von Parteivorstand und -ausschuß, 8./9. 9. 1951, in: Jahrbuch der SPD 1950/51, S. 250.
[3] Kommuniqué der Konferenz vom 10.–14. 9. 1951, in: EA 6, 1951, S. 4397f., hier S. 4397.
[4] Rundfunkansprache Schumachers, 18. 9. 1951, in: Schumacher, Reden und Schriften, S. 938–942, hier S. 938.
[5] Ebd.

Völkerfamilie. Und genau an diesem Punkt hatte der Kanzler in seinen Augen völlig versagt. Er hielt ihm angesichts der Tatsache, daß nun die militärische Westintegration der Bundesrepublik durch ein Junktim sowohl an den Schuman-Plan wie an den Generalvertrag gebunden sein sollte, vor, durch falsche nationale Selbstverleugnung die nationale Selbstüberheblichkeit der Alliierten, aber insbesondere Frankreichs, gestärkt zu haben.

Wußte der Oppositionspolitiker doch, daß Adenauer zwar in Washington nicht mit am Verhandlungstisch gesessen, wohl aber während der offiziellen Sondierungen über die Revision des Besatzungsstatuts und auch danach insgeheim mit den USA über diesen Gegenstand beraten und schließlich schon vorab sein Placet zu dem späteren Washingtoner Beschluß gegeben hatte, das Besatzungsstatut nicht abzulösen, sondern lediglich zu revidieren und über General- und EVG-Vertrag zeitgleich zu verhandeln. Hier trat ein Zug Adenauerscher Diplomatie zutage, die auch Grewe, sein Unterhändler auf dem Petersberg, monierte: „Schon auf dem Bürgenstock zeichnete sich eine Situation ab, die sich dann in den späteren Verhandlungen häufig ergab: Er war geneigt, seine Ziele zunächst sehr weit zu stecken [...] Nur kam es häufig dazu, daß er von dem Augenblick an, in dem er die Unerreichbarkeit seiner Verhandlungsziele erkannte, weiter zurückzufallen bereit war, als unbedingt notwendig. In den späteren Verhandlungen vom Herbst 1951 und Frühjahr 1952 war ich oft unglücklich darüber, daß er Positionen rascher und mit geringerem Widerstand preisgab, als es die Verhandlungslage nach meiner Ansicht erfordert hätte[6]."

Mit seiner Kritik, Paris hänge seinen nationalegoistischen Ambitionen ein europäisches Mäntelchen um, traf Schumacher den neuralgischen Punkt der bevorstehenden EVG-Verhandlungen, von denen er befürchtete – zu Recht, wie sich herausstellen sollte –, sie würden von dem Geist, aus dem der Pleven-Plan geboren wurde, überschattet sein. Die französische Fähigkeit, sich durchzusetzen, hielt er für den Beweis der Unfähigkeit des deutschen Regierungschefs, politische Entwicklungen rechtzeitig zu erkennen und Bonner Interessen wahrzunehmen. Der Kanzler tausche deutsche militärische Kontingente gegen etwas ein, was schon keinen politischen Wert mehr besitze: Wie sich die Demontagepolitik den Interessen der Westmächte in einer dualistischen Welt als zuwiderlaufend und damit letztlich als auf längere Dauer nicht durchsetzbar erwiesen habe, so sei auch das Besatzungsstatut schon weitgehend außer Funktion und auf längere Sicht nicht aufrechtzuerhalten. In dem Adenauerschen Anerbieten zur Leistung eines Verteidigungsbeitrages vom November 1950 sah der Führer der größten Oppositionspartei das Desaster bezüglich der Souveränität begründet: „Deutschland hat nichts durchgesetzt, weil von ihm sämtliche Alliierten wußten, es wird zum Schluß unter allen Umständen ja sagen[7]."

Die SPD plagte die Furcht, durch die ungelöste Souveränitätsfrage werde dem Rechtsradikalismus Anhängerschaft in die Arme getrieben. Tatsächlich hatte sie in der Niedersachsen-Wahl Einbußen bei ihrer ländlichen Klientel zugunsten der SRP erlitten, die den nationalen Gedanken konsequenter, noch dazu mit sozialistischem Anstrich, vertrat. Der norddeutsche Wählerschub verlieh der Partei – sie war auch in der Bremer Bürgerschaft vertreten – einen zumindest publizistischen Aufwind, so daß der Parteivorstand der SPD Veranlassung sah, sich mit ihr öffentlich auseinanderzusetzen. Auf ihrer „Zweiten Reichstagung" (7./8. Juli 1951) verabschiedete die SRP ein erstes verbindliches Aktionsprogramm, das ihre Position gegenüber der Wehrproblematik markierte: Ihre Forderung nach Wiederherstellung des Deutschen Reiches in den Vorkriegsgrenzen bei Zuerkennung der vollen Souveränität und nach Abschluß eines Friedensver-

6 Grewe, Rückblenden, S. 140.
7 Rede Schumachers, 15. 9. 1951, in Essen, StBKAH, 12.22, SPD-Materialien I.

trages mit folgender Eingliederung in ein Europa der „Dritten Kraft" zwischen den beiden Machtblöcken schloß die politische und militärische Partnerschaft je eines deutschen Teilstaates mit den USA und der UdSSR grundsätzlich aus[8]. „Die Sozialistische Reichs-Partei steht hinsichtlich der Remilitarisierungsfrage im Gegensatz zu Bonn und Pankow auf dem Standpunkt, daß es die vornehmste Aufgabe deutscher Politiker und Staatsmänner sein müßte, unter allen Umständen die Substanz des deutschen Volkes, das Leben unserer Nation, über die kommende Auseinandersetzung hinüberzuretten. Ein jedes Remilitarisierungsgespräch hat deshalb auszugehen von der Unversehrbarkeit des deutschen Raumes. Wir sind der Meinung, daß die Frage der Remilitarisierung kein militärisches, sondern ein politisches Problem ist. Es müßten zunächst einmal verantwortungsbewußte deutsche Staatsmänner und Politiker den Rahmen, die Grundlage schaffen, bevor deutsche Militärs in militärische Verhandlungen mit östlichen oder westlichen Generälen eintreten[9]." Vor diesem programmatischen Hintergrund war es konsequent, daß die Partei nicht nur der als Satelliten der USA diffamierten Bundesregierung das Recht absprach, über einen westdeutschen Verteidigungsbeitrag zu befinden, sondern auch dem Bundestag.

Die SRP argumentierte in der Wehrfrage in einer so offenkundigen gedanklichen Nähe zur SPD, daß es deren Führung im Blick auf die ventilierte Volksabstimmung, zumindest aber auf Neuwahlen gefährlich erschien. Die gravierenden Unterschiede lagen in den versteckten politischen Intentionen der Rechten, wie sie auch im Europakonzept durchschimmerten: Dem rekonstituierten Deutschen Reich war in der Vorstellungswelt der SRP ebensowenig eine gleichberechtigte partnerschaftliche Rolle in einem vereinigten Europa zugedacht, wie Europa selbst der Part einer „Dritten Kraft" zwischen Ost und West. In nur notdürftig verhüllter Anlehnung an die nationalsozialistische Europaideologie mußte Deutschland wieder das „Herzstück des Abendlandes" bilden und einem aggressiven Antibolschewismus die notwendigen Impulse vermitteln[10]. Dies waren deutliche Anklänge an die vom Dritten Reich proklamierte Großraumpolitik. Daß ein wiedererstandenes Deutsches Reich die politische Führung in einem geeinten Europa übernehmen müsse, erschien der SRP ebenso selbstverständlich wie dessen Funktion als Ausgangsbasis zur Niederwerfung des Bolschewismus, „wie überhaupt die Europa-Frage stets im Zusammenhang mit militär-strategischen Erwägungen und unter dem Gesichtspunkt eines Krieges mit der Sowjetunion behandelt wurde"[11].

Adenauer hat bei seinen wehrpolitischen Entscheidungen die kommende Bundestagswahl des Jahres 1953 nicht aus dem Auge gelassen, wobei er weniger ein Erstarken der SPD, als vielmehr des Rechtsradikalismus befürchtete. So erklärt sich auch, warum er das antibolschewistische Feuer oft weit über das notwendige Maß hinaus schürte: einfach, um der nationalen Rechten keinen propagandistischen Zündstoff zu bieten. Den Ausgang der niedersächsischen Landtagswahlen (6. Mai 1951) hielt er für ein bedenkliches Anzeichen eines Rechtsrucks. Hatte es die SRP doch geschafft, 11% der Wählerstimmen auf sich zu vereinigen (CDU/DP 23,8%; SPD 33,7%; FDP 8,4%; KPD 1,8%; GB/BHE 14,9%). Aufgabe der Union mußte es sein, schon wegen des ungünstigen Eindrucks im Ausland dieses Wählerpotential der Union zu erschließen, für den demokratischen Staat zu gewinnen[12]. Dies gelang nach Auffassung der CDU-Spitze am wirkungsvollsten dadurch, daß man die Verhandlungen über die militärische Westintegration

[8] Text des Aktionsprogrammes in: Sozialistische Reichspartei, S. 40–43.
[9] Remer, 20. Juli 1944, S. 26.
[10] Vgl. ebd., S. 30.
[11] Büsch, Geschichte, S. 41, Anm. 124.
[12] Vgl. Protokoll der Sitzung des CDU-Bundesvorstandes, 10. 5. 1951, in: Adenauer, Protokolle, S. 14–38.

forcierte, um auf diesem Wege der Bundesrepublik wieder zu internationalem Ansehen und Mitspracherecht zu verhelfen. Man mußte den Nationalisten das Wasser abgraben, versuchen, die „völkerrechtliche Stellung zu normalisieren und [...] Souveränität wiederherzustellen[13].

Wie aber sollte und konnte dies geschehen? Der Bundeskanzler glaubte, die allgemeine politische Interessenlosigkeit der jüngeren Generation und ihre offenkundige Verführbarkeit auf den Mangel an Attraktivität der Bundesrepublik, verursacht durch ein Defizit an Autorität, zurückführen zu können. Ihm erschien daher eine rasche und wirkungsvolle Stärkung der Bundesgewalt nötig, nicht nur gegenüber den Ländern, sondern vor allem gegenüber den Besatzungsmächten. Eine Übertragung gewisser, der Hohen Kommission zustehenden Vollmachten auf die Bundesregierung, selbst mit dem Recht des Widerrufs innerhalb von drei oder fünf Jahren, hielt der Kanzler zur Festigung des nationalen Selbstverständnisses und damit als Voraussetzung zur Identifikation der jüngeren und mittleren Generation mit dem Bonner Staat jetzt für besonders dringlich. Gleichfalls mußte man den revisionistischen Kreisen der Vertriebenen das politische Wasser abgraben. Deren Forderungen nach Recht auf Heimat, nach Restitution der territorialen und politischen Verhältnisse in Mittel- und Ostdeutschland durfte nicht die Politik der Bundesregierung hypothekarisch belasten, sondern die Lösung des Vertriebenenproblems mußte langfristig zu einer europäischen Frage und Verpflichtung werden. Die wirtschaftliche Integration der Flüchtlinge und Vertriebenen stellte sich als politisch und ökonomisch vordringliche Aufgabe.

Daneben mußte der Lösung der sozialen Frage, insbesondere bezüglich der alleinstehenden Frauen, der Witwen mit Kindern und der Alten sowie der Behebung der immer noch drückenden Wohnungsnot hohe Aufmerksamkeit gewidmet werden. Im engen Zusammenhang mit der Bewältigung dieses Problems stand der Verteidigungsbeitrag. Seine finanzielle Höhe mußte ausgerichtet sein an den sozialen Verpflichtungen, die auf die Bundesrepublik zukamen bzw. bereits auf ihr lasteten[14]. Hier warb Adenauer nachdrücklich um alliiertes Verständnis. Und letztlich mußte den Bevölkerungsteilen, die dem Rechtsradikalismus zuneigten, die unmittelbare Angst vor der Bedrohung aus dem Osten genommen werden, was sich durch die militärische Integration in den Westen am ehesten bewerkstelligen ließ[15].

Um der Bevölkerung zu signalisieren, daß die SRP keine Partei war, die sich rechtsstaatlichen Normen verpflichtet fühlte, aber auch, um ihr das öffentliche Forum der Parlamente, Marktplätze und Säle für ihre Agitation zu entziehen, beantragte die Bundesregierung Anfang November 1951 beim Bundesverfassungsgericht ihre Auflösung. Wenn der Rechtsextremismus mit einem geeinten Europa den antibolschewistischen Kreuzzugsgedanken – also ein aggressives Moment – verband, stellte die Union den defensiven Charakter ihrer Europakonzeption heraus und betonte die Notwendigkeit der Verteidigung des sogenannten christlichen Abendlandes. Das Freund-Feind-Denken der CDU/CSU, ihre Bedrohungsvorstellung, beruhte auf der Annahme eines unversöhnlichen Gegensatzes zwischen christlichem Humanismus und antichristlichem Materialismus, der die Welt in eine gute und in eine böse Hälfte, in den Westen und in den Osten trennte. Unter stürmischem Beifall erklärte Adenauer vor dem CDU-Parteitag in Karlsruhe (18.–21. Oktober 1951): „Wir müssen uns *entscheiden* für asiatisches Heidentum oder für

[13] DUD, 8. 5. 1951, S. 4f., Zitat S. 4.
[14] Vgl. dazu Beitrag Maier.
[15] Der Beitrag basiert zum Teil auf noch nicht allgemein zugänglichen Akten und Befragungen. Aus diesem Grund können nicht alle Zitate und Aussagen belegt werden. Für die korrekte Wiedergabe verbürgt sich der Autor.

europäisches Christentum[16]." Eine solche klischeehafte Vorstellung machte eine komplizierte Analyse der vielfältigen Ursachen des Kalten Krieges überflüssig.

Die CDU begründete ihre Wehrpolitik nun nicht mehr allein mit dem natürlichen Sicherheitsbedürfnis eines Staates, sondern sie suchte sie mit der moralischen Verpflichtung zur Wahrung des geistigen und kulturellen Erbes zu legitimieren: „Wir, die wir unsere Zugehörigkeit zur abendländischen Kultur, zum Westen, zur christlichen Gemeinsamkeit empfinden, müssen bereit sein, auch gemeinsam diese Ideale zu verteidigen. Aus diesem Gedankenkern heraus ist die Forderung nach einer europäischen Verteidigungsstreitmacht entstanden [...] Voraussetzung für die Aufstellung und Führung einer europäischen Verteidigungsstreitkraft ist, daß sie erfolgen im Bewußtsein der gemeinsamen abendländischen Verpflichtung und der daraus erwachsenden sittlichen und moralischen Verantwortung[17]."

Und noch eine zweite Überlegung erleichterte dem Kanzler den Entschluß, nun in der Sicherheitsfrage auf die europäische Karte zu setzen. Die Union ging, im Unterschied zur SPD, davon aus, daß der Pleven-Plan weder nach Inhalt noch Intention zur Diskussion stehe, sondern lediglich noch die formale Verhandlungshülse bildete. „Der Pleven-Plan in seiner ursprünglichen Form existiert gar nicht mehr", bemerkte v. Brentano in einem Interview. „Von ihm ist eigentlich nur noch der Gedanke der Europa-Armee übriggeblieben. Im übrigen hat er noch den Namen behalten[18]."

In den anstehenden Beratungen konnte es nicht mehr allein um die Integration deutscher Kontingente in eine europäische Armee, sondern es mußte insbesondere um den Aufbau der europäischen Gemeinschaft auf militärpolitischem Sektor und damit um die gleichberechtigte Aufnahme der Bundesrepublik in den Kreis ihrer Mitgliedsländer gehen. Dies war das Thema der am 1. Oktober 1951 in Paris beginnenden Verhandlungen um den EVG-Vertrag, während in den Konsultationen mit den Hochkommissaren über den General- bzw. Deutschlandvertrag die Schaffung der besatzungsrechtlichen Voraussetzungen für eine westdeutsche Einbindung aus freier Willensentscheidung, „die Souveränität, das heißt eine echte hoheitliche Handlungsfreiheit" auf der Tagesordnung stand[19]. Kam sie zustande, dann konnten die Westalliierten aus der Sicht des Kanzlers bestimmte Vorbehaltsrechte bezüglich der Stationierung ihrer Truppen, einer Friedens- und Berlin-Regelung und des politischen Notstandes auf der Basis vertraglicher Vereinbarungen weiterhin für sich reklamieren. „Bei dem Vertragswerk, das wir mit dem Westen zu schließen hätten", so äußerte er vor Spitzenpolitikern der CDU, „komme es nicht mehr darauf an, ob das Besatzungsstatut zu 80 oder 90% abgebaut würde, sondern darauf, ob wir die volle Partnerschaft mit den Mächten des Westens bekämen oder nicht[20]."

Wenn die wechselnden und unpräzisen Äußerungen Adenauers zu Souveränität und Besatzungsstatut erkennen lassen, daß es ihm weniger um die Fixierung eines veränderten Rechtsverhältnisses, sondern hauptsächlich darum ging, gleichgewichtige politische Mitsprache im Kreis der zukünftigen Verbündeten zu erhalten, dann zeigte der Koalitionspartner FDP eine aus seinem nationalen Selbstverständnis resultierende kompromißlosere Haltung in dieser Frage. Souveränität hielten die Freidemokraten für ein unverzichtbares staatliches Ingredienz, weshalb sie die in San Francisco für Japan gefundene Formel von der „gleichberechtigten souveränen Part-

[16] 2. Parteitag der CDU, S. 163.
[17] Referat v. Brentanos, 15. 9. 1951, auf dem Kongreß der NEI in Bad Ems, BA, NL 239/131.
[18] v. Brentano, 13. 9. 1951, in einem Interview mit der CDU-Presse, BA, NL 239/130.
[19] DUD, 25. 9. 1951, S. 1 f., Zitat S. 2.
[20] Protokoll der 6. Sitzung des Bundesparteiausschusses der CDU, 27. 9. 1951, ACDP, Protokolle des CDU-Bundesparteiausschusses aus den Jahren 1950–1953, VII-001-019/5.

nerschaft“ nun auch als konkrete Definition des von Washington offerierten grundlegend veränderten Verhältnisses zwischen den Westalliierten und der Bundesrepublik übernommen wissen wollten[21]. Nur unter dieser Voraussetzung sah die Partei keine Veranlassung, Bedenken gegen vertraglich festzulegende Vorbehaltsrechte der ehemaligen Besatzungsmächte geltend zu machen. Die Führungsmannschaft der FDP nutzte den Münchner Parteitag vom 21. bis 23. September 1951, um sich diesen Verhandlungskurs von den Delegierten in eindrucksvoller Einstimmigkeit bestätigen zu lassen. Auf diese Weise gedachte sie den Bundeskanzler, dem Blücher die Beschlüsse in einem persönlichen Schreiben übermittelte, öffentlich in die Pflicht zu nehmen. Der Parteitag legte zudem ein überzeugendes Bekenntnis zur europäischen Einigung und damit zu einer Europäischen Verteidigungsgemeinschaft ab und forderte Bundestag und Bundesregierung „zu einem konkreten Vorschlag zur schnellen Verwirklichung einer europäischen Föderation“ auf, die „eine gemeinsame Außenpolitik, eine gemeinsame Verteidigungspolitik, eine gemeinsame Finanzpolitik zur materiellen Fundierung der Verteidigungsbemühungen und zwecks Hebung des europäischen Lebenstandards“ ermöglichte[22]. Stärker als die Union hob die FDP auf die Notwendigkeit ab, die Westalliierten in den anstehenden Beratungen über EVG- und Deutschlandvertrag auf den Zusammenhang von wirtschaftlicher Konsolidierung und Verteidigungsbeitrag hinzuweisen, und dies nicht nur unter rüstungsökonomischen, sondern unter politisch-psychologischen Aspekten. Die Besatzungsmächte sollten zu erkennen geben, „daß sie gewillt sind, das Voranschreiten des wirtschaftlichen und sozialen Aufbaues in Deutschland, der eine der wesentlichen Sicherungen vor dem Einbruch des bolschewistischen Systems darstellt, auch im Rahmen eines deutschen Beitrages zur Stärkung der freien Völker zu gewährleisten“[23]. Besitz und Wohlstand immunisieren gegen Rechts- und Linksradikalismus, dienen damit der inneren Sicherheit, und es lohnt sich, sie zu verteidigen, dies war das propagandistische Leitmotiv der FDP: „Es ist nicht zu leugnen, daß am Beginn aller Sicherheitserwägungen die Frage der *sozialen* Sicherheit den Vorrang hat [...]; je lebenswerter das Dasein für jedermann ist, um so mehr wird es aber auch nach außen hin für ihn verteidigungswert erscheinen[24].“ Die Freien Demokraten stimmten in diesem Punkt mit der Sozialdemokratie überein.

Die DP begrüßte den Beschluß der Westmächte, nun unter deutscher Beteiligung mit der Verteidigung Europas ernst zu machen. Gleichzeitig begegnete sie aber der Washingtoner Absichtserklärung, die Bundesrepublik Deutschland als wirklich gleichberechtigten Partner zu akzeptieren, mit einem gerüttelten Maß an Skepsis. Die Partei warnte den Kanzler davor, die bevorstehenden Konsultationen unter dem Zeichen deutscher Vorleistungen zu führen. Sie werde ihm gegebenenfalls als „loyale Opposition innerhalb der Koalition“ die Grenzen seiner Manövrierfähigkeit zeigen[25]. Die geplante supranationale Konstruktion der Europäischen Verteidigungsgemeinschaft hielt die DP für militärisch wenig sinnvoll, zumal nach ihrer Ansicht jeder Soldat eines nationalen Bezugspunktes für seine kämpferische Motivation und Moral bedurfte. Ihr Fraktionsvorsitzender im Bundestag, Mühlenfeld, sprach sich daher „für die Schaffung einer nationalen deutschen Armee, die in ein europäisches Verteidigungssystem mit gemeinsamer Spitze einzuordnen ist“[26], aus. Diese Empfehlung des kleinsten Koalitionspartners war Aus-

[21] fdk, 18. 9. 1951, S. 3.
[22] Entschließung des FDP-Parteitages, 21.–23. 9. 1951, Anlage zum Brief Blüchers, 27. 9. 1951, an Adenauer, BA, B 136/2103.
[23] fdk, 22. 9. 1951, S. 3.
[24] MdB Mende, ebd., 23. 10. 1951, S. 2.
[25] Deutsche Stimmen, 1. Oktober-Ausgabe 1951, Nr. 51, S. 1.
[26] Ebd.

druck nationaler Attitüde, trug allerdings auch der Auffassung ehemaliger Militärs Rechnung, als deren politischer Anwalt sich die DP verstand.

b) Erneute gesamtdeutsche Initiative der DDR

Die EVG-Verhandlungen waren von Anbeginn durch die ungelöste deutsche Frage belastet. Würde der offenkundig fortschreitende westeuropäische Integrationsprozeß die Wiedervereinigung hinausschieben oder gar überhaupt gefährden? Die Koalitionsparteien hatten sich zwar nach außen hin die von Adenauer zur Begründung seiner Politik der Stärke vorgebrachten Argumente zu eigen gemacht, was aber nicht hieß, daß alle sie mittragenden und repräsentierenden Politiker – und sei es nur vorübergehend – ungeplagt von Zweifeln am Erfolg dieses gesamtdeutschen Konzeptes gewesen wären. Dies sollte deutlich werden, als auf einen Vorschlag des DDR-Ministerpräsidenten Grotewohl hin die Volkskammer am Vorabend der EVG-Verhandlungen einen erneuten gesamtdeutschen Vorstoß in Form des Appells an den Bundestag unternahm, in „eine gemeinsame gesamtdeutsche Beratung der Vertreter Ost- und Westdeutschlands zur Entscheidung über die Aufgaben der Abhaltung freier gesamtdeutscher Wahlen mit dem Ziele der Bildung eines einheitlichen, demokratischen und friedliebenden Deutschland und der Beschleunigung des Abschlusses eines Friedensvertrages“ einzutreten[1]. Es gelte, so hieß es in dem Aufruf, die durch die Verweigerung eines Friedensvertrages, die Fortsetzung der Remilitarisierung und Aufrechterhaltung der Spaltung latent wirkende Kriegsgefahr rasch zu beseitigen[2].

Daß diese Initiative ein Stolperstein auf dem Weg zur westdeutschen Aufrüstung sein sollte, darüber gab es in der innenpolitischen Auseinandersetzung keine Differenzen; daran ließ der Text der Resolution auch keinerlei Zweifel. Hingegen traten zu Adenauers unverhohlenem Entsetzen innerparteiliche Differenzen in der Beurteilung der Ernsthaftigkeit der Offerte auf, die insofern inhaltlich über die des Vorjahres hinausging, als sie Zustimmung zu den von der Bundesrepublik Anfang 1951 vorgeschlagenen freien Wahlen signalisierte, ohne daß sie deren Modalitäten erläuterte. Übereinstimmenden Informationen zufolge hatte sich in politischen Kreisen der DDR eine nicht geringe Unruhe über den zweiten, Moskauer Direktiven zugeschriebenen gesamtdeutschen Impuls bemächtigt. Der Kanzler sprach in einer ersten Reaktion von einem politischen Bluff: „Grotewohl sagt, man soll verhandeln, [...] dies bedeutet – verzögern. Im übrigen ist eine Störungsaktion nicht zuletzt darauf abgestellt, daß Mißtrauen unserer westlichen Nachbarn in eine mögliche Wiederholung der deutschen Rapallo-Politik zu stärken[3].“ Heinrich v. Brentano hielt demgegenüber die Resolution der Volkskammer für durchaus beachtenswert. Der Fraktionsvorsitzende der CDU/CSU im Bundestag distanzierte sich von der ersten Äußerung Adenauers: Es sei „keine offizielle Stellungnahme [...], nur die persönliche Auffassung des Kanzlers, daß der neuerliche Vorschlag nicht ehrlich gemeint sein könnte“[4]. Er lehnte es zwar ab, in entsprechende Konsultationen mit der DDR-Regierung einzutreten, befürwortete aber Viermächteverhandlungen zur Schaffung der Voraussetzungen für freie, geheime und unmittelbare Wahlen in ganz Deutschland. Den von Grotewohl vorgelegten „diskutablen Vorschlag“ müßten nun diejenigen interpretieren und unterstützen, die ihn im Kreml inspiriert hätten. Un-

[1] Brief des Volkskammerpräsidenten Dieckmann, 15. 9. 1951, an den Präsidenten des Deutschen Bundestages, Ehlers, BA, B 136/2126.
[2] Aufruf der Volkskammer, 15. 9. 1951, in: EA 6, 1951, S. 4404.
[3] Adenauer auf dem Tee-Empfang, 20. 9. 51, in: Adenauer, Teegespräche, S. 146–150, hier S. 150.
[4] Interview mit CDU-Politikern, 19. 9. 1951, BA, NL 239/130.

ter dem Eindruck der positiven Aufnahme in der deutschen Öffentlichkeit plädierte auch der CDU-Abgeordnete Hermann Ehren für eine ernsthafte Beschäftigung mit dem Inhalt des Volkskammerappells und der Regierungserklärung Grotewohls und dafür, „unter gewissen Voraussetzungen" konkrete Fragen an den Ministerpräsidenten der DDR zu richten, allein schon deshalb, um vor der deutschen Bevölkerung „zum Ausdruck [zu] bringen, daß uns die Einheit Deutschlands am Herzen liegt". Diese und Brentanos in einem Gespräch zwischen Fraktionsmitgliedern und Presseleuten der CDU/CSU gemachten Äußerungen standen der Auffassung Adenauers diametral entgegen, so daß es in dem Diskussionskreis zu einer Kontroverse kam, in deren Verlauf insbesondere der Abgeordnete Heinrich Krone (Vertrauter Adenauers und späterer Fraktionsvorsitzender der Union) die Position des Kanzlers formulierte. Er bestritt auch, im Unterschied zu Fraktionskollegen, die Notwendigkeit, den Bundestag mit der DDR-Note zu befassen, wollte man das östliche „Quasi-Parlament" nicht aufwerten[5].

Der CDU-Vorsitzende hatte seine liebe Not, den für die Union im Entstehen begriffenen politischen Flurschaden zunächst einmal auf die Fraktion zu begrenzen und dann zu beheben. Der Deutschland-Union-Dienst hob zwar jetzt ausdrücklich auf die Ernsthaftigkeit der Offerte der DDR-Organe ab, deren Realisierung „nach westlichen Grundsätzen [...] das Ende ihrer Macht bedeuten" würde. Nun kenne man die Höhe des Preises, den die sowjetische Politik zu leisten bereit sei, um einen Verteidigungsbeitrag und die Westintegration der Bundesrepublik zu verhindern. Freie Wahlen aber, so das Blatt, seien nur in einer freien Gesellschaft, nicht aber unter dem herrschenden System in der DDR möglich.

Die Bereitschaft Moskaus zu gesamtdeutschen Zugeständnissen, so groß sie auch sein mochten, förderte derzeit nicht die Bereitschaft des Bundeskanzlers, seine europa- und sicherheitspolitische Haltung zu revidieren. Im Gegenteil: „Jede Stärkung der westlichen Position", so das Parteiorgan, „verstärkt gleichzeitig die Möglichkeit, mit den Sowjets praktisch zu verhandeln." Adenauer fühlte sich in seiner Überzeugung bestätigt, daß nur Auf- und Ausbau der westlichen Verteidigung den Frieden erhalten und dauerhaft sichern könnte[6]. Ganz überzeugend fand man selbst in der CDU diese Argumentation nicht. Im Spitzengremium der Partei, dem Bundesparteiausschuß, mußte sich Adenauer die Vorhaltungen des Berliner Abgeordneten Gradl gefallen lassen, in der DDR-Bevölkerung herrsche vielfach die Auffassung, die Bundesregierung lasse es am nötigen Engagement zur Wiedervereinigung Deutschlands fehlen; die Bundesrepublik genüge sich als staatliches Gebilde selbst. Diese Kritik bot dem Kanzler Gelegenheit, noch einmal seine Position zu begründen, und zwar mit Argumenten, die er künftig, teils stereotyp, teils in verbalen Variationen zum politischen Leitmotiv, bis zum endlichen Scheitern der EVG gebrauchte. Gradl solle, so der Kanzler, aufzeigen, welche Möglichkeiten die Menschen in der DDR zur Wiedererringung ihrer Freiheit sähen, wenn nicht mit Hilfe der Westalliierten. Adenauer betonte noch einmal seine vielfach geäußerte Befürchtung, die Sowjetunion werde ein neutrales, unbewaffnetes Gesamtdeutschland niemals respektieren. Es führe daher kein Weg an der Einbindung der Bundesrepublik in den Westen vorbei. Ein Eingehen auf Moskauer Vorschläge zur Wiedervereinigung vor der völligen, allerdings gleichberechtigten Integration in ein westliches Bündnissystem bedeute die Wiederholung der Schaukelpolitik der Weimarer Republik. „Es gehe nicht an, daß man in Deutschland sage, wir verlassen uns auf den Westen, aber wir techtelmechteln auch mit dem Osten. Das Mißtrauen im Westen sei in der Erinnerung an Rapallo und den Pakt von 1939 zwischen Sowjet-Rußland und Hitlerdeutschland noch immer sehr stark." Verhandeln mit der Sowjetunion, dies mußte seiner Überzeugung nach einen Vertrauens-

[5] Ebd.
[6] DUD, 19. 9. 1951, S. 2.

verlust bei den Westmächten nach sich ziehen und die Gefahr heraufbeschwören, daß man sich zwischen die Stühle setzte und zum Spielball der großen Mächte wurde. Die europäische Integration bezeichnete der Kanzler als die unabdingbare Voraussetzung für die Bereitschaft der USA, ihre unverzichtbare Verteidigungskraft dem Kontinent weiterhin zur Verfügung zu stellen.

Der Regierungschef brachte die Mehrheit der Mitglieder des Bundesparteiausschusses auf seine Seite, hatte sie wohl schon vorher dort. Wie heftig die Auseinandersetzung in diesem Gremium dennoch gewesen ist, verschweigt zwar der Text des Protokolls, wird aber verdeutlicht durch die Tatsache, daß sich der damals prominente CDU-Politiker Holzapfel – zeitweilig als Nachfolger Heinemanns als Innenminister gehandelt – am Schluß der Sitzung zu der Feststellung bemüßigt fühlte, „daß der Parteivorsitzende und Bundeskanzler Dr. Adenauer nach wie vor das Vertrauen der CDU habe. Dieses Vertrauen wird ihm durch diese Veranstaltung erneut ausgesprochen[7]." Ein wahrlich ungewöhnlicher und sicher nicht unbegründeter Vorgang!

Wenn es den Kanzler schon Mühe kostete, im engen Führungskreis der CDU den Skeptikern klarzumachen, wie er den Anspruch auf Wiedervereinigung mit der Zielsetzung der Westintegration, insbesondere der mitlitärischen, in Einklang zu bringen gedachte, ließ sich dies gegenüber der Bevölkerung noch schwieriger an. Daß er beides anstrebte, daran sollte kein Zweifel aufkommen. „Also: Sowohl deutsche Souveränität [mit anderen Worten: gleichberechtigte Partnerschaft der Bundesrepublik in einem freien Europa] als auch Wiedervereinigung Deutschlands in Freiheit[8]!" Beides ließ sich seiner Überzeugung nach nicht gleichzeitig, wohl aber nacheinander verwirklichen. Mehr noch: die Westintegration bildete, getreu der konzipierten Politik der Stärke, die Prämisse für die deutsche Einheit. „Das oberste Ziel der Politik der Bundesregierung ist und bleibt die *Wiederherstellung der deutschen Einheit* in einem freien und geeinten Europa", hieß es in einer Regierungserklärung des Kanzlers zu dem Volkskammerpapier[9]. An diese konditionale Langzeitwirkung hat Adenauer geglaubt. Der Deutschland-Union-Dienst versäumte es nicht, „eindeutig klarzulegen, daß der Integration Westeuropas zunächst durch den freien Teil Deutschlands nicht nur der zeitliche Vorrang gebühre, sondern daß diese die unerläßliche Voraussetzung für eine friedliche Wiedervereinigung Deutschlands in Freiheit sei"[10]. Mit Befriedigung konnte der Regierungschef registrieren, daß sich alle Bundestagsparteien, mit Ausnahme der KPD, ungeachtet ihrer unterschiedlichen sicherheitspolitischen Vorstellungen, in der Ablehnung der DDR-Offerte letztlich einig waren.

Kurt Schumacher wollte prinzipiell den genau umgekehrten Weg einschlagen: „Das Ziel jeder deutschen Politik muß sein, das ganze Deutschland in den Kreis der freien Völker einzugliedern." Doch fand er sich, den gegebenen gesamtdeutschen wie außenpolitischen Realitäten Rechnung tragend, bereit, die Position des alles oder nichts zugunsten einer moderateren Haltung aufzugeben: „In jedem Fall muß jede Form der Integration in jedem denkbaren Vertrag aber den Deutschen die unbestreitbare Möglichkeit zur Wiederherstellung ihrer Einheit offenhalten[11]." Und genau an diesem Punkt sollten sich zukünftig die politischen Geister von Koalition und SPD-Opposition scheiden.

[7] Protokoll der 6. Parteiausschußsitzung, 27. 9. 1951, ACDP, Protokolle des CDU-Bundesparteiausschusses aus den Jahren 1950–1953, VII-001-019/5.

[8] DUD, 6. 11. 1951, S. 3

[9] Regierungserklärung Adenauers, 27. 9. 1951, in: Deutscher Bundestag, Sten.Ber., Bd 9, 165. Sitzung, 27. 9. 1951, S. 6700.

[10] DUD, 29. 11. 1951, S. 2f., Zitat S. 2.

[11] Rede Schumachers, 19. 10. 1951, in Hamburg, in: Schumacher, Reden und Schriften, S. 942–946 (Auszug), hier S. 943.

c) Um die vertraglichen Rahmenbedingungen von EVG- und Deutschlandvertrag

Das von den drei westlichen Außenministern in Washington hergestellte Junktim zwischen General- und EVG-Vertrag schuf drei Ebenen, auf denen die innerdeutsche sicherheitspolitische Kontroverse fortan ausgetragen wurde. Dabei ging es einmal um das rechtliche und politische Verhältnis der Bundesrepublik zu den Westalliierten, zum anderen um die militär-politische Integration und letztlich um die Interdependenz von militärischer Westbindung und gesamtdeutscher Frage[1]. Ende November 1951 lag der Generalvertrag bereits in seinen vom Kanzler akzeptierten politischen Grundzügen fest, während Vereinbarungen technischer Natur über die weitere Stationierung und Finanzierung alliierter Truppen auf westdeutschem Boden noch offenstanden (Billigung des sogenannten Dachvertrages durch die Außenminister der drei Westmächte und Adenauers, 22. November 1951, in Paris). Er sah, soweit westdeutschen Politikern damals in der Regel bekannt wurde, in seinen wichtigsten Passagen vor: Die Bundesrepublik Deutschland repräsentiert einen Staat mit eigenem Hoheitsrecht, das lediglich im Falle eines Notstandes durch die Westalliierten eingeschränkt oder auf diese zeitweilig übergehen kann. Der Notstand darf nur verkündet werden bei Krieg, drohender Kriegs- oder Umsturzgefahr. Der Bundesrepublik wird ein Konsultationsrecht in Fragen des Notstandes und bei Verhandlungen der Westmächte mit der UdSSR über Deutschland eingeräumt.

Ende Dezember 1951 beschlossen die Außenminister der Beneluxstaaten, Frankreichs, Italiens und der Bundesrepublik in Paris die Aufstellung der Europaarmee bis zum 30. Juni 1954 (Konferenz vom 27.–30. Dezember 1951).

Als die Pariser Verhandlungsergebnisse endlich im Bundestag zur Debatte standen, holte die Regierung die parlamentarische Zustimmung zu einem Bündnissystem ein, dessen politische Fundamente die Diplomatie bereits gegossen hatte, ohne daß die Fraktionen, selbst die der Koalition, nennenswert daran beteiligt gewesen wären. Der Deutsche Bundestag fühlte sich zu einem Deklamationsorgan degradiert. Unbehagen über die für Adenauer typische Vorgehensweise äußerten Vertreter der Regierungsparteien und der Opposition gleichermaßen, und zwar bereits vor der Einberufung des Plenums. Was man auf den vorausgegangenen Konferenzen im einzelnen und konkret ausgehandelt hatte, wußten präzise nur die Delegationsteilnehmer. Schriftliches hatte der Bundeskanzler bislang nicht aus der Hand gegeben. Er betrieb klassische Kabinettsdiplomatie. Da ihm der zuständige Bundestagsausschuß für Besatzungsstatut und Auswärtige Angelegenheiten als beratendes Gremium zu groß und zu indiskret erschien, hatten sich die Fraktionsführer auf Adenauers Vorschlag hin mehrheitlich auf die Einsetzung eines dem Hauptausschuß gegenüber nicht berichtspflichtigen Unterausschusses geeinigt, für den nur die Koalition und die SPD Vertreter benannten. Es handelte sich um ein Gremium, das „in der deutschen Parlamentsgeschichte ein Unikum darstellen dürfte"[2], und gegen das die KPD, die damals keinen Fraktionsstatus mehr besaß, heftig polemisierte, in dem aber auch die in der FU-Fraktion zusammengeschlossenen Abgeordneten von Zentrum und Bayernpartei nicht präsent waren[3].

[1] Die Erörterung der rein militärischen Probleme einer Europaarmee bleibt hier weitgehend unberücksichtigt. Vgl. dazu den Beitrag von Meier-Dörnberg.

[2] Weichert, Ausschuß, S. 625.

[3] Mitglieder: Carlo Schmid, Lütkens (SPD), Gerstenmaier, Pünder (CDU), Becker (FDP), v. Merkatz (DP). Vgl. dazu Bericht Wegmann, Sekretär des Bundesratsausschusses für Auswärtige Angelegenheiten, 26. 9. 1951, über die 60. Sitzung des Ausschusses für das Besatzungsstatut und Auswärtige Angelegenheiten des Bundestages, 26. 9. 1951, HStA Stuttgart, EA 1/17 Bü 119; vgl. auch: Die Ausschüsse des Deutschen Bundestages, S. 4.

Da sich die Zuständigkeit des Unterausschusses lediglich auf „die Verhandlungen der Bundesregierung mit der Hohen Kommission" erstreckte, fühlte der Kanzler sich nicht bemüßigt, ihn bezüglich der EVG-Beratungen in Paris auf dem laufenden zu halten oder zu konsultieren. Ausschließlich die Fraktionsvorsitzenden und der Auswärtige Ausschuß wurden sporadisch und in einer Adenauer innen- und außenpolitisch verträglich erscheinenden Dosierung unterrichtet[4]. Die aus den Reihen der CDU entwickelte Initiative zur Einsetzung eines verteidigungspolitischen Ausschusses blockierte Theodor Blank erfolgreich[5]. Selbst das verständliche, ja selbstverständliche Informationsbedürfnis des Kabinetts befriedigte der Regierungschef erst, nachdem an den Grundfesten von General- und EVG-Vertrag nichts mehr zu rütteln war. Vizekanzler Blücher erhielt den Text des sogenannten Dach-, des Generalvertrages, in der ersten Februarhälfte 1952[6].

Für die Öffentlichkeit nur andeutungsweise sichtbar, hatte sich zu Beginn des Jahres 1952 in der CDU/CSU-Fraktion erheblicher Unmut über die selbstherrliche Handhabung der verteidigungspolitischen Angelegenheiten durch den Bundeskanzler und seine Delegationsleiter angesammelt. Verärgerung herrschte allein schon darüber, daß EVG-Chefunterhändler Theodor Blank erst mit Blick auf die von den Parteien ertrotzte, auf den 7./8. Februar festgesetzte Wehrdebatte des Plenums des Bundestages Gelegenheit nahm, die Abgeordneten der Union über den Verlauf der seit Frühjahr 1951 geführten Verhandlungen über die Revision des Besatzungsstatuts und den Wehrbeitrag zu unterrichten. Dabei verprellte er durch sein psychologisch ungeschicktes Vorgehen gleich zu Beginn der ersten Gesprächsrunde seine Parlamentskollegen: „Einleitend machte er bissige Bemerkungen über die Indiskretion der Abgeordneten"[7], deren geringer Informationsstand diesen Vorwurf wahrlich nicht rechtfertigte. Die Atmosphäre war derart gespannt, die gegenüber Blank zum Ausdruck gebrachte Animosität so groß, daß dieser am Schluß der Sitzung „unwirsch" erklärte, „er wolle, wenn der Verteidigungsvertrag unter Dach und Fach gebracht worden sei, wieder zu seinen ursprünglichen gewerkschaftlichen Aufgaben zurückkehren, und er lege keinen Wert darauf, deutscher Verteidigungsminister zu werden"[8].

Dabei ging es in dem sich anbahnenden Dauerkonflikt zwischen den CDU/CSU-Parlamentariern einer- und dem Kanzler sowie Blank andererseits gar nicht so sehr um den konkreten Inhalt dessen, was es derzeit mit den Westalliierten auszuhandeln galt, sondern um die Mitgestaltung der internationalen Politik durch die die Regierung tragenden Fraktionen und letztlich durch den Bundestag. Zur Debatte stand, ob den Abgeordneten der Koalition konstruktive oder nur kontrollierende Mitverantwortung für die Außen- und Sicherheitspolitik zustand und zugebilligt wurde. General- und EVG-Vertrag erwiesen sich als bedeutsam genug, die Probe aufs Exempel zu wagen.

Die Opposition wurde vor der Plenarsitzung ebenfalls durch den Bundeskanzler unterrichtet, die SPD über Ollenhauer und Carlo Schmid. Unterrichtung, das war der Sozialdemokratie aber in lebenswichtigen und die absehbare Zukunft bestimmenden Fragen zu wenig, insbesondere dann, wenn es dem Bundeskanzler ehrlich um eine breite parlamentarische Zustimmung zu sei-

[4] Vgl. Vogel, Diplomat, S. 195, eingeschränkt kritisch Pünder, Von Preußen nach Europa, S. 486f.; Mende, Neue Freiheit, S. 210.

[5] Brief des Abg. R. Vogel, CDU, 13. 12. 1951, an v. Brentano; Brief Blanks, 19. 12. 1951, an v. Brentano, BA-MA, BW 9/2819.

[6] Vgl. Vogel, Diplomat, S. 195f.

[7] Innenpolitischer Bericht des Presse- und Informationsamts der Bundesregierung, 8. 1. 1952, BA, B 136/2160.

[8] Ebd.

ner Sicherheitspolitik ging. Nach Auffassung der Opposition mußten die Besprechungen mit dem Regierungschef auch die Möglichkeit eröffnen, eigene Auffassungen darzutun, um so auf den Gang der Verhandlungen Einfluß zu nehmen. Eine Unterrichtung nach Verhandlungsabschluß bezeichnete die SPD als unbefriedigend und unzumutbar[9].

Die Taktik des Kanzlers war darauf ausgerichtet, die Vertragswerke durch Fraktion und Parlament nicht in Einzelpunkten beraten, sondern, wie bei internationalen Kontrakten üblich, en bloc diskutieren und ratifizieren zu lassen. Adenauer vertrat nachhaltig die Auffassung, es handle sich bei den zu treffenden Vereinbarungen „um historische Entscheidungen, die nicht an Einzelheiten gemessen werden könnten. Auch bei Handelsverträgen bleibe dem Parlament nur die Ratifizierung des von der Regierung unterzeichneten Vertrags“[10]. Folglich vermied er es, die Parteien, auch die Abgeordneten der Union, detailliert zu informieren. Auslassungen des in Sachen Generalvertrag federführenden Staatssekretärs Hallstein vor der CDU/CSU-Fraktion waren daher „so allgemein gehalten, daß sie vor der Fraktion nicht befriedigten, und daß man sie in persönlichem Gespräch als Vernebelung bezeichnete“[11]. Das Spiel wiederholte sich bei Blank – Einzelereignisse sind in diesem Zusammenhang wichtig, weil symptomatisch –: Der Sicherheitsbeauftragte trug zwar Überlegungen zum Inneren Gefüge künftiger deutscher militärischer Kontingente, zum Militärstrafrecht u.ä. vor, beließ es mit dem Hinweis auf die darüber im Gang befindlichen Verhandlungen aber bei Gemeinplätzen. „Eine von breiten Kreisen der (CDU/CSU-)Fraktion gewünschte Diskussion“ verhinderte der Vorsitzende v. Brentano[12]. Die Fraktion hegte daher „das Mißtrauen, daß die Regierung sie mit fertigen Tatsachen überfahren wolle“[13]. Als Theodor Blank in seiner oft unvermittelten Art äußerte, die Vertragsgebäude stünden bereits, er fahre nur noch nach Paris, um den „letzten Verputz“ aufzutragen, reagierten die Unionsparlamentarier mit „Empörung“. Der Generalsekretär und junge Bundestagsabgeordnete der CSU, Franz Josef Strauß, der sich als einer der Wortführer der innerfraktionellen Opposition gegen Adenauersche Alleingänge die ersten wehrpolitischen Sporen verdiente, protestierte „mit aller Schärfe“ und brachte unverhohlen zum Ausdruck, „daß für ihn und für das Parlament die in Paris vorbereiteten Bestimmungen eines Wehrvertrages völlig gleichgültig seien. Für den Bundestag sei ein Verteidigungsvertrag nur dann existent, wenn er ihn in eigener Verantwortung beraten und beschlossen habe[14].“ Dies war eine versteckte, wenngleich unmißverständliche Warnung an die Adresse des Bundeskanzlers, die eigene Fraktion werde die Vertragswerke bei ungenügender Beteiligung an ihrem Zustandekommen im Parlament notfalls durchfallen lassen. Sie resultierte aus der nicht unbegründeten Befürchtung, die Regierung könne versuchen, den supranationalen Status der Europaarmee zum Vorwand zu nehmen, all das mit den Rahmenbedingungen zusammen in ein Bündel zu schnüren, was üblicherweise national-legislativer Ausformung und Verfügung oblag, indem sie die Zuständigkeiten und Kompetenzen von der parlamentarischen auf die zwischenstaatlich-diplomatische Ebene verlagerte. Konkret hätte dies z.B. bedeutet, Fragen des Inneren Gefüges, des Militärrechts, der Finanzierung, des personellen und

[9] Vgl. z. B. Frankfurter Allgemeine Zeitung, 19. 1. 1952, S. 1.

[10] Inhaltliche Wiedergabe einer Interviewäußerung Adenauers, 25. 1. 1952, in: Frankfurter Rundschau, 26. 1. 1952, S. 1 und 3, Zitat S. 1.

[11] Innenpolitischer Bericht des Presse- und Informationsamts der Bundesregierung, 5. 2. 1952, über die Verteidigungsdebatte in der CDU/CSU-Fraktion, BA, B 136/2160.

[12] Innenpolitischer Bericht des Presse- und Informationsamts der Bundesregierung über ein Referat Blanks vor der CDU/CSU-Fraktion, 8. 1. 1952, ebd.

[13] Innenpolitischer Bericht des Presse- und Informationsamts der Bundesregierung über eine wehrpolitische Aussprache in der CDU/CSU-Fraktion, 24. 1. 1952, ebd.

[14] Ebd.

materiellen Umfanges deutscher Streitkräfte usw. aufgrund ministerieller Vorgaben zwischen den EVG-Partnern in einer für diese verbindlichen Form auszuhandeln, zu kontraktieren, in das Gesamtvertragswerk einzugliedern und dieses erst dann dem Bundestag zur Beratung und Verabschiedung vorzulegen.

Wenn die Fraktion Ende Januar einen Wehrpolitischen Arbeitskreis unter Vorsitz von Franz Josef Strauß konstituierte, dann mit der vordergründigen Aufgabenstellung, die bevorstehende Plenumsdebatte vorzubereiten, letztlich aber mit dem Hintergedanken, ein militär- und sicherheitspolitisches Sachverständigengremium zu formieren, an dem der Bundeskanzler die zukünftigen Verhandlungen nicht würde vorbeimanövrieren können. Es sollte zahlenmäßig klein gehalten werden und sich durch intensive und kompetente Arbeit auszeichnen. Unter diesem Vorsatz wurden sechs Arbeitskreise gebildet, die auf den Feldern initiativ werden sollten, deren Bestellung man nicht allein der Bundesregierung und der Diplomatie zu überlassen gedachte[15]. Gleichwohl versuchte der Bundeskanzler, den Arbeitskreis, noch ehe er recht funktionstüchtig war, zu überspielen, indem er von der Unionsfraktion eine in der nächsten Bundestagssitzung zu verabschiedende Resolution verlangte. Sie sollte die vorbehaltlose Zustimmung zu seiner bisherigen Verhandlungsführung und ihren Ergebnissen beinhalten, um, wie er es begründete, vor den Westalliierten die Mehrheitsverhältnisse im Bundestag in der Wehrfrage dartun zu können, Pleinpouvoir für die weiteren Konsultationen zu haben. Es kam über dieser Frage zu einer Auseinandersetzung mit v. Brentano, der Adenauer keinen Blankoscheck ausstellen wollte und die Hoffnung noch nicht aufgesteckt hatte, auch das Ja der SPD zur Sicherheitspolitik der Bundesregierung mittels eines Bundestagsbeschlusses erreichen zu können, der ein hohes Maß an Unverbindlichkeit besaß.

Aber nicht nur der in der Koalition aufgestaute Unmut wegen mangelnder Information und Partizipation an der Gestaltung der bundesdeutschen Wehrpolitik belastete die Bundestagssitzung. In ihrem Vorfeld wiesen DP und FDP nachhaltig auf die Defizite Adenauerscher Verhandlungsführung hin. Die Deutsche Partei hatte zwar aufgrund des publik gemachten Kommuniqués zum Generalvertragsentwurf den Bundeskanzler der rückhaltlosen Unterstützung seines verteidigungspolitischen Kurses versichert, gleichzeitig aber den neuralgischen Punkt der bisherigen Konsultationen berührt, den Versuch vor allem Frankreichs, die Bundesrepublik von einer wie auch immer gearteten Mitsprache in Atlantikpakt und NATO auszuschließen. Adenauer wollte weder den Prozeß der deutsch-französischen Annäherung noch das EVG-Projekt durch ein hartnäckiges Beharren auf einer Teilhabe an der politischen Verantwortung im nordatlantischen Bündnis behindern oder gar gefährden. „Natürlich erstreben wir die Mitgliedschaft bei [der] Nato", versicherte er einem Journalisten. „Aber da bin ich auch gebeten worden, doch eines nach dem anderen [zu tun], um nicht zu sehr die anderen zu erschrecken. Bedenken Sie

[15] 1. Allgemeinpolitische Voraussetzungen des Wehrbeitrages, Leitung: Gerhard Schröder (MdB), späterer Außen- und Verteidigungsminister. 2. Personalpolitik, Leitung: Heinrich Gerns (MdB), Europaratdelegierter. 3. Die mit der Personalpolitik gegebenen Rechtsfragen, Leitung: Josef Ferdinand Kleindienst (MdB), Jurist, Vorsitzender des Bundestagsausschusses für Beamtenrecht. 4. Weltanschauliche Grundlagen des Verteidigungsgedankens und verfassungsrechtliche Seite des Wehrgesetzes, Leitung: Richard Jaeger (MdB), späterer Vorsitzender des Verteidigungsausschusses des Deutschen Bundestages. 5. Wehrpsychologie und -propaganda, Leitung: Wilhelm Scheidt, zeitweise Bediensteter des Presse- und Informationsamts der Bundesregierung. 6. Finanzierungsfragen und Rüstungswirtschaft, Leitung: Johannes Semler (MdB), Wirtschaftsprüfer, Delegierter zum Europarat, ehemals Vorsitzender des Untersuchungsausschusses über die Hauptstadtfrage, des sogen. Spiegelausschusses des Deutschen Bundestages. Innenpolitischer Bericht des Presse- und Informationsamts der Bundesregierung, 25. 1. 1952, über eine Arbeitssitzung des Wehrpolitischen Arbeitskreises der CDU/CSU-Fraktion, ebd.

bitte bei allem, daß wir erst das Jahr 1951 schreiben und noch Anfang des Jahres 1945 in dem furchtbarsten Krieg mit all den anderen Staaten steckten, den die Welt je gesehen hat, und das ist eine kurze Zeit, die wenigen Jahre[16]." Der Kanzler hegte – folgt man seinen Memoiren – die Überzeugung, „daß wir, wenn wir in die Europäische Verteidigungsgemeinschaft eintraten, eines Tages durch den Gang der Entwicklung auch Mitglied des Atlantikpaktes würden, und zwar ganz von selbst", da ja die Europaarmee dem NATO-Oberbefehlshaber unterstellt werden sollte[17].

Die DP erwartete allerdings tatkräftiges Engagement dort, wo Adenauer dem Lauf der Zeit vertraute. Ihr stellvertretender Fraktionsvorsitzender im Bundestag, v. Merkatz, formulierte die in die Verhandlungen um General- und EVG-Vertrag gesetzte Erwartung so: „Deutsche müssen an allen den Gremien wie alle anderen Staaten Anteil haben, gleichen Anteil haben an den Gremien, die über das Potential, die Möglichkeiten an Menschen und Sachgütern dieser Gemeinschaft zu verfügen haben[18]." Die Partei betrachtete die Aufnahme der Bundesrepublik in den Kreis der Atlantikpaktmächte als den Prüfstein des Willens der Westalliierten, in einem europäischen Verteidigungsbündnis auf Vertrauen beruhende Partnerschaft zu praktizieren.

Aus den Reihen der Freien Demokraten hörte man starke Worte zu diesem Thema: „Der Kanzler-Außenminister wird seinem Parlament entweder Verträge vorlegen, die er als Gleicher mit Gleichen ausgehandelt hat und die sein Land als Gleiches unter Gleiche einreihen, oder er wird keine vorzulegen brauchen[19]." Was die Partei unter dieser Forderung verstand, artikulierte ihr Fraktionsvorsitzender Euler nach einer die Bundestagsdebatte vorbereitenden Kabinettssitzung, an der er teilgenommen hatte, und zwar als Bedingung der FDP für ihr zustimmendes Votum zu General- und EVG-Vertrag: unmittelbare Zugehörigkeit der Bundesrepublik zum Atlantikpakt als Gewähr dafür, „daß die Stimme Deutschlands als des am meisten gefährdeten Landes bei schicksalsschweren politischen und militärischen Entscheidungen gebührend gehört wird"[20].

Nach schwierigen interfraktionellen Beratungen brachten die Koalitionspartner dann im Plenum des Bundestages einen gemeinsamen Kompromiß zustande, der die Bundesregierung zu einer interimistischen Lösung verpflichtete, derzufolge die Paktstaaten als vertrauensbildende Maßnahme und als Ausdruck des Geistes der Freundschaft der Bundesrepublik auf Kulanzbasis eine Einflußnahme auf die Entscheidungen der NATO ermöglichen sollten. Der Beschluß des Bundestages insistierte darauf, daß „Vereinbarungen getroffen werden müssen, um für die Bundesrepublik die Rechte zu sichern, die dem Gedanken der europäischen Verteidigungsgemeinschaft als einem freiwilligen Zusammenschluß gleichberechtigter Partner entsprechen"[21]. Nach einigem Hin und Her einigte man sich schließlich bei den EVG-Verhandlungen auf einen modifizierten französischen Kompromißvorschlag, der Konsultationen zwischen dem späteren EVG-Minister- und dem NATO-Rat bei gemeinsam interessierenden Fragen vorsah, welche stattfinden müßten, wenn ein Mitglied der Gemeinschaft seine territoriale Integrität bedroht wähnte[22].

[16] Pressetee, 15. 11. 1951, in: Adenauer, Teegespräche, S. 160.
[17] Adenauer, Erinnerungen 1, S. 521.
[18] Rede auf dem 3. Bundesparteitag der DP in Kassel, 1. 12. 1951, in: Was will die Deutsche Partei?, S. 20.
[19] Ernst Mayer, MdB, in: fdk, 20. 11. 1951, S. 2.
[20] fdk, 31. 1. 1952, S. 8.
[21] Antrag der Koalitionsfraktionen, 8. 2. 1952, in: Deutscher Bundestag, Drucksachen, Bd 15, Nr. 3075.
[22] Vgl. Wettig, Entmilitarisierung in Deutschland, S. 466 f.

d) Saarfrage und Wehrproblematik

Zu Beginn des Jahres 1952 schob sich ein Problem in das Blickfeld der westdeutschen Politiker, dem ihre Aufmerksamkeit schon immer gegolten hatte, das aber plötzlich besondere Aktualität erlangte – die ungelöste Saarfrage. 1945 hatte Frankreich geglaubt, seine seit 1919 gehegten wirtschaftspolitischen Ambitionen gegenüber dem Saargebiet realisieren zu können, indem es das Territorium aus seiner Besatzungszone ausgliederte, der Zuständigkeit des Alliierten Kontrollrats entzog, die Satrapenregierung Hoffmann einsetzte, die unter der eigentlichen Regierungsgewalt eines Hohen Kommissars den ökonomischen und politischen Anschluß an Frankreich betrieb. Paris kam es vor allem auf die Ausbeutung der Kohlengruben an, die es über den sich anbahnenden deutsch-französischen Ausgleich hinaus sichern wollte, weshalb es eine europäisch legitimierte Teilsouveränität anstrebte, wofür die assoziierte Mitgliedschaft des Saargebietes im Europarat ein hervorstechendes Merkmal war[1].

Der Bundestag hat sich gegen alle annexionistischen Machenschaften energisch verwahrt, während der Bundeskanzler entsprechende Appellationen durch eine Politik des Laisser-faire unterlief. Getreu seiner außenpolitischen Taktik, politischen Forderungen vertrauensbildende Maßnahmen vorauszuschicken, ging sein ganzes Bestreben dahin, die Aussöhnung Frankreichs ebensowenig wie später die Sicherheitspolitik durch das ungelöste Saarproblem zu belasten. Diese Haltung kam dem französischen Bestreben, vor Unterzeichnung des General- und EVG-Vertrages ein Fait accompli zu schaffen, entgegen, was ihr bereits insofern gelungen war, als sie sich bis zum Jahre 2000 in Form eines Pachtvertrages die Nutzung der Kohlebergwerke gesichert hatte. Doch betreffs der Rückgliederung der Saar saßen die Sentiments der westdeutschen Bevölkerung, seiner Repräsentanten in Parlament und Regierung, tiefer als bezüglich der Zusammenführung mit der DDR. Dem Bundeskanzler blies daher in der Saarfrage ein steifer Wind entgegen, der insofern richtungskorrigierend wirkte, als Adenauer den Weg des Kompromisses zu suchen genötigt war, an dessen Ende er die Lösung des Problems in Form der Europäisierung sah. Aber auch dorthin zeigten weder Koalition noch Opposition kritiklose Gefolgschaftstreue.

Spätestens die provokative Ernennung des bisherigen französischen Hochkommissars in Saarbrücken, Gilbert Granval, zum Botschafter (25. Januar 1952), ein Ereignis, das in der CDU/CSU wie eine Bombe einschlug, zwang den Kanzler zu energischeren saarpolitischen Aktivitäten. Es blieb der Unionspresse vorbehalten, gegenüber Paris die politische Schelte auszuteilen, die Adenauer selbst nicht öffentlich formulieren wollte: „Man weiß nicht, was mehr verstimmt", schrieb der Deutschland-Union-Dienst, „die Tatsache der Ernennung an sich oder der Name gerade dieses Mannes, der sich jahrelang als der Störenfried der deutsch-französischen Beziehungen betätigt hat"[2]. Man bezeichnete den französischen Schritt als den Versuch einer völkerrechtlichen Anerkennung des Hoffmann-Regimes, mit dem Hintergedanken, einer friedensvertraglichen Regelung der Saarfrage vorzugreifen. Das französische Vorgehen schien geeignet, den europäischen Integrationsprozeß zu verlangsamen, wenn nicht zu gefährden. In der Parteispitze plädierte man dafür, ein sichtbares Zeichen deutscher Entrüstung zu setzen, etwa dergestalt, daß man die anberaumte Wehrdebatte verschob.

[1] Vgl. zur Saarproblematik u.a. Hoffmann, Ziel; Fischer, Saar; Schmidt, Saarpolitik; Freymond, Saar; Repgen, Saar-Frage.

[2] DUD, 28. 1. 1952, S. 1.

Die FDP hatte bereits vor der Ernennung Granvals im Zusammenhang mit den französischen Bestrebungen, das Saargebiet als selbständige ökonomische Größe in die Montanunion einzubringen, eine Grundsatzdebatte geführt. Für sie war dieses Territorium „genauso deutsches Gebiet wie jeder andere Teil Deutschlands im Rahmen der Grenzen von 1937". Sie bezichtigte Paris, bei dem zukünftig wichtigsten Partner innerhalb der europäischen Gemeinschaft „im engstirnig nationalstaatlichen Stil des 19. Jahrhunderts [eine] territoriale Amputation" vornehmen zu wollen und erklärte: „Die Forderung der politischen Abtrennung des Saargebietes von Deutschland ist bei dieser Sachlage unvereinbar mit der Politik der europäischen Integration[3]." Gleichzeitig aber ließen die Freien Demokraten ihre Bereitschaft erkennen, Frankreich bis zu einer endgültigen Regelung der Saarfrage im Rahmen einer europäischen Zusammenarbeit auf wirtschaftspolitischem Sektor entgegenzukommen.

In den Gremien des Bundesrates spiegelte sich die Auffassung der großen Bundestagsparteien wider. Die SPD vermied es, die Saarfrage zum gegebenen Zeitpunkt hochzustilisieren, um sich nicht von der Wehrdebatte weg auf einen politischen Nebenkriegsschauplatz abschieben zu lassen. Der sozialdemokratische Regierungschef Niedersachsens, Hinrich Kopf, damals amtierender Bundesratspräsident, sprach sich zwar für eine Verschleppung des Ratifizierungsverfahrens über den Schuman-Plan als Reaktion auf die Ernennung Granvals aus, doch gelang es dem Kanzler, die Länderkammer von spektakulären Beschlüssen Abstand nehmen zu lassen[4].

Adenauer verbarg seine Enttäuschung über den französischen Coup in der Saarpolitik keineswegs. Vor dem wehrpolitischen Arbeitskreis der Unionsfraktion gab er zu verstehen, „daß der Vertrag über die europäische Verteidigungsgemeinschaft nur unter der Bedingung paraphiert werden würde, wenn befriedigende Erklärungen der Gegenseite zur Saarfrage vorliegen würden"[5]. Er hat allerdings diesen Satz, als er publik wurde, dementieren lassen, weil er nicht für französische Ohren bestimmt war. In Paris brach ein öffentlicher Sturm der Entrüstung aus; man konstruierte ein Junktim zwischen Saarfrage und General- bzw. EVG-Vertrag. Aber was hatte der Kanzler wirklich verlangt? Nicht etwa die Rücknahme der Ernennung Granvals, sondern lediglich eine sie akzeptabel erscheinen lassende Erklärung, die es ihm erlaubte, das Gebäude der Europäischen Verteidigungsgemeinschaft ohne Belastung durch eine weitere innenpolitische Hypothek errichten zu können. Eines aber ist unverkennbar und bemerkenswert: Erstmals kamen ihm und mit ihm anderen CDU-Politikern Zweifel daran, daß Frankreich die EVG wirklich realisieren wollte. Stellte es nicht bewußt Hindernisse auf, die wegzuräumen deutsches nationales Selbstverständnis verbot? War die Bestallung Granvals zum Botschafter nicht ein solches Hindernis? Wollte man die EVG in Paris scheitern lassen, die Schuld aber der Bundesrepublik zuweisen können? „Man kann sich [...] des Verdachtes nicht erwehren", hieß es im Deutschland-Union-Dienst, „hier werde der Versuch unternommen, die Bundesrepublik in die Lage zu zwingen, sich vom Verhandlungstisch zurückzuziehen und damit vor der Welt die Verantwortung für ein Scheitern der für Europa lebenswichtigen Verhandlungen auf sich zu nehmen[6]."

Und ein zweites galt es zu bedenken: Washington drängte in Anbetracht der bevorstehenden Präsidentenwahl auf den raschen Abschluß der Verhandlungen über General- und EVG-Vertrag.

[3] Aufzeichnung einer Sondersitzung des Außenpolitischen Ausschusses der FDP, 7. 1. 1952, AdL, 957, FDP Außenpolitischer Ausschuß I, 1950–1952.

[4] Innenpolitischer Bericht des Presse- und Informationsamts der Bundesregierung, 2. 2. 1952, über eine Sitzung des Auswärtigen Ausschusses des Bundesrates, BA, B 136/2160.

[5] Ebd.

[6] DUD, 28. 1. 1952, S. 2.

Konnte man es riskieren, wegen des französischen Vorpreschens an der Saar den Abschluß der Vertragswerke zu verzögern, ihn womöglich zu gefährden, ohne die Regierung der USA vor den Kopf zu stoßen, mit allen denkbaren sicherheits- und bündnispolitischen Konsequenzen? Oder – und diesen Gedanken hat Adenauer ernsthaft im Kopf bewegt – sollte man nicht die EVG-Lösung wegen zu großer innenpolitischer und noch zu erwartender, vielleicht nicht zu überwindender französischer Schwierigkeiten einfach zugunsten der von ihm schon immer favorisierten unmittelbaren atlantischen Anbindung der Bundesrepublik fallenlassen? Im Auswärtigen Ausschuß des Bundesrates mag man überrascht gewesen sein, an solchen Überlegungen Adenauers teilhaben zu können: Unverhohlen „spielte der Bundeskanzler die Möglichkeit an, die deutsche Wiederbewaffnung direkt mit Amerika zu betreiben. Falls nur dieser Weg übrig bleibe, der dann sofort in die NATO-Armee führe, glaube er, daß er auf die Dauer von Frankreich keinen Widerstand bekomme[7].“ Auf die Dauer, das hieß, er spekulierte auf einen Machtwechsel in Frankreich zugunsten General de Gaulles, der gelegentlich hatte durchblicken lassen, daß er gegen eine deutsche Nationalarmee in einem westlichen Bündnissystem keine Bedenken geltend machen werde. Während der Kanzler vor diesem Gremium der Länderkammer aufgrund der bei Öffentlichkeit und ehemaligen Militärs noch registrierbaren Überreste nationalsozialistischen und militaristischen Gedankenguts noch persönliche Vorbehalte gegenüber einer Nationalarmee äußerte, verstand die Unionsfraktion ihn so, „daß wohl nichts anderes übrig bleibe, diesen Weg ohne Vorbehalte zu gehen“[8].

Es war dies die erste nach außen deutlich gewordene Irritation des Bundeskanzlers im Zusammenhang mit der Verifizierung der Europäischen Verteidigungsgemeinschaft. Sie hat sich, wie sich später herausstellen sollte, im Unterbewußtsein festgesetzt und sich letztlich spätestens im Frühsommer 1954 zur Gewißheit ihres Scheiterns verdichtet. Wohl aus taktischen Gründen hat der Regierungschef seine Zweifel am Zustandekommen der EVG zurückgestellt, Zweifel, die er nicht allein hegte. Ein zu den Spitzenparlamentariern der Union zu rechnender Berliner Bundestagsabgeordneter teilte sie, und dies auch schon zu einem so frühen Zeitpunkt: „Hinsichtlich der Erwartungen gegenüber einer etwaigen Europa-Armee sagte Dr. *Tillmanns,* daß er nicht mehr an eine Europa-Armee glaube, daß aber alles vermieden werden müsse, welches danach ausgelegt werden könnte, daß Deutschland nicht von sich aus zu der Idee der Europa-Armee stehe.“ Dagegen war man in CSU-Kreisen „noch nicht geneigt, das Projekt der Europa-Armee als aussichtslos zu betrachten“[9].

Im Sinne Tillmanns zeigte sich Staatssekretär Hallstein bemüht, den vom Kanzler innerhalb der Führungsriege der Union angerichteten Flurschaden zu beseitigen. Beobachter wußten zu berichten, daß er die genannten Ausführungen des Regierungschefs und Außenministers „mit [...] auffallend abweisendem Gesichtsausdruck [...] anhörte“. Er erklärte vor dem Verteidigungsausschuß der CDU/CSU „apodiktisch [...], daß eine deutsche Wiederbewaffnung nur durch eine Europa-Armee möglich sei“, ohne daß er seine Zuhörer davon überzeugt hätte. „In der Fraktion entstand beträchtliche Verwirrung, und man machte im persönlichen Gespräch den Staatssekretär darauf aufmerksam, daß seine Ausführungen nicht mit denjenigen des Bundeskanzlers übereinstimmten, die dieser am Vortage [...] gemacht habe[10].“

[7] Innenpolitischer Bericht des Presse- und Informationsamts der Bundesregierung, 2. 2. 1952, BA, B 136/2160.

[8] Ebd.

[9] Ebd.

[10] Ebd.

Im Bundestag wurde auf Antrag der Koalitionsfraktionen dann die Ernennung Granvals zum Botschafter mißbilligt und für die Saarbevölkerung politische Selbstbestimmung nach der Charta der Vereinten Nationen gefordert[11]. Eine unmittelbare Verbindungslinie von Saarproblem und EVG-Vertrag wurde nicht gezogen.

e) Parlamentarisches Zwischenspiel

In der Bundestagsdebatte Anfang Februar 1952 maß die SPD das Verhandlungsergebnis der Regierung noch einmal an ihrer Kardinalforderung nach gleichen Chancen und gleichem Risiko für alle Vertragspartner des Verteidigungsbündnisses und befand es in Anbetracht des deutschen Ausschlusses vom Entscheidungsprozeß in der NATO als inakzeptabel. Aus der Sicht der Sozialdemokratie vernachlässigte der Bundeskanzler in den Vertragsverhandlungen eklatant nationale deutsche Interessen. Von dem früh durch Schumacher erhobenen Vorwurf: Bundeskanzler der Alliierten[1] zu sein, hatte sich die Partei innerlich noch nicht distanziert. Zwischenzeitlich gelangte sie auch zu der Überzeugung, daß Adenauer den Konsens mit ihr längst nicht mehr suchte, was den Tatsachen entsprach und dem Regierungschef selbst aus den Reihen der Union immer wieder zum Vorwurf gemacht wurde. In der „Baracke" hegte niemand mehr die Illusion, die Bundesregierung könne ihre Sicherheitspolitik korrigieren.

Parteivorstand und Fraktion der SPD waren daher nicht einhellig, aber mehrheitlich der Auffassung, als parlamentarische Minderheit nur auf außerparlamentarischem Wege ihren Einfluß geltend machen zu können. Zusammen mit der FU und einem FDP-Hospitanten reichten die SPD-Bundestagsabgeordneten eine Feststellungsklage beim Bundesverfassungsgericht ein (31. Januar 1952), in der Hoffnung, es werde ihnen dort bestätigt, „daß Bundesrecht, welches die Beteiligung Deutscher an einer bewaffneten Streitmacht regelt oder Deutsche zu einem Wehrdienst verpflichtet, ohne vorangegangene Ergänzung und Abänderung des Grundgesetzes weder förmlich noch sachlich mit dem Grundgesetz vereinbar ist"[2]. Dieser Schritt war sicher ein politischer Winkelzug, entsprach aber auch echter Überzeugung. Die niedersächsische und die hessische Landesregierung, beide SPD-geführt, schlossen sich der Klage der Bundestagsabgeordneten an. Unter solchen Präliminarien wäre es unrealistisch gewesen, mit der Zustimmung der SPD zu einem noch so moderaten Resolutionsantrag der Koalition zu rechnen.

Dies galt auch bezüglich des Zentrums. Bereits auf dem Parteitag in Münster Ende November 1951 hatte sich Helene Wessel mit Entschiedenheit gegen eine „Politik der starken Faust" gewandt. Nach ihrer Überzeugung war die Wiedervereinigung, die im Mittelpunkt des politischen Interesses der Partei stand, nicht *gegen* die Sowjetunion, sondern nur *mit ihr* zu erreichen. „Will man aber den Weg der Verständigung, dann darf man Deutschland jetzt nicht in ein militärisches System einordnen, das nicht nur von den Machthabern Rußlands, sondern vom russischen Volk selbst als ein gegen sich gerichteter Angriff empfunden wird[3]." Im Bundestag brachte das Zentrum einen Resolutionsentwurf ein, der zum Ziel hatte, einen Verteidigungsbeitrag auf der Grundlage der allgemeinen Wehrpflicht und die Paraphierung des EVG- vor der Ratifizierung des auf der Basis voller Souveränität abzuschließenden Generalvertrages zu verhindern[4].

[11] Antrag vom 8. Februar 1952, in: Deutscher Bundestag, Drucksachen, Bd 15, Nr. 3076.

[1] Deutscher Bundestag, Sten.Ber., Bd 1, 18. Sitzung, 25. 11. 1949, S. 525.
[2] Feststellungsklage, 31. 1. 1952, in: Kampf um den Wehrbeitrag I, S. 3–14, hier S. 4
[3] Zit. n. Bewaffnung der Bundesrepublik, o. S.
[4] Deutscher Bundestag, Drucksachen, Bd 15, Nr. 3084.

Die Union bediente sich gegenüber dem Zentrum nun nicht etwa des Mittels der sachlichen Auseinandersetzung, sondern der Diffamierung, indem sie insbesondere die Parteivorsitzende Helene Wessel als im Dunstkreis des Kommunismus agierend charakterisierte und sie der Handlangerschaft zugunsten Moskaus bezichtigte. „Obwohl Frau Wessel sich [...] die kommunistische Argumentation gegen einen deutschen Verteidigungsbeitrag zu eigen machte, hat der Parteitag Frau Wessel wieder zur Vorsitzenden [...] gewählt und sich auf diese Weise mit den bereits bekannten Propagandisten der Neutralisierung Deutschlands [...] und der damit verbundenen bedingungslosen Auslieferung an die Politik des Kreml solidarisch erklärt[5].“

Auf der Linie des Zentrums lag in etwa auch die Bayern-Partei, die den besagten Entschließungsentwurf gemeinsam mit dem Zentrum eingebracht hatte. Sie gab aber zu erkennen, über das Ja zu einem Wehrbeitrag mit sich reden zu lassen, vorausgesetzt, der Bundeskanzler legte die Fakten auf den Tisch.

Es muß einfach als eine Mißachtung des Parlaments bezeichnet werden, wenn es über bereits vertraglich fixierte, zwar nicht rechtlich, so doch politisch bindende Rahmenbedingungen eines westdeutschen Verteidigungsbeitrages beraten mußte, ohne die Texte der inzwischen getroffenen Vereinbarungen zu kennen. Die Mehrheitsfraktionen nahmen dies hin, wenn auch nicht ohne Protest. Die CSU-Führung in München ließ verlauten, ihre Parlamentarier in Bonn könnten dem in Rede stehenden Vertragswerk erst zustimmen, wenn es Landesvorstand und Lantagsfraktion der Partei sowie die Landesgruppe der CDU/CSU-Fraktion vor der Paraphierung in allen Einzelheiten geprüft hätten. Dies gelte es nun zu tun, insbesondere im Blick auf das Problem des inneren Gefüges zukünftiger Streitkräfte. Nach erfolgter Prüfung würden „dem Kanzler für seine Reise nach Paris die erforderlichen Bedingungen mit auf den Weg gegeben“, um die Verhandlungen zu einem Ende zu bringen[6]. Im Raum stand auch bereits die Forderung nach Berücksichtigung landsmannschaftlicher Kriterien bei der Aufstellung eines deutschen militärischen Kontingents.

Die Koalitionsparteien versuchten, obwohl die Verträge in ihrer Grundstruktur bereits festlagen, der Regierung zumindest noch einige Vorgaben für die zukünftigen Verhandlungen zu bieten, die sich allerdings von kaum zu überbietender Unverbindlichkeit erwiesen. So schnürten sie dem Kanzler auf sein Verhandlungspaket die Bitte, dafür Sorge zu tragen, daß die Verteidigungslasten partnerschaftlich verteilt und unter dem Aspekt festgelegt würden, daß soziale und wirtschaftliche Ordnung der beste Schutz gegen den Bolschewismus seien[7]. In einer Acht-Punkte-Resolution versuchte die Parlamentsmehrheit, die Regierung auf folgende Vertragsbedingungen festzulegen:

1. Beendigung des Besatzungsregimes. In Deutschland verbleibende alliierte Truppen dürfen nur der gemeinsamen Verteidigung Europas und der freien Welt dienen und müssen einen international üblichen Status besitzen.
2. Herstellung der Souveränität der Bundesrepublik, die nur insofern eingeschränkt werden darf, als dies die nationale Lage, vor allem aber die Teilung Deutschlands und die Situation Berlins erfordern.
3. Daraus ergibt sich die Zuerkennung der Gesetzeshoheit, die es der Bundesrepublik gestattet, frei darüber zu entscheiden, welche besatzungsrechtlichen Vorschriften und Akte sie auf vertraglicher Basis aufrechtzuerhalten wünscht.

[5] DUD, 26. 11. 1951, S. 5.
[6] Bayern-Kurier, 2. 2. 1952, S. 3.
[7] Deutscher Bundestag, Drucksachen, Bd 15, Nr. 3077.

4. Die auszuhandelnden Verträge dürfen die Stellung der Bundesrepublik bei Konsultationen und Abschluß eines zukünftigen Friedensvertrages nicht erschweren.
5. Aufhebung aller Beschränkungen auf dem Gebiet der industriellen Produktion und der Forschung.
6. Nach Inkrafttreten des EVG-Vertrages sind die für die alliierten Streitkräfte tätigen sogenannten Dienstgruppen[8] in angemessener Frist aufzulösen.
7. Sich aus den vertraglichen Beziehungen der Bundesrepublik zu den drei Westmächten möglicherweise ergebende Meinungsverschiedenheiten müssen durch paritätisch besetzte Schiedsgerichte ausgeräumt werden. Alle Verträge sind mit Revisionsklauseln zu versehen.
8. Die Bundesregierung wird aufgefordert, auf eine mit der Bundesrepublik übereinstimmende Rechtsordnung Berlins hinzuwirken[9].

f) Die Stalin-Note

Der Bundestag hatte, ungeachtet gewisser Vorbehalte, die Verhandlungsführung der Bundesregierung mit den Stimmen der Mehrheit des Hauses prinzipiell gutgeheißen, und es erschien ausgemacht, daß die Verträge an Modifizierungswünschen der Koalitionsparteien nicht scheitern würden. Ihre Unterzeichnung stand kurz bevor, als sich die Sowjetunion mit der Stalin-Note vom 10. März 1952 noch einmal in das Verhandlungsgeschehen einzuschalten suchte. Zwar war ihre Demarche an die Westalliierten gerichtet, doch zielte ihr Inhalt auf innenpolitische Wirkung in der Bundesrepublik, insbesondere in sozialdemokratischen und nationalen Kreisen. Enthielt das Memorandum doch nichts Geringeres als die Aufforderung zu unverzüglichen Konsultationen über den Abschluß eines Friedensvertrages mit Deutschland unter unmittelbarer Beteiligung einer gesamtdeutschen Regierung. In einem beigefügten Grundriß zu einem Friedensvertrag schlug der Kreml u.a. konkret vor: Die Wiederherstellung eines geeinten Deutschlands, konstituiert aus Bundesrepublik und DDR, Abzug der Besatzungstruppen spätestens ein Jahr nach Inkrafttreten der Friedensregelung bei gleichzeitiger Aufgabe sämtlicher ausländischer militärischer Stützpunkte, Aufstellung nationaler Streitkräfte, soweit sie zur Landesverteidigung notwendig erschienen, Verzicht des zu konstituierenden deutschen Staates auf Bildung einer Koalition oder eines Militärbündnisses gegen eine am Zweiten Weltkrieg beteiligte Macht, Festschreibung des territorialen Status quo jenseits von Oder und Neiße.

Die Sowjetunion wollte über die Wiedervereinigung auf der Basis bewaffneter Neutralität mit sich reden lassen[1]. Diesmal ließ sich das Schriftstück nicht, wie bei vorausgegangenen ähnlichen deutschlandpolitischen Initiativen der UdSSR, ohne weiteres als unseriös, weil zu wenig konkret, abqualifizieren. Der Kanzler zog demnach keineswegs den Moskauer Willen zu ernsthaften Verhandlungen in Zweifel. Dies machte ja gerade die innen- wie außenpolitische Brisanz der Offerte aus, die Wasser auf die Mühlen der Protagonisten einer primär auf Wiedervereinigung ausgerichteten Politik, nicht zuletzt in der eigenen Koalition, bedeutete und vor allem nationalen und nationalistischen Tendenzen, auch und gerade unter den ehemaligen Militärs, Auftrieb verleihen konnte. Adenauer befürchtete, daß die Neutralisten, die bislang keine besondere Rolle im politischen Geschehen der Bundesrepublik gespielt hatten, aus – wie auch immer verstande-

[8] Militär-technische Hilfsverbände. Vgl. dazu: Borgert/Stürm/Wiggershaus, Dienstgruppen.
[9] Deutscher Bundestag, Drucksachen, Bd 15, Nr. 3079.

[1] Text KAG, 1952, S. 3387 B.

ner – gesamtdeutscher Verantwortung, mit ausländischer Rückendeckung, und zwar nicht nur seitens der Sowjetunion, an Einfluß gewännen.

Ihn trieb insbesondere die Sorge um, die Adressaten des Moskauer Sendschreibens könnten sich auseinanderdividieren lassen. In Anbetracht noch keineswegs ausgeräumter Vorbehalte Frankreichs gegenüber einer Bewaffnung der Bundesrepublik schreckte ihn das Gespenst eines Arrangements zwischen dem westlichen Nachbarn und der UdSSR in der deutschen Frage auf der Grundlage der Wiedervereinigung in bewaffneter und kontrollierter Neutralität. Unverkennbar gab es nicht zu unterschätzende politische Kräfte in Frankreich, die einem unter Viermächtekuratel stehenden, militärisch schwachen Gesamtdeutschland den Vorzug vor einem starken Mitglied Bundesrepublik in der Europäischen Verteidigungsgemeinschaft einräumten. Die Wiedervereinigung in Neutralität wertete er aber nicht nur als „Rückfall in einen unzeitgemäßen, unfruchtbaren Nationalismus"[2]. Für den Kanzler bot die Einigung der freien Völker Europas auch die Chance zur Überwindung des für die kontinentalen Krisen der letzten rund 100 Jahre verantwortlichen Nationalismus. Darüber hinaus bildete für ihn ein vereinigtes Westeuropa, geschützt durch EVG und NATO, einen Hort der politischen Freiheit und Humanität gegenüber dem slawisch-bolschewistischen Drang nach Westen. Die Verwirklichung der Westintegration, auch und gerade der militärischen, erachtete Adenauer als seine politische Lebensaufgabe, die er niemals und von niemandem in Frage stellen ließ. Genau darauf zielte aber die Sowjetnote ab. Ohne die Bundesrepublik, respektive Deutschland, blieb Europa ein Torso und fiel als Bollwerk gegen den seiner Ansicht nach das christliche Abendland bedrohenden Bolschewismus aus. Der Kanzler befürchtete, daß Moskau die europäische Integration verhindern und durch den geforderten Abzug aller Besatzungstruppen aus Deutschland ein europäisches Machtvakuum schaffen wolle. Und selbst ein bewaffnetes, wiedervereinigtes Deutschland konnte weder seine eigene noch die westeuropäische territoriale Unverletzlichkeit garantieren, denn, dies sah der Kanzler ganz richtig, Deutschland würde keinesfalls – weder technologisch noch finanziell – einen Rüstungswettlauf mit der UdSSR erfolgreich bestehen können. Deutschland würde, fürchtete er, in den ökonomischen, ideologischen, letztlich machtpolitischen Sog der Sowjetunion geraten. Daher sprach Adenauers Pressesprecher Felix v. Eckardt in einer ersten Stellungnahme von der „Unaufrichtigkeit der sowjetischen Leitsätze in der Zubilligung nationaler Streitkräfte"[3]. Erst mußten die Westverträge unter Dach und Fach, die Europaarmee aufgestellt sein, dann konnte man sich – unter gleichberechtigter Bonner Teilnahme selbstverständlich – mit den Führern der Sowjetunion wegen der Regelung der Deutschlandfrage an den runden Tisch setzen. Der Deutschland-Union-Dienst übernahm es, Adenauers Bemühen deutlich zu machen, nämlich „zu verhindern, daß durch den Schritt Moskaus ein Schaden entstehe, und vor allem dafür zu sorgen, daß die Integration des Westens keine Verzögerung erfahre"[4]. Daher konnte und wollte Adenauer die Stalin-Note nicht als Grundlage von Verhandlungen akzeptieren, selbst dann nicht, wenn Vierergespräche das europäische Einigungswerk, dessen militärische Säule die EVG sein sollte, nicht gefährdet, sondern lediglich hinausgeschoben hätten. „Daher seine Reaktion, die, sagen wir es ganz nüchtern, einer sofortigen entschlossenen Abwürgung jeder weiteren Prüfung und Sondierung gleichkam[5]."

[2] Adenauer, Erinnerungen 2, S. 70.

[3] Aufzeichnung einer Pressekonferenz, 11. 3. 1952, Archiv des Bundesrates, Ausschuß für innerdeutsche Beziehungen, 32 I, Wiedervereinigung.

[4] DUD, 12. 3. 1952, S. 1.

[5] Wilhelm G. Grewe, Teilnehmer am 1. Gespräch mit den Hohen Kommissaren, 11. 3. 1952, über die Stalin-Note, Legende von der verpaßten Gelegenheit, S. 41 f.

Der Kanzler hat eine hektische Aktivität entfaltet, um die Westalliierten rasch auf eine unnachgiebige Haltung festzulegen, soweit dies notwendig war. Bereits am Tage nach Eingang der Note kam es zu einer Vereinbarung mit den drei Hochkommissaren: „Wir werden in unseren Verhandlungen über die Europäische Verteidigungsgemeinschaft und den Deutschlandvertrag so fortfahren, als ob es die Note nicht gäbe[6]!" Bei der Formulierung der bereits am 25. März 1952 überreichten drei gleichlautenden Antwortschreiben hat der Bundeskanzler die Feder mitgeführt. Ihr Text intendierte zwar nicht den abrupten Abbruch, wohl aber ein ergebnisloses Auslaufen des vom Kreml eingeleiteten Dialogs. Selbst als Moskau auf die zur Bedingung von Verhandlungen erhobene Forderung nach freien und demokratischen Wahlen zur Schaffung einer gesamtdeutschen Regierung positiv reagierte[7], vermochten sich die Regierungen der Westmächte noch auf einen Vorbehalt zurückzuziehen, an dem die Konsultationen unausweichlich scheitern mußten: Sie lehnten die Aufstellung selbständiger deutscher Streitkräfte angesichts der in Gang befindlichen Konstituierung Europas als „einen Schritt zurück" in das Zeitalter des Nationalismus ab, bezeichneten die militärische Westintegration als unverzichtbares Element in diesem westeuropäischen, gegen niemanden gerichteten Einigungsprozeß und zugleich als Disziplinierungsmaßnahme gegenüber dem preußisch-deutschen Militarismus. Darüber hinaus betonten sie ihren unabänderlichen Willen, Westeuropa unter deutscher Beteiligung militärisch zu sichern[8]. Wenn westdeutsche Aufrüstung und Westintegration nicht mehr zur Disposition standen, mußte Moskaus Verhandlungsinteresse erlöschen. Der sich bis in den September 1952 hineinziehende Notenaustausch erwies sich nur noch als Schwanengesang.

Der Kanzler hatte sich einer innenpolitischen Diskussion des Stalinschen Memorandums so lange entzogen, bis die prinzipielle Entscheidung über eine in seinem Sinne angemessene Reaktion der Westmächte gefallen war. In der Öffentlichkeit übte er sich zunächst in der Kunst des Schweigens, und noch ehe sich ein parteipolitisches oder parlamentarisches Gremium mit der Moskauer Demarche ernsthaft befassen konnte, ehe die unionsinterne Auseinandersetzung über ihren Inhalt, ihre Bedeutung und ihre möglichen sicherheits- wie deutschlandpolitischen Konsequenzen in Gang kam und er Stellung beziehen mußte, hielt Stalin die Antworten der Regierungen von Washington, London und Paris bereits in Händen. In der Unionsfraktion herrschte großes Unbehagen über die Behandlung der Stalin-Note durch den Bundeskanzler. Es beruhte zum einen auf der Tatsache, daß sich die Parlamentarier vom Regierungschef in einer Weise übergangen fühlten, die an ihr politisches Selbstverständnis rührte. So gab die CSU grundsätzlich ihrer Befriedigung über die unter Mitwirkung des Bundeskanzlers zustande gekommene Antwortnote der Westmächte an die Sowjetunion Ausdruck und verwies mit besonderer Genugtuung auf die ablehnende Haltung gegenüber der Aufstellung nationaler deutscher Streitkräfte. Der CSU-Generalsekretär und Bundestagsabgeordnete Franz Josef Strauß nutzte allerdings die allgemeine Mißstimmung in der Union über den Alleingang Adenauers, um ihm nachdrücklich nahezulegen, das Amt des Außenministers abzutreten. Die bayerische Schwesterpartei der CDU hoffte wohl, bei der Auflösung der Personalunion mehr Einfluß auf die Außen- und die in sie integrierte Sicherheitspolitik zu erlangen[9].

Einen unbotmäßigen Kandidaten in der Beurteilung der Stalin-Note zählte die CSU-Landesgruppe im Deutschen Bundestag aber doch, nämlich Hans Bodensteiner. Er gehörte dem klei-

[6] Adenauer, Erinnerungen 2, S. 70.
[7] Antwortnote Moskaus, 9. 4. 1952, in: KAG, 1952, S. 3422 Ef.
[8] Note, 25. 3. 1952, Text der US-Note in: KAG, 1952, S. 3404 A.
[9] dpa-Meldung, 26. 3. 1952, BA-MA, BW 9/1811.

nen Kreis der Katholiken in der Partei an, die frühzeitig auf Distanz zu Adenauers Sicherheitspolitik gingen und später als Dissedenten die CSU verlassen mußten. Er war sicher eine Randfigur des innerparteilichen Geschehens, soll aber erwähnt werden, um zu verdeutlichen, daß die Union in der Wehrfrage, zumindest in der ersten Wahlperiode, keinen monolithischen Meinungsblock darstellte[10]. Bodensteiner kann auch deshalb ein gewisses Interesse beanspruchen, weil er später zum politischen Weggefährten des Adenauer-Opponenten Gustav Heinemann und Generalsekretär der von diesem gegründeten Gesamtdeutschen Volkspartei wurde. Er hat sich gleich nach Bekanntwerden der Stalin-Offerte zu Wort gemeldet und in den Chor derjenigen eingestimmt, die aus gesamtdeutschem Engagement heraus Verhandlungen mit dem Kreml-Chef forderten. Bodensteiner hat in diesem Zusammenhang Konrad Adenauers Politik der Stärke nicht grundsätzlich in Frage gestellt. Er war allerdings der Auffassung, daß diese Politik ja bereits vor einer Aufstellung westdeutscher Truppen erste Früchte trug, und er bewertete die Moskauer Note als Bekundung des Willens, sich nicht mit dem Westen in einen Rüstungswettlauf zu begeben. Seiner Auffassung nach sprachen „Vernunft und Erfahrung dafür, daß Stalin versuchen wird, einen Kompromiß mit dem Westen zu finden, bevor dieser jene Stärke erreicht hat, vor der er kapitulieren muß“[11]. Nicht, daß Bodensteiner die geforderte strikte Neutralität als Bedingung für die Wiedervereinigung akzeptiert hätte. „Das ist für uns ohne Zweifel ein gefährlicher Weg.“ Unbewiesen erschien ihm jedoch die Behauptung, die Westintegration biete ein Optimum an Sicherheit. Wenn schon die Vereinigten Staaten einen westdeutschen Verteidigungsbeitrag als einen besonders hoch einzuschätzenden militärischen Faktor bezeichneten, dann war anzunehmen, daß die Sowjetunion diese Auffassung teilte und die westdeutsche Partizipation an der EVG als Bedrohung empfand. Mit der militärischen Westintegration verband sich für Bodensteiner „auf jeden Fall das Risiko eines russischen Präventivkrieges, denn den Russen sind die deutschen Divisionen nicht weniger wichtig als den Amerikanern“[12].

Wenn man auf beiden Seiten an einer Lösung der Deutschlandfrage interessiert war, dann mußte ein Kompromiß zwischen Verschmelzung mit dem Westen und absoluter Neutralität gefunden werden. Bodensteiner schwebte keine neutrale, dafür aber eine Macht zwischen Ost und West vor, die den Sicherheitsbedürfnissen der beiden Weltmächte Rechnung zu tragen hatte und die damit entspannungsfördernd wirken sollte.

Sachliche Differenzen gab es aber auch zwischen Adenauer und solchen Unionsabgeordneten, die zu seiner treuen Gefolgschaft zählten. In diesem Zusammenhang müssen der Fraktionsvorsitzende v. Brentano, der spätere Bundeskanzler Kiesinger und der dritte Bundestagspräsident Gerstenmaier u.a. genannt werden. Nicht, daß sie an den Grundfesten Adenauerscher Außen- und Sicherheitspolitik gerüttelt, seine Westoption prinzipiell in Frage gestellt hätten. Sie erachteten die Überreichung der Stalin-Note an die Westmächte aber als einen zu bedeutsamen Vorgang, als daß man ihn gänzlich unbeachtet hätte lassen können. Dafür erschien Gerstenmaier „die Sache [...] zu ernst, wir müssen das sondieren, das müßte weiter untersucht werden, auch wenn es, was ich annehme , [...] nur ein Trick, nur eine Finte ist, um uns von der Westintegration abzuhalten“, äußerte er gegenüber v. Brentano[13]. Der Unionsfraktionsvorsitzende selbst erwies sich als Protagonist ernsthafter Sondierungsgespräche, ohne daß dadurch die Verhandlungen um die Westverträge hätten unterbrochen werden müssen. So drängte er darauf, „daß

[10] Zu anderen Repräsentanten vgl. das Kap. über den Nauheimer Kreis.
[11] Bodensteiner, Deutsche Aufrüstung, S. 173.
[12] Ebd., S. 175.
[13] Gerstenmaier in: Legende von der verpaßten Gelegenheit, S. 54.

man [...] jetzt so rasch [...] und so eindringlich wie möglich bestehen sollte auf Verhandlungen mit dem Osten, wobei es dann vielleicht im Ermessen der drei Verhandlungspartner des Westens liegt, auf Grund der ersten Verhandlungen mit dem Osten Entscheidungen darüber zu treffen, ob gewisse Verhandlungen innerhalb des Westens sistiert werden"[14]. Mit Brentanos Zustimmung intervenierte Gerstenmaier auch beim Bundeskanzler, der aber völlig unzugänglich war. Verhandlungen würden sich endlos hinziehen, meinte dieser, und letztlich ergebnislos verlaufen. Die Westmächte aber würden die Bundesrepublik für einen unsicheren Kantonisten halten und ihren Rapallo-Komplex pflegen. „Kurz, wir sitzen zwischen zwei Stühlen[15]!" Man bekundete schließlich Loyalität gegenüber dem Regierungschef und respektierte dessen Richtlinienkompetenz.

Ausgeräumt worden sind diese Differenzen nicht. Adenauers Pressesprecher Felix v. Eckardt hat in der Retrospektive auf das Geschehen vom Frühjahr 1952 die Handlungsweise des Kanzlers noch einmal gerechtfertigt: die deutsche Frage habe damals nicht auf der politischen Tagesordnung der Westmächte gestanden, ein Bonner Insistieren auf Verhandlungen wäre mit einem Vertrauensverlust verbunden gewesen, was wiederum auf lange Sicht die Möglichkeit ausgeschlossen hätte, die Stimme der Bundesrepublik im Rat der Westalliierten zur Geltung zu bringen[16]. Ganz anders urteilt Gerstenmaier, der das deutsche Ansehen in Washington, London und Paris genügend gefestigt glaubte, um es mit dem Wunsch nach einer Prüfung der Moskauer Note gefahrlos belasten zu können[17].

Die Position des Kanzlers ist aber unionsintern niemals gefährdet gewesen. Er besaß gegenüber seinen Opponenten den Vorzug der eingängigeren und einfacheren Parole: Politik der Stärke. Sie wirkte überzeugend vor dem Hintergrund tiefsitzender Ängste gegenüber der Sowjetunion, die der Kanzler wachhielt und politisch nutzte. Selbst bei einem so vehementen Verfechter einer aktiven Wiedervereinigungspolitik wie dem Berliner Bundestagsabgeordneten Tillmanns war das gesamtdeutsche Engagement überlagert von latenter Furcht vor dem Bolschewismus. Er qualifizierte die von Moskau angeregten Verhandlungen als propagandistisches Machwerk ab: „Für den sowjetischen Stalinismus, der eine Vermischung kommunistischer Doktrinen mit imperialistischen Gedankengängen und asiatischen Wesenszügen sei, bedeute Frieden nur eine andere Vokabel für den Sieg [...] in der ganzen Welt." Das sowjetische Angebot vom 10. März charakterisierte er als den Versuch, Deutschland des schützenden Arms der USA zu berauben. „Der einzige Sinn des deutschen Verteidigungsbeitrages ist es [...] zu bewirken, daß dieser Arm nicht erlahmt[18]." Wie breit dieses regelrechte Bedrohungssyndrom in der Union verbreitet war, verdeutlicht eine Resolution des von Tillmanns mitbegründeten und unter starkem Einfluß des Bundestagspräsidenten Ehlers stehenden Evangelischen Arbeitskreises der CDU/CSU. Sie stärkte Adenauer in der negativen Beachtung der Stalin-Note den Rücken. Ihre Verfasser, aus der ganzen Bundesrepublik zusammengezogene repräsentative Vertreter des protestantischen Flügels der Union, sahen bisher keine Anzeichen dafür, „daß der russische Kommunismus auf seine Ausdehnungsbestrebungen verzichtet. Wir wissen, daß er bereit ist, nach seinem Gutdünken dafür nicht nur die Mittel des kalten, sondern auch des heißen Krieges zu

[14] Referat v. Brentanos auf der Konferenz der deutsch-englischen Gesellschaft, 17.–20. 4. 1952, in Königswinter, BA, NL 239/131.

[15] Bericht Gerstenmaiers bei dem Rhöndorfer Gespräch, 26. 3. 1981, in: Legende von der verpaßten Gelegenheit, S. 54f.

[16] Eckardt, Unordentliches Leben, S. 193f.

[17] Vgl. dazu Gerstenmaier, in: Legende von der verpaßten Gelegenheit, S. 54.

[18] Hessische Nachrichten, 21. 3. 1952, BA-MA, BW 9/2910-18.

benutzen. Darauf müssen wir uns einstellen[19]." Niemand habe gegenüber der Politik der Stärke ein erfolgversprechenderes Konzept vorgelegt, um das Bedürfnis nach Sicherheit mit dem nach Wiedervereinigung miteinander zu verbinden. Der Gedanke der Neutralität weise in die falsche Richtung. „Wenn wir einen Verteidigungsbeitrag befürworten, [...] tun [wir] das nicht nur im Interesse des Westens, sondern auch des Ostens Deutschlands. Eines Tages wird das ganz Deutschland zugute kommen[20]."

Der Kanzler gab sich im Frühjahr 1952 alle Mühe, die Politik der europäischen Integration und der militärischen Stärke gegenüber der Moskauer Wiedervereinigungsofferte als glaubhafte Alternative anzubieten. Dabei sah er sich stärker als ihm lieb war genötigt, sich zumindest zeitweilig als kompromißloser Verfechter des nationalen Anliegens zu profilieren. Energisch wies er den vielfach geäußerten Verdacht zurück, seine Deutschlandpolitik erschöpfe sich in der Konsolidierung der Bundesrepublik. „Ich bin genausogut ein Deutscher, wie Sie es sind", rief er den SPD-Abgeordneten auf entsprechende Vorhaltungen in der Bundestagssitzung am 3. April 1952 zu[21]. Die von ihm schon bei früherer Gelegenheit proklamierte Politik der Stärke sollte über die Zusammenführung von Bundesrepublik und DDR hinaus auch die Voraussetzung für eine befriedigende Neuordnung der deutschen Ostgebiete, mehr noch, die territoriale und politische Neugestaltung Osteuropas schaffen. „Erst wenn der Westen stark ist, ergibt sich ein wirklicher Ausgangspunkt für friedliche Verhandlungen mit dem Ziel, nicht nur die Sowjetzone, sondern das ganze versklavte Europa östlich des Eisernen Vorhangs zu befreien, in Frieden zu befreien[22]." Hinter solchen Formulierungen verbarg sich eine Art antibolschewistischer Kreuzzugsidee, der sicher aber kein militärisch-aggressives oder gar expansives Moment zugrunde lag, die aber sehr wohl als politisch-ideologisches Handlungsmotiv gewertet werden muß, das den Einsatz von rüstungs-ökonomischer und militärischer Pression legitimierte. Adenauer verband mit der Politik der Stärke auch die Absicht, den „Expansionsdrang des Bolschewismus [...] in eine rückläufige Tendenz [zu] verwandeln"[23]. Wiedervereinigung, territoriale Neugestaltung der Gebiete jenseits von Oder und Neiße, Zurückdrängen des Bolschewismus besaßen aber für den Kanzler keine aktuelle politische Brisanz. Alle drei Probleme mußten sich aus seiner Sicht im Zuge der Beilegung des Ost-West-Konfliktes lösen, die er nur langfristig und einzig auf dem Weg über europäische Einigung und westliche militärische Dominanz für möglich hielt. Er hat dies vor den Spitzengremien der CDU deutlich gemacht: „Wenn die Neuordnung Europas kommt – und sie wird kommen –, dann wird man aber auch nicht vorbeigehen können an einer Neuordnung im europäischen Osten, auch bei den Satellitenstaaten. [...] Deshalb darf die Aussprache mit den Sowjets nicht zu früh kommen, da jetzt die Dinge noch nicht soweit sind. Wir müssen eben im richtigen Augenblick mit den Sowjets ins Gespräch kommen. Das kann aber erst sein, wenn der Westen stark ist, so daß die Sowjets auf uns und den Westen hören. Ich habe die feste Zuversicht, daß die Sowjets keinen heißen Krieg führen werden [...] Verhandlungen mit den Sowjets im jetzigen Stadium wären für uns geradezu schädlich[24]."

Als klar wurde, daß Adenauer die Wiedervereinigung an vage Perspektiven im Zusammenhang mit einer Revision der osteuropäischen Verhältnisse band, blieb der Protest aus den Rei-

19 Resolution auf der ersten Tagung des Evangelischen Arbeitskreises, 14.–16. 3. 1952, in Siegen, in: Egen, Entstehung, S. XXXVII–XLIII, hier S. XXXIX.

20 Ebd., S. XLI.

21 Deutscher Bundestag, Sten.Ber., Bd 11, 204. Sitzung, 3. und 4. 4. 1952, S. 8768 D.

22 Interview mit Ernst Friedlaender, 5. 3. 1952, in: Bulletin, 6. 3. 1952, S. 262.

23 DUD, 13. 3. 1952, S. 1 f., Zitat S. 2.

24 Zit. n. Pünder, Von Preußen nach Europa, S. 488 Anm.

hen der Union nicht aus, auch bei seinen Anhängern nicht[25]. So sah sich der Kanzler genötigt, die Problematik der Wiedervereinigung von der Neuregelung des Ostens wieder zu trennen: „Daß wir uns nicht den Kopf darüber zerbrechen, geschweige denn irgendeine Anstrengung machen sollen, was schließlich mit den Satellitenstaaten geschieht, das ist eine solche Selbstverständlichkeit, daß man mir wirklich nicht zutrauen sollte, dies gemeint zu haben[26].“ Doch wußte er sehr wohl, daß die Deutschlandfrage nur im globalen Kontext betrachtet werden konnte und daß ihre Lösung von der internationalen politischen und militärischen Konstellation abhing. Seine politische Vorstellungswelt ließ gesamtdeutschen Illusionen keinen Raum. Wie entrückt er dem Thema Wiedervereinigung war, verdeutlicht ein Interview. Auf die Frage, wie sich aus der Einbeziehung der Bundesrepublik in den Westen ohne weiteres die deutsche Einheit ergeben solle, antwortete der Bundeskanzler: „Ohne weiteres gewiß nicht. Aber erstens ist ein anderer Weg gar nicht sichtbar und zweitens ist es auch für die Sowjets keine sinnvolle Politik, sich jahrelang auf ein aussichtsloses Wettrüsten einzulassen. Sie sind die ersten, die die Sprache westlicher Stärke verstehen werden.“ Hier irrte er sicher. Doch in einem anderen Punkt behielt er recht: „Wenn die Bemühungen um die Wiederherstellung der deutschen Einheit jetzt erfolglos bleiben sollten, so heißt das, daß das deutsche Problem sich isoliert nicht lösen läßt, so lange der Weltkonflikt im übrigen fortbesteht [...] Es trifft sicher zu, daß es ohne die deutsche Einheit keinen wirklichen Weltfrieden geben kann. Aber vielleicht läßt sich das auch umkehren. Vielleicht gibt es keine deutsche Einheit ohne den Weltfrieden[27].“ Das war eine sehr realistische Einschätzung der Dinge. Auf dem CDU-Parteitag in Berlin Mitte Oktober 1952, als der erste Notenaustausch ergebnislos verlaufen war, unterstrich der Bundeskanzler noch einmal diese seine Auffassung: „Die Wiederherstellung der deutschen Einheit ist ein Teilproblem innerhalb des großen Konflikts, der Ost und West heute trennt. Es wird demnach im Rahmen einer generellen Entspannung gelöst werden müssen[28].“ Adenauer hatte die deutsche Einheit zu einer visionären Größe erhoben. Sie war von seiner politischen Tagesordnung gestrichen und sollte fortan zur wahlpropagandistischen Leerformel verkommen.

Bei Jakob Kaiser und seinem Anhang stieß der Bundeskanzler auf hartnäckigen Widerstand. Im Bundesministerium für gesamtdeutsche Fragen unterzog man die Stalin-Note einer ernsthaften Prüfung, stellte man Überlegungen über eine mögliche außen- und sicherheitspolitische Kurskorrektur der Bundesrepublik an. Der einflußreichste Berater Jakob Kaisers, der ehemalige Londoner Korrespondent der Neuen Zürcher Zeitung und spätere geschäftsführende Vorsitzende des „Kuratoriums Unteilbares Deutschland“, Wilhelm Wolfgang Schütz, war sich zwar über den Charakter der Offensive als Störmanöver im Verhandlungsprozeß um EVG- und Generalvertrag durchaus im klaren, wußte auch, daß auf dem von ihr vorgezeichneten Weg in die deutsche Einheit Fußangeln ausgelegt waren. Aber „die Vorschläge, die in der sowjetischen Note enthalten sind und der Inhalt des Entwurfs für einen Friedensvertrag mit Deutschland sind [...] so abgefaßt, daß sie gegenüber früheren Äußerungen [...] ernstgemeint wirken.“ Beiden Schriftstücken kam nach seiner Auffassung „erhebliche Bedeutung zu“, zumal die UdSSR erstmals den Abschluß eines Friedensvertrages anregte. Zahlreiche in dem Papier enthaltene Unklarheiten mußten natürlich „im Verlauf von eingehenden Besprechungen abgeklärt werden“[29]. So riet man seitens des Gesamtdeutschen Ministeriums zu einer positiven Reaktion, zu einer Prüfung

[25] Vgl. dazu ebd., S. 488 f., Anm.
[26] Deutscher Bundestag, Sten.Ber., Bd 11, 204. Sitzung, 3. und 4. 4. 1952, S. 8768 B.
[27] Interview mit Ernst Friedlaender, 24. 4. 1952, in: Bulletin, 26. 4. 1952, S. 489.
[28] Interview Adenauers, 6. 8. 1952, in: Bulletin, 6. 8. 1952, S. 1019.
[29] Bemerkungen zur Stalin-Note von Schütz, 19. 3. 1952, BA, NL 253.

der Texte. Auf alle Fälle galt es, einen Gedankenaustausch in Gang zu setzen, schlechtestenfalls, um „zu beweisen, daß die Sowjetunion letzten Endes doch nicht bereit ist, Deutschland die Einheit und Freiheit zu gewähren"[30]. Das militärische Risiko eines Gedankenaustausches mit Moskau blieb kalkulierbar, wurde jedenfalls nicht größer als es bereits war, wenn man in Rechnung stellte, daß sich effektive Schritte zur Verbesserung der Verteidigung Westeuropas und vor allem der Bundesrepublik kurzfristig nicht abzeichneten. Selbst wenn die EVG-Verhandlungen einen raschen Abschluß finden sollten, war in Monaten nicht mit der praktischen militärischen Umsetzung des Vertragsinhaltes zu rechnen[31]. Im Gesamtdeutschen Ministerium gelangte man zu der Überzeugung, daß sich Verhandlungen mit Moskau lohnten, daß in der Note „die bisherige sowjetische Deutschlandpolitik weiterentwickelt" werde[32]. Selbst über eine bewaffnete Neutralität wollte man mit sich reden lassen, vorausgesetzt, daß hinter einer deutschen Wehrmacht der Atlantikpakt mit der NATO stand, die im Falle eines Angriffs sowjetischer Truppen mobilisiert werden mußte.

Neutralität galt in der Union als politisches Tabu. Gleichwohl hatte Jakob Kaiser bereits im Herbst 1951 damit gebrochen, indem er auf dem zweiten Parteitag der Exil-CDU in Berlin ein wiedervereinigtes Deutschland in bewaffneter Neutralität – an den Westen angelehnt, nicht in ihn integriert – als politisches Denkmodell in Form einer Brücke vorstellte, auf der sich seiner Meinung nach Ost und West in der Deutschlandfrage begegnen konnten[33]. Öffentlich präsentiert, sollte es eine Äußerung Moskaus provozieren. Die Stalin-Note kann als die erwartete Antwort gewertet werden. Hatte der Kreml bislang die *wehrlose* Neutralität offeriert, proklamierte er nun die *wehrhafte*. Kaiser sah seine These bestätigt, Wiedervereinigung, Frieden und Sicherheit seien nur *mit* der Sowjetunion, nicht *gegen* sie zu erzielen, eine These, die in der jüngeren sicherheitspolitischen Diskussion von der SPD wieder aufgegriffen wurde. Nachdem der Gesamtdeutsche Minister in diesem Sinne im Kabinett für die sorgfältige Prüfung des Papiers plädiert hatte, bei Adenauer aber auf harsche Ablehnung gestoßen war, trat er über den Rundfunk die Flucht nach vorn und in die Öffentlichkeit an. Er warnte davor, „die Note des Kreml mit einer Handbewegung abtun zu wollen [... oder] sich desinteressiert zu zeigen". Seiner Meinung nach war es der UdSSR so ernst mit ihrem Angebot, daß sie es nicht scheute, die DDR-Regierung zu desavouieren, indem sie erstmals Viermächteverhandlungen anstelle der von Pankow bislang stets geforderten deutsch-deutschen Konsultationen über die Wiedervereinigung vorschlug. Adenauers grundsätzlich ablehnende Haltung gegenüber solchen Viermächteverhandlungen – zumindest vor einer Westintegration der Bundesrepublik Deutschland – ignorierend, sprach sich Kaiser für baldige Gespräche zwischen den vier Siegermächten des Zweiten Weltkrieges aus und forderte eine eigene Bonner „Konzeption zur Klärung der deutschen Frage"[34], um mögliche Pläne der Westmächte zur Zementierung der deutschen Teilung zu unterlaufen.

Kaiser schlug einen der Sowjetunion zu unterbreitenden Stufenplan vor, an dessen Ablehnung oder Akzeptanz sich die Ernsthaftigkeit ihres Verhandlungswillens bewahrheiten mußte:

„1. Viermächteverständigung über die Abhaltung von freien Wahlen in Gesamtdeutschland.
2. Freie Wahlen unter internationaler Kontrolle zur Bildung der Nationalversammlung, und daraus hervorgehend die gesamtdeutsche Regierung.

[30] Ausarbeitung Schütz', 11. 3. 1952, ebd.
[31] Ebd.
[32] Bemerkungen Schütz', 19. 3. 1952, ebd.
[33] Rede auf dem Parteitag, 14./15. 10. 1951, Textauszug in Kosthorst, Jakob Kaiser, S. 207.
[34] Rede Kaisers, 15. 3. 1952, im RIAS Berlin, in: Bulletin, 18. 3. 1952, S. 323.

3. Die Friedenskonferenz, auf der Gesamtdeutschland durch seine aus freien Wahlen hervorgegangene Regierung vertreten wird.
4. Der Frieden selbst, der aus der Verhandlung gleichberechtigter Partner hervorgeht[35]."

Für kommende Verhandlungen steckte der Gesamtdeutsche Minister folgende Orientierungs- und Handlungsrahmen ab: „Im Aufbau Deutschlands und in der Stärkung der freien Welt darf nicht nachgelassen werden. Ebenso darf keine Möglichkeit versäumt werden, Deutschland zur Einheit in Freiheit und zu endgültigem Frieden zu führen[36]." Die deutschlandpolitischen Opponenten in der Union warfen Adenauer und seinen Anhängern vor, bei ihrer Politik der politischen, ökonomischen und militärischen Westorientierung die deutsche Teilung billigend in Kauf zu nehmen. Anlehnung an den Westen und Wiedervereinigung stellten sich aber für Kaiser nicht als Alternative dar. Vielmehr mußten beide Bestrebungen miteinander in Einklang gebracht, mußte zwischen vertraglich fixierter Westintegration und absoluter, sprich wehrloser Neutralität ein Mittelweg gefunden werden. Daraus ergab sich die diplomatische Marschrichtung: Weiterführung der Integrationsverhandlungen, die Westintegration aber gleichzeitig für Verhandlungen mit der Sowjetunion zur Disposition stellen.

Schütz hat diesen Gedanken präzisiert, wenn er für eine Deutschlandpolitik plädierte, die die Westintegration nicht insgesamt, wohl aber die militärische in Frage stellte. Es gehe nicht an, formulierte er, „daß wir die europäische Integration als Selbstzweck ohne Rücksicht auf die deutsche Wiedervereinigung betreiben. Und es geht auch nicht an, daß wir die deutsche Wiedervereinigung ohne Rücksicht auf die europäische Gemeinschaft und Sicherheit betreiben". Es müsse Modifizierungen zur Vollintegration in den Westen geben. Man dürfe nicht über die Westintegration mit dem Westen und über die Wiedervereinigung mit dem Osten getrennt verhandeln wollen. Die Deutschen müßten fordern, „daß die Wiedervereinigung in Freiheit einerseits, die europäische Zusammenarbeit und die militärische Sicherheit Europas andererseits gleichzeitig ausgehandelt werden". Die deutsche Politik benötige Handlungsspielraum gegenüber dem Westen wie gegenüber dem Osten[37].

Eine gewisse Konkretisierung erfuhren diese Überlegungen durch Jakob Kaisers politischen Weggefährten und Mitglied des CDU-Parteivorstandes, Johann Baptist Gradl: Wenn Moskau die deutsche Einheit aus Furcht vor einem Beitritt der Bundesrepublik zu einer westlichen Militärallianz anbiete, deren ausschließlich defensiven Charakter aber bezweifele, weil sie argwöhnte, revisionistische und revanchistische Kreise der Bundesrepublik könnten sie als Instrument zur Umgestaltung der territorialen Nachkriegsordnung in Europa mißbrauchen, sei es durch indirekten oder direkten militärischen Druck, müßten zukünftige Streitkräfte der Bundesrepublik Verhandlungsgegenstand sein. Gradl schlug daher vor, die geplanten westdeutschen Kontingente zwar in die EVG zu integrieren, sie innerhalb der Europaarmee aber nur aktiv werden zu lassen, wenn ein – wiedervereinigtes – Deutschland tatsächlich angegriffen würde.

Gingen solche Überlegungen an den realen Möglichkeiten, an der Wirklichkeit vorbei? Man wird diese Frage sowohl mit nein als auch mit ja beantworten müssen: Mit nein, wenn man an das heutige Verhältnis Frankreichs zur NATO denkt – mit ja, wenn man weiß, daß keine der Westmächte im Frühjahr 1952 und auch später ihr Interesse an einer deutschen Wiedervereinigung zeigte oder gar bereit gewesen wäre, den territorialen Status quo jenseits von Oder und Neiße in einem deutsche Ansprüche befriedigenden Sinne zu verändern. Niemand wußte dies

[35] Rundfunkrede Kaisers, 12. 3. 1952, ebd., 13. 3. 1952, S. 305.
[36] Ebd.
[37] Rede Schütz', 26. 3. 1952, im Süddeutschen Rundfunk, BA, NL 253.

besser als Konrad Adenauer. Gradl hat die sogenannten Integralisten scharf kritisiert, weil ihre proklamierte Politik der Stärke die Lösung der deutschen Frage zumindest „bis zum Stark-Sein" verschieben mußte, und es blieb die offene Frage, ob Moskau sich in die Lage des rüstungswirtschaftlich Schwächeren manövrieren ließ: „Daß die Sowjets einem ultimativen Druck weichen, ist für mich sehr unwahrscheinlich[38]."

Aus historischer Perspektive hat sich diese Skepsis als begründet erwiesen. Die Politik der Stärke hat keine Bewegung in die Deutschlandpolitik gebracht. Dies wird selbst in CDU-Kreisen nachträglich so gesehen. „Das Gegenteil ist eingetreten", räsonierte das ehemalige Mitglied des Fraktionsvorstandes der CDU/CSU, Mitglied des Ausschusses für Besatzungsfragen und auswärtige Angelegenheiten und Abgeordneter zum Europarat, Hermann Pünder, in seinen 1968 erschienenen Memoiren. „Nachdem die Westalliierten mit Zustimmung der Bundesregierung zu dieser Märznote den Sowjets die kalte Schulter gezeigt hatten, hat sich deren Haltung zur Deutschlandfrage mehr und mehr versteift, und zwar bis zur Stunde nach anderthalb Jahrzehnten[39]."

Wenn der Kanzler vorübergehend nationale Töne angeschlagen hatte, dann auch aus Sorge um den Bestand der Koalition. Wohl wissend, daß das Stalinsche Anerbieten die Exponenten des nationalen Flügels in der FDP in Versuchung zu führen vermochte, wider den Stachel seiner Politik zu löcken, zwang Adenauer seinen Vizekanzler Blücher in die Kabinettsdisziplin, wenn er ihn bat, nach Bekanntwerden der freie Wahlen in Aussicht stellenden zweiten Stalin-Note keine diesbezüglichen öffentlichen Äußerungen abzugeben. Die Befürchtung, die Freien Demokraten könnten den Kreml-Chef beim Wort nehmen wollen, erwies sich als nicht unbegründet. In einer ersten Reaktion bezog die FDP zwar eine recht distanzierte Haltung zur Moskauer deutschlandpolitischen Initiative. Immerhin wollte aber ihr Fraktionsvorsitzender Martin Euler geprüft wissen, ob sie „echte Möglichkeiten für eine dauernde Entspannung der politischen Weltlage in Europa und in Deutschland" beinhalte. „Die Sowjets müssen durch eine umfassende politische und diplomatische Tätigkeit dazu genötigt werden, Farbe zu bekennen[40]." Auch die beiden Minister Dehler und Wildermuth sowie der außenpolitische Experte Karl Georg Pfleiderer sahen, gemeinsam mit Erich Mende, in der Note „vorwiegend positive Ansätze und die Chance, gesamtdeutsche Verhandlungen zu beginnen, an deren Ende die freien gesamtdeutschen Wahlen stehen sollten als Voraussetzung zur Bildung einer gesamtdeutschen Regierung"[41].

In diesem Sinne versuchte die Partei, in einem Koalitionsgespräch auf die Haltung des Bundeskanzlers einzuwirken, und der Fraktionsvorsitzende Euler war anschließend der Meinung, Adenauer „habe sich seinen Einwendungen nicht verschlossen"[42]. Doch eine fraktionsinterne Beratung ließ deutlich werden, daß diese Position, die insbesondere bei den hessischen Bundestagsabgeordneten Mißbilligung fand, in der FDP selbst nicht mehrheitlich gestützt wurde[43]. Die FDP schwenkte auf die Adenauersche Linie ein und bezeichnete die Stalin-Note als eine die Richtigkeit des Westkurses der Bundesregierung bestätigende Reaktion. Sie verstand sie als Aufmunterung, auf dem Weg der wirtschaftlichen, politischen und militärischen Westintegration fortzufahren. In Übereinstimmung mit der Union forderte sie freie demokratische Wahlen in

[38] Aufzeichnung Gradls, 2. Aprilhälfte 1952, zit. n. Kosthorst, Jakob Kaiser, S. 227.
[39] Pünder, Von Preußen nach Europa, S. 489.
[40] fdk, 13. 3. 1952, S. 2f.
[41] Mende, Neue Freiheit, S. 222.
[42] Kurzprotokoll Nr. 175 der FDP-Fraktionssitzung, 18. 3. 1952, Archiv der FDP-Bundestagsfraktion.
[43] Kurzprotokoll Nr. 180 der FDP-Fraktionssitzung, 1. 4. 1952, ebd.

der DDR als Vorbedingung eines Ost-West-Dialogs über das weitere Schicksal Deutschlands. Solange die Sowjetunion eine entsprechende Bereitschaft nicht glaubhaft dartat, wollte die FDP die Politik der Eingliederung in den Westen unbeirrt fortgesetzt wissen[44].

Die Koalitionsmehrheit verabschiedete in der Bundestagssitzung vom 3. April 1952 dann einen gemeinsamen, von der Partei angeregten Entschließungsantrag, der nicht nur deklamatorisch die Einheit als oberstes Ziel Bonner Politik bezeichnete, sondern diese Einheit in einem freien und vereinigten Europa realisiert wissen wollte, womit allen Neutralisierungsabsichten der Sowjetunion eine Absage erteilt wurde. Mit dem Verlangen nach Bildung einer aus freien Wahlen hervorgegangenen, in ihren innen- wie außenpolitischen Optionen völlig ungebundenen gesamtdeutschen Regierung wies man das Moskauer Bestreben zurück, ein wiedervereinigtes Deutschland auf den Verzicht von Koalitionen zu verpflichten, die gegen Kriegsgegner des Dritten Reiches ausgerichtet waren. Darüber hinaus sprach die Mehrheit des Bundestages die Erwartung aus, daß die Verhandlungen über die Revision des Besatzungsstatuts und die Europäische Verteidigungsgemeinschaft fortgesetzt würden[45]. Als die Sowjetunion in ihrer ersten Antwortnote signalisierte, über freie Wahlen mit sich reden zu lassen, erachtete die FDP die Basis für Verhandlungen immer noch als zu schmal. Sie stellte die Absicht zur Durchführung freier Wahlen in ihrem Sinne bereits in Frage, ehe darüber verhandelt worden war, erhob zur Bedingung, was eigentlich den Konsultationen vorbehalten sein sollte. Wenn Stimmen in der FDP dann auch noch in einem Aufwasch mit den Verhandlungen über die Zusammenführung der beiden deutschen Staaten die Oder-Neiße-Frage mitgeklärt wissen wollten, zeigt dies das mangelnde Interesse der Partei an einem Ost-West-Dialog zu diesem Zeitpunkt.

Wie in der Union, so wurde auch in der FDP im nachhinein darüber reflektiert, ob man im Frühjahr 1952 eine Chance zur Wiedervereinigung vertan habe. Der Justizminister im ersten Kabinett Adenauer und spätere Parteivorsitzende der FDP, Dehler, hat bereits zu Beginn des Jahres 1958 dem Kanzler unterstellt, das Kabinett überfahren und mit der Charakterisierung der Stalin-Note als reines Störmanöver eine bewußte Fehlinterpretation vorgenommen zu haben. Er drückte sich sehr vorsichtig aus, wenn er der damaligen Koalitionsregierung vorwarf, wenn nicht die Chance zur Wiedervereinigung, so doch die Gelegenheit zu Verhandlungen zur Klärung der Positionen von Ost und West in der Deutschlandfrage ungenutzt gelassen zu haben[46].

Die SPD hat die ihr im Zusammenhang mit der innerparteilichen Auseinandersetzung um die Stalin-Note unterstellte Neutralitätsabsicht stets zurückgewiesen. Dieser Anwurf war durchaus unbegründet. „Ein neutrales Deutschland [...] konnte nie als ernsthafte Möglichkeit erwogen werden[47].“ Ollenhauer betonte ausdrücklich, „die Entscheidung der SPD für den Westen sei gefallen“[48]. Aber das Streben nach Westintegration mußte mit dem nach Wiedervereinigung in Einklang gebracht werden. Nicht die Bündnislosigkeit stand zur Debatte. Es galt vielmehr auszuloten, ob die Sowjets für den Preis eines integrativen Teilverzichts die deutsche Einheit zu konzedieren geneigt waren. Kein Zweifel, daß für die SPD ein wiedervereinigtes Deutschland „politisch, ökonomisch und sozial zum Kreis der freien Völker“ gehörte, aber es war die Frage, ob es „unbedingt der Revolver Amerikas an den Rippen der Sowjetunion“ sein mußte[49]. Würde

[44] Deutscher Bundestag, Sten.Ber., Bd 11, 204. Sitzung, 3. und 4. 4. 1952, S. 8768–8771.
[45] Antrag der Fraktionen der FDP, CDU/CSU, DP, 3. 4. 1952, in: Deutscher Bundestag, Drucksachen, Bd 16, Nr. 3277.
[46] Deutscher Bundestag, Sten.Ber., Bd 39, 9. Sitzung, 23. 1. 1958, S. 392 D-393 B.
[47] Erler, Demokratie in Deutschland, S. 78.
[48] PPP 28. 3. 1952, S. 3.
[49] Erler, Norddeutsche Zeitung, 28./29. 6. 1952, zit. n. Soell, Erler 1, S. 150 f.

nicht eine Einigung zwischen Ost und West auf ein wiedervereinigtes Deutschland bereits ein beachtliches politisch-psychologisches Entspannungsmoment bedeuten? Ließ sich auf diese Weise nicht ein verbessertes Klima schaffen, in dem Vertrauen gedeihen konnte und das die Voraussetzung bot für Verhandlungen über eine östlichem wie westlichem Sicherheitsbedürfnis Rechnung tragende militärische Ordnung in Europa?

Sollte die Kreml-Führung auf solche Überlegungen nicht ansprechen, blieb die militärische Westintegration immer noch als sicherheitspolitischer Fluchtpunkt übrig. Wesentlich erschien es der SPD jedenfalls, daß die Bundesregierung ihrem entschlossenen Willen zur Wiedervereinigung in der gegebenen Situation Ausdruck verlieh, auch und gerade gegenüber den Westmächten. Der Vorsitzende des Bundestagsausschusses für gesamtdeutsche Fragen, Herbert Wehner, stellte folgende Punkte heraus, an denen sich die Behandlung der Sowjet-Note zu orientieren hatte:

„1. Streng sachliche Prüfung des Inhalts
2. Konkrete Vorbereitungen für einen Friedensvertrag durch Deutschland
3. Auch die Westmächte müssen vor konkrete Fragen gestellt werden
4. Die Weltdemokratien müssen sich mit dem deutschen Wunsch nach Wiedervereinigung solidarisieren[50]."

Im Bundestag brachte die Fraktion zwei Entschließungsanträge ein, denen diese vier Postulate zugrunde lagen. Sie waren in dem Bestreben formuliert, die Koalition auf den Primat der Wiedervereinigung zu verpflichten. Alle Anzeichen sprechen heute dafür, daß die sozialdemokratischen Parlamentarier die Resolution für konsensfähig erachteten. In Verkennung der realen Machtverhältnisse in der CDU/CSU mochten sie gehofft haben, der Standpunkt Jakob Kaisers werde sich unionsintern durchsetzen. Die Fraktion hatte ausdrücklich die Erklärung des Gesamtdeutschen Ministers über die Notwendigkeit einer eingehenden Prüfung des sowjetischen Memorandums begrüßt[51]. Im Antrag der Fraktion wurde die Bundesregierung ersucht:

1. den vier Besatzungsmächten in aller Form deutlich zu machen, daß sie die Wiederherstellung der Einheit Deutschlands in Freiheit als ihre vordringlichste politische Aufgabe betrachteten
2. den drei Westalliierten die ernsthafte Prüfung der Moskauer Offerte als Wunsch des Deutschen Bundestages nachdrücklichst nahezubringen
3. den vier Siegermächten des Zweiten Weltkrieges die Forderung zu unterbreiten, die Voraussetzungen zur Durchführung freier Wahlen zu einer Verfassunggebenden Nationalversammlung unter internationaler Kontrolle in den vier Besatzungszonen und Berlin zu schaffen
4. selbst die Unterlagen zusammenzustellen, die deutscherseits notwendig erschienen, um die Westmächte in die Lage zu versetzen, die Bonner Vorstellungen in Konsultationen mit der Sowjetunion durchzusetzen[52].

Die Hoffnung schien nicht unbegründet, daß zumindest auch Teile der FDP-Fraktion den Antrag unterstützen würden. Vizekanzler Blücher erklärte sich sehr mit dem Punkt einverstanden, der die Bundesregierung in einer letzten Bemerkung aufforderte, das Parlament über den Fortgang des Dialogs mit der Sowjetunion eingehend zu unterrichten und auf dem laufenden zu halten. Der FDP-Abgeordnete Reif vertrat darüber hinaus die Ansicht, man könne zusammen mit der SPD auch in den Passagen im Plenum votieren, die Forderungen an die Westmächte enthielten. Schließlich habe deren Antwortnote an Stalin die Bereitschaft zur Vorbereitung ge-

[50] Protokoll der SPD-Fraktionssitzung, 11. 3. 1952, AdsD, Fraktionsakten.
[51] Entschließung der SPD-Fraktion, 12. 3. 52, in: SPD-Dokumentation, S. 165f.
[52] Antrag der Fraktion der SPD, 19. 3. 1952, in: Deutscher Bundestag, Drucksachen, Bd 16, Nr. 3210.

samtdeutscher Wahlen keineswegs erkennen lassen. In der Diskussion zeichnete sich zunächst die Auffassung ab, Punkt 1 bis 3 seien durch die alliierte Antwortnote erledigt, mit Punkt 4 könne man sich identifizieren. Doch unter Einfluß des Fraktionsvorsitzenden Euler stimmte schließlich die Mehrheit für Ablehnung. So fiel der Antrag im Bundestag durch[53].

Immerhin fand der erste Teil einer zweiten Resolution der SPD-Fraktion eine parlamentarische Mehrheit, indem der Bundestag erklärte, ohne ein in Freiheit geeintes Deutschland könne keine europäische Friedensordnung geschaffen werden. „Die Wiederherstellung der Einheit Deutschlands ist daher ein europäisches Anliegen und das vornehmste politische Ziel der Bundesrepublik." Abgelehnt wurde hingegen das geplante Ersuchen an die Bundesregierung, mit den Westmächten nur solche Verträge abzuschließen, die der Bundesrepublik nicht die Möglichkeit verbauten, von sich aus in Verhandlungen mit den vier Besatzungsmächten über die friedliche Wiedervereinigung Deutschlands einzutreten[54].

Damit war der Versuch gescheitert, die Bundesregierung in Sachen Wiedervereinigung in die Pflicht zu nehmen. Gerade darum war es der SPD aber gegangen. Noch aber sah sie die letzte Chance, in der Deutschlandfrage mit der Koalition zu einem Mindestmaß an Gemeinsamkeiten zu kommen, nicht vertan. Die Partei hielt sich auffällig in der Kritik an dem für sie unbefriedigenden Antwortschreiben der Westmächte an den Kreml zurück, nahm auch den Bundeskanzler nicht frontal unter Beschuß, wenngleich er zugegeben hatte, es bei den Verhandlungen um die Formulierung der westlichen Replik auf die Stalin-Note unterlassen zu haben, die Haltung der Regierungen in Washington, London und Paris bezüglich einer modifizierten Integrationsregelung in dem Sinne sondiert zu haben, wie es die SPD wünschte. Auf die Frage des Abgeordneten Bärsch, ob bei den Verhandlungen die Möglichkeit einer deutschen Wiedervereinigung in Freiheit auf der Basis besprochen worden sei, daß der Westen auf eine militärische Integration des gesamtdeutschen Staates, insbesondere in das atlantische Verteidigungssystem, Verzicht leisten könne, entgegnete der Kanzler: Eine solche Konzeption halte er für undiskutabel. „Wir müssen uns klar sein, daß in gewissen politischen Kreisen der drei Westmächte eine solche Entwicklung erwünscht wäre; es gibt ein Land, wo die deutsche Gefahr größer angesehen wird als die russische[55]."

Auch nach Adenauers öffentlicher Erklärung, es stehe unabdingbar fest, daß in der zweiten Maihälfte der General- und EVG-Vertrag unterzeichnet würden[56], ließ die SPD den Kommunikationsfaden zum Kanzler nicht abreißen.

Als Stalin die Forderung nach freien Wahlen in der DDR nicht abschlägig beschied, ergriff der von einem Schlaganfall leicht genesene Kurt Schumacher noch einmal die Initiative und wandte sich in zwei Briefen an den Bundeskanzler, um ihn von der Notwendigkeit zu überzeugen, „den Regierungen der drei Westmächte als gemeinsamen deutschen Standpunkt vorzutragen, daß nichts unversucht bleiben darf, festzustellen, ob die Sowjetnote eine Möglichkeit bietet, die Wiedervereinigung Deutschlands in Freiheit durchzuführen"[57]. Gleichzeitig unterbreitete er

[53] Deutscher Bundestag. Sten.Ber., Bd 11, 204. Sitzung, 3. 4. 1952, S. 8748 C–8799 D.

[54] Antrag der SPD-Fraktion, 3. 4. 1952, in: Deutscher Bundestag, Drucksachen, Bd 16, Nr. 3278.

[55] Bericht des Sekretärs des Bundesratsausschusses für gesamtdeutsche Fragen, Wegmann, 28. 3. 1952, über die gemeinsame Sitzung des Ausschusses für gesamtdeutsche Fragen und des Ausschusses für das Besatzungsstatut und auswärtige Angelegenheiten des Bundestages, 27. 3. 1952, HStA Stuttgart, EA 1/17 Bü 119. Vgl. dazu Volkmann, in: Legende von der verpaßten Gelegenheit, S. 57.

[56] Rede anläßlich einer CDU-Versammlung in Bonn, 28. 4. 1952, vgl. KAG, 1952, S. 3407 G.

[57] Brief Schumachers, 22. 4. 52, an Adenauer, in: Schumacher, Reden und Schriften, S. 961–963, hier S. 961.

Vorschläge zur wirksamen internationalen Kontrolle solcher Wahlen[58]. All diese Bemühungen erwiesen sich als vergebens. Der Bundeskanzler steuerte unbeirrt auf General- und EVG-Vertrag zu. „Voll Sorge und Empörung" reagierte die SPD auf entsprechende öffentliche Äußerungen Adenauers. Parteivorstand und Bundestagsfraktion ritten nun eine scharfe Attacke gegen den Regierungschef, dem sie vorwarfen, an den Notwendigkeiten der deutschen Politik vorbeizusteuern, Öffentlichkeit und Volksvertretung über den Inhalt der in Kürze zu unterzeichnenden Verträge im unklaren zu lassen. Gefordert wurde die sofortige Einberufung des Bundestagsplenums. Ohne vorausgegangene Änderung des Grundgesetzes müsse die Unterschrift des Kanzlers null und nichtig bleiben. „Diese Politik", so hieß es in der Erklärung, „sperrt den Weg zur friedlichen Wiedervereinigung Deutschlands in Freiheit. Sie liefert dem sowjetischen Imperialismus den willkommenen Vorwand, die Sowjetische Besatzungszone in erhöhtem Maße zum militärischen Aufmarschgebiet zu machen. Sie erschwert dadurch die Lage des freiheitlichen Berlin". Die SPD kündigte ihren unerbittlichen Widerstand gegen die Sicherheitspolitik der Bundesregierung an[59]. Das dünne deutschland- und sicherheitspolitische Band zwischen Koalition und SDP-Opposition war zerrissen.

Auch führende Sozialdemokraten haben sich in späteren Jahren die Frage nach der vertanen Chance vorgelegt. Dabei wird nicht verkannt, daß die Politik der militärischen und politischen Eingliederung in ein westliches Bündnis entscheidend mit dazu beigetragen hat, den Frieden zu garantieren. Dem Bundeskanzler wird aber zu Recht der Vorwurf gemacht, er habe verkannt, daß sich im atomaren Zeitalter politische Forderungen, wie die nach der Wiedervereinigung, militärisch – und sei es auch nur durch das Streben nach militärischer Überlegenheit – nicht lösen ließen. „Es bedarf zu diesem Zweck auch politischer Anstrengungen", und genau diese Anstrengungen hat Adenauer nicht unternommen[60]. Die SPD hat sich aus Kreisen von Politik und historischer Forschung den Vorwurf gefallen lassen müssen, mit ihrer Maxime „Wiedervereinigung zuerst" an den realen Gestaltungsmöglichkeiten einer Wiedervereinigungspolitik vorbeigegangen zu sein. Dieses Argument hat sicher seine Berechtigung. Man kann dies aber auch umgekehrt sehen: wenn Politik die Kunst des Möglichen ist, dann hat es der Bundeskanzler an dem Versuch fehlen lassen, den deutschlandpolitischen Spielraum des Ostens in Erfahrung zu bringen. Ergebnislose Sondierungen über die Möglichkeiten zur Lösung der Deutschlandfrage im Vorfeld konkreter Viermächtekonsultationen waren militärisch risikolos, denn vor Ablauf von fünf Jahren konnte ein Bonner militärischer Beitrag kein sicherheitspolitischer Faktor werden. Adenauer hat aber auch dem weitverbreiteten Wunsch der deutschen Bevölkerung nach Wiedervereinigung auch gegenüber den zukünftigen Verbündeten zu wenig Ausdruck und Nachdruck verliehen. Er wollte dies auch aus Überzeugung nicht: Aussöhnung mit Frankreich, Grundsteinlegung für ein demokratisches Europa, bundesdeutsche Westintegration erachtete er als eine höhere Aufgabe denn die territoriale Restauration eines deutschen Nationalstaates!

Auf parlamentarischer Ebene wie in der Öffentlichkeit fand die SPD in ihrer Argumentation die Unterstützung der Föderalistischen Union (FU, zeitweiliger Zusammenschluß von Zentrum und Bayernpartei zu einer Fraktionsgemeinschaft). So erklärte der geschäftsführende Vorsitzende der Deutschen Zentrumspartei, Brockmann, die Westmächte müßten ihre ganze Kraft darauf verwenden, die Sowjetunion auf die von ihr gemachten Vorschläge festzunageln, denn

[58] Auszug des Briefes Schumachers, 24. 4. 1952, an Adenauer, ebd., S. 963.

[59] Entschließung von PA und Bundestagsfraktion der SPD, 17. 5. 1952, in: SPD-Pressedienst, 17. 5. 1952, S. 1 f.

[60] Erler, Demokratie in Deutschland, S. 76.

eine ausweichende oder abschlägige Reaktion könne sowohl das Vertrauen der Bevölkerung der Bundesrepublik wie der DDR in den Willen der Westmächte zur Wiedervereinigung schwächen[61].

Die „Nationale Rechte", deren Mitglieder wechselnd verschiedenen parteilichen Gruppierungen angehörten bzw. im Bundestag zeitweilig den Status Fraktionsloser trugen[62], lehnte die Adenauersche Sicherheitspolitik im Vergleich zur Sozialdemokratie aus ebenso unterschiedlichen Erwägungen ab, wie sie die Prüfung der Stalin-Note und Verhandlungen befürwortete. Der Vorsitzende der WAV, Loritz, betrachtete Deutschland als Spielball der Supermächte in ihrem Kampf um die Vormachtstellung in der Welt. Diese Auffassung wurde von der SRP geteilt, deren Repräsentanten eine militärische Auseinandersetzung zwischen USA und UdSSR auf europäischem und damit deutschem Boden auf Dauer für unvermeidbar und im Blick auf Deutschland für tödlich erachteten. Sie sahen aufgrund der Offerte vom 10. März 1952, trotz erheblicher Vorbehalte, in puncto deutsche Ostgebiete Möglichkeiten eines Arrangements mit der Sowjetunion als durchaus gegeben an, da der Kreml ihrer Ansicht nach wegen seiner derzeitigen ökonomischen und militärischen Unterlegenheit alles daran setzen mußte, jeglichen kriegerischen Konflikt auch in absehbarer Zeit zu vermeiden. „Die Sowjets würden nicht zögern, die kommunistischen Machthaber der Sowjetzone fallen zu lassen, falls es auf diese Weise möglich wäre, eine Wiederbewaffnung der deutschen Bundesrepublik im Rahmen der NATO-Front zu verhindern[63]." Diese schwache Position galt es im national-, ja nationalsozialistisch-restaurativem Sinne auszunutzen. Das hieß: Wiederherstellung der deutschen Einheit, auch um den Preis der Neutralität. Denn: „Ein vereintes Deutschland wird dank seiner Tüchtigkeit und Vitalität ebenso Mittel und Wege finden, um sich ohne Aufgabe seiner Unabhängigkeit einen wirksamen eigenen Schutz aufzubauen, wie gleichermaßen es das ‚Wunder' fertiggebracht hat, einen Großteil seiner Trümmer in sieben, statt erst innerhalb fünfzig Jahren zu beseitigen[64]." Mehr noch, man glaubte seitens der Sozialistischen Reichspartei, Moskau werde sich den Faktor Sicherheit vor dem Westen zu Lasten Polens und der Tschechoslowakei territorial etwas kosten, werde über die Interpretation des Potsdamer Abkommens mit sich reden lassen. Das in welchen Grenzen auch immer entstehende Deutschland sollte jedenfalls zum Kristallisationspunkt und letztlich zur beherrschenden Größe eines Mitteleuropa zwischen den Fronten von Ost und West werden. Also lautete die Parole der SRP: Mit Moskau verhandeln, weder Rapallo, noch Locarno.

Die Stalin-Note ist vielfach als bewußte Schützenhilfe für die SPD und deren Sicherheitspolitik bewertet worden. Wenn dies intendiert gewesen sein sollte, hat die kommunistische Seite der Sozialdemokratie einen Bärendienst erwiesen. Ungeachtet weitverbreiteter Skepsis der Bevölkerung gegenüber einem westdeutschen Verteidigungsbeitrag wirkte nichts parteischädigender als der Verdacht der Komplizenschaft mit Moskau und dessen Anhängern. Die SPD wußte das und hat auf jeden Versuch der Umarmung höchst allergisch reagiert, so auch, als ihr die SED die Schaffung einer Aktionseinheit der Arbeiterklasse zwecks gemeinsamen Kampfes gegen Militarisierung, für einen Friedensvertrag und für gesamtdeutsche Wahlen anbot[65]. Die „Baracke" ignorierte das Schreiben.

[61] Allgemeiner Morgenbericht des Presse- und Informationsamts der Bundesregierung, 13. 3. 1952, BA-MA, BW 9/2909-6.

[62] Vgl. dazu Datenhandbuch Bundestag, S. 238–242.

[63] So der zweite Parteivorsitzende der SRP, Generalmajor a. D. O. E. Remer in einem Interview vom 17. 4. 1952, in: Deutsche Opposition, 17. 4. 1952, S. 1.

[64] Ebd., 20. 3. 1952, S. 2.

[65] Schreiben vom 27. 3. 1952, vgl. dazu KAG, 1952, S. 3405.

Ähnlichen, aber taktisch differenzierten Bemühens befleißigte sich die KPD. Aufgrund der geringen Resonanz, die ihre im Bundestag entfaltete Tätigkeit in der Öffentlichkeit fand, und der Tatsache, daß die SPD den Kampf um die Gunst der Arbeiterschaft für sich entschieden hatte, verlegte sie sich immer mehr auf außerparlamentarische Agitation mit dem Ziel, Wähler und Funktionäre gegen die SPD-Parteiführung aufzuwiegeln. Die KPD bezichtigte die „rechte" SPD-Spitze (Schumacher, Ollenhauer, C. Schmid) einer rein parteitaktisch motivierten Opposition gegen den westdeutschen Verteidigungsbeitrag. „Mit seinem Scheingefecht gegen die Remilitarisierung versucht Schumacher, die breite Antikriegsstimmung aufzufangen und die Mitglieder seiner eigenen Partei und die Massen zu verhindern, konsequent und bedingungslos für den Frieden zu kämpfen. In Anbetracht des zwiespältigen Charakters der Politik Schumachers sind die Kommunisten verpflichtet, jedes gegen die Remilitarisierung gerichtete Auftreten von Sozialdemokraten zu unterstützen, zugleich jedoch die Doppelzüngigkeit und Unaufrichtigkeit sowie den gefährlichen aggressiven Charakter der Politik Schumachers zu entlarven[66]." In der Bundestagssitzung vom 3. April 1952 votierte die KPD für den Resolutionsantrag der SPD und brachte selbst einen Entschließungsentwurf ein, der die Regierung zum Verzicht auf die Weiterführung der Verhandlungen über den Generalvertrag zugunsten von Viermächtekonsultationen über Friedensvertrag und Einheit auf der Grundlage der Stalin-Offerte veranlassen sollte. Sich der Bundestagsmehrheit anschließend und damit im Vorgriff auf die zweite Sowjet-Note forderte auch Max Reimann freie, demokratische Wahlen zu einer Nationalversammlung zwecks Bildung einer gesamtdeutschen Regierung[67].

Man tut gut daran, diese Formulierung in exegetischer Absicht zu hinterfragen. Mit der marxistischen Terminologie hat es seine eigene Bewandtnis, was die KPD auch parteiintern immer wieder ins Bewußtsein rief. Befand sie es doch für nötig, bei der Auslegung der zweiten Stalin-Note Interpretationshilfe zu leisten, um denn ja keine Mißverständnisse aufkommen zu lassen. So schob sie der Aufforderung an ihre Gesinnungsgenossen, die Verwirklichung der Vorschläge der Sowjetunion öffentlich zu fordern, die Frage nach: „Was sind freie demokratische Wahlen?" Ein Lehrstück in Dialektik vorführend, wurde präzisierend nachgefragt: „Freie Wahlen für wen?" Im Sinne der Arbeiterklasse natürlich! Freie Wahlen, das hieß solche ohne den vermeintlichen Druck der Monopolherren. „Freie demokratische Wahlen, wie sie in der DDR garantiert bzw. durch das Vorhandensein der Staatsmacht der Arbeiter und Bauern gewährleistet sind." Im kapitalistischen Westdeutschland hielt die KPD freie und demokratische Wahlen für ausgeschlossen, hier, wo es Freiheit und Demokratie nach ihrer doktrinären Vorstellung nur für die Besitzenden, „für eine verschwindende Minderheit in der Gestalt der Monopolisten und Großgrundbesitzer" gab. Und wie sollte es freie und demokratische Wahlen unter der – wie die Partei es empfand – Pression imperialistischer Okkupationstruppen geben können, die sich den Pariser Abmachungen zufolge auf eine 50jährige Besatzungszeit einrichteten? „Es gibt keine freien Wahlen unter dem politischen und wirtschaftlichen Druck der Wiederaufrüstung, unter dem Druck der Stationierung von Atom-Kanonen auf dem Boden unserer Heimat und der zügellosen Hetze gegen die friedlichen Völker des Ostens. Es hat doch wahrlich nichts mit freien demokratischen Wahlen zu tun, wenn das werktätige Volk unter dem Druck der Konzerne, Banken und Großagrarier an seiner freien Entscheidung gehindert wird, wenn militaristische und faschistische Organisationen ungehindert die werktätige Bevölkerung terrorisieren und einschüch-

[66] Entwurf von Thesen Max Reimanns zum Parteitag der KPD, 3. 3. 1951, in: Thesen zum Parteitag der KPD 1951, S. 4.

[67] Deutscher Bundestag, Sten.Ber., Bd 11, 204. Sitzung, 3. und 4. 4. 1952, S. 8787 A.

tern können[68]." Auch die Festsetzung des Wahlalters auf 21 Jahre, statt auf 18, was den späteren Wehrpflichtigen, denjenigen, „die als Kanonenfutter der Imperialisten mit Hilfe der Remilitarisierung Westdeutschlands auf die Schlachtbank geführt werden", das Recht, ihren politischen Willen zum Ausdruck zu bringen, beschnitt, mußte als Indiz für die fehlende Voraussetzung freier, demokratischer Wahlen herhalten. Freiheit und Demokratie existierten kommunistischer Überzeugung gemäß nur in der DDR, wo die Mehrheit der Bevölkerung: die Werktätigen, und nicht die Minderheit: Monopolisten, Junker und Militaristen, Freiheit genossen – so die KPD[69].

Es bedarf keiner näheren Ausführungen darüber, was aus den von SED und KPD immer wieder verlangten deutsch-deutschen Konsultationen über freie und demokratische Wahlen geworden wäre.

g) Innerkoalitionäre Schwierigkeiten vor Unterzeichnung der Westverträge

Ende April 1952 lagen der bereits Ende des vorherigen Jahres ausformulierte General- und der inzwischen ausgehandelte EVG-Vertrag unterschriftsreif vor. Die beiden Konventionen verbanden die Zuerkennung – eingeschränkter – politischer Handlungsfreiheit nach innen und außen mit der Einbeziehung der Bundesrepublik in die europäische Gemeinschaft auf militärischem Gebiet, wobei die EVG eingebunden sein sollte in die Sicherheitspolitik des Nordatlantikpaktes. Im politischen Verständnis der Koalitionsparteien besaß der Generalvertrag die Qualität eines Vorfriedens, sogar einer endgültigen Friedensregelung mit den westlichen Siegermächten des Zweiten Weltkrieges[1]. Dessenungeachtet sicherten sich die Westalliierten gewisse Vorbehaltsrechte, insbesondere zur Stationierung von Truppen auf dem Gebiet der Bundesrepublik und Berlins. Eine Notstandsklausel ermächtigte sie, im Falle einer durch EVG und Bundesrepublik nicht zu meisternden militärischen oder die demokratische Grundordnung der Bundesrepublik gefährdenden Lage Schutzfunktionen zur Sicherung ihrer Streitkräfte und des westdeutschen Staats- und Gesellschaftswesens zu übernehmen, ohne daß sie jedoch den Status von Besatzungsmächten zurückerlangen sollten. Schließlich regelte die Bindungsklausel die Übertragung der Verträge auf ein wiedervereinigtes Deutschland. Zwischen der Ratifizierung des EVG- und des Generalvertrages bestand ein Junktim.

Adenauers Absicht, die Texte ohne vorherige Inaugenscheinnahme durch die Koalitionsparteien zu signieren, und sie erst anläßlich der Ratifizierungsdebatten vorzulegen, wurde durchkreuzt. Er schätzte die Willfährigkeit der Koalitionsfraktionen im Deutschen Bundestag falsch ein und provozierte eine kleine Palastrevolution. Zähneknirschend hatten die die Regierung tragenden Parteien dem Kanzler bei der Aushandlung der Kontrakte freie Hand gelassen. Nun aber wollten sie deren Inhalte im einzelnen studieren, um die letzte Chance zur Einflußnahme wahrzunehmen. Der Unionsfraktionsvorsitzende v. Brentano[2] wie der Bundesratsminister und DP-Vorsitzende Hellwege mahnten die Vertragstexte nachdrücklichst an, und sie machten deren Verabschiedung im Bundestag davon abhängig, daß die Fraktionen Gelegenheit erhielten, sie sorgfältig zu prüfen und, wenn nötig, Änderungsvorschläge einzubringen.

Zwar hatte sich Adenauer mit der Bildung eines innerkoalitionären Gesprächskreises, dem auch die wichtigsten Verhandlungsführer angehörten, einverstanden erklärt. Doch die Parla-

[68] Was sind freie demokratische Wahlen? In: Unser Weg, Nr. 12, S. 28, Archiv des BVG.
[69] Ebd.

[1] Vgl. dazu u.a. CDP, 2. 5. 1952, Bl. 1.
[2] Briefe v. Brentanos, 6. 5. 1952, an Adenauer, 7. 5. 1952 an Blank, in: Baring, Bundeskanzler, S. 97–100.

mentarier zeigten sich nun nicht mehr bereit, das beliebte Verfahren des Regierungschefs, wenn unausweichlich, dann nur personell sorgsam ausgewählte kleine Gremien mit Informationen zu versorgen und gegebenenfalls an wichtigen politischen Entscheidungsprozessen zu beteiligen, für die Zukunft festschreiben zu lassen. Als Vizekanzler und FDP-Vorsitzender Franz Blücher namens seiner Partei in diesem Sinne an den Hausherrn im Palais Schaumburg schrieb und gleich einen Katalog von Änderungswünschen zu den Vertragstexten beifügte[3], reagierte der Kanzler noch strikt abweisend: Mache ein solches Mitspracheverfahren bei den anderen Parteien und gar bei denen der Vertragspartner Schule, sei der Unterschriftstermin nicht abzusehen, von dem damit einhergehenden Vertrauensschwund in die außenpolitische Handlungsfähigkeit der Bundesregierung ganz zu schweigen[4]. Zu spät: die Unions- und DP-Fraktion hatten sich bereits ebenfalls über den Texten zusammengesetzt.

Den Koalitionsparteien war ein allgemeines Unbehagen über die Westverträge gemein. Dies lag bereits in der Diktion begründet, in der sich unbestritten die fachliche Qualifikation der juristisch und militärisch vorgebildeten deutschen Verhandlungsteilnehmer widerspiegelte, die aber unverkennbar einen Mangel an politischem Einfühlungsvermögen im Blick auf die schwierige innenpolitische Situation der Bundesregierung und der sie stützenden Parteien verriet. Die Kontrakte strichen vor allen Dingen zu wenig die erzielten politischen Errungenschaften heraus, als daß diese dem Bürger gleich ins Auge gesprungen wären, und die den ehemaligen Besatzungsmächten verbleibende Rolle schien bedeutsamer und ungeschminkter durch, als es den Parlamentariern unter wahlpropagandistischen Gesichtspunkten lieb sein konnte. Des Kanzlers indigniertes Festhalten an dem Grundsatz: „ausgehandelt ist ausgehandelt", nutzte nichts. Als zu tiefgreifend erwiesen sich die Meinungsverschiedenheiten zwischen ihm und den Koalitionsparteien, als daß sie sich hätten retuschieren lassen. Sie betrafen insbesondere den Generalvertrag. Die Sprecher von Union, FDP und DP führten beredte Klage darüber, daß der Kontrakt der Bundesrepublik die volle Souveränität vorenthielt. Sie kritisierten insbesondere die Notstandsklausel, die schon in ihren Formulierungen den Geist der Partnerschaft und Gleichberechtigung vermissen lasse.

Ins Fadenkreuz der Kritik aber geriet vor allem die Bindungsklausel. Adenauer wurde deutlich, wieviel näher die Mehrheit der Koalitionsparlamentarier dem Gedanken der Wiedervereinigung stand als er selbst. Bei den Koalitionsparteien traf man vorherrschend die Befürchtung an, die Bindungsklausel verriegele die Tür zur Wiedervereinigung auf unabsehbare Zeit. Ihr Text lautete in der umstrittenen Passage: „Die drei Mächte und die Bundesrepublik sind darin einig, daß ein wiedervereinigtes Deutschland durch die Verpflichtungen der Bundesrepublik nach diesem Vertrag, den beigefügten Abkommen und den Verträgen über die Bildung einer integrierten europäischen Gemeinschaft – in einer gemäß ihren Bestimmungen oder durch Vereinbarung der beteiligten Parteien angepaßten Fassung – gebunden sein wird, und daß dem wiedervereinigten Deutschland in gleicher Weise die Rechte der Bundesrepublik aus diesen Vereinbarungen zustehen werden[5]." Diese Formulierung besagte nicht mehr und nicht weniger, als daß ein wiedervereinigtes Deutschland – eventuell in modifizierter, aber nicht näher bestimmter Form – in die von der Bundesrepublik eingegangenen Verpflichtungen in General- und EVG-Vertrag einzutreten hatte. Bei allen Koalitionsfraktionen und selbst im Kabinett wurden Zweifel

[3] Brief Blüchers, 5. 5. 1952, an Adenauer, AdL, A 3-53, Vizekanzler Blücher, Korrespondenz 1949–1952.
[4] Brief Adenauers, 6. 5. 1952, an Blücher, in: Adenauer, Erinnerungen 1, S. 528–530.
[5] Bindungsklausel Art. 7, Abs. 3. der Fassung des Generalvertrags vom 22. 11. 1951, zit. n. Grewe, Rückblenden, S. 152.

geäußert, ob ein deutscher Teilstaat unter politischen wie unter juristischen Gesichtspunkten Verbindlichkeiten eingehen durfte, die eine zukünftige gesamtdeutsche Nationalversammlung und Regierung eines gewichtigen Teils ihrer Selbstbestimmung und außenpolitischen Handlungsfreiheit beraubten. Dies war aber nur ein, nämlich der innerdeutsche Aspekt. Der zweite, außenpolitische, erschien noch bedeutsamer: würde man die UdSSR jemals an einen deutschlandpolitischen Verhandlungstisch bringen, wenn die Einheit bereits die militärische Westbindung implizierte? Die Mehrheit der Koalitionsparlamentarier wußte darauf eine lediglich verneinende Antwort.

Dem Kanzler stellte sich diese Frage überhaupt nicht, weil er bei der Lösung des Deutschlandproblems auf die Wirksamkeit der Politik der Stärke setzte, also darauf, daß, wenn es zu Verhandlungen kommen sollte, der Westen die Bedingungen diktierte. Aus innenpolitischen Erwägungen heraus hatte er ausgesprochen Wert auf diese unzweideutig apodiktische Artikulation der Bindungsklausel gelegt, ließ sie doch keinen Raum mehr für irgendwie geartete Neutralitätsbestrebungen. Wenn er den Beitritt der Bundesrepublik zu einer westeuropäischen Sicherheitsgemeinschaft als den entscheidenden Schritt zur Wiedervereinigung bezeichnete, dann rechnete er mit einer Lösung der deutschen Frage als Ergebnis eines im Zuge der Politik der Stärke möglich werdenden Entspannungsprozesses, in den die neue Ordnung ganz Europas mit einbezogen werden mußte. „Daher wird, wenn Sowjetrußland überhaupt eines Tages – und der Tag wird kommen nach meiner Überzeugung – bereit ist zu verhandeln, nicht nur über die Sowjetzone verhandelt werden [..]. Es wird eines Tages [...] zwischen den Westalliierten und Sowjetrußland verhandelt werden müssen über die Beruhigung des ganzen osteuropäischen Gebietes und höchstwahrscheinlich auch des ostasiatischen [...], und erst wenn diese Verhandlungen in Gang kommen, können wir damit rechnen, daß auch die Sowjetzone entlassen wird aus der Hand der Russen[6].“ Zwischenzeitlich, so gab er sich überzeugt, würde aber die westeuropäische Integration so weit fortgeschritten sein, daß die Wiedervereinigung unter nationalem Gesichtspunkt politisch weitgehend an Gewicht verloren hätte, insbesondere auch in Frankreich. Hier hat sich die von seiner Europaeuphorie beflügelte Zukunftsvision wohl weit über die Realitäten erhoben.

Der sich im Regierungslager abzeichnenden Kontroverse um die Bindungsklausel lag mithin keine textbezogen-interpretatorische, sondern eine politisch-konzeptionelle Meinungsdifferenz zugrunde. Die Fronten verhärteten sich sehr rasch. Der Kanzler stand, politisch relativ isoliert, aber von den Mitgliedern der Verhandlungsdelegation gestützt, der koalitionsfraktionellen Fronde um v. Brentano und Kaiser einstweilen kompromißlos gegenüber.

Letztlich ging es um mehr als um die Bindungsklausel: die Westverträge erwiesen sich als bedeutsam genug, um in der jungen Demokratie das Wechselspiel von außenpolitischer Eigenverantwortung der Regierung und Mitverantwortung bzw. Mitgestaltung durch die Koalitionsparlamentarier erneut zu erproben. Während der Kanzler auf sein Recht pochte, Verträge auszuhandeln, wollten sich die Regierungsfraktionen nicht mit der Rolle von Ja- bzw. Nein-Sagern im Bundestag zufriedengeben. Anfang Mai 1952 jagten sich die Fraktionssitzungen, abgelöst von den Beratungen des Kabinetts, an denen die Sprecher der Koalitionsparteien in der Regel teilnahmen. Krisenstimmung in Bonn! Der Bundeskanzler versuchte, den Streit in der Koalition unter der Decke zu halten, vor den Westmächten und der Opposition zu verbergen. Seine innerkoalitionären Opponenten aber suchten sich durch gezielte Indiskretionen Rückendeckung in der Öffentlichkeit zu verschaffen.

[6] Teegespräch, 23. 5. 1952, in: Adenauer, Teegespräche, S. 255–277, hier S. 260.

Adenauer schien zunächst die besseren Karten zu besitzen. Er bediente sich der Westmächte als Trumpf. Dem entschlossenen Votum seiner Widersacher im eigenen Lager: keine parlamentarische Mehrheit für *diese* Verträge, setzte er entgegen: keine Chance bei den Alliierten für *andere.* Doch die Hochkommissare verfügten über einen genügend ausgeprägten politischen Instinkt, um die Kräftekonstellation und die Folgen durchgefallener Verträge richtig einzuschätzen und bekundeten ihrerseits die Bereitschaft, über die Bindungsklausel erneut zu beraten. Der Kanzler steckte zurück, was sich im Laufe des Ratifizierungsverfahrens wiederholen sollte. Er mußte sich eine lehrreiche Lektion in innerkoalitionärer Demokratie erteilen lassen, wie sich überhaupt das politische Funktionsschema des Staatswesens Bundesrepublik Deutschland über keinem anderen Thema besser eingespielt hat, als über dem der Sicherheitspolitik der 50er Jahre.

Die Suche nach einer Kompromißformel begann. Nach zähen Verhandlungen in der Koalition und mit den Westmächten wurde sie gefunden: „Im Falle der Wiedervereinigung Deutschlands – vorbehaltlich einer zu vereinbarenden Anpassung – werden die drei Mächte die Rechte, welche der Bundesrepublik aufgrund dieses Vertrages und der Zusatzverträge zustehen, auf ein wiedervereinigtes Deutschland erstrecken und werden ihrerseits darin einwilligen, daß die Rechte auf Grund der Verträge über die Bildung einer integrierten europäischen Gemeinschaft in gleicher Weise erstreckt werden, wenn ein wiedervereinigtes Deutschland die Verpflichtungen der Bundesrepublik gegenüber den drei Mächten oder einer von ihnen auf Grund der genannten Verträge übernimmt[7].“ Diese Formulierung bedeutete nicht den generellen Verzicht auf die Einbindung Gesamtdeutschlands in die von Bonn eingegangenen Verpflichtungen, sie schloß lediglich die automatische aus.

Jakob Kaiser hat sich überhaupt von der Bindungsklausel distanziert und das Seine versucht, um sie gänzlich zu eliminieren. Sein Gewissen, so schrieb er dem Kanzler, werde es „nicht zulassen, dem Vertragswerk mit der Bindungsklausel zuzustimmen“. Selbst in korrigierter Fassung mußte sie die Wiedervereinigung erschweren[8]. Als am 26. Mai 1952 in den Räumen des Bundesrates der nun in Deutschlandvertrag umbenannte Generalvertrag in einer schlichten, aber feierlichen Zeremonie unterzeichnet wurde, vermißte man den Gesamtdeutschen Minister, der dem Akt demonstrativ ferngeblieben war. Zuvor hatte die parlamentarische Opposition einen letzten Versuch unternommen, die Kontrakte vor der Unterschriftsleistung im Bundestag zur Debatte zu stellen. Die Regierungsmehrheit konnte dies aufgrund Art. 39 des Grundgesetzes, demzufolge auf Begehren eines Drittels der Mitglieder des Bundestages eine Sondersitzung einberufen werden mußte, nicht verhindern. Sie weigerte sich allerdings, die Beratung der Kontrakte auf die Tagesordnung zu setzen. Dieses Geschäftsordnungsgebaren hielt die Opposition natürlich nicht davon ab, die Vertragsinhalte zur Sprache zu bringen.

In Wirklichkeit aber ging es um eine der zahlreichen Übungen, die den Zweck verfolgten, die noch lockeren gewaltenteiligen Spielregeln des jungen parlamentarisch-rechtsstaatlichen Gefüges festzuschreiben. Wo begannen und wo endeten im Blick auf die Außenpolitik Einflußnahme und Kontrollfunktion des Parlaments? So lautete die eigentliche Frage. Der SPD-Abgeordnete Arndt sagte dazu wörtlich: „Wir rechtfertigen diese Tagesordnung mit der Art, dem Zeitpunkt und den Wirkungen der geplanten Verträge. Man kann uns nicht einwenden, daß es allein Sache der Regierung sei, zu verhandeln. Denn die *Unterzeichnung* ist kein Akt des Verhandelns mehr. Ehe sie unterschreibt, kann und muß die Regierung also dem zu ihrer Kontrolle berufenen Par-

[7] Zit n. KAG, 1952, S. 3485.
[8] Brief Kaisers, 23. 5. 1952, an Adenauer, BA, NL 238.

lament Aufschluß geben, was sie als angeblich unterschriftsreif ausgehandelt hat." Er maß den Verträgen einen besonderen Stellenwert zu, weil sie ihrem Wesen nach einem Ersatzfrieden gleichkamen. Die Weimarer Nationalversammlung habe sich das Recht nicht nehmen lassen, den Versailler Vertrag vor Unterzeichnung zu diskutieren. Der Abgeordnete verwies auf die Beschlüsse der französischen Nationalversammlung und des Rates der Republik, die Entwürfe vor dem Akt der Unterzeichnung zu beraten. Dabei, so gab er zu bedenken, stellten die Verträge für Frankreich nur einen außenpolitischen Vorgang dar, sie bedeuteten für die Bundesrepublik hingegen „ein Stück Verfassung, unter der wir leben sollen ... Es wäre wirklich erschütternd, sich heute am dritten Jahrestag des Bonner Grundgesetzes vorstellen zu müssen, daß dieses Grundgesetz schon wieder in den letzten Zügen liege"[9].

Die Abgeordneten Reismann (Zentrum), Keller (BHE), der Fraktionslose Loritz und MdB Rische von der KPD schlossen sich dieser Argumentation an.

Durch den Abgeordneten Krone ließen die Koalitionsfraktionen wissen, der Oppositionsantrag verstoße gegen Grundgesetz und Geschäftsordnung, womit sie sich formal im Recht befanden.

Diese und noch später zu schildernde Vorgänge lassen deutlich werden, daß die Behandlung des Themas Sicherheitspolitik in den 50er Jahren einen Blick frei gibt auf die konstitutionelle Etablierung des Staatswesens Bundesrepublik, und dies macht keinen geringen Teil der Bedeutung dieses historischen Sujets aus.

4. Der parlamentarische Kampf um die Ratifizierung der Westverträge

a) Der Zeitplan

Für den abwesenden v. Brentano richtete dessen Stellvertreter im Fraktionsvorsitz, Heinrich Krone, anläßlich des Unterzeichnungszeremoniells ein enthusiastisches Dankesschreiben an Adenauer, in dem die Unionsabgeordneten des Deutschen Bundestages „ihre besondere Hochachtung und Verehrung" zum Ausdruck brachten. „Das große Vertragswerk, das Sie nach Monaten schwerster und von hoher Verantwortung für unser geschlagenes Volk getragenen Verhandlungen unterzeichnet haben, sichert – darin stimmen wir Ihnen rückhaltlos zu – mit dem Frieden in der Welt nicht nur den Bestand unseres neuen deutschen Staates, sondern auch Europas und seiner christlichen Kultur[1]." Wiewohl eine Huldigung an den Kanzler, enthielt das Schriftstück, wägt man die Worte sorgfältig in ihrer Bedeutung ab, dennoch die deutliche Warnung, den Respekt der Fraktion vor der hinter dem Vertragswerk sich verbergenden politischen Leistung nicht mit kritiklosem Einverständnis hinsichtlich der einzelnen Passagen gleichzusetzen. Eingehende Debatten waren – auch seitens der beiden anderen Koalitionspartner – angekündigt, als Adenauer mit beharrlichem Drängen einen raschen Durchlauf der Kontrakte durch die parlamentarischen Gremien zu erwirken suchte. Noch vor den Sommerferien wollte er sie unter Dach und Fach haben. Dieser Zeitpunkt erschien in seinen Augen realistisch, weil der Bundestag über die Grundlagen und das Grundsätzliche der Vereinbarungen bereits im Februar ver-

[9] Deutscher Bundestag, Sten.Ber., Bd 12, 214. Sitzung, 23. 5. 1952, S. 9414 C.

[1] Brief Krones, 29. 5. 1952, an Adenauer, in: Baring, Bundeskanzler, S. 105.

handelt hatte, Kritik der Koalitionsfraktionen berücksichtigt und die Arbeit der Regierung nun abgeschlossen, eine Wiederaufnahme der Beratungen aufgrund von Einzelkritik ausgeschlossen war, so daß sich die Abgeordneten auf die Beurteilung der Verträge als Ganzes konzentrieren konnten.

Aus mehreren Überlegungen heraus legte der Kanzler Wert darauf, daß die Kontrakte die parlamentarischen Hürden ohne Mühe und in forciertem Tempo nahmen: zum einen galt es, den im Herbst zu wählenden Präsidenten der USA vor vollendete Tatsachen zu stellen, zumal sich nicht absehen ließ, ob Taft, von dem man ein reduziertes europäisches Engagement der USA erwartete, oder Eisenhower zukünftig im Weißen Haus residierte[2]. Zum anderen barg ein immer noch in Gang befindlicher Notenaustausch zwischen den Regierungen in Washington, London und Paris einer- und Moskau andererseits die latente Gefahr einer Viermächteverständigung über das Schicksal Deutschlands in letzter Minute, d.h. vor der europäischen Integration der Bundesrepublik durch ein Militärbündnis, in sich. Umgekehrt mußte der bei den zukünftigen Bündnispartnern immer wieder durchschimmernden Besorgnis begegnet werden, Bonn könne sich durch verlockende Angebote doch noch zu einem deutschlandpolitischen Arrangement mit dem Kreml verleiten lassen, weshalb Adenauer sich vor britischen Journalisten zu der Versicherung genötigt sah, „daß ihn kein Angebot der Sowjetunion bewegen könnte, aus der Verbindung mit dem Westen auszubrechen“[3]. Und da die zukünftigen EVG-Partner der Bundesrepublik bei der Ratifizierung den Vortritt lassen wollten, mußte man, den häufigen Wechselfällen im politischen Kräftespiel Frankreichs Rechnung tragend, die dort gegebene, vermeintlich günstige politische Konstellation nutzen. Die im Frühjahr 1953 in Italien anstehenden Wahlen durften gleichfalls nicht außer Betracht bleiben. Die Ratifizierung der Westverträge sollte der bevorstehenden Hinterlegung der Ratifizierungsurkunden des Schuman-Plans rasch folgen. „Dann“, so Adenauer, „haben wir eine europäische Organisation auf dem Gebiet von Kohle und Eisen mit einer Hohen Behörde, einer Versammlung und einem Ministerrat. Und dann entsteht hier die EVG mit denselben Organen“. Wenn man dann noch eine über beiden Institutionen stehende politische Behörde schuf, war dies „schon mehr als ein Embryo für eine europäische Föderation“[4].

Solche Argumente, meinte Adenauer, müßten überzeugen. Deshalb seien „Überraschungen [...] kaum zu erwarten, da bei uns die Fronten festlägen. Durch die frühere Ratifizierung würde auch der SPD-Agitation der Wind aus den Segeln genommen[5].“

Er sollte sich täuschen. Die Abgeordneten, selbst solche aus den Reihen der Koalition, kosteten ihre Stunde aus, wollten ein Exempel statuieren, den Regierungschef die Macht des Parlaments spüren lassen. Jetzt rächten sich des Kanzlers Vorliebe für Alleingänge, seine mangelnde Kooperationsbereitschaft gegenüber Partei und Koalitionsfraktionen, seine auf die Loyalität persönlicher Berater gestützte Kabinettspolitik. Am 6. Juni verabschiedete das Bundeskabinett die Zustimmungsgesetze, über die der Bundestag am 9. und 10. des Monats in Erster Lesung beriet. Aber bereits vorher hatte der Ältestenrat in Anwesenheit des Bundeskanzlers dessen Ratifizierungsfahrplan durchkreuzt, indem er sich nicht entschließen konnte, den Gang der parlamentarischen Beratungen zu beschleunigen[6]. Auf Adenauers Vorschlag, den Beginn der Parlamentsferien um 14 Tage auf den 15. August zu verschieben, ließ sich das Gremium nicht ein, weil es

[2] Vgl. dazu Beitrag Maier.
[3] Unterredung, 3.6.1952, in: Adenauer, Teegespräche, S. 295–303, hier S. 297.
[4] Teegespräch, 11.7.1952, ebd., S. 321–343, hier S. 332.
[5] Unterredung mit Pressevertretern, 3.6.1952, ebd., S. 295–303, hier S. 295.
[6] CDP, 19.6.1952, S. 1.

den verbleibenden Zeitraum als zu knapp bemessen für eine gewissenhafte parlamentarische Prüfung der Kontrakte erachtete. Damit zeichnete sich eine Zweite und Dritte Lesung frühestens für Anfang September ab. Unterstützung fand der Kanzler lediglich bei der Christlich-Demokratischen Union, während selbst die Deutsche Partei, deren Vorsitzender Hellwege in Washington noch erklärt hatte, die Verträge würden bereits vor der Sommerpause des Parlaments ratifiziert, anderen Sinnes geworden war. Die Freien Demokraten fürchteten, ein Teil ihrer Abgeordneten könne aus der Fraktionsdisziplin ausscheren und sich dem zeitlichen Druck durch Fernbleiben bei den entscheidenden Abstimmungen entziehen[7]. Lapidar vermeldete der Pressedienst der Union, „in politischen Kreisen der Bundeshauptstadt", sprich: seitens des Regierungschefs, werde „die Verzögerung bedauert"[8]. Ein Gespräch zwischen den Vorsitzenden der Koalitionsfraktionen und dem Kanzler erbrachte keine Einigung in der Terminfrage[9].

So überwies das Parlament die Verträge auf interfraktionellen Beschluß federführend an den Ausschuß für Besatzungsstatut und auswärtige Angelegenheiten, ferner an die Ausschüsse für Wirtschaft, Finanzen, Haushalt, Recht und gesamtdeutsche Fragen. Nicht genug damit, setzte er einen Sonderausschuß zur Mitberatung des EVG-Vertrages und der damit zusammenhängenden Abmachungen unter Vorsitz von Franz Josef Strauß ein (ab. 21. Januar 1953 Ausschuß für Fragen der europäischen Sicherheit), womit die Union dem nachhaltigen Drängen des bayerischen Abgeordneten auf mehr Mitsprache der CSU in Fragen der Verteidigung ebenso nachgab, wie sie seinen persönlichen sicherheitspolitischen Ambitionen entgegenkam[10].

Aber auch der Spätsommertermin erwies sich als nicht haltbar, nachdem der Auswärtige Ausschuß in einer Abstimmung, bei der die SPD- und FDP- gemeinsam gegen die Unions- und DP-Angehörigen votierten, den Beginn seiner Beratungen auf den 3. September festgesetzt hatte[11]. Die Ausschüsse ließen sich Zeit, und des Kanzlers Geduld wurde auf eine harte Probe gestellt. Verärgert schrieb er am 18. September gleich zwei Briefe an den Unionsfraktionsvorsitzenden, in denen er sich über den schleppenden Verlauf der Beratungen in den Ausschüssen zu Deutschland- und EVG-Vertrag bitter beklagte. Da sich Auswärtiger und EVG-Ausschuß inzwischen auf Anfang Oktober vertagt hatten, bat er v. Brentano „auf das dringendste", sich in seiner „Fraktion [...] mit ganzer Kraft dafür einzusetzen, daß sofort nach dem SPD-Parteitag die Ausschüsse mit aller Intensität ihre Arbeit zu Ende führen". Dies sei aus außenpolitischen Erwägungen notwendig, und er sei bereit, diese der Fraktion persönlich darzulegen[12]. Ein Schreiben gleichen Inhalts erhielt der FDP-Fraktionsvorsitzende Schäfer[13]. Wenige Tage später suchte Adenauer die Unionspresse im Sinne einer raschen parlamentarischen Abwicklung des Verabschiedungsverfahrens publizistisch einzuspannen. Er warf auch bei dieser Gelegenheit den Koalitionsmitgliedern der Ausschüsse vor, der Verzögerungstaktik der SPD Vorschub zu leisten, statt von ihrer Stimmenmehrheit zur Abkürzung der Verhandlungen Gebrauch zu machen. Er wies auf die bevorstehenden NATO-Beratungen über eine Verteidigungsstrategie für Europa hin, von der die Bundesregierung vor dem Zustandekommen der EVG ausgeschlossen bleibe. Immerhin stünden dort zwei Anschauungen zur Debatte: die eine sehe eine Verteidigung „vorn am Eiser-

[7] FAZ, 20.6.1952, S. 1.
[8] CDP, 11.6.1952, Bl. 5.
[9] Ebd., 19.6.1952, Bl. 1.
[10] Deutscher Bundestag, Sten.Ber., Bd 12, 222. Sitzung, 10.7.1952, S. 9923.
[11] Notiz über die Sitzung des Auswärtigen Ausschusses, 18.7.1952, BA-MA, BW 9/1811.
[12] Brief Adenauers, 18.9.1952, an v. Brentano, BA, NL 239/163. Der SPD-Parteitag fand nach dem plötzlichen Tod Schumachers (20.8.1952) zwischen dem 24. und 28.9.1952 in Berlin statt.
[13] Brief Adenauers, 18.9.1952, an Schäfer, StBKAH, 12.32.

nen Vorhang“ vor, die andere, französische, „eine hinhaltende [...] bis zum Rhein“, mit Deutschland als Schlachtfeld[14]. Darüber hinaus nutzten seiner Auffassung nach die Kommunisten den Schwebezustand, um öffentlich gegen die Abkommen Stimmung zu machen.

Zwischenzeitlich fand der 3. CDU-Parteitag (17.–19. Oktober 1952) in Berlin statt, der zu einem überzeugenden Vertrauensbeweis für den Vorsitzenden und Bundeskanzler Konrad Adenauer geriet. Dies wirkte sich aber keineswegs beschleunigend auf die parlamentarische Prozedur der Vertragsprüfung aus, deren Ende sich Anfang November immer noch nicht absehen ließ. In schierer Verzweiflung brachte Adenauer erneut einen Brief an Brentano auf den Weg, in dem er angesichts des ohnehin absehbaren negativen Votums der Sozialdemokraten den CDU/CSU-Fraktionsvorsitzenden aufforderte, „keine weiteren Verschleppungsversuche der SPD in den Ausschüssen zuzulassen“[15].

Als der CDU-Antrag, die Zweite und Dritte Lesung Ende November durchzuführen, u.a. wegen der noch nicht abgeschlossenen Ausschußberatungen nicht einmal die Zustimmung aller Koalitionsabgeordneten fand und mit 179 zu 166 Stimmen abgelehnt und zudem kein neuer Termin anberaumt wurde[16], war dies eine parlamentarische Niederlage für den Kanzler. Dieser selbst empfand es ironisierend als eine „persönliche Ovation“, als einen Denkzettel also. Seine Reaktion zeugt nicht gerade von Hochachtung gegenüber den Mitgliedern des Bundestages und deren Fähigkeiten, wenn er im Deutschland-Union-Dienst verlauten ließ, alle Bundestagsmitglieder hätten sich nun fast ein halbes Jahr lang mit dem Inhalt der Vertragswerke befaßt. „Wer unter ihnen heute im Ernste behaupten wollte, er sei noch nicht genügend in die Materie eingedrungen, würde seiner eigenen geistigen Konstitution ein Armutszeugnis ausstellen[17].“ Noch bedenklicher mögen seine Darlegungen während eines seiner berühmten Teegespräche mit führenden deutschen Journalisten stimmen, offenbarten sie doch ein – möglicherweise auf den Weimarer Erfahrungen beruhendes – nicht ungetrübtes Verhältnis gegenüber der Volksvertretung und dem Parlamentarismus: „Nach meiner Meinung – bitte bringen Sie das nicht – [ist] ein modernes Parlament mit seinen vielen Ausschüssen den Situationen nicht mehr gewachsen[18].“ Wie schon bei früherer Gelegenheit beschwor Adenauer nochmals die Gefahr, durch die Verzögerung der Ratifikation von der Strategiediskussion innerhalb der NATO ausgeschlossen zu bleiben: „Wenn ich mir vorstelle, [...] man würde uns mit einigen Atombomben beglücken, was würde da von Deutschland übrigbleiben? Deshalb haben wir das allergrößte Interesse, herauszukommen aus diesem Zustand, und zwar so schnell wie möglich, um damit auch Einfluß zu bekommen. Es ist ja auch so eminent wichtig, daß Deutschland Einfluß bekommt auf die Strategie der Verteidigung und daß es die Möglichkeit bekommt, dafür zu sorgen, daß unser Land nicht mehr der Schauplatz einer solchen furchtbaren Auseinandersetzung wird[19].“ Auf die Nachricht, daß die NATO nicht im Dezember 1952, sondern erst im Spätjahr des kommenden Jahres über neue Verteidigungspläne beraten werde, sprang die SPD sofort an: Da der Kanzler nun eines gewichtigen Argumentes für eine beschleunigte Ratifizierung verlustig gegangen war, forderte sie – zum wiederholten Mal – eine Verabschiedung der Vertragswerke erst durch den neugewählten Bundestag[20]. Die Beratungen wurden schließlich auf den 3. bis 5. Dezember 1952 anberaumt.

[14] Rede Adenauers, 27.9.1952, vor dem „Verein Union-Presse“, AdsD, PV Schumacher J 104, Generalvertrag 1952.
[15] Brief Adenauers, 3.11.1952, an v. Brentano, BA, NL 239/163.
[16] Deutscher Bundestag, Sten.Ber., Bd 13, 237. Sitzung, 18.11.1952, S. 10938 A.
[17] DUD, 18.11.1952, S. 3.
[18] Wortprotokoll des Kanzlertees, 20.11.1952, in: Adenauer, Teegespräche, S. 356–364, hier S. 357.
[19] Ebd., S. 357f.
[20] PPP, 14.11.1952.

Tatsächlich fand auch die Zweite Lesung statt, doch mußte sich der Kanzler mit der Dritten bis zum März des folgenden Jahres gedulden. Wiedervereinigung, Schicksal des Saargebietes und der soldatischen Kriegsverbrecher sowie Verfassungsstreit hießen die Stichworte, die die Verzögerung des Ratifizierungsverfahrens begründeten.

b) Die Deutschlandfrage

Die Verzögerung des Ratifizierungsverfahrens allein auf Friktionen innerhalb der Koalitionsfraktionen bzw. zwischen diesen und dem Kanzler reduzieren zu wollen, griffe argumentativ zu kurz. Viele Abgeordnete der Regierungsparteien nahmen es mit der Prüfung der bislang bedeutsamsten Verträge, die Bonn abzuschließen hatte, aus politischer Verantwortung sehr genau, was man auch der Opposition aus SPD und FU zugute halten muß. Die Protokolle der Ausschußsitzungen vermitteln den Eindruck eines immensen, aus politischer Sorge beflügelten Fleißes, mit dem die Texte interpretiert, die Zusammenhänge zwischen Deutschland- und EVG-Akte analysiert, mögliche politische, militärische, ökonomische, fiskalische und rechtliche Folgewirkungen abgeschätzt und prognostiziert wurden. Dabei vollzogen sich die Diskussionen auf einem hohen intellektuellen Niveau und im nahezu emotionslosen Raum, weitgehend ungetrübt von parteipolitischer Voreingenommenheit und Profilierungsgebaren.

Neben Einzelfragen ging es um die gesamtpolitische Beurteilung der Westverträge. Adenauer hat stets bedauert, daß der EVG-Vertrag zu sehr unter dem Aspekt der seinerzeitigen Ost-West-Spannungen und seiner militärischen Bedeutung als Instrument der Abwehr gegenüber einem etwaigen sowjetrussischen Angriff beurteilt wurde. Er betrachtete ihn nämlich auch als Wendepunkt in der politischen Entwicklung Europas, langfristig darauf ausgerichtet, den überkommenen Nationalismus zu überwinden: Die europäischen Nationalstaaten hatten seiner Ansicht nach „eine Vergangenheit, aber keine Zukunft"[1], denn kein europäisches Land konnte sich in der gegebenen weltpolitischen Konstellation selbst behaupten, weder politisch, noch militärisch oder gar ökonomisch. Diese Bewertung korrespondierte mit der der SPD. Die EVG besaß für sie die Funktion einer Hilfskonstruktion, mit der man die europäische Föderation punktuell zu errichten suchte, eines Steines zum Aufbau eines bundesstaatlichen Europas, der auch dann unverzichtbar erschien, „wenn der Druck seitens der Sowjetunion nicht vorhanden wäre"[2]. Voraussetzung der europäischen Einigung war allerdings die deutsch-französische Aussöhnung.

Schuman-Plan und EVG-Vertrag wertete der Kanzler daher „als Vorstufe eines politischen Zusammenschlusses Europas"[3], mit der unmittelbaren Folge, daß Kriege zwischen den europäischen Partnerstaaten zukünftig ausgeschlossen bleiben, die Aussöhnung der europäischen Völker bewerkstelligt, moralische und ökonomische Kräfte freigesetzt werden sollten. Darüber hinaus hatte sich Westdeutschland vom Objekt zum Subjekt der europäischen und der Weltpolitik gewandelt, war zum westlichen mitsprechenden Partner in militärischen wie politischen Angelegenheiten geworden. Für den Regierungschef rangierte die EVG- eindeutig vor der Deutschlandakte. Es ist bezeichnend, daß ihm der Vertrag über die Europäische Verteidigungsgemeinschaft als „der bei weitem wichtigere" erschien. Dominantes Kriterium der Beurteilung: alle so-

[1] Adenauer, Erinnerungen 1, S. 534.

[2] Bericht über die Sitzung des EVG-Ausschusses des Deutschen Bundestages, 4.9.1952, HStA Stuttgart, EA 1/17 Bü 119.

[3] Ebd.

wjetischen Pläne, „uns im Wege des kalten Krieges zu schlucken", glaubte er jetzt in den Bereich der Illusion verwiesen. Nach der Ratifizierung mußte sich Moskau seiner Ansicht nach unausweichlich fragen, ob es den Kurs der außenpolitischen Konfrontationen und Expansion beibehalten oder den der inneren Konsolidierung einschlagen wollte. Vorbehaltlos machte er sich die amerikanische Containment-Politik zu eigen, wenn er davon ausging, daß angesichts eines erstarkenden europäisch-atlantischen Bündnisses unter westdeutscher Teilnahme der Augenblick nicht ausbleiben konnte, „wo Sowjetrußland sich fragen muß, wenn ich auf dem Wege des kalten Krieges mein Ziel nicht erreichen kann, lohnt es sich dann für mich, daß ich die Rüstung aufrechterhalte, und alles, was ich an Menschenkraft und Kapitalkraft habe, in die Rüstung hineinzustecken, oder lohnt es sich, wenn ich in Verhandlungen versuche mit den Westmächten, vor allem mit den Vereinigten Staaten, zu einem Modus vivendi zu kommen, der mir gestattet, meine Kräfte und mein Kapital zu verwenden für die ungeheuren Aufgaben, die im Innern Rußlands vorhanden sind, ohne deren Erfüllung auf die Dauer Sowjetrußland nicht bestehen kann"[4].

Diese Adenauersche Grundüberzeugung muß man sich vergegenwärtigen, wenn man zum Wesenskern des Disputs über die Interdependenz von europäischer Integration und Wiedervereinigung vordringen will, der nach der Unterschriftsleistung unter die Westverträge wieder aufbrach. „Das Thema der Verträge ist", so konstatierte Eugen Gerstenmaier ganz richtig im Bundestag, „die Wiedervereinigung Deutschlands in Frieden und Freiheit in einem vereinigten Europa[5]." Die Frage war nur, wie sich beide Zielprojektionen miteinander verbinden ließen, ob und wie man gegebenenfalls Prioritäten setzte, welchen Stellenwert man der Bildung der europäischen Gemeinschaft neben der Schaffung Gesamtdeutschlands generell und in den Kontrakten beimaß. Wenn Gerstenmaier die Überprüfung des Vertragswerkes unter dem Gesichtspunkt forderte: „Was leistet es für die Wiedervereinigung[6]?" traf er den neuralgischsten Punkt der parlamentarischen Auseinandersetzung.

Die Antwort fiel nicht nur positiv aus. Sicher: die Regierung konnte darauf verweisen, daß die Drei Mächte erstmals nicht nur eine einseitige Willenserklärung zur Herbeiführung Gesamtdeutschlands abgegeben, sondern sich auch vertraglich bindend zu einer Politik der Wiedervereinigung verpflichtet hatten. Darüber hinaus war ein besonders wichtiges Verhandlungsziel erreicht worden, nämlich die Festschreibung des Mitbestimmungsrechts der Bundesrepublik in allen gesamtdeutschen Angelegenheiten. Damit fühlte sich der Kanzler der Sorge ledig, daß die vier ehemaligen Verbündeten über seinen Kopf hinweg das zukünftige Schicksal Deutschlands bestimmende Vereinbarungen treffen könnten. Auch hier lag ein vertragliches Obligo vor, so daß alle Schritte in Richtung Wiedervereinigung nur gesamthänderisch von den Drei Mächten und Bonn ergriffen werden durften.

Aus einer solchen Vereinbarung ergab sich logisch und daher vertraglich fixiert die Absicherung gegenüber der Möglichkeit der drei Westalliierten, sich im Falle eines späteren Appeasement mit der Sowjetunion in Form eines Kompromisses auf ein wiedervereinigtes Deutschland zu einigen, das nicht auf einer der Bundesrepublik vergleichbaren freiheitlich-demokratischen Grundordnung basierte.

Hingegen ließen sich die Westmächte keine konkrete Formulierung hinsichtlich des territorialen Zuschnitts des zukünftigen Gesamtdeutschlands abringen, etwa in den Grenzen von

[4] Rede Adenauers, 14.6.1952, vor dem Bundesparteiausschuß der CDU, in: Adenauer, Reden, S. 237–254, hier S. 249.
[5] Deutscher Bundestag, Sten.Ber., Bd 12, 221. Sitzung, 9.7.1952, S. 9802 A.
[6] Ebd., S. 9804 D.

1937. Sie gingen vielmehr von der Zusammenführung der bestehenden deutschen Staaten aus. Alle darüber hinausweisenden Lösungen hatten der dauerhaften Befriedung Europas zu dienen, eine Formel, die auch den möglichen Verzicht auf eine Revision der Ostgrenze einschloß.

Laut Bindungsklausel durfte für den Fall der Wiedervereinigung das Besatzungsstatut nicht wieder aufleben, denn die Drei Mächte verpflichteten sich, die der Bundesrepublik zuerkannten Rechte auf ein Gesamtdeutschland zu übertragen.

Wiewohl man bei einigem guten Willen diese Verhandlungsergebnisse der Regierung auf der Habenseite gutschreiben konnte, so erwies sich für Kritiker aus dem eigenen Lager wie für die Opposition das deutschlandpolitische Konto dennoch nicht als ausgeglichen. Während sich Adenauer und sein Anhang mit der vertraglich stipulierten westalliierten Benevolenz hinsichtlich der Einheit Deutschlands zufriedengaben und auf eine ferne, ungewisse Zukunft setzten, forderte die Exil-CDU unverzügliche Initiativen der Westmächte im Sinne einer Wiedervereinigung in Freiheit. Um dieses Ziel zu erreichen, hielt es die von Jakob Kaiser geführte Politikergruppe „für dringend geboten, daß sich die Bundesrepublik und die anderen Partner der Verträge von Bonn und Paris schon jetzt auf konstruktive Vorschläge einigen, denen die Sowjetunion bei einer Viermächtekonferenz nicht ausweichen kann“[7]. Als Adenauer vor dem höchsten CDU-Gremium zwischen den Parteitagen sein Grundsatzreferat über die Verträge hielt, meldete das Mitglied des Bundesparteiausschusses Erik Blumenfeld vorsichtig seine deutschlandpolitischen Bedenken an, indem er, sich hinter der öffentlichen Meinung verschanzend, zu bedenken gab, „ob nicht [...] eine endgültige Trennung von Ostdeutschland vollzogen [...] und die Wiedervereinigung Deutschlands auf unabsehbare Zeit unmöglich würde“. Um sich nicht in offenen Gegensatz zum Kanzler zu manövrieren, erklärte er zwar eine schnelle Ratifizierung für wünschenswert, plädierte aber gleichzeitig dafür, vorher „zu einem echten Gespräch mit der Gegenseite“, also der Sowjetunion, zu kommen. Dem schloß sich Gradl an. Dabei äußerte er seine tiefe Sorge darüber, daß man 20 Millionen Deutsche einfach ihrem Schicksal unter kommunistischer Herrschaft zu überlassen gedenke. Ohne überhaupt echte Anstrengungen in Richtung Wiedervereinigung unternommen zu haben, die möglicherweise zu einer schnelleren Lösung als über die Westbindung führen konnten, wollte Gradl die Westverträge nicht akzeptieren. Deutschland- und EVG-Vertrag mußten die Bevölkerung der DDR in eine noch schwierigere Lage als die ohnehin gegebene versetzen. Gradl sagte eine noch festere Bindung der DDR an das kommunistische Lager voraus, eine rigorose Verwirklichung des kommunistischen Staats- und Gesellschaftssystems, insbesondere eine Disziplinierung der Kirche. Adenauers deutschlandpolitische Argumentation vermochte ihn nicht zu überzeugen. Ganz im Gegenteil: klaffte nicht ein eklatanter Widerspruch zwischen der proklamierten Politik der Stärke und dem Willen zu einer friedlichen Lösung der Deutschlandfrage? Konnte nicht beispielsweise bereits 1955 die Situation der rüstungsmäßigen Überlegenheit des Westens, verbunden mit der Gefahr eintreten, daß nun die Herausgabe der DDR auf ultimative Weise, das hieß unter Einschluß des Risikos eines militärischen Konfliktes, gefordert wurde? Lasse man es hingegen an dem nötigen Druck fehlen, dann erweise sich die Konzeption der Politik der Stärke von vornherein als deutschlandpolitisch illusionistisch. Um diesem Dilemma zu begegnen, forderte Gradl, die militärische Westintegration in nur mäßigem Tempo anzugehen, um jede Chance zu Verhandlungen mit der Sowjetunion über die deutsche Frage zwischenzeitlich zu nutzen.

Auf einen Austausch von Argumenten ließ sich der Kanzler nicht ein. Kurz angebunden erklärte er sinngemäß, bereits bei der Abfassung des Grundgesetzes sei dem Parlamentarischen

[7] Resolution, 13.6.1952, zit. n. CDP, 16.6.1952, Bl. 3.

Rat bewußt gewesen, daß man sich von der sowjetischen Besatzungszone abkapsle. „Man sei aber von der einmütigen Auffassung ausgegangen, daß nur ein starker Westen die Wiedervereinigung bringe[8]."

Da sich die Ratifizierungsprozedur in die Länge zog, mag Jakob Kaiser die Hoffnung nicht ganz aufgegeben haben, die Sowjetunion werde im Verlauf des weiterführenden west-östlichen Notenaustausches die ihr verbleibende Frist nutzen, um ein deutliches deutschlandpolitisches Zeichen zu setzen. Um so größer war die Enttäuschung, als der Kreml am 23. August 1952[9] in Beantwortung eines Schreibens der Westmächte vom 10. Juli d.J. hinter ihr Angebot vom März zurückging. Zwar nutzte sie geschickt die Schwachstellen der Westverträge, nämlich das Fehlen jeglichen Hinweises auf eine Neuordnung der Ostgebiete jenseits von Oder und Neiße, indem sie Verhandlungen über dieses Problem nicht mehr als überflüssig, sondern als im Geist von Potsdam zu führen bezeichnete. Demgegenüber stellte eine Expertise des Gesamtdeutschen Ministeriums fest, die Note weise „keinen neuen Weg für eine beschleunigte Wiederherstellung der deutschen Einheit". Vielmehr ließ die Tagesordnung für eine wiederum vorgeschlagene Viererkonferenz über Deutschland erkennen, daß die Sowjetunion erst eine Friedensregelung zwischen den Siegermächten aushandeln, dann die Bildung einer gesamtdeutschen Regierung und erst in einem dritten Schritt die Durchführung freier, gesamtdeutscher Wahlen konzedieren wollte. Im Gesamtdeutschen Ministerium folgerte man nun daraus, daß Moskau in einem Friedensvertrag Deutschland derartige Fesseln anzulegen und eine politische Form zu geben gedachte, die die Entwicklung zu einem demokratischen und selbständigen Staatsgebilde unmöglich machten und die Errichtung kommunistischer Machtstrukturen erleichterte[10]. Jakob Kaiser wurde endgültig bewußt, daß weder die Westmächte, noch die Bundesregierung oder gar die Sowjetunion die deutsche Einheit in absehbarer Zeit auf die politische Tagesordnung zu setzen gedachten.

Durch die Ergebnislosigkeit des alliierten Notenaustausches desillusioniert, verstummte eine weitere, gewichtige oppositionelle Stimme gegen die Westverträge. Gradl konnte den Drei Mächten den Vorwurf nicht ersparen, es in ihren Noten der Sowjetunion nicht gerade leicht gemacht zu haben; umgekehrt vermißte er hinter den Moskauer Vorschlägen zur Wiedervereinigung die Überzeugungskraft, diese auch wirklich ernsthaft zu wollen. Dies schien leider zu beweisen, „daß die Zeit für die sowjetische Einsicht nun sagen wir – noch nicht reif ist [...] Wir kommen im Augenblick mit den Sowjets offenbar nicht weiter, und das bedeutet, daß wir in ruhiger Entschlossenheit, nicht in übereilter, die Arbeit an den Verträgen fortsetzen, und daß wir sie dann in Gottes Namen ratifizieren." Dabei mußte die Konsequenz in Kauf genommen werden, „daß wir zur Wiederherstellung der deutschen Einheit einen Umweg gehen müssen, daß die letzten Hoffnungen, die wir hatten, auf einem direkten Weg und durch eine unmittelbare direkte Verständigung, die Wiedervereinigung zu erreichen, daß wir diese Hoffnung zunächst einmal fahren lassen müssen"[11]. Im Blick auf die in einem Jahr stattfindenden Bundestagswahlen forderte er nun die Geschlossenheit der CDU, gleichzeitig aber auch verbindliche Erklärungen

[8] Protokoll der 10. Sitzung des Bundesparteiausschusses der CDU, 14.6.1952, ACDP, Protokolle des CDU-Bundesparteiausschusses aus den Jahren 1950–1953, VII-001-019/10.

[9] KAG, 1952, S. 3621 f.

[10] Expertise des Bundesministers für gesamtdeutsche Fragen, 28.8.1952, über „Die sowjetische Stellungnahme zur deutschen Einheit", BA, NL 18/389.

[11] Protokoll der Sitzung des Bundesparteiausschusses der CDU, 6.9.1952, ACDP, Protokolle des CDU-Bundesparteiausschusses aus den Jahren 1950–1953, VII-001-019/14.

der Westmächte zugunsten der Wiedervereinigung, um die Bevölkerung der Sorge zu entheben, die Bundesregierung habe die DDR abgeschrieben.

Die Westberliner CDU hat besonders sensibel auf Deutschland- und EVG-Vertrag und in diesem Zusammenhang erfolgte sowjetische Verhandlungsanerbieten reagiert, besaß sie doch aus ihrer bedrohten Inselposition heraus ein existentielles Interesse an der Wiedervereinigung. So verschwieg denn der derzeitige Bundestagsabgeordnete und spätere Bundesminister für das Post- und Fernmeldewesen im dritten Kabinett Adenauer, Minister für gesamtdeutsche Fragen, Ernst Lemmer, nicht, daß er in der Bonner Konvention „keine Ideallösung" sah. Sie enthalte der Bundesrepublik bedauerlicherweise immer noch die volle Souveränität vor. Über diesen Tatbestand tröstete ihn auch nicht die westalliierte Sicherheitsgarantie gegen inneren Umsturz hinweg. Schwerer aber wog für ihn das Bedenken, der Generalvertrag könne den endgültigen Verzicht auf die deutsche Wiedervereinigung bedeuten. Lemmer bezweifelte, daß Adenauers kalkulierter deutschlandpolitischer Effekt der Politik der Stärke letztlich auch wirksam würde. Es müsse zumindest der Versuch unternommen werden, der militärischen Westintegration der Bundesrepublik eine Verhandlungsphase zwischen den west-östlichen Kontrahenten vorzuschalten. „Ich halte es für falsch und gefährlich", schrieb Lemmer im Spätsommer 1953 – „nicht im militärischen, sondern im politischen Sinne –, die Chance zu verpassen, von vornherein die Glaubwürdigkeit der russischen Haltung zurückzuweisen und das Vertrauen lediglich auf die Automatik der Wirkung eines westeuropäischen Erstarkens zu setzen, vor dem an einem unbestimmbaren Tage – vielleicht – die Sowjetunion weich werden könnte[12]." Es war keine ungewichtige Stimme – Lemmer wurde 1954 der ernsthafteste Konkurrent Eugen Gerstenmaiers in der Bewerbung um das Amt des Bundestagspräsidenten –, die da riet, eine Pause in dem Bemühen um die Installation der EVG einzulegen, damit man der Kreml-Führung hinsichtlich der Ernsthaftigkeit ihrer Bemühungen um deutschlandpolitische Verhandlungen auf den Zahn fühlen könne. Schließlich habe der Westen auch bei vergeblichen Sondierungsgesprächen nichts zu verlieren. Lemmer versprach sich für diesen Fall eher eine moralische Stärkung des politischen Bewußtseins der DDR-Bevölkerung gegenüber dem Pankow-Regime und im Blick auf die bundesdeutsche innenpolitische Szene einen Stimmungswechsel bei Bevölkerung wie Politikern dergestalt, daß man in Anbetracht einer starren Haltung der Sowjetunion Nutzen und Notwendigkeit der Westverträge erkannte. Wenn Lemmer sich schließlich, die gesamtpolitischen Realitäten respektierend, widerstrebend in die Reihe der Befürworter der Kontrakte einordnete, dann in der selbstberuhigenden Gewißheit, daß die Präambel des Deutschlandvertrages, die nicht zuletzt durch sein sowie Jakob Kaisers und Robert Tillmanns' Drängen zustande gekommen war, die Möglichkeit offenhielt, für den Fall der Wiedervereinigung das Geflecht deutscher Außenbeziehungen neu zu ordnen. Lemmers deutschlandpolitische Vorbehalte gegen Adenauers Kurs der politischen und militärischen Westintegration haben sich aber niemals ganz ausräumen lassen. „Wenn ich mich heute zu den folgenschweren Entscheidungen von damals bekenne", schrieb der CDU-Politiker 1968 aus der Retrospektive, „dann allerdings unter der einen Voraussetzung, daß alle Bündnisverträge, die die Bundesrepublik abgeschlossen hat, an jenem Tage hinfällig werden, der uns die Wiedervereinigung beschert. Ebenso müßten dann auch alle Verträge Ulbrichts mit dem Kreml und seinen Nachbarn aufgehoben werden. Dann erst wird Deutschland eine gänzlich neue Politik beginnen können[13]."

[12] Lemmer, Vom Deutschlandvertrag zur Wiedervereinigung, S. 553.

[13] Lemmer, Manches war doch anders, S. 332.

Und noch ein weiterer innerparteilicher Kritiker Adenauerscher Sicherheitspolitik muß hier Erwähnung finden. Es handelt sich um einen der damals jüngsten Bundestagsabgeordneten der CDU, den späteren Vorsitzenden des Bundestagsausschusses für Wirtschaft und Ernährung und Verkehrsexperten seiner Partei, Ernst Müller-Hermann (Bremen). Wenn er im Spätsommer 1952 dem Bundeskanzler in schriftlicher Form seine „Gedanken zur internationalen Lage im Hinblick auf das Problem einer Wiedervereinigung Deutschlands" unterbreitete, dann deshalb, weil ihn die „Mitverantwortung für das Schicksal unserer Landsleute in der Ostzone im Zusammenhang mit den vor uns liegenden außenpolitischen Entscheidungen Tag und Nacht mit Sorgen und Zweifel erfüllt[e]"[14]. Er wollte beileibe keine Obstruktion gegenüber der Außen- und Sicherheitspolitik des Bundeskanzlers betreiben, wollte aber garantiert wissen, daß man sich vor allen wichtigen Entscheidungen in diesen Bereichen Rechenschaft darüber ablegte, ob sie die Wiedervereinigung zu behindern vermochten. Letztlich schien es ihm an der Zeit zu prüfen, ob es derzeit oder auf mittlere und lange Sicht überhaupt eine Chance gab, der Zusammenführung beider deutscher Staaten näherzukommen. Seine Analyse der internationalen Situation fiel, bezogen auf diesen Betrachtungsgegenstand, nicht positiv aus. Dennoch glaubte Müller-Hermann, daß man nicht nur von Moskau Entgegenkommen in der Deutschlandfrage erwarten und fordern dürfe. Vielmehr sah er es als eine kardinale Bonner Aufgabe an, gerade gegenüber den Westmächten nachhaltig das Wiedervereinigungsbegehren zu artikulieren, insbesondere im Blick auf das Frankreich unterstellte Bestreben, die Teilung Deutschlands aus politisch-psychologischen, macht- und wirtschaftspolitischen Gründen zu zementieren. Des CDU-Abgeordneten Überlegungen liefen auf eine Viererkonferenz hinaus, der die Regelung der deutschen Frage obliegen sollte. Um sie mit Aussicht auf Erfolg einberufen zu können, mußte, nachdem ihr Zustandekommen gesichert war, das Bonner und Pariser Vertragswerk ratifiziert werden. Dies aber erst dann, wenn sowohl die Sowjetunion wie die Westmächte durch konkrete Konzepte zur Wiedervereinigung ihren Willen überzeugend bekundet hatten, dem deutschen Volk zu politischer Einheit zu verhelfen. Daß dieses Deutschland integraler Bestandteil des Westens sein mußte, dies stand für Müller-Hermann zweifelsfrei fest. Aber es mußte nach Wegen gesucht werden, auf denen man der Sowjetunion ebenso wie Frankreich die aus historischer Erfahrung geborene Furcht vor diesem Deutschland als einer ökonomisch, politisch und militärisch dominanten Größe in Europa nehmen konnte. Sie zu finden, hatte Aufgabe bevorstehender Konsultationen und letztlich von Verhandlungen zu sein[15].

Schließlich meldete sich noch der CDU-Abgeordnete (des Wahlkreises Prüm–Daun–Bitburg–Wittlich) Matthias Joseph Mehs, zu Wort. Er sprach sich ebenfalls gegen die Ratifizierung der Verträge aus. Wenn vorher das Verhältnis zwischen der Bundesrepublik und der DDR nicht bereinigt werde, vergrößere sich die Gefahr einer dauernden Zweiteilung Deutschlands. Mehs trat nicht für eine bewaffnete Neutralität Deutschlands, sondern für eine bewaffnete Neutralität Kontinentaleuropas ein. Bedenken äußerte der Abgeordnete auch gegenüber einer Europäisierung der Saar[16].

[14] Begleitschreiben Müller-Hermanns, 1.9.1952, an den Bundeskanzler zu seinem Memorandum „Gedanken zur internationalen Lage im Hinblick auf das Problem einer Wiedervereinigung Deutschlands", Privatarchiv Müller-Hermann.

[15] In moderaterer Form sind diese für den Bundeskanzler bestimmten Überlegungen auch veröffentlicht worden. Vgl. dazu Müller-Hermann, Deutschland braucht Gewißheit.

[16] Allgemeiner Morgenbericht des Presse- und Informationsamtes der Bundesregierung, 1.10.1952, BA-MA, BW 9/2909-9.

Auch der CSU-Bundestagsabgeordnete Hans Bodensteiner griff noch einmal in die innerparteiliche Diskussion der Union um die Westverträge ein. Wie Lemmer wies er auf die Verhandlungsdefizite hin: mangelnde Gleichberechtigung im bevorstehenden Bündnis und eingeschränkte Souveränität. Seiner Auffassung nach hätte man dies duldend hinnehmen, keinesfalls aber durch freiwillige Unterschriftsleistung akzeptieren dürfen. So wie die Dinge aber nun einmal standen, müsse man die Konventionen letztlich akzeptieren, weil sie die staatsrechtliche und politische Situation der Bundesrepublik gegenüber der Zeit vor Gültigkeit des Besatzungsstatuts verbesserten. Eine Bedingung wollte Bodensteiner aber dennoch vor der Ratifizierung erfüllt wissen: Verhandlungen der Westmächte mit der Sowjetunion über die Wiedervereinigung. Die Voraussetzungen dafür, daß Moskau seine deutschlandpolitischen Karten offenlegen würde, erschienen ihm im Herbst 1952 größer denn je zuvor. Jetzt nämlich waren die Westverträge ausgehandelt und unterzeichnet; die parlamentarische Verabschiedung stand zu erwarten, so daß die sowjetische Regierung nun unter Zeitdruck geriet, wenn sie durch Konzessionen in der Deutschlandfrage das Abdriften der Bundesrepublik in das westliche Lager verhindern wollte. Dem seit dem Frühjahr des Jahres in Gang befindlichen Notenwechsel zwischen den Siegermächten des Zweiten Weltkrieges glaubte der CSU-Parlamentarier eine gewisse Konzessionsbereitschaft Moskaus in der Frage des neutralen Status eines wiedervereinigten Deutschlands entnehmen zu können. Warum, so gab er zu bedenken, mußte die deutsche und europäische Sicherheit von der Anbindung an den Atlantikpakt abhängen? Ließ sich nicht ein verteidigungspolitisches Modell in Form eines kollektiven Sicherheitssystems denken, nämlich ein integriertes Großeuropa unter Einschluß der osteuropäischen Staaten mit Ausnahme der Sowjetunion[17]? Angesichts der frostigen internationalen Atmosphäre und Adenauers Willen, die Westintegration der Bundesrepublik allen Wiedervereinigungsbestrebungen voranzustellen, besaßen Bodensteiners Vorstellungen keine Diskussionswürdigkeit.

Im Herbst des Jahres 1952 vermochte Adenauer seine Position in der Union zu konsolidieren, die Widersacher aus nationaler Verantwortung gegen die Westverträge mangels einer realistischen Alternative zu seiner Politik in die Defensive zu drängen. Gleichzeitig fand ein personeller Reinigungsprozeß seinen Abschluß, in dessen Verlauf unbotmäßige Parteimitglieder die Union verließen. Unter ihnen war wohl Gustav Heinemann die bedeutendste Persönlichkeit. Nach dem Verlust des Ministeramtes in der CDU weitgehend isoliert und ohne Bundestagsmandat, wegen seiner konservativen Grundhaltung dem politischen Gedankengut der SPD noch abweisend gegenüberstehend, verblieb der ehemalige Essener Oberbürgermeister zunächst in der Partei, schloß sich aber der rasch wachsenden ersten außerparlamentarischen Opposition gegen die sogenannte Remilitarisierung, der „Ohne-mich-Bewegung", an, um deren verschiedene Strömungen in seiner rund ein Jahr nach dem Verlassen des Kabinetts proklamierten „Notgemeinschaft für den Frieden Europas" zu einer starken politischen Kraft mit dem Ziel der Durchsetzung einer Volksbefragung über die „Wiederbewaffnung" zu formieren[18].

Das Anerbieten, vom Stuhl des Innenministers auf den eines Karlsruher Bundesrichters zu wechseln, erkannte Heinemann als den durchsichtigen Versuch der Adenauer-Regierung, ihn politisch zu neutralisieren. Die Bemühungen vor allem evangelischer Parteifreunde, ihn im Wahlkreis Essen 1953 für den Bundestag kandidieren zu lassen, war von persönlich-politischer Verbundenheit, aber auch von der Absicht getragen, ihn in die Fraktionspflicht zu nehmen.

[17] Vgl. dazu Bodensteiner, Deutschlands Aufgabe.

[18] Zur „Notgemeinschaft für den Frieden Europas" vgl. das Kapitel über Verteidigungsbeitrag und westdeutsche Öffentlichkeit.

Führende CDU-Repräsentanten hatten die Bedingung formuliert: „Eine Verständigung über die Form Ihrer Opposition gegen die Außenpolitik des Bundeskanzlers“[19]. Um eine Versöhnung zwischen Adenauer und Heinemann waren insbesondere Jakob Kaiser, der spätere baden-württembergische Ministerpräsident Kiesinger und der Essener Oberbürgermeister Toussaint bemüht[20], doch scheiterte die Kandidatur, an der Heinemann sich durchaus interessiert zeigte, am hinhaltenden Widerstand des Bundeskanzlers. Dieser ließ keine Gelegenheit aus, seinen Widerpart, der sich in der allmählich konstituierenden Friedensbewegung engagierte, als im Dunstkreis kommunistischer Agitation stehend darzustellen. Die politischen Verdächtigungen gegenüber Heinemann fielen um so leichter, als dessen politisch wie kirchlich motivierte Begegnungen und der schriftliche Gedankenaustausch mit DDR-Funktionären diese dazu verleiteten, ihn vor ihren politischen und propagandistischen Karren zu spannen. „Wir haben Ihr mutiges Auftreten in Ihrem Kampf um den Frieden und die Herstellung eines einheitlichen, demokratischen und friedliebenden Deutschlands mit großer Freude aufgenommen [...] und bitten Sie, ebenso wie wir es tun, Demonstrationen und Kundgebungen zu organisieren“, schrieb z.B. die Belegschaft des Ministeriums des Innern des Landes Thüringen an Heinemann[21]. Dessen mehrfaches öffentliches Auftreten in der DDR stieß auf scharfe Kritik Adenauers. Seine dortigen Reden, meinte er, müßten „sich verheerend für die Politik der Bundesrepublik auswirken“[22].

Jedoch ließ Adenauer seinem innerparteilichen Opponenten zunächst bewußt eine politische Nische, und zwar so lange, bis er seine eigene Position genügend gefestigt glaubte, um den offenen Bruch riskieren zu können. Dieser Zeitpunkt schien zunächst nach Unterzeichnung des Deutschland- und EVG-Vertrages im Frühjahr 1952 gekommen. Solange aber das Vertragswerk nicht die Hürde des Bundestages genommen hatte, hielt Adenauer zu seinem ehemaligen Innenminister über beiderseitige Vertraute unter Vermeidung persönlichen Zusammentreffens weiterhin Kontakt, um ihn nicht in die offene Opposition zu drängen. Als Heinemann klar wußte, „daß Herr Dr. Adenauer erst nach der Ratifizierung der Verträge [...] zu einem Gespräch bereit sei“[23], verdichteten sich seine Vorstellungen von der Gründung einer eigenen Partei. Am 29. Oktober 1952 erklärte er seinen Austritt aus der von ihm mitbegründeten CDU: es hätten sich seine „Bedenken gegen die Außenpolitik des Bundeskanzlers und der ihm darin folgsamen Gesamtpartei ständig verstärkt. [...] Ich sehe keine Möglichkeiten mehr, meine Auffassung in der CDU und durch die CDU zur Auswirkung zu bringen[24].“

Bereits ein Jahr zuvor hatte sich die CDU von ihrem Mitglied Wilhelm Elfes, dem ehemaligen Gladbacher Oberbürgermeister, getrennt, der die Volksbefragungsbewegung gegen die Remilitarisierung unterstützte und sich Heinemann zeitweilig als politischer Weggefährte anschloß. Seine naive Zusammenarbeit mit kommunistischen Organisationen bot Grund, ihn der Komplizenschaft mit Max Reimann und der KPD zu bezichtigen.

Nach der mit ihrer tatkräftigen Unterstützung gelungenen Intervention gegen die Automatik der Bindungsklausel klopfte man sich in der FDP zunächst selbstzufrieden auf die Schultern.

[19] Brief W. Simpfendörfers, Landesvorsitzender der CDU Nordwürttemberg, 17.9.1952, an Heinemann über ein Gespräch mit führenden CDU-Politikern, AdsD, NL Heinemann 44, Allgemeine Korrespondenz.

[20] Brief Kaisers, 29.9.1952, an Adenauer, StBKAH, 23 II b, Ministerpost.

[21] Brief, 1.2.1952, AdsD, NL Heinemann 42, Allgemeine Korrespondenz.

[22] Protokoll der 8. Sitzung des Bundesparteivorstandes der CDU, 29.10.1951, in: Adenauer, Protokolle, S. 86–93, hier S. 87.

[23] Brief Heinemanns, 25.10.1952, an J. Kaiser, AdsD, NL Heinemann 44, Allgemeine Korrespondenz.

[24] Brief Heinemanns, 29.10.1952, an den Vorsitzenden des Kreisparteivorstands der CDU Essen, Meurer, in: Egen, Entstehung, S. XLVII f.

Erster offizieller Stellungnahme zufolge konnte die Bindungsklausel, „die jetzt nicht mehr ihren Namen verdient", weder de jure der deutschen Einheit im Wege stehen, noch der Sowjetunion einen propagandistischen Vorwand dafür liefern, sie zu verhindern, zumal Art. 10a, die Revisionsklausel, für den Fall der Wiedervereinigung Deutschlands eine Prüfung des Kontraktes dann vorsah, wenn ein Unterzeichnerstaat sie wünschte. Tatsächlich schien der Deutschlandvertrag in der endgültigen Fassung sogar einen wesentlichen, viel zu wenig beachteten deutschlandpolitischen Fortschritt zu beinhalten: Die deutsche Einheit war laut dem Bekenntnis der Signatarmächte „zu einem Anliegen der gesamten freien Welt geworden"[25].

Doch die erste Euphorie wich bald einer zunehmend nüchternen Beurteilung des Vertragswerkes. Der ehemalige Diplomat, Waiblinger Landrat a. D. und derzeitige FDP-Bundestagsabgeordnete Karl-Georg Pfleiderer ließ sich bei seiner Analyse des Deutschlandvertrages weniger von dessen Wortlaut als von dem Geist beeindrucken, der ihn beseelte. In einem mit seinen Stuttgarter Parteifreunden, nicht aber mit der Bonner FDP-Führung abgesprochenen, im In- und Ausland Aufmerksamkeit weckenden Vortrag „Für oder Wider die Verträge?"[26] unterstellte er den zukünftigen Verbündeten die feste Absicht, ein wiedervereinigtes Deutschland nicht aus den kontraktären Verpflichtungen zu entlassen. Unter Vernachlässigung des europäischen Integrationsfaktors beurteilte Pfleiderer die Bonner Viermächtevereinbarung zunächst ausschließlich unter gesamtdeutschen Kriterien. Schon das westliche Beharren auf freien Wahlen, die zweifelsfrei das Schicksal der SED besiegeln mußten, wertete er als sicheres Indiz dafür, daß die Regierungen in Bonn und in den drei anderen westlichen Hauptstädten allen gesamtdeutschen Bemühungen auf absehbare Zeit eine Absage erteilt hatten. Denn wie hätte eine Großmacht vom Format der Sowjetunion eine derart unabweisbare Niederlage vor den Augen der Weltöffentlichkeit politisch-psychologisch verkraften sollen? Pfleiderer wollte deshalb die Frage nach freien Wahlen hinter der nach dem Preis für die Entlassung der DDR aus dem sowjetischen Machtbereich zurückgestellt wissen. Dabei ging er davon aus, daß die an die militärische Westintegration geknüpfte Hoffnung, die Lösung der deutschen Frage mit Hilfe einer Politik der Stärke zu erzwingen, zum Scheitern verurteilt sein mußte. Ohne wirklichen Druck ließ sich höchstens der Status quo stabilisieren, echter Druck aber hatte den militärischen Konflikt einzukalkulieren. Die Politik der Stärke, dies erkannte Pfleiderer sehr deutlich, trug zumindest ein politisch offensives, revisionistisches Element in sich, und wen nahm es wunder, wenn in Moskau der Invasionskomplex das deutschlandpolitische Denken beeinflußte, wie umgekehrt im Westen der Revolutionskomplex eine wichtige ostpolitische Komponente darstellte. Der Waiblinger Abgeordnete hielt den Regierungen in Bonn, Paris, London und Washington vor, stets nur ihr eigenes Sicherheitsbedürfnis befriedigen zu wollen, das des Kreml aber weder zu sehen, geschweige denn zu verstehen und anzuerkennen. Und es sei doch offenkundig, daß Stalin aus diesem Sicherheitsbedürfnis heraus Verhandlungen über einen Friedensvertrag und über die Wiedervereinigung angeboten habe. Wenn diese Annahme stimmte, dann waren nach Unterzeichnung der Westverträge die Chancen nie günstiger gewesen, Sicherheit für die Sowjetunion gegen Wiedervereinigung einzutauschen.

Ob ein solches Kompensationsgeschäft Aussicht auf Verwirklichung besaß, dies wollte Pfleiderer vor der Hinterlegung der Ratifizierungsurkunden sondiert wissen, wie er überhaupt darauf drängte, den Preis kennenzulernen, den der Westen für die Freigabe der sowjetischen Besatzungszone notfalls entrichten mußte, aber auch entrichten wollte.

[25] fdk, 26. 5. 1952, S. 4.

[26] Für oder wider die Verträge, Rede am 6. 6. 1952, in: Deutschland und die Welt, S. 96–109.

Der FDP-Politiker machte folgenden Vorschlag zur Wahrung der Sicherheitsinteressen des Ostens und des Westens für den Fall einer Wiedervereinigung: Die Russen sollten ihre Truppen auf die deutschen Ostgebiete jenseits von Oder und Neiße zurückziehen, die Westmächte die ihrigen auf die deutschen Territorien links des Rheines, während das deutsche Zwischenstück mit Berlin als Hauptstadt über eine Nationalarmee gebieten sollte. Dieses Disengagement-Modell mag als wenig attraktiv, ja realitätsfern bezeichnet werden. Pfleiderer selbst wollte auch lediglich die politische Phantasie anregen. Anfang September 1952 unternahm er in einer vertraulichen Expertise den Versuch, Wiedervereinigung und west-östliches Sicherheitsbedürfnis in eine konkretere Korrelation zu setzen. Angelpunkt seiner Überlegungen blieb die Wiedervereinigung.

Pfleiderer kam es nach wie vor darauf an, unter den Bedingungen des Kalten Krieges eine Synthese zwischen dem Wunsch nach Wiedervereinigung und dem westlichen wie östlichen Sicherheitsbedürfnis zu finden. Dabei setzte er die Bereitschaft der Sowjetunion voraus, in diesem Kontext – natürlich unter näher zu bestimmenden Bedingungen – die Entlassung der DDR aus ihrem Einflußbereich zu konzedieren. Dem stand aber wiederum die nüchterne Erkenntnis entgegen, daß die Drei Mächte derzeit keine Neigung zeigten, die Frage der deutschen Einheit in diesem Zusammenhang mit Moskau zu verhandeln. Die Wiedervereinigung mittels Aufstellung deutscher Divisionen, sprich durch eine Politik der Stärke, anzustreben, hielt Pfleiderer für aussichtslos. „Militärische Stärke für sich allein führt beim Gegner nur zu einer Versteifung der Haltung und erzielt noch keine Bereitschaft zum verhandeln. Der militärische Weg führt ohne eine klare Ostpolitik in die Sackgasse oder in den Krieg[27]."

Bei einer solch unbefriedigenden deutschlandpolitischen Perspektive war die Initiative der Bundesregierung gefragt. Aber ihr hatten die Westalliierten die Hände gebunden: Die Vorbehaltsklausel garantierte ihnen „im Hinblick auf die internationale Lage die bisher ausgeübten und innegehabten Rechte in bezug auf [...] Deutschland als Ganzes einschließlich der Wiedervereinigung [...] und einer friedensvertraglichen Regelung" (Art. 2,1). Genau dies erschien Pfleiderer als der Punkt, an dem der Bundestag sich entschließen mußte, ob er sich durch die Verabschiedung der Kontrakte von Bonn und Paris aller deutschlandpolitischen Möglichkeiten begeben wollte. Er plädierte dafür, zuvor zu klären, welchen Weg in Richtung deutsche Einheit die zukünftigen Partner einzuschlagen gedachten. Darüber hinaus mußte die Bundesrepublik aber unverzichtbar „in die Lage kommen, in östlichen und damit in gesamtdeutschen Fragen selber tätig zu werden"[28]. Pfleiderer unterstellte den drei ehemaligen Siegermächten die wohlüberlegte Absicht, die sich durch den Text des Deutschlandvertrages sehr wohl belegen ließ, den Bonner außenpolitischen Aktionsradius prinzipiell und durch die Verweigerung der unmittelbaren Mitgliedschaft in Atlantikpakt und NATO auch faktisch auf ein Minimum einzuengen. In dieser Beziehung bedeuteten die Westverträge einen Rückfall hinter Versailles, war der Weimarer Republik dort doch die volle Souveränität belassen worden! Wenn der Waiblinger Abgeordnete die volle außenpolitische Handlungsfreiheit der Weimarer Zeit reklamierte, dann schwebte ihm eine Lösung der deutschen Frage im Rahmen einer zu damals vergleichbaren, wenn auch modifizierten europäischen Sicherheitsordnung vor, wie sie die Verträge von Locarno (1925) und Berlin (1926) geschaffen hatten. Das hieß: eine durch die grundsätzliche Einbeziehung der Bundesrepublik bzw. später Gesamtdeutschlands in den Westen beschränkte außenpolitische Manövrierfähigkeit, die gleichzeitig genügend Raum zur Gestaltung eines speziellen Verhältnisses

[27] Expertise Pfleiderers, September 1952, in: Pfleiderer, Politik für Deutschland, S. 100–123, hier S. 122.
[28] Ebd., S. 123.

zum Osten bot. In Anlehnung an den Berliner Vertrag würden sich für den Fall der Wiedervereinigung die Wirtschaftsbeziehungen zwischen Deutschland und der UdSSR in einer den Verlust der DDR ausgleichenden, ja den Verzicht auf deren ökonomische Ressourcen honorierenden Weise gestalten lassen. Im Rückgriff auf die 1926 getroffenen Vereinbarungen zwischen Berlin und Moskau ließ sich sogar der beabsichtigte Beitritt der Bundesrepublik zur EVG und deren Anbindung an die NATO realisieren. Es kam nur darauf an, einen Kompromiß zwischen dem Sicherheitsbedürfnis des östlichen und dem des westlichen Lagers zu finden, z.B. in der Form, daß die EVG-Truppen und die des ihr assoziierten Großbritannien lediglich bei einem Angriff des Ostens zum Einsatz kamen. Natürlich mußte versucht werden, die Truppen der beiden sich abzeichnenden Militärbündnisse in ein ausgewogenes Kräfteverhältnis zueinander zu bringen. Die westlichen Verteidigungsanstrengungen mußten mit dem Willen gekoppelt sein, zu einer auf Rüstungsbeschränkung bzw. Abrüstung basierenden Entspannung zu gelangen.

Mit solchen Gedanken eilte Pfleiderer denen seiner Zeitgenossen weit voraus. Die gestaltende Kraft des Faktischen war bereits zu groß, als daß zu ihrer Realisierung auch nur die geringste Chance bestanden hätte. Deshalb, und weil sich die deutsche Frage als eine äußerst schwierige darstellte, Verhandlungen, wenn sie überhaupt in Gang kommen sollten, sich als langwierig erweisen würden, hielt es Pfleiderer letztlich selbst nicht für angängig, die Ratifizierung der Westverträge hinauszuzögern. Die ungünstigere Ausgangsposition für west-östliche Konsultationen mußte in Kauf genommen werden.

Auf welches Echo stießen nun diese Überlegungen? Professor Grewe als einer der Architekten des Deutschlandvertrages stimmte mit Pfleiderer darin durchaus überein, daß man der UdSSR für den Verzicht auf ihre Zone ein Äquivalent anbieten mußte, möglicherweise in einer der gegenwärtigen Situation angepaßten Form des in Erinnerung gebrachten Berliner Abkommens. Er bestritt jedoch, daß die Vorbehaltsklausel einem solchen Arrangement im Wege stand. Weder sei das einzelne Mitglied der EVG gegenüber der NATO noch sei die EVG als ein Staatenkollektiv gehindert, gewisse Neutralitätsvereinbarungen mit Moskau zu treffen. Aufgrund dieses Sachverhalts räumte Grewe Verhandlungen mit der Sowjetunion nach Inkrafttreten der Westverträge eine größere Chance ein als vorher[29]. Demgegenüber riet Pfleiderer dem Auswärtigen Ausschuß, der sich mit seiner Expertise auseinandersetzte, vor Ratifizierung der Verträge mit den Westalliierten zumindest die zukünftige Ost- und Deuschlandpolitik in Grundzügen festzulegen, weil man ihnen gegenüber nachher keinen Trumpf mehr auszuspielen vermochte.

Hallstein ließ als Regierungsvertreter die Argumente des FDP-Politikers nicht gelten, hielt unverrückbar an der Politik der Stärke fest und wies jeden Gedanken an eine spätere Modifizierung oder gar Revision des Vertragssystems im Blick auf die Lösung der deutschen Frage entschieden zurück. „Ich halte es für gefährlich und schädlich", so der Staatssekretär des Auswärtigen Amts, „wenn heute die Diskussion teilweise darauf gerichtet wird, welcher Preis für die Befreiung Mitteldeutschlands gezahlt werden soll. [...] Zunächst fordern wir, indem wir die Freiheit fordern, das Selbstverständliche und unser Recht, nichts sonst, und dafür gibt es prinzipiell keinen Preis[30]." Mit anderen Worten: Recht kostet nichts, Recht hat man. Deutlicher lassen sich die unterschiedlichen Standpunkte zwischen dem Rechtsprofessor und dem Diplomaten nicht zum Ausdruck bringen.

[29] Vgl. dazu wie zu der Gesamteinordnung der Pfleiderer-Vorschläge Schlarp, Alternativen.

[30] Protokoll der 103. Sitzung des Ausschusses für das Besatzungsstatut und auswärtige Angelegenheiten, 29.10.1952, AdsD, PV Schumacher 103, SPD Außenpolitik.

Nach der Waiblinger Rede Pfleiderers zeigte die FDP noch kaum Wirkung. Aber da der Meinungsbildungsprozeß innerhalb der Partei ohnehin noch nicht zum Abschluß gebracht war, wollte man sich weder auf den Zeitpunkt zur Beendigung der parlamentarischen Beratungen der Westverträge festlegen noch Prognosen über deren Ausgang wagen. Jedenfalls bedeutete die Ratifizierung „keine marionettenhafte Regieangelegenheit“[31]. Führende Bundestagsabgeordnete demonstrierten nach außen Geschlossenheit der Fraktion und wandten sich gegen Verwirrung stiftende außenpolitische Äußerungen von Einzelgängern in der Öffentlichkeit. Ein Entschließungsantrag, „beide Ziele, die Wiedervereinigung Deutschlands und die Eingliederung [...] in einer Europäischen Gemeinschaft [...] ohne eine vorbestimmte zeitliche Reihenfolge mit der gleichen Entschiedenheit“ nebeneinander anzustreben, fand auf dem außerordentlichen Parteitag in Essen Mitte Juni 1952 keinen Anklang[32].

Für parteiinterne Aufregung sorgte erst eine Denkschrift Pfleiderers vom September 1952[33], weil sie sich gegenüber der Waiblinger Rede als substantieller erwies und genau den nationalpolitischen Nerv zahlreicher FDP-Führungspersönlichkeiten traf, die nun irre an der Adenauerschen Versicherung wurden, der Beitritt zur EVG sei der erste Schritt in Richtung Wiedervereinigung. In ihrer Skepsis bestärkt wurden sie durch Äußerungen des Kanzlers, die dieser vor dem Bundestagsausschuß für das Besatzungsstatut und auswärtige Angelegenheiten machte und die in krassem Gegensatz zu dem standen, was Grewe vor dem selben Gremium zu explizieren suchte. Der Rechtsprofessor mühte sich dort um den überzeugenden Nachweis, daß ein wiedervereinigtes Deutschland außenpolitische Handlungsfreiheit besäße, dies auch und gerade in bezug auf die Formulierung der Bindungsklausel: „Ein wiedervereinigtes Deutschland, das eine freiheitlich-demokratische Verfassung ähnlich wie die Bundesrepublik besitzt und das in die europäische Gemeinschaft integriert ist“, lasse nicht den Schluß zu, es handele sich hier um den Eintritt in die Europäische Verteidigungsgemeinschaft. Vielmehr habe man es mit einem allgemeinen politischen Begriff der europäischen Gemeinschaft zu tun. Grewe machte ausdrücklich den Hinweis, „daß der Begriff ‚europäische Gemeinschaft‘ nicht gleichzusetzen sei mit dem Begriff ‚Montanunion‘ oder ‚EVG‘ oder ‚Europarat‘“. Es handele sich vielmehr um einen rechtspolitisch noch nicht konstituierten Begriff, ebenso wie auch die Präambel des Grundgesetzes als Ziel ein Deutschland postulierte, das als gleichberechtigter Partner in die europäische Gemeinschaft einzufügen war. Es sei mit Absicht, so führte Grewe aus, der unverbindliche Terminus des Grundgesetzes verwendet worden. Nirgendwo sei im Vertragswerk ausgesprochen, „daß die Wiedervereinigung nur auf dem Wege über EVG und Montanunion bewerkstelligt werden dürfe“. Grewe war sogar der Auffassung, sie könne sogar anders „als auf dem Wege der Integration in Europa“ erfolgen. „Deutschland kann durch contrarius consensus aus den Integrationsverträgen entlassen werden[34].“

Adenauer selbst verwies eine solche Interpretation in den Bereich der Sophistik, indem er die Westintegration zum Bedingungsfaktor der Wiedervereinigung deklarierte. „Wiedervereinigung in Freiheit“ sei „nicht die Wiedervereinigung unter jeder Bedingung“. Es sei eines der Haupt-

[31] fdk, 10.6.1952, S. 2.

[32] Resolutionsentwurf Blüchers zum Parteitag 12./13.7.1952, AdL, A 1–42, FDP a.o. Bundesparteitag 12./13.7.1952.

[33] In: Pfleiderer, Politik für Deutschland, S. 100–123. Die Denkschrift hat dem Bundestagsausschuß für Auswärtige Angelegenheiten vorgelegen.

[34] Bericht des Sekretärs des Bundesratsausschusses für Auswärtige Angelegenheiten, Wegmann, 11.9.1952, über die Sitzung des Auswärtigen Ausschusses des Bundestages, 8.9.1952, HStA Stuttgart, EA 1/17 Bü 119.

ziele des Vertragswerkes, eine Situation zu schaffen, in der die Sowjetunion sich zu Verhandlungen genötigt sehe. Die EVG solle der Sowjetunion vor Augen führen, „daß sie weder im kalten noch im heißen Krieg weitere Erfolge erzielen" könne. Der Zeitpunkt zum Verhandeln rücke um so „schneller heran, je schneller wir mit der europäischen Integration und der EVG zu Rande kommen". Der Kanzler verwies darauf, daß Art. 38 des EVG-Vertrages ja die Schaffung eines europäischen Parlamentes vorsah, ein Artikel, der von ihm „als einer der allerwichtigsten Artikel des Vertrags" gewertet wurde[35]. In des Kanzlers politischer Vorstellungswelt gab es gar keinen Raum für ein vereintes Deutschland außerhalb eines institutionalisierten Europas. Und nicht von ungefähr, sondern genau aus diesem Grunde sah der Vertrag über die Europäische Verteidigungsgemeinschaft als eigentliches Integrativ die Möglichkeit einer Revision aus Anlaß der Wiedervereinigung überhaupt nicht vor.

Ganz anders die Sozialdemokratie: Sie beweifelte, ob Montanunion und EVG tragfähige Bausteine einer europäischen Föderation darstellten. Sie meldete starke Bedenken dagegen an, daß „man durch Vorwegnahme der militärischen Seite der europäischen Föderation zum Ziel verhelfen könne. Es sei nicht nachgewiesen, daß Deutschland nur unter der Bedingung des Abschlusses dieser Verträge Hilfe vom Westen erhalten" werde. Willy Brandt hielt es für bedenklich, eine Neutralität als Ziel deutscher Wiedervereinigungspolitik von vornherein auszuschließen, ohne sich selbst auf einen derartigen Status festlegen zu wollen. Seiner Meinung nach sollte man vielmehr „über die Bedingungen der Wiedervereinigung" zuerst sprechen, und sich dann überlegen, wie Gesamtdeutschland in die internationale Staatenfamilie eingegliedert werden könnte[36].

Natürlich war der FDP-Spitze diese Grundhaltung des Bundeskanzlers hinlänglich bekannt, aber Pfleiderer hatte ihr deren ganze Tragweite noch einmal ins Bewußtsein gerufen und, was mehr zählte, eine Alternative aufgezeigt, derzufolge man die Westintegration betreiben konnte, ohne von der Wiedervereinigungspolitik zu lassen, ein Gedanke, mit dem Blücher sich schon des längeren herumtrug. Ende September 1952 kam es zu einer turbulenten Sitzung des Außenpolitischen Ausschusses der FDP mit deren Gesamtvorstand, auf deren Höhepunkt es durchaus zweifelhaft erschien, ob die Partei geschlossen die Westverträge verabschieden würde. Im Mittelpunkt der Debatte stand der Deutschlandvertrag, für dessen Tragweite man sich, ohne in zeitliche Bedrängnis zu geraten, völlige Klarheit verschaffen wollte. „Ein Vertrag, der so bedeutend ist für das Schicksal der Menschen in der Ostzone, muß sorgfältig überlegt werden." Den meisten Debattenrednern erschien Adenauers deutschlandpolitischer Kurs am Ziel der Wiedervereinigung vorbeizusteuern. Dies galt sowohl für das Konzept der Politik der Stärke wie für die Forderung, daß jeder friedensvertraglichen bzw. gesamtdeutschen Regelung freie Wahlen vorauszugehen hätten. Der außenpolitische Experte Achenbach glaubte festgestellt zu haben, „daß man allmählich des Propagandageschwätzes über freie Wahlen überdrüssig wird. Die Leute im Land wissen und begreifen, daß man nichts geschenkt bekommt und daß die Russen nicht um unserer schönen Augen willen aus der Ostzone herausgehen". Er schlug daher die unverzügliche Einberufung einer Viererkonferenz mit deutscher Beteiligung vor, natürlich auch unter solcher der DDR. Die von Parteifreunden geäußerte Auffassung, die Sowjetunion werde erst dann verhandlungsbereit sein, wenn der Westen militärische Stärke demonstriere, hielt Achenbach für

[35] Bericht des Sekretärs des Bundesratsausschusses für Auswärtige Angelegenheiten, Wegmann, 5.9.1952, über die Sitzung des Auswärtigen Ausschusses des Bundestages, 3.9.1952, ebd.
[36] Ebd.

„eine gefährliche These, die nicht bewiesen werden kann". Wie Pfleiderer, so wollte aber auch er die Ratifizierung nicht von einer vorherigen Viermächtekonferenz abhängig gemacht wissen.

Im Verlauf der Diskussion geriet offenkundig völlig in Vergessenheit, daß die Verträge bereits unterzeichnet waren, und daß die FDP sich in einer Regierungskoalition, nicht aber in der Opposition befand. Auf diesen Tatbestand mußte erst Justizminister Dehler in einer regelrechten Philippika erinnern. Nahezu beschwörend versuchte er seinen Parteifreunden zu vergegenwärtigen, daß ja drei Minister aus ihren Reihen die bisherige Regierungspolitik mitgetragen, auch freie Wahlen als Voraussetzung für Einigung und Friedensvertrag mitgefordert hatten. „Gedanken, wie sie heute aufgeworfen worden sind, würden bedeuten, daß wir die Linie dieser Kabinettspolitik verlassen [...] Es würde den Bruch der Regierung bedeuten[37]." Aber allein durch das Bemühen, seine Parteifreunde in die Koalitionspflicht zu nehmen, ließen sich die aufgebrachten Gemüter nicht beruhigen: Ganz so kampflos, wie die Kabinettsriege sich das vorgestellt haben mochte, gaben die innerparteilichen Opponenten nicht nach. Sicher, es bestand Einigkeit darin, daß die Verträge sich nicht mehr revidieren ließen. Möglich aber mußte es sein, den Ratifikationsurkunden Deklarationen bzw. einen Schriftwechsel beizugeben, denenzufolge sich die Vertragspartner auf eine aktive Deutschlandpolitik festlegten.

Noch kam es zu keiner Einigung. Pfleiderer und seine Denkschrift gerieten aber immer stärker unter Beschuß, insbesondere seitens der Fraktionsspitze und durch führende Fraktionsmitglieder. Vor allem Hermann Schäfer und Martin Euler setzten dem Waiblinger Abgeordneten heftig zu. Seine Gedankengänge seien nicht geeignet, die außenpolitischen Vorstellungen der FDP zu modifizieren. Statt dessen bedeuteten sie Wasser auf die Propagandamühle der SED. Die dieser Art verhärteten innerparteilichen Fronten ließen sich nur durch einen Kompromiß aufweichen. Er wurde in der zweiten Novemberhälfte 1952 auf dem ordentlichen Bundesparteitag der FDP in Bad Ems gefunden. In seinem Grundsatzreferat betonte der Parteivorsitzende Blücher, daß die Partei die EVG zwar als einen wichtigen Beitrag zur Verteidigung Europas erachte, aber nicht „als das allein ausreichende Mittel zur Herbeiführung eines geeinten Deutschlands, sondern als eine der Voraussetzungen dafür"[38]. Hier deutete sich an, wie sich die deutschlandpolitische Ambivalenz in der FDP zu einem Konsens würde auflösen lassen. Im Außenpolitischen Ausschuß der Partei war die Formel gefunden worden, auf die sich die Parteitagsdelegierten letztlich einigten: Unter dem Aspekt der Sicherung des Weltfriedens als vornehmster Aufgabe Bonner Außenpolitik erachtete man zwei Maßnahmen für notwendig: 1. Den föderativen Zusammenschluß der freien Völker Europas unter Beachtung des Prinzips der Gleichberechtigung; 2. positive Anstrengungen in Richtung auf eine Entspannung des Ost-West-Verhältnisses. Ganz konkret forderte die FDP die baldige Ratifizierung des Deutschland- und des EVG-Vertrages, danach aber unverzüglich deutschlandpolitische Initiativen mit dem Ziel der friedlichen Wiedervereinigung aller Deutschen in Freiheit und des Abschlusses eines Friedensvertrages mit Gesamtdeutschland.

Falls der Bundeskanzler davon ausgegangen sein sollte, diese Formel gestatte der FDP, das Gesicht zu wahren und erlaube ihm die Weiterführung seiner Politik der militärischen Westintegration, ohne ihn zu einer aktiven Deutschlandpolitik zu verpflichten, sollte er sich getäuscht

[37] Protokoll der Sitzung des Außenpolitischen Ausschusses und des Gesamtvorstandes der FDP, 29.9.1952, AdL, 96, FDP Bundesvorstand (Gesamtvorstand), Sitzungsprotokolle Sept.–Dez. 1952.

[38] Franz Blücher, Der politische Standort und die Ziele der Freien Demokratischen Partei. Rede vor dem vierten ordentlichen Bundesparteitag der FDP am 20. November 1952 zu Bad Ems, AdL, A 1–30, FDP 4.o. Bundesparteitag 20.–22.11.1952.

sehen. Daß Pfleiderer in Dritter Lesung den Westverträgen seine Stimme versagte, wäre Episode geblieben, wenn die Freien Demokraten in der Folgezeit nicht auf einer echten Verbindung von Europa- und gesamtdeutscher Politik bestanden hätten. Gustav Stresemann blieb ihr großes Vorbild. „Angeregt durch den genialen Beitrag Karl-Georg Pfleiderers zur Politik der Wiedervereinigung haben die Freien Demokraten [...] Gedanken und Vorschläge entwickelt, die eine empfindliche Lücke im Bonner Wiedervereinigungskonzept ausfüllen" sollten[39]. Die FDP fühlte sich von Adenauers Deutschlandpolitik hinters Licht geführt, und dieses deutschlandpolitische Unbehagen steigerte sich schließlich bis zur Unerträglichkeit und führte neben den Differenzen über die Wahlrechtsreform u.a. zum Bruch der Koalition im Februar 1956. War es Thomas Dehler gewesen, der 1952 den Koalitionsfrieden wahrte, so machte er sich später zum Sprecher derjenigen, die des Bundeskanzlers Deutschlandpolitik am schärfsten kritisierten. Mit ihm teilten viele Freidemokraten die Auffassung, nach dem Tode Stalins im März 1953 sei die Chance zu einer konstruktiven Politik der Wiedervereinigung vertan worden, damals, als die Moskauer Übergangsregierung schwach, die Sowjetunion nuklear noch unbedeutend und die wirtschaftlichen Schwierigkeiten horrend waren. Damals, so Dehler, habe der Kreml die „Zone" als einen Mühlstein um seinen politischen Hals empfunden, von dem sich zu befreien, ihm je rascher um so lieber gewesen sei[40]. Wie in der Rückschau führende Unionspolitiker[41], so erkannten spätestens nach der Berliner Konferenz 1954 maßgebliche Freie Demokraten, daß Adenauers deutschlandpolitisches Leitmotiv „freie Wahlen zuerst" für Moskau ein unkalkulierbares Risiko bedeutete, an der jedes deutschlandpolitische Bemühen scheitern mußte. Die FDP hegte demgegenüber die Überzeugung, freie Wahlen folgten der Entspannung[42].

Die Deutsche Partei trat nachhaltig für eine baldige Ratifizierung der Westverträge ein, deren Inhalt sie im Hinblick auf die Eingliederung der Bundesrepublik in ein System des Zusammenwirkens der freien Völker der Welt, der Wahrung des Friedens und der Wiederherstellung der deutschen Einheit in Freiheit grundsätzlich billigte[43]. Den immer wieder gemachten Vorbehalt, die Westintegration vertiefe die deutsche Spaltung, ließ die Deutsche Partei nicht gelten. Im Gegenteil, im Rahmen eines Bündnisses mit den führenden Großmächten der freien Welt, und zwar sowohl als Glied der europäischen als auch der atlantischen Gemeinschaft, sah sie verbesserte Chancen zur Wiedervereinigung. Direkte Zugehörigkeit zur EVG und indirekte zur NATO schufen aus ihrer Sicht erst die Position, aus der heraus man gesamtdeutsche Politik betreiben konnte. Denn jetzt erst bot sich die Möglichkeit, nicht nur an der Gestaltung der europäischen Verhältnisse, sondern auch an solchen im Weltmaßstab teilzunehmen. Auch der DP erschien die Lösung der deutschen Frage nur im globalen Rahmen möglich. Deutschland- und EVG-Vertrag stabilisierten nach Meinung des außenpolitischen Experten der Partei, v. Merkatz, weder den Status quo in Deutschland noch in der Welt, sondern trugen zur Entkrampfung der internationalen Lage bei. Weder EVG noch NATO durften sich in ihrer militärisch abschrekkenden Funktion erschöpfen, sondern aus der angestrebten Situation des militärischen Gleichgewichtes zwischen Ost und West heraus mußten Ansätze für einen Ausgleich gefunden wer-

[39] Ungeheuer, Gebunden an Bonn?, S. 10.

[40] Fernschreiben Dehlers, 15.7.1966, an den Rheinischen Merkur, AdL, NL Dehler. N 1–3321.

[41] Z.B. Hermann Höcherl, Eugen Gerstenmaier, Kurt Georg Kiesinger. Vgl. dazu Legende von der verpaßten Gelegenheit, S. 53f., 68.

[42] Vgl. dazu Ungeheuer, Gebunden an Bonn?, S. 22ff.

[43] Beschluß des Außenpolitischen Ausschusses und des Direktoriums der DP, 5./7.7.1952, DP-Dienst, 7.7.1952; Deutsche Stimmen, 13.7.1952, S. 1.

den, der zu einer Entspannung führte. Im Verlauf dieses Prozesses geriet dann auch, so die Vorstellung der DP, die deutsche Einheit in den Bereich des Möglichen[44].

Das maßlose Urteil des SPD-Vorsitzenden: „Wer diesem Generalvertrag zustimmt, hört auf, ein Deutscher zu sein“[45], hat die politische Atmosphäre, in der Koalition und Opposition ihre Argumente des Für und Wider austauschten, zumindest in der Öffentlichkeit unnötig emotionalisiert, das Zuhören, das Aufeinander-Eingehen oder gar -Zugehen erschwert, wenn nicht unmöglich werden lassen. Man kann dieses Verdikt nur entschuldigen, sogar verstehen und damit entschärfen, wenn man es als Ausfluß einer durch politische Verbitterung und körperlichen Zerfall verletzten Psyche erkennt. Das unwiderrufliche Nein der SPD war zwar gesprochen, aber gefragt, wie sie sich, einmal in der Regierungsverantwortung stehend, mit dem Erbe ratifizierter Verträge abfinden werde, antwortete Schumacher: „Die sozialdemokratische Grundlinie der Außenpolitik würde dieselbe bleiben. Sie müßte sich aber konzentrieren [...] auf die Abwehr und Vereitelung der schädlichen Auswirkungen dieser Verträge für das deutsche Volk[46].“

Die Furcht der Regierung, die Verweigerung der Zustimmung mit dem Ziel ihres Neuverhandelns provoziere den Vertrauensbruch zwischen der Bundesrepublik und ihren zukünftigen Vertragspartnern, insbesondere den Westalliierten, suchte die Sozialdemokratie mit dem Hinweis auf das Weiterbestehen des strategischen und moralischen Interesses der freien Welt an einem freien Deutschland zu zerstreuen[47]. Die SPD wollte ja durch Neuverhandeln erst die Grundlage des Vertrauens schaffen, auf der die Verträge beruhen müßten. Sprach es denn für Vertrauen, wenn man die Entlassung aus der Besatzungsherrschaft von der Leistung eines Verteidigungsbeitrages abhängig machte? Atmete ein Bündnis, innerhalb dessen bedeutsame Elemente des Okkupationsrechts als Vertragsrecht weiterexistierten, den Geist partnerschaftlicher Gleichberechtigung? Und wie verhielt es sich mit der Notstandsklausel? Konnten sich die Westmächte bereits dann auf sie berufen, wenn in Bonn eine Regierung ans Ruder kam, die das Vertragswerk ablehnte? Oder wähnten die drei Alliierten die Sicherheit ihrer Streitkräfte und den Bestand der parlamentarisch-demokratischen Grundordnung der Bundesrepublik bereits bei einem großen oder Generalstreik gefährdet[48]? „Das Besatzungsstatut wird durch das Bonner Vertragswerk nur soweit abgelöst und abgeändert, als es notwendig ist, damit die Bundesrepublik ihren Platz in der Europäischen Verteidigungsgemeinschaft einnehmen [...] kann“, stellte der Vorsitzende des Gesamtdeutschen Ausschusses des Bundestages, Herbert Wehner, fest[49]. Und wie anders als eine Zweiklassenpartnerschaft sollte man die Tatsache werten, daß alle Mitgliedstaaten der EVG Sitz und Stimme in Atlantikpakt und NATO besaßen, die Bundesrepublik aber nur mittelbar, korporativ im Rahmen der supranationalen Verteidigungsinstitution ihren politischen und militärischen Willen bekunden konnte? Ganz zu schweigen von den Vorbehaltsrechten, die nach Schumachers Auffassung „die Wiedervereinigung zu einer Sache macht[e], die an dem Veto eines einzelnen Alliierten scheitern“ konnte. „Über die zentrale na-

44 Bericht v. Merkatz' vor dem Bundestagsausschuß für gesamtdeutsche Fragen, in: Bonner Informationen Nr. 59/53, 16.3.1953, S. 1–12.

45 Interview UP, 15.5.1952, in: Schumacher, Reden und Schriften, S. 902–905, hier S. 902.

46 Interview mit Schumacher, 30.5.1952, AdsD, PV Schumacher Q 7, Interviews.

47 Adolf Arndt, Vorsitzender des Rechtsausschusses, in einem Interview, 4.6.1952, mit Rüdiger Proske im NWDR, BA, B 136/2103.

48 Rede Schumachers, 11.6.1952, im Bayerischen Rundfunk. Auszug in Schumacher, Reden und Schriften, S. 905–911, hier S. 907.

49 PPP, 30.5.1952, S. 4.

tionale Frage" fiel im Ernstfall „die Entscheidung durch die Allianz der drei Okkupationsmächte"[50].

Der eigentliche Fixpunkt, an dem die SPD ihr Nein zu den Westverträgen festmachte, war die deutsche Frage. Gemessen an dem Anspruch auf Wiedervereinigung wurden sie für untauglich befunden, und zwar in Teilen wie als Ganzes. Natürlich vermochte die textkosmetische Bereinigung der Bindungsklausel des Deutschlandvertrages nicht über die dem Kontrakt zugrunde liegende Intention der Eingliederung eines größeren Deutschlands in das Westpaktsystem hinwegzutäuschen. Bonn waren deutschlandpolitisch generell die Hände gebunden, wenn es mit Moskau zu einer die Wiedervereinigung betreffenden Übereinkunft gelangen wollte. Denn „soweit nicht alle Unterzeichnerstaaten ihre gemeinsame Zustimmung erteilen, wird die Bundesrepublik kein Abkommen abschließen, noch einer Abmachung beitreten, welche die Rechte der drei Mächte auf Grund der genannten Verträge beeinträchtigen oder die Verpflichtungen der Bundesrepublik auf Grund dieser Verträge mindern würden"[51]. Demgegenüber wies der Kanzler auf die grundsätzliche Verpflichtung der Westmächte in der Präambel des Deutschlandvertrages hin, mit der sie die deutsche Einheit zu ihrer eigenen Sache erklärten. Er hielt es sich mit besonderem Stolz zugute, dies erreicht zu haben: „Vier Mächte sind nötig, um die Wiedervereinigung Deutschlands in Freiheit herbeizuführen. Wir gewinnen durch diese Verträge die Zustimmung von dreien. [...] Sie erkennen", so erklärte er gegenüber dem SPD-Bundestagsabgeordneten Willy Brandt, „was es bedeutet, daß wir nun drei von den vieren dazu gewonnen haben, daß sie mit uns zusammen die Wiedervereinigung Deutschlands in Freiheit als das Ziel ihrer Politik erklären[52]."

Genau dies bestritt man innerhalb der SPD, daß nämlich Buchstabe und Geist des Vertrages den Willen zur deutschen Einheit zum Ausdruck brachten. Führende Sozialdemokraten machten kein Geheimnis daraus, daß ihnen „in der Frage der deutschen Einheit die Bereitschaft mindestens eines der Vertragspartner, diese Einheit zu ermöglichen, außerordentlich zweifelhaft" erschien[53] – gemeint war Frankreich. Daß eine nicht in Einklang mit den Westverträgen zu bringende deutschlandpolitische Vereinbarung die Zustimmung der Drei Mächte nicht finden würde, daran bestand kein Zweifel.

Die sozialdemokratische Partei hat in ihren Verlautbarungen nicht ausdrücklich darauf abgehoben, sich aber in den parlamentarischen Ausschüssen die Richtigkeit ihrer Einschätzung der Situation seitens der Regierung bestätigen lassen, daß nämlich das Junktim zwischen Deutschland- und EVG-Akte unter gesamtdeutschem Aspekt eine Revision der letzteren ausschloß. Der EVG-Vertrag sah den Fall der Wiedervereinigung überhaupt nicht vor, enthielt also im Blick auf die beabsichtigte oder vollendete deutsche Einheit keine Klausel, derzufolge der deutsche Austritt aus der Militärallianz vor Ablauf von 50 Jahren möglich gewesen wäre. Es bestand zwischen der Revisionsklausel des Deutschlandvertrages und dem EVG-Vertrag insofern ohnehin keine Koppelung, als die Signatarmächte beider Kontrakte nicht identisch waren (Signatarstaaten des Deutschlandvertrages waren die drei Westalliierten sowie die Bundesrepublik; des EVG-Vertrages zudem noch Italien und Beneluxländer ohne Großbritannien).

[50] Schumacher, 30.5.1952, im schon oben genannten Interview, AdsD, PV Schumacher Q 7, Interviews.

[51] Art. 7,3 des Deutschlandvertrages, zit. n. KAG, 1952, S. 3485f.

[52] Adenauer, 3.9.1952. – Der Beitrag basiert zum Teil auf noch nicht allgemein zugänglichen Akten und Befragungen. Aus diesem Grund können nicht alle Zitate und Aussagen belegt werden. Für die korrekte Wiedergabe verbürgt sich der Autor.

[53] Ollenhauer, Vor Entscheidungen S. 13.

Letztlich erschöpfte sich die sozialdemokratische Kritik an dem Bonner und Pariser Vertrag nicht in der Feststellung, die Verhandlungen hätten nicht das Optimum dessen erbracht, was zu erreichen gewesen wäre. Aus gesamtdeutscher Verantwortung wollte die Partei alles daran setzen, sie gar nicht erst politische Wirklichkeit werden zu lassen, weil sie sie als hypothekarische Belastung aller Bemühungen um die Wiedervereinigung empfand. Und dies gleich aus mehreren Gründen: international wirksam werdende Verpflichtungen wie der EVG-Vertrag liefen nach Ansicht der SPD den Londoner Dreimächtevereinbarungen vom Jahre 1948 zuwider, denen zufolge die politische Ordnung Westdeutschlands eine vorläufige sein sollte, was im Grundgesetz, das ja aus dieser Erwägung heraus nicht Verfassung genannt wurde, auch seinen Niederschlag fand. Es sollten weder innen- noch außenpolitisch Fakten geschaffen werden, die einer Zusammenfassung der vier Zonen zu einem einheitlichen Staatsgebilde hätten im Wege stehen können[54].

In der Tat zielten Adenauer und die Westalliierten bewußt darauf ab, den provisorischen Charakter der Bundesrepublik weitgehend in einen definitiven umzuwandeln. Kurt Schumacher betrachtete die EVG als einen willkommenen Vorwand für Moskau und die SED, den Eisernen Vorhang zu verdichten, „die Zonengrenzen zu möglichst unübersteigbaren Staatsgrenzen" zu machen[55]. Darüber hinaus beschwor die Politik der Stärke die Gefahr des Rüstungswettlaufes zwischen Ost und West, nicht zuletzt die Militarisierung der DDR herauf.

Auch der Sozialdemokratie war bewußt, daß das militärische Kräfteverhältnis verhandlungspolitisches Kapital bedeuten konnte. Ausschlaggebend war aber in der Ost-West-Konstellation das wirtschaftliche und militärische Potential der USA. „Die Kräftevermehrung, welche sich für den Westen aus den 12 deutschen Divisionen ergibt, kann durch die Russen in jedem Augenblick durch die Remilitarisierung Ost-Deutschlands kompensiert werden[56]." Und es blieb durchaus fraglich, ob bei dem militärischen Wettrennen zwischen Ost- und Westdeutschland nicht doch zum Schluß „die sowjetische Besatzungszone einen Vorsprung erhält, so daß bestenfalls durch einen deutschen militärischen Beitrag die Dinge auf die Ebene einer anderen Größenordnung gebracht werden, aber nicht zur erstrebten Änderung der militärischen Kräfteverhältnisse führen"[57]. Verträge aber, die nach ihrer festen Überzeugung die deutsche Einheit nicht begünstigten, die deutsche Freiheit nicht sicherer machten, ganz im Gegenteil, höchstwahrscheinlich 18 Millionen Deutsche zu Gefangenen des Kalten Krieges werden ließen, konnte und wollte die SPD nicht akzeptieren[58]. Aus dieser Argumentation ergab sich für Kurt Schumacher das deutschlandpolitische Fazit: „Wer, gleichgültig ob vom Osten oder vom Westen her, mit militärischen Drohungen die Einheit betreiben zu können glaubt, zeigt, daß er sie im Grunde gar nicht will [...] Die deutsche Einheit ist keine Angelegenheit der Machtpolitik und verträgt nicht die militärisch betonte Sprache, die die Teile Deutschlands gegeneinander führen. Drohungen machen den Beteiligten das notwendige Entgegenkommen nur schwerer[59]."

Unter welchen Bedingungen wäre die Sozialdemokratie unter Umständen bereit gewesen, den Westverträgen zuzustimmen? Auf diese Frage gibt es keine eindeutige Antwort. Erich Ol-

[54] Vgl. ebd., S. 10f.; Rede Schumachers, 11.6.1952, in: Schumacher, Reden und Schriften, S. 905.

[55] Interview Schumachers, 30.5.1952, AdsD, PV Schumacher Q 7, Interviews.

[56] Ollenhauer in einem Interview, 28.5.1952, in Het Parool, deutsche Übersetzung, AdsD, PV Ollenhauer 92, Interviews, Pressekonferenzen, Pressenotizen 1947–1954.

[57] Rundfunkansprache Schumachers, 11.6.1952, in: Schumacher, Reden und Schriften, S. 906.

[58] Vgl. dazu Arndt, 4.6.1952, im NWDR, BA, B 136/2103.

[59] Ansprache Schumachers, 15.7.1952, im RIAS, in: Schumacher, Reden und Schriften, S. 964–970, hier S. 965f.

lenhauer hätte wohl zu einem positiven Votum geraten, wenn die Kontrakte in späteren Verhandlungen über die Wiedervereinigung zur Disposition gestanden hätten: „Die westlichen Demokratien hätten ohne jede Einschränkung erklären müssen: Was wir hier schaffen, ist ein reines Provisorium. An dem Tage, an dem in Deutschland die Einheit auf der Grundlage von freien Wahlen hergestellt wird, erhält es die volle Entscheidung in allen innen- und außenpolitischen Angelegenheiten. Das wäre eine werbende Geste der Demokratie gewesen, bei der das Risiko nur auf der Seite der totalitären Gegner, aber nicht auf der Seite der Demokratie gelegen hätte[60].“ Solche Kompromißbereitschaft durfte von Kurt Schumacher nicht erwartet werden: „Ein internationaler Vertrag, dem die Sozialdemokratie zustimmen könnte, ist nur möglich auf der Grundlage der tatsächlichen Gleichberechtigung und Gleichwertigkeit und der garantierten Möglichkeit für die Wiedervereinigung des deutschen Volkes[61].“ Die Wiedervereinigung stand als Überschrift über der Schumacherschen gesamtpolitischen Programmatik. „Kein Volk der Welt kann auf seine nationale Einheit verzichten und in ein Vertragssystem eintreten, bei dem ihm seine Verpflichtungen gegenüber anderen Völkern wichtiger sein sollen als die Einheit und das Zusammenwachsen des eigenen Volkes[62].“ Die deutsche Einheit stand für ihn über der europäischen, zumal er jeder kleineuropäischen Lösung mit Skepsis, ja Ablehnung gegenüberstand. Wo Koalitionspolitiker in einer europäischen Teillösung unter Einschluß der Bundesrepublik eine partielle Befriedung Europas nicht zuletzt aufgrund des Ausgleichs ehemals verfeindeter Nationen und Staaten sahen, erachtete der SPD-Vorsitzende ein gespaltenes Deutschland als latenten europäischen Unruheherd. Für ihn war die deutsche Teilung die stete Kraftquelle kommunistischer und nationalistischer Umtriebe. Ihm erschien auch aus dieser Erwägung heraus die Wiedervereinigung Deutschlands „vordringlicher und für die Befriedigung und die Neuordnung Europas wichtiger [...] als jede Form der Integration mit anderen Ländern Europas“[63].

Wiedervereinigung zuerst, dies war eine Formel, die den Willen zur Westintegration ebenso einschloß wie den zum Arrangement mit der Sowjetunion. Der sozialdemokratische, von Kurt Schumacher vorgezeichnete Weg zur deutschen Einheit mußte also über den schmalen Grat eines Interessenausgleichs zwischen den drei Westmächten und der UdSSR führen, wobei gesamtdeutsches Sicherheitsbedürfnis als ausschließlich durch den Westen zu befriedigen nicht in Frage stehen durfte. Wie wollte man aber Einheit, Freiheit und Sicherheit des Westens erreichen, wie sollte man sie Moskau schmackhaft machen, oder anders gefragt, welcher Preis sollte entrichtet werden, um dieses Ziel zu erreichen? Unisono riefen die Spitzen der SPD nach Viermächteverhandlungen über Deutschland, nach einer konstruktiven Gestaltung des seit der Stalin-Note in Gang befindlichen Ost-West-Dialogs über Friedensvertrag und Einheit. Sie befürchteten zu Recht, daß der Notenwechsel bereits dadurch im politischen Sande verlaufen werde, daß man *das* zur Voraussetzung von Verhandlungen erhob, was am *Konferenztisch* zu verhandeln gewesen wäre. Selbst wenn der Notenwechsel scheitern sollte, wollte die Sozialdemokratie dies im Sommer 1952 nicht als einen letzten Versuch gelten lassen, auf diplomatischem Wege zur deutschen Einheit zu kommen, „sondern nur das Andauern der Bemühungen, bis das Ziel der deutschen Einheit erreicht ist“. Auf Gipfelgesprächen mußte „Rußland selbst zum Sprechen über seine wirklichen Absichten“ gebracht werden[64]. Einer ersten Konferenz-

[60] Ollenhauer, Vor Entscheidungen, S. 12.
[61] Rede Schumachers, 11.6.1952, im Bayerischen Rundfunk, in: Schumacher, Reden und Schriften, S. 910.
[62] Ebd., S. 911.
[63] Schumacher in einem Interview mit Walter Steigner, dem Leiter des Bonner Büros des NWDR, 6.8.1952, ebd., S. 822–827, hier S. 826.
[64] Ansprache Schumachers, 15.7.1952, im RIAS, ebd., S. 967.

runde setzte die SPD das Ziel, die Voraussetzungen für freie, gleiche und geheime Wahlen in ganz Deutschland zu schaffen, um mit dem wiedervereinigten Deutschland dessen Handlungsspielraum festzulegen. Letztlich war aber unabdingbar, daß das vereinigte deutsche Volk unter Wahrung des Prinzips der Gleichheit der Rechte und Pflichten aller selbst „über die Formen seiner Politik und Wirtschaft entscheiden" konnte[65].

Der Tod Kurt Schumachers am 20. August 1952 erweiterte den sicherheitspolitischen Spielraum der SPD. Sein dogmatisches „Einheit zuerst" hatte die Partei in der Wehrfrage in die Sackgasse manövriert. Unter seinem Nachfolger Erich Ollenhauer versuchte die Sozialdemokratie eine verteidigungspolitische Neuorientierung. Auch der neue Vorsitzende hat stets Viermächteverhandlungen und einem intensiven deutschlandpolitischen Dialog das Wort geredet. Er unterstrich nachdrücklich, „daß die Möglichkeiten der Wiederherstellung der deutschen Einheit durch Viermächtegespräche ernsthaft untersucht werden" mußten „und nicht durch vorherigen Abschluß des General- und EVG-Vertrages zunichte gemacht" werden durften[66]. Vom Westen erwartete er den Beweis, „daß er selber die Einheit wünscht", selbst wenn das Ziel nicht erreicht werden sollte. Die Chancen eines Erfolges schätzte er keineswegs hoch ein. Aber „vor dem gesamten deutschen Volk müssen wir den Beweis liefern, daß die Russen kein freies demokratisches und wiedervereintes Deutschland wollen"[67]. Ollenhauer bewies im Sommer 1952 als amtierender Parteiführer mehr Realitätssinn als Schumacher, wenn er sich von dessen deutschlandpolitischer Maximalforderung distanzierte und den Problemzusammenhang zwischen militärischer Westintegration und Wiedervereinigung nicht nach dem Prinzip des Entweder-Oder zu lösen beabsichtigte. „Wir sind der Meinung, daß auf keinen Fall eine Ratifizierung im Bundestag erfolgen soll, bevor nicht die Aussprache zwischen den vier Mächten über eine mögliche Viererkonferenz über die Deutschlandfrage noch ein Stück weiter vorangekommen ist[68]." Zwar glaubte Ollenhauer persönlich nicht mehr recht an ein Weiterkommen in der deutschen Frage, aber „mindestens die Hinausschiebung der Ratifizierung auf den Herbst muß in diesem Sinne benutzt werden"[69], d.h. er wollte zumindest den Fortgang des Notenwechsels abwarten.

Frühzeitig machte man sich in den Spitzengremien der Partei, an deren Sitzungen Schumacher nach seinem Schlaganfall nicht mehr teilnahm, Gedanken für den Fall des Scheiterns eines Gedankenaustausches zwischen den Westmächten und der UdSSR. Wenn man auch im Blick auf den in Gang befindlichen Ost-West-Dialog „bei den Vertragswerken [...] mit allen Mitteln auf Zeitgewinn arbeiten" wollte, „die Frage, was geschieht, wenn die Verhandlungsmöglichkeiten mit den Russen ausgeschöpft sind, muß[te] vom P[artei]-V[orstand] rechtzeitig geklärt werden"[70]. Bei einem Scheitern von Viermächtekonsultationen, sei es in Form des Notenwechsels oder von echten Verhandlungen, daran ließ Ollenhauer keinen Zweifel, stand „für die Partei die Einbeziehung Deutschlands in eine Vertragsgemeinschaft zur Debatte"[71]. Entsprechende Überlegungen traten nach der Sowjetnote vom August 1952 in ein konkretes Stadium, als der SPD-Führung vollends bewußt wurde, daß weder dem Westen noch dem Osten der Sinn nach einem

[65] Ebd., S. 968.

[66] Ollenhauer, 14./15.6.1952, vor PV, PA, KK, AdsD, SPD-PV, Protokolle 1952.

[67] Ollenhauer, 28.5.1952, in Het Parool, Übersetzung, AdsD, PV Ollenhauer 92, Interviews, Pressekonferenzen, Pressenotizen 1947–1954.

[68] Vortrag Ollenhauers, 11.6.1952, AdsD, PV Ollenhauer 93, Reden, Aufsätze 1952.

[69] Rede Ollenhauers, 2.7.1952, im Bayerischen Rundfunk, ebd.

[70] MdB- und PV-Mitglied Erwin Schöttle in der PV-Sitzung, 13./14.6.1952, AdsD, SPD-PV, Protokolle 1952.

[71] Ollenhauer in der PV-Sitzung, 13./14.6.1952, ebd.

deutschlandpolitischen Arrangement stand. Nüchtern konstatierte Ollenhauer: „Der Notenwechsel ist nicht sehr fruchtbar und vom Standpunkt derer, die eine Viermächtevereinbarung über Deutschland als die einzig mögliche und friedliche Lösung dieser Frage wollen, außerordentlich wenig erfreulich[72].“ Das Verlangen nach unverminderten Anstrengungen „in der Untersuchung der Möglichkeiten für ein echtes Deutschland-Gespräch“[73] täuschte nur noch die Öffentlichkeit darüber hinweg, daß die SPD-Führung die deutschlandpolitischen Segel fürs erste gestrichen hatte. Damit konnte es aber nicht sein Bewenden haben. Für den September stand der Bundesparteitag an, dem es oblag, die Weichen für die zwölf Monate später stattfindenden Bundestagswahlen zu stellen. Klarheit über den deutschland- und sicherheitspolitischen Kurs war nun gefragt, das hieß Entschluß- und Tatkraft, ihn abzustecken und ohne Abweichung zu steuern, und dies mit einem neuen Mann, der sich zwar in der Fähigkeit nüchterner Analyse politischer Vorgänge und Zustände, aber keineswegs im Durchsetzungswillen und in seiner charismatischen Ausstrahlung mit seinem Vorgänger messen konnte. Ollenhauer verhieß daher eine Politik aus Pragmatismus und Taktik, die aufgrund der im Wahlvolk herrschenden Meinungspluralität im Hinblick auf Deutschland- und Sicherheitsproblematik sogar eine gewisse Rechtfertigung erfuhr, die aber letztlich die Wahlniederlage prognostizierbar machte.

Nur eine überzeugungskräftige Führernatur hätte es wohl vermocht, die sozialdemokratische Parteianhängerschaft innerhalb eines Jahres mit einer eindeutigen sicherheitspolitischen Aussage im Sinne einer Akzeptanz der Verträge an die SPD zu binden. Gefragt, ob der Deutschlandvertrag vom Bundestag angenommen oder abgelehnt werden sollte, entschieden sich im Juli 1952 26% der SPD-Anhänger für ja, 32% für nein. Es galt, 42% Unschlüssige auf die Parteilinie festzulegen. FDP und CDU hatten es da leichter. Zwar erwies sich auch der Anteil der Unentschiedenen bei ihrer Wahlklientel als annähernd gleich hoch, doch der Prozentsatz der Befürworter überzeugte die Regierung von der Richtigkeit ihrer Politik (Tab. I).

Tabelle I

Frage: *„Jetzt hat der Bundestag über die Annahme oder Ablehnung des Deutschland-Vertrages zu entscheiden. Was ist nun Ihre Meinung – soll der Bundestag den Deutschland-Vertrag annehmen oder nicht annehmen?“*

Juli 1952

Anworten in %	Annehmen	Nicht annehmen	Unentschieden	
Politische Orientierung				
CDU-Anhänger	51	3	46	=100
FDP-Anhänger	46	12	42	=100
SPD-Anhänger	26	32	42	=100

Quelle: IfD: Die Stimmung im Bundesgebiet 52, S. 6, BA, B 145/4222.

Allerdings gab es einen eindeutigen Trend unter den SPD-Sympathisanten zugunsten einer Westbindung, wie die Demoskopie nachweist (Tab. II).

Daraus hätte man eigentlich eine überzeugende Mehrheit zugunsten der Politik der Sicherung des Westens gegenüber dem Osten, also für die EVG ableiten müssen. Weit gefehlt! Dieje-

[72] Sopade, Nr. 925, September 1952, S. 15.
[73] PPP, 28.8.1952, S. 2.

Tabelle II

Frage: *„Haben Sie das Gefühl, daß wir durch Rußland bedroht oder nicht bedroht sind?"*

Juli 1952*)

Antworten in %	Bedroht	Nicht bedroht	Unentschieden	
Politische Orientierung:				
CDU-Anhänger	77	9	14	= 100
FDP-Anhänger	77	12	11	= 100
SPD-Anhänger	61	21	18	= 100

Frage: *„Finden Sie, wir sollten uns von den Westmächten loslösen und einen Sicherheitspakt mit Rußland abschließen?"*

Juli 1952

Antworten in %	Ja, loslösen	Nein, nicht loslösen	Unentschieden	
Politische Orientierung:				
CDU-Anhänger	3	84	13	= 100
FDP-Anhänger	3	89	8	= 100
SPD-Anhänger	6	74	20	= 100

Quelle: IfD: Bedrohung aus dem Osten?, S. 2, 4, BA, B 145/4222.

*) Repräsentativer Bevölkerungsquerschnitt, 2000 Personen, Bundesgebiet und West-Berlin.

nigen, die der Sicherheit den Vorrang vor der Wiedervereinigung gaben, und diejenigen, für die umgekehrt die Sicherheit hinter der Wiedervereinigung rangierte, bildeten in der sozialdemokratisch orientierten Bevölkerung zwei annähernd gleich große Meinungslager[74]. Wie sollte im Blick auf dieses Befragungsergebnis eine unter Vorsitz Ollenhauers stehende Partei das schaffen, was Schumacher nicht gelungen war: Das Wahlvolk auf eine – und wenn ja, welche – deutschland- und sicherheitspolitische Linie einzuschwören?

Noch zu Zeiten Schumachers hegte von den großen demokratischen Parteien die Anhängerschaft der SPD den größten Pessimismus hinsichtlich einer Wiedervereinigung mit friedlichen Mitteln. Hinter dieser Skepsis verbargen sich nicht nur der vom damaligen Parteivorsitzenden verbreitete und auf die Parteiklientel durchschlagende Antibolschewismus und -kommunismus, sondern auch die Auswirkungen seines deutschlandpolitisch motivierten Sicherheitskonzepts der expansiven Verteidigung zwecks Lösung der deutschen Frage (Tab. III).

Die Tabelle macht den Zusammenhang zwischen der Ansicht, die friedliche Wiedervereinigung habe keine Aussichten, und dem Grad politischer Radikalität einer Partei deutlich, und zwar sowohl nach rechts wie nach links. SRP und die Vertriebenenpartei wiesen den ausgeprägtesten restaurativen Grundzug auf, gefolgt von der antikapitalistisch-revolutionär motivierten KPD, der national ausgerichteten SPD und FDP, während die CDU in diesem Kontext das Schlußlicht bildete.

[74] Vgl. IfD: Die Stimmung im Bundesgebiet 104, Juli 1953, BA, B 145/4224.

Tabelle III

Eine Wiedervereinigung mit der Ostzone auf friedlichem Wege sei unmöglich, sagten im Februar 1952

von je 100 Anhängern der SRP	75
von je 100 Anhängern des BHE	52
von je 100 Anhängern der KPD	48
von je 100 Anhängern der SPD	46
von je 100 Anhängern der FDP	42
von je 100 Anhängern der CDU	36

Quelle: IfD: Die Stimmung im Bundesgebiet 29, BA, B 145/4222.

Die Parteiführung befand sich zwischen Skylla und Charybdis: einerseits akzeptierte man das Recht auf Selbstverteidigung (PV-Mitglied Reuter), andererseits betrachteten „die Genossen draußen [...] ein remilitarisiertes Deutschland als die Konterrevolution" (PV-Mitglied und MdB Waldemar v. Knöringen). Man plädierte „für [eine] positivere Haltung" in der Wehrfrage, hegte aber gleichzeitig „große Sorge wegen dieser Diskussion, da die Partei dafür noch nicht reif sei" (PV-Mitglied und MdB Fritz Henssler)[75]. Die Parteiführung befand sich in einem Dilemma, das sie zwar erkannte, aus dem sie aber zunächst nicht herausfinden sollte. „In der Wehrfrage gibt es keine Festlegung auf den ‚Ohne-mich'-Standpunkt, sondern nur die Formulierung, daß eine Beteiligung unter den gegenwärtigen Bedingungen nicht akzeptabel ist", so schilderte Ollenhauer Situation und Haltung der Sozialdemokratie vor dem Parteivorstand. „Wir haben uns intern mit der Wehrfrage zu befassen, aber wir können keine öffentl. Diskussion darüber führen, solange unser Kampf gegen den EVG-Vertrag noch andauert". Und Carlo Schmid fügte beschwörend hinzu: „Wir dürfen nicht den Eindruck einer Scheinopposition aufkommen lassen[76]."

Schließlich erlangte man Einigkeit darüber, einen Klärungsprozeß bezüglich der zukünftigen sicherheitspolitischen Position der SPD innerhalb der Spitzengremien in Gang zu setzen, bis zu dessen Abschluß aber offiziell den Kampf gegen die EVG weiterzuführen. Die Zeit erwies sich als zu kurz bemessen, um auf dem Parteitag im September 1952 schon zu einer eindeutigen programmatischen Aussage zu gelangen. Ein Aktionsprogramm ließ aber die sicherheitspolitische Richtung bereits erkennen, in der die Sozialdemokratie sich in Zukunft bewegen wollte: Verteidigung ja, aber nicht im Rahmen der EVG, wie sie derzeit zur Debatte stand. „Die SPD lehnt [...] dieses Vertragssystem ab und kämpft gegen seine Ratifizierung. Sie wird für die radikale Revision der beschlossenen Verträge durch neue Verhandlungen auf neuer Grundlage kämpfen[77]." Die SPD verwarf die EVG zunächst einmal nicht grundsätzlich, sondern wollte sie zum einen im einzelnen verbessert und zum anderen territorial wie institutionell in einen größeren politischen Zusammenhang gerückt wissen, in „ein wirksames System kollektiver Sicherheit [...], an dem Deutschland gleichberechtigt und ohne Gefährdung seiner Wiedervereinigung beteiligt ist".

Damit blieb das Wechselverhältnis zwischen militärischer Westintegration und deutscher Einheit gewahrt. Die Wende bestand aber darin, daß die Lösung der deutschen Frage nicht mehr die Präposition eines militärischen Bündnisses bildete. Es war „nicht unerläßlich, daß die deutsche Einheit vor einer deutschen Beteiligung an einem solchen System kollektiver Sicher-

[75] PV-Sitzung, 23.9.1952, AdsD, SPD-PV, Protokolle 1952.

[76] Ebd. Vgl. zu dieser Problematik Volkmann, Die sozialdemokratische innerparteiliche Dikussion.

[77] Zit. n. SPD-Pressedienst, 29.9.1952.

heit hergestellt sein muß[te]"[78]. Die Deutschland- und Sicherheitspolitik Kurt Schumachers war, einen Monat nach seinem Ableben, bereits Geschichte geworden, auch wenn das, was sich kollektives Sicherheitssystem nannte, noch keine gedanklich vorgeformten Konturen angenommen hatte. Ziel aller programmatischen Bemühungen war es jedenfalls, den Gegensatz zwischen Verteidigungs- und Deutschlandpolitik aufzulösen, bei grundsätzlicher Bejahung eines Sicherheitsbeitrages die deutsche Einheit nicht zu verspielen. Bei entsprechenden Überlegungen durfte das europäisch-integrative Moment ebenfalls nicht unberücksichtigt bleiben.

Carlo Schmid zielte auf ein globales Paktsystem aus den Staaten ab, die sich wechselseitig bedroht glaubten, und das den Beistand aller gegen den jeweiligen Aggressor zum Ziel haben sollte. Im Rahmen eines derartigen Vertragswerkes konnte auch die Bundesrepublik Deutschland einen militärischen Beitrag leisten[79]. Anfang 1953 legte SPD-Vorstandsmitglied und MdB Gerhard Luetkens parteiintern ein sicherheitspolitisches Papier vor. Danach mußte das außen- und wehrpolitische Leitmotiv der SPD lauten: „Die Wiedervereinigung ist vordringliches Anliegen", ein lebensfähiges Europa hat ein vereintes Deutschland zur unabdingbaren Voraussetzung. Luetkens gab sich überzeugt, daß Krieg als solcher durch Verhandlungen der vier Mächte vermeidbar, der Kalte Krieg zudem überwindbar sei. Um die Aussicht auf Erfolg am Zustandekommen eines Ost-West-Dialogs zu steigern, erschien es dem SPD-Politiker im gesamtdeutschen Interesse ratsamer, das Besatzungsstatut notfalls in Kraft zu lassen als es durch den Generalvertrag zu substituieren.

Jede Bindung an den Westen mußte jedenfalls die Chance zu Verhandlungen mit dem Osten wahren[80]. Der Parlamentarier befürwortete andernfalls die Aufstellung nationaler deutscher Verbände in Assoziierung an die NATO in Form eines von der UNO-Satzung vorgesehenen Regionalpaktes, der letztendlich wiederum Teil eines „kollektiven Weltsicherheitssystem[s]" werden mußte[81]. Herbert Wehner hielt solche Modelle für an der „Lage" vorbeientwickelt. Ganz richtig meinte er, „Adenauers außenpolitischer Praktizismus würde beide bald erdrücken". Ihm erschien vor allem die universale Dimension des kollektiven Sicherheitssystems zu gigantisch, „nicht realistisch genug". Auch verwarf er die negative Europaperzeption: Aufgabe der SPD mußte es vielmehr sein, auf mögliche Gefahren „einer bestimmten Art von ‚Integration' warnend" hinzuweisen „und im übrigen an den Stellen, an denen falsch ‚integriert' worden ist, durch eigene Forderungen die Dinge wieder in Ordnung zu bringen"[82].

Der neue Parteivorsitzende Erich Ollenhauer hat diese Überlegungen gebündelt, zu einem geschlossenen gedanklichen Konstrukt zusammengefaßt und vom Parteivorstand gutheißen lassen. Das Ollenhauer-Papier enthielt zwei gewichtige Kernpunkte:

1. Die Bundesrepublik Deutschland hatte mit allen Kräften auf einen Friedensvertrag hinzusteuern. Dies setzte die Bereitschaft der vier Siegermächte voraus, mit einer aus freien Wahlen hervorgegangenen gesamtdeutschen Regierung zu verhandeln, um dieser volle außenpolitische Handlungsfreiheit einzuräumen. Aufgabe der Bundesrepublik war es, die Westmächte zu bewegen, in diesem Sinne mit der UdSSR ins Gespräch zu kommen und sie für eine solche Verfahrensweise zu gewinnen.

78 Ebd.

79 Ausarbeitung Carlo Schmids, Januar 1953, AdsD, PV Schumacher J 102, Außenpolitik, Akten Ollenhauer.

80 Memorandum Luetkens', 3.1.1953, ebd.

81 PPP, 12.1.1953, S. 1.

82 Bemerkungen Wehners, 17.1.1953, zu den Memoranden von Schmid und Luetkens, AdsD, PV Schumacher J 102, Außenpolitik, Akten Ollenhauer.

2. Erst für den Fall, daß sich nach gemeinsamer Auffassung der Westmächte und der Bundesrepublik die Sowjetunion einem solchen gemeinsamen Vorgehen entzog, stand die Integration in ein westliches Bündnis zur Debatte. Dann mußten die Westmächte der Bundesrepublik auf vertraglichem Wege Rechte und Pflichten zubilligen, „die dem gemeinsamen Interesse an der Sicherung des Friedens, der Förderung ungehemmter wirtschaftlicher und kultureller Beziehungen und der Vorbereitung dafür dienen, daß zu gegebener Zeit ganz Deutschland durch den Abschluß geeigneter Verträge seinen Beitrag zu einer friedlichen Ordnung seiner Beziehungen zu seinen Nachbarn und der übrigen Welt leisten kann". Der der Bundesrepublik zuzuerkennende Rechtsstatus mußte die Voraussetzungen zur Mitgliedschaft in der UNO bieten.

Unter solchen Rahmenbedingungen zeigte sich Ollenhauer bereit, gewisse Vorbehaltsrechte der Westalliierten zu konzedieren. Unter der Voraussetzung, daß das Europa der Sechs nicht ausschließlich Befriedigung in integraler Selbstgenügsamkeit suchte, sich nicht als gegen eine andere Mächteformation gerichtet etablierte, sondern sich als Nukleus eines großeuropäischen Gebildes verstand, sollte ihm eine von Ollenhauer geführte SPD ihren Segen erteilen. Dann stand auch einer westdeutschen Beteiligung an der europäischen Verteidigung unter Herstellung eines wie auch immer gearteten Assoziationsverhältnisses westdeutscher Streitkräfte zur NATO nichts mehr im Wege. Allerdings durfte durch keine Vereinbarung mit den nunmehrigen Verbündeten die Tür zu einer friedlichen Wiedervereinigung zugeschlagen, d.h. kein Präjudiz für die spätere außen- und verteidigungspolitische Bindung eines vereinigten Deutschlands an ein westliches Militärbündnis geschaffen werden. Letztlich aber gab sich Ollenhauer überzeugt, daß im atomaren Zeitalter der Schutz eines begrenzten Territoriums auf Dauer nicht garantiert werden konnte, sondern nur im Rahmen eines anzustrebenden kollektiven Sicherheitssystems, in das der Atlantikpakt dann einbezogen werden mußte[83].

Anfang Januar 1953 richtete Ollenhauer einen Brief an den Bundeskanzler, in dem er ihn erstmals offiziell mit der sozialdemokratischen Vorstellung von einem kollektiven Sicherheitssystem in groben Zügen vertraut machte. Die vorliegenden Verträge, schrieb der Oppositionsführer, seien geeignet, nicht nur die deutsche, sondern darüber hinaus auch die europäische Spaltung zu zementieren. Um beides zu verhindern, müsse „in der jetzt gegebenen internationalen Situation [...] eine Lösung auf breitester internationaler Grundlage gesucht werden". Er schlug eine Arbeitsgemeinschaft aller freien Völker auf den lebenswichtigsten Sektoren, „einschließlich der gemeinsamen Verteidigung im Rahmen eines Systems der gemeinsamen Sicherheit", vor[84]. Was Wehner vorausgesagt hatte, trat ein: auf ein so vages politisches Gebilde wie ein kollektives Sicherheitssystem als Alternative zur EVG verschwendete der realitätsbezogene Bundeskanzler keinen Gedanken. „Eine Arbeitsgemeinschaft aller freien Völker herbeizuführen, wie Sie es verlangen", ließ er Ollenhauer in seinem Antwortschreiben wissen, „würde schon an sich eine Aufgabe von Jahren sein", würde also den Aufbau eines wirksamen Sicherheitssystems auf unabsehbare Zeit hinausschieben[85].

Natürlich wußte man auch in der SPD, daß sich in der Konstellation des Kalten Krieges, in der man sich nicht einmal über Themen und Tagesordnung eines Ost-West-Dialogs verständigen konnte, ein globales kollektives Sicherheitssystem nicht als greifbares politisches Ziel anbot. Es ging ja um etwas ganz anderes, nämlich darum, eine politisch-psychologische Brücke zu er-

[83] Expertise Ollenhauers, Anfang Januar 1953, ebd.
[84] Brief Ollenhauers, 7.1.1953, an Adenauer, AdsD, PV Ollenhauer 2, Ollenhauer–Adenauer.
[85] Schreiben Adenauers, 16.1.1953, an Ollenhauer, ebd.

richten, auf der man zu einem revidierten EVG-Vertrag gelangen konnte, ohne einen Großteil der Wähler und Mitglieder der Partei vor den Kopf zu stoßen. Die SPD stand zu Beginn des Jahres 1953 vor einer inneren Zerreißprobe. Es sollte sich aber herausstellen, daß das von Ollenhauer entwickelte Modell nicht trug. Die Zustimmung zu einem EVG-Vertrag, in welcher modifizierten Gestalt auch immer, konnte sich die Parteispitze mit Rücksicht auf die Basis nicht abringen, ohne in Gefahr zu geraten, daß sie ihr aus dem Ruder lief. Es muß als Versuch gewertet werden, die Partei auf den Boden der Tatsachen und des Machbaren zu stellen, wenn Ollenhauer das globale Sicherheitssystem nun auf ein regionales zu reduzieren trachtete. So schlug er eine Ausweitung des Kreises der EVG-Partner vor: „Wir sind [...] der Meinung, daß die europäische Verteidigung unter Einschluß Deutschlands nicht auf einer Organisation der sechs kontinentalen europäischen Staaten aufgebaut werden sollte. Sie sollte auch Großbritannien, Dänemark und Norwegen umfassen[86]." Die SPD nahm Abschied vom Gedanken einer supranationalen Verteidigungsorganisation im kleineuropäischen Rahmen. Sie strebte eine losere Form der sicherheitspolitischen Zusammenarbeit an.

Die zu Beginn des Jahres geäußerten französischen Zusatzwünsche, hinter denen sich die Absicht verbarg, das Vertragswerk zu Fall zu bringen, boten der Sozialdemokratie eine willkommene Handhabe, nun ihrerseits von den Westverträgen definitiv Abschied zu nehmen. Dem Adenauerschen Modell der Integration stellte die SPD jetzt das der Kooperation entgegen: „Das heißt an die Organisation des Atlantikpakts anknüpfen, und nicht an eine nebelhafte, sogenannte Europäische Verteidigungsgemeinschaft[87]." Die SPD distanzierte sich von Adenauers Kleineuropa, dem sie unter den herrschenden Verhältnissen stets skeptisch gegenübergestanden und dem sie das Etikett „klerikal-katholisch" aufgeklebt hatte. Die EVG stand für die Sozialdemokratie bei der Dritten Lesung nicht mehr als akzeptabel zur Debatte. Die Regierung unter Führung der Union hätte aber gut daran getan, das Votum für eine Nationalarmee in Anbindung an die NATO aufmerksam zu registrieren, um sich für den – damals schon höchstwahrscheinlichen – Fall des Scheiterns der EVG der Zustimmung der größten Oppositionspartei zu einer atlantischen Lösung zu versichern. In den Verhandlungen zur Dritten Lesung der Verträge im Deutschen Bundestag nannte Ollenhauer nun auch in der Öffentlichkeit die Bedingungen, unter denen die SPD bereit war, einen westdeutschen Sicherheitsbeitrag mitzutragen: Statt Supranationalität Kooperation der europäischen Regierungen auf möglichst breiter Basis unter Einschluß der militärischen Zusammenarbeit, und zwar in einer Form, „die uns die Freiheit läßt, in der Frage der deutschen Einheit immer wieder und immer dann, wenn wir selbst es für notwendig halten, aktiv zu werden". Sie sprach sich für einen Ministerrat als Koordinations- und Lenkungsgremium aus, das die Gewähr dafür bot, daß das europäische Sicherheitssystem auf Souveränität und Gleichberechtigung seiner aus Norwegen, Dänemark, den Beneluxstaaten, Frankreich, Italien, Großbritannien und der Bundesrepublik bestehenden Mitglieder beruhte. Der Ministerrat mußte fürs erste ausreichen, um eine weitgehende Integration auf technischer, militärischer und rüstungsökonomischer Ebene zu garantieren. Diese europäische Sicherheitsorganisation hatte in ein noch näher zu bestimmendes Verhältnis zum Atlantikpakt zu treten[88].

In bürgerlichen, zumeist intellektuellen Kreisen der westdeutschen Bevölkerung gab es nicht wenige deutschlandpolitisch motivierte Gegner Adenauerscher Sicherheitspolitik, die sich zu-

[86] Ollenhauer, 23.1.1953, in einem Interview mit Rüdiger Proske, AdsD, PV Ollenhauer 92, Interviews, Pressekonferenzen, Pressenotizen, 1947–1954.

[87] Deutscher Bundestag, Sten.Ber., Bd 15, 255. Sitzung, 19.3.1953, S. 12327 C.

[88] Ebd., S. 12327 B–C.

meist in mehr oder weniger obskuren politischen Zirkeln organisiert hatten, weil ihnen in der Regel ihre konservative Grundhaltung den Weg zur Sozialdemokratie versperrte. In den bürgerlichen Parteien fand diese Erscheinung eine gewisse Entsprechnung in Form eines oppositionellen Bodensatzes, der selbst in den Bundestagsfraktionen seinen Niederschlag fand. Gustav Heinemann, des längeren von politischen Freunden dazu gedrängt, hoffte, auf dieser Grundlage eine neue Partei aufbauen zu können, die gegenüber kleineren anderen Parteien den Vorzug besaß, sich gleich öffentlichkeitswirksam im Bundestag äußern und profilieren zu können. Am 29./30. November 1952 erfolgte die Gründung der Gesamtdeutschen Volkspartei (GVP), der die Zentrumsabgeordneten Helene Wessel und Thea Arnold sowie der Abgeordnete der Bayernpartei Hermann Etzel und der aus der CSU ausgeschlossene Hans Bodensteiner beitraten. Ein tieferer Einbruch in die Unionsfraktion gelang nicht, nachdem Joseph Matthias Mehs zwar als einziger Christdemokrat sein entschiedenes Nein gegen die Westverträge aufrechterhielt, aber dennoch in seiner Partei verblieb. „Es ist traurig", so reflektiert Heinemann, „wenn eine neue Partei entstehen muß. Sie muß aber dann entstehen, wenn die vorhandenen Parteien den Willen des Volkes nicht mehr ausdrücken[89]." Der Wille des Volkes, mit dem sich die Partei zu identifizieren meinte, erschien der GVP mehrheitlich auf die Erhaltung des Friedens und auf die Wiedervereinigung ausgerichtet. Beides machte sie zu ihren politischen Hauptanliegen. Der Wiedervereinigung eine Chance geben, das hieß im Verständnis führender GVP-Mitglieder, zu denen sehr bald der spätere Bundesminister und baden-württembergische SPD-Vorsitzende Erhard Eppler sowie der spätere nordrhein-westfälische SPD-Justiz- und Finanzminister Dieter Posser avancierten, den wechselseitigen Sicherheitsinteressen zwischen Ost und West, dem deutschen Bedürfnis nach Sicherheit, aber auch der Sorge um die Sicherheit vor Deutschland, wie sie auch in westeuropäischen Ländern herrschte, Rechnung zu tragen. Blieb im Bemühen um die Einheit Deutschlands eines dieser Anliegen unberücksichtigt, mußte es zum Scheitern verurteilt sein. Deshalb lehnte die GVP die Adenauersche Sicherheitspolitik kompromißlos ab. Nach ihrer Auffassung diente sie nicht der Wiedervereinigung, sondern lief, gewollt oder ungewollt, auf die zweiteilige, wechselseitig aufeinander ausgerichtete deutsche Aufrüstung hinaus und spannte die beiden deutschen Staaten in den Rüstungswettlauf der Supermächte ein. „Wenn wir keiner Seite zur militärischen Gefahr werden, können wir dem Frieden besser dienen, als wenn Deutschland zum Aufmarschplatz zweier Heerlager wird, in denen Deutsche gegen Deutsche bewaffnet werden. Wir fordern daher die sofortige Beseitigung der Aufrüstung zweier deutscher Armeen in West- und Ostdeutschland. Wo immer solche Aufrüstung von Deutschen betrieben wird, haben sie zugleich die Gegenaufrüstung in dem anderen Teil unseres Vaterlandes mit zu verantworten[90]." Die GVP wollte keine Wiedervereinigung unter den Fittichen des Westens anstreben, weil nicht damit zu rechnen war, daß Moskau die DDR freigeben würde, nur um sie durch die Gegenseite aufrüsten zu lassen. Eine Wiedervereinigung innerhalb des Ostblocks schied ebenfalls aus, da die drei Mächte unter diesem Vorzeichen ihre Zonen nicht dazu hergaben und das marxistische politische und soziale System nicht akzeptabel erschien. Blieb die Wiedervereinigung außerhalb der bestehenden beziehungsweise sich formierenden Machtblöcke. Das geeinte Deutschland konnte dann über eine Nationalarmee verfügen, mußte es aber nicht. Seine Sicherheit sah Heinemann dadurch als gegeben an, „daß Westen und Osten sich die Wegnahme eines wiedervereinigten Deutschlands durch die andere Seite wechselseitig nicht

[89] Exposé Heinemanns, Herbst 1952, AdsD, NL Helene Wessel 212.
[90] Manifest der Gesamtdeutschen Volkspartei, 29.11.1952, AdsD, NL Heinemann 366, Notgemeinschaft GVP.

gönnen werden, weil ihre eigene Sicherheit damit auf dem Spiel stünde"[91]. Der Beitritt zur UNO und ein Friedensvertrag mußten die rechtliche Stellung und die Sicherheit Deutschlands garantieren. „Wenn wir gewährleisten, daß wir keinem unserer Nachbarn mehr zur Gefahr werden, können wir damit rechnen, daß alle Nachbarn aus ihrem eigenen Lebensinteresse unseren Bestand garantieren[92]."

Man hat der GVP nicht selten unterstellt, sie proklamiere eine Politik der Neutralität Deutschlands. Dies hat sie nicht intendiert. Vielmehr mußte Deutschland zugestanden werden, nach Belieben europäische und außereuropäische Verbindungen einzugehen, „die zur Erfüllung gemeinsamer politischer, wirtschaftlicher, kultureller usw. Interessen und sonstiger zwischenstaatlicher Funktionen und Handlungen" dienten. Gesamtdeutschland mußte allerdings dem Beitritt in Militärbündnisse entsagen; gleichwohl sollte es berechtigt sein, zu seiner Verteidigung nationale Streitkräfte zu unterhalten und Kriegsausrüstung zu produzieren[93]. Das Heinemann und seinen Gesinnungsgenossen vorschwebende Europa, auf föderativer Grundlage und aus gleichberechtigten Mitgliedern bestehend, war allerdings als politische Macht zwischen USA und UdSSR ein neutraler Status zugedacht, „denn nur ein solches Europa, das keiner fremden Weltmacht eine Aufmarschbasis bietet, kann dem Frieden und dem Sicherheitsbedürfnis aller dienen"[94].

Mit dem Tod Stalins am 5. März 1953 verband die Gesamtdeutsche Volkspartei die Hoffnung auf einen konstruktiven Ost-West-Dialog: „Es ist die Chance zu einem völlig neuen Ansatz unserer Außenpolitik. Es ist die Chance zu einer gerade noch rechtzeitigen Abkehr von einer Verfestigung der deutschen Spaltung durch westdeutsche Weltmachtpolitik und Hinkehr zu einer gesamtdeutschen Entspannungspolitik[95]."

Das Präsidium der GVP ergriff nun, wenige Tage vor der angesetzten Dritten Lesung der Westverträge im Bundestag, die Initiative und richtete gleichlautende Schreiben an die drei westlichen Hochkommissare und den Vorsitzenden der sowjetischen Kontrollkommission. Darin machte es detaillierte Vorschläge zur Deutschlandpolitik, in denen es von der seit den Stalin-Noten gemeinsamen Forderung von Regierungskoalition und SPD: „freie Wahlen zuerst", abrückte, um eine Überwindung des toten Punktes in den Konsultationen zwischen den Westmächten und der Sowjetunion zu erreichen. Dem Vorschlag zufolge sollten die vier Besatzungsmächte zunächst Einigkeit über die völkerrechtliche Stellung eines wiedervereinigten Deutschlands erzielen. „Dabei ist dem Sicherheitsbedürfnis des deutschen Volkes und seiner Nachbarn in gleicher Weise Rechnung zu tragen". Das Verhandlungsergebnis sollte Gegenstand einer Volksabstimmung und nach Annahme Bestandteil des von einer zukünftigen gesamtdeutschen Regierung mit den Siegermächten des Zweiten Weltkrieges abzuschließenden Friedensvertrages werden. Erst nachdem dieser wiederum durch das Volk sanktioniert war, stand die freie und geheime Wahl zu einer Nationalversammlung an[96].

Wenn die GVP sich dem Glauben hingegeben haben mochte, jede neue Moskauer Regierung müsse eine schwächere als die von Stalin geführte und damit konzessionsbereiter in der deut-

[91] Heinemann in der Süddeutschen Zeitung, 20./21.6.1953.
[92] Manifest der Gesamtdeutschen Volkspartei, 29.11.1952, AdsD, NL Heinemann 366, Notgemeinschaft GVP.
[93] Beschluß des Deutschland-Ausschusses der GVP zur Außenpolitik, Vorlage für den Parteitag der GVP, Juni 1953, AdsD, NL Helene Wessel 221.
[94] Manifest der Gesamtdeutschen Volkspartei, 29.11.1952, AdsD, NL Heinemann 366, Notgemeinschaft GVP.
[95] Heinemann, Die neue Lage, 10.4.1953, zit. n. Koch, Heinemann, S. 393.
[96] Schreiben des Präsidiums der GVP, 13.3.1953, BA, B 136/6560.

schen Frage sein, dann verband sie mit dem Amtsantritt der Regierung Eisenhower/Dulles die umgekehrte Befürchtung. Äußerungen des amerikanischen Präsidenten wie seines Außenministers, die auf eine Neuordnung Osteuropas und Ostasiens abzielten, legten die Vermutung nahe, die USA tauschten die Politik der Eindämmung des Bolschewismus gegen eine Politik der Zurückdrängung ein. Bei einem solchen Kurswechsel bestand die Gefahr, daß die Bundesrepublik, über die Mitgliedschaft in der EVG mittelbar an die NATO gebunden, in ein aggressives Bündnis geriet[97]. Die Aussicht, daß Adenauers Deutschlandpolitik der Stärke mit einer, in welcher Form auch immer gearteten, aggressiven Ostpolitik Washingtons korrespondieren könnte, mit allen daraus möglicherweise resultierenden Risiken eines militärischen Konfliktes, lieferte ein zentrales Argument für die GVP-Abgeordneten, mit dem sie die Westverträge in der Dritten Lesung ablehnten.

Die Union hat es an Polemik gegenüber der GVP nicht fehlen lassen und deren Funktionären Weltfremdheit und Dilettantismus vorgeworfen. Sicher, lautere politische Gesinnung kann politisches Augenmaß und Gespür für die Realitäten nicht ersetzen. Aber Polemik ist unangemessen, wenn sie diffamiert und an die Stelle argumentativer Auseinandersetzung tritt. „Machte sich die Gesamtdeutsche Volkspartei", so fragte der Rheinische Merkur, „durch die Kernsätze ihres Gründungsmanifestes: den Kampf gegen den Wehrbeitrag und gegen die Bindung an die Westmächte, die Unabhängigkeit von Ost und West, die Forderung ‚friedlicher Beziehungen nach allen Seiten auf der Grundlage gegenseitiger Nichteinmischung', den tragbaren Ausgleich der Interessen der vier Mächte in der gesamtdeutschen Frage – nicht zu einem bequemen Absteigequartier der kommunistischen Propaganda[98]?" Die verneinende Antwort lieferte die kommunistische Seite überzeugend selbst, nachdem Helene Wessel während der Bundestagsdebatte vom 19. März 1953 die vehement vorangetriebenen Sozialisierungsmaßnahmen in der DDR scharf kritisierte und sie als nicht im Einklang mit der russischen Note vom 10. März 1952 und einer gesamtdeutschen Lösung im Wege stehend bezeichnete. Sie gestand ein, daß es ihr nicht leichtfiel, „angesichts dieser Vorgänge [...], wenn nicht andere gewichtige Gründe dafür sprechen, gegen die Westverträge zu kämpfen"[99]. Das Neue Deutschland warf der GVP vor, die Unterschiede zwischen den politischen Ambitionen der Bonner und der Ost-Berliner Regierung zu verwischen: „Für sie gibt es nicht eine Regierung Adenauer, die die Kriegsverträge unterzeichnete und damit nationalen Verrat beging, sowie die Regierung der Deutschen Demokratischen Republik, die aufs entschiedenste die Kriegsverträge bekämpft und damit die Fahne des Friedens in Deutschland hochhält, sondern für sie gibt es zwei Regierungen in Deutschland, die gleichermaßen der Kritik bedürfen. Es ist klar, daß derjenige, der so die Frage stellt, in Wahrheit schützend vor die Adenauer-Regierung und ihre Kriegsverträge tritt[100]."

Von der frühen und nüchternen Erkenntnis geleitet, daß Bonner und Pariser Vertrag weder durch den von Stalin in Gang gesetzten alliierten Notenwechsel noch aufgrund der gegebenen Mehrheitsverhältnisse im Bundestag zu Fall gebracht werden würden, hat die KPD ab Frühjahr 1952 das Schwergewicht ihrer politischen Aktivitäten von der parlamentarischen auf die plebiszitäre Ebene verlegt. Wenn die Partei, die seit 1950 in der Hauptsache gegen die Adenauersche Sicherheitspolitik Front machte, immer mehr den Boden der parlamentarischen Arbeit zugunsten revolutionärer Agitation verließ, fiel ihr dies zu begründen insofern leicht, als ihr die übri-

[97] Heinemann, Es wird ernst. Gedrucktes Manuskript, Frühjahr 1953, AdsD, NL Heinemann 133, Publikationen.
[98] Rheinischer Merkur, 5.12.1952.
[99] Deutscher Bundestag, Sten.Ber., Bd 15, 255. Sitzung, 19.3.1953, S. 12343 D.
[100] Neues Deutschland, 22.3.1953, zit. n. Koch, Heinemann, S. 398.

gen Bundestagsparteien eine reguläre parlamentarische Arbeit verwehrt hatten. Hier hat man nach den politisch-psychologischen Hintergründen, nach der öffentlichen Rechtfertigung für die veränderte Taktik der deutschen Kommunisten zu suchen. Nicht genug, daß alle Anträge der KPD-Abgeordneten durch Übergehen zur Tagesordnung der Debatte und Abstimmung im Plenum entzogen wurden. Die kommunistischen Parlamentarier mußten sich auch Anwürfe und Zwischenrufe seitens ihrer Parlamentskollegen gefallen lassen, die nicht gerade als der Würde und dem Ansehen des „Hohen Hauses" entsprechend qualifiziert werden können. So war z.B. deren respektloses Duzen an der Tagesordnung. Im Laufe des Jahres 1952 büßte die KPD dann noch aufgrund einer Geschäftsordnungsänderung ihren Fraktionsstatus ein, was ihre parlamentarische Arbeit entscheidend lähmte.

Mit einem hohen propagandistischen Aufwand suchte die KPD die in allen Bevölkerungsschichten vorhandenen Ressentiments gegen eine westdeutsche Aufrüstung zu politischer Tat gegen den Deutschland- bzw. – in ihrer Nomenklatur – gegen den Generalkriegsvertrag zu mobilisieren. „Es gibt heute nur einen Prüfstein für die ehrliche Ablehnung der Adenauer-Kriegspolitik", schrieb der Parteivorsitzende Max Reimann, „für das wirkliche Eintreten gegen den Generalkriegsvertrag, für den Friedensvertrag und die Einheit Deutschlands. Das ist die Bereitschaft zum Massenkampf für diese Forderungen, die Stellung zu Massenaktionen und nicht oppositionelle Reden im Bundestag[101]." In Übereinstimmung mit der SED unterstellte die KPD der Bundesregierung, den Beitritt zu den Westverträgen in revanchistischer Absicht zu vollziehen. In Abwandlung der Prophezeiung Ernst Thälmanns, „Hitler – das ist der Krieg", prognostizierten KPD und SED: „Das Adenauerregime bringt uns Krieg[102]!" Man mag diesen Versuch, eine direkte Verbindungslinie von Hitler zu Adenauer zu ziehen, als objektiv unrichtig und unsinnig bezeichnen, aber er hatte nicht nur eine ausschließlich propagandistische Dimension. Er besitzt durchaus ideologische Stringenz, wenn man dem Kapitalismus eine aggressive Dynamik unterstellte, die USA als Hort des Imperialismus klassifizierte, mit dem sich die Bundesrepublik Deutschland zu verbünden drohte. Amerikas global orientierter demokratischer Ordnungsvorstellungen und des deutschen Überfalls auf die Sowjetunion 1941, des massiven westdeutschen Antibolschewismus eingedenk, vermeinte das kommunistische Lager das Gespenst eines gegen seine Existenz gerichteten Kreuzzuges am politischen Horizont sich abzeichnen zu sehen. Dieses regelrechte Trauma, dieses wirksame Bedrohungssyndrom auch auf dieser politischen Seite fand sein Pendant in der westlichen Furcht vor den weltrevolutionären Ambitionen der UdSSR und ihrer Verbündeten. Kalter Krieg und Ost-West-Spannungen beruhten nicht allein auf dem wie immer gearteten politischen, ökonomischen und militärischen Konkurrenzkampf der Supermächte, sondern stets auch auf einem tiefwurzelnden, ideologisch begründeten wechselseitigen Mißtrauen. Dem Kalten Krieg lag ein nicht zu unterschätzendes irrationales und emotionales Moment zugrunde, das zu gegenseitigen Fehleinschätzungen und Verdächtigungen führte. Nicht nur, aber auch so erklärt sich die Interpretation des Deutschland- und EVG-Vertrages durch die SED: durch diese Kontrakte „waren die deutschen Imperialisten ihrem Ziel, Westdeutschland in das imperialistische Kriegspaktsystem einzubeziehen und die Vorherrschaft in Westeuropa zu erobern, einen großen Schritt näher gekommen. Westdeutschland entwickelte sich als Juniorpartner des amerikanischen Imperialismus zu einem gefährlichen Kriegsherd in Europa"[103]. Diese Überzeugung, die nicht zuletzt auf der von Adenauer proklamierten, zu Miß-

[101] Max Reimann, 4.5.1952, vor dem Parteivorstand der KPD, zit. n. Dokumente der KPD, S. 310.
[102] Du mußt Dich wehren! Broschüre des Zentralbüros der FDJ, 1952, S. 9/10, Archiv des BVG.
[103] Geschichte der Deutschen Arbeiterbewegung, Bd 7, S. 171.

deutungen Anlaß bietenden Politik der Stärke beruhte, zwang das SED-Regime zu politischen Konsequenzen. Es zog diese um so lieber, als die Westverträge willkommene Gelegenheit und den Vorwand boten, die stets mit Skepsis betrachtete deutschlandpolitische Initiative Stalins zu unterlaufen. Beide Aspekte müssen als Kriterien zur Bewertung der auf dem zweiten Parteikongreß der SED beschlossenen Richtlinien für die Schaffung der Grundlagen des Sozialismus in der DDR Berücksichtigung finden. Bislang hatte man in Pankow darauf geachtet, nur *soviel* an Sozialismus zu etablieren wie *unbedingt notwendig,* um die angestrebte Solidargemeinschaft der Gegner der „Wiederbewaffnung" nicht unnötigen parteipolitischen und ideologischen Belastungsproben auszusetzen. Nun, nach dem Abschluß von EVG- und Deutschland-Vertrag, ließ sich der planmäßigere und forcierte Aufbau des Sozialismus taktisch geschickt als notwendig erklären, und zwar „durch den verschärften Kampf zwischen den zwei Hauptkräften in Deutschland [...]. Er war die Alternative zur beschleunigten Wiedererrichtung der Macht des Imperialismus und Militarismus in der Bundesrepublik. Dem deutschen Imperialismus, der seine Kräfte sammelte und sich auf eine gewaltsame Revision der Ergebnisse des Zweiten Weltkrieges vorbereitete, mußte ein starker sozialistischer Staat als unüberwindlicher Damm entgegengestellt werden[104]." In der DDR ließ man nun von den Beteuerungen ab, die Einheit höher als die politisch-ideologische Ausrichtung Gesamtdeutschlands zu stellen. Jetzt war es die vordringliche Aufgabe, durch den planmäßigen Aufbau des Sozialismus die Voraussetzung dafür zu schaffen, auch in der Bundesrepublik den sogenannten Imperialismus und Militarismus von der DDR aus zu überwinden, um „der historischen Gesetzmäßigkeit, dem Sieg der Demokratie und des Sozialismus, im gesamtnationalen Rahmen zum Durchbruch verhelfen zu können". Nun sollte die Wiedervereinigung von der DDR aus betrieben werden: „Die Besonderheit des Kampfes zwischen den fortschrittlichen und den reaktionären Kräften in Deutschland bestand darin, daß es galt, die sozialistische Revolution in einem Teil des Landes mit dem Kampf um die Entfaltung der demokratischen Bewegung in dessen anderen Teil zu verbinden[105]." Walter Ulbricht erklärte auf der zweiten Parteikonferenz der SED (9. bis 12. Juli 1952) die nationale Frage zum Wesenskern der Auseinandersetzung um die Westverträge. Der gezielte und konsequente Ausbau des Sozialismus in der DDR sollte auch der politischen Orientierung der westdeutschen Bevölkerung dienen, „denn jeder kann sich auf Grund seiner eigenen Erfahrungen und Feststellungen selbst überzeugen, welcher Weg den Interessen des arbeitenden Volkes und welcher Weg den Interessen der Rüstungsindustriellen, der Kapitalisten und Großgrundbesitzer dient"[106]. Diese Parteikonferenz ließ keinen Zweifel mehr darüber bestehen, welche gesellschaftliche und politische Ordnung ein zukünftiges Gesamtdeutschland aus der Sicht der Pankow-Regierung einzig haben konnte und mußte: Das sozialistische System besaß Vorbildcharakter. Der Kongreß „schuf Klarheit über die von Westdeutschland ausgehende Gefahr und über den Charakter des Adenauer-Regimes und bekräftigte die Erkenntnis, daß die demokratische Wiedervereinigung Deutschlands voraussetzt, die Herrschaft des Monopolkapitals und des Militarismus in Westdeutschland zu überwinden"[107].

Genau in diesem Sinne versteht sich die im Zusammenhang mit der Behandlung der Westverträge von der KPD entfaltete politische Aktivität. Anfang November 1952 fand die 7. Tagung des Parteivorstandes statt, auf der die KPD entlang der von der SED vorgezeichneten Leitlinie die Pfosten markierte, an denen sie ihre Argumente gegen die Westverträge festzumachen ge-

[104] Ebd., S. 175.
[105] Ebd., S. 176.
[106] Ulbricht, Arbeiterbewegung, Bd IV, S. 410 f.
[107] Geschichte der deutschen Arbeiterbewegung, Bd 7, S. 177.

dachte. In ihren Augen erfüllten die Kontrakte keine andere Aufgabe, als den westdeutschen „Imperialismus und Militarismus“ zu beleben und die Bundesrepublik „zur Hauptoperationsbasis eines [...] geplanten und vorbereiteten Angriffskrieges gegen die Sowjetunion, die Volksdemokratien und die DDR“ auszubauen. Mittels Oktroi der westdeutschen Bevölkerung aufgezwungen, dienten sie dazu, die Spaltung und die Besatzungsherrschaft zu zementieren, Deutschland die Selbstbestimmung, nationale Unabhängigkeit und Freiheit vorzuenthalten. „Die herrschenden Kreise“, so formulierte es Max Reimann, „vor allem die USA, benutzen das Besatzungsregime in Westdeutschland rücksichtslos im Interesse ihrer Politik mit dem Ziel, Westdeutschland nie mehr als Konkurrenten auf dem Weltmarkt zuzulassen, seine Bodenschätze, Industrie und Menschen einer kolonialen Ausbeutung zu unterwerfen und Westdeutschland in den Dienst der amerikanischen Weltherrschaftspläne zu stellen[108].“

Deutschland- und EVG-Vertrag boten wahrlich genügend Ansatzpunkte zu sachlicher Kritik, für die die KPD aber wohl blind war. Das vom Parteivorstand als Grundlage der Auseinandersetzung mit den Kontrakten gedachte und verabschiedete „Programm zur nationalen Wiedervereinigung Deutschlands“ entbehrte statt dessen jeglichen Realitätsbezugs und vereinigte in komprimierter Form lehrbuchhaft alle Klischees, deren sich ein doktrinärer Marxist nun einmal zur Etikettierung eines kapitalistischen Staates, seiner Regierung, Wirtschaft und Gesellschaftsordnung bedient. Da wird der Deutschlandvertrag als Instrument charakterisiert, dazu geschaffen, das gesamte Leben der Bundesrepublik durch die amerikanischen, englischen und französischen Besatzungsbehörden lenkbar zu machen. „Nicht nur die Wirtschaft, auch die gesamte Innen- und Außenpolitik, die ganze Lebensweise Westdeutschlands sind durch das amerikanische Besatzungsregime in Fesseln geschlagen“. Da werden „die Leiden aller Schichten der Bevölkerung“ beklagt, die aufgrund der geforderten rüstungsökonomischen Leistungen bereits verfügten und zu erwartenden Steuererhöhungen, die steigenden Preise, die vermeintlich schon unter das Existenzminimum abgesunkene Lebenshaltung der Arbeiterschaft[109].

Die DDR-Historiographie hat diese Behauptungen wenige Jahre später selbst Lügen gestraft. Sie erklärte die Erfolglosigkeit des kommunistischen Einsatzes gegen die Westverträge gerade aus der *Zufriedenheit* der Bundesbürger mit ihren sozialen und wirtschaftlichen Verhältnissen: „Insgesamt war die Konjunktur mit einem Rückgang der Arbeitslosigkeit und einem Steigen der Löhne, besonders der Nominallöhne, bei der Mehrheit der Arbeiter verbunden.“ Und sie bestätigte aufgrund der offiziellen Statistik den allmählichen Rückgang der Arbeitslosigkeit ab 1950. „Der konjunkturelle Aufschwung bot einen günstigen Nährboden für die bürgerlichen Theorien von ‚Volkskapitalismus‘, von der ‚Sozialpartnerschaft‘ und dem ‚Miteigentum‘, mit denen die westdeutsche Bourgeoisie die Klassengegensätze zu vertuschen suchte[110].“ Auch der Index der industriellen Produktion zeigte seit 1948 eine steigende Tendenz[111]. Die Perspektive, die die KPD der westdeutschen Bevölkerung aufgrund der Westverträge eröffnete: „Heute zunehmende Ausplünderung und morgen Verwandlung unserer Heimat in verbrannte Erde, als Folge des amerikanischen Aggressionskrieges, dessen Scheitern von vornherein feststeht[112].“ Um dies zu verhindern, blieb nur eine Möglichkeit: „Wenn unserem Volk ein neuer Krieg er-

[108] Rede Reimanns auf der 7. Tagung des Parteivorstandes der KPD, 1./2.11.1952, in: Rettet das Vaterland, hrsg. vom Parteivorstand der KPD o.O. o.J., S. 23–62, hier S. 24, Archiv des BVG.

[109] Programm der nationalen Wiedervereinigung Deutschlands, 2.11.1952, ebd., S. 3–22, hier S. 5.

[110] Geschichte der deutschen Arbeiterbewegung, Bd 7, S. 155f.

[111] Vgl. dazu Statistisches Jahrbuch für die Bundesrepublik Deutschland, 1955, S. 227.

[112] Programm der nationalen Wiedervereinigung, in: Rettet das Vaterland, hrsg. vom Parteivorstand der KPD, o.O. o.J., S. 7, Archiv des BVG.

spart bleiben soll, dann muß es *das Adenauerregime stürzen*[113]." Offen propagierte die KPD den Aufstand der Massen: „Die kriegslüsterne Adenauer-Regierung steht der friedlichen Wiedervereinigung Deutschlands im Wege. Sie muß fallen, wenn Deutschland leben soll. Es kann kein Zweifel darüber bestehen, daß die Arbeiterklasse und die patriotischen Kräfte Westdeutschlands stärker sind als Adenauer und ihn davonjagen werden[114]."

Das zur Erlangung der Vorzüge des Fraktionsstatus gebildete Zweckbündnis zwischen Bayernpartei und Deutschem Zentrum FU brach in der Wehrfrage innerlich auseinander und führte zu einem personellen Aderlaß beider Parteien. Dem Zentrum hatte die bis zum Februar 1952 amtierende Vorsitzende Helene Wessel den Stempel ihrer deutschlandpolitischen Verantwortung prägend aufgedrückt, und auch nach ihrem Übertritt zur GVP behielt die Partei ihren gesamtdeutschen Kurs bei. Obwohl die FU die Abwehr des Bolschewismus zur obersten Maxime der Außenpolitik erhob, geschah dies beim Zentrum nicht bedingungslos. In seiner Programmatik rangierte die deutsche Frage an der Spitze der politischen Wertskala. In der Endphase der Vertragsverhandlungen warnte Helene Wessel vor den möglichen Auswirkungen der Kontrakte: „In der Konzeption des Bundeskanzlers ist die westdeutsche Aufrüstung der Hebel für die Erlangung der Gleichberechtigung und der Souveränität." In Wirklichkeit würden die Verträge nur in veränderter Form eine Reihe von Bindungen festigen, die Westdeutschland seitens der Besatzungsmächte bereits auferlegt wurden. Eine Aufrüstung der Bundesrepublik stellte aus ihrer Sicht der Dinge nicht die deutsche Einheit her, sondern schloß den Eisernen Vorhang dichter. Die Frage der gesamtdeutschen Sicherheit konnte nach Ansicht der meisten Zentrumspolitiker erst nach einem im Zuge der Entspannung zwischen den Weltmächten möglich werdenden Friedensvertrag Aktualität erlangen, also in einer entspannten Atmosphäre, unter völlig veränderten Vorzeichen[115]. Bezüglich der Westverträge hieß dies, daß die drei Alliierten nachdrücklicher auf Bemühungen zur Herstellung der deutschen Einheit verpflichtet und daß Garantien dafür geschaffen werden mußten, daß sie ihr deutschlandpolitisches Mitspracherecht schon unterschiedlicher Intentionen wegen nicht als Hemmschuh auf das Gleis in Richtung Wiedervereinigung legten. „Wer garantiert dafür", so der Abgeordnete Reismann vor dem Deutschen Bundestag, „daß sie nicht wegen der Verschiedenheit des Weges, auf dem sie und auf dem wir die Wiedervereinigung Deutschlands und die Regelung der Ostzone erreichen wollen, zu Differenzen mit uns kommen werden[116]?" Dies war ein Grund, aus dem heraus das Zentrum den Verträgen in der Dritten Lesung mehrheitlich seine Zustimmung versagte.

Nach Unterzeichnung des Bonner und des Pariser Vertrages hatte es zunächst so ausgesehen, als würden Bayernpartei und Zentrum gemeinsam gegen die Kontrakte stimmen. Doch nach dem Übertritt Etzels in die GVP setzten sich die Befürworter der Verträge allmählich durch, nicht zuletzt unter dem starken Druck der CSU, die in einer massiven Pressekampagne die verantwortlichen Mitglieder ihrer regionalen Konkurrenzpartei zu verantwortungs- und vaterlandslosen Gesellen stilisierte[117]. Von entscheidender Wirkung dürfte ein persönliches Schreiben des Bundeskanzlers an den Vorsitzenden der Bayernpartei und Vizepräsidenten des Bayerischen Landtags, Fischbacher, gewesen sein, in dem er nochmals seinen bekannten deutschlandpolitischen Standpunkt erläuterte: Deutschland sei „dank der Brutalität und Unnachgiebigkeit der so-

[113] Du mußt Dich wehren!, ebd., S. 9.

[114] Arbeiter, Angestellte. Was bringt Euch der Generalvertrag? Broschüre, hrsg. vom Parteivorstand der KPD o.O. o.J., S. 15, Archiv des BVG.

[115] Zit. n. PPP, 28.4.1952, S. 1.

[116] Deutscher Bundestag, Sten.Ber., Bd 14, 241. Sitzung, 4.12.1952, S. 11358 B.

[117] Vgl. dazu Wolf, CSU und Bayernpartei, S. 147–149.

wjetrussischen Besatzungsmacht" geteilt, könne diese Teilung aus eigener Kraft auch nicht rückgängig machen. Die zukünftig zusammengeschlossenen Nationen des Westens hätten sich aber feierlich verpflichtet, auf die Wiedervereinigung hinzuwirken. „Ein Deutschland, das wieder Waffen und Verbündete besitzt, wird sehr viel eher in der Lage sein, Sowjetrußland zur Einsicht zu bewegen, als ein waffenloses und in der Isolierung lebendes Volk[118]." Soviel unerwartete Aufmerksamkeit seitens des Regierungschefs für eine so kleine Partei honorierte Fischbacher in einem überschwenglich freundlichen Antwortschreiben: „Ihre dargelegte Auffassung hat nicht unwesentlich dazu beigetragen, die Fraktion der Bayernpartei für ein Ja zu den Verträgen zu gewinnen[119]." Ein zwischenzeitlich an die beiden Bundestagsabgeordneten Besold und Decker ergangener Brief Adenauers dürfte nicht minder ausschlaggebend für das schließlich im Sinne des Kanzlers ausgefallene Votum der Bayernpartei gewesen sein. Der Regierungschef sicherte darin die Berücksichtigung landsmannschaftlicher Aspekte bei dem Aufbau eines deutschen militärischen Kontingentes zu, und zwar sowohl hinsichtlich der Ernennung und Beförderung hoher Offiziere wie bei der Rekrutierung selbst[120]. Die Bayernpartei steckte ihre gesamtdeutschen Bedenken hinter ihre föderalistischen Ambitionen zurück und begnügte sich damit, innerhalb der FU und zusammen mit den Regierungsparteien einen Bundestagsbeschluß herbeizuführen, der die Regierung ersuchte, anläßlich der Hinterlegung der Ratifikationsurkunden von Deutschland- und EVG-Vertrag den Partnern zu notifizieren: „Das deutsche Volk hat das unveräußerliche Recht auf seine nationale und staatliche Einheit. Es hält daran fest, daß die jetzige Ordnung nur als Übergang anzusehen ist bis zur friedlichen Erreichung eines völlig freien und vereinten Deutschlands [...] Jede deutsche Regierung wird es als unveräußerliches Recht in Anspruch nehmen, im Rahmen der übernommenen Verpflichtungen ebenso wie die anderen Vertragspartner eine selbständige Außenpolitik zu führen[121]."

Die extreme Rechte hing immer noch ihrem Traum vom größeren Reich und der Möglichkeit der Neutralität Deutschlands zwischen den Machtblöcken nach. Sie favorisierte nach wie vor ein wiedervereinigtes Deutschland „in bewaffneter Neutralität und ohne Bevormundung von West und Ost. Deutschland als neutrale Kraft wäre gemeinsam mit den anderen neutralen Staaten Europas und des vorderen Orients in der Lage, die Spannungen zwischen Ost und West zu entschärfen[122]."

Deutschland mußte die Verantwortung für seine Sicherheit selbst tragen, durfte keine „Westflucht in Kollektivismus" antreten. Dies geschah aber ihrer Ansicht nach durch den Generalvertrag, der Deutschland „in eine weltweite politisch-strategische Planung" einspannte und „so die Entscheidung über diesen Raum und über die Sicherheit dieses Raumes in die Machtbefugnisse raumfremder Mächte" überantwortete[123]. Für die SRP bedeuteten die in Bonn und Paris unterzeichneten Verträge die Koreanisierung Deutschlands, weil sie nach ihrer Ansicht die deutsche Teilung endgültig besiegelten und Westdeutschland die Rheinbund-Rolle zuwiesen, getreu dem französischen Willen, daß man Deutschland nie wieder sich selbst überlassen dürfe. Man muß konzedieren, daß die Partei in ihrer Motivanalyse französischer Deutschlandpolitik nicht völlig

[118] Brief Adenauers, 26.11.1952, an Fischbacher, BA, B 136/2105.
[119] Schreiben Fischbachers, 19.1.1953, an Adenauer, BA, B 136/2106.
[120] Brief Adenauers, 28.11.1952, an Besold und Decker, Bay HStA, Bevollmächtigter Bayerns beim Bund 1008.
[121] Entschließungsentwurf der FDP, CDU/CSU, DP/DPB, FU, 3.12.1952, in: Deutscher Bundestag, 1. Wahlperiode 1949, Umdruck Nr. 720, BA, B 136/2161.
[122] So der Bundestagsabgeordnete Dorls, in: Deutsche Opposition, 12.6.1952.
[123] Dorls, Wir und der Generalvertrag, ebd., 8.5.1952, S. 1f.

fehlging. Wenn die Repräsentanten der SRP sich auch ansonsten nicht gerade durch Realitätsbezogenheit auszeichneten, so waren sie sich doch mit weitblickenden Vertretern demokratischer Parteien darin einig, daß die Aufrüstung der Bundesrepublik und des Westens Zug um Zug von der DDR bzw. dem sowjetischen Lager nachvollzogen, und daß Moskau mit der Aussicht, den Truppen von Atlantikpakt und EVG das Vorgehen bis an Oder und Neiße zu erlauben, niemals einer gesamtdeutschen Lösung im Sinne des Deutschlandvertrages zustimmen würde. Eine Erklärung der Sozialistischen Reichspartei apostrophierte den Deutschlandvertrag als ein Über-Versailles. Während Deutschland sich nach dem Ersten Weltkrieg einem Diktat der westlichen Siegermächte habe beugen müssen, das Reich immerhin noch ungeteilt geblieben sei, habe nun eine westdeutsche Regierung ihre Unterschrift freiwillig unter einen Kontrakt gesetzt, den keine andere Regierung der Welt in vergleichbarer Weise akzeptiert hätte. Der Deutschlandvertrag, so ließ die Partei verlauten, werde die Gefahr eines Bürgerkrieges zwischen Mittel- und Westdeutschland heraufbeschwören, die bestehenden Spannungen zwischen Ost und West steigern. „Militärisch bedeutet der Generalvertrag für den politischen Westen nur ein taktisches Rückzugsmanöver mit deutschen Söldnern, für Deutschland aber eine Strategie des Todes[124]."

An der Dritten Lesung der Verträge nahm die SRP nicht mehr teil. Ohnehin nur noch mit einem Abgeordneten, nämlich Dorls, im Deutschen Bundestag vertreten, wurden ihre Aktivitäten im Juli 1952 als verfassungswidrig befunden. Die Partei kam einem Verbot durch die proklamierte Selbstauflösung im September 1952 zuvor. Dorls mußte auf Beschluß des Bundestages sein Abgeordnetenmandat dennoch zurückgeben.

Der Meinung der im Sommer 1952 um das Fähnlein von Loritz versammelten zumeist verkrachten Existenzen hier Raum zu geben, würde ihrer Unmaßgeblichkeit und Bedeutungslosigkeit nicht gerecht werden. Inwieweit man die Wirtschaftspolitische Aufbauvereinigung dem extremen rechten Spektrum des Bundestages zurechnen darf, darüber wird man streiten können. Ein Teil der WAV-Abgeordneten hatte zwischenzeitlich Platz in der DP-Fraktion gefunden, bei der dünnen Mehrheit ein willkommener Zuwachs für die Koalition, während Loritz selbst mit anderen Fraktionslosen gegen die Verträge votierte. Als Vertreter der DRP kann für die damalige Zeit nur noch Adolf von Thadden gelten, der sinngemäß die deutschlandpolitischen Argumente der SRP seine eigenen nannte. Wenn er Erwähnung findet, dann in Berücksichtigung des Umstandes, daß ihm später als Vorsitzender der NPD die vorübergehende Sammlung der extremen Rechten in einer neonazistischen Partei gelang.

c) Noch einmal die Saarfrage

Die ungelöste Saarfrage warf einen langen Schatten auf die parlamentarischen Beratungen über die Westverträge. Adenauer ging stets davon aus, daß ein Ausgleich zwischen den sich bezüglich der Saar hart im politischen Raum stoßenden deutsch-französischen Interessen nur auf der Grundlage eines Kompromisses werde erfolgen können, der ihm in der Form, die ihm vorschwebte, nicht einmal Abstriche bei seinen langfristigen Zielprojektionen abverlangen würde. Mit dem französischen Außenminister Schuman hatte er sich nämlich auf die Formel der Europäisierung des von Paris wie ein Protektorat behandelten Gebietes geeinigt. Je rascher und enger

[124] Erklärung der SRP zum Generalvertrag, 30.5.1952, in: Die Information, Blätter für den politisch und wirtschaftlich Interessierten, Nr. 6, S. 3.

sich die politische, wirtschaftliche und militärische Zusammenarbeit Westeuropas gestaltete, um so eher, davon war der Kanzler fest überzeugt, mußte das in diesen Prozeß einbezogene Saargebiet am Rhein wie an der Seine seine Bedeutung als Objekt nationalen Anstoßes verlieren. Der Kanzler fand sich in Anbetracht der unnachgiebigen französischen Haltung bereit, das Saargebiet auf dem Altar Europas als nationales Opfer darzubringen. Nur wenn man auf diese Weise das Problem beiderseitiger nationaler Eigensucht auflöste, schien die Gewähr dafür geboten, daß das Saargebiet nicht zum europäischen Stolperstein wurde. Vor allem durfte es nicht in den Sog der Auseinandersetzung um die Westverträge geraten. Als Ergebnis dieses Bemühens rechnete es sich der Bonner Regierungschef als Verdienst an, wenn im Gegensatz zu den Verhandlungen über den Schuman-Plan „bei der EVG-Angelegenheit [...] das Saarproblem überhaupt als nicht vorhanden betrachtet" worden war[1]. Es nach Unterzeichnung der Westverträge nicht zur Belastung des Ratifizierungsverfahrens werden zu lassen, war Adenauers besonderes Bestreben. Auf diese Gefahr hin angesprochen, meinte er: „Ich kann nur das eine sagen: Je mehr wir von der Saar sprechen, desto weniger gut ist es[2]."

In seiner Europaeuphorie hatte der Bundeskanzler aber der Tatsache nur ungenügend Aufmerksamkeit geschenkt, daß der Integrationswille bei Opposition wie Teilen der Koalition dort seine Grenze fand, wo er mit dem Anspruch auf Restitution der deutschen Vorkriegsgrenzen kollidierte. Als er dem Kabinett kurz vor Abschluß der Bonner bzw. Pariser Akte berichtete, meldeten sowohl Vizekanzler Blücher und Justizminister Dehler (FDP) als auch Innenminister Lehr (CDU) „Bedenken hinsichtlich einer etwaigen Europäisierung der Saar an"[3]. Der Regierungschef suchte Öl in die Fluten der Kritik zu gießen, ehe sie hohe Wellen schlug. Seine durch – gewollte – Indiskretion bekannt gewordene Stellungnahme vor der Unionsfraktion (4. April 1952), „ein endgültiger Abschluß der deutsch-alliierten Verträge und des Sechsmächtepaktes über die Europa-Armee sei erst dann möglich, wenn die Saarfrage [...] zufriedenstellend geklärt" sei[4], kann nur bei flüchtiger Interpretation als Korrektur seiner Verhandlungsstrategie mißverstanden werden. So schnell, wie er öffentlich glauben machen wollte, wurde er sich selbst nicht untreu. In der für ihn typischen sibyllinischen Formulierung sprach er nämlich lediglich von einer Klärung, nicht von einer Vereinbarung, und die europäische Lösung, die ihm vorschwebte, hielt er bereits für so „zufriedenstellend", daß er sie zunächst weiterbetrieb.

Es kam daher noch vor Abschluß der Kontrakte von Bonn und Paris auf Verlangen der SPD zu einer Saardebatte im Bundestag, in deren Verlauf Ollenhauer den Kanzler aufforderte, das Schicksal des Saarlandes zum integralen Thema der Vertragsverhandlungen zu erheben. „Ehe die Bundesrepublik einen weiteren Schritt in der Richtung der *Integration der Bundesrepublik* unternimmt, insbesondere einen so entscheidenden Schritt wie z. B. die Teilnahme an dem europäischen *Verteidigungsvertrag*, kann sie nach den bisherigen Erfahrungen die Saarfrage nicht offenlassen[5]." Der Kanzler weigerte sich aber, eine Verbindungslinie zwischen den Vertragsverhandlungen und der Saarregelung zu ziehen. Er stellte sich vielmehr auf den Standpunkt, eine endgültige Ordnung der Dinge müsse ohnehin einem Friedensvertrag vorbehalten bleiben. Ein Entschließungsantrag der SPD-Fraktion, der den völkerrechtlich begründeten deutschen Anspruch auf das Saargebiet und das Selbstbestimmungsrecht auch der Saarbevölkerung betonte

1 Adenauer auf dem Tee-Empfang, 28.5.1952. Wortprotokoll in: Adenauer, Teegespräche, S. 278–294, hier S. 292.

2 Ebd., S. 291.

3 Protokoll der 212. Kabinettssitzung, 1.4.1952, in: Kabinettsprotokolle, 5, S. 214–223, hier S. 221.

4 Zit. n. Baring, Außenpolitik II, S. 232, Anm. 20.

5 Deutscher Bundestag, Sten.Ber., Bd 11, 205. Sitzung, 23.4.1952, S. 8840.

und dem zufolge der Bundestag „keiner Regelung zustimmen“ sollte, die diese Rechte verletzten, wurde von der Koalitionsmehrheit verwässert[6]. Es hieß nun: „Wir erstreben durch die Einigung Europas die Überwindung der nationalen Grenzen in gegenseitiger Achtung vor Recht und Freiheit[7].“ Mit dieser Formel, die Adenauers europäischen Intentionen entgegenkam, gab das Parlament dem Kanzler freie Hand, seine Unterschrift unter die Vertragstexte zu setzen.

Nach Abschluß des Deutschland- und EVG-Vertrages sparte die SPD nicht mit Kritik an der Verhandlungsführung des Kanzlers. Sie warf ihm vor, in der Saarpolitik das Eisen nicht geschmiedet zu haben, solange es heiß war. In der Europäisierung der Saar sah Ollenhauer den untauglichen Versuch, einen bilateralen Konflikt zu neutralisieren, der, weil er tief im nationalen Selbstverständnis der westdeutschen, saarländischen und französischen Bevölkerung wurzelte, weiterschwelen werde. Ungelöste nationale Probleme zwischen zwei Völkern mußten aber zu einer Belastung für die im Entstehen begriffene übernationale europäische Gemeinschaft werden, konnten sie im Ernstfalle sogar sprengen[8]. Letztlich beharrte die Sozialdemokratie nicht auf der Beantwortung der Frage, welche Konsequenzen die Bundesregierung bezüglich des Ratifizierungsverfahrens von Deutschland- und EVG-Vertrag aus der Tatsache der politischen Unterdrückung der Saarbevölkerung zu ziehen gedenke. Nach wie vor hielt sie zwar an der Auffassung fest, „daß jeder weitere Integrationsschritt der Bundesrepublik zu unterbleiben habe, ehe mit Frankreich keine eindeutig befriedigende Regelung über den Saarkomplex erzielt worden ist“[9]. So wie die Sache aber nun einmal stand, blieb wohl nichts anderes übrig, als die saarpolitischen Erwartungen zurückzustecken, und so beschränkte sich die SPD auf den Versuch, die Bundesregierung darauf zu verpflichten, in den vereinbarten deutsch-französischen Konsultationen „wenigstens das europäische Minimum der staatsbürgerlichen Freiheiten“ für die Saarbevölkerung auszuhandeln[10].

Was die SPD öffentlich forderte, brachte die FDP koalitionsintern zur Sprache. Mit der ungelösten Saarfrage begründete sie ein Moratorium für die EVG, indem sie dem Kanzler die Frage vorlegte, „ob die demokratischen Freiheiten an der Saar noch bis zur Ratifizierung hergestellt sein könnten“. Da Adenauer eine unbefriedigend hinhaltende Antwort gab, wenn er darauf hinwies, „die Wiederherstellung der demokratischen Freiheiten an der Saar werde z. Zt. noch besprochen“[11], warnten starke national-liberale Kräfte vor einer übereilten Ratifizierung. Im FDP-Gesamtvorstand vertrat man die Auffassung, man solle die Verabschiedung der Kontrakte solange hinausschieben, bis sich eine den französischen Wirtschaftsinteressen Rechnung tragende und den deutschen politisch-territorialen Ansprüchen genügende Regelung abzeichne[12]. Derart unter Druck geraten, verurteilte der Kanzler die Nichtzulassung oppositioneller Parteien an der Saar für die auf November angesetzten Landtagswahlen, Wahlen, die die Bundestagsfraktionen in einer gemeinsamen Resolution deshalb als illegal bezeichneten[13].

Einige Tage zuvor hatte der Kanzler den Fraktionsvorstand der FDP zu sich gebeten, um ihn zu bitten, mäßigend auf die Abgeordneten in ihren Reihen einzuwirken, die versucht sein könn-

[6] Entschließungsantrag, 23.4.1952, in: Deutscher Bundestag, Drucksachen, Bd 17, Nr. 3310.

[7] Ebd., Drucksache Nr. 3315.

[8] Ollenhauer, Vor Entscheidungen, 8.6.1952, S. 18 f.

[9] PPP, 17.7.1952, S. 3.

[10] SPD-MdB Mommer, in: Deutscher Bundestag, Sten.Ber., Bd 12, 219. Sitzung, 18.6.1952, S. 9613 C.

[11] Kurzprotokoll der FDP-Fraktionssitzung, 27.6.1952, die im Beisein Adenauers stattfand, FDP-Bundestagsfraktion.

[12] Protokoll der Sitzung des Außenpolitischen Ausschusses gemeinsam mit dem Gesamt-Vorstand der FDP, 29.9.1952. AdL, 96, FDP Bundesvorstand (Gesamtvorstand), Sitzungsprotokolle Sept.–Dez. 1952.

[13] Deutscher Bundestag, Sten.Ber., Bd 13, 237. Sitzung, 18.11.1952, S. 10923.

ten, die Saarfrage zu einer nationalen Prestigeangelegenheit hochzuspielen. Weder über der ungelösten Saarproblematik noch über den bevorstehenden Saarwahlen dürften sich die Koalitionsparteien auseinanderdividieren lassen, noch dürften bestehende Meinungsverschiedenheiten „die europäische Zusammenarbeit und die Westverträge gefährden"[14]. Die FDP sah ein vereinigtes Europa noch nicht in greifbarer Nähe und damit keine Veranlassung, territoriale Wechsel auf eine ungewisse Zukunft auszustellen. Auf den Plakaten für den Bundesparteitag in Bad Ems Mitte November 1952 las man: „Erst Deutschland – dann Europa", und eines der Leitmotive der Veranstaltung lautete: „Der Weg des Saarlandes zu Europa führt nur über Deutschland!"

Das Wahlverdikt des Kanzlers erwies sich als eine der innenpolitischen Stimmungslage Rechnung tragende verbale Pflichtübung. Dies zeigt seine Reaktion auf den Wahlsieg der Saarbrükker Koalition des Ministerpräsidenten Hoffmann (Christliche Volkspartei = 54,7%, Saarländische sozialdemokratische Partei = 32,4% der gültigen Simmen; 24,5% ungültige Stimmen aufgrund des Aufrufs der verbotenen Oppositionsparteien zum Wahlboykott). Er kam ihm gerade zupaß, denn er lieferte ihm den besten Vorwand für ein vorsichtiges, die französische saarpolitische Sensitivität berücksichtigendes Taktieren. Dem Gesamtdeutschen Minister, der das Wahlergebnis als einen deutschen Erfolg wertete und Adenauer zu Konsequenzen in Form saarpolitischer Initiativen aufforderte, entzog der Regierungschef kurzerhand die Federführung für die Saarpolitik[15].

Nach Adenauers politischem Kalkül sollten die Kontrakte den Grundstein für ein vereinigtes Europa der freien Völker legen. Die offene Saarproblematik durfte somit „weder vom französischen noch vom deutschen Standpunkt aus als eine Frage an[ge]sehen [werden], an der das Schicksal Europas hängt. Das ist ganz ausgeschlossen. So sehr ich diese Frage für wichtig halte, die europäische Frage ist unendlich viel wichtiger", diktierte der Bundeskanzler einem amerikanischen Journalisten in die Feder[16]. Und so favorisierte er weiterhin die Europäisierung der Saar. Ob sie als Zwischen- oder endgültige Regelung gedacht war, bleibt offen, obwohl die Bemerkung in einem Rundfunkinterview das letztere vermuten läßt: „Ein vernünftiger Ausgleich deutscher und französischer Interessen an der Saar im großen europäischen Zusammenhang ist durchaus möglich. Wir werden wahrscheinlich im Jahre 1954 direkte Wahlen zu einem europäischen Parlament erleben. Da liegen die großen Chancen der Zukunft[17]." In der Saarpolitik steht Adenauer nach wir vor im Zwielicht der Geschichte.

Was er in Bonn gebannt hatte, das drohende Gespenst eines Junktims zwischen Saarfrage und EVG-Vertrag, das offerierte nun das im Zuge einer Regierungskrise an die Macht gekommene Kabinett René Mayer, und zwar um der Zustimmung der Gaullisten zur Europäischen Verteidigungsgemeinschaft willen. Des Bonner Kanzlers europapolitisches Engagement büßte jedenfalls seinen mitreißenden Schwung ein. Nun hieß es, gegenüber Frankreich hinhaltend zu taktieren und durch die schnelle Verabschiedung der Westverträge in Dritter Lesung zumindest von seiten der Bundesrepublik vollendete Tatsachen zu schaffen. Adenauer versuchte vor dem Bundesparteivorstand der CDU, die prozentual geringe Stimmenthaltung bei den Saarwahlen dahingehend zu interpretieren, „daß die Mehrheit der Leute an der Saar uns gar nicht will". Brentano und Gerstenmaier pflichteten ihm in dieser Auffassung bei, der lediglich Jakob Kaiser und der

[14] Vgl. dazu Mende, Neue Freiheit, S. 245.
[15] Vgl. für das Folgende Repgen, Saar-Frage, S. 97 ff.
[16] US News and World Report, 26.12.1952, deutsche Übersetzung, BA, B 145/721.
[17] Adenauer, 30.1.1953, in einem Gespräch mit Ernst Friedlaender im NWDR, BA-MA, BW 9/2813.

rheinland-pfälzische Ministerpräsident Altmeier erfolglos widersprachen. Der Parteivorsitzende wußte deutlich zu machen, daß alles vermieden werden mußte, was die Dritte Lesung des EVG- und Deutschlandvertrages im Bundestag gefährden und deren negative parlamentarische Behandlung in der Pariser Nationalversammlung provozieren konnte[18].

Während sich DP und FDP zwar grollend und verärgert über das französische Ansinnen der Argumentation des Bundeskanzlers anschlossen, zumal dieser unumwunden zugab: „In der Saarfrage sitzen wir ziemlich fest[19]", lieferte das Saarjunktim der SPD eine zusätzliche Begründung für die Ablehnung der Westverträge. Sie wertete es als „Forderung nach der deutschen Zustimmung zur endgültigen Herauslösung des Saargebietes aus dem deutschen Staatsgebiet". Nachdem die Bundesrepublik die Verträge unterzeichnet hatte nochmals eine Vorleistung in Form des Verzichts auf das Saarland zu verlangen, hielt Ollenhauer nicht nur für unbillig. „Eine solche Forderung hat mit der so viel gerühmten Politik der Partnerschaft nicht das geringste zu tun, und es zeigt [sich] auch hier, wie sehr alle bisherigen Konzeptionen der Organisation eines Teiles von Europa stärker bestimmt werden durch eine Politik der Sicherheit gegen Deutschland als vom Geiste einer wirklichen Neuordnung Europas[20]." Leichter, als Paris es tat, konnte man der Sozialdemokratie die Ablehnung der Westverträge im Bundestag nicht machen. Für sie gab es nur eine Position gegenüber den Ambitionen der französischen Regierung: „Ehe wir in den EVG-Vertrag gehen, muß die Saarfrage im Sinne der Anerkennung der deutschen These, daß das Saargebiet ein Teil Deutschlands ist, beantwortet werden." Ollenhauer forderte den Kanzler auf, öffentlich zu erklären, ob er und seine Regierung die Ratifizierung der Verträge von einer vorherigen befriedigenden Lösung der Saarfrage abhängig zu machen gedächten[21]. – Sie gedachten nicht.

d) Der Verfassungsstreit

Die Auseinandersetzung um den westdeutschen Verteidigungsbeitrag ist von den Parteien nicht nur auf politischer, sondern auch auf rechtlicher Ebene geführt worden. Nachdem Regierungskreise Ende 1951/Anfang 1952 verlauten ließen, das Kabinett Adenauer gedenke General- und EVG-Vertrag unmittelbar nach Unterzeichnung dem Bundestag im Rahmen einer Wehrvorlage zur Verabschiedung zuzuleiten, versuchte die SPD, das Gesetzgebungsverfahren mangels parlamentarischer Möglichkeiten auf dem Rechtswege zu blockieren. Sie nahm damit unbestritten Zuflucht zu einem taktischen Manöver, ließ sich dessenungeachtet aber auch von starken verfassungsrechtlichen Bedenken leiten, die, wie die spätere Entwicklung zeigt, auch in Kreisen der Koalition herrschten, dort aber nicht offen zugegeben wurden.

Spätestens seit einer Sitzung des Bundestages Anfang November 1950 mußte die Bundesregierung mit dem Gang der SPD nach Karlsruhe rechnen. Damals hatte Schumacher unmißverständlich erklärt[1]: „Das *Grundgesetz* kennt *keine Wehrverfassung* [...] Der Geist des Grundgeset-

[18] Protokoll der Sitzung des CDU-Bundesvorstandes, 26.1.1953, in: Adenauer, Protokolle, S. 286–420, hier S. 294ff., 412.

[19] Protokoll der Sitzung des CDU-Bundesvorstandes, 11.3.1953, ebd., S. 433.

[20] Ollenhauer, 13.2.1953, in einem Interview mit Rüdiger Proske vom NWDR, AdsD, PV Ollenhauer 92, Interviews, Pressekonferenzen, Pressenotizen 1947–54.

[21] Deutscher Bundestag, Sten.Ber., Bd 15, 255. Sitzung, 19.3.1953, S. 12323 A.

[1] Deutscher Bundestag, Sten.Ber., Bd 5, 98. Sitzung, 8.11.1950, S. 3574 D.

zes hat [...] das militärische Problem für die Deutschen nicht als existent betrachtet." Auch nach Ansicht des „Kronjuristen" der SPD-Fraktion, Adolf Arndt, bot das Grundgesetz keinerlei Handhabe zur Ratifizierung eines Wehrgesetzes, an dessen verfassungsänderndem Charakter für ihn kein Zweifel bestand. Folglich forderte die Sozialdemokratie eine Ergänzung des Grundgesetzes, für die bekanntlich eine Zweidrittelmehrheit des Bundestages, also die Zustimmung auch seiner SPD-Mitglieder, notwendig gewesen wäre. Der in das Grundgesetz neu einzufügende Artikel müsse, so Arndt, u.a. den Oberbefehl festlegen und klären, wem die wehrgesetzgeberische Zuständigkeit zukomme[2]. Zweifelsfrei hat auch bei dem Gang nach Karlsruhe die Überlegung der SPD eine Rolle gespielt, ihre Zustimmung zur Ergänzung des Grundgesetzes von der Revision der Verträge abhängig zu machen. Wer die innerparteiliche Diskussion kennt, wird nicht ausschließen, daß sich die SPD bei gegebener Möglichkeit des nachträglichen Mitgestaltens der Kontrakte zu einem Ja durchgerungen hätte. Die rund dreiviertel Jahre später geäußerten französischen Ergänzungswünsche hätten der deutschen Seite Gelegenheit geboten, ihrerseits Forderungen einzubringen und in neue Verhandlungen einzutreten. Bei einer derartigen Entwicklung der Dinge – dieser hypothetische Gedanke sei einmal erlaubt – hätte sich das Verhältnis von Sozialdemokratie und Bundeswehr vielleicht von Anbeginn an wechselseitig vorurteilsloser gestaltet. Auf Geist und Buchstaben des Grundgesetzes ließ sich tatsächlich die Wehrhoheit der Bundesrepublik nicht unbedingt gründen. Befand sich doch zur Zeit, als der Parlamentarische Rat im Museum König zusammentrat, noch eine alliierte Kontrollratsproklamation, wonach „alle Arten militärischer Propaganda und militärischer Betätigung jeder Natur [...] dem deutschen Volk verboten" waren[3], ebenso in Kraft wie der in Potsdam gefaßte Beschluß zur Demobilisierung Deutschlands weiterhin Gültigkeit besaß[4].

Im Regierungslager regte sich Widerspruch gegen die Auffassung der SPD, insbesondere in der den Justizminister stellenden FDP. Ihr Fraktionsvorsitzender Euler erklärte die Wehrhoheit zu den selbstverständlichen Insignien eines Rechtsstaates, die keiner ausdrücklichen Verankerung in der Verfassung bedürfe. Er und Dehler schlossen zudem aus Art. 4 GG: „Niemand darf gegen sein Gewissen zum Kriegsdienst mit der Waffe gezwungen werden. Das Nähere regelt ein Bundesgesetz", daß die Väter des Grundgesetzes von der bestehenden Wehrhoheit ausgegangen sein müßten[5]. In der FDP hielt man eine Verfassungsänderung nur für den Fall der Aufstellung einer nationalen Armee, nicht aber supranationaler Streitkräfte für erforderlich[6]. Für Adenauer stand fest, „daß sich alle Mitglieder des Parlamentarischen Rates – ausgenommen vielleicht die Kommunisten – darüber klar waren, daß die Erstellung einer Wehrmacht und die Wehrpflicht ein völkerrechtliches und natürliches Recht eines jeden Staates ist, und so auch in der Bundesrepublik. Man hätte sonst gar nicht darüber abzustimmen und zu diskutieren brauchen[7]." Auch andere Bestimmungen des Grundgesetzes, so meinte der Kanzler, ließen unzweideutig das selbstverständliche Recht der Bundesrepublik erkennen, sich zu verteidigen. So Art. 26, wo es

[2] Vgl. PPP, 7.1.1952, S. 4.

[3] Ziff. 2, Sektion I, Kontrollratsproklamation Nr. 2, 20.9.1945, zit. n. SPD-Pressedienst, 18.1.1952, S. 2.

[4] Carlo Schmid, der dem Grundgesetz seinen persönlichen Stempel aufgedrückt hat, erinnerte sich später: „Im Parlamentarischen Rat haben wir Fragen der Wehrhoheit, der Sicherheit und der Verteidigung nicht erörtert. Dies wäre in Anbetracht der Haltung der Besatzungsmächte, die sich die Führung der auswärtigen Angelegenheiten der Bundesrepublik vorbehalten hatten, ohne Sinn gewesen. Zu der Vorstellung, nur ein Staatsfragment schaffen zu wollen und zu können, hätte es von vornherein nicht gepaßt"; Schmid, Erinnerungen, S. 492.

[5] Wehrbeitrag birgt Verfassungskonflikte, Frankfurter Rundschau, 9.1.1952, S. 1.

[6] Wehrbeitrag ohne Änderung der Verfassung, Die Welt, 17.1.1952, S. 1.

[7] Pressetee, 24.1.1952, in: Adenauer, Teegespräche. S. 184–198, hier S. 186.

heißt: „Handlungen, die geeignet sind und in der Absicht vorgenommen werden, das friedliche Zusammenleben der Völker zu stören, insbesondere die Führung eines Angriffskrieges vorzubereiten, sind verfassungswidrig." Letztlich stellte der Art. 24 fest, daß sich die Bundesrepublik aufgrund eines einfachen Gesetzes zur Wahrung des Friedens einem System gegenseitiger kollektiver Sicherheit anschließen konnte.

Theodor Blank schloß sich dieser Argumentation an und befand namens der Union, zur Verabschiedung eines Gesetzes über Wehrbeitrag und -verfassung reiche eine einfache Bundestagsmehrheit aus[8]. Hinter dieser Auffassung verbarg sich die Absicht, eine Wehrverfassung innerhalb eines internationalen Vertragswerkes zu installieren, um auf diese Weise die Opposition parlamentarisch zu überspielen, was diese natürlich durchschaute. Am 31. Januar 1952 erhoben die Fraktionen von SPD und FU zusammen mit dem bei der FDP hospitierenden Abgeordneten Richard Freudenberg eine vorbeugende Feststellungsklage, um sich vom Bundesverfassungsgericht bestätigen zu lassen, „daß Bundesrecht, welches die Beteiligung Deutscher an einer bewaffneten Streitmacht regelt oder Deutsche zu einem Wehrdienst verpflichtet, ohne vorangegangene Ergänzung und Abänderung des Grundgesetzes weder förmlich noch sachlich mit dem Grundgesetz vereinbar ist"[9], wenn kein anderer Hinweis gegeben wird. Zumindest ein SPD-Parlamentarier protestierte gegen das Einreichen der Klage: Prof. Hermann Brill schrieb an den Abgeordneten und stellvertretenden Parteivorsitzenden Wilhelm Mellies, er stimme zwar in der bisherigen ablehnenden Haltung gegenüber der EVG der Meinung der Bundestagsfraktion zu, er halte aber die Klageerhebung „für politisch und juristisch ebenso verfehlt, wie das ganze Bundesverfassungsgericht". Nach seinem Dafürhalten mußte eine politische Frage mit politischen Mitteln beantwortet werden. In diesem Zusammenhang beklagte er das fragmentarische Reagieren der SPD auf die außen- und sicherheitspolitischen Initiativen der Bundesregierung. „Ich halte es für notwendig, daß die Sozialdemokratie aus einer Analyse der *gesamten* außenpolitischen Lage endlich zu einer außenpolitischen Konzeption kommt und innerhalb derselben die Frage des deutschen Wehrbeitrags nur als ein Mittel zu den Zwecken der von ihr verfolgten Außenpolitik behandelt." Statt die Wehrproblematik von der politischen auf die rechtliche Ebene zu verlagern, riet er der Partei, selbst aufgrund der gegebenen Lage, auch der innenpolitischen, eine eigene sicherheitspolitische Konzeption zu entwerfen und öffentlich zu vertreten. Zudem müsse sie sich überlegen, wie ungeachtet der Ablehnung des in der gegebenen Form vorliegenden EVG-Vertrages „aktive Europapolitik von der deutschen Sozialdemokratie gemacht werden soll"[10].

Die Union reagierte nach außen zunächst gelassen auf diesen Schritt: man respektiere den Wunsch der Sozialdemokratie nach einer verbindlichen Erklärung verfassungsrechtlicher Vorfragen, begrüße die offenkundige Absicht der Opposition, die ungezügelte Agitation gegen den Wehrbeitrag durch sachbezogene Diskussion zu ersetzen. Mit Genugtuung stellte man bei der CDU/CSU heraus, daß die SPD nun dem bestehenden Bundestag das Recht zuspreche, über die Aufstellung westdeutscher Streitkräfte zu befinden, anstatt wie früher Neuwahlen zu fordern.

Die demonstrative Zurückhaltung in den Reihen der Koalition erklärt sich aus der Unsicherheit über den Ausgang des Verfahrens. Grund zur Besorgnis schien durchaus gegeben, nachdem das Plenum des Verfassungsgerichts die Klage geschäftsordnungsgemäß an den Ersten, den sogenannten „roten" Senat überwiesen hatte. Den nach komplizierten Regeln des Parteiproporzes

[8] Blank geriet in Schußlinie, General-Anzeiger, 16.1.1952, S. 2.

[9] Text in: Kampf um den Wehrbeitrag I, S. 4. Vgl. zum folgenden Baring, Außenpolitik II, S. 110–170.

[10] Brief Brills, 3.2.1952, an Mellies, AdsD, SPD-PV, H. Brill II.

ernannten Bundesrichtern unterstellte man eine parteipolitische Abhängigkeit. Im Zuge der innergerichtlich erfolgten Besetzung der mit unterschiedlichen Aufgabenbereichen bedachten beiden Senate hatte sich das Prinzip parteipolitischer Ausgewogenheit aufgrund unterschiedlicher Sachkompetenz der einzelnen Richter nicht einhalten lassen, so daß sich ohne bewußtes Zutun eine „rote" im Ersten und eine „schwarze" bzw. mit der Koalition sympathisierende Mehrheit für den Zweiten Senat ergab. Im Regierungslager hegte man nun den Verdacht, die Kläger hätten von vornherein die Überweisung ihres Antrages an den „roten" Senat in ihr politisches Kalkül einbezogen, und man fürchtete einen für die Koalition negativen Richterspruch. Besorgt, ja aufgeregt, schrieb Bundesjustizminister Thomas Dehler an den Bundeskanzler, die Verhältnisse am Bundesverfassungsgericht machten ihm große Sorgen: „Die SPD-Richter werden dauernd auf Vordermann gebracht; die Richter unserer Linie fallen im Zweifel bei jeder Sache auseinander. Dr. Arndt hält nicht nur mit seinen Genossen, sondern auch mit den anderen Richtern Fühlung. Ich habe keine Hoffnung, daß die vorbeugende Feststellungsklage der SPD in der Frage der Wehrverfassung in unserem Sinne entschieden wird[11]."

Doch dann verbreitete sich in Kreisen der Mehrheitsfraktionen verhaltene Zuversicht. Denn kurz vor Abschluß der Westverträge schob die SPD beim Bundesverfassungsgericht noch den Antrag nach, den Bundeskanzler darauf zu verpflichten, seine Unterschrift mit dem Vorbehalt zu verbinden, daß die Kontrakte erst nach Prüfung ihrer staatsrechtlichen Zulässigkeit in Kraft treten dürften[12]. Karlsruhe hat dieses Ansinnen mit dem Hinweis zurückgewiesen, es sei zweifelhaft, ob eine solche einstweilige Anordnung in seine Zuständigkeit falle, enge sie doch den politischen Ermessensspielraum von Bundeskanzler und -regierung in erheblichem Umfang ein. In der Sache bestritt der Erste Senat, daß die Unterzeichnung der in Aussicht genommenen völkerrechtlichen Akte allein bereits staatsrechtliche oder völkerrechtliche Folgen nach sich ziehe. Er erachtete die Voraussetzungen für eine einstweilige Anordnung nur dann als gegeben, wenn die gesetzgebenden Körperschaften und der Bundespräsident sich mit den Verträgen befaßt hätten[13].

Die klagende Partei sah sich also auf die Zeit nach der Unterzeichnung und der parlamentarischen Behandlung der Vertragswerke vertröstet. Indiskretionen über die interne Meinungsbildung in Karlsruhe, aber auch die Berichte, die der Präsident des Bundesverfassungsgerichts und Vorsitzende des Ersten Senats, Hermann Höpker-Aschoff, aufgrund seiner parteipolitischen Verbundenheit zum Justizminister, aber auch aus persönlich empfundener Informationspflicht – wie seine Nachfolger übrigens auch – der Bundesregierung erstattete, trübten die optimistischen Erwartungen in den Urteilsspruch des Karlsruher Gerichts. Um die rechtliche Hängepartie zu beenden, beschloß das Kabinett, den Bundespräsidenten zu bitten, ein Gutachten über die Rechtslage beim Bundesverfassungsgericht einzuholen. Diese Intervention genoß den Vorzug, daß die gutachterliche Stellungnahme dem Plenum oblag, in dem sich die parteipolitischen Gegensätze wahrscheinlich numerisch aufwogen. Zudem gab sich die Bundesregierung der Hoffnung hin, das Plenum würde das Gutachten zeitlich der beim „roten" Senat anhängigen Klage der Opposition in der Behandlung vorziehen und ihm womöglich eine gewisse bindende Funktion gegenüber der verhandelnden Kammer beimessen. Als der Bundespräsident am 10. Juni 1952 dieses Gutachten einforderte, stellte die Union zufrieden fest: „Anscheinend hat den Bundespräsidenten der Gedanke geleitet, das Plenum des Verfassungsgerichts mit der Frage zu be-

[11] Brief Dehlers, 9.4.1952, an Adenauer, StBKAH 24, Briefwechsel mit Bundesministerien.
[12] Schriftsatz von SPD und FU, 12.5.1952, in: Kampf um den Wehrbeitrag I, S. 452–460.
[13] Beschluß des Ersten Senates, 15.5.1952, ebd., II, S. X–XI.

fassen, um in jedem Fall eine höchstrichterliche Entscheidung herbeizuführen, die dann nicht mehr angefochten werden kann[14]." Theodor Heuss bat um Antwort auf die verfassungsrechtliche Frage: Steht der Vertrag über die Gründung der Europäischen Verteidigungsgemeinschaft „im Widerspruch zum Grundgesetz für die Bundesrepublik Deutschland, soweit durch ihn auf Grund des Art. 24 des Grundgesetzes die zwischenstaatliche Einrichtung der Europäischen Verteidigungsgemeinschaft berechtigt wird, europäische Wehrhoheit unter Zugrundelegung der Wehrpflicht der Staatsbürger der Mitgliedstaaten auszuüben"[15]?

Der Bundespräsident trat mit diesem Schritt eine Lawine politischer und publizistischer Auseinandersetzungen los, in deren Verlauf sein Amt und das Bundesverfassungsgericht als über den Parteien stehende höchste Bundesinstanzen ins Gerede kamen. Zwar hat Heuss kein Geheimnis daraus gemacht, daß er bereits im Parlamentarischen Rat die allgemeine Wehrpflicht als legitimes Kind der Demokratie und als unverzichtbares persönliches Opfer für die Aufrechterhaltung einer freiheitlichen Gesellschaft und zum Schutz der staatlichen Existenz anerkannte bzw. forderte. Gleichwohl sah er sich wegen seiner grundsätzlichen Übereinstimmung mit Adenauer in der Außen- und Sicherheitspolitik[16] dem Verdacht ausgesetzt, er habe sich zum Zwecke eines durchsichtigen politischen Manövers in ein verfassungsrechtliches Ränkespiel verstricken lassen. Dem hat er stets seine Verpflichtung als Staatsoberhaupt entgegengehalten, sich vor der letztinstanzlichen Unterschrift unter ein Gesetz von dessen Rechtmäßigkeit vorher zu überzeugen.

Den Bundeskanzler traf die Kritik nicht minder. Noch im Mai hatte er gegenüber Journalisten erklärt, er finde die Klage der Opposition höchst bedauerlich, „gerade als Demokrat und vom demokratischen Standpunkt aus. Wenn das Bundesverfassungsgericht in den Geruch kommt, parteipolitisch gespalten zu sein, dann tun wir damit unserem Staate einen sehr schlechten Dienst[17]." Er war daran, wie die nachfolgende Entwicklung verdeutlicht, keineswegs unbeteiligt. Zunächst verlief das prozessuale Procedere nicht im Sinne von Regierung und Bundespräsident: So lange die Klage der Opposition beim Ersten Senat anhängig war, sah das BVG die verfahrensrechtlichen Voraussetzungen zur Erstattung des Gutachtens als nicht gegeben an. Dem Karlsruher Vorschlag, das Normenkontrollverfahren zugunsten der Erstellung der erbetenen Expertise auszusetzen, versagte die SPD ihre Zustimmung. Flankierend zum Gang nach Karlsruhe trat sie verstärkt den Weg in die Öffentlichkeit an, um dieser den politischen Hintergrund des Rechtsstreites zu verdeutlichen. Mitte Juni beantragte sie im Bundestag, die von der Regierung eingeholten Rechtsgutachten zu Wehrhoheit und -verfassung sowie die Schriftstücke des vor dem Bundesverfassungsgericht anhängigen Feststellungsverfahrens samt den zugehörigen Rechtsgutachten den Mitgliedern des Bundestages vorzulegen. Sie aktualisierte gleichzeitig ein altes Thema, indem sie eine öffentliche Anhörung von Sachverständigen durch den Rechtsausschuß darüber forderte, ob der derzeitige Bundestag zur Verabschiedung einer Wehrverfassung legitimiert sei. Die Union zog sich geschickt aus der Affäre, indem sie einen Mehrheitsbeschluß erreichte, dem zufolge die beiden ersten Antragspunkte zur Behandlung an den Rechtsausschuß überwiesen, das Ansinnen bezüglich Neuwahlen aber unter Hinweis auf das ausstehende Gutachten des Bundesverfassungsgerichts zurückgewiesen wurde[18].

[14] DUD, 13.6.1952, S. 1.
[15] Brief, 10.6.1952, an Prof. Höpker-Aschoff, in: Kampf um den Wehrbeitrag II, S. 2.
[16] Vgl. dazu Pikart, Heuss und Adenauer, S. 55.
[17] Wortprotokoll des Tee-Empfangs, 28.5.1952, in: Adenauer, Teegespräche, S. 278–294, hier S. 292.
[18] Vgl. Deutscher Bundestag, Sten.Ber., Bd 12, 219. Sitzung, 18.6.1952, S. 9624–9629.

Erleichterung und Befriedigung stellten sich regierungsseitig ein, als die Richter des Ersten Senats am 30. Juli 1952 die vorbeugende Feststellungsklage von SPD/FU zurückwiesen. Der Antrag sei „im gegenwärtigen Zeitpunkt unzulässig, da die gesetzgebenden Körperschaften ihre Beratungen noch nicht abgeschlossen" hätten[19]. Gleichzeitig leitete das Plenum das Gutachtenverfahren ein, mit dessen für sie positivem Ausgang die Koalition fest rechnete. Die Bundesregierung erklärte bereits im vorhinein, die Karlsruher Expertise zu akzeptieren. Die Sozialdemokratie stellte sich dem Gericht zur Verfügung, deklarierte aber das Gutachten als für sie unverbindlich.

Anstatt die Entwicklung nun in Ruhe abzuwarten, hielt man in Karlsruhe wie in Bonn die Gerüchteküche am Brodeln, und was dort gekocht wurde, traf immer weniger den Geschmack der Koalition. Der Kanzler wollte sich nun nicht mehr von dem Karlsruher Richterspruch abhängig machen und drängte auf eine Ratifizierung der Westverträge bis Mitte/Ende Oktober 1952, denn nach dem Zeitplan des Bundesverfassungsgerichts war nicht vor Mitte November mit dem Gutachten zu rechnen. Die Spitzen der FDP befaßten sich Ende September mit dem Wunsch Adenauers nach einer raschen parlamentarischen Verabschiedung der Kontrakte. Der Fraktionsvorsitzende Schäfer plädierte im Sinne des Regierungschefs: „Gründe, um ein Verfassungsgericht anzurufen, findet die Opposition immer. Wir kommen dabei ins Uferlose. [...] Ich meine, ratifizieren, selbst auf die Gefahr, daß das Bundesverfassungsgericht zu dem einen oder anderen Punkt sagen könnte, der ist verfassungswidrig. Es ist dann Sache des Kabinetts, sich damit auseinanderzusetzen[20]." Ähnlich äußerte sich der Abgeordnete v. Rechenberg. Dennoch konnte sich die Parteiführung nicht zu einem beschleunigten Verfahren entschließen. Zunächst sollten Kriegsverbrecher- und Saarfrage befriedigend gelöst sein.

Anfang November wurde die DP durch ihren außenpolitischen Experten v. Merkatz beim Kanzler vorstellig, um ihm mitzuteilen, daß nach seinen Informationen das im Entstehen befindliche Gutachten „nicht günstig beurteilt werden" könne. Er befürwortete eine Politisierung der anstehenden Rechtsfragen, um das Gericht von der Erörterung des Problems abzulenken, „ob der Inhalt der beiden Vertragswerke mit dem Grundgesetz vereinbar ist oder nicht". Diese Fragestellung hielt er für falsch. Sie mußte vielmehr dahingehend umformuliert werden, „ob unser derzeitiges Verfassungsrecht es erlaubt, mit den drei Mächten die nach ihrem Willen miteinander verbundenen Vertragswerke abzuschließen". Eine solche Formulierung eliminierte seiner Meinung nach das verfassungsrechtliche Element aus der Wehrdebatte. Denn nun ging es ausschließlich um Verträge, die abzuschließen der Bundesregierung aufgrund der ihr seitens der Westmächte zuerkannten Bündnisfähigkeit nicht verwehrt werden durfte. Merkatz wollte die Zuerkennung der Bündnisfähigkeit und des Rechts, einen Verteidigungsbeitrag zu leisten, als verfassungsschöpfenden Akt der Besatzungsmächte verstanden wissen[21]: „Ich habe diese Gesichtspunkte skizziert, weil ich erfahren habe, daß es Richter gibt, die einer Argumentation in dieser Richtung zugänglich sind und deren Meinung unter ihren Kollegen durch eine entsprechende Stellungnahme auch der Bundesregierung eine notwendige Unterstützung erfahren würde. [...] Man muß damit rechnen, daß im Bundesverfassungsgericht Leute sitzen, die keine Vorstellung vom politischen Tatbestand, über den sie urteilen müssen, haben, und die deshalb nicht in der Lage sind, für diesen Vorgang ohnegleichen die richtigen juristischen Maßstäbe und

[19] Kampf um den Wehrbeitrag I, S. 446.

[20] Protokoll der Sitzung des Außenpolitischen Ausschusses gemeinsam mit dem Gesamtvorstand der FDP, 29.9.1952, AdL, 96, FDP Bundesvorstand (Gesamtvorstand), Sitzungsprotokolle Sept.–Dez. 1952.

[21] Brief v. Merkatz', 14.11.1952, an Adenauer, BA, B 136/994.

Erkenntnisquellen zu erschließen." Dies war die unverschleierte Aufforderung an den Kanzler, den Verfassungsrichtern mit mahnendem Zeigefinger politischen Nachhilfeunterricht im Sinne der Regierung zu erteilen.

Als der Bundestag nicht zuletzt mit den Stimmen der FDP am 18. November 1952 überraschend den Antrag der Regierungsfraktionen ablehnte, die 2. und 3. Lesung der Westverträge auf den 26. und 27. November zu legen, zeigte sich auch der Unionsfraktionsvorsitzende v. Brentano beunruhigt und „sehr verstimmt, daß eine derartige Abstimmung möglich war". Auch er erhob nun die Forderung, dem für die darauffolgende Woche zu erwartenden Gutachten des Verfassungsgerichts parlamentarisch zuvorzukommen. Druck auf die Karlsruher Richter würde sich da nicht vermeiden lassen. „Ich habe [...] persönlich die Überzeugung, daß wir es uns jetzt nicht leisten können, aus einer falsch verstandenen Courtoisie heraus eine Zeitfolge zuzulassen, die, wie ich fürchte, die Entscheidung in Karlsruhe nachträglich beeinflussen könnte. Vielmehr bin ich [...] der Meinung, daß die Tatsache der vorgängigen Ratifizierung durch den Bundestag manchen im Augenblick vielleicht noch zweifelnden Richter in Karlsruhe bestimmen wird, zu den Verträgen Ja zu sagen." Eine klug geführte Bundestagsdebatte, so gab er sich überzeugt, werde ihre Wirkung auf die Bundesrichter nicht verfehlen. Er gab zu bedenken, daß sich das Gericht durch die Niederlage der Regierung bei der Abstimmung über die Festsetzung des Termins für die 2. und 3. Lesung in seiner vermeintlich kritischen Einstellung gegenüber der Verfassungsmäßigkeit der Westverträge bestärkt fühlen könnte. Brentano riet, einen Antrag auf Vertagung der Gutachtensverhandlung zu stellen, und, falls dem nicht entsprochen werde, die politische Seite der Kontrakte dem Gericht deutlicher vor Augen zu führen, am besten durch ein persönliches Auftreten des Kanzlers vor seinen Schranken. „Ein Verfassungsgericht ist kein Kassationsgerichtshof. Ein Verfassungsgericht hat nicht nur das Recht, sondern es hat, wie ich meine, die unabweisbare Pflicht, einen politischen Tatbestand auch politisch zu werten. In jedem Fall ist es die Aufgabe des Richters, der über das Mittelmaß eines geistig minderbemittelten Juristen hinausragt, zunächst einmal den Tatbestand, der ihm vorgetragen wird, zu werten, nicht aber juristisch zu analysieren. [...] Nach meinen letzten Informationen über die augenblickliche Stimmung in Karlsruhe bin ich in größter Sorge[22]."

Tags darauf richtete der Kanzler aufgrund eines Kabinettsbeschlusses an den Präsidenten des Bundesverfassungsgerichts das Ersuchen, das Verfahren wegen einer ernstlichen Erkrankung des Staatssekretärs Hallstein zunächst auszusetzen. Begründung: „Prof. Hallstein ist zur Vertretung der Auffassungen der Bundesregierung über die zur Erörterung kommenden Rechtsprobleme des Deutschland-Vertrages unentbehrlich, da er an allen Verhandlungen, die zum Abschluß dieses Vertrages geführt haben, maßgeblich beteiligt war und sie teilweise selbständig für die Bundesregierung geführt hat. Außerdem hat er an den durch den EVG-Vertrag aufgeworfenen Rechtsfragen verantwortlich mitgearbeitet. Es ist ausgeschlossen, einen Vertreter [...] zu bestellen[23]." Man hat vielfach von einer politischen Krankheit des Staatssekretärs gemunkelt. Die SPD-Fraktion scheute sich nicht, diese Vermutung gegenüber dem Präsidenten des BVG auszusprechen: „Der Wunsch der Bundesregierung, den vom Bundesverfassungsgericht auf den 26. November seit langer Zeit anberaumten Termin nicht stattfinden zu lassen, steht in einem zu offensichtlichen Zusammenhang mit ihrem Bestreben, zuvor eine politische Entscheidung des Bundestages zu erzwingen. Die Bundesregierung setzt damit ihr Bemühen fort, eine Stellungnahme des Bundesverfassungsgerichts möglichst überhaupt zu vermeiden oder notfalls zu um-

[22] Brief v. Brentanos, 20.11.1952, an Adenauer, in: Baring, Bundeskanzler, S. 123–125.
[23] Schreiben Adenauers, 21.11.1952, an Höpker-Aschoff, BA, B 136/994.

gehen oder doch zu verzögern." Ollenhauer bat das Gericht, den einmal angesetzten Termin beizubehalten und begründete dies mit der Feststellung, Staatssekretär Hallstein habe zwar einen Lehrstuhl für Bürgerliches Recht an der Universität Frankfurt inne, gehöre aber nicht dem verfassungsrechtlichen Beraterstab des Bundeskanzlers an, habe weder die Verhandlungen über den Generalvertrag verantwortlich geführt, noch bei den vorausgegangenen Terminen die Bundesregierung vor dem Bundesverfassungsgericht repräsentiert. „Mit tiefem Ernst", so schrieb der Parteivorsitzende, „muß ich deshalb meine schwere Sorge aussprechen, daß dieses Unterfangen der Bundesregierung, aus politischer Taktik den verfassungsgerichtlichen Termin zu manipulieren, Ansehen und Unabhängigkeit des Bundesverfassungsgerichts bedroht[24]." Tatsächlich kam der Bundesregierung der wenig später bei Hallstein vorgenommene operative Eingriff sehr gelegen.

In der Argumentation gegen eine rasche Verabschiedung der Westverträge nahmen die verfassungsrechtlichen Bedenken bei der FDP generell einen untergeordneten Stellenwert ein. Anders bei Thomas Dehler. Er hatte sich im Vorfeld der Einrichtung des Bundesverfassungsgerichtes gegen das nun bestehende Zwei-Senate-System ausgesprochen, ohne sich gegen das dann realisierte Modell seines Kontrahenten in der Wehrfrage, Adolf Arndt, durchsetzen zu können. Der Verfassungskonflikt um die Wehrhoheit bot ihm Gelegenheit, sich persönliche und politische Genugtuung zu verschaffen. Bei Dehler verdichtete sich der Verdacht zur vermeintlichen Gewißheit, die mit der Opposition sympathisierenden Karlsruher Richter instrumentalisierten das Plenum politisch in ihrem Sinne. Der Justizminister, ohnehin kein Mann des abgewogenen und bedächtigen Wortes, der Konflikte nicht scheute, sie im Bedarfsfalle, nicht selten ohne Gespür für die negativen Rückwirkungen auf die Regierung, auch selbst provozierte, hielt es im Herbst 1952 für angebracht, öffentlich in den Ring zu steigen, um in einem politischen Schaukampf Sozialdemokratie und Verfassungsgericht gleichermaßen zu attackieren. Den FDP-Parteitag wählte er als wirkungsvolles Szenarium. „Der Sozialismus ist schlecht, und der Sozialismus macht schlecht", so ließ er sich vernehmen. „Ich sage es aus bitterster Sorge [...] Ich sage [...] wohlüberlegt ein Wort aus der Qual und Verpflichtung heraus, die ich habe. [...] Die Barriere des Bundesverfassungsgerichts besteht für unsere Verträge. Ich möchte hoffen, daß sich dort der Geist des Sozialismus nicht auswirkt. Ich möchte hoffen, daß in dem höchsten deutschen Gericht keine politischen Willensentscheidungen, sondern Rechtsentscheidungen fallen[25]."

Bereits wenige Tage zuvor hatte Dehler eine Besprechung des Präsidenten des Bundesverfassungsgerichts und eines seiner Richter mit Adenauer zum Anlaß genommen, den Verfassungshütern Drang zur dominierenden politischen Macht in der Bundesrepublik vorzuwerfen[26]. Ein Konflikt zwischen Regierung und Verfassungsgericht schien sich abzuzeichnen. „Regierungskrise", „Verfassungskrise", „Staatskrise", dies waren die Balkenüberschriften in den Gazetten! Der Kanzler ließ sich zu keinen unbedachten öffentlichen Äußerungen hinreißen, lenkte aber aus dem Hintergrund eine geschickt in Gang gesetzte Kampagne gegen das Verfassungsgericht. Mit der Terminierung der 2. und 3. Lesung der Westverträge auf den 3. bis 5. Dezember kam er der auf den 9. bis 11. Dezember verlegten Verhandlung in Karlsruhe zuvor. Um so erstaunter reagierten Presse und Publizistik, als die Koalitionsmehrheit aus CDU/CSU und FDP gegen das Votum des Partners DP nach dem ersten Beratungsdurchgang die letzte Lesung vertagte. Der

[24] Schreiben Ollenhauers, 24.11.1952, an Höpker-Aschoff, BA-MA, BW 9/2822.
[25] Rede Dehlers, 21.11.1952, zit. n. Baring, Außenpolitik II, S. 125.
[26] Ebd., S. 231.

Deutschen Partei waren die Motive für diesen plötzlichen Sinneswandel wohl nicht rechtzeitig und nicht plausibel genug erläutert worden. Die Partei wollte sich in ihrer politischen Überzeugung nicht durch rechtliche Erwägungen irritieren lassen, räumte der politischen Entscheidung den Primat vor der verfassungsrechtlichen ein. Sie hielt es für erforderlich, „daß der *Deutschlandvertrag* und der Vertrag über die *Europäische Verteidigungsgemeinschaft* unverzüglich vom Bundestag im Rahmen seiner vom Bundesverfassungsgericht unabhängigen politischen Verantwortung ratifiziert" würden[27]. Sie blieb daher bei ihrer Auffassung, politische Entscheidungen nicht durch rechtliche ersetzen zu lassen: „Mit dem konservativen Programm der Deutschen Partei und ihrer Auffassung vom Rechtsstaat ist es nicht in Einklang zu bringen, wenn der Grundsatz der Teilung der Gewalten dadurch in Frage gestellt wird, daß sich der Bundestag als gesetzgebende Instanz schon vor der von ihm zu treffenden Entscheidung in die Abhängigkeit von der Rechtsprechung begibt[28]." Rasch sorgten FDP und CDU/CSU dafür, daß dieses Informationsdefizit wieder wettgemacht wurde. Am 6. Dezember 1952 erhoben die drei Koalitionspartner Verfassungsklage gegen die SPD-Fraktion, die sie mit einer Feststellungsklage verbanden: „Die Antragsgegner verstoßen dadurch gegen das Grundgesetz, daß sie dem Deutschen Bundestag und der antragstellenden Mehrheit des Bundestages das Recht bestreiten, die Gesetze über den Deutschland-Vertrag und den EVG-Vertrag mit der [...] vorgeschriebenen [einfachen] Mehrheit zu verabschieden." Wissen wollten die Kläger, ob der Bundestag berechtigt sei, die Gesetze über die beiden Verträge mit einfacher Mehrheit über die parlamentarischen Hürden zu bringen[29].

Von welchen Motiven haben sich die Mehrheitsfraktionen des Deutschen Bundestages bei diesem Schritt leiten lassen? Sie wollten zunächst einmal die Initiative an sich reißen und der Verzögerungstaktik der SPD entgegenwirken, ging man doch davon aus, das Bundesverfassungsgericht werde die Klage – vergleichbar der der Opposition vom Frühjahr – zeitlich der Verhandlung des Gutachtens vorziehen und damit den Weg relativ bald für die 3. Lesung freigeben. Die Verfassungsklage besaß zudem den kalkulierten Vorteil, vom Zweiten, also dem „schwarzen" Senat verhandelt werden zu müssen.

Die Koalition strafte mit dem Anrufen des höchsten Gerichts ihre bis dahin geäußerte Überzeugung selbst Lügen, daß politische Entscheidungen auf dem politischen, nicht auf dem rechtlichen Instanzenweg getroffen werden sollten. Selbst Adenauers zeitweiliger Vertrauensjournalist Ernst Friedlaender stellte die Frage, ob es sich bei der Klage der Regierungskoalition nicht um einen „Advokatenkniff" handele, womit er den Kern der Sache traf. Der Kanzler bestritt dies allerdings energisch: „Die Opposition nimmt für sich das Recht in Anspruch, die Ratifizierung der Verträge mit allen ihr zu Gebote stehenden Mitteln zu bekämpfen und zu verzögern [...] Wir haben die Auseinandersetzung vor dem Bundesverfassungsgericht nicht gesucht und nicht begonnen. Nachdem sie uns aufgezwungen war, mußten wir die uns günstigsten Methoden wählen. Eine in der Verfassung vorgesehene Methode kann kein Kniff sein[30]." Die Regierung könne sich nicht darauf beschränken, an der politischen Front zu kämpfen, wenn die Opposition einen zweiten, verfassungsrechtlichen Kriegsschauplatz eröffne.

Die Dinge nahmen aber einen unerwarteten Verlauf. Das Bundesverfassungsgericht sah sich unerträglicher politischer und publizistischer Pression ausgesetzt. Und wenn es als überparteiliches Verfassungsorgan Bestand haben wollte, mußte es alles daran setzen, seine politische Unab-

[27] Beschluß des Direktoriums der DP, 4.11.1952, DP: Bonner Informationen, Nr. 95/52, 5.11.1952.
[28] Erklärung Hellweges, 5.12.1952, ebd., Nr. 117/52, 6.12.1952.
[29] Kampf um den Wehrbeitrag III, S. 1–9, hier S. 5.
[30] Rundfunkinterview, 17.12.1952, in: Bulletin, 19.12.1952, S. 1769–1771, hier S. 1769.

hängigkeit zu demonstrieren, seine Respektabilität wiederherzustellen. Sein Plenum beschloß daher am 8. Dezember 1952, zunächst das Gutachten zu erstellen und ihm bindenden Charakter für die Rechtsfindung beider Senate in Sachen Wehrhoheit und Wehrbeitrag zu verleihen. Auf diese Weise wollte es den politischen Knoten durchtrennen und beide Senate von dem Verdacht der politischen Parteilichkeit befreien. Das BVG zog damit die Konsequenz aus den auf dem Meinungsmarkt öffentlich gehandelten, seine Integrität verletzenden und damit seine Autorität untergrabenden Mutmaßungen. Sein Präsident scheute sich nicht, das politische Bonn wie die Presse der Mißachtung des Gerichts zu bezichtigen und seinen Beschluß als Reaktion auf „die mangelnde Achtung vor dem Eigenwert des Rechts" zu begründen. „Das Bundesverfassungsgericht hat mit Besorgnis von den herabsetzenden Äußerungen Kenntnis genommen, die in den letzten Wochen in zunehmendem Maße im Zusammenhang mit den anhängigen Verfahren über die Vertragswerke in der Presse und in politischen Kreisen über das Gericht und seine Mitglieder gefallen sind. Diese Äußerungen haben sich in einzelnen Fällen zu Warnungen gesteigert. Man hat dem Gericht sogar unterstellt, daß politische und damit nicht rechtliche Erwägungen seine Entscheidung bestimmen könnten[31]."

Im Regierungslager löste diese überraschende Entscheidung politischen Alarm aus. Hatte man im Sommer noch die Verbindlichkeit des Gutachtens geradezu gefordert, so brach nun unter der zwanghaften Vorstellung, die Expertise werde negativ ausfallen, ein Sturm der Entrüstung los. Ohne die Begründung des Gerichts abzuwarten, aber auch dann, als sie vorlag, unfähig, sie in der Erregung ruhig lesen zu wollen oder zu können, bezichtigten Koalitionsvertreter den Gerichtshof der Rechtswillkür und -beugung, und zwar nach Form und Inhalt in einer Art und Weise, die daran zweifeln läßt, daß das die Gewaltenteilung einschließende Demokratieverständnis im Einzelfall besonders stark ausgeprägt war. Man maß dem zu erwartenden Gutachten „die Kraft eines rechtsverbindlichen Urteils" zu, „dem sich dann alle Organe des Bundes, vom Bundespräsidenten angefangen über Bundestag, Bundesrat und Bundesregierung, zu fügen hätten"[32]. Für Staatssekretär Lenz vom Bundeskanzleramt war der Karlsruher Beschluß ein „eklatanter Rechtsbruch des BVG-Plenums", der eine „ernste Situation herauf[beschwor]"[33]. Eine solche Kritik ignorierte ebenso das Bemühen des Karlsruher Gerichts, die beiden Senate vom Odium der parteipolitischen Befangenheit zu befreien wie die Begründung, auf der der Beschluß basierte. Das Gericht hat niemals von einer rechtsverbindlichen Wirkung nach außen gesprochen. Im Gegenteil: „Rechtskraftwirkung und Vollstreckbarkeit und damit Verbindlichkeit nach außen im formellen Sinne können dem Gutachten nicht beigelegt werden[34]." Gleichwohl verschloß sich das Gericht nicht der Einsicht, daß eine gutachterliche Stellungnahme des Plenums zwar „nicht die rechtliche Wirkung eines Urteils hat, [...] doch seinem materiellen Gehalt nach einem Urteil gleichzustellen" war[35]. Der Vorwurf, die Verbindlichkeitserklärung schränke die richterliche Entscheidungsfreiheit ein, wurde in der Begründung dennoch nachdrücklich zurückgewiesen: „Überdies ist auch durch das Plenar-Gutachten die Rechtsfrage nicht für alle Zeiten endgültig beantwortet." Das Gericht ließ durchblicken, einem mit der gleichen Frage befaßten Senat stehe dann, wenn er in seiner Urteilsfindung zu abweichenden Ansichten gelangen

[31] Höpker-Aschoff, 9.12.1952, in der mündlichen Verhandlung des Bundesverfassungsgerichts, in: Kampf um den Wehrbeitrag II, S. 804.

[32] DUD, 9.12.1952, S. 1.

[33] CDP, 9.12.1952, Bl. 1.

[34] Begründung, 15.12.1952, in: Kampf um den Wehrbeitrag II, S. 816.

[35] Ebd., S. 817.

sollte und des Glaubens sei, „neue Gesichtspunkte beitragen zu können", „nichts entgegen, daß er das Plenum anruft und versucht, das Plenum für seine Rechtsansicht zu gewinnen"[36].

Der Bundeskanzler überließ öffentliche Schelte und Kritik politischen Mitstreitern. Aus dem Kreis seiner engsten administrativen Mitarbeiter sind ihm zwar Briefentwürfe vorgelegt worden, in denen, unter Bezug auf die mit einem persönlichen Anschreiben des Präsidenten des Bundesverfassungsgerichts übersandte Begründung des Beschlusses, Gelegenheit genommen wurde, in der Sache Stellung zu beziehen. Hauptanliegen dieser in der Schublade belassenen Schreiben war es wohl, die Koalitionsklage als sachlich und nicht taktisch begründet zu erklären. Gleichwohl fehlte nicht der verhalten kritische Hinweis darauf, daß man von einer anderen Verfahrensweise des Gerichts ausgegangen sei: „Würden die Bestrebungen der SPD-Fraktion Erfolg gehabt haben, so hätte sich folgender Zeitplan ergeben: Entscheidung des Gutachtenverfahrens – etwa Ende Januar, Entscheidung des Bundesrates – etwa Ende Februar, Entscheidung im Normenkontrollverfahren – frühestens Ende April [– es wurde unterstellt, daß ein solches dann von der Opposition angestrengt wurde –], Ratifizierung der Verträge durch den Bundespräsidenten – nicht vor Mitte Mai. Demgegenüber glaubten die Bundesregierung und die Bundestagsmehrheit, unter Zugrundelegung der früheren Enscheidung des Bundesverfassungsgerichts über den Vorrang einer Klage vor dem Gutachtenverfahren damit rechnen zu können, daß die Entscheidung über die von der Bundestagsmehrheit angestrengte Klage Ende Januar gefällt werden könne. Das hätte bedeutet, daß nach der für etwa Ende Februar zu erwartenden Beschlußfassung des Bundesrats der Bundespräsident in der 1. Hälfte März die Verträge hätte ratifizieren können. Es wäre demnach ein Zeitgewinn von etwa 8 bis 10 Wochen erzielt worden. Dieser Zeitgewinn ist außenpolitisch, insbesondere auch im Hinblick auf die Notwendigkeit der Ratifizierung auch in anderen Staaten, von wesentlicher Bedeutung[37]." In einem weiteren Entwurf heißt es: „Die Unterstellung, daß unsachliche Motive bestimmend für den Antrag der Bundestagsmehrheit gewesen seien, befremdet mich sehr[38]."

In vertrauter Runde legte der Kanzler seine Zurückhaltung ab und gab seinem Unmut über Karlsruhe dadurch deutlich Ausdruck, daß er die durch den Parlamentarischen Rat festgeschriebene Wahl der Verfassungsrichter durch parlamentarische Einrichtungen als „ein schweres Verschulden" bezeichnete[39]. Beim Kanzlertee gefragt, „sind irgendwelche Maßnahmen beabsichtigt, um diesen Beschluß des Bundesverfassungsgerichts außer Wirkung zu setzen?", ließ Adenauer keinen Zweifel daran, daß auf gesetzgeberischem Wege auf die Verfahrensweise des Gerichtshofes korrigierend Einfluß genommen werden müsse: „Die Frage, was zu geschehen hat, wollen wir in aller Ruhe überlegen und erörtern, losgelöst von den augenblicklichen Eindrücken [...] Daß das Bundesverfassungsgericht nicht dabei bleiben kann, ist ganz klar[40]." Was er aber erreichen wollte, wußte er bereits: Zunächst einmal erschien ihm notwendig, „daß wir in einer Novelle zum Bundesverfassungsgerichtsgesetz die Frage der Gutachten klären, daß man an sich selbstverständliche Bestimmungen eben im Gesetz klarlegt"[41]. Letztlich aber wollte der Kanzler

[36] Ebd., S. 819.
[37] Briefentwurf, Dez. 1952, an Höpker-Aschoff, BA, B 136/998 (Tagesdatum im Original nicht angegeben).
[38] Ebd.
[39] Protokoll der Sitzung des Bundesparteivorstandes der CDU, 15.12.1952, in: Adenauer, Protokolle, S. 170–246, hier S. 175.
[40] Wortprotokoll des Kanzlertees, 10.12.1952, in: Adenauer, Teegespräche, S. 365–390, hier S. 377.
[41] Ebd., S. 381.

auf eine Grundgesetzänderung hinaus, derzufolge zukünftig die Bundesverfassungsrichter nicht mehr von Bundestag und Bundesrat, sondern von der Bundesregierung ernannt würden[42].

Wenn der Bundeskanzler feststellte, durch den Gutachtenbeschluß habe das Ansehen der Bundesregierung, des Parlaments, des Gerichtswesens, ja des ganzen Staates erheblich gelitten, dann kann man ihn selbst von dem Vorwurf nicht freisprechen, dazu tätige Beihilfe geleistet zu haben. Denn am selben Tag, an dem er diese Äußerung tat, hatte der Bundespräsident auf Anraten des Kabinetts sein Gutachtengesuch beim Bundesverfassungsgericht zurückgenommen. Der Versuch Ollenhauers, ihn von diesem Schritt abzuhalten, scheiterte ebenso wie der des niedersächsischen Ministerpräsidenten Kopf (SPD), der in einem Schreiben an den Bundespräsidenten bat, „in aufrichtiger Sorge über die Entwicklung des Verfassungsstreites, betreffend das Bonner Vertragswerk, [...] Ihnen von Mann zu Mann und als Ihnen in Freundschaft ergebener Demokrat Bedenken zu Gehör bringen zu dürfen". Kopf gab seiner Überzeugung Ausdruck, „daß wenigstens das Staatsoberhaupt als Inhaber des pouvoir neutre unter keinen Umständen in das Verfahren vor dem Bundesverfassungsgericht hineingezogen" werden dürfe „und jeder Schein vermieden" werden müsse, „als ob von dieser Seite her die Angelegenheit verfahrensrechtlich beeinflußt würde". Der Chef der niedersächsischen Landesregierung empfahl dem Bundespräsidenten, falls er sein Gesuch um gutachterliche Äußerung zurückzuziehen gedenke, vor einem solchen Beschluß die beteiligten Parteien ausführlich zu konsultieren. „Ich neige schon auf Grund meines niedersächsischen Temperaments nicht dazu, Superlative anzuwenden. Angesichts der jetzigen Lage glaube ich aber, deutlich aussprechen zu müssen, daß die Gefahr einer echten Staatskrise in bedrohlicher Nähe steht[43]."

Theodor Heuss hat sich zweifelsohne im Dienste der Bundesregierung in den Parteienstreit um Westverträge und Wehrhoheit mit hineinziehen lassen. Er ist dafür massiv angegriffen worden und war sich all seiner öffentlichen gegenteiligen Beteuerungen zum Trotz dessen sehr wohl bewußt[44]. Er hat darunter gelitten und es sich im Innern nie verziehen. Seine noch am selben Tag im Rundfunk und auch später immer wieder dargelegten Handlungsmotive vermochten nicht zu überzeugen. Wenn er als wichtigste Rechtfertigung geltend machte, Politik dürfe nicht der Justiz überantwortet werden: „Wir sind aus dem Zustand der politischen Justiz herausgekommen, aber wir wissen auch alle, daß nicht eine justizförmige Politik die Verantwortungen und Entscheidungen den im legitimen Kampf ringenden Kräften und Gruppen abnehmen kann"[45], dann hätte ihm dies bereits beim Gutachtengesuch deutlich sein müssen. Möglicherweise, ja wahrscheinlich tat er sich schwer dabei, dem Drängen der Bundesregierung nachzugeben, die zunächst in Person des Bundeskanzlers, dann durch eine von Adenauer angeführte Ministerdelegation bei ihm vorstellig wurde. Warum sonst hätte sein Parteifreund Thomas Dehler vor der Presse die Äußerung getan, die ihn einmal mehr zum Enfant terrible der Bundesregierung werden ließ, man habe den Bundespräsidenten „bewußt an seinen Eid erinnert, weil hier ein Fall echter Verfassungsnot eingetreten" sei[46]? Der Bundespräsident beabsichtigte zunächst, auf diese Dehlersche Erklärung scharf zu reagieren und sie öffentlich zu mißbilligen. Als man in seiner Umgebung darauf aufmerksam machte, ein derartiges Vorgehen müsse „doch glatt zum

[42] Ebd., S. 389.
[43] Brief Kopfs, 10.12.1952, an Heuss, AdsD, PV Schumacher J 104, Generalvertrag 1952.
[44] Vgl. dazu Heuss, Politiker, S. 414.
[45] Rundfunkansprache, 10.12.1952, in Bulletin, 12.12.1952, S. 1729.
[46] Wortprotokoll des Kanzlertees unter Teilnahme Dehlers, 10.12.1952, in Adenauer, Teegespräche, S. 365–390, hier S. 382.

Rücktritt des Justizministers führen", sah Theodor Heuss davon ab, bestand aber auf einem Dementi bzw. auf einer ihm Genugtuung verschaffenden und ihn entlastenden Erklärung des Justizministers[47]. Bis zu seinem Tod hat Heuss seinem Parteifreund Dehler verübelt, daß er ihn in der überlieferten Form ans Portepee faßte. In der Gedenkfeier zum 80. Geburtstag von Theodor Heuss kam Dehler noch einmal auf den Vorgang zu sprechen: „Ich folgerte aus der Formel seines Eides, ‚das Grundgesetz und die Gesetze des Bundes zu wahren und zu verteidigen', sein Recht, sich als oberste Instanz des Staates gegen die Entscheidung des Bundesverfassungsgerichts zu stellen und seinen Gutachtensauftrag zurückzunehmen. Er hat nicht aufgehört, mir zu verargen, daß ich ihn, was mir wahrlich fern gelegen hatte, an seine Eides-Pflicht gemahnt habe[48]." Der Justizminister hat mit dieser unbedachten Äußerung – nicht die erste und nicht die letzte im Zusammenhang mit der Auseinandersetzung um den Verteidigungsbeitrag – nicht unwesentlich dazu beigetragen, daß ihn der Bundeskanzler als politische Belastung empfand und ihm nach gewonnener Wahl im September 1953 ein Ministeramt in der neuen Regierung versagte.

Im Bundeskanzleramt gewannen nüchterne Betrachter der Szene rasch die Überzeugung, daß die Koalition mit ihrem Gang nach Karlsruhe den falschen Weg eingeschlagen hatte, um die Westverträge durchs politische Ziel zu bringen. Nicht nur, daß erfahrenen Juristen die formalrechtlichen Mängel der Klagen der Opposition hätten ins Auge springen müssen, aufgrund deren abwartende Gelassenheit am Platz gewesen wäre. Nachdem man die obersten Verfassungshüter aber nun einmal angerufen hatte, fiel die Koalition einer Stimmungsmache zum Opfer. In einer nicht ganz hysteriefreien politischen Atmosphäre gelangte sie zu einer Fehlbeurteilung der Situation beim Bundesverfassungsgericht, als sie mit der Aussetzung der 3. Lesung der Verträge Zeit für eine Klage vor dem Zweiten Senat gewinnen wollte. Nüchtern stellte eine interne Aufzeichnung des Bundeskanzleramtes Ende 1952 fest: „Die Annahme, daß sich im Plenum des BVG bereits eine deutlich erkennbare Tendenz abgezeichnet habe, die dahin ginge, die Verfassungsmäßigkeit der Verträge zu verneinen, entspricht nicht der wahren Sachlage." Man wußte nun, daß die materielle Seite des geforderten Gutachtens im Plenum überhaupt noch nicht behandelt worden war, schriftliche Voten von Richtern noch nicht vorlagen, als man seitens der Koalition Verfassungsklage erhob. Gespräche mit einzelnen Richtern hatten sogar ergeben, daß die Chancen gar nicht schlecht standen, daß das Plenum die Verfassungsmäßigkeit der Verträge anerkannte. Selbstkritische Schlußforderung: „Die durch die Mehrheitsklage vom 6. 12. 52 herbeigeführte Situation hat die politische Lage der Bundesregierung nicht verbessert, sondern verschlechtert. Abgesehen von dem katastrophalen politisch-psychologischen Effekt, den dieser Schritt hervorgerufen hat, ist auch die taktische Situation der Bundesregierung nur verschlechtert worden." Durch die zu erwartende Zurückweisung der noch beim Zweiten Senat anhängigen Verfassungsklage der Koalitionsparteien konnte das politische Klima für die Bundesregierung nur noch frostiger werden. Da man ohnehin in Regierungs- und Koalitionskreisen fest damit rechnete, daß die Opposition nach der parlamentarischen Verabschiedung von Deutschland- und EVG-Vertrag wieder vor die Schranken des Karlsruher Gerichts treten würde, galt es fortan, alles zu vermeiden, was die Verärgerung der Karlsruher Richter gegenüber Bundesregierung und Mehrheitsfraktionen steigern oder gar festigen konnte. „Auf jeden Fall müssen sofort die Angriffe gegen das Bundesverfassungsgericht eingestellt werden. Es ist unbedingt er-

[47] Aufzeichnung über einen Anruf des Chefs des Bundespräsidialamtes, Klaiber, 20.1.1953, BA, NL Blücher/90.

[48] Rede Dehlers, 31.1.1964, Auszug in: Dehler, Reden, S. 205–210, hier S. 206.

forderlich [...], das Stimmungsklima zu verbessern und die Richter nicht in eine psychologische Situation zu bringen, die ihnen ein objekitves Urteil erschwert[49]."

Um das Bundesverfassungsgericht von jedem Erwartungsdruck zu befreien, aber auch juristischer Einsicht folgend und in der Absicht, den politischen Flurschaden in der Öffentlichkeit bei einem negativen Karlsruher Urteilsspruch eng zu begrenzen, ließ die Union vorbeugend verlauten: „Es ist möglich, daß der 2. Senat die Verfassungsklage im Augenblick für unzulässig hält, wie bereits der 1. Senat die SPD-Klage als unzulässig zurückgewiesen hatte. Bei einer solchen Entscheidung erhalten die Regierungsparteien ihre Entscheidungsfreiheit zurück und können die 3. Lesung über die Vertragswerke vornehmen[50]."

In dem Bewußtsein, als verantwortliche Bonner Akteure auf der Bühne des parlamentarisch-demokratischen Geschehens einen verheerenden Eindruck auf das kritische Publikum hinterlassen zu haben, verspürte der Kanzler ganz offensichtlich ein gewisses Harmonisierungsbedürfnis gegenüber der sozialdemokratischen Opposition. Ihn ließen „sowohl der Verlauf der Bundestagssitzungen der vergangenen Woche wie die sich daran anschließenden Erörterungen über das Bundesverfassungsgericht befürchten, daß nichtdemokratische Kreise daraus Nahrung für ihre oppositionelle Haltung gegenüber dem demokratischen Gedanken ziehen" könnten. Und so bot er Ollenhauer einen Dialog über den sicherheitspolitischen Gesamtkomplex an. Dieser Initiative lag sicher auch die Neugierde zugrunde, mehr über den Aufweichungsprozeß in der starren Front der verteidigungspolitischen Nein-Sager innerhalb der SPD zu erfahren. Hinter dem Anerbieten eines Gedankenaustausches verbarg sich aber auch der Wille, sich mit der Sozialdemokratie in der Wehrfrage in einer Weise zu arrangieren, daß die Opposition nach der parlamentarischen Verabschiedung der Westverträge auf das erneute Anrufen des Bundesverfassungsgerichts verzichtete[51]. Der SPD-Parteivorsitzende sah keine Möglichkeit, Adenauers Einladung abzulehnen. Er machte aber vor den höchsten Parteigremien deutlich, daß die SPD auf ein höchstrichterliches Votum über die Verfassungskonformität des Deutschland- und EVG-Vertrages nicht verzichten werde. Seine Bereitschaft zu einem konstruktiven sicherheitspolitischen Gespräch verknüpfte er mit zwei Bedingungen. Zum einen setzte die Entspannung der interparteilichen Situation „die Bereitschaft zur Klärung der verfassungsrechtlichen Seite der Vorgänge voraus". Zum anderen erwartete er, „daß die letzte politische Entscheidung über die Verträge nicht mehr in diesem Bundestag" erfolgte[52].

Ein spürbares Aufatmen ging durch die Reihen von Regierung und Koalition, als der Zweite Senat des Bundesverfassungsgerichtes am 7. März 1953 die Klage von Union, FDP und DP als unzulässig abwies. Stellvertretend für ihre Koalitionspartner ließ die DP verlauten, sie sei von der Entscheidung des Gerichts „in keiner Weise überrascht", begrüße „sogar diese Entscheidung, weil sie rechtspolitisch den Komplex möglicher Verfassungsstreitigkeiten erheblich einschränkt. Damit vermeidet das Bundesverfassungsgericht die Politisierung der dritten, der richterlichen Gewalt". Das Direktorium der Deutschen Partei sprach nun die Erwartung aus, daß die Vertragswerke eiligst in 3. Lesung verabschiedet würden[53]. So geschah es.

[49] Aufzeichnung des Bundeskanzleramtes, 16.12.1952, BA, B 136/998.

[50] CDP, 20.2.1953, Bl. 2.

[51] Brief Adenauers, 11.12.1952, an Ollenhauer, AdsD, PV Ollenhauer 2, Ollenhauer–Adenauer.

[52] Niederschrift über die gemeinsame Sitzung des PV mit dem Fraktionsvorstand und Vertretern der SPD-Landesregierungen, 12.12.1952, AdsD, SPD-PV, Protokolle 1952.

[53] DP-Dienst, Nr. 29, 7.3.1953.

e) Die Länder proben den Aufstand

Die Wehrproblematik der frühen 50er Jahre barg neben ihren militärischen, sicherheits- und vielfältigen außenpolitischen Elementen auch eine mehrdimensionale innenpolitische Brisanz in sich. Von ihr gingen konstitutive, das rechtlich-demokratische Gefüge der jungen Bundesrepublik ordnende Impulse aus, war sie doch das Objekt gegenseitigen Kräftemessens der verschiedenen Verfassungsorgane, an dessen Ende jedes von ihnen einen genauer fixierten Standort und einen deutlicher markierten Funktions- und Aktionsradius besaß. An keinem anderen politischen Gegenstand läßt sich besser das konkurrierende gewaltenteilige Wechselspiel der Anfangsperiode des Bonner Staates verfolgen, das zwischen Bundesregierung, Bundestag, Bundesverfassungsgericht, Bundespräsident und letztlich auch Bundesrat stattfand. Im Kampf um den Wehrbeitrag wurde „der gesamte Funktionsapparat des Grundgesetzes mit seinen parlamentarischen, föderativen, verfassungsgerichtlichen und präsidentiellen Gewichten und Gegengewichten [...] der ersten größeren Belastungsprobe ausgesetzt“[1].

Die Länderkammer war in diese Auseinandersetzung voll einbezogen, da alle außenpolitischen Konventionen das Gremium passieren mußten. Bis zum Frühjahr 1952 stellte sich dies dem in Kategorien parteipolitischer Kräfteverhältnisse denkenden Bundeskanzler als ein reiner Routinevorgang dar. Denn bis dahin verfügte seine Koalition über eine sichere Mehrheit im Bundesrat. Von dessen 43 stimmberechtigten Mitgliedern entfielen 24 auf die 6 von der Union geführten Landesregierungen. Dies änderte sich, als am 9. März 1952 die Bevölkerung Badens, Württemberg-Badens und Württemberg-Hohenzollerns an die Urnen ging, um die Verfassunggebende Landesversammlung für das aus den 3 Südweststaaten neu zu konstituierende Baden-Württemberg zu wählen. Dessen Ministerpräsident wurde am 25. April 1952 – einen Tag vor Unterzeichnung des Deutschland- und zwei Tage vor Abschluß des EVG-Vertrages – Reinhold Maier (DVP/FDP), der aus rein regionalpolitischen Erwägungen heraus eine Koalition mit SPD und BHE einging, in der allerdings die Sozialdemokraten über die Mehrheit verfügten. In Kreisen der Bonner Regierungsparteien herrschte helle Aufregung, ging man doch davon aus, daß sich zukünftig im Bundesrat die politische Waagschale zugunsten der SPD senken werde. Rein rechnerisch brauchte sich allerdings die parteipolitische Konstellation innerhalb der Länderkammer nicht zuungunsten der Bonner Regierungskoalition zu verändern. Denn von den 38 Stimmen des nun um zwei Ländervertretungen geschrumpften Bundesrates gehörten 18 den unions-, 15 den sozialdemokratisch geführten Landesregierungen und 5 der durch Reinhold Maier repräsentierten Bonner Regierungspartei DVP/FDP an. Dem politisch Uneingeweihten war durchaus nicht einsichtig, warum sich die baden-württembergische Bundesratsdelegation in Sachen Westverträge gleichsam selbstverständlich auf die Seite der Bonner Opposition schlagen sollte, waren doch bislang die der bayerischen CSU/SPD/BHE-Regierung zustehenden Bundesratsmandate auch der Adenauerschen Koalition zuzurechnen gewesen und wohl auch zukünftig zuzurechnen. Und schließlich bestimmte der Ministerpräsident nach bestehender Landesverfassung die Richtlinien der Landespolitik und damit auch weitgehend das Abstimmungsverhalten im Bundesrat. Und er gehörte dem Bonner Koalitionslager an.

Dies war es aber gerade, was im Falle Baden-Württembergs die Bonner Regierungsparteien so beunruhigte. Nicht unbegründet hatte die Bundes-FDP nichts unversucht gelassen, in Stuttgart eine andere Koalition, nämlich mit der CDU, selbst unter einem CDU-Ministerpräsidenten, zuwege zu bringen, weil ihr der eigene Spitzenkandidat bezüglich der auf den Bundesrat zukom-

[1] Pikart, Heuss und Adenauer, S. 101.

menden wehrpolitischen Entscheidungen alles andere als in ihrem Sinne zuverlässig erschien. Denn Reinhold Maier zählte mit dem DVP/FDP-Landesvorsitzenden Wolfgang Haußmann zu den Kritikern Adenauerscher Sicherheitspolitik. Noch ehe Churchill im Sommer 1950 vor dem Europarat die Schaffung einer europäischen Armee gefordert und der Bundeskanzler wenig später für den Fall der Bildung einer derartigen Streitmacht die bundesdeutsche Bereitschaft erklärt hatte, einen militärischen Beitrag zu leisten, hatte sich Reinhold Maier, damals württemberg-badischer Regierungschef, auf dem Dreikönigstreffen der DVP/FDP zu Beginn des Jahres bemüßigt gefühlt, vor aufkeimenden Aufrüstungstendenzen zu warnen. Er befand sich damals noch in gedanklichem Gleichklang mit der Mehrheit der westdeutschen Politiker und der Bevölkerung. „Schritten wir zur Aufrüstung – im übrigen mit was für Waffen, mit was für Menschen? –, [...] so würden wir und jene, die uns dies ermöglichen, den russischen Angriff auslösen [...] Wenn [...] die Deutschen heute zur Wiederaufrichtung einer Wehrmacht übergingen, sei es einer eigenen, sei es einer fremden, diese Provokation würde die Sowjetunion nicht hinnehmen[2].“ Der Ministerpräsident warnte vor einem russischen Präventivschlag, der seiner Ansicht nach in einen dritten Weltkrieg mit voraussehbaren Folgen münden mußte: Besetzung und Ausraubung Europas durch sowjetische Truppen, Gegenstoß der Westmächte mit allen Kriegsmitteln einschließlich V-Waffen, Atombomben und bakteriellen Vernichtungsmitteln. „Nichts, gar nichts böte uns Deutschen und allen unseren Nachbarn Sicherheit als die unbeschreibliche Schrecklichkeit des neuen Krieges, der sich auch der Angreifer nicht entziehen könnte[3].“ Allein diese Aussichten, führe man sie sich deutlich vor Augen, böten die Garantie zur Verhütung eines zukünftigen Krieges und nicht etwa eine europäische Aufrüstung unter westdeutscher Beteiligung.

Rund ein Jahr später erregte Maiers bekannt gewordene Schnaiter Rede, im Wahlkampf anläßlich der zu bildenden südwestdeutschen Verfassunggebenden Landesversammlung gehalten, Aufmerksamkeit und Anstoß. Dabei attackierte er den Bundeskanzler, und zwar in erster Linie dessen politischen Stil bei der Durchsetzung seiner Aufrüstungspolitik: „Ich habe seine Verfahrensweise bei der Remilitarisierung als höchst undemokratisch empfunden[4].“ In seinen Memoiren ist Maier auf sein Verhältnis zum Kanzler zu sprechen gekommen: „Die oft starken Dissonanzen äußerten sich übrigens meistens nicht in der Unvereinbarkeit des Zieles. Das Verfahren, das Adenauer einschlug, trieb uns auseinander.“ Die politische Vorgehensweise des Bundeskanzlers empfand der liberale Schwabe als eine Mißachtung demokratischer Spielregeln, und er machte dies dem Bundeskanzler um so mehr zum Vorwurf, als dieser aus seiner persönlichen Erfahrung mit dem Nationalsozialismus hätte lernen müssen. „Die Politik betrieb er aber in vielen Sparten so selbständig, ja selbstherrlich, daß nicht selten autoritäre Elemente in Erscheinung traten[5].“ Innerhalb der parlamentarisch-demokratischen Spielregeln erwies sich aber auch Reinhold Maier nach übereinstimmender zeitgenössischer Überlieferung als ein gewiefter politischer Taktiker, der Adenauer in dieser Beziehung nicht nachstand.

Aber auch Adenauers politische Intentionen teilte Reinhold Maier nicht alle, zumindest verurteilte er seinen stringenten Westkurs, bei dem die Deutschlandpolitik auf der Strecke blieb. Als zu Beginn des Jahres 1951 die Petersberger Gespräche in eine Sackgasse gerieten, hielt der südwestdeutsche Politiker des Bonner Regierungschefs sicherheitspolitische Bemühungen für gescheitert. „Eine grandiose politische Spekulation von Bundeskanzler Adenauer ist zusammen-

[2] Maier, Erinnerungen, S. 220.
[3] Ebd., S. 220f.
[4] Aufzeichnung über die Ausführungen Maiers, 4.2.1951, HStA Stuttgart, Q 1/8 Bu 68.
[5] Maier, Erinnerungen, S. 324.

gebrochen. Er dachte so: Wenn wir wieder ein Heer haben, so lösen sich die Kardinalfragen: deutsche Gleichberechtigung, deutsche Souveränität, deutsche Sicherheit von selbst. Bestimmt wurde er von außen her zu einer solchen Politik ermutigt, und so ließ er erkennen, daß Westdeutschland geneigt sei, durch seine Remilitarisierung eine Vorleistung zu vollziehen, ehe in den anderen Fragen Klarheit geschaffen ist. Diese Konzeption scheiterte an Widerständen von außen und von innen. Was ist in den letzten Monaten unnötig Kraft vergeudet worden. Was ist an Händeln und Streit hierüber allein in Westdeutschland entstanden. Was ist an Zeit verlorengegangen. Dringende, dringendste wirtschafts- und sozialpolitische Fragen wurden vernachlässigt. Der politische Husarenritt Dr. Adenauers hat sich nicht gelohnt. General Eisenhower hat den voreilig vorgepreschten deutschen Politikern das Spielzeug der Wiederaufrüstung wieder aus der Hand genommen. Ganz von vorne müssen wir anfangen. Schritt für Schritt die deutsche Gleichberechtigung erkämpfen[6]." Der schwäbische CDU-Abgeordnete Eugen Gerstenmaier nannte diese Ausführungen eine „demagogische Unverschämtheit", und Konrad Adenauer beschwerte sich beim CDU-Vorsitzenden Nordwürttembergs, Wilhelm Simpfendörfer, es werde in Bonn „in höchstem Maße als bedauerlich empfunden, daß Maier geglaubt habe, sich in einer lebenswichtigen Angelegenheit des deutschen Volkes derart auslassen zu müssen"[7]. Hier ist der Ansatzpunkt für eine politisch-persönliche Gegnerschaft zwischen dem „Alten aus dem Remstal" und dem „Alten von Rhöndorf" zu suchen. Diese verfestigte sich nicht zuletzt dadurch, daß Reinhold Maier und Wolfgang Haußmann den ost- und sicherheitspolitischen Opponenten in der FDP, Georg Pfleiderer, stützten, bei dessen bereits erwähnter Waiblinger Rede, die im übrigen genau am Tage der Überweisung des EVG-Vertrages an den Bundesrat gehalten wurde, sie beide anwesend waren. Seinen Höhepunkt erreichte das Spannungsverhältnis in der Amtszeit Reinhold Maiers als Bundesratspräsident, zu dem er im Sommer 1952 turnusmäßig gewählt wurde. Man konnte von dem Duell der Taktiker, für das der Bundeskanzler rechtzeitig Vorkehrungen traf, Überraschungen erwarten, nachdem es der Union nicht gelungen war, der Bestallung Reinhold Maiers als Ministerpräsident propagandistisch den Boden zu entziehen. In vollem Bewußtsein dessen, was bei seiner Wahl auf die Bonner Koalition zukommen würde, hatte sie öffentlich vor dem DVP/FDP-Politiker und vor der „Verfälschung" des Wählerwillens gewarnt[8].

Den gegebenen Verhältnissen Rechnung tragend, suchte Adenauer dann den aufgrund der Änderungswünsche der Koalitionsparteien Ende April 1952 notwendig gewordenen Revisionsverhandlungen mit den Westmächten eine positive Seite abzugewinnen, nutzte er doch die Gelegenheit zu dem Versuch, die Hochkommissare unter Hinweis auf die zu erwartenden Schwierigkeiten im Bundesrat dazu zu bewegen, alle umstrittenen Passagen des Deutschlandvertrages (z.B. Revisions-, Notstandsklausel u.a.) im Sinne ihrer Kritiker eindeutiger zu fassen bzw. ganz zu eliminieren. Dies hätte eine Schwächung der alliierten Position in und gegenüber der Bundesrepublik bedeutet und wurde daher abschlägig beschieden[9].

In der Umgebung des Kanzlers verfiel man nun auf die Idee, die Westverträge in nicht zustimmungsbedürftige – d.h. die Länder nicht unmittelbar betreffende – und in solche Gesetze zu kleiden, die nach Ansicht der Bundesregierung der Verabschiedung durch den Bundesrat bedurften. Dem und den damit im Zusammenhang stehenden textlichen Modifizierungen stimmten die Alliierten schließlich zu. „Wir haben", so gestand der Bundeskanzler in enger Runde freimütig, „nachdem die Südweststaat-Regierung gebildet worden ist, noch einmal sehr sorgfäl-

[6] R. Maiers Schnaiter Rede, 4.2.1951, HStA Stuttgart, Q I/8 Bu 68.
[7] Brief Adenauers, 26.2.1951, an Simpfendörfer, zit. n. Baring, Außenpolitik II, S. 188, Anm. 42.
[8] DUD, 18.4.1952, S. 1f.
[9] Vgl. dazu Baring, Außenpolitik II, S. 175ff. und Beitrag Maier.

tig das ganze Vertragswerk [...] daraufhin geprüft, ob es ein Zustimmungsgesetz sei oder nicht. [...] Wenn bei 400 Artikeln ein lebenswichtiger Artikel der Zustimmung bedarf, der Bundesrat deswegen nein zur ganzen Sache sagt, so hat das [...] mit Demokratie wenig zu tun und auch wenig mit der Vertretung der Länder beim Bund. [...] Mehrere Bestimmungen sind ganz fallengelassen worden, andere sind so geändert worden dem Inhalt nach, daß keine Zustimmung mehr nötig ist[10]." Aus dem Deutschlandvertrag wurden ausgeklammert: das Abkommen über die steuerliche Behandlung der Streitkräfte und ihrer Mitglieder; aus der EVG-Akte: das Abkommen über die Rechtsstellung der Europäischen Verteidigungsgemeinschaft, beides „zwei kleinere Verträge, [...] nicht Gegenstände von großer Bedeutung", wie Adenauer sie typisierte[11]. Selbst wenn die Länderkammer diese beiden Gesetzesvorlagen zurückgewiesen hätte, wären die Kernverträge davon unberührt geblieben. „Dann haben wir natürlich eine Lücke", meinte Adenauer. „Ich kann mir aber nicht vorstellen, daß wenn die Entscheidung in den wirklich großen Dingen erfolgt ist durch Zustimmung des Bundestages, [...] eine Mehrheit des Bundesrates sich findet, die versuchen wird, Schwierigkeiten zu machen bei ganz nebengeordneten Fragen[12]." Er sollte sich täuschen und hätte besser daran getan, sich in der Frage der Zustimmungsbedürftigkeit der Auffassung des Unionsfraktionsvorsitzenden v. Brentano anzuschließen. Der hatte öffentlich vor einem zu raffinierten Taktieren gewarnt, dessen Opfer die Bundesregierung selbst werden könnte. „Ich persönlich messe dieser Frage gar keine entscheidende Bedeutung bei. Im Gegenteil, [...] es wäre gut, wenn solche Verträge auch mit Zustimmung des Bundesrats verabschiedet würden[13]." Längst hatte man in den Ländern erkannt, daß der Bundesrat ausgeschaltet werden sollte. „Die Bundesregierung hat das Bestreben an den Tag gelegt, es dem Bundesrat möglichst leicht zu machen", meinte, den Vorgang ironisierend, sogar der bayerische CSU-Ministerpräsident Ehard, „indem sie ihm die Mitentscheidung über die Ratifizierungsgesetze am liebsten ersparen will. Sie tut dies nicht", fügte er entlarvend hinzu, „um den Bundesrat zu schonen, sondern in der Absicht, um die Klippe des Bundesrats herumzukommen, die er zweifellos für das Zustandekommen der Ratifizierungsgesetze werden kann[14]."

Die Bundesregierung überwies die Konventionen in besagter vierteiliger Form an die Ländervertretung, nicht ohne davor zu warnen, „den Bundes[rat] zum Werkzeug der SPD-Politik zu machen"[15], denn sie ging ungeprüft davon aus, daß die Sozialdemokratie den Bundesrat als Korrektiv gegenüber dem Bundestag benutzen werde, und es sprach ja einiges für diese Vermutung. War nicht Niedersachsens SPD-Ministerpräsident Hinrich Wilhelm Kopf der feierlichen Unterzeichnung des Deutschlandvertrages in den Räumen des Bundesrates, in denen er als amtierender Präsident die Rechte des Hausherrn wahrnahm, demonstrativ ferngeblieben? Des Ministerpräsidenten mit wichtigen anderweitigen politischen Verpflichtungen entschuldigtes Fernbleiben wurde nicht akzeptiert, sondern als parteipolitischer Gehorsam gegenüber der von Schumacher ausgegebenen Parole gewertet: „Kein Sozialdemokrat wird an dem Akt der feierlichen Unterzeichnung teilnehmen." Man warf Kopf vor, seine protokollarischen Pflichten hinter seine parteipolitische Disziplin zurückgestellt zu haben: „Nun dürfte man zwar annehmen, Herr Kopf

[10] Wortprotokoll des Tee-Empfangs, 28.5.1952, in: Adenauer, Teegespräche, S. 278–294, hier S. 282.
[11] Ebd., S. 279.
[12] Ebd., S. 280.
[13] Aufzeichnung eines Gespräches mit Radio Bremen, 15.6.1952, BA, NL 239/130.
[14] Rede Ehards, 18.6.1952, im Bayerischen Rundfunk, in: Ehard, Bayerische Politik, S. 147–152, hier S. 148.
[15] So Bundesfinanzminister Fritz Schäffer, zit. n. DUD, 6.6.1952, S. 3. Hier fälschlich Bundes*tag* statt, wie es richtig heißen muß, Bundes*rat* zitiert.

fühle sich in seiner Eigenschaft als Präsident erst in zweiter Linie als Mitglied der SPD, und der Parteichef sei in diesem Falle also nicht für ihn zuständig, aber diese Annahme war offenbar einer jener Irrtümer, denen die Auffassung, das öffentliche Amt stehe über der Partei, im Falle der SPD immer wieder unterliegt[16]."

Hinrich Wilhelm Kopf hat diese Verdächtigungen zurückgewiesen und versichert, die SPD lasse sich im Bundesrat nur von sachlichen Gesichtspunkten leiten. Und in der Tat haben die Vertreter der sozialdemokratisch regierten Länder kurz vor der Beratung der Westverträge völlig unvoreingenommen und unbeeindruckt durch die scharfe Kritik der Opposition im Bundestag das Lastenausgleichsgesetz im Bundesrat behandelt. Dem starken Engagement des sozialdemokratischen hessischen Finanzministers Tröger war es sogar zu verdanken, daß das Gesetz nicht mit der SPD/FDP-Mehrheit abgelehnt, sondern an den Vermittlungsausschuß verwiesen wurde, den man als Brücke zur Verständigung mit dem Bundesparlament verstanden wissen wollte. Süffisant meinte der Deutschland-Union-Dienst, der niedersächsische Ministerpräsident habe aber noch andere Gelegenheit, sich von sachlichen Überlegungen im Bundesrat leiten zu lassen. „Eine ganz besondere Gelegenheit bietet ihm die Behandlung des Deutschlandvertrages und des Vertrages über die Europäische Verteidigungsgemeinschaft [...] Man darf gespannt sein, wieviel Herrn Kopf daran liegt, daß der Bundesrat sich gerade in diesem Falle als ein dem ganzen Volke verantwortliches und jedem parteipolitischen Einfluß abholdes Gremium erweist[17]."

Hinrich Wilhelm Kopf hat die Union enttäuscht, aber er befand sich dabei in guter christlich-sozialer und christdemokratischer Gesellschaft. Als unausbleibliche Folge der durch die baden-württembergische Regierungsbildung verschobenen parteipolitischen Arithmetik im Bundesrat wird man wohl schwerlich dessen einstimmige Entscheidung vom 20. Juni 1952 werten dürfen, die materielle Beratung und Verabschiedung der ihm zugeleiteten vier Gesetzentwürfe bis zu einer Äußerung des Karlsruher Gerichts über deren Verfassungskonformität und damit ohne Votum bis zum zweiten Durchgang zurückzustellen[18]. Die Länder Hessen und Niedersachsen hatten bereits früher die vorbeugende Feststellungsklage der SPD als zulässig begründet[19]. Rheinland-Pfalz hatte dies indessen verneint[20].

Für Kenner der politischen Szene kam dieser Beschluß nicht überraschend. Er zeichnete sich bereits im Vorfeld der Beratungen des Ländergremiums vor einem doppelten Hintergrund ab, der zum einen die gespannte Atmosphäre, ja das bisweilen gestörte Verhältnis zwischen dem Kanzler und den anderen Verfassungsorganen widerspiegelte und zum anderen die Konturen eines Kompetenz-, womöglich eines neuen Verfassungsstreites sichtbar werden ließ.

Zum ersten Aspekt: Von der Unterzeichnungszeremonie der EVG-Konvention aus Paris zurück, hatte der Regierungschef in der inzwischen traditionellen Teerunde mit bevorzugten Pressevertretern versichert, die Kontrakte würden unverzüglich Bundesrat und Bundestag zugeleitet, „und es wird wohl versucht werden müssen, daß wir bis zum Beginn der Ferien des Parlamentes damit fertig werden"[21].

Die Länderkammer hat sich diesem Versuch, sie unter Zeitdruck zu setzen, entzogen. Denn in seiner selbstherrlichen und abschätzigen Art hatte Adenauer wie den Bundestag so auch den

[16] DUD, 26.5.1952, S. 5.
[17] DUD, 6.6.1952, S. 3f.
[18] Deutscher Bundesrat, Sten.Ber., 87. Sitzung, 20.6.1952.
[19] Vgl. die Schriftsätze Hessens vom 19.3./24.5.1952, in: Kampf um den Wehrbeitrag I, S. 86–96; Schriftsätze Niedersachsens vom 29.3./6.6.1952, ebd., S. 97–121.
[20] Stellungnahme des rheinland-pfälzischen Justizministers, 24.4.1952, ebd., S. 82–86.
[21] Wortprotokoll des Tee-Empfangs, 28.5.1952, in: Adenauer, Teegespräche, S. 278–294, hier S. 279.

Bundesrat durch mangelnde Information über die Verträge verprellt. Jetzt ergab sich die Gelegenheit, ihm dieses Versäumnis nachhaltig ins Bewußtsein zu rufen. Während aber der Bundestag die Konsultationspflicht der Bundesregierung vor Abschluß außenpolitischer Akte aus einer zumindest formal unhaltbaren gewaltenteiligen Position heraus einklagte, vermeinte der Bundesrat, das Recht, bereits während außenpolitischer Vertragsverhandlungen – und nicht erst nach deren Abschluß – unterrichtet zu werden, grundgesetzlich abgesichert und verbürgt für sich reklamieren zu können. Hieß es doch in Art. 53 GG: „Der Bundesrat ist von der Bundesregierung über die Führung der Geschäfte auf dem Laufenden zu halten." Nun hatte der Kanzler den Auswärtigen Ausschuß des Bundesrates zwar häufiger ins Bild gesetzt als das entsprechende Gremium des Bundestags, aber dennoch lediglich sporadisch und punktuell. Vier Wochen vor Unterschriftsleistung beklagte der Vorsitzende des Auswärtigen Ausschusses des Bundesrates, der bayerische CSU-Ministerpräsident Ehard, daß alle Bemühungen, „schriftliche Unterlagen dem Ausschuß zuzuleiten", vergeblich geblieben seien. „Eine solche Zusage konnte bisher noch nicht gegeben werden. Es ist jedoch in Aussicht gestellt worden, daß in etwa einer Woche zunächst die Vorsitzenden der Außenpolitischen Ausschüsse des Bundesrates und des Bundestages einen Bericht erhalten[22]." Kurz vor Unterzeichnung der Verträge wurden Ehard und Kopf tatsächlich die Texte, wenngleich unvollständig, zugesandt. Es läßt sich darüber streiten, ob der Bundesrat energischer sein Informationsbegehren hätte vortragen, sich rechtzeitig in die Gestaltung der Außenpolitik hätte einschalten und auf die Entwicklung Einfluß nehmen sollen. Jedenfalls hat es nicht an Stimmen gefehlt, die den Ländern vorwarfen, sie hätten ihre Bonner Vertretungskörperschaft über den Ländergeschäften selbstverschuldet vernachlässigt und sich mit einer falsch verstandenen föderativen Nebenrolle auf der Bühne der Bonner Politik begnügt. Andererseits hat der Bundeskanzler kein besonderes Bedürfnis verspürt, mit den Länderregierungen politisch zu kommunizieren. Er betrachtete sie als eine zu vernachlässigende Größe. Die dem Auswärtigen Ausschuß des Bundesrates kurz vor Abschluß der Westverträge durch den Kanzler, Staatssekretär Hallstein und General a.D. Heusinger im Amt Blank endlich gegebenen mündlichen Erläuterungen wogen das allgemeine Informationsdefizit der Länderkammer nicht auf. Dies um so weniger, als dem Plenum des Bundesrates aufgrund einer entsprechenden Verfassungsbestimmung für den ersten Durchgang eines Zustimmungsgesetzes lediglich drei Wochen Zeit zur Beratung verblieben (Art. 76 Abs. II GG).

Der Beschluß des Bundesrates vom 20. Juni 1952 ist also auch unter dem Aspekt zustande gekommen, sich nicht zu einem Akklamationsorgan degradieren zu lassen. „Wir lassen die Verträge eingehend untersuchen, denn wir sind nicht dazu da, um das Horst-Wessel-Lied zu singen und ja zu sagen", begründete Hinrich Wilhelm Kopf die Haltung des Bundesrates[23].

Die Ländervertretung schrieb denn auch folgende Sätze aus ihrer Entschließung vom 20. Juni 1952 dem Bundeskanzler ins Stammbuch: „Die dem Bundesrat zur Verfügung stehende Frist ist [...] bei dem Umfang und der Bedeutung der Materie viel zu kurz, um eine abschließende Stellungnahme auszuarbeiten. Die Aufgabe des Bundesrates wäre erleichtert worden, wenn er über den Gang der Verhandlungen, die in ihren Anfängen auf das Ende des Jahres 1950 zurückgehen, hätte auf dem laufenden gehalten werden können[24]." Eine in die Form der Rüge gekleidete Formulierung hat der rheinland-pfälzische Ministerpräsident Peter Altmeier zu verhindern gewußt.

[22] Niederschrift über die Vorbesprechung des Auswärtigen Ausschusses des Bundesrates, 24.4.1952, BA, B 136/2103.

[23] Die Neue Zeitung, 10.6.1952, zit. n. Baring, Außenpolitik II, S. 182 Anm. 27.

[24] Deutscher Bundesrat, Sten.Ber., 87. Sitzung, 20.6.1952, S. 271 B.

Zum zweiten Aspekt: Man hat damals viel von der Kraftprobe zwischen Bundesrat und Bundesregierung, vom Widerstand der Länderkammer aus Prestigegründen gesprochen. Dies trifft in der Tat den Kern der Auseinandersetzung während der ersten Phase. Es ging um die politische Klärung der grundgesetzlich umstrittenen Frage, ob und gegebenenfalls inwieweit der Bundesrat als föderatives Element innerhalb der Verfassungsorgane des Bundes an dessen außenpolitischer Verantwortung partizipierte. Es ging darum, in diesem Punkt Verfassungsrecht in Verfassungswirklichkeit zu transformieren, d.h. in diesem konkreten Fall: Intendierte die im Grundgesetz fixierte föderative Ordnung eine generelle Teilhabe der Länder an der außenpolitischen Kompetenz des Bundes? Hatten nicht die Besatzungsmächte gerade in diesem Sinne auf einem ausgeprägten Förderalprinzip bestanden, um die Zentralgewalt auch und gerade bei ihren außenpolitischen Aktivitäten wirksam kontrollieren und möglicherweise disziplinieren zu lassen, oder bezog sich der Art. 50 GG: „Durch den Bundesrat wirken die Länder bei der Gesetzgebung und Verwaltung des Bundes mit" lediglich auf die die Länder unmittelbar betreffenden Gesetzgebungsakte, wie dies der Interpretation des Bundeskanzlers entsprach? Im Bundesministerium für Angelegenheiten des Bundesrates vertrat man übrigens die gegenteilige Auffassung[25]. Waren also die Westverträge als Ganzes seitens des Bundesrates zustimmungsbedürftig? Der Bundesrat selbst hat diese Frage nach Prüfung durch seinen Rechts- und auf Empfehlung seines Auswärtien Ausschusses einstimmig und uneingeschränkt bejaht: „Die genannten Verträge bilden dem Gegenstand nach eine Einheit. Sie können deshalb auch nur einheitlich betrachtet und beurteilt werden [...] Heute kann der Bundesrat zunächst nur darauf hinweisen, daß nach dem Ergebnis seiner Prüfungen alle vier vorgelegten Ratifizierungsgesetze der Zustimmung des Bundesrates bedürfen[26]."

Das Plenum hat diesen Beschluß ohne Aussprache, d.h. auch ohne Begründung in der Sache, gefaßt. Diese hatte Hans Ehard bereits im voraus in einer Rundfunkrede der deutschen Bevölkerung landesväterlich kund und zu wissen getan, und dies sowohl in seiner Eigenschaft als bayerischer Ministerpräsident wie als Vorsitzender des Außenpolitischen Ausschusses des Bundesrates. Er ließ keinen Zweifel darüber aufkommen, daß gerade Bayern „den größten Wert darauf" legte, „daß das Länderorgan der Bundesgewalt gemäß seinen Rechten und Pflichten in so entscheidenden Fragen der Nation wirksam" wurde. Selbst einmal unterstellt, die Einflußnahme des Bundesrates sei auf solche außenpolitischen Verträge beschränkt, die die Länder unmittelbar beträfen, komme die Bundesregierung nicht an der Erkenntnis vorbei, daß gerade Deutschland- und EVG-Vertrag auch in ihren Hauptteilen die Länder so stark berührten, daß deren Zustimmungscharakter als unstrittig zu gelten habe. Ehard machte den verfassungsrechtlichen und politischen Stellenwert noch einmal deutlich, den das Tauziehen zwischen Ländern und Bundesgewalt aus der Sicht des Bundesrates einnahm: „In einer entscheidungsvollen Phase der deutschen Geschichte kommt [...] eine sehr schwere Verantwortung auf den Bundesrat zu. Damit wird zugleich das ganze föderalistische System, auf dem die Existenz des Bundesrates beruht, einer Bewährungsprobe unterstellt. Der Bundesrat wird meines Erachtens in dieser für das Leben der ganzen Nation so entscheidenden Frage seine Funktion um so besser erfüllen, je mehr er seine Entscheidungen aus der Verantwortung heraus treffen wird, die sich aus seinem föderalen Wesen und Sinn ergibt." Stelle man die Auseinandersetzung um die Ratifizierung der Westverträge in diesen Kontext, dann werde der Bundesrat um die Beantwortung der Zustimmungs-

[25] CDP, 28.5.1952, Bl. 3.

[26] Deutscher Bundesrat, Sten.Ber., 87. Sitzung, 20.6.1952, S. 271 B/C.

frage nicht herumkommen. „Der Bundesrat wird dies weder der Bundessregierung noch sich selbst ersparen können[27]."

Nichts erweist sich im nachhinein als unbegründeter als der Verdacht, der Bundesrat hätte unter inhaltlichen Gesichtspunkten die Vertragswerke ablehnen können. Dies machte Hans Ehard noch vor dem ersten Durchgang im Bundesrat deutlich. Er bewertete die Konventionen unter zwei Gesichtspunkten positiv, die auch maßgebend waren für seine Auffassung, daß man sie letztlich nicht abweisen könne. Er wollte sie weder unter- noch überbewertet wissen. Das hieß, er lehnte sowohl den Standpunkt der Sozialdemokratie ab wie auch die Interpretation des Bundeskanzlers, nach Abschluß des Deutschlandvertrages und Aufnahme in die EVG habe man im großen und ganzen die Souveränität erlangt. Wollte man die Kontrakte richtig bewerten, dann mußte die entscheidende Frage lauten: „Ist es ein Fortschritt oder ist es kein Fortschritt", sie in Kraft treten zu lassen? Und die Antwort gab er sich durch eine zweite Frage selbst: „Wer kann ehrlicherweise leugnen, daß es ein Fortschritt ist[28]?" Ehard war wie der Kanzler davon überzeugt, daß die Verträge nicht Stagnation der politischen Entwicklung bedeuten durften und würden. Und zum zweiten verwies er auf das europäisch-integrale Moment der Bonner und Pariser Vereinbarungen. Sollten sie politisch nicht umgesetzt werden, „wer wird dann überhaupt noch die Kraft des Glaubens an ein neues Europa aufbringen, wo jetzt schon genug Europapessimismus und viel zu viel eigensüchtige und enge nationale Restaurationsgelüste im europäischen Bereich vorhanden sind"[29]! Ähnlich argumentierte man in Nordrhein-Westfalen, während Rheinland-Pfalz als nahezu vorbehaltloser Parteigänger des Bundeskanzlers gelten konnte.

Dem Kanzler war auch offenkundig entgangen, daß die sozialdemokratisch regierten Bundesländer keine geschlossene Phalanx gegenüber den Westverträgen bildeten. Niedersachsens Ministerpräsident Kopf machte allerdings nie aus seiner Gegnerschaft gegenüber den Verträgen ein Geheimnis. Wie schon an anderer Stelle, so polemisierte er auch einen Tag nach dem ersten Bundesratsdurchlauf vor dem Bundestreffen der Schlesier in Hannover in scharfer Form gegen Deutschland- und EVG-Vertrag und sprach, in Übereinstimmung mit der SPD-Führung, dem Bundestag der laufenden Legislaturperiode das Recht ab, über die Kontrakte zu beschließen. Er hatte sich allerdings ein wenig verständnisvolles Forum für seine Attacken ausgesucht. Die Vertreter der Bundesregierung verließen unter Protest die Veranstaltung, und die versammelten Vertriebenen stimmten das Deutschlandlied an und hinderten so den Politiker, seine Ausführungen zu Ende zu bringen[30].

Zahlreiche Anzeichen sprachen dennoch dafür, daß die Kontrakte, insgesamt als Zustimmungsgesetze eingebracht, den Bundesrat höchstwahrscheinlich im zweiten Durchgang dann mit einem Ja passiert hätten, wenn das Mehrheitsvotum des Bundestages vorausgegangen wäre. Begründen läßt sich diese These u.a. mit der Haltung des Bremer Senatspräsidenten Wilhelm Kaisen (SPD), der während seiner Amtszeit wenig Neigung zeigte, im Bundesrat als verlängerter Arm der Bundestagsopposition zu agieren, zumal er in der Außen-, insbesondere aber in der Westpolitik, dem Kanzler näher stand als seinen eigenen Parteioberen. Die kritische deutsche Nachkriegsphase war seiner Überzeugung nach „nur gemeinsam mit den Westmächten zu mei-

[27] Rede Ehards, 18.6.1952, im Bayerischen Rundfunk, in: Ehard, Bayerische Politik, S. 147–152, hier S. 148f.
[28] Ebd., S. 150.
[29] Ebd., S. 151.
[30] Mitteilungen des Presse- und Informationsamts der Bundesregierung an die Presse, Nr. 617/52, 21.6.1952.

stern"[31]. Kurt Schumachers Rezept, „alle Verträge abzulehnen, wenn sie nicht die Bedingungen erfüllten, die die Sozialdemokratie für Deutschland verlangte", hielt Kaisen für kurzsichtig und falsch. „Es waren Bedingungen dabei, die faktisch von keiner deutschen Stelle durchgedrückt werden konnten[32]." Daher stimmte Bremen auch für den Schuman-Plan. Als überzeugter Europäer zählte der Senatspräsident auch zu den Protagonisten der Europäischen Verteidigungsgemeinschaft. Die dem allgemeinen Disput um Für und Wider der EVG zugrundeliegende Kernfrage: „Soll die Wiederherstellung Deutschlands den Vorrang haben, ehe auf europäische Bindungen eingegangen werden kann, oder soll man trotz des ungeklärten Schicksals Deutschlands den europäischen Zusammenschluß fördern?", wußte er für sich verbindlich und gänzlich im Gegensatz zur SPD-Führung zu beantworten: „Die deutsche Einheit und das europäische Werden sind zwei verschiedene Dinge. Zur Einheit gehört die Zustimmung von vier Siegermächten, zu Europas Werden gehört zunächst einmal die Verständigung mit Frankreich. Das letztere ist möglich geworden, das erstere liegt noch in einer sehr ungewissen Zukunft. Wir können nicht Lösungen ausschlagen, die uns eine Regelung der offenen Fragen im Westen ermöglichen. Weigern wir uns offen, dann wären damit die im Osten auch nicht gelöst. Die Folge wäre, daß die östlichen und westlichen Fragen weiterhin die beiden großen Reibungsflächen blieben, die sie sind[33]."

Dies waren auch die Überlegungen, die seiner positiven Einstellung zu Deutschland- und EVG-Vertrag zugrunde lagen. Bei einer solch wohlwollenden Haltung gegenüber den Konventionen konnte mit hoher Wahrscheinlichkeit von der Zustimmung des Stadtstaates Bremen im Bundesrat ausgegangen werden, dessen Stimmen zusammen mit denen der unionsregierten Länder die Mehrheit bedeutet hätten.

Wie weit sich der Bremer Senatspräsident von der offiziellen Linie und Sprachregelung der SPD-Führung bezüglich der Beurteilung der Westverträge entfernt hatte, wurde im Auswärtigen Ausschuß des Bundesrates deutlich. Während die SPD in ihren offiziellen Verlautbarungen die Kontrakte als ein der Wiedervereinigung entgegenstehendes Hindernis deklarierte, hielt es der Bremer Regierungschef mit der Interpretation Adenauers und Ehards. Anfang Juni bescheinigte er in einer Sitzung dem anwesenden Bundeskanzler, auf dem Weg zu Gesamtdeutschland eine Etappe vorangekommen zu sein. Man habe es zwar mit einem Provisorium zu tun, wie es sich auch bei der Bundesrepublik um ein ausschließlich vorläufiges staatliches Gebilde handele. „Aber wenn wir sagen, es ist genau so wie die Bizone, die Trizone, wie die Schaffung des Grundgesetzes, das wir bewußt nicht Verfassung, sondern nur Grundgesetz genannt haben, wie diese Vorläufigkeit hier in Bonn, die wir bewußt als Vorläufigkeit betrachten, weil Berlin die letzte Station ist, genau so liegt dieses Vertragswerk auf dem Wege der Wiederherstellung Deutschlands, von einer Stufe zur anderen." Betrachtete man die Vertragswerke mit diesen Augen, dann konnte man in ihnen auch Positives entdecken, auch hinsichtlich der von der Sozialdemokratie immer wieder geforderten und vermißten Souveränität.. „Z.B. bringt der Generalvertrag uns *Vorteile*, [...] für die wir dieser Regierung dankbar sein müssen, daß sie sie ausgehandelt hat, weil sie über das Besatzungsstatut hinaus uns wieder Rechte bringen, die bisher nicht da waren." Nichtsdestoweniger erwartete er vom Bundeskanzler, daß er die Wiedervereinigung nicht als cura posterior, sondern als eine politische Verpflichtung, ja als *die* politische Verpflichtung

[31] Kaisen, Meine Arbeit, S. 271.
[32] Ebd., S. 270. Zur Diskussion in Bremen über die Sicherheitsfrage siehe Sommer, Wiederbewaffnung im Widerstreit.
[33] Kaisen, Meine Arbeit, S. 380f.

schlechthin empfand[34]. In diesem Zusammenhang wies der Bremer Senatspräsident auch die von Bundesregierung und Verhandlungsdelegation immer wieder verwendete Typisierung des Deutschlandvertrages als eine Art Friedensvertrag zurück, lege sie doch die Vermutung nahe, man bescheide sich in Bonn bereits mit der Schaffung Kleineuropas unter Einschluß der Bundesrepublik aus Einsicht in die Aussichtslosigkeit der Wiedervereinigung.

Den gleichen Tenor schlug der nordrhein-westfälische Zentrumsminister Karl (Carl) Spiecker an, der dem Kanzler und seinen Beratern vorwarf, sich wegen des Erreichten zu selbstgefällig an die Brust zu schlagen. Er forderte von der Bundesregierung die Ehrlichkeit, zu sagen, daß sie hinsichtlich des Besatzungsstatuts wesentliche Verbesserungen erreicht habe, daß man es aber keinesfalls mit einem Friedensvertrag, nicht einmal mit einem vorläufigen zu tun habe, und daß es sowohl einer Verbesserung des Status der Bundesrepublik wie der fortgesetzten intensiven Bemühungen um die Wiedervereinigung bedürfe. „Dadurch", so meinte der Minister an den Kanzler gerichtet, „würde manches bittere Gefühl, das in den Ihrem Wirken entgegengesetzten Kreisen lebendig ist, vielleicht vermindert, vielleicht sogar beseitigt werden. Daran haben wir alle ein Interesse; gerade im Bundesrat, der [...] sehr nüchtern über diese Sache zu denken und zu urteilen berufen ist, würde vielleicht manche *Schwierigkeit beseitigt*[35]."

Aber auch Reinhold Maier ließ frühzeitig durchblicken, daß er vor seinem möglichen Nein durchaus die politischen Folgen für den Fall zu erwägen gedachte, daß die SPD-Länder geschlossen gegen die Verträge Front machen sollten, was, wie gesagt, höchst zweifelhaft war. Als er am 12. September 1952 sein Amt als Bundesratspräsident antrat, hielt er eine bemerkenswerte Rede, von der er annehmen durfte, daß sie von allen Bundesratsmitgliedern inhaltlich mitgetragen würde. Er unterstrich noch einmal das grundgesetzlich garantierte Recht des Bundesrates auf Unterrichtung über die laufenden außenpolitischen Geschäfte der Regierung, gestand ein, daß das Ländergremium im Drang der Aufbauprobleme in den Gliedstaaten auf diesem Recht nicht immer mit Konsequenz und eindringlich bestanden habe, unterstrich aber gleichzeitig, daß der Bundesrat in Zukunft darauf ausdrücklicher pochen werde. Das Grundgesetz habe, so Maier, die Außenpolitik zwar in den ausschließlichen Kompetenzbereich des Bundes verwiesen. Dies sei zu respektieren; doch andererseits habe der Bundesrat dort, wo die Regierung Verpflichtungen übernehme, die auch die Länder tangierten, ein Mitspracherecht. „Von gewissen Verpflichtungen, welche der Bund zu übernehmen hat, gehen [...] so wesentliche *Reflexwirkungen auf die Länder* aus, daß verfassungsmäßig die Zustimmung des Bundesrats zu den zur Diskussion gestellten außenpolitischen Vertragswerken erforderlich ist." Der Bundesrat blieb also, wie tags zuvor von seinem Außenpolitischen Ausschuß beschlossen, bei seiner prinzipiellen Überzeugung von der Zustimmungsbedürftigkeit der Westverträge und bei seinem Beschluß, sich erst mit ja oder nein zu äußern, wenn das Bundesverfassungsgericht darüber befunden habe, ob das Grundgesetz im Blick auf die angestrebte Wehrhoheit zu ergänzen sei oder nicht. Gleichzeitig machte der neue Bundesratspräsident nochmals deutlich, daß die eigentlichen Vertragsinhalte nicht den Stein des Anstoßes bildeten. „Der *Bundesrat* wird ein *ruhender Pol* sein und mehr noch als sonst ein Hort sachlicher Mitwirkung bei Gesetzgebung und Verwaltung des Bundes bleiben[36]."

[34] Niederschrift über die 27. Sitzung des Ausschusses für Auswärtige Angelegenheiten des Bundesrates, 11.6.1952, StA Bremen, 3 – R. 1. n. Nr. 109/II.

[35] Ebd.

[36] Deutscher Bundesrat, Sten.Ber., 91. Sitzung, 12.9.1952, S. 387 A und D.

In diesem Punkt wurde er auch von der DDR-Führung gründlich mißverstanden, die ihn in den Dienst ihrer gegen die Westverträge gerichteten Agitation einzuspannen suchte. In einem Schreiben des Vizepräsidenten der Länderkammer der Deutschen Demokratischen Republik, Hans Luthardt, aus den ersten Novembertagen des Jahres 1952 an den Bundesratspräsidenten wurden lobend dessen gesamtdeutsch motivierten Einwände gegen Deutschland- und EVG-Vertrag hervorgehoben: „Sie haben in anerkennenswerter Deutlichkeit gegen den antinationalen Kurs der Regierung Adenauer Stellung genommen [...] Wenn wir uns in gemeinsamer Liebe zu unserem Vaterland zusammenfinden, dann werden wir Deutsche selbst entscheidend zur Wiederherstellung der Einheit [...] und zum Abschluß eines Friedensvertrages beitragen können[37]."

Nachdem die Feststellungsklage der SPD vom Bundesverfassungsgericht abgewiesen worden war, hofierte der Bundeskanzler, zumeist assistiert durch Staatssekretär Hallstein, den Bundesrat durch vermehrten persönlichen Vortrag über die Westverträge, um ihn zu einer Revision seines formalrechtlichen Standpunktes zu bewegen, vor einem Votum aus Karlsruhe keine Stellungnahme abzugeben. In der Länderkammer wartete man indessen auf das vom Bundespräsidenten erbetene Gutachten. Als die Koalitionsfraktionen des Bundestages beschlossen, noch im Dezember 1952 die Kontrakte in 2. und 3. Lesung zu verabschieden, lief der Bundesrat Gefahr, daß ihm der politische Atem ausging, den er für sein Zuwarten benötigte. „Wenn er nur wartet", so ließ der Kanzler durch das Presse- und Informationsamt verlauten, „muß er damit rechnen, daß er durch einfachen Zeitablauf sein Mitwirkungsrecht verliert, weil er sich zu den vom Bundestag verabschiedeten Verträgen nach dem Grundgesetz binnen bestimmter Frist nach Vorlage zu erklären hat[38]." Als das Parlament sich dann aber nach der 2. Lesung vertagte, blieb dem Bundesrat eine Galgenfrist, deren Ende absehbar wurde, als das Staatsoberhaupt sein Gutachtenbegehren zurücknahm. Auf einer informellen Zusammenkunft sannen die Länderchefs am 16./17. Dezember 1952 in Stuttgart darüber nach, was in der veränderten Situation zu tun sei. In einer gegen die Stimme des rheinland-pfälzischen Ministerpräsidenten Altmeier verfaßten und veröffentlichten Resolution fand die vor allem von dem Düsseldorfer Regierungschef Karl Arnold (CDU) und Reinhold Maier vertretene Auffassung ihren Niederschlag, so wichtige Konventionen wie die Westverträge dürften nicht von einer kleinen Mehrheit gegen den Willen einer großen Minderheit in Kraft gesetzt werden, sondern nur auf der Grundlage eines möglichst großen nationalen Konsenses. Wenn die Verlautbarung den Appell „an alle verantwortungsbewußten Kräfte, sich zusammenzufinden", enthielt, „um die Grundlagen des demokratischen Staates zu sichern"[39], dann deutete sich hier an, was der Bundesverfassungsrichter Friesenhahn zeitgleich in einem Bonner Universitätsvortrag vorschlug, nämlich das Bemühen, eine Übereinkunft zwischen Bundestag, -rat und -regierung über ein gemeinsam einzuholendes Gutachten zu erzielen, das sowohl die Frage der Wehrhoheit wie der Zustimmungsbedürftigkeit klären sollte[40].

Über diesen Modus procedendi dachten die Berater Adenauers auch bereits im Kanzleramt nach. Ein solches Vorgehen besaß, so argumentierte man hier, den Vorzug, daß der Bundespräsident das Gesicht wahren, die SPD sich nicht beklagen könne, ihr zudem der propagandistische Wind gegenüber der Bundesregierung aus den Segeln genommen werde. Darüber hinaus hoffte man im Palais Schaumburg auf ein günstiges Echo in der westdeutschen Bevölkerung, nicht zuletzt im Blick auf die in einem Dreivierteljahr anstehenden Bundestagswahlen. „Die Öffentlichkeit ist entsetzt über das Schauspiel, das sich ihr in den letzten Wochen geboten hat. Nach über-

[37] Schreiben Luthardts, 5. 11. 1952, an Reinhold Maier, HStA Stuttgart, EA 1/21 0431/8.
[38] Bulletin, 26. 11. 1952, S. 1625.
[39] Zit. n. Baring, Außenpolitik II, S. 190.
[40] Vortrag Friesenhahns, 17. 12. 1952, ebd., S. 274.

einstimmenden Beobachtungen in sehr verschiedenen Städten bestätigt sich der Eindruck, daß gerade in den Kreisen der Anhänger der Regierungs- und Vertragspolitik eine Unsicherheit und Verwirrung eingetreten ist, die nicht unterschätzt und nicht bagatellisiert werden sollte[41]." Tatsächlich fanden solche Überlegungen zustimmende Resonanz bei der Sozialdemokratie, für die der Berliner Regierende Bürgermeister Ernst Reuter (SPD) ein entsprechendes Statement vor der Presse abgab[42]. Alles harrte gespannt der Reaktion des Bundeskanzlers, der eine hektische Konsultationstätigkeit entfaltete. Zu seinen Besuchern zählte auch Erich Ollenhauer, der unter Hinweis auf die zunehmende tiefe Beunruhigung in der Bevölkerung dem Regierungschef offiziell den Wunsch der Sozialdemokratie unterbreitete, sich dem in Rede stehenden Gutachtengesuch anzuschließen, wobei Opposition und Koalition vorher vereinbaren müßten, die Karlsruher Expertise dann auch zu akzeptieren. Der SPD-Fraktionsvorsitzende vermochte aber nicht den Kanzler aus der Reserve zu locken. „Ich habe ihm gesagt", hielt dieser in einer Notiz fest, „daß ich über seine Vorschläge nachdenken werde. Er könne ja wohl verstehen, daß ich ihm jetzt daraufhin keine Antwort geben könne[43]."

Insgeheim hatte der Kanzler den Vorschlag eines gemeinsamen Ganges der genannten Institutionen nach Karlsruhe wohl bereits verworfen. Der Fraktionsvorsitzende der CDU/CSU, v. Brentano, sprach sich gleich zu Beginn des neuen Jahres gegen einen gemeinsamen Gutachtenantrag von Bundesrat, Bundestag und Bundesregierung aus, wolle man nicht den Bundespräsidenten desavouieren, nachdem das Kabinett ihn dazu bewogen habe, die angeforderte Expertise zurückzuziehen. Die SPD hakte nun beim Kanzler nach, indem Ollenhauer brieflich auf seinen Besuch zurückkam. Er bat den Regierungschef, die Initiative zu ergreifen, und gab für die Sozialdemokratische Partei die verbindliche Erklärung ab, das Gutachten, soweit es sich auf die Verfassungsmäßigkeit der Verträge beziehen würde, anzuerkennen[44]. Adenauer beschied seinen politischen Kontrahenten abschlägig. Er zog sich auf seinen schon früher fixierten Standort zurück, die Entscheidung über Fragen von grundsätzlicher politischer Bedeutung müßten politisch und nicht durch Rechtsprechung gelöst werden. Es stehe den Politikern nicht an, sich von der Verantwortung für Leben und Tod des deutschen Volkes freizumachen und sie den Richtern des Bundesverfassungsgerichts zu übertragen. „Deshalb muß es auch für die Bunderegierung ausscheiden, sich freiwillig einem Gutachten zu unterwerfen und sich damit ihrer eigenen Verantwortung zu entziehen und sie einer nicht dazu bestimmten Stelle aufzubürden[45]."

Adenauers selbstbewußtes Zurückweisen des Gutachtenvorschlages erklärt sich aus seinem erfolgreichen Bemühen, zumindest einen Teil der CDU-Länderchefs aus der Fronde des Bundesrates herauszubrechen. Bereits vor der Stuttgarter Ministerpräsidentenkonferenz hatte Hans Ehard dem Gedanken, die Karlsruher Verfassungsrichter erneut um eine gutachterliche Stellungnahme zu bitten, wenig Sympathie entgegengebracht. Bei einem dem Besuch Ollenhauers vorausgegangenen, in bewußt vorweihnachtlich stilisierter, versöhnlicher Atmosphäre stattgefundenen Essen mit den Länderchefs war es Adenauer dann wohl gelungen, einige der Union angehörenden Ministerpräsidenten zu der Überzeugung zu verhelfen, das im institutionellen Packeis festgefahrene Ratifikationsverfahren auf politischem Wege wieder flottzumachen. Noch aber unternahm der Bundesratspräsident keine Anstalten zum Einlenken. Ganz im Gegenteil!

[41] Aufzeichnung, 16.12.1952, BA, B 136/998.
[42] PPP, 19.12.1952, S. 5.
[43] Niederschrift Adenauers über die Besprechung mit Ollenhauer, 18.12.1952, StBKAH, 12.27, SPD-Materialien, Korrespondenz II.
[44] Schreiben Ollenhauers, 7.1.1953, an Adenauer, AdsD, PV Ollenhauer 2, Ollenhauer–Adenauer.
[45] Brief Adenauers, 16.1.1953, an Ollenhauer, ebd.

Auf einer öffentlichen Versammlung der baden-württembergischen DVP/FDP ritt Reinhold Maier im Beisein des FDP-Abgeordneten Pfleiderer eine außenpolitische Attacke gegen den Bundeskanzler. Dieser habe im Spiel um die Westverträge den „Schwarzen Peter" gezogen und müsse sehen, ihn loszuwerden. Die über den Konventionen zum Stillstand gekommene Außenpolitik bedürfe neuer Impulse[46].

In der Bonner FDP-Zentrale rückte man nun deutlich von Reinhold Maier und seiner Anhängerschaft in der Partei ab. „Die Reden in Grunbach", schrieb Justizminister Dehler an den baden-württembergischen DVP/FDP-Vorsitzenden Haußmann, „sind schroffe Absagen an die außenpolitische Konzeption der Bundesregierung, die von Blücher, Neumayer und der überwiegenden Mehrheit der Fraktion getragen wird [...] Ich weiß nicht, wohin Sie [...] und [...] Reinhold Maier die Dinge treiben lassen wollen [...] Wenn die Verträge scheitern, werden Deutschland und mit ihm Europa eine große Chance endgültig verloren haben. Die Frage ist viel zu groß gestellt, als daß innenpolitische oder parteipolitische Rücksichten bei ihrer Entscheidung eine Rolle spielen könnten[47]." Reinhold Maier avancierte im Frühjahr 1953 zum gefragtesten und umstrittensten Politiker der Bundesrepublik. Obwohl er mehrfach versicherte, „wenn die rechtliche Zulässigkeit geklärt ist, bin ich für Zustimmung" zu den Verfahren[48], traute man dem listigen Bundesratspräsidenten zu, er werde notfalls Mittel und Wege finden, das Ratifizierungsverfahren seitens der Ländervertretung zu blockieren. Er war „das Ziel einer intensiven Umwerbung" geworden, verhandelte mit Adenauer, den Hohen Kommissaren und plädierte in der Presse und vor Publikum für eine Aktivierung der Wiedervereinigungspolitik[49]. Es durfte geraten werden, was er politisch im Schilde führte, und so sprach man in der Presse von der „Sphinx aus Stuttgart"[50], und für die Frankfurter Allgemeine Zeitung war er „ein gefährlicher Gegner Adenauers" geworden[51].

Des Kanzlers Mißtrauen gegenüber seinem Stuttgarter Widerpart schien begründet, wies doch der Bundesrat auf Beschluß seines Rechtsausschusses das Ansinnen der Mehrheitsfraktionen des Bundestages zurück, der beim Bundesverfassungsgericht anhängigen Klage gegen die Bundestagsfraktion der SPD beizutreten[52]. Als das Bundesverfassungsgericht am 7. März 1953 die Koalitionsklage als unzulässig abwies, schob es damit den „Schwarzen Peter", um im überkommenen Bild Reinhold Maiers zu bleiben, dem baden-württembergischen Ministerpräsidenten bzw. dem Bundesrat zu, der nun in Zugzwang geriet. Kein Zweifel, daß der Bundeskanzler jetzt mit der Mehrheit der die Regierung tragenden Parteien die Vertragsgesetze im Bundestag in 3. Lesung verabschieden würde. Was aber war zu tun? Das Bundesverfassungsgericht, soviel stand fest, würde die Verträge vor einer Ratifizierung nicht mehr auf ihre Vereinbarkeit mit dem Grundgesetz überprüfen. Damit hatte die Ländervertretung ihre formalrechtliche Position, auf die sie sich zurückgezogen hatte, eingebüßt. Ihrerseits den Weg nach Karlsruhe anzutreten, erlaubte das Bundesverfassungsgerichtsgesetz nur im Zusammengehen mit Bundestag und Bundesregierung, die dies beide ablehnten. Es blieb die Frage der Zustimmungsbedürftigkeit. Diese hatten alle damit beschäftigten Ausschüsse und das Plenum des Bundesrates bereits mit ja be-

46 Stuttgarter Nachrichten, Landesausgabe, 12. 1. 1953.

47 Brief Dehlers, 15. 1. 1953, an Haußmann, HStA Stuttgart, Q 1/8 Bu 333.

48 Vgl. dazu Maier, Erinnerungen, S. 474 f.

49 Zusammenstellung des Sekretariats des Bundesrates, 27. 1. 1953, über Presseveröffentlichungen über den Bundesrat, HStA Stuttgart, Q 1/8 Bu 22.

50 Süddeutsche Zeitung, 27. 1. 1953.

51 FAZ, 26. 1. 1953, S. 2.

52 Beschluß des Bundesrates, in: Deutscher Bundesrat, Sten.Ber., 100. Sitzung, 6. 2. 1953, S. 67 A/B:

antwortet. Sollte man sich auf einen Verfassungsstreit mit Bundestag und Bundesregierung über die außenpolitischen Befugnisse des Bundesrates einlasssen und damit das Wirksamwerden der Verträge auf unabsehbare Zeit hinausschieben? Der Weg zum Vermittlungsausschuß verbot sich von selbst, da die Gesetze in der Sache nur abgelehnt oder angenommen werden konnten. Zumindest im Parteivorstand der SPD ist diese Möglichkeit ventiliert worden. Für die Sozialdemokratie ging es ja um mehr, als um das Ja oder Nein des Bundesrates, es kam darauf an, die Stuttgarter Koalition zu retten. Sollte sie in die Brüche gehen, woran auch Reinhold Maier kein Interesse zeigte, würde jede Nachfolgeregierung von der CDU geführt werden und im Bundesrat ohnehin ein positives Votum abgeben. Rund ein halbes Jahr vor der zweiten Bundestagswahl galt es, so gut es ging, in der Öffentlichkeit das Gesicht zu wahren. Wieder einmal waren die Taktiker gefragt, was aber gleichzeitig bedeutete, daß der Weg zum eventuellen Kompromiß allseits mit Mißtrauen gepflastert war.

Nervosität machte sich vor allem bei der Sozialdemokratie bemerkbar, deren Spitzenfunktionäre einfach nicht glauben mochten, daß der Bundeskanzler und seine Berater die seitens der SPD für den Fall der Verabschiedung der Vertragswerke angekündigte Verfassungsklage ohne weiteres hinnehmen würden. Es kam der schlimme, sich stark verfestigende Verdacht auf, die Bundesregierung würde die vom Bundesrat gebilligten Gesetzesvorlagen unmittelbar nach deren Verabschiedung mit einem fliegenden Boten dem Bundespräsidenten zur Unterschriftsleistung überbringen, dann hinterlegen und somit die SPD der Möglichkeit berauben, die Verträge rechtzeitig, d.h. nachdem sie die parlamentarischen Hürden genommen hatten und bevor sie vom Staatsoberhaupt unterzeichnet waren, durch die Karlsruher Richter auf ihre Vereinbarkeit mit dem Grundgesetz überprüfen zu lassen[53]. Zwar hatte man mit Adenauer mündlich ein Stillhalteabkommen getroffen, doch nach den Erfahrungen, die man mit solchen Vereinbarungen in der jüngsten Vergangenheit mit dem Kanzler gemacht hatte, wollte man auf Nummer sicher gehen: Gut zwei Wochen nach der 3. Lesung im Bundestag stellten die Abgeordneten Adolf Arndt (SPD) und Bernhard Reismann (Zentrum) namens der Bundestagsabgeordneten ihrer Parteien und der GVP beim Bundesverfassungsgericht den Antrag auf eine einstweilige Anordnung. Derzufolge sollte Adenauer in seiner Eigenschaft als Bundeskanzler wie als Minister des Auswärtigen untersagt werden: Die bekannten Verträge nach der parlamentarischen Verabschiedung gegenzuzeichnen, sie dem Bundespräsidenten zur Ausfertigung vorzulegen, die entsprechenden Gesetze zu verkündigen, bevor nicht höchstrichterlich festgestellt war, daß sie förmlich und sachlich mit dem Grundgesetz übereinstimmten[54]. Die Bundesregierung reagierte rasch, indem das Kabinett einen Tag später den Beschluß faßte und diesen dem Präsidenten des Bundesverfassungsgerichts mitteilte, „als letzter der beteiligten Staaten die Ratifikationsurkunden [zu] hinterlegen, es sei denn, daß vorher eine Entscheidung des Bundesverfassungsgerichts ergeht“[55]. Dieser Beschluß kam auf Drängen von Theodor Heuss zustande, der sich mit Höpker-Aschoff bereits vor Einbringung des SPD-Antrages darüber einig geworden war, daß alles daran gesetzt werden müsse, zu verhindern, daß das Bundesverfassungsgericht nach einem positiven Entscheid des Bundesrates aus eigenem Ermessen heraus oder die parlamentarische Opposition dem Staatsoberhaupt durch eine einstweilige Verfügung die Ausfertigung und Verkündung der Vertragsgesetze untersagten. Beiden erschien dies „als eine zu arge Belastung des Amtes des Bundespräsidenten“[56].

[53] Vgl. Baring, Außenpolitik, S. 277.
[54] Antrag, 16.3.1953, in: Kampf um den Wehrbeitrag III, S. 149–160.
[55] Schreiben Höpker-Aschoffs, 27.3.1953, an Arndt, ebd., S. 160.
[56] Aufzeichnung Heuss', 25.3.1953, über eine Unterredung mit Höpker-Aschoff, BA, B 136/2106.

Auf Empfehlung des Parteivorstandes der SPD zogen die Abgeordneten ihren Antrag zurück. Im Spitzengremium der Sozialdemokratie kam es vorher zu einer lebhaften Kontroverse, in deren Verlauf sich einige Vorstandsmitgleider von der Arndtschen Initiative distanzierten, zumal weder der Parteivorstand in toto und als Institution noch der Erste Stellvertreter Ollenhauers, Mellies, vorher konsultiert worden waren. Es fehlte nicht an Stimmen, die den Antrag als psychologisch ungeschickt bewerteten[57].

Es ist mühsam, das Gewirr der Fäden zu entflechten, aus dem das im Frühjahr 1953 um den Bundesrat gelegte politische Netz geknüpft war. Fest in bundes-, landes-, partei- und persönlich-politische, institutionelle wie konstitutionelle Interessen verstrickt, war nicht damit zu rechnen, daß die Ländervertretung die Westverträge unmittelbar nach ihrer Verabschiedung im Bundestag im zweiten Durchgang rasch würde passieren lassen. Allzugern hätte der Kanzler, der vom 7. bis 19. April 1953 den USA (und Kanada) seinen ersten offiziellen Besuch abstattete, die Ratifikationsurkunden als Gastgeschenk für Washington eingepackt. Aus Einsicht in das Unerreichbare und aus Argwohn, in seiner Abwesenheit vom listenreichen Bundesratspräsidenten ausgetrickst zu werden, traf Adenauer mit Reinhold Maier und dem baden-württembergischen Justizminister Victor Renner (SPD) in dessen Eigenschaft als Vorsitzendem des Rechtsausschusses des Bundesrates die Übereinkunft, die Konventionen erst nach seiner Rückkehr dem Ländergremium zu überweisen[58]. In vertrauter Journalistenrunde begründete er die Übereinkunft allerdings mit seinem Verständnis für die schwierige Situation im Bundesrat und mit der inzwischen üblichen Praxis, dem Bundesrat wegen der unter Umständen limitierten Beratungsfrist kurz vor und kurz nach Feiertagen keine Gesetze zuzuleiten, um ihn nicht in zeitliche Kalamitäten zu bringen[59]. In Wirklichkeit war der Zeitgewinn allen Beteiligten willkommen. Die Kontrahenten benutzten ihn, um sich ihrer Parteigänger zu versichern, die politischen Fronten zu klären und um nach Möglichkeit die Kräftekonstellation in der Länderkammer zu ihren Gunsten zu festigen bzw. zu verändern. Deren Repräsentanten kam es wiederum nicht zuletzt darauf an, daß bei einem zu fassenden Beschluß das föderative Verfassungselement bezüglich der Außenpolitik nicht gänzlich auf der Strecke blieb.

Der Kanzler glaubte, halbwegs beruhigt in die Vereinigten Staaten fliegen zu können, hatte er doch vor seiner Abreise in der Frage der Zustimmungsbedürftigkeit Entgegenkommen bewiesen: Bereits einen Tag nach der 3. Lesung im Bundestag faßte das Kabinett den Beschluß, es darüber mit der Länderkammer nicht zum Verfassungsstreit kommen zu lassen. „Das Kabinett steht zwar nach wie vor auf dem Standpunkt, daß nur zwei Gesetze zustimmungsbedürftig sind", teilte Adenauer dem baden-württembergischen Ministerpräsidenten mit, „wird aber aus seiner Auffassung keine Folgerungen ziehen, wenn der Bundesrat auch die beiden anderen Gesetze als zustimmungsbedürftig ansieht[60]." Diese ihm sicher nicht leichtgefallene Konzession zielte darauf ab, einen nicht auszuschließenden verzögernden Verfassungsstreit abzubiegen. Im Wahljahr würde ein auf breiter Grundlage zustande gekommenes positives Votum der Bonner Länderrepräsentation für die Verträge sicher die Stimmabgabe zugunsten der Union beeinflussen. Dar-

[57] Protokoll der Sitzung des Parteivorstandes der SPD, 31.3.1953, AdsD, SPD-PV, Protokolle 1953. Der Kabinettsbeschluß fiel nicht, wie in Kampf um den Wehrbeitrag III, S. 160 dargelegt, am 27.3.1953, sondern bereits am 20.3.1953. Vgl. Schreiben Adenauers, 27.3.1953, an Ollenhauer, AdsD, PV Ollenhauer 2, Ollenhauer–Adenauer.

[58] CDP, 19.3.1953.

[59] Wortprotokoll über ein Informationsgespräch mit Journalisten, 20.3.1953, in: Adenauer, Teegespräche, S. 422–434, hier S. 433.

[60] Brief Adenauers, 23.3.1953, an Maier, BA, B 136/2106.

über hinaus hing schließlich nach dem Inkrafttreten des EVG-Vertrages die reibungslose Aufstellung westdeutscher Kontingente auch von dem Willen der Bundesländer zur Kooperation ab.

Adenauer mag, möglicherweise nur subjektiv begründet, der festen Überzeugung gewesen sein, der Bundesrat könne sich jetzt einer zustimmenden Beschlußfassung nicht mehr entziehen; dies um so weniger, als an dem Sinneswandel seines Präsidenten kein Zweifel mehr erlaubt schien: „Herr Maier hat mir, ehe ich nach Amerika ging, gesagt, er würde dafür stimmen[61]." Nachdem ein gemeinsames Gutachtenersuchen in Karlsruhe an den Mehrheitsfraktionen des Bundestages und der Bundesregierung gescheitert war, hat der Kanzler das Problem der Verfassungskonformität der Westverträge als obsolet und nach dem entsprechenden Kabinettsbeschluß die Zustimmungsfrage als vom Tisch erachtet.

Reinhold Maier sprach allerdings von einem Mißverständnis zwischen ihm und Adenauer und verwies darauf, er habe seine Zustimmung zu den Vertragswerken nur für den Fall ihrer verfassungsrechtlichen Zulässigkeit zugesichert[62]. In den USA verbreitete Adenauer, auf den Bundesrat angesprochen, jedenfalls Zuversicht, und gerade dies betrachteten die Bundesratsmitglieder als außenpolitische Pression.

Bei der Rückkehr des Bundeskanzlers erwies sich das Schicksal der Westverträge im Bundesrat als so ungewiß wie eh und je. In den USA war Adenauer ehrenvoll und partnerschaftlich, „als *Botschafter guten Willens*", empfangen worden. Er kam in der Überzeugung zurück, und dies war ihm von seinen Gesprächspartnern auch versichert worden, „daß ein *Siegerland dem Besiegten,* der [...] den Krieg in Szene gesetzt hat, nach so verhältnismäßig kurzer Zeit die Hand entgegengestreckt hat, um den Besiegten wieder in den Kreis der übrigen einzuführen"[63]. Geschickt geplant, d.h. genau zum Zeitpunkt des CDU-Parteitages in der Bundesrepublik wieder eintreffend, wucherte der Regierungschef und Parteivorsitzende mit dem in den USA erhaltenen politischen Kredit. Er ließ die in Hamburg anwesenden Länderchefs der CDU teilhaben an dem ihm in den Vereinigten Staaten bezeugten Respekt, bezog sie in die frischbegründete deutsch-amerikanische Freundschaft als Mitstifter ein und legte ihnen gleichzeitig die damit verbundenen Verpflichtungen mit auf. „So ist denn die *jetzige Situation* geworden; sie hat sich noch viel klarer entwickelt als vor einem halben Jahr. Hier steht jetzt Sowjetrußland und sagt: ich will mit den westlichen Völkern zusammenleben. Dort stehen die Vereinigten Staaten [...] und Großbritannien und sagen: der Zusammenschluß Europas, die möglichst schnelle Ratifizierung des Vertrages über die Europäische Verteidigungsgemeinschaft ist ein entscheidendes Moment in unserer Politik des Widerstandes gegen Sowjetrußland. Und jetzt möchte ich den Deutschen sehen, wie er vor der deutschen Geschichte bestehen will, wenn er [...] sagt: nein, wir machen nicht mit! [...] Darum steht das deutsche Volk jetzt mit der Frage der *Ratifizierung* dieser Verträge vor einer *Entscheidung größten Ausmaßes* für seine Zukunft und für die Zukunft Europas und für Frieden und Freiheit in der Welt". Der Kanzler stellte neben die Notwendigkeit der Verteidigung Europas und der freien Welt den von den Vereinigten Staaten gleichzeitig bekundeten Willen zur allgemeinen kontrollierten Abrüstung und malte – wohl weniger seinen anwesenden Parteifreunden als der anzusprechenden Wählerschaft ein reichliches Maß an Naivität unterstellend, dennoch mit viel Beifall honoriert – plastisch die Folgen eines solchen Vorhabens an die Wand: Amerika habe nämlich dann vor, „einen Teil der so ersparten Kosten in einen allgemei-

[61] Interview, 5.5.1953, mit Kurt Lachmann, Central European Editor, BA, B 145/721.
[62] Maier, Erinnerungen, S. 474f.
[63] Rede Adenauers auf dem Parteitag der CDU, 18.–22.4.1953, in Hamburg, zit. n. Deutschland, sozialer Rechtsstaat im geeinten Europa, S. 210f.

nen Fonds zu tun, aus dem dann durch den Bau von Wohnungen, Krankenhäusern und Schulen den Völkern geholfen werden kann, und aus dem dann die Völker, die unter dem Krieg gelitten haben, wieder zur Wohlfahrt emporgeführt werden können [...] Man stelle sich doch einmal vor, Deutschland würde nicht ratifizieren. Was wäre die Folge? – Ein Zusammenbruch nicht nur unserer bisherigen Politik, sondern auch ein Zusammenbruch der Politik der freien Völker der Welt, – und das wiederum herbeigeführt durch die Dummheit und die Unfähigkeit des deutschen Volkes zu sehen, was notwendig ist, und es zu tun. *Kann denn einer glauben, daß man dem deutschen Volke noch weiter helfen würde, wenn durch seine Schuld in irgend einer Instanz der Zusammenbruch dieser Politik herbeigeführt würde*[64]*?*" Fünf Monate vor der Bundestagswahl hieß Loyalität das Gebot der Stunde, auch für die CDU-Ministerpräsidenten. Wie hätten sie sich außerhalb des Hamburger Wahlprogramms stellen können, in dem die CDU bekundete: „Die Christlich-Demokratische Union hat die Bestrebungen zur Einigung Europas von Anfang an mit allen Kräften unterstützt und ihnen eigene starke Impulse gegeben. Der Beitritt der Bundesregierung zum Europarat, die Gründung der Montanunion und die Annahme des Deutschland-Vertrages und des Vertrages über die Europäische Verteidigungsgemeinschaft waren die wichtigsten Stationen des von uns mit unbeirrbarer Entschlossenheit beschrittenen Weges [...] Die Einigung der freien Völker des europäischen Kontinents würde für sich allein nicht zur Abwehr eines eventuellen bolschewistischen Angriffs genügen. Daher muß sie notwendig im engen Zusammenhang mit der übrigen freien Welt, vor allem mit der Nordatlantischen Verteidigungsgemeinschaft, erfolgen[65]."

Nach dem Parteitag standen die vier unionsregierten Länder endgültig geschlossen hinter dem Bundeskanzler[66]. Peter Altmeier, in der Regel zuverlässiger Parteigänger Adenauers, hatte bereits am 23. März vor dem Landtag in Mainz die Schrittmacherfunktion übernommen und sein Ja zu den Verträgen angekündigt: Schließlich könne Rheinland-Pfalz sich als Anrainer Frankreichs nicht dem Bemühen um einen Ausgleich mit dem westlichen Nachbarn der Bundesrepublik entziehen. Der EVG-Vertrag schütze Frankreich vor Deutschland und verschaffe dem Westen eine Position der Stärke, aus der heraus mit einem starken Osten über die Wiedervereinigung verhandelt werden könne[67].

Die SPD-Führung hatte bereis vorher die sozialdemokratischen Ministerpräsidenten auf die Parteilinie eingeschworen. Ollenhauer unterstrich, daß es nicht nur darum ging, den verfassungsändernden Charakter des EVG-Vertrages feststellen zu lassen, sondern auch darum, die West-Kontrakte wegen ihrer Inhalte abzulehnen. Seiner Ansicht nach konnte es daher „für Sozialdem. Minister keine Möglichkeit geben, im Bundesrat nicht in Übereinstimmung mit den Beschlüssen der Partei zu stimmen". Der Bremer Senatspräsident, bekanntlich ein Befürworter der Konventionen, ließ sich widerstrebend in die Parteipflicht nehmen, nicht ohne darauf hinzuweisen, „er halte eine Überprüfung der Außenpolitik der Partei für erforderlich"[68]. Der Parteivorstand kam zudem überein, den Genossen in der Stuttgarter Koalitionsregierung ihren politischen Solidaritätsobulus abzuverlangen. „Ich begriff sofort, daß ich in eine exponierte Lage ge-

[64] Ebd., S. 217.

[65] Das Programm der Christlich-Demokratischen Union für den zweiten Deutschen Bundestag, 22.4.1953, in: Flechtheim, Dokumente II, 1, S. 94–105, hier S. 104.

[66] Vgl. dazu CDP, 23.4.1953, S. 2.

[67] Vgl. dazu Aufsatz Altmeiers im DUD, 23.4.1953, S. 1–3.

[68] Protokoll der SPD-PV-Sitzung, 31.3.1953, AdSD, SPD-PV, Protokolle 1953.

riet, weniger als Bundesratspräsident, sondern als Ministerpräsident von Baden-Württemberg", schreibt Reinhold Maier in seinen Memoiren[69].

Er behielt den von ihm so benannten „Schwarzen Peter" im politischen Spiel um die Westverträge in der Hand, ohne ihn noch einmal loszuwerden. Die Zeit lief ihm davon, denn der Bundesrat war auf den 24. April 1953 zur entscheidenden Sitzung zusammengerufen. Am 13. des Monats erhielt er die vollständigen Verträge. Längst schon ging es Reinhold Maier nicht mehr in erster Linie um die Wahrung des Prestiges des Bundesrates, um dessen außenpolitisches Mitspracherecht, um den Inhalt der Verträge. Hinter verschlossenen Türen hatte er wissen lassen, daß er sich aus gesamtpolitischer Verantwortung zu einem zustimmenden Votum entschlossen habe. Zu deutlich zeichnete sich ab, daß das Ländergremium letztlich im Sinne des Bundeskanzlers entscheiden werde. Es mußte nur eine Lösung des Problems gefunden werden, die es den Bundesratsmitgliedern gestattete, das Gesicht zu wahren. Es gelang Maier aber offenkundig nicht, die Stuttgarter SPD-Koalitionspartner auf seine Seite zu ziehen, während die DVP/FDP-Fraktion inzwischen mehrheitlich für die Zustimmung der Landesregierung zu den Verträgen war. Die Koalition wollte er jedoch nicht gefährden, weil es nur mit den Sozialdemokraten gelingen konnte, in Baden-Württemberg, so wie Maier es wünschte, die Simultanschule einzuführen. In der ungeklärten Situation stellte die KPD-Landtagsfraktion den Antrag auf Ablehnung durch das Land Baden-Württemberg, während im Gegenzug die oppositionelle CDU die Staatsregierung aufforderte, die Konventionen von Bonn und Paris im Bundesrat passieren zu lassen[70]. Eine Entscheidung fiel auf der Sitzung des 16. April nicht. Mit der Begründung, die Landesregierung habe sich in dieser Sache noch keine einheitliche Meinung gebildet, ging man im Landtag mit den Stimmen der Mehrheit zur Tagesordnung über[71]. Nach der Landtagssitzung ließ Reinhold Maier vor der Presse erstmals durchblicken, welchen Kompromiß er ansteuerte, um die Koalition mit der SPD über den Westverträgen nicht auseinanderfallen zu lassen, nämlich die Einholung eines Gutachtens beim Bundesverfassungsgericht. Sollte dieses den verfassungsändernden Charakter des EVG-Vertrages verneinen, würde der Bundesrat mit den Stimmen Baden-Württembergs ohne politische Stellungnahme den Konventionen zustimmen[72]. Drei Tage später plädierte die Stuttgarter Ministerrunde dafür, „die Entscheidung über die Deutsch-Alliierten Verträge bis zur Erstattung eines Gutachtens durch das Bundesverfassungsgericht über die Verfassungsmäßigkeit und Zustimmungsbedürftigkeit der Ratifizierungsgesetze zu vertagen"[73]. Da keine der vier dem Bundesrat zugeleiteten Gesetzesvorlagen gegen die Stimmen Baden-Württembergs verabschiedet werden konnten, hoffte Reinhold Maier, Bundestag und Bundesregierung doch noch zu einer gemeinsamen Anstrengung zwecks Klärung der beiden Probleme gewinnen zu können, indem sie sich dem Gutachtengesuch, so wie im Bundesverfassungsgerichtsgesetz (§ 97, BGBl, Teil I, 1951, S. 252) vorgeschrieben, anschlossen.

Auf den Vorabend der Plenumssitzung des Bundesrates war noch eine Sitzung des Stuttgarter Ministerrates in Bonn und eine Besprechung mit dem Bundeskanzler angesetzt. Dem sollte ein klärendes Gespräch mit dem FDP-Bundesvorsitzenden Blücher vorausgehen, in das Reinhold Maier mit der Rückendeckung der Landespartei gehen konnte. Diese hatte nämlich am 21. April eine Erklärung formuliert, wonach sie in den deutsch-alliierten Verträgen „ein höchst be-

[69] Maier, Erinnerungen, S. 478.
[70] Brief Gebhard Müllers, 13.4.1953, an Lenz, BA, B 136/2106.
[71] Brief Gebhard Müllers, 20.4.1953, an Lenz, ebd.
[72] Stuttgarter Zeitung, 17.4.1953.
[73] Zit. n. Maier, Erinnerungen, S. 478.

deutungsvolles Instrument auf dem Wege der Bundesrepublik zur äußeren und inneren Freiheit und zur deutschen Wiedervereinigung" erblickte. „Sie ist bereit", so hieß es dort, „die Linie der Bundespolitik in vollem Umfang zu vertreten". Unter Hinweis auf Äußerungen des Bundespräsidenten und der Bundesregierung, Konventionen zu einem späteren Zeitpunkt einer verfassungsrechtlichen Überprüfung zu unterziehen, und darauf, daß die Ratifizierung durch Schwierigkeiten bei den Partnerländern nicht vor Ende des Jahres erfolgen werde, empfahl die DVP/FDP aber, die bis dahin verbleibende Zeit zu nutzen, um durch eine gemeinsame Initiative aller beteiligten Verfassungsorgane eine objektive Klärung der strittigen Verfassungsfragen vorzunehmen. „Sobald die rechtliche Bestätigung vorliegt, ist die Zustimmung des Landes Baden-Württemberg unverzüglich auszusprechen[74]." Die Bonner Konsultationen verliefen ergebnislos. Beschwörend baten Vizekanzler Blücher, Wohnungsbauminister Neumayer und der Wehrexperte Erich Mende als Mitglieder des Bundesvorstandes der FDP ihren Parteifreund Maier in einem Brief, die Vertagung des Bundesrates zu verhindern[75].

Buchstäblich in letzter Minute unternahm der Bundeskanzler einen massiven Vorstoß, um die Stimme Baden-Württembergs im Bundesrat zu gewinnen: Er ließ Maier im Beisein von Theodor Heuss mitteilen, man werde ihn als Ministerpräsidenten einer Koalitionsregierung mit der CDU bestätigen, falls über seinem Ja im Bundesrat seine von der SPD mehrheitlich mitgetragene Regierung auseinanderbrechen sollte. Reinhold Maier verschmähte den ausgelegten Köder[76].

Die Dinge nahmen somit ihren Lauf. Am Spätnachmittag des 23. und am Vormittag des 24. April trat gewohnheitsmäßig vor der Plenumssitzung des Bundesrates dessen Auswärtiger Ausschuß zur abschließenden Beratung der die Verträge von Bonn und Paris betreffenden Gesetze unter dem Vorsitz von Ministerpräsident Ehard und in Anwesenheit des Bundeskanzlers, des Bundesratsministers Hellwege und Staatssekretärs Hallstein zusammen. Adenauer benutzte die Gelegenheit, über eine zweifelsfrei erfolgreiche Amerika-Reise zu berichten, von der er nicht mit leeren Händen zurückgekehrt war. Die Geschenke für den Bundesrat trug er bei sich und überreichte sie, kunstvoll und geschickt in das außenpolitische Konzeptpapier der neuen Administration Eisenhower verpackt. Verknüpft waren sie mit der Erwartung einer Gegenleistung, die im gemeinsamen deutsch-amerikanischen Kommuniqué zu lesen stand: „Es herrschte Einmütigkeit in der Überzeugung, daß alle Beteiligten unerschütterlich auf dem Wege zur Europäischen Einheit durch eine baldige Ratifizierung des Vertrages der Europäischen Verteidigungsgemeinschaft weiterschreiten müssen[77]." Mit der Bemerkung, er habe die amerikanische Seite in ihrer Erwartung, der Bundesrat werde das Seine dazu beitragen, bestärkt, breitete der Bundeskanzler seine Mitbringsel aus den USA aus. Dazu gehörten:

1. In Aussicht gestellte Anleihen, die zunächst zum Wohnungsbau, später zur Integration der Flüchtlinge Verwendung finden sollten;
2. die Wiederinkraftsetzung des 1923 geschlossenen und 1925 ratifizierten deutsch-amerikanischen Freundschafts-, Handels- und Schiffahrtsvertrages;
3. die Zusage, keine weiteren Beschlagnahmungen deutschen Auslandsvermögens vorzunehmen und damit im Zusammenhang
4. der Rückgabe von 350 Schiffen.

[74] Text als Fernschreiben Blüchers, 22.4.1953, an Adenauer, BA, B 136/2106.
[75] Der Spiegel, Nr. 18 (29. April) 1953, S. 5; Maier, Erinnerungen, S. 479.
[76] Maier, Erinnerungen, S. 479ff.
[77] Niederschrift über die 34. Sitzung des Bundesratsausschusses für Auswärtige Angelegenheiten, 23./24.4.1953, HStA Stuttgart, EA 1/17 Bü 502.

Gerade die beiden letzten Geschenke trugen den Erwartungen der SPD-regierten Hansestädte Hamburg und Bremen Rechnung, waren mit politischem Hintergedanken ausgesucht, und ihr Überbringer reflektierte auf Dankbarkeit durch Wohlverhalten im Bundesrat.

Neben den Geschenken waren die Argumente mit nicht weniger Bedacht ausgewählt, die für die Verabschiedung der Westverträge sprachen, und die der Bundeskanzler den Bundesratsmitgliedern vortrug, wobei er sie, psychologisch geschickt, voll in die Verantwortung für die Außenpolitik der Bundesrepublik einband: „Nun hat [...] ein merkwürdiges Geschick es gewollt, daß den Bundesrat dasselbe Los trifft wie mich. Das heißt, daß wir Entscheidungen treffen müssen, die geradezu von geschichtlicher Bedeutung im ernstesten Sinne des Wortes sind, nicht nur für das deutsche Volk, sondern für Europa und vielleicht auch darüber hinaus", nämlich für die Vereinigten Staaten[78]. Adenauer wies darauf hin, daß Präsident Eisenhower eine Art Charta der Außenpolitik der Vereinigten Staaten verkündet habe, in der die Europäische Verteidigungsgemeinschaft und der Zusammenschluß Europas einen zentralen Punkt darstellten. Mehr noch, die EVG bilde den entscheidenden Faktor in der außenpolitischen Konzeption der neuen Washingtoner Regierung gegenüber der Sowjetunion; die Realisierung ihres außenpolitischen Programms setze sogar das Zustandekommen der Europäischen Verteidigungsgemeinschaft voraus. Für den Fall ihres Scheiterns zeichnete der Bundeskanzler seinen Zuhörern die deutlichen Konturen der seiner Ansicht nach vorhersehbaren Folgen: Das Scheitern der Außenpolitik Eisenhowers und die Aktualisierung der politischen Vorstellungen des unterlegenen Präsidentschaftskandidaten Taft, den Adenauer als den Exponenten einer isolationistischen Politik und, bezogen auf die Sicherheit, einer Strategie der peripheren Verteidigung charakterisierte: Verteidigung der Vereinigten Staaten zwar weiterhin auch in Europa, aber auf die Luftstreitkräfte gestützt und auf das Territorium Griechenlands, der Türkei, Spaniens und Großbritanniens. Zwar werde man für diesen Fall Westeuropa einschließlich der Bundesrepublik nicht einfach räumen, lediglich aber als Kampfplatz, nicht als zu verteidigendes Territorium militärisch und politisch Verbündeter betrachten. Eine solche militärpolitische Situation müsse als logische Konsequenz letztlich das Bestreben nach sich ziehen, sich auf Kosten Europas mit der Sowjetunion zu verständigen. „Darin liegt nun mit einer der Gründe, warum die Entscheidung, die der Bundesrat zu treffen hat, von so außerordentlich großer außenpolitischer Bedeutung ist [...] Ich glaube, wenn dieser EVG-Vertrag durch Deutschland nicht zustande kommt, dann wird das das Ende einer deutschen Außenpolitik sein [...] auf eine gar nicht abzuschätzende Zeit [...] Darum entscheidet der Bundesrat [...] wirklich nicht nur über den EVG-Vertrag. Er entscheidet auch über die deutsche Außenpolitik jetzt und in Zukunft, und er entscheidet über die europäische Politik und höchstwahrscheinlich über die amerikanische Außenpolitik gegenüber Europa." Adenauer versuchte den Ländervertretern klarzumachen, daß sie „zu einer historischen Entscheidung berufen" seien[79]. Die Zustimmungsbedürftigkeit des gesamten Gesetzeswerkes stellte er nicht mehr in Frage.

Die Ausschußmitglieder zeigten sich – zumindest in der wahrnehmbaren Reaktion – von den Ausführungen des Regierungschefs unbeeindruckt. Ehard erläuterte die beiden bestehenden Auffassungen im Plenum des Bundesrates: endgültige Entscheidung mit Ja oder Nein über die Verträge bzw. Hinausschieben des Votums bis zur Vorlage eines Rechtsgutachtens des Bundesverfassungsgerichts. Gefragt, ob die Bundesregierung sich zu dem letztgenannten Verfahren verstehen könne, um es – die Zustimmung des Bundestages vorausgesetzt – rechtlich-prozedural

[78] Ebd.
[79] Ebd.

überhaupt zu ermöglichen, verlas Adenauer den zuvor gefaßten verneinenden Beschluß des Bundeskabinetts: „Im Interesse einer klaren Grenzziehung zwischen politischer Verantwortung und Rechtsprechung, im Hinblick auf die vom Bundestag beschlossene Zustimmung zu den Verträgen und auch mit Rücksicht auf die Entschließung des Herrn Bundespräsidenten, seinen Antrag auf Erstattung eines Gutachtens zurückzuziehen, sieht sich die Bundesregierung nicht in der Lage, sich an einem Antrag auf Erstattung eines Gutachtens des Bundesverfassungsgerichts über die Verfassungsmäßigkeit der Verträge zu beteiligen." Die Bundesregierung ließ es an jeglicher Kompromißbereitschaft fehlen. Aber damit nicht genug. Nachdem der Kanzler zuvor amerikanisches Zuckerbrot verabreicht hatte, drohte er nun mit der amerikanischen Peitsche, indem er eine Presseerklärung von US-Außenminister Dulles in Auszügen verlas, in der es hieß, die Vereinigten Staaten sähen sich bei Nichtratifizierung des EVG-Vertrages bis zum 30. Juni 1953 außerstande, noch mehr in Europa „hineinzustecken", um fehlende deutsche Streitkräfte bei der Verteidigung Europas zu substituieren. Der hessische Ministerpräsident Zinn ergänzte Adenauers Ausführungen um die Passagen des Dulles-Interviews, die der Kanzler absichtlich verschwiegen und denen zufolge der amerikanische Außenminister allerdings die Aufnahme der Bundesrepublik in die NATO als Alternative genannt hatte, falls die EVG scheitern sollte.

Danach ging der Auswärtige Ausschuß zur Tagesordnung über und befaßte sich mit dem Entschließungsantrag des baden-württembergischen Ministerrates: „Der Bundesrat hält an der [...] einstimmig gebilligten Auffassung fest, [...] vor einer Entscheidung über seine Zustimmung oder Ablehnung das Ergebnis der Prüfung der Rechtsfrage durch das Bundesverfassungsgericht abzuwarten. Er beschließt deshalb, seine Entscheidung bis zur Erstattung eines Gutachtens durch das Bundesverfassungsgericht über die Verfassungsmäßigkeit und Zustimmungsbedürftigkeit der Ratifizierungsgesetze zu vertagen." Ratlosigkeit bei den Ausschußmitgliedern! Möglicherweise wäre für diesen Antrag von vornherein keine Mehrheit gefunden worden, wenn sich die Bundesregierung nicht in der erwähnt schroff-kompromißlosen Form gebärdet hätte. Selbst der Bremer Senatspräsident Kaisen, der dem Bundeskanzler zugetan war, betrachtete den Kabinettsbeschluß als einen Affront und sprach von einer Krise zwischen Bundesregierung und Bundesrat.

Der Kanzler griff zu einem allzu durchsichtigen politischen Taschenspielertrick, um das Blatt zu seinen Gunsten zu wenden: Er verkündete, soeben sei ihm die Nachricht überbracht worden, Eisenhower habe seinem Wunsch entsprochen, den Hohen Kommissar zum Botschafter zu ernennen und den deutschen Geschäftsträger in Washington als Botschafter zu akkreditieren, „wenn Sie zustimmen. [...] Wir können dann in dieser brennend heißen Zeit diplomatischer Tätigkeit die deutschen Ansichten und die deutschen Wünsche unmittelbar beim Staatssekretär zur Geltung bringen. Das ist ein Moment von solcher Tragweite, daß Sie das unmöglich außer Betracht lassen können [...] Überlegen Sie sich doch noch einmal, ob es nicht noch einen anderen Weg gibt." Ehards vehemente Schützenhilfe für den Kanzler nutzte nichts. Der Vertagungsantrag war gestellt und wurde dem Plenum des Bundesrates vorgelegt. Der baden-württembergische Justizminister Renner (SPD) begründete ihn und verschwieg dabei nicht, daß die Koalitionspartner FDP und BHE für die Annahme der Verträge, die SPD jedoch dagegen sei. Die Vereinbarung, nach einem positiven Votum der Karlsruher Richter dem Vertragswerk zuzustimmen, war ein innerkoalitionärer Kompromiß insofern, als er die inhaltlichen Bedenken der Sozialdemokratie unberücksichtigt ließ.

In einer erregten Diskussion des Für und Wider, in der parteipolitische Argumente völlig hinter die staatspolitischen zurücktraten und in der der tiefe, von Verantwortung geprägte Ernst zu spüren war, von dem sich die Ländervertreter leiten ließen, vermochte dennoch niemand, die inzwischen starren Fronten zwischen den SPD-regierten Ländern mit Baden-Württemberg einerseits und den unionsregierten andererseits aufzuweichen. Mit 20 gegen 18 Stimmen fand der Stuttgarter Antrag eine Mehrheit[80].

In welchem rechtlichen und – davon abhängig – politischen Stadium befand sich nun das Ratifizierungsverfahren? Eine Bilanz ließ sich nur dann ziehen, wenn man die bislang offengebliebene Frage beantwortete, ob der Bundesrat die Ratifizierungsgesetze nun als zustimmungsbedürftig erachtete oder nicht. Wenn ja, war er an keine Verabschiedungsfrist gebunden, hatte er sich mit seinem Beschluß auf Vertagung das endgültige Votum über das gesamte Vertragspaket zwar unausgesprochen, aber dennoch merkbar vorbehalten. Wenn nein, mußte er innerhalb von 14 Tagen wegen der zwei Hauptteile der Kontrakte den Vermittlungsausschuß anrufen. Geschah dies nicht, dann konnten diese nach Ablauf der Frist als durch das Ländergremium stillschweigend gebilligt gelten. Ihrer Ratifizierung und Hinterlegung stand dann formal nichts im Wege.

Von diesem Vorgang unberührt blieben bei dieser Interpretation die beiden von der Bundesregierung selbst als zustimmungsbedürftig deklarierten Gesetzentwürfe über die steuerliche Behandlung der Streitkräfte sowie deren Rechtsstellung und über das Zoll- und Steuerwesen der EVG. Der Zustimmung dieser unbedeutenden bzw. nachgeordneten Gesetze durch den Bundesrat konnte sich die Regierung zu einem späteren Zeitpunkt versichern.

Solche Überlegungen blieben rein hypothetischer Natur, solange sich die Ländervertretung nicht verbindlich äußerte, und sie hat in der entscheidenden Sitzung vom 24. April 1953 nicht Stellung bezogen. Der Bundeskanzler suchte dieses Rechtsvakuum in seinem Sinne zu nutzen. In vertrauter journalistischer Runde räumte er zwar ein, man befinde sich nun in einer staatsrechtlichen Situation, „in der wir alle einstweilen noch etwas kopfschüttelnd stehen und uns bemühen, sie möglichst zu studieren und zu sehen, was sich daraus entwickelt"[81]. In Wirklichkeit aber wußte Adenauer bereits genau, was er wollte, und er ließ die Katze auch aus dem Sack: Er hielt die Hauptvertragsteile weiterhin seitens des Bundesrats nicht für zustimmungsbedürftig: „Heute ist Freitag, die 14 Tage laufen also am Montag ab, und dann muß man sehen, was sich weiter tut[82]." Für ihn war zunächst nur bedeutsam, daß der amerikanische Außenminister Dulles bis Ende Juni 1953 über das Schicksal der EVG Gewißheit haben wollte, weshalb er zunächst entschlossen schien, dem Bundespräsidenten die Gesetze auf alle Fälle zur Unterschrift zuzuleiten; mit ihrer Hinterlegung – dies war die Kompromißformel, über die er im Kabinett Einigkeit zu erzielen hoffte – konnte man zuwarten. Darauf angesprochen, ob er bei einem solchen Vorgehen keine Auseinandersetzungen mit den unionsregierten Ländern befürchte, antwortete der Kanzler im Brustton der Überzeugung: „Nein, die erwarte ich nicht. Damals ist die Frage im Bundesrat gar nicht genauer untersucht worden, sondern es ist lediglich gesagt worden, alles hänge miteinander zusammen. So kann man natürlich nicht verfahren[83]."Adenauer beabsichtigte, den gordischen Knoten zu durchtrennen und erklärte vor der Presse, nach Ablauf der besagten Frist Theodor Heuss die Kontrakte vorzulegen[84].

Wie sich nun herausstellte, hätte er besser daran getan, vorher die maßgeblichen Landespolitiker der Union zu konsultieren. Der spätere Nachfolger Reinhold Maiers in Stuttgart, der frühere

80 Deutscher Bundesrat, Sten.Ber., 105. Sitzung, 24.4.1953, S. 178–195.
81 Wortprotokoll eines Informationsgesprächs, 24.4.1953, in: Adenauer, Teegespräche, S. 435–446, hier S. 440.
82 Ebd., S. 437.
83 Ebd., S. 443.
84 24.4.1953, vgl. Baring, Außenpolitik, S. 283.

Staatspräsident Württemberg-Hohenzollerns, Gebhard Müller (CDU), reagierte auf diese Ankündigung als erster. Wenn er auch Verständnis für die Absicht des Regierungschefs bekundete und die seiner Meinung nach unverantwortliche Haltung der Bundesratsmehrheit kritisierte, so glaube er doch, den Kanzler vor unbedachten Schritten warnen zu müssen. „Die Verträge sind zweifellos ein Ganzes und als solches Zustimmungsgesetze", stellte er klar, und er machte darauf aufmerksam, daß das vom Kanzler beabsichtigte Verfahren verfassungsrechtlich anfechtbar sei. „Ich würde es für verhängnisvoll halten, wenn man den Gegnern der Verträge diese billige Chance geben würde[85]." Durch diesen Einspruch verunsichert, wandte sich Adenauer nun an den bayerischen Ministerpräsidenten, um dessen Meinung über die Zustimmungsbedürftigkeit der Ratifizierungsgesetze zu erfahren. Auch hier erhielt er eine eindeutige Auskunft:

„Seit dem ersten Durchgang der Gesetze stand der Bundesrat einhellig auf dem Standpunkt, daß die Gesetze in ihrer Gesamtheit zustimmungspflichtig seien. Zu keinem Zeitpunkt konnte eine Änderung dieser Meinung verzeichnet werden[86]." Ehard riet dringend von allen formalrechtlich fragwürdigen Experimenten ab und befürwortete statt dessen politische Anstrengungen zu dem Zweck, die Mehrheitsverhältnisse im Bundesrat zugunsten der Regierungskoalition zu ändern.

Der Bundeskanzler kam also an der Tatsache nicht vorbei, daß der Bundesrat mit den Stimmen der unionsregierten Länder die vollständigen Kontrakte als seiner Zustimmung bedürftig erachtete. Nach einigem Hin und Her innerhalb der Koalition setzte er schließlich im Kabinett durch, dem Bundesrat nochmals Gelegenheit zu geben, sich mit den Verträgen zu befassen und sein Ja oder Nein zu sprechen. Der stellvertretende CDU/CSU-Fraktionsvorsitzende Schröder betonte, eine solche Entscheidung der Ländervertretung halte man für erwünscht[87]. Nur der Fraktionsvorsitzende der DP, Hans-Joachim v. Merkatz, wandte sich gegen ein nochmaliges Befassen des Bundesrates mit den Gesetzesvorlagen[88].

Adenauer drängte nun, um der in gewisser Weise ultimativen Forderung von US-Außenminister Dulles nachzukommen. Auch wenn er die Washingtoner Aufforderung möglicherweise bewußt überbewertete und als politisches Druckmittel einsetzte, so floß doch wieder einmal Wasser auf die Mühlen der Argumentation derjenigen, die ihn als Kanzler der Alliierten apostrophierten.

Wo er den Hebel zur Änderung der Bundesratsmehrheit ansetzen wollte, blieb kein Geheimnis: Bei der Niedersachsenregierung, geführt von Ministerpräsident Hinrich Wilhelm Kopf (SPD), die sich aus fünf SPD-, drei GB/BHE- (Gesamtdeutscher Block/Bund der Heimatvertriebenen und Entrechteten. Im folgenden als BHE bezeichnet) und einem Zentrumsminister zusammensetzte. Die Idee, diese Koalition zu sprengen, stammte ursprünglich von der FDP und hatte zunächst bei der Union keinen Anklang gefunden[89]. Erst als der Versuch scheiterte, den Bundespräsidenten doch noch zur Unterschrift zu bewegen, griff man sie auf. Schwachpunkt der Niedersachsen-Koalition schien der BHE zu sein – eine bislang bundespolitisch zu vernachlässigende Größe. Im ersten Bundestag verfügte er durch Fraktionswechsel Ende 1950 sowie Anfang 1952 zeitweilig über vier bzw. fünf Mandate[90]. Auf Landesebene beteiligte sich der BHE in

[85] Schreiben Müllers, 24.4.1953, an Adenauer, BA, B 136/2106.
[86] Brief Ehards, 6.5.1953, an Adenauer, BA, B 136/2106.
[87] PPP, 29.4.1953, S. 7. Vgl. dazu auch CDP, 4.5.1953, über die interfraktionelle Besprechung der Koalitionsparteien.
[88] Vgl. dazu Der Spiegel, Nr. 19 (6. Mai) 1953, S. 5f.
[89] Vgl. Baring, Außenpolitik, S. 286.
[90] Vgl. dazu Datenhandbuch Bundestag 1, S. 239–241.

der Ratifizierungsphase von EVG- und Deutschlandvertrag an den Regierungen Baden-Württembergs (mit FDP/DVP, SPD), Bayerns (mit CSU, SPD), Hessens (mit der SPD), Schleswig-Holsteins (mit CDU, FDP, DP) und Niedersachsens (mit SPD, Z), wobei sich seine Kabinettsmitglieder in der Wehrfrage als zuverlässige Parteigänger des jeweiligen Regierungschefs erwiesen.

Gleichwohl nahm der BHE zunächst eine sicherheitspolitisch ambivalente Haltung ein. Seinem Selbstverständnis nach politisches Sprachrohr der Vertriebenen, Flüchtlinge und Kriegsgeschädigten, verband er einerseits Antibolschewismus mit Verteidigungswillen. Andererseits empfand auch er, der die Forderung nach Recht auf Heimat und nach deutscher Einheit auf seine Fahnen geschrieben hatte, die militärische Westbindung zunächst als eine gesamtdeutsche Barriere. Über dieser programmatischen Dichotomie kam es zu verschiedenen Abspaltungen, wobei der BHE sich allmählich von einer restaurativen, bisweilen auch revanchistischen Vertriebenenlobby (Charta der Heimatvertriebenen) über eine sozial-ökonomische Interessenorganisation (Lebensrecht im Westen) zu einer Partei der nationalen Mitte mit außenpolitisch unverkennbar großdeutschen Vorstellungen entwickelte. Der BHE strebte die Wiederherstellung des Deutschen Reiches mit Preußen als Kern und Ordnungszelle an[91]. Die wehr- und sicherheitspolitischen Auffassungen unterlagen diesem Wandlungsprozeß. Erste Stellungnahmen zu dieser Problematik lassen sich bis zum Beginn des Korea-Krieges zurückverfolgen. Damals hatte die vom norwegischen Verteidigungsministerium herausgegebene Zeitschrift „Militærorientering“ westdeutsche Parteiführer um eine Stellungnahme zu der Frage gebeten: „Sind Sie für oder gegen eine Remilitarisierung Deutschlands[92]?“ Der damalige niedersächsische Landtagsabgeordnete und spätere Minister Kraft antwortete, er halte angesichts des bestehenden Besatzungsregimes und der erfolgten Demilitarisierung die öffentliche Erörterung des Themas für „untunlich“. Sollten allerdings die westlichen Besatzungsmächte veränderte politische Verhältnisse schaffen, werde der BHE den sicherheitspolitischen Notwendigkeiten Rechnung tragen, vorausgesetzt, die Bundesrepublik werde als gleichberechtigter westlicher Partner anerkannt. Als eine politisch-psychologische Schranke bezeichnete er den rechtlichen wie propagandistischen Versuch, die deutschen Berufssoldaten als ehrlos und verbrecherisch zu diskreditieren[93]. Der BHE-Vorsitzende hatte hier wichtige Rahmenbedingungen für die Zustimmung seiner Partei zu einem westdeutschen Verteidigungsbeitrag genannt: 1. „Die Voraussetzung für eine Wehrmacht wäre [...] die Souveränität der Bundesrepublik.“ 2. „Der Gedanke einer engen Gemeinschaft aller europäischen Staaten.“ Die Partei setzte sich für ein Großeuropa ein, wollte es aber in Anbetracht der gegebenen weltpolitischen Konstellationen zunächst einmal mit Westeuropa versuchen. Die Teilnahme an einer europäischen Streitkraft kam aber nur dann in Frage, wenn die Partnerstaaten gleichfalls auf nationale Armeen verzichteten[94]. Gleichzeitig vernahm man allerdings auch noch nationalistische Töne in der Partei: „Die deutsche Wehrmacht muß für die deutsche Politik einsatzfähig sein[95].“ 3. „Die Kosten der Aufrüstung dürfen das soziale Gefüge der Bundesrepublik weder gefährden noch gar sprengen[96].“ Darunter verstand der BHE insbesondere die

[91] Vgl. Stöss, Gesamtdeutscher Block/BHE, S. 1438.
[92] Brief Alfred Joachim Fischers, London, o.D., an den Bundesvorsitzenden des BHE, Waldemar Kraft, BA, NL 267/33.
[93] Brief Krafts, 25.7.1950, an Fischer, BA, NL 267/33.
[94] Interview mit Kraft, in: Ostdeutsche Zeitung/Stimme der Vertriebenen, 26.11.1950, BA, NL 267/61.
[95] Erklärung des nordrhein-westfälischen BHE-Politikers Turmann auf der Ersten Bundesdelegiertenkonferenz, zit. n. Neumann, Block der Heimatvertriebenen, S. 85.
[96] Interview mit Kraft, in: Ostdeutsche Zeitung/Stimme der Vertriebenen, 26.11.1950, BA, NL 267/61.

wirtschaftliche Eingliederung der Heimatvertriebenen und Flüchtlinge, weshalb er die Frage eines gerechten Lastenausgleichs mit der des Wehrbeitrages verband. Beides brauchte sich nicht zu widersprechen. Ganz im Gegenteil, der Verteidigungswille eines Volkes mußte wachsen, je mehr soziale Errungenschaften es zu verteidigen galt.

Frühzeitig ließ der BHE-Vorsitzende an dem Verteidigungwillen seiner Partei unter den genannten Gegebenheiten keinen Zweifel. „Wir würden am liebsten gar nicht rüsten und mit dem Soldat-Sein ein für alle Mal aufhören [...] Da unsere Freiheit aber bedroht wird und diese Bedrohung für uns zur Frage der Existenz schlechthin geworden ist, so zwingt uns dieser Tatbestand zu einer Verteidigungsbereitschaft in Waffen[97].“ Die Spaltung der Welt in zwei politische Lager ließ der Bundesrepublik nach Auffassung Waldemar Krafts nur die Wahl, die Partnerschaft und den Schutz des Westens zu suchen, dabei aber auch die gleichen bündnispolitischen Pflichten und Rechte wahrzunehmen. Der militärische Zusammenschluß Europas war gefordert, und zwar als Kristallisationspunkt für ein einheitliches europäisches Ganzes. „Nur gemeinsam können wir unsere Freiheit verteidigen, nur gemeinsam wieder zu einem bestimmenden Faktor in der Großen Politik werden[98].“ 4. „Der BHE ist [...] der Meinung, daß dem deutschen Volke nur dann der Sinn einer Verteidigung begreifbar gemacht werden kann, wenn darin die Zusage eingeschlossen ist, daß bei einer künftigen Neuordnung der europäischen Verhältnisse der deutsche Anspruch auf die angestammte Heimat der Vertriebenen Berücksichtigung findet[99].“ Ein westdeutscher Verteidigungsbeitrag besaß also nicht nur eine sicherheitspolitische, sondern auch eine gesamtdeutsche Funktion, und der BHE kam in diesem Punkt der Adenauerschen Politik der Stärke wohl recht nahe.

Dennoch wollten Union und BHE auf Bundesebene nicht zusammenfinden. Der Vertriebenenpartei erschien der Kanzler gegenüber den Westmächten zu nachgiebig, zu wenig gesamtdeutsch orientiert. Da stand ihr Kurt Schumacher mit seiner nationalen Attitüde schon näher: „Er sieht die Frage des Verteidigungsbeitrages und der Gleichberechtigung betont unter dem Gesichtswinkel strategischer Möglichkeiten, wobei seine Kenntnisse über die militärischen Zusammenhänge beachtenswert sind[100].“

So erscheint die Koalition des BHE mit wechselnden Partnern in den Ländern verständlich. Die Partei konnte und wollte sich zumindest in der Phase der Verhandlungen über Pleven-Plan und dann EVG-Vertrag bundespolitisch nicht an eine der beiden großen parlamentarischen Kräfte binden. „Der BHE könnte der Politik des Bundeskanzlers nicht folgen“, äußerte Waldemar Kraft auf einer Parteivorstandssitzung im November 1951. „Er müsse in vielen Fällen sogar der politischen Haltung Schumachers den Vorzug geben[101].“

In der ersten großen Wehrdebatte des Deutschen Bundestages über EVG- und Generalvertrag Anfang Februar 1952 schloß sich der BHE durch seinen Abgeordneten Fröhlich der oppositionellen Kritik an der mangelnden Unterrichtung des Parlaments über den Stand der Verhandlungen und den Inhalt der Kontrakte an. Der Redner appellierte aber an Bundesregierung und Mehrheitsfraktionen, nichts unversucht zu lassen, um mit der Opposition zu einer gemeinsamen Außen- und Sicherheitspolitik zu gelangen. Wenn er auf das „Überpotential“ der Sowjetunion an Rüstung hinwies und vor dem Optimismus warnte, Moskau werde sich davor scheuen, vom Kalten zum heißen Krieg überzugehen, wenn Fröhlich sich für die gleichberechtigte Partner-

97 BA, NL 267/26.
98 Ebd.
99 Kraft zum Verteidigungsbeitrag, 21.9.1952, zit. n. Neumann, Block der Heimatvertriebenen, S. 85.
100 Protokoll der 5. Parteivorstandssitzung des BHE, 6./7.10.1951, BA, NL 267/25.
101 Ebd.

schaft der Bundesrepbulik innerhalb eines europäischen Bündnisses einsetzte, dann deutete sich an, daß das letzte Wort des BHE zum Wehrbeitrag noch nicht gesprochen war. Immerhin stimmte ein Abgeordneter der Partei der von den Mehrheitsfraktionen eingebrachten Resolution zur Schaffung einer übernationalen europäischen Bundesgewalt zu, während sich die vier anderen Parlamentsmitglieder der Stimme enthielten[102].

Der Text des General- und EVG-Vertrages lag dem BHE bis zur Unterzeichnung nicht vor. Die noch kurz vor Unterschriftsleistung erfolgte Änderung der Bindungsklausel kam der Partei entgegen, doch reichte diese Korrektur nicht, ihr das Ja zu den Kontrakten abzuringen. In den ersten innerparteilichen Beratungen über die Konventionen kam man an der Spitze des BHE noch nicht mit sich ins reine. In den Ländern suchte man nach einem Mittelweg zwischen den Auffassungen der beiden großen Parteien. „Der BHE befindet sich in einer Lage zwischen CDU und SPD, die sich mit der Lage Deutschlands zwischen West und Ost vergleichen läßt. Beide müssen um ihre Eigenständigkeit kämpfen." Der Parteivorsitzende lehnte die emotional überfrachteten Argumente der SPD gegenüber den Westverträgen ebenso ab wie die Schönfärberei der Union, mit der sie die fixierten Vorbehaltsrechte der Westmächte zu bagatellisieren suchte: „Für uns handelt es sich doch schließlich um nichts anderes als um einen sogenannten freiwilligen Zwang! Warum wird das von Adenauer nicht klar ausgesprochen[103]?" Einen Tag vor Unterzeichnung des Generalvertrages forderte der Bundesvorstand des BHE, der Kontrakt dürfe kein Hindernis für die Wiedervereinigung bilden und keine gesamtdeutsche Regierung späterhin binden[104]. Mitte Juni beschäftigte sich das Direktorium des BHE mit dem Text des Generalvertrages, dessen Etikettierung als Deutschlandvertrag es ablehnte, weil er nur die Bundesrepublik, d.h. einen Teil Deutschlands, betraf. Man stellte heraus, daß die Gleichberechtigung nicht erreicht, das eigentliche Verhandlungsziel also verfehlt und dem BHE damit die Zustimmung verwehrt worden war. Wenn die Mehrheitsfraktionen die Ablösung wesentlicher Teile des Besatzungsrechts durch Vertragsrecht als positives Verhandlungsergebnis herausstrichen, kritisierte der BHE gerade die Festschreibung wesentlicher Elemente des Besatzungsstatuts im Generalvertrag. Im einzelnen meldete der BHE folgende Bedenken an:

1. daß die Notstandsklausel sich nur auf die Bundesrepublik bezog, obwohl der BHE die Gefahr innerer Unruhen in anderen Partnerländern für größer hielt;
2. daß die Bindungsklausel die Wiedervereinigung Deutschlands von der Zustimmung der übrigen Vertragspartner abhängig machte;
3. daß die Bundesrepbulik auf das deutsche Auslandsvermögen im Gesamtwert von 20 bis 25 Milliarden DM verzichtete;
4. daß nach seiner Auffassung die Reparationen und Restitutionen die deutsche Alleinschuld am Zweiten Weltkrieg demonstrierten;
5. daß die Frage der Kriegsverbrecher ungeregelt blieb.

Der BHE ersuchte die Bundesregierung, die Zeit bis zur Ratifizierung der Westverträge zu deren inhaltlicher Verbesserung zu nutzen. Tenor der Kritik: Der Generalvertrag ist in dieser Fassung unannehmbar[105]. Der EVG-Vertrag verfiel nicht ausdrücklich der Ablehnung.

Im Herbst 1952 entschloß sich der BHE, seine politische Aktionsbasis von der Länder- auf die Bundesebene zu erweitern und flächendeckend Kandidaten für die Wahl zum Deutschen

[102] Deutscher Bundestag, Sten.Ber., Bd 10, 191. Sitzung, 8.2.1952, S. 8218–8221, 8248.

[103] Waldemar Kraft auf der BHE-Bundesvorstandssitzung, 24./25.5.1952, Protokoll der Sitzung, BA, NL 267/25.

[104] Resolution vom 25.5.1952, BHE-Dienst, 4.6.1952, S. 2.

[105] BHE-Dienst, 2.7.1952, S. 1.

Bundestag im September 1953 aufzustellen. Mit dem Ersten Bundesparteitag in Goslar im September 1952 wurde ein entsprechendes Signal gesetzt, ohne daß sich hinsichtlich Deutschland- und EVG-Vertrag ein programmatischer Wandel angedeutet hätte. Im Verfassungsstreit Ende 1952 rückte der BHE merklich nahe an die Position der SPD heran, indem sich Waldemar Kraft für Neuwahlen zu einer Verfassunggebenden Versammlung aussprach, die ein neues Grundgesetz erarbeiten sollte, das nun auch der Bundesrepublik die Wehrhoheit zusprach[106]. Zu Beginn des Jahres 1953 zeichnete sich dann aber in der Parteiführung eine Mehrheit ab, die, geführt vom 1. Bundesvorsitzenden Waldemar Kraft und seinem Stellvertreter Theodor Oberländer, für die zweite Legislaturperiode die Koalition mit den derzeitigen Regierungsfraktionen vor allem zu dem Zweck anstrebte, mit einer Zweidrittelmehrheit im Bundestag eine Grundgesetzänderung zugunsten der Einführung der Wehrhoheit vorzunehmen. Vorsichtig tastete sich der Bundesvorstand in der Wehrfrage an die Regierungsposition heran. In einer die 3. Lesung der Westverträge vorbereitenden Sitzung meinte Oberländer, „unser Nein müsse sich deutlichst von dem Nein der SPD und der KPD unterscheiden“. Er riet zudem, sich hinsichtlich der vom Bundesrat ausgesprochenen Empfehlung zur Einholung eines gemeinsamen Gutachtens beim Bundesverfassungsgericht über die Grundgesetzkonformität der beiden Kontrakte mit dem Argument auf die Seite der Union zu schlagen, politische Entscheidungen müßten in Bonn und nicht in Karlsruhe gefällt werden[107].

In einem vertraulichen Gespräch mit Spitzenfunktionären des BHE gelang es namhaften Vertretern der Bundesregierung (z.B. Staatssekretär Lenz, Hallstein, Grewe), überzeugend darzutun, die von der Partei immer in den Vordergrund ihrer Kritik gerückte Bindungsklausel bedeute nicht mehr und nicht weniger als die Verpflichtung der Westalliierten, die deutsche Zustimmung zu einem abzuschließenden Friedensvertrag einzuholen. „Wenn [...] kein Friedensvertrag geschlossen werden kann, dem Deutschland nicht zustimmt, dann geben wir auch unsere Ansprüche auf die deutschen Ostgebiete jenseits Oder-Neiße nicht durch die Ratifizierung des GV [Generalvertrag] auf, sondern wir legen sie im Gegenteil dadurch fest, daß ein Friedensvertrag unserer Zustimmung bedarf[108].“ Diese Erklärung bedeutete die Brücke, über die der BHE von der Seite der Opposition auf die der Koalition überzuwechseln vermochte. Waldemar Kraft hob hervor, dies sei ein völlig neuer Gesichtspunkt, der weder in den Bundestagsdebatten noch in der Öffentlichkeit von der Bundesregierung hinreichend herausgestellt und interpretiert worden sei. Für die Wähler des BHE sei diese Auslegung der Bindungsklausel von entscheidender Bedeutung und könnte für die Partei „evtl. zu einer Überprüfung des Gesamturteils führen“[109]. Der BHE sprach nun vom Wandel seines „eingeschränkten Nein zu einem *bedingten Ja*“[110]. Vor der Öffentlichkeit versicherte Waldemar Kraft, der BHE erachte den EVG-Vertrag zwar nach wie vor nicht als ideal. Es bleibe ein Rest von Bedenken. Er verspreche „jedoch zur Zeit die einzige Lösung, um Europa vor der drohenden kommunistischen Gefahr zu bewahren“[111]. Gleichzeitig versicherte er, der Wandel in der Einstellung zu den Westverträgen bedeute keine Abwendung von der SPD und nicht die Identifizierung mit der Politik der CDU.

[106] Aufzeichnungen Waldemar Krafts über eine neue Verfassung, o.D. (wahrscheinlich Jahreswende 1952/1953), BA, NL 267/10.

[107] Protokoll der Bundesvorstandssitzung, 18.1.1953, BA, NL 267/25.

[108] Hallstein in der Besprechung vom 19.2.1953, Protokoll der Sitzung, BA, NL 267/25. Das gesamte Zitat im Original unterstrichen.

[109] Ebd.

[110] Die politische Linie des „Gesamtdeutscher Block/BHE“, Bonn, o.J. [Frühjahr 1953], S. 12, BA, ZSg 1-54/7 (3).

[111] Lübecker Nachrichten, 19.3.1953.

Diese sibyllinische Formulierung war mit der Absicht beruhigender Wirkung an die Adresse der SPD-Länderchefs und Reinhold Maiers gerichtet, mit denen sich der BHE in Koalition befand, konnte aber auch gleichzeitig als verbale Avance an die unionsregierten Länder verstanden werden, deren im Bundesrat sich abzeichnendes Ja zu den Westverträgen mitzutragen. Der Bundeskanzler ließ daher nichts unversucht, den BHE auf seine Seite zu ziehen. Dabei ging es ihm nicht nur um die Änderung der Mehrheitsverhältnisse im Bundesrat. Wer konnte schon garantieren, daß die Koalition auch die Bundestagswahl 1953 gewinnen würde? Unter ungünstigen Umständen mußte man sie bei einer Neuauflage verstärken; ganz abgesehen davon, daß man die parlamentarische Basis erweitern mußte, wenn man der Bundesrepublik auf dem Wege der Grundgesetzänderung die Wehrhoheit zweifelsfrei zuerkennen wollte. Zwar hatte sich der niedersächsische Finanzminister und BHE-Bundesvorsitzende Waldemar Kraft zunehmend der außenpolitischen Linie des Bundeskanzlers angenähert, aber es gab innerhalb der Niedersachsen-Koalition, von personalpolitischen Querelen einmal abgesehen, keine tiefgreifenden sachlichen Differenzen. Ein erster Anlauf der Bonner Regierungsparteien, die in Hannover auf der Oppositionsbank saßen, im Zusammenhang mit dem Verbot der SRP deren 16 inzwischen parteilose Mandatsträger ungeachtet ihrer neonazistischen Gesinnung samt den Landtagsabgeordneten des BHE in einer neuen Landesregierung zusammenzubinden, war an dem Karlsruher Verdikt gescheitert, demzufolge die Parlamentarier verbotener bzw. aufgelöster Parteien ihres Mandates verlustig gingen. In zahlreichen Unterredungen mit Waldemar Kraft wurde jedoch deutlich, daß das positive Votum zu den Westverträgen nicht gleichbedeutend mit dem Willen zur Aufkündigung der Niedersachsen-Koalition war. Dies legte bereits zu Beginn der Konsultationen zwischen Bundesregierung und BHE dessen Fraktionsvorsitzender im niedersächsischen Landtag, Haasler, im Plenum des Landesparlaments klar. Er trat nachdrücklich für die Verabschiedung des EVG-Vertrags mit einer großen Mehrheit, auch der des Bundesrates, ein, dessen Beschluß nach seiner Auffassung noch die Möglichkeit offen ließ, zu einer gemeinsamen, die Verträge bejahenden Auffassung zwischen den Ländern zu gelangen. „Wir haben den Eindruck, daß Ministerpräsident Kopf die Tür zu einem solchen Weg aufgestoßen hat, um Gespräche in Gang zu bringen, die dem Ganzen nur dienlich sein können[112]."

In der Presse wurde bereits ein neues Kabinett in Hannover gehandelt, an der Spitze der FDP-Landesvorsitzende und Bundestagsabgeordnete Artur Stegner, als Innenminister FDP-MdB Onnen und als Wirtschaftsminister der Ministerialdirektor im Bundeskanzleramt, Globke[113]. Aber in den ersten Maitagen machte Waldemar Kraft allen Spekulationen über einen Regierungswechsel in Niedersachsen ein Ende, als er erklärte, seine Partei werde sich für eine Mehrheit der Bundesländer zugunsten der Kontrakte einsetzen, ohne jedoch das Regierungsbündnis von Hannover aufzukündigen. Es sei nicht seine Art, gleich mit der „gröbsten Lösung aufzuwarten, wenn es noch anders gehe"[114]. In einer ausführlichen Presseerklärung legte der Bundesvorsitzende des Gesamtdeutschen Blocks/BHE die Haltung seiner Partei zu den Konventionen noch einmal klar. Zwar seien er und seine politischen Freunde mit einer Reihe von Vertragspunkten durchaus unzufrieden. Vor die Frage gestellt, die Vereinbarungen von Bonn und Paris abzulehnen oder zu akzeptieren, habe man sich aber für das letztere entschieden, zumal deren grundlegende Umgestaltung nicht mehr möglich sei. Die Zusammenarbeit mit dem Westen biete der Bundesrepublik Schutz, während das sicherheitspolitische Risiko einer Ablehnung überhaupt nicht taxierbar sei. Kraft beschuldigte sowohl die Bonner Koalition wie die Op-

112 Zit. n. Stuttgarter Zeitung, 7.5.1953.
113 Vgl. Stuttgarter Zeitung, 4.5.1953.
114 Zit. n. CDP, 8.5.1953, Bl. 3.

position, in der Phase des Aushandelns der Verträge Fehler gemacht zu haben, insbesondere im wechselseitigen Umgang miteinander. „Es steht uns nicht an, Richter sein und feststellen zu wollen, welche Seite die größere Zahl von Fehlern begangen hat; denn darauf kommt es jetzt nicht an. *Wir* räumen diesen außenpolitischen Verträgen eine solche Bedeutung ein, daß wir ihnen den Vorrang vor allen innenpolitischen Fragen, die uns zur Zeit beschäftigen, geben. Das verpflichtet uns, alles zu tun, was möglich ist, um den Verträgen, die im Bundestag mit einer großen Mehrheit verabschiedet worden sind, nun auch im Bundesrat zur Annahme zu verhelfen[115]."

In der Union war Adenauers Bemühen, die Niedersachsen-Koalition zu sprengen, nicht auf ungeteilte Gegenliebe gestoßen. „Ich glaube nicht", so schrieb Hans Ehard an den Bundeskanzler, „daß dieses Bestreben zu einem Ergebnis führen wird, sondern befürchte, daß durch ein solches Beginnen die bestehende Spannung eher vermehrt wird[116]." Er riet statt dessen, den Hebel in Stuttgart anzusetzen. „Ist es doch eine völlige Unmöglichkeit, daß in Bonn die FDP mit Entschiedenheit für die Verträge eintritt und in Stuttgart unter der Führung eines hervorragenden Vertreters dieser Partei das Zustandekommen dieser Verträge praktisch verhindert wird[117]." Und in der Tat ließ sich eine Reihe von Anzeichen dahingehend deuten, daß Reinhold Maier für ein Ja zu den Verträgen zu gewinnen sein würde. Unmittelbar nach der Plenumssitzung des Bundesrates am 24. April gab der baden-württembergische Ministerpräsident zu, daß er und seine Parteifreunde in Stuttgart die Westverträge insgesamt positiv bewerteten: „Wir sind für die Verträge, aber vorher muß die Rechtslage geklärt werden. Wenn diese Frage geklärt ist, haben wir den festen Auftrag, zuzustimmen[118]." Da Reinhold Maier das Koalitionsangebot der CDU ausgeschlagen hatte, kam es für den Kanzler nun darauf an, die Gegenkräfte gegen den Stuttgarter Ministerpräsidenten in der eigenen Partei, insbesondere in der Bundes-FDP, zu mobilisieren, damit diese ihn von seinem formalrechtlichen Standpunkt abdrängte.

Aber dazu bedurfte es inzwischen keiner besonderen Ermunterung mehr. Bereits wenige Stunden nach der Bundesratssitzung distanzierten sich führende FDP-Politiker von ihrem Stuttgarter Parteifreund. Keine Geringeren als Justizminister Dehler, Wohnungsbauminister Neumayer, der Fraktionsvorsitzende im Bundestag Schäfer und sein Stellvertreter Euler machten keinen Hehl daraus, daß sie in ihrer Erwartung enttäuscht wurden, Reinhold Maier werde im Ländergremium „für ein klares und vorbehaltloses Ja zu den Verträgen eintreten". Angesichts der vorbehaltlosen Zustimmung der FDP zu den Kontrakten habe sich der Stuttgarter Regierungschef in klaren Gegensatz zur offiziellen Parteilinie begeben[119]. Der geschäftsführende Landesvorstand der Deutschen Jungdemokraten, also der Jugendorganisation der FDP, kritisierte Reinhold Maier ebenfalls. Er teilte ihm telegraphisch mit, „daß ein sofortiges klares Ja der Deutschen Bundesrepublik zu den Vertragswerken eine politische Notwendigkeit und z. Zt. der wichtigste Schritt auf dem Wege zu einer friedlichen Wiedervereinigung Deutschlands" sei[120]. An den beiden folgenden Tagen saß der Bundesvorstand der FDP über den unbotmäßigen schwäbischen Parteifreund zu Gericht. Es herrschte die übereinstimmende Auffassung, daß dieser dem Ansehen der Partei schweren Schaden zugefügt habe, was sich im September bei den

115 Gesamtdeutscher Block/BHE, Nachrichtendienst der Partei, 20.5.1953.
116 Brief Ehards, 6.5.1953, an Adenauer, BA, B 136/2106.
117 Ebd.
118 Aufzeichnung einer Pressekonferenz, 24.4.1953, Archiv des Bundesrates, Ausschuß für Auswärtige Angelegenheiten, 20–20 II, Schriftwechsel mit Ländervertretungen.
119 Wortlaut der Erklärung in: Die Neue Zeitung, 25./26.4.1953.
120 Telegramm, 25.4.1953, an Reinhold Maier und Vizekanzler Blücher, HStA Stuttgart, EA 1/21 0431/8.

Bundestagswahlen negativ für die FDP auswirken mußte. Es stand zu befürchten, daß sich die außenpolitischen Konturen der Liberalen in der Öffentlichkeit verwischten und die Erfolge der von ihnen mitgetragenen Außen- und Sicherheitspolitik überwiegend dem Kanzler und damit der CDU gutgeschrieben wurden. Die Verärgerung über Reinhold Maier fand ihren Höhepunkt in dem zur Diskussion gestellten Vorschlag des hessischen FDP-Vorsitzenden Martin Euler, den baden-württembergischen Ministerpräsidenten aus der Partei auszuschließen[121]. Schließlich kam man jedoch überein, die parteipolitische Zerrissenheit nicht noch demonstrativ vor der Öffentlichkeit sichtbar zu machen, sondern zunächst einmal mit Maier das Gespräch in dem Sinne zu suchen, den Bundesrat erneut zur Abgabe eines eindeutigen Votums zusammenzurufen. Die Staatsräson verlange den Primat der Bundespolitik gegenüber den Landesinteressen. Nur über ein Arrangement, nicht durch den Bruch mit dem baden-württembergischen Ministerpräsidenten, ließ sich eine zustimmende Stellungnahme der Länderkammer zu den Westverträgen erwirken. Und dies schien unbedingt notwendig, nicht so sehr aus formalrechtlichen Gründen, sondern viel eher um der vermuteten rechtspsychologischen Wirkung willen.

Denn zwischenzeitlich war das eingetreten, was die Sozialdemokraten angekündigt und nun wahrgemacht hatten: seit dem 11. Mai 1952 lag in Karlsruhe die zweite Feststellungsklage der sozialdemokratischen und der Zentrumsfraktion sowie der GVP-Abgeordneten vor, mittels der beantragt wurde, festzustellen, ob Deutschland- und EVG-Vertrag mit dem Grundgesetz harmonierten[122]. Die Kläger gingen davon aus, daß 14 Tage nach dem Plenumsbeschluß des Bundesrates das parlamentarische Gesetzgebungsverfahren abgeschlossen sei. Bundesjustizminister Dehler gab sich keiner Illusion über den möglichen Ausgang der von der Opposition angestrengten Klage hin: „Wenn die Normenkontrollklage durchgeführt wird, wird sie zu unseren Ungunsten ausgehen[123].“ Lag aber die Zustimmung von Bundestag und -rat vor, würde sich das Verfassungsgericht schwertun, einen solchen Tatbestand leichthin zu ignorieren.

Dem auf ihm lastenden wachsenden Druck konnte und wollte der Stuttgarter Regierungschef nun nicht mehr standhalten. Bonner Koalitionsfraktionen und Regierung drängten mit Blick auf die bevorstehende Bundestagswahl aus optischen Gründen auf ein Ja des Bundesrates, um in der Öffentlichkeit den breiten politischen Konsens, auf dem die Westverträge beruhten, zu demonstrieren. Aber an der verfassungsrechtlichen Hängepartie änderte die Stellungnahme der Ländervertretung, wie immer sie ausfallen mochte, nichts; die neuralgischen Punkte der Verträge, nämlich die Frage ihrer Grundgesetzkonformität und ihrer Zustimmungsbedürftigkeit durch den Bundesrat, ließen sich nicht mehr politisch klären, nachdem die Opposition das Verfassungsgericht angerufen und auch der Bundespräsident seine Unterschriftsleistung von dem Karlsruher Urteil abhängig gemacht hatte. Was sprach also dagegen, nicht nur die zoll- und steuerrechtlichen Gesetze zum Deutschland- und EVG-Vertrag im Bundesrat passieren zu lassen, sondern die Konventionen selbst auch? Um die Stuttgarter Koalition zu retten, ließ Reinhold Maier im Kabinett über den Antrag abstimmen, die Hauptverträge bei einer erneuten Vorlage im Ländergremium durch Nichtstellungnahme passieren zu lassen, ein Votum, das ein Ja nur kaschierte und faktisch die Nichtzustimmungsbedürftigkeit beinhaltete. Mit fünf SPD-Stimmen gegen die vier von FDP/DVP und BHE lehnte der baden-württembergische Ministerrat diesen Antrag ab[124]. Anders aber als in den anderen Bundesländern brauchte sich der Stuttgarter

[121] Maier, Erinnerungen, S. 485.

[122] Text mit Begründung in: Kampf um den Wehrbeitrag III, S. 166–181.

[123] Wortprotokoll der Sitzung des Gesamtvorstandes der FDP, 25./26.4.1953, AdL, 98, FDP Bundesvorstand (Gesamtvorstand), Sitzungsprotokolle 1953 I.

[124] Maier, Erinnerungen, S. 490.

Ministerpräsident nach der noch geltenden Geschäftsordnung nicht nach dem Kollegiatsprinzip zu richten. Er konnte die Stimmen seines Landes im Bundestag in eigener politischer Verantwortung abgeben. Am 7. Mai 1953 traf Maier in Begleitung des FDP/DVP-Landtagsabgeordneten Haußmann, Vizekanzler Blüchers und des Bundestagsabgeordneten der FDP Hans Wellhausen mit dem Bundeskanzler zusammen, um den Weg für ein Ja des Bundesrates zu den Konventionen zu markieren. In dieser Runde wiederholte er seinen Vorschlag, die Gesetze, deren Zustimmungsbedürftigkeit unstrittig sei, zu bejahen, die Kernverträge aber als angenommen zu deklarieren, nachdem die Frist zur Anrufung des Vermittlungsausschusses verstrichen sei. Für die Anregung Adenauers, auch diesen gegenüber die Zustimmung ausdrücklich auszusprechen, konnte sich Reinhold Maier nicht erwärmen, so daß der Bundeskanzler nachgab. „Wenn ich auch eine andere Fassung des Beschlusses vorgezogen hätte, so glaube ich doch, mich mit dem Vorschlag Maier einverstanden erklären zu können, um die Dinge weiter voranzubringen", schrieb er an den bayerischen Ministerpräsidenten, dem er die Initiative des Stuttgarter Regierungschefs ausführlich mit der Bitte um Stellungnahme erläuterte[125]. In der Münchner Staatskanzlei wurde der bereits von Reinhold Maier vorformulierte Entschließungsantrag für den Bundesrat nach einer geringfügigen verbal-kosmetischen Korrektur akzeptiert[126].

Am 15. Mai 1953 saß das Plenum des Ländergremiums darüber zu Rate, nachdem er zuvor dem Auswärtigen Ausschuß vorgelegen hatte. Hier war es zu Kontroversen gekommen, wobei die SPD-regierten Länder auf ihrem alten Standpunkt und der Entschließung des Bundesrates vom Juni 1952 beharrten. Der Versuch von Hamburgs Erstem Bürgermeister Max Brauer, in Parallelität zum Vorgehen des Auswärtigen Ausschusses der Nationalversammlung in Paris, die Beratung der Verträge zu vertagen, scheiterte. Auf Empfehlung der Mehrheit des Ausschusses stimmte das Plenum dann mit 23 gegen 15 Stimmen den Gesetzen über die steuerliche Behandlung der Streitkräfte und ihrer Mitglieder und über die Rechtsstellung der europäischen Verteidigungsstreitkräfte über das Zoll- und Steuerwesen der europäischen Verteidigungsstreitkräfte zu. Darüber hinaus stellte er fest, daß zum Deutschland- und EVG-Vertrag der Vermittlungsausschuß nicht angerufen worden und daß damit das Gesetzespaket beschlossen sei[127].

Die Stuttgarter Koalitionsregierung aus FDP/DVP, BHE und SPD zerbrach vorerst nicht, aber SPD-Justizminister Renner trat nach dieser Kehrtwende Reinhold Maiers von seinem Amt zurück. Er hatte als Vorsitzender des Rechtsausschusses des Bundesrates entscheidenden Anteil an dem Zustandekommen des Beschlusses vom Juni 1952, dem zufolge alle Bundesländer das gesamte Gesetzeswerk der Westverträge für zustimmungsbedürftig erklärten.

Die Ländervertretung hatte sich mit dem Beschluß vom 15. Mai 1953 um ihre außenpolitischen Kompetenzen gebracht, die sicherlich umstritten, zumindest aber seitens der Besatzungsmächte zur Schwächung der Zentralgewalt intendiert waren. Konrad Adenauer hat dies selbst so gesehen. In einer der schon mehrfach erwähnten Teerunden brachte ein Journalist das Gespräch auf die Zuständigkeit des Bundesrates, auf das Kräfteverhältnis zwischen Zentral- und Föderalgewalt: „Wie sehen Sie, Herr Bundeskanzler, die Entwicklung an? Entspricht sie den Vorstellungen, die die Unterfertigten des Grundgesetzes einmal gehabt haben?" Und die Antwort des Bundeskanzlers: „Sie wissen doch, wie es beim GG gewesen ist. Die Franzosen wollten die Zentralgewalt möglichst schwächen und die Länder möglichst stark machen. Daher ist das GG so zu-

[125] Schreiben Adenauers, 8.5.1953, an Ehard, BA, B 136/2106.
[126] Schreiben Bundesfinanzminister Schäffers, 9.5.1953, an Adenauer, BA, B 136/2106.
[127] Deutscher Bundesrat, Sten.Ber., 107. Sitzung, 15.5.1953, S. 232–236.

stande gekommen wie es ist." So ungeklärt die Position des Bundesrates laut Grundgesetz auch sein mochte, die Verfassung ändern wollte der Kanzler nicht[128].

Die unionsregierten Länder und Reinhold Maier haben die Interessen der Länder hinter die des Bundes letztlich zurückgestellt, obwohl ihnen diese Entscheidung nicht leichtgefallen ist. Die SPD-Länderchefs hatten es da zunächst besser, weil der ursprünglich einstimmig gefaßte Beschluß des Bundesratsplenums, vor einer Stellungnahme zu den Westverträgen die verfassungsrechtliche Seite klären zu lassen, mit der Haltung der Bundespartei korrespondierte. Erst in der Schlußphase der Auseinandersetzung innerhalb des Bundesrates kollidierten Staats- und Parteidisziplin, wobei die letztere schließlich obsiegte, wenngleich manchem sozialdemokratischen Minister und Länderchef diese Solidarität schwer ankam. Der SPD-geführte Senat von Berlin, mit Ernst Reuter an der Spitze, vermochte sie nicht aufzubringen und handelte in eigener Verantwortlichkeit, d.h., er schloß sich am 15. Mai 1953 dem Mehrheitsvotum des Bundesrates an. Dies blieb eine Demonstration souveränen politischen Entscheidungswillens, auch wenn bekanntlich die Berliner Stimmen im Bundesrat nicht zählen.

Angedeutet hatte sich diese Entscheidung bereits früher, doch monierte der Regierende Bürgermeister Ernst Reuter noch Anfang April, daß die Bundesrepublik nur indirekt über die EVG und nicht unmittelbar Mitglied der NATO werden solle, und daß der Kanzler es nicht vermocht habe, die Saarfrage im Rahmen der Verhandlungen um EVG- und Deutschlandvertrag befriedigend zu lösen[129]. Nicht, daß Reuter gegen einen westdeutschen Verteidigungsbeitrag im Rahmen einer Europaarmee gewesen wäre: „Wir anerkennen vollkommen, daß die Beteiligung an einer europäischen gemeinsamen Verteidigung auch eine Verpflichtung der Deutschen ist." Anders als die Bundes-SPD hatte der Berliner Regierende Bürgermeister auch prinzipiell keine Einwendungen gegen die Europäische Verteidigungsgemeinschaft vorzubringen, sofern die Bundesrepublik als gleichberechtigter Bündnispartner aufgenommen würde. Aber die Westverträge schienen ihm dies nicht zu garantieren, und so fragte er: „Warum denn der Umweg über die EVG, warum denn [...] nicht der direkte in die NATO hinein, damit wir an allen maßgebenden Entscheidungen beteiligt sind[130]?" Dies war eine Auffassung, die die SPD-Führung unter der Bedingung, daß der Atlantikpakt sich einmal als Teil eines kollektiven Sicherheitssystems verstehen sollte, zum damaligen Zeitpunkt bereits mehrheitlich vertrat, ohne sie allerdings aus Rücksicht auf ihre wehrkritische Anhängerschaft in der Öffentlichkeit zu äußern. Die Berliner SPD hat sich bei ihrem zustimmenden Votum im Bundesrat zu EVG- und Deutschlandvertrag von der mehrheitlichen Ansicht der Länder bestimmen lassen, daß Bundesregierung und Bundestag die politische Verantwortung für den Abschluß von internationalen Verträgen zu übernehmen hätten, es sei denn, sie berührten Länderinteressen und Länderkompetenzen.

Der Bundesrat ist in seiner Geschichte nur noch einmal, nämlich rund 20 Jahre später, vor eine ähnliche innere Zerreißprobe gestellt worden, über dem Ratifizierungsverfahren zu den von der sozialliberalen Koalition abgeschlossenen Ostverträgen. Nun war es die Union, die ihre Mehrheit im Bundesrat gegen die sozialliberale Mehrheit im Bundestag auszuspielen suchte, um die Konventionen zu Fall zu bringen. Das erbitterte inner- und interparteiliche Ringen, die intensiven Konsultationen zwischen Bund und Ländern waren flankierend begleitet von einer

128 Wortprotokoll des Kanzlertees, 8.5.1953, in: Adenauer, Teegespräche, S. 447–459, hier S. 454.

129 Rede Reuters, 10.4.1953, auf einer SPD-Kundgebung in Frankfurt/Main, in: Reuter, Reden, Bd 4, S. 699–714, hier S. 706–707.

130 Rede Reuters, 1. Mai 1953, auf der Berliner Mai-Kundgebung vor dem Reichstagsgebäude in: ebd., S. 722–730, hier S. 729.

kontrovers geführten verfassungsrechtlichen Diskussion auf wissenschaftlicher Ebene, die sich in einer Flut von Expertisen niederschlug. Die unionsregierten Länder sprangen zwar nicht über ihren politischen Schatten, ermöglichten aber trotzdem – und zwar unter ausdrücklichem Bezug auf ihre Haltung bei der Behandlung der Westverträge –, daß die Warschauer und Moskauer Verträge nach der Verabschiedung durch den Bundestag den Bundesrat mit ihrer Stimmenthaltung passierten.

5. Innenpolitische Absicherung und Ratifizierung der Westverträge

a) Die Bundestagswahl vom September 1953

Rund ein Jahr nach der Unterzeichnung der Westverträge deutete nichts auf den schnellen Abschluß des Ratifizierungsverfahrens in der Bundesrepublik hin. Daß nach zähem politischen Ringen Wohl und Wehe der Konventionen nicht von einer politischen, sondern rechtlichen Entscheidung abhängig sein sollten, war ein Gedanke, mit dem der Bundeskanzler sich weder anfreunden wollte noch konnte. Politisch ohnmächtiges Zuwarten widerstrebte seinem Naturell zutiefst, und Adenauer hatte nicht vor, sich in die Abhängigkeit des Bundesverfassungsgerichts zu begeben. Verhindern ließ sich dies aber nur, wenn man Deutschland- und EVG-Vertrag nicht dem Urteil der Karlsruher Richter, sondern dem der Wähler überließ, die für den 6. September 1953 zu den Urnen gerufen waren, früh genug, um dem Spruch des Bundesverfassungsgerichts zuvorzukommen.

Hatten die ersten Bundestagswahlen des Jahres 1949 sichtbar im Zeichen innenpolitischer Konsolidierung gestanden, spielten demgegenüber beim Bundestagswahlkampf 1953, jedenfalls nach Meinung des Kanzlers, „in der Hauptsache die Fragen der deutschen Wiederbewaffnung und die Frage des Verteidigungsbeitrages im Rahmen der Europäischen Verteidigungsgemeinschaft eine Rolle“[1]. Folglich durfte man nicht erwarten, daß in der Zeit zwischen der Verabschiedung der Westverträge und dem Schließen der Wahllokale neue sicherheitspolitische Argumente zwischen den Parteien ausgetauscht, Akzentverschiebungen in der Diskussion vorgenommen wurden, daß eine Annäherung der politischen Kontrahenten in der Sache erfolgen würde. Das Thema, einmal in den Händen der Parteistrategen und Propagandisten, mußte plakativ und in Schwarzweißmalerei gestaltet werden. Der Effekt war gefragt, und die von allen Parteien abgehaltenen Wahlkongresse zielten auf entsprechende Wirkung.

Was die CDU/CSU betraf, so wollte sie sich natürlich nicht auf die Überzeugungskraft der Wahlwerbung und auf das im voraus nicht zu beziffernde Wahlergebnis verlassen. Der Unsicherheitsfaktor des Wahlausgangs mußte möglichst gering gehalten werden; ein mit der zunächst widerstrebenden, dann aber zustimmenden SPD verabschiedetes neues Wahlgesetz, das durch seine 5%-Klausel Splitterparteien den Einzug in den Bundestag verwehrte, erschien allein auch nicht verläßlich genug. Es galt, für die angestrebte erneute Regierungsbildung frühzeitig parteipolitische Partnerschaften zu gründen. An der Koalitionstreue der Deutschen Partei bestanden auch für eine erneute Legislaturperiode keine Zweifel. Sie strebte allein schon aus politischem Selbsterhaltungstrieb, aber auch aus programmatischer Affinität, erneut die Mitre-

[1] Adenauer, Erinnerungen Bd 2, S. 199.

gierung an der Seite der Union an. „Die außenpolitischen Verträge bilden das Kernstück unserer Innen- und Außenpolitik", hieß es in der programmatischen Wahlrede ihres Vorsitzenden Hellwege anläßlich des Bundesparteitages in Hamburg Ende Mai 1953. „Sie werden auch im Wahlkampf die entscheidende Rolle spielen, weil die sozialdemokratische Opposition an ihnen den grundsätzlich falschen Kurs der Bundesrepublik nachzuweisen bemüht ist[2]." Ob und in welcher Stärke die DP als norddeutsche Landespartei, für die das neue Wahlgesetz wie für andere regionale Parteien ein Schlupfloch ließ, wieder in das Bundesparlament einziehen würde, blieb unkalkulierbar.

Sicherheitspolitisch unzweideutig gerierte sich im Wahlkampf auch die FDP. Sie versuchte sich zwar besonders als liberale Wirtschaftspartei zu profilieren, was in Abgrenzung zu dem damals bereits höchst wahlwirksamen Vater der sozialen Marktwirtschaft, Wirtschaftsminister Ludwig Erhard (CDU), nicht leichtfiel. Dennoch und vielleicht deshalb rangierte in ihrem Wahlprogramm die Außenpolitik an erster Position. Hier stellte sie sich als überzeugte Verfechterin der europäischen Integration dar: „Seit 1946 fordert die FDP als Ziel der deutschen Außenpolitik die Eingliederung eines freien in rechtsstaatlicher Ordnung wiedervereinigten Deutschland in die Gemeinschaft aller freien Völker Europas. Sie bejaht daher den Europäischen Wirtschaftsrat, die Montan-Union, die Europäische Verteidigungsgemeinschaft und die Europäische Politische Gemeinschaft als Schritte auf dem Weg zu einem geeinten Europa[3]."

Die Liberalen gingen aber mit einem möglicherweise folgenschweren Handikap in die wahlpolitische Auseinandersetzung: Ihre Partei war von dem früheren Staatssekretär in Goebbels Reichspropaganda-Ministerium, Naumann, gezielt neonazistisch unterwandert worden. Die englische Besatzungsmacht hatte prominente nordrhein-westfälische Parteimitglieder verhaftet. Aus der Untersuchungshaft entlassen, avancierte Naumann zum Spitzenredner der DRP. Ein innerparteilicher schmerzlicher Selbstreinigungsprozeß erwies sich als notwendig. Aber die Partei war beim Wähler ins Zwielicht geraten. Ohnehin bot sie in der Wehr- und Deutschlandfrage nach den publizistisch hochgespielten Auseinandersetzungen um Reinhold Maier und Georg Pfleiderer kein überzeugendes Bild konzeptioneller Geschlossenheit.

Da eine große Koalition für den Kanzler nicht zur Debatte stand, jede Stimme im Bundestag schließlich zählte, wenn man das Wahlziel erreichen wollte, nämlich auf politischem Wege die Voraussetzung dafür zu schaffen, daß mit einer Zweidrittelmehrheit im Bundestag das Grundgesetz geändert und damit rechtlich unanfechtbar der Bundesrepublik die Wehrhoheit zuerkannt werden konnte, mußte nach weiteren Bundesgenossen Ausschau gehalten werden. Ins Blickfeld geriet zunächst das Deutsche Zentrum, das bekanntlich seine primär gesamtdeutsch orientierten Bundestagsmitglieder an die GVP verloren hatte, und für das zu befürchten stand, daß es auch einen Teil seiner Wählerschaft an die Heinemann-Partei würde abtreten müssen. Auf den ersten Blick erschien ein Zusammengehen von Union und Zentrum gerade in der Sicherheitspolitik als gänzlich ausgeschlossen. Immerhin hatte der Abgeordnete Bernhard Reismann die noch anhängige Normenkontrollklage mit eingereicht. Noch Ende April 1953 hatte die Partei den Vertagungsbeschluß des Bundesrates ausdrücklich gutgeheißen und darauf hingewiesen, daß sie, obwohl in Nordrhein-Westfalen mit der CDU im Regierungsbündnis, im Einklang mit seinen Wählerschichten die Verträge dennoch abgelehnt habe[4]. Es dürfte aber gerade der Düsseldorfer CDU-Ministerpräsident gewesen sein, der Union und Zentrum einander näherbrachte: „Mit

[2] Macht den rechten Flügel stark, S. 8.

[3] Programm für die Wahlen zum 2. Deutschen Bundestag, beschlossen am 28.6.1953, in: Flechtheim, Dokumente II, 1, S. 326–342, hier S. 326.

[4] Informationsdienst Zentrum, 28.4.1953, BA, NL 240/21.

dieser Koalition CDU–Zentrum in Nordrhein-Westfalen ist [...] einiges geleistet worden. [...] Schließlich ist durch diese Koalition möglich geworden – und das ist von besonderer Bedeutung –, im Kabinett zum EVG-Vertrag und zum Deutschland-Vertrag eine übereinstimmende [positive] Feststellung zu erhalten, obwohl der Bundesparteitag des Zentrums beschlossen hat: Diese Verträge lehnen wir ab[5]."

Das Zentrum hatte mit seiner sogenannten Kölner Erklärung von Anfang März des Wahljahres die Sicherheitspolitik der Bundesregierung noch nachdrücklich kritisiert. Es lehnte zwar eine Neutralitätspolitik ab, forderte aber Viermächteverhandlungen zur Schaffung der Einheit Deutschlands in Freiheit. Es bejahte den föderativen Zusammenschluß Europas auf der Basis von Freiheit und Gleichberechtigung aller beteiligten Staaten, wies aber den Generalvertrag zurück, weil er seiner Auffassung nach die Bundesrepublik als einen Partner minderen Rechts abqualifizierte. Das Zentrum erkannte die Verpflichtung jedes Staates an, sich selbst zu verteidigen, wie es auch alle Bestrebungen befürwortete, die dem Zusammenschluß gleichberechtigter und freier Nationen zum Zwecke der Verteidigung dienten. Diese Voraussetzung erschien ihm durch den EVG-Vertrag nicht gegeben. Des weiteren sprach es gegen die allgemeine Wehrpflicht, die bekanntlich Bestandteil des EVG-Kontraktes war. Und letztlich forderte die Partei, die politischen Bedingungen für die Bildung eines europäischen Staatenbundes vor einer Ratifizierung des EVG-Vertrages zu erfüllen[6].

Wenn sich das Zentrum aller politischen Diskrepanzen zum Trotz Mitte August dennoch zu einem Wahlabkommen mit der Union bereit fand, dann sicher von der Furcht geleitet, durch das Raster der 5%-Klausel zu fallen. Natürlich mußte die Partei für diese Wahlhilfe einen politischen Obolus entrichten, der in der Zustimmung zu den Westverträgen bestand. Schon im Mai sprach sich ihr Generalsekretär für die Ergänzung des Grundgesetzes durch eine die Wehrhoheit beinhaltende Klausel aus. „Wer sich in die Zeit des Parlamentarischen Rates und in seine Beratungen zurückversetzt, kommt zu dem Ergebnis, daß die Basis, die das Grundgesetz für das Vertragswerk, namentlich für die Europäische Verteidigungsgemeinschaft abgibt, zu schmal ist, auch wenn Staatsrechtler sich noch so sehr um eine entsprechende Erläuterung von Einzelbestimmungen des Grundgesetzes bemühen und man vom Naturrecht her den Standpunkt vertritt, daß sich jeder Staat, also auch die Bundesrepublik, im Besitz der Wehrhoheit befindet. Der Parlamentarische Rat ist in den maßgeblichen Entscheidungen nicht frei gewesen. Er wurde von den Vertretern der Besatzungsmächte in den entscheidenden Punkten beeinflußt[7]." Aus diesen Gründen werde sich niemand einer entsprechenden verfassungsrechtlichen Korrektur verschließen können. Durch dieses Votum für eine Grundgesetzänderung wurde der Weg frei zu einer Vereinbarung, die den Verzicht auf die Nominierung eines CDU-Kandidaten in Oberhausen und die dortige Aufstellung des Bundesvorsitzenden des Zentrums, Johannes Brockmann, als Direktkandidat vorsah. Im Gegenzug dazu beschränkte sich das Zentrum darauf, nur in Nordrhein-Westfalen eine Landesliste aufzustellen. Die Partei übernahm die Verpflichtung einer zeitweiligen Fraktionsgemeinschaft mit der Union ausschließlich zum Zwecke der Wahl des Bundespräsidenten und des Bundeskanzlers. Angestrebt war aber eine „echte Arbeitsgemeinschaft"[8]. Das Zentrum erreichte im Huckepack-Verfahren mit der CDU zwei Mandate. Die insbesondere von der SPD heftig attackierte Liaison wußte der Zentrumsvorsitzende Brockmann nur wenig

[5] Ministerpräsident Arnold im Parteivorstand, Protokoll der 6. Sitzung des Bundesparteivorstandes der CDU, 22.5.1953, in: Adenauer, Protokolle, S. 516–582, hier S. 539f.
[6] Kölner Erklärung zur deutschen Politik, 7./8.3.1953, in: Flechtheim, Dokumente II, 1, S. 263–265.
[7] Das Zentrum, 7 (1953), Nr. 9, S. 2.
[8] So das Zentrumsorgan Kurier am Sonntag, 30.8.1953, S. 1.

überzeugend zu begründen und zu verteidigen. Über die Formel der Westverteidigung hätten auch CDU/CSU und SPD zusammenfinden können, wenn kein größerer gemeinsamer sicherheitspolitischer Nenner gefragt gewesen wäre. Die Partei vertauschte ihr bisher bedingtes Nein mit einem bedingten Ja in der Hoffnung, daß nach Abschluß der Verträge ihre noch offenen Forderungen – z. B. gleichberechtigte Stellung der Bundesrepublik, Klärung des völkerrechtlichen Status der Soldaten, Handlungsfreiheit in gesamtdeutschen Fragen – beglichen würden. Zudem hatte der Bundeskanzler zwischenzeitlich seinen Widerstand gegen eine vom Zentrum immer wieder geforderte Einberufung einer Viererkonferenz aufgegeben, ohne sich allerdings zeitlich zu binden. Einen Kurswechsel bedeutete dies allerdings nicht, sondern Anpassung an außenpolitische Gegebenheiten. Er suchte auf diese Weise die deutschlandpolitisch zentrierte Wahlkampagne der SPD zu parieren.

Die Sozialdemokratie vermochte es nicht, vor den Wahlen eine eindeutige sicherheitspolitische Marschrichtung festzulegen, obwohl durch die Führungsgremien parteiintern bereits deren entsprechende Markierungspunkte abgesteckt waren. In ihrer Wahlpropaganda lehnte sie die Westverträge entschieden ab, wobei sie es der Phantasie des Wählers überließ zu entscheiden, ob die Partei lediglich gegen deren Inhalte oder generell Vorbehalte gegenüber einem Verteidigungsbeitrag hegte. In ein und derselben Wahlbroschüre forderte sie zum einen mit Blick auf die vorgesehene Kommandostruktur der EVG „neue Verhandlungen mit dem Westen auf besserer Basis mit Aussicht auf Erfolg“ und zur besseren Wahrnehmung der Chancen für die „Erlangung der deutschen Gleichberechtigung und Souveränität“. Andererseits verwies sie auf geplante 200 Milliarden DM Rüstungsausgaben, die sie in den Wohnungsbau und für soziale Zwecke investiert wissen wollte[9]. Um ihr programmatisches Dilemma nicht allzu offenkundig werden zu lassen, zugestandenermaßen aber auch aus politischer Überzeugung, rückte die SPD-Spitze die Deutschlandfrage, mit der sie die Sicherheitsproblematik verband, in den thematischen Mittelpunkt ihrer Wahlkampfstrategie. Die argumentativen Variationen zum bekannten programmatischen Leitmotiv müssen hier nicht wiederholt werden. Es genügt, zentrale Sätze des vom Mitglied des Parteivorstandes Willy Eichler der Öffentlichkeit vorgestellten kommentierten Wahlprogramms zu zitieren: „Das eigensinnige Festhalten an dem europäischen Vertragssystem weist darauf hin, daß man nicht beweglich genug ist, einen anderen Weg zu versuchen, nämlich den der ernsten, wenn auch komplizierten Verhandlungen und der weitestreichenden Verständigung über ein friedliches Zusammenleben aller Völker [...] Am Beginn einer Politik der Verständigung und der friedlichen Lösung der Einheit Europas steht für uns die Wiederherstellung der Einheit Deutschlands[10].“

CDU/CSU und Bundesregierung hätten über der deutschlandpolitischen Initiative der größten Oppositionspartei zur Tagesordnung übergehen können, wenn sie nicht korrespondiert hätte mit Bemühungen der drei Westmächte, zu Viererverhandlungen über internationale Sicherheit und Entspannung zu kommen, bei denen die deutsche Frage nicht hätte ausgeklammert werden können. Mit Stalins Tod verband sich die wenn auch nur schwache Hoffnung, einer durch Diadochenkämpfe geschwächten Sowjetunion könne an einem Abbau des Ost-West-Konfliktes gelegen sein. In diesem Kontext hat man Premierminister Churchills Anregung eines Ost-Locarno zu verstehen, womit er ein kollektives Sicherheitssystem meinte, innerhalb dessen alle Vertragspartner der Sowjetunion im Falle eines deutschen, Deutschland im Falle eines sowjetischen Angriffs zu Beistand verpflichtet gewesen wären. Auch die neue amerikanische

[9] Westverträge ja oder nein? Wahlbroschüre.

[10] Wahlprogramm der SPD 1953, in: Flechtheim, Dokumente III, 2, S. 123–134, hier S. 124 f.

Administration unter Präsident Eisenhower und Außenminister Dulles signalisierte ebenso wie die Regierung in Paris Gesprächsbereitschaft und machte Anstalten, auf Außenministerebene die Vorbereitungen für ein Zusammenkommen mit den neuen Kreml-Herren zu treffen. Schließlich kam es zu einer offiziellen Einladung an die Sowjetunion. Wenn die Westmächte dem Kanzler auch versichert hatten, sie stünden zu den Westverträgen, auch ohne daß sie bereits in Kraft seien, so mußte Adenauer doch gewärtig sein, daß Moskau konkrete sicherheits- und deutschlandpolitische Vorschläge unterbreitete. Fielen diese bei der Opposition auf fruchtbaren Boden, während sie seitens der Bundesregierung abgelehnt wurden, dann konnte sich bei den Wählern der Eindruck festsetzen, eine Lösung der deutschen Frage scheitere am mangelnden guten Willen der Koalition. Die außenpolitischen Berater rieten dem Kanzler, die Flucht nach vorne anzutreten, nun selbst eine Viererkonferenz zu fordern und das Angebot eines kollektiven Sicherheitssystems nachzuschieben, dies allerdings auf der Basis der zu erweiternden Europäischen Verteidigungsgemeinschaft[11]. Bereits vorher hatte die Koalition der SPD den propagandistischen Wind aus den Segeln genommen und mit dieser zusammen im Bundestag eine die Einberufung einer Vierermächtekonferenz beinhaltende Resolution gefaßt[12].

Des Kanzlers Forderung darf nicht als politischer Positionswechsel verstanden werden. Vielmehr galt sein ganzes Bemühen der Rettung der EVG, die er der Sowjetunion als ersten Schritt in die kontrollierte Rüstung zu erklären und akzeptabel zu machen suchte: Die EVG bremse eine Rüstungsdynamik, lasse die Bundesrepublik zu einer militärisch kalkulierbaren Größe werden. Habe man sie erst einmal installiert, erscheine „ein Sicherheitsvertrag zwischen der Europäischen Verteidigungsgemeinschaft und der Sowjetunion [...] in einem späteren Stadium der weltpolitischen Entspannung durchaus nicht unmöglich“[13]. Der Bundeskanzler beabsichtigte also, die Viererkonferenz nach einer genau vorgezeichneten Schrittfolge zu akzeptieren, d.h. ihr Zustandekommen von zwei Bedingungen abhängig zu machen, nämlich der vorherigen Installierung der Europäischen Verteidigungsgemeinschaft und einer bereits spürbaren globalen Entspannung. Des weiteren unternahm die Koalition Anstrengungen, das Junktim zwischen Deutschland- und EVG-Vertrag vor dem Zustandekommen einer Viererkonferenz aufzulösen, um als Partner der Westmächte Subjekt und nicht mehr Objekt der Weltpolitik zu sein. Der stellvertretende CDU/CSU-Fraktionsvorsitzende Gerhard Schröder hatte diesen Wunsch bereits am 1. April 1953 in Washington vorgetragen; der DP-Fraktionsvorsitzende v. Merkatz unterstützte diesen Vorstoß mit der Begründung, es gelte, „die in vierjähriger Regierungsarbeit praktisch erreichte internationale Stellung der Bundesrepublik auch juristisch [...] zu sichern“, um insbesondere die Absicht Moskaus zu durchkreuzen, Viermächteverhandlungen auf der Basis der Potsdamer Beschlüsse zu führen[14].

Die FDP nahm den Aufstand des 17. Juni 1953 zum Anlaß, die Westmächte zu drängen, in der Bundesrepublik beispielhafte Zustände zu schaffen, um dergestalt moralischen Druck auf die SED und die sowjetische Besatzungsmacht zwecks Unterstützung des Freiheitswillens der DDR-Bevölkerung auszuüben. „Um diesen Freiheitswillen zu unterstützen, muß der Deutschland-Vertrag unverzüglich in Kraft gesetzt werden, denn nur dadurch kann dem deutschen Volk bewiesen werden, daß die führenden Demokratien sich mit den Sowjets nicht auf seine Kosten zu verständigen gedenken[15].“

[11] Schreiben Adenauers, 8.7.1953, an J. F. Dulles, in: KAG, 1953, S. 4093, Nr. 3.
[12] Entschließung des Deutschen Bundestages, 10.6.1953, in: Bulletin, 12.6.1953, S. 917.
[13] Presseerklärung Adenauers, 31.7.1953, ebd.
[14] CDP, 8.6.1953, Bl. 3.
[15] Presseerklärung Blüchers, 20.6.1953, AdL, A 12–10, Bundeshauptausschuß, Sitzung 19./20.6.1953.

Daß beim Festhalten an der EVG in ihrer konzipierten Gestalt die Wiedervereinigung bei Viermächteverhandlungen auf der Strecke bleiben würde, diese Befürchtung herrschte auch in Unionskreisen. Wenn man die Wiedervereinigung wirklich wollte, und zwar in absehbarer Zeit wollte, was man beispielsweise bei dem CDU-Spitzenpolitiker Tillmanns unterstellen konnte, dann waren Zugeständnisse unausweichlich. „Wahrscheinlich kann gegenüber der Sowjetunion eine Wiedervereinigung Deutschlands in der Weise, daß das ganze Deutschland uneingeschränkt in den europäischen und atlantischen Verteidigungsblock einbezogen wird, nicht durchgesetzt werden", schrieb der Abgeordnete an den Fraktionskollegen Ernst Majonica. „Umgekehrt können die Westmächte und wir, wie Eisenhower in seinem letzten Brief an den Kanzler richtig gesagt hat, nicht einer waffenlosen Neutralität Deutschlands zustimmen. Die Kernfrage der Konferenz wird sein, ob zwischen diesen Positionen eine Mittellinie gefunden werden kann, also ein Kompromiß, der zwar eine Modifikation der EVG in bezug auf ganz Deutschland, aber kein Fallenlassen der EVG bedeutet[16]."

Für die SPD rangierten Viermächteverhandlungen stets vor der Schaffung der EVG und der damit verbundenen kleineuropäischen politischen Lösung. Auch als die Sowjetregierung am 15. August 1953 ihre Bedingungen zu Viermächtegesprächen formulierte und die Aufnahme Westdeutschlands in Europaarmee und Nordatlantikpakt erstmals ausdrücklich als vor dem Bemühen um die Zusammenführung der beiden deutschen Staaten zu beseitigendes Hindernis bezeichnete[17], hielt die SPD an ihrer Forderung nach Einberufung einer Viermächtekonferenz fest, und Erich Ollenhauer forderte die Siegermächte des Zweiten Weltkrieges nachdrücklich dazu auf, sich gemeinsam an den runden Tisch zu setzen[18]. Die Westmächte luden, wohl auch in der Absicht, der Regierungskoalition Wahlhilfe angedeihen zu lassen, vier Tage vor der Wahl die Sowjetunion offiziell zu einer Konferenz nach Lugano ein. Der Bundeskanzler führte diese Einladung auf seinen Vorschlag eines Viermächtetreffens zurück und heftete sich dies als politischen Erfolg an seine Wahlfahne. Noch einmal präzisierte er seinen Vorschlag zur Schaffung eines kollektiven Sicherheitssystems, von dem für ihn längst feststand, daß er aufgrund der gegebenen weltpolitischen Konstellationen nicht zu realisieren war, was er auf einen ähnlichen Vorschlag Ollenhauers hin diesem zu Beginn des Jahres auch ausdrücklich zu verstehen gegeben hatte. Der Bundeskanzler versicherte, jede freiheitliche Lösung der deutschen Frage mit allen Kräften zu unterstützen, machte aber gleich einschränkend deutlich, daß seine Konzessionsbereitschaft dort ende, wo man das in Angriff genommene europäische Einigungswerk in Frage stellte. „Ein umfassendes Sicherheitssystem könnte formal verhältnismäßig einfach dadurch hergestellt werden, daß zwischen den verschiedenen regionalen Zusammenschlüssen, die jeweils als Einheit auftreten müßten, untereinander Verträge geschlossen würden, die militärische Konflikte zwischen den regionalen Gruppen unmöglich machen. Ferner könnte vereinbart werden, daß gegebenenfalls zwischen den Staatengruppen oder Mitgliedstaaten verschiedener Gemeinschaften auftretende Schwierigkeiten auf dem Verhandlungswege oder auf dem Wege der Schiedsgerichtsbarkeit geregelt werden sollen [...] Um einem etwa bestehenden sowjetischen Sicherheitsbedürfnis entgegenzukommen, kann das regionale Bündnis der Europäischen Gemeinschaft, nachdem es mit NATO verbunden ist, im Rahmen eines innerhalb der Vereinten Nationen zu entwickelnden Oberbaues in ein vertragliches Verhältnis zu den regionalen Bündnissen des Ostblocks gebracht werden. Geeignete Formen, auch hinsichtlich der militärischen Seite ei-

[16] Brief Tillmanns, 6.8.1953, an Majonica, ACDP, Junge Union (Bundesgeschäftsstelle), IV-007-036/4.
[17] Note der Sowjetregierung, 15.8.1953, KAG, 1953, S. 4116 F-4118.
[18] Stellungnahme Ollenhauers, 18.8.1953, ebd., S. 4122 A, Nr. 2.

nes solchen Systems, wären im Verhandlungswege zu ermitteln[19]." Für Adenauer lag dieser Zeitpunkt in weiter Ferne. Er wäre erst nach Vollendung der westeuropäischen Integration gekommen, für die die EVG eine Grundbedingung darstellte. Erst wenn die Sowjetunion angesichts eines militärisch starken und mit der NATO verbundenen Europas die ihr von Adenauer zugeschriebenen expansiven Ambitionen aufsteckte, sich dessen Industriepotentials auf dem Wege über den Kalten Krieg zu bemächtigen, könne eine Situation heranreifen, in der sich zwischen den Westmächten über Sicherheit, Entspannung und letztlich Abrüstung sprechen ließe. „Das ist dann nach meiner Meinung der Augenblick, in dem mit Sowjetrußland verhandelt werden kann über eine globale Regelung." Dann bot aus der Sicht des Kanzlers „gerade der Vertrag über die EVG alle Ansätze zum Ausbau eines Sicherheitssystems, das auch Sowjetrußland zugute kommen kann", weil es ja ein System begrenzter, gleichsam kontingentierter und damit kontrollierter militärischer Stärke darstellen sollte[20].

Während sich im Umgang der etablierten Parteien miteinander eine gewisse Routine eingespielt hatte, auch ein gewisser wechselseitiger Respekt zumindest einigen herausragenden Persönlichkeiten gegenüber herrschte, taten sich die „bürgerlichen" Parlamentarier in der Auseinandersetzung mit Rand- und Splittergruppierungen schwer. Dies galt insbesondere für das Verhältnis der Union zur Gesamtdeutschen Volkspartei, die sich im Wahlkampf besonders harter Attacken seitens der Union ausgesetzt sah.

Die Union befürchtete nicht nur einen Wahlerfolg der Heinemann-Partei aufgrund ihrer programmatischen Attraktivität. Sie rechnete vor allem damit, daß sie auf protestantische Wähler eine gewisse Faszination auszuüben vermochte. Das am 8. Juli 1953 in Kraft getretene neue Wahlgesetz bestand nicht zuletzt im Blick auf die GVP auf der Erfüllung besonders schwieriger Voraussetzungen für die erstmalige Zulassung einer Partei zur Bundestagswahl. Als die GVP die notwendigen Unterschriften herbeigebracht hatte, sah sie sich mehr oder weniger legalen bzw. illegalen Aktionen der Polizei ausgesetzt, die nicht selten die Rechtmäßigkeit der Unterschriften durch überraschende Hausbesuche bei denen überprüfte, die sie geleistet hatten, wobei sie allein schon durch ihr zum Teil massiertes und massives Auftreten den Eindruck erweckte, sie sei Unregelmäßigkeiten auf der Spur. Einen solchen Eindruck zu vermitteln, geschah in der Absicht, Unrechtsbewußtsein und unter Umständen die Bereitschaft zur Zurückziehung geleisteter Unterschriften zu erzeugen. Schließlich mußte Heinemann Verfassungsbeschwerde gegen die Pflicht der Unterschriftensammlung zur Aufstellung der Direktkandidaten einlegen, der auch stattgegeben wurde[21].

Die GVP eröffnete mit ihrem Bundesparteitag vom 17. Juni 1953 offiziell ihren Wahlkampf. Bei dieser Gelegenheit verabschiedete sie einen Appell an die Westmächte, die gerade vorbereitende Vorkehrungen zur Abhaltung der dann aber nicht zustande gekommenen Bermuda-Konferenz trafen, auf der sie die Weichen für Viermächtekonsultationen stellen wollten. Ihre hier formulierten sicherheitspolitischen Vorschläge übermittelte sie wenig später auch dem Hohen Kommissar der UdSSR in Ost-Berlin, Semenov. Sie wollte eine Lösung der deutschen Frage, die gleichzeitig dem Sicherheitsbedürfnis der deutschen Nachbarn, westlichem wie östlichem Miß-

[19] Erklärung Adenauers, 4.9.1953, in: Bulletin, 5.9.1953, S. 1413 f.

[20] Wortprotokoll des Tee-Empfangs, 17.8.1953, in: Adenauer, Teegespräche, S. 475–487, hier S. 480.

[21] Vgl. dazu undatierte Aufzeichnung, wahrscheinlich ein zur Veröffentlichung bestimmter Artikel-Entwurf Helene Wessels, AdsD, NL Helene Wessel 217. Im Folgenden wird mehrfach auf maschinenschriftliche Manuskripte aus den Nachlässen Wessel und Heinemann zurückgegriffen, die möglicherweise publiziert wurden, dann aber an versteckter Stelle, und durch die lückenhafte Überlieferung der Presseorgane der GVP nicht in veröffentlichter Form ausgemacht werden konnten.

trauen gegenüber einer Wiederbewaffnung Deutschlands Rechnung tragen sollte. Die GVP schlug folgendes vor: Garantie der Integrität eines wiedervereinigten Deutschlands bis zu einer allgemeinen Abrüstung oder bis zum Abschluß eines kollektiven Sicherheitspaktes. Um einen ersten Schritt in diese Richtung gehen zu können, entwickelte die GVP ein Sechs-Punkte-Programm, das im wesentlichen vorsah: Eine Viermächtekonferenz einigt sich über den völkerrechtlichen Status eines wiedervereinigten Deutschlands. Das Ergebnis wird in allen vier Besatzungszonen der Bevölkerung zur Abstimmung gebracht und im Falle einer Zustimmung Bestandteil eines Friedensvertrages. Alles, was über die völkerrechtliche Stellung hinausging, sollte der Regelung durch eine gesamtdeutsche Regierung vorbehalten bleiben, die aus einer frei und geheim gewählten Nationalversammlung zu bilden war[22].

Wenn die GVP sich gegenüber den großen Parteien eine Wahlchance ausrechnen wollte, bedurfte sie der Unterstützung halbwegs gleichorientierter Parteien bzw. Gruppen. Nicht, daß es von der Sache her an potentiellen Anhängern und Zustimmung gefehlt hätte. Aber die Position der Gegner der „Wiederbewaffnung" wie der Befürworter einer Wiedervereinigung waren bereits durch andere Parteien besetzt, zum einen durch die KPD als verlängertem Arm Moskaus und Ost-Berlins, zum anderen durch die SPD, innerhalb deren Wählerschaft sich nationales Konzept und Antimilitarismus in etwa die Waage hielten. Auf der anderen Seite durch die Rechten, die zwar für Wiedervereinigung, nicht aber auf der Basis von Verhandlungen plädierten. Heinemanns GVP fehlte es ganz einfach an Wählerpotential. Jedenfalls ließ es sich kaum aus dem Reservoir der überkommenen großen Parteien schöpfen. Heinemanns Suche nach Verbündeten, die sich hätten bereit finden können, sein Konzept der Kommunikation auch und gerade mit dem Osten mitzutragen, mußte sich daher auf den Rand des parlamentarischen Spektrums konzentrieren, womöglich sogar auf außerparlamentarische Kreise. Das Bemühen, die GVP zum Sammelbecken aller mit Adenauers Außen-, Sicherheits- und Deutschlandpolitik Unzufriedenen werden zu lassen, war nicht nur von politischer Notwendigkeit, sondern auch von politischer Naivität und einer Portion Instinktlosigkeit für die öffentliche Reaktion gekennzeichnet. Der GVP-Vorsitzende begab sich in den Dunstkreis politisch zwielichtiger Persönlichkeiten mit zum Teil dubiosen Ostkontakten, was seine Gegner in diffamierender Absicht weidlich ausnutzten.

Eine Wahlabsprache zwischen der FDP/DVP Reinhold Maiers, der SPD und der GVP in Baden-Württemberg ist wohl zwischen Heinemann und dem Stuttgarter Regierungschef besprochen worden, kam allerdings nicht zustande[23].

Schließlich nahm der von dem ehemaligen Zentrumspolitiker Josef Wirth und dem aus der CDU ausgeschlossenen Wilhelm Elfes geführte *Bund der Deutschen* Kontakt zur GVP auf, aus dem sich das am 19. Juli 1953 geschaffene Wahlabkommen entwickelte. Dieses Zusammengehen mit dem Bund der Deutschen hat die Heinemann-Partei in höchstem Maße kompromittiert. Denn der ehemalige Weimarer Reichskanzler Wirth gedachte die von ihm 1922 mitgetragene und mitverantwortete Rapallo-Politik der Verständigung mit der Sowjetunion, nun um 30 Jahre verschoben, unter gänzlich anderen Präliminarien wieder aufzunehmen. Er geriet bei diesem Bestreben ebenso wie der ehemalige Oberbürgermeister und Polizeipräsident von Mönchengladbach, Elfes, in das Fahrwasser Moskaus und der DDR, wofür ihre politische Naivität, nicht etwa ihre gedankliche Affinität zum Kommunismus verantwortlich gemacht werden muß.

[22] Schreiben des GVP-Präsidiums, 23.6.1953, an Semenov, AdsD, NL Heinemann 45, Allgemeine Korrespondenz.
[23] Vgl. dazu Koch, Heinemann, S. 378.

In ihren unstrittig von Sorge um den Frieden und die Einheit Deutschlands getragenen Bemühungen haben sie eine bemerkenswerte politische Einäugigkeit bewiesen, derzufolge sie die Sicherheitspolitik des Bundeskanzlers und des Westens als kriegsprovozierend, die deutschlandpolitischen Bemühungen von UdSSR und DDR hingegen als friedensstiftend bewerteten. Von dieser Einschätzung der politischen Situation und damit der argumentativen Hilfestellung für die östliche Seite her war es nur ein kleiner Schritt zur akzeptierten Finanzierung durch Moskau und Pankow[24].

Der Bund der Deutschen ist aus der im Sommer 1952 in Dortmund gegründeten *Deutschen Sammlung* hervorgegangen, die ihrerseits dem *Arbeitskreis für deutsche Verständigung* entsprang. Dieser Arbeitskreis wurde im Zuge der deutschlandpolitischen Aktivitäten Grotewohls Ende 1950 seitens der Nationalen Front der DDR initiiert. Im März 1952 hielt er als flankierende Maßnahme zur Stalin-Note in Mönchengladbach einen großen Kongreß ab, mit dem er erstmals in das Bewußtsein der Öffentlichkeit trat. Der Gründung dieser Organisation lag der Wunsch der SED zugrunde, politisch nicht kompromittierte, d.h. der Sympathie mit dem Kommunismus unverdächtige Persönlichkeiten gegen die Sicherheitspolitik der Bundesregierung zu mobilisieren. Zu diesen Persönlichkeiten zählten Wilhelm Elfes und Josef Wirth. Der ehemalige Reichskanzler, der nach dem Krieg an der Gründung des Deutschen Zentrums in Südwestdeutschland beteiligt war, reiste u.a. an der Jahreswende 1951/1952 nach Ost-Berlin, wo er mit führenden Vertetern der DDR und der sowjetischen Besatzungsmacht zusammentraf[25]. In Westdeutschland trat er zunächst einmal bei einer Reihe von Veranstaltungen nichtkommunistischer Friedensorganisationen auf und beteiligte sich dann an der Gründung der Deutschen Sammlung[26], die dann im Bund der Deutschen aufging. Bei diesem Umwandlungsprozeß wurden prominente Kommunisten eliminiert; doch ob sich ein wirklicher Reinigungsprozeß vollzog, muß stark bezweifelt werden.

Das Bündnis mit der Heinemann-Partei blieb nicht frei von erheblichen politischen und personellen Spannungen. Ulrich Noack (Nauheimer Kreis), der mit zahlreichen Anhängern zunächst der GVP beigetreten war, verließ diese wieder und empfahl, im September 1953 die SPD zu wählen[27].

GVP und BdD schufen sich mit dem Mannheimer Abkommen vom 19.Juli 1953 eine gemeinsame Wahlplattform, der zufolge sie aus ihren und den Reihen der Freien-Sozialen Union, des Deutschen Kreises, der Freien Mitte und der Nationalen Partei Deutschlands Kandidaten aufstellten. Der Wirkung in der Öffentlichkeit war sich Gustav Heinemann bewußt. Er persönlich war gegenüber kommunistischen Ideen immun. Konnte er dies aber auch von seinen neuen politischen Freunden guten Gewissens behaupten? Er betrachtete alle entsprechenden Anwürfe als Teil einer gezielten Diffamierungskampagne: „Es macht wirklich wenig Unterschied aus, ob man uns als gutwillige Narren, Verräter oder verkappte Kommunisten bezeichnet. Wir wissen, daß wir weder das eine noch das andere sind, und die Mehrheit der Bevölkerung weiß dies auch." Sicherlich bestand Anlaß, sich gegen den seitens der Bundesregierung aber auch der SPD gepflegten pauschalisierenden und auf Emotionalisierung der Politik abzielenden Antikommunismus zu wenden. „Wir müssen erkennen, daß die antisowjetische Hetze den Vorspann für die westliche Rüstungspolitik darstellt. Wenn wir den Frieden sichern wollen, müssen wir der anti-

[24] Vgl. dazu die Belege in BA, B 145/1594.

[25] Dr. Josef Wirth, Die Reise hinter den Eisernen Vorhang. Der gemeinsame Weg der Deutschen zur Einheit – oder zum Krieg. Broschüre v. Februar 1952, BayHStA, NL Ehard 158.

[26] Vgl. dazu Erklärung eines ehemaligen Mitarbeiters der Nationalen Front, 27.8.1953, BA, B 145/1594.

[27] Vgl. Jobke, Aufstieg, S. 145, Anm. 67. Zu Noack vgl. Kapitel II, 2.

sowjetischen Hetze ebenso wehren wie der Hetze gegen irgendein westliches Volk, muß eine Bresche geschlagen werden in den blinden und pauschalen Antikommunismus, diese kriegsträchtige Mentalität bürgerlich-pharisäischer Selbstgerechtigkeit[28]." Daß es ihm bei der Wahl seiner Verbündeten am nötigen politischen Fingerspitzengefühl mangelte, bescheinigte ihm einer seiner intimsten politischen und persönlichen Freunde, der populäre Münsteraner Theologe Helmut Gollwitzer. Aktiv in der Notgemeinschaft für den Frieden Europas tätig, rückte er wegen des bevorstehenden Bündnisses mit dem BdD von der Gesamtdeutschen Volkspartei ab. „Ein Zusammengehen mit Gruppen, die von Stalinisten durchsetzt sind und sich ihnen gegenüber nicht so klar abgrenzen, wie es die ‚Notgemeinschaft' getan hat, kommt für mich so wenig in Frage, wie mit einer Gruppe, die den Neofaschisten gegenüber nicht astrein ist[29]." Gollwitzer bestritt sogar die Notwendigkeit einer Parteigründung, die lediglich die voreilige Aufrüstung zum nahezu einzigen Programmpunkt habe. Es bestehe daher die Gefahr, daß die politische Entwicklung die Partei in Kürze überhole.

In der Mannheimer Erklärung wandte sich der Wählerblock gegen den vermeintlich verhängnisvollen Irrweg einer Politik der militärischen Stärke, gegen den Verzicht auf die friedliche Wiedervereinigung „unseres geteilten Vaterlandes zugunsten einer endgültigen Eingliederung in den amerikanischen Militärblock". Die Wiedervereinigungsdeklarationen der Regierungsparteien wurden als Lippenbekenntnisse abgetan, was sie zumindest bei Adenauer auch waren. „In Wirklichkeit [...] bauen sie ihre Politik auf der einseitigen Paktbindung und damit auf der Fortdauer der deutschen Spaltung auf. Sie stellen die unerfüllbare Bedingung, Gesamtdeutschland dem amerikanischen Oberbefehl zu unterwerfen[30]."

Natürlich war ein westintegriertes, wiedervereinigtes Deutschland für die Sowjetunion unvorstellbar – in diesem Punkt ging das Wahlbündnis von einer richtigen gedanklichen Voraussetzung aus. Es übersah allerdings die Tatsache, daß ein solches Deutschland damals auch für die Westmächte, insbesondere für Frankreich, undiskutabel erschien, zumindest kein erstrebenswertes politisches Nahziel bildete, sondern – mit Rücksicht auf französische Bedrohungsvorstellungen und Frankreichs Anspruch auf eine dominierende westeuropäische Stellung – geradezu verhindert werden mußte. Statt der Westorientierung proklamierten GVP und BdD eine Politik der Wiedervereinigung eines Deutschlands zwischen West und Ost. Anders als bislang, setzte sich nun auch die GVP zumindest in dieser Wahlvereinbarung für die strikte deutsche Neutralität ein, und anders als die früheren Verlautbarungen, in denen sowohl der westlichen wie der östlichen Seite deutschlandpolitisches Fehlverhalten vorgeworfen wurde, traf nun der Bannstrahl ausschließlich die Regierungen von Washington und Bonn. Man sollte diese Aussagen allerdings nicht zu ernst nehmen, denn die GVP hat im Verlauf des weiteren Wahlkampfs wieder die alte Heinemannsche Position eingenommen: Ein wiedervereinigtes Deutschland sei in einer Form zu schaffen, die keine militärische Bedrohung für die Sowjetunion darstelle und dessen Sicherheit von den Westmächten, auch in deren eigenem Interesse, garantiert werden solle.

Der Wahlkampf wurde sowohl seitens GVP/BdD als auch der Union mit harten Bandagen geführt. Während die einen plakatierten: „Wer die Rüstungsparteien wählt, wählt den Krieg[31]!" klebten die anderen darüber: „Moskau bezahlt[32]!"

[28] Heinemann, Warum zusammen mit dem Bund der Deutschen? Manuskript, 8.8.1953, AdsD, NL Heinemann 134, Publikationen.

[29] Brief Gollwitzers, 17.7.1953, an Heinemann, AdsD, NL Heinemann 46, Allgemeine Korrespondenz.

[30] Mannheimer Deklaration, 19.7.1953, in: Flechtheim, Dokumente II, 1, S. 494f., hier S. 494.

[31] Wahlplakat von GVP/BdD.

[32] Vgl. dazu Jobke, Aufstieg, S. 150.

Der Wahlsieg der CDU/CSU am 6. September 1953 (45,3 %) fiel deutlicher als von irgend jemand erwartet aus. „Aus den Ergebnissen ergibt sich", notierte Adenauers Vertrauter und Leiter der Außenpolitischen Abteilung des Auswärtigen Amts, Blankenhorn, in seinem Tagebuch, „daß die CDU/CSU die absolute Mehrheit besitzt, und daß die Regierungskoalition und BHE, die Flüchtlingspartei, mit Leichtigkeit die Zweidrittelmehrheit erreicht, die für verfassungsändernde Gesetze erforderlich ist. Damit ist die Ratifikation der großen Verträge gesichert[33]." Diesem Erfolg der Union stand die vernichtende Niederlage des GVP-Wahlblocks (1,2 %) gegenüber, die gleichzeitig den politischen Triumph Adenauers über seinen persönlichen, und wie er gemeint hatte, gefährlichsten politischen Widersacher bedeutete. Er war die Befürchtung niemals losgeworden, Heinemann könne in Verbindung mit dem Bestreben der SPD, die CDU zu einer katholisch-klerikalen Partei abzustempeln, der Union merkliche Teile ihres protestantischen Wählerpotentials abspenstig machen bzw. parteipolitisch ungebundene Protestanten auf seine Seite ziehen. Den Konkurrenten Heinemann hatte Adenauer gefürchtet, den Verlierer verachtete er, wenn er feststellte, „daß die Flugblätter des Herrn Heinemann die gemeinsten von allen waren. Ich verstehe es geradezu nicht, daß der Herr Heinemann – ich spreche es [...] offen aus –, so tief gesunken ist, daß er sich dazu hergibt[34]."

Die GVP brauchte eine Weile, um sich von dem Schock der Wahlniederlage zu erholen. Als politische Idealisten steckten die Mitglieder des Parteipräsidiums jedoch so schnell nicht auf. Auf seiner Sitzung vom 14./15. November 1953 beschloß der Bundesvorstand, die Gesamtdeutsche Volkspartei nicht aufzulösen. „Maßgebend für den Entschluß, die GVP weiterzuführen, war vor allem die Überzeugung, daß die GVP gerade nach dem Wahlausgang nicht aus der Aufgabe entlassen ist, die Wiedervereinigung unseres Volkes unter Absage an militärische Eingliederungen in den West- oder Ostblock weiter zu verfolgen[35]." Bestärkt und ermutigt fühlte sich die Partei durch die immer sichtbarer werdenden Indikatoren dafür, daß sich die Antipoden des Kalten Krieges an den grünen Tisch setzen und die vier Mächte über die Deutschlandfrage beraten wollten.

KPD und DRP hatten ihr Wahlziel, die Rückkehr in den Bundestag, ebensowenig erreicht wie die zur bundespolitischen Bedeutungslosigkeit geschrumpfte Bayernpartei. Die Regierungskoalition verlor mit der letzteren eine parlamentarische Stütze im Kampf um die sogenannte Wiederbewaffnung. Die Wahl des Bundestagsabgeordneten Anton Besold Mitte 1953 zum neuen Landesvorsitzenden der BP war gleichbedeutend gewesen mit der Festlegung der Partei auf den sicherheitspolitischen Kurs Adenauers. Der neue Mann an der Spitze der Partei verfügte über gute persönliche und fachliche Kontakte zum ersten militärpolitischen Sachverständigen des Amtes Blank, General a. D. Speidel. Auf dessen Glückwünsche zur Wahl zum Landesvorsitzenden der Bayernpartei hatte Besold mit einem überschwenglich herzlichen Brief reagiert, in dem er versicherte: „Sie, sehr verehrter Herr General, werden in mir stets den Politiker zur Seite haben, der bemüht sein wird, die innen- und außenpolitischen Notwendigkeiten aus dem Überblick der großen Zusammenhänge heraus zu beurteilen und danach verantwortungsbewußt seine Maßnahmen und Entscheidungen einzustellen[36]." Zu diesem Zusammenwirken zwischen

[33] Blankenhorn, Verständnis, S. 170.

[34] Stenographische Niederschrift über die gemeinsame Sitzung des Bundesvorstandes der CDU mit dem Vorstand der CDU/CSU-Bundestagsfraktion, 10. 9. 1953, ACDP, Protokolle des CDU-Bundesvorstandes aus dem Jahre 1953, VII-001-002/8.

[35] Rundschreiben Heinemanns, 17. 11. 1953, an die Landes- und Kreisverbände, AdsD, NL Heinemann 46, Allgemeine Korrespondenz.

[36] Brief Besolds, 15. 6. 1953, an Speidel, BA–MA, BW 9/1545.

dem ehemaligen Mitglied des EVG-Bundestagsausschusses und dem später reaktivierten General sollte es aufgrund des Wahlergebnisses nicht mehr kommen.

Ungeachtet des glänzenden Wahlerfolges der Union, der absoluten Mehrheit der Koalition im Bundestag, war es der Überlegung wert, ob man einen vierten Regierungspartner, den BHE, der seinen politischen Eigenwert sicherlich durch krampfhafte Profilierungsversuche demonstrieren und damit die inzwischen halbwegs eingefahrene Koalitions- und Regierungsarbeit durch gewisse Reibungsverluste belasten würde, ins Kabinett nehmen sollte. Hinzu kam, daß nicht alle seine Repräsentanten eine lupenreine demokratische Weste trugen. „Ich gestehe Ihnen von mir sehr offen", so Adenauer in der ersten gemeinsamen Sitzung von CDU-Bundesvorstand und Unionsfraktion nach den Wahlen, „daß ich bisher bei mir selbst zu keiner Klarheit gekommen bin, ob man den BHE mit hineinnimmt oder nicht." Wenn ja, dann zum Erlangen der notwendigen Zweidrittelmehrheit zur sogenannten Wehrergänzung des Grundgesetzes im Bundestag, aber auch im Bundesrat. Darüber hinaus spielte der Bundeskanzler mit dem Gedanken einer terminlichen Zusammenlegung von Bundes- und Landtagswahlen durch Grundgesetzänderung, die den Vorzug besessen hätte, daß den Bonner Regierungsparteien auch bei der Wahl zu den Länderparlamenten der Regierungsbonus zugute kommen konnte[37].

Der BHE bot sich als zukünftiger Koalitionspartner unter dem Aspekt der strittigen Wehrhoheitsfrage geradezu an, wenngleich sein Programm für die Bundestagswahl 1953 in seinen 10 Punkten keinerlei Aussage zur Sicherheitspolitik enthielt, sich vielmehr darauf beschränkte, die Errichtung Gesamtdeutschlands, dieses eingebettet in ein vereintes Europa, als politisches Primärziel der Partei herauszustellen. Dafür hatte der BHE an anderer Stelle mehrfach seinen Willen bekundet, die von seinen Bundestagsabgeordneten in 3. Lesung mit verabschiedeten Westverträge nun auch verfassungsrechtlich abzusichern. Konsequenterweise unterbreitete Adenauer am 7. Oktober 1953 einer Verhandlungskommission des BHE die Offerte einer künftigen Regierungsbeteiligung.

Wie die Koalitionsbildung, so stand auch die personelle Zusammensetzung des Kabinetts sowie die Ressort- und Aufgabenverteilung innerhalb der Regierung im Zeichen der Westverträge, wobei der Kanzler nach seiner Wiederwahl extensiv von seinem Recht als Regierungschef Gebrauch machte, die neuen Minister auszuwählen und dem Bundespräsidenten zur Ernennung vorzuschlagen. Die Hoffnungen innerhalb der Union und die Forderungen der FDP auf Trennung des Amtes des Außenministers von dem des Bundeskanzlers erfüllte Adenauer nicht. Zwar wollte er die Personalunion sobald wie irgend möglich auflösen, nicht aber in der gegebenen Situation, „d.h., ehe die Verträge ratifiziert sind". Da es um die Ratifizierung der Kontrakte in Paris schon schlecht bestellt war, wollte er seine persönlichen Beziehungen zu führenden französischen Politikern, das inzwischen erworbene persönliche Vertrauen und sein politisches Prestige im Ernstfall in die Waagschale werfen, um die EVG zu retten[38].

Auch die vielseits erwartete Ernennung eines für Sicherheitsfragen zuständigen Ministers unterblieb, genauer gesagt, wurde bis zu dem Zeitpunkt zurückgestellt, an dem die EVG die parlamentarischen Hürden aller Partnerstaaten genommen haben würde. Dies geschah nicht zuletzt aus Rücksicht auf die politischen Kreise in Frankreich, die sich noch nicht zu einer zustimmenden Haltung gegenüber der EVG hatten durchringen können. Jeglicher außenpolitische Druck

[37] Stenographische Niederschrift der gemeinsamen Sitzung von CDU-Bundes- und Unions-Fraktionsvorstand, 10.9.1953, ACDP, Protokolle des CDU-Bundesvorstandes aus dem Jahre 1953, VII-001-002/8.

[38] Wortprotokoll über das Kanzlerteegespräch, 20.10.1953, in: Adenauer, Teegespräche, S. 488–496, hier S. 494.

sollte unterbleiben. Die aus den Wahlen gestärkt hervorgegangene CSU unternahm in den Koalitionsverhandlungen erhebliche Anstrengungen, einen ihrer Abgeordneten in den politischen Wartestand auf das Amt des späteren Verteidigungsministers zu versetzen. Noch ehe die Frage der Koalitions- und Regierungsbildung in ein akutes Stadium trat, hielt es der bayerische Ministerpräsident in seiner Eigenschaft als Landesvorsitzender der CSU für angebracht, in diesem Sinne die notwendige Weichenstellung vorzunehmen: „Wenn auch aus naheliegenden Gründen die ein zukünftiges Verteidigungsministerium betreffenden Personalfragen bei der bevorstehenden Regierungsbildung noch keine Rolle spielen", schrieb er an Adenauer, „so möchte ich es doch nicht versäumen, darauf hinzuweisen, daß die CSU im Interesse einer richtigen Verteilung der Gewichte den allergrößten Wert darauf legt, daß Bayern bei der späteren Schaffung eines Verteidigungsministeriums durch eine geeignete Persönlichkeit aus ihren Reihen und nach ihrem Vorschlag maßgebend in der Führung in diesem Bereiche beteiligt wird". Hans Ehard hielt auch nicht mit dem Namen des Mannes hinter dem Berg, den er für geeignet hielt, zukünftig für die militärischen Angelegenheiten in der Regierung verantwortlich zu zeichnen. Die Übernahme dieser Aufgabe kam nur für den Vorsitzenden des EVG-Ausschusses des ersten Deutschen Bundestages in Frage, für den bisherigen CSU-Generalsekretär Franz Josef Strauß. „Ich bin überzeugt", hieß es in dem Brief, „daß Herr Strauß Ihnen bei der Bewältigung der schwierigen Aufgaben, die aus der Durchführung des EVG-Vertrages und aus den Problemen der europäischen Gemeinschaft erwachsen, wertvolle Hilfe leisten kann." Um sich in den avisierten Tätigkeitsbereich einarbeiten und sich auf die Übernahme des zu erwartenden Postens vorbereiten zu können, hielt der Chef der bayerischen Staatsregierung dessen Ernennung zum Kabinettsmitglied „ohne eigentlichen Geschäftsbereich am geeignetsten"[39]. Im Laufe der zwischen CSU und CDU geführten Koalitionsgespräche kam es dann zu einer mündlichen Vereinbarung, die auf den ersten Blick zur Zufriedenheit der bayerischen Schwesterpartei ausfiel, die sich daraufhin mit der Bestallung von Franz Josef Strauß zum Minister für besondere Aufgaben neben Fritz Schäffer als Finanzminister und Hans Schuberth als Minister für das Post- und Fernmeldewesen einverstanden erklärte. Buchstäblich in letzter Minute vor der Vereidigung des neuen Kabinetts versuchte die CSU, sich die Absprache, so wie sie sie verstanden hatte, vom Kanzler sicherheitshalber noch einmal schriftlich in folgendem Sinne bestätigen zu lassen: In dem später zu errichtenden Verteidigungsministerium stellt die CSU aus der Reihe ihrer Parlamentarier den ersten oder den zweiten Mann mit Sitz und Stimme im Kabinett[40]. In dieser präzisen Weise wollte sich der Kanzler allerdings nicht festlegen lassen, wie er – bezeichnenderweise *nach* Amtsantritt der neuen Bundesregierung – die CSU wissen ließ. Er habe lediglich für die mehrfach geäußerten Befürchtungen von Strauß Verständnis bekundet, „daß bei der Zusammenstellung des Offizierkorps das norddeutsche Element gegenüber dem süddeutschen zu sehr bevorzugt würde. Er lege deswegen Wert darauf, daß in dem zukünftigen Verteidigungsministerium an eine Stelle mit maßgebendem Einfluß auf die Personalfragen ein Angehöriger der CSU komme." Er, Adenauer, habe erklärt, eine derartige Regelung vorzunehmen. Zwar habe Franz Josef Strauß bei der später zu findenden Regelung an einen Minister gedacht, gleichzeitig aber versichert, bei den außerordentlichen Verdiensten Theodor Blanks um den westdeutschen Verteidigungsbeitrag diesen nicht verdrängen zu wollen. Die von Fritz Schäffer in den Koalitionsverhandlungen favorisierte Ernennung eines parlamentarischen Staatssekretärs komme wegen unabsehbarer Weiterungen bezüglich der anderen Ministerien nicht in Frage. „Ich stimmte aber

[39] Brief Ehards, 1.10.1953, an Adenauer, BA, NL Schäffer 36.
[40] Brief Schäffers, 19.10.1953, an Adenauer, ebd.

mit Ihnen darin überein, daß der Einfluß auf die Zusammenstellung des Offizierskorps für einen aus Ihren Reihen stammenden Herren gesichert sein sollte [...] Ich lasse zur Zeit die Frage prüfen, ob nach unserem Grundgesetz einem Herren, der nicht Minister ist, Stimme im Kabinett gegeben werden kann[41]." Durch diesen Bescheid zerstoben zunächst einmal die Blütenträume der CSU auf die Übernahme des Verteidigungsressorts. Wenn die Landesvorstandschaft der Christlich-Sozialen Union Anfang November in einer Entschließung die Landesgruppe ihrer Partei im Bundestag dazu aufforderte, unter allen Umständen für das zukünftige Verteidigungsministerium den ersten oder zweiten Mann zu fordern, besaß dies nur noch deklamatorischen Charakter, auch wenn mit drohendem Unterton darauf hingewiesen wurde, die entsprechende Zusage sei „die Voraussetzung für den Eintritt unserer Freunde in das Kabinett" gewesen[42]. Der Eindruck, in den „goldenen Fünfzigern" sei das Verhältnis zwischen CDU und CSU friktions- und pressionsfreier gewesen, beruht auf einem Verklärungsprozeß, der in der Geschichte üblich ist.

Der Bundeskanzler hatte seine Personalentscheidung längst getroffen. Kurz nach der Vorstellung seines 2. Kabinetts äußerte er sich vor Vertretern von United Press auf die Frage, wer als präsumtiver Verteidigungsminister in Frage komme: „Nach meiner Meinung nur Herr Blank [...] Herr Blank hat sich in den 3 Jahren solche Verdienste erworben und eine solche Anerkennung überall bekommen, auch von der CSU, daß ich bestimmt Ihnen sagen kann, auch die CSU denkt nicht daran, irgendwie Herrn Blank dort zu verdrängen[43]."

Für Theodor Blank selbst, den der Kanzler bereits Mitte Oktober hatte wissen lassen, die außenpolitische Lage gestatte immer noch nicht die Bildung eines Verteidigungsministeriums, bereitete die ihm abverlangte Verzichthaltung eine herbe Enttäuschung. Er war nicht nur in schwierigen Verhandlungen bedingungslos als die Stimme seines Herrn aufgetreten, sondern hatte auch den politischen Prellbock abgeben müssen für parlamentarischen und außerparlamentarischen Widerstand gegen einen westdeutschen Verteidigungsbeitrag. Inzwischen war er zum Chef einer dem Bundeskanzler angegliederten Dienststelle mit 831 Bediensteten und einem Jahresetat von 12,25 Millionen DM geworden. Seine Zwitterstellung als Parlamentarier einerseits, als Beauftragter des Regierungschefs ohne Kabinettsrang andererseits drohte ihn physisch und psychisch aufzureiben. Längst war seiner Meinung nach der Zeitpunkt gekommen, an dem die Wehrpolitik im vollen Licht von Öffentlichkeit und Parlament bestritten werden mußte, und dies konnte nur durch einen Mann geschehen, der Regierungsverantwortung besaß. Wie er Adenauer vortrug, war er zunächst davon ausgegangen, „daß Sie wegen Ihrer außenpolitischen Bedenken nur einen Minister ohne Geschäftsbereich dem Herrn Bundespräsidenten zur Ernennung vorschlagen und diesem Minister dann die Fortführung der Vorbereitungsarbeiten für den Verteidigungsbeitrag übertragen würden"[44]. Nachdem der Kanzler in den Bemühungen um eine neue Bundesregierung keine Anstalten für eine solche Lösung machte, erklärte Blank sich außerstande, seine Arbeit im bisherigen Rahmen fortzuführen. Um Frankreich nicht den Vorwand für den Vorwurf zu liefern, die Bundesrepublik könne nicht schnell genug eine Wehrmacht bekommen, unter Berücksichtigung also der außenpolitischen Atmosphäre, glaubte der Kanzler jedoch, „man könne dem Herrn Blank zumuten, daß er noch nicht zum Minister er-

[41] Brief Adenauers, 3.11.1953, an Bundesminister Schäffer, ebd.

[42] Resolution der Landesvorstandschaft der CSU, 7.11.1953, Anlage zum Schreiben Ehards, 11.11.1953, an Schäffer, ebd.

[43] Interview, o.D. (20. od. 21.10.1953), BA, B 145/718.

[44] Brief Blanks, 16.10.1953, an Adenauer, ACDP, NL Blank, I-098-005.

nannt wurde"[45]. Wenn Blank schon keine Statusaufwertung zuteil werden konnte, sollte er wenigstens eine materielle Anerkennung für die von ihm geleistete und zukünftig zu leistende aufreibende und alles andere als politisch dankbare Aufgabe erhalten. Die gemessen an seiner Tätigkeit und politischen Verantwortung als Zumutung zu bezeichnende bisherige Besoldung als Ministerialrat wurde Anfang November mit sofortiger Wirkung auf die Höhe des Amtsgehalts eines Bundesministers angehoben[46]. Obwohl damit ein Präjudiz für seine spätere Ernennung geschaffen war, stand Franz Josef Strauß als großer Schatten hinter dem Stuhl des Verteidigungsministers, noch ehe dieser 1955 mit Theodor Blank besetzt wurde.

b) Grundgesetzergänzung und Ratifizierung der Westverträge

Die parlamentarische Basis zur verfassungsmäßigen Verankerung der Wehrhoheit war durch die Koalitionsbildung gelegt. Die entsprechende innenpolitisch-parlamentarische Prozedur sollte nach dem Willen des Bundeskanzlers rasch abgewickelt werden. Wenn sich die am politischen Horizont abzeichnende Viermächtekonferenz schon nicht bis zur Ratifizierung oder gar bis zum Inkrafttreten des EVG-Vertrages hinausschieben ließ, wollte er die Bundesrepublik zumindest im Besitz der Wehrhoheit wissen. Innerhalb der Regierung und der sie tragenden Fraktionen bestand in diesem Punkt Übereinstimmung. Die FDP betrachtete die Grundgesetzergänzung als die konsequente Folge der bisherigen Europapolitik. „Wer diesen Standpunkt vertritt, muß in der verfassungsrechtlichen Klärung die erste politische Aufgabe des neuen Bundestages erkennen", erklärte der neue Fraktionsvorsitzende Thomas Dehler nach einer Unterredung mit dem Bundeskanzler[1]. Nichtsdestoweniger sollte es zu innerkoalitionären sachlichen und damit zeitlichen Reibungsverlusten kommen, die auf Meinungsverschiedenheiten zwischen der Union, insbesondere zwischen CSU und FDP beruhten, die sowohl politisch grundsätzlichen wie persönlichen Charakter trugen. Die DP segelte vollends im Adenauerschen Fahrwasser. Der BHE befleißigte sich in seinen öffentlichen Äußerungen außen- und sicherheitspolitischer Enthaltsamkeit und beschränkte sich in Kabinett und Parlament auf die Rolle des vorbehaltslosen Ja-Sagers zu der vom Regierungschef vorgezeichneten Linie. Er erwartete als Gegenleistung Entgegenkommen in der Vertriebenenpolitik, und zwar sowohl bezüglich der Kompetenzen ihres Ressortministers Theodor Oberländer wie hinsichtlich konkreter politischer Sachentscheidungen, insbesondere im sozialen Bereich (Lastenausgleich, Wohnungsbau, Versorgungsrecht).

Die Liberalen hatten sich demgegenüber vorgenommen, die Scharte ihrer Stimmeneinbuße in den Bundestagswahlen bei den anstehenden Landtagswahlen wieder auszuwetzen, und dies nicht zuletzt durch außenpolitische Profilierung gegenüber der Union, an die sie die meisten der ihr verlustig gegangenen Wähler hatte abtreten müssen. Die Wahl des streitbaren, von Adenauer aus der Ministerrunde verbannten Thomas Dehler zum Fraktions- und im Frühjahr 1954 in Ablösung von Vizekanzler Blücher zum Parteivorsitzenden setzte ein deutliches Signal. Die Zusammenarbeit mit Dehler, dem Prototyp des Liberalen, einem kantigen Vollblutpolitiker, dem es nicht an Humor, aber auch nicht an beißendem Sarkasmus mangelte, der sich mit dem Gewicht seiner Überzeugung und Person unbedenklich ins politische Getümmel warf, dabei auf

[45] Wortprotokoll des Kanzlertees, 20.10.1953, in: Adenauer, Teegespräche, S. 488–496, hier S. 492.
[46] Schreiben des Bundeskanzleramtes, Gumbel, 7.11.1953, an den Bundesminister der Finanzen, ACDP, NL Blank, I-098-005.

[1] fdk, 3.12.1953, S. 6.

Blessuren aber höchst empfindlich reagierte, der seine Ziele unbeirrt, aber nicht selten mit solcher Vehemenz verfolgte, daß er bisweilen über sie hinausschoß, diese Zusammenarbeit sollte sich für die Union schwierig gestalten und letztlich mit zum Bruch der Koalition führen[2]. Noch aber war es nicht so weit. In einer grundsätzlichen Frage zeigte man sich einer Meinung: Man wollte keine Verfassungsänderung, eher eine das Grundgesetz interpretierende Ergänzung. Man rückte also nicht von der bereits in der ersten Legislaturperiode vertretenen Auffassung ab, die Wehrhoheit sei bereits immanenter Bestandteil der gültigen Fassung des Grundgesetzes. Der gemeinsame Gesetzentwurf sollte keine verfassungsrechtlich konstitutive, sondern eine lediglich deklarative Sentenz beinhalten[3]. Diese Ausgangsposition erwies sich als der kleinste gemeinsame Nenner; ansonsten versuchte jeder der Regierungspartner, in Sachen Wehrhoheit auf der Koalitionsflamme sein eigenes parteipolitisches Süppchen zu kochen, und der politische Konsument erhielt einen ersten Vorgschmack von dem, was ihm im Verlauf der nächsten Jahre an innerpolitischen Zwistigkeiten serviert werden sollte. Bereits in seiner Stellungnahme zur Regierungserklärung hatte der zum Bundestagsvizepräsidenten und zum Vorsitzenden des Bundestagsausschusses für Fragen der europäischen Sicherheit avancierte CSU-Bundestagsabgeordnete Jaeger betont, seine Partei werde in den nächsten Jahren auf die strikte Einhaltung des bundesstaatlichen Prinzips achten, um gleich hinzuzufügen, er und seine Partei hätten seit jeher die Auffassung vertreten, „daß deutsche *Zuständigkeiten auf dem Gebiet der europäischen Sicherheit Bundessache* und nicht Landessache" seien[4]. Die Frage der Verantwortlichkeit im nationalen deutschen Bereich ließ er absichtlich unberührt. Sie stand aber in den Koalitionsverhandlungen über die Ergänzung des Grundgesetzes im Mittelpunkt der Auseinandersetzung und blieb zunächst unbeantwortet.

Zur sichtbaren Genugtuung der Opposition gereichte es dann, daß die Regierungsparteien zwei Gesetzentwürfe im Bundestag einbrachten, den einen die Union gemeinsam mit BHE und DP[5]. Er unterschied sich im wesentlichen von dem zweiten, dem der FDP-Fraktion, dadurch, daß bei der Durchführung der Wehrgesetze das föderative Element und die landsmannschaftlichen Besonderheiten der Bundesrepublik Berücksichtigung finden sollten, während dieser Passus bei dem Antrag der Liberalen fehlte[6]. Die CDU löste offenkundig ein Versprechen ein, das Adenauer vor den Wahlen der Bayernpartei und der CSU gleichermaßen gegeben hatte, ohne daß sich allerdings alle CDU-Mitglieder der neuen Fraktionsgemeinschaft daran gebunden fühlten. Dies wohlweislich in Rechnung stellend, hatten Fraktionsvorstand und Kanzler den besagten Gesetzentwurf ohne Konsultation der Gesamtfraktion und deren Wehrpolitischem Arbeitskreis formuliert, und sie hatten auch den aus ihren Reihen kommenden Vorsitzenden des Rechtsausschusses des Bundestages nicht an der Abfassung beteiligt. Als der Text endlich von Fraktion und Arbeitskreis abgesegnet werden sollte, widmeten sich beide Gremien weniger den problematischen Rechtsinhalten, sondern diskutierten die längste Zeit über Zentralismus und Föderalismus in der Wehrfrage, ohne letztlich substantielle Änderungen durchsetzen zu können. „In Fraktionskreisen wurde die bissige Bemerkung gemacht, Verfassungsänderungen wür-

[2] Vgl. Ott, Dehler, S. 151–153, 166.
[3] Vgl. dazu CDP, 19.11.1953; DUD, 2.12.1953.
[4] Deutscher Bundestag, Sten.Ber., Bd 18, 5. Sitzung, 29.10.1953, S. 87 C.
[5] Entwurf eines Gesetzes zur Ergänzung des Grundgesetzes, 4.12.1953, in: Deutscher Bundestag, Drucksachen, Bd 26, Nr. 124.
[6] Entwurf eines Gesetzes zur Ergänzung des Grundgesetzes der FDP-Fraktion, 4.12.1953, ebd., Nr. 125.

den nunmehr nur noch durch den Fraktionsvorstand der CDU/CSU beschlossen und durchgeführt[7]."

Rücksicht nehmen mußte die CDU allerdings auch auf die stark föderativ orientierte Deutsche Partei. Diese unterstützte die CSU in dem Bestreben, die zukünftigen Streitkräfte aus psychologischen wie ökonomischen Gründen landsmannschaftlich zu organisieren. „Die Homogenität der Verbände, die größere Gleichmäßigkeit des Ersatzes, die Beschleunigung der Gestellung im Mobilmachungsfall, die bessere Abwicklung des Urlaubs, die Fürsorge für die Angehörigen und auch ein gewisses Traditionsbewußtsein" waren Faktoren, die man nicht unberücksichtigt lassen wollte, zumindest bezüglich des Heeres. Gleichzeitig verschloß man in der DP nicht die Augen davor, daß die landsmannschaftliche Problematik durch die wachsende Mobilität, durch die Vermischung der einheimischen Bevölkerung mit Vertriebenen und Flüchtlichen an Bedeutung eingebüßt hatte[8]. Im einzelnen sahen die Pläne von CDU/CSU, BHE und DP für einen föderalistischen Aufbau westdeutscher Streitkräfte im Rahmen der Europäischen Verteidigungsgemeinschaft die Stationierung der Truppen im engeren Heimatbereich vor, wobei einer solchen Regelung bei Berufssoldaten, bei Marine und Luftwaffe von der Dislozierung her enge Grenzen gesetzt waren. Man beabsichtigte fernerhin, das Wehrersatzwesen der Länderkompetenz zuzuweisen, wobei sich die Wehrbereiche im großen und ganzen mit den Ländergrenzen decken sollten. Auch die personelle Besetzung von Spitzenpositionen der Militärverwaltung wollte man im Einvernehmen mit den Bundesländern regeln, denen zukünftig auch die Wehrerfassung zu obliegen hatte[9].

Überraschenderweise distanzierte sich der BHE dann plötzlich von der selbst – allerdings widerstrebend – miteingebrachten Gesetzesvorlage und wandte sich gegen die vorgesehene föderalistische Klausel. Er folgte damit seiner zentralistischen Grundauffassung. Angesichts der bevorstehenden, wahrscheinlich höchst schwierigen Integration der nationalen Kontingente in eine supranationale Armee, so argumentierte sein Fraktionsvorsitzender Haasler, verbiete es sich von selbst, Moral und Selbstverständnis der neuen Streitkräfte über landsmannschaftlich-föderalem Gezänk zu schwächen und den militärischen Wert der Truppe durch föderative Strukturen zu beeinträchtigen[10]. Auch wenn im Plenum des Bundestages nun zwei differierende Gesetzentwürfe der Koalitionsfraktionen vorlagen, bedeutete dies nicht, daß diese sich darüber entzweiten. In einer vertraulichen Sitzung hatte die FDP-Fraktion mit 18 gegen 13 Stimmen beschlossen, notfalls ihrerseits Konzessionen zu machen und „daß durch weitere Verhandlungen mit der CDU versucht werden soll[te], die föderalistische Klausel [...] zu streichen"[11].

Indessen nahm sich die Presse des Themas an und kolportierte es in einer Weise, die die CSU als Repräsentantin eines vermeintlich hinterwäldlerischen Separatismus dem öffentlichen Gespött preisgab. Franz Josef Strauß sah sich genötigt, Mißdeutungen der bayerischen Wünsche bezüglich einer föderativen Gestaltung des westdeutschen Wehrbeitrages entgegenzutreten. Die Forderung nach dem inzwischen nicht nur in den Karikaturen bereits vorgestellten eigenen bayerischen Landesminister für Verteidigung mußte er mit nachdrücklichem Ernst dementieren. Bayern wolle keine Sonderrechte, befürworte allerdings beim Heer ein landsmannschaftlich orientiertes organisatorisches Grundmuster, das auch für die Wehrverwaltung Gültigkeit besit-

[7] Parlamentarischer Bericht des Presse- und Informationsamts der Bundesregierung, 3.12.1953, über eine Sitzung des Arbeitskreises I der CDU/CSU-Fraktion, BA, B 145/1901.

[8] Bonner Informationen (der DP), 28.12.1953, S. 1.

[9] Artikel Blanks in „Union in Deutschland"; inhaltliche Wiedergabe in CDP, 9.12.1953, S. 2.

[10] Gesamtdeutscher Block/BHE, Nachrichtendienst der Partei, 10.12.1953.

[11] Kurzprotokoll Nr. 18 der Fraktionssitzung, 3.12.1953, Archiv der FDP-Bundestagsfraktion.

zen müsse. Er verwies dabei auf adäquate Regelungen in der Weimarer Verfassung. Im übrigen habe die CSU nie gefordert, „daß kein bayerischer Soldat von einem norddeutschen Offizier ausgebildet werden dürfe“[12].

Hinter Polemik und Häme der Medien und verschiedener Parteipolitiker bezüglich eines bayerischen Provinzialismus vermutete Franz Josef Strauß einen Angriff auf den Föderalismus. Insbesondere gegenüber billigem Spott über einen eventuellen bayerischen Wehrminister galt es Stellung zu beziehen. Aus leidvoller Erfahrung in der Weimarer Zeit, wenngleich unter Verkennung der veränderten Nachkriegssituation, kam es der Bayerischen Staatsregierung darauf an, in einem zukünftigen Kommandeur von EVG-Truppen auf ihrem Territorium keinen politischen Gegenspieler zu haben. Noch glaubte man in München nicht daran, daß sich das Prinzip der Inneren Führung bei den künftigen Offizieren als besonderes bewußtseinsprägendes Element erweisen würde. „Die Politisierung der deutschen Generäle ist durch die Dienststelle Blank nicht zurückgedrängt, sondern eher intensiviert worden. Es ist deshalb keine große Phantasie nötig, um sich vorzustellen, daß bei einer Spannung zwischen der Bundesregierung und der Staatsregierung der allein der Bundesregierung verpflichtete Kommandeur deutscher EVG-Truppen in Bayern so deutlich mit dem Säbel rasseln würde, daß selbst die mutigste Staatsregierung zu der Erkenntnis kommen müßte, daß die bewaffnete Macht in ihrem Land auf der anderen Seite steht.“ Vor allen Dingen für den Fall eines Staatsnotstandes – und da schwebte den Verantwortlichen in der bayerischen Metropole wohl die Zeit nach dem Ersten Weltkrieg vor – wollte man sich der im Land stationierten militärischen Verbände sicher sein. „Ist das nicht der Fall, würde der jeweilige Ministerpräsident gezwungen sein, zunächst kniefällig bei dem Kommandeur der EVG-Truppen in Bayern Erkundigungen über dessen Haltung einzuziehen.“ Aber auch das wirtschaftliche Moment fehlte nicht in der Begründung für die Notwendigkeit einer an föderativen Prinzipien ausgerichteten Wehrhoheit des Bundes. Man wollte die Wirtschaft im bayerischen Grenzraum bei der Vergabe von Aufträgen für die neuen Streitkräfte berücksichtigt sehen. „Niemand würde Verständnis dafür haben, daß die Spinde der Garnison Regensburg in Westdeutschland und die Schuhe der Garnison Hof ausschließlich in Norddeutschland hergestellt werden, nur weil die betreffenden Unternehmer näher bei Bonn sind als die Grenzlandindustrie Bayerns. Wer dafür in Deutschland kein Verständnis aufbringt, möge sich mit seiner europäischen Begeisterung zurückhalten, denn sie erweist sich dann gegenüber dem Grenzland als pathetische Phraseologie[13].“

In der CSU bezichtigte man zielgerichtet die Liberalen einer zentralistischen politischen Grundauffassung.

Die FDP fing das Signal aus München auf. Ihr Wehrexperte Erich Mende bewertete es als „eine Milderung der bisherigen Vorstellungen der CSU“. Er plädierte für einen Kompromiß, der auf der Basis der Verbindung landsmannschaftlicher Elemente, wie sie die alte Wehrmacht aufgewiesen hatte, mit den Gegebenheiten der föderativen Nachkriegsordnung beruhen sollte. Nicht ohne Spott meinte er, man könne nicht einerseits in großräumigen europäischen Kategorien Politik machen wollen, andererseits aber im Postkutschendenken des vorigen Jahrhunderts verhaftet bleiben und die von den Siegermächten zu verantwortende zufällige Gliederung des Bundes als bestimmendes verfassungsrechtliches Element verewigen wollen[14].

Während man allseits Anstalten machte, das Rauchfeuer der innerkoalitionären Zwistigkeiten auszutreten, entzündete sich, nun über einer Forderung der Liberalen, neuer Streit im Regie-

[12] CDP, 11.12.1953, S. 1.
[13] CSU-Korrespondenz, 15.12.1953, S. 2.
[14] fdk, 15.12.1953, S. 2f.

rungslager. Die FDP insistierte darauf, den Oberbefehl grundgesetzlich festzulegen. Das in den Gesetzentwürfen verankerte Ernennungs- und Entlassungsrecht des Bundespräsidenten für Offiziere und Unteroffiziere des deutschen Kontingents innerhalb der Europäischen Verteidigungsgemeinschaft erachtete die Partei als selbstverständliches Privileg des Oberbefehlshabers. Für diese Position schlug sie in Anlehnung an die Weimarer Verfassung den Bundespräsidenten vor und brachte Anfang 1954 einen entsprechenden Gesetzentwurf im Bundestag ein[15]. Den Einwand der übrigen Koalitionsparteien, man könne diese Frage später in einem Wehrgesetz regeln, ließ die FDP mit dem Hinweis auf den traditionell verfassungsrechtlich fixierten Oberbefehl nicht gelten. Als sachliche Begründung führte sie Art. 9 EVG-Vertrag ins Feld, wonach nationale Kontingente der Gemeinschaft zur Verfügung zu stellen waren, die an einem nationalen Ordnungsfaktor ausgerichtet sein mußten. Darüber hinaus gebot eine mögliche nationale Notstandssituation, zu deren Behebung nationale Kontingente aus der EVG zeitweise herausgelöst werden konnten, einen nationalen Oberbefehlshaber. Und letztlich verwies die FDP auf Art. 10 § 3 des EVG-Kontraktes, wonach den einzelnen Mitgliedsstaaten zum persönlichen Schutz des Staatsoberhauptes bestimmte militärische Einheiten zur Verfügung blieben. Über diese mußte ihrer Auffassung nach der Bundespräsident auch den Oberbefehl ausüben[16].

Gegenargumente zeigten zunächst keine Wirkung. So der Hinweis, es müsse die Einheit der Exekutive gewahrt werden, und man dürfe den neuen Streitkräften keine Sonderstellung einräumen wie seinerzeit in der Weimarer Republik, als den Militärs durch Immediatvorträge beim Reichspräsidenten Gelegenheit geboten wurde, die eindeutige Verantwortlichkeit demokratischer Staatsführung zu untergraben. Die FDP verschwieg nicht, daß die Frage des Oberbefehls für sie über die organisatorisch-militärische hinaus auch eine machtpolitische Dimension besaß. Der autoritäre Führungsstil Adenauers, verfassungsrechtlich begründet durch die Richtlinienkompetenz, ließ sie eine Entwicklung befürchten, in deren Verlauf die anderen konstitutiven demokratischen Institutionen zugunsten der Exekutive für den Fall ins Hintertreffen geraten könnten, daß dem Kanzler der Oberbefehl zukam. Diese Befürchtung erschien den Liberalen um so gerechtfertigter, als die dem Bundespräsidenten zugewiesenen Amtspflichten und Befugnisse diesen nicht dazu befähigten, im Ernstfalle den Garanten der Verfassung abzugeben[17]. Es ging der FDP mit ihrem Wunsch nach verfassungsrechtlicher Verankerung des Oberbefehls zum damaligen Zeitpunkt darum, Pflöcke einzuschlagen, die sich im Falle des Scheiterns der EVG und einer veränderten Bündnisstruktur nicht wieder ausreißen ließen. Die FDP mußte sich innerhalb der Koalition insbesondere mit der CSU als Widerpart auseinandersetzen. Die bayerische Schwesterpartei der CDU erachtete den Disput um den Oberbefehl nicht nur als zeitlich verfrüht und daher derzeit überflüssig. Sie vermutete auch, daß sich hinter dem FDP-Vorschlag, den Bundespräsidenten, der ja aus ihren Reihen kam, zum obersten Dienstherrn zukünftiger westdeutscher Streitkräfte zu ernennen, parteipolitische Überlegungen verbargen. Zwar zweifelte niemand die politische Integrität von Theodor Heuss an. Wohl aber kamen der CSU Bedenken, ob sich seine Nachfolger, mit den Vollmachten eines Oberbefehlshabers ausgestattet, nicht allmählich in eine Position würden manövrieren können, die der des früheren Reichspräsidenten Hindenburg ähnlich gewesen wäre. Die Übertragung des Oberbefehls an das Staatsoberhaupt war aus ihrer Sicht mit der Gefahr verbunden, „die Wehrmacht zu einem Staat im Staate

[15] Entwurf eines Gesetzes zur Ergänzung des Grundgesetzes, 12.1.54, in: Deutscher Bundestag, Drucksachen, Bd 27, Nr. 171.
[16] Vgl. dazu Erich Mende, fdk 15.12.1953, S. 4.
[17] fdk, 12.1.1954, S. 4.

werden zu lassen und ihr die Möglichkeit zu geben, außerhalb der echten politischen Verantwortung des Staates eine besondere Rolle zu spielen. Wenn eine Wehrmacht unmittelbar dem Oberbefehl eines Staatsoberhauptes unterstellt ist, kann sie unter Umgehung des Parlaments und der Regierung auch einen unmittelbaren Einfluß auf das Staatsoberhaupt ausüben[18]." Weimar wirkte traumatisch weiter!

Auch mit dem Gedanken, dem Bundeskanzler den Oberbefehl anzutragen, wollte sich die CSU nicht bedenkenlos anfreunden. Durch den autoritären Regierungsstil Konrad Adenauers gewitzigt, hatten die führenden CSU-Politiker ihre Zweifel, ob ein starker Regierungschef, auch wenn er von der CDU gestellt werden sollte, der Christlich-Sozialen Union den Einfluß auf die Sicherheitspolitik und das Militär einräumen würde, den die Partei aus ihrem föderativen Selbstverständnis heraus, aber auch aufgrund der persönlichen Ambitionen ihres Sonderministers Franz Josef Strauß beanspruchte. Die Bonner Landesgruppe ließ daher durchblicken, daß sie eine Lösung des Problems des Oberbefehls im Sinne einer kollegialen Verantwortlichkeit des Kabinetts anstrebte.

Über diesen nicht allein unterschiedlicher parteipolitischer Überzeugung entsprungenen, sondern auch profilneurotisch begründeten politischen Fingerhakeleien hatten sich die Pläne für ein Treffen der vier Siegermächte des Zweiten Weltkrieges konkretisiert. Am 25. Januar 1954 sollte die Berliner Konferenz stattfinden. Der Bundeskanzler drängte darauf, die Grundgesetzänderung noch vorher im Bundestag zu verabschieden. Die FDP ließ sich darauf nicht ein. Ihr Fraktionsvorsitzender beschied den Regierungschef, es handle sich zwar hier um eine vordringlich zu erledigende Aufgabe, doch müßten sich zu deren Lösung erst konkrete Möglichkeiten abzeichnen. Der Zeitpunkt ließe sich „nicht aus optischen Nebenabsichten wie etwa Rücksichtnahme auf die [...] vorgeschlagene Berliner Konferenz" festlegen, sondern müsse sich an sachlichen Gegebenheiten orientieren[19]. Man einigte sich schließlich darauf, die Gesetzentwürfe im Bundestag ohne Aussprache den zuständigen Ausschüssen zu überweisen und die Beratungen nach der Berliner Konferenz aufzunehmen bzw. die Zwischenzeit dazu zu nutzen, sich innerkoalitionär auf den Text eines gemeinsamen Gesetzentwurfes zu einigen.

Adenauer war immer mit langen Zähnen an eine Viererkonferenz der Siegermächte herangegangen, hatte einer solchen Veranstaltung stets eine gute Portion Mißtrauen entgegengebracht, befürchtete der doch, die großen Vier könnten sich über die Bonner Köpfe hinweg über das Schicksal Gesamtdeutschlands, womöglich in Richtung auf dessen Neutralisierung, einigen. Wenn er endlich gute Miene zum bösen Spiel machte, dann aus zweierlei Gründen:

Zunächst einmal konnte er sich einem gewissen innenpolitischen Druck schlecht entziehen. Als sich im Sommer 1953 Gerüchte über das Zustandekommen einer Viermächtekonferenz verdichteten, war die öffentliche Meinung dafür. Immerhin 75 % der Erwachsenen begrüßten ein Zusammenkommen der Besatzungsmächte, nur 5 % sprachen sich dagegen aus, während sich 20 % unentschieden gaben[20]. Dem geplanten Außenministertreffen wurde ein im Vergleich zu anderen großen politischen Ereignissen ungewöhnliches Interesse entgegengebracht. Eine Umfrage ergab, daß bereits Mitte Dezember 1953 rund 83 % der Männer und 55 % der Frauen über die bevorstehenden Viermächteverhandlungen selbst und über den Tagungsort informiert waren. Die Majorität der Befragten trat für einen Dialog zwischen UdSSR und USA zwecks

[18] Erklärung des parlamentarischen Geschäftsführers der CSU-Landesgruppe im Deutschen Bundestag, Richard Stücklen, in: CSU-Korrespondenz, 22.1.1954, S. 2f., hier S. 3.
[19] fdk, 3.12.1953, S. 6.
[20] Vgl. dazu Jahrbuch der öffentlichen Meinung 1947–1955, S. 337.

Minderung der Ost-West-Spannungen ein. Dies galt für die Anhänger der Koalitionsparteien CDU und FDP ebenso wie für die der Sozialdemokratie[21].

Zum anderen gewann Adenauer die sich allmählich verfestigende Überzeugung, selbst die Verantwortlichen in Frankreich würden, ungeachtet des wachsenden Widerstands gegen die Ratifizierung von EVG- und Deutschlandvertrag, die Entlassung der Bundesrepublik aus der westlichen Gemeinschaft nicht mehr dulden. Die das Vierertreffen vorbereitenden Konsultativbesprechungen der westlichen Teilnehmerstaaten hatten ihn in dieser Auffassung bestärkt[22]. Vor allem das Ergebnis der Anfang Dezember nachgeholten Bermuda-Konferenz der Regierungschefs und Außenminister der Westmächte nahm Adenauer mit Befriedigung zur Kenntnis, da in dem Abschlußkommuniqué der Wille zum Ausdruck gebracht wurde, mit der Sowjetunion über Deutschland und Sicherheit in Europa zu verhandeln, ohne die EVG in Frage zu stellen[23]. Deshalb gab es auch keine Veranlassung für den Kanzler, die parlamentarische Behandlung der grundgesetzergänzenden Wehrvorlage während des Verlaufs der Viererkonferenz auszusetzen. Er erblickte darin lediglich eine Schwächung der Position der Westmächte.

In diesem Zusammenhang ist der Hinweis von Interesse, daß zumindest einzelne Persönlichkeiten mit diplomatischer Erfahrung und fundierten Kenntnissen über die Sowjetunion dies ganz anders sahen. Im Vorfeld der Berliner Konferenz hat Staatssekretär Hallstein bei dem während des Dritten Reiches vorzeitig pensionierten und nach Schweden übergesiedelten langjährigen Leiter der Ostabteilung des Auswärtigen Amts, Richard Meyer von Achenbach, eine Expertise zum Fragenkomplex Wiedervereinigung und Westintegration in Auftrag gegeben. Ende 1953 fertiggestellt, hielt er sie, ebenso der frühere Wilhelmstraßen-Diplomat und damalige FDP-Bundestagsabgeordnete Pfleiderer, Anfang 1954 in Händen. Pfleiderer bekundete Zustimmung: „Ich [...] wünschte sehr, Ihre Gedankengänge würden hier weiteste Verbreitung finden", schrieb er nach Schweden[24]. Die Aufnahme im Auswärtigen Amt fiel allerdings anders aus. Immerhin scheint sich der Leiter der Unterabteilung Ost, Otto Bräutigam, weitgehend mit den Achenbachschen Gedankengängen identifiziert zu haben. „Manche Voraussagen in ihrer Denkschrift", äußerte er nach dem Scheitern der EVG gegenüber dem ehemaligen Diplomaten, „sind inzwischen eingetroffen, und ich kann Sie nur nachträglich herzlich beglückwünschen zu Ihrer tiefgründigen Arbeit, – wenn ich dies auch offiziell nicht darf. Gegenüber den Fragen des Ostens besteht hier eine sehr große Unsicherheit und Ängstlichkeit, die die Politik weitgehend lähmt[25]." Aber bereits vorher hatte er den Verfasser wissen lassen, daß „die Sache Ihrer Denkschrift [...] wirklich mehr Schwierigkeiten" bereitet, „als ich gedacht habe"[26].

Welche verfänglichen bzw. der offiziellen Bonner Politik entgegenstehenden Überlegungen beinhaltete die ominöse Stellungnahme? Meyer v. Achenbach hatte seine Überlegungen auf der gedanklichen Prämisse aufgebaut, die Wiedervereinigung Deutschlands sei sowohl das Kernproblem deutscher wie europäischer Politik; von seiner Lösung hänge Krieg und Frieden ab; die Bundesrepublik befinde sich in der Lage und habe die Verpflichtung, im Sinne einer befriedigenden gesamtdeutschen Lösung zwischen Ost und West aktiv zu vermitteln. Meyer v. Achenbach teilte die allgemeine Auffassung, daß sowohl die Sowjetunion als auch die Westmächte nach einer Festigung ihrer Position in den von ihnen besetzten Teilen Deutschlands strebten.

[21] Vgl. dazu ebd. und IfD: Die Stimmung im Bundesgebiet 127, BA, B 145/4224.
[22] Vgl. dazu Beitrag Maier.
[23] Vgl. dazu KAG, 1953, S. 4285.
[24] Brief Pfleiderers, 23.2.1954, an Meyer von Achenbach, zit. n. Schoeps (Hrsg.), Meyer v. Achenbach, S. 11.
[25] Brief Bräutigams, 15.10.1954, an Meyer v. Achenbach, ebd., S. 14.
[26] Brief Bräutigams, 15.4.1950, an Meyer v. Achenbach, ebd., S. 11.

Die bundesrepublikanische Westbindung, augenfällig verkörpert durch die EVG, konnte hier nur unterstützend wirken. Was galt es zu tun? „Es muß [...] eine Synthese zwischen den für die Unabhängigkeit, die Freiheit und die Sicherheit Gesamtdeutschlands unabdingbaren Forderungen und den von der Sowjetunion für ihre Sicherheit als notwendig erachteten Bedingungen gefunden werden[27].“ Meyer v. Achenbach glaubte an eine Kompromißlösung, vorausgesetzt, die Bundesregierung wollte sie und wäre bereit, sie durchzusetzen. Sie konnte in der militärischen Blockfreiheit eines in seinem Bestand von allen vier Mächten garantierten Gesamtdeutschlands zu suchen sein. „Es müßte eine Garantie geschaffen werden sowohl gegen jeden Angriff und gegen jede Infiltration aus dem Osten wie gegen jede Verwendung des deutschen Gebietes für militärische Zwecke des Westens[28].“

Um zu einer solchen gesamtdeutschen Regelung zu gelangen, schlug Meyer v. Achenbach sechs Schritte vor: *erstens:* freie Wahlen, *zweitens:* Bildung einer gesamtdeutschen Regierung eines allianzfreien Gesamtdeutschlands, *drittens:* Räumung aller Zonen von sämtlichen Besatzungsorganen, *viertens:* Aufstellung einer deutschen Armee, provisorische Regelung der deutschen Ostgrenze (Oder-Neiße-Linie) und *fünftens:* Abschluß eines Garantievertrages zum Schutz der Integrität des wiedervereinigten Deutschlands. Zwar verkannte Meyer v. Achenbach nicht, daß die von ihm konzipierte Politik den momentanen Interessen der USA zuwiderlief und daß dadurch deren Militärpolitik einer grundlegenden Revision unterzogen werden mußte. Aber deutsche Politik mußte seiner Auffassung nach „in einer den deutschen Erfordernissen entsprechenden Weise erfolgen und sie darf nicht durch Festhalten an alliierten Forderungen gefährdet werden, die nicht für Deutschland lebenswichtig sind[29].“ Wie es einerseits galt, den deutschen Interessen gegenüber den Westalliierten nachhaltig Ausdruck zu verleihen, so erschien es ihm andererseits unverzichtbar, ein tragfähiges und vertrauensvolles Verhältnis zu Moskau zu schaffen.

Der Kanzler ließ über seinen Vertrauten, Botschafter Blankenhorn, dem Verfasser der Denkschrift mitteilen, seine Auffassungen stünden „im schroffen Gegensatz“ zu denen der Bundesregierung. „Da Sie die aus dem Osten drohende Gefahr offenbar als verhältnismäßig gering einschätzen, messen sie der Frage der Sicherung der Existenz der Bundesrepublik und Europas nicht dieselbe Bedeutung bei, wie die Bundesregierung.“ Die in der Expertise enthaltenen Ausführungen und Überlegungen hielt Blankenhorn für so brisant, daß er Meyer v. Achenbach bat, „diese im Auftrag und für das Auswärtige Amt gefertigte Denkschrift dritten Personen nicht zugänglich zu machen“[30].

Konkrete Ansätze für einen echten Dialog mit der Sowjetunion sah Adenauer nicht. Vielmehr war er von einem gezielten Störmanöver überzeugt, dazu inszeniert, die in Rom wie in Paris auf schwachen parlamentarischen Füßen stehende EVG-Vorlage zu Fall zu bringen. In diesem Sinne äußerte der Kanzler gegenüber Oppositionsführer Ollenhauer, daß nach seiner „Auffassung der plötzliche Kurswechsel Sowjetrußlands hinsichtlich des Zustandekommens der Viererkonferenz nur zurückzuführen sei auf die Absicht Sowjetrußlands, die Behandlung und die Zustimmung zum EVG-Vertrag im französischen Parlament unmöglich zu machen“. Er „hielt es für ausgeschlossen, daß Sowjetrußland zu einer Lösung der deutschen Frage für sich allein bereit sein würde, die deutsche Frage würde nur gelöst werden in einer für uns zufriedenstellenden

[27] Ebd., S. 72.
[28] Ebd., S. 73.
[29] Ebd., S. 74.
[30] Schreiben Blankenhorns, 22.3.1957, an Meyer v. Achenbach, ebd., S. 12.

Weise, wenn eine allgemeine Entspannung eintrete"[31]. In Anbetracht der zwischenzeitlich auch in sowjetischem Besitz befindlichen Wasserstoffbombe war nach Adenauers Meinung „die Möglichkeit eines Kontaktes zwischen Ost und West [...] weniger in der Deutschlandfrage als auf dem Gebiet der Atomkontrolle zu suchen". So lange sich dafür jedoch keine Ansätze boten, hielt er eine Viererkonferenz für unangebracht. Der CDU/CSU-Fraktionsvorsitzende v. Brentano teilte diese Auffassung, wies aber mit Nachdruck darauf hin, „daß man in offiziellen Stellungnahmen stets das Zustandekommen der Viererkonferenz begrüßen müsse"[32] – der guten Optik wegen.

Wer damit gerechnet hatte, die SPD werde in Reaktion auf den für sie enttäuschenden Wahlausgang das von Ollenhauer und Luetkens in Umrissen entworfene sicherheitspolitische Konzept – Beitritt zu einem westlichen Verteidigungsbündnis unter der Perspektive, dieses im Zuge eines allgemeinen Entspannungsprozesses in ein kollektives Sicherheitssystem einzubauen – rasch und konkret ausgestalten, sah sich enttäuscht. Die sozialdemokratische Führung demonstrierte parteiintern Zerrissenheit wegen tiefgreifender politischer wie taktisch begründeter Meinungsverschiedenheiten. Wegen der Unvereinbarkeit divergierender Standpunkte bot die Partei in der Öffentlichkeit ein zwangsläufig widersprüchliches, mit Rücksicht auf ihre linke und pazifistische Klientel bewußt indifferentes bis negativ zu interpretierendes militärpolitisches Erscheinungsbild. Tendenziell zeichnete sich aber in den Spitzengremien die Bereitschaft ab, den mehrheitlich grundsätzlich bejahten, aller Voraussicht nach nicht abzuwendenden Verteidigungsbeitrag durch konstruktive Arbeit unterhalb der Ebenen von Regierung und Parlamentsplenum, also in Ausschüssen, im administrativen und militärischen Bereich mitzutragen.

Diese ambivalente Haltung kennzeichnet die Sicherheitspolitik der SPD bis in die Anfangsphase der deutschen NATO-Mitgliedschaft hinein[33]. Sie fand ihren beredten Ausdruck in der Aussprache über Adenauers Regierungserklärung Ende Oktober 1953. Noch wenige Tage vor der Wahl hatte der sich allmählich zum sicherheitspolitischen Experten seiner Partei entwickelnde Bundestagsabgeordnete Fritz Erler erklärt, die SPD müsse bereit sein, „um der Erlösung von achtzehn Millionen Deutschen aus der sowjetischen Knechtschaft willen einen von der Viermächtekonferenz vorgeschlagenen Status Gesamtdeutschlands zu akzeptieren, der das wiedervereinigte Deutschland von der Teilnahme an einem westlichen oder östlichen Militärblock ausnimmt"[34]. Die parteiinternen Reaktionen auf diese klare Aussage fielen sehr unterschiedlich aus. In Berlin, mit den kommunistischen Machthabern der UdSSR und der DDR in hautnaher Konfrontation, klatschte die ohnehin rechtslastige SPD Beifall; im Bundesvorstand erhob man nach der Wahl den Vorwurf, diese im Widerspruch zur offiziellen Parteiversion stehende Meinung habe die Sozialdemokratie zahlreiche Mandate gekostet.

Jetzt, gut einen Monat später, räumte Ollenhauer ein, daß der EVG-Vertrag eine Reihe „auch von der Opposition nicht bestrittener positiver Bestimmungen" enthielt, neben solchen, die die SPD strikt ablehnte, wie die Notstandsklausel. Der Oppositionsführer ließ erkennen, daß er und seine Partei dem Beitritt zur Europäischen Verteidigungsgemeinschaft unter der Prämisse zustimmen würden, daß die Regierung den ernsthaften Willen bekunde, mit den Westmächten über die Beseitigung der Relikte des Besatzungsstatuts und über die Auflösung des Junktims

[31] Niederschrift Adenauers über eine Besprechung mit Ollenhauer, 11.1.1954, StBKAH, 12.27, SPD-Materialien, Korrespondenz II.

[32] Parlamentarischer Bericht des Presse- und Informationsamts der Bundesregierung, 13.1.1954, BA, B 145/1902.

[33] Vgl. zu dieser Problematik ausführlich Volkmann, Die sozialdemokratische innerparteiliche Diskussion.

[34] Pressekonferenz Erlers, 28.8.1953, zit. n. Soell, Erler 1, S. 161.

zwischen Deutschland- und EVG-Vertrag zu verhandeln. Letzteres hat der Kanzler aufgrund der französischen Verzögerungstaktik mehrfach versucht. Ollenhauer wiederholte die deutschlandpolitischen Vorbehalte der Sozialdemokratie gegenüber den Westverträgen, gestand indessen ein, daß es sich bei dem Bemühen um Wiedervereinigung um eine schwierige und um eine langjährige Aufgabe handele. „Aber es gibt keinen anderen friedlichen Weg, und sie bleibt ja auch bestehen, wenn tatsächlich der EVG-Vertrag in Kraft treten sollte[35]."

Wie anders will man diese Äußerung interpretieren denn als Ausdruck eines Gesinnungswandels des SPD-Vorsitzenden, demzufolge er den Verzicht auf die EVG nicht mehr als unabdingbare Voraussetzung zur Wiedervereinigung wertete? Aber diese Auffassung war noch nicht gedankliches Allgemeingut der Partei geworden. Die sich abzeichnende Berliner Konferenz belebte nämlich wieder die Hoffnung maßgeblicher Genossen auf deutschlandpolitische Fortschritte, derentwillen die militärische Westintegration zurücktreten mußte. Aus diesem Grunde wollte die Parteispitze auch die parlamentarische Behandlung der Wehrhoheitsfrage bis nach dem Viermächtetreffen zurückgestellt wissen. „Eine so schwerwiegende Entscheidung, wie es die Verankerung des Rechtes auf die Landesverteidigung mit allen seinen Konsequenzen in das Grundgesetz ist, kann nach der Ansicht der Sozialdemokratischen Partei nur vorgenommen werden, wenn Verhandlungen zwischen den vier Besatzungsmächten unzweideutig ergeben haben würden, daß für absehbare Zeit die Wiedervereinigung Deutschlands in Freiheit nicht möglich ist." So lange wollte die SPD zum „gegenwärtigen Zeitpunkt" nicht mit einem eigenen Vorschlag zur Grundgesetzergänzung hervortreten[36]. In einem vertraulichen Gespräch zwischen dem Bundeskanzler und dem Oppositionsführer fand man den Kompromiß zwischen dem Bestreben der Koalition, die Viermächteverhandlungen zu ingnorieren und dem der SPD, deren Ergebnisse abzuwarten. Die beiden Politiker einigten sich darauf, die Initiativanträge zwar, dem Terminkalender des Regierungschefs folgend, dem Plenum des Bundestages vorzulegen, sich dort aber anstelle einer ausführlichen Diskussion mit der Abgabe fraktioneller Erklärungen zu begnügen[37].

Die Berliner Viererkonferenz erbrachte genau das Ergebnis, das die SPD ernsthaften Verhandlungen über die Stalin-Note abverlangt hatte, und das die Koalition zur Rechtfertigung ihrer Sicherheitspolitik benötigte: den Beweis dafür, daß die Sowjetunion über ein in welcher Form auch immer an den Westen angelehntes wiederzuvereinigendes Deutschland außerhalb ihres direkten Einflußbereichs ernsthaft nicht mit sich reden ließ, auch nicht um den Preis des Verzichts auf die Mitgliedschaft in der EVG, und daß vice versa die Westmächte die Bundesrepublik nicht aus ihrer partnerschaftlichen Mitte zu entlassen gedachten, die Wiedervereinigung nicht einmal im Rahmen einer europäischen Gemeinschaft in Erwägung ziehen wollten[38].

Als am 25. Februar 1954 der Deutsche Bundestag über die durch das Scheitern der Berliner Konferenz entstandene internationale und gesamtdeutsche Lage und tags darauf über die Grundgesetzergänzung beriet und beschloß, versäumte die SPD den günstigsten Zeitpunkt, unzweideutige, in der Öffentlichkeit nachvollziehbare sicherheitspolitische Aussagen zu machen. In logischer Konsequenz ihrer grundsätzlich positiven Haltung zu einem westdeutschen Verteidigungsbeitrag, die Ollenhauer noch einmal ausdrücklich unterstrich, hätte die Sozialdemokratie

[35] Deutscher Bundestag, Sten.Ber., Bd 18, 4. Sitzung, 28.10.1953, S. 48 B/49 A.

[36] Memorandum Herbert Wehners über „Grundgesetzänderung", 7.12.1953, AdsD, PV Ollenhauer 34, W-WZ.

[37] Niederschrift über die Besprechung zwischen Adenauer und Ollenhauer, 11.1.1954, StBKAH, 12.27, SPD-Materialien, Korrespondenz II.

[38] Vgl. dazu Beitrag Maier.

die Grundgesetzänderung mittragen müssen. Daß dies nicht geschah, geht auch auf das Konto der Koalition, die der SPD den vielfach willkommenen Vorwand für die von ihrem Wahlvolk vermeintlich erwartete Ablehnung lieferte: Um nicht den Eindruck zu erwecken, man zweifle in Bonn am Zustandekommen der EVG, hatte sich Adenauer nicht damit begnügen wollen, die Wehrhoheit ganz allgemein im Grundgesetz zu verankern. Er brachte sie in wohlbedachter Absicht ausdrücklich in Verbindung mit der EVG- und Deutschlandakte, nicht zuletzt, um der Besatzungsmacht Frankreich die Genehmigung der Grundgesetzergänzung zu erleichtern. Die entsprechende Textstelle lautete in Art. 142a GG: „Die Bestimmungen dieses Grundgesetzes stehen dem Abschluß und dem Inkraftsetzen der am 26. und 27. Mai 1952 in Bonn und Paris unterzeichneten Verträge [...] nicht entgegen[39].“ Wehner ließ in einem Papier für den Parteivorstand durchblicken, daß die SPD nicht grundsätzlich gegen die Aufnahme des Rechts der Landesverteidigung in die Verfassung war, wohl aber gegen Zeitpunkt und Art der von den Regierungsfraktionen angestrebten Grundgesetzergänzung als nachträgliche Anpassung an die Verträge von Bonn und Paris[40]. Die SPD wollte den Eindruck vermeiden, mit ihrer Zustimmung zur Wehrvorlage akzeptiere sie auch indirekt den EVG-Vertrag. Sie lehnte diesen aber nicht nur aus den sattsam bekannten inhaltlichen Vorbehalten ab, sondern weil sie zwischenzeitlich auch davon überzeugt war, er werde die französische Nationalversammlung nicht passieren und damit niemals in Kraft treten. Dieser Erkenntnis folgend und in Bekundung der Ernsthaftigkeit ihres Willens, einen – wenn auch noch näher zu bestimmenden – westdeutschen Verteidigungsbeitrag politisch mitzutragen, hätte sie nun eine eigene Wehrvorlage einbringen müssen. Dafür fehlte es der Parteispitze an programmatischer Geschlossenheit, zumal mit Rücksicht auf die Stimmung im Parteivolk.

So blieb den Koalitionsfraktionen allein die Verantwortung für die Grundgesetzergänzung. In den ersten Februartagen waren die Vorsitzenden der Regierungsparteien mit dem Bundeskanzler zusammengetroffen, um die noch bestehenden Meinungsverschiedenheiten auszuräumen. Man einigte sich schließlich darauf, die hauptsächlich von CSU und DP geforderten föderativen Klauseln und die von der FDP gewünschte Regelung des Oberbefehls aus der Grundgesetzergänzung auszuklammern und einem zweiten, späteren parlamentarischen Verfahren vorzubehalten[41]. Darüber, wie dieses auszusehen habe, kam es noch zu Reibereien mit der CSU. Während sie das föderative Prinzip in einer zweiten Grundgesetzergänzung festgeschrieben wissen wollte[42], erachteten die übrigen Koalitionspartner ein einfaches Gesetz für ausreichend. Um eine innerkoalitionäre Kraftprobe zu vermeiden, hielt der Kanzler das Problem bis zur zweiten Wehrergänzung des Grundgesetzes im Jahre 1956 in der Schwebe.

Im Rechtsausschuß des Bundestages einigte man sich dann über die endgültige Fassung der sogenannten ersten Wehrergänzung, indem man im Gesetzentwurf der Koalition noch die allgemeine Wehrpflicht festschrieb[43]. Als der Deutsche Bundestag am 26. Februar 1954 die Grundgesetzergänzung beschloß, realisierte er die sogenannte „kleine Lösung“: Die Frage des Oberbefehls, der landsmannschaftlichen Gliederung westdeutscher Streitkräfte und das Problem des Enteignungsrechts waren offengeblieben und sollten einer zweiten Grundgesetzergänzung vor-

[39] Entwurf eines Gesetzes zur Ergänzung des Grundgesetzes der CDU/CSU-, GB/BHE-, DP-Fraktion, 4.12.1953, Deutscher Bundestag, Drucksachen, Bd 26, Nr. 124.
[40] Memorandum Wehners, 7.12.1953, AdsD, PV Ollenhauer 34, W-WZ.
[41] CDP, 10.2.1954, S. 2.
[42] Schreiben Franz Josef Strauß', 23.2.1954, an Adenauer, BayHStA, Bevollmächtigter Bayerns beim Bund 1008.
[43] Beschlüsse des 16. Ausschusses, 20.2.1954, in: Deutscher Bundestag, Drucksachen, Bd 27, Nr. 275.

behalten bleiben[44]. Die CSU vertrat die Auffassung, die im Grundgesetz verankerte Wehrhoheit und Wehrpflicht könnten nicht mit einfachem Gesetz Gültigkeit erlangen, „weil die Vollziehung der Wehrpflicht die Regelung dieser speziellen Fragen voraussetzt und weil diese wiederum die Einschränkung von Grundrechten und Eingriffe in die Selbständigkeit der Länder zur Folge hätte". Die Landesgruppe im Bundestag sah fortan ihre Aufgabe darin, den Bundeskanzler auf seine Zusagen hinsichtlich einer landsmannschaftlichen Strukturierung zukünftiger Streitkräfte zu verpflichten und die zentralistisch orientierte FDP innerhalb der Koalition in ihre Schranken zu weisen. „Die vier Minister starke und um 4 Bundestagsmandate als die CSU schwächere FDP [...] scheint ihren übersteigerten Zentralismus allerdings auch in dieser ernsten Sache nicht zügeln zu wollen. Ein solcher Versuch sollte den Kanzler und die anderen Koalitionspartner dazu bestimmen, fester und unnachgiebiger zu bleiben, als das bisher mitunter der Fall war. Er könnte aber gegebenenfalls auch einmal die CSU veranlassen, ihre Position ohne Rücksichten und mit allem Nachdruck zu wahren"[45]. Die CSU hat es notfalls auch gegenüber einem Bundeskanzler Konrad Adenauer an massivem Druck nicht fehlen lassen, wenn es darum ging, ihre eigenen Zielvorstellungen durchzusetzen.

Im Bundesrat standen keine Schwierigkeiten zu erwarten. Hier hatten sich die Kräftekonstellationen zugunsten der Regierungsparteien zwischenzeitlich verschoben. Nach der Bundestagswahl konnte sich Reinhold Maier als baden-württembergischer Ministerpräsident nicht mehr halten, wenngleich weniger wegen seiner Rolle, die er als Präsident des Bundesrates im Verfassungsstreit über die Westverträge gespielt hatte, denn aus landespolitischen Gründen. Er hatte sich zum Abgeordneten des Deutschen Bundestages wählen lassen und legte das Amt des Ministerpräsidenten nieder, womit er den Weg für eine veränderte Koalition in Baden-Württemberg freimachte. Ende September 1953 trat die CDU ins Kabinett ein und stellte mit Gebhard Müller den Regierungschef. Im Bundesrat durfte Adenauer nun auch mit den Stimmen dieses Bundeslandes rechnen, da Union und Liberale im Stuttgarter Parlament über die Mehrheit verfügten. Nach den Bürgerschaftswahlen in Hamburg am 1. November 1953, aus denen ein Wählerblock aus FDP, CDU und DKP (Deutsch-Konservative Partei) als Sieger hervorging, der sich auf Karl Sieveking (CDU) als Ersten Bürgermeister einigte, erhielt die Bonner Regierungskoalition im Bundesrat eine Zweidrittelmehrheit, mit der die beabsichtigte Ergänzung des Grundgesetzes um die Wehrhoheitsklausel auch in der Ländervertretung als gesichert gelten konnte. Und in der Tat hat das Plenum des Bundesrates nach einer kurzen Diskussion im Rechtsausschuß über die verfassungsrechtliche Qualität der Grundgesetzergänzung diese mit der notwendigen Zweidrittelmehrheit beschlossen[46]. Die SPD-geführte hessische Landesregierung stimmte als einzige dagegen, während sich die ebenfalls sozialdemokratisch regierten Länder Niedersachsen und Bremen der Stimme enthielten, ein Umstand, den die Union auf einen allmählichen Lernprozeß zurückführte und als erstes Zeichen für ein allmähliches Auseinanderbrechen der starren sozialdemokratischen Ablehnungsfront gegen die Sicherheitspolitik der Bundesregierung wertete[47]. Alle drei Länder hatten übereinstimmend die Notwendigkeit und das Recht anerkannt, die Wehrhoheit grundgesetzlich festzuschreiben.

Der Unterschrift des Bundespräsidenten unter die Westverträge stand nur noch die ausstehende, aber notwendige Zustimmung der drei westlichen Besatzungsmächte zur Grundgesetzergänzung verzögernd im Wege. Die Regierungskoalition erlebte noch einmal aufregende Tage,

[44] Vgl. dazu v. Merkatz als Berichterstatter, in: Deutscher Bundestag, Sten.Ber., Bd 18, 1954, S. 553.
[45] CSU-Korrespondenz, 5.3.1954, S. 4.
[46] Deutscher Bundesrat, Sten.Ber., 120. Sitzung, 19.3.1954, S. 54–60.
[47] CDP, 19.3.1954, S. 5.

als sich abzeichnete, daß der französische Hochkommissar zunächst sein Plazet bis zur endgültigen Ratifizierung des EVG-Paktes verweigern wollte. Schließlich einigten sich die Vertreter der drei Besatzungsmächte auf den Kompromiß, die Grundgesetzergänzung gutzuheißen, mit Ausnahme des eigentlichen Wehrhoheitsartikels, der erst gemeinsam mit dem EVG-Vertrag in Kraft treten sollte[48].

Für den Bundespräsidenten ergab sich nun die Situation, daß Deutschland- und EVG-Vertrag dem Grundgesetz nicht mehr widersprachen und die entsprechenden Gesetzesvorlagen von ihm unterzeichnet werden konnten. Es blieb allerdings die Frage, ob er die Wehrergänzung nur in den von den Hochkommissaren bereits sanktionierten Teilen oder als Ganzes mit seiner Unterschrift versehen konnte. Die Sozialdemokratie plädierte für partielle Unterzeichnung. Heuss kam schließlich mit der Bundesregierung dahingehend überein, die Verträge mit der Wehrergänzung in toto zu unterschreiben und zu verkünden und auf den alliierten Vorbehalt in einer Fußnote hinzuweisen[49].

Die Grundsatzdiskussion um Für und Wider eines Verteidigungsbeitrages der Bundesrepublik innerhalb eines westlichen Bündnissystems wie die Auseinandersetzung um die politischen und militärischen Rahmenbedingungen hatten ihr parlamentarisch-konstitutives Ende gefunden, auch wenn die politische Entwicklung über die EVG hinweggehen sollte. Die Bundesregierung empfand tiefe Genugtuung. Der Kanzler konnte aufatmen, nachdem er das in der Wehrfrage nicht selten schlingernde Koalitionsschiff um gefährliche politische Klippen herumgesteuert und mit seiner brisanten Fracht in den sicheren politischen Hafen gelenkt hatte. Die CDU nutzte ihren Parteitag Ende Mai 1954 zu selbstzufriedener Rückschau auf das Geleistete.

Der SPD hätte es gut angestanden, ihren Respekt vor den Beschlüssen parlamentarischer Mehrheiten zu bezeugen, indem sie ihre Klage vor dem Bundesverfassungsgericht zurückgezogen hätte. Dazu konnte sich die Partei nicht durchringen. Vielmehr beantragte ihr Prozeßbevollmächtigter Arndt die Prüfung der Verfassungskonformität der Grundgesetzergänzung[50]. In Anbetracht der überzeugenden Willensbekundung der Mehrheit in Bund und Ländern zur Realisierung von Deutschland- und EVG-Vertrag ließen die Karlsruher Richter jedoch das Verfahren im Sommer 1954 einschlafen, ohne es je wieder belebt zu haben.

c) Zeit des Wartens auf Frankreich und das Scheitern der EVG

Auch nach der Verkündung von Deutschland- und EVG-Vertrag blieb die SPD sicherheitspolitisch in innerparteiliche Widersprüche verstrickt. Dabei ist bemerkenswert, daß es in den Parteiführungsgremien keine Stimme gab, die einen Verteidigungsbeitrag grundsätzlich negierte. Das Ringen um einen sicherheitspolitischen Standort der SPD fand zwischen denjenigen statt, die der Partei zu einem gegenüber der Regierungskoalition alternativen wehrpolitischen Konzept spezifisch sozialdemokratischen Zuschnitts verhelfen und denen, die von den bestehenden und geschaffenen Realitäten ausgehen wollten. Die ersteren unternahmen weiterhin den Versuch, Wiedervereinigung und „Wiederbewaffnung" in ein harmonisches Verhältnis zueinander zu bringen. Doch die Polarität dieser beiden politischen Gegenstände ließ sich nicht aufheben, was in ersten Beratungen der sozialdemokratischen Spitzenfunktionäre nach der Berliner

48 Vgl. dazu Maier, Erinnerungen.
49 Vgl. dazu Die Welt, 27.3.1954.
50 Stellungnahme Arndts, 31.3.1954, in: Kampf um den Wehrbeitrag III, S. 468–489.

Konferenz auch seinen sichtbaren Ausdruck fand. Der Pressesprecher des Parteivorstandes, Fritz Heine, trat nun vehement dafür ein, die Verbundenheit mit dem Westen demonstrativ zu betonen, und damit allen Gerüchten über Neutralitätsbestrebungen innerhalb der Sozialdemokratie endgültig den Boden zu entziehen. Er hielt es für das Gebot der Stunde, „unsere Bedingungen für unsere Teilnahme an der gemeinsamen Verteidigung auf[zu]stellen". Wie aber, so wurde er gefragt, sollte der westdeutsche Verteidigungsbeitrag aussehen? „Wir müssen uns weiter gegen EVG wenden, aber wir dürfen die Bevölkerung nicht ohne Schutz lassen", so PV-Mitglied Louise Schroeder[1]. Genau dies war das Dilemma, in dem die SPD sich befand, und aus dem heraus ein Ausweg gesucht wurde, der sich schon deshalb nicht leicht finden ließ, weil die Wehrproblematik auch weiterhin mit der Wiedervereinigungsfrage befrachtet war. Dennoch glaubte Ollenhauer, in die Partei ein tragendes sicherheitspolitisches Fundament gießen zu können. Wenn man auch die EVG ablehnte, so sprach seiner Auffassung nach doch nichts dagegen, „daß Deutschland in einem Sicherheitssystem, das von allen Mitgliedern der Vereinten Nationen akzeptiert wird, auch seinen Beitrag leistet in der Form, in der diese internationale Sicherheitsorganisation es für nötig hält. Ich meine, es kommt jetzt darauf an, daß wir in den kommenden Auseinandersetzungen uns von diesen wesentlichen Grundgedanken unserer politischen Haltung in bezug auf die Methoden, durch die wir die Wiedervereinigung Deutschlands erreichen wollen, nicht abbringen lassen[2]." Mit anderen Worten, der Parteivorsitzende favorisierte einen westdeutschen Wehrbeitrag innerhalb eines kollektiven Sicherheitssystems, das auch dem Sicherheitsbedürfnis der Sowjetunion Rechnung tragen und daher unter dem Patronat der UNO stehen sollte, die wiederum dem Schutzbedürfnis der Bundesrepublik Rechnung trüge und im Ernstfall, vergleichbar dem Korea-Konflikt, militärischen Schutz und Beistand gewährte. Im Zuge internationaler Entspannung mußte dann auch die Wiedervereinigung möglich werden. Ollenhauer setzte sich mit dieser Auffassung durch. Sie fand ihren Niederschlag in einer sicherheitspolitischen Deklaration, die nach der Berliner Konferenz von der Parteiführung formuliert wurde: sie enthielt im Kern den Appell an die Besatzungsmächte, Gesamtdeutschland zu schaffen und es mit gleichen Rechten und Pflichten an einem wirksamen System kollektiver Sicherheit partizipieren zu lassen. „Die Tatsache [...], daß die Außenminister in der Frage der Wiedervereinigung Deutschlands noch keine Einigung erzielen konnten, darf keinen Teil Deutschlands dazu veranlassen, an Stelle der Politik der Wiedervereinigung in Freiheit eine Politik der einseitigen militärischen und staatlichen Bindung an Paktsysteme einer oder mehrerer Siegermächte zu setzen. Eine solche Politik würde die Fortdauer der Spaltung Deutschlands bedeuten und den Keim zu fortgesetzten Konflikten und zu neuen Verschärfungen der internationalen Beziehungen in sich tragen[3]." Die Führungsgremien der Partei werteten die Berliner Konferenz als den Beginn eines Ost-West-Dialogs, wie er in der beschlossenen Indochina-Konferenz seinen Fortgang zu nehmen schien.

Doch neben diesen Konzeptionalisten schoben sich in der Wehrfrage immer sichtbarer die Pragmatiker in den Vordergrund, die sich zum Teil aus der zweiten politischen Reihe der Partei rekrutierten. Stellvertretend für Haltung und Auffassung anderer ist hier die Intervention eines jungen Abgeordneten der SPD von Interesse, der sich neben und nach Fritz Erler auf dem Feld der Sicherheitspolitik allmählich profilierte, bis er es schließlich zum Verteidigungsminister

[1] Niederschrift über die Sitzung des PV, 18./19.2.1954, AdsD, SPD-PV, Protokolle 1954.

[2] Eröffnungsrede Ollenhauers auf der gemeinsamen Sitzung von PV und PA, 19.2.1954, AdsD, PV Ollenhauer 96, Reden, Artikel, Januar–Juni 1954.

[3] Resolution des Parteivorstandes der SPD zur Berliner Außenministerkonferenz, 20.2.1954, in: Neuer Vorwärts 7 (1954), Nr. 8, 26.2.1954, S. 1.

bringen sollte. Der Hamburger Abgeordnete Helmut Schmidt kam mit sich nicht ins reine darüber, was nun in der Sozialdemokratie sicherheitspolitisch als Wunsch und Wirklichkeit galt. Er wollte von Ollenhauer schließlich wissen, wie es die Partei denn wirklich mit der Sicherheitsfrage halte. Er bezog sich auf eine Fraktionssitzung, in der der SPD-Vorsitzende zahlreiche, auf ein klärendes Wort in dieser Angelegenheit drängende Abgeordnete darauf vertröstet hatte, die Partei werde ihre offizielle Stellungnahme zum Sicherheitskomplex erst auf dem kommenden Parteitag beziehen. Aus der Aufnahme dieser Erklärung durch einzelne Fraktionsmitglieder gewann Helmut Schmidt „den Eindruck, als ob zumindest einige wenige Genossen Deine Äußerung erfreut so auslegten, daß in der Partei eine grundsätzlich positive Entscheidung zur Verteidigungsbereitschaft noch nicht gefallen sei (und somit auch noch bekämpft werden könne). Das Gegenteil ist aber m. E. richtig". Der Abgeordnete drängte darauf, schon vor dem Parteitag innerhalb der Fraktion zu einer eindeutigen Festlegung des sicherheitspolitischen Standortes zu gelangen, schon im Blick auf die bevorstehende Behandlung der Grundgesetzänderung, die er „nicht in toto" abgelehnt wissen wollte, die allerdings „evtl. in einigen Punkten zu ergänzen wäre". Im übrigen, so schrieb er, gehe er davon aus, daß sich der Parteitag zwar sehr gründlich mit der Aufstellung westdeutscher Streitkräfte befassen werde, jedoch „insbesondere mit dem *Wie*"[4].

Nach der Berliner Konferenz verschloß sich die SPD noch der Einsicht, daß die Bundesrepublik als Mitglied der westlichen Staatengemeinschaft – was immer dies sein mochte oder werden sollte – zwar ein Objekt des Kalten Krieges bildete, als politisches Subjekt aber in der gegebenen globalen Konstellation keinerlei Möglichkeiten besaß, einen Beitrag zur Entschärfung oder zur Beilegung des Ost-West-Konfliktes und damit zur Wiedervereinigung in Freiheit, d.h. bei Zugehörigkeit zum westlichen Lager, zu leisten. Wie honorig vom nationalen und mitmenschlichen Standpunkt aus es auch sein mochte, die Wiedervereinigung, das Herauslösen des sowjetisch besetzten Teiles Deutschlands aus dem Kreis der sozialistischen Volksrepubliken zur Richtschnur außen- und sicherheitspolitischen Handelns zu deklarieren, so unrealistisch war diese politische Diktion. Wiedervereinigung und Sicherheit, miteinander verbindend, gleichzeitig erreichen zu wollen, mußte als utopisch gelten. Auch dafür, daß die UNO als Garant des Weltfriedens oder west- bzw. gesamtdeutscher Sicherheit eine zu ohnmächtige Institution abgab, auch wenn amerikanische und andere westliche Truppen in Korea unter der Flagge der Weltorganisation kämpften, war der Parteiführung vorerst noch der Blick verstellt.

Erst im Verlauf der sich im Frühjahr 1954 vollziehenden Sonderentwicklung der DDR, z. B. in Form der ihr demonstrativ zugestandenen Souveränität, erwuchs auch der SPD-Spitze die Erkenntnis, daß, wenn es je eine Chance zur Wiedervereinigung gegeben haben sollte, sie nun auf absehbare Zeit nicht wiederkommen werde, es sei denn im Zuge einer allgemeinen Entspannung, insbesondere durch Vereinbarungen über eine atomare Abrüstung. Die sowjetische Note von Ende März 1954 an die Westmächte[5], mit dem Vorschlag eines europäischen kollektiven Sicherheitssystems unter Einbeziehung der NATO und der dieser beizutretenden UdSSR, stellte einen unmißverständlichen Versuch dar, Frankreich von der Ratifizierung des EVG-Vertrages abzuhalten. Der SPD erschien er zwar als Bekundung des Moskauer Willens, in einen Dialog um Abrüstung und Entspannung einzutreten. Daß das Memorandum keinen konkreten Hinweis zur Lösung der deutschen Frage enthielt, wirkte nichtsdestoweniger desillusionierend

[4] Schreiben Schmidts, 18.1.1954, an Ollenhauer, AdsD, PV Ollenhauer 29, Schmid-Schmidt.
[5] KAG, 1954, S. 4453–4455.

wie beschleunigend auf den in den maßgeblichen Parteigremien in Gang befindlichen Prozeß der sicherheits- und deutschlandpolitischen Neuorientierung[6].

Herbert Wehner fiel die Aufgabe zu, ein außen- und sicherheitspolitisches Papier zu entwerfen, mit dem sich die Sozialdemokratische Partei von dem seitens der Unionsparteien wiederholt erhobenen Anwurf der ewigen Nein-Sagerin befreien und zu einer konstruktiven verteidigungspolitischen Programmatik übergehen konnte. Die am 3. Mai 1954 vom Parteivorstand gebilligte Empfehlung über Außenpolitik kann als Präambel der gleichen Tags verabschiedeten Empfehlung über europäische Sicherheit gelten. Sie enthielt plakativ formuliert folgende Feststellungen:

1. Die Sozialdemokratie erachtet waffenstarrend sich gegenüberstehende militärische Blöcke als friedensgefährdend, nicht friedenssichernd.
2. Die SPD kämpft für die Einheit Deutschlands in Frieden und Freiheit und den Abschluß eines Friedensvertrages mit Gesamtdeutschland.
3. Die SPD setzt sich für eine aktive Europapolitik ein.
4. Die SPD befürwortet eine enge Zusammenarbeit der Bundesrepublik mit den Organisationen der UNO.
5. Die SPD setzt sich für Völkerverständigung und für internationale Atomkontrolle ein[7].

Unter Bezug auf diese Grundsatzerklärung sind dann die sicherheitspolitischen Leitlinien formuliert. Sie beinhalten zwar die Ablehnung des EVG-Vertrages mit der Begründung, er behindere die friedliche Wiedervereinigung und gewähre der Bundesrepublik weder die gleiche Sicherheit wie den anderen Vertragspartnern noch Gleichberechtigung bei politischen und strategischen Entscheidungen.

Hervorzuheben ist aber, daß der Parteivorstand die Wiedervereinigung nicht „zusätzlich", d.h. über die bereits bestehenden Erschwernisse hinaus, behindert wissen wollte und daß er erwartete, daß ein westdeutscher Sicherheitsbeitrag die de facto vollzogene Zuordnung des einen deutschen Staates zur westlichen und des anderen zur östlichen politischen Hemisphäre nicht für unabsehbare Zeit zementierte. Die SPD hoffte auf eine Lösung der deutschen Frage im Zuge eines in nicht allzu ferner Zukunft in Gang kommenden Entspannungsprozesses. Für diese Interpretation spricht ein Dialog während der Beratung der Empfehlung. Der spätere Regierende Bürgermeister von Berlin, Heinrich Albertz, meinte, „es sei eine Illusion zu glauben, daß es einen Verteidigungsbeitrag gibt, der die Wiedervereinigung nicht gefährdet". Die Replik Herbert Wehners: „Wir können nicht jeden Verteidigungsbeitrag ablehnen, solange die Wiedervereinigung nicht vollzogen ist, weil dann die Russen die Nichtbewaffnung und Nichtvereinigung erreicht hätten und aufrechterhalten würden[8]." Die Pragmatiker im Parteivorstand wollten die konzeptionelle sicherheits- und deutschlandpolitische Wende. Die Proklamation der Souveränität der DDR war Wasser auf die argumentative Mühle derjenigen in den Spitzengremien der SPD, die des Zuwartens auf Viermächteregelungen überdrüssig waren und die erkannten, daß die Wiedervereinigung nicht nur in Moskau, sondern auch in den drei westlichen Hauptstädten nicht auf der aktuellen politischen Tagesordnung stand. Wehners Überlegungen, in denen er sich erstmals deutschlandpolitisch durch eine klare Programmatik profilierte, lag ein gedanklicher Dreischritt zugrunde:

[6] Vgl. Volkmann, Die sozialdemokratische innerparteiliche Diskussion.
[7] Empfehlung des SPD-Parteivorstandes über Außenpolitik, 3.5.1954, KAG, 1954, S. 4515f.
[8] Protokoll der Sitzung des PV, 3.5.1954, AdsD, SPD-PV, Protokolle 1954.

1. Sicherheit der Bundesrepublik durch Beitritt in ein westliches Verteidigungssystem.
2. Entspannung durch Beitritt des westlichen Verteidigungspaktes zu einem kollektiven Sicherheitssystem.
3. Wiedervereinigung durch Entspannung.

Diese Gedanken fanden ihren Niederschlag in einer Resolution des Parteivorstands, der zufolge der Bundesrepublik zugestanden wurde, „an gemeinsamen Anstrengungen des Westens zur Sicherung des Friedens und zur Verteidigung der Freiheit auch mit militärischen Maßnahmen teil[zu]nehmen". Es mußte allerdings folgendes gewährleistet sein: 1. Daß dadurch die Wiedervereinigung nicht erschwert und die bündnispolitische Entscheidungsfreiheit einer zukünftigen gesamtdeutschen Regierung nicht beschnitten wurde. 2. Daß die Bündnispartner die Schaffung eines europäischen Sicherheitssystems im Rahmen der Satzung der UNO anstrebten und 3. Gleichberechtigung und Gleichgewichtigkeit der Sicherheitsvorkehrungen für alle Partner[9]. Die SPD beließ es nicht bei der Proklamation dieser sicherheitspolitischen Leitsätze. Sie legte sich intern auch bereits auf *nationale* Streitkräfte als Teil einer *Koalitionsarmee* fest, und dies in größerem Rahmen, als ihn die EVG absteckte. „Die Gegenüberstellung Integrations- oder Nationalarmee unterschieben uns unsre Gegner aus unehrlichen Motiven", äußerte Erich Ollenhauer vor dem Parteivorstand. „Der Kampf gegen die deutsche Nationalarmee ist z.T. die Diskriminierung Deutschlands, auch durch einen Teil der Labourparty. – Die EVG ist in ihrer geographischen Begrenzung und Organisation kein Sicherheitsfaktor. Da z.B. die Einbeziehung Großbritanniens nicht zu haben ist, fällt damit die EVG, und es bleibt nur die Koalitionsarmee[10]."

Und ein Zweites tat die Partei: Sie gründete den Sicherheitsausschuß beim Parteivorstand, der Richtlinien für die Ausgestaltung eines westdeutschen Verteidigungsbeitrages, für Aufstellung, Aufgaben, Ausrüstung, Befehlsstruktur und geistige Ausrichtung westdeutscher Streitkräfte erarbeiten sollte. Der Ausschuß wurde gegründet, wie Erich Ollenhauer an Helmut Schmidt schrieb, „weil auch wir der Meinung sind, daß die Partei möglichst bald zu einer konkreten Auffassung über die zukünftige Organisation einer möglichen neuen Wehrmacht kommen soll"[11]. Noch aber sah sich die SPD-Spitze der schwierigen Aufgaben gegenüber, die veränderte wehrpolitische Konzeption von der Basis absegnen zu lassen. Die programmierte Gelegenheit hierzu bot der Berliner Bundesparteitag (20.–24. Juli 1954). Der Parteivorstand rechnete mit erhitzten Diskussionen, hoffte aber, nicht zuletzt im Vertrauen auf das hohe Maß an parteiinterner Disziplin und Solidarität, darauf, eine überzeugende Mehrheit zu finden. Es war mit dem Widerstand der zwar geringen Zahl pazifistischer Delegierter, insbesondere aber mit dem der in der Partei noch zahlreich vertretenen Neutralisten und vor allen Dingen mit dem der größten Gruppe, der Gegner eines Verteidigungsbeitrages aus gesamtdeutscher Verantwortung zu rechnen. Aber Erich Ollenhauers Grundsatzrede beruhte auf einer nüchternen Analyse der Weltlage, von der nun einmal das deutsche Schicksal abhing. Er stellte zwar weiterhin die Wiedervereinigung als erstes Ziel der Partei dar, verschwieg aber nicht, daß das gespannte Ost-West-Verhältnis derzeit keinen Raum bot für konkrete Anstrengungen in dieser Richtung. „Wir müssen", so der Parteivorsitzende „in der gegenwärtigen Situation auch die Möglichkeit einer Situation ins Auge fassen, in der für absehbare Zeit eine Chance für die Lösung des Deutschlandproblems nicht gegeben ist[12]." Dies war eine mutige, aber längst fällige Klarstellung aus berufenem Munde. Er wies die

[9] Empfehlung des SPD-Parteivorstandes über europäische Sicherheit, 3.5.1954, KAG; 1954, S. 4516.
[10] Protokoll der Sitzung des SPD-PV, 3.5.1954, AdsD, SPD-PV, Protokolle 1954.
[11] Brief Ollenhauers, 8.4.1954, an Helmut Schmidt, AdsD, PV Ollenhauer 29, Schmid-Schmidt.
[12] KAG, 1954, S. 4643.

Delegierten nachdrücklich auf die mögliche Gefahr hin, durch verteidigungspolitische Enthaltsamkeit bis zu einer derzeit nicht absehbaren gesamtdeutschen Regelung ein militärisches Vakuum in Westeuropa entstehen zu lassen. Er brachte nochmals die Argumente vor, die der SPD die Zustimmung zur EVG unmöglich machten, doch bedeutete diese Ablehnung „nicht die Verweigerung eines militärischen Beitrags unter allen Umständen". Ohne konkrete Aussichten auf Wiedervereinigung und internationale Entspannung, dies versuchte Ollenhauer den Parteitagsdelegierten deutlich zu machen, „können wir uns der Mitarbeit an einer Verteidigung des freien Teils von Deutschland nicht entziehen. Jede andere Entscheidung wäre unrealistisch"[13].

Ollenhauer hatte mit großer Überzeugungskraft den sicherheitspolitischen Resolutionsentwurf begründet, konnte aber nicht verhindern, daß ein Gegenantrag formuliert und eingereicht wurde, der aus der welt- und deutschlandpolitischen Situation den gegenteiligen Schluß zog und apodiktisch folgerte und forderte: „Die SPD lehnt aus diesen Gründen eine Wiederbewaffnung der Bundesrepublik ab[14]." Die Debatte darüber verlief in einer äußerst gespannten Atmosphäre. Das Organ des Parteivorstandes beeilte sich, in letzter Minute Entscheidungshilfe im Sinne der Mehrheit der Parteioberen zu leisten. Es argumentierte, „daß eine grundsätzliche Abstinenz der deutschen Sozialdemokratie in dieser, das ganze deutsche Volk und ganz Europa bewegenden Frage die Partei zur politischen Inaktivität verurteilen und als mitgestaltenden Faktor aus der Politik weitgehend ausschalten würde"[15]. Um dem Parteitag eine goldene Brücke zu bauen, die den Übergang zur neuen Sicherheitspolitik erleichtern sollte, wurde den Delegierten ein Entschließungsantrag des Vorstandes vorgelegt, der die Zustimmung der SPD zu einem westdeutschen Verteidigungsbeitrag vorbehaltlich vorausgegangener gescheiterter Viermächtebemühungen um ein kollektives europäisches Sicherheitssystem unter Beitritt eines wiedervereinigten Deutschlands vorsah. Eine solche Formel hätte es in das Ermessen des Parteivorstandes gestellt, entsprechende Bemühungen für gescheitert zu erklären. Die Delegierten durchschauten das taktische Manöver, verabschiedeten mit knapper Mehrheit die entsprechende Resolution, behielten aber ausdrücklich einem späteren Parteitag die Entscheidung darüber vor, ob und wann Bemühungen um ein internationales kollektives Sicherheitssystem als gescheitert zu gelten hatten[16]. Durch diesen Beschluß stellte die Parteibasis Vorstand und Fraktion unter Kuratel. Der Berliner Parteitag beraubte beide Gremien nahezu jeglicher Optionsmöglichkeit für den Fall, daß die EVG scheitern und rasch eine Ersatzlösung seitens der Bundesregierung und der Westmächte gefunden werden sollte.

Die Wiedervereinigung besaß inTeilen der SPD-Anhängerschaft gerade in der Phase sicherheitspolitischer Umorientierung bis in die NATO-Partnerschaft hinein einen hohen Stellenwert. An dieser Tatsache kam die SPD-Führung bei ihren sicherheitspolitischen Überlegungen nicht vorbei. Die zwischen den Besatzungsmächten gepflegten Konsultationen um das Zustandekommen einer Viererkonferenz hatte wohl gewisse deutschlandpolitische Hoffnungen beim SPD-Wähler geweckt. Tendenziell läßt sich dies auch für die FDP- und CDU-Klientel und letztlich für die Gesamtbevölkerung sagen (Tab. IV).

Im Blick auf die Viererkonferenz legte man der westdeutschen Bevölkerung eine Frage vor, die einen interessanten Aufschluß über die Haltung der SPD-Anhänger zur Wehrfrage gibt (Tab. V):

[13] Ebd.
[14] Ebd., S. 4644.
[15] Sozialdemokratischer Pressedienst, 22.7.1954, S. 2.
[16] Vgl. dazu Volkmann, Die sozialdemokratische innerparteiliche Diskussion.

Tabelle IV

Frage: *„Wenn Sie sich entscheiden müßten – was ist Ihnen zunächst wichtiger: Sicherheit vor den Russen oder die Einheit Deutschlands?"*

	August 1952*)				Juli 1953			
Antworten in %	Sicherheit	Einheit	Unentschieden		Sicherheit	Einheit	Unentschieden	
Gesamtbevölkerung	51	33	16	= 100	52	36	12	= 100
CDU-Anhänger	64	23	13	= 100	59	33	8	= 100
FDP-Anhänger	61	27	12	= 100	55	33	12	= 100
SPD-Anhänger	49	39	12	= 100	41	45	14	= 100

Quelle: IfD: Die Stimmung im Bundesgebiet 56, 97, BA, B 145/4222, 4224.

*) Repräsentativer Bevölkerungsquerschnitt: 2000 Personen, Bundesgebiet und West-Berlin.

Tabelle V

Frage: *„Vielleicht fordern die Russen, daß Deutschland in Zukunft keine Armee und keine Bündnisse mit anderen Ländern haben darf. Sollen wir diese Forderungen annehmen, wenn wir damit die deutsche Wiedervereinigung erreichen?"*

	Juli bzw. Dezember 1953		
Antworten in %	Ja, annehmen	Nein, nicht annehmen	Weiß nicht
Gesamtbevölkerung	29/28	44/46	27/26
CDU	22/22	53/54	25/24
FDP	27/17	53/72	20/11
SPD	36/37	36/42	28/21

Quelle: IfD: Die Stimmung im Bundesgebiet 104, 127, BA, B 145/4224.

Sie macht deutlich, daß ein hoher Prozentsatz der SPD-Sympathisanten die Wiedervereinigung mit dem Verzicht auf eine Armee zu honorieren bereit war. Eine Mehrheit aber sprach sich für die Teilhabe an einer Bündnisarmee aus. Deshalb fand sich auch eine deutliche, nämlich absolute Mehrheit, die bereits im Frühjahr 1953 einen Rückzug der Amerikaner aus der Bundesrepublik ablehnte, die somit die Westorientierung prinzipiell befürwortete und auf den Schutz der USA setzte (Tab. VI).

Ein Verteidigungsbeitrag im Rahmen der EVG ist von SPD-Sympathisanten allerdings stets konsequent abgelehnt worden. Diese beiden Aussagen gilt es auseinanderzuhalten! In diesem Punkt befanden sich Parteiführung und -gefolge in politischer Harmonie miteinander. Stellte man die SPD-Anhänger vor die Wahl zwischen EVG und bewaffneter Neutralität, wie sie die UdSSR anbot, fiel das Votum überzeugend zugunsten der Neutralität aus, während sich nahezu zwei Drittel der Wähler der beiden „bürgerlichen" Parteien für die westeuropäische Verteidigungsgemeinschaft aussprachen. Nach dem Scheitern der Berliner Konferenz trat ein Prozeß der deutschlandpolitischen Desillusionierung ein, der sich bei der Gesamtbevölkerung wie bei CDU- und FDP-Sympathisanten durch eine verstärkte Hinwendung zur EVG bzw. eine vergrößerte Zahl der Verunsicherten bemerkbar machte. Das traf auch für die sozialdemokratische Wählerschicht zu, bei der allerdings gleichzeitig die Abneigung gegenüber der EVG gewachsen war (Tab. VII).

Tabelle VI

Frage: *„Wenn es nach Ihnen ginge: sollten sich die Amerikaner von Europa zurückziehen und sich nur noch um Amerika kümmern?“*

März 1953

Antworten in %	Gesamt-bevölkerung	CDU-Wähler	FDP-Wähler	SPD-Wähler
„Nicht zurückziehen“	57	67	80	51
„Zurückziehen“	24	16	12	30
„Weiß nicht“	19	17	8	19
	= 100	= 100	= 100	= 100

Quelle: IfD: Die Stimmung im Bundesgebiet 89, BA, B 145/4223.

Tabelle VII

Frage: *„Sind Sie für deutsche Mitwirkung an der EVG, der Europäischen Verteidigungsgemeinschaft, oder für eine Neutralisierung Deutschlands?“*

Antworten in %	Gesamtbevölkerung			CDU-Anhänger		SPD-Anhänger		FDP-Anhänger	
	1951 März	1953 Nov.	1954 März	1953 Nov.	1954 März	1953 Nov.	1954 März	1953 Nov.	1954 März
Für EVG	39	41	42	54	64	30	26	58	65
Für Neutralisierung Deutschlands	36	35	28	27	16	51	46	31	20
Unentschieden	25	24	30	19	20	19	28	11	15
	= 100	= 100	= 100	= 100	= 100	= 100	= 100	= 100	= 100

Quelle: IfD: Die Stimmung im Bundesgebiet 137, BA, B 145/4224

Eine absolute Mehrheit befragter Zugehöriger zum SPD-Lager hätte es im Sommer 1954 begrüßt, wenn die EVG gescheitert wäre, während die Klientel von CDU und FDP ganz überwiegend für diesen Fall ihr Bedauern bekundete (Tab. VIII).

Die SPD-Wähler sprachen sich nur dann mehrheitlich für die bewaffnete Neutralität aus, wenn sie als Alternative zur EVG angeboten wurde. Das zeigte sich, als im Frühjahr 1953 Gerüchte zunehmend Nahrung erhielten, denen zufolge die EVG vom Scheitern bedroht war. Die sozialdemokratisch wählende Bevölkerung lehnte nun weder einen Verteidigungsbeitrag mehrheitlich ab, noch huldigte sie dem von der Koalition propagandistisch viel beschworenen Antiamerikanismus bzw. der Blockfreiheit. Damals blieben diejenigen SPD-Anhänger bereits in der Minderheit, die bei einem Nichtzustandekommen der EVG „eine enge Zusammenarbeit zwischen amerikanischen und deutschen Truppen“ verwarfen (Tab. IX).

Immerhin war ein Viertel der befragten SPD-Klientel ohne Meinung. Entscheidend für diese Haltung ist die mit mangelnder Souveränität und Gleichberechtigung begründete Abneigung gegenüber der EVG und die Präferenz für eine nationale Koalitions-, anstelle einer supranationalen Integrationsarmee.

Die Ratifizierung der Westverträge durch die Bonner Regierung erzeugte nicht die Kettenreaktion, die sich der Kanzler außenpolitisch von ihr erhofft hatte. Das heißt, die Verabschiedung der Kontrakte in der französischen Nationalversammlung ließ weiterhin auf sich warten. Mehr

Tabelle VIII

Frage: *„Manche Leute sagen, daß aus dem EVG-Vertrag nichts werden wird. Würden Sie das begrüßen oder bedauern?"*

Juni 1954

Antworten in %	Bedauern	Begrüßen	Unentschieden	Weiß nichts von EVG	
Gesamtbevölkerung	39	25	23	13	= 100
CDU-Anhänger	53	18	15	14	= 100
FDP-Anhänger	60	19	20	1	= 100
SPD-Anhänger	28	52	16	4	= 100

Quelle: IfD: Die Stimmung im Bundesgebiet 152, BA, B 145/4224. Vgl. Jahrbuch der öffentlichen Meinung 1947–1955, S. 362.

Tabelle IX

Frage: *„Man hört jetzt noch von einem anderen Plan: von einem Bündnis zwischen Deutschland und Amerika. Wären Sie für oder gegen eine enge Zusammenarbeit zwischen amerikanischen und deutschen Truppen?"*

März 1953

Antworten in %	Dafür	Dagegen	Weiß nicht	
Gesamtbevölkerung	47	23	30	= 100
CDU-Anhänger	58	12	30	= 100
FDP-Anhänger	67	18	15	= 100
SPD-Anhänger	43	33	24	= 100

Quelle: IfD: Die Stimmung im Bundesgebiet 89, BA, B 145/4223.

noch: bei Eingeweihten verdichtete sich der Verdacht, daß man in Paris nach Vorwänden suchte, um die EVG zum Scheitern zu bringen, auch wenn Adenauer dies in der Öffentlichkeit nicht eingestand. Aber im internen Kreis, so im Parteiausschuß der CDU, gab er der EVG nur noch eine geringe Chance. Beschwörend bat er Ende Mai seine dortigen politischen Freunde, „mit dafür Sorge zu tragen, daß wir mit der größten Vorsicht und Behutsamkeit die Dinge behandeln, damit wir nicht diejenigen sind […], wenn die EVG nicht kommen sollte, die mit dem Schwarzen Peter dasitzen. Das müssen dann andere sein[17]." Was war dies anderes, als ein Ausdruck von Resignation?

Um nicht der Schuldige am Nichtzustandekommen der EVG zu sein, aber auch im echten Bemühen, nichts unversucht zu lassen, die Verteidigungsorganisation zu retten, akzeptierte Adenauer auch das von Frankreich Anfang 1954 konstruierte Junktim zwischen EVG-Vertrag und Saarregelung. Er billigte, wenn auch in modifizierter Form, den niederländischen sogenannten Naters-Plan einer Europäisierung des Saargebiets bis zu einer endgültigen Friedensregelung, und zwar unter besonderer Berücksichtigung französischer Wirtschaftsinteressen.

[17] Protokoll der Sitzung des Bundesparteiausschusses der CDU, 28.5.1954, ACDP, Protokolle des CDU-Bundesparteiausschusses aus den Jahren 1954–1957, VII-001-020/1.

In der Union, insbesondere der CDU, widersetzte man sich zunächst des Kanzlers „Verzichtpolitik“, um sie dann zähneknirschend mitzutragen. Immerhin mußte dem rheinland-pfälzischen Ministerpräsidenten Altmeier und Mitgliedern seines Kabinetts „ins Gewissen geredet“ werden[18]. Der zuständige fraktionelle Arbeitskreis im Bundestag faßte sogar den Beschluß, dem Kanzler nahezulegen, einer Europäisierung des Saargebiets nur zuzustimmen, wenn es, in welcher Abhängigkeit auch immer, zum föderativen Teil der Bundesrepublik würde. Dieser Vorschlag stammte vom Freiburger Bundestagsabgeordneten Hermann Kopf (Vorsitzender des Auswärtigen Ausschusses des Bundestages in den 60er Jahren), der den Standpunkt vertrat, das Saargebiet dürfe „weder für die EPG [Europäische Politische Gemeinschaft] noch für die EVG einen Preis darstellen“[19].

Der Kanzler hatte in der Saarfrage innerhalb der eigenen Partei einen schweren Stand. Eugen Gerstenmaier war es, der ihm auf dem Parteitag Ende Mai erfolgreich Schützenhilfe leistete. Er machte den Delegierten klar, daß die EVG nur dann auf den Weg gebracht werden könne, wenn man Frankreich in der Saarfrage entgegenkomme. Nur dann bestehe Aussicht darauf, daß man dort die tiefsitzenden Animositäten gegen deutsches Militär überwinden könne. Von der Saarfrage hing es seiner Meinung nach ab, „ob Frankreich ohne Verlust seiner Tradition sich zu einer dauernden politisch-militärischen Verbindung mit Deutschland verstehen kann“[20]. Und wenn man deutscherseits die europäische Föderation wolle, müsse man auch ein Zeichen setzen. Die Saarfrage bot seiner Meinung nach die Möglichkeit dazu. „Bei allem Respekt vor den ernsten Bedenken, die sich dabei zu Wort gemeldet haben, und bei hoher Würdigung der Reichstreue von Männern und Frauen an der Saar, glaube ich doch, daß jene europäische Lösung aus zwingenden politischen Gründen von uns vertreten werden muß. Solange wir erwarten, daß die Franzosen sich über ihre nationale Tradition hinaus mit uns in einem vereinten Europa verbinden, solange dürfen auch wir nicht aufhören, auf dieses Ziel zu sehen und darauf hin zu handeln. Der Bundeskanzler hat deshalb ein sittliches Recht und nicht nur einen zwingenden politischen Grund, von der CDU/CSU die Billigung seiner Politik auch in dieser Sache zu fordern[21].“ Die Parteitagsdelegierten entsprachen schließlich dieser Forderung.

Als Paris sich konkreten Vereinbarungen entzog, mag der Kanzler gar nicht so unglücklich gewesen sein angesichts der Tatsache, daß die FDP ihm die Gefolgschaft in der Saarpolitik aus nationalem Selbstverständnis verweigerte. Anders als andere führende Persönlichkeiten in der Union räumte Adenauer den Liberalen stets dort einen außenpolitischen Freiraum ein, wo nationale Interessen auf dem Spiel standen. Er erkannte in der FDP auch das Auffangbecken für nationalistische Elemente, und er wollte alles vermieden wissen, was die Partei oder deren rechte Klientel aus nationaler Enttäuschung in den außerdemokratischen politischen Schmollwinkel getrieben hätte[22]. Frühzeitig hatte die FDP-Fraktionsführung zu verstehen gegeben, daß sie den Naters-Plan, mit oder ohne Vorbehalt einer endgültigen friedensvertraglichen Regelung, ablehnen würde. „An der Oder und Neiße nennt man es Friedensgrenze, an der Saar heißt es Europäisierung. Für Deutschland handelt es sich bei diesen Gebietsverzichten jedoch um Fragen der

[18] Presse- und Informationsamt der Bundesregierung, Parlamentarischer Bericht, 28.4.1954, über die Sitzung des Parteiausschusses der CDU, 27.4.1954, BA, B 145/1902.

[19] Presse- und Informationsamt der Bundesregierung, Parlamentarischer Bericht, 7.4.1954, über die Aussprache im Arbeitskreis V der CDU/CSU-Fraktion, 6.4.1954, ebd.

[20] Rede Gerstenmaiers, 29.5.1954, in: Gerstenmaier, Reden, S. 293–325, hier S. 306.

[21] Ebd., S. 307.

[22] Vgl. dazu seine Ausführungen: Parlamentarischer Bericht, 26.5.1954, vor der CDU/CSU-Fraktion, 25.5.1954, BA, B 145/1902.

nationalen Existenz [...] Ohne Zweifel würde ein Saarverzicht – einerlei mit welchen fadenscheinigen Klauseln ausgesprochen – weiterhin im Volk als Preisgabe unverzichtbarer Lebensrechte der Nation begriffen. Die westliche Welt sollte deshalb keine unerfüllbaren Erwartungen in die Bundesrepublik setzen[23]."

Die Partei wußte die öffentliche Meinung auf ihrer Seite. Hatten sich im November 1953 noch 28% der Bevölkerung für eine Europäisierung ausgesprochen, so waren es im Mai 1954 nur noch 10%; 66% waren dagegen. Innerhalb der Anhängerschaft der drei großen Parteien überwogen ebenfalls diejenigen, die das Saargebiet als integralen Bestandteil der Bundesrepublik betrachteten (Tab. X).

Tabelle X

Frage: *„Deutschland und Frankreich können sich seit Jahren über das Saargebiet nicht einigen. Welcher Lösung sollte Ihrer Ansicht nach die Bonner Bundesregierung zustimmen: Anschluß der Saar an Frankreich, Anschluß an Deutschland, einer Europäisierung des Saargebietes oder einem selbständigen Saarland?"*

Mai 1954

Antworten in %	Anschluß an Deutschland	Europäisierung	Selbständiges Saarland	Anschluß an Frankreich	Kein Urteil	
CDU-Anhänger	66	13	11	–	10	=100
FDP-Anhänger	71	15	5	–	9	=100
SPD-Anhänger	69	9	10	2	10	=100

Quelle: IfD: Die Stimmung im Bundesgebiet 149, BA, B 145/4224.

In der Koalition sah man sich zu der Einsicht genötigt, Frankreich suche unter immer neuen Vorwänden das Ratifizierungsverfahren zum EVG- und Deutschlandvertrag zu verschleppen, um beide letztendlich parlamentarisch durchfallen zu lassen. Insiderberichte von Journalisten, Diplomaten und Mitgliedern der deutschen Delegation (inzwischen Interimsausschuß) über die Stimmung bei französischen Militärs, Parlamentariern und Regierungspersönlichkeiten enthielten glaubwürdig Hiobsbotschaften.

Europäische Verteidigungsgemeinschaft und „Wiederbewaffnung" beanspruchten die Aufmerksamkeit der politischen Öffentlichkeit in einer Weise, die die Repräsentanten der Koalitionsparteien wie -regierung in die schwierige Lage versetzten, sich einerseits weiterhin zur EVG bekennen und sich zu den Aussichten ihrer Realisierung positiv äußern zu müssen, ohne sich mit deren Schicksal so zu verbinden, daß man in den Sog ihres möglichen Scheitern mit hineingezogen werden konnte und als außen- und sicherheitspolitischer Versager dastände.

Am freimütigsten setzte sich wohl der BHE auf seinem Anfang Mai 1954 abgehaltenen Bundesparteitag mit der gegebenen Situation öffentlich auseinander. Der niedersächsische Landes-, stellvertretende Bundesvorsitzende und Minister für Ernährung, Landwirtschaft und Forsten, Friedrich v. Kessel, stellte bei dieser Gelegenheit fest, daß die EVG, „daß dieser französische Plan in seinem Ursprungsland hart umkämpft ist und wohl kaum Aussicht auf Genehmigung hat". Selbst von der Annahme ausgehend, er passiere tatsächlich die Pariser Nationalversammlung mit schwacher Mehrheit – und nur davon konnte man, wenn überhaupt, realistischerweise ausgehen –, drängte sich die Frage nach ihrem tatsächlichen europa- und sicherheitspolitischen

[23] fdk, 21.4.1954, S. 2a.

Restwert auf, nachdem sie durch die jahrelange innen- und außenpolitische Diskussion in und zwischen den Signatarmächten erheblich ins Gerede gekommen, ihrer übernational verbindenden Dynamik und – bezüglich Frankreichs und der Bundesrepublik – des ihr zugedachten vertrauenschaffenden und versöhnenden Charakters verlustig gegangen war. „Wäre es nicht erforderlich", so fragte v. Kessel vor dem Hintergrund dieser politisch-psychologischen Atmosphäre, „daß wir von Deutschland aus eine Alternativlösung suchen? [...] Wir sollten ungesäumt an die Arbeit gehen", rief er, mit großer Zustimmung quittiert, den Parteitagsdelegierten zu[24]. Der Waldemar Kraft als Ersten Vorsitzenden des BHE ablösende Bundesvertriebenenminister Theodor Oberländer teilte die Auffassung v. Kessels und wies darauf hin, daß man nicht nur im BHE über Ersatzlösungen für die EVG nachdachte. „Jede Partei, die heute Verantwortung trägt, wird sich heute auch mit Alternativlösungen befassen[25]."

Während der BHE sich ohnehin erst nach langem innerparteilichen Ringen und dann auch nur sehr zögernd für die EVG entschieden hatte, besaß der Bundeskanzler im Koalitionspartner DP stets einen unvoreingenommenen und engagierten Befürworter der Verteidigungsgemeinschaft, aber im Frühjahr 1954 polemisierte die Deutsche Partei in sehr offener publizistischer Form gegen die französische Vertragspolitik. Sie warnte deutlich davor, bei den Forderungen im Zusammenhang mit der Ratifizierung der Westverträge den Bogen zu überspannen. War ihr das Junktim zwischen EVG-Kontrakt und Saarfrage gleich der FDP wider den Strich gegangen, so bezichtigte sie nach den ersten bilateralen Verhandlungen die Regierung in Paris, an einem deutsch-französischen Ausgleich in der Saarfrage überhaupt nicht interessiert zu sein. Alle Konsultationen hätten lediglich dazu geführt, „daß die französische Regierung auf jedes Entgegenkommen neue Wünsche anmeldet[e]". Man sprach offen den Verdacht aus, an der Seine setze man die Verständigung mit der Bundesrepublik bewußt aufs Spiel, und da man wie jenseits des Eisernen Vorhangs auch beim westlichen Nachbarn vor einer Remilitarisierung in Westdeutschland warne, bliebe dieser Vorbehalt wohl auch für den Fall des Zustandekommens der EVG bestehen. Wohlverklausuliert, nichtsdestoweniger aber deutlich, rückte die Partei von der bisherigen, von ihr stets bedingungslos unterstützten Politik gegenüber Frankreich ab. Sie bezichtigte den Bonner Regierungschef kaum noch verständlichen Langmuts im Umgang mit Paris, „so daß man sich des öfteren des Eindrucks nicht erwehren konnte, daß hier, seitens des Kanzlers, allmählich vielleicht doch etwas zuviel des Guten getan wurde"[26]. Die DP war es auch, die von allen Koalitionspartnern am energischsten darauf drängte, das Junktim zwischen EVG- und Deutschlandvertrag zu lösen, und die im Blick auf die französische Haltung gegenüber der EVG für die umgehende Zuerkennung der vollen Souveränität gegenüber der Bundesrepublik eintrat[27].

In der FDP, innerhalb derer die auseinanderdriftenden europäisch-integralen und nationalen Kräfte bislang durch die gemeinsame Erwartung der Souveränität und partnerschaftlicher Gleichberechtigung im Bündnis auf die EVG eingeschworen werden konnten, bahnte sich unter der Ägide von Thomas Dehler eine Gewichtsverlagerung zugunsten des nationalen Flügels an. Wenn er in seiner Funktion als Justizminister schon vor der Bundestagswahl 1953 damit begonnen hatte, der FDP ein schärfer konturiertes außen- und sicherheitspolitisches Profil zu verleihen, das sie wählerwirksam von der Union abheben sollte, wurde er nun in seiner parlamentarischen und politischen Doppelfunktion als Fraktions- und Parteivorsitzender in die Pflicht ge-

[24] Rede v. Kessels, 8.5.1954, BA, NL 267/29.
[25] Pressekonferenz, 9.5.1954, ebd.
[26] Deutsche Stimmen, 11.4.1954, S. 6.
[27] DP-Dienst, 13.6.1954, S. 1.

nommen. Aber ein gewisses außen- und sicherheitspolitisches Kontrastprogramm zu CDU/CSU entwickeln zu wollen, konnte doch nur heißen, den supranational-integralen militärpolitischen Kurs des Kanzlers in Richtung einer national-koalitionären Lösung abzuändern und der außenpolitischen Westorientierung ein ausgleichendes ostpolitisches Element hinzuzufügen.

Zum ersten Aspekt: Unter den Militärexperten der FDP, an ihrer Spitze der Vorsitzende ihres sicherheitspolitischen Arbeitskreises, der frühere General und nunmehrige Bundestagsabgeordnete Hasso v. Manteuffel, hatten einige der EVG schon immer mit einer gewissen Skepsis gegenübergestanden, weil die militärische Aufgabenstellung und die Rolle der deutschen Kontingente in diesem Verteidigungsbündnis ihrem nationalen Selbstwertgefühl, aber auch ihren militärstrategischen Auffassungen widersprach. Sie erhoben Einspruch dagegen, daß die deutschen Kontingente die Hauptverteidigungslinie am Rhein halten, als Auffangverbände in der Art eines Volkssturms fungieren sollten, wie sie jedenfalls meinten. Als sich das Scheitern der EVG abzeichnete und schließlich aufgrund ihrer Lageanalyse im Frühjahr 1954 zur Gewißheit wurde, bedeutete dies zumindest aus militärpolitischer Sicht keine Tragödie. Als man Mitte Mai im Gesamtvorstand der FDP nüchtern feststellte, „die Politik der EVG sei gescheitert", löste diese Tatsache kaum Beunruhigung aus. Unbehagen empfand man vielmehr darüber, daß man sich entsprechend der Direktive des Bundeskanzlers, die EVG nicht am mangelnden guten Willen der Bundesrepublik zerbrechen zu lassen, „in der scheußlichen Situation" befand, die bisherige Politik, „von der der Charme weg sei, weiter betreiben zu müssen"[28].

Die FDP zählte stets zu den Befürwortern der europäischen Integration. Sie bezweifelte aber ab Frühjahr 1954 in zunehmendem Maße, daß diese über den EVG-Vertrag zu erreichen war. „Die EVG hat seit ihrer Unterzeichnung im Mai 1952 ein merkwürdiges Schicksal erlitten: Sie sollte Europa nach außen stärken und nach innen einigen. Sie hat weder das eine noch das andere zuwege gebracht. Im Gegenteil, der Streit um die Ratifikation hat sowohl die Stärkung nach außen als auch die Einigung nach innen verhindert. Europa leidet an der EVG[29]." Nach den mit Frankreich in den Verhandlungen über die Westverträge gemachten Erfahrungen zweifelte man in den Reihen der Liberalen auch zunehmend daran, die europäische Einigung in absehbarer Zeit überhaupt merklich vorantreiben zu können. Wenn diese Prognose zutraf, dann mußte man zumindest an der Sicherung Europas nach außen weiterarbeiten, und es galt zu prüfen, ob die EVG dazu das tauglichste Instrumentarium bildete. Sollte diese Prüfung negative Ergebnisse zeitigen, mußte man an eine Alternative denken. „Wir haben", so schrieb MdB Max Becker in dem Mitteilungsorgan seiner Partei, „dem von unseren französischen Nachbarn ausgehenden Vorschlag der EVG schon frühzeitig aus Überzeugung zugestimmt. Wenn sich aber herausstellt, daß dieses Ziel, die Freiheit Europas militärisch zu sichern, auf einem anderen Wege leichter zu erreichen ist, als mit den Methoden, welche 1952 ergriffen wurden, ja, wenn sich herausstellen sollte, daß zu viel kostbare Zeit in der Erwartung der Annahme dieser Verträge verloren geht, zu viel der für die Verteidigung Europas notwendigen Zeit unbenutzt verstreicht, dann muß man sich überlegen, ob man nicht auf einem anderen Wege das gleiche Ziel erreichen kann. *Das Primäre ist die Verteidigung Europas*; [...] Vorschläge in dieser Richtung sind in Frankreich und in Deutschland in letzter Zeit gemacht worden[30]." Unter anderen hatte sich Hasso v. Manteuffel bereits öffentlich zu einer solchen Alternative geäußert. Er war bereits von der EVG, von dem ihr zugrunde liegenden Gedanken der supranationalen zugunsten einer Ko-

[28] FDP-Vorstandsmitglied Carl-Hubert Schwennicke, Protokoll der Sitzung des Gesamtvorstandes der FDP, 17.5.1954, AdL, 101, FDP Bundesvorstand (Gesamtvorstand), Sitzungsprotokolle 1954 II.

[29] Karl-Georg Pfleiderer, Das Dritte Datum von M. Mendès-France, in: fdk, 3.8.1954, S. 2–8, hier S. 3.

[30] Max Becker, Probleme der europäischen Politik, in: fdk, 1.6.1954, S. 4–6, hier S. 6.

alitionsarmee abgerückt. Er befürwortete nationale Streitkräfte unter einem gemeinsamen Oberbefehl, wobei außer dem Budget das strukturelle Raster der EVG als Planungsgrundlage erhalten bleiben konnte[31].

Das laute Nachdenken Hasso v. Manteuffels über eine Alternative zur EVG löste zahlreiche Unmutsbekundungen innerhalb der Union aus, die weiterhin ostentativ die Fahne der Europäischen Verteidigungsgemeinschaft hochhielt. Schließlich kam es zur Aussprache zwischen Adenauer und dem FDP-Abgeordneten mit zunächst unerwartetem Ausgang: „Der Bundeskanzler, mit dem er eine Aussprache über diese Frage gehabt habe", so wurde der Bericht Hasso v. Manteuffels in einer Sitzung des Sicherheitsausschusses der FDP wiedergegeben, „habe sich der negativen Kritik [an H.v.M.] nicht angeschlossen. Der Bundeskanzler glaube aber, daß eine Diskussion in der Öffentlichkeit aus außenpolitischen Gründen zu diesem Zeitpunkt vermieden werden sollte. Erst müsse die Entscheidung über den EVG-Vertrag gefallen sein[32]."

Die Brüsseler Konferenz stand vor der Tür, auf der Frankreich noch einmal Änderungsvorschläge zur Pariser Akte unterbreiten wollte, und Adenauer versuchte im Vorfeld der Konsultationen alles zu vermeiden, was der Regierung in Paris den Vorwand geliefert hätte, den Deutschen die Schuld am möglicherweise ergebnislosen Konferenzverlauf zuzuschieben. In der Sitzung der FDP kam man daher überein, sich bei der Erörterung von Alternativlösungen größter Zurückhaltung zu befleißigen. Die FDP-Führung hatte innerlich mit der EVG gebrochen. Unter ihren prominenten Mitgliedern meldete eigentlich nur der Parlamentarische Geschäftsführer der FDP-Bundestagsfraktion, Martin Blank, Bedenken an, indem er auf die besonderen finanziellen Schwierigkeiten hinwies, die die Aufstellung einer nationalen Armee bereiten werde. Zu einem solchen Hinweis war er kraft seines Amtes als stellvertretender Vorsitzender des Haushaltsausschusses des Bundestages wohl verpflichtet. Aber von diesem finanziellen Moment einmal abgesehen, wollte er auch aus politischer Überzeugung jede Anstrengung unternommen wissen, die zur Rettung der EVG führen konnte. Von der Annahme ausgehend, daß der französische Ministerpräsident Mendès-France nur nach einem Weg suche, um die EVG der Nationalversammlung akzeptabel erscheinen zu lassen, riet er der Bundesregierung, französischen Änderungs- und Ergänzungswünschen zum EVG-Vertrag, soweit nur irgend militärisch und politisch vertretbar, entgegenzukommen[33].

Martin Blank blieb in einer politisch unbedeutenden Minderheitenposition, ganz im Gegensatz übrigens zu seinem Parteifreund Karl Georg Pfleiderer, der für seine deutschlandpolitischen Initiativvorschläge im Zusammenhang mit der Stalin-Note des Jahres 1952 zwar auch keine Mehrheit in der FDP gefunden hatte. Nun aber, als er in Anbetracht des prognostizierten Scheiterns der EVG und damit eines Teils der Westpolitik der Bundesregierung für die Aufnahme des politischen Dialogs zwischen Bonn und Moskau eintrat und seine Partei aufforderte, durch konkrete Schritte der Bundesregierung den politischen Weg zu bereiten, war das anders. Der gerade im Prozeß außenpolitischer Selbstfindung begriffenen FDP kam der Vorschlag außerordentlich zupaß, und der Parteivorstand hat ihn ebenso einstimmig gebilligt wie die persönliche Kontaktaufnahme Pfleiderers zu den Repräsentanten der sowjetischen Besatzungsmacht in Karlshorst. Wie die SPD, so sah auch die FDP seit Beginn des Jahres 1954 die Chance für eine Entspannung zwischen Ost und West, die man sowohl deutschland- wie auch wirtschaftspoli-

[31] Vgl. dazu Wagner, FDP, S. 116.

[32] Bericht über die Sitzung des Sicherheitsausschusses der FDP, 7./8.8.1954, AdL, 904, FDP Bundesverteidigungsausschuß, Protokolle 1952–1954.

[33] Ebd.

tisch – und gerade dies lag den Liberalen besonders am Herzen – nutzen mußte[34]. Pfleiderer und mit ihm die FDP-Führung relativierten Adenauers Politik der Stärke. Sie waren nicht mehr ohne weiteres bereit, das Junktim zwischen EVG- und Deutschlandvertrag zu akzeptieren, d.h. auf außenpolitische Handlungsfähigkeit nur deshalb zu verzichten, weil der EVG-Vertrag nicht zustande kam und damit die Souveränitätsklausel des Deutschlandvertrages nicht in Kraft treten ließ. Die FDP zeigte sich nicht gewillt, sich bei ungeklärten Beziehungen zum Westen auf längere Sicht eine eindimensionale Außenpolitik von den drei Alliierten vorschreiben zu lassen. „Wir haben zu den westlichen Mächten seit langem wieder Beziehungen, mag man sie sehr gut, gut oder befriedigend heißen, aber wir haben keine Beziehungen zum Osten. Man erwartet von uns im Verhältnis zum Osten nur Soldaten und Waffen, aber keine Diplomatie. Soldaten und Waffen bilden die einzige Sprache, die bis heute für uns vorgesehen ist. Das ist gefährlich und wenig ehrenvoll." Vor allen Dingen aber erschien die militärische Sprache, wenn man sich auf sie beschränkte, ungeeignet, ein bedeutsames Anliegen der FDP, nämlich die Wiedervereinigung, zu erreichen. Die FDP wollte Westbindung und Westintegration nicht in Frage stellen, aber sie wollte von nun an, zumindest mittelfristig, auch die Aufnahme diplomatischer Beziehungen zu Moskau, um ihr deutschlandpolitisches Anliegen mit der Politik der Stärke nicht auf Gedeih und Verderb zu verbinden[35].

Innerkoalitionäre Unterstützung erhielten die Liberalen mit ihrem ostpolitischen Vorstoß seitens des BHE. Ihr zurückgetretener Vorsitzender, Bundesminister für besondere Aufgaben, Waldemar Kraft, trat auf dem Parteitag für das Ingangkommen eines Dialogs zwischen Bonn und Moskau ein, für die Neuordnung der innereuropäischen Beziehungen unter Einschluß der Sowjetunion[36]. Sein Parteifreund v. Kessel forderte auf derselben Veranstaltung den raschen und großzügigen Auf- und Ausbau der Ostabteilung des Auswärtigen Amts.

Das Festhalten der Koalition an der EVG geriet zur unglaubwürdigen verbalen Pflichtübung. „Es wäre abwegig", formulierte der stellvertretende FDP-Fraktionsvorsitzende Martin Euler, „von deutscher Seite den Eindruck zu erwecken [...], als wenn [...] die Koalitionsparteien nicht mehr fest bei der EVG-Lösung stünden, weil die Ungewißheiten in Frankreich gewachsen sind [...] Dieses Festhalten an der EVG schließt allerdings nicht aus, daß die zeitliche Dringlichkeit einer klaren Entscheidung Frankreichs hervorgehoben wird[37]." Der FDP-Politiker verwies auf den seiner Meinung nach weiterhin latent vorhandenen aggressiven Drang der Sowjetunion. Wenn die freien Völker Europas ihre Existenz nicht auf Spiel setzen wollten, müsse Frankreich vor dem Herbst sein Ja zur EVG gesprochen haben. Der Geduldsfaden der Koalition war zum Zerreißen gespannt.

Die Ausführungen Eulers beschreiben auch exakt Position und Haltung des Bundeskanzlers. Natürlich wollte auch er die EVG, aus europa- und sicherheitspolitischen Erwägungen. Er wurde nicht müde, intern und öffentlich die möglichen Folgen ihres Nichtzustandekommens drastisch zu schildern, insbesondere die negativen Auswirkungen auf den europäischen Integrationsprozeß. Er stand hier nicht allein. Der Unionsfraktionsvorsitzende v. Brentano wies immer wieder darauf hin, „daß die EVG eine europapolitische Bedeutung habe". Blieb sie auf der Strecke, „würde kein Hindernis für eine Entwicklung der wiedererwachenden Nationalismen und der notwendigerweise mit ihnen verbundenen wirtschaftspolitischen Autarkiebestrebungen

[34] Vgl. Protokoll der Sitzung des Gesamtvorstandes der FDP, 17.5.1954, AdL, 101, FDP Bundesvorstand (Gesamtvorstand), Sitzungsprotokolle 1954 II.; fdk, 18.5.1954, S. 2–5.

[35] Karl-Georg Pfleiderer, Beziehungen zum Osten?, in: Stuttgarter Zeitung, 22.5.1954.

[36] Vgl. dazu KAG, 1954, S. 4524 A.

[37] fdk, 22.6.1954, S. 8f.

vorhanden sein. Die Folge wäre ein internationales Chaos". Führende Christdemokraten betrachteten zumindest in vertrauter Runde die sicherheits- und deutschlandpolitische Funktion der EVG als zweitrangig. So wandte sich v. Brentano „gegen das Schlagwort der ‚Politik der Stärke', da bei der EVG das Rüstungselement in Wahrheit von untergeordneter Bedeutung sei". In der Öffentlichkeit verbreiteten führende Unionspolitiker „gegenüber der endgültigen französischen Entscheidung zum EVG-Vertrag eine Art gedämpfter Zuversicht"[38], auch dann noch, als sich die Einsicht verfestigte, die in Frankreich politisch auf Grund gelaufene EVG lasse sich weder bilateral noch innenpolitisch dadurch wieder flott machen, daß man durch die Europäisierung des Saargebiets zumindest eine Untiefe beseitigte. Tatsächlich aber verschloß man im Bonner Regierungslager nicht mehr die Augen vor der Möglichkeit, die EVG verloren geben zu müssen. Nichtsdestoweniger drängte er im späten Frühjahr 1954 auf eine schnelle und definitive Entscheidung Frankreichs, selbst auf die Gefahr hin, so will es scheinen, daß der Beschluß der Nationalversammlung negativ sein sollte. Er bezog eine solche Möglichkeit ab diesem Zeitpunkt jedenfalls voll in sein politisches Kalkül ein.

Das globale Politbarometer schien eine allmähliche Veränderung der politischen Großwetterlage von der Polarisierung zur Entspannung hin anzuzeigen. Als Reaktion darauf stand auf internationaler Ebene eine Serie von Konferenzen zu erwarten, auf denen über Deutschland, Europa und Sicherheit verhandelt werden würde, ohne daß die Bundesrepublik – noch nicht Teil des westlichen Bündnissystems und auch noch nicht souverän – daran beteiligt sein könnte. Die französische Verzögerungstaktik bezüglich der EVG leistete aus der Sicht des Kanzlers einer Entwicklung Vorschub, von der zu befürchten stand, daß sie letztlich nur den Westen schwächte. „Das bedeutet mit jedem Tag eine Stärkung Sowjetrußlands. Darüber muß man sich völlig klar sein, daß Sowjetrußland, solange es hoffen kann, schließlich die Zusammenfassung Europas verhindern, wenn auch indirekt, zu können, [...] nicht bereit sein wird, ernstliche Verhandlungen zu einer allgemeinen Entspannung auf dieser Erde herbeizuführen[39]."

Aber noch ein Drittes machte dem Kanzler Sorge: Das veränderte internationale Klima schlug innenpolitisch insofern durch, als sich entspannungspolitische Aufweichungserscheinungen in der starren Haltung gegenüber der Sowjetunion unter westdeutschen Politikern bemerkbar machten, vor allem in Form einer aufkeimenden ostpolitischen Aufbruchsstimmung. Die Folge hiervon konnte nachlassende Verteidigungsbereitschaft sein. Was aber schwerer wog, war die Wirkung, die deutsch-sowjetische Annäherungsversuche im westlichen Ausland, hier insbesondere in Frankreich, aber auch bei den Angelsachsen, auslösen konnten. Entstand dort nicht wieder der Eindruck einer westdeutschen Schaukelpolitik, Stichwort „Rapallo"? Interessant ist, daß Adenauer den Pfleiderer-Vorstoß überhaupt nicht im Blick auf die EVG kritisierte, sondern lediglich im Zusammenhang mit dem Bonner Vertrag. So ließ er verlauten, er denke derzeit nicht an die Aufnahme diplomatischer Beziehungen zur UdSSR. Er habe aber „von jeher die Auffassung vertreten, daß bei Inkrafttreten des Deutschland-Vertrages sich selbstverständlich auch die Frage der Beziehungen zu denjenigen Staaten stellt, mit denen die Bundesrepublik heute noch keine diplomatischen Beziehungen besitzt"[40].

Und schließlich dürfte die aus den Konsultationen mit den Amerikanern erwachsene Gewißheit, beim möglichen Scheitern der EVG Aufnahme in der NATO zu finden, dem Kanzler den

[38] Parlamentarischer Bericht des Presse- und Informationsamts der Bundesregierung, 28.4.1954, über die Sitzung des Parteiausschusses der CDU, 27.4.1954, BA, B 145/1902.

[39] Protokoll der 2. Sitzung des Parteivorstandes der CDU, 20.4.1954, ACDP, Protokolle des CDU-Bundesparteivorstandes aus dem Jahre 1954, VII-001-003/2.

[40] Bulletin, 15.5.1954, S. 805.

Gedanken an den Abschied von der EVG erleichtert haben. Auch wenn für diesen Fall seine an die EVG geknüpften europäischen einigungspolitischen Hoffnungen nicht in Erfüllung gingen, die Mitgliedschaft in Atlantikpakt und NATO boten zumindest Sicherheit und Souveränität. Unterhalb der EVG war ein Auffangnetz gespannt[41].

Und so verband der Kanzler auf der Suche nach einer raschen Entscheidung in Paris im Umgang mit seinem französischen Nachbarn das ostentativ bekundete vorbehaltlose Bekenntnis zur Europäischen Verteidigungsgemeinschaft mit politisch-psychologischer Pression. Z. B. brachte er in der französischen Presse seine Überzeugung zum Ausdruck, das gemeinsame europäische Verteidigungssystem werde Deutsche und Franzosen zusammenführen, aussöhnend wirken. „Dieses Vertrauen wird die beste Frucht einer politischen, wirtschaftlichen und militärischen Kooperation der beiden Nationen sein[42].“ Gleichzeitig wies er aber das französische Ansinnen, über die EVG neu zu verhandeln, energisch zurück. Dies hätte zu einer unabsehbaren Verzögerung geführt, die die Sowjetunion nutzen konnte, um einen Keil zwischen die um Einigung bemühten westeuropäischen Staaten zu treiben. Adenauer zeigte sich aber bereit, nach Ratifizierung und Inkrafttreten des EVG-Vertrages dessen Text im Sinne Frankreichs großzügig zu interpretieren. Folglich ging er auch auf die von Paris auf der Brüsseler Konferenz (19. bis 22. August 1954) vorgelegten Änderungsvorschläge zur EVG überhaupt nicht ein. Dies rief gerade unter europapolitischen Gesichtspunkten Verwunderung in der FDP hervor. Eigentlich, so meinte man hier, hätte der Bundeskanzler auf den Wunsch Frankreichs nach vertraglichen Modifizierungen eingehen müssen, und zwar weniger aus sicherheitspolitischen Überlegungen heraus denn wegen seiner der EVG beigemessenen Bedeutung als europäisches Einigungsinstrument[43].

Adenauer war aber zwischenzeitlich deutlich geworden, daß die Franzosen ja gerade die europäisch-integralen, supranationalen Elemente aus dem Vertragswerk eliminieren wollten. Mit anderen Worten: der Kontrakt hätte, den französischen Vorstellungen angepaßt, seine europapolitische Dimension eingebüßt. Der Bundeskanzler hat im regierungsamtlichen Presseorgan darauf ganz deutlich hingewiesen: „Allerdings“, hieß es dort, „wäre Europa nicht gedient, wenn der zwischen den französischen Parteien erzielte Kompromiß von den der EVG zugrunde liegenden Prinzipien der Europäischen Integration abweichen und überdies noch langwierige Verhandlungen mit den anderen Signatarstaaten des Pariser Vertrages erfordern würde“[44]. Ob oder daß dies von französischer Seite intendiert war, sollte ein rasch herbeigeführtes Votum klarlegen. Fiel es zuungunsten der EVG aus, galt es, sich schleunigst einer sicherheitspolitischen Alternative zuzuwenden.

Um die Regierung in Paris zu schnellem Handeln zu bewegen, stellte der Bundeskanzler nun seinerseits eine Forderung auf, von der er wissen mußte, daß sie in Frankreich nicht auf Gegenliebe stoßen würde: er trat nachdrücklich für die Gewährung der Souveränität für die Bundesrepublik ein, und zwar noch vor einem Entscheid über Wohl und Wehe der EVG. Über die Wirkung eines solchen Postulates konnte kein Zweifel bestehen. Frankreich hatte als Besatzungsmacht ja bereits der die Wehrhoheit implizierenden Grundgesetzergänzung nur unter der Prämisse des Wirksamwerdens des EVG-Kontraktes zugestimmt. Maßgebend hierfür war damals die Furcht gewesen, die Bundesrepublik könne sich, im Besitz der Wehrhoheit, der französischen Kontrolle entziehen. Wieviel größer mußte diese Furcht nun sein, da die Bundesregierung

[41] Vgl. dazu Beitrag Maier.
[42] Interview mit der Pariser Zeitung „Aurore“, in: Bulletin, 17. 7. 1954, S. 1174.
[43] MdB Martin Blank. Bericht über die Sitzung des Sicherheitsausschusses der FDP, 7./8. 8. 1954, AdL, 904, FDP-Bundesverteidigungsausschuß, Protokolle 1952–1954.
[44] Bulletin, 3. 7. 1954, S. 1087.

volle politische Handlungsfähigkeit verlangte, ohne in ein Bündnissystem integriert zu sein, dem Frankreich angehörte! Bei der bekannten politischen Empfindlichkeit französischer Politiker war eigentlich kaum damit zu rechnen, daß die Kritiker der EVG diese Forderung nun mit einem Ja zu den Westverträgen quittieren würden. Die französische Regierung mußte sich durch zwei Begleitumstände irritiert fühlen. Zum einen gab der Kanzler erstmals im Rahmen eines Interviews zu, über eine Alternativlösung zur EVG nachgedacht zu haben, auch wenn er sich von der Europäischen Verteidigungsgemeinschaft keinesfalls distanzierte. Er sprach aber offen aus, daß die Alternative zur supranationalen Streitmacht der EVG nur die deutsche Nationalarmee sein könne[45]. Zum anderen überraschte der harsche, mehr als selbstbewußte Ton. Kurz vor dem angekündigten Besuch des französischen Staatssekretärs für Äußeres in Bonn über den Rundfunk ausgestrahlt, sagte die französische Seite die Visite kurzerhand ab.

Nachdem der Bundeskanzler sich so weit vorgewagt hatte, versuchte nun die FDP, den Eindruck zu verwischen, der Regierungschef habe die Franzosen vor den Kopf stoßen wollen. Ihr stellvertretender Vorsitzender Martin Euler hielt dem Kanzler öffentlich vor, seine Auffassungen nicht zurückgehalten zu haben, um sie dem französischen Gast hinter verschlossenen Türen mitzuteilen, statt die Pariser Regierung öffentlich zu brüskieren. Im übrigen hob er darauf ab, daß des Kanzlers Interview ein einziges Plädoyer für die EVG darstelle und keine Warnung an Frankreich bedeute[46].

Der Wert dieser interpretatorischen Richtigstellung muß allerdings als Pflichtübung eingeschätzt werden, war es doch Martin Euler gewesen, der sich wenige Tage zuvor in dem Presseorgan seiner Partei in ähnlicher Weise wie der Kanzler ausgelassen hatte: „Kann sich die französische Politik zu diesem Ja nicht durchringen, dann ist ungeachtet des deutschen Willens zur EVG eine andere Sicherheitsform mit Energie anzustreben." Und um zum Ausdruck zu bringen, was er meinte, begrüßte er die öffentliche Äußerung der demokratischen und republikanischen Fraktionsvorsitzenden im amerikanischen Senat (Laurent, Martin), in der sie übereinstimmend den Willen beider Parteien zum Ausdruck gebracht hatten, die europäische Sicherheit unmittelbar über die NATO zu realisieren, wenn Frankreich nicht in den nächsten Wochen die EVG akzeptiere[47]. Es sollte lediglich der äußere Schein gewahrt werden.

Wenn sich die Regierungsparteien im Sommer 1954 keine vornehme Zurückhaltung mehr bei der öffentlichen Erörterung der Frage einer alternativen Lösung zur EVG auferlegten, dann verfolgten sie damit auch eine innenpolitische Absicht. Die westdeutsche Bevölkerung sollte mit dem Gedanken des möglichen Scheiterns der EVG vertraut gemacht werden, ohne daß die Koalition, vor allem aber der Bundeskanzler, in den Verdacht gerieten, nicht vorausschauend die sich anbahnende Entwicklung erkannt zu haben, außen- und sicherheitspolitisch gescheitert zu sein. Der FDP-Bundestagsabgeordnete Pfleiderer brachte die Problematik auf den Punkt: „Der Name des deutschen Außenministers ist von der EVG nicht mehr zu trennen[48]." Und in der Tat hatte der Bundeskanzler und Außenminister erhebliches politisches Prestige in die EVG investiert, und er konnte am Ende schlecht mit politisch völlig leeren Händen dastehen. Dies wußten auch seine anglo-amerikanischen Freunde. Und wenn Adenauer die Souveränität lauthals forderte, nicht zuletzt während des Landtagswahlkampfs im Sommer 1954 in Nordrhein-Westfalen, dann konnte er sich mittlerweile in der Sicherheit wiegen, diese auch ohne Inkrafttreten des EVG-Vertrages, von wenigen Einschränkungen abgesehen, zu erlangen. Churchill und Ei-

[45] Interview Friedlaenders, 2.7.1954, mit Adenauer im NWDR, Text in Bulletin, 3.7.1954, S. 1085–1086.
[46] fdk, 6.7.1954, S. 2ff.
[47] fdk, 22.6.1954, S. 9.
[49] fdk, 3.8.1954, S. 2.

senhower hatten ihm dies bereits zugesagt[49]. Das der Union nahestehende Deutsche Monatsblatt trug denn auch publizistisch vorbeugend Sorge dafür, daß das Scheitern der EVG nicht zum Desaster der Außen- und Sicherheitspolitik des Bundeskanzlers geriet. „Auch für den Fall, daß Frankreich den EVG-Vertrag nicht ratifizieren sollte, steht in Aussicht, daß der Bundesrepublik die Souveränität zurückgegeben wird [...] Auch ein solcher Schritt der Westmächte wäre ein ausgesprochener Erfolg der Bundesregierung[50]."

[49] Vgl. dazu KAG, 1954, S. 4586.
[50] Werner v. Lojewski, Fragen an Mendès-France, in: Deutsches Monatsblatt, Juli 1954.

II. Verteidigungsbeitrag und westdeutsche Öffentlichkeit

1. Die Haltung der Bevölkerung allgemein

a) Subjektive Wehrbereitschaft

Die Bonner Sicherheitspolitik hatte von Anbeginn an ein bedeutsames politisches Moment in Rechnung zu stellen: die in der westdeutschen Bevölkerung weitverbreitete Aversion gegenüber einem Verteidigungsbeitrag. Der Bundeskanzler gab sich darüber keinerlei Illusionen hin, ließ sich durch dieses Faktum aber auf seinem sicherheitspolitischen Kurs auch nicht irritieren. „Gegen eine Wiederaufrüstung Deutschlands", so schreibt er in seinen Memoiren, „war zu erwarten eine politische Opposition von seiten der Oppositionsparteien, eine psychologische [...] von seiten pazifistisch eingestellter, nationalistischer und gewisser kirchlicher Kreise und eine Opposition aus den Kreisen der früheren Wehrmacht, die aus verschiedenen Gründen am Aufbau eines deutschen Kontingents nicht beteiligt werden konnten [...] Ein deutscher Beitrag zu einer Verteidigungsarmee war in der Bundesrepublik ausgesprochen unpopulär[1]." Auf der Suche nach möglichen Ursachen für diesen Sachverhalt fand Adenauer allerdings nur eine Teilwahrheit heraus: „Das deutsche Volk war durch den Krieg und die Nachkriegszeit in einen Zustand gekommen, in dem es zwar die Freiheit schätzte, aber nicht bereit zu sein schien, für die Freiheit Opfer zu bringen[2]." Dies traf insofern zu, als die Kriegserlebnisse, die Leiden der Gefangenschaft, Flucht und Vertreibung, das problematische Verhältnis der Wehrmacht zum NS-Regime noch zu gegenwärtig waren, als daß die westdeutsche Bevölkerung sich rasch wieder mehrheitlich mit dem Gedanken von Soldaten und Krieg hätte befreunden können. Es sollte seine Zeit dauern, bis ein westdeutscher Verteidigungsbeitrag auf breiter Ebene als offenkundig notwendig und daher unverzichtbar angesehen wurde. Adenauer hat dies eingestanden: „Trotz aller Anstrengungen der Bundesregierung und der Koalitionsparteien blieb der Gedanke der Leistung eines Beitrages und der Übernahme von Verpflichtungen zur Verteidigung Europas im deutschen Volk sehr unpopulär, und zwar auf Grund der Agitation der Kommunistischen Partei und der Sozialdemokratischen Partei, auf Grund von Rundfunkkommentaren und Zeitungsäußerungen, auch von angeblich neutralen Blättern[3]." Diese, Adenauers Hang zur Vereinfachung zuzuschreibende pauschalisierende Schuldzuweisung gegenüber den Linken und den Medien ist in ihrer politischen Absicht zu durchscheinend, als daß sie den Historiker argumentativ befriedigen könnte. Das Motivmuster für die negative Einstellung eines Großteils der Bevölkerung gegenüber den Aufrüstungsplänen ist viel komplizierter gewesen. Will man es freilegen, bedarf es vorab der Klärung einiger grundlegender Fragen: Wie weit verbreitet war eigentlich die ablehnende Haltung gegenüber einem Verteidigungsbeitrag in der westdeutschen Bevölkerung? Um welche numerische Größenordnung handelte es sich dabei? Läßt sich im Verlauf der politischen Entwicklung ein Stimmungswandel feststellen und wenn ja, welches interdependente Verhältnis bestand

[1] Adenauer, Erinnerungen 1, S. 385.
[2] Ebd.
[3] Ebd., S. 387.

zwischen beiden? Bei welchen Bevölkerungsgruppen stieß die Sicherheitspolitik während der erstem Hälfte der 50er Jahre auf Ablehnung oder provozierte sie sogar Widerstand?

Die öffentliche Diskussion um die sogenannte Wiederbewaffnung, die ja in Wirklichkeit eine erste Bewaffnung der Bundesrepublik darstellte, wurde leidenschaftlich geführt. Die Sorge um den Erhalt dessen, was man sich nach dem Zusammenbruch wieder aufgebaut hatte, Angst vor Krieg und äußerer Bedrohung durch Sowjetrußland waren wesentliche Triebfedern für Befürwortung und Ablehnung westdeutscher Streitkräfte. Aus Gewissensnot und aus politischer Verantwortung erwuchsen Verweigerung und Wehrbereitschaft, aber auch aus vielfältig wirkender und wirksam gemachter Propaganda. Extreme Rechte und Linke transportierten mittels ihres Protests gegen die Bonner Sicherheitspolitik ihre systemverändernden Absichten. Die bei den Bundesbürgern, gleich welcher Schicht und ungeachtet des Alters, zunächst vorherrschende negative Einstellung gegenüber der „Wiederbewaffnung" und „Remilitarisierung" resultierte nicht zuletzt, wenn auch nicht nur, aus den eigenen Kriegs- bzw. Militärerfahrungen und -erlebnissen. In ihrer Wirkung nicht zu unterschätzen waren die Einsicht in das Maß an Schuld, das Deutsche durch den vom Dritten Reich inszenierten Zweiten Weltkrieg auf sich geladen, das Sichbewußtwerden des Unrechts, das Deutsche anderen Völkern und Menschen zugefügt hatten, die moralische Verurteilung schließlich durch die Siegermächte, der sich Deutsche beugen mußten. Die verordnete und durchgeführte Demobilisierung, die vehementen Äußerungen der Politiker der ersten Stunde und anderer Repräsentanten des öffentlichen Lebens aus Wissenschaft, Wirtschaft, Gewerkschaften und Kirchen, mit denen sie militärische Enthaltsamkeit schworen und predigten, gruben ihre Spuren ins politische Bewußtsein der Bevölkerung. Hatte nicht Adenauer als CDU-Vorsitzender der britischen Besatzungszone verlauten lassen: „Wir sind einverstanden, da wir völlig abgerüstet werden, daß unsere reine Kriegsindustrie zerstört wird[4]." Der spätere Verteidigungsminister Franz Josef Strauß hatte bei einer seiner Wahlkampfreden für den 1. Bundestag gedroht: „Wer noch einmal ein Gewehr in die Hand nehmen will, dem soll die Hand abfallen[5]." Der FDP-Politiker, spätere Minister für Gesamtdeutsche Fragen und Vizekanzler, Erich Mende, hatte für sich persönlich Konsequenzen gezogen und aus politischer Überzeugung gesagt: „Wer neun Jahre Infanterist war, [...] wer mehr Kameraden begraben mußte, als Abgeordnete im Bundestag sitzen, darunter seinen eigenen Vater und Bruder – der kann nur den Kopf schütteln, wenn man heute die Divisionen wieder aufstellen will, die man bei Kriegsende wie Tierherden in den Pferch trieb. Man sollte jeden, der über Remilitarisierung spricht, zunächst über seine militärische Vergangenheit befragen, besonders nach seinem Kriegs- und Gefangenenerlebnis. Die Antwort wird manchen jeder Legitimation berauben, das Wort Remilitarisierung überhaupt in den Mund zu nehmen [...] Deutsche Divisionen würden die Spaltung zwischen Ost und West nur noch verschärfen. Das Ende wäre glatter Selbstmord der letzten uns noch verbliebenen Volkssubstanz beiderseits der Elbe[6]." Und schließlich hatte sich neben anderen noch der Bundespräsident in dieser Sache zu Wort gemeldet: Er sei, so sagte Theodor Heuss einem Korrespondenten, „absolut gegen eine deutsche Wehrmacht, auch wenn die Alliierten sie vorschlagen sollten". Auch er wollte den Ost-West-Konflikt nicht verschärfen. „Das ist ein weiterer Punkt, warum ich gegen eine deutsche Wehrmacht bin", die seiner Meinung nach, ohnehin nur aus Söldnern hätte bestehen können, „da man nicht genug Freiwillige finden würde"[7].

[4] Rheinische Post, 30.12.1946, zit. n. Bredthauer, Dokumentation, S. 3.
[5] Der Spiegel Nr. 1/(2. Jan.) 1957, S. 13.
[6] Frankfurter Rundschau, 15.12.1949, zit. n. Bredthauer, Dokumentation, S. 4.
[7] Westdeutsche Allgemeine, 9.12.1949, zit. n. ebd., S. 3 f.

Adenauer hat die Einstellung der Bevölkerung gegenüber dem Wehrbeitrag stets aufmerksam beobachtet. Die Entscheidung, die Bundesrepublik im Rahmen eines westlichen Bündnisses militärisch aufzurüsten, war wohl die außen- und deutschlandpolitisch folgenschwerste in der Geschichte des Bonner Staates und bedurfte der Zustimmung der Wähler. Eigens zu seiner und seiner Berater Unterrichtung durchgeführte demoskopische Erhebungen begleiteten seine Sicherheitspolitik. Ihre Ergebnisse erlaubten es ihm, mittel- und langfristige Trends politischer Meinungsbildung ebenso zu verfolgen wie die öffentliche Reaktion auf aktuelle politische Ereignisse und von ihm unternommene Schritte[8]. Ein Blick auf dieses Stimmungsbarometer verdeutlicht, daß der westdeutsche Verteidigungsbeitrag anfänglich teils gegen den Widerstand, überwiegend aber gegen den erklärten Willen vieler Bundesbürger geplant und ausgehandelt werden mußte. Interessant ist, daß die Mehrheit der jeweils repräsentativ befragten Bevölkerung aufgrund ihrer persönlichen Erfahrung oder ihrer aus dem Krieg und seinen Folgen gezogenen Lehren für sich und ihre nächsten Angehörigen – Männer und Söhne – ein Soldatwerden lange Zeit ablehnte. Und diese ablehnende Haltung blieb nahezu unberührt von der rationalen Beurteilung der internationalen militärischen und militärpolitischen Lage und von der subjektiv empfundenen Bedrohung, wie die folgende Tabelle zeigt (Tab. XI).

Tabelle XI
Frage: *„Würden Sie es für richtig halten, wieder Soldat zu werden, oder daß Ihr Sohn oder Ihr Mann wieder Soldat wird?“*

Antworten in %	Ja	Nein	keine klare Stellungnahme
Bundesgebiet insgesamt			
Januar 1950	18	75	7
November 1950	14	73	13
März 1951	19	71	10
August 1951	20	75	5
November 1951	13	75	12
Mai 1952	21	63	16
Oktober 1952	15	72	13

Quelle: Presse- und Informationsamt der Bundesregierung, EMN-12/52, 12.12.1952, S. 2, BA-MA, BW 9/764.

Die Zahlen vermitteln die bemerkenswert konstante Ablehnung für sich und die nächsten Angehörigen, und zwar über den Zeitraum der Unterzeichnung der Westverträge hinaus. Ein gewisser, wenngleich einmaliger Einbruch bei den Nein-Stimmen zugunsten von Ja und Unentschieden im Mai 1952 deutet darauf hin, daß der Abschluß der Kontrakte von Bonn und Paris doch eine gewisse psychologische Bedeutung besaß: auf die Zusatzfrage nämlich, unter welchen Bedingungen die Befragten bereit seien, Soldat zu sein oder Angehörige Soldat werden zu lassen, nannten die meisten an erster Stelle „Nur zur Verteidigung“, an zweiter „Die völlige Gleich-

[8] Diese Untersuchungen führte das Institut für Demoskopie in Allensbach durch, auch das Bielefelder EMNID-Institut machte laufend Erhebungen. Die Ergebnisse beider Institutionen nähern sich tendenziell an. Wenn hier in der Regel die der Allensbacher Einrichtung herangezogen werden, dann deshalb, weil sie auf Fragestellungen basieren, an deren Formulierung das Bundeskanzleramt beteiligt war und von deren Beantwortung politisches Handeln und Verhalten unmittelbar abhängig sein konnte.

berechtigung" und an dritter „Keine Kriegsvorbereitungen". D.h. Deutschland- und EVG-Akte erschienen den Befragten zumindest zeitweilig diese Voraussetzungen zu erfüllen. Der Verfassungsstreit mag diesen Eindruck wieder relativiert haben. Wie zu erwarten, erwies sich die Abneigung gegenüber dem Soldatsein bei den Anhängern der SPD (13% ja, 79% nein, 8% unentschieden) stärker ausgeprägt als bei denjenigen der Koalitionsparteien (19% ja, 66% nein, 15% unentschieden)[9].

Der emotionale Charakter der Verweigerung ist evident: Die wechselnde Intensität der subjektiv empfundenen Bedrohung blieb ohne Einfluß auf die persönliche Wehrbereitschaft: Im Frühjahr 1950 glaubte lediglich rund ein Viertel der westdeutschen Bevölkerung an den Ausbruch eines Krieges noch im selben Jahr, 74% hielten ihn für ausgeschlossen[10]. Nach Ausbruch des Korea-Konflikts änderte sich diese Einschätzung: Jetzt, im Juli 1950, machte sich über die Hälfte (53%) Sorgen, daß im Verlauf der nächsten Monate ein Weltkrieg ausbrechen könnte, aber eine noch annähernd gleich große Zahl (47%) zeigte sich von dem ostasiatischen Geschehen unbeeindruckt[11]. Es herrschte Kriegsmüdigkeit, auch ein wenig Fatalismus. Deshalb stieß die von Adenauer den Westmächten unterbreitete Offerte eines Verteidigungsbeitrages der Bundesrepublik im Sommer 1950 beim Bürger weitgehend auf Desinteresse. Im Herbst 1950 zeigte sich die Mehrheit weiblicher Befragungsteilnehmer (42%) – bei Frauen ist Schutzbedürfnis in der Regel besonders stark ausgeprägt – entschlossen, im Falle eines östlichen Angriffs auf Westdeutschland ihre männlichen Familienangehörigen am Soldatwerden zu hindern, 36% wollten dies nicht tun, 22% waren unentschieden[12]. Die Motivation dafür, bei einem Angriff aus dem Osten auf Westdeutschland selbst die Waffe in die Hand zu nehmen, war bei der erwachsenen männlichen Bevölkerung der Bundesrepublik unterschiedlich ausgeprägt. Generell überwogen diejenigen, die es ablehnten, noch einmal Soldat zu werden. Bezeichnend ist aber, daß sich bei den Männern unter 50 Jahren diejenigen, die sich verteidigungswillig und jene, die sich verteidigungsunwillig zeigten, numerisch die Waage hielten. Es kann also davon ausgegangen werden, daß ein Großteil der Kriegsteilnehmer nach dem Prinzip von Befehl und Gehorsam wieder den Waffenrock angezogen hätte. Auffällig ist auch, daß sich bei den Abiturienten der größte Prozentsatz der „Nein-Sager" befand. Der Unterschied zwischen verheiratet und ledig spielte keine wesentliche Rolle, wohl aber der Berufsstand. Die allgemeine Wehrbereitschaft der Sozialdemokratie und der bei ihr unter Schumacher besonders ausgeprägte Antibolschewismus bewirkten, daß sich die Arbeiterschaft in Industrie und Handwerk mehrheitlich bereit erklärte, im Notfall einen persönlichen Verteidigungsbeitrag zu leisten. Vergleichbares galt für die Landarbeiter, was insofern nicht verwundert, als diese einen hohen Identifikationsgrad mit den Interessen des sie beschäftigenden Landwirts besaßen. Gerade bei der letzten Gruppe ließ sich eine Parität zwischen den Verteidigungsbereiten und den sich Versagenden feststellen. Für diese Konstellation war einerseits der Wille maßgebend, das Eigentum zu schützen, andererseits aber auch die Erfahrung, daß in Abwesenheit der wehrfähigen männlichen Familienmitglieder gerade bei den kleinen bäuerlichen Betrieben die Last der Arbeit und der Verantwortung bei den Frauen, Kindern und älteren Menschen lag und wirtschaftliche Einbußen in Kauf genommen werden mußten. Die Selbständigen aus Handel und Gewerbe zeigten sich am verteidigungsfreudigsten. Hier lag schon seit Weimar ein Schwerpunkt nationaler Gesinnung, von der zunächst auch die Liberalen, später die Nationalsozialisten und nach 1945 erneut die Liberalen parteipoli-

[9] Presse- und Informationsamt der Bundesregierung, EMN-12/52, 12.12.1952, S. 2–4, BA-MA, BW 9/764.
[10] IfD: Die Stimmung im Bundesgebiet 1, November 1950, Tab. 4, BA, B 145/4220.
[11] Ebd., Tab. 5.
[12] Ebd., Tab. 18.

tisch profitierten. Die sozial indifferenteste Gruppe, die abhängigen Angestellten, sprachen sich mehrheitlich gegen ein persönliches Verteidigungsopfer aus (Tab. XII).

Ende 1950 stimmte nur rund ein Viertel der Bewohner der Bundesrepublik (27%) des Kanzlers Sicherheitspolitik zu, etwas mehr als ein Drittel lehnte sie ab, und eine etwa gleichgroße Zahl zeigte sich ohne feste Meinung (Tab. XIII).

Tabelle XII

Nur an Männer gerichtet:

Frage: *„Wären Sie bereit, Soldat zu werden, wenn Westdeutschland aus dem Osten angegriffen würde?"*

Oktober 1950

Antworten in %	Ja	Nein	Unentschieden	
Männer insgesamt	38	49	13	= 100
Männer unter 50 Jahren	43	43	14	= 100
Schulbildung:				
Volksschule	44	43	13	= 100
Mittlere Reife	45	41	14	= 100
Abitur	35	42	23	= 100
Berufskreise:				
Arbeiter	43	41	16	= 100
Landarbeiter	46	43	11	= 100
Landwirte	48	48	4	= 100
Angestellte	39	44	17	= 100
Selbständige in Handel und Gewerbe	50	41	9	= 100

Quelle: IfD: Die Stimmung im Bundesgebiet 1, Tab. 17, BA, B 145/4220. Vgl. Jahrbuch der öffentlichen Meinung 1947–1955, S. 355.

Tabelle XIII

Frage: *„Halten Sie die Einstellung Adenauers zur Frage der Wiederbewaffnung Westdeutschlands für richtig oder falsch?"*

Januar 1951

Antworten in %	Für richtig	Für falsch	Unentschieden	Weiß nichts darüber	
Gesamt	27	37	21	15	= 100
Politische Orientierung zur:					
CDU	47	11	24	18	= 100
SPD	18	56	18	8	= 100
FDP	40	33	21	6	= 100
Bayernpartei	30	40	10	20	= 100
Deutsche Partei	35	39	13	13	= 100

Quelle: IfD: Die Stimmung im Bundesgebiet 6, Januar 1951, BA, B 145/4220.

CDU und FDP wußten sich zumindest mit ihrem Wählerstamm in der Befürwortung des Wehrbeitrages einig. Dies traf allerdings nicht für den Koalitionspartner DP zu, während SPD und Bayernpartei sich in ihrer Kritik an der regierungsoffiziellen Sicherheitspolitik der Zustimmung ihrer Klientel, wenn auch graduell unterschiedlich, sicher sein konnten.

Man ist bei oberflächlicher Betrachtung geneigt, das mangelnde persönliche Verteidigungsengagement bei gleichzeitig ausgeprägten Bedrohungsvorstellungen als Vogel-Strauß-Mentalität zu qualifizieren, denn als Adenauer einen militärischen Beitrag zur Verteidigung Europas anbot, gab sich über die Hälfte der Bevölkerung überzeugt, die Westmächte würden die Bundesrepublik bei einem sowjetischen Angriff nicht verteidigen, sondern sich zurückziehen[13]. Dieser scheinbare innere Widerspruch löst sich allerdings auf, wenn man weiß, daß die verbreitete Volksmeinung davon ausging, den drei Besatzungsmächten USA, Großbritannien und Frankreich falle die Verteidigung des immer noch unter Okkupationsrecht stehenden Territoriums zu. Erste Aufgabe der Bundesregierung mußte es demzufolge nicht sein, die drei Alliierten durch Aufstellung westdeutscher Truppen aus ihrer Pflicht zu entlassen, sondern sich ihres Schutzes nachdrücklich zu versichern. Genau dies forderte Adenauers Antipode Heinemann, der also durchaus sein Ohr am politischen Puls des Volkes hatte. Kein Wunder, daß der Kanzler ihn zumindest anfänglich als einen ernstzunehmenden politischen Gegner einschätzte. Anfang 1951 sprachen sich nämlich 55% der befragten Bürger für die Ablösung des Besatzungsstatuts durch einen Sicherheitsvertrag aus. Sie betrachteten dies als zweitwichtigste Aufgabe der Regierung Adenauer. Die wichtigste sahen sie in der Regelung des Lastenausgleichs (61%)[14]. Im finanziellen Forderungskatalog, den die Bundesbürger ihrer Regierung vorlegten, rangierten daher die Ausgaben für die militärische Sicherheit Westdeutschlands lediglich an sechster Stelle, und zwar nach den Anforderungen für die Arbeitsbeschaffung, Wohnungsbau, Unterstützung von Kriegsgeschädigten, -hinterbliebenen und Sozialrentnern, Unterstützung für die Landwirtschaft zur Stabilisierung der Lebensmittelpreise und nach der Flüchtlingshilfe[15].

Ein Gradmesser für die subjektive Einstellung gegenüber dem Soldatsein ist sicher der Wille zur Kriegsdienstleistung oder -verweigerung. Eine Bevölkerungsumfrage über das Thema der Kriegsdienstverweigerung kann allerdings nur ein Stimmungsbild wiedergeben, aus dem sich das konkrete Verhalten im Ernstfall nur tendenziell ableiten läßt. Dies gilt auch für die frühen 50er Jahre. Das grundgesetzlich verankerte Recht auf Verweigerung des Kriegsdienstes mit der Waffe war Ende 1951 rund 77% der männlichen Bevölkerung bekannt. Neben die emotional begründete Ablehnung trat somit die Möglichkeit, sich auf eine legitimierte moralische Position zurückzuziehen. Von den Männern unter 50 Jahren zeigte sich ein Drittel fest entschlossen, den Kriegsdienst im Ernstfalle zu verweigern. Ein weiteres Drittel dieser männlichen Bevölkerungsgruppe erklärte, den Kriegsdienst „vielleicht" zu verweigern; lediglich ein knappes Drittel hätte den Kriegsdienst akzeptiert[16]. Ein Recht, das man für sich reklamierte, war man auch bereit, anderen zuzugestehen. Rund die Hälfte der erwachsenen Bürger der Bundesrepublik und West-Berlins billigten es Ende 1951, wenn sich jemand weigerte, im Kriegsfalle Soldat zu werden (Tab. XIV).

Es muß einer psychologischen Untersuchung vorbehalten bleiben zu erklären, warum bestimmte Gruppen sich damals kontradiktorisch zu ihrer heutigen Auffassung äußerten. Daß die Anhänger von CDU, FDP und DP der Kriegsdienstverweigerung am distanziertesten gegen-

[13] IfD: Die Stimmung im Bundesgebiet 1, November 1950, Tab. 6, BA, B 145/4220.
[14] IfD: Die Stimmung im Bundesgebiet 7, Februar 1951, Tab. 2, BA, B 145/4220.
[15] IfD: Die Stimmung im Bundesgebiet 1, November 1950, Tab. 16, BA, B 145/4220.
[16] IfD: Die Stimmung im Bundesgebiet 24, November 1951, BA, B 145/4221.

Tabelle XIV

Frage: *„Wenn jemand sich im Kriegsfalle weigert, als Soldat an die Front zu gehen: Was würden Sie dazu sagen?"*

Anworten in %	November 1951	November 1953
Gesamtbevölkerung:		
Billigung von Kriegsdienstverweigerung	49	46
Ablehnung von Kriegsdienstverweigerung	30	33
Unentschieden	16	12
Kein Urteil	5	9
	100	100

Quelle: IfD: Die Stimmung im Bundesgebiet 24, S. 4, BA, B 145/4221; 134, S. 2 ebd., B 145/4224. Vgl. Jahrbuch der öffentlichen Meinung 1947–1955, S. 377, mit leicht abweichenden Angaben.

Tabelle XV

Frage: *„Wenn jemand sich im Kriegsfalle weigert, als Soldat an die Front zu gehen: Was würden Sie dazu sagen?"*

November 1951

Antworten in %	Billigung von Kriegsdienstverweigerung	Ablehnung von Kriegsdienstverweigerung	Unentschieden	Kein Urteil	
Schulbildung:					
Volksschule	51	29	15	5	= 100
Mittlere Reife	44	38	15	3	= 100
Abitur	36	33	30	1	= 100
Politische Orientierung zur:					
CDU	39	39	17	5	= 100
FDP	40	34	22	4	= 100
DP	42	42	14	2	= 100
SPD	60	22	16	2	= 100

Quelle: IfD: Die Stimmung im Bundesgebiet 24, S. 5, BA, B 145/4221.

überstanden, findet seine kontinuierliche Entsprechung bei politisch ähnlich ausgerichteten Personen in der Gegenwart. Daß die SPD-Gefolgschaft der Kriegsdienstverweigerung am positivsten gegenüberstand, und auch heute gegenübersteht, verwundert ebensowenig (Tab. XV).

Anders sieht es allerdings aus, wenn man eine Differenzierung der Befragten nach ihrer Schulbildung vornimmt. Zumindest ergibt sich dann eine Divergenz zwischen der damaligen Meinungsäußerung und dem heutigen konkreten Verhalten der Wehrpflichten: Ende 1951 nahm mit zunehmender Qualität der Schulbildung die Bereitschaft ab, Kriegsdienstverweigerung zu billigen. Die heutige Erfahrung lehrt das Gegenteil. Die Ablehnung der Kriegsdienstverweigerung wurde in der Hauptsache zweifach begründet:

1. mit nationaler Verpflichtung: Im Ernstfalle muß man zusammenstehen, darf man das Vaterland nicht im Stich lassen. Etwa ein Fünftel der Bevölkerung vertrat diese Ansicht.

2. mit einem moralischen Argument: Kriegsdienstverweigerung ist eine Äußerung der Schwäche, der Feigheit, der Charakterlosigkeit. Diese Auffassung teilte etwa ein Zehntel der Befragten.

Zur Billigung der Kriegsdienstverweigerung wurde in der nachstehenden Reihenfolge am häufigsten geltend gemacht (Angaben in %):

1. Man kann es niemand zumuten, wieder Soldat zu werden („Nach all dem, was wir im letzten Krieg erlebt haben")	13
2. Formaler Pazifismus („Wenn sich alle weigern würden, gäbe es überhaupt keine Kriege mehr – alle sollten sich weigern")	11
3. Ziellosigkeit („In der heutigen Lage Deutschlands gibt es nichts, wofür man kämpfen könnte, was man verteidigen müßte")	10
4. Gewissenskonflikt („Das kann der einzelne nur für sich selbst entscheiden, das ist eine persönliche Sache")	9
5. Die Nachkriegsverhältnisse in Deutschland („Nach all dem, was wir nach dem Kriege erlebt haben")	7
6. Berufung auf das Grundgesetz	3
7. Berufung auf christliche Religion und christliches Gebot	2
	55*

* Manche Befragten haben mehrere Angaben gemacht; aus diesem Grund addieren die Zahlen nicht auf die Gesamtzahl derjenigen Personen, die für Verweigerung des Kriegsdienstes eintreten. Quelle: IfD: Die Stimmung im Bundesgebiet 24, S. 8, BA, B 145/4221.

Ende 1953, als sich die sicherheitspolitischen Bedingungen dadurch verändert hatten, daß nun die EVG als verteidigungspolitisches Modell scheinbar vor der Verwirklichung stand, hatte sich das Meinungsbild nicht wesentlich verändert. Bei der Einstellung zur Kriegsdienstverweigerung handelte es sich um eine fundierte innere Haltung, die von aktuellen politischen Geschehnissen nicht oder nur kaum beeinflußt wurde.

Die Kritiker eines Verteidigungsbeitrages im Rahmen der EVG stellten einen wesentlich höheren Prozentsatz der Befürworter der Kriegsdienstverweigerung dar (Tab. XVI).

Tabelle XVI

Frage: *„Wenn jemand sich im Kriegsfalle weigert, als Soldat an die Front zu gehen: Was würden Sie dazu sagen?"*

November 1953

Antworten in %	Billigung von Kriegsdienstverweigerung	Ablehnung von Kriegsdienstverweigerung	Unentschieden	Kein Urteil	
Befürworter deutscher Beteiligung an Europaarmee	29	50	15	6	= 100
Anhänger einer Neutralisierung Deutschlands	64	22	9	5	= 100
Unentschieden	49	20	11	20	= 100

Quelle: IfD: Die Stimmung im Bundesgebiet 134, S. 2, BA, B 145/4224.

Subjektive Betroffenheit spielte auch eine ausschlaggebende Rolle bei der Frage nach Schaffung einer Freiwilligenarmee oder Einführung der allgemeinen Wehrpflicht. Erwartungsgemäß sprach sich mehr als die Hälfte der repräsentativ befragten Erwachsenen der Bundesrepublik für den Fall der Unvermeidlichkeit einer Aufstellung westdeutscher Streitkräfte für Freiwilligenverbände aus. Etwas mehr als ein Viertel nur plädierte für die allgemeine Wehrpflicht. Zumindest bei den Männern war ein altersstruktureller Generationenegoismus erkennbar: Je jünger die Befragten waren, um so häufiger votierten sie für eine Freiwilligenarmee, je höher das Alter, um so häufiger wurde die allgemeine Wehrpflicht bejaht[17].

Während die ersteren aus Antipathie zum Militärdienst, aber auch aus Kriegsfurcht für den Freiwilligendienst eintraten, hob die zweite Gruppe der männlichen Befragten in erster Linie auf den erzieherischen Wert des Wehrdienstes ab.

Aufgrund dieses Befragungsergebnisses fürchtete man in Koalitionskreisen, daß die Einführung der allgemeinen Wehrpflicht erhebliche Reaktionen auslösen werde, und daß eine politische Krise erster Ordnung zu erwarten sei. Bei der Aufstellung von Freiwilligenverbänden glaubte man hingegen kein Risiko einzugehen.

Im Frühjahr 1952 bot sich bereits ein verändertes Bild. Die männlichen Jahrgänge 1927 bis 1934, also die Männer zwischen 18 und 25 Jahren, beschäftigten sich nun sehr ernsthaft mit der Aufstellung einer neuen Wehrmacht, mit der Frage des Soldatwerdens, eines zukünftigen Bündnisses mit den Westalliierten, aber auch mit dem Problem der Ab- und Aufrüstung. Zwar hielten 31% wirtschaftliche und soziale Angelegenheiten für die politisch vorrangigeren, gefolgt jedoch von 27%, die die sogenannte Wiederbewaffnung als den bedeutsamsten politischen Gegenstand erachteten. Mit 7% der Befragten standen die an sechster Stelle, denen zufolge der Bedrohung durch die Sowjetunion und dem Kommunismus das politische Hauptaugenmerk gelten mußte. In der konkreten Situation, d.h. vor dem vertraglichen Abschluß der EVG, machten sich viele mit der Möglichkeit der Einberufung zum Wehrdienst vertraut, glaubten nicht wenige, sich damit abfinden zu müssen. Und noch etwas darf nicht unberücksichtigt bleiben: die ökonomischen und sozialen, vor allem aber die politischen Verhältnisse hatten sich in der Bundesrepublik in einer Weise konsolidiert, daß es sich offenkundig lohnte, sie im Ernstfall zu verteidigen. Ungeachtet eines stark ausgeprägten Wiedervereinigungswillens ließ sich ein zunehmendes teilstaatliches Selbstverständnis und ein längst über den Kristallisationspunkt hinausgewachsenes – wenn man es so nennen will – bundesrepublikanisch-nationalstaatliches Selbstbewußtsein beobachten. Mehr als die Hälfte der jüngeren und mittleren männlichen Generation hielt es für lohnenswert, das Leben für bestimmte Ideale einzusetzen. An der Spitze der Skala der verteidigungswürdigen Werte standen Deutschland, Volk und Heimat (für 25%), Familie (11%), persönliche und menschliche Freiheit (6%).

Eine solche Haltung schlug natürlich nicht direkt auf den Wehrwillen durch. Konkret gefragt, was sie persönlich zu tun gedächten, wenn der Bundestag ein Gesetz beschlösse, wonach deutsche Männer zum Wehrdienst in die Europaarmee eingezogen werden könnten, antwortete über die Hälfte der repräsentativ befragten Männer unter 50 Jahren, sie würden eine solche Entscheidung respektieren (Tab. XVII).

Über die Hälfte der Männer unter 50 Jahren zeigte sich sogar gewillt, einem „morgen" ihnen zugehenden Gestellungsbefehl Folge zu leisten. Unter denen, die unter bestimmten Bedingungen „hingehen" wollten, äußerten viele Vorbehalte gegenüber der EVG (Tab. XVIII).

[17] IfD: Die Stimmung im Bundesgebiet 20, Oktober 1951, Tab. 3, BA, B 145/4221. Vgl. Jahrbuch der öffentlichen Meinung 1947–1955, S. 374.

Tabelle XVII

Frage: *„Wenn der Bundestag ein Gesetz beschließen würde, daß deutsche Männer zum Wehrdienst in der Europa-Armee eingezogen werden können: – wie würden Sie sich dazu einstellen?"*

Antworten in %	März 1952
Ich würde diese Entscheidung hinnehmen, aber ich würde mich nicht darüber freuen	52
Ich wäre vollkommen gegen diese Entscheidung	34
Ich würde diese Entscheidung begrüßen	11
Keine Antwort	3
	100

Quelle: IfD: Die jungen Männer, März 1952, S. 36, BA-MA, BW 21/28.

Tabelle XVIII

Frage: *„Angenommen, Sie bekämen morgen vom Wehrbezirkskommando eine Aufforderung zu einer halbjährigen militärischen Ausbildung. Was würden Sie dann tun?"*

Antworten in %	März 1952
Hingehen (ohne Einschränkung)	36
Hingehen, da nichts anderes übrig bliebe und man sonst bestraft werden würde	24
Unter bestimmten Bedingungen hingehen (Wenn es nicht länger als ein halbes Jahr dauern würde – Wenn es für Deutschland wäre, ginge ich. Aber für andere: nein – Kommt ganz darauf an: für eine Europaarmee wäre ich nicht zu haben, dann würde ich mich aus dem Staub machen, für deutsche Armee unter deutscher Führung selbstverständlich etc.)	5
Erst einmal nicht hingehen und abwarten	15
Ablehnen, in den Ofen werfen	15
Ausreißen	2
Weiß nicht, keine Antwort	3
	100

Quelle: IfD: Die jungen Männer, März 1952, S. 38, BA-MA, BW 21/28. Vgl. Jahrbuch der öffentlichen Meinung 1947–1955, S. 374.

Bereits im Oktober 1951 zeichnete sich eine knappe Mehrheit unter der wehrfähigen männlichen Bevölkerung ab, die persönlich den Wehrdienst im Ernstfalle nicht verweigert hätte. Dieser Prozentsatz war bis zum Frühjahr 1952 noch einmal erheblich auf Kosten der Kriegsdienstverweigerer gestiegen (Tab. XIX).

Die Einstellung der Bevölkerung zum Kriegsdienst hat frühzeitig die Aufmerksamkeit der Parteipolitiker gefunden. Innerhalb der Regierungskoalition zeigte man sich durchaus beunruhigt angesichts der Vorstellung, daß die Aufstellung westdeutscher Streitkräfte durch die hohe Zahl derjenigen, die sich möglicherweise auf Art. 4 Abs. 3 GG, „Niemand darf gegen sein Ge-

Tabelle XIX

Frage: *„Würden Sie selbst den Kriegsdienst verweigern?"*

Antworten in %	März 1952	(Oktober 1951)
Nein	43	(32)*
Vielleicht	30	(29)
Bestimmt	22	(35)
Keine Meinung	5	(4)

Quelle: IfD: Die jungen Männer, März 1952, S. 42, BA-MA, BW 21/28. Vgl. Jahrbuch der öffentlichen Meinung 1947–1955, S. 377.

* Repräsentativer Querschnitt der männlichen Bevölkerung unter 50 Jahren – Zahlen in Klammern von Oktober 1951.

wissen zum Kriegsdienst mit der Waffe gezwungen werden", beriefen, auf Schwierigkeiten stoßen könnte. In der DP und bei der nationalen Rechten wurden Stimmen laut, die bei einer extensiven Auslegung dieses Grundrechtes um die Aufstellung eines wirksamen Verteidigungsinstrumentes bangten. „Wir sind in der DP der Meinung, daß kein Gesetz geschaffen werden sollte, das dazu angetan wäre, unseren Verteidigungswillen zu lähmen und zu schwächen. Wenn wir uns die Kreise ansehen, die täglich gegen Verteidigung oder für Kriegsverweigerung eine Kampagne entfachen, die schon bedenkliche Ausmaße angenommen hat, [...] wird uns am besten zum Bewußtsein kommen, daß wir ein solches Gesetz in unserer Gesetzgebung, in unserem Grundgesetz nicht haben sollten. [...] Wir wollen unsere ethischen Werte verteidigen, und das können wir nicht, wenn wir eine Kriegsdienstverweigerung eingehen", äußerte sich ein Parlamentarier der Deutschen Partei im Rundfunk. Er willigte jedoch ein, bestimmten religiösen Kreisen das Recht der Kriegsdienstverweigerung zuzugestehen.

Ganz anders sah man dies in der SPD. Hier betrachtete man es als ein elementares Grundrecht, in einem demokratischen Staat den Kriegsdienst mit der Waffe ablehnen zu dürfen. Man wollte auf diese Weise nicht nur Respekt vor der individuellen Gewissensentscheidung bekunden, sondern durch einen entsprechenden Verfassungsartikel dartun, daß man es als vornehmste Pflicht des Staatsmannes erachtete, alles, ja das letzte zu tun, um Kriege zu verhindern. Nach den Worten des SPD-Bundestagsabgeordneten Eichler sollte von einem im Grundgesetz verankerten Recht der Kriegsdienstverweigerung mit der Waffe Signalwirkung ausgehen: seht her, der demokratische Rechtsstaat hält einen Gesinnungswandel bei seiner eigenen Bevölkerung und bei der Bevölkerung der Welt dahingehend für notwendig, „den Krieg als ein Mittel der Politik absolut aus dem internationalen Verkehr auszuschließen"[18].

b) Objektivierte Einstellung zu einem Wehrbeitrag

Neben der Antwort auf die Frage, in welchem Maße der Bundesbürger emotional bereit sein würde, auf eine militärische Bedrohung persönlich zu reagieren, mußte es für die politisch Verantwortlichen von wünschenswertem Interesse sein, zu erfahren, welche allgemeinen verteidigungspolitischen Vorkehrungen zur Eindämmung der äußeren Gefahr die Bevölkerung von der

[18] Rundfunkgespräch, NWDR, 14.11.1951, BA-MA, BW 2/1138.

Regierung erwartete und – institutionalisiert – mitzutragen gedachte. Daß die Mehrheit der Westdeutschen unter einem Bedrohungssyndrom litt, ist unstrittig. Insbesondere die Ereignisse in Korea schürten Angst, weckten zumindest Besorgnis um den Erhalt des Friedens. Noch im Sommer 1952, mitten in der Diskussion um Für und Wider der Stalin-Offerte, fühlten sich rund zwei Drittel der Erwachsenen im Bundesgebiet und in West-Berlin von der UdSSR bedroht. (Tab. XX).

Tabelle XX

Frage: *„Haben Sie das Gefühl, daß wir durch Rußland bedroht oder nicht bedroht sind?“*

Juli 1952

Antworten in %	Bedroht	Nicht bedroht	Unentschieden	
Gesamtbevölkerung	66	15	19	= 100
Männer	65	20	15	= 100
Frauen	68	10	22	= 100
Volksschule	64	15	21	= 100
Mittlere Reife	73	16	11	= 100
Abitur	77	12	11	= 100

Quelle: IfD: Bedrohung durch den Osten?, S. 1 f., BA, B 145/4222. Vgl. Jahrbuch der öffentlichen Meinung 1947–1955, S. 352.

Bei den oberen Bildungsschichten war die Bedrohungsvorstellung graduell höher ausgeprägt; SPD-Wähler fühlten sich weniger häufig einer Kriegsgefahr aus dem Osten ausgesetzt.

Adenauers erste Äußerungen über eine mögliche westdeutsche Aufrüstung dienten als Versuchsballon, um nicht nur die Reaktion der drei Besatzungsmächte, sondern auch die des Mannes auf der Straße zu testen. Im Februar 1950 lehnten die Westdeutschen eine Bewaffnung der Bundesrepublik im Rahmen einer europäischen Allianzarmee und im Zusammenwirken mit dem Atlantikpakt noch mit absoluter Mehrheit ab. Der Ausbruch des Korea-Krieges vermochte den Bundesbürger nicht aus seiner verteidigungspolitischen Lethargie zu reißen. Und als der Kanzler sein Sicherheitsmemorandum verfaßte, zielte dessen Angebot eines Bonner Wehrbeitrages exakt am Willen der Mehrheit vorbei. Die westpolitische Einstellung der Bevölkerung war in den vergangenen Monaten von weltpolitischen Ereignissen weitgehend unberührt geblieben. Weiterhin stimmte rund die Hälfte gegen die „Wiederbewaffnung“, gut ein Drittel dafür, knapp ein Viertel gab sich unentschieden. Dabei machte es keinen großen Unterschied, ob man nach dem Aufbau einer nationalen oder nach der militärischen Partizipation an einer Westeuropaarmee, deren Gestalt sich allerdings noch nicht abzeichnete, fragte[1]. Gerade das letztere ließ um so mehr erstaunen, als nach dem assoziativen Bonner Beitritt zur Beratenden Versammlung des Europarates die latent vorhandene Europaeuphorie wuchs. Zudem hatte Churchill vor dem genannten Forum zumindest die Zustimmung Großbritanniens zur Gestellung westdeutscher Kontingente für eine Europaarmee signalisiert. Neben die bereits genannten Gründe zur persönlichen Verweigerung traten offenbar andere, die Ablehnung bestimmende Kriterien: einmal die Vorbehalte gegenüber der Bundesregierung als einem von den Hochkommissaren weitgehend abhängigen politischen Instrumentarium. In diesem Kontext hat man auch die vielgeäu-

[1] IfD: Die Stimmung im Bundesgebiet 54, BA, B 145/4222.

ßerte Befürchtung zu verstehen, in eine Auseinandersetzung der Supermächte mit hineingezogen zu werden und für den Westen die Kastanien aus dem Feuer holen zu müssen. Ein weitverbreiteter Antimilitarismus kam hinzu.

Die betont kritische Distanz, die die Bevölkerung gegenüber einem militärischen Engagement der Bundesrepublik wahrte, beruhte aber nicht allein auf militärimmanenten Gründen. Sie hatte anfänglich auch ihre Ursachen in der verbreiteten Teilnahmslosigkeit und indifferenten Stellung zum Staat und speziell zur Adenauer-Regierung. Zwischen dem mit einer, nämlich seiner eigenen, Stimme Mehrheit gewählten Bundeskanzler und dem Staatsvolk bestanden bis in die zweite Hälfte der ersten Legislaturperiode hinein emotionale Barrieren, die der Regierungschef nicht zu überwinden vermochte, um sich der Sympathie und der Zustimmung zu seiner Politik zu versichern. Im Verlauf des Jahres 1950, das ja den sicherheitspolitischen Wendepunkt brachte, konnte sich der Kanzler nie mehr als der Zustimmung eines Drittels der Bundesbürger zu seiner Politik und zu seiner Person gewiß sein. Die Bevölkerungsgruppe der mit ihm Unzufriedenen hielt sich mit der ersteren zahlenmäßig die Waage, und rund zwei Fünftel standen ihm unentschieden gegenüber oder rafften sich zu keinem Urteil auf. Im November 1950 erreichte seine Popularität den absoluten Tiefpunkt. Es entwickelte sich ein Trend weg von den Regierungsparteien und hin zur SPD, wobei diese auch einen Teil des kommunistischen Anhängerpotentials für sich zu gewinnen vermochte (Tab. XXI).

Tabelle XXI

Frage: *„Sind Sie im großen und ganzen mit der Politik Adenauers einverstanden oder nicht einverstanden?"*

Antworten in %	Oktober 1950	November 1950
Einverstanden	26	19
Nicht einverstanden	30	41
Unentschieden	15	13
Kein Urteil	29	27
	100	100

Quelle: IfD: Die Stimmung im Bundesgebiet 3, S. 1, BA, B 145/4220. Vgl. Jahrbuch der öffentlichen Meinung 1947–1955, S. 172f.

Die bis Herbst 1950 wachsend umstrittene Politik und Person des Kanzlers erklärt sich vor dem Hintergrund wirtschaftspolitischer Unzufriedenheit ebenso, wie aus der Beunruhigung über die internationale Lage (Tab. XXII).

Die militärischen Rückschläge in Korea wandelten sich in Vertrauensverlust für den Bundeskanzler um. Die in Gang befindlichen Konsultationen über die atlantische Verteidigung vermehrten die Sorge, eine militärische Verknüpfung mit den USA könne den Korea-Konflikt zu einem internationalen ausweiten, wofür das Auftreten Rotchinas auf dem Kriegsschauplatz ein ernstes und warnendes Anzeichen zu sein schien.

Ein interessantes politisches Phänomen darf nicht unbeachtet bleiben: die Einstellung zu einem Wehrbeitrag war abhängig von der politischen Grundhaltung des einzelnen, wobei ein ausgeprägter Nationalismus auch die größere Wehrfreudigkeit zur Folge hatte. In diesem Zusammenhang kommt den Lehren, die aus dem NS-Regime und dem verlorenen Zweiten Weltkrieg

Tabelle XXII

Frage: *„Sehen Sie dem Jahr 1951 mit Hoffnungen oder mit Befürchtungen entgegen?“*

Antworten in %	November 1950
Mit Befürchtungen	43
Mit Skepsis	17
Mit Hoffnungen	27
Unentschieden	13
	100

Quelle: IfD: Die Stimmung im Bundesgebiet 3, S. 1, BA, B 145/4220.

gezogen wurden, seismographische Funktion zu. Im März und Oktober 1950 waren die Bundesbürger nach den Ursachen des militärischen Zusammenbruchs gefragt worden. Das Ergebnis war erschreckend: Ein gutes Drittel nannte die Schwäche Deutschlands, ein knappes Drittel aber – Intensität und Langzeitwirkung nationalsozialistischer Propaganda demonstrierend – Verrat und Sabotage. Erst danach rangierten „schlechte Politik“ (15 bzw. 16%) und „falsche Kriegführung“ (6 bzw. 12%). Die Haltung des letztgenannten Personenkreises zum Aufrüstungskomplex hob sich von der des Durchschnitts der Gesamtbevölkerung deutlich ab. Nicht nur, daß sich hier eine Mehrheit für die „Wiederbewaffnung“ ganz allgemein fand. Über die Hälfte votierte für den Aufbau einer deutschen Nationalarmee, während die Anhänger des Kanzlers mehrheitlich für die Teilnahme an einer westeuropäischen Armee plädierten. Daß es die Ewiggestrigen waren, die sich als Verfechter des Wehrgedankens gerierten, hat nicht nur den Bundeskanzler, sondern auch seine militärischen Berater, letztlich große Teile der westdeutschen Bevölkerung beunruhigt. Hier findet sich eine Erklärung für die Skepsis, die neuem Militär entgegengebracht wurde[2].

Ende 1950 konnte der Kanzler einen gewissen Sympathiezuwachs verzeichnen. Ein gutes Viertel der deutschen Bevölkerung zeigte sich nun mit seiner Politik im großen und ganzen einverstanden, aber immerhin noch gut ein Drittel äußerte seinen Unmut über die Kanzlerpolitik, und ebenfalls ein gutes Drittel zeigte sich unentschieden bzw. besaß kein Urteil. Es ist charakteristisch für das Verhalten der Bundesbürger, daß sich mit Sympathiegewinn für den Bundeskanzler und mit wachsender Zustimmung zu seiner Politik generell auch das Lager der Befürworter seiner Sicherheitspolitik vergrößerte (Tab. XXIII).

Auch wenn die Antworten zu beiden Fragen nahezu die gleiche Größenordnung besitzen, kann durchaus nicht „geschlossen werden, daß die Einstellung zur Politik des Bundeskanzlers überhaupt im gegenwärtigen Zeitpunkt von der Haltung der öffentlichen Meinung gegenüber der Wiederbewaffnung bestimmt wird“, wie dies die Demoskopen dem Regierungschef suggerieren wollten[3]. Wir werden darauf noch im Zusammenhang mit dem Stellenwert der Sicherheitspolitik bei der Bundestagswahl 1953 zurückkommen. Die Antworten, die die Befragten zur Begründung ihrer Einstellung gaben, machten aber eines tendenziell deutlich: des Kanzlers Forderung nach Gleichberechtigung und Souveränität im Zusammenhang mit der Wehrfrage wurde von vielen mit Wohlwollen registriert und dadurch honoriert, daß sie sich auf die Seite

[2] Vgl. dazu IfD: Die Stimmung im Bundesgebiet 1, BA, B 145/4220.
[3] Ebd., S. 1.

Tabelle XXIII

Frage: *„Sind Sie im großen und ganzen mit der Politik Adenauers einverstanden oder nicht einverstanden?"*

Dezember 1950			
Antworten in %	Einverstanden	Nicht einverstanden	Unentschieden/ kein Urteil
	27	37	36

Frage: *„Halten Sie die Einstellung Adenauers zur Frage der Wiederbewaffnung Deutschlands für richtig oder falsch?"*

Dezember 1950				
Antworten in %	Für richtig	Für falsch	Unentschieden	Weiß nichts darüber
	27	37	21	15

Quelle: IfD: Die Stimmung im Bundesgebiet 6, S. 3f., 5f., BA, B 145/4220.

der Befürworter eines Sicherheitsbeitrages schlugen. Von einem Durchbruch in der öffentlichen Meinung konnte deshalb noch keine Rede sein, nicht einmal von einer Trendwende. Im Verlauf des Jahres 1951 legten Union und Sozialdemokratie bei der Bevölkerung prozentual zu. Im September 1952 hatten die Befürworter eines westdeutschen Verteidigungsbeitrages erstmals die Gegner zahlenmäßig überflügelt. Nun konnte der Kanzler mit der Zustimmung gut der Hälfte der Bevölkerung zu einer aktiven Sicherheitspolitik rechnen (Tab. XXIV).

Tabelle XXIV

Angaben in %	Für deutsche Wiederbewaffnung	Gegen deutsche Wiederbewaffnung*	
Oktober 1950	45	55	= 100
Juni 1951	48	52	= 100
September 1951	52	48	= 100

Quelle: IfD: Die Stimmung im Bundesgebiet 20, S. 1, BA, B 145/4221.

* Die Tabelle stützt sich auf die Auswertung der Fragen: „Sind Sie für oder gegen den Aufbau einer selbständigen deutschen Armee?" und: „Sind Sie für oder gegen eine Teilnahme deutscher Truppen an einer westeuropäischen Armee?". Personen, die beide oder eine der beiden Formen der Wiederbewaffnung Deutschlands bejahten, wurden in die Rubrik der Befürworter eingereiht, die übrigen, auch die Unentschiedenen, in die der Gegner.

Festzuhalten ist, daß die Männer immer den größeren Prozentsatz derjenigen ausmachten, die die Aufrüstung, in welcher Form auch immer, bejahten. Die Frauen stellten, ungeachtet ihres besonders stark ausgeprägten Bedrohungssyndroms, den geringeren Anteil der Befürworter. Auffällig ist wiederum, daß mit höherer Schulbildung auch die Zahl derjenigen stieg, die einen westdeutschen Verteidigungsbeitrag für notwendig erachteten, und man wird sich einmal Gedanken darüber zu machen haben, warum sich später eine gegenläufige Entwicklung vollzog (Tab. XXV).

Tabelle XXV

Angaben in %	Für Wiederbewaffnung		
	Oktober 1950	Juni 1951	September 1951
Insgesamt	45	48	52
Männer	52	56	59
Frauen	38	42	46
Schulbildung:			
Volksschule	43	43	47
Mittlere Reife	46	64	62
Abitur	54	69	74

Quelle: IfD: Die Stimmung im Bundesgebiet 20, S. 2, BA B 145/4221.

Eines bleibt aber festzuhalten: Die mehrheitliche Zustimmung zur „Wiederbewaffnung" generell darf nicht gleichgesetzt werden mit der Akzeptanz der spezifisch Adenauerschen Sicherheitspolitik. Um es gleich vorwegzunehmen: Seine Politik der militärischen Westintegration im Rahmen der EVG hat niemals eine bedingungslose Mehrheit gefunden! (Tab. XXVI).

Tabelle XXVI

Frage: *„Sind Sie für oder gegen eine Teilnahme deutscher Truppen an einer westeuropäischen Armee?"**

Antworten in %	Febr.** 1950	Okt. 1950	Nov. 1950	Juni 1951	Sept. 1951	Juli 1952	Januar 1953	August 1953	Juni 1954
Dafür (mit und ohne Einschränkungen)	33	35	38	36	35	44	49	46	47
Dagegen	52	46	46	51	50	36	36	33	36
Unentschieden	15	19	16	13	15	20	15	21	17
	100	100	100	100	100	100	100	100	100

Quelle: IfD: Die Stimmung im Bundesgebiet 1, BA, B 145/4220; Juni 1951, BA, B 145/4221; Die Stimmung im Bundesgebiet 152, BA, B 145/4224. Vgl. Jahrbuch der öffentlichen Meinung 1947–1955, S. 360f.

* Modellgerechter Bevölkerungsquerschnitt, 1000 Personen über 17 Jahre, Bundesgebiet und West-Berlin.

** Damalige Frage: *„Würden Sie es begrüßen, wenn Deutschland im Zusammenhang mit dem Atlantikpakt und im Rahmen einer europäischen Armee eingeladen würde, eine neue Wehrmacht aufzubauen?"*

Wenn schon westdeutsche Streitkräfte, dann sollte es sich nach Wunsch und Willen der meisten Bundesbürger um eine selbständige, um eine Nationalarmee handeln. Mitte des Jahres 1951 machten sich erste Anzeichen einer Stabilisierung der politischen Meinung innerhalb der westdeutschen Bevölkerung bemerkbar. Damit verbunden war in der Wehrfrage eine gewisse Polarisierung zwischen den Anhängern der Koalitions- und denen der Oppositionsparteien. Bis zum September 1951 hatte sich die Ablehnungsfront gegenüber einer Teilnahme deutscher Truppen an einer Europaarmee gefestigt. Rund die Hälfte der Bundesbürger war dagegen. Ganz offensichtlich umfaßte die weitverbreitete Faszination des Europagedankens nicht die EVG. Augenfällig war die Zahl der Gegner eines supranationalen westdeutschen Kontingents gewachsen, und zwar auf Kosten der Unentschiedenen wie derjenigen, die ihr Ja von dem Ausräumen gewisser Vorbehalte, z. B. im Sinne vollständiger Gleichberechtigung, abhängig machten. Die Befürworter kamen nicht ganz auf ein Viertel (Tab. XXVII).

Tabelle XXVII

Frage: *„Sind Sie für oder gegen den Aufbau einer selbständigen deutschen Armee?“*

Antworten in %	Okt. 1950	Febr. 1952	Juli 1952	Okt. 1952	Jan. 1953	August 1953	Sept. 1954
Dafür	35	46	41	39	39	42	45
Dagegen	46	38	40	44	39	36	35
Unentschieden, Weiß nicht	19	16	19	17	22	22	20
	100	100	100	100	100	100	100

Quelle: IfD: Die Stimmung im Bundesgebiet 1, Tab. 1, BA, B 145/4220; Die Stimmung im Bundesgebiet 164, S. 2, BA, B 145/4224. Vgl. Jahrbuch der öffentlichen Meinung 1947–1955, S. 372 f., teilweise mit zahlenmäßigen Abweichungen.

Ganz anders sah es in puncto Nationalarmee aus. Im Herbst 1950, als die Frage eines westdeutschen Verteidigungsbeitrages, bis dahin politisch tabuisiert, erstmals virulent wurde, befanden sich seine Gegner noch in der Mehrheit. Denn wenn Soldaten überhaupt wieder möglich sein sollten, dann konnte man sie sich einfach nur als Glieder einer europäischen Armee vorstellen. Die Mehrheitsverhältnisse änderten sich zu Beginn des Jahres 1952, als in der aufgeregten Diskussion in Politik und Öffentlichkeit um die inzwischen umrißhaft erkennbaren Westverträge Zweifel daran aufkamen, ob der Bundesrepublik politische und ihrem Streitkräftekontingent militärische Gleichberechtigung innerhalb der Europäischen Verteidigungsgemeinschaft gewährt würden. In der Folgezeit machte sich die deutsche Bevölkerung mit dem Gedanken der EVG vertraut, die Befürworter einer nationalen Armee wurden verunsichert, bis sich allmählich der Eindruck verdichtete, das Zustandekommen der Organisation werde wohl doch an französischen Bedingungen scheitern. In der Bundesrepublik wuchs allmählich, wenn auch nicht beängstigend, das nationale Bewußtsein. Beunruhigend wirkte in Kreisen der Koalitionsparteien, daß der Gedanke der selbständigen deutschen Armee bei der männlichen Bevölkerung besonderen Anklang fand, und hier nicht zuletzt bei den Jugendlichen, den präsumtiven Wehrpflichtigen also. Während über die Hälfte aller Befragten für eine selbständige deutsche Armee votierte, waren bei den 18- bis 40jährigen, also den politischen und militärischen Hoffnungsträgern einer zukünftigen Europaarmee, die Vorbehalte gegen diese besonders ausgeprägt. Mehr als 50% verwarfen sie (Tab. XXVIII).

Man muß ein politisches Psychogramm erstellen, um eine Erklärung dafür zu finden, daß unter der männlichen Bevölkerung die Zahl der bedingungslosen Befürworter einer Nationalarmee stets höher war als die der vorbehaltlosen Anhänger eines supranationalen Kontingents. Ab 1952 gab es, sieht man vom Oktober 1952 einmal ab, stets eine Mehrheit für die Nationalarmee, ab Mitte 1952 für die westeuropäische nur dann, wenn man zu den bedingungslosen Befürwortern diejenigen addierte, die an ihr Ja Vorbedingungen knüpften. Viele Komponenten sind für diese Haltung wohl bestimmend gewesen: ein gewisses Mißtrauen gegenüber den Soldaten der Westmächte, die man u.a. nicht für gleich qualifiziert hielt. Starke Vorbehalte waren immer

Tabelle XXVIII

Frage: *„Sind Sie für oder gegen den Aufbau einer selbständigen deutschen Armee?"*

September 1951

Antworten in %	Männer im Alter von 18–29 Jahren	30–44 Jahren	45–59 Jahren	60 Jahren und älter
Dafür	53	46	53	49
Dagegen	41	44	36	39
Unentschieden	6	10	11	12
	100	100	100	100

Frage: *„Sind Sie für oder gegen eine Teilnahme deutscher Truppen an einer westeuropäischen Armee?"**

September 1951

Antworten in %	Männer im Alter von 18–29 Jahren	30–44 Jahren	45–59 Jahren	60 Jahren und älter
Dafür	40	40	49	46
Dagegen	53	53	40	43
Unentschieden	7	7	11	11
	100	100	100	100

Quelle: IfD: Die Stimmung im Bundesgebiet 20, S. 4, BA, B 145/4221.

* Diese Gruppe wurde sehr weit gefaßt: auch solche Personen, die nur bedingungsweise oder mit Einschränkungen für eine Europaarmee sind, wurden gezählt.

noch gegenüber Frankreich lebendig, verstärkten sich durch die französische Haltung in der Saarfrage. Des Rätsels Lösung liegt wohl in der Tatsache begründet, daß so wenige Jahre nach dem Nationalsozialismus und dem Zweiten Weltkrieg noch ausgeprägte nationale und nationalistische Reminiszenzen bestanden. Dies soll im folgenden deutlich gemacht werden:

Im Oktober 1951 wurden die Westdeutschen gefragt, wann es der Bevölkerung ihrer Meinung nach in diesem Jahrhundert am besten gegangen sei. Eine große Anzahl (44%) nannte das Dritte Reich. Dahinter rangierte (43%) das Kaiserreich, gefolgt von der Weimarer Republik (7%). Das Schlußlicht bildete die Zeit nach 1945 (2%). Dazu fügt sich die Antwort auf die Frage nach dem Politiker, der für Deutschland am meisten geleistet habe: Der Favorit hieß Bismarck (41%), aber Adolf Hitler wurde der ehrenvolle zweite Platz eingeräumt (12%), während sich Friedrich der Große mit dem dritten (8%) begnügen mußte. Da mag es auch niemanden mehr erstaunen, wenn sich im Oktober 1951 fast die Hälfte der Westdeutschen die schwarzweißrote Fahne wünschten (47%), während die schwarzrotgoldene nur wenig Gefallen fand (18%)[4].

Es läßt sich für diese Äußerungen eine Fülle von Motiven finden. Bündelt man sie, dann ergibt sich, daß die bundesrepublikanische Bevölkerung dem Bonner Staat ein Defizit an nationalem Selbstverständnis und Habitus vorhielt. Wenn sich seit Mitte 1952 zwar die Zahl derjenigen, die der EVG bedingungslos und unter Vorbehalt zustimmten, mehrheitlich etablierte und auch die der ausgesprochenen Gegner gesunken war – sich aber immerhin noch auf ein gutes Drittel der westdeutschen Bevölkerung belief –, so ist dies sicher darauf zurückzuführen, daß mit der Vorlage der ausgehandelten Verträge von Bonn und Paris eine gewisse Unsicherheit über das, was einen militärpolitisch erwartete, geschwunden war. Der Verteidigungsbeitrag hatte deutliche Konturen angenommen. Die eigentliche Erklärung für die Meinungswende findet man jedoch, wenn man die Sympathiekurve des Bundeskanzlers betrachtet. Ab Februar 1952 konnte sich Adenauer erstmals der Zustimmung der Mehrheit der westdeutschen Bevölkerung zu seiner Politik sicher sein. Allerdings schwankte die Zahl der Unentschiedenen und Urteilslosen immer noch auf sehr hohem Niveau. Sie fiel im Laufe des Jahres 1953 rapide zugunsten der Anhänger der Politik des Regierungschefs, doch beeinflußte dies nur unmerklich die Verhaltenskurve gegenüber der EVG. Zumindest die Ablehnungsfront blieb stabil[5].

Der Bundeskanzler hat die Wahl des 6. September 1953 als einen Test für seine Europa- und Sicherheitspolitik verstanden. Tatsächlich spielten im Bundestagswahlkampf „in der Hauptsache die Frage der deutschen Wiederbewaffnung und die Frage des Verteidigungsbeitrages im Rahmen der Europäischen Verteidigungsgemeinschaft eine Rolle. Diese Fragen wiederum liefen auf das Kernproblem hinaus. Fester Anschluß der Bundesrepublik Deutschland an den Westen oder aber eine von der SPD angestrebte Neutralisierung Deutschlands[6]." Sicher bestand Veranlassung, dieser Thematik einen hohen Stellenwert im Ringen um die Wählergunst beizumessen. Immerhin hatte keine andere so vehemente öffentliche politische Gemütsbewegungen hervorzurufen vermocht. In Scharen waren die Menschen, gegen die Aufrüstung protestierend, auf die Straße gegangen. Tausende und aber Tausende Unterschriften waren gesammelt worden, füllten die Aktenordner der Regierungen in Bund und Ländern. Vielfältig organisierter – wenngleich gewaltloser – Widerstand hatte sich allenthalben gegen die Sicherheitspolitik der Bundesregierung gebildet.

Und vor diesem politischen Hintergrund vollzog sich dann der unerhofft hohe Wahlsieg der Union. Der Kanzler betrachtete das Wahlergebnis als eine gewonnene Volksabstimmung über seine Europa- und Sicherheitspolitik. Er widersprach nicht, als ein renommierter ausländischer Journalist seinen Wahlsieg als „eine eindrucksvolle deutsche Bestätigung der EVG" bezeichnete[7]. Theodor Blank nannte ihn ein „Bekenntnis zur Europäischen Verteidigungsgemeinschaft" und glaubte an die „Erkenntnis von der Notwendigkeit eines deutschen Beitrags auch in der Jugend"[8].

Dies war sicher eine Fehl-, zumindest eine Zweckinterpretation. Im August 1953 erklärte sich zwar ein gutes Drittel der Bundesbürger mit Adenauers Politik der „Wiederbewaffnung" einverstanden, ein knappes Drittel billigte diese Politik jedoch nicht, ein gutes Viertel verhielt sich unentschieden. Was die Jugend anbetrifft, so sprachen sich nun 41% der 18- bis 29jährigen für die EVG aus, doch enthält dieser Prozentsatz auch diejenigen, die ihr positives Votum mit einer deutlichen Einschränkung verbanden. Wenn sich die 30- bis 44jährigen mit 49% für deutsche

[4] IfD: Das politische Klima 1951, S. 4, 6, 7, BA, B 145/4221. Vgl. Jahrbuch der öffentlichen Meinung 1947 bis 1955, S. 126, mit ungenauen Angaben.

[5] Vgl. dazu das Diagramm: „Sind Sie im großen und ganzen mit der Politik Adenauers einverstanden oder nicht einverstanden?" In: IfD: Die Stimmung im Bundesgebiet 126. Die Einstellung zur Politik des Bundeskanzlers Januar 1952 – Dezember 1953, BA, B 145/4224.

[6] Adenauer, Erinnerungen 2, S. 199.

[7] Interview Robert Haegers, News Week, mit Adenauer, in: Bulletin, 22. 9. 1953, S. 1501.

[8] Bulletin, 15. 9. 1953, S. 1461.

Truppen als Teil der westeuropäischen Armee aussprachen, dann darf man nicht unberücksichtigt lassen, daß in beiden Jahrgangsgruppen noch ein Drittel davon nichts wissen wollte. Für Adenauers Verteidigungspolitik ganz allgemein ließ sich bei der Bevölkerung im Alter zwischen 18 und 44 Jahren überhaupt keine Mehrheit finden. Ein knappes Drittel wollte sich mit ihr nicht identifizieren, ein gutes Drittel wies sie zurück[9]. Einen Monat vor der Wahl hatte also kein Erdrutsch im Meinungsbildungsprozeß stattgefunden. Dies ist das eine.

Ein Zweites verdient festgehalten zu werden: Die Masse der westdeutschen Bevölkerung hat den komplizierten Zusammenhang zwischen wirtschaftlicher und politischer Einigung Europas und der EVG nicht herzustellen vermocht. Nach Abschluß der Westverträge und mitten in der Auseinandersetzung um ihre parlamentarische Verabschiedung, während der Verfassungskonflikt die Schlagzeilen der Presse bestimmte, wußte nur ein Viertel der Erwachsenen etwas mit der Bezeichnung „EVG" anzufangen. Bei den Volksschülern, die die Masse der Wähler bildeten, konnte dieser Prozentsatz nicht einmal erreicht werden. Auf den Sinn des Begriffes „Integration" angesprochen, blieben 81% der Befragten die Antwort schuldig, bei denen mit Volksschulbildung waren es gar 90% (Tab. XXIX).

Tabelle XXIX

Frage: *„Und wissen Sie, was ‚EVG' bedeutet?"* — *„Wissen Sie was ‚nationale Souveränität' bedeutet?"*

August 1952

Antworten in %	Ja	Nein		Ja	Nein	
Gesamt	26	74	= 100	47	53	= 100
Männer	40	60	= 100	65	35	= 100
Frauen	14	86	= 100	33	67	= 100
Schulbildung						
Volksschule	19	81	= 100	35	65	= 100
Mittlere Reife	42	58	= 100	77	23	= 100
Abitur	59	41	= 100	90	10	= 100
Zeitungslektüre						
Regelmäßig	36	64	= 100	51	39	= 100
Gelegentlich	14	86	= 100	32	68	= 100
Keine Zeitung	11	89	= 100	17	83	= 100

Quelle: IfD: Die Stimmung im Bundesgebiet 57, BA, B 145/4223. Vgl. Jahrbuch der öffentlichen Meinung 1947–1955, S. 358.

Mit „nationaler Souveränität" wußte hingegen knapp die Hälfte der Bevölkerung etwas anzufangen. Sogar ein Drittel der Befragten mit Volksschulbildung gab die richtige Antwort. Auch dieses Ergebnis macht deutlich, warum die Nationalarmee gegenüber der westeuropäisch-integralen favorisiert wurde.

Ein weiteres Indiz spricht dafür, daß die Wehrproblematik in ihrer Bedeutsamkeit für den Ausgang der Bundestagswahl 1953 überschätzt wurde. Die breite Masse der Bevölkerung brachte nämlich seit Bestehen der Bundesrepublik der Sicherheitspolitik nur ein untergeordnetes Interesse entgegen, und dies ungeachtet der Intensität öffentlicher Auseinandersetzung um

[9] IfD: Die Stimmung im Bundesgebiet 112, S. I, BA, B 145/4224.

diesen politischen Gegenstand. Geht man von dieser These aus, dann kann man eine Reihe symptomatischer Verhaltensweisen der westdeutschen Bevölkerung aufstellen. Dann erklärt sich, warum die Mehrheit der Erwachsenen weitgehend unbeeindruckt blieb von Adenauers sicherheitspolitischer Initiative und der daraus resultierenden und öffentlich ausgetragenen sowie publizistisch ausgeschlachteten Kontroverse mit Gustav Heinemann, die letztlich den Rücktritt des ersten Bundesinnenministers zur Folge hatte. Des Regierungschefs Popularitätstief im Herbst 1950 ging darauf zurück, daß man ihn in weiten Kreisen der Bevölkerung für unsozial hielt (21% der Befragten), für zu selbstherrlich und autoritär erachtete (13% der Bevölkerung). Nur 11% waren mit der Politik Adenauers deshalb nicht zufrieden, „weil er für Remilitarisierung eintritt“[10]. In den Rahmen dieser Beweisführung paßt genau – wie erinnerlich –, daß die Bundesbürger zum gleichen Zeitpunkt folgende politische Prioritäten setzten: 1. Arbeitsbeschaffung, 2. Wohnungsbau, 3. Unterstützung von Kriegsbeschädigten, Hinterbliebenen und Sozialrentnern, 4. Zuschüsse an Landwirtschaft, um Lebensmittelpreise niedrig zu halten, 5. Flüchtlingshilfe, und erst an 6. Stelle rangierte die militärische Sicherheit Westdeutschlands[11].

Die Sicherheitspolitik rangierte also an sechster Stelle. *Mitte* 1951 versuchte man noch einmal, eine Skala der wichtigsten Einwände gegen den Bundeskanzler zu erstellen. Es wurden mehrheitlich folgende Haupteinwände gegen den Regierungschef vorgebracht: zu nachgiebig gegenüber den Besatzungsmächten (19% der Befragten), unsozial (15% der Befragten), für sein Amt zu alt (12% der Befragten), zu abhängig von der Kirche (11%), seine Einstellung zur Wiederbewaffnung (7%)[12]. *Ende* 1951 hatte sich das Meinungsbild in puncto Sicherheit nicht wesentlich verschoben. Nun hielten die Bundesbürger mehrheitlich die Verbesserung der wirtschaftlichen Lage für besonders vordringlich (20% der Befragten); ein geringer Prozentsatz erachtete die Herstellung der deutschen Einheit für notwendig (18% der Befragten), und diejenigen, die das Problem der „Wiederbewaffnung“ als erstes einer Lösung zugeführt wissen wollten, rangierten auf Platz fünf (9% der Befragten)[13].

Zu *Beginn* des Jahres 1952 standen gesamtdeutsche Wahlen, Lastenausgleich, Senkung der Zigarettensteuer, Verbot der KPD, Wirksamwerden des Schuman-Plans an der Spitze der politischen Wunschliste der Bundesbürger, dann erst folgte die „Wiederbewaffnung“[14].

Als wahlbestimmend muß angesehen werden, daß zwei Monate vor der Bundestagswahl das politische Klima insgesamt zugunsten des Kanzlers umgeschlagen war. Adenauer befand sich in einem Popularitätshoch. Nur noch 17% der Befragten äußerten überhaupt Kritik an seiner Person und seiner Regierung. Ausschlaggebend für diese Trendwende war offenkundig die wirtschaftliche Konsolidierung und das im Zuge der Westintegration und der Gestaltung des deutsch-amerikanischen Verhältnisses wiedergefundene politisch-nationale Selbstwertgefühl der Bundesbürger. Diese Entwicklung schlug sich auf dem persönlichen Erfolgskonto des Kanzlers in Form von Wählerstimmen nieder. Jetzt blieben im wesentlichen nur zwei Kritikpunkte allgemeinpolitischer Natur. Bemängelt wurde Adenauers indifferente Ost- und Wiedervereinigungspolitik (von 4% der Kritiker) und von gleich vielen seine Einstellung zu Aufrüstung und EVG-Vertrag. Als nachgeordnete Kritikpunkte wurden die Vernachlässigung sozialer Belange, autokratischer Regierungsstil und konfessionelle Bindung seiner Politik angeführt. Analysiert man

[10] IfD: Die Stimmung im Bundesgebiet 1, Tab. 12, BA, B 145/4220.
[11] Ebd.
[12] IfD: Die Stimmung im Bundesgebiet 13, S. 2, BA, B 145/4221. Vgl. Jahrbuch der öffentlichen Meinung 1947–1955, S. 171.
[13] IfD: Die Stimmung im Bundesgebiet 22, S. 2, BA, B 145/4221.
[14] Ebd. 28, S. III, BA, B 145/4222.

diese anhand der wörtlich formulierten Begründungen nach inhaltlicher und sprachlicher Diktion, dann lassen sie sich einmal KPD- und SPD-Anhängern, darüber hinaus dem restlichen linken oppositionellen Spektrum zuordnen, an zweiter Stelle dem rechten nationalen bzw. nationalistischen. Eine soziale Gliederung der Kritiker ergibt, daß ihre Zahl mit wachsendem Niveau der Schulbildung (Intellektuelle) zunahm. Außerdem stand die organisierte Arbeiterschaft dem Kanzler weitgehend kritisch gegenüber[15].

Es lassen sich noch weitere Belege für die nachrangige Bedeutung des Themas Sicherheitspolitik für die Bundestagswahlen des Jahres 1953 anführen. Wir wollen uns an dieser Stelle auf den wichtigsten Grund beschränken. Es ist das Desinteresse an den Westverträgen und die mangelnde Information über ihren Inhalt. Kurz vor seiner Unterzeichnung wurden die Bundesbürger repräsentativ danach befragt, ob sie dem Deutschlandvertrag mit Hoffnungen oder Befürchtungen entgegensähen. Das Ergebnis mußte die Koalitionspolitiker schon nachdenklich stimmen: fast drei Viertel des befragten Personenkreises wußten nicht, was mit dem Kontrakt gemeint war. Das läßt Rückschlüsse zu: es bedeutete, daß de facto vier Wochen vor seiner Unterzeichnung die Mehrheit der westdeutschen Bevölkerung über den außenpolitisch wichtigsten Vorgang keine Vorstellung besaß, und dies ungeachtet der Schlagzeilen, die das Aushandeln der Akte begleiteten.

Dies war um so erstaunlicher, als kurz zuvor der Sicherheitsbeauftragte des Bundeskanzlers der Bevölkerung in einer Rundfunkrede erste konkrete Hinweise über die Westverträge gegeben hatte, was in der Presse ein lebhaftes Echo fand. Im Amt Blank gingen rund 90 Briefe ein, eine dort als lebhaft bezeichnete Hörerreaktion. Ausgesprochen zufrieden schien man hier darüber zu sein, daß knapp 30% der Zuschriften Glückwünsche und Zustimmungsbekundungen enthielten. Wenn man die von Kommunisten und der SED stammenden Briefe aussortierte, verblieben aber immer noch über 60% ablehnenden bzw. kritischen Inhalts. Ein Blick auf die negativen Äußerungen vermittelt in etwa die in der Bevölkerung gültigen Vorbehalte gegen EVG und westdeutschen Verteidigungsbeitrag. Sie bestätigen gleichzeitig tendenziell die Befragungsergebnisse. Sie lauteten in der Reihenfolge ihrer Häufigkeit: der Bundestag besitzt keine Kompetenz zum Abschluß der Konventionen – die westlichen Alliierten sind immer noch als die Feinde Deutschlands zu betrachten – sie sollten im Ernstfall selbst die Bundesrepublik verteidigen – kein Verteidigungsbeitrag wegen der allgemeinen Diffamierung des deutschen Soldaten – erst nach Lösung der dringendsten sozialen Fragen kann die Aufstellung eines westdeutschen militärischen Kontingents spruchreif werden – Verteidigungsbeitrag nur auf der Basis von Freiwilligen – Verteidigung ist angesichts der russischen Übermacht sinnlos – der alte deutsche Kommiß wird ungeachtet aller gegenteiligen Beteuerungen auferstehen – nach dem letzten Krieg wurden die Kriegsgeschädigten zu schlecht abgefunden – erst die Kriegsverbrecherfrage lösen – erst deutsche Einheit, dann deutsche Truppen – westdeutsche Streitkräfte bergen die Gefahr eines Bruderkrieges[16].

Von einer Breitenwirkung des Auftretens Blanks im Hörfunk konnte keine Rede sein: nach der Rundfunkübertragung beschränkten sich diejenigen, die seinen Namen kannten und von seiner Funktion wußten, auf ein Drittel der Bevölkerung. 15% machten falsche Angaben, annähernd die Hälfte hatte noch nichts von dem Politiker gehört[17].

[15] Ebd. 100, Anhang, BA, B 145/4224.
[16] Aufzeichnung Kraskes, Amt Blank, 15.2.1952, BA-MA, BW 9/1811.
[17] IfD: Die Stimmung im Bundesgebiet 32, S. 2, BA, B 145/4222.

Eigentlich war der Hörfunkauftritt Theodor Blanks als Einstimmung und Vorbereitung der Bevölkerung auf die vier Wochen später anberaumte erste große Wehrdebatte über die Westverträge im Bundestag gedacht gewesen. Nach dem enttäuschenden Echo kam es der Union darauf an, die Aussprache im Plenum so zu gestalten, daß die Regierung beim Bundesbürger sicherheitspolitisch Punkte sammelte. Das hieß konkret, man durfte es nicht bei einer Radioübertragung belassen, sondern mußte Regierungserklärung und Diskussionsbeiträge so gestalten, daß der Hörer auch wirklich vor dem Lautsprecher blieb, d.h. persönlich angesprochen wurde. In der vorbereitenden Fraktionssitzung waren es die zur ersten politischen Garnitur zählenden Parlamentarier Tillmanns und Kiesinger, die davor warnten, die überwiegend kritische Haltung der Bundesbürger gegenüber einem westdeutschen Verteidigungsbeitrag bei der Gestaltung der Sicherheitspolitik außer Betracht zu lassen. Sie fürchteten um den Erhalt der Regierung nach den Wahlen des Jahres 1953. Beiden war klar, daß man auf Emotionen und Vorurteile reagieren, d.h. in der Debatte rationale und gefühlsmäßige Argumente gleichermaßen zur Geltung bringen mußte. Flüssige Parolen waren, so die allgemeine Überzeugung, gefragter als wehr- und militärpolitische Detailprobleme. Große Gesichtspunkte sollten herausgestellt werden. Man legte sich auf folgende Strategie fest, die dann auch verbindlich blieb für den Wahlkampf:

Es mußte der Bevölkerung klargemacht werden, daß die Aufstellung eines militärischen Kontingents nicht gleichbedeutend war mit Kriegsvorbereitungen. Die zukünftigen Streitkräfte sollten nicht als solche thematisiert werden. Vielmehr erschien es besser, den Gesichtspunkt der Mithilfe der Bundesrepublik bei der Sicherung des Friedens herauszustellen.

Kritisiert wurden parteiintern die vom Bundeskanzler verbreiteten Angstparolen, in denen er die Furcht vor der Sowjetunion schürte und mit denen er die westdeutsche Aufrüstung begründete und die die öffentliche Meinung, die den Dialog mit Moskau befürwortete, unberücksichtigt ließen. Statt dessen sollte man lieber das Argument benutzen, ein Bonner Verteidigungsbeitrag setze die Bundesrepublik erst in den Stand, ohne sich selbst zu gefährden, mit der Sowjetführung in diplomatischen Verkehr zu treten[18].

Auch ungeachtet dessen, daß man sich in der Unions-Fraktion während der Februardebatte 1952 im Bundestag gezielter an den Rundfunkhörer wandte, war die Übertragung der Debatte publizistisch ein Schlag ins Wasser. Das Interesse an der großen Wehrdebatte hielt sich in Grenzen.

Fragte man nach, ob deren Rundfunkübertragung eine gute Idee gewesen sei, reagierte über die Hälfte der Zuhörer positiv. Davon wußte allerdings nur ein Viertel der inhaltlichen Seite der Reportage etwas abzugewinnen. Ein Viertel hatte lediglich dem Ablauf einer Bundestagsdebatte als solchem, dem Procedere und dem Verhalten der Abgeordneten Aufmerksamkeit geschenkt[19].

Nach der Unterzeichnung der Kontrakte verbesserte sich der Informationsstand allmählich. Aber im Juli 1952 war sich über die Hälfte der westdeutschen Bevölkerung offenbar der Bedeutung des Deutschlandvertrages immer noch nicht bewußt, denn sie vermochte nicht zu artikulieren, ob er nun vom Bundestag angenommen oder abgelehnt werden sollte[20].

Die CDU hat über der Wehrfrage die Wahlen nicht gewonnen. Es hat sich vielmehr erstmals das gezeigt, was für alle folgenden Bundestagswahlen gilt: Die Mehrheit der Bürger wählte nicht

[18] Innenpolitischer Bericht des Presse- und Informationsamts der Bundesregierung, 6.2.1952, über die Verteidigungsdebatte in der CDU/CSU-Fraktion, 5.2.1952, BA, B 136/2160.

[19] IfD: Die Stimmung im Bundesgebiet 31, S. 1, BA, B 145/4222. Vgl. Jahrbuch der öffentlichen Meinung 1947–1955, S. 367, mit ungenauen Angaben.

[20] Ebd., 52. BA, B 145/4222.

nach sicherheitspolitischen Kriterien, d.h.: die Intensität des Widerstandes gegen Aufrüstung, Stationierung chemischer und atomarer Waffen auf dem Gebiet der Bundesrepublik hat keine numerische Entsprechung bei den Wahlen gefunden. In der zweiten Bundestagswahl rekrutierte sich das Wählerpotential der Union, und weitgehend auch der FDP, aus denjenigen Kreisen, und dies war die Mehrheit der Bevölkerung, deren Wahlverhalten sich am wirtschaftlichen Wohlergehen orientierte. Hinzu kam der mittlerweile beachtliche politische Bonus des Bundeskanzlers und eine in den Augen vieler Wähler erfolgreiche Außenpolitik.

Anders sah dies bei der sozialdemokratischen Opposition aus: sie wurde überwiegend vom klassenbewußten Arbeitertum gewählt, auch spielte das Wirtschafts-, vor allem auch deren Sozialprogramm eine bedeutsame Rolle. Viele Wähler gaben aber auch der SPD wegen deren ablehnender Haltung gegenüber der EVG ihre Stimme[21]. Die SPD hat die Wehrfrage in ihrer wahlpolitischen Bedeutung überschätzt, zum einen, weil sie das gewachsene Sicherheitsbedürfnis der deutschen Bevölkerung falsch taxierte und zum anderen, weil von ihr weitgehend unbemerkt geblieben war, welch weiten rüstungspolitisch kritischen Kreisen ein westdeutscher Verteidigungsbeitrag als Stimulans der europäischen Einigungsbewegung zwischenzeitlich akzeptabel erschien. „Die EVG-Politik hat nicht mehr die beunruhigende Wirkung gehabt wie früher", konstatierte Herbert Wehner ganz richtig[22], hatte der Sozialdemokratie also keine konservativen Protestwähler wegen Adenauers Sicherheitspolitik zugetrieben. Hinzu kam, daß vielen Wählern unklar blieb, ob die Sozialdemokratie nun einen Wehrbeitrag leisten wollte oder nicht. Die Partei bemühte sich, in ihrer Öffentlichkeitsarbeit den Eindruck zu erwecken, sie sei ein Gegner der westdeutschen Aufrüstung generell. Sie tat dies im Blick auf die Wahlklientel der KPD, die sie auf ihre Seite ziehen wollte. Das magere Ergebnis der Kommunistischen Partei Deutschlands zeigt, daß die SPD hier erfolgreich taktierte, und es kommt ihr zweifelsfrei das Verdienst zu, durch ihre politische Programmatik die KPD zur Bedeutungslosigkeit verurteilt zu haben. Andererseits reichte aber das Wählerpotential links von der Sozialdemokratie nicht aus, um ihr eine regierungsfähige Mehrheit zu verschaffen. Diese war nur in der Mitte zu finden.

Den eigentlichen Grund der Wahlniederlage erkannte die SPD-Führung recht bald: die erfolgreiche Wirtschaftspolitik Ludwig Erhards. „Ein großer Fehler war", gestand PV-Mitglied Eichler nach der Wahl ein, „daß wir der freien Marktwirtschaft nichts Erschöpfendes entgegenstellten; und zwar so, daß es die Hausfrau begriffen hätte. Früher bauten wir unsere ganze Weltanschauung auf die Wirtschaftspolitik auf[23]."

Es war für die politische Führung nicht uninteressant zu wissen, wie sich die westdeutsche Bevölkerung neuen Soldaten gegenüber verhalten würde. Aufschluß vermochte da das Verhältnis zu den ehemaligen Militärs zu geben. Es schwankt das Bild des deutschen Soldaten im Bewußtsein der Öffentlichkeit. Im Dreißigjährigen Krieg und nach 1945 erfuhr es seine wohl negativste Ausgestaltung. Der preußisch-deutsche Militarismus hatte den Soldaten lediglich in der sozialistischen Arbeiterschaft und in linksintellektuellen Kreisen zum Gegenstand politischen und künstlerischen Anstoßes werden lassen. Erst seine Gebundenheit – nicht immer der einzelnen Person, wohl aber institutionell – an die Machthaber des Dritten Reiches, seine Partizipation am ideologisch motivierten Unrecht, seine von der NS-Führung gewollte und großenteils willig, bisweilen hilflos akzeptierte Pervertierung, auch seines Selbstverständnisses, hat dazu ge-

[21] Vgl. dazu Hirsch-Weber/Schütz, Wähler und Gewählte, S. 401.
[22] Protokoll der Sitzung des SPD-Parteivorstands, 8.9.1953. AdsD, SPD-PV, Protokolle 1953.
[23] Ebd.

führt, den deutschen Soldaten vor allem in den Augen Intellektueller zum Zerrbild geraten zu lassen. Die Karikaturen aus den Anfängen der Bundeswehr verliehen dem deutlich Ausdruck[24].

Aber ungeachtet seiner kritischen Darstellung nach 1949/1950 besaß der deutsche Soldat kein durchgängig schlechtes Image in der Bevölkerung. Dies zeigen Befragungen zum Komplex der Kriegsverbrechen. Im Herbst 1953 war die absolute Mehrheit der über Siebzehnjährigen in der Bundesrepublik der Auffassung, man könne den deutschen Soldaten ihr Verhalten in den besetzten Gebieten nicht zum Vorwurf machen (Tab. XXX).

Tabelle XXX

Frage: *„Glauben Sie, daß man den deutschen Soldaten des letzten Krieges irgendwelche Vorwürfe über ihr Verhalten in den besetzten Ländern machen kann?"**

Oktober 1953

Antworten in %	Gesamt	Männer	Frauen
Nein	55	60	51
Ja, aber nur einzelnen	21	24	18
Ja	6	7	5
Weiß nicht	18	9	26
	100	100	100

Quelle: IfD: Die Stimmung im Bundesgebiet 120, S. 2, BA, B 145/4224. Vgl. Jahrbuch der öffentlichen Meinung 1947–1955, S. 137, mit falscher Monatsangabe.

* Modellgerechter Bevölkerungsquerschnitt, 2000 Personen über 17 Jahre, Bundesgebiet und West-Berlin.

Dieses Ergebnis erklärt sich aus mehreren Umständen. Ein Großteil der männlichen Bevölkerung war schließlich Soldat gewesen. Hinzu kam fehlender zeitlicher Abstand zu diesem prägenden Erlebnis; die eigene mittel- und unmittelbare Beteiligung an den Vorgängen in besetzten Territorien war selten intellektuell verarbeitet worden, von vielen wurde sie verdrängt. Manche sind nie mit der Tatsache fertig geworden, schönste Jahre ihres Lebens einer vermeintlich gerechten, letztlich aber verbrecherischen Sache geopfert zu haben, mit all den Folgen gesundheitlicher, familiärer und beruflicher Art. Manche haben dies bis heute nicht verkraftet, und die Kontroversen auch unter Historikern über das Verhalten der Wehrmacht in Okkupationsgebieten sind nach wie vor emotional aufgeladen. Bei näherem Hinsehen erweisen sie sich hauptsächlich als Ausdruck eines Generationenkonflikts. Auch die Familienangehörigen der Soldaten wollten sich nicht mit der Tatsache konfrontiert sehen, daß ihre Männer, Söhne, Enkel oder Neffen in verbrecherische Aktionen verwickelt gewesen sein sollten.

In der Traditionsdiskussion innerhalb der Bundeswehr erlebt die Auseinandersetzung bis heute ihren Fortgang, nun weniger als Streitpunkt zwischen Kriegsteilnehmern und Nachkriegssoldaten. Die Meinungsverschiedenheiten gehen vielmehr quer durch beide Gruppen. Sie erweisen sich im Kern als das Ringen um Antwort auf die Frage, ob die Verurteilung soldatischen Fehlverhaltens im Zweiten Weltkrieg als Angriff auf einen Berufsstand, als Versuch der Beschmutzung des soldatischen „Ehrenkleides", als bewußte Maßnahme zur Verunsicherung des soldatischen Selbstverständnisses zurückgewiesen, oder ob die Wehrmacht als Sinnbild des Mißbrauchs soldatischer Tugenden und als Beispiel der Verführbarkeit der Institution Militär mah-

[24] Abb. in: Jahn, Für und Gegen.

nend der Bundeswehr vor Augen geführt und in ihrem politischen Bewußtsein verankert werden muß.

Selbstkritische Reflexion war aber immerhin bei jedem vierten erwachsenen Deutschen vorhanden. Etwas mehr als ein Viertel der Bevölkerung der Bundesrepublik und West-Berlins vertrat die Auffassung, daß sich zumindest einzelne deutsche Soldaten oder bestimmte Truppenkontingente während des Krieges auf fremdem Territorium nicht korrekt verhalten hatten. Die betroffenen Soldaten selbst bewiesen sehr oft ein unreflektiertes Verhältnis zu ihrer jüngsten Vergangenheit, wobei die Berufssoldaten das unkritischste Verhältnis zu sich selbst hatten, was psychologisch nicht verwundert. Zwischen Mannschaften, Unteroffizieren und Offizieren gab es in der Selbstbewertung und der Bewertung der Aktionen der Wehrmacht in Feindesland keine gravierenden graduellen Unterschiede (Tab. XXXI).

Tabelle XXXI

Frage: *„Glauben Sie, daß man den deutschen Soldaten des letzten Krieges irgendwelche Vorwürfe über ihr Verhalten in den besetzten Ländern machen kann?"*

Oktober 1953

Nur Männer

Antworten in %	Nein	Ja, aber nur einzelnen	Ja	Weiß nicht	
Wehrdienst im letzten Krieg					
Berufssoldat	72	15	10	3	= 100
Soldat	62	24	8	6	= 100
Kein Wehrdienst	54	24	6	16	= 100
Dienstrang					
Mannschaften	62	24	8	6	= 100
Unteroffiziere	63	25	9	3	= 100
Offiziere	65	23	8	4	= 100

Quelle: IfD: Die Stimmung im Bundesgebiet 120, S. 2, BA, B 145/4224.

Die Fähigkeit gesellschaftlicher Selbstreflexion wuchs mit dem schulischen Bildungsstand. Doch auch hier überwogen diejenigen, die der Wehrmacht kein schuldhaftes soldatisches Fehlverhalten vorgeworfen wissen wollten.

Obwohl von amtlicher westalliierter Seite der Vorwurf der Kollektivschuld gegenüber deutschen Soldaten niemals offiziell erhoben worden ist, litten die ehemaligen Soldaten unter einer solchen ab und an öffentlich formulierten Schuldzuweisung. Dies war auch den zukünftigen deutschen militärischen Verbündeten bewußt, und die Ehrenerklärung General Eisenhowers (23. Januar 1951) sollte freisprechend und entlastend wirken. Dennoch fühlte sich jeder dritte ehemalige deutsche Soldat von den Besatzungsmächten noch nicht wirklich rehabilitiert. Fast ein Drittel der ehemaligen Kriegsteilnehmer war davon überzeugt, die Freisprechung von der Kollektivschuld sei aus reinen Zweckmäßigkeitsgründen erfolgt, „weil sie uns wieder brauchen". Auch in der Gesamtbevölkerung überwog die Ansicht, daß man die Anwürfe kollektiven soldatischen Fehlverhaltens von alliierter Seite nur teilweise oder noch gar nicht zurückgenommen habe. Die Ehrenerklärung des Bundeskanzlers für die deutschen Soldaten vor dem Bundestag (5. April 1951) zeitigte zumindest kurzfristig nicht die erhoffte Wirkung.

Eng mit der Frage, wie man es denn mit den Soldaten halte, hing die nach der Beurteilung des militärischen Widerstandes zusammen. Immerhin vermochte sich noch im Sommer 1951 die große Mehrheit der erwachsenen Bevölkerung der Bundesrepublik an die Vorgänge um den 20. Juli 1944 zu erinnern. Die Männer sogar zu 95%. Augenfällig war ein Informationsgefälle von Nord- nach Süddeutschland. Dies hing mit der politischen Einstellung der Bevölkerung zusammen und mit der Intensität ihres politischen Engagements[25].

Starke politische Rechtsorientierung bedeutete gute Information über den 20. Juli 1944, weil die entsprechenden national ausgerichteten Parteien dieses Ereignis zum besonderen Negativgegenstand ihrer politischen Propaganda gemacht hatten. Mit wachsender Rechtslastigkeit steigerte sich die Radikalität der Ablehnung des Widerstandes.

Wie beurteilte man nun die sich um den 20. Juli 1944 rankenden Ereignisse?

Nur eine relativ knappe Mehrheit wertete den 20. Juli 1944 und das Verhalten der an den Ereignissen beteiligten Männer positiv. Die höchste Zustimmungsquote entfiel auf die Anhänger der FDP, die gleichzeitig auch den größten Anteil der Ablehnenden innerhalb der Parteien der Mitte stellten. Bei den Anhängern von CDU und SPD fielen die positiven Äußerungen gleich hoch aus. Während sich bei der Klientel der Parteien der Mitte eine deutliche Mehrheit fand, die die Männer des 20. Juli als Helden apostrophierten, überwogen bei den Anhängern aller Rechtsparteien diejenigen, die sich vom 20. Juli distanzierten und die die daran Beteiligten als Verräter betrachteten (Tab. XXXII).

Tabelle XXXII

Frage: *„Wie soll man Ihrer Ansicht nach die Männer vom 20. Juli beurteilen?"*

August 1951

Antworten in %	Positive Äußerungen	Negative Äußerungen	Kein Urteil	Weiß nichts vom 20.7.1944	
Gesamt	40	30	19	11	= 100
Männer	43	38	14	5	= 100
Frauen	38	24	23	15	= 100
Politische Orientierung zur:					
CDU	47	21	19	13	= 100
SPD	47	29	17	7	= 100
FDP	56	33	9	2	= 100
Bayernpartei	35	26	17	22	= 100
Deutschen Partei	33	49	11	7	= 100
BHE	37	46	6	11	= 100
SRP	15	81	4	–	= 100
Berufssoldat	35	59	4	2	= 100
Soldat	40	40	15	5	= 100
Zivilist	45	29	16	10	= 100

Quelle: IfD: Die Stimmung im Bundesgebiet 15, Tab. 2, August 1951, BA, B 145/4221. Vgl. Jahrbuch der öffentlichen Meinung 1947–1955, S. 138, mit differenziertem Meinungsraster.

[25] IfD: Die Stimmung im Bundesgebiet 15, Tab. 1, August 1951, BA, B 145/4221. Vgl. Jahrbuch der öffentlichen Meinung 1947–1955, S. 138.

Es konnte wohl nicht als gutes Omen für die Überzeugungskraft des geplanten Konzepts der Inneren Führung gedeutet werden, daß die ehemaligen und womöglich zukünftigen Berufssoldaten mit absoluter Mehrheit dem Widerstand gegenüber negativ eingestellt waren. Bei den Reservisten lagen Befürworter und Ablehnende gleichauf. Lediglich bei den Nichtkriegsteilnehmern überwogen diejenigen, die den 20. Juli 1944 als ein positives historisches Ereignis bewerteten. Fraglich blieb, ob das demonstrativ negative Urteil der ehemaligen Berufssoldaten als intensive Bindung an den Nationalsozialismus zu verstehen war oder als Folge ihrer Erziehung zu einem bestimmten militärischen Ethos. Für viele Zivilisten dürfte ein pragmatischer Gesichtspunkt urteilsbildend gewesen sein, nämlich die Tatsache, daß die Widerständler den Krieg zu beenden gedachten. Als Indiz dafür muß gelten, daß Frauen und Zivilisten in der Frage der Bewertung des 20. Juli 1944 prozentual übereinstimmten. Daß das negative Urteil über den Widerstand vorwiegend von Männern mit soldatischer Vergangenheit gefällt wurde, daß sich außerdem die junge Generation unter 30 Jahren mit 34 zu 31%, bei 35% Unentschiedenen bzw. Urteilslosen, vom Widerstand distanzierte, mußte politisch bedenklich stimmen, weil es sich hier um die Bevölkerungsgruppe handelte, die den personellen Grundstock zukünftiger westdeutscher Streitkräfte des gewünschten politisch mündigen Bürgers in Uniform bilden sollte.

Die Demoskopen sind noch einer besonderen Frage nachgegangen, nämlich der Korrelation zwischen denen, die den verlorenen Krieg auf Verrat und Sabotage zurückführten und denen, die den 20. Juli 1944 verurteilten und letztlich der Gruppe, die das beabsichtigte Verbot der SRP verwarf und damit erklärte, diese habe den unerwünschten Mut zur politischen Wahrheit. Das Ergebnis war aufschlußreich, ja erschreckend: in einem methodisch sehr diffizilen und beweiskräftigen Verfahren stellte sich heraus, daß die drei Gruppen miteinander identisch waren, und daß sie sich zu über einem Viertel aus ehemaligen Berufssoldaten zusammensetzten.

Mit anderen Worten: rund ein Viertel der ehemaligen Berufssoldaten reagierte positiv auf nationalsozialistische und neofaschistische Parolen.

Die politisch Verantwortlichen standen frühzeitig vor der Situation, sowohl aus dem alten Soldatenstand wie aus der nicht mehr im Kriegseinsatz gewesenen Generation dem demokratischen Staatswesen verschriebene Streitkräfte aufbauen zu müssen. Sie begegneten dabei der Schwierigkeit, daß große Teile der Bevölkerung und der als zukünftige Soldaten in Betracht kommenden männlichen Bürger den bewußtseinsmäßigen Bruch mit der jüngsten Vergangenheit zu vollziehen weder innerlich fähig noch rational begründet willens waren. Das im Entwurf befindliche Bild des Bürgers in Uniform und das in Konturen bereits sichtbare Konzept der Inneren Führung allein boten zu wenig Attraktivität, waren zu abstrakt, als daß sie eine besondere Anziehungskraft auf den ehemaligen Soldaten dergestalt ausgeübt hätten, sich nun einer neuen Armee in einem veränderten Staat zur Verfügung zu stellen. Es mußte der Versuch unternommen werden, tradierte Werte, bislang für unverzichtbar gehaltene Attribute soldatischen Lebensinhaltes wo möglich aus der Vergangenheit in die Zukunft hinüberzuretten. Ob dies durchführbar sein würde, hat das Kanzleramt demoskopisch testen lassen. Wie würde die Bevölkerung reagieren, wenn man den offensichtlichen Ausdruck soldatischen Selbstverständnisses, die Kriegsauszeichnungen, wieder zu tragen gestattete? Nach dem bisher skizzierten relativ positiven und ungebrochenen Verhältnis des Bürgers zum ehemaligen Soldaten ließ sich das Befragungsergebnis schon fast vorhersagen: Über die Hälfte der erwachsenen Bevölkerung der Bundesrepublik und West-Berlins sprachen sich im Sommer 1951 für das Tragen von Orden und Ehrenzeichen aus, wobei die Berufssoldaten als Betroffene mit ihrem befürwortenden Votum prozentual nicht wesentlich über dem Durchschnitt der Bevölkerung lagen. Auch in den demokratischen Parteien und bei ihrer Anhängerschaft fanden diejenigen eine deutliche Mehrheit –

sie fiel bei der SPD am knappsten aus, aber immerhin positiv –, die das Tragen deutscher Orden und Kriegsauszeichnungen wieder gestattet wissen wollten (Tab. XXXIII).

Tabelle XXXIII

Frage: *„Seit 1945 ist das Tragen deutscher Orden und Kriegsauszeichnungen verboten. Es wird nun erwogen, das Tragen deutscher Orden und Kriegsauszeichnungen wieder zu gestatten. Halten Sie das für falsch oder für richtig?"*

August/September 1951

Antworten in %	für richtig	für falsch	gleichgültig	
Gesamt	52	24	24	= 100
Politische Orientierung:				
CDU	58	21	21	= 100
SPD	44	34	22	= 100
FDP	58	26	16	= 100
Deutsche Partei	74	12	14	= 100
BHE	56	22	22	= 100
SRP	75	19	6	= 100
Wehrverhältnis 1939–1945:				
Berufssoldaten	59	34	7	= 100
Reservisten	51	37	12	= 100
Zivilisten	57	23	20	= 100

Quelle: IfD: Die Stimmung im Bundesgebiet 16a, August/September 1951, Tab. 2, BA, B 145/4221. Vgl. Jahrbuch der öffentlichen Meinung 1947–1955, S. 379.

Hier kam das Volksempfinden für erbrachte soldatische Leistungen zum Ausdruck. Problematisch wurden die Antworten dort, wo man wissen wollte, ob die im Dritten Reich verliehenen Kriegsauszeichnungen nach Eliminierung des Hakenkreuzes als Symbol des Antisemitismus oder unter dessen Beibehaltung, d.h. in der verliehenen Originalform, wieder angelegt werden sollten (Tab. XXXIV).

Sicher waren nicht alle, die das Tragen in der Originalform befürworteten, unbelehrbar dem Nationalsozialismus verhaftet. Im Verlauf der 12 Jahre nationalsozialistischer Herrschaft hatte man sich an die Symbole des Dritten Reiches gewöhnt, ohne sich stets mit ihnen zu identifizieren oder sich ihrer allegorischen Bedeutung stets bewußt zu sein. Dennoch blieb es eine politisch in Rechnung zu stellende Tatsache, daß sich der überwiegende Teil der erwachsenen westdeutschen Bevölkerung, voran die ehemaligen Soldaten, entschieden gegen eine nur bedingte Zulassung z.B. des Eisernen Kreuzes aussprach. Als Begründung war immer wieder zu hören, man wolle den Orden in der verliehenen Form tragen, weil man ihn auch unter dem Zeichen des Hakenkreuzes kämpfend erworben habe. Es mußte der Zeit und politisch-psychologischem Einfühlungsvermögen, auch der politischen Überzeugungsfähigkeit der demokratischen Kräfte überlassen bleiben, eine Regelung dieses schwierigen Problems zu finden. Das Tragen nationalsozialistischer Embleme war ohnehin seitens der Alliierten verboten.

Parallel zur Etablierung der Bundesrepublik fanden sich nicht wenige ehemalige Soldaten in unterschiedlichsten Vereinigungen und Institutionen zusammen, von denen etliche soziale Funktionen übernahmen, andere der Kameradschaftspflege dienten, aber nicht wenige auch po-

Tabelle XXXIV

Frage: *„Es ist der Vorschlag gemacht worden, daß man das Eiserne Kreuz aus dem zweiten Weltkrieg neu prägt und das Hakenkreuz darauf fortläßt. Würden Sie das für einen guten Gedanken halten oder nicht?"*

August 1951

Antworten in %	guter Gedanke	kein guter Gedanke	kein Urteil	
Gesamt	25	47	28	= 100
Männer	25	54	21	= 100
und zwar:				
Berufssoldaten	21	76	3	= 100
Reservisten	21	61	18	= 100
Zivilisten	32	41	27	= 100
Frauen	24	41	35	= 100

Quelle: IfD: Die Stimmung im Bundesgebiet 16, August 1951, S. 3, BA, B 145/4221. Vgl. Jahrbuch der öffentlichen Meinung 1947–1955, S. 379.

Tabelle XXXV

Frage: *„In der letzten Zeit hat man viel über neue deutsche Soldatenvereinigungen gehört. Halten Sie es für gut, daß solche Vereinigungen jetzt gegründet werden, oder halten Sie es nicht für gut?"*

November 1951

Antworten in %	Insgesamt	Männer insges.	Ehemalige Offiziere	Ehemalige Unteroffiziere	Ehemalige Mannschaften	Zivilisten
Nicht gut	43	49	45	50	51	46
Ist gut	31	35	44	43	31	32
Keine Meinung	21	14	10	7	17	19
Nichts davon gehört	5	2	1	–	1	3
	100	100	100	100	100	100

Quelle: IfD: Die Stimmung im Bundesgebiet 23, November 1951, S. 1 f., BA, B 145/4221. Vgl. Jahrbuch der öffentlichen Meinung 1947–1955, S. 386, mit ungenauen Angaben.

litisch ambitioniert waren. Wie reagierte nun die Öffentlichkeit auf diese soldatischen Korporationen? (Tab. XXXV)

Auffällig ist weniger, daß sich eine Mehrheit gegen Soldatenbünde aussprach, als vielmehr der Umstand, daß sich überwiegend die Männer negativ äußerten, ebenso eine ganz knappe Mehrheit ehemaliger Offiziere. Für die ehemaligen Soldaten galt: je niedriger der Dienstgrad, um so größer der Prozentsatz der Ablehnung. Es waren auch nur die ehemaligen Offiziere, die nennenswerten Kontakt, meist aber nur zu wenigen ihrer einstigen Kameraden pflegten, um das Los der persönlichen und ständischen Diffamierung und der materiellen Not gemeinsam zu tragen[26].

[26] IfD: Die Stimmung im Bundesgebiet 23, November 1951, S. 3, BA, B 145/4221.

Zwei Einsichten ließen sich aus den genannten Befragungen gewinnen:

1. Bei der Aufstellung westdeutscher Streitkräfte, sollte sie in absehbarer Zeit stattfinden, konnte man davon ausgehen, daß Krieg und Kriegsfolgewirkungen nur in geringem Umfang zu Animositäten zwischen Zivilbevölkerung und ehemaligen Soldaten geführt hatten. Dafür war die allgemeine Einbindung personeller, materieller und ideologischer Art auch des nicht soldatischen Bürgers in den Krieg zu direkt und intensiv gewesen. Die bürgerliche westdeutsche Nachkriegsgesellschaft entwickelte gegenüber dem Soldatentum keine politische Sündenbocktheorie. Man traf sich eher in der gemeinsamen Zurückweisung des Anwurfs der kollektiven Schuld. Geschickt in die Wege geleitet, konnte man von dem späteren Gelingen der gesellschaftlichen Integration neuer Streitkräfte ausgehen.
2. Die Äußerungen überkommenen soldatischen Selbstverständnisses ließen die Frage offen erscheinen, ob es möglich sein werde, die zukünftigen Soldaten zur Akzeptanz eines reformierten, der geschichtlichen und politischen Entwicklung Rechnung tragenden veränderten Verhaltensmusters zu bewegen bzw. innerlich zu gewinnen. Letztlich aber hat nach Aufstellung der Bundeswehr ein erfolgreicherer Assimilierungsprozeß der Streitkräfte an den demokratischen Staat und an die pluralistische Gesellschaft stattgefunden als dies vorhersehbar war.

2. Gruppenspezifisches, organisiertes und institutionalisiertes Verhalten gegenüber einem westdeutschen Verteidigungsbeitrag

a) Die „Ohne-mich"-Bewegung

Es ist ein schwieriges Unterfangen, im außerparlamentarischen Raum wirkende und wirksame Kräfte als reale politische Größe zu fassen. Dies gilt auch für die zahlreichen Gruppierungen, Organisationen, losen Zusammenschlüsse und Initiativen, die sich im gemeinsamen Widerstand gegen einen westdeutschen Verteidigungsbeitrag interessenmäßig trafen, zumeist aber verschiedene Wege gingen, und auch recht unterschiedliche Ziele verfolgten. Das Spektrum der Opponenten gegen Adenauers Sicherheitspolitik war weit gefächert. Es reichte von denen, die persönlich den Wehrdienst verweigern, über die, die den Kurs der militärischen Westintegration aus gesamtdeutscher Verantwortung nicht mitsteuern wollten, zu denjenigen, die die Wiedergeburt eines deutschen Militarismus befürchteten, bis letztlich hin zu den Systemveränderern. Politische Sorgen und Ängste, Leidenschaften und Emotionen wurden freigesetzt, demagogische Umtriebe inszeniert. Nicht wenigen ging es um einen Gewissensentscheid aus politischem, moralischem oder religiösem Antrieb.

All diese Motive durften auch die Befürworter eines westdeutschen Verteidigungsbeitrages für sich in Anspruch nehmen. Aus der Sicht der Bundesregierung, aber auch der SPD, ging es darum, den äußeren Frieden zu wahren, ohne die innere Stabilität zu gefährden. Und gerade um diese schien es zunächst in der ersten Legislaturperiode noch nicht zum besten bestellt zu sein. Wer konnte wissen, wie stark die Feinde der jungen Republik von rechts und von links sein würden? Sowohl auf der einen wie auf der anderen Seite formierten sich nämlich die Gegner der „Wiederbewaffnung". Noch waren die Verfassungsschutzorgane nicht voll installiert. Der erste Präsident des Bundesamtes für Verfassungsschutz, Otto John, wechselte sogar im Sommer 1954 aus der Bundesrepublik in die DDR über. Die Grenzen zwischen den beiden deutschen Staaten waren durchlässig für Spione und subversive Elemente. Daher verschwammen auch die Grenzen zwischen kommunistischen und nichtkommunistischen außerparlamentarischen Vereinigungen. Selbst im Bundestag saßen verkappte Nationalsozialisten neben getarnten DDR-Agenten. Millionen Unterschriften wurden gegen die „Remilitarisierung" gesammelt. Dann nimmt es nicht wunder, daß die Staatsorgane nicht zimperlich mit der wehrpolitischen Opposition umsprangen, daß die Politiker der Koalition wie der Opposition es an verbalen Kampagnen nicht fehlen ließen. „Wer den gesamten Fragenkomplex unter publizistischen Gesichtspunkten meinungspsychologisch beobachtet und durchforscht hat, wird bestätigen können, daß die Auseinandersetzung um das Für und Wider oft die Grenzen überschritten hat, die Vernunft und Takt auch dem leidenschaftlichen politischen Ringen der Kräfte setzen sollten[1]."

In diesem Zusammenhang muß leider darauf hingewiesen werden, daß die Bundesregierung, insbesondere der Kanzler, die aufgeheizte Atmosphäre, in der Gegner und Befürworter argumentativ und agitatorisch aufeinander losgingen, in besonderer Weise nutzte, um unliebsame politische Gegner auch mit dem Mittel der Diffamierung mundtot zu machen. Der früh eingeübte intolerante Umgang mit der außerparlamentarischen Opposition, auch und gerade mit der *nicht*kommunistischen, hat die politischen Sitten der jungen Republik auf diesem Felde früh verdorben. Dies muß einmal sehr deutlich gesagt werden, auch wenn man in Rechnung stellt, daß das politische Raster der Bundesrepublik ein bewußt parlamentarisch-repräsentatives ist. Wenn es nicht gelang, eine wirkungsvolle Opposition gegenüber der Sicherheitspolitik der Bundesregierung aufzubauen, so lag dies zum einen darin begründet, daß die Mehrheit der Bevölkerung die zunehmend positiv empfundene Regierungsarbeit nicht über einem politischen Teilaspekt in Frage stellen wollte. Zum anderen formierten sich die in ihrer ablehnenden Haltung unterschiedlich motivierten Parteien nicht zu einer Einheitsfront gegenüber der EVG, geschweige denn gegen jede Form von Aufrüstung. Und letztlich ließen sich die außerparlamentarischen Kräfte, die sich im Widerstand gegen einen westdeutschen Verteidigungsbeitrag in sehr heterogenen Gruppen sammelten, wegen ihrer divergierenden Argumente und Interessen politisch nicht bündeln. Reichte doch das Spektrum der Gegner Adenauerscher Sicherheitspolitik von denjenigen, die Umstände, Art und Form eines Bonner Verteidigungsbeitrages kritisierten, die sich einem Wehrbeitrag persönlich verweigerten, über die, deren systemverneinende Haltung die Opposition gegen die Aufrüstung einschloß, bis zu denjenigen, die ethische und moralische Bedenken geltend machten und zu solchen, die aus gesamtdeutscher Verantwortung die politischen Prioritäten anders als die Koalitionsparteien gesetzt wissen wollten. Vergessen werden dürfen auch nicht diejenigen, die aus Furcht vor einer Remilitarisierung Skrupel gegenüber jeder Aufrüstung und allem Militärischen empfanden. Und schließlich gab es die ehemaligen Soldaten, die wegen ihrer Erfahrung in Krieg und Gefangenschaft, aber auch wegen der noch hinter Stacheldraht und Gittern befindlichen ehemaligen Kameraden, wegen laufender und noch ausstehender Kriegsverbrecherprozesse aus verletzter soldatischer und nationaler Ehre einem Bonner militärischen Engagement kritisch oder abweisend gegenüberstanden.

„Als einst die Wiederaufrüstung beschlossen wurde, diese größte Entscheidung der Bundesrepublik, da wäre die Leidenschaft angesichts eines unsere ganze Staatlichkeit verwandelnden neuen Planes (der doch im Gegensatz zu den bisher verkündeten Prinzipien stand) begreiflich gewesen", schreibt der Philosoph Karl Jaspers in seinen Reflexionen über die Bundesrepublik[2].

[1] Jahn, Für und gegen, S. 9.
[2] Jaspers, Wohin treibt die Bundesrepublik, S. 91.

Nun, diese leidenschaftliche Ablehnung hat es durchaus gegeben. Sie fand ihren Ausdruck zunächst in der Ohne-mich-Bewegung, die sich 1950 bereits zu sammeln begann. Unter dieser Gruppenbezeichnung läßt sich alles subsumieren, was sich in einer ersten Aufwallung gegen westdeutsche Aufrüstungsbestrebungen – mit welcher Motivation auch immer – öffentlich artikulierte. Die Ohne-mich-Bewegung kam ganz spontan zustande und kann als eine Volksbewegung bezeichnet werden, in der alle Schichten und Parteien repräsentiert waren. Sie brachte den allgemeinen Unmut über den von Adenauer gewünschten Verteidigungsbeitrag der Bundesrepublik zum Ausdruck, ohne daß es ihr je gelungen wäre, sich zu organisieren und politisch mehr zu sein als das Spiegelbild der öffentlichen Meinung. Offensichtlich nahm sie ihren Ausgangspunkt im Raum Bonn und im Ruhrgebiet, wo zeitweise Plakate kleinen Formats mit der Aufschrift erschienen: „Unterstützt die Ohne-mich-Bewegung, schließt Euch zu Gruppen zusammen[3]!"

Daß eine derartige Bewegung keine politische Stoßkraft entwickeln konnte, lag auch in dem Umstand begründet, daß ihre Mitglieder nicht politisch *agieren,* sondern lediglich *protestieren* wollten. Es handelte sich bei ihnen in der Regel um engagierte staats- und gesellschaftsbejahende Bundesbürger, die sich mit den Gesamtzuständen durchaus einverstanden erklärten, punktuell aber glaubten, opponieren zu müssen. Ihrem weitgehend unpolitischen Charakter hatte es die Ohne-mich-Bewegung letztlich zuzuschreiben, daß ihr die Unterstützung *der* Parteien versagt blieb, die ebenfalls im parlamentarischen und außerparlamentarischen Raum Front gegen einen westdeutschen Verteidigungsbeitrag machten. Die SPD ging auf Distanz, wenngleich nicht wenige ihrer Mitglieder und Anhänger der Bewegung angehörten. Auch die KPD wahrte Abstand, versuchte aber, aus dem rasch einsetzenden Spaltungsprozeß der Bewegung Nutzen zu ziehen, indem sie abbröckelnde Teile, soweit es ging, einsammelte und in ihrem Sinne politisch-ideologisch und agitatorisch einspannte. Die Ohne-mich-Bewegung war von Anbeginn an vom Spaltungspilz befallen. Ohne klar definierte politische Zielrichtung brach sie rasch auseinander. Viele ihrer Mitglieder ließen sich vom Europagedanken der EVG faszinieren, andere zeigten sich gewillt, ihre prosperierende Lebenswelt, in der sich die familiären und beruflichen Verhältnisse zunehmend ordneten und stabilisierten, gegen mögliche von außen kommende, durch das Wohlstandsgefälle provozierte kommunistische Übergriffe zu verteidigen.

b) Die Volksbefragungsbewegung

Es hat nicht an Versuchen gefehlt, die amorphe Masse der Protestler gegen Aufrüstung und Wehrbeitrag zu einer politisch zielgerichtet handelnden antimilitaristischen Front zu formieren. Nach dem Eingeständnis der SED unternahmen „die Kommunisten [...] große Anstrengungen, die ‚Ohne-uns'-Bewegung in organisierte Bahnen zu lenken und besonders die gewerkschaftlich organisierten Arbeiter für den aktiven Kampf gegen die Wiederaufrüstung zu gewinnen"[1]. Dieses Vorhaben manifestierte sich am augenfälligsten in der Volksbefragungsbewegung, die zu einem Teil zumindest der Ohne-mich-Bewegung entwachsen war. Ihren Ausgangspunkt nahm sie aber bereits früher. Es handelte sich bei ihren Mitgliedern im Kern um Anhänger des Weltfriedenskongresses, der auf seiner dritten Tagung im Frühjahr 1950 den „Stockholmer Appell" erlassen hatte, einen Aufruf gegen die Atombewaffnung[2]. Das „Komitee der Kämpfer für den

[3] Vgl. Krause, Antimilitaristische Opposition, S. 41.

[1] Geschichte der deutschen Arbeiterbewegung, Bd 7, S. 92.

[2] Vgl. im folgenden Dietzfelbinger, Westdeutsche Friedensbewegung, S. 84f.

Frieden in Westdeutschland" (Westdt. Friedenskomitee WFK) hatte es unternommen, entsprechende Unterschriften zu sammeln. Sogenannte Landesfriedenskongresse in Hamburg, Stuttgart und Düsseldorf, mit Unterstützung der KPD und ihr nahestehender Organisationen wie z. B. der „Vereinigung der Verfolgten des Naziregimes", galten der propagandistischen Vorbereitung der Aktion. Rund 2 Millionen Unterschriften will das Komitee bis zum Frühsommer 1945 gesammelt haben. Als wohl prominentester Unterzeichner konnte Thomas Mann gewonnen werden.

Ende 1950 fand in Stuttgart eine vom WFK organisierte Konferenz unter der Fragestellung statt: „Was können wir tun, um den Frieden zu sichern?" Die gefundene Antwort: Durchführung einer Volksabstimmung über die sogenannte Remilitarisierung. Konkret beschlossen die angeblich 400 Teilnehmer der Veranstaltung für Anfang 1951 eine Großkundgebung in Essen unter dem Motto: „Rettet den Frieden – gegen Remilitarisierung und Wiederaufrüstung".

Der in den letzten Januartagen 1951 tagende Kongreß setzte sich kritisch mit der Bonner Sicherheitspolitik auseinander, lehnte sie rundweg ab, ohne allerdings Alternativen aufzuzeigen. Auf der einen Seite kamen die um den Frieden Besorgten zu Wort, die sich von Furcht und moralischen, auch religiösen Kriterien leiten ließen. Zu ihnen zählte einer der Lieblingsautoren des protestantischen Bildungsbürgertums, Manfred Hausmann, der für den Kongreß ein Grußwort formulierte, in dem er zum Ausdruck brachte, daß es für weite Kreise der Bevölkerung unfaßbar sei, „daß die Remilitarisierung und Wiederaufrüstung, die das schicksalsschwerste Ereignis seit dem Zusammenbruch darstellt, unternommen werden kann und bereits unternommen wird, ohne das Volk, das die Folgen zu tragen hat, unmittelbar um seine Meinung zu fragen". Hausmann sprach der Bonner Regierung das Recht ab, sich demokratisch zu nennen, wenn sie über die Frage von Sein und Nichtsein des deutschen Volkes selbstherrlich entscheide, ohne das Votum der Bevölkerung einzuholen[3]. Auf der anderen Seite standen die, die der Veranstaltung eindeutig deklamatorischen und agitatorischen Charakter verliehen. Es sollten eben Volksmassen mobilisiert werden. Die rund 1700 Delegierten verabschiedeten ein „Manifest der Essener Tagung gegen die Remilitarisierung Deutschlands", in dem festgestellt wurde, daß das deutsche Volk von außen zur Mithilfe bei der Vorbereitung eines Krieges gezwungen werden solle, in dem Deutsche gegen Deutsche kämpfen würden, ein Konflikt, der zwangsläufig zur Auslöschung des deutschen Volkes führen müßte. „Wir stellen fest, daß ohne Befragen des deutschen Volkes Maßnahmen zur Remilitarisierung Deutschlands durch Aufstellung bewaffneter Streitkräfte und die Wiederherstellung der Rüstungsindustrie beschlossen wurden", und zwar auf Kosten des Lebensstandards. Die Kongreßteilnehmer erhoben „im Namen des deutschen Volkes" die Forderung nach einer Volksabstimmung über die Frage: „Sind Sie gegen die Remilitarisierung Deutschlands und für einen Friedensvertrag mit Deutschland im Jahre 1951[4]?" Dem Bundeskanzler und den Bundestagsabgeordneten ging der Beschluß zu.

Nach der Essener Veranstaltung konstituierte sich ein vorbereitender Ausschuß; regionale und lokale Organisationsgremien zur Durchführung des Volksbegehrens wuchsen wie Pilze aus dem Boden. Es ging zunächst darum, die erforderlichen Stimmen zu sammeln, die man vor allen Dingen in den Ländern benötigte, deren Verfassung ein Volksbegehren vorsah, um dort ein solches in Gang zu setzen. Die entsprechenden Unterschriftensammlungen wurden zu einem überzeugenden Votum für die geplante Aktion. Im April 1951 bildete eine zweite Essener Konferenz den „Hauptausschuß für Volksbefragung", dem die Durchführung des Volksbegehrens

[3] Begrüßung für die Tagung gegen Remilitarisierung, 28.1.1951, AdsD, NL Heinemann 432, Rüstung/Militär.

[4] Zit. n. Dietzfelbinger, Westdeutsche Friedensbewegung, S. 96.

oblag. Am 16. März 1952 fand die Befragungsaktion ihr offizielles Ende. Ihr genaues Ergebnis läßt sich schwer feststellen. Die Organisatoren bezifferten das Abstimmungsergebnis auf 9 119 667 Ja-Stimmen. Selbst wenn diese Zahl wegen Doppelunterschriften u. ä. als wesentlich zu hoch gelten kann, was selbst von linker und kommunistischer Seite eingeräumt wird, wären 4 bis 5 Millionen Unterschriften eine realistische Größenordnung und ein Beleg für die in der Bevölkerung weitverbreitete Antihaltung gegenüber der Sicherheitspolitik der Bundesregierung. Dies um so mehr, als bei diesem Ergebnis in Rechnung gestellt werden muß, daß die Volksbefragung in der Illegalität durchgeführt worden ist, weil die Bundesregierung sie kurz vor ihrem Anlaufen verbot. Dieses Verbot bedeutete nicht nur eine organisatorische Erschwernis, es hielt auch den legalistischen Bundesbürger weitgehend von seiner Unterschriftsleistung ab.

Das Verbot der Volksbefragung ließ sich formalrechtlich wie politisch begründen. In einer repräsentativen parlamentarischen Demokratie wie der Bundesrepublik gibt es – historisch begründet – nur einen geringen plebiszitären politischen Handlungsspielraum, mag dies vielen auch als eine den Volkswillen in existentiellen Fragen wie z. B. der atomaren Rüstung nur unbefriedigend respektierende Praxis erscheinen. Das Volksbegehren ist allerdings Bestandteil einiger Länderverfassungen, doch kann in den Ländern keine Volksbefragung über Bundesangelegenheiten – äußere Sicherheit gehört in die Bundeskompetenz – stattfinden. Adenauer wies denn auch ein Volksbegehren über die Aufrüstung bereits im Frühherbst 1950 entschieden zurück. „Der Bundestag ist die hierzu kompetente Körperschaft". All denen, die eine Volksbefragung verlangten, hielt er ihre mangelnden verfassungsrechtlichen Kenntnisse vor: „Das Grundgesetz kennt keine Volksbefragung[5]." Um so verwunderlicher, aber auch fragwürdiger war die Begründung des Verbots der Durchführung der Volksbefragung durch Erlaß des Bundesministers des Innern vom 24. April 1951, denn die Bundesregierung konnte der Versuchung nicht widerstehen, einen bestehenden Rechtstatbestand auch noch politisch-propagandistisch zu nutzen und das Verbot ausschließlich politisch zu rechtfertigen. Es lag nicht in ihrem Interesse, durch die Volksbefragung eine Phalanx der Aufrüstungsgegner vor der Öffentlichkeit aufrücken zu lassen. Begründet wurde der Erlaß damit, daß die Volksbefragungsbewegung eindeutig in kommunistisches Fahrwasser geraten sei und von der DDR unterstützt werde: „Die von der SED [...] betriebene Volksbefragung ‚gegen Remilitarisierung und für Friedensschluß im Jahre 1951' ist dazu bestimmt, unter Verschleierung der verfassungsfeindlichen Ziele die freiheitliche, demokratische Grundordnung der Bundesrepublik zu untergraben. Die Durchführung der Aktion stellt einen Angriff auf die verfassungsmäßige Ordnung des Bundes dar[6]."

Anfänglich hatte die Volksbefragung selbst bei CDU- und FDP-Kommunalpolitikern sowie bei linken Sozialdemokraten Befürworter gefunden. Rund 1000 SPD-Mitglieder aus der ganzen Bundesrepublik hatten auf einer Konferenz in Frankfurt einhellig für die Volksbefragung votiert und eigens einen Aktivistenausschuß gebildet. Auch in der Fraktion fehlte es nicht an linken Stimmen, die sich für eine Volksbefragung aussprachen (z. B. Hermann Louis Brill, Prof. Dr. Werner Jacobi); sie bildeten aber eine verschwindend kleine Minderheit[7]. Die SPD-Führung distanzierte sich rasch von dem geplanten Volksbegehren, und zwar sowohl aus verfassungsrechtlichen wie aus grundsätzlichen Erwägungen heraus. Für sie bildeten die Parlamente die Plattform der politischen Auseinandersetzung. Infolgedessen befürwortete Schumacher Neuwahlen

[5] Rede Adenauers auf dem CDU-Parteitag in Goslar, 20.10.1950, DUD-Sonderausgabe 1. Parteitag in Goslar, S. 1–12, hier S. 9.

[6] Beschluß der Bundesregierung, 24.4.1951, in: Gemeinsames Ministerialblatt 2, 1951, 8.5.1951, S. 109 f., hier S. 109.

[7] Protokoll der Fraktionssitzung, 1.11.1950, AdsD, Fraktionsakten.

zwecks Änderung der Mehrheitsverhältnisse im Bundestag. Er wollte verhindert wissen, daß die parlamentarische Opposition durch eine außerparlamentarische in der Wehrfrage unterlaufen würde. Ihm kam sehr bald der Verdacht, die Volksbefragungsbewegung könne von kommunistischer Seite initiiert worden sein und in eine Richtung laufen, die die SPD in der Sicherheitsfrage ins politische Hintertreffen geraten ließe. „Wir können die Dinge nicht in die Situation bringen, in einer Volksabstimmung die in diesem Fall der sozialdemokratischen Politik elementar zugewandte Stimmung des Volkes von anderen praktizieren und fruktifizieren zu lassen. Es könnte leicht eine Volksabstimmung mit verkehrten Fronten bei ungeklärter geistiger Situation stattfinden[8]."

Die SPD befürchtete, daß die vielfältig motivierten Gegner eines westdeutschen Verteidigungsbeitrages auf der Suche nach politischem Anschluß den falschen Propheten nachlaufen und ihr als Wählerpotential entfremdet würden. Die Sozialdemokratie sah hinter den Initiatoren der Interpellation zur Volksbefragung Kräfte, „die die Demokratie vernichten wollen", nicht die, die sich für den Frieden einsetzten. Unter großem Beifall auch der Regierungsparteien rief Herbert Wehner im Plenum des Bundestages: „Wenn man für den Frieden und gegen die Remilitarisierung ist, dann muß man doch wohl gegen die Schreckensurteile sein, die an den Bibelforschern und Kriegsdienstverweigerern in der sowjetischen Besatzungszone exerziert werden." Auch er scherte die Anhänger der Volksbefragungsbewegung über einen politischen Kamm, indem er die Drahtzieher der Aktion allein in der DDR ausmachte. Wenn der Sprecher der größten Oppositionspartei die Volksbefragung als ungesetzlich bezeichnete und ihr Verbot damit begründete, daß es sich dabei nicht um einen Eingriff in das Recht der freien Willensbekundung handle, sondern darum, die Freiheit der Bundesbürger gegen den Versuch zu schützen, sie zu vernichten, dann paarte sich hier echte politische Sorge auch mit parteipolitischem Eigeninteresse der SPD, nämlich dem, sich ostentativ von KPD und SED abzusetzen. Diese Haltung gegenüber der KPD wurde um so schroffer, je penetranter die Regierungskoalition die SPD wegen ihrer sicherheitspolitisch kritischen Haltung in deren Nähe zu rücken suchte, sie zumindest verdächtigte, grob fahrlässig deren Handwerk zu betreiben[9].

Die Bundesregierung war sich der Zustimmung der SPD gewiß, als sie die Volksbefragungsbewegung verbot und der Innenminister den Ländern polizeiliche Hilfe des Bundes für den Fall in Aussicht stellte, daß der jeweiligen Landespolizei Schwierigkeiten bei der Durchführung entsprechender Maßnahmen erwachsen sollten. Die SPD billigte daher die im ganzen Bundesgebiet anlaufenden Polizeirazzien. Wenn Wehner sogar „die mangelnde Aktivität der Bundesregierung in dieser Angelegenheit"[10] rügte, dann sollte dazu nicht lange Anlaß bestehen, denn die Polizeikräfte beließen es nicht bei Beschlagnahmungen von Befragungs- und Propagandamaterial, sondern schritten auch zu Festnahmen. Für öffentlichen Wirbel sorgte die Verhaftung des bekannten Rennfahrers Manfred v. Brauchitsch, der den Stockholmer Appell unterschrieben hatte, daraufhin in die DDR eingeladen und für deren politische Sache gewonnen worden war. Er spielte in Westdeutschland dann die Rolle eines Salon-Kommunisten und setzte sich schließlich in die DDR ab[11]. Im Kampf gegen die Volksbefragungsbewegung wäre politische Aufklärung aller-

[8] Kurt Schumacher, Deutschlands Beitrag für Frieden und Freiheit. Referat auf der gemeinsamen Tagung der SPD-Körperschaften, 17.9.1950, in Stuttgart, in: Schumacher, Reden und Schriften, S. 836–862, hier S. 850.

[9] Zitate in: Deutscher Bundestag, Sten.Ber., Bd 7, 139. Sitzung, 26.4.1951, S. 5494 D, 5495 C.

[10] Die Welt, 21.4.1951, zit. n. Krause, Antimilitaristische Opposition, S. 46.

[11] Vgl. dazu v. Brauchitsch, Ohne Kampf, S. 230–315.

dings besser gewesen als die Durchsetzung des Ordnungsprinzips. Das Ansehen der jungen Bundesrepublik hat in dieser Auseinandersetzung Schaden genommen.

Die Art, in der sich ein demokratisches Rechtswesen vor innerer politischer Unbill glaubte schützen zu müssen, war umstritten. Die zur Durchführung des Verbots der Volksbefragung erlassenen Polizeiverordnungen der Länder blieben nicht unangefochten. Zahlreiche Gerichte hielten sie für rechtswidrig, sahen in ihnen einen Verstoß gegen die Versammlungs- und Meinungsfreiheit. Das angerufene Bundesverfassungsgericht erklärte, es könne nicht über Polizeiverordnungen entscheiden, sondern wache nur über die Verfassungsmäßigkeit von Gesetzen. Die Mehrheit der mit der Angelegenheit befaßten Gerichte erkannte allerdings die Rechtmäßigkeit der Verordnungen an, und so kam es zu zahlreichen Verurteilungen von Helfern der Volksbefragung. Im Jahre 1956 stellte allerdings das Bundesverwaltungsgericht in einem Musterprozeß fest, daß die entsprechende niedersächsische Verwaltungsanordnung rechtswidrig gewesen sei, weil das Verbot der Volksbefragung durch die Bundesregierung am 24. April 1951 nicht mit der Auflösungsverfügung der Volksbefragungsbewegung verbunden war. Durch Rechtsäußerung fanden zumindest die nichtkommunistischen Anhänger der Volksbefragung eine nachträgliche politische Rehabilitierung. In dem Urteil des Bundesgerichtshofs vom August 1954 gegen führende Persönlichkeiten des Hauptausschusses für Volksbefragung hieß es nämlich, daß man die KPD als Initiator der Volksbefragungsbewegung nicht habe ausmachen können, daß diese zumindest bis zwei Monate über ihr Verbot hinaus eine durchgängig sachliche Haltung eingenommen, zwar weitgehend unter kommunistischer Organisation gestanden, doch erst Ende August 1951 die typische Art kommunistischer Propaganda gepflegt habe. Die Frage, ob die Bewegung insgesamt die Voraussetzungen für einen gewaltsamen Umsturz habe schaffen wollen, ließ der Gerichtshof offen. Eine kommunistische Unterstützung der Volksbefragung an sich lasse eine solche Behauptung nicht zu, zumal die Verhinderung der „Wiederbewaffnung" ohnehin erklärtes Ziel der Kommunisten gewesen sei[12].

Jedenfalls erkannte die KPD die Chance und ergriff sie, ihre schmale parlamentarische Plattform durch Ausdehnung, ja schwerpunktmäßige Verlagerung ihres Aktionsfeldes um die außerparlamentarisch-oppositionelle Ebene zu erweitern. Der Kommunistischen Partei Deutschlands liefen in zunehmendem Maße die Arbeiter als Wähler und Mitglieder davon. Ihr gewerkschaftlicher Einfluß reduzierte sich immer mehr auf kleine Basisgruppen. Wenn es gelang, die zur Selbstorganisation unfähigen Anhänger einer Volksbefragung in den Dienst der kommunistischen Sache zu stellen, ließ sich womöglich ein sozial verändertes und breit gefächertes Sympathisantenpotential erschließen, das weniger aus Arbeitern, um so mehr aber aus der akademischen Mittelschicht, aus Jugendlichen, den ansonsten politisch sehr schwer motivierbaren Frauen, renommierten Künstlern, Sportlern und nicht zuletzt namhaften ehemaligen Soldaten bestanden hätte. Und je besser sich die hintergründigen politischen Absichten kaschieren ließen, indem man die antimilitaristische Bewegung zu einer breiten außerparlamentarischen Opposition umfunktionierte, desto größer waren die Aussichten der KPD, der Volksbefragungsbewegung großen Zulauf zu verschaffen. Es ist also durchaus kein Zufall, daß Freiherr v. Schönaich, Generalmajor a. D. und Präsident des Kuratoriums der Deutschen Friedensgesellschaft (Bund der Kriegsdienstgegner), einer nichtkommunistischen Vereinigung, die Liste der Mitglieder des Hauptausschusses für Volksbefragung anführte, gefolgt vom ehemaligen Polizeipräsidenten und Oberbürgermeister von Mönchengladbach, dem Noch-CDU-Mitglied Wilhelm Elfes, wenig später Anhänger der Wirth-Partei. Zu den führenden Repräsentanten zählten ferner

[12] Vgl. dazu v. Brünneck, Politische Justiz, S. 62–64.

Edith Hoereth-Menge, SPD-Stadträtin in München und der in Freiburg lebende katholische Schriftsteller Reinhold Schneider sowie die Schriftstellerin, Frauenrechtlerin, Mitglied der Pax-Christi-Bewegung Christa Thomas. An der eigentlichen Spitze der Bewegung hielt die KPD allerdings die Zügel fest in der Hand, wenn auch offiziell nur durch ein führendes Mitglied, Oskar Neumann vom Parteivorstand, repräsentiert. Daneben agierten der ehemalige Generalmajor der Luftwaffe Karl Hentschel und Pastor Johannes Oberhof als parteineutrale Aushängeschilder, in Wahrheit aber waschechte Kommunisten. Bei Hentschel kam dies verbal nur vorsichtig zum Ausdruck. Aber wer sich damals in kommunistischem Agitationsvokabular auskannte, wußte ihn politisch einzuordnen. Schon das in allen Proklamationen der Volksbefragungsbewegung in Anwendung gebrachte Wort „Remilitarisierung" verriet eine bestimmte Doktrin, die unterstellte, daß Aufrüstung den Primat des Militärischen in Politik, Wirtschaft und Gesellschaft zum Zweck militärischer Expansion und Aggression bedeutete. Ein führendes Mitglied der Volksbefragungsbewegung hat dies in seiner später an der Parteihochschule des Zentralkomitees der SED eingereichten Dissertation über die Volksbefragungsaktion so formuliert: „Die Remilitarisierung umfaßte die ideologische Beeinflussung der Volksmassen im Geiste des Antikommunismus, des Revanchismus und des Nationalismus. Die Entfachung des Hasses gegen die Sowjetunion, die ČSR und die Volksrepublik Polen, die Propaganda für die Wiedereroberung der ehemaligen deutschen Gebiete und der Annexion der DDR sollte die Bevölkerung dahin bringen, den aggressiven Kurs auf die Rückgängigmachung der Ergebnisse des Zweiten Weltkrieges mitzumachen[13]." Und noch etwas: Hentschel, wie die gesamte Volksbefragungsbewegung, hat sich ausschließlich gegen eine Remilitarisierung Westdeutschlands gewandt. Wenn Hentschel von der Schaffung eines „einheitlichen demokratischen und friedliebenden Deutschlands"[14] sprach, war dies genau die Terminologie von KPD und SED, derzufolge nur ein sozialistisch-kommunistisches Land friedliebend sein konnte. Wenn man sich nicht gegen die Remilitarisierung der DDR wandte, dann aus der ideologischen Logik heraus, daß ein Staat marxistischer Prägung keinen Militarismus kennt und damit auch keine Remilitarisierung, die man als das Attribut und die ureigenste Ausdrucksform des Kapitalismus darstellte.

Pastor Johannes Oberhof gerierte sich da schon ungenierter in der Darlegung gängiger kommunistischer Polemik. Bei ihm fehlte es nicht an der Unterstellung, die Gewerkschaftsführung gehe „in den entscheidenden Fragen mit den Wirtschaftsführern des Hitler-Krieges und den Trägern der neuen Kriegsvorbereitung Hand in Hand". Der Schuman-Plan diene nicht der europäischen Zusammenarbeit, „sondern ausschließlich dem einen Ziel, die amerikanische Verfügung über das westeuropäische Rüstungspotential zu sichern". Er sah in der Europabewegung die Neuauflage der nationalsozialistischen europäischen Ordnungsidee, die nichts anderes bezwecke, „als die Zusammenfassung aller aggressiven Kräfte gegen die Sowjetunion"[15]. Aus dieser Sicht der Dinge ergab sich dann auch konsequenterweise die Auffassung, daß alle sicherheits- und europapolitischen Maßnahmen der Bundesregierung „nicht das Entfernteste mit einem Verteidigungsbeitrag zu tun haben, sondern nur der Vorbereitung einer Aggression gegen den Osten dienen sollen"[16].

[13] Dickel, Tätigkeit, S. 2f.

[14] Karl Hentschel, 1951. Das Jahr der Entscheidung, S. 4, Archiv des BVG.

[15] Johannes Oberhof, Die Volksbefragung, eine nationale Mission und eine Menschheitsaufgabe. Vortrag vor dem Hauptausschuß für Volksbefragung anläßlich seiner Plenartagung, 25.6.1951, S. 6. Archiv des BVG.

[16] Ebd., S. 8.

Politisch motiviert war das Verbot der Volksbefragungsbewegung auch deshalb, weil die SED sie in engem Schulterschluß mit der KPD mit inszenierte und vor ihren politischen Karren zu spannen suchte. Ausdrücklich begrüßte die Volkskammer den Beschluß, in der Bundesrepublik ein Plebiszit über die Remilitarisierung herbeizuführen. Sie setzte für den 3. bis 5. Juni 1951 eine entsprechende Volksbefragung in der DDR an, nicht etwa über deren Aufrüstungsbestrebungen, sondern natürlich nur über die der Bundesrepublik. Die Volkskammer bezichtigte die Bundesregierung aufgrund des Verbots der Volksbefragungsbewegung des offenen Verfassungsbruchs[17].

Für den Parteitag Anfang März 1951 legte der Parteivorstand der KPD Thesen zur politischen Lage vor. Dabei stand die von der sogenannten Remilitarisierung Westdeutschlands obenan. Sie bestimmte nach Auffassung der Kommunistischen Partei Deutschlands „die Lage in Westdeutschland und in beträchtlichem Maße auch die internationale Lage", diente sie doch in ihrem politischen Verständnis „der Vorbereitung eines neuen Krieges mit dem Ziel der Aufrichtung der Weltherrschaft der amerikanischen Monopole". Aus einer solchen Situationsanalyse galt es Folgerungen zu ziehen: Unter ausdrücklicher Berufung auf die Aussage Wilhelm Piecks auf dem III. Parteitag der SED, derzufolge die politische Unzufriedenheit in der westdeutschen Bevölkerung wachse, baute die KPD ihre politische Strategie auf. Aus der Tatsache, daß die SPD offenbar wegen ihrer Haltung in der Wehrfrage bei den vorausgegangenen Landtagswahlen beachtliche Stimmenzuwächse verzeichnen konnte, wollten die Kommunisten Lehren ziehen: Sie wollten mit einem strikt antimilitaristischen Kurs von der Ohne-mich-Haltung profitieren. „Die Aufgabe der Kommunisten besteht darin, die Massen auf die bevorstehenden Kämpfe vorzubereiten und die notwendigen Maßnahmen zu ergreifen, damit die Partei nicht hinter den Ereignissen zurückbleibt [...] Die zentrale Aufgabe ist der Kampf gegen die Remilitarisierung sowie die Erweiterung der Friedensbewegung in Westdeutschland. In diesen Kampf sind alle Massenorganisationen in Stadt und Land sowie auch die nicht organisierten Massen einzubeziehen. Maßnahmen des Kampfes gegen die Remilitarisierung sind: Entwicklung der Bewegung ‚Ohne uns!' zu einer aktiven Widerstandsbewegung gegen die Remilitarisierung und gegen die Einberufung in die Söldnerarmee." Die Partei stellte einen Maßnahmenkatalog für die Auseinandersetzung in der Bundesrepublik um die Wehrfrage auf: Er enthielt die Organisierung des Widerstandes gegen Arbeitsdienstpflicht, paramilitärische Jugendorganisationen usw., falls dies angestrebt werden sollte; Boykott aller Kriegsmaßnahmen, die die Partei für solche erachtete; Einbringung eines Gesetzes, das militärische Aktivitäten und Propaganda unter Verbot stellte; Entlarvung deutscher und ausländischer Kriegsverbrecher und sogenannter Kriegshetzer vor der Bevölkerung; Klarlegung des Zusammenhangs zwischen Rüstung und wachsendem ökonomischen und sozialen Elend. „Eine der wesentlichsten Aufgaben in der nächsten Zeit ist der Kampf für die Durchführung eines Volksentscheids gegen die Remilitarisierung und für den Abschluß eines Friedensvertrages im Jahre 1951." Für den Fall, daß eine solche Volksbefragung verboten werden sollte, traf die KPD Vorbereitungen: statt öffentlicher Volksabstimmung eine illegale[18]. Es ist erstaunlich, daß KPD und SED allen Ernstes die Situation der frühen 50er Jahre mit der des Endes der Weimarer Republik und des Anfangs des Dritten Reiches verglichen und offenbar jeden Blick für die politischen Realitäten verloren hatten!

[17] Die Volkskammer der Deutschen Demokratischen Republik im Kampf um Einheit und Frieden. 1. Legislaturperiode 1950 bis 1954. Sonderdruck für die Abgeordneten der Volks- und Länderkammer, BA, B 118/91.

[18] Thesen zum Parteitag der KPD.

Im Sommer 1951 markierte der Hauptausschuß für die Volksbefragung deutlich seine Verbindungslinie zum DDR-Regime. KPD und SED legten nun Wert darauf, sich als echte Friedensparteien ins rechte Licht zu setzen. Den Ausgang der Volksbefragung in der DDR – über 90% der abgegebenen Stimmen, wie hätte es anders sein sollen, waren gegen eine Remilitarisierung Westdeutschlands – bezeichnete der Hauptausschuß als Ansporn für die Bevölkerung in der Bundesrepublik, es den Brüdern und Schwestern in Mitteldeutschland gleichzutun. Gleichzeitig suggerierte er dem Bundesbürger das Bestehen einer seit Weimars Tagen immer wieder beschworenen Volksfront aus Kommunisten und Sozialdemokraten. Immerhin gehörte ein Mitglied des Präsidiums des Hauptausschusses für Volksbefragung (H. Stabitz) der SPD an, und örtliche Proklamationen von sozialdemokratischer Seite wurden als Zeichen zunehmender Unzufriedenheit und wachsenden Widerstands von SPD-Mitgliedern gegen die Politik ihrer Parteiführung interpretiert. „Die Frage Krieg oder Frieden ist der Scheidepunkt, vor den sich alle deutschen Menschen, vor den sich auch alle Parteien gestellt sehen. Das nationale Interesse unseres Volkes verlangt zwingend die Entscheidung für Frieden[19].“ Als sozialdemokratisches Aushängeschild diente ferner die Münchner Stadträtin Hoereth-Menge, die im kommunistisch gelenkten „Deutschen Friedenskomitee“ wirkte, das u. a. Anfang Juni 1951 in Ost-Berlin in Anwesenheit führender DDR-Politiker für die Volksbefragung in der Bundesrepublik warb[20].

Es gelang der KPD nicht, aus der Volksbefragungsbewegung eine gegen das parlamentarisch-demokratische System der Bundesrepublik gerichtete außerparlamentarische Opposition zu formieren. Es hat unzählige Aktionen gegen die Aufrüstung und den Verteidigungsbeitrag gegeben, Unterschriftensammlungen, Proteste, Streiks, – wenige – Sabotageakte. Sie blieben weitgehend unkoordiniert. Die aus der Retrospektive vorgenommene Schilderung und Bewertung der sogenannten antimilitaristischen Aktivitäten der KPD durch ihren Vorsitzenden Max Reimann vermittelt ein Bild von den kommunistischen Unternehmungen: „Die Unterschriftenlisten und Abstimmungszettel“, so schrieb der Parteivorsitzende, „die Briefe und Petitionen an Parlament und Regierung, die Massenkundgebungen mit Hunderttausenden von Teilnehmern [...] gingen vielerorts über in direkte antimilitaristische Aktivität: mehr und mehr standen die Höhepunkte der parlamentarischen Auseinandersetzung im Zeichen des außerparlamentarischen Kampfes. So traten während der Wehrdebatte des Bundestags im Mai 1952 alle Düsseldorfer Betriebe in den Streik. Entschlossene Jugendliche, voran die Mitglieder der Freien Deutschen Jugend, mauerten Sprengkammern auf Straßen und in Brücken zu. Tapfere Jungen und Mädchen fuhren mit dem Boot in das Sperrgebiet von Helgoland und retteten die Insel vor der völligen Vernichtung als Bombenabwurfsziel. Der Kampf gegen den Einbau von Atomsprengschächten in den Loreley-Felsen wurde zu einer Angelegenheit breitester Schichten, und Tausende sangen überall das ‚Lied der Jugend‘: *Amy go home, spalte für den Frieden dein Atom.* [...] Aus breiten überparteilichen, örtlichen und regionalen Aktionsgemeinschaften fand sich mehr und mehr ein für alle Gegner der Remilitarisierung, für alle Anhänger einer Politik des Friedens und der Verständigung repräsentative Spitzengruppe hervorragender Persönlichkeiten zusammen[21].“ Genau dies aber war der KPD nicht gelungen, nämlich repräsentative Mitglieder der bundesdeutschen Gesellschaft für die Volksbefragungsbewegung zu gewinnen. Um so unverständlicher ist das Maß der von den Behörden gegen die Volksbefragungsbewegung angewandten Repressionen. Darunter litten alle, die aus unterschiedlicher politischer Überzeugung gegen einen westdeutschen

[19] Informationsdienst des Hauptausschusses für die Volksbefragung Nr. 11, 7.6.1951, S. 8, AdsD, NL Helene Wessel 199.

[20] Informationen (Deutsches Friedenskomitee), 2 (1951), 24.6.1951, AdsD, NL Helene Wessel 198.

[21] Reimann, Entscheidungen, S. 182f.

Verteidigungsbeitrag waren, ohne deshalb gleich den demokratischen Rechtsstaat als solchen in Frage zu stellen. Es waren nicht wenige, die sich gegen die Aufrüstung auflehnten, ohne dies in systemverändernder Absicht zu tun. Wie denn sollte man sich dagegen zur Wehr setzen, daß auch Kommunisten gegen die sogenannte Wiederbewaffnung zu Felde zogen?

Der Hauptausschuß für Volksbefragung legte dem Bundespräsidenten eine „Denkschrift zur Verfassungsmäßigkeit der Volksbefragung" vor. Darin machte er geltend, daß die Volksbefragung in Einklang stehe mit der Präambel des Grundgesetzes, in der ausdrücklich die Absicht niedergelegt sei, „dem Frieden der Welt zu dienen". Verwiesen wurde ferner auf Art. 1 GG, in dem sich das deutsche Volk „zu unverletzlichen und unveräußerlichen Menschenrechten als Grundlage jeder menschlichen Gemeinschaft, des Friedens und der Gerechtigkeit in der Welt" bekennt. Man zog auch heran Art. 24 GG, wonach sich die Bundesrepublik ausdrücklich zu einer Außenpolitik des Friedens verpflichtet. Es fehlte auch nicht der Hinweis auf Art. 4 GG, der jedem Bürger das Recht auf Kriegsdienstverweigerung zubilligt. Und letztlich war auch noch Art. 26 GG bemüht worden, demzufolge alle Handlungen für verfassungswidrig und strafbar anzusehen sind, die geeignet erscheinen und mit dem Vorsatz ausgeführt werden, „das friedliche Zusammenleben der Völker zu stören, insbesondere die Führung eines Angriffskrieges vorzubereiten". Das Bundespräsidialamt hat auf die Denkschrift nicht reagiert[22].

Wie sich die Koalitionsparteien nicht scheuten, Niemöller und Heinemann dadurch politisch zu neutralisieren, daß man sie in den Dunstkreis des Kommunismus rückte, so scheute sich die Volksbefragungsbewegung ihrerseits nicht, die beiden Persönlichkeiten zu ihren Nestoren zu stilisieren und ihren Namen in ihrem Sinne zu mißbrauchen. Tatsächlich gelang dies insofern, als die Volksbefragungsbewegung im hessen-nassauischen Kirchenpräsidenten Niemöller einen Fürsprecher fand, wenngleich auch kein Mitglied ihrer organisierten Form (auf dessen politische Aktivitäten im Zusammenhang mit der Frage der Aufrüstung zurückzukommen sein wird). Er war bereits Anfang Oktober 1950 in einem offenen Brief an den Bundeskanzler herangetreten, in dem er erstmals im Hinblick auf den von Adenauer angebotenen Verteidigungsbeitrag eine Befragung der Bevölkerung anregte[23]. Nun wandte er sich im Mai 1951 in einem Schreiben an den Bundespräsidenten, in welchem er darauf hinwies, daß die Mehrheit der westdeutschen Bevölkerung eine Befragung seiner Meinung nach befürworte. Sie als Kommunisten abzustempeln, die schließlich nur etwa 4% der Stimmen bei den ersten Bundestagswahlen auf sich vereinigen konnten, hieße, diese „zur Mehrheit in Westdeutschland zu erklären. Das hieße aber auch, die Stimme der wirklichen Mehrheit der Bevölkerung der Bundesrepublik zu ignorieren in einer politischen Entscheidung auf Leben und Tod. Nämlich der der Remilitarisierung". Niemöller bat das Staatsoberhaupt, seinen ganzen Einfluß dahingehend geltend zu machen, daß die wirkliche Meinung der Bundesbürger in der Wehrfrage festgestellt und bei den zu erwartenden politischen Entscheidungen berücksichtigt werde[24].

Theodor Heuss wies in seiner ausführlichen Antwort darauf hin, daß er schon in der Weimarer Zeit eine demokratische Mischform aus parlamentarischen und plebiszitären Elementen abgelehnt und sich auch im Parlamentarischen Rat strikt dagegen ausgesprochen habe. „Ich bin froh darüber, um des Volkes willen und der gewiß schwierigen *seelischen* Strukturierung seiner politischen Ordnung, daß die Arena für Ad-hoc-Demagogien – denn darauf muß die Sache in einem weithin entgliederten Volkskörper hinauslaufen – verschlossen ist. Halten Sie mich deshalb für einen mangelhaften Demokraten!" Natürlich erachtete der Bundespräsident nicht jeden

[22] Text der Denkschrift in ddz 1951, Heft 17, S. 711–713, Archiv des BVG.
[23] Vgl. dazu Evangelische Kirche in Deutschland, S. 50–52, hier S. 51.
[24] Schreiben Niemöllers, 21.5.1951, an Theodor Heuss, ddz 1951, H. 18, S. 775.

Befürworter der Volksbefragung für einen Kommunisten. Umgekehrt empfand er es als fatal, daß die Fragestellung so formuliert war, daß diejenigen, die einer parteipolitischen Aktion für den Frieden ihre Stimme verweigerten, als Befürworter des Krieges an den Pranger gestellt wurden. Hier nahm der Bundespräsident offenkundig Bezug auf eine Erklärung des Generalsekretärs der SED Walter Ulbricht, in der es wörtlich hieß: „Wer sich nicht an der Volksbefragung [...] beteiligt, der macht sich mitschuldig an den Verbrechen, die von den Eisenhower, Adenauer und Co. gegen das deutsche Volk vorbereitet werden[25].“ „Ich glaube“, so Heuss weiter an Niemöller, „wir müssen alle versuchen, in einem nüchternen Realismus der Versklavung durch Formeln wie ‚Remilitarisierung‘, wie ‚Neutralisierung‘ usf. uns zu entziehen [...] Es ist [...] meine [...] Überzeugung, daß Aktionen von solcher Art wie diese, für die Sie meine Stütze erbitten, weder der inneren noch der äußeren Befriedigung dienlich sind – sie sind eine Form der Selbsttäuschung über die hintergründige seelische und sachliche Machtlage der Weltstunde[26].“ Man muß Heuss wie anderen „Vätern des Grundgesetzes“ zugute halten, daß ihre negativen Erfahrungen am Ende der Weimarer Republik, als die Politik mehr und mehr auf die Straße verlegt wurde, sie sehr sensibel auf außerparlamentarische Aktionen reagieren ließen.

Zuvor schon hatte Martin Niemöller ein ähnliches Schreiben an Jakob Kaiser gerichtet. Dadurch, daß dessen Inhalt in Presseorganen der DDR publik wurde, machte es der Kirchenpräsident dem Gesamtdeutschen Minister leicht, sich unter Hinweis auf mangelnde Vertraulichkeit der sachlichen Auseinandersetzung zu entziehen[27].

Auch Gustav Heinemann zählte bedingt zu den Befürwortern einer Volksbefragung, ohne allerdings mit der entsprechenden Bewegung zu sympathisieren. Ganz im Gegenteil: besorgt schrieb er an seinen Parteifreund und den ihm persönlich eng verbundenen Jakob Kaiser, es bereite ihm Sorge, daß die Bundesregierung durch den Ruf nach einer Volksbefragung zur Aufrüstung in eine schwierige Lage geraten könne. Um nicht außerparlamentarischem Druck nachgeben zu müssen, riet er, die Regierung möge die Initiative ergreifen und von sich aus eine Volksanhörung vornehmen. Die bereits vor dem Verbot von Herbert Wehner öffentlich erhobene Forderung, die Werbung für eine Volksbefragung zu untersagen, hielt Heinemann „für absurd, weil verfassungswidrig und für politisch verfehlt“. Aber eine Entscheidung allein des Bundestages über einen westdeutschen Verteidigungsbeitrag ungeachtet der Volksmeinung betrachtete der ehemalige Innenminister als eine Diskreditierung der Demokratie. Er schloß sich der offiziellen Argumentation der SPD an, wenn er darauf hinwies, die derzeitigen Volksvertreter seien zu einer Zeit gewählt worden, als die nun zur Entscheidung stehende Kardinalfrage überhaupt noch nicht aufgeworfen worden sei. Auch wenn sich Heinemann der verfassungsrechtlichen Problematik eines Plebiszits bewußt war, glaubte er doch, durch eine Initiative der Bundesregierung in dieser Richtung der politischen Agitation den Wind aus den Segeln nehmen zu können. Natürlich mußte eine solche Volksbefragung gründlich vorbereitet und auf der Basis präziser und fairer Fragestellungen erfolgen. „Ein allgemeines Für oder Wider gegen sogenannte Remilitarisierung, wie es jetzt vielleicht bei allen Abstimmungen in Betrieben, Lesekreisen pp. erhoben wird, kommt selbstverständlich nicht in Betracht[28].“ Auch Heinemann hielt die Volksbefragung gegen Remilitarisierung und für einen Friedensvertrag 1951 für eine „fremde Aktion“, auf die man jedoch nicht mit Verboten, sondern mit praktizierter Demokratie reagieren sollte. „Ich

[25] Tägliche Rundschau, 17.4.1951.
[26] Brief Theodor Heuss', 23.5.1951, an Martin Niemöller, ddz 1951, H. 18, S. 776.
[27] Schreiben Jakob Kaisers, 18.5.1951, an Niemöller, BA, B 122/627.
[28] Brief Heinemanns, 21.4.1951, an Jakob Kaiser, AdsD, NL Heinemann 19, Allgemeine Korrespondenz.

weiß, daß das Grundgesetz keine Volksbefragung auf Initiative aus dem Volke kennt. Wohl aber kann der Bundestag einen solchen Beschluß fassen, und ich meine, er sollte es tun. Jedermann weiß, daß das Grundgesetz keine militärische Gewalt der Bundesrepublik [...] vorsieht." Der ehemalige Innenminister wollte Schaden von Regierung und Demokratie abwenden, wenn er darauf aufmerksam machte, daß es nicht nur gelte, sich sowohl dem Druck der Straße zu entziehen als auch verfassungsrechtliche Händel auszuschließen. Er erinnerte an die Erklärung der hessischen Landesregierung von Anfang 1951, derzufolge sie jeden Versuch, die Frage eines Verteidigungsbeitrages durch einfaches Bundesgesetz zu regeln, als einen Bruch des Grundgesetzes erachten und dementsprechend handeln werde. Unter Hinweis auf die hessische Landesverfassung, wonach „Widerstand gegen verfassungswidrig ausgeübte öffentliche Gewalt [...] jedermanns Recht und Pflicht" war, warnte Heinemann vor dem möglichen politischen Chaos. „Demokratie ist oft als eine schwierige Staatsform bezeichnet worden. Das mag zutreffend sein. Der große Vorzug echter Demokratie liegt auf der anderen Seite darin, daß sie Verantwortungsbewußtsein aller wachruft und damit letzten Endes stärkere Kräfte entfaltet, als Zwang und Abstumpfung es vermögen. Alles Klagen über politische Unreife und mangelndes Interesse an politischen Fragen, zumal unter der Jugend, wird unwahrhaftig, wenn dort, wo Interesse wach wird, nicht in freier Diskussion darauf zugegangen wird, vielmehr alsbald Verbote erwogen werden, wenn das Interesse in einer unbequemen Weise oder an einer als unbequem empfundenen Stelle aufbricht[29]."

c) Neutralitätsbestrebungen

Der „Deutsche Kongreß"

Die westdeutschen Neutralitätsbestrebungen reichen bis in die Zonenzeit hinein. Sie begannen, als sich abzeichnete, daß die Westalliierten ihr Okkupationsgebiet zu einem deutschen separaten staatlichen Gebilde formen und in ihren Einflußbereich integrieren, schließlich in ein westliches Bündnissystem einbinden wollten. Von einer Neutralitäts*bewegung* kann man wegen der unterschiedlichen Zielausrichtung und unkoordiniert arbeitender Gruppen und Institutionen nicht sprechen. Ein Wesensmerkmal war allen neutralistisch orientierten Kreisen und Zirkeln gemeinsam: ihr von Mitte links bis äußerst rechts reichender bürgerlicher Charakter. An dieser Tatsache änderten auch gezielte Unterwanderungsversuche seitens der KPD und der SBZ/DDR nichts.

Vielen neutralistischen Bestrebungen lag das Bemühen zugrunde, eine Synthese aus gesamtdeutschem Interesse und Friedenssicherung zu finden. Auch nationalistische und internationalistische Grundpositionen waren anzutreffen. Bei einer solch heterogenen Konstellation zu einer gemeinsamen Organisation und für alle verbindliche Positionen zu gelangen, mußte aussichtslos erscheinen. Dennoch wagte man den Versuch mit der Gründung des „Deutschen Kongresses" im März 1951. Welchen politischen Sprengstoff der Zusammenschluß in sich barg, wurde bereits auf der Gründungsversammlung deutlich, als die Befürworter eines Ausgleichs bzw. einer Verständigung mit der Sowjetunion und der DDR mit denjenigen aneinandergerieten, die mit Bolschewismus und Kommunismus nichts zu tun haben wollten. Einig war man sich allerdings in dem Bestreben, sich von kommunistischen Einflüssen freizuhalten. Dies hat selbst das Bun-

[29] Stellungnahme Heinemanns in der Stuttgarter Zeitung, 1.5.1951.

desamt für Verfassungsschutz bestätigt[1]. Wider besseres Wissen hat es dennoch auch hier nicht an gezielten Diffamierungskampagnen gefehlt, mit denen man die Neutralisten in die Ecke der linken Staatsfeinde und SED-Handlanger zu manövrieren suchte. Wenn er es für richtig erachtete, ließ sich der Bundeskanzler an Polemik nicht übertreffen. Ein beredtes Beispiel gab er auf dem CSU-Parteitag im Juni 1951: „Wer die Neutralisierung und Demilitarisierung in Deutschland hier bei uns will, ist entweder ein Dummkopf allerersten Ranges oder ein Verräter[2]." Der Deutschland-Union-Dienst verbarg sich bei seiner Kritik diskret hinter der öffentlichen Meinung, wie er sie interpretierte: „Das Volk wirft die seltsamen Propheten längst in einen Topf mit den Propagandisten der kommunistischen Herrschaftsansprüche in Europa." Und im Blick auf die im „Deutschen Kongreß" versammelten heterogenen politischen Gruppen fragte er: „Wer könnte auch Appetit verspüren auf eine Suppe, deren Köche sich so brav an das Moskauer Rezept halten. Wer möchte diese Suppe auslöffeln[3]?" Die Sozialdemokratie zeigte sich im taktischen Vorgehen wie in der Beurteilung des neutralistischen Zusammenschlusses mit den Christdemokraten einig.

Was stand nun auf dem Programm des „Deutschen Kongresses", auf welchen Minimalkonsens hat man sich einigen können? Gefordert wurde ein wiedervereinigtes Deutschland in Freiheit, das weder dem westlichen noch dem östlichen Paktsystem angehören und demilitarisiert sein sollte. In einer Fünf-Punkte-Resolution forderte man freie, allgemeine, gleiche, geheime und direkte Wahlen zu einer Verfassunggebenden Nationalversammlung für ganz Deutschland – trat also unzweideutig für das vom Westen aufgestellte Grundprinzip der Wiedervereinigung ein. Die Kongreßteilnehmer sprachen gegenüber den *vier* Besatzungsmächten die Erwartung aus, daß sie den Weg zur Bildung einer freien föderativen Einheit auf ökonomischem Sektor ebneten, aufgrund von Atlantikcharta und Potsdamer Abkommen einen schnellen Friedensschluß anstrebten, und daß bei der Ausarbeitung eines Friedensvertrages Vertreter Gesamtdeutschlands, oder, für den Fall der noch nicht überwundenen Teilung, Repräsentanten beider deutscher Staatsgebilde beteiligt würden[4].

Der Angriffe von außen bedurfte es nicht, um den „Deutschen Kongreß" aufzulösen, denn zum einen hielten namhafte neutralistische Gruppen eine gewisse Distanz gegenüber der Dachorganisation. Zum anderen ließen sich die divergierenden politischen Ansichten nicht dauerhaft auf einen gemeinsamen Nenner bringen, und letztlich fehlte es dem „Deutschen Kongreß" an den nötigen Mitteln, um einen wirksamen Apparat aufzubauen, mittels dessen man die politischen Vorstellungen hätte verbreiten können. Nicht einmal ein geplanter dritter Kongreß ließ sich finanzieren. Allmählich bildeten die pazifistischen und linksorientierten Gruppen die Mehrheit in dieser Organisation. Die Bewegung verlief sich jedoch allmählich, obwohl der Darmstädter Studentenpfarrer Herbert Mochalski mit Unterstützung Martin Niemöllers den Versuch machte, sie zusammenzuhalten und neu zu beleben. Im Blick auf die Bundestagswahlen des September 1953 machte man Anstrengungen zur Gründung eines Wahlblocks aller Gegner einer teilstaatlichen westdeutschen Aufrüstung, ohne daß es gelang, in der Öffentlichkeit nennenswerte Resonanz zu finden. Ende 1952 fiel der „Deutsche Kongreß" auseinander[5].

[1] Vermerk des Bundeskanzleramtes, 26.2.1952, über den „Deutschen Kongreß", Bundeskanzleramt VS-35404 (4), hier offen.
[2] Zit. n. Schubert, Wiederbewaffnung, S. 140.
[3] DUD, 4.6.1951, S. 4.
[4] Anlage 4 zum Vermerk des Bundeskanzleramtes, 26.2.1952, Bundeskanzleramt VS-35404 (4), hier offen.
[5] Vgl. dazu Dietzfelbinger, Westdeutsche Friedensbewegung, S. 235–238.

„Nauheimer Kreis"

Die Vertreter des neutralistischen Lagers, auch die lauterer demokratischer Gesinnung, waren nicht selten politische Eiferer und Sektierer. Zu ihnen und denen, die sich unter dem Dach des episodenhaften „Deutschen Kongresses" zusammengefunden hatten, zählte auch Ulrich Noack, Vorsitzender der wohl öffentlichkeitswirksamsten neutralistischen Gruppe, des von ihm bereits 1948 gegründeten „Nauheimer Kreises"[6]. Er war der Spezies von Wissenschaftlern zuzurechnen, deren Intellekt zu scharfen Analysen politischer Situationen und Verhältnisse befähigt, die aber nicht selten der Neigung verfallen, die so gewonnenen Erkenntnisse in ein absolutes Gedankensystem einzuordnen, um auf diese Weise an praktisch-politischem Handlungsbezug entscheidend einzubüßen. Noack erkannte nach 1945 sehr rasch den Trend des internationalen Entwicklungsprozesses in Richtung einer zunächst zweigeteilten politischen Welt und der damit verknüpften Gefahr eines globalen militärischen Konfliktes um die ideologisch wie machtpolitisch begründete Vorherrschaft. Die aus dieser zweifellos richtigen Prognose gezogenen Schlußfolgerungen entbehren nicht eines utopischen Zuges. Ein dritter Weltkrieg ließ sich nach seiner Auffassung nur durch die Schaffung eines zehn Friedenskreise umfassenden Weltstaatensystems verhindern, deren einer Europa mit Deutschland als Puffer zwischen USA und UdSSR hätte darstellen sollen. Als optimistischer Pazifist setzte er auf den „planenden Willen zum Guten" im Menschen, insbesondere im Politiker. Er schrieb sich selbst die Rolle des Vermittlers zwischen West- und Ostdeutschland zu. Ziel seiner Bestrebungen war eine entmilitarisierte Föderation aus Bundesrepublik und DDR unter möglichster Wahrung der sich inzwischen in den beiden Staatshälften herausgebildeten politischen, ökonomischen und sozialen Struktur, aber mit der Möglichkeit der allmählichen Assimilation des östlichen Staatsteiles an die freiheitlichen westlichen Lebensbedingungen.

Noch vor der Konstituierung der Bundesrepublik pflegte Noack gute Kontakte zur späteren Unionsprominenz, so z. B. zu Heinrich v. Brentano, die sich dann jedoch von ihm distanzierte, als in Anbetracht der internationalen Lage deutlich wurde, daß die Gründung eines westdeutschen Staates an die Bedingung seiner Einbindung in ein westliches Paktsystem geknüpft sein würde. Noack, der aus der Ost-CDU kam, hielt auch von Würzburg aus, wo er als Professor für Geschichte an der Universität lehrte und CSU-Stadtrat war, nicht zuletzt durch etliche Reisen, Verbindung zu führenden Politikern der SBZ/DDR und durfte diesen wie akademischen Kreisen seine Neutralitätskonzeption vortragen. Nur verstand man in der SED unter Neutralität etwas anderes als im „Nauheimer Kreis", und dies wurde dessen Gründer auch klargemacht: Neutralität konnte nicht bedeuten, auf die Solidarität mit den politischen Friedenskräften, sprich mit der UdSSR und ihren Verbündeten, zu verzichten. Obwohl Noack mit seiner politischen Fiktion im sogenannten Arbeiter- und Bauernstaat nicht auf Entgegenkommen stieß, so erfreute er sich doch des Wohlwollens der dortigen Machthaber, auch der Moskauer Militäradministration, das man in Ost-Berlin nahezu allen politischen Unruheelementen in der Bundesrepublik zuteil werden ließ. Der Würzburger Professor verscherzte sich die Sympathie seiner östlichen Gesprächspartner aber, als er freie Wahlen zur Schaffung eines gesamtdeutschen Staates nicht nur in der Bundesrepublik, sondern auch in der DDR forderte. Dennoch warf die Bonner Koalition Ulrich Noack politische Einäugigkeit vor. Auch die Sozialdemokratie, die einen tiefsitzenden Argwohn gegenüber allen außerparlamentarischen Kräften hegte, schleuderte den Bannstrahl gegen den „Nauheimer Kreis", indem sie die Doppelmitgliedschaft dort und in der SPD ausschloß.

[6] Zu Person und Werdegang Ulrich Noacks vgl. Dohse, Der dritte Weg, S. 41 ff. Wenn nicht anders vermerkt, lehnen wir uns nachfolgend an diese Schrift an.

Im Dezember 1948 war Ulrich Noack mit seinem Aufruf zur Rettung des Friedens durch Neutralisierung Deutschlands erstmals an die breite Öffentlichkeit getreten. Darin bezeichnete er die Überwindung der Spaltung Deutschlands als Überwindung der latenten Kriegsgefahr. Er proklamierte ein neutrales, friedliches und soziales Deutschland, das als beschwichtigende Kraft zwischen den bewaffneten Gegensätzen der Weltmächte wirken sollte. Anfang 1949 folgte ein Neutralitätsvotum für ein keinem regionalen Paktsystem angehörendes Deutschland[7].

Solche Vorstellungen paßten nach Gründung der Bundesrepublik nicht mehr in die politische Gedankenwelt der Union. Als ihr Mitglied Ulrich Noack kurz nach seiner Rückkehr von Gesprächen mit Walter Ulbricht und anderen politischen und wissenschaftlichen Persönlichkeiten des östlichen Teils Deutschlands Mitte November 1949 im Rheinland einen Kongreß der Freunde des Neutralisierungsgedankens abhalten wollte, ließ die CDU-geführte Landesregierung von Rheinland-Pfalz die Veranstaltung verbieten. Der Ausflug in das sowjetische Besatzungsgebiet Deutschlands hatte den Professor politisch suspekt werden lassen.

Als die sogenannte Wiederbewaffnung Thema konkreter innenpolitischer Überlegungen und Auseinandersetzungen wurde, meldete sich Noack mit seinem Kreis engagiert zu Wort. Auf der Suche nach Verbündeten, die ihn im Widerstand gegen die militärische Westintegration der Bundesrepublik wirkungsvoll unterstützen könnten, stieß er auf Heinemann und Niemöller. Zusammen mit ihnen verfaßte er den Wiesbadener Aufruf gegen Wiederaufrüstung und für allgemeinen Friedensschluß. Darin wird die deutsche Jugend in beiden Teilen Deutschlands aufgefordert, ihr „Ohne uns" zu artikulieren, soziale Gerechtigkeit statt Wiederbewaffnung, gemeinsamen friedlichen Aufbau statt wechselseitig gegeneinander gerüstete militärische Kontingente zu fordern. Die Regierungen in Bonn und Pankow wurden angehalten, eine Volksabstimmung in West und Ost über die Aufrüstung in beiden deutschen Staaten durchzuführen. Obwohl die zweite Hälfte des Textes – Ruf nach Frieden – von Gustav Heinemann persönlich konzipiert worden war, unterschrieb er den Aufruf selbst nicht. Die Proklamation sollte parteiunabhängigen und -zugehörigen prominenten Bundesbürgern mit der Bitte um Unterschrift zugesandt werden, um Parlamentarier und Bundesregierung mit dem Ziel unter öffentlichen Druck zu setzen, Haltung und Meinung der Bevölkerung in der Wehrfrage politisch in Rechnung zu stellen[8]: „Meine Intention ging dahin, einen Aufruf lediglich auf Zustimmung zu einer Volksbefragung über einige wesentliche Stücke eines Remilitarisierungsprogrammes ohne alle Propaganda zur Sachfrage zu machen und diesen Aufruf durch prominente und möglichst unverbrauchte Namen aus den verschiedensten Lagern einschl. solcher Personen zeichnen zu lassen, die für eine Aufrüstung, aber nicht ohne Fundierung durch Volksbefragung sind[9]." Man muß diesen Satz ganz genau lesen, um zu registrieren, daß es Heinemann zu der Zeit nicht einmal darum ging, einen westdeutschen Verteidigungsbeitrag unter allen Umständen zu verhindern. Es kam ihm vielmehr darauf an, die Entscheidung über einen außen-, sicherheits- und deutschlandpolitisch schicksalhaften Vorgang nach einer ausgiebigen und breitangelegten öffentlichen und parteipolitischen Diskussion fällen zu lassen. Hätten angesehene Persönlichkeiten ihre Unterschrift zum Wiesbadener Aufruf geleistet – Heinemann hatte mit der von Frau Wessel, des Vorsitzenden der Hamburger Bürgerschaftsfraktion der FDP, Engelhard, der evangelischen Kirchenführer Held und Wilm gerechnet –, „dann wären die nichtkommunistischen Parteien samt ihrer Presse sowie die kirchliche Presse in die Sache hineingezogen worden, und sei es auch nur durch Aus-

[7] Nauheimer Kreis. Dokumente des Friedens, Bad Nauheim o.J., Druckschrift, AdsD, NL Helene Wessel 23.

[8] Vgl. dazu Koch, Heinemann, S. 237f.

[9] Brief Heinemanns, 12.2.1951, an Niemöller, AdsD, NL Heinemann 37, Allgemeine Korrespondenz.

einandersetzung mit den Leuten aus den eigenen Reihen". Doch die aufgeführten Persönlichkeiten und andere verweigerten ihre Unterschrift, nachdem die nicht gerade durch politische Seriosität bekannten Herren Noack und Günther Gereke, der frühere niedersächsische Landesminister, entgegen der Vereinbarung, den Aufruf frühzeitig in die Presse lanciert hatten und genau das taten, was Heinemann vermieden wissen wollte, nämlich die Verfasser des Manifestes aus der Anonymität heraustreten zu lassen. Heinemann wollte aber diesen Aufruf nicht durch Leute entwertet sehen, die sich bislang schon öffentlich gegen die Aufrüstung gewandt hatten. Vor allen Dingen aber wollte er sich nicht selbst in der Nähe politisch zwiespältiger Figuren wie Gereke sehen lassen. Dieser, ehemaliges CDU-, dann BHE-Mitglied und endlich Begründer und Repräsentant der „Deutschen Sozialen Partei", war ihm wegen seiner – vor allem wirtschaftlichen – Ostinteressen und seiner bekannten Rechtslastigkeit gleichermaßen suspekt. Im niedersächsischen Landtagswahlkampf versuchte Gereke, die Früchte des Aufrufs, noch ehe er mit den gewünschten Unterschriften versehen war, in seine eigene parteipolitische Scheuer zu fahren. „Es geht auch bei einer Feuersbrunst nicht, daß man jeden zum Löschen heranholt", schrieb Heinemann an Niemöller. „Es gibt nun einmal eine Fülle von Gestalten, die mehr verderben als dienen. Das war es, was mir bei der Begegnung mit Gereke und Noack von Anfang an Sorge gemacht hat. Leider habe ich sowohl hinsichtlich dieser beiden Gestalten als auch der Art ihres politischen Hantierens nur zu sehr Recht behalten. Wir müssen daraus für die Zukunft ernstlich lernen und keine zwecklosen Dinge mit unguten Zeitgenossen veranstalten[10]." Leider hat Heinemann sich an diesen Vorsatz nicht gehalten, sondern 1953 mit Noack gemeinsamen Wahlkampf gemacht. Der politische Widerhall auf den Wiesbadener Aufruf blieb denn auch nicht aus: „Die Akten über Prof. Noack ziert seit langem der Vermerk ‚suspekt', der in die Richtung der Fünften Kolonne des Bolschewismus weist", schrieb der Deutschland-Union-Dienst. Und so bot sich denn der Union willkommener Anlaß zu Verdächtigungen und Polemik. Sie kommentierte Heinemanns Zusammenwirken mit Noack, Gereke und Niemöller durch eine Anleihe bei Goethe: „Es tut mir lang schon weh, daß ich Dich in der Gesellschaft seh[11]!" Nach der Wiesbadener Episode blieb Heinemann mit ramponiertem politischem Ansehen auf der Strecke. „Die Zeit" reihte ihn, nachdem sich zu allem Unglück die Rechtsnationalen Dorls und Remer öffentlich, wenngleich ungebeten, mit dem Aufruf und seinen Verfassern solidarisiert hatten, in die Gruppe der „Rattenfänger von Wiesbaden" ein[12].

Martin Niemöller hielt sich an die Vereinbarung, den Wiesbadener Aufruf nicht mit seiner Unterschrift zu belasten. Dennoch kannte er keine Skrupel, sich bei der Durchsetzung seiner politischen Ideen und Vorsätze auch derjenigen zu bedienen, die nicht gerade über den besten politischen Leumund verfügten. Er zeigte sich befriedigt darüber, daß es gelungen war, „mit dem Aufruf die Zustimmung der allerverschiedensten Gruppen – von der äußersten Rechten bis zur Linken – zu finden: hier geht es eben nicht um einen Parteiprogrammpunkt, sondern um die Lebensfrage unseres Volkes[13]." Dennoch zeigte sich Niemöller von dem Fehlschlag der Aktion, darüber, „daß wieder einmal eine Maus geboren wurde", tief enttäuscht, und er schob ein gut Teil der Schuld daran Gustav Heinemann zu. „Unser Volk und die ganze Welt stehen am Rande des Abgrunds. Und wenn Du auch die Feuerwehrleute, die löschen und retten sollen, erst auf ihre gesellschaftliche Qualifikation prüfen willst, ich kann es wahrhaftig nicht tun." Und

[10] Ebd.
[11] DUD, 5.1.1951, S. 6.
[12] Die Zeit, 25.1.1951, S. 2. Brief Heinemanns, 4.3.1951, an „Die Zeit", AdsD, NL Heinemann 37, Allgemeine Korrespondenz.
[13] Schreiben Niemöllers, 26.1.1951, an Noack, AdsD, NL Helene Wessel 23.

der Kirchenführer scheute sich nicht, seinem Glaubensbruder und politischen Gesinnungsfreund inkonsequentes Handeln vorzuhalten: „Nach Deinem eigenen Grundsatz hättest Du niemals in ein Kabinett Adenauer eintreten dürfen, nachdem Du doch mit Vergnügen erzähltest, daß Du Adenauer für den größten Schuft immer gehalten hättest. Hier vermisse ich also die Logik [...] Wenn wir eine gute Sache zu vertreten haben, dann lasse ich von der guten Sache nicht, weil ich gegen diesen oder jenen Menschen, der auch für diese Sache eintritt, persönliche oder moralische Einwendungen habe. Ich habe wahrhaftig kein Vergnügen an Herrn Gereke gehabt, und Noack ist mir reichlich viel beschäftigt. Aber auf Grund von vagen Andeutungen – und mehr habe ich über beide Männer weder von Dir noch von irgend jemand anderem zu hören bekommen – eine gute und notwendige Sache liegen zu lassen, das geht über mein Verständnis[14]."

Die Wiesbadener Proklamation erwies sich als politischer Bumerang. Ihre gewünschte öffentliche Wirkung blieb mehr als gering; die negative Rückwirkung auf ihre Verfasser war um so größer und nachhaltiger. Der „Nauheimer Kreis" vermochte keine politische Breitenwirkung zu erzielen, sondern behielt den Charakter eines esoterischen Zirkels. Er und sein Begründer wurden weit mehr durch die gegen sie gerichteten harten polemischen Attacken des parteipolitischen Establishments bekannt als durch ihre eigenen Initiativen gegen die Bonner Sicherheitspolitik. Verwundert fragt man sich, warum Parteien und Presse mit so aufgeregtem politischen Flügelschlagen und Zetern auf Noacks Aktivitäten reagierten. Der konservative Publizist Rudolf Pechel ging mit Noack öffentlich ins Gericht und berief alle in den Zeugenstand, die über den Begründer des „Nauheimer Kreises" Negatives auszusagen wußten. Den bayerischen SPD-Landtagsabgeordneten Heinz Beck zitierend, betitelte er Noack in einem in mehreren Zeitschriften und einer Sonderpublikation erschienenen Aufsatz als „Das ‚gefährlichste trojanische Pferd des Ostens in der Westzone'". Noacks Abhängigkeit von seinen Ost-Berliner und Moskauer Auftraggebern werde, so Pechel, in jedem Gerichtsverfahren belegt werden. Damit nicht genug: Pechel rollte die politische Vergangenheit Noacks während des Dritten Reiches auf und wies auf dessen vermeintlich undurchsichtige Rolle während der deutschen Besatzungszeit in Norwegen hin. Er unterstrich damit die weitverbreitete These, daß die rechte Opposition mit der extremen Linken Hand in Hand am Umsturz der Bundesrepublik arbeite, wenn auch letztlich unterschiedlich politisch motiviert. Pechel verlangte schließlich die Absetzung Noacks als akademischer Lehrer und schloß sein Pamphlet, anders kann man es nicht nennen, nun ebenfalls seine literarische Bildung unter Beweis stellend, mit einem Faust-Zitat: „Und auf vorgeschriebenen Bahnen zieht die Menge durch die Flur; den entrollten Lügenfahnen folgen alle – Schafsnatur[15]!"

Aber Diffamierungen und Verdächtigungen beschränkten sich nicht nur auf die politisch aktiven Neutralisten selbst. Nicht selten wurden die nähere dienstliche und private Umgebung auf Schwachstellen abgeklopft, um sie der Öffentlichkeit zu zeigen. So sinnierte Pechel über die Verbindungen von Noacks Sekretärin zu DDR-Größen und vergaß auch nicht zu erwähnen, daß sie dem Professor mehr als eine Mitarbeiterin sei. Dabei wäre es eigentlich ein leichtes gewesen, die realitätsferne, naive politische Ideenwelt eines Ulrich Noack als solche zu enthüllen. Der Konflikt zwischen der Union und Noack bzw. Heinemann war so emotionsgeladen, weil es sich bei beiden Persönlichkeiten ursprünglich um Mitglieder der CDU/CSU handelte, die zu Dissi-

14 Brief Niemöllers, 1.3.1951, an Heinemann, AdsD, NL Heinemann 37, Allgemeine Korrespondenz.

15 R. Pechel, Das „gefährlichste trojanische Pferd des Ostens in der Westzone", in: National-Zeitung Basel, Forum der Woche, 2.1. und 4.2.1951; Deutsche Rundschau 77 (1951), H. 3, als selbständige Schrift Gelsenkirchen 1951.

denten wurden. Um Ulrich Noack sind innerparteiliche Kontroversen in der CSU ausgetragen worden, in deren Verlauf deutlich wurde, daß der engagierte Aufrüstungsgegner keineswegs die Geschäfte des Ostens betrieb. Wenn er für die Neutralisierung eines gesamtdeutschen Staates eintrat, dann aus der Überzeugung heraus, daß man der Sowjetunion ein „Lösegeld", wie er es nannte, für die DDR anbieten mußte, und dies konnte nach seiner Ansicht nur die Blockfreiheit Gesamtdeutschlands sein. Dieses Lösegeld wollte er um der Menschen in der SBZ/DDR willen zahlen. Es ging ihm weniger um die Lösung eines nationalen, als um die eines menschlichen Problems – um die Verbesserung der persönlichen, politischen, ökonomischen und sozialen Verhältnisse im zweiten Teil Deutschlands. „Alle meine politischen Bemühungen seit drei Jahren gelten dem Ziel, für die Befreiung der deutschen Landsleute in der Ostzone das politische und wirtschaftliche Lösegeld des Westens zu erbitten!" Noack hat sich früh gegen den in der CSU erhobenen Vorwurf verwahrt, daß er den Westen für „schwarz" und den Osten für „weiß" halte. Die Mitbegründung der CDU in Greifswald und sein Wirken in der ersten Nachkriegsverwaltung der Stadt wollte er verstanden wissen als „eine klare Absage an den Marxismus und das sowjetisch-kommunistische System"[16].

Man hätte ihm diese Beteuerung womöglich abgenommen, wenn er nicht eine bis heute als Antiamerikanismus geltende Kritik gegenüber den Vereinigten Staaten artikuliert hätte. Sie beruhte auf Desinformationen, Halbwahrheiten, offiziösen und offiziellen sowie persönlichen Nachrichten. Sie setzte Noack, aller Lückenhaftigkeit zum Trotz, mit einer reichlichen Portion Voreingenommenheit zu einem Klischeebild zusammen. So wertete er Berichte über eine Militärfraktion in den USA, die sich mit dem Gedanken eines Präventivschlages gegenüber der Sowjetunion trug, deren Stellenwert innerhalb der politischen Kräftekonstellation der USA er aber nicht ausmachte, ebenso als Beweis für eine aggressive Washingtoner Politik wie Hinweise auf eine zeitweilig geplante Umwandlung der sogenannten Dienstgruppen aus ehemaligen deutschen Soldaten in Frankreich und in der Bundesrepublik zu regulären militärischen Einheiten. Das Adenauersche Angebot eines westdeutschen Verteidigungsbeitrages, die in einem längeren Gespräch ihm gegenüber geäußerte Bemerkung des Kanzler-Intimus Robert Pferdmenges (Bankier und CDU-MdB), der Kalte Krieg könne nur durch „fünf Atombomben auf Moskau" beendet werden, all dies erachtete Noack als Hinweis auf konkrete Angriffsvorbereitungen der USA und des Westens auf die UdSSR. Bemerkungen aus der Umgebung des amerikanischen Hochkommissars entnahm er die vermeintliche Absicht Washingtons, die Korea-Scharte durch Eröffnung eines neuen Kriegsschauplatzes in Deutschland wieder auszuwetzen, um auf europäischem Boden das zu erreichen, was auf dem ostasiatischen Kriegsschauplatz nicht gelungen war, nämlich Franzosen und Briten zu aktiver militärischer Unterstützung zu bewegen[17]. Wie man eine Persönlichkeit mit derart skurrilen politischen Vorstellungen zum ernstzunehmenden politischen Kontrahenten hochstilisieren konnte, entzieht sich rationaler Erklärung.

Im Sommer 1951 schloß die CSU ihr Mitglied Noack aus der Partei aus. Bis dahin hatte ein kleiner Kreis von – bezeichnenderweise zumeist protestantischen – CSU-Politikern um den ersten Landesvorsitzenden Josef Müller ein Konzept größerer außenpolitischer Manövrierfähigkeit gegenüber der Sowjetunion vertreten können. Nun entzog man ihm, zu dem neben Noack u.a. die Neutralisten August Haußleiter sowie der letzte Botschafter der Weimarer Republik in den USA und derzeitige Landtagsabgeordnete Friedrich v. Prittwitz und Gaffron zählten, in der

[16] Protokoll einer erweiterten Vorstandssitzung der CSU Würzburg, 30.8.1950, AdsD, NL Heinemann 30, Allgemeine Korrespondenz.

[17] Ebd.

Christlich-Sozialen Union den politischen Boden[18]. Ulrich Noack gründete eine parteiähnliche Organisation, die „Freie Mitte", und Ende September 1952 fusionierte diese mit der „Frei-Sozialen-Union" Wilhelm Radeckes zum „Block der Mitte, FSU". Die neue parteipolitische Gruppierung proklamierte Gesamtdeutschland als Dritte Kraft und lehnte eine militärische Bindung an Ost oder West ab. Sie forderte die Schaffung eines gesamtdeutschen demokratischen Staatswesens mit vollem Selbstbestimmungsrecht. Da der Deutschlandvertrag ihrer Auffassung nach nur eine Scheinsouveränität gewährte, wurde er verworfen[19]. Später schloß sich Noack der GVP Heinemanns an, trat dann zur FDP über, um nach einem kurzen politischen Gastspiel wieder aus dieser Partei auszutreten und in der politischen Versenkung zu verschwinden.

Die „Notgemeinschaft"

Die Zentralfigur der bürgerlichen außerparlamentarischen Opposition gegen einen westdeutschen Verteidigungsbeitrag war Gustav Heinemann. Dem Drängen vieler Gesinnungsgenossen, insbesondere von protestantischer Seite, eine evangelisch geprägte Partei als Pendant zur überwiegend katholisch bestimmten Union zu gründen, entzog sich der ehemalige Innenminister, fürs erste zumindest. Eine neue Partei, das bedeutete ein politisch flächendeckendes Programm, das sich wirkungsvoll von dem der etablierten Parteien abhob. Heinemann, noch immer Mitglied der CDU, mit der er sich auch noch weitgehend identifizierte, kam es primär darauf an, der Adenauerschen Sicherheitspolitik spürbaren Widerstand entgegenzusetzen. Und dies mußte rasch geschehen, ehe vertragliche Tatsachen geschaffen wurden. „Gegen eine jetzt zu entscheidende Aufrüstung nützt keine Partei, welche erst bei späteren Wahlen die Gelegenheit zur Mitbeteiligung an den Entscheidungen finden wird[20]." Wie schon beim Wiesbadener Aufruf, beabsichtigte Heinemann auch jetzt, der Volksmeinung politisch Geltung zu verschaffen. Wenn man die Gegner der Sicherheitspolitik der Bundesregierung aus allen politischen Lagern und sozialen Schichten sammeln wollte, mußte man eine neutrale Plattform schaffen. Die im November 1951 gegründete „Notgemeinschaft für den Frieden Europas" war als solche gedacht. Schon in der Person der Gründungsmitglieder sollte dies deutlich werden. Zu ihnen zählte neben dem CDU-Mitglied Heinemann die führende Zentrumspolitikerin und Bundestagsabgeordnete Helene Wessel. Heinemann war im Zusammenhang mit dem Wiesbadener Aufruf an sie herangetreten und gleich auf politische Gegenliebe und Sympathie gestoßen. „Es ist schon lange mein Wunsch", schrieb Helene Wessel an Heinemann, „mit Ihnen in Verbindung zu kommen wegen der Fragen und Probleme, die durch die Wiederaufrüstung Deutschlands in den Mittelpunkt unseres außen- und innenpolitischen Denkens getreten sind, da sich unsere Auffassungen doch sehr begegnen. Auch in der Beurteilung der Ost-West-Frage glaube ich, daß unsere Anschauungen nicht sehr auseinander liegen[21]." Ein weiteres Gründungsmitglied, Otto Koch, Ministerialdirektor im nordrhein-westfälischen Kultusministerium, gehörte der SPD an. Die Protestanten stellten zwei Drittel der Gründungsmitglieder; bei dem restlichen Drittel handelte es sich um engagierte Katholiken. Wie nahezu jede größere, zu Adenauers Sicherheitspolitik in Opposition stehende Gruppe erfreute sich auch die „Notgemeinschaft" der aktiven Mitarbeit eines renommierten ehemaligen Offiziers, des Konteradmirals a. D. Ludwig Stummel. „Nach dem Kriege führte sein kompromißloser Idealismus ihn, den tiefreligiösen Menschen, unter der Last der erlittenen Enttäuschung bald auf den Weg der Friedensbewegung, auf dem ihm seine Kameraden

[18] Vgl. dazu Mintzel, Geschichte der CSU, S. 285 f.
[19] Was will die FSU. Gegenwarts-Programm der Frei-Sozialen Union mit Erläuterungen, BA, B 136/1733.
[20] Stimme der Gemeinde, Oktober 1951, S. 2, zit. n. Koch, Heinemann, S. 69.
[21] Brief Wessels, 2.1.1951, an Heinemann, AdsD, NL Heinemann 37, Allgemeine Korrespondenz.

nicht folgen konnten, die zur Sicherung des Friedens in Freiheit andere Wege für notwendig halten[22]."

Wie schon beim Wiesbadener Aufruf, so lehnte Heinemann auch jetzt eine Volksbefragung ab. Statt dessen einigte man sich auf einen Aufruf zur Unterschriftsleistung gegen die militärische Westintegration, der mit einer Petition an den Präsidenten des Deutschen Bundestages gesandt werden sollte. Für Heinemann und die „Notgemeinschaft" bestand immer ein enger Zusammenhang zwischen Deutschland- und Sicherheitspolitik. „Wiederbewaffnung gefährdet die Wiedervereinigung", dies war das Leitmotiv, das sich durch alle Verlautbarungen der „Notgemeinschaft" zog. Heinemanns Auffassung zufolge wurde nach der Aufstellung westdeutscher Kontingente die Schaffung eines gesamtdeutschen Staates für die Sowjetunion undiskutabel. Die Folge konnte nur die Einbeziehung der DDR in ein östliches Militärlager, das Drehen an der Rüstungsspirale in Ost und West sein. „Wir glauben nicht daran, daß westdeutsche Aufrüstung zur friedlichen Befreiung der Sowjetzone und Wiederherstellung der deutschen Einheit führt. Aufrüstung wird vielmehr den Eisernen Vorhang dichter schließen und achtzehn Millionen Deutsche, vor allem die junge Generation, den Gegenmaßnahmen des Sowjetsystems preisgeben[23]." Die Opposition gegen die Aufstellung militärischer Kontingente in der Bundesrepublik darf aber nicht nur vor dem Hintergrund der deutschen Frage gesehen werden. Die „Notgemeinschaft" trieb vor allen Dingen die Sorge um die Friedenssicherung um. „Westdeutschlands Aufrüstung", so heißt es im Gründungsaufruf, „bannt nicht die Kriegsgefahr, sondern vergrößert sie. Die Aufrüstung verschärft die internationalen Spannungen". Man fürchtete vor allem, die UdSSR werde die Aufrüstung der Bundesrepublik nicht hinnehmen und u.U. militärische Präventivmaßnahmen ergreifen[24]. Die Anhänger der „Notgemeinschaft" zählten nur mit Einschränkung zu den Neutralisten. Heinemann war weit davon entfernt, die Neutralität eines gesamtdeutschen Staates als Ideallösung zu betrachten oder gar als politischen Dauerzustand. Noch Anfang 1951 gestand er ein, „daß eine Ausklammerung von West- und Ostdeutschland aus dem Weltkonflikt neue Risiken für uns aufwirft". Aber eine eindeutige politische und militärische Zuordnung der Bundesrepublik in eine westeuropäische oder atlantische Verteidigungsgemeinschaft bei gleichzeitiger Eingliederung der DDR in den sowjetischen Hegemonialbereich erachtete er als wesentlich gefahrvoller, weil dann die Nahtstelle des Ost-West-Konfliktes für unabsehbare Zeit weiter quer durch Deutschland verliefe. Er warnte daher davor, die beiden Teile Deutschlands „voreilig in Maßnahmen der Weltmächte einbeziehen [zu] lassen, die deren Aufmarsch gegeneinander dienen, uns aber noch tiefer auseinanderbringen". Hier liegt ein wesentlicher Teil der Motive eines Widerstandes gegen die Aufrüstung[25].

Wie sollten nun Frieden und Einheit gleichzeitig erreicht werden? Heinemann erklärte ausdrücklich: „Ich bin kein grundsätzlicher Pazifist". Aber angesichts der Teilung Deutschlands mußte die Wiedervereinigung das beherrschende politische Thema sein, und man durfte es nicht durch eine vorschnelle militärische Westbindung belasten. Es mußte vielmehr zum Gegenstand von Viermächteverhandlungen werden, wobei sich Heinemann keiner Illusion darüber hingab, daß entsprechende Verhandlungen auch scheitern könnten[26]: aber „ob dieser Weg heute

[22] Marineforum 59 (1984), H. 1/2, Nachrichten, S. 2.

[23] Petition der Notgemeinschaft, zit. n. Koch, Heinemann, S. 275.

[24] Aufruf an das Deutsche Volk, in: Wessel/Heinemann/Stummel, Aufruf zur Notgemeinschaft.

[25] Heinemann, Was heißt Neutralisierung?, in: Stuttgarter Zeitung, 27.2.1951.

[26] Heinemann, Der Weg zum Frieden und zur Einheit. Rede auf der Gründungsversammlung der „Notgemeinschaft", in: Wessel/Heinemann/Stummel, Aufruf zur Notgemeinschaft.

oder morgen zum Ziele kommt, wollen wir redlich ausprobiert sehen". Wie ein solches Deutschland aussehen, welche Position es international einnehmen, wie man oder wer seine staatliche Integrität und seine innenpolitische Stabilität garantieren sollte, diese Fragen ließ Heinemann zunächst offen, um im Laufe der Zeit darauf zurückzukommen und vorsichtige, dann immer präziser werdende Antworten zu formulieren. Heinemann war weit davon entfernt, ein Patentrezept anzubieten. Er plädierte für eine Politik der kleinen Schritte, hätte auch eine Wiedervereinigung unter vorläufiger Beibehaltung des Besatzungsstatuts bis zum Zeitpunkt einer entspannten Weltsituation in Kauf genommen, in der die Räumung von den Okkupationstruppen nicht gleichbedeutend mit Gefährdung der äußeren Sicherheit Gesamtdeutschlands gewesen wäre. Ein wiedervereinigtes Deutschland konnte „in seinem Bestand und in seiner Ordnung durch die Siegermächte wechselseitig garantiert werden, bis es selber vielleicht wieder eine Wehrmacht aufbauen wird. Alles das sind Fragen, welche nicht einfach damit abgetan werden können, daß ein ‚neutralisiertes' Deutschland ein Opfer des Bolschewismus werde[27]."

Heinemann machte sich Gedanken über die Rolle Deutschlands im heutigen Europa und verglich seine eigene Position mit der des Bundeskanzlers. Adenauers Nahziel sei die Stärkung des liberal-demokratischen Westens gegen den totalitär-kommunistischen Osten. Als Fernziel gebe er die Generalbereinigung des Verhältnisses zwischen den Blöcken und in deren Verlauf die Zurückgewinnung des östlichen Teils Deutschlands zum Zwecke der Wiederherstellung der deutschen Einheit an. Ein solches politisches Programm respektierte seiner Meinung nach auf unabsehbare Zeit die Existenz der Bundesrepublik Deutschland *und* der Deutschen Demokratischen Republik. Es ging ferner von der politischen und militärischen Integration der Bundesrepublik und von der Fortexistenz und dem Ausbau der Herrschaft der SED aus. Schließlich nahm es die Abhängigkeit der Wiedervereinigung nicht nur von einer sich verändernden bipolaren Kräftekonstellation, sondern auch vom Willen der stärkeren Partner des Westblocks in Kauf.

Dem setzte der ehemalige Innenminister nun seine Konzeption entgegen, nämlich die der Ausklammerung Gesamtdeutschlands aus dem Rüstungswettlauf zwischen Ost und West. Sie hatte die Befreiung der DDR von sowjetischer Besatzung und das Ende der Herrschaft der SED durch die Bildung einer gesamtdeutschen Regierung auf der Basis freier Wahlen zum Nahziel. Erst als Fernziel visierte Heinemann die Einordnung Gesamtdeutschlands in eine größere Nationengemeinschaft an, und zwar in einer Form, die für seine Nachbarn wie umgekehrt für Deutschland selbst keine äußere Bedrohung bedeuten durfte. „So lange die Besatzung unter einer gesamtdeutschen Regierung anhält, ist Deutschland kein Vakuum, sondern ein Raum, in dem sich die Ost- und Westmächte unmittelbar gegenüberstehen, allerdings alsdann ohne die Möglichkeit, deutsche Soldaten für ihre Zwecke aufstellen zu können. Wenn es zum Friedensvertrag aller Siegermächte mit Gesamtdeutschland und zur Räumung Deutschlands für alle Besatzungsmächte kommt, kann die Einordnung Deutschlands in die Gemeinschaft freier Nationen auf Grund wechselseitiger Garantierungen seines Gebietes und seiner Ordnung durch die Nachbarn oder durch Wiederherstellung einer defensiven deutschen Wehrmacht oder durch eine Kombination solcher Regelung erfolgen[28]."

Wenig später hat Helene Wessel der Neutralitätsidee eine neue Dimension verliehen. Wenn man sie mit dem Europa-Gedanken verband, gewann sie an Überzeugungskraft. Seit Friedrich

[27] Für und Wider die Aufrüstung. Was man sagt und was wir antworten, Hrsg.: Notgemeinschaft für den Frieden Europas, Essen 1952, S. 7, BA, ZSg 1 E/18.

[28] Exposé Heinemanns, der ökumenischen Kommission für Europäische Zusammenarbeit im Januar 1952 erstattet. Text in: Heinemann, Deutsche Friedenspolitik, S. 41–45, hier S. 43.

Naumann taucht in den politischen Überlegungen immer wieder die Vorstellung von einem Europa von Stockholm bis Ankara auf, dessen Wirtschaftskraft, zielstrebig ausgebaut und genutzt, sich durchaus neben der des Ostblocks und der Vereinigten Staaten würde sehen lassen können. Ein wiedervereinigtes Deutschland im Rahmen eines neutralen Europas als dritter Kraft zwischen USA und UdSSR, das war für Helene Wessel eine überlegenswerte politische Konstellation. Mehr noch: „Dieser Weg ist die einzige Rettung für den Bestand Europas, wenn es nicht in dem Spannungsfeld zwischen Amerika und Rußland aufgerieben werden will. [...] Nur dieser freie Block der ‚Vereinigten Staaten von Europa' kann dem russischen und amerikanischen Block zeigen, daß und wie der Friede erhalten bleibt[29]." Hier handelte es sich natürlich um ein politisches Fernziel, zu dem hin ein unabsehbar langer Weg führte. Die Wiedervereinigung durfte aber auf keinen Fall erst an dessen Ende stehen, vor allem durften vorher keine Schritte unternommen werden, die in die entgegengesetzte Richtung, nämlich in die endgültige Teilung führten. Das heißt, für die „Notgemeinschaft" erschienen General- und EVG-Vertrag als unannehmbar, weil sie ihrer Überzeugung zufolge den Spaltungsprozeß förderten. Ihre Mitglieder wollten vor einer endgültigen Westbindung der Bundesrepublik alle Verhandlungschancen, die sich ihr z.B. aufgrund der Stalin-Note eröffneten, ausgeschöpft wissen. Sie begründeten diese ihre Auffassung in einer umfänglichen Denkschrift, die sie im Herbst 1952 Bundestag, Bundesrat, der Volkskammer der DDR und den Vertretern der vier Besatzungsmächte zugehen ließen[30], ohne daß eine Reaktion erfolgt wäre.

Die „Notgemeinschaft" war nicht als Keimzelle einer außerparlamentarischen oppositionellen Bewegung oder weitverzweigten Organisation konzipiert, sondern auf die Mitgliedschaft eines kleinen, politisch überschaubaren Personenkreises, der außerhalb jeglichen Verdachts stand, kommunistisch angehaucht zu sein. Kaum ins Leben gerufen, geriet sie dennoch wegen vermeintlicher kommunistischer Infiltration in die Schlagzeilen. Insbesondere munkelte man von östlichen Finanzquellen, aus denen sie gespeist werde. Der Heinemann aus gemeinsamen Tagen im Bundesinnenministerium in Arbeit, aber auch persönlich verbundene Staatssekretär Ritter v. Lex schrieb seinem ehemaligen Ressortchef ein Vierteljahr nach Gründung der „Notgemeinschaft" einen langen Brief, in dem er ihn auf entsprechende Hinweise des Verfassungsschutzes und von Unionsbeobachtern in den Veranstaltungen der „Notgemeinschaft" in sehr fairer und freundschaftlicher Weise aufmerksam machte, wobei er gleichzeitig um Argumente zur Entkräftung solcher Vorwürfe bat. „Mir ist es bei Ihrer Persönlichkeit völlig klar, daß die Notgemeinschaft keinen Pfennig Geld von kommunistischer Seite direkt oder indirekt je erhalten hat. [...] Sie wissen, daß ich für meine Person der Auffassung bin, daß die Bundesrepublik und ihre Bevölkerung die moralische Pflicht hat, zur Abwehr der Weltgefahr des Bolschewismus sich dem europäischen Verteidigungssystem einzugliedern. Sie haben mir mehrfach erklärt, daß Sie mir die Echtheit dieser Überzeugung zubilligen. Ich selber habe mich niemals gescheut, meinerseits zu erklären, daß auch Sie aus Ihrem Gewissen heraus sich verpflichtet fühlen, für Ihre Überzeugung öffentlich einzutreten. Diese gegenseitige Achtung verpflichtet mich, Ihre Aufmerksamkeit darauf zu lenken, daß offenbar ein Teil der Besucher Ihrer Veranstaltungen die Notgemeinschaft in den Verdacht einer Zusammenarbeit mit der KPD bringt[31]." Wie sollte man sich dagegen schützen?

[29] Helene Wessel, Unser Weg nach Europa. Rede im Berliner Studentenhaus vor den Arbeitsgruppen der „Notgemeinschaft für den Frieden Europas", 6.7.1952, S. 20, Broschüre, AdsD, NL Helene Wessel 400.

[30] Aufrüstung oder Viermächte-Konferenz: Zwei oder Ein Deutschland. Eingabe vom 10.10.1952, BA, B 136/6560.

[31] Brief Ritter v. Lex', 17.3.1952, an Heinemann, AdsD, NL Heinemann 42, Allgemeine Korrespondenz.

Die Regierungsparteien gingen der sachlichen Auseinandersetzung mit Heinemann und seinen politischen Weggefährten in der „Notgemeinschaft" aus dem Weg. Neutralität, in welcher Form auch immer, war für sie kein politischer Tagesordnungspunkt. Der Vorwurf, es handle sich bei den Repräsentanten der „Notgemeinschaft" um realitätsferne Utopisten, war der geringste, vor dem Hintergrund des Ost-West-Konfliktes sicher aber auch der berechtigtste. Man versuchte, die Vertreter der „Notgemeinschaft" politisch herabzusetzen und lächerlich zu machen. Pathetisch meinte beispielsweise die CDU-Bundestagsabgeordnete Aenne Brauksiepe, die „wahre Notgemeinschaft" werde aus jenen Männern und Frauen in der Welt gebildet, „in denen die moralische Kraft noch von dem unzähmbaren Drang nach der Sicherung der Familie, der freien Persönlichkeit und des christlichen Menschenbildes überhaupt erfüllt ist." Nach ihrer Überzeugung gab es „noch eine Phalanx von Frauen, denen die Sicherung dieser Werte heilig ist, eine Phalanx von Frauen, zusammengeschmiedet mit tapferen Herzen, und dahin gehören nicht zuletzt die Mütter derer, die in Korea kämpfen"[32]. Während Franz Josef Strauß von Helene Wessel und Gustav Heinemann als einem „Reiseteam peripatetischer Politiker"[33] sprach, hielt der FDP-Abgeordnete Heinrich Fassbender sie für „verblödete bürgerliche Intellektuelle"[34].

Auch die SPD ging gegenüber der „Notgemeinschaft" deutlich auf Distanz. Dabei hatte Gustav Heinemann den sozialdemokratischen Parteivorsitzenden vor ihrer Gründung aufgesucht und mit ihm die Angelegenheit besprochen. In der Unterredung dürfte Schumacher sich nicht strikt ablehnend gegenüber dem Vorhaben geäußert haben, sonst hätte Heinemann später wohl schwerlich nachgefragt, ob die SPD wohl durch ihre Parteipresse die Unterschriftenaktion der „Notgemeinschaft", eventuell auch die Durchführung eines Volksbegehrens in Nordrhein-Westfalen, publizistisch unterstützen werde[35]. Die Angelegenheit kam im Parteivorstand zur Sprache, stieß aber hier auf wenig Gegenliebe. Wie schon bei anderer Gelegenheit lehnte die SPD auch jetzt ihre Beteiligung an außerparlamentarischen Aktionen gegenüber dem geplanten westdeutschen Verteidigungsbeitrag ab. Zwar betonte Ollenhauer als Vertreter des erkrankten Parteivorsitzenden in seinem Antwortschreiben an Heinemann, die SPD begrüße es, wenn man sich in der Bevölkerung gegen eine Politik der bedingungslosen Aufrüstung wende, doch unter der Voraussetzung, „daß keine Situationen und Strömungen entstehen, die der totalitären Seite nützen könnten". Auch bei der Sozialdemokratie stand Heinemann im Verdacht, zumindest unfreiwillig kommunistische Handlangerdienste zu verrichten. „Bei Ihrer Aktion wird Ihnen [...] die Abgrenzung gegenüber der Kommunistischen Partei praktisch nicht möglich sein [...] Wenn Sie in Ihrem Brief betonen, daß der Mitgliederkreis der ‚Notgemeinschaft' bewußt sehr klein gehalten werde, um jede Überfremdung auszuschließen, so würden Sie bei Ihren Aktionen, so wie Sie sie angelegt haben, dieser Überfremdung zum Opfer fallen[36]." Um ihrer ablehnenden Haltung gegenüber der „Notgemeinschaft" öffentlich Ausdruck zu verleihen, lancierte die SPD den Schriftwechsel in die Presse. Ende Februar 1952 forderte der Parteivorstand die SPD-Mitglieder auf, „sich an den Aktionen dieser Notgemeinschaft nicht zu beteiligen"[37].

Obwohl deren Veranstaltungen auf lebhaftes Interesse stießen, zumeist sogar überfüllt waren, vermochte es Heinemann nicht, sich als politischer Meinungsträger im außerparlamentarischen

32 In: Deutscher Bundestag, Sten.Ber., 191. Sitzung, 8.2.1952, S. 8167 C–D.

33 Ebd., 190. Sitzung, 7.2.1952, S. 8124 D.

34 Fuldaer Volkszeitung, 12.2.1952, zit. n. Koch, Heinemann, S. 284.

35 Brief Heinemanns, 11.12.1951, an Schumacher, AdsD, NL Heinemann 41, Allgemeine Korrespondenz.

36 Brief Ollenhauers, 10.1.1952, an Heinemann, AdsD, NL Heinemann 42, Allgemeine Korrespondenz.

37 Rundschreiben des Parteivorstandes, 29.2.1952, ebd.

Raum Gehör zu verschaffen. Er mußte wie andere vor ihm und nach ihm die Erfahrung machen, daß die von den Vätern des Grundgesetzes mehrheitlich gewollte repräsentative parlamentarische, stark institutionalisierte Demokratie kaum Raum ließ für die Entfaltung außerparlamentarischer, zumal plebiszitärer politischer Kräfte.

Nationalistischer Neutralismus

Neben dem pazifistischen Neutralismus und dem aus gesamtdeutscher Verantwortung etablierte sich rasch ein Neutralismus nationalistischer bzw. neonazistischer Prägung. Innerhalb dieser Gruppierung trat besonders deutlich die Ende 1950 ins Leben gerufene „Dritte Front" ins öffentliche Bewußtsein[38]. Die politische Vergangenheit ihres Gründers Wolf Schenke spricht für sich, handelte es sich doch um den ehemaligen Chefredakteur des HJ-Organs „Wille und Macht" und einstigen Ostasien-Korrespondenten des „Völkischen Beobachters". Schenke warnte vor einer militärischen Einbeziehung der Bundesrepublik in den Westen. Rüstung, so meinte er, habe Kriege noch niemals verhindert, sondern entwickle eine zum Krieg führende Eigendynamik. Er avisierte als politisches Fernziel eine unabhängige deutsche Politik zwischen Amerikanismus und Bolschewismus, und zwar innerhalb eines Europas als dritter Kraft, als Garanten eines politischen und militärischen Gleichgewichts zwischen den von USA und UdSSR beherrschten Blöcken. Auf dieser Grundidee basierte auch die 1949 von Schenke mitbegründete „Gesellschaft für die Wiedervereinigung Deutschlands". In ihr gab man sich, präzisierend, überzeugt, „daß es in Zukunft keine isolierte deutsche Neutralität geben wird. Jede deutsche Neutralität [...] bildet sofort schon ‚geographisch' ein *Band*, das sich als ein Gürtel neutraler Völker von *Schweden* über *Deutschland* zur *Schweiz* hin schlingen würde. Dieser Gürtel ruft dann geradezu nach Verbreiterung und Verlängerung: in ihn könnten und sollten Österreich in der Mitte, Italien und Jugoslawien im Süden miteinbezogen werden." Dann entstünde ein ‚Neutropa', „auf das ein Angriff, von welcher Seite immer, ein Wagnis sein würde"[39]. Hinter diesen Zeilen verbargen sich überkommene Großraumvorstellungen wie sie während des Dritten Reiches politisch zum Tragen kamen. „Ob dieses Neutropa auf Länder westlich davon eine politische Anziehungskraft seiner Idee und Realität ausüben würde, z. B. auf die Republik Frankreich, lassen wir heute dahingestellt[40]." Suggeriert wurde eine solche Entwicklung dem Leser jedenfalls. Und ganz der nationalsozialistischen Vorstellungswelt verhaftet, projizierte man bereits ein Bündnis mit der während des Zweiten Weltkrieges von Japan proklamierten „Großostasiatischen Wohlstandssphäre" an die Wand: „Der Gedanke der Dritten Kraft, eines unabhängigen Zusammenschlusses mit den freien Nationen Asiens in einer engen Interessengemeinschaft verbunden, ist die einzige reale politische Idee, die die Welt aus dem gegenwärtigen Chaos in einen wirklichen Friedenszustand führen kann. Weder die Sowjets noch die Amerikaner sind beim heutigen Stand der Technik in der Lage, die Welt zu beherrschen oder gar zu ordnen, weder machtpolitisch noch geistig. Zur Herstellung des Gleichgewichts fehlt die Dritte Macht[41]."

Die unbewaffnete Neutralität lehnte die „Dritte Front" ab. Dies wurde schon deutlich bei der Reaktion auf die Stalin-Note vom März 1952. Zu ihr entwickelte Schenke Alternativvorstellungen, denen zufolge die Bundesrepublik ein Optimum an Handlungsspielraum behalten, gleich-

[38] Vgl. Dohse, Der dritte Weg, S. 84–99.

[39] Willy Hellpach, Neutralistische Irrungen-Wirrungen, in: Deutsche Politik. Wöchentliche Nachrichten der Gesellschaft für die Wiedervereinigung Deutschlands 2 (1951), Nr. 7/8, S. 1–3, hier S. 3.

[40] Ebd.

[41] Aufruf zur Bildung der „Dritten Front", Hamburg, 31.10.1950, zit. n. Schubert, Wiederbewaffnung, S. 133.

zeitig aber die Tür zu einer gesamtdeutschen Lösung offenbleiben sollte: „Die Bundesrepublik erhält die volle Souveränität und eine Nationalarmee, ohne in das westliche Bündnissystem einbezogen zu werden. Das stehende Heer wird nicht größer sein als der für die EVG vorgesehene Beitrag und wird durch eine nach der allgemeinen Wehrpflicht rekrutierte Miliz nach Schweizer Muster ergänzt, ausschließlich auf die speziellen für Deutschland gegebenen Verteidigungsaufgaben zugeschnitten[42]." Das Raffinierte an Schenkes sicherheits- und deutschlandpolitischer Programmatik war die Absicht, die Westmächte und die Sowjetunion in deutschem Interesse unter Umständen gegeneinander auszuspielen. So sollten sich die Bundesrepublik und die Westmächte verpflichten, keine gegeneinander gerichteten Militärbündnisse einzugehen. Die letzteren sollten aber für einen bestimmten Zeitraum militärisch auf dem Territorium der Bundesrepublik präsent bleiben. Auf diese Weise wollte man es vermeiden, in der deutschen Frage etwas festzuschreiben. Es galt, sich eine gewisse Manövrierfähigkeit zu erhalten, um bei sich wandelnder politischer Situation zu einer Verbesserung der heiklen Lage zu kommen. Gleichzeitig sollte der UdSSR deutlich gemacht werden, daß sich die Bundesrepublik für den Fall die militärische Westintegration vorbehielt, daß Moskau für absehbare Zeit eine Lösung der deutschen Frage verhinderte.

Schließlich blieb die „Dritte Front" politisch ebenso einflußlos wie andere neutralistische Gruppen, insbesondere die in nationalsozialistischem Gewande. In diesem Zusammenhang muß auf das Umfeld der Zeitschrift „Nation Europa" hingewiesen werden, das eindeutig neonazistisches Gepräge trug, was durch Beiträge von wirklich engagierten Verfechtern eines demokratischen Europas kaschiert werden sollte. Hier entstand ein Sammelbecken für all diejenigen, die unter dem europäischen Mäntelchen einen nationalen deutschen Rock trugen. Ihnen kam es zunächst darauf an, Deutschland von der Besatzungsmacht zu befreien. Mit überkommenen Feindbildern plakatierten sie die UdSSR wie die USA. Tiefsitzende antibolschewistische Ressentiments trafen mit Aversionen gegenüber Demokratie und Liberalismus zusammen, beides durch die Vereinigten Staaten auf beispielhafte Weise negativ verkörpert. Der Kreis um die „Nation Europa" lehnte einen Wehrbeitrag unter amerikanischer oder kollektiver europäischer Vormundschaft strikt ab. Washington wurde unterstellt, die Bundesrepublik militärisch integrieren zu wollen, um sie aus „Eifersucht, Haß und Verblendung" militärisch kurzhalten zu können. Die Mitgliedschaft in der Europäischen Verteidigungsgemeinschaft wurde als entehrend abgelehnt[43]. Die in diesem Kreis geforderte Neutralität entsprang nicht einer neutralistischen Überzeugung, sondern trug rein opportunistischen Charakter. Es ging darum, die Sowjetunion durch eine vorübergehende militärische Abstinenz zu deutschlandpolitischen Zugeständnissen zu bewegen.

d) Friedensbewegung, Kriegs- und Wehrdienstverweigerer

Die Friedensbewegung galt und gilt in weiten Kreisen von Öffentlichkeit und Politik als Sammelbecken vaterlandsloser Gesellen und kommunistischer Defätisten. Pazifismus zählt in Deutschland weitverbreitet zur politischen Unkultur. Insbesondere der hohe Anteil der Frauen an der Friedensbewegung hat diese dominant männliche Sphäre der Politik suspekt werden lassen. Zum schlechten Image der Friedensbewegung trug daher nicht zuletzt die Tatsache bei, daß sich in ihr Frauen nicht nur aus Sorge um das Schicksal von Männern und Söhnen engagierten, sondern auch in politisch emanzipatorischer Absicht. Das Dritte Reich hatte so gründlich mit

[42] Informationsbrief der Dritten Front, Nr. III/6, 28.2.1953, zit. n. Dohse, Der dritte Weg, S. 89.
[43] Zit. n. Schubert, Wiederbewaffnung, S. 134.

der Friedensbewegung aufgeräumt, daß sie nach 1945 eine lange Anlaufzeit benötigte, um sich wieder zu etablieren. Es gelang dies erst im Verlauf der weitverbreiteten atomaren Bedrohungspsychose.

Die Friedensbewegung zu Beginn der 50er Jahre erregte den Argwohn der Politiker wie der Verfassungsschützer. Tatsächlich erwiesen sich viele der vielfältigen Gruppierungen als kommunistische Tarnorganisationen bzw. als kommunistisch infiltriert. Dies galt vornehmlich für die Frauen-Friedensbewegung. Doch traf propagandistisches und administratives Vorgehen auch diejenigen, die sich aus ethischer und religiöser Überzeugung als Pazifisten politisch artikulierten.

Unter den zahlreichen Frauengruppen erzielte einzig die „Westdeutsche Frauenfriedensbewegung" eine gewisse Wirksamkeit. Sie stellte eine Art Dachorganisation dar. Im Oktober 1951 installiert, präsidierte ihr die schon in der katholischen Friedensbewegung der Weimarer Republik tätige Klara-Marie Faßbinder. Der WFFB gehörten Christen, Sozialisten, Pazifisten, Kommunisten, aber auch politisch Ungebundene an[1]. In ihrer Gründungsproklamation rief die Gesellschaft dazu auf: „Habt Zivilcourage! Seid kritisch! Wendet Euch gegen Presseerzeugnisse, die sich für Kriegspropaganda hergeben! Seid wachsam! Schützt Eure Kinder und erzieht sie zu mutigen Staatsbürgern! [...] Setzt Euch zur Wehr gegen die Wiederaufrüstung[2]!" In der Zukunft fanden Kongresse in Cuxhaven, Oberhausen, München und in der Frankfurter Paulskirche statt. Als erfolgreiche Rednerin trat die Marburger Professorin Luise Berthold auf, Vorkämpferin für die Emanzipation der Frau an der Universität. Leidenschaftlichen Protest riefen Deutschland- und EVG-Vertrag hervor, die nicht nur als friedensbedrohend, sondern auch als die friedliche Wiedervereinigung blockierend apostrophiert wurden. In einem Brief an den Bundeskanzler warnte die „Westdeutsche Frauenfriedensbewegung" kurz vor Unterzeichnung der Westverträge davor, deutsche Soldaten in die Strategie eines dritten Weltkrieges einzuplanen. „Vielmehr bestehen wir darauf, daß ein Appell an das Pflichtgefühl der Menschen nur im Geiste des Humanismus und der Völkerverständigung gerichtet werden darf. Deshalb lehnen wir den Generalvertrag ab, einen Vertrag, der auf einem Militärbündnis beruht und dessen genauer Wortlaut bisher sogar dem Bundestag vorenthalten worden ist." Nachdrücklich setzten sich die Verfasserinnen des Memorandums für eine Ost-West-Verständigung und eine friedliche Lösung des Deutschlandproblems sowie der Saarfrage ein[3]. Regierungsseitig machte man sich sogar die Mühe einer Antwort. Nicht nur, daß man die Politik des Bundeskanzlers als Friedenspolitik zu erklären suchte. Es fehlte nicht am stereotypen Hinweis, daß Politik und politische Verantwortung einzig in den Kompetenzbereich gewählter Volksvertreter fielen[4].

Die Westverträge waren Gegenstand einer großen Protestveranstaltung im Mai 1952 in der Bundeshauptstadt. Auf ihr sprach auch die Zentrumspolitikerin Helene Wessel. In einer dem Bundeskanzler gegenüber zum Ausdruck gebrachten Willenserklärung sprach die Versammlung ihre Befürchtung aus, der EVG-Kontrakt programmiere den Bruderkrieg. „Er vertieft den Riß zwischen Ost und West und verschärft die internationalen Spannungen bis zum Zerreißen der friedlichen Bande zwischen den Völkern. Der Generalvertrag nimmt uns unsere Männer und unsere Söhne [...] Wir werden nie bereit sein, unser im Grundgesetz garantiertes Recht der Selbstbestimmung preiszugeben. Wir schützen das Leben, die Freiheit und den Frieden, indem wir zur unmittelbaren Entscheidung des Volkes für einen Friedensvertrag und gegen den Gene-

[1] Vgl. Swiderski, Westdeutsche Frauenfriedensbewegung, S. 15.
[2] Zit. n. Steinmann, Westdeutsche Frauenfriedensbewegung, S. 170.
[3] Brief der „Westdeutschen Frauenfriedensbewegung", 17.4.1952, an Adenauer, BA, B 136/3787.
[4] Entwurf des Antwortschreibens, 1.7.1952, ebd.

ralvertrag rufen[5]." Volksbefragung über die sogenannte Wiederbewaffnung und deutsch-deutsche Annäherung, dies waren die Hauptforderungen, die die WFFB aufstellte. Zweifelsfrei kommunistisch unterwandert, aber nicht in der Spitze, war die Organisation für die Regierung ein politisches Ärgernis. Vor allem gegen ihre Präsidentin wurde eine intensive Pressekampagne gestartet. Frau Faßbinder, tief im katholischen Humanismus verwurzelt, setzte sich, wie der Protestant Heinemann, für einen deutsch-sowjetischen politischen Dialog, für einen wissenschaftlich-kulturellen Gedankenaustausch zwecks Abbau der bestehenden Spannungen ein. Die Professorin der Pädagogischen Akademie Bonn scheute nicht die persönliche Kontaktaufnahme zu Repräsentanten aus DDR und UdSSR und auch nicht das gemeinsame Auftreten mit ihnen. Der Kanzler warf das Gewicht seiner Position in die Waagschale, um die in der Lehrerbildung stehende Dozentin auf administrative Weise zu reglementieren. Mitte 1953 nahm er einen Artikel Klara-Marie Faßbinders in der kommunistisch gelenkten Zeitung „Offene Worte zum Zeitgeschehen", in dem die Autorin von ihren Begegnungen im sowjetischen Hauptquartier in Karlshorst berichtete, zum Anlaß, den nordrhein-westfälischen Ministerpräsidenten Karl Arnold (CDU) aufzufordern, das politische Gebaren der Professorin auf die Vereinbarkeit mit dem Beamtenrecht hin zu überprüfen. „Mit diesem Treueverhältnis ist es m. E. nicht vereinbar, daß Frau Dr. Faßbinder in einer kommunistisch beherrschten Zeitung und auch sonst öffentlich in Versammlungen gewisse Pläne der sowjetischen Deutschland-Politik unterstützt, deren Verwirklichung nach der Meinung der großen Mehrheit des deutschen Volkes zu einer Gefährdung oder gar Beseitigung der freiheitlichen demokratischen Grundordnung unseres Staatswesens führen würde[6]." Der Kanzler rannte in Düsseldorf offene Türen ein. Die dortige Kultusministerin Christine Teusch hatte bereits zwischenzeitlich eine Untersuchung aufgrund des Dienstordnungsgesetzes eingeleitet[7]. Wenig später wurde Klara-Marie Faßbinder vorübergehend vom Dienst suspendiert. 1955 verbot die Landesregierung von Rheinland-Pfalz die WFFB wegen verfassungsfeindlicher Umtriebe. Im Jahre 1960 wurde dieses Verbot gerichtlich für rechtswidrig erklärt und aufgehoben. Politische Widersacher betrachtete Adenauer stets als persönliche Gegner, die bis in ihren privaten Bereich hinein vor seinen Demütigungen nicht sicher waren. Zu ihnen zählte auch Klara-Marie Faßbinder. Obwohl Mitglied des Katholischen Deutschen Frauenbundes, der katholischen Pax-Christi-Bewegung, der renommierten katholischen Görres-Gesellschaft und anderer katholischer Vereinigungen sowie des Internationalen Versöhnungsbundes blieb ihr das Etikett einer Komplizin des Kommunismus anhaften. Als die französische Regierung ihr wegen außerordentlicher Verdienste um die deutsch-französische Aussöhnung den Orden „Les palmes académiques" verleihen wollte, legte Bundespräsident Lübke auf Betreiben des Kanzleramtes sein Veto ein. Immerhin erhielt sie die Carl-v.-Ossietzky-Medaille der Deutschen Sektion der Internationalen Liga für Menschenrechte als Würdigung ihres Friedenengagements[8]. Dem Kanzler kann zumindest zugute gehalten werden, daß in der damaligen emotionsgeladenen deutsch-deutschen Atmosphäre alle bürgerlichen Parteien traumatische Berührungsängste gegenüber allem, was nach Kommunismus aussah, hegten.

Eine größere organisierte katholische Friedensbewegung hat es in den 50er Jahren nicht gegeben. Nur mit Mühe gelang es, den Friedensbund Deutscher Katholiken nach 1945 neu zu gründen. Er wandte sich vor allem gegen die dem positiven Wehrverständnis der Katholischen Kir-

[5] Mit Schreiben vom 23.5.1952 dem Bundeskanzler überreichtes Memorandum vom 22.5.1952, ebd.
[6] Brief Adenauers, 27.7.1953, an Arnold, ebd.
[7] Brief Arnolds, 7.8.1953, an Adenauer, ebd.
[8] Vgl. dazu Donat/Holl (Hrsg.), Die Friedensbewegung, S. 109f.

che in der Bundesrepublik zugrundeliegende Lehre von gerechten Kriegen[9]. Seine Aktivitäten, nicht zuletzt auch eine Interpellation in dieser Sache bei Pius XII.[10], setzten ihn zunehmend politischem und kirchlichem Druck aus, so daß er sich im Frühjahr 1951 zur Selbstauflösung entschloß. In der damaligen Zeit suchte die Union, ungeachtet ihres Werbens um die evangelische Wählergunst, im Katholizismus und seinen institutionellen Einrichtungen politischen und moralischen Rückhalt, während umgekehrt die katholische Kirche in CDU und CSU zwei ihrer Weltanschauung und ihren politischen Auffassungen in hohem Maße entsprechende Parteien sah, mit denen eine weitgehende politische Identifikation möglich erschien.

Friedensgruppen, soweit sie nicht als kommunistische Tarnorganisationen gelten müssen, tendierten in der Regel zur Sozialdemokratie – auch dann, wenn diese Zuneigung damals nicht erwidert wurde – und wurzelten nicht selten im Protestantismus. Dies trifft auch für die größte und renommierteste Gesellschaft zu, die „Arbeitsgemeinschaft deutscher Friedensverbände". In ihr waren vorwiegend relativ selbständig operierende Vereinigungen zusammengeschlossen, die die Kriegsdienstverweigerung propagierten oder aber sich für eine gesetzliche Verankerung des Rechts auf Kriegs- bzw. Wehrdienstverweigerung einsetzten. Dem Dachverband gehörten u.a. die „Deutsche Friedensgesellschaft – Bund der Kriegsdienstgegner" an, der vorwiegend religiöse Sozialisten bürgerlicher Herkunft zu seinen Anhängern zählte, von dem SPD-Bundestagsabgeordneten Pfarrer Fritz Wenzel, dem Stadtdirektor Bangel, der als Pazifist bereits 1931 aus der Sozialdemokratie ausgeschlossen worden war, sowie dem 1954 verstorbenen Mitglied der Hamburger Bürgerschaft Harald Abatz (FDP) geleitet. Die DFG ging auf eine Gründung Bertha v. Suttners aus dem Jahre 1892 zurück und umfaßte in den 50er Jahren rund 10 000 Mitglieder. Zu nennen ist ferner der „Internationale Versöhnungsbund – Deutscher Zweig", an dessen Installation die Quäker beteiligt waren und der einen protestantischen Pazifismus vertrat. Nicht unerwähnt bleiben darf die „Internationale der Kriegsdienstgegner" (IdK). DFG und IdK waren insofern personell miteinander verflochten, als Wenzel dem Vorstand beider Institutionen angehörte.

Die deutsche Sektion der „Internationale der Kriegsdienstgegner" war überkonfessionell und überparteilich, was, ähnlich wie beim Deutschen Gewerkschaftsbund, Mitgliedschaft und Mitarbeit von Kommunisten einschloß, wenngleich sie dem Führungsgremium mehrheitlich nicht erwünscht erschienen. Die IdK wollte sich nicht darauf beschränken, rechtliche, politische und aufklärerische Hilfestellung für Kriegsdienstverweigerer zu leisten. Sie hatte sich zum Ziel gesetzt, alle Kräfte, die sich gegen den Krieg wandten, zu erfassen und mit ihnen gemeinsam für den Frieden zu arbeiten. Mögliche Kriegsursachen sollten ausgemacht und bekämpft werden, die Ächtung des Krieges auf nationaler und internationaler Ebene erfolgen. Letztlich galt ihr Bemühen der Schaffung einer freien, auf sozialer Gerechtigkeit und ökonomischem Ausgleich beruhenden Gesellschaft, die das Fundament zur Gewährleistung eines dauerhaften Friedens bieten sollte. Um dies zu erreichen, sah ihre Satzung konstruktive und destruktive Aktivitäten vor: Zum einen Initiativen zur Völkerverständigung, zum anderen gewaltlosen Widerstand bis hin zu öffentlichem Ungehorsam und zu Generalstreik. Die IdK hat sich offiziell in einer Reihe von Deklarationen gegenüber kommunistischen Organisationen abgegrenzt. Gleichzeitig wurde ihren regionalen Gruppen freigestellt, unter bestimmten Bedingungen mit ihnen zusammenzuarbeiten, wobei gemeinsame Aktivitäten „auf keinen Fall einseitig gegen den Westen", sondern

[9] Vgl. dazu das Kapitel über Katholizismus und Wehrfrage.
[10] In: Thomas, Geweihte Taube.

„gleichmäßig gegen bzw. für West und Ost" gerichtet sein bzw. gelten mußten"[11]. Regierungsseitig und seitens der bürgerlichen Parteien immer wieder als kommunistische Tarnorganisation verdächtigt, stellte die Internationale der Kriegsdienstgegner noch einmal fest, „1. daß zwischen Kommunismus und uns keine weltanschauliche Verwandtschaft besteht; 2. daß wir jeden Krieg, wie auch dieser genannt und getarnt sein mag und für welche Zwecke er auch geführt werden mag, ablehnen, während die Kommunisten mindestens zwei Kriege, den Bürgerkrieg und den Krieg zur Verteidigung der Sowjetunion gutheißen"[12]. In der Folgezeit übte die IdK dann auch Zurückhaltung im Zusammenwirken mit kommunistisch gelenkten oder infiltrierten Organisationen und grenzte sich deshalb auch gegen den „Hauptausschuß für Volksbefragung gegen Remilitarisierung" ab. Sie trat für eine aktive Wiedervereinigungspolitik ein, war sie doch davon überzeugt, daß der Friede in Europa zum großen Teil von der Wiederherstellung der deutschen Einheit abhänge. „Wir sind fest überzeugt, daß es für Deutschland nur eine realistische Politik gibt: die Politik guter Nachbarschaft und aktiver Neutralität, wie sie etwa zur Zeit Indien betreibt[13]."

Da sie weder eine Bindung an die UdSSR noch an die USA befürwortete, machte sie natürlich Front gegen die Westverträge. Zusammen mit der DFG entfaltete sie Ende 1952/Anfang 1953, d.h. zwischen der zweiten und dritten Lesung von Deutschland- und EVG-Vertrag, ihre größten Aktivitäten. Als spektakulärste Aktion fand anläßlich der parlamentarischen Verabschiedung der Kontrakte in Hamburg die symbolische Verbrennung des EVG-Vertrages statt, weil er „uns nach unserer Überzeugung einseitig an den Westen bindet, die Teilung Deutschlands verewigt, die Kriegsgefahr erhöht und keinen Weg der Verständigung offen läßt"[14]. Mit dieser Aktion hatte die IdK den Zenit ihrer öffentlichen Wirksamkeit und ihres allgemeinen politischen Eintretens für den Frieden erreicht. Sie widmete sich in der Folgezeit verstärkt und intensiv den Fragen der Kriegsdienstverweigerung.

Die „Arbeitsgemeinschaft Deutscher Friedensverbände" zählte zu den Gründungen des evangelischen Theologen Friedrich Siegmund-Schultze. Er hatte bereits dem Parlamentarischen Rat bei der Abfassung des Art. 5 GG über die Glaubens-, Gewissens- und Bekenntnisfreiheit als Sachverständiger zur Verfügung gestanden, so daß man ihm mit einer gewissen Unbefangenheit begegnete und hoffte, er könne die kommunistischen Elemente der Friedensbewegung neutralisieren. Zwischen Siegmund-Schultze, den seinem Dachverband angeschlossenen Organisationen und den verschiedenen Einrichtungen der Bundesregierung entwickelte sich ein Dialog, der sich schwerpunktmäßig auf die Frage der Gestaltung des Rechts auf Kriegs- und Wehrdienstverweigerung konzentrierte[15]. Zunächst reihte sich die Arbeitsgemeinschaft in die Vielzahl der sogenannten antimilitaristischen Gruppierungen ein und intervenierte nach des Kanzlers Sicherheitsmemorandum beim Regierungschef gegen jegliche Aufrüstungsbestrebungen. Ihrer Meinung nach widersprachen diese dem im Zuge der Kapitulation zum Ausdruck gekommenen

[11] Zit. n. Grünewald, Internationale, S. 117.

[12] Broschüre der IdK aus dem Jahre 1952 „Scheidung der Geister und der Wege", ebd., S. 119f.

[13] Erklärung des Bundesvorstandes, Dezember 1954, ebd., S. 146.

[14] Ebd., S. 130.

[15] Mitglieder der Arbeitsgemeinschaft waren: die Deutsche Friedensgesellschaft, die Kampfgemeinschaft für Totale Demokratie, die Internationale der Kriegsdienstgegner, die Deutsche Liga für Menschenrechte, der Liebesweltbund, die Weltorganisation der Mütter aller Nationen (Woman), das Bundespräsidium der Weltbürger in Deutschland, der Internationale Versöhnungsbund, die Weltstaatliga, die Europa-Union. Zu den assoziierten Mitgliedern zählten: die Friedensakademie, die Internationale Freundschaftsliga, der Christliche Friedensdienst, der Internationale Friedensdienst, die Nothelfergemeinschaft der Freunde. Verzeichnis der Mitglieder, BA-MA, BW 9/1939.

Willen der Siegermächte zur Demobilisierung Deutschlands und auch der Verfassung. Von der Bundesregierung verlangte sie die Vorbereitung eines vom Bundestag zu verabschiedenden Gesetzentwurfes zur Volksbefragung über eine „Remilitarisierung". Die Arbeitsgemeinschaft wandte sich gleichzeitig an die westdeutsche Bevölkerung, die davor gewarnt wurde, sich im Sinne fremder Interessen militärisch einspannen zu lassen oder nationalistischen Umtrieben stattzugeben. Es klangen gewisse neutralistische Reminiszenzen an, wenn die Befürchtung ausgesprochen wurde, eine Teilnahme des deutschen Volkes an einer kriegerischen Auseinandersetzung zwischen Ost und West besiegele sein Schicksal. Deutschland sei aufgrund seiner geographischen Lage zur Friedensvermittlung im Kalten Krieg aufgerufen[16]. Die Arbeitsgemeinschaft beteiligte sich später, als ein westdeutscher Verteidigungsbeitrag in das Stadium konkreter Planung eintrat, an der inhaltlichen und rechtlichen Ausgestaltung des Wehrpflichtgesetzes.

Neben ihr nahmen sich zahlreiche andere Gruppierungen dieser Problematik publizistisch und propagandistisch in einer Weise an, daß die Bundesregierung, nicht zuletzt aufgrund der demoskopischen Erhebungen, befürchtete, ihr Einfluß auf die Volksmeinung könne derart negative Folgen zeitigen, daß mit einer breiten Front von Kriegs- und Wehrdienstgegnern zukünftig gerechnet werden müsse. Insbesondere die zahlreichen Beratungsstellen für Kriegsdienstverweigerer stellten die Bundesregierung vor die Frage, ob sich rechtliche Handhaben gegen die öffentliche Proklamation der Kriegs- und Wehrdienstverweigerung böten. Solche Überlegungen sind typisch für den autoritären Regierungsstil und für den – im wörtlichen Sinne – rechthaberischen Umgang mit allen außerparlamentarisch-oppositionellen Kräften der frühen Adenauer-Administration. Eine umfängliche Expertise des Amtes Blank kam aber, wie immer man die Problematik rechtlich betrachtete, zu einer verneinenden Antwort. Das Bekenntnis zur Kriegsdienstverweigerung und das offene Eintreten für sie erwies sich als rechtlich zulässig. Propaganda für Kriegsdienstverweigerung durfte sich allerdings nicht mit Aufforderung oder Anstiftung zum Ungehorsam verbinden. Für diesen Fall bot das geltende Recht zwar hinreichende Möglichkeiten zum Einschreiten gegen Einzelpersonen wie Organisationen, seine praktische Anwendung erwies sich aber als äußerst schwierig. So kam man denn zu der Überzeugung, das Strafrecht so wenig wie möglich in Anspruch zu nehmen. Man hielt es für erfolgversprechender, der Propaganda zur Kriegsdienstverweigerung durch planmäßige Aufklärungsarbeit entgegenzuwirken[17]. Dies geschah zunächst durch eine bei der Gesellschaft für Wehrkunde in Auftrag gegebene Broschüre „Zur Frage der Kriegsdienstverweigerung", deren Verfasser als promovierter Jurist und ehemaliger Offizier der Wehrmacht den nötigen Sachverstand zu besitzen schien. Obwohl es an rechtlichen Erörterungen, auch im Vergleich zu anderen Staaten, nicht fehlte, kam es dem Autor weniger darauf an, konkrete Vorschläge für ein notwendiges Ausführungsgesetz zum Art. 4 GG zu unterbreiten. Viel wichtiger erschien es ihm, das Meinungsmonopol der Kriegsdienstgegner zu brechen und darauf hinzuwirken, „die Staatsbürger der Bundesrepublik wieder [zu] einem vernünftigen, aus staatspolitischer Einsicht geborenen Wehrverständnis zurückzugewinnen"[18]. Zwar wurde auch nun keine Verherrlichung des Soldatentums und des Krieges gefordert, wohl aber ein Ende der Diffamierung alles Militärischen. Eine positive Wertung sollte wieder möglich sein. Der Autor wußte, welch schwierige Aufgabe zu bewältigen war. Warum sonst hätte er an einen Zeitungsartikel aus der Nachkriegszeit erinnert, in dem u.a.

[16] Brief der Arbeitsgemeinschaft, 6.11.1950, an Adenauer, ACDP, I-148-042/1.

[17] Vermerk der Rechtsabteilung über Propaganda zur Kriegsdienstverweigerung, 17.12.1954, BA–MA, BW 9/1938.

[18] Wanke, Kriegsdienstverweigerung, S. 54f. Wanke war Oberst a. D.; PGA-Zustimmung zur Übernahme in die Bundeswehr 4.1957, Wanke gehörte bis 4.1963 der Bundeswehr an.

stand: „*Ein* Glück und *einen* Nutzen hat uns der Umsturz wenigstens gebracht: das deutsche Volk ist für alle Zukunft von den unproduktiven Militärlasten befreit; die so bisher vergeudeten Milliarden werden fortan dem sozialen und kulturellen Fortschritt dienen." Daß dieser soziale Fortschritt aber militärisch gegen äußere Bedrohung gesichert werden mußte, dies galt es dem Bundesbürger klarzumachen. „Solange die internationale Rechts- und Friedensordnung mit gleichem Recht für Starke und Schwache nicht lebt und steht, so lange halten wir die von jenen Irrtümern überdeckten Tatsachen für die stärksten politischen und ethischen Einwände gegen die Wehrdienstverweigerung überhaupt." Gerade dieser Satz hat eine öffentliche Kontroverse heraufbeschworen, die allerdings hier nicht zu verfolgen ist.

Die Institutionen und Organisationen, die sich speziell der Frage der Kriegsdienstverweigerung annahmen, erhielten im Vorfeld und in der Phase der Aufstellung der Bundeswehr Auftrieb und ein konkretes Betätigungsfeld. Die Friedensbewegung, soweit sie nicht wegen Verfassungsfeindlichkeit dem Verbotsverdikt zum Opfer fiel, war bereits vor dem Scheitern der EVG zur relativen Bedeutungslosigkeit geschrumpft. Siegmund-Schultze zog 1953 resigniert eine erste Bilanz, derzufolge sich einzelne Friedensinitiativen in der Presse kaum noch äußern konnten, weil z.B. Zeitungen und Zeitschriften weder Artikel noch Anzeigen veröffentlichten. Dafür sorgte die „Ausschüttung der amerikanischen Dollar-Millionen an die unter Papiermangel leidenden westdeutschen Zeitungen". Die Diskreditierungen der Friedensarbeit als kommunistische subversive Tätigkeit führte dazu, daß sich immer mehr Bürger von den Friedensaktivitäten zurückzogen. „Das Ergebnis, das sich in den Jahren 1951–53 aus dieser Situation herausgebildet hat, ist das folgende: Die Personen und Verbände, die sich während der ersten Nachkriegsjahre für die Friedenssache neu eingesetzt hatten, sind, sofern sie nicht ein großes Maß von innerer und äußerer Unabhängigkeit besaßen, aus der Friedensarbeit ausgeschieden. Nur diejenigen, die bereit sind, Zurücksetzung und gegebenenfalls Verfolgung auf sich zu nehmen, stehen noch in der Front[19]."

Arbeitsfähig geblieben waren lediglich die „Deutsche Friedensgesellschaft – Bund der Kriegsdienstgegner", die „Internationale der Kriegsdienstgegner" und der „Versöhnungsbund", der evangelische und katholische Christen gleichermaßen zur Friedensarbeit sammelte.

e) Protestantismus und Wehrfrage

Wehr- bzw. Kriegsdienst und Gewissensentscheid, dies war eine Problematik, die die Religionsgemeinschaften, insbesondere die beiden großen Konfessionen und Kirchen in Deutschland, zur Stellungnahme herausforderte[1]. Und in der Tat bilden beide einen gewichtigen Faktor in der Auseinandersetzung um den Verteidigungsbeitrag, die auf zwei Ebenen ausgetragen wurde. Zum einen besaß die Sicherheitspolitik eine innerkirchliche, theologische Dimension, die sich auf das politische Selbstverständnis der Kirchen erstreckte. Hierüber ist es, zumindest innerhalb des Protestantismus, zu erheblichen Spannungen gekommen[2].

Zum andern spielte sie sich zwischen den Konfessionen und dem Staat ab und erhielt ihr besonderes Gepräge dadurch, daß die die Bundesregierung hauptsächlich tragende und den Bundeskanzler stellende Partei stark am Katholizismus ausgerichtet war.

[19] Siegmund-Schultze, Deutsche Friedensbewegung, S. 159.

[1] Vgl. zu dieser Thematik grundlegend Spotts, Kirche und Politik; Doering-Manteuffel, Kirchen und EVG.
[2] Grundlegend dazu Vogel, Kirche.

Von einer verbindlichen Auffassung der verfaßten Evangelischen Kirche in der Sicherheitsfrage kann in den frühen 50er Jahren keine Rede sein. Folglich läßt sich auch keine konkrete Aussage über die mehrheitliche Haltung des Kirchenvolkes treffen. Nur soviel ist sicher: die protestantische Wählerschaft hat einem westdeutschen Verteidigungsbeitrag tendenziell stets wesentlich kritischer gegenübergestanden als die katholische. Die von Rom geführte katholische Kirche stellt sowohl in organisatorischer wie in dogmatischer Hinsicht ein relativ monolithisches Gebilde dar. Dieser Weltkirche stehen unterschiedlich ausgerichtete evangelische Kirchen gegenüber, in der Bundesrepublik im wesentlichen in Form dreier großer Bekenntnisrichtungen: reformierte, lutherische und unierte Kirche. Alle drei Kirchen waren administrativ und kirchenpolitisch unter einem Dach vereint, unter der Evangelischen Kirche in Deutschland (EKD).

Die Evangelische Kirche orientierte sich in der Wehrproblematik nicht zuletzt an ihrem Staatsverständnis, das von drei Grunddeterminanten bestimmt war:

Erster Aspekt:

Die drei genannten Bekenntnisse besaßen kein einheitliches Staatsverständnis, was auch seinen öffentlichen und innerkirchlichen Ausdruck fand und sich mit Hilfe der EKD oft nur mühsam, manchmal auch gar nicht, auf einen Nenner bringen ließ. Hinzu kam, daß die Landeskirchen der drei Bekenntnisse ihrerseits über ein hohes Maß an Autonomie verfügten. Ihre politischen und kirchenpolitischen Stellungnahmen trugen vielfach den persönlichen Stempel des jeweiligen landeskirchlichen Oberhirten.

In diesem Zusammenhang muß vom Bewußtsein der Schuld derer die Rede sein, die durch politische Partizipation am Dritten Reich für dessen zumindest formal erfolgreichen Versuch, eine am Regime ausgerichtete Staatskirche zu etablieren, mit Verantwortung für die Politik und Kirchenpolitik der NS-Machthaber trugen. Schließlich gab es auch die politisch Angepaßten innerhalb der drei Bekenntnisse. Aber es gab auch diejenigen, die in die innere Emigration und in den äußeren Widerstand getreten waren, symbolisiert durch die Bekennende Kirche. Natürlich war auch die Katholische Kirche als Institution und durch Einzelpersönlichkeiten mit dem nationalsozialistischen Unrechtsregime verstrickt, mit dem der Heilige Stuhl bekanntlich ein Konkordat abgeschlossen hatte, das ihm von der Weimarer Republik verweigert worden war. Aber, und das unterscheidet beide Kirchen in der Nachkriegszeit politisch voneinander: Die EKD hat sich in ihrer Stuttgarter „Schulderklärung" (18./19. Oktober 1945) vom Dritten Reich nachträglich distanziert, die Katholische Kirche nicht. Die Konsequenzen, die protestantische Geistliche und Laien aus der jüngsten Vergangenheit ihrer Kirche zogen, waren unterschiedlich. Wo sich die einen zur religiösen Einkehr und Buße, zur politischen Abstinenz entschlossen, fühlten sich andere zur politischen Mitgestaltung und Mitverantwortung berufen, machten sie ihren Anspruch geltend, als moralische Instanz von Kirche, Staat und Gesellschaft zu gelten und als solche respektiert zu werden. Es handelte sich nicht selten um Mitglieder der Bekennenden Kirche, die zunächst den kirchenpolitischen und -dogmatischen Führungsanspruch anmeldeten, ihn dann aber an die EKD zumindest formal abtraten. In ihrem Bruderrat besaßen sie allerdings ein engagiertes, mehrheitlich linksorientiertes politisches Gremium. Politisch tonangebend in der Bekennenden Kirche nach 1945 waren die sogenannten Barthianer. Sie betrachteten kirchliche Verkündigung und politisches Engagement als miteinander vereinbar, ja als Pflicht des Theologen und Christen. Karl Barth hatte dazu aufgefordert, „an dem menschlichen Fragen nach der besten Gestalt, nach dem sachgemäßen System des politischen Wesens" teilzunehmen und „zwischen der jeweils als besser oder schlechter sich darstellenden politischen Gestalt und

Wirklichkeit zu unterscheiden"[3]. Die Ereignisse des Dritten Reiches hatten gelehrt, in das politische Tagesgeschäft eingreifen zu müssen, wenn es galt, Recht und Gerechtigkeit, Demokratie und Menschlichkeit und nicht zuletzt Frieden zu wahren[4]. Innerhalb der reformierten Kirche ließ sich diese Position häufiger antreffen. Im Bruderrat der Bekennenden Kirche waren ihre Inhaber tonangebend. Eines muß allerdings hervorgehoben werden: der Bruderrat konnte, obwohl politisch agilster Teil der Evangelischen Kirche, niemals für sich in Anspruch nehmen, die Stimme der Mehrheit zu sein. Er repräsentierte lediglich eine, wenngleich allein schon auf Grund eines gewissen Pressemonopols einflußreiche Gruppe, zu der Heinemann, Niemöller und der Darmstädter Pfarrer Mochalski zu rechnen sind.

Den Barthianern stand die lutherische Kirche mit ihrer Rückbesinnung auf die „Zwei-Reiche-Theorie" gegenüber[5]. Dieser Lehre zufolge sollte die Kirche zumindest eine gewisse Distanz zum weltlichen Geschehen wahren und sich um so intensiver dem Jenseits zuwenden. Die Kirche hatte sich zu befleißigen, „in die verschiedenen Lebensbereiche ihrer Eigengesetzlichkeit wegen nicht hineinzureden", sich zu ihnen nur insofern zu äußern, als „auch sie unter Gottes Gebot stehen"[6]. Dies waren nun sicher dehnbare, wenngleich in ihrem Grundtenor dogmatische Grundprinzipien. Dies wurde insbesondere deutlich gegenüber der Verteidigungspolitik. Symptomatisch ist, daß schon während des Dritten Reiches die Lutheraner den geringsten Mitgliederanteil, die Reformierten den größten an der Bekennenden Kirche stellten, und daß die Nachfolgeinstitution und insbesondere der Bruderrat nach 1945 dieses strukturelle Element übernahmen. Mehr noch: die Barthianer waren nicht nur tonangebend, die staatskonformistischeren Mitglieder haben dem Bruderrat auch allmählich in der Sicherheitsfrage den Rücken zugewandt.

Zweiter Aspekt:

Ungeachtet der Spaltung in Besatzungszonen, in eine östliche und eine westliche Hemisphäre schuf sich die Evangelische Kirche eine system- und grenzüberschreitende gemeinsame Leitung (EKD), eine der wenigen überhaupt noch existierenden deutsch-deutschen gemeinsamen Institutionen. Sie machte ein existentielles Interesse an der Wiedervereinigung, zumindest aber dahingehend geltend, daß seitens der Bundesrepublik alles vermieden würde, was der SED zum Vorwand hätte dienen können, das kirchliche Band zu durchtrennen. Da die Wiedervereinigungsproblematik aber unlösbar mit der sicherheitspolitischen verknüpft war, bildete sie eine besonders brisante politische Thematik, zu der sich die EKD als Institution vorsichtig äußerte, allein schon aus persönlicher und glaubenspolitischer Fürsorge für die Brüder und Schwestern in der SBZ/DDR. Dies muß man wissen, wenn man gesamtdeutsche und sicherheitspolitische Äußerungen der EKD werten will!

Und einen *dritten Aspekt* gilt es zu beachten: die Evangelische Kirche sah sich in der Bundesrepublik politisch minorisiert – ihr konfessionelles Übergewicht im Deutschen Reich beruhte auf ihrer Repräsentanz in den mittel- und ostdeutschen Gebieten –, weil die CDU/CSU als bestimmende politische Kraft eine auffällige katholische Kopflastigkeit aufwies. Es bestand von Anbeginn an ein politisch-atmosphärisches Spannungsfeld zwischen Protestantismus und Bundesregierung, das sich durch die Differenzen in der Wehrfrage noch einmal auflud.

[3] Barth, Christengemeinde, S. 15f.
[4] Evangelische Kirche in Deutschland, S. 16f.
[5] Vgl. dazu Gloege, Thesen.
[6] So der Theologe H. Thielecke, zit. n. Evangelische Kirche in Deutschland, S. 16.

Adenauer litt in der Geburtsphase und auch während der ersten Legislaturperiode der Bundesrepublik unter dem Trauma, die Union werde als politische Neuauflage des römisch-klerikalen Zentrums der Weimarer Zeit verkannt. Er war daher stets bemüht, die Politik der Union und die der von ihr mehrheitlich bestallten Regierung durch Integration namhafter evangelischer Politiker nach dieser Seite hin abzustützen und für die Zukunft durch Hinzugewinnung evangelischer Wähler zu stabilisieren. Umgekehrt mahnten evangelisch-kirchliche Persönlichkeiten ihrerseits eine angemessene Berücksichtigung des protestantischen Bevölkerungsteiles in Regierung und Fraktion an. Mit der Besetzung des wichtigsten Ressortsessels durch Gustav Heinemann schien Adenauer solchen Wünschen in hervorragender Weise entsprochen zu haben. Der erste Bundesinnenminister verband geradezu idealtypisch Politik und praktizierendes protestantisches Christentum miteinander. Einfluß genoß er insbesondere wegen seiner Zugehörigkeit zur Bekennenden Kirche, aufgrund derer er 1945 in die Leitung der Evangelischen Kirche im Rheinland und zum Präses der Synode und Mitglied des Rates der EKD berufen wurde. Aus der Sicht des Bundeskanzlers erwies sich die Wahl Heinemanns allerdings sehr rasch als ein personeller Fehlgriff.

Wegen der divergierenden Auffassungen über das Verhältnis von Staat und Kirche suchte die EKD bei politischen Stellungnahmen zumeist nach Kompromißformeln. Dies war aber nicht die einzige Schwierigkeit, der es Rechnung zu tragen galt. Viel schwerer wog es, daß sie Rücksicht auf die Protestanten in der SBZ/DDR nehmen mußte, deren kirchliche Interessen sie ja institutionell mit vertrat. Eine der Evangelischen Kirche, ihren Gliedern und Gläubigen in Ost und West akzeptable Position in der Frage von Sicherheit und Aufrüstung zu beziehen, erwies sich letztlich als unmöglich. Die erste Stellungnahme gab die Synode der EKD im Frühjahr 1950 ab, nachdem der britische Oppositionsführer Winston Churchill als erster führender westlicher Politiker laut und befürwortend über einen westdeutschen Verteidigungsbeitrag nachgedacht hatte, zu einem Zeitpunkt allerdings, als die DDR bereits über eigene paramilitärische, kasernierte Einheiten verfügte. In der Proklamation von Berlin-Weißensee mahnte die EKD alle Glieder des deutschen Volkes, nicht den Geist des Hasses aufkommen, sich nicht zum Werkzeug einer Propaganda mißbrauchen zu lassen, die auf die Vorbereitung eines Krieges zwischen den Völkern hinauslaufe. Gleichzeitig warnte sie in Anspielung auf östliche Praxis davor, falschen Friedensparolen zu folgen. Der Ost-West-Konflikt konnte nach ihrer Auffassung nicht militärisch beigelegt werden. „Verfallt nicht dem Wahn, es könne unserer Not durch einen neuen Krieg abgeholfen werden!" Gleichzeitig appellierte die EKD an alle politisch Verantwortlichen in beiden Teilen Deutschlands, „daß sie nicht in einen Krieg willigen, in dem Deutsche gegen Deutsche kämpfen. Wir legen es jedem auf das Gewissen, zu prüfen, ob er im Falle eines solchen Krieges eine Waffe in die Hand nehmen darf[7]." Gefährdet sah die EKD den Frieden durch die Zonengrenze, die das deutsche Volk zerriß. Sie forderte deren Beseitigung und den Abschluß eines gerechten Friedens.

Wie vorsichtig die Formulierungen auch gewählt und sowohl an die Politiker hüben als auch drüben gerichtet sein mochten, die EKD-Erklärung ließ unschwer erkennen, daß die Hauptkritik die östliche Seite traf. Damit trug das Kirchengremium dem weit verbreiteten Antikommunismus in den eigenen Reihen Rechnung. Wenn es vor einer Aufrüstung der DDR und der Bundesrepublik wegen der Gefahr des Bruderkrieges warnte, dann bot es gleichzeitig den Kritikern eines westdeutschen Verteidigungsbeitrages die Möglichkeit, auch ihren Standpunkt unter Berufung auf das Votum der Synode zu rechtfertigen. Es handelte sich also um einen Kompro-

[7] Wort der Synode der EKD zum Frieden, 27.4.1950 (Auszug), ebd., S. 23–27, hier S. 25.

miß, der die Handschrift des Ratsvorsitzenden der EKD, Otto Dibelius, trug. Seine Wahl zum obersten Repräsentanten und Sprecher der Evangelischen Kirchen in Deutschland muß deshalb als besonders glücklich bezeichnet werden, weil er ein Vertreter der unierten Kirche war, deren Staatsverständnis in der Mitte zwischen dem der Lutheraner und der Reformierten lag, demzufolge sich die Respektierung der Regierung als von Gott gewollte Obrigkeit durchaus mit politischem Engagement der Kirche vertrug. Wenn Dibelius sich als Mitglied der CDU auch parteipolitisch festgelegt hatte, sein Amt als Bischof der zweigeteilten Stadt Berlin verlangte von ihm auch eine gewisse Offenheit und Verständnis für die Belange der politischen Instanzen der DDR.

Den Ausbruch des Korea-Krieges nahm die Evangelische Kirche zum Anlaß, auf ihrem Essener Kirchentag Ende August 1950 eine grundsätzliche deutschlandpolitische Stellungnahme abzugeben. Die Vorgänge im Fernen Osten wertete sie als Bestätigung dafür, daß nichts den Frieden so sehr bedrohe wie die Spaltung eines Landes. Eugen Gerstenmaier, CDU-Bundestagsabgeordneter und Synodaler, hielt das Grundsatzreferat, in dem er zur Schaffung eines gesamteuropäischen Bundes als Voraussetzung eines dauerhaften Friedens und der Beendigung des Kalten Krieges aufforderte. Eindringlich versuchte er seinen Zuhörern deutlich zu machen, daß die Großmächte in der gegebenen politischen Konstellation Deutschland nicht räumen, ihm nicht die volle Souveränität geben und es im Konfliktfall selbst bei Wohlverhalten gegenüber Ost wie West nicht als Kampfgebiet aussparen würden. Großzügige Sozialmaßnahmen, so immunisierend sie gegenüber kommunistischem Gedankengut wirken mochten, konnten seiner Auffassung nach eine totalitäre Macht wie die Sowjetunion nicht davon abhalten, ihren Satellitenbereich auszuweiten. Der Unionspolitiker trat daher für „das Recht zur Verteidigung, zum Widerstand, auch zum bewaffneten Widerstand gegen gewaltsamen Angriff" ein[8].

Noch ließ sich diese Position in der Evangelischen Kirche nicht durchsetzen. Der Rat der EKD appellierte an die einflußreichen Mächte der Welt, die gewaltsamen Teilungen auf friedlichem Wege rückgängig zu machen. Die in der Diskussion befindliche Aufstellung stärkerer und zentraler Polizeikräfte in der Bundesrepublik zur Aufrechterhaltung der inneren Ordnung wurde ausdrücklich gebilligt. Gleichzeitig erteilte der Rat aber allen Aufrüstungsplänen eine eindeutige Absage. „Einer Remilitarisierung Deutschlands können wir das Wort nicht reden, weder was den Westen, noch was den Osten anbelangt. Die Pflicht der Kirche kann es immer nur sein, die schwergerüsteten Mächte der Welt wieder und wieder zu bitten, dem heillosen Wettrüsten ein Ende zu machen und friedliche Wege zur Lösung der politischen Probleme zu suchen[9]."

Die bekannte Kontroverse zwischen Heinemann und Adenauer beruhte u.a. darauf, daß der Innenminister diese evangelisch-kirchliche Position im Kabinett und später auch außerhalb vertrat. „Die ganze Haltung von Herrn Heinemann ist Kampf", äußerte FDP-Justizminister Dehler in der ersten Kabinettssitzung nach Heinemanns Entlassung, „es ist die Mobilisierung der evangelischen Kirche gegen den katholischen Kanzler[10]." Jenseits aller rationalen Argumente diente Heinemann letztlich sein christliches Gewissen als Maßstab aller politischen Dinge. „Ich beanspruche", so ließ er den Bundeskanzler wissen, „auch wenn ich Mitglied der Bundesregierung bleiben würde, innerhalb und außerhalb derselben den mir einsichtigen Weg zur Erhaltung des Friedens zu vertreten. Von dieser Verantwortung vor Gott könnte mich niemand entbinden[11]."

[8] Evangelischer Pressedienst, 25.8.1950.

[9] Wort des Rates der EKD zur Wiederaufrüstung, Essen, 27.8.1950, ebd., S. 27–29, hier S. 28.

[10] Protokoll der Kabinettssitzung, 17.10.1950, in: Kabinettsprotokolle, 3, S. 43–61, hier S. 52.

[11] Promemoria Heinemanns, 11.9.1950, für Adenauer, AdsD, NL Heinemann 254, Differenzen Adenauer/G. Heinemann. Jetzt auch ohne Datum in: Kabinettsprotokolle, 3, S. 112f., hier S. 113.

Den auf politischer Hybris beruhenden und für Deutschland verheerende Folgen zeitigenden Ausgang des Ersten und Zweiten Weltkrieges erachtete Heinemann als historische Mahnung, gleichsam als Gottesurteil: „Wir sind in zwei blutige Kriege und zwei nationale Katastrophen hineingeraten", heißt es in einem letzten, noch in der Eigenschaft als Innenminister verfaßten ausführlichen Brief an Adenauer, „weil wir allzu sehr bereit waren, unser Vertrauen auf die Kraft der Waffen zu setzen [...] Haben wir [...] gelernt, daß Gott uns die Geduld und den Mut beibringen will, in gefahrvollster Situation im Vertrauen auf seine Hilfe die von uns nicht vorherzusehenden Möglichkeiten seines Weltregimentes real in Rechnung zu stellen[12]?"

Solche theologisch-moralischen Kategorien wollte Adenauer als Kriterien politischer Entscheidung nicht gelten lassen: „Während Sie [...] der Auffassung sind", dies seine Antwort auf das Promemoria, „daß man, nachdem uns Gott das Schwert zweimal aus der Hand genommen hat, es nicht zum dritten Mal in die Hand nehmen dürfe, sondern geduldig abwarten müsse, was über uns verhängt werde, bin ich der Auffassung, daß der Frieden nur dadurch erhalten werden kann, daß man durch Aufbau und Bereitschaft einer entsprechenden Streitmacht dem allein als Angreifer in Betracht kommenden Staate, Sowjetrußland, vor Augen führt, daß ein Bruch des Friedens auch für ihn selbst ein sehr großes Risiko bedeutet[13]."

Die Differenzen mit Heinemann erwiesen sich für die Union als mehr denn eine innerparteiliche Meinungsverschiedenheit. Die Presse strafte offen den überkonfessionellen Anspruch der CDU/CSU Lügen. Es bestand die Gefahr, daß die Partei sich der Evangelischen Kirche und damit den protestantischen Wählern gegenüber entfremdete. Aber genau auf sie war die Union angewiesen, wenn sie bei den nächsten Wahlen ihre bestimmende politische Position in der Bundesrepublik ausbauen, auch nur stabilisieren wollte. Heinemann konnte ja nicht als Einzelfall gelten. Mit großem publizistischem Aufwand stützte die Bruderschaft der Bekennenden Kirche seine Haltung, und es war vor allen Dingen der hessen-nassauische Kirchenpräsident Niemöller, der gegen einen westdeutschen Verteidigungsbeitrag auftrat und der wie Heinemann als Kirchenführer durch direkte Kontakte mit östlichen Politikern Deutschlandpolitik auf eigene Faust betrieb. Er zählte zu den prominentesten Mitbegründern der Bekennenden Kirche, hatte im KZ gesessen, und ihm, dem U-Boot-Kommandanten des Ersten Weltkrieges, nahm man die Ernsthaftigkeit seiner Friedensbemühungen in weiten Kreisen der Bevölkerung ab. Beide, Heinemann und Niemöller, setzten politische und kirchenpolitische Prioritäten in der Wehrfrage, bei denen sie nicht nur einen Großteil des evangelischen Klerus, sondern auch der Bevölkerung der Bundesrepublik und das Wiedervereinigungsgebot des Grundgesetzes auf ihrer Seite wußten.

Auch für Niemöller bedeutete ein zweigeteiltes, ja dreigeteiltes Deutschland einen Herd latenten Unfriedens und damit dauernder Kriegsgefahr, die durch eine West-Ost-Blockbildung noch erhöht werden konnte. Die drohende Apokalypse eines Atomkrieges – Washington und Moskau waren im Besitz nuklearer Waffen – ließ ihn Mitte der 50er Jahre zum konsequenten Pazifisten werden. Niemöllers Ablehnung einer Aufrüstung der Bundesrepublik und der DDR und insbesondere sein Widerstand gegen eine militärische Westintegration beruhten zunächst auf seiner gesamtdeutschen kirchenpolitischen Orientierung. Kaum ein anderer hat die Abtrennung der protestantischen deutschen Ostgebiete, die zunächst drohende und faktische Spaltung der Evangelischen Kirche im Zuge der Installation zweier deutscher Staaten so nachdrücklich verurteilt wie er. Aus dieser Einstellung heraus erklärt sich sein Widerstand gegen die Sicherheits- wie Gesamtwestpolitik der CDU/CSU und Adenauers. Er hat in seiner nationalprotestan-

[12] Brief Heinemanns, 9.10.1950, an Adenauer, ebd., S. 187–192, hier S. 191 f.

[13] Brief Adenauers, 28.9.1950, an Heinemann, in: Adenauer, Briefe 1949–1951, S. 283 f., hier S. 283.

tischen Grundeinstellung ein, wie er meinte, vom politischen Katholizismus dominiertes Deutschland in Form der Bundesrepublik niemals akzeptiert. Sein viel zitierter, politisch überzogener, zweckpropagandistischer Satz von dem in Rom gezeugten und in Washington geborenen Bonner Staat versteht sich vor diesem Hintergrund[14]. Die Bruderschaft der Bekennenden Kirche bezichtigte den Kanzler in einem offenen Brief, mit dessen Inhalt sich Niemöller identifizierte, nicht nur nicht im Namen des deutschen Volkes, sondern „im Auftrag Ihrer Befehlsgeber gegen den Willen eines großen Teiles unseres Volkes“[15] zu handeln. Niemöller suchte für seine Forderung nach Wiedervereinigung statt „Wiederbewaffnung“ in seiner Eigenschaft als Leiter des kirchlichen Außenamtes der EKD bei seinen vielfachen Reisen in den Ostblock Verbündete, ein Umstand, den nicht zuletzt führende EKD-Mitglieder innerhalb der CDU dazu benutzten, ihn zum Kommunisten zu stempeln. Hinter solch falscher Typisierung steckte ebenfalls politische Methode. Der Kirchenpräsident hat gegen solche Anwürfe auch stets Verwahrung eingelegt. „Wer uns für probolschewistisch hält, ist damit bereits der amerikanischen Propaganda verfallen. [...] Wir glauben, daß die Amerikaner den Bolschewismus zu harmlos nehmen, wenn sie meinen, ihn mit Gewalt erledigen zu können. [...] Wollen wir ihn überwinden, so müssen wir zunächst durch das Praktizieren eines echten Sozialismus dafür sorgen, daß sein Versuch einer Infiltration Westdeutschlands ins Leere stößt. Wenn unsere Aufrüstung so aussieht, ist sie zu begrüßen[16].“

Niemöller schloß sich der sozialdemokratischen Argumentation an, derzufolge wegen der überwiegend ablehnenden Haltung der westdeutschen Bevölkerung gegenüber einer Aufrüstung Neuwahlen notwendig seien. Weder Grotewohl noch Adenauer vertraten daher seiner Meinung nach die deutsche Bevölkerung in der Frage der Aufstellung militärischer Kontingente und deren Eingliederung in ein östliches bzw. westliches Verteidigungssystem. In der Evangelischen Kirche fehlte es nicht an Stimmen, die besondere Kritik an dem politischen Alleingang des Kanzlers in der Wehrfrage übten. Der Präses der Evangelischen Landeskirche von Westfalen, Ernst Wilm, richtete noch zu Amtszeiten Heinemanns einen eindringlichen Appell an evangelische Bundestagsabgeordnete, die sicherheitspolitische Initiative an sich zu reißen, „die Dinge nicht einfach treiben“ zu lassen, wo es seiner Ansicht nach darum ging, „ob wir einem neuen Krieg entgegentreiben oder nicht“[17].

Wenn hier prominente protestantische Kritiker Adenauerscher Sicherheitspolitik zu Wort kommen sollen, darf Helmut Gollwitzer, Bonner Theologieprofessor, nicht ausgespart bleiben. Seine Argumentation zeichnete sich dadurch aus, daß sie auf einer scharfsinnigen Analyse der politischen Situation beruhte, daß sie das vielfältige Für und Wider der Aufrüstungsdebatte beachtete und schließlich eine Synthese aus politischen und theologischen Überlegungen darstellte. Für Gollwitzer stand die kommunistisch-bolschewistische Bedrohung außer Frage. Für ihn war ferner zweifelsfrei, „daß nur die sowjetische Bedrohung den militärischen Beitrag Westdeutschlands überhaupt zur Diskussion gebracht hat. Weder Adenauer noch Truman haben ihn [...] zum selbständigen Ziel ihrer Politik gehabt, sie begrüßen ihn nicht und wären wahrscheinlich froh, wenn man ohne ihn auskommen könnte[18].“ War ein westdeutscher Verteidigungsbei-

[14] Vgl. dazu Schmidt, Niemöller, S. 205–207.

[15] Brief der Bruderschaft der Bekennenden Kirche, 5.10.1950, an Adenauer, in: Kabinettsprotokolle, 3, S. 182 f., hier S. 182.

[16] Interview mit Niemöller, ebd., 13.10.1950.

[17] Brief Wilms, 18.9.1950, an führende evangelische Bundestagsabgeordnete, AdsD, NL Heinemann 32, Allgemeine Korrespondenz. Alle Adressaten am Schluß aufgeführt. Brief an den CDU-Bundestagsabgeordneten Lehr, in: Kabinettsprotokolle, 3, S. 123 f.

[18] Gollwitzer, Rüstung S. 7.

trag aus militärischen Erwägungen heraus aber nicht doch verzichtbar? Gollwitzer verwies auf die übereinstimmende Lagebeurteilung in den westlichen Hauptstädten, wonach die bereits erzielte Stärke schon bewirkt habe, daß mit einem offenen sowjetischen Angriff nicht mehr zu rechnen sei. Den Hinweis auf Korea ließ er nicht gelten: Moskau sei kein Hasardeur und wisse, daß eine Intervention in der Bundesrepublik den dritten Weltkrieg auslöse. In sechs Punkten faßte er zusammen, was seiner Ansicht nach gegen einen westdeutschen Verteidigungsbeitrag sprach:

1. Wenn der Westen eine defensive Aufrüstung betreibe, die Moskau an den Verhandlungstisch bringen solle, bedeuteten zusätzliche Streitkräfte der Bundesrepublik eine politisch-atmosphärische Belastung, die, ein bekanntes Argument, die Sowjetunion zu einer auf Nervosität beruhenden Überreaktion verleiten könnte.
2. Die Kosten deutscher Divisionen gingen zu Lasten der Steigerung des Bruttosozialprodukts. Ökonomisch motivierte politische Unzufriedenheit ziehe eine Immunitätsschwäche gegenüber dem Kommunismus im Innern nach sich.
3. Westdeutsche Divisionen weckten bei den ostmitteleuropäischen Völkern aus leidvoller Erinnerung geprägte Ängste gegenüber dem deutschen Militarismus und trieben sie fester in die Arme Moskaus.
4. Wiedervereinigung sei – mehr aus menschlichen, denn aus nationalen Gründen – *vordringlichste, nicht oberste* Aufgabe Bonner Politik. Sie könne nur durch Übereinkunft zwischen den Besatzungsmächten zustande kommen und sei für die Sowjetunion nur akzeptabel, wenn dadurch ihre politische Situation nicht geschwächt werde. Der Wiedervereinigung vorausgehende westdeutsche Entscheidungen für die militärische und politische Westintegration verhinderten die Moskauer Zustimmung zu Verhandlungen über die Schaffung eines gesamtdeutschen Staates.
5. In den USA gebe es starke Kräfte, die sich mit dem Gedanken beschäftigten, die Aufrüstung nicht nur defensiv einzusetzen, sie zumindest für den Fall von Verhandlungen zur Durchsetzung ultimativer Forderungen zu gebrauchen. Ein aus diesem Verhalten möglicherweise resultierender militärischer Konflikt sei für die Vereinigten Staaten zu gewinnen, bedeute aber die Vernichtung Deutschlands und Mitteleuropas. Nicht vorhandene westdeutsche Streitkräfte wirkten mäßigend gegenüber möglichen militärischen Initiativen Washingtons in Europa.
6. Eine rasch aufgestellte westdeutsche Streitmacht von rund 250000 Mann berge, da keine sorgfältige Selektion vorgenommen werden könne, den Keim des Militarismus in sich.

Die Wirkung auf Parlamentarier und Öffentlichkeit war nicht zu unterschätzen, wenn der Publizistische Ausschuß des Deutschen Evangelischen Kirchentages, in dem sich bekannte protestantische Journalisten zusammengeschlossen hatten, die Frage stellte, ob die Bundesregierung wieder zu einer traditionellen Kabinettspolitik zurückkehren wolle, anstatt in eine Diskussion über ein so entscheidendes Problem wie den westdeutschen Verteidigungsbeitrag frühzeitig die anderen berufenen Organe einzubeziehen. Gleichzeitig wurden die protestantischen Bürger im Blick auf Heinemanns Demission aufgefordert, nicht „den Rücktritt eines maßgeblichen Repräsentanten der deutschen evangelischen Christenheit als Aufforderung zum Rückzug des evangelischen Christen aus der politischen Verantwortung zu verstehen“[19].

[19] Erklärung des Publizistischen Ausschusses des Deutschen Evangelischen Kirchentages, 16.10.1950, in: Evangelischer Pressedienst, Zentralausgabe, Nr. 240 vom 16.10.1950, S. 5.

Gerade aber um die politische Mitverantwortung entbrannte innerhalb des Protestantismus ein lebhafter Streit, dessen Härte lediglich durch klerikal-brüderliche Umgangsformen verdeckt wurde. Wie zu erwarten, löste das politische Engagement führender Repräsentanten des westdeutschen Protestantismus in der Wehrfrage heftige Reaktionen innerhalb der lutherischen Kirche aus, ging es doch um nicht mehr und nicht weniger als um die Aufrechterhaltung der Zwei-Reiche-Theorie, derzufolge der Politiker als Gott gewollte Obrigkeit die Verantwortung für das irdische, der Seelsorger aber für die Vorbereitungen zur Aufnahme in das himmlische Reich trägt. Gleichzeitig mußte man der damals noch abweisenden Haltung von vielen protestantischen Gläubigen gegenüber westdeutschen Streitkräften Rechnung tragen. Man suchte den Kompromiß: „Die Kirche kann dem Christen weder die Entscheidung in politischen Fragen abnehmen, noch darf sie ihm im Namen des Evangeliums politische Entscheidungen aufzwingen[20]." In diesem Zusammenhang warf man vor allen Dingen Niemöller, der durch seine polemischen Angriffe auf den Bundeskanzler für erhebliche Aufregung sorgte, einseitige Stellungnahme vor und warnte davor, in ihm den Repräsentanten der gesamten Evangelischen Kirche zu sehen.

Begründeter Widerspruch gegen die Ablehnung westdeutscher Verteidigungsbemühungen regte sich auch aufgrund des Postulates, Gott zu geben, was Gottes ist, dem Kaiser aber, was des Kaisers ist. Hier berührten sich religiöses und politisches Anliegen, wenn z. B. Bundesminister Hellwege in seiner Eigenschaft als Mitglied der Landessynode der Evangelisch-Lutherischen Kirche in Hannover ein Votum gegen Niemöller und seine politische Haltung zu erreichen suchte. Er vermochte sich allerdings nicht durchzusetzen. Landesbischof Lilje sperrte sich dagegen und erklärte des hessen-nassauischen Kirchenpräsidenten Forderung nach einer breiten Entscheidungsgrundlage in Sachen Aufrüstung für berechtigt, distanzierte sich aber gleichzeitig nachdrücklich von Niemöllers Art der politischen Artikulation[21]. Der überwiegende Teil der Synodalen schloß sich dieser Auffassung an und beließ es dabei, Niemöller den politischen Mißbrauch seiner kirchlichen Funktion vorzuwerfen. „Ohne zu der Frage der Wiederaufrüstung in der Bundesrepublik Deutschland Stellung zu nehmen, bedauert es die Synode, daß Martin Niemöller die Grenzen überschritten hat, die ihm durch sein hohes kirchliches Amt gezogen sind[22]." Selbst von seiten der zur Bekennenden Kirche zählenden Lutheraner mußte sich Niemöller Kritik gefallen lassen. Dabei wurde weniger seine prinzipielle Haltung in der Wehrfrage moniert, als vielmehr sein Anspruch, sie christlich-dogmatisch zu untermauern und damit als für den evangelischen Christen bindend zu deklarieren[23].

Die Kritik an den Aufrüstungsgegnern provozierte nun wiederum Stellungnahmen aus dem Lager von Heinemann, Niemöller und Gollwitzer. Kein Geringerer als Karl Barth trat nun in den politischen Ring, um sich mit den Gegnern von Heinemann und Niemöller, aber auch mit seinen eigenen Widersachern auseinanderzusetzen, warf man ihm doch verschiedentlich mit besonderer Breitenwirkung in dem vom Lutherischen Landesbischof Lilje herausgegebenen Wochenblatt vor, er habe 1938 im Zusammenhang mit Hitlers Einmarsch in die Rest-Tschechoslowakei zum bewaffneten Widerstand gegen militärische Intervention und Aggression aufgerufen. Nun aber, angesichts der Bedrohung durch den sowjetischen Bolschewismus, erkläre er sich

[20] Erklärung des Landeskirchenrates der Evang.-Luth. Kirchen in Bayern, 24.10.1950, in: Evangelische Kirche in Deutschland, S. 68.

[21] Ebd., 24.10.1950, S. 1, 3.

[22] Erklärung der Landessynode der Evang.-Luth. Kirche in Hannover, 25.10.1950, ebd., S. 69.

[23] Stellungnahme des Theologischen Konvents der Bekenntnisgemeinschaft der Evang.-Luth. Landeskirche Hannover, 30.11.1950, ebd., S. 72–76.

zum Gegner westdeutscher Verteidigungsanstrengungen. Barth bekannte sich zu seinen Äußerungen des Jahres 1938 und begründete, warum er aus einer veränderten Situation des Herbstes 1950 heraus anders argumentierte: *Erstens:* er besitze nicht die „Unverfrorenheit", dem in zwei Kriegen ausgebluteten deutschen Volk erneute Opfer unter seiner Jugend zuzumuten. *Zweitens:* er wolle dies um so weniger, als eine deutsche Verwicklung in einem militärischen Konflikt zwischen Ost und West Bürgerkrieg bedeute. *Drittens:* er halte es für „moralisch undurchführbar", ein Volk, dem man fünf Jahre lang seinen angeblichen Militarismus bis hin zum Verzicht auf Bleisoldaten ausgetrieben habe, nun wieder mit christlichen und politischen Argumenten überzeugen zu wollen, „daß es sein Heil in der Vorbereitung eines weiteren Krieges zu suchen" habe. *Viertens:* ihm erscheine westdeutsche Aufrüstung eine unmittelbare Herausforderung an die Sowjetunion, einen Präventivkrieg zu unternehmen. *Fünftens:* ihm und anderen fehle jegliche Information darüber, ob die Westmächte Deutschland zwischen Elbe und Rhein oder an den Pyrenäen zu verteidigen gedächten. *Sechstens:* er halte es für sozialpolitisch unverantwortlich, vor der Eingliederung der Flüchtlinge und Vertriebenen und damit vor Beseitigung eines potentiellen innenpolitischen Unruheherdes rüstungsökonomische Anstrengungen zu unternehmen. *Siebtens:* er fürchte sich vor dem Wiedererstehen eines deutschen Militarismus, vor dem Erwachen des totalen Soldaten. „Es muß in Deutschland zu Vieles radikal neu gelernt und zu Vieles radikal vergessen werden, was heute noch keineswegs vergessen und noch keineswegs gelernt scheint, bevor man an die Existenz von deutschen Soldaten wieder ohne Grauen denken kann[24]."

Schließlich beantragte die in Dresden tagende Konferenz der Vereinigten Evangelisch-Lutherischen Kirche Deutschlands, der auch die Landeskirchen von Bayern und Hannover angehörten, eine Kirchenkonferenz der EKD. Sie fand am 17. November 1950 in Berlin-Spandau statt, gefolgt von einer Sitzung des Rates der EKD, dem auch Niemöller und Heinemann angehörten. Der administrierten Evangelischen Kirche in Deutschland drohte die Abspaltung der Lutheraner, wenn man Niemöller nicht reglementierte. Umgekehrt riskierte man das Auseinanderfallen der EKD in eine westliche und östliche Kirche, wenn man sich eindeutig von dem Kirchenpräsidenten distanzierte, nachdem die SED mit hohem publizistischem Aufwand für ihn Partei ergriffen hatte. Sie hätte seine politische Kaltstellung als Affront betrachtet[25].

In dieser Situation galt es für die Kirchenführung, Öl auf die Wogen der Erregung zu gießen. Dem Streit um die sogenannte Wiederbewaffnung lagen die differierenden Ansichten zweier traditioneller Denkrichtungen in der Evangelischen Kirche zugrunde. Die Repräsentanten der einen Schule fühlten sich berufen, sich mit denen der anderen anzulegen. „Die einen wollen das verbindliche kirchliche Wort und den christlichen Gehorsam so nah wie möglich an die politische Entscheidung und Gestaltung heranbringen[26]." Es ging den einen letztlich um eine christliche Politik, während die anderen den Bereichen Staat und Politik einerseits und Kirche andererseits eine größere Unabhängigkeit voneinander zugestanden, indem sie zwischen vergänglicher irdischer und beständiger überirdischer Ordnung unterschieden. Beiden kirchlichen Gruppen war aber gemeinsam, daß sie sich bemühten, aufeinander zuzugehen, einen gesamtkirchlichen Konsens zu finden, so auch im Hinblick auf unterschiedliche Positionen gegenüber der Frage einer westdeutschen Aufrüstung. Dieses Bemühen kam auch innerhalb der EKD deutlich zu Ausdruck. Der Rat der EKD formulierte daher ein Kommuniqué, mit dem die unterschiedli-

[24] Offener Brief Barths, 17.10.1950, in: Unterwegs. Sonderausgabe zum 1. November 1950, S. 5f.
[25] Vgl. dazu Christ und Welt, 23.11.1950.
[26] So der ehemalige Vizepräsident der Kirchenkanzlei der EKD, Wilkens, in seiner Einführung zu Domini sumus, S. 20f.

chen Lager leben konnten. Es folgte in einer Grundsatzfrage den Kritikern Adenauerscher Sicherheitspolitik, indem es die Politiker in West und Ost ermahnte, sich in der Wehrfrage „nicht gegen den Willen des Volkes zu entscheiden". Die Position Niemöllers wurde grundsätzlich respektiert, die Art, sie zu vertreten, mißbilligt. Der Rat bekundete Heinemann gegenüber Achtung für seine politische Haltung und seinen Entschluß zum Rücktritt. Letztlich wurden Kirchenglieder und Gläubige aufgerufen, Verantwortung im öffentlichen Leben zu übernehmen, während man den Amtsträgern riet, um ihres kirchlichen Dienstes willen in politischen Fragen Zurückhaltung zu üben[27]. Vorher aber hatte der Ratsvorsitzende der EKD, Bischof Dibelius, den Blick zurückgelenkt auf die tatsächliche sicherheitspolitische Entwicklung. Er stellte noch einmal die ablehnende Haltung der Kirche jeglicher Remilitarisierung gegenüber heraus, verwies aber gleichzeitig darauf, daß auf dem Gebiet der DDR nicht nur eine Verstärkung der Besatzungstruppen stattfand, sondern auch eine Bewaffnungsaktion, die den Rahmen dessen sprengte, was zur Ausübung von Polizeifunktionen notwendig war. „Es hat, um es vorsichtig auszudrücken, mit einer Remilitarisierung des Ostens verzweifelte Ähnlichkeit." Vor diesem Hintergrund zeigte er Verständnis für die Bemühungen des Westens, ein deutsches militärisches Kontingent innerhalb einer Europaarmee aufstellen zu wollen. Er ließ gleichzeitig durchblicken, daß die EKD sich im Ernstfalle mit dem Gedanken einer Freiwilligenarmee vertraut machen könnte. Gleichzeitig brach er eine Lanze für Gustav Heinemann, der sich nicht als Pazifist gegen die sogenannte Wiederbewaffnung wende, sondern lediglich gegen Zeitpunkt und Umstände ihrer Durchsetzung[28].

Das Bemühen, sich wechselseitig zu respektieren, gleichzeitig aber die Geschlossenheit der Evangelischen Kirche zu wahren, war aus der Einsicht geboren, eine verbindliche Auffassung in Sachen Verteidigungsbeitrag nicht formulieren zu können. Unter diesen Umständen mußte es schon als ein gutes Konferenzergebnis gelten, die innerkirchlich-brüderliche Verbundenheit aufrechterhalten zu können. „Der Rat der Evangelischen Kirche in Deutschland stellt nach langer Aussprache mit den leitenden Amtsträgern der Landeskirchen dankbar fest, daß die Einheit unserer evangelischen Kirchen trotz starker Spannungen außer Frage steht. Der Rat weiß, daß die Gemeinschaft im Glauben nicht die Einheitlichkeit der politischen Urteile einschließt. Auch die Frage, ob eine wie immer geartete Aufrüstung unvermeidlich ist, kann im Glauben verschieden beantwortet werden. Wir ermahnen alle, die im Osten oder Westen Verantwortung tragen, in dieser Frage mit letztem Gewissensernst zu handeln und sie nicht gegen den Willen des Volkes zu entscheiden[29]."

Die Berliner Konferenz konnte den innerkirchlichen Frieden nicht herstellen. Dem ausgehandelten Kompromiß haben nicht einmal alle Mitglieder zugestimmt, und so blieben EKD und Gemeinden in der Sicherheitsfrage weiterhin ohne kirchlich-theologischen Orientierungsrahmen. Ganz im Gegenteil: die alten Fronten brachen erneut wieder auf. Die Rheinische Kirche, die, neben der Bekennenden Kirche, Heinemanns kirchenpolitische Hausmacht darstellte, hatte parallel zum Berliner Konvent ihre Synode abgehalten. In einem Wort zum Frieden und zur Wiederaufrüstung hieß es, das Wettrüsten aller Deutschland besetzenden Staaten reiße das Vaterland weiter auseinander. Eine deutsche Beteiligung blockiere notwendige soziale Aufgaben und fördere das Wiedererwachen nationalistischer Bestrebungen. „Alles Wettrüsten steht zudem

[27] Erklärung des Rates der EKiD und der Kirchenkonferenz, 17.11.1950, in: Evangelische Kirche in Deutschland, S. 94.

[28] Auszug aus einem Artikel von Otto Dibelius, in: Die Kirche, 29.10.1950, ebd., S. 90–92.

[29] Ebd., S. 21.

in der Gefahr, daß es gewollt oder ungewollt zum Kriege führt[30]." Der Leiter der Rheinischen Landeskirche, Präses Held, nahm Heinemann vor der Presse ausdrücklich in Schutz. Der Bolschewismus könne als dynamische ideologische Kraft nicht durch Waffen überwunden werden. Die Entscheidung für eine Westintegration sei eine solche gegen die Wiedervereinigung[31].

Als allerdings Anfang April 1951 die Synode der EKD in Hamburg zusammentrat, konnte ihr Vorsitzender Dibelius konstatieren, daß die Diskussion über die Wehrproblematik in der Evangelischen Kirche zwar weitergehe, aber an Emotionalität eingebüßt habe. Es zeigten sich die Grenzen innerkirchlicher Konsensfähigkeit in politischen Angelegenheiten, was die EKD nicht daran hindern dürfe, auch in Zukunft zu öffentlichen Fragen das zu sagen, was sie glaube, im Namen Christi sagen zu müssen. „Die Mitverantwortung für die Lebensfrage unseres Volkes nimmt uns niemand ab. Aber wir dürfen auch nicht den Anschein erwecken, als könnten oder wollten wir den berufenen Führern des Staates ihre Verantwortung abnehmen. Die lutherische Lehre von den zwei Reichen wird immer aufs neue durchdacht werden[32]." Ganz verheilt waren die Wunden allerdings nicht, die man sich wechselseitig zugefügt hatte. Der Synodale und Freiburger Historiker Gerhard Ritter war nicht nach Hamburg gekommen. Ihm ging das Engagement der Kirche in Sachen Aufrüstung und Sicherheitspolitik entschieden zu weit, insbesondere die Aktivität Niemöllers und der Bruderschaft der Bekennenden Kirche. „Indem sie Theologie und Politik auf mir greulich erscheinende Weise vermischt, diskreditiert sie die öffentliche Glaubwürdigkeit politischer Kundgebungen der evangelischen Kirche Deutschlands – dies um so mehr, als sie gerade von theologischer Seite sehr berechtigte Proteste hervorruft, so daß nun die innere Unsicherheit und Zwiespältigkeit in unserer Kirche vor aller Welt grell hervortritt. Indem sie sich auf den Boden parteipolitischer Machtkämpfe begibt, liefert sie die Sache des Evangeliums in die Hände höchst irdischer, ja dämonischer Mächte aus. Und indem sie die gute Sache des Friedens, der Bewahrung Deutschlands vor neuem Militarismus und der deutschen Einheit, die auch mir sehr am Herzen liegen, mit unbedachten maßlosen, ja teilweise verleumderischen Angriffen auf die Westmächte, besonders auf Amerika verbindet, und zwar im Moment einer Weltkrise von höchster Gefährlichkeit, richtet sie unabsehbares Unheil und grenzenlose Verwirrung an[33]." Sein demonstratives Fernbleiben von der Synode begründete er damit, die EKD verfüge nicht mehr über die politische Unabhängigkeit, zu Fragen des öffentlichen Lebens verbindlich Stellung zu nehmen, denn die anstehenden „politischen Entscheidungen seien zu einer Angelegenheit kirchlicher Gruppen geworden"[34]. Aber Gerhard Ritter hielt sich selbst nicht an das von ihm aufgestellte Gebot politischer Enthaltsamkeit der Evangelischen Kirche. In seiner Eigenschaft als Mitglied eines besonders wichtigen Gremiums, nämlich der Kammer der EKD für öffentliche Verantwortung, in der auch die späteren Bundesminister Tillmanns und Elisabeth Schwarzhaupt saßen, suchte er politischen Einfluß auszuüben.

Ritter war schon früh der CDU beigetreten, um nicht zuletzt im Sinne eines Ausgleichs zwischen Katholiken und Protestanten zu wirken. Er lag eindeutig auf Adenauers sicherheitspolitischem Kurs und unterstützte nachhaltig dessen Politik der Integration westdeutscher militärischer Kontingente in eine supranationale Armee innerhalb einer Europäischen Verteidigungsgemeinschaft. Ritter sah in der Sowjetunion eine latente Bedrohung der Bundesrepublik und

[30] Wort der rheinischen Landessynode zum Frieden und zur Wiederaufrüstung, 18.11.1950, EZA 2/345/11.
[31] Vgl. dazu FAZ, 30.11.1950, S. 3.
[32] Protokoll der 3. Tagung der Synode der EKD, 1.–5.4.1951, EZA 2/042/11.
[33] Brief Ritters, 19.12.1950, an Herbert Mochalski, Geschäftsführer der Bruderschaften, enger Mitarbeiter Niemöllers und Herausgeber der „Stimme der Gemeinde", in: Gerhard Ritter, Briefe S. 470f.
[34] Protokoll der Synodal-Tagung, 1.–5.4.1951, EZA, 2/042/11.

des Westens. Verhandlungen über ein wiedervereinigtes Deutschland mit dem Ziel eines Friedensvertrages hielt er angesichts der gegebenen politischen Konstellationen für ebenso illusionistisch wie bei konsequenter Befolgung auch gefährlich, weil den Bruch mit den USA provozierend und damit dem Ziel des Kommunismus dienend. „Wie jemand nach 7 Jahren Erfahrung des Verhandelns mit den Bolschewisten und 275 vergeblichen Sitzungen über den österreichischen Friedensvertrag als praktischer Politiker heute noch an einen ‚Friedensvertrag aller Siegermächte' ohne den Druck militärisch-gleichwertiger Macht glauben kann, ist mir unverständlich", schrieb er zu Beginn des Jahres 1952 an Heinemann[35].

Die von Ritter inkriminierten Gruppen traten auf der Synode wieder geschlossen auf. Die alten Argumente wurden erneut ausgetauscht, jetzt aber von größerem Bemühen um Sachlichkeit als von Leidenschaft getragen, jedoch sicherlich nicht von dem Willen, zu einer Gemeinsamkeit zu finden. Die Evangelische Kirche war und blieb in der Frage der sogenannten Wiederbewaffnung zunächst gespalten. So sehr man auch von Entpolitisierung sprach, sie war so lange unmöglich, wie sich Synodale in verantwortlichen politischen Institutionen, Positionen und Ämtern befanden. Wenn zu diesen einerseits Bundestagspräsident Ehlers und sein späterer Nachfolger Gerstenmaier zählten, andererseits aber auch Gustav Heinemann und Martin Niemöller, dann ließ sich gar nicht vermeiden, daß die Auseinandersetzung um Remilitarisierung, Frieden und Sicherheit von der politischen Ebene auf die kirchliche überglitt.

In der Folgezeit hat es an widersprüchlichen Stellungnahmen unterschiedlicher kirchlicher Instanzen und Repräsentanten nicht gefehlt, auch nicht an Vorwürfen gegenüber dem Rat der EKD, er lasse die Zügel schleifen und sehe jedwedem meinungspolitischen Wildwuchs zu. Wenn die Evangelische Kirche in der Wehrfrage schon nicht mit einer Zunge zu sprechen vermöge, so konnte man in kirchlichen Kreisen immer wieder hören, dann solle sie eher schweigen, als dem Gläubigen immer wieder ihre innere Zerrissenheit zu demonstrieren. Die Einheit der Kirche geriet jedoch niemals in Gefahr, wenngleich nach der großen Wehrdebatte vom Februar 1952, am Vorabend also der Unterzeichnung der Westverträge, die innerkirchliche Kontroverse um einen westdeutschen Verteidigungsbeitrag im Rahmen der Europaarmee noch einmal einem Höhepunkt zutrieb. Es hatte sich bereits vorher angedeutet, daß führende Kirchenmänner von der Obrigkeit geschaffene sicherheitspolitische Realitäten respektieren würden. Unter anderem leisteten der hannoversche Landesbischof Lilje und der württembergische Altlandesbischof Wurm Vordenkerarbeit. Sie gehörten zu den Mitunterzeichnern einer Entschließung führender evangelischer Theologen und Laien zur Problematik von „Wehrbeitrag und christlichem Gewissen", die an den Rat der EKD gerichtet war. Mit ihnen unterschrieben neun weitere Landesbischöfe und 22 andere kirchliche Würdenträger, engagierte Laien und Theologieprofessoren. Ungeachtet der in das Schriftstück einführenden Bemerkung, man halte „es nicht für eine Aufgabe der Kirche, die politische Frage zu beantworten, ob unter den heute gegebenen Umständen ein deutscher Beitrag zu einer europäischen Verteidigungsgemeinschaft ratsam ist oder nicht", bezogen die Verfasser doch dezidiert Stellung. Sie erklärten es als Gottes Willen, daß der Staat Recht und Frieden vor insbesondere ideologisch begründeten Machtansprüchen schütze. Dies müsse für die innere wie für die äußere Sicherheit gelten. Zwar habe Gott den Deutschen nach dem Zweiten Weltkrieg das Schwert aus der Hand geschlagen, was aber nicht bedeuten könne, daß man es nicht wieder aufnehmen dürfe, um „gemeinsam mit anderen Völkern diese und uns, den Frieden und das Recht vor einer erneuten Bedrohung durch die nackte Gewalt zu schützen. Wir sollen mit aller Kraft dem Frieden dienen." Keine göttliche Weisung widerspre-

[35] Brief Ritters, 15.1.1952, an Heinemann, in: Gerhard Ritter, Briefe, S. 481–483, hier S. 481.

che dieser Verpflichtung oder fordere die Waffenlosigkeit. Demgegenüber bestehe unzweideutig ein Friedensgebot. Oft schon habe „die Waffenlosigkeit derer, denen es mit Recht und Frieden ernst war, die Kriegsgefahr erhöht, sobald wehrlose Räume zum Zugriff verlocken"[36]. Speziell auf die die EKD als gesamtdeutsche Institution besonders berührende deutschlandpolitische Problematik einer militärischen Westintegration eingehend, hieß es in der Erklärung, es sei „nicht Sache der Kirche, die Frage zu beantworten, ob die Liebe zu den Brüdern im Osten eine Bejahung oder eine Verneinung des Wehrbeitrags nahelegt". Mit dieser Passage sollte die zuvor eindeutig zum Ausdruck gebrachte Verurteilung von Sowjetunion und DDR sowie die daraus resultierende Bejahung eines westdeutschen Verteidigungsbeitrages wieder neutralisiert werden.

Diese vorgetäuschte neutrale Haltung, nämlich die Veröffentlichung einer als internes kirchliches Arbeitspapier getarnten politischen und kirchenpolitischen Deklaration war es, die andersdenkende Kirchenführer zwang, nun ihrerseits an die Öffentlichkeit zu treten, um das Vorgehen, letztlich aber auch den Inhalt der Stellungnahme zu mißbilligen[37].

Diese Kontroverse spiegelt den letzten ernsthaften Versuch wider, seitens der EKD als gesamtdeutsche Einrichtung zu einer prinzipiellen Stellungnahme gegenüber einem westdeutschen Verteidigungsbeitrag zu gelangen. Er mußte scheitern. Wenn überhaupt, dann hätte das Votum nur eindeutig negativ ausfallen können. Die Anerkennung der Notwendigkeit einer Aufrüstung Westdeutschlands hätte die SED zum Vorwand der Spaltung der EKD genommen; ein allgemein formuliertes Recht auf Verteidigung hätte die DDR als Legitimation ihrer Aufrüstungsbestrebungen gewertet. Daß die Evangelische Kirche damals die Zerreißprobe als gesamtdeutsche Institution ebenso bestand wie sie an den inneren Widersprüchen in Westdeutschland nicht zerbrach, war nicht zuletzt dem EKD-Vorsitzenden Bischof Dibelius zu verdanken. Er gehörte zwar, wie bereits gesagt, zur Mehrheit derjenigen Kirchenführer, die sich zur Befürwortung eines Bonner Verteidigungsbeitrages durchgerungen hatten. Dennoch sorgte er dafür, daß jeder, der um seines Gewissens willen den Dienst mit der Waffe glaubte ablehnen zu müssen, darauf rechnen durfte, daß die Kirche sich für ihn einsetzte, obwohl sie als Institution den Wehrdienst formal billigte. Obwohl Dibelius eine dezidierte persönliche Meinung besaß, hat er diese immer hinter das von ihm als kirchlich notwendig Erachtete zurückgestellt. Auch hat er seine sicherheitspolitischen Widersacher stets mit Respekt behandelt, deren Meinungsfreiheit garantiert und speziell Martin Niemöller immer kirchlichen Schutz angedeihen lassen. „Die jüngeren Theologen mit ihrer kirchenkritischen Einstellung, ihrem rigorosen Anti-Militarismus und ihren Veränderungsbestrebungen hat er für Träumer gehalten, sie aber im Rahmen der kirchlichen Lebensordnung gewähren lassen. Wenn jedoch durch sie der Grundbestand der Organisation Kirche gefährdet wurde, dann war er auch zum Durchgreifen bereit. Seine Kirche wollte er von niemanden unterminieren lassen[38]."

Die Verteidigungsproblematik besaß nicht nur eine innerkirchliche Dimension. Sie berührte auch das Verhältnis des Protestantismus zur Bundesregierung, insbesondere auch zur CDU/CSU. Der Bundeskanzler hatte sich mit der Entlassung Heinemanns als Innenminister so lange Zeit gelassen, bis er sich sicher war, daß er die Union mit einem solchen Schritt nicht vor eine

[36] Wehrbeitrag und Christliches Gewissen, Entschließung an die EKD, 18.2.1952, in: Die Stimme der Gemeinde 4 (1952), Sp. 72–74. Auch in: Bulletin, 21.2.1952, S. 209.

[37] Stellungnahme, März 1952, von Präses Held (Düsseldorf), Präses Wilm (Bielefeld), Kirchenpräsident Stempel (Speyer), Landessuperintendent Neuser (Detmold), Kirchenpräsident Middendorf (Schüttorf), Probst Herbert (Herborn). Vgl. dazu Evangelischer Pressedienst, Zentralausgabe, Nr. 69 vom 21.3.1952, S. 1; Evanglische Kirche in Deutschland, S. 110f.

[38] Zimmermann, Otto Dibelius, S. 313f.

konfessionelle Zerreißprobe stellte. Erleichtert konnte er registrieren, daß Heinemann weder unter den Protestanten der Fraktion noch des Kabinetts über einen gewichtigen Anhang verfügte, ja nicht einmal die Solidarität von den drei christlich-demokratischen Synodalen im Bundestag, Eugen Gerstenmaier, Hermann Ehlers und Robert Tillmanns, genoß. Adenauer hoffte, etablierte Kirche und protestantische Wählerschaft durch eine akzeptable konfessionelle Ersatzlösung im Zuge eines personellen Revirements wieder mit der CDU zu versöhnen; massiver Druck seitens des Parteivorsitzenden und Regierungschefs auf den CDU-Bundestagspräsidenten Erich Köhler, der in Adenauers Verständnis das Parlament als politische Institution zu selbstbewußt gegenüber der Exekutive vertrat, veranlaßte diesen in der ersten Oktoberhälfte 1950, „aus gesundheitlichen Gründen" sein Amt zur Verfügung zu stellen[39]. Nun konnte Adenauer Oberkirchenrat und MdB Ehlers zu dessen Nachfolger wählen lassen, um gleichzeitig den ehemaligen Düsseldorfer Oberbürgermeister und engagierten Protestanten Robert Lehr als Innenminister ins Kabinett zu berufen. Anläßlich der Aushändigung seiner Bestallungsurkunde betonte der Nachfolger Heinemanns, er sei wie dieser überzeugter evangelischer Christ. In Anbetracht der Tatsache aber, daß die Bundesrepublik „leider einige Nachbarn" habe, „die es nicht gut mit uns meinen", bekenne er sich zum Recht der Notwehr und der Verteidigung[40].

Dennoch erschien Adenauer die Reaktion protestantischer Wähler auf die Entlassung Heinemanns unkalkulierbar. Er bezeichnete die evangelischen Kreise, selbst die, die zur CDU tendierten, „als seine größte Sorge". Es stand zu befürchten, daß die SPD in ihrem erklärten Bemühen, einen Keil zwischen Protestanten und Union zu treiben, durch den Fall Heinemann Auftrieb erhielt, daß in der evangelischen Bevölkerung ein gewisser Solidarisierungseffekt mit denjenigen eintrat, die in Opposition zur Sicherheitspolitik der Bundesregierung standen. „Dank Niemöller und Heinemann", so erklärte der Kanzler vor dem Bundesvorstand seiner Partei, habe „der Versuch der SPD Aussicht auf Erfolg". Für die kommende Bundestagswahl sei die Zugehörigkeit des evangelischen Volksteiles zur CDU aber ausschlaggebend. Den Bestrebungen der Sozialdemokratie mußte „also rechtzeitig entgegengearbeitet werden"[41]. Grund zu entsprechenden Befürchtungen schien gegeben. Zwar stand die SPD schon seit Jahren in einem regelmäßigen Gedankenaustausch mit der Evangelischen Kirche, ohne daß dieser zu sichtbaren politischen Folgen geführt hätte. Gemeinsame Auffassungen in der Wehrfrage allerdings rückten eine politische Annäherung zumindest auf diesem Gebiet in den Bereich des Möglichen. Gerade die Bruderschaften der Bekennenden Kirche waren es, die politische Rückendeckung bei der Sozialdemokratie suchten. Ihr geschäftsführendes Mitglied, der Darmstädter Studentenpfarrer Mochalski, stand mit dem niedersächsischen Staatsminister Pfarrer Heinrich Albertz (SPD) in einem Briefwechsel, in dem es um ein positiveres Kirchenverständnis der SPD ging, damit sie zum Sammelbecken für solche bewußt evangelischen Wähler der CDU werden konnte, die der Aufrüstung kritisch gegenüberstanden. Ende Oktober 1950 kam es zu einem Treffen im Haus des Bruderrates in Darmstadt, an dem u.a. der SPD-Vorsitzende teilnahm, während auf kirchlicher Seite u.a. Niemöller, Präses Held und Gollwitzer anwesend waren. Im Mittelpunkt der Beratungen stand ein Verteidigungsbeitrag der Bundesrepublik. „Dabei ist in wichtigen Punkten Übereinstimmung [...] erzielt worden. Einigkeit herrschte insbesondere darüber, daß nur ein neuge-

[39] Vgl. Schwarz, Adenauer, S. 783, mit abgeschwächter Begründung: „Adenauer stellt dem Bundestagspräsidenten Erich Köhler, der nach allgemeiner Auffassung seinem Amt nicht gewachsen ist, einen Posten im Auswärtigen Dienst in Aussicht [...] Damit ist für einen prominenten Evangelischen Platz geschaffen."

[40] Zit. n. KAG, 1950, S. 2621 B.

[41] Protokoll der 8. Sitzung des CDU-Bundesparteivorstandes, 29.10.1951, in: Adenauer, Protokolle, S. 86–93, hier S. 87.

wählter Bundestag in dieser Frage für das Volk sprechen kann, nicht dagegen der gegenwärtige Bundestag[42]." Daß Teile der Evangelischen Kirche hinsichtlich der politischen Verantwortlichkeit für die westdeutsche Aufrüstung den Standpunkt der SPD teilten, mußte zu Aufregungen in Union und Kirche führen. Noch im Frühjahr 1951 trat der Ratsvorsitzende Dibelius, selbst CDU-Mitglied, Spekulationen über eine politische Verschwörung zum Sturz des Kanzlers entgegen. „Mich persönlich hat von allen Vorgängen des letzten Jahres keiner innerlich so getroffen wie dieser, weil ein Bündnis zwischen Kreisen der evangelischen Kirche und einer politischen Partei zum Zwecke einer politischen Aktion allem widerstreitet, was ich vom Wesen der Kirche und ihres Handelns gelernt zu haben glaube [...] Aber ich bin objektiv genug, um mir zu sagen, daß so etwas vielleicht in Kauf genommen werden muß, um den verhängnisvollen hundertjährigen Gegensatz zwischen einer Partei und der Kirche endlich einmal zu überwinden[43]."

Als Präses der Synode der Evangelischen Kirche Deutschlands war Heinemann in der katholischer Kopflastigkeit bezichtigten Union einer der herausragenden Exponenten des protestantischen Flügels. Es stand zu befürchten, daß es ihm möglich würde, Teile des evangelischen Wählerpotentials der CDU/CSU zu entfremden bzw. von ihr fernzuhalten, zumal Heinemann Veranstaltungen der Evangelischen Kirche als politisches Forum und deren unterschiedliche Publikationsorgane als Sprachrohr benutzte. So nötigt der Fall Heinemann historisches Interesse ab, weil er ein erstes grelles Schlaglicht auf die konfessionellen Spannungen innerhalb der CDU wirft. Die Parteiführung sah sich gedrängt, ihren evangelischen Anhang politisch stärker zu berücksichtigen und ihr protestantisches Profil vor der Öffentlichkeit stärker zu konturieren. Da war es zur Imagepflege von Partei und Vorsitzendem schon wichtig, auf dem wenige Tage nach Heinemanns Entlassung in Goslar stattfindenden ersten Bundesparteitag der CDU sichtbar zu demonstrieren, daß der Bundeskanzler nennenswerten evangelischen Zuspruch erfuhr. Die evangelischen Delegierten gaben denn auch ein Votum für Adenauer ab, in dem sie sich grundsätzlich hinter seine Politik stellten, die Spaltung Deutschlands als die größte politische Not bezeichneten, die man allein bolschewistischem Expansionsstreben verdanke, das auf die Einverleibung ganz Deutschlands und Europas in den sowjetischen Hegemonialbereich abziele. „In dieser Lage führt der Weg zur Wiedervereinigung nur über die Erstarkung, die wirtschaftliche und soziale Gesundung des freien Deutschlands und seine Sicherung[44]."

Auf dem Landesparteitag der CDU des Rheinlandes Anfang Dezember 1950 sahen sich die evangelischen Delegierten gehalten, im Blick auf die bevorstehenden Landtagswahlen in Rheinland-Pfalz „ein Wort an die evangelischen Wähler zur Frage der Sicherung des Friedens" zu richten. Die Erklärung wollte mit der weitverbreiteten Vorstellung aufräumen, die Entscheidung für einen westdeutschen Beitrag an der europäischen Verteidigung stehe im Widerspruch mit evangelischen Glaubensgrundsätzen. Vielmehr wurde die persönliche Gewissensentscheidung hervorgehoben und Front gegen Heinemann und Niemöller gemacht: „Wir lehnen es daher ab, daß kirchliche Amtsträger und Organe sich an der Regelung rein politischer Fragen von politischen Erwägungen aus mit politischen Argumenten und politischen Mitteln einmischen." Gleichzeitig wurde die Verpflichtung der Obrigkeit betont, zur Erhaltung des Friedens und der persönlichen Integrität des Bürgers alle zur Verfügung stehenden Mittel einzusetzen. „Unsere Freunde und Wähler fordern wir auf, sich durch theologisch erscheinende, aber im Grunde poli-

[42] Kommuniqué vom 30.10.1950, zit. n. Möller, Evangelische Kirche, S. 52.
[43] Ausführungen auf der Hamburger Synode der EKD, 1.–5.4.1951, ebd., S. 153.
[44] Entschließung der evangelischen Delegierten, 23.10.1950, in: DUD, 1. Parteitag Goslar, S. 4.

tische Propaganda nicht irremachen zu lassen, sondern ihren politischen Dienst am Volk weiterhin innerhalb der CDU wahrzunehmen[45]."

In der Folgezeit zeigte sich die Union aber dort nicht um die Trennung von kirchlichem und politischem Amt in Sorge, wo es der Partei nützlich erschien: Hermann Ehlers publizierte in verschiedenen kirchlichen Zeitungen und Zeitschriften eine Vielzahl von Stellungnahmen und Aufsätzen zur Sicherheitspolitik und Aufrüstungsproblematik, wobei er bewußt in seiner doppelten Funktion als kirchliche und politische Spektabilität auftrat und mit einer Mischung aus religiösem Sentiment und politischer Rationalität für die Sicherheitspolitik der Union und der Bundesregierung eintrat.

Er war es auch, der sich um die institutionalisierte Organisation der aktiven protestantischen Klientel in der Union bemühte. Was bislang aussichtslos erschienen war, gelang durch den Konflikt Heinemann–Adenauer, nämlich die Schaffung eines überregionalen evangelischen Arbeitskreises. Er wurde auf der sogenannten Siegener Tagung (14.–16. März 1952) gegründet, zu der Bundestagspräsident Ehlers evangelische Laien und Amtsträger zusammengerufen hatte, unter ihnen Gustav Heinemann, der sich aus verständlichen Gründen einer Teilnahme versagte. Nahezu einmütig ergriffen die Anwesenden Partei für Adenauer und stärkten ihm den Rücken zur Durchsetzung seines sicherheitspolitischen Programms. Die wenige Tage vor der Veranstaltung den Westmächten überreichte Stalin-Note bildete den konkreten politischen Hintergrund der Auseinandersetzung mit Heinemann und seinem Anhang in protestantischen Kreisen. Eine Resolution über „politische Verantwortung in einem geteilten Deutschland" bezog, namentlich unausgesprochen, aber inhaltlich dezidiert, gegen ihn Position, indem sie jedweder Neutralitätspolitik eine Absage erteilte, die deutsche teilstaatliche Westbindung ausdrücklich befürwortete, die gegen einen Verteidigungsbeitrag vorgebrachten Argumente als sorgsam geprüft, aber letztlich nicht überzeugend beiseite schob. Zur Sowjetnote hieß es, „daß bis jetzt keine Anzeichen dafür sichtbar geworden sind, daß der russische Kommunismus auf seine Ausdehnungsbestrebungen verzichtet. Wir wissen, daß er bereit ist, nach seinem Gutdünken dafür nicht nur die Mittel des kalten, sondern auch des heißen Krieges zu benutzen. Darauf müssen wir uns einstellen." Die Versammlungsteilnehmer unterstrichen, kein Politiker habe eine Alternative zur Konzeption der Stärke aufgewiesen, um zur deutschen Einheit in Freiheit zu gelangen. Unter Hinweis auf die Stalin-Note unterstrich man, jeden als gangbar erscheinenden Weg zu einer Verständigung zwischen Ost und West sowie zur Überwindung der deutschen Spaltung gehen zu wollen. Aber „ziellose gesamtdeutsche Gespräche sind für uns kein geeigneter Weg, den Deutschen im Osten zu helfen". Damit konnte man über der Moskauer Offerte zur Tagesordnung übergehen.

Und wenn man sich schon mit einem Wehrbeitrag beschäftigte, dann wollte man dies in einer den Bundeskanzler rundum zufriedenstellenden Weise tun. Pazifismus wurde als Vogel-Strauß-Politik schlichtweg verworfen, als christliche Verkennung „der sündigen Welt". „Wir widersprechen als Christen der falschen Auffassung, als ob der einzelne Mensch durch eine den Kriegsdienst grundsätzlich ablehnende persönliche Entscheidung eine vor dem Wort Gottes bessere Haltung einnehme als derjenige, der Wehrdienst leistet." Dieser Wehrdienst müsse in Form der allgemeinen Wehrpflicht eingeführt werden.

„Wir bejahen die im Grundgesetz vorgesehene Achtung der Gewissensentscheidung des einzelnen Bürgers in der Frage der Heranziehung des Kriegsdienstes mit der Waffe." Gleichzeitig

[45] Deklaration, 3.12.1950, Anlage zum Schreiben Lauffs, 5.12.1950, an Oberkirchenrat Osterloh, EZA, 2/345/11.

wollte die Versammlung die Frage der Wehrdienstverweigerung aber so restriktiv wie möglich gehandhabt wissen. „Die Gewissensentscheidung des einzelnen darf nicht zum Vorwand für eine Haltung werden, die ohne innere Bindung sich der gemeinsamen Verantwortung für den Staat und die Nächsten ohne Not entziehen will." Strenge richterliche Prüfung nach klarer bundesgesetzlicher Weisung wurde als Forderung erhoben[46].

Als die Versammlung derart auf den Regierungschef eingestimmt und eingestellt war, reiste dieser zur Schlußkundgebung an. „Dem Kanzler konnte nur daran gelegen sein, wenn sich die evangelischen Mitglieder der CDU sammeln, denn er weiß wohl genau, daß der eigentliche Kampf um die Substanz der CDU mit Vorrang im evangelischen Raum geführt werden muß, gegen Heinemann, dem großen Schatten über den Siegener Gesprächen[47]." Nach der Siegener Tagung des Evangelischen Arbeitskreises der Union glaubte Adenauer, der CDU den Verzicht auf Heinemann und seinen protestantischen Anhang zumuten zu dürfen. Geschickt hatte er zwischenzeitlich evangelischen Nachwuchs gefördert. Neben dem politisch und pastoral umtriebigen Bundestagspräsidenten Ehlers machte bereits Eugen Gerstenmaier auf europäischem wie Bonner Parkett eine gute Figur. Zwar war der süddeutsche Theologe, dem seine Mitgliedschaft in der Bekennenden Kirche gleichsam als politisches Gütezeichen sichtbar anhaftete, keine bequeme Persönlichkeit. Er stimmte aber in den Grundfragen der Außen- und Sicherheitspolitik mit dem Kanzler im Prinzip, wenn auch nicht immer in den deutschlandpolitischen Modalitäten, überein. Seine nicht selten zutage tretende schwäbische Eigenwilligkeit wurde durch seine unverkennbaren außenpolitischen Ambitionen paralysiert.

Neben dem praktizierenden evangelischen Christen und Berliner Abgeordneten Tillmanns schob sich der junge Rechtsanwalt Gerhard Schröder zielstrebig in die Reihe der ministrablen Protestanten. Robert Tillmanns, wie Gerhard Ritter Mitglied der Kammer für öffentliche Verantwortung der EKD und nach dem Tod von Hermann Ehlers 1954 Vorsitzender des Evangelischen Arbeitskreises der CDU/CSU, im zweiten Kabinett Adenauer Bundesminister für besondere Aufgaben, hat sich in der Sicherheitsfrage zunehmend zum Gegenspieler Heinemanns innerhalb der Evangelischen Kirche profiliert. Bekanntlich zählte der Berliner Politiker zu denjenigen im engen Führungskreis der CDU, der aus gesamtdeutscher Verantwortung den Adenauerschen Kurs der militärischen Westintegration parteiintern zunächst mit einem Fragezeichen versehen hatte. Wenn er sich auch rasch zu einem getreuen Gefolgsmann Adenauers entwickelte und dessen Sicherheitspolitik nach außen mit Nachdruck vertrat, so hat er sich doch stets vorsichtig von Adenauers Politik der militärischen Stärke als Mittel zur Lösung der gesamtdeutschen Frage distanziert. Er sah die Bundesrepublik und Europa nicht in erster Linie durch militärische Interventionsabsichten Moskaus bedroht, sondern viel eher durch Selbstzerstörung aufgrund innenpolitischer Instabilität und Uneinigkeit der westlichen Staaten untereinander. Die Kreml-Führung brauchte seiner Ansicht nach nur darauf zu warten, daß die westliche Solidargemeinschaft, soweit sie bereits bestand, zerfalle, Europa nicht geschaffen werde und die Bundesrepublik die anstehenden sozialen und ökonomischen Probleme nicht zu meistern wisse. Dann müßten ihr die politischen Früchte gleichsam von selbst zufallen. Um der UdSSR und der DDR diesbezüglich jede Illusion zu nehmen, drängte Tillmanns auf die Westintegration der Bundesrepublik. „So wie die Dinge liegen, gibt es keinen anderen Weg zu unserer Wiedervereinigung. Jeder Rückschlag in den Bemühungen um den Zusammenschluß Europas gibt der

[46] Resolution der Tagung vom 14. bis 16.3.1952, zit. n. Egen, Entstehung, S. XXXVII–XLII, hier S. XXXIX–XLI.

[47] Christ und Welt, 20.3.1952, zit. n. ebd., S. 108.

bisherigen Konzeption der sowjetischen Politik neue Nahrung, ermuntert sie zur Fortsetzung des Kalten Krieges und rückt damit die Möglichkeit der deutschen Wiedervereinigung weit hinaus[48]." Die Sowjetunion müsse zu der Erkenntnis gebracht werden, daß der Kalte Krieg in absehbarer Zeit nicht zu dem erhofften Erfolg führe. Ein geeintes Westeuropa unter Einschluß der Bundesrepublik und in politischem Verbund mit den USA sollte diesen Erkenntnisprozeß beschleunigen und in Moskau die Bereitschaft zu Verhandlungen über die Wiedervereinigung fördern. Die europäische Einigung hatte aber, sollte sie den gewünschten Effekt erzielen, nach Auffassung Tillmanns die europäische Verteidigungsbereitschaft zur Voraussetzung. Ansonsten könne sich Moskau versucht sehen, aus der Einsicht in die Unmöglichkeit, sich ganz Deutschland und Europa nicht ohne Gewalt dienstbar machen zu können, es nunmehr durch militärische Aktionen zu probieren. „Die Gefahr wird um so kleiner, je entschiedener der Sowjetunion gezeigt wird, daß ein Appell an die Gewalt zu einem Krieg mit der gesamten übrigen Welt, das heißt für sie selbst zu einem totalen Risiko führen würde[49]."

Wie Adenauer, so lehnte auch Tillmanns Viermächtegespräche über Deutschland so lange ab, wie die Bundesrepublik nicht über die EVG integraler Bestandteil des Westens geworden war. „Solange das Zustandekommen dieser Verteidigung zweifelhaft ist, weil wir uns nicht einig sind, und weil die Franzosen nicht wollen, haben doch die Sowjets keinen Anlaß ihrerseits, eine Konzession zu machen [...] Solange sie diese Hoffnung haben, besteht keine echte Verhandlungschance[50]."

Auch später, auf dem Höhepunkt der Neutralismus-Diskussion, konnte sich der Kanzler auf den Evangelischen Arbeitskreis verlassen. Er stand in vorderster Propagandafront gegen den Bolschewismus. Seine Mitglieder unterstellten der Sowjetunion blanke Machtgier und ungebrochenen Aggressionsdrang, dem es durch eine Politik der Stärke im europäischen Bündnis entgegenzutreten galt. Energisch wandte sich der Arbeitskreis gegen die Argumente der Neutralisten, denen er eine gefährliche Verkennung und Verharmlosung der Politik der Sowjetunion vorwarf. „Neutralität der Bundesrepublik würde Abkehr vom Westen, den Verlust unserer Freunde und damit die Auslieferung an die Sowjetunion bedeuten." Eine von den Westmächten zu garantierende Neutralität wurde als utopische Vorstellung gebrandmarkt, die von der fälschlichen Voraussetzung ausgehe, die Westmächte würden unter allen Umständen Deutschland verteidigen. Der Arbeitskreis schreckte auch nicht davor zurück, Andersdenkende in der Evangelischen Kirche zu verdächtigen, sie würden „die sachliche Austragung politischer Meinungsverschiedenheiten durch eine unsachliche Vorschiebung christlicher Argumente [...] überdekken"[51].

Den Sieg der Bundestagswahl 1953 verdankte die Union insbesondere den Protestanten. Sie waren nicht zur Gesamtdeutschen Volkspartei Gustav Heinemanns geströmt. Die Demoskopen hatten dies frühzeitig prognostiziert. Rund acht Monate vor der Wahl war die GVP im Bundesdurchschnitt 69% der erwachsenen Westdeutschen völlig unbekannt. Bei den Frauen, die Frie-

[48] Aufsatz Tillmanns' aus dem Jahre 1953 in dem Sammelband „Deutschlands Aufgabe – Stimmen evangelischer Politiker", zit. n. Tillmanns, Lebensleistung, S. 87–107, hier S. 98.

[49] Ebd., S. 100.

[50] Ebd., S. 105.

[51] Resolution der Tagung des Evangelischen Arbeitskreises, 5.–7.6.1953, in: Die Entschließungen des Evangelischen Arbeitskreises der CDU/CSU auf den Bundestagungen 1952–1958. Anlage zum Schreiben der Geschäftsstelle des Evangelischen Arbeitskreises, 16.9.1959, an dessen Vorstand und Mitglieder, IfZ, CDU/CSU, EAK.

densparolen zugänglicher und auch kirchlich gebundener sind, hatten im Januar 1953 81% noch nichts von der Heinemann-Partei gehört, bei den Männern waren es 55%[52].

Wie Heinemann, so fehlte es auch Niemöller an politischem Charisma. Obwohl beide Säle zu füllen wußten, erzielten sie dennoch weniger Breitenwirkung, eher vermochten sie spezielle Bevölkerungsteile, wie Jugend mit gehobener Schulbildung, Studenten und Akademiker anzusprechen. Der hessen-nassauische Kirchenpräsident hatte bereits im November 1950 den Höhepunkt seiner Publizität erreicht. Damals kannten insgesamt 74% der Bevölkerung der Bundesrepublik seinen Namen und wußten um sein politisches Engagement. Das war ein sehr hoher Durchschnittswert, wenn man zum Vergleich feststellt, daß der Landesminister und BHE-Vorsitzende Waldemar Kraft drei Monate zuvor für nur 19% der Bevölkerung ein Begriff war. Im Gegensatz zum Bekanntheitsgrad stand allerdings das Ausmaß der Zustimmung zu Niemöllers politischen Vorstellungen. Nur 11% der Befragten stimmten seinen Ansichten zu, 5% gaben ihm zwar recht, hielten seine Erklärungen aber in der gegebenen politischen Situation für schädlich[53].

Politische Früchte trugen in der innerhalb des Protestantismus so offenen politischen Meinungslandschaft die Aktivitäten des Evangelischen Arbeitskreises der CDU/CSU, zu denen die Herausgabe der vom Bundestagspräsidenten Ehlers verantwortlich mitgestalteten Monatsbriefe „Evangelische Verantwortung" zählte. „Das Besondere ist", so jedenfalls stellte es Ehlers dar, „daß gerade die ‚Evangelische Verantwortung' nicht nur bei Leuten angekommen ist, die sowieso Anhänger der CDU waren [...], sondern sie wurde auch gelesen, diskutiert und ernstgenommen von Leuten, die nicht bei der CDU gewesen sind, sondern bei Niemöller und Heinemann standen. Dort hat sie aber eine heilsame Wirkung gehabt[54]."

Dennoch handelte es sich bei den protestantischen Wählern der Union um eine politisch-labile Anhängerschaft, um deren Sympathie besonders intensiv geworben werden mußte. Diesem Bemühen konnte nur dann Erfolg beschieden sein, wenn es gelang, das weitgehend distanzierte Verhältnis der Evangelischen Kirche zur CDU/CSU in eine vertrauensvolle Kommunikation umzuwandeln und speziell ein höheres Maß an Verständnis für die Fragen von Verteidigung und Militär zu erzielen. Beide Seiten haben es diesbezüglich an gutem Willen nicht fehlen lassen. Bereits im März 1950 war es in Königswinter zu einer ersten Zusammenkunft zwischen Vertretern der EKD und CDU-Persönlichkeiten beider Konfessionen gekommen, bei der die Evangelische Kirche politische Verantwortung bejaht und Mitarbeit im politischen Raum zugesagt hatte[55]. Über der Wehrfrage und über der Demission Heinemanns sowie der Auseinandersetzung mit Niemöller geriet dann der Dialog ins Stocken. Man zeigte sich aber im Laufe des Jahres 1951 um atmosphärische Verbesserung bemüht. Eugen Gerstenmaier ging daher ungeachtet politischer und persönlicher Differenzen auf der Synode im Frühjahr 1951 auf Niemöller zu, als das Gremium sich mit der Sicherheitsproblematik beschäftigte. „Mit Dankbarkeit und Respekt habe nicht nur ich, sondern viele meiner Freunde verfolgt das hohe Maß an Verantwortung gegenüber der Gestaltung oder der Mitgestaltung öffentlicher Dinge, das hohe Maß von

[52] Jahrbuch der öffentlichen Meinung 1947–1955, S. 271. Die Umfrage ist korrekt auf Januar 1953 zu datieren: vgl. IfD: Die Stimmung im Bundesgebiet 82, BA, B 145/4223.

[53] Jahrbuch der öffentlichen Meinung 1947–1955, S. 195 und IfD: Die Stimmung im Bundesgebiet 4, S. 2, 4, BA, B 145/4220.

[54] Protokoll der 1. Sitzung des Bundesparteivorstandes der CDU, 18.1.1954, ACDP, Protokolle des CDU-Bundesvorstandes aus dem Jahre 1954, VII-001-003/1.

[55] Protokoll des Evangelischen Kirchengesprächs in Königswinter, 21.3.1950, EZA, 2/330/6.

Verantwortung bei der Mitwirkung des Geschicks des deutschen Volkes, so wie es im Bereich des Freundeskreises des Herrn Kirchenpräsidenten Niemöller im Laufe der letzten 1½ Jahre in Erscheinung getreten ist. Ich spreche es für mich frei aus, daß uns diese Art von Aktivität, so gefährlich verhängnisvoll sie uns zuweilen erschien, doch noch weit lieber ist und weit näher liegt in ihrer Intension wie in ihren Motiven, als die kühle Distanz, die aus der Not eine Tugend macht. [...] Ich muß hinzufügen, daß ich nun allerdings auch heute in der Beurteilung der Situation mit dem Herrn Kirchenpräsidenten [...] schlechthin nicht übereinzustimmen vermag[56]."

Der offizielle Gedankenaustausch auf oberster politischer und kirchlicher Ebene kam dann Ende des Jahres 1951 auf Initiative des Direktors der Evangelischen Akademie Bad Boll, Eberhard Müller, der der Union verbunden war, wieder in Gang. Anfang November traf sich, wieder in Königswinter, geführt von Adenauer, Wohnungsbauminister Wildermuth, den protestantischen Abgeordneten Tillmanns, Gerstenmaier und Johannes Kunze (Direktor in Bethel) eine politische Delegation mit einer kirchlichen, der u.a. der Ratspräsident der EKD, Dibelius, die Landesbischöfe Meiser, Bender, Wüstemann, Kirchenpräsident Stempel, Präses Held und Präses Kreyssig angehörten. Der Kanzler entwickelte vor seinen Gesprächspartnern noch einmal seine bekannten sicherheitspolitischen Thesen und begründete sein Konzept der militärischen Stärke. Indem er auf das interdependente Verhältnis von „Wiederbewaffnung" und Wiedervereinigung einging, traf er den Kern des innerkirchlichen Disputs über Aufrüstung und militärische Westintegration. Seine Sicherheitspolitik, so versicherte Adenauer, sei letztlich auf ein Ziel ausgerichtet, nämlich die Wiederherstellung der Einheit Deutschlands. Die Notwendigkeit der Westbindung der Bundesrepublik und dann Gesamtdeutschlands unter Einbeziehung der Oder-Neiße-Gebiete werde auch von den drei Westmächten angesichts der Tatsache als notwendig anerkannt und gefördert, daß 30% der italienischen, 20% der französischen Bevölkerung Kommunisten seien. Demgegenüber müsse ein Äquivalent geschaffen werden. Schnelles Handeln, so der Kanzler, sei notwendig, Entschlossenheit müsse angesichts der nicht nur bolschewistisch-ideologischen, sondern auch der rassischen Bedrohung demonstriert werden. „Rußland will 3,5 Millionen Asiaten in Ostdeutschland ansiedeln, laut Prawda. Wir stehen vor einer Schicksalsfrage Europas. Die Verhandlungen mit den Westmächten verlaufen sehr günstig [...] Auf militärischem Gebiet gibt es keine Schwierigkeiten mehr[57]."

Aus dem aufmerksamen kirchlichen Zuhörerkreis wurden Fragen an den Bonner Regierungschef gestellt, denen vor allem die Sorge um die Zukunft der Christen in der DDR, um die Kirche als einer gesamtdeutschen Institution und damit um die Zukunftschancen der Wiedervereinigung zugrunde lagen. Den Kirchenführern drängte die Zeit. „Im Osten ist ein schrecklicher Zustand. Bald genügt die dauernde Mahnung zum Abwarten nicht mehr. Vor allem die Jugend ist sehr gefährdet. Wer im Osten nicht im Glauben steht, wird, wenn das Warten noch anhält, aus Verzweifelung von neuem in die Arme des Bolschewismus getrieben werden." War die Integration Europas, auch die militärische, unter Einschluß der Bundesrepublik ein erster Schritt zwecks Zusammenführung beider Teile Deutschlands, dem ein zweiter, nämlich das ernsthafte Bemühen um die Wiedervereinigung auch tatsächlich folgen würde? Wäre es nicht besser, beide Bestrebungen miteinander zu verbinden, d.h. gleichzeitig zu betreiben? Konnte die Politik der Stärke, so der kritische Einwand eines Kirchenführers, ohne militärische Intervention erfolgreich sein, und würde die Sowjetunion, eine solche Absicht unterstellend, nicht zu einem Prä-

[56] Protokoll der 3. Tagung der Synode in Hamburg, 1.–5.4.1951, EZA, 2/042/11.

[57] Protokoll über die Zusammenkunft führender Politiker und leitender Persönlichkeiten der Evangelischen Kirche, 5.11.1951, EZA, 2/345/11. Vgl. 2/3451, dort fälschlich Westermann statt Wüstemann.

ventivschlag ausholen? Verunsichert zeigte man sich in Kirchenkreisen auch über die Haltung der jungen Generation gegenüber einem Wehrbeitrag. „Evangelische und katholische Jugend denkt weithin ‚Ohne mich!‘ Sie hat kein echtes Ziel. So bauen wir ein Haus und wissen nicht, wer darin wohnt, wenn wir Europa bauen.“ Diese Befürchtung teilte der Kanzler, und er bat die Männer der Evangelischen Kirche, behilflich zu sein bei dem ihm notwendig erscheinenden Vorhaben, „eine staatspolitische Gesundung der Jugend“ zu erreichen.

Obwohl es sich bei dem Treffen um einen unverbindlichen Meinungsaustausch gehandelt hatte, suchten die Parteigänger des Kanzlers in der Evangelischen Kirche, insbesondere der Direktor der Evangelischen Akademie Bad Boll, Eberhard Müller, die Zusammenkunft propagandistisch zugunsten des Kanzlers und seiner Politik auszuschlachten. In zahlreichen Presseverlautbarungen suggerierten sie dem Leser, es habe sich hier um offizielle Konsultationen zwischen der EKD und der Bundesregierung gehandelt, wobei Adenauer Zustimmung für seine Sicherheitspolitik erfahren habe. Was Wunder, daß die Aufrüstungsgegner in der Evangelischen Kirche ebenso wie der Ratsvorsitzende Dibelius gegen eine derartige verzerrende Berichterstattung Sturm liefen, denn obwohl exponierte wehrpolitische Widersacher des Kanzlers erst gar nicht eingeladen worden waren, hatten sich die anwesenden Kirchenrepräsentanten jeglicher zustimmenden oder ablehnenden Äußerungen gegenüber Adenauers sicherheitspolitischem Kurs enthalten.

Ein weiteres Gespräch zu Beginn des Jahres 1953, gleichfalls in Königswinter, zwischen evangelischen Politikern der Regierungskoalition und leitenden Männern und Frauen der Evangelischen Kirche und ihrer Verbände wurde personell nicht mehr so hochrangig besetzt wie das vorausgegangene. Eingeladen hatte jetzt Bundestagspräsident Hermann Ehlers in Verbindung mit dem Leiterkreis der Evangelischen Akademien Deutschlands. Die Grundlage des Meinungsaustausches bildete der Gedanke, daß die Kirche für die politische Gestaltung des Schicksals des deutschen Volkes vor Gott mitverantwortlich sei. Wie und in welchem Maße diese Verantwortung wahrgenommen werden konnte, darüber wollte man versuchen, Einigkeit zu erzielen. Insgesamt hatten sich rund 90 Teilnehmer zusammengefunden, unter ihnen nun auch Vertreter des Heinemann- und Niemöller-Flügels. Numerisch überwogen die Anhänger der Regierungspolitik. Inhaltlich wie rhetorisch bildete allerdings ein Referat von Helmut Gollwitzer den Höhepunkt der Veranstaltung. Der Bonner Theologieprofessor hatte sich zwischenzeitlich von Heinemann insofern partiell gelöst, als er dessen politische Aktivitäten im Rahmen einer neugegründeten Partei, der GVP, ablehnte. Er respektierte den Gang der sicherheitspolitischen Entwicklung insofern, als er von einer zustimmenden Bevölkerungsmehrheit ausging und meinte, die Regierung könne „sich zur Zeit eine Volksabstimmung über die Verträge ‚ruhig leisten‘“. So wie die Dinge standen, plädierte Gollwitzer für die Hilfe der Kirche gegenüber denen, die in Gewissenskonflikt waren oder gerieten. Sich zu den Westverträgen politisch zu äußern, hielt er nicht für eine Aufgabe der Kirche, wohl aber, darauf aufmerksam zu machen, „daß Wiederbewaffnung in einem bestimmten Geiste notwendigerweise Unheil“ bringe[58]. Diese Bemerkung entsprang der tiefwurzelnden Furcht vor dem Wiedererwachen des deutschen Militarismus.

Bei dieser dritten Gesprächsrunde handelte es sich nicht um einen Kreis, in dem verbindliche Resolutionen hätten verfaßt und entsprechende Erklärungen abgegeben werden können. Es ging jetzt einfach darum, einen gesamtpolitischen Annäherungsprozeß in die Wege zu leiten. Diesem diente vor allem eine Einrichtung, nämlich die zahlreichen evangelischen Akademien, die auch zu kirchlich-politischen Begegnungsstätten wurden. Hier trafen sich aber nun nicht nur

[58] Vermerk Graf Baudissins, 19.2.1953, über das besagte Gespräch, 13./14.2.1953, BA–MA, BW 2/1378.

Vertreter der Evangelischen Kirche und der Regierungskoalition, sondern die Opposition war miteinbezogen. Nicht zuletzt kam es darauf an, Kirche, Bürger, Staat und die ehemaligen Soldaten, die womöglich auch wieder die zukünftigen waren, an einen Tisch zu bringen, um für wechselseitige Auffassungen und Positionen Verständnis zu erwirken.

Fruchtbarer als auf der politischen und theologischen Grundsatzebene und davon völlig losgelöst gestaltete sich der Dialog zwischen Bundesregierung und EKD auf zwei mit dem Wehrbeitrag unmittelbar zusammenhängenden politisch-praktischen Feldern. Bischof Dibelius schreibt in seinen autobiographischen Aufzeichnungen, die Evangelische Kirche habe zwar der Aufstellung militärischer Kontingente nicht das Wort reden können, weder in West- noch in Ostdeutschland. Aber, „daß es eines Tages zu einer solchen Aufstellung kommen werde, ist den meisten von uns freilich klar gewesen“[59].

Frühzeitig gab es daher streng geheime Kontakte zwischen der EKD und dem Amt Blank, seitens der Kirchenleitung geführt durch ihren „Bevollmächtigten“ bei der Bundesrepublik Deutschland, Hermann Kunst, den späteren ersten evangelischen Militärbischof. Bereits seit Herbst 1951 war er beauftragt, die die „Seelsorge in etwaigen deutschen Verbänden“ betreffenden Fragen ins politische Gespräch zu bringen. Ende Januar 1952 folgten die Evangelische wie die Katholische Kirche einer offiziellen Einladung der Dienststelle Blank, „im Zusammenhang mit den Vorarbeiten für eine etwaige Verteidigungsgesetzgebung die Fragen der Militärseelsorge und der Zurückstellung Geistlicher vom Wehrdienst bald zu klären“[60].

Für diesen Fall galt es, sich einzurichten und entsprechende Vorkehrungen zu treffen, die insbesondere die gesetzliche Regelung der Kriegsdienstverweigerung und der Militärseelsorge betrafen. Entsprechende Verhandlungen mit dem Amt Blank führte zunächst der Bevollmächtigte des Rates der EKD am Sitz der Bundesregierung, Kunst. Später übernahm Oberkirchenrat Edo Osterloh, 1956 bis 1964 Minister für Volksbildung von Schleswig-Holstein, die Verhandlungsführung an der Spitze des Gremiums, dem auch Niemöller angehörte. Dieser fungierte gleichzeitig als Vorsitzender der Arbeitsgemeinschaft Christlicher Kirchen, die ebenfalls zu Problemen der Kriegsdienstverweigerung und Militärseelsorge kontaktiert wurde. Diese Zusammenarbeit erwies sich für beide Seiten als ausgesprochen fruchtbar, und das Amt Blank stellte fest, daß Niemöller „ohne ein demagogisch ansprechbares Publikum und außerhalb der politischen Kampfsphäre ein guter Gesprächspartner ist“[61]. Seinen konkreten Niederschlag hat dieses Zusammenwirken allerdings erst im Rahmen der entsprechenden Gesetzgebung in der Phase der NATO-Option gefunden.

f) Katholizismus und Wehrfrage

Die nahezu vorbehaltlose Option des deutschen Katholizismus für das politische, soziale, wirtschaftliche und kulturelle System der Bundesrepublik, die mit dem Katholizismus eng verbundene Christlich-Demokratische und Christlich-Soziale Union, dies waren Kriterien, die für eine Unterstützung des sicherheitspolitischen Kurses der Bundesregierung durch die Römisch-

[59] Dibelius, Ein Christ, S. 287.

[60] Zit. n. Lubbers, Neuordnung, S. 15.

[61] Vermerk aus dem Amt Blank über die Besprechung mit der Arbeitsgemeinschaft Christlicher Kirchen, 8.9.1951, BA-MA, BW 2/1379. Vgl. zu Evangelischer Kirche und Wehrgesetz bzw. Militärseelsorge Vogel, Kirche, S. 185 ff. Siehe auch später den Beitrag Ehlert in Anfänge westdeutscher Sicherheitspolitik, Bd 3 (in Vorbereitung).

Katholische Kirche, ihre Glieder und Mitglieder sprachen[1]. Die Adenauersche Hoffnung trog denn auch nicht. Die wechselseitige kritisch-freundschaftliche Verbundenheit zwischen dem damaligen Vorsitzenden der Fuldaer Bischofskonferenz, dem Kölner Erzbischof Kardinal Frings, und dem Kanzler bildete zudem einen Kommunikationsstrang, über den wechselseitig Willensbekundungen transportiert wurden, die sich nicht selten, so in der Wehrfrage, symbiosenhaft miteinander verbanden. Daß sich die sicherheitspolitischen Äußerungen von Katholischer Kirche und Bundesregierung im Gleichklang befanden, beruhte aber nicht allein auf der spezifischen politischen Konstellation zwischen Katholischer Kirche und Staat, sondern war darüber hinaus dogmatisch begründet. Die katholische Lehre vom gerechten Krieg hat ausschlaggebend die Haltung von Kirche und Gläubigen gegenüber einem westdeutschen Verteidigungsbeitrag präformiert. Drei Jahre nach dem Ende des Zweiten Weltkrieges hatte Pius XII. christliche Grundsätze über Krieg und Kriegsdienst aufgestellt, die der katholischen Kirche in der Bundesrepublik Richtschnur sein mußten, als westdeutsche Streitkräfte wieder eine denkbare militärische und politische, letztlich auch religiöse Größe wurden. Als die Aufstellung militärischer Kontingente für eine Europaarmee im Laufe des Jahres 1950 mit immer größeren Lettern in die Presse geriet, überwog in der katholischen wie in allen anderen Teilen der Bevölkerung zunächst der „Ohne-mich-Standpunkt“, wobei allerdings die Katholiken von vornherein einen größeren Anteil an den Unentschlossenen und Befürwortern stellten als die Protestanten. Dies haben die Demoskopen nachzuweisen gesucht.

Vielgelesene katholische Zeitschriften stellten frühzeitig Befragungen an. Denenzufolge hätten im November 1948 rund 60 Prozent katholischer Männer den Wehrdienst verweigert. Zu Beginn des Jahres 1950 befragte „Mann in der Zeit“ die Leser nach der Bereitschaft zum Wehrdienst in einer europäischen Armee: 90 Prozent aller Rückmeldungen war die Ablehnung jeden Wehrdienstes zu entnehmen. Die Zeitschrift kommentierte dieses Ergebnis: „Die tragende Schicht der deutschen katholischen Männer lehnt in ihrer überwiegenden Mehrheit grundsätzlich Wehrdienst und Krieg ab. Daher entbehren alle Diskussionen über Remilitarisierung in Westdeutschland jeder realen Grundlage[2].“ Noch im Oktober 1950 erbrachte eine Diskussion im Organ der christlichen Arbeiterjugend „Befreiung“ 71 Prozent Ablehnung gegenüber jeglicher Aufrüstung der Bundesrepublik[3].

Die katholische Kirchenführung in der Bundesrepublik sprach rasch auf die Wehrproblematik an und steckte aus Furcht davor, die Gläubigen könnten in eine ungewollte Richtung aus dem Ruder laufen, einen wehrpolitischen Orientierungsrahmen ab, in den sich die sicherheitspolitischen Vorstellungen der katholischen Bevölkerung einzupassen hatten. Bereits im Herbst 1950 stellte der Diözesanrat des Erzbistums Köln moraltheologische Normen auf, an denen sich das Gewissen der katholischen Christen in der Wehrfrage auszurichten hatte. Danach verwarf die katholische Kirche den Krieg nicht. Dafür, so hieß es, sei sie zu realitätsbezogen: sie wisse, daß es Konfliktstoffe allein schon wegen der unterschiedlichen Stärke verschiedener Völker gebe. Die katholische Kirche unterschied aber zwischen gerechtem und ungerechtem Krieg und verwarf nur den letzteren. Krieg bedeutete für sie die ultima ratio. Erst wenn alle anderen politischen Mittel erschöpft waren, die dem Erhalt des Friedens dienten, durfte ein gerechter Krieg geführt werden. Die Katholische Kirche bezeichnete die Wahrung des Friedens als erste und vordringliche Aufgabe, doch lehnte sie einen Frieden um jeden Preis ab. Ein gerechter Krieg ließ sich moraltheologisch dann rechtfertigen, wenn von Gott verliehene hohe Güter in Gefahr

[1] Grundlegend dazu Doering-Manteuffel, Katholizismus.
[2] Zit. n. Nagel/Oberhem, Dem Frieden verpflichtet, S. 28.
[3] Zu den Befragungsergebnissen – vgl. ebd., S. 27 f.

gerieten. Pius XII. hatte festgestellt: „Jeder kriegerische Angriff auf jene Güter, welche die göttliche Friedensordnung unbedingt zu achten und zu gewährleisten, deshalb aber auch zu schützen und zu verteidigen verpflichtet, ist Sünde, ist Verbrechen, ist Anschlag auf die Majestät Gottes, des Schöpfers und Ordners der Welt[4]."

Güter und Rechte, die mit militärischen Mitteln verteidigt werden mußten, hatten allerdings von größerer Bedeutung zu sein als die durch Krieg zu erwartenden Übel. Das Kulturerbe des christlichen Abendlandes war des militärischen Schutzes wert, und der Bundeskanzler wußte, warum er stereotyp auf dessen Bedrohung durch Bolschewismus und – was für ihn nahezu identisch war – Asiatentum hinwies. Die Rettung des christlichen Abendlandes vor bolschewistischem Zugriff erschien der Katholischen Kirche als unausweichliche Verpflichtung. Im Rückblick auf 30 Jahre Militärseelsorgevertrag hat der Erzbischof von Bamberg und Katholische Militärbischof für die Deutsche Bundeswehr die Haltung der Katholischen Kirche zur Frage eines westdeutschen Verteidigungsbeitrages in den frühen 50er Jahren sehr richtig wie folgt beschrieben: „Was den innenpolitisch in jenen Jahren stark umstrittenen Wiederaufbau deutscher Streitkräfte anbetrifft, waren uns Katholiken aus der Sicht der Weltkirche Aspekte bewußt, die die Bereitschaft auch zur militärischen Verteidigung der westlichen Demokratien gegen die Bedrohung durch einen neuen totalitären Imperialismus zur moralischen Pflicht machten. Die päpstliche Verkündigung hatte mit seismographischer Genauigkeit auf die konsequente Sowjetisierungspolitik in Ost- und Südosteuropa reagiert und die Pflicht zur Verteidigung von Menschenrechten und nationaler Unabhängigkeit wiederholt herausgestellt. Unter solchen Umständen waren die Bischöfe und der deutsche Katholizismus bereit, die politische Entscheidung zu einem notwendigen deutschen Wehrbeitrag mitzutragen[5]."

Was der Papst in seiner Weihnachtsansprache des Jahres 1948 ganz allgemein formuliert hatte, konkretisierte er rund vier Jahre später mit ausdrücklichem Bezug auf die bipolare Weltsituation. Vor Mitgliedern der Pax-Christi-Bewegung sagte er: „Der Angriff in der Form des ‚kalten Krieges' ist sittlich unbedingt zu verwerfen. Ist er aber erfolgt, so hat der oder haben die angegriffenen Friedenswilligen nicht nur das Recht, sondern sogar die Pflicht, sich zur Wehr zu setzen. Kein Staat und keine Staatengruppe darf es ruhig hinnehmen, politisch in die Enge getrieben und wirtschaftlich ruiniert zu werden. Sie sind dem Allgemeinwohl ihrer Völker die Abwehr schuldig[6]." Dann allerdings, unter den Bedingungen veränderter Waffenpotentiale, hat Pius XII. seine Aussage modifiziert. Die in den Arsenalen mehr und mehr aufgehäuften ABC-Waffen ließen ihn zukünftige militärische Auseinandersetzungen, auch militärische Verteidigungsanstrengungen, moralisch zweifelhaft, ja letztlich verwerflich und verbrecherisch erscheinen. Vor Militärmedizinern schnitt der Papst die Frage an, ob die ABC-Verteidigung „schlechthin notwendig werden kann", eine Frage, die nicht als eine militärstrategische, sondern als eine sittliche zu betrachten sei. „Wenn die Schäden, die der Krieg nach sich ziehe, unvergleichlich größer sind als die der ‚geduldigen Ungerechtigkeit', kann man verpflichtet sein, die ‚Ungerechtigkeit auf sich zu nehmen'[7]." Und zu Ostern des Jahres 1954 artikulierte Pius XII. auf dem Petersplatz die Ängste vor einem dritten Weltkrieg, insbesondere in Verbindung mit dem Einsatz atomarer und chemischer Waffen. Er wies darauf hin, daß es sich hier um Waffen handele, deren Einsatz katastrophale Folgen für den gesamten Planeten heraufbeschwören könnten, und er gab den verantwortlichen Politikern in Ost und West in seinem Appell zu internationaler Verständi-

[4] Weihnachtsansprache von Pius XII., 1948, zit. n. Glatzel, Lehrverkündigung, S. 127.
[5] Katholische Militärseelsorge, Geleitwort, S. 7/8.
[6] Weihnachtsansprache von Pius XII., 1948, zit. n. Glatzel, Lehrverkündigung, S. 127.
[7] Zit. n. Nagel/Oberhem, Dem Frieden verpflichtet, S. 24.

gung die Langzeitwirkung derartiger Waffen für die Atmosphäre ebenso zu bedenken wie die noch nicht absehbaren genetischen Folgen[8].

Ungeachtet des von vielen Katholiken zunächst eingenommenen „Ohne-mich"-Standpunktes akzeptierte die institutionalisierte westdeutsche Katholische Kirche von Frings formulierte, auf Papstworte gegründete, die Wehrhaftigkeit rechtfertigende Leitsätze, ohne daß der Öffentlichkeit größere, den inneren Zusammenhalt der Katholischen Kirche belastende Differenzen unter dem Klerus in der Wehrfrage erkennbar wurden. Während der Episkopat unmittelbar zu dem Zeitpunkt, als die Frage der Aufrüstung virulent wurde, sein Pro gesprochen hatte und aus seinem Autoritätsverständnis heraus kein Bedürfnis verspürte und keinen Anlaß sah, sein Votum zum Gegenstand einer öffentlich-kirchlichen Diskussion zu machen, fand die eigentliche innerkatholische Auseinandersetzung in der kirchlichen bzw. kirchlich orientierten katholischen Presse statt, wobei es Linkskatholizismus und Laienorganisationen waren, die den Widerpart zum offiziellen Standpunkt übernahmen, zumindest zeitweise. Dies gilt vor allen Dingen für die Phase der sicherheitspolitischen Diskussion vor der Unterbreitung des Pleven-Plans[9]. Der Katholizismus vermochte sich nicht der Faszination des Europagedankens zu entziehen, der weitgehend mit dem Begriff des christlichen Abendlandes synonym war. Insbesondere vollzog nun der Linkskatholizismus und -intellektualismus, publizistisch u.a. repräsentiert durch die Frankfurter Hefte und ihre Herausgeber Walter Dirks und Eugen Kogon, eine deutliche Wende von der Ablehnung zur Befürwortung eines westdeutschen Verteidigungsbeitrages. Ohne eine latente Bedrohung aus dem Osten in Frage zu stellen, brachte die Zeitschrift im Frühstadium der Aufrüstungsdiskussion gleichzeitig eine gewisse Furcht vor Remilitarisierungstendenzen zum Ausdruck. Innerhalb einer Europaarmee sah man diese Gefahr nicht mehr als gegeben, zumindest nicht mehr als so groß an, weil sie über genügend Disziplinierungsmechanismen zu verfügen versprach. Vor allem Eugen Kogon, führendes Mitglied der Europabewegung, wandelte sich nun vom Kritiker zum Befürworter der militärischen Westintegration. Daß Europa verteidigt werden mußte, auch mit deutscher Hilfe, stand für ihn und andere Linkskatholiken außer Zweifel. Eugen Kogon brachte als überzeugter Europäer einen westdeutschen Verteidigungsbeitrag nicht in den von Adenauer gewollten Zusammenhang mit nationaler oder deutscher teilstaatlicher Souveränität. Ganz im Gegenteil: parallel zur militärischen Integration müßte die politische und ökonomische verlaufen. „Die Europa-Union vertritt den Standpunkt, daß es ohne die europäische Föderation keinen deutschen Soldaten geben darf[10]." Kogon war bereit, die EVG wegen ihrer europäisch-integralen Komponente in Kauf zu nehmen, letztlich auch deshalb, weil „die EVG der langsamste Weg zur Remilitarisierung war"[11]. Walter Dirks stand der immer wieder von der Bundesregierung vertretenen Auffassung, über die EVG lasse sich die Föderation Europas entscheidend vorantreiben, skeptisch gegenüber. Ihm wäre die Schaffung Europas vor der Aufstellung westdeutscher Streitkräfte lieber gewesen. So wie die Verhandlungen verliefen, zeichnete sich jedoch ab, daß über westdeutsche militärische Kontingente zunächst einmal die Attribute der Souveränität eines Nationalstaates erlangt werden sollten. Rundweg abgelehnt hat der Mitherausgeber der Frankfurter Hefte die EVG allerdings nicht.

Auf der staatspolitischen Tagung der Gemeinschaft der Katholischen Männer Deutschlands im Sommer 1952 beklagte Franz Josef Strauß „das Laster politischer Gleichgültigkeit" und warnte vor der Gefahr, den Weg freizulassen für politische Abenteuer, die die geruhsame Masse

[8] Ebd.
[9] Vgl. dazu Foerster, Innenpolitische Aspekte, S. 429 ff., 508 ff.
[10] FAZ, 11.12.1950, zit. n. Schubert, Wiederbewaffnung, S. 89.
[11] Zit. n. Stankowski, Linkskatholizismus, S. 120.

schließlich in verführerischer Absicht mobilisieren könnten. Er brach eine Lanze für verstärkte staatsbürgerliche Öffentlichkeitsarbeit zum Zwecke der politischen Sensibilisierung der Bevölkerung. „Wenn ich für politische Aufklärung und Erziehung im weitesten Maße eintrete, so denke ich zunächst gar nicht daran, möglichst viel Leute für *meine* politische Richtung zu gewinnen. Es genügt in dem Zusammenhang vollkommen, wenn wir überhaupt den Staatsbürger politisch lebendig machen, ihn heranziehen, ihn interessieren [...] Mir sind Leute, die aus lebendiger politischer Überzeugung verkehrt wählen, immer noch lieber, als diejenigen, die gleichgültig beiseitestehen[12]."

Was in einer Sonntagsrede leicht von den Lippen floß, sah in der politischen Wirklichkeit ganz anders aus. Die Union und ihr katholisches Umfeld hatten die politische Toleranzschwelle sehr niedrig angelegt, so daß man sehr schnell darüber hinwegschritt. Dies läßt sich an einem besonders markanten Beispiel demonstrieren. Der in Freiburg wirkende Reinhold Schneider, viel gelesener Autor des bewußt katholischen Bürgertums, der aus tiefer katholisch-religiöser Innerlichkeit heraus schrieb und handelte, übte sich nicht in politischer Enthaltsamkeit, schon gar nicht in der Frage der sogenannten Wiederbewaffnung. Wie Gustav Heinemann, mit dem er in Korrespondenz stand, akzeptierte auch er nur eine von christlicher Verantwortung diktierte Politik. Und aus dieser christlichen Verantwortung heraus bezog er gegen Aufrüstung und militärische Westintegration dezidiert Stellung. Demonstrativ unterstützte er die Volksbefragungsbewegung, äußerte sich aber auch in zahlreichen Artikeln. Der CDU-Bundestagsabgeordnete Willy Massoth, praktizierender Katholik, trat mit dem Freiburger Schriftsteller in einen intensiven Briefwechsel über die Wehrproblematik ein, in dessen Verlauf Reinhold Schneider seine Auffassung in mehreren Grundsatzthesen zusammenfaßte. Ihm erschien die Ablehnung des Waffendienstes aufgrund der gemachten historischen Erfahrung als der derzeit „wichtigste Glaubensakt des Christen". Dem Zerfall religiöser, moralischer und kultureller Werte, ihrer Bedrohung durch den Bolschewismus konnte seiner Auffassung nach nur wirkungsvoll durch die Errichtung menschenwürdiger Lebensbedingungen und Lebensformen, durch soziale Gerechtigkeit begegnet werden. „Die Rüstung verhindert die Lösung dieser Aufgabe." Freiheit zu sichern, hieß für Reinhold Schneider, verantwortlich handeln, nicht kämpfen. Wer Macht ausüben wollte, der mußte Ehrfurcht vor dem Geschaffenen und Bestehenden haben, der durfte kein Schlachtfeld betreten, wo das Gesetz der Zerstörung galt. Moderne Militarisierung beschwor für ihn die Gefahr des Totalitarismus herauf[13]. Die militärische Verteidigung des christlichen Abendlandes erschien Reinhold Schneider besonders fragwürdig. „Ich kann mir nicht denken", schrieb er an Heinrich Graf Luckner, „auf welche Weise das, was wir heute Europa nennen, gerettet werden soll, ja nicht einmal aus welchem Grunde[14]."

Es sollte bei einem kurzen politischen Engagement Reinhold Schneiders in Sachen Wehrbeitrag bleiben. Nach dem Verbot der Volksbefragung sah er sich der Grundlage seiner Aktivitäten beraubt, wenn er auch nichtsdestoweniger weiterhin jede Aufrüstung als einen Akt der Sünde erachtete. Seine Auflehnung des Gewissens gegen die Bewaffnung der Bundesrepublik sollte für ihn nicht ohne persönliche schmerzliche Folgen bleiben. Es fehlte nicht an Stimmen, die ihn als geisteskrank bezeichneten, die das Gerücht ausstreuten, er sei zum Protestantismus konvertiert, und die ihn zum Kommunisten erklärten. Dies vor allem, nachdem er im Frühjahr 1951 in dem DDR-Organ „Aufbau" einen Aufsatz unter dem Titel „Unsere Verantwortung" publiziert hatte,

12 Strauß, Politische Fehlentwicklungen, S. 13f.
13 Anlage zum Brief Reinhold Schneiders, 6.5.1951, an Willy Massoth, ACDP, NL Massoth, I-165-051.
14 Brief Schneiders, 29.11.1950, an Luckner, Auszug in Schmitt/Scherer, Reinhold Schneider, S. 167.

in dem er unter Bezug auf sein christliches Gewissen für das Prinzip der Gewaltlosigkeit stritt und die Aufrüstungspolitik der Bundesregierung mißbilligte. Aber die Miszelle war nicht ohne Grund im östlichen Teil Deutschlands erschienen – es fand sich in einem westlichen kein Raum. Die Katholische Kirche duldete keine politischen und religiösen Unbotmäßigkeiten, und auch der Union erschien Reinhold Schneider als ein gefährlicher politischer Propagandist. Und so trat das Machtkartell zwischen Union und Katholischer Kirche in Aktion, um den unüberhörbaren Rufer in der Wüste mundtot zu machen. Während man die protestantischen Opponenten öffentlich diffamierte, entzog man Reinhold Schneider seine publizistische Artikulationsbasis. „Weder Presse noch Funk wollen noch vertreten, was ich zu sagen habe. Die Brücken stürzen ein, und die Groteske der Demokratie, in der das Gewissen keine Stimme hat – der Christenheit, die dem Gewissen ausweicht – ist nahezu vollendet. Um so radikaler muß freilich die innere Haltung werden – um so schmerzlicher ist das Leben[15]." Dies war durchaus wörtlich zu nehmen. Schwer erkrankt und nur unter Schmerzen arbeitsfähig, fehlte es ihm nun an der pekuniären Lebensgrundlage. Denn von seinen Büchern, so hoch die Auflagen auch sein mochten, und so anerkennend die Preise, die man ihrem Autor verliehen hatte, vermochte er seine materiellen Bedürfnisse nicht zu befriedigen. Seine regelmäßigen Einkünfte bezog er vielmehr aus einer Vielzahl von Artikeln in vornehmlich katholischen Zeitungen und Zeitschriften und von Rezensionen in Presse und Rundfunk. „Meine sowohl auf religiösen wie auf politischen Überzeugungen gegründete Ablehnung der Rüstung, meine Polemik mit der den Krieg rechtfertigenden Theologie, mein Bemühen, über alle Gesetze hinweg eine menschliche Beziehung zu den Gegnern des Glaubens zu erhalten und dort ein christliches Wort zu sprechen, wo keines gesprochen wird, haben mir erbitterte Feindschaft eingetragen. Ich mußte das erwarten. Man hat aber offenbar die Absicht, meine Existenz zu zerstören. Dieselben Blätter und Blättchen, die so lange von meiner Arbeit zehrten, beschimpfen mich auf jede Weise [...] Das Ziel ist erreicht, man wagt nicht mehr, mit mir zu arbeiten. Nur das ‚Literarische Deutschland' hat bisher die Beziehung gehalten[16]." Diese Zeilen bedürfen eines Kommentars des Historikers nicht.

Bis Ende 1951 versagte auch die katholische Arbeiterbewegung Westdeutschlands dem Kanzler in der Wehrfrage weitgehend die Gefolgschaft. Noch zu Beginn des Jahres 1950 hatte Walter Dirks in deren weitverbreitetem und einflußreichem Publikationsorgan „Mann in der Zeit", wohl in weitgehender Übereinstimmung mit dem katholischen Leserkreis, einen Bonner Verteidigungsbeitrag im Rahmen einer westeuropäisch-atlantischen Armee so lange für undiskutabel erklärt, bis sich deutliche Kristallisationspunkte eines europäischen Integrationsprozesses zeigten. „Deutsche Soldaten als europäische Soldaten unter europäischen Offizieren in Mischung mit Soldaten anderer Völker oder in eigenen Kontingenten – darüber wird sich erst zu einer Zeit ohne Schaden reden lassen, wenn nicht mehr der Atlantikpakt die Stunde bestimmt, sondern die dritte Macht, die Wirklichkeit eines freien und selbständigen, friedlichen Europa[17]." Die Haltung der katholischen Laienorganisation änderte sich bezeichnenderweise nicht unmittelbar nach Ausbruch des Korea-Konfliktes. Eine Neubesinnung fand erst mit dem Eingang des Pleven-Plans in die politische Diskussion statt. Als die Westverträge deutliche Konturen erhielten, schwenkte auch die katholische Laienbewegung voll auf die Adenauersche sicherheitspolitische Linie ein, zeichnete sich doch in Umrissen die europäische Einigung ab, die den Katholiken stets mehr bedeutete als die Wiedervereinigung. Aber auch spürbarer Druck des Episkopats

[15] Brief Schneiders, 29.11.1950, an Luckner, ebd.
[16] Brief Reinhold Schneiders, 1.6.1951, an Gräfin York v. Wartenburg, Auszug ebd., S. 177f.
[17] Zit. n. Hürten, Zur Haltung, S. 94.

veranlaßte die katholische Laienbewegung, sich der offiziellen kirchlichen Meinung anzunähern[18]. Politisch besonders wirkungsvoll und im rechten Augenblick geschah dies auf einer Tagung der Arbeitsgemeinschaft der Katholischen Männerwerke Deutschlands Anfang Februar 1952, wenige Tage vor der großen Bundestagsdebatte, in der sich das Plenum gegen die Stimmen der SPD grundsätzlich zu einem Verteidigungsbeitrag der Bundesrepublik bekannte. Jetzt erteilte die Katholische Arbeitsgemeinschaft der EVG ihr Plazet, nachdem die von Walter Dirks stark beeinflußte Organisation bis dahin eine gewisse Distanz zur Bonner Sicherheitspolitik gewahrt hatte. Die auf ihrer Jahrestagung verabschiedete Neun-Punkte-Resolution muß darüber hinaus als ein Plädoyer für die europäische Gemeinschaft verstanden werden, wenn die christlichen Volkskräfte aller Länder dazu aufgerufen wurden, an deren Aufbau tatkräftig mitzuwirken. „Erfolgversprechende Anfänge sind gemacht; sie müssen beherzt weitergeführt und vor böswilligen Störungen geschützt werden", hieß es dort. In Frontstellung gegenüber Liberalismus und Kollektivismus galt es für die Katholischen Männerwerke, einen Beitrag zur geistig-moralischen Festigung der westlichen Völkergemeinschaft zu leisten. „Unter diesem Gesichtspunkt sehen wir auch die Frage eines Verteidigungsbeitrages, zu dem alle Völker der westlichen Welt aufgerufen sind, die noch Sinn haben für die sittlichen Werte der Freiheit, des Gewissens, der Persönlichkeit, und die darum Gewaltherrschaft und Tyrannei verwerfen." Die Organisation erteilte Militarismus wie Pazifismus gleichermaßen eine Absage und bekannte sich zur Friedens- und Kriegslehre, wie sie Pius XII. formulierte und Kardinal Frings interpretiert hatte[19].

Mitten in der Diskussion um die Ernsthaftigkeit der Stalin-Note versammelte sich die Kolpingfamilie zu einer staatspolitischen Arbeitstagung, um ebenfalls ihre Position gegenüber einem Wehrbeitrag in einer Entschließung zu markieren. Diese dürfte nicht ganz dem Wunsch der Bundesregierung entsprochen haben. Die Kolpingfamilie erklärte lediglich, „sich an einer geistigen Friedensbemühung zu beteiligen, welche die Grundhaltung einer Erhaltung des Friedens darstellt. Ob und inwieweit auch eine militärische Machtentfaltung in dieser vom Streit der Interessen und Gegensätze bedrohten Welt zur Sicherung des Friedens notwendig ist, ist eine Frage, die sie einer verantwortungsbewußten Regierung überlassen muß[20]." Den letzten Satz darf man wohl in dem Sinne interpretieren, daß die Kolpingfamilie davon ausging, eine verantwortungsbewußte politische Führung werde über der Moskauer Offerte eines wiedervereinigten, bewaffneten und neutralen Gesamtdeutschlands nicht leichtfertig zur sicherheitspolitischen Tagesordnung übergehen.

Da erschien es notwendig, kurz vor der Unterzeichnung der Westverträge seitens der „Amtskirche" ein deutliches Wort zu sprechen, das wiederum aus Köln kam. Die Jahreshauptversammlung des Diözesankomitees der Katholikenausschüsse der Erzdiözese faßte eine Entschließung, in der unter Hinweis auf die katholische Morallehre und Erklärung der Päpste das Recht des Staates auf Verteidigung herausgestellt wurde, wobei man sich ausdrücklich jedes Bezugs auf eine konkrete politische Konstellation enthielt.

Nachdem dieser nicht zu übersehende Wegweiser aufgestellt war, wußte die katholische Arbeiterbewegung, als sie sich zu einer Sondertagung Ende März in Recklinghausen traf, in welcher Richtung sie sich in der Wehrfrage zu bewegen hatte. Dies erschien um so wichtiger und notwendiger, als es auf dem Höhepunkt der Kontroverse um die Bewertung der Stalin-Note ei-

[18] Vgl. Doering-Manteuffel, Kirchen und EVG, S. 322.

[19] Entschließung der Arbeitsgemeinschaft der Katholischen Männerwerke Deutschlands, auf der Lichtmeßtagung 2./3.2.1952, in: Der deutsche Soldat, S. 87–89, hier S. 88.

[20] Zit. n. Doering-Manteuffel, Katholizismus, S. 147. Unsere Darstellung folgt, wenn nicht anders vermerkt, weitgehend dieser Studie.

nen politischen Augenblick lang so scheinen mochte, als ob es der Sowjetunion gelingen könnte, den Prozeß der militärischen Westintegration in seinem Ablauf wenn nicht zu unterbrechen, so doch zu verhindern oder zumindest zu verlangsamen. In dieser gespannten Atmosphäre war die Anwesenheit des Kanzlers gefragt. Nachdem dieser 14 Tage zuvor den erfolgreichen Versuch unternommen hatte, auf dem Gründungskongreß des Evangelischen Arbeitskreises der CDU/CSU in Siegen ein positives Votum für seine Sicherheitspolitik und einen sichtbaren meinungspolitischen Einbruch in den deutschen Protestantismus zugunsten seiner Partei zu erzielen, war es nun der Ehrgeiz der Führung der Katholischen Arbeiterbewegung, „in der heutigen Situation klar aufzuzeigen, was wir wollen und was wir für unser Volk zu tun bereit sind“[21].

Wer hätte bezüglich der Sicherheitsproblematik da bessere Entscheidungshilfe leisten und anbieten können als der renommierte Gewerkschafter und designierte Verteidigungsminister Theodor Blank, von dem man erwartete, daß er im Umgang mit der Arbeiterschaft den richtigen Ton traf und die überzeugenden Argumente fand. Nach Blanks Worten ging es schlicht um die Schaffung Europas oder um dessen Untergang. Er wies auf die Errungenschaften der Arbeiterbewegung seit den Tagen von Karl Marx hin. Längst seien die Ketten der Unterdrückung abgestreift, und es gelte nun zu verteidigen, was man mit Gottes Hilfe geschaffen habe. „Schutz Europas, Schutz des Kulturkreises, an dessen Formung und Gestaltung wir als christliche Arbeitnehmer unseren entscheidenden Anteil beigetragen haben.“ Dieser Schutz müsse „eine Gemeinschaftsaufgabe Europas“ werden. Die jüngste Stalin-Note betrachtete Blank nicht als eine Verhandlungsgrundlage, sicherte aber zu, daß die Bundesrepublik nach Unterzeichnung der Westverträge keinem Gespräch mit Moskau aus dem Weg gehe. Vor den in dieser Frage besonders sensiblen Delegierten schwor er jedem deutschen Militarismus für die Zukunft ab und stellte ein Selektionsverfahren vor der Einberufung von Offizieren in ein westdeutsches Kontingent in Aussicht, demzufolge nur dem demokratischen Staat verbundene Anwärter Chancen auf eine Verwendung in einer neuen deutschen Armee haben sollten. Blank appellierte an die Zuhörerschaft, den Soldaten- und Offizierberuf zukünftig nicht „dem heimatlos gewordenen Landadel“ zu überlassen, sondern die alte Aversion der Arbeiterschaft gegen das Militär zu überwinden und sich selbst den geplanten Streitkräften zur Verfügung zu stellen. „Denn nur, wo man mitspielt, bestimmt man auch mit. Das sollte die Arbeiterschaft im Zeitalter des Mitbestimmungsrechts auch auf den militärischen Sektor ausdehnen.“ Unter Mitspielen verstand Blank aber nicht nur Soldat spielen, sondern das tätige Bekenntnis zur Gesamtsicherungspolitik der Bundesregierung. „Ich hoffe, ich wünsche, ich möchte, daß die Arbeiterschaft auch bereit und willens ist, ihren Anteil an der Führung bei der Behandlung dieser Dinge in ihre festen, kampfgewohnten Hände zu nehmen[22].“ Der Zustimmung der katholischen Arbeiterbewegung konnte sich der Kanzler nach dieser von häufigem Beifall begleiteten und unterbrochenen Rede seines Sicherheitsbeauftragten gewiß sein. Adenauer wurde bei seiner Ankunft jubelnd begrüßt und konnte nun den großen Staatsmann herauskehren und sich bei seinen Ausführungen auf die Darlegung der Grundprinzipien seiner Außenpolitik beschränken, als deren Ziel er den Erhalt der Freiheit der Bundesrepublik und die Wiedervereinigung bezeichnete, „ohne daß es zu einem Kriege kommt“. Die Arbeiterdelegierten quittierten seine Rede mit „stürmischer Zustimmung“[23].

Nach diesen positiv verlaufenen Konformitätsbemühungen legte es die Führung der Union nun darauf an, den sicherheitspolitischen Schulterschluß mit dem Katholizismus überzeugend

[21] Ketteler Wacht, 15.4.1952, zit. nach Doering-Manteuffel, Katholizismus, S. 147.
[22] Bulletin, 1.4.1952, S. 390f.
[23] Ketteler Wacht, 15.4.1952, zit. nach Doering-Manteuffel, Katholizismus, S. 149.

zu demonstrieren. Nach der Ersten Lesung der Westverträge, als sich deren weitere parlamentarische Behandlung sowohl wegen verfassungsrechtlicher Schwierigkeiten wie innerkoalitionärer Reibungsverluste noch in unsichtbarer Ferne befand, wollte man deutlich werden lassen, daß der Kanzler das Vertrauen weiter Kreise der katholischen Bevölkerung besaß. Die 30000 Besucher der staatspolitischen Tagung der Gemeinschaft der Katholischen Männer Deutschlands in der zweiten Julihälfte 1952 in Bamberg waren denn auch den Besuch landes- und bundespolitischer Prominenz wert. Neben dem bayerischen Ministerpräsidenten und CSU-Vorsitzenden Hans Ehard hatten sich Prälat Georg Meixner als CSU-Landtagsabgeordneter und Franz Josef Strauß in seiner Doppelfunktion als CSU-Generalsekretär und Bundestagsabgeordneter eingefunden. Franz Josef Strauß war es denn auch, der in seinem Referat deutlich machte, worauf es den Politikern bei der Veranstaltung ankam: „Wenn wir die deutsche Demokratie, wenn wir christliche Freiheit in ihr erhalten wollen, wenn wir ein gesundes politisches Staatssystem aufbauen und erhalten wollen, so kann es nur auf der Grundlage der Zusammenfassung der christlichen Volkskräfte sein[24]." Zu welchem Tun, das erläuterte der zu den öffentlichen Kundgebungen angereiste Bundeskanzler: „Wohlan, Freunde, [...] wir wollen Deutschland und das christliche Abendland schützen und retten, erfüllt von Liebe zu unserem Volke, getragen von dem Bewußtsein unserer Verantwortung, getragen auch von dem Bewußtsein der Stärke, die das Christentum uns gibt[25]." Daß dies durch eine Sammlung und Vereinigung der Kräfte der europäischen Völker am wirkungsvollsten geschehen konnte, insbesondere mittels der EVG, verstand sich für ihn von selbst. Sie mußte den Damm bilden gegen den Ansturm des Bolschewismus, wenn „wir das Christentum in Europa schützen und retten wollen. [...] Dieser Aufgabe soll dienen der Deutschlandvertrag, soll dienen der Vertrag über Europäische Verteidigungsgemeinschaft, soll dienen das enge Einverständnis, das wir nunmehr geschlossen haben mit den Vereinigten Staaten, mit Großbritannien und mit all den Staaten, die dem Nordatlantikpakt angehören." Gleichzeitig legte er aber auch Wert darauf, die innerdeutsche und innereuropäische Funktion, die er der EVG beimaß, deutlich zu machen, nämlich: das Wiedererwachen des Militarismus und das Erstarken eines Nationalismus in Deutschland und in Europa zu verhindern. Er wies darauf hin, daß der Vertrag auf 50 Jahre abgeschlossen werden solle, „und er ist dazu bestimmt, einen Krieg zwischen europäischen Völkern in Zukunft unmöglich zu machen. [...] Wenn diese europäische Verteidigungsgemeinschaft einmal 50 Jahre bestanden hat, dann gibt es keinen europäischen Krieg mehr, dann gibt es insbesondere auch niemals wieder einen Krieg zwischen Frankreich und Deutschland[26]."

der Anwesenden dem Bonner Regierungschef einen politischen Treueeid: „Wir haben auf dieser Tagung die Politik der Bundesregierung eingehend geprüft. Nehmen Sie, Herr Bundeskanzler, von Bamberg die Überzeugung mit, daß das katholische Deutschland geschlossen hinter Ihnen steht und Ihre Politik gegen jedermann verteidigen wird." Eine schließlich verfaßte sicherheitspolitische Resolution behielt die Form der Huldigung bei: „In den insbesondere durch die Initiative des Bundeskanzlers abgeschlossenen und noch zu ratifizierenden Verträge erblicken wir ermutigende Schritte zu einer neuen Ordnung unter den freien Völkern Europas. Diese Verträge bilden einen entscheidenden Beitrag zur Sicherung des Weltfriedens." Neben ihrer verteidigungspolitischen Komponente würdigte die versammelte katholische Männerwelt auch die

[24] Strauß, Politische Fehlentwicklungen, S. 16. Im Original fettgedruckt.
[25] Rede Adenauers, 20.7.1952, in: Adenauer, Reden, S. 259–263, hier S. 263.
[26] Ebd., S. 261.

deutschlandpolitische der Westverträge. „Da sie die deutsche Einheit zu einer Angelegenheit der freien Völker machen, bieten sie eine reale Grundlage für die Rückkehr der von uns getrennten Brüder in ein einiges und freies Deutschland. Wir mißtrauen den falschen Friedensparolen, die uns vor der Gefahr totaler Versklavung und vor einem neuen Weltkrieg nicht zu schützen vermögen. Wir verwerfen daher die Neutralität der Bundesrepublik als eine Etappe auf dem Weg in die Unfreiheit[27]!"

Im Frühjahr 1952 schwenkte auch der Linkskatholizismus voll auf die deutschland- und europapolitische Linie des Bundeskanzlers ein. Fortan hatte die Integration der Bundesrepublik in ein vereinigtes Westeuropa deutlich Vorrang vor der Lösung der gesamtdeutschen Frage. Es galt, die Freiheit dort zu bewahren, wo sie installiert war. „Europäische Einheit ist nur die Antwort auf die den europäischen Staaten gemeinsam drohenden russischen Gefahren [...] Sie ist in erster Linie Verteidigungsgemeinschaft. Die europäische Einheit ist genauso viel wert wie ihre Verteidigungskraft[28]."

Natürlich stellte sich den Katholiken auch die Frage der Kriegsdienstverweigerung aus Gewissensgründen. Wollte man sie beantworten, galt es zunächst, einen prinzipiellen Lehrsatz zu beherzigen: „Bei einem gerechten Krieg ist jeder Staatsbürger, erst recht der Christ, verpflichtet, nach dem Maße seiner Kräfte und Fähigkeiten als Glied der staatlichen Gemeinschaft dem Staat in seiner Not zu helfen." Dessenungeachtet mußte ein Gewissensentscheid zugunsten der Verweigerung des Dienstes mit der Waffe respektiert werden. Dieser Gewissensentscheid konnte allerdings nicht dem einzelnen katholischen Gläubigen überlassen bleiben. „Der an sich richtige Grundsatz: Das persönliche Gewissen ist die letzte Instanz für das menschliche Handeln, bedarf [...] folgender Ergänzung: Hat das persönliche Gewissen sich in ernster Weise an den Normen der von Gott gegebenen und von der Kirche verkündeten Sittenordnung orientiert und sein eigenes Urteil mit anderen, die zu urteilen fähig sind, beraten und sich daraufhin sein Urteil gebildet, so ist dieses dictamen conscientiae für sein Handeln verpflichtend und auch von anderen zu achten." Dies war nun eine sehr dialektische Dogmatik, die im Unterschied zur protestantischen den Gewissensentscheid zur Kriegsdienstverweigerung zunächst einmal generell in Frage stellte. „Wer die christlichen Grundsätze über die Erlaubtheit des Krieges, die im ersten Teil dieser Ausführung klargelegt sind", so liest man in den Kölner Leitsätzen, „nüchtern und vorurteilsfrei überdenkt, wird schwerlich zu dem Gewissensurteil kommen, daß der Kriegsdienst mit der Waffe grundsätzlich und immer unsittlich ist. Er wird vielmehr anerkennen, daß unter den dargelegten Bedingungen die Teilnahme an einem Kriege sittlich erlaubt oder sogar verpflichtend ist." Wer dennoch mit seinem Gewissen nicht ins Reine kommen sollte, dem durfte der Staat dann aber das Recht nicht absprechen, den Dienst mit der Waffe zu verweigern, wobei der Betroffene einen Ersatzdienst zu leisten hatte, im Konfliktfall „einer anderweitigen Verwendung im Kriege zuzuführen" war[29].

In einem Hirtenbrief aus dem Jahre 1951 hat Kardinal Frings die genannten Grundsätze noch einmal auf die gegebene Situation hin konkretisiert und interpretiert. Davon ausgehend, daß die Bundesrepublik und der Westen durch die Sowjetunion bedroht seien, hob er hervor, daß der Wille zum Frieden den Willen einschließe, ihn auch zu verteidigen. „Friede unter kommunistischer Zwangsherrschaft ist kein Friede. [...] Es wäre gewiß das Idealste, wenn die gesamte Welt abrüsten und die Schwerter zu Sicheln umschmieden würde. So lange diese Lösung nicht er-

[27] Zit. n. Hürten, Zur Haltung, S. 96.
[28] Ketteler Wacht, 15.4.1952, S. 44.
[29] Christliche Grundsätze über Krieg und Kriegsdienst, 31.10.1950, BA, NL 251/7 A.

hofft werden kann, müssen die friedliebenden Völker zu erkennen geben, daß sie zu allen Opfern bereit sind, die zur Verteidigung ihrer Freiheit und Menschenwürde erforderlich sind[30]." Folgerichtig wandte man sich seitens der offiziellen Kirche auch gegen die „Ohne-mich"-Bewegung, weil sie die äußere Gefährdung Westeuropas durch den Bolschewismus in Kauf zu nehmen schien.

Frühzeitig begannen katholische Gremien, sich dem Komplex der Gewissensentscheidung auch von der juristischen Seite zu nähern und auf das zu erwartende Gesetzgebungsverfahren Einfluß zu nehmen. Im März 1952 bezog der Sachausschuß für Recht, Staat und Gesellschaft des Zentralkomitees der Deutschen Katholikentage zur Wehrproblematik Stellung. Ihm präsidierte Professor Frhr. v.d. Heydte, dessen politisches Engagement seit 1949 einem westdeutschen Verteidigungsbeitrag galt und dem es später gelang, in der Bundeswehr den Rang eines Brigadegenerals der Reserve zu erreichen. Die Versammlung befaßte sich schon nicht mehr mit dem Ob eines Verteidigungsbeitrages, sondern bereits konkret mit dem Wie. Diskutiert wurden die Probleme eines Freiwilligenheeres, der Einführung der allgemeinen Wehrpflicht und die Möglichkeit einer Verbindung beider Wehrsysteme miteinander. Zur Debatte stand die später sogenannte „Innere Führung", wobei davon auszugehen war, daß weder die ausgehöhlte preußisch-deutsche Tradition, noch die Nachahmung des amerikanischen Vorbildes zur Grundlage soldatischen Selbstverständnisses gemacht werden durfte. Einigkeit herrschte über die Notwendigkeit der Schaffung eines katholischen Berufsethos für den Soldaten. Es wurde schließlich beschlossen, seitens des Präsidenten des Zentralkomitees der Deutschen Katholiken mit dem Kanzler und Theodor Blank die aufgezeigten Themen zu besprechen und eine konkrete Stellungnahme zu Fahneneid und Militärseelsorge zu erarbeiten[31]. Die katholische Phalanx für den westdeutschen Verteidigungsbeitrag im Rahmen der EVG war errichtet[32].

Die katholische Kirche stand seit 1951 in Verhandlungen mit dem Amt Blank über die Frage der Kriegsdienstverweigerung aus Gewissensgründen. Aufgrund ihrer moraltheologisch begründeten positiven Einstellung gegenüber dem gerechten Verteidigungskrieg trat diese Problematik allerdings hinter jener der zukünftigen Militärseelsorge und des als notwendig erachteten sogenannten lebenskundlichen Unterrichtes in zukünftigen Streitkräften zurück. Der auf diesen Feldern geführte intensive Gedankenaustausch stand unter dem Vorbehalt päpstlicher Zustimmung und nahm erst nach dem NATO-Beitritt konkrete Formen an.

g) Gewerkschaften und Verteidigungsbeitrag

Anders als zur Weimarer Zeit nun – mit Ausnahme der DAG – als Einheitsorganisation konstituiert, war sich die deutsche Gewerkschaftsbewegung nach 1945 ihrer politischen Potenz durchaus bewußt, und sie zeigte sich entschlossen, sie einzusetzen. Aus der pluralistischen Grundstruktur der parlamentarischen Demokratie, „die keine klare Trennung von staatlicher und gesellschaftlicher Sphäre mehr kennt"[1], leiteten der DGB und die in ihm zusammengeschlossenen westdeutschen Einzelgewerkschaften ihre politische Verantwortung ab.

30 Zit. n. Doering-Manteuffel, Katholizismus, S. 118.
31 Protokoll der Arbeitstagung, 22.3.1952, in: Der deutsche Soldat, S. 89–99.
32 Zur Stellung der katholischen Jugend vgl. das Kap. über die Jugendverbände.

1 Abendroth, Zur Funktion der Gewerkschaften, S. 643.

Aufgrund ihrer historischen Erfahrung legten die westdeutschen Gewerkschaften (gemeint sind im folgenden stets die vom DGB repräsentierten; die DAG wird am Schluß des Kapitels behandelt) das Schwergewicht ihres politischen Engagements auf die Bekämpfung von Neonazismus und Militarismus. Dies hatten sie bereits auf dem Gründungskongreß 1949 deutlich gemacht, als sie verlauten ließen, „in der Verteidigung der demokratischen Einrichtungen, auf denen unser aller Wohl beruht, gegen jede Autokratie und jede Totalität" ihr gesamtpolitisches Hauptanliegen zu sehen[2].

Allmählich wurde es ihnen immer bewußter, daß nach 1945, ähnlich wie 1918, „die notwendige, umwälzende Auseinandersetzung" mit den Kräften, die den jeweiligen Zusammenbruch durch ihre unverantwortliche Politik heraufbeschworen hatten, unterblieben war[3] – wieder einmal. Zwar gab es 1945 kein „im Felde unbesiegt", hatten die Militärs bei der Taufe der Bundesrepublik nicht Pate gestanden, und der Kredit des Nationalsozialismus war bei dem weitaus überwiegenden Teil der Bevölkerung verspielt. Aber die Gewerkschaften erkannten, daß sich, angesichts vermeintlicher oder tatsächlicher Bedrohung seitens der SBZ/DDR, respektive Sowjetunion, mit dem Etikett des Antibolschewismus versehen, Neonazismus und Militarismus Chancen zum Überleben bzw. zur Wiederbelebung boten. Die soziale Notlage, die zu Recht oder Unrecht erfolgte politische, gesellschaftliche und berufliche Diskriminierung der ehemaligen Berufssoldaten, insbesondere der Offiziere, förderten deren Bestreben, sich gegen äußere Not, aber auch gegen Anfeindungen zusammenzuschließen, wobei auch die Gefahr der Geheimbündelei bestand[4], wenngleich diese stark überschätzt wurde.

So kam es z.B. zu harten Auseinandersetzungen mit „Stahlhelm" und Kyffhäuserbund. Natürlich standen die Aktivitäten der Offiziere vom Schlage eines Oberst Rudel im Fadenkreuz publizistischen Beschusses. Wie nach rechts, so war der gewerkschaftliche Blick aber auch nach links nicht verstellt. Er registrierte ebenso kommunistische Unterwanderungsversuche, beispielsweise beim „Führungsring ehemaliger Soldaten", der durch seine „Rundbriefe", durch die „Internationale Militärkorrespondenz" und durch das „Militärpolitische Forum" sehr geschickt getarnt an die Öffentlichkeit trat.

Als westdeutsche Streitkräfte sich schemenhaft am politischen Horizont abzeichneten und sich mit der Gründung des Verbandes Deutscher Soldaten (VDS) das Bemühen abzeichnete, bisher bestehende soldatische Vereinigungen und Gruppen unter einem Dachverband zusammenzufassen, kam innerhalb des DGB Protest auf. Das erste öffentliche Auftreten der Organisation übetraf bei vielen Gewerkschaftern alle gehegten Befürchtungen hinsichtlich einer militärischen Restauration. Der Vorsitzende, Generaloberst a.D. Frießner, hatte einen Aufruf zur Werbung von Mitgliedern ausgerechnet mit den Worten „Getreu unserem Eid [...]" beginnen lassen. Seitens des Deutschen Gewerkschaftsbundes wußte man die Öffentlichkeit daran zu erinnern, wie dieser letzte soldatische Eid begonnen hatte: „Ich schwöre bei Gott diesen heiligen Eid, daß ich dem Führer des Deutschen Reiches und Volkes, Adolf Hitler, dem Obersten Befehlshaber der Wehrmacht, unbedingten Gehorsam leisten" will[5]. Die Gewerkschaftlichen Monatshefte gingen mit der neuen Vereinigung scharf ins Gericht, die sich nicht scheute, den Widerstandskämpfern aus den Reihen der Wehrmacht unsoldatisches Verhalten vorzuwerfen: Die Äußerun-

[2] Ausführungen von Hans Böckler, in: Protokoll Gründungskongreß DGB 1949, S. 205.
[3] Wald, Gefahr des Neofaschismus, S. 8.
[4] Vgl. hierzu Meyer, Zur Situation.
[5] Zit. n. Friebe, Gutachten, S. 83–103, hier S. 94.

gen verschiedener Repräsentanten von Soldatenbünden offenbarten „eine tiefere Identifizierung der Offizierskaste mit dem Hitlerismus, als vielfach angenommen wurde“[6].

Die Vereinigung der verschiedengestaltigen Soldatenverbände in einem Dachverband gelang zur Beruhigung der Deutschen Gewerkschaften nicht – Kyffhäuserbund und „Stahlhelm“ hatten sich verweigert –. In deren Vorständen hatten sich großenteils gemäßigte Persönlichkeiten durchgesetzt. Als im Jahre 1953 die vom Bundesvorstand des DGB herausgegebenen Gewerkschaftlichen Monatshefte das Resümee eingehender Beschäftigung mit den verschiedenen soldatischen Vereinigungen zogen, fiel dieses sehr nüchtern und um Differenzierung bemüht aus:

1. Es könne kein Zweifel daran bestehen, daß die Soldatenbünde ein Politikum darstellten. Da ihr organisatorischer Zusammenschluß mißlungen sei, bildeten sie aber keine Staatsgefahr.
2. Sie seien, von gewissen Ausnahmen abgesehen, kaum reaktionär. Nicht wenige ihrer Mitglieder seien zugleich Mitglieder der Gewerkschaften. Daraus ergebe sich:
3. Sie seien „auch mit keinem summarischen Urteil abzutun oder anzuerkennen. Vorbildliche soziale Kräfte sind ebenso in ihnen wirksam wie kleiner persönlicher Ehrgeiz und rückwärts gewandte Sehnsüchte. Man könnte sagen, sie stellten einen getreuen Querschnitt unseres Volkes dar, als dessen geschlagene Soldaten sie in mehrfacher Hinsicht einen schweren Heimweg hatten. In ihren Reihen finden sich die Sehnsucht nach befriedigender Einordnung in den Staat neben dem tödlichen Zweifel, in harten Jahren gewachsene Toleranz neben grimmiger Intoleranz[7].“

Spätestens seit Beginn des Korea-Konfliktes zeigte sich der DGB – repräsentiert durch den Bundesvorstand und Bundesausschuß als höchstes zwischen den Bundeskongressen tagendes Gremium[8] – zur Verteidigung des von ihm akzeptierten Staatswesens, zur Abwehr äußerer Bedrohung, wie sie von der DDR und der UdSSR auszugehen schien, entschlossen. Die westdeutsche Gewerkschaftsspitze teilte ihre Bedrohungsvorstellung mit Regierung und Opposition, ja mit einem Großteil der Bevölkerung der Bundesrepublik.

Diese Entwicklung erschien als „eine durchaus logische Folge der Tatsache, daß der kommunistische Kampf um die Vorherrschaft in der Welt in seine entscheidende Phase getreten ist, in der letzten Endes die militärische Machtentfaltung den Ausschlag gibt“[9]. Die weltrevolutionäre kommunistische Doktrin und die politische Realität in den Ostblockstaaten, letztlich die Invasion in Südkorea, hatten die Gewerkschaften der Bundesrepublik in eine aktive antikommunistische Rolle gedrängt.

Sie standen einerseits dem Gedanken einer bundesrepublikanischen Armee äußerst skeptisch gegenüber, weil sie befürchteten – wie es in der ersten verbindlichen sicherheitspolitischen Erklärung des Bundesvorstandes vom November 1950 heißt –, „daß reaktionären Elementen erneut durch die Wiederherstellung einer Wehrmacht Auftrieb und Macht gegeben werden“. Andererseits war man sich an der Gewerkschaftsspitze einig in der Auffassung, „daß eine Verteidigung der westlichen Kultur und der persönlichen Freiheit auch an Deutschland [gemeint war die Bundesrepublik] Anforderungen stellt[e], *denen sich das deutsche Volk nicht verschließen“* durfte[10].

Diese ostentative Bekundung des Verteidigungswillens war der DGB-Spitze allein angesichts der Tatsache nicht leicht gefallen, daß es in den Einzelgewerkschaften, so in der IG Metall und

[6] Theimer, Des Teufels Generale, S. 539.
[7] Riggert, Soldatenbünde, S. 44.
[8] Wickel, Gewerkschaften, S. 357.
[9] Ebd., S. 358.
[10] Erklärung vom 21.11.1950, in: Die Quelle 1 (1950), S. 662.

in der Bergbaugewerkschaft, Stimmen gab, die die Aufstellung militärischer Formationen der Bundesrepublik kompromißlos ablehnten[11]. Erleichtert wurde dem Bundesvorstand allerdings das Votum durch mehrere Umstände. Zum einen honorierte er die Entlassung des bisherigen Beraters des Bundeskanzlers in militärischen Fragen, General a.D. Graf v. Schwerin – wie er glaubte –, als Ausdruck des Adenauerschen Willens, auch unter der durch Korea verursachten Bedrohungspsychose in den Reihen der Militärs eine Aufrüstung der Bundesrepublik unter politischer Kontrolle zu halten. Mit besonderer Genugtuung nahmen die Gewerkschaften die im Zusammenhang mit der Verabschiedung Schwerins abgegebene Versicherung des Bundeskanzlers zur Kenntnis, die Bundesregierung wolle bei der Aufstellung eigener Streitkräfte die Restauration des alten deutschen Soldatentums auf jeden Fall verhindern. „Es liegt auf der Hand", so schrieben die Gewerkschaftlichen Monatshefte, „daß das Schicksal der deutschen Republik in allen Lebensbereichen, den politischen, den wirtschaftlichen, den außenpolitischen und den sozialen, davon abhängt, ob sie – falls eine Rüstung der Bundesrepublik nicht mehr zu vermeiden ist – Kraft genug hat, sich eine Heeresorganisation und eine Heeresform zu schaffen – nach der Gestalt und nach der persönlichen Zusammensetzung –, die einem freiheitlichen Staat angemessen ist[12]." In der Ernennung des neuen Sicherheitsbeauftragten Theodor Blank, Gewerkschaftsmitglied vom christlichen Flügel und als Vertreter der IG Bergbau bis zu seiner Bonner Berufung Mitglied des DGB-Bundesausschusses, erblickte man im Hans-Böckler-Haus in Düsseldorf eine entsprechende Anstrengung. Und so signalisierte der DGB in der Wehrfrage Verhandlungs- und Konzessionsbereitschaft. „Die Überzeugung bricht sich vielfach Bahn", so die Gewerkschaftlichen Monatshefte, „daß die Aufstellung von Polizei und Heer eine Aufgabe ist, die gegebenenfalls die Mitwirkung aller freien Verbände verlangt, und daß nicht zuletzt die Gewerkschaften in einem solch ernsten Augenblick der deutschen Geschichte eine wesentliche Rolle zu erfüllen hätten[13]."

Selbst der spektakuläre Rücktritt von Bundesinnenminister Gustav Heinemann vermochte es nicht, den Deutschen Gewerkschaftsbund in seiner bekundeten Bereitschaft zur Zusammenarbeit mit der Bundesregierung in sicherheitspolitischen Fragen zu irritieren. Zwar hielt auch er dem Bundeskanzler vor, seine militärpolitischen Initiativen seien „überblendet von Vorgängen, die nicht von ungefähr als ‚Geheime Kommandosache' bezeichnet" würden. Schließlich dürfe man aber auch nicht übersehen, daß „das Verhalten des Bundesinnenministers Heinemann überblendet [sei] von den Reaktionen der evangelischen Bekenntniskirche und vor allem von Pastor Niemöller". Heinemann wird zwar honoriges Verhalten attestiert, weil er Gewissen und Gebot des Herzens höher als Amt und Würde gestellt habe, ohne daß die ihm zugeschriebene fatalistisch-pazifistische Grundhaltung als politisch gerechtfertigt anerkannt wurde. Im Gegenteil: „Die typisch deutsche Reaktion auf die Frage der Wiederaufrüstung, ‚ohne mich', eine im Grunde völlig nihilistische Reaktion, zeigt, wie sehr das soziale und nationale Gemeinschaftsgefühl der Deutschen erlahmt ist und wie sehr jeder Appell an die militärische Verteidigung im Angesicht verratener sozialer und nationaler Verantwortungen ins Leere hinein ergehen könnte[14]."

Dem DGB erschien nur eine lebenswerte Ordnung verteidigungswürdig. Daher forderte er die Herstellung sozial gerechter und wirtschaftlich vernünftiger Zustände, „eine Politik der Vollbeschäftigung, ausreichende Fürsorge für Sozialrentner, Flüchtlinge und Arbeitsunfähige und

[11] Vgl. Meier, Presse des DGB, S. 75.
[12] Sicherheit, Soldaten, soziale Frage, S. 553.
[13] Ebd.
[14] Ebd., S. 553f.

vor allem das Mitbestimmungsrecht der Arbeitnehmerschaft und der Gewerkschaften in der Wirtschaft", sozio-ökonomische Verhältnisse also, „die es allen Teilen der Bevölkerung wert erscheinen" ließen, „dieses Land und seinen Lebensstandard zu verteidigen"[15]. Der DGB wollte mittels wirtschaftlicher Konsolidierung, sozialer Sicherheit und Mitbestimmung der Arbeitnehmer eine zweite zuverlässige Verteidigungsfront gegen die gefürchtete politische Infiltration und Agitation einer Fünften Kolonne der DDR aufbauen.

Das Junktim zwischen Mitbestimmung und Sicherheitsbeitrag hatte der hohes öffentliches Ansehen genießende DGB-Vorsitzende Hans Böckler hergestellt, der zu Adenauer in einem zwar von gegensätzlichen Interessen, aber dennoch von wechselseitigem Vertrauen bestimmten Verhältnis stand. Akzeptiert wurde es vom Bundeskanzler in dem Bemühen, sich in der Wehrfrage, angesichts der in der Öffentlichkeit weit verbreiteten „Ohne-mich"-Haltung, Verbündete zu schaffen, aber auch unter dem Einfluß ehemals hoher Militärs, die eine das politische Schicksal der Bundesrepublik und Gesamtdeutschlands auf lange Sicht bestimmende Entscheidung nach Möglichkeit von Opposition und Gewerkschaften mitverantwortet wissen wollten[16]. Beide Seiten, DGB und Regierung bzw. die sie tragenden Parteien, hielten sich zunächst an diese Vereinbarung, als deren Ergebnis der Bundestag im April 1951 die paritätische Montan-Mitbestimmung beschloß – wenngleich erst nach massiven Streikdrohungen seitens der Industriegewerkschaften Metall und Bergbau. Einen Monat später billigte der DGB-Bundesausschuß im Gegenzug einstimmig den Schuman-Plan, im Gegensatz zur SPD- und KPD-Opposition übrigens, was die stets betonte parteipolitische Neutralität der westdeutschen Gewerkschaften unterstrich.

Aus der positiven Haltung gegenüber der Montanunion ergab sich in logischer Konsequenz die – wenngleich nicht vorbehaltlose – Zustimmung zum Pleven-Plan, der der gewerkschaftlichen Wehrpolitik eine neue Dimension verlieh, nämlich die europäisch integrale, hatten doch auch die westdeutschen Gewerkschaften frühzeitig die europäische Einigung auf ihr Panier geschrieben, und Schuman- wie Pleven-Plan wiesen erfolgversprechend in diese Richtung. Zwar durchschaute man in Düsseldorf die französische Absicht, die Bundesrepublik durch ihre Einbindung in die sich abzeichnende Europäische Verteidigungsgemeinschaft in ihrer Militärpolitik unter Kuratel zu stellen, doch konnte dies im Blick auf befürchtete restaurative Tendenzen im ehemaligen und zu reaktivierenden deutschen Offizierkorps und auf mögliche hochfliegende Pläne einer wiedererstehenden Rüstungsindustrie nur von Vorteil sein. Wenn schon westdeutsche Soldaten, dann durften sie lediglich mit kollektiven europäischen Sicherheitsaufgaben betraut werden.

Unter Bezugnahme auf die bevorstehenden Verhandlungen über den Pleven-Plan machte Hans Böckler im Januar 1951 in einer Unterredung mit dem britischen Unterstaatssekretär Davis noch einmal deutlich, „daß die Gewerkschaften grundsätzlich gegen eine Remilitarisierung" seien. Gleichzeitig hob er aber hervor, „daß die geographische und politische Position Westdeutschlands in Europa eine Neutralität" ausschließe, „und solange gewisse Bedingungen erfüllt" würden, würden „die Gewerkschaften keine feindselige Haltung einnehmen"[17].

Diese Bedingungen lagen auf dem Tisch:

1. Demokratische Kontrolle des Militärs.

[15] Erklärung des DGB-Bundesvorstandes vom 21.11.1950, in: Die Quelle 1 (1950), S. 662.

[16] Vgl. Foerster, Innenpolitische Aspekte; s. auch Baring, Außenpolitik I, hier vor allem S. 198, wo auf den möglichen Zusammenhang von Aufrüstung und Mitbestimmung bereits hingewiesen wird. Diese Thematik dürfte wohl entscheidend in einem Gespräch zwischen Adenauer und Böckler vom 28.8.1950 behandelt worden sein.

[17] Erklärung Böcklers, 16.1.1951, zit. n. Protokoll 2. Bundeskongreß DGB, Oktober 1952, S. 211.

2. Gewährung der paritätischen Mitbestimmung seitens der Bundesregierung u.a. zwecks Kontrolle der Industrie.
3. Anerkennung der Bundesrepublik als gleichberechtigter souveräner Bündnispartner in einem integrierten Sicherheitssystem.

Mit der innen- wie außenpolitisch geprägten Formel „do ut des" schienen Bundesregierung wie Gewerkschaftsbund in der Wehrfrage leben zu können, als Hans Böckler, vier Wochen nach der oben zitierten Erklärung, plötzlich starb und innerhalb wie außerhalb der westdeutschen Gewerkschaften Zweifel darüber aufkamen, ob sich ein Nachfolger werde finden lassen, der den eingeschlagenen sicherheitspolitischen Kurs würde beibehalten können. Die KPD nutzte jedenfalls das machtpolitische Vakuum an der DGB-Spitze bis zum Sommer 1951, um Stimmung gegen einen westdeutschen Verteidigungsbeitrag und für die Wahl eines neuen Vorsitzenden zu machen, der ihren politischen Vorstellungen entsprach. Da die Wehrproblematik aus dem Diskussionskreis der militärischen Sachverständigen und politisch Verantwortlichen heraustrat und einer kritischen Debatte auf breiter öffentlicher Ebene ausgesetzt war, mochte dieses Vorhaben auf den ersten Blick nicht aussichtslos erscheinen. Es wurde vom Freien Deutschen Gewerkschaftsbund der DDR durch entsprechende Agitation flankierend gestützt[18], allerdings paralysiert durch die nicht zu verheimlichende forcierte Aufrüstung der DDR, wie sie insbesondere eine Denkschrift des SPD-Vorstandes über „Remilitarisierung und Aufrüstung in der Sowjetzone" vom Juni 1951 ins öffentliche Bewußtsein rief[19]. So lief der Versuch der KPD und anderer linker Delegierter ins Leere, auf dem außerordentlichen Bundeskongreß des DGB vom Juni 1951 die Wahl eines neuen Bundesvorsitzenden mit einer Wehrdebatte zu koppeln, um die bisherigen, ohne Absprache mit den gewerkschaftlichen Untergliederungen und Einzelgewerkschaften gefaßten Beschlüsse von DGB-Bundesvorstand und -ausschuß in der Wehrpolitik und gegenüber dem als „gewaltiges europäisches Rüstungskartell" apostrophierten Schuman-Plan zu unterlaufen[20].

Wenn in der entsprechenden mündlichen Begründung gefordert wurde, der Kongreß möge sich mit aller Kraft dafür einsetzen, „die Wiederaufrüstung Deutschlands zu verhindern und den Frieden der Welt zu sichern"[21], verwahrte sich der Veranstaltungsleiter, der stellvertretende DGB-Vorsitzende Georg Reuter, unter lebhaftem, langanhaltendem Beifall der Delegierten gegen solche, wie er vermutete, von der DDR gesteuerten Anträge: „Beauftragte einer fremden Macht, die bis an die Zähne gerüstet ist, sollten in unserem Lande nicht verlangen, daß wir uns eines guten Tages wehrlos der Abschlachtung durch sie preisgeben[22]."

Der als Nachfolger Böcklers gewählte bisherige Vorsitzende der IG Druck und Papier Christian Fette zählte, in Übereinstimmung mit der Mehrheit der übrigen Vorstandsmitglieder, zu den ausgesprochenen Protagonisten eines westdeutschen Verteidigungsbeitrages. Mit ausdrücklichem Bezug auf Korea und die Aufrüstungsbestrebungen der DDR legte Fette das uneingeschränkte Bekenntnis zu einer europäischen Verteidigungsgemeinschaft ab, als er unter Bravo-Rufen und anhaltendem Beifall erklärte, die Gewerkschaften müßten „bereit sein, für die Erhal-

[18] Vgl. z.B. Schreiben des FDGB-Bundesvorstandes, 16.6.1951, an den Bundesvorstand des DGB, DGB-Archiv, Christian Fette, Rundschreiben 1951–1952, Kassette 2.

[19] Denkschrift des SPD-Vorstandes, Remilitarisierung und Aufrüstung in der Sowjetzone, 13.6.1951. Vgl. Der deutsche Soldat, S. 170.

[20] Antrag der Ortsverwaltung Stuttgart der IG Metall, zit. n. Protokoll. Außerordentlicher Bundeskongreß Juni 1951, S. 186. Der Antrag wurde mit nur 7 Gegenstimmen abgelehnt.

[21] Eugen Eberle, IG Metall Stuttgart, ebd., S. 29.

[22] Ebd.

tung unserer Freiheit bei selbstverständlich vollkommener Gleichstellung mit den übrigen freien Staaten der Welt unseren Beitrag zur Verteidigung zu leisten. Eine freie Arbeiterbewegung kann sich nur in einem freien Staat demokratischer Prägung entfalten[23]."

Der außerordentliche Kongreß hatte ein überzeugendes Votum für einen westdeutschen militärischen Sicherheitsbeitrag und damit gleichzeitig für die Adenauersche Verteidigungspolitik abgegeben, die als solide Basis einer vertrauensvollen Zusammenarbeit zwischen Bundesregierung und DGB, auch in anderen Fragen, hätte dienen können.

Außenpolitisch schienen sich die Präliminarien für eine Zustimmung des DGB zu einem westdeutschen Verteidigungsbeitrag durch die Washingtoner Konferenz vom September 1951 zu erfüllen, die praktisch die endgültige Entscheidung über die politischen Rahmenbedingungen eines westdeutschen Verteidigungsbeitrages erbrachte und mit der in Aussicht gestellten Veränderung des Rechtsstatus der Besatzungsmächte der Forderung nach Souveränität der Bundesrepublik entsprach.

Die Europäische Verteidigungsgemeinschaft besaß für die führenden Gewerkschaftskreise nicht nur wehrpolitische Bedeutung. Sie wurde auch als wichtiger europäischer Integrationsfaktor gewertet. Zwar befanden sich die Verhandlungen über eine Europaarmee noch im Anfangsstadium, doch verbreitete man gedämpften Optimismus und rechnete mit schnellen Fortschritten aufgrund amerikanischen „Nachhilfeunterrichts". Und da ein militärisches Schutzdach Europas ohne politische und wirtschaftliche Pfeiler eine sehr gewagte Konstruktion gewesen wäre, hoffte man, mit der EVG als Vehikel der Einigung der sogenannten freien Völker Europas ein gutes Stück näher zu kommen. „Gerade von der zu schaffenden *europäischen Wehrwirtschaft*" erwartete man seitens der Gewerkschaftsspitze „starke Impulse für eine Vereinheitlichung der europäischen Wirtschaftspolitik". Es stand nicht nur ein übernationaler Finanzausgleich zur Rüstungsfinanzierung zu erwarten. Auch negative Nebenwirkungen mußten kalkuliert werden. So galt es, über diese gemeinsame Rüstungsfinanzierung die in manchen potentiellen Mitgliedsländern bereits erkennbaren Inflationstendenzen zu bekämpfen. Mit der EVG verband der DGB die Vorstellung zentraler Verteilung von Rohstoffen, Standardisierung der Rüstungsproduktion sowie einer Angleichung und allgemeinen Anhebung des Lebensstandards der Mitgliedstaaten. „So scheint es fast, als sollte das ‚harte' Gesetz des Militärischen hinfort der europäischen Integration seinen Stempel aufprägen und die vergleichsweise ‚weiche' Eigengesetzlichkeit des Wirtschaftlichen in seinen Bann zwingen[24]." Durch solche und ähnliche Formulierungen schimmerte die leichte Hoffnung durch, der freien Marktwirtschaft doch gewisse planerische Zügel anlegen zu können.

Dem Deutschen Gewerkschaftsbund wehte aber in der Wehrfrage sehr bald ein scharfer innerorganisatorischer Wind ins Gesicht. Er geriet in Gefahr, sich in der Thematik der sogenannten Wiederbewaffnung, die die öffentliche Diskussion immer stärker beherrschte, gegenüber der Basis zu isolieren. Das Nein der SPD zur Sicherheitspolitik der Bundesregierung trug nicht unerheblich zur politischen Verunsicherung *der* Mitgliedschaft der Gewerkschaften bei, die der Sozialdemokratie angehörte oder nahestand und die nun in einen Loyalitätskonflikt zwischen Partei und eigener Standesvertretung geriet. Die nahe Zukunft mußte entscheiden, wie lange eine mehrheitlich der Sozialdemokratie angehörende Gewerkschaftsführung, deren einzelne Mitglieder zum Teil bedeutsame politische Funktionen in der SPD ausübten bzw. die Partei als Mandatsträger öffentlich vertraten, das nötige Stehvermögen und die innere Geschlossenheit würde

[23] Schlußwort des DGB-Vorsitzenden Fette, ebd., S. 148.
[24] Tuchtfeldt, Stand der europäischen Integration, S. 57f.

aufbringen und damit dem gewerkschaftlichen Anspruch würde genügen können, die größte Arbeitnehmerorganisation auf politisch neutralem Kurs zu halten.

Die regionalen Untergliederungen des DGB suchten bisweilen noch der Verunsicherung unter den Mitgliedern durch politische Aufklärungsaktionen mit Hilfe der DGB-Spitze zu steuern, die sich aber zunächst der Diskussion entzog[25]. Schließlich sah sich die DGB-Führung gezwungen, ihre verteidigungspolitische Haltung nicht nur auf Druck der Basis, sondern auch aufgrund der fortschreitenden EVG-Verhandlungen auf breiter Front zu erläutern. Vorstandsmitglied Ludwig Rosenberg betonte in einer Sitzung des Bundesausschusses Anfang Dezember 1951 die Notwendigkeit, „daß der DGB seine Mitglieder psychologisch beeinflußt, um sie darauf vorzubereiten, daß sie sich eines Tages in dieser Frage entscheiden müssen und daß man dann nicht den ‚Ohne-mich-Standpunkt' vertreten" könne, „sondern zur Verteidigung der demokratischen Staatsform bereit sein" müsse. Man werde „in absehbarer Zeit vor der Tatsache deutscher militärischer Formationen in der Bundesrepublik stehen". Daher müsse „eine einheitliche Linie gefunden werden, da die Kollegen in den Versammlungen immer wieder vor die Frage des Verteidigungsbeitrages gestellt" würden[26]. Wachsender Einfluß der KPD-Propaganda gegen einen westdeutschen Verteidigungsbeitrag[27], kommunistisch gesteuerte und vom FDGB der DDR mitveranstaltete sogenannte gesamtdeutsche Arbeiterkonferenzen[28], auf denen u.a. der Rücktritt Fettes und aller einen EVG-Beitritt befürwortenden DGB-Führer verlangt wurde, signalisierten der Spitze des Deutschen Gewerkschaftsbundes die Gefahr, daß die Gefolgschaft in der Wehrfrage aus dem Ruder lief. Vor allem Fette und das Vorstandsmitglied vom Hoff waren es, die zu Beginn des Jahres 1952 gegenüber Presse und Basis bzw. Einzelgewerkschaften den Standpunkt der DGB-Führung in puncto westdeutschem Verteidigungsbeitrag zu erläutern und zu rechtfertigen suchten. Auf einer Pressekonferenz Mitte Januar 1952 über wirtschaftliche Probleme aus gewerkschaftlicher Sicht schnitt vom Hoff auch die Wehrproblematik an und unterstrich noch einmal den bislang gültigen offiziellen Standpunkt seiner Organisation. Diese sei „selbstverständlich Gegner jeder aggressiver Außenpolitik und aggressiver Rüstungsmaßnahmen. Aber man kann die Augen nicht vor der Tatsache verschließen, daß im Osten in starkem Maße die Aufrüstung vorwärts getrieben wird und der Westen zur Verhinderung von Aggressionen Abwehrmaßnahmen treffen muß. Man kann es auch dem deutschen Volke nicht zumuten, seinerseits mit Abwehrmaßnahmen zu warten, bis etwa durch eine Aggression vollendete Tatsachen geschaffen sind[29]." Diese einen westdeutschen Sicherheitsbeitrag vorbehaltlos bejahende Äußerung füllte einige Tage die Schlagzeilen des bundesrepublikanischen Blätterwaldes und löste teilweise einen derartigen Sturm der Entrüstung aus, daß der DGB sich gezwungen sah, schnellstens Öl auf die aufgepeitschten Wogen des Protestes zu gießen. Als wenige Tage nach vom Hoffs Erklärung der Bundesausschuß des DGB zusammentrat, zeigte sich, daß sich der ein-

25 Vgl. Schreiben des Landesbezirksvorstandes Nordrhein-Westfalen, 15.9.1951; ablehnender Bescheid des Bundesvorstandes, 19.9.1951, wiederholte Bitte, 2.11.1952, DGB-Archiv, Wehrbeitrag, Stellungnahme des DGB, Protokolle, Niederschriften, Berichte, Reden, 1952.

26 Protokoll der 11. Sitzung des Bundesausschusses, 3.12.1951, DGB-Archiv, Protokolle, Bundesausschuß 1–19 (bis Berlin), 1950–1952. Vgl. Pirker, Blinde Macht I, S. 234.

27 Vgl. z.B. Perk, Wirtschaftspolitik; ders., Westdeutsche Gewerkschaftspresse; ders., Christian Fette.

28 Z.B.: Die gesamtdeutsche Bergarbeiterkonferenz, 12.–13.1.1952; die Konferenz der Metallarbeiter Westdeutschlands in Duisburg, 20.1.1952; ein Europäisches Arbeiterkomitee gegen die Remilitarisierung Deutschlands forderte für den 1.5.1953 eine Aktionseinheit der Arbeiterklasse gegen die Wiederaufrüstung. Vgl. Der deutsche Soldat, S. 172f.

29 Hans vom Hoff auf einer Pressetagung in Oberhausen, 20.1.1952, DGB-Archiv, Wehrbeitrag, Stellungnahmen des DGB, Protokolle, Niederschriften, Berichte, Reden, 1952.

mal eingeschlagene wehrpolitische Weg nicht konsequent würde weitergehen lassen. Dafür war die Position Fettes, wie nun erkennbar wurde, zu schwach. Zwar bekräftigte der Bundesausschuß seine grundsätzliche positive Einstellung zu einem bundesdeutschen Wehrbeitrag. Doch mit seinem Versuch, sich aus der Schußlinie innergewerkschaftlicher Kritik zu ziehen, indem er plötzlich alle wehrpolitischen Entscheidungen in den ausschließlichen Kompetenzbereich von Bonner Parlament und Regierung verwies, deutete sich eine erste Absetzbewegung auch von der Politik des DGB-Vorsitzenden an[30].

Maßgeblichen Gewerkschaftern mit Realitätssinn war im Frühjahr 1952 bewußt, daß sich große Teile der Gewerkschaftsmitglieder nicht mehr dem Sog wachsenden Protestes bei Arbeiterschaft, bei Intellektuellen, Kirchen und anderen Organisationen gegen die Bonner Sicherheitspolitik entreißen ließen.

Die in den ersten Februartagen des Jahres 1952 stattfindende Wehrdebatte des Deutschen Bundestages war von Warnstreiks begleitet, die bis Monatsende immer wieder aufflackerten und die von Einzelgewerkschaften und der Bundeszentrale als kommunistisch gesteuert abgelehnt wurden[31]. Vor allem in Hessen und Bayern probte die Gewerkschaftsbasis den Aufstand gegen das Establishment in Düsseldorf. Fette, vom Hoff und Karl vom Bundesvorstand eilten nach München, um auf der dort einberufenen Außerordentlichen Landesbezirkskonferenz des DGB Anfang Februar 1952 auf die Delegierten mäßigend einzuwirken. Vergebens! „Sie erlebten die größte Niederlage in ihrer Funktionärslaufbahn"[32], als bei nur einer Stimmenthaltung gewerkschaftliche Maßnahmen gegen eine Aufrüstung der Bundesrepublik beschlossen wurden. Während in der IG Metall das Unbehagen über die Wehrpolitik im Hans-Böckler-Haus wuchs, sprach sich die Gewerkschaft ÖTV eindeutig gegen einen westdeutschen Verteidigungsbeitrag aus[33].

Diese innergewerkschaftliche Auseinandersetzung weitete sich rasch zu einem Konflikt zwischen Bundesregierung und Gewerkschaftsbund aus, in dessen Verlauf die Phase bisheriger konstruktiver Zusammenarbeit, zumindest für die Ära Adenauer, endete. Wenn der DGB jetzt der Bundesregierung und den sie tragenden Parteien die alleinige verteidigungspolitische Verantwortung zuschob, unterstrich er zwar deren verfassungsmäßige Kompetenz, entzog der Bonner Koalition aber die ihr bislang gewährte politisch-moralische Rückendeckung in der Wehrfrage. Dies war aber beileibe kein einseitiger gewerkschaftlicher Schritt. Bereits im Juli 1951 hatte Adenauer den politisch noch unerfahrenen neugewählten DGB-Vorsitzenden ausmanövriert und das mit Böckler getroffene Junktim von Mitbestimmung und Wehrbeitrag ausgehöhlt, indem er die Anwesenheit der DGB-Spitze beim Mailänder Kongreß des Internationalen Bundes Freier Gewerkschaften nutzte, um entgegen der ausdrücklichen Bitte Fettes um weitere Konsultationen das die Mitbestimmung im Öffentlichen Dienst präjudizierende Bundesbahngesetz in dritter Lesung im Parlament durchzupeitschen. Der DGB reagierte damals mit der Aufkündigung seiner Mitarbeit in allen wirtschaftspolitischen Gremien der Bundesregierung, ohne allerdings seinen wehrpolitischen Standpunkt zu revidieren und die Zusammenarbeit auf diesem

[30] Beschluß des DGB-Bundesausschusses, 23.1.1952, in: Informationsdienst und Nachrichtendienst der Bundespressestelle des Deutschen Gewerkschaftsbundes 1, 1952, Bd 4, S. 49f., DGB-Archiv, Abt. Jugend, Berichte zur Wiederbewaffnung 1950–1951.

[31] Vgl. Otto, Widerstand, S. 79.

[32] Pirker, Blinde Macht I, S. 236.

[33] Vgl. Der deutsche Soldat, S. 176.

Felde einzustellen. Auch Adenauer war sich bewußt, den Bogen überspannt zu haben, und so riß die Kooperation zwischen seinem Sicherheitsbeauftragten Blank und der DGB-Spitze nicht ab[34]. Aufgrund ihrer wehrpolitischen Differenzen erachtete aber die Bonner Regierungskoalition Ende Januar/Anfang Februar 1952 die Gewerkschaften nicht mehr als einen verläßlichen und wirkungsvollen Partner in der innenpolitischen Auseinandersetzung um einen westdeutschen Verteidigungsbeitrag. FDP-Bundesjustizminister Thomas Dehler sprach ihnen nun seinerseits das Recht ab, sich in verteidigungspolitische Angelegenheiten von Bundesregierung und Bundestag einzumischen[35]. Mehr noch: Der FDP-Politiker wollte die durch die Diskussion hervorgerufene innere Zerrissenheit des Deutschen Gewerkschaftsbundes ausnutzen, um diesen seines Anspruchs als eines außerparlamentarischen politischen Regulativs zu entkleiden. In einem Rundumschlag warf er allen „Interessentenhaufen" vor, „die Souveränität des Staates [...] durch außerpolitische, außerparlamentarische Kräfte, durch indirekt politische, ständische, berufsständische Gewalten" zu gefährden. In seinem Hang zur Übertreibung bezichtigte er die Gewerkschaften, „ein Staat im Staate [zu] sein". Sie wollten nach Dehler nicht nur „zu allen Lebensfragen unseres Volkes Stellung nehmen und das Gewicht ihrer Organisation in die Waagschale werfen", sondern „zusätzlich das Privileg eines potenzierten politischen Einflusses geltend machen. [...] Gerade in den letzten Tagen habe sich der Irrweg gezeigt, auf dem sich die Gewerkschaften befänden; denn die Frage eines deutschen Verteidigungsbeitrages könne nur sinnvoll in den Parteien und politischen Gremien behandelt werden[36]." In unbeugsamer Kompromißlosigkeit ließ sich der Politiker in einen Dauerstreit mit den Gewerkschaften ein, der schließlich das Ansehen der Bundesregierung zu schädigen drohte und Adenauer dazu zwang, geplante öffentliche Äußerungen seines Justizministers einer Art Vorzensur zu unterwerfen.

Wenn Dehlers Bestreben, die Gewerkschaften politisch auszuhebeln, der regierenden Mehrheitspartei auch zu weit ging, so hat sie doch selbst auf anderen Wegen versucht, den Gewerkschaftsbund zu schwächen. Starke Kräfte in der CDU-Bundestagsfraktion erwogen ernsthaft die Spaltung des DGB durch die Gründung christlicher Gewerkschaften, doch war es die CSU, u.a. Franz Josef Strauß, die eindringlich von einem solchen Schritt abriet, weil sie eine Radikalisierung des DGB befürchtete. Sie meinte, das letzte Wort im DGB-Bundesvorstand sei noch nicht gesprochen, „man könne jetzt nicht Fette in den Rücken fallen". Außerdem fänden Konsultationen zwischen SPD-Fraktionsführung und DGB-Spitze statt, die möglicherweise zu einer Modifizierung des Nein der Opposition in Sachen Sicherheitspolitik und damit zu einer Stärkung der Stellung des DGB-Vorsitzenden führen könnten. Im übrigen erschien es der CSU ratsam, den angekündigten Berliner DGB-Bundeskongreß abzuwarten, der Aufschluß über die wahren Mehrheitsverhältnisse in den Gewerkschaften geben mußte[37].

Der DGB-Vorstand versuchte indessen, diese Veranstaltung möglichst lange hinauszuschieben, um vorher die Gefolgschaft wieder in Gleichschritt mit der Führung zu bringen. Auf Vorschlag Fettes wurde daher eine Arbeitstagung der Kreis- und Ortsausschüsse beschlossen, mit dem Ziel, die in München ausgelöste „Bewegung in den Mitgliederkreisen abzufangen". Denn für den Deutschen Gewerkschaftsbund blieb „im Augenblick einzig die Entschließung des Bun-

[34] Die Haltung der DGB-Jugend zum Verteidigungsbeitrag wird im folgenden Kapitel dargelegt.
[35] Dehler, Wehrbeitrag.
[36] Ders., Kalter Bürgerkrieg.
[37] Parlamentarischer Bericht. Presse- und Informationsamt der Bundesregierung I/5, 20.2.1952, BA, B 136/2160.

desausschusses maßgebend und verbindlich“[38]. Das Ergebnis der Zusammenkunft der Orts- und Kreisausschußvorsitzenden entsprach allerdings nicht den Erwartungen des Bundesvorstandes, insbesondere des DGB-Vorsitzenden Fette. Die ausgesprochene Empfehlung, der DGB möge mit den demokratischen Parteien in Konsultation zu dem Zweck eintreten, die Wehrfrage unter Beachtung der grundgesetzlichen Rahmenbedingungen plebiszitär regeln zu lassen, um sich selbst auf die Wahrnehmung der „Belange der Arbeitnehmer in Hinsicht auf die wirtschaftlichen und sozialen Auswirkungen eines eventuellen Wehrbeitrags“ zu beschränken[39], war erstens der Versuch, sich aus der Verantwortung zu mogeln. Sie wurde zweitens von seiten der Bundesregierung als das Bemühen erkannt, eine wichtige politische Entscheidung von der Ebene des Parlaments und der Regierung auf eine vom Grundgesetz aus wohlerwogenen Gründen nicht vorgesehene plebiszitäre Ebene zu verlagern, in der Hoffnung, sie werde hier negativ ausfallen.

Die DGB-Führung schloß sich diesem Votum jedoch nicht an. Besonders deutlich wurde dies in der Diskussion um die Stalin-Note vom März 1952, die den westlichen Alliierten ein wiedervereinigtes, neutrales und bewaffnetes Deutschland offerierte. Offiziell ist dieses Angebot von Gewerkschaftsseite abgelehnt worden. Die Führer des DGB erwiesen sich durch die Wirkung einer permanenten antibolschewistischen Propaganda seit 1918, wegen der Erfahrungen des Zweiten Weltkrieges und wegen der Politik der Sowjetunion in Osteuropa und in der DDR allzu befangen, als daß sie nüchterne politische Erwägungen hätten anstellen können. „Rußland hat es sich selbst zuzuschreiben“, so stand in den Gewerkschaftlichen Monatsheften zu lesen, „wenn man sein Angebot mit einer gewissen Skepsis betrachtet. Die Politik des ewigen *Njet*, die Verschleppung des Österreich-Vertrags und vieles andere an der russischen Politik der letzten Jahre haben den politischen Kredit Moskaus nicht erhöht. Man ist geneigt, in jedem russischen Schritt nur ein Manöver zu sehen[40].“ Ein Manöver ganz sicher, um die Ratifizierung des Generalvertrages zu verhindern. Aber womöglich eine deutschlandpolitische Chance, von der allerdings der DGB glaubte, daß sie zu spät geboten werde. Denn zwischenzeitlich hätten sich die westlichen Alliierten wie die Bundesrepublik auf einen nicht mehr ohne Not zu revidierenden gemeinsamen außen- und verteidigungspolitischen Kurs festgelegt. Im übrigen, so haben die Gewerkschaften wohl richtig erkannt, wünschten die Westmächte selbst weder die deutsche Einheit – insonderheit Frankreich nicht, zumindest nicht zum gegebenen Zeitpunkt – und schon gar nicht die Revision der Ostgrenze, die der DGB forderte, aber die zu verhandeln auch Stalin keine Anstalten machte. Dennoch gab es gewerkschaftliche Stimmen, die die brüske Antwort der Westalliierten für alles andere denn ein diplomatisches Meisterstück hielten. Jedenfalls hat sich der Deutsche Gewerkschaftsbund weder zu einer grundsätzlich ablehnenden noch die russische Initiative begrüßenden Stellungnahme durchzuringen vermocht und damit dem Gang der politischen Dinge seinen Lauf gelassen.

Seit 1952 befand sich der Bundeskanzler mit seiner West- und Verteidigungspolitik auch im Aufwind der öffentlichen Meinung. Deshalb fühlte er sich in seiner Sicherheitspolitik nicht mehr im bisherigen Maße vom Wohlwollen der Gewerkschaften abhängig.

[38] Protokoll der 99. Sitzung des geschäftsführenden Vorstandes, 11.2.1952, Düsseldorf, in: DGB-Archiv, Protokolle GBV, 1. Sitzung, 31.10.1949 – 82. Sitzung, 17.9.1956. Auf dieser Sitzung berichtete Fette auch vom Besuch des ehemaligen Innenministers Gustav Heinemann, der ihn über die Ziele seiner „Notgemeinschaft für den Frieden Europas“ unterrichtet hatte. Eine von Heinemann erbetene Beteiligung des DGB an einer Unterschriftensammlung gegen die Aufrüstung der Bundesrepublik lehnte der geschäftsführende Vorstand ausdrücklich ab.

[39] Sitzung vom 28./29.2.1952, zit. n. Pirker, Blinde Macht I, S. 246.

[40] Theimer, Deutschland, S. 258.

Neben anderem auch durch die Wehrproblematik politisch gebeutelt, war das Schicksal Fettes auf dem 2. Ordentlichen Bundeskongreß im Oktober 1952 besiegelt. Unter seinem Nachfolger, dem ehemaligen IG-Metall-Vorsitzenden Walter Freitag, entsagte der DGB nicht nur endgültig der konstruktiven Zusammenarbeit mit der Regierung in der Sicherheitspolitik; er war auch in seinem Selbstverständnis als außerparlamentarische, gleichsam übergeordnete politische Instanz tief verunsichert, suchte demzufolge Anlehnung an die Partei, der sich die Mehrheit seiner Mitglieder verbunden fühlte, an die SPD, ohne sich allerdings in der Frage des EVG-Beitritts dem glatten Nein der Opposition anzuschließen. Die Gewerkschaften traten vielmehr in eine intensive Diskussion um die mit dem EVG- und Deutschlandvertrag verbundenen sozioökonomischen Folgen ein. Bereits in seinem Grußwort zum Jahreswechsel warnte Freitag davor, „die unvermeidlichen Kosten einer evtl. Wiederbewaffnung Deutschlands einseitig auf die Schultern der wirtschaftlich schwachen Bevölkerung abzuwälzen und die ohnehin katastrophale Lebensbasis der Unterstützungsbedürftigen und Rentner weiter zu erschüttern“[41], und bestimmte damit den Tenor der ferneren Diskussion.

Diese Schwerpunktverlagerung vom Grundsätzlichen zum Speziellen unter Konzentration auf eine ureigene gewerkschaftliche Thematik hatte sich bereits auf dem 2. Bundeskongreß in Berlin angekündigt. Mehrere Delegierte hatten durchaus zugestanden, „daß die westdeutsche Demokratie von außen bedroht“ sein könne[42]. Als viel gravierender erachteten sie jedoch die mit einer Aufrüstung der Bundesrepublik möglicherweise oder gar zwangsläufig verbundenen sozialen und ökonomischen Gefahren. Es wurde offen der Befürchtung Ausdruck gegeben, bei dem niedrigen Sozialprodukt werde sich ein Wehrbeitrag ohne große Einschränkung im Bereich der Lebenshaltung der deutschen Arbeitnehmerschaft nicht finanzieren lassen.

Dem Wirtschaftswissenschaftlichen Institut der Gewerkschaften fiel die Aufgabe zu, den Zusammenhang von Wehrbeitrag und ökonomischer Entwicklung aufgrund des Deutschland- und EVG-Vertrags zu prognostizieren. Wenn es davon ausging, „daß unser Volk, noch ehe die Folgen der beispiellosen politisch-militärischen Katastrophe des faschistischen Krieges überwunden sind, Lasten auf sich nimmt, von denen man nicht weiß, ob sie wirtschaftlich und sozial überhaupt tragbar sind“[43], dann zeigten sich noch die traumatischen Nachwirkungen der kriegswirtschaftlichen Maßnahmen des Dritten Reiches. Tatsächlich nahm man dann bei der Beurteilung der wirtschaftlichen Folgen einer Aufrüstung der Bundesrepublik an den ökonomischen Verhältnissen des nationalsozialistischen Deutschland Maß. Und das nimmt nicht wunder, wenn man weiß, daß Rolf Wagenführ, einer der profiliertesten Wirtschaftsexperten der NS-Zeit, nun einer der führenden Mitarbeiter des Wirtschaftswissenschaftlichen Instituts der Gewerkschaften war. Die skeptische Beurteilung der rüstungswirtschaftlichen Auswirkungen ging von der Voraussetzung aus, daß die Bundesrepublik 1952 bereits am Rande eines Außenhandelsdefizits stand, die Marshall-Plan-Hilfe zukünftig fortfiel und die aus dem amerikanischen Programm für gegenseitige Rüstungshilfe zu erwartende Unterstützung demgegenüber wesentlich geringer ausfallen sollte. Als Belastungen kamen auf die Bundesrepublik die an Israel zu leistende Wiedergutmachung hinzu, ferner die Verzinsung und Tilgung der Vorkriegsschulden Deutschlands. Aufgrund dieser Umstände befürchtete man infolge rüstungswirtschaftlicher Belastungen erhebliche Zahlungsbilanzschwierigkeiten. In Anlehnung an Entwicklungen während der NS-Herrschaft sah man das außenwirtschaftliche Gleichgewicht durch eine Rüstungskonjunktur in zwei-

[41] Die Quelle 4 (1953), H. 1, S. 1.
[42] Wilhelm Liepold, IG Metall Wilhelmshaven, zit. n. Protokoll 2. Bundeskongreß DGB, Oktober 1952, S. 142.
[43] Mitverantwortung, Zur Einführung.

facher Weise gefährdet: einmal durch steigende Rohstoffimporte, zum anderen durch einen Rückgang des Exports wegen Auslastung der Produktion mit Rüstungsaufträgen.

Zu den zentralen Aufgaben der Gewerkschaften zählt, in Zeiten normaler wirtschaftlicher Entwicklung für die Hebung des Lebensstandards sowie sozialer Sicherheit usw. und in Wirtschaftskrisen für deren Stabilisierung Sorge zu tragen: Kein Wunder also, daß man sich Gedanken über die Interdependenz von Rüstung und Sozialprodukt machte. Die entsprechende Analyse erfolgte aufgrund der im Zusammenhang mit der Unterzeichnung des EVG-Vertrages übernommenen militärischen Verpflichtungen. Dabei gelangte man zu der Voraussage, daß eine Wirtschaftsentwicklung im Trend der Jahre 1950–1952 die Kosten für einen westdeutschen Wehrbeitrag ohne weiteres würde tragen können. Der DGB gab allerdings zu bedenken, daß Flüchtlingselend und Wohnungsnot noch nicht behoben seien und nur durch unzureichende Mittel gelindert würden. Die stürmische wirtschaftliche Entwicklung im Zuge des sogenannten Wirtschaftswunders konnten die Wissenschaftler des Deutschen Gewerkschaftsbundes nicht vorhersagen. Anders lautete ihre Prognose über die notwendigen Arbeitskräfte. Ungeachtet der 1,2 Millionen Arbeitslosen des Jahres 1952 rechneten sie mit ausgeschöpften Arbeitsreserven bereits innerhalb der nächsten zwei bis drei Jahre.

Als der Deutsche Bundestag im März 1953 den EVG-Vertrag in 3. Lesung verabschiedete, hatte sich der DGB mit einem integrierten westdeutschen Sicherheitsbeitrag abgefunden. Mehr noch: Der DGB hat das Scheitern der EVG an der französischen Nationalversammlung mit großem Bedauern zur Kenntnis genommen. Sie war ein wichtiger europäischer Integrationsfaktor gewesen: „Kein Zweifel mehr daran, daß die gesamte Integration durch das Scheitern der Verteidigungsgemeinschaft einen sehr schweren Rückschlag erlitten hat. Denn das Ende der EVG greift in seiner Bedeutung weit über den militärischen Bereich hinaus. Die enge Verbindung mit der schon vorher zu den Akten gelegten Europäischen Politischen Gemeinschaft (EPG) wie auch zur Montanunion muß sich jetzt zwangsläufig auswirken. Alle drei bildeten eine Einheit und bedingten sich gegenseitig[44]." In dieser Beurteilung der EVG traf sich der Deutsche Gewerkschaftsbund wieder mit seinem politischen Kontrahenten Konrad Adenauer.

Die Gewerkschaftsführung hat in der EVG niemals allein oder primär ein Instrument zur wirkungsvollen Verteidigung Westdeutschlands gesehen, sondern ihr Ja zur Europäischen Verteidigungsgemeinschaft war letztlich Ausdruck ihres Willens zur Schaffung eines vereinigten Europas, dessen Grundstein, die Montanunion, sie mitgelegt hatte. Die nun angestrebte NATO-Lösung besaß eine völlig andere politische Qualität, indem das militärisch-politische Moment gegenüber dem europäisch-politisch-integralen überwog. An die Stelle der Einigung Europas sollte das atlantische Bündnis als politische Zielvorstellung treten, für den Deutschen Gewerkschaftsbund Grund genug, die wehrpolitische Diskussion unter veränderte Vorzeichen zu stellen.

Die *Deutsche Angestellten-Gewerkschaft* zeigte in der Wehrfrage ein sehr verhaltenes politisches Engagement. Sie stand ja nicht in der antimilitaristischen Tradition der Arbeiterbewegung. Wenn sie institutionell auch nicht unmittelbar an eine Vorgängerin aus der Weimarer Zeit anknüpfte, so waren es doch die organisierten Angestellten gewesen, die eine der frühesten und stärksten sozialen Gruppen innerhalb der Klientel des Nationalsozialismus gebildet hatten. Diese politisch-moralische Hypothek ihres Berufsstandes versuchte die DAG durch politische Askese abzutragen, ohne sie der Öffentlichkeit deutlicher als unbedingt notwendig ins Bewußtsein zu rufen. Indem sich ihr Hauptvorstand Anfang Februar 1952 während einer Zusam-

[44] Tuchtfeldt, Stand der wirtschaftlichen Integration, S. 624.

menkunft in Königswinter auf eine vermeintlich neutrale Position in der Wehrfrage zurückzog, entsprach er in Wirklichkeit den Vorstellungen von Kanzler und Bundesregierung von dem, was Gewerkschaften politisch zu tun oder zu lassen hatten. Darüber hinaus stärkte die DAG mit ihrer damals gefaßten Entschließung das Selbstverständnis des Regierungschefs und des überwiegenden Teils der Parlamentarier der bürgerlichen Parteien. Das Spitzengremium der DAG bezeichnete die Aufstellung militärischer Kontingente als „eine der politischen Fragen, die *nicht* in den Bereich gewerkschaftspolitischer Entscheidungen fällt". In einem demokratisch regierten Staat seien „grundlegende politische Fragen in erster Linie von den Trägern der politischen Demokratie, den politischen Parteien und dem Parlament, zu treffen". Die Angestellten-Vertretung betrachtete es allerdings als ihre Aufgabe, durch Verbesserung der wirtschaftlichen Lage der Angestellten für den sozialen und damit den inneren Frieden Sorge zu tragen[45].

Konsequenterweise befaßte sich die DAG mit den möglichen ökonomischen Auswirkungen des geplanten Verteidigungsbeitrages. Es geschah dies in Form einer Expertise, die der Öffentlichkeit und vor allen Dingen den Mitgliedern zum Zwecke eigener politischer Meinungsbildung überreicht wurde. Darin gelangte die DAG zu folgenden Schlußfolgerungen und Forderungen:

Es muß von der Regierung verlangt werden, auch im rüstungswirtschaftlichen Prozeß den Menschen in den Mittelpunkt aller ökonomischen Regelungen zu stellen. Mehr Aufwendungen für den Verteidigungsbeitrag dürfen nicht zu Lasten der Sozialausgaben und der Realeinkommen gehen. Es wird darauf ankommen, über das Mitbestimmungsrecht der Betriebsräte darauf zu sehen, daß eventuell aus einem Rüstungsboom sich ergebende Gewinne nicht allein auf der Habenseite der Kapitaleigner verbucht werden.

Konkret listete die DAG auf, was in praxi zu geschehen hatte, um die Rüstungskosten nicht über die Sozialausgaben zu finanzieren: 1. Die Höhe des bisherigen Lebensstandards und das Tempo seiner Steigerung darf nicht beeinträchtigt werden. 2. Die Wirtschafts- und Sozialpolitik muß unter dem Postulat stehen, daß die Vermehrung des Bruttosozialprodukts sowie soziale Sicherung die besten Voraussetzungen zur inneren und äußeren Verteidigung schaffen. 3. Notwendig werdende Rationalisierungen dürfen nicht mit Personalabbau gekoppelt werden. 4. Die staatliche Wirtschaftsverwaltung muß koordiniert und konzentriert werden. Das Interesse der deutschen Volkswirtschaft hat Vorrang vor dem anderer Länder. 5. Voraussetzung des sozialen Friedens ist die Ausgewogenheit zwischen Preisen und Einkommen. 6. Die finanzielle und gesellschaftliche Unterprivilegierung der Angestellten und Beamten muß einer angemessenen Würdigung und Bewertung ihrer Arbeit Platz machen; berufsbildende und leistungsfördernde Einrichtungen sind auszubauen und zu vermehren[46].

h) Jugendverbände und Wehrproblematik

Die Ergebnisse der Demoskopie wiesen die von einem zukünftigen Verteidigungsbeitrag unmittelbar Betroffenen, die westdeutsche Jugend, als einen besonderen Unsicherheitsfaktor in der militärpolitischen Rechnung aus. An ihrer mangelnden Wehrbereitschaft, von Wehrfreudigkeit ganz zu schweigen, konnte kein Zweifel bestehen. Wollte man sie wecken, bedurfte es zunächst

[45] Entschließung des Hauptvorstandes der DAG, 10.2.1952, in: Die wirtschaftlichen Auswirkungen eines Verteidigungsbeitrages und Maßnahmen zur Steigerung der Produktivität. Eine Stellungnahme der Deutschen Angestellten-Gewerkschaft Hamburg, Mai 1952, S. 5, Archiv der DAG.

[46] Ebd., S. 18 f.

einmal einer Analyse der Komponenten, die der sicherheitspolitischen Lethargie und der überwiegend negativen Einstellung gegenüber allem Militärischen zugrunde lagen. Welches waren nun die wichtigsten haltungs- und handlungsbestimmenden Faktoren?

Da prägten zunächst einmal die sozial-ökonomischen Nachkriegsverhältnisse vor dem sogenannten Wirtschaftswunder, vor allem aber und sehr nachhaltig ein auf negativer historischer und persönlicher Erfahrung beruhender Antimilitarismus das Verhaltensmuster. Das Frage-und-Antwort-Spiel auf dem ersten größeren Jugendforum über die „Wiederbewaffnung" gleich nach Adenauers Sicherheitsmemorandum im September 1950 in Öhringen gab Aufschluß. Die Kardinalfrage lautete: „Wäre die Jugend bereit, die heutigen Zustände in Westdeutschland gegen eine östliche Invasion zu verteidigen?" Die aus dem Zuhörerkreis kommende Antwort trug indirekten und zugleich appellatorischen Charakter: „Man sorge für Lehrstellen und geistige Bildung, man fördere uns, wenn unsere Eltern das Geld nicht aufbringen. Dann werden wir wissen, was wir zu verlieren haben[1]."

Die Furcht vor einer Remilitarisierung bildete den Kern nahezu aller Resolutionen und den zentralen Punkt auch konstruktiver Vorschläge zur Gestaltung neuen Soldatentums und der Wehrgesetzgebung.

Von besonderem politischem Interesse, weil von perspektivischem Wert, mußte eine vergleichende Betrachtung der wehrpolitischen Grundstimmung in etablierten Parteien sowie institutionalisierten Einrichtungen einerseits und in deren jeweiligen Nachwuchsorganisationen andererseits sein.

Vielfach verhielten sich die Auffassungen konform, was z. B. für die *Junge Union* zutrifft. Der Kanzler nutzte die Gelegenheit, im Herbst 1951 auf deren Deutschlandtag seine bekannten Thesen zu militärischer Westintegration und Verteidigung vorzutragen. Der stürmische Beifall tat ihm wohl angesichts der Tatsache, daß ihm seitens vieler anderer Jugendorganisationen keine besonderen Sympathien entgegengebracht wurden. Aber nicht die distanzierte Haltung seiner Politik gegenüber bereitete ihm Sorge, sondern „daß die jüngere Generation [...] dem Staat und dem politischen Leben [...] überhaupt [...] abwartend oder vielleicht ablehnend gegenüber steht"[2]. Seine bekannten Thesen: Notwendigkeit der europäischen Integration, Politik der Stärke, stießen auf einhellige Zustimmung und wurden mit minutenlangem Schlußbeifall bedacht. Ein eigens gebildeter Arbeitskreis „Verteidigungsbeitrag" bejahte die Notwendigkeit einer Aufrüstung der Bundesrepublik und der Schaffung einer Europäischen Verteidigungsgemeinschaft. Er bezog auch Stellung gegenüber den Soldaten und rührte damit an eine Problematik, die, weil noch unpopulär, von der Mutterpartei nur sehr zögernd in der Öffentlichkeit erörtert wurde. Verlangt wurde eine Überprüfung der nach Kriegsende durchgeführten Verfahren und die Beseitigung der Diskriminierung gegenüber den ehemaligen Soldaten. Gefordert wurde eine von demokratischem Bürgergeist geprägte neue Armee, deren politischer und militärischer Moralkodex u. a. ausgerichtet sein mußte an dem Verhalten der am 20. Juli beteiligten Offiziere[3].

Der Ausschuß „Verteidigungsbeitrag" hat in der Folgezeit substantielle und detaillierte Vorschläge für den Aufbau westdeutscher Streitkräfte unterbreitet, und dies in engem Zusammenwirken mit CDU/CSU und dem Amt Blank. Die Tatsache, daß ausgerechnet dieser Arbeitskreis einer parteipolitischen Jugendorganisation, die einem Verteidigungsbeitrag uneingeschränkt po-

[1] Stuttgarter Nachrichten, 21.9.1950.

[2] Rede Adenauers, 28.9.1951, vor der Jungen Union, Pressearchiv/Personenarchiv der BPA, Bestand: Konrad Adenauer.

[3] Entschließungen des Deutschlandtages der Jungen Union, 28.–30.9.1951, BA, NL 244/22.

sitiv gegenüberstand, von Karlfranz Schmidt-Wittmack, Abgeordneter des zweiten Bundestages und Mitglied des EVG-Ausschusses, geführt wurde, der sich wenige Tage vor dem Scheitern der Europäischen Verteidigungsgemeinschaft an der französischen Nationalversammlung, in die DDR absetzte, ehe er als Spion entlarvt werden konnte, ließ die Schwachstellen der inneren Sicherheit erkennen. Sie macht auch die zum Teil neurotischen Reaktionen, auch der SPD, auf die Aktivitäten all der Personen und Gruppen verständlicher, die sogenannte Ostkontakte – versteckte und offene – pflegten. Zwischen der Jungen Union und dem Amt Blank fand nicht nur ein Informations- und Gedankenaustausch statt, sondern auch eine sachbezogene Zusammenarbeit, die das sogenannte Innere Gefüge, Besoldungsfragen, Fürsorge und Personal sowie Rechtsprobleme und die Wehrgesetzgebung betrafen. Ende 1953 konnte Schmidt-Wittmack feststellen, „daß sich die Planungen des Amtes Blank für das Innere Gefüge sowie für die rechtliche und soziale Stellung der kommenden Streitkräfte je länger je mehr den von uns vertretenen und immer wieder vorgebrachten Auffassungen und Forderungen angeglichen haben. Nachdem also die *Planung* als im wesentlichen abgeschlossen betrachtet werden kann, wird unsere Hauptaufgabe in Zukunft darin zu sehen sein, bei der *Durchführung* die von uns vertretenen modernen Gedanken zum Tragen zu bringen[4]."

Die *Deutschen Jungdemokraten* kannten keine militärpolitischen Skrupel. Ihre nationale Grundhaltung ließ sie den Wehrbeitrag von Anbeginn an bejahen, wobei sie mit Andersdenkenden nicht immer gerade sehr empfindsam umgingen. Einer ihrer ausgemachten Gegner war Pastor Niemöller, dem sie nach einer Moskaureise das vielsagende Telegramm übersandten: „Dienen Sie dem Frieden – Bleiben Sie in Moskau – Vor Heimkehr des letzten Kriegsgefangenen ist Ihre eigene Rückkehr unerwünscht – Es lebe die Freiheit[5]." Eine solche Stellungnahme empfand mancher FDP-Politiker denn doch gegen den liberalen Strich gebürstet. Der Vorsitzende der FDP-Fraktion der Hamburger Bürgerschaft, Engelhard, z. B. verurteilte diese Form der politischen Auseinandersetzung und nahm, ungeachtet aller Meinungsverschiedenheiten, die auch ihn in der Wehrfrage von dem hessen-naussauischen Kirchenpräsidenten trennten, diesen schon deswegen in Schutz, weil er sich als außenpolitischer Repräsentant der EKD im Kreml insbesondere um die Rückkehr der deutschen Kriegsgefangenen bemühte.

Die *sozialistische Jugendbewegung* sah sich durch Adenauers Sicherheitsmemorandum und die Aktualisierung der Frage eines westdeutschen Verteidigungsbeitrages in eine Konfliktsituation manövriert. „Die Falken" (Die Jungsozialisten haben sich bis 1955 mit der Wehrfrage so gut wie gar nicht befaßt) gestanden die Notwendigkeit ein, „daß sich die freien Völker schützen und sichern". Aber sie fragten sich, ob denn all die von den Besatzungsmächten geleistete Erziehungsarbeit gegen Militarismus und Krieg, für die Demokratie und den Frieden vergeblich, unter Umständen gar nicht ernst gemeint gewesen war. Die der SPD nahestehende Jugendorganisation teilte die Auffassung Gustav Heinemanns, wonach es den drei Westalliierten oblag, die Integrität der Bundesrepublik nach außen zu wahren. „Die Falken" boten als Gegenleistung an, sich für die soziale Sicherheit in der Bundesrepublik und darüber hinaus im westlichen Europa einzusetzen, also für die Immunisierung gegenüber der bolschewistischen Fünften Kolonne zu arbeiten. Stabilisierung und Sicherheit der Freiheit nach innen, dies betrachteten sie als Beitrag

[4] Schreiben Schmidt-Wittmacks, 3.11.1953, an die Mitglieder des Ausschusses „Verteidigungsbeitrag", ACDP, Junge Union (Bundesgeschäftsstelle), IV-007-074/1.

[5] Zit. n. Brief Edgar Engelhards, Vorsitzender der FDP-Fraktion in der Hamburger Bürgerschaft, 3.1.1952, an den Bundesvorstand der FDP, AdL, 82, FDP Bundesvorstand. Geschäftsführender (engerer) Vorstand 1952.

der Bundesrepublik zum Frieden[6]. „Die Falken" wollten durch eine Zusammenarbeit mit anderen Jugendverbänden in diesem Sinne das Ihre dazu beitragen.

Daß ein westdeutscher Verteidigungsbeitrag bei der *kommunistischen Jugend* auf strikte Ablehnung stieß, versteht sich von selbst. Die „Freie Deutsche Jugend", zunächst auch in der Bundesrepublik präsent, nahm ihren Mitgliedern das Gelöbnis ab, keine Waffe gegen die sozialistischen Brüder in der Sowjetunion in die Hand zu nehmen, während sie Kriege gegen „imperialistische Kriegstreiber" nicht von vornherein ablehnte und ausschloß. Auf dem ersten Berliner Deutschlandtreffen der FDJ zu Pfingsten 1950 unter dem Motto: „Bereit zur Arbeit und zur Verteidigung des Friedens", gelobten auch rund 30000 Jugendliche aus der Bundesrepublik dem Vorsitzenden des Ministerrats der UdSSR, Stalin, der Sowjetunion gegenüber Frieden zu wahren. Mitte Juni 1951 wurde die FDJ in der Bundesrepublik offiziell als verfassungswidrig erklärt, doch versicherte der Leiter ihres westdeutschen Zentralbüros und nordrhein-westfälische KPD-Abgeordnete Josef Angenfort, seine Organisation werde insgeheim weiter für Frieden und Völkerverständigung und gegen die Remilitarisierung der Bundesrepublik kämpfen und sich gegen die Einberufung der westdeutschen Jugend in eine „Söldnerarmee" zur Wehr setzen[7]. Die FDJ ließ sich in der Tat nicht von verbotswidrigen Aktionen abbringen, so daß die Bundesregierung im Herbst 1953 ein Verbot durch Spruch des Bundesverwaltungsgerichtes beantragte, um gegen die Mitglieder des Jugendverbandes vorgehen zu können.

Natürlich beschränkten sich die Aktivitäten der kommunistischen Jugend nicht auf die FDJ. Pfingsten 1952 entstand das „Komitee junger Friedenskämpfer". Zu nennen ist ferner der „Vorbereitende Ausschuß für eine Europäische Jugendkonferenz gegen die Remilitarisierung", der „Aktionskreis gegen die Rekrutierung der Jugend", die „Tatgemeinschaft junger Deutscher", die „Aktionsgemeinschaft der Jugend für ein einiges Deutschland", die „Deutsche Gemeinschaft zum Schutze der Kinder", der „Kampfausschuß der jungen Metallarbeiter Westdeutschlands", das „Komitee zur Vorbereitung einer Jungbergarbeiterkonferenz" u.a.m.[8].

Ende 1951 kamen die im *Deutschen Bundesjugendring* zusammengeschlossenen Verbände (Arbeitsgemeinschaft der Evangelischen Jugend Deutschlands, Bund der Deutschen Katholischen Jugend, Bund der Deutschen Landjugend, Bund Deutscher Pfadfinder, Christliche Pfadfinderschaft Deutschlands, Deutsche Pfadfinderschaft St. Georg, Deutsche Sportjugend, Gewerkschaftsjugend, Jugend der Deutschen Angestelltengewerkschaft, Naturfreundejugend Deutschlands und Sozialistische Jugend Deutschlands „Die Falken") überein, koordiniert Nöte, Sorgen und Vorstellungen der westdeutschen Jugend bezüglich der Wehrfrage gegenüber der Bundesregierung zu artikulieren. Diese und die Öffentlichkeit wurden auf die Konfliktsituation hingewiesen, in die die Jugend sich durch die Verhandlungen über den Wehrbeitrag gestürzt sah. Der Bundesjugendring forderte die Verantwortlichen dazu auf, mit ihm in eine sachliche Diskussion über die auf die Jugendlichen zukommenden, mit der Aufrüstung verbundenen Probleme einzutreten und sich jeglicher Wehrpropaganda, psychologischer, politischer und materieller Mittel der Verlockung und Beeinflussung zu enthalten. In diesem Zusammenhang markierte der Dachverband bereits erste neuralgische Punkte, über die er einen Gedankenaustausch wünschte: die zunehmende Zahl der Soldatenverbände, der bereits auf der politischen Tagesord-

[6] Entschließung der Falken, Herbst 1950, DGB-Archiv, Abt. Jugend, Berichte zur Wiederbewaffnung 1950 bis 1951.

[7] Die Darstellung folgt hier dem Bd 4 der Veröffentlichungen des Instituts für Staatslehre und Politik: Der deutsche Soldat, S. 122–124.

[8] Ebd., S. 123f.

nung stehende Vorschlag des Tragens militärischer Orden – beides aus der Sicht des Bundesjugendrings symptomatische Anzeichen für das Wiedererwachen eines deutschen Militarismus[9].

Die CDU/CSU zeigte sich von der Entschließung des Bundesjugendrings nicht gerade besonders angetan. Sie vermißte eine definitive Stellungnahme zum Wehrbeitrag. „Mit Erklärungen [...], die dem Kern der Frage aus dem Wege gehen, kann er [der Bundesjugendring] bei der Aktualität, die das Thema in der öffentlichen Diskussion bereits gewonnen hat, allzu leicht den Eindruck erwecken, als habe er bereits Stellung bezogen – und zwar negativ. Ausgerechnet diesen Eindruck aber, so dünkt uns, wollte er doch wohl vermeiden[10]?!" Darüber hinaus fürchtete die Union, der Bundesjugendring wolle sich in den Zuständigkeitsbereich von Parlament und Regierung hineindrängen.

Während es CDU und CSU an dem notwendigen politisch-psychologischen Fingerspitzengefühl im Umgang mit dem Bundesjugendring fehlen ließen, verhielt man sich im Amt Blank ganz anders. Hier erkannte man die Chance, über sachbezogene Diskussion zu Verständnis durch Annäherung zu gelangen. Sicherlich wollte man auch dem jugendlichen Unmut ein Ventil öffnen, aber die Persönlichkeiten, die hier das Bild vom Bürger in Uniform entwarfen, zeigten sich von vornherein damit einverstanden, es von repräsentativen Vertretern der Gesellschaft, also auch der Jugend, mitgestalten zu lassen. Und in der Tat haben die Ergebnisse des Gedankenaustausches zwischen Bundesjugendring und Amt Blank sichtbare Spuren im Konzept der Inneren Führung und in der Wehrgesetzgebung hinterlassen. Ende Januar 1952 besprachen sich erstmals die Vorsitzenden der im Bundesjugendring vereinten Verbände mit Vertretern der Dienststelle Blank. Dabei stellte sich heraus, daß es erhebliche Diskrepanzen zwischen den sicherheitspolitischen Auffassungen der einzelnen Jugendorganisationen gab, so daß es zunächst einmal notwendig erschien, die unterschiedlichen Auffassungen schriftlich zu fixieren, aufgrund deren man dann versuchen wollte, eine gemeinsame Verhandlungsplattform zu errichten. Als die einzelnen Stellungnahmen ein Vierteljahr später auf der Vollversammlung des Bundesjugendringes in Elmstein (Pfalz) vorgelegt wurden, zeigte sich, daß eine gemeinsame Position nicht zu erreichen sein würde. Zu weit lagen die einzelnen Jugendverbände politisch und weltanschaulich auseinander. Daß man dessenungeachtet seine unterschiedlichen Argumente austauschte, wo es möglich war, gedanklich aufeinander zuging, Respekt vor dem Andersdenkenden bekundete, muß als eine vorbildliche Übung in Pluralismus gelten, was damals wohl selbstverständlich war.

Vor welch schwierige Aufgabe sich die einzelnen Jugendorganisationen gestellt sahen, erhellt aus dem Papier der *Arbeitsgemeinschaft der Evangelischen Jugend Deutschlands,* der auch die Jugend der Evangelischen Freikirchen angehörte. In Anbetracht der politischen Zweispaltung der EKD vermochte sie sich nicht zu einer für ihre Mitglieder verbindlichen und eindeutigen Äußerung durchzuringen. Sie wies vielmehr auf die beiden evangelischen Lager hin, die sich politisch auf den geringsten gemeinsamen Nenner, nämlich die Wiedervereinigung als Primärziel, geeinigt hatten. Doch während man in dem einen für die Politik der kleinen Schritte votierte, für die politische, wirtschaftliche und militärische Westintegration der Bundesrepublik, um dann auf dem Weg der Politik der Stärke zur deutschen Einheit zu gelangen, plädierte man in dem anderen zunächst für die Wiedervereinigung, um sich erst dann einer Absicherung Deutschlands vor äußerer Bedrohung zuzuwenden. Vor diesem kirchenpolitischen Hintergrund appellierte die Arbeitsgemeinschaft an die dazu berufenen Regierungen und Parlamente, an der Über-

[9] Erklärung des Bundesjugendrings, 25.11.1951, ebd., S. 124–125.
[10] DUD, 12.12.1951, S. 5.

windung der Spaltung des deutschen Volkes als Ziel ihrer Politik festzuhalten, jede Möglichkeit der friedlichen Lösung des Mächtekonflikts durch Verhandlungen auszuloten und auszuschöpfen und den Willen derjenigen zu respektieren, die aus Gewissensentscheidung den Kriegsdienst ablehnten[11].

Die Arbeitsgemeinschaft stellte es den evangelischen Jugendlichen frei, sich in der gegebenen Situation für oder gegen die Aufrüstung der Bundesrepublik zu entscheiden.

Die unter Einfluß des linken Flügels der Bruderschaften der Bekennenden Kirche, personifiziert durch Pfarrer Mochalski, stehenden Gegner der „Wiederbewaffnung" machten von dieser Möglichkeit gleich in spektakulärer Weise Gebrauch. Mochalski organisierte mit dem Jugendsekretär der Deutschen Postgewerkschaft Nürnberg, mit dem Bundesfeldmeister des Deutschen Pfadfinderbundes 1911, mit einem SPD-Mitglied und Betriebsrat der Eisenbahn Mülheim/Ruhr und einem Studenten eine Jugendkarawane nach Essen, die sich dort am 11. Mai 1952 sammeln sollte. Das Treffen stand unter den Losungen: „Widersteht der Remilitarisierung, Jugend gegen Generalvertrag, wir fordern Viermächteverhandlungen über die Wiederherstellung der Einheit Deutschlands, Friedensvertrag statt Generalvertrag!" Redner sollte der Dortmunder Theologe Arnold Haumann sein. Von kommunistischer Seite, aber auch von kommunistisch unterwanderten Institutionen, wurde die Veranstaltung unterstützt und mitgetragen, u.a. namens der „Jungen Generation im Kongreß für deutsche Verständigung und einen gerechten Friedensvertrag", dessen Präsidium Oberbürgermeister i. R. Wilhelm Elfes angehörte. Dies war Anlaß für die Essener Stadtverwaltung, das Treffen im Einvernehmen mit dem nordrhein-westfälischen Innenministerium zu verbieten, dies aber erst einen Tag vor dem anberaumten Termin, allzu spät, da sich bereits aus allen Teilen der Bundesrepublik die Jugendlichen auf der Anreise befanden. Begründet wurde das Verbot mit der Eröffnung der Gruga und einem gleichzeitig stattfindenden Europakongreß christlicher Arbeiterjugend. Im Sinne der Aufrechterhaltung der öffentlichen Ordnung erklärte sich die Polizei außerstande, neben diesem erwarteten Besucherstrom auch noch die am 8. Mai angemeldete Jugendkarawane in Essen aufnehmen zu können. Diese ließ sich aber allein schon deshalb nicht aufhalten, weil manche Gruppen von dem Verbot erst in der Stadt selbst erfuhren, die einer bewaffneten Festung glich. Im Zuge des Bemühens der Sicherheitskräfte, die Jugendlichen aus der Stadt abzudrängen, wurde der 21jährige Dreher Philipp Müller aus München, Mitglied der FDJ und nach deren Verbot der KPD, von hinten erschossen. Genau ist der Vorfall nie aufgeklärt worden. Jedenfalls beklagte die Bundesrepublik ihr erstes Demonstrationsopfer[12]. Das Ereignis lieferte Anlaß für die Tausende zählende Protestkundgebung gegen den Generalvertrag am 25. Mai 1952 in Essen, die friedlich und ohne Zwischenfälle verlief.

Die *Christliche Pfadfinderschaft Deutschlands* gab keine eigene Erklärung zur Wehrproblematik ab, sondern schloß sich der Arbeitsgemeinschaft der Evangelischen Jugend an.

Die sicherheitspolitische Resolution des *Bundes der Deutschen Katholischen Jugend* verhielt sich kongruent zur offiziellen Auffassung der Katholischen Kirche. Der Bund erachtete die Sicherung der Nachkriegserrungenschaften gegen innere und äußere Feinde für notwendig. Konsequenterweise befürwortete er eine militärische Aufrüstung im Rahmen Europas, da weder die Bundesrepublik, später Deutschland, für sich noch Europa ohne Deutschland der östlichen Be-

[11] Erklärung der Arbeitsgemeinschaft der Evangelischen Jugend Deutschlands, 24.4.1952, in: Der deutsche Soldat, S. 125–126.

[12] Vgl. dazu: Die Wahrheit über den Essener 11. Mai 1952. Tatsachenbericht über die Vorgänge in Essen am Sonntag, dem 11. Mai 1952 – Zusammengestellt an Hand von Zeugenaussagen, Dokumenten, Pressenotizen und Photos. Essen o.J., AdsD, NL Heinemann 437, Rüstung/Militär.

drohung gewachsen seien. Dezidierter als ihre Mutterkirche trat die organisierte katholische Jugend für die Beibehaltung der verfassungsmäßigen Verankerung der Kriegsdienstverweigerung aus Gewissensgründen ein, und sie forderte entsprechende Ausführungsgesetze. Der Bund erwartete die Verwirklichung eines neuen soldatischen Menschenbildes, das die persönliche Würde und die Freiheiten des demokratischen Rechtsstaates respektierte[13].

Die Stellungnahme, der sich die *Deutsche Pfadfinderschaft St. Georg* anschloß, ist dem Bund der Deutschen Katholischen Jugend nicht leicht gefallen. Ihr gingen heftige innerorganisatorische Auseinandersetzungen voraus. Der Bundesführer Josef Rommerskirchen, später Bundestagsabgeordneter der CDU und Vorsitzender des Kuratoriums der Stiftung Bundeskanzler-Adenauer-Haus, mußte um die sachliche Entscheidung und um die einzelnen Formulierungen auf zahlreichen Sitzungen der zentralen Führungsorgane ernsthaft ringen. Zwar blieben die Kritiker eine kleine, nichtsdestoweniger aber bedeutsame Minderheit. Sonst hätten sich der Bundespräses der Hauptarbeitsstelle für die Jugendseelsorge und die Bundesführung schwerlich veranlaßt gesehen, den Text noch einmal öffentlich rechtfertigend zu publizieren und den katholischen Jugendlichen innerhalb und außerhalb des Bundes gleichzeitig das Recht zuzusprechen, ihn bemängelnd zu diskutieren. Doch erfolgte dieses Zugeständnis mit erhobenem Zeigefinger: „Denn der Bund der Deutschen Katholischen Jugend ist nicht gerade irgendwer. Er umfaßt eine Million Mitglieder und arbeitet im engsten Zusammenhang mit den kirchlichen Stellen der Jugendseelsorge[14]." Und um zu unterstreichen, wie dieser Hinweis gemeint war, wurde die sogenannte Elmsteiner Erklärung im Kontext mit den bisherigen offiziellen Verlautbarungen der Katholischen Kirche zum Wehrbeitrag abgedruckt. Zur Bekräftigung ihres Standpunktes versicherten die auf dem Deutschlandtreffen zu Pfingsten 1952 in Würzburg versammelten Mitglieder des Bundes noch einmal ihre Bereitschaft, Wehrdienst zu leisten.

Anfang November 1953 bezog der Bund Stellung zu Wehrverfassung, militärischer Ordnung, Auswahl der Soldaten, zu ihrer Ausbildung und zur staatsbürgerlichen Bildung, zum inneren Dienst, zum Gerichts- und Disziplinarwesen, zur Militärseelsorge und schließlich zur sozialen Betreuung der Truppe[15].

Um das Spannungsverhältnis zwischen Befürwortern und Gegnern eines Wehrbeitrages in der katholischen Jugend keiner Zerreißprobe auszusetzen, zog Bundesführer Rommerskirchen durch die katholischen Lande, um die offizielle Haltung seiner Organisation in dem Sinne zu erläutern, daß sie weder ein verpflichtendes Ja noch Nein bedeute, vielmehr müsse jeder einzelne persönlich seine Entscheidung fällen und dies in wirklicher sozialer Verantwortung. Der Bund mache das Ja abhängig von der Erfüllung der aufgestellten Forderungen zur Gestaltung einer modernen Armee[16].

Die sicherheitspolitisch motivierte Opposition innerhalb der katholischen Jugend ließ sich allerdings nicht zum Schweigen bringen. Es bildete sich ein *Arbeitskreis katholischer Jugend gegen die Wiederaufrüstungspolitik,* der besondere Aktivitäten im Bundestagswahlkampf 1953 entfaltete. Dem Zentrum und Helene Wessel nahestehend, warb er unverhohlen für die Gesamtdeut-

13 Der Bund der Deutschen Katholischen Jugend zum deutschen Verteidigungsbeitrag, in: Der deutsche Soldat, S. 127–129.

14 Katholische Jugend, S. 9.

15 Stellungnahme des Bundes der Deutschen Katholischen Jugend zu Fragen des inneren Gefüges der deutschen Streitkräfte in der Europäischen Verteidigungsgemeinschaft, in: Der deutsche Soldat, S. 129–144.

16 Presseverlautbarungen über die Stellungnahme des Bundesführers zum deutschen Verteidigungsbeitrag, 26.1.1952, EZA, HA Wilkens, Nr. 5, Bd 2.

sche Volkspartei. Der Arbeitskreis hatte sich zum Ziel gesetzt, ein Gegengewicht zu der, wie er meinte, allseits von der Regierung gelenkten Presse zu setzen, aufzuzeigen, daß die Alternative zur Wahl Adenauers die Wahl Heinemanns, nicht aber Ollenhauers oder gar der Partei Dehlers und Blüchers war. Der Arbeitskreis kritisierte vor allen Dingen das interdependente Verhältnis zwischen Katholischer Kirche und Union, wies deren Anspruch, eine christliche Partei zu sein, als Anmaßung zurück und bezeichnete die politische Liaison der Katholischen Kirche mit der den Regierungschef stellenden Partei als einen politischen Irrtum. „Ebenso wie das sogenannte Deutsche Christentum der Hitlerzeit ein furchtbarer Fehltritt weiter Teile der evangelischen Christenheit war, so ist die CDU-Politik ein furchtbarer Fehltritt vor allem weiter Teile der katholischen deutschen Christenheit." Die Politik der starken Faust, wie sie Adenauer betrieb, wurde als unchristlich und unkatholisch zugleich apostrophiert, sie wurde als gefährlich deklariert, weil von der Voraussetzung ausgehend, „daß die Sowjetunion durch diese Politik eingeschüchtert wird und nicht nur die heutige Ostzone aus ihrem Machtbereich entläßt, sondern sie auch noch gegen sich aufrüsten läßt. Diese Politik bedeutet: *Den Krieg riskieren*[17]!" Politischen Einfluß vermochte diese organisierte Splittergruppe der katholischen Jugend, die für ein politisches Zusammenwirken von Katholiken und Protestanten auf der Basis eines fundierten Christentums warb, nicht auszuüben. Nach der Bundestagswahl 1953 versank sie in der Bedeutungslosigkeit.

Immer wieder aber kam es zu Protesten aus dem Kreis der katholischen Jugend gegen den sicherheitspolitischen Kurs des Bundeskanzlers. Zumeist handelte es sich dabei um Einzelstimmen oder um kleine Gruppen, die sich hauptsächlich gegen den Versuch wandten, der von der Kirche verbreiteten Auffassung in der Wehrfrage Verbindlichkeit beizumessen. So distanzierten sich zum Beispiel in Münster der Bistums-Erste der *Schar* und eine Reihe von Priestern zusammen mit aus der katholischen Jugendbewegung hervorgegangenen Laien in einer scharfen Erklärung von der Altenberger Entschließung des Bundes der Deutschen Katholischen Jugend. „Die Argumente für die Überzeugung, die westdeutsche Aufrüstung verschärfe die Spannungen in der Welt, haben nichts an Beweiskraft verloren", hieß es dort. Man habe im BdDKJ das Für einer Aufrüstung leidenschaftlich propagiert, das Wider jedoch systematisch unterdrückt[18].

Der *Bund der Deutschen Landjugend* erklärte sich außerstande, aufgrund seiner Mitgliederstruktur eine verbindliche sicherheitspolitische Erklärung abzugeben. Seines Erachtens konnte in dieser Frage niemandem der Gewissensentscheid abgenommen werden. Er ging aber davon aus, daß die Mehrheit seiner Mitglieder, die Gleichberechtigung der Bundesrepublik im westlichen Bündnis vorausgesetzt, einen Wehrbeitrag nicht ablehnen werde, weil sie ihr familiäres landwirtschaftliches Eigentum in der Regel als verteidigungswürdige Werte und Güter erachtete[19].

Während sich die *Deutsche Sportjugend* nicht in der Lage sah, überhaupt Stellung zu beziehen, forderte der *Bund Deutscher Pfadfinder* eine ehrliche Informationspolitik in Sachen Wehrbeitrag und eine Einflußmöglichkeit der Jugendverbände auf die Ausbildung junger Soldaten[20].

[17] Glaube und Vernunft. Theoretisches Organ und Mitteilungsblatt für den „Arbeitskreis katholischer Jugend gegen die Wiederaufrüstungspolitik", Sondernummer A, AdsD, NL Helene Wessel 217.

[18] Vertrauliche Mitteilung des PPP, 5.3.1954, DGB-Archiv, Abt. Jugend, Berichte zur Wiederbewaffnung 1953/54.

[19] Erklärung des Bundes der Deutschen Landjugend zum Wehrbeitrag, 6.5.1952, in: Der deutsche Soldat, S. 144.

[20] Ebd., S. 144f.

Die sozialdemokratische bzw. linksorientierte *Naturfreundejugend Deutschlands* lehnte einen Verteidigungsbeitrag konsequent ab, weil sie der Auffassung war, daß Aufrüstung zum gegebenen Zeitpunkt die Kriegsgefahr eher erhöhte denn bannte. Zudem befürchtete sie eine Verschlechterung der sozialen Verhältnisse, eine Senkung des Lebensstandards und eine damit einhergehende Radikalisierung der Massen zugunsten des Kommunismus. Auf jeden Fall aber wollte die Naturfreundejugend den die Gewissensfreiheit garantierenden Art. 4 Abs. 1 des Grundgesetzes weiterhin erhalten und respektiert wissen. Das in Vorbereitung befindliche Wehrpflichtgesetz erklärte sie für grundgesetzwidrig und verlangte eine Volksbefragung darüber[21].

Die beiden im Bundesjugendring vertretenen, um die Gunst der Angestellten miteinander konkurrierenden Jugendorganisationen der DAG und des DGB gaben unterschiedliche Erklärungen ab. In Übereinstimmung mit der DAG verwies auch deren Jugendverband die Problematik der Aufrüstung und der damit zusammenhängenden politischen Fragen in den ausschließlichen Zuständigkeitsbereich von Regierung und Parlament. Er glaubte mit der Forderung nach einer konstruktiven Sozialpolitik den sinnvollsten Beitrag zur Sicherung des Weltfriedens leisten zu können[22].

Die DGB-Jugend machte sich ihre Entschließung nicht leicht. Mit Rücksicht auf das sozialdemokratische Parteibuch vieler ihrer Mitglieder konnte und wollte sie weder die SPD noch den DGB vor den Kopf stoßen. Sie versuchte also, mit ihrer Stellungnahme zwischen dem positiven Votum des Hans-Böckler-Hauses und der negativen Option der „Baracke“ zu lavieren. Der Meinungsbildungsprozeß innerhalb der Gewerkschaftsjugend war zudem in der Wehrfrage von einem gleichsam gewerkschaftsimmanenten Konflikt überlagert, der sowohl die Wesensmerkmale eines Generationenkonfliktes trug, wie aus dem Spannungsverhältnis zwischen gewerkschaftlicher Basis und Gewerkschaftsführung resultierte, aber auch den Meinungsunterschieden zwischen den Einzelgewerkschaften Ausdruck verlieh. Einzelgewerkschaftliche und regionale Gewerkschaftsjugend versuchten, die Hauptabteilung Jugend beim DGB-Bundesvorstand, wo die Verantwortung für die offizielle Jugendpolitik lag, unter Druck zu setzen. Bereits Mitte November 1950 hatte der Jugendausschuß der Gewerkschaft „Öffentliche Dienste, Transport und Verkehr“ auf Kreisebene in Nordrhein-Westfalen eine dem Hauptvorstand der ÖTV zugeleitete Resolution verabschiedet, derzufolge das Wiederaufleben des Militarismus, die Einführung eines Arbeitsdienstes und die „Wiederaufrüstung“ verhindert werden sollten[23]. Auf einer Sitzung des Bundes-Jugendausschusses des DGB wenige Tage später gelang es nicht, zu einer einheitlichen sicherheitspolitischen Auffassung zu gelangen. Die Mehrzahl der Anwesenden, einschließlich ihres Vorsitzenden Willi Ginhold, in dieser Funktion gleichzeitig Mitglied des DGB-Bundesvorstandes, waren der Überzeugung, daß sich außer militärischen noch andere Möglichkeiten bieten mußten, Freiheit und Demokratie zu verteidigen. Nur die Berliner Kollegen sprachen sich für einen Wehrbeitrag aus[24]. In der Folgezeit erreichten den DGB-Bundesvorstand zahlreiche regionale Entschließungen, insbesondere aus Bayern, in denen einer westdeutschen Aufrüstung eine eindeutige Absage erteilt wurde.

[21] Stellungnahme der Naturfreundejugend Deutschlands, 6.5.1952, ebd., S. 146 f.

[22] Entschließung der Jugend der Deutschen Angestelltengewerkschaft zum deutschen Verteidigungsbeitrag, ebd., S. 146.

[23] Aufzeichnung, 16.11.1950, über eine Sitzung des Jugendausschusses der ÖTV, Kreisverwaltung Dortmund, 14.11.1950, DGB-Archiv, Abt. Jugend, Berichte zur Wiederbewaffnung 1950–1951.

[24] Bericht über die 4. Sitzung des Bundes-Jugendausschusses, 17.–19.11.1950, ebd.

Entsprechend mehrdeutig fiel die dem Bundesjugendring unterbreitete Resolution aus. In einer Art Präambel wandte sich die Gewerkschaftsjugend gegen alle nationalistischen und militaristischen Bestrebungen, und sie rief zu einer Politik der Völkerverständigung und internationalen Zusammenarbeit auf. In diesen Kontext paßte ihre Forderung nach Errichtung eines Systems internationaler Sicherheit. Sie lehnte einen westdeutschen Verteidigungsbeitrag nicht grundsätzlich ab, wies aber auf die nach ihrer Ansicht damit verbundenen wirtschaftlichen und sozialen sowie auf die daraus u.U. resultierenden innenpolitischen Schwierigkeiten hin. Wenn sie die Sicherheitspolitik auch als in den Kompetenzbereich der staatlichen Instanzen gehörig bezeichnete, so wollte sich die offizielle Vertretung der Gewerkschaftsjugend doch nicht einer eigenen Meinungsäußerung enthalten. Sie machte ihre Zustimmung zur Aufstellung westdeutscher militärischer Kontingente von einer sachlichen Information der Bevölkerung und von einem vor jeder sicherheitspolitischen Entscheidung zu führenden Dialog zwischen Öffentlichkeit und Staatsorganen abhängig[25]. Dieses Papier war unter großen Schwierigkeiten zustande gekommen. Um eine Grundlage zu besitzen, von der aus man über den Bundesjugendring mit dem Amt Blank in fundierte Verhandlungen treten konnte, hatte der Bundes-Jugendausschuß des DGB im März 1952 beim DGB-Bundesausschuß die Einsetzung einer gewerkschaftlichen Studienkommission zur Untersuchung der politischen, wirtschaftlichen, sozialen, beruflichen und psychologischen Auswirkungen eines möglichen westdeutschen Verteidigungsbeitrages beantragt. Er war mit diesem Vorschlag bei dem obersten Exekutiv-Organ des Deutschen Gewerkschaftsbundes aber auf keine Gegenliebe gestoßen[26].

Die Falken modifizierten lediglich ihren bekannten, bereits früher formulierten ablehnenden Standpunkt[27].

Die interne Diskussion des Bundesjugendringes führte schließlich zur Aufstellung eines an die Dienststelle Blank gerichteten Fragenkataloges, in dem es, die nicht einheitlich zu beantwortende Frage des Ob offen lassend, einzig um das Wie, um das innere Gefüge zukünftiger bundesrepublikanischer Streitkräfte ging, nachdem eine entsprechende Entscheidung auf Parlaments- und Regierungsebene bereits gefallen war. Im August 1953 nahm die Dienststelle Blank detailliert Stellung zu Grund-, Persönlichkeitsrechten und Menschenwürde; zu Gerichtsbarkeit, Disziplinarverfahren, Eid und Gehorsam; zu staatspolitischer Erziehung, Koalitionsrecht und Betreuung der Soldaten; zu Wehrpflicht, Dienstzeit und Aufbau der Truppe; zu Beruf, Fortbildung und Aufstiegsmöglichkeit der Soldaten; schließlich zu den Auswahlkriterien und der Überwachung ihrer Einhaltung bei der Aufstellung eines neuen Offizierkorps[28]. Der Bundes-Jugendausschuß des DGB beschloß daraufhin, als Mitgliedsverband des Deutschen Bundesjugendringes an Gesprächen mit Vertretern des Amtes Blank teilzunehmen. Er betonte jedoch den rein informativen Charakter dieser Konsultationen, die keinesfalls gleichbedeutend mit einer politischen Stellungnahme zur EVG und damit zur westdeutschen Aufrüstung sein sollten. Diese Entschließung wurde vom Geschäftsführenden Bundesvorstand des DGB ausdrücklich gebilligt[29]. In Wirklichkeit fanden dann aber detaillierte Besprechungen, auch in Anwesenheit

[25] Stellungnahme der Gewerkschaftsjugenddelegation zum Verteidigungsbeitrag anläßlich der 6. Vollversammlung des Deutschen Bundesjugendringes vom 25. bis 27.4.1952, in: Der deutsche Soldat, S. 145 f.

[26] Vgl. dazu Volkmann, DGB und Verteidigungsbeitrag, S. 312–314.

[27] Stellungnahme des Verbandsvorstandes der Sozialistischen Jugend Deutschlands – Die Falken – zur Frage des deutschen Wehrbeitrages, April 1952, in: Der deutsche Soldat, S. 147–153.

[28] Fragenkatalog des Bundesjugendringes und die Antworten der Dienststelle Blank, August 1953, ebd., S. 153–166.

[29] Protokoll der Sitzung des DGB-Bundesvorstandes, 19.10.1953, DGB-Archiv, Abt. Jugend, Berichte zur Wiederbewaffnung 1953/54.

von Theodor Blank, statt. So wurden z. B. Anfang Februar 1954 „die beiderseitigen Überlegungen zu wichtigen Problemen der von der Dienststelle Blank beabsichtigten Reformen des militärischen Lebens aufgezeigt und besprochen. Dabei ging es im besonderen darum, wie die praktische Durchführung der Reformen gesichert werden konnte. „In diesem Zusammenhang wurde durch die Vertreter der Jugendverbände die Schaffung von Beiräten angeregt, durch die eine enge Verbindung zwischen dem zivilen und militärischen Bereich gewährleistet werden soll. In diesen Beiräten sollen die Jugendverbände mitwirken[30]." Bei diesen Konsultationen machte man sich auch Gedanken darüber, wie der zukünftige Soldat im demokratischen Staatswesen zu verankern, in welcher Form seine Pflicht zum Gehorsam mit seiner staatsbürgerlichen Verantwortung in Einklang gebracht werden konnte.

Erst unter massivem Druck der gewerkschaftlichen Basis-Jugend entschloß sich der Bundes-Jugendausschuß des DGB im Frühjahr 1954, den Dialog zu unterbrechen, und zwar aus zwei Gründen: einmal, um in der Öffentlichkeit nicht den Eindruck zu erwecken, „als hätten die deutschen Jugendverbände zur EVG und damit zur Wiederbewaffnung Deutschlands positiv Stellung genommen". Zum anderen wegen des, wie es hieß, gescheiterten Versuchs, „auf Wehrpolitik und Wehrverfassung – und hier besonders auf das sogenannte ‚Innere Gefüge' eines künftigen deutschen Wehrwesens" Einfluß zu nehmen[31]. Blank hat in einem persönlichen Brief an das DGB-Vorstandsmitglied Ludwig Rosenberg diesen Schritt der Gewerkschaftsjugend bedauert und mit dem Versprechen, „daß alle positiven Vorschläge aus den Reihen des Bundesjugendringes bei der Diskussion der Probleme der inneren Führung eines künftigen deutschen Verteidigungskontingents in meinem Hause ihren Niederschlag" fänden, versucht, mit der DGB-Jugend im Gespräch zu bleiben, weil er zu Recht befürchten mußte, daß ihn andere Jugendverbände nachvollziehen würden[32]. In der Tat hat sich dann auch die Naturfreundejugend Deutschlands dem Beispiel der DGB-Jugend angeschlossen. Sie hat darüber hinaus versucht, mit der DGB- und DAG-Jugend sowie den „Falken" eine Aktionseinheit in der Wehrfrage zu bilden, die aber in der EVG-Phase nicht mehr zustande kam[33].

Ungeachtet des zu Beginn des Jahres 1954 verabschiedeten Wehrergänzungsgesetzes lehnten „Die Falken" eine Aufrüstung der Bundesrepublik unter den gegebenen Umständen ab, „weil diese die Spaltung Deutschlands zu verewigen und die Kriegsgefahr zu vergrößern droht"[34]. In der sicherheitspolitischen Umbruchsituation, in der sich die SPD befand, zeigte sich die Sozialistische Jugend Deutschlands völlig verunsichert und beschränkte sich bis zum Scheitern der EVG darauf, Vorarbeiten zu leisten, um späteren Wehrdienstverweigerern aus Gewissensgründen Hilfestellung geben zu können.

Von besonderem politischen Interesse mußte die Haltung der *Studentenschaft* gegenüber einem westdeutschen Verteidigungsbeitrag sein. Es war für das junge Staatswesen Bundesrepublik wichtig zu wissen, ob die damals noch unter entbehrungsreichsten Bedingungen Studierenden verteidigungswürdige Werte für sich zu reklamieren wußten, ob sie, aus deren Mitte zukünftig die Führungspositionen im Bildungswesen, in Wirtschaft, Politik, Wissenschaft, Kultur,

[30] Mitteilung für die Presse über das Gespräch zwischen der Dienststelle Blank und den Vertretern der Jugendverbände im Deutschen Bundesjugendring, 3.2.1954, ebd.

[31] Entschließung des Bundes-Jugendausschusses des DGB, 24.4.1954, in: Solidarität 4 (1954), Nr. 5, S. 2.

[32] Brief Blanks, 7.5.1954, an Rosenberg, DGB-Archiv, Abt. Jugend, Berichte zur Wiederbewaffnung 1953/54.

[33] Schreiben der Naturfreundejugend Deutschlands, 10.5.1954, an Willi Ginhold, ebd.

[34] Erklärung des Verbandsvorstandes und Verbandsausschusses der Sozialistischen Jugend Deutschlands zur Wehrfrage, in: Junge Gemeinschaft, Mai 1954, S. 133–134, hier S. 133.

Recht und Publizistik besetzt werden würden, ein positives oder ein negatives Verhältnis zum Militär besaßen. Ganz allgemein gilt, daß die akademische Jugend der frühen 50er Jahre ein hohes Maß an politischem Desinteresse an den Tag legte, von den politisch Organisierten – und dies war eine verschwindend kleine Minderheit – einmal abgesehen. Stellt man dies in Rechnung, dann erfuhr die Frage eines westdeutschen Verteidigungsbeitrages eine relativ große Aufmerksamkeit. Recht frühzeitig hat sich die Delegiertenkonferenz des Verbandes deutscher Studentenschaften, also die Vertretung der Allgemeinen Studentenausschüsse (ASTA) der einzelnen Universitäten, dem sicherheitspolitischen Themenkreis zugewandt. Sie faßte bereits im November 1950 den Beschluß, mit den zuständigen Bonner Stellen in Sachen „Wiederaufrüstung" und Wehrpflichtregelung Kontakt aufzunehmen. Während der Vorstand Informationen der Bundesregierung über den Stand der Dinge einholen wollte, sollten die Landesverbände aufgrund von Befragungen ein Bild von der Stimmung innerhalb der Studentenschaft entwerfen[35].

Die Befragungsergebnisse an den einzelnen Hochschulen lassen sich nur schwer miteinander vergleichen, weil es kein vorgeschriebenes Frageraster gab. Dennoch kann man eine tendenzielle Feststellung machen. Die Befragungen zeitigten ein übereinstimmendes Ergebnis: Nur die Hälfte der Studenten ließ sich zu einer Meinungsäußerung bewegen. Von diesen lehnte ein Drittel eine Aufrüstung der Bundesrepublik grundsätzlich ab. Drei Viertel sprachen sich gegen einen Verteidigungsbeitrag in der gegenwärtigen politischen Situation aus. Rund 70% lehnten die Einführung der allgemeinen Wehrpflicht ab, und etwa 75% setzten sich für die gesetzliche Verankerung des in der Verfassung niedergelegten Rechtes der Kriegsdienstverweigerung ein[36].

Bemerkenswert ist die Tatsache, daß der Bundesrepublik das Recht und die Notwendigkeit der Verteidigung nicht grundsätzlich bestritten wurde. Vor der Schaffung eines militärischen Instrumentariums verlangte die Studentenschaft aber mehrheitlich die Schaffung ganz bestimmter Voraussetzungen, wozu die Gleichberechtigung und die europäische Föderation gehörten, aber nicht nur dies. Die Wiedervereinigung besaß einen hohen Stellenwert bei der akademischen Jugend, und man wollte vor der Aufstellung westdeutscher Streitkräfte alle Möglichkeiten, auch die des deutsch-deutschen Gespräches ausgeschöpft wissen, um sicherzugehen, daß die Aufrüstung zweier deutscher Staaten den Eisernen Vorhang nicht fester zuzöge, als dies ohnehin schon der Fall war.

Die Universität München bildete die Ausnahme. Hier fand Anfang Januar 1952 eine außerordentliche Vollversammlung der Studentenschaft zum Thema „Unsere Stellung zum Wehrbeitrag" statt, an der der CSU-Bundestagsabgeordnete Richard Jäger und sein Parteifreund, der Landtagsabgeordnete Albert, mit Referaten teilnahmen. Zwischen 70 und 80% der anwesenden rund 2500 Studenten verfaßten eine dem Grundtenor nach positive Resolution, in der sie unter der Voraussetzung politischer, wirtschaftlicher und militärischer Gleichberechtigung gegenüber anderen europäischen Partnerstaaten einen Verteidigungsbeitrag der Bundesrepublik befürworteten. Gleichzeitig wurde auf Sonderrechte der Studenten in einer zukünftigen europäischen Armee verzichtet. Die Versammelten baten mehrheitlich die Bundesregierung, die Studenten vor dem Erlaß eines Wehrgesetzes zu hören[37].

Einen Sonderstatus nahm auch die Göttinger Alma mater insofern ein, als an ihr keine Abstimmung stattfand. Statt dessen richtete die Hälfte der 46 Mitglieder des ASTA Briefe an Theodor Heuss und den Bundestagspräsidenten, in denen die Auffassung vertreten wurde, die „Wie-

[35] Vgl. dazu Richter, Politische Interesselosigkeit, S. 7f.

[36] Vgl. dazu die Befragungsergebnisse, in: Der deutsche Soldat, S. 116–118; Richter, Politische Interesselosigkeit, S. 7.

[37] Textauszug der Resolution vom 17.1.1952, in: Der deutsche Soldat, S. 117.

derbewaffnung" schließe die Wiedervereinigung aus. „Wir aber sind nicht bereit, uns stillschweigend damit abzufinden, daß der Eiserne Vorhang, der unser Land teilt, durch die Wiederaufrüstung verewigt wird, daß 18 Millionen Deutsche abgeschnitten werden, daß das Schicksal der deutschen Gefangenen besiegelt [...], daß ein Bruderkrieg vorbereitet wird – solange noch ein anderer Weg bleibt[38]!"

Man kann aufgrund des Befragungsergebnisses auch eine gewisse politische Grundhaltung, vielleicht besser gesagt, eine Erwartungshaltung bei einem Großteil der politisch interessierten Studentenschaft ausmachen: das war die relative Aufgeschlossenheit und Zugänglichkeit gegenüber den deutschlandpolitischen Auffassungen Gustav Heinemanns. Da nimmt es nicht wunder, daß z.B. der Bundeskanzler wenige Tage vor der Grundsatzdebatte über die Mitbestimmung in der Montanindustrie, eine Frage von höchsten wirtschaftspolitischen Graden, Zeit fand, vor der Studentenschaft der Universität Bonn eine breitgefächerte Rede zur politischen Situation in der Bundesrepublik zu halten, innerhalb deren der Verteidigungskomplex unter Einbeziehung der Fragen einer Viererkonferenz und der Neutralisierung zentralen Stellenwert besaß[39]. Knapp eineinhalb Jahre später trat Theodor Blank im Auditorium maximum der Universität Bonn auf, wo er in ausführlichen Darlegungen vom Wie eines westdeutschen Verteidigungsbeitrages sprach, von den Diskussionsteilnehmern aber sehr rasch auf die Frage nach dem Ob zurückgeführt wurde, wobei wiederum und immer noch die Hauptsorge geäußert wurde, man verspiele mit der militärischen Westintegration die Wiedervereinigung[40]. Fast genau ein Jahr später, in der Endphase des Bundestagswahlkampfes, kreuzten zwei praktizierende Protestanten die argumentativen Klingen vor dem gleichen Forum: der Berliner CDU-Bundestagsabgeordnete Tillmanns und der Vorsitzende der GVP, Gustav Heinemann. Wieder ging es um die Kardinalfrage: „Führt die Bonner Politik zur Deutschen Einheit?" Offenbar wußte Tillmanns, der Adenauers Politik der Stärke interpretierte, das studentische Publikum nun mehrheitlich auf seiner Seite. Heinemanns Darlegungen über die Möglichkeiten der Schaffung eines wiedervereinigten Deutschlands wurde zwar als ideales, gleichwohl aber realitätsfernes Konzept skeptisch hinterfragt[41].

Von der korporierten Studentenschaft hätte man, ihrer Tradition gemäß, wohl am ehesten Zustimmung zu einem westdeutschen Verteidigungsbeitrag erwarten können. Dies um so mehr, als vor allem die Burschenschaften in der jüngsten deutschen Vergangenheit vielfach pervertierte überkommene Werte kaum auf ihre Fragwürdigkeit und weitere Gültigkeit hin reflektiert hatten. So galten weiterhin die burschenschaftlichen Grundsätze Gott, Ehre, Freiheit, Vaterland. Ehre, so steht es in den Burschenschaftlichen Blättern des Jahres 1950, „ist ein Wort, das in einen ganz bestimmten Kreis von Wörtern gehört: Ehre, Preis, Lob, Ruhm, Glanz, Ansehen, Autorität"[42]. Mit Vaterland meinte man deutsche Regsamkeit, Innerlichkeit und Redlichkeit. Das galt es zu bewahren. Dies war Dienst am Vaterland, und aus dieser Auffassung heraus ergab sich auch das burschenschaftliche Verhältnis zum europäischen Gedanken. Der Burschenschafter wollte „in der selbstverständlichen paneuropäischen Zielsetzung keine nationale Würdelosig-

[38] Briefe, 5.2.1952, ebd.

[39] Text liegt vor in: Wo stehen wir jetzt?

[40] Rede Blanks, 16.6.1952, mit dem Text der Diskussionsbeiträge, ACDP, NL Blank, I-098-001.

[41] Vermerk für den Bundesratspräsidenten über eine Veranstaltung in der Mensa der Universität Bonn, 9.6.1953, Archiv des Bundesrates, Ausschuß für innerdeutsche Beziehungen, 32 I, Wiedervereinigung. Es findet sich hier allerdings keine wörtliche Wiedergabe, sondern nur eine summarische Darstellung der Diskussion.

[42] Gruenagel, Burschenschaftliche Grundsätze, S. 58–62, hier S. 59.

keit. Die Möglichkeit freier kultureller und wirtschaftlicher Entwicklung darf nicht durch den Komplex Sicherheit auf unabsehbare Zeit eingeengt bleiben. Wir möchten uns ohne Hemmung erquicken dürfen an unseres Volkes geistigen Reichtümern, seine Sprache und seine Kultur pflegen und etwas dazu beitragen, daß dieses Volk seine Achtung in der Welt wiedergewinnt[43]." Das klang doch sehr nach der von General de Gaulle später geprägten Formel vom Europa der Vaterländer, und dies hieß für die europäische Verteidigung, so viel nationale Selbständigkeit wie möglich und so wenig Integration wie eben nötig.

Die Burschenschaften taten sich schwer mit der Frage eines Verteidigungsbeitrages. Der gedankliche Weg zu einem klaren Entschluß war mit Zweifeln und Ressentiments gepflastert. „Wieder Soldat werden? Für wen oder für was? Für einen Staat, der zwar vorhanden, aber kaum im Gefühl des Volkes verankert ist? Für ein noch mehr oder minder nebelhaftes ‚Abendland' oder ‚Europa'? Oder gar für die ‚Andern'; für dieselben, die noch gestern unsere Feinde waren; die Deutschland noch gestern am liebsten nach dem Rezept des Morgenthau-Plans in einen Kartoffelacker verwandelt hätten? Die heute vielleicht nur die Rheinlinie verteidigen, vielleicht auch nur Stützpunkte und Brückenköpfe jenseits des Kanals und der Pyrenäen halten wollen, und dafür deutsche Divisonen (vor kurzem waren's noch ‚Kampfgruppen', verlorene Haufen [...]) brauchen? Als ‚Hiwis' oder Fremdenlegionäre? Solche Gedankengänge haben viele von uns – und oft nicht die Schlechtesten – zu einer Einstellung geführt, die durch die zwei Wörtchen ‚Ohne mich!' gekennzeichnet ist[44]." Die Burschenschafter taten sich schwer mit dem neuen Staat, mit dem neuen Europa, mit den zukünftigen neuen Alliierten. Die entscheidende Frage, über die man sich Klarheit verschaffen wollte und mußte, hieß: Verteidigungsbereitschaft für wen und in wessen Interesse? An Wehrhaftigkeit und Waffenfreudigkeit sollte es bei den Burschenschaften nicht fehlen. „Die Burschenschaft ist von jeher *wehrhaft* gewesen[45]." Die Freiheit der eigenen Person und des Volkes, dies durfte man nicht als Geschenke betrachten, sondern als Werte, für die es auch mit dem Schwert in der Hand zu kämpfen galt. Und deshalb stand zweifelsfrei fest: „Für einen ‚Kriegsdienstverweigerer' gibt es keinen Platz in einer Gemeinschaft freier Männer[46]!" Wie hielt man es aber nun mit dem konkreten Fall, mit der Europäischen Verteidigungsgemeinschaft? Diese Frage ließ sich nur schwer beantworten. „Was gilt *heute*? Hier in diesem halbsouveränen Torso des zerschlagenen Deutschen Reiches? Wie steht's um die ‚Wiederbewaffnung Deutschlands'? Sollen wir als Fremdenlegionäre für den ‚Westen' marschieren – wie unsere Brüder jenseits des ‚Eisernen Vorhangs' für die Russen[47]?" Die Antwort hatten Burschenschafter auf dem letzten Frontsoldatentreffen der vorausgegangenen Monate gesucht und wohl auch gefunden, auf dem Treffen des Panzerkorps „Großdeutschland" in Kassel, auf dem Treffen der Afrikakämpfer in Iserlohn, insbesondere aber auf dem Fallschirmjägertreffen in Braunschweig. „Man sah dort ziemlich häufig die Burschenschafternadel." Hier in Braunschweig hatten fünftausend das Fallschirmjägerlied intoniert, mit umgekehrten geographischen Vorzeichen sozusagen. Während es im Original „fern im Westen" hieß, sang man nun „fern im Osten steh'n dunkle Wolken". Vom Osten her erschien den Burschenschaftern die Freiheit bedroht, Freiheit, die es ihrem Ethos zufolge bedingungslos zu verteidigen galt. So herrschte auch unter

[43] Ebd., S. 61.
[44] Amberger, Wehrhaftigkeit, S. 317–323, hier S. 317.
[45] Ebd., S. 318.
[46] Ebd., S. 319.
[47] Ebd.

den Burschenschaftern beim Fallschirmjägertreffen „alles andere als ‚Hurrastimmung‘ [...] Wohl geht aber die klare, nüchterne (und oft genug widerwillige) Erkenntnis des *Notwendigen*[48]."

Die Burschenschaften solidarisierten sich in ihrem offiziellen Publikationsorgan mit dem ehemaligen Fallschirmgeneral Ramcke, auf dessen Ausführungen sie sich mehrfach beriefen. Während sich die demokratischen Parteien nachhaltig von dessen politischen Äußerungen distanzierten, stellten sich die Burschenschafter hinter die Bedingungen des Fallschirmjägerverbandes für eine westdeutsche Beteiligung an der Verteidigung Europas: keine Verteidigung eines nebelhaften Europas, sondern eines Europas, dessen politische und soziale Struktur schon deutlich erkennbar war und das bereits Stellung und Aufgabe, die dem deutschen Volke zufielen, definiert hatte. Unausgesprochen, aber sicherlich gemeint war, daß die Vormachtstellung Deutschlands im zukünftigen Europa gesichert sein mußte. Höchst zweifelhaft ist auch, ob die Burschenschafter unbedingt ein demokratisches Europa im Sinn hatten; General a. D. Ramcke, auf den man sich berief, hatte es sicher nicht: „Wir scheuen als alte Soldaten den Tod nicht; wir sind aber auch nicht bereit, als ‚Strafbataillone‘ veralteter Demokratien im Niemandsland zu verbluten[49]." Darüber hinaus machten Ramcke und die Burschenschafter ihren Beitrag zur Verteidigung Europas von zwei Forderungen abhängig:

1. Sofortige Einstellung und Beseitigung jeglicher Diffamierung und Diskriminierung des deutschen Volkes, insbesondere der ehemaligen Soldaten einschließlich der Waffen-SS und der Polizei.
2. Freilassung der verurteilten und nichtverurteilten „sogenannten" deutschen Kriegsverbrecher und Bestrafung der wirklich Kriminellen durch deutsche Gerichte.

Ende 1951 hielten die Burschenschaften diese Bedingungen noch nicht für erfüllt, und sie sahen sich deshalb auch außerstande, eine positive Stellungnahme zur EVG abzugeben. „Nicht übereilte Fällung einer Entscheidung, die unwiderruflich wäre. Aber auch: *Bereitsein* für die Entscheidung[50]!" In dieser Wartestellung wollte man allerdings nicht untätig bleiben. Vielmehr sollten die Mitglieder zu einer wehrhaften Haltung erzogen und zu einem grundsätzlichen inneren Bekenntnis zur Wehrhaftigkeit bewogen werden. Es galt zudem, „den schonungslosen Kampf gegen jede Andeutung von ‚Ohne Mich!‘-Gesinnung in den eigenen Reihen" zu führen. Denn „nur ein *Europa in Waffen* ist imstande, wie den anderen europäischen Nationen, so auch uns Deutschen die Sowjetknechtschaft auf der einen, den drohenden dritten Weltkrieg auf der andern Seite zu ersparen – und auf weite Sicht auch den ‚Eisernen Vorhang‘ zu überwinden [...] Gebe Gott, daß es gelingt, ohne daß die Waffen sprechen. Gelingt es *nicht*, dann wird für uns alle wieder gelten müssen, wozu sich die Fünftausend in Braunschweig mit den Worten des alten Fallschirmjägerlieds bekannt haben: ‚An die Gewehre! An die Gewehre! Kamerad, da gibt es kein Zurück. / Fern im Osten steh'n dunkle Wolken – Komm mit und zage nicht, komm mit[51]!‘"

Die Beschäftigung mit der Wehrproblematik in den frühen 50er Jahren ist nicht nur von militärhistorischem Interesse. Gerade an dieser politisch sensiblen Thematik wird immer wieder deutlich, auf welchen geistigen und politischen Grundlagen das junge Bonner Staatswesen stand, mit welch unterschiedlichsten Geistes Kindern man es zu tun hatte, deren Erziehung zum

[48] Ebd., S. 320.
[49] Ebd., S. 321.
[50] Ebd., S. 322.
[51] Ebd., S. 322 f.

freien demokratischen Rechtsstaat, zur Einsicht in die fragwürdige, vielfach verbrecherische jüngste politische Vergangenheit gesamtgesellschaftliche Aufgabe sein mußte.

Die Burschenschaften trugen schwer an der Last der Entscheidung. Es fand sich bei ihnen ein tief wurzelnder Antiamerikanismus. Man fürchtete, zu Vasallen der USA zu werden, eines Staates, dessen auf hohem technischem Niveau basierende Kriegskunst man verachtete. Korea wurde als Lehrbeispiel angeführt. Dort konnte man „lernen, daß die Amerikaner keine Dauerfront aufbauen und keine Front halten, wenn sie ernstlich berannt wird. Ihr Krieg ist ein *Fahrkrieg*, vorwärts, rückwärts, einkreisend und ausweichend. Länder, Kulturen und Völker werden dabei zu Staub zerstampft, denn sie gehören ja nicht ihnen, sie sind überall im fremden Land, das für den Soldaten immer herrenlos ist[52]." Man zweifelte in Burschenschafter-Kreisen daran, daß die Vereinigten Staaten, daß die europäischen Nachbarn, daß die Bundesregierung die Wiedervereinigung wollten und wünschten, daß sie also auf dem Umweg über die Westintegration, auch über die militärische, zu erreichen sei. In der Monatsschrift „Der Burschenschafter" wurde daher die Wiedervereinigung für den Preis der Neutralität gefordert. War sie erreicht, ließ sich der Aufbau eines machtvollen Deutschland ohnehin nicht mehr verhindern. „Unsere deutsche Parole muß lauten: Wehrhafte Demokratie, neutral im europäischen strategischen Raum, ein freier, einheitlicher unabhängiger Staat der Deutschen, kulturell verbunden mit dem Westen, wirtschaftlich frei nach allen Seiten, militärisches Trennungsfeld zwischen Osten und Westen, mit Sicherheitsgarantie und Nichtangriffspakten. Wir sind jetzt an dem Punkt angelangt, von dem aus die gesamte Welt den neuen Staat der Deutschen wieder am Horizont auftauchen sieht. Jetzt muß die gesamte Deutsche Burschenschaft auf politische Wache ziehen, wenn ihr Dasein sich noch einmal vor der Geschichte rechtfertigen soll[53]."

Während der Verhandlungen über die EVG erfüllten sich die Forderungen der Deutschen Burschenschaft ebensowenig wie in den Vertragstexten. Als die Europäische Verteidigungsgemeinschaft zu Grabe getragen wurde, weinten ihr die Burschenschafter keine Träne nach.

Unter den politisch orientierten bzw. gebundenen studentischen Gruppen entfaltete die kleinste unter den demokratisch-rechtstaatlichen, der *Liberale Studentenbund Deutschlands* (LSD), die größten sicherheitspolitischen Aktivitäten. Bereits im September 1951 faßte eine Bundesdelegiertenkonferenz in München einen den Wehrbeitrag im Rahmen der Europäischen Verteidigungsgemeinschaft grundsätzlich bejahenden Beschluß. Sie hielt die Verteidigung der westlichen Kultur gegenüber dem östlichen Totalitarismus für unbedingt erforderlich, befürwortete eine demokratische Wehrverfassung. Im Jahr darauf legte der LSD seine Broschüre „Bürger, Armee, Staat" vor, in der er seine Forderungen bezüglich einer künftigen Wehrverfassung begründend niedergelegt hatte.

Dem offiziellen Regierungsorgan waren die hier entwickelten Ideen „für junge Leute [...] fast zu vernünftig"[54]. Die Schrift litt jedoch unter der für die Liberalen bezeichnenden politischen Dichotomie, die sie einerseits als glühende Verfechter der europäischen Einigung, andererseits aber als Wahrer nationalen Gedankenguts auswies. So begründete der LSD die Notwendigkeit eines Verteidigungsbeitrages mit der Schutzlosigkeit von Heimat und Familie, lehnte aber gleichzeitig eine Nationalarmee ab. Die Wehrwilligkeit sollte auf einem nationalen Grundgefühl basieren, weshalb man ein Milizsystem nach Schweizer Vorbild vorschlug. Um aber der Gefahr nationalistischer Tendenzen in den Streitkräften vorzubeugen, wollte man eine möglichst weit-

[52] Kritische Betrachtungen, S. 6–14, hier S. 11f. Es handelt sich um Ausführungen „eines Burschenschafters und alten Soldaten".

[53] Ebd., S. 14.

[54] Bulletin, 22.11.1952, S. 1613.

gehende europäische Integration der Führungsstäbe, und die Besetzung der obersten Dienststellen sollte soweit als möglich nationaler Souveränität entzogen werden. In Bonner Regierungskreisen wies man auf solche Widersprüchlichkeiten hin. Man hielt zwar die Heimatverbundenheit deutscher Kontingente für wesentlich, schloß aber das Milizsystem grundsätzlich für jeden Partner der Europäischen Verteidigungsgemeinschaft aus. Die Heimatverbundenheit mußte auf andere Weise hergestellt und gewahrt werden. Kritisiert und vermißt wurde, daß der LSD seine Wehrbereitschaft ausschließlich mit der Notwendigkeit der Verteidigung der Heimat begründete, nicht aber mit dem Bekenntnis zu Europa und zur abendländischen christlichen Kultur.

Ansonsten erschienen die Vorschläge durchaus geeignet, tendenziell und partiell bei der Gestaltung eines westdeutschen Verteidigungsbeitrages und eines militärischen Kontingentes Berücksichtigung zu finden. So plädierte man für die politisch-parlamentarische Kontrolle der Streitkräfte, wollte die allgemeine Wehrpflicht, riet mit Rücksicht auf den Beruf zu einer kurzen Wehrdienstzeit, ergänzt durch Reserveübungen, erwartete eine Führerauswahl, die die Eignung als demokratische Erzieher zur eigentlichen Orientierungsmarke machte, und man erhob den Bürger in Uniform zum Leitbild des zukünftigen Soldaten. Verteidigungsminister sollte ein Zivilist werden.

Die Thesen erschienen dem Amt Blank als diskussionswürdig, den christdemokratisch bzw. christlich-sozial und sozialdemokratisch ausgerichteten Studentenbünden als konsensfähig. Im Frühsommer 1953 standen sie im Mittelpunkt von Beratungen, an denen Vertreter des Ringes Christlich-Demokratischer Hochschulgruppen, des Sozialistischen Deutschen Studentenbundes, des Internationalen Studentenbundes, der Katholischen und Evangelischen Gemeinschaften, des Bundes Demokratischer Studentenvereinigungen und einzelner Korporationen teilnahmen sowie namhafte Vertreter der Parteien, u.a. Fritz Erler für die SPD, Erich Mende für die FDP, Franz Josef Strauß für die CSU und Ernst Majonica für die CDU. Blank und Karst vertraten die Dienststelle, die Generale a.D. Schulz[55] und v. Manteuffel fungierten als militärische Sachverständige[56]. Als Ergebnis der Beratungen kam die „Denkschrift der politischen und freien Studentenverbände Deutschlands zur Gestaltung einer deutschen Wehrverfassung“ zustande, in der ein westdeutscher Verteidigungsbeitrag innerhalb einer europäischen Armee bejaht, die Stellung der Streitkräfte im Staat, die Stellung des Staatsbürgers in den Streitkräften ebenso nach dem Prinzip des Bürgers in Uniform umrissen wurde wie das entwickelte Konzept zur staatsbürgerlichen Erziehung, zur Führungsauslese und letztlich zur rechtlichen Stellung des Soldaten[57].

Im SDS, dessen stellvertretender Bundesvorsitzender Claus Arndt an der Tagung der Studentenverbände teilgenommen und an der Abfassung des Memorandums mitgearbeitet hatte, stieß die Broschüre auf Ablehnung. Auch in der SPD fand die Tatsache, daß Arndt für den SDS die EVG akzeptiert hatte, keine ungeteilte Zustimmung. Eher das Gegenteil war der Fall, lehnte doch die sozialdemokratische Führung einen Wehrbeitrag unter den gegebenen Bedingungen und zum augenblicklichen Zeitpunkt immer noch ab. Innerhalb des SDS wirkte man auf eine außerordentliche Delegiertenkonferenz hin. Der SDS-Vorsitzende Ulrich Lohmar hielt zu Arndt: „Für meine Person bin ich entschlossen“, schrieb er an seinen Stellvertreter, „die Auseinandersetzungen um die Anerkennung der von Euch beschlossenen Forderungen durchzustehen,

[55] Wahrscheinlich J. F. Schulz, sicherheitspolitischer Sachbearbeiter in der FDP-Bundesgeschäftsstelle in Bonn. Vgl. Wagner, FDP, S. 61.

[56] Vgl. Seminar der politischen Studentenverbände zur Gestaltung einer europäischen und deutschen Wehrverfassung vom 1.6.–4.6.1953, BA–MA, BW 2/4028.

[57] AdL, 2284, FDP Mende, Verteidigungspolitik, Ausarbeitungen, Stellungnahmen 1952–1953.

auch wenn der BV [Bundesvorstand] darüber zu Fall kommen sollte. Hier geht es in der Tat um eine Frage und um einen politischen Reifegrad, in der wir fest bleiben müssen. [..] Wichtig erscheint mir z.Zt. nur, daß wir den PV [SPD-Parteivorstand] hinter uns haben[58]."

Bislang hatte der SDS der Wiedervereinigung stets den Vorzug vor der „Wiederbewaffnung" gegeben, ohne daß die Frage entschieden worden wäre, ob man sich an der Ausgestaltung einer Wehrverfassung für den Fall beteiligen sollte, daß entgegen dem Willen des Verbandes und der SPD dennoch westdeutsche Streitkräfte aufgestellt würden. Der Bundesvorstand unter Lohmar und Arndt bejahte diese Frage und rechtfertigte auf diese Weise die Beteiligung an der studentischen Wehrtagung, wobei er gleichzeitig in Abrede zu stellen suchte, an der Formulierung des grundsätzlichen Ja zur EVG beteiligt gewesen zu sein. Vielmehr habe die Presse der Öffentlichkeit die „von Vertretern des SDS mit Nachdruck herausgestellte Ablehnung einer Aufrüstung in Westdeutschland" unterschlagen. „Ob es eine Wehrverfassung in Deutschland geben wird, ist unentschieden. Sie unnötig zu machen, ist unser Anliegen. Wenn es jedoch eine geben sollte, dann muß sie dem Sinn und Wesen einer sozialen Demokratie entsprechen. Die Bonner Forderungen sind ein erster Schritt, hier konkrete Vorschläge zu unterbreiten. Sie im Sinne unserer Zielsetzung weiterzugestalten, ist unsere Aufgabe. [...] Es sind zwei verschiedene Dinge, das ‚Ob' und das ‚Wie'. In beiden Fällen aber haben wir es mit politischen Fragen zu tun, politisch im Sinne Carlo Schmids, ‚das Notwendige möglich zu machen'. Darauf – in beiden Fällen – vorbereitet zu sein, ist Grundvoraussetzung politischen Handelns[59]." Nur mit Mühe gelang es, eine außerordentliche Delegiertenkonferenz des SDS zu verhindern. Aber daß der Bundesvorstand unter Lohmar und Arndt zu den Bonner Beschlüssen insgesamt stand, machte Lohmar wenig später deutlich. Wer den Sozialismus wolle, müsse ihn auch verteidigen, notfalls mit militärischen Mitteln, schrieb er in einem Rundbrief an die SDS-Mitglieder. „Wer Kurt Schumacher richtig verstanden hat und seine Auffassung wie ich teilt, kann zu keinem anderen Ergebnis kommen[60]." Zwar stehe man derzeit nicht in dieser Situation, doch müsse man sich unabhängig davon, ob man die „Wiederaufrüstung" wolle oder nicht, darauf einrichten, daß sie Wirklichkeit werden könne.

Die Meinungsverschiedenheiten innerhalb des SDS über die Mitgestaltung einer Wehrverfassung konnten auch auf der Arbeitstagung zur „Haltung des SDS zur Wiederbewaffnung Deutschlands und zur Wehrpflicht" nicht beigelegt werden. Auf der wenig später in Hamburg stattfindenden ordentlichen Delegiertenkonferenz 1953 unternahm der Frankfurter SDS einen Vorstoß, demzufolge dem Bundesvorstand untersagt werden sollte, an Konferenzen über eine Wehrverfassung teilzunehmen, „die außerhalb von Gremien oder Organisationen der sozialistischen Bewegung" stattfanden. Der Vorstand sollte ferner daran gehindert werden, an der Ausgestaltung und Kommentierung der von den politischen und freien Studentenverbänden ausgearbeiteten Forderungen zur Gestaltung einer deutschen Wehrverfassung weiterhin teilzunehmen. Der Antrag wurde mit einer knappen Mehrheit abgelehnt[61]. Der Bundesvorstand des SDS hatte durch die Teilnahme an der Bonner studentischen Wehrtagung vollendete Tatsachen geschaffen, von denen sich die sozialistische studentische Vereinigung nun nicht mehr zu distanzieren vermochte, wenn sie nicht in der Öffentlichkeit ein Bild heilloser Zerstrittenheit abgeben wollte. Allerdings wurde ein Ausschuß gegründet, der an der Revision der Bonner „Forderungen" der politischen und freien Studentenschaft arbeiten sollte. Der Bundesvorstand erhielt den Auftrag,

[58] Brief Lohmars, 14.6.1953, an Arndt, zit. n. Briem, SDS, S. 133.
[59] Ebd., S. 134.
[60] Ebd., S. 159.
[61] Vgl. dazu ebd., S. 160.

„mit allen geeigneten Mitteln einer Abschwächung der ‚Bonner Forderungen' in Richtung auf eine tendenziös-reaktionäre Kommentierung der Forderungen entgegenzuarbeiten"[62]. Dabei blieb es, bis das Scheitern der EVG Gelegenheit und Anlaß bot, den innerorganisatorisch umstrittenen sicherheitspolitischen Standpunkt noch einmal grundlegend zu überdenken, womöglich zu revidieren.

Von der Einsicht geleitet, die sicherheitspolitischen Auffassungen der unterschiedlichen studentischen Gruppierungen nicht zu einem politischen Meinungsstrang flechten zu können, hat der VDS auf dem Zweiten Deutschen Studententag in Berlin (30. April–3. Mai 1952) die im Frühjahr 1952 politisch besonders brisanten Westverträge aus der allgemeinen Diskussion auszuklammern versucht. Ohnehin stand das Treffen unter dem deutlichen Vorzeichen eines Arrangements mit der Bonner Koalition, weshalb auch außer dem Regierenden Bürgermeister als Gastgeber kein sozialdemokratischer Politiker als Redner zu Wort kam.

Die Sicherheitsproblematik wurde erst in der Diskussion durch einen Studenten der Ost-Berliner Humboldt-Universität thematisiert, der Auskunft darüber wünschte, warum sich der Verband Deutscher Studentenschaften nicht gegen den Generalvertrag und für einen Friedensvertrag ausgesprochen habe. Die versammelten Studentenvertreter überhörten zunächst die provokante Frage, die aber einen Tag später von einem Göttinger Delegierten wieder aufgegriffen wurde. Er warf der Versammlung vor, sich um eine Stellungnahme zum Verteidigungsbeitrag zu drücken. Völlig unverständlich blieb ihm, wie eine kritische studentische Jugend, die zusammengekommen war, um ihre politische Situation zu analysieren, die Stalin-Note mit ihren sicherheits- und deutschlandpolitischen Implikationen außerhalb ihres Interessenfeldes lassen konnte.

Die Versammlung gab sich, ohne in das Thema einzusteigen, mit der Bemerkung von Staatssekretär Bleek vom Bundesministerium des Innern zufrieden, niemand erwarte ein verbindliches Votum der Studentenschaft, sondern jeder müsse für sich zu einer klaren Einschätzung der Moskauer Offerte und der sicherheitspolitischen Situation gelangen[63]. Damit war die Angelegenheit vom Tisch.

Der Dritte Deutsche Studententag im Frühjahr 1954 in München stand unter dem Motto „Die Verantwortung der Studenten gegenüber Volk und Staat", eine Thematik, die zur sicherheitspolitischen Auseinandersetzung geradezu provozierte. Dennoch ging man ihr auch jetzt aus dem Weg[64].

i) Vertriebene und Wehrbeitrag

Der *Block der Heimatvertriebenen und Entrechteten* hat es als eine Mischform von Vertriebenenverband und politischer Partei nicht vermocht, als autorisiertes politisches Sprachrohr der Mehrheit der Vertriebenen und Flüchtlinge anerkannt zu werden. Dennoch besaß er angesichts der Unfähigkeit der Vertriebenen und Flüchtlinge, sich eine gemeinsame Spitze zu geben, anfänglich die größte Durchschlagskraft von allen Interessenorganisationen der „displaced persons". Neben dem BHE wirkten als partielle Dachorganisationen der Zentralverband der vertriebenen Deutschen und der Verband der Landsmannschaften in eigener politischer Verantwortung und durchaus nicht immer miteinander harmonierend.

[62] Ebd.
[63] Vgl. dazu 2. Deutscher Studententag 1952 Berlin, S. 130–140.
[64] Vgl. 3. Deutscher Studententag München 1954.

Was den Wehrbeitrag anbelangt, so durfte man angesichts der Tatsache, daß die überwiegende Mehrheit der Vertriebenen und Flüchtlinge zu den Anhängern des Bundeskanzlers bzw. der Union zählte, davon ausgehen, daß sie auch dessen Sicherheitspolitik mittrug. Dies war durchaus nicht selbstverständlich gewesen, sondern das Ergebnis zumindest verbaler Vertrauenswerbung insbesondere des Kanzlers schon zu Beginn der EVG-Verhandlungen. Es galt, den Heimatvertriebenen das Gefühl der Sicherheit zu vermitteln, ihre Sache, nämlich die Rückkehr in ihre angestammten Gebiete, sei bei Adenauer und seiner Regierung in den besten Händen. „Ich glaube, daß für uns Deutsche doch eine Wende eintreten wird", äußerte der Regierungschef in bezug auf die in Gang befindlichen Konsultationen über einen westdeutschen Verteidigungsbeitrag. „Ich glaube nach dem Verlauf der bisherigen Verhandlungen berechtigt zu sein, anzunehmen, daß wir, daß die Bundesrepublik Deutschland als gleichberechtigter Partner in die neue Verteidigungsgemeinschaft in die atlantische Verteidigungsgemeinschaft eintreten wird. Ich glaube, meine Freunde, daß das gerade für Sie eine Frage ist von entscheidender Bedeutung [...] Sie können davon überzeugt sein, daß bei den Verhandlungen, die ich mitmachen werde, nichts außer acht gelassen werde, was Ihnen so sehr am Herzen liegt: Die Rückgewinnung der Heimat[1]." Ein Großteil der Landsmannschaften glaubte im großen und ganzen diesen Kanzlerworten und gab sich überzeugt, daß über EVG und Westintegration der Umweg zurück in die Heimat führen werde. Seitens der Landsmannschaften stellte man fest, daß „die Forderung auf Rückgabe unserer Heimatgebiete immer klarer und deutlicher von den verantwortlichen politischen Stellen Westdeutschlands herausgestellt worden" sei. „Außerhalb Deutschlands" sei „die Entwicklung vielleicht noch klarer sichtbar als in Deutschland selbst, denn einige Monate nach der Errichtung der Landsmannschaft Ostpreußen [hat] General Clay noch das Vertriebenenproblem als rein deutsches bezeichnet. Heute beschäftigen sich mit dem Vertriebenenproblem nicht nur die Regierung und das Parlament der Vereinigten Staaten, sondern praktisch alle bedeutenden internationalen Organisationen[2]". Nur die Sudetendeutschen ließen sich tendenziell nicht so leicht und überwiegend auf die sicherheits- und außenpolitische Linie Adenauers einschwören. Das rührte nicht zuletzt daher, daß sie vor der Eingliederung ihrer Heimat in das nationalsozialistische Deutschland stark sozialdemokratisch orientiert und nach der Vertreibung wieder in großen Teilen zu den Anhängern der SPD zu rechnen waren[3].

Es muß aber dennoch auf eine im Zusammenhang mit der Wehrfrage deutlich zutage tretende restaurativ-revanchistische Erscheinung innerhalb der Sudetendeutschen Landsmannschaft hingewiesen werden, ohne daß man sie in ihrer politischen Wirkung überschätzen sollte: In Besprechungen zwischen der Dienststelle Blank und dem Sekretär des sudetendeutschen Sprechers brachte der Vertreter der Landsmannschaft die positive Einstellung seiner Organisation zu einem westdeutschen Verteidigungsbeitrag zum Ausdruck. Es sagte auch den Eintritt möglichst vieler Sudetendeutscher in zukünftige westdeutsche Streitkräfte zu, in die man die Erfahrungen im Umgang mit slawischen Völkern einbringen wollte. Gleichzeitig sah man im Waffendienst innerhalb eines westdeutschen Kontingents eine Vorübung für einen möglichen späteren Eintritt in eine tschechoslowakisch-sudetendeutsche Emigranten-Befreiungs-Armee[4].

Von einer besonderen, außerhalb des Konzepts der Union, der SPD und des BHE stehenden sicherheitspolitischen Auffassung kann bei den Verbänden schwerlich die Rede sein. Den pro-

[1] „Dr. Adenauer vor den Vertriebenen", in: Der Schlesier, 25.11.1951, S. 1 f., zit. n. Sonnewald, Entstehung, S. 268.
[2] „Drei Jahre Landsmannschaft Ostpreußen", in: Das Ostpreußenblatt, 20.10.1951, zit. n. ebd., S. 268–269.
[3] Vgl. dazu Kather, Entmachtung, S. 51.
[4] Vgl. dazu die Vermerke I/Pl/4, 19.2.1952, BA–MA, BW 2/4029.

blematischen Kern der Wehrdebatte bildete bei den Heimatvertriebenen und Flüchtlingen die Frage der Wiedervereinigung, und hier argumentierte man wie die Parteien, denen man sich verbunden fühlte. Quer durch die politischen Gruppierungen innerhalb der Vertriebenen und Flüchtlinge hindurch machte man sich allerdings Sorgen, ob die finanzielle Basis für die gleichzeitige Sicherung der materiellen Voraussetzungen für ihre wirtschaftliche und soziale Eingliederung und der territorialen Integrität der Bundesrepublik mittel eines eigenen Verteidigungsbeitrages breit genug sei. Ein aus 487 Delegierten von Flüchtlingsorganisationen und freien Flüchtlingsgemeinschaften bestellter westdeutscher Flüchtlingskongreß, an dem Vertreter des Zentralverbandes der vertriebenen Deutschen, der einzelnen Landsmannschaften, des BHE, der Gemeinschaft der vertriebenen Ostdeutschen und der Neubürgerorganisation in Bayern teilnahmen, hatte bereits im September 1951 eine an den Bundeskanzler gerichtete Resolution verabschiedet, die diesem Vorbehalt Ausdruck verlieh. „Es werden heute bereits Milliarden, die so bitter nötig wären zur Behebung unserer Not, die der Hitlerkrieg hinterlassen hat, bereitgestellt für neue Rüstungen. Milliarden für Besatzungskosten. Milliarden für Kasernen und Truppenübungsplätze, Milliarden für neue Divisionen, für Panzer und Schießeisen. Das ist kein Ausweg aus dem Elend! [...] Gewissenlose Spekulanten und Rüstungsinteressenten bauen darauf, daß sie uns Flüchtlinge und Ausgewiesene als Kanonenfutter in einem neuen Krieg mißbrauchen können. [...] Wir lehnen mit Entschiedenheit Aufrüstung, Kriegspropaganda und Völkerverhetzung ab. [...] Unsere Jugend will keine Kasernenhöfe, sie will Lehrstellen, Bildungsmöglichkeiten und eine glückliche Zukunft." Diese Sätze lehnten sich stark an Vokabular und Auffassung linker Sozialdemokraten und Kommunisten an; gleichwohl handelte es sich hier nicht um eine allein seitens der KPD gesteuerte oder unterstützte Veranstaltung. Bei der Forderung nach einem gerechten, in Zahlenhöhe bezifferten Lastenausgleich, nach freien Wahlen zu einer deutschen Nationalversammlung, wenn auch aufgrund der Aufnahme gesamtdeutscher Beratungen, zeigte sich, daß die politischen Konzepte der Kongreßteilnehmer nicht mit den kommunistischen deckungsgleich waren[5]. Die „Vertriebenen-Korrespondenz" wandte sich als ein zentrales Publikationsorgan ebenfalls der Wechselwirkung von Lastenausgleich und Verteidigungsbeitrag zu und meldete Bedenken gegenüber regierungsamtlichem Optimismus an, daß sich beide Aufgaben unbeeinträchtigt nebeneinander befriedigend bewerkstelligen ließen[6].

j) Soldaten und Soldatenbünde als politische Problemgruppe

Ein westdeutscher Verteidigungsbeitrag ließ sich ohne Rückgriff auf die ehemaligen Soldaten, insbesondere die erfahrenen einstigen Berufssoldaten, nicht leisten. Politisch oft abseits stehend, mit dem Gefühl, rechtlich und gesellschaftlich diffamiert zu werden – was bis zu einem gewissen Grad auch zutraf –, dazu noch materiell ungesichert und mit erschüttertem Selbstbewußtsein, durfte man sich wenig Hoffnung machen, daß sich die ehemaligen Soldaten rasch für die Sicherheitspolitik der Bundesregierung und problemlos für eine militärische Wiederverwendung gewinnen ließen. Es bestand zumindest vorübergehend die Gefahr, daß sie sich in ihren vielfältigen Traditionsverbänden und Interessenvereinigungen den Reminiszenzen vergangener besserer Tage hingäben und zum Sammelbecken eines politischen Extremismus würden.

Die Furcht vor den Soldatenbünden und -verbänden als Pflegestätte eines wiedererwachenden Militarismus ging um. Und dies traf nicht nur für die Bevölkerungskreise und Institutionen

[5] Eingabe des 1. Westdeutschen Flüchtlingskongresses, 30.9.1951, an Adenauer, BA, B 136/3784.
[6] Vertriebenenkorrespondenz, 3.3.1952, BA, B 150/6836.

zu, die allem Soldatischen und der sogenannten „Wiederbewaffnung“ ohnehin kritisch gegenüberstanden, sondern auch für Personen und Einrichtungen, die einen Wehrbeitrag der Bundesrepublik grundsätzlich bejahten. Beispielhaft sei hier auf die „Kammer für öffentliche Verantwortung“ beim Rat der EKD hingewiesen, die aus ihrer positiven Einstellung zukünftigen Streitkräften gegenüber und aus ihrer Anerkenntnis der Notwendigkeit eines westdeutschen Verteidigungsbeitrages nie einen Hehl gemacht hat. Ende 1951 legte sie ein Gutachten über die der Kirche aus dem Auftreten des politischen Radikalismus und der Soldatenbünde erwachsenden Aufgaben vor. In dem Gutachten verband sie die politische Charakterisierung der Soldatenverbände mit praktischen Handreichungen zum Umgang der Kirche mit diesen. Schon solche Organisationen, die wirtschaftliche, soziale und rechtliche Interessen vertraten oder lediglich Kameradschaft, Erinnerungen und Tradition pflegten, konnten die Kirche in eine schwierige Situation bringen, wenn sie Wünsche nach Sondergottesdiensten, kirchlichen Einweihungen von Gedenktafeln für Gefallene, Fahnenweihen und dergleichen äußerten. Für diesen Fall sah das Gutachten Gottesdienste von Pfarrern mit klarer theologischer Urteilskraft und der Gabe seelsorgerischer Predigt vor, und zwar anhand konkreter Abschnitte der Heiligen Schrift, um dem Mißbrauch kirchlicher Handlungen zu rein säkularen Zwecken vorzubeugen. Einweihungen von Gedenkstätten für Gefallene sollten in Zusammenhang mit dem Gedenken aller Opfer des Krieges stattfinden. Den Kirchenleitungen wurde vorgeschlagen, Fahnenweihen durch Pfarrer zu untersagen, „da solche Handlungen heute unchristlichen Vorstellungen mit einer falschen politisch religiösen Schwärmerei Vorschub leisten“[1].

Bei aller Ablehnung von politischem Radikalismus innerhalb der Soldatenvereinigungen, wie er in deren Zeitungen und Zeitschriften, in internen Wahlen bisweilen zum Ausdruck kam, sollte die Evangelische Kirche, so das Votum der Kammer, sich vor pauschalisierenden Verurteilungen der jeweiligen Gruppe oder Organisation hüten. Die Kammer empfahl ferner, sich gegen die Diffamierung der deutschen Soldaten zu wenden und für ihre rechtliche Gleichstellung ungeachtet solcher Gerichtsverfahren einzutreten, durch die Verfehlungen während der Kriegsereignisse geahndet werden sollten. Sorge bereiteten der Evangelischen Kirche die ehemaligen Soldaten, die weiterhin den vom Nationalsozialismus pervertierten Begriffen Ehre, Recht und Freiheit anhingen, und wie sie sich politisch zumeist um den ehemaligen General Remer gruppierten. Zu diesem Personenkreis, dies mußte die Kirche eingestehen, hatte sie bislang kaum Zugang gefunden, und es galt, „auch diese Menschen unter das Wort Gottes zu rufen und am Leben der Einzelgemeinde und der Gesamtkirche zu beteiligen“. Auch dort, wo der Radikalismus sich gegen die bestehende staatliche und gesellschaftliche Ordnung wandte, wollte die Kirche Verständnis aufbringen und bei der Obrigkeit um Verständnis werben. „Gerade die Kirche sollte vor der Ansicht warnen, als sei die Polizei ein ausreichendes Mittel, um mit Unzufriedenheit, politischem Ressentiment und Radikalismus fertig zu werden, so sehr der Staat das Recht und die Pflicht hat, verbrecherische Elemente durch Einsatz von Gewalt zu bändigen[2].“

Um die Radikalisierung der Soldatenbünde zu verhindern, mußte man die ehemaligen Soldaten erst einmal an die Demokratie und den neuen Staat heranführen, ehe man sie in größerer Zahl am Wiederaufbau eines westdeutschen Kontingents beteiligen und zum Eintritt in dieses bewegen konnte und wollte. Zudem besaß das Problem der Soldatenbünde auch eine außenpolitische Dimension, denn die Westalliierten betrachteten mit Argusaugen, was sich auf diesem Sektor abspielte. Dabei übten sie allerdings vornehme Zurückhaltung angesichts der Tatsache,

[1] Ratsames Gutachten der Kammer für öffentliche Verantwortung, 7.12.1951, EZA 2/043/2.
[2] Ebd.

daß es ihnen, von Frankreich einmal abgesehen, auf eine rasche Aufstellung westdeutscher Kontingente ankam.

Bundeskanzler und Bundesregierung versuchten zunächst, gleich im Entstehungsstadium einzelner Verbände auf deren selbstdarstellerisches und politisches Gebaren Einfluß zu nehmen. Soweit die in Frage kommenden Vereinigungen nicht von vornherein ihren kommunistischen und nationalistischen bzw. neofaschistischen Charakter offenbarten, empfing Adenauer bisweilen persönlich führende Repräsentanten, um sie in die politische Pflicht zu nehmen. Den Besuch von Vertretern des „Bundes der versorgungsberechtigten ehemaligen Wehrmachtsangehörigen" Ende August 1950 nahm er zum Anlaß einer ersten öffentlichen Stellungnahme zum Komplex des Soldatentums. Er brachte zum Ausdruck, sich für eine gerechte Versorgung einsetzen zu wollen, und wandte sich energisch gegen eine Verunglimpfung derjenigen, die in treuer Pflichterfüllung ihrem soldatischen Beruf während des Zweiten Weltkrieges nachgegangen seien[3]. Lobend stellte der Deutschland-Union-Dienst eine Veranstaltung der Angehörigen der früheren Panzerdivision „Großdeutschland" heraus, auf der General a. D. v. Manteuffel ein Bekenntnis zur Demokratie abgelegt hatte. Hervorgehoben wurde, daß die Veranstalter dem SRP-Vorsitzenden Remer nahegelegt hatten, nicht an dem Treffen teilzunehmen, und daß ein Begrüßungstelegramm des ehemaligen SS-Führers Sepp Dietrich mit eisigem Schweigen aufgenommen worden war[4]. Etwa zur gleichen Zeit, bei diesen Beispielen mag es dann sein Bewenden haben, empfing Adenauer vor einem Fallschirmjägertreffen den General a. D. Ramcke, der bei einer vorausgegangenen Veranstaltung das Veto seiner Organisation gegen ein militärisches Bündnis mit den von ihm so bezeichneten maroden westlichen Demokratien eingelegt hatte, um auf ihn mäßigend einzuwirken – mit einem gewissen, wenngleich bescheidenen Erfolg. Die Union hielt es jedenfalls für angebracht, nach dem Braunschweiger Fallschirmjägertreffen, das nach dem Pariser Zwischenbericht über die Pleven-Plan-Verhandlungen stattfand, dem Ex-General öffentlich auf die Schultern zu klopfen, um ihm zu bescheinigen, daß er mit seiner Forderung nach Gleichberechtigung in einer wie auch immer integrierten europäischen Armee die Meinung von CDU/CSU und Bundesregierung vertrete. Den Hinweis Ramckes auf den leeren Stuhl des in Kriegsverbrecherhaft einsitzenden ehemaligen Generalfeldmarschalls Kesselring nutzte die Union, um die Westalliierten darauf hinzuweisen, daß ohne eine befriedigende Lösung der Kriegsverbrecherfrage wohl schwerlich die Offiziere gewonnen werden könnten, die man zur Aufstellung eines westdeutschen Kontingentes benötige[5].

Im Herbst 1951 erließ die Bundesregierung eine erste offizielle Verlautbarung zu den Soldatenbünden: „Der Zusammenschluß von Männern, die nach gemeinschaftlichem Schicksal und gemeinschaftlichen Leiden im gegenseitigen Vertrauen verbunden gemeinsame Anliegen vertreten", erschien ihr ebenso wichtig wie die Tatsache, „daß durch diese Arbeit ein Wissen um die Dinge unseres Staates erreicht werden kann, das Verständnis für unseren Staat und seine Aufgaben weckt". Dieser Satz galt insbesondere für die vorausgegangene Gründung des Verbandes deutscher Soldaten (VdS), der dem Bundespräsidenten versichert hatte, er wolle „Aufbau und Bestand der Bundesrepublik loyal unterstützen"[6].

Wenig später zeigte sich in Bonner Regierungskreisen jedoch eine allgemeine Verunsicherung über die Gründung radikaler Soldatenbünde. Um deren Aktivitäten eindämmen zu können, wurden Stimmen laut, die forderten, man solle fördernd am Wiedererstehen des alten Kyff-

[3] Mitteilung an die Presse, 25.8.1950, BA–MA, BW 9/3103.
[4] DUD, 5.6.1951, S. 5.
[5] DUD, 31.7.1951, S. 2f.
[6] Mitteilung an die Presse, 2.10.1951, BA–MA BW 9/3086.

häuserbundes unter politisch zuverlässiger Führung, und zwar als einer Dachorganisation aller Soldatenbünde, mitwirken. Im Juli 1951 erstand der 1943 zwangsweise aufgelöste Reichskriegerbund, der vorzugsweise soziale Belange seiner Mitglieder vertreten hatte, in neuem Gewand. In Bonn erwog man, das von den Nationalsozialisten und später von den Allierten beschlagnahmte Vermögen der Vorgängerinstitution, rund 6 Millionen DM, der neuen Organisation zurückzuerstatten. Sie erhielt jedenfalls aus Bundesmitteln Startkapital. Es ließ sich erreichen, daß die Leitung des Kyffhäuserbundes alle Gewähr dafür bot, „daß die im Bunde herrschende Tendenz sich mit der Politik der Bundesregierung absolut deckt“[7]. Ein Jahr später befanden sich rund 40 größere und kleinere Soldatenverbände in Verhandlungen mit der Leitung des Kyffhäuserbundes über das Ziel, sich diesem unter Wahrung eigener Tradition zu unterstellen.

Zu seiner Bundesversammlung Anfang 1953 hatte der Kyffhäuserbund den Vorsitzenden des EVG-Ausschusses des Deutschen Bundestages, Franz Josef Strauß, eingeladen, der die Gelegenheit benutzte, die Organisation in ihrem Bestreben zu bestätigen und zu ermuntern, über die Grenzen der Bundesrepublik hinweg die Verbindung und den Gedankenaustausch mit Soldatenbünden der zukünftigen militärischen Partner aufzunehmen und zu pflegen. Gleichzeitig warb er für die Sicherheitspolitik der Bundesregierung und erteilte all den ehemaligen Wehrmachtangehörigen bezüglich ihrer Wiederverwendung in westdeutschen Streitkräften eine Absage, die aus der Geschichte politisch nichts gelernt hatten. „Dieses deutsche Verteidigungskontingent wird eine Stütze unserer Demokratie sein müssen und nicht eine Gefahr für diesen demokratischen Staat sein dürfen. Das haben wir auch den Franzosen [...] mit aller Deutlichkeit gesagt, daß wir nicht die Europa-Armee wegen Mißtrauens gegen eine deutsche Nationalarmee bejahen. Wir bejahen die Europa-Armee als eine notwendige Koordinierung des Lebenswillens und der Verteidigungsbereitschaft der europäischen Völker. Wer nichts dazugelernt hat, soll draußen bleiben. Wer aber gelernt hat, der ist aufgerufen, auch in Zukunft mitzuarbeiten[8].“

Mit dem Kyffhäuserbund allein ließ sich kein Dach über die bestehenden Soldatenbünde errichten. Der aus mehreren Fusionen hervorgegangene und in seiner Entstehung durch die Bundesregierung unterstützte Verband deutscher Soldaten (VdS) sollte nun durch Vereinigung mit dem Kyffhäuserbund die nötige Spannbreite abgeben, unter der sich die übrigen Soldatenvereinigungen hätten zusammenfinden können. Das Fusionsunternehmen schlug allerdings fehl, und zwar nicht zuletzt aus finanziellen Gründen: der letztere wollte seine Vermögenswerte nicht „teilen“[9].

Die Bundesregierung sah sich somit weiterhin genötigt, mit einer Vielzahl soldatischer Vereinigungen Kontakt halten und auf ihre politischen Aktivitäten und Äußerungen Einfluß nehmen und sie darüber hinaus für ihre Sicherheitspolitik gewinnen zu müssen. Um eine gewisse Kontrolle und Übersicht über die politische Zuordnung der einzelnen Organisationen zu gewinnen und zu behalten, überließ der Bundeskanzler die Betreuung der Verbände ehemaliger Soldaten im Frühjahr 1953 dem Bundesminister des Innern, der sich der unmittelbaren Hilfe des Bundesamtes für Verfassungsschutz bedienen konnte[10].

[7] Vortragsnotiz des Presse- und Informationsamts der Bundesregierung, 23.6.1952, für den Bundeskanzler, BA, B 145/856.

[8] Rede Franz Josef Strauß' auf der Jahresversammlung des Kyffhäuserbundes, 7./8.2.1953, Mitteilung des Kyffhäuserbundes, 16.2.1953, BA, B 145/856.

[9] Vgl. dazu Schenck zu Schweinsberg, Soldatenverbände, S. 96–106.

[10] Schreiben Staatssekretär des BKA, i.V. Globke, 16.5.1953, an die Bundesminister, den Sicherheitsbeauftragten Blank und das Presse- und Informationsamt der Bundesregierung, BA, B 122/630.

Die Bundesregierung hat allerding die politische Toleranzgrenze, innerhalb derer sie bereit war, mit unterschiedlichsten Soldatenbünden zusammenzuarbeiten, und innerhalb derer diese sich selbst politisch betätigen durften, sehr weit gesteckt. Sie ließ sich bei ihrer Haltung sowohl von wahltaktischen Gesichtspunkten wie von der Absicht leiten, einer Radikalisierung der soldatischen Vereinigungen zu begegnen. Nur mit eindeutig extremistischen Korporationen fand keine Kommunikation statt, wobei die Trennungslinie nach links schärfer gezogen wurde als nach rechts.

Nach Gründung der ersten Soldatenbünde im Sommer/Herbst 1950 zeigten die Sowjets für die ehemaligen deutschen Soldaten in der Bundesrepublik, vor allem für das ehemalige Offizierkorps, ein besonderes Interesse. Die mit der Niederlage des Dritten Reiches verbundene deutsche Zweiteilung, die zwangsweise Abtrennung der ehemaligen Ostgebiete, dies, so glaubte man in Moskau, müßten die traditionell nationalen Gefühle der ehemaligen Soldaten tief und anhaltend verletzen. Mache man ihnen die prekäre strategische Lage der Bundesrepublik auch innerhalb eines westlichen Bündnisses klar und mache man ihnen gleichzeitig gesamtdeutsche Avancen, rufe man ihnen nur die Weimarer Zeit mit der geheimen deutsch-russischen Kooperation auf dem militärischen Sektor nachhaltig ins Bewußtsein, dann, so rechnete man sich im östlichen Lager – fälschlicherweise – aus, müßten Chancen bestehen, einen Gutteil des in Westdeutschland zumeist unter schwierigsten materiellen Verhältnissen lebenden Offizierkorps für sich einnehmen oder gar gewinnen zu können. In der Tat hat es dann sogar eine gewisse Affinität zwischen rechtsradikalen Soldatenbünden und der Sowjetarmee bzw. den im Aufbau befindlichen militärischen und paramilitärischen Verbänden in der DDR gegeben. Zu nennen ist hier die sogenannte Bruderschaft, die auch frühere NS-Funktionäre in ihren Reihen zählte.

Aus Furcht davor, die Sowjetunion werde lieber mit den nationalen westdeutschen Kräften als mit den schwachen Kommunisten zusammenarbeiten, betrieben SED und KPD die Gründung eines unter ihrer Ägide stehenden Soldatenbundes, die des „Führungsringes ehemaliger Soldaten", der seinen Charakter als Tarnorganisation nicht zuletzt aufgrund seines unverhohlen nationalistische Töne anschlagenden Publikationsorgans „Militärpolitisches Forum" längere Zeit zu verbergen suchte[11].

Je näher der Tag der Unterzeichnung von EVG- und Deutschlandvertrag rückte, um so intensiver bemühte sich die Bundesregierung darum, die ehemaligen Soldaten für die Europäische Verteidigungsgemeinschaft und einen westdeutschen Wehrbeitrag zu gewinnen. Ende des Jahres 1952, als der EVG-Vertrag bereits in Grundzügen ausgehandelt war, appellierte Theodor Blank an die einstigen Berufssoldaten, „sich über ihre persönliche Einstellung [...] entweder zustimmend oder ablehnend klar [zu] werden", nach Möglichkeit noch vorhandene Ressentiments auf ihre sachliche Rechtfertigung hin zu überprüfen, gegebenenfalls durch Verantwortungsbewußtsein zu ersetzen. Blank versprach, alles zu tun, um sowohl die geistigen wie die materiellen Voraussetzungen für die militärische Wiederverwendung zu schaffen. Er brachte aber auch die Erwartung zum Ausdruck, daß diejenigen, die sich dem Ruf zukünftiger Streitkräfte versagten, die politische Entscheidung und die positive Haltung der Kameraden respektierten und achteten, die sich zur Verfügung stellten. Er versprach, daß die Bundesregierung sich für eine befriedigende Lösung der Kriegsverbrecherfrage einsetzen werde. Der Sicherheitsbeauftragte des Kanzlers verschwieg aber nicht, daß der zukünftige Soldat revidierte Prinzipien soldatischer Ordnung zu respektieren habe. „Auf eine kurze Formel gebracht heißt dies, daß sich die deut-

[11] Vgl. dazu Schenck zu Schweinsberg, Soldatenverbände, S. 152ff.

schen Soldaten zur Demokratie, und daß sich die Demokratie zu ihren Soldaten bekennen muß[12]."

„Bonn und die ehemaligen Kriegsteilnehmer: die Regierung Adenauer braucht ihre Unterstützung für die Wiederaufrüstung, nicht aber ihr nationalistisches Geschrei", so überschrieb die New York Herald Tribune (11. August 1951) einen Bericht über die westdeutschen Soldatenbünde. Dies war leichter gesagt und gefordert als getan. Viele soldatische Vereinigungen zeichneten sich gerade durch die Verbindung von stark ausgeprägtem Nationalbewußtsein, Antibolschewismus, verbunden mit Wehrfreudigkeit, aus, wobei sie aber nicht selten gleichzeitig Distanz zum Bonner Staat wahrten. Wie in der Weimarer Zeit, sahen sich die politisch Verantwortlichen auch jetzt vor die vermeintliche Alternative gestellt, dieses vorhandene, politisch unzuverlässige personelle wehrpolitische Kapital in den Dienst der eigenen Sache zu stellen oder dem Radikalismus zufallen zu lassen. Man wählte in der Regel den Mittelweg, was heißt, daß man den Versuch unternahm, eine gewisse finanzielle Abhängigkeit herzustellen und über materielle Zuwendungen indirekt Einfluß auf das publizistische Gebaren der politisch fragwürdigen, sich zumeist in finanziellen Schwierigkeiten befindlichen Soldatenbünde zu nehmen. Entsprechend dieser Taktik verhielt man sich gegenüber dem „Stahlhelm" – Bund der Frontsoldaten –, dessen gleichnamiges Verbandsorgan man als stark reaktionär-konservativ einstufte, „jedoch im wesentlichen mit den Zielen der Bundesregierung harmonierend"[13]. Der Deutschland-Union-Dienst (16.3.1951) hat vor der Kollaboration mit dem „Stahlhelm" gewarnt: „Mit manchen der zweifellos guten Leitsätze [...] verbinden sich zu viele Begriffe, die keineswegs geklärt sind. Die Absicht mag gut sein – aber niemand weiß, wie sie in der Öffentlichkeit und in der deutschen Jugend verstanden wird." Was der „Stahlhelm" mit der deutschen Jugend im Sinn hatte, offenbarte sich rasch: „Durch ‚Frontgeist' ein freies, deutschbewußtes Volk!" Die an seiner Spitze stehenden Funktionäre bezichtigten die Bonner Regierung und die politischen Parteien der Unfähigkeit, die Jugend an den Staat heranzuführen. Programmatisch und weltanschaulich zerrissen, hätten sie aus Weimar nichts gelernt, und so würden sie auch keine Vorbilder zu errichten vermögen. Genau hier sollte die Jugendarbeit des „Jungstahlhelm" ansetzen. Es galt, „die jungen Menschen zu verantwortungsbewußten, politisch interessierten Staatsbürgern zu erziehen", das hieß sie auf die Gefahren des Bolschewismus hinzuweisen, sie „zunächst wieder *geistig wehrhaft*" zu machen. Die deutsche Jugend, insbesondere die, die noch am Krieg teilgenommen hatte, sollte wieder geschichtskundig werden, indem man ihre Aufmerksamkeit auf die großen Ereignisse deutscher Vergangenheit lenkte, indem man sich bemühte, „die wirklichen Probleme herauszustellen und von hier aus das Bewußtsein der Notwendigkeit soldatischer Haltung zu untermauern". Die jungen Kameraden sollten lernen, „wahre Liebe zum Volk und Vaterland, Trauer über sein Unglück, Freude über sein Glück, Stolz über die Taten ihrer Vorfahren und den Wunsch, es ihnen gleich zu tun, empfinden"[14].

Auffällig war die antigewerkschaftliche und antisozialdemokratische Haltung des „Stahlhelm", wobei er sowohl die Arbeitnehmerorganisation wie die SPD in einen Topf mit dem Bolschewismus warf. In einem Aufruf an den deutschen Arbeiter hieß es: „Man hat die Machthaber des 3. Reiches zur Verantwortung gezogen! *Heute läßt Du Dich von den Funktionären der Gewerkschaft terrorisieren!* [...] *Ihr Ziel ist das Ziel der Marxisten, der Staatssozialismus!* [...] Weißt Du immer noch nicht, was Bolschewismus für Dich und unser Volk bedeutet? Warst Du nicht

12 Bulletin, 18.12.1952, S. 1761.

13 Vortragsnotiz Marcks', Presse und Informationsamt, 12.10.1954, BA–MA, BW 9/754.

14 Erziehungsaufgaben und Ideale im Jungstahlhelm und im Reichs-Jugend-Korps Scharnhorst. Ausarbeitung von J. J. v. Berg, Referent der Bundesführung des „Stahlhelm". o.D., BA, R 72/17.

selbst als Soldat, als Kriegsgefangener im Osten? Hast Du und haben Deine Angehörigen nicht selbst als Heimatvertriebene das asiatische Untermenschentum am eigenen Leibe erlebt? [...] *Weißt Du nicht, daß Deutschland, Deine Gewerkschaft, Deine Partei durchsetzt ist mit bolschewistischen Agenten,* die auftraggemäß die Weltrevolution vorbereiten[15]?"

Da keine Anhaltspunkte dafür vorlägen, daß der „Stahlhelm" verfassungswidrig sei, so beschied Innenminister Lehr das Deutsche Zentrum, bestehe keine Veranlassung, besondere Ermittlungen über dessen tonangebende Persönlichkeiten und ihre Geldgeber anzustellen[16].

Wie Aktivitäten und Propaganda des „Stahlhelm", so wurden auch die anderer Soldatenbünde mit insgesamt etwa 80 Mitteilungsblättern und Presseorganen geduldet. Unmittelbare finanzielle Zuwendungen erhielten die „Deutsche Soldaten-Zeitung" des VdS, die Monatsillustrierte „Der Frontsoldat erzählt ...", vor allen Dingen aber Periodika wehrkundlichen und wehrwissenschaftlichen Inhalts. Sie sollten die ehemaligen Soldaten fachlich auf dem laufenden halten, ihnen Möglichkeiten geben, ihr militärisches Wissen zu verbreiten. So behandelte die „Wehrkunde" mit einer monatlichen Auflage von 1500 Stück im Auftrage und in enger Zusammenarbeit mit der Dienststelle Blank vornehmlich Fragen der Taktik, der Ausbildung und dergleichen mehr. Herausgeber war die subventionierte Gesellschaft für Wehrkunde. Ebenfalls durch die Bundesregierung finanziell mitgetragen wurde die „Wehrwissenschaftliche Rundschau", die im monatlichen Rhythmus als Zeitschrift in einer Auflagenhöhe von 2000 Exemplaren erschien und sich allgemeinen wehrwissenschaftlichen Problemen und Fragen der operativen Kriegführung zuwandte. Einerseits sollten die ehemaligen und womöglich zukünftigen Soldaten wieder einen gewissen berufsbezogenen Informationsstand erreichen. Zum anderen gab man ehemaligen Offizieren Gelegenheit, ihre Erfahrungen aus dem Zweiten Weltkrieg weiterzugeben. Nicht unproblematisch war es allerdings, wenn Verlag und Redaktion mit der Gestaltung der Zeitschrift die Absicht verbanden, „über die Erfahrungen der letzten Kriege und über die Möglichkeiten künftiger Kriegsführung [zu] berichten"[17]. Solche Zeilen und zu diesem Zweck abgefaßte Artikel haben Anlaß zur öffentlichen Polemik und Kritik gegeben, und sie wurden seitens der DDR als Ausdruck des aggressiven Charakters zukünftiger westdeutscher Streitkräfte gewertet. In kleiner Auflage kam noch die „Europäische Wehrkorrespondenz" heraus, die allgemeine militärpolitische und militärtechnische Informationen an Bundesregierung und Bundespresse übermittelte.

Die eben genannten Gesellschaften betrieben unter den Soldaten, aber auch gegenüber dem Bürger Öffentlichkeitsarbeit. Sie warben im Sinne der Bundesregierung um Verständnis für den Wehrbeitrag. Mit großem publizistischem Aufwand und durch eine Fülle an Tagungsveranstaltungen für Soldaten, mit Soldaten und für bestimmte Gruppen der Gesellschaft trat vor allem die eigens dazu ins Leben gerufene „Arbeitsgemeinschaft demokratischer Kreise" hervor, ohne daß gleich offenkundig gewesen wäre, daß es sich um eine Einrichtung der Bundesregierung handelte. Regie führte hier der spätere CDU-Bundestagsabgeordnete Hans Edgar Jahn, dessen aus seiner unzweideutig „braunen" Vergangenheit geretteter Antibolschewismus propagandistisch gefragt war. Im militärischen Bereich mußte die junge Bundesrepublik mit einer gewissen politischen Altlast leben, was auch für andere Sektoren – und für die DDR – galt. Es gab noch eine Vielzahl von Institutionen, die innerhalb der Traditionsverbände und der Öffentlichkeit wehrpsychologische Kurse abhielten und sicherheitspolitische Aufklärungsarbeit bzw. Informationsdienste im Sinne der Bundesregierung leisteten. Eine besondere Rolle spielten in diesem Zusammenhang die Evangelischen Akademien, in denen man Tagungen für Soldaten abhielt,

[15] Undatierter Aufruf „Deutscher Arbeiter, wohin gehst Du?", BA, R 72/17.
[16] Notiz der Kölnischen Rundschau, 9.5.1951.
[17] Wehrwissenschaftliche Rundschau 1 (1951) H. 1, S. 1, Zur Einführung.

diese aber auch mit Zivilisten zusammenbrachte, wobei die einzelnen Parteien, auch die der Opposition, eingeschaltet waren. Dabei muß herausgestellt werden, daß die führenden und für einzelne Sachgebiete zuständigen Mitarbeiter des Amtes Blank mit einem hohen Aufwand an Arbeitskraft, Zeit und Idealismus, durch Vorträge und Teilnahme an Veranstaltungen in den Soldatenbünden und bei den unterschiedlichsten berufsständischen und gesellschaftlichen wie konfessionellen Einrichtungen für die neuen Streitkräfte, vor allem aber auch für den Bürger in Uniform und die militärische Integration, werbende Öffentlichkeitsarbeit geleistet haben.

Allen Befürchtungen zum Trotz sind einzelne oder die Soldatenbünde insgesamt niemals eine bedrohliche politische Größe gewesen; ihr Einfluß auf die Politik blieb gänzlich unbeutend.

Nach den Bundestagswahlen setzte eine verstärkte psychologische und allgemeine „Wehraufklärung" gegenüber der Bevölkerung ein. Ziel war es, für die Notwendigkeit der Verteidigung und der Aufstellung westdeutscher Streitkräfte Verständnis zu wecken und die Vorarbeiten für eine spätere enge Verbindung zwischen Bevölkerung und Soldaten zu schaffen. Dieser als politisch notwendig erkannten Öffentlichkeitsarbeit entsprach umgekehrt ein gesteigertes Bedürfnis unterschiedlicher Kreise der Bevölkerung nach Informationen, das zu befriedigen die Kräfte finanzieller und personeller Art des Amtes Blank überstieg. Aber nicht nur dieses Problem galt es zu lösen. Es fehlte an einer entsprechenden Konzeption für Öffentlichkeitsarbeit ebenso wie an einer Abstimmung der Aufgaben und Kompetenzen zwischen der Dienststelle und dem Presse- und Informationsamt des Bundes. Seitens der Dienststelle wurde schließlich ein „Grundriß für Wehraufklärung" ausgearbeitet, der die Zustimmung des Presse- und Informationsamts fand. Man erzielte Übereinstimmung darüber, ein die sicherheitspolitische Öffentlichkeitsarbeit steuerndes Lenkungs- und Koordinierungsorgan aus Vertretern des Amtes Blank und des Presse- und Informationsamts zu schaffen, das die Richtlinien der Informationstätigkeit auszuarbeiten hatte, aufgrund deren das Amt Blank die sachlich-fachlichen Grundlagen erstellte. Die textliche Gestaltung sowie die Verteilung des Informationsmaterials sollten besonderen, neuzuschaffenden oder bereits vorhandenen Institutionen übertragen werden, die nach außen hin nicht als von der Regierung abhängig in Erscheinung zu treten hatten. Zukünftig gab es dann zwei Kategorien von Werbe- und Aufklärungsmaterial, zum einen für die verschiedenen Presseorgane bestimmt, zum anderen für Organe der Öffentlichkeitsarbeit, z. B. für die Zentrale für Heimatdienst u. a.[18].

Die Union hielt es aus innen- wie außenpolitischen Erwägungen heraus nicht für opportun, von konkreten sicherheitspolitischen Verhandlungen mit den Westmächten in einen intensiven, für die Öffentlichkeit wahrnehmbaren Gedankenaustausch mit ehemaligen Offizieren über den zukünftigen Wehrbeitrag einzutreten. Schon die beratende Tätigkeit weniger ehemaliger Militärs vor der Gründung der Dienststelle Blank erregte publizistisches Aufsehen. Zudem besaß der Kanzler selbst kein Primärverhältnis zum Militär, das er mehr oder weniger als notwendiges Übel betrachtete. Auch in der Bewertung der im Entstehen begriffenen Soldatenbünde sowie in der Kriegsverbrecher- und -gefangenenfrage hielt die CDU/CSU sich zunächst auffällig zurück. Aber schon zu Beginn des Jahres 1951 kam an der Basis innerparteilicher Unmut auf, weil die beiden Parteien zahlreiche ehemalige Berufssoldaten als Mitglieder in ihren Reihen zählten, die sich durch die offiziell abweisende bzw. gleichgültige Haltung der Union ihrem Stand gegenüber politisch vernachlässigt, ja sogar zurückgewiesen fühlten. Unverständnis und Verärgerung herrschte über die zögerliche gesetzliche Regelung der Versorgungsansprüche nach Artikel 131 Grundgesetz. „Die Behandlung des deutschen Verteidigungsbeitrages ist nicht zu trennen von

[18] Aktennotiz Amt Blank, 12.12.1953, nebst Anlage; Stellungnahme des BPA, 17.12.1953, BA, B 145/848.

dem *offenen und aufrichtigen Eintreten des deutschen Bundes für seine Soldaten*", hieß es in einem beispielhaften Brief einer CDU-Kreisstelle. „Das Fehlen einer solchen Haltung bereitet uns in der *praktischen Parteiarbeit schwere Sorgen.* Wir erwarten daher von der CDU als Willensträgerin und von der Bundesregierung, daß sie sich offen und klar durch Taten zu ihren Soldaten bekennen. Das deutsche Volk in seinen staatstreuen Elementen würde dies als Genugtuung empfinden[19]."

Als es um konkrete Regelungen der die Versorgung der ehemaligen Soldaten betreffenden Fragen, die politische Ausgestaltung und den inneren Aufbau eines westdeutschen Verteidigungsbeitrages ging, schuf die CDU/CSU sich ein parteiinternes Sachverständigengremium aus Politikern und ehemaligen hochrangigen Militärs, eine Maßnahme, die gleichzeitig die politische Einbindung und auch Aufwertung des ehemaligen Offizierkorps durch die Union signalisieren und damit die Stimmungslage zu ihren Gunsten verbessern sollte. Der Bundesausschuß der CDU/CSU für ehemalige Berufssoldaten hat insbesondere Vorschläge zur Novellierung des Gesetzes gemäß Art. 131 GG ausgearbeitet[20]. Für den 4. Parteitag der CDU verfaßte der Ausschuß eine Entschließung mit dem Ziel, die Partei zu veranlassen, sich zu einem starken Soldatentum als einem staatstragenden Element zu bekennen, das Unrecht einzugestehen, das ihm nach der Katastrophe von 1945 materiell und idell zugefügt worden sei, und letztlich sich zu verpflichten, als maßgebende Regierungspartei für die beschleunigte Bereinigung der Frage der Kriegsverbrecher und Kriegsgefangenen einzutreten[21]. Der Bundesausschuß äußerte sich ferner in einer ausführlichen Expertise zum Inneren Gefüge[22]. Besondere Aktivitäten entfaltete das beratende Organ des Bundesparteivorstandes im Blick auf die Bundestagswahlen vom September 1953, indem es Vorschläge unterbreitete, die geeignet erschienen, „den berechtigten Vorbehalten und Einwänden der ehemaligen Soldaten den Boden zu entziehen und diese durch Erfüllung ihrer moralisch und rechtlich begründeten Forderungen zurückzugewinnen oder zu halten". Neben den ehemaligen Offizieren mußte den Unteroffizieren besonders pflegliche Aufmerksamkeit im Wahlkampf gewidmet werden[23]. Speziell im Zusammenhang mit der Bundestagswahl wurden die „Wehrwissenschaftliche Rundschau", „Der Frontsoldat erzählt" und das Programm der Gesellschaft für Wehrkunde inhaltlich gezielt gestaltet, erfolgte die Übernahme der „Soldatenzeitung" und der „Europäischen Wehrkorrespondenz" durch das Presse- und Informationsamt, wobei man sich der intensiven Mit- und Zusammenarbeit ehemaliger Offiziere bediente[24].

Sehr frühzeitig hat sich die FDP um die ehemaligen Soldaten, insbesondere die Berufsoffiziere bemüht. Sie war, wie gesagt, die Partei mit dem höchsten Mitgliederanteil an ehemaligen Militärs, mit denen sie einen intensiven sachlichen Gedankenaustausch pflegte und die ihrerseits ihr Fachwissen in die Arbeit der Partei einbrachten. Dies geschah insbesondere im Wehrpolitischen Ausschuß der FDP, der zur konkreten militärischen Ausgestaltung des zukünftigen Verteidigungsbeitrages in vielen Sitzungen detailliert Stellung bezog und die Partei immer wieder drängte, in der Frage der Freilassung der als Kriegsverbrecher verurteilten Kameraden auf regierungs- wie außenpolitischer Ebene tätig zu werden. Die besondere Verbundenheit der Liberalen

19 Brief der CDU-Kreisstelle Halle (Westfalen), 23.1.1951, an Blank, BA–MA, BW 9/3086.
20 Besprechungsvermerke über Sitzungen des Bundesausschusses der CDU/CSU für ehemalige Berufssoldaten, 4.12.1952/28.2.1953, ACDP, CDU-Bundesgeschäftsstelle, VII-004-194.
21 Entschließung, 18.3.1953, ebd.
22 Ausarbeitung, 18.3.1953, ebd.
23 Vorschlag zur Vorbereitung der Bundestagswahlen, 18.3.1952, Zitat im Original unterstrichen, ebd.
24 Vermerk des BPA, 3.7.1953, für den Bundeskanzler, BA, B 145/853.

mit den Soldaten zeigte sich beispielhaft daran, daß einer ihrer führenden militärpolitischen Experten, General a.D. Hasso v. Manteuffel, dem Traditionsverband „Großdeutschland" vorstand und als Abgeordneter der FDP 1953 in den zweiten Deutschen Bundestag einzog. Namhafte Generale haben aber auch vom parteipolitischen Podest der Liberalen aus durch Schriften über die Stellung des modernen Soldaten in der Demokratie an der politischen Bewußtseinsbildung ihrer Kameraden mitgewirkt. Eine Reihe von Broschüren zur späteren sogenannten Inneren Führung vermittelten der Öffentlichkeit Einblick in die Überlegungen zur Schaffung eines neuen Menschenbildes in der Armee, und dieses Konzept ist es ja gewesen, das in ganz erheblichem Maße den Bundesbürger an den Soldaten herangeführt und das es der nicht mehr kriegsgedienten jungen Generation ermöglicht hat, selbst Soldat in der späteren Bundeswehr zu werden.

Problematischer, wen wundert es, gestaltete sich das Verhältnis der SPD zum ehemaligen Soldatentum. Die Vorbehalte pflegte man allerdings wechselseitig. Zu tief hatten viele einstige Offiziere das Bild vom Sozialdemokraten als vaterlandslosem Gesellen verinnerlicht – sieht man von dem des ersten Reichswehrministers der Weimarer Republik, Gustav Noske, einmal ab –, als daß sie sich davon hätten rasch loslösen können. Auf seiten der Sozialdemokratie besaß weniger die pazifistische als vielmehr die antimilitaristische Tradition tiefe Wurzeln. Das Spannungsverhältnis beruhte jedoch zu einem Gutteil auf Vorurteilen und Mißverständnissen.

Generell sah sich die SPD einem Zwiespalt gegenüber, der sich nur schwer überwinden ließ: zum einen vermochte sie ihr Noske-Trauma, also das des „Bluthundes" der Weimarer Republik, nicht loszuwerden. Zum anderen hatte gerade dieses Trauma zur nachfolgend tiefen Entfremdung zwischen der Partei und der Reichswehr geführt. Wenn sie staatstragende Kraft der Bundesrepublik sein und regierungsfähig werden wollte, westdeutsche Streitkräfte sich nicht würden vermeiden lassen, mußte eine Brücke über den Graben zwischen Sozialdemokratie und Militär geschlagen werden. Mit Hilfe Kurt Schumachers hätte von seiten der SPD eine solche Konstruktion errichtet werden können. Bereits vor der parlamentarischen und öffentlichen Debatte über die EVG war es zu Kontakten zwischen Schumacher und hohen ehemaligen Offizieren gekommen, die im Umfeld des Kanzlers wieder militärpolitisch beratende Funktionen wahrnahmen. In einem Gespräch mit General a.D. Hans Speidel im Frühherbst 1950 hatte der SPD-Vorsitzende bereits sein Konzept der „offensiven Defensive" vorgestellt, das die Präsenz starker alliierter Streitkräfte in Europa und der Bundesrepublik zur Voraussetzung hatte. Sollten seine sicherheitspolitischen Vorstellungen Berücksichtigung finden, sei er, so versicherte Schumacher, „zu einer positiven Mitarbeit bereit. Er glaube dabei auch fest an die Gefolgschaft seiner Partei, wenn die Wehrmacht nicht nur von Leuten geführt wird, die restaurativ denken. Die S.P.D. müsse wissen, was sie verteidigt[25]."

Auch Erich Ollenhauer war ein Mann des Ausgleichs. Es erwies sich aber, daß die Parteivorsitzenden in dieser Frage nicht die Gesamtpartei verkörperten, die sich in ihrer breiten ideologischen Fächerung als Institution außerstande erwies, auf die ehemaligen Militärs zuzugehen. Dies zu tun, blieb Einzelpersönlichkeiten der SPD vorbehalten, derer es nur wenige gab. Die dazu willens waren, konnten sich zu Zeiten Schumachers kaum, erst während seiner Krankheit und nach seinem Tod allmählich zu sicherheitspolitischen Experten und Repräsentanten ihrer Partei profilieren. In erster Linie kamen für die Kontakte zu den ehemaligen Berufssoldaten Carlo Schmid wegen seines generell ausgleichenden Charakters, die Abgeordneten Wehner, Mellies und Erler, später Helmut Schmidt in Betracht. Bereits für den Februar 1951 hatte Fritz Erler mit

[25] Aufzeichnung Speidels, 10.10.1950, in: Kabinettsprotokolle, 3, S. 203–205, hier S. 204.

Zustimmung Kurt Schumachers ein Zusammentreffen führender SPD-Politiker mit ehemaligen Offizieren arrangiert, das man allerdings absagen mußte, als es öffentlich ruchbar wurde. Mit Rücksicht auf die Parteimitglieder und ihre Wahlklientel glaubte die SPD, solche Zusammentreffen noch außerhalb des Blickfeldes der Öffentlichkeit arrangieren zu müssen. Einen Monat später fand dann die Zusammenkunft unter dem Namen Forum statt. Die Begegnungen wurden im Sommer 1951, 1952 und 1953 fortgesetzt. Folgende Themenkreise standen zur Erörterung an:

1. Das grundsätzliche Verhältnis von Sozialismus und Wehrhaftigkeit, und zwar unter ideologischem, historischem und gegenwartsbezogenem Aspekt. 2. Voraussetzungen und Bedingungen für die Gestaltung des Verhältnisses eines möglichen deutschen Kontingents zum Westen. 3. Das Verhältnis neuer Streitkräfte zum Bonner Staat sowie dessen innere Struktur.

Kurt Schumacher hob die grundsätzliche Ablehnung des Pazifismus durch die Sozialdemokratie hervor, machte aber die Zustimmung seiner Partei zur Aufstellung westdeutscher Streitkräfte von der politischen Gleichberechtigung im Bündnis abhängig. Er vertrat hier seine bekannten Thesen von der Gleichheit gemeinsamen Handelns, dem gleichen Risiko, dem gleichen Engagement und den gleichen Chancen. Er warnte vor einer Politik des schrittweisen Bonner Entgegenkommens ohne parallel dazu gewährte Zugeständnisse seitens der Westmächte.

Bei den beteiligten ehemaligen Soldaten fand die Schumachersche Haltung zum Teil vorbehaltlose Zustimmung. Von der SPD wurde gefordert, sich energisch gegen die „Ohne-mich"-Bewegung zu wenden, was Carlo Schmid und Herbert Wehner auch zusagten. Man einigte sich schließlich auf folgende Punkte: 1. Freiheit, Einheit und Verteidigungswillen machen einen souveränen, gleichberechtigten Staat erforderlich. 2. Man erachtete einen nationalen Generalplan für die deutsche Wirtschaft als notwendig, um einen Wehrbeitrag sozial und wirtschaftlich abzustützen. 3. Sozialer Wohnungsbau, ökonomischer Aufschwung, Produktionssteigerung, Besatzungskosten und Wehrbeitrag mußten in gesunde Relationen zueinander gestellt werden. 4. Grundsätzliche Stärkung des Verteidigungswillens im Volk. 5. Vorbereitende Maßnahmen für die spätere Aufstellung der deutschen Streitmacht sind bereits zu treffen „und werden auch von der SPD durchaus bejaht"[26]. Die SPD legte sich bei diesem Gespräch bereits auf die allgemeine Wehrpflicht fest. General a. D. v. Grolman brachte zum Schluß namens seiner Kameraden den Dank für die erfreulich offene und weitgespannte Thematik der Aussprache zum Ausdruck.

Ein dreiviertel Jahr später gab es ein Zusammentreffen in anderem Rahmen mit ehemaligen Offizieren der 5. und 6. Gebirgsdivision unter Führung von General a. D. Reichelt, an der seitens der SPD der bayerische Wirtschaftsminister Rudolf Zorn, der bayerische SPD-Vorsitzende Waldemar v. Knoeringen, MdB Erler und drei ehemalige hochdekorierte Offiziere teilnahmen, die Funktionärsposten in der Partei bzw. im DGB bekleideten. Die SPD wollte sich bei dieser Gelegenheit des militärischen Sachverstands ihrer Gesprächspartner versichern und bedienen[27].

Wenig vorher hatte sich Erler mit bekannten ehemaligen hohen Offiziern, die sich über die ihrer Meinung nach unzulänglichen personellen Verhältnisse im Amt Blank beklagt hatten und um politische Hilfe nachsuchten, getroffen. U. a. äußerten die ehemaligen Militärs die Befürchtung, es könne zum Wiederaufbau des alten OKH kommen; die Dienststelle neige dazu, sich parlamentarischer Kontrolle zu entziehen. Bemängelt wurde die ihrer Auffassung nach fehlende Fähigkeit der Menschenführung bei den an sich vorzüglichen Spezialisten des Amtes. In diesem Zusammenhang sprachen die ehemaligen Offiziere den Wunsch nach der Einstellung

[26] Aktenvermerk Kapitän zur See a. D. Assmanns, über die Besprechung, 23.3.1951, AdsD, NL Erler 142.
[27] Bericht über die Kocheler Besprechung, 22.1.1952, BA–MA, BW 9/2146.

von Generalen aus, die das Defizit auf verschiedenen Gebieten aufgrund ihrer Erfahrungen auszugleichen in der Lage wären. Geklagt wurde über die Organisation Gehlen, die es anscheinend vermochte, die Anstellung ihr nicht genehmer Persönlichkeiten durch diffamierende Dossiers zu hintertreiben[28].

Wenige Tage später traf man sich noch einmal in anderer Besetzung, um sich auf die Installation eines parlamentarischen Ausschusses zur Kontrolle der Tätigkeit der Dienststelle Blank zu einigen, der neben dem nur für militärpolitische Fragen zuständigen EVG-Ausschuß etabliert werden sollte. Ihm war vor allen Dingen das Recht der Mitbestimmung bei der Berufung leitender Bediensteter des Amtes einzuräumen[29]. Die SPD konnte zunächst in dieser Richtung nichts bewirken. Bei der Aufstellung der Bundeswehr wurde dann allerdings ein ähnlicher Ausschuß, der Personalgutacherausschuß, eingesetzt.

Die seitens der SPD mit hohen ehemaligen Offizieren gepflegten Kontakte und Fachgespräche hatten u.a. zur Folge, daß die Partei sich in ihrer Auseinandersetzung mit den Soldatenbünden Zurückhaltung und bei Kritik Mäßigung auferlegte. Sie beschränkte sich in der Regel auf Einzelfälle politischer Entgleisung, ohne daß die Soldatenverbände als institutionelle Interessenvertretung Ziel von Angriffen gewesen wären.

Die Sozialdemokratie hat durch führende Persönlichkeiten an der inhaltlichen Ausgestaltung des Prinzips der Inneren Führung ebenso mitgearbeitet wie bei dem Bemühen mitgeholfen, diesem veränderten Inhalt soldatischen Selbstverständnisses und des Verständnisses des Bürgers vom Soldaten öffentlich Geltung zu verschaffen. Das eigens zu wehrpolitischen Informationszwecken gegründete Institut für Gegenwartsforschung in Wiesbaden, eine Vorläuferinstitution des späteren Militärischen Abschirmdienstes (MAD), fand die ausdrückliche Zustimmung der SPD-Mitglieder des Bundestags-Ausschusses für Fragen der europäischen Sicherheit. Für die Sozialdemokratie war „die Anregung und Förderung der allgemeinen Verteidigungsgemeinschaft in einem demokratischen Staat eine durchaus selbstverständliche Angelegenheit"[30]. Beim Besuch einer Delegation des Ausschusses für Fragen der europäischen Sicherheit in Wiesbaden gab Erler für die SPD der Überzeugung Ausdruck, „daß die Arbeit des Instituts unabhängig von der politischen Stellungnahme zum Wehrbeitrag von jeder Bundesregierung, gleich welcher Richtung, geleistet werden" müsse[31]. Es verstand sich auch von selbst, daß SPD-Abgeordnete mit Kollegen der FDP, der DP und der CDU/CSU, ungeachtet von Zustimmung oder Ablehnung der EVG, vor der Öffentlichkeit grundsätzlich Fragen der inneren und äußeren Ausgestaltung westdeutscher Streitkräfte debattierten[32].

[28] Aktenvermerk über die Besprechung, 11.7.1952, an der v. Schwerin, Müller-Brandenburg, Geyr v. Schweppenburg, Erler teilnahmen, AdsD, PV Schumacher J 104, Generalvertrag 1952.

[29] Aktenvermerk über die Besprechung vom 17.7.1952, an der v. Schwerin, Müller-Brandenburg, Wehner, Gleisner, Erler teilnahmen, ebd.

[30] SPD Pressedienst, 18.7.1953, S. 1.

[31] Notiz über den Besuch, 29.5.1953, BA–MA, BW 1/54917.

[32] Vgl. z. B. Aufzeichnung eines Rundgesprächs über „Der Bürger als Soldat. Der Soldat als Bürger" im NWDR, 20.1.1952, Teilnehmer: Willy Brandt, Fritz Erler, Erich Mende, v. Merkatz, Franz Josef Strauß, AdsD, NL Erler 8.

III. Schlußbemerkung

Es ist viel darüber gerätselt worden – und die spärliche Quellenlage gibt dem Raum –, ob der Bundeskanzler die französische Absage an die EVG als außen- und sicherheitspolitische Niederlage empfunden hat oder nicht. Eines dürfte sicher sein: der westdeutsche Regierungschef hat seit Frühjahr 1954 die Eventualität eines Scheiterns der Europäischen Verteidigungsgemeinschaft ins politische Kalkül gezogen, nichtsdestoweniger aber alles versucht, diesen Fall nicht eintreten zu lassen. Die dann rasch zustande gekommene NATO-Lösung führte an den Ausgangspunkt Adenauerscher verteidigungspolitischer Überlegungen zurück. Indessen bedeutete die Verhinderung des EVG-Projektes Stagnation in der europäischen Integrationsbewegung, letztlich sogar einen Rückschritt, denn mit der EVG wurde auch die Europäische Politische Gemeinschaft in der vorgesehenen Form enger supranationaler Verschmelzung zunächst einmal zugunsten der wirtschaftlichen Annäherung vom ersten Platz und von der aktuellen politischen Tagesordnung überhaupt gestrichen.

Mußte der Kanzler bezüglich des gewünschten unmittelbaren Beitritts westdeutscher Truppen zur NATO nun wieder mit einer verstärkten sicherheitspolitischen Opposition im Lande selbst rechnen? Die Antwort auf diese Frage läßt sich finden, wenn man den Stand der sicherheitspolitischen Diskussion in der Innenpolitik analysiert. Wir haben eines feststellen können: Es ist Adenauer gelungen, die überwiegend kritisch eingestellte deutsche Öffentlichkeit schließlich mehrheitlich für seine Politik eines aktiven militärischen Sicherheitsbeitrages der Bundesrepublik im Rahmen eines westlichen Bündnisses zu gewinnen. Dafür sind mehrere Umstände maßgebend gewesen:

1. Der wirtschaftliche Aufschwung der Bundesrepublik, vom Korea-Boom allmählich in das sogenannte Wirtschaftswunder einmündend, hat den Willen der westdeutschen Bevölkerung gestärkt, das materiell und sozial Erreichte auch zu verteidigen. Es ist den von Adenauer geführten Bundesregierungen in diesem Zusammenhang als Verdienst anzurechnen, Flüchtlinge, Vertriebene und Kriegsgeschädigte mit Erfolg in den ökonomischen Wachstumsprozeß eingegliedert und politisch wie gesellschaftlich integriert zu haben. Das junge parlamentarisch-demokratische Staats- und Sozialgefüge festigte sich zunehmend und bot im Vergleich zum anderen Teil Deutschlands ein Maß an freier Entfaltungsmöglichkeit individueller und kollektiver Art, das man nicht Opfer fremder Mächte werden lassen wollte. Hier muß daran erinnert werden, daß es weitgehend gelang, dem Großteil der ehemaligen Berufssoldaten und des im Dritten Reich tätigen Beamtentums – soweit es keine strafbaren Handlungen begangen hatte – wieder seine erworbenen Rechte zuzuerkennen und damit für das Staats- und Gesellschaftswesen der Bundesrepublik zu gewinnen und für dessen Verteidigung nach außen zu verpflichten. Damit war ein gewichtiges sicherheitspolitisches Kritikpotential neutralisiert bzw. zu Befürwortern der Sicherheitspolitik der Bundesregierung geworden.

2. Der Bundeskanzler hatte nicht nur im Zuge der inneren Konsolidierung in nahezu allen Bereichen Statur gewonnen, sondern sich auch durch die Art und durch den Erfolg seines Umgangs mit den westlichen Okkupationsmächten in einer Weise politisches Profil zugelegt, die ihm in weiten Kreisen der westdeutschen Bevölkerung Respekt verschaffte, die aber auch das außenpolitische Ansehen der Bundesrepublik mehrte, ihre außenpolitische Handlungsfreiheit erweiterte und ihr europäisches wie internationales Gewicht erhöhte. Adenauers Sicherheitspolitik geriet in den Sog dieser Erfolge, die in der zweiten Bundestagswahl des September 1953 von der Wählerschaft mehrheitlich honoriert wurden. Es war deutlich geworden, daß der Kanzler die

militärische Westintegration und damit die EVG als Vehikel zum Transport seiner Forderungen nach Abschaffung des Besatzungsregimes, nach politischer Gleichberechtigung innerhalb der demokratischen Völkergemeinschaft benutzte, mit Erfolg, wie im Deutschlandvertrag dokumentiert und in dessen politischem Vorfeld durch sukzessiven Abbau der Besatzungsrechte bereits politisch spürbar war.

3. Nach dem nationalpolitischen Desaster des Jahres 1945 gewann die Europaidee zunehmend an Attraktivität, ja Faszination, weil ein integriertes Europa die einzig möglichen Rahmenbedingungen zu bieten schien, innerhalb derer die Deutschen nach der totalen Niederlage – weil kontrollier- und majorisierbar – ihrem völkischen, politischen und kulturellen Selbsterhaltungs- und Selbstbehauptungswillen weiterhin Ausdruck zu verleihen vermochten und weil ein vereinigtes Europa ein konfliktfreies zwischenvölkisches und zwischenstaatliches Miteinander auf einer gleichsam höheren Stufe der politischen Entwicklung verhieß. Wenn diesem Ideal einer europäischen Gemeinschaft auf dem Weg über eine westdeutsche Partizipation an den westlichen Sicherheitsbemühungen überhaupt und gar schneller näherzukommen war als über andere Integrationsanstrengungen, dann zeigten sich auch politisch einflußreiche Gruppen in der Bundesrepublik, die allem Militärischen prinzipiell und in der gegebenen politischen Situation speziell ablehnend gegenüberstanden, zu Konzessionen bereit, insbesondere dann, wenn man erwarten durfte, daß innerhalb einer Europäischen Verteidigungsgemeinschaft der Gefahr eines Wiedererwachens des überkommenen deutschen Militarismus vorgebeugt werden konnte. In diesem Kontext ist beispielsweise an die Haltung des Deutschen Gewerkschaftsbundes zu erinnern.

4. Es blieben die sicherheitspolitischen *Kontrahenten* und *Kritiker* Adenauers aus gesamtdeutscher Verantwortung: Was in diesem Punkt das Verhalten des allgemeinen Wählervolkes betraf, so war hier ein Wandlungsprozeß festzustellen. Wie bereits gesagt, trat, eingedenk der verfestigten bipolaren Konstellation des Kalten Krieges, der Wille zur Wiedervereinigung hinter die Einsicht zurück, sie nicht in absehbarer Zeit erreichen zu können. In der Bevölkerung gewann Adenauers Politik der Stärke, die Moskau an den deutschlandpolitischen Verhandlungstisch zwingen sollte, an Überzeugungskraft. Dies fand seinen Niederschlag in der wachsenden Akzeptanz Bonner Europa- und Sicherheitspolitik einerseits und der Tatsache zweier deutscher Staaten andererseits. Dieser Stimmungsumschwung war ablesbar an der schwindenden Anhängerzahl der Neutralisten und der Befürworter eines Primats der Deutschlandpolitik, wie sie z. B. Noack und Heinemann um sich sammelten. Im Zuge dieser aufgezeigten Gesamtentwicklung verstummten auch die Kritiker Adenauerscher Sicherheitspolitik in der Union, soweit sie nicht aus dieser ausgetreten oder von dieser eliminiert worden waren.

5. Diejenigen, die sich Adenauers Sicherheitspolitik aus Gewissensgründen verweigerten (kein Bruderkrieg), und die Pazifisten haben in der Bundesrepublik Deutschland niemals eine politisch ins Gewicht fallende Rolle gespielt. Dies gilt für Sozialdemokraten ebenso wie für Vertreter und Mitglieder der beiden großen kirchlichen Konfessionen. Dies traf aber insbesondere für die Katholische Kirche zu. Aber auch die Kritiker Adenauerscher Sicherheitspolitik in der Evangelischen Kirche waren dort niemals mehrheitsfähig. Die sicherheitspolitischen Bedenken der EKD beruhten weitgehend auf dem Bestreben, ihren gesamtdeutschen Verpflichtungen nachzukommen und eines der letzten deutsch-deutschen institutionellen Bindeglieder nicht zu zerstören. Aber bereits mit ihrem Entschluß an der Jahreswende 1951/1952, seelsorgerische Funktionen in einer zukünftigen westdeutschen Armee zu übernehmen, knüpfte die Evangelische Kirche an ihre überkommene, auf ihrem Staatsverständnis beruhende militärpolitische Tradition wieder an. Ihre Gläubigen unterschieden sich in der Artiku-

lation ihres politischen Willens ohnehin nicht viel von der bundesdeutschen Gesamtwählerschaft.

Schließlich waren es die evangelischen Wähler, die mit ihrer Stimme 1953 dem Bundeskanzler und der CDU zu ihrem großen Stimmengewinn verhalfen. Das politische Selbstverständnis vieler evangelischer Geistlicher dürfte dieses Wahlverhalten in nicht unerheblichem Maße mit beeinflußt haben. Unter ihnen gab es ja nicht nur die relativ geringe Zahl der Wehrmachtgeistlichen mit ihrem zumeist positiven Verhältnis zum Militär. Zahlreiche der zumindest älteren Pfarrer, und dies war ausschlaggebender, besaßen, akademischem Selbst- und sozialem Staatsverständnis entsprechend, das Reserveoffizierpatent.

Es läßt sich also ein unmittelbarer Zusammenhang zwischen dem politischen, ökonomischen und sozialen Stabilisierungsprozeß innerhalb der Bundesrepublik und der innenpolitischen Auseinandersetzung um einen westdeutschen Verteidigungsbeitrag ebenso feststellen wie eine Kausalverbindung zwischen Aufrüstung und europäischer Integration. Das Scheitern der EVG an der französischen Nationalversammlung hat die innenpolitische Diskussion um einen Verteidigungsbeitrag der Bundesrepublik nicht unterbrochen oder gar verstummen lassen. Dafür entwickelten sich die Ereignisse zu rasch in Richtung auf eine zumindest militärische Ersatzlösung – die Mitgliedschaft in der NATO. Die Diskussion erhielt aber nun eine neue Qualität. Es mußte sich herausstellen, wie stark die Gruppe der Befürworter des westdeutschen Verteidigungsbeitrages aus europäischer Gesinnung war. Denn zusammen mit der EVG wurde auch ein Gutteil der Hoffnungen auf die Überwindung nationaler Egoismen durch den Aufbau eines vereinigten Westeuropas zu Grabe getragen, eine Hoffnung, die, wie gesagt, die Disziplinierung des deutschen Militarismus mit einschloß.

Es blieb die offene Frage, ob nun nicht ein Umschwung in der öffentlichen Stimmungslage eintreten könnte, demzufolge es schwer sein würde, nach einer militärischen Ersatzlösung für die EVG zu suchen. Immerhin hatten sowohl die Koalitionspartner wie die SPD nationalen Kontingenten abgeschworen. Aber auch der umgekehrte Fall war nicht auszuschließen: würden nicht durch die französische Absage an eine gemeinsame westeuropäische Verteidigungspolitik nationalistische Reminiszenzen in einem Maße freigesetzt, die einer anderen integrativen Lösung als der europäischen entgegenstanden?

Aber das Scheitern der EVG besaß nicht nur eine militär- und sicherheitspolitische Seite. Im Rahmen der Europäisierungsbestrebungen hatte man ungelöste und brisante politische Themen, die in Frankreich wie in der Bundesrepublik nationalen Zündstoff bargen, zumindest entschärfen können. Hier sei auf die Saarfrage hingewiesen. Nun war in dieser Hinsicht eine völlig neue Situation entstanden.

Es gab aber für die Protagonisten eines westdeutschen Verteidigungsbeitrages nicht nur Grund zu Pessimismus. Zwischen dem Sicherheitsmemorandum des Bundeskanzlers vom Spätsommer 1950 und der französischen Absage an die Europäische Verteidigungsgemeinschaft vier Jahre später lag eine Entwicklung, die das Bemühen um die Aufstellung westdeutscher Streitkräfte und um die Partizipation an westlichen Verteidigungsanstrengungen ganz allgemein vorangebracht hatte. Die verfassungsrechtlichen Bedenken waren aus dem Weg geräumt. Wer das öffentliche Meinungsbild genau studierte, konnte feststellen, daß die Erfolge der von Adenauer geführten Regierung, insbesondere die sozial- und wirtschaftspolitischen, die Front der Gegner ihrer Sicherheitspolitik merklich aufgeweicht hatte. Der Kanzler schwamm auf einer Welle allgemeiner Zustimmung, von der auch seine Sicherheitspolitik, gleich welcher Konstellation, mitgetragen wurde. Noch eine weitere Frage verlangte nach einer Antwort: Würde nun ein allgemeiner Meinungsumschwung eintreten, würde man dem Regierungschef das Scheitern der

EVG als Scheitern seiner Außen- und Sicherheitspolitik auslegen? Entsprechende Befürchtungen erwiesen sich als unbegründet. Die innenpolitische Konsolidierung besaß beim Bundesbürger eine wesentlich höhere Priorität als außen- und sicherheitspolitische Erfolge.

Auch die parteipolitische Szene hatte sich verändert: Nach dem Eklat, den die EVG in der französischen Nationalversammlung auslöste, hielt man in der sicherheitspolitischen Auseinandersetzung der Bundesrepublik nur einen Moment den Atem an, um sich dann regierungsseitig auf die Suche nach einem neuen verteidigungspolitischen Modell zu begeben. Währenddessen unternahm die Führung der Sozialdemokraten vermehrt Anstrengungen, Argumente zu finden, die es ihr ermöglichten, sich ohne Gesichtsverlust für die Opposition und ohne Einbuße der Wählergunst mit dem offenbar Unvermeidbaren, nämlich zukünftigen westdeutschen Streitkräften, in einer wie auch immer gearteten westlichen Allianz zu arrangieren. Dahinter stand nicht zuletzt das Bestreben, das Verhältnis von SPD und bewaffneter Macht nicht schon im Vorfeld ihrer Rekrutierung psychologisch und damit auch politisch zu belasten: dies war eine der vielen Lehren aus Weimars unglücklichen Zeiten.

Dritter Teil

Die Planung des Verteidigungsbeitrages der Bundesrepublik Deutschland im Rahmen der EVG

von
Wilhelm Meier-Dörnberg

I. Bedingungen und Grundlagen der deutschen militärischen Planung nach den Brüsseler NATO-Ratsbeschlüssen vom Dezember 1950[1]

1. Das Ergebnis von Brüssel und die Unterrichtung Adenauers durch die Besatzungsmächte

Die grundsätzliche Entscheidung der Westmächte für einen deutschen Verteidigungsbeitrag vom Herbst 1950 lag in der militärischen Schwäche Westeuropas gegenüber der Sowjetunion begründet. Seine Planung bedeutete aber weit mehr als die Bewältigung einer militärischen Organisationsaufgabe im „Kalten Krieg". Es handelte sich dabei vor allem um ein komplexes politisches Problem, weil die jeweilige Form der künftigen deutschen Streitkräfte korrespondierende Folgen für den politischen Status der Bundesrepublik Deutschland nach sich ziehen mußte.

Ihre militärische Gleichberechtigung innerhalb der NATO war ohne politische Gleichberechtigung und damit ohne Aufnahme in den Atlantikpakt undenkbar. Der Beitritt zum Nordatlantikvertrag hätte die vollständige Aufhebung des Besatzungsstatuts und damit das Ende der Besatzungsherrschaft vorausgesetzt, da das westliche Bündnis auf dem Grundsatz der Gleichberechtigung und Souveränität seiner Mitglieder beruht.

Planung, Aufstellung und Verfügungsgewalt der neuen deutschen Streitkräfte wären dann letztlich allein in die Zuständigkeit der Bundesrepublik gefallen, ja die Mitgliedschaft im Bündnis selbst wäre ihrer Entscheidung vorbehalten gewesen. Von solch riskanten Zugeständnissen waren die drei westlichen Besatzungsmächte, knapp sechs Jahre nach Kriegsende, aus historisch verständlichen Gründen allerdings noch weit entfernt.

Umgekehrt hätte eine bloße Bereitstellung deutscher Soldaten nach Art einer Hilfsarmee ohne entscheidenden nationalen Einfluß auf deren Führung und Verwendung die Bundesrepublik auf unabsehbare Zeit in ihrem halbsouveränen Zustand, wie er sich seit ihrer Gründung herausgebildet hatte, belassen. Deutschen Hilfstruppen, eingegliedert in die westliche Allianz, hätte ein tributärer deutscher Staat entsprochen. Abgesehen von ihrem zweifelhaften militärischen Wert, war diese Lösung aber für die Bundesregierung allein aus innenpolitischen Gründen unannehmbar.

Planung deutscher Streitkräfte hieß somit zugleich auch Planung der politischen Zukunft der Bundesrepublik. Die Form des Verteidigungsbeitrages und die Art seines Einbaus in die Atlan-

[1] In der Geschichte des Nordatlantikpaktes bildet die 6. Ratstagung vom 18. und 19.12.1950 in Brüssel einen Markstein. Auf ihr wurden folgende grundlegende Dokumente beschlossen: 1. „The Creation of an Integrated European Defense Force, the Establishment of a Supreme Headquarters in Europe, and the Reorganization of the NATO Military Structure" (= D.C. 24/3 v. 12.12.1950), in: FRUS 1950, III, S. 548 bis 564; 2. „Political Aspects of the Contribution of Germany to the Defense of Western Europe" (= D-D/196/Final/v. 9.12.1950); 3. „Military Aspects of German Participation in the Defense of Western Europe" (= D/MC-D/2 v. 12.12.1950). Die letztgenannten Dokumente bilden eine Einheit und werden als „Brüsseler Vereinbarung", auch „Brüsseler Entscheidung" oder „Brüsseler Formel" bezeichnet (FRUS 1950, III, S. 586 u.). Sie waren vom NATO-Stellvertreterrat und NATO-Militärausschuß in zahlreichen Sitzungen vorbereitet worden. Abgedruckt in: FRUS 1950, III, S. 531–547.

tikpaktorganisation entschied gleichzeitig über das Maß an Handlungsfreiheit der Bundesrepublik und die sich daraus ergebenden vielfältigen außen- und innenpolitischen Konsequenzen.

Die Westmächte standen dabei ständig vor dem Doppelproblem ihrer Sicherheit *vor* bzw. größerer Sicherheit *mit* dem ehemaligen Gegner. Dieser Zwiespalt bestimmte alle Aufrüstungsverhandlungen auf das nachhaltigste. Die für den deutschen Verteidigungsbeitrag zu findende Organisation sollte beiden Zielen gerecht werden und trug daher von Anfang an einen Widerspruch in sich, wie er sich auch in den für die weitere Entwicklung der NATO und den deutschen militärischen Beitrag grundlegenden Beschlüssen des NATO-Rats, des höchsten politischen Gremiums des Nordatlantikpakts, vom 19. Dezember 1950 in Brüssel widerspiegelt.

Die Allianz einigte sich darin, unverzüglich eine gemeinsame Verteidigungsstreitmacht mit einem zentralen Obersten Hauptquartier und einem amerikanischen Offizier als Oberstem Befehlshaber in Europa zu schaffen und die bisher noch wenig koordinierten regionalen Kommandobereiche entsprechend zu reorganisieren. Noch am selben Tag übertrug der NATO-Rat General Eisenhower, dem Wunschkandidaten der Europäer, das neue Kommando, und die USA und Frankreich unterstellten ihm die ersten Truppen. Weitere Verstärkungen wurden angekündigt[2].

Damit begann der militärische Aufbau des Nordatlantikpakts, der vorher kaum mehr war als eine politische Allianz mit einem rudimentären militärischen Unterbau[3]. Das Bündnis hätte einem angegriffenen Mitglied nur nach einer längeren Mobilisierungsphase zu Hilfe eilen können. Erst jetzt, eineinhalb Jahre nach der Gründung, begann seine Umwandlung in ein auch im Frieden präsentes Abschreckungsinstrument. Der Nordatlantikpakt erhielt die für ihn charakteristische militärische Struktur, er wurde zur Nordatlantikpaktorganisation, zur „NATO".

Es waren die europäischen Bündnismitglieder, insbesondere Frankreich, die dieses Abschreckungsinstrument bei möglichst starker Präsenz amerikanischer Truppen in Westeuropa gefordert hatten, weil sie sich damit eine Befreiung von einem Angreifer nach dem Muster des Ersten und Zweiten Weltkrieges zu ersparen hofften[4].

Die wichtigste Vereinbarung von Brüssel betraf die militärische Beteiligung der Bundesrepublik Deutschland an dem entstehenden westlichen Verteidigungssystem[5]. Ein deutscher Verteidigungsbeitrag war prinzipiell schon auf der Septembertagung des Nordatlantikrates in New York für unerläßlich erklärt worden. Wie er beschaffen sein sollte, war das schwierige Problem, das seitdem zahllose politische und militärische Stellen der Westmächte intensiv beschäftigt und den Aufbau der gemeinsamen Streitmacht praktisch lahmgelegt hatte. Die in Brüssel gefundene Lösung war die Voraussetzung für das vom amerikanischen Präsidenten Truman zugesagte größere militärische Engagement der USA in Europa einschließlich höherer Militärhilfe. Die Brüsseler Vereinbarung erlaubte nunmehr auch der französischen Regierung, die sich am längsten einer Aufrüstung Westdeutschlands widersetzt hatte, ihr im Grundsatz zuzustimmen[6].

Sie war im wesentlichen ein Kompromiß zwischen einer amerikanischen und einer französischen Konzeption[7]. Der vom Rat fast einhellig unterstützte Vorschlag der USA sah eine mög-

[2] Den Hergang schildert Acheson, Present at the Creation, S. 485 ff.
[3] Greiner, Alliierte militärstrategische Planungen, S. 119 ff.
[4] Hierzu z. B.: Acheson, Present at the Creation, S. 399.
[5] Vgl. Anm. 1.
[6] Wiggershaus, Entscheidung, S. 390 ff.
[7] Die „Brüsseler Vereinbarung" wurde daher auch nach dem amerikanischen NATO-Bevollmächtigten und Vorsitzenden des NATO-Stellvertreterrates „Spofford-Kompromiß" genannt.

lichst rasche Aufstellung deutscher Verbände im Rahmen der NATO vor[8]. Im Gegenzug hatte Frankreich mit dem Pleven-Plan[9] geantwortet, der die Einschmelzung deutscher Truppen auf der Ebene kleinstmöglicher Einheiten[10] in eine vorher zu entwickelnde supranationale, einheitliche und rein europäische Militärorganisation vorschlug. Diese entnationalisierten, mit einem europäischen Status versehenen und europäischen politischen Organen unterstehenden Streitkräfte sollten in die NATO eingegliedert werden. Sie hätten praktisch eine Armee in einer Armee gebildet und der Bundesrepublik, der damit der Zugang zum Nordatlantikpakt verbaut werden sollte, bestenfalls nur einen indirekten Einfluß auf Verwendung und Einsatz der deutschen Soldaten erlaubt.

Der Kompromiß bestand darin, mit der amerikanischen Konzeption zu beginnen und nach einer nicht näher festgelegten Übergangsphase die deutschen Truppen in die bis dahin geschaffene supranationale europäische Organisation zu überführen. Allerdings konnte die französische Regierung nicht fest mit der von ihr geforderten Europäisierung des deutschen Kontingents rechnen: Dieser Schritt sollte nur vorgenommen werden dürfen, wenn er militärisch sinnvoll sei und die NATO hierdurch gestärkt werde. Das Urteil darüber behielt sich die NATO selbst vor.

Bundeskanzler Adenauer wurde unmittelbar nach der Ratssitzung, der sich eine kurze Außenministerkonferenz der USA, Großbritanniens und Frankreichs angeschlossen hatte, von den drei Hohen Kommissaren auf dem Petersberg über Entscheidungen und Absichten der Westmächte unterrichtet[11].

Sein fünfstündiges Gespräch mit McCloy, Kirkpatrick und François-Poncet am 21. Dezember 1950 markierte den Anfang einer neuen Phase in der deutschen Nachkriegsgeschichte. Nach der Zeit der alliierten Militärregierungen und des oktroyierten Besatzungsstatuts waren die westlichen Besatzungsmächte jetzt bereit, ihre Beziehungen zur Bundesrepublik weitgehend in vertragliche Regelungen umzuwandeln. Einen zentralen Punkt schlossen sie allerdings ausdrücklich von den Verhandlungen bis auf weiteres aus: das von ihnen aus der totalen Niederlage des Deutschen Reiches abgeleitete Recht der Anwesenheit alliierter Truppen auf deutschem Boden. Selbst wenn die Bundesregierung es gewollt hätte, auf einen Abzug der Besatzungsstreitkräfte hatte sie somit keinen Einfluß. Die Berufung auf das Prinzip des „unconditional surrender" löste eine scharfe Reaktion Adenauers aus. Er fürchtete, die Besatzungsmächte könnten damit Verträge jederzeit wieder aus den Angeln heben. Zur Verblüffung der Hohen Kommissare verweigerte er daher für einen Augenblick sein erwartetes Einverständnis zur Aufnahme der Verhandlungen, bis seine Bedenken weitgehend zerstreut waren und ihm versichert wurde, „die gegenwärtigen Beziehungen mit der Bundesrepublik würden, wo immer es gehe und so schnell wie möglich, auf eine vertragliche Grundlage gestellt"[12].

[8] Die amerikanischen Vorstellungen finden sich zusammengefaßt in dem Dokument D.C. 29, „German Contributions to the Defense of Western Europe", v. 26.10.1950, FRUS 1950, III, S. 406–409.

[9] Regierungserklärung des französischen Ministerpräsidenten René Pleven v. 24.10.1950, in: Sicherheitspolitik 1, S. 99–103.

[10] Die deutschen Formationen sollten höchstens Bataillonsstärke erreichen dürfen.

[11] Adenauer, Erinnerungen 1, S. 398–405; s. auch Bericht McCloys an Acheson v. 22.12.1950, in: FRUS 1950, IV, S. 813–817, und: Wettig, Entmilitarisierung in Deutschland, S. 394 ff.

[12] FRUS 1950, IV, S. 816. Adenauer, der in seinen Erinnerungen sehr ausführlich über die Unterredung mit den Hohen Kommissaren und sein Erschrecken über eine „Besatzungsherrschaft auf ewige Zeiten" berichtet, hat merkwürdigerweise diesen Vorfall nicht erwähnt. Den Besatzungsmächten ging es trotz o.g. Zusicherung nur um eine Anpassung des Besatzungsstatuts an die veränderte Weltlage, nicht aber um seine Aufhebung. Ihre „supreme authority" sollte gewahrt bleiben.

Adenauers kurze Weigerung hatte wohl überwiegend taktische Gründe: Die Bildung einer gemeinsamen atlantisch-westeuropäischen Streitmacht, der deutsche Verteidigungsbeitrag und die Ablösung des Besatzungsstatuts standen in einem untrennbaren Zusammenhang. Dies war der Bundesregierung spätestens seit der New Yorker Rats- und Außenministerkonferenz vom September 1950 bekannt und wurde durch das Brüsseler Dreimächte-Kommuniqué bestätigt, wonach solche Veränderungen des Besatzungsregimes ins Auge gefaßt werden könnten, die „logischerweise im Zusammenhang mit einem deutschen Verteidigungsbeitrag stehen könnten"[13]. Die Westmächte hatten sich abgesprochen, die Bundesrepublik als Bittsteller auftreten zu lassen. Ihr überragendes Interesse an einem deutschen militärischen Beitrag zur Stärkung ihrer eigenen Position gegenüber dem Osten brachte sie nun aber selbst, zu Adenauers Vorteil, in diese Rolle.

Von der früheren Praxis einseitig getroffener Entscheidungen abgehend, wurde Adenauer zugesichert, die Bundesrepublik nicht mehr vor vollendete Tatsachen zu stellen, sondern die Frage ihres Verteidigungsbeitrages frei zu verhandeln. Dies schloß die Möglichkeit, die Brüsseler Beschlüsse zum deutschen militärischen Beitrag abzulehnen oder Gegenvorschläge zu unterbreiten, ausdrücklich ein[14].

Adenauer, der die Bildung der gemeinsamen Streitkräfte unter Eisenhower im übrigen begrüßte, nannte zwei Voraussetzungen, die erfüllt werden müßten, um die Deutschen hierfür zu gewinnen: ausreichend alliierte Streitkräfte in der Bundesrepublik zum Schutz gegen einen sowjetischen Angriff, nicht bloß Truppen zur Deckung des eigenen Rückzuges, und: Gleichberechtigung des deutschen Kontingents, das keinesfalls schlechteren Kampfbedingungen unterworfen werden dürfe als die anderen Truppen[15].

Die Hohen Kommissare waren angewiesen, Adenauer nur die große Linie der Brüsseler Vereinbarung mitzuteilen. Das Dokument wurde ihm bewußt vorenthalten[16]. Eigene Differenzen und Unsicherheiten sollten verdeckt bleiben, um der Bundesrepublik die Möglichkeit zu nehmen, als Schiedsrichter aufzutreten. So erhielt der Bundeskanzler von den Überlegungen und tieferen Absichten der Westmächte nur in groben Umrissen Kenntnis. Freilich konnten ihm einige Auffassungsunterschiede kaum verborgen bleiben. Während François-Poncet mehr die Idee des Pleven-Planes hervorhob, betonte McCloy eher die ausschlaggebende Sachkompetenz des Obersten Befehlshabers für die endgültige Organisation der deutschen Verbände.

Als Folge der Brüsseler Vereinbarung und ihrer Erörterung mit Adenauer kam es zu einer zunächst zweigleisigen Behandlung über die Form des deutschen Verteidigungsbeitrages an unterschiedlichen Orten und mit voneinander abweichenden Prioritäten und Zielen:

Am 9. Januar 1951 begannen auf dem Petersberg, dem Sitz der „Allierten Hohen Kommission für Deutschland", nahe Bonn, Expertengespräche der Besatzungsmächte mit der Bundesregierung über Umfang und Art des deutschen Beitrages. Hierbei ging es vorrangig um die Lösung eines dringlichen militärischen Problems, nämlich die möglichst schnelle Aufstellung deutscher Truppen innerhalb der NATO („NATO-Lösung").

[13] KAG, 1950, S. 2723.

[14] FRUS 1950, IV, S. 816; KAG, 1950, S. 2728.

[15] Adenauer, Erinnerungen 1, S. 400f. Dieselbe Forderung hatte Adenauer bereits mehrfach im Vorfeld der Brüsseler Ratstagung erhoben. In einem dem amerikanischen Journalisten Kingsbury-Smith am 11.12.1950 gegebenen Interview hatte er unter diesem Gesichtspunkt den „Spofford-Kompromiß", soweit er ihm bekannt geworden war, noch rundweg abgelehnt (ebd., S. 394–397).

[16] FRUS 1950, IV, S. 806 u. François-Poncet überließ Adenauer allerdings den Text seiner Erklärung vom 21.12.1950.

Am 15. Februar 1951 wurde auf Einladung Frankreichs unter Beteiligung der Bundesrepublik in Paris die Konferenz über den Pleven-Plan eröffnet. Dort stand die langwierige und höchst komplexe politische Frage einer supranationalen europäischen Militärorganisation, nämlich der Europäischen Verteidigungsgemeinschaft (EVG), im Vordergrund („europäische Lösung").

2. Die politische Funktion des deutschen Verteidigungsbeitrages

a) Die Ziele der Westmächte

Die wesentlichen Strukturen einer Institution werden durch deren Gründungsgeschichte bestimmt[17]. Geht man davon aus, daß die Form einer Organisation ihrer Funktion folgt, sich ihr zumindest annähert, dann erklärt sich die Struktur, der Typus der geplanten deutschen Streitkräfte wesentlich aus dem, was mit ihnen bezweckt wurde. Die Antwort hierauf erfordert eine genauere Analyse der Brüsseler Vereinbarung, die trotz ihres Kompromißcharakters für die Verhandlungen und die Planung des deutschen Verteidigungsbeitrages grundlegend blieb. Sie enthielt all die Prinzipien und Ziele, auf die es nach dem Willen der Westmächte bei der Aufrüstung der Bundesrepublik ankam.

Ausgangspunkt westlicher Überlegungen war die *Nutzung* des deutschen Potentials für die westliche Verteidigungsorganisation im weitesten Sinne. Bereits die New Yorker Ratstagung hatte zu dem Befund geführt, daß zum Aufbau einer gemeinsamen Streitmacht, sollte sie ihren Zweck erfüllen, „alle verfügbaren Arbeitskräfte und Produktionsreserven [...] voll ausgenützt werden müssen"[18]. Die Brüsseler Vereinbarung war deutlicher: Die Westmächte hielten die Verteidigung Westeuropas einschließlich der Bundesrepublik „ohne aktive und bereitwillige deutsche Beteiligung" für aussichtslos. Daher sollte die deutsche Industrie „in größtmöglichem Maße" für die Ausrüstung der deutschen und der NATO-Truppen herangezogen werden. Zum Umfang der deutschen Streitkräfte hieß es entsprechend: „Vom militärischen Standpunkt ist der größte mögliche Beitrag höchst wünschenswert." Es lag auf derselben Linie einer maximalen und optimalen Nutzung des deutschen Potentials, wenn hinzugefügt wurde: „Um den höchsten Grad militärischer Wirksamkeit zu erreichen, ist normalerweise der größte nationalgeschlossene Truppenverband anzustreben[19]." Dies war das genaue Gegenteil dessen, was der Pleven-Plan vorschlug.

Neben die größtmögliche Nutzung der deutschen personellen und materiellen Ressourcen trat das Ziel ihrer *Fesselung*[20] an den Westen. Die Westmächte wurden dabei von einem doppelten Motiv geleitet. Die größte überhaupt denkbare militärische Bedrohung sah die NATO in einer deutsch-sowjetischen Allianz[21]. Wenn Westeuropa im Kriegsfalle ohne deutsche Beteiligung nicht verteidigt werden konnte, so war seine Position bei einem deutsch-sowjetischen Zu-

[17] Rüegg, Studentische Revolte, S. 1.

[18] Engel, Handbuch, S. 398. Um den Deutschen keine Waffen mehr in die Hand geben zu müssen, war französischerseits erwogen worden, arbeitslose Deutsche in Länder mit Vollbeschäftigung zu „transferieren", wo sie Personal für die Streitkräfte freistellen sollten, FRUS 1950, III, S. 157.

[19] FRUS 1950, III, S. 541 u. 545.

[20] Gilbert Ziebura, Deutsch-französische Beziehungen, S. 67, spricht von „Domestizierung".

[21] FRUS 1950, III, S. 539.

sammengehen vollends unhaltbar. Deutschland galt als das entscheidende Objekt des Kalten Krieges. Es war das „Zentrum des Kampfes zwischen Ost und West"[22], das, soweit der eigene Einfluß reichte, behauptet werden mußte. Sein vollständiger Besitz war nach vorherrschender Meinung ausschlaggebend für den Ausgang des Kalten Krieges. Acheson brachte dies auf die Formel: „Wenn Deutschland nicht mit dem Westen, Lage gefährlich; wenn Deutschland auf seiten des Ostens, Problem unlösbar[23]."

Die Fesselung der Bundesrepublik sollte daher den Zugriff der Sowjetunion auf deren Kraftquellen unmöglich machen. Die in New York vereinbarte Strategie der „Vorwärtsverteidigung", der Verteidigung Westeuropas „so weit östlich wie möglich", diente dementsprechend nicht nur dem Schutz der Bundesrepublik. Sie war, wie die Brüsseler Vereinbarung konstatierte, „wesentlich, um das beträchtliche Potential Westdeutschlands dem Gegner zu verweigern und für die Alliierten zu sichern". Sie war darüber hinaus militärisch notwendig, „um der Land- und Luftverteidigung Westeuropas Tiefe und Zusammenhang zu geben"[24].

Das zweite Motiv entsprang den historischen Erfahrungen der Westmächte mit Deutschland. Den Deutschen sollte die Rückkehr zu einer unabhängigen Politik zwischen Ost und West, das heißt ein Anknüpfen an ihre traditionelle Rolle in Mitteleuropa, verwehrt werden: „Die deutschen Streitkräfte müssen so geformt werden, daß sie Europa niemals mehr in einen Krieg stürzen können[25]." Ins Positive gewendet stand dahinter die Idee der Aussöhnung und des europäischen Zusammenschlusses. Das Mißtrauen gegenüber den Deutschen war jedoch noch nicht geschwunden. Sie könnten, so wurde geargwöhnt, eines Tages, gezwungenermaßen oder auch aus eigenem Antrieb, auf die Seite der Sowjetunion übertreten. Die Erinnerung an Rapallo und den Hitler-Stalin-Pakt war noch lebendig. Die Sorge, Deutschland in eine vorkriegsähnliche Lage zu manövrieren, aus der es West und Ost gegeneinander ausspielen könne, blieb noch lange ein Schreckgespenst für westliche Politiker[26].

Nach Ansicht Achesons folgte die Besatzungsherrschaft dem Gesetz fallender Erträge. In zwei, spätestens drei Jahren würden ihre bislang großen Einwirkungsmöglichkeiten rapide absinken[27]. Bis dahin sollte die deutsche Ernte eingebracht und die Bundesrepublik, wenn schon nicht ganz Deutschland, unauflösbar mit dem Westen verbunden sein.

Das war seit längerem immer wieder auf ganz unmißverständliche Weise gefordert worden. Man müsse die Deutschen „anschirren", „anschmieden", „ankuppeln", sie im Westen „verankern", „einzementieren", mit ihm „verstricken", sie „in ein größeres Ganzes einweben", sie in ein Netz internationaler Organisationen „vermaschen"[28]. Solche Metaphorik läßt keinen Zweifel an

22 Ebd., S. 1076.
23 Ebd., S. 1019.
24 Ebd., S. 539.
25 Ebd., S. 542.
26 So erklärte der französische Außenminister Georges Bidault noch am 25.1.1954 anläßlich der Eröffnung der Außenministerkonferenz in Berlin: „Auf Grund der Lehren der Vergangenheit muß es vermieden werden, in einen Zustand zurückzufallen, in dem ein Land im Mittelpunkt Europas den Osten gegen den Westen [auszuspielen] und seine eigene Stärke zu vermehren vermag, indem es abwechselnd beiden Lagern Zugeständnisse abzwingt und so zum Schiedsrichter wird, nachdem es vorher nur Gegenstand der Politik war." Viererkonferenz, S. 7.
27 FRUS 1950, III, S. 1015.
28 Die Formulierungen finden sich in der genannten Reihenfolge in: FRUS 1950, I, S. 34; FRUS 1950, III, S. 722; NATO (NISCA), D-D/174; FRUS 1950, IV, S. 694 u. 691; FRUS 1950, III, S. 1046; FRUS 1950, IV, S. 597; FRUS 1950, III, S. 817. In abgeschwächter Form taucht dieser Topos auf als: „Assoziierung", „Bindung", „Pooling".

der beabsichtigten Endgültigkeit dieser Politik zu[29]. Das Problem war, sie in eine für die Bundesrepublik akzeptable Form umzusetzen.

Gesellschafts- und wirtschaftspolitisch war die Bundesrepublik bereits weitgehend westlich orientiert. Die angelaufenen Schuman-Plan-Verhandlungen über die Fusion der westeuropäischen Montanindustrie bedeuteten einen weiteren großen Schritt in diese Richtung. Aber weit wirkungsvoller noch als durch eine politisch-ökonomische Bindung ließ sich dieses Ziel durch eine organisatorisch-institutionelle Verzahnung der deutschen Truppen mit denen der Alliierten erreichen.

Sicherlich war die militärische Schwäche Westeuropas das auslösende Moment deutscher Aufrüstung. Sicherlich war es billig, von der Bundesrepublik eine militärische Anstrengung zu erwarten, wenn sie selbst in den Schutz der NATO einbezogen werden wollte. Insofern war dem deutschen Verteidigungsbeitrag eine rein militärische Funktion zugedacht. Darin erschöpfte sich seine Bedeutung aber keineswegs.

Von Anfang an fiel ihm eine eminent politische Aufgabe zu. In einem Lagebericht an Acheson warnte McCloy vor nur halbherzigen Zugeständnissen gegenüber der Bundesregierung, die den Aufrüstungsgegnern wie Heinemann, Noack und Niemöller in die Hände spielen müßten: „Ich wiederhole es, unser wirkliches Ziel ist nicht so sehr eine bestimmte Zahl deutscher Divisionen, die in eine europäische Armee inkorporiert werden sollen, sondern Deutschland dabei zu helfen, nicht in die Neutralität oder Schlimmeres abzugleiten[30].“

Spofford, der amerikanische Vorsitzende des NATO-Stellvertreterrates, mit dessen Namen der Brüsseler Kompromiß verbunden ist, unterstrich ebenfalls die politische Funktion des deutschen Militärbeitrages, durch dessen Struktur die Assoziierung der westeuropäischen Länder gefördert und Westdeutschland fester an den Westen angeschlossen werden solle[31].

Alphand, der französische NATO-Bevollmächtigte, verteidigte den Pleven-Plan im NATO-Stellvertreterrat vehement gerade unter dem Gesichtspunkt seiner im Vergleich zu dem amerikanischen Vorschlag größeren strukturellen Garantien für einen Verbleib der Bundesrepublik im westlichen Lager. Was mit dem Schuman-Plan auf wirtschaftlichem Gebiet beabsichtigt sei, werde nach demselben Schema durch die supranationale europäische Organisation auf dem militärischen Sektor fortgesetzt. Auch er betonte die „tiefsitzenden politischen Gründe“, die seine Regierung hierbei geleitet hätten[32].

Mit dieser auf feste Einbindung ausgerichteten Deutschlandpolitik war weder die Idee einer in ihrer Bündniswahl unabhängigen Bundesrepublik noch eines neutralen, wiedervereinigten

[29] So konnte Wehner bei der Ersten Lesung des EVG-Vertrages erklären, aus „Besatzungsfesseln“ würden nun „Bündnisfesseln, die unter dem Übergewicht der Besatzungsmächte geschmiedet worden sind“. Deutscher Bundestag, Sten. Ber., Bd 12, S. 9875. Reinhold Maier berichtet in seinen Erinnerungen, die Deutschen seien nicht nur neu gefesselt, sondern praktisch an den Westen geschmiedet worden, Maier, Erinnerungen, S. 446.

[30] Schreiben McCloys an Acheson v. 27.9.1950, FRUS 1950, IV, S. 726 f.

[31] FRUS 1950, III, S. 513.

[32] NATO (NISCA), D-D/174 (= Statement made by the French Deputy at the 28th meeting of the Council Deputies held on the 13th November 1950). Grundlegend zum Verständnis der Komplementarität von Schuman- und Pleven-Plan: „Es ist für die Welt von großer Bedeutung, daß die früheren militärischen Elemente, die es in Deutschland immer noch gibt und die mit der Schwerindustrie, die bis jetzt noch nicht völlig dekartellisiert ist, in Verbindung stehen, niemals mehr in eine Position gelangen, aus der sie die deutsche Politik beherrschen können“ [...] „Zusammen mit dem Schumanplan halten wir die Bildung einer Europäischen Armee mit deutscher Beteiligung für einen ganz entscheidenden Faktor beim Aufbau eines Vereinigten Europas.“ Für Frankreich hatte die Verwirklichung des Schuman-Planes Vorrang.

Deutschland vereinbar. Aus denselben Gründen kam eine nationale, wenn auch mit dem Westen alliierte deutsche Armee in der Hand der Bundesregierung nicht in Frage.

Den breitesten Raum nehmen in der Brüsseler Vereinbarung die Überlegungen zur *Kontrolle* des deutschen Verteidigungsbeitrages ein[33]. Sie dienten in der Regel gleichzeitig dem Ziel der Fesselung und stellen nur einen anderen Aspekt derselben Politik dar. Primär ging es darum, der Wiedergeburt des „teutonischen Militarismus" vorzubeugen. Gleichzeitig sollte der Bundesregierung auf diesem Wege die alleinige Verfügungsgewalt über ihre Streitkräfte für immer verwehrt werden. Die vorgesehenen Kontroll-, Domestizierungs- und Überwachungsmaßnahmen waren einschneidend und umfassend. Es herrschte Übereinstimmung, die Aufstellung deutscher Verbände nur unter der Voraussetzung zuzulassen, daß sie *„für alle Zeiten* angemessenen Sicherungen unterworfen seien", und zwar „politischen, militärischen und nach Möglichkeit auch wirtschaftlichen".

„Positive Sicherungen" waren nach Ansicht der Westmächte die Anwesenheit alliierter Truppen auf deutschem Boden, die militärische Überlegenheit der NATO-Staaten und ihre Fähigkeit, deutsche Industriezentren zu bombardieren. Als „negative Sicherungen" waren vorgesehen: Verbot einer deutschen Nationalarmee und eines Generalstabes als ihr Kopf und Herz. Die Unterstellung aller deutschen Verbände unter den Obersten Alliierten Befehlshaber Europa (SACEUR) bot die Garantie, daß den Deutschen eine eigene Kommandostruktur verwehrt blieb, die wichtigste Voraussetzung des Gebrauchs von Truppen überhaupt. Rein deutsche Verbände durften Divisionsgröße, am Anfang sogar die Größe von Regimentskampfgruppen oder Brigadegruppen, nicht überschreiten.

Luft- und Marinestreitkräfte sollten nur begrenzte Aufgaben durchführen können und entsprechend ausgerüstet werden. Um die Bildung geheimer Reserveformationen zu verhindern, wurde die Überwachung der ausscheidenden Soldaten gefordert. „Schwarze Reichswehr" und das Scharnhorstsche Krümpersystem waren dem historischen Gedächtnis der Westmächte nicht entschwunden. Geteilter Meinung waren die Westmächte über das den Deutschen zuzubilligende Rekrutierungssystem. Die Frage, ob das deutsche Truppenkontingent auf dem Prinzip der Wehrpflicht beruhen oder wie die Reichswehr aus Berufssoldaten bestehen sollte, blieb offen.

Zum Katalog personeller und materieller Kontrollen und Sicherungen gehörten weiter: Überwachung der Offizierauswahl, bevorzugte Heranbildung einer neuen, nicht mehr durch Hitlerjugend und Wehrmacht geprägten Offiziergeneration, Beaufsichtigung der Offizier- und Unteroffizierausbildung, zahlenmäßige Beschränkung der deutschen Landstreitkräfte auf höchstens ein Fünftel der NATO-Landstreitkräfte in Europa, Verbot zentraler deutscher Einrichtungen für Planung, Feindnachrichtenwesen und operative Führung, Verbot der Herstellung atomarer, biologischer und chemischer Waffen sowie weitreichender Raketen, Verbot der Herstellung schwerer Waffen, von Flugzeugen und größeren Kriegsschiffen, Verbot der Aufstellung schwerer gepanzerter Verbände, Begrenzung und Kontrolle von Forschung und Entwicklung. Darüber hinaus wurde vereinbart, einen schnelleren Aufbau deutscher Truppen im Vergleich zu dem der anderen Staaten und zu deren Nachteil nicht zuzulassen. Frankreich hatte darauf besonderen Wert gelegt, um einer möglichen Bevorzugung der Bundesrepublik bei der amerikanischen Militärhilfe vorzubeugen. Frankreich war es auch, das sich am schärfsten einem deutschen Verteidigungsministerium widersetzte. Da sich das Oberste Hauptquartier der Alliierten Streitkräfte Europa (SHAPE) weigerte, sich mit originär nationalen Aufgaben wie denen des Beschaf-

[33] Das Folgende, wenn nicht anders vermerkt, beruht auf der „Brüsseler Vereinbarung". Vgl. Anm. 1.

fungswesens zu belasten, sollte auf eine deutsche Militärverwaltung aber nicht verzichtet werden. Es wurde daher nur beschlossen, sie müsse ziviler Natur sein, dürfe sich nicht zu einem echten Verteidigungsministerium entwickeln und müsse auch nach einer Lockerung der Besatzungsherrschaft einer Kontrolle unterworfen bleiben. Es entsprach der traditionellen französischen Ablehnung zentraler deutscher Behörden, auch die Verwaltung der Streitkräfte auf mehrere Ministerien, zum Beispiel das Arbeits- und Innenministerium, aufzuteilen. Eine Entscheidung wurde jedoch nicht getroffen. Gefordert wurde allerdings, jede Verwaltung müsse „in der Lage sein, ihre Aufgaben wirkungsvoll und schnell auszuführen". Die hier sichtbar werdende Spannung zwischen Kontrolle und Leistungsfähigkeit war ein durchgängiges Charakteristikum des Brüsseler Kompromisses wie auch der kommenden Verhandlungen.

Um die deutschen Formationen schon bei ihrer Entstehung dem Einfluß der Bundesregierung weitgehend zu entziehen, sollten sie in Anlehnung an Divisionen der Besatzungsmächte aufgebaut werden. Den Hohen Kommissaren und den Kommandeuren der Besatzungsstreitkräfte war eine Art Oberaufsicht zugedacht. Das organisatorische Aufgehen in der gemeinsamen Streitmacht enthielt ganz folgerichtig die Absage an ein deutsches Nationalbewußtsein: „Soweit es möglich ist, soll dem deutschen Kontingent ein europäischer statt eines engen nationalen Geistes eingeflößt werden." Eine so tiefgreifende, die nationale Identität berührende Forderung, wurde im Hinblick auf die anderen Kontingente – ebenso folgerichtig – nicht erhoben. Immerhin war geplant, deutsche Offiziere entsprechend dem Aufwuchs deutscher Truppen auf „ausgewählten Stellen", das hieß aber letztlich doch untergeordneten Positionen der NATO-Stäbe zu verwenden.

Mit der von Adenauer geforderten und ihm von François-Poncet und McCloy auch zugesicherten militärischen Gleichberechtigung – von der politischen ganz abgesehen – war dies alles nur schwer in Einklang zu bringen. Die strikte Anwendung dieser Kontrollmaßnahmen hätte nichts anderes bedeutet, als die Deutschen zu bewaffnen, nicht aber ihren Staat[34]. Derart entmündigte, dem Einfluß ihrer demokratisch gewählten Regierung weitgehend entzogene und fremdem Willen unterworfene Truppen hätten nach allen Erfahrungen keinen großen militärischen Wert gehabt. Unter solchen Umständen konnte aber auch der gesetzgeberische Wille des eigenen Parlaments kaum zur Geltung gelangen. In einer historisch ganz anderen Situation drohte damit eine Neuauflage deutscher Streitkräfte, welche der parlamentarischen Gesetzgebung und Aufsicht a priori nur teilweise unterworfen gewesen wären, also eine Wiederholung einer Sonderstellung der Armee in Staat und Gesellschaft, die gerade von den westlichen Demokratien als Ausdruck deutschen Militarismus angeprangert wurde.

Die Brüsseler Vereinbarung erinnert in vielen Details stark an die militärischen Bestimmungen des Versailler Vertrages. In ihrem Ziel, nationale deutsche Streitkräfte nicht mehr zuzulassen, ging sie über ihn sogar weit hinaus. Sie enthielt aber auch, im Gegensatz zu Versailles, positive, entwicklungsfähige und zukunftsweisende Elemente. Sie war außerdem kein Diktat. Das politische Gewicht und der Pragmatismus der Angelsachsen hatte diesmal die Möglichkeit militärisch sinnvoller Lösungen offengehalten. Es war allgemein anerkannt worden, jedes System müsse „militärisch akzeptabel" sein. Dazu gehörte die Einsicht, daß Diskriminierungen der

[34] Dieser Gedanke wurde von Schuman bei der Erläuterung des Pleven-Planes im November 1950 vor der Beratenden Versammlung des Europarates in Straßburg ganz offen ausgesprochen: „Es heißt nicht, ein Land zu bewaffnen, wenn man es nur in ein System der gemeinsamen Verteidigung mit einbezieht, das von der Gemeinschaft der Teilnehmerländer organisiert und gelenkt wird [...] Wenn Deutschland bereit ist, seine Staatsbürger zu bevollmächtigen oder zu verpflichten, in einer europäischen Armee zu dienen, so würde das keine Aufrüstung des Landes selbst bedeuten." Zit. n. Schubert, Wiederbewaffnung, S. 31.

deutschen Truppen ihren Kampfgeist und damit ihren Einsatzwert auf Dauer untergraben würden.

Der NATO-Militärausschuß, der den militärischen Teil der Brüsseler Vereinbarung formuliert hatte, empfahl daher dringend, den Deutschen wenigstens später die Bildung von Divisionen zu gestatten. Die scharfen Überwachungsmaßnahmen sollten vor allem für die Aufbauphase gelten. Die „bereitwillige deutsche Beteiligung" an der Verteidigung Westeuropas konnte unmöglich bei einem Fortbestehen der Besatzungsherrschaft in der bisherigen Form erreicht werden. Militärische Effektivität setzte militärische, und diese wiederum politische Gleichberechtigung voraus. Schon im eigenen Interesse mußten die Besatzungsmächte deshalb zu politischen Zugeständnissen bereit sein. Ohne die Prinzipien der Fesselung und Kontrolle im Kern anzutasten, schwebte ihnen eine schrittweise Aufhebung von Beschränkungen vor, die jedoch nur in dem Umfang vorgenommen werden sollten, wie „dauernde Institutionen, in die Deutschland integriert ist, errichtet worden sind". Das höchste Maß politischer Freiheit, das der Bundesrepublik unter dieser Bedingung langfristig eingeräumt wurde, war demnach ein gleichberechtigter Status innerhalb solcher gemeinsamer Einrichtungen, nicht aber die Freiheit einer davon unabhängigen Politik.

Für die Westmächte ergab sich daraus allerdings ein selbstauferlegter Zwang, entsprechende integrative Einrichtungen zu schaffen oder bereits bestehende auszubauen. In einer Grundsatzstudie des amerikanischen Außenministeriums zur gemeinsamen Streitmacht in Europa und zum Problem einer deutschen militärischen Beteiligung hieß es in diesem Sinne: „Vom Standpunkt unserer Deutschlandpolitik allein, wenn aus keinem anderen Grunde, muß die Kommandostruktur, der Generalstab und das Versorgungswesen notwendigerweise international sein[35]." Die Frage der Aufrüstung der Bundesrepublik löste damit starke Impulse zur Bildung gemeinsamer europäisch-atlantischer Organisationen aus[36], die freilich zu einer Selbstbindung aller an ihnen Beteiligten führen mußte. Das Problem des deutschen Verteidigungsbeitrages hat diese Entwicklung nicht erst eingeleitet. Seine außerordentliche militärische, politische und wirtschaftliche Bedeutung und die aus der Verschärfung der Ost-West-Spannungen abgeleitete dringende Verwirklichung haben sie aber erheblich beschleunigt.

Die Analyse der Brüsseler Vereinbarung macht deutlich, daß die deutschen Streitkräfte nicht nur eine klassisch militärische, auf Angriff oder Verteidigung gerichtete Funktion erfüllen sollten. Die Westmächte sahen in ihnen auch ein entscheidendes Instrument zur Verwirklichung ihrer Deutschlandpolitik. Diesem militärisch-politischen Doppelziel mußte sich die Struktur des Verteidigungsbeitrages anpassen. Zu Ende des Jahres 1950 war allerdings noch nicht entschieden, inwieweit dabei das Prinzip militärischer Effizienz oder das der Kontrolle überwiegen würde. Eine Lockerung der Kontrolle wollten die Westmächte im übrigen allein von der Bereitschaft der Bundesregierung zur Zusammenarbeit bei den gemeinsamen Verteidigungsanstrengungen abhängig machen.

[35] FRUS 1950, III, S. 211–219.

[36] Dieser Gedanke wird vor allem von Hanrieder, West German Foreign Policy, betont. Das hervorragendste Beispiel ist der Pleven-Plan selbst, der ohne das deutsche Aufrüstungsproblem niemals entwickelt worden wäre.

b) Der deutsche Verteidigungsbeitrag in der Sicht Adenauers

Die politische Dimension des deutschen Verteidigungsbeitrages kann kaum überschätzt werden. Wie die Westmächte damit ihre jeweilige Sicherheits- und Deutschlandpolitik zu verwirklichen suchten, so benutzte ihn Adenauer zur Festigung und Weiterentwicklung seiner Politik gegenüber West und Ost. Die „Wiederbewaffnung" war für ihn „die Frage unserer politischen Zukunft schlechthin"[37]. Ihre Bedeutung stellte er weit über die des Schuman-Planes[38]. Den gesamten sicherheitspolitischen Fragenkreis behielt er deshalb bis zum Eintritt der Bundesrepublik in den Nordatlantikpakt und die Westeuropäische Union (WEU) fest in seiner Hand und führte selbst alle entscheidenden Gespräche mit den Westmächten. Die Tatsache, daß die „Dienststelle Blank", sein im Oktober 1950 eingerichtetes militärisches und militär-politisches Beratungs- und Planungsorgan, ihm bis zur Umwandlung in ein regelrechtes, parlamentarisch verantwortliches Verteidigungsministerium im Juni 1955 direkt unterstand, sicherte ihm auch personell, institutionell und damit innenpolitisch während dieser entscheidenden Gründungsphase den dominierenden Einfluß auf diesem Gebiet[39]. Das alliierte Verbot eines Verteidigungsministeriums kam ihm dabei durchaus gelegen.

Welches Ziel verfolgte Adenauer mit dem Verteidigungsbeitrag? Was bedeutete er ihm politisch, was militärisch? Planung und Gang der Verhandlungen, soweit sie von der Bundesregierung gesteuert werden konnten, hingen davon ab. Adenauer hat sich dazu oft und dezidiert, wenn auch mit variierenden, der jeweiligen Situation und dem jeweiligen Adressaten angepaßten Akzenten geäußert. In seinen „Erinnerungen" hat er dieser Kardinalfrage deutscher Nachkriegsgeschichte breiten Raum gewidmet.

Adenauer strebte gleich ein Bündel von Zielen an: die möglichst schnelle Ablösung der Besatzungsherrschaft durch einen vertraglich vereinbarten Zustand politischer Gleichberechtigung, das heißt Herstellung der Souveränität, die engere und dauerhafte Westbindung der Bundesrepublik, die Verhinderung einer Neutralisierung Deutschlands, die Beseitigung des deutsch-französischen Antagonismus, die Einigung Europas, den Schutz vor kommunistischer Unterwanderung, die innenpolitische Stabilisierung sowie die Absicherung all dessen gegenüber der Sowjetunion durch militärische Stärke des Westens. Erst auf dieser zu schaffenden festen Grundlage schien es ihm möglich und sinnvoll, die Frage der Wiedervereinigung Deutschlands in „Frieden und Freiheit" aufzugreifen[40].

Ein deutscher Verteidigungsbeitrag war seines Erachtens auch psychologisch notwendig, um dem Westen eindeutig zu beweisen, auf welcher Seite die Bundesrepublik stehe. Am 31. Januar 1951 schrieb er an Schumacher: „Für die strategischen Pläne der gemeinsamen Verteidigung und damit für deren Aufbau ist von wesentlicher Bedeutung, ob die Bundesrepublik als sicheres Gebiet, das heißt als ein Land, das zuverlässig auf der Seite der westlichen Welt steht, betrachtet werden kann oder nicht. Die westliche Welt wird nur dann Deutschland als ‚sicher' in diesem Sinne betrachten, wenn die Bundesrepublik sich entschließt, einen angemessenen Verteidi-

[37] Adenauer, Erinnerungen 1, S. 345.
[38] Ebd., S. 460.
[39] Vgl. hierzu: Greiner, Dienststelle Blank.
[40] Wichtigste und ausführlichste Quelle hierzu sind die „Erinnerungen" Adenauers (Bd 1 und 2); Zu Adenauers Außenpolitik s. im übrigen Anfänge westdeutscher Sicherheitspolitik, Bd 1, Beitrag Wiggershaus, und Bd 2, Beitrag Maier.

gungsbeitrag zu leisten[41]." Eine solch demonstrative Wirkung hielt er auch deswegen für unerläßlich, um dem aufkeimenden amerikanischen Isolationismus keinen weiteren Auftrieb zu geben und die USA zu einer Verstärkung der Truppen in Europa und speziell in der Bundesrepublik zu bewegen. Bei einer Weigerung, sich an der gemeinsamen Verteidigung zu beteiligen, schon bei einer ausweichenden deutschen Haltung, fürchtete er einen Rückzug der USA aus Europa: Ohne deutsche Truppen werde die Bundesrepublik nicht in die Verteidigung Westeuropas einbezogen. Sie bliebe bloßes Vorfeld, Kampfzone, Kriegsgebiet, und werde im Kriegsfall preisgegeben. Eine Einflußnahme auf die strategischen Planungen sei unmöglich. Ein Ende der Besatzungsherrschaft sei dann außerdem nicht abzusehen. Im Hinblick auf die von der Sowjetunion vorgeschlagenen Viermächteverhandlungen über Deutschland schien ihm die Beteiligung an der westlichen Verteidigung „die einzige Möglichkeit, unter Umständen auf die Entschlüsse der Westalliierten gegenüber Sowjetrußland einzuwirken"[42]. Nichts bereitete ihm größere Sorgen als die Rückkehr der Siegermächte zur Potsdamer Vereinbarung und zu einer Politik über die Köpfe der Deutschen hinweg. „Sei aber einmal die Frage des Verteidigungsbeitrages positiv gelöst, dann könne von einer Demilitarisierung und Neutralisierung Deutschlands", beides Ziele Moskaus, „nicht mehr die Rede sein[43]." Adenauer drängte daher auf einen schnellen Aufrüstungsbeginn, um vollendete Tatsachen zu schaffen.

Von einer deutschen Aufrüstung erhoffte er sich außerdem eine Initialzündung für größere militärische Anstrengungen der Europäer, die von den USA, besonders vom Kongreß, immer wieder gefordert worden waren. Er glaubte, „daß die ganze europäische Aufrüstung in Bewegung versetzt werde, wenn Deutschland endlich damit beginne und die anderen Staaten dann damit rechnen könnten, daß zu gegebener Zeit von Westdeutschland ein gewisser Schutz gegenüber der sowjetischen Bedrohung geboten würde"[44].

Mehr noch als für die Westmächte hatte der Verteidigungsbeitrag damit in der Sicht Adenauers eine vielfältig katalysatorische, überwiegend innerwestlich-politische Funktion. Trotz wichtiger Unterschiede stimmten seine Ziele im großen und ganzen mit denen der Besatzungsmächte überein. Seine politischen Vorgaben bildeten in Verbindung mit der Brüsseler Vereinbarung das Grundmuster, dem die Streitkräfteplanung zu folgen hatte.

Wo Einigkeit in den politischen Zielen bestand, war auch auf militärischem Gebiet mit schnellen Einigungen zu rechnen. Der auf Westintegration angelegten Gesamtpolitik Adenauers hatten in die westliche Verteidigungsorganisation in irgendeiner Form zu integrierende deutsche Streitkräfte zu entsprechen. Eine unter deutschem Kommando stehende Armee, eine Nationalarmee, hatte in seinem Denken genausowenig Platz wie die Wiedererrichtung eines deutschen Nationalstaates. Seine Übereinstimmung mit dem Westen in dieser Kernfrage wurde zur niemals umstrittenen Grundlage gemeinsamer Planungen.

Von Anfang an wurde die bewaffnete Macht der Bundesrepublik als Element des westlichen Bündnisses, als „Armee des Bündnisses", als „Kontingent", besser: als „Beitrag" begriffen und

[41] Adenauer, Erinnerungen 1, S. 416f. Der Brief an Schumacher enthält in systematischer Aufzählung alle wesentlichen Argumente „für und wider" den Verteidigungsbeitrag aus der Sicht Adenauers. Nicht minder aufschlußreich ist die Antwort Schumachers v. 6.2.1951, ebd., S. 420–422, wo er u.a. erklärt: „Jede Politik ist zum Scheitern verurteilt, die sich bemüht, die Gleichberechtigung mit militärischen Beiträgen zu erkaufen. Das Ergebnis ist immer die tatsächliche Ungleichheit zugunsten des anderen Teiles. Die politische Gleichberechtigung ist die Voraussetzung eines militärischen Beitrages und nicht sein Ergebnis."

[42] Ebd., S. 419.

[43] Ebd., S. 457.

[44] Ebd., S. 457f.

konzipiert[45]. Deutsche Truppen setzten im Gegensatz zu denen der Westmächte das Bündnis voraus, nachdem ihrer nationalen Rechtfertigung der Boden entzogen war. Ganz unabhängig von militärischen Faktoren, die ebenfalls eine Koordinierung oder Zusammenfassung der verschiedenen nationalen Rüstungen angesichts der Größe der sowjetischen Streitkräfte nahelegten, und ungeachtet der noch nicht geklärten Integrationsebene, war dies das entscheidende Faktum, das Gründungsgesetz des neuen deutschen Militärs: Seine Aufgabe, Strategie, Existenzberechtigung, sein Selbstverständnis, aber auch sein Bild in der deutschen Bevölkerung leiteten sich fortan ganz wesentlich von seiner Funktion innerhalb des übergeordneten Militärbündnisses ab.

Welch ein Bruch mit der militärischen Tradition! Das preußisch-deutsche Heer war im Deutschen Reich verwurzelt. Es hatte mit seinen Siegen den (klein)deutschen Nationalstaat überhaupt erst ermöglicht. Den neuen deutschen Streitkräften wurde aufgegeben, ihn durch ihre Verklammerung mit dem westlichen Militärsystem für immer zu überwinden. Negativ betrachtet führte dies, in Analogie zum „Bundeskanzler der Alliierten" und zur Charakterisierung der Bundesrepublik als zweitem Rheinbund[46], zum polemischen Vorwurf der „Söldnerarmee"[47]. Im anderen Extrem ist der kommende deutsche Soldat zum Wegbereiter der politischen Einheit Westeuropas überhöht worden.

Es war nur ein scheinbarer Widerspruch, daß Adenauer durch die Bereitstellung von Truppen einerseits die Souveränität gewinnen wollte, andererseits aber einwilligte, ein Kernstück von ihr, nämlich die Militärhoheit, zumindest teilweise im westlichen Bündnis wieder aufgehen zu lassen. Abgesehen davon, daß ihm, wie die Brüsseler Vereinbarung klar zeigt, keine andere realistische Wahl blieb, entsprachen die den Nationalstaat überwindenden Streitkräfte seiner „gemeinschaftsorientierten Außenpolitik"[48]. Die Souveränität, die er meinte, zielte weniger auf wirkliche Unabhängigkeit als auf Gleichberechtigung. Für das Militär hieß dies konkret: gleiche Bedingungen für das deutsche Kontingent und gleichberechtigte Teilhabe an den Entscheidungen des Bündnisses.

Deshalb zog er den deutschen Truppenaufbau im Rahmen der für die westliche Verteidigung maßgebenden NATO einer Aufrüstung innerhalb einer ihr vorgeschalteten rein europäischen Organisation auf der Grundlage des Pleven-Plan vor, die außerdem bisher nur auf dem Papier stand. Auf diesem Wege erhoffte er sich parallel zur deutschen Aufrüstung den Abbau der Besatzungsherrschaft, wachsenden Einfluß in der NATO und schließlich, als Fernziel, die Mitgliedschaft im Atlantikpakt. Allerdings hütete sich Adenauer, diese sofort zur Bedingung für einen militärischen Beitrag zu machen.

Der Pleven-Plan, der den unmittelbaren NATO-Zugang der Bundesrepublik gerade verhindern sollte, wurde von Adenauer dennoch nicht verworfen. Trotz der besonders von deutscher Seite gegen ihn vorgebrachten Bedenken erkannte er die Zukunftsträchtigkeit der supranationalen Idee, wie sie auch der Schuman-Plan enthielt, an. „Wenn Kohle, Eisen und Stahl gemein-

[45] Die Bezeichnungen „Armee" und „Kontingent" sind insofern etwas irreführend, als sie den Eindruck einer Geschlossenheit hervorrufen, die die Alliierten den deutschen Truppen zumindest in den Jahren 1950 bis 1954 (Scheitern der EVG) keineswegs zubilligen wollten.

[46] Bei Daniel, Deutschland ein Rheinbund?

[47] So Erler in dem Artikel: „Das deutsche Kontingent – eine Fremdenlegion", in: Sozialdemokratischer Pressedienst v. 30.7.1952, BA–MA, BW 9/2559.

[48] Schwarz, Konzept, S. 88. Eine „gemeinschaftsorientierte Außenpolitik" erwartete Adenauer allerdings auch von den Westmächten. Er wünschte, so jedenfalls Schwarz, daß „die nationalstaatliche Autonomie der freien Demokratien in gemeinschaftlicher Kooperation und Integration Schritt um Schritt aufgehoben werden sollte", ebd., S. 86.

schaftlich bewirtschaftet würden und wenn dazu noch eine gemeinsame europäische Armee gebildet würde", so waren nach seiner Auffassung „die wesentlichen Fundamente Europas geschaffen. Dann würde auf jeden Fall ein Krieg zwischen Frankreich und Deutschland auch dem befangensten Franzosen unmöglich erscheinen. Deutsche und französische Offiziere würden auf der gleichen Kriegsschule lernen, sich nicht mehr als Gegner, sondern als Waffengefährten zu betrachten[49]."

Eine militärische Integration der Europäer war für ihn auch deswegen eine Notwendigkeit, weil er „mit Sicherheit"[50] annahm, daß die USA ihre Truppen eines Tages wieder heimholen würden. Westeuropa durfte dann nicht mehr in einem Zustand der Zersplitterung sein. Bei soweit grundsätzlicher Übereinstimmung mit Frankreich hielt er aber die Umsetzung des Planes wegen seiner Kompliziertheit für zu langwierig. Es war ihm klar, daß auf diesem Wege eine schnelle und wirkungsvolle Besserung der westlichen Sicherheit nicht zu erzielen war. Diese konnte nach seiner Beurteilung nur im Rahmen der NATO erreicht werden. Auch aus diesem Grunde setzte er daher auf die „NATO-Lösung" und instruierte die Dienststelle Blank entsprechend[51]. Frankreich ließ er über seine Haltung nicht im ungewissen. Gegenüber François-Poncet, der ihm am 7. November 1950 im Auftrag von Ministerpräsident Pleven den Plan erläuterte, bedauerte er trotz prinzipieller Zustimmung, „daß der Pleven-Plan nicht in ausreichendem Maße Vorkehrungen für sofort zu treffende Maßnahmen enthalte"[52].

Wie stellte sich Adenauer die deutschen Streitkräfte vor? Wie war sein Verhältnis zum Militär? Mit der im Oktober 1950 in seinem Auftrag im Eifelkloster Himmerod erarbeiteten „Denkschrift des militärischen Expertenausschusses über die Aufstellung eines Kontingents im Rahmen einer übernationalen Streitmacht zur Verteidigung Westeuropas"[53] besaß er einen bereits recht eingehenden deutschen Entwurf, der seiner politischen Linie folgte und auf den er sich stützen konnte. Adenauer war also nicht unvorbereitet, als er in konkrete Gespräche mit den Besatzungsmächten eintrat.

Bei seiner vorrangig politischen Sicht des Verteidigungsbeitrages nimmt es freilich nicht wunder, daß er sich um die eigentlichen militärischen Fragen kaum kümmerte. Das Metier des Soldaten und die aus dessen Aufgabe erwachsenden Erfordernisse waren und blieben ihm weitgehend fremd. „Adenauer hatte kein Verhältnis zum Soldaten, auch nicht zu militärischen Problemen"[54]. Wenn General Speidel rückblickend schreibt, „die Männer, die die Bildung deutscher Streitkräfte aus politischen Gründen durchgesetzt hatten, bejahten zwar die Bundeswehr, aber doch nur mit halbem Herzen", so meinte er damit ausdrücklich auch Adenauer[55]. Seine Kenntnis militärischer Fragen war gering. Er bemühte sich auch nicht, tiefer in dieses Gebiet einzudringen. Es dürfte schwerlich ein zweites Beispiel dafür geben, daß der Begründer der Armee – genauer: ihr Mitschöpfer, nimmt man den Anteil der Westmächte hinzu – eine so kühle Distanz zu seiner Schöpfung einnahm wie der Bundeskanzler.

[49] Adenauer, Erinnerungen 1, S. 382.
[50] Ebd., S. 458.
[51] Die Bundesregierung konzentrierte sich zunächst auf die Petersberg-Gespräche. Für die Pariser Konferenz gab Adenauer die Weisung, „durch relative Zurückhaltung einen zu starken Gegensatz mit Frankreich zu vermeiden, der sich auf die Petersberg-Besprechungen nur nachteilig hätte auswirken müssen", ebd., S. 458.
[52] Ebd., S. 381.
[53] Rautenberg/Wiggershaus, Himmeroder Denkschrift.
[54] Speidel, Aus unserer Zeit, S. 253.
[55] Ebd., S. 338.

Da er sich für militärisch nicht sachverständig hielt, schlug er den Hohen Kommissaren am 21. Dezember 1950 die Bildung eines Expertengremiums vor, das die Brüsseler Vereinbarung auf den deutschen Anspruch militärischer Gleichberechtigung hin überprüfen und die „mehr militärtechnischen Angelegenheiten“ beraten sollte. Hierfür benannte er die Generalleutnante a.D. Heusinger und Speidel sowie als Delegationsleiter den CDU-Bundestagsabgeordneten und christlichen Gewerkschafter Blank[56].

Adenauers überwiegend indirekter Einsatz des Verteidigungsbeitrages als Mittel zu gleichsam höheren politischen Zwecken hat häufiger zu der Deutung geführt, er habe für ihn militärisch nur höchst untergeordneten Wert besessen. Er sei vor allem Preis oder Tauschobjekt zur Erweiterung seines politischen Spielraumes, für Westintegration und zur Vereitelung sowjetischer Deutschlandpläne gewesen[57]. So gesehen wäre der deutsche Soldat „nicht als solcher gewollt“ gewesen, sondern bloß als „Schachfigur“[58]. Nach dieser Einschätzung hatte der Verteidigungsbeitrag nur vorübergehenden Wert. Er mußte dann mehr oder weniger überflüssig werden, wenn Adenauer seine politischen Ziele erreicht hatte oder sich deren Realisierung – wie die Europäische Verteidigungsgemeinschaft und die Wiedervereinigung – als unmöglich herausgestellt haben würde.

Diese Sicht greift jedoch zu kurz. Sie stellt nur eine Teilwahrheit dar, zu deren Aufkommen Adenauer allerdings selbst beigetragen hat. In der Tat ging es ihm niemals um militärische Stärke der Bundesrepublik an sich, auch nicht um einen bestimmten Rang, den die deutschen Streitkräfte ihrem Umfang nach einzunehmen hätten. Hier unterschied sich die deutsche Haltung grundsätzlich von der Frankreichs, das aus Macht- und Prestigegründen die militärische Superiorität über Deutschland zur Maxime erhob. „Zahlen seien nicht entscheidend“, erklärte er am 11. Dezember 1950 dem amerikanischen Journalisten Kingsbury-Smith und fügte hinzu: „Wenn unser Beitrag an Soldaten auf ein Zehntel der Gesamtzahl der Soldaten in der atlantischen Armee festgesetzt werde, würde mir das nur recht sein[59]“. Lieber sprach er von einem „angemessenen Beitrag“, den die Bundesrepublik leisten müsse, wobei die hohen Kriegsfolgelasten für ihn ein begrenzendes Kriterium bildeten. Hinzu kam, daß er, um die widerstrebende deutsche Öffentlichkeit und die Opposition im Bundestag zu überzeugen, weniger den militärischen Wert und Zweck des Verteidigungsbeitrages betonte als seine politischen Vorzüge.

Dennoch hat Adenauer den Sicherheitsaspekt nie vernachlässigt. Im Gegenteil: Militärische Sicherheit war für ihn die Grundvoraussetzung, um die von Kommunismus und Sowjetunion ausgehenden Gefahren für seine Politik abwehren zu können. Hierauf basierte ja gerade seine vielgenannte „Politik der Stärke“. Seinen Äußerungen über die Bedrohung mag er gelegentlich einen dramatisierenden Ton beigemischt haben. Aber sie dienten nicht nur als Köder, um die Deutschen auf Westkurs zu locken, sondern für ihn war „die Sicherheit der Bundesrepublik [...] eine Frage von absolutem Vorrang“[60]. Anders wäre es nicht zu erklären, daß er die Besatzungsmächte ständig drängte – gelegentlich in schroffer Form –, ihre Truppen in der Bundesrepublik endlich zu verstärken. Deshalb räumte er auch der „NATO-Lösung“ Vorrang ein. Nicht so sehr auf die Streitkräfte der Bundesrepublik kam es ihm an, wohl aber auf ein militärisch starkes, po-

[56] BA–MA, BW 9/2050, S. 11; FRUS 1950, IV, S. 815.

[57] So meint z. B. Salewski, Historischer Standort, S. 33: „Der Sicherheitsaspekt war [...] von nur untergeordneter Bedeutung, wichtiger erschien Adenauer die durch die deutsche Wiederbewaffnung mögliche Vervollständigung seines Staatsgebildes.“

[58] Picht, Wiederbewaffnung, S. 134.

[59] Adenauer, Erinnerungen 1, S. 395.

[60] Ebd., S. 350.

litisch geschlossenes Bündnis, zu dem die Bundesrepublik ihr Teil beitragen sollte. Der Verteidigungsbeitrag bedeutete für ihn demnach immer Mittel und Zweck zugleich. Er sollte westinterne politische Probleme lösen und äußere Gefahren militärisch bannen und abschrecken helfen. Als dem Grundpfeiler dieser auf Dauer konzipierten Politik war ihm daher auch niemals eine nur kurzlebige Rolle zugedacht.

Adenauer verhielt sich allerdings den Westmächten gegenüber in militärischen Streitfragen nachgiebiger, als es seinen Beratern lieb sein konnte, wenn er glaubte, seine Politik damit voranbringen zu können. Schwierigstes Problem war in dieser Hinsicht die Übereinkunft über den größten zulässigen rein deutschen Truppenverband. Während die „Himmeroder Denkschrift" die „Aufstellung von den anderen Staaten gleichartigen, in sich führungsfähigen modernen Verbänden bis mindestens Korps-Verband"[61] forderte – eine im übrigen von allen Militärs für vernünftig gehaltene und nach dem Scheitern der EVG auch verwirklichte Auffassung – und eine Eingliederung von kleinen Einheiten oder gar einzelnen deutschen Soldaten in die westlichen Truppen ablehnte, gab Adenauer McCloy noch vor dem offiziellen Verhandlungsbeginn in diesem ganz wesentlichen Punkt seine Kompromißbereitschaft zu verstehen[62]. Er machte zwar den Vorbehalt, er sei mit einer Begrenzung der deutschen Verbände auf Brigadegröße[63] einverstanden, wenn die NATO dies aus technischen und nicht aus politischen Gründen für ausreichend halte. Er durchschaute aber kaum oder wollte nicht sehen, daß „Politisches" und „Militärisches" in diesem Fall gar nicht zu trennen waren. Die Grundgröße rein deutscher Verbände war eben nicht nur ein technisches Problem oder eine Frage militärischer Zweckmäßigkeit. Damit war die verbal von ihm immer wieder geforderte militärische Gleichberechtigung mit all ihren Konsequenzen im Kern berührt. Nicht von ungefähr hatte Frankreich ein sehr niedriges Integrationsniveau vorgeschlagen, das „in sich führungsfähige" deutsche Einheiten ausgeschlossen hätte. Auch später war Adenauer nach dem Urteil Speidels gegenüber französischen Wünschen bereit, „bis zur Grenze des Erträglichen"[64] zu gehen, um die Verhandlungen nicht scheitern zu lassen. Das Verhältnis zur Dienststelle Blank, zu seinen wichtigsten militärischen Beratern, konnte daher trotz des Grundkonsenses nicht spannungsfrei bleiben.

Die von den Besatzungsmächten zur Bedingung gemachte und von Adenauer akzeptierte Koppelung von Aufrüstung und Lockerung der Besatzungsherrschaft bedeutete jedenfalls für die militärischen Unterhändler der Bundesregierung, daß sie mit ihrer Verhandlungsführung immer auch über die Rückgewinnung politischer Freiheit mitzuentscheiden hatten. Sie mußten also bei Divergenzen mit den Westmächten an ihren militärischen Überzeugungen gelegentlich Abstriche machen, wenn sie Adenauers Politik nicht gefährden wollten. Die Planung des deutschen Kontingents konnte sich somit nicht, wie dies für die Armeen des Nationalstaates typisch war, vor allem am Maßstab militärischer Effizienz orientieren. Die Planer mußten bei Aussicht auf Erfolg versuchen, eine Organisationsform zu finden, in der sich die verschiedenen politischen Interessen weitgehend ausglichen und die gleichwohl militärisch akzeptabel war. Letztlich ging es also nicht nur um das Problem der Aufstellung von Streitkräften, sondern um eine neue politische Ordnung in Europa. Dies verdeutlicht die außerordentlichen Schwierigkeiten, vor denen die Westmächte und die Bundesregierung Anfang 1951 standen.

[61] Rautenberg/Wiggershaus, Himmeroder Denkschrift, S. 37.
[62] FRUS 1950, IV, S. 782.
[63] Der damals gebrauchte Begriff „Brigade" deckte sich etwa mit dem der Kampfgruppe, meinte also noch nicht die moderne, für einen mehrtägigen selbständigen Einsatz gegliederte und ausgerüstete Brigade.
[64] Speidel, Aus unserer Zeit, S. 313.

3. Militärische Planungsgrößen

a) Die Notwendigkeit militärischer Zusammenarbeit

Eine deutsche Nationalarmee kam auch aus rein militärischen Gesichtspunkten nicht in Frage. In einer Zeit, in der sich in Ost und West staaten-, ja kontinentübergreifende Militärsysteme herausbildeten, wäre die Neugründung unabhängiger nationaler Streitkräfte auf dem Territorium der Bundesrepublik, einem Brennpunkt des Kalten Krieges, ein militärischer Anachronismus gewesen.

Die Notwendigkeit militärischer Zusammenarbeit war auch schon vor 1945 eher die Regel als die Ausnahme. Die meisten Kriege des 19. und 20. Jahrhunderts waren von Koalitionen geführt worden, weil die Militärmacht eines einzigen Staates nicht ausgereicht hatte, eine Entscheidung herbeizuführen. Die Nationalstaaten waren schon deswegen überholt, „weil sie sich nicht mehr mit ihren eigenen Mitteln verteidigen können"[65]. Während früher die Armee eines kleinen Staates noch eine Miniaturausgabe des Heeres einer Großmacht darstellte, waren die Kosten einer modernen Rüstung jetzt so hoch, daß nach verbreiteter Meinung auch Staaten von der Größe Frankreichs nicht mehr in der Lage waren, sich aus eigener Kraft auf allen Gebieten ausreichend zu bewaffnen. „Unter diesen Umständen bedeutet ein Militärbündnis nicht mehr das Nebeneinander nationaler Armeen. Es bedeutet Integration[66]."

Vorformen integrierter Planung und Führung hatte es zwischen Frankreich, Großbritannien und den USA schon im Ersten und Zweiten Weltkrieg gegeben, an die jetzt angeknüpft wurde. Diese waren aber erst tief im Krieg und durch den Krieg entstanden und mit seinem Ende wieder verschwunden. Nunmehr sollten schon im Frieden „gemeinsame, in sich ausgewogene", integrierter Strategie und einheitlichem Kommando unterliegende Streitkräfte in Europa einen Krieg überhaupt verhindern. Es war die historisch herausragende Entscheidung des Jahres 1950, daß der Nordatlantikpakt von seiner zunächst nur politisch zu verstehenden Verpflichtung abging, das Opfer einer Aggression nach erfolgtem Angriff zu befreien, und seine Anstrengungen auf das Ziel der Abschreckung des potentiellen Gegners verlagerte. Damit verwandelte er sich von einem vorrangig politischen in ein primär militärisches Bündnis. Denn wenn die Abschreckung funktionieren sollte, mußte eine dem Ausmaß und der Art der Bedrohung gewachsene Verteidigungsorganisation mit präsenten, einsatzbereiten und günstig dislozierten Streitkräften im Frieden aufgebaut werden, solange die Bedrohung anhalten würde.

Der Zwang zu Integration und Konzentration hatte nicht nur ökonomische Ursachen. Die Entwicklung der Waffen, gesteigerte Geschwindigkeit, Reichweiten und Wirkungen sowie die außerordentliche Verbesserung des Fernmeldewesens hatten geographischen Räumen einen Teil ihrer alten „strategischen Autonomie"[67] genommen. Die Kriege von 1866 und 1870 waren noch in einzelnen Schlachten entschieden worden. Schon 1914 kam es an der Westfront zu durchlaufenden Fronten, der Zweite Weltkrieg hob die Trennung von Front und Heimat nahezu auf. Jetzt war ganz Westeuropa als operative Einheit anzusehen, die daher auch einer einheitlichen operativen Führung bedurfte.

[65] Aron, Der permanente Krieg, S. 410.
[66] Ebd., S. 389.
[67] Beaufre, Vorfeld, S. 176–192.

Frankreich, die Benelux-Staaten und Großbritannien betrachteten das Territorium der Bundesrepublik als Vorfeld ihrer Verteidigung. Für die USA bedeutete Westeuropa gleichsam die erste Verteidigungslinie zu Lande, welche die Sowjetunion auf Distanz halten sollte. Umgekehrt war die Bundesrepublik auf das westeuropäische Hinterland angewiesen, das dem Operationsgebiet die nötigeTiefe gab und die Verbindung zu den Meeren und den USA ermöglichte.

Die Feststellung Raymond Arons, „die Technik des Krieges [passe] sich zu jeder Zeit der Größe der politischen Einheiten an“[68], trifft daher eher im Umkehrschluß zu: Die militärische Organisation durchbrach mehr und mehr „die ‚harte Schale‘ physischer, gesetzlicher und psychologischer Grenzen, die die nationalen Systeme traditionell nach außen bewahrten“[69]. Die Bundesrepublik, die sich als „Bollwerk“ des Westens ab 1951 zunehmend mit Truppen und Einrichtungen der NATO füllte, ist daher auch als besonders stark „penetriertes System“ bezeichnet worden[70].

Eisenhower sah in Westeuropa vom Nordkap bis Sizilien den letzten Stützpunkt des Westens auf dem eurasischen Kontinent, der aber nur unter Einbeziehung Westdeutschlands gehalten werden könne. Für ihn war die Bundesrepublik nicht nur eine „neue Kraftquelle“, sondern auch „die geographische Mitte Europas“, deren Ausklammerung die Niederlande und Dänemark mit den Ostseeausgängen in eine ungeschützte Position hätte bringen müssen. „Mit Westdeutschland in unserem Machtbereich“, erklärte er, „würden die NATO-Streitkräfte eine ununterbrochene Linie in Zentraleuropa von der Ostsee bis zu den Alpen bilden“[71].

Aus der geostrategischen Lagebeurteilung ergab sich dann auch die „Notwendigkeit deutscher Beteiligung“ an der Verteidigung Westeuropas und der Grundsatz der „Vorwärtsverteidigung“ wie von selbst. Die Brüsseler Vereinbarung stellte dazu fest: „Die Verteidigung des NATO-Gebietes erfordert, daß Westeuropa so weit im Osten wie möglich verteidigt wird. Um voll wirksam werden zu können, muß eine solche Verteidigung sicherstellen, daß die drei Hauptfronten in Europa[72] ein Ganzes bilden und sich gegenseitig unterstützen. Dies ist nur möglich, wenn Westeuropa eine Vorwärtsstrategie anwendet und sich so nahe am Eisernen Vorhang wie nur möglich verteidigt. Auf diese Weise können die Territorien aller kontinentaleuropäischen NATO-Staaten gesichert und dem Feind die Vorteile verwehrt werden, seinen Angriff entlang der Verbindungslinien an einer der drei verschiedenen Fronten zu führen.“

Dieser strategischen Konzeption folgend, straffte Eisenhower ab Frühjahr 1951 die NATO-Kommandostruktur in Europa. Die bisher ziemlich zusammenhanglos nebeneinander existierenden drei „Regionalen Planungsgruppen“ wurden durch drei echte Oberkommandos mit Oberbefehlshabern in Oslo, Fontainebleau und Neapel ersetzt und Eisenhower als Oberstem Befehlshaber der NATO in Europa und seinem integrierten „Obersten Hauptquartier der Alliierten Mächte in Europa“ (SHAPE) in Rocquencourt bei Paris unterstellt. Die Masse der Land- und Luftstreitkräfte sollte wegen der überragenden Bedeutung dieses Abschnittes in „Europa-Mitte“ disloziert werden. Deswegen übernahm Eisenhower zunächst in Personalunion auch den direkten Befehl über diesen Kommandobereich. Stellvertreter Eisenhowers als SACEUR wurde

[68] Aron, Der permanente Krieg, S. 389.

[69] Hanrieder, West German Foreign Policy, S. 4.

[70] Ebd., S. 228 ff.

[71] Folgende Angaben beruhen auf dem Jahresbericht Eisenhowers vom 2.4.1952, First Annual Report to the Standing Group North Atlantic Treaty Organization from General of the Army Dwight D. Eisenhower, Supreme Allied Commander, Europe SHAPE Paris, 2. April 1952; Unterlagen MGFA.

[72] „Europa-Nord“, „Europa-Mitte“, „Europa-Süd“.

Montgomery. Durchaus mit propagandistischer Absicht war damit das schon legendäre Feldherrenpaar des Zweiten Weltkrieges, „Ike" und „Monty", wiedererstanden.

Eisenhower nahm gleichzeitig auch den nationalen Oberbefehl über alle in Europa stationierten amerikanischen Soldaten wahr. Mit dieser „2-Hüte"-Lösung, die eine Unterbrechung der Befehlskette zwischen dem US-Präsidenten und den amerikanischen Verbänden vermied, konnten Vorbehalte des Kongresses gegen die Entsendung der Truppenverstärkungen nach Europa und ihre Unterstellung unter die NATO ausgeräumt werden[73].

b) Der Bedrohungsfaktor

Neben die Bildung einer zentralen westeuropäischen Kommando-Organisation trat nun die außerordentlich schwierige Aufgabe, die für die Konzeption der Abschreckung und Vorwärtsverteidigung adäquaten Streitkräfte und deren Einsatzvorstellungen zu entwickeln. Strategie und Streitkräfteplanung der NATO wurden naturgemäß außer von der Leistungsbereitschaft ihrer Mitglieder vor allem von der Bewertung der sowjetischen Streitkräfte und den vermuteten Absichten sowjetischer Politik bestimmt.

Innerhalb des Bündnisses wurde in regelmäßiger Abstimmung versucht, in der Form der sogenannten „Stärke und Fähigkeitsvergleiche der Kräfte von NATO und Sowjetblock" zu einer gemeinsamen Lagebeurteilung zu kommen. Trotz gewisser Schwankungen und national unterschiedlicher Nuancen ergab sich dabei ein über Jahre ziemlich konstantes Bild der Bedrohung durch den Osten, die wegen der Krise im Korea-Krieg besonders auf seiten der USA als außerordentlich akut empfunden wurde. In einer an den amerikanischen Sicherheitsrat (NSC) gerichteten Studie, in der er für den vorrangigen Ausbau der strategischen Luftwaffe plädierte, erklärte der Vorsitzende des „National Security Resources Board" und bisherige Luftwaffenminister Symington am 11. Januar 1951: „Die Vereinigten Staaten befinden sich in einem Krieg ums Überleben; die Vereinigten Staaten sind dabei, diesen Krieg zu verlieren"[74].

So dramatisch schätzte die NATO die Lage nicht ein[75]. Sie sah es aber als erwiesen an, daß der Kreml neben der Festigung seines Herrschaftsbereiches die Ausweitung des revolutionären internationalen Kommunismus im Dienste eines traditionellen russischen Imperialismus anstrebe. Dieses Grundziel verfolge die Sowjetunion durch eine „Politik politischer und ideologischer Aggression, unterstützt durch die Drohung mit einer militärischen Macht von überwältigender Stärke".

In Europa konzentrierte sich die Sowjetunion vor allem darauf, die Aufrüstung der Bundesrepublik und ihren Eintritt in das westliche Bündnis propagandistisch zu torpedieren. Offene aggressive Absichten wurden Moskau nicht unterstellt. Die NATO hielt es aber für möglich, daß, solange die Schwäche des Westens anhalte, diese die Sowjetunion zu Aktionen gegen lebenswichtige Interessen der westlichen Welt verleiten könne, „die zu einem Krieg führen, den keine der beiden Seiten will". Der amerikanische Sicherheitsrat betonte darüber hinaus, langfristig gehe es Moskau unverändert um die Errichtung einer von der Sowjetunion beherrschten kommunistischen Welt.

73 Acheson, Present at the Creation, S. 486.

74 FRUS 1951, I, S. 7.

75 Grundlage der folgenden Lagebeurteilung ist der NATO-Kräftevergleich vom 10.3.1952; NATO–Brüssel (NISCA), D-D (52) 45 (Final) = „Relative Strength and Capabilities of NATO and Soviet Bloc Forces".

Die Stärke und Fähigkeiten der sowjetischen Militärmacht wurden Anfang der fünfziger Jahre folgendermaßen beurteilt:

1. *Wirtschaft:* Hohe Kriegsbereitschaft, großer Produktionsausstoß der seit 1945 nicht wesentlich verringerten Rüstungsindustrie, besonders an konventionellen, erprobten Waffen, hohe Waffenvorräte; schnelle und vollständige Umstellung der Wirtschaft auf Kriegswirtschaft; Engpässe im Verkehrswesen und bei hochwertigen Flugtreibstoffen; Verwundbarkeit durch Luftangriffe.
2. *Streitkräfte:* 175 aktive Divisionen, die bei Mobilmachung innerhalb von 30 Tagen auf 320 Divisionen vermehrt werden konnten; dahinter weitere Reservedivisionen. Dislozierung einer mechanisierten Armeegruppe, das heißt mehrerer Armeen, mit hoher Einsatzbereitschaft in der Sowjetischen Besatzungszone; größte Luftwaffe der Welt mit 20000 einsatzbereiten Flugzeugen; Marinestreitkräfte mit etwa 450 größeren Kampfschiffen, davon etwa zwei Drittel zum Teil hochseefähige U-Boote mit weitem Aktionsradius; laufende Verbesserung von Bewaffnung, Panzerung und Beweglichkeit; Umrüstung der taktischen Luftwaffe auf Düsenmaschinen; Entwicklung strategischer Fernbomber; beträchtliche Vorräte an Munition und Gerät; Vorteil der Inneren Linie, einheitlicher Führung einschließlich der Satellitenstreitkräfte und Wahl des Ortes und Zeitpunktes eines Angriffs.
3. *Atomwaffen:* Die USA waren Anfang 1950 davon ausgegangen, die Sowjetunion sei erst ab Mitte 1954 imstande, schwere atomare Angriffe gegen sie zu führen. Ab 1951 wurde damit gerechnet, daß die Sowjetunion dazu auch schon vorher fähig sei. Im NATO-„Kräftevergleich" vom 10. März 1952 heißt es dazu: „Die Sowjetunion verfügt jetzt und in der Zukunft über ausreichend Flugzeuge, ausgebildete Besatzungen und geeignete Basen, um den ganzen Vorrat an Atombomben, den sie jetzt und später besitzt, gegen die USA, das Vereinigte Königreich und Kontinentaleuropa zum Einsatz bringen zu können." Damit geriet die auf 1954, „das Jahr der größten Gefahr", abgestimmte gesamte Planung des NATO-Streitkräfteaufbaus unter noch größeren Zeitdruck.

Aus der Sicht des Westens gab es keinen Zweifel, daß die Sowjetunion angesichts der fortbestehenden Schwäche des Westens innenpolitisch, wirtschaftlich und militärisch in der Lage war, einen größeren Krieg ohne längere Vorbereitung zu beginnen und durchzuhalten, Kontinentaleuropa, den Nahen und Mittleren Osten binnen kurzer Zeit zu überrennen, und Luftwaffen- sowie U-Boot-Angriffe gegen die atlantischen Versorgungslinien zu führen.

c) Strategie und Streitkräfteplanung der NATO 1951/1952

Die operative Führung eines in die gemeinsame westliche Verteidigung einzubeziehenden deutschen Kontingents lag in jedem Fall bei der NATO, auch wenn es zur supranationalen Streitkräftelösung kommen würde. In dieser Hinsicht waren also die NATO-Vorstellungen, speziell die des SACEUR, für die Bundesregierung maßgebend. Das strategische Grundkonzept der NATO sah den Aufbau solcher militärischer und wirtschaftlicher Macht vor, die notwendig erschien, um sowohl in Friedenszeiten „den Sowjetblock davon abzuschrecken, Frieden, Integrität und innere Stabilität der NATO-Staaten zu bedrohen" als auch im Kriege „den Willen und die Fähigkeiten des Sowjetblockes zur Kriegführung zu zerstören".

Für den zweiten Fall bestanden die „unmittelbaren strategischen Ziele" darin, feindliche Angriffe aufzuhalten und zu „kontern", Luftangriffe zu „neutralisieren", Luft- und Seeverbindungen sowie Basen zu sichern, den sofortigen Einsatz der strategischen Luftwaffe zu gewährleisten und die Gesamtmacht des Bündnisses für spätere „offensive Operationen" zu mobilisieren.

Die Aufstellung der NATO-Streitkräfte in Europa sollte bis Mitte 1954 im wesentlichen abgeschlossen sein, um auf konventionellem Gebiet eine annähernd ausgewogene Lage zu dem Zeitpunkt zu erreichen, an dem sich die absolute atomare Überlegenheit der USA, wie angenommen, in eine relative abgeschwächt haben würde.

Nach einer mehrwöchigen Europa-Tour skizzierte Eisenhower vor der US-Regierung Ende Januar 1951 sein vorläufiges strategisches Konzept. Seiner Auffassung nach waren zur Verteidigung Westeuropas 50 bis 60 aktive Divisionen notwendig, unterstützt durch starke Luft- und Seestreitkräfte in der Nordsee und im Mittelmeer. Wenn die Russen dann, so führte er aus, versuchen sollten, im Zentrum vorzustoßen, „würde ich sie sehr hart von beiden Flanken attackieren. Ich denke, wenn wir diese [Streitmacht] aufstellen, wird das Zentrum halten und sie werden sich zurückziehen müssen[76]."

Nach einer anderen Lagebeurteilung wurde zur Verteidigung des für die Bundesrepublik entscheidenden Kommandobereichs „Europa-Mitte" folgender Bedarf errechnet: 18 Divisionen für das reine Verzögerungsgefecht bis zum Rhein, 54 Divisionen zur Verteidigung der Rheinlinie[77], ca. 65 Divisionen einschließlich etwa 5000 Kampfflugzeuge zur Realisierung der „Vorwärtsverteidigung" und eine weitere hohe Zahl an Divisionen und Flugzeugen, um eine Gegenoffensive vortragen zu können.

Trotz der seit April 1951 angelaufenen Verlegung von 4 amerikanischen Divisionen (3 Infanterie-, 1 Panzerdivision) in die Bundesrepublik[78], standen Eisenhower Ende dieses Jahres zwischen Nordsee und Alpen aber nur weniger als 20 aktive Divisionen sehr unterschiedlicher Qualität und völlig unzureichende Luftstreitkräfte zur Verfügung, so daß nicht einmal an eine Verteidigung am Rhein zu denken war. Dennoch wurden bei SHAPE nur Pläne verfolgt, die auf ein Halten der Rheinlinie abzielten. Aus Rücksicht auf die kontinentaleuropäischen Bündnismitglieder verbot Eisenhower geradezu alle weitergehenden Rückzugsüberlegungen in seinem Hauptquartier.

Die amerikanischen Stabschefs (Joint Chiefs of Staff) gaben sich damit allerdings nicht zufrieden. Im November 1951 und erneut im September 1952 bestätigten sie frühere „Notfall"-Pläne („US-Joint Outline Emergency War Plans"), die Absetzbewegungen und Evakuierungen der amerikanischen Truppen hinter die Pyrenäen, nach Großbritannien, in norwegische Häfen und nach Süditalien vorsahen, also praktisch die Umkehrung der alliierten Operationen von 1944/1945. Sie wurden mit Eisenhower, nicht aber mit seinem NATO-Stab, abgestimmt und nur den Briten zur Kenntnis gebracht[79]. Die entscheidende Frage war, wie die gewaltige Lücke zwischen Ist und Soll an Streitkräften bis zum Zieldatum geschlossen werden konnte. Mitte 1951 ergab sich folgendes Bild: NATO-Forderungen („requirements") von 51 „D(efense)-Day"-Divisionen, die im Mobilmachungsfall innerhalb von 30 Tagen auf 80, innerhalb von 90 Tagen auf 95 Divisionen anwachsen sollten, standen für den 1. Juli 1954 nur Zusagen („commitments") der Regierungen von entsprechend 47, 69 und 83 Divisionen gegenüber[80], die aber, mit Ausnahme der amerikanischen und britischen, kaum mehr waren als Absichtserklärungen. Noch größere Diskrepanzen ergaben sich aus den Forderungen des SACEUR. Eisenhower ging es da-

[76] Poole, History of the Joint Chiefs 4, S. 307.
[77] Ebd., S. 185.
[78] Ebd., S. 224.
[79] Ebd., S. 308.
[80] Ebd., S. 246.

bei zunächst aber weniger um ein Mehr an Divisionen als um eine Reduzierung der Mobilmachungszeiten. Er war überzeugt, daß in einem Krieg die Vorentscheidung in den ersten 30 Tagen fallen würde, und verlangte daher einen höheren Grad an Präsenz und Einsatzbereitschaft[81].

In den USA hatte sich 1951 in der Kontroverse der Teilstreitkräfte um den Verteidigungshaushalt die Luftwaffe mit Unterstützung einer mächtigen Industrielobby und des Kongresses unter dem Motto „air force can do the job" den Löwenanteil gesichert. Hauptgewinner war das Strategische Bomberkommando, dessen geplante Endstärke von 34 auf 70 Geschwader verdoppelt werden sollte, während für Heer und Marine demgegenüber nur relativ geringe Zuwachsraten vorgesehen waren[82]. Damit kündigte sich bereits im Herbst 1951 der „New-Look" der Eisenhower-Regierung und insbesondere ihre Strategie der „Massiven Vergeltung" („massive retaliation") an[83].

In dem britischen Luftmarschall Sir John Slessor fand diese Doktrin einen sehr frühen Verfechter außerhalb der USA. Im Juli 1952 gab er den amerikanischen Stabschefs folgendes zu bedenken: Entweder könne die NATO ihre atomare Strategie auf eine „modernisierte Konzeption des Krieges von 1914/1918" stülpen, wozu sie 98 Divisionen und 10 000 Kampfflugzeuge brauche. Diese Lösung sei jedoch „eine wirtschaftliche Unmöglichkeit, ein logistischer Alptraum und ein strategischer Nonsens". Oder aber sie stütze sich hauptsächlich auf „atomare Luftmacht" und verringere ihre konventionellen Streitkräfte entsprechend. Letzteres schien ihm „strategisch vernünftig, wirtschaftlich realisierbar", außerdem sah er darin den besten Weg zur Kriegsverhütung[84]. Wie schon gegenüber der eigenen Luftwaffe kritisierte General Bradley, Vorsitzender der amerikanischen Stabschefs, die Einseitigkeit dieser Strategie. Er warnte vor einer Überschätzung der Atomwaffen. Mit Blick auf Deutschland, das trotz fürchterlicher Bombenangriffe lange weitergekämpft habe, bezweifelte er, daß die Sowjetunion durch atomare Angriffe in die Knie gezwungen werden könne und hielt an der Notwendigkeit starker konventioneller Streitkräfte fest[85]. Diese Auffassung wurde nachdrücklich auch von General Ridgway vertreten, dem Oberbefehlshaber der UN-Truppen in Korea, seit dem 30. Mai 1952 Nachfolger Eisenhowers als SACEUR. Ridgway hatte seine Erfolge in Korea allein mit konventionellen Kräften erzielen müssen, für begrenzte Kriege waren Atombomben seiner Meinung nach untauglich[86].

Die neue Strategie gewann an Boden, konnte sich aber zunächst nicht voll durchsetzen. Dies traf besonders für die Planungen der NATO zur Verteidigung Westeuropas zu, die noch wesentlich auf dem Kriegsbild des Zweiten Weltkrieges beruhten. Zwar wurde die Abschreckung als Hauptzweck der Aufrüstung immer wieder betont, die Planungen liefen jedoch darauf hinaus, einen Krieg auch führen und durchstehen zu können, falls die Abschreckung versagen würde. Das NATO-Konzept der „offensiven Defensive" wurde noch weitgehend von der herkömmlichen Mobilisierungsstrategie, das heißt von der Vorstellung einer langen Auseinandersetzung nach dem Muster der beiden Weltkriege mit Massenarmeen und umfassenden Mobilmachungsmaßnahmen beherrscht[87]. Daher auch die hohe Zahl der geforderten Divisionen. In den USA befanden sich taktische Atomwaffen sowie sämtliche Lenkraketenprojekte erst im Stadium der

[81] Ebd., S. 247.
[82] Ebd., S. 94 ff.
[83] Ebd., S. 101.
[84] Ebd., S. 309.
[85] Ebd.
[86] Ridgway, Soldier, passim.
[87] Huntington, Common Defense, S. 56 ff.

Entwicklung und waren noch nicht in das Denken der Militärs, geschweige denn in die Streitkräfte- und Operationsplanung eingegangen[88]. Vor allem fehlte es noch an einer unter den Wehrmachtteilen abgestimmten atomaren Einsatzkonzeption, von der die Festlegung und der Bau der Trägerwaffen und die Zuteilung des knappen nuklearen Materials auf Heer, Marine und Luftwaffe abhing. So beklagte sich der damit beauftragte „Chief of Special Projects", Mansfield, in einem Truman vorgelegten Memorandum vom 15. August 1951: „Wollen wir die Masse unseres spaltbaren Materials benutzen, um die sowjetische Industrie unter Inkaufnahme einer russischen Besetzung Westeuropas zu pulverisieren? Wollen wir den größeren Teil unseres atomaren Stoffs benutzen, um die Rote Armee [...] an der Elbe aufzuhalten? Oder wollen wir ein Programm, das kühn genug ist, sowohl die Niederlage der Roten Armeen wie auch die Ausschaltung der sowjetischen Industrie herbeizuführen[89]?"

Bradley rechnete frühestens ab 1955 mit praktischen Auswirkungen des taktischen Nuklearwaffenprogramms[90]. Die NATO sah daher auch keinen Grund, vom Aufbau starker konventioneller Streitkräfte abzugehen. Entsprechend einigte sich der NATO-Rat im Februar 1952 in Lissabon auf das ehrgeizige, allerdings niemals erreichte Planziel, bis 1954 ca. 90 Divisionen (davon 42 sofort und 48 spätestens 30 Tage nach Mobilmachung einsatzbereit) und Luftstreitkräfte in der Größenordnung von 10000 Flugzeugen (ohne strategische Luftwaffe) aufzustellen[91].

Für den westdeutschen Verteidigungsbeitrag ergaben sich daraus folgende wichtige Konsequenzen: Seine Planung erfolgte noch ganz unter dem Gesichtspunkt einer konventionellen Kriegführung. Umfang und Art ergaben sich aus der Streitkräftelücke, die von den Westmächten nicht geschlossen werden konnte. Nach der Brüsseler Vereinbarung erwartete man von der Bundesrepublik zunächst und vor allem Infanterieverbände zur Verstärkung der alliierten Dekkungsstreitkräfte östlich des Rheins, die im Kriegsfalle den Angreifer aufhalten sollten, bis eine ausreichende Anzahl von Divisionen für offensive Operationen mobilisiert wären.

[88] FRUS 1951, I, S. 103ff.
[89] Ebd., S. 158ff.
[90] Poole, History of the Joint Chiefs 4, S. 309.
[91] Ebd., S. 293.

II. Die Petersberg-Gespräche (9. Januar 1951 bis 4. Juni 1951)

1. Abtasten der Standpunkte

Auf der Grundlage der Brüsseler Vereinbarung begannen am 9. Januar 1951 auf dem Petersberg die Sachverständigengespräche über eine deutsche Beteiligung an der Verteidigung des Westens.

Deutscher Delegationsleiter war der CDU-Bundestagsabgeordnete Theodor Blank[1]. Als militärische Berater standen ihm die Generalleutnante a.D. Heusinger und Speidel und als Sekretär Oberst i.G. a.D. Graf Kielmansegg zur Seite. Die ebenfalls kleinen Delegationen der drei westlichen Besatzungsmächte setzten sich aus den stellvertretenden Hohen Kommissaren, Generalmajor Hays (USA), Ward (Vereinigtes Königreich), Bérard (Frankreich) und einigen hohen Offizieren zusammen.

Um nicht im mindesten den Anschein zu erwecken, es sollten bereits Vorentscheidungen getroffen werden, wurde nach außen der informelle und auf militärtechnisch-organisatorische Fragen beschränkte Charakter der Gespräche betont. In der Tat besaßen die Delegationen keinerlei Entscheidungsvollmachten. Es handelte sich um reine Sondierungsgespräche, um ein gegenseitiges Abtasten von Standpunkten und Vorstellungen. Es fanden 13 Sitzungen statt, Protokolle wurden nicht angefertigt.

Einziges offizielles, von allen vier Delegationen gebilligtes Schriftstück blieb der umfangreiche „Bericht über die auf dem Petersberg geführten technischen Besprechungen, betreffend die Frage eines deutschen Verteidigungsbeitrages" vom 6. Juni 1951, der in geraffter Form vor allem die deutschen Auffassungen wiedergibt[2].

Die Gespräche, die in einer freundschaftlichen Atmosphäre geführt wurden, sieht man von einem schnell beigelegten Zwischenfall[3] ab, kamen nur langsam voran. Dies zeigte sich sogleich

[1] Wie aus einem Brief Blanks an Adenauer vom 16.10.1953 hervorgeht, hatte dieser ihm im Oktober 1950 das Verteidigungsministerium angeboten, ihm wenige Tage danach aber erklärt, daß die außenpolitische Lage die Bildung eines Ministeriums noch nicht erlaube. Statt dessen erfolgte dann die Ernennung zum „Beauftragten für die mit der Vermehrung der alliierten Truppen zusammenhängenden Fragen", dessen Aufgabe es u.a. war, „die Vorbereitungsarbeiten für einen deutschen Verteidigungsbeitrag zu leisten". Der Brief ist abgedruckt in: Lichtenberg, Sicherung der Freiheit, S. 481–483.

[2] BW 9/2044, S. 225–265. Die deutsche Delegation wollte den Bericht als „vorläufigen Zwischenbericht" verstanden wissen. Tatsächlich endeten mit ihm die Petersberg-Gespräche. Danach wurde nur noch in Paris über den deutschen Verteidigungsbeitrag verhandelt. Der Entwurf des Berichts stammte von den drei alliierten Delegationen, wurde dann aber in eine Fassung gebracht, die die Zustimmung der deutschen Delegation fand.

[3] Speidel berichtet hierüber: „Als Theodor Blank, Adolf Heusinger, Graf Kielmansegg und ich zusammen im Volkswagen vor dem Hotel auf dem Petersberg vorfuhren, wies uns ein martialisch aussehender englischer Sergeant scharf darauf hin, daß die deutsche Delegation das Hotel durch den Hintereingang an der Küche zu betreten hätte. Der alte Gewerkschaftler Blank schrie mit Stentorstimme den verblüfften Sergeanten an, daß wir dann sofort wieder abfahren würden. Durch den Lärm aufgeschreckt, erschienen mehrere Herren des alliierten Protokolls, sodann der noble General Ganeval, der das qui pro quo als ein Mißverständnis erklärte: wir sollten selbstverständlich durch den Haupteingang eintreten." Speidel, Aus unserer Zeit, S. 288.

während des ersten Treffens, bei dem Ward für die alliierten Delegationen eine kurze Erklärung abgab, wonach der deutsche Beitrag nur innerhalb des Nordatlantikpakts möglich sei, daß er von demokratischem Geist beseelt sein müsse und daß die deutschen Einheiten auf der Basis der Gleichheit aufzubauen seien. Im übrigen verwies er auf die Zusammenkunft Adenauers mit den Hohen Kommissaren am 21. Dezember und erbat dann sogleich deutsche Vorschläge zur Rekrutierung und Verwaltung der deutschen Truppen, zum Beitrag der deutschen Industrie und zur Unterbringung der alliierten Truppenverstärkungen. Es leuchtet ein, daß Blank ohne weitergehende Informationen über die westliche Verteidigungsorganisation und den von der Bundesrepublik hierfür erwarteten Beitrag unmöglich sofort darauf antworten konnte und nun seinerseits entsprechende Fragen stellte, welche die untereinander uneinigen alliierten Delegationen schnell in Verlegenheit brachten. Bérard machte deutlich, daß die französische Regierung in erster Linie für die Schaffung einer „europäischen" statt einer „atlantischen" Armee eintrete, weil sie das beste Mittel sei, die mit der Wiederbewaffnung Westdeutschlands verbundenen schwierigen psychologischen Probleme zu überwinden und dem „französischen Zaudern und Zögern ein Ende zu setzen"[4]. Blank bemängelte, daß auf der Grundlage der Brüsseler Vereinbarung verhandelt werde, die deutsche Delegation darüber aber nicht genau informiert sei. Er unterstrich die große Bedeutung der „Gleichheit", die „entscheidend [sei] für das, was der Bundeskanzler, der Bundestag und das deutsche Volk tun können". Um konkrete Vorschläge machen zu können, sei „eine Klärung aller Einzelheiten notwendig". Er stellte dann die Fragen: „Wie sehen Sie, meine Herren, die [strategische] Lage, und was glauben Sie, was man insgesamt an Verteidigungsstreitkräften braucht? Was entfällt dabei auf die einzelnen Nationen? Welcher Beitrag entfällt auf Deutschland und unter welchen Voraussetzungen soll er geleistet werden?". Zur Überraschung der deutschen Delegation erklärten sich die alliierten Vertreter außerstande, hierauf eine auch nur annähernd befriedigende Antwort zu geben. Auch dann nicht, als Blank darauf hinwies, „der Bundeskanzler könne nur dann vor den Bundestag treten", wenn er wisse, „welcher Art und von welchem Umfang der deutsche Beitrag sein soll". Diese Angaben seien auch schon deswegen unerläßlich, um den Einwänden der Opposition, „das Ganze sei eine hoffnungslose Sache", begegnen zu können. Blank ließ erkennen, daß ohne zusätzliche Informationen die Gespräche nicht weitergeführt werden könnten.

Auf deutscher Seite mußte der Eindruck entstehen, ihr würden Informationen bewußt vorenthalten. Dies traf jedoch nur zum Teil zu, nämlich für die Kontrollmaßnahmen gemäß der Brüsseler Vereinbarung. Hier spielten die Besatzungsmächte mit verdeckten Karten. Was die strategisch-operative Konzeption zur Verteidigung Europas und den Gesamtumfang der dazu benötigten Streitkräfte betraf, verhielt es sich tatsächlich etwa so, wie Bérard es formulierte[5]:

[4] BA-MA BW 9/2050, S. 53. Zweiseitige Begegnungen zwischen den einzelnen Besatzungsmächten und Deutschen riefen den Argwohn der Nichtbeteiligten hervor. So beschwerte sich Bérard bei McCloy über ein Treffen Hays' mit Blank, Heusinger, Speidel, Graf Kielmansegg und Blankenhorn am 5.1.1951. Hierbei war es zu einem ziemlich ausführlichen Gedankenaustausch gekommen. Hays hatte dabei Zweifel an schnellen Ergebnissen des französischen Konzepts durchblicken lassen; Aufzeichnung des Treffens am 5.1.1951, ebd., S. 34-43. Bérard kritisierte Hays außerdem wegen dessen Eile, deutsche Verbände aufzustellen und seiner Bemerkung, „dies sei das beste Mittel, Frankreich dazu zu bringen, schnell aufzurüsten"; Bérard, Ambassadeur 1, S. 362f.

[5] Protokoll über die 1. Besprechung auf dem Petersberg am 9.1.1951, BA-MA, BW 9/2050, S. 52-62.

„Zurzeit ist es schwer, einen genauen festen Plan aufzustellen. Hierbei ist die Bundesregierung in derselben Lage, wie die Regierungen der anderen Mächte."

Auf deutscher Seite wurde die Devise ausgegeben: „Die andere Seite möglichst darüber aushölen, was sie wollen und selber nichts sagen[6]." Die gleiche Taktik verfolgten die Westmächte, und so drehte sich das Gespräch im Kreise. Die Alliierten beriefen sich darauf, man müsse die Pläne Eisenhowers, der sich gerade in seine neue Aufgabe als SACEUR einarbeite, abwarten. Sie betonten überdies ihre Geheimhaltungspflicht und ihre Unzuständigkeit in politischen Fragen. Blank konterte, der Bundeskanzler wolle von ihm expressis verbis wissen, welche Form der deutsche Beitrag haben und unter welchen Bedingungen er geleistet werden solle.

Der einzig annähernd konkrete Anhalt, den die deutsche Delegation erhielt, war der, „daß der deutsche Beitrag 20 Prozent der für die Verteidigung Europas bestimmten Truppen unter General Eisenhower betragen soll"[7]. Auf welchen Gesamtumfang sich diese in der Brüsseler Vereinbarung festgelegte und rein politisch begründete Größe bezog, konnten die alliierten Vertreter freilich nicht sagen. Ward relativierte die von Hays genannte Zahl außerdem noch, indem er darauf hinwies, die 20 Prozent seien eine „obere Grenze" und brauchten nicht sofort geleistet zu werden. Auch hinsichtlich einer deutschen Rüstungsproduktion gingen die Auffassungen auseinander. Während von den Alliierten wegen der angespannten Lage ihrer eigenen Rüstungsproduktion ein wesentlicher Beitrag der deutschen Industrie erwartet wurde, schlug Blank einen „ausdrücklichen Verzicht auf Waffenherstellung" vor, um „der ganzen Welt dar[zu]tun, daß Deutschland mit der Beteiligung an der europäischen Verteidigung keine aggressiven Absichten verbindet"[8]. So verlief die erste Begegnung für beide Seiten enttäuschend. Die Petersberg-Gespräche drohten in eine Sackgasse zu geraten, noch bevor sie richtig begonnen hatten. Einig war man sich nur darin, daß ein deutscher Verteidigungsbeitrag notwendig sei.

Am 11. Januar faßte Blank das kärgliche Besprechungsergebnis in einem Schreiben an Adenauer zusammen und verlangte neue Instruktionen. Er fügte hinzu: „Es kommt mir dabei auch

[6] BA-MA, BW 9/2050, S. 47. Die Notiz stammt vermutlich von Graf Kielmansegg. Sie enthält den Hinweis, daß neben Adenauer und dem Staatssekretär im Bundeskanzleramt Globke auch Schumacher – vertraulich – informiert werden solle. Es war ein Anliegen der deutschen Militärs, sich der Unterstützung der Opposition und nach Möglichkeit auch der Gewerkschaften zu versichern. Bereits einen Tag nach Fertigstellung der „Himmeroder Denkschrift" wurden Schumacher und Carlo Schmid eingehend über deren Inhalt informiert. Anfang Februar 1951 unterrichteten Speidel und Heusinger Schumacher, Ollenhauer und Carlo Schmid über die Petersberg-Gespräche und ihre Begegnung mit Eisenhower am 22.1.1951. Weitere Treffen mit Oppositionsführern folgten. Speidel betont die große Sachkenntnis Schumachers, seine „rückhaltlose Offenheit" und das Vertrauen, das er ihm und Heusinger entgegengebracht habe, Eigenschaften, die die Militärs an Adenauer vermißten. Schumacher beeindruckte vor allem dadurch, daß er „entschiedener noch als der Bundeskanzler" auf der militärischen Gleichberechtigung bestand. Zugleich teilte er mit den Militärs den Gedanken von der Notwendigkeit einer Strategie der „offensiven Defensive"; Speidel, Aus unserer Zeit, S. 275 f. u. S. 289. McCloy berichtete am 28.8.1951 an Acheson, François-Poncet habe ihm eine Bemerkung Adenauers mitgeteilt, wonach dieser „mit Blank und Heusinger vollständig zufrieden [sei], aber Zweifel an der Zuverlässigkeit Speidels bekomme". François-Poncet habe darauf geantwortet, Speidel sei „quite politically minded"; FRUS 1951, III, Teil 2, S. 1519. Möglicherweise wollte Adenauer mit diesem Urteil nur signalisieren, daß er bereit war, Speidel zu opfern, wenn die französische Regierung dies wünsche. Wegen seiner Stabschef-Tätigkeit beim deutschen Militärbefehlshaber und bei Rommel in Frankreich war Speidels Verwendung bei der Pariser Konferenz auf französischer Seite umstritten.

[7] BA-MA, BW 9/2050, S. 55.

[8] Ebd., S. 61.

darauf an zu erfahren, welches Tempo im Interesse Ihrer Politik liegt. Wir haben es zweifellos in der Hand, das Tempo zu beschleunigen oder zu verlangsamen[9]."

Eine Rede Adenauers vor dem Parteitag der westfälischen CDU am 14. Januar in Bielefeld aufgreifend, nannte Blank dann in der zweiten Gesprächsrunde am 16. Januar folgende Voraussetzungen für einen deutschen Beitrag: ausreichende Streitkräfte der Alliierten zu Lande und in der Luft in der Bundesrepublik als unerläßlicher Schirm für die Aufstellung deutscher Truppen, Umwandlung des Besatzungsrechts in Vertragsrecht, Ablösung der Alliierten Hohen Kommission durch Botschaften, militärische Gleichberechtigung und ausreichende finanzielle Hilfe.

Die stellvertretenden Hohen Kommissare erklärten daraufhin, sie seien nicht autorisiert, sich hierzu zu äußern, und machten klar, daß die Weiterführung der Gespräche keine stillschweigende Anerkennung der deutschen Forderungen bedeute. Als Grundlage für ihre Planungen erhielt die deutsche Delegation dann die Auskunft, die Bundesregierung sei befugt, bis Ende 1951 100000 Mann Landstreitkräfte aufzustellen. Die Alliierten betonten, daß davon nicht auf den endgültigen Umfang geschlossen werden dürfe. Auf Blanks Drängen, man könne jetzt nicht alle Überlegungen auf 100000 Mann abstellen, um diese Zahl dann doch bald wieder umzustoßen, wurde der deutschen Seite gestattet, als unverbindliche Planungshypothese für Ende 1952 einen Umfang von 250000 Mann anzunehmen[10]. Auch bei den folgenden Treffen waren die alliierten Unterhändler oft nicht willens oder nicht in der Lage, auf deutsche Fragen zu antworten. Zur strategischen Lage, zur Verteidigungskonzeption, zu Aufgabe und Status der deutschen Truppen erfuhr die deutsche Delegation wenig oder nichts[11].

Es war ein grotesker Zustand, daß die Westmächte einerseits die Bedingung stellten, deutsche Streitkräfte dürften nur im Rahmen der NATO aufgebaut werden, sich andererseits aber als unfähig erwiesen, die dazu notwendigen Angaben zu machen. Zumindest der britische Hohe Kommissar Kirkpatrick empfand dies alles andere als glücklich. Bei einer Zusammenkunft mit François-Poncet und McCloy am 8. Februar sprach er von einer „völlig festgefahrenen Situation" und schlug vor, die ganze Angelegenheit an den NATO-Rat, in dessen Auftrag die Besatzungsmächte mit der Bundesregierung verhandelten, zurückzuverweisen. Er hielt es für richtig, der Bundesregierung, die von dem Grundsatz sofortiger voller Gleichberechtigung ihrer Truppen sicher nicht mehr abgehe, reinen Wein einzuschenken. In Abkehr von der Brüsseler Vereinbarung empfahl er, die Westmächte sollten den größtmöglichen und nach zweckmäßigsten Gesichtspunkten organisierten deutschen Beitrag akzeptieren. Ahnungsvoll sagte er voraus, die deutsche Seite könne logischerweise fragen, ob denn auch die anderen Truppen in die umstrittenen Kampfgruppen gegliedert würden. McCloy machte demgegenüber geltend, die Hohe Kommission sei nicht ermächtigt, ein Urteil über die deutschen Vorschläge abzugeben. Mit einiger Mühe, die wiederum die alliierten Divergenzen offenbarte, wurde vereinbart, die Gespräche fortzusetzen. Die drei alliierten Delegationen erhielten die Instruktion, der deutschen Seite klarzumachen, daß die Hohe Kommission keinerlei Entscheidungsbefugnis besitze und daß es darum gehe, die Vorstellungen der Bundesregierung entgegenzunehmen[12].

[9] BA-MA, BW 9/2050, S. 92f., Zitat S. 93. Adenauer wurde ferner gebeten, eine Unterredung mit Speidel und Heusinger zu ermöglichen, bei der beide eine „richtunggebende Weisung" erhofften und andererseits ihre Auffassungen zu den militärischen Problemen darlegen wollten, ein auch später sich wiederholendes Indiz, daß Adenauer von sich aus wenig Interesse an militärischen Fragen zeigte.

[10] BA-MA, BW 9/2050, S. 95ff.

[11] Von 12 Fragen beantworteten die alliierten Delegationen nur vier. Diese betrafen Ausbildungshilfe, Unterbringungsprobleme, Waffenlieferungen und Waffenpreise.

[12] FRUS 1951, III, Teil 1, S. 1011f.

Um die Gespräche, die sich damit zu einer ziemlich einseitigen Anhörung entwickeln mußten, nicht ergebnislos enden zu lassen, willigte Blank schließlich ein, die deutschen Überlegungen bekanntzugeben, allerdings unter dem ausdrücklichen Vorbehalt ihrer Vorläufigkeit wegen der Unkenntnis der alliierten Pläne[13]. Auch Adenauer kritisierte später vor den Hohen Kommissaren die Gespräche als „einseitig und theoretisch". Er lasse sie nur weiterführen, weil ihr Abbruch nachteilige Folgen in der Öffentlichkeit hätte. Er bat darum, deutsche militärische Sachverständige durch das NATO-Oberkommando „über die militärischen Absichten bezüglich der Erfüllung der New Yorker Sicherheitsgarantie" zu unterrichten. Gleichsam im Tausch bot er an, daß deutsche Generale ihre Rußlanderfahrungen den maßgebenden militärischen Stellen der NATO mitteilen könnten, da „weder ein amerikanischer noch ein französischer noch ein englischer General bisher mit den Russen gekämpft" habe[14]. Hierbei spielte sicherlich das Interesse Adenauers mit, die Tür zu direkten Kontakten mit der NATO zu öffnen.

2. Deutsches Streitkräftekonzept und Reaktion der westlichen Besatzungsmächte

a) Das deutsche Truppenkontingent: Panzerkorps, Heeresluftstreitkräfte, Ostseemarine

Die deutschen Vorschläge über Stärke und Gliederung der Heeresverbände orientierten sich vor allem an Bewaffnung und Zusammensetzung der sowjetischen Truppen und den noch nicht lange zurückliegenden unmittelbaren Erfahrungen des Rußlandfeldzuges. Die entscheidende Waffe war danach der Panzer, der wirkungsvollste taktische Verband die Panzerdivision mit ca. 250 Panzern, um die ausreichend Infanterie, Artillerie und andere Spezialtruppen gruppiert werden sollten[15]. Eine lediglich durch Panzer verstärkte Infanteriedivision, die bei den westlichen Streitkräften noch den Standard bildete, sahen Heusinger und Speidel im Vergleich zu den sowjetischen Panzer- und mechanisierten Divisionen als überholt an[16]. Eine starre Verteidigung wurde von ihnen gleichfalls verworfen. Der zahlenmäßigen Überlegenheit der sowjetischen

[13] In einem vertraulichen Treffen von Blank und Kielmansegg mit Byroade, dem Leiter der Deutschland-Abteilung im US-Außenministerium, am 10. Februar in Bonn beschwerte sich Blank „ziemlich heftig" über das Verhalten der Westmächte. Er sei über die Brüsseler Vereinbarung nicht informiert worden, habe deswegen auch nicht wissen können, daß die deutschen Überlegungen, die offen dargelegt würden, offensichtlich weit über das hinaus gingen, was die Alliierten zulassen wollten. Dies brächte ihn gegenüber der Opposition in eine unmögliche Lage, FRUS 1951, III, Teil 1, S. 1013.

[14] Adenauer, Erinnerungen 1, S. 450ff.

[15] Gliederung der Panzerdivision: 1 Führungsstab mit Nachrichtenabteilung; 1 Panzerregiment mit 3 Abteilungen zu je etwa 80 Panzern, davon 2 mittlere und 1 schwere Abteilung; 2 motorisierte Inf.-Regimenter mit je 2 Bataillonen mit allen erforderlichen leichten und schweren Infanteriewaffen sowie starken Panzer- und Luftabwehrwaffen; 2 Bataillone davon mit gepanzerten Transportfahrzeugen; 1 motorisiertes Artillerieregiment mit 3 Abteilungen; davon 1 schwere Abteilung; 1 Aufklärungsabteilung und 1 Pionierabteilung, BA-MA, BW 9/2050, S. 152.

[16] Die deutsche Delegation ging von 26 sowjetischen Divisionen in der DDR aus, davon mindestens 18 Panzer- und mechanisierte Divisionen mit je ca. 270–300 Panzern oder gepanzerten Fahrzeugen, BA-MA, BW 9/2050, S. 148f.

Kräfte sollte durch ein Höchstmaß an Kampfkraft, Panzerung, Beweglichkeit und wendiger Führung begegnet werden. Daher wollte man die Panzerdivision auch weitgehend von Versorgungsaufgaben entlasten und diese hauptsächlich den übergeordneten Armeekorps übertragen. Nach deutscher Auffassung mußten die in einem Korps zusammengefaßten Truppen schon allein wegen des Sprachproblems derselben Nationalität angehören, die Integration sollte entsprechend frühestens auf Armee-Ebene beginnen.

Die deutsche Delegation argumentierte von der Sache her überzeugend. Sie wies darauf hin, daß nach gültigen Vorschriften der westlichen Streitkräfte die Divison immer noch der kleinste zum selbständigen Gefecht befähigte Verband sei, der wegen der eng aufeinander abgestimmten verschiedenen Waffen und anderen Elementen nicht aus kleineren Kampfgruppen, schon gar nicht solchen unterschiedlicher Nationalität, zusammengesetzt werden könne. Speidel stellte die Frage, ob die Westmächte dabei seien, die Division abzuschaffen und die Kampfgruppe (Combat Team) zur Regel zu erheben. Zur Verteidigung des deutschen Standpunktes zitierte er Eisenhower, der auf deutschem Boden wenige Tage zuvor erklärt hatte, er könne nicht als Oberbefehlshaber wirken, wenn deutsche Einheiten in eine Organisation gepreßt würden und damit unzufrieden seien[17].

Es war klar, daß die durch die Brüsseler Vereinbarung gebundenen alliierten Vertreter deutschen Divisionen, gar deutschen Panzerkorps nach Art des 1940 von Guderian im Frankreichfeldzug geführten XIX. Armeekorps, nicht zustimmen konnten. Der deutsche Vorschlag war insbesondere für Frankreich unannehmbar, das ja erst nach heftigem Sträuben deutsche Kampfgruppen in Stärke von etwa 5000 Mann akzeptiert hatte und in deutschen Divisionen eine gefährliche, nicht hinzunehmende Machtzusammenballung erblickte. Die alliierten Sachverständigen wiesen darauf hin, daß die deutschen Verbände zunächst höchstens die Größe von Regimentskampfgruppen oder Brigaden erreichen dürften[18]. Sie schlugen vor, mit der Bildung kleiner Einheiten zu beginnen und diese sofort der NATO zur Verfügung zu stellen, um möglichst schnell zu einer Verstärkung der westlichen Verteidigung beizutragen. Danach könne eine Erweiterung dieser Einheiten unter Berücksichtigung der Empfehlungen des NATO-Oberbefehlshabers vorgenommen werden. Eine derart unbefristete und vage Übergangslösung ohne Anhalt über die endgültige Gestalt der deutschen Formationen war nun andererseits für die deutschen Vertreter völlig inakzeptabel. Kampfgruppen oder noch kleinere deutsche Einheiten als Anhängsel alliierter Divisionen waren nicht nur aus psychologisch-militärischen, sondern auch aus politischen Gründen unannehmbar, da es unter diesen Bedingungen wohl kaum höhere deutsche Offiziere über den Dienstgrad Oberst hinaus und damit auch nur einen sehr geringen Einfluß auf Organisation und Verteidigungsplanung des westlichen Bündnisses gegeben hätte.

An diesem Beispiel zeigte sich der untrennbare Zusammenhang von Kampfmoral, zweckmäßiger Gliederung und militärisch-politischem Einfluß. Auch innenpolitisch wäre der alliierte Vorschlag niemals durchzusetzen gewesen. Die westlichen Militärs, die im Kriege die Bedeutung des „moralischen Faktors" für den Wert einer Truppe selbst erfahren hatten, waren sich dessen weit mehr bewußt als die alliierten Politiker. Bereits in der Brüsseler Vereinbarung hatten

[17] BA-MA, BW 9/2050, S. 149.

[18] Nach den der deutschen Seite gegebenen Informationen enthielten die zum Vorbild genommenen amerikanischen Combat-Teams und britischen verstärkten Brigaden Infanterie-, Panzer- und Artillerieeinheiten und waren angeblich zu selbständigem Kampf in der Lage. Speidel zitierte daraufhin das amerikanische Field Manual 100-5, wonach die Division nach wie vor der kleinste gemischte Grundverband war, ebd.

sie vor einem zu niedrigen Integrationsniveau aus praktischen wie aus psychologischen Gründen gewarnt. Ihrer Ansicht nach war es immer noch „der nationale und politische Geist der individuellen Nationen“, der zu einem großen Teil den „moralischen Zusammenhalt“ und die „Ideale“ der Armeen erzeugte. Vor allem mit Blick auf den Pleven-Plan schien es dem NATO-Militärkomitee unwahrscheinlich, daß bei den Deutschen bereits der ernsthafte Wunsch bestehe, sich an der Bildung von Streitkräften zu beteiligen, die „keine nationale Identität hätten“[19]. Eisenhower erklärte Hays, der von McCloy zu ihm nach Paris entsandt worden war, um seinen Rat einzuholen, die Bundesrepublik müsse einen politischen Status erhalten, der es einer sehr großen Mehrheit der Deutschen, und nicht nur der Bundesregierung, erlaube, den Verteidigungsbeitrag zu unterstützen. Natürlich liege ihm an jeder deutschen Einheit, die er bekommen könne, aber er wolle „keine Söldner oder ‚Hessischen Soldaten‘“[20].

Die deutsche Delegation war nicht bereit, auf die Bildung „vorläufiger kleiner Einheiten“ einzugehen. Auf ausdrücklichen Wunsch der Alliierten stellte sie jedoch „hypothetische Überlegungen“ über die Zusammensetzung von Kampfgruppen an, „unter der Voraussetzung, daß es sich hierbei um eine für alle an der Verteidigung Europas beteiligten Streitkräfte geltende Gliederung handele“[21]. Aber auch jetzt hielt sie daran fest, daß die Division wenigstens aus Kampfgruppen gleicher Nationalität bestehen müsse[22].

Unter der Annahme, daß die Bundesrepublik vier Korps zu je drei Divisionen stellen werde, entwickelte die deutsche Delegation ein Konzept taktischer Luftstreitkräfte[23] im Stile des VIII. Fliegerkorps, das in der Unterstützung von Heeresoperationen im Zweiten Weltkrieg erstaunliche Leistungen gezeigt hatte.

Dementsprechend waren diese Luftstreitkräfte ganz auf die Belange des Heeres zugeschnitten. Als Aufgaben dieser „Heeresluftwaffe“ nannte Heusinger die verlängerte taktische Erdaufklärung, die verlängerte Artillerie und den Schutz der Truppen gegen feindliche Luftangriffe.

Daraus ergab sich die Forderung nach Aufklärungsflugzeugen, Jägern, Jagdbombern, leichten Bombern und leichter Flak zur Abwehr von Tieffliegerangriffen gegen Flugplätze. Den Jägern maß man die größte Bedeutung zu, weil von der Aufrechterhaltung der Luftherrschaft die Erfüllung aller anderen Aufgaben der Luftstreitkräfte abhängig war. Heusinger trug zwei Organisa-

[19] FRUS 1950, III, Teil 1, S. 540f.

[20] FRUS 1951, III, Teil 1, S. 1030f. In seinem Bericht vor dem amerikanischen Präsidenten und den Spitzen der amerikanischen Regierung im Weißen Haus am 31.1.1951 über seine Reise in die Hauptstädte der europäischen NATO-Staaten im Januar 1951 sagte Eisenhower: Er persönlich wolle deutsche Truppen unter seinem Kommando. Er wisse schließlich, welch gute Kämpfer sie seien. Aber er wolle sie nur, wenn sie ohne Bedingungen und Fesseln kämen. Er habe dies den führenden Deutschen klargemacht und ihnen deutlich gesagt, „ihre Streitereien mit Frankreich scherten ihn einen Dreck“, ebd., S. 453. Kurze Zeit später war gerade er es, der einen für die Bundesregierung und Frankreich tragfähigen Kompromiß herbeizuführen suchte.

[21] BA–MA, BW 9/2044, S. 236.

[22] Nach deutscher Auffassung sollte die Kampfgruppe eine Division in verkleinertem Maßstab sein, eine „Westentaschen-Division“. Zwei Typen wurden vorgeschlagen: Die Infanterie-Kampfgruppe mit starker Panzer- und Panzerabwehrkomponente (ca. 6500 Mann) und die Panzer-Kampfgruppe mit einem gepanzerten Infanterie-Bataillon (ca. 4500 Mann). Die Infanterie-Division setzte sich aus 2 Infanterie-, die Panzer-Division aus 2 Panzer-Kampfgruppen zusammen. Eine Mischung sollte ebenfalls möglich sein. An einem anschaulichen Beispiel demonstrierte Speidel den völligen Wirrwarr, der bei nationalgemischten Divisionen – u.a. auf dem Gebiet nationaler Eßgewohnheiten – eintreten müßte, BA–MA, BW 9/2050, S. 261ff.

[23] Eine weitreichende, „strategische“ Luftwaffe ist von deutscher Seite nicht in Erwägung gezogen worden. Sie wäre nach der Brüsseler Vereinbarung auch nicht zugelassen worden.

tionsmodelle vor: korpsweise oder armeeweise Aufteilung und Unterstellung. Je Korps (3 Divisionen) waren 5 Aufklärungsstaffeln (1 pro Division, 2 für das Korps) mit insgesamt 90, 3 Jagdgruppen mit insgesamt 240, 1 Jagdbombergruppe mit 80, und 1 leichte Bombergruppe mit 52 Flugzeugen vorgesehen. Die deutschen taktischen Luftstreitkräfte umfaßten damit etwa 1900 Kampfflugzeuge[24]. Wegen der Möglichkeit schnellerer und besserer Schwerpunktbildung gaben die deutschen Sachverständigen der armeeweisen Zusammenfassung – eine Armee zu 3 Korps hätte über mehr als 1300 Flugzeuge verfügt – den Vorzug. Bis auf die den Divisionen oder Korps direkt unterstellten Aufklärungsstaffeln sollten bei den Armeen Jäger, Jagdbomber und leichte Bomber dem Kommando eines Luftwaffenoffiziers gleicher Nationalität unterstehen[25]. Dies hätte den deutschen Einfluß auch auf dieser ziemlich hohen Ebene sichergestellt. Die deutsche Delegation legte Wert darauf, daß unmittelbar zusammen operierende Land- und Luftstreitkräfte „dieselbe Sprache sprechen". Dafür gab es einsichtige Gründe; u.a. sollte auch gewährleistet werden, daß die deutschen Luftstreitkräfte in erster Linie zur Unterstützung der eigenen Heeresverbände eingesetzt würden.

Bei einer Höchstbelegung von 80 Flugzeugen pro Flugplatz ergab dies einen Bedarf von 25 Flugplätzen, die für Düsenflugzeuge geeignet sein mußten, allein für den deutschen Anteil[26]. Zum Schutz dieser Plätze wurden 100 Flakbatterien (4 je Platz) mit insgesamt 1200 Geschützen bis Kaliber 7,5 cm veranschlagt. Der personelle Umfang dieser taktischen Luftstreitkräfte belief sich auf ca. 50 000 Mann[27].

Die Luftverteidigung der Bundesrepublik betrachtete die deutsche Delegation als ein spezifisches Problem, zu dessen Lösung eine eigene Organisation mit zusätzlichen Kräften nötig war. Von Anfang an war klar, daß das kleine Territorium der Bundesrepublik eine auf es begrenzte Luftverteidigungsorganisation verbot und ein wirkungsvoller Luftschirm nur in einem grenzüberschreitenden, ganz Westeuropa umfassenden integrierten System geschaffen werden konnte. Hauptträger der Luftverteidigung sollten Tag- und Nachtjäger sein, da Flugabwehrkanonen wegen gewachsener Fluggeschwindigkeiten und Flughöhen nur noch begrenzte Abwehrchancen eingeräumt wurden[28].

Hinsichtlich der Flugzeugführer gab sich die deutsche Delegation erstaunlich optimistisch. Sie glaubte den Bedarf von 2500 Piloten aus dem noch großen Reservoir ausgebildeten und kampferfahrenen Personals „ohne Schwierigkeiten" decken zu können[29]. Ähnlich zuversichtlich beurteilte sie das Aufkommen des übrigen Bord- und technischen Bodenpersonals. Bereits ein Jahr nach Aufstellungsbeginn glaubte man über erste vollständige Verbände verfügen zu kön-

[24] 20 Aufklärungsstaffeln mit 360 Aufklärungsflugzeugen, 12 Jagdgruppen mit 960 Jägern und 4 Jagdbombergruppen mit 320 Jagdbombern, 4 leichte Bombergruppen mit 208 leichten Bombern.

[25] Bei einer aus jeweils einem amerikanischen, französischen und deutschen Korps bestehenden Armee hätte es demnach drei Fliegerführer unter dem Armee-Oberbefehlshaber gegeben.

[26] Hierfür waren Startbahnen von mindestens 2 km Länge nötig. Nach Schätzung der deutschen Delegation gab es nur 16 solcher Flugplätze in Westdeutschland.

[27] Fliegendes Personal: 3000 Mann; Bodenpersonal: 30 000 Mann; Flakpersonal: 6000 Mann; Luftnachrichtenpersonal: 6000 Mann und Stabspersonal: 1000 Mann.

[28] In einem Bericht an den US-Präsidenten vom 10.7.1951 teilte der mit der Entwicklung von Lenkraketen beauftragte K. T. Keller mit, daß von 14 verschiedenen Luftabwehrraketen 3 so weit erprobt seien, daß ab März 1953 mit der Serienproduktion begonnen werden könne, FRUS 1951, I, S. 103 f.

[29] Nach Unterlagen, die die deutsche Delegation besaß, hatte Deutschland bei Kriegsende 4000 Flugzeugführer mit Kampferfahrung, 5000 mit begrenzter Kampferfahrung und weitere 20 000 mit beendeter Ausbildung. Der größte Teil dieser Piloten war 1945 19 bis 20 Jahre alt, 1951 also zwischen 25 und 28. Es wurde angenommen, daß in der Bundesrepublik noch etwa 9000 brauchbare Flugzeugführer lebten.

nen, die praktisch nur aus erfahrenem Personal der ehemaligen Luftwaffe bestanden hätten, das lediglich umgeschult zu werden brauchte. Die deutsche Delegation wies allerdings darauf hin, daß sich die günstige Personallage von Jahr zu Jahr wegen der zunehmenden Überalterung der Flugzeugführer verschlechtern mußte.

Die Alliierten hielten die Zahl von 1900 Flugzeugen für viel zu hoch. Sie gaben ihre grundsätzliche Zustimmung, Ausbildungspersonal und Ausbildungseinrichtungen abzustellen, mochten oder konnten sich wegen des erhöhten eigenen Bedarfs im einzelnen aber nicht festlegen. Dies galt besonders für die Lieferung der Flugzeuge. Ihrer Ansicht nach überschätzten die Deutschen das Sprachproblem. Die Alliierten verwiesen auf gute Erfahrungen gemeinsamer Manöver mit Englisch als Verständigungssprache. Sie bezweifelten außerdem, ob es noch sinnvoll sei, Luftstreitkräfte auf Heeresverbände aufzuteilen. In der Tat waren die deutschen Vorstellungen einer „Heeresluftwaffe" und einer davon getrennten Luftverteidigung, die offensichtlich auf die Reichsluftverteidigung des Zweiten Weltkrieges zurückging, überholt. Die NATO war gerade dabei, ein für beide Zwecke integriertes, zur Schwerpunktbildung weit geeigneteres System zu entwickeln, das sich dann auch durchsetzte. Zwei getrennte Organisationen waren auch deswegen nicht mehr notwendig, weil anders als im Zweiten Weltkrieg für die Bundesrepublik Heimatgebiet und Kampfzone weitgehend zusammenfielen.

Weit davon entfernt, an eine Hochseeflotte im Stile Tirpitz' oder Raeders anzuknüpfen, entwarf die deutsche Delegation eine auf die Ostsee beschränkte Marine. Selbst der Schutz der engeren Nordsee mit ihren lebenswichtigen Nachschublinien zu den deutschen Häfen sollte im Sinne der NATO-Arbeitsteilung von den großen westlichen Seemächten übernommen werden. Um so nachdrücklicher unterstrich sie die Notwendigkeit ausreichender leichter Seestreitkräfte zur Absicherung der offenen Ostseeflanke der Heeresverbände. Wie die taktischen Luftstreitkräfte waren die Seestreitkräfte in dieser Hinsicht auf die Bedürfnisse der Landstreitkräfte zugeschnitten. Hinzu kam die außerordentlich wichtige Aufgabe, die Ostseeausgänge für die sowjetischen Seestreitkräfte zu sperren, da ihr Durchbruch in das Nordmeer und den Atlantik die Seewege der NATO erheblich gefährden mußte.

Für die Ostseemarine waren folgende Aufgaben vorgesehen: Sicherung der westlichen Ostsee gegen Über- und Unterwasserangriffe. Verhinderung amphibischer Landungen im Rücken der eigenen Front und auf den dänischen Inseln, Verhinderung des Ausbruchs sowjetischer U-Boote und Minenleger sowie Schutz und Unterstützung der Landstreitkräfte längs der Küsten. Im Falle eines sowjetischen Angriffs sollten die Seestreitkräfte durch offensive Vorstöße einschließlich amphibischer Operationen hinter der gegnerischen Front zur Entlastung der eigenen Heeresverbände beitragen[30].

Engen und Untiefen der Ostsee verboten den Einsatz großer Schiffe von selbst. Schlachtschiffe, Flugzeugträger und Schwere Kreuzer kamen daher nicht in Frage. Selbst Zerstörer, später das Rückgrat der Bundesmarine, fehlten auf der den Westmächten vorgelegten Typenliste[31]: Diese sah ein ausgewogenes Verhältnis von Torpedobooten, Geleitbooten, Minensuchern und

[30] Dazu zählten: Bekämpfung sowjetischer Truppen an der Ostseeküste durch Beschießung und Landung, Angriffe auf sowjetische Nachschubwege in der Ostsee, Kommandooperationen hinter den sowjetischen Linien und Unterstützung von Widerstandsbewegungen in Ost-Deutschland, Polen und den baltischen Ländern, BA–MA, BW 9/2044, S. 290.

[31] Unter der Annahme, daß Kattegatt und Skagerrak von dänischen und anderen NATO-Marinen gesichert würden, meldete die deutsche Delegation folgenden Bedarf an: 12 Torpedoboote, 12 Geleitboote, 24 Minensucher, 36 Minenräumer, 36 bewaffnete Kutter, 12 U-Boot-Jäger, 2 Minenleger, 1 U-Boot-Netzleger,

-räumern, Schnellbooten, U-Jägern und U-Booten vor. Große Manövrierfähigkeit, geringer Tiefgang, starker Flakschutz und leichtkalibrige Bewaffnung sollten ausschlaggebend sein, nicht aber großer Aktionsradius und Panzerung. Nach deutscher Auffassung mußte der Seekrieg in der Ostsee als vielseitiger Kleinkrieg, vor allem mit Minen, Torpedos, Raketen und leichten Schnellfeuergeschützen, geführt werden, wobei man auf genaue Ortskenntnis und Erfahrungen im Kampf mit der sowjetischen Marine vertraute. Was Raeder in seiner Auseinandersetzung mit Göring nicht erreicht hatte, war diesmal auf deutscher Seite unumstritten: für Aufklärung, U-Boot-Abwehr, Minenlegen, Angriffe auf Seeziele und Jagdschutz wurden von vornherein eigene Marinefliegerkräfte eingeplant[32]. Den Gesamtpersonalbedarf schätzte die deutsche Delegation auf 15000 Mann. Nach ihrer Auffassung konnten die Marineeinheiten bereits sechs Monate nach Übernahme der Boote einsatzbereit sein.

Die Alliierten wichen einer klaren Stellungnahme aus. Den Briten schien das von Speidel vorgetragene Konzept allerdings als „unmittelbares Ziel zu hoch" gesteckt. Wie Frankreich sich an der Vorstellung deutscher Divisionen stieß, so verfolgte Großbritannien wohl in Erinnerung an die alte Flottenrivalität das deutsche Marinekonzept mit Argwohn. Nach Ansicht der britischen Delegation sollte sich eine deutsche Marine auf engsten Küstenschutz und Sperraufgaben konzentrieren. Deutsche Marinefliegerverbände hielt sie nicht für erforderlich, da deren Aufgaben von den Alliierten übernommen werden könnten. Die Unterhändler der Besatzungsmächte erklärten im übrigen, alles weitere hänge von den NATO-Marinebefehlshabern in Ost- und Nordsee ab[33]. Den Regierungen müsse außerdem Zeit eingeräumt werden, sich mit den deutschen Vorstellungen zu beschäftigen. Der Aufbau einer deutschen Marine, so wichtig sie aus strategischen Gründen auch sein mochte, war bei den Westmächten, mit Ausnahme Dänemarks und vielleicht Norwegens, kein vorrangiges Anliegen.

b) Politisch-militärische Spitzengliederung

Für Blank schien die Bildung eines Verteidigungsministeriums mit einem zivilen Minister im Kabinettsrang zwingend notwendig. In diesem Punkt ließ er nicht mit sich handeln. Selbst Bérard, der ihn darauf aufmerksam machte, daß seine Ausführungen zur deutschen Spitzenorganisation „weit", „sehr weit" sogar, von der Brüsseler Vereinbarung entfernt seien, mußte anerkennen, daß die ja auch von den Alliierten geforderte demokratische Kontrolle der deutschen Truppen am sichersten über einen dem Parlament voll verantwortlichen Minister gewährleistet werden konnte. Politische Führung des deutschen Kontingents, Vertretung seiner Interessen nach innen und außen, Leitung der gesamten Verteidigungsverwaltung einschließlich der umfangreichen militärischen Territorialorganisation und Vorbereitung der Wehrgesetzgebung ließen nach Blanks Meinung keine andere Lösung zu. „In einem demokratischen Staat", bemerkte er, „kann es nur eine Konstruktion geben, nämlich die Regierung mit ihren Ministerien, alles unter der Kontrolle des Parlaments. Gäbe es kein Verteidigungsministerium, dann wäre das Kontingent

36 Schnellboote, 24 U-Boote unter 300 to, 36 Landungsspezialschiffe, 2 Kleinkampfmittel-Flottillen (1-Mann-U-Boote), 9 Begleitboote für Marine-Such- und -Räumboote, BA–MA, BW 9/2044, S. 291.

32 58 Aufklärer, 104 leichte Bomber, 160 Jäger, 30 Hubschrauber, ebd.

33 Eisenhower war gerade dabei, seinen Befehlsbereich zu organisieren. NATO-Marinebefehlshaber für Ost- und Nordsee gab es zu diesem Zeitpunkt noch nicht.

politisch ein nicht mehr zu kontrollierendes Gebilde [...] Die Bundesrepublik muß unbeschadet der führungsmäßigen Unterstellung des deutschen Kontingents unter das Oberkommando der Atlantikarmee ein Verteidigungsministerium haben, wie es alle anderen teilnehmenden Staaten besitzen[34]." Das Verteidigungsministerium sollte folgende Abteilungen umfassen: Politische Angelegenheiten, Personal, Haushalt, Verwaltung, Wirtschaft, Recht und Fürsorge.

Zur Durchführung ministerieller Weisungen und der national verbleibenden militärischen Aufgaben sollte eine zentrale militärische Behörde nachgeordnet werden, die „Generalinspektion des deutschen Kontingents" mit dem „Generalinspekteur der deutschen militärischen Verbände" an der Spitze. Als „oberster militärischer Vorgesetzter aller deutschen Soldaten" war ein „Generalinspekteur" vorgesehen. Er hätte damit eine weit stärkere Position eingenommen als der spätere Generalinspekteur, dessen Amt auch erst 1957, also einige Zeit nach dem Beginn der Aufstellung der Bundeswehr, geschaffen worden ist. Im Unterschied zur Spitzengliederung der Bundeswehr gab es dafür keine Inspekteure für Heer, Luftwaffe und Marine und keine entsprechenden Führungsstäbe. Die Generalinspektion wäre für die drei Teilstreitkräfte als oberste militärische Behörde zuständig gewesen. Die alte Zersplitterung, die nachteilige Rivalität der Teilstreitkräfte untereinander, die eine Gesamtplanung vor 1945 verhindert und unnötige Reibungsverluste erzeugt hatten, wollte man nicht wiederholen. General Handy, Oberbefehlshaber der amerikanischen Truppen in Europa, dem der Petersberg-Bericht zur Begutachtung vorgelegt wurde, und dem die heftigen Auseinandersetzungen der US-Teilstreitkräfte um Haushaltsanteile und die „richtige" Strategie natürlich bekannt waren, sprach sich äußerst positiv zu diesem Punkt aus: „Da sie [die Deutschen] von Grund auf beginnen müssen, scheinen sie das Beste aus ihrer einzigartigen Gelegenheit zu machen, [nämlich] wahrhaft einheitliche Streitkräfte zu schaffen[35]." Für die Generalinspektion waren sieben Abteilungen vorgesehen: Organisation, Personal, Militärgerichtsbarkeit, Disziplinarwesen und Erziehung (Wehrwesen), Ausbildung, Verwaltung, Beschaffung und Nachschub, Allgemeine Angelegenheiten und Verbindung zur NATO.

Ein eigenständiges Rüstungs- oder Beschaffungsministerium war nicht beabsichtigt. Die Versorgung des deutschen Kontingents und der alliierten Streitkräfte, soweit sie auf die Bundesrepublik angewiesen waren, sollte ebenfalls durch das Verteidigungsministerium beziehungsweise durch einen interministeriellen Ausschuß erfolgen.

Trotz Betonung der demokratischen Kontrolle der deutschen Streitkräfte, trotz des Verzichts auf einen herkömmlichen Oberbefehlshaber und einen Generalstab für die operative Planung lehnten die alliierten Vertreter die deutschen Vorschläge kategorisch ab. Es half nichts, daß Blank ihnen klarzumachen versuchte, in welch bedeutsamem Maße sich die neue Organisation grundsätzlich von dem früheren Reichswehr- und Reichskriegsministerium unterschied. Es wurde ihm erklärt, die NATO-Anweisungen sähen vor, „daß die Verteidigungsverwaltung in Deutschland Gegenstand eines alliierten Kontrollsystems sein soll". Außerdem dürften „Generalstabsfunktionen auf dem Gebiete der Planung, der Führung und des Nachrichtendienstes (intelligence) oberhalb der Ebene der erlaubten taktischen Verbände ausschließlich von einem internationalen Stab unter dem Obersten Befehlshaber ausgeübt werden. Sie sollten keiner deutschen Stelle erlaubt sein[36]." Nach und nach erschloß sich der deutschen Delegation so der ganze diskriminierende Inhalt der Brüsseler Vereinbarung, die besonders von französischer Seite genutzt wurde, um die Deutschen auf die Ebene der am 15. Februar angelaufenen Pleven-Plan-

[34] BA-MA, BW 9/2050, S. 293.
[35] NA, RG 218, Records of the United States Joint Chiefs of Staff, CCS 092 Germany 5-4-49, Sec. 8.
[36] BA-MA, BW 9/2044, S. 259.

Konferenz in Paris hinüberzuziehen. Auf die Frage Blanks, ob Deutschland in den höheren NATO-Stäben vertreten sein würde, antwortete Hays mit „Ja", worauf Bérard ihn verbesserte, die Instruktion laute, Deutschland *könne* darin vertreten sein. Blank lehnte einseitige Kontrollen ab. Er ließ keinen Zweifel daran, daß ein Verteidigungsministerium Bestandteil des deutschen Anspruchs auf Gleichberechtigung sei.

Nach dem bisherigen Verlauf der Gespräche konnte es die deutsche Delegation nicht überraschen, daß auch ihre Überlegungen zur territorialen Organisation keine Billigung fanden. Diese entsprachen im wesentlichen der früheren Regelung. Die Bundesrepublik Deutschland sollte in vier Wehrkreise mit je einem Wehrkreisbefehlshaber im Generalsrang an der Spitze gegliedert werden[37]. Im Frieden oblagen ihm sämtliche territorialen Aufgaben, d.h. Erfassung, Musterung und Einberufungen, Mobilmachungsmaßnahmen, Beschaffungswesen, militärische Verwaltung, Bauwesen, Instandhaltung, Instandsetzung und die Verbindung mit den Zivilbehörden seines Wehrkreises. In dieser Eigenschaft war er nationaler Befehlshaber und unterstand dem Verteidigungsministerium. Zur Bewältigung dieser Aufgaben dienten ihm ein Wehrkreiskommando, ein Verwaltungsamt und ein Ersatzamt. Gleichzeitig hatte er das militärische Kommando über alle in seinem Wehrkreis stationierten deutschen Truppen inne. Er war Kommandierender General des in jedem Wehrkreis dislozierten, aus zwei bis vier Divisionen bestehenden Korps samt aller dazugehörenden Verbände. Im Verteidigungsfalle wäre die Personalunion, eine „2-Hüte-Lösung", aufgegeben worden. Die territorialen Funktionen sollten dann ganz auf den stellvertretenden Wehrkreisbefehlshaber übergehen, während der Kommandierende General als reiner Truppenführer sein Frontkommando übernommen hätte. In dieser Eigenschaft unterstand er dem NATO-Oberbefehlshaber in Europa.

Zu Zeiten der Reichswehr und der Wehrmacht verfügten Heer, Reichs- und Kriegsmarine und die Luftwaffe über ihre eigenen Verwaltungsapparate. Bestrebungen des Reichskriegsministeriums und des OKW, ein gemeinsames System zu schaffen, konnten sich gegen die zentrifugalen Kräfte der drei Wehrmachtteile noch nicht durchsetzen. Analog der Generalinspekteurlösung, mit der die frühere „Unabhängigkeit" der drei Teilstreitkräfte unterbunden werden sollte, wurde diesmal von Anfang an der Gedanke einer einheitlichen Territorialorganisation verfochten. Für die eigentlichen Verwaltungsaufgaben wollte man Zivilpersonal einsetzen. Ob dabei an eine Wiedereinrichtung der Militärbeamten gedacht war, blieb offen. Die später für die Bundeswehr geltende scharfe Trennung in eine eigenständige, gleichrangige und durchgängige zivile Wehrverwaltung außerhalb des militärischen Kommandostranges nach Artikel 87 des Grundgesetzes und in eine militärische territoriale Organisation war jedenfalls nicht vorgesehen[38]. Als dem Chef der gesamten Verwaltung seines Bereiches einschließlich der militärischen Territorialorganisation im engeren Sinne und als Kommandierendem General wäre dem Wehrkreisbefehlshaber damit eine außerordentliche Machtfülle zugekommen. In seine Zuständigkeit gehörte nach deutscher Auffassung auch die Betreuung und Versorgung der in seinem Befehlsbereich stationierten alliierten Truppen, soweit diese auf ihr Gastgeberland angewiesen waren. Hierzu bedurfte es allerdings der Ablösung des Besatzungsrechts durch einen Stationierungsvertrag.

[37] 1. Süddeutschland (Bayern, Württemberg-Baden, Württemberg-Hohenzollern, Südbaden); 2. Mitteldeutschland (Rheinland-Pfalz, Hessen); 3. Westdeutschland (Nordrhein-Westfalen) und 4. Norddeutschland (Niedersachsen, Schleswig-Holstein, Hamburg, Bremen).

[38] S. hierzu: Reinfried, Streitkräfte.

c) Rekrutierung, Aufstellung, Unterbringung

Anfang 1951 ging die deutsche Seite noch von einem relativ kleinen Truppenkontingent aus, jedenfalls noch nicht von einer Streitmacht mit 500000 Mann, der späteren Friedensstärke der Bundeswehr. Die Himmeroder Denkschrift, auf die sich die deutsche Delegation wesentlich stützte, hatte bei 12 Divisionen einen Personalumfang von 250000 angenommen. Wegen des anfänglich begrenzten, aber besonders qualifizierten Personalbedarfs glaubte man daher, ohne Wehrpflicht auskommen zu können. Blank war optimistisch, daß sich genügend Freiwillige, vor allem ehemalige Soldaten, für die Aufbauphase finden würden. Das deutsche Kontingent sollte also zunächst nach Möglichkeit aus Berufssoldaten bestehen. Blank, der wenige Jahre später, als sich diese Annahme als unrealistisch herausgestellt hatte, zur Begründung der Wehrpflicht gerade das sittliche und gesellschaftspolitische Moment des Dienens der gesamten männlichen Jugend betonte, wollte zu diesem Zeitpunkt eine öffentliche Diskussion des brisanten Themas vermeiden. Falls es an freiwilligen Spezialisten mangele, sollte eine „besondere Art der Dienstverpflichtung“[39] eingeführt werden.

Heusinger erläuterte das gedachte Aufstellungsverfahren und die dafür benötigte Ausbildungs- und Ausrüstungshilfe der Westmächte. Der Kerngedanke war der, daß nicht Einheit nach Einheit gebildet, sondern daß das gesamte Kontingent in drei Stadien auf seine Friedensstärke gebracht werden sollte, zuerst die Stämme der Einheiten mit den benötigten Offizieren, Unteroffizieren und Spezialisten, etwa 15 Prozent der Endstärken. Ihre Ausbildung war in enger Anlehnung an die alliierten Streitkräfte, ihre Ausbildungseinrichtungen, Waffen und Vorschriften gedacht. Für dieses erste Stadium wurden vier Monate veranschlagt. Von Anfang an sollten Teile dieser Stämme die Möglichkeit erhalten, Schulen und Akademien der Westmächte zu besuchen, um einheitliche Führungsgrundsätze sicherzustellen. Die Deutschen wollten dabei nicht nur die Nehmenden sein. Heusinger schlug vor, „daß die deutschen Offiziere ihre reichen Osterfahrungen, die sie im Kampfe gegen die Russen gewonnen haben, den Westmächten in möglichst weitem Umfang zur Verfügung stellen“[40]. Da die Stämme „Kern und Rückgrat“ der künftigen Streitkräfte ausmachten, verwies er auf die Notwendigkeit einer besonders sorgfältigen Personalauslese. Jede überstürzte Auswahl müsse sich später rächen. Der Grundsatz, „wir brauchen Qualität, um Quantität zu schlagen!“, ist von den deutschen Militärs auch später immer wieder hervorgehoben worden. Dazu sollten die ausgebildeten Stämme aus Instruktionszentren in die Garnisonen verlegt und auf ca. 40 Prozent der Einheiten aufgefüllt werden und ihre volle Einsatzbereitschaft erreichen. Unter der Voraussetzung, daß die politisch-gesetzlichen Entscheidungen bis zum 1. Juni 1951 fielen, glaubte man mit der Rekrutierung der Stämme bereits am 1. September oder 1. Oktober beginnen zu können, so daß frühestens ab Herbst 1952 mit einsatzbereiten Verbänden gerechnet werden konnte. Die deutsche Seite unterstrich mehrfach, daß die Kampfmoral der deutschen Soldaten vom Status ihrer Gleichberechtigung abhänge. Speidel verknüpfte damit die dringliche Bitte um „eine bald sichtbare großzügige Lösung der Frage der noch in Gewahrsam der USA, Englands und Frankreichs befindlichen Deutschen, gleich, ob sie verurteilt sind oder ob ihre Verfahren noch schweben“. Eine Lösung dieser „menschlichen

[39] BA-MA, BW 9/2050, S. 104.
[40] Ebd., S. 105.

Frage" sei aus der Sicht des deutschen Volkes, insbesondere der Jugend und der Kriegsteilnehmer, von „zwingender Wichtigkeit"[41].

Ein besonders schwerwiegendes Problem war das der Unterbringung. Wo und wie sollten 250 000 Soldaten untergebracht werden, wo ihre Familien wohnen? Alle noch brauchbaren Kasernen waren weitgehend durch Besatzungstruppen, der Rest von Flüchtlingen und Ausgebombten belegt. Obendrein mußte der ständige Zustrom von Flüchtlingen und Umsiedlern aus der Sowjetischen Besatzungszone und den deutschen Ostgebieten aufgenommen werden. Der Unterkunftsbedarf für die unmittelbar bevorstehenden alliierten Truppenverstärkungen mußte das allgemeine Wohnraumproblem noch verschärfen. Dazu kam der Bedarf an Übungsplätzen jeglicher Art und Größe, an Depots, Flugplätzen, Stabsquartieren usw. Trotz gegenteiliger Zusagen hatten Ende 1950 britische und französische Besatzungsbehörden noch Aufsehen erregende Requisitionen von Wohnhäusern und landwirtschaftlich genutztem Gelände vorgenommen[42]. Adenauer war bei der Hohen Kommission vorstellig geworden, dieses Problem gemeinsam mit der Bundesregierung zu lösen. Eine der schwierigsten Aufgaben Blanks und seiner Dienststelle war es, die Gesamtanforderungen für die alliierten und deutschen Streitkräfte zu koordinieren, in Frage kommende Liegenschaften zu erfassen und deswegen mit Ländern, Bundesministerien und den Besatzungsbehörden zu verhandeln. Bereits in der Himmeroder Denkschrift war als einzig denkbarer Ausweg die Errichtung von Barackenlagern vorgeschlagen worden[43]. Diesen Gedanken griff die deutsche Delegation wieder auf. Die deutschen Truppen sollten nicht mehr wie in der Vergangenheit in Kasernen und in der Nähe von Städten, sondern in Lagern, die Divisionen in sogenannten „Divisions-Dörfern" an der Peripherie von Übungsplätzen untergebracht werden[44], ohne indes die Problematik der daraus folgenden Gettoisierung der Streitkräfte zu bedenken. In der aus der Not geborenen Lösung vermutete man jedenfalls den Vorteil, die Kampfverbände der Landstreitkräfte – denn diese wären davon hauptsächlich betroffen worden – ständig unter kriegsähnlichen Bedingungen ausbilden und zusammenhalten zu können.

Mit der Frage der Unterbringung war die einer operativ zweckmäßigen Dislozierung aufs engste verbunden, wodurch ein zeitraubender Aufmarsch im Verteidigungsfall vermieden werden sollte. Da die alliierten Vertreter zur Operationsplanung keine Angaben machten, war man deutscherseits wiederum nur auf Vermutungen angewiesen. Für Heusinger gab es keine Zweifel, daß lange Mobilmachungszeiten der Vergangenheit angehörten. Das deutsche Kontingent mußte sich nach seiner Ansicht „im Zustand eines schnellstens und dauernd einsatzbereiten Grenzschutzes befinden"[45]. Für die beabsichtigte offensive, bewegliche Verteidigung empfahl er die Aufteilung der Bundesrepublik in drei operative Abschnitte:

[41] Insbesondere Speidel, aber auch andere Militärs der Dienststelle Blank, sprachen bei den nun stärker werdenden Kontakten und Verhandlungen mit den Besatzungsmächten das Problem der „Kriegsverbrecher" immer wieder an und trugen durch wachsende Sensibilisierung ihrer Gesprächspartner wesentlich zu den dann auch geübten schnelleren Entlassungs- und Begnadigungsverfahren bei. Zu diesem Komplex s. ausführlich: Meyer, Zur Situation, S. 613 ff.

[42] So waren in Verden/Niedersachsen 14 Häuser und 1 Hotel, in Nienburg 14 Wohnungen beschlagnahmt worden. Für den Flugplatz Wildenrath, Kreis Erkelenz, waren 900 ha Land beschlagnahmt worden, wodurch 13 landwirtschaftliche Betriebe betroffen wurden, BA–MA, BW 9/2050, S. 85 f.

[43] Rautenberg/Wiggershaus, Himmeroder Denkschrift, S. 175.

[44] Diese Unterbringungskonzeption war von einem Baracken-Experten entwickelt worden, der im Zweiten Weltkrieg den Aufbau großer Barackenlager für Bombenvertriebene geleitet hatte. Ab Frühjahr 1952 ging die Dienststelle Blank von dieser Idee wieder ab. S. hierzu Koller-Kraus, Anfänge der „Militärischen Infrastruktur".

[45] BA–MA; BW 9/2050, S. 249.

- Den „Südpfeiler" bildete das Gebiet südlich des Mains, aus dem offensive Vorstöße gegen die Südflanke eines angreifenden Gegners erfolgen sollten.
- Zwischen Main und Teutoburger Wald, dem Mittelabschnitt, sollte der gegnerische Angriff vor dem Ruhrgebiet frontal zum Stehen gebracht werden.
- Aus dem Gebiet zwischen Wesermündung und Lübeck, dem „Nordpfeiler", sollten den sowjetischen Streitkräften Vorstöße bis zur Nordsee verwehrt und Gegenangriffe in seine Nordflanke vorgetragen werden.

Für einen Gesamterfolg war es aus Heusingers Sicht entscheidend, daß Nord- und Südpfeiler hielten, bis zum allgemeinen Gegenangriff angetreten werden könnte.

Aus dieser operativen Idee ergaben sich folgende Dislozierungs- und Unterbringungsschwerpunkte: vier Divisionen in Süddeutschland (Truppenübungsplätze Münsingen, Heuberg, Grafenwöhr und der Raum östlich Regensburg–München), vier Divisionen im Mittelabschnitt (Truppenübungsplätze Hammelburg, Wildflecken und der Raum nördlich Kassel und Sennelager) und vier Divisionen in Norddeutschland (Truppenübungsplätze Bergen, Munster und der Raum nördlich der Elbe). Das traditionelle landsmannschaftliche Prinzip lebte fort: die Divisionen sollten sich nach Möglichkeit aus den Bundesländern rekrutieren, in denen sie stationiert waren.

d) Bewaffnung, Kosten, völkerrechtliche Fragen

Die naheliegende Frage, woher die Waffen für das deutsche Kontingent kommen würden, wurde bei den Petersberger Gesprächen nur sehr vage behandelt[46]. Die Bundesregierung zeigte sich an einer eigenen Rüstungsindustrie gänzlich desinteressiert. In der Tat hätte es zu ihrem Aufbau großer Investitionen bedurft, die zur Ankurbelung der deutschen Wirtschaft, besonders ihrer Exportfähigkeit, dringender erschienen. So sehr die Bundesregierung sonst auf Gleichberechtigung und Gleichbehandlung pochte, in diesem Falle war sie zu einem umfassenden Verzicht bereit und meldete dabei auch keine Ansprüche für die Zukunft an. Den ökonomischen Gesichtspunkt erwähnte die deutsche Delegation freilich nicht. Sie begründete ihre Enthaltsamkeit folgendermaßen: „Deutsche Verbände, für die keine eigene Waffenproduktion vorhanden sei, könnten nicht aggressiv werden". Sie erklärte sich indessen bereit, erneut in Verhandlungen darüber einzutreten, wenn sich herausstelle, daß die Verteidigung Europas von der Schaffung einer deutschen Waffenindustrie abhinge, dies jedoch „nur auf ausdrücklichen Wunsch Frankreichs"[47].

[46] Intern hatten sich die USA bereits ab Herbst 1950 mit diesem Problem beschäftigt. In einer Studie des Pentagon vom 15.11.1950 wurde festgestellt, daß bei Ausnutzung aller eigener Möglichkeiten bis zum 1.9.1952 die volle Ausrüstung für 4 deutsche Infanteriedivisionen geliefert werden könne. Ab 1.10.1952 sollte dann monatlich die Ausrüstung für jeweils eine weitere Division bereitgestellt werden. Bis 1.8.1953 glaubten die Amerikaner ein deutsches Kontingent von 15 Divisionen ausrüsten zu können. Mit dem in der Bundesrepublik und in Österreich für die geplanten österreichischen Streitkräfte bereitgehaltenen Material für ca. 28 000 Mann sollten die ersten deutschen Einheiten ausgestattet werden. Mit ihm hatten die USA ursprünglich ein militärisches Vakuum in Österreich nach Abzug aller Besatzungstruppen verhindern wollen. Eine Lösung der Österreichfrage stand nunmehr aber nicht in Sicht; NA, RG 218, Records of the United States Joint Chiefs of Staff, CCS 092 Germany 5-4-49, Sec. 8.

[47] BA–MA, BW 9/2044, S. 239.

Anders verhielt es sich mit der übrigen Ausrüstung. Blank bot die Nutzung nicht ausgelasteter Industriezweige an[48]. Der Nachdruck lag dabei auf der Lieferung handelsüblichen Geräts. Nach Auskunft des Bundeswirtschaftsministeriums waren die entsprechenden Branchen zur Entgegennahme großer Aufträge der Westmächte bereit. Blank knüpfte daran allerdings die Forderung des Wirtschaftsministeriums, daß die bisherigen, teilweise willkürlichen Beschaffungspraktiken der einzelnen Besatzungsstreitkräfte durch ein koordiniertes Verfahren zur zweckmäßigen Steuerung der Auftragsvergabe und Bedarfsdeckung ersetzt werden müßten. Auch hier ließ die Bundesregierung also nichts unversucht, über die deutsche Aufrüstung das Besatzungsrecht auszuhöhlen, wenn nicht gar zu beseitigen.

Die alliierten Vertreter nahmen das deutsche Angebot dankbar an und äußerten den Wunsch, daß Aufträge der im Bundesgebiet stationierten westlichen Truppen dieselbe Dringlichkeit erhielten wie die des deutschen Kontingents. Hinsichtlich der Waffenproduktion erklärten sie, daß die Kapazität der NATO-Staaten zum großen Teil durch den wachsenden Bedarf der eigenen Streitkräfte ausgeschöpft werde. Angaben über Waffentypen und Mengen, die der Bundesrepublik geliefert werden konnten, wurden nicht gemacht. Eine Prüfung dieser Frage wurde jedoch zugesagt. Der britische Vertreter Ward meldete den Vorbehalt seines Landes gegen die von Blank empfohlene Arbeitsteilung an: Da die Waffenproduktion nicht profitabel sei, müßten sich alle dieser „unangenehmen Notwendigkeit" unterziehen. Diese Linie hat Großbritannien auch später eingehalten. Sein Interesse konzentrierte sich weniger auf eine scharfe Kontrolle der deutschen Streitkräfte als auf die Konkurrenzfähigkeit seiner Wirtschaft.

Besonderes Interesse wandten die Besatzungsmächte der Kostenfrage zu. Wie hoch, so wollten sie wissen, schätzte die Bundesregierung den finanziellen Aufwand für das deutsche Kontingent? Die deutschen Angaben konnten naturgemäß nur sehr grob sein, da Stärke- und Ausrüstungsnachweisungen fehlten und die Westmächte überdies keine Preise für die von ihnen zu liefernden Waffen nennen konnten. Außerdem war die schwierige Besoldungsfrage noch völlig ungeklärt. Blank bezifferte die reinen Aufstellungskosten eines 250000 Mann umfassenden Kontingents mit 12 Divisionen, Heerestruppen, taktischen Luftstreitkräften und leichten Seestreitkräften provisorisch auf rund 20 Milliarden DM. An laufenden Kosten für das erste Jahr wurden weitere 2,5 Milliarden DM veranschlagt. Ausgaben für Munition, Betriebsstoff und die Bildung von Kriegsvorräten enthielt diese beträchtliche Summe nicht. Die Finanzierung selbst war nicht Gegenstand der Petersberger Gespräche.

Nach Rücksprache mit Bundesfinanzminister Schäffer erklärte Blank jedoch vorsorglich, daß die Bundesregierung in nächster Zukunft bei äußerster Anspannung nicht mehr als sechs Milliarden DM jährlich für Verteidigungszwecke aufbringen könne. Eine weitere Ausschöpfung der Steuerkraft lehnte Schäffer ab. Da die laufenden Besatzungskosten, von deutscher Seite bereits als Beitrag zur westlichen Verteidigung interpretiert, 6,2 Milliarden DM betrugen, standen zur Finanzierung des deutschen Kontingents überhaupt keine eigenen Mittel mehr zur Verfügung. Diese, so meinte Blank, müßten „aus anderen Quellen außerhalb Deutschlands kommen, möglicherweise in Form von Anleihen"[49]. Viel naheliegender erschien die Liquidierung der Besatzungskosten.

[48] Eisen-, Stahl-, Blech- und Metallwaren-Industrie, Holzverarbeitungs-, Fahrzeug- und Schiffsbau-Industrie, Leder-, Textil- und Bekleidungs-Industrie, Optische und Feinmechanische Industrie. In geringerem Maße standen noch Kapazitäten zur Verfügung in den Sektoren Maschinenbau, elektro-chemische und Kautschuk-Industrie, ebd.

[49] Ebd., S. 253.

Die alliierten Vertreter, die sich im übrigen einer Stellungnahme zu Blanks Vorschlag enthielten, blieben jedenfalls darüber nicht im unklaren, daß das schwierige Finanzierungsproblem der Aufrüstung nicht ohne gravierende Rückwirkungen für die Besatzungskosten bleiben konnte[50]. Es war für die Besatzungsmächte unsinnig, einerseits auf der Bezahlung der Besatzungskosten durch die Bundesrepublik zu bestehen, andererseits aber für die Finanzierung der deutschen Truppen aufzukommen.

Eine Frage völkerrechtlicher Natur, welcher die deutsche Delegation große Bedeutung beimaß, betraf den internationalen Status des künftigen deutschen Soldaten. War ein nichtsouveräner Staat unter Besatzungsherrschaft nach dem Kriegsvölkerrecht überhaupt berechtigt, Streitkräfte im Kriegsfalle einzusetzen? Die deutsche Delegation bezweifelte dies. Selbst zur subsidiären Kriegführung, d.h. zu Waffenlieferungen und der Stellung von Hilfstruppen, die auch abhängigen Staaten einer Staatenverbindung erlaubt sind, schien ihr die völkerrechtliche Grundlage unzureichend, da der Rechtsstatus der Bundesrepublik Deutschland auf Okkupation und nicht auf einem Vertrag beruhe. Sie fürchtete daher, daß die deutschen Truppen nicht als reguläre Streitkräfte anerkannt würden und daher auch nicht den Schutz der Haager und Genfer Konventionen in Anspruch nehmen könnten. Hinzu kam, daß die Kontrollratsgesetzgebung der vier Siegermächte über die völlige Demilitarisierung Deutschlands nach wie vor in Kraft war, auch wenn die drei westlichen Besatzungsmächte in einigen Fällen in ihrem Machtbereich Kontrollratsbestimmungen nicht mehr anwandten. Von der Sowjetunion konnte dies nicht angenommen werden. Nach deutscher Auffassung konnten deutsche Soldaten, die im Falle eines militärischen Konflikts in die Hand der Sowjets gerieten, allein wegen Verstoßes gegen die Entmilitarisierungsbestimmungen verurteilt werden, wobei das Strafmaß bis zur Todesstrafe reichte. Die Erinnerung an die vielen tausend deutschen Soldaten, die, zu langjähriger Zwangsarbeit verurteilt, sich noch in sowjetischen Lagern befanden, war allzu gegenwärtig. Die deutsche Delegation betonte die große psychologische Bedeutung dieser Frage für die Wehrbereitschaft der westdeutschen Bevölkerung.

In einer längeren Stellungnahme versuchten die alliierten Vertreter diese Befürchtungen zu zerstreuen und kündigten die Außerkraftsetzung der Viermächtegesetzgebung über die Entmilitarisierung in den unter ihrer Kontrolle stehenden Gebieten an. Dies genügte der deutschen Delegation nicht. Sie sah vielmehr erst in der Beseitigung des Besatzungsregimes und der „weitgehenden Wiederherstellung der außenpolitischen Souveränität" die Voraussetzung der vollen Geltung des Kriegsvölkerrechts einschließlich des Rechts der Kriegsführung für die Bundesrepublik und der von ihr gestellten Soldaten.

Wie begründet auch immer diese Argumentation im einzelnen gewesen sein mag, sie diente der deutschen Seite jedenfalls als Hebel zur Beendigung der Besatzungsherrschaft. Was schon die Erörterung der militärisch-organisatorischen, politischen, finanziellen, rüstungswirtschaftlichen und psychologischen Gesichtspunkte eines deutschen Verteidigungsbeitrages gezeigt hatte, galt damit auch für die völkerrechtliche Seite des Problems: Mit der Aufstellung vollwertiger, regelrechter deutscher Streitkräfte – im Unterschied etwa zu den deutschen Dienstgruppen

[50] Anfang Februar 1951 legten die amerikanischen Vertreter in der alliierten Hohen Kommission laut Zeitungsberichten einen vertraulichen Vorschlag zur Senkung der Besatzungskosten vor. Danach sollten u.a. folgende Posten aus dem kommenden Besatzungshaushalt gestrichen werden: kostenlose Gestellung von Hausangestellten, ein Teil der Dienstwohnungen, kostenloser Eisenbahntransport bei Privatreisen, kostenlose Beschäftigung eines Großteils des deutschen Personals in Restaurants und Clubs usw. Nach amerikanischer Auffassung waren Sparmaßnahmen notwendig, um die Verteidigungsbereitschaft der Bundesrepublik zu erhöhen; USA: Besatzungskosten senken, in: Kölnische Rundschau v. 12.2.1951, S. 1.

bei den Besatzungsstreitkräften, zur Polizei oder zum Bundesgrenzschutz – war unlösbar die Frage einer fundamentalen Neuordnung des Status der Bundesrepublik und der Kompetenzen der Bundesregierung nach außen wie im Innern verbunden.

3. Ergebnis und Ende der Gespräche

Die westlichen Besatzungsmächte waren zu diesem Zeitpunkt nicht bereit, die deutschen Vorschläge auch nur annähernd zu akzeptieren. Sie unterlagen allerdings einer Fehleinschätzung, wenn sie glaubten, mit kleinen, zumal vagen politischen Zugeständnissen ließe sich die Bundesregierung zur unverzüglichen Aufstellung von Truppen bewegen. Es war der große Irrtum der Alliierten, die Frage des deutschen Verteidigungsbeitrages als ein mehr oder weniger technisch-organisatorisches, bestenfalls finanzielles Problem zu behandeln, ohne dabei dessen eminent politische Dimension angemessen zu berücksichtigen. Andererseits verfiel die Bundesregierung einer Illusion, von den Besatzungsmächten so schnell eine so umfassende Revision der beiderseitigen Beziehungen zu erwarten.

Die deutsche Delegation hatte ein alles in allem stimmiges und modernes Konzept für das in die NATO einzugliedernde deutsche Truppenkontingent entwickelt. Ihr nur vor dem Hintergrund des voll entbrannten „Kalten Krieges" verständliches Angebot, bis 1953, d.h. in nur zwei Jahren einsatzfähige Streitkräfte dem westlichen Bündnis zur Verfügung zu stellen, verkannte jedoch, wie sich zeigen sollte, die vielfältigen personellen, materiellen und innenpolitischen Schwierigkeiten dieses Vorhabens; eine realitätsferne Sicht der Dinge übrigens, welche auch für die Streitkräfteplanung der kommenden Jahre charakteristisch blieb und nicht zuletzt 1956 zur Ablösung Blanks als Verteidigungsminister durch Strauß führte.

Wenn auch unter diesen Umständen mit raschen, greifbaren Resultaten nicht gerechnet werden konnte, so dienten die Gespräche immerhin der Klärung der beiderseitigen Standpunkte.

Ab Mitte Mai 1951 dränge Hays auf die Abfassung eines Sachstandsberichts, den McCloy für seine geplanten Deutschlandbesprechungen in Washington zur Verfügung haben wollte. Das am 6. Juni fertiggestellte Schriftstück[51] gab ein ungeschminktes Bild der deutschen Vorschläge und Forderungen und verschwieg die Diskrepanzen zur Brüsseler Vereinbarung nicht. Der entscheidende Punkt war der, daß die deutsche Seite sich weigerte, die Katze im Sack zu kaufen, also gleichsam blind mit der von den Alliierten gewünschten sofortigen Aufstellung einzelner kleiner Einheiten in Anlehnung an die westlichen Streitkräfte zu beginnen, ohne das dem deutschen Kontingent und der Bundesrepublik zugedachte militärische und politische Endkonzept zu kennen. Die Gespräche wurden offiziell zwar nicht für beendet erklärt, ihre Wiederaufnahme blieb aber ungewiß. Damit waren die Westmächte in ihrem ersten Anlauf zur Bewaffnung der Bundesrepublik gescheitert. Jetzt mußten neue politische Entscheidungen fallen, zumal in Paris über denselben Problemkreis verhandelt wurde. Lag dort die Lösung? Bérard hatte in einer Zusatzerklärung zum Petersberg-Bericht noch einmal betont, daß Frankreich in dem supranationalen Konzept den besten Weg zu einer deutschen Aufrüstung sehe. Aber die französische Regierung war schwach und durch unmittelbar bevorstehende Wahlen absorbiert. Die Briten zeigten zum Verdruß der USA keine Eile. Die Initiative, endlich zu greifbaren Ergebnissen zu kommen, ging wiederum von den Amerikanern, insbesondere McCloy, aus. Dieser hielt nicht nur einen

[51] S. Anm. 2.

deutschen Verteidigungsbeitrag an sich für dringend notwendig, sondern fürchtete bei einem weiteren Dahinschleppen eine nachlassende Bereitschaft der Deutschen, sich an der westlichen Verteidigung zu beteiligen. Umfragen bestätigten dies[52]. Am 8. Juni, wenige Tage vor seiner Abreise in die USA, faßte er seine Vorstellungen in einem Schreiben an Byroade, den Direktor der Deutschlandabteilung im amerikanischen Außenministerium, zusammen. Er vertrat die Auffassung, daß die von den USA geplante Übergangslösung für die Bundesrepublik nicht mehr ausreiche. Auch mit allgemeinen Absichtserklärungen werde man nicht weiterkommen. Ihm schien es offensichtlich, daß die Deutschen zu einem Verteidigungsbeitrag nur bereit waren, wenn ihre politischen und militärischen Forderungen weitgehend erfüllt würden. Nur wenn sie die Gewähr hätten, daß die Prinzipien der Gleichberechtigung und der militärischen Effektivität eingehalten würden, und nur wenn eine definitive Verständigung über die neuen Beziehungen auf der Grundlage vertraglicher Vereinbarungen mit ihnen erzielt sei, werde man deutsche Streitkräfte bekommen. Bei einer prinzipiellen Einigung darüber erwartete er auch in Einzelpunkten eine größere Kompromißbereitschaft der deutschen Seite, da sie trotz ihrer „rigiden" Haltung während der Gespräche den entschiedenen Wunsch zu erkennen gegeben habe, weiterzukommen. Von Bruce, dem US-Botschafter in Paris, wußte McCloy, daß vom Quai d'Orsay, vor allem vom französischen Verteidigungsminister Moch, der im Generalinspektoriat bereits den Vorläufer eines neuen deutschen Generalstabes witterte, härtester Widerstand gegen das deutsche Streitkräftekonzept ausgehen würde[53]. Während General Handy und die amerikanischen Stabschefs die militärischen Überlegungen der deutschen Delegation im wesentlichen sehr positiv beurteilten[54] und auch Acheson die Bildung eines Verteidigungsministeriums für „logisch" und „vernünftig" hielt[55], konnte nicht angenommen werden, daß die Franzosen hier nachgeben würden, schon gar nicht, solange an der „NATO-Lösung" festgehalten wurde. McCloy zog daraus folgende Konsequenz: „[...] es ist völlig evident, daß die NATO-Position vom letzten Dezember keinen deutschen Verteidigungsbeitrag durch die NATO hervorbringen wird. Die Antwort auf diese Schwierigkeiten könnte in dem Konzept einer Europäischen Armee liegen, das einen besseren Weg zum Ausgleich der deutsch-französischen Auffassungen bietet als eine Revision der NATO-Direktive[56]." Damit kündigte sich eine Annäherung der USA, die bisher eindeutig auf der kurzfristigen „NATO-Lösung" bestanden hatten, zum französischen Plan supranationaler Streitkräfte an. Hiervon ahnte die deutsche Delegation freilich nichts, als man auf dem Petersberg Anfang Juni 1951 auseinanderging.

[52] Nach amerikanischen Umfragen waren im Oktober 1950 63% der befragten Deutschen für und 30% gegen einen deutschen Verteidigungsbeitrag; Anfang Juni 1951 waren nur noch 43% dafür und 33% dagegen, FRUS 1951, III, Teil 2, S. 1484.

[53] Ebd., Teil 1, S. 1037.

[54] Handy kritisierte allerdings, daß die deutsche Aufstellungsmethode dazu führe, daß deutsche Truppen erst dann zur Verfügung stünden, wenn das Kontingent komplett sei. Um schneller zu einsatzbereiten Verbänden zu kommen, empfahl er, Einheit um Einheit aufzubauen. Ausdrücklich verwarf er einen militärischen Beitrag, der wegen politischer Auflagen seinen eigentlichen Zweck verfehle. Ein deutsches Verteidigungsministerium, deutsche Korps, ja Armeen und die Einrichtung eines Generalstabsdienstes mit periodisch wechselndem Personal nach amerikanischem Muster hielt er für selbstverständlich; NA, RG 218, Records of the United States Joint Chiefs of Staff, CCS 092 Germany 5-4-49, Sec. 8. Die Joint Chiefs of Staff sahen lediglich Probleme bei der rechtzeitigen Ausrüstung. Sie glaubten, bis Ende 1954 höchstens 750 Kampfflugzeuge liefern zu können. Das deutsche Marinekonzept schien ihnen fürs erste ebenfalls nicht realisierbar. Sie wollten daher aus „logistischen Gründen" eine maximale Nutzung der deutschen Industrie für Rüstungsaufgaben, ebd., Sec. 10.

[55] FRUS 1951, III, Teil 1, S. 1035 f.

[56] Ebd., Teil 2, S. 1482.

III. Die Pariser Pleven-Plan-Konferenz

1. Der Pleven-Plan

Am 15. Februar 1951 eröffnete der französische Außenminister Robert Schuman in Paris die „Konferenz über die Bildung der Europäischen Armee" auf der Grundlage der Regierungserklärung des französischen Ministerpräsidenten René Pleven vom 24. Oktober 1950, des sogenannten Pleven-Plans[1]. Zur Teilnahme an der Konferenz hatte die französische Regierung alle europäischen NATO-Mitglieder eingeladen und die USA und Kanada um die Entsendung von Beobachtern gebeten. Außer Frankreich selbst waren nur die Bundesrepublik Deutschland, Italien, Belgien und Luxemburg zur aktiven Teilnahme bereit, die übrigen Staaten beschränkten sich vorerst auf den Beobachterstatus.

Gestützt auf die Entschließung der Beratenden Versammlung des Europarates vom 11. August 1950, in der die „sofortige Schaffung einer gemeinsamen europäischen Armee" gefordert worden war, hatte Pleven die Aufstellung einer europäischen Streitkraft (force européenne) unter einer einheitlichen politischen und militärischen europäischen Autorität vorgeschlagen. Seine bahnbrechende Idee war, daß Streitkräfte verschiedener Staaten nicht mehr nur zu einer „Koalition alten Typs" zusammengefaßt werden sollten, sondern eine „vollständige Verschmelzung der Mannschaften und der Ausrüstung" angestrebt wurde. Daraus resultierte die Forderung nach einem Integrationsniveau „auf der Basis der kleinstmöglichen Einheit". Die supranationalen europäischen Streitkräfte sollten „gemäß den Verpflichtungen des Atlantikpaktes operieren", also im weiteren Rahmen der NATO eingesetzt werden. An ihrer Spitze war ein den Regierungen und einer europäischen Versammlung verantwortlicher Verteidigungskommissar oder Verteidigungsminister vorgesehen, zuständig für Aufstellung, Organisation und den gesamten Unterhalt der europäischen Truppen einschließlich ihrer Bewaffnung. Dazu gehörte ein gemeinsamer Haushalt.

Die französische Regierung verfolgte mit diesem Vorschlag eine doppelte Strategie. Nur über eine Europäisierung glaubte sie die deutsche Aufrüstung innenpolitisch durchsetzen zu können. Sie sah in dem niedrigen Integrationsniveau die einzige Möglichkeit, die Bildung rein deutscher Divisionen zu verhindern, in denen sie die Vorläufer einer deutschen Nationalarmee erblickte. Die Brüsseler NATO-Vereinbarung bot ihr trotz aller Kontrollauflagen dafür keine hinreichende Garantie. Es war gegen die „NATO-Lösung" gerichtet, wenn Pleven erklärte: „Jedes System, das sich sofort oder in einem gewissen Zeitraum, direkt oder indirekt, mit oder ohne Bedingungen zur Schaffung einer deutschen Armee entwickeln würde, würde das Mißtrauen und den Verdacht wiedererwecken[2]." Primär diente der Pleven-Plan daher dazu, der Bundesrepublik – zumindest in absehbarer Zukunft – den Beitritt zum Nordatlantikpakt und damit zu dem für die westliche Verteidigung maßgebenden Bündnis zu verwehren. Noch am 22. Februar 1952, kurz vor Fertigstellung des Vertragswerkes über die Europäische Verteidigungsgemeinschaft, begründete Schuman vor dem NATO-Rat in Lissabon die EVG sehr freimütig damit, daß Deutschland „einer speziellen Art von ‚containment' unterworfen werden müsse" und sich die

[1] Regierungserklärung des französischen Ministerpräsidenten René Pleven v. 24.10.1950, in: Sicherheitspolitik 1, S. 99–103.

[2] Ebd., S. 101.

NATO hierfür nicht eigne[3]. Kein Zweifel, diese „Verhinderungsstrategie“ sollte gleichzeitig Frankreichs Vormachtstellung im Verhältnis zur Bundesrepublik auf dem Gebiet der Außen- und Sicherheitspolitik sichern.

Dennoch wäre es zu einseitig, den Pleven-Plan allein aus der Negierung deutscher Ansprüche verstehen zu wollen. Dahinter stand das positive Ziel der deutsch-französischen Aussöhnung und eines geeinten Europa. Gerade Robert Schuman hat diesen Gedanken betont. Wie Adenauer sah er in der NATO nur eine Übergangslösung und strebte daher eine europäische Armee als „ständiges Werkzeug der Sicherheit unseres Kontinents und wesentliches Element der europäischen Integration“ an. Das atlantische System reichte ihm nicht aus, um „das Problem Europa“ zu lösen. „Wir sind der Ansicht“, führte er bei der Eröffnung der Pleven-Plan-Konferenz aus, „daß es ohne Rücksicht auf die jeweilige Lage und die etwa auf anderem Wege gefundenen interkontinentalen oder weltweiten Lösungen ein Europa zu organisieren gilt, das aus einer anachronistisch und absurd gewordenen Zerstückelung erlöst werden muß, ein Europa, das sich von einem überlebten Nationalismus befreit. Diese Wahrheit haben wir erkannt und verkünden sie auf dem Gebiete der Wirtschaft und der Politik; diese Wahrheit gilt aber auch für die Organisation der Verteidigung, wenn man ein für die Dauer bestimmtes militärisches System zu finden bemüht ist[4]“.

Das war nicht nur Maskerade zur Verschleierung der wahren Absichten. Aber dieses geeinte Europa war ein *Endziel,* von dem niemand wußte, wann oder ob es je erreicht würde. Vor allem konnte es nach Schumans eigenen Worten „nicht wie ein Ideal auf einmal ins Leben gerufen werden“, sondern nur „Stück für Stück und Sektor für Sektor, wobei sich vorübergehend ein Nebeneinander zwischen Altem und Neuem [...] ergibt“[5]. Für den Augenblick und auf absehbare Zeit sollten daher die *„Verschiedenheiten tatsächlicher Art“*[6] weiter in Rechnung gestellt werden. Diese von den Franzosen immer wieder gebrauchte Formulierung bedeutete nichts anderes, als die prinzipielle Aufrechterhaltung des Verhältnisses einer Besatzungsmacht zu einem besetzten Land bis auf weiteres. Politische Freiheiten wollte man nach einer Äußerung François-Poncets vor dem alliierten Presseclub in Frankfurt am 13. Februar 1951 der Bundesrepublik überhaupt nur schrittweise in dem Maße einräumen, in dem sie ihren Verteidigungsbeitrag leiste[7].

Die Idee des Pleven-Planes war im September 1950 im Kreis um Jean Monnet, dem Vorsitzenden der Schuman-Plan-Konferenz, zu dem Pleven und Alphand gehörten, entstanden[8]. Es war derselbe Kreis konstruktiver Geister, der den Schuman-Plan hervorgebracht hatte. Dies erklärt auch die Verwandtschaft beider Konzeptionen, die als *ein* System französischer Europapolitik begriffen werden müssen. Für Monnet war die Montanunion die „Zusammenlegung der

[3] Interessant ist die Begründung. Laut Protokoll erklärte Schuman: „Das französische Parlament könne einer Aufnahme Deutschlands in den Atlantikpakt nicht zustimmen. Politische und psychologische Faktoren spielten dabei mit. Deutschland sei gegenwärtig in zwei Teile gespalten und somit Gegenstand territorialer Streitigkeiten. Es gebe neun Millionen Flüchtlinge auf dem Boden der Bundesrepublik. Die NATO würde sich einem großen Risiko aussetzen, wenn die schwerwiegenden, Deutschland betreffenden Probleme innerhalb ihres Rahmens behandelt würden. Deutschland müsse deshalb zur Europäischen Gemeinschaft gehören, weil es in eine gemeinsame Organisation gebracht und einer speziellen Art von ‚containment‘ unterworfen werden müsse“, NATO-Brüssel, International Staff, Central Registry (NISCA). North Atlantic Council, Summary Records, C 9-r/3, S. 6.

[4] Eröffnungsrede Schumans vom 15.2.1951, BA-MA, BW 9/3064, S. 15–22, Zitate S. 18 und 16.

[5] Ebd.

[6] Übertragung von „differences des faits“, ebd., S. 19.

[7] EA, 6 (1951), S. 3831.

[8] Monnet, Erinnerungen, S. 429ff.

Schlüsselindustrien des modernen Krieges". Jetzt galt es, auch Armeen und Waffen unter eine gemeinsame Souveränität zu stellen. Zunächst war eine europäische Streitmacht für ihn allerdings zweitrangig. Aus Sorge, die Bundesregierung könne sich wegen der französischen Ablehnung der deutschen Wiederbewaffnung von der Montanunion abwenden, um unter amerikanischem Druck eine nationale Aufrüstung zu beginnen, hatte er Pleven und Schuman vorgeschlagen, den Schuman-Plan auf den Sektor der Verteidigung auszuweiten, um so die drohende Isolierung Frankreichs zu vermeiden. Priorität hatte aber nach wie vor der Schuman-Plan, der vorrangig unter Dach und Fach gebracht werden mußte. Dann sollte die politische Organisation, das heißt das Verteidigungsministerium der europäischen Streitmacht, geschaffen werden. Erst an dritter Stelle wollte Frankreich der Aufstellung von Truppen durch die Bundesrepublik zustimmen. Für Monnet und Schuman galt der Grundsatz: „Der erste Soldat, der in Deutschland angeworben wird, ist ein europäischer Soldat[9]."

Entstehung, Urheberschaft und Zielsetzung des Pleven-Planes offenbaren seinen eminent politischen Charakter. Wie Monnet selbst berichtet, waren „Experten", also Militärs vor allem, zunächst nicht eingeschaltet worden[10]. Möglich, daß die diplomatische Hektik des Spätsommers 1950 eine sorgfältige militärische Analyse der Idee nicht zuließ. Wahrscheinlicher aber, daß die französische Armee, deren Existenz doch erheblich durch die supranationale Lösung tangiert werden mußte und von der daher Widerstand zu erwarten war, überrumpelt werden sollte, denn sie mußte sich in jedem Fall übergangen fühlen. Tatsächlich erwuchsen der EVG einige ihrer schärfsten und einflußreichsten Kritiker aus der französischen Generalität[11]. Ohne Zweifel war das militärische Substrat der Pleven-Konzeption ihr schwächster und angreifbarster Teil, weil die entscheidende Frage offenbleiben mußte, ob sich die Fusion von Streitkräften unterschiedlicher Nationalität auf der geforderten niedrigen Ebene überhaupt durchsetzen ließ. Es war bezeichnend, daß General Bradley, Vorsitzender der Vereinigten Stabschefs der USA, an ein Mißverständnis glaubte, als er zum ersten Mal über den Pleven-Plan informiert wurde.

Weitere Einzelheiten enthielt das französische Memorandum vom 15. Februar 1951[12], das der Konferenz als Arbeitsgrundlage diente. Endziel war danach eine Armee, die im Rahmen Europas die gleiche Geschlossenheit haben würde wie jede nationale Armee im Rahmen ihres Staates. In der Europäischen Armee erblickte man das militärische Instrument eines politisch und wirtschaftlich geeinten Europas, welches man gleichzeitig schaffen wollte. Das Memorandum beschränkte sich im wesentlichen auf erste Maßnahmen. Zunächst wollte man bereits verfügbare alliierte Truppen einem Europäischen Verteidigungskommissar unterstellen und mit der Bildung kleiner deutscher Einheiten unter Aufsicht von Dienststellen der Besatzungsmächte beginnen. In einer zweiten Phase sollten dann entsprechend den Fortschritten im Aufbau einer europäischen Militärorganisation die bisher national getrennten Truppenteile zu europäischen, d.h. nationalgemischten Verbänden „verschmolzen" werden. Das Memorandum unterschied bezeichnenderweise zwischen Ländern, die bereits über nationale Streitkräfte verfügten und Verpflichtungen außerhalb Europas besaßen, und solchen, für die dies nicht zutraf, also die Bundesrepublik Deutschland. Ihr gegenüber sollte der Verteidigungskommissar von Anfang an seine gesamten Befugnisse wie Kontrolle der Rekrutierung und Aufstellung der Truppen ausüben können, während für die übrigen Staaten, sieht man von Luxemburg ab, die „Tatsache [zu] be-

[9] Ebd., S. 441.
[10] Ebd., S. 436.
[11] Zur Haltung Marschall Juins und zur französischen Militäropposition gegen die EVG und die französische Regierung siehe den sehr aufschlußreichen Aufsatz von Guillen, Französische Generalität.
[12] BA-MA, BW 9/3131, S. 2-31, Zitat S. 8.

rücksichtigen [sei], daß die Kontingente aus nationalen Armeen hervorgegangen sind, deren Eigencharakter sicherlich in der ersten Phase fortbestehen wird".

Dem Verteidigungskommissar wären diese Verbände in der Anfangsphase also nur nominell unterstellt gewesen. Dies konnte nicht anders sein, denn es war unmöglich, sie von heute auf morgen völlig zu „europäisieren". Dazu fehlte außerdem der ministerielle Unterbau des Verteidigungskommissars einschließlich der militärischen Spitzenorganisation, die nur Zug um Zug geschaffen werden konnten. Frühestens in der zweiten Phase, in welcher der Verteidigungskommissar zu einem echten europäischen Verteidigungsminister geworden wäre, hätten diese Truppen europäischen Charakter erhalten und sich aus ihrer nationalen Organisation herausgelöst.

Dies galt nicht für die deutschen Truppen. Eine nationale Aufstellung wollte Frankreich gerade verhindern, denn sie barg in seinen Augen die Gefahr in sich, daß die Bundesregierung bei veränderten politischen Konstellationen den zweiten Schritt zur Europäisierung ihrer Streitkräfte möglicherweise verweigerte und dann doch eine nationale Armee zur Verfügung hatte. Eben diese Befürchtung stand hinter dem Satz, daß der erste deutsche Soldat ein europäischer sein müsse. Nur so erklärt sich auch die überragende Bedeutung, welche die französische Regierung dem Kommissar und seiner Behörde beimaß. Ihre Bildung hatte Vorrang vor der Verstärkung der westlichen Verteidigung durch deutsche Soldaten. Es handelte sich dabei um einen kardinalen Punkt in der Auseinandersetzung Frankreichs mit den USA und der NATO, die mit der „NATO-Lösung" genau den umgekehrten Weg einschlagen wollten, den auch Adenauer und die Dienststelle Blank bevorzugten.

Als größten „nationalhomogenen" Truppenverband schlug Frankreich die „Kampfgruppe" vor, von denen es vier Typen (Infanterie, Panzer, Grenzschutz, Festung) geben sollte. Sie waren sämtlich so konzipiert, daß sie „mit Rücksicht auf die zahlenmäßige und technische Unzulänglichkeit ihrer einzelnen Dienste keinen Anspruch darauf erheben, im Feuer ‚durchzustehen'"[13]. Es war somit notwendig, mehrere Kampfgruppen zu einer Division zusammenzufassen, weil erst sie die zusätzlichen Versorgungselemente und weiteren Kampftruppen besaß, mit denen das „Gefecht verbundener Waffen" über eine bestimmte Zeit geführt werden konnte. Die „europäische" Division bestand aus drei Kampfgruppen, die laut Memorandum aber keinesfalls derselben Nation entstammen durften[14]. Selbst die divisionseigenen Unterstützungskräfte wie Fernmelde-, Artillerie- oder Pionierverbände sollten aus Soldaten unterschiedlicher Nationalität bestehen.

Dies alles entsprach zwar dem Gedanken einer weitgehenden „Verschmelzung", zielte aber doch zuallererst darauf, deutschen Formationen ein selbständiges Handeln zu verwehren. Hier zeigte sich die Kehrseite des Integrationsprinzips, das durch eine übertriebene Limitierung und Segmentierung der Verbände nur eine andere Form des Kontrollmotivs darstellte.

Der Pleven-Plan, der faktisch zu überwiegend deutsch-französisch zusammengesetzten „europäischen" Divisionen geführt hätte, schloß eine enge taktisch-operative Zusammenarbeit deutscher Truppen mit amerikanischen, britischen oder anderen, der Europaarmee nicht angehörenden Streitkräften, weitgehend aus. In letzter Konsequenz hätten mithin im größten Teil der Bundesrepublik keine deutschen Verbände stationiert werden können, oder aber die bisher

[13] Ebd., S. 23.

[14] Infanteriedivision: 3 Infanteriekampfgruppen, 1 leichte Panzerabteilung, 1 Artillerieabteilung (155 mm); Stärke: 239 Offiziere, 20 240 Unteroffiziere und Mannschaften.
Panzerdivision: 3 Panzerkampfgruppen, 1 Panzerjägerabteilung, 1 Infanteriebataillon auf Schützenpanzerwagen, 1 Artillerieabteilung; Stärke: 800 Offiziere, 19 226 Unteroffiziere und Mannschaften.

hauptsächlich in Südwestdeutschland konzentrierten französischen Kräfte hätten über das gesamte Bundesgebiet disloziert werden müssen.

Damit drohte entweder die Trennung des Territoriums der Bundesrepublik und ganz Westeuropas in Operationsgebiete der Europäischen Armee und der restlichen NATO-Truppen, oder aber es mußte zu einem sinnlosen Dislozierungs- und Einsatzschematismus kommen. Spätestens dieser Aspekt zeigt die gänzliche Praxisferne des Pleven-Planes, der ja im Kern auch mehr das Ergebnis französischen Vormachtanspruchs über Deutschland und der Furcht vor ihm war als ein ernsthafter Versuch zur Stärkung der nordatlantischen Verteidigungsorganisation.

Nach dem französischen Zeitplan sollten die europäischen Landstreitkräfte innerhalb von 18 Monaten die Stärke von rechnerisch 10–12 Divisionen erreichen, d.h. etwa die Hälfte der gesamten NATO-Landstreitkräfte in Europa. Der personelle Umfang des deutschen Kontingents war dabei auf 100000 bis 140000 Mann veranschlagt, was nichts anderes bedeutete, als daß die Europäische Armee in dieser ersten Phase vorwiegend aus deutschen Kampfgruppen in Stärke von je 3000 bis 4500 Mann bestanden hätte. Endziel der unbefristeten zweiten Aufstellungsphase waren 30 „europäische" Divisionen mit einem deutschen Anteil von 250000 bis 300000 Mann.

Hinsichtlich der europäischen Luftstreitkräfte beließ es das Memorandum bei sehr allgemeinen Angaben. Danach dachte man in der ersten Phase an den Aufbau taktischer Luftstreitkräfte, „deren Stärke der der europäischen Landstreitkräfte entspricht". In der zweiten Phase wollte man mit der Bildung einer gemeinsamen Luftverteidigung beginnen. Die Geschwader sollten wie die Divisionen national gemischt sein.

Europäische Seestreitkräfte gab es nach der französischen Konzeption nicht und damit auch kein deutsches Marinekontingent.

Analog zu den „europäischen" Feldverbänden schlug Frankreich eine einheitliche europäische Territorialorganisation vor. Aber auch hier hätten Frankreich und die übrigen an der Europäischen Armee beteiligten Staaten innerhalb der mit Absicht nicht näher begrenzten Übergangsphase diesen wichtigen und tief in die inneren Verhältnisse der Völker eingreifenden Sektor der Militärverwaltung in nationaler Hand behalten, während allein für die Bundesrepublik – „Unterschied der Tatsachen" – eine Territorialorganisation „unter Berücksichtigung des gegenwärtigen Status *Westdeutschlands* [Hervorhebung im Original] und gemäß den am 18. Dezember 1951 [sic] vom Atlantikrat gefaßten Beschlüssen" errichtet werden sollte. In diesem wesentlichen Punkt konnte sich Frankreich demnach sogar auf die NATO berufen. Das gesamte für das deutsche Kontingent notwendige Wehrersatzwesen sowie die Beschaffung von Material und Liegenschaften für *alle* in der Bundesrepublik stationierten Streitkräfte hätten danach praktisch den Besatzungsmächten unterstanden.

Es bedarf keiner großen Phantasie, um sich auszumalen, welche innenpolitischen Reaktionen eine von den Besatzungsbehörden überwachte Musterung und Rekrutierung der neuen deutschen Soldaten hervorgerufen hätte, die überdies in Lagern ausgebildet werden sollten, „die den in Deutschland befindlichen alliierten Streitkräften angegliedert sind". Für die aktiven deutschen Verbände war immerhin von Anfang an ein europäischer Status geplant. Die deutsche Territorialorganisation konnte in der Übergangsphase aber kaum mehr als ein Vollstreckungsorgan der Alliierten sein. Verschärfend kam hinzu, „daß sich das gesamte deutsche Gebiet in der Kampfzone befindet", wie das Memorandum betonte: ein diesmal geographisch begründeter „Unterschied der Tatsachen", der die Überlagerung deutschen Rechts durch alliiertes Militärrecht sichergestellt hätte, das sich aus den besonderen Bedingungen der „Kampfzone", des Frontgebietes also, ableitet.

Frankreich war auf die Wehrpflicht angewiesen und legte sie auch der Europäischen Armee zugrunde. Eine dem Wehrpflichtsystem qualitativ überlegene Berufsarmee nach Art der Reichswehr, die ja entgegen französischen Vorstellungen auf britisches Verlangen in Versailles beschlossen worden war, wollte Frankreich auf jeden Fall bereits im Ansatz verhindern. Das Memorandum forderte in diesem Sinne gleiche Anteile von Berufssoldaten, Zeitfreiwilligen und Wehrpflichtigen für alle Kontingente. Dies war bei einer einheitlichen, denselben Stärke- und Ausrüstungsnachweisungen unterliegenden Armee nicht anders denkbar. Dahinter stand sicherlich aber ebenfalls der Kontrollgedanke, ein hauptsächlich aus längerdienenden Freiwilligen bestehendes deutsches Kontingent unmöglich zu machen. Frankreich war im übrigen nur zur Europäisierung eines nicht näher festgelegten Teils seiner Land- und Luftstreitkräfte bereit. Für Länder mit „außereuropäischen Verpflichtungen“ erlaubte das Memorandum die Beibehaltung unabhängiger nationaler Streitkräfte. Neben Luxemburg wäre die Bundesrepublik der einzige Staat mit rein europäischen Streitkräften gewesen.

2. Erste deutsche Stellungnahmen und Reaktionen

Zum Delegationsleiter bei der Pleven-Plan-Konferenz hatte Adenauer den Staatssekretär im Bundeskanzleramt, Walter Hallstein, bestimmt, der ohnehin seit Juni 1950 in Paris die deutschen Interessen bei den Schuman-Plan-Verhandlungen vertrat. Militärischer Sachverständiger war Oberstleutnant i. G. a. D. Ulrich de Maizière. Der spätere Generalinspekteur der Bundeswehr war damit der erste (west)deutsche Soldat, der nach dem Krieg in amtlicher Eigenschaft als Militärexperte ins Ausland entsandt wurde. Die Begleitumstände seiner Mission waren nicht gerade einladend. In Paris demonstrierten mehrere tausend Kommunisten gegen seine Ankunft, sein Visum hatte die Französische Hohe Kommission auf drei Monate befristet, und er besaß keinen Mitarbeiterstab, auf den er sich hätte stützen können.

Nach deutscher Auffassung standen die französischen Vorschläge in schroffem Gegensatz zu der nach außen proklamierten Gleichberechtigung. Blank nannte das Memorandum ein „Machwerk“, das niemals die Zustimmung des Bundestages finden werde. Die schärfste Kritik richtete sich gegen dessen militärischen Teil. Nach dem Urteil von Kielmansegg und de Maizière war eine Europäische Armee im Sinne des Pleven-Planes „in der Praxis unmöglich“[15]. Die aus Verbänden verschiedener Nationen zusammengesetzte Division hielt man für ein militärisches Unding: „Mit einem solchen gemischten Verband ist auf dem Gefechtsfeld nicht zu kämpfen. Der moderne Kampf erfordert eine so enge Zusammenarbeit von Infanterie, Artillerie, Panzern usw., daß gleiche Sprache für ein vernünftiges Zusammenwirken Voraussetzung ist [...] Darüber hinaus erfordert die vorgeschlagene Gliederung eine unnötig hohe Anzahl von Stäben, Dolmetschern, Verbindungsmitteln, Trossen usw., so daß ein schwer zu führender Verband von über 20000 Menschen entsteht. Die gleiche Kampf- und Feuerkraft kann bei sehr viel geringerem Aufwand ins Gefecht geführt werden, wenn es sich um Truppenteile einer Nationalität handelte. Die Forderung auf Aufstellung nationaler Divisionen muß daher nach wie vor erhoben werden[16].“ Noch abwegiger erschien den deutschen Militärs die Idee, die Geschwader der europäi-

[15] BA–MA, BW 9/3066, S. 13 ff.
[16] Stellungnahme de Maizières, BA–MA, BW 9/3064, S. 49.

schen Luftwaffe aus Staffeln unterschiedlicher Nationalität zu bilden. Ihre, aber auch Blanks Abneigung gegen die französische Konzeption war so stark, daß sie auf alle Fälle eine Verquickung der parallel laufenden Verhandlungen auf dem Petersberg mit denen in Paris zu vermeiden suchten. Sie setzten daher weiter auf die „NATO-Lösung".

Hallstein stimmte der militärischen Analyse zu, wandte sich jedoch gegen einen Abbruch der Konferenz. Er begründete dies damit, daß die Bundesregierung sich auf die Verhandlungen in Paris eingelassen habe, weil dies die deutsche Bereitschaft zu jeder positiven Europapolitik erneut bestätige und weil der Pleven-Plan grundsätzlich als taugliches Mittel einer solchen Europapolitik anzusehen sei. Davon könne man nicht mehr zurück. Er stellte jedoch den Grundsatz auf, die Gleichberechtigung dürfe nicht zum Diskussionsgegenstand gemacht werden, sondern sie sei selbstverständlich Voraussetzung aller Verhandlungen. Dementsprechend solle bei jedem Punkt, der eine Diskriminierung Deutschlands bedeuten könne, sofort die gleiche Regelung für alle übrigen Teilnehmer vorgeschlagen werden. Dadurch werde ein solcher Punkt entweder ad absurdum geführt oder müsse in einer annehmbaren Form geregelt werden. Hallstein wies die Delegation an, die „periode d'explication" durch Fragen möglichst auszudehnen und jede verbindliche Stellungnahme bis zum Abschluß der Viermächtekonferenz zu vermeiden. De Maizière erhielt nur „beschränkteste Vollmachten", Entscheidungen behielt sich Bonn vor. Unterstützung in militärischen Fragen erhoffte man sich besonders von den Amerikanern. Mit ihnen wollte man die Kontakte ausbauen und sie stärker einschalten. Über General Hays sollte eine amerikanische Militärvertretung bei der Pariser Konferenz angeregt werden. Hallstein schlug vor, sich dafür einzusetzen, daß auch Eisenhower einen Offizier aus seinem Stabe als Beobachter nach Paris entsende. Im übrigen wollte man den Italienern, Belgiern usw. den Vortritt bei der Erörterung des französischen Memorandums lassen. Zur Abstimmung des deutschen Vorgehens auf dem Petersberg und in Paris fanden ab Ende Februar in Bonn regelmäßig Besprechungen zwischen den betroffenen Ressorts statt, bei denen Angehörige der Pariser Delegation persönlich Bericht erstatteten. Die Leitung hatte in der Regel Hallstein, der die Ergebnisse in zahlreichen Instruktionen zusammenfaßte. Um die Pleven-Plan-Konferenz nicht unnötig aufzuwerten, nahm er an ihr als Delegationsleiter nicht mehr teil und ließ sich vertreten[17].

Die deutsche Verhandlungstaktik lief darauf hinaus, die Petersberg-Gespräche durch den französischen Plan nicht präjudizieren zu lassen, sondern umgekehrt die auf dem Petersberg vorgetragenen deutschen Auffassungen zur Grundlage der Pariser Konferenz zu machen. Der Interessenschwerpunkt lag also eindeutig auf dem Petersberg, während man in Paris verlangsamen wollte, ohne die Konferenz aber vollends „abrutschen" zu lassen. Hallstein forderte die Dienststelle Blank auf, als Beweis der positiven Einstellung der Bundesregierung so bald als möglich einen Entwurf zur Gründung einer europäischen Offizierschule, eine Lieblingsidee Adenauers, in Paris vorzulegen. Seine Instruktionen sahen des weiteren vor: Ablehnung einer Berufung auf die den Deutschen unbekannte Brüsseler Vereinbarung, Offenhalten der „NATO-Lösung", keine Verabschiedung politischer Fragen vor Klärung der militärischen Problematik, nur theoretische Erörterung der „Kampfgruppe", Prüfung des „Unterschieds der Tatsachen" und der daraus abgeleiteten unterschiedlichen Behandlung, keine Anerkennung irgendeiner Teillösung vor Einverständnis mit der Gesamtlösung und Abschwächung, wenn möglich Beseitigung der Trennung von erster und zweiter Aufstellungsphase[18]. Von Blank erhielt de Maizière

[17] Hallsteins Abwesenheit wurde mit der starken Arbeitsbelastung durch den Schuman-Plan und Aufgaben in Bonn begründet, BA-MA, BW 9/3255, S. 22.

[18] BA-MA, BW 9/3066, S. 39f.

am 26. Januar folgende Weisung, die einen Kompromiß mit dem französischen Vorschlag nahezu ausschließen mußte: „Für Deutschland ist nur eine organisatorische Lösung annehmbar, die für alle an der Europa-Armee teilnehmenden Länder vom ersten Zeitpunkt an, also auch für eine etwaige Übergangslösung, als verbindlich gilt. Hierbei handelt es sich besonders um gleiche Gliederung, gleiche Bewaffnung, gleiche Führung[19]."

Adenauers Urteil über das Memorandum war ebenfalls negativ. Am 3. März bemerkte er zu McCloy, es sei so voller Mängel, daß er aus Furcht vor nachteiligen öffentlichen Reaktionen strenge Geheimhaltung angeordnet habe[20].

3. Der Verlauf der Konferenz bis zur Abfassung des Zwischenberichts am 24. Juli 1951

Im Unterschied zu den Gesprächen auf dem Petersberg handelte es sich in Paris um echte, hartnäckige Verhandlungen. Das deutsche Ausweichmanöver ließ sich nicht lange durchhalten. Der französische Delegationsleiter und Präsident der Konferenz, Hervé Alphand, gab ein Arbeitsprogramm bekannt und drängte die Delegationen, sich zu den einzelnen Punkten zu äußern. Die Behandlung der Kampfgruppenfrage und des Integrationsniveaus hielt er für vordringlich.

Die deutsche Delegation gab daraufhin eine zunächst allgemein gehaltene Erklärung ab, in der sie die Einigung Europas und die Kampfkraft seiner Armee als „oberste Ziele" der Bundesregierung bekräftigte. Zu einer ersten deutsch-französischen Konfrontation kam es am 8. März vor der Vollversammlung bei der Darlegung der deutschen Auffassung über die „operativen Grundeinheiten" („unités élémentaires", „operative units"). Dieses Forum und nicht etwa die engeren Fachausschüsse war von der deutschen Delegation bewußt für diesen Auftritt ausgewählt worden, um die Beobachterstaaten, die USA vor allem, an der Diskussion über diese Kardinalfrage der gesamten Konferenz von Beginn an teilhaben zu lassen. In seiner von der Dienststelle Blank sorgfältig vorbereiteten Rede hielt der stellvertretende deutsche Delegationsleiter, Roediger, an der nationalhomogenen Division als „operativer Grundeinheit" fest. Um den Franzosen einen Schritt entgegenzukommen, erklärte er sich auch mit einer Kampfgruppenlösung einverstanden, die jedoch wesentlich von dem französischen Vorschlag abwich: Die deutsche Kampfgruppe war erheblich kampfkräftiger. Außerdem sollten immer zwei Kampfgruppen *gleicher Nationalität* zu einer Division zusammengefaßt werden, so daß schließlich doch das Prinzip der nationalhomogenen Division gewahrt blieb. Es war das gleiche Konzept, das Speidel und Heusinger wenige Tage zuvor auf dem Petersberg vorgetragen hatten. Auf die Ablehnung nationalgemischter Divisionen reagierte Alphand äußerst scharf. Er warf Roediger vor, daß bei ihm eine integrierte europäische Armee nicht mehr vorkomme und der deutsche Vorschlag über frühere Formen militärischer Koalitionen nicht hinausgehe. Damit verlasse die Bundesregierung die Grundlage der Konferenz. Unter diesen Umständen sehe er keine Möglichkeit einer nützlichen Diskussion. Der militärische Vertreter Frankreichs, General de Larminat, versuchte anschließend den Beweis anzutreten, daß gemischte Divisionen sehr wohl nach verhältnismäßig kurzer

[19] BA-MA, BW 9/3064, S. 57.
[20] FRUS 1951, III, Teil 1, S. 771.

Ausbildungszeit funktionsfähig sein könnten. Er führte zahlreiche Beispiele aus den letzten Kriegsjahren an, wonach französische Verbände sehr eng mit britischen und amerikanischen erfolgreich zusammengewirkt hätten[21].

Eine gewisse Annäherung beider Standpunkte kam dann doch noch zustande, weil Roediger klarstellte, daß die deutsche Seite den Grundsatz der Integration in keiner Weise antasten wolle, und Alphand einräumte, über die Mindeststärke der nationalen Grundeinheiten lasse sich durchaus reden. In der Kernfrage war man aber nach wie vor weit auseinander. Dies bestätigte sich dadurch, daß Alphand den deutschen Vorschlag ablehnte, die Frage des Integrationsniveaus nach rein militärischen Gesichtspunkten aushandeln zu lassen, und sie politischer Entscheidung vorbehielt.

Auf dem Petersberg hatten Speidel und Heusinger rein deutsche Panzerkorps vorgeschlagen, so daß erst der übergeordnete Armeeverband aus Truppen unterschiedlicher Nationalität bestanden hätte. Roediger hielt diese Position für unhaltbar. In seinem Bericht an Hallstein vom 8. März schlug er auf den Rat de Maizières hin folgenden Kompromiß vor: „Ich habe den Eindruck, daß es gelingen könnte, die Konferenz zu einem brauchbaren, auch für uns annehmbaren Ergebnis zu führen, wenn die Bundesregierung sich entschließen könnte, einer Integrierung auf der Ebene des Korpsstabs zuzustimmen. Allerdings werden wir auch in diesem Falle mit der Überwindung sehr erheblicher Schwierigkeiten von französischer Seite rechnen müssen. Wir haben den Eindruck gewonnen, daß die Beobachterstaaten einem solchen deutschen Standpunkt noch Verständnis entgegenbringen würden, während darüber hinausgehende Forderungen auf allgemeine Ablehnung stoßen dürften[22].“ Tatsächlich erhielt er aus Bonn grünes Licht. Am 15. März erläuterte er die deutschen Vorstellungen über das Integrationsniveau. Danach sollte das Korps zwei bis drei jeweils national geschlossene, aber von unterschiedlichen Mitgliedstaaten gestellte Kampfverbände oder operative Grundeinheiten – den Begriff „Division“ suchte er zu vermeiden – umfassen, während der Korpsstab selbst entsprechend den beteiligten Ländern integriert sein sollte. Die für die Kampfunterstützung und Versorgung der operativen Grundeinheiten benötigten zahlreichen Korpstruppen – die Hauptlast der Versorgung war dem Korps zugedacht – sollten nach demselben Prinzip jeweils in sich nationalhomogen sein, insgesamt aber von verschiedenen Ländern aufgebracht werden. Wenn dieser deutsche Vorschlag auch noch lange nicht den französischen Vorstellungen entsprach, so hatte die französische Diplomatie damit bereits einen großen Erfolg erzielt. Die deutsche Absicht, auf dem Petersberg und in Paris die gleiche Verhandlungslinie einzuhalten und sich nicht auseinanderdividieren zu lassen, war nunmehr in diesem wesentlichen Punkt aufgegeben.

Die ersten drei Monate der Verhandlungen dienten in erster Linie der Abklärung der Standpunkte und der Erarbeitung eines Vertragsentwurfs. Dabei erschloß sich die außerordentliche Größe und Komplexität des ganzen Unterfangens um so deutlicher, je mehr man sich den Einzelfragen zuwandte. Mit kühner Phantasie allein war den Hunderten von rechtlichen, politischen, finanziellen oder militärischen Problemen nicht beizukommen, die sich vor den Delegierten auftürmten. Sie hatten die weitreichenden Konsequenzen ihrer Arbeit für ihre Staaten und Völker zu bedenken. Vor ihnen stand das verheißungsvolle Ziel eines geeinten Europa, andererseits waren sie eng an ihre Regierungen gebunden, die naturgemäß sehr unterschiedliche Vorstellungen von der Organisation europäischer Streitkräfte besaßen und erheblich in ihrer Bereitschaft voneinander abwichen, Souveränitätsrechte an eine übernationale Behörde abzugeben.

[21] BA-MA, BW 9/3255, S. 33–42; s. auch FRUS 1951, III, Teil 1, S. 776–778.
[22] BA-MA, BW 9/3255, S. 35.

Neben der Integrationsebene der Truppen war vor allem die Frage der Kompetenzen des Kommissars, des Ministerrates, der Versammlung und ihrer Beziehungen untereinander umstritten. Folgende Tendenzen waren erkennbar: Frankreich wollte eine zentralistische Organisation mit einem sehr starken Kommissar an der Spitze, der wie ein nationaler Verteidigungsminister über echte Befehls- und Kommandobefugnisse verfügt hätte. Nur die operative Führung, die erst im Krieg voll zur Geltung kommen konnte, wäre damit nicht in seinen Aufgabenbereich, sondern in den des SACEUR gefallen. Für diese Konstruktion sprach die bei Streitkräften übliche strenge Hierarchisierung, die sich aus der Notwendigkeit schnellen und geschlossenen Handelns ergibt. Die deutsche Seite wie auch die italienische lehnten die „Ein-Mann-Lösung" ab und verlangten aus politischen Gründen ein Kommissarkollegium. Sie wollte dem Kommissariat in der Hauptsache nur eine administrative Funktion zugestehen, vergleichbar der des preußischen Kriegsministeriums. Ausbildung, Organisation und Führung der Streitkräfte auch im Frieden wären damit in erster Linie durch das NATO-Hauptquartier in Europa, SHAPE, und seine nachgeordneten Kommandobehörden bestimmt worden. Hinsichtlich der europäischen Versammlung bestand Einigkeit, sie ähnlich wie die für die Montanunion vorgesehene Vertretung zusammenzusetzen. Während aber der deutsche Vorschlag dahin ging, ihr das Budgetbewilligungsrecht sofort zu geben, um die volle parlamentarische Kontrolle sicherzustellen, wollte Frankreich sie zunächst nur mit einem Budgetdiskussionsrecht ausstatten[23]. Italien, vor allem aber Belgien, Luxemburg und später die Niederlande – die Beneluxstaaten erwiesen sich überhaupt als die hartnäckigsten Verteidiger nationaler Souveränität – waren nicht bereit, eine derartige Entmachtung ihrer nationalen Parlamente zuzulassen. Andererseits machte sich gerade Italien von Anfang an für eine Direktwahl der Versammlung stark. Die Definition des Ministerrates, seiner Zusammensetzung, seiner Kontroll- und Weisungsbefugnis gegenüber dem Kommissar und des Stimmgewichts der in ihm vertretenen Staaten war ebenfalls schwierig. Sollte er z. B. nur eine vermittelnde Rolle zwischen dem Kommissariat und den Regierungen spielen oder sah man in ihm den Kern einer europäischen Oberregierung? War in allen seinen Entscheidungen Einstimmigkeit erforderlich, wie etwa im NATO-Rat, oder nur bei grundsätzlichen Fragen? Sollte die Stimme Luxemburgs soviel zählen wie die Frankreichs? Unterschiedliche Auffassungen ergaben sich auch auf rüstungswirtschaftlichem Gebiet. Die französische Delegation schlug eine zentral gelenkte Rüstungswirtschaft vor, während alle übrigen Delegationen sich für eine liberalere Lösung einsetzten, die den nationalen Regierungen größeren Spielraum für eine selbständige Wirtschaftspolitik beließ[24]. Vereinfacht ausgedrückt nahm die Bundesregierung zwischen den zentralistischen Vorstellungen Frankreichs und den konservativen Auffassungen der Beneluxstaaten eine mittlere, föderative Position ein. All diese politisch-konstitutionellen Probleme beschäftigten die Konferenz intensiv, sie konnten wegen ihrer Tragweite aber nur auf höherer politischer Ebene entschieden werden.

Die Arbeit des Militärausschusses, der am 16. März unter dem Vorsitz von General de Larminat zum ersten Mal zusammentrat, litt darunter, daß die für die gesamte Organisation der europäischen Streitkräfte entscheidende Frage des Integrationsniveaus wegen ihrer hochpolitischen Natur ausgeklammert wurde. Die etwa wöchentlich stattfindenden Sitzungen hatten daher oft einen theoretisierenden und hypothetischen Charakter. Das Arbeitsprogramm war dennoch außerordentlich umfangreich und enthielt neben dem Problem der Truppengliederung und Versorgung so schwierige Aufgaben wie die der gemeinsamen Ausbildung, der taktischen Einsatz-

[23] BA–MA, BW 9/3066, S. 65–76.
[24] Ebd., S. 128.

methoden, der Waffentypen und Ausrüstung, der Personalergänzung, der Organisation des Kommissariats und der Sprachenregelung[25].

In vielen Fällen konnten die damit zusammenhängenden Fragen zunächst nur umrissen werden. In einigen wichtigen Punkten ergab sich aber relativ schnell prinzipielle Übereinstimmung, zumindest eine Klärung der Standpunkte. Bei allen Unterschieden der nationalen Militärsysteme überwog – den durch die Tagesgeschäfte beanspruchten Beteiligten wohl nicht immer bewußt – der Fundus traditioneller beruflicher Gemeinsamkeiten. Die militärische Terminologie war wesentlich dieselbe, die gemeinsame Aufgabe verband um so mehr, je tiefer man in ihre Problematik eindrang. Der Professionalismus der Militärs tendierte zwangsläufig dazu, ein zur Verteidigung taugliches Instrument zu schaffen. Dabei standen die Pariser Militärdelegierten auch unter dem Druck der Kritik ihrer Kameraden, die eine supranationale Armee für verfrüht hielten. Es war gar nicht anders denkbar, als daß sie sich immer wieder vor Augen halten mußten, ob das, was sie auch für ihre eigene berufliche Zukunft planten und dessen Konsequenzen auf sie zukommen konnten, im Krieg bestehen würde. Dem Bezug auf den Ernstfall konnte sich kein Militär ganz entziehen. Nicht zufällig war die national gemischte Division, die von de Larminat übrigens nur halbherzig verteidigt wurde, eine politische Erfindung. Die Militärs waren daher unter den Pariser Unterhändlern am wenigsten geeignet, nationale Egoismen zu vertreten, wenn diese einer militärisch brauchbaren Lösung entgegenstanden. Die schwierigste und undankbarste Rolle in diesem militärisch-politischen Spannungsfeld mußte dabei die französische Militärdelegation übernehmen.

Im April hatte Bérard der Bundesregierung mitgeteilt, daß mit Rücksicht auf die französischen Wahlen nicht mit baldigen politischen Entscheidungen in den wichtigen Konferenzfragen zu rechnen sei. Die französische Regierung lege daher keinen Wert auf eine Beschleunigung der Verhandlungen[26]. Dies kam der deutschen Hinhalteabsicht entgegen. Eine am 2. April überraschend ergangene Anordnung Adenauers, „daß die endgültigen und vollständigen deutschen Gedanken über den geeignetsten Aufbau der Europäischen Armee in kürzester Frist in Paris vorgelegt und veröffentlicht werden sollen"[27], wurde deswegen von Hallstein wieder zurückgenommen. Ende Mai verschärfte die französische Delegation dann plötzlich das Verhandlungstempo erheblich. Oberst i. G. a. D. Kaulbach, der von April bis August die Stelle de Maizières in Paris einnahm, berichtet von einer „überfallartigen Taktik" der Franzosen[28]. Ohne Rücksicht auf die Arbeitsmöglichkeiten der anderen Delegationen sei es ihnen dadurch gelungen, alle wesentlichen Probleme, wenn auch oft nur oberflächlich, in schneller Folge zu behandeln. Die unter Zeitdruck gesetzte deutsche Delegation geriet in arge Bedrängnis. Innerhalb der Delegation, vor allem aber auch mit Bonn, gab es große Abstimmungsschwierigkeiten. Die Geschlossenheit der deutschen Verhandlungsführung ging verloren. Während Kaulbach noch an der „NATO-Lösung" festhielt, schwenkte Roediger auf die französische Linie ein. Reibungen und tiefe Verstimmungen waren das Resultat. Kaulbach schrieb zahlreiche Brandbriefe an die Dienststelle Blank, worin er sich darüber beschwerte, daß ohne Rücksprache mit ihm und somit auch an der Dienststelle vorbei in militärischen Angelegenheiten den Franzosen erhebliche Zugeständnisse gemacht worden seien. Er verlangte für die Konferenz, „in der Lebensfragen des deutschen Volkes behandelt werden", eine bessere personelle und materielle Ausstattung. Da ihm das deutsche Ausweichmanöver nicht mehr länger durchführbar erschien, forderte er in Bonn am 5. Juni

25 BA-MA, BW 9/3156, S. 5 f.
26 BA–MA, BW 9/3066, S. 50.
27 Ebd., S. 49.
28 BA–MA, BW 9/3064, S. 102.

eine klare Weisung, ob in Paris „im positiven Sinn auf einen künftigen Abschluß hingearbeitet werden soll [...] oder ob schon jetzt begonnen werden soll, durch systematische Einleitung von Blockierungsmaßnahmen die Möglichkeit des Nichtzustandekommens einer Konvention vorzubereiten“[29]. Auf einer am gleichen Tag im Palais Schaumburg abgehaltenen Beratung zwischen der Pariser Delegation, dem Auswärtigen Amt und der Dienststelle Blank konnte sich Hallstein zu dieser Entweder-oder-Entscheidung nicht entschließen. Auch Adenauer war zu diesem Zeitpunkt unschlüssig. Speidel berichtete, der Bundeskanzler habe ihm gesagt, „daß die Verhandlungen in Paris auf alle Fälle hinzuhalten seien, daß man keine Teillösung, auch keine vorläufige, annehmen dürfe, vor allem nicht vor der Rückkehr McCloys aus Amerika“[30]. Für die Dienststelle Blank blieb also zunächst alles beim alten. Ihre Hoffnungen konzentrierten sich nach wie vor auf den Petersberg, wo gerade der Zwischenbericht fertiggestellt worden war.

Dieser war auch die Ursache für die französische Eile. Die französische Regierung hatte mehrfach beteuert, der Pleven-Plan werde die deutsche Aufrüstung nicht verzögern. Sie mußte daher versuchen, die Konferenz voranzubringen, um der „NATO-Lösung“ nicht nur ihr Nein entgegenhalten zu müssen. Alphand drängte nun ebenfalls auf einen Zwischenbericht, der den Regierungen die Fortschritte und Erfolgsaussichten der Pariser Konferenz demonstrieren sollte. Hallstein instruierte die deutsche Delegation gegen den anfänglichen Widerstand Blanks, auf den französischen Wunsch einzugehen, dabei aber sicherzustellen, daß der Bericht „unter allen Umständen vollständig sein muß, nicht nur in der Wiedergabe der bisher erzielten vorläufigen Einigung, sondern auch in der Wiedergabe aller Punkte, die entweder noch nicht oder nicht gründlich behandelt oder noch nicht zu einer Übereinstimmung der Delegationen gebracht worden sind“. Wenn die Franzosen, wie man unterstellte, die Absicht hatten, die Fortschritte größer erscheinen zu lassen, als sie waren, so sollte dies damit durchkreuzt werden. Außerdem glaubte Hallstein auf diese Weise weitere Zeit gewinnen zu können[31].

Mitte Juni 1951 fiel dann überraschenderweise doch die Entscheidung, das Schwergewicht der deutschen Verhandlungsführung auf die Pleven-Plan-Konferenz zu verlagern. In Paris bot Hallstein Alphand an, die bisher getrennt verlaufenden, thematisch seiner Auffassung nach aber zusammengehörenden Verhandlungen über den deutschen Verteidigungsbeitrag zusammenzulegen. Eine vertrauliche Mitteilung des amerikanischen Vertreters bei der Pariser Konferenz, des Botschafters Bruce, daß der Gedanke der umstrittenen „Kampfgruppe“ von französischer Seite praktisch aufgegeben worden sei, dürfte ihm diesen Schritt erleichtert haben. Sein Vorschlag, den Alphand nur zu gern zur Kenntnis nahm, war ohne Wissen Adenauers und Blanks, die erst nachträglich informiert wurden, gemacht worden.

Wenige Tage später schlug Roediger in der Pariser Vollversammlung vor, „im Interesse der weiteren Integrierung Europas“ die Pariser und Petersberger Verhandlungen „zu einem einheitlichen Ganzen“ zusammenzufassen[32]. Damit sollte im übrigen das auf dem Petersberg entwikkelte deutsche Streitkräftekonzept nicht aufgegeben werden. Hallstein und Roediger wollten es lediglich unter dem europäischen Dach verwirklichen. In der überrumpelten Dienststelle Blank war man geteilter Auffassung. De Maizière, der mit Kielmansegg in der Dienststelle Blank für die Koordinierung der deutschen Auffassungen zu sorgen hatte, schrieb an Kaulbach: „Während Kielmansegg [...] und ich die Hallsteinsche Konzeption begrüßten und unterstützten, hat-

[29] BA–MA, BW 9/3064, S. 113.
[30] BA–MA, BW 9/3066, S. 67.
[31] Ebd., S. 72.
[32] BA–MA, BW 9/3255, S. 80.

ten Blank und die Zwillinge[33] starke Bedenken gegen eine Vermischung von Paris und Petersberg, im wesentlichen deshalb, weil sie sich von der Entscheidung der Amerikaner sehr viel mehr erwarten[34]."

Was wollten die Amerikaner? Sie befanden sich in diesen Wochen selbst in einem schwierigen Entscheidungsprozeß, der sich in dem Fünfeck Bruce – McCloy – State Department – Pentagon – Eisenhower abspielte. Den größten Einfluß hatten dabei Bruce und McCloy, weil sie in Bonn und Paris direkten Kontakt zur deutschen und französischen Regierung bzw. zur Pleven-Plan-Konferenz besaßen und State Department sowie das US-Verteidigungsministerium von ihren Lageschilderungen abhängig waren. Wie McCloy gehörte Bruce zu den „Europäern" unter den amerikanischen Diplomaten und Politikern. Sehr früh hatte er sich für die amerikanische Unterstützung des Schuman-Planes eingesetzt. Im Pleven-Plan begrüßte er das politische Element zur Vertiefung der europäischen Integration[35]. Bei aller Kritik an seinem militärischen Teil verteidigte er ihn deswegen von Anfang an gegenüber dem skeptischen State Department, das prinzipiell allerdings auch an einem positiven Ausgang der Konferenz interessiert war. In seiner Berichterstattung nach Washington gab er sich betont optimistisch über den Konferenzverlauf. In Paris entfalteten er und die amerikanische Botschaft eine rege Aktivität, um die deutsch-französischen Gegensätze auszugleichen.

Bald nach Konferenzbeginn lud er Vertreter der deutschen Delegation privat zu sich ein, um ihnen das große Interesse der USA an einer deutsch-französischen und europäischen Einigung zu erläutern. Technische Einzelheiten hielt er für überwindbar. In der Auseinandersetzung um die Kampfgruppe riet er, die Begriffe „Division" oder „Nicht Division" zu meiden. Statt dessen solle man von „self sufficient unit" sprechen, die einem modernen Krieg gewachsen sein müsse, was auf eine kampfkräftige Division hinauslaufe. Als taktischen Ratschlag empfahl er, bei militärischen Fragen die NATO heranzuziehen, weil sie sich allen Versuchen widersetzen werde, untaugliche Formationen aufzustellen. Er sagte zu, den deutschen Militärdelegierten mit Angehörigen des Stabes von Eisenhower bekanntzumachen[36].

Der amerikanische Außenminister Acheson, unterstützt von Verteidigungsminister Marshall, wollte demgegenüber nach wie vor mit der „NATO-Lösung" beginnen, jetzt aber auf der Grundlage des Petersberg-Berichts. Am 25. Juni telegrafierte er an Bruce: „Nach unserer Auffassung sind die Bonner Gegenvorschläge insgesamt vernünftig. Die Logik wäre auf unserer Seite, wenn wir auf die Franzosen festen Druck ausübten, vielen der deutschen Gegenvorschläge als akzeptablen und wünschenswerten [!] Modifikationen der Brüsseler Vereinbarung zuzustimmen." Um die Aufstellung des deutschen Kontingents endlich in Gang zu bringen, war Acheson bereit, die deutsche Forderung nach Ablösung der Besatzungsherrschaft weitgehend und schnell zu erfüllen. Zur Frage einer Aufnahme der Bundesrepublik in den Atlantikpakt teilte er Bruce mit: „Wir sind der Ansicht, die drei Mächte sollten in Verbindung mit den zu erwartenden [anticipated] militärischen und politischen Vereinbarungen mit den Deutschen deren volle NATO-Mitgliedschaft unterstützen." Der französischen Regierung hoffte er dadurch entgegenzukommen, daß die NATO-Lösung nur für eine Übergangszeit gedacht war, die deutschen Truppen dann aber unter die auch von den USA gewünschte und geforderte europäische Verteidigungsorganisation treten sollten. Daran knüpfte Acheson jedoch die Bedingung, daß – solange die NATO existierte – die Europäische Armee eindeutig zur Disposition der NATO und des

33 Gemeint sind Heusinger und Speidel.
34 BA–MA, BW 9/2107, S. 64.
35 FRUS 1950, III, S. 465 f.
36 BA–MA, BW 9/3256, S. 9–12.

SACEUR stehen müsse[37]. Die Möglichkeit der Entwicklung zweier voneinander getrennter militärischer Instrumente zur Verteidigung Europas beunruhigte vor allem das US-Verteidigungsministerium und Eisenhower. Letzterer setzte bei Alphand durch, daß bei der Pariser Konferenz der mißverständliche Begriff der „Europäischen Armee" oder „Europa-Armee" im Sinne einer operativen Feldarmee durch den Begriff „Europäische Verteidigungsstreitkräfte" [„European Defense Forces"] ersetzt wurde. Ähnlich wie die Dienststelle Blank sah Eisenhower in der supranationalen Verteidigungsorganisation eine Behörde [agency] zur Ausbildung, Bewaffnung und Verwaltung der europäischen Truppen, der keinerlei operative Befugnisse zukam[38].

Bruce begrüßte die offizielle Unterstützung der Pariser Konferenz durch die USA, riet aber in Kenntnis der französischen Stimmung dringend von der Interimslösung ab, da sie zu einer für Frankreich unannehmbaren deutschen Nationalarmee führen könne. Jeder deutsche Verteidigungsbeitrag außerhalb des supranationalen europäischen Rahmens werde ein ernsthafter Schlag gegen die amerikanische Europapolitik einschließlich der deutsch-französischen Aussöhnung sein. Sein Gegenvorschlag lautete, sich ganz auf die Pariser Konferenz zu konzentrieren, um dort mit Hilfe von SHAPE schnell zu auch militärisch überzeugenden Resultaten zu kommen[39].

Am 5. Juli unterrichtete McCloy Adenauer ausführlich über die Ergebnisse seiner USA-Reise[40]. Er betonte das große amerikanische Interesse am Zustandekommen der Europäischen Verteidigungsstreitkräfte und bat Adenauer, sich für die möglichst schnelle Abfassung des Pariser Zwischenberichts einzusetzen, der dann mit dem Petersberg-Bericht einer für September in Washington geplanten Außenministerkonferenz zur weiteren Entscheidung vorgelegt werden würde. Für Adenauer war demnach klar, daß eine Entscheidung noch ausstand. Wie Acheson betonte er die Notwendigkeit gemeinsamer europäischer Streitkräfte, wollte aber die Frage des deutschen Verteidigungsbeitrages, die „unbedingt baldigst gelöst sein müsse", nicht von den Pariser Verhandlungen abhängig machen, „wenn diese keine frühe Einigung zustande bringen". Um dort schneller voranzukommen, kündigte er die Entsendung Blanks nach Paris an und empfahl eine verstärkte Einflußnahme der USA auf Frankreich[41].

Unmittelbar danach wurde Blank zum Delegationsleiter ernannt. Die deutsche Delegation erhielt am 8. Juli die Weisung, „entweder die Franzosen zur Anerkennung des deutschen Standpunktes in den militärischen Fragen zu bewegen oder darzutun, daß in tragbarer Frist eine Verständigung nicht erreicht werden kann"[42]. Beim Zwischenbericht, zu dem außer dem französischen mittlerweile auch ein deutscher Entwurf[43] vorgelegt worden war, sollte zumindest die deutsche Auffassung, gegebenenfalls in einer Sondererklärung, klar zum Ausdruck kommen. Am 10. Juli umriß Blank vor der vollbesetzten Plenarversammlung in der für ihn charakteristischen offenen und kräftigen Art noch einmal die militärischen und politischen Bedingungen, unter denen allein ein deutscher Verteidigungsbeitrag für das deutsche Volk und den Bundestag annehmbar sei[44]. Er stellte fest, daß in den wichtigsten Punkten, wie in der Divisionsfrage, noch keine Übereinstimmung erzielt sei, und verlangte im Zwischenbericht eine realistische Wieder-

[37] FRUS 1951, III, Teil 1, S. 801–805.
[38] Ebd., S. 820.
[39] Ebd., S. 805–812.
[40] FRUS 1951, III, Teil 2, S. 1487–1489.
[41] Ebd., s. auch Adenauer, Erinnerungen 1, S. 457 f.
[42] BA–MA, BW 9/3066, S. 89.
[43] Beide Entwürfe in BA–MA, BW 9/2045. Am französischen Entwurf haben Bruce und seine Berater höchstwahrscheinlich mitgewirkt, BA–MA, BW 9/3256, S. 67.
[44] BA–MA, BW 9/3064, S. 156–160.

gabe des Erreichten und noch nicht Erreichten. Mehr noch als die ohne jede diplomatische Umschweife vorgetragene deutsche Auffassung zum Pleven-Plan schockierte die Franzosen, daß dieser „Herr Blank oder Noske“[45] die Pariser Konferenz offensichtlich schneller und greifbarer Verbesserungen der westlichen Verteidigung nicht fähig hielt und als „selbständige Vorablösung“ deswegen die „Aufstellung des deutschen Beitrages auf der Grundlage des Petersberg-Berichts“ vorschlug. Blanks weitere Ausführungen, daß die Bundesregierung keine Nationalarmee wolle, daß die deutschen Verbände von Anfang an Eisenhower unterstellt und daß sie sofort mit Inkrafttreten des europäischen Vertragswerkes in die „Europa-Armee“ eingegliedert würden, reichten nicht aus, die französischen Bedenken zu zerstreuen. In der Tat mußte ein Festhalten an der Interimslösung zum Sprengsatz der Pleven-Plan-Konferenz werden, die doch eigens einberufen worden war, eine weitgehend den Deutschen selbst überlassene Aufstellung ihres Streitkräftekontingents zu verstellen. Blank wurde nach seinem ersten Auftritt in Paris von französischer Seite in diesem Sinne treffend als „La Bombe Blank“ bezeichnet[46].

4. Der Pariser Zwischenbericht[47]

Nach fast pausenlosen, teilweise dramatischen und im wesentlichen vom Duell Alphands mit Blank bestimmten Verhandlungen[48] konnte der Zwischenbericht am 24. Juli abgeschlossen werden. Der deutschen Delegation gelangen dabei einige wichtige Erfolge. Die entscheidende Veränderung gegenüber den französischen Vorstellungen lag darin, daß der Grundsatz der Gleichberechtigung und Gleichbehandlung, der ursprünglich erst in einer ferneren Endphase voll verwirklicht werden sollte, jetzt von Anfang an Geltung hatte. Die französische Delegation gab die Formel vom „Unterschied der Tatsachen“ auf, die das Prinzip der Nichtdiskriminierung zur bloßen Floskel gemacht hätte. Konkret bedeutete dies u. a., daß die deutschen Truppen ebenso wie die anderen in der ersten Phase durch rein nationales Personal und nationale Behörden aufgestellt werden konnten. Zwar sollten sie sofort europäischen Status haben – hier lag der große Unterschied zur NATO-Interimslösung –, die psychologisch diffizile Aufbauphase hätte aber in deutschen Händen gelegen. Nach diesem Zugeständnis beharrte Alphand darauf, daß hierfür nur bereits *bestehende* („existent“) Behörden in Frage kämen. In den letzten, mehrfach vom Abbruch bedrohten Sitzungen konnte Blank die Streichung dieses Begriffs erreichen. Er hatte damit die Bildung eines deutschen Verteidigungsministeriums offengehalten, wenn auch noch nicht durchgesetzt.

Eine weitere fundamentale Veränderung des Pleven-Plans bestand darin, daß die Europäischen Verteidigungsstreitkräfte nunmehr alle zur Verteidigung Europas gedachten Streitkräfte umfassen sollten. Es war mehr als ein Etikettenwechsel, daß die „Konferenz für die Organisation einer Europäischen Armee“ sich im Zwischenbericht in „Konferenz für die Organisation einer Europäischen Verteidigungsgemeinschaft“ umbenannte: *Die Pleven-Plan-Konferenz* wurde zur *EVG-Konferenz.* Zwar konnten weiter Truppen „zur Verteidigung der überseeischen Gebiete

[45] Äußerung General Ganevals, BA–MA, BW 9/2050, S. 213.
[46] FRUS 1951, III, Teil 1, S. 826.
[47] Deutscher und französischer Text in: BA–MA, BW 9/3168.
[48] Verhandlungsprotokoll in: BA–MA, BW 9/2045.

der Teilnehmerstaaten" und Polizeitruppen in nationaler Hand beibehalten werden, das Weiterbestehen starker, unter nationalem Kommando verbleibender Streitkräfte neben den europäisch integrierten war hierdurch aber unmöglich geworden. Dies mußte vor allem die französische Armee in ihrer bisherigen Geschlossenheit treffen. Dieser Schritt war aber logisch und konsequent. Andernfalls hätten unter dem Kommando Eisenhowers französische Einheiten in französischer Uniform unter der Trikolore neben bereits „europäisierten", ganz anderen Rechtsverhältnissen unterworfenen Verbänden französischer Herkunft gestanden. Ein absurder Gedanke, der allerdings aufzeigt, wie wenig durchdacht der Pleven-Plan war.

Der 44seitige, in die Kapitel „Allgemeine Ziele und Grundsätze", „Die Organe", „Militärische Fragen", „Finanzfragen", „Allgemeine Bestimmungen" und „Übergangsbestimmungen" eingeteilte Bericht konnte verständlicherweise kaum mehr sein als eine Grobskizze der politisch-militärischen Gestalt der EVG. Danach sollte bis 1953 eine erste Staffel von etwa 20 Divisionen (8 Panzer-, 12 motorisierte Infanterie- oder Panzergrenadier-Divisionen) aufgestellt werden, wobei es sich allerdings immer noch um „gemischte", d.h. aus Soldaten unterschiedlicher Nationalität zusammengesetzte Verbände handelte. Alles in allem eine Heeresgruppe, bestehend aus zwei Armeen zu je drei Armeekorps mit wiederum jeweils drei bis vier der o.g. Divisionen oder, da dieser tabuisierte Begriff nach wie vor vermieden wurde, „operativen Grundeinheiten". Einschließlich der Korps- und Armeetruppen, die zahlenmäßig etwa den 20 Grundeinheiten entsprachen, hätte dies zu Europäischen Landstreitkräften in der Größenordnung von 600 000 bis 700 000 Mann geführt. Aber es handelte sich dabei lediglich um eine, von Eisenhower übrigens für völlig unzureichend gehaltene, rechnerische Größe, die über endgültige Gliederung und Umfang noch gar nichts aussagte. Ausdrücklich bemerkt der Bericht daher auch: „Die Stärke der aufzustellenden Verbände muß [...] im Einvernehmen mit NATO [...] geprüft werden[49]."

Die NATO und ihr europäischer Oberbefehlshaber konnten aus militärisch immanenten Gründen keineswegs bloße „Empfänger" der EVG-Truppen ohne Einfluß auf ihre Gliederung, Bewaffnung usw. sein. Dies ergab sich zwangsläufig aus der operativen Gesamtverantwortung des SACEUR für die Verteidigung Westeuropas. Die Pariser Konferenz mußte sich somit nicht nur mit der Abgrenzung nationaler und supranationaler Zuständigkeiten beschäftigen, sondern hatte auch das Verhältnis der EVG zur NATO, speziell des Kommissariats zum SACEUR, zu regeln. Hiermit war automatisch das deutsche Sonderproblem verknüpft, wie die Bundesrepublik ihre Politik in den für den Einsatz der Europäischen Verteidigungsstreitkräfte entscheidenden NATO-Gremien zur Geltung bringen konnte, solange sie nicht selbst die NATO-Mitgliedschaft besaß. Für die Ebene des SACEUR bedeutete dies: Je größer seine Kompetenzen hinsichtlich der EVG waren – und die deutsche Delegation wollte einen starken NATO-Oberbefehlshaber –, desto notwendiger schien aus der Sicht der Bundesrepublik eine angemessene deutsche Beteiligung bei SHAPE und den nachgeordneten NATO-Kommandobehörden.

Der Zwischenbericht ging vom Grundsatz enger Zusammenarbeit von EVG und NATO aus, insbesondere auf den Gebieten Organisation und Ausbildung der Streitkräfte, Aufstellung von Rüstungsprogrammen, Auslandshilfe, Produktionsprobleme und gebietsmäßige Aufteilung der europäischen Verbände. Dem SACEUR wurde neben der operativen Führung ein erhebliches Mitspracherecht in Fragen der Gliederung, Dislozierung und der laufenden militärischen Planungsarbeit eingeräumt. Letzteres wirkte sich sofort aus. Bereits am 24. Juli ernannte Eisenhower den amerikanischen General Michaelis zu seinem offiziellen Vertreter bei der Pariser Konferenz[50].

[49] BA-MA, BW 9/3168, S. 32.
[50] FRUS 1951, III, Teil 1, S. 847.

Weitere Offiziere von SHAPE traten zum EVG-Militärausschuß. Etwas überspitzt ausgedrückt entwickelte sich die Pariser Konferenz zur EVG-NATO-Konferenz. Für die deutsche Seite hatte dies u.a. den Vorteil besserer Kontakte zur NATO und zu den Amerikanern.

Der deutsche Berichtsentwurf hatte eine „scharfe Trennung des ministeriell-verwaltungsmäßigen Sektors vom rein militärischen Sektor" gefordert. Dieser, bestehend aus operativer Führung, Organisation, Ausbildung und Aufrechterhaltung der Disziplin der Truppe, sollte nach deutscher Auffassung „ganz oder weitgehend von SHAPE im Auftrage von NATO ausgeübt oder beeinflußt" werden. Es gelang jedoch nicht, dies durchzusetzen. Vielmehr folgte die Konferenz der französischen Vorstellung eines starken Kommissars, der folgende Befugnisse haben sollte: Ausbildung und Herstellung der Verwendungsbereitschaft der Europäischen Verteidigungsstreitkräfte, Leitung der europäischen Schulen, Inspektions- und Kontrollrecht, Dislozierungsrecht (in Absprache mit NATO), Ausarbeitung der Programme für die europäische Rüstungsproduktion und Sicherstellung ihrer Durchführung (in enger Verbindung mit NATO), Bestimmung der Dienstgrade und Dienststellungen, Verwaltung von Personal und Material usw.[51]. Zur Durchführung der noch nicht näher erläuterten militärischen Befugnisse wurde ein *europäischer Generalstab* vorgesehen, der „in dem gleichen Abhängigkeitsverhältnis stehen [sollte] wie ein nationaler Generalstab zu einem Verteidigungsministerium in den demokratischen Staaten"[52]. Der Primat des Politischen war unbestritten, einen allmächtigen Generalstabschef, eine Art europäischen Generalissimus, sollte es nicht geben.

Aber wer sollte den Kommissar, diesen europäischen Überminister, kontrollieren und wie sollte dies geschehen? Wegen der erheblich größeren politischen Problematik des Verteidigungsbereichs im Vergleich zu dem des Schuman-Plans waren die dort entwickelten Lösungen nicht ohne weiteres übertragbar. Laut Zwischenbericht besaß der Ministerrat zwar die allgemeine Richtlinienkompetenz gegenüber dem Kommissar in Fragen von „grundlegender Bedeutung", gleichzeitig hieß es aber: „Dieses Vorrecht des Rates darf natürlich die eigentlichen Befugnisse des Kommissars auf fachlichem Gebiet nicht beeinträchtigen[53]." Der Kommissar sollte „sein Amt in völliger Unabhängigkeit von den Teilnehmerstaaten ausüben". Präzise Vorschläge, wie der Ministerrat die Politik der Regierungen mit der Tätigkeit des Kommissars und der Europäischen Behörde abstimmen könne, wurden nicht gemacht.

In folgenden zentralen Punkten war die Konferenz ebenfalls nicht weitergekommen: Stimmgewicht der EVG-Staaten im Rat, Zusammensetzung und Beschlußfähigkeit des Rates, Leitung der Europäischen Behörde durch einen Kommissar oder ein Kommissarskollegium, Budgetrecht und Sitzverteilung der Versammlung, Finanzierung und Integrationsniveau der Streitkräfte.

In der Finanzierungsfrage stieß die deutsche Forderung, die deutsche Aufrüstung von Beginn an über den gemeinsamen EVG-Haushalt zu bezahlen, auf einhellige, schärfste Ablehnung. Selbst ihre bloße Erwähnung im Zwischenbericht wurde wegen der erwarteten heftigen Reaktionen der Öffentlichkeit abgelehnt. Alphand hatte hierzu bemerkt, es sei unmöglich, nachdem die deutsche Wiederaufrüstung für Frankreich ohnehin politisch nur schwer zu verkraften sei, dem französischen Steuerzahler jetzt auch noch deren Kosten aufzubürden[54]. Dagegen gelang es Blank, dem Zwischenbericht die „Zusätzliche Stellungnahme der Deutschen Delegation" beizufügen, in der erklärt wurde,

[51] BA–MA, BW 9/3168, S. 19f.
[52] Ebd., S. 18.
[53] Ebd., S. 23.
[54] BA–MA, BW 9/2045, S. 215.

1. daß die Bundesrepublik die sich aus dem EVG-Vertrag ergebenden Verpflichtungen rechtlich nicht erfüllen könne, solange sie unter Besatzungsrecht stehe, dieses also vorher beseitigt werden müsse, und
2. daß die Übernahme der finanziellen Pflichten die völlige Neuregelung der Besatzungskosten voraussetze.

Ein schwieriges Problem war die völkerrechtliche Stellung der supranationalen EVG, das sich aus der Tatsache ergab, daß einerseits noch keine für sie verantwortliche europäische Regierung existierte, die Mitgliedstaaten andererseits aber bereit waren, entscheidende Teile ihrer individuellen Verteidigungshoheit an die Gemeinschaft abzutreten. Damit war die Frage der Zuständigkeit und internationalen Verantwortung für Kriegserklärung, Kriegführung und den internationalen Status des europäischen Soldaten aufgeworfen. Die völkerrechtliche Zwitterstellung der europäischen Streitkräfte berührte unübersehbar den für alle Armeen so zentralen Punkt des politischen Zugehörigkeitsgefühls und der damit zusammenhängenden Verteidigungsmotivation. Die Konferenz erklärte dazu, die EVG beseitige „in keiner Weise den Patriotismus der einzelnen Völker, sondern überlagert ihn durch einen erweiterten, europäischen Patriotismus“[55]. Das galt damit auch für das deutsche Truppenkontingent, dem nach ursprünglicher Absicht der Alliierten ja nur eine auf Europa bezogene ideelle Legitimation zugedacht war. Zu dem völkerrechtlichen Problem hieß es im Zwischenbericht nur, die EVG solle in den internationalen Beziehungen und innerhalb eines jeden Teilnehmerstaats Rechtsfähigkeit besitzen, wie dies für die Gemeinschaft für Kohle und Stahl vorgesehen sei. Ausmaß und Art dieser Rechtsfähigkeit sowie der internationale Rechtsstatus der Europäischen Streitkräfte wurden aber nicht näher bestimmt.

Zur Fertigstellung des endgültigen EVG-Vertrages und eines davon abgeleiteten Sonderabkommens für die Übergangsphase baten die Delegationen die Regierungen um Anweisungen zu den offenen Fragen. Gleichzeitig kündigten sie ein umfangreiches Arbeitsprogramm an. Hierdurch sollte sichergestellt werden, daß bei Inkrafttreten des Vertragswerkes sofort mit dem Aufbau der Streitkräfte begonnen werden konnte. Im Schlußwort betonte die Konferenz noch einmal, daß diese Arbeiten „in enger Fühlung mit dem Atlantik-Oberkommando und, wenn möglich, unter seiner Mitwirkung durchgeführt werden“[56].

5. Die Entscheidung für die EVG und nationalhomogene Divisionen

Seit Juni 1951 ging es nicht mehr um die Alternative einer deutschen Aufrüstung im NATO-Rahmen oder im Rahmen einer supranationalen europäischen Organisation. Die reine „NATO-Lösung“ – ein Erfolg der französischen Diplomatie – hatte keine Verwirklichungschancen mehr. Noch nicht entschieden war aber über eine in die EVG einmündende Interimslösung. Dies geht aus dem grundlegenden, von Truman am 2. August gebilligten, gemeinsam von State Department und dem US-Verteidigungsministerium erstellten Memorandum „Definition der Politik der Vereinigten Staaten über Probleme der Verteidigung Europas und den deutschen Beitrag“

[55] BA–MA, BW 9/3168, S. 11.
[56] Ebd., S. 51.

vom 30. Juli hervor[57]. Um alle Zweifel an der amerikanischen Haltung zur EVG zu beseitigen – Bruce hatte die unentschiedene US-Politik für die geringen Fortschritte bei der Pariser Konferenz mitverantwortlich gemacht –, sollte jetzt allen „in eindeutigster Form" klargemacht werden, daß die USA die EVG aktiv unterstützten. Die Weisung stand jedoch unter dem ausdrücklichen Vorbehalt, daß die Arbeitsfähigkeit der europäischen Organisation und der Abschluß der dazu notwendigen politischen Vereinbarungen keine Voraussetzung des tatsächlichen deutschen Aufrüstungsbeginns sein dürfe. Vielmehr wurde ein *„Spezieller Plan für die Aufstellung deutscher Kontingente zum frühestmöglichen Zeitpunkt"* gefordert. Er schloß die Errichtung deutscher Verteidigungsbehörden zur Ausbildung deutscher Truppen „unter delegierter Autorität" der EVG ein. Dieser Interimsplan sollte spätestens bis zu der für Ende Oktober vorgesehenen NATO-Ratstagung vorliegen und außerdem ein festes Datum für den Start der Aufstellung deutscher Einheiten enthalten. Ein weiterer Vorbehalt bestand darin, daß die EVG sich nicht zum Instrument „der Unterstützung individueller nationaler Aspirationen" entwickeln dürfe und daher zur vollen Disposition des SACEUR stehen müsse. Briten und Holländer hatten die Amerikaner vor der Gefahr einer von Frankreich oder Deutschland beherrschten, sich verselbständigenden europäischen Armee gewarnt. Die Amerikaner sahen das genauso: „Dies stimmt voll und ganz mit unseren Wünschen überein, auf dem Kontinent ein Machtgebilde entstehen zu lassen, das uns nicht bedroht und mit dem wir in enger Harmonie arbeiten können[58]."

Ab Ende Juli unternahm auch die Bundesregierung noch einmal energische Versuche, die deutsche Aufrüstung durch ein abgekürztes Verfahren in Gang zu bringen. In einer vertraulichen Unterredung mit den amerikanischen Generalen Michaelis und Schuyler vom Stab Eisenhowers betonte Blank die Notwendigkeit einer Art Vorablösung. Um vor allem den Widerstand Schumachers, der immer wieder eine eindeutige Garantie der Westmächte zur vollen Verteidigung des Bundesgebietes als Bedingung eines deutschen Verteidigungsbeitrages genannt hatte, auszuräumen, schlug er die schnelle Abgabe einer solchen Verpflichtung vor, die durch die Zusage der Beseitigung des Besatzungsstatuts ergänzt werden müsse. Mit diesen flankierenden Maßnahmen, meinte er, könne man im Bundestag eine günstige Atmosphäre schaffen und nehme so „Herrn Schumacher die Butter vom Brot"[59]. In der Dienststelle Blank wurde daraufhin ein Entwurf für eine sehr weitgehende Sicherheitsgarantie mit einem geheimzuhaltenden Annex erarbeitet. Anfang August lag dann ein vermutlich vom Auswärtigen Amt formulierter Entwurf eines Sicherheitsvertrages vor, der Sicherheitsgarantie, Ablösung des Besatzungsstatuts durch vertragliche Regelungen und die Bereitschaft zur Leistung eines Verteidigungsbeitrages im Rahmen einer internationalen Streitmacht miteinander verband[60]. Die EVG selbst wurde nicht genannt. Am 25. August übermittelte Adenauer dann McCloy die deutschen Vorstellungen zur „Vorauslösung einer Europäischen Verteidigungsgemeinschaft"[61]. Der entscheidende Punkt war der, daß auf der Grundlage eines bloßen Regierungsabkommens *nach* Unterzeichnung des Deutschlandvertrages, aber noch *vor* der zeitraubenden Fertigstellung des EVG-Vertrages mit der Aufstellung des deutschen Kontingents unter einem „vorläufigen Europäischen Verteidigungsrat als treuhänderischem Organ für die zukünftige Europäische Verteidigungsge-

[57] Dieses Memorandum wurde auch durch den amerikanischen Sicherheitsrat, National Security Council, unter der Bezeichnung NSC 115 verabschiedet. Es wurde allen mit dieser Frage befaßten amerikanischen Stellen als Direktive zugeleitet; abgedruckt in: FRUS 1951, III, Teil 1, S. 849–852.

[58] FRUS 1951, III, Teil 1, S. 850.

[59] BA-MA, BW 9/3256, S. 86.

[60] BA-MA, BW 9/2043, S. 36 ff.

[61] Ebd., S. 44–46.

meinschaft" begonnen werden sollte. Der vorgeschlagene Verteidigungsrat bestand aus den Verteidigungsministern der beteiligten europäischen Staaten und der USA. Der deutsche Vorschlag strebte mithin eine Aufrüstung der Bundesrepublik und die Bildung eines deutschen Verteidigungsministeriums außerhalb des noch nicht voll abgesteckten EVG-Rahmens an, was der französischen Konzeption strikt zuwiderlief. Dabei ging es weniger um die militärische Verstärkung des Westens als um eine rasche Beseitigung der Besatzungsherrschaft, mit der die Bundesregierung nicht bis zum Zustandekommen des komplizierten EVG-Vertrages zu warten gedachte.

Das deutsche Memorandum, das mit dem US-Memorandum vom 30. Juli eine erhebliche Ähnlichkeit aufwies, hat mit sehr hoher Wahrscheinlichkeit das State Department und das Pentagon nie erreicht[62]. Bereits am 31. August erteilte McCloy in einem Gegenmemorandum der deutschen Idee eine scharfe Abfuhr, weil es scheine, „daß deutsche nationale Streitkräfte unter einem deutschen Verteidigungsminister und einer ‚Oberen deutschen militärischen Behörde' geschaffen werden sollen" und außerdem keine Zeit gewonnen werde. Er argumentierte ganz auf der Linie des Pariser Berichts und drängte auf die Abfassung eines auf die wesentlichen Fragen beschränkten EVG-Gründungsvertrages. Er warnte, der deutsche Vorschlag sei schwerlich geeignet, die Alliierten zu einer grundlegenden Änderung des Besatzungsstatuts zu veranlassen und fügte hinzu: „Falls von Anfang an keine Garantien durch Integrierung der deutschen Streitkräfte in die Europäische Armee gegeben werden, müßten außerdem andere Sicherungen geschaffen werden, um das Wiedererstehen einer deutschen Nationalarmee zu verhindern. Diese Sicherungen aber würden aller Wahrscheinlichkeit nach sowohl vom militärischen wie vom politischen Standpunkt für Deutschland weniger annehmbar sein als die europäische Integrierung[63]." Das war mehr als deutlich. Die gewünschte Sicherheitsgarantie wurde von den drei Besatzungsmächten ebenfalls abgelehnt, da sie über die Verpflichtungen hinausgehe, die die NATO-Staaten im Atlantikvertrag unter sich eingegangen seien. Vor allem die amerikanischen Stabschefs sprachen sich gegen solche von den USA bisher niemals eingegangenen vertraglichen militärischen Verpflichtungen und die daraus resultierende Einschränkung der Handlungsfreiheit der Alliierten aus[64].

Im August gelang es Bruce und McCloy, Washington mehr und mehr von der Interimslösung abzubringen. In Eisenhower, dessen Skepsis gegenüber der EVG sie zu überwinden verstanden hatten, erhielten sie einen mächtigen Verbündeten[65]. Bereits am 18. Juli hatte er Marshall und Acheson mitgeteilt, er sehe im Konzept der Europaarmee den besten und schnellsten Weg, zu einem deutschen Verteidigungsbeitrag und zu Fortschritten in der europäischen Einigung zu kommen[66]. Anfang August erklärte er sich sogar bereit, bis zur Arbeitsfähigkeit des Kommissariats die Funktion eines Europäischen Verteidigungsministers in Personalunion mit der des SACEUR zu übernehmen, „um das praktische Geschäft der Rekrutierung, Ausbildung und Auf-

[62] Dafür spricht nicht nur die schnelle Antwort McCloys, sondern auch der Umstand, daß das in FRUS 1951, III, Teil 1, S. 869f. abgedruckte Memorandum (in englischer Übersetzung) dem Archiv der US-Kommission und nicht dem des State Department entnommen wurde.

[63] BA–MA, BW 9/2043, S. 47–52, Zitat S. 51; s. auch FRUS 1951, III, Teil 1, S. 874–877.

[64] FRUS 1951, III, Teil 1, S. 1279f. und S. 1545; Poole, History of the Joint Chiefs 4, S. 268.

[65] Tomlinson, einer der maßgebenden Europaspezialisten der Pariser US-Botschaft teilte Ophüls am 1.8.1951 mit, zur Entscheidung der US-Regierung, die Europäische Armee mit allen Kräften zu fördern, „habe wesentlich beigetragen, daß General Eisenhower die Eingliederung einer europäischen Armee in das atlantische System auch militärisch der Eingliederung von nationalen Streitkräften vorziehe", BA–MA, BW 9/3256, S. 100.

[66] FRUS 1951, III, Teil 1, S. 838.

stellung der [europäischen] Streitkräfte in Gang zu setzen"[67]. Dieser Vorschlag wurde nicht weiter verfolgt, Eisenhowers außerordentliche militärische Autorität bewirkte aber, daß Acheson und das Pentagon nachgiebiger wurden. Bruce und McCloy – mit Unterstützung Monnets[68] – hatten andererseits die Franzosen erfolgreich gedrängt, in der Frage des Integrationsniveaus ihren Widerstand aufzugeben. Sofern sichergestellt war, daß von Beginn an die deutsche Aufrüstung unter europäischer Kontrolle erfolgen würde, war nunmehr auch die französische Regierung willens, sich dem militärischen Urteil Eisenhowers und von SHAPE zu beugen.

Die endgültige Entscheidung zugunsten der EVG und des Integrationsniveaus fiel bei der Außenministerkonferenz der drei Besatzungsmächte am 12. September in Washington: Der Petersberg-Bericht wurde für „out of date" erklärt, Acheson bestand nicht weiter darauf, mit der – vom Pentagon allerdings nach wie vor gewünschten – Interimslösung zu beginnen, und Schuman lenkte in der seines Erachtens jetzt nur noch zweitrangigen Divisionsfrage ein, nachdem er seine Grundforderung erfüllt sah, daß „der erste in Deutschland rekrutierte Soldat für die Europäische Armee rekrutiert würde"[69].

Die Bundesregierung war einem Holzweg gefolgt und fühlte sich von den USA in die Irre geführt. Für die nach dem 24. Juli in Paris verbliebene deutsche Restdelegation kam dies alles aber nicht überraschend. Ihre Berichte über zahlreiche inoffizielle Treffen mit den wichtigsten Beratern von Bruce und amerikanischen Offizieren aus dem Stab Eisenhowers spiegelten die sich seit Wochen abzeichnende Entwicklung korrekt wider. Besonders de Maizière, der wieder die Position des militärischen Delegierten eingenommen hatte, unterrichtete ab Mitte August die Dienststelle Blank mehrfach über das gesteigerte Interesse der Amerikaner an der EVG. Am 22. August war er von General Michaelis vertraulich informiert worden, daß Eisenhower persönlich eingreife und daß die nationalhomogene Division von 12000 bis 13000 Mann mit Sicherheit kommen werde[70]. In dieser Situation hielt er es für unmöglich, weiter zweigleisig zu verhandeln, und betonte daher, „daß die deutsche Regierung sich nunmehr klar entscheiden muß, ob sie den europäischen Weg gehen will". Gleichzeitig warnte er vor den politischen Folgen eines Rückzuges aus Paris gerade für das deutsch-amerikanische Verhältnis[71].

Seit der deutsche Verteidigungsbeitrag im September 1950 akut geworden war – seit einem vollen Jahr also –, hatte die Frage des größten zulässigen deutschen militärischen Verbandes alle möglichen nationalen und atlantischen Gremien intensiv beschäftigt. Im Dezember konnte die französische Regierung in der Brüsseler Vereinbarung durch ihr Einverständnis zur Bildung deutscher Kampfgruppen die – wenn auch nur zögernde – Zustimmung der NATO zur Einberufung der Pleven-Plan-Konferenz erhalten. Jetzt bekam sie als Preis für die Billigung deutscher Divisionen die Zusicherung, daß die deutsche Aufrüstung allein auf der Grundlage ihres supranationalen Konzepts vorgenommen werden würde.

Was auf den ersten Blick ein rein militärisch-organisatorisches Problem zu sein schien, hatte somit große politische Folgen. Mit der Entscheidung für deutsche Divisionen war – wenigstens für die kommenden drei Jahre – gleichzeitig die Entscheidung für die EVG gefallen. Ohne es zu wollen und ohne sich dessen vermutlich bewußt zu werden, hatte die Dienststelle Blank durch ihr Beharren auf einer militärisch vernünftigen Lösung, wobei sie freilich nicht allein stand, das

[67] Kurz zuvor hatte er eine Übernahme ministerieller Aufgaben in seiner Eigenschaft als SACEUR abgelehnt.

[68] Monnet, Erinnerungen, S. 452f.

[69] FRUS 1951, III, Teil 1, S. 1269.

[70] BA-MA, BW 9/3256, S. 115–117.

[71] BA-MA, BW 9/2107, S. 88.

Ende der Petersberg-Gespräche und der NATO-Lösung verursacht und der zunächst nur sekundär beachteten französischen Idee zum Durchbruch verholfen. Damit verband sich eine weitere Konsequenz von größter politischer Tragweite: Die Ablösung des Besatzungsstatuts wurde nunmehr vom Zustandekommen dieser sehr komplizierten Form der deutschen Aufrüstung abhängig. Wollte die Bundesregierung ein möglichst baldiges Ende der Besatzungsherrschaft, so mußte sie jetzt mit ganzer Kraft auf einen Erfolg der Pariser Konferenz hinarbeiten.

Nicht minder folgenreich war dieser große Erfolg der französischen Politik für die USA: Sie hatten die Initiative in der Frage des deutschen Verteidigungsbeitrages weitgehend verloren. Den Amerikanern blieb nur noch eine Art Hebammentätigkeit. Wie intensiv sie diese auch ausüben mochten, gebären mußten die Europäer die Europäischen Verteidigungsstreitkräfte selbst.

IV. Auf dem Weg zum EVG-Vertrag: Grundprobleme der Planung supranationaler Streitkräfte

1. Die deutsche Militärdelegation: Aufgaben, Arbeitsweise und Koordinierung mit Bonn

Am 1. Oktober 1951 trat Generalleutnant a. D. Speidel an die Spitze der deutschen Militärdelegation in Paris[1]. Sein „Chef des Stabes" wurde Oberst i. G. a. D. Kurt Fett, ein befähigter Organisator und Planungsfachmann. Mit dieser personellen Maßnahme dokumentierte die Bundesregierung, daß sie nunmehr auch militärisch auf die EVG setzte. Ähnlich dachten anscheinend auch die Niederlande. Ab 9. Oktober änderten sie ihren Status als Beobachter in den eines aktiven Teilnehmers.

Die Aufgabe der Delegationen war immens. Der Atlantikpaktvertrag enthielt keine einzige Bestimmung über seine militärische Organisation. Im Gegensatz dazu konnte der EVG-Vertrag, den die Konferenz auf der Grundlage des von den Regierungen akzeptierten Zwischenberichts möglichst schnell fertigstellen sollte, nicht nur eine allgemein gehaltene Gründungsurkunde sein, sondern mußte bereits alle wesentlichen Bestimmungen über die politische, finanzielle, rechtliche und vor allem militärische Organisation der Gemeinschaft aufführen. Umfang, Gliederung, Integrationsniveau, Unterstellungsverhältnisse, Größenordnung der einzelnen Kontingente oder Inneres Gefüge der Europäischen Verteidigungsstreitkräfte mußten grob festgelegt sein, bevor man es wagen konnte, den Vertrag den nationalen Parlamenten zur Ratifizierung vorzulegen. Die beteiligten Staaten verlangten Aufschluß über die Organisation, an die sie ihr individuelles und souveränes Recht zur Verteidigung abtreten sollten. Es war leicht zu begreifen, daß die künftigen EVG-Mitglieder nicht ohne Kenntnis der Folgen für die Sicherheit ihrer Bürger auf wesentliche Teile ihrer Verteidigungshoheit verzichten konnten. Für die Bundesrepublik mußte z. B. Klarheit darüber bestehen, inwieweit die Europäischen Verteidigungskräfte und damit das deutsche Kontingent im Falle eines Angriffs zu ihrem Schutz zur Verfügung stehen würden, nachdem sie selbst als einziges EVG-Mitglied nicht der für den operativen Einsatz dieser Truppen zuständigen NATO angehörte.

Wollte man wie beabsichtigt möglichst schnell mit der Aufstellung der Streitkräfte beginnen, mußten auch Details wie das Laufbahn-, Besoldungs- und Versorgungswesen geregelt werden, denn wie hätte man sonst mit Freiwilligenmeldungen rechnen können? Bei einem gemeinsamen Haushalt verbot sich die Beibehaltung nationaler Regelungen hier aber von selbst.

Es war ein Trugschluß zu glauben, die EVG-Konferenz könne sich auf die Erarbeitung allgemeiner Grundsätze beschränken.

[1] Speidels Abreise nach Paris hatte sich um einen Monat verzögert, weil aus der Résistance kommende Politiker, u.a. Verteidigungsminister Bidault, ihn wegen seiner Tätigkeit als Chef des Stabes beim deutschen Militärbefehlshaber in Frankreich ablehnten. Der Ausweg, den Tagungsort des Militärausschusses aus Paris zu verlegen, wurde von Blank abgelehnt. Die französische Regierung stimmte seiner Entsendung schließlich erst zu, nachdem sich die Nationalversammlung wegen der Sommerpause vertagt hatte. Andererseits schrieb Larminat an den französischen Ministerpräsidenten, er sei nicht geneigt, die Verhandlungen ohne Speidel weiterzuführen, BA–MA, BW 9/3256, S. 125, 129 f., 141 f., s. auch BW 9/3064, S. 195 ff.

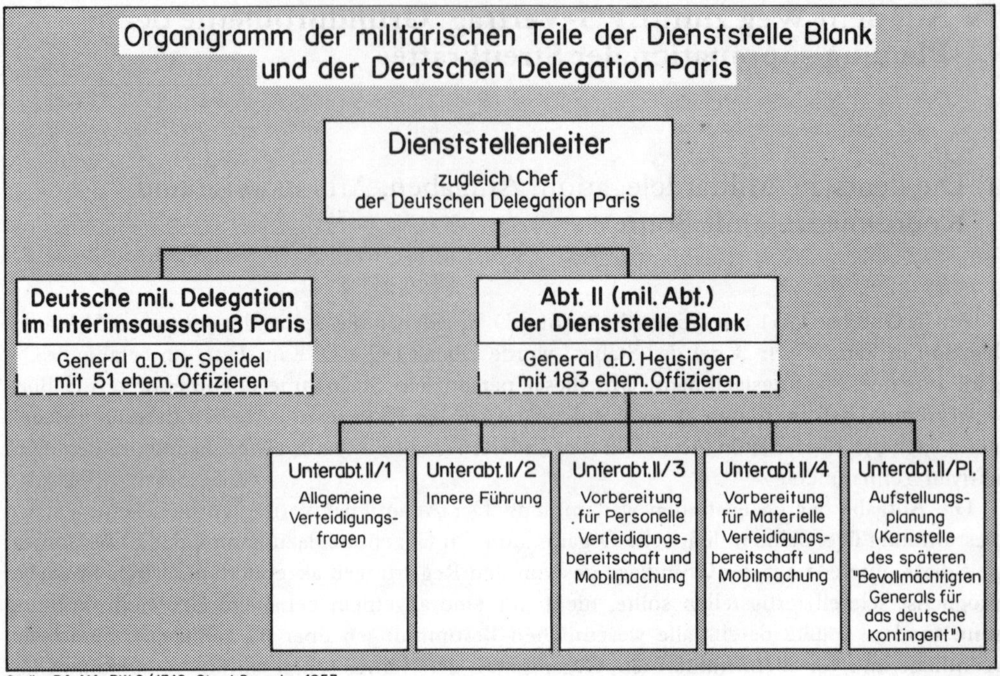

Quelle: BA-MA, BW 9/1310, Stand Dezember 1953.

Eine Vorstellung über die Vielfalt und Komplexität der militärischen Probleme geben folgende, den Militärs vom Lenkungsausschuß, d.h. der politischen Konferenzleitung zur Lösung übertragene zehn Aufgabengebiete[2]:

- Stärke und Gliederung der Grundeinheiten (Divisionen)
- Anwendung des Grundsatzes der Integrierung auf den höheren Ebenen, bei den Versorgungsdiensten und bei den taktischen Unterstützungseinheiten
- Organisation der europäischen Verteidigungsgemeinschaft auf militärischem Gebiet, insbesondere der Dienststellen des Kommissariats
- Gesamtstärke der europäischen Streitkräfte und ihre Zusammensetzung (Anzahl der Verbände, Stärken, Bewaffnung und Kosten) sowie Zeitplan für die Aufstellung dieser Streitkräfte, entweder durch Übernahme bereits vorhandener Einheiten oder Schaffung neuer Einheiten
- Aufgaben des Kommissars auf militärischem Gebiet (sofort zu übernehmende Aufgaben, in der Übergangsphase an die einzelnen Länder zu delegierende Aufgaben und national verbleibende Aufgaben)
- Bewirtschaftung des Personals der Streitkräfte
- Art und Umfang der erforderlichen Vereinheitlichungsmaßnahmen auf dem Gebiet des inneren Gefüges der Streitkräfte
- Organisation der laufenden Versorgung der Streitkräfte
- Ausbildung der Streitkräfte

[2] BA–MA, BW 9/3378, S. 237f.

– Aufstellung des militärischen Bedarfs im Rahmen des Waffen- und Ausrüstungsprogramms, insbesondere hinsichtlich der zeitlichen Staffelung der Lieferungen.

Bei den meisten Punkten sollten Empfehlungen von SHAPE mitberücksichtigt werden. Zur Bewältigung dieses Programms wurde die Anzahl der Arbeitsgruppen – u.a. „Personal“, „Rüstung“, „Luft“, „Marine“ – erhöht und die Zahl der Delegierten oder Sachverständigen aufgestockt. Die deutsche Militärdelegation wuchs auf ca. 15 ehemalige Offiziere an. Bemerkenswert erscheint die Änderung der Arbeitsweise. Die einzelnen Gruppen, in denen jeder Konferenzstaat durch einen Experten vertreten war, hatten nunmehr *gemeinsam* entwickelte Gruppenlösungen vorzulegen. Bei unüberbrückbaren Meinungsunterschieden wurde die „integrierte Planungsgruppe“, die im Auftrage des Ausschusses der militärischen Chefdelegierten die Arbeitsgruppen lenkte, oder dieser selbst eingeschaltet. Die „integrierte Planungsgruppe“ war als „erster Kern der europäischen militärischen Organisation“ gedacht und setzte sich aus den „Senioroffizieren“ der jeweiligen Delegationen zusammen. Bei den Arbeitsgruppen handelte es sich praktisch um Vorläufer von Stabsabteilungen, aber da ihre Mitglieder nach wie vor an die Weisungen ihrer Regierungen gebunden waren und auch von ihnen bezahlt wurden, herrschte weiterhin das Konferenzprinzip vor. Es handelte sich also noch nicht um regelrechte Militärbehörden. Während im militärischen Chefdelegiertenausschuß General de Larminat den ständigen Vorsitz innehatte, wechselte der Vorsitzende der Planungsgruppe monatlich. Der Planungsgruppe stand ein ebenfalls integriertes Sekretariat zur Verfügung. Die festere Gliederung, die der Militärausschuß jetzt einnahm, war der bewußte Versuch, sich selbst als bereits integrierte Keimzelle des Europäischen Generalstabes zu organisieren und etablieren. Auch SHAPE und Großbritannien erhöhten die Zahl ihrer Beobachter. Dazu kamen fallweise eine Reihe von SHAPE-Beratern. General Juin, dem als Oberbefehlshaber „Europa-Mitte“ die Masse der Europäischen Verteidigungsstreitkräfte unterstellt werden würde, schickte ebenfalls einen Beobachter[3].

In Bonn oblag die Erarbeitung des deutschen Standpunktes dem Auswärtigen Amt, das auch die Delegierten berief und Sachverständige heranzog. Die Abstimmung der Bundesministerien untereinander war bisher sträflich vernachlässigt worden. Die immer deutlicher werdende Tragweite der EVG-Konferenz machte jetzt eine bessere Absprache dringend notwendig. Unter dem Vorsitz des Auswärtigen Amtes wurde ein interministerieller Staatssekretärausschuß gebildet, der wöchentlich zusammentrat. An den Sitzungen nahmen Blank oder andere Vertreter seiner Dienststelle teil.

In der Dienststelle Blank hatte die Sondergruppe „S“ unter Kielmansegg die Federführung für alle die EVG-Konferenz betreffenden Angelegenheiten. Als rechte Hand Blanks bei vielen schwierigen Verhandlungen in Paris, aber auch mit den verschiedenen Bonner Ministerien nahm er in militärpolitischen Fragen eine Schlüsselstellung ein.

Ein bis zum Scheitern der EVG nie ganz zufriedenstellend gelöstes Problem betraf die Arbeitsteilung und Abstimmung zwischen Bonn und Paris. Theoretisch sollten die deutschen Auffassungen in der Dienststelle Blank erarbeitet werden und der deutschen Militärdelegation in Paris als Verhandlungsgrundlage dienen. Trotz Aufstockung ihres Personals[4] war sie jedoch nicht immer in der Lage, schnell und angemessen auf die bei der EVG-Konferenz behandelten Fragen einzugehen. Reibungen mit der deutschen Militärdelegation, die in Paris gelegentlich eigene, mit Bonn nicht abgestimmte Vorstellungen einbrachte, konnten nicht ausbleiben. Den-

[3] Liste der Delegierten und Geschäftsordnung des Militärausschusses in: BA–MA, BW 9/3149 ff.

[4] Ende 1951 umfaßte die Dienststelle etwa 70 Beamte, Angestellte oder Gutachter mit dreimonatigen Arbeitsverträgen.

noch kam es nicht zu einer Verselbständigung der Pariser Gruppe. Der Konsens der „Zwillinge“ Heusinger und Speidel in allen wichtigen Fragen sowie die Personalunion Blanks als Delegationschef und Leiter der Dienststelle sorgten immer wieder für eine Angleichung der Standpunkte.

2. Probleme der äußeren und inneren Planung der Europäischen Verteidigungsstreitkräfte[5]

Die den Militärs übertragenen vielfältigen Aufgaben lassen sich in die drei Problembereiche „äußere“ Struktur der Feldverbände, inneres Gefüge der Truppen und territoriale Organisation aufteilen. Nichts davon konnte allein nach rein militärischen Gesichtspunkten gelöst werden. Politische Ziele, finanzielle und rüstungswirtschaftliche Möglichkeiten und Rücksichten auf nationale Traditionen und rechtliche Besonderheiten mußten beachtet werden.

Hinzu kam, daß die europäische Streitmacht in die atlantische Verteidigungsorganisation und ihr operativ-strategisches Konzept eingepaßt werden mußten. Die Richtlinien hierfür wurden von der NATO, insbesondere von SHAPE, bestimmt. Wie sich sehr schnell herausstellte, waren die NATO-Vertreter bei der Pariser Konferenz weit mehr als aufmerksame Beobachter, die gelegentliche Empfehlungen aussprachen oder Informationen lieferten. Die NATO war auch insofern Herr über die EVG-Konferenz, als deren Streitkräfteplanung ihr zur Abstimmung vorgelegt werden mußte. Sie hatte ein verständliches Interesse daran, daß die in Paris in der Planung begriffenen EVG-Truppen hinsichtlich Umfang, Gliederung und Ausrüstung eine wirkliche Verstärkung für die Verteidigung Westeuropas bedeuteten und eine möglichst optimale Koordinierung mit den anderen Streitkräften des Bündnisses erlaubten.

a) Probleme der äußeren Streitkräftestruktur

Im Pariser Militärausschuß setzte sich die deutsche Auffassung von der zentralen Rolle des Panzers als erfolgversprechendster Waffe gegen Angriffe sowjetischer Panzer und mechanisierter Divisionen ziemlich schnell durch. Die Planungen sahen daher eine nicht unbeträchtliche Steigerung der Panzerzahlen vor. Als größten Erfolg verbuchte es die deutsche Seite, daß sie die anderen Delegationen von der Notwendigkeit der „Panzerbegleitdivision“, einer Art Panzergrenadierdivision, überzeugen konnte, die der sowjetischen mechanisierten Division ähnlich war. Diese Division gab es im Westen nicht. Mit ihrer Schnelligkeit und ihren sonstigen Fähigkeiten war sie vor allem dazu gedacht, auf gleicher Höhe und im gleichen Rhythmus mit den Panzerdivisionen weiträumige Gegenangriffe vorzutragen und dabei deren Flankenschutz zu übernehmen, was von den langsameren und schwächeren Infanteriedivisionen nicht geleistet werden konnte.

[5] Im folgenden geht es weniger um die in Paris gefundenen europäischen Lösungen, wie sie sich im EVG-Vertrag niederschlugen, als um die Schwierigkeiten, die bis zu seiner Unterzeichnung zu überwinden waren. Die Betrachtung dieses Prozesses zwischen Oktober 1951 und Mai 1952 erlaubt besser noch als eine Vertragsexegese Einblicke in die Problematik der Planung einer supranationalen Streitmacht, von seiner Verwirklichung ganz zu schweigen. Die deutschen Auffassungen sind besonders berücksichtigt.

Der im Westen vorherrschende Divisionstyp war die teilmotorisierte, relativ panzerschwache Infanteriedivision. Bei manchem Entgegenkommen und Verständnis für die moderne Konzeption der Deutschen, wollte SHAPE im Prinzip an der Infanteriedivision als Standardtyp festhalten. In einer Studie wurde dies damit begründet, daß „nur wenige Panzer zur Verfügung stehen werden, und da die technischen Entwicklungstendenzen der Waffen einer gut ausgebildeten Infanterie sowie der Artillerie und der Pioniertruppe den größten Beitrag zur Panzerabwehr zu leisten versprechen"[6].

Ein wesentlicher Grund, an den herkömmlichen Truppengliederungen einschließlich Bewaffnung, Ausrüstung und personellem Umfang ohne wesentliche Veränderungen festzuhalten, war finanzieller und verwaltungstechnischer Natur. Panzerdivisionen waren teurer als Infanteriedivisionen, vollmotorisierte Verbände kostspieliger als teilmotorisierte. Es hatte sich schnell herausgestellt, daß die von den NATO-Militärs für die „Forward Strategy" in Europa geforderten 98 Divisionen, 9000 Kampfflugzeuge und 1100 größeren Kampfschiffe, die bis spätestens Mitte 1954 bereitstehen sollten, sowohl die finanziellen wie die rüstungstechnischen Möglichkeiten der NATO-Mitgliedstaaten erheblich überstiegen. Die deutschen Vorschläge mußten dieses Problem demnach noch verschärfen. Für die in Paris auf dem Papier entstehenden Europäischen Verteidigungsstreitkräfte fehlten außerdem weitgehend Berechnungsgrundlagen, die einen schnellen Überblick über ihre Kosten erlaubt hätten. Die NATO drängte daher verständlicherweise den EVG-Militärausschuß immer stärker, sich an das Modell einer US-Armee („US-Type Field Army") zu halten, für die genaue Stärke- und Ausrüstungsnachweisungen einschließlich Preislisten vorlagen, die außerdem 12 Divisionen umfaßte, mithin etwa dem erwarteten deutschen Beitrag entsprach, um dessen Finanzierung es vor allem ging.

In Paris, besonders bei der deutschen Delegation, entstand nun ein vollkommenes Durcheinander, weil Planung und Wirklichkeit auseinanderzulaufen drohten. SHAPE lehnte die deutsche Panzerbegleitdivision ab, weil für sie kein brauchbares Zahlenmaterial vorlag[7]. Dem nach Paris geeilten Heusinger teilte Fett mit: „Es besteht die Gefahr, daß durch die die Amerikaner ausschließlich beherrschende Frage der Produktion die deutscherseits als unabdingbar notwendig erachteten drei Divisionstypen nicht zur Aufstellung kommen[8]."

Bei alledem handelte es sich sich nicht nur um Kostenberechnungen. Die Feststellung des deutschen Materialbedarfs, vor allem an Großgerät, diente auch dazu, die amerikanischen Rüstungslieferungen für den Tag des Inkrafttretens des EVG-Vertrages vorzubereiten. Fest stand, daß die europäische Rüstungsindustrie noch auf Jahre nicht in der Lage sein würde, genügend schwere Waffen zu liefern[9]. Nach den Berechnungen der NATO kostete die Aufstellung des gesamten deutschen Kontingents – ohne Kräfte der Territorialorganisation – 11 Milliarden Dollar[10]. Die Deutschen hatten, von Ausnahmen abgesehen, keine allzu hohe Meinung von der Be-

[6] BA–MA, BW 9/3145, S. 24.

[7] BA–MA, BW 9/3375, S. 63. Ein weiterer Grund, sich der amerikanischen Field Manuals zu bedienen, lag darin, daß die dort enthaltenen Zahlen sofortige Berechnung des Gesamtbedarfs erlaubt hätten; ebd., S. 51.

[8] Ebd., S. 140.

[9] Von der Bundesrepublik war auf diesem Gebiet nichts zu erwarten. Blank teilte Alphand am 14.2.1952 mit, die deutsche Wirtschaft habe sich an einer deutschen Rüstungsproduktion nicht interessiert gezeigt. Die technischen Kenntnisse zum Bau schwerer Panzer seien zwar vorhanden, aber selbst wenn sie gebaut werden sollten, benötige man wegen der Notwendigkeit der Erstellung von Fabriken und des Auffindens von Investitionsmitteln hierfür mindestens fünf Jahre, BA–MA, BW 9/2048, S. 47.

[10] BA–MA, BW 9/3375, S. 144.

waffnung und Ausrüstung der amerikanischen Heeresverbände. Manches schien ihnen zu „luxuriös", der „Troß" der für überseeische Einsätze konzipierten Einheiten zu groß[11].

Sie fürchteten nun, die Verantwortung für die Lieferung von teurem Gerät übernehmen zu müssen, das sie nicht wollten und für das sie teilweise keine Verwendung hatten. Dies konnte in der Bundesrepublik negative politische Reaktionen auslösen. Die deutsche Seite hegte den Verdacht, SHAPE benutze die amerikanischen „Field Manuals" nicht nur aus rechnerischen Gründen, sondern um über die darauf fußende Erstausstattung eine NATO-einheitliche Gliederung und Einsatzdoktrin zu präjudizieren. Ein SHAPE-Vertreter räumte ein, da die Europäischen Verteidigungsstreitkräfte SHAPE operativ unterstellt seien, habe das Hauptquartier größtes Interesse an ihrer Organisation und Gliederung, die für notwendig erachtete Standardisierung sei aber ein nur langfristig zu erreichendes Ziel. Zunächst komme es der NATO aber vor allem auf eine schnellstmögliche Bedarfsdeckung an. Später könne man weiterreden[12]. Viel mehr als den Vorbehalt, das jetzige Verfahren dürfe die weitere Planung und künftige Organisation nicht festlegen, konnte die deutsche Delegation nicht erreichen[13]. Die anderen, weniger betroffenen Delegationen, denen die deutschen Auffassungen ebenfalls öfter viel zu weit gingen[14], wiesen darauf hin, daß gar keine andere Wahl bleibe, als sich zunächst nach den amerikanischen Liefermöglichkeiten zu richten.

Die Planungen im Militärausschuß folgten zwar zu einem gut Teil weiterhin den deutschen Auffassungen. Im Militärprotokoll des EVG-Vertrages konnte neben dem Infanterie- und Panzerkampfverband der Panzerbegleit-Kampfverband als dritter Standardtyp vertraglich verankert werden. Die Anzahl der deutschen Divisionen (12) und das Zahlenverhältnis von Panzer- und Infanteriedivisionen (4:8) wurden jedoch nach NATO-Richtlinien bestimmt[15]. In dem für die Aufstellung maßgebenden „Militärischen Sonderabkommen" des EVG-Vertrages[16] wurde die Panzerbegleitdivision nur noch als Möglichkeit erwähnt. In nüchterner Einschätzung dieser Lage, die ja auch für eine künftige europäische Rüstungsindustrie von großer Bedeutung war, vermerkte die deutsche Militärdelegation: „Die Frage der Materialausstattung wird zweifellos alle vorläufigen und endgültigen Gliederungen entscheidend beeinflussen, und von ihr hängt

[11] Nach dem Besuch amerikanischer und britischer Manöver im Herbst 1951 fällten Blank und Angehörige der Dienststelle ein positives Urteil über die britischen und ein negatives über die amerikanischen Waffen. Blank berichtete Alphand, die amerikanischen Infanteriewaffen seien in Deutschland schon 1923 überholt gewesen und mit den amerikanischen Panzern könne man nach Meinung eines Fachmannes nichts anfangen. Blank setzte sich für eine selbständige europäische Waffenproduktion innerhalb der Gemeinschaft ein, bei der die „hervorragenden französischen und deutschen Facharbeiter" zusammenarbeiten sollten, BA-MA, BW 9/2048, S. 17. S. auch BW 9/3256, S. 160.

[12] BA-MA, BW 9/3376, S. 539f. Fetts Vermutung war nicht unbegründet. Bei anderer Gelegenheit hatte ein Vertreter von SHAPE betont, Eisenhower bestehe auf dem Prinzip der Austauschbarkeit von „europäischen" und „NATO"-Divisionen. Innerhalb der „Koalitionsarmeen der Atlantikpaktstaaten" müsse ein Divisionswechsel ohne organisatorische oder führungsmäßige Schwierigkeiten möglich sein, BA-MA, BW 9/3154, S. 51.

[13] Fett vertrat den Standpunkt, man könne bei der Neuaufstellung nicht mit einem Provisorium beginnen, um einige Zeit später wieder von neuem umzugliedern, BA-MA, BW 9/3376, S. 503.

[14] So war Oberstleutnant i.G. a.D. Sauerbruch mit seiner Forderung nach einer Vollmotorisierung der Infanterieeinheiten nicht durchgekommen. Die von den Deutschen aufgrund ihrer Kriegserfahrungen veranschlagten sehr hohen Munitionsverbrauchssätze, die eine entsprechende Erhöhung der Bevorratung notwendig gemacht hätten, wurden aus Kostengründen ebenfalls abgelehnt, BA-MA, BW 9/3375, S. 214f., 230f. und BW 9/3376, S. 504f., 519.

[15] Deutscherseits wollte man aus operativen Gründen folgende Aufteilung: 6 Panzerdivisionen, 3 Panzerbegleitdivisionen, 3 Infanteriedivisionen; BA-MA, BW 9/3147, S. 25.

[16] Zum „Militärischen Sonderabkommen" s. Kapitel V.1.

[...] zu einem wesentlichen Teil das weitere Verfahren ab[17]." Bis zum Scheitern der EVG sollten noch Tausende und Abertausende von Tabellen, Listen und Organigrammen aufgestellt, verglichen, hochgerechnet, verworfen und wieder neu begonnen werden. Solange das Material nicht wirklich geliefert wurde, haftete den Planungen der Europäischen Verteidigungsstreitkräfte daher immer etwas Illusionäres an.

Der Umfang des deutschen Beitrages wurde auch durch das ungeschriebene Gesetz beeinflußt, daß der französische Anteil an der gemeinsamen Streitmacht bei Land-, Luft- und Seestreitkräften größer sein müsse als der jedes anderen EVG-Mitgliedes. Von der Bundesregierung ist dieser französische Anspruch prinzipiell niemals bestritten worden, solange die Größe des deutschen Beitrages in einem vernünftigen Verhältnis zur militärischen Aufgabe stand. Eine Art Gleitklausel, daß das deutsche Kontingent bei Nichteinhalten der Vertragsverpflichtungen durch Frankreich reduziert werden müsse, um das französische Übergewicht wiederherzustellen, ließ die deutsche Delegation nicht zu[18]. SHAPE hatte zunächst darauf gedrungen, daß die Bundesrepublik 18 Divisionen stellen solle[19]. Auf dieser Zahl basieren die ersten Planungen des Militärausschusses. Frankreich hätte demzufolge bis 1954 wenigstens 20 bis 24 Divisionen zu stellen gehabt. Für Monnet waren diese Zahlen *„schierer Aberwitz"*, und er hielt die „planenden Obersten" bei SHAPE, die Luftschlösser für das Jahr 54 und 55 bauten, statt sich damit zu beschäftigen, was im Jahre 52 notwendig sei, für *„schlichtweg übergeschnappt"*[20]. In der französischen Regierung, besonders im Verteidigungsministerium, formierte sich Widerstand. Angesichts der Finanzmisere, der negativen Zahlungsbilanz und wachsender Ausgaben für den Indochinakrieg hatte man feststellen müssen, daß nicht einmal das laufende nationale Aufrüstungsprogramm bezahlt werden konnte. Dem Militärausschuß, und damit auch Larminat, wurde vorgeworfen, er habe seine Kompetenzen überschritten. Selbst im Petersberg-Bericht seien die Deutschen von nur 12 Divisionen ausgegangen. Nachdem Alphand erklärt hatte, Frankreich werde nicht weiterverhandeln, wenn der deutsche Beitrag nicht verringert würde, ließ SHAPE diese Forderung fallen. Blank stimmte sofort zu. Auch er hielt aus finanziellen wie personellen Gründen 12 Divisionen für das zu vertretende Maximum[21].

Wesentlich schwieriger gestaltete sich die Frage der Größe und Ausrüstung der deutschen Luft- und Seestreitkräfte. Hier sah sich die deutsche Delegation einer ziemlich geschlossenen Phalanx, SHAPE eingeschlossen, gegenüber, die ihre Forderungen aus den verschiedensten Gründen für weit überhöht ansah.

Nach deutscher Auffassung mußte der deutsche Anteil an den taktischen Luftstreitkräften mindestens 1746 Flugzeuge[22] – auf dem Petersberg waren 1900 veranschlagt worden – betragen,

[17] BA–MA, BW 9/3376, S. 533.

[18] Frankreich versuchte den Grundsatz des immerwährenden Proporzes vertraglich abzusichern, ebd., S. 277. In der EVG-Debatte vom Februar 1952 verlangte die Nationalversammlung in einer Resolution, „die in Europa verfügbaren und der europäischen Verteidigungsgemeinschaft zur Verfügung gestellten französischen Truppen" sollen „zu jedem Zeitpunkt denjenigen jedes andern Mitgliedes zumindest gleichwertig" sein; KAG 1952, S. 3345.

[19] BA–MA, BW 9/3376, S. 277.

[20] BA–MA, BW 9/3256, S. 159f.

[21] FRUS 1951, III, Teil 1, S. 908f. Wegen seiner finanziellen Probleme war Frankreich vom NATO-Rat in Lissabon zugestanden worden, seinen für Ende 1952 zugesagten Beitrag von 14 auf 12 Divisionen zu reduzieren. Aus Proporzgründen sollte der deutsche Beitrag von 12 auf 10 Divisionen gekürzt werden. Die Angelegenheit blieb folgenlos, weil die Bundesrepublik vor Ratifizierung des EVG-Vertrages ohnehin keinen einzigen Soldaten stellen wollte und konnte, BA–MA, BW 9/3376, S. 376.

[22] Luftverteidigungsjäger: 450, Taktische Jagdbomber: 750, Schlechtwetterjäger: 150, Leichte Bomber: 192; Taktische Aufklärer: 108, Transportflugzeuge: 96; BA–MA, BW 9/3145, S. 77.

um den 12 deutschen Divisionen eine angemessene Luftunterstützung gewährleisten zu können. Ein französischer, von SHAPE gebilligter Vorschlag, sah nur 1158 Flugzeuge vor[23]. Für seine 14 Divisionen meldete Frankreich selbst einen Bedarf von 1900 Flugzeugen an. Dieses Mißverhältnis wollte die deutsche Delegation nicht hinnehmen. Speidel schlug daher vor, die von der NATO für die EVG insgesamt genannte Zahl von 5212 Flugzeugen, die in erster Linie von den USA geliefert werden sollten, proportional zu den gestellten Divisionen aufzuteilen[24]. Ein weiterer Stein des Anstoßes für die Deutschen war das Mißverhältnis in der vorgesehenen Zuteilung von Jagdflugzeugen und Jagdbombern. Während Frankreich fast die Hälfte der Jagdflugzeuge für das französische Luftwaffenkontingent reklamierte, sollte der Schwerpunkt des deutschen Kontingents bei den Jagdbombern liegen. Aus der Sicht der deutschen Heeresverbände war die relativ hohe Zahl an Jagdbombern sicherlich positiv zu werten, von den deutschen Luftwaffensachverständigen wurde – vermutlich auch an die Adresse Speidels und Heusingers gewandt – die einseitige Ausrichtung des deutschen Anteils auf die Unterstützung des Erdkampfes jedoch scharf kritisiert. Sie sahen im Erringen der Luftüberlegenheit die eigentliche Hauptaufgabe und fürchteten, daß die deutschen Städte ohne ausreichende Luftverteidigung bleiben würden[25]. Das Trauma der Bombennächte und die Erinnerung an die verfehlte Luftwaffenrüstung unter Göring wirkten nach. Die Heimatluftverteidigung, ihre Organisation und Bewaffnung, blieben eines der großen, von der Konferenz überhaupt nur ansatzweise behandelten Probleme. Im „Militärischen Sonderabkommen" mußte sich die deutsche Delegation mit einer Erhöhung ihres Anteils auf 1326 Flugzeuge begnügen, konnte aber weder das ungünstige Verhältnis zum französischen Anteil (1989 Flugzeuge) verhindern noch eine ausgewogenere Aufschlüsselung bei den Jagdflugzeugen und Jagdbombern erreichen[26]. Die Delegierten einigten sich auf den Kompromiß, daß diese Zahlen „keine Vorwegnahme neuer Zuteilungen, die im Falle einer erhöhten Materialproduktion erfolgen könnten", bedeute[27].

Mit Marinefragen beschäftigte sich die EVG-Konferenz erst verspätet, da im Pleven-Plan europäisch integrierte Seestreitkräfte nicht vorgesehen waren. Im Zwischenbericht hatte sich die Konferenz dazu im Grundsatz durchgerungen. Einzelheiten wie bei Land- und Luftstreitkräften waren aber noch nicht erörtert worden. Es war sicherlich einer der größten deutschen Verhandlungserfolge, wenn dieses bei allen anderen Konferenzteilnehmern höchst unbeliebte Thema jetzt ernsthaft behandelt wurde. Unbeliebt war es nicht nur, weil alle Marinen sich zur Wehr setzten, Schiffe, Boote, Personal und Befugnisse abzutreten, sondern weil ihre weit auseinander-

[23] BA-MA, BW 9/3375, S. 67.

[24] BA-MA, BW 9/3376, S. 516, BW 9/3145, S. 77.

[25] BA-MA, BW 9/1444. Im EVG-Militärausschuß wie auch in der Dienststelle Blank waren die Schlüsselpositionen mit Heeresoffizieren besetzt. Dies lag zweifellos daran, daß der deutsche Beitrag wie die EVG insgesamt primär auf Landstreitkräfte ausgerichtet war. Speidel, Heusinger und Fett bemühten sich zwar sehr um starke deutsche Luftstreit- und Seestreitkräfte, konzipierten diese aber doch in erster Linie als Ergänzung zu den Heereskräften. Die Bedeutung der Heimatluftverteidigung wurde von ihnen keineswegs verkannt, sie sahen in ihr anfänglich aber ein eigenständiges Aufgabengebiet. Hinzu kam, daß sie sich für eine „Wehrmachtlösung" stark machten, die manchen Luftwaffen- und Marineoffizieren zu weit ging. Bei SHAPE wurde das Überwiegen der Heeresoffiziere im Militärausschuß ebenfalls mißtrauisch beobachtet. Vermutlich auf Betreiben des Oberbefehlshabers der NATO-Luftstreitkräfte Europa-Mitte, des späteren SACEUR, Generalleutnant Lauris Norstad, setzte sich der SHAPE-Vertreter Oberst Richardson dafür ein, daß in dem nach Vertragsabschluß zu bildenden EVG-Interimsausschuß die drei Teilstreitkräfte „gleichberechtigt" vertreten sein sollten, um keine Feindschaft unter ihnen aufkommen zu lassen, BA-MA, BW 9/3376, S. 537.

[26] Zur Aufschlüsselung s. Kapitel V.1. (Tabelle, S. 715).

[27] BA-MA, BW 9/3330, S. 21.

gezogene Dislozierung an der Küstenlinie Westeuropas mit dem Prinzip der „Verschmelzung" kaum in Einklang gebracht werden konnte. Mochte die Europäisierung für die auf relativ engen Raum konzentrierten und für einen gemeinsamen, begrenzten Zweck konzipierten Land- und taktischen Luftstreitkräfte trotz aller Schwierigkeiten noch sinnvoll sein, so sprengten die Marinen durch ihre überseeischen Aufgaben den europäischen Rahmen geographisch und politisch vollends. Die EVG hatte ausdrücklich die Verteidigung Europas zum Ziel, nicht die des nachkolonialen Erbes der Europäer in Nordafrika, Asien oder am Kongo, auch wenn Frankreich nicht müde wurde zu erklären, der freie Westen werde im Indochinakrieg mitverteidigt[28]. Die deutsche Delegation achtete selbst peinlich darauf, daß hier keine Vermischung von Verpflichtungen entstand. Solange es also noch keine gemeinsame europäische Außenpolitik gab und die Sicherung der Seeverbindungen zu den Überseegebieten von den jeweiligen Staaten in nationaler Verantwortung geregelt wurde, konnten auch die danach ausgelegten Marinen nicht einer supranationalen Autorität unterworfen werden.

Die Marineleitungen vertraten zunächst sämtlich die Auffassung, die Seestreitkräfte müßten in nationaler Hand bleiben. Diese klare Lösung hätte der Bundesrepublik eine nationale Marine beschert, was aus politischen Gründen natürlich nicht in Frage kam.

Der nächste Schritt bestand in dem Zugeständnis, den – allerdings in einem sehr engen Sinne definierten – Küstenschutz (Küstenbatterien, Hafensperren) auf die Gemeinschaft zu übertragen, alles andere aber wie bisher national zu belassen[29]. Die Bundesrepublik war bereit, auf nationale Seestreitkräfte zu verzichten, sofern ihr im Rahmen der EVG die Sicherung der Ostsee- und Nordseeküste gestattet würde. Der der EVG zugestandene, weitgehend passive Küstenschutz lag jedoch erheblich unter dem, was deutscherseits für notwendig erachtet wurde. Gab man nun aber der deutschen Forderung nach einem „*operativen* Küstenschutz" nach, so mußte man selbst erheblich mehr Kräfte von den nationalen Marinen an die Gemeinschaft abzweigen, wenn das deutsche Marinekontingent nicht das größte der EVG werden sollte. Da dies aus politischen Gründen unmöglich war, standen die Marinedelegierten vor einem Dilemma, das sie selbst nicht lösen konnten[30]. Zwischen der deutschen Delegation und den anderen, von ihren Marineleitungen am kurzen Zügel geführten Marinevertretern, begann nun ein monatelanges Tauziehen um Umfang und Zusammensetzung des deutschen Kontingents. In zahlreichen Anläufen versuchte die deutsche Seite den Nachweis zu führen, daß die EVG-Marine sowohl zu einem weiträumigeren Schutz des Überseeverkehrs wie auch zur Abwehr von Landungsoperationen im Ostseeraum in der Lage sein müsse. Darüber hinaus brauche man zur „Unterstützung von Operationen der Landstreitkräfte: Zerstörer und etwa gleichartig artilleristisch bewaffnete Kriegsfahrzeuge, für Landungen hinter der feindlichen Front und für Kommandounternehmungen Landungsverbände der Marine mit entsprechenden Spezialschiffen und besonders geschultem Personal, für den Sonderzweck ausgebildete Heereseinheiten sowie See- und Luftdeckungs-

[28] Bei der Pariser NATO-Ratstagung im Dezember 1952 setzte Schuman die „Indochina-Resolution" durch, wonach der Kampf in Indochina Teil des weltumspannenden Kampfes gegen den Kommunismus sei, der „es verdient, die ungeschwächte Unterstützung der atlantischen Regierungen zu erhalten". Schuman gestand ein, daß die Auswirkungen des Indochinakrieges eine entscheidende Rolle bei der französischen Politik gegenüber Deutschland und insbesondere hinsichtlich der Konzeption der EVG spielten. Ende 1952 umfaßte das französische Expeditionskorps 175 000 Mann, davon 8000 Offiziere (26% aller französischen Offiziere) und 33 000 Unteroffiziere (37% aller französischen Unteroffiziere); KAG, 1952, S. 3789.

[29] BA–MA, BW 9/3375, S. 70; grundsätzlich hierzu: Zenker, Aus der Vorgeschichte der Bundesmarine.

[30] BA–MA, BW 9/3376, S. 452.

verbände. Für einzelne Spreng- und Sabotageunternehmungen hinter der feindlichen Front Kleinkampfverbände"[31].

Die deutschen Vertreter unterstrichen, daß es sich hierbei um eine gemeinsame, in Verbindung mit der NATO zu bewältigende Aufgabe handele. Da aber weder Amerikaner noch Briten in der Ostsee präsent waren[32] und Dänemark sowie Norwegen diese Aufgabe nur zum geringsten Teil bewältigen konnten, war klar, daß die Bundesrepublik die Masse der hierfür benötigten Kräfte zu stellen haben würde. Verglichen mit dem, was die anderen Länder zunächst für den europäischen Küstenschutz der EVG abtreten wollten, hätte das deutsche Marinekontingent nach einer französischen Schätzung die Hälfte oder zwei Drittel der gesamten EVG-Seestreitkräfte ausgemacht. Wie nicht anders zu erwarten, erklärten die Franzosen, eine deutsche Majorisierung der europäischen Marine sei unannehmbar[33].

SHAPE unterbreitete daraufhin einen Kompromißvorschlag, in dem es den deutschen militärischen Überlegungen im Grundsatz zustimmte, gleichzeitig jedoch betonte, daß die Küstenverteidigung in diesem Raum keine rein deutsche Angelegenheit sei und im Ernstfall alliierte Kräfte zur Verfügung stünden. In der von der NATO für das deutsche Marinekontingent vorgesehenen Schiffsliste fehlten Zerstörer, U-Boote, Kleinkampfmittel, Begleit- und Hilfsschiffe sowie Küstenbatterien ganz. An Marinefliegerkräften waren nur Aufklärungsflugzeuge und Hubschrauber vorgesehen, also keine Kampfflugzeuge. Dagegen hatte SHAPE die Zahl der Minensuch- und Räumfahrzeuge und der Schnellboote beträchtlich erhöht[34]. Hinsichtlich der reinen Defensivaufgaben hielt die deutsche Delegation die SHAPE-Zahlen für brauchbar, bemängelte aber, daß ein hoher Anteil der Minensuchboote einschließlich des dafür benötigten Personals nur als Reserve gedacht war. Von 145 Booten sollten nur 38 im Frieden aktiv sein. Die erhöhte Anzahl von Schnellbooten (60 gegenüber geforderten 36) wurde wegen ihrer Wetterabhängigkeit und schwachen Feuerkraft nicht als ausreichender Ersatz für Zerstörer und U-Boote betrachtet[35].

Der SHAPE-Vorschlag führte nur zu einer Annäherung der Standpunkte, bewirkte aber immerhin, daß die betroffenen Marineleitungen jetzt bereit waren, die Zuständigkeiten der EVG-Seestreitkräfte über den engen Küstenschutz etwas zu erweitern. Eine Einigung kam erst Anfang Mai 1952 zustande, wenige Tage vor Paraphierung des EVG-Vertrages. Um den Vertragsabschluß nicht zu gefährden, verzichtete die deutsche Delegation, einem französischen Wunsch folgend, auf die U-Boot-Jäger[36] und begnügte sich mit einer etwas verbesserten SHAPE-Liste, die jetzt ein wesentlich günstigeres Verhältnis von aktiven zu Reserveeinheiten aufwies. Wie bei den taktischen Luftstreitkräften konnte sie den Vorbehalt durchsetzen, daß die vereinbarten Zahlen nur vorläufig waren. In einer zweiten Aufstellungsphase hoffte sie, die leichten Seestreitkräfte deutscher Nationalität dann um die operative Komponente erweitern zu können.

31 BA–MA, BW 9/3291, S. 7. Die von deutscher Seite veranschlagten 36 Landungsboote sollten eine Transportleistung von 720 Panzern, 144 Schützenpanzern und 14400 Mann aufweisen, ebd., S. 17.

32 In Anwesenheit des britischen EVG-Beobachters bemerkte Speidel am 31.10.1951, daß sich „zur Zeit kein einziges [westliches] Kriegsschiff zur Erfüllung der Aufgaben der europäischen Verteidigung in der Ostsee befindet", ebd., S. 14.

33 Ebd., S. 46.

34 Ebd., S. 15ff., 51; BW 9/3275, S. 99; s. auch Zenker, Aus der Vorgeschichte der Bundesmarine, S. 256.

35 BA–MA, BW 9/3275, S. 106.

36 Nach offizieller französischer Auffassung sollte die Bundesrepublik über Schiffe dieser Größenordnung nicht verfügen dürfen. Im Militärischen Sonderabkommen sind sie daher nicht erwähnt. Laut Zenker haben die französischen Delegierten der Bundesregierung aber doch, gewissermaßen unter der Hand, 6 U-Boot-Jäger zugestanden; Zenker, Aus der Vorgeschichte der Bundesmarine, S. 259.

In der Frage des Integrationsniveaus waren sich alle Marinevertreter zunächst einig, die einzelnen Kontingente nationalhomogen unter einem Befehlshaber derselben Nationalität zusammenzufassen und sie jeweils geschlossen dem europäischen Admiralstab zu unterstellen. Auf Intervention der französischen Regierung schlug die französische Delegation dann aber vor, die Zusammenfassung nach Einsatzgebieten (z. B. Ostsee, Deutsche Bucht, Ärmelkanal usw.) vorzunehmen und die entsprechenden nationalhomogenen Teilkontingente direkt der europäischen Marineführung zu unterstellen[37]. Offensichtlich war die Vorstellung eines geschlossenen deutschen Kontingents in der Hand eines deutschen Admirals unerträglich. In einer Entschließung vom Februar 1952 hatte die Französische Nationalversammlung noch einmal ausdrücklich festgestellt, daß jede Gefahr einer Wiederaufrichtung autonom nationaler Streitkräfte vermieden werden müsse. Der Vorschlag stieß auf Ablehnung. Bis zum Vertragsabschluß wurde keine Entscheidung getroffen. Im „Militärischen Sonderabkommen" heißt es dazu lediglich: „Die Integrierung der Seestreitkräfte findet den Erfordernissen entsprechend auf der Ebene der höheren Führungsstäbe statt[38]."

Die Seestreitkräfte befanden sich in genau umgekehrter Lage wie die Land- und Luftstreitkräfte. Während sie zum weitaus größten Teil national verbleiben sollten – vom deutschen Sonderfall abgesehen –, hätte die Masse der Land- und Luftstreitkräfte der EVG-Staaten einen supranationalen Status erhalten. Dies mußte sich zwangsläufig auf die Integrationsdichte der Ausbildung, der Schulen, Doktrinen und Ausrüstung auswirken. In all diesen Bereichen, vor allem auch in Personalangelegenheiten, wären die EVG-Marinekontingente aufs engste mit ihren „Muttermarinen" verbunden geblieben. Für die Marinen gab es noch kein „Europa". Es war bezeichnend, daß die niederländische Regierung ihre Unterhändler anwies, eine Einmischung in ihre Marineausbildungseinrichtungen durch das Kommissariat zu verhindern[39], und daß sich die in Paris verhandelnden Offiziere, abgesehen von den Deutschen, einer einheitlichen Uniform für eine Europäische Marine widersetzten.

b) Probleme des inneren Gefüges

Im Pleven-Plan war eine „vollständige Verschmelzung der Mannschaften und Ausrüstung" vorgeschlagen worden und entsprechend hieß es im Zwischenbericht, daß die „moralische Stärke und der europäische Charakter dieser Verteidigungsstreitkräfte" durch eine „möglichst vollständige Integration der menschlichen und materiellen Faktoren gewährleistet" werde. Besonders auf deutsches Verlangen war jedoch die Einschränkung hinzugefügt worden: „soweit dies mit den militärischen Erfordernissen vereinbar ist"[40]. Die in jeder Hinsicht einheitliche europäische Streitmacht, in denen alle nationalen Unterschiede aufgehoben sein würden, war zunächst also nur eine regulative politische Idee, an der sich die Planung ausrichten sollte.

Bei den operativen Land-, Luft- und Seestreitkräften hatte sich bereits herausgestellt, daß es sachliche Integrationsgrenzen gab, die unabhängig von politischen Motiven noch nicht überschritten werden konnten, ohne das Instrument, das da geschaffen werden sollte, unbrauchbar zu machen.

[37] BA-MA, BW 9/3376, S. 303; BW 9/3291, S. 40.
[38] BA-MA, BW 9/3330, S. 35.
[39] BA-MA, BW 9/3376, S. 506.
[40] BA-MA, BW 9/3168, S. 9.

Zum Problem der äußeren Standardisierung der Einzelkontingente trat nun die für die innere Kohäsion von Truppen gleich wichtige Aufgabe, ein für sie einheitliches Personalwesen zu entwickeln. Das Unterfangen, die „menschlichen Faktoren" auf einen europäischen Nenner zu bringen, stand, wie sich zeigte, jedoch vor außerordentlichen psychologischen Schwierigkeiten. Für diesen Bereich traf die französische Formel vom „Unterschied der Tatsachen" gewiß zu. Nach ersten Sondierungen kam man schnell zu dem Ergebnis, daß hinsichtlich „Eid, Vorgesetztenverhältnis, Grußpflicht, Pflichten und Rechte des Soldaten [...] starke, durch Tradition bedingte Verschiedenheiten" einer einheitlichen Regel im Wege stünden[41]. Die Konferenz mußte vor diesem Hintergrund zumindest nach Übergangslösungen suchen, sollte es nicht zu einer sehr heterogenen Streitmacht wie etwa im „Deutschen Bund" kommen, wo die Einzelkontingente der Bundesmitglieder zum Schaden des Bundes ihre Selbständigkeit und Eigenheit weitgehend beibehielten. Zu klären waren so zentrale Punkte wie Disziplinarwesen, Militärgerichtsbarkeit, Rechtsstellung des Soldaten, Laufbahnen, Dienstgrade, Beförderungen, Besoldung und nicht zuletzt die Uniformfrage. Alle standen in einem engeren oder weiteren Zusammenhang und bildeten ein Element des zu konzipierenden inneren Gefüges der Europäischen Streitkräfte.

Wie in Fragen der Truppengliederung und Bewaffnung entwickelten die deutschen Vertreter auch auf diesem Gebiet häufig die modernsten Ideen. Damit entfernten sie sich aber genauso vom europäischen Mittelmaß und strapazierten erneut die Toleranzbereitschaft ihrer ausländischen Kameraden. Major i.G. a.D. Wolf Graf von Baudissin von der Dienststelle Blank, Mitschöpfer der „Inneren Führung" der Bundeswehr, jedenfalls ihr wort- und schriftgewandtester Propagandist, für kurze Zeit auch Angehöriger der deutschen Delegation in Paris, erklärte vor dem „Bundestagsausschuß für europäische Sicherheit", daß die Bundesrepublik praktisch zwischen Europäisierung oder Reform wählen müsse[42]. Mag diese Formulierung auch überspitzt gewesen sein, so zeigte sie doch den großen Graben an, der von den Delegierten überbrückt werden sollte. Die moderneren deutschen Vorstellungen beruhten einerseits, was die soldatische Menschenführung anging, weitgehend auf bewährten Gepflogenheiten der eigenen militärischen Tradition, insbesondere den Kriegserfahrungen der Wehrmacht. Wo sie die politische Sphäre berührten, entsprangen sie andererseits gerade den bitteren Lehren des politischen Versagens der Wehrmachtführung und der deutschen Katastrophe. Die große Frage war, wie weit die anderen hier den „besserwisserischen" Deutschen folgen würden.

Bei den Verhandlungen über die „discipline", die bezeichnenderweise im Deutschen mit „Inneres Gefüge" übersetzt wurde[43], waren das Recht zur Verhängung von Arreststrafen, die Grenzen der Gehorsamspflicht und damit zusammenhängend Vorgesetztenverhältnis und Grußpflicht kontroverse Punkte. Die deutsche Seite wies darauf hin, daß nach deutschem Recht jede Art von Freiheitsentzug richterlicher Gewalt vorbehalten sei. In sämtlichen anderen Armeen hatten Offiziere das Recht, Arrest zu verhängen. Man erwartete daher auch, daß sich die Deutschen dem anpaßten. Hinsichtlich der Gehorsamspflicht gelang Blank erst „nach tagelangem Ringen" die vertragliche Fixierung des Beschwerderechts des Untergebenen „gegen jede als un-

[41] BA-MA, BW 9/3375, S. 58.

[42] Genschel, Wehrreform, S. 187.

[43] Oberstleutnant i.G.a.D. Ferber, der für das Personalwesen zuständige deutsche Delegierte, machte die Erfahrung, daß Franzosen und Italiener bei den Verhandlungen über die „discipline" mehr die formale Seite im Sinne einer zu erzwingenden „Mannszucht" meinten, während die Deutschen eher auf die freiwillige, aktive, auf gegenseitigem Vertrauen beruhende Pflichterfüllung im Sinne eines positiv verstandenen „Inneren Gefüges" abgehoben haben. Vortrag Ferbers über die „discipline générale" vor dem Ausschuß für Fragen der europäischen Sicherheit am 4.8.1953, in: BW 9/1520, S. 83–100.

rechtmäßig anzusehende Maßnahme oder eine Bestrafung, die er für ungerechtfertigt hält[44]". Daraus leitete sich der Wunsch nach der bislang unüblichen Kodifizierung des Beschwerderechts ab. In der Schlußdebatte des Militär- und Juristenausschusses am 5. Mai 1952 konnte Speidel gegen die zögernden Franzosen erreichen, daß bei der Befehlsgebung die Beachtung der Gesetze, des Kriegsrechts und der militärischen Vorschriften nicht nur als Selbstverständlichkeit angenommen werden sollte, sondern ebenfalls zur gesetzlichen Norm erhoben werden müsse[45].

Weitere Harmonisierungsprobleme traten bei folgenden Fragen auf. Deutscherseits wollte man die Disziplinarstrafgewalt erst ab Kompaniechef – in der Regel ein Hauptmann – beginnen lassen. In den romanischen Staaten waren mit diesem Recht bereits herausgehobene Unteroffiziere ausgestattet. In der Aberkennung dieser Befugnisse sah der italienische Delegierte eine Abwertung des Unteroffizierstandes. Auf Unverständnis stieß die deutsche Forderung „gleiche Strafen für alle" wie auch der Vorschlag, vom uneingeschränkten Vorgesetztenverhältnis in und außer Dienst und der uneingeschränkten Grußpflicht abzugehen und beide auf die direkten Vorgesetzten zu beschränken.

In bezug auf die politischen Rechte der Soldaten waren sich alle einig, daß eine wie immer geartete politische Betätigung nur im Heimatstaat gestattet werden dürfe. Dies ergab sich aus der Natur der Tatsache, daß der Soldat der Gemeinschaft zwar europäischen Status haben würde, aber noch keine europäische Staatsangehörigkeit, daß er also italienischer, luxemburgischer oder belgischer Staatsbürger bliebe. Auf Antrag Blanks wurde in das Kapitel „Inneres Gefüge" des Militärprotokolls zum EVG-Vertrag der Satz aufgenommen: „Es werden alle geeigneten Maßnahmen getroffen werden, um freie Religionsausübung zu gewährleisten[46]."

Ein weites Feld waren die *Laufbahn- und Beförderungsbestimmungen*[47]. Auch hier vertraten die Deutschen insgesamt die zeitgemäßeren Auffassungen. Ein Zug ins Ideale wie bei manchen anderen ihrer Überlegungen war dabei nicht zu verkennen. Allerdings kam ihnen der Umstand zugute, daß sie neu beginnen konnten und keine verfestigten Strukturen vorfanden, während alle anderen das mühsame Geschäft des Veränderns bedenken mußten. Heusinger und Speidel hatten keine argwöhnischen und mächtigen Generalstäbe im Rücken.

Ein streng durchgehaltenes Anciennitätsprinzip lehnte die deutsche Delegation ab und strebte statt dessen eine stärkere Berücksichtigung des Leistungsprinzips an. In der bei den an-

[44] Art. 18, Abs. 2 des Militärprotokolls zum EVG-Vertrag; Abs. 1 lautet: „Der Untergebene soll seinem Vorgesetzten im Rahmen der dienstlichen Erfordernisse und der gesetzlichen Bestimmungen, der Kriegsbräuche und der militärischen Vorschriften gehorchen." Dieser Passus war ebenfalls auf Drängen Blanks aufgenommen worden, entsprach aber noch nicht dem später im Soldatengesetz der Bundeswehr verankerten Recht der Gehorsamsverweigerung bei rechtswidrigen Befehlen, BGBl, 1954, Tl II, S. 386.

[45] BA-MA, BW 9/3376, S. 525.

[46] Art. 16 des Militärprotokolls zum EVG-Vertrag, BGBl, 1954, Tl II, S. 386.

[47] Das politisch bedeutsame Ernennungs- und Beförderungsrecht hing damit aufs engste zusammen. Insbesondere die Monarchien Belgien, Niederlande und Luxemburg betrachteten das Ernennungsrecht als Prärogative des Monarchen und weigerten sich bis zuletzt, es voll an das Kommissariat abzutreten. Der erboste Alphand bemerkte zu Blank, es sei für den französischen Staatspräsidenten unmöglich zuzugestehen, daß er geringere Rechte habe als die Großherzogin von Luxemburg, BA-MA, BW 9/3376, S. 300. Aber auch Bonn wollte dem Kommissariat nur Teilrechte (Festlegung personeller Grundsätze, formales Ernennungsrecht, personelle Bedarfsforderungen) zugestehen. Die eigentlichen Personalentscheidungen (Vorschlagsrecht usw.) sollten in der Hand der deutschen Personalabteilungen (je eine „politische" und „militärische") im Bereich des Verteidigungsministeriums bleiben; Studie Ferbers v. 22.9.1951, in: BA-MA, BW 9/2004, S. 136–144. Die Konferenz einigte sich schließlich auf eine Übergangslösung, die die Ernennungsbefugnisse zwischen Kommissariat, Ministerrat und nationalen Stellen aufteilte; Art. 31 EVG-Vertrag und Art. 2/4 Militärprotokolle, BGBl, 1954, Tl II, S. 343–379, hier S. 352. Art. 23–24 Militärprotokoll ebd., S. 388.

deren Armeen unbekannten Einrichtung der Vorpatentierung erblickte sie einen Leistungsanreiz, der dem einzelnen wie dem Ganzen zugute komme. Der Vorschlag wurde akzeptiert. Schwieriger war es, den bewährten deutschen Grundsatz des der Ernennung zum Offizier vorgeschalteten obligatorischen Truppendienstes für die Offizieranwärter durchzubringen. Blank wollte keine Kadettenanstalten und „kein St. Cyr", also keine jungen Leutnante, die den Truppenalltag einer Wehrpflichtarmee von unten nie kennengelernt hatten. Nach einer hartnäckigen Diskussion wenige Tage vor der Paraphierung stimmten die französischen Militärs schließlich doch einer entsprechenden Formulierung im Militärprotokoll des Vertrages zu[48].

Die deutschen Vorstellungen orientierten sich am Ideal eines von den Bildungsvoraussetzungen her einheitlichen Offizierkorps. Im Regelfall sollte Offizier nur werden können, wer das Abitur besaß, also die Eingangsbedingungen für ein Universitätsstudium erfüllte. Die Offizierschulen hätte man gerne in Universitätsstädte gelegt. Von der etwa zweijährigen Ausbildungszeit sollte der Anwärter die Hälfte die Universität besuchen, um unter berufsbezogenen Gesichtspunkten in die Grundlagen der Geschichte, Pädagogik, Philosophie oder Jurisprudenz eingewiesen zu werden. Da aber wenig Hoffnung bestand, daß die übrigen Delegationen dem zustimmen würden, wurde dieses Ziel nicht weiter verfolgt[49].

Ingsgesamt lag der deutsche Bildungsanpruch höher als bei den übrigen EVG-Staaten. In Frankreich setzte sich das aktive Offizierkorps in einem nicht unbeträchtlichen Ausmaß aus ehemaligen Unteroffizieren und Reserveoffizieren zusammen, war also ziemlich heterogen zusammengesetzt. Verwendungen, Förderung und Karrieren schwankten entsprechend. In den anderen Staaten gab es außerdem die Möglichkeit, relativ alte Unteroffiziere hauptsächlich aus Versorgungsgründen noch zum Offizier zu ernennen. Die deutsche Delegation sah hierin einen Verstoß gegen das Leistungsprinzip und wollte den befähigten Unteroffizier bereits früh aus dem Unteroffizierkorps herausnehmen, um ihm – wohl auch im Hinblick auf die Geschlossenheit des Offizierkorps – eine echte Offizierausbildung zukommen zu lassen[50]. Über die Unteroffizierlaufbahn gingen die Meinungen ebenfalls auseinander. Die Deutschen wollten den mit etwa 35 Jahren wieder ins Zivilleben zurückkehrenden, im Reichsheer so bewährten „Zwölfender" wieder. Der personelle Mittelbau der Streitkräfte sollte jung bleiben. Die anderen Armeen kannten demgegenüber den sich ständig weiterverpflichtenden Unteroffizier, der bis zum fünfzigsten Lebensjahr oder länger dienen konnte. In allen diesen Fragen mußten Standards vereinbart werden, weil sich sonst dem Inneren Gefüge abträgliche Diskrepanzen in der Altersstruktur und Qualität der Kontingente ergeben mußten[51]. Gleiche Beförderungszeiten, gleiche Laufbahnvoraussetzungen, gleiche Altersgrenzen und Dienstzeiten, gleiche Anzahl der Dienstgrade, wenn schon nicht die gleichen Bezeichnungen, waren nur einige von vielen Punkten, die geregelt werden mußten. Als höchsten militärischen Rang wollten die Franzosen gerne den Maréchal (fünf Sterne). Höchster EVG-Soldat wäre vermutlich der NATO-Oberbefehlshaber Europa-Mitte, Juin, geworden. Da er bereits zum „Maréchal de France" ernannt worden war, sollte er bei

[48] Art. 14 des Militärprotokolls zum EVG-Vertrag, ebd., S. 385.

[49] BA-MA, BW 9/1447. Die Unterbrechung der militärischen Offizierausbildung durch ein zwei- bis dreisemestriges Studium an einer Universität war in der Dienststelle Blank nicht unumstritten (Gefahr Halbakademikertum, zu kurze soldatische Erziehung, Überalterung des für die Aufstellungsphase in Frage kommenden Offiziernachwuchses), Denkschrift des deutschen Marinedelegierten Kapitän z.S. a.D. Gerlach, ebd.

[50] BA-MA, BW 9/3376, S. 389.

[51] In der Offizierergänzung und der Frage des Berufsunteroffiziers paßte sich die deutsche Delegation den Vorschlägen der anderen Staaten an.

der Überführung seiner Truppen in die Gemeinschaft den wohlklingenden Dienstgrad „Maréchal de l'Europe et de France" erhalten. Das war den anderen dann doch zu viel des Guten. Die Deutschen meinten, daß der Titel „Maréchal" bestenfalls nach einem gewonnenen Feldzug verliehen werden dürfe[52].

Vergleichsweise viel wichtiger war das mit diesem Komplex zusammenhängende Gebiet der „*Stammnormen*" („normes d'encadrement"). Dabei ging es um das prozentuale Verhältnis zwischen Offizieren, Unteroffizieren und längerdienenden Mannschaften im Rahmen der Gesamtstärke der Streitkräfte, aber auch – wegen der unterschiedlichen technischen Anforderungen – im jeweiligen Rahmen von Land-, Luft- und Seestreitkräften. Ein entsprechender Schlüssel mußte für die prozentuale Aufteilung der Offiziere in Generale, Stabsoffiziere und Subalternoffiziere gefunden werden. Hier gab es in den verschiedenen Streitkräften nicht unbeträchtliche Differenzen. Für die EVG war eine einheitliche Lösung schon deswegen zwingend, weil andernfalls die einzelnen Kontingente den gemeinsamen Haushalt in unterschiedlicher Weise belastet hätten[53].

Mit dem Laufbahn- und Beförderungswesen stand die *Besoldung* in direkter Beziehung. In einem einheitlichen Besoldungssystem sahen alle Delegationen geradezu einen Eckpfeiler der gemeinsamen Streitmacht. Aber sie mußten schließlich vor den damit verbundenen Schwierigkeiten kapitulieren. Welcher Standard sollte zum Beispiel gelten? Als Anhalt wurde der belgische Sold genommen, der relativ hoch lag. Insbesondere die deutschen Militärs einschließlich Blank zeigten an einer attraktiven Bezahlung allergrößtes Interesse, weil sie nur so genügend qualifizierte Bewerber glaubten gewinnen zu können. Alle Militärs hielten eine Besoldung für notwendig, die höher lag als die der Beamten. Sie begründeten dies mit der größeren dienstlichen Belastung der Soldaten[54]. Zwischen der Dienststelle Blank und dem Bundesfinanz- und Bundesinnenministerium entbrannte deswegen eine mehrjährige erbitterte Auseinandersetzung. Finanz- und Innenministerium lehnten eine von der Regelung für den öffentlichen Dienst abweichende Besoldungsordnung strikt ab, weil diese angeblich das gesamte Lohn- und Preisgefüge der Bundesrepublik durcheinanderbringen werde. Daß es dabei vor allem um Fragen des Sozialprestiges zwischen Zivil und Militär ging, blieb im Hintergrund. In Paris half alles Hin- und Hergeschiebe von Garnisons-, Familien-, Auslandszulagen usw. nichts, um eine allseits befriedigende Lösung zu finden. Für Staaten, die neben ihrem EVG-Kontingent nationale Streitkräfte beibehalten hätten, mußten unterschiedliche Besoldungen für den schlechtergestellten Teil erhebliche Nachteile – man denke nur an die Nachwuchslage – mit sich bringen. Frankreich lehnte es verständlicherweise ab, sein Militär in besser- oder schlechterbezahlte Teile spalten zu lassen. Den Bel-

52 BA-MA, BW 9/1404; BW 9/3375, S. 83.

53 Im Militärischen Sonderabkommen wurden folgende Stammnormen festgelegt:

Landstreitkräfte:	Offiziere (aktive und dienstverpflichtete):	5%
	Unteroffiziere (aktive und dienstverpflichtete):	15%
	Mannschaften (Vertragsverpflichtete):	10%
	zusammen:	30%
Luftstreitkräfte:	Offiziere (aktive und dienstverpflichtete):	9%
	Unteroffiziere (aktive und dienstverpflichtete)	31%
	Mannschaften (Vertragsverpflichtete):	20%
	zusammen:	60%
Seestreitkräfte:	noch keine Festlegung möglich.	

BA-MA, BW 9/3330, S. 37 f.

54 BA-MA, BW 9/3376, S. 371. Deutscher Besoldungsexperte war Oberfeldintendant a.D. Mund.

giern schien es gleichermaßen undenkbar, von ihrem Niveau herunterzugehen. Ein relativ kleines Problem war es da noch, ob die Verpflegung „frei" sein würde (deutscher Standpunkt) oder ob sie in Verbindung mit einem entsprechend höheren Grundgehalt von den Soldaten selbst gezahlt werden müsse. Hier vermischten sich finanztechnische Argumente mit solchen militärischer Menschenführung. Die deutsche Begründung lautete nämlich, die Verpflegung müsse frei gewährt werden, „weil die taktische Lage und die erhöhte Schlagfertigkeit der Truppe gemeinsame Verpflegung für Offiziere, Unteroffiziere und Mannschaften voraussetzt"[55].

Es blieb bei Annäherungen. Die Experten erkannten bald, daß ein wirklich einheitliches Besoldungssystem von der politischen und wirtschaftlichen Einheit Europas abhing. Bei Vertragsabschluß hoben die Delegierten „das schwere menschliche Problem hervor, das in der Tatsache der Anwendung verschiedener Besoldungssysteme liege und darin, daß verschiedene Soldaten auf dem Boden ein und desselben Landes verschieden besoldet werden würden"[56]. Hinzugefügt werden muß: trotz ein und desselben europäischen Emblems und einheitlicher europäischer Uniform, die es von Anfang an geben sollte[57]. Nach dem großen Uniformwechsel hätten allein der unterschiedlich gefüllte Geldbeutel und die differierenden übrigen Sozialleistungen den europäischen Soldaten noch lange eindrücklich daran erinnert, daß er Italiener, Franzose oder Niederländer war.

Ein kompliziertes Spezialproblem stellte die *sprachliche Verständigung* dar. Alles konnte vereinheitlicht werden, die Sprachen nicht. Teilhabe an der europäischen Militärtradition hatte zu einer hauptsächlich vom Französischen geprägten gemeinsamen Grundterminologie geführt, die weiter standardisiert werden konnte, die jedoch zur Lösung des Kommunikationsproblems niemals ausreichte. Aus der Tatsache unzureichender Sprachkenntnisse waren der von den Anhängern der EVG so gern vorgebrachten Idee europäisch integrierter Offizierschulen daher zunächst einmal natürliche Schranken gesetzt. Zwar sollten sie dem Kommissariat unterstellt werden und europäischen Status erhalten, die Offizierlehrgänge selbst konnten fürs erste aber nur in nationalhomogener Zusammensetzung stattfinden. Einheitliche Ausbildungseinrichtungen verlangten außerdem einheitliche Methoden, Lehren und Doktrinen, die erst – in Verbindung mit der NATO – entwickelt werden mußten. Ziemlich rasch hatten sich die Delegationen darauf geeinigt, daß in den nationalhomogenen Verbänden Dienstsprache und Muttersprache (langue nationale) identisch sein sollten. Erhebliches Kopfzerbrechen bereitete dann aber die Frage, in welchem sprachlichen Medium Meldungen, Befehle und Weisungen auf den integrierten Ebenen nach oben oder unten weitergegeben werden sollten, auf welcher Ebene also umgesetzt werden mußte und wo entsprechende Dolmetschergruppen einzugliedern waren. Sollte es nur *eine* „lingua franca" geben oder *mehrere*? Bei dieser Frage vermischten sich praktische Gesichtspunkte mit kulturpolitischen Überlegungen. Der italienische Delegierte plädierte leidenschaftlich für Französisch als alleiniger Verkehrssprache, da die Angelsachsen nicht Mitglied der EVG seien. Niederländer und Belgier verwiesen darauf, daß die Europäischen Verteidigungsstreitkräfte ihre operativen Befehle von der amerikanisch geprägten NATO erhielten, der größte Teil an Waffen und Gerät aus den USA komme und Luft- und Seestreitkräfte sich ohnehin der englischen Sprache bedienten, so daß nur sie als einzige Zusatzsprache ausgewählt werden könne[58]. Dem wurde entgegnet, daß nach einem Abzug der Amerikaner und Engländer vom europäi-

[55] BA-MA, BW 9/3375, S. 188.
[56] BA-MA, BW 9/3376, S. 531.
[57] Art. 15, Abs. 2 EVG-Vertrag und Art. 17 Militärprotokoll, BGBl, 1954, Tl II, S. 349 und S. 386.
[58] BA-MA, BW 9/3375, S. 166, 212f.; BW 9/3296, S. 3ff., 54f.

Vorgesehene Dislozierung des geplanten deutschen Heereskontingents*

(Nach Abstimmung mit SHAPE)

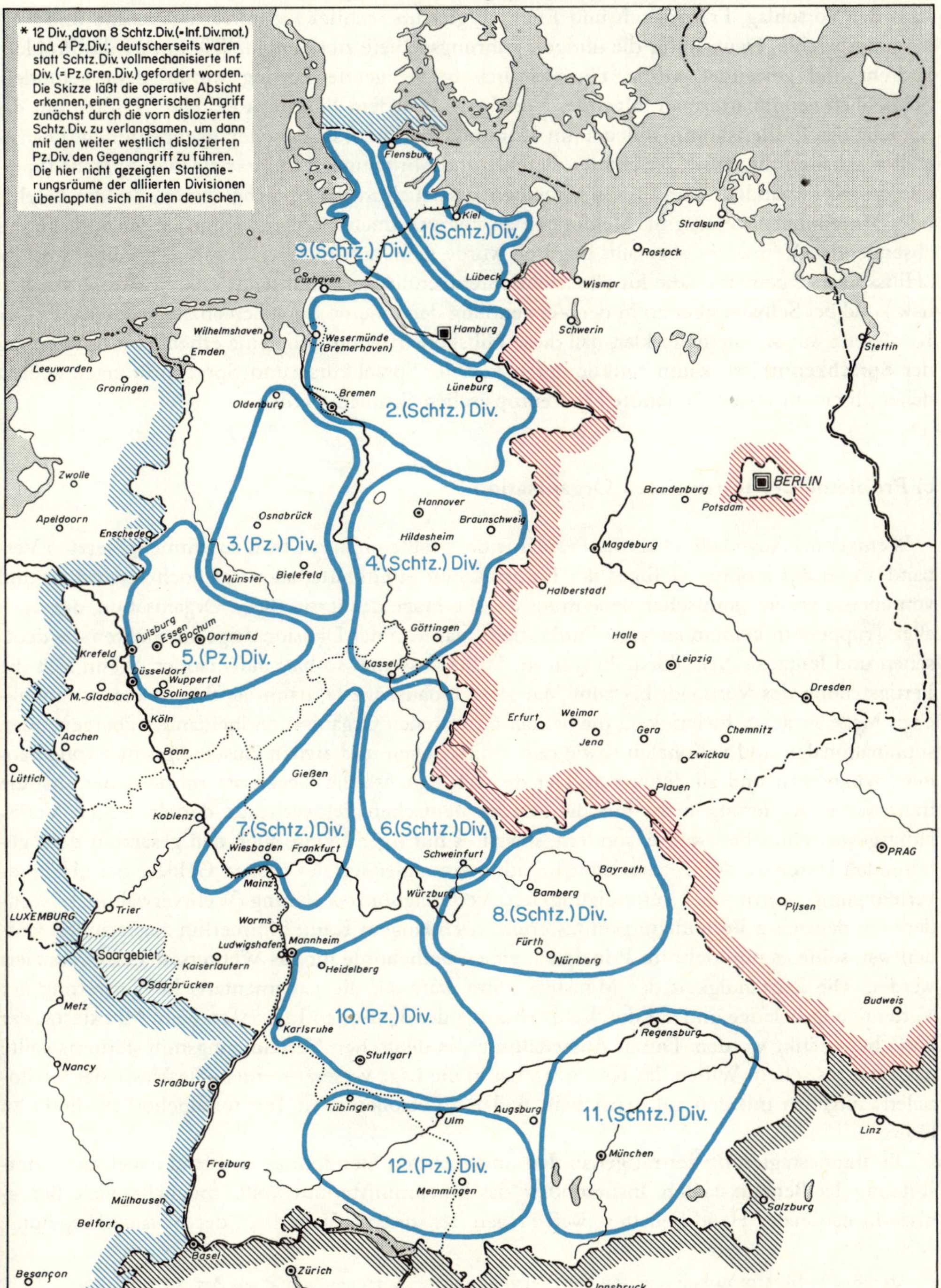

Quelle: BA-MA, BW 9/1310, Stand Dezember 1953.

schen Kontinent dann der merkwürdige Zustand eintrete, daß sich die zurückbleibende europäische Armee nur in englischer Befehlssprache verständigen könne. Von französischer Seite kam der Vorschlag, Französisch und Englisch gleichberechtigt für operativ-taktische und Versorgungsbefehle, Deutsch für die übrigen Führungsgebiete zu nehmen. Wie immer das Problem gedreht und gewendet wurde, eine wirklich befriedigende Lösung wurde nicht gefunden. Schließlich vereinbarte man folgendes Verfahren: In jedem Führungsstab einer Einheit gilt die Sprache des Einheitskommandeurs (im Kommissariat die französische); nachgeordnete Dienststellen erhalten die an sie gerichteten Befehle und Mitteilungen in ihrer eigenen Sprache (Sprache des Kommandeurs) und im allgemeinen zusätzlich in der Sprache dessen, der die Befehle oder Mitteilungen herausgibt. Meldungen an übergeordnete Stellen werden in der Sprache des absendenden Verbandes abgefaßt. Englisch wurde nicht ausdrücklich erwähnt, war aber mit der „Hilfssprache" gemeint, „die für alle nachrichtentechnische Verfahren (Funk, Schlüssel, Parolen usw.) und bei Schwierigkeiten in der Verwendung der anderen Sprachen anzuwenden ist"[59]. Der Konferenz war anscheinend klar, daß diese Hilfskonstruktion ohne eine erhebliche Ausweitung der Sprachkenntnisse kaum funktionieren konnte. Sprachkurse und Sprachprüfungen sollten daher zu einem festen Bestandteil der europäischen Schulen werden.

c) Probleme der territorialen Organisation

Weniger ins Auge fallend als die Probleme des größten rein national zusammengesetzten Verbandes und des inneren Gefüges der Europäischen Streitkräfte, aber fast noch vertrackter und von ebenso großer politischer Bedeutung war die Frage der territorialen Organisation, der Basis aller Truppen. In keinem anderen Punkt, sieht man von der Divisionsfrage ab, prallten die deutschen und französischen Vorstellungen im Militärausschuß so hart aufeinander. Wenn sich die Fertigstellung des Vertrages bis zum Mai 1952 hinauszögerte, dann lag dies in einem erheblichen Maße an der Schwierigkeit, die bei der territorialen Organisation ineinander übergehenden supranationalen und nationalen sowie rein militärischen und zivilen Zuständigkeiten voneinander abzugrenzen und zu definieren. Der deutsch-französische Gegensatz rührte daher, daß die französische Regierung nicht nur die aktiven deutschen Feldverbände der deutschen Verfügungsgewalt entziehen wollte, sondern, soweit es nur irgend ging, auch den gesamten dazu gehörenden Unterbau der Territorialorganisation einschließlich der großen Gebiete der „Heimatverteidigung" (Territoriale Verteidigung) und Verteidigungsverwaltung (Wehrverwaltung). Nachdem ein deutsches Verteidigungsministerium nach langem Kampf immerhin zugestanden worden war, sollte es nunmehr im Prinzip auf eine Oberbehörde für das Wehrersatzwesen reduziert werden. Die Zuständigkeit des Ministers selbst wäre auf die parlamentarische Vertretung der Verteidigungsbelange und auf die Wahrnehmung der deutschen Interessen beim Ministerrat der EVG beschränkt worden. Durch Ausschaltung des deutschen Verteidigungsministeriums sollte nach französischem Willen das Kommissariat in die Lage versetzt werden, die Masse der territorialen Aufgaben mit den auf deutschem Boden zu etablierenden Territorialbehörden direkt zu lösen.

Die Bundesregierung vertrat genau den umgekehrten Standpunkt und fand dabei die Unterstützung der Beneluxstaaten. Insbesondere das Innenministerium wollte möglichst viele Befugnisse in nationaler Hand behalten, weil Fragen der inneren Sicherheit, der Notstandsregelung,

[59] Art. 28–29 Militärprotokoll regelten die „Verwendung der Sprachen", Zitat aus Art. 29, § 5.

Vorgesehene Dislozierung des geplanten deutschen Marinekontingents

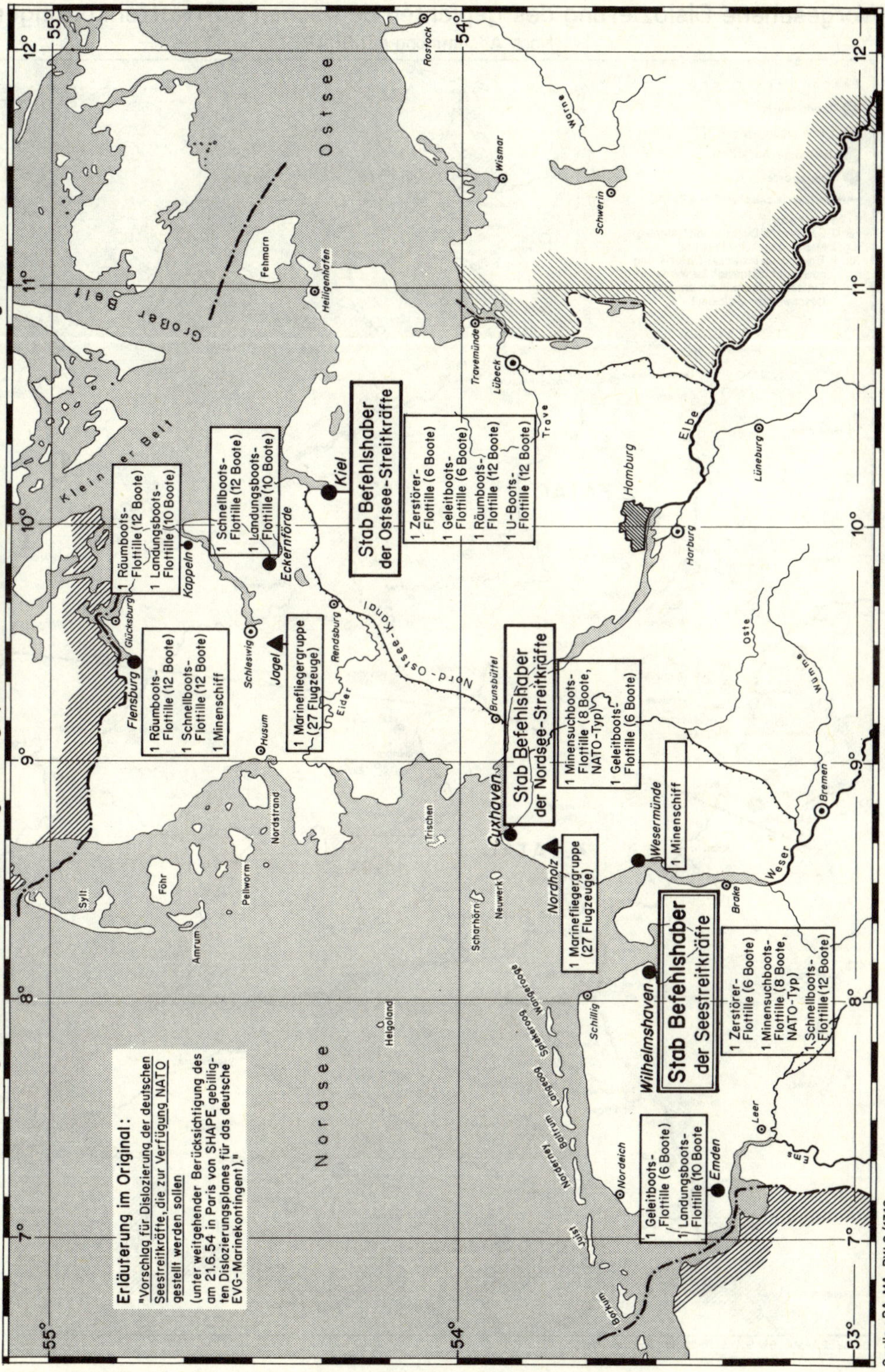

Quelle: BA-MA, BW 9/1310.

Vorgesehene Dislozierung des geplanten deutschen Luftwaffenkontingents
(Nach Abstimmung mit SHAPE)

Quelle: BA-MA, BW 9/1310, Stand Dezember 1953.

Die Territorialbereiche (Wehrbereiche) der EVG-Landstreitkräfte

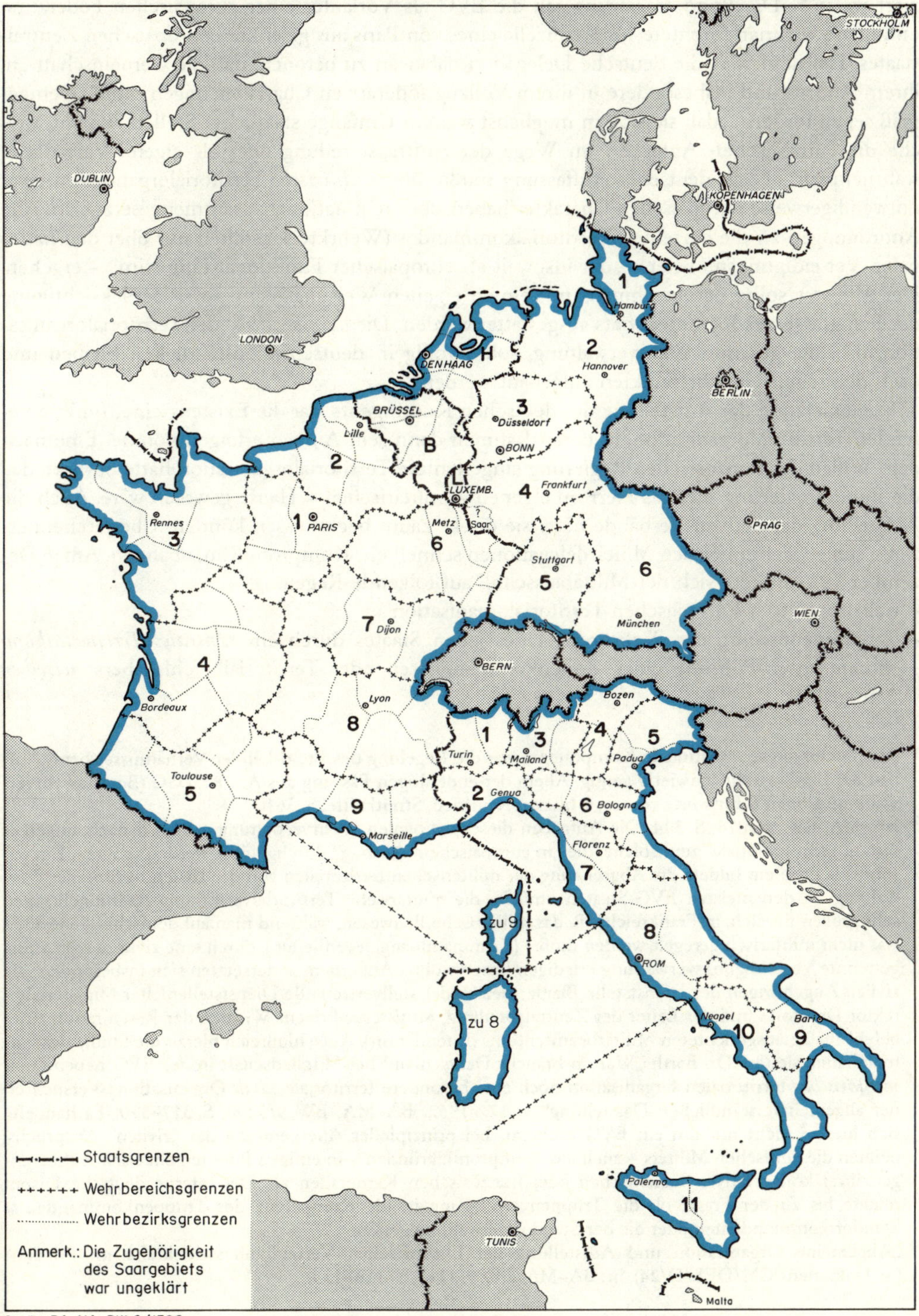

Quelle: BA-MA, BW 9/1398.

des Katastrophenschutzes und in erheblichem Maße das Verhältnis von Bund und Ländern tangiert waren[60]. Die Bundesregierung sah die EVG als Vorläufer einer europäischen Föderation und nicht, wie man fürchtete, als Keimzelle eines von Paris aus gelenkten europäischen Zentralstaates. Hallstein wies die deutsche Delegation daher an zu betonen, daß die Gemeinschaft „in ihrem Aufbau und insbesondere in ihrem Vollzug föderativen Charakter tragen muß". Demgemäß sei zu fordern, „daß sie sich in möglichst weitem Umfange staatlicher Stellen bedient, welche die europäischen Aufgaben im Wege der Auftragserteilung oder als eigene Verwaltung wahrnehmen". Nach deutscher Auffassung mußte die *militärische* Territorialorganisation zwar notwendigerweise europäischen Charakter haben, aber rein national zusammengesetzt sein. Alle Anordnungen an die einzelnen Territorialkommandos (Wehrkreise) sollten nur über den nationalen Verteidigungsminister – „der insoweit als europäischer Funktionär tätig wird" – ergehen. Der Minister sollte darüber hinaus mit einem eigenen Weisungsrecht unter Berücksichtigung der Befugnisse des Kommissariats ausgestattet werden. Die *„zivile Säule"* der Territorialorganisation, d.h. die gesamte Wehrverwaltung, sollte völlig in deutscher Zuständigkeit bleiben und nach deutschen Gesichtspunkten aufgebaut werden[61].

Voraussetzung der Aufstellung des deutschen Kontingents war die Existenz einer funktionierenden Territorialorganisation, in deren Rahmen dann sein Aufbau erfolgen konnte. Eine nach dem Willen der französischen Regierung eingerichtete Territorialorganisation hätte bewirkt, daß die Bundesregierung niemals Herr im eigenen – militärischen – Hause gewesen wäre. Auch die Aufstellung der aktiven Verbände hätte sie direkt kaum beeinflussen können. Überraschenderweise schien sich unter den Militärdelegationen schnell ein Kompromiß anzubahnen. Am 7. Dezember 1951 einigte sich der Militärausschuß auf folgende Regelung[62]:

- Schaffung einer Europäischen Territorialorganisation
- Zusammenfassung der Wehrkreise eines jeden Staates durch ein *zentrales Territorialkommando* unter Führung eines Zonenkommandanten oder Territorialbefehlshabers *derselben* Nationalität

[60] Auch ohne die supranationale Komponente war die Regelung des Bund-Länder-Verhältnisses beim Aufbau der Bundeswehr schwierig genug. Allein der endgültigen Fassung des Art. 87b GG (Bundeswehrverwaltung) gingen 8 Entwürfe voraus; s. hierzu: Reinfried, Streitkräfte, S. 36ff.

[61] BA–MA, BW 9/3076, S. 344. Die Aufgaben dieser nationalen Wehrverwaltung sollten danach aufgeteilt sein in „rein nationale" und solche, die „in europäischem Auftrag" durchgeführt werden mußten. Ein besonderes Problem bildete die Abgrenzung der militärischen territorialen von der zivilen territorialen Verwaltung. In den meisten EVG-Staaten umfaßte die militärische Territorialverwaltung traditionell einen sehr großen Bereich, in Frankreich z.B. das militärische Bauwesen, während man auf deutscher Seite alles, was nicht militärisch geregelt werden mußte (Kommandoangelegenheiten), durch eine zivile, davon völlig getrennte Verteidigungsverwaltung erledigen lassen wollte. Außerdem widersetzten sich insbesondere die zivilen Angehörigen der Dienststelle Blank, speziell der stellvertretende Dienststellenleiter Ministerialdirektor Dr. Holtz und der Leiter der Zentralabteilung, Ministerialdirigent Wirmer, der Restauration eines befehlsmäßig ausgerichteten Militärbeamtentums (Intendantur). Aufschlußreich hierzu die Studie des Unterabteilungsleiters Dr. Barth „Warum braucht Deutschland bei Mitgliedschaft in der EVG neben einer *militärischen* territorialen Organisation noch eine besondere territoriale *zivile* Organisation? Versuch einer allgemeinverständlichen Darstellung" v. 17.4.1952, BA–MA, BW 9/3290, S. 317–320. Es handelte sich hierbei nicht nur um ein EVG-Problem. Bei prinzipieller Anerkennung des „zivilen" Anspruchs, neigten die deutschen Militärs – auch aus Kompromißgründen – in einigen Punkten eher den Auffassungen ihrer konservativen italienischen oder französischen Kameraden zu. Der interne deutsche Disput reichte bis zu der Frage, ob die Truppenverpflegung in die Kompetenz des Truppenkommandeurs/Standortkommandanten oder die der Standortverwaltung gehöre.

[62] „Allgemeine Organisation und Aufstellung der Europäischen Verteidigungsstreitkräfte im Frieden" (= Dokument CM/DEL/D/24), in: BA–MA, BW 9/3147, S. 118–133.

- nationalhomogene Zusammensetzung des Personals; bei Bedarf Eingliederung von Personal anderer EVG-Staaten
- Doppelunterstellung des Territorialbefehlshabers unter das Kommissariat und den Minister für europäische Verteidigungsangelegenheiten[63] (Bezeichnung für den deutschen Verteidigungsminister; bei den EVG-Staaten mit nationalverbleibenden Streitkräften hätte es weiterhin Verteidigungsminister aus nationalem Recht gegeben).

Der deutsche Verteidigungsminister hätte nach dieser Lösung nicht nur eine weit stärkere Position gegenüber der Territorialorganisation in der Bundesrepublik eingenommen, sondern er sollte außer dem Wehrersatzwesen noch weitere wichtige Befugnisse, z. B. das Liegenschaftswesen und die Koordinierung der Streitkräfte mit den nationalen Verwaltungs- und Wirtschaftsbehörden, in eigener Regie durchführen.

Für die eigentliche Aufbauphase schlug der Pariser Militärausschuß folgendes vor:

Vorbereitungszeit (Zeit zwischen Unterzeichnung und Inkrafttreten des Vertrages)[64]:

- Fortführung der Planungsarbeit in Paris durch einen Interimsausschuß als Vorläufer des Kommissariats und Europäischen Generalstabes sowie einer nationalen *Planungsgruppe* in den Ländern, die in enger Abstimmung mit dem Interimsausschuß die entsprechenden Vorarbeiten für die Aufstellung oder die Anpassung der bereits bestehenden Verbände durchführt.

Übergangszeit (Zeit zwischen Inkrafttreten und voller Arbeitsfähigkeit des Kommissariats)[65]:

- Konstituierung des Kommissariats und des zentralen Generalstabes.
- Unterstellung der nationalen Planungsgruppen unter den zentralen Generalstab, aber Verbleib dieser Gruppen in den jeweiligen Ländern zur Aufstellung oder Anpassung der Kontingente (hierzu wären diese Gruppen selbst generalstabsmäßig gegliedert gewesen).
- Vorübergehende Einsetzung eines obersten Militärorgans *(autorité militaire)* in jedem Lande, das im Namen des Kommissariats mit Hilfe der abgestellten Abteilung des zentralen Generalstabes die Aufstellung oder Anpassung der Territorialorganisation und des Kontingentes durchführt.
- Nach Erreichen eines ausreichenden Ausbildungsstandes Unterstellung der neugebildeten akiven Verbände unter die integrierten *„Truppenführungsstäbe“* (Korps-, Armeestäbe und entsprechende Stäbe der Luftstreitkräfte)
- Erlöschen der „autorité militaire“ und Rückgliederung der Generalstabsabteilungen in den zentralen europäischen Generalstab.
- Verbleib der zentralen Territorialkommandos und seiner nachgeordneten Dienststellen in jedem Land.

[63] Das Bundesinnenministerium forderte, den Territorialbefehlshaber ausschließlich dem deutschen Verteidigungsminister zu unterstellen. Die deutsche Delegation wollte dasselbe, war sich aber klar, daß Frankreich dem niemals zustimmen würde. Das BMI bemängelte außerdem, daß in der Konzeption des Militärausschusses die zivile Säule völlig fehle, BA–MA, BW 9/3375, S. 167; BW 9/3290, S. 138 ff.

[64] In dieser Phase sollten nach deutscher Auffassung all die Arbeiten erledigt werden, die ohne besondere gesetzgeberische Vollmachten und ohne finanzielle Verpflichtungen in Angriff genommen werden konnten. Für die Bundesrepublik hieß das speziell: Abschluß der Planungen und Vorbereitung der Wehrgesetze.

[65] In der Übergangszeit sollte als erstes der Aufstellungsstab in Bonn geschaffen werden, der dann die Aufstellung der deutschen Verbände nach den vertraglichen Richtlinien vorzunehmen gehabt hätte. Nach Beendigung dieser Aufgabe wäre ein Teil des Aufstellungsstabes zum europäischen Generalstab getreten, der zweite Teil zum deutschen Verteidigungsministerium, BA–MA, BW 9/3064, S. 270.

Die Territorialbereiche der EVG-Küstenseestreitkräfte

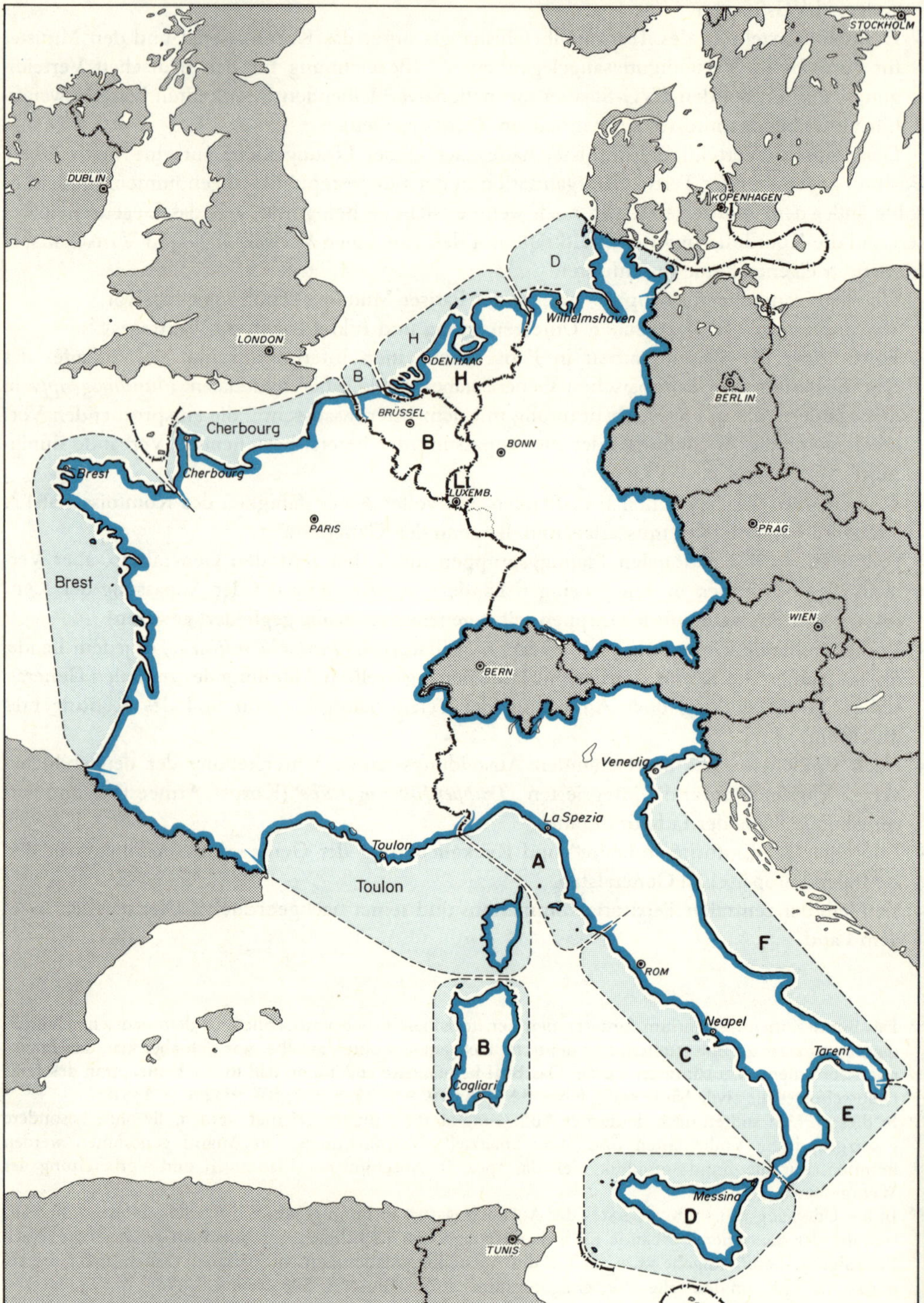

Quelle: BA-MA, BW 9/1398

Die Territorialbereiche der EVG-Luftstreitkräfte

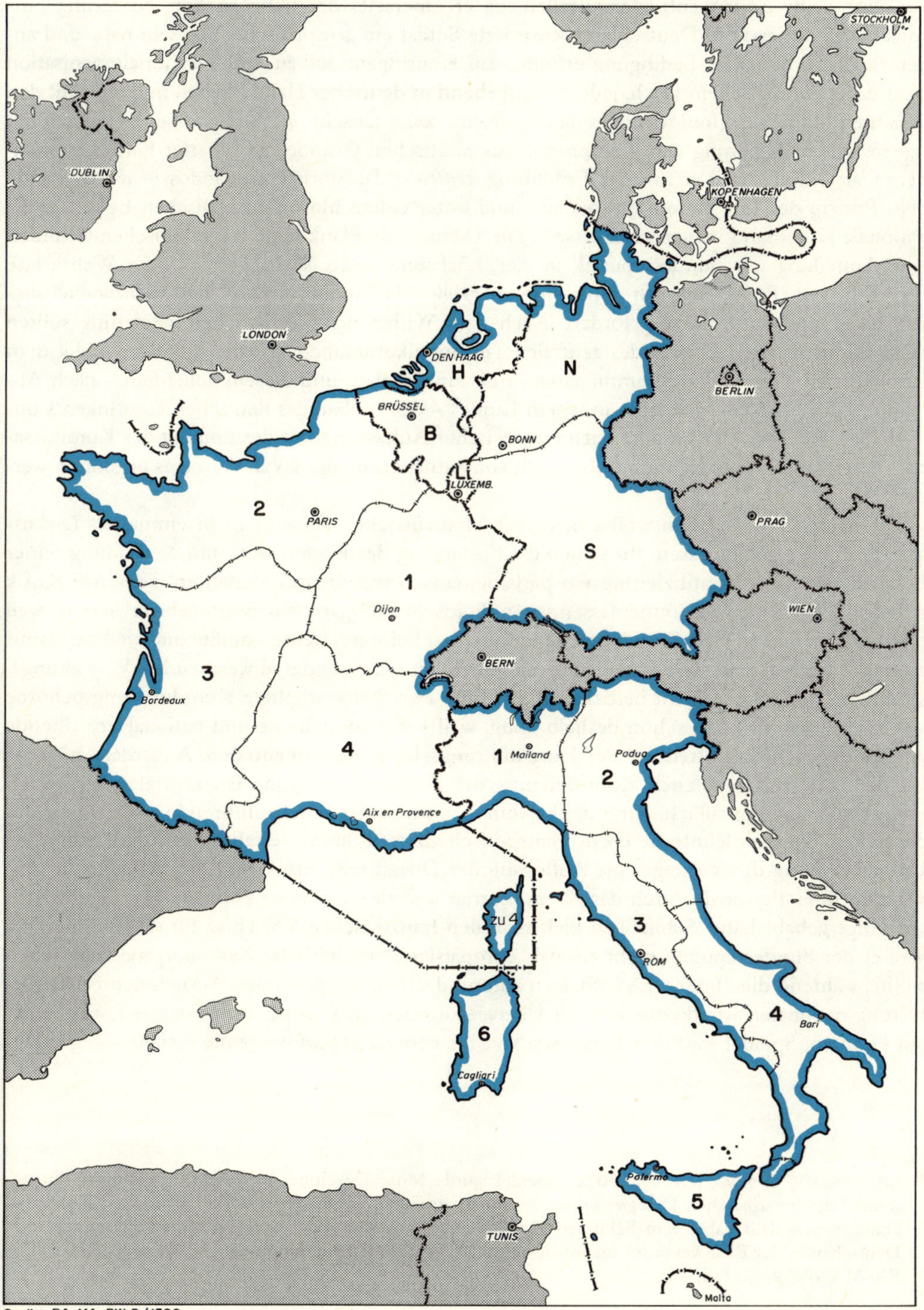

Quelle : BA-MA, BW 9/1398.

Dieser höchst komplizierte – hier nur sehr vereinfacht dargestellte – Aufstellungsplan schien zunächst beide Seiten zufriedenzustellen, da er einerseits der französischen Forderung entsprach, daß der erste in Deutschland rekrutierte Soldat ein „europäischer" zu sein habe und andererseits die deutsche Bedingung erfüllte, daß Kontingentsaufbau und Territorialorganisation zwar unter europäischem Dach, jedoch weitgehend in deutscher Hand bleiben müßten. Auf den gesamten Militärausschuß wirkte es daher wie eine kalte Dusche, als Alphand auf Verlangen der französischen Regierung den Kompromiß aus politischen Gründen in scharfer Form für unannehmbar erklärte, weil er mit der Errichtung *zentraler* Territorialkommandos in jedem Lande dem Prinzip der Integration zuwiderlaufe und unter einem bloßen europäischen Etikett große nationale Kommandobehörden zulasse[66]. Die Dienststelle Blank hatte aus praktischen Gründen eine Aufteilung der Bundesrepublik in vier, höchstens sechs Wehrbereiche oder Wehrkreise vorgeschlagen. Frankreich sah darin eine zu große Machtkonzentration der Wehrbereichsbefehlshaber und hatte zwölf gefordert. Nach dem Willen der französischen Regierung sollten diese nunmehr nach Fortfall des zentralen Territorialkommandos für die Bundesrepublik dem europäischen Verteidigungskommissariat direkt unterstehen und diesem außerdem – nach Ablehnung des „Aufstellungsstabes in jedem Lande" – der Aufbau des deutschen Kontingents unmittelbar obliegen. Dazu mußte nach französischer Auffassung mit der Bildung des Kommissariats bereits mit Unterzeichnung, also noch vor Ratifizierung des EVG-Vertrages begonnen werden[67].

Die deutsche Delegation wollte den neuen französischen Entwurf nicht einmal als Diskussionsgrundlage gelten lassen. Ihr schien die Einsetzung des Kommissars und die Bildung seiner Behörde vor Vertragsratifizierung ein parlamentarisch unhaltbares Verfahren. Schärfste Kritik rief der Wegfall der zusammenfassenden militärischen Organe auf Staatenebene hervor, weil hierdurch an viel zu viele Wehrbereiche unmittelbar befohlen werden mußte und weil der damit zwangsläufig entstehende Zentralismus die erheblich voneinander abweichenden Verwaltungsstrukturen der Staaten nicht berücksichtigte. Eine zwischengeschaltete Koordinierungsbehörde war nach ihrer Meinung schon deshalb nötig, weil sonst europäische und nationalverbleibende Anordnungen unvermittelt auf der Durchführungsebene zusammentrafen. Außerdem hielt sie bei der zwingend gebotenen Koordinierung der Heimatverteidigung ein zentrales Territorialkommando für unerläßlich. Eine direkt vom Kommissariat durchzuführende Aufstellung der deutschen Truppen lehnte sie ebenso kategorisch ab, weil dieses Verfahren praktisch schon bei Unterzeichnung des Vertrages die Auflösung der Dienststelle Blank und die weitgehende Absorption ihres Personals durch das Kommissariat und den zentralen europäischen Generalstab zur Folge gehabt hätte. Schließlich hielt man den französischen Vorschlag für diskriminierend, weil er der Bundesrepublik nicht einmal „europäisierte" militärische Zentralorgane zugestehen wollte, während die übrigen EVG-Staaten aufgrund der für sie geltenden Ausnahmen zur Beibehaltung nationaler Streitkräfte, z. B. für Überseeaufgaben, diese sogar in nationaler Form behalten konnten. Speidel warf den Franzosen vor, ihr neuer Entwurf berge die Gefahr völliger Un-

[66] BA-MA, BW 9/3290, S. 154ff., 207ff. Speidel wurde Mitte Dezember mitgeteilt, der abrupte Sinneswandel der französischen Delegierten sei auf Moch zurückzuführen, der seine sozialistischen Fraktionskollegen veranlaßt habe, dem Schuman-Plan nur dann zuzustimmen, wenn sichergestellt sei, daß den Deutschen in der EVG keinerlei „nationale Organe" zugestanden würden, BA-MA, BW 9/2048, S. 37.

[67] BA-MA, BW 9/3375, S. 234.

wirksamkeit im Krisenfalle in sich[68]. Es bestehe „daher kein Verständnis dafür, eine vernünftige Organisation zugunsten einer gekünstelten, politisch und psychologisch schwer vertretbaren aufzugeben"[69].

Der Versuch Alphands, die Regelung des Aufstellungsverfahrens und der Territorialorganisation dem Militärausschuß zu entziehen, um auf höherer politischer Ebene eine Entscheidung im französischen Sinne herbeizuführen, scheiterte. Schuman sah sich bei der EVG-Außenministerkonferenz Ende Dezember 1951 in dieser Frage einer geschlossenen Front gegenüber, so daß er erklären mußte, sie sei „zu sehr militärischer Natur" [!] als daß sie vor diesem Forum behandelt werden könne. Sie wurde daher zur Erledigung an den Militärausschuß rückverwiesen[70].

Wenn es dann in letzter Minute zwischen Alphand und Blank doch noch zu einer für alle einigermaßen tragbaren Regelung kam, so war dies vor allem ein Ergebnis der persönlichen und inoffiziellen Bemühungen des sehr kooperativen französischen Senioroffiziers Oberst Herkel[71], aber auch von Fett, Speidel und Larminat. Der Kompromiß lag etwa zwischen dem Vorschlag des Militärausschusses und dem der französischen Regierung, bedeutete also in allem einen französischen Erfolg, da bereits die Militärausschußlösung erheblich über das hinausgegangen war, was das Bundesinnenministerium der Gemeinschaft zugestehen wollte. Vereinfacht dargestellt lief der neue Kompromiß für die Bundesrepublik auf folgendes hinaus:
- Einrichtung einer deutschen Planungsgruppe als Vorläufer des deutschen Aufstellungsstabes bei der Dienststelle Blank mit Unterzeichnung des Vertrages[72].
- Aufbau der Territorialorganisation und des Kontingentes weitgehend durch Deutsche, aber Beendigung der Tätigkeit des hierfür vom Kommissariat abgestellten *deutschen* Bevollmächtigten und seines Aufstellungsstabes spätestens 18 Monate nach Inkrafttreten des Vertrages.
- Spätere Festlegung der europäischen Territorialbereiche und ihrer Organisation durch das Kommissariat in Verbindung mit dem Ministerrat[73]. Unterstellung der Territorialorganisation einschließlich der *zivilen* Territorialverwaltung unter das Kommissariat und – in einem noch näher zu bestimmenden Maße – unter die in Frage kommenden Regierungsstellen. Mischung (Integration) des Personals nach Art der zu versorgenden Truppen[74].

Insgesamt gesehen konnte die Bundesregierung damit zwar das Aufstellungsverfahren in ihrem Sinne weitgehend durchsetzen, nicht aber die von ihr gewünschte Territorialorganisation.

[68] „Man stelle sich vor", heißt es in einer deutschen Stellungnahme, „daß ein Angriff von Osten eine von der Hohen Behörde zentral geleitete Organisation im Gebiet der Deutschen Bundesrepublik erfaßt, ohne daß in ihrem Bereich eine zentrale Zwischeninstanz eingeschaltet ist. (Das Stellwerk fehlt, die Hohe Behörde will alle Weichen selbst stellen)", BA–MA, BW 9/3290, S. 278.

[69] Ebd., S. 206.

[70] BA–MA, BW 9/3376, S. 264.

[71] Oberst Herkel war als Generalstabschef der französischen Truppen in Dakar während des Zweiten Weltkrieges auf der Gegenseite de Gaulles. Bei der 1948 fälligen Beförderung war er übergangen worden und wurde bis zu seiner Berufung als Senioroffizier in untergeordneten Verwendungen eingesetzt, BA–MA, BW 9/3256, S. 125.

[72] Die französische Forderung, der Interimsausschuß müsse gegenüber der deutschen Planungsgruppe Weisungsrecht haben, wurde nach deutschem Protest in das Recht zur Erteilung von Empfehlungen abgeschwächt.

[73] Theoretisch bestand nach dem Vertragstext weiterhin die Möglichkeit zur Bildung eines zentralen deutschen Territorialkommandos. Da im Ministerrat hierfür Einstimmigkeit verlangt wurde (Militärprotokolle zum EVG-Vertrag, Art. 7), konnte Frankreich dies durch sein Veto jederzeit blockieren.

[74] Da die meisten Streitkräfte der EVG in der Bundesrepublik stationiert worden wären, wäre die „deutsche" Territorialorganisation damit in weit höherem Maße integriert gewesen als etwa die französische oder belgische, von der italienischen ganz zu schweigen.

Das bedeutete letztlich, daß der Bundesrepublik auch auf diesem wichtigen, gemeinhin im Schatten der operativen Streitkräfte stehenden militärischen Sektor, der besonders im Spannungs- und Verteidigungsfall tief in die innersten Verhältnisse eines Staates eingreift, nur noch wenig unmittelbarer Einfluß blieb.

Das EVG-Vertragswerk wurde am 27. Mai 1952 in Paris, der mit ihm im Junktim stehende Deutschlandvertrag am Tag zuvor in Bonn unterzeichnet. Damit endete die eigentliche EVG-Konferenz. Sie hatte eine ungeheure Fülle höchst komplexer Fragen behandelt, aber insgesamt doch nur einen weithin noch unausgefüllten Planungsrahmen festlegen können. Es war deutlich geworden, daß die „vollständige Verschmelzung der Mannschaften und Ausrüstung" auf absehbare Zeit unerreichbar war und statt dessen in vielen Bereichen mit nationalen Lösungen begonnen werden mußte, entweder weil in der Kürze der Zeit eine europäische Regelung noch nicht erarbeitet werden konnte oder weil eine weitergehende Integration als ein gewalttätiger, schädlicher Akt empfunden worden wäre. Dies galt besonders für das Personalwesen. Hierzu vermerkte ein Mitglied der deutschen Militärdelegation: „Das hohe Ziel der Einigung Europas muß [...] den nationalen Eigenschaften Rechnung tragen, nur die organische Zusammenfassung der Glieder zum Ganzen wird das vereinte Europa lebensfähig machen. Die Integrierung findet ihre natürlichen Grenzen dort, wo die Verschiedenheit der Völker Europas in Sprache, Charakter, Temperament, Lebensgewohnheiten und Tradition einer völligen Vereinheitlichung entgegensteht[75]." Auf deutscher Seite sah man in der Übergangsphase die große Chance, die eigenen Auffassungen vor allem zum „Inneren Gefüge" bei der Aufstellung des deutschen Kontingents voll anwenden zu können und damit den Anspruch auf nationale Eigenständigkeit innerhalb des europäischen Rahmens zu wahren.

[75] BA-MA, BW 9/2004, S. 133.

V. Die militärischen und militärpolitischen Grundzüge des EVG-Vertragswerkes[1]

1. Die Europäischen Verteidigungsstreitkräfte und ihr deutsches Kontingent

Die französische Regierung hatte supranationale Streitkräfte zunächst vor allem als „Auffangbecken" für zahlenmäßig begrenzte deutsche Truppen angestrebt. Ende 1950 ging man von 10 solcher Divisionen aus, wozu die Bundesrepublik ein Fünftel des Personals beisteuern sollte. Im Zwischenbericht vom Juni 1951 war dann von 20 europäischen Divisionen die Rede[2]. Der EVG-Vertrag vom 27. Mai 1952 verpflichtete die sechs Mitgliedsstaaten nunmehr, in „erster Welle" innerhalb von nur zwei Jahren nach Inkrafttreten des Vertrages 57 [!] Divisionen aufzustellen[3]. Frankreich wollte ursprünglich den größten Teil seiner Streitkräfte – auch für Einsatzzwecke in Europa – wie die USA und Großbritannien in eigener Hand behalten. Dies war jetzt unmöglich geworden, denn der Vertrag machte die Verteidigung Westeuropas – soweit es die EVG-Staaten berührte – zur *alleinigen* Angelegenheit der Gemeinschaft (Art. 9) und legte außerdem die Ausnahmen fest (Art. 10), für die nationalverbleibende Streitkräfte beibehalten werden durften (überseeische Verpflichten, übernationale Aufgaben wie in Berlin, Österreich, Korea, Schutz des Staatsoberhauptes). Er enthielt ferner die einschneidende Bestimmung, daß die Aufrechterhaltung solcher Kräfte die Verpflichtungen gegenüber der EVG nicht beeinträchtigen dürfe. Zwischen den national verbleibenden und den europäischen Truppen konnten nur einzelne Personen, nicht aber ganze Verbände ausgetauscht werden, womit Einsätze von EVG-Kräften in den Kolonien verhindert werden sollten. Die Größenordnung der geplanten Europäischen Streitkräfte zwang zur weitgehenden „Europäisierung" der bestehenden Nationalarmeen

[1] Das EVG-Vertragswerk besteht aus dem eigentlichen „Vertrag über die Gründung der Europäischen Verteidigungsgemeinschaft" und folgenden Zusatzprotokollen: Militärprotokoll, Justizprotokoll, Protokoll über allgemeine Strafrechtsgrundsätze, Finanzprotokoll, Protokolle über die Besoldungsgrundlagen des Militär- und Zivilpersonals der Gemeinschaft und über dessen Ruhegehaltsansprüche, Protokoll betreffend das Großherzogtum Luxemburg, Protokoll über die Beziehungen zwischen der Europäischen Verteidigungsgemeinschaft und der Organisation des Nordatlantikpaktes, Protokoll über die Beistandsverpflichtungen der Mitgliedsstaaten der Europäischen Verteidigungsgemeinschaft gegenüber den Teilnehmerstaaten des Nordatlantikpaktes.
In engstem Zusammenhang damit stehen der „Vertrag zwischen dem Vereinigten Königreich und den Mitgliedstaaten der Europäischen Verteidigungsgemeinschaft" und zahlreiche weitere, ebenfalls am 27. Mai 1952 unterzeichnete Abkommen, Verträge und Erklärungen sowie vier Briefe Bundeskanzler Adenauers vom 7. Mai 1952 an verschiedene Adressatengruppen unter den Westmächten, in denen sich die Bundesregierung zu bestimmten Beschränkungen der Rüstungsproduktion in der Bundesrepublik bereit erklärt.
Der eigentliche EVG-Vertrag umfaßt allein 132, teilweise sehr umfangreiche Artikel. Der Nordatlantikvertrag vom 4. April 1949 kommt mit 14 aus. Das folgende Kapitel beschränkt sich wesentlich auf militärische oder militärpolitische Grundzüge des Vertragswerkes. Lediglich das bisher unveröffentlichte Militärische Sonderabkommen wird detaillierter behandelt. Abdruck des EVG-Vertragswerkes in BGBl, 1954, Tl II, S. 342–436.

[2] Vgl. Kap. III.4.

[3] Vgl. Tabelle über Aufstellungsplanung in Kap. V.1, S. 704.

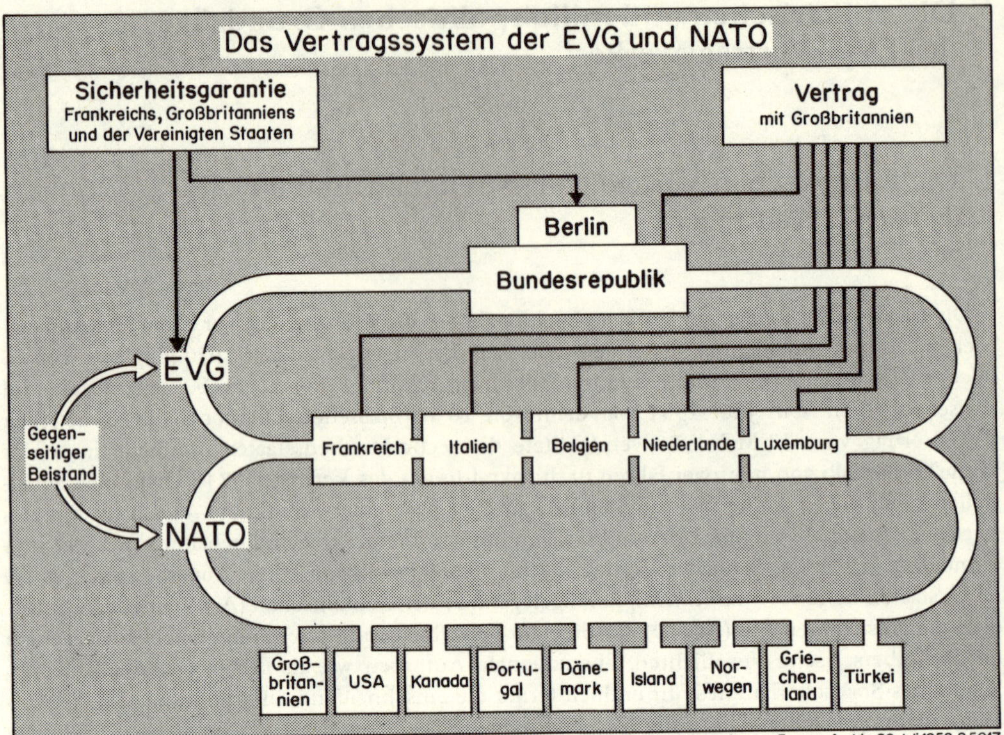

Quelle: Johann Adolf Graf Kielmansegg, Der Vertrag über die Gründung der Europäischen Verteidigungsgemeinschaft, aus: Europa-Archiv, 20. Juli 1952, S. 5017

und verdrängte die nationalverbleibenden Kräfte an die Peripherie. Nach Buchstabe und Geist des Vertrages hatten die Europäischen Verteidigungsstreitkräfte und die Verteidigung Westeuropas damit Vorrang vor allen anderen militärischen Aufgaben.

Die Europäischen Streitkräfte setzten sich aus nationalhomogenen „Grundeinheiten" (unités de base) zusammen. Für die Landstreitkräfte waren dies der Infanterie-, Panzer- und mechanisierte Kampfverband mit jeweils etwa 13 000 Mann Friedensstärke (ca. 15 000 Mann Kriegsstärke). Sie entsprachen vollwertigen Divisionen[4]. Bei den taktischen Luftstreitkräften bestand die „Grundeinheit" aus dem fliegenden Verband, der technischen Gruppe und der Fliegerhorstgruppe (1300 Mann Friedensstärke, 2000 Mann Kriegsstärke)[5]. Die zum küstennahen Schutz gedachten europäischen Seestreitkräfte sollten in „Gruppen gleicher nationaler Herkunft, die jeweils für ein Operationsgebiet und die gleiche taktische Aufgabe bestimmt sind, zusammengefaßt und in nachgeordnete Verbände (Gruppen, Flottillen, Halbflottillen)" gegliedert werden[6].

Oberhalb dieser nationalgeschlossenen Grundeinheiten begann dann die Ebene der Integration. So hätten sich z. B. die Armeekorps aus Kampfverbänden und Korpstruppen unterschiedlicher Nationalität zusammengesetzt. Das Personal der Korpsstäbe sollte im Verhältnis der Nationalität der unterstellten Truppen gemischt (integriert) werden. Auf Vorschlag des SACEUR und mit einstimmiger Billigung des EVG-Ministerrates war die Bildung nationalgeschlossener Ar-

[4] Art. 1 Militärprotokoll, BGBl, 1954, Tl II, S. 380 f.
[5] Art. 2, ebd., S. 381.
[6] Art. 3, ebd.

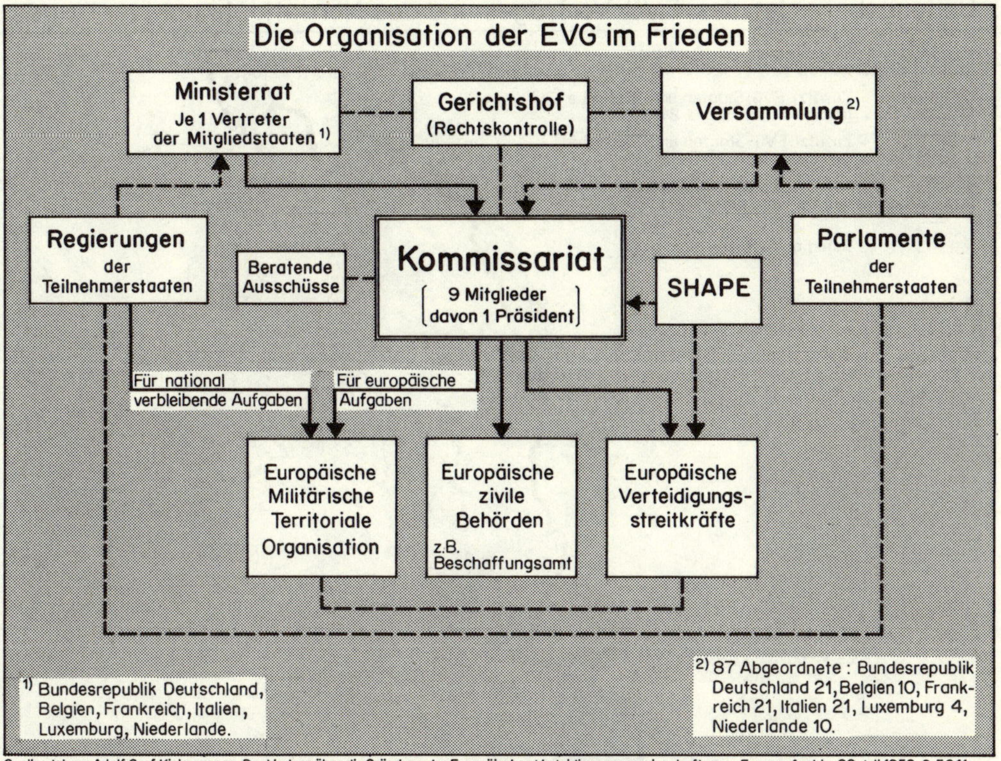

Quelle: Johann Adolf Graf Kielmansegg, Der Vertrag über die Gründung der Europäischen Verteidigungsgemeinschaft, aus: Europa-Archiv, 20. Juli 1952, S. 5011

meekorps als Sonderfall möglich, sofern dies aus taktischen oder organisatorischen Gründen notwendig erschien[7]. In Italien z. B., wo nur wenige nichtitalienische EVG-Truppen zu erwarten waren, hätte die Ausnahme zur Regel werden müssen. Der Grundsatz europäisch gemischter Armeekorps ist auch insofern durchbrochen worden, als der Vertrag entgegen französischen Intentionen die Eingliederung europäischer, also z. B. deutscher Verbände in Armeekorps der NATO erlaubte[8]. Die beabsichtigte Abschottung der Deutschen von der NATO war damit gescheitert.

An europäisch integrierten Kommandobehörden waren Zentralorgane, Truppenführungsstäbe und territoriale Kommandos vorgesehen[9]. Militärisches Führungsinstrument innerhalb des Kommissariats war der Europäische Generalstab, dem die Aufstellung und Ausbildung der Streitkräfte oblag[10].

Die Truppenführungsstäbe (Korpsstäbe, Stab des Befehlshabers der Landstreitkräfte Europa-Mitte; Taktische Fliegerkommandos, Taktisches Luftflottenkommando; Höheres Marinekommando) unterstanden in operativer Hinsicht SHAPE. Die Aufgabe der Territorialkommandos

[7] Art. 68, Abs. 2 EVG-Vertrag, ebd., S. 360.
[8] Art. 68, Abs. 3, ebd.
[9] Zur europäischen Territorialorganisation und ihrer besonderen Problematik für die Bundesrepublik s. Kap. IV.2c.
[10] Art. 5 und 6 Militärprotokoll, BGBl, 1954, Tl II, S. 382 f.

Geltungsbereiche des EVG-Vertrages und des Nordatlantikpaktvertrages

Quelle: BA-MA, Bestand BW 9.

bestand in der Deckung des personellen und materiellen Bedarfs sowohl der europäischen wie der nationalverbleibenden und in einem bestimmten Umfang auch der NATO-Truppen. Die Besetzung der Spitzenpositionen in diesen Kommandobehörden sollte sich nach dem Umfang der von jedem Staat gestellten Truppen und nach dem Grundsatz der Nichtdiskriminierung richten. Allein an diesem Beispiel wird der große Unterschied zwischen Pleven-Plan und EVG-Vertrag deutlich: Nach dem Pleven-Plan hätten deutsche Offiziere kaum höhere Dienststellungen als die eines Bataillonskommandeurs erreichen können. Jetzt konnte man in Bonn sicher sein, etwa ein Viertel der EVG-Generalität einschließlich Abteilungschefs des Europäischen Generalstabes und Kommandierender Generale zu stellen. Man hatte also auch zu eigenem Nutz und Frommen verhandelt.

Zum wichtigen Sektor der Heimatverteidigung legte der EVG-Vertrags nur sehr allgemein gehaltene Prinzipien fest. Sie sollte durch nationalgeschlossene Einheiten *europäischer* Rechtstellung erfolgen[11]. Die „innere", „bodenständige" oder „territoriale" Verteidigung der Bundesrepublik gegen Angriffe durch Luftlandetruppen und durchgebrochene feindliche Kräfte wäre damit eine Aufgabe rein deutscher Verbände gewesen. Hierzu gehörte das große Gebiet der Heimatluftverteidigung. Erste deutsche Überlegungen gingen dahin, die Heimatverteidigung nach einem Milizsystem zu organisieren. Bei einer veranschlagten Kriegsstärke von 750000 (!) Mann, davon allein ca. 500000 Mann für die stationäre Boden-Luft-Abwehr, sollten im Frieden etwa 10 Prozent, d.h. etwa 75000 Mann, als Kaderpersonal präsent sein[12]. Die Bundesregierung war hinsichtlich der Planung der Heimatverteidigung aber kaum freier als bei den aktiven Verbänden. Dies ergab sich bereits aus ihrer europäischen Finanzierung. Umfang, Einsatz und Führung der Heimatverteidigungsstreitkräfte blieben ebenfalls einer vertraglichen Regelung vorbehalten.

Ein Grundelement der Europäischen Verteidigungsstreitkräfte bildete die allgemeine Wehrpflicht, die damit auch für die Bundesrepublik bindend gewesen wäre. Da es sich nicht um die Wehrpflicht einer nationalen Armee handelte, sondern um die der Gemeinschaft, hätte sie im einzelnen europäisch geregelt werden müssen. Dazu gehörte auch die auf mindestens 18 Monate veranschlagte Wehrdienstdauer. In der Aufbauphase der EVG lag die Rekrutierung wesentlich in nationaler Zuständigkeit. Danach sollten nur noch Erfassung und Musterung von nationalen Stellen durchgeführt werden[13].

Für Gesamtumfang der EVG-Streitmacht, Größe ihrer Einzelkontingente und Zeitplanung war das geheime *Militärische Sonderabkommen,* der „Accord Spécial"[14], maßgebend. Im veröffentlichten Vertragstext ist er nur beiläufig erwähnt[15], was zu Spekulationen Anlaß bot. Es handelte sich aber um nichts weiter als einen reinen Aufstellungsplan, der aus den üblichen Gründen militärischer Geheimhaltung unterlag, was allerdings nicht verhinderte, daß er zumindest in Umrissen bekannt wurde. Das Sonderabkommen hat auch nach dem Scheitern der EVG erhebliche Bedeutung behalten, weil es hinsichtlich der dort für die Kontingente festgelegten Höchstgrenzen der Personalstärken und Zahl der Verbände Bestandteil des WEU-Vertrages vom

[11] Art. 16 EVG-Vertrag, ebd., S. 349.

[12] BA-MA, BW 9/1418, S. 191-197.

[13] Art. 12 Militärprotokoll, Art. 73, Abs. 3 EVG-Vertrag, BGBl, Tl II, S. 384f. und S. 361. Die Mindestdauer von 18 Monaten aktiver Dienstzeit war eine NATO-Forderung.

[14] BA-MA, BW 9/3330, S. 14-40.

[15] Im EVG-Vertrag ist nur von einem „Aufstellungsplan" die Rede (Art. 15, Abs. 3; Art. 44; Art. 78a), ebd., S. 349, 356, 362.

Aufstellung und Umfang der Europäischen Verteidigungskräfte gemäß Militärischem Sonderabkommen:

Landstreitkräfte

Jahr der Aufstellung	Staaten	Kampfverbände (= Divisionen)
1952	Bundesrepublik Deutschland	–
	Belgien und Luxemburg	5
	Frankreich	10
	Italien	11⅓
	Niederlande	3
insgesamt 1952		29⅓
1953	Bundesrepublik Deutschland	6
	Belgien und Luxemburg	5⅓
	Frankreich	13
	Italien	15⅓
	Niederlande	4
insgesamt 1953		43⅔
1954	Bundesrepublik Deutschland	12
	Belgien und Luxemburg	6
	Frankreich	18
	Italien	16⅓
	Niederlande	5
insgesamt 1954		57⅓

23. Oktober 1954 wurde und mithin den äußeren Rahmen für die Bundeswehr absteckte[16]. Es ist das einzige Element des EVG-Vertrages, das Wirksamkeit erhielt, aber nie veröffentlicht wurde.

[16] Zu beachten ist, daß sich das Protokoll Nr. 2 des WEU-Vertrages in Artikel 1 nur auf die Land- und Luftstreitkräfte und nur auf deren Höchststärken, nicht also auf den Zeitplan, das Integrationsniveau, das Verhältnis der Divisionstypen (Aufteilung nach Panzer- und Infanteriedivisionen), ihre Zahl und ihre unterschiedlichen Friedenspräsenzstärken, wie sie im Sonderabkommen festgelegt wurden, bezieht. Nach Art. 1, Abs. 2 konnte die Anzahl der im Sonderabkommen genannten Verbände ausdrücklich – „um den Bedürfnissen von NATO zu entsprechen" – „auf den neuesten Stand gebracht und angepaßt werden, vorausgesetzt, daß eine gleichwertige Kampfkraft erhalten bleibt". Die Bundesrepublik mußte demnach nicht unbedingt 12 Divisonen aufstellen und war nicht mehr an die EVG-Gliederungen der Verbände gebunden.
Hinsichtlich der deutschen Seestreitkräfte heißt es in Art. 2 des Protokolls: „Die Marinestreitkräfte der Bundesrepublik Deutschland bestehen aus den Schiffen und Verbänden, die zur Erfüllung der ihr von der Organisation des Nordatlantikvertrages zugewiesenen Verteidigungsaufgaben erforderlich sind oder gleichwertiger Kampfkraft; sie müssen sich im Rahmen des in Artikel 1 genannten Sonderabkommens halten." Hier erhielt die Bundesregierung also noch größeren Planungsspielraum. Protokoll Nr. II über die Streitkräfte der Westeuropäischen Union, in: BGBl 1955, Teil II, S. 262–265, Zitate S. 263.

Aufwuchs an Kampfflugzeugen der Taktischen Luftstreitkräfte

	1952	1953	1954	1955
Bundesrepublik Deutschland	279	858	1326	
Belgien	409	491	531	
Frankreich	414	1026	1827	1989
Italien	300	579	888	
Niederlande	207	314	376	

Deutscher Beitrag zu den Europäischen Seestreitkräften

60	Minensucher
85	Minensucher (Reserve)
18	Geleitboote
60	Schnellboote
2	Minenleger
10	Hafenschutzboote
40	Hafenschutzboote (Reserve)
36	Landungsboote
24	Seeflugzeuge
30	Hubschrauber
	Landeinheiten insgesamt 5000 Mann (3000 aktiv/2000 Reserve)
1	Küstenartillerie-Regiment

Aufstellungsphasen: bis Ende 1952: 10%
bis Ende 1953: weitere 40%
bis Ende 1954: weitere 50%

Die Zahlen basierten auf den in Lissabon gefaßten Beschlüssen des NATO-Rates vom 23. Februar 1952, waren also praktisch von der NATO vorgegeben und Teil der gesamten Verteidigungsplanung des Westens. Dies wird auch durch die wie bei der NATO auf 1954 abgestellte Zeitplanung deutlich. Zu diesem Zeitpunkt sollte der Aufbau der Europäischen Verteidigungsstreitkräfte abgeschlossen sein. Bei den Zahlen des Sonderabkommens handelte es sich allerdings nicht um die endgültigen Friedenshöchststärken, sondern um die „erste Welle", die dazu bestimmt war, „den unmittelbaren Unzulänglichkeiten des Verteidigungssystems von Westeuropa unter Berücksichtigung der vorhandenen Möglichkeiten für die Bildung und Ausrüstung neuer Einheiten abzuhelfen". Sie entsprach der „ersten Dringlichkeit". Eine Erhöhung des Umfanges wie auch eine andere Gliederung waren – bei einstimmiger Billigung des Ministerrates – jederzeit möglich.

Es blieb weithin unbekannt, daß das Sonderabkommen bei den Landstreitkräften sehr unterschiedliche Präsenzgrade im Frieden vorschrieb. Neben Verbänden, die bereits am ersten Mobilmachungstag über mindestens 75 Prozent ihrer Ausrüstung und ihres Personals verfügen sollten, waren solche vorgesehen, die diesen Stand erst 3, 15 oder 30 Tage nach Mobilmachungsbeginn („M-Day") erreichen mußten. Während die erste und zweite Kategorie im Frieden praktisch ständig einsatzbereit sein sollte, handelte es sich bei der dritten und vierten Kategorie um weitgehend gekaderte Verbände. Ein ähnlich abgestuftes und im einzelnen geregeltes Präsenzsystem galt auch bei der NATO. Im Sonderabkommen verpflichtete sich die Gemeinschaft, die NATO-Normen ab 1953 bei ihren Streitkräften anzuwenden. Das Sonderabkommen schrieb vor, daß für alle Verbände die gesamte Ausrüstung vorrätig gehalten werden müsse. Die vier Präsenzkategorien wirkten sich damit in erster Linie auf den jeweils geforderten Friedenspersonalstand aus: mindestens 20 Prozent bei den Verbänden „M + 30", mindestens 30 Prozent bei den Verbänden „M + 15" und mindestens 50 Prozent bei den Verbänden „M + 3". Die EVG-Divisionen konnten demnach keineswegs einander gleichgesetzt werden.

Gemäß Sonderabkommen hatte die Bundesrepublik 8 „M-Day"- und 4 „M + 3"-Divisionen einschließlich der dazugehörenden Kampfunterstützungs- und Versorgungstruppen zu stellen. Außerdem erlaubte es, daß die „grenznah gelegenen Verbände" („unités de couverture") personell im Frieden auf voller Kriegsstärke gehalten werden konnten, was für die Masse der geplanten deutschen Verbände zutraf. Unter Zugrundelegung dieses Kriteriums belief sich der Friedensumfang allein der deutschen Landstreitkräfte – ohne Heimatverteidigung, militärische Territorialorganisation und Wachregiment – auf 407 750 Mann. Ging man dagegen von den festgelegten Friedenshöchststärken der einzelnen Verbände aus, so reduzierte sich diese Zahl auf 333 750 Mann[17]. Eine nochmalige Verringerung war möglich, wenn nur das geforderte Minimum an aktivem Personal gestellt wurde. Der Vertrag gestattete somit eine sehr flexible Regelung des Personalumfanges. In einem Bericht an Adenauer vom 22. Dezember 1953 bezifferte Blank die Stärke der geplanten deutschen Heeresverbände auf 360 000 Mann[18]. Im Vergleich dazu hatte Frankreich insgesamt zwar 18 Divisionen[19] aufzubieten, davon aber nur 7 „M-Day"- und 4 „M + 3"-Divisionen. Aufgrund der insgesamt wesentlich geringeren Präsenzverpflichtungen hätte die Friedensstärke seines Kontingentes tatsächlich nur wenig über der deutschen gelegen. Dieser Umstand war insofern von erheblicher Bedeutung, weil der personelle Umfang der Kontingente über den Anspruch der EVG-Staaten an den integrierten Führungspositionen mitentschied. Im Verhältnis zu allen anderen Vertragsmitgliedern verlangte das Sonderabkommen von den deutschen Verbänden den insgesamt höchsten Präsenzgrad. Dies ergab sich folgerichtig aus der geographischen Lage der Bundesrepublik. Eine gleich hohe Einsatzbereitschaft der westlich des Rheins und in Italien dislozierten Landstreitkräfte wurde für wünschenswert gehalten, erschien aber aus finanziellen Gründen ausgeschlosssen.

Die 1326 Kampfflugzeuge des deutschen Luftwaffenkontingents umfaßten 300 Verteidigungsjäger, 750 Jagdbomber, 72 Allwetterjäger, 108 taktische Aufklärungsflugzeuge und 96 Transportflugzeuge. Umgerechnet hatte die Bundesrepublik 10 Jabo-, 4 Tagjagd-, 2 Allwetterjagd-, 2 Aufklärungs- und 2 Transportgeschwader, insgesamt also 20 Geschwader aufzustellen, etwa 25 Prozent der europäischen Luftwaffe.

Das Sonderabkommen sah zwei Integrationsstufen vor, zunächst das aus verschiedenen dieser nationalhomogenen Grundeinheiten oder Geschwadertypen „für eine gemeinsame Aufgabe" zusammengesetzte „Taktische Fliegerkommando" („Commandement aérien tactique", „tactical group"). Die Maximalstärke des Fliegerkommandos wurde auf 14 300 im Frieden und auf 22 300 im Kriege festgesetzt. Die nächsthöhere und zugleich oberste Integrationsstufe bildete das „Tak-

[17] Die Berechnungen beruhen auf Tabellen des Sonderabkommens über Stärkezahlen der „Kampfverbände", der „Korps- und Armeekorps" mit den „Einheiten des Rückwärtigen Gebietes" einer in 3 Armeekorps gegliederten Armee aus 12 Kampfverbänden (4 Panzer-, 8 Infanterie- oder mechanisierte Kampfverbände).

[18] BA–MA, BW 9/1310.

[19] Anscheinend wurde der französische EVG-Beitrag in letzter Minute vor der Vertragsunterzeichnung auf 18 erhöht. Zuvor waren 14 geplant.

tische Luftflottenkommando" („force aérienne tactique", „tactical air force"), das aus einer veränderlichen Zahl von Fliegerkommandos und den notwendigen Versorgungstruppen bestehen konnten. Das Luftflottenkommando sollte den Erfordernissen einer Heeresgruppe entsprechen und über so viele Fliegerkommandos verfügen wie die Heeresgruppe über Armeen. Für ein aus drei Fliegerkommandos und 2400 Flugzeugen bestehendes Luftflottenkommando legte das Sonderabkommen folgende Umfangszahlen fest: im Frieden maximal 70 000, im Kriege 130 000 Mann. Da für die „erste Welle" der EVG-Luftstreitkräfte etwas mehr als 5000 Flugzeuge veranschlagt worden waren, hätten zwei Luftflottenkommandos gebildet werden können. Wie bei den Landstreitkräften enthielt das Sonderabkommen keine festen Angaben über den Personalumfang der Luftwaffenkontingente. In einer Weisung vom 9. Januar 1954 ordnete Heusinger an, daß für die weitere Planung des deutschen Kontingentes eine Friedensstärke von 42 000 und eine Kriegsstärke von 71 500 Mann zugrunde zu legen sei[20]. Kräfte für die Boden-Luft-Abwehr (Raketen oder Flak-Artillerie) waren in diesen Zahlen nicht eingeschlossen, da sie der vom Sonderabkommen nicht erfaßten Heimatluftverteidigung angehörten.

Für die deutschen 311 Bootseinheiten (davon 186 aktiv) waren genaue maximale Besatzungsstärken vorgeschrieben, wobei zwischen aktivem und Reservepersonal unterschieden wurde. Für den gesamten deutschen Marinebeitrag errechnete sich daraus ein Umfang von 11 442 Mann aktiven und 12 092 Mann Reservepersonals. Da auf deutsches Drängen die Möglichkeit eingeräumt worden war, einen „Teil des Reservepersonals [...] zum Zwecke seiner Ausbildung zeitweilig zusätzlich zu den aktiven Personalstärken in Dienst [zu halten]", besaß die Dienststelle Blank hier einen gewissen Spielraum. Sie ging von einem deutschen Marinekontingent mit 17 900 Mann Friedensstärke und 23 892 Mann Kriegsstärke aus. Diese Zahlen lagen etwas über denen, die das Sonderabkommen Frankreich zubilligte.

Das Sonderabkommen bildete eine wesentliche Grundlage der gesamten weiteren Planungsarbeit der Dienststelle Blank und des Pariser Interimsausschusses. Außer dem Zeitplan und den Rahmendaten über Zusammensetzung und Umfang der einzelnen Kontingente der „ersten Welle" enthielt es nur noch Angaben über die Stammnormen[21] und einige Bemerkungen zur Ausbildung. Die auf ihm basierenden Berechnungen ergaben mit Stand von Anfang 1954 einen geplanten Friedensumfang des deutschen Kontingents ohne militärische Territorialorganisation und Heimatverteidigungskräfte von 420 000 Mann (360 000 Mann Landstreitkräfte, 42 000 Luftstreitkräfte, 18 000 Mann Seestreitkräfte)[22]. Bei Lichte besehen war dies alles aber kaum mehr als Theorie. Hier wurde aufgeteilt und verplant, was es noch gar nicht gab. Die Durchführung des Aufstellungsplanes war entscheidend von der zeitgerechten Bereitstellung des Materials, der Verfügbarkeit der Unterkünfte und der Deckung des Personalbedarfs abhängig. Diese Faktoren waren aber speziell im Hinblick auf den deutschen Beitrag völlig ungeklärt.

Die Bundesrepublik befand sich auch insofern in einer anderen Lage als die übrigen EVG-Staaten, als allein die Errichtung des deutschen Kontingentes vom Zustandekommen der EVG abhing. Durch ein Hinauszögern der Ratifizierung des Vertrages hatte es Frankreich so jederzeit in der Hand, den gewünschten Rüstungsvorsprung zu erreichen. Die im Sonderabkommen festgelegte Frist, das deutsche Kontingent von 12 Divisionen, 20 Geschwadern und 311 Booten bis Ende 1953 aufzustellen, basierte im übrigen auf der Voraussetzung, daß der EVG-Vertrag spätestens zum 1. Oktober 1952 ratifiziert werde. Da dies niemand im Ernst erwarten konnte, war ei-

[20] Planungsweisung Nr. P – 1/54. Betr.: Endstärken 1. Welle des deutschen Kontingents gemäß Accord Special, BA-MA, BW 9/2571-1.

[21] Vgl. Kap. IV.2.b.

[22] Der entsprechende Kriegsumfang belief sich auf 562 905 Mann.

gentlich schon bei Unterzeichnung des Vertrages klar, daß die Zeitplanung nicht eingehalten werden konnte. Damit mußte aber auch die ebenfalls auf 1954 ausgerichtete Gesamtplanung der NATO für die Verteidigung Westeuropas ins Rutschen geraten.

2. Bündnisklausel, Verhältnis zur NATO und zu Großbritannien

Die USA, Großbritannien und Frankreich hatten nie einen Zweifel darüber aufkommen lassen, daß das Ende der Besatzungsherrschaft nur um den Preis eines deutschen Verteidigungsbeitrages innerhalb der westlichen Allianz zu erhalten war. Eine diesbezügliche Bestimmung des am 26. Mai 1952 unterzeichneten Deutschlandvertrages koppelte entsprechend dessen Inkrafttreten an das Wirksamwerden des EVG-Vertrages (Art. 11, Abs. 2). Die andere zentrale Bedeutung der EVG für die Bundesrepublik bestand in der automatischen Beistandspflicht der Mitgliedstaaten untereinander. Da sich der weitaus größte Teil des Vertrages und seiner Zusatzprotokolle mit der Organisation der EVG befaßte, ist die auf einen einzigen Artikel beschränkte, aber politisch gleichgewichtige Bündnisklausel (Art. 2), welche die Bundesrepublik Deutschland zu einer verbündeten Macht erhob, nicht immer voll gewürdigt worden. Sie beschränkte zunächst die Gemeinschaft ausschließlich auf den Zweck der Verteidigung (Abs. 1) und bestimmte sodann (in Abs. 3): „Jede bewaffnete Aggression gegen irgendeinen der Mitgliedstaaten in Europa oder gegen die Europäischen Verteidigungsstreitkräfte wird als ein Angriff gegen alle Mitgliedstaataen angesehen. Die Mitgliedstaaten und die Europäischen Verteidigungsstreitkräfte leisten dem so angegriffenen Staat mit allen ihnen zu Gebote stehenden militärischen und sonstigen Mitteln Hilfe und Beistand." Diese automatische Beistandsverpflichtung trug der Tatsache Rechnung, daß die EVG-Staaten auf nationale Streitkräfte zum Schutz ihres europäischen Gebietes verzichteten und für die Verteidigung in Europa ausschließlich auf die Streitkräfte der Gemeinschaft angewiesen waren. Die Bundesrepublik, als das gegenüber den Streitkräften der Ostblockstaaten am stärksten exponierte Land, erhielt hierdurch die denkbar größte vertragliche Sicherheit. Bei einem Angriff auf die Bundesrepublik mußte die Sowjetunion somit rechnen, daß ihr die gesamte militärische Macht der EVG-Staaten entgegentreten würde. Die Bündnisklausel erhob die Verteidigung deutschen Territoriums zur (west)europäischen Pflicht. Dies war erheblich mehr, als die NATO ihren Mitgliedern zusicherte. Artikel 5 des Nordatlantikvertrages bestimmte zwar auch, daß ein Angriff gegen ein Mitglied als Angriff gegen alle anzusehen sei, er überließ es dann aber der Beurteilung jedes einzelnen Staates, welche Maßnahmen, die nicht unbedingt militärischer Art zu sein brauchten, er zu ergreifen gedachte. Die EVG kam daher Adenauers unablässigem Streben nach einer möglichst umfassenden Sicherheitsgarantie des Westens für die Bundesrepublik in einem Maße entgegen, wie es die NATO ihrem Vertragscharakter nach niemals gekonnt hätte. Daher hat sich für die Bundesregierung die Alternative NATO *oder* EVG gar nicht gestellt, solange es für letztere noch eine Chance der Verwirklichung gab. Ganz in diesem Sinne bestritt die Dienststelle Blank, „daß wir durch die Mitgliedschaft in NATO *anstelle* der EVG ein besseres politisches und militärisches Geschäft machen würden". Ihrer Auffassung nach konnte die deutsche Forderung nur lauten: „EVG *und* NATO, und zwar nacheinander[23]."

[23] BA–MA, BW 9/2527, S. 27.

Mit einer Aufnahme der Bundesrepublik in den Atlantikpakt war vor allem wegen des französischen Widerstandes vorerst jedoch überhaupt nicht zu rechnen. Für Bonn mußte daher das Verhältnis zwischen EVG und der für die Verteidigung Westeuropas maßgebenden NATO von außerordentlicher Bedeutung sein. Zwei Aspekte waren dabei zu regeln gewesen, einmal die gegenseitigen Beistandsverpflichtungen und sodann das organisatorische Zusammenwirken. Die EVG konnte als multinationales Gebilde der NATO nicht angehören. Eine in zwei korrelativen Protokollen vom 27. Mai 1952[24] gefundene Lösung schrieb zwischen den EVG-Staaten und den Atlantikpaktstaaten wechselseitig dieselben Bündnisverpflichtungen vor, wie sie gemäß Artikel 5 innerhalb der NATO galten. Bei einem Angriff auf ihr Territorium konnte die Bundesrepublik somit von Dänemark oder Kanada dieselbe Unterstützung erwarten, die ihr als NATO-Mitglied zuteil geworden wäre. Dies galt reziprok in gleichem Umfang. Es war also ins Belieben der Bundesregierung gestellt, in welchem Maße sie sich an der Verteidigung eines nicht der EVG angehörenden NATO-Staates beteiligen würde.

Im Dezember 1950 hatte der NATO-Rat vereinbart, supranationale europäische Streitkräfte nur als Element der übergeordneten NATO-Streitmacht zu gestatten. Die Einordnung der EVG in die NATO wurde durch den EVG-Vertrag bekräftigt. Danach hatte sich die EVG „im Rahmen des Nordatlantikpakts" an der westlichen Verteidigung zu beteiligen (Art. 2, Abs. 2) und „eng mit der Organisation des Nordatlantikpaktes zusammen[zuarbeiten]" (Art. 5).

Diese grundsätzlichen Bestimmungen wurden durch das „Protokoll über die Beziehungen zwischen der Europäischen Verteidigungsgemeinschaft und der Organisation des Nordatlantikpaktes"[25] zum EVG-Vertrag genauer gefaßt. Es sah auf der politischen Ebene gemeinsame Sitzungen des NATO-Rates und des Ministerrates der EVG „in Fragen, welche die gemeinsamen Ziele der beiden Organisationen betreffen", vor, sofern dies eines der beiden Gremien wünschte. Für die Bundesrepublik, als dem einzigen der NATO nicht direkt angehörenden EVG-Mitglied, war es besonders wichtig, daß das Recht zur Einberufung dieser gemeinsamen Sitzungen auch jedem einzelnen NATO- oder EVG-Staat zustand, wenn er sich in seiner Gebietshoheit, Unabhängigkeit oder Sicherheit bedroht fühlte. Für die Organe der EVG bindende Beschlüsse setzten Einstimmigkeit in beiden Gremien voraus, konnten demnach nicht gegen die deutsche Stimme gefaßt werden. Natürlich mußte die Frage offenbleiben, ob ein Veto der Bundesrepublik tatsächlich etwas bewirkt hätte. Die Möglichkeit, als EVG-Mitglied mit dem höchsten NATO-Gremium in Konsultationen eintreten zu können, stellte jedenfalls für die Bundesregierung das Maximum des auf der politischen Ebene vorerst Erreichbaren dar.

Zwischen EVG und NATO war ein ständiger Austausch von Informationen und eine enge personelle Zusammenarbeit geplant. Angehörige der Europäischen Verteidigungsstreitkräfte sollten im Hauptquartier des SACEUR und der ihm unterstellten Kommandobehörden Dienst tun. Die Bundesregierung konnte also damit rechnen, daß auch deutsche Offiziere bei SHAPE eingegliedert würden, nicht nur als Verbindungspersonal, sondern in echter Funktion und Verantwortung auf SHAPE-Dienstposten. Allerdings wäre ihr Status immer nur der eines Vertreters der EVG gewesen, der gegenüber sie die gleiche Loyalitäts- und Gehorsamspflicht hatten, „wie sie die Soldaten der Nationalarmeen üblicherweise ihrer eigenen Regierung und ihren eigenen Vorgesetzten gegenüber haben"[26]. Es war demnach eine Irreführung der deutschen Öffentlichkeit, wenn Blank versicherte, es sei „eine deutsche verantwortliche Mitarbeit auch im Stab des

[24] Vgl. Anm. 1.
[25] Vgl. ebd.
[26] Militärprotokoll Art. 16 § 2.

atlantischen Oberbefehlshabers in Europa sichergestellt"[27]. In den militärisch entscheidenden NATO-Gremien, dem Militärausschuß und der Ständigen Gruppe („Standing Group"), einer Art höchster Operationsabteilung für den Gesamtbereich des atlantischen Bündnisses, der ohnehin nur die USA, Großbritannien und Frankreich angehörten, wäre die Bundesregierung nicht einmal indirekt beteiligt gewesen. Nichts konnte darüber hinwegtäuschen, daß die Bundesrepublik einem Bündnis Soldaten zur Verfügung stellte, dessen Mitglied sie nicht war und auf dessen Tun und Lassen sie nur einen sehr beschränkten Einfluß auszuüben vermochte.

Die NATO, insbesondere die USA und Eisenhower wollten keine eigenständige „Europäische Armee"[28]. Das Zusammenwirken von EVG und NATO sollte vielmehr auf Arbeitsteilung und Komplementarität beruhen. Entsprechend legte das Protokoll über die beiderseitigen Beziehungen fest, „ein Überschneiden der Verantwortlichkeiten und Aufgaben möglichst zu vermeiden". Die Einhaltung dieses Prinzips zeigte sich sehr deutlich bei der Aufspaltung des Oberbefehls. Dem Kommissariat und dem Zentralen Europäischen Generalstab oblagen im wesentlichen Verwaltung, Aufstellung und Ausbildung der EVG-Streitkräfte, dem SACEUR Operationsplanung und -führung.

Obwohl kein Organ der Gemeinschaft, wurde dem SACEUR im Vertrag eine sehr starke Position im Verhältnis zu den Streitkräften der Gemeinschaft eingeräumt. Im Frieden besaß er ein weitreichendes Inspektionsrecht[29] und konnte der EVG Vorschläge hinsichtlich Gliederung, Aufteilung und Dislozierung der Truppen unterbreiten. Zwar lag das wichtige Dislozierungsrecht originär beim Kommissariat, es sollte aber nur „im Rahmen der Empfehlungen des zuständigen Oberbefehlshabers der Nordatlantikpakt-Organisation" angewandt werden. Abweichungen von diesen Empfehlungen wurden dem Kommissariat nur mit einstimmiger Genehmigung des Rates gestattet[30]. Letzteres entsprach einem dringenden deutschen Wunsch. Durch ihr Veto konnte die Bundesregierung eine Ausschaltung des SACEUR in dieser Frage verhindern. Die Gewähr, daß die EVG-Truppen tatsächlich im Sinne der „Forward Strategy" möglichst weit östlich und nicht an der Rheinlinie disloziert werden würden, schien der Dienststelle Blank durch ihn eher gegeben als durch das Kommissariat. Im Kriege besaß er gegenüber den Europäischen Verteidigungsstreitkräften „die volle Gewalt und Verantwortung, die sich aus seiner Stellung als Oberbefehlshaber" ergab[31]. Der Abzug von Einheiten zur Bewältigung von Krisen in außereuropäischen, d.h. vom Geltungsbereich des Vertrages nicht abgedeckten Gebieten, war vertraglich möglich, aber an seine Billigung gebunden. Der EVG ist durch ihr Scheitern die Zerreißprobe erspart geblieben, die sich zwangsläufig ergeben haben würde, wenn der SACEUR der französischen Regierung die Zustimmung verweigert hätte, EVG-Einheiten nach Indochina oder Algerien zu entsenden. Nicht zufällig konzentrierten sich seit Anfang 1953 die französischen Forderungen nach einer Revision des Vertrages gerade auf diesen Punkt[32].

[27] BA-MA, BW 9/2559.

[28] Vgl. Kap. III.3 Anmerkung 37.

[29] „Der zuständige Oberbefehlshaber der Nordatlantikpakt-Organisation kann sich [...] vergewissern, daß die Europäischen Verteidigungsstreitkräfte zufriedenstellend aufgebaut, ausgerüstet, ausgebildet und einsatzbereit gemacht werden"; Art. 18, Abs. 1 EVG-Vertrag.

[30] Art. 77, Abs. 1, ebd.

[31] Art. 18, Abs. 2 ebd. Gemäß Art. 123, Abs. 1, erhielt der SACEUR die Rechte als Oberbefehlshaber nach Art. 18, Abs. 2, aber nicht automatisch im Spannungs- oder Kriegsfall, sondern erst durch Beschluß des Ministerrates der EVG. Eine ähnliche Konstruktion kannte die Kriegsverfassung des Deutschen Bundes: Die Kommandogewalt ging erst durch einen entsprechenden politischen Akt an den Bundesfeldherrn über.

[32] Vgl. Kap. VI.3.

Frankreichs Bemühungen, Großbritannien als Gegengewicht zur Bundesrepublik zum Eintritt in die EVG zu bewegen, blieben erfolglos. Um der französischen Regierung entgegenzukommen und ihr die Annahme des Vertrages zu erleichtern, sagte Großbritannien wenigstens eine enge Assoziierung mit der EVG und ein enge organisatorische Zusammenarbeit seiner dem SACEUR unterstellten Truppen mit den EVG-Streitkräften zu. Der am 27. Mai 1952 zusätzlich geschlossene Bündnisvertrag zwischen Großbritannien und den EVG-Staaten enthielt dieselben wechselseitigen automatischen und vollen Beistandsverpflichtungen, wie sie nach dem EVG-Vertrag für die EVG-Staaten untereinander galten. Praktisch bedeutete dies die Ausdehnung des Brüsseler Vertrages vom März 1948 auf Italien und die Bundesrepublik, die damit dreifach, im Falle des Atlantikpaktes allerdings nur mittelbar, in das westliche Allianzsystem eingebunden war.

3. Rüstungsproduktion, „strategisch gefährdete Gebiete" und „Pulverlinie"

Innerhalb der Gesamtproblematik eines deutschen Verteidigungsbeitrages bildete die Frage einer deutschen Rüstungsindustrie ein besonders heikles und kompliziertes Sonderproblem. Der EVG-Vertrag sah gemeinsame Programme für die Bewaffnung, Ausrüstung, laufende Versorgung und Infrastruktur der Europäischen Verteidigungsstreitkräfte vor. Die wissenschaftliche Forschung und technische Erprobung auf dem militärischen Gebiet sollte ebenfalls gemeinsam betrieben werden[33]. Es war dies bei supranationalen Streitkräften mit der beabsichtigten einheitlichen Gliederung, Bewaffnung und Ausbildung auch nicht anders denkbar. Nationale Rüstungen herkömmlicher Art hätten die gewünschte „Verschmelzung" der Kontingente unmöglich gemacht. Neben dem gemeinsamen Haushalt war die gemeinsame Rüstung eine der besonders festen Klammern der EVG. Dazu gehörte eine gemeinsame Beschaffungsorganisation[34]. Bei Anwendung des Grundsatzes der Gleichbehandlung mußte die deutsche Wirtschaft an der europäischen Rüstungsproduktion beteiligt werden. Hier begann nun die große politische Schwierigkeit. Für die argwöhnischen Westmächte schien die Methode der Integration der deutschen Truppen in die westliche Verteidigungsorganisation hinreichende Sicherheit gegen ein Wiedererstehen einer deutschen Nationalarmee zu bieten. Aber wie sollte eine neue deutsche Rüstungsindustrie daran gehindert werden, nicht nur für die EVG oder die NATO zu produzieren? Schuf man mit deutschen Waffenschmieden nicht geradezu von neuem die Grundlage für die alte „unheilige" Allianz von deutschem Militarismus, Nationalismus und Schwerindustrie? In Frankreich rief die Vorstellung Ängste wach, neben deutschen Soldaten nun auch noch deutsche Munitions- und Panzerfabriken zulassen zu müssen.

[33] Art. 101 und 106 EVG-Vertrag.

[34] Das besonders vom Bundeswirtschaftsministerium verlangte nationale Beschaffungsamt, das lediglich im Auftrag des Kommissariates handelte, war nicht durchsetzbar. Die nichtdeutschen Delegationen vertraten die Auffassung, die Integration des Beschaffungswesens müsse derjenigen der Streitkräfte, des Haushalts, der Rüstungsplanung usw. entsprechen. Dagegen konnte die deutsche Delegation eine zwar europäische, aber dezentralisierte und zivile Form der Beschaffungsorganisation statt der von Frankreich gewünschten völlig zentralisierten und militärischen erreichen, BA-MA, BW 9/218.

Das Problem beschäftigte die westlichen Besatzungsmächte, seitdem die Frage eines deutschen Verteidigungsbeitrages aktuell geworden war. In der Brüsseler Vereinbarung vom Dezember 1950 hatte der NATO-Rat ein Herstellungsverbot von ABC-Waffen, weitreichenden Raketen, schweren Waffen, Flugzeugen und größeren Kriegsschiffen für die Bundesrepublik beschlossen[35]. Seit Oktober 1951 war es die Aufgabe einer in London tagenden Expertengruppe der USA, Großbritanniens und Frankreichs, diese Verbotsliste zu präzisieren, die dann als Bestandteil des Deutschlandvertrages an die Stelle des seit Kriegsende geltenden vollständigen Rüstungsverbotes treten sollte[36]. Zusätzlich schlug Frankreich noch eine „Zone der Überwachung" vor, da die Grenze zwischen der Herstellung erlaubter und unerlaubter Waffentypen fließend sei. So könne ein Betrieb, der 105-mm-Kanonen produziere, sehr schnell auch 155-mm-Kanonen herstellen. Wenn man letztere nicht wolle, müsse man auch erstere verbieten[37]. Dementsprechend waren beispielsweise vorgesehen: Verbot der Herstellung von Kanonen (Rohren) über 60 mm, von Antriebsmitteln (Pulver), von Sprengstoffen, die über die für friedliche Zwecke benötigte Menge hinausgingen, von Panzerplatten mit mehr als 50 mm Dicke, von Werkzeugmaschinen, die nur zur Prodution der verbotenen Rüstung benutzt werden konnten[38]. Die Verbotswünsche reichten bis zu einer Begrenzung allgemeiner Industriekapazitäten.

Während sich die drei Besatzungsmächte über das Verbot der Entwicklung und Produktion von ABC-Waffen, Flugzeugen (auch ziviler), Lenkraketen, größeren Kriegsschiffen einschließlich U-Booten einig waren[39], kam es bei der Definition der Kategorie „schwere militärische Ausrüstung" (Panzer, Artilleriegeschütze etc.) zu keiner Übereinkunft. Die Franzosen vor allem waren willens, die Grenzen sehr eng zu ziehen. Die Amerikaner verfolgte dagegen die Sorge, „wie das deutsche Kontingent rechtzeitig zu seinen Waffen komme". Während des Pariser Außenministertreffens am 23. November 1951 erklärte Acheson seinen Kollegen Schuman und Eden, das Problem bestehe doch nicht darin, daß es zuviel Rüstung gebe, sondern ob in Deutschland genug produziert werde. Er schlug vor, die Kategorie schwere Waffen ganz zu streichen[40]. Für Frankreich war diese Position unannehmbar. Parodi, Generalsekretär des französischen Außenministeriums, äußerte gegenüber einem Angehörigen der britischen Botschaft, wenn die Amerikaner und Briten sich Gedanken um deutsche Flugzeuge und Schiffe machten, so seien Franzosen und Russen bei deutschen Panzern besorgt[41]. Er warnte die USA und Großbritannien, daß die Aufhebung des deutschen Produktionsverbotes bei schweren Waffen in Frankreich zu „sehr ernsten Rückwirkungen" führen könne[42].

Adenauer lehnte ein einseitiges, vertraglich fixiertes Rüstungsverbot dieser Art als diskriminierend rundweg ab. Er teilte den Westmächten mit, ein solches Ansinnen werde vom Bundestag niemals akzeptiert und gefährde damit das gesamte Konzept eines deutschen Verteidigungsbeitrages auf das schwerste. Gegenüber McCloy äußerte er, es sei für ihn unmöglich, den Deut-

[35] Vgl. Kap. I.2.a.
[36] Zu diesem Komplex s. die Dokumentation „Participation of the United States in the Work of the Tripartite Group on Germany, October–December 1951, and in Related Discussions", Teil B, „The Question of German Security Controls", in: FRUS 1951, III, Teil 2, S. 1701–1746.
[37] Ebd., S. 1706.
[38] Ebd., S. 1708.
[39] Nach einem amerikanischen Vorschlag sollte die Produktion jedoch erlaubt werden, wenn die drei Besatzungsmächte sie im Interesse der NATO für notwendig hielten, ebd., S. 1704.
[40] Ebd., S. 1715 ff.
[41] Ebd., S. 1737.
[42] Ebd., S. 1733 ff.

schen zu erklären, wieso ihnen in der EVG einerseits 1700 Kampfflugzeuge zugeteilt würden, andererseits aber nicht erlaubt werde, auch nur irgendein Zivilflugzeug zu bauen[43]. Er schlug statt dessen vor, die Rüstung aller EVG-Staaten aus der nationalen Zuständigkeit ganz herauszunehmen und die alleinige Befugnis zur Vergabe von Rüstungsaufträgen auf die EVG zu übertragen. Die Einhaltung dieses Verfahrens könne dann durch die NATO überwacht werden[44]. Dieser Vorschlag vermied zwar die einseitige deutsche Diskriminierung, konnte die Befürchtungen der Alliierten aber zunächst nicht zerstreuen.

Die Lösung bestand wie so oft bei den Verhandlungen in einem Kompromiß. Die Alliierten verzichteten darauf, die Verbotsliste zum Bestandteil des Deutschlandvertrages zu machen und folgten dem deutschen Vorschlag, das Kommissariat mit der ausschließlichen Rüstungskompetenz für das EVG-Gebiet auszustatten. Gemäß Artikel 107 des EVG-Vertrages durften Waffen, Munition und Sprengstoffe nur mit Genehmigung des Kommissariats erzeugt sowie ein- und ausgeführt werden. Bei Verstößen waren Sanktionen vorgesehen. Die genehmigungspflichtigen Waffen waren in zwei umfangreichen Listen verzeichnet. Die erste enthielt sämtliche Waffen und Rüstungsgüter, deren Produktion nur mit Erlaubnis der EVG gestattet war. Die zweite beschränkte sich auf solche, die in „strategisch gefährdeten Gebieten" nur mit einstimmiger Billigung des EVG-Ministerrates produziert werden durften. Dabei handelte es sich um ABC-Waffen, weittragende Lenkraketen, Influenzminen, Kriegsschiffe über 1500 t, U-Boote und Militärflugzeuge.

Die vermutlich von deutscher Seite in die Verhandlungen eingebrachte Idee der strategisch gefährdeten oder exponierten Gebiete[45] führte aus der Sackgasse heraus. Die Bundesregierung, die schon durch Blank auf dem Petersberg ihr Desinteresse an einer eigenen Rüstungsindustrie freiwillig bekundet hatte[46] und der es in diesem Punkt mehr um die rechtlich-formale Gleichbehandlung ging[47], erklärte, sie betrachte es „im Hinblick auf die bestehende internationale Spannung und die Tatsache, daß sich die Bundesrepublik in einer [...] strategisch exponierten Lage befindet", nicht als Diskriminierung, daß das Kommissariat keine Ermächtigung zum Bau und zur Erforschung für die in der zweiten Liste angeführten Kriegsmaterialien in der Bundesrepublik erteile. Adenauer erklärte dies in einem Brief vom 7. Mai 1952 an die übrigen EVG-Staaten mit dem Vorbehalt, daß das deutsche Kontingent mit diesen Waffen aber „nicht weniger günstig" ausgestattet werden dürfe als die anderen EVG-Streitkräfte[48]. In einem weiteren Brief Adenauers an die drei Besatzungsmächte verpflichtete sich die Bundesregierung allerdings darüber hinaus, nicht nur Forschung, Entwicklung und Herstellung, sondern auch den Besitz von A-Waffen gesetzlich zu verbieten. Zwei weitere Briefe, in denen die Bundesregierung mitteilte, daß

[43] Ebd., S. 1740; s. auch Adenauer, Erinnerungen 1, S. 526.

[44] FRUS 1951, III, Teil 2, S. 1709, 1719f., 1731.

[45] Ebd., S. 1740f.

[46] Vgl. Kap. II.d. In seinem Gespräch mit McCloy über das Problem der Rüstungskontrolle am 26.11.1951 wiederholte Adenauer, daß die deutsche Industrie viel mehr daran interessiert sei, Exportgüter zu produzieren als Kriegsmaterial, FRUS 1951, III, Teil 2, S. 1720.

[47] Ebd., S. 1617.

[48] Das deutsche EVG-Kontingent konnte also durchaus mit Waffen ausgestattet werden, deren Herstellung in der Bundesrepublik verboten war, soweit dies nicht wie bei U-Booten oder anderen Schiffstypen durch das Militärische Sonderabkommen gesondert geregelt war. Zu unterscheiden ist also Herstellung und Besitz von Waffen! Im „Protokoll Nr. III über die Rüstungskontrolle" in der WEU (vgl. Anm. 16) wurde das Herstellungsverbot für die Bundesrepublik in einigen Punkten gelockert: So wurde der Bau von U-Booten bis 350 t (bisher keine) und von Kriegsschiffen bis 3000 t (bisher 1500 t) erlaubt. Die „Pulverlinie" entfiel.

sie Zivilflugzeuge vorerst im Ausland kaufen werde, und sich bereit erklärte, gegenüber den USA und Großbritannien dieselben Verpflichtungen hinsichtlich der Beschränkung der Waffenproduktion einzugehen wie gegenüber den EVG-Staaten, ergänzten das komplizierte Verfahren[49].

Eine Sonderregelung galt für Pulver, Raketenantriebsmittel und „ferngelenkte Geschosse mit kurzer Reichweite für Luftabwehr". Gegen anfänglichen Widerstand Frankreichs gestattete der Vertrag (Art. 107, Abs. 4 b) deren Produktion auch auf deutschem Boden, allerdings nur westlich der sogenannten *„Pulverlinie"*, die folgenden Verlauf hatte: deutsch-holländische Grenze bis zum Rhein – Rhein bis Köln – Ostrand Troisdorf – Bonn – längs des Rheins bis Mainz – Ostrand Darmstadt – Heidelberg – längs des Neckars bis Esslingen – Ulm – Ostspitze Bodensee.

Was bedeutete dies nun für die Bundesrepublik? Mit dem Inkrafttreten dieser Regelung mußten die bisherigen, weit einschneidenderen Produktionsverbote, Industrie- und Forschungskontrollmaßnahmen der Besatzungsmächte aufgehoben werden. Nach dem vertraglich fixierten Prinzip der Gleichbehandlung konnten außer den in der o. g. zweiten Liste aufgeführten Waffen alle übrigen – also auch Panzer oder Artilleriegeschütze – in der Bundesrepublik hergestellt werden. Westlich des Rheins und in Südwestdeutschland war der Bau von Munitionsfabriken möglich. Allerdings war die Vergabe entsprechender Produktions- und Forschungsaufträge durch das Kommissariat von der Zustimmung einer Zweidrittelmehrheit des EVG-Ministerrates abhängig.

Eine gewisse Garantie dafür, daß die deutsche Wirtschaft in der Beschaffungsfrage nicht benachteiligt wurde, bestand in der vertraglichen Verpflichtung des Kommissariats, die „technischen und wirtschaftlichen Möglichkeiten aller Mitgliedstaaten aufs beste nutzbar zu machen" und den jeweiligen Beitrag zum EVG-Haushalt zu berücksichtigen[50]. Es war vorgesehen, mindestens 85 Prozent der einzelnen Finanzbeiträge in dem betreffenden Land auszugeben.

Wie sich all diese Bestimmungen tatsächlich ausgewirkt hätten, läßt sich nur vermuten. Einer zur deutsch-deutschen Grenze hin zunehmenden Konzentration an Kampftruppen hätte eine Zone verdünnter Rüstungsindustrie entsprochen.

[49] Alle vier Briefe waren von der Bundesregierung mit den drei Besatzungsmächten, von denen die Entwürfe stammten, genau abgesprochen. Der 2. Brief über die A-Waffen bezog sich nur auf den nationalen Besitz. Er schloß also nicht aus, daß deutsche EVG-Verbände mit A-Waffen ausgestattet werden konnten. Alle Briefe waren praktisch Bestandteil der Parallelverträge über die EVG und die Ablösung des Besatzungsstatus. Die Besatzungsmächte legten Wert darauf, daß sie dem Bundestag zur Genehmigung vorgelegt würden. Ihre die Bundesrepublik bindende Wirkung wäre also kaum geringer gewesen als die in den Deutschlandvertrag hereingenommene Verbotsliste; Abdruck der Briefe im BGBl, Tl II, 1954, Nr. 3, v. 29. 3. 1954, S. 416–418.

[50] Art. 102, Abs. 1 EVG-Vertrag.

VI. Die Planungen der Dienststelle Blank und des Pariser Interimsausschusses bis zum Scheitern der EVG

1. Die militärischen Abteilungen der Dienststelle Blank und des Interimsausschusses: Organisation, Aufgaben und Zusammensetzung

Bis zur Unterzeichnung des EVG-Vertragswerkes hatte der Schwerpunkt der Arbeit in Bonn und Paris auf der Fertigstellung der einzelnen Vertragsbestimmungen gelegen. Auf dieser Grundlage konnte nunmehr erst mit der eigentlichen Planung der Europäischen Verteidigungsstreitkräfte begonnen werden.

Aber auch jetzt handelte es sich um *reine* Planung, da sowohl die Dienststelle wie auch der Interimsausschuß, in den die Pariser EVG-Konferenz durch ein Regierungsabkommen umgewandelt wurde, nur Vorstufen eines nationalen und europäischen Verteidigungsministeriums waren, die keinerlei Durchführungsbefugnisse besaßen. Im „Protokoll über den Interimsausschuß" war ausdrücklich festgelegt, daß dessen Planungen die Regierungen nicht binden und keine Ausführungsmaßnahmen auslösen dürften.

Die Dienststelle blieb nach wie vor dem Bundeskanzleramt eingegliedert, war also kein vollwertiges Ressort, und Blank, dem Adenauer schon im Oktober 1950 das Verteidigungsministerium versprochen hatte[1], wurde nicht Minister. Der Vorläufigkeit der Planung entsprach die Vorläufigkeit der Dienststelle. Vollends unklar war die rechtliche wie finanzielle Lage der in ihr tätigen ehemaligen Offiziere. Ein Teil von ihnen hatte immerhin den Angestelltenstatus erhalten. Die meisten wurden aber nur als Gutachter mit sehr kurzfristigen Arbeitsverträgen eingestellt, die von Fall zu Fall erneuert werden mußten[2]. Mancher sprang wegen der ungeklärten beruflichen Zukunft wieder ab, viele kamen angesichts solcher Unsicherheiten erst gar nicht. Besonders schwierig erwies es sich, qualifizierte Ärzte zur Planung des Sanitätswesens zu gewinnen und zu halten. Eine wichtige Veränderung wurde insoweit vorgenommen, als sich Dienststelle und Ausschuß bereits weitgehend die organisatorische Form gaben, die sie in den Stand versetzen sollte, am Tag des Inkrafttretens des Vertrages sofort mit der Durchführung der Planung zu beginnen. Dies galt vor allem für die militärischen Sektionen, in denen sich in gewissem Maße ihre endgültige Gliederung widerspiegelte. Wer plante, hatte demnach am Tage X auch für die Ausführung zu sorgen. Jeder Beteiligte konnte sich mithin ausrechnen, daß sein Platz in der Planungshierarchie einen ungefähren Anhalt dafür lieferte, wo und wie er künftig verwendet würde. Für keinen der ehemaligen deutschen Soldaten – und die Angehörigen der Dienststelle waren davon nicht ausgenommen – gab es freilich eine Übernahmegarantie. Bewerber für Spitzenstellungen ab Regimentskommandeur, also vom Dienstgrad Oberst an aufwärts, auch Oberstleutnante, die als Oberste übernommen werden sollten, hatten sich außerdem der Überprüfung und

[1] Vgl. Anm. II/1.

[2] Ab Anfang 1953 trat insofern eine Verbesserung ein, als die Gutachterverträge teilweise in feste Arbeitsverträge umgewandelt wurden, BA-MA, BW 9/2527-2, S. 46. Ein Sonderproblem lag darin, daß die ehemaligen Offiziere hoheitliche Aufgaben wahrnahmen, ohne den dazu erforderlichen Status zu besitzen, BA-MA, BW 9/1523, S. 34ff.

dem Urteil eines für die Streitkräfte geplanten unabhängigen Personalgutachterausschusses[3] zu stellen.

Im Juni 1952 wurde die Dienststelle Blank in vier Abteilungen – bisher zwei – umgegliedert. Der I. Abteilung, der Zentralabteilung unter Ministerialdirigent Wirmer, oblag die Bearbeitung der allgemeinen und personellen Angelegenheiten der Dienststelle sowie die Planung der künftigen Verwaltungsorganisation. Die II. Abteilung war die militärische Abteilung unter Generalleutnant a.D. Heusinger. Der III. Abteilung unter Ministerialdirigent Dr. Barth fielen das Rechtswesen und zunächst auch die Bearbeitung der Wirtschaftsfragen zu. Die IV. Abteilung unter Ministerialdirigent Dr. Loosch bearbeitete die Liegenschafts- und Unterkunftsfragen. Später kam als V. Abteilung und zukünftiges Beschaffungsamt noch die sogenannte „Außenabteilung Koblenz" unter Ministerialdirigent Dr. Rentrop hinzu, die sich insofern von den anderen Abteilungen unterschied, als sie mit Teilen, die zuvor dem Bundesfinanzministerium unterstanden, bereits sehr umfangreiche Beschaffungsaufgaben für die Besatzungsstreitkräfte auszuführen hatte. Sie war deswegen der Dienststelle eingegliedert worden, damit die Bundesrepublik bei Anlaufen der EVG gegenüber den übrigen Vertragsstaaten, die solche Beschaffungsstellen für ihre Streitkräfte selbstverständlich schon besaßen, nicht ins Hintertreffen geraten würde.

Die militärische Abteilung gliederte sich in vier Unterabteilungen. Die ersten drei („Militärische Verteidigungsfragen", Leiter Oberst i.G. a.D. Graf Kielmansegg; „Militärische Organisation", Leiter zeitweise Oberst i.G. a.D. Wolf Eberhard; „Militärisches Personal", Leiter Oberst i.G. a.D. Kurt Brandstädter) waren als Bestandteile des künftigen deutschen Verteidigungsministeriums gedacht. Die bei weitem größte vierte Unterabteilung (II/Pl.) unter Oberst i.G. a.D. Bogislav v. Bonin, bei der die tatsächliche Aufstellungsplanung lag, war gleichzeitig als künftiger militärischer Stab des „Deutschen Bevollmächtigten des Europäischen Generalstabes" („Délégué") für den Aufbau des deutschen Kontingents gedacht. Sie bestand aus der Gruppe „Gesamtstreitkräfte" (Oberst i.G. a.D. Joachim Freyer) und den Untergruppen „Landstreitkräfte" (Oberst i.G. a.D. Hellmut Bergengruen, später Oberst i.G. a.D. Anton-Detlev v. Plato), „Luftstreitkräfte" (Oberstleutnant i.G. a.D. Werner Panitzki) und „Seestreitkräfte" (Fregattenkapitän a.D. Karl Adolf Zenker) mit insgesamt etwa 30 Sektionen. Mit Inkrafttreten des Vertrages wäre sie europäische Kommandobehörde geworden und hätte organisatorisch und örtlich aus der Dienststelle Blank beziehungsweise dem deutschen Verteidigungsministerium ausgegliedert werden müssen.

Für die im deutschen Verteidigungsministerium verbleibenden Militärs war folgende Lösung beabsichtigt. Sie sollten ebenfalls europäischen Status haben und europäische Uniform tragen, vom Kommissariat in einer Art Rotationsverfahren aber nur „ausgeliehen" werden. Nationalen Zellbildungen und Verfestigungen sollte damit wohl ein Riegel vorgeschoben werden. Den entscheidenden Einfluß auf die Auswahl der Offiziere und des Offiziernachwuchses wollte die Dienststelle allerdings auf keinen Fall dem Kommissariat oder europäisch integrierten Behörden überlassen.

Integrierte Streitkräfte setzen integrierte Planungen voraus. Die Arbeiten in Bonn und Paris standen daher naturgemäß auch nach Vertragsunterzeichnung in engster Wechselbeziehung. Bei dem zum größten Teil im Palais Chaillot untergebrachten Interimsausschuß handelte es sich um eine erweiterte, aber dennoch straffere Form der EVG-Konferenz, die zum Entsetzen mancher Politiker wenige Monate nach ihrer Bildung bereits ca. 700 ständige Mitarbeiter[4] umfaßte. Die Zahl gab einen Vorgeschmack auf die dort entstehende Mammutbehörde.

[3] Zum Personalgutachterausschuß s. Rautenberg, Zur Standortbestimmung, S. 788 ff.
[4] BA-MA, BW 9/1520, S. 50.

Oberstes Gremium des Interimsausschusses war der aus den Delegationsleitern bestehende Lenkungsausschuß, dem sechs Haupt- und zahlreiche Unterausschüsse unterstanden. Zentrale Aufgabe war die Erstellung integrierter „Texte" und „Studien", die einerseits Aufbau und Funktionsweise des EVG-Behördenapparates selbst und andererseits die Streitkräfte im weiteren Sinn betrafen. Hierzu gehörten – um nur einiges herauszugreifen – die Vorbereitung des ersten gemeinsamen Haushaltes, die Abstimmung der unterschiedlichen Mobilmachungssysteme, die Aufstellung der Infrastruktur- und Rüstungsprogramme, die Finanz- und Gerichtsordnung und die jetzt erst ins Detail gehende Beschäftigung mit dem militärischen Komplex. Bis zum Scheitern der EVG wurden Hunderte solcher gemeinsamer Dokumente verabschiedet, die dann je nach vertraglicher Vereinbarung vom Kommissariat, vom Rat oder den nationalen Parlamenten angenommen oder verworfen werden sollten[5]. Sie unterlagen sämtlich der Geheimhaltung.

Als vordringlichste Aufgabe galt die Organisation des Kommissariats, weil von seiner Existenz alle weiteren Maßnahmen abhingen. Der Schuman-Plan war in Kraft getreten, ohne daß Klarheit über seine oberste Behörde bestand. Die dadurch bei der Montanunion eingetretenen Verzögerungen sollten sich nicht wiederholen. Die Lösung bestand in einer Art Ressortsystem, wonach unter einem Präsidenten und Vizepräsidenten vier Kommissariate (Verwaltung, Militär, Finanzen, Rüstung) mit jeweils einem Kommissar an der Spitze entstehen sollten. Die drei restlichen der neun vertraglich vorgeschriebenen Kommissare waren für Stellvertreterfunktionen oder Sonderaufgaben gedacht, z.B. die Wahrnehmung der auswärtigen Angelegenheiten der EVG. Was hier auf dem Papier entworfen wurde, war mehr als ein europäisches Verteidigungsministerium. Im Ansatz zumindest handelte es sich um eine europäische Regierung mit wenigstens vier Ministerien, wobei das Militärkommissariat als das eigentliche Verteidigungsministerium anzusehen war[6].

Die vertraglich garantierte Unabhängigkeit der Kommissare von ihren Regierungen, das große Volumen der EVG-Haushalte und die nationale Grenzen praktisch außer Kraft setzende riesige europäische Verteidigungsverwaltung – hier lag der wesentliche Unterschied zur Montanunion, welche die Durchführung ihrer Beschlüsse nationalen Stellen überließ – hätten dem Kommissariat mit Sicherheit ein außerordentlich großes politisches Gewicht gegeben. Um auch nur einen einzigen deutschen Soldaten in der gewünschten entnationalisierten Form zu bekommen, war es offenbar erforderlich, das politische Gesicht Europas tiefgreifend zu verändern. Analog zur Militärischen Abteilung der Dienststelle Blank war der Pariser Militärausschuß nicht nur generalstabsmäßig organisiert, sondern arbeitete auch schon annäherungsweise wie ein Stab, wobei die Ergebnisse allerdings immer noch auf dem Verhandlungsprinzip beruhten. Er war integriert zusammengesetzt, seine Einrichtungen antizipierten den künftigen Zentralen Europäischen Generalstab. Neben den weiterbestehenden Gremien der militärischen Chefdelegierten und der Senioroffiziere (Koordinierungsausschuß) gab es die Gesamtstreitkräfteabteilungen „Personal" (G1), „Feindlage und militärische Sicherheit" (G2), „Organisation und Ausbildung"

[5] So war z.B. das Kommissariat zuständig für Organisations- und Ausbildungsfragen (Organisationsgewalt), der Ministerrat für die Gliederung des Kommissariats und die nationalen Parlamente für die Disziplinarordnung, BA-MA, BW 9/1520, S. 20.

[6] Nach dem Vertrag war das Kommissariat allerdings als Einheitsbehörde konzipiert. Es galt der Grundsatz kollektiver Entscheidungen. Die Befehls- und Entscheidungsbefugnis lag in letzter Instanz beim Kollegium der Kommissare, BA-MA, BW 9/1398, S. 233; BW 9/1460, S. 163ff.

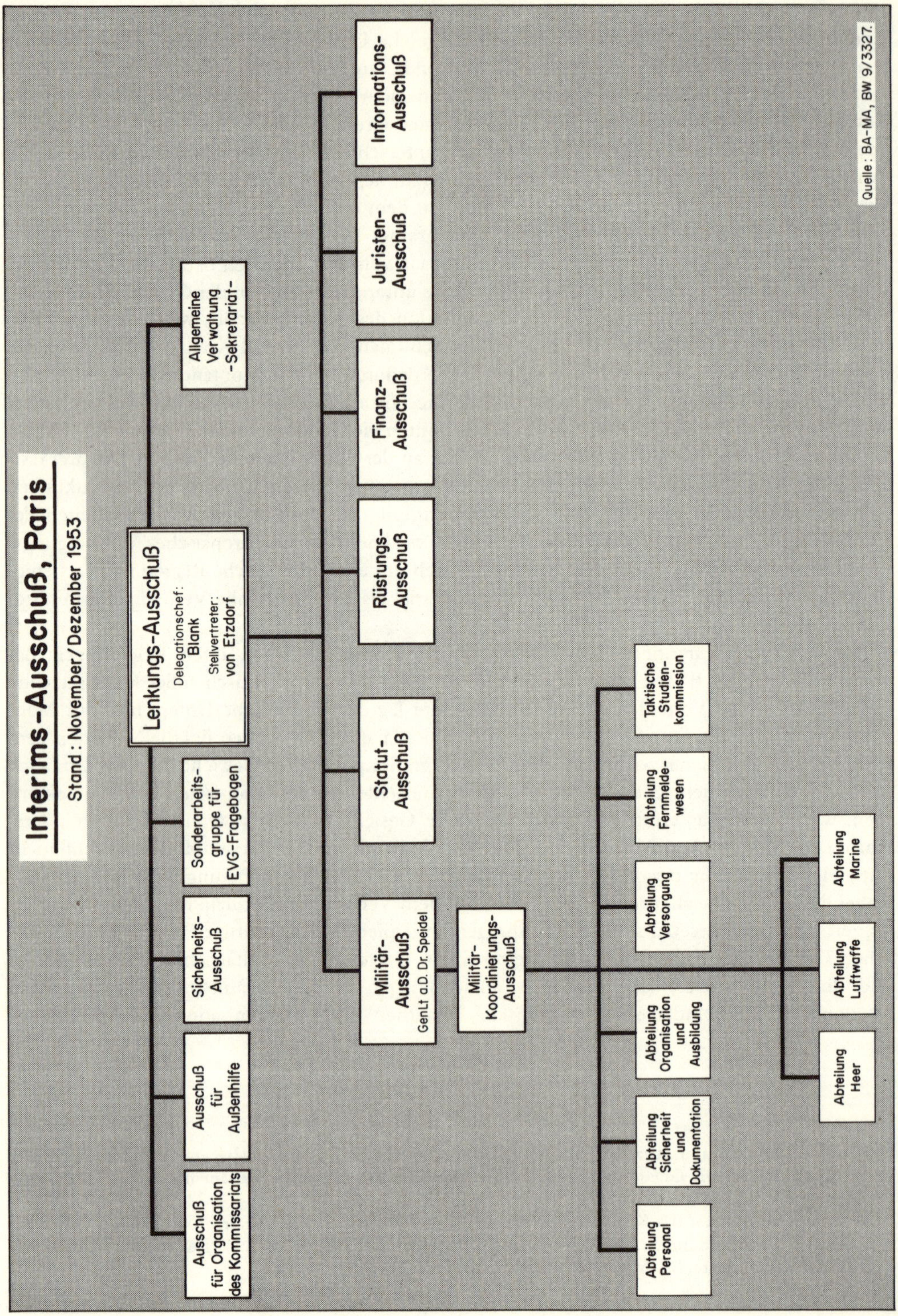
Interims-Ausschuß, Paris
Stand: November/Dezember 1953
Lenkungs-Ausschuß
Delegationschef: Blank
Stellvertreter: von Etzdorf
Allgemeine Verwaltung -Sekretariat-
Sonderarbeitsgruppe für EVG-Fragebogen
Sicherheits-Ausschuß
Ausschuß für Außenhilfe
Ausschuß für Organisation des Kommissariats
Informations-Ausschuß
Juristen-Ausschuß
Finanz-Ausschuß
Rüstungs-Ausschuß
Statut-Ausschuß
Militär-Ausschuß
GenLt a.D. Dr. Speidel
Militär-Koordinierungs-Ausschuß
Taktische Studienkommission
Abteilung Fernmeldewesen
Abteilung Versorgung
Abteilung Organisation und Ausbildung
Abteilung Sicherheit und Dokumentation
Abteilung Personal
Abteilung Marine
Abteilung Luftwaffe
Abteilung Heer
Quelle: BA-MA, BW 9/3327.

(G3), „Versorgung" (G4), „Fernmeldewesen" und die „Taktische Studienkommission"[7]. Bei ihnen lag die Federführung aller die drei Teilstreitkräfte gemeinsam betreffenden Fragen. Sie bildeten gleichsam das Dach über den drei Abteilungen „Landstreitkräfte", „Luftstreitkräfte" und „Seestreitkräfte", die nach demselben Schema gegliedert waren. In dieser sogenannten „Wehrmacht"- oder Gesamtstreitkräftekonzeption drückte sich der Wille aus, die herkömmliche, historisch begründete Zersplitterung von Heer, Luftwaffe und Marine möglichst zu überwinden und eine tatsächlich einheitliche und geschlossene Streitmacht aufzubauen. Dieser Gedanke fand gerade von deutscher Seite starke Unterstützung. Entsprechend sah die Planung vor, den Generalstäben und Generalstabschefs der Teilstreitkräfte einen kombinierten Generalstab unter einem Generalstabschef der gesamten Europäischen Verteidigungsstreitkräfte vorzuschalten. Ihm oblag gemäß den Weisungen des Kommissariates die Koordinierung der drei Teilstreitkräfte und die Steuerung des gesamten Versorgungswesens, soweit es sich gemeinsam regeln ließ[8]. Gleichzeitig war er Vorsitzender des nach dem Vorbild der amerikanischen Joint Chiefs of Staff geplanten Ausschusses der Generalstabschefs. Die Deutschen erwarteten für sich den Posten des Generalstabschefs der Landstreitkräfte[9].

Da die operativ-strategische Planung eine Prärogative der NATO war, gab es im Interimsausschuß wie übrigens auch in der Dienststelle Blank keine Operationsabteilung[10]. Die Taktische Studienkommission hatte lediglich die allerdings nicht leichte Aufgabe, eine gemeinsame taktische Terminologie in den verschiedenen Sprachen und einheitliche taktische Doktrinen zu entwickeln. Ziel war eine gemeinsame militärische Doktrin, eine „Europäische Truppenführung" als Grundlage gleichmäßiger Ausbildung und Kampfmethoden. Ein aufschlußreiches Indiz dafür, welche Fähigkeiten sich die Europäischen Verteidigungsstreitkräfte anscheinend vordringlich aneignen sollten, ist die Reihenfolge, in der die sogenannten Kampf- oder Gefechtsarten bearbeitet wurden: Erstes Thema war „Die Verteidigung", dann folgte „Der hinhaltende Kampf", dann „Abbrechen des Gefechtes und Loslösen vom Feind"[11]. Zuletzt, ab Mai 1954, begannen erste Untersuchungen über den Angriff[12]. Ein Schwerpunkt war die Entwicklung von Richtlinien über die Zusammenarbeit zwischen Land- und Luftstreitkräften. Hierbei war eine besonders enge Abstimmung mit SHAPE unerläßlich, weil sich immer deutlicher herausstellte, daß ein wirkungsvoller Kräfteansatz zur Luftverteidigung Westeuropas die nahtlose Eingliederung der EVG-Luftstreitkräfte in das größere NATO-System unter zentraler NATO-Führung erforderte. Die Studien basierten noch auf der Vorstellung einer konventionellen Kriegführung, be-

[7] *Leiter der deutschen Sektionen:*
– Gesamtstreitkräfte: G 1: Oberstleutnant i.G. a.D. Ernst Ferber; G 2: Oberstleutnant i.G. a.D. Gerhard Wessel; G 3: Oberst i.G. a.D. Wolfgang Ruhsert; G 4: Oberstleutnant i.G. a.D. Heinz Hükelheim; Fernmeldewesen: Oberst a.D. Johannes Bayer; Taktische Studienkommission: Oberst i.G. a.D. Albert Schindler
– Landstreitkräfte: Oberstleutnant i.G. a.D. Peter Sauerbruch; Luftstreitkräfte: Oberst i.G. a.D. Richard Heuser; Seestreitkräfte: Kapitän z.S. a.D. Heinrich Gerlach; Stand Jan. 1954, BA-MA, BW 9/1518, S. 53 ff.

[8] Hierzu rechneten z.B. das Fernmelde-, Transport-, Genie- und Sanitätswesen. Einen Oberquartiermeister, wie ihn das deutsche Heer kannte, sollte es neben den vier Generalstabschefs nicht geben, BA-MA, BW 9/1460, S. 63.

[9] BA-MA, BW 9/2527-3, S. 109.

[10] Die G3-Abteilungen hatten lediglich Fragen der Organisation und Ausbildung zu bearbeiten.

[11] BA-MA, BW 9/1449.

[12] „Angriff" ist hier ein taktischer Begriff, darf also nicht im Sinne von „Aggression" verstanden werden.

zogen also die ab Herbst 1953 anlaufende Umstellung einiger amerikanischer Einheiten in der Bundesrepublik auf taktische Nuklearwaffen (Atomartillerie) noch nicht mit ein[13].

So wenig es eine EVG-„Operationsabteilung“ geben sollte, so wenig war auch an eine EVG-eigene Nachrichtenbeschaffungsorganisation gedacht. Die Regierungen zeigten sich verständlicherweise nicht bereit, auf ihre nationalen Nachrichtendienste zu verzichten. Eine zusätzliche supranationale Einrichtung dieser Art hätte zwangsläufig zu gefährlichen Überschneidungen und Rivalitäten mit den bestehenden Diensten führen müssen. Der G2-Abteilung war es daher zunächst untersagt, sich mit der für ihre Aufgabe lebenswichtigen Frage der Nachrichtenbeschaffung zu befassen[14]. Vermutlich wäre es – ähnlich wie bei der NATO – dazu gekommen, die Regierungen zu veranlassen, alle in das G2-Gebiet fallenden Erkenntnisse ihrer Nachrichtendienste an die EVG weiterzugeben. Danach hätte auch der Bundesrepublik ein vollwertiger Nachrichtendienst zugestanden werden müssen. Ein besonderes Problem bildete in diesem Zusammenhang die Einrichtung eines europäischen Militärattaché-Dienstes. Speidel plädierte dafür, die Gemeinschaft in anderen Staaten durch europäische Attachés beliebiger Nationalität vertreten zu lassen und nur dann, wenn die EVG-Mitglieder ihre nationalen Attachés beibehielten, solche auch für die Bundesrepublik vorzusehen[15]. Im übrigen war geplant, die G2-Tätigkeit nicht wie bei dem klassischen Ic-Dienst der Wehrmacht auf die Feindlagebeurteilung zu beschränken. Da man mit beträchtlichen Aktivitäten kommunistisch gelenkter „Fünfter Kolonnen“ rechnete, kam zur Abwehr von „Sabotage, Spionage und Zersetzung“ die „Militärische Sicherheit“ („Truppensicherheit“) als gleich wichtiges Gebiet hinzu[16].

Beim Problem der *Spitzengliederung* ging es nicht nur um die sehr schwierige Regelung des Verhältnisses der drei Teilstreitkräftegeneralstäbe und dem der Gesamtstreitkräfte untereinander, sondern um die hochpolitische Frage ihrer Stellung gegenüber dem Kommissariat. Die beabsichtigte Lösung zielte dahin, die Generalstäbe dem Kommissariat voll zu unterstellen und sie auch in das Kommissariat einzugliedern, um so einer Entwicklung der Generalstabschefs zu echten Oberbefehlshabern vorzubeugen. Ihre Befehlsbefugnis sollten sie nur im Namen des Kommissariats bzw. des Streitkräftekommissars ausüben können, im übrigen wären sie ministerielle Instanz gewesen. Wie im Königreich Bayern – aber anders als in Preußen und im Deutschen Reich –, waren „Kriegsministerium“ und Generalstab als Einheit geplant[17]. Um am Tage X die Arbeit aufnehmen zu können, sah der erste Stellenplan für alle vier Generalstäbe 1115 Offiziere vor, wovon bei einem deutschen Anspruch auf ein Viertel der Stellen 278 auf die Bundesrepublik entfallen wären[18].

Trotz des Anscheins einer schon im Vertrag genau vorgeschriebenen Truppengliederung war nur ihr Rahmen vorgegeben. Die festgelegten Höchststärken bezogen sich z. B. nur auf die Division oder das Geschwader als Ganzes.

Eine der kniffligsten Aufgaben bestand in der genauen *Festlegung der Gliederungen und Stärken* der verschiedenen Verbände im einzelnen, die wiederum erheblich von den Vorstellungen

[13] Nach und nach wurden in den Planungen allerdings passive Maßnahmen zum Schutz der Truppen gegen ABC-Waffen berücksichtigt, BA-MA, BW 9/1500, BW 9/1418.
[14] BA-MA, BW 9/1520, S. 56.
[15] BA-MA, BW 9/1524.
[16] BA-MA, BW 9/1463, S. 86; BW 9/1460, S. 109.
[17] Zu diesem Komplex s. BA-MA, BW 9/1411, S. 377; BW 9/1511, S. 320ff., 333ff.; BW 9/2434, S. 16ff. Statt „Generalstabschef“ finden sich auch die Bezeichnungen „Oberbefehlshaber“ oder „Chef der Gesamtstreitkräfte“, „Chef der Heeresleitung“ usw.
[18] BA-MA, BW 9/1460.

über die zweckmäßigste Ausrüstung mit Waffen, Fahrzeugen und sonstigem Gerät abhingen. Hinzu kam, daß die vertraglich festliegenden Stammnormen beachtet werden mußten. Eine sich aus der Kompliziertheit der Aufgaben oder des Gerätes ergebende Konzentration von Unteroffizierstellen bei einem bestimmten Einheitstyp hatte zwangsläufig zur Folge, daß andere Einheiten mit entsprechend weniger Unteroffizieren ausgestattet werden konnten, um so die für die Gesamtkontingente vorgeschriebene Proportionalität von Offizieren, Unteroffizieren und Mannschaften einzuhalten[19]. Bis April 1954 waren die Stärke- und Ausrüstungsnachweisungen praktisch aller Heeresverbände, angefangen von der Infanteriegruppe bis zum Korps- und Armeestab, integriert verabschiedet[20]. Auf dem Papier wenigstens begannen die Europäischen Verteidigungsstreitkräfte Gestalt anzunehmen.

Die *taktisch-technischen Forderungen* der Militärs an die Ausrüstung bildeten ein eigenes großes Aufgabengebiet, das vom Militärausschuß in enger Abstimmung mit dem Rüstungsausschuß[21] behandelt wurde. Um für die Anfangsausstattung einen Anhalt zu gewinnen, veranstalteten die EVG-Staaten, die USA und Großbritannien Waffen- und Geräteausstellungen. Als letzter in der Reihe beteiligte sich auch die Bundesregierung daran. In einer vom Bundeswirtschaftsministerium und der Dienststelle organisierten Geräteschau stellte die deutsche Industrie im September 1953 vor allem Fahrzeuge, Instandsetzungs-, Pionier- und Unterkunftsgerät, sowie Bekleidung und Produkte der Feinmechanik, Optik und Nachrichtentechnik vor[22]. Im allgemeinen erfüllten die angebotenen Waffen die militärischen Forderungen nicht. An die geplante EVG-Rüstungsforschung und -entwicklung knüpften sich daher hohe Erwartungen. Für die deutschen Militärs waren diese Ausstellungen sieben oder acht Jahre nach dem Krieg in der Regel die erste Gelegenheit, sich konkret über den Stand der westlichen Waffentechnik zu informieren.

Hinzu kamen auf deutscher Seite bilaterale Kontakte durch Besuche von Manövern der in der Bundesrepublik stationierten Streitkräfte und ihrer Einrichtungen, außerdem auf Einladung der Verteidigungsministerien erste ausgedehnte Informationsreisen nach Großbritannien[23] und in die USA. Sie riefen das alte Mißtrauen der Franzosen wach, welche die Deutschen in dieser Beziehung am liebsten unter Quarantäne gestellt hätten. So äußerte Alphand höchsten Unwillen bei der Ankündigung eines dreiwöchigen Amerikaaufenthaltes einer von Blank geleiteten Expertengruppe, der Heusinger, Fett und die Oberstleutnante i.G. a.D. Panitzki (Luftwaffe) und Hükelheim (Versorgung) angehörten. Der Argwohn richtete sich dabei weniger gegen mögliche Vorabsprachen über Waffenauswahl und -lieferungen, als vielmehr gegen befürchtete politische

[19] BA-MA, BW 9/1520, S. 30ff.

[20] BA-MA, BW 9/1560, S. 165ff.

[21] Deutscher Chefdelegierter war Generalleutnant a.D. Dipl.-Ing. Philipps. Er gehörte wie fast alle deutschen Vertreter im Rüstungsausschuß dem Bundeswirtschaftsministerium an. Der Rüstungsausschuß beschäftigte sich gleichzeitig mit der wirtschaftlichen Seite der Rüstungsfragen. Vertreter der Dienststelle Blank war Oberst i.G. a.D. Pollex, BA-MA, BW 9/2849, S. 38.

[22] BA-MA, BW 9/2527-3, S. 78.

[23] Die Reise fand im Dezember 1953 statt. Teilnehmer: General a.D. Heusinger, Oberst i.G. a.D. von Plato, Oberst i.G. a.D. Schwerdtfeger, Oberst i.G. a.D. von Tempelhoff. Die Briten erhofften eine Ausstattung des deutschen Kontingentes mit dem britischen Centurion-Panzer. Im Reisebericht heißt es: „Man erwartet nach deutschem Aufstellungsbeginn raschestes Entstehen einer schlagkräftigen deutschen Armee. Man nimmt als sicher an, daß der neue deutsche Soldat die [...] bekannt gewordene Güte zeigen wird und betonte die Überlegenheit des deutschen Soldaten gerade im Angriff. Man glaubt, daß der neue Soldat seine Kraft aus alter Tradition ziehen wird. *Von der veränderten geistigen Situation, in der ein deutscher Neuaufbau geschehen muß,* scheint man sich auch bei den Spitzen [der britischen Militärs] *keinen Begriff* zu machen." BA-MA, BW 9/1460, S. 129.

Sonderabmachungen. Die Reise fand im Sommer 1953 statt, zu einer Zeit also, in der die Aussichten hinsichtlich des Zustandekommens der EVG immer schlechter wurden und in der Presse das Wort von einer „Alternativlösung" umging. Die französischen EVG-Befürworter standen unter wachsendem innenpolitischen Druck. Alphand wollte den EVG-Gegnern nicht noch zusätzliche Angriffspunkte liefern. Seine scharfe Reaktion muß daher auch im Lichte der besonderen politischen Lage gesehen werden, wie die Politik überhaupt den Gang der Planungen in erheblichem Maße bestimmte. Der Verdacht einer deutsch-amerikanischen Komplizenschaft war im übrigen unbegründet. Heusinger berichtete zwar von der großen Sorge der Amerikaner über die Verzögerung der Ratifizierungen, betonte aber das deutliche Bestreben der USA, alle Maßnahmen, die mit der Aufstellung des deutschen Kontingentes zusammenhingen, mit Frankreich abzustimmen. In seinem Reisebericht fügte er hinzu: „Die Amerikaner sehen den Aufbau der Verteidigung Westeuropas nur in der Form und den Gedankengängen der EVG und haben etwaige Gedanken einer Alternativlösung bei keiner Besprechung geäußert[24]."

Auf dem *Personalgebiet* hatte der Pariser Militärausschuß bis zum Sommer 1954, oft allerdings nur in Form noch nicht völlig abgestimmter Referentenentwürfe, folgende Punkte bearbeitet: Personalstatuten, Laufbahnbestimmungen, Beförderungsgrundsätze, Standortdienstvorschrift, Besoldungsordnung und den ersten Teil der europäischen Disziplinarordnung (Discipline générale).

Beim Personalstatut gab es sehr unterschiedliche Auffassungen über die Stellung der Ärzte, Intendanten, Pfarrer oder Ingenieure in den Streitkräften. Die deutsche Vorstellung tendierte dahin, den Sonderdienstcharakter dieses Personals entsprechend den Berufseigentümlichkeiten stärker herauszuarbeiten als dies andere Delegationen beabsichtigten, es also nur in dem unumgänglichen Maße der militärischen Hierarchie zu unterwerfen. Bei den *Laufbahnbestimmungen* wurden die „Dienstgradpyramiden"[25], die Altersgrenzen[26] und die Eignungs- und Vorbildungskriterien für die Laufbahn der Berufssoldaten festgelegt. Aus sozialen wie fiskalischen Gründen waren die Altersgrenzen insgesamt höher angesetzt als etwa in der Reichswehr. Um eine zu große Überalterung der Unteroffiziere zu verhindern, wurde aber nun doch geplant, zwischen 50 Prozent und 60 Prozent von ihnen nur auf Zeit einzustellen. Dem deutschen Vorschlag folgend, sollte ab Feldwebel oder Hauptmann aufwärts nicht nach Dienstalter, sondern nur nach Eignung in einer Art Wettbewerbsverfahren befördert werden. Für die Beförderung zum Major war das Bestehen einer Prüfung Voraussetzung. Für den Generalstabsdienst war keine Sonderlaufbahn vorgesehen, also kein mehr oder weniger geschlossenes Generalstaboffizierkorps etwa nach preußisch-deutschem Muster[27].

Der Entwurf der Besoldungsordnung[28] beruhte auf Dollarbasis. Vergleiche hatten ergeben, daß die Lebenshaltungskosten in Belgien, Italien, Luxemburg und der Bundesrepublik etwa gleich hoch, in Frankreich ein Fünftel höher, in den Niederlanden wiederum um etwa ein Drittel niedriger waren. Daraus ergaben sich allein drei verschiedene Grundsoldtabellen. So hätte

[24] BA-MA, BW 9/1572, S. 40. Oberstleutnant i.G. a.D. de Maizière hatte die USA in Begleitung Adenauers bereits im April 1953 besucht. Auch er berichtete, daß dabei eine Alternative zur EVG in keiner Weise angeschnitten worden sei, BA-MA, BW 9/2527-2, S. 112.

[25] Offiziere: 1% Generale; 24% Stabsoffiziere (3% Obersten, 6,5% Oberstleutnante, 14,5% Majore); 75% Subalternoffiziere (41% Hauptleute, 34% Oberleutnante/Leutnante), BA-MA, BW 9/1523, S. 91.

[26] Subalternoffiziere: 52 Jahre; Majore: 54 Jahre; Oberstleutnante: 56 Jahre; Obersten: 58 Jahre; Brigadegenerale: 59 Jahre; Höhere Generalität: 60 Jahre und darüber, ebd., S. 92.

[27] Speidel setzte sich allerdings für eine Sonderlaufbahn der Generalstabsoffiziere und ihre bevorzugte Förderung ein, ebd., S. 21 f.

[28] Ebd., S. 87–154.

z. B. ein in den Niederlanden stationierter lediger „Europa-Hauptmann" mit 20 Dienstjahren 2167 Dollar, bei seiner Versetzung nach Frankreich aber 3684 Dollar jährlich bezogen (Stand 1954).

In der Disziplinarordnung waren die Delegationen weiter aufeinander zugegangen[29], wobei sich die ausländischen Militärs trotz manch innerer Vorbehalte den deutschen Ideen der „Inneren Führung" angenähert hatten, ohne sich allerdings der in der Dienststelle Blank entwickelten „reinen Lehre" voll zu unterwerfen.

Bei folgenden Themen stagnierten die Verhandlungen: Beschwerdeordnung[30], Regelung der „schweren" Disziplinarstrafen (Stubenarrest und „strenger Arrest" bei „schmaler Kost und hartem Lager"), extensives oder selektives Vorgesetztenverhältnis, Grußpflicht und Laufbahnstrafen. Blank steckte in einem kaum zu lösenden Dilemma. Einerseits wollte er eine europäische Lösung, aber nicht um den Preis der Aufgabe zentraler deutscher Positionen. Er bangte um seine politische Glaubwürdigkeit und die der Dienststelle, nachdem die um das Leitbild des „Staatsbürgers in Uniform" kreisende Konzeption der „Inneren Führung" mit Nachdruck vor der Öffentlichkeit, dem Bundestag und dem EVG-Ausschuß propagiert worden war[31]. Andererseits verpflichtete der Vertrag die Regierungen zu einer einheitlichen europäischen Disziplinarordnung (Art. 79). Auf Speidels Warnung, das weitere Pochen auf den deutschen Standpunkt „zu einem Zeitpunkt [...], an dem der Kampf um die Verwirklichung des EVG-Vertrages hier dem Höhepunkt zustrebt", könne die anderen Delegationen verärgern und schließlich dazu führen, daß die bereits erzielte Übereinstimmung wieder aufgekündigt werde, hob Blank Anfang April 1954 seine im Februar ergangene Weisung, hart zu bleiben und sich auf allgemeine Grundsätze zu beschränken, wieder auf[32]. Er bat den EVG-Bundestagsausschuß, mit dem diese Fragen fortlaufend diskutiert worden waren, um Entscheidungshilfe. Sie wäre mit hoher Wahrscheinlichkeit in Richtung eines deutschen „Sonderweges" ausgefallen, der nach dem bald darauf eintretenden Ende der EVG dann auch ohne Rücksichtnahme auf europäische Belange hätte beschritten werden können.

In Bonn war unterdessen die „Feinarbeit" an der ohnehin nur als Rahmen für nationale Ausführungsbestimmungen gedachten europäischen Disziplinarordnung weitergegangen. In enger Zusammenarbeit mit den Juristen der Dienststelle, mit anderen Ressorts und nach Dutzenden von Sachverständigen-Tagungen, Konferenzen und Einzelgesprächen entstanden im Entwurf eine deutsche Disziplinarordnung, eine Beschwerdeordnung und ein Militärstrafgesetzbuch sowie zahlreiche „Leitfäden" über Erziehungs- und Ausbildungsgrundsätze, „Soldatische Ordnung", den Inneren Dienst, Verhalten in der Öffentlichkeit, Politische Betätigung, Staatsbürgerlichen Unterricht usw. Zur Aufklärung der breiten Öffentlichkeit wurde die Schrift „Der europäische Soldat deutscher Nationalität"[33] verfaßt. Erziehungsziel war der *„freie Mensch,* der sich

[29] Wegen der sich seit Anfang 1954 rapide verschlechternden Erfolgsaussichten traten die Verhandlungen auf diesem Gebiet seitdem praktisch auf der Stelle.

[30] Scharfen Widerspruch erfuhren die Deutschen bei ihrem Versuch, der Beschwerde gegen Disziplinarstrafen aufschiebende Wirkung einzuräumen. Bei den anderen Streitkräften galt die Verhängung einer Disziplinarstrafe als Befehlsakt, BA-MA, BW 9/1520, S. 99.

[31] Die Konzeption der „Inneren Führung" wurde allein für das deutsche Kontingent entwickelt.

[32] Hierzu Briefwechsel Speidel-Bank von Anfang 1954, BA-MA, BW 9/1523, S. 228 ff.

[33] Verfasser dieser Werbe- und Informationsschrift (64 Seiten), in der ein Überblick über das gegeben wurde, was den künftigen deutschen Soldaten erwartete, war Major a. D. Heinz Karst, einer der engsten und aktivsten Mitarbeiter Baudissins. An der Schrift war lange gearbeitet worden. Sie sollte als erste Publikation der Dienststelle in großer Auflage erscheinen. Blank wollte sie mit einem Vorwort Adenauers Anfang August 1954 (!) herausgeben, ließ sich schließlich aber überzeugen, daß dies bei dem völlig ungewissen Schicksal der EVG unsinnig und politisch inopportun sei, MGFA, Materialien Karst, Ordner 3.

mit seiner ganzen Person einsetzen kann, der *gute Staatsbürger,* der weiß, worum es geht, und der *vollwertige Soldat,* der weiß, wie er sich und die Gemeinschaft verteidigt[34]".

All diese Arbeiten und die sie stützende geistige Konzeption konnten nach dem 30. August 1954 nach Beseitigung ihrer europäischen Ornamentik im wesentlichen unverändert dann zum Aufbau der Bundeswehr weiterbenutzt werden.

Eine wichtige Ausnahme bildete die nicht übernommene „Feierliche Verpflichtung"[35], an deren Stelle – von den deutschen Militärs allerdings nach bitteren Erfahrungen verständlicherweise abgelehnt oder zumindest mit beträchtlicher Skepsis betrachtet – der Eid für Berufs- und Zeitsoldaten trat[36].

Im Verlauf dieser Arbeiten war es zu einer nicht untypischen Auseinandersetzung zwischen einem zivilen Flügel der Dienststelle und der Militärischen Abteilung über Rolle und Aufgaben des künftigen deutschen Offiziers gekommen. Sollte er nur Führer und Ausbilder sein oder hatte er auch einen *Erziehungsauftrag*[37]? Letzteres wurde insbesondere vom Leiter der Zentralabteilung, Wirmer, verneint. Der fähige Verwaltungsfachmann, selbst von erzieherischem Anspruch gegenüber den Soldaten durchdrungen, sah zu große politische Gefahren darin, Offizieren, oder gar Unteroffizieren, die Erziehung der Soldaten anzuvertrauen. Seiner Auffassung nach würden sie hierdurch außerdem überfordert. Wirmer traf die Offiziere am Zentralnerv ihres Selbstverständnisses. Es ging dabei um eine Kardinalfrage der Streitkräfte überhaupt, die mindestens so bedeutungsvoll war wie die in der Literatur oft vergröbert dargestellte und in ihrer Bedeutung überzeichnete innermilitärische Kontroverse zwischen den sogenannten „Reformern" und „Traditionalisten"[38]. Die Militärische Abteilung betonte die Untrennbarkeit von Führen, Ausbilden und Erziehen und lehnte es energisch ab, die Offiziere zu Militärtechnikern reduzieren zu lassen. Der von hohen Erziehungsidealen erfüllte Baudissin protestierte in vorderster

[34] Aus dem „Bericht über die bisher von der Dienststelle Blank geleisteten militärischen Vorarbeiten für die Aufstellung des deutschen Kontingents der europäischen Verteidigungsstreitkräfte" (Teil A: Das Innere Gefüge) v. 22.12.1953, S. 3, BA-MA, BW 9/1310. Hervorhebungen im Original.

[35] Wortlaut und Form der „Feierlichen Verpflichtung" waren den einzelnen Staaten überlassen unter der Bedingung, daß sie eine Verpflichtung auf Europa enthielte. In dem Entwurf des Freiwilligengesetzes vom 15.6.1953 war folgender Wortlaut (Art. 10) vorgesehen: „Ich gelobe, als Soldat der Europäischen Verteidigungsgemeinschaft treu und tapfer zu dienen, gehorsam zu sein, Menschenwürde, Recht und Freiheit zu wahren und Heimat und Vaterland und die Völker der Gemeinschaft unter Einsatz meines Lebens zu verteidigen." BA-MA, BW 9/1523, S. 180.

[36] In seiner Denkschrift an Heusinger vom 31.5.1955, die die volle Billigung Baudissins fand, verurteilte Karst (vgl. Anm. 33) die Wiedereinführung des Eides und die Art, wie dies geschah, aufs schärfste. Er sprach von „religiösem Zwangseid" und „Blitzgesetz" – das Referat „Innere Führung" hatte den Text aus der Tageszeitung „Bild" erfahren – und führte u.a. aus: „Seit Jahren vertritt die Dienststelle in- und außerhalb des Hauses die Auffassung, daß die religiösen und geistigen Grundlagen für eine so hohe, letzte Bindung, wie sie der *Fahneneid* für den Soldaten darstellt, aus vielerlei Gründen in unserem Volk *noch nicht* vorhanden sind." Er sah die Glaubwürdigkeit der Dienststelle durch dieses Verfahren erschüttert. Entscheidende Voraussetzung für den Eid war für ihn der „innere aktuelle Eidwille" des Soldaten. Die Begründung, der Berufs- und Zeitsoldat müsse wie der Beamte einen Eid leisten, ließ er wegen des Wesensunterschiedes von Diensteid und Fahneneid (Pflicht zum Einsatz des Lebens im Kriege) nicht zu, MGFA, Materialien Karst, Ordner 4.

[37] Hierzu ausführlich: Rautenberg, Zur Standortbestimmung, S. 836ff.

[38] So z.B. Genschel, Wehrreform und auf schmaler Quellenkenntnis zuletzt: Kutz, Reform; s. hierzu die Kritik bei Rautenberg, Anmerkungen.

Front gegen diese Zumutung, die sein Gebäude der „Inneren Führung" schwer erschüttern mußte[39]. Wirmer traf auf die geschlossene Phalanx der Militärs und steckte zurück[40].

Hinsichtlich der Europäischen Territorialorganisation trat ein bemerkenswerter Wandel ein. Der Interimsausschuß kam nun doch wieder auf die zuvor von Frankreich entschieden abgelehnte Errichtung territorialer Mittelinstanzen auf Staatenebene zurück[41]. Das „Territorialkommando Bundesrepublik Deutschland" umfaßte danach einen Territorialbefehlshaber „Gesamtstreitkräfte" und je einen Territorialbefehlshaber „Land", „Luft" und „Marine" einschließlich der dazugehörenden Stäbe. Abweichend von der später für die Bundeswehr gefundenen Lösung sollte jede Teilstreitkraft über ihre eigene Territorialorganisation verfügen, wobei die Wehrbereiche „Land" die Masse aller territorialen Aufgaben zu bewältigen hatten. Für das Territorium der Bundesrepublik waren sechs Wehr- oder Militärbereiche „Land", zwei Luftbereiche („Nord" und „Süd") und ein auf den Küstenbereich begrenztes „Territoriales Marinekommando" vorgesehen[42].

Neben der Bedarfsdeckung an Personal und Material gehörten in die Zuständigkeit des zentralen „deutschen" Territorialbefehlshabers so wichtige und weitreichende Aufgaben wie die

[39] Die Befürchtung, aus der Aufteilung der Erziehungskompetenz könne sich – mutatis mutandis – der Typ des Politruks oder NSFO entwickeln, spielte dabei auf militärischer Seite eine Rolle.
In einem Vortrag über „Staatsbürgerliche Bildung und Erziehung zur politischen Verantwortung in der Truppe" führte Baudissin aus: „Häufig wird darüber diskutiert, *wer* nun den staatsbürgerlichen Unterricht halten soll: der soldatische Erzieher selbst, ein anderer Soldat oder jemand, der nicht Soldat ist. Ich bin der letzte, der für eine Monroedoktrin des Soldaten eintritt, doch erscheint es mir unter allen Umständen notwendig, daß der *soldatische Erzieher*, d.h. der Kompaniechef bzw. der Kommandeur diesen Unterricht abhält. Nur aus dem Zusammenhang von Erlebnis und Deutung, von Lehre und Leben kann der Einzelne als ganzer Mensch angesprochen werden. Derjenige, der die Erlebnistherapie durch Ansatz und Durchführung des Dienstes leitet, ist allein zur Deutung fähig und berechtigt. Wir dürfen keinen Dualismus aufkommen lassen zwischen dem Soldaten, der taktisch, und einem anderen, der politisch führt, oder einem Soldaten, der nur taktisch-handwerklich ausbildet, und einem Zivilisten, der politisch erzieht. Es darf nicht wieder das politische Moment aus dem soldatischen Bereich ausgeklammert werden, sondern der soldatische Führer und Erzieher muß sich mit dem identifizieren, was er notfalls mit seinen Untergebenen zusammen verteidigen soll." Arbeitsgemeinschaft Demokratischer Kreise (A.D.K.) – Schriftenreihe, Grundlagen zu Referaten und Diskussionen, 3 (1954), Nr. 10, BA-MA, BW 2/7089.

[40] Die „Leitsätze für die Erziehung" fanden die Zustimmung des EVG-Bundestagsausschusses (Sitzung vom 22.6.1954). Blank teilte daraufhin Wirmer mit, „daß die Diskussion damit abgeschlossen sei", BA–MA, BW 9, 2527–5, S. 12.

[41] Zur ursprünglichen französischen Auffassung über die Territorialorganisation und zum „Bevollmächtigten" vgl. Kap. IV.2.c.
In der Aufstellungsphase wären Aufstellungsstab des „Bevollmächtigten" und Zentralorgan identisch gewesen. Für die Europäische Territorialorganisation waren maßgebend: „Grundlegender Text Nr. 2" v. 31.7.1953, BA-MA, BW 9/1511, S. 342–347, und die „Anweisung für die Aufstellung der Territorialorganisation und Aufbau der Heimatverteidigung" v. 10.4.1954, BA-MA, BW 9/1398, S. 152–167.
Die zivile europäische Territorialverwaltung sollte parallel zur militärischen Territorialorganisation, also ebenfalls dezentralisiert, aufgebaut werden.

[42] Die Dreiteilung der militärischen Territorialorganisation bedeutete eine Verwässerung des Gesamtstreitkräfteprinzips. Bonin hielt ein „territoriales Eigenleben" der Luft- und Seestreitkräfte für überflüssig und wollte eine Einheitslösung. Als schwierig erwies sich die Regelung des Unterstellungsverhältnisses der Militärbereiche „Land". Vorgesehen war, sie in reinen Heeresangelegenheiten dem Territorialbefehlshaber „Land", in den zusätzlichen gemeinsamen Aufgaben dem Territorialbefehlshaber „Gesamtstreitkräfte" zu unterstellen, BA-MA, BW 9/1460, S. 75–83, BW 9/1459, S. 49–58, BW 9/1463, S. 88.

Heimatverteidigung (Land und Luft), Schulen und Rekrutenausbildungszentren[43]. Das Feldheer wollte man mit der Rekrutenausbildung nicht belasten. Zur Koordinierung der Heimatverteidigung waren in jedem EVG-Staat zentrale Land- und Luftverteidigungsführungsstäbe mit eigenen Befehlshabern geplant. Während es bei den Land- und Luftstreitkräften zu einer Aufspaltung in mobile Feldverbände und Heimatschutzkräfte gekommen wäre, sollte das geplante deutsche Marinekontingent eine organisatorische Einheit bilden[44].

Warum die französische Seite in dieser Frage, welche die Konferenz wenige Monate zuvor in eine schwere Krise gestürzt hatte, nachgab, kann nur vermutet werden. Möglicherweise war es die Einsicht, daß eine direkte Lenkung von etwa 50 Territorialbereichen zwischen Schleswig-Holstein und Sizilien[45] ohne Mittelinstanzen durch das Kommissariat undurchführbar war. Der Sinneswandel ist vermutlich aber eher auf die spätestens seit Februar 1953 offenkundigen Bestrebungen der neuen französischen Regierung Mayer/Bidault zurückzuführen, die selbstangelegten Integrationsfesseln zum eigenen Nutzen wieder zu lockern, in diesem Falle also durch eine Dezentralisierung die französische Territorialorganisation möglichst in eigener Hand zu behalten. Entschieden war damit freilich noch gar nichts. Der Entwurf über die Europäische Territorialorganisation stand unter dem ausdrücklichen Vorbehalt der Vorläufigkeit, und Frankreich konnte jederzeit durch die im Vertrag vereinbarten Entscheidungs- und Abstimmungsverfahren in Kommissariat und Ministerrat die Planung wieder umwerfen. So sehr die deutsche Delegation mit der geplanten Territorialorganisation jetzt zufrieden sein konnte, sie räumte bei ihr und den anderen den Verdacht nicht aus, daß der französischen Regierung insgesamt weniger an zweckmäßigen Lösungen als an einem Herauswinden aus der Supranationalität gelegen war. Seit Anfang 1953 ergab sich daraus im Interimsausschuß eine bemerkenswerte Umkehrung der Tendenzen: Waren es bisher die französischen Delegierten, welche die anderen Delegationen in Richtung auf eine möglichst intensive europäische Integration gedrängt hatten, so versuchten diese von jetzt an bis zum Scheitern der EVG, die Franzosen an einem Ausbrechen aus dem Vertrag zu hindern.

Die ständig wachsende Planungsarbeit konnte ohne zusätzliches Personal nicht bewältigt werden. Neueinstellungen waren auch deswegen dringend notwendig, um bei Inkrafttreten des Vertrages wenigstens über ein Minimum an eingearbeiteten Offizieren für die dann lawinenartig anschwellenden Aufstellungsvorhaben verfügen zu können. Für die anderen Staaten war dieses Problem nicht annähernd so schwerwiegend, weil sie auf ihre bestehenden Einrichtungen zurückgreifen konnten.

[43] Folgende Aufgabenliste gibt einen Eindruck von der außerordentlichen militärischen, wirtschaftlichen und politischen Bedeutung der Territorialorganisation: Rekrutierung und Musterung, Aufstellung und Erstausbildung der Streitkräfte, logistische Unterstützung der Streitkräfte, Verwaltung der Streitkräfte, Infrastruktur, Transportwesen, Fernmeldewesen, Mobilmachung, Anforderung von Sach- und Dienstleistungen, Heimatverteidigung, Aufrechterhaltung der Ordnung, Inneres Gefüge (Garnisonsdienst), Militärgerichtsbarkeit, Inspektionen, Militärische Sicherheit.

[44] Die für die Territorialorganisation und die Heimatverteidigung vorgesehenen Kräfte sollten in einem zweiten Militärischen Sonderabkommen (Accord spécial No. 2) festgelegt werden. Für die Heimatverteidigung der Bundesrepublik war zunächst nur an folgende Einrichtungen gedacht: 1 Versuchsregiment für Flak und Raketen, 1 Versuchsregiment für Flugmeldedienst (Radar) und 12 Großsuchanlagen mit 12 mittleren Radaranlagen als Grundnetz für den deutschen Flugmeldedienst, 1 Arbeitsstab „Heimatverteidigung" (insgesamt etwa 6000 Mann), BA-MA, BW 9/1463, S. 88, BW 9/1511, S. 311. Die Kräfte der Heimatluftverteidigung wären vermutlich auf bodenständige Einrichtungen (Flak, Raketen) beschränkt worden. Die Tendenz ging dahin, die ursprünglich im Rahmen der Heimatverteidigung vorgesehenen Jagdfliegerkräfte mit den taktischen Luftstreitkräften zusammenzufassen.

[45] BA-MA, BW 9/1398, S. 167.

Bald nach Unterzeichnung des Vertrages wurde das militärische Personal der Dienststelle auf etwa 120 Mann erhöht[46]. Ende Dezember 1953 waren dann in Paris unter Speidel 51 und in Bonn unter Heusinger 183, unter Blank insgesamt also 234 ehemalige Offiziere tätig[47]. Bis zum Scheitern der EVG erhöhte sich diese Zahl nicht mehr wesentlich.

Zur Arbeitsfülle kamen sehr beengte, teilweise unwürdige Arbeitsbedingungen. So mußte Speidel einen regelrechten Kleinkrieg führen, um wie höhere Beamte die erste Wagenklasse der Eisenbahn bei seinen Dienstfahrten zwischen Bonn und Paris benutzen zu können, die ihm mit dem Hinweis versagt worden war, es gebe keine Generale mehr. Dieselben Schwierigkeiten gab es bei der Ausstattung der deutschen Militärdelegation mit Dienstwagen[48]. Solche Schlechterstellungen belasteten das Klima und riefen alte Animositäten zwischen „Militärs" und „Zivilisten" wach. Hinzu kamen sehr restriktive Stellenbewilligungen des Finanzministeriums, die allerdings die gesamte Dienststelle betrafen. Da half es wenig, wenn die Militärische Abteilung darauf hinwies, daß im Januar 1939 allein im Oberkommando des Heeres rund 800 Offiziere Dienst taten[49]. Ein Großteil der Sachgebiete ist nie besetzt worden. Einen nicht unwesentlichen Teil des für die Planung notwendigen Wissens versuchte man sich mittels außerhalb der Dienststelle angefertigter Expertisen zu besorgen. Deren Themen reichten von der „Gruppenpädagogik" über „Tauglichkeitsbestimmungsverfahren" bis zur „Raketenentwicklung"[50].

Für eine Beurteilung der Planungsarbeit erscheint die Zusammensetzung der in Bonn und Paris tätigen Militärs nicht ohne Belang. Auffallend ist zunächst der hohe Anteil an Generalstabsoffizieren, zumal an ehemaligen Angehörigen des OKH, was zu der Kritik führte, die Planungen vollzögen sich in einer Atmosphäre der Truppenferne. Dieser Vorwurf war jedoch wenig stichhaltig, da viele dieser Generalstabsoffiziere im Krieg auch Truppenkommandos innegehabt hatten. Außerdem konnten die vielfältigen und komplizierten Planungsaufgaben naturgemäß von denen am ehesten gelöst werden, die dazu am besten ausgebildet waren und in ähnlichen Stabsverwendungen zuvor Erfahrungen gesammelt hatten.

Bemerkenswert erscheint weiter, daß der Anteil der Heeresoffiziere deutlich überproportional über dem der Luftwaffe- und Marineoffiziere lag. Von Speidel und Heusinger abgesehen, besetzten sie neben den heereseigentümlichen Stellen mit ganz wenigen Ausnahmen alle Spitzenpositionen auf der Ebene der Gesamtstreitkräfte, während die führenden Köpfe von Luftwaffe und Marine sich mehr oder weniger allein auf die Planung ihrer Teilstreitkräfte beschränkten. Es waren nicht von ungefähr Heeresoffiziere, die sich am stärksten um die sogenannte „Gesamtstreitkräftelösung" („Wehrmachtlösung") bemühten, zeitweilig allerdings mit dem unverkennbaren Bestreben, den Primat des Heeres und der Landkriegführung – jedenfalls im Hinblick auf das deutsche Kontingent – zu sichern. Um dem Dominanzanspruch des Heeres zu begegnen, betonten Luftwaffe und Marine demgegenüber eher ihre Eigenständigkeit, z. B. wollte die Marine ihre Personalangelegenheiten möglichst autonom geregelt wissen.

Schließlich fällt auf, daß es in der Dienststelle – nicht zuletzt aus politischen Gründen – keinen hohen Truppenführer mit klingendem Namen gab. Heusinger und Speidel, die beiden einzigen mit der Planung des deutschen Kontingentes beauftragten ehemaligen Generale, waren in der Öffentlichkeit vor ihrer Berufung nach Bonn ziemlich unbekannt. Im Sommer 1952 gab es in der Dienststelle außerdem noch 41 Obersten und 3 Kapitäne zur See, 31 Oberstleutnante

[46] BA-MA, BW 9/2527-10, S. 44.
[47] BA-MA, BW 9/1310.
[48] BA-MA, BW 9/1544; BW 9/3362, S. 9ff.
[49] BA-MA, BW 9/1310.
[50] BA-MA, BW 9/1317.

und 2 Fregattenkapitäne, 38 Majore und 5 Korvettenkapitäne, 2 Hauptleute und 3 Kapitänleutnante. Diese Dienstgradstruktur hat sich bis zum Scheitern der EVG kaum geändert. Ohne die Bedeutung Heusingers und Speidels – beide mit Jahrgang 1897 ebenfalls noch relativ junge Generale – zu schmälern, läßt sich somit feststellen, daß die militärische Planung der neuen deutschen Streitkräfte, soweit sie nicht durch den internationalen Rahmen von EVG und NATO sowie durch innenpolitische Faktoren vorgegeben war, durch Offiziere der mittleren und jüngeren Kriegsgeneration bestimmt wurde.

2. Die Aufstellungsplanung des deutschen Kontingentes

a) Der Aufstellungsplan

Der EVG-Vertrag, vor allem das Militärische Sonderabkommen, verpflichteten die Bundesregierung nicht nur zur Einhaltung bestimmter Umfangszahlen, Organisationsformen und Stammnormen, sondern setzte ihr auch Termine, nach denen sich der Aufbau zu richten hatte. Nichterfüllung bedeutete Vertragsbruch. Im NATO-System souveräner Staaten führte die auf europäischer Seite fast zur Gewohnheit werdende Nichteinhaltung zugesagter militärischer Leistungen bis heute zu Spannungen im Bündnis, sie war aber nicht einklagbar, Sanktionen nicht möglich. Logischerweise gibt es deshalb bei der NATO auch keinen Gerichtshof, wie ihn die Montan-Union besaß und wie er für die EVG vorgesehen war.

Die Zeit, die der Bundesrepublik zur Verfügung stand, war äußerst knapp bemessen: 22 Monate für die Aufstellung der Landstreitkräfte, zweieinviertel Jahre für die der Seestreitkräfte und etwa drei Jahre für die der taktischen Luftstreitkräfte. Die kurzen, aus der NATO-Forderung entstandenen Fristen, bis Mitte 1954 die konventionelle Schwäche des Westens zu beseitigen, blieben gültig, auch nachdem dieser Termin seit spätestens Herbst 1952 nicht mehr eingehalten werden konnte. Sie verschoben sich nur in dem Maße, in dem sich die Ratifizierungen verzögerten. Das Ziel bestand nach wie vor darin, möglichst schnell zu einsatzbereiten deutschen Verbänden zu kommen, und Blank war fest entschlossen, den integriert verhandelten Aufstellungs- und Zeitplan einzuhalten[51].

Das Sonderabkommen erlaubte eine Aufstellung des deutschen Heereskontingents von einem Dutzend Divisionen in zwei Phasen. Bis Ende 1953 basierten die deutschen Überlegungen daher auf einem „Zweistufenplan": Zuerst sollte mit dem Aufbau von sechs Divisionen, drei Monate später mit der zweiten Hälfte begonnen werden, die prozentual dazugehörenden Korps- und Armeetruppen, die sogenannten „Tranchen", jeweils eingerechnet[52]. Dieser Plan hätte den Vorzug gehabt, sich zunächst auf die ersten sechs Divisionen konzentrieren zu können, um dann weiterzusehen. Er barg jedoch das Risiko in sich, daß diese Verbände gegenüber denen der „zweiten Welle" personell und materiell einen Vorsprung erhielten, der nur schwer wieder auszugleichen gewesen wäre. Um zwei vom Ausbildungsstand und Auffüllungsrhythmus unterschiedliche Kontingentshälften zu vermeiden, ging man daher in Bonn zu dem ehrgeizigeren Plan über, alle 12 Divisionen einschließlich der Tranchen gleichzeitig und nebeneinander aufzu-

[51] BA-MA, BW 9/2298, S. 145; BW 2/4051, S. 58.
[52] BA-MA, BW 9/1500, S. 140ff.

bauen. Dieses Verfahren sollte „einen organischen und kontinuierlichen Aufbau und eine qualitativ gleichmäßige Verteilung des Personals gewährleisten"[53]. Es war im wesentlichen derselbe Plan, mit dem Blank 1956 scheiterte.

Das Aufstellungsverfahren – eine Art Schneeballsystem – sollte mit Inkrafttreten des Vertrages folgendermaßen ablaufen:

- *1.–12. Monat:* phasenweise Einberufung und Ausbildung des Kaderpersonals, beginnend mit dem Lehrgang der „Lehrer" für weitere Lehrgänge. Die „Lehrer der Lehrer" sollten aus der Dienststelle Blank kommen. Ort der Lehrgänge: die frühere „Ordensburg" Sonthofen. Teilnehmer der ersten Lehrgänge: besonders qualifizierte Offiziere, die nach Beendigung der zwei- oder dreimonatigen Lehrgänge zum Aufbau von Dienststellen oder als Stammpersonal in Lehrbataillonen oder Schulen vorgesehen waren. Zwischen dem 8. und 12. Monat folgte die stufenweise Auffüllung der Divisionen und Tranchen mit dem durch die o.g. Lehrgänge oder Lehrbataillone geschleusten Kaderpersonal.
- *13. Monat:* Beginn der Auffüllung der Verbände mit Wehrpflichtigen (insgesamt 40 Prozent der Wehrpflichtigenrate).
- *16. Monat:* Auffüllung der Verbände mit den restlichen 60 Prozent der Wehrpflichtigen.

Nach 16 Monaten wäre so bereits die geplante vorläufige Endstärke des deutschen Heereskontingentes von 360 000 Mann – ohne Territorialorganisation – erreicht worden. Nach 22 Monaten hätte sich folgender Stand ergeben: Alle Kader voll ausgebildet, 40 Prozent der Wehrpflichtigen etwa neun Monate, 60 Prozent etwa sechs Monate ausgebildet. Aus dem gesamten, bedingt feldverwendungsfähigen Heereskontingent, das sich theoretisch durchgängig auf demselben Ausbildungsniveau befunden hätte, sollten nun die tatsächlich besten sechs Divisionen einschließlich der anteiligen Korps- und Armeetruppen ausgewählt und vereinbarungsgemäß der NATO als erste Rate unterstellt werden.

Bei Luft- und Seestreitkräften mit ihren in der Regel längeren Ausbildungszeiten sollte der Personenaufwuchs in wesentlich kleineren Schritten erfolgen. Für die geplanten 20 deutschen Geschwader war nach deutschen Berechnungen die Ausbildung von etwa 4200 Piloten – einschließlich bestimmter Ausfallquoten – notwendig. Die ehemaligen Flugzeugführer – man rechnete mit etwa 1600 – sollten nur eine Kurzausbildung erhalten. Das Aufstellungstempo hing daher entscheidend davon ab, in welchem Umfang von den Westmächten Ausbildungsplätze zur Verfügung gestellt werden würden[54].

Die der eigentlichen Truppenaufstellung vorgeschalteten Lehrgänge, insbesondere die für das gesamte militärische Spitzenpersonal obligatorischen Sonthofener Lehrgänge, galten deswegen als unumgänglich, weil „es keineswegs möglich sein wird, ehemals gedientes Personal aus der alten deutschen Wehrmacht mehr oder weniger unvorbereitet in die neue Aufgabe des Wiederaufbaus des deutschen Kontingents hineinzustellen"[55]. Ihnen war vorrangig eine „erzieherische Funktion" zugedacht. Die ehemaligen Offiziere sollten mit den Grundgedanken der europäischen Gemeinschaft und der „Inneren Führung" vertraut gemacht werden. Darüber hinaus hielt es die Dienststelle für unerläßlich, das künftige Führerkorps in die komplizierte westliche Verteidigungsorganisation und die über die Kriegserfahrungen hinausgegangenen Entwicklungen

[53] „Zeitplan für die Aufstellung des deutschen Kontingents" v. 20.5.1954, BA-MA, BW 9/1572, S. 206–220, Zitat S. 209. Die Umstellung auf den neuen Plan erfolgte unter Fett, der ab November 1953 an die Stelle des abgelösten Bonin als Unterabteilungsleiter II Pl getreten war.

[54] Ebd.

[55] Fett vor dem Bundestagsausschuß für europäische Sicherheit (EVG-Ausschuß) am 18.3.1954, BA-MA, BW 9/2593-1, S. 177 ff.

auf militärischem Gebiet einzuweisen, dies vor allem auch im Hinblick auf die Besetzung integrierter Dienstposten und den Besuch der höheren europäischen Militärakademien. Die Dienststelle maß diesen Lehrgängen höchste Bedeutung zu, da sie auch zu einer ersten großen Bewährungsprobe für die jahrelange Planungsarbeit werden mußten.

In welch hohem Maße die Aufstellungsplanung von politischen Schwankungen miterfaßt wurde, dafür liefert die Haltung Adenauers zur Wehrpflichtigenfrage ein Beispiel. Im Vorfeld des Vertragsabschlusses, am 20. März 1952, notierte Heusinger: „Es kommt dem Kanzler darauf an, *vor und während der Wahlen 1953 auf keinen Fall auf Grund der allg. Wehrpflicht,* die er im Pariser Vertrag verankern und zugleich mit der Ratifizierung des Vertrages im Grundsatz durch das Parlament billigen lassen will, *Rekruten zu mustern oder gar einzuziehen*[56]." Als Alternative schwebten dem Bundeskanzler zunächst reine Freiwilligenverbände vor. Diese Absicht wirft in mancherlei Hinsicht ein bezeichnendes Licht auf Adenauer selbst: Er hatte entweder, was anzunehmen ist, überhaupt noch nicht begriffen, daß die Wehrpflicht, die er ja selbst wollte, ein entscheidendes, und zwar durchgängiges Strukturprinzip der gesamten Europäischen Verteidigungsstreitkräfte sein sollte, was Freiwilligenverbände daher a priori völlig ausschloß, oder aber er war bereit, aus wahltaktischen Gründen den Eintritt der Bundesrepublik in die EVG mit einem eklatanten Vertragsbruch zu beginnen. Deutsche Divisionen aus Berufssoldaten und längerdienenden Freiwilligen, auch wenn sie nur für eine Übergangsperiode gedacht waren, hätten die anderen EVG-Staaten mit Sicherheit aus vielen Gründen nicht hingenommen. In einer längeren Ausarbeitung rechnete Kielmansegg außerdem vor, daß ein Start mit sechs Freiwilligendivisionen kaum zu bewältigende personelle Probleme mit sich bringen würde und daß eine kurzfristige Umstrukturierung auf eine Wehrpflichtarmee unmöglich war. In einer „Notiz für den Kanzler" wies Heusinger auf das Fragwürdige der Absicht Adenauers hin, indem er bemerkte, „daß allerdings zur Zeit der Wahlen bekannt sein dürfte, daß die Einbeziehungen der Rekruten bald nach den Wahlen folgen werden"[57]. Der ganze Vorgang erhellt Adenauers geringe Kenntnis militärischer Fragen, er offenbart aber auch sein geringes Gespür dafür, wie wenig seine Manipulation mit dem neuen Leitbild vom „Staatsbürger in Uniform" in Deckung zu bringen gewesen wäre.

Heusinger plädierte für Abwarten, da er nicht an ein schnelles Inkrafttreten des Vertrages glaubte. Adenauer, dem es sonst mit der EVG viel zu langsam ging, hat die durch den Ratifizierungsprozeß entstehenden Verzögerungen in diesem Fall sicherlich begrüßt. Mit seinem glänzenden Wahlsieg erledigte sich das Problem dann von selbst. Niemand konnte damals freilich ahnen, daß ein paar Jahre später die bevorstehende Wahl von 1957 den Bundeskanzler zu einem ähnlichen Eingriff, diesmal aber mit realen Folgen, veranlassen würde: Wiederum aus wahltaktischen Gründen setzte er entgegen NATO-Forderungen und gegen den Protest Heusingers und Speidels den zwölfmonatigen Grundwehrdienst durch und machte damit den gesamten, auf 18 Monate ausgerichteten komplizierten Aufstellungsplan der Bundeswehr zu Makulatur.

56 BA-MA, BW 9/3076, S. 181. Hervorhebungen im Original.

57 Ebd., S. 185. Allein die Tatsache, daß die Bundesregierung ein dem Wehrpflichtgesetz vorgeschaltetes „Freiwilligengesetz" vorbereitete, rief den Argwohn der Franzosen hervor. Brief Speidels an Heusinger v. 22.4.1953, BA-MA, BW 9/1523, S. 165.

b) Personelle Planung

Die gesamte Planung des deutschen Verteidigungsbeitrages litt unter vielerlei ungelösten Fragen. Abgesehen von der politischen Ungewißheit, ob und wann die EVG gegründet würde, fehlten weithin noch die gesetzlichen Grundlagen, um in der Bundesrepublik auch nur einen einzigen Soldaten einstellen zu können. Das Problem der Rüstungslieferungen war keineswegs geklärt. Die größte Unbekannte für die Planer bildete aber das Personalproblem. Gesetze konnten verabschiedet, Material produziert, aber niemand konnte zum Berufssoldaten oder „Soldaten auf Zeit" gezwungen werden. Entsprechend lautete ein Kernsatz des Jahresberichts der Dienststelle von Ende 1952: „Nur wenn sich die deutsche Jugend dem militärischen Dienst als *Beruf* nicht versagt, kann überhaupt die Aufstellung des Kontingents zum Erfolg führen[58]."

Für die Dienststelle Blank war es zunächst einmal wichtig, sich anhand der in Paris vereinbarten Stärke- und Ausrüstungsnachweisungen, des Sonderabkommens und der für die integrierten Stäbe vereinbarten Personalschlüssel einen Überblick über den Personalgesamtbedarf zu verschaffen. Eine weitere grundsätzliche Frage war ferner, wieviel und welches Personal wann und wo gebraucht wurde.

Ende 1953 ergab sich folgendes Bild:

- Gesamtbedarf: 30 000 Offiziere
  105 000 Unteroffiziere
- Aufschlüsselung nach der vereinbarten „Dienstgradpyramide":

1% Generale	=	300
24% Stabsoffiziere	=	7 200
75% Hauptleute und Leutnante	=	21 500[59].

Ein Indiz für Struktur und Umfang des zu erwartenden Freiwilligenaufkommens lieferten die Bewerbungsgesuche, die – nicht überraschend – in enger Abhängigkeit mit den politischen Ereignissen standen. So stieg die Zahl der Einstellungsanträge erheblich nach der Dritten Lesung des Vertragswerkes in Bundestag und Bundesrat im Frühjahr 1953 und noch einmal nach der Bundestagswahl im September. Die Gesuche waren ohne jede Werbung oder direkte Aufforderung eingegangen, da die Dienststelle derartige Aktionen nicht beginnen konnte, solange der EVG-Vertrag nicht in Kraft war[60].

Bis zum 1. Dezember 1953 lagen an Bewerbungsgesuchen vor:

ehemalige Offiziere	rund 24 000
ehemalige Unteroffiziere und Mannschaften	rund 46 000
ehemalige Offizieranwärter	rund 2 000
ungediente Bewerber	rund 7 000[61].

[58] Aus dem Bericht der Dienststelle Blank v. 22.12.1953 über den Stand der Planungen, BA-MA, BW 9/1310.

[59] BA-MA, BW 9/1310. Im Deutschen Heer vor 1914 und in der Reichswehr machten die Stabsoffiziere nur etwa 17,5% vom Offizierskorps aus, BA-MA, BW 9/1555.

[60] Ab 29.4.1954 wurde mit der gezielten Verschickung von Bewerbungsbogen begonnen, BA-MA, BW 9/2527-4, S. 129.

[61] BA-MA, BW 9/1310.

Diese relativ hohen Zahlen gaben jedoch keinerlei Aufschluß über die Qualität der Bewerber[62]. Aus Mangel an Sachbearbeitern konnte nur eine sehr grobe Kategorisierung vorgenommen werden. Besonders schwierig war die Frage, wie sich die Leutnants- und Unteroffizierstellen besetzen ließen. Es fehlten die Ausbildungsjahrgänge 1945 bis 1954, die auch nicht ersetzt werden konnten. Beim Heer stand z.B. einem Gesamtbedarf von 7735 Hauptleuten ein Angebot von nur ingesamt 7000 Hauptleuten, Oberleutnanten und Leutnanten gegenüber[63]. Da anzunehmen war, daß die Oberleutnante und Leutnante sofort oder sehr schnell in Hauptmannsstellen vorrücken würden, was auch altersmäßig angebracht war[64], mußte auf der Zugführer- und Kompanieoffizierebene eine Lücke entstehen – allein der Heeresbedarf an Leutnanten und Oberleutnanten betrug 7738 Mann –, die nur durch eine weit über dem Normalbedarf liegende Einstellung von Offizierbewerbern allmählich gedeckt werden konnte. Mittelfristig blieb kein anderer Weg, langfristig mußten daraus neue Strukturprobleme entstehen.

Bei den Stabsoffizieren (Heer) sah die Situation um einiges besser aus. Sie war jedoch keineswegs zufriedenstellend: Bedarf und Bewerbungen verhielten sich wie folgt:

Obersten	63	:	501
Oberstleutnante	1369	:	537
Majore	3060	:	1609[65].

Je länger sich die Ratifizierung des Vertrages hinauszog, desto gravierender mußte das Personalproblem werden, zumal unbekannt war, wie viele der Bewerber mittlerweile wegen lukrativer Beschäftigungen den Gedanken, erneut Soldat zu werden, längst wieder aufgegeben hatten.

Die Daten lassen mit hoher Wahrscheinlichkeit die Schlußfolgerung zu, daß die Bundesregierung niemals im Stande gewesen wäre, die sich aus dem Vertrag ergebenden personellen Forderungen in der festgelegten Frist zu erfüllen. Die Sorge, an der Personalfrage zu scheitern, führte zu folgender Forderung an die politisch verantwortliche Bundesregierung, erst einmal die Voraussetzungen zu schaffen, die eine militärische Laufbahn überhaupt sinnvoll erscheinen lassen konnten: „*Unabdingbare Voraussetzungen für einen allmählichen Ausgleich* der bedenklichen Lage auf dem Gebiet der Offizier-Stellenbesetzung, die zunächst zwangsläufig eintreten muß, sind Verhältnisse, die den Offizierberuf für wertvolle Nachwuchskräfte erstrebenswert machen. Dazu gehören:
- Vorbild der wieder übernommenen ehemaligen Offiziere [...]
- angemessene Besoldung
- Aufstiegsmöglichkeiten
- sichere und ausreichende Versorgung
- psychologische Beeinflussung des ganzen Volkes im Sinne des Wehrgedankens[66]."

Zum Problem der Quantität kam das eher noch größere der Qualität hinzu. In dem schon erwähnten Jahresbericht heißt es dazu: „Die *Auswahl* dieser großen Zahl von Offizieren ist von entscheidender, grundlegender Bedeutung für Gesicht und Geist des zukünftigen deutschen

[62] Nach Einschätzung der Dienststelle kam davon aber nur rund die Hälfte für eine Verwendung in den Feldverbänden des Kontingentes in Frage. Ein hoher Anteil der Offiziere, die Bewerbungen eingeschickt hatten, waren ehemalige Unteroffiziere; BA-MA, BW 9/232. Am 1.1.1955 betrug die Zahl aller Bewerbungen 120000; BA-MA, BW 9/1310.

[63] BA-MA, BW 9/232.

[64] Die jüngsten Offiziere und Unteroffiziere hatten 1954 ein Alter von 30 Jahren erreicht.

[65] BA-MA, BW 9/232.

[66] Ebd., S. 180. Hervorhebung im Original.

Kontingents. Sie ist ein einmaliger Akt und bedarf frühzeitiger, sorgfältiger und eingehender Überlegungen und Planungen[67]."

In der Auseinandersetzung mit dem Bundesfinanzministerium in der Besoldungsfrage schrieb Speidel: „Wir wollen die Besten der Nation als Beispiel für Europa[68]." Gleichzeitig war er sehr skeptisch, ob dies bei dem mangelnden Ansehen und der geringen Anziehungskraft des Soldatenberufs gelingen werde. Sein Urteil über die in der Dienststelle oder Paris tätigen ehemaligen Offiziere war zwiespältig.

Pflichtgefühl und Versorgungsdenken, jedenfalls keine Begeisterung für den Militärberuf, schienen ihm zu überwiegen[69]. Die Dienststelle hatte nahezu alle noch in Frage kommenden Generalstabsoffiziere und leitenden Offiziere für Spezialstäbe ermittelt. Ein erheblicher Teil, mit denen wegen einer Tätigkeit in der Dienststelle Verbindung aufgenommen wurde, war aus den verschiedensten Motiven nicht bereit, wieder Berufssoldat zu werden. Speidel kam daher zu dem Schluß: „Schon jetzt zeichnet sich für das spätere deutsche Kontingent eindeutig ein Mangel an den Offizieren der Spitzengruppe ab[70]." Unter Berücksichtigung der Tatsache, daß Speidel hier ein absichtlich düsteres Bild malte, um seinen Vorstellungen zur Militärbesoldung Nachdruck zu verleihen, bleibt dennoch als Fazit, daß die Aufstellung deutscher Streitkräfte auf personellem Gebiet quantitativ und qualitativ von Anfang an mit einer schweren Hypothek belastet war.

Die beabsichtigte Auswahl setzte differenzierte, dem breiten Spektrum des benötigten Personals entsprechende Auswahlkriterien und eine darin eingewiesene Auswahlorganisation voraus. Beides mußte von Grund auf neu entwickelt werden. Eine Leitfunktion war in dieser Hinsicht dem *Personalgutachterausschuß*[71] zugedacht, der aus ehemaligen, an einer militärischen Wiederverwendung nicht interessierten Offizieren und angesehenen Persönlichkeiten des öffentlichen Lebens zusammengesetzt werden sollte. Seine Aufgabe sah man nicht nur in der schon erwähnten Überprüfung und Beurteilung höherer Offiziere, sondern auch in der Erarbeitung von Vorschlägen für die Auswahlprinzipien aller sich bewerbenden Offiziere[72].

Zum Aufbau einer Annahmeorganisation mit dezentralisierten, über die Bundesrepublik verteilten Annahmestellen war eine Annahmezentrale im zukünftigen Verteidigungsministerium vorgesehen, die zugleich die Bewerber zu überprüfen hatte, die als Prüfoffiziere in den Annahmestellen nun die Einstellungsüberprüfung vorzunehmen hatten. Eine Koordinierung und angemessene Standardisierung der Einstellungsverfahren war ohne Zweifel notwendig. Die Prüfungshierarchie, der sich sonst kein Berufszweig des öffentlichen Lebens im Zuge der Staatswerdung der Bundesrepublik hatte unterwerfen müssen, verriet allerdings auch ein außerordentliches Maß an Pedanterie, Vorsicht und Mißtrauen denen gegenüber, auf deren Bereitwilligkeit man gerade angewiesen war. Die organisatorische Planung der Annahmeorganisation war Ende 1953 im wesentlichen abgeschlossen. Für sie wurden 1100 qualifizierte Offiziere veranschlagt, die nach Abschluß der Aufstellungsphase und der Auflösung der Annahmeorganisation anderweitig Verwendung finden sollten. Bis zum Dienstantritt der ersten Wehrpflichtigen, d.h. etwa innerhalb eines Jahres, war es danach die Aufgabe der Annahmeorganisation, das gesamte Frei-

[67] Siehe Anmerkung 34, III. Personelle Planung, S. 9; BA-MA, BW 9/1310.
[68] BA-MA, BW 9/1523, S. 51.
[69] Ebd., S. 61 ff.
[70] Ebd., S. 76.
[71] Hierzu ausführlicher: Rautenberg, Zur Standortbestimmung, S. 788 ff.
[72] BA-MA, BW 9/1310.

willigenpersonal, etwa 170000 Mann, zu überprüfen und auszuwählen. Danach sollte der normale Ersatzbedarf durch die mittlerweile aufzubauende nationale Wehrersatzorganisation gedeckt werden.[73].

c) Materielle Planung

Die Bereitschaft der Bundesregierung, sich aktiv an der Verteidigung des Westens zu beteiligen, beruhte von Anfang an auf der Annahme, daß das deutsche Kontingent im wesentlichen von den Westmächten, insbesondere den USA, ausgerüstet würde. Anscheinend noch unter dem Eindruck der gewaltigen materiellen Überlegenheit der alliierten Streitkräfte in den letzten Kriegsjahren war die Dienststelle der Auffassung, daß die Bewaffnung der deutschen Truppen durch die Westmächte kein allzu großes Problem darstelle. In Bonn herrschte die Auffassung vor, diesmal könne man aus dem vollen schöpfen und brauche bei der Planung nicht vom Standpunkt des armen Mannes auszugehen. Dieser Optimismus war nicht ganz unberechtigt, da die USA zeitweise die Möglichkeit ausreichender Lieferungen angedeutet hatten. Allmählich stellte sich aber heraus, daß sie nur bestimmtes „schweres Gerät" („major equipment") zu liefern in der Lage oder bereit waren, und daß sie diese Lieferungen an eine Reihe von Bedingungen knüpften.

Die Amerikaner waren keineswegs willens, ihre Militärhilfe den Europäern blindlings zu leisten, und benutzten sie als politisches Druckmittel zur Beschleunigung der EVG-Verhandlungen. Am 7. April 1953 erklärte der stellvertretende US-Verteidigungsminister Nash in Washington gegenüber Adenauer, die USA hätten haushaltsmäßige Vorkehrungen getroffen, der *EVG* die schwere Ausrüstung für sechs deutsche Divisionen und die taktischen deutschen Luftstreitkräfte zur Verfügung zu stellen. Nash wies auf die Notwendigkeit genauer Bedarfs-, Verwendungs- und Terminpläne hin, die vom Interimsausschuß den amerikanischen Behörden zur Prüfung vorgelegt werden müßten, bevor mit der Lieferung begonnen werden könne. Als weitere Voraussetzungen nannte er den Abschluß zweiseitiger Abkommen zwischen den USA, der EVG und der Bundesrepublik Deutschland über gegenseitige Verteidigungshilfe sowie die Einräumung eines Kontrollrechts von SHAPE und amerikanischen Behörden über die vereinbarungsgemäße Verwendung von Waffen und Gerät. Erst nach der Erfüllung dieser Bedingungen und „sobald die Ratifikation des EVG-Vertrages abgeschlossen ist", erläuterte Nash, seien die USA zu weiteren Auskünften über Lieferungen bereit[74].

Wesentlich mehr erfuhr die deutsche Expertengruppe unter Blank bei ihrem Amerikaaufenthalt zwei Monate später auch nicht[75]. Es blieb bei allgemeinen Zusagen. Die Amerikaner machten jedoch noch einmal sehr deutlich, daß direkte Waffenlieferungen an die einzelnen Kontingente nicht beabsichtigt seien, daß nur die EVG als Adressat in Frage komme, und daß zunächst einmal von jedem Land und der EVG selbst die äußersten Anstrengungen unternommen und nachgewiesen werden müßten, ehe der Kongreß die Mittel für die Hilfe freigebe[76]. Ende Mai 1953 legten die USA dem Interimsausschuß zwei Entwürfe zu den von Nash angekündigten Abkommen vor. Die Amerikaner verlangten darin nicht nur eine zweckgebundene Verwendung

[73] Ebd.
[74] BA-MA, BW 9/1461, S. 37ff., Zitat S. 38.
[75] Vgl. Anm. 29.
[76] BA-MA, BW 9/1572, S. 54.

ihrer Hilfe in Übereinstimmung mit den Verteidigungsplänen der NATO, Sicherheitsvorkehrungen und sehr weitgehende Befugnisse ihres Übergabepersonals (MAAGs = Military Assistance Advisory Groups), sondern in Zusammenarbeit mit den USA auch Maßnahmen der Europäer zur Überwachung des Handels von Ländern, „die den Weltfrieden bedrohen"[77].

Ein besonderes Problem war die ordnungsgemäße Übernahme, Verteilung und Verwaltung der US-Hilfe, auf welche die Amerikaner verständlicherweise größten Wert legten. Nach Artikel 99 des EVG-Vertrages war bei allen die EVG betreffenden Fragen der Außenhilfe, also auch für deren Organisation, das Kommissariat zuständig. In einem Memorandum vom 15. Oktober 1953 wiesen die USA den Interimsausschuß daher auf die Dringlichkeit der Planung einer europäischen Versorgungs- und Übernahmeorganisation hin[78]. Diese war speziell für die Belange der Bundesrepublik notwendig, da die anderen EVG-Staaten bereits national die erforderlichen Transitbasen, Depots, Transportmittel, Instandsetzungseinrichtungen und vor allem eingespieltes Fachpersonal aller Art für die seit vielen Monaten laufenden amerikanischen Lieferungen aufgrund bilateraler Abmachungen besaßen. Der Pariser Militärausschuß war erst im Juli 1954 in der Lage, den gewünschten Plan vorzulegen[79]. Er sah eine europäisch-amerikanische Parallelorganisation unter weitgehender Ausschaltung des deutschen Verteidigungsministeriums vor, befaßte sich aber nur mit Zuständigkeiten und Abwicklungsverfahren. Die weit schwierigere, von der Dienststelle zu bewältigende Aufgabe, die umfangreichen personellen und materiellen Übernahmekapazitäten (Depotorganisation usw.) in der Bundesrepublik für den Tag X vorzubereiten, war damit freilich noch nicht gelöst. Für die Erstausstattung des deutschen Kontingents – ohne Seestreitkräfte – wurden über die Militärhilfe allein an Großgerät 5000 Panzer, 1700 Artilleriegeschütze und 1300 Kampfflugzeuge benötigt[80].

Das Problem, mit welchem Material die deutschen Soldaten ausgerüstet werden würden und ob es rechtzeitig geliefert werden konnte, bereitete der Dienststelle zunehmende Sorge. Ihr Urteil über die Qualität der zu erwartenden US-Heeresausrüstung war außerordentlich negativ. Demzufolge lag es „teilweise weit unter dem Niveau der Ausstattung der deutschen Panzer- und mot. Verbände in den Jahren 1943–1945" und befähigte die amerikanischen Verbände nicht, einem Angriff mechanisierter sowjetischer Divisionen standzuhalten. Die Meinungen über die britischen und französischen Divisionen waren eher noch ungünstiger. Besonders gravierend empfand man „das völlige Fehlen auch nur annähernd ausreichender Panzerabwehr auf mittlere und weitere Entfernungen". Als „noch trauriger" wurde die Lage der Flakartillerie und bei den infanteristischen Maschinenwaffen eingestuft. Daß amerikanische Einheiten in Deutschland noch wassergekühlte schwere Maschinengewehre als Standardwaffe besaßen, wurde als Umstand bezeichnet, „der von kriegserfahrenen Soldaten eigentlich nur als Witz aufgefaßt werden kann". Man stellte die Frage, ob es überhaupt verantwortet werden könne, die künftigen deutschen Truppen mit solchen Waffen auszustatten. Gleichwohl kam man zu der Einsicht, daß aus Zeit-

[77] Ebd., S. 3 ff., Zitat S. 10. Bei einer Besprechung des Pariser Ad-hoc-Ausschusses für Außenhilfe am 8.12.1953 erklärte der amerikanische Delegierte: „Die amerikanischen militärischen Vertreter sind verpflichtet, gegenüber dem Kongreß die Verwendung des Materials zu verfolgen und sicherzustellen, daß diese im beantragten Sinne geschieht. Desgleichen sind sie verpflichtet, die Benutzung des Geräts und seine Instandhaltung zu beobachten. Die Vereinigten Staaten behalten sich vor, bei Verstößen gegen die Grundsätze der gegenseitigen Abkommen ihre Materialhilfe unverzüglich einzustellen bzw. das zur Verfügung gestellte Material zurückzufordern." BA-MA, BW 9/232, S. 172.

[78] BA-MA, BW 9/1572, S. 65 ff.

[79] BA-MA, BW 9/1398, S. 263 ff.

[80] BA-MA, BW 9/1310.

gründen keine andere Wahl bleibe: „Besser im Anfang zum Teil auch mäßige oder schlechte Waffen, als gar keine auf den erwähnten Gebieten[81]."

Das kardinale Problem rechtzeitiger Bereitstellung der benötigten Ausrüstung führte zu einer scharfen Auseinandersetzung innerhalb der Dienststelle. Es war klar, daß auf dem Wege der alliierten Militärhilfe nur ein Teil des Materials, vor allem die schwereren Waffen, geliefert werden würde, mithin der Rest aus deutscher Produktion stammen mußte. Der für die eigentliche Aufstellung des deutschen Kontingents zuständige Leiter der Unterabteilung II/Pl, v. Bonin, verlangte daher – „um endlich von der Theorie in die Praxis überzuwechseln" – die sofortige Vergabe bestimmter Aufträge an die deutsche Industrie, ohne das Inkrafttreten des Vertrages abzuwarten. Dem Interimsausschuß, aber auch den „zivilen Stellen des Hauses" warf er vor, bislang nichts getan zu haben, die deutsche Industrie auf die modernen militärtechnischen Anforderungen vorbereitet zu haben. Er beklagte sich über den Pariser Perfektionismus und hielt der deutschen Delegation vor, sie beschäftige sich mit fernen Standardisierungsproblemen, statt sich auf die naheliegende Frage der deutschen Erstausstattung zu konzentrieren. Er lehnte die Trennung des Rüstungswesens von der militärischen Kommandostruktur ab und forderte dessen Eingliederung in die Militärische Abteilung. Seiner Auffassung nach mußte das künftige „Technische Amt" ein „rein militärischer Apparat" sein, weil nur so eine optimale Verbindung von Militär und Technik zu erreichen sei[82]. Da er im Interimsausschuß fürs erste nur eine Störquelle seiner Bemühungen sah, verbot er seinen Mitarbeitern den direkten Verkehr mit Paris.

In der Tat war es ganz ausgeschlossen, daß die deutsche Wirtschaft ohne längeren zeitlichen Verlauf unmittelbar oder sehr bald nach Wirksamwerden des Vertrages in der Lage sein konnte, das nicht über die Militärhilfe kommende Material zu liefern. Insofern war das Drängen Bonins sachlich begründet. Andererseits zielten seine Vorstellungen aber auf einen nationalen Alleingang, verstießen also gegen die der EVG zustehende Rüstungshoheit, und waren daher politisch nicht akzeptabel. Die anderen EVG-Mitglieder, insbesondere Frankreich, hätten es auch schwerlich hingenommen, wenn die Bundesrepublik im Sinne Bonins bereits *vor* Inkrafttreten des Vertrages an die deutsche Industrie Aufträge vergeben hätte, und wären diese auch noch so bescheiden gewesen.

Auf Weisung Blanks wurde v. Bonin und seiner Unterabteilung der weitere Kontakt mit Firmen untersagt, was erhebliche Unruhe auslöste. Seine Forderung, das Rüstungsgebiet dem Militär zu unterstellen, verstieß gegen das später bei der Bundeswehr auch verwirklichte Prinzip einer „zivilen" Verteidigungsverwaltung und hatte bei der starken Stellung der zivilen Beamten in der Dienststelle keine Realisierungschance. Bonin hatte bei seinen teilweise in scharfer Form vorgebrachten Argumenten und Rundumattacken vor allem die außenpolitische Brisanz seiner Vorstellungen verkannt und mußte zwangsläufig scheitern. Andererseits blieb das nahezu unlösbare Problem, wie denn die Ausrüstung ohne „Vorlauf" rechtzeitig beschafft werden konnte, um die vertraglich vereinbarte kurze Aufstellungsfrist einzuhalten. Auf dieses sich auch auf anderen Gebieten immer schärfer abzeichnende Grunddilemma der gesamten weiteren Aufstellungsplanung ist noch einzugehen.

Im Sommer 1953 war der sogenannte „Aussprachekreis Koblenz" (Vorsitz: Ministerialdirigent Dr. Rentrop, Leiter Abt. V) ins Leben gerufen worden, dem Vertreter der Dienststelle, der deutschen Rüstungsdelegation in Paris, des Bundeswirtschaftsministeriums und der Wirtschaft angehörten.

[81] BA-MA, BW 9/231.

[82] Bonins Auffassungen schlugen sich in mehreren, an Heusinger gerichteten Druckschriften nieder, BA-MA, BW 9/231, BW 9/232.

Es war ein beratendes Gremium, das etwa monatlich zusammentrat, um die außerordentlich vielfältigen wirtschaftspolitischen, vertraglich-organisatorischen, militärischen, betriebswirtschaftlichen und fertigungstechnischen Überlegungen der materiellen Bedarfsdeckung auf deutscher Ebene abzustimmen. Von der Wirtschaftsseite wurde sogleich auf die Notwendigkeit von „Lehraufträgen" für die militärische Rüstung im engeren Sinne hingewiesen, da Erfahrungsgut weithin verloren, Kapazitäten nicht vorhanden und eine ungeheure Vorbereitungszeit notwendig seien: Wenn bei Inkrafttreten des Vertrages die echten Aufträge kämen, sei „es schon zu spät"[83].

Die anfänglich sehr skeptische und distanzierte Haltung der deutschen Wirtschaftsverbände, insbesondere des Bundesverbandes der Deutschen Industrie gegenüber der Dienststelle, hatte sich allmählich positiv verändert. Im Grundsatz zeigte sich die Wirtschaft jetzt an allen Rüstungsaufträgen interessiert, sofern kein Widerspruch zwischen notwendigen Investitionen und Bedarf bestand[84]. Dennoch dauerte es bis zum Mai 1954, bevor der BDI das von der Dienststelle gewünschte Sachverständigengremium der wesentlichen Industriezweige anbot[85].

Im Wirrwarr ungeklärter oder nur halbgeklärter Verantwortlichkeiten zwischen den verschiedenen Stellen des Interimsausschusses, der Dienststelle, dem Bundeswirtschaftsministerium, und wegen der erst spät angelaufenen Zusammenarbeit mit der Industrie, konnten in der Ausrüstungsfrage bis zum Sommer 1954 nur geringe Fortschritte erzielt werden. Es fehlte an Geld und Personal, außerdem waren die alliierten Entmilitarisierungsgesetze nach wie vor in Kraft.

Die Amerikaner hatten eine genaue Zusammenstellung der deutscherseits gewünschten Ausrüstung („Mangelliste") und genaue Angaben über den Aufstellungsverlauf („Aufstellungsprogramm") zur Voraussetzung von Lieferungen gemacht. Diese Unterlagen konnten von der Dienststelle jedoch erst am 20. August 1954 (!), also kurz vor dem endgültigen Aus für die EVG – und dies auch nur unter Umgehung des Interimsausschusses – der US-Hochkommission in Bonn übergeben werden[86]. Was die Amerikaner im einzelnen aber tatsächlich liefern würden, blieb unbekannt. Sie hatten lediglich zugesagt, daß mit dem *Beginn* der Transporte 45 bis 60 Tage nach Inkrafttreten des Vertrages gerechnet werden könne[87]. Nun war es aber ganz unmöglich, innerhalb dieses Zeitraumes von nur zwei Monaten die geforderte Übernahmeorganisation einschließlich der Depots zu schaffen, an eine schnelle Auslieferung an die Truppe also gar nicht zu denken. Außerdem konnten die Waffen kaum ohne Funktions- und Sicherheitsüberprüfungen an die Soldaten ausgegeben werden, wozu ein zusätzlicher Zeitaufwand notwendig war. Nach Lage der Dinge wäre die Bundesrepublik bei einem Zustandekommen der EVG im Sommer 1954 lediglich imstande gewesen, Bekleidung, Unterkunftsgerät, Kraftfahrzeuge, einiges Pionier- und Fernmeldegerät sowie Sanitätsmaterial beizusteuern.

Fett, der im November 1953 an die Stelle des in Ungnade gefallenen v. Bonin als Unterabteilungsleiter II/Pl getreten war[88], mußte im Sommer 1954 bekennen, daß die für das planmäßige Anlaufen der Aufstellung unerläßlichen „vorbereitenden Maßnahmen" nicht, wie die deutsche Delegation bisher angenommen hatte, vom Interimsausschuß/Kommissariat eingeleitet werden konnten, sondern entgegen der ursprünglichen Intention des Vertrages in einer „gestreckten"

[83] BA-MA, BW 9/231.
[84] BA-MA, BW 9/3368, S. 92.
[85] BA-MA, BW 9/231.
[86] BA-MA, BW 9/123, S. 198 ff. u. 204 ff.
[87] BA-MA, BW 9/1461, S. 54.
[88] S. Anmerkung 53.

Übergangsphase nun doch national geregelt werden mußten[89]. Nur das Scheitern der EVG überdeckte die Tatsache, daß die völlig unzureichenden materiellen Voraussetzungen den Aufbau des deutschen Kontingentes in der festgelegten Frist niemals zugelassen hätten. Am 9. Juli 1954 stellte die Beschaffungsabteilung fest: „Nach dem derzeitigen Stande ist die [...] rechtzeitige Ausstattung und damit die Einhaltung des militärischen Aufstellungszeitplans nicht gewährleistet[90]."

d) Operative Überlegungen, atomare Komponente und Alternativvorschläge

Die Dienststelle Blank durfte nach der Brüsseler NATO-Vereinbarung vom Dezember 1950 kein Gremium für die operative Planung besitzen und hielt sich auch daran. Das bedeutete allerdings nicht, daß sich die deutschen Militärs darüber keine Gedanken machten. Ihre Vorschläge in Paris über die zweckmäßigste Gliederung und Ausrüstung beruhten im wesentlichen auf der bereits in der Himmeroder Denkschrift entwickelten und auf dem Petersberg vorgetragenen Grundkonzeption einer beweglichen Kampfführung mit dem Panzer als Hauptwaffe[91].

Die Formulierung der deutschen operativen Vorstellungen war eine Domäne Heusingers, der als ehemaliger Chef der Operationsabteilung im OKH auf diesem Gebiet eine unbestrittene Autorität besaß.

Ausgelöst durch eine Frage des stellvertetenden Vorsitzenden des EVG-Bundestagsausschusses Erler (SPD), welches voraussichtliche Maß an Sicherheit die Bundesrepublik durch den Eintritt in das westliche Sicherheitssystem von EVG und NATO gewinne, gab Heusinger im Oktober 1952 vor diesem Gremium einen Überblick über die strategisch-operative Lage[92].

Nach Skizzierung der sowjetischen Überlegenheit an konventionellen Streitkräften analysierte er die operativen Möglichkeiten des Ostblocks. Er unterstrich den Zusammenhang der Kriegsschauplätze zwischen Nordnorwegen und Persischem Golf und kam zu der Schlußfolgerung, daß die Sowjetunion wegen des hohen Risikos eines Weltkrieges, der sie frühzeitig zu einer Aufteilung ihrer Kräfte an ihren Grenzen zwinge, es kaum wagen werde, einen Krieg im

[89] BA-MA, BW 9/1325.

[90] BA-MA, BW 9/232, S. 108.

[91] Weitere Elemente der deutschen Konzeption waren: Vollmotorisierung, Ausstattung der Infanteriedivisionen mit je einem Panzerjägerbataillon, Entwicklung moderner Panzerabwehrwaffen in großer Zahl, Verbesserung des Wirkungsgrades der Panzer durch Nachtsicht- und Zieleinrichtungen (Infrarotgeräte), erhebliche Verbesserung der Flugabwehrwaffen. Die Infanterie sollte als eigenständige Waffe verschwinden. Vorschlag der Unterabteilung II/Pl: Kern des Heeres bildet nicht mehr die Infanterie, sondern die Kampfgemeinschaft von Panzern und Infanterie; Grundsatz: Keine Infanterie mehr ohne Panzer und umgekehrt; Folgerung: organisatorische und ausbildungsmäßige Zusammenfassung der beiden Waffen, möglichst Austauschbarkeit des Personals, Unterstellung unter gemeinsamen Inspekteur, allmähliche Anhebung der Infanterie auf das Niveau von Panzergrenadieren, Umwandlung des alten Begriffs „Infanterie" in „Panzerinfanterie" bzw. „Panzer-Infanteriedivison". Neben der Panzertruppe (Panzerinfanterie, Panzer, Panzeraufklärer, Panzerjäger) sollte es danach nur noch folgende Waffengattungen geben: Artillerie (Panzer-Artillerie, Artillerie), Genietruppe (Panzerpioniere, Pioniere) und Fernmeldetruppe (Panzerfernmelder, Fernmelder). Besprechung v. 22.5.1953, BA-MA, BW 9/231.
Die deutsche Seite hielt an der Notwendigkeit der Zusammenfassung von Panzer- und Panzerbegleitdivisionen zu Panzerkorps fest. In einer Studie vom 11.1.1954 („Gliederung einer Type Field Army") wies Oberst i.G. a.D. Bergengruen darauf hin, daß Panzerkorps auch unter dem Gesichtspunkt des möglichen Einsatzes taktischer A-Waffen wegen ihrer Fähigkeit zu schneller Konzentration und Dispersion erforderlich seien, BA-MA, BW 9/1460, S. 172ff.

[92] Handakte Heusinger (Abrüstung/Sow. Streitkräfte); BA-MA, BW 2/2685, S. 97ff.

Abschnitt zwischen Ostsee und Alpen zu beginnen. Als weitere Schwachstellen des Ostblocks nannte er die für einen längeren Krieg unzureichende Öl- und Stahlproduktion sowie das mangelhafte und verwundbare sowjetische Transportsystem. Er unterstellte den sowjetischen Führern Nüchternheit im Denken und nahm daher an, daß sie ihre Ziele, solange dies möglich sei, mit Mitteln des Kalten Krieges zu erreichen versuchten. Eine kritische Phase prognostizierte er für die Jahre 1955/56, weil in dieser Zeit vermutlich der Höhepunkt sowjetischer und westlicher Aufrüstung zusammenfalle und die Sowjetunion dann auch über die jetzt noch unzulänglichen Satellitenstreitkräfte verfüge[93].

Die militärische Lage Westeuropas hatte sich seiner Auffassung nach so verbessert, daß die Sowjetunion gegen die mittlerweile 17 operationsfähigen und 5 bis 7 Reservedivisionen der NATO im Bereich „Europa-Mitte" keinen Angriff aus dem Stand ohne größere Aufmarschvorbereitungen mehr wagen konnte. Andererseits hielt er die westlichen Kräfte bestenfalls zu hinhaltendem Kampf bis zur Rheinlinie und der Verteidigung einzelner Brückenköpfe östlich davon für fähig. Mit den 12 deutschen Divisionen ergab sich dann für ihn „die berühmte operationsfähige Masse" von etwa 30 Divisionen, die es erlaube, den Angreifer offensiv zu packen. Einen hohen Stellenwert räumte er den deutschen Erfahrungen aus dem Ostfeldzug und dem Verteidigungswillen der deutschen Soldaten ein. Eine starre Verteidigung an der Zonengrenze lehnte er strikt ab, weil hierfür etwa 70 Divisionen einschließlich Reserven gebraucht würden, Durchbrüche aber dennoch nicht verhindert werden könnten. Nur durch eine bewegliche und offensive Verteidigung schien es ihm möglich, dem Angreifer das Gesetz des Handelns aufzuzwingen.

Heusinger räumte ein, daß die Aufstellungsphase Risiken in sich berge. Er hielt sie aber für vertretbar im Vergleich zu den aus dem Verteidigungsbeitrag erwachsenden Vorteilen des Mitentscheidenkönnens in den wesentlichen militärischen Fragen, der automatischen Beistandspflicht der Bündnispartner für die Bundesrepublik, der Vorneverteidigung und des Zuwachses an abschreckender Wirkung. Er ging von der Erwartung aus, daß sich nach dem Eintritt in die EVG deutsches militärisches Führungsdenken durchsetze und die Bundesrepublik dann nicht länger mehr als bloßes Vorfeld behandelt werden könne. Außerdem müsse sich der Osten nach der Bildung der Europäischen Verteidigungsstreitkräfte im Falle einer Aggression zu einem planmäßigen Angriff bereitstellen, womit ein bedeutender Zeitgewinn für Gegenmaßnahmen zu erzielen sei. Weiterhin erhoffte er sich zwei positive Nebeneffekte, nämlich erstens, daß Frankreich größere Verteidigungsanstrengungen unternehme, um militärisch gegenüber der Bundesrepublik nicht ins Hintertreffen zu geraten, und zweitens, daß die Volkspolizei, deren inneren Zusammenhalt er für brüchig hielt, noch weiter an Zuverlässigkeit verlöre. Deren militärischen Wert veranschlagte er ohnehin als gering und vertrat die Meinung, daß sie von den Sowjets in einem Krieg erst in zweiter Linie nachgeführt würden, um vor allem politische Hilfsfunktionen zu übernehmen.

Als ziemlich erstaunlich und bemerkenswert muß es erscheinen, daß Heusinger den deutschen militärischen Beitrag und den sich daraus ergebenden Einfluß auch deshalb für wichtig erachtete, um auf das Bündnis, insbesondere die USA, im Falle einer gegen die Sowjetunion gerichteten Kriegsabsicht bremsend wirken können[94]. Es ist dies vermutlich das einzige Mal, daß

[93] Spätere Lagebeurteilungen sind pessimistischer, weil die Aufrüstung des Westens hinter den Erwartungen zurückblieb und man insbesondere mit dem deutschen Verteidigungsbeitrag noch nicht weitergekommen war, „Beurteilung der militärischen Lage" v. 20.2.1953, BA-MA, N 626/195; „Beurteilung der strategischen Weltlage" v. 23.6.1954, BA-MA, BW 2/2717-1, S. 41–52.

[94] BA-MA, BW 2/2685, S. 111.

auf deutscher Seite, zumal von einem Militär, dieses letztlich gegen die USA gerichtete Argument gebraucht worden ist, um die Aufrüstung der Bundesrepublik zu rechtfertigen.

Bei einem Aufenthalt in den USA konnte Heusinger im Gespräch mit dem Heeresstabschef, General Collins, weitgehende Übereinstimmung mit seinem operativen Konzept einer offensiv zu führenden Verteidigung feststellen, wobei auf amerikanischer Seite die Absicht geäußert wurde, den Kriegsschauplatz nach einem zurückgeschlagenen sowjetischen Angriff nach Ostdeutschland und darüber hinaus vorzuverlegen[95].

Damit kontrastierte allerdings das Eingeständnis, daß der Westen zur Zeit höchstens im Stande sei, Bastionen östlich des Rheins zu halten und eine Verbesserung erst nach Aufstellung des deutschen Kontingentes eintreten werde. Collins teilte Heusingers Auffassung, die gesamte strategische und taktische Luftwaffe des Westens gegen die sowjetischen Offensivkräfte und nicht gegen Ziele im Innern der Sowjetunion einzusetzen. Heusinger nahm den Eindruck mit, daß die USA immer noch mit langen Mobilisierungszeiten wie im Ersten und Zweiten Weltkrieg rechneten und noch nicht die Konsequenzen daraus gezogen hatten, daß sie in einem kommenden Krieg, in den sie diesmal von Beginn an verwickelt würden, sofort über eine größere Anzahl einsatzbereiter Verbände verfügen mußten, da eine Unterstützung für ihre europäischen Verbündeten sonst zu spät käme.

Bei seinen operativen Überlegungen spielte die atomare Waffenkomponente bis 1954, d.h. bis zum Scheitern der EVG, nur eine untergeordnete Rolle. In seinem Vortrag vor dem EVG-Bundestagsausschuß im Oktober 1952[96] erwähnte er die strategischen Atombomben nur indirekt, indem er es einen Irrglauben nannte, durch ihren Einsatz zu einem schnellen Sieg über die Sowjetunion zu gelangen, eine Auffassung übrigens, die von der Heeresgeneralität allgemein geteilt wurde. Die taktischen Nuklearwaffen, die sich in den USA bereits in der Entwicklung befanden, konnten zu diesem Zeitpunkt von den Militärs in Bonn und in Paris freilich noch nicht berücksichtigt werden, weil die Amerikaner in dieser Hinsicht eine äußerst restriktive Informationspolitik betrieben und die Europäer auf diesem Sektor bekanntlich über keine eigenen Erfahrungen verfügten. Der NATO erging es bis dahin nicht anders. Aber auch 1953, spätestens 1954, als klar war, daß die NATO-Ziele von Lissabon (Aufstellung von 90 Divisionen in Westeuropa bis 1954) unerreichbar bleiben würden und als Ausgleich für die konventionelle Unterlegenheit gegenüber dem Osten nur die Umstellung auf taktische Atomwaffen in Frage kam, blieben die deutschen Planungen davon nahezu unberührt. Selbst in seiner „Beurteilung der strategischen Weltlage" vom 23. Juni 1954[97] ging Heusinger nur pauschal auf die Atomwaffen ein, ohne zwischen strategischen und taktischen Einsatzmöglichkeiten zu unterscheiden. Er warnte wieder vor ihrer Überbewertung und kritisierte Tendenzen, „die gesamte militärische Verteidigung des Westens nur auf sie zu stützen". Die beste Lösung sah er in einem ausgewogenen Verhältnis *aller* Waffen und stellte in Rechnung, daß bei dem zu erwartenden nuklearen Patt zwischen Ost und West sich jede Seite, insbesondere das im Vergleich zur Sowjetunion „atomempfindlichere" Amerika, scheuen werde, diese „schrecklichen Waffen" einzusetzen. Heusingers Sicht ist erstaunlich, weil sich bereits seit 1953 Atomgeschütze (280 mm) auf deutschem Boden befanden, die NATO „Atommanöver" durchführte und ihre „Nuklearisierung" damit unübersehbar geworden war. Auch konnte ihm nicht verborgen geblieben sein, daß sich innerhalb der NATO immer stärker die Auffassung durchzusetzen begann, man müsse die taktischen Atom-

[95] BA-MA, BW 9/1572, S. 41.
[96] Vgl. Anmerkung 92.
[97] BA-MA, BW 2/2717-1, S. 41–52.

waffen wie konventionelle Waffen behandeln[98]. Sein Zögern, taktische Nuklearwaffen in seine operativen Überlegungen einzubeziehen, hatte sicherlich eine Ursache im Fehlen konkreter Informationen. Ein wesentlicher Grund dafür dürfte allerdings gewesen sein, daß er – damals zumindest – in den Atomwaffen ein vorwiegend politisches, für die eigentliche Kriegführung aber nur sehr bedingt taugliches Mittel sah. Er vertrat also letzten Endes dasselbe Argument, das in den sechziger Jahren zur Ablösung der Strategie der „Massiven Vergeltung" führte, eben jenes Konzeptes der Androhung sofortigen Nuklearwaffeneinsatzes im Falle einer gegnerischen Aggression, auf das die NATO sich 1953/54 gerade umzustellen begann.

Natürlich konnte sich die deutsche Seite der Entwicklung in der NATO nicht verschließen. Eine eingehendere Beschäftigung mit den taktischen Atomwaffen scheint im Sommer 1954 eingesetzt zu haben, nachdem Angehörige der Dienststelle, u.a. Heusinger selbst, an einem (konventionellen) Schießen der Atomartillerie auf dem Truppenübungsplatz Baumholder teilgenommen hatten, wobei sie auch Einzelheiten über deren Einsatzgrundsätze erfahren haben dürften. Jedenfalls referierte Heusinger am 12. Juli 1954 vor dem EVG-Bundestagsausschuß über den „Atomkrieg", wobei er speziell auf die Atomartillerie einging[99]. Die taktisch-technischen Konsequenzen ihres Einsatzes bestanden für ihn u.a. darin, Truppenmassierungen möglichst zu vermeiden und den Verbänden höchste Beweglichkeit durch Motorisierung und Schutz gegen radioaktive Strahlung durch Panzerung zu verleihen. Statt wie bisher den Gegner an seiner schwächsten Stelle anzugreifen, hielt er es unter atomaren Bedingungen für angebrachter, ihn dort zu packen, wo er seinen Schwerpunkt hatte, wo er Truppen konzentrierte. Er sah Vorteile für den Verteidiger und vertrat die Auffassung, daß gerade das atomare Gefecht die höchsten Anforderungen an die Führungskunst stelle. Was Heusinger vortrug, sollte in den kommenden Jahren im Zeichen der Strategie der „Massiven Vergeltung" (MC 14/2) für die taktische Ausbildung der Landstreitkräfte verbindlich werden. Für das deutsche EVG-Kontingent hatte es aber keine Bedeutung mehr. Die Europäischen Verteidigungsstreitkräfte wurden als *rein konventionelles* militärisches Instrument geplant, von der 1954 einsetzenden tiefgreifenden Umstellung der NATO auf taktische Atomwaffen also nicht mehr erfaßt[100]. Festzuhalten ist, daß sich die Dienststelle Blank nunmehr nach und nach die neue NATO-Strategie zu eigen machte, ohne allerdings auf die schwerwiegende Problematik des dabei einkalkulierten Atomkrieges im eigenen Lande weiter einzugehen.

An dem bereits in der „Himmeroder Denkschrift" vom Oktober 1950 entwickelten operativen Konzept einer beweglichen und offensiven Verteidigung durch gepanzerte Verbände und taktische Luftstreitkräfte hat die Dienststelle Blank von Anfang an unverrückbar festgehalten. Alternative Vorstellungen, die auf eine eher statische Form der Verteidigung hinausliefen, verfielen aus verschiedenen Gründen kategorischer Ablehnung. Anfang 1952 hatten ehemalige Offiziere außerhalb der Dienststelle den Gedanken einer Kombination von „Verteidigungsfeld" und dahinterstehenden „motorisierten Verbänden" entwickelt und waren damit an Speidel herangetreten. Generalleutnant a.D. Fritz Bayerlein, ehemaliger Stabschef unter Rommel, bekannte sich prinzipiell zum Bewegungskrieg, lehnte ihn aber auf deutschem Boden ab. Deswegen mußte seiner Meinung nach an der innerdeutschen Grenze eine Art „Ostwall" geschaffen werden[101]. Dieses Konzept eines „Verteidigungsfeldes" von 15–25 km Tiefe längs des Eisernen

[98] Hierzu ausführlich: Greiner, Militärstrategisches Konzept.
[99] BA-MA, BW 2/982.
[100] S. hierzu Greiner, Militärstrategisches Konzept.
[101] BA-MA, BW 9/1544.

Vorhangs und einer „Manövrierarmee“ brachte vermutlich derselbe Offizierkreis auch dem Stabschef Eisenhowers, General Gruenther, zur Kenntnis, der Speidel einschaltete und um eine Stellungnahme bat. Die Gründe, mit denen Speidel dieses Konzept entschieden verwarf, glichen im wesentlichen denen, die später zur Ablehnung des von Bonin 1954/55 entworfenen Konzepts einer Panzerabwehrsperrzone führten. Speidel hielt einen „Ostwall“ aus psychologischen, finanziellen, militärischen und politischen Gründen für falsch: psychologisch, weil ein Denken im „Maginot-Geist“ zu keinem Entscheidungskampf befähige, finanziell, weil er nicht bezahlbar sei, militärisch, weil er einen Durchbruch nicht verhindern könne, und politisch, weil er die Trennung Deutschlands und damit Europas verewige[102]. Gruenther, später SACEUR, stimmte dem voll zu, so daß die deutschen Alternativvorschläge mit hoher Wahrscheinlichkeit spätestens am Veto der NATO gescheitert wären.

Auf die schließlich auch in der Öffentlichkeit ausgetragene Auseinandersetzung um das Alternativkonzept Bonins, die am 22. März 1955 zu seiner Entlassung und endgültigen Kaltstellung führte, soll hier nur eingegangen werden, soweit sie in die EVG-Phase fiel[103].

Bonin hatte bereits Ende 1952 vorgeschlagen, die ersten deutschen Kaderverbände so zu organisieren, daß sie notfalls sofort, d. h. also noch vor der Bildung kompletter Divisionen, für Verteidigungsaufgaben, besonders Panzerabwehr, eingesetzt werden könnten[104]. Für ihn handelte es sich dabei um eine zwingend notwendige Übergangsregelung, solange die Westmächte bestenfalls die Rheinlinie verteidigten und die Europäischen Verteidigungsstreitkräfte noch nicht voll einsatzbereit waren. Wenn also die Alliierten in der Schwächeperiode des Aufbaus keinen Schutz bieten konnten, so mußten seiner Meinung nach die Deutschen diese Aufgabe selbst übernehmen. In einer streng vertraulichen, nur an Blank und Heusinger verteilten Denkschrift vom Februar 1954 („Sind wir mit unseren Vorbereitungen einer westdeutschen Aufrüstung auf dem richtigen Wege[105]?“), präzisierte er seine Vorstellungen: Ausgangspunkt seiner Überlegungen war die Sorge, daß die Sowjetunion durch Präventivmaßnahmen eine Aufrüstung der Bundesrepublik verhindern werde. Da er frühestens im Herbst 1957 mit fertigen EVG-Divisionen rechnete, sollten in der Zwischenzeit acht deutsche Sperrdivisionen (mot) in einer Panzerabwehrzone längs der innerdeutschen Grenze die Sowjetunion von einem solchen Schritt abhalten. Die Sperrdivisionen sollten durch vier schlagkräftige deutsche Panzerdivisionen „als Reserve und Feuerwehr“ sowie „eine brauchbare westliche Luftwaffe einschließlich Flak“ ergänzt werden. Von den im EVG-Vertrag für die Bundesrepublik vorgeschriebenen sechs Infanterie- und zwei mechanisierten Divisionen hielt er wenig oder nichts, da sie nicht in der Lage seien, einen massierten sowjetischen Panzerstoß aufzuhalten. Daher forderte er ihre Umwandlung in Sperrdivisionen, von denen jede einen Streifen von 80–100 km zu decken hatte. Dieser Divisionstyp bestand nach der Vorstellung Bonins im Kern aus drei Pak-Regimentern mit insgesamt ca. 750 Panzerabwehrgeschützen. Mit zusätzlichen Sperrverbänden, die eine Tiefenstaffelung in mehrere Sektoren erlauben würden, sollte die Panzerabwehrzone insgesamt 8000–10 000 Pak umfassen. Eine solche Abwehrfront, wo dem Gegner „aus jedem Busch eine Panzerabwehrwaffe entgegendonnert“, schien ihm der einzig mögliche Weg, um den Risiken der Aufbauphase zu begegnen.

Er glaubte, die Sperrdivisionen bereits in eineinhalb Jahren aufstellen zu können, also die Risikozeit erheblich zu verkürzen.

102 BA-MA, BW 9/2604-3, S. 73 ff.
103 Zum „Fall Bonin“ ausführlich Brill, Problem.
104 BW 9/2403, S. 51.
105 Ebd., S. 50 ff.

Hinter diesem Schirm, mit dem außerdem „unsere ausschließliche Verteidigungsabsicht gegenüber dem Osten" dokumentiert würde, sollten dann die Panzerdivisionen und sonstigen Truppen „in Ruhe" errichtet werden.

Nach seiner Ablösung als Leiter der Unterabteilung Planung (II/Pl) im Herbst 1953 war Bonin von Blank mit Auslandsstudien beauftragt worden, die zu mehrwöchigen Aufenthalten in Großbritannien und den USA führten. Seine Eindrücke von den verbündeten Armeen überzeugten ihn von der Richtigkeit seiner Idee. Das Fazit seiner USA-Reise lautete: „Die US-Army ist nach dem heutigen Stand der Dinge zu Beginn eines etwaigen bewaffneten Konflikts mit der S.U. und bis etwa zum Ende eines ersten Kriegsjahres der Roten Armee im freien Felde zahlenmäßig so hoffnungslos unterlegen, daß sie auch nicht den Schatten einer Erfolgsaussicht besitzt. Etwa vom Beginn eines zweiten Kriegsjahres ab kann allmählich mit einem kräftemäßigen Ausgleich gerechnet werden." Seine Schlußfolgerung: „Wir müssen alles daransetzen, um mehr oder weniger mit *eigener* Kraft das Gebiet der Bundesrepublik bereits an der Grenze wirklich nachhaltig gegen einen Angriff aus dem Osten verteidigen zu können[106]." In einer weiteren, diesmal von Blank selbst in Auftrag gegebenen Studie über die Möglichkeiten der Abwehr eines sowjetischen Angriffs während der Aufbauphase des deutschen Kontingentes faßte Bonin im Juli 1954 seine Vorstellungen erneut zusammen, traf damit aber auf den geschlossenen Widerstand der in der Dienststelle maßgebenden Offiziere[107]. Die ab Herbst 1954 einsetzenden Versuche, Generale und Politiker außerhalb der Dienststelle für sein Konzept zu gewinnen, bewirkten schließlich die unvermeidbar gewordene Entlassung im März 1955.

Zum Konzept Bonins hatten Heusinger, Speidel, Kielmansegg, Fett, de Maizière u.a. unabhängig voneinander Stellung genommen. Ihre Hauptkritik – auf einen Nenner gebracht – lautete, daß er eine „nationale Lösung" wolle, die aber weder militärisch sinnvoll noch politisch durchsetzbar sei[108]. Heusinger nannte den „Bonin-Plan" militärisch geradezu gefährlich, weil der geplante Sperrgürtel einen Durchbruch russischer Panzermassen niemals aufhalten könne[109] und eine Verteidigung der Bundesrepublik damit allein von einer erfolgreichen Gegenoffensive der Alliierten abhängig sei. Er hielt es allerdings für unwahrscheinlich, daß die Verbündeten sich nach einem Überrennen der deutschen Sperrdivisionen dazu noch entschließen könnten. Nach den Erfahrungen mit der Maginot-Linie, dem Atlantik- oder Westwall spricht vieles für die Argumentation Heusingers, obwohl den letzten Beweis für Wert oder Unwert des Sperrplans nur der Ernstfall selbst hätte erbringen können. Nicht zu vergessen ist, daß Bonin als Panzerfachmann kein prinzipieller Gegner des Bewegungskrieges war, aber in seinem statischen Sperrzonenplan die einzige Möglichkeit erblickte, der Bundesrepublik das Schicksal eines Schlachtfeldes zwischen Ost und West zu ersparen, worauf es ihm in erster Linie ankam.

War Bonins Alternativvorschlag militärisch mit Schwächen behaftet, so war er politisch in der Tat vollends unannehmbar. Die Bildung einer Sperrzone aus rein deutschen Truppen hätte zu einer Zweiteilung der Europäischen Streitkräfte führen müssen, was gegen Geist und Buchstabe

106 Ebd., S. 142 ff.
107 Brill, Problem, S. 123 ff.
108 Ebd., S. 126.
109 Übereinstimmend Speidel: „Wenn die sowjetische Führung eine derartige lineare Panzer-Verteidigungszone, die keine Tiefe aufweist, vor sich sehen würde, dann würde sie bestimmt, wie wir es vielfach in den Jahren 1942–1944 im Osten erlebt haben, zunächst in vorderer Linie mit ihren motorisierten Infanterieverbänden angreifen, die Panzerabwehr ausschalten, um dann durch die Bresche mit den Panzerverbänden nachzustoßen, um zur freien Operation zu kommen. Dann ist aber genau das Gegenteil von dem erreicht, was der Verfasser will." Entwurf für Schreiben an Herrn Blank über die Studie des Obersten a. D. von Bonin v. 15.9.1954, BA-MA, BW 9/3362, S. 113.

des EVG-Vertrages verstieß, der gemischte Korps vorschrieb und außerdem die genannten Sperrdivisionen nicht erlaubte. Sein Konzept mußte im Falle einer Befürwortung durch die Dienststelle Blank bei den künftigen Verbündeten schwere Zweifel an der Vertragstreue und politischen Zuverlässigkeit der Bundesregierung hervorrufen. Die „nationale Lösung", auf die sein Vorschlag letztlich hinauslief, konnte von den EVG-Partnern, zumal Frankreich, niemals toleriert werden. Die strukturelle Trennung der deutschen Truppen von den Alliierten hätte zwangsläufig zur Folge gehabt, daß deutsche Militärs nur in Ausnahmefällen in die für die westliche Verteidigungsorganisation entscheidenden Gremien aufgenommen worden wären. Nach Heusinger bedeutete dies: keinerlei Mitwirkung bei der militärischen Entschlußfassung und Führung, Beschränkung in der Auswahl der Waffen, letzten Endes Aufgabe der angestrebten Gleichberechtigung und Rückfall der deutschen Truppen in den Status von „Hiwis der Alliierten"[110]. Eine enge taktisch-operative Verzahnung der deutschen und alliierten Verbände („Schichttortenprinzip") konnte außerdem so nicht erreicht werden, die insbesondere für die Bundesrepublik erstrebenswerte sofortige *gemeinsame* Reaktion der Bündnismitglieder im Falle einer östlichen Aggression wäre also erschwert gewesen[111]. Auch mußte sich Bonin fragen lassen, wie er denn die einmal ins Leben gerufenen Sperrverbände, die er ja nur für eine Übergangszeit wollte[112], später in die vom EVG-Vertrag vorgegebenen, ganz anders organisierten und bewaffneten Divisionstypen umzuwandeln gedachte. Wie die Dinge standen, war sein Sperriegelplan von Anfang an chancenlos, weil er mit dem obersten, sowohl von den Besatzungsmächten wie von der Bundesregierung verfolgten Ziel der politisch-militärischen Einbindung der Bundesrepublik in die westliche Allianz nicht in Deckung gebracht werden konnte. Seine Idee blieb ein Außenseitervorschlag, die dennoch Aufmerksamkeit verdient, weil es sich dabei um das einzige ernsthafte Alternativkonzept für die Aufrüstung der Bundesrepublik Deutschland handelte.

e) Dislozierung der Verbände

Sollten die deutschen operativen Überlegungen irgendeinen Sinn haben, so mußten sie in der Dislozierung der Verbände und diese wiederum in der danach ausgerichteten Infrastruktur ihren greifbaren Niederschlag finden. Hier ergab sich zunächst die große Schwierigkeit, daß der Bundesrepublik noch keine offizielle Einflußnahme auf die bei SHAPE liegende Dislozierungskompetenz erlaubt war. Die Informationspolitik der NATO war trotz mancher inoffizieller Hinweise sehr zurückhaltend, so daß die Dienststelle kein klares Bild über die Pläne von SHAPE besaß. Andererseits war es völlig absurd, eine möglichst schnelle Aufstellung des deutschen Kontingentes zu fordern, ohne vorher Dislozierungs- und Unterbringungsräume festzulegen und ohne dies frühzeitig mit der Bundesregierung abzusprechen. Dies galt entsprechend für alle in der Bundesrepublik unterzubringenden Truppen und letzten Endes für die gesamte Dislozierung der Europäischen Verteidigungsstreitkräfte. Im Sommer 1952 legte SHAPE endlich auf deutsches Drängen dem Interimsausschuß einen ersten Dislozierungsplan für das deutsche

110 Brill, Problem, S. 127.
111 Auf diesen Gesichtspunkt verwiesen besonders de Maizière, Baudissin und Fett; ebd., S. 129 u. S. 132f.
112 In seinen 1955 entstandenen „politischen" Denkschriften ging Bonin von der „Übergangslösung" ab und wollte nunmehr die ständige und klar organisatorische Trennung der NATO-Verbände von den deutschen Truppen, um so eine zu enge militärische Bindung der Bundesrepublik Deutschland in den Westen zu vermeiden und auf diese Weise die Wiedervereinigung zu erleichtern; ebd., S. 138ff.

Kontingent vor. Heusinger kritisierte die schematische Aufteilung der Divisionen zwischen Nordsee und Alpen, die den Besonderheiten der Panzerdivisionen nicht Rechnung trage[113]. Er befürchtete, daß den deutschen Truppen eine Nachhutaufgabe zugedacht sei, um das Ausweichen der Alliierten nach Westen zu decken. Die Konzentration von drei deutschen Divisionen nördlich der Elbe schien ihm bedenklich. Dort erwartete er ein stärkeres britisches Engagement. Die Franzosen waren derselben Ansicht. Larminat entrüstete sich bei Speidel, daß Montgomery sechs deutsche Divisionen für den „englischen Bereich" angefordert habe, „wohl [um] kampfkräftige Nachhutverbände für die Einschiffung [zu] haben"[114]. Positiv beurteilte Heusinger, daß die deutschen Divisionen nicht nur mit solchen der EVG, sondern generell auch mit britischen und amerikanischen zusammengefaßt werden sollten. Dies löste wiederum heftige französische Reaktionen aus. Nach Meinung Larminats konnte es die französische Regierung niemals wagen, mit einem solchen Plan, der von der europäischen Integration der deutschen Verbände nicht mehr viel erkennen lasse, vor die Nationalversammlung zu treten.

Die deutsche Seite schlug vor, die Infanteriedivisionen in Grenznähe unterzubringen, die Panzerdivisionen dagegen weiter westlich, um sie nicht zu früh in örtliche Abwehrkämpfe zu verwickeln und sie für geschlossene Einsätze an operativ entscheidenden Stellen freizuhalten. Dazu wurde folgende Verteilung empfohlen: eine starke Südgruppe in Bayern und Baden-Württemberg (1 Infanterie- und 1 Panzerbegleitdivision zur Abschirmung der Linie Passau–Coburg, 2 Panzerdivisionen für Gegenangriffe über den Main nach Norden), 2 Infanteriedivisionen in Hessen zur Deckung der Linie Coburg–Kassel, 2 Infanteriedivisionen östlich und eine Panzerbegleitdivision westlich der Weser in Niedersachsen, 1 Infanteriedivision in Schleswig-Holstein und 2 Panzerdivisionen in Nordrhein-Westfalen. Die Panzerdivisionen sollten so untergebracht werden, daß ihre rasche Zusammenfassung in 2 Gruppen à 2 Divisionen unter Ausnutzung der Autobahnen möglich war. Außerdem sollten ihnen die Panzerbegleitdivisionen jederzeit zugeführt werden können. Damit tauchten allerdings wieder die von den Westmächten abgelehnten deutschen Panzerkorps auf[115].

Ende Juli 1952 gelang es Speidel, dieses Gegenkonzept dem deutschen Belangen gegenüber sehr aufgeschlossenen Chef des Stabes von SHAPE, General Gruenther, vorzutragen. Er betonte, es entspreche dem Geist des Vertrages, wenn die mit der Dislozierung zusammenhängenden Fragen offen mit der Bundesregierung besprochen würden, auch wenn sie darauf vor der Ratifizierung noch keinen Anspruch habe. Dem Argument, die Dislozierung der deutschen Truppen lasse sich nur bei Kenntnis der operativen Gesamtplanung für Westeuropa und der Unterbringung aller dort stationierter Verbände vorbereiten, stimmte Gruenther im Grundsatz zu.

Der Dislozierungsstreit unter den Alliierten, der in Wirklichkeit ein Kampf um möglichst große Anteile des noch nicht existierenden deutschen Kontingentes war, verzögerte zunächst jeden Fortschritt in deutschem Sinne. Durch beharrliche Bemühungen erreichte Speidel dann Anfang 1953 die Bildung eines Dislozierungsausschusses beim Interimsausschuß unter deutschem Vorsitz (Oberstleutnant i.G. a.D. Gerhard Wessel), der für alle in der Bundesrepublik zu stationierenden EVG-Verbände zuständig war[116]. Seine Aufgabe bestand darin, mit Vertretern der Dienststelle, anderen Bundesressorts, SHAPE, den NATO-Hauptquartieren Europa-Mitte

[113] „Stellungnahme zum Dislozierungsvorschlag SHAPE und Gegenvorschlag" v. 21.7.1952, BA-MA, N 626/195.

[114] BA-MA, BW 9/2494, S. 5f.

[115] BA-MA, N 626/195.

[116] BA-MA, BW 9/3329, S. 111 u. passim.

und Europa-Nord, den unterstellten Heeresgruppen und Luftflotten, den Hauptquartieren der drei Besatzungsstreitkräfte und den drei Hohen Kommissionen unter operativen Gesichtspunkten die Unterbringung der Truppen abzustimmen. Die große Zahl der beteiligten Stellen – die Landesbehörden hatten ebenfalls ein entscheidendes Wort mitzureden – erschwerte naturgemäß eine schnelle Regelung. Allen Beteiligten wurde sehr rasch deutlich, daß die Dislozierung in erheblichem Maße durch die Unterkunftskapazität und erst in zweiter Linie durch operative Zweckmäßigkeit bestimmt werden würde. So sehr die Alliierten möglichst viele deutsche Verbände aus operativen – im Falle Frankreichs auch aus politischen – Gründen in den von ihren Besatzungstruppen belegten Abschnitten wünschten, so sehr sperrten sie sich im einzelnen, militärische Einrichtungen freizumachen oder wenigstens deren Mitbenutzung zuzulassen. Normale Beharrungsmomente und unverhüllte Besatzungsmentalität vermischten sich dabei untrennbar. Bei den verschiedenen Verhandlungen mit den Briten (Bad Oeynhausen), Amerikanern (Heidelberg) und Franzosen (Baden-Baden), mußten die deutschen Unterhändler trotz aller Lippenbekenntnisse zur Kooperation erfahren, daß die Besatzungsstreitkräfte auf ihren „Besitzstand" pochten und zu einem Zusammenrücken nicht bereit waren. Sie wollten einer Verlegung von Truppen nur zustimmen, wenn ein Ersatz „nach bisherigen Ansprüchen" einschließlich adäquater Familienunterkünfte sichergestellt sei. Frankreich lehnte jede „Änderung der Kräfteverteilung der französischen Streitkräfte als Folge der Dislozierung der deutschen Kampfverbände" bis auf geringfügige Verschiebungen ab. Auch das amerikanische Hauptquartier (USAREUR) lehnte größere Bewegungen amerikanischer Truppen ab. Das Fraternisierungsverbot war offensichtlich noch nicht aufgehoben: In nahezu gleichlautenden Weisungen ordneten die Besatzungsbehörden an, daß „keine [!] Integration oder Vermischung" von amerikanischen (britischen, französischen) Truppen innerhalb eines Kasernengeländes mit deutschen Verbänden vorzusehen sei. Desgleichen weigerten sie sich, die von ihnen belegten Übungsplätze für eine Dauerbenutzung durch deutsche Streitkräfte freizugeben. Blank vermutete hinter diesem Verhalten, das im Widerspruch zu den Empfehlungen von SHAPE stand, die offizielle Politik der Besatzungsmächte, insbesondere der Hohen Kommissionen, und bat Speidel, deswegen bei SHAPE vorstellig zu werden[117].

Die Größe des Unterbringungsproblems ist leicht durch einige Daten zu verdeutlichen[118]: Von 560 Kasernenanlagen auf dem Boden der Bundesrepublik waren Anfang 1953 etwa 380 von den Alliierten belegt oder beschlagnahmt. Etwa 180 wurden von Deutschen genutzt. Aufgrund der Verhandlungen und nach Sondierungen der Liegenschaftsabteilung (IV, Ministerialdirigent Dr. Loosch), hoffte man bei der Dienststelle, auf etwa 100 dieser Anlagen bei Aufstellungsbeginn zurückgreifen zu können. Voraussetzung war jedoch die Bereitstellung von Ersatzunterkünften für die von Behörden, Betrieben und Flüchtlingen genutzten Kasernen. Seit Anfang 1953 flohen monatlich etwa 20000 (!) Deutsche aus der Sowjetischen Besatzungszone in die Bundesrepublik, die untergebracht werden mußten. Von den mit den Flüchtlingsfragen befaßten Behörden des Bundes und der Länder ging verständlicherweise ein großer Druck aus, die von den Alliierten abgetretenen Kasernen zunächst den Flüchtlingen zur Verfügung zu stellen. Hierdurch verschlechterte sich die Unterbringungslage für das deutsche Kontingent noch weiter. Ohne ein riesiges Neubauprogramm und die dazugehörende Landbeschaffung war das Problem ohnehin nicht zu lösen. Für die ersten 12 Monate bestand ein Bedarf von 200 Hauptanla-

[117] BA-MA, BW 9/1456, S. 40ff.
[118] Die Angaben entstammen einem Vortrag, den Oberst i.G. a.D. Fricke, II/Pl im Febr. 1953 in Paris hielt, BA-MA, BW 9/1572, S. 91ff.

gen (Kasernen, Stabsquartiere, Lazarette, Depots usw.). Wenigstens 100 davon hätten demnach vor Aufstellungsbeginn neu gebaut werden müssen. Der Gesamtbedarf allein für die Unterbringung des deutschen Kontingentes betrug ca. 600 solcher Einrichtungen. Mit den dazu erforderlichen kleineren Standortübungsplätzen entsprach das dafür benötigte Land etwa einem Achtel der Fläche Schleswig-Holsteins. Die Infrastrukturkosten wurden auf rund 17 Milliarden DM geschätzt. Mit den Neubauten selbst konnte aber erst begonnen werden, wenn Einzelerkundung, Bauplanung, Geländeerwerb und Erschließung abgeschlossen waren.

Ab Ende 1953 stand die Dislozierung des deutschen Kontingentes in groben Umrissen fest. SHAPE hatte die deutschen Vorstellungen dabei weitgehend berücksichtigt. Im einzelnen wurden die Standorte für die Aufstellungsorganisation, z. B. Militärbereichskommandos, Aufstellungsstäbe, Lehrbataillone der Waffengattungen usw. festgelegt. Eine wirkliche europäische, der EVG eigentlich angemessene Lösung war dabei allerdings nicht herausgekommen. Die aus operativer Sicht gebotene tiefe Weststaffelung aller nicht unbedingt in die Kampfzone, d. h. in den Raum östlich des Rheins gehörenden Teile des deutschen Kontingentes war nur bedingt berücksichtigt worden. Die Grenzen Frankreichs und der Beneluxstaaten waren für deutsche militärische Einrichtungen nach wie vor geschlossen. Man sprach von einer „Friedensdislozierung mit ‚operativem Beigeschmack'"[119].

Konnte die Dislozierung immerhin bis zu diesem Punkt vorangetrieben werden, so gab es in der Unterbringungs- und Übungsplatzfrage nur wenig Fortschritte. Die Bundesregierung hätte bei Inkrafttreten des Vertrages vor der Alternative gestanden, entweder den Zeitplan des Militärischen Sonderabkommens nicht einzuhalten, also vertragsbrüchig zu werden, oder aber, was spätestens seit Ende 1953 feststand, Zelt- und Barackenlager für 80000 Mann im ersten, für 270000 Mann im zweiten Aufstellungsjahr zu errichten[120]. Auch wenn dies nur als Behelfs- und Übergangslösung gedacht war, so kann gar kein Zweifel bestehen, daß dieser Weg den Aufbau neuer deutscher Streitkräfte auf das schwerste belastet hätte. Die Probe, wie sich ein solcher Start auf die Nachwuchslage und das ohnehin abgesunkene Sozialprestige des deutschen Militärs ausgewirkt hätte, blieb der Bundesregierung und der Dienststelle Blank durch ein gütiges Geschick in Gestalt des französischen Votums vom 30. August 1954 gegen die EVG erspart.

3. Dilemma der deutschen Planung, Scheitern der EVG-Verhandlungen und Krise der Dienststelle Blank

Seit dem Sommer 1953 geriet die Planung des deutschen Kontingents mehr und mehr in eine Sackgasse. Die Zeitplanung, das wurde immer deutlicher, konnte nur eingehalten werden, wenn *vor* Inkrafttreten des Vertrages eine Reihe organisatorischer und insbesondere gesetzlicher und finanzieller Vorbereitungen abgeschlossen wäre. Andererseits verbot das schon erwähnte „Protokoll über den Interimsausschuß" jegliche vorgezogene Ausführungsmaßnahme. Es war zu erwarten, daß vor allem Frankreich die genaue Beachtung dieser Auflage durch die Bundesregierung mit Argusaugen verfolgen würde.

[119] BA-MA, BW 9/1456, S. 57.
[120] BA-MA, BW 9/1310.

Bei Beginn der Dislozierungsverhandlungen im Februar 1953 hatte die Liegenschaftsabteilung die Leitung der Dienststelle vorsorglich darauf aufmerksam gemacht, daß die im Vertrag festgelegten Fristen wegen Mangels an Kasernen nicht eingehalten werden könnten und daß es daher besser sei, mit der Aufstellung von zunächst nur drei oder vier Divisionen zu beginnen[121]. Die Schwere des Unterbringungsproblems wurde durchaus erkannt, die Dienststelle glaubte aber, aus übergeordneten politischen Erwägungen vom vertraglich festgelegten Aufstellungsplan über 12 Divisionen nicht abgehen zu dürfen. Bonin hatte durch seine Unterabteilung errechnen lassen, daß der Aufbau der deutschen Divisionen wenigstens 33 Monate statt der vereinbarten 24 dauern würde, wenn die Bundesregierung erst bei Inkrafttreten des Vertrages mit konkreten Vorbereitungen begönne. Den einzigen Ausweg, die Zweijahresfrist dennoch einhalten zu können, erblickte er darin, das Wirksamwerden des Vertrages nicht abzuwarten, sondern möglichst rasch mit den Vorarbeiten zu beginnen. Um den Vertrag auf der einen Seite einhalten zu können, war er bereit, ihn auf der anderen Seite zu unterlaufen. Dies sollte jedoch keineswegs geheim geschehen, vielmehr setzte er für diese Vorarbeiten die politische Ermächtigung der Bundesregierung und der Besatzungsmächte voraus. Einwände der Unterabteilung Personal (II/3), die von ihm geforderten vorgezogenen Personaleinstellungen hätten aus politischen und haushaltsrechtlichen Gründen keine Chance, akzeptiert zu werden[122], konnten ihn nicht davon abbringen, an dem „Vorlauf" festzuhalten und seine Planungen entsprechend einzurichten.

Bei den integrierten Dislozierungsverhandlungen wurde dann im Herbst 1953 offenkundig, daß die Zeitplanung der Dienststelle Blank und die des Interimsausschusses in Paris völlig auseinandergelaufen war. Die Demarche der Franzosen kam prompt. Um die Wogen zu glätten, mußte Speidel in Paris auf Weisung Blanks die peinliche Erklärung abgeben, daß Bonin mit seinem „Vorlauf" ein Gedankenfehler unterlaufen sei. Er teilte dem Interimsausschuß u.a. mit: „Seine Annahme, daß dieser Zeitabschnitt *vor* der Ratifizierung liegen würde, ist ein grundlegender Irrtum. Er wird überall dort berichtigt werden, wo er sich in die Bonner Planung eingeschlichen haben sollte. Ausarbeitungen und Auskünften der deutschen militärischen Delegation in Paris hat er nie zugrundegelegen[123]." Speidel räumte dabei allerdings ein, daß begrenzte Vorausmaßnahmen die Einhaltung der Fristen erleichtern würden, versicherte aber gleichzeitig, daß Blank auch ohne sie fest entschlossen sei, „den vorgesehenen Zeitplan unter allen Umständen einzuhalten". Die Angelegenheit gab den nicht unwillkommenen letzten Ausschlag, den völlig desavouierten Bonin als Leiter der Unterabteilung „Planung" (II/Pl) abzulösen und durch Fett zu ersetzen[124]. Unter dem 3. November 1953 heißt es dazu im Tagebuch der von Kielmansegg geleiteten Unterabteilung II/1: „Kielmansegg begrüßt die Lösung des Falles Bonin aus sachlichen und persönlichen Gründen. Schwierige Aufgabe Fetts, der die Grundhaltung in der Unterabteilung ändern will[125]."

Die wider besseres Wissen ergangene Weisung Blanks muß vor dem Hintergrund der seit Anfang 1953 zunehmend schwindenden Erfolgsaussichten der EVG gesehen werden. Vermutlich wollte er der wachsenden Schar der EVG-Gegner nicht noch zusätzlich Argumente liefern. Im Januar 1953 war die französische Regierung umgebildet worden und der Europäer Robert Schuman durch den eher nationalstaatlich denkenden Georges Bidault als Außenminister ersetzt

[121] BA-MA, BW 9/1572, S. 93.

[122] Stellungnahme Brandstaedters v. 3.7.1953 zum Aufstellungsplan Bonins v. 22.6.1953, BA-MA, BW 9/267.

[123] BA-MA, BW 9/2298, S. 144f.

[124] Nachfolger Fetts in Paris wurde Ende Nov. 1953 Gen. Maj. a.D. Helmut Laegeler.

[125] BA-MA, BW 9/2527-3, S. 116.

worden. Und nachdem anscheinend erst jetzt einer breiteren französischen Öffentlichkeit dämmerte, welche Auswirkungen von der EVG zu erwarten waren, begann, in den Worten Raymond Arons, in Frankreich die größte ideologische und politische Auseinandersetzung seit der Dreyfuß-Affäre[126]. Im Februar 1953 überraschte Alphand den Interimsauschuß mit Entwürfen über die von der neuen französischen Regierung Mayer/Bidault verlangten Änderungen des EVG-Vertrages, von den Franzosen euphemistisch „Zusatzprotokolle" genannt. Alphand behauptete, man wolle an Geist und Buchstabe des Vertrages nichts ändern, vielmehr gehe es darum, ihn zu „präzisieren", zu „vervollständigen" und zu „interpretieren"[127]. In Wahrheit liefen die „Zusatzprotokolle" auf seine Aushöhlung, ja Zerstörung hinaus. Die französische Regierung forderte u. a.:

- Weitgehende Ausschaltung des Kommissariats und des SACEUR in der Frage des Übersee-Einsatzes von Teilen des französischen EVG-Kontingentes und Übertragung des Entscheidungsrechts auf die französische Regierung (nach Art. 13 mußte für einen Truppenabzug die Zustimmung des SACEUR vorliegen).
- Einheitliche französische Personalverwaltung für die nationalverbleibenden Truppen *und* das französische EVG-Kontingent. Damit wäre Frankreich aus einem Kernstück der EVG, der integrierten Bearbeitung der Personalangelegenheiten durch das Kommissariat, weitgehend ausgebrochen.
- Beibehaltung einer nationalen Rüstung für die nationalverbleibenden Truppen und die ehemaligen Kolonien. Nach Art. 107 lag die alleinige Rüstungskompetenz (Erzeugung, Ein- und Ausfuhr, Forschung, Entwicklung von Rüstungsmaterial) beim Kommissariat[128].

Da diese Änderungen nur für EVG-Staaten mit überseeischen Verpflichtungen Geltung haben sollten, bedeutete dies eine klare Diskriminierung der Bundesrepublik Deutschland. Frankreich vollzog damit eine Kehrtwendung seiner zumindest seit dem Sommer 1951 betriebenen Konferenzpolitik: Hatte es bisher die „Verschmelzung" als oberstes Gesetz verfochten und sich bemüht, das Kommissariat mit möglichst umfassender Macht auszustatten, so suchte es jetzt unter Berufung auf nationale Verpflichtungen in Indochina und gegenüber der Union Française, sich der selbstgeschmiedeten Fesseln wieder zu entledigen. Die Bundesregierung hätte dies hinnehmen können, wenn die geforderten Änderungen auch für sie gegolten hätten und sie so doch noch z. B. zu der von ihr ursprünglich gewünschten nationalen Territorialorganisation gekommen wäre. Faktisch liefen die „Zusatzprotokolle" aber hauptsächlich auf die Befreiung Frankreichs aus der supranationalen Konstruktion der EVG hinaus, während für die Bundesrepublik letzten Endes die volle vertragliche europäische Bindung fortdauern sollte. Frankreich war damit gewissermaßen zur alten Pleven-Plan-Idee zurückgekehrt.

Die „Zusatzprotokolle" stießen auf einhellige Ablehnung. Frankreich mußte zurückstecken, aber auch der nach schwierigen Verhandlungen gefundene Kompromiß verschleierte die Gegensätze mehr, als daß er sie bereinigte. In dem sich verschlechternden Verhandlungsklima wuchsen Mißtrauen und Skepsis. Mit dem ehemaligen Verteidigungsminister Jules Moch und dem General Koenig gelangten im Februar 1953 zwei erklärte Gegner der EVG in Schlüsselpositionen der mit der Untersuchung des Vertrages beauftragten Ausschüsse der Nationalversammlung (Auswärtiges, Verteidigung).

Marschall Juin, NATO-Oberbefehlshaber der Landstreitkräfte Europa-Mitte, der von der Notwendigkeit deutscher Streitkräfte im übrigen überzeugt war, äußerte sich zur EVG zunehmend

[126] France Defeats EDC, S. 10.
[127] BA-MA, BW 9/2558, S. 195.
[128] BA-MA, BW 9/2558, S. 87 ff.

kritischer und trat deswegen in offenen Gegensatz zu seiner Regierung. Sein Ansehen verlieh seiner Meinung vor allem in französischen Militärkreisen Gewicht. Im Januar 1953 erklärte er öffentlich, der Vertrag sei unannehmbar, und schlug statt der supranationalen Lösung der EVG eine Konföderation vor. Er verlangte eine unbegrenzte Übergangszeit, auch schien ihm die Bildung der EVG überhaupt erst auf der vorher geschaffenen Basis der politischen Einheit Westeuropas möglich[129]. Die ablehnenden Stimmen aus der französischen Generalität wurden immer lauter. Schließlich stimmte nur noch ein einziger hoher General für eine Ratifizierung des Vertrages, aber nicht, weil er ihn inhaltlich billigte, sondern weil er der Ansicht war, Frankreich könne sich nicht selbst widersprechen[130]. Die vehemente Kritik an der EVG entsprang vor allem der Sorge vor dem drohenden Aufgehen der französischen Streitkräfte in der Supranationalität und ihrem Verschwinden als nationalem Machtfaktor. Bei seinem wachsenden militärischen Engagement in Indochina, Algerien, Tunesien und Marokko war es ganz undenkbar, daß Frankreich gleichzeitig stärkste Militärmacht innerhalb der EVG sein konnte. Statt mit einem militärisch auf die Dauer überlegenen Westdeutschland zusammengespannt sein zu müssen, wollten die französischen Generalstabschefs das Gewicht des deutschen Verteidigungsbeitrages im Rahmen der NATO mit Garantien der USA und Großbritanniens „neutralisieren". Das Ergebnis der Verhandlungen über die Zusatzprotokolle konnte die Bedenken der französischen Generalität nicht beseitigen. Sie ging an die Öffentlichkeit und entfachte auch innerhalb der Armee eine Kampagne, um die Regierung zur Umkehr zu zwingen. Verlust der Souveränität, Spaltung der Armee, Spaltung der Wirtschaft, Zerrüttung der Strukturen der Verteidigung, Spaltung der Union Française, Herausforderung an die Verfassung, so lauteten die Hauptvorwürfe einer Anti-EVG-Broschüre[131]. General Blanc, Generalstabschef des Heeres, vertrat die Auffassung, die Armee als wichtigstes Element der Souveränität der Nation müsse national bleiben, solange Einzelstaaten existierten[132]. In diesen Argumenten trat eine rein gefühlsmäßige Aversion gegen das geplante supranationale Gebilde zutage. Ein General sprach vom „Irrtum einer europäischen Armee"[133]. Von der Bundesregierung und der Dienststelle Blank ist die kaum zu überschätzende Bedeutung dieser großen französischen Militäropposition gegen die EVG und gegen die offizielle französische Politik merkwürdigerweise nie richtig erkannt worden. Sie macht den Stoßseufzer Alphands verständlich, der wenige Monate vor dem Scheitern der EVG notierte: „Wie kann man für ein Vorhaben stimmen wollen, das nicht die Zustimmung unserer militärischen grand chefs findet, wie könnten wir Abgeordneten uns denn gegen einen de Gaulle, Juin, Weygand stellen[134]?" Zwischen den führenden französischen Offizieren und ihrer Regierung kam es zum offenen Bruch. Seit dem Sommer 1953 formierte sich der Widerstand zu einem regelrechten Feldzug gegen die EVG und ihre Anhänger, bei dem sich verschiedenartigste politische Gruppierungen von den Gaullisten bis zu den Kommunisten zusammenfanden. Auch das internationale Klima hatte sich seit dem Tod Stalins im März 1953 nicht zugunsten der EVG entwikkelt. Im Mai 1953 hatte der britische Premierminister Churchill unter Hinweis auf die veränderte Lage in der Sowjetunion eine baldige Gipfelkonferenz zur Lösung der deutschen Frage bei gleichzeitiger Befriedigung sowjetischer Sicherheitsbedürfnisse nach dem Muster des Locarno-

[129] Zur Haltung Marschall Juins und zur französischen Militäropposition gegen die EVG und die französische Regierung s. Guillen, Französische Generalität.

[130] Ebd., S. 152.

[131] Ebd., S. 151.

[132] Ebd., S. 153.

[133] BA-MA, BW 9/2727-3, S. 95.

[134] Alphand, L'étonnement d'être, S. 246.

Vertrages vorgeschlagen und damit neue Bewegung in die internationale Diplomatie gebracht. Am 27. Juli 1953 war in Korea das Waffenstillstandsabkommen unterzeichnet worden. Im August hatte die Sowjetunion ihre erste Wasserstoffbombe gezündet und so nach einem Wort Churchills das „Gleichgewicht des Schreckens" hergestellt. All das sprach für die Chance einer Neuregelung des Ost-West-Verhältnisses. Vor allem in Frankreich wuchs die Hoffnung, das lästige Problem des deutschen Verteidigungsbeitrages erledige sich dann möglicherweise von selbst. Bei Adenauer rief diese Entwicklung freilich die alte Sorge wach, die Westmächte könnten sich über seinen Kopf hinweg mit der Sowjetunion auf Kosten Deutschlands verständigen. Um im Spiel bleiben zu können, ließ er für alle Fälle von der Dienststelle Blank einen bemerkenswerten „Sicherheitsplan" entwickeln, der u. a. einen entmilitarisierten Streifen beiderseits der „Oder-Neiße-Linie" vorsah[135], verfolgte im übrigen aber beharrlich den EVG-Kurs. Im August 1953 hatte der stellvertretende Generalsekretär der NATO, der Niederländer van Vredenburch, im Gespräch mit einem deutschen Diplomaten den Standpunkt vertreten, „es gäbe nichts, was so tot sei wie die EVG"[136]. Demgegenüber hielten die Deutschen fast trotzig an ihr fest. Am 14. September erließ Blank eine Richtlinie, „daß, entgegen abweichender Erwägungen, an dem EVG-Vertrag in seiner Gesamtheit festzuhalten sei"[137]. Auf die Bundesregierung sollte nicht der leiseste Verdacht fallen, sie sei am Zustandekommen der EVG nicht mehr interessiert. In Anspielung auf Bonins gerade gescheiterten Versuch eines „Vorlaufs" vermerkte das Tagebuch der Unterabteilung II/1 am 14. Oktober 1953: „Kein Bruch des militärischen Sonderabkommens, in dem wir uns verpflichtet haben, in 24 Monaten aufzustellen. Wenn wir jetzt sagen, daß wir 33 Monate brauchen, haben die Franzosen, was sie wollen. Wir dürfen keine Handhabe geben. Bei den Dislozierungsbesprechungen ist bei den anderen herausgekommen, daß wir län-

[135] Adenauer überraschte die im Juli 1953 in Washington tagenden Außenminister der drei westlichen Siegermächte mit dem Vorschlag, „die Europäische Verteidigungsgemeinschaft soll Ausgangspunkt für ein Sicherheitssystem sein, das die Sicherheitsbedürfnisse aller europäischen Völker, einschließlich des russischen Volkes, berücksichtigt". Gleichzeitig regte er an, spätestens im Herbst 1953 eine Viermächte-Konferenz über Deutschland einzuberufen, auf der u. a. diese Idee beraten werden sollte; Blankenhorn, Verständnis, S. 159.
Ausgehend vom Vorschlag Adenauers wurde in der Dienststelle Blank die Studie „Gedanken zu einem truppenfreien Raum in Mitteleuropa" erstellt. Sie ging von der Voraussetzung der Wiedervereinigung Deutschlands bis zur Oder-Neiße-Linie und der Zugehörigkeit dieses wiedervereinigten Deutschland zur EVG aus und sah folgendes vor: Zurücknahme sämtlicher sowjetischen Truppen in die Sowjetunion, Verlegung der amerikanischen und britischen Truppen aus der Bundesrepublik und Nordostitalien in die westlich daran angrenzenden Gebiete und Schaffung eines truppenfreien Raumes in Mitteleuropa von der Ostsee bis zur Adria beiderseits der Linie Stettin–Prag–Triest. Nach diesem Plan gehörte die DDR zur entmilitarisierten Zone, während die der EVG angehörende Bundesrepublik als Stationierungsgebiet von mindestens 22–24 EVG-Divisionen vorgesehen war; BA-MA, BW 2/2717-1, S. 30-37.
Im Zusammenhang mit der Stalin-Note vom März 1952 entstand die Studie „Die militärische Lage eines nach dem sowjetischen Vorschlag neutralisierten Deutschlands (31.3.1952). Danach erschien der Vorschlag Stalins militärisch nur annehmbar, wenn sich die sowjetischen Streitkräfte hinter die eigenen Grenzen zurückzögen und die Satellitenstaaten in die Unabhängigkeit entließen. Da dies aber als unrealistisch verworfen wurde, blieb nach Heusingers Auffassung „nur die starke Anlehnung an die Westmächte", BA-MA, BW 9/2822, S. 98–102.
Eine dritte Studie zum Problem einer entmilitarisierten Zone wurde im Juni 1955 angefertigt („Gedanken zur Bildung eines truppenfreien Raumes in Zentraleuropa"). Sie entsprach weitgehend der Studie vom August 1953.
Wie für Adenauer war auch für die Dienststelle Blank die enge militärische Westbindung die Voraussetzung der Sicherheit der Bundesrepublik Deutschland, BA-MA, BW 2/1801, S. 70–73.

[136] BA-MA, BW 9/2298, S. 55.

[137] BA-MA, BW 9/2527-3, S. 68.

gere Zeit brauchen. Blank hat entschieden, daß es auf jeden Fall bei der vertraglichen Vereinbarung bleibt. Das Ziel ist, daß wir organisatorisch und zahlenmäßig stehen, nicht [aber] die Verwendungsfähigkeit am Ende der Aufstellung. Darüber Denkschrift an den Kanzler. Zweck ist der warnende Hinweis, daß nicht bald nach dem X-Tag die Truppenteile stehen. Interner Zweck ist unser Alibi[138]."

Diese Denkschrift wurde erst gegen Ende 1953 fertiggestellt. Aus dem Datenwust hatte sich nunmehr aber auch für die größten Optimisten in aller Deutlichkeit ergeben, daß ohne praktische Vorbereitungen der Pariser Zeitplan nicht realisierbar, daß eine Aufstellung gleichsam aus dem Stand unmöglich war. Blank trat die Flucht nach vorne an. Adenauer wurden am 13. Januar 1954 nur die Teile der Denkschrift überreicht, die sich mit dieser jetzt vorrangig zu lösenden Problematik beschäftigten[139]. Blank ging dabei noch über die von Bonin verlangten vorbereitenden Maßnahmen hinaus und forderte grünes Licht für folgende Schritte:

Personelle Maßnahmen:
- Erhebliche Ausweitung der Dienststelle Blank
- Bildung und Arbeitsaufnahme des Personalgutachterausschusses
- Aufbau der Annahmeorganisation in einer Stärke von etwa 2300 Mann
- Aufbau von Teilen bestimmter bodenständiger Organisationen
- Einberufung der Teilnehmer an den beiden ersten grundlegenden Lehrgängen für ehemalige Offiziere und Unteroffiziere (etwa 2000 Mann)

Baumaßnahmen:
- Sicherstellung und Herrichten der Unterkünfte für das erste Personal
- Anlaufen der Baumaßnahmen für die Kader
- Vorbereitende Maßnahmen zur Lösung des gesamten Unterbringungsproblems

Beschaffungsmaßnahmen:
- Beschaffung von Unterkunftsgerät, Bekleidung und Ausrüstung für das erste Personal

Gesetzgeberische Maßnahmen[140]
- Freiwilligengesetz, Besoldungsgesetz, Versorgungsgesetz
- Gesetz über den Einfluß des Wehrdienstes auf arbeitsrechtliche und beamtenrechtliche Verhältnisse
- Wehrpflichtgesetz
- Gesetz über die Disziplinarordnung
- Landbeschaffungsgesetz, Bundesleistungsgesetz und Schutzbereichsgesetz.

Außerdem forderte er das für diese Vorausmaßnahmen notwendige Geld.

Er teilte Adenauer weiter mit: „Von den vorbereitenden Maßnahmen hängen insbesondere die überlegte Personalauswahl, die geistige Einweisung der zukünftigen Berufssoldaten und längerdienenden Freiwilligen sowie die materiellen Grundlagen des Aufbaus entscheidend ab. Die Qualität der vorbereitenden Maßnahmen bestimmt die Qualität des ganzen Kontingents [...] Es muß daher angestrebt werden, möglichst die gesamten vorbereitenden Maßnahmen vor dem Inkrafttreten der Verträge durchgeführt zu haben[141]."

[138] BA-MA, BW 9/2527-3, S. 96f.
[139] BA-MA, BW 9/4041, S. 58–68.
[140] Ein Teil der Gesetze lag im Entwurf vor. An ihnen waren auch andere Ressorts beteiligt. Die Denkschrift führt dazu aus: „Es handelt sich hier um Gesetzentwürfe, die für den Aufbau des Kontingents nötig sind und die vor dem Inkrafttreten der Verträge bei den gesetzgebenden Körperschaften eingebracht und von diesen *verabschiedet* werden müßten, obwohl sie Ausführungsgesetze zum EVG-Vertrag sind. Zu berücksichtigen ist der hierfür erforderliche erhebliche Zeitbedarf." Ebd., S. 63.
[141] Ebd., S. 66f.

Blank verlangte eine politische Entscheidung der Bundesregierung und forderte Adenauer zu einer unverzüglichen Klärung der dafür notwendigen innen- und außenpolitischen Voraussetzungen auf. Dazu ist es nie gekommen. Blank hat damit auch kaum rechnen können, nachdem er selbst trotz Rücktrittsdrohung bei der Kabinettsneubildung im Oktober 1953 aus den immer noch geltenden politischen Rücksichten nicht zum Verteidigungsminister ernannt worden war[142]. Da konkrete Maßnahmen ausblieben, nahm die Konfusion noch zu. Zwar lief die Planung weiter, aber niemand wußte, wie sie in die Tat umgesetzt werden konnte. Unter dem 21. Juli 1954 heißt es im Tagebuch der Unterabteilung II/1: „General Heusinger teilt die Sorgen der Herren im Hause [...] Ein Berg von Problemen liegt vor uns. Wir sind nicht so vorbereitet, wie es sein sollte. Die Schuld liegt nicht bei uns. Der Bundeskanzler ist sich darüber klar. Er sagt, daß er den Zustand in Kauf nehmen muß wegen außenpolitischer und innenpolitischer Rücksichten. In der letzten Runde dürfen wir nicht die Nerven verlieren. Wir müssen dann im großen Stile improvisieren. Ab Anfang September wird es wohl heiß bei uns zugehen[143]."

Im großen Stile improvisieren? Nichts kann darüber hinwegtäuschen, daß die Bundesregierung bei Inkrafttreten des Vertrages einem Aufstellungsdesaster entgegengegangen wäre. So gesehen hätte das endgültige französische Nein zur EVG am 30. August 1954 von den Angehörigen der Dienststelle eigentlich mit großer Erleichterung aufgenommen werden müssen. Wie es scheint, überwogen jedoch Enttäuschung über die zerbrochene, teilweise mit Enthusiasmus vertretene Idee einer europäischen Streitmacht und die Sorge um die ungewisse politische, aber auch ganz persönliche Zukunft.

[142] Einen Teilerfolg errang Blank insofern, als er ab November 1953 im Bundestag auf der Regierungsbank saß und seitdem mit hoher Wahrscheinlichkeit auch an den Kabinettsitzungen teilnahm, BA-MA, BW 9/2527-3, S. 116.

[143] BA-MA, BW 9/2527-5, S. 24.

VII. Schlußbetrachtung

Militärische Fragen erfordern politische Antworten, sie wirken aber auch auf die Politik zurück und verändern sie. Für diese Wechselwirkung von politischen und militärischen Aspekten liefert die „Wiederbewaffnung“ der Bundesrepublik Deutschland reichhaltiges Anschauungsmaterial.

Besonders deutlich läßt sich dieser Sachverhalt an der Auseinandersetzung um den größten zulässigen, nur aus deutschen Soldaten zusammengesetzten Truppenverband nachweisen. Die alliierten Militärs – von den deutschen ganz abgesehen – verlangten aus Gründen militärischer Effizienz zumindest deutsche Divisionen, wenn es schon keine deutschen Korps oder Armeen geben durfte, weil erst dieser Großverband über die Waffen verfügte, die zu einem selbständigen Gefecht befähigten und nur auf dieser Basis ausreichender Kampfgeist der Soldaten erwartet werden konnte.

Vor allem für die französische Politik war eine solche Machtkonzentration unter dem Kommando deutscher Generale, die es dann zwangsläufig in größerer Zahl geben mußte, inakzeptabel. Hin- und hergerissen zwischen dem, was militärisch notwendig und innenpolitisch noch hinnehmbar schien, sah die französische Regierung den einzigen Ausweg in der Bildung einer supranationalen Streitmacht, der „Europäisierung“ der deutschen Divisionen und Geschwader. Die Bundesrepublik bewaffnen, ihr aber die Verfügungsgewalt über ihre Truppen zu entziehen, war also das ursprüngliche Motiv des kühnen und revolutionären EVG-Projekts, das schließlich eines Tages in eine europäische politische Union einmünden sollte. Darauf jedenfalls zielte das Vertragswerk ab, und in der Tat konnte das allein die Konsequenz sein, weil eine einheitliche, supranationale Streitmacht auf die Dauer eine einheitliche politische Führung verlangte. Westeuropa sollte außerdem kein militärischer Torso bleiben. Der militärischen Fusion hatte die politisch-staatliche zu folgen.

Gewiß war die Idee vom Zusammenschluß Europas nach den zwei Weltkriegen ohnehin populär, ganz unabhängig von militärischen Überlegungen. Es ist jedoch nicht zu übersehen, daß Pleven-Plan und EVG-Vertrag trotz ihres übergeordneten konstruktiven politischen Ziels primär der französischen Absicht entsprangen, Divisionen in nationaler deutscher Hand zu verhindern und darüber hinaus der Bundesrepublik den direkten Zutritt zu der für die westliche Verteidigung maßgebenden NATO zu verwehren. So groß war demnach die politische Rückwirkung der nur auf den ersten Blick rein militärfachlichen Divisionsfrage, daß von ihr dennoch starke Impulse zur Neuordnung Europas ausgingen.

Für die noch vielerlei bedrückenden Beschränkungen und Kontrollen unterworfene Bundesrepublik Deutschland bot die „Wiederbewaffnung“ die Chance zur Lockerung, ja Abschüttelung des Besatzungsregimes. Die politische Dimension des Militärischen ist hier ebenfalls ganz unübersehbar.

Wollten die Westalliierten deutsche Streitkräfte – solche, die ihren Zweck erfüllten und den Westen militärisch substantiell stärkten –, so mußte dies mit innerer Logik zu einer tiefgreifenden Veränderung ihres politischen und rechtlichen Verhältnisses zur Bundesrepublik führen.

Eisenhower, der einflußreiche erste Oberstkommandierende der NATO-Streitkräfte in Europa, lehnte deutsche Soldaten nach dem Muster hessischer Söldner im amerikanischen Unabhängigkeitskrieg als untauglich ab. Vollwertige, kampfkräftige deutsche Truppen konnte es aber nur geben, wenn man sie nach Gliederung, Bewaffnung und Teilhabe an der militärischen Führung ihren künftigen Bundesgenossen wenigstens annähernd gleichstellte. Dem hatte letztlich die politische Gleichbehandlung und Gleichberechtigung zu entsprechen. Beide Aspekte waren untrennbar.

Nur auf dieser Grundlage war es überhaupt denkbar, für das deutsche Kontingent bewährte ehemalige Offiziere und Unteroffiziere sowie qualifizierten Nachwuchs in ausreichender Zahl zu finden. Nur so auch war zu hoffen, die im EVG-Vertrag vereinbarte Wehrpflicht innenpolitisch durchzubringen. Dieser elementare Zusammenhang gab der Bundesrepublik eine starke Verhandlungsposition, und Adenauer nutzte sie geschickt.

Bereits die erste Revision des Besatzungsstatuts, mit der die Westalliierten im März 1951 eine höhere Stahl- und Kohleproduktion erlaubten, war nicht zuletzt eine Auswirkung der zwei Monate zuvor aufgenommenen Verhandlungen über den deutschen Militärbeitrag. Aufhebung der Besatzungsherrschaft und Verteidigungsbeitrag bedingten sich, was sich in der Koppelung der Verhandlungen über den Deutschland- und EVG-Vertrag und deren paralleler Unterzeichnung am 26. und 27. Mai 1952 zeigte. Die Aufstellung von Streitkräften wurde somit für die Bundesrepublik zur wirklich entscheidenden Voraussetzung politischer Freiheit. Es bestätigte sich die historische Erfahrung, daß ohne militärische Anstrengung kein „Staat" zu machen war.

Schumacher hatte sich in der Annahme geirrt, erst die politische Unabhängigkeit fordern und erlangen zu können, um von dieser Basis aus in einem zweiten Schritt mit den Siegermächten über den Verteidigungsbeitrag frei zu verhandeln. Die westlichen Alliierten dachten überhaupt nicht daran, ihre Besatzungsherrschaft zu beenden, bervor die „Wiederbewaffung" in ihrem Sinne gelöst war.

In Übereinstimmung mit Adenauer kam für sie nur ein in der westlichen Verteidigungsorganisation fest integriertes deutsches Kontingent in Frage, wobei sich die von den USA und Großbritannien zunächst favorisierte „NATO-Lösung" unter diesem Gesichtspunkt nur im Intensitätsgrad der anzustrebenden Integration der Deutschen, nicht jedoch prinzipiell von der „EVG-Lösung" unterschied. Nach ihrem Willen durfte der deutsche Verteidigungsbeitrag ihre bisherige Deutschlandpolitik nicht nur nicht gefährden, sondern hatte sie möglichst voranzubringen; das hieß, man mußte die neuen deutschen Streitkräfte so mit der westlichen Verteidigungsorganisation verzahnen und so in sie inkorporieren, daß sie die Bundesrepublik noch fester im westlichen Lager verankerten. Über seinen eigentlichen militärischen Anlaß und Zweck hinaus diente der deutsche Verteidigungsbeitrag insofern ganz wesentlich auch – für Adenauer wie für die Westmächte – als Instrument der Deutschlandpolitik. Es darf nicht außer Betracht bleiben, daß militärische Kooperation, Integration und Konzentration aus praktischen Gründen angesichts der als sehr bedrohlich empfundenen militärischen Überlegenheit der Sowjetunion ohnehin das Gebot der Stunde waren. Auch die Verbündeten unterstellten – allerdings in freiem Ermessen und nicht komplett – den integrierten NATO-Kommandobehörden ihre Kampfverbände. Der Nachdruck, mit dem sie die Einbindung speziell des gesamten deutschen Kontingents verlangten, war aber vor allem politisch motiviert. Kein Zufall also, daß das Wirksamwerden des Deutschlandvertrages und somit das Ende der Okkupation vom Inkrafttreten des EVG-Vertrages abhängig gemacht worden war.

Den Alliierten kam es nicht nur auf deutsche Streitkräfte an sich an, sondern vielmehr auf solche, die das Risiko einer sich vom Westen trennenden Bundesrepublik vermindern, vielleicht ausschließen konnten. Machte der Verteidigungsbeitrag die Revision des Besatzungsstatuts einerseits unausweichlich, so waren die Besatzungsmächte andererseits nicht bereit, wegen der Militärfrage die Bundesrepublik in die völlige Unabhängigkeit zu entlassen. Eine Wahl zwischen Westintegration, Neutralität oder gar Wendung zur Sowjetunion hatte die Bundesrepublik nicht.

Weil sich die Ratifizierung des EVG-Vertrages verzögerte, blieb folgerichtig im Sinne alliierter Politik die Besatzungsherrschaft bestehen.

Die Gründe, die dann am 30. August 1954 zum endgültigen Aus des EVG-Vorhabens führten, waren vielschichtig. Das Beiseitestehen Großbritanniens und seine halbherzige Unterstützung für das Projekt spielten eine wichtige Rolle. Insgesamt war die Idee einer einheitlichen europäischen Streitmacht von Schleswig-Holstein bis Sizilien wohl zu revolutionär. Sie war zu künstlich und zu kompliziert, und sie wollte politisch und militärisch zu viel auf einmal. Der europäische Gedanke war – in einer Formulierung Raymond Arons – „nicht faßbar und greifbar wie das fleischgewordene Vaterland"[1]. Vor allem stellte sich heraus, daß es offensichtlich nicht möglich war, die militärische Einheit Europas *vor* der politischen zu schaffen, also auf einem Sektor, der mehr als alle anderen den Nationalstaat verkörperte, ja mit ihm geradezu identisch war. Viele zweifelten daher daran, daß eine supranationale Armee überhaupt einen großen Kampfwert besitzen könne.

Die gefühlmäßige Aversion gegen diese Konstruktion war allenthalben – ganz besonders in der französischen Armee – spürbar und darf in ihrer Wirkung nicht unterschätzt werden. Churchill, der doch als erster eine Europaarmee vorgeschlagen hatte, konnte sie sich nur als Koalitionsarmee vorstellen, in der eine starke französische Armee die ‚Marseillaise' schmettere, eine starke deutsche Armee die ‚Wacht am Rhein' singe und eine tapfere britische Armee von ‚God save the King' ergriffen werde. Eine derart konstruierte Streitmacht hielt er für unschlagbar[2].

Die Geschichte der Planung einer supranationalen europäischen Armee ist die Geschichte eines fehlgeschlagenen, von großen Hoffnungen begleiteten politisch-militärischen Experiments. Sie kann als Phase eines historisch notwendigen Gärungs- und Klärungsprozesses begriffen werden, der es erlaubte, sich dem umstrittenen und folgenreichen Vorhaben westdeutscher Streitkräfte erst einmal theoretisch zu nähern. Erst das Scheitern der EVG ermöglichte die Aufnahme der Bundesrepublik Deutschland in den Atlantikpakt, die Frankreich mit der EVG gerade zu verhindern gedacht hatte.

Dennoch waren die bis dahin gemachten Planungen und Überlegungen zum deutschen Verteidigungsbeitrag nicht umsonst: Als nach Inkrafttreten der Pariser Verträge 1955 der Aufbau der Bundeswehr tatsächlich begann, konnte in vielen Fällen auf die Vorarbeiten zurückgegriffen werden. Nicht zuletzt hatten sich die ehemaligen Kriegsgegner in den vier Jahren besser kennengelernt, was die künftige Zusammenarbeit im gemeinsamen Bündnis erleichterte.

[1] Aron, Der permanente Krieg, S. 410.
[2] Poole, History of the Joint Chiefs, 4, S. 212.

Vierter Teil

Finanzwissenschaftliche, finanzwirtschaftliche und finanzpolitische Aspekte eines deutschen Beitrags zur EVG

von

Lutz Köllner/Hans-Erich Volkmann*

* Kapitel V und VI entstammen der Feder von H.-E. Volkmann.

Einleitung

Militär und Staatsfinanzen sind eng miteinander verknüpft. Dieser Zusammenhang war bereits in den oberitalienischen Stadtstaaten des Mittelalters sichtbar geworden, im französischen und deutschen Absolutismus wurde er so eng, daß das eine nicht mehr ohne das andere gedacht werden konnte. Staatsfinanzen und stehende Heere haben sich entstehungsgeschichtlich wechselseitig bedingt. Mag auch der Anteil der Militärausgaben an den Staatsausgaben in den verflossenen zwei Jahrhunderten starken, durch Aufrüstungen, Kriege und „Entmilitarisierungen" bedingten Schwankungen ausgesetzt gewesen sein: in ihrem Kern waren Staatsfinanzen Militärausgaben, bis sie gegen Ende des 19. Jahrhunderts durch eine wachsende Staatstätigkeit auf einen minderen Rang gedrängt wurden. Aber noch im 20. Jahrhundert haben die Militärausgaben die staatliche Finanzwirtschaft geprägt, wie umgekehrt Einnahmesystem, Budgetpraxis und Staatsschulden den Militärhaushalt bestimmten und strukturierten[1].

So gesehen beschäftigt sich unsere Arbeit mit einem Ausnahmezustand, einer Zeit *ohne* nationale Armee, ohne nationale Rüstung, ohne Militärausgaben im engeren Sinne. Es sei denn, man begreift die zwischen 1945 und 1954 gezahlten Besatzungskosten und Kriegsfolgelasten als „stellvertretende" Militärausgaben eines besiegten, „entmilitarisierten" Landes, das unter einem totalen Rüstungsverbot der Sieger des Zweiten Weltkrieges stand.

Auch wenn die kurze von uns betrachtete Periode eine militärlose Zeit gewesen ist, eine Zeit der Planungen und Diskussionen über erwartete künftige Militärlasten, so waren diese Jahre doch durch zwei fundamentale fiskalische Ereignisse geprägt, die unmittelbar auf das *eine* große militärische Ereignis zurückzuführen waren: den von Deutschland in diesem Jahrhundert verlorenen großen zweiten Krieg.

Besatzungskosten und Kriegsfolgelasten hießen die beiden zentralen Probleme, die das Bild der deutschen, insbesondere der zentralstaatlichen Finanzwirtschaft nach 1945 prägten. Alles andere, die Reparationszahlungen, die Kosten und Verluste durch Demontagen, der Verzicht auf wehrtechnologischen Fortschritt – hier ohne moralische Wertung gemeint –, die vielen sozialen Lasten wie Invalidenrenten, Pensionen, Entschädigungen, dazu Zerstörungen, die der Krieg (einschließlich der Gebiets- und Menschenverluste) hinterließ, ranken sich um diese beiden Probleme der „Nachkriegsjahre". Sie sind typisch für die Situation in einem durch Krieg und Vernichtung geschlagenen Land.

Erstaunlicherweise hat sich die Finanzwissenschaft erst vergleichsweise spät systematisch mit Militärausgaben beschäftigt, obgleich es mit der Ausbreitung des Parlamentarismus in Europa stets lebendige politische Debatten über Heeresvorlagen und Rüstungsprojekte gab, die die Finanzwissenschaftler hätten inspirieren können. Sofern wissenschaftlich diskutiert wurde, entsprach dies in der zweiten Hälfte des 19. Jahrhunderts bis hin zum Ersten Weltkrieg zumeist dem damals üblichen Denken, wie es an den deutschen staatswissenschaftlichen Fakultäten gepflegt wurde. Kathedersozialistische Strömungen, repräsentiert z. B. durch den Verein für Socialpolitik, verkörpert durch Adolph Wagner und andere, kamen hinzu: die Militärausgaben wurden verglichen mit Staatsausgaben für andere soziale Zwecke. Die Tatsache, daß der Reichshaushalt nach der Reichsverfassung von 1871 mit der für das Reich ungünstigen Finanzkompetenz na-

[1] Hierzu: Köllner, Militärausgaben und Militärstruktur.

hezu ein Militärhaushalt war[2], wurde nur von wenigen ausgesprochen, rechtzeitig freilich von Matthias Erzberger, dem späteren Reformer der Reichsfinanzen und Schöpfer des Reichsfinanzsystems von 1920/1921, eine Reform, die u.a. eine reichseinheitliche Einkommensteuer einführte.

Wir stehen mithin vor dem eigenartigen Phänomen, daß sich über zwei verlorene Kriege hinweg die zuständige Disziplin, die Finanzwissenschaft, nicht sonderlich ausführlich mit deutschen Militärfinanzen beschäftigte. Wohl gab es in den Aufrüstungsphasen vor 1914 und zwischen 1935 und 1939 Diskussionen über eine „finanzielle Mobilmachung" oder über den Einbau der klassischen Finanzwissenschaft – verstanden vor allem als Budgettheorie, Steuertheorie und Steuerwirkungslehre – in eine zu konzipierende „Wehrwirtschaftslehre", aber diese Diskussionen blieben wissenschaftliche Randerscheinungen[3].

Zwei verlorene Kriege hatten Berührungsängste erzeugt, die es schwer machten, sich den Fragen der Kriegs- und Rüstungsfinanzierung zu nähern. Diese verständliche Haltung freilich stellte die bundesrepublikanische Finanzwissenschaft in der Frühphase westdeutscher Sicherheitspolitik vor fast unlösbare Aufgaben. Sie konnte keine klaren Auskünfte geben über einen fiskalisch sinnvollen Umfang neuer Militärausgaben, über deren Finanzierung und ihre erwartete Entwicklung. Vorsicht kennzeichnet die wissenschaftlichen Beiträge und Gutachten der damaligen Jahre zur Frage eines westdeutschen Verteidigungsbeitrages. In einem Punkte freilich war man sich einig: er sollte keinesfalls wieder inflationär finanziert werden. Hinzu kam, daß während des Zweiten Weltkrieges der Keynesianismus seinen Siegeszug in der angelsächsischen Welt angetreten hatte, was nichts anderes bedeutete, als daß sich in den westlichen Siegerländern der Anti-Hitler-Koalition allgemeine ökonomische Kreislauftheorie und fiscal theory vereinigt hatten, während sie in Deutschland nebeneinander herlebten und zudem – jede für sich – einen Anschluß an die wissenschaftliche Diskussion aus der Zeit vor dem Kriege suchten.

Obgleich die Kriegsfinanzierung 1939–1945 alle Dämme zwischen Finanzsystem und Währungspolitik eingerissen hatte – die Notenbanknovelle vom 15. Juni 1939 hatte das möglich gemacht –, hielt man nach 1945 disziplinär an einer strikten Trennung zwischen Währungswissenschaft (Geld- und Kredittheorie) und Finanzwissenschaft fest. Dies geschah durchaus mit guten Gründen, zumal die Verfassung der Bank Deutscher Länder von 1948 eine breit angelegte Finanzierung von Staatsausgaben durch die Zentralbank unterband. Der Vorteil dieser Teilung im wissenschaftlichen Denken, weniger im politischen Handeln, zwischen Währung und Finanzen liegt in der Beschränkung auf überschaubare Szenen. Der wichtigste Nachteil bleibt, daß die monetäre Seite des Finanzwesens zu kurz kommt. Auch unsere Studie blendet währungswissenschaftliche und währungswirtschaftliche Fragen aus ihren Betrachtungen weitgehend aus. Für den modernen Fiskus bleibt das Geld in erster Linie ein technisches Instrument, dessen er sich bedient: Geld als Recheneinheit und als Tauschmittel gegenüber öffentlichen Leistungen.

[2] Vornehmlich, wenn man den Reichsinvalidenfonds, das Reichspost- und Reichstelegraphenwesen, den Schuldendienst und einige kleinere Teilhaushalte als Sonderhaushalte herausnimmt.

[3] Gewiß hat die romantische Staatstheorie Militärausgaben anders beschrieben als die liberalen Staats- und Finanztheoretiker des ausgehenden 19. Jahrhunderts. Hegel hat durch seine die Vernunft des Staates betonenden Theorien mindestens die preußische Finanzpraxis gefördert und zur sittlichen Rechtfertigung von Militärausgaben im damaligen Verständnis beigetragen. Das wog um so schwerer, als Marx sie nahezu ganz überging und Engels sie mehr aus Liebhaberei betrachtete, was ihm, bei seiner allgemeinen Vorliebe für Militär und Strategie, den Spottnamen „der General" einbrachte. Ausführlicher zur Theorie- und Problemgeschichte von Militärausgaben in der Ökonomie vgl. Köllner, Ökonomie, S. 51 ff.; ders., Finanzen.

Es ist sinnvoll, an der Vorstellung festzuhalten, daß Militärausgaben mit den Denkmustern und Modellen der allgemeinen Theorie der Staatsausgaben durchdrungen und auch vom Ansatz her politisch gemeistert werden können. Sie bilden ein Beispiel staatlicher finanzwirtschaftlicher Tätigkeit auf der Ausgabenseite, nicht hingegen bei der Finanzverwaltung und bei der Rechnungskontrolle, solange der fiskalische Grundsatz der Einheitlichkeit des Budgets gilt. Militärausgaben unterliegen den Grundsätzen und Praktiken der allgemeinen Rechnungskontrolle und nicht – wie gelegentlich vermutet oder gefordert – einer besonderen, strengen Rechnungsüberprüfung. Denn der im allgemeinen Sprachgebrauch und im groben öffentlichen Verständnis oft so genannte „Militärhaushalt" war haushaltstechnisch und haushaltsrechtlich seit 1871 stets ein Einzelplan im Budget des Reiches bzw. des Bundes. Er unterlag somit stets allgemeinen Grundsätzen fiskalischen Handelns. Nur zwischen 1934 und 1945 war dieser Einzelplan bei der Erstellung, nicht bei der Durchführung, dem Zustimmungsrecht des Reichsfinanzministers entzogen gewesen. Im Abschnitt X des Bonner Grundgesetzes vom 23. Mai 1949 wurden die Zuständigkeiten im Finanzwesen neu festgelegt, und die Einbindung eines neu dazutretenden Einzelplanes stellte die Finanz- und Haushaltspraxis vor nicht geringe Schwierigkeiten. Zunächst wurden die Verteidigungsausgaben der Bundesrepublik Deutschland dem Haushalt des Bundeskanzleramtes zugeordnet. Und auch nachdem sie dort herausgelöst worden waren, dauerte es noch einige Zeit, bis sie als E-Plan 14 ihren festen Platz im Bundeshaushalt fanden[4].

Die Geschichte und die Problematik westdeutscher Militärausgaben – spätestens seit 1950 politisch diskutiert – steckt voller denkwürdiger Einzelheiten, die in unserem Bericht zum Teil auch genannt werden. Die durchaus eigene Struktur der Probleme einer kurzen Periode sollte jedoch nicht den Blick auf die Tatsache verstellen, daß diese Jahre auch in eine längerfristige Entwicklung eingebunden sind, eine Entwicklung des Budgetwesens – insbesondere der Staatseinnahmen und -ausgaben sowie deren Veränderungen –, der Steuertheorie und Steuerpolitik, der Diskussion und Praxis fiskalischer Grundsätze usw. Erst wenn man den langfristigen Aspekt hinzunimmt, ergibt sich ein plastisches Bild des zurückliegenden Geschehens. Die kurze Periode erhält ihren eigentlichen Sinn erst in der Betrachtung der langfristigen Entwicklung.

[4] Einzelheiten hierzu bei Bielfeldt, Rüstungsausgaben.

I. Der Beitrag der westdeutschen Finanzwissenschaft zur Bewaffnungsdebatte in der Bundesrepublik Deutschland[1]

Der Beitrag der westdeutschen Finanzwissenschaft in den Jahren 1945 bis 1954 zur Frage der Bewaffnung Westdeutschlands kann nur verstanden werden, wenn man sich den Stand und die Hauptinhalte der finanzwissenschaftlichen Diskussion und die Lage der westdeutschen Finanzwissenschaft am Ende des Zweiten Weltkrieges vor Augen führt. Wir können dies hier nur in großen Zügen tun und nur insoweit, als es dazu dient, zu verstehen, warum der wissenschaftliche Beitrag zur Bewaffnungs- und Aufrüstungsdiskussion bis zur Aufnahme der Bundesrepublik in die NATO im Mai 1955 vorsichtig, schmal und eher voller Mutmaßungen über das war, was nun kommen würde, denn voller sicherer Urteile über die Bedeutung des fiskalischen und wirtschaftlichen Gesamtprozesses der Bewaffnung eines eben erst geborenen neuen demokratischen deutschen Staates.

Im Gegensatz zur allgemeinen Wirtschaftswissenschaft, besonders der wirtschaftlichen Ordnungs- und Grundsatzpolitik, hat sich die deutsche Finanzwissenschaft weder in der Schlußphase des Zweiten Weltkrieges noch in den ersten Nachkriegsjahren mit grundlegenden Fragen fiskalischer Ordnungspolitik oder mit den gerade erst als überwunden und abgelegt geglaubten Fragen eines neuen Militärhaushaltes beschäftigt. Dies freilich war nicht nur eine Folge des allgemeinen Tabus, das angesichts des verlorenen zweiten großen Krieges über derartigen Fragen lag. Es war eine Folge der inneren Situation der finanzwissenschaftlichen Diskussion in Deutschland, wie sie zwölf Jahre nationalsozialistischer Herrschaft geprägt und hinterlassen hatten.

Von den beiden grundlegenden Ausarbeitungen über eine künftige deutsche Wirtschaftsverfassung aus der Feder von Alfred Müller-Armack und Ludwig Erhard[2] trug zwar eine, nämlich die in Nürnberg am Institut für Konsumforschung erarbeitete Schrift Erhards, das Wort „Staatsschuldenkonsolidierung“, also einen finanzwirtschaftlichen Begriff, in ihrer Überschrift; dies war aber lediglich der Aufhänger, um grundlegende ordnungspolitische Fragen, also mehr als die eigentliche Staatsverschuldung, zu erörtern. Außerdem war der Titel gewählt worden, um den wahren Inhalt zu tarnen, der nicht nur das Fiasko der nationalsozialistischen Kriegswirtschaft und Kriegsfinanzen feststellte, sondern darüber hinaus in ihren Grundzügen eine mit dem Nationalsozialismus unvergleichbare neue Wirtschaftsordnung des sozialen Ausgleichs entwarf. Im System der von Müller-Armack formulierten „sozialen Marktwirtschaft“ sollte ihrer Grundkonstruktion nach die Finanzwirtschaft zwar durchaus einen eigenen Platz einnehmen, schon aufgrund der vielfältigen Aufgaben, die dem Gemeinwesen am Ende eines zerstörerischen Krieges notwendig zufallen würden. Es war dies aber kein genuiner Beitrag einer sich als selbständig verstehenden wissenschaftlichen Disziplin, der Finanzwissenschaft. Fiskalische Überlegungen theoretischer wie praktisch-politischer Natur wurden in den beiden, die spätere Wirtschaftsverfas-

[1] Wir verweisen pauschal auf die einschlägigen Artikel von W. Gerloff, F. Terhalle und F. Neumark sowie E. v. Beckeraths in der zweiten Auflage des Handbuches der Finanzwissenschaft, Bände I–IV, Tübingen 1952–1965. Besonders erwähnt werden ihrer grundsätzlichen Bedeutung wegen für diese Studie: Gerloff, Grundlegung der Finanzwirtschaft, S. 1 ff.; Beckerath, Neuere Geschichte, S. 416 ff.; Neumark, Theorie, S. 554 ff.; Spindler, Reparationen, S. 136 ff.; Berolzheimer, Probleme internationaler Finanzvergleiche, S. 1 ff.; Recktenwald, Umfang, S. 713 ff.

[2] Müller-Armack, Wirtschaftslenkung; Erhard, Kriegsfinanzen.

sung und Wirtschaftsordnung der Bundesrepublik Deutschland prägenden Denkschriften und Programmen nur als *ein* Problemfeld unter mehreren angesehen. Mit anderen Worten: es gab am Ende des Zweiten Weltkrieges keine „große Konzeption" finanzwissenschaftlichen Denkens, die den Grundsatzdebatten über „Marktwirtschaft und Wirtschaftslenkung" ähnlich oder gar gleichrangig gewesen wären. Folglich gab es auch keine so starke politische Wirkung der Finanzwissenschaft als wissenschaftlicher Disziplin auf Gestalt und Geschick der frühen Bundesrepublik.

Schon aus diesen allgemeinen Gründen, die um weitere, besondere Faktoren verstärkt wurden (sie lagen wesentlich in der unbekannten künftigen Leistungsfähigkeit des neuen Finanz- und Steuersystems), mußte sich die finanzwissenschaftliche Debatte über eine erneute Militärfinanzierung in Westdeutschland in engen Grenzen bewegen[3]. Zwar gab es eine Flut von Vorschlägen zur Sanierung der westdeutschen Währung als Voraussetzung einer Gesundung auch der westdeutschen Staatsfinanzen – über 250 Vorschläge dieser Art wurden in den öffentlichen Diskussionen jener Jahre gezählt –, sie stammten aber alle von Leuten, die sich mit einzelnen, ausgewählten Problemen, besonders der Frage der Staatsschuldentilgung, beschäftigten, die aber kein neues ordnungspolitisches Konzept einer Finanzverfassung oder finanzwirtschaftlichen und finanzpolitischen Handelns vorlegten, das den damaligen angelsächsischen Vorstellungen von einer „fiscal theory" oder einer „functional finance" auch nur entfernt ähnlich gesehen hätte. Im wesentlichen hantierte man mit Denkmustern der Vergangenheit, um die neuen Probleme zu lösen oder überhaupt erst einmal zu beschreiben und analytisch zu erkennen[4]. Die Neuordnung der Währungsverhältnisse genoß eindeutig den Vorrang vor der auch gedanklichen Ordnung der Staatsfinanzen auf allen Ebenen. Die Staatsfinanzen galten als Erbe der nationalsozialistischen Zeit, die man eher als Hypothek denn als Chance für eine Neugestaltung von Wirtschaft und Gesellschaft begriff. Steuertheorie, Budgettheorie und Staatsschuldentheorie standen im Mittelpunkt der finanzwissenschaftlichen Diskussionen jener Jahre fast unverbunden nebeneinander. Die Ausgabentheorien und Ausgabenpolitik führten in diesem Kreis ein Schattendasein. Militärausgaben wurden überhaupt nicht diskutiert. Von einer kraftvollen und fruchtbaren Einordnung des fiskalischen Geschehens in die Theorie des Wirtschaftskreislaufes oder gar eines kommenden wirtschaftlichen Wachstums konnte keine Rede sein. Dies alles bedeutet nicht, daß die westdeutsche Finanzwissenschaft keine Auskünfte zu den Problemen der Bewaffnung der Bundesrepublik liefern konnte. Nur waren diese Beiträge inhaltlich begrenzt, und sie stammten nicht aus einem einheitlichen finanzwissenschaftlichen Konzept, das zugleich die gesellschaftliche und politische Zukunft hätte mitgestalten können. Man zehrte von Erfahrungen und griff in das vorhandene durchaus reichhaltige Arsenal theoretischer Instrumente im einzelnen zurück.

[3] Inwieweit die Emigration deutscher Finanzwissenschaftler in den Jahren 1933–1945 ein besonderer Grund war, daß die Diskussion sich verzögerte und nicht jenes Niveau aufwies, das es in der angelsächsischen, französischen und italienischen Welt besaß, können wir nicht beantworten. Wir erinnern daran, daß führende deutsche Ökonomen und Finanzwissenschaftler u.a. in die Türkei (Fritz Neumark, Wilhelm Röpke) oder in die USA (Fritz Karl Mann, Gerhard Colm) ausgewandert waren und entweder gar nicht oder erst im Laufe der ersten Nachkriegsjahre zurückkehrten. Sie hatten in der Zeit ihrer Emigration noch weniger Zugang zu den vor allem im Kriege 1939–1945 geheimgehaltenen Zahlen des Reichshaushaltes bzw. des Statistischen Reichsamtes als die in Deutschland gebliebenen Ökonomen und Finanzwissenschaftler.

[4] Einige Jahre war nicht einmal voll übersehbar, worin die Unterschiede in der Finanzpraxis der damaligen Länder bestanden. Erst das Grundgesetz von 1949 hat mit seinem Abschnitt X mehr Klarheit nicht nur bezüglich der Finanzverfassung eines föderal geordneten Bundesstaates, sondern auch erstmals eine Übersichtlichkeit über die westdeutsche Finanzlage erbracht.

Dies erklärt auch eine Vielfalt der damaligen Ansichten über eine Thematik, die Militärfinanzen, die jahrelang im Klima von Re-education, Demilitarisierung, Reparationen und Demontagen peinlich aus der öffentlichen wie aus der fachwissenschaftlichen Diskussion ausgeblendet worden waren. Hinzu kam, daß J. M. Keynes' Lehren erst nach dem Zweiten Weltkrieg in der Bundesrepublik voll rezipiert wurden. Wohl freilich wurden auf dem globus intellectualis Fragen fiskalischer Kriegsfolgen heftig diskutiert, besonders die Höhe der Besatzungskosten, der Wert der Demontagen (die insofern mindestens parafiskalischen Charakter hatten, als es ein besonderes Netz von Reisezügen und Güterzügen für die Besatzungsmacht gab, die über die Deutsche Reichsbahn abgerechnet wurden) oder Umfang und Struktur der sozialen Kriegsfolgelasten im weiten Sinne des Wortes[5]. Dabei ging man – wie auch bei der Konstruktion des die Währungsreform von 1948 ergänzenden Lastenausgleiches als „verrenteter" langfristiger Vermögensverschiebung – von der sinnvollen Vorstellung aus, daß es sich bei der zeitlichen Verteilung der Kriegsfolgelasten um ein Generationsproblem handele. Hier betrat die Finanzwissenschaft vertrautes Gelände: die fiskalischen Folgen eines verlorenen Krieges waren schon einmal – nach 1918 – wichtiger Gegenstand fachwissenschaftlicher Erörterungen gewesen[6].

Der Zusammenhang zwischen Neuordnung des Währungswesens im Sinne einer rigorosen inneren Abwertung des vor allem durch den Krieg inflationierten Geldes und einer Neuordnung der Staatsfinanzen auf der Ebene der Zentralregierung, der Landes-, Gemeinde-, Gemeindeverbände- und Kommunalregierungen und -verwaltungen wurde nur recht allgemein mit dem Währungsschnitt in Zusammenhang gebracht. Damit begab sich die westdeutsche Finanzwissenschaft der einmaligen Möglichkeit, anhand gegebener Verhältnisse einen wissenschaftlichen Fragenkreis erneut zu betreten und auszuweiten, der bis dahin nur in Zeiten schneller Geldwertänderungen die Finanztheoretiker beschäftigt hatte: der Zusammenhang zwischen Währungswirtschaft und Finanzwirtschaft, besonders zwischen Währungspolitik und Finanzpolitik[7]. Zwar ging die allgemeine Erwartung zu Recht dahin, eine reformierte neue Währung würde auch das Fundament für stabile Finanzen des Staates schaffen. So wichtige Einzelfragen wie die, welchen Einfluß eine durch eine Währungsumstellung herbeigeführte neue gesamtwirtschaftliche und gesamtgesellschaftliche Einkommensverteilung auf das künftige Steueraufkommen haben würde, wurden jedoch nur am Rande diskutiert. Solche Defizite können zu einem erheblichen Teil erklärt werden aus dem Mangel an statistischen Unterlagen, die verläßlich genug waren, um theoretische Überlegungen überzeugend als wirklichkeitsbezogen abzustützen[8]. Hinzu kam, daß die Leistungen an die Siegermächte gerade in den ersten Jahren nach dem Zusammenbruch kaum faßbar und nur selten statistisch meßbar waren – ein Vorgang, der sich schon nach 1919 abgespielt und der in den zwanziger Jahren zur Einsetzung eines besonderen alliierten Reparationsagenten in Berlin geführt hatte. Diese mehr statistisch-technischen

[5] Über die Kapazitätseinbußen der deutschen Industrie im einzelnen, vgl. Harmssen, Am Abend der Demontage, S. 25.

[6] Vgl. Das Reparationsproblem, Bd 1; vgl. Handbuch zur Ökonomie der Verteidigungspolitik (u.a. Artikel über Reparationen, Entwicklung von Militärausgaben, deren gesamtwirtschaftliche Bedeutung, ihre regionale Verteilung usw.); vgl. Kern/Köllner, Zur langfristigen Entwicklung. Stärker von historischer Seite kommend: Boelcke, Rüstungswirtschaft.

[7] Vgl. Großmann, Finanzen.

[8] Den damaligen Mangel an statistischen Daten kann man sich heute unter dem Eindruck der Datenflut aus dem gesamten sozialen Leben kaum noch vorstellen. Der Bericht des Deutschen Institutes für Wirtschaftsforschung „Die deutsche Wirtschaft zwei Jahre nach dem Zusammenbruch", später ergänzt um einen Beitrag des damaligen Leiters der volkswirtschaftlichen Abteilung der Bank Deutscher Länder, Eduard Wolf, Geld- und Finanzprobleme, bildete eine Sensation auf dem damaligen Datenmarkt.

Schwierigkeiten können jedoch nicht alles erklären, was auf finanzwissenschaftlicher Seite nur unzureichend bei der Antwort auf die drängenden Fragen neuer Militärausgaben geleistet wurde. Der Hauptgrund war vielmehr der, daß es ein Denken in „großen Aggregaten" kaum gab und daß dieser Mangel auch die Ausformung neuer Konzeptionen beeinträchtigte[9].

Gewiß wird man sagen dürfen, die westdeutsche Finanzwissenschaft habe nach 1945 noch längere Zeit im Banne des Krieges gelebt. An der großen Staatsverschuldung, die der Krieg hinterließ, konnte sie in ihren Betrachtungen jedenfalls nicht vorübergehen.

Der entscheidende Unterschied zwischen der Staatsschuldenkonsolidierung nach dem Ersten und dem Zweiten Weltkrieg lag darin, daß die nominell 99 Milliarden Kriegsanleihen und 51,1 Milliarden Mark schwebenden, d.h. nicht auf dem Kapitalmarkt konsolidierten Schulden des Ersten Weltkrieges im Strudel der Hochinflation zwischen dem Mai 1922 und der Schaffung der Rentenmark im November 1923 untergingen. Bei einem Schlußkurs der Mark gegenüber dem US-Dollar von 4,2 Billionen Mark für einen US-Dollar brauchte der Staat zur Schuldentilgung kaum etwas aufzuwenden; ein einziger Dollar des hyperinflationierten Geldes vom November 1923 repräsentierte einen Nominalwert in alter Mark, der fünfundzwanzigmal höher lag als die gesamten deutschen Kriegsausgaben 1914–1918 in Höhe von ca. 160 Milliarden Mark. Die Aufwertung für Kriegsanleihen war denkbar gering, und sie wurde nicht ausgeschöpft.

Am Ende des Zweiten Weltkrieges hingegen betrugen die Kriegsausgaben etwa 680 Milliarden Reichsmark, davon etwa 380 Milliarden Schulden. Diese Schulden hatten nun nicht, wie bei den Kriegsanleihen des Ersten Weltkrieges, das private Publikum zum Gläubiger, sondern in der Hauptsache das Kredit- und Bankensystem. Soweit die Reichsschulden nicht auf der Grundlage der Währungsgesetze vom 20. Juni 1948 für ungültig erklärt worden waren, wurden sie in die innere Abwertung mit aufgenommen, zum Teil freilich mit einem niedrigeren Satz als die allgemeine Abwertung von zehn Reichsmark zu einer neuen Deutschen Mark[10]. Diese Abwertung der Reichsschulden war in erster Linie ein währungspolitisches und kein finanzpolitisches Thema. Soweit die Finanzwissenschaftler sich mit der fiskalischen Seite des Problems beschäftigten, galt ihr Interesse der Zahlung der Annuitäten, d.h. den möglichen jährlichen Belastungen des Etats bzw. einer neuen staatlichen Vermögensverwaltung durch Rückzahlungen, Auslosungen und laufende Zinsendienste. Die Abwicklung der aufgelaufenen und der wie auch immer zu bewertenden Staatsschulden rangierte als Problem jedenfalls *vor* der Frage neuer deutscher Militärausgaben. Aber auch die Probleme der Schuldendienste wurden nicht in jenem finanztheoretischen Geist diskutiert, der während des Zweiten Weltkrieges in England und in den USA seinen Erfolgszug angetreten hatte: des Keynesianismus, einer makroökonomischen Betrachtung von Staatsausgaben einschließlich der Staatsschulden und ihrer Wirkungen auf das gesamte ökonomische Kreislauf- und Wachstumsgeschehen.

In Deutschland wurde „The New Economics", die unter den einmaligen Bedingungen der Weltwirtschaftskrise mit ihrer tiefen Unterbeschäftigung das Licht der Welt erblickt hatte, erst vergleichsweise spät angenommen. Und diese Rezeption, die in der Bundesrepublik in den 50er Jahren erfolgte, vollzog sich zunächst in der allgemeinen Wirtschaftstheorie und erst Jahre später in der Finanzwissenschaft. Diese verzögerte Übernahme eines neuen, fruchtbaren, weil die

[9] Über die Lasten, die die deutsche Wirtschaft und die verschiedenen Fisci bis Anfang der fünfziger Jahre zu tragen hatten, berichten detailliert u.a. Albers, Kriegsfolgelasten; Oeftering, Besatzungslasten; Setten, Zehn Jahre; Harmssen, Am Abend der Demontage.

[10] Wir übergehen die Einzelheiten der Währungsreform und damit auch die Tatsache, daß der tatsächliche Aufwertungssatz unter Einbeziehung der Kopfquote und gestaffelten Freigaben von Ansprüchen in Reichsmark in vielen Fällen lediglich 10:6,5 betrug.

gesamtwirtschaftlichen Prozesse analysierenden theoretischen Instrumentarismus war es hauptsächlich, die die westdeutsche Finanzwissenschaft eigenartig unvorbereitet und auf manche Mutmaßung angewiesen erscheinen ließ, als sie sich zu den Fragen neuer Militärausgaben äußern sollte. Wirtschafts-, vor allem aber finanztheoretisch hinkte Westdeutschland an Präzision, aber auch in den Denkmustern der angelsächsischen Welt hinterher, als es galt, sich wiederum mit Militärfinanzen zu beschäftigen. Das war schon deutlich geworden, als 1945 Kenneth E. Bouldings Buch „Friedenswirtschaft" in Bern erschienen war, das bereits Züge keynesianischen Denkens oder doch die Auseinandersetzung mit ihm aufwies. Man hatte kaum das deutsche Pendant zu Keynes' „General Theory" zur Kenntnis nehmen können, nämlich Carl Föhls 1936 erschienenes Werk „Geldschöpfung und Wirtschaftskreislauf", in dem ähnliche Gedanken zur makrofiskalischen Bedeutung von Staatsfinanzen geäußert wurden.

Die zögernde Rezeption keynesianischer Gedanken (häufig grob für die Lehrbuchliteratur vereinfacht und nicht immer mit genügender Distanz zu wechselnden Situationen verstanden) bedeutete nun nicht, daß die westdeutsche Finanzwissenschaft den Problemen neuer Militärausgaben fassungslos gegenübergestanden hätte. Es bedeutete aber sehr wohl, daß man auf ältere Denkfiguren und Denkgewohnheiten der Finanztheorie, vor allem etatistischer Natur, zurückgriff, die vielfach mit der Geschichte des in Deutschland gepflegten staatstheoretischen Denkens verschlungen waren. Es bedeutete auch, daß einnahmewirtschaftliche und budgettechnische Fragen im Vordergrund standen. Die vielverzweigten Fragen der Wirkungen von Staatsausgaben blieben hingegen nahezu undiskutiert. Wohl hatte sich die deutsche Finanzwissenschaft stets betont mit den Wirkungen von Steuererhebungen bei den Zensiten beschäftigt, kaum aber mit einer besonderen Wirkungslehre von Staatsausgaben auf die Gesamtwirtschaft.

Dies hatte mehrere Gründe, die u.a. in der Geschichte der kameralen Einnahmewirtschaft aus den Tagen des deutsch-preußischen Absolutismus zu suchen sind, die aber auch mit jenem, vor allem von Hegel geformten deutschen Staatsverständis zusammenhängen, wie es das 19. Jahrhundert kennzeichnete. Soweit Staatsausgaben nicht ohnehin im privatwirtschaftlichen Sinne als „unproduktiv" galten (die Haltung mancher extremer liberaler Ökonomen bis heute), die schon deshalb keine besondere Betrachtung ihrer weiteren Wirkungen auf die Wirtschaft und deren Wachstum verlangten, galten sie vielfach schon deshalb als gerechtfertigt und nicht weiter hinterfragenswert, weil der Staat als Autorität über sie verfügte und ihnen damit ihren gesellschaftlichen Wert zuschrieb. Der Unterschied zu anderen grundlegenden finanztheoretischen Denkansätzen wird sichtbar, wenn man sich daran erinnert, daß u.a. die italienische Finanzwissenschaft seit langem Höhe, Zusammensetzung und Wirkungen von Staatsausgaben als Verteilungskampf über öffentliche oder öffentlich erschließbare Ressourcen begriff[11]. Die angelsächsische Finanzwirtschaft sah die funktionle Bedeutung von Staatsfinanzen stets undoktrinär gegenüber überlieferten Haushaltsgrundsätzen des kontinentalen Absolutismus, einer späten Kameralistik oder einer Entwicklung, die den Staat und seine Ansprüche als nicht weiter überprüfenswürdig ans Ende einer machtvollen historischen Dialektik stellte und sie als deren Ergebnis begriff (Marxismus verschiedener Spielarten).

Es ist sinnvoll, sich daran zu erinnern, daß es am Ende des Zweiten Weltkrieges *drei* große Strömungen finanztheoretischen Denkens in Europa gab, von denen man die westdeutsche als die staatstheoretisch-normative bezeichnen kann. Sie war aber nicht, wie man selbst noch unter

[11] Antonio de Viti de Marco, Enrico Barone, später auch der aus dem österreichisch-mährischen Raum stammende Joseph Alois Schumpeter, aber auch – zum Teil präfaschistisch – Vilfredo Pareto und sein Kreis (Gino Bogetta, Guido Sensini, Ettore Lollini sowie Gaetano Mosca). Hierzu: Köllner, Gedanken.

den unmittelbaren Auswirkungen des verlorenen Krieges und des mit ihm verbundenen Staatszerfalls glaubte, die einzige. Allerdings haben der schnelle Zusammenbruch eines totalitären Regimes und seine fiskalische Hinterlassenschaft dazu beigetragen, das Verständnis für andere finanzwissenschaftliche Denkansätze zu fördern. Aber als der westdeutsche Verteidigungsbeitrag spätestens seit der Himmeroder Denkschrift von 1950 immer lebhafter diskutiert wurde, war es noch nicht soweit. Wir erinnern daran, daß Wilhelm Krelles fundamentales Werk über die volkswirtschaftliche Gesamtrechnung[12], die eine Art statistisch operationalisierten Keynes darstellte, erst Ende der 50er Jahre erschien und daß die mittelfristige Finanzplanung in der Bundesrepublik erst Ende der 60er Jahre eingeführt wurde; eine Finanzplanung, die über die bloßen fiskalischen Bedürfnisse hinaus den gesamtwirtschaftlichen Prozeß von Produktion, Verteilung und Verwendung des Sozialproduktes auch durch fiskalische Maßnahmen zu berücksichtigen versucht.

Blicken wir in die Geschichte der Finanztheorie zurück, so sehen wir in Italien schon früh den Gedanken Gestalt gewinnen, daß es unterschiedliche Interessengruppen sind, die die Höhe und die Struktur der Staatsausgaben bestimmen. Dieser machtsoziologische, später durch J. A. Schumpeter in einen allgemeinen parlamentssoziologischen Ansatz verwandelte Einstieg in die Erklärung von Höhe und Zusammensetzung der Staatsausgaben, einschließlich ihrer Wirkungen, blieb in Deutschland fast unbekannt, jedenfalls aber ungepflegt. Bezeichnenderweise erschien Schumpeters Werk in deutscher Sprache erstmals 1946 in der Schweiz in einer schnell und lange vergriffenen Ausgabe[13]. Was wir sagen wollen, ist, daß zum einen die westdeutsche Finanzwissenschaft in einer „staatenlosen" Zeit nach dem Zweiten Weltkrieg auf die Problematik von Länderfinanzen in drei Besatzungszonen zurückgeworfen war und daß zum anderen die drängenden wirtschaftlichen Bedürfnisse des Tages in einem zerstörten Lande mit einer hungernden und durch Flucht, Vertreibung, Evakuierung vorläufig neu gruppierten Gesellschaft für derartige Denkansätze wenig Raum ließen. Das kann erklären, warum die Frage neuer Militärfinanzen von Anfang an als eher marginales budgetpolitisches Problem der Zentralregierung begriffen wurde, als der Bundesstaat gegründet war.

Erst in den 70er Jahren des 20. Jahrhunderts hat sich das Interesse der Öffentlichkeit wie der Finanzwissenschaft stärker denjenigen Fragen zugewandt, die mit dem Umfang und der Zusammensetzung der Staats*ausgaben* im Zusammenhang mit der Entwicklung des parlamentarischen Bewilligungsrechtes stehen. Diese Aufmerksamkeit wurde spätestens in dem Augenblick geweckt, als Militärausgaben in der Bundesrepublik sich von einem Anteil von etwa 33 Prozent in den ersten Jahren der Bundeswehr auf gegenwärtig (1985) etwa 18 Prozent des Bundeshaushaltes verminderten. Dieser Rückgang ist bei absolut steigenden Verteidigungsausgaben auch auf den statistischen Effekt zurückzuführen, daß andere Staatsausgaben, vor allem diejenigen der sozialen Sicherung der Bürger, ständig an Bedeutung zunahmen und die Verteidigungsausgaben auf einen hinteren Platz rückten. Dieser Prozeß wiederum ruft die Erinnerung wach an einen anderen Zug deutschen finanztheoretischen Denkens, wie er vor allem mit dem Namen Adolph Wagner und dem „Kathedersozialismus" des ausgehenden 19. Jahrhunderts verbunden ist. Gleichsam als Korrektur zur staatstheoretisch untermauerten Finanzpraxis Preußens und des Reiches hatten Adolph Wagner und andere die Forderung erhoben, der Staat solle neben rein fiskalischen auch sozialpolitische Zwecke mit seiner Einnahme- *und* Ausgabenpolitik verknüpfen. Dabei dachte man sowohl an die Struktur des Steuersystems als Ganzes, die Steuertarife,

[12] Krelle, Volkswirtschaftliche Gesamtrechnung.
[13] Schumpeter, Kapitalismus.

aber eben auch – erstmals – an die Wirkungen, die Staatsausgaben hervorrufen und die die einzelnen Gruppen der Bevölkerung ungleich treffen. Noch ehe eine Bundesregierung amtierte, beherrschte die westdeutsche Finanzwissenschaft die Vorstellung, daß es der neuzugründende Staat sein müsse, der die sozialen Kosten des Krieges aufzufangen und zu bestreiten habe (Aufgabenzuweisung an den Zentralstaat). Denn gerade erst war die staatliche Hybris militärisch niedergeschlagen worden, da wurden dem Staat bereits wieder die Folgen der dabei entstandenen Kosten und „stellvertretende" Militärausgaben in Form von Besatzungskosten zugewiesen. Man geht wohl nicht fehl, in dieser Haltung auch Spuren jener kathedersozialistischen Gedanken zu erblicken, die in den Jahren eines preußischen Dreiklassenwahlrechtes (das steuertechnisch bestimmt war), einer kaiserlichen Flottenrüstung und mehrerer Heeresaufstockungen für ein sozialpolitisch angelegtes Staatsbudget streithaft vorgetragen worden waren: sozialistisch, aber staatstreu.

Wir wollen diese Überlegungen nicht vertiefen. Wir erinnern noch daran, daß die Vorstellung einer „funktionalen Budgetpolitik" erstmals in England und dann in den USA ausgesprochen wurde. Man dachte dabei praktisch: das Budget sollte nach den Erfahrungen, die man in der Zeit der großen Depression vom Beginn der 30er Jahre gesammelt hatte, sowohl in der Lage sein, eine expansive wie eine kontraktive Ausgabenpolitik zu betreiben, wenn die Konjunkturlage dies erforderlich mache. Nach grundlegenden finanz- und steuertheoretischen Arbeiten von Knut Wicksell und Erik Lindahl zu Beginn dieses Jahrhunderts hat sich die bedeutende skandinavische, besonders die schwedische Finanzwissenschaft den keynesianischen Denkstil recht bald angeeignet. Solche Gedanken waren der westdeutschen Finanzwissenschaft nach dem Zweiten Weltkrieg zwar keineswegs fremd, schließlich hatte der spätere Bundesfinanzminister Karl Schiller schon 1936 in seiner Dissertation derartige Vorstellungen im Ansatz theoretisch niedergelegt[14]; soweit man jedoch zu Beginn der 50er Jahre in finanzwissenschaftlichen und in fiskalischen Kategorien konjunkturpolitisch dachte, geschah dies vornehmlich in der Erinnerung an die dreißiger Jahre über die Frage, ob und wie neue Militärausgaben die Konjunktur aus einer Unterbeschäftigung würden herausführen können.

Genau dies aber war in den ersten Jahren der Bundesrepublik, wie spätestens seit der Korea-Krise vom Sommer 1950 deutlich wurde, nicht notwendig[15]. Die Währungsreform von 1948 hatte die Grundlagen für eine stabile Währung gelegt. Die Einführung der „sozialen Marktwirtschaft" in Verbindung mit einem ungestillten Nachholbedarf auf nahezu allen Gebieten der zivilen und öffentlichen Versorgung hatte einen ungewöhnlichen Konjunkturaufschwung eingeleitet, der schon nach wenigen Jahren nur noch durch die Schatten einer kriegsbedingten strukturellen Arbeitslosigkeit verdunkelt war. Militärausgaben als großangelegtes Deficit-spending, wie die angelsächsische makroökonomische Theorie es nahelegte, bedurfte es nicht. Wegen der vielen damaligen strukturellen Unausgeglichenheiten war eine solche globale Fiskalpolitik auch wenig sinnvoll. Wohl versprachen sich einzelne Industriezweige, wie z. B. die Textil- und Beklei-

[14] Schiller, Arbeitsbeschaffung. Unter dem Einfluß der Keynesschen Theorie verfügte die angelsächsische Welt über ein zwar vergleichsweise einfaches, für die Lösung makroökonomischer Fragen recht wirkungsvolles Instrument. Die wirtschaftswissenschaftliche Diskussion in der Bundesrepublik hinkte demgegenüber hinterher.

[15] Über die ordnungspolitische Bedeutung der Korea-Krise berichten die Ergebnisse eines Symposions, das 1984 in Bonn von der Ludwig-Erhard-Stiftung abgehalten wurde. H.-E. Volkmann verweist dabei auf Bundeskanzler Adenauers Überlegung, daß ein starkes westliches Militärbündnis die Sowjetunion unter einen erheblichen Rüstungsdruck setzen würde. A. Cairncross und Per Jacobsen von der Bank für Internationalen Zahlungsausgleich in Basel hatten zusammen ein grundlegendes Gutachten über die Situation der Wirtschaft der Bundesrepublik schon 1950 angefertigt. Vgl. Korea-Krise.

dungsindustrie, ihre Branchenkonjunktur stützende Aufträge durch neue militärische Beschaffungen in den Jahren, die der ersten Sättigung des zivilen Bedarfs auf diesen Gebieten folgten, und nachdem der internationale Wettbewerb diese Branchen unter Druck gesetzt hatte. Dies war aber erst nach der ersten Nachkriegsrezession von 1954/1955 der Fall und nicht schon in den Jahren 1950–1954. Der schnelle allgemeine wirtschaftliche Aufschwung, das „Wirtschaftswunder" der ersten Jahre nach der Währungsreform, ließ allerdings – bei hohen, noch aus der Besatzungszeit stammenden Einkommensteuertarifen, die erst 1954 revidiert wurden („große Steuerreform") – das staatliche Steueraufkommen schnell ansteigen, was als günstige Voraussetzung zur Bezahlung der sozialen Kriegsfolgelasten angesehen wurde. Auch aufgrund der im Abschnitt X des Grundgesetzes von 1949 festgelegten Finanzverfassung der Bundesrepublik Deutschland wandte sich die Finanzwissenschaft verständlicherweise einem Problem zu, das die föderative Natur des neugeschaffenen Staates beschworen hatte: dem Finanzausgleich zwischen Bund und Ländern, eine politische Streitfrage, die bis in die 60er Jahre hinein immer wieder neue Aktualität gewann.

Dies alles sind Gründe, die erklären können, warum die in Westdeutschland betriebene Finanzwissenschaft sich in den Jahren, in denen die Bewaffnung der Bundesrepublik politisch diskutiert wurde, mit neuen Militärausgaben wenig, und wenn, dann in Gestalt politisch in Auftrag gegebener Beratung und Gutachten, beschäftigte. Weitaus weniger Probleme hatte die Finanzwissenschaft damit, sich von den Fesseln einer nationalsozialistischen Ideologie zu befreien. Zwar zeigen die Schriften der „Akademie für Deutsches Recht" in Berlin einen Einfluß der nationalsozialistischen Ideologie auf die Themenstellungen der Finanzwissenschaft, besonders bei Fragen der Kriegsfinanzierung. Auch lassen sich finanzwissenschaftliche Forschungsarbeiten für die damalige nationalsozialistische Reichsfinanzpolitik erkennen; insgesamt hat sich die deutsche Finanzwissenschaft aber nicht zum Diener einer politisch indoktrinierten nationalsozialistischen Finanzwissenschaft machen lassen, wenn es auch kein Memorandum gegen die inflationäre Aufrüstungspolitik des Dritten Reiches aus finanzwissenschaftlichen Kreisen gibt, das dem Memorandum Schachts und der übrigen Mitglieder des Reichsbankpräsidenten vom Januar 1939 zur Seite gestellt werden könnte[16]. Die Technik der zurückgestauten Inflation (Geldmengenvermehrung durch Staatspapiere verschiedener Provenienz bei gleichzeitigem Lohn- und Preisstopp sowie scharfen Bestimmungen der Bewirtschaftung aller Güter und Dienste) konnte nur vorübergehend die Aufmerksamkeit der Finanzexperten von der später in irgendeiner Form zu konsolidierenden Staatsschuld ablenken. Zur Ehre der deutschen Finanzwissenschaft muß gesagt werden, daß Meinungen, wie die schon von Carl Helfferich (er war zeitweise Staatssekretär im Reichsschatzamt, das für die Kriegsanleihen zuständig war) im Ersten Weltkrieg geäußerte, eine sinnreiche Form der endgültigen Bezahlung der Kriegskosten sei die aus ausländischem Vermögen und mit Hilfe ausländischer Arbeitskräfte, während des Zweiten Weltkrieges zwar praktiziert wurden, jedoch *nicht* zum allgemeinen Gedankengut deutscher Finanzwissenschaftler gehörten. Wenn man der deutschen Finanzwissenschaft während des Zweiten Weltkrieges einen Vorwurf machen kann, so eher den, daß sie sich zu hilflos verhielt, nicht aber, daß sie die expansive nationalsozialistische Eroberungspolitik mit anschließender Schuldenkonsolidierung aus der erwarteten „Kriegsbeute" im weitesten Sinne getragen oder gedeckt hätte. Auch ihren Mangel an Affinität zu angelsächsischen, italienischen oder skandinavischen finanztheoretischen Vorstellungen kann man ihr vorwerfen. Denn tatsächlich war sie, nachdem die Bundes-

[16] Dieses Memorandum löste die Abberufung Schachts als Notenbankpräsident aus. Der Reichsfinanzminister Schwerin von Krosigk hingegen blieb von 1932 bis 1945 im Amt und wurde noch im politischen Testament Hitlers mit der weiteren Führung der Reichsfinanzen betraut; hierzu: Köllner, Chronik.

republik etabliert war, darauf angewiesen, auf die Geschichte älterer Finanzpraktiken zurückzugreifen. Dabei stieß sie notwendig auf eine Ära, die am Ende der Weimarer Republik das Gegenteil einer expansiven Budgetpolitik gewesen war, nämlich die Brüningsche Deflationspolitik, die Sparsamkeit, dreimalige Gehaltskürzungen im öffentlichen Dienst und eine Einschränkung der staatlichen Fiskaltätigkeit aus reparations- und außenpolitischen Gründen anstrebte, also gar keinen Platz ließ für zusätzliche Militärausgaben. Mit ihrer Finanzierung wurde unter Hitler erst begonnen, als der Posten des Notenbankpräsidenten im März 1933 durch Hjalmar Schacht unter Ablösung des parteilosen Hans Luther neu besetzt worden war. Der als Reichsfinanzminister aus den Vorkabinetten von Papen und von Schleicher übernommene Lutz Graf Schwerin von Krosigk trug diese Finanzierung mit.

Nicht von ungefähr griff die Debatte in der führenden westdeutschen finanzwissenschaftlichen Zeitschrift, dem „Finanz-Archiv", in den frühen 50er Jahren mithin auf Fragen zurück, die mit der nochmaligen Aufarbeitung der konjunktur- und beschäftigungspolitischen Fragen der 30er Jahre zusammenhingen[17]. Erst durch die Veröffentlichung seiner Memoiren 1977 wurde klar, wer in den fortgeschrittenen 50er Jahren für das Bonner Institut Finanzen und Steuern anonym die Kommentare des Bundeshaushaltes übernommen hatte: Lutz Graf Schwerin von Krosigk, Hitlers Reichsfinanzminister[18].

Auch ein gemeinhin als Seitenzweig angesehener Teil der Finanzwissenschaft, die Finanzsoziologie – der italienischen Finanzwissenschaft der vorfaschistischen Zeit ähnlich –, hat nach dem Zweiten Weltkrieg neue Militärausgaben nicht im Geiste jener Diskussion geführt, wie dies unter dem Eindruck des Ersten Weltkrieges geschehen war. Das heißt, die entscheidende Frage, ob die Bundesrepublik überhaupt Militärausgaben finanzieren solle oder könne, warum und in welcher Höhe, wurde von finanzwissenschaftlicher Seite kaum gestellt. Erst die kritische gesellschaftsphilosophische Reflexion eines Jürgen Habermas und seiner Anhänger hat in den sechziger Jahren diese Frage wieder aktualisiert, freilich ohne den finanztechnischen Apparat hinreichend und ohne die Terminologie der überlieferten Finanzwissenschaft auskömmlich zu kennen, so daß bei allem Scharfsinn eine Reihe von Fehlurteilen über die fiskalischen Mechanismen im „spätkapitalistischen Prozeß" in diesem Kreis aufkommen mußten.

Die ungenügende wissenschaftliche Kommunikation der ersten Nachkriegsjahre, eine ordinarienbestimmte Wissenschaftsorganisation, Zerstörungen von wissenschaftlichen Einrichtungen und Bibliotheken, begrenzt vergebene Verlagslizenzen und eine schwierige wirtschaftliche Lage auf dem Bücher- und Zeitschriftenmarkt mögen das vorhandene Bemühen, sich mit den neuen Fragen finanzwissenschaftlich auseinanderzusetzen, erschwert haben. Allerdings war es nicht der Finanzwissenschaftliche Beirat beim Bundesfinanzministerium, der sich mit den Fragen künftiger Verteidigungslasten gutachterlich auseinandersetzte, sondern der entsprechende Beirat beim Bundeswirtschaftsministerium. Jedenfalls findet sich in der Gutachtensammlung des Finanzbeirates kein Gutachten aus jenen Jahren aus der Feder universitärer Experten[19], das Aufschluß gibt über die besonderen fiskalischen Probleme der Bewaffnung der Bundesrepublik.

[17] Hierzu u.a.: Littmann, Problematik; ders., Problemstellung; Köllner, Notenbanken.

[18] Die sogenannten „grünen Briefe" des Institutes Finanzen und Steuern, Bonn, sind gemeint. Hierzu: Schwerin von Krosigk, Memoiren.

[19] Wir behandeln und meinen nicht die Stellungnahme z. B. des Deutschen Gewerkschaftsbundes oder der Kirchen zur Bewaffnung der Bundesrepublik im einzelnen, soweit diese sich fiskalischer Argumente bedienten, was ohnehin nur am Rande geschah. Leider gilt für diese Literatur weithin der Satz Schumpeters, daß die sogenannten „reinen Praktiker", die keiner Theorie verpflichtet zu sein vorgeben, meist den Theorien von vorgestern folgen.

Versuchen wir ein Fazit zu ziehen, so müssen wir feststellen, daß in den Jahren, in denen eine Europäische Verteidigungsgemeinschaft angestrebt und die Bewaffnung der Bundesrepublik erörtert wurde, die Stellungnahmen der Finanzwissenschaft in der Bundesrepublik sich mit begrenzten Themen beschäftigten, die der Krieg unmittelbar mit sich gebracht hatte, daß es ein den gesamten Komplex der Militärausgaben umgreifendes theoretisches finanzwissenschaftliches Instrumentarium nicht gab und daß Militärausgaben überhaupt nicht zum Gegenstand der damaligen finanztheoretischen Erörterungen zählten.

Mit diesem ungenügenden geistigen Rüstzeug trat die westdeutsche Finanzwissenschaft der Frage der Finanzierung eines Verteidigungsbeitrages im Rahmen einer Europäischen Verteidigungsgemeinschaft gegenüber, als sie politisch gestellt wurde.

II. Zur allgemeinen Situation der westdeutschen Finanzwirtschaft 1945–1954

Als 1950 der Pleven-Plan auf die politische Bühne gehoben wurde, wies die Bundesrepublik noch alle Spuren eines besiegten Landes auf. Diese Spuren waren auch auf fiskalischem Gebiet deutlich erkennbar. Zwar war schon zu sehen, daß es ein Reparationsproblem vom Ausmaß und von der verhängnisvollen Wirkung der zwanziger Jahre nicht wieder geben würde. Unter Kriegsfolgelasten litten in verschiedener Form jedoch alle öffentlichen Haushalte[1].

Diese Belastungen kann man nur würdigen, wenn man sich die Struktur, die Aufgaben und die Leistungsfähigkeit des 1949 mit dem Grundgesetz geschaffenen westdeutschen Rahmenfinanzsystems vor Augen führt. Im Gegensatz zum 1936 „gleichgeschalteten" reichsdeutschen zentralen Steuersystem (90 Prozent der Steuerhoheit und etwa 80 Prozent der Steuereinnahmen lagen in den wenigen Jahren vor dem Zweiten Weltkrieg und bis 1945 beim Reich) stand das nun wieder *föderal* geordnete – Bund, Länder, Gemeinden und Gemeindeverbände – vor zwei grundlegenden Aufgaben, von deren Lösung zugleich die politische Glaubwürdigkeit des neuen, in seiner Souveränität freilich noch beschränkten Staates Bundesrepublik Deutschland abhing:

1. Das Erbe der Reichsfinanzen mußte, wenn auch nicht voll übernommen, so doch zumindest in seinen Resten verwaltet werden, wozu auch die ökonomisch-sozialen Schäden gehörten, die vor allem die Finanzierung „des totalen Krieges" bei Staatsbürgern, in der Verwaltung, auch in der Finanzverwaltung, hinterlassen hatten. Der Bund erklärte sich bereit, Rechtsansprüche aus dem Dritten Reich *dann* zu übernehmen, wenn sie nicht mit den Gliederungen des NS-Staates oder mit Maßnahmen, die der Kriegführung gegolten hatten, in Zusammenhang standen. Diese Forderungen waren zwar im Juli 1948 im Zuge der Währungsreform – soweit überhaupt grundlegend anerkannt – abgewertet worden, aber es gab nur spärlich fließende und für die Zukunft keineswegs überschaubare Einnahmen des Bundes. Unabhängig von den Folgen der Währungsreform mußte auch die Festsetzung und Bezahlung von Kriegsfolgelasten von der fiskalischen Seite her unüberschaubar und unsicher bleiben. 12 Milliarden DM betrug der erste ganzjährige Bundeshaushalt 1950/1951[2]. Die Quantitäten waren mithin auf einem etwa 15mal niedrigeren Niveau angesiedelt als der letzte Reichs(kriegs)haushalt 1944/1945, der jährliche Reichsausgaben von 171 Milliarden RM vorgesehen hatte. Von den beträchtlichen Kriegsfolgelasten, deren genaue Höhe in den ersten Jahren der Existenz der Bundesrepublik freilich noch nicht feststand, waren auch die Länder- und Gemeindefinanzen (besonders die der kreisfreien Großstädte) betroffen, jedoch zielte das Gros der Ansprüche aus dem verlorenen Krieg gegen die neue Zentralgewalt, deren Finanzkompetenz aber gerade im Grundgesetz vom 23. Mai 1949 gegenüber der zentralen, starken Finanzkompetenz des Rei-

[1] Zwei Sammelverzeichnisse erschließen dem Leser die weitere Literatur. Es sind dies: Köllner, Militär und Finanzen; ders., Bibliographie.

[2] Fiskaljahr vom 1. April bis 31. März; diese Regelung galt bis 1960. Seitdem ist das Fiskaljahr mit dem Kalenderjahr identisch. Im Zeitraum Oktober 1949 bis 31. März 1950 betrug der Rumpfhaushalt des Bundes ca. fünf Milliarden DM. Wir beschränken uns darauf, auf den Artikel 134 Bonner Grundgesetz hinzuweisen und darauf aufmerksam zu machen, daß das Reichsvermögen nicht zuletzt deshalb Bundesvermögen werden sollte, damit es einen genuinen Ausgleich gegenüber den Kriegsfolgelasten bildete. Hierzu: Dömming/Füsslein/Matz, Entstehungsgeschichte; Deuerlein, Dokumente; ders., Potsdam.

ches beschnitten worden war. Es gab wieder eine Notwendigkeit zu einem vertikalen Finanzausgleich[3].

2. Die zweite wesentliche Aufgabe, die den Bundeshaushalt traf, war die Finanzierung der *laufenden* neuen Ausgaben. Sie stiegen verständlicherweise zunächst sprunghaft an. Hinzu kam, daß man nach der nicht nur technisch, sondern auch sozialpsychisch geglückten Währungsreform von 1948 von Anfang an nicht nur fiskalische, sondern auch konjunkturpolitische Forderungen an den Umfang, die Struktur und die Beweglichkeit des Bundeshaushaltes stellte. Vom ersten Fiskaljahr an wurde der Bundeshaushalt auch als ein Instrument einer stabilisierenden Wirtschaftssteuerung und zugleich als ein Instrument der Ordnungspolitik verstanden. Das war auch eine Reaktion auf die deflatorische Politik der Reichsregierung in den letzten Jahren der Weimarer Republik, eine Tatsache, die man als mitverantwortlich für die Ereignisse des Jahres 1933 ansah. Man verstand den Bundeshaushalt nicht nur als Zentraletat, sondern auch als ein Instrument einer „neuen" Fiskalpolitik, ohne daß man im einzelnen deren theoretische wie praktische Bedeutung bereits voll erkannte, geschweige denn ihre Möglichkeiten ausschöpfte. Das neue Finanzsystem wurde als Antwort auf die zurückgestaute Inflation der Kriegs- und Nachkriegsjahre (vom November 1936 bis Juni 1948 gab es Festpreise), aber auch als Fortsetzung des Währungsreformwerkes von 1948 verstanden. Die nahezu unlösbare Aufgabe hieß, ein kriegszerstörtes Land auch fiskalisch auf einen konjunkturellen und später auch langfristigen Entwicklungspfad zu führen, der exzessive wirtschaftlich-soziale Entwicklungen ausschließen sollte. Wenn die Zusammenhänge damals auch nicht immer so genannt wurden, wie wir es heute, spätestens seit dem Einfluß des Vokabulars des Stabilitätsgesetzes von 1967 und des Haushaltsgrundsätzegesetzes von 1969 tun, so war doch eine allgemeine Vorstellung, mit Hilfe gerade auch der Fiskalpolitik Wirtschafts- und Gesellschaftspolitik betreiben zu können, durchaus verbreitet, so stark, daß sie aus den fiskalischen und finanzpolitischen Überlegungen der Frühzeit der Bundesrepublik nicht fortgedacht werden kann.

Wie immer und in welchem Allianzsystem auch ein möglicher militärischer Beitrag zu finanzieren war, er mußte mit Rücksicht auf die beiden skizzierten grundlegenden Tatbestände, die Kriegsfolgelasten und die (wachsenden) neuen Aufgaben und Ausgaben des jungen Staates, gedacht und geplant werden. Wenn die Lösung der oben als nahezu unlösbar bezeichneten Aufgabe dennoch gelang, so war dies – ökonomisch gesprochen – wesentlich dem schnellen wirtschaftlichen Wachstum seit 1948, verstärkt durch die Korea-Hausse von 1950 bis 1953, zu verdanken, ein Wachstum, das dem Bund schnell und umfangreich auch die finanziellen Mittel zur Verfügung stellte, die zusätzlich zur Finanzierung der dritten Aufgabe, der Bestreitung eines westdeutschen Militärbeitrages, erforderlich wurden. Daß dabei ein Teil der Kriegsfolgelasten, nämlich die „Besatzungskosten" (als Stationierungskosten) in den Haushalt des neuen Bundesministeriums der Verteidigung übergeführt werden konnten, war nicht nur die Geschicklichkeitsleistung des damaligen Bundesfinanzministers Fritz Schäffer, sondern auch eine Folge des nachlassenden Druckes der Besatzungspolitik. Ohne dieses in Bonn formulierte Junktim wäre ein deutscher militärischer Beitrag weder im EVG-Konzept noch im späteren NATO-Rahmen in dem dann tatsächlich eingetretenen Umfange möglich gewesen. Gerade von einer realistischen Einschätzung der fiskalischen Leistungsfähigkeit der Bundesrepublik her wären wahr-

[3] Vgl. u.a. dazu: Jerchow, Deutschland.

scheinlich nur Hilfskräfte, Söldnerverbände, Arbeitskompanien oder ähnliches möglich gewesen, Alternativen, die auch diskutiert wurden[4].

Die steigenden Steuereinnahmen des Bundes beruhten – unabhängig von den jährlich getroffenen Regelungen über die Anteile an den Einnahmen aus der Einkommen- und Körperschaftssteuer für Bund und Länder (vertikaler Finanzausgleich) – nicht zuletzt auf einer Steuer, die im Ersten Weltkrieg (1916) eingeführt worden war: eine in ihren Erträgen sowohl von Mengen- als auch von Preisbewegungen abhängige, mithin besonders ertragreiche Warenhandels- oder Umsatzsteuer. Sie wurde vergleichsweise früh eine der tragenden Steuern des bundesdeutschen Steuersystems.

Waren zentrale Finanzhoheit und (zentrales) Finanzsystem auch zerbrochen, so blieben doch im juristischen Sinne die aufgelaufenen, nicht-konsolidierten Kriegsschulden zunächst eine unsichtbare Last, deren Beseitigung einer späteren Zeit vorbehalten bleiben sollte. Darüber hinaus kündigten sich Kriegsfolgelasten in engerem und weiterem Sinne an, die auf jede künftige Zentralgewalt, war sie erst einmal geschaffen, zukommen würden. *Staatsschuldenkonsolidierung und Bezahlung von Kriegsfolgelasten im weiten Sinne des Wortes hießen die beiden schwebenden, nur aufgeschobenen Grundprobleme der zentralen Finanzpolitik zwischen 1945 und 1949/1950.* Ein Teil der Problematik erledigte sich durch den Währungsschnitt von 1948. Zu den Kriegsfolgelasten zählten auch die staatlichen „Kosten“ der Währungsreform von 1948 in Gestalt von „Ausgleichsforderungen“, die als bilanzmäßiges Gegenstück zu den bei öffentlich rechtlichen Institutionen sowie bei Banken und Versicherungen entstandenen Bilanzverlusten durch den harten Währungsschnitt von nominell 10:1 (tatsächlich in vielen Fällen nur 10:0,65) entstanden waren[5]. Trotz des in den Währungsgesetzen vom Juli 1948 ausgesprochenen Verlustes von Ansprüchen gegen das Reich war der künftigen Bundesgewalt damit eine zunächst unvorhergesehene Bürde zugefallen: ein später Preis eines „geräuschlos“ und „unsichtbar“ inflationär finanzierten (Welt-)Krieges.

Wir skizzieren die finanzpolitische Entwicklung zwischen 1945 und 1949 nur insofern, als sie die sicherheitspolitischen Erwägungen und die fiskalischen Ereignisse zwischen 1949 und 1954 in einem helleren Licht als ohne Kenntnis dieser Rahmenbedingungen erscheinen lassen.

Betrachten wir zunächst die beiden letzten Reichshaushaltspläne aus dem Zweiten Weltkrieg: Ohne Mühe können wir nicht nur einen letzten Anstieg der Reichsausgaben weit über die laufenden Reichseinnahmen hinaus erkennen, sondern – damit zusammenhängend – auch einen nochmaligen Anstieg der Reichsverschuldung auf insgesamt etwa 380 Mrd. Reichsmark (gemäß Haushaltssoll 1944/1945). Praktisch waren dies Inlandsschulden, da – ähnlich wie im Ersten Weltkrieg – das Reich auch im Zweiten Weltkrieg keine Möglichkeit besaß, sich auf internationalen Finanzmärkten nennenswert zu verschulden. Konsequenzen hatte diese Situation für unsere Thematik insofern, als es bei der 1953 durch das Londoner Schuldenabkommen getroffenen Regelung in der Hauptsache um private Auslandsschulden (und Auslandsvermögensregulierungen) ging und erst in zweiter Linie um die Begleichung stornierter oder aufgelaufener Staatsschulden aus der Dawes-, der Young-Anleihe sowie Schulden aus der Zeit nach dem Zweiten Weltkrieg. Seit dem 1. Januar 1953 zahlte die Bundesrepublik lediglich 5,6 Millionen DM jährlich an die Bank für Internationalen Zahlungsausgleich (BIZ) in Basel aus Vorkriegsschulden. Das mußte tendenziell den Bundeshaushalt, die Bundesvermögensverwaltung nach

4 Vgl. Borgert/Stürm/Wiggershaus, Dienstgruppen.

5 Weil die Hälfte der Kopfquote und eine zunächst zurückgehaltene Schattenquote nicht mehr angerechnet würde; vgl. Pfleiderer, Währungsreform; vgl. Sauermann, Währungsreformen.

1949/1950 entlasten. In die gleiche Richtung wirkte die Schaffung des ERP-Gegenwertfonds ab 1949, der dem Bund zusätzliche monetäre Liquidität für Investitionen verschaffte, die bis heute nicht über den Bundeshaushalt laufen.

Nach der Sollrechnung 1944/1945 schloß das Dritte Reich mit etwa 379,8 Mrd. Reichsmark Staatsschulden ab. 135 Mrd. Reichsmark waren lang- und mittelfristig, 241 Mrd. Reichsmark kurzfristig finanziert. Der Rest setzte sich aus Alt- und Auslandsschulden verschiedener Provenienz zusammen. Das hervorstechende Merkmal war mithin der überwiegend kurzfristige Charakter der Reichs(kriegs)schulden, die erst einmal konsolidiert werden mußten, ehe sie in dauerhafte, abgewertete Papiere hätten umgewandelt werden können. Kurzfristige Schatzanweisungen und Reichswechsel bestimmten das Bild der kurzfristigen Reichsschuld am Ende des Zweiten Weltkrieges. Von damals etwa 12 Mrd. Reichsmark Mefo-Wechseln waren bei Kriegsende nur noch 8 Mrd. Reichsmark im Umlauf[6].

Die zweite im Zeitpunkt der Währungsreform von 1948 in ihrer endgültigen Höhe gänzlich unbekannte, aber jedenfalls zu erwartende Kriegsfolgelast war, neben der nicht konsolidierten Reichsschuld, die aufgrund der Kriegs- und ersten Nachkriegsereignisse eingetretene Notwendigkeit einer fiskalisch zu bewältigenden Vermögensumschichtung mit dem Ziel einer als annähernd gerecht empfundenen Verteilung der Vermögensschäden des Krieges auf die in den drei westlichen Besatzungszonen lebende Bevölkerung. Dieser zunächst mit den Währungsreformplänen aus der Zeit vor 1948 diskutierte Komplex wurde auf Veranlassung der Besatzungsmächte von dem monetären Reformwerk vom Juni 1948 abgekoppelt und hat unter der Bezeichnung „Lastenausgleich" (LAG) Eingang in die finanzwissenschaftliche und finanzpolitische Diskussion gefunden. Das Besondere dieser Entwicklung lag darin, daß sich in den Bundeshaushalten nach 1949/1950 keine Vermögenssubstanzbesteuerung findet, die einer speziellen Regelung von Kriegsfolgelasten hätte dienen können oder sollen. Vielmehr wurde der Komplex „Lastenausgleich" (der eine einnahmen- wie eine ausgabenwirtschaftliche Seite aufweist, seine budgetäre Regelung wurde einem Spezialfonds zugewiesen) einem Sonderfonds und einer gesetzlichen Sonderregelung überantwortet, so daß der laufende Bundeshaushalt und somit auch ein künftiger Verteidigungsbeitrag der Bundesrepublik Deutschland davon unberührt blieben. Dies war keine selbstverständliche Entwicklung, ebenso wie es nicht selbstverständlich war, daß der aus rückfließenden ERP-Geldern gespeiste ERP-Gegenwertfonds *nicht* in den Bundeshaushalt aufgenommen wurde, womit auch die Berechnungsbasis für einen künftigen westdeutschen Verteidigungsbeitrag vorstrukturiert wurde. Beide Tatsachen, die Bildung besonderer Fonds für den Lastenausgleich als einer für 30 Jahre geplanten Vermögenumschichtung im Westen des ehemaligen Reichsgebietes *und* die Bildung eines besonderen ERP-Gegenwertfonds, verdanken ihre Entstehung letztlich ebenfalls der Tatsache, daß die Währungsreform von 1948 sich *vor* der Staatsgründung des Zentralstaates vollzog, ein staats- und währungshistorisch einmaliger Vorgang.

Das Reformwerk von 1948 hat quantitativ und qualitativ den Bundeshaushalt und damit die Debatte über die Höhe und die Finanzierung eines westdeutschen Verteidigungsbeitrages und ihr Ergebnis mehrfältig geformt.

Das Erlöschen aller Forderungen von NS-Organisationen, aber auch die strenge Behandlung von Gläubigeransprüchen an den nur noch fiktiven Zentralstaat, soweit sie aus Kriegs- und Rüstungslieferungen stammten, ging auf die Besatzungsmächte zurück. In der französischen Zone, die sich bis Mitte Juni 1948 weigerte, an der Währungsreform teilzunehmen, waren die Forde-

[6] Vgl. Veit, Grundriß.

rungen an den künftigen Schuldner von Kriegsfolgelasten insgesamt strenger als z.B. in der amerikanischen Zone. Insgesamt kann aber gesagt werden, daß es die Währungsreform von 1948 war, die der späteren Bundesrepublik Deutschland den größten Teil denkbarer Kriegsfolgelasten erlassen hatte[7]. Zu den Eigenheiten der Jahre 1945 bis 1955 gehört es, daß die Kriegsfolgelasten bis zum Frühjahr 1950 von den Ländern getragen wurden, während erst dann eine Lastenverteilung zwischen den Gebietskörperschaften möglich wurde. In den Jahren bis 1954, die hier für Fragen der Finanzierung einer Europaarmee zur Diskussion stehen, gab es in der Bundesrepublik auch noch keine Erfahrungen mit dem vertikalen oder horizontalen Finanzausgleich, die eindeutige Aussagen über die Belastbarkeit der Bundesrepublik für einen „Wehrbeitrag" zuließen. Vielmehr bildete die Regelung der Kriegsfolgelasten zusammen mit dem hinausgeschobenen vertikalen Finanzausgleich vornehmlich zwischen Bund und Ländern bis in die ersten 50er Jahre hinein ein organisiertes Provisorium. Das war einmal die Folge des Fehlens eines finanztechnischen Apparates, aber auch eine Auswirkung des ungleichen politischen Verhaltens der drei westlichen Besatzungsmächte, z.B. in der Reparationsfrage. Alle Aufschlüsse, die wir über die unmittelbaren Kriegsfolgelasten besitzen, haben nicht nur ebenfalls provisorischen Charakter, sie fallen auch zeitlich in zwei unterschiedliche Phasen: in die Jahre der reinen Länderregierungen und Länderverwaltungen sowie in die ersten Jahre eines föderal geordneten neuen Zentralstaates.

Die Leistungs- und Zahlungsfähigkeit der Bundesrepublik im Rahmen einer konzipierten Europaarmee war auch vorgeprägt durch die vorausgegangenen Reparationen und Demontagen. Die oft gehörte Behauptung, es habe im Gegensatz zu den belastenden 132 Mrd. Mark an Reparationsforderungen nach der Londoner Schuldenkonferenz vom April 1921, die zu einem der Prüfsteine der politischen Existenz der Weimarer Republik wurden, nach dem Zweiten Weltkrieg keine Reparationen gegeben, ist unrichtig.

Schon im Oktober 1945 war das gesamte deutsche Auslandsvermögen durch Alliiertenbefehl beschlagnahmt worden. Hohe Reparationsleistungen hatte die UdSSR schon auf der Konferenz von Jalta im Februar 1945 gefordert und auf der Potsdamer Konferenz von Juli/August 1945 auf 10 Mrd. US-Dollar in Preisen von 1939 beziffert; und im August 1945 wurden den polnischen Behörden durch sowjetisches Dekret das gesamte deutsche Vermögen in den nunmehr polnischen Teilen des ehemaligen deutschen Reichsgebiets übergeben. Am 14. Januar 1946 wurde in Paris ein allgemeines Reparationsabkommen unterzeichnet. Es bestimmte – um der Quotenregelung der nur in Umrissen in Jalta und Potsdam getroffenen alliierten Reparationsregelung gerecht zu werden – die Prozentsätze der deutschen Reparationen und die Zuteilungsrichtlinien, mit Ausnahme für Polen und die UdSSR: Der sowjetische Anteil war bereits in Potsdam auf die Hälfte aller Reparationen festgelegt worden[8].

Die Auseinandersetzung um Reparationsanteile geriet bald zum Bestandteil der Auseinandersetzungen im „Kalten Krieg". Jedenfalls wurde schon am 28. Februar 1946 in Brüssel eine Internationale Reparationsagentur eingerichtet (IARA), und am 26. März 1946 legte der Alliierte Kontrollrat einen ersten „Industrieniveauplan" vor, der sich von zwei Grundsätzen leiten ließ, nämlich von dem Bestreben nach Ausschaltung aller kriegswirtschaftlichen Faktoren in Deutschland durch entsprechende industrielle Abrüstung und Demontage und durch den Wunsch nach Reparationen für alle Völker, die unter dem Dritten Reich gelitten hatten. Entstehen sollte eine Friedensindustrie bis zu einer Entwicklungsstufe, die der deutschen Bevölkerung

[7] Vgl. Albers, Kriegsfolgelasten.
[8] KAG 1945, S. 580.

einen lediglich durchschnittlichen Lebensstandard garantierte[9]. Am 1. Januar 1947 begann der Zwei-Zonen-Wirtschaftsrat zu arbeiten. Am 28. August 1947 veröffentlichten die drei westlichen Alliierten einen zweiten „Industrieniveauplan" für die Bi-Zone, der also weder für die französische noch für die sowjetische Besatzungszone Verbindlichkeit erhielt. Man ging auch nun von der Grundüberzeugung aus, „daß die Entwaffnung, Entmilitarisierung und Demokratisierung Deutschlands für die Sicherheit unerläßlich" seien. Doch hatte sich die politische Szenerie zwischenzeitlich insofern verändert, als die Westmächte nun nicht mehr von einem einheitlichen deutschen Wirtschaftsgebiet ausgingen, sondern im Laufe zunehmender Polarität zwischen Ost und West ihre Zonen ihrem politischen, militärischen und wirtschaftlichen Einflußbereich zuschlagen wollten. Nun genügte es nicht mehr, die Westzonen als Vorstufen eines deutschen Teilstaates lediglich auf ein unabdingbar notwendiges Wirtschaftsniveau anzuheben. Im Blick auf mögliche militärische Auseinandersetzungen mit dem Osten benötigte man die Wirtschaftsressourcen. Die drei Westmächte hatten sich bei ihrer Revision der Demontageliste und der Produktionsbeschränkungen von der Einsicht leiten lassen, „daß die deutschen Reserven zu dem allgemeinen Wiederaufbau Europas beitragen" sollten[10]. Im Oktober 1947 und 1949 wurde die Demontageliste nochmals nach unten revidiert. Mit diesen Maßnahmen wurden die künftigen Möglichkeiten eines physischen und finanziellen westdeutschen „Wehrbeitrages" verbessert.

Durch „Entflechtung" vor allem der chemischen Großindustrie und des Montanbereichs wurde versucht, die westdeutsche Wirtschaft auf ein niedrigeres Niveau als das von 1936 zu drücken. Jedwedes neue wirtschaftliche Wachstum, wie auch immer motiviert und finanziert, mußte auf einem niedrigeren Stand beginnen.

Mit Außenminister Marshalls Rede vor der Harvard-Universität im Juli 1947 kündigte sich der neue Kurs der US-Regierung an: Hilfe für das kriegszerstörte Europa, einschließlich Deutschlands (und die – späteren – „Ostblockstaaten"). Im Juni 1948 wurde die OEEC (Organization for European Economic Cooperation, Paris) gegründet. Die neue westliche Parole lautete nun: Wiederaufbau und innereuropäische Zusammenarbeit. Im Oktober 1949 trat die Bundesrepublik der OEEC bei. Seit März 1948 arbeitete die Bank Deutscher Länder als neue Zentralbank in Frankfurt/Main.

In der Zeit bis zum Demontagestopp durch Revision des Besatzungsstatuts im Jahr 1951 überlappten sich die beiden Strukturen besatzungspolitischer Absichten: Demontage- und Reparationspolitik aufgrund der freilich sehr losen Abmachungen von Jalta und der verschiedenen „Industrieniveaupläne" auf der einen, und einer neuen europäischen (westlichen) Wirtschaftspolitik unter Einschluß der sogenannten Tri-Zone und späteren Bundesrepublik auf der anderen Seite. Nur so ist es zu erklären, daß gleichzeitig mit der Demontage – z. B. der Kruppwerke, der Salzgitterwerke (ehemalige Hermann-Göring-Werke), des Bochumer Vereins usw. – die Tri-Zone (bzw. die Bundesrepublik) strenges Besatzungsrecht zu spüren bekam, während die Bundesrepublik auf der anderen Seite bereits eine Lockerung der Kapitaleinfuhr (Erlaß der Alliierten Hohen Kommission vom Juni 1950), einen Kredit von der neugegründeten Europäischen Zahlungsunion (EZU) im Dezember 1950, Hilfe aus GARIOA-Mitteln (ein Programm zur Linderung akuter Not) bis zum 30. Juni 1951, das European Recovery Program (ERP), quantitativ und der Idee nach das Herzstück des Marshall-Planes, und die Teilnahme am neuen innereuro-

[9] Niveau-Plan, 26. 3. 1946, in: Ursachen und Folgen, Bd 23, S. 380–387.

[10] Revidierter Industrieplan, 26. 8. 1947, ebd. Bd 25, S. 254–260. Zitat: Schlußkommuniqué der Londoner Drei-Mächte-Besprechungen über den Niveau-Plan, 28. 8. 1947, ebd., S. 261–262, hier S. 261.

päischen Zahlungsverkehr, den Beitritt zum GATT-Abkommen 1950 und der Transferable Account Area (TAA) (1951) wie die Gründung der Montanunion (August 1951) erlebte[11]. Gleichzeitig liefen im Innern durch die Gründung des Lastenausgleichsfonds (1950 Gründung der Lastenausgleichsbank) und die Aufstellung eines ersten Bundeshaushaltes (September 1949 bis 31. März 1950) die Maßnahmen zur finanziellen Konsolidierung an. Das meiste geschah in der Atmosphäre der Korea-Hausse, einem unerwarteten Preis- und Wirtschaftsaufschwung in der Welt.

Noch zwei Ereignisse sollten erwähnt werden, die symptomatisch für die Zeit der sich überlappenden Strukturen wirtschaftspolitischer Ziele waren: Mit der Unterzeichnung des Abkommens über die Europäische Zahlungsunion wurden erstmals Pläne für eine gemeinsame europäische Währungspolitik im neu geschaffenen Straßburger Europarat vorgetragen, deren konsequente Folgen gerade im Zusammenhang mit der diskutierten Europaarmee oder Europäischen Verteidigungsgemeinschaft auch eine gemeinsame europäische Finanzpolitk hätte sein können. Und zum zweiten liefen am 30. Juni 1951 die ECA-Kredite (European Cooperation Administration) und GARIOA-Hilfen für die Bundesrepublik aus. An ihre Stelle traten nunmehr das Mutual Security Assistance Program (MSAP), dessen Name einen Stellungswechsel ankündigte: die Zeit der ersten Konsolidierungshilfen war vorüber. Am 9. Juli 1951 beendeten die Westmächte den Kriegszustand mit Deutschland. Am 2. August 1952 wurde die Bundesrepublik Mitglied des 1944 geschaffenen Abkommens von Bretton Woods und somit an den institutionellen internationalen Zahlungsverkehr angeschlossen. Es wurden nur noch streng projektbezogene Kredite aus deutschen Gegenwertmitteln gewährt.

Schließlich wurden am 17. Dezember 1951 alle westdeutschen Ansprüche aus Auslandsvermögen durch ein Gesetz der Alliierten Hochkommission für erloschen erklärt und eine endgültige Regelung der Auslandsschulden durch das Londoner Schuldenabkommen von 1953 (27. Februar 1953) vorgenommen, also inmitten der Diskussion über den EVG-Plan. Gleichzeitig leitete die sogenannte kleine Steuerreform die Revision besonders der überhöhten Tarife aus den ersten Besatzungsjahren vornehmlich bei der Einkommensteuer, der Vermögenssteuer und der Körperschaftssteuer ein. Am 30. Juni 1951 lief – wie bereits erwähnt – auch die ECA-Hilfe endgültig aus. Nach dem ersten erfolgreichen Abschnitt einer europäischen wirtschaftlichen Konsolidierung rückte im Klima des Korea-Krieges der Gedanke einer gemeinsamen Verteidigung gegenüber einer militärischen Bedrohung durch die UdSSR in den Vordergrund.

Für unser Thema bilden die skizzierten Ereignisse die Ausgangslage für vier wesentliche Tatsachen im Zusammenhang mit einer möglichen künftigen Verteidigungsfinanzierung:

1. Die Bundesrepublik verfügte über ein vor ihrer Gründung geschaffenes leistungsfähiges Währungssystem.
2. Die Bundesrepublik hatte sich ein vorläufiges Finanzsystem gemäß ihrem Grundgesetz (Abschnitt X) geschaffen, dessen Ertragskraft freilich noch weitgehend unbekannt war.
3. Die Bundesrepublik wurde – durch verschiedene wirtschaftliche Auslandshilfen ökonomisch gestärkt – in den Kreis der westlichen Industrienationen integriert. Sie nahm am neuen westeuropäischen Zahlungsverkehr teil und wurde Mitglied von Institutionen, die die westeuropäische Einigung repräsentierten und vorantrieben. Sie wurde an das europäische Zahlungsnetz angeschlossen, womit die Grundlage für eine multilaterale Finanzleistung im Rahmen einer Europäischen Verteidigungsgemeinschaft gelegt schien.

[11] GARIOA = Government Appropriation for Relief in Occupied Areas; GATT = General Agreement on Tariffs and Trade.

4. Die Regelung der deutschen Auslandsschulden und des Auslandsvermögens erlaubte es – wenn beide Regelungen auch keineswegs den deutschen Vorstellungen und Ansprüchen gerecht wurden –, sich ein Bild von möglichen Aufrechnungsgrößen zu machen, die beim Verteidigungsbeitrag berücksichtigt werden konnten.

Die Teilnahme an einem wenn auch regional und institutionell begrenzten und mit festen Wechselkursen behafteten europäischen Zahlungsverkehr gab sechs bis sieben Jahre nach dem Ende des Zweiten Weltkrieges den Weg frei für den finanz- und zahlungstechnischen Verkehr der Bundesrepublik mit seinen künftigen Verbündeten. Ohne diese währungstechnische Voraussetzung, die vor allem für eine Europäische Verteidigungsgemeinschaft, in begrenztem Maße aber auch für die spätere NATO-Lösung, erforderlich war, wäre keine Form einer total oder partiell multilateral finanzierten gemeinsamen europäischen Verteidigung möglich geworden. Die Entwicklung drängte jedenfalls auf eine europäische Integration hin, in der auch die gemeinsamen Verteidigungsanstrengungen ihren Platz finden sollten. Das vergleichsweise schnelle Ende der Demontage- und Reparationsepoche, die 1952 in der Schließung der Brüsseler Reparationsagentur ihren Abschluß fand, hat zur Schaffung der Voraussetzungen für die Finanzierung einer europäischen Armee unverzichtbar beigetragen. Freilich mit einer Besonderheit, die nicht nur nominell für zu leistende Beträge wichtig wurde: Das wirtschaftliche Leistungsniveau begann auf einem vergleichsweise niedrigen Stand, so daß die auszuhandelnden Finanzierungsbeiträge – nicht nur aus heutiger Sicht – ebenfalls vergleichsweise klein erscheinen.

Westdeutschland konnte infolge der tiefen Zäsur, die der Krieg im wirtschaftlichen, sozialen, aber auch im fiskalischen Leben hinterlassen hatte, nicht mit anderen Staaten Europas verglichen werden, die – wie Frankreich, Italien oder Großbritannien – zwar auch Kriegsschäden aufwiesen, aber in keiner Form mit Demontagen und Reparationen, bestenfalls mit Konversionsproblemen herkömmlicher Art, nämlich der Umstellung von einer Kriegs- auf eine Friedensproduktion, belastet waren, ähnlich wie schon nach dem Ersten Weltkrieg[12]. Außerdem verfügten diese Länder über eine Kontinuität ihrer staatlichen Souveränität, die die Bundesrepublik gerade *nicht* besaß. Dafür gab es eine gewisse Chance des Neubeginns, auch in der Neuordnung der Finanzkompetenz, besonders des vertikalen Finanzausgleichs, die freilich im Eilschritt, in dem man auf die EVG innerhalb von drei Jahren zusteuerte, nicht vom Grunde her organisiert werden konnte. Vielmehr war man auf die allgemeinen Bestimmungen des Grundgesetzes angewiesen, das freilich nicht mehr als ein Finanzrahmengesetz war, das laufender Ergänzung bedurfte. Die damit verbundene Unsicherheit kam unter anderem darin zum Ausdruck, daß es in den Jahren, in denen die Idee einer Europaarmee diskutiert wurde, einen lebhaften, periodisch ausgetragenen Streit darüber gab, mit welchem Prozentsatz der Bund an den jährlichen Erträgen der Einkommensteuer beteiligt werden sollte. Wie immer auch eine Europäische Verteidigungsgemeinschaft, eine Europaarmee aussehen würden, die Bundesrepublik Deutschland ging in die vorgesehenen Einrichtungen mit einem zwar nicht ungeordneten, aber doch noch provisorischen Finanzsystem hinein. Wir müssen uns daran erinnern, daß die Reparationen und Demontagen, die teils Kapazitätseinbußen, teils eine Chance für produktivere Neuinvestitionen bedeuteten, nur einen Teil der unmittelbaren Kriegsfolgelasten darstellten. Ihre Existenz verminderte zwar die finanzielle Leistungsfähigkeit des Bundeshaushaltes seit dem Rumpffiskaljahr von 1949/1950 mindestens in dem Sinne, daß auch die steuerliche Leistungsfähigkeit der Wirtschaft geschmälert wurde. Dies war ein Umstand, der durch die hohen Steuertarife, die die Besatzungsmächte eingeführt hatten, nur zum Teil ausgeglichen werden konnte, da diese Tarife sich eher

[12] Boulding, Friedenswirtschaft.

prohibitiv gegenüber privatwirtschaftlicher Tätigkeit denn einnahmepolitisch positiv für den jungen Bundesstaat auswirkten. Zudem sorgten alle Maßnahmen zur wirtschaftlichen Gesundung und Eingliederung der Bundesrepublik in die westliche Industriewelt dafür, daß überhaupt eine neue Wirtschafts- und eben auch Finanzkraft geschaffen wurde. Das Konzept der „sozialen Marktwirtschaft“ freilich bescherte ein Dilemma: Da der Privatinitiative ein möglichst großer Spielraum überlassen und gleichzeitig die staatliche Aktivität – auch in Erinnerung an die Ereignisse bis 1945 – gedrosselt werden sollte, mußte man vermuten, daß in Zukunft die verschiedenen „Staatsquoten“ an makroökonomischen Bezugsgrößen eher klein bleiben als größer werden würden. Das galt auch für den Anteil der Staatsausgaben an den gesamtwirtschaftlichen konsumtiven und investiven Ausgaben überhaupt. Der später eingetretene Anstieg der Staatsausgabentätigkeit, gemessen an der Entwicklung des Sozialproduktes, war in der hier diskutierten Phase der ersten Hälfte der 50er Jahre in der dann tatsächlich eingetretenen Form noch *nicht* erkennbar.

III. Das bundesdeutsche Finanzsystem und die Entwicklung des Bundeshaushaltes während der EVG-Phase

Zu den allgemeinen Merkmalen des bundesdeutschen Finanzsystems gehören drei grundlegende Tatbestände:

1. Das Finanzsystem der Bundesrepublik war von Anfang an föderativ geordnet, d.h., es gibt Bundes-, Länder-, Gemeinde- und Gemeindeverbandsfinanzen. Es war politisch so ausgeprägt, daß gerade in den ersten Jahren der Bundesrepublik der Bund um einen wachsenden Anteil am Aufkommen einer der drei ertragreichsten Steuern, der Einkommensteuer – einer Ländersteuer –, jährlich mit den Ländern kämpfen mußte.
2. Das Finanzsystem der Bundesrepublik war ein System in einem kriegszerstörten Land. Die Finanzverwaltung der Länder (in Norddeutschland weithin als ehemalige Provinzen Preußens) wurde schneller wieder leistungsfähig, als es eine noch aufzubauende neue Bundesfinanzverwaltung konnte. Es war ein Nachkriegssystem mit all den Unsicherheiten in seinen administrativen, haushaltstechnischen und ertragswirtschaftlichen Eigenheiten und Ungewißheiten, die einem System anhafteten, das teils ein Überbleibsel des vorangegangenen Systems, teils eine Neuschöpfung war.
3. Schon in den zwanziger Jahren hatte sich eine Entwicklung herausgebildet, die sich nach dem Zweiten Weltkrieg verstärkte: Die Bedeutung der Parafisci, besonders im Bereich der Sozialversicherung, wuchs. Diese Entwicklung bedeutete zwar einerseits eine Entlastung des laufenden Zentralbudgets im Bereich der Sozialausgaben, andererseits wurde sie, da in den ersten Jahren nach der Währungsreform auch die Sozialversicherungen angesichts von 1,9 Millionen Arbeitslosen Ende 1950 mit Finanzierungsproblemen zu kämpfen hatten, zu einer potentiellen Belastung des Zentralhaushaltes, denn es war nur eine Frage der Zeit, wann Zuschüsse an die Sozialversicherungskassen notwendig werden würden. Dieses Problem entschärfte sich zwar angesichts des Wirtschaftsaufschwunges seit Sommer 1948, geriet aber schon deshalb niemals ganz aus dem Blick der Finanzpolitik, weil sich der Umfang der Sozialleistungen nach einem verlorenen, verlustreichen Kriege durch die dann massiert einsetzende Gesetzgebung schnell ausweitete. Zu den Parafisci gehörten auch die schon erwähnten beiden Fonds, der ERP-Gegenwertfonds und der 1952 geschaffene Lastenausgleichfonds, die von Bundeshaushalt und Bundeshaushaltsrechnung getrennt geführt wurden und werden.

Als weiteres allgemeines Merkmal kann man noch die Verschiebungen in der Struktur des Zentralhaushaltes hinzurechnen, vor allem das Vordringen der Sozialleistungen.

Einen groben Überblick über die Verwendung des Sozialproduktes und der Staatsleistungen bietet die folgende Übersicht (vgl. Tab. 1).

Ohne auf Einzelheiten einzugehen, machen wir auf die wirtschaftsgeschichtlich einmalige Investitionsquote von 24,3 Prozent aufmerksam. Sie war ein Argument gegen die These, man müsse *erst* investieren und könne *dann* einen Verteidigungsbeitrag leisten, wie verschiedene Kritiker der EVG es forderten[1].

Eine Schwierigkeit für die Finanzplanung lag darin, daß niemand wissen konnte, wie sich der Anteil der Staatsausgaben am Sozialprodukt mittelfristig gestalten würde, besonders gegenüber

[1] Vgl. die Stellungnahme von Fritz Baade, die wir nachfolgend behandeln.

Tabelle 1

Verwendung des Sozialprodukts im Bundesgebiet zu Preisen von Oktober 1951

	1950/1951	1951/1952	1952/1953
1. Privater Verbrauch in Mrd. DM und in %	67,4 (59,3%)	71,3 (59,0%)	75,5 (58,5%)
2. Staatsleistungen in Mrd. DM und in %	18,6 (16,4%)	20,2 (16,7%)	22,2 (17,2%)
a) persönliche in Mrd. DM	7,1	7,2	7,4
b) sächliche in Mrd. DM	3,7	3,8	4,0
c) Verteidigungsbeitrag in Mrd. DM	7,8	9,2	10,8
davon Berlin-Hilfe	1,8	1,4	1,4
3. Bruttoinvestitionen in Mrd. DM und in %	27,6 (24,3%)	29,4 (24,3%)	31,3 (24,3%)
Gesamtbeitrag der im Inland verfügbaren Güter und Dienste in Mrd. DM und in %	113,6 (100%)	120,9 (100%)	129,0 (100%)

Quelle: Um die Höhe des Verteidigungsbeitrags, S. 224.

einer längerfristigen Entwicklung des Sozialproduktes, gleich welcher Berechnungsmethode. So glichen denn auch die Haushaltsberatungen des Parlaments in den ersten Jahren eher einem vorsichtigen Vortasten auf neues Terrain denn einer planvollen und mit festen Zielvorgaben ausgerichteten Finanzpolitik, wie wir sie etwa seit Einführung der mittelfristigen Finanzplanung (Mifrifi, 1. Januar 1968) kennen. Die Zahl der Schätzungen über Steuererträge oder die wirkliche Höhe der Ist-Ausgaben überwog bei weitem den Umfang der zunächst spärlich fließenden Angaben einer erst anlaufenden Finanzrechnung und Finanzstatistik.

Die laufenden öffentlichen Ausgaben wuchsen von 1949 bis 1953 um etwa 90%, das Bruttosozialprodukt um 70%. Darin kam eine höhere Staatsquote zum Ausdruck; ihre Bedeutung lag darin, daß der Anteil der staatlichen Investitionsausgaben von 19,8 auf ca. 24% stieg[2] (1936 waren es nur 18,7% gewesen). Zusätzliche Militärausgaben, soweit sie über die bis dahin zu zahlenden Besatzungslasten hinausgehen würden, mußten mithin den ordnungspolitischen Grundsatz berühren, den Anteil des Staates am Sozialprodukt möglichst niedrig zu halten.

Die zweite Besonderheit ist darin zu sehen, daß die Besatzungsmächte mindestens zweifach auf den Bundeshaushalt eingewirkt hatten: direkt, indem dem Bund die Zahlung von Besatzungslasten abverlangt wurde, und indirekt dadurch, daß die von den Siegermächten nach 1945 drastisch heraufgesetzten Spitzensteuersätze, vor allem bei der Einkommen- und Körperschaftssteuer, zunächst in das bundesdeutsche Finanzsystem übernommen werden mußten. Zwar gab es Korrekturen im Tarifsystem, aber erst die Steuerreform von 1954 schuf steuerpolitisch insgesamt ein milderes Klima, als es in den Jahren der Besatzungszeit geherrscht hatte, in denen die Siegermächte die Steuertarife teils als Strafmaßnahme, teils als Prohibitivmaßnahme zur Drosse-

[2] Terhalle, Finanz- und Steuersystem.

lung wirtschaftlicher Aktivitäten drastisch erhöht hatten[3]. Dabei wurde der „incentive point" der Ertragsfähigkeit des Einnahmesystems oft überschritten, was auch beabsichtigt war. Dies hatte zur Folge, daß die Staatseinnahmen eher dahin tendierten, auf einem niedrigeren Niveau zu verharren, als überschaubar sich nach oben zu entwickeln. Daß die Konjunktur vor allem seit Herbst 1950 (Korea-Hausse) derartige negative Wirkungen des bundesdeutschen Einnahmesystems stürmisch überspülte, war eine Entwicklung, die die Chancen der Finanzierung eines westdeutschen Verteidigungsbeitrages in einem freundlicheren Licht erscheinen ließ. Außerdem – ein drittes Merkmal – boten die hohen Steuersätze aus der Besatzungszeit einen Vorteil, der auch genutzt wurde und der zu den Triebkräften des Wirtschaftsaufschwunges jener Jahre zählte: durch privilegierende Steuerentlastung konnten „incentives" für Investitionen über den Weg steuerlicher Absetzungsmöglichkeit, noch dazu bei degressiver (also zunächst hoher, später abfallender) Abschreibung von Neu- und Erweiterungsinvestitionen, freigesetzt werden. Nur durch dieses System konnte es nach vorherrschender Meinung von Fachleuten aus Wissenschaft und Praxis erreicht werden, daß die Investitionsquoten, die wiederum entscheidend das weitere Wachstum bestimmen, schnell auf bis dahin wirtschaftsgeschichtlich nicht bekannte Höhen, nämlich eben zeitweise 24% des Bruttosozialproduktes, stiegen. Das verminderte zwar im ersten Zug die unmittelbaren Steuereinnahmen, erhöhte sie aber im zweiten Zug über eine Anhebung der Zahl der steuerpflichtigen Tatbestände, vor allem im Zuge der steuerpflichtigen Einkommensentwicklung. Eine hohe Selbstfinanzierungsquote am Investitionsvolumen führte freilich auch zu einer gespaltenen Entwicklung: während die Konsumgüternachfrage neue Investitionen im Produktiongütersektor hervorrief, konnte es bei hoher Selbstfinanzierung, die nicht marktmäßig gesteuert wurde, zu gesamtwirtschaftlichen Fehlinvestitionen kommen. Das „Investitionshilfegesetz" vom 7. Januar 1952 zur Förderung gesamtwirtschaftlich als erwünscht angesehener Investitionen sollte Disproportionen in der Investitionsstruktur entgegenwirken.

Ein viertes Merkmal bildeten die gemessen an seinen Gesamteinnahmen vergleichsweise hohen Zolleinnahmen des Bundes. Dies war eine unbeabsichtigte Folge der Autarkiepolitik des Dritten Reiches.

Zu den öffentlichen Auslandsschulden muß erwähnt werden, daß sie sich nach dem Londoner Schuldenabkommen von 1953 für den Bund mit rund 8 Mrd. DM zwar auf den ersten Blick hoch ausnahmen, daß sie aber u.a. 1,5 Mrd. DM Einzahlungen in die Bretton-Woods-Institute mit umfaßten, ebenso die Verzinsung und Tilgung der Restpositionen aus der Dawes-Anleihe, der Young-Anleihe sowie den sogenannten „Mixed Claims" von 1931, was die Bundesrepublik in den ersten Jahren finanziell erkennbar belasten mußte. Bezeichnend für die innere Neuverschuldung war ihre geringe Höhe von 1,8 Mrd. DM (31. März 1954). Die innere Altverschuldung von 7,6 Mrd. DM war weithin identisch mit den vom Bund übernommenen Ausgleichsforderungen im Zuge der Währungsreform von 1948 (mithin eine Nachkriegslast). Auf diesem Sektor waren die Fesseln für den Bundeshaushalt weit weniger straff angezogen als bei den Besatzungskosten und den Sozial- und Kriegsfolgelasten.

Wir dürfen hier feststellen, daß es im bundesdeutschen Finanz- und Steuersystem einige gün-

[3] Der Spitzensteuersatz bei der Einkommensteuer lag nach 1947 bei über 100% (britische Zone), was einer Substanzbesteuerung gleichkam. Der direkte Einfluß der Alliierten auf das Finanzsystem bestand bis 1955 in zweifacher Form. Erstens wurden schon am 1.1.1946 die Steuertarife massiv erhöht. Die Besteuerung erhielt Züge einer Strafsteuer für den Besiegten. Noch 1947 wurden durch den Alliierten Kontrollrat die Steuerspitzensätze nochmals spürbar angehoben. Zum zweiten besaßen die Besatzungsmächte beim Bund wie bei den Länderhaushalten ein Genehmigungsrecht. Davon wurde in der britischen und in der französischen Zone gelegentlich auch Gebrauch gemacht. Die Vermögen aller Gebietskörperschaften waren schon kurz nach Kriegsende beschlagnahmt worden.

stige Elemente gab, die die schwere Last der allgemeinen Kriegsfolgen, der Staatsausgaben für neue Zwecke und einen möglichen neuen „Wehrbeitrag" finanzierbar erscheinen ließen.

Das fünfte Merkmal war der hohe Anteil an sogenannten „Transferausgaben", d.h. an Ausgaben innerhalb des originären Einkommenskreislaufes, deren spätere Wirkung im konsumtiven und investiven Bereich schon deshalb unbekannt war, weil man über die mittelfristige Entwicklung von Konsum- und Investitionsausgaben und bei der Elastizität im sich abzeichnenden Wirtschaftsaufschwung keine Erfahrungen besaß. Das verstärkte die Ungewißheit künftiger (Steuer-)Einnahmen des Bundes; die Streuung der Steuerinzidenz, d.h. die Verteilung der besteuerbaren Tatbestände und des tatsächlichen Steueranfalls im Geld-, Einkommens- und Vermögenskreislauf, wurde nur langsam sichtbar. Gleichzeitig waren die staatlichen Investitionsausgaben gemessen an früheren Epochen der deutschen Finanzgeschichte hoch: eine Folge der unmittelbaren Kriegseinwirkungen allein schon auf die Gebäude, in denen die staatliche (Finanz-)Verwaltung untergebracht war.

Ein sechstes Merkmal bildete die schon 1948 geschaffene Verfassung der neuen Zentralbank, die „Bank deutscher Länder". In ihr wurde festgelegt, daß Bund und Länder keine Kredite zur laufenden Haushaltsfinanzierung bei der Notenbank aufnehmen durften. Diese Vorschrift war auch von deutschen Währungsfachleuten in die Diskussion um eine neue Zentralbank schon vor 1948 eingebracht worden. Sie galt als ein Akt der Vorsicht und Erfahrung aus der Zeit der nahezu unbegrenzten kreditären Staatsfinanzierung. Nur Kassenkredite zur Finanzierung innerjährlicher Differenzen zwischen laufenden Staatseinnahmen und Staatsausgaben mit der Verpflichtung zum Ausgleich am Ende des Fiskaljahres waren zulässig. Das galt für die Länder gegenüber den Landeszentralbanken wie für den Bund gegenüber der Bank deutscher Länder. Diese Bestimmung hatte insofern mittelbar entscheidenden Einfluß auf die Finanzierung eines bundesdeutschen Verteidigungsbeitrages, als jede Form der Finanzierung über zusätzliche Staatskredite mit Mitteln der Notenbank ausgeschaltet blieb. Wie immer auch ein Verteidigungsbeitrag im einzelnen finanziert und im Rahmen welches politischen Vertragswerkes er auch geleistet werden würde: er mußte *aus laufenden Einnahmen* des Bundes bezahlt werden. Damit entfielen alle Diskussionen und Spekulationen über eine Verteidigungsfinanzierung durch zusätzliche Notenbankkredite und Konjunkturförderung, die den Verhältnissen der dreißiger Jahre auch nur entfernt hätte ähnlich sein können. Davon abgesehen war im Zuge der eher überschäumenden Konjunktur gerade bis 1954 (erste spürbare Nachkriegsrezession) eine derartige Verteidigungs- oder Militärfinanzierung konjunkturpolitisch gar nicht erwünscht – von den sozialpsychischen Widerständen auch aus Kreisen der gewerblichen Wirtschaft gegenüber einer neuen „Rüstungsproduktion" gar nicht zu reden. Die Notenbankverfassung jedenfalls war es, die dafür sorgte, daß sich jedweder Verteidigungsbeitrag nach der Decke der laufenden Bundeseinnahmen strecken mußte.

Als zentrale Aufgaben waren dem Bund die Leistung der Besatzungskosten (zeitweise 38% aller Bundesausgaben) sowie wesentliche Teile der Kriegsfolgenhilfe übertragen worden, besonders die Unterstützung Vertriebener und Zugewanderter, Aufwendungen für Verdrängte des öffentlichen Dienstes und ehemalige Wehrmachtangehörige, die Kriegsopferversorgung im engeren Sinne, die Aufwendungen der Arbeitslosenfürsorge und Zuschüsse zur Sozialversicherung. Noch im Jahre 1955 mußte freilich das Statistische Bundesamt in seiner Finanzstatistik feststellen, daß die Aufgabenverteilung und die Lastenverteilung zwischen Bund und Ländern starken Schwankungen unterlagen[4].

[4] Vgl. Wirtschaftskunde der Bundesrepublik Deutschland.

Zur Deckung dieser Lasten standen dem Bund von Anfang an Erträge aus Teilen der Einkommensteuer, die Umsatzsteuer, die Zölle und die Verbrauchssteuern (ohne die Biersteuer) zur Verfügung. Der vom Bund in Anspruch genommene Teil der Erträge aus der Einkommensteuer (Lohnsteuer, veranlagte Einkommensteuer, Körperschaftssteuer) stieg von 27% (1950) auf 37% in den Jahren 1951 und 1952 und dann auf 38% an, ein Plafond, auf dem er längere Zeit verharrte.

Im Vergleich zur Weimarer Republik wies die Finanzkompetenz des Bundes insofern eine Besserung auf, als 1953/1954 49,4% des sogenannten „zentralen Finanzbedarfs" dem Bund zustanden (im Kaiserreich vor 1914 waren es nur 33% gewesen). Auf die Länder entfielen nunmehr 25,1% (1928/1929 23,1%, im Kaiserreich 1913/1914 28,1%) und auf die Gemeinden und Gemeindeverbände 1953/1954 20%[5], in der Weimarer Zeit 36,6% und im Kaiserreich 38,8% (!). So gesehen war der Bund vergleichsweise schon in seiner Frühzeit finanzstark.

Zur damaligen Situation des noch ungelösten Finanzausgleiches schrieb Fritz Terhalle, ein zu dieser Zeit bekannter und durch seine Schriften einflußreicher Finanzwissenschaftler:

„Die Aufteilung der steuerlichen Ertragshoheit zwischen Bund und Ländern, ebenfalls ein großer, alter deutscher Streitpunkt, konnte im Grundgesetz bezüglich der Steuern, welche der konkurrierenden Gesetzgebung unterliegen, noch nicht abschließend geregelt werden. Hier sollte nach Artikel 107 Grundgesetz die ‚endgültige Verteilung [...] auf Bund und Länder' bis Ende Dezember 1952 stattfinden, jedoch mußte der Endtermin auf den 31. Dezember 1955 hinausgeschoben werden. Erst durch die Verfassungsnovelle vom 23. Dezember 1955, durch das ‚Gesetz zur Änderung und Ergänzung der Finanzverfassung (Finanzverfassungsgesetz)' wurde die erstrebte endgültige Regelung erreicht[6]."

Der Bund trug die Hauptlast an Kriegsfolgekosten und Ausgaben für das Sozialwesen, während sein Anteil an den Ausgaben für politische Führung, Bau- und Wohnungswesen, öffentliche Sicherheit und Bildung vergleichsweise niedrig lag (vgl. Schaubild S. 786). Diese besondere Verteilung war einer der Gründe für die langen Verhandlungen über die „Belastbarkeit" des Bundeshaushaltes mit neuen Militärausgaben im Rahmen der EVG. Besatzungskosten wurden haushaltsstatistisch als „Staatsverbrauch" geführt. Diese Bezeichnung war (und ist) insofern irreführend, als 1953 von den 6,25 Mrd. DM Besatzungskosten 1,56 Mrd. DM Investitionsausgaben waren. Einschließlich der Besatzungsfolgekosten wurden 1952/53 7,38 Mrd. DM veranschlagt.

War der Anteil des Bundes an Erträgen der *Einkommensteuer* angesichts der auf ihn zukommenden Ausgaben auch unbefriedigend, so zeigte es sich doch bald, daß die *Umsatzsteuer* die zweite wichtige Säule des bundesdeutschen Steuersystems wurde, und über ihre Erträge konnte der Bund zunächst allein verfügen. Von 1949 bis 1953 hat sich das Aufkommen aus dieser Steuer von 3,9 Mrd. DM auf 8,7 Mrd. DM mehr als verdoppelt, während die Erträge aus der Einkommensteuer, die sich Bund und Länder teilten, von 4,0 Mrd. DM auf ca. 11,0 Mrd. DM stiegen. Davon kamen anteilig dem Bund zunächst gut eine Mrd. und 1953 etwa 4,1 Mrd. DM zu; das bedeutete zwar eine höhere Steigerung als bei der Umsatzsteuer, aber niedrigere absolute Werte für die Bundeskasse. Der für den Bund günstige Anstieg der Verbrauchssteuern hatte zwei Hauptursachen: erstens wandte sich nach dem Kriege der private Konsum aus Nachholbedarf gerade auch verbrauchsbesteuerten Waren zu, die es in den Jahren des Mangels nicht gegeben hatte. Zum anderen entwickelte sich u.a. infolge der beginnenden Motorisierung die Mineralölsteuer zu einer weiteren wichtigen Quelle im Einnahmesystem. Die grundlegende Proble-

[5] Der Rest entfiel auf den Lastenausgleichfonds, vgl. Terhalle, Finanz- und Steuersystem, S. 168.

[6] Ders., S. 171.

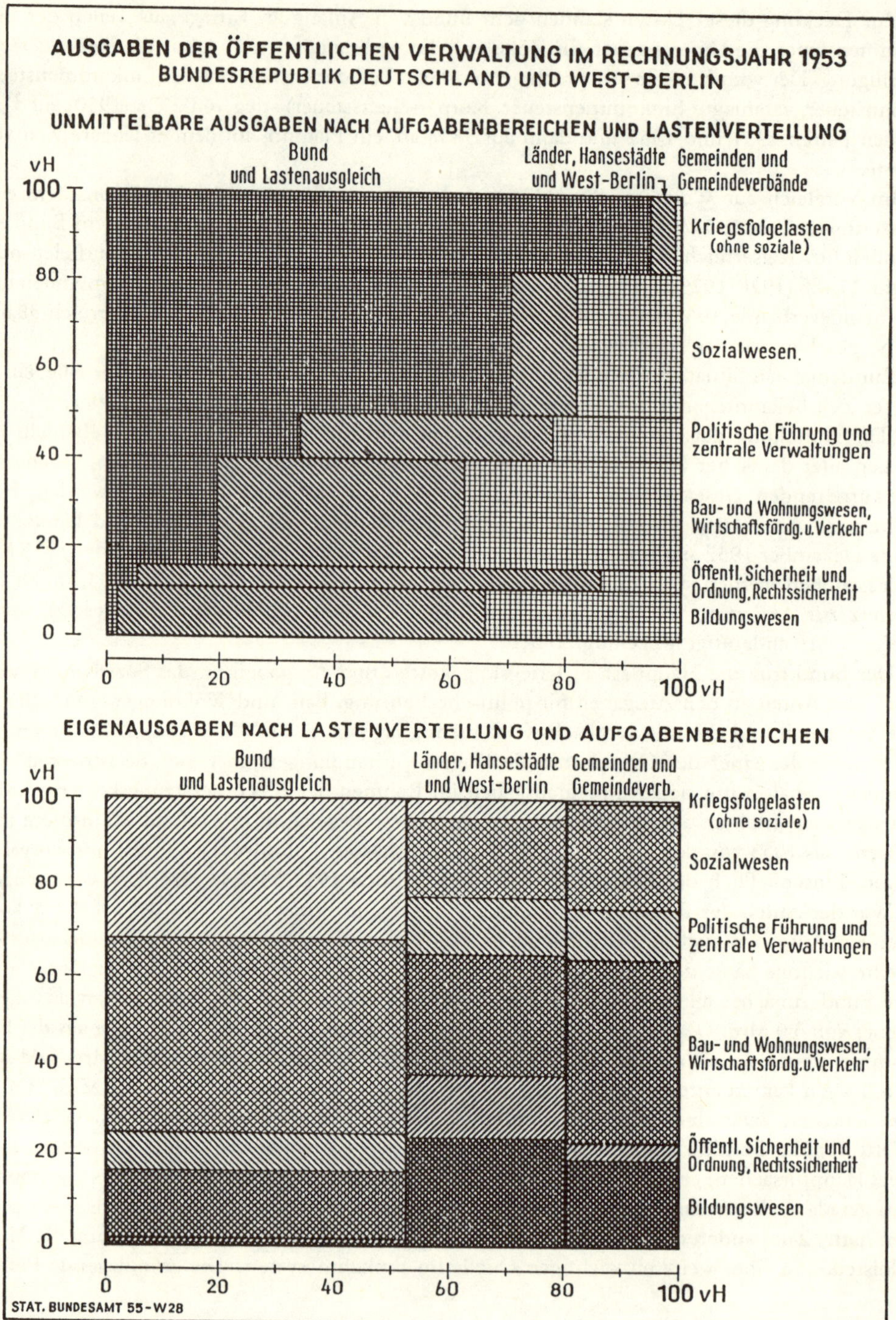

Quelle: Wirtschaftskunde der Bundesrepublik Deutschland, S. 467. Der obere Strukturblock ist sinnvollerweise von links nach rechts, der untere hingegen von unten nach oben zu betrachten.

matik der Zollerträge für den Bund wurde schon erwähnt. Genau besehen gab es bei den Zöllen zwei gegenläufige Tendenzen: den auf die Zollerträge fiskalisch günstigen Einflüssen aus dem Übergang zum Wertzolltarif am 1. Oktober 1951 sowie den steigenden Einfuhren stand die mit der Mitgliedschaft im GATT verbundene Tendenz gegenüber, über Zollsenkungen und großzügige Einräumung von Meistbegünstigungen eine spürbare Belebung des internationalen Handels vorzunehmen.

Die bisher angeführten Merkmale des bundesdeutschen Finanzsystems nach 1949 ließen insgesamt einen Verteidigungsbeitrag einnahmepolitisch zwar als möglich, aber durch die sich ausbildenden übrigen Staatsausgaben als in seiner Höhe begrenzt erscheinen.

Wir müssen noch vier weitere Besonderheiten des frühen bundesdeutschen Finanzsystems erwähnen, die insofern einen Einfluß auf die Diskussion und dann auch auf die tatsächliche Höhe des Verteidigungsbeitrages nahmen, als sie jeweils für sich und alle zusammen eine Schwerfälligkeit in der Gestaltung des Bundeshaushaltes bedeuteten, die sich auf die finanzielle Planung der Verteidigungsausgaben auswirkte.

Einmal wurde der Bundeshaushalt praktisch auf der seit 1921 geltenden Reichshaushaltsordnung aufgebaut, einem veralteten Instrument der Finanzplanung, oder besser: einem Instrument, das eine mittelfristige Finanzplanung nicht zuließ, zumal eine funktionale Gliederung der Staatsausgaben in dieser Rahmenhaushaltsordnung nicht vorgesehen war. Das bedeutete, daß man – auch angesichts einer fehlenden volkswirtschaftlichen Gesamtrechnung – nichts darüber erfahren konnte, welche Rückwirkungen Verteidigungsausgaben auf künftige Staatseinnahmen haben würden.

Noch in den Vorbemerkungen zum Bundeshaushalt 1955/1956 hieß es, eine Reihe von Grundsätzen der Reichshaushaltsordnung vom Dezember 1922 seien zwar veraltet, „es wäre aber ungerecht, [...] sie als unbrauchbar zu bezeichnen. Im Gegenteil: die in ihr steckenden Grundsätze sind gesund und haben den sehr schwierigen Aufbauverhältnissen in den ersten Jahren des Bundes standgehalten[7].“ Einen weiteren Anachronismus bildete die traditionelle Einteilung in einen ordentlichen und einen außerordentlichen Haushalt, wobei die einnahmeorientierte Unterscheidung darauf hinauslief, daß nach Artikel 115 des Grundgesetzes außerordentliche Ausgaben (zu „werbenden Zwecken“) durch außerordentliche Einnahmen, besonders durch Anleihen, zu finanzieren seien.

Ebenfalls hielt man – eine zweite Erschwernis – starr an der Jährlichkeit des Budgets fest, obwohl sowohl finanztheoretische als auch praktische Überlegungen zur Ausgabenplanung im Rahmen einer künftigen Verteidigungsfinanzierung auch einen zwei- oder mehrjährigen Etatzyklus (oder Planungszyklus) nahegelegt hätten[8]. In den frühen fünfziger Jahren war die Zeit für solche Überlegungen oder Praktiken jedoch noch nicht reif. Wie eine eiserne Kette hing der Grundsatz der Jährlichkeit – noch dazu von Frühjahr zu Frühjahr – an der Budgetpolitik des Bundes, obwohl beide Grundsätze aus einer Zeit stammen, in der die Ertragskraft des Staates stark von agrarischen Steuertatbeständen geprägt wurde.

Die dritte Erschwernis bildete die Tatsache, daß es zunächst keine Bundesvermögensrechnung gab. Sie wurde erstmals dem Haushalt 1954/1955 zur Seite gestellt. Der Bund hatte in den ersten Jahren über seine Vermögensverhältnisse keinen hinreichenden Überblick. Erinnert sei nur an die langjährigen Auseinandersetzungen darüber, wem das Volkswagenwerk in Wolfsburg gehöre. Das Bundesvermögen wurde am 31. März 1953, also inmitten der Beratungen über die

[7] Ders., S. 144.

[8] Daß das Fiskaljahr nicht mit dem Kalenderjahr zusammenfiel, war zwar bis 1960 ein technisches Problem, zwang die militärische Planung aber in diese Finanztradition hinein.

EVG, auf 13 Mrd. DM geschätzt, von denen die beiden Hauptposten 7,8 Mrd. DM für Grundstücke und 3,1 Mrd. DM für sogenannte „geldwerte Rechte" waren[9]. Besonders die erste Position war für die Bewaffnungsfrage insofern von Bedeutung, als eine Armee in Kasernen würde untergebracht werden müssen, während u.a. die Luftwaffe Flugplätze und alle Teilstreitkräfte gebäudliche Versorgungseinrichtungen benötigten. Diese aber waren im Zuge der Entmilitarisierung gerade erst zerstört oder von den Alliierten zweckentfremdet genutzt worden, so daß dem Bund ein zusätzlicher Investitionsbedarf entstand. Der erste Vermögensausweis ging dem Bundestag für das beginnende Etatjahr 1954/1955 zu. In dieser Zeit war einerseits das Londoner Schuldenabkommen bereits unterzeichnet, andererseits drängte der EVG-Vertrag nach einer baldigen politischen Entscheidung. Aber noch 1956/1957 gab es keine wirklich vollständige und für finanzpolitische Zwecke befriedigende Bundesvermögensrechnung[10].

Die vierte Erschwernis war – wie schon skizziert – das Fehlen eines gesetzlich gesicherten vertikalen Finanzausgleiches zwischen Bund und Ländern. Zwar flossen dem Bund die schnell steigenden Einnahmen aus der Umsatzsteuer zu, der Bundesanteil am Aufkommen der Einkommen- und Körperschaftssteuer mußte jedoch jährlich ausgehandelt werden und bewegte sich zugunsten des Bundes nur zögernd nach oben. Eindeutig war nur, daß die Besatzungsausgaben ebenso wie die künftigen Verteidigungsausgaben Bundesausgaben waren, wodurch die Länder entlastet wurden. Dies geschah im Gegensatz zum System der Überweisungen, Matrikularbeiträge und Rücküberweisungen zwischen Reich und Ländern zur Finanzierung des Militärs in der Kaiserzeit ab 1914. Wir können diese Erschwernisse durchaus zu denjenigen Faktoren zählen, die die disponible Finanzmasse des Bundes in den ersten Jahren der Existenz der Bundesrepublik unsicher und unüberschaubar machten.

Da der Grundsatz der Jährlichkeit des Budgets kurz- und erst recht mittelfristigen Planungen im Finanzbereich entgegenstand, wurden über die inzwischen entwickelte Praxis von Nachtrags- und Überrollungsetats hinaus zwei neue haushaltsrechtliche Einrichtungen geschaffen, die den Zentralhaushalt angesichts der Ungewißheit über die auf ihn zukommenden Aufgaben – möglicherweise auch mit einem Blick auf eine Ablösung der Besatzungskosten durch eigene Militärausgaben – elastischer machen sollten: die Revisionsklausel und die Ergänzungsklausel. Beide Gesetzesvorschriften zielten darauf ab, aus der Starre der jährlichen Etatierung hinauszugelangen und nachträglich Veränderungen vornehmen zu können. Das war ein kleiner Fortschritt auf dem Wege zu einer flexiblen Finanzpolitik, der für die hier besprochene Übergangszeit von Bedeutung war.

Die Revisionsklausel bezog sich auf den Bundesanteil an der Einkommensteuer (gesetzlich festgelegt bis zum 31. März 1958 waren ein Drittel für den Bund, zwei Drittel für die Länder). Es wurde neu festgelegt, daß dieser Anteil revidierbar war. Gleichzeitig wurde dem Bund – immer mit Blick auf künftige Mehrbelastungen auch durch Verteidigungsausgaben – die Möglichkeit

[9] Nach Terhalle, Finanz- und Steuersystem, S. 147, betrugen die Ausgaben für das Sozialwesen fast ein Drittel und die für Besatzungs- und Besatzungsfolgekosten einschließlich der Kriegsfolgekosten etwa ein bis zwei Sechstel aller Staatsausgaben. Beide Großgruppen zusammen summierten sich im Bundeshaushalt auf über dreiviertel der Ausgaben der Zentralregierung. – Wir verweisen auf die vergleichsweise hohen Instandsetzungskosten im Zuge des Neu- und Wiederaufbaues auch der Länder-Staatsverwaltung und ihre Baulichkeiten, eine Parallele zu den hohen Investitionsausgaben des Bundes. Wir können die Sondervermögen des Bundes übergehen, weil sie einnahme- und ausgabenwirtschaftlich zweckgebunden waren.

[10] Eine vorläufige Buchführungs- und Rechnungslegungsverordnung vom 31.3.1953 verpflichtete alle Behörden und Dienststellen des Bundes, ab 1.4.1953 eine Vermögensrechnung zu führen, deren Ergebnisse erstmals im Frühjahr 1954 vorliegen konnten.

eingeräumt, entweder eine Ergänzungsabgabe zur Einkommensteuer zu erheben, was gegen Ende der sechziger Jahre auch geschah, oder die Tarife für die ihm zustehenden Verbrauchssteuern (mit Ausnahme der Biersteuer, die eine Ländersteuer ist) zu erhöhen. Dies waren freilich keine Maßnahmen der (mittelfristigen) Finanzplanung, sondern Zusatzregelungen zum vertikalen Finanzausgleich[11].

Von der ursprünglich vertretenen Auffassung, jeder einzelne Teilhaushalt (Einzelplan) müsse in sich ausgeglichen sein, kam nicht nur die Finanzpraxis, sondern auch die Finanzgerichtsbarkeit sehr bald ab, weil die meisten Teilpläne nur geringe eigene Verwaltungseinnahmen aufwiesen[12]. Im Besatzungs- und Verteidigungshaushalt haben z. B. die eigenen Einnahmen des Verteidigungshaushaltes bis 1980 nie mehr als eine halbe Milliarde DM betragen.

Wir haben bisher von denjenigen Elementen des bundesdeutschen Finanzsystems gesprochen, die einer Vorhersehbarkeit des Finanzaufkommens strukturell entgegenstanden. In der Realität vollzog sich indes eine Entwicklung, die allzugroße Befürchtungen, das westdeutsche Finanzsystem sei mit der Bestreitung von Militärausgaben generell und strukturell überfordert, jedoch schwinden ließen. Tatsächlich gab es in der Zeit der Pleven-Plan-Diskussion eine Tendenz zu vollen Staatskassen, besonders denen des Bundes. Das war einmal die Folge einer äußerst vorsichtigen Haushaltsplanung, zum anderen die Konsequenz einer Reihe von Maßnahmen, die alle in die *eine* Richtung wirkten: nämlich zu jährlichen Budgetüberschüssen. Da zudem die Neuverschuldung des Bundes denkbar gering war (1954, also am Ende der von uns betrachteten Periode, kumulativ 1,8 Mrd. DM), blieb auch der Zinsendienst niedrig, ein Vorteil, den zur damaligen Zeit einige Länder, die der NATO bereits angehörten, keineswegs für sich buchen konnten.

Diese Überschüsse waren einmal Ausdruck einer allgemeinen Sparsamkeit, die die erste Bundesregierung übte – was sich besonders in einem niedrigen Anteil der Verwaltungsausgaben bemerkbar machte. Das „Provisorium Bonn“ kam mit einer Zahl an Beamten, Angestellten und Arbeitern in bescheidenen Amtsräumen aus, die heute kaum noch vorstellbar ist[13]. Die zweite, wichtigere Ursache für die jährlichen Haushalts- und Kassenüberschüsse des Bundes (die bei der Bank deutscher Länder gehalten werden mußten) waren die nicht abgerufenen Besatzungsgelder, besonders der amerikanischen Besatzungsmacht[14].

Offenbar gab es aber neben den nicht abgerufenen Besatzungsgeldern und der insgesamt günstigen Entwicklung des Steueraufkommens für den Bund ein weiteres – stilles – Element, das den Übergang zu Militärausgaben ebnete. Das war die spröde Sparsamkeit des Bundesfinanzministers. Entgegen allen Finanz- und Budgettheorien, die ein den jeweiligen gesamtwirtschaftlichen Umständen und den vorgegebenen politischen Zielen beschaffenes Budget mit Defiziten oder Überschüssen aus Gründen der Konjunkturglättung nahelegten, betrieb Fritz Schäffer eine strenge, das erste Kabinett Adenauer finanzpolitisch kennzeichnende Sparpolitik, die fast automatisch zum Aufbau des *Juliusturmes* führen mußte. Das, was Schäffer als kluge oder gar mo-

[11] Vgl. hierzu: Terhalle, Finanz- und Steuersystem, S. 174.

[12] Zu diesen budgetrechtlichen Fragen vgl. ebd., S. 144ff. Ferner: Höpker-Aschoff, Finanz- und Steuersystem, S. 306–331.

[13] Die gesamte Bundesverwaltung umfaßte 1950 56000 Personen, 1953, trotz eines zügigen Ausbaues, noch immer nicht mehr als 111000 Personen, wobei die Löhne und Gehälter im öffentlichen Dienst zwischen 1950 und 1953 hinter der Entwicklung der in der Privatwirtschaft gezahlten Vergütungen zurückblieben, was erklärt, daß die Personalausgaben des Bundes, im Gegensatz zu späteren Tendenzen, sich in den hier erörterten Jahren in Grenzen hielten.

[14] Nach Terhalle, Finanz- und Steuersystem, S. 142; Schäffer an Adenauer, 6.10.1953, BA, NL 168/36.

derne wie flexible Haushaltspolitik ausgelegt wurde, war in Wahrheit das Ergebnis einer rigoros herbeigeführten Saldenmechanik. Schäffer dachte weder in den Kategorien einer haushaltskompensatorischen noch in den Denkfiguren einer antizyklischen Finanzpolitik. Seine etatistische Argumentation war auf jährlichen Haushaltsausgleich abgestellt. Wenn er außer traditionellen, spätkameralistischen Regeln überhaupt einer Theorie folgte, so, unausgesprochen, der vom konjunktur-neutralen Haushalt, dem die Erfüllung fiskalischer Bilanzregeln höchstes Gebot ist[15].

Der Juliusturm war ein nach Befolgung dieser Regeln gewachsener Fonds, den Schäffer für den Übergang von den Besatzungskosten zu den höheren bundesdeutschen Verteidigungsaufgaben schuf. Das schien ihm mit den Regeln einer auf ständige Aufgabenbegrenzung ausgerichteten Haushaltspolitik „nach unten" noch vereinbar. Der der CSU angehörende erste Bundesfinanzminister war ein von preußischer Sparsamkeit erfüllter Mann. Er wehrte sich im Kabinett nicht nur gegen jeden von den Ressortministern vorgetragenen Ausgabenwunsch. Durch einen nach ihm benannten „Schäffer-Revers" wollte er auch das Bewilligungsrecht des Bundestages begrenzen[16]. Fast bei jeder Kabinettsvorlage, die eine Ausgabenerhöhung oder eine Mindereinnahme bedeutete, verneinte Schäffer die Möglichkeit, dem jeweiligen Antrag zu entsprechen. In den meisten Fällen kam es zu einem Kompromiß, der wesentlich geringere Einnahmeminderungen oder Ausgaben vorsah als zunächst vorgeschlagen. Ausdrücklich wies er auf die kommenden Ausgaben für den Bundesgrenzschutz (BGS) hin (am 20. September 1952 und am 7. März 1953)[17]. Verminderte Bundeseinnahmen aus der ERP-Anleihe (Schäffer meinte die verschiedenen Hilfen aus der ERP), dem Gegenwertfonds und dem auslaufenden „Notopfer Berlin" waren andere Argumente, die er ins Feld führte.

Ausdrücklich verwies er (am 10. April 1953) im Zusammenhang einer Diskussion außerhalb der Tagesordnung des Kabinetts auf die Schwierigkeiten eines Haushaltsausgleichs, „schon mit Rücksicht auf die schwebenden Verhandlungen über den Verteidigungsbeitrag"[18]. Das war insofern irreführend, als zwischenzeitlich 850 Mio. DM monatlicher Verteidigungslasten schon ausgehandelt worden waren und eine Neuregelung wegen der verschleppten Ratifizierungsdebatten vorerst nicht in Sicht war[19].

Wie stark Schäffers Einfluß bei den Koalitionsverhandlungen nach der Bundestagswahl vom September 1953 war, erhellt die Tatsache, daß er für das Zustandekommen einer neuen Zusam-

[15] Kompensatorische Haushaltspolitik: der Staat senkt im Aufschwung die Steuern und erhöht sie im Abschwung. Der Umfang des Budgets wird zur abhängigen Variablen des Konjunkturzyklus. Antizyklische Politik: Der Staat erhöht im Aufschwung die Steuern und senkt sie im Abschwung, er tritt zwar „kompensatorisch" zum Konjunkturverlauf auf, folgt aber haushaltswirtschaftlich dem Grundsatz, daß es ein unausgeglichenes Budget geben darf. Konjunkturneutralität im strengen Sinne gibt es sowenig wie neutrales Geld. Schon die Existenz eines Staatsbudgets ist konjunkturrelevant, wenn auch nicht notwendig konjunkturbestimmend. Gemeint ist eine Haushaltspolitik, die weder kompensatorischen noch antizyklischen Grundsätzen, sondern allein finanztechnischen Regeln folgt. Sie kann in ihrer Wirkung alles andere als konjunkturneutral sein. Im Gegensatz zur antizyklischen Finanzpolitik hält die kompensatorische Politik am Grundsatz der jährlichen Ausgeglichenheit des Budgets fest. Die Wirkungen einer budgetkompensatorischen Politik sind tendenziell konjunkturverstärkend, die einer antizyklischen Haushaltspolitik sind tendenziell konjunkturglättend.

[16] Vgl. z. f. Berichte des Bundesfinanzministers an Staatssekretär Hartmann vom BFM über Kabinettssitzungen, hier vom 30.6.1950 sowie vom 20.2.1952 – auf dem Höhepunkt der EVG-Beratungen in Paris. Sehr deutlich wurde Schäffer auf der Kabinettssitzung vom 12.9.1952 in diesem Punkt, BA, NL 168/33.

[17] Diskutiert wurde im Kabinett eine erste und eine zweite „Welle" an Ausgaben für den BGS, dessen Höhe zunächst auf 10000 Mann beschränkt werden sollte; später wurde er auf 20000 Mann aufgestockt.

[18] Bericht Schäffers an Hartmann über die Kabinettssitzung vom 10.4.1953, ebd.

[19] Vgl. Kap. VI, Anmerkung 33.

menarbeit der CDU/CSU mit der FDP die Annahme einer von ihm entworfenen „Liste der zur Aufrechterhaltung der finanziellen Ordnung und Aufstellung des Haushalts 1954 sofort notwendigen Gesetze" durch die betroffenen Parteifraktionen im Parlament zur Bedingung machte[20].

Im Oktober 1953 zog Ministerialdirektor Heinz-Maria Oeftering eine „Zwischenbilanz" der Finanzlage des Bundes, die von einem durch die Tatsachen nicht gerechtfertigten Pessimismus gekennzeichnet war. Schon die „kleine" Steuerreform, die ebenso wie die „große" Steuerreform von 1954 weniger eine Reform des Steuer*systems* als eine *Tarifreform* war, würde den Haushaltsausgleich beschwerlich machen. Hinzu komme die im Vergleich zu den anderen EVG-Staaten hohe Steuer- und Sozialkostenbelastung in der Bundesrepublik[21]. An den Bundeskanzler schrieb Schäffer: „Die schwersten Sorgen macht die Haushaltslage des Bundes. Wenn nicht besondere Maßnahmen getroffen werden, ist es unmöglich, den Haushalt 1954/1955 in Einnahmen und Ausgaben abzugleichen." Für den Verteidigungshaushalt müßten, neben Mehranforderungen der Ressorts von 2,3 Mrd., 9 Mrd. DM eingesetzt werden, „was sich sehr schwer verwirklichen lassen wird"[22]. Dem ausführlichen Schreiben, das viele Vorschläge für Etatkürzungen und Etatbegrenzungen enthielt, folgte der Entwurf für den finanzpolitischen Teil der Regierungserklärung vom Herbst 1953. Darin wurde die Steuerlast der Bevölkerung als sehr hoch und die Notwendigkeit einer „großen Steuerreform" als vordringlich bezeichnet[23]. Schäffer verschwieg die Kassenüberschüsse des Bundes von ca. 2,3 Mrd. DM nicht. Er vermerkte aber, daß diese Überschüsse sehr schnell zusammenschmelzen könnten, wenn die Besatzungsmächte von ihrem Abrufrecht Gebrauch machen würden[24]. Immerhin müssen es diese Kassenüberschüsse (der „neue Juliusturm") gewesen sein, die Schäffer veranlaßten, die Reform der Steuertarife in Angriff zu nehmen, was mindestens für die ersten sechs Monate Steuerausfälle für den Bund bedeuten mußte. In der Regierungserklärung Adenauers vom 20. Oktober 1953 spielten die Vorschläge zur künftigen Finanzpolitik keine Rolle. Wohl aber wurde die Unerläßlichkeit der wirtschaftlichen Integration Europas „unter Beibehaltung der inneren finanziellen Stabilität" hervorgehoben. Die „große Steuerreform" wurde nur in Umrissen erwähnt[25].

Schäffer hat um den fiskalischen Wert des Juliusturmes zweifellos gewußt. Er hat seine Existenz mit einer Hartnäckigkeit verteidigt, die keiner Theorie folgte, sondern der praktischen Notwendigkeit, „daß man Geld im Kasten haben" müsse, wenn man das Militär und notfalls einen Krieg bezahlen wolle, wie es 250 Jahre zuvor der österreichische Kameralist Wilhelm von Schröder drastisch formuliert hatte[26].

20 Schäffer an Adenauer, 28.9.1953, BA, NL 168/36.

21 Denkschrift Oeftering, Zur derzeitigen Haushalts- und Kassensituation des Bundes. Der Versuch einer Zwischenbilanz, Oktober 1953, BA, NL 168/36. Oeftering war Fachmann für Besatzungslasten im Bundesfinanzministerium und wenig später Präsident der Deutschen Bundesbahn. Vgl. Oeftering, Besatzungslasten. – Das Institut Finanzen und Steuern in Bonn war 1951 zum gleichen Ergebnis gekommen, vgl. Verteidigungsbeitrag und Steuerbelastung. Danach stand die Bundesrepublik mit 33,9% Steuer- und Sozialkostenbelastung gemäß einer Berechnung der MSA (Mutual Security Agency) an erster Stelle, gefolgt von England (32,7%), Frankreich (31,4%), den Niederlanden (31,0%), Belgien/Luxemburg (28,9%) und Italien mit 23,9% (USA: 26,2%).

22 Schäffer an Adenauer, 6.10.1953, BA, NL 168/36.

23 Entwurf Finanzpolitischer Teil einer Regierungserklärung, Anfang Oktober 1953, BA, NL 168/36.

24 Vgl. Bundeshaushaltsplan 1954, Bd 1, S. 123–125.

25 Deutscher Bundestag, Sten. Ber., Bd 18, 3. Sitzung, 20.10.1953, S. 11–22.

26 Schröder, Rent-Cammer.

Mitte 1955 betrugen die Einlagen der öffentlichen Hand im Banken- und Zentralbanksystem 11 Mrd. DM; 1953 waren es 8 Mrd. DM, etwa ein Drittel des damaligen Bundeshaushaltes. Das war es, was man „auf der hohen Kante" hatte.

Als weitere Ursachen für die Haushaltsüberschüsse des Bundes in der Zeit der EVG-Diskussion haben wir auf das System der sozialen Marktwirtschaft zu verweisen, das als Ordnungsprinzip besonders in den ersten Jahren seiner politischen Durchsetzung auf eine sekundäre fiskalische Ertragskraft setzte. Nicht der Mangel sollte besteuert werden, sondern die gewährten Steuerentlastungen sollten im zweiten Zuge auch die steuerliche Ertragskraft des Staates und seiner Glieder stärken. Dieses umweghafte Verfahren bewährte sich: durch die Preisfreigabe, die Freigabe und Aufhebung von Investitionskontrollen sowie durch einen weitgehenden Verzicht auf eine administrative Wirtschaftslenkung – vor allem gemessen an den Praktiken der vorangegangenen Kriegs- und ersten Nachkriegsjahre – wuchs das besteuerbare Gesamteinkommen und die Zahl der besteuerbaren und steuerpflichtigen Tatbestände schnell an, so daß sich – entgegen allen strukturellen Hemmnissen und Unklarheiten, die das bundesdeutsche Finanzsystem in sich barg – die Haushalts- und Kassenlage des Bundes weitaus besser und flexibler darstellte, als die meisten Schätzungen es voraussahen[27].

Hinzu kam ein letztes Element, nämlich der weitgehende Verzicht der USA auf die Rückzahlung von Schulden aus der Zeit nach dem Zweiten Weltkrieg, insbesondere aus dem ERP- und dem GARIOA-Programm. Die von den Empfängern der ERP-Hilfe eingezahlten Beträge in den ERP-Gegenwertfonds bildeten in diesem Zusammenhang eine zusätzliche Finanzmasse, die *nicht* der Rückzahlung von Marshallplan-Geldern dienen sollte, sondern weiteren Investitionen, die in dieser Höhe den Bundeshaushalt entlasteten, soweit man davon ausgehen konnte, daß diese Investitionen durch den Bund hätten finanziert werden müssen.

Wir können feststellen, daß das Finanzsystem des Bundes in der untersuchten Zeit zwar mit erheblichen Unsicherheiten hinsichtlich seiner laufenden Ertragskraft belastet war, daß es unter hoheitlichen Einschränkungen litt, daß es aber unter dem Einfluß des Wandels der Besatzungspolitik der Westmächte für die Übernahme einer weiteren Aufgabe, nämlich der Finanzierung von Militärausgaben, bedingt geeignet war. Wie hoch freilich und in welchen Zeitabschnitten diese gezahlt werden sollten, darüber gab es verschiedene Auffassungen, die schließlich im EVG-Vertragswerk von 1954 politisch gebündelt wurden.

Werfen wir nun einen kurzen Blick auf die besonderen Belastungen, denen der neue Bundeshaushalt als Zentralhaushalt in seiner Ausgabenstruktur ausgesetzt war. Mit wenig mehr als einer halben Milliarde Reichsmark Militärausgaben war im Durchschnitt der Reichshaushalt in der Weimarer Zeit belastet gewesen. Das entsprach etwa 8–10% des damaligen Reichshaushaltes. Zählt man die effektiv gezahlten Reparationen hinzu, die freilich in keinem Jahr die festgesetzte Höhe von 2,0 bzw. 2,5 Mrd. RM erreichten, so belief sich, grob gesprochen, die Belastung

[27] Wir übergehen an dieser Stelle das Investitionshilfegesetz, das, im Januar 1952 erlassen, eine Sondersteuer des (korrigierten) Gewinns in Höhe von 3,5% darstellte und deren Ertrag im Investitionsbereich notleidenden Gewerbezweigen zur Verfügung gestellt wurde. Dies war für das Budget ein durchlaufender Posten; für die betroffenen Zensiten hingegen war es eine Sonderbelastung, die gleichzeitig gewährten steuerentlastenden Investitionshilfen entgegenlief.
Zeitweise wurde in den EVG-Verhandlungen auch eine Aufstockung der Quoten bei der EZU erwogen, um den Spitzenausgleich bei der EVG-Abrechnung, die monatlich erfolgen sollte, zu glätten. Mögliche Kursgewinne bei zeitweise nicht in Anspruch genommenen EVG-Beiträgen sollten dem Reservefonds des EVG-Finanzsystems zufließen, der 10% des Durchschnitts der Einzahlungen aus 5 Jahren (zu Anfang notwendig weniger) nicht übersteigen sollte.

des Zentralhaushaltes (ohne Reichsbahn und Reichspost), ausgewiesen in den beiden Reichshaushalten I und II, auf etwa 30–34% des Reichshaushaltes.

Auffälligerweise war es genau dieser Prozentsatz, den auch die Besatzungskosten der frühen Jahre der Bundesrepublik anteilig am Bundeshaushalt betrugen. Interessanterweise wurde makroökonomisch nach den Wirren der ersten Hälfte der Weimarer Republik und der Jahre von 1945–1954 die Belastbarkeit der deutschen Wirtschaft von Experten mithin ähnlich eingeschätzt: sie betrug (die endgültigen EVG-Abmachungen im Vertragswerk zugrundegelegt) etwa 4,5% des Bruttosozialproduktes. Dieses wiederum ist ein Satz, der auch für die langfristige Entwicklung von Militärausgaben in Deutschland seit der Industrialisierung als Trendwert gilt[28].

Einen nochmaligen Überblick über *alle* Staatsausgaben im Fiskaljahr 1952/1953 (1. April – 31. März) vermittelt eine von der Bundesregierung veröffentlichte Übersicht (vgl. Tab. 2).

Mehr als die Hälfte (19,23 Mrd. DM) entfielen demnach auf Verteidigungsleistungen (10,21 Mrd.; die „Besatzungskosten" wurden so definiert) und auf Soziallasten (soziale Kriegsfolgelasten = 5,75 Mrd.; sonstige Soziallasten = 3,27 Mrd.). Zusammen mit 1,7 Mrd. DM Zinsendienst und Wiedergutmachung (auch aus dem erwarteten Londoner Abkommen) galten 55% aller öffentlichen Mittel als „starrer Lastenblock". Dies war in Wirklichkeit nicht so. Denn eine Reihe von Positionen (Haushaltstiteln) besaßen eine, wenn auch eingeschränkte Beweglichkeit. Zudem haben Aussagen über die Starrheit von Staatsausgaben immer nur einen Sinn im Blick auf tatsächliche oder erwartete Einnahmen. Die Bundesregierung beschränkte sich auf den Hinweis, daß mehr als 85% der Staatsausgaben in der Bundesrepublik durch Steuern gedeckt würden. Über die *erwartete* Steuerertragskraft des Finanzsystems schwieg sie sich weitgehend aus. Interessanterweise ist in der Tabelle von EVG-Ausgaben nicht die Rede, sondern von deutschen Kontingenten und NATO-Truppen. Die Kassen- und Haushaltslage entwickelte sich für die Bundesrepublik sowohl 1952 als auch 1953 trotz allem mithin günstig. Im Herbst 1953 waren 1,5 Mrd. DM vorgesehene Besatzungskosten *nicht* abgerufen. Der Kreditplafond bei der Bank deutscher Länder war überhaupt nicht in Anspruch genommen und 800 Mio. DM waren liquide und zur sofortigen Verwendung in den Kassen verfügbar. Zwar erwartete man den Abzug von ca. 1 Mrd. DM durch die Besatzungsmächte, die damit Infrastrukturbauten im Bundesgebiet finanzieren wollten, was jedoch mit Blick auf die kommende EVG zunächst unterblieb[29]. Minister Schäffer wollte den „Juliusturm" unangetastet lassen und noch aufstocken, um die Mehrbelastungen in der Anfangsphase der Aufstellung einer Armee aufzufangen. Deshalb entwickelte er den erwähnten Vorschlag, das Parlament solle nur noch das Recht haben, *Ausgabenkürzungen* vorzunehmen. Es kam niemals zu einer Einschränkung des parlamentarischen Bewilligungsrechtes in dieser krassen Form, wohl aber später zu der schon im Kaiserreich üblich gewordenen Praxis, neue Ausgaben mit Vorschlägen für deren Finanzierung zusammen mit der Gesetzesinitiative einzubringen.

Nach den Erfahrungen mit den Reparationsforderungen an das Deutsche Reich nach dem Ersten Weltkrieg wurden die Fehler von Versailles nach dem Zweiten Weltkrieg nicht wiederholt.

[28] Einzelheiten hierzu bei Bielfeldt, Rüstungsausgaben, und Köllner, Militär und Finanzen, 4,5% berechnet *ohne* durchschnittliche Stationierungskosten der EVG-Übergangszeit und ohne die Ausgaben, die von der Bundesregierung bei der Beitragsbemessung als „abzugsfähig" angesehen wurden. So kommt es, daß bei der langfristigen Entwicklung deutscher Militärausgaben die Darstellung einen statistisch bedingten Knick nach unten im Sinne niedrigerer Ausgaben aufweist: eine Folge der Definition und der etatmäßigen Behandlung von Militärausgaben.

[29] Hierzu u.a. „Schäffer will einen Riegel vorschieben". Weitergebaut bzw. instandgesetzt wurden Wohnbauten für die alliierten Streitkräfte und deren Angehörige.

Tabelle 2

Vorschätzung der öffentlichen Haushalte im Rechnungsjahr 1952/1953 (April bis März)

A. Ausgaben		Mrd. DM	v. H. der Gesamtausgaben
Soziale Kriegsfolgelasten (Kriegsopferversorgung, Kriegsfolgenhilfe, Unterhaltsleistungen im Rahmen des Lastenausgleichs)		5,75	14,8
Sonstige Soziallasten (Arbeitslosenhilfe, Zuschüsse zur Sozialversicherung u. allgemeinen Fürsorge)		3,27	8,4
Schuldendienst		1,65	4,3
Persönliche und sächliche Verwaltungsausgaben		7,21	18,6
Pensionen, Beihilfen usw.		1,34	3,5
Subventionen		0,55	1,4
Allgemeine Haushalts- und Zweckausgaben (Wirtschaftsförderung, Gesundheitswesen usw.)		3,67	9,5
Investitionen		5,05	13,1
Verteidigungsausgaben:		10,1*	26,4
davon:			
a) für neue deutsche Kontingente und NATO-Truppen	8,23 Mrd. DM		
b) Finanzhilfe an West-Berlin	0,91 Mrd. DM		
c) Wirtschaftshilfe an West-Berlin		(0,39)	
d) Weitere nach NATO-Regeln anrechenbare Verteidigungsausgaben	1,07 Mrd. DM		
Ausgaben insgesamt		38,70	100,0

B. Einnahmen	Mrd. DM	v. H. der Gesamteinnahmen
Besitz- und Verkehrssteuern (einschließlich Vermögensabgabe des Lastenausgleichs)	25,77	69,2
Verbrauchsteuer	4,98	13,4
Zölle	0,90	2,4
Steuern und Zölle insgesamt	31,65	85,0
Hypotheken- und Kreditgewinnabgabe	0,49	1,3
Gebühren, Beiträge, Ablieferungen und Überschüsse des Erwerbsvermögens usw.	5,10	13,7
Einnahmen insgesamt	37,24	100,0
Fehlbetrag (ohne Vorjahresfehlbeträge von 0,8 Mrd. DM)	1,46	

Quelle: Um die Höhe des Verteidigungsbeitrags, S. 222.

* Summe der Verteidigungsausgaben (ohne Wert in Klammern) nicht 10,1 sondern 10,21 Mrd. DM; korrigiert man dies in der Tabelle, summieren sich die einzelnen Ausgabearten auch auf 38,70 Mrd. DM.

Für die drei westlichen Besatzungszonen endete die Zeit der Besatzungslasten jedenfalls im Mai 1955, für die Deutsche Demokratische Republik 1956[30]. Die *Kriegsfolgelasten* wirkten zweifach in die Planung der EVG hinein: erstens – auf der Ausgabenseite – in Form von Militärpensionen und Renten, die an ehemalige Soldaten und Offiziere des Dritten Reiches und an deren Angehörige und Hinterbliebene gezahlt wurden, gleichgültig, in welchem Kapitel welches Einzelplanes des Bundeshaushaltes sie erschienen. Und zweitens – auf der Einnahmenseite und auf Anhieb weniger sichtbar – als Einfluß auf die zunächst verminderte und später, ab 1948, anders strukturierte gesamtwirtschaftliche Leistungsfähigkeit des Steuersystems. Nicht nur der Lastenausgleich hat in der Vermögenssphäre als Kriegsfolge die steuerliche Leistungsfähigkeit der Zensiten getroffen und die bedeutungsvolle Umschichtung ihrer Vermögen bewirkt. Eine gegenüber dem Dritten Reich infolge der 1949 neu geschaffenen föderalen Finanzhoheit anders verteilte Finanzertragskraft von Bund *und* Ländern steht seit der Gründung der Bundesrepublik einer staatlichen Ausgabenstruktur gegenüber, die infolge der umfangreichen Soziallasten, die der Krieg hinterließ, seit Jahren einen beträchtlichen Anteil der allgemeinen Soziallasten darstellt. Das ist ein säkulares Phänomen, das sich in den Jahren der Erörterungen über die Finanzierung der EVG bereits ankündigte. Wir müssen uns deshalb mit den Besatzungskosten beschäftigen, weil sie Anknüpfungspunkte aller politischen Verhandlungen über einen westdeutschen Verteidigungsbeitrag waren.

Es ist eher eine Konvention der Definition, die Besatzungskosten mit dem 8. Mai 1945 beginnen zu lassen, denn eine Frage tatbestandsgerechter finanzwirtschaftlicher Abgrenzung[31]. Zu den Kriegsfolgelasten im weiteren, über die in den Etats ausgewiesenen Budgetzahlen hinaus, gehören:

- Die Kosten des Wiederaufbaus von Kriegszerstörungen im Rüstungssektor, der freilich im „totalen Krieg" mehr umfaßte als die Rüstungsindustrie im engeren Sinne.
- Die unkontrollierten Plünderungen, die Restitutionen und Reparationen an die Sieger- und Besatzungsmächte unmittelbar nach dem Kriege.
- Die Demontagen in der Industrie, im Bergbau, im Verkehrs- und Nachrichtenwesen und in anderen Wirtschaftszweigen.
- Die Fortnahme von Lizenzen und der freiwillige oder unfreiwillige „Export" von Fachkräften sowie Forschungs- und Laborverbote.
- Wachstumsverluste infolge der schon genannten Punkte sowie als Konsequenz eingeschränkter technischer und wissenschaftlicher Möglichkeiten, einschließlich Herabstufung auf ein niedrigeres Leistungsniveau.
- Gesamtwirtschaftliche Reibungskosten, die sich aus der Umstellung von der „totalen" Kriegsproduktion auf eine Friedenswirtschaft ergaben, ferner die Kosten des Überganges zu einem neuen Wirtschaftssystem.
- Endgültige Vermögens- und Wertverluste, wie sie in den Schlußbilanzen liquidierter Firmen oder in einer Währungsreform zum Ausdruck kamen, d.h. der Untergang aller Forderungen und Ansprüche, die dem Krieg ihre Entstehung verdankten und die nicht mehr oder erheblich abgewertet gegen den Staat erhoben werden konnten.

[30] Die Sowjetunion hat stets darauf verwiesen, die Reparationszahlungen der DDR seien 1956 eingestellt worden. Es seien ca. 4,5 Mrd. DM (Ost) gegenüber den ursprünglichen Forderungen von 10 Mrd. US-Dollar = 42 Mrd. Mark geleistet worden. Für die Berechnung der ersten Jahre gelten die gleichen Bewertungen wie für die Besatzungskosten der drei Westzonen, freilich dürfte die Dunkelziffer höher sein. Vgl. Rupp, Reparationsleistungen.

[31] Setten, Zehn Jahre; Oeftering, Besatzungslasten; Röper, Reparationen; Köllner, Reparationen.

– Die gesamtwirtschaftlichen Verluste infolge Gebietsverlusten und der Entflechtung der deutschen Industrie.
– Die Verluste und Abwertungen an Auslandsvermögen und Forderungen an das Ausland.

Einen Überblick über die Besatzungskosten/Auftragsausgaben bieten das folgende Schaubild sowie Tab. 3:

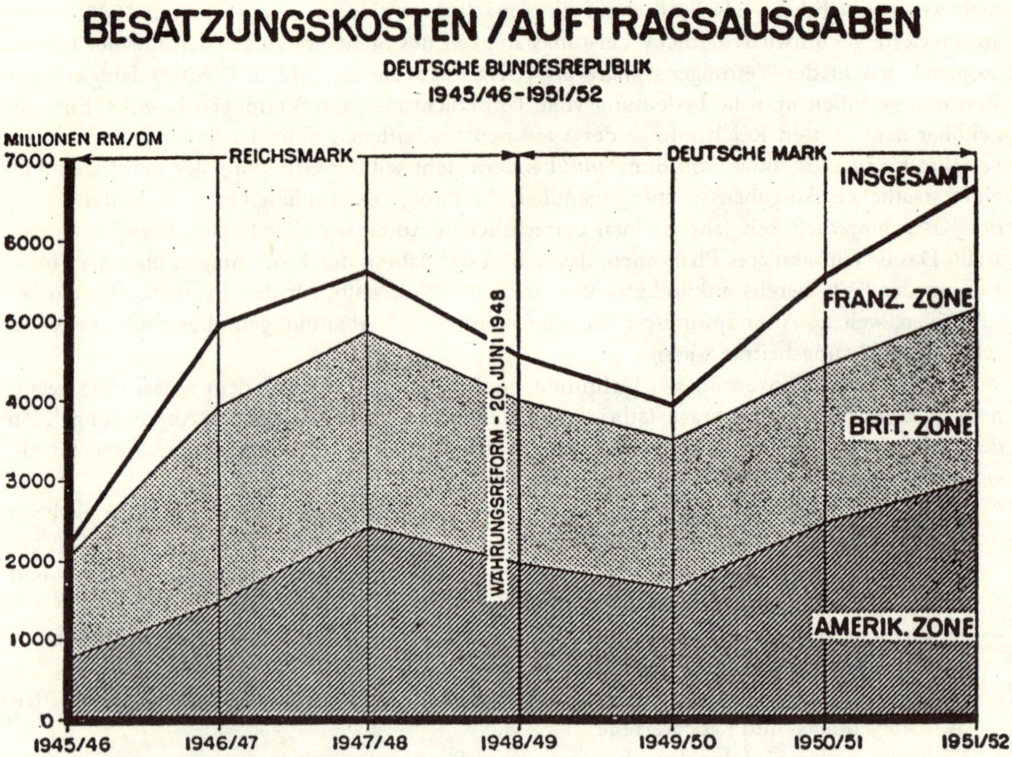

Anmerkung: Die Angaben für die Haushaltsjahre 1945/46 bis 1949/50 entsprechen den tatsächlich aufgewandten Beträgen. Die Zahlen für 1950/51 und 1951/52 entsprechen den im Budget vorgesehenen Ausgaben.

Quelle: Bericht über Deutschland des amerikanischen Hochkommissars für Deutschland, Nr. 6, Frankfurt 1951.

Danach gab es 1947/1948 und 1949/1950 je einen Knick in der Entwicklung, besonders bei den Besatzungskosten in der amerikanischen Zone. Auch fällt auf, daß die Besatzungskosten in der französischen Zone seit 1949/1950, also mit Gründung der Bundesrepublik, nochmals beträchtlich anzogen. Die neue Währung sowie die Stärkung der Besatzungsstreitkräfte auf deutschem Boden angesichts des Korea-Krieges dürften zwei Gründe gewesen sein. Der Bundesregierung war klar, daß sie auch ohne EVG-Beitrag höhere Leistungen zu erbringen haben würde, nämlich für die Besatzungsstreitkräfte als Schutzmacht.

Zu den Kriegsfolgelasten für die drei westlichen Besatzungszonen: Der Wiederaufbau der Industrie vollzog sich zunächst schleppend unter zwangswirtschaftlichen Bedingungen, und die Reibungs- und Entwicklungsverluste bei ungeordneten, bis zur Zurückweisung des offiziellen

Tabelle 3

Besatzungslasten in Mill. RM/DM

Rechnungsjahr	Brit. Zone	US-Zone	Franz. Zone	Gesamtes Bundesgebiet
1945	1258	653	117	2028
1946	2462	1604	1007	5073
1947	2785	1968	773	5526
1948	2055	1995	554	4594
1949	1855	1661	551	4068
1950	1879[1]	1960	731	4570
Insgesamt	12294	9841	3723	25859

Quelle: Haushalt des Bundes, S. 198.

Geldes reichenden Währungsverhältnisses waren beträchtlich, wenn auch quantitativ nicht exakt feststellbar. Daß mit der Währungsreform vom 21. Juni 1948 auch die Chance geboten wurde, derartige, auch strukturverzerrende Reibungen herabzusetzen, steht außer Zweifel.

Reparationen haben die westlichen Besatzungszonen geleistet, auch zunächst unkontrolliert und in ihrer Höhe nur zu schätzen. Gilt der Wert der Demontagen und Reparationen nach dem Zweiten Weltkrieg im Gegensatz zu denen der 20er Jahre bis heute auch noch als weithin umstrittene Größe, so wiesen sie nach 1945 mindestens drei wesentliche Besonderheiten auf: Erstens wurden sie für die vier Besatzungszonen getrennt und in der Sowjetischen Besatzungszone (SBZ) bzw. Deutschen Demokratischen Republik auch noch weiter erhoben, als sie für das Vereinigte Wirtschaftsgebiet bzw. die drei Westzonen – die Bundesrepublik – faktisch bereits beendet waren. Zweitens lagen sie – bei aller Unsicherheit ihrer statistischen Erfassung – jedenfalls unter der Höhe der Reparationen nach dem Ersten Weltkrieg, und drittens wurden sie früher und umfassender, als es 1924/1925 durch den Dawes-Plan geschah, dem neuen Gedanken geopfert, der Bundesrepublik durch eine großzügige wirtschaftlich-kreditäre Hilfe eine Genesung zu ermöglichen, die eine Rückkehr in den Kreis demokratisch regierter Industriestaaten erlauben sollte. Im einzelnen ist über die Reparationen und Demontagen im Rahmen unseres Zusammenhanges – Vorstrukturierung des Bundeshaushaltes im Hinblick auf eine spätere Belastbarkeit für einen westdeutschen Verteidigungsbeitrag – folgendes zu skizzieren[32]: Ähnlich wie nach dem Ersten Weltkrieg wurden die ersten Lieferungen an die Westmächte im Zweifel zu niedrig bewertet, zumal die deutschen Preise durch den Preisstopp von 1936 eingefroren waren. Der Gesamtwert der *Demontagen* betrug ca. 4 Mrd. Mark, was eher zu niedrig denn zu hoch gegriffen sein dürfte[33]. Einschließlich der Demontagen sind rund 32,95 Mrd. DM an Reparationen gezahlt worden.

Das gleiche gilt für Lizenzen und die Verluste der auf der Londoner Schuldenkonferenz geregelten deutschen Auslandsvermögenswerte. Sie alle wurden in Vorkriegspreisen angegeben. Schon allein angesichts der Kapitalknappheit in Deutschland nach 1945 war ihr Wert zu laufen-

[32] Reparationsabkommen vom 14.1.1946 in Brüssel.

[33] Setten, Zehn Jahre, S. 25 ff. Weitere Daten bei Köllner, Chronik.

den Preisen höher. Den bisher genannten Positionen gegenüber wogen Gebietsverluste für die drei Westzonen gering, nicht hingegen für das ehemalige Deutsche Reich als Ganzes[34].

Wachstums- und zusätzliche Reibungsverluste beim Aufbau einer neuen „Friedens-" anstelle der Kriegswirtschaft gab es zweifellos viele. Allerdings gestattete die Marshallplanhilfe stellenweise auch den Beginn auf einem höheren technischen Niveau als dem, das der Krieg hinterlassen hatte. Insgesamt freilich und vollends nach Aufhebung der Grenzen für die jährliche Stahlproduktion (1950) hat sich in den ersten Jahren der Bundesrepublik eine Produktionsstruktur herangebildet, die der des Deutschen Reiches von 1939 ähnlich war: die eines entwickelten und zu weiterem Wachstum fähigen Industrielandes mit einer im ganzen intensiven Landwirtschaft.

Bezüglich der Besatzungslasten nennt Oeftering folgende Zahlen (vgl. Tab. 4): Zu den Besatzungskosten wurden gezählt: Zahlungen für Leistungen an die Besatzungsmächte, Entschädigung für Besatzungsschäden, Überweisung von Barmitteln und einige Positionen, die mit der besonderen Situation Nachkriegsdeutschlands zusammenhingen, z.B. Unterhalt für verschleppte Personen, Nebenkosten für Reparationen und Restitutionen und Kosten der Entmilitarisierung, also z.B. die Kosten bei der Abtragung militärischer Anlagen, was dem „Festungsschleifen" früherer Jahrhunderte entsprach.

Tabelle 4

Besatzungslasten nach Ausgabegruppen (Mill. RM/DM)

Leistungsart	1945–1948 (RM)	1948–1954 (DM)	1945–1954 (RM/DM)
Arbeitskräfte	4211	10012	14223
Nutzungsleistungen	1357	2037	3394
Sach- und Werkleistungen	3642	19567	23209
Barzahlungen	1018	1683	2701
Besatzungsschäden	44	760	804
Sonstige Besatzungslasten	4634	5503	10137
Besatzungslasten insgesamt	14906	39562	54468

Quelle: Oeftering, Besatzungslasten
Weitere, zum Teil abweichende Angaben bei Setten, Zehn Jahre.

Diese Kosten wurden „innere Besatzungskosten" genannt, im Gegensatz zu den „äußeren", nämlich den finanziellen Aufwendungen für die Besoldung, Verpflegung und Bekleidung der Besatzungsstreitkräfte[35]. Diese „äußeren" Besatzungskosten wurden, mit Ausnahme kurzer Übergangsmonate 1945, stets von den westlichen Besatzungsmächten selbst getragen.

Ein zweites Merkmal war die Delegation der finanztechnischen Zahlungen an deutsche Stellen. Die Besatzungsmächte verzichteten – von wenigen Ausnahmen in der französischen Besatzungszone abgesehen – auf die Bezahlung der von ihnen beanspruchten Leistungen durch einen eigenen Kassen- und Rechnungsapparat. Das bedeutete die Überwälzung der Kosten der finanztechnischen Abwicklung der Besatzungskostenzahlungen auf den deutschen Verwaltungsappa-

[34] Im Zusammenhang mit den Gebietsverlusten im Westen ist auf die Sonderentwicklung der Saar und auf Monschau (Eifel) hinzuweisen.

[35] Vgl. dazu: Setten, Zehn Jahre, S. 37.

rat. Andererseits kam es aber auch nicht zu besonderen Erhebungen finanzieller Restitutionsgelder, mit denen wiederum die beanspruchten Leistungen durch die Alliierten in deutschem Geld von diesen hätten bezahlt werden müssen. Der Aufbau gleichsam eines zweiten Steuer- oder Abgabesystems wurde vermieden, was zweifellos eine Vereinfachung der Prozedur bedeutete. Die verwaltungstechnische Trennung der Anforderung von Leistungen und deren Bezahlung führte freilich auch dazu, daß von den Besatzungsmächten in Abständen auch Barmittel angefordert wurden. Vornehmlich die Auslandszulagen für Soldaten und Offiziere wurden damit bezahlt. In den zehn Jahren Besatzungszeit bis 1955 wurden so etwa 2,7 Mrd. RM/DM den Besatzungsmächten zur Verfügung gestellt.

Im Rahmen der Verhandlungen über den Deutschlandvertrag setzte man im Mai 1952 die monatlichen Besatzungskosten insgesamt auf 600 Mio. DM fest, eine Summe, die später nicht voll in Anspruch genommen wurde. Jedenfalls blieben rund 4 Mrd. am Ende der Besatzungszeit übrig, die freilich auch zur Bezahlung von Verbindlichkeiten benötigt wurden, die die Besatzungsmächte bis zum 5. Mai 1955 eingegangen, die aber finanziell noch nicht beglichen worden waren[36].

Da nicht alle Besatzungskosten dem „Besatzungshaushalt" unmittelbar angelastet werden durften, kam es zur Herausbildung eines sogenannten „Besatzungsfolgehaushaltes". Dazu zählten: Arbeitgeberanteile zur Sozialversicherung für bei den Besatzungsmächten tätige deutsche Arbeitnehmer, Härteausgleich bei Besatzungsschäden sowie die Kosten für die Errichtung von Gebäuden und der Ankauf von Grundstücken für die Besatzungsstreitkräfte, also diejenigen Kosten, die mit der Übersiedlung von Besatzungsangehörigen aus dem reduzierten deutschen Wohn- und Gebäudebestand in besatzungseigene Gebäude zusammenhingen. Nicht weniger als 36000 Wohnungen wurden für die drei westlichen Besatzungsmächte neu errichtet, insbesondere nach Ausbruch des Korea-Konfliktes 1950, als die alliierten Streitkräfte in der Bundesrepublik verstärkt wurden. Allein 14,223 Mrd. RM/DM wurden 1945 bis 1955 für Arbeitskräfte im Dienste der Besatzungsmächte aufgewandt, und die sonstigen Besatzungskosten enthielten die Leistungen der Post und der Bahn, also einschließlich der Kosten für das eigene Netz alliierter Militärzüge in den drei Westzonen. Im Jahr 1949 wurden für „verschleppte Personen" (displaced persons) allein 2,38 Mrd. DM aufgewandt. Eine Reihe von „Kosten" bleiben bei dieser Rechnung aber weiterhin unberücksichtigt, so die entgangenen Pachtzahlungen für die zeitweise unentgeltliche Nutzung noch vorhandener deutscher Kasernen (jedenfalls ging nur ein Teil dieser Besatzungskostenverwaltung in den Haushalt der Besatzungsfolgekosten ein) und schließlich die Kosten für die Abwicklung von Besatzungsschäden *nach* dem 5. Mai 1955.

Es ist erkennbar, daß die Arbeitskosten hoch waren, beschäftigten die Westalliierten doch zeitweise bis zu 600000 Menschen in ihren Diensten.

Die Besatzungsmächte waren Anfang der fünfziger Jahre der größte Arbeitgeber in der Bundesrepublik, sie beschäftigten 1953 nur 90000 Menschen weniger als im gesamten, damals noch arbeitsintensiv betriebenen Steinkohlebergbau tätig waren. 14,2 Mrd. Mark wurden in der Besatzungszeit für Dienstleistungen gezahlt, gegenüber ca. 3,4 Mrd. RM/DM für Nutzungsleistungen, vor allem für Wohnbauten, Anlage und Erweiterung von Flugplätzen und Truppenübungsplätzen und Sach- und Werkleistungen. Diese bildeten mit 23,2 Mrd. RM/DM den größten Posten der Besatzungslasten. Die von den Besatzungsmächten angeforderten Leistungen waren von Verbrauchssteuern, Umsatzsteuer und Zöllen frei, so daß dem Bundeshaushalt ein Steuerausfall zugeschrieben werden muß.

[36] Dieser Beitrag lag höher als der Betrag des „Juliusturmes", der nur die mit großer Wahrscheinlichkeit nicht mehr abzurufenden Besatzungsgelder beherbergte.

Die Besatzungsschäden im engeren Sinne, die gemäß Artikel 3 des IV. Haager Abkommens vom 18. Oktober 1907 eigentlich durch den Verursacher zu zahlen waren, erwiesen sich demgegenüber als gering. Die in Unrechtsschäden, Belegungsschäden und Manöverschäden unterteilten Besatzungsschäden blieben insgesamt unter einer Mrd. RM/DM. Dies waren – in ökonomischer Sicht – im wesentlichen Kosten, die aus Reibungsverlusten zwischen der militärischen Infrastruktur oder den Vermögenswerten einzelner Bürger entstanden.

Bei der Erfassung der quantitativen Größenordnung und der Sonderbelastungen des Bundeshaushaltes durch Reparationen und Demontagen sind wir auf Schätzungen angewiesen (vgl. Tab. 5).

Tabelle 5

Sonderbelastungen des Bundeshaushaltes durch Reparationen und Demontagen 1945–1950

	Mrd. RM/DM
Demontagen:	4,0
Requisitionen und Entnahmen aus der laufenden Produktion:	2,5
Restitutionen	0,25
Geistiges Eigentum, u.a. Lizenzen und Patente:	12,0
Auslandsvermögen (beschlagnahmt bzw. überführt)	10,0
Zwangsausfuhr von Rohstoffen:	1,7
Beeinträchtigung der Seeschiffahrt	2,5
zusammen:	32,95

Quelle: Setten, Zehn Jahre, S. 25.

Im Vergleich zu den Zahlungen nach dem Ersten Weltkrieg, die im Januar 1932 von der Reichsregierung amtlich mit rund 53 Milliarden Reichsmark angegeben wurden – die alliierte Reparationskommission hatte freilich nur etwa 19 Milliarden RM gutgeschrieben –, waren diese Leistungen erkennbar geringer; sie wurden freilich auch in kürzerer Zeit erbracht[37].

Eine weitere Sonderbelastung stellten die „Ausgleichsforderungen" aus dem Währungsschnitt von 1948 dar. Sie waren der vom Staat zu zahlende Preis für das Gelingen der Währungsreform. Allen Geldinstituten, Versicherungsgesellschaften und Bausparkassen mußten im Zuge ihrer Bilanzumstellung Gegenwerte für fortgefallene oder abgewertete Reichstitel auf der Aktivseite ihrer Bilanz eingeräumt werden. Die bloße Neuausstattung mit dem seit Juni 1948 ausgegebenen Geld hätte ein starkes Mißverhältnis zwischen Aktiv- und Passivseite in den Bilanzen der genannten Einrichtungen herbeigeführt, so daß ein formaler Bilanzausgleich – auf niedrigerem Niveau – gewährleistet werden mußte. Da es noch keine Bundesrepublik gab, wurden in erster Linie die damaligen *Länder* zu Schuldnern erklärt, einmal, weil sie allein Träger der durch die Besatzungsgewalt beschnittenen Staatsgewalt waren, zum anderen, weil nur sie über einen eigenen finanzbürokratischen Apparat verfügten. Zudem wurden in der damaligen verfassungsrechtlich

[37] Aufschlußreiches Material liefert das Buch und die Dokumentation von Harmssen, Am Abend der Demontage. Bei der in der Übersicht genannten Ausfuhr von Rohstoffen handelte es sich vorzugsweise um die Lieferung von Kohle (1946–1950 insgesamt 79 Millionen t Steinkohleeinheiten), Holz (durch die Timber-Aktion wurden im Harz und im übrigen deutschen Mittelgebirge weite Strecken kahlgeschlagen), Eisenschrott und Strom. Der Reparationscharakter lag zum Teil im Verkauf an die Besatzungsmächte unter (dem damals gültigen innerdeutschen Fest-)Preis.

unsicheren Situation eben die Länder vermögensrechtlich als Nachfolger des Reiches betrachtet. Auch waren im Zuge der Bankenentflechtung die Großbanken auf Länderebene beschränkt worden[38].

Die Ausgleichsforderungen der Reichsbahn und der Reichspost richteten sich hingegen gegen das Vereinigte Wirtschaftsgebiet als Vorläufer der späteren Bundesrepublik. Es hat Jahre gedauert, bis eine bundeseinheitliche Regelung gefunden werden konnte. Ein Fonds zur Tilgung von Ausgleichsforderungen wird noch heute bei der Deutschen Bundesbank geführt. Wir erwähnen diesen Zusammenhang, weil mit der Bildung von Ausgleichsforderungen noch vor der Entstehung der Bundesrepublik verzinsliche schuldbuchrechtliche Ansprüche auch gegen eine neue Zentralgewalt geschaffen wurden, die den laufenden Bundeshaushalt und die Bundesvermögensrechnung belasteten. Es waren die Ausgleichsforderungen mithin spezielle Kriegsfolgelasten im Währungssektor, die durch die Währungsreform von 1948 zu einer rechenbaren Größe und damit zu einem limitierenden Element der künftigen Belastbarkeit einer neuen Zentralgewalt auch durch Stationierungskosten und/oder einen eigenen „Wehrbeitrag" wurden, wenn auch in abnehmender Größenordnung. Insgesamt entstanden Ausgleichsforderungen in Höhe von etwa 8 bis 9 Milliarden DM.

Ähnlich den Ausgleichsforderungen waren alle Besatzungslasten vor der Entstehung der Bundesrepublik Sache der Länder bzw. des Vereinigten Wirtschaftsgebietes. Dabei müssen wir abschließend noch einmal darauf verweisen, daß die Besatzungskosten wiederum nur ein Teil der Kriegsfolgelasten im engeren Sinne darstellten[39]. Kriegsfolgelasten im engeren Sinne und damit auch Besatzungskosten sind Größen, die eine entscheidende Rolle bei der Diskussion über die Belastbarkeit der westdeutschen Wirtschaft und des Staatshaushaltes im Rahmen der EVG-Verhandlungen spielten. Die gezahlten Besatzungslasten waren eine Meßgröße für die späteren Stationierungskosten und damit wiederum für die Höhe des westdeutschen Verteidigungsbeitrages.

[38] Einzelheiten hierzu, besonders zu den Rechtsgrundlagen, im Enzyklopädischen Lexikon für das Geld-, Bank- und Börsenwesen. Es hieß z.B. die Dresdner Bank in Nordrhein-Westfalen Rhein-Ruhr-Bank und in Hessen Rhein-Main-Bank.

[39] Zu den Kriegsfolgelasten im weiteren Sinne, die hier nicht diskutiert werden, gehören u.a.: Wachstumsverluste der Gesamtwirtschaft, strukturelle Störungen des Wirtschaftskörpers infolge der Kriegseinwirkungen einschließlich der Besatzungszeit; Produktivitätseinbußen infolge des Krieges; Verlust immaterieller, nicht abschätzbarer Werte (Innovationspotential); nichtangemeldete Kriegsfolgelasten oder in den Entschädigungsgesetzen nicht vorgesehene Fälle der Anmeldung und Erstattung von Kriegsfolgelasten; Kosten der Familienzusammenführung als Folge vorausgegangener Vertreibung aus ehemals deutschen Gebieten usw. Es muß jedoch betont werden, daß durch den Marshallplan und den schnellen wirtschaftlichen Aufschwung nach 1948 ein Teil dieser Kriegsfolgelasten im weiteren Sinne fiskalisch wieder „hereingeholt" wurde, wenn auch mit zeitlicher Verzögerung. Auch ist nicht bekannt, wie sich die deutsche Wirtschaft entwickelt hätte, wenn der Krieg nicht oder nicht in dieser Form verloren worden wäre. Derartigen spekulativen Überlegungen steht als Tatsache zur Seite, daß das European Recovery Program (ERP) nachweisbar für einzelne Wirtschaftsbranchen *sofort* ein höheres Niveau herstellte, als es bei „normaler" wirtschaftlicher (Nachkriegs-)Entwicklung erreicht worden wäre. Es gab mithin keine gemeinsame Ausgangslage für die an die Währungsreform anknüpfende allgemeine wirtschaftliche Entwicklung und damit auch keine gemeinsame Niveauhöhe etwa für die Besteuerung der gewerblichen Wirtschaft, eine wichtige Quelle für die Finanzierung neuer deutscher Militärausgaben im Rahmen der EVG.

IV. Stellungnahmen zu einem Wehrbeitrag und Schätzung seiner voraussichtlichen Höhe

Unser Überblick über die strukturelle Entwicklung der westdeutschen Nachkriegsfinanzen läßt erkennen, unter welchen fiskalischen Bedingungen westdeutsche Militärausgaben erbracht werden mußten. Aber während die Kriegsfolgelasten abgebaut wurden und als ins Gewicht fallender Block nur die Besatzungskosten als Stationierungslasten stehenblieben, gab es auch noch eine Reihe anderer Momente, die die Finanzierung von Militärausgaben begünstigten:

1. Die Steuerreform von 1954, die die Tarifstruktur der Besatzungszeit weitgehend beseitigte und besonders die hohen Tarife bei der Einkommen- und Körperschaftssteuer senkte. Die Steuerreform, von Fachleuten als „groß, aber gewöhnlich" bezeichnet[1], stand in der Kontinuität der Durchsetzung der „sozialen Marktwirtschaft" und vertraute darauf, die Staatseinnahmen nicht direkt durch hohe Steuertarife, sondern durch eine Ausweitung der besteuerbaren Tatbestände zu steigern, eine Annahme, die sich trotz der Rezession von 1954 als realistisch erwies. Denn trotz mancher Mängel im einzelnen führte die Steuerreform von 1954 zu einem anderen Ergebnis, das eine Finanzierung eines deutschen Verteidigungsbeitrages begünstigte, nämlich
2. zu einem weiter steigenden Steueraufkommen, das mehrere Jahre lang zu vollen Staatskassen führte und Haushaltsüberschüsse produzierte. Das Steueraufkommen übertraf die freilich sehr groben Steuerschätzungen regelmäßig, Folge einer schnellen Vermehrung besteuerbarer Tatbestände, u.a. der Vermehrung der Kraftfahrzeugsteuer sowie der Mineralölsteuer, der spürbar steigenden Nominaleinkommen sowie steigender Anteile und Beträge zugunsten des Bundes aus dem vertikalen Finanzausgleich[2].
3. Der schon erwähnte „Juliusturm" – so genannt in Anlehnung an den in den siebziger Jahren des 19. Jahrhunderts in Preußen angelegten Kriegsschatz –, der sich in den frühen fünfziger Jahren als Bundeskassenüberschuß niederschlug. Als am 1. Dezember 1952 Bundesfinanzminister Schäffer den Bundeshaushalt für 1953/1954 vorlegte, schloß dieser mit Einnahmen und Ausgaben von 26,4 Milliarden DM ab. Der Zuwachs an Ausgaben betrug 2,3 Milliarden DM, man rechnete aber nur mit Mehreinnahmen von 550 Millionen DM, eine Summe, die sich später als zu niedrig erwies. Die aufbrechende Finanzlücke in Höhe von 1,75 Milliarden DM sollte durch eine Erhöhung des Bundesanteils an der Einkommensteuer gedeckt, und dieser Anteil sollte von 37 auf 44% aufgestockt werden. 250 Millionen DM sollten aus dem ERP-Vermögen (ERP-Gegenwertfonds)[3] dem Bund zur Verfügung gestellt werden. Außerdem war

[1] Jecht, Bundessteuerreform. Horst Jecht, Professor der Finanzwirtschaft in Münster und, ab 1960, in München, erstattete für Bundeskanzler Konrad Adenauer ein Gutachten über die politisch als erforderlich angesehene „große" Steuerreform 1954/1955. – Zur Grundlagenliteratur über internationale Vertragssysteme nach dem Zweiten Weltkrieg zählt: Schönborn, Entwicklungstendenzen.

[2] Vertikaler Finanzausgleich meint Überweisungen und Zuschüsse von übergeordneten Gebietskörperschaften an untergeordnete Gebietskörperschaften und umgekehrt. Der Gegensatz ist der horizontale Finanzausgleich: er meint die gleichen Vorgänge zwischen Gebietskörperschaften gleicher Ebene (z.B. Bundesländern).

[3] In den ERP-Gegenwertfonds zahlten Unternehmungen die ihnen aus ERP-Krediten im Rahmen von ECA-Ermächtigungen gewährten Zahlungserleichterungen und Kredite zurück, die die USA gleichsam als „Kasse" in Europa stehen ließen.

vorgesehen, daß – wiederum erstmals – der Bund seinen Anteil an den Ausgaben der Sozialversicherungsträger nicht in bar, sondern in Form von Schuldverschreibungen leistete. Den größten Posten für Mehrausgaben stellten 1,1 Milliarden DM für Verteidigungslasten dar, dazu ca. 400 Millionen DM für den Zinsendienst aus Vor- und Nachkriegsschulden (der Abschluß des Londoner Schuldenabkommens stand bevor) sowie 200 Millionen DM für Wiedergutmachungszahlungen an Israel und 300 Millionen DM für (neue) Kriegsfolgelasten[4].

Diese Voranschläge erwiesen sich z.T. als zu hoch, während gleichzeitig die Mehreinnahmen zu niedrig angesetzt wurden. Jedenfalls stand, sowohl den außenpolitischen wie den fiskalpolitischen Absichten der damaligen Jahre entsprechend, eine beträchtliche und in den kommenden Jahren noch wachsende Finanzmasse für eine auch fiskalische europäische Integrationspolitik zur Verfügung. Strittig war nur noch die jährliche Höhe westdeutscher Militärausgaben sowie ihre künftigen jährlichen Zuwachsraten.

Es gab eine Vielzahl von Stellungnahmen, Schätzungen und Meinungen zu einem bundesdeutschen Verteidigungsbeitrag. Viele von ihnen waren bloße Annahmen, die sich auf Erfahrungen aus der vorangegangenen Kriegszeit stützten und mit unvollkommenem statistischem Material arbeiteten. Wir greifen die wichtigsten Stellungnahmen heraus. Es waren dies:

Das Memorandum der Bundesregierung vom 31. Januar 1952[5].

Das Gutachten der „Drei Weisen“ vom 19. Februar 1952[6].

Das Gutachten des wissenschaftlichen Beirates beim Bundeswirtschaftsministerium vom 8. Juni 1952 (Verteidigungsleistungen und Wirtschaftsverfassung).

Eine Reihe von Stellungnahmen des Bundesverbandes der Deutschen Industrie (BDI).

Eine Studie des Instituts Finanzen und Steuern in Bonn[7].

Eine Reihe von Stellungnahmen führender deutscher Wirtschaftswissenschaftler[8].

Vom Tübinger Institut für Besatzungsfragen die Schrift „Besatzungskosten – ein Verteidigungsbeitrag?“

Die Ansichten des zeitweiligen deutschen Verhandlungsführers bei den Pariser EVG-Verhandlungen, Friedrich-Karl Vialon[9].

Weitere Stellungnahmen kamen von den Gewerkschaften und den beiden Kirchen. Wir müssen sie übergehen, zumal die dort entwickelten Vorstellungen stärker von grundsätzlichen und ethischen Überlegungen geleitet wurden denn von finanztheoretischer Analytik. Es waren vielfach Meinungen im gutgemeinten Sinne, die aber weithin der Sachkenntnis entbehrten oder einem populären Nachfrage-Keynesianismus folgten[10]. Zur engeren finanztheoretischen Diskussion trugen sie so gut wie nichts bei. Ebenso enthielten sie keine praktischen Vorschläge zur Lösung der schwierigen Sachzusammenhänge.

[4] KAG 1952, S. 3762 B.

[5] Um die Höhe des Verteidigungsbeitrags.

[6] Deutschlands Verteidigungsbeitrag 1952/53. Vgl. außerdem zahlreiche Presseverlautbarungen, 17.–20.2.1952.

[7] Verteidigungsbeitrag und Steuerbelastung. Budgetpolitik wurde in erster Linie als Ausgestaltung des geltenden Budgetrechts verstanden.

[8] Dazu gehörten u.a. Fritz Baade, damaliger Direktor des Instituts für Weltwirtschaft in Kiel, Günter Schmölders, Finanzwissenschaftler an der Universität in Köln, und Viktor Agartz vom Deutschen Gewerkschaftsbund.

[9] Vialon, Finanzprobleme I–IV.

[10] Hier wurde das makroökonomische Kreislaufsystem Keynes' auf die populäre Formel gebracht, daß Kaufkraftschöpfung jedenfalls konjunkturanregend sei, was jedoch nur unter bestimmten Annahmen gilt.

Alle Stellungnahmen zeichneten sich durch einen mahnenden, der Sache gegenüber auf Zurückhaltung eingestellten Grundtenor aus. Es gab keine Stellungnahme, die uneingeschränkt einen westdeutschen Verteidigungsbeitrag problemlos für durchführbar hielt. Vielmehr wurden die vielfältigen Probleme aufgezeigt, die der Berechnung, der Aufbringung und den mit der Ausgabe verbundenen Wirkungen von Militärausgaben zugrunde lagen oder mit ihnen notwendig verknüpft erschienen. Hauptsächlich konzentrierte man sich auf die Fragen, ob ein Verteidigungsbeitrag ohne Steuererhöhung möglich sei, in welchem Verhältnis Militärausgaben zu den bisherigen Besatzungskosten stehen und wie man sie konjunkturell bewerten sollte.

Ähnliches galt für die Schätzungen der Höhe – weniger der Zusammensetzung – künftiger bundesdeutscher Militärausgaben. Die Expertisen wichen erheblich voneinander ab. Das lag unter anderem daran, daß über die Stärke der aufzustellenden Divisionen keine hinreichende Klarheit herrschte und daß die Kosten einer modernen Armee mit ihrer neuartigen Gliederung bei denjenigen, die sich zur Höhe eines Verteidigungsbeitrages äußerten, so gut wie nicht bekannt waren. Man hatte nur eine ungefähre Vorstellung davon, inwieweit eine weitgehend motorisierte Armee auch eine andere Bewaffnungsstruktur und Bewaffnungsqualität haben würde als die deutsche Wehrmacht. Den wenigen Fachleuten auf diesem Gebiet fiel folgerichtig eine besondere Rolle in der Diskussion zu, und ihre Ansichten besaßen besonderes Gewicht.

Das Memorandum der Bundesregierung zur Frage des deutschen Verteidigungsbeitrages, vorgelegt am 1. Februar 1952, beschäftigte sich überwiegend mit den Lasten, die die Bundesrepublik infolge des verlorenen Krieges zu tragen hatte. Es führte die Struktur des Haushaltes vor und kam dann auf das Hauptanliegen zu sprechen: Bestimmung eines möglichst hohen Anteils bundesdeutscher Zentralausgaben zur Anrechnung auf den kommenden Verteidigungsbeitrag. Dabei wurden – das fällt auf – bereits die NATO-Kriterien und Berechnungsmethoden verwandt, wie es später auch im EVG-Vertrag für die „Anlaufzeit" und für die „Übergangszeit" gefordert wurde.

In diesem Memorandum hat die bis heute geübte Praxis ihre Wurzel, Berlin-Ausgaben zu den westdeutschen Verteidigungsausgaben zu rechnen (das Memorandum sprach vom „Brückenkopf Berlin") und sie bei den nach NATO-Kriterien aufgelisteten bundesdeutschen Verteidigungsausgaben nachrichtlich zu erwähnen.

In einem weiteren Abschnitt nahm das Memorandum Stellung zu den gesamtwirtschaftlichen und monetären Voraussetzungen für die Aufbringung von Militärausgaben. Aus heutiger Sicht war die Argumentation nicht immer schlüssig. Betont wurde z. B., daß eine international vergleichsweise niedrige gesamtwirtschaftliche Verbrauchsquote am Sozialprodukt (bei entsprechend hoher Investitionsquote) zusätzliche Verteidigungsausgaben deshalb auf Kosten des privaten Konsums gehen lasse, weil die Staatsquote am (Brutto-)Sozialprodukt erhöht werden müsse. Die eigentliche wachstumstheoretisch und wachstumspolitisch wichtige Frage, welchen Platz Militär- und Rüstungsausgaben in einer wachsenden Wirtschaft einnehmen würden, wurde mithin übergangen. Die gesamte Diskussion erschöpfte sich in statischen Argumenten. Selbst der einfache Gedanke multitplikativer und akzelerierender Effekte (bei den Investitionen) tauchte kaum auf[11].

[11] Um es in einfachen Worten für den Nicht-Ökonomen zu sagen: multiplikative Effekte entstehen bei der Einkommensbildung, weil in jeder Einkommensperiode neben den (zunächst) ausgesickerten Sparbeträgen Ausgaben für die nächste Periode bereitgehalten werden, die dann zu neuen Einkommen führen. Wird in der ersten Periode alles gespart, entsteht in der zweiten Periode kein neues Einkommen. Akzelerierende Effekte kommen zustande, weil in einer zweiten Periode nachziehende Investitionen, ausgelöst

Der entscheidende wachstumstheoretische Gedanke, wie Militärausgaben die Wirtschaftsstruktur, und das nicht nur über neue Wehrtechnologien, verändern und auch steuerertraglich beeinflussen, also auch steigern könnten, wodurch weiteres, nicht-militärisches *und* militärisches Wachstum finanziert werden könnte, findet sich nicht im Memorandum der Bundesregierung.

Nur in Andeutungen äußerte sich die Sozialdemokratische Partei darüber, daß eine rüstungsbegrenzte oder rüstungsfreie Zone in Mitteleuropa – ein Gegenvorschlag zur EVG – wirtschaftliche Ressourcen für zivile Zwecke freisetze[12].

Weitgehende Ablehnung fand der EVG-Vertrag wegen seiner hohen finanziellen Belastung beim Bund der vertriebenen Deutschen. Ihr Vorsitzender, der CDU-Abgeordnete Linus Kather, lehnte am 6. Mai 1952 im Deutschen Bundestag den damaligen Entwurf für das Lastenausgleichsgesetz ab[13]. Die soziale Sicherheit verdiene eindeutig den Vorrang vor dem „Wehrbeitrag", hatte er zuvor verlauten lassen. Er glaube „versichern zu können, daß eine Ablehnung seiner Forderungen [nach einem sozialeren und quantitativ höher angesetzten Lastenausgleich] ein Nein der Vertriebenen zu diesem Lastenausgleich auslösen werde, das auch ein entschiedenes Nein zum Wehrbeitrag einschließen werde"[14].

Nach Auffassung der CDU/CSU/FDP/DP-geführten *Regierung* sollten als Ausdruck gestärkter westdeutscher Souveränität die überhöhten Steuertarife aus der Besatzungszeit abgebaut werden. Theoretisch gesprochen glich die Situation einer Basislage in einer durch Fehlbeschäftigung, Unterbeschäftigung und potentiell ungenutzte Ressourcen gekennzeichneten Wachstumsphase auf niedrigem Ausgangsniveau. Mit anderen Worten: Der Gedanke, daß Militärausgaben mithelfen könnten, einen Prozeß in Gang zu setzen, der die weitere Finanzierung der Verteidigungsleistungen möglich gemacht hätte, wurde nicht verfolgt. Dies war auch eine Folge der Tatsache, daß die angelsächsische ökonomische Wachstumstheorie zu Beginn der fünfziger Jahre gerade erst in der westdeutschen Wirtschaftswissenschaft rezipiert wurde. Deren Grundgedanke hieß, im Wachstumsprozeß weitere Voraussetzungen zu schaffen, die das Erreichen eines höheren Niveaus erlauben, was auch der „sich selbst tragende Entwicklungsprozeß" genannt wird. Außerdem paßten derartige Überlegungen schlecht in eine Zeit ökonomietheoretischer Diskussionen hinein, die keynesianischen Modellen über den stabilen Wirtschaftskreislauf gewidmet waren. Keynes selbst hatte sich zwar 1919 und 1940 zu Fragen der Kriegs- und Militärfinanzierung richtungweisend geäußert, aber in jenem für ihn typischen komparativ-statischen Sinne, der eine zeitlich weiterfassende dynamische Betrachtung von Militärausgaben nicht einschloß.

Für die Bundesregierung war entscheidend, die innere Stabilität durch einen Verteidigungsbeitrag nicht zu gefährden. Man erwartete für 1952/1953 ein Wachstum des Sozialproduktes in Höhe von nominell 15,4 Milliarden DM. Davon würden etwa 7,3 Milliarden DM für zusätzliche

durch die Investitionen in der ersten Periode, getätigt werden. Aus verschiedenen Gründen, insbesondere den (zeitlich) wechselnden „Elastizitäten", mit denen der Verbrauch, das Sparen und die Investitionen auf einen einmaligen Einkommensschub reagieren, sind die multiplikativen und akzelerierenden Effekte ungleich hoch, je nach Konjunkturlage, Wachstumsniveau, Entwicklungsphase – auch international.

12 Hierzu u.a. dargestellt bei Haftendorn, Militärhilfe. Die Argumentation der Parteien war politischer Natur. Die SPD fürchtete einen neuen deutschen Militarismus, auch in der Wirtschaftsstruktur, was die EVG-Planer, allen voran Frankreich, gerade verhindern wollten. Der polnische Rapacki-Plan zur Errichtung einer rüstungs-, mindestens aber atomwaffenfreien Zone in Mitteleuropa (rüstungsneutraler Korridor) fand Interesse bei den deutschen Sozialdemokraten, die darin eine Chance sahen, neue deutsche Militärausgaben zu vermeiden.

13 Deutscher Bundestag, Sten. Ber., Bd 11, 207. Sitzung, 6.5.1952, S. 9005.

14 Wehrbeitrag und Lastenausgleich, S. 529.

Staatsleistungen und Investitionen beansprucht werden. Diese Summe war zu hoch gegriffen. In diesem Zusammenhang wurde die Befürchtung geäußert, eine Inflationslücke („inflationary gap") würde bei den persönlich verfügbaren Einkommen und der daraus resultierenden Nachfrage erwachsen. 20 Prozent mehr an Verteidigungsausgaben anstelle der bisherigen Besatzungskosten würden jedenfalls zu Lasten des privaten Verbrauches gehen. Fazit: aus einem so strukturierten Sozialprodukt könne kein wesentlich höherer Verteidigungsbeitrag geleistet werden.

Besonders wandte sich die Bundesregierung gegen die Höhe des ersten Finanzbeitrages der Bundesrepublik für das Fiskaljahr 1952/1953. „Die Bundesregierung ist sich im klaren darüber, daß die bisher verfügbaren statistischen Unterlagen für die Aufteilung gemeinsamer Lasten nach dem Grundsatz der Leistungsfähigkeit noch nicht genügend entwickelt sind[15]."

Der nach NATO-Kriterien erforderliche Beitrag belief sich auf 10,8 Milliarden DM oder 10 Prozent des Bruttosozialproduktes. Die Bundesregierung war grundsätzlich bereit, diesen Betrag zu zahlen. Ihrer Ansicht nach stieß er jedoch an die äußerste Grenze der fiskalischen Belastbarkeit[16]. In diesem Zusammenhang verwies die Bundesregierung, wie auch schon vor und während der Pariser Verhandlungen, auf die zu erwartenden Lasten aus dem Londoner Schuldenabkommen und die besonderen Staatsausgaben im eigenen Lande zur Milderung des innerdeutschen Flüchtlingsproblems.

Die folgende Übersicht zeigt die von der Bundesregierung als anrechnungsnotwendig angesehenen Beträge, wobei von einem Verteidigungsbeitrag (einschließlich Wirtschaftshilfe an West-Berlin – vgl. Tab. 2, S. 794) von 10,6 Mrd. DM ausgegegangen wurde: (Tab. 6).

Tabelle 6

Ausgaben für Bereitschafts- und Sicherheitspolizei (für Sicherheitspolizei soweit einsatzfähig)

	Mill. DM
	370
Bundesgrenzschutz	245*
Zollgrenzschutz (Interzonengrenze)	135
Wetterdienst, Flugsicherung, Flugplätze und Entmagnetisierung	30
Ausbau des Verkehrsnetzes im ausschließlichen Dienste der Verteidigung	40
Versorgung der ehemaligen Berufssoldaten	250
Summe:	1070

* Vorsichtige Schätzung, die sich bei genauer Berechnung wahrscheinlich erhöhen wird.

Quelle: Um die Höhe des Verteidigungsbeitrags, S. 222.

Im Bonner Memorandum wurde auch der TCC-Belastungssatz[17] für die Bundesrepublik von 8,4 Prozent genannt, wonach sich eine Belastung von ca. 9 Mrd. DM jährlich ergab. Das war die

[15] Um die Höhe des Verteidigungsbeitrags, S. 225.

[16] Im langfristigen historischen Vergleich war der prozentuale Anteil am Bruttosozialprodukt in der Tat hoch. In Nicht-Kriegszeiten ist ein Anteil um 3–4% üblich. Die „reinen" Verteidigungsleistungen lagen weit niedriger. Es gab zwei Einflüsse, die den Betrag in die Höhe schraubten: der politisch-atmosphärische Einfluß der hohen Militärausgaben der USA im Korea-Krieg und die anfängliche Neigung aller NATO- und künftiger EVG-Mitgliedstaaten, alle irgendwie verteidigungsrelevanten Ausgaben in die Berechnung mit einzubeziehen, wie es die Bundesregierung mit 1,3 Mrd. DM Berlin-Hilfe auch tat.

[17] TCC = Temporary Committee of the Council.

eigentliche Grundlage von Schäffers 9 Milliarden DM. Die Bundesregierung meinte, die Höhe des Beitrages sei auch deshalb schwer zu bestimmen, weil nach dem TCC-Fragebogen die künftige Zusammensetzung des westdeutschen Verteidigungsbeitrages güterwirtschaftlich noch „weitgehend unbekannt" sei[18]. Das gelte besonders für Investitionsausgaben. Das TCC war der Meinung, Unterschiede „im Reichtumsgrad" der Mitgliedstaaten müßten bei der Beitragsbemessung berücksichtigt werden, was freilich eine leistungsfähige Investitionsrechnung voraussetzte[19].

Das Gutachten der Drei Weisen vom 19. Februar 1952[20] war verständlicherweise das wirtschafts- und finanzwissenschaftlich beste Gutachten, das es zur damaligen Zeit über die Frage der EVG-Finanzierung gab. Das Papier beschäftigte sich einmal mit den Faktoren, die die gesamtwirtschaftliche Leistungsfähigkeit eines Landes bestimmen. An versteckter Stelle tauchte die Formulierung auf, es gelte auch, einen Überblick darüber zu gewinnen, wie und in welcher Höhe „zusätzliches Wirtschaftspotential für die Verteidigung abzuzweigen"[21] sei, was sowohl statisch als auch dynamisch verstanden werden konnte. Die Bundesrepublik Deutschland stehe vor verschiedenen Sonderproblemen, „die wir bei der Beurteilung ihrer Fähigkeit, auf fairer und gerechter Basis einen Beitrag zur gemeinsamen Verteidigung zu leisten, sorgfältig berücksichtigt haben"[22]. Anerkannt wurden von den Drei Weisen die besonderen Belastungen durch das innerdeutsche Flüchtlingsproblem, die lebenswichtigen Bedürfnisse des Wiederaufbaus und die Lage Berlins. „Ein Teil der Ausgaben von Berlin fällt praktisch unter die allgemein angewandte Begriffsbestimmung für Verteidigungsausgaben und [...] sollten [...] auf den Verteidigungsbeitrag der Bundesrepublik angerechnet werden. Die meisten über den Haushalt und auf andere Weise an Berlin gewährten Leistungen fallen jedoch nicht unter den Begriff der Verteidigungsausgaben, sie übersteigen jedoch weitgehend das Maß dessen, was normalerweise für Notstandsgebiete aufgewendet wird [...][23]." Diese Belastung wurde daher als besonderer Faktor bei der Bemessung der Fähigkeit der Bundesrepublik, zur Verteidigung beizutragen, berücksichtigt. Die für die Bundesrepublik entstehenden Sonderprobleme hielt man für lösbar. Vorgeschlagen wurden: eine Reduzierung der Nicht-Verteidigungsausgaben, eine Besteuerung des Luxusverbrauches und eine Verminderung der weniger dringlichen öffentlichen Investitionen. Derartige Maßnahmen seien in einer Zeit des Aufbaues einer eigenen Verteidigung durchaus angebracht[24]. So-

[18] Um die Höhe des Verteidigungsbeitrags, S. 222.

[19] Ebd., S. 225.

[20] Deutschlands Verteidigungsbeitrag 1952/53. Dieses Gutachten darf nicht verwechselt werden mit dem Bericht, den die beiden „Weisen" A. Cairncross und P. Jacobsen schon 1950 im Auftrag der OEEC über die Chancen einer marktwirtschaftlichen Entwicklung in der Bundesrepublik abgegeben hatten. Ähnlich hierzu: Röpke, Ist die deutsche Wirtschaftspolitik richtig? Die Drei Weisen waren: Averell Harriman, der damals und später als Sonderbotschafter in Moskau für die US-Regierung tätig war, Jean Monnet, der eigentliche Begründer der Montanunion für Frankreich, und Sir Edwin Plowden für das Vereinigte Königreich. Es war ein von der NATO eingesetztes Gremium.

[21] Deutschlands Verteidigungsbeitrag 1952/53, S. 206, Punkt 4.

[22] Ebd., Punkt 8.

[23] Ebd., Punkt 12.

[24] An dieser Stelle folgten die Drei Weisen gängigen, aber falschen Vorstellungen von der Ertragskraft der Luxussteuern. Die Debatte darüber reicht bis in den Ersten Weltkrieg zurück. Soll die Luxusbesteuerung sozialpolitisch erfolgreich sein, mithin prohibitiv wirken, so wird der fiskalische Ertrag immer unergiebiger. Nur eine einkommensunelastische Verbrauchsgüternachfrage garantiert mit Sicherheit bei Steuerneueinführung oder Tariferhöhung einen fiskalischen Mehrertrag. Bei der Besprechung deutscher Minister mit den Drei Weisen (4.2.1952) erklärten die Gutachter, nur ein Teil des Bruttosozialproduktzuwachses solle für die Verteidigung bereitstehen. Gedächtnisprotokoll über die Besprechung der Drei Weisen mit den Bundesministern Blücher, Erhard und Schäffer am 4.2.1952 in Paris, BA, B 126/14208.

dann kam der Kernsatz des Gutachtens mit Blick auf die Bestimmung der Höhe der nationalen Verteidigungsbeiträge: „Es gibt keine genaue Methode, den absoluten oder relativen Beitrag [...] zu bemessen[25]." Als Ergebnis ihrer Überlegungen stellten die Drei Weisen fest, daß ein westdeutscher Verteidigungsbeitrag in Höhe von 11,25 Milliarden DM für das NATO-Fiskaljahr 1952/1953 finanzierbar sei. Erst 1956/1957 erreichte der Verteidigungshaushalt der Bundesrepublik die Höhe von 5,3 Milliarden DM. Ein Fiskaljahr zuvor hatte er noch beträchtlich unter einer Milliarde DM gelegen. Bei näherer Betrachtung wird ein Unterschied zwischen den Ansätzen der Bundesregierung und dem der Drei Weisen sichtbar, was zugleich die damals vorherrschende wirtschaftstheoretische Diskussion in der Bundesrepublik im Vergleich zum Ausland charakterisiert. Die Bundesregierung bewertete die Sonderbelastungen als statische Dauergrößen und argumentierte etatistisch. Die Drei Weisen hingegen sahen den sich entwickelnden Wirtschaftsaufschwung in der Bundesrepublik und betrachteten zusätzliche Verteidigungsausgaben für die weitere wirtschaftliche Entwicklung als Vorteil. Auch ein Teil der schweren strukturellen Nachkriegsprobleme der westdeutschen Wirtschaft konnte ihrer Auffassung nach über einen Verteidigungsbeitrag gelöst werden. Auf Regierungsseite hielt man in der Hauptsache die auslaufenden Besatzungskosten für positiv[26]. Neue Steuern wollte man jedenfalls vermeiden, ebenso jede inflationär wirkende Finanzierung. Die Äußerung, die die Drei Weisen in diesem Zusammenhang abgaben, war allerdings mißverständlich: „Es besteht volle Übereinstimmung darüber, daß eine Inflation verhindert werden muß und daß zur Erreichung dieses Zieles die Finanzpolitik durch eine geeignete Kreditpolitik ergänzt werden muß[27]."

„Geeignete Kreditpolitik" wurde in der Öffentlichkeit vielfach so verstanden, daß doch zusätzliche Staatskredite durch die Zentralbank für die Verteidigungsfinanzierung zur Verfügung gestellt werden sollten. Das aber konnte gerade nicht gemeint sein. „Geeignete Kreditpolitik" konnte nach dem Stand der politischen Diskussion nur heißen, eine restriktive Kreditpolitik, die kompensatorisch zu Steuerentzugseffekten neues Geld schuf. Die Bundesregierung wandte sich mehrfach gegen das Gutachten der Drei Weisen, angeblich, weil es zu optimistisch mit Blick auf die deutsche Leistungsfähigkeit sei. In Wahrheit lagen der differierenden Beurteilung unterschiedliche Denkansätze zugrunde, wobei der Ansatz der Drei Weisen einige zwar unbestimmte, aber doch spürbare dynamische Elemente enthielt. Die Bundesregierung, vertreten durch Bundesfinanzminister Schäffer, gab anläßlich der Ersten Lesung der Westverträge im Bundestag eine Erklärung ab. Danach wünschte sie die Verträge, warnte vor einer Ablehnung, betonte den Grundsatz der Gleichberechtigung und beschäftigte sich – wenn auch nicht so bezeichnet – mit dem daraus entstehenden Dilemma, daß die Bundesrepublik dann auch gleichberechtigt Beiträge zur EVG-Finanzierung leisten müsse. In diesem Zusammenhang nannte Schäffer den Betrag von 850 Millionen DM monatlich. Aus der Sicht der Alliierten war er jedoch nicht groß genug, um der Bundesrepublik einen gleichberechtigten und seiner künftigen Leistungsfähigkeit angemessenen Platz in der neuen Verteidigungsgemeinschaft einzuräumen.

Schäffer machte jedoch darauf aufmerksam, daß die im EVG-Vertrag getroffene Regelung nur bis zum 30. Juni 1953 gelte und daß sodann eine endgültige Regelung über die Höhe des deutschen Beitrages unter dann gegebenen Bedingungen gleichberechtigter Partnerschaft gefunden werden müsse[28].

[25] Deutschlands Verteidigungsbeitrag 1952/53, S. 208, Punkt 19. Dieser pessimistischen Beurteilung vermag die heutige Wirtschaftswissenschaft nicht zu folgen.

[26] Vgl. Der deutsche finanzielle Beitrag zur gemeinsamen Verteidigung.

[27] Deutschlands Verteidigungsbeitrag 1952/53, S. 208, Punkt 16.

[28] Deutscher Bundestag, Sten. Ber., Bd 12, 221. Sitzung, 9.7.1952, S. 9829–9833.

Neben den Fragen der „Belastbarkeit" und der „Leistungsfähigkeit" der Wirtschaft der Bundesrepublik ging es also außerdem – eine Quelle mancher Mißverständnisse während der Verhandlungen – darum, was als Besatzungskosten anzusehen war. Die Drei Weisen rechneten mit einer höheren Summe, teils, weil sie ihren Berechnungen einen weiteren Begriff von Besatzungskosten unterlegten, teils, weil sie einen Teil der Sonderbelastungen der Bundesrepublik anerkannten. Und genau um diese Differenzen ging es in der politischen wie öffentlichen Diskussion über die Finanzierung der ersten Anlaufphase der EVG (vorgesehen bis zum 30. Juni 1953). Offenbar vertraute man auf deutscher Seite darauf, daß bis Anfang Juli 1953 auch neue Vorschläge über die Entwicklung eines Belastungsschlüssels für die Berechnung der Beiträge gefunden werden würde. Es blieb jedenfalls das Problem, daß die Bundesregierung vor dem Parlament ein Vertragswerk vertreten mußte, ohne die damit verbundene finanzielle Belastung genau zu kennen. Mehr noch: gegenüber den Alliierten betonte die Bundesregierung immer wieder, daß gerade die Unbestimmtheit der künftigen Belastbarkeit der westdeutschen Wirtschaft die endgültige Berechnung eines Verteilungsschlüssels verhindere[29]. Hier lag zweifellos ein Risiko für die parlamentarische Annahme der Verträge. Es stützte sich die Argumentation der Bundesregierung denn auch nicht auf die finanziellen Zusammenhänge, die mit dem EVG-Vertrag verknüpft waren, sondern auf das übergeordnete politische Ziel, das sie über den EVG-Vertrag zusammen mit dem Generalvertrag anstrebte: die staatliche Souveränität der Bundesrepublik[30].

In seinem Gutachten vom 8. Juni 1952 hat der Wissenschaftliche Beirat beim Bundeswirtschaftsministerium zu dem Thema „Verteidigungsleistungen und Wirtschaftsverfassung" Stellung genommen. Die Kernfrage lautete: „Inwieweit geben stark steigende Staatsausgaben (Verteidigungsleistungen) Anlaß zur Modifikation der Wirtschaftsverfassung?" Das Gutachten – übrigens das einzige dieser Art, das von den damals noch neuartigen wissenschaftlichen Beiräten bei den verschiedenen Bundesministerien zu dieser Thematik gefertigt wurde – ist aus zwei Gründen erwähnenswert. Zum einen wurde die Frage eines westdeutschen Verteidigungsbeitrages in den finanzwissenschaftlichen Rahmen der allgemeinen Problematik steigender Staatsausgaben gerückt. Der positive Tenor des Gutachtens kam bereits in Punkt zwei zum Ausdruck: „Eine der Tendenz nach marktwirtschaftliche Ordnung kann erhöhte Leistungen für Verteidigungszwecke in dem vorgesehenen Umfange ohne Veränderungen der bestehenden Wirtschaftsverfassung bewältigen[31]."

Zum anderen war *nicht* gefragt nach den Wirkungen erhöhter Verteidigungsleistungen auf die Wirtschaftsverfassung – das bedurfte nach Ansicht des Beirates gesonderter Überlegungen –, sondern nach der Vereinbarkeit erhöhter Verteidigungsleistungen mit der gegebenen (markt-

[29] Oberstleutnant Dr. Hecker, ehemals Mitarbeiter des Militärgeschichtlichen Forschungsamtes in Freiburg i. Br., hat mich darauf aufmerksam gemacht, daß Belastungsschlüssel und Verteilungsschlüssel zwei verschiedene gedankliche Konstruktionen sind. Das war der deutschen Delegation in Paris offensichtlich nicht klar. Belastungsschlüssel meint die potentielle Belastbarkeit; Verteilungsschlüssel meint die Aufteilung als notwendig angesehener Ausgaben auf die Beteiligten.

[30] Wegen seiner grundsätzlichen Bedeutung verweisen wir nochmals auf den Beitrag von Oeftering, Besatzungslasten. In der Höhe wollte man an die bis dahin gezahlten Besatzungslasten (bis auf einen Rest auch in Zukunft fälliger „Stationierungskosten") anknüpfen. Das mußte zu Problemen in der Struktur der gesamtwirtschaftlichen Wirkungen führen, weil künftige deutsche Verteidigungsausgaben sich anders zusammensetzten als die bisher gezahlten Besatzungslasten. Eigenartigerweise wurde diese Problematik in allen Stellungnahmen – wenn überhaupt – so nur am Rande angesprochen. Tatsächlich lag hier aber die zentrale Problematik unterschiedlicher Wirkungseffekte verschiedenartig zusammengesetzter Militärausgaben.

[31] Der wissenschaftliche Beirat, S. 147–149; Zitat S. 146.

wirtschaftlichen) Wirtschaftsverfassung. Systemlogisch lehnte der Beirat besondere Lenkungsinstitutionen im Zusammenhang mit (erhöhten) Verteidigungsleistungen ab.

Die Wachstumsrate des Sozialproduktes sei groß genug, meinte man, um außer den wachsenden Leistungen für die Verteidigung den für die Aufrechterhaltung des Wachstums erforderlichen Nettozuwachs von Investition und Konsum zu ermöglichen. In diesem Punkt stellte sich der Beirat in Gegensatz zur Bundesregierung. Der Beirat vertrat die nicht näher begründete Ansicht, daß der Verteidigungsbeitrag eine Verlangsamung des Wachstums herbeiführen werde, wobei er offensichtlich die technikbestimmten Effekte neustrukturierter deutscher Militärausgaben übersah. Eine Erhöhung der Steuertarife sei nicht erforderlich. „Der zu erwartende Zuwachs des Sozialprodukts wird ausreichen, um aus automatischen Steuermehrerträgen und einer wirksameren Steuerverwaltung die benötigten Mittel aufzubringen[32]." Freilich dürfe der öffentliche Bedarf keine weitere Ausdehnung erfahren. Engpässe gesetzlicher und institutioneller Natur auf den Kreditmärkten müßten beseitigt werden, damit eine angemessene Kreditausdehnung möglich sei. Auch der Beirat lehnte eine inflationäre Kreditausweitung ab, ohne sich näher über die verschiedenen Inflationserscheinungen zu äußern[33]. Für die kommende Rüstungsproduktion wurde eine Abstimmung mit der Außenwirtschaftspolitik verlangt. Die Beschaffung der Rüstungsgüter solle „genügend Spielraum haben, um [...] Aufträge zeitlich und örtlich unter Berücksichtigung der sich ergebenden Marktlage zu verteilen"[34]. Dem Beirat schwebte, ungeachtet der Finanzierungsprobleme im einzelnen, eine marktwirtschaftliche Lösung der Rüstungsproduktion zu marktgerechten Preisen unter Wettbewerbsbedingungen vor. Dabei wurde offenbar zunächst übersehen, daß der Staat künftig als Monopolnachfrager, mindestens aber (unter Berücksichtigung der kleineren Handfeuerwaffen für die Land- und Forstwirtschaft sowie für einen begrenzten privaten Bedarf) als mächtiger Teiloligopolist[35] auftreten würde. Staatliche Garantien, Kreditzuweisungen, Abschreibungsbevorzugungen (ein vorherrschendes Instrument der Investitionsfinanzierung in den fünfziger Jahren) sollten – gegebenenfalls mit Produktionsauflagen gekoppelt – der Rüstungswirtschaft eingeräumt werden. „Zur Frage der Preisfestsetzung von spezifischen Rüstungsgütern, für die ein Markt nicht besteht, behält sich der Beirat seine Stellungnahme vor[36]."

Damit hatte der Beirat ein wesentliches Problem der Fragestellung ausgeklammert: das ordnungspolitische Dilemma, wie eine geballte Staatsnachfrage unter den Bedingungen einer sozialen Marktwirtschaft bei niedriger Staatsquote befriedigt werden sollte. Die Nachfrageeffekte

[32] Verteidigungsleistungen und Wirtschaftsverfassung, Punkt 4, Teil I, S. 148.

[33] So blieb unklar, ob eine Inflation aufgrund einer Einkommenslücke – wie sie die Bundesregierung befürchtete – oder aufgrund von Konsumgüter- oder Produktionsgüterlücken befürchtet wurde. – Es muß daran erinnert werden, daß zu diesem Zeitpunkt der Kapitalmarkt noch nicht „frei" war, d.h., es gab Emissionsverbote für Wertpapiere, keinen geregelten Börsenverkehr, Goldhandel war ebenso verboten wie der Erwerb ausländischer Wertpapiere, es galten Devisenkontrollen und eine allgemeine Devisenandienungspflicht der Exportwirtschaft bei der Notenbank (Bank deutscher Länder) usw. Das war wohl gemeint, wenn (nicht nur im Gutachten des Beirates) davon die Rede war, die Geldmengenpolitik der Notenbank sollte nicht-inflationär ausgeweitet werden: es sollte eine Geldmenge angestrebt werden, die alle Kreditmarktgeschäfte würde bewältigen können. Tatsächlich „frei" in diesem Sinne wurde der bundesdeutsche Kapitalmarkt erst Ende 1958.

[34] Verteidigungsleistungen und Wirtschaftsverfassung, Punkt V, Teil II, S. 148.

[35] Ein Begriff aus der vor allem von Walter Eucken entwickelten Marktformenlehre. Oligopol: wenige Nachfrager oder Anbieter etwa gleicher Größe – z.B. in der Mineralölwirtschaft – teilen sich den Markt. Beim Teiloligopol treten noch kleinere, den Marktpreis nicht beeinflussende Marktteilnehmer hinzu.

[36] Verteidigungsleistungen und Wirtschaftsverfassung, Punkt 11, Teil II, S. 149.

neuer Militär-(Verteidigungs-)Ausgaben standen im Vordergrund der Sorgen, die der Beirat mit manchen Wirtschaftswissenschaftlern teilte.

Der Bundesverband der Deutschen Industrie verhielt sich zurückhaltend. In seinen Jahresberichten sprach er sich zunächst weder für, noch gegen Rüstungsaufträge im Zusammenhang mit der Bewaffnung der Bundesrepublik aus: er hielt derartige Aufträge noch 1954/1955 für nicht erforderlich. Nach Berichten „weiter Wirtschaftszweige [...] sind diese zur Aufrechterhaltung ihrer Vollbeschäftigung durchaus nicht auf Rüstungsaufträge angewiesen“[37]. Das deckt sich mit den Hinweisen von G. Brandt[38] auf die Einstellung der westdeutschen Industrie zur Bewaffnungsfrage. Zwar erklärte Dr. Beutler, Hauptgeschäftsführer des BDI, auf der 8. ordentlichen Mitgliederversammlung am 16./17. Mai 1957: „Die Industrie ist dem Rüstungsgeschäft nicht nachgelaufen, und dies ist auch nach wie vor nicht unsere Absicht[39].“ Aber schon 1956/1957 waren die Weichen in eine andere Richtung gestellt worden[40]: Im Bericht jenes Jahres ist bereits davon die Rede, daß es Aufträge für Panzer, Flugzeuge und schwere Waffen geben könne. Man sah die Nachfrage des Staates nun auf die Wirtschaft zukommen, zumal erste Ausrüstungshilfen der USA in übersehbarer Zeit ausliefen. Zur Zeit der Diskussion des EVG-Planes freilich sah es noch anders aus. Die noch im Wiederaufbau befindliche westdeutsche Industrie war von der starken Verbrauchsgüternachfrage und der durch diese veranlaßten Produktionsgüter- sowie Investitionsgüternachfrage und -produktion so beeindruckt, daß man für die Fertigung militärischen Gerätes wenig oder keinen Sinn hatte. Auch war den Fachleuten der Rüstungsfertigung klar, daß man den Anschluß an die Wehr- und Rüstungstechnologie für viele Jahre verloren hatte: Die EVG kam für eine mögliche westdeutsche Rüstungswirtschaft zu früh.

Die Haltung des Bundesverbandes der Deutschen Industrie erklärt sich auch als Reaktion auf die Vorstellungen, die Bundeswirtschaftsminister Ludwig Erhard gegenüber einer künftigen Rüstungsfertigung schon während der EVG-Debatte eingenommen hatte. Erhard, der mittelstandsorientierte Wirtschaftspolitiker, wollte auch Ende der 50er Jahre noch keine Fertigung schwerer Waffen. Er war ein Befürworter der Waffen*einfuhr*, soweit bestimmte Größen überschritten wurden. Nur so glaubte er, seine Vorhersage von 1954 aufrechterhalten zu können: „Die angebliche Gefahr einer inflationären Entwicklung aber besteht überhaupt nicht – ja, sie ist, auf das Bestimmteste gesagt, ausgeschlossen [...] – In gleicher Weise ist mit der Aufrüstung auch keine Schmälerung des Lebensstandards zu erwarten [...][41].“ Erhard stellte sich damit in Gegensatz zu den Beurteilungen, die die Bundesregierung offiziell auch in Paris abgab. In den amtlichen Stellungnahmen war stets von der Gefahr einer Verbrauchsdrosselung die Rede.

[37] Zitiert nach Krull, Kritische Bemerkungen, S. 161. Diese – übrigens einzige – Veröffentlichung zur Thematik in der führenden deutschen finanzwissenschaftlichen Zeitschrift beschäftigt sich mit der Wiederaufrüstung überwiegend durch die Bundeswehr. Krull beklagt die Schwäche des Kapitalmarktes, um Staatsanleihen unterzubringen, er schlägt Steuererhöhungen vor und beschäftigt sich mit den kommenden Ausgaben für einzelne Waffengattungen sowie für Zivilverteidigung.

[38] Vgl. Brandt, Rüstung.

[39] Zitiert nach Krull, Kritische Bemerkungen, S. 161.

[40] Ebd., S. 161.

[41] Ebd., S. 160. Zu Recht stellte der spätere Bundesfinanzminister Franz Etzel fest: „In der deutschen Finanzgeschichte gibt es kein Beispiel dafür, daß aus dem absoluten Nichts eine moderne volltechnisierte Bundeswehr aufgebaut wird.“ Etzel war es, der den Mut zu einer Haushaltspolitik „am Rande des Defizits“ hatte, was nichts anderes bedeutete, als daß für die Finanzierung der Bundeswehr nunmehr der Kapitalmarkt geöffnet war. Quellen: Erhard, Aufrüstung; Etzel, Finanzielle Verpflichtungen. Wenig ergiebig ist die Schrift von Weber, Arbeitseinkommen.

Mit einer wichtigen Problematik beschäftigte sich das Institut Finanzen und Steuern in Bonn: mit der Frage einer möglichen Steuererhöhung im Zusammenhang mit der EVG-Finanzierung[42]. Wir gehen nach Überprüfung des Sprachduktus wohl nicht fehl, daß die etatistische Betrachtung aus der Feder von Lutz Graf Schwerin von Krosigk stammt, Hitlers letztem Reichsfinanzminister. Die Frage der Steuererhöhung wurde nicht unter dem Aspekt des Steuersystems und dessen Reform für rationale Zwecke der Staatsfinanzierung behandelt, sondern aus dem Blickwinkel des „Steuerdrucks" und – wie es im Titel hieß – der „Steuerbelastung". Folgerichtig war die Abhandlung auf einen internationalen Steuerbelastungsvergleich abgestellt, den der Verfasser mit Hilfe von OEEC-Statistiken anbot. In dieser etwas schwerfällig verfaßten Schrift wird ausgegangen von der Entwicklung des Besatzungskostenhaushaltes und zunächst die Frage der Deckung erhöhter Besatzungskosten diskutiert[43]. Der Verfasser kommt dabei zu dem Ergebnis, daß es keinen Spielraum für weitere Steuererhöhungen gab. Es folgen eine vergleichende Darstellung der Steuer- und Sozialbelastungen in den großen europäischen Ländern und eine Auseinandersetzung mit der Bemessungsgrundlage eines bundesdeutschen Verteidigungsbeitrages. Aufgrund des damals sehr dürftigen statistischen Materials und angesichts der Problematik fester Wechselkurse bei internationalen Vergleichen der Steuerbelastung kam der Berechnung einige Bedeutung zu (vgl. Tab. 7).

Tabelle 7

Anteil der Steuer- und Sozialbelastung am Volkseinkommen 1951 bzw. 1951/1952

	%
Großbritannien	37,56
Frankreich	36,76
Bundesrepublik Deutschland	38,92
Italien	23,33

„Deutschland wird also im laufenden Rechnungsjahr 1951/1952 einen höheren Anteil seiner Steuer- und Sozialbelastung am Volkseinkommen haben, als er im vergleichbaren Rechnungsjahr in Großbritannien und Frankreich erreicht wird, und einen wesentlich höheren Anteil, als ihn Italien im Rechnungsjahr 1951/1952 selbst bei optimistischer Schätzung der Steuereingänge und bei niedrigem Ansatz des Volkseinkommens aufzuweisen hat[44]." (vgl. Tab. 8)

Obgleich sich fast gegen jeden Schritt der Berechnung, die der Verfasser durchführte, methodische Bedenken einwenden lassen, bleibt doch der fundamentale Tatbestand bestehen, daß die Bundesrepublik im Vergleich zu anderen künftigen EVG-Staaten die höchste Steuer- und Sozialbelastung tragen sollte.

[42] Verteidigungsbeitrag und Steuerbelastung (Leiter des Instituts war Dr. Gast); Schwerin von Krosigk, Memoiren, S. 294ff.

[43] Wir müssen auf die Wiedergabe aller Einzelheiten, wie etwa der Unterscheidung in unmittelbare und mittelbare Besatzungslasten, verzichten.

[44] Verteidigungsbeitrag und Steuerbelastung, S. 16. Eine Berechnung der Belastung nach Vergleichen des Sozialproduktes je Kopf lehnte das Institut ab, weil der Anteil der indirekten Steuern in Westeuropa ungleich und in der Bundesrepublik aus steuergeschichtlichen Gründen besonders hoch sei. Das *verfügbare* Einkommen müsse zugrundegelegt werden.

Tabelle 8
Verfügungseinkommen je Kopf der Bevölkerung in US-Dollar im Rechnungsjahr 1951 bzw. 1951/1952

		%
1. Großbritannien	443,31 Dollar	= 100,00
2. Frankreich	347,25 Dollar	78,33
3. Deutschland	265,95 Dollar	59,99
4. Italien	186,39 Dollar	42,05

Quelle: Verteidigungsbeitrag und Steuerbelastung, S. 20.

Verfügungseinkommen = Volkseinkommen abzüglich Steuer- und Sozialbelastung; hier in v. H. der Werte Großbritanniens.

Diese Belastung hielt das Institut Finanzen und Steuern für nicht mehr steigerungsfähig. Der Anteil produktiver Staatsinvestitionen sei gering, geringer als im Ausland, und das lasse negative Schlüsse auf das künftige Steueraufkommen zu. Die Investitionsstruktur sei deshalb steuerunergiebig, weil private Investitionen steuerlich noch entlastet würden[45].

Da ein staatliches „Deficit-spending"[46] aus grundsätzlichen und aus strukturellen Gründen nicht in Frage komme, andererseits die Sonderbelastungen der Bundesrepublik, wozu der Verfasser u. a. auch den Steuerausfall rechnete, der sich aus der Umsatzsteuerbefreiung für Leistungen an die Besatzungsmächte ergab, berücksichtigt werden müßten, ergab sich nur eine wirkungsvolle Möglichkeit: das Ausland mußte denjenigen Teil der Militärausgaben zahlen, der über die bisher geleisteten Besatzungskosten von 5,8 Milliarden DM jährlich hinausging. Wenn wir dieser Argumentation aus wachstumstheoretischer Sicht auch nicht folgen können, so war sie innerhalb ihres statischen Denkkreises schlüssig. Der Tenor dieser Schrift (und der von Krosigks Memoiren): Wenn die Alliierten schon eine Bewaffnung der Bundesrepublik wollen, so sollen sie sie auch bezahlen.

Keine der Berechnungen der hier behandelten Stellungnahmen ging von finanziellen Notwendigkeiten der zu schaffenden neuen Armee aus, sondern die bisher gezahlten Besatzungskosten wurden als Bemessungsgrundlage für die (weitere) Leistungsfähigkeit und die zur Verfügung stehende Finanzmasse herangezogen. Das war eine einseitige und eigenartige Methode, wenn man an den politischen Elan denkt, mit dem man auf deutscher Seite zu neuen Ufern europäischen (finanz-)politischen Denkens vorzustoßen gewillt war. Der Bezug der Belastbarkeit auf das persönlich verfügbare Einkommen entsprach immerhin einem Grundgedanken der Zeit, den auch die Bundesregierung betonte: die persönliche Opferbereitschaft des Staatsbürgers als letztem Träger künftiger Verteidigungslasten.

[45] Auch die Bundesregierung stellte einen Steuerbelastungsvergleich an, vgl. Um die Höhe des Verteidigungsbeitrages, S. 223. Erst die Umrechnung, die das Institut Finanzen und Steuern vornahm, führte zu vergleichbaren Werten.

[46] Es ist nicht möglich, die fachökonomische Begriffsgeschichte des „Deficit-spending" an dieser Stelle nachzuzeichnen. Der eigenartige Begriff gehört zum Wortschatz des „Keynesianismus". Gemeint ist die Herbeiführung eines Defizits im Staatshaushalt zur Ankurbelung der Konjunktur, in der Regel durch Geldschöpfung, um ein eingeplantes Staatsdefizit zu „finanzieren". Ein bloßer Rückgang der Staatseinnahmen bei gleichen oder steigenden Staatsausgaben wird nicht als „Deficit-spending" angesehen, weil kein eingeplantes Defizit „ausgegeben" wird.

Betrachten wir nun zwei Stellungnahmen deutscher Wirtschaftswissenschaftler[47]. Die erste stammt von Fritz Baade, Professor in Kiel und nach dem Zweiten Weltkrieg Leiter des von Bernhard Harms begründeten Instituts für Weltwirtschaft. Die zweite stammt von Bodo Spiethoff, einem später im bayerischen Bankverbandswesen tätigen praktischen Volkswirt, der sich vielfach zu Fragen des Kapitalmarktes und der Staatsfinanzierung geäußert hat.

Diese Auswahl ist nicht von ungefähr. Einmal gibt es kaum Stellungnahmen dieser Art aus der Feder professoraler deutscher Wirtschaftswissenschaftler zur EVG-Finanzierung, und zum anderen sind die beiden hier angeführten Expertisen in ihrer Argumentation typisch für die übrigen. Baades Beitrag[48] – er wurde als Finanzexperte der SPD angesehen – erschien bezeichnenderweise nicht in einer wissenschaftlichen ökonomischen Fachzeitschrift – dort gab es keine Debatte über einen finanziellen EVG-Beitrag. Baade beklagte die hohen militärischen Forderungen der Drei Weisen in Paris im Vergleich zu den geringen GARIOA- und ERP-Mitteln, die bevorzugt dem westdeutschen Kohlebergbau und der Eisen- und Stahlindustrie zur Verfügung gestellt wurden[49]. Die von den Drei Weisen geforderten 11,25 Mrd. DM hielt Baade für um mindestens 3 Mrd. DM überhöht, folgerichtig auch die 10,8 Mrd. DM, die die Bundesregierung zu zahlen bereit war. Damit stellte er sich in Gegensatz auch zu den Ansichten der drei Hohen Kommissare. Die fehlenden drei Milliarden sollten in die westdeutsche Grundstoffindustrie investiert werden, um ein weiteres Wachstum der Wirtschaft möglich zu machen. Dabei dachte er freilich an ein Wachstum, das zunächst die dringenden sozialen Nachkriegsbedürfnisse einer durch Flüchtlingselend und strukturelle Arbeitslosigkeit gekennzeichneten Gesellschaft und Wirtschaft befriedigen sollte. Unproduktive Verteidigungsinvestitionen konnten seiner Auffassung nach keinen Wachstumsbeitrag leisten. Baade machte auf einen Umstand aufmerksam, der in den übrigen Stellungnahmen fehlte: der Deutsche Bundestag verfügte nicht über das volle Recht der Budgetkontrolle. Tatsächlich konnten die drei Hochkommissare jederzeit in das Bewilligungsrecht eingreifen, sofern die Besatzungskosten tangiert wurden. Das geschmälerte Bewilligungsrecht war freilich in den Überlegungen der Bundesregierung gerade eines der Rechte, die durch einen Wehrbeitrag gewonnen werden sollten. Außerdem forderte Baade, die Ansprüche der alliierten Besatzungssoldaten, insbesondere auf Wohnraum und Reisezüge, einzuschränken. Würde die Besoldung der künftigen westdeutschen Soldaten bescheiden ausfallen, so wären erhebliche Einsparungen möglich. Die Stellungnahme richtete sich nicht gegen einen Verteidigungsbeitrag. Sie betonte aber – wie es zum Abschluß hieß –, daß es darauf ankomme, Butter und Kanonen zu haben. Und dies sei nur durch eine Politik der Investitionsfinanzierung möglich. Insofern ähnelte die Argumentation Baades der der Drei Weisen. Was sie von diesen unterschied, war die Auffassung über die Höhe des westdeutschen Verteidigungsbeitrages[50].

[47] Diejenigen, die sich als Fachleute hätten äußern können, wie z. B. Rudolf Stucken, Horst Jecht oder Andreas Predöhl, schwiegen. Jecht, Kriegsfinanzen, aus dem Jahr 1938 war ein Gutachten für Hermann Göring, Beauftragter des Vierteljahresplanes, gewesen. Nach dem Kriege verschwieg er diese Publikation gerne, obwohl sie mit ihrem entscheidenden Hinweis, nur eine Mischfinanzierung könne den Militär- und Rüstungsbedarf des Reiches decken, der einseitig kreditären Kriegsfinanzierung zwischen 1939 und 1945 keineswegs Vorschub leistete.

[48] Baade, Über den deutschen finanziellen Verteidigungsbeitrag.

[49] Diese Mittel waren freilich als Initiativinvestitionen gedacht. Baade war in erster Linie Agrar- und Ernährungswissenschaftler, besaß aber einen ausgeprägten Sinn für die Umsetzung politischer Forderungen in ökonomische Tatsachen.

[50] Ein längerer Abschnitt der Stellungnahme Baades beschäftigt sich mit der politischen Notwendigkeit, der Wiedervereinigung Deutschlands den Vorrang zu geben vor der geplanten Aufrüstung und einer Verhärtung der Fronten im „Kalten Krieg“.

Spiethoff argumentierte vor allem historisch und warnte davor, die Fehler der Vergangenheit – womit die Kriegsfinanzierung im Ersten und im Zweiten Weltkrieg gemeint war – zu wiederholen. Seine Überlegungen entsprachen in vielem gängigen Ansichten. Die Argumentation war auf eine statische Betrachtung im Sinne einer einfachen Quantitätstheorie des Geldes zurückgeschnitten: mehr Rüstung verringere das Güterangebot und trage mithin die Gefahr der Inflation in sich. Das Institut Finanzen und Steuern hatte eine starke Auslandsbeteiligung gefordert, die Bundesregierung und die Drei Weisen hielten – wenn auch aus verschiedenen Gründen – eine bloße Steuerfinanzierung für möglich. Spiethoff empfahl vor allem, den Weg freizugeben für eine Kapitalmarktfinanzierung von Staatsausgaben, was wenige Jahre später durch die erfolgreiche Auflage von ersten Bundesanleihen auch geschah. Zwangsanleihen sollten ausscheiden. Der kommende Finanzbedarf für den bundesdeutschen Beitrag zur EVG wurde von ihm auf 60 Mrd. DM geschätzt, was etwa den Rüstungsausgaben des Deutschen Reiches zwischen 1934 und 1939 entsprochen hätte, wobei er von einer etwa zehnjährigen Aufbauphase der EVG ausgegangen zu sein scheint. Von den Politikern vorgesehen waren aber nur 2½ bis 3 Jahre. Man erkennt unschwer, daß es keine genauen Vorstellungen darüber gab, um welchen Zeitraum es sich handelte, wenn Schätzungen über den künftigen Finanzbedarf angestellt wurden.

Die mehrjährigen Schätzungen des künftigen Finanzbedarfes aus bundesdeutscher und alliierter Sicht sowie aus dem Kreis der Konferenzstaaten gingen noch weiter auseinander. Das hatte drei Gründe. Erstens faßten die Schätzungen unterschiedlich lange Aufbauphasen ins Auge, deren Festlegung Gegenstand kontroverser Auseinandersetzungen während der EVG-Konferenz war. Zweitens dachte man zum einen an die finanziellen Aufwendungen für die gesamte EVG und zum anderen an den speziellen deutschen Beitrag. Drittens wurde der bundesdeutsche Beitrag offiziös, nicht offiziell geschätzt, da es eine mittelfristige Finanzplanung für den Bundeshaushalt noch nicht gab. Die bundesdeutschen Schätzungen wurden wiederum erschwert als noch zwischen einem ordentlichen und einem außerordentlichen Haushalt unterschieden wurde. Die Kriegsfolgekosten waren darüber hinaus als „Auftragsausgaben" in zwei Kategorien eingeteilt. Zum einen ging es um Ausgaben für die Entmilitarisierung [!], „vertriebene Personen" („displaced persons"), usw. in der ersten Ausgabengruppe, zum anderen handelte es sich um Ausgaben für (investive) Anlagen, die Zivilluftfahrt u.a. in der zweiten Kategorie. Es muß daran erinnert werden, daß die Alliierten gleichsam stellvertretend den zivilen Flugverkehr im Bundesgebiet (und nach Berlin) wahrnahmen, eine bundesdeutsche Zivilluftfahrt gab es nicht; soweit sie schrittweise zugelassen wurde, mußte man von vorn beginnen.

In Konferenzkreisen wurde gelegentlich die Summe von 30–32 Mrd. DM genannt, die die gesamte EVG kosten würde. Damit konnten nach Lage der Dinge nur die ersten anderthalb Jahre der ersten Aufbauphase gemeint sein. Deutscherseits wurde – vom Institut Finanzen und Steuern in Bonn – der Finanzbedarf für die ersten drei Jahre auf 27,9 Mrd. DM geschätzt. Dem lagen geschätzte jährliche Besatzungskosten von 9,3 Mrd. DM zugrunde, die das Institut jedoch für unerreichbar hoch hielt, zumal im ordentlichen Bundeshaushalt nur 5,6 Mrd. DM für das Rechnungsjahr 1951/1952 vorgesehen waren. Erwartet wurde jedoch, daß die drei westlichen Besatzungsmächte mindestens 7,6–7,8 Mrd. DM Besatzungskosten fordern würden. So kam es zu einer damals heftig geführten Debatte über eine kommende Finanzierungslücke im Bundeshaushalt. Auf der EVG-Konferenz wurden andere Zahlen erörtert, nämlich immer wieder um 850 Mio. DM monatlich, was 10,2 Mrd. DM jährlich entsprach. Das hielt Bundesfinanzminister Schäffer wiederum für zu hoch. Im Bundesfinanzministerium rechnete man mit monatlichen Besatzungskosten von ca. 600 Mio. DM, was einem Jahresbetrag von 7,2 Mrd. DM entsprach. Die 27,9 Mrd. DM, die das Institut Finanzen und Steuern unterstellte, waren mithin mehr als die Summe, die das Bundesfinanzministerium 1951 zugrunde legte, es war aber weniger, als die Alliierten zunächst forderten und weniger auch als 10,2 Mrd. DM, die bei einer monatlichen Belastung von 850 Mio. DM schließlich Verhandlungsschlußstück waren. Die tatsächlich ausgehandelten Beträge – sie wurden niemals Wirklichkeit – hätten eine Dreijahresrate von 30,6 Mrd. ergeben, vorausgesetzt, man hätte klare Vorstellungen über die Dauer der ersten Anlaufphasen gehabt. Dem hätten Bundeseinnahmen in der gleichen Zeit von etwa 98–103 Mrd. DM gegenübergestanden, so daß die Verteidigungsbelastung ohne Rest-Stationierungskosten und Berlin-Hilfe und eine Reihe kleinerer Positionen zwischen 26,8 und 27,6 Prozent des Bundeshaushaltes gelegen hätte. Mit den genannten Positionen wären es 32–33 Prozent gewesen. Und genau das war der Satz, mit dem die Bundesrepublik später in die erste Aufbauphase der Bundeswehr, die bis 1964 dauerte, im Bundeshaushalt hineinging. Durch den Dschungel der vielen unterschiedlichen Berechnungen war man mithin zu einem Belastungssatz gekommen, den die Haushaltsstatistiker und empirisch arbeitenden Wachstumsökonomen schließlich nachträglich auch nachweisen konnten[51].

Einen wegen seiner Berechnungen originären Beitrag leistete 1951 das in Tübingen beheimatete „Institut für Besatzungsfragen“[52]. Die Frage, die beantwortet werden sollte, lautete: „Bilden Besatzungskosten einen Beitrag zur Verteidigung[53]?“ Bis 1950 wurden für die drei westlichen Zonen 25,9 Mrd. RM/DM Besatzungskosten errechnet. Das deckte sich im großen und ganzen mit den anderen Berechnungen. 10,4 Mrd. entfielen davon auf die „teure“ Britische Zone[54]. Die Zahl der in alliierten Diensten Stehenden wurde mit 445 000 angegeben. Den größten Betrag nahmen 1949 die Löhne für Dienstleistungen (Labour-Services) in Anspruch (1,33 Mrd. DM). Man stellte vor allem die ungewöhnlich hohen Soziallasten heraus, die die Westdeutschen zu tragen hatten. 1949 betrug der Anteil der Besatzungskosten am Nettosozialprodukt nach den Angaben der zitierten Schrift in der Bundesrepublik 5,4 Prozent. Er lag damit höher als die Militärausgaben in Frankreich (5,1 Prozent), aber niedriger als in Großbritannien (5,9 Prozent) und den USA (6,9 Prozent). Nun ergab die Berechnung der Belastung des bundesdeutschen Sozialproduktes und je Kopf der Bevölkerung ein interessantes Ergebnis. Da der reale Wert des Sozialproduktes in der Bundesrepublik ein Jahr nach der Währungsreform vom Juni 1948 qualitativ beträchtlich niedriger lag als in den Vergleichsstaaten, wurde – eine gleiche Belastung mit Verteidigungsausgaben von 10 Prozent des Sozialproduktes in allen Staaten unterstellt – eine besonders hohe Belastung für die Bundesrepublik errechnet. Diese ergab sich auch dadurch, daß das disponible Einkommen je Kopf unterlegt wurde. So kam man auf einen Anteil der Verteidigungs-(Besatzungs-)Lasten am disponiblen Einkommen von 72 (!) Prozent. In Frankreich waren es 26 Prozent, in Großbritannien 18 Prozent und in den USA nur 13 Prozent. Diese extreme Berechnung basierte auf der Annahme eines „national product“ von nur 45 Dollar je Kopf für 1950, was zu niedrig gegriffen war. Je Kopf der Bevölkerung ergab sich – immer nach Angaben des zitierten Institutes – eine Belastung von 50 Dollar in der Bundesrepublik, 149 Dollar in Frankreich, 251 Dollar in Großbritannien und 585 Dollar in den USA. Dieses vergleichsweise

[51] Auf Einzelheiten und Modifikationen derartiger nachträglicher Berechnungen verzichten wir, zumal die EVG nicht Wirklichkeit wurde.

[52] Hierzu: Schmoller, Institut für Besatzungsfragen.

[53] Die Studie erschien auch in englischer Sprache: Occupation Costs.

[54] Wir verzichten auf eine Wiederholung der Problematik der begrifflichen Abgrenzung von Besatzungslasten gegenüber den Besatzungsfolgelasten und verweisen nochmals auf die Veröffentlichungen von Setten, Zehn Jahre; Oeftering, Besatzungslasten; Harmssen, Am Abend der Demontage; und auf unsere Ausführungen an anderer Stelle dieser Studie.

günstige Abschneiden der Bundesrepublik erklärt sich vornehmlich durch die starke Bevölkerungsvermehrung auf dem Gebiet der Bundesrepublik durch Flüchtlinge usw., gerade in den ersten Nachkriegsjahren. Die Berechnung war von dem Versuch getragen, die noch vergleichsweise niedrige Qualität des westdeutschen Güterangebotes und Lebensstandards zu berücksichtigen. So wurde eine Kaufkraft von 2 DM = 1 US-Dollar unterstellt. Wenn wir der statistischen Berechnung der Studie auch nicht folgen können, so hatte sie doch ein wesentliches, gern übersehenes Problem erkannt und beschrieben: Entweder wurden die Besatzungskosten real als qualitativ gleichwertig mit den (tatsächlichen qualitativ höheren) Leistungen für Militär- und Verteidigungsausgaben der übrigen Staaten verglichen. Dann mußte bei der hohen Sozialbelastung und der vergleichsweise noch niedrigen Kaufkraft der DM die Pro-Kopf-Belastung sehr hoch ausfallen. Oder man ging davon aus, daß die Belastung als Folge der besonderen Berechnungsmethode international nur bedingt vergleichbar war, dann mußte der (militärisch) qualitative Wert dieser deutschen Leistungen unterdurchschnittlich sein. Wir haben an anderer Stelle dieses Problem schon berührt. Schon zwei Jahre später, 1952, spielte diese Problematik keine brisante Rolle mehr. Das war wohl auch der Grund, weswegen sie bei den Pariser Verhandlungen nur am Rande auftauchte[55].

Aus heutiger Sicht drängt sich jedoch ein Zug der Debatte noch einmal auf, der damals offenbar nicht erkannt wurde: Die gesamte Diskussion, die Stellungnahmen und Schätzungen über den deutschen finanziellen Beitrag zur EVG gingen überhaupt nicht von der originären Frage aus, was eine moderne Armee, noch dazu in der integrierten Struktur der EVG, kosten würde, sondern davon, was man über bisher gezahlte Besatzungslasten hinaus finanziell zu leisten in der Lage war. Daß damit Umfang und Struktur des militärischen Apparates zur abhängigen Größe wurden, wurde verkannt. Die Debatte war mithin gekennzeichnet durch eine Kontinuität im Etatdenken und nicht durch eine gesamtwirtschaftliche Kosten-Nutzen-Analyse[56] eines bis dahin nicht dagewesenen militärischen Instrumentes, einer integrierten supranationalen Armee.

[55] Sie tauchte auf bei der qualitativen Bewertung von Wohnbauten für Besatzungs- und EVG-Streitkräfte und deren Angehörige sowie bei künftig erforderlichen Hausreparaturen. Von den Alliierten wurde darauf hingewiesen, daß diese Wohngebäude dem damaligen einfachen sozialen Wohnungsbau in der Bundesrepublik entsprachen. – Das EVG-Vertragswerk umfaßte u. a. auch das Finanzprotokoll. Die fiskalische Problematik findet sich verstreut über mehrere Vertragsteile.

[56] Hierzu grundsätzlich: Andel, Nutzen-Kosten-Analysen, S. 477 ff.

V. Die politischen Verhandlungen über ein EVG-Budget

Die mit der EVG konkret verbundenen Finanzfragen wurden in drei Etappen schrittweise geklärt. Die erste Phase der Finanzverhandlungen über eine zukünftige europäische Armee unter westdeutscher Beteiligung vollzog sich zwischen dem Frühjahr 1951 und dem Sommer des Jahres, bis zum sogenannten Zwischenbericht (24. Juli 1951), und zwar innerhalb der Pariser Konsultationen zum Pleven-Plan. Wichtigstes Diskussionsforum war ein Unterausschuß des vom Konferenz-Plenum eingesetzten Lenkungsausschusses, nämlich der Finanzausschuß. Ihm präsidierte der Franzose Sadrin. Die deutschen Interessen vertrat Ministerialrat Vialon vom Bundesfinanzministerium. Die Pariser Beratungen wurden deutscherseits gleichsam mit der linken Hand geführt, weil die Bundesregierung einen Verteidigungsbeitrag zunächst im Rahmen einer NATO-Lösung und nicht einer europäischen Armee anstrebte.

Von Sommer 1951 bis Ende Mai 1952 – zweite Phase – wurde dann hauptsächlich in Bonn über die Ablösung des Besatzungsstatuts und in Paris im Rahmen der bereits genannten Gremien über die Europäische Verteidigungsgemeinschaft konferiert. Das Ergebnis dieser Beratungen fand seinen Niederschlag in dem am 26. Mai 1952 unterzeichneten Deutschland- und in dem einen Tag später durch Unterschrift besiegelten EVG-Vertrag.

Hauptsächlich auf der Ebene des dem nach Unterzeichnung installierten Interimsausschuß beigegebenen Finanzausschusses sollte bis zum Inkrafttreten der Kontrakte – dritte Phase – interpretatorische und ergänzende Arbeit geleistet werden.

Im Frühjahr 1951 zeigte sich, daß sich weder die von Bonn und Washington favorisierte NATO-Lösung noch das Pleven-Plan-Modell einer unter Pariser Kuratel stehenden Europaarmee würden verwirklichen lassen, daß man vielmehr einen Kompromiß in Form der Schaffung einer Europaarmee von gleichberechtigten Partnern in Anbindung an die NATO würde suchen müssen. Als dies allen Verhandlungspartnern in Paris und auf dem Petersberg (Sitz der Hohen Kommission) auch erstrebenswert und realisierbar erschien, konnten in der französischen Hauptstadt erste konkrete Beratungen über die Schaffung eines europäischen Verteidigungssystems unter Einbeziehung der Bundesrepublik beginnen. Das erste Konsultationsergebnis schlug sich im sogenannten Zwischenbericht vom 24. Juli 1951 nieder, mit dem die Pleven-Plan-Konferenz ausklang und gleichzeitig einen gewissen Grundstock für die dann beginnenden eigentlichen EVG-Verhandlungen legte[1]. Viele Probleme hatten wegen Zeitmangels, fehlender politischer Vorgaben und Meinungsunterschieden nur angerissen bzw. überhaupt noch nicht aufgegriffen werden können. Auf eines hatte man sich allerdings festgelegt: auf die politische Organisationsstruktur der angestrebten Verteidigungsgemeinschaft als eine supranationale Einrichtung, der jedoch nationale vergleichbare und nicht vergleichbare Körperschaften gegenüberstanden. Es mußte die Aufgabe zukünftiger Verhandlungen sein, nationale und supranationale Kompetenzen zu einem sinnvollen Zusammenspiel zu bringen, beziehungsweise Kompetenzverlagerungen vorzunehmen.

Daß dies kein leichtes Unterfangen sein würde, war allen Verantwortlichen bewußt. Politische Willensbekundungen bleiben das, was sie nun einmal sind, wenn es an den finanziellen Voraussetzungen fehlt, sie in Taten umzusetzen. Folglich nahm auch der Finanzausschuß im April 1951 seine Tätigkeit in Paris auf.

[1] Konferenz für die Organisation einer europäischen Verteidigungsgemeinschaft: Zwischenbericht der Delegationen für die an der Konferenz beteiligten Regierungen, Paris, 24.7.1951, BA–MA, BW 9/3168.

Mit der Europaarmee sah sich die Bundesrepublik erstmals dem Problem einer überstaatlichen Budgetregelung gegenüber, ohne auf einschlägige Erfahrungen zurückgreifen zu können. Supranationales Haushaltsgebaren, wie es der Völkerbund praktiziert hatte, war schon weitgehend in Vergessenheit geraten, und der UNO gehörte die Bundesrepublik noch nicht an. Im Zwischenbericht hatte man zwar bereits ein politisch-administratives Organisationsmuster für eine europäische Verteidigungsgemeinschaft – jedenfalls in Umrissen – entworfen: Verteidigungskommissar (eventuell kollegiales Gremium), Ministerrat, Versammlung, Gerichtshof. Offen war aber z.B. in bezug auf die Finanzen geblieben, welches Gremium welches Recht in Anspruch nehmen dürfe.

Der deutsche Finanzdelegierte hat sehr anschaulich auf die budgetrechtlichen Schwierigkeiten hingewiesen, denen man sich in abgewandelter Form gegenübergestellt sah: Man brauchte sich nur vorzustellen, ein von einer deutschen Wehrkreisverwaltung vorgelegter Haushaltsvoranschlag sollte von einem ausländischen Finanzprüfer abgesegnet, von einem europäischen Verteidigungskommissar mit den Voranschlägen der Partnerländer verglichen und zu einem Gesamthaushaltsvoranschlag koordiniert werden. Dieser unterlag dann der Billigung eines Ministerrates und mußte von einer übernationalen Versammlung letztendlich genehmigt werden. Die Verausgabung würde durch Beamte eines übernationalen Rechnungshofes kontrolliert. Daß neben diesem administrativen Procedere auch noch finanzterminologische Schwierigkeiten zu überwinden, differierende Wirtschaftspraktiken und Kontrollmechanismen zu berücksichtigen waren, ferner unterschiedliche militärische Strukturen, divergierende Ränge und Besoldungen bei Soldaten und Beamten, vereinfachte eine gemeinsame Budgetregelung nicht[2].

Dies war nur die eine Seite der Medaille, nämlich die verfahrenstechnische. Als nicht weniger schwierig erwies sich die andere, die politische, weil sie von nationalpsychologischen Momenten und handfesten ökonomischen Interessen geprägt war. So findet die Finanzproblematik der EVG nicht nur wegen ihres fiskalischen Sachgehalts historisches Interesse – dies vielleicht erst in zweiter Linie –, sondern insbesondere wegen ihrer Beispielhaftigkeit für die Komplexität des europäischen Integrationsprozesses in seinem Anfangsstadium. Hier stießen sich Gegensätzlichkeiten der potentiellen Partnerstaaten hart im Raum, geboren aus Rivalitäten zwischen den sogenannten Großen – Frankreich, Italien, Bundesrepublik –, aus der Furcht der Kleinen – Benelux-Staaten – vor der Dominanz der Großen. Hier kristallisierten sich Gemeinsamkeiten aus gegenläufigen Interessen, z.B. zwischen Paris und Bonn, heraus, die auf dem Bestreben des einen nach Verhinderung deutschen nationalen Wiedererwachens und beim anderen in dem Willen zum Verzicht auf nationale Rechte zugunsten eines europäischen Integrativs beruhten. Entscheidendere Bedeutung kamen Form und Inhalt eines gemeinsamen Verteidigungshaushalts zu. Gemeinsames Budget ja oder nein, das war – neben der Gleichberechtigung – die entscheidende Frage schlechthin, von der Werden oder Scheitern der EVG als supranationale Einrichtung abhing. Primär ging es um das Budgetbewilligungsrecht, und dies wiederum richtete sich nach der politischen Integrationswilligkeit der zukünftigen Partnerstaaten. Handelte es sich letztlich doch um nichts Geringeres als um das Maß der Rechte, das nationale Parlamente an eine supranationale Institution abzutreten oder das sie mit dieser zu teilen hatten. Zwei sich ausschließende Extremlösungen erschienen denkbar.

Erste Möglichkeit: Wer die Integration als die eigentliche Zukunftsaufgabe betrachtete und die EVG neben Europarat und Montanunion als ein wesentliches integratives Element wertete, der mußte Abstriche an der Budgetkompetenz nationaler Parlamente, mithin Einbußen an Sou-

[2] Vgl. Vialon, Budget, S. 159f.

veränität zugunsten einer supranationalen Einrichtung in Kauf nehmen. Äußerstenfalls hieß dies, daß ein nach dem Recht der Gemeinschaft ordnungsgemäß erstelltes Budget der Einflußnahme nationaler Parlamente der einzelnen Teilnehmerstaaten entzogen werden konnte.

Zweite Möglichkeit: Der EVG-Haushalt unterlag als Ganzes oder in seinen Teilen der Zustimmungsbedürftigkeit nationaler Legislativen. Dies versetzte, konsequent zu Ende gedacht, bereits das Parlament *eines* Mitgliedstaates in die Lage, den Budgetplan der Gemeinschaft durch Nichtbewilligung zu Makulatur werden zu lassen.

Bei Adenauer hat es niemals an der Bereitschaft gefehlt, auf Souveränitätsrechte zum Vorteil eines größeren integrativen Ganzen zu verzichten. So auch bezüglich des Budgets einer Europäischen Verteidigungsgemeinschaft. Als der Europarat Ende 1951 in einer depressiven Phase darüber Klage führte, die Bildung eines vereinigten Europas werde an ihm vorbeigesteuert – damals jüngstes Beispiel die EVG –, zeigte der Kanzler Verständnis und Entgegenkommen: Wenn man daran denke, sich bei der politischen Organisation der EVG bereits bestehender europäischer Gremien zu bedienen, liege der Gedanke „einer europäischen Kontrolle der gemeinschaftlichen Finanzpolitik" nahe[3].

Die Bundesrepublik verfolgte mit der EVG bekanntlich sowohl die militärische als auch – darüber hinausgreifend – die westeuropäische Gesamtintegration, und warum sollte der gemeinsamen Finanzierung der Verteidigung nicht der entsprechende Schritt in Richtung eines Durchbruchs von der nationalen zu einer europäischen Finanzpolitik folgen? Gedacht war an den Aufbau einer europäischen Währungspolitik, für die die noch geltende Europäische Zahlungs-Union als unzulänglich angesehen wurde, weil sie in erster Linie eine Clearingstelle mit nur begrenzten Kreditspielräumen war, die gleichsam automatisch (nach der jeweiligen Zahlungsbilanzlage der Mitgliedstaaten) ausgeschöpft werden konnten.

Als sich einen Tag nach Adenauers Auftreten vor dem Europarat (11. Dezember 1951) die Außenminister der an den Verhandlungen über eine Europäische Verteidigungsgemeinschaft beteiligten Länder in Straßburg versammelten und die Frage der gemeinsamen Finanzierung und die wirtschaftlichen Probleme der geplanten EVG zur Debatte standen, hat der Kanzler die Grundsatzposition der Bundesregierung nochmals umrissen. Sie gehe von dem festen Willen aller Beteiligten aus, eine echte Verteidigungsgemeinschaft und keine Koalitionsarmee bilden zu wollen. Schwierigkeiten hinsichtlich der Übertragung nationaler Hoheitsrechte auf Institutionen der Gemeinschaft müßten allerdings unter Wahrung nationaler Interessen ausgeräumt werden. „Dies gilt insbesondere für das gemeinsame Budget, das von deutscher Seite als eine wesentliche Voraussetzung für die Bildung der Verteidigungsgemeinschaft angesehen wird[4]."

Der Kanzler stand mit dieser Auffassung teils auf dem Boden dessen, was im Zwischenbericht vom Juli des Jahres bereits festgeschrieben war, teils unterstrich er von französischer und deutscher Seite geäußerte Gedanken, die in dem Papier ihren Niederschlag gefunden hatten. Laut Zwischenbericht sollte die zu etablierende Verteidigungsgemeinschaft die ihr zufließenden finanziellen Beiträge der einzelnen Teilnehmerstaaten in einem Budget zusammenfassen, und sie sollte über dieses Budget verfügen können. Aus dieser gemeinsamen Feststellung resultierten aber sogleich drei Fragen, die fortan die Finanzberatungen durchziehen sollten:

1. Wie wird der Haushaltsvoranschlag aufgestellt?
2. Wie werden die Ausgaben auf die Mitgliedsländer verteilt?
3. Wie erfolgt die Verausgabung der Mittel nach Festsetzung ihrer Höhe?

[3] Europa muß verwirklicht werden, S. 157.

[4] Konferenz der Außenminister, S. 142.

Die Delegationen fanden zumindest *eine* Antwort und kamen überein, dem Kommissar die Ausarbeitung des Haushaltsvoranschlages über Einnahmen und Ausgaben, mit Ausnahme der Vorschläge für die anderen Organe der Gemeinschaft, zu übertragen. Sein Entwurf sollte dann mit den Voranschlägen der übrigen Organe dem Ministerrat zur Billigung zugehen.

Über die weiteren Regelungen schieden sich die Geister: Mit welcher Mehrheit sollte der Ministerrat entscheiden, und sollte er souverän sein oder müßte der Haushaltsvoranschlag der Versammlung als parlamentarischer Institution vorgelegt und von dieser gebilligt werden? Die französische und deutsche Delegation unternahmen in der Folgezeit den Versuch, diesen strittigen und sich als neuralgisch herausstellenden Punkt einer Klärung zuzuführen.

Vertreter beider Delegationen waren sich im Grundsatz darin einig, der Versammlung ein wie auch immer geartetes Mitspracherecht bei der Etatgestaltung einzuräumen. Dagegen hatten die belgische, italienische und luxemburgische Delegation Bedenken angemeldet, die ihren Niederschlag bereits im Zwischenbericht fanden. Sie sagten nicht nur Konflikte zwischen Rat und Versammlung voraus. Ihre wesentliche Befürchtung bestand darin, daß mit der Übertragung von Budgetrechten an die Versammlung ihren nationalen Parlamenten die bisherigen entsprechenden Befugnisse entzogen würden, „die letzten Endes durch die Bewilligung des auf jeden Staat entfallenden Beitragsanteils ihre Zustimmung zu dem Voranschlag geben müssen“[5]. Die belgische Abordnung ging sogar noch einen Schritt weiter und stellte selbst die bereits getroffene Vereinbarung über die Aufstellung des Budgets durch die Gemeinschaft wieder in Frage, indem sie dieser nur noch die Verwaltung eines aus den nationalen Beiträgen der Mitgliedstaaten zu bildenden Fonds zugestehen wollte.

Der deutsche Versuch, zumindest die Regierung in Rom zum Einlenken zu bewegen, scheiterte zunächst: Parlament und Öffentlichkeit in Italien seien noch nicht bereit, durch die Schaffung einer Europaarmee wichtige Souveränitätsrechte preiszugeben und an eine höhere Institution abzutreten, hieß es dort. Sorge bereitete der italienischen Regierung insbesondere die Bewilligung des EVG-Haushalts durch den Ministerrat lediglich mit Zweidrittelmehrheit, statt durch Einstimmigkeit. Man befürchtete, da „das Interesse Italiens an der Europäischen Armee auch wirtschaftlicher Natur“ sei, daß die eigene Industrie auftragsmäßig zu kurz komme. Man beschwöre für diesen Fall die Möglichkeit einer Krise der Gemeinschaft herauf, weil eine Situation entstehen könne, „die einen Staat einfach zum Bruch“ nötige[6].

Nachdem der Lenkungsausschuß am 3. September 1951 den Zwischenbericht trotz aller in ihm enthaltenen Streitpunkte zur brauchbaren Arbeitsgrundlage für Verhandlungen über die Organisation einer Europäischen Verteidigungsgemeinschaft erklärt hatte, setzten auch die offiziellen Finanzberatungen hier wieder an. Es war die italienische Delegation, die auf die im Zwischenbericht bereits niedergelegten Vorbehalte gegen das in Umrissen entworfene System der Aufstellung und Verabschiedung eines europäischen Verteidigungshaushaltes rekurrierte und auf Nachteile hinwies, die nicht nur Italien, sondern, wie sie meinte, allen Mitgliedern der Gemeinschaft entstehen müßten. Die Festlegung des Etats durch die Gemeinschaft selbst warf für Rom konstitutionelle Probleme auf. Eine solche Regelung verstieß offenkundig gegen Geist und Praxis des italienischen Parlamentarismus, setzte sie die nationalen Legislativorgane doch der Schwierigkeit aus, jährlich stets wechselnde Beträge der EVG bewilligen zu müssen, auf deren

[5] Zwischenbericht, 24.7.1951, BA-MA, BW 9/3168.

[6] Aufzeichnung Vialons, 13.8.1951, über Gespräche mit italienischen und amerikanischen Diplomaten, 11.8.1951, BA-MA, BW 9/3210.

Zustandekommen und ordnungsgemäße Verausgabung sie keinen Einfluß zu nehmen vermochten. Es stand nach italienischer Auffassung zu befürchten, daß nationale Parlamente ein entsprechendes Vertragswerk nicht verabschieden und damit nicht in Kraft treten lassen würden. Selbst wenn dies doch geschah, mußte die Nichtbewilligung des nationalen Beitrages durch ein einziges Parlament zu einer Krise der gesamten Verteidigungsorganisation führen. Die italienische Delegation schlug daher vor, ein für allemal einen Berechnungsschlüssel festzulegen und von den nationalen Parlamenten einmalig und grundsätzlich billigen zu lassen. Sie bot 4 Berechnungsvarianten an:

1. Ein Prozentsatz des nationalen Budgets.
2. Ein Prozentsatz der nationalen steuerlichen Einnahmen.
3. Ein Prozentsatz des nationalen Einkommens.
4. Direkt von der Gemeinschaft von jedem Bürger zu erhebende Steuern.

Sie ließ keinen Zweifel daran, daß sie dem ersten Vorschlag den Vorzug einräumte. Während die italienische Seite in Sachen Berechnungsprinzip im Grundsatz Unnachgiebigkeit demonstrierte, ließ sie allerdings die Bereitschaft erkennen, das nationale Budgetrecht der Parlamente auf die supranationale Versammlung für den Fall übertragen zu lassen, daß diese durch Entstehung und Zusammensetzung die parlamentarischen Konstellationen in den nationalen Parlamenten der Miedgliedsländer widerspiegele.

Dieser von nationalem Egoismus geprägte Vorschlag hätte nichts anderes bedeutet, als daß die EVG in ihrer militärischen Aufgabenstellung und Leistungsfähigkeit von schwankenden Wirtschaftsverhältnissen der sie tragenden Staaten, d.h. von einem jährlich schwankenden, nicht vorausberechenbaren Budget abhängig gewesen und an ein prozentuales Limit gebunden gewesen wäre. Bei einer notwendig werdenden Aufstockung des EVG-Haushalts, gar durch einstimmigen Beschluß des Ministerrats, bedeutete dies, daß die Wirksamkeit der EVG als Verteidigungsinstrument, aber auch ihre europäisch-integrative Ausstrahlungskraft vom Zahlungsvermögen des wirtschaftlich schwächsten bzw. politisch unwilligsten Partners der Gemeinschaft abhinge. Dies war für die Bundesregierung ein unvorstellbarer Gedanke. Den Italienern wurde folgendes entgegengehalten:

1. Man habe auf der EVG-Konferenz die ökonomische Leistungsfähigkeit eines Mitgliedstaates als Basis der Berechnung seines Militärbeitrages für die Gemeinschaft bereits einvernehmlich anerkannt.
2. Gemessen an der äußeren Bedrohung müsse das EVG-Budget einen hohen Grad an Flexibilität besitzen, dürfe die Aufbringung der Finanzmittel keinem starren Prinzip unterworfen sein.
3. Nationale Einkommen bildeten angesichts der statistischen Unsicherheit und Manipulationsmöglichkeiten wie auch der strukturellen wirtschaftlichen Unterschiede zwischen den potentiellen EVG-Mitgliedern keinen zuverlässigen Maßstab für die Berechnung von Militärausgaben.
4. Das jeweilige Nationaleinkommen als Bemessungsgrundlage käme einer Mehrbelastung der wirtschaftlich tüchtigen zugunsten der wenig fleißigen Völker gleich.

Nach deutscher Auffassung jedenfalls mußte sich das Recht der nationalen Parlamente darauf beschränken, den von der Gemeinschaft festgelegten nationalen Finanzbeitrag in das nationale Budget als Etatposten aufzunehmen und für die entsprechende Aufbringung der Mittel Sorge zu tragen. Diese Auffassung wurde von Frankreich geteilt, während Italien und Belgien für ihre Parlamente weiterhin ein echtes Bewilligungsrecht reklamierten. Es waren die Amerikaner – in Paris als Beobachterdelegation nicht offiziell am Verhandlungstisch sitzend, aber im Interesse des Zustandekommens der EVG und einer wirkungsvollen Verteidigungsorganisation hinter den diplomatischen Kulissen die Fäden ziehend und bisweilen mit energischer Hand in die Regie eingreifend –, die es unternahmen, den Italienern die Idee der starren prozentualen Bemessung nationaler Verteidigungsbeiträge für die Kasse der EVG auszureden[7]. Entsprechende Interventionen blieben aber zunächst erfolglos, so daß die Finanzdelegierten in Paris ihr Hauptaugenmerk der Lösung der nicht weniger strittigen und nicht weniger bedeutsamen *Budgetrechtsfrage* zuwandten. Man erreichte zwischen Frankreich und der Bundesrepublik einen Grundkonsens, der sich durch langsame Annäherung der Standpunkte auch mit Italien herstellen ließ: Im Kern ging es um die Billigung des Haushaltsentwurfs der Gemeinschaft. Während die drei „großen Nationen" eine Zweidrittelmehrheit des EVG-Ministerrats für ausreichend erachteten, bestanden die „kleinen" (Beneluxländer) auf einer einstimmigen Annahme[8].

Die im Finanzausschuß festgefahrenen Verhandlungen wurden auf die Ebene des Lenkungsausschusses gehoben, ohne daß sich hier Ergebnisse hätten erzielen lassen. Unter Zeitdruck geraten, weil vor allem die USA erwarteten, daß konkrete Ergebnisse dem am 24. November 1951 in Rom tagenden Atlantikrat vorgelegt würden[9], erhielt der Finanzausschuß den Auftrag, konkrete Vertragsartikel zu entwerfen. Spätestens jetzt stellte sich heraus, daß die Frage des gemeinsamen Budgets weniger eine finanzielle als vielmehr national-politische Brisanz besaß. Auf deutscher Seite schlug die Europaeuphorie der Bundesregierung zu Buche. Sie erklärte sich aus zwei Momenten:

1. war sie psychologisch motiviert, und zwar als Reaktion auf die nationale und territoriale Zerrüttung. Europa war Hoffnung und Ausflucht in ein idealistisch und politisch übergeordnetes System.
2. Mit der westdeutschen Hinwendung zu Europa hatte man die politische Schlußfolgerung aus dem hypertrophen deutschen Nationalismus gezogen.

Deutsche politische Identität ließ sich nicht mehr im nationalen, sondern nur noch im supranationalen Rahmen wahren, meinte man damals. Andere Verhandlungspartner der EVG-Konferenz befanden sich nicht in einer solchen nationalen Identitätskrise, bedurften also des Schrittes in die europäische Integration nicht in dem Maße, wie die Bundesrepublik es anstrebte. Und wo die Europabegeisterung in Bonn den Blick für die Realitäten trübte, beurteilten andere westeuropäische Hauptstädte die Lage nüchterner und mehr unter verteidigungspolitischem Aspekt, der bei Adenauer bekanntlich hinter dem Prinzip der europäischen Einigung zurücktrat. Das galt vor allem für die Niederlande. In Den Haag hatte man schon immer den Gedanken des Nach-und-Nach vertreten. Dies in der Erkenntnis, daß man, sollte die Konferenz auf schnellstem Wege zu einem positiven Ergebnis gebracht werden, „beim gegenwärtigen Stand der politischen Organisation in Europa in keiner Weise in politische, finanzielle, wirtschaftliche und soziale Gebiete einzugreifen" sich vornehmen durfte[10]. Das gemeinsame Budget sollte sich auf ein Minimum beschränken, zum Beispiel auf die Verwaltungskosten der zu schaffenden EVG-Organe, auf die integrierten Stäbe und auf die gemeinsamen Militärschulen. Nach niederländischer Auffassung mußten die übrigen Ausgaben weiterhin innerhalb der nationalen Haushalte festgelegt und verwaltet werden, und demzufolge bedurfte es auch keiner gemeinsamen europäischen Rüstungs- und Ausrüstungsprogramme.

[7] Aufzeichnung Vialons, 14.9.1951, über Besprechungen mit französischen und amerikanischen Finanzdelegierten, 11.–14.9.1951, BA–MA, BW 9/3210.
[8] Aufzeichnung Vialons, 29.10.1951, über Finanzfragen der europäischen Armee, BA–MA, BW 9/3210.
[9] Stenographische Niederschrift der Sitzung des Lenkungsausschusses, 31.10.1951, BA–MA, BW 9/3142.
[10] Aufzeichnung der niederländischen Delegation, 22.11.1951, BA–MA. BW 9/3128.

Schließlich sah man in der niederländischen Delegation ein, daß das EVG-Projekt möglicherweise an der Budgetfrage zu scheitern drohte, und legte daher einen eigenen Plan zur Schaffung eines gemeinsamen Budgets vor. Man ging jetzt davon aus, daß der EVG-Haushalt die gesamten Ausgaben für Ausbildung, Unterbringung, Ausrüstung, Unterhalt, Entlohnung des Personals, Bekleidung und Verpflegung der Streitkräfte enthielt, aus Einnahmen, die sich aus den Beiträgen der Teilnehmerstaaten und auch aus auswärtiger Hilfe zu ergeben hatten. Lediglich für die Entlohnung des Personals wollte die niederländische Regierung die nationalen *Normen* beibehalten wissen, um eine Beeinträchtigung der nationalen Politik auf den Sektoren der Lohn- und Sozialgesetzgebung zu vermeiden. Solche Ausgaben konnten allerdings durchaus in Übereinstimmung mit den nationalen Bemessungen in das gemeinsame Budget Aufnahme finden.

Die niederländische Regierung schlug einen Haushaltsvoranschlag nur für die Gültigkeitsdauer von drei Jahren vor, den der Kommissar in enger Fühlungnahme mit den nationalen Regierungen im Blick auf den militärischen Bedarf der Gemeinschaft und die finanziellen und ökonomischen Möglichkeiten der Mitgliedstaaten zu entwerfen hatte. Der Ministerrat mußte diesen Haushaltsvoranschlag einstimmig beschließen und ebenfalls einstimmig die Beiträge der Mitgliedstaaten für die vorgesehene Dauer von drei Jahren festlegen. In einem dritten Schritt war dann der Haushaltsvoranschlag mit Einzeltiteln den nationalen Parlamenten vorzulegen, vom Kommissar zusammenzufassen und vorbehaltlich der einstimmigen Billigung durch den Ministerrat als EVG-Budget zu installieren.

Zudem brachten die Niederländer einen neuen Gedanken in die Diskussion ein, der freilich bereits im Zwischenbericht vom Sommer 1951 bezüglich des militärischen Integrationsprozesses in Umrissen niedergelegt war. Der Vorschlag regte eine Übergangszeit zwischen Inkrafttreten eines EVG-Vertrages und dem definitiven Funktionieren der supranationalen Verteidigungsgemeinschaft an. Was auf den ersten Blick als Versuch gelten mochte, eine schwierige Entscheidungsfindung dadurch zu erleichtern, daß man die Budgetfrage in Etappen löste, entpuppte sich allerdings bei näherer Betrachtung als das eigennützige Bestreben, das nationale Budgetrecht nur sukzessive zugunsten eines supranationalen aufzugeben. Der niederländische Vorschlag lief also darauf hinaus, nach Inkrafttreten der EVG eine dreijährige Aufrüstungsphase anzusetzen und bis dahin dem Ministerrat der Gemeinschaft ein geschmälertes Budgetrecht zuzugestehen, das sich im Kern auf die formelle Genehmigung des auf nationalen Entscheidungen beruhenden Etats der Gemeinschaft beschränken würde. Dies war ein Vorstoß, „der vom deutschen Standpunkt aus gesehen, sehr gefährlich" sein mußte, weil er erstens das gemeinsame Budget an die Beschlüsse nationaler Parlamente band, weil er zweitens ein sehr spätes Inkrafttreten eines solchen Budgets in Rechnung stellte und weil er drittens von der Bundesrepublik, die noch über keine Truppen verfügte, neue Haushaltsmittel beanspruchte, während alle anderen Partner nur Teile ihres nationalen Militärhaushalts auf die EVG zu übertragen brauchten[11].

Die belgische und luxemburgische Delegation trugen den niederländischen Plan mit. Auch sie plädierten nun für eine Übergangszeit bis zur vollen Funktionstüchtigkeit supranationaler Organe.

Fortan standen die Budgetfragen für die Benelux-Staaten unter dem Vorzeichen nationalen Prestiges. Die Übergangsphase war und blieb wichtigstes Thema der weiteren Budgetdebatten. Zwar bekräftigte die französische Seite ihre bekannte Auffassung von der Schaffung eines gemeinsamen Haushaltplanes vom Inkrafttreten des EVG-Vertrages an, daher operierte auch sie nun mit Übergangs- und Integrations-Zeit; für die erstere sollte der EVG-Ministerrat ein bis drei

[11] Aufzeichnung Vialons, 23.11.1951, über Finanzfragen, BA–MA, BW 9/3210.

gültige Rechnungsjahre in Ansatz bringen. Aber während dieser Phase mußten nationale Haushaltspläne Mittel für die EVG vorsehen, der EVG zur Verfügung gestellt werden, wie sie aufgrund von Beratungen mit der NATO festzulegen waren.

Nun votierte auch die italienische Delegation für ein provisorisches und sich anschließendes endgültiges Budgetsystem. Sie favorisierte für die reguläre Phase ein supranationales Organ mit weitgehender Zuständigkeit, insbesondere der, europäische Steuern zu erheben, während in der Übergangszeit der gemeinsame Haushaltsplan lediglich die außermilitärischen Kosten umfassen sollte.

Die deutsche Delegation beharrte auf ihrem Standpunkt, vom Inkrafttreten des Vertrages an alle Ausgaben der Gemeinschaft durch einen gemeinsamen Haushaltsplan erfassen und abwickeln zu lassen[12]. Ende November 1951 waren die Beratungen über ein gemeinsames EVG-Budget auf der Pariser Konferenzebene festgefahren.

„Die gesamte Atmosphäre der Konferenz ist z. Zt. sehr wenig erfreulich", hieß es in einem Bericht aus Paris an das Amt Blank. „Im Mittelpunkt der Sitzungen [...] stand die Frage des Budgets. Hier scheiden sich die Geister so stark, daß eine Einigung ohne die Minister unmöglich erscheint. Die Benelux-Staaten sind stur gegen ein gemeinsames Budget. Die Italiener sind vorerst einmal umgefallen und haben sich den Benelux-Staaten im Prinzip angeschlossen. Die Franzosen haben einen Vermittlungsvorschlag gemacht, der zwar am gemeinsamen Budget in der Endlösung festhält, jedoch für eine nicht näher begrenzte Übergangszeit den Benelux-Wünschen weitgehend entgegenkommt. Herr Blank hat demgegenüber den Standpunkt des gemeinsamen Budgets in sehr gewandten Formulierungen aufrechterhalten. Die ganze Frage hat sich zu einer Kernfrage der Konferenz entwickelt, an der unter Umständen die Sache scheitern kann[13]." Diplomaten und Beamte der EVG-Konferenz hoben nun die Budgetfrage von der Delegations- auf die Ministerebene. So kam die Angelegenheit auf die Tagesordnung der Konferenz der Außenminister der an den EVG-Verhandlungen beteiligten Staaten, die am 11. Dezember 1951 in Straßburg stattfand.

Die deutsche Delegation blieb ihren bisherigen Grundsätzen treu und erarbeitete eine entsprechende Vorlage für die Ministerrunde. Betreffend des gemeinsamen Budgets hieß es hier: Man erachte es nach wie vor für angebracht, die für die endgültige Periode diskutierten Regelungen bereits in der Übergangszeit wirksam werden zu lassen. Eine Kompromißlösung halte man unter vier Bedingungen für möglich:

1. Daß die Beiträge aller Staaten in einer Übergangskonvention zahlenmäßig festgelegt,
2. daß der westdeutsche Beitrag nach dem gleichen Prinzip wie bei den übrigen Staaten errechnet,
3. daß abzugsfähige Militärausgaben der Partnerstaaten, z.B. die für die Wahrung ihrer Interessen in Übersee, auch der Bundesrepublik dort zugebilligt würden, wo sie im Interesse der freien Welt Aufgaben übernehme, z.B. in Berlin,
4. daß die geplante Übergangsperiode fest terminiert werde[14].

Nehmen wir es vorweg: das Ergebnis des Ministertreffens muß als ausgesprochen mager bezeichnet werden. Um dies zu kaschieren, stellte man bis dahin bereits Gemeingültiges als positive Übereinkunft dar. Als Fortschritt erschien, a) daß alle Teilnehmerstaaten keine Bedenken mehr gegen eine Europäische Verteidigungsgemeinschaft geltend machten, b) daß man die

[12] Gemeinsame Aufzeichnung der Finanzdelegationen, 7.12.1951, BA-MA, BW 9/3225.
[13] Brief de Maizières, 6.12.1951, an Graf Kielmansegg, BA-MA, BW 9/3075.
[14] Stellungnahme der deutschen Delegation zu den Außenministerbesprechungen in Straßburg, 7.12.1951, BA-MA, BW 9/3075.

Schaffung staatlicher Einrichtungen für ein künftiges vereinigtes Europa für notwendig erachtete und dies in gewissem Umfang bereits in einem EVG-Vertrag festschreiben wollte, c) daß man sich darauf einigte, bis spätestens 2. Februar 1952 dem Atlantikrat einen unterzeichnungsfähigen EVG-Vertrag vorzulegen.

In der Budgetfrage übernahm Bundeskanzler Adenauer eine dominante Sprecherrolle in Straßburg, nachdem sich herausstellte, daß einige Außenminister der kleineren Staaten von der Sache her ungenügend unterrichtet und vorbereitet erschienen. Es kam zu der erwarteten Konfrontation zwischen Frankreich und der Bundesrepublik einerseits sowie den Beneluxstaaten andererseits, nachdem Italien, ohne sich wirklich festzulegen, seine Neigung bekräftigt hatte, sich auf die Seite der ersteren zu schlagen. Zwar waren sich die Niederlande, Belgien und Luxemburg in Einzelfragen durchaus uneins, vertraten aber gemeinsam den bekannten Standpunkt, daß während der Übergangszeit die Mittel für die Kosten der eigentlichen Aufrüstung aus den nationalen Budgets aufzubringen seien.

Der französische Außenminister Schuman versuchte, die Benelux-Staaten mit dem Gespenst einer wiedererstehenden deutschen Armee unter bundesrepublikanischer Flagge zu erschrekken: im Falle einer nationalen Budgetregelung müsse die Bundesrepublik die Kosten für die Aufstellung ihrer Streitkräfte ganz alleine tragen, und Bonn könne daher mit Fug und Recht den Anspruch auf nationale Verfügung über diese Armee erheben. Doch seine eigene Furcht vor einer solchen Entwicklung erwies sich größer als die seiner Kollegen aus Luxemburg, Brüssel und Den Haag. So blieb alles in der Schwebe bis zu der auf den 27. bis 30. Dezember 1951 festgelegten erneuten Zusammenkunft der Außenminister in Paris, nun unter Hinzuziehung der Chefs der Finanzressorts[15].

Wer nun erwartet hatte, die Delegierten der EVG-Konferenz würden unter dem Diktum ihrer Außenminister, den Budgetkomplex bis dahin aufzuarbeiten, zu Gemeinsamkeiten finden, der sah sich enttäuscht. Statt eines gemeinsamen Papiers wurden den Außen- und Finanzministern der Pariser Konferenz zwei Vorlagen unterbreitet. Beide Textentwürfe wiesen allerdings eine Übereinstimmung auf: Sie gingen nun von der Notwendigkeit einer Übergangsperiode und einer späteren endgültigen Regelung aus, und insoweit trugen sie der Forderung der Beneluxstaaten zwischenzeitlich Rechnung.

Um bei den Gemeinsamkeiten zu bleiben: Die Delegationen waren sich darüber einig, sämtliche Ausgaben für die Verteidigungsstreitkräfte in einem gemeinsamen Budget zusammenzufassen. Konsens erzielte man auch über die Aufnahme aller Einnahmen der Gemeinschaft in einen gemeinsamen Haushaltsplan. Allerdings machte die niederländische Delegation ihre Zustimmung zu diesem Prinzip von der genauen Kenntnis der Höhe der Zuteilung einer finanziellen Außenhilfe, hauptsächlich seitens der USA, für die EVG abhängig.

Nun zu den Differenzen: sie entzündeten sich weiterhin an dem Verfahren zur Billigung des Haushaltsplanes. Zwischenzeitlich hatten sich alle Parteien dazu durchgerungen, das Prinzip der vollen Zuständigkeit einer föderativen oder konföderativen Versammlung in dieser Angelegenheit für den Fall anzuerkennen, daß eine solche Institution bereits gebildet sei. Bis zu deren Konstitution wollten Niederländer und Belgier das Budgetrecht allein dem Ministerrat übertragen, der einstimmig beschließen sollte, während man von seiten Frankreichs, Deutschlands und Italiens ein Zusammenwirken von Rat und parlamentarischem Gremium der Gemeinschaft mit qualifizierten Mehrheiten wünschte. Außerdem versuchte man seitens der niederländischen und belgischen Delegation, ihren nationalen Parlamenten relativ ausgedehnte Befugnisse hinsicht-

[15] Aufzeichnung Vialons über die Außenminister-Besprechung, 13.12.1951, BA–MA, BW 9/3210.

lich des EVG-Budgets zu reservieren, während die anderen Verhandlungspartner die Auffassung vertraten, daß die Parlamente der Mitgliedstaaten durch die Ratifizierung des EVG-Vertrages gebunden sein müßten, insbesondere dadurch, daß der Vertrag bereits das Volumen der Mindestbeiträge auswies. Man näherte sich gleichzeitig bei den letztgenannten Delegationen dem italienischen Vorschlag, der Versammlung das Recht, Steuern zu erheben, zuzubilligen. In dieser Zuständigkeit mußte allerdings auch das Recht einbegriffen sein, die Kriterien für die Beiträge abzuändern.

Was die Finanzierung des EVG-Haushalts anbetraf, gab es zwischen den Delegationen keine Divergenzen darüber, daß die nationalen Beiträge sich an der wirtschaftlichen und finanziellen Leistungsfähigkeit der Mitgliedstaaten zu orientieren hätten. Die belgische Abordnung wollte allerdings solche Kriterien beachtet wissen, wie sie für die NATO galten, während die Niederländer auf eine jährliche Festsetzung der nationalen Beiträge insistierten.

Die französische Regierung reklamierte für sich und damit für die Staaten mit außereuropäischen Verpflichtungen die Möglichkeit, Abzüge von ihren Beiträgen vornehmen zu können, wenn die genannten Verpflichtungen auch im Interesse der übrigen Partnerländer seien. Während diese Sonderregelung die Zustimmung der Regierungen in Den Haag und Brüssel fand, behielt sich die italienische und die deutsche Seite eine Stellungnahme dazu auf der bevorstehenden Ministerkonferenz vor.

All diese Überlegungen betrafen ausschließlich die Definitivzeit! Während also die Auffassungen über die Budgetfragen in der Integrativphase annäherungs- und konsensfähig erschienen, blieben die Meinungsverschiedenheiten für die Übergangsphase gravierend. Sie betrafen in erster Linie den gemeinsamen Haushaltsentwurf. Hier verharrten die Beneluxstaaten auf ihrer Budgetbegrenzung zwecks ausschließlicher Finanzierung der gemeinsamen Organe, während Frankreich und die Bundesrepublik die Auffassung teilten, was sie auch schon immer gefordert hatten, daß der gemeinsame Haushaltsplan vom Inkrafttreten des EVG-Kontraktes an sämtliche Ausgaben der Gemeinschaft enthalten müsse. Ferner blieben die hinsichtlich der Billigung des Budgetplans für die endgültige Phase vermerkten Auffassungsunterschiede (Zweidrittelmehrheit oder Einstimmigkeit im Ministerrat und Rolle der Versammlung für die Übergangsphase) aufrechterhalten[16].

Nach dem ersten Verhandlungstag notierte ein deutsches Delegationsmitglied: „[...] in der Frage eines gemeinsamen Budgets kam man keinen Schritt vorwärts. Sehr harter Widerstand der kleinen Länder [...] Es besteht die Möglichkeit, daß im Laufe des heutigen Tages in der Konferenz eine Krise eintritt[17]."

Keine leichte Aufgabe also für die Außen- und Finanzminister, den auf Delegationsebene mit Budgetfragen befrachteten und festgefahrenen Verhandlungskarren wieder flottzumachen. Dennoch gab sich Hollands Außenminister Dirk U. Stikker zu Beginn der Konferenz optimistisch: „Alle Anzeichen sprechen für eine Einigung über die Aufstellung eines gemeinsamen Rüstungsbudgets[18]." Er sollte sich täuschen! Nach harten und kontroversen Debatten wurde das Thema vertagt. Lapidar hieß es in dem für die Öffentlichkeit bestimmten Kommuniqué der Außenminister: „Die Konferenz einigte sich grundsätzlich über ein gemeinsames Budget der Gemeinschaft; sie behielt sich jedoch die Modalitäten der Überführung der nationalen Verteidigungs-

[16] Vgl. dazu Gemeinsamer Bericht des Finanzausschusses an die Außen- und Finanzminister, 21.12.1951, BA-MA, BW 9/3358.

[17] Notiz de Maizières, 29.12.1951, über ein Ferngespräch mit Graf Kielmansegg in Paris, BA-MA, BW 9/3075.

[18] Presseerklärung (AP-Meldung), 28.12.1951, BA-MA, BW 9/3227.

budgets auf das gemeinsame Budget einer späteren Prüfung vor[19]." Etwas substantieller, als es den ersten Anschein hatte, war das Verhandlungsergebnis allerdings ausgefallen – wenngleich sich die Situation im einzelnen noch verkompliziert hatte. Ein Silberstreifen wurde nämlich am Verhandlungshorizont sichtbar: Man glaubte sich über die Föderal- bzw. Definitivphase der EVG einigen zu können, vorausgesetzt, man erzielte Übereinstimmung für eine Budgetregelung in der Übergangsphase, und hier zeichnete sich ein Kompromiß durch Komplikation ab, so widersprüchlich dies zunächst auch anmuten mochte. Immerhin stellten die Finanzminister fest, die Schwierigkeiten beträfen lediglich die vorföderale Periode, und sobald später „die föderalen Organe eingesetzt sein werden, werden es diesen die ihnen auf finanziellem Gebiete verliehenen Befugnisse ermöglichen, die Finanzprobleme einer europäischen Armee zu lösen"[20].

Auch für die vorföderale Periode – und damit kam man französisch-deutschen Vorstellungen entgegen – sollte ein gemeinsamer Haushaltsplan der finanzielle Ausdruck der Verteidigungsgemeinschaft sein. Strittig waren die Termine, also das Ende der vorföderalen und der Beginn der definitiven Periode der EVG. Die Lösung des Problems sah man nun darin, daß man die vorföderale Zeitspanne noch einmal unterteilte, und zwar in „Übergangs-" und „vorföderale endgültige Phase". Dies war terminologisch verwirrend, beabsichtigt war aber nichts anderes, als den Benelux-Ländern in der Frage der nationalen Verfügbarkeit ihrer Verteidigungsausgaben etwas entgegenzukommen. Die politisch neuralgische Zeitspanne lag zwischen Inkrafttreten eines EVG-Vertrages und dieser „vorföderalen endgültigen Phase". Diese „Übergangsphase" wollte nun der niederländische Finanzminister namens der Benelux-Staaten nochmals in zwei zeitliche Unterabschnitte gegliedert wissen: Erster Unterabschnitt der Übergangsphase zwischen Inkrafttreten des Vertrages und „vorföderaler endgültiger Phase": In dieser Zeit sind die Ausgaben der Gemeinschaft und die entsprechenden Einnahmen integraler Bestandteil der nationalen Haushaltspläne der Mitgliedstaaten und unterliegen dem Budgetrecht der nationalen Legislativen. Sie werden von nationalen Einrichtungen verwaltet, wobei dem EVG-Kommissar lediglich ein gewisses Kontrollrecht einzuräumen ist. Der Kommissar verwaltet hingegen die Mittel, die in den EVG-Haushaltsplänen keinen NATO-Verpflichtungen entsprechen, unmittelbar.

Zweiter Unterabschnitt dieser Übergangsphase: Weiterhin bleiben Ausgaben und Einnahmen der Gemeinschaft Bestandteil nationaler Haushaltspläne, werden aber nun durch den Kommissar verwaltet (vgl. Übersicht S. 830).

Die Finanzminister Frankreichs und Italiens näherten sich diesem Standpunkt im Grundsatz an, erhoben allerdings die Forderung, die Zeit des ersten Unterabschnittes als Anlauffrist sehr kurz zu bemessen. Finanzminister Schäffer beharrte weiterhin auf einem gemeinsamen Haushaltsplan vom Inkrafttreten des Vertrages an. Alle drei Finanzminister brachten zum Ausdruck, daß sie sich nur schwer vorstellen könnten, wie nationale Haushaltspläne in dem zweiten Unterabschnitt durch ein internationales Organ zu verwalten seien. Dies könne nur gelingen, wenn man die Vereinheitlichung der Nomenklaturen der Haushaltspläne aller Mitgliedstaaten vornehme. Die Einwände zeigten Wirkung. Die niederländische Delegation erklärte, die Forderung nach einem zweiten Unterabschnitt der Übergangsphase unter zwei Bedingungen zurückzunehmen:

1. Bei ausreichender Terminierung des ersten Unterabschnittes

[19] KAG, 1951, S. 3263.

[20] Zusammenfassung des Meinungsaustausches zwischen den Finanzministern, 30.12.1951, BA–MA, BW 9/3227.

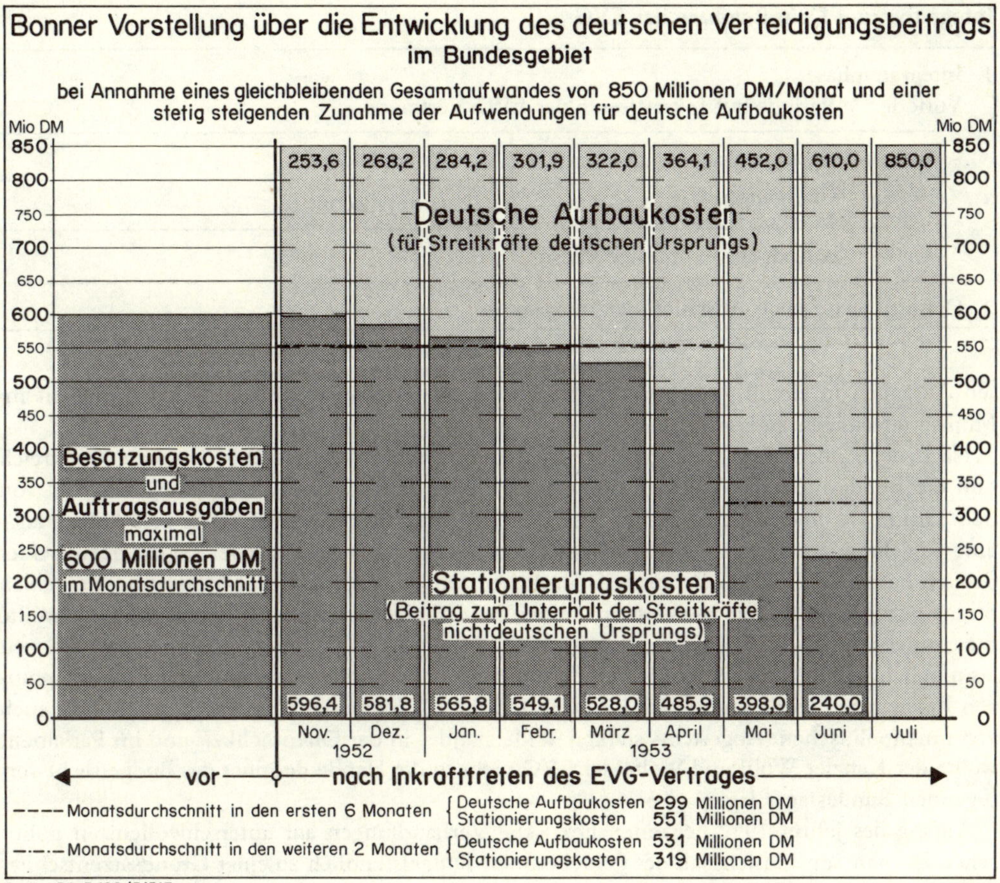

Quelle: BA, B 126/51517.

2. Bei Verpflichtung des EVG-Kommissars, in den Rechnungsjahren, die dem ersten Unterabschnitt folgten, sicherzustellen, daß die Niederlande ihren gegenüber der NATO eingegangenen Verpflichtungen nachkommen könnten.

Obwohl die deutsche Delegation gegen die etappenweise Etablierung eines gemeinsamen EVG-Budgets wegen der damit verbundenen Handlungsbegrenzung des Kommissars bei der Erfüllung seiner militärischen Aufgaben Bedenken vorbrachte und der Bundesfinanzminister mit Nachdruck darauf abhob, die Übergangsphase verwaltungsmäßiger Erleichterungen lediglich auf das Fiskal-Rechnungsjahr zu begrenzen, in welchem die Ratifikation des EVG-Vertrages erfolgte, erzielte man doch eine gewisse Übereinstimmung: Die vorföderale Periode wurde nur zweigeteilt in eine Übergangs- oder Vorbereitungsphase und in die vorföderale endgültige.

Im wesentlichen blieben die Finanzminister uneins über die Dauer der Vorbereitungsphase. Sie sollte nach der Ansicht Frankreichs, Italiens und der Bundesrepublik sehr kurz, nach Auffassung der anderen Delegationen möglichst lang sein.

Was nun die vorföderale endgültige Phase anging, so kamen die Finanzminister in der Frage der Genehmigung und Verabschiedung des Gesamthaushaltsplanes nicht weiter. Auch hier nahm man nun eine Aufteilung in Ausgaben und Einnahmen vor und kam überein, die gesam-

Integrativ- und Definitivphase der EVG		
1. Integrativphase: Vorföderale Periode mit Inkrafttreten des EVG-Vertrages		
	Vorbereitungs- bzw. Übergangsphase	1. Unterabschnitt
		2. Unterabschnitt
	vorföderale endgültige Phase	
2. Definitivphase nach Abschluß der Integration		

ten Ausgaben in einem gemeinsamen Haushaltsplan festzulegen und mit Einstimmigkeit im Ministerrat billigen zu lassen.

Nach der Außen- und Finanzministerkonferenz Ende des Jahres 1951 mußten Frankreich und die Bundesrepublik Abschied nehmen von ihrer Formel des Alles-oder-Nichts, d.h. von dem Grundsatz einer bedarfsorientierten Budgetregelung für die EVG-Organe von Anfang an – eine Regelung, an der sich die Mitgliedstaaten auszurichten hatten. Die Regierungen beider Staaten hatten in dieser Frage aus teils ähnlicher, teils unterschiedlicher Motivation am selben Strang gezogen, und zwar zunächst aus reinen Nützlichkeitserwägungen heraus. In Paris wollte man zudem mittels starker Gemeinschaftsinstitutionen nationaldeutsche Kompetenzen so weit als möglich beschneiden. Adenauer wiederum ließ sich sowohl von gesamteuropäisch-integrativen Erwägungen leiten – und kam insoweit den französischen Ambitionen entgegen – als auch von innenpolitischen: Angesichts starken Widerstandes in der Öffentlichkeit und im Parlament wollte der Kanzler Wohl und Wehe der EVG nicht in die Hände des über das Budgetrecht verfügenden Bundestages legen.

Anfang des Jahres 1952 begannen hektische Verhandlungen auf unterschiedlichsten politischen Ebenen, um hinsichtlich des gemeinsamen Budgets endlich zu einer Grundsatzentschließung zu gelangen. Den Niederlanden fiel als Sprecher der Benelux-Staaten eine gewisse Schlüsselrolle zu, und die deutsche Seite sondierte vor Wiederaufnahme der Beratungen im Lenkungs- und Finanzausschuß bei der Regierung in Den Haag die Möglichkeiten eines Interessenausgleichs. Dabei erwies sich, daß die Holländer nicht nur gegenüber der Abtretung souveräner Budgetrechte an eine supranationale Einrichtung weiterhin ernsthafte Vorbehalte hatten, sondern in wachsendem Maße auch das offene Problem des notwendigen Quorums innerhalb des Ministerrates bei der Budgetplanung und -verabschiedung mit der Sicherung ihres eigenen rüstungsökonomischen Interesses befrachteten. Es ging um die bereits mehrfach diskutierte Einstimmigkeit des Ministerrats bei der Verabschiedung des Gemeinschaftsbudgets. Der niederländische Finanzminister Lifting wollte wissen, „wohin die Aufträge der Verteidigungsgemeinschaft gingen und wer sie steuere“[21]. Beide Verhandlungspartner waren sich in diesem Punkt einig, daß die nationalen Beiträge weitestgehend für Beschaffungsmaßnahmen im eigenen Land ausgegeben werden sollten. Zu deutschen Konzessionen kam es ansonsten nicht.

Blank versuchte statt dessen, Ordnung in das von den Niederlanden inszenierte terminologische Verwirrspiel um Übergangs- und präföderale Definitivphasen und deren zeitliche Unter-

[21] Aufzeichnung Vialons, 4.1.1952, über die deutsch-niederländischen Verhandlungen, 3.1.1952, BA–MA, BW 9/3211.

gliederungen zu bringen, indem man sie möglichst durch konkrete und verbindliche Daten markierte. Tatsächlich ließ man sich seitens der Niederländer dazu herbei, der dreigliederigen Einteilung der vorintegrativen Periode nun ein zeitliches Raster zu unterlegen und somit den deutschen Wünschen nach möglichster Kürze des ersten Abschnittes der zweigliedrigen Übergangsphase Rechnung zu tragen: Von der Ratifizierung des EVG-Kontraktes noch im Jahre 1952 ausgehend, sollte der erste Abschnitt der Übergangsphase durch einen Rumpfhaushalt für den Rest des Kalenderjahres finanziert werden und dann enden. Weitere Teilabschnitte der vorföderalen Phase bildeten die Kalenderjahre 1953 und 1954[22].

Mit einem persönlichen Vorschlag des französischen Finanzdelegierten, der sich an dieser zeitlichen Vorgabe orientierte und der gleichzeitig einen Kompromiß hinsichtlich des Abstimmungsverfahrens im Ministerrat suchte, traten die zähen Pariser Budgetverhandlungen endlich in ihr entscheidendes Stadium. Die französische Seite steckte folgenden Orientierungsrahmen ab, innerhalb dessen sich, von punktuellen Korrekturen abgesehen, die Beratungen über die vorföderale Periode – denn einzig darum ging es – fortan bewegen sollten:

1. Mit dem Inkrafttreten des EVG-Vertrages war ein gemeinsamer Haushaltsplan aufzustellen, und zwar auf folgender Grundlage: Die Mitgliedstaaten, die bereits über ein Militärbudget verfügten, hatten dessen Volumen und den detaillierten Verwendungsplan für das Resthaushaltsjahr 1952 dem EVG-Kommissar mitzuteilen. In einer Übergangskonvention waren gemäß den NATO-Grundsätzen die Haushaltsmittel festzulegen, die die Bundesrepublik nach Abstimmung im Bundestag für den genannten Zeitraum zu leisten hatte. Aufgrund der so ermittelten Beträge stellte der Kommissar, beziehungsweise die Hohe Behörde („die Bezeichnung ‚Hohe Behörde' soll von jetzt ab an die Stelle der Bezeichnung ‚der Kommissar' treten"), einen Ausgabenvoranschlag auf, der der Billigung des Ministerrates mit lediglich qualifizierter Mehrheit bedurfte[23].

   Nationalen Empfindlichkeiten, aber auch wirtschaftlichen Interessen Rechnung tragend, sollte den Regierungen der Partnerstaaten das Recht zustehen, weiterhin selbsttätig Zahlungen für die EVG-Streitkräfte zu leisten, dies nun aber im Auftrag der Hohen Behörde, die dann allmählich im Zuge des Aufbaues einer eigenen Finanzadministration die Ausführung des Haushaltes übernahm.
2. Im folgenden Rechnungsjahr 1953 blieb es nach französischer Vorstellung weiterhin beim Budgetrecht der Legislativen der Mitgliedstaaten, doch war der Militärhaushalt nun im Zusammenwirken mit Hoher Behörde und Ministerrat aufzustellen. Die nationalen Zahlungen erfolgten jetzt in Form eines Globalbeitrages in die Kasse der EVG. Wiederum blieb für die Festsetzung der Beiträge die NATO-Norm gültig. Der Hohen Behörde oblag es, aufgrund dieser Beiträge einen Haushaltsplan zu entwerfen, der vom Ministerrat mit qualifizierter Mehrheit und von der Versammlung abgesegnet werden mußte.

   Dies war insofern ein kluger Schachzug, als der von den Benelux-Staaten geforderten Einstimmigkeit bei der Festlegung der Einnahmen der EVG insoweit Rechnung getragen wurde, als zwar nun nicht der Ministerrat mit Einstimmigkeit zu beschließen hatte, der Einnahmenhaushalt aber bei seinem Zustandekommen von der Zustimmung jedes einzelnen Staates abhängig war, indirekt also doch Einstimmigkeit herrschen mußte.

   Selbstverständlich erschien, daß Kommissar bzw. Hohe Behörde auf bestehende NATO- und andere Vertragsverpflichtungen der EVG-Mitgliedstaaten Rücksicht zu nehmen hatten.

[22] Ebd.
[23] Zusammenstellung der Beschlüsse der 61. Sitzung des Lenkungsausschusses, 10.1.1952, BA–MA, BW 9/3140.

3. Für den Fall, daß am Ende des zweiten Rechnungsjahres die notwendigen föderalen Organe noch nicht bestanden, sah der französische Vorschlag einen Übergangszeitraum vor, innerhalb dessen eine sich der endgültigen Regelung in der Integrationsphase annähernde Handhabung des Budgets anzustreben war. Dann sollte das nationale Bewilligungsrecht im Prinzip unangetastet bleiben. Das Papier ließ sogar die Möglichkeit offen, für die Definitivperiode Einstimmigkeit des Ministerrats bei der Festlegung der Budgeteinnahmen vorzusehen.
4. Da einige Verhandlungspartner Schwierigkeiten der Mittelaufbringung aufgrund der NATO-Normen vorausgesagt hatten, ließ der französische Vorschlag eine dehnbare Formel zu, die dennoch das Zustandekommen eines gemeinsamen Budgets garantieren sollte: Die jährlichen Beiträge der Einzelstaaten durften nicht niedriger als ein in welcher Form auch immer fixiertes Minimum sein, es sei denn, daß der Rat mit Einstimmigkeit anders entscheiden sollte.
5. Die Arbeitsunterlage des französischen Finanzdelegierten trug auch französischen Interessen und denen der anderen Kolonialstaaten insofern Rechnung, als sie Abzüge erlaubten, sofern der Ministerrat sie mit Zweidrittelmehrheit beschloß, und zwar dann, „wenn sie Ausgaben betreffen, die im ersten Rechnungsjahr der Gemeinschaft noch nicht existierten, oder wenn sie sich auf Ausgaben beziehen, die im ersten Rechnungsjahr bereits bestanden, die aber höher als die damals vorgesehenen sind“[24].
6. Die Expertise konzedierte die Überprüfung und notfalls die Änderung der genannten Budgetbestimmungen für den Fall der Installation einer EVG-Organisation, die die Befugnisse besaß, Steuern selbst zu erheben beziehungsweise Steuersätze abzuändern.
7. In die Überlegungen miteinbezogen war auch die Außenhilfe, die man ja insbesondere von den Vereinigten Staaten erwartete. Sie sollte der Gemeinschaft und nicht deren Mitgliedern zufließen.

Wenn die Amerikaner ihre Genugtuung darüber nicht verhehlten, „daß das gemeinschaftliche Budget in den letzten Tagen durch starken Druck“, den sie auf die Regierungen der Benelux-Staaten ausgeübt hätten, „vorangekommen sei“, und sie sich „aufs äußerste bemüht“ zeigten, „auch die noch restlichen Schwierigkeiten zu beseitigen“, dann war dies auch ein Wink in Richtung Bonn. Er bedeutete die Aufforderung, nun deutscherseits diese französische Vorlage zu unterstützen und ihr dadurch das notwendige Gewicht gegenüber den Benelux-Staaten zu verleihen, aber auch gegenüber Italien, damit die alte Dreierkoalition wiederhergestellt würde[25].

Den amerikanischen Beobachtern war bewußt, daß es den Vertretern der Bundesrepublik nicht leichtfallen würde, sich die französische Position zu eigen zu machen. Aber „wenn auch in nur einem der großen Punkte die deutsch-französischen Ansichten variierten, würde es kaum möglich sein, eine wirklich praktikable Regelung auf dem Budget-Gebiet durchzusetzen“[26].

Nach deutscher Auffassung wies das französische Papier tatsächlich vier Schwachpunkte auf:
1. Während alle anderen Partnerstaaten bereits ein Militärbudget besaßen, damit auch einen detaillierten Verwendungsplan, so daß sie die Einzelausgaben zumindest in der allerersten EVG-Phase kontrollieren, ja selbst abwickeln konnten, blieb offen, wer und in welchem Ausmaß über den von der Bundesrepublik bereitzustellenden Betrag verfügen konnte. Man wünschte

[24] Persönliche Vorschläge des französischen Delegierten über die allgemeinen Grundsätze für das gemeinsame Budget, 10.1.1952, BA–MA, BW 9/3211.
[25] Aufzeichnung Vialons, 12.1.1952, über ein Gespräch vom gleichen Tag mit amerikanischen Finanzdelegierten, BA–MA, BW 9/3211.
[26] Ebd.

einen detaillierten Verwendungsplan auch für den deutschen Beitrag, damit dieser keine disponible Größe bildete, sondern auch weitestgehend in der Bundesrepublik verausgabt werden konnte.

2. Deutscherseits stieß man sich an der nicht näher definierten Leistungsfähigkeit der einzelnen Staaten, an der sich ihr Finanzbeitrag für die EVG orientieren sollte.
3. Bonn erschien die Abzugsregelung zugunsten nicht integrierter Truppen, die zum Beispiel in den Kolonien standen, unakzeptabel, da die Bundesrepublik sonst allein – zusammen mit Luxemburg – ausschließlich europäisch integrierte Truppen besessen hätte. Hier strebte die deutsche Seite ein Agreement an, demzufolge nicht nur französische Verpflichtungen in Indochina, sondern auch westdeutsche Stationierungskosten für fremde Truppen als abzugsfähig anerkannt werden müßten.
4. Der französische Vorschlag ließ auch US-Dollar-Hilfe an EVG-Mitgliedstaaten zu. Die Bundesrepublik wollte dies zugunsten des gemeinsamen Budgets verhindert wissen.

Die Amerikaner bekundeten „volles Verständnis" für den deutschen Wunsch nach einer detaillierten Verwendung des deutschen finanziellen Verteidigungsbeitrages als auch für die Gewährung der Auslandshilfe unmittelbar an die Verteidigungsgemeinschaft. Dem deutschen Finanzdelegierten wurde bedeutet, daß eine entsprechende Regelung angestrebt werde, für die allerdings noch die abschließende Stellungnahme des State Department fehle. Man könne in diesem Punkt durchaus zuversichtlich sein, da der Kongreß einer europäischen Integration sehr positiv gegenüberstehe. Auch vermochten die USA einen Teil der übrigen deutschen Bedenken nachzuvollziehen, hielten sie auch für in vertraulichen bilateralen Gesprächen zwischen Bonn und Paris im Einzelfall ausräumbar; die US-Delegierten in Paris machten ihren deutschen Kollegen aber unmißverständlich klar, daß die französische Vorlage bereits das Ergebnis intensiver amerikanisch-französischer Konsultationen war, während deren die amerikanische Seite die ihr schon vorher bekannten deutschen Vorbehalte bereits zur Sprache gebracht habe[27]. In Anbetracht des amerikanisch-französischen Grundkonsenses blieb kaum noch diplomatische Manövriermasse, um Bonner Eigeninteressen über ein bestimmtes Maß hinaus durchzusetzen.

Der amerikanischen Anregung folgend, bemühte sich die deutsche Finanzdelegation, mit der französischen in offiziellen Gesprächen zu einem Einverständnis in den strittigen Fragen zu gelangen. Von welch relativ schwacher Position aus dieser Versuch unternommen wurde, machte der französische Finanzdelegierte und Vorsitzende des EVG-Finanzausschusses, Sadrin, seinem deutschen Kollegen gegenüber unmißverständlich deutlich, ließ er doch keinen Zweifel darüber aufkommen, daß er die amerikanischen Gedankengänge „wohl akzeptieren könne, da darin alte französische Elemente enthalten seien"[28]. Dennoch gewann der deutsche Chefunterhändler im Finanzausschuß den Eindruck, Frankreich werde dem Wunsch nach Aufstellung auch eines deutschen Verwendungsplanes Rechnung tragen. Auch waren sich Sadrin und Vialon darüber einig, der Frage eines geteilten Budgetrechts zwischen den EVG-Mitgliedstaaten und der Hohen Behörde keine zu große Bedeutung beizumessen und daß ab 1953 der Gemeinschaftshaushalt bereits in globaler Weise im Zusammenwirken von NATO und EVG gesteuert werde, wobei der Einfluß eines gemeinsamen Oberbefehlshabers beider Organisationen auf das Budget ebenfalls positiv in Rechnung zu stellen sei.

[27] Grundlage der amerikanisch-französischen Gespräche war eine amerikanische Aufzeichnung vom 9.1.1952, die in der obengenannten Besprechung dem deutschen Finanzdelegierten Vialon vertraulich zur Kenntnisnahme überreicht worden ist, BA–MA, BW 9/3211.

[28] Aufzeichnung Vialons, 14.1.1952, über eine Besprechung mit Sadrin vom gleichen Tag, BA–MA, BW 9/3211.

Als zwischen allen Verhandlungsdelegationen strittig erwies sich für die präföderale Periode das in den Vordergrund getretene Prinzip der Verwendung der von den Mitgliedstaaten der EVG aufzubringenden Haushaltsmittel. Die Niederlande plädierten mit Nachdruck für die Verwendung von 90 Prozent ihres Budgetanteils zugunsten der eigenen Wirtschaft, ein Ansinnen, dem sich Frankreich insofern bedingt anschloß, als es 70 bis 80 Prozent vorschlug. Die deutsche Seite vertrat hingegen die Auffassung, es genüge, im Vertragswerk, wie in den Entwürfen bereits vorgesehen, eine gewisse Bindung der Ausgaben an die einzelnen Nationalwirtschaften vorzunehmen. Deutscherseits wollte man schon unter dem Gesichtspunkt flexibel bleiben, daß eine optimale Ausrüstung der Europaarmee nur gewährleistet war, wenn man genügend Spielraum besaß, auch außerhalb der EVG-Staaten Käufe zu tätigen. Die Bundesrepublik zeigte sich schließlich geneigt, der niederländischen Forderung nach einem niedrigeren prozentualen Niveau eventuell zuzustimmen, wies aber auf die vorgesehene Appellationsmöglichkeit beim Ministerrat für den Fall hin, daß ein Land sich benachteiligt fühlen sollte. Darüber hinaus regte die deutsche Seite an, eine allgemeine Beschwerdemöglichkeit zu schaffen, „die die Staaten bei der wirtschaftlichen Durchführung des Verteidigungsprogramms ausnutzen könnten“[29]. Einigkeit kam nicht zustande, weshalb ein gemeinsamer französisch-holländisch-deutscher Vorschlag erarbeitet werden sollte.

Es bedurfte nochmals amerikanischen Drucks und amerikanischer Vermittlung, um die Budgetverhandlungen zu einem erfolgreichen Abschluß zu bringen. Der Durchbruch wurde wohl beim Besuch des niederländischen Premiers Willem Drees in Washington erzielt, und zwar in Gesprächen mit Präsident Truman und Außenminister Acheson (21. Januar 1952). Ende Januar 1952 begann die Abschlußrunde der Beratungen über das Budgetproblem. Ausschußsitzungen und zwischenstaatliche Konsultationen hatten zu folgendem Verhandlungsstand geführt, nachdem die belgische Regierung die niederländische aufgrund des Dreesschen Besuches in Washington kontaktiert und daraufhin präzise Weisungen für ihre Finanzdelegation ausgearbeitet hatte: Belgien stimmte nun in einer grundlegenden Erklärung (22. Januar 1952) dem Gemeinschaftsbudget mit Wirkung von Vertragsbeginn an zu und bestand nunmehr lediglich darauf, die nationalen Rüstungsprogramme als Annex zum Haushaltsplan zu berücksichtigen. Belgien ließ nun auch die bislang ultimativ erhobene Foderung nach Einstimmigkeit im Ministerrat bei der Genehmigung der *Ausgaben* der Gemeinschaft fallen und schwenkte mit den Niederlanden auf die französisch-deutsche Linie ein, reklamierte aber mit den Niederländern zusammen jetzt Einstimmigkeit des Ministerrats bei Aufstellung des Ausrüstungsprogramms für die Streitkräfte, also nicht des gesamten Rüstungsprogramms. Beide Staaten beharrten nach wie vor auf der Berücksichtigung der NATO-Verpflichtungen und ihrer laufenden Verträge. Akzeptiert wurde nun auch der deutsche Standpunkt, wonach die erste Etappe der Übergangszeit bis zum 31. Dezember 1952 dauern und die zweite das anschließende Haushaltsjahr bilden sollte. Auch eine weitere Bonner Forderung fand Eingang in die belgisch-niederländischen Überlegungen: für das Kalenderjahr 1953 waren die bestehenden nationalen Verteidigungsprogramme vollständig in den Haushalt der EVG einzubringen. Belgien billigte darüber hinaus den bereits früher in die Diskussion gebrachten Vorschlag, über das Rumpfjahr 1952 eine Finanz- und Militärplanungsgruppe zur Aufstellung des ersten gemeinsamen Haushalts der Verteidigungsgemeinschaft zu installieren.

Diese belgische Stellungnahme erwies sich als vorher mit Frankreich abgesprochen. In den zwischen den Benelux-Staaten und Frankreich bislang strittigen Punkten bot die belgische De-

[29] Aufzeichnung Vialons, 12.1.1952, über den Stand der Finanzfragen, 12.1.1952, BA-MA, BW 9/3211.

legation daher nun Kompromisse an. Sie betrafen insbesondere die Frage der Minimalleistungen in der Übergangs- und in der präföderalen Definitivphase. Hier kam es auch zu scharfen Kontroversen zwischen der belgischen und der niederländischen Delegation, wie in der Endphase überhaupt bemerkenswert war, „daß die Tonart der Diskussion im Gegensatz zu der bisherigen Übung sich sehr verschärfte“, und dies wohl deshalb, weil die verbliebenen strittigen Punkte gleichsam den nationalen Nerv der verhandelnden Staaten berührten[30].

Es waren dies:

1. die Einbeziehung der Außenhilfe in den Vertrag,
2. die Frage der Leistungskriterien,
3. die Frage, ob die automatische Leistungsformel schon für 1953 Gültigkeit haben sollte,
4. die Berücksichtigung der nationalen Verteidigungsprogramme für 1953,
5. die Minimumklausel,
6. die abzugsfähigen Ausgaben.

Über die Stimmverteilung im Ministerrat hatte eine offizielle Debatte stattgefunden, ohne daß eine Einigungsformel gefunden worden wäre.

Alle Hoffnungen waren nun auf die für den 26./27. Januar 1952 nach Paris anberaumte Konferenz der Außenminister der EVG-Verhandlungspartner ausgerichtet. Das Kommuniqué ging in Punkt 9 auf Finanzangelegenheiten in einer Weise ein, die sich in der Presse mit dem Tenor niederschlug: außer Spesen nichts gewesen. Hier stand nicht mehr und nicht weniger, als daß die Minister die Frage der Befugnisse der EVG-Versammlung mit bestimmten Richtlinien zur endgültigen Beantwortung an die Sachverständigen weitergeleitet hätten. Darüber hinaus, so hieß es, habe man feststellen können, inwieweit Fortschritte und grundsätzliche Einigung in Fragen des gemeinsamen Haushalts zwischenzeitlich erarbeitet worden seien. „Die Minister waren der Meinung, daß über diese wesentlichen Punkte eine endgültige Verständigung in naher Zukunft zu erwarten sei[31].“

Der karge Wortlaut ließ allerdings einiges im verborgenen. Die vagen Formulierungen erklären sich zum einen aus dem Wunsch Frankreichs, Belgiens und der Niederlande, keine definitiven Beschlüsse öffentlich kundzutun, um nicht ihre Parlamente, in denen die EVG zur Grundsatzdebatte anstand, durch vollendete Tatsachen zu brüskieren.

Tatsächlich waren auch die Budgetprobleme nur am Rande diskutiert worden. Dies zum einen deshalb, weil durch die kurz zuvor erfolgte, allgemein überraschende Ernennung eines französischen Botschafters im Saarland die ungelöste Saarfrage aktualisiert worden war. Dies rief auf der Konferenz eine Atmosphäre politischer Nervosität hervor, in der wenig Raum zur Aufarbeitung relativ untergeordneter Sachthemen auf Ministerebene blieb. Zum anderen aber, und daher traten die finanziellen Probleme in den Hintergrund, konnte man ja tatsächlich davon ausgehen, daß die grundsätzlichen Entscheidungen hinsichtlich des gemeinsamen Budgets bereits gefallen waren. Die Außenminister verbreiteten daher aus politisch-psychologischen Gründen gedämpften Optimismus, um die Unterhändler zu motivieren, nun auch in den schwebenden Rechtsfragen zu einer allseits befriedigenden Lösung zu kommen. Im Mittelpunkt der Erörterungen verblieb die Verwendung der Außenhilfe und als speziell deutsch-französisches Problem ein deutscher finanzieller Verwendungsplan, den Paris deshalb nicht vorgelegt wissen wollte, weil der deutsche Finanzbeitrag in der Frühphase als Dispositionsmasse galt, da ja die anderen Mitgliedstaaten ihre Militärausgaben für die Startperiode bereits weitgehend festgelegt hatten.

[30] Aufzeichnung Vialons, 24.1.1952, über den Stand der Finanzfragen, BA–MA, BW 9/3245.

[31] Kommuniqué der Pariser Konferenz, 28.1.1952, in: EA 7 (1952), S. 4731 f.

Insgesamt aber gewann die deutsche Seite dennoch vom Verlauf der Konferenz einen positiven Eindruck: „Vom finanziellen Standpunkt aus sind die Ergebnisse [...] befriedigend; es kann sogar gesagt werden, daß ein noch besseres Resultat kaum hätte erzielt werden können[32]." Für die Bundesregierung bestand Grund zur Zufriedenheit, weil ihr Einfluß im Kommissariat durch Aufbau und Fixierung des Stimmrechts ebenso geregelt worden war wie das Stimmrecht im Ministerrat. Gerade im letzten Punkt folgte die Konferenz weitgehend deutschen Gedankengängen. Lediglich bei einfacher Mehrheit konnten Deutschland und Frankreich noch von den übrigen vier Staaten überstimmt werden. Grundsätzlich galt: jedem Staat eine Stimme! In bestimmten Fällen war jedoch diesen Stimmen ein unterschiedliches Gewicht zugedacht, das sich einmal nach dem effektiven Finanzbeitrag zur EVG und zum anderen nach der Effektivstärke der bereitgestellten Truppen (Mischquotient) errechnete. Für die Übergangszeit galt als Maßstab ausdrücklich die vertraglich vorgesehene Planung der Truppenstärke[33].

Die Versammlung der Verteidigungsgemeinschaft sollte mit der im Vertrag für die Montan-Union vorgesehenen identisch sein, wobei die drei Länder mit den höchsten Beitragsleistungen, d.h. Frankreich, Italien und die Bundesrepublik, je drei zusätzliche Delegierte zugesprochen erhielten, die allerdings nur in Sachen EVG abstimmungsberechtigt waren. Hier hatte sich der deutsche Gleichberechtigungsanspruch insbesondere gegenüber Frankreich voll realisieren lassen. Darüber hinaus waren die Benelux-Staaten zu erheblichen finanzwirtschaftlichen Zugeständnissen zu bewegen gewesen. Sie vermochten im Gegenzug hierzu durchzusetzen, daß nun sowohl die Ausgaben- wie Einnahmenseite des gemeinsamen Budgets mit Einstimmigkeit im Ministerrat beschlossen werden mußte.

Noch offene Fragen hatten Finanz- und Lenkungsausschuß bis zur Lissaboner NATO-Ratstagung (20. bis 25. Februar 1952) zu beantworten. Tatsächlich konnte eine Regelung in fast allen Punkten gefunden werden. Diese Bestimmungen trafen für die *vorföderative Definitivphase* zu und sollten, falls der Vertrag im Verlauf des Jahres 1952 noch in Kraft treten konnte, am 1. Januar 1954 wirksam werden. Daraus ergab sich folgender Sachstand zu Beginn der Lissaboner Tagung:

1. Nach Inkrafttreten des Vertrages war ein gemeinsamer Haushaltsplan als wesentliches Element der Einheit der EVG-Armee durch ein – nun beschlossenes – neunköpfiges Kommissariat aufzustellen. Dieser Haushaltsplan hatte alle Einnahmen und Ausgaben der Gemeinschaft zu umfassen.
2. Die Einnahmen des gemeinsamen Budgets sollten aus den Beiträgen der Mitgliedstaaten, den Eigeneinnahmen der EVG und aus der Auslandshilfe bestehen. Der mit einem gemeinsamen Bewaffnungs-, Ausrüstungs- und Versorgungsprogramm versehene Haushaltsvoranschlag war dem Ministerrat vorzulegen, der über das Gesamtvolumen des Einnahmenhaushaltes und über die Beiträge jedes einzelnen Mitgliedstaates einstimmig zu beschließen hatte. Die einzelnen Kapitel des Haushaltsplans und des gemeinsamen Rüstungsprogramms, so sah es die Übereinkunft vor, bedurften der Zweidrittelmehrheit des Gremiums. Der so beschlossene Haushaltsplan war von der Versammlung zu genehmigen, wobei Änderungen empfohlen werden konnten, allerdings ohne daß der Gesamtausgabenbetrag erhöht werden durfte. Der endgültig verabschiedete Haushaltsplan wurde vom Kommissariat durchgeführt.

[32] Aufzeichnung Vialons, 28.1.1952, BA–MA, BW 9/3211.
[33] Aufzeichnung de Maizières über die Außenministerkonferenz vom 26. bis 27.1.1952, BA–MA, BW 9/3220.

3. Die Beiträge der Mitgliedstaaten richteten sich nach dem bei der NATO angewandten Verfahren. Es blieb dem Ministerrat vorbehalten, ein automatisches Verfahren zu entwickeln, das jedoch erst dann Anwendung finden sollte, wenn ihm alle Mitgliedstaaten zugestimmt hätten. Es war ferner vorgesehen, daß die Regierungen der Mitgliedstaaten jedes Jahr ihren Parlamenten den Haushaltsplan der Gemeinschaft, aus dem der Globalbeitrag des entsprechenden Staates hervorging, zuleiteten.

   Während in diesen Punkten Übereinstimmung bestand, blieb die Frage der Zuteilung und Verwaltung der Außenhilfe an die Gemeinschaft kommenden Beratungen vorbehalten.

4. Der Ausgabenhaushaltsplan mußte die Einhaltung der von den Mitgliedstaaten der NATO gegenüber eingegangenen Verpflichtungen garantieren, und die vor Inkrafttreten des Vertrages von den EVG-Staaten abgeschlossenen Verträge mit Dritten mußten weiterhin durchgeführt werden, sofern sie nicht im Interesse der EVG und mit Zustimmung der jeweiligen Regierung zu ändern waren.

5. Die Budgetregelungen für den Rest des Unterzeichnerjahres sahen folgende Bestimmungen vor: mit Unterzeichnung des EVG-Kontraktes stellt ein Finanz- und Militär-Sachverständigen-Ausschuß ein gemeinsames Budget auf, das mit dem Tag des Inkrafttretens des Vertrages Anwendung findet. Dabei ist auf die bestehenden nationalen Budgets und deren militärische Programme Rücksicht zu nehmen. Da in der Bundesrepublik kein Militärbudget besteht, wird der deutsche Beitrag nach Grundsätzen ermittelt, wie sie die NATO anwendet. Anhand der so berechneten Größenordnungen ist vom Sachverständigen-Ausschuß ein gemeinsames Budget aufzustellen, das vom Ministerrat mit Zweidrittelmehrheit genehmigt werden muß. Soweit eigene Dienststellen fehlen, kann das Kommissariat die Ausgabenverwaltung an nationale Behörden delegieren. Für das zweite Rechnungsjahr, also wahrscheinlich 1953, gelten die oben angeführten Bestimmungen der vorföderalen Definitivzeit, wobei Einzelheiten in einer Übergangskonvention festgelegt werden. Sollte ein Land aufgrund der EVG-Forderungen solche der NATO nicht erfüllen können, ist die Angelegenheit der NATO vorzutragen, wobei die Frage der Abwicklung eines entsprechenden Verfahrens noch durch die Finanzdelegationen einer Regelung bedarf[34].

Bis auf einen gewissen Restposten waren die Grundsatzentscheidungen hinsichtlich eines gemeinsamen Budgets also gefallen. Nur in Einzelbereichen bedurfte es noch klärender Gespräche. So wurde beispielsweise dem deutschen Wunsch nach einem detaillierten Verwendungsplan der von der Bundesrepublik aufzubringenden Militärausgaben entsprochen, indem diese Problematik, die ja eng mit der des Verhältnisses von Besatzungskosten und EVG-Beitrag und mit der der Gesamthöhe eines westdeutschen Militärbudgets zusammenhing, im Rahmen der Verhandlungen über den Deutschlandvertrag zur Sprache kam. Darauf wird später zurückzukommen sein.

In Lissabon fiel eigentlich nur eine Entscheidung, nämlich die über die Verteilung der Rüstungsproduktion. Sie sollte einer Kommission innerhalb der Europäischen Verteidigungsgemeinschaft übertragen werden, in der die Bundesrepublik gleichberechtigt vertreten sein würde[35].

[34] Bericht der Konferenz für die Organisation einer Europäischen Verteidigungsgemeinschaft, 9.2.1952, an den Atlantikpaktrat, BA–MA, BW 9/3139. Unter anderer Überschrift und mit falschem Datum abgedruckt in: Der deutsche Verteidigungsbeitrag, S. 52–73.

[35] Vgl. dazu: Das Ergebnis von Lissabon, S. 230.

Auf der deutschen Desideratenliste stand als wichtiger Verhandlungspunkt noch die sogenannte Minimumklausel. Nach den vorliegenden Textentwürfen bestand nämlich immer noch keine Verpflichtung zur Zahlung fester Beträge in die EVG-Kasse, und dies weder für die Anfangszeit noch für die Definitivperiode. Selbst der vorgesehene Gerichtshof konnte die von einem nationalen Parlament vorgenommene Verweigerung der Leistung eines finanziellen Beitrages durch Urteil nicht revidieren. „Das Bewilligungsrecht der Parlamente stellt somit eine Kündigungsklausel dar, die den inneren und äußeren Wert der Verteidigungsgemeinschaft stark beeinträchtigt[36].“ Eine solche Regelung zog praktische wirtschaftliche, aber auch wirtschaftspsychologisch begründete Konsequenzen nach sich: der EVG mußte es an kommerzieller Kreditwürdigkeit mangeln, da es keine Rückgriffsklausel gab, derzufolge die einzelnen Mitgliedstaaten Verpflichtungen für die Gemeinschaft übernahmen. Und dies mußte u.a. wiederum zur Folge haben, daß qualifiziertes Personal aus den nationalen Diensten wegen dieser finanziellen Unsicherheit schwerlich zur Gemeinschaft überwechselte. Die Bundesrepublik stellte also zwei Forderungen auf:

1. Änderung des Prinzips, demzufolge die nationalen Legislativen das Finanzaufkommen ihres Staates zugunsten der EVG allein bestimmen konnten, und Vereinbarung von Minimalleistungen für die Dauer zumindest der ersten drei Jahreshaushalte.
2. Ein Übereinkommen, das finanzielle Leistungen der Einzelstaaten justitiabel machte.

Über den erneuten Beratungen der Befugnisse nationaler Parlamente hinsichtlich des Budgets kam es denn auch noch einmal zu grundlegenden Debatten im Finanzausschuß. Die Benelux-Staaten forderten sogar die Aufnahme einer Bestimmung in den EVG-Vertrag, derzufolge jedes Parlament ohne jegliche Bindung an Beschlüsse der EVG seinen Finanzbeitrag zur Gemeinschaft autonom beschließen sollte[37].

Dann wurde allerdings unter Zeitdruck – man hatte sich darauf geeinigt, im Finanzausschuß die problematischen Restposten bis Ende März abzuhaken – im Lenkungsausschuß eine Reihe bedeutsamer Finanzbestimmungen verabschiedet, „so daß sich nun der Kreis der in den Vertrag aufgenommenen Vorschriften finanziellen Inhalts abzurunden beginnt“[38]. Man verdankte diesen Fortschritt nicht zuletzt einem psychologischen Trick, der die allgemeine Verhandlungsatmosphäre erheblich verbesserte. Bislang waren die Ursachen tiefgreifender Kontroversen und zahlreicher Verhandlungskrisen nicht selten in der reservierten Haltung der Niederländer gegenüber der zu schaffenden Gemeinschaft zu suchen gewesen. Nun, als es gegen Schluß der Pariser Konferenz darum ging, die Verhandlungen zwischen den Besatzungsmächten und der Bundesrepublik einerseits mit denen der EVG-Konferenz andererseits im Blick auch auf den bundesdeutschen Finanzbeitrag zu koordinieren, war man übereingekommen, der niederländischen EVG-Delegation den Posten des offiziellen Beobachters bei den Bonner Verhandlungen zuzubilligen, was diese „sehr angenehm vermerkt[e]“[39].

Übereinkünfte ließen sich zunächst bei der Außenhilfe erzielen. Nachdem die Benelux-Staaten, an ihrer Spitze die Niederlande, zunächst einmal finanzielle Außenzuwendungen an die EVG abgelehnt hatten, konnte man sich nun auf eine solche zentrale Zuweisung einigen. Die

[36] Unsignierte Aufzeichnung – wahrscheinlich von Vialon –, 11.3.1952, über offene Fragen, BA–MA, BW 9/3078.

[37] Aufzeichnung Vialons, 8.3.1952, über den neuesten Stand der Verhandlungen zu Finanzfragen, BA–MA, BW 9/3211.

[38] Aufzeichnung Vialons, 26.3.1952, über den neuesten Verhandlungsstand zu Finanzfragen der europäischen Armee, BA–MA, BW 9/3211.

[39] Ebd.

Vereinigten Staaten setzten sich mit ihrem Wunsch durch, daß alle finanziellen Vereinbarungen zwischen ihnen und der Gemeinschaft nur der einfachen Mehrheit des Ministerrats bedurften und lediglich der Umtausch freier Dollars in die Währungen der Mitgliedstaaten die Einstimmigkeit des Rates notwendig machten.

In einem Rückzugsgefecht verlangten die Niederländer aber einstimmige Beschlüsse für alle im Zusammenhang mit der erwarteten Dollarhilfe sich ergebenden Probleme, und zwar dies vor dem Hintergrund möglichen Einflusses dieser auswärtigen „Finanzspritzen" auf die Zahlungsbilanz der einzelnen Staaten. Die Konferenz fand die von Den Haag akzeptierte Kompromißformel, derzufolge Einstimmigkeit der Entscheidungen des Ministerrats dann notwendig sein würde, wenn einem Land über die Verwendung der Dollarhilfe Zahlungsbilanzschwierigkeiten entstehen sollten.

Schließlich gelang es der deutschen Seite zu erreichen, daß sich die Teilnehmerstaaten der EVG zur Leistung angemessener Beiträge an die Gemeinschaft verpflichteten. Die deutsche Delegation hat diesen Verhandlungserfolg mit großer Genugtuung verzeichnet, denn mit dieser Regelung war überhaupt erst die wirtschaftliche Grundlage für das Funktionieren der Gemeinschaft gelegt. Zwar konnten auch nach der neuesten Vereinbarung feste Finanzbeiträge seitens des Gerichtshofes nicht eingetrieben werden, aber an der Verpflichtung der nationalen Parlamente zur Aufbringung angemessener Beiträge ließ sich nun nicht mehr zweifeln.

Des weiteren gelang es in der Schlußphase der Pariser Konferenz, das bislang ungeklärte Verhältnis zwischen nationalen Regierungen und nationalen Parlamenten in der Budgetfrage zu klären: danach waren die Regierungen der Mitgliedstaaten verpflichtet, den vom Ministerrat der Gemeinschaft gebilligten Haushaltsvoranschlag in ihren Parlamenten einzubringen.

Auf italienischen Antrag hin wurde auch noch einmal das Budgetrecht der Versammlung erörtert und präzisiert: das EVG-Parlament durfte mit einfacher Mehrheit Anträge zum Haushaltsvoranschlag unterbreiten und diesen Haushaltsvoranschlag mit Zweidrittelmehrheit verwerfen.

In den letzten Verhandlungstagen Anfang Mai ließen sich noch zwei das Budget unmittelbar betreffende grundsätzliche Streitfragen bereinigen. Es handelte sich einmal um den deutschen Verwendungsplan: so konnte nun sichergestellt werden, daß die deutschen Mittel so verausgabt wurden wie die bereits in den Militärhaushalten der anderen Mitgliedstaaten festgelegten Beträge: der auf die eigenen Kontingente und auf die Interessen der eigenen Industrie ausgerichtete bundesdeutsche Verwendungsplan wurde für das erste Übergangsjahr als Teil des Haushalts der Bundesrepublik respektiert, auch in seinen einzelnen Ausgabentiteln, und stand der EVG nicht als Globalzuweisung zur Verfügung.

Damit war die Budgetfrage einer abschließenden Regelung zugeführt, die im EVG-Vertragswerk ihren Niederschlag fand. Wer deutscherseits unter finanz- und integrationspolitischen Kriterien in der Budgetfrage Bilanz zog, eine Auflistung nach Soll und Haben vornahm, mußte feststellen, daß der Gewinn nicht allzu hoch ausgefallen war. Das galt, läßt man die Übergangszeit außer Betracht, auch für die Definitivzeit.

Öffentliche Haushalte orientieren sich in der Regel am Bedarf. Der französisch-italienisch-westdeutsche Versuch, es mit dem EVG-Budget ebenso zu halten, führte nicht zum Ziel. Es sollte genau umgekehrt funktionieren. Für den EVG-Haushalt setzten laut Vertragswerk die Einnahmen die Budgeteckdaten, weil die Beiträge der Mitgliedstaaten von deren Parlamenten festgesetzt wurden. Darüber hinaus mußte das jährliche Gesamthaushaltsvolumen einstimmig vom Ministerrat beschlossen werden. Somit hingen Ausrüstung und Leistungsfähigkeit der Europaarmee primär vom politischen Willen und der Zahlungsmoral nationaler Parlamente ab. Im

Klartext bedeutete diese Regelung: jedes Mitglied der EVG konnte durch sein Veto den Haushalt der Gemeinschaft auf das ihm genehme Niveau drücken.

Eindeutig gescheitert war die Bundesregierung in ihrem Bestreben, wirtschaftliche und finanzielle Leistungsfähigkeit des Mitgliedstaates zum Maßstab seines Beitrages in das gemeinsame Budget der EVG zu erheben. Zwar bot das Vertragswerk dem Ministerrat die Möglichkeit, eine gewisse automatische Formel über die Höhe der nationalen Beiträge zu finden, doch hatten die Verhandlungspartner es wohlweislich unterlassen, nähere Bemessungsrichtlinien festzulegen. Dies zu tun blieb dem Ministerrat überlassen.

Es galt das sogenannte NATO-Verfahren, wonach der Wirtschaftsausschuß dieser Verteidigungsorganisation die volkswirtschaftliche Leistungsfähigkeit des einzelnen Staates prüfte und den Verteidigungsbeitrag unter Berücksichtigung der abzugsfähigen Ausgaben ermittelte. Das Ergebnis dieser Ermittlung bildete aber lediglich die Grundlage einer Empfehlung, die das Parlament des betroffenen Landes akzeptieren oder verwerfen konnte. Nur für den Rest des Kalenderjahres, in dem die EVG in Kraft treten würde, war die *Höhe* der einzelstaatlichen Beiträge vertraglich fixiert. Ab 1953 sollte dann die oben erwähnte Regelung in Kraft treten, wobei die Bundesrepublik, die noch über keine Streitkräfte verfügte, die von ihr aufzubringenden Militärausgaben voll in den Haushalt der Gemeinschaft überweisen mußte.

In Bonn und bei der Finanzdelegation konnte man mit dem Erreichten in diesem Punkte überhaupt nicht zufrieden sein, insbesondere nicht mit der jährlichen Festlegung eines Haushaltes. Man hatte, ohne Erfolg, dafür plädiert, im Sinne eines ersten Schrittes auch einer finanzpolitischen Integration Westeuropas, das alte kameralistische System zu überwinden und der EVG zumindest eine zwei- oder dreijährige Finanzplanung zu ermöglichen. Völlig ins Leere gelaufen war auch das Bemühen, eine Minimalklausel für die nationalen Beiträge in den Kontrakt aufzunehmen. Es blieb bei der dehnbaren Formulierung „angemessener“ Beiträge, und so gestand man nach Abschluß des EVG-Vertrages von berufener Seite ein, es werde „niemand behaupten können, daß diese Beitragsregelung äußerlich sehr befriedigend sei“[40]. Daß man das stets und mit Nachdruck von Bonn geforderte Prinzip der Gleichbehandlung in bezug auf die Regelung der Abzugsfähigkeit bestimmter Militärausgaben vom einzelstaatlichen Globalbeitrag zur EVG habe durchsetzen können, davon durfte ebenfalls nicht ausgegangen werden. Während die Westmächte darüber befinden konnten, was der Bundesrepublik beispielsweise in Form aufzubringender Stationierungskosten als abzugsfähig anzurechnen war, entschieden bei den anderen EVG-Mitgliedern die jeweiligen Parlamente über die Verwendung der einzubehaltenden Mittel. Und wer garantierte, daß diese nicht für spezielle nationale militärpolitische Aufgaben aufgewendet wurden? Hier genügt das Stichwort Indochina, um anzudeuten, was gemeint war. Dennoch, bei aller Unzufriedenheit über aus Bonner Sicht unzulängliche vertragliche Vereinbarungen, verfiel die Bundesregierung nicht in Pessimismus.

Sie baute auf die Eigendynamik der einmal in Gang gesetzten und in Gang gekommenen Europabewegung und in deren Zuge auf eine Normalisierung der Beziehungen zwischen den westeuropäischen Staaten, die bei der militärischen und wirtschaftlichen Leistungsfähigkeit und bei entsprechendem politischen Willen der Bundesrepublik zu deren wachsendem Einfluß auf das politische Geschehen in Europa und in der westlichen Welt führen mußte. „In diesem Dilemma hilft nur der unbedingte Glaube an eine europäische Gesinnung der Beteiligten, die Einflußnahme von SHAPE und der außereuropäischen Geldgeber sowie an das Zusammenspielen mit anderen Faktoren. Es wird sich schnell herausstellen, daß eine wirksame europäische Verteidi-

[40] Vialon, Finanzprobleme, S. 1159.

gung nur möglich ist, wenn mit den großen finanziellen Lasten auch eine gerechte Aufbringung und eine gleichmäßige Berücksichtigung der wirtschaftlichen Auswirkungen verbunden ist[41]." Während also bei der Einnahmenregelung, soweit sie nationale Beiträge betraf, nicht von einem gemeinsamen EVG-Haushalt gesprochen werden konnte, durfte man dies allerdings mit einigem Recht bei der Ausgabenseite. Es war, nicht zuletzt aus Furcht vor unkontrollierbaren deutschen Rüstungsausgaben, ein echtes, alle Ausgaben der Europaarmee umfassendes Gemeinschaftsbudget aufzustellen. Realisiert, wäre es tatsächlich „die bisher engste europäische Klammer" gewesen[42]. Nur so ließ sich überhaupt noch garantieren, daß es sich bei der Europaarmee um eine integrierte, nicht um eine Koalitionsarmee handelte. Das gemeinschaftliche Ausgabenbudget besaß natürlich den Vorzug, daß die Bundesregierung nicht die gesamten Kosten der Aufstellung ihrer militärischen Verbände und der Schaffung der entsprechenden Infrastruktur allein tragen mußte.

[41] Ebd., S. 1160.
[42] Vialon, Militärmächte, S. 484.

VI. Das Ringen um die Höhe des westdeutschen Verteidigungsbeitrages

Aufgrund der Expertise der „Drei Weisen" war für die Anfangsphase der EVG ein Haushaltsvolumen von jährlich rund 50 Mrd. DM veranschlagt worden, eine Summe, die unter Fachleuten als eher zu niedrig denn als zu hoch gegriffen erachtet wurde. Es stand außer Frage, daß die sechs Mitgliedstaaten einen solchen Betrag nicht aufzubringen vermochten. Man ging von rund 30 Mrd. DM aus, während der benötigte Rest in Form von Geldmitteln oder Material durch Außenhilfe abgedeckt werden mußte, die man aufgrund der Zusagen der USA fest ins finanzielle Kalkül einbezog. Für den europäischen Steuerzahler war jedenfalls „die Erkenntnis wichtig, daß ohne die Hilfe von außen die Verwirklichung der europäischen Verteidigung in dem vorgesehenen Umfange ein Phantom bleibt"[1].

Was nun das *deutsche* Finanzaufkommen für die EVG betraf, so waren die Verhandlungen darüber von Beginn an von dem Bemühen gekennzeichnet, die Belastung des Bundeshaushaltes so gering wie möglich zu halten, ein Bestreben, dem mehrere Motive zugrunde lagen. Dazu gehörte einmal das Amtsverständnis von Finanzminister Fritz Schäffer, der sich stets als Spar- und nicht etwa als Zahlmeister der Nation verstand, und zum anderen politisch-psychologische Rücksichtnahme auf den Bundesbürger, dessen Skepsis gegenüber einem Verteidigungsbeitrag rasch in offene Opposition umschlagen konnte, wenn sein Steueraufkommen nicht in dem erwarteten Umfang zur Beseitigung der Kriegsschäden und -folgen und zur Erlangung eines akzeptablen Lebensstandards verwandt wurde. Es galt, wirtschaftspolitisches Vertrauen zu erwerben. Nach Abschluß der entsprechenden Verhandlungen beeilte sich denn auch der deutsche Delegationsleiter, der interessierten Öffentlichkeit darzutun, daß die Europaarmee als supranationale Einrichtung nicht notwendigerweise wesentlich teurer sein müsse als ein nationales Verteidigungsinstrument. Zwar benötige man allein schon wegen der mit der Mehrsprachigkeit verbundenen Kommunikationsschwierigkeiten vielfältige technische Einrichtungen, doch hätten die Richtsätze mancher EVG-Mitglieder zur Berechnung ihrer Militärausgaben die ohnehin schon sparsamen preußischen noch unterschritten, so daß sich der deutsche Soldat der Europaarmee mit dem Gedanken vertraut machen müsse, auf Annehmlichkeiten und Standards zu verzichten, die die deutsche Armee früher zu bieten hatte.

Die besagten wirtschaftlichen und politisch-psychologischen Rücksichtnahmen haben von Anfang an die zahlreichen und auf verschiedenen Ebenen geführten Verhandlungen über die finanzielle Höhe eines Bonner Verteidigungsbeitrages mitbestimmt. Schon Adenauers Ankündigung im Kabinett am 25. August 1950, in den nächsten Tagen den Westalliierten eine Stellungnahme der Bundesregierung zur Sicherheitsfrage zugehen zu lassen, veranlaßte den Finanzminister, den Regierungschef seine ersten grundsätzlichen Überlegungen über die Finanzierungsmöglichkeiten westdeutscher Streitkräfte im Rahmen einer Europaarmee wissen zu lassen. Steuererhöhungen zugunsten des Bundes verboten sich nach seiner Auffassung wegen unvorhersehbarer Erschütterungen des noch labilen Wirtschaftsgefüges von selbst, ebenso die Senkung der Ausgaben zur Deckung der sozialen Kriegsfolgelasten wegen möglicher sozialer Unruhen und der damit unter Umständen einhergehenden Erschütterung der inneren Sicherheit. Somit kam für die Finanzierung eines westdeutschen Verteidigungsbeitrages nur der Teil der

[1] Vialon, Militärmächte, S. 484.

Haushaltsmittel in Betracht, der ohnehin zu den Militärausgaben zu rechnen war, nämlich die Besatzungskosten, die im Bundeshaushalt in Form anerkannter und nichtanerkannter Besatzungslasten mit 4,5 Mrd. DM zu Buche schlugen. Sie bildeten den zweithöchsten Etatposten. Die Umwandlung von Besatzungskosten in unmittelbare Militärausgaben ließ sich durchaus begründet rechtfertigen: Die Aufgabenstellung der Alliierten, nämlich Deutschland zu entmilitarisieren, zu entnazifizieren und schließlich zu demokratisieren, war längst in den funktionalen Hintergrund getreten. Statt dessen erfuhr die Anwesenheit alliierter Streitkräfte und ziviler Einrichtungen auf deutschem Territorium ihre Rechtfertigung zunehmend aus dem Ost-West-Konflikt. In dieser weltpolitischen Konstellation versuchten die Kontrahenten des Kalten Krieges, ihre jeweiligen Besatzungsgebiete zum Teil ihrer Hemisphäre zu machen und ihnen gleichzeitig zunehmend auch eigenstaatliche Verantwortlichkeiten zuzuweisen. Die nach deutscher Auffassung damit verbundene qualitative Veränderung ihres Status von Besatzungs- zu Schutztruppen besaß völkerrechtlichen Charakter, mußte auch finanzielle Folgen zeitigen: einseitig auferlegte Besatzungslasten ließen sich nun in Schutz- und Sicherheitsabgaben umwandeln. De facto waren Besatzungskosten längst zum großen Teil Schutz- und damit Sicherheitstribute geworden.

Trug man diesem Umstand Rechnung, dann ergaben sich folgende Konsequenzen: der Bundeshaushalt konnte um die Nebenausgaben für die Durchführung von Entmilitarisierungsmaßnahmen sowie von Reparationsleistungen (für 1950 gleich 70 Mill. DM) und um sonstige, im Zusammenhang mit der Okkupation stehende Belastungen des Bundeshaushalts (30 Mill. DM) entlastet werden. Gravierende Einsparungen (rd. 1 Mrd. DM) ließen sich erzielen, wenn man, der vorausgegangenen Argumentation folgend, den alliierten Verwaltungsapparat auf Kreis-, Regierungs- und Länderebene einschließlich der alliierten Bauverwaltungen und der US-Lohnstellen und anderer Einrichtungen als ihrer eigentlichen Aufgaben verlustig gegangen erachtete und aufhob. Verbunden mit einer solchen Maßnahme, jedenfalls denkbar, wäre die Freigabe etwa der Hälfte der im Dienst der Alliierten stehenden westdeutschen Arbeitskräfte und die Rückgabe requirierten Büro- und Wohnraums gewesen sowie eine deutliche Senkung der Inanspruchnahme von deutschen Transport- und Nachrichtendienstleistungen. Bewertete man die alliierten Streitkräfte und Verwaltungsdienststellen nach Maßgabe ihrer militärischen Schutzfunktion, richteten sich deren Raum- und Materialbedarf sowie ihre Lebenshaltungsansprüche nach westdeutschen Maßstäben, dann ließ sich nochmals eine erhebliche Summe (geschätzte 3,5 Mrd. DM) Steuergelder der Bundesrepublik einsparen[2]. Diese Mittel hätten dann zur Finanzierung eines westdeutschen Verteidigungsbeitrages zur Verfügung gestanden.

Der Bundesfinanzminister war bereit, Adenauer auf dem betretenen Pfad westdeutscher Sicherheitspolitik zu folgen und ihn mit den notwendigen Mitteln auszustatten: „Die Bundesregierung ist bereit, sich an der gemeinsamen Verteidigung der demokratischen westlichen Welt mit einem Beitrag bis an die Grenze ihrer Leistungsfähigkeit zu beteiligen[3]." Der verantwortliche Ressortminister stellte aber nicht nur von Anfang an die Bedingung, die Besatzungskosten gegen Militärausgaben zum Schutz vor äußeren Feinden aufzurechnen, sondern auch die Notwendigkeit innerer Sicherheit als Voraussetzung äußerer Abwehrbereitschaft als ein Faktum anzuerkennen, das bei der Aufstellung eines Militärhaushaltes seinen rechnerischen Niederschlag finden mußte. Für das Finanzministerium stellte sich z.B. „die Lösung der Flüchtlingsfrage als

[2] Anlage zum Brief Schäffers, 29.8.1950, an Adenauer, BA, B 136/2164.
[3] Entwurf einer Ausarbeitung des BMF über „Ausgaben der Bundesrepublik für Besatzungs- und Verteidigungszwecke, Frühjahr 1951, BA, B 126/5013.

staatspolitische Notwendigkeit und als Aufgabe der Gemeinschaft zur Sicherung des sozialen Friedens" als „von größter Bedeutung" dar[4]. Addierte man diese Belastung zu der ebenfalls sicherheitspolitisch wichtigen Berlin-Hilfe, dann ergab sich folgende Summe:

Die *Gesamt*aufwendungen der Bundesrepublik für Verteidigungsmaßnahmen setzen sich 1950 zusammen aus:

a) Besatzungs- und Besatzungsfolgekosten	4630 Mill. DM
b) Berlin-Hilfe	540 Mill. DM
c) Aufwendungen für Flüchtlinge:	
1. Unmittelbare Flüchtlingslasten aus allgemeinen Deckungsmitteln	1735 Mill. DM
2. Soforthilfe und Umstellungsgrundschulden	1260 Mill. DM
3. Mittelbare Flüchtlingslasten	460 Mill. DM
4. Aufwendungen zur Deckung des Gemeinschaftsbedarfs der Flüchtlinge	2100 Mill. DM
insgesamt:	10725 Mill. DM

Auf dieser Berechnungs- und Anrechnungsgrundlage gelangte man zu Militärausgaben, die 10 Prozent des Bruttosozialprodukts für 1950, 15 Prozent für 1951 ausmachten.

Adenauer hatte sich im Prinzip dieser politischen und finanziellen Argumentation angeschlossen und sie zur Grundlage und Ausgangsposition seiner Verhandlungen mit den Westalliierten gemacht, als es in der ersten Jahreshälfte 1951 in den sogenannten Petersberger Gesprächen um die Modalitäten eines westdeutschen Verteidigungsbeitrages ging. Da sich die drei Okkupationsstaaten bereits im Herbst 1950 zu Schutzmächten der Bundesrepublik deklariert hatten, versuchte Adenauer bereits im Vorfeld konkreter Verhandlungen über den Eintritt in eine westliche militärische Allianz, eine Kürzung der Besatzungskosten und auch einen innenpolitischen Prestigegewinn gegenüber seinen sicherheitspolitischen Kritikern zu erreichen. Als die Westalliierten im Frühjahr 1951 Nachtragsforderungen für das vorausgegangene Haushaltsjahr stellten und ihren finanziellen Bedarf für das Rechnungsjahr 1951/1952 anmeldeten, reagierte der Bundeskanzler harsch: zunächst einmal gegen die Art und Weise der Forderung, nämlich – wie er sich ausdrückte – gegen den „Zwangscharakter" der Kontributionen. Indem er sich auf den Beschluß der Brüsseler Konferenz vom Dezember 1950 berief, drückte er die Erwartung aus, daß Besatzungskosten der Bundesrepublik zukünftig nicht durch Oktroi auferlegt, sondern in vom Geist angestrebter Partnerschaftlichkeit geprägten Verhandlungen festgelegt würden. Er verlangte die Schaffung einer neuen Rechtsbasis für die sogenannten Sicherheitslasten und in diesem Zusammenhang eine detaillierte Begründung und vom Bemühen um Einsparungen gekennzeichnete Auflistung der einzelnen Etatposten.

In finanzielle Sicherheitsleistungen umzuwandelnde Besatzungskosten mußten dem Bewilligungsrecht und der Kontrolle des Deutschen Bundestages unterliegen. Adenauer hielt den Besatzungsmächten vor, die objektive wirtschaftliche Leistungsfähigkeit ebensowenig in Rechnung zu stellen wie die außerordentliche Belastung, die die westdeutsche Wirtschaft zur Sicherung des sozialen Friedens und die der Bund zur finanziellen Unterstützung Berlins zu tragen hätten, was sie „als einen wichtigen und unerläßlichen Beitrag zur Verteidigung der westlichen Welt werten" sollten. Schließlich bezeichnete der Bonner Regierungschef auch die Höhe der Forderungen, die sich mit dem erst 1951 auswirkenden Nachschlag für das vorausgegangene Jahr auf mehr als 8 Mrd. DM beliefen, als unakzeptabel. „Sie hat damit eine Höhe erreicht, die mich im Bewußtsein

[4] Expertise der volkswirtschaftlichen Gruppe im BMF, 9.4.1951, BA, B 126/5013. Hierauf beruht die folgende Übersicht.

des Ernstes meiner Verantwortung zu der Erklärung zwingt, daß der Zeitpunkt gekommen ist, an dem sich die Bundesregierung außerstande sieht, die gestellten Anforderungen in dieser Höhe zu decken[5]."

Der Finanzminister stärkte dem Bundeskanzler den Rücken, indem er auf die Konsequenzen hinwies, die sich aus der Addition der für die innere Stabilität der Bundesrepublik aufzubringenden Summen mit den geforderten Besatzungskosten ergeben müßten: Er verwies auf den „bedrohlichen Ernst unserer haushaltspolitischen Gesamtsituation, die – wenn wir die Dinge treiben lassen – zu einer inflatorischen Haushaltswirtschaft führen und überdies im Laufe des Rechnungsjahres eine solche Verschärfung unserer Kassenlage zur Folge haben muß, daß ich für die Zahlungsfähigkeit der Bundeshauptkasse dann nicht mehr einstehen kann"[6].

Adenauers Schreiben schlug bei den Hochkommissaren wie eine Bombe ein. Die „Heiligen Drei Könige auf dem Petersberg", wie Justizminister Dehler die Hochkommissare abfällig titulierte, empfanden das Memorandum als Majestätsbeleidigung, gaben sich äußerst brüskiert und zitierten den Kanzler regelrecht zum Rapport. Das von ihnen deutlich gemachte Ansinnen, die Note zurückzuziehen, lehnte Adenauer ab, erklärte sich allerdings mit einem Kompromiß dergestalt einverstanden, daß sie von der Hohen Kommission zunächst einmal unbearbeitet ad acta gelegt werde[7].

Im Bundestag fand der Regierungschef – sieht man von den Kommunisten ab – vorbehaltlose Zustimmung. Das Parlament lehnte den vom Kabinett vorgelegten Besatzungskostenhaushalt für 1950/1951 ebenso wie den für das Folgejahr ab, und zwar mit der Begründung, ihn im einzelnen nicht überprüfen zu können, und reklamierte damit das jeder Legislative eines demokratischen Staatswesens zustehende Etatbewilligungsrecht auch für sich[8].

Durch dieses Votum innenpolitisch gestärkt, bot Adenauer nun seinerseits vertrauliche, von seinem Papier unabhängige Beratungen über die Frage der Besatzungskosten an, ein Vorschlag, dem die Repräsentanten der Besatzungsmächte folgten, womit Adenauer genau das erreicht hatte, was er wollte, nämlich die Höhe der Besatzungskosten einvernehmlich zwischen Bundesregierung und Westmächten festzulegen[9]. Die Hochkommissare gestanden zu, aufgrund deutscher Vorstellungen die Methode der Festsetzung der Besatzungskosten zu prüfen – mehr noch: nachdem die Bundesregierung bei den Petersberger Gesprächen ihre feste Absicht glaubhaft zu machen wußte, einen angemessenen Verteidigungsbeitrag zu leisten, zeigten sich die Westalliierten geneigt, die Rechtsnatur des Verhältnisses zwischen Okkupiertem und Okkupanten allmählich in dem Sinne zu ändern, daß an die Stelle des Diktums partnerschaftliches Verhandeln treten konnte:

„Die Alliierten haben die Absicht, ihre Beziehungen zur Bundesrepublik durch gegenseitige Verträge auf eine Basis zu stellen, die so breit wie nur möglich sein soll. [...] Die Entscheidungen der Konferenz von Brüssel, insbesondere im Zusammenhang mit einer deutschen Beteiligung an der Verteidigung Westeuropas, hätten eine neue Lage im Verhältnis der Alliierten zur Bun-

[5] Schreiben Adenauers, 21.4.1951, an den Geschäftsführenden Vorsitzenden der Alliierten Hohen Kommission, Sir Ivone A. Kirkpatrick, BA, B 126/5013.

[6] Schreiben Schäffers, 23.4.1951, an Adenauer, ebd.

[7] Aufzeichnung eines Telefonats zwischen dem BMF und dem AA, 27.4.1951; Aufzeichnung eines vom AA dem BMF am 5. 5. 1951 fernmündlich mitgeteilten Textes eines Schreibens Adenauers, 30.4.1951, an Kirkpatrick, ebd.

[8] Vgl. dazu KAG 1951, S. 2915 D.

[9] Aufzeichnung eines vom AA dem BMF am 5.5.1951 fernmündlich mitgeteilten Textes eines Schreibens Adenauers, 30.4.1951, an Kirkpatrick, BA, B 126/5013.

desrepublik geschaffen[10]." Wesentliches war erreicht, aber Bonn hatte auch das Junktim von Besatzungskosten und finanziellem Sicherheitsbeitrag akzeptiert.

In der Sache selbst, d. h. in der Frage der Höhe eines wie auch immer zu benennenden direkten oder indirekten finanziellen Sicherheitsbeitrages, war damit noch nichts gewonnen. Auf dem Petersberg wurde von deutscher Seite über einen Verteidigungsbeitrag in Richtung auf einen unmittelbaren Beitritt der Bundesrepublik zum *Atlantikpakt* verhandelt, was die Westmächte, insbesondere Frankreich, nicht zugestehen wollten. In Paris betrieben die Franzosen hingegen anhand des Pleven-Plans die westdeutsche Integration in einen *europäischen* militärischen Verbund mit einem höchstens mittelbaren Beitritt zur NATO, was nun wiederum die Deutschen nicht wünschten. Solange sich also keine essentiellen Verhandlungsfortschritte bezüglich der Aufstellung westdeutscher Streitkräfte erzielen ließen, beharrten die Westmächte weiterhin darauf, daß die Bundesrepublik im alten Umfang die Stationierung von Besatzungstruppen akzeptierte und die damit verbundenen Kosten im weitesten Sinne fernerhin übernahm. Das galt vor allem für Frankreich, dessen wirtschaftliche Daten ganz allgemein und insonderheit in Verbindung mit dem militärischen Engagement in Indochina keine glanzvolle ökonomische Zukunft versprachen; und auch Großbritannien hatte unter wirtschaftlichem Vorzeichen wesentlich bessere Zeiten erlebt. So ging der deutsche Vorstoß, statt über Besatzungskosten nunmehr über einen finanziellen Sicherheitsbeitrag zu verhandeln, vorab erst einmal ins Leere.

Ehe sie über die eventuelle Kürzung ihrer Forderungen mit sich reden ließen, verlangten die Alliierten Einblick in das Bonner Steuer- und Haushaltsgebaren. Wenn die Vereinigten Staaten weiterhin an der veranschlagten Höhe der Besatzungskosten festhielten, dann lag dem weniger ein ökonomisches Interesse zugrunde als das, die Bundesrepublik dazu zu bewegen, von sich aus das Notwendige zu tun, um möglichst rasch einen militärischen Verteidigungsbeitrag zu leisten[11].

Mitte Juni 1951 ließ der Kanzler dann den Hochkommissaren ein Aide-mémoire zugehen, das als Unterlage zur Berechnung der Besatzungskosten, und zwar unter Anrechnung der Bonner Verpflichtungen zur Wahrung der inneren Sicherheit, vornehmlich auf der Grundlage der Herstellung stabiler ökonomischer und sozialer Verhältnisse, dienen sollte. Nach Auffassung der Bundesregierung mußte sich ihr pekuniärer Sicherheitsbeitrag aus zwei Teilen zusammensetzen, die es gleichermaßen zu berücksichtigen galt. Es waren dies die Kosten, die durch die Anwesenheit alliierter Truppen verursacht wurden, Kosten, die ihre Beschränkung durch die Verpflichtungen finden mußten, „die gegenüber der Masse der Flüchtlinge, der Kriegsopfer, der Ausgebombten und der sozial schwachen Bevölkerungsgruppen bestehen. Hier die richtige Proportion zu finden, liegt mit in erster Linie auch im Interesse der alliierten Mächte, denen an der Erhaltung der Stabilität der inneren Verhältnisse der Bundesrepublik als Voraussetzung des Abwehrwillens der Bevölkerung des Bundesgebietes gelegen sein muß[12]."

Nach Schätzungen des Finanzministeriums hatte die Bundesrepublik im Rechnungsjahr 1951 rund 9,48 Mrd. DM an Soziallasten und Kosten für innere Sicherheit, die sie ja in einem unlösbaren Zusammenhang sah, zu leisten. Als deutschen Verteidigungsbeitrag in Form finanzieller Verpflichtungen gegenüber den Alliierten wurden für 1951 7,9 Mrd. DM in Ansatz gebracht. Aufgrund der geschätzten Steuereinnahmen und des darauf beruhenden Budgets ergab sich

[10] Kommuniqué nach mehreren Besprechungen zwischen Bundesregierung und den Hohen Kommissaren, 10.5.1951. Textauszug in: KAG 1951, S. 2935 B.

[11] Vgl. dazu Brief Schäffers, 30.5.1951, an Adenauer, BA, B 126/5013.

[12] Anschreiben StS. Hallsteins, 15.6.1951, an den Geschäftsführenden Vorsitzenden der Alliierten Hohen Kommission, Botschafter André François-Poncet, ebd.

dann ein Fehlbetrag von rund 2,08 Mrd. DM. Zudem versuchte die Bundesregierung nachzuweisen, daß die Steuerbelastung der westdeutschen Bevölkerung – nach der Großbritanniens – höher lag als in Frankreich und in den Vereinigten Staaten, das Pro-Kopf-Einkommen der Bevölkerung in der Bundesrepublik im Vergleich zu den drei Ländern allerdings am niedrigsten. Schlußfolgerung: aus ordentlichen Haushaltsmitteln seien die Besatzungslasten nicht zu tragen, so daß der Kanzler die Deckung der fehlenden Haushaltsmittel über inländische und ausländische Kredite ankündigte. Mehr als 5,8 Mrd. DM Besatzungs- bzw. Verteidigungskosten wollte er nicht leisten[13].

Daß die Alliierten diese Rechnung nachvollziehen würden, war nicht anzunehmen. Die ihnen unterbreiteten Zahlen überzeugten sie denn auch nicht, so daß sie auf eine intensivere Ausschöpfung der westdeutschen Steuerertragskraft drängten.

Um keinen Zweifel an ihrer unnachgiebigen Haltung aufkommen zu lassen, erinnerten die Hohen Kommissare den Kanzler daran, daß er nicht der Regierungschef eines souveränen, sondern eines okkupierten Landes sei, der die Position der Besatzungsmächte zu respektieren habe. Sie betonten, „daß die rechtliche Grundlage für die Anwesenheit der alliierten Truppen in Deutschland unverändert geblieben" sei, „und daß dieser Finanzierungsmodus somit in keiner Weise die Prioritäten berührt, die den zur Befriedigung des alliierten Bedarfs notwendigen Zahlungen zukommen. Die Alliierte Hohe Kommission muß daher verlangen, daß die [...] übermittelten Ausgabenvoranschläge mit ihrem vollen Betrage in den Haushaltsplänen der Bundesregierung für das Rechnungsjahr 1951/52 erscheinen[14]."

Dem Bundeskanzler war wohl bewußt – die Koalitionspartner hatten ihm dies deutlich gemacht –, daß jede auf dem Wege des Befehls übermittelte finanzielle Forderung zur Deckung der Besatzungskosten keine parlamentarische Mehrheit finden würde. Seit die Bundesregierung in Verhandlungen mit den Westmächten über die Leistung eines militärischen Verteidigungsbeitrages stand, beharrte sie darauf, als gleichberechtigter Partner behandelt zu werden. Dies war mehr eine politisch-psychologische Frage denn eine im Zusammenhang mit der Okkupation stehende rechtliche. Auf die Stimmung in der Öffentlichkeit, die einer westdeutschen Aufrüstung noch überwiegend kritisch gegenüberstand, galt es ebensosehr Rücksicht zu nehmen wie auf die Wählerschaft, insbesondere aus den Kreisen der Flüchtlinge und Vertriebenen. Bereits im Herbst 1950 hatte der Kanzler im Kabinett darauf hingewiesen, „daß öffentliche Äußerungen über einen deutschen finanziellen Beitrag zu den Verteidigungskosten zur Zeit nicht angebracht" seien[15]. Das Finanzministerium hat dann im August 1951 eine Pressekampagne gestartet, um zu demonstrieren, daß die Koalitionsregierung ihren finanziellen Verpflichtungen gegenüber den in welcher Weise auch immer Kriegsgeschädigten ungeachtet der Übernahme von Militärausgaben nachzukommen gedenke[16]. Gleichzeitig versorgte das Bundesministerium der Finanzen die Presseorgane mit Zahlenmaterial, das die Behauptung der Westalliierten widerlegen sollte, die Bevölkerung der Bundesrepublik lebe zwischenzeitlich schon wieder zu üppig[17]. Bei einem seiner beliebten Tee-Empfänge für Journalisten gab der Kanzler der Hoffnung Ausdruck, daß die Besatzungszeit noch im Laufe des Jahres 1951 zu Ende gehe. „Wenn jetzt über

[13] Memorandum über den deutschen Verteidigungsbeitrag als Anlage des Schreibens Hallsteins, 15.6.1951, an die Hohe Kommission, ebd.

[14] Schreiben François-Poncets, 30.6.1951, an Adenauer, ebd.; vgl. dazu auch KAG 1951, S. 3063 C.

[15] In der Kabinettssitzung vom 3.11.1950; zit. in: Kabinettsprotokolle, 2, S. 801.

[16] Flüchtlingslasten und Verteidigungsbeitrag. Zwei sich ergänzende und begrenzende Belastungen. Hrsg. vom Bundesministerium der Finanzen, August 1951, BA, B 150/6836.

[17] Schreiben der Pressestelle des BMF an westdeutsche Redakteure, 18.8.1951, BA, B 126/5013.

Besatzungskosten diskutiert wird, dann gilt dies auch nur für eine Übergangszeit. Der Bundeskanzler wird bei den nunmehr beginnenden Verhandlungen für die Neufestsetzung der Besatzungskosten auf der Basis des Provisoriums operieren. Mit dem Beginn der Verteidigungszeit muß der finanzielle Beitrag auch für die alliierten Truppen auf eine neue Basis gestellt werden[18]." Der Kanzler wußte, daß die Zeit für ihn arbeitete, daß der westdeutsche Verteidigungsbeitrag gefragt war. Mitte September setzte der Nordatlantikrat ein Komitee zur Prüfung der Aufteilung der Rüstungsausgaben für die NATO-Mitgliedstaaten ein, dessen Exekutivbüro, der „Rat der Weisen", einen gewissen Schlüssel finden sollte. Nachdem Ende September 1951 konkrete Verhandlungen über eine Europäische Verteidigungsgemeinschaft in Gang kamen, die in noch auszuhandelnder Form mit der NATO zu verbinden war, erachtete der Bundeskanzler das Ergebnis dieses Gremiums auch für die finanziellen Verpflichtungen der Bundesrepublik als richtungweisend. Der Bericht der „Drei Weisen" wurde für den 1. Dezember des Jahres erwartet.

Im wesentlichen wurde nun auf zwei Ebenen über die Höhe eines westdeutschen finanziellen Verteidigungsbeitrages verhandelt: zum einen innerhalb der zuständigen Gremien der Pariser EVG-Verhandlungen, zum anderen in Bonn mit den Hochkommissaren. Dabei ging es um die Höhe des Verteidigungsbeitrages im Rahmen der EVG-Verpflichtungen bei Anerkennung der Ausgaben für flankierende sicherheitspolitische Maßnahmen in Form z.B. der Berlin-Aufwendungen, des Grenzschutzes, des Aufwandes für die Integration der Flüchtlinge und um die Kosten der Stationierung alliierter Truppen auf westdeutschem Boden nach dem Beitritt zur EVG, wobei zu berücksichtigen war, daß zwei Staaten, nämlich die USA und Großbritannien, nicht Mitglied der EVG sein würden.

Die Marschroute für die deutschen Verhandlungsführer war in der Richtung festgelegt, „daß Deutschland neben dem Verteidigungsbeitrag keinerlei Leistungen irgendwelcher Art, die der Sicherheit der demokratischen Welt dienen, übernehmen könne und daß der Verteidigungsbeitrag ausschließlich an die Europäische Verteidigungsgemeinschaft zu richten ist". Diese Erklärung hatte der Finanzminister in Paris abgegeben, und diese Linie ist zunächst von seinem Bevollmächtigten, Vialon, auch eingehalten worden[19]. Als ein weiterer Grundsatz galt, daß die Bundesrepublik nicht diskriminiert werden dürfe. Das hieß im Klartext: „Deutschland werde nur denselben Prozentsatz für die europäische Verteidigung bezahlen, wie die anderen Staaten für ihre Verteidigung insgesamt aufwenden würden[20]." Letztendlich ging es darum, bei Anerkennung des NATO-Schlüssels für die Bundesrepublik die Abzugsfähigkeit der Stationierungskosten und der Kosten für die innere Sicherheit vom EVG-Beitrag durchzusetzen. Endziel der deutschen Bemühungen um das Beitragsvolumen war, „an die Stelle der Besatzungskosten [...] nun die deutschen Aufwendungen für die europäische Verteidigung treten" zu lassen[21].

Das Verhandlungsverfahren war also kompliziert genug, und es blieb die zunächst offene Frage, wie man die Interessen der EVG-Staaten mit denen der Nicht-EVG-Mitglieder, die weiterhin Stationierungstruppen in der Bundesrepublik unterhielten, in Einklang zu bringen vermochte.

[18] Aktennotiz über den Tee-Empfang, 22.8.1951, in: Adenauer, Teegespräche, S. 121–124, hier S. 121 f.

[19] Persönliches Schreiben Schäffers, 15.12.1951, an Adenauer, BA, B 126/51516.

[20] Protokoll Vialons, 2.1.1952, über die Ministerkonferenz vom 27.–30.12.1951, 2. Verhandlungstag, Sondersitzung der Finanzminister, ebd.

[21] So Finanzminister Schäffer laut Protokoll Vialons, 2.1.1952, über die Ministerkonferenz vom 27.–30.12.1951, 3. Verhandlungstag, gemeinsame Sitzung der Außen- und Finanzminister, ebd.

Der Vorschlag der Bundesrepublik, den festzusetzenden Verteidigungsbeitrag der EVG zu überweisen und hier die Abzugsfähigkeit der Kosten für die innere Sicherheit und für die Stationierung alliierter Truppen auf westdeutschem Boden zu regeln, hätte in Frankreich Zustimmung gefunden, ließ sich aber bei den Besatzungsmächten insgesamt nicht durchsetzen. Sie bestanden letztlich darauf, die Stationierungskosten ihrerseits festzulegen, was in den Augen Adenauers wiederum einen Akt der politischen Diskriminierung und eine Mißachtung der von den alliierten Regierungen mehrfach zum Ausdruck gebrachten Absicht bedeutet hätte, die Bundesrepublik partnerschaftlich in die eigenen Reihen aufzunehmen[22]. Natürlich stellte sich auch das Problem der Zwischenlösung, also für die Zeit bis zum Inkrafttreten des EVG- und Generalvertrages sowie für die Anlauf- und für die Definitivphase einer europäischen Verteidigungsgemeinschaft. Diese Thematik soll in unserem Beitrag ausgespart bleiben. Wir konzentrieren uns auf die mit der Festlegung eines EVG-Beitrages für die Definitivphase verbundene Problematik.

Nachdem die „Drei Weisen" den Entwurf eines Berichtes über die Verteidigungsbeiträge der einzelnen NATO-Mitgliedstaaten vorgelegt hatten[23], konnte man nun auch an die Bundesrepublik einen vergleichbaren Maßstab für die Aufbringung von Verteidigungsausgaben anlegen. Die Alliierten beeilten sich dann auch, wenig später erstmals die Summe von 13 Mrd. DM als finanziellen Wehrbeitrag in Anschlag zu bringen. Auf diesen Beitrag sollten die Unterhaltskosten für die nach Inkrafttreten des EVG-Vertrages weiterhin in der Bundesrepublik stationierten alliierten Truppen anrechnungsfähig sein. Diese letzte Verpflichtung mußte allerdings, wie von der Bonner Regierung gewünscht, auf einem selbständigen, von der EVG unabhängigen Rechtstitel beruhen. Der von den 13 Mrd. DM abzuziehende Betrag für die alliierten Sicherheitsstreitkräfte auf deutschem Boden hatte dann als Beitrag für die Europäische Verteidigungsgemeinschaft zu gelten[24].

Die genannte Summe war durch Indiskretionen bekanntgeworden, und Adenauer hatte die Presse wissen lassen, daß er sie für völlig indiskutabel hielt. „Ein so hoher Betrag wird von der Bundesregierung niemals anerkannt, da der besonderen wirtschaftlichen und sozialen Lage der Bundesrepublik Rechnung getragen werden muß[25]." Auch in den Verhandlungen mit unterschiedlichen EVG-Gremien und Institutionen der Hochkommissare zeigte sich die Bundesregierung absolut kompromißlos. Die Amerikaner, die allenthalben hinter den Kulissen auf ein rasches Zustandekommen von EVG- und Generalvertrag drängten, übten nun massiven Druck auf die Bundesregierung aus. Ihr Hochkommissar McCloy bat Staatssekretär Hallstein vom Auswärtigen Amt zu sich, um ihm eine offizielle Stellungnahme der alliierten Regierungen zu übermitteln, die konkrete Vorschläge zur Lösung des Finanzproblems enthielt. Sie waren als Verhandlungsrichtlinien für die Bundesregierung gedacht. Würden sie nicht in erfolgversprechender Weise beachtet, werde es „all sorts of trouble" geben. Es müsse ein Globalbeitrag der Bundesrepublik festgelegt werden, und zwar nach der von den „Drei Weisen" festgelegten NATO-Formel, wobei gewisse Abzüge, z.B. militärische Pensionen, Unterhaltskosten für Grenzpolizei und ähnliches erlaubt seien. In diese Rubrik abzugsfähiger Kosten könnten auch die Berlin- und Flüchtlingslasten mit einbezogen werden. Unabhängig von Verhandlungen über diesen Globalbeitrag müßten Konsultationen mit den Amerikanern und den Briten über deren Anteil am

[22] Schreiben Adenauers, 10.1.1952, an John J. McCloy, BA-MA, BW 9/3069.
[23] Am 11.12.1951; vgl. dazu KAG 1951, S. 3240 A.
[24] Aufzeichnung Vialons, 21.1.1952, über ein alliiertes Memorandum vom 14.12.1951, BA, B 126/51516.
[25] Aktennotiz über den Tee-Empfang, 29.1.1951, in: Adenauer, Teegespräche, S. 168–170, hier S. 186.

Globalbeitrag als Stationierungskosten ausgehandelt werden[26]. Das deutsche Bestreben, alle mit dem Sicherheitsbeitrag und den Stationierungskosten verbundenen finanziellen Vereinbarungen und Transaktionen mit der EVG abzuwickeln, wurde also zunichte gemacht.

In dieser Situation konnte sich die Bundesregierung nun auch nicht mehr länger der Forderung der zukünftigen EVG-Partner sowie Großbritanniens und der USA entziehen, konkretes Zahlenmaterial zur Berechnung ihres Verteidigungsbeitrages und der von ihr zu leistenden Stationierungskosten vorzulegen. Die umfängliche Auflistung enthielt die Schätzungen für das in Frage kommende Haushaltsjahr 1952/1953 in Einnahmen und Ausgaben. In dem Papier versprach die Bundesregierung, „sich bei der Festsetzung der Höhe des deutschen Verteidigungsbeitrages von dem Gedanken leiten [zu] lassen, bis zur Grenze ihrer wirtschaftlichen und finanziellen Leistungsfähigkeit zu gehen", und die schien ihr bei 10,6 Mrd. DM zu liegen[27]. Anfang Februar 1952 trat die Bundesregierung in konstruktive Konsultationen mit den „Drei Weisen" ein. Eine hochrangige Delegation unter Leitung von Vizekanzler Blücher, Bundesfinanzminister Schäffer und Bundeswirtschaftsminister Erhard traf sich mit ihnen zu informellen Besprechungen über die Höhe eines globalen deutschen finanziellen Verteidigungsbeitrages in Paris. Nicht, daß man konkrete Ergebnisse hätte erzielen wollen, aber da die „Drei Weisen" zwischenzeitlich den Auftrag hatten, auch den Verteidigungsobolus der Bundesrepublik zu errechnen, mußte ihnen die westdeutsche politische und ökonomische Situation von kompetenter Seite dargelegt werden. Die Bereitschaft, zur Verteidigung der westlichen Welt Opfer zu bringen, durfte nicht dahingehend interpretiert werden, daß man Leistungen erwartete, die die Lebensfähigkeit der Bundesrepublik, und zwar in politischer wie in wirtschaftlicher Hinsicht, gefährdeten. Die genau umgekehrte Schlußfolgerung machte nach Bonner Auffassung erst Sinn: „Ein maximaler deutscher Beitrag kann nur erbracht werden durch eine weitere Stärkung der Wirtschaftskraft und eine Fortführung des Wiederaufbaues[28]." Dies bedeutete, daß der deutschen Wirtschaft der nötige Spielraum eingeräumt werden mußte, um sich zu konsolidieren, um dergestalt die Voraussetzungen zu schaffen, die notwendig waren, um ein Optimum an Verteidigungsleistung zu erbringen.

Und in der Tat gab es ja eine Reihe von Besonderheiten, die man bei der Zumessung eines finanziellen Verteidigungsbeitrages berücksichtigen mußte, und dies zusätzlich zu den bereits erwähnten, in Paris noch einmal angesprochenen Verpflichtungen zur Eingliederung der Flüchtlinge und Vertriebenen, zur Beseitigung der Kriegsschäden generell als Beitrag zur Stabilisierung der labilen politischen Situation und damit als Beitrag auch zur inneren Sicherheit. Die Berlin-Frage kam ebenfalls wieder zur Sprache. Aber die Bonner Delegation schnitt noch ein weiteres Thema an, das zunehmend an Aktualität gewann, nämlich das der Regelung der Vorkriegs- und Nachkriegsschulden, eine Problematik, die auf der Londoner Schuldenkonferenz verhandelt wurde. Die Bundesregierung hat ihre grundsätzliche Bereitschaft erklärt, diesen Verpflichtungen nachzukommen, glaubte aber, Zinsen- und Tilgungsdienst im Zusammenhang mit der Schuldenregelung nur mittels deutscher Exportüberschüsse leisten zu können. Bei der Zubemessung von Militärausgaben mußte in Rechnung gestellt werden, daß die deutsche Wirtschaft entsprechende Möglichkeiten, diese Überschüsse zu erzielen, auch behielt. Und ein Weiteres kam hinzu: die Bundesrepublik mußte mit Verpflichtungen durch vermehrtes Geltendma-

[26] Aufzeichnung Hallsteins, 18.1.1952, über ein am gleichen Tage geführtes Gespräch mit McCloy und General Hays, BA-MA, BW 9/3069.

[27] Um die Höhe des Verteidigungsbeitrags, S. 222.

[28] Deutschland zu finanziellen Opfern bereit, S. 172.

chen von Reparations- und Wiedergutmachungsansprüchen rechnen, insbesondere für *die* Opfer des Nazi-Regimes, die rassischer Verfolgung ausgesetzt gewesen waren.

Ferner erschien der deutschen Abordnung der Hinweis von besonderer Wichtigkeit, daß innere Sicherheit und damit Stabilität des politischen Systems der Bundesrepublik nicht zuletzt auch von einem währungspsychologischen Faktor abhingen, nämlich von dem Vertrauen in die Kaufkraft der Mark. Militärausgaben durften nicht, wie im Dritten Reich, in Zusammenhang mit Geldschöpfung gebracht werden. „Diese Aufgabe ist von besonderer Bedeutung bei einem Volke, das in einer Generation zwei Inflationen erlebt hat und deshalb psychologisch in außerordentlichem Maße anfällig ist für die Rückwirkungen einer möglichen Geldschöpfung, der kein entsprechendes Güterangebot gegenüberstehen würde[29]."

Und letztlich, auch dies ein psychologisches Moment, durfte man nicht unbeachtet lassen, daß die unübersehbar fortschreitende wirtschaftliche Konsolidierung nicht nur auf der Auslandshilfe (Marshallplan) beruhte, sondern in hohem Maße auf dem Arbeits- und Leistungswillen der westdeutschen Bevölkerung. Dieser aber ließ sich nur erhalten, wenn er durch materielle Anreize gefördert und belohnt wurde. Die allgemeinen Lebensumstände mußten als lebens- und damit verteidigungswert erscheinen. So ließ sich finanzielle Opferbereitschaft zu Verteidigungszwecken begründen und politisch wecken.

Im Anschluß an die Feierlichkeiten anläßlich der Beisetzung König Georgs VI. von England fanden am 18. und 19. Februar 1952 in London Besprechungen zwischen Adenauer und den Außenministern der drei Westmächte statt, bei denen die EVG im Mittelpunkt stand, wobei man aber das Problem des westdeutschen Finanzbeitrages bewußt ausklammerte[30], und dies obwohl, ja gerade weil während der Konferenz der Vorschlag der „Drei Weisen" vorgelegt wurde, der auf einen Bonner Globalbeitrag von 11,25 Mrd. DM hinauslief[31]. Der Kanzler wollte und mußte sich zunächst mit seinen zuständigen Ressortministern besprechen[32].

Die Entscheidung fiel dann rasch, und zwar in Mehlem, wo die Bundesregierung mit den Repräsentanten der Okkupationsmächte über den Generalvertrag verhandelte: man einigte sich auf die von den „Drei Weisen" in Vorschlag gebrachte Summe, die für das NATO-Rechnungsjahr 1952/1953 (1. Juli 1952 bis 30. Juni 1953) gelten sollte. Die Zahlungen hatten mit dem 1. August 1952 zu beginnen, weil man davon ausging, daß zu diesem Zeitpunkt EVG- und Generalvertrag in Kraft treten würden. Festgelegt wurden Zahlungen in Höhe von 850 Mill. DM monatlich, wobei die Bundesregierung hoffte, daß mit dem Ende ihres Haushaltsjahres (31. März 1953) eine neue Festsetzung erfolgte. Die monatliche Rate enthielt sowohl den westdeutschen EVG- wie Stationierungsbeitrag. Hingegen war es Bonn nicht gelungen, die im Haushalt des Bundes bereits festgelegten Beträge für innere und äußere Sicherheit auf den EVG-Beitrag anrechnen zu lassen, was hieß, daß die monatlichen 850 Mill. DM *zusätzlich* geleistet werden mußten. Der Kanzler ging allerdings, wie er die Westalliierten wissen ließ, davon aus, daß für die Zeit nach dem 31. März 1953 eine Regelung gefunden wurde, die diese Haushaltsmittel als Verteidigungslasten anerkannte. Des weiteren war es in den Verhandlungen, die bisweilen in sehr scharfer Form geführt wurden, nicht gelungen, die Besatzungsmächte darauf zu verpflichten, für die Zeit vom 1. April 1952 bis zum mutmaßlichen Inkrafttreten der Westverträge am 1. August des gleichen Jahres durch sparsames Wirtschaften die Stationierungskosten merklich zu sen-

[29] Ebd.
[30] Vgl. dazu Das Ergebnis von London, S. 205.
[31] Deutschlands Verteidigungsbeitrag, S. 205–208.
[32] Entscheidende Tage für Europa, S. 217 f.

ken[33] (vgl. Schaubild auf S. 829). Immerhin bekundeten die Außenminister der Vereinigten Staaten, Frankreichs und Großbritanniens ihr Bestreben, „die erforderlichen Maßnahmen zu treffen, um während des dem Inkrafttreten des Generalvertrages und des Vertrages über die Errichtung der Europäischen Verteidigungsgemeinschaft vorausgehenden Zeitabschnitts die Ausgaben für Besatzungskosten auf einem Mindestmaß zu halten. Gleichwohl kann der Betrag dieser Ausgaben im gegenwärtigen Zeitpunkt nicht festgesetzt werden[34]."

Letztlich jedoch gaben sich beide Verhandlungsseiten mit dem erzielten Ergebnis zufrieden. Die letzte Beratung hatte sogar „in voller Harmonie geendet", und im Schlußwort des alliierten Delegationsführers war sogar von einem „großen Fortschritt" die Rede gewesen, wie Finanzminister Schäffer dem Bundeskanzler mitteilte. Er selbst war auch der Überzeugung, „daß die deutsche Bundesrepublik recht zufrieden sein kann". Deren Verhandlungsziel war es erstens gewesen, grundsätzlich einen Verteidigungsbeitrag zu leisten, dabei zweitens der Gefahr einer Inflation zu begegnen und drittens der deutschen Öffentlichkeit Steuererhöhungen ersparen zu können.

Dies erachtete Schäffer als erreicht. Man zahlte nun bis zum Ende des deutschen Haushaltsjahres (31. März 1953) rund 9 Mrd. DM, eine Summe, von der Schäffer stets ausgegangen war und die aus dem ordentlichen Haushalt beglichen werden konnte. Darüber hinaus waren alle Ansprüche auf Anrechnung besonderer Lasten auf den Verteidigungsbeitrag (Berlin, Polizei etc.) aufrechterhalten worden, um sie in späteren Verhandlungen wieder anzumelden. „Wir haben nicht nur den Anspruch auf Revision jetzt sehr klar zugestanden erhalten, wir dürfen auch bei der geschaffenen Atmosphäre nach meiner Überzeugung mit einer Hilfe, wenn sie notwendig wird, wirklich rechnen." Ein Jahr vor den zweiten Bundestagswahlen war der Finanzminister überzeugt: „Das Pressekommuniqué wird gut wirken[35]."

Da der EVG-Vertrag nicht nur nicht zum kalkulierten Zeitpunkt, sondern überhaupt nicht in Kraft trat, sollte es bis zum Beitritt der Bundesrepublik zum Atlantikpakt zu laufenden und auch harten Verhandlungen über die Besatzungskosten kommen, bei denen die Bundesregierung bestrebt war, nur den unmittelbaren Sicherheitsbeitrag in Form reiner Truppenstationierung zu honorieren, nicht aber den okkupationsmentalen Ansprüchen zu genügen, so viel an materiellen Werten aus der Bundesrepublik herauszuholen wie möglich (vgl. dazu Tab. 9).

Auf diese Problematik kann hier nicht näher eingegangen werden. So viel muß allerdings zum Verständnis des chronologischen Ablaufs des Umwandlungsprozesses, den die Bundesrepublik vom okkupierten zum souveränen Staat durchmachte, und zur Bedeutung der EVG-Verhandlungsphase für die spätere NATO-Regelung gesagt werden: Zum einen war politisch erreicht worden, daß mit dem Beginn eines deutschen Verteidigungsbeitrages auch die Souveränität der Bundesrepublik einsetzte, und dieses Junktim ist nicht an die EVG gebunden gewesen,

[33] Brief Adenauers, 29.2.1952, an den Geschäftsführenden Vorsitzenden der Alliierten Hohen Kommission, McCloy, BA-MA, BW 9/3069. „Für das Haushaltsjahr 1952/53 wird sich, wenn der Vertrag über die Errichtung einer EVG und der Generalvertrag zum 1. 8. 1952 in Kraft treten, eine Ausgabe für Besatzungskosten (mit 2000 Mill. DM für vier Monate des Haushaltsjahres 1952/53) und Verteidigungsbeitrag (mit 6800 Mill. DM für acht Monate des Haushaltsjahres 1952/53) von annähernd 8,8 Mrd. DM ergeben. Die Höhe des Verteidigungsbeitrages für das nächste NATO-Jahr (1. 7. 1953 bis 30. 6. 1954) wird nach den gleichen Maßstäben, wie sie für alle Länder gelten, entsprechend der Entwicklung des Volkseinkommens und der finanziellen Leistungskraft im Wege einer neuerlichen Überprüfung festgesetzt werden. Die drei Mächte haben ihre Zustimmung zu dieser Regelung erklärt." Einvernehmen über den Verteidigungsbeitrag, S. 229

[34] Schreiben der drei Außenminister, 29.2.1952, an Adenauer, BA-MA, BW 9/3069.

[35] Schreiben Schäffers, 24.2.1952, an Adenauer, BA, B 126/51516.

Tabelle 9

Mengenmäßig auffällige Beschaffungen der Besatzungsmächte in den Rechnungsjahren 1952 und 1953

lfd. Nr.	Gegenstand	Amerikaner Stück [bzw. qm]	Amerikaner Tausend DM	Briten Stück	Briten Tausend DM	Franzosen Stück	Franzosen Tausend DM	Insgesamt Stück	Insgesamt Tausend DM
1	Kühlschränke	23317	28920	6165	4747	313	863	29795	34530
2	Polstermöbel	106302	12358	45898	2639	3584	318	155784	15315
3	Herren- und Frisierkommoden		1475		3394				4869
4	Möbel- und Dekorationsstoffe		4013		6550				10563
5	Teppiche und Läufer	qm		qm		qm		qm	
		646547	20976	381067	7593	17960	259	1045574	28828
6	Teppiche und Läufer (Rechnungsjahr 1953)			372706	10025			372706	10025
7	Schreibmaschinen	Stück		Stück		Stück		Stück	
		8442	5096	1254	805			9696	5901
8	Kraftfahrzeuge								
	a) Personenkraftwagen	209	1959	5005	21839	180	1603	5394	25401
	b) Lastkraftwagen, Zugmaschinen	–	–	1232	36448	592	14713	1824	51161
	c) Fahrgestelle	–	–	–	–	198	10842	198	10842
	d) Omnibusse	–	–	147	3485	32	1354	179	4839
	e) Kommunalfahrzeuge	119	2727	103	5057	50	701	272	8485
9	Kraftfahrzeug-Ersatzteile		19554		69152		38590		127296
10	Benzinkanister (Rechnungsjahr 1953)			1328288	16643	484725	6115	1813013	22758
11	Militärische Ausrüstung (Rechnungsjahr 1953)								
	a) Rucksäcke					96491	3274		
	b) Brotbeutel					38000	440		
	c) Kochgeschirre					79996	285		
	d) Stahl- u. Innenhelme					80000	1006		
	e) Ferngläser					1740	300		
	f) Kompasse					6000	97		5402
12	Fähren, Schlepper, Boote usw. (Rechnungsjahr 1953)						11311		11311
13	Füllstoff für Pontons						3201		3201
14	Sandsäcke					1851030	986		986
15	Papierservietten	55 Mio.	617	44 Mio.	465			99 Mio.	1082
16	Tontauben	2927000	348					2927000	348
								Summe	383141

Quelle: Anlage eines internen Papiers des BMF für Bundesfinanzminister Schäffer, Juni 1954. BA, B 126/5644.

sondern nach deren Scheitern auf das NATO-Modell übertragen worden. Als finanzielle Konsequenz aus dieser Vereinbarung ergab sich, daß mit der Wiederherstellung der Souveränität auch die Zahlung von Besatzungskosten und der damit zusammenhängenden Auftragsausgaben entfiel. Zum zweiten ist festzustellen, daß aufgrund der Finanzverhandlungen im Zusammenhang mit der EVG Verteidigungslasten innerhalb des Bundeshaushaltes anfielen, als für das Rechnungsjahr 1953 erstmals im sogenannten Einzelplan 35 entsprechende Mittel veranschlagt wurden, und zwar in Form von Verteidigungsaufwand als EVG-Beitrag, von Besatzungskosten und Auftragsausgaben in Berlin und letztlich von Verteidigungsfolgekosten bzw. sogenannten nicht anerkannten Besatzungskosten. Verteidigungslasten im eigentlichen Sinne entstanden der Bundesrepublik, sieht man von Ausgaben für etwaige Vorbereitungen ab, erst zu dem Augenblick, in dem sie sich aktiv an der westlichen Verteidigung beteiligte.

Man muß zu den Anfang 1952 beginnenden substantiellen Verhandlungen über einen Bonner Finanzbeitrag und Finanzvertrag bemerken, daß sie niemals zum Abschluß gekommen sind, daß jedoch drei Zwischenlösungen erreicht wurden, die zwar dann obsolet wurden, als die Bemühungen um das Zustandekommen der EVG im August 1954 an Frankreich scheiterten, die aber bedeutsame Meilensteine auf dem Weg in die dann gefundene NATO-Lösung bedeuteten. Die einzelnen Stationen sollen hier nur durch Hinweis auf entsprechende Vereinbarungen markiert werden:

1. Eine Zwischenlösung durch den Bonner Finanzvertrag, die bis zum 30. Juni 1953 gelten sollte.
2. Die Pariser Finanzvereinbarung vom 25. April 1953, die bis zum 30. Juni 1954 Gültigkeit besitzen sollte.
3. Die Vereinbarungen vom 20. Juli 1954, mit der die Gültigkeitsdauer der Pariser Vereinbarung bis zum 31. Dezember 1954 erweitert wurde.

Die beiden letzten Übereinkünfte besagten im wesentlichen, daß die Bundesrepublik mit dem Inkrafttreten des EVG-Vertrages zu einem Zeitpunkt vor dem 1. Januar 1955 einen Netto-Verteidigungsbeitrag von 950 Mill. DM monatlich bis zum Ende des Jahres 1954 hätte zahlen müssen.

Die Pariser Finanzvereinbarung vom 25. April 1953, festgelegte Gültigkeit vom 1. Juli 1953 bis 30. Juni 1954, war von dem Grundsatz geprägt, die für die NATO-Mitgliedstaaten gültigen Beitragsfestsetzungsmodalitäten nach Möglichkeit auch für die Bundesrepublik verbindlich zu machen. Für diese Verhandlungen konstituierte sich ein besonderer Ad-hoc-Ausschuß, der nach dem belgischen Vorsitzenden Ockrent benannt wurde. Er setzte sich aus den Abordnungen der sechs zukünftigen Mitgliedstaaten der EVG und aus Delegationen Großbritanniens, der USA sowie der NATO zusammen. Seine Ergebnisse hat der NATO-Rat gebilligt, und sie flossen in die Überlegungen zur Gesamtplanung der westlichen Verteidigung ein, die die Nordatlantikpaktorganisation vornahm. Um zu diesem Agreement zu gelangen, hatte die Bundesrepublik den sogenannten NATO-Fragebogen beantworten müssen, der allen NATO-Mitgliedstaaten zur Festsetzung ihrer jährlichen Verteidigungsbeiträge für diese Organisation vorgelegt wurde. Drei Kriterien zur Bemessung eines westdeutschen finanziellen Verteidigungsbeitrages waren von besonderer Wichtigkeit und kamen in der Bonner Antwort als solche auch deutlich zum Ausdruck:

a) Die Einschätzung der finanziellen Leistungsfähigkeit der Bundesrepublik als Grundlage der Aufbringung der von ihr erwarteten Militärausgaben.
b) Die Vergleichbarkeit des westdeutschen finanziellen Verteidigungsbeitrages mit den entsprechenden Anstrengungen der anderen präsumtiven EVG-Mitglieder.

Den deutschen Darlegungen war zu entnehmen, daß 12,275 Mrd. DM die Höchstgrenze dessen ausmachten, was die Bundesrepublik im NATO-Jahr 1953/1954 für Verteidigungszwecke insgesamt aufzubringen vermocht hätte. Von dieser Summe entfielen 3,675 Mrd. DM auf *anrechnungsfähige* Verteidigungsausgaben, d.h. auf Beiträge, die aus dem Haushalt des Bundes, der Länder und der Gemeinden für Verteidigungszwecke aufgebracht werden mußten und die in Anwendung der NATO-Regel auf den Verteidigungsbeitrag, den die Bundesrepublik insgesamt zu leisten hatte, angerechnet werden sollten. Es blieb somit ein Differenzbetrag von 8,6 Mrd. DM als EVG-Beitrag und zur Deckung der Stationierungskosten fremder Truppen.

Diese Darlegungen und Zahlen der Bundesregierung stellten die Grundlage für die im Frühjahr 1953 beginnenden Verhandlungen des Ockrent-Ausschusses dar. Immer noch wurde nach strengen Maßstäben das Für und Wider der deutschen Darlegungen erwogen, ohne daß es zu definitiven Regelungen gekommen wäre, weshalb sich der Nordatlantikrat im April 1953 um pragmatische Lösungsmöglichkeiten bemühte. Das, was man erreichte und schließlich in der entsprechenden Pariser Finanzvereinbarung festlegte, war nicht so sehr von der Summe, sondern von der Formel her bedeutsam, daß es sich um einen Ad-hoc-Beitrag handelte, der also keine Festschreibung über das in den zweiten Pariser Verhandlungen festgesetzte Datum Ende Dezember 1954 hinaus bedeutete. Das hieß mit anderen Worten, daß man zumindest auf der gefundenen argumentativen und zahlenmäßigen Basis, aber ohne rechtliche Bindung in die Verhandlungen um den NATO-Beitritt der Bundesrepublik hineingehen konnte, weil man sich ja einerseits bereits an den NATO-Kriterien ausgerichtet hatte, andererseits aber durchaus noch politische Manövriermasse besaß, um gewisse Bedingungen an den Beitritt zum Atlantikpakt zu knüpfen[36].

[36] Vgl. dazu Bundeshaushaltsplan 1955, Allgemeine Vorbemerkungen, 4. Teil, Kap. V., Die Verteidigungslasten, S. 179–183.

VII. Aspekte des geplanten EVG-Finanzsystems

Um dem Leser vor Augen zu führen, um welche Grundfragen es bei den Beratungen im Rahmen der EVG-Konferenz vorwiegend im Finanzausschuß ging, stellen wir einige Bemerkungen über das Finanzsystem der EVG voran. Dabei blenden wir die historisch-politische Konferenzgeschichte weitgehend aus.

Die EVG sollte als supranationale Einrichtung das Finanzsystem eines Staatswesens erhalten. Sie war somit nicht nur in politischer und militärischer, sondern auch in fiskalischer Hinsicht ein Experiment, das Schwierigkeiten verhieß und Risiken enthielt. Nach deutscher Auffassung wog dies allerdings in Anbetracht der erhofften gesamteuropäisch-integralen Wirkung wenig. Wichtiger erschien, „daß endlich eine Organisation ins Leben tritt, die vermöge ihres Effekts den staatlichen Zusammenschluß Europas bringen und die sich mit aller Folgerichtigkeit einer politischen und ökonomischen Bewegung gerade der noch fehlenden Organe eines europäischen Staatswesens bedienen muß, um die künftigen Schwierigkeiten ihres eigenen Werdegangs zu beheben"[1].

Die europäische Verteidigung wurde als übernationale Aufgabe verstanden und die damit zusammenhängenden Ausgaben sollten von einem neuartigen, übernationalen Finanzsystem mit einem „übernationalen" Budget als Mittelpunkt finanziert werden. Notwendigerweise mußte ein solches, bisher unbekanntes Finanzsystem Regelungen über die Einnahmen, das Bewilligungsrecht von Einnahmen und Ausgaben und die (nachträgliche oder im Budgetvollzug vorgenommene) Rechnungsprüfung und die daran anschließende Entlastung der Verantwortlichen enthalten[2].

Es ging darum, ein Finanzsystem zu schaffen, das allseits anerkannten Erfordernissen finanzpolitischer Gewaltenteilung entsprach, also legislative, exekutive und judikative Instanzen auf übernationaler Ebene erhielt, so daß es im Sinne des Auftrages einer gemeinsamen Verteidigung wirksam arbeiten konnte. Finanzwirtschaftlich mußte erstmals in der europäischen Finanzgeschichte ein übernationales System geformt werden, das unter den besonderen Bedingungen der westeuropäischen wirtschaftlichen Entwicklung der ersten Jahren nach dem Ende des Zweiten Weltkrieges funktionieren sollte. Man wollte nicht nur eine integrierte europäische Streitmacht, sondern ein übernationales Finanzsystem schaffen, das diese Streitmacht „bezahlte"[3].

[1] Vialon, Finanzprobleme, S. 1155.

[2] Kassen- und Rechnungsführung meint in der Hauptsache die die Ausgaben aller Art betreffenden Anweisungen, die aktenmäßig belegt sein müssen. Rechnungsprüfung meint die aus der finanzpolitischen Gewaltenteilung hervorgehende nachträgliche Prüfung der sachlichen Angemessenheit und Richtigkeit der Ausgaben durch eine unabhängige Instanz. Historisches Vorbild dafür sind die Rechnungshöfe seit der absolutistischen Zeit, die zunächst der Absicht entsprangen, die Ausgaben des Souveräns überprüfbar zu gestalten. Nur seine – durch die Einrichtung der mit nahezu richterlicher Unabhängigkeit ausgestatteten Rechnungshöfe beschnittene – „Privatschatulle" blieb davon befreit. Diese Thematik kann in unserem Beitrag mangels größerer politischer Brisanz in der EVG-Phase außer Betracht bleiben.

[3] Die Grundfragen ähneln in einigen Punkten der Situation, wie sie 1871 in Deutschland bei der Schaffung eines Reichshaushaltes und in den Vereinigten Staaten von Nordamerika während des ganzen 19. Jahrhunderts bei der Schaffung eines „Federal Budget" auftraten, als es in beiden Fällen darum ging, den schon vorhandenen Finanzsystemen der Länder (= Einzelstaaten) ein Finanzsystem des Bundesstaates überzuordnen.

Wenigstens im Umriß müssen wir einige Bemerkungen darüber machen, wie dieses supranationale Finanzsystem aussehen sollte und wie seine mögliche Funktionstüchtigkeit nachträglich einzuschätzen ist, vorausgesetzt, es hätte zu arbeiten begonnen.

Wie jedes Finanzsystem sollte das der EVG, das auf deutscher Seite als Vorläufer eines europäischen Finanzsystems – betraut mit über die Finanzierung der EVG hinausgehenden künftigen Aufgaben – angesehen wurde, verschiedene Instanzen und Instrumente aufweisen. Die legislative Befugnis zur Bewilligung von Einnahmen – soweit es „eigene Einnahmen" aus autonomer Finanzkompetenz sein würden – sollte beim „Rat" und bei der „Versammlung" der EVG liegen. Die Versammlung kann man am ehesten mit einem parlamentarischen Körper vergleichen, die Kommissariate, darunter das wichtige Finanzkommissariat, würden die „Ministerien" der EVG gebildet haben. Dabei muß beachtet werden, daß die nationalen Parlamente ihre Vertreter in diese Instanzen geschickt haben würden, also ohne unmittelbare Wahl von Vertretern durch nationale Wähler. Dem Abkommen zufolge bereitete das Finanzkommissariat das EVG-Budget vor und legte es dem Rat und der Versammlung vor, die es – mit der Möglichkeit der Rückverweisung – bei Erfüllung vorgeschriebener Mehrheitsverhältnisse verabschiedeten. Eine genuine Finanzhoheit besaßen Versammlung und Rat auch insofern, als sie nicht nur über Ausgaben, sondern auch über Einnahmen, beispielsweise die Einführung neuer Steuern oder die Aufnahme von Krediten, hätten beschließen können. So zumindest war die ursprüngliche Idee, die freilich sowohl im Vertrag als auch im Finanzprotokoll und in der Finanzordnung (sie enthielt 24 Artikel) nur ungenügend deutlich zum Ausdruck kam. EVG-Vertrag, Finanzprotokoll und Finanzordnung bildeten die Rechtsgrundlage des EVG-Finanzsystems (Titel IV, Artikel 83–100 des EVG-Vertrages). Artikel 40 des Finanzprotokolls verlangte den Erlaß einer besonderen Finanzordnung. Das Budget wurde nach einem eigenen Schema erstellt, wobei die Einnahmen in nur einer Kasse geführt wurden, während es für die Ausgaben eine gestaffelte Klasseneinteilung gab. Wichtigste Einnahme wären die nationalen, monatlich zu zahlenden Beiträge der EVG-Mitgliedstaaten gewesen, mindestens in den ersten Jahren der Existenz einer EVG. Die Ausgaben wurden auf Anweisung des Finanzkommissariats (im Finanzprotokoll hieß es schließlich: des Präsidenten des Kommissariats) getätigt.

Neu war die Einrichtung der Finanzkontrolleure nach französischem Vorbild, die u.a. bereits im Vollzug des Haushaltes Kontrollrechte eingeräumt bekamen. Ein besonderer Rechnungsprüfungshof sollte die Entlastung der politischen Verantwortlichen vorbereiten. Mit erfolgter Entlastung hätte der EVG-Haushalt als „vollzogen" gegolten.

Was waren die Sonderheiten eines derartigen supranationalen Finanzsytems? Die erste allgemeine Eigenheit bestand zweifellos darin, daß es ohne geschichtliches Vorbild und schon deshalb mit manchen Risiken belastet war. Die zweite Besonderheit lag darin, daß es eine neue übernationale Finanzhoheit und Finanzkompetenz gegeben hätte. Dabei meint der Begriff „Finanzhoheit" das supranationale Recht, über alle Einnahmen und Ausgaben wie über das gesamte Finanzsystem sui generis hoheitliches Recht oberhalb des nationalen Rechtes auszuüben. Die besondere Finanzkompetenz ergab sich aus der Aufgabe, eine gemeinsame Verteidigung mit Hilfe einer integrierten Streitmacht, der Europaarmee, zu leisten. Finanzwirtschaftliche Maßnahmen, die dieser Aufgabe dienten, sollten in den Bereich der Zuständigkeit der EVG gehören. Das bedeutete nichts anderes, als daß gemäß Vertragswerk, das nationale Kontingente und finanzielle Beiträge vorsah, die laufenden Verteidigungsausgaben detailliert ausschließlich im jährlichen Budget der EVG erscheinen mußten (Grundsatz der Vollständigkeit des Etats). Es sollte weder EVG-Nebenhaushalte noch Parafisci, etwa zur sozialen Sicherung von EVG-Angehörigen, geben. Die NATO war und ist bis heute ein Bündnis und basiert auf dem Gedanken eines multilateralen Beistandes. Die EVG wollte etwas anderes und zugleich mehr sein: sie sollte eine übernationale (west)europäische Armee sein, militärorganisatorisch integriert und durch ein eigenes Finanzsystem getragen. Das bedeutete, daß die nationalen Parlamente einen Teil ihres Bewilligungsrechtes für Militärausgaben an Beschlußorgane der EVG hätten abtreten müssen.

Ob und wie die nationalen Beiträge finanziert werden sollten, darüber sagte das Vertragswerk nichts aus. Es blieb den nationalen Regierungen überlassen, die Finanzierung ihres Beitrages sicherzustellen. Die Bundesrepublik Deutschland mußte das besondere Problem lösen, die bis dahin gezahlten Besatzungslasten in einen übernationalen Verteidigungsbeitrag zu überführen. Damit war eng verknüpft die Frage der Bemessungsgrundlage für die Höhe der nationalen Beiträge. Zwar setzte sich der Begriff der „Leistungsfähigkeit" als wirtschaftliche Bemessungsgrundlage durch, aber die für die Bestimmung der Leistungsfähigkeit herangezogenen Indikatoren aus dem Bereich der Statistiken zur volkswirtschaftlichen Gesamtrechnung waren so gewählt, daß besondere nationale Belastungen die ursprünglich errechnete Summe verringern würden.

Abgesehen von einer Fülle statistisch-praktischer Fragen, die auf einem an heutigen Maßstäben gemessen niedrigen Niveau statistischer Erhebungstechnik und Erhebungsmöglichkeiten gelöst werden mußten, blieb die entscheidende Schwierigkeit, daß die nationalen Beiträge in einem System inkonvertibler Währungen zu tätigen waren. „Geldbewegungen" und „Transfers" konnte und sollte es nur begrenzt geben. Das aus zwei wichtigen Gründen:

1. Die Bestimmungen der nationalen Devisenbewirtschaftung, die erst Ende der fünfziger Jahre international gelockert bzw. in der Bundesrepublik gänzlich aufgegeben wurden, erlaubten keine größeren zwischenstaatlichen Geldtransfers.

2. Die Devisenreserven in den Jahren eines allgemeinen westeuropäischen Dollarmangels innerhalb Westeuropas waren äußerst ungleich. Die Bundesrepublik zeichnete sich durch eine passive Handels- und Leistungsbilanz aus, d.h., sie besaß überhaupt keine Devisenüberschüsse (abgesehen von der Unbestimmtheit ihres Auslandsvermögens und damit verkoppelter Transfers und Retransfers, die 1953 im Londoner Schuldenabkommen geregelt wurden). Für die Praxis bedeutete das ein bei unterschiedlichen Konjunkturausschlägen, ungleichen terms of trade und ungleichen Außenbilanz(un)gleichgewichten der Mitgliedstaaten, daß zwar einerseits grenzüberschreitende Zahlungen nur in Höhe von 15 Prozent der nationalen Beiträge – nach oben oder unten – geleistet werden durften, daß andererseits aber die vorgesehenen militärischen Kontingente keineswegs gleichmäßig verteilt im EVG-Gebiet stationiert sein würden. Devisenpolitisch hätte die Bundesrepublik bei einer vergleichsweise hohen Stationierungsdichte davon zunächst zwar profitieren können. Der Retransfer etwa von Soldzahlungen – die auf ein einheitliches, hohes Niveau gestellt werden sollten – war jedoch ungesichert. Das militärorganisatorische und das devisenwirtschaftliche System paßten nicht zueinander. Eine Quelle weiterer Unsicherheit für ein Funktionieren des EVG-Finanzsystems blieb mithin das verstümmelte europäische Währungssystem, das der Zweite Weltkrieg hinterlassen hatte.

Selbst wenn es gelang, die nationalen Beiträge im Sinne einer Kaufkraftparität zu vereinheitlichen und damit auch eine Grundlage für gegenseitige Verrechnungen, die aus devisenpolitischen Gründen erforderlich werden konnten, zu schaffen, blieb doch die Tatsache, daß die Benelux-Staaten sowie Frankreich, Großbritannien und Italien sich in unterschiedlichen Phasen ihrer Nachkriegsentwicklung befanden.

Es gab nicht nur keine hinreichende westeuropäische Konjunktursynchronität, also keinen Gleichklang des wirtschaftlichen Ablaufes, der eine allgemeine Vorausschätzung des Finanzaufkommens für die EVG erleichtert hätte, es gab auch keine Vorstellung darüber, mit welchen künftigen Wachstumsraten die nationalen Wirtschaften sich entwickeln würden. Die Bruttosozialprodukte und die unterschiedlichen Staatsquoten an den Sozialprodukten wiesen nicht nur unterschiedliche Höhen, sondern darüber hinaus ungleiche strukturelle Elemente auf, deren Bedeutung für die künftige wirtschaftliche Entwicklung nicht überschaubar war. Mit anderen Worten: es mußte so scheinen, daß die laufende Finanzierung der EVG starke nationale Schwankungen wirtschaftlicher Aktivität und Entwicklung zeigen würde, es sei denn, man betrachtete die nationalen Beiträge völlig als unabhängige Größen, die aufzubringen waren, so daß die Rückstoßwirkungen, zunächst in Form zwischenzeitlich erhöhter oder gesenkter nicht EVG-gebundener Ausgaben die nationalen Wirtschaften getroffen hätten. Daß man über diese Rückkoppelungseffekte wirtschafts- und finanztheoretisch damals weit weniger wußte als heute, steht auf einem besonderen Blatt.

Unter diesen Umständen mußte notwendigerweise die „Außenhilfe" – abgestuft und in verschiedener Form geplant – von den USA, die kein Vertragsstaat waren, eine erhebliche Rolle spielen. Sie unterlag nicht der Bewilligungsprozedur der EVG-Budgets, die dem Finanzkommissariat die starke Stellung einräumte, Rat und Versammlung innerhalb gesetzter Fristen zu einem Beschluß über den EVG-Haushalt zu zwingen. Mindestens in den ersten Phasen der EVG hätte die „Außenhilfe" eine beachtliche Einnahmequelle der EVG sein müssen, wenn auch möglicherweise in der „unsichtbaren" Form der Überlassung von Rüstungsmaterial zu günstigen Preisen, die das EVG-Budget schonten.

Da wir nur die möglichen Schwierigkeiten eines niemals in Kraft getretenen EVG-Finanzsystems nennen können, sei hinzugefügt, daß man mit großer Wahrscheinlichkeit mit einer unterschiedlichen Entwicklung der Zahlungsbilanzsalden und Handelsbilanzsalden der Mitgliedstaaten rechnen mußte. Das heißt, die von deutscher Seite stets erstrebte, erst Ende 1957 eingeführte Konvertierbarkeit der Deutschen Mark brauchte nicht dazu zu führen, daß alle beteiligten Währungen stets den gleichen Konvertibilitätsgrad besaßen. Für die Praxis der EVG-Finanzen hätte dies ein Nebeneinander ungleich konvertibler Geldbewegungen und Transfers bedeutet. Der schwierigste Fall konnte eintreten, wenn nationale Kaufkraftänderungen sich nicht in einer amtlichen Korrektur der festen Wechselkurse niederschlugen, und gerade diese realistische Annahme war in Artikel 95 des Vertrages unzulänglich geregelt. Die tatsächliche Entwicklung – wie wir heute wissen – hat später solche ungleichen Entwicklungen herbeigeführt, die jedoch im Klima einer starken allgemeinen wirtschaftlichen Aufwärtsentwicklung in den fünfziger Jahren leichter überwunden werden konnten, als es zunächst erscheinen mußte. Das führt zu dem Schluß, daß über eine mittelfristige Periode von fünf bis sieben Jahren das EVG-Finanzsystem eine Chance hatte, zu funktionieren, trotz der genannten Unsicherheiten und Schwierigkeiten. Nur war die militärische Planung aber auf so kurze Zeitpunkte wie den Sommer 1953 angesetzt, während einer Periode also, in der eine glatte EVG-Finanzierung sich allen Schwierigkeiten gegenübersah, die einem derart neuen System notwendig anhaften mußten. Somit gilt es, eine Diskrepanz zwischen einer möglichen mittelfristigen Funktionstüchtigkeit des EVG-Finanzsystems und den kurzfristigen militärischen Anforderungen festzustellen. Wenn wir auch unterstellen, daß der institutionelle Apparat des EVG-Finanzsystems funktioniert hätte und die Reibungsverluste im Entscheidungsprozeß gering geblieben wären (strittige Fälle sollten dem im Rahmen der Montan-Union geschaffenen europäischen Gerichtshof überantwortet werden), bleibt dennoch festzustellen, daß die volle Funktionsfähigkeit des EVG-Systems verzögert eingetreten wäre. Es darf freilich nicht übersehen werden, daß die in den Anlaufphasen gesammelten Erfahrungen insofern einen Wert hätten darstellen können, als man daraus lernen konnte, die Funktionstüchtigkeit des Finanzsystems zu verbessern.

Da das EVG-Finanzsystem erklärtermaßen keinen Beitrag zur europäischen Konjunkturpolitik leisten sollte, begab man sich umständehalber der Möglichkeit, mit Hilfe von Militärausgaben den ökonomischen Entwicklungsprozeß in einem integrativ gedachten wirtschaftlichen Zusammenschluß Westeuropas zu beeinflussen, was wiederum regional, konjunkturell und in der längeren Periode auch wirtschaftsstrukturell die weitere Finanzierung europäischer Militärausgaben hätte positiv beeinflussen können[4].

Neben diesen makroökonomischen Zusammenhängen gab es eine Reihe von mikroökonomischen Tatbeständen, die einen schnellen Einstieg ohne spürbare Folgen für die Nationalwirtschaften erschwerten. Dazu gehörte einmal die als erforderlich angesehene Besoldungsanpassung auf ein übernationales hohes Niveau. Es gehörten ferner dazu der unterschiedliche Einfluß, den ungleiche Inflationsraten auf verschiedene Teile der EVG-Bewaffnung nehmen würden. Hatte schon die unterschiedliche Höhe der wirtschaftlichen Ausgangslage dafür gesorgt, daß die nationalen Beiträge in den ersten Jahren qualitativ ungleich sein würden, so hätte mit Sicherheit eine ungleiche Währungsdisziplin eine regelmäßige Neuberechnung der nationalen Beiträge in realen Geldwerten erforderlich gemacht. Für die Bundesrepublik, die über einen eigenen Militärkörper zur fraglichen Zeit nicht verfügte, wäre eine mehrfache Neuberechnung ihres Beitrages zum EVG-Budget sicherlich notwendig geworden.

Das EVG-Finanzsystem sollte eine wirtschaftspolitische und finanzpolitische „instrumentelle" Teilintegration sein, die mehr europäische Aufgaben zu übernehmen hatte als ausschließlich gemeinsame Verteidigungsanstrengungen.

Abgesehen von den ersten Phasen 1951/1952 war diese integrative Absicht in den beteiligten Staaten ungleich entwickelt und wurde mit unterschiedlicher Intensität verfolgt. Wir müssen daher annehmen, daß die Vorstellung, das EVG-Finanzsystem hätte, vor allem in seinen Beschlußorganen, reibungslos nach einer mittelfristigen Periode funktioniert, eine optimistische Annahme ist. Trotz dieser Einwände und Hinweise auf manche Unsicherheit, mit der das System befrachtet war, dürfen wir jedoch nicht versäumen, darauf hinzuweisen, daß die moderne „functional finance" aus der angelsächsischen Welt, die auch in übernationalen Finanzsystemen Instrumente zur Steuerung eines übernationalen Wirtschaftsraumes sieht, ihre positiven Spuren in dem beabsichtigten EVG-Finanzsystem hinterlassen hat. Dies kam in erster Linie darin zum Ausdruck, daß auf angelsächsischer Seite wiederholt argumentiert wurde, aus einem sich wirtschaftlich erholenden Kontinentaleuropa könne ein EVG-Budget immer besser finanziert werden. Artikel 88, 90 und 97/2 des Vertrages enthielten Bestimmungen (Zusatzhaushalt mit abgekürzten Bewilligungsfristen, Übertragung von Haushaltstiteln, kürzere Fristen für die Rechnungsprüfung), die die Absicht erkennen ließen, dem EVG-Budgetvollzug Beweglichkeit zu verschaffen.

Dem Finanzsystem der geplanten EVG kam aber nicht nur seines europäisch-einigungspolitischen Charakters willen Bedeutung zu, sondern allein schon wegen der Höhe der in Anspruch zu nehmenden Finanzmittel. Die Frage, die sich der Finanzwissenschaftler und Historiker stellen muß, ist darüber hinaus die, ob das Finanzsystem überhaupt der vorgezeichneten Struktur nach hätte funktionieren können und wenn ja, mit welchen möglichen immanenten Problemen und Reibungsverlusten im einzelnen. Um hier eine Antwort zu finden, muß man das Vertragswerk, auf dem das Finanzsystem beruhen sollte, näher in Augenschein nehmen. Um die finan-

[4] Spätere Studien haben gezeigt, daß derartige Möglichkeiten im allgemeinen überschätzt werden. Sie sind jedoch in begrenztem Rahmen vorhanden, wenn auch hohe und starre Personalkosten ebenso wie starre, steigende und zudem überdurchschnittliche inflationierte Verteidigungsausgaben den Militärhaushalten enge Grenzen für ihre Beweglichkeit setzen. Vgl. Köllner, Militär und Finanzen.

ziellen Bestimmungen verstehen zu können, muß man bedenken, daß es sich bei der EVG um ein selbständiges Rechtssubjekt handelte, das insofern von den Mitgliedstaaten säuberlich zu trennen ist. Zur Äußerung des Willens, diese Rechtsfähigkeit auch wahrzunehmen und durchzusetzen, hätte die Verteidigungsgemeinschaft eigens dafür vorgesehene Organe besessen. Was die Mitgliedstaaten anbetraf, so kam ihnen die Verpflichtung zu, der EVG durch finanzielle Beiträge die ökonomisch-fiskalische Existenzgrundlage zu schaffen und zu garantieren, während die EVG als selbständiges Rechtssubjekt die Verausgabung und Verwendung der Mittel in eigener Zuständigkeit vorzunehmen hatte.

Die Rechtsfähigkeit und das finanzielle Funktionsschema der Europäischen Verteidigungsgemeinschaft beruhte auf den entsprechenden Bestimmungen des EVG-Vertrages in den Artikeln 83 bis 100. Daneben gab es das Finanzprotokoll und schließlich die Finanzordnung, die allerdings nicht mit dem übrigen Vertragswerk erlassen wurde, die aber bereits ausgearbeitet war. Verglichen mit der bundesrepublikanischen Gesetzgebung kam dem EVG-Vertrag die Funktion eines Gesetzes zu, während das Finanzprotokoll eine Vereinbarung über die Grundgesetze für Durchführungsverordnungen darstellte, und die Finanzordnung war die Durchführungsvorschrift zu dem in Gesetzesform gekleideten Vertrag. Die Finanzordnung stellt im EVG-Vertragswerk eine Art Rahmenhaushaltsordnung dar. In ihr wurden in der Hauptsache Budgetgrundsätze festgeschrieben, die, mit geringen Ausnahmen, eine Übernahme „klassischer" Haushaltsvorschriften waren. Auch wurde die lange umstrittene Haushaltssystematik in der Finanzordnung festgehalten.

Der EVG-Vertrag wies folgende Organe auf, die für die finanzielle Seite tätig und verantwortlich waren: der an anderer Stelle bereits vorgestellte Rat, die Versammlung und das Kommissariat. Bekanntlich setzte sich der Rat aus je einem Regierungsvertreter mit allerdings unterschiedlichem Stimmgewicht zusammen. Das Kommissariat setzte sich aus neun Vertretern zusammen, wobei es sich um Ressortkommissare handeln sollte, von denen einer als Finanzkommissar zu fungieren hatte. Das Kommissariat sollte so arbeiten wie ein Bundeskabinett, wobei die einzelnen Kommissare die entsprechenden Entscheidungen in den jeweiligen Ressorts zu treffen hatten, darüber hinaus waren Grundsatzfragen durch das Plenum der Kommissare zu beantworten.

Zu dem Kommissariat und den beiden anderen Bewilligungsgremien traten Finanzbehörden, die nach Weisung des Kommissariats, der Verwaltung oder des Rates arbeiten mußten. Vorgesehen waren die Finanzdirektion, der Finanzkontrolleur und ein besonderer Rechnungsprüfungshof. Die Finanzdirektion war mit dem Bundesfinanzministerium, der Finanzkommissar mit dem Bundesfinanzminister durchaus vergleichbar. Der Rechnungsprüfungshof besaß ebenfalls ein deutsches Vorbild, während der Finanzkontrolleur aus der romanischen Rechts- und Verwaltungspraxis stammte. Von deutscher Seite wurden (schon am 21. April 1951) Bedenken gegen den französischen Typ eines Finanzkontrolleurs geäußert, da er zu viele „dispositive Befugnisse" haben würde.

Der Finanzkontrolleur hatte drei Aufgaben zu erfüllen: Erstens sollte er „Gutachten" erstellen, die helfen sollten, Stockungen im EVG-Finanz- und Finanzierungssystem zu verhindern, indem rechtzeitig auf mögliche Schwierigkeiten hingewiesen werden sollte (Artikel 22 des Finanzprotokolls). Zweitens sollte er bei der Aufstellung des Budgets beteiligt werden. Die dritte Aufgabe war die wichtigste; sie betraf die Überwachung des laufenden Haushaltsvollzugs innerhalb eines Rechnungsjahres und sah vor, alle drei Monate Berichte darüber dem Finanzkommissar zuzuleiten. Er stand mithin auf der Schwelle zwischen der exekutiven und judikativen Gewalt. Nach französischem Vorbild hätte er für eine flexible und sachgerechte Abwicklung des

EVG-Haushaltes sorgen sollen. So gesehen war diese, der bundesdeutschen Finanzpraxis fremde Konstruktion neuartig, und sie war ein Beitrag zur Integration europäischer finanzpolitischer Praxis. Es wurde auf eine strikte Trennung zwischen anweisender und auszahlender Stelle Wert gelegt (Artikel 11 des Finanzprotokolls). Es konnte jedoch ein Zahlungsaufschub gewährt werden, ein in der deutschen Finanzpraxis gänzlich unübliches Verfahren (Artikel 16 des Finanzprotokolls). Andererseits konnten nach Artikel 27 des Finanzprotokolls auch Vorschüsse eingezogen werden. Die Stellung des Finanzkontrolleurs wurde gestärkt, indem er jeder Auszahlung seinen Sichtvermerk zu geben hatte. Auch konnte der Finanzkontrolleur verstanden werden als Schritt zur Vorbereitung der nachträglichen Rechnungskontrolle, die bereits 6 Monate nach Abschluß eines EVG-Haushaltsjahres zu erfolgen hatte. In diesem Zusammenhang muß noch erwähnt werden, daß jedes am Haushaltsvollzug beteiligte Organ der EVG nach erfolgter Rechnungsprüfung getrennt zu entlasten war. Die Entlastung galt als erteilt, wenn nicht zwei Drittel der Stimmen im „Rat" sie verweigerten. Die Außenhilfe unterlag nicht der Zustimmung und Gegenzeichnung des Finanzkontrolleurs. Allerdings sah Artikel 37 des Finanzprotokolls eine besondere Prüfung der Verteilung der Außenhilfe vor, soweit diese in frei konvertierbarer Währung erfolgte. Nicht zuletzt, weil es sich um einen neuartigen übernationalen Etat handelte, wurde das EVG-Budget jedoch vor der Kassen- und Rechnungsprüfung im Verlaufe seines Vollzuges nicht allein vom Finanzkontrolleur kontrolliert. Auch das Finanzkommissariat besaß starke Kontrollbefugnisse.

Wie sah es nun mit dem Haushalt der EVG aus? Auf die Beitragsleistungen in die Kasse der EVG ist bereits eingegangen worden. Es genügt hier der Hinweis, daß die Einnahmen der Gemeinschaft in erster Linie zunächst aus den einzelstaatlichen Beiträgen und aus Außenhilfe, auch in Form von Kriegsmaterial, bestehen sollte. Die Problematik, ein Haushaltsvolumen von rund 30 Mrd. DM jährlich durch die Mitgliedstaaten aufbringen zu lassen, erhellt beispielsweise aus der Tatsache, daß Frankreich möglicherweise nur die Hälfte seiner Wehrausgaben der EVG zur Verfügung zu stellen hatte, weil der Betrag, den man für die Kriegführung in Indochina benötigte, auf die französischen EVG-Leistungen anzurechnen und damit davon abzugsfähig waren, was etwa der Höhe aller westdeutschen Kriegsfolgelasten entsprach.

Unabhängig davon, was nach NATO-Kriterien jeweils als nationaler Beitrag festgelegt wurde, und vorausgesetzt, daß dies auch von den nationalen Parlamenten anerkannt wurde, blieb das Restrisiko der abzugsfähigen anderweitigen Verteidigungsausgaben und damit letztlich auch das Risiko eines Haushaltsdefizits der Gemeinschaft.

Hinzu kam, daß das EVG-Haushalts- oder -Rechnungsjahr mit dem Kalenderjahr identisch sein sollte, während z. B. das Haushaltsjahr in der Bundesrepublik vom 1. April bis zum 31. März des folgenden Jahres lief. Daß hier Koordinationsprobleme auftauchen mußten, lag auf der Hand. Der Finanzkommissar setzte also im Benehmen mit seinen Kollegen die jährlichen Aufwendungen fest, wobei die rein materiellen Kosten für Rüstung, Ausrüstung und Bauten spezifiziert, also kontrollierbar, aufgeführt werden mußten. Diese Vorlage hatte, ebenso wie die Verabschiedung durch das Kommissariat und die Beschlußfassung durch den Rat, innerhalb vorgeschriebener Fristen zu erfolgen. Dies war eine Lehre aus der Saumseligkeit bekannter internationaler Einrichtungen, aber auch nationalen Haushaltsgebarens. Die Fristen der Haushaltsaufstellung waren jedenfalls kurz angesetzt.

Wenn dies als Positivum festgehalten zu werden verdient, dann besaß die jährliche Haushaltsplanung einen entschiedenen Nachteil: Die deutschen Verhandlungspartner hatten stets auf die Notwendigkeit mittel- und langfristiger militärischer und damit auch rüstungsorientierter Planungen hingewiesen, ohne sich indessen voll durchsetzen zu können. Einsichtigen hätte klar sein müssen, daß eine Verteidigungsinstitution wie die EVG eines mehrjährigen Rüstungs-, ja schon Forschungs- und Entwicklungsprogramms bedurft hätte, wenn sie technologisch mit den USA und der UdSSR Schritt halten und ein zuverlässiges Verteidigungsinstrument sein wollte. Sie mußte über längere Zeiträume hinweg über konstante finanzielle Sockelbeträge verfügen, ohne an etatistische Grenzen jährlicher Budgetplanung zu stoßen. Welches wirtschaftliche Unternehmen, welche Forschungseinrichtung hätte sich auf langfristige Investitionen aufgrund jährlich zu verlängernder Aufträge bzw. in Frage stehender Zahlungen einlassen wollen?

Eine Ausnahme bildete der Artikel der Finanzordnung, der eine Vorausbelastung künftiger Rechnungsjahre vorsah, was eher finanztechnisch zu verstehen war. Die vorgesehene Möglichkeit einer Überrollung des Etats um drei Monate, falls der neue Haushalt noch nicht beschlossen worden war, stellte jedoch eher einen Rückschritt in der Elastizität des EVG-Haushaltes dar, da acht bis neun Monate Überrollung national ohnehin üblich waren und sind.

Neu war jedenfalls die Einrichtung eines Reservefonds, dem nichtausgegebene Gelder zufließen sollten, anstatt in die nationalen Etats als Überschüsse zurückzukehren, jedoch durfte der Fonds nicht mehr als 10 Prozent der im Jahr zuvor eingezahlten Beiträge der Mitgliedstaaten speichern. Das war wenig, vor allem im Blick auf die Chance, die eine größere Manövriermasse im Zusammenhang mit der europäischen Zahlungsunion hätte spielen können, der alle EVG-Mitgliedstaaten angehörten.

Als unbefriedigend erwiesen sich auch alle Regelungen der „Geldbewegungen", des Transfers und der Währungsverhältnisse. Die im Vertrag bzw. den Protokollen genannten „Geldbewegungen" und Transferfragen bildeten die monetäre Seite des EVG-Finanzsystems, soweit nationale Währungsgrenzen überschritten wurden. Ein europäisches Währungssystem gab es noch nicht, und alle Währungen der Mitgliedstaaten der EVG waren inkonvertibel, d.h., sie konnten nicht beliebig, sondern nur in kleinen Mengen gegeneinander getauscht werden. Die Bestimmungen der Devisenbewirtschaftung galten in allen Staaten nahezu gleich streng. Übernationale währungspolitische Beweglichkeit gab es nur innerhalb der europäischen Zahlungsunion, die neben dem internationalen Verrechnungsverkehr – als Agent fungierte die 1931 gegründete Basler Bank für Internationalen Zahlungsausgleich (BIZ) – eine beschränkte internationale Kreditpolitik betreiben konnte, abgestuft nach der Höhe der Einzahlungen und den aufgetretenen Passivsalden in den Handels- und Dienstleistungsbilanzen. Über eine künftige innereuropäische Währungsordnung gab es nur Vermutungen. Das EVG-Finanzsystem mußte mit den festgezurrten Währungsverhältnissen, die der Zweite Weltkrieg hinterlassen hatte, zurechtkommen. Da sich die EZU in erster Linie als ein Instrument des Saldenausgleiches verstand, mithin eher eine Verrechnungsstelle denn eine kreditgewährende Institution nach Art des Internationalen Währungsfonds von 1944 darstellte, betrafen die Formulierungen über Geldbewegungen und Transfer vor allem den Spitzenausgleich der westeuropäischen Zahlungsbilanzen. So erhielt der Artikel 28 des Finanzprotokolls zentrale Bedeutung, in dem betont wurde, daß alle Geldbewegungen (in eigener Währung) und alle Transfers (in fremde Währungen), sofern nicht unbedingt erforderlich, zu vermeiden waren. Diese einengende Vorschrift bedeutete, daß Geldtransfers für Zwecke der Besoldung, der Investitionen und für Infrastrukturmaßnahmen als Ausgaben des EVG-Budgets von vornherein beschnitten waren. Es sollte nur einen Korridor von 15 Prozent unter und über der Höhe der nationalen Beiträge an die EVG geben, in dem Ausgaben außerhalb des eigenen Währungsgebietes getätigt werden durften. Das Finanzkommissariat sollte dafür Sorge tragen, daß 85 Prozent der Beiträge der Mitgliedstaaten in diesen selbst ausgegeben wurden. Größere Transfers, die die ungleichen (in der Bundesrepublik negativen) Devisenbestände hätten berühren können, sollten möglichst ausgeschlossen werden. Ergänzend wurde festgestellt, um den Sortenverkehr nicht zu belasten, daß Barüberweisungen möglichst ganz unterblieben, ein möglichst umfangreicher bargeldloser Verrechnungsverkehr zwischen den Emissionsinstituten (Zentralbanken) abzuwickeln sei. Als Ausnahme war ein Kontakt mit Privatbanken zugelassen. Auch wurde festgelegt, daß die nationalen Beiträge in nationaler Währung erfolgen sollten. Trat die Vermutung voraussichtlicher schwerer Störungen in den nationalen Wirtschaften durch Geldbewegungen und monetäre Transfers auf, so konnte der Rat der EVG dem Finanzkommissariat Weisungen erteilen, die mit Zweidrittelmehrheit zu treffen waren. Es ist unschwer zu erkennen, daß die große Vorsicht, mit der Geldbewegungen und Transfers behandelt wurden, keinen Zugang über die EVG zu einem zu schaffenden europäischen Währungssystem boten. Man nahm die eingeengten währungspolitischen Verhältnisse vielmehr hin und versuchte, so gut es ging, damit auszukommen. Insgesamt waren die wirtschaftlichen Bestimmungen nicht so angelegt, daß sie einer europäischen Wirtschafts- und besonders einer in Bonn für notwendig erachteten europäischen Konjunkturpolitik zum Durchbruch verholfen hätten. Das war zweifellos ein Mangel. Da die wirtschaftliche – konjunkturelle wie strukturelle – Ausgangslage der beteiligten Staaten 1950 bis 1954 ungleich war, kam darin die besondere Finanzierungsproblematik der EVG zum Ausdruck.

Die besondere Verrechnungseinheit, die für alle „Geldbewegungen“ zugrunde gelegt werden wollte, war nichts anderes als ein künstlicher Verrechnungskurs mit kaufkraftparitätischen Elementen. Mit Zweidrittelmehrheit sollte sie vom „Rat“ beschlossen werden. Sie mußte als Ausdruck der nicht vorhandenen Konvertibilität der Währungen bei festen Wechselkursen gelten. Diese, wie die gesamte Diskussion über die nationalen Beiträge, ging von der Vorstellung vergleichbarer gesamtwirtschaftlicher Ausgangslagen aus. Diese waren aber nicht gegeben. Weder gab es ein „wirtschaftliches Gleichgewicht“ der zu integrierenden Nationalwirtschaften, noch gab es eine übernationale Abstimmung zwischen einer künftigen europäischen Währungs- und Finanzpolitik. Wohl aber sollte das EVG-Finanzsystem aus bundesdeutscher Sicht ein Werkzeug sein, um instrumentell die politische wie wirtschaftliche Integration Westeuropas zu fördern. Die ebenso ersehnte wie vorausgesetzte annähernde Gleichgewichtslage wirtschaftlicher Entwicklung kam erst etwa Ende 1957 zustande.

Soweit es ein außereuropäisches Währungssystem gab – nach dem Abkommen von Bretton Woods 1944 –, wurde es vom US-Dollar dominiert. Es war die Zeit der europäischen Dollarlücke, was zur Folge hatte, daß – unausgesprochen – dem US-Dollar eine höhere Transferierbarkeit eingeräumt wurde als den europäischen Währungen. Im übrigen ging man zumindest auf deutscher Seite von der Vorstellung aus, daß die EZU auch Verrechnungen innerhalb der EVG vornehmen solle, was nicht den französischen Intentionen entsprach, die eine Abwicklung über die nationalen Zentralbanken wünschten. Jedenfalls sollten die Devisenausgleiche sorgfältig vorgenommen werden, um Störungen der Zahlungsbilanzen der Beteiligten zu vermeiden. In den Jahren 1952 und 1953 konnte man nur hoffen, daß sich die innereuropäischen Währungsverhältnisse entspannen würden – was tatsächlich bis 1957 auch geschah –, um das EVG-Finanzsystem in sich flüssig und flexibel zu gestalten. Eine andere Möglichkeit schied aus, weil sie dem Grundgedanken der EVG zutiefst widersprach: Würde es keine integrierten Streitkräfte geben, hätte sich das Problem der Geldbewegungen und Transfers für Personalausgaben erübrigt.

Artikel 31 des Finanzprotokolls räumte dem Kommissar die Möglichkeit ein, die Ausgaben anzufordern, worin man Spuren einer künftigen europäischen Konjunkturpolitik über staatliche Ausgaben erblicken mag. Von deutscher Seite wurde vorgeschlagen, man könne das Transferproblem umgehen, indem man größere Warenlieferungen in diejenigen Staaten verlege, in denen sie gebraucht würden, wobei der Gegenwert solcher Lieferungen vom nationalen EVG-Beitrag abgezogen werden könnte. Weiterhin ungeklärt blieb die Frage, wie Retransfers von Soldempfängern behandelt werden sollten. Nach Lage der Dinge hätte nahezu der gesamte Sold eines nicht in seinem nationalen Währungsraum stationierten EVG-Angehörigen in diesem Lande ohne die Chance des Retransfers ausgegeben werden müssen, was bei der schmalen Bandbreite, die dafür vorgesehen war, wenig nachteiligen Einfluß auf die Devisenbestände der Beteiligten hätte nehmen können. Wir müssen festhalten, daß die damalige, auf einen Spitzenausgleich abzielende europäische Rumpfwährungsordnung eine monetäre Sperre darstellte für eine flüssige und flexible EVG-Finanzierung im Außenbereich.

Als ein besonders neuralgischer Punkt erwies sich die Frage der unterschiedlichen Militärbesoldung in den EVG-Mitgliedstaaten. Hierüber gab es ein besonderes Protokoll. Wie bedeutsam diese Problematik war, erhellt allein schon aus der Tatsache, daß Besoldung und Verpflegung nach gängiger Überschlagsberechnung rund 30 Prozent der laufenden Ausgaben der EVG betragen sollten. Nun hätte man, nach einer vernünftigen Regelung suchend, auf eine Einheitsbesoldung hinzielen müssen, und dies allein aufgrund des Prinzips der Gleichbehandlung aller Soldaten der EVG-Armee. Konkret hieß dies, daß man dafür hätte Sorge tragen müssen, daß jeder Soldat in jedem Stationierungsland über die gleiche Kaufkraft verfügte. Welche Schwierigkeiten sich einem solchen Verfahren in den Weg stellten, wird deutlich, wenn man weiß, daß die damaligen Militärbesoldungen der Teilnehmerstaaten bis zu 400 Prozent voneinander abwichen, eine Größenordnung, die insofern nicht ganz realistisch war, als sie auf Umrechnungskursen basierte, die aber nicht ohne weiteres der unterschiedlichen Kaufkraft in den einzelnen Staaten entsprach bzw. gerecht wurde. In Frankreich erhielt z. B. ein Soldat etwa die Hälfte des Soldes, der in Belgien gezahlt wurde. Das bedeutete ungleiche Anhebung der Besoldung für EVG-Angehörige und zugleich die Durchsetzung des Grundsatzes der Hervorhebung des besonderen Dienstes in einer übernationalen Organisation. Schon in der Montan-Union waren die Löhne und Gehälter über die der öffentlichen Dienste in den Nationalstaaten herausgehoben wurden. Den Angehörigen der EVG-Streitkräfte sollte ein Entgelt gezahlt werden, das nicht nur eine Entschädigung für geleistete Dienste sei, sondern darüber hinaus ihnen einen Lebensstandard sichern sollte, der ihrer besonderen Aufgabe entsprach. Diese lohntheoretisch durch nichts zu stützende Auffassung war in zweifacher Hinsicht problematisch:

1. Wie und wann auch immer die EVG verteidigungspolitisch Wirklichkeit werden würde, man ging mit einer überhöhten Personalausgabenstruktur in das neue System hinein. Blieben die Gesamtausgaben nach Planung und Praxis unverändert, so mußte das notwendigerweise die Ausgaben für physische, sprich materielle Rüstung senken. Variierte man die Gesamtausgaben, so mußten entweder die nationalen Beiträge und/oder die Außenhilfe – möglicherweise laufend – erhöht werden. Den Preis für die höhere EVG-Besoldung hätten wahrscheinlich die nationalen Wirtschaften getragen.
2. Neben der Notwendigkeit, auch noch Laufbahnangleichungen supranational vornehmen zu müssen, wäre die Besoldungsfrage nicht ohne Folgen für die nationalen lohnwirtschaftlichen Situationen geblieben: Der erstrebte gespaltene Arbeitsmarkt für nationale und für bevorzugt besoldete übernationale Dienste entsprach keiner lohnwirtschaftlichen Logik und mußte in der Bundesrepublik andere Folgen zeitigen als in den Siegerstaaten des Zweiten Weltkrieges. Die Lohnfindung in der Bundesrepublik vollzog sich nur zögernd im Zusammenspiel mit den Branchengewerkschaften. In den Siegerländern gab es so etwas wie eine historisch gewachsene Lohnstruktur. In Frankreich lag die Militärbesoldung auf den meisten Rängen niedriger als das durchschnittliche Lohnniveau für jeweils national vergleichbare Dienste. In der Bundesrepublik hätte die EVG-Besoldung im Vergleich zum übrigen öffentlichen Dienst eine

überdurchschnittliche Anhebung bedeutet, weil bis Mitte der fünfziger Jahre die Löhne und Gehälter im öffentlichen Dienst sich auf einem niedrigen Niveau befanden.

Erst die Besoldungsreformen in der Bundesrepublik von 1954 und 1955 schufen hier Abhilfe. Für die beabsichtigten Ruhegelder in der EVG war das gleiche vorgesehen. Während in der Bundesrepublik die Ruhegehaltsfindung für ehemalige Wehrmachtangehörige nicht einmal begonnen hatte (nach Artikel 131 des Grundgesetzes wurden später die Grundsätze hierfür fixiert), würden die Angehörigen der EVG gleichsam von der ersten Stunde an supranationale Gehälter beziehen. Nach lohntheoretischen Spielregeln hätte das einen Sog auf derart hochbezahlte Dienstposten auslösen müssen, der nicht ohne Einfluß auf die regionale bzw. nationale Struktur verteidigungsrelevanter Ausgaben geblieben wäre. Bei aller Problematik hätte die EVG dennoch die Basis für ein späteres europäisches Besoldungsrecht legen können. Zunächst aber wäre im internationalen Vergleich der Lohnstrukturen der Jahre 1951 bis 1953 der „Ruck nach oben" für die Bundesrepublik mit besonders gravierenden Folgen verbunden gewesen. Ökonomisch wären bei damals rund 1,9 Mill. Arbeitslosen, wovon freilich nur vergleichsweise wenige dienstfähig waren, niedrige Löhne und Gehälter arbeitsmarktgerecht gewesen.

Kehren wir noch einmal zum EVG-Finanzsystem zurück: So wie es keinen Einfluß auf die nationale Devisenwirtschaft nehmen sollte, galt dies auch für die Wechselkurse. Diese standen fest. Sie begünstigten die verbreitete Vorstellung, feste Kurse könnten ein reibungsloses und ökonomisch sinnvolles EVG-Finanzsystem garantieren. Das war aber nur scheinbar so. Denn einmal nehmen „Geldbewegungen" und Transfer im Rahmen der Kapitalverkehrsbilanzen notwendig Einfluß auf Wechselkurse, wenn diese sich frei entwickeln können. Zum anderen täuschen feste Wechselkurse ökonomisch richtige, d.h. den jeweiligen Knappheitsverhältnissen entsprechende Wirtschaftsstrukturen hinter den Mauern fester Valuten nur vor. Aus festen Kursen abgeleitete Verrechnungseinheiten, wie sie Artikel 88 Absatz 2 des Vertrages forderte, erleichterten vordergründig den internationalen Abrechnungsverkehr innerhalb der EVG. Tatsächlich sollten auch – selten vorgenommene – Änderungen nationaler Kurse berücksichtigt werden. Das Verrechnungssystem der EVG war auf einem erstarrten System fester Kurse aufgebaut, das die schnellen wirtschaftlichen Wandlungen in den Handels- und Leistungsbilanzen gerade in den fünfziger Jahren in den westeuropäischen Staaten nicht berücksichtigte. Zwar ließ die westeuropäische Währungssituation zu dieser Zeit keine andere Lösung zu, es muß aber ausdrücklich festgestellt werden, daß diese Lösung, mit repräsentativen Kursen zu arbeiten, Folgen hatte, die nicht den sich wandelnden Strukturen und dem Wachstum der Volkswirtschaften entsprachen. Interessanterweise war als variable Größe im Falle von Wechselkursänderungen (damals nur in Gestalt gestaffelter nationaler Auf- und Abwertungen möglich) der jährliche nationale Beitrag gedacht (Artikel 95 des Vertrages): Ein Land konnte oder mußte weniger oder mehr einzahlen, wenn sich sein Wechselkurs spürbar änderte.

Entstanden der Gemeinschaft durch die Kursänderung vorübergehend Einnahmeverluste, so mußte das währungsändernde Land diese Verluste tragen. Veränderte sich die Kaufkraft einer Währung wesentlich ohne Kursänderung – ein besonders heikles Problem –, so sollte der Rat auf Vorschlag des Kommissariats oder eines Mitgliedlandes prüfen, wie man den Schaden, der der Gemeinschaft entstand, ausgleichen könne. Diese Regelung konnte auch so verstanden werden, daß nicht nur das betroffene Land den entstandenen Schaden auszugleichen hatte.

Das Problem ungleicher allgemeiner Inflationsraten war damit angerissen, ohne daß man es befriedigend gelöst hätte. Vorgesehen war möglicherweise, einen jeweils spezifischen nationalen Deflator zu finden. Wäre in der endgültigen föderalen Periode keine Kaufkraftindexierung vorgenommen worden, dann hätte mit Sicherheit die Bundesrepublik mit ihrer strengen Währungsdisziplin real steigende EVG-Beiträge entrichten müssen. Dabei gilt es zu berücksichtigen, daß die Schere inflationärer Entwicklung zwischen den einzelnen Staaten in Westeuropa noch nicht weit geöffnet war. Wichtig blieb, daß die Verrechnungseinheiten zwar begrenzt variabel sein konnten, daß aber ihre Basis (fest oder nur sprunghaft veränderte Wechselkurse) die ökonomische Leistungsfähigkeit, auf die beim Belastungsschlüssel so viel Wert gelegt worden war, nicht richtig zum Ausdruck gebracht hätte. Diese bekannte allgemeine Problematik fester Wechselkurse konnte eine Funktionstüchtigkeit des EVG-Finanzsystems in seinen monetären Außenbeziehungen vorspiegeln, die in Wahrheit nicht vorhanden war. Im Gegenteil bestand die Gefahr, daß die Struktur des Realwertes der nationalen Beiträge sich von der nationalen Leistungsfähigkeit entfernte.

Diese noch vergleichsweise einfachen Zusammenhänge wurden kompliziert durch die Tatsache, daß es auch bei der Verteilung der Lasten, etwa bei der internationalen Rüstungskooperation, zu verzerrenden Störungen hätte kommen können, weil und insoweit man sich fester, aber falscher Kurse bediente, als ob es keine EVG gäbe.

Wir verfolgen die währungs- und außenhandelstheoretisch gleichermaßen wichtige Frage nicht weiter, ob das europäische Wechselkursgitter 1950/1951 gegenüber dem Dollar ökonomisch gerechtfertigt war, und ob Wechselkurse überhaupt ein Instrument sinnvoller Berechnungen nationaler Belastungen wie der Konstruktion von internationalen Verrechnungseinheiten sein können, selbst wenn die Kurse völlig frei sind. Wir verweisen darauf, daß der US-Dollar 1914, 1923, 1939 und 1949 gegenüber der deutschen Währung stets 1 zu 4,2 gehandelt wurde, so als ob es keine grundlegenden Wandlungen in der Weltwirtschaft, in der Zusammensetzung des internationalen Handels und in den Kapitalbewegungen gegeben hätte. Auch machen wir darauf aufmerksam, daß Wechselkurse gerade das Ergebnis eines internationalen Austausches von Gütern und Leistungen sind, die national mit unterschiedlichen Kosten erzeugt werden und unterschiedliche Preise haben, weswegen Wechselkurse ökonomische Unterschiede repräsentieren, was sie im Grunde ungeeignet macht, Vergleichsinstrument oder Hilfsmittel für Vergleiche zu sein.

Zusammenfassend läßt sich feststellen, daß in den EVG-Verhandlungen vier finanztheoretische Richtungen aufeinanderstießen. Die angelsächsische Grundhaltung war insofern fortschrittlich, als sie in funktional gegliederten und operationell einzusetzenden Budgetblöcken dachte. Das entsprach u.a. der Weiterentwicklung der Lehren Lord Keynes', die diese in Großbritannien und in den USA bereits hinter sich hatte. Außerdem waren die Angelsachsen am ehesten aufgrund des Standes ihres theoretischen Wissens in der Lage, die EVG als in einem Prozeß wachsender Nationalwirtschaften stehend zu erkennen. Dies erwies sich für die Bundesrepublik insofern als wichtig, als von angelsächsischer Seite mehrfach ausgedrückt wurde, im Zuge einer wirtschaftlichen Entwicklung würde die EVG-Last leichter werden und den Charakter von „Besatzungslasten" verlieren. Diese Denkweise stützte sich auf eine in Deutschland damals unbekannte Wachstumstheorie, wonach das Finanzsystem unter positiven Wachstumsbedingungen als in seine Leistungsfähigkeit hineinwachsend angesehen wird.

Eine Spur französischen finanzwirtschaftlichen Denkens wurde insofern erkennbar, als in Paris betont praktische Vorschläge für ein EVG-Finanzsystem hervorgebracht wurden, die sich auf eine zentralisierte Finanzverwaltung stützten.

Interessanterweise kamen die wichtigsten Hinweise zum Bewilligungsrecht aus den Reihen der italienischen Delegation. Das entsprach italienischem theoretisch-finanzsoziologischem Denken insofern, als die Problematik des Bewilligungsrechtes schon Ende des 19. Jahrhunderts im Mittelpunkt italienischen finanztheoretischen Denkens stand.

Ebenso typisch erscheint es, daß die Deutschen die wichtigsten Beiträge zum Budget, insbesondere zu seiner Systematik und seiner Beziehung zur Währungstheorie und Währungspolitik lieferten. Das entsprach dem damaligen Stand finanztheoretischen Denkens in der Bundesrepublik ebenso wie der deutschen Vorliebe, die Beziehungen zwischen Finanztheorie sowie Geld- und Kredittheorie niemals ganz aus dem Auge zu verlieren. Hinzu kam, daß die praktische Herausforderung, so zu denken, durch die Transferfragen der EVG ausgelöst wurden, die die Bundesrepublik besonders betrafen. Wir tun den Dingen keine Gewalt an, wenn wir feststellen, daß die Mitgliedstaaten national typische finanztheoretische Denkgewohnheiten und Modelle in die Erörterungen hineintrugen. Der bundesdeutsche theoretische Beitrag war – soweit er ausgesprochen wurde – etatistischer Natur. Damit ist eine Denkweise gemeint, die das Budget vornehmlich als Ausdruck hoheitlichen Obrigkeitswillens und nicht als ein bewegliches Instrument zur Wirtschafts- und Sozialgestaltung begreift. Wir betonen, daß dies verkürzte Typisierungen sind. Auf der Höhe der finanztheoretischen Diskussion ihrer Zeit standen die EVG-Verhandlungen zu keinem Augenblick. Eine wesentlich dynamischere Behandlung der zu lösenden Fragen wäre sonst möglich gewesen. Die beiden Staaten, in denen die „functional finance" theoretisch intensiv diskutiert wurde – Großbritannien und die USA –, waren weder künftige Mitglieder der EVG, noch waren sie unmittelbar Verhandelnde über die EVG.

Die Lösung vom Mai 1952 blieb in vielen Punkten eine statische Konstruktion, wenn auch bewegliche Elemente nicht zu verkennen waren. Wachstumswirtschaftliche Elemente hätten frühestens bei einer Neuberechnung des deutschen Verteidigungsbeitrages im Sommer 1953, wahrscheinlich aber – da die Ratifizierung des Vertrages hinausrückte – erst Ende 1955 in die Berechnung der Belastbarkeit eines sich neu entfaltenden Industriestaates vom Zuschnitt der Bundesrepublik Deutschland eingehen können. In einen politisch-dynamisch angelegten Versuch, Europa auch militärisch zu integrieren, paßte eine etatausgerichtete, statisch berechnete EVG-Finanzierung nicht hinein. Man wollte eine aus der Zeit der Nationalstaaten hinausweisende übernationale Armee, eine gänzlich neue Wehrstruktur in einem neuartigen Bündnis. Bei der Berechnung der dafür notwendigen Einnahmen und Ausgaben ging man jedoch so vor, als hätten Höhe und Zusammensetzung der EVG-Finanzierung in den ersten drei Jahren schon ihre endgültige und nicht mehr zu ändernde Gestalt gewonnen. Zwar ist die Frage spekulativ, ob und wie die Finanzpraxis der EVG die Finanztheorie befruchtet hätte. Als sicher aber darf gelten, daß durchaus vorhandene revolutionäre Elemente im EVG-Finanzsystem Erfahrungen für eine „functional finance" in Europa und deren weitere gedankliche Durchdringung erbracht hätten. Schließlich waren es die praktischen Erfahrungen mit der Weltwirtschaftskrise von 1929 bis 1932 gewesen, die sie auf den Plan gerufen hatte. Chancen zur gegenseitigen Inspiration von finanztheoretischem und finanzpolitischem Denken gab es durchaus. So gesehen wurden neuartigen finanztheoretischen und finanzpolitischen Ideen mit dem Scheitern der EVG im August 1954 nicht nur die Flügel gestutzt, sie wurden in die Bereiche vertrauter, historisch überlieferter und der Gefahr innerer Verkrustung ausgesetzter administrativer, nationaler Finanzpraktiken zurückverwiesen. Dort haben sie sich, besonders in den siebziger und frühen achtziger Jahren unseres Jahrhunderts, während derer die Bundeswehr anstelle einer Europaarmee national finanziert wird, mehr als einmal als sperrig, inflexibel und für die Finanzierung eines neuzeitlichen Wehrkörpers als wenig geeignet erwiesen.

Es fällt auf, daß das budgetrechtliche Denken *vor* dem fiskalisch instrumentellen Denken als „Finanzpolitik" im EVG-Vertrag, im Finanzprotokoll und in der EVG-Finanzordnung überwog. Spuren einer „functional finance" wurden z. B. bei der regionalen Streuung von Militär- und Rüstungsausgaben und bei der lockeren Verknüpfung von EVG-Finanzierung mit zeitbedingten devisen- und geldpolitischen Fragen sichtbar. Die Regelungen für den EVG-Haushalt waren strenger gefaßt als in den meisten nationalen Budgetgrundlinien.

Eine finanzpolitisch-makroökonomische Würdigung des EVG-Finanzsystems muß unterscheiden zwischen einer Bewertung des allgemeinen Systems und einer Bewertung im Blick auf die besonderen bundesdeutschen Belange. Die bundesdeutsche Finanzpolitik verfolgte neben ihren Konsolidierungs- und Reformbemühungen im Inland nach außen zwei Absichten: die Bereitstellung eines westdeutschen finanziellen Verteidigungsbeitrages und Schritte auf eine europäische Finanzpolitik hin. Dies entsprach insofern der politischen Tendenz der Zeit, als die ökonomische Integration, einschließlich der fiskalischen, als Vorreiter auch einer politischen Integration gesehen wurde[5]. Wichtige Ziele einer noch nicht näher konturierten europäischen Finanzpolitik waren aus deutscher Sicht:

1. Ein gemeinsamer europäischer Haushalt (oder Teilhaushalt) auch für gemeinsame Verteidigungsanstrengungen, ähnlich wie für die damals angestrebte „grüne" landwirtschaftliche Union.
2. Gemeinsame finanzpolitische Instrumente bei der Einnahme-, Ausgaben- und Staatsschuldenpolitik, einschließlich der Festlegung von gemeinsamen Steuertarifen.
3. Ein gemeinsames Finanz-, mindestens aber Steuersystem, wobei ein besonderes Augenmerk auf die Vereinheitlichung der Umsatzsteuer gelegt wurde, die in ihrer Konstruktion als Allphasen(netto)umsatzsteuer oder als „Mehrwertsteuer" besondere Unterschiede zwischen Deutschland und Frankreich aufwies.

In diese drei Absichten war die Frage nach der Höhe und Zusammensetzung eines bundesdeutschen Verteidigungsbeitrages eingebettet. Diese Absichten widersprachen zum Teil den bisherigen nationalstaatlichen Tendenzen in der internationalen Steuerpolitik.

Man wollte die politischen Kräfte freisetzen, die sich bisher verbissen um den Ausbau und um den Bestand nationaler Finanz- und Steuersysteme bemüht hatten, und wollte sie für die Form einer neuen, übernationalen Finanzpolitik zur Verfügung haben[6].

Theoretisch standen vier Möglichkeiten zur Finanzierung eines westdeutschen Verteidigungsbeitrages zur Verfügung:

1. Die Bundesrepublik zahlte weiterhin ausschließlich Besatzungs- bzw. Stationierungskosten entweder in der bisherigen oder in neu festzusetzender Höhe, ohne eigene militärische Verbände aufzustellen. Dies widersprach zu sehr dem deutschen Grundgedanken einer europäischen Integration. Die Westmächte benötigten zudem die deutschen Soldaten.
2. Gleiches gilt für die zweite – theoretische – Möglichkeit: Die Bundesrepublik zahlt alle anfallenden Kosten einer neuen deutschen Armee aus dem eigenen Zentralbudget. Das war politisch überhaupt nicht gewollt.
3. Die Bundesrepublik leistet einen militärischen Beitrag und zahlt anstelle von Besatzungskosten einen finanziellen Beitrag im Rahmen des EVG-Vertrages.
4. Die Bundesrepublik erhält finanzielle Hilfe von außen, ohne einen eigenen finanziellen Beitrag zur EVG zu leisten.

In der Realität konnte es nur um eine Kombination der Fälle 3 und 4 gehen, die wir im Rahmen des EVG-Vertrages auch wiederfinden.

Da es in der Bundesrepublik keine Rüstungsindustrie gab und nach den Absichten des Vertrages auch nur eine begrenzte Rüstung (ohne schwerste Waffen und Atomwaffen) geben würde,

[5] Eine wissenschaftliche Stellungnahme zur Integration bietet Die wirtschaftliche Integration Europas.
[6] Hierzu: Köllner, Europäische Finanzpolitik.

war der finanzielle Spielraum für physische Rüstung zwar nicht unerheblich – weil leichteres Gerät vergleichsweise billiger war und ist –, andererseits mußte klar werden, daß der wehrtechnische Anschluß für Jahre verlorengegangen und auch deshalb die Bundesrepublik auf Außenhilfe angewiesen war. Der Aufbau der westdeutschen Industrieproduktion folgte jedenfalls anderen Zielen und war von der Konsumgüternachfrage her verbrauchsorientiert (Freßwelle, Wohnwelle usw.). Der Aufbau einer neuen Investitionsgüterindustrie barg durchaus Gefahren disproportionierter Entwicklungen in sich. Außerdem gab es produktionswirtschaftliche Auflagen und Verbote der Besatzungsmächte (Stahlkontingente, verbotener Flugzeug- und Schiffbau über bestimmte Tonnagegrenzen hinaus, Waffenproduktion mit geringfügigen Ausnahmen – ab 1951 – bei Handfeuerwaffen für die Forstwirtschaft). Eine neue deutsche Rüstungsproduktion paßte auch von deutscher Seite innovativ und atmosphärisch nicht zur damaligen Investitionsstruktur (die Firma Krupp z. B. ließ öffentlich verlauten, sie wolle nie wieder Kanonen bauen). Angesichts der amerikanischen Zusagen für eine physische und finanzielle Außenhilfe konnte man davon ausgehen, daß sich der Übergang von den Besatzungslasten zu den EVG-Ausgaben für die EVG hätte gestaltbar entwickeln können. Produktionswirtschaftlich gesehen war die Bundesrepublik auf die EVG jedoch nicht vorbereitet. Sie wäre zu früh gekommen.

Das EVG-Finanzsystem war nicht nur für die Bundesrepublik, sondern für alle künftigen EVG-Staaten mit einigen Unsicherheiten belastet. Sie bestanden besonders darin, daß man weder die nationalen noch einen – wie auch immer synchronen oder asynchronen – internationalen Konjunkturzyklus voraussehen konnte. Auch die künftigen Wachstumsraten auf der Basis einer auf ERP- und OEEC-Hilfe gestützten wirtschaftlichen Wiederbelebung waren unbekannt. Vom künftigen Strukturwandel der Wirtschaft – man beachte das Wort „Wiederaufbau" – wußte man nichts, ebensowenig über die Wirkung des Strukturwandels auf die weitere wirtschaftliche Entwicklung. Die Denkfigur externer Entzugs- und Wirkungseffekte staatlicher Ausgaben war so gut wie unbekannt. Hinzu kam die abwartende Haltung der Industrie, die nur langsam wich, der dann aber – wie in der strukturschwachen Textil- und Schuhindustrie – übertriebene Hoffnungen auf Militäraufträge folgten. Schließlich lag die Niveauhöhe der westdeutschen Industrieproduktion qualitativ niedrig (was allerdings in wenigen Jahren aufgeholt wurde), so daß jede gleichmäßige Anwendung eines Belastungs- und Verteilungsschlüssels eine bundesdeutsche Leistungsfähigkeit vortäuschte, die nicht vorhanden war. Gerade im militärischen Sektor begann die Bundesrepublik auf denkbar niedrigem Niveau. Schließlich war das Finanzsystem des jungen Staates im Bereich des Finanzausgleiches und der Finanzverwaltung noch ungeordnet. Es gab noch keine Steuerschätzkommission, die annähernd das erwartete Steueraufkommen hätte berechnen können. Die Aufkommenselastizitäten einzelner Steuern gegenüber Konjunkturschwankungen, Einkommensveränderungen und Verschiebungen in der Einkommensverteilung waren unbekannt.

In den übrigen EVG-Staaten hatten die Finanzsysteme zwar den Zweiten Weltkrieg überdauert, aber die Währungsverhältnisse waren inflationär derart verworren, daß allein schon deshalb die Leistungsfähigkeit der Finanzsysteme beeinträchtigt war. Das galt vor allem für Frankreich und Italien, die nach 1945 niemals eine den westdeutschen Verhältnissen vergleichbare Währungsreform wie die von 1948 erlebten. Die nationalen Steuersysteme waren denkbar ungleich, wie allein schon ein Blick auf die erst später reformierte Mehrphasen-Netto-Umsatzsteuer im Vergleich zur kumulierten französischen Einphasen-Mehrwertsteuer zeigt. Das Erkennen solcher Zusammenhänge war in der Bundesrepublik deshalb wichtig, weil die Verfassung der Bank deutscher Länder zusätzliche Staatsfinanzierung aus Notenbankkrediten verbot.

In der Bundesrepublik standen Tarifreformen zur Diskussion, die zunächst Steuerausfälle bringen würden. Schließlich hatte man mit dem Fiskaljahr 1949/1950 gerade das erste Jahr einer begrenzt autonomen bundesdeutschen Finanzpolitik hinter sich. Sie befand sich in der Situation eines Empfängerlandes ausländischer Hilfen. Insofern waren deutsche Befürchtungen berechtigt, eine zusätzliche EVG-Finanzierung könne nach Erreichen der Vollbeschäftigung die Inflationsgrenze überschreiten. Die Korea-Hausse vom Sommer 1950, die drei Jahre lang die Konjunktur in der Bundesrepublik entscheidend prägte, hatte den Tatbestand einer „importierten" Inflation erstmals für die noch junge Bundesrepublik geschaffen. Wenn inflationäre Wirkungen insgesamt nicht dramatisch in Erscheinung traten, so lag das zweifellos an dem „Boom", d.h. an einer überhitzten Konjunktur, die – eigentlicher Kern des Wirtschaftswunders Anfang der fünfziger Jahre – freilich Initiativen und Ressourcen mobilisierte, und damit zu Produktionsergebnissen führte, an die selbst optimistische Wirtschaftsprognostiker nicht geglaubt hatten. Sosehr der erste Nachkriegsboom 1950 bis 1953 eine EVG-Finanzierung im günstigen Licht erscheinen ließ, die passive Handels- und Dienstleistungsbilanz bildete ein nur in Jahren zu übersteigendes Hindernis. Andererseits waren günstige Auswirkungen auf den Arbeitsmarkt bei 1,9 Millionen Beschäftigungslosen durchaus zu erwarten.

„Über die wirtschaftlichen Auswirkungen der deutschen Wiederaufrüstung in europäischem Gewand und damit über die finanzielle Gesamtbedeutung sich Gedanken zu machen, ist verfrüht. Angesichts der in Deutschland brachliegenden Kapazitäten wird ein beträchtlicher Teil der Verteidigungsaufträge lautlos vollzogen werden können. Ob darüber hinaus Kapazitäten mit Hilfe umfangreicher Investierungen neu geschaffen werden müssen, kann erst beurteilt werden, wenn die spezielle Leistungsfähigkeit der übrigen Teilnehmerschaften geklärt ist", schrieb im Spätsommer 1952 der deutsche Finanzdelegierte[7]. Nach allem, was wir erkennen können, hätte der Wirtschaftsaufschwung in der ersten Hälfte der fünfziger Jahre die geplante Finanzierung des deutschen Beitrages, unterstützt durch amerikanische Hilfe, möglich gemacht, wenn der Spielraum auch eng war und neben der Revisions- und Änderungsklausel für den Bundeshaushalt durch die angesammelten Kassenüberschüsse des Bundes bestimmt worden wäre. Es bestand eher die Gefahr, daß der Korea-Boom abbrechen könnte und daß damit einmal mehr das Zusammenspiel zwischen wirtschaftlicher Entwicklung und militärischen Erfordernissen zeitlich nicht kongruent verlaufen wäre. In diesem Fall hätte der Auf- und Ausbau der EVG, soweit sie das deutsche Kontingent anging, zeitlich gestreckt werden müssen. Dies schon deshalb, weil die Planungszeiträume aus heutiger Sicht nach den Erfahrungen, die man mit dem Aufbau der Bundeswehr machte, sehr kurz bemessen waren.

Mit anderen Worten: die EVG kam für die Bundesrepublik gesamtwirtschaftlich früh, speziell dann, wenn die amerikanische Hilfe gestoppt worden wäre. So betrachtet war die nach dem August 1954 gefundene NATO-Lösung für den deutschen Verteidigungsbeitrag gesamtwirtschaftlich vorteilhafter. Man überschaute jetzt ein Jahrfünft wirtschaftlicher Entwicklung und konnte ihre Richtung besser erkennen als in den Jahren zuvor.

Blicken wir auf die gesamte EVG, so gab es sowohl national- als auch EVG-spezifische finanzwirtschaftliche Probleme. Eine längere Harmonisierungsphase der nationalen Finanzsysteme war nicht vorgesehen. Deshalb wären die EVG-Mitgliedstaaten mit unterschiedlich leistungsfähigen Finanzkörpern in die EVG hineingegangen. Dies brauchte nicht notwendigerweise ein dauerhaft spürbarer Nachteil zu sein, bedeutete aber, daß – von konjunkturellen u.ä. Einflüssen abgesehen – die nationalen Beiträge differieren und wiederholt neuer Festsetzung unterliegen würden. Jedenfalls stand die Hoffnung auf ein Gelingen des großen Planes vor manchen ungelö-

[7] Vialon, Finanzprobleme, S. 1192.

sten Fragen. Innerhalb des EVG-Finanzsystems waren es besonders Fragen der Belastung und des Verteilungsschlüssels, einer erweiterten Budgetsystematik wie praktischer Erfahrung mit den Ausgaben und ihrer kurzfristigen Kontrolle, die spätestens nach drei Jahren hätten reformiert bzw. neu operationalisiert werden müssen. Es ist hervorzuheben, daß diese Notwendigkeit wiederholt ausgesprochen wurde, von den Verhandelnden wie von Kritikern des gesamten Vorhabens.

Das EVG-Finanzsystem war als großer Durchbruch zu einem übernationalen neuen System gedacht. Es enthielt aber eine Reihe unklarer und konfliktbelegter Felder. Es ging um die Finanzierung einer Europa-Teilarmee mit ungewissen Summen. Ein Kernproblem wäre noch längere Zeit geblieben, nämlich daß bei festen Wechselkursen und nichtkonvertiblen Währungen ein betont auf den Zweck der Gemeinschaft ausgerichteter Bemessungsschlüssel für die nationalen finanziellen Leistungen nicht hätte entwickelt werden können. Der gleichzeitig empfohlene NATO-Schlüssel konnte z.B. die besondere Situation der Bundesrepublik mit ihren verschiedenartigen Kriegsfolgelasten nicht voll berücksichtigen. Ein finanzierungstechnisch wichtiges Stück der EVG blieb unvollkommen.

Aus integrationswirtschaftlicher Sicht läuft die Frage einer Würdigung des EVG-Finanzsystems darauf hinaus, ob und inwieweit eine EVG die geplante Integration in einer den Intentionen Schumans, de Gasperis oder Adenauers entsprechenden Weise finanzwirtschaftlich ermöglicht und gefördert bzw. verwirklicht hätte. Über dreißig Jahre nach den Ereignissen lassen sich derartige Fragen nicht genau beantworten. Die meisten Elemente, die für oder gegen ein Gelingen des EVG-Finanzsystems sprachen, haben wir erwähnt. Unverkennbar war der politische Mut vorhanden, in neue Gefilde einer europäischen Finanz- (und Wirtschafts-)Politik vorzustoßen. Wäre es gelungen, das Amt des Finanzkommissars zu einem europäischen Finanzminister hin zu entwickeln, hätte dies Bemühen mittelfristig erfolgreich im Sinne einer Vollintegration sein können. Man war bereit, Risiken einzugehen, gerade auf finanzwirtschaftlichem Gebiet. Es gab Gründe für einen vorsichtigen Optimismus bezüglich des Gelingens der EVG. Dazu setzte man in erster Linie auf eine kräftige wirtschaftliche Wiederbelebung Westeuropas, die dann tatsächlich in unerwarteter Stärke einsetzte. Zweifellos wären größere Schwierigkeiten in den Frühphasen der EVG aufgetreten. Kaum zu bezweifeln ist eine länger anhaltende zeitliche Diskrepanz zwischen dem Aufbau integrierter Streitkräfte und einem funktionstüchtigen supranationalen Finanzsystem. Diese Diskrepanz wäre aller finanzgeschichtlichen Erfahrung nach länger bestehen geblieben, als die politischen Akteure annahmen. Als sicher darf gelten, daß die ökonomischen Reibungsverluste, wäre der Zeitplan eingehalten worden, höher ausgefallen wären als bei der späteren NATO-Lösung. Die freilich spielte sich unter den Bedingungen einer stockenden allgemeinwirtschaftlichen und finanzwirtschaftlichen Integration Mittel- und Westeuropas ab. Die NATO-Lösung bot eine Chance, den deutschen Verteidigungsbeitrag in die allmählich erkennbaren Wachstumspfade der allgemeinen bundesdeutschen wirtschaftlichen Entwicklung einzubeziehen. Die Gefahr einer kollabierenden Entwicklung war nun geringer als unter den Aspekten der EVG[8]. Man hatte mehr Zeit, die sich überlappenden Finanzstrukturen von „Besatzungshaushalt" und NATO-Finanzierung abzulösen.

[8] Durch die Ablehnung der EVG entstand dem Bund eine relative Ersparnis von 1,8 Mrd. DM, da 9 Monate lang nur 600 Millionen DM Besatzungskosten gezahlt zu werden brauchten. Auf die Auflegung einer vorgeschlagenen, freilich fragwürdigen Anleihe in etwa dieser Höhe konnte verzichtet werden. Auf die Möglichkeit dieser relativen Ersparnis hatte der amerikanische Hochkommissar John McCloy während der Pariser Verhandlungen über die EVG mehrfach hingewiesen.

Wir können feststellen: Nur wenn es gelungen wäre, gleichzeitig mit einer Europaarmee ein gemeinsames europäisches Steuer-, Haushalts- und Finanzsystem zu entwickeln, wäre der EVG ein Erfolg beschieden gewesen. Es blieben die EVG und ihr Finanzsystem eine Teilstruktur in einem unvollkommenen, gebrochenen europäischen Wirtschafts- und Finanzsystem. Es fehlte der integrationspolitische Schulterschluß.

Ist es gewagt, wenn wir am Ende unserer gerafften Würdigung feststellen, daß bei den Plänen zur EVG-Finanzierung und der angestrebten Bewältigung ihrer finanzwirtschaftlichen Probleme die mutige Idee mehr Beachtung fand als die Gefahren, die von der Macht des Faktischen ausgingen? Entgegen allen Rufen nach Fortschritt wurde die finanztheoretische Begrenzung auf eine betont nationale Finanzwirtschaft und Finanzpolitik, wie sie das 19. und die erste Hälfte des 20. Jahrhunderts kennzeichnet, nicht entschlossen genug überschritten. In der Bundesrepublik nicht, in Frankreich nicht, in Westeuropa nicht.

Abkürzungen

AA	Auswärtiges Amt
ACC	Allied Control Commission
ACDP	Archiv für Christlich-demokratische Politik, St. Augustin
AdL	Archiv des Deutschen Liberalismus, Gummersbach
AdsD	Archiv der sozialen Demokratie, Bonn
ASTA	Allgemeiner Studentenausschuß
BA	Bundesarchiv, Koblenz
BA-MA	Bundesarchiv-Militärarchiv, Freiburg i. Br.
BayHStA	Bayerisches Hauptstaatsarchiv, München
BdD	Bund der Deutschen
BdDKJ	Bund der Deutschen Katholischen Jugend
BDI	Bundesverband der Deutschen Industrie
BFM	Bundesfinanzministerium
BGBl	Bundesgesetzblatt
BGS	Bundesgrenzschutz
BHE	Bund der Heimatvertriebenen und Entrechteten
BIZ	Bank für internationalen Zahlungsausgleich, Basel
BKA	Bundeskanzleramt
BND	Bundesnachrichtendienst
BPA	Presse- und Informationsamt der Bundesregierung
BVG	Bundesverfassungsgericht
CDU	Christlich-Demokratische Union
CEA	Commissariat à l'Energie atomique
CED	Communauté Européenne de la Défense
CIA	Central Intelligence Agency
CDP	Christlich-Demokratischer Pressedienst
CSU	Christlich-Soziale Union
CVP	Christliche Volkspartei
DAG	Deutsche Angestellten-Gewerkschaft
DAV	Deutsche Allgemeine Volkspartei
DBfF	Deutsches Büro für Friedensfragen
DBPO	Documents on British policy overseas
DDP	Deutsche Demokratische Partei
DDR	Deutsche Demokratische Republik
DFG	Deutsche Friedensgesellschaft
DGB	Deutscher Gewerkschaftsbund
DKP	Deutsche Kommunistische Partei
DKP	Deutsch-Konservative Partei
DP	Deutsche Partei
DPB	Deutsche Partei Bayern
dpa	Deutsche Presseagentur
DRP	Deutsche Rechtspartei
DUD	Deutschland-Union Dienst
DVP	Deutsche Volkspartei
EA	Europa-Archiv
EAK	Evangelischer Arbeitskreis
ECA	European Cooperation Administration

ECA	Economic Cooperation Administration
EDC	European Defence Community
EDF	European Defense Forces
EGKS	Europäische Gemeinschaft für Kohle und Stahl
EKD	Evangelische Kirche in Deutschland
EPG	Europäische Politische Gemeinschaft
ERP	European Recovery Program (Marshall-Plan)
EVG	Europäische Verteidigungsgemeinschaft
EZA	Evangelisches Zentralarchiv, Berlin
EZU	Europäische Zahlungsunion
FATAC	Force aérienne tactique
FAZ	Frankfurter Allgemeine Zeitung
FDGB	Freier Deutscher Gewerkschaftsbund
FDJ	Freie Deutsche Jugend
fdk	Freie Demokratische Korrespondenz
FRUS	Foreign Relations of the United States
FSU	Frei-Soziale Union
FU	Föderalistische Union
FVP	Freie Volkspartei
GARIOA	Programm zur Linderung akuter Not
GATT	General Agreement on Tariffs and Trade
GB/BHE	Gesamtdeutscher Block / Bund der Heimatvertriebenen und Entrechteten
GBV	Geschäftsführender Bundesvorstand
GDR	German Democratic Republic
GG	Grundgesetz
GVP	Gesamtdeutsche Volkspartei
HICOG	(Office of the) High Commissioner for Germany
HICOM	High Commission (of Germany)
HJ	Hitler-Jugend
HMG	Her (His) Majesty's Government
HQ	Headquarters
HStA	Hauptstaatsarchiv
IARA	Inter-Allied Reparations Agency
IdK	Internationale der Kriegsdienstgegner
IfD	Institut für Demoskopie, Allensbach
IfZ	Institut für Zeitgeschichte, München
IG	Industriegewerkschaft
IMF	International Monetary Fund
JCS	Joint Chiefs of Staff
KAG	Keesings Archiv der Gegenwart
KPD	Kommunistische Partei Deutschlands
KZ	Konzentrationslager
LAG	Lastenausgleich(sgesetz)
LDP	Liberal-Demokratische Partei
LSD	Liberaler Studentenbund Deutschlands
MAAG	Military Assistance Advisory Groups
MAD	Militärischer Abschirmdienst
MDAP	Mutual Defense Assistance Program

MdB	Mitglied des Bundestags
MdHB	Mitglied der Hamburger Bürgerschaft
MdL	Mitglied des Landtags
Mefo	Metallurgische Forschungsgesellschaft
MGFA	Militärgeschichtliches Forschungsamt, Freiburg i. Br.
MRP	Mouvement Républicain Populaire
MSA	Mutual Security Agency
MSAP	Mutual Security Assistance Program
MTDP	Medium Term Defense Plan
NA	National Archives, Washington
NARA	National Archives and Records Administration, Washington
NAT	North Atlantic Treaty
NATO	North Atlantic Treaty Organization
NDP	National-Demokratische Partei
NIE	National Intelligence Estimate
NISCA	NATO International Staff, Central Registry, Archives
NLP	Niedersächsische Landespartei
NR	Nationale Rechte
NSC	National Security Council
NSFO	Nationalsozialistischer Führungsoffizier
OEEC	Organization for European Economic Cooperation, Paris
ÖTV	Gewerkschaft Öffentliche Dienste, Transport und Verkehr
OKH	Oberkommando des Heeres
OTAN	Organisation du traité de l'Atlantique Nord
PPP	Parlamentarisch-Politischer Pressedienst
PRO	Public Record Office, Kew, Richmond, Surrey
PV	Parteivorstand
RAF	Royal Air Force
RIAS	Rundfunk im amerikanischen Sektor (von Berlin)
RG	Record Group
RPF	Rassemblement du Peuple Français
SACEUR	Supreme Allied Commander Europe
SBZ	Sowjetische Besatzungszone
SDS	Sozialistischer Deutscher Studentenbund
SED	Sozialistische Einheitspartei Deutschlands
SFIO	Section Française de l'Internationale ouvrière
SHAPE	Supreme Headquarters Allied Powers Europe
SMAD	Sowjetische Militäradministration in Deutschland
SRP	Sozialistische Reichspartei
StA	Staatsarchiv
StBKAH	Stiftung Bundeskanzler-Adenauer-Haus, Rhöndorf, Bad Honnef
Sten.Ber.	Stenographische Berichte
StS	Staatssekretär
TAA	Transferable Account Area
TCC	Temporary Committee of the Council
UdSSR	Union der Sozialistischen Sowjetrepubliken
UK	United Kingdom of Great Britain and Northern Ireland
UNO	United Nations Organization
USAREUR	United States Army Europe

VDS	Verband deutscher Soldaten
VDS	Verband Deutscher Studentenschaften
VVN	Vereinigung der Verfolgten des Naziregimes
WAV	Wirtschaftliche Aufbau-Vereinigung
WEU	Westeuropäische Union
WFFB	Westdeutsche Frauenfriedensbewegung
WFK	Westdeutsches Friedenskomitee
ZfH	Zentrale für Heimatdienst

Quellen und Literatur

Quellen

Vorbemerkung
Während der Drucklegung des Bandes wurde der Bestand BW 9 im Bundesarchiv-Militärarchiv bewertet und verzeichnet. Da angesichts der umfangreichen Doppelüberlieferung Material kassiert wurde, sind einige der zitierten Schriftstücke nicht mehr unter der angegebenen Signatur nachweisbar, sondern in anderen Akten zu suchen. Ferner wird Schriftgut der Dienststelle Blank, das sich in anderen Beständen befindet, in BW 9 überführt. Diese Erschließungsmaßnahmen waren zum Zeitpunkt der Drucklegung noch nicht beendet und könnten auch im vorliegenden Band zitierte Akten betreffen.

A. NATO-Hauptquartier, Brüssel (NATO)

International Staff, Central Registry, Archives (NISCA)
North Atlantic Council, Summary Records, C 9-R/3
North Atlantic Council Deputies, Documents, D-D/174; D-D/190; D-D(52)45(Final)

B. U.S. National Archives and Records Administration, Washington D.C. (NARA)

(In den Anmerkungen verwendete Abkürzung: NA; RG = Record Group)

RG 59	Records of the State Department, Central and Lot Files
RG 218	Records of the U.S. Joint Chiefs of Staff
RG 273	Records of the National Security Council
RG 330	Records of the Office of the Secretary of Defense

C. Harry S. Truman Library Institute, Independence, Missouri

Papers of Dean Acheson

D. Public Record Office, Kew, Richmond, Surrey (PRO)

Cabinet Office (CAB)

CAB 128	Conclusions
CAB 129	Memoranda
CAB 131	Cabinet Defence Committee
CAB 134	Cabinet Atlantic (Official) Committee

Foreign Office (FO)
Prime Minister's Office (PREM)
Treasury (T)

E. Archiv des Bundesrates, Bonn

Ausschuß für auswärtige Angelegenheiten, 20–20 II, Schriftwechsel mit Ländervertretungen
Ausschuß für innerdeutsche Beziehungen, 32 I, Wiedervereinigung

F. Archiv des Bundesverfassungsgerichts, Karlsruhe (BVG)

Drucksachen der KPD, der FDJ sowie des Hauptausschusses für Volksbefragung

G. Presse- und Informationsamt der Bundesregierung, Bonn (BPA)

Pressearchiv / Personenarchiv des BPA, Bestand: Konrad Adenauer
F 25, Mitteilungen an die Presse

H. Bundesarchiv, Koblenz (BA)

B 118	Kommunistische Partei Deutschlands
B 122	Bundespräsidialamt

B 126	Bundesministerium der Finanzen
B 136	Bundeskanzleramt
B 145	Presse- und Informationsamt der Bundesregierung
B 150	Bundesministerium für Vertriebene, Flüchtlinge und Kriegsgeschädigte
NL 18	Nachlaß Jakob Kaiser
NL 168	Nachlaß Fritz Schäffer
NL 239	Nachlaß Heinrich v. Brentano
NL 240	Nachlaß Johannes Brockmann
NL 244	Nachlaß Robert Lehr
NL 251	Nachlaß Eberhard Wildermuth
NL 267	Nachlaß Waldemar Kraft
R 72	Der Stahlhelm
ZSg 1	Druckschriften von Parteien und Verbänden

I. Bundesarchiv-Militärarchiv, Freiburg i. Br. (BA-MA)

BW 1	Bundesministerium der Verteidigung
BW 2	Führungsstab der Streitkräfte
BW 9	Deutsche Dienststellen zur Vorbereitung der Europäischen Verteidigungsgemeinschaft
BW 21	Freiwilligenannahmestellen
N 626	Nachlaß Gen. a. D. Johann Adolf Graf Kielmansegg

J. Hauptstaatsarchiv Stuttgart (HStA Stuttgart)

EA 1/17	Staatsministerium, Abteilung für Bundesangelegenheiten
EA 1/21	Staatsministerium (Württemberg-Baden)
Q 1/8	Nachlaß Reinhold Maier

K. Bayerisches Hauptstaatsarchiv, München (BayHStA)

Bevollmächtigter Bayerns beim Bund
Nachlaß Hans Ehard

L. Staatsarchiv Bremen (StA Bremen)

3-R.1.n.	Bundesstaatlicher Aufbau Westdeutschlands, Bundesrepublik, Nr. 109/II

M. Archiv für Christlich-Demokratische Politik, St. Augustin (ACDP)

I-098	Nachlaß Theodor Blank
I-148	Nachlaß Hans-Joachim v. Merkatz
I-165	Nachlaß Willy Masoth
IV-007	Junge Union (Bundesgeschäftsstelle)
VII-001	CDU-Bundespartei-Bundesvorstand (Protokolle des Bundesvorstandes und des Bundesparteiausschusses)
VII-004	CDU-Bundespartei-Bundesgeschäftsstelle

N. Stiftung Bundeskanzler-Adenauer-Haus, Rhöndorf, Bad Honnef (StBKAH)

Aktenbände 12.22; 12.27; 12.32; 23 II b; 24

O. Archiv des Deutschen Liberalismus, Friedrich-Naumann-Stiftung, Gummersbach (AdL)

AdL	82; 96; 98; 101; 904; 957; 2284
A 1	FDP-Bundesparteitage
A 3	Franz Blücher
A 12	FDP-Bundeshauptausschuß
N 1	Nachlaß Thomas Dehler

P. Archiv der FDP-Bundestagsfraktion, Bonn

Kurzprotokolle der Fraktionssitzungen

Q. Archiv der sozialen Demokratie, Friedrich-Ebert-Stiftung, Bonn (AdsD)

Fraktionsakten
Fraktionssitzungsprotokolle I
SPD-Parteivorstand (SPD-PV), Protokolle
SPD-PV, Bestand Hermann L. Brill, II
SPD-PV, Bestand Erich Ollenhauer
SPD-PV, Bestand Kurt Schumacher
Nachlaß Fritz Erler
Nachlaß Gustav W. Heinemann
Nachlaß Helene Wessel

R. Archiv der Deutschen Angestellten-Gewerkschaft, Hamburg (DAG)

Drucksachen

S. Archiv des Deutschen Gewerkschaftsbundes, Düsseldorf (DGB-Archiv)

Abt. Jugend, Berichte zur Wiederbewaffnung, 1950–1951, 1953–1954
Protokolle, Bundesausschuß 1950–1952
Protokolle des Geschäftsführenden Bundesvorstandes 1949–1956
Wehrbeitrag, Stellungnahme des DGB 1952
Christian Fette, Rundschreiben 1951–1952

T. Evangelisches Zentralarchiv in Berlin (EZA)

Bestand 2, EKD
EKD, Handakten Erwin Wilkens

U. Archiv des Instituts für Zeitgeschichte, München (IfZ)

CDU/CSU, Evangelischer Arbeitskreis

V. Militärgeschichtliches Forschungsamt, Freiburg i. Br. (MGFA)

Materialien Brigadegeneral a. D. Heinz Karst
Befragungsmaterialien Ministerialrat a. D. Heinrich Roth
Kopien (Materialsammlung der Autoren)

W. Privatarchiv Ernst Müller-Hermann

Literatur

Bulletin	Bulletin des Presse- und Informationsamtes der Bundesregierung
FAZ	Frankfurter Allgemeine Zeitung
HZ	Historische Zeitschrift
MGM	Militärgeschichtliche Mitteilungen
NPL	Neue Politische Literatur
PVS	Politische Vierteljahresschrift
VfZG	Vierteljahrshefte für Zeitgeschichte

Abelshauser, Werner, Ansätze „Kooperativer Marktwirtschaft" in der Korea-Krise der frühen fünfziger Jahre. Ein Briefwechsel zwischen dem Hohen Kommissar John McCloy und Bundeskanzler Konrad Adenauer, in: VfZG 30 (1982), S. 715–756

Abendroth, Wolfgang, Zur Funktion der Gewerkschaften in der Westdeutschen Demokratie, in: Gewerkschaftliche Monatshefte 3 (1952), H. 11, S. 641–648

Acheson, Dean, The Balance of Military Power, in: Atlantic Monthly, Juni 1951, S. 21–27

Acheson, Dean, Macht und Diplomatie, Köln 1958

Acheson, Dean, Present at the Creation. My Years in the State Department, New York 1969

Acht Jahre sozialdemokratischer Kampf um Einheit, Frieden und Freiheit. Ein dokumentarischer Nachweis der gesamtdeutschen Haltung der Sozialdemokratie und ihrer Initiativen, hrsg. vom Vorstand der Sozialdemokratischen Partei Deutschlands, Bonn 1954

Adamthwaite, Anthony, Overstretched and overstrung. Eden, the Foreign Office and the Making of Policy. Unveröffentl. Manuskript eines Vortrages während der Konferenz „Europe and Power Politics, 1950–1957" in Florenz, 23. bis 27.9.1987

Adenauer, Konrad, Adenauer. Rhöndorfer Ausgabe, hrsg. von Rudolf Morsey und Hans-Peter Schwarz. [Bde:] Briefe 1945–1947; 1947–1949; 1949–1951; 1951–1953; Teegespräche 1950–1954; 1955–1958; 1959–1961, Berlin 1983 ff.

Adenauer, Briefe siehe: Adenauer. Rhöndorfer Ausgabe

[Adenauer, Konrad], Adenauer: „Es mußte alles neu gemacht werden." Die Protokolle des CDU-Bundesvorstandes 1950–1953, bearbeitet von Günter Buchstab, Stuttgart 1986 (= Forschungen und Quellen zur Zeitgeschichte, Bd 8)

Adenauer, Konrad, Erinnerungen. 4 Bde. Bd 1: 1945–1953; Bd 2: 1953–1955; Bd 3: 1955–1959; Bd 4: 1959–1963, Stuttgart 1965–1968

[Adenauer, Konrad], EVG bietet die größte Sicherheit. Wiedervereinigung in Frieden und Freiheit sowie Zusammenschluß Europas – erstes Ziel der deutschen Außenpolitik. [Interview Dr. Adenauers für die Mailänder Wochenzeitung „Oggi"]. Bulletin, Nr. 21, 2. 2. 1954, S. 164

Adenauer, Konrad, Pankow gab den Anstoß. Warum Wiederbewaffnung? – Das Sicherheitsmemorandum vom 29. 8. 1950, in: Armee gegen den Krieg. Wert und Wirkung der Bundeswehr, hrsg. von Wolfram v. Raven, Stuttgart 1966, S. 13–16

Adenauer, Konrad, Planmäßiger Ausbau der Verteidigungsgemeinschaft der atlantischen Nationen. Die Vorbedingungen für eine Entspannung der internationalen Lage. Ansprache des Bundeskanzlers beim Besuch des Premierministers von Kanada, in: Bulletin, Nr. 30, 13. 2. 1954

Adenauer, Konrad, Reden 1917–1967. Eine Auswahl, hrsg. von Hans-Peter Schwarz, Stuttgart 1975

Adenauer, Teegespräche siehe Adenauer, Adenauer. Rhöndorfer Ausgabe. Teegespräche 1950–1954

[Adenauer, Konrad], Wo stehen wir jetzt? Aus der Rede des Bundeskanzlers Dr. Adenauer vor den Studenten der Universität Bonn am 10. Februar 1951, veröffentl. im Auftrage des Presse- und Informationsamtes der Bundesregierung, Bonn 1951

Adenauer-Studien 1, hrsg. von Rudolf Morsey und Konrad Repgen, Mainz 1971 (= Veröffentlichungen der Kommission für Zeitgeschichte, Reihe B, Bd 10)

Adenauer und die Deutsche Frage, hrsg. von Josef Foschepoth, Göttingen, Zürich 1988

Albers, Willi, Kriegsfolgelasten, in: Handwörterbuch der Sozialwissenschaften, Bd 6, Stuttgart, Tübingen, Göttingen 1959, S. 365–376

Alphand, Hervé, L'étonnement d'être. Journal 1939–1973, Paris 1977

Amberger, Heinz, Wehrhaftigkeit, in: Burschenschaftliche Blätter 66 (1951), S. 317–323

Ambrose, Stephen E., Eisenhower, the President. Vol. 2: 1952–1969, London 1984

Andel, Norbert, Nutzen-Kosten-Analysen, in: Handbuch der Finanzwissenschaft, Bd 1, Tübingen ^{3}1977, S. 475–518

Anfänge westdeutscher Sicherheitspolitik 1945–1956, hrsg. vom Militärgeschichtlichen Forschungsamt. Bd 1: Roland G. Foerster, Christian Greiner, Georg Meyer, Hans-Jürgen Rautenberg und Norbert Wiggershaus. Von der Kapitulation bis zum Pleven-Plan, München, Wien 1982

Anfangsjahre der Bundesrepublik Deutschland. Berichte der Schweizer Gesandtschaft in Bonn 1949–1955, hrsg. von Manfred Todt, München 1987 (= Schriftenreihe der VfZG, Bd 55)

Armee gegen den Krieg. Wert und Wirkung der Bundeswehr, hrsg. von Wolfram Raven, Stuttgart 1966

Aron, Raymond, Der permanente Krieg. Aus dem Franz. von Gustav Strohm, Frankfurt a. M. 1953

Aspekte der deutschen Wiederbewaffnung bis 1955. Mit Beiträgen von Hans Buchheim u. a., hrsg. vom Militärgeschichtlichen Forschungsamt, Boppard a. Rh. 1975 (= Militärgeschichte seit 1945, Bd 1)

Aspekte deutscher Außenpolitik im 20. Jahrhundert. Aufsätze Hans Rothfels zum Gedächtnis, hrsg. von Wolfgang Benz und Hermann Graml, Stuttgart 1976 (= Schriftenreihe der VfZG, Sondernummer)

Die Ausschüsse des Deutschen Bundestages. 1.–7. Wahlperiode. Systematisches Verzeichnis nach Wahlperioden und alphabetisches Gesamtverzeichnis. Stand: 1. Juni 1973, Bonn 1973 (= Deutscher Bundestag. Wissenschaftliche Dienste. Materialien, Bd 33)

L'aventure de la bombe. De Gaulle et la discussion nucléaire, 1958–1969, hrsg. vom Institut Charles de Gaulle, Paris 1984

Baade, Fritz, Über den deutschen finanziellen Verteidigungsbeitrag, in: Stuttgarter Zeitung, Nr. 65, 19. 3. 1952

Baring, Arnulf, Außenpolitik in Adenauers Kanzlerdemokratie. Bonns Beitrag zur Europäischen Verteidigungsgemeinschaft, München, Wien 1969 (= Schriften des Forschungsinstituts der Deutschen Gesellschaft für Auswärtige Politik e.V., Bd 28)

Baring, Arnulf, Außenpolitik in Adenauers Kanzlerdemokratie. Westdeutsche Innenpolitik im Zeichen der Europäischen Verteidigungsgemeinschaft, 2 Bde, München 1971 (unveränd. Taschenbuchausgabe von Baring, Bonns Beitrag)

Baring, Bonns Beitrag siehe Baring, Arnulf, Außenpolitik in Adenauers Kanzlerdemokratie. Bonns Beitrag zur Europäischen Verteidigungsgemeinschaft

Baring, Arnulf, Im Anfang war Adenauer. Die Entstehung der Kanzlerdemokratie, München ^{2}1982 (Neuausgabe von Baring, Bonns Beitrag)

Baring, Arnulf, Sehr verehrter Herr Bundeskanzler! Heinrich v. Brentano im Briefwechsel mit Konrad Adenauer 1949–1964, Hamburg 1974

Baring, Arnulf, Der 17. Juni 1953, 3., durchges. Aufl., Bonn 1958 (= Bonner Berichte aus Mittel- und Ostdeutschland, hrsg. vom Bundesminister für gesamtdeutsche Fragen)

Barth, Karl, Christengemeinde und Bürgergemeinde, Zürich 1946 (= Theologische Studien, 20)

Beaufre, André, Vorfeld und Hinterland. Frankreich und Deutschland von der Warte der Verteidigungspolitik, in: Wehrkunde 15 (1966), S. 113–118

Becker, Johannes M., Die Remilitarisierung der Bundesrepublik Deutschland und das deutsch-französische Verhältnis. Die Haltung führender Offiziere (1945–1955), Marburg 1987 (= Dissertationes, Bd 2)

Beckerath, Erwin v., Die neuere Geschichte der deutschen Finanzwissenschaft (seit 1800), in: Handbuch der Finanzwissenschaft, Bd 1, Tübingen ^{2}1952, S. 416–468

Bérard, Armand, Un Ambassadeur se souvient. Bd 1: Au temps du danger allemand; Bd 2: Washington et Bonn 1945–1955, Paris 1976–1978

Bericht über Deutschland des amerikanischen Hochkommissars für Deutschland, Nr. 6, Frankfurt a. M. 1951

Berolzheimer, Josef, Probleme internationaler Finanzvergleiche, in: Handbuch der Finanzwissenschaft, Bd 4, Tübingen ^{2}1965, S. 1–88

Besatzungskosten – ein Verteidigungsbeitrag? Hrsg. vom Institut für Besatzungsfragen, Tübingen 1950 (englische Fassung: Occupation Costs – are they a defense contribution? Tübingen 1951)

Die Bewaffnung der Bundesrepublik. Leitbrief der Freunde der „Stätte der Begegnung". Stellungnahmen der Befürworter und Gegner. Zusammengestellt von der Mittelstelle „Schutz Deutschlands", Heiligenhaus 1952

Bielfeldt, Carola; Peter Schlotter, Die militärische Sicherheitspolitik der Bundesrepublik Deutschland. Einführung und Kritik, Frankfurt a. M., New York 1980

Bielfeldt, Carola, Rüstungsausgaben und Staatsinterventionismus Das Beispiel der Bundesrepublik Deutschland 1950–1971, Frankfurt a. M., New York 1977

Blankenhorn, Herbert, Verständnis und Verständigung. Blätter eines politischen Tagebuchs 1949–1979, Frankfurt a. M., Berlin, Wien 1980

Bodensteiner, Hans, Die deutsche Aufrüstung. Ein Beitrag zum Krieg oder zum Frieden? In: Besinnung 7 (1952), S. 172–185

Bodensteiner, Hans, Deutschlands Aufgabe in der heutigen Weltpolitik. Meine Meinung zu EVG- und Deutschland-Vertrag, in: Besinnung 7 (1952), S. 217–230

Boelcke, Willi A., Kriegsfinanzierung im internationalen Vergleich, in: Kriegswirtschaft und Rüstung 1939 bis 1945, hrsg. von Friedrich Forstmeier und Hans-Erich Volkmann, Düsseldorf 1977, S. 14–72

Boelcke, Willi A., Rüstungswirtschaft. I: Kriegswirtschaft, in: Handbuch der Wirtschaftswissenschaft, Bd 6, Stuttgart, Tübingen, Göttingen 1981, S. 503–513

Borgert, Heinz-Ludger; Walter Stürm, Norbert Wiggershaus, Dienstgruppen und westdeutscher Verteidigungsbeitrag. Vorüberlegungen zur Bewaffnung der Bundesrepublik Deutschland, Boppard a. Rh. 1982 (= Militärgeschichte seit 1945, Bd 6)

Boulding, Kenneth E., Friedenswirtschaft, Bern 1944

Brandt, Gerhardt, Rüstung und Wirtschaft in der Bundesrepublik. Studien zur politischen und gesellschaftlichen Situation der Bundeswehr, 3. Folge, hrsg. von Georg Picht, Witten, Berlin 1966

Brauchitsch, Manfred v., Ohne Kampf kein Sieg, Berlin-Ost, o. J.

Bredthauer, Dokumentation siehe Dokumentation zur Geschichte der Wiederaufrüstung der Bundesrepublik

Briem, Jürgen, Der SDS. Geschichte des bedeutendsten Studentenverbandes der BRD seit 1945, Frankfurt a. M. 1976

Brill, Heinz, Das Problem einer wehrpolitischen Alternative für Deutschland. Die Auseinandersetzungen um die wehrpolitischen Alternativvorschläge des Obersten Bogislaw von Bonin (1952–1955). Ein Beitrag zur Entstehungsgeschichte der Bundeswehr, Diss. Göttingen 1977

Brünneck, Alexander v., Politische Justiz gegen Kommunisten in der Bundesrepublik Deutschland 1949–1968, Frankfurt a. M. 1978

Buchheim, Hans, Adenauers Sicherheitspolitik 1950–1951, in: Aspekte der deutschen Wiederbewaffnung bis 1955. Mit Beiträgen von Hans Buchheim u. a., hrsg. vom Militärgeschichtlichen Forschungsamt, Boppard a. Rh. 1975, S. 119–133 (= Militärgeschichte seit 1945, Bd 1)

Buchheim, Hans, Deutschlandpolitik 1949–1972. Der politisch-diplomatische Prozeß, Stuttgart 1984 (= Schriftenreihe der VfZG, Bd 49)

Buczylowski, Ulrich, Kurt Schumacher und die deutsche Frage. Sicherheitspolitik und strategische Offensivkonzeption vom August 1950 bis September 1951, Stuttgart 1973 (= Zeitpolitik, Reihe 2, Bd 13)

Büsch, Otto, Geschichte und Gestalt der SRP, in: Rechtsradikalismus im Nachkriegsdeutschland. Studien über die „Sozialistische Reichspartei" (SRP), Berlin, Frankfurt a. M. 1957, S. 7–192

Bundeshaushaltsplan für das Rechnungsjahr 1954, Berlin 1954

Bundeshaushaltsplan für das Rechnungsjahr 1955, Berlin, Bonn 1955

Carlton, David; Anthony Eden, A Biography, London 1981

Coutrot, Aline, La politique atomique sous le gouvernement de Mendès-France, in: Pierre Mendès-France et le Mendésisme, hrsg. von François Bédarida und Jean-Pierre Rioux, Paris 1985, S. 309–316

Daniel, Jens [d.i.: Rudolf Augstein], Deutschland ein Rheinbund? Darmstadt 1953 (= Der Spiegel. Kommentare zur Zeit)

Datenhandbuch zur Geschichte des Deutschen Bundestages 1949 bis 1982. Verfaßt und bearb. von Peter Schindler, Abteilung Wissenschaftliche Dokumentation des Deutschen Bundestages. Hrsg. vom Presse- und Informationszentrum des Deutschen Bundestages, Bonn 1983

Dehler, Thomas, Dauernder kalter Bürgerkrieg. Der Bundesjustizminister gegen außerparlamentarische Kräfte, in: FAZ, 31.1.1952

Dehler, Thomas, Reden und Aufsätze, Köln, Opladen 1969 (= Schriftenreihe der Friedrich-Naumann-Stiftung zur Politik und Zeitgeschichte, Bd 13)

Dehler, Thomas, Wehrbeitrag geht Gewerkschaften nichts an, in: Westdeutsche Neue Presse, Nr 23, 28.1.1952

Delmas, Jean, La perception de la puissance militaire en France en 1954–1958. Unveröffentlichtes Manuskript 1987, Zusammenfassung der Beiträge von Michèle Battesti, Henri Dutally, Patrick Facon und Georges-Henri Soutou für die Tagung „L'Europa e la politica di potenza: alle origini della Comunità Economica Europea", Florenz, 23.–27.9. 1987

Delmas, Jean; Bernard Masson, Le gouvernement Mendès-France et la défense nationale, in: Pierre Mendès-France et le Mendésisme, hrsg. von François Bédarida und Jean-Pierre Rioux, Paris 1985, S. 297–308

Deuerlein, Ernst, Dokumente des geteilten Deutschlands, Köln 1970

Deuerlein, Ernst, Potsdam 1945. Ende und Anfang, Köln 1970

Deutsch-französische Sicherheitspolitik: auf dem Wege zur Gemeinsamkeit, hrsg. von Karl Kaiser und Pierre Lellouche, Bonn 1987 (= Rüstungsbeschränkung und Sicherheit, Bd 16)

Der deutsche finanzielle Beitrag zur gemeinsamen Verteidigung. Verteidigungsbeitrag: ja – Neue Steuern: nein – Inflationistische Entwicklung: nein, in: Finanzpolitische Mitteilungen des Bundesministeriums der Finanzen, Nr. 7, 4.3.1952, S. 1f.

Der deutsche Soldat in der Armee von morgen. Wehrverfassung, Wehrsystem, Inneres Gefüge, hrsg. in Zusammenarbeit mit dem Institut für Europäische Politik und Wirtschaft in Frankfurt a.M., München 1954 (= Veröffentlichungen des Instituts für Staatslehre und Politik e.V. Mainz, Bd 4)

Die deutsche Wirtschaft zwei Jahre nach dem Zusammenbruch. Tatsachen und Probleme, hrsg. vom Deutschen Institut für Wirtschaftsforschung, Berlin 1947

Deutscher Bundestag. Verhandlungen. Stenographische Berichte. 1. Wahlperiode, Bd 12, Bonn 1952

Deutschland, sozialer Rechtsstaat im geeinten Europa. 4. Bundesparteitag der Christlich-Demokratischen Union Deutschlands. Hamburg 18.–22. April 1953, hrsg. von der Christlich Demokratischen Union Deutschlands, Hamburg, o.J.

Deutschland und die Welt. Zur Außenpolitik der Bundesrepublik 1949–1961, hrsg. von Hans-Adolf Jacobsen und Otto Stenzl, München 1964 (= Veröffentlichung des Forschungsinstituts der Deutschen Gesellschaft für Auswärtige Politik, Bonn)

Deutschland zu finanziellen Opfern bereit. Berücksichtigung seiner besonderen Verhältnisse notwendig – Eine Erklärung zu den Pariser Besprechungen mit den „Drei Weisen", in: Bulletin, Nr. 18, 12.2.1952, S. 172

Deutschlands Verteidigungsbeitrag 1952/53, in: Bulletin, Nr. 22, 21.2.1952, S. 205f.

Dibelius, Otto, Ein Christ ist immer im Dienst. Erlebnisse und Erfahrungen in einer Zeitwende, Stuttgart 1961

Dickel, Karl, Zur Tätigkeit des Hauptausschusses für Volksbefragung gegen die Remilitarisierung und für den Abschluß eines Friedensvertrages mit Deutschland im Jahre 1951, Diss. Berlin 1967

Diehl, Günter, Anmerkungen zur deutschen Außenpolitik nach 1945, in: Orientierungen. 40 Jahre danach – eine vorläufige Bestandsaufnahme, hrsg. von Peter M. Schmidhuber, München 1986, S. 43–64

Dietzfelbinger, Eckart, Die westdeutsche Friedensbewegung 1948 bis 1955. Die Protestaktionen gegen die Remilitarisierung der Bundesrepublik Deutschland, Köln 1984 (= Pahl-Rugenstein Hochschulschriften Gesellschafts- und Naturwissenschaften, Bd 168)

Dittmann, Knud, Adenauer und die deutsche Wiedervereinigung. Die politische Diskussion des Jahres 1952, Düsseldorf 1981

Documents on British Policy Overseas. Series II, Vol. I: The Schuman Plan, the Council of Europe and Western European Integration May 1950 – December 1952, hrsg. von Roger Bullen und M. E. Pelly, London 1986

Documents on the History of European Integration, hrsg. von Walter Lipgens, Bd 1–2, Berlin 1985–1986

Doemming, Klaus-Berto v.; Rudolf Werner Füsslein, Werner Matz, Entstehungsgeschichte der Artikel des Grundgesetzes, im Auftrage des Parlamentarischen Rates und des Bundesministers des Innern auf Grund der Verhandlungen des Parlamentarischen Rates, in: Jahrbuch des öffentlichen Rechts der Gegenwart, NF, Bd 1, Tübingen 1951

Doering-Manteuffel, Anselm, Die Bundesrepublik Deutschland in der Ära Adenauer. Außenpolitik und innere Entwicklung 1949–1963, Darmstadt 1983

Doering-Manteuffel, Anselm, Katholizismus und Wiederbewaffnung. Die Haltung der deutschen Katholiken gegenüber der Wehrfrage 1948–1955, Mainz 1981 (= Veröffentlichungen der Kommission für Zeitgeschichte, Reihe B, Bd 32)

Doering-Manteuffel, Anselm, Die Kirchen und die EVG. Zu den Rückwirkungen der Wehrdebatte im westdeutschen Protestantismus und Katholizismus auf die politische Zusammenarbeit der Konfessionen, in: Die Europäische Verteidigungsgemeinschaft. Stand und Probleme der Forschung, hrsg. vom Militärgeschichtlichen Forschungsamt, Boppard a. Rh. 1985, S. 317–336 (= Militärgeschichte seit 1945, Bd 7)

Dohse, Rainer, Der Dritte Weg. Neutralitätsbestrebungen in Westdeutschland zwischen 1945 und 1955, Hamburg 1974

Dokumentation zur Deutschlandfrage. Bde I–X (1941–1976), zusammengestellt von Heinrich Siegler, Bonn 1961–1977

Dokumentation zur Geschichte der Wiederaufrüstung der Bundesrepublik, hrsg. von Karl D. Bredthauer, unveränd., durch e. Anh. erg. Nachdr. d. 1962 unter gleichem Titel erschienenen Sonderh. d. „Blätter für deutsche und internationale Politik", Köln 1980

Dokumente der Kommunistischen Partei Deutschlands 1945–1956. Mit einem Vorwort des Ersten Sekretärs des ZK der KPD Max Reimann, o. O., 1973

Dokumente zur Deutschlandpolitik der Sowjetunion, hrsg. vom Deutschen Institut für Zeitgeschichte Berlin. Bd I: Vom Potsdamer Abkommen am 2. August 1945 bis zur Erklärung über die Herstellung der Souveränität der Deutschen Demokratischen Republik am 25. März 1954, Berlin-Ost 1957

Domini sumus – Wir sind des Herrn. 30 Jahre Militärseelsorgevertrag, hrsg. vom Evangelischen Kirchenamt für die Bundeswehr, verantwortlich Peter H. Blaschke, Hannover 1987

Donat/Holl (Hrsg.), Die Friedensbewegung siehe Die Friedensbewegung

Dorls, Fritz, Wir und der Generalvertrag, in: Deutsche Opposition, 2. Jg, Nr. 19 vom 8. 5. 1952, S. 1 f.

3. Deutscher Studententag, München, vom 2. bis 5. Mai 1954, hrsg. vom Verband Deutscher Studentenschaften, Bonn 1954

Eckardt, Felix v., Ein unordentliches Leben. Lebenserinnerungen, Düsseldorf 1967

Eckert, Michael, Kernenergie und Westintegration: Die Anfänge bundesdeutscher Atompolitik zwischen EVG und EURATOM. Vortragsmanuskript für die Tagung „Die Eingliederung der Bundesrepublik in die westliche Welt vom Ende der vierziger bis zum Ende der fünfziger Jahre" im Institut für Zeitgeschichte, München, vom 3. bis 5. 5. 1988

Eden, Anthony, The Memoirs of the Rt. Hon. Sir Anthony Eden. Full Circle (Oct. 1951–Jan. 1957), London 1960

Egen, Peter, Die Entstehung des Evangelischen Arbeitskreises der CDU/CSU, Diss. Bochum 1971

Ehard, Hans, Bayerische Politik. Ansprachen und Reden des bayerischen Ministerpräsidenten. Ausgew. u. eingel. von K. Schwend, München 1952

Einvernehmen über den Verteidigungsbeitrag, in: Bulletin, Nr. 24, 28. 2. 1952, S. 229

Einwirkungen der Besatzungsmächte auf die deutsche Wirtschaft, Stand 1. 5. 1949, hrsg. vom Institut für Besatzungsfragen, Tübingen 1949

Engel, Franz-Wilhelm, Handbuch der NATO, Frankfurt a. M. 1957

Entscheidende Tage für Europa. Dr. Adenauer über die Londoner Besprechungen – Verständigung über schwierige Fragen. Die Politik des Friedens wird fortgesetzt, in: Bulletin, Nr. 23, 23.2.1952, S. 217f.

Enzyklopädisches Lexikon für das Geld-, Bank- und Börsenwesen, 3. Aufl., redigiert und erg. von F. Achterberg und K. Lanz. In Gemeinschaft mit 200 Fachleuten aus dem In- und Ausland, hrsg. von B. Benning u.a., Frankfurt a.M. 1967–1968

Das Ergebnis von Lissabon. Auch Deutschland gehört zur atlantischen Gemeinschaft der freien Völker, in: Bulletin, Nr. 24, 28.2.1952, S. 230

Das Ergebnis von London. Die Besprechungen des Bundeskanzlers mit den Außenministern der drei Westmächte, in: Bulletin, Nr. 22, 21.2.1952, S. 205

Erhard, Ludwig, Aufrüstung in illusionärer Schau, in: FAZ, 25.10.1954, S. 9

Erhard, Ludwig, Kriegsfinanzen und Schuldenkonsolidierung. Denkschrift vom März 1944 mit Vorbemerkungen von Ludwig Erhard, Theodor Eschenburg und Günter Schmölders, Frankfurt a.M., Berlin, Wien 1977

Erler, Fritz, Demokratie in Deutschland, Stuttgart 1965

Etzel, Franz, Finanzielle Verpflichtungen aus dem Verteidigungshaushalt, in: Bulletin, Nr. 76, 24.4.1958, S. 737f.

Europa muß verwirklicht werden. Der Straßburger Appell des Bundeskanzlers – Politik des Schritt für Schritt, in: Bulletin, Nr. 21, 15.12.1951, S. 157f.

Die Europäische Verteidigungsgemeinschaft. Stand und Probleme der Forschung, im Auftrag des Militärgeschichtlichen Forschungsamtes hrsg. von Hans-Erich Volkmann und Walter Schwengler, Boppard a.Rh. 1985 (= Militärgeschichte seit 1945, Bd 7)

Evangelische Kirche in Deutschland und die Wiederaufrüstungsdiskussion in der Bundesrepublik 1950–1955, hrsg. von Wolf Werner Rausch und Christian Walther, Gütersloh 1978

Faure, Edgar, Mémoires I, Paris 1982

Fauvet, Jacques, Naissance et mort d'un traité, in: Raymond Aron et Daniel Lerner, La querelle de la C.E.D. Essayes d'analyse sociologique, Paris 1956 (= Cahiers de la Fondation Nationale des Sciences Politiques, 80)

Fechter, Rolf, Unser Verteidigungsbeitrag. Verantwortung, Bedenken und Voraussetzungen, in: Rheinischer Merkur, 13.7.1951, S. 4

Federau, Fritz, Der zweite Weltkrieg, Seine Finanzierung in Deutschland, Tübingen 1962

Fett, Kurt, Die Grundlagen der militärischen Planungen, in: Aspekte der deutschen Wiederbewaffnung bis 1955. Mit Beiträgen von Hans Buchheim u.a., hrsg. vom Militärgeschichtlichen Forschungsamt, Boppard a.Rh. 1975, S. 169–184 (= Militärgeschichte seit 1945, Bd 1)

Fischer, Per, Die Saar zwischen Deutschland und Frankreich. Politische Entwicklung von 1945–1959, Frankfurt a.M., Berlin 1959

Fischer, Peter, Das Projekt der Europäischen Politischen Gemeinschaft (1952–1954). Vortragsmanuskript für die Tagung „Die Eingliederung der Bundesrepublik in die westliche Welt vom Ende der vierziger bis zum Ende der fünfziger Jahre" im Institut für Zeitgeschichte, München, 3. bis 5. 5. 1988

Flechtheim, Ossip K., Dokumente zur parteipolitischen Entwicklung in Deutschland seit 1945. Bd 1. A: Neubildung der deutschen Parteien nach 1945; B: Die Stellung der Parteien in der Verfassung und im Recht; C: Satzungen der deutschen Parteien; Bd 2. T. 1: Programmatik der deutschen Parteien; Bd 3. T. 2: Programmatik der deutschen Parteien, Berlin 1962–1963

Foerster, Roland G., Innenpolitische Aspekte der Sicherheit Westdeutschlands 1947–1950, in: Von der Kapitulation bis zum Pleven-Plan, hrsg. vom Militärgeschichtlichen Forschungsamt, München, Wien 1982, S. 403–575 (= Anfänge westdeutscher Sicherheitspolitik, Bd 1)

Foreign Relations of the United States 1950. Vol. I: National Security Affairs. Foreign Economic Policy; Vol. III: Western Europe; Vol. IV: Central and Eastern Europe. The Soviet Union, Washington 1977–1980

Foreign Relations of the United States 1951. Vol. I: National Security Affairs. Foreign Economic Policy; Vol. III: European Security and the German Question. 2 Parts, Washington 1979–1981

Foreign Relations of the United States 1952–1954. Vol. V: Western European Security, Washington 1983

Foschepoth, Josef, Churchill, Adenauer und die Neutralisierung Deutschlands, in: Deutschland Archiv 17 (1984), S. 1286–1301

France Defeats EDC, ed. by Daniel Lerner and Raymond Aron, New York 1957

Frank, Paul, Entschlüsselte Botschaft. Ein Diplomat macht Inventur, Stuttgart ²1981

Freedman, Laurenco, The Evolution of Nuclear Strategy, London 1982

Freyberg, Jutta v. u.a., Geschichte der deutschen Sozialdemokratie 1863–1975, Köln 1975

Freymond, Jacques, Die Saar 1945–1955, hrsg. vom Carnegie Endowment for International Peace European Centre. Dt. Ausg., hrsg. vom Forschungsinstitut der Deutschen Gesellschaft für Auswärtige Politik, München 1961

Friebe, Helmut, Gutachten über die Stellung des Offizierkorps zum 20. Juli 1944, in: Die im Braunschweiger Remerprozeß erstatteten moraltheologischen und historischen Gutachten nebst Urteil, hrsg. von Herbert Kraus, Hamburg 1953, S. 83–103

Die Friedensbewegung. Organisierter Pazifismus in Deutschland, Österreich und in der Schweiz, hrsg. von Helmut Donat und Karl Holl, Düsseldorf 1983

Fritsch-Bournazel, Renata, Die Sowjetunion und die deutsche Teilung. Die sowjetische Deutschlandpolitik von 1945–1979. Vorwort von Alfred Grosser, Opladen 1979

Fursdon, Edward, The European Defence Community. A History, London, Basingstoke 1980

Gaddis, John Lewis, The Long Peace. Enquiries into the history of the Cold War, Oxford 1987

Gaddis, John Lewis, Strategies of Containment. A Critical Appraisal of Postwar American National Security Policy, New York, Oxford 1982

Gaddis, John Lewis, The United States and the Question of a Sphere of Influence in Europe, 1945–1949, in: Western Security. The Formative Years. European and Atlantic Defence 1947–1953, hrsg. von Olav Riste, Oslo, Bergen, Stavanger, Tromsø 1985, S. 60–91

Geiling, Martin, Außenpolitik und Nuklearstrategie. Eine Analyse des konzeptionellen Wandels der amerikanischen Sicherheitspolitik gegenüber der Sowjetunion (1945–1963), Köln, Wien 1975

Genschel, Dietrich, Wehrreform und Reaktion. Die Vorbereitung der Inneren Führung 1951–1956, Hamburg 1972

Gerloff, Wilhelm, Grundlegung der Finanzwirtschaft, in: Handbuch der Finanzwissenschaft, Bd 1, Tübingen ²1952, S. 1–65

Gerstenmaier, Eugen, Reden und Aufsätze. Zusammengestellt anläßlich seines 50. Geburtstages am 25.8.1956, Stuttgart 1956

Geschichte der deutschen Arbeiterbewegung. Bd 7: Von 1949 bis 1955, hrsg. vom Institut für Marxismus-Leninismus beim Zentralkomitee der SED, Berlin-Ost 1966

Girault, René, La France dans les rapports Est-Ouest au temps de la présidence de Pierre Mendès-France, in: Pierre Mendès France et le Mendésisme, hrsg. von François Bédarida und Jean-Pierre Rioux, Paris 1985, S. 251–260

Glatzel, Norbert, Neueste kirchliche Lehrverkündigung zur Sicherheits- und Rüstungsdebatte ab 1945, in: Frieden in Sicherheit. Zur Weiterentwicklung der katholischen Friedensethik, Freiburg, Basel, Wien 1981, S. 125–148

Glees, Anthony, Churchill's Last Gambit, in: Encounter, No 374 (April 1985), S. 27–35

Glees, Anthony, The Secrets of the Service: British Intelligence and Communist Subversion 1939–51, London 1987

Gloege, Gerhard, Thesen zu Luthers Zwei-Reiche-Lehre, in: Kirche und Staat. Festschrift für Bischof D. Hermann Kunst D. D. zum 60. Geburtstag am 21. Januar 1967, hrsg. von Kurt Aland und Wilhelm Schneemelcher, Berlin 1967, S. 79–90

Goldschmidt, Bertrand, Le complexe atomique. Histoire politique de l'énergie nucléaire, Paris 1980

Gollwitzer, Helmut, Rüstung, Frieden und Krieg. Wenig veränderter Abdruck eines Aufsatzes aus dem „Kirchenblatt für die reformierte Schweiz" vom 29.11. und 13.12.1951, Essen 1952

Gotto, Klaus u.a., Konrad Adenauer. Seine Deutschland- und Außenpolitik 1945–1963, München 1975

Gowing, Margret, Independence and Deterrence. Britain and Atomic Energy, 1945–1952. Vol. 1: Policy Making; Vol. 2: Policy Execution, London 1974

Graml, Hermann, Die Legende von der verpaßten Gelegenheit. Zur sowjetischen Notenkampagne des Jahres 1952, in: VfZG 29 (1981), S. 307–341

Grebing, Helga; Peter Pozorski, Rainer Schulze, Die Nachkriegsentwicklung in Westdeutschland 1945–1949, 2 Bde, Stuttgart 1980 (= Studienreihe Politik, Bd 7)

Greiner, Christian, Die alliierten militärstrategischen Planungen zur Verteidigung Westeuropas 1947–1950, in: Anfänge westdeutscher Sicherheitspolitik 1945–1956, hrsg. vom Militärgeschichtlichen Forschungsamt, Bd 1, München 1982, S. 119–323

Greiner, Christian, Die Dienststelle Blank. Regierungspraxis bei der Vorbereitung des deutschen Verteidigungsbeitrages von 1950–1955, in: MGM 17/1975, S. 99–124

Greiner, Christian, General Adolf Heusinger (1897–1982). Operatives Denken und Planen 1948 bis 1956, in: Operatives Denken und Handeln in deutschen Streitkräften im 19. und 20. Jahrhundert, Herford, Bonn 1988, S. 225–261 (= Vorträge zur Militärgeschichte, Bd 9)

Greiner, Christian, Das militärstrategische Konzept der NATO von 1952 bis 1957, in: Zwischen Kaltem Krieg und Entspannung. Sicherheits- und Deutschlandpolitik der Bundesrepublik im Mächtesystem der Jahre 1953–1956. Im Auftrag des Militärgeschichtlichen Forschungsamtes hrsg. von Bruno Thoß und Hans-Erich Volkmann, Boppard a.Rh. 1988 S. 211–245 (= Militärgeschichte seit 1945, Bd 9)

Greiner, Planungen siehe Greiner, Die alliierten militärstrategischen Planungen

Grewe, Wilhelm, Ein zählebiger Mythos: Stalins Note vom März 1952. Der Irrtum über die „verpaßte Gelegenheit" zu einer deutschen Wiedervereinigung, in: FAZ, Nr. 58, 10.3.1982, S. 11

Grewe, Wilhelm, Rückblenden 1976–1951, Frankfurt a.M., Berlin, Wien 1976

Großmann, Eugen, Finanzen und Währung, in: Handbuch der Finanzwissenschaft, Bd 1, Tübingen [2]1952, S. 179–201

Gruenagel, Fritz, Die burschenschaftlichen Grundsätze: Gott – Ehre – Freiheit – Vaterland, in: Burschenschaftliche Blätter 65 (1950), S. 58–62

Gründungsprotokoll des DGB, München, 12.–14. Oktober 1949, Köln 1950

Grünewald, Guido, Die Internationale der Kriegsdienstgegner (IdK). Ihre Geschichte 1945 bis 1968, Köln 1982 (= Pahl-Rugenstein Hochschulschriften Gesellschafts- und Naturwissenschaften, Bd 95)

Guillen, Pierre, La France et l'intégration de la R.F.A. dans l'O.T.A.N. Vortragsmanuskript für die Tagung „Die Eingliederung der Bundesrepublik in die westliche Welt vom Ende der vierziger bis zum Ende der fünfziger Jahre" im Institut für Zeitgeschichte, München, vom 3. bis 5. 5. 1988

Guillen, Pierre, Die französische Generalität, die Aufrüstung der Bundesrepublik und die EVG (1950–1954), in: Die Europäische Verteidigungsgemeinschaft. Stand und Probleme der Forschung, hrsg. von Hans-Erich Volkmann und Walter Schwengler, Boppard a.Rh. 1985, S. 125–157 (= Militärgeschichte seit 1945, Bd 7)

Haftendorn, Helga, Militärhilfe und Rüstungsexporte der BRD, Düsseldorf 1971

Haftendorn, Helga, Sicherheit und Entspannung. Zur Außenpolitik der Bundesrepublik Deutschland 1955 bis 1982, Baden-Baden 1983

Handbuch der Finanzwissenschaft, 2., völlig neubearb. Aufl., 4 Bde, hrsg. von Wilhelm Gerloff und Fritz Neumark, Tübingen 1952–1965

Handbuch der Finanzwissenschaft, 3. Aufl., 4 Bde, hrsg. von Fritz Neumark und Norbert Andel, Tübingen 1977 ff.

Handbuch zur Ökonomie der Verteidigungspolitik, bearbeitet und herausgegeben von Günther Kirchhoff unter Mitarbeit von 81 Fachvertretern aus Wissenschaft und Praxis des In- und Auslandes, Regensburg 1986

Hanrieder, Wolfram F., West German Foreign Policy 1949–1963. International Pressure and Domestic Response, Stanford 1967

Hansard, House of Commons, 5th series, Vol. 484, 12 February, 1951, cols. 105f.

Harmssen, Gustav Wilhelm, Am Abend der Demontage. 6 Jahre Reparationspolitik, Bremen 1951

Der Haushalt des Bundes, in: Bulletin Nr. 19, 14. 2. 1952, S. 178; Nr. 20, 16. 2. 1952, S. 191f.; Nr. 21, 19. 2. 1952, S. 198f.; Nr. 22, 21. 2. 1952, S. 211–213

Heinemann, Gustav W., Deutsche Friedenspolitik. Reden und Aufsätze, Darmstadt 1952

[Hellwege, Heinrich], „Macht den rechten Flügel stark!" Rede des Vorsitzenden der Deutschen Partei, Bundesminister Heinrich Hellwege, anläßlich des Bundesparteitages in Hamburg am 30. Mai 1953, hrsg. von der Bundesgeschäftsstelle der Deutschen Partei, Bonn o.J.

[Hellwege, Heinrich], Rede auf der Kundgebung anläßlich des Parteitages in Bremen am 3. 6. 1950 von Bundesminister H. Hellwege [Masch.vervielf./Bibliothek des Deutsches Bundestages]

Herbst, Ludolf, Stil und Handlungsspielräume bundesrepublikanischer Integrationspolitik. Vortragsmanuskript für die Tagung „Die Eingliederung der Bundesrepublik in die westliche Welt vom Ende der vierziger bis zum Ende der fünfziger Jahre" im Institut für Zeitgeschichte, München, vom 3. bis 5. 5. 1988

[Heuss, Theodor], Theodor Heuss. Politiker und Publizist. Aufsätze und Reden. Ausgewählt und kommentiert von Martin Vogt. Mit einem einleitenden Essay von Ralf Dahrendorf, Tübingen 1984

Hirsch-Weber, Wolfgang; Klaus Schütz, Wähler und Gewählte. Eine Untersuchung der Bundestagswahlen 1953, Berlin, Frankfurt a.M. 1957 (= Schriften des Instituts für Politische Wissenschaft, Bd 7)

The History of the Joint Chiefs of Staff. The Joint Chiefs of Staff and National Policy. Vol. 4: Walter S. Poole, 1950–1952; Vol. 5: Robert J. Watson, 1953–1954, Washington, D.C., 1979–1986

Höpker-Aschoff, Hermann, Das Finanz- und Steuersystem des Bonner Grundgesetzes, in: Archiv des öffentlichen Rechts, 75 (1949), S. 306–331

Hoffmann, Johannes, Das Ziel war Europa. Der Weg der Saar 1945–1955, München, Wien 1963

Hürten, Heinz, Zur Haltung des deutschen Katholizismus gegenüber der Sicherheits- und Bündnispolitik der Bundesrepublik Deutschland 1948–1960, in: Katholizismus im politischen System der Bundesrepublik 1949–1963, hrsg. von Albrecht Langner, Paderborn, München, Wien, Zürich 1978, S. 83–102 (= Beiträge zur Katholizismusforschung, Reihe B: Abhandlungen)

Huntington, Samuel P., The Common Defense. Strategic Programs in National Politics, New York, London 1961

Lord Ismay, NATO. The First Five Years 1949–1954, Utrecht ²1956

Jacobsen, Hans-Adolf, Zur Rolle der öffentlichen Meinung bei der Debatte um die Wiederbewaffnung 1950–1955, in: Aspekte der deutschen Wiederbewaffnung bis 1955. Mit Beiträgen von Hans Buchheim u.a., hrsg. vom Militärgeschichtlichen Forschungsamt, Boppard a.Rh. 1975, S. 61–98 (= Militärgeschichte seit 1945, Bd 1)

Jahn, Hans Edgar, Für und Gegen den Wehrbeitrag. Argumente und Dokumente, Köln 1975

Jahrbuch der öffentlichen Meinung 1947–1955, hrsg. von Elisabeth Noelle und Erich Peter Neumann, Allensbach ²1956

Jahrbuch der Sozialdemokratischen Partei Deutschlands 1950/51, hrsg. vom Vorstand der SPD, Bonn 1952

Jaspers, Karl, Wohin treibt die Bundesrepublik? Tatsachen – Gefahren – Chancen, München 1966

Jecht, Horst, Die Bundessteuerreform 1954. Kritischer Rückblick auf ihre wichtigsten Ergebnisse, in: Finanz-Archiv, N.F. 16 (1955/56), S. 31–53

Jecht, Horst, Kriegsfinanzen, Jena 1938 (= Forschungen zur Finanzwissenschaft, Heft 1)

Jenke, Manfred, Verschwörung von rechts? Berlin 1961

Jerchow, Friedrich, Deutschland in der Weltwirtschaft 1944–1947. Alliierte Deutschland- und Reparationspolitik und die Anfänge der westdeutschen Außenwirtschaft, Düsseldorf 1978

Jobke, Barbara, Aufstieg und Verfall einer westorientierten Bewegung. Dargestellt am Beispiel der Gesamtdeutschen Partei, Diss. Tübingen 1974

Joffe, Josef, Europapräsenz und Europapolitik der Vereinigten Staaten. Eine Untersuchung über Motivation, Funktion und Evolution der amerikanischen Stationierungspolitik in Europa, Ebenhausen 1969 (Stiftung Wissenschaft und Politik, Forschungsinstitut für Internationale Politik und Sicherheit)

Jones, Peter, Labour-Regierung, deutsche Wiederbewaffnung und EVG 1950–1951, in: Die Europäische Verteidigungsgemeinschaft. Stand und Probleme der Forschung, hrsg. von Hans-Erich Volkmann und Walter Schwengler, Boppard a. Rh. 1985, S. 59–80 (= Militärgeschichte seit 1945, Bd 7)

Die Kabinettsprotokolle der Bundesregierung, hrsg. für das Bundesarchiv von Hans Booms, Bd 2: 1950; Bd 3: 1950. Wortprotokolle; Bd 4: 1951; Bd 5: 1952, Boppard a. Rh. 1984–1989

Kaisen, Wilhelm, Meine Arbeit, mein Leben, München 1967

Kalter Krieg und Deutsche Frage. Deutschland im Widerstreit der Mächte 1945–1952, hrsg. von Josef Foschepoth, Göttingen 1985 (= Veröffentlichungen des Deutschen Historischen Instituts London, Bd 16)

Der Kampf um den Wehrbeitrag. 1. Die Feststellungsklage; 2. Das Gutachterverfahren (30. 7.–15. 12. 1952); Ergänzungsband, München 1952–1958 (= Veröffentlichungen des Instituts für Staatslehre und Politik e.V., Bd 2)

Kaplan, Lawrence Samuel, An Unequal Triad. The United States, Western Union, and NATO, in: Western Security. The Formative Years. European and Atlantic Defense, 1947–1953, hrsg. von Olav Riste, Oslo, Bergen, Stavanger, Tromsø 1985, S. 107–127

Kather, Linus, Die Entmachtung der Vertriebenen. I. Bd: Die entscheidenden Jahre; II. Bd: Die Jahre des Verfalls, München 1964–1965

Katholische Jugend und der Verteidigungsbeitrag. Stellungnahme des Bundes der Deutschen Katholischen Jugend zu Fragen der Wiederbewaffnung und Soldatenbetreuung, hrsg. von Bundespräses Willy Bokler für die Hauptarbeitsstelle für Jugend-Seelsorge und die Hauptstelle des Bundes der Deutschen Katholischen Jugend, Düsseldorf 1956 (= Altenberger Dokumente, H. 16)

Kennan, George F., Memoiren 1950–1963, Hamburg 1972

Kern, Ulrich; Lutz Köllner, Zur langfristigen Entwicklung des Verteidigungshaushalts der Bundesrepublik Deutschland 1955–1983 und einiger ausgewählter Kapitel. Eine Skizze, München 1984 (= Sozialwissenschaftliches Institut der Bundeswehr, Berichte, H. 36)

Der Keynesianismus. 5 Bde, hrsg. von G. Bombach u. a., Berlin 1951–1984

Koch, Diether, Heinemann und die Deutschlandfrage, München 1972

Koch, Diether, Heinemanns Kritik an Adenauers Deutschlandpolitik, in: Adenauer und die Deutsche Frage, hrsg. von Josef Foschepoth, Göttingen 1988, S. 207–234

Köllner, Lutz, Bibliographie zur langfristigen Entwicklung von Militärausgaben in Deutschland von der Reichsgründung 1871 bis heute, München 1978 (= Sozialwissenschaftliches Institut der Bundeswehr, H. 12)

Köllner, Lutz, Chronik der deutschen Währungspolitik, 1871–1971, mit einer Einleitung von Erich Achterberg, Frankfurt a. M. 1972

Köllner, Lutz, Gedanken zur Finanzsoziologie mit besonderem Blick auf die Militärausgaben in Vergangenheit und Gegenwart, München 1985 (= Sozialwissenschaftliches Institut der Bundeswehr, Berichte, H. 38)

Köllner, Lutz, Militär und Finanzen. Zur Finanzgeschichte und Finanzsoziologie von Militärausgaben in Deutschland, München 1982

Köllner, Lutz, Militär und Ökonomie. Literaturhistorische und literaturkritische Bemerkungen, in: Militär und Ökonomie. Beiträge zu einem Symposium, hrsg. von Karl-Ernst Schulz, Göttingen 1977, S. 51–69

Köllner, Lutz, Militärausgaben in der deutschen staatstheoretischen und ökonomieorientierten Literatur vom 17. Jahrhundert bis zur Gegenwart, München 1984 (= Sozialwissenschaftliches Institut der Bundeswehr, H. 36)

Köllner, Lutz, Militärausgaben und Militärstruktur in Deutschland, Ansätze und Beiträge zur langfristigen Analyse seit 1900, München 1980 (= Sozialwissenschaftliches Institut der Bundeswehr, Berichte, H. 24)

Köllner, Lutz, Notenbanken im Dienste staatlicher Beschäftigungsfinanzierung. Gedanken zur Bedeutung währungsinstitutioneller Fragen der jüngsten Vergangenheit, in: Zeitschrift für die gesamte Staatswissenschaft 111 (1955), S. 473–511

Köllner, Lutz, Reparationen, in: Handbuch zur Ökonomie der Verteidigungspolitik; bearb. und hrsg. von Günther Kirchhoff unter Mitarbeit von 81 Fachvertretern aus Wissenschaft und Praxis des In- und Auslandes, Regensburg 1986, S. 770–775

Köllner, Lutz, Rüstungsfinanzierung. Dämonie und Wirklichkeit, Frankfurt a.M. 1969

Koller-Kraus, Heinz-Michael, Die Anfänge der „Militärischen Infrastruktur" in der Bundeswehr. Ein chronologischer Dokumentations-Rückblick, in: Europäische Wehrkunde 27 (1978), H. 2, S. 71–77

Konferenz der Außenminister in Straßburg. Im Mittelpunkt die Frage der Verteidigungsgemeinschaft – Für ein gemeinsames Budget, in: Bulletin, Nr. 19, 11.12.1951, S. 142

Kopp, Fritz, Chronik der Wiederbewaffnung in Deutschland. Daten über Polizei und Bewaffnung 1945–1958, Rüstung der Sowjetzone, Abwehr des Westens. Sonderausgabe für das Bundesministerium für gesamtdeutsche Fragen, Köln 1958

Die Korea-Krise als ordnungspolitische Herausforderung der deutschen Wirtschaftspolitik. Texte und Dokumente, mit Beiträgen von Karl Carstens u.a., Stuttgart, New York 1986

Kosthorst, Erich, Jakob Kaiser. Bundesminister für gesamtdeutsche Fragen 1949–1957, Stuttgart, Berlin, Köln, Mainz 1972

Krause, Fritz, Antimilitaristische Opposition in der BRD 1949–1955, Frankfurt a.M. 1971

Krelle, Wilhelm, Volkswirtschaftliche Gesamtrechnung einschließlich Input-Output-Analyse mit Zahlen für die Bundesrepublik Deutschland, Berlin 1959

Kriegswirtschaft und Rüstung 1939–1945, hrsg. von Friedrich Forstmeier und Hans-Erich Volkmann für das Militärgeschichtliche Forschungsamt, Düsseldorf 1977

Kritische Betrachtungen zur wehrpolitischen und wehrtechnischen Weltlage, Herbst 1951, in: Burschenschaftliche Blätter 67 (1952), S. 6–14

Krull, Christian, Kritische Bemerkungen zur Wiederaufrüstung der Bundesrepublik Deutschland, in: Finanzarchiv, N.F. 19 (1958/59), S. 157–171

Kutz, Martin, Reform und Restauration der Offiziersausbildung der Bundeswehr. Strukturen und Konzeptionen der Offizierausbildung im Widerstreit militärischer und politischer Interessen, Baden-Baden 1982 (= Militär, Rüstung, Sicherheit, Bd 8)

Latte, Gabriele, Die französische Europapolitik im Spiegel der Parlamentsdebatten (1950–1965), Berlin 1979 (= Beiträge zur Politischen Wissenschaft, Bd 36)

Die Legende von der verpaßten Gelegenheit. Die Stalin-Note vom 10. März 1952, hrsg. von Hans-Peter Schwarz, Stuttgart, Zürich 1982 (= Veröffentlichungen der Stiftung Bundeskanzler-Adenauer-Haus. Rhöndorfer Gespräche, Bd 5)

Lemmer, Ernst, Manches war doch anders. Erinnerungen eines deutschen Demokraten, Frankfurt a.M. 1968

Lemmer, Ernst, Vom Deutschlandvertrag zur Wiedervereinigung, in: Außenpolitik, 3 (1952), S. 549–557

Lichtenberg, Hans-Jürgen, Sicherung der Freiheit. Die Haltung der CDU/CSU zum Soldatentum und ihre Sicherheits- und Wehrpolitik in den Jahren 1945–1952, Diss. Köln 1979

Link, Werner, Der Ost-West-Konflikt. Die Organisation der internationalen Beziehungen im 20. Jahrhundert, Stuttgart 1980

Lipgens, Walter, Die Bedeutung des EVG-Projekts für die politische europäische Einigungsbewegung, in: Die europäische Verteidigungsgemeinschaft. Stand und Probleme der Forschung. Im Auftrag des Militärgeschichtlichen Forschungsamtes hrsg. von Hans-Erich Volkmann und Walter Schwengler, Boppard a.Rh. 1985, S. 9–30 (= Militärgeschichte seit 1945, Bd 7)

Lipgens, Walter, EVG und politische Föderation. Protokolle der Konferenz der Außenminister der an den Verhandlungen über eine europäische Verteidigungsgemeinschaft beteiligten Länder am 11. Dezember 1951, in: VfZG 32 (1984), S. 637–688

Littmann, Konrad, Problemstellung und Methoden der heutigen Finanzwissenschaft, in: Handbuch der Finanzwissenschaft, Bd 1, Tübingen [3]1977, S. 99–120

Littmann, Konrad, Zur Problematik konjunkturgestaltender Zielsetzungen der Steuerpolitik, in: Finanzarchiv, N.F. 14 (1953/54, S. 531–563

Loth, Wilfried, Sozialismus und Internationalismus. Die französischen Sozialisten und die Nachkriegsordnung Europas 1940–1950, Stuttgart 1977 (= Studien zur Zeitgeschichte, Bd 9)

Loth, Wilfried, Die Teilung der Welt. Geschichte des Kalten Krieges 1941–1955, München 1980

Lubbers, Franz, Die Neuordnung der Militärseelsorge, in: Katholische Militärseelsorge in der Bundeswehr. Ein Neubeginn (1951–1957), hrsg. vom Katholischen Militärbischofsamt, Köln 1986, S. 13–21

McGeehan, Robert, The German Rearmament Question. American Diplomacy and European Defense after World War II, Urbana 1971

Mai, Gunther, Dominanz oder Kooperation im Bündnis? Die Sicherheitspolitik der USA und der Verteidigungsbeitrag Europas 1945–1956, in: HZ 246 (1988), S. 327–364

Mai, Gunther, Westliche Sicherheitspolitik im Kalten Krieg. Der Korea-Krieg und die deutsche Wiederbewaffnung 1950, Boppard a.Rh. 1977 (= Militärgeschichte seit 1945, Bd 4)

Maier, Reinhold, Erinnerungen 1948–1953, Tübingen 1966

Manifest der Gesamtdeutschen Volkspartei, Frankfurt/Main, 29.11.1952, Essen 1953

May, Ernest R., The Cold War, in: The Making of America's Soviet Policy, hrsg. von Joseph S. Nye, jr., New Haven/London 1984, S. 209–230

Meier, Willi, Die Presse des Deutschen Gewerkschaftsbundes und ihr Beitrag zur politischen und gesellschaftlichen Meinungs- und Willensbildung in der Bundesrepublik (Diss. Berlin 1958), Düsseldorf 1959

Mélandri, Pierre, Faire mentir Machiavel, in: Pierre Mendès-France et le Mendésisme, hrsg. von François Bédarida und Jean-Pierre Rioux, Paris 1985, S. 231–242

Memorandum regarding United Kingdom Association with the European Defence Community, London 1954 (= Command Paper 9126)

Mende, Erich, Die neue Freiheit 1945–1961, München, Berlin 1984

Mende, Erich, Die FDP. Daten, Fakten, Hintergründe, Stuttgart 1972

Mendès-France, Pierre, Gouverner c'est choisir. Sept mois et dix-sept jours, juin 1954–février 1955, Paris 1955

Pierre Mendès-France et le Mendèsisme, hrsg. von François Bédarida und Jean-Pierre Rioux, Paris 1985

Merz, Kai Uwe, Kalter Krieg als antikommunistischer Widerstand. Die Kampfgruppe gegen die Unmenschlichkeit 1948–1959, München 1987 (= Studien zur Zeitgeschichte, Bd 34)

Meyer, Georg, Zur Situation der deutschen militärischen Führungsschicht im Vorfeld des westdeutschen Verteidigungsbeitrages 1945–1950/51, in: Anfänge westdeutscher Sicherheitspolitik, hrsg. vom Militärgeschichtlichen Forschungsamt, Bd 1, München 1982, S. 577–735

Meyer-Landrut, Nikolaus, Frankreich und die deutsche Einheit. Die Haltung der französischen Regierung und Öffentlichkeit zu den Stalin-Noten 1952, München 1988 (= Schriftenreihe der VfZG, Bd 56)

Meyer von Achenbach, Richard, Gedanken über eine konstruktive deutsche Ostpolitik. Eine unterdrückte Denkschrift aus dem Jahre 1953, hrsg. von Julius H. Schoeps, Frankfurt a.M. 1986

Meyn, Hermann, Die Deutsche Partei. Entwicklung und Problematik einer national-konservativen Rechtspartei nach 1945, Düsseldorf 1965 (= Beiträge zur Geschichte des Parlamentarismus und der politischen Parteien, Bd 29)

Mintzel, Alf, Geschichte der CSU. Ein Überblick, Opladen 1977

Mitverantwortung. Untersuchungen zur Frage des Wehrbeitrages, hrsg. vom Vorstand des DGB, Köln 1952

Möller, Martin, Evangelische Kirche und Sozialdemokratische Partei in den Jahren 1945–1950. Grundlagen der Verständigung und Beginn des Dialoges, Göttingen 1984 (= Göttinger Theologische Arbeiten, 29)

Monnet, Jean, Erinnerungen eines Europäers. Vorwort von Helmut Schmidt. Aus dem Franz. von Werner Vetter, München, Wien 1978

Morgan, Kenneth O., Labour in Power 1945–1951, Oxford 1984

Müller-Armack, Alfred, Wirtschaftslenkung und Marktwirtschaft, Hamburg 1947

Müller-Hermann, Ernst, Deutschland braucht Gewißheit vom Westen, in: Außenpolitik 3 (1952), S. 685–692

Nagel, Ernst-Josef; Harald Oberhem, Dem Frieden verpflichtet. Konzeptionen und Entwicklungen der katholischen Friedensethik seit dem Zweiten Weltkrieg, Grünewald 1982 (= Entwicklung und Frieden. Dokumente, Berichte, Meinungen, Bd 14)

Neebe, Reinhard, Wahlen als Test. Eine gescheiterte Initiative des Politischen Planungsstabs im State Department zur Stalin-Note vom 10. März 1952. Unveröffentlichtes Manuskript

Neumann, Franz, Der Block der Heimatvertriebenen und Entrechteten 1950–1960. Ein Beitrag zur Geschichte und Struktur einer politischen Interessenpartei, Marburg 1966 (= Marburger Abhandlungen zur politischen Wissenschaft, Bd 5)

Neumark, Fritz, Theorie und Praxis der Budgetgestaltung, in: Handbuch der Finanzwissenschaft, Bd 1, Tübingen [2]1952, S. 554–605

Noack, Paul, Das Scheitern der Europäischen Verteidigungsgemeinschaft. Entscheidungsprozesse vor und nach dem 30. August 1954, Düsseldorf 1977 (= Bonner Schriften zur Politik und Zeitgeschichte, Bd 4)

Occupation Costs siehe: Besatzungskosten

Oeftering, Heinz-Maria, Besatzungslasten, in: Handwörterbuch der Sozialwissenschaften, Bd 2, Stuttgart, Tübingen, Göttingen 1959, S. 32–38

Ollenhauer, Erich, Vor Entscheidungen für Jahrzehnte. Die Stellung der SPD zu den politischen Fragen der Gegenwart. Rede am 8. 6. 1952 anläßlich des Bezirksparteitages in Stuttgart, hrsg. vom Vorstand der SPD, Bonn 1952

Osgood, Robert E., NATO – The Entangling Alliance, Chicago 1962

Ott, Gabriel, Thomas Dehler, Hof 1985

Otto, Karl A., Der Widerstand gegen die Wiederbewaffnung der Bundesrepublik. Motivstruktur und politisch-organisatorische Ansätze, in: Unsere Bundeswehr? Zum 25jährigen Bestehen einer umstrittenen Institution. Redaktion Reiner Steinweg, Frankfurt 1981, S. 52–105 (= Friedensanalysen 14)

Pechel, R., Das „gefährlichste trojanische Pferd des Ostens in der Westzone", in: National-Zeitung Basel, Forum der Woche, 2. 1. und 4. 2. 1951

Perk, Willy, Christian Fette – ein Freund und Helfer der Imperialisten, in: Die Arbeit 5 (1951), S. 501–503

Perk, Willy, Westdeutsche Gewerkschaftspresse – Sprachrohr der Kriegshetzer, in: Die Arbeit 5 (1951), S. 251–253

Perk, Willy, Die Wirtschaftspolitik der DGB-Führung – eine offene Unterstützung der Remilitarisierung, in: Die Arbeit 5 (1951), S. 200–202

Pfleiderer, Karl-Georg, Beziehungen zum Osten? In: Stuttgarter Zeitung, 22. 5. 1954

Pfleiderer, Karl-Georg, Politik für Deutschland. Reden und Aufsätze 1948–1956, Stuttgart 1961

Pfleiderer, Otto, Währungsreform in Westdeutschland, in: Enzyklopädisches Lexikon für das Geld-, Kredit- und Börsenwesen, Bd 2, Frankfurt a. M. [3]1967–1969, S. 1771–1778

Picht, Werner, Wiederbewaffnung, Pfullingen 1954

Pikart, Eberhard, Theodor Heuss und Konrad Adenauer. Die Rolle des Bundespräsidenten in der Kanzlerdemokratie, Stuttgart, Zürich 1976

Pirker, Theo, Die blinde Macht. Die Gewerkschaftsbewegung in Westdeutschland, Bd 1: 1945–1952. Vom „Ende des Kapitalismus" zur Zähmung der Gewerkschaften, München 1960

Pirker, Theodor, Die SPD nach Hitler. Die Geschichte der Sozialdemokratischen Partei Deutschlands 1945–1964, München 1965

Poidevin, Raymond, Frankreich und das Problem der EVG: Nationale und internationale Einflüsse (Sommer 1951 bis Sommer 1953), in: Die Europäische Verteidigungsgemeinschaft. Stand und Probleme der Forschung. Im Auftrag des Militärgeschichtlichen Forschungsamtes hrsg. von Hans-Erich Volkmann und Walter Schwengler, Boppard a. Rh. 1985, S. 101–124 (= Militärgeschichte seit 1945, Bd 7)

Poole, Walter S. siehe: The History of the Joint Chiefs of Staff. The Joint Chiefs of Staff and National Policy, Vol. 4

Programm der Nationalen Wiedervereinigung Deutschlands, hrsg. von der Kommunistischen Partei Deutschlands, Düsseldorf 1952

Protokoll. Außerordentlicher Bundeskongreß des Deutschen Gewerkschaftsbundes, Essen, 22. und 23. 6. 1951, Köln o. J.

Protokoll. Gründungskongreß des Deutschen Gewerkschaftsbundes München, 12.–14. Oktober 1949, Köln 1950

Protokoll. 2. ordentlicher Bundeskongreß des Deutschen Gewerkschaftsbundes, Berlin, 13. bis 17. Oktober 1952. Hrsg. vom DGB, o.O., o.J.

Pünder, Hermann, Von Preußen nach Europa. Lebenserinnerungen, Stuttgart 1968

Rautenberg, Hans-Jürgen, Cum ira et studio... Anmerkungen zu einem „Hamburger Rundschlag", in: Europäische Wehrkunde 31 (1982), S. 447–451

Rautenberg, Hans-Jürgen, Zur Standortbestimmung für künftige deutsche Streitkräfte, in: Anfänge westdeutscher Sicherheitspolitik 1945–1956, hrsg. vom Militärgeschichtlichen Forschungsamt, Bd 1, München, Wien 1982, S. 737–879

Rautenberg, Hans-Jürgen; Norbert Wiggershaus, Die „Himmeroder Denkschrift" vom Oktober 1950. Politische und militärische Überlegungen für einen Beitrag der Bundesrepublik Deutschland zur westeuropäischen Verteidigung, in: MGM 21/1977, S. 135–206 (selbständig: Karlsruhe 1977; Zitate hiernach)

Rechtsradikalismus im Nachkriegsdeutschland. Studien über die „Sozialistische Reichspartei" (SRP), mit Beiträgen von O. Büsch und P. Furth, Berlin, Frankfurt a.M. 1957 (= Schriften des Instituts für Politische Wissenschaft, Bd 9)

Recktenwald, Horst Claus, Umfang und Struktur der öffentlichen Ausgaben in säkulärer Entwicklung, in: Handbuch der Finanzwissenschaft, Bd 1, Tübingen [3]1977, S. 713–752

Reimann, Max, Entscheidungen 1945–1956, Frankfurt a.M. 1973

Reinfried, Hubert, Streitkräfte und Bundeswehrverwaltung, Regensburg 1978 (= Die Bundeswehr. Eine Gesamtdarstellung, hrsg. von Hubert Reinfried und Hubert F. Walitschek, Bd 9)

Remer, Otto Ernst, 20. Juli 1944, Hamburg [5]1951

Remer-Interview für Amerika – Völliger Fehlschlag der Europapolitik Trumans, in: Deutsche Opposition, 2. Jg. Nr. 16, 17. 4. 1952, S. 1

Das Reparationsproblem. Bd 1: Die Konferenz von Pyrmont; Bd 2: Die Konferenz von Berlin, hrsg. von Edgar Salin, Berlin 1929

Repgen, Konrad, Die Saar-Frage im Bundesparteivorstand der Christlich-Demokratischen Union Deutschlands 1950–1955. Über die Verschränkung von Innen- und Außenpolitischem in der Politik Konrad Adenauers, in: Innen- und Außenpolitik. Primat oder Interdependenz? Festschrift zum 60. Geburtstag von Walther Hofer, hrsg. von Urs Altermatt und Judit Garamvölgyi, Bern, Stuttgart 1980, S. 87–125

Réunions des ministres des Affaires étrangères des Etats-Unis, de France, de Grande-Bretagne et d' U.R.S.S., Berlin, 25 janvier–18 février 1954 (séances plenières), Paris 1955

Reuter, Ernst, Reden, Artikel, Briefe 1949 bis 1953, Bd 4, bearb. von Hans J. Reichhardt, Berlin 1975

Richter, H., Die politische Interesselosigkeit der Studenten, in: Die Stimme der Gemeinde 3 (1951), Nr. 12, S. 7f.

Ridgway, Matthew B., Soldier: The Memoirs of Matthew B. Ridgway, New York 1956

Riggert, Ernst, Zur Lage in den deutschen Soldatenbünden, in: Gewerkschaftliche Monatshefte 4 (1953), S. 39–44

[Ritter, Gerhard], Gerhard Ritter. Ein politischer Historiker in seinen Briefen, hrsg. von Klaus Schwabe und Rolf Reichardt, Boppard 1984 (= Schriften des Bundesarchivs, Bd 33)

Rocard, Yves, La naissance de la bombe atomique française, in: La Recherche, Bd 14, Nr. 141, Februar 1983, S. 198–208

Röper, Burkhardt, Reparationen, in: Handwörterbuch der Sozialwissenschaften, Bd 8, Stuttgart, Tübingen, Göttingen 1964, S. 812–821

Röpke, Wilhelm, Ist die deutsche Wirtschaftspolitik richtig? Analyse und Kritik, Stuttgart 1950

Rolke, Lothar, Protestbewegungen in der Bundesrepublik. Eine analytische Sozialgeschichte des politischen Widerspruchs, Opladen, Wiesbaden 1987 (= Beiträge zur sozialwissenschaftlichen Forschung, Bd 97)

Rosenberg, David Alan, The Origins of Overkill: Nuclear Weapons and American Strategy, 1945–1960, in: Strategy and Nuclear Deterrence. An International Security Reader, hrsg. von Steven E. Miller, Princeton 1984, S. 131–181

Rothfels, Hans, Zeitgeschichte als Aufgabe, in: VfZG 1 (1953), S. 1–8

Rüegg, Walter, Die studentische Revolte gegen die bürgerliche Gesellschaft, Erlenbach-Zürich, Stuttgart [1968] (= Schriftenreihe zu aktuellen Problemen aus Politik und Wirtschaft, 2)

Rütten, Theo, Der deutsche Liberalismus 1945–1955. Deutschland- und Gesellschaftspolitik der ost- und westdeutschen Liberalen in der Entstehungsphase der beiden deutschen Staaten, Baden-Baden 1984

Rupieper, Hermann Josef, Die Berliner Außenministerkonferenz von 1954. Ein Höhepunkt der Ost-West-Propaganda oder die letzte Möglichkeit zur Schaffung der deutschen Einheit? In: VfZG 34 (1986), S. 427–453

Rupieper, Hermann Josef, Deutsche Frage und europäische Sicherheit. Politisch-strategische Überlegungen 1953/1955, in: Zwischen Kaltem Krieg und Entspannung. Sicherheits- und Deutschlandpolitik der Jahre 1953–1956. Im Auftrag des Militärgeschichtlichen Forschungsamtes hrsg. von Bruno Thoß und Hans-Erich Volkmann, Boppard a. Rh. 1988, S. 179–209 (= Militärgeschichte seit 1945, Bd 9)

Rupieper, Hermann Josef, Wiedervereinigung und europäische Sicherheit: Deutsch-amerikanische Überlegungen für eine entmilitarisierte Zone in Europa 1953, in: MGM 39/1986, S. 91–130

Rupieper, Hermann Josef, Zu den sowjetischen Deutschlandnoten 1952. Das Gespräch Stalin–Nenni, in: VfZG 33 (1985), S. 547–557

Rupp, Franz, Die Reparationsleistungen der sowjetischen Besatzungszone, in: Bonner Berichte aus Mittel- und Ostdeutschland, hrsg. vom Bundesministerium für gesamtdeutsche Fragen, Bonn 1951

Salewski, Michael, Der historische Standort der deutschen Wiederbewaffnung, in: Standortbestimmung. 20 Jahre Bundeswehr, Bonn 1975, S. 21–37 (= Schriftenreihe Innere Führung, Reihe: Politische Bildung, hrsg. vom Bundesverteidigungsministerium, H. 10)

Sauermann, Heinz, Währungsreformen, in: Handwörterbuch der Sozialwissenschaften, Bd 11, Stuttgart, Tübingen, Göttingen 1961, S. 456–470

„Schäffer will einen Riegel vorschieben", in: Industriekurier, 8. 10. 1953, S. 1

Scheinman, Lawrence, Atomic energy policy in France under the fourth republic, Princeton 1965

Schenck zu Schweinsberg, Krafft Frhr., Die Soldatenverbände in der Bundesrepublik, in: Studien zur politischen und gesellschaftlichen Situation der Bundeswehr, Erste Folge, hrsg. von Georg Picht, Witten, Berlin 1965, S. 96–177 (= Forschungen und Berichte der Evangelischen Studiengemeinschaft, Bd 21/I)

Schiller, Karl, Arbeitsbeschaffung und Finanzordnung in Deutschland, Berlin 1936

Schlarp, Karl-Heinz, Alternative zur deutschen Außenpolitik 1952–1955. Karl Georg Pfleiderer und die „Deutsche Frage", in: Aspekte deutscher Außenpolitik im 20. Jahrhundert. Aufsätze. Hans Rothfels zum Gedächtnis, hrsg. von Wolfgang Benz und Hermann Graml, Stuttgart 1976, S. 211–248 (= Schriftenreihe der VfZG, Sondernummer)

Schmid, Carlo, Erinnerungen, Bern, München, Wien 1979

Schmidt, Dietmar, Martin Niemöller. Eine Biographie, Stuttgart 1983

Schmidt, Robert H., Saarpolitik 1945–1957. Bd 1: Politische Struktur; Bd 2: Entfaltung der Saarpolitik zwischen „Wirtschaftsanschluß" und „Europäisierung" 1945–1953, Berlin 1959–1960

Schmitt, Franz Anselm; Bruno Scherer, Reinhold Schneider. Leben und Werk in Dokumenten, Karlsruhe ^{2}1973

Schmoller, Gustav von, Das Institut für Besatzungsfragen, in: Das Land Württemberg-Hohenzollern 1945–1952, hrsg. von Max Gögler und Gregor Richter in Verbindung mit Gebhard Müller, Sigmaringen 1982, S. 447–470

Schönborn, Mathias, Entwicklungstendenzen militärischer Abkommen. Eine empirisch-analytische und historische Untersuchung am Beispiel der amerikanischen militärischen Sicherheitsabkommen der Nachkriegszeit, Diss. München 1980

Schröder, Wilhelm Freyh. v., Fürstliche Schatz- und Rent-Cammer nebst seinem Tractat vom Goldmachen wie auch vom Ministrissimo oder Ober-Staats-Bedienten, Leipzig 1721

Schubert, Klaus von, Wiederbewaffnung und Westintegration. Die innere Auseinandersetzung um die militärische und außenpolitische Orientierung der Bundesrepublik 1950–1952, Stuttgart 1970 (= Schriftenreihe der VfZG, Nr. 20)

Schulz, Klaus-Peter, Vor der schwersten Entscheidung [Innentitel: Deutschland und die Verteidigung Europas – der Standpunkt der Sozialdemokratie, dargestellt von Klaus-Peter Schulz], hrsg. vom Vorstand der SPD, Hannover [um 1951]

Schumacher, Kurt, Reden – Schriften – Korrespondenzen 1945–1952, hrsg. von Willy Albrecht, Berlin, Bonn 1985

Schumpeter, Joseph A., Kapitalismus, Sozialismus und Demokratie, Bern 1946

Schwartz, Thomas A., The Case of German Rearmament. Alliance Crisis in the „Golden Age", in: Fletcher Forum, Vol. 8, No. 2, Summer 1984, S. 295–309

Schwartz, Thomas A., From Occupation to Alliance. John J. McCloy and the Allied High Commission in the Federal Republic of Germany, 1949–1952, Phil. Diss. [unveröffentl.] Harvard 1985

Schwartz, Thomas A., The „Skeleton Key" – American Foreign Policy, European Unity and German Rearmament, 1944–54, in: Central European History, Jg. 1986, S. 369–385

Schwarz, Hans-Peter, Adenauer. Der Aufstieg: 1876–1952, Stuttgart 1986

Schwarz, Hans-Peter, Die Ära Adenauer. Gründerjahre der Republik 1949–1957. Mit e. einl. Essay von Theodor Eschenburg, Stuttgart, Wiesbaden 1981 (= Geschichte der Bundesrepublik Deutschland, Bd 2)

Schwarz, Hans-Peter, Die Ära Adenauer. Epochenwechsel 1957 bis 1963. Mit e. einl. Essay von Johannes Gross, Stuttgart, Wiesbaden 1983 (= Geschichte der Bundesrepublik Deutschland, Bd 3)

Schwarz, Hans-Peter, Das außenpolitische Konzept Konrad Adenauers, in: Adenauer – Studien 1, hrsg. von Rudolf Morsey und Konrad Repgen, Mainz 1971, S. 97–155

Schwarz, Hans-Peter, Vom Reich zur Bundesrepublik Deutschland im Widerstreit der außenpolitischen Konzeptionen in den Jahren der Besatzungsherrschaft 1945–1949, 2. erw. Aufl., Stuttgart 1980

Schwerin v. Krosigk, Lutz Graf, Memoiren, Stuttgart 1977

Seemacht und Geschichte. Festschrift zum 80. Geburtstag von Friedrich Ruge, hrsg. vom Deutschen Marine Institut, Bonn-Bad Godesberg 1975

Seldon, Anthony, Churchill's Indian Summer. The Conservative Government 1951–55, London 1981

Setten, Henner van, 10 Jahre Besatzungs- und Verteidigungslasten. Die wirtschaftliche und finanzielle Belastung Westdeutschlands durch Reparationen, die militärische Besetzung und einen Beitrag zur Verteidigung in den Jahren 1945–1955, Diss. München 1957

Seydoux, François, Beiderseits des Rheins. Erinnerungen eines französischen Diplomaten, Frankfurt a. M. 1975

Shuckburgh, Evelyn, Descent to Suez. Diaries 1951–56, London 1986

Sicherheit, Soldaten, soziale Frage, in: Gewerkschaftliche Monatshefte 1 (1950), H. 11, S. 553–555

Sicherheitspolitik in der Bundesrepublik Deutschland. Dokumentation 1945–1977, Teil I, hrsg. von Klaus v. Schubert, Köln 1978 (= Schriftenreihe der Bundeszentrale für politische Bildung, Bd 116 I)

Siegmund-Schultze, F., Die deutsche Friedensbewegung 1945 bis 1953, in: Friedens-Warte 52 (1954), S. 154–162

Soell, Hartmut, Fritz Erler. Eine politische Biographie. 2 Bde, Berlin, Bonn-Bad Godesberg 1976

Sommer, Karl-Ludwig, Wiederbewaffnung im Widerstreit von Landespolitik und Parteilinie. Senat, SPD und die Diskussion um die Wiederbewaffnung in Bremen und im Bundesrat 1948/49 bis 1957/58, Bremen 1988

Sonnewald, Bernd, Die Entstehung und Entwicklung der ostdeutschen Landsmannschaften von 1947 bis 1952, Diss. Berlin 1975

Souton, Georges-Henri, La France, l'Allemagne et les accords de Paris, in: Relations Internationales, No 52, hiver 1987, S. 468 f.

Sozialdemokratie und Bundeswehr, hrsg. von der Sozialdemokratischen Partei Deutschlands, Berlin, Hannover 1957

Die Sozialistische Reichspartei (SRP), hrsg. vom Vorstand der SPD, Bonn [um 1952]

Spaak, Paul-Henri, The Continuing Battle. Memoirs of a European, 1936–1966, London 1971

SPD-Dokumentation siehe: Acht Jahre sozialdemokratischer Kampf um Einheit, Frieden und Freiheit

Speidel, Hans, Aus unserer Zeit. Erinnerungen, Berlin, Frankfurt a. M., Wien 1977

Spindler, Joachim von, Reparationen, in: Handbuch der Finanzwissenschaft, Bd 4, Tübingen ²1966, S. 136–155

Spotts, Frederic, Kirchen und Politik in Deutschland. Mit einem Nachwort zur dt. Ausgabe von Friedrich Weigend-Abendroth, Stuttgart 1976

Stankowski, Martin, Linkskatholizismus nach 1945. Die Presse oppositioneller Katholiken in der Auseinandersetzung für eine demokratische und sozialistische Gesellschaft (Diss. Berlin 1974), Köln 1976

Staritz, Dietrich, Die Kommunistische Partei Deutschlands, in: Parteien-Handbuch. Die Parteien der Bundesrepublik Deutschland 1945–80. 2 Bde, hrsg. von Richard Stöss, Opladen 1984, S. 1663–1809

Staritz, Dietrich, Zwischen Ostintegration und nationaler Verpflichtung. Zur Ost- und Deutschlandpolitik der SED 1948–1952, in: Westdeutschland 1945–1955, hrsg. von Ludolf Herbst, München 1986

Statistisches Jahrbuch für die Bundesrepublik Deutschland, Stuttgart 1955

Steininger, Rolf, Ein vereintes, unabhängiges Deutschland? Winston Churchill, der Kalte Krieg und die deutsche Frage im Jahre 1953, in: MGM 34/1984, S. 105–144

Steininger, Rolf, Eine Chance zur Wiedervereinigung? Die Stalin-Note vom 10. März 1952, Bonn 1985 (= Archiv für Sozialgeschichte, Beih. 12)

Steininger, Rolf, Das Scheitern der EVG und der Beitritt zur NATO, in: Aus Politik und Zeitgeschichte, B 17/85, 27. 4. 1985, S. 3–18

Steinmann, Elly, Die Westdeutsche Frauenfriedensbewegung (WFFB), in: Brot & Rosen. Geschichte und Perspektive der demokratischen Frauenbewegung, hrsg. von Florence Hervé, Frankfurt a. M. 1979, S. 170–180

Stöss, Richard, Der Gesamtdeutsche Block/BHE, in: Parteien-Handbuch. Die Parteien der Bundesrepublik Deutschland 1945–1980, 2 Bde, Opladen 1984, S. 1424–1459

Strauß, Franz Josef, Politische Fehlentwicklungen und ihre Überwindung. Rede, gehalten auf der staatspolitischen Tagung der Gemeinschaft der katholischen Männer Deutschlands in Bamberg 19/20. 7. 1952, Augsburg o. J.

Stuby, Gerhard, Die SPD während der Phase des Kalten Krieges bis zum Godesberger Parteitag (1949–1959), in: Geschichte der deutschen Sozialdemokratie 1863–1975, Köln 1975, S. 307–363

Swiderski, Gaby, Die westdeutsche Frauen-Friedens-Bewegung in den 50er Jahren, in: Ergebnisse, 21. Jg., Juli 1983, S. 14–73

Terhalle, Fritz, Das Finanz- und Steuersystem der Bundesrepublik Deutschland, in: Handbuch der Finanzwissenschaft, Bd 3, Tübingen ²1958, S. 138–175

Theimer, Walter, Deutschland zwischen West und Ost, in: Gewerkschaftliche Monatshefte 3 (1952), S. 257 bis 261

Theimer, Walter, Des Teufels Generale, in: Gewerkschaftliche Monatshefte 2 (1951), S. 537–540

Thesen zum Parteitag der KPD, hrsg. von der Kommunistischen Partei Deutschlands, Düsseldorf 1951

Thomas, Christa, Geweihte Taube. Katholischen Friedensfreunden in schwerer Entscheidungsstunde, o. O. o. J.

Thomas, Siegfried, Der Weg in die NATO. Zur Integrations- und Remilitarisierungspolitik der BRD 1949–1955, Berlin-Ost, Frankfurt a. M. 1978

Robert Tillmanns. Eine Lebensleistung, hrsg. von Hermann Brügelmann und Klaus Simon, Stuttgart 1956

Tuchtfeldt, Egon, Der Stand der europäischen Integration Anfang 1952, in: Gewerkschaftliche Monatshefte 3 (1952), S. 56–59

Tuchfeldt, Egon, Der Stand der wirtschaftlichen Integration Europas im Herbst 1954, in: Gewerkschaftliche Monatshefte 5 (1954), S. 624–627

Ulbricht, Walter, Zur Geschichte der Deutschen Arbeiterbewegung. Aus Reden und Aufsätzen. Band IV: 1950–1954, Berlin-Ost 1958

Um die Höhe des Verteidigungsbeitrags, in: Bulletin Nr. 23, 23. 2. 1952, S. 222–226

Ungeheuer, Josef, Gebunden an Bonn? Der Weg der Freien Demokraten zur Wiedervereinigung, hrsg. von der Bundesparteileitung der Freien Demokratischen Partei [Bonn 1957]

Unterwegs, hrsg. im Auftrag eines evangelischen Arbeitskreises, Berlin, Sonderausgabe zum 1. November 1950

Ursachen und Folgen. Vom deutschen Zusammenbruch 1918 und 1945 bis zur staatlichen Neuordnung Deutschlands in der Gegenwart. Eine Urkunden- und Dokumentensammlung zur Zeitgeschichte, hrsg. von Herbert Michaelis und Ernst Schraepler unter Mitwirkung von Günter Scheel, Berlin 1958 ff.

Vaisse, Maurice, La Grande-Bretagne, une partenaire privilégiée? In: Pierre Mendès-France et le Mendésisme, hrsg. von François Bédarida und Jean-Pierre Rioux, Paris 1985, S. 279–286

Veit, Otto u.a., Grundriß der Währungspolitik, Frankfurt a.M. ²1967

Verteidigung der Freiheit. Idee, Weltstrategie, Bundeswehr. Ein Handbuch unter Mitwirkung von K. Kolling u.a., hrsg. von Emil Obermann, Stuttgart 1966

Verteidigungsbeitrag und Steuerbelastung, Bonn [1953] (= Schriftenreihe des Instituts Finanzen und Steuern, H. 13)

Verteidigungsleistungen und Wirtschaftsverfassung. Gutachten vom 8. 6. 1952, in: Der wissenschaftliche Beirat beim Bundesministerium für Wirtschaft (Hrsg.), Sammelband der Gutachten 1948–1972, Göttingen 1973, S. 147–149

Vialon, Friedrich Karl, Das Budget einer Europäischen Verteidigungsgemeinschaft, in: Finanzarchiv, N.F. 13 (1951/52), S. 159–167

Vialon, Friedrich Karl, Die Finanzprobleme der europäischen Verteidigungsgemeinschaft (I). Einrichtungen wie bei einem echten Staatswesen, in: Bulletin, Nr. 122, 28. 8. 1952, S. 1155 f.

Vialon, Friedrich Karl, Die Finanzprobleme der europäischen Verteidigungsgemeinschaft (II). Einnahmen und Außenhilfe – Keine eigentliche Kriegsfinanzierung, in: Bulletin, Nr. 123, 29. 8. 1952, S. 1159 f.

Vialon, Friedrich Karl, Die Finanzprobleme der europäischen Verteidigungsgemeinschaft (III). Der Verwendungsplan für die beigesteuerten Mittel – Kontrolleinrichtungen, in: Bulletin, Nr. 127, 2. 9. 1952, S. 1185–1187

Vialon, Friedrich Karl, Die Finanzprobleme der europäischen Verteidigungsgemeinschaft (IV). Die Frage der Besoldung – Deutscher Haushaltsplan für 1952 – Entwurf eines ersten gemeinschaftlichen Haushalts, in: Bulletin, Nr. 128, 5. 9. 1952, S. 1192 f.

Vialon, Friedrich Karl, Zehn Jahre keine Europa-Armee, in: Außenpolitik 15 (1964), S. 595–600

Die Viererkonferenz in Berlin 1954. Reden und Dokumente, hrsg. vom Presse- und Informationsamt der Bundesregierung, Berlin [1954]

Vogel, Georg, Diplomat unter Hitler und Adenauer, Düsseldorf, Wien 1969

Vogel, Johanna, Kirche und Wiederbewaffnung. Die Haltung der Evangelischen Kirche in Deutschland in den Auseinandersetzungen um die Wiederbewaffnung der Bundesrepublik 1949–1956, Göttingen 1978 (= Arbeiten zur kirchlichen Zeitgeschichte, Reihe B: Darstellungen, Bd 4)

Volkmann, Hans-Erich, Adenauer und die deutschlandpolitischen Opponenten in CDU und CSU, in: Adenauer und die Deutsche Frage, hrsg. von Josef Foschepoth, Göttingen 1988, S. 183–206

Volkmann, Hans-Erich, DGB und Verteidigungsbeitrag in der EVG-Phase, in: Die Europäische Verteidigungsgemeinschaft. Stand und Probleme der Forschung, im Auftrag des Militärgeschichtlichen Forschungsamtes hrsg. von Hans-Erich Volkmann und Walter Schwengler, Boppard 1985, S. 291–316 (= Militärgeschichte seit 1945, Bd 7)

Volkmann, Hans-Erich, Gustav W. Heinemann und Konrad Adenauer. Anatomie und politische Dimension eines Zerwürfnisses, in: Geschichte in Wissenschaft und Unterricht 38 (1987), H. 1, S. 10–32

Volkmann, Hans-Erich, Die sozialdemokratische innerparteiliche Diskussion über Sicherheit, Entspannung und deutsche Einheit (1953–55), in: Zwischen Kaltem Krieg und Entspannung. Sicherheits- und Deutschlandpolitik der Bundesrepublik im Mächtesystem der Jahre 1953–1956, Boppard a.Rh. 1988, S. 153–177 (= Militärgeschichte seit 1945, Bd 9)

Volkmann, Hans-Erich, Der westdeutsche Verteidigungsbeitrag in der innenpolitischen Auseinandersetzung, 1950–1955, in: 30 Jahre Bundeswehr 1955–1985. Friedenssicherung im Bündnis. Katalog zur Wanderausstellung des Militärgeschichtlichen Forschungsamtes, Mainz ²1985, S. 277–297

Wagner, Dietrich, FDP und Wiederbewaffnung. Die wehrpolitische Orientierung der Liberalen in der Bundesrepublik Deutschland 1949–1955, hrsg. vom Militärgeschichtlichen Forschungsamt, Boppard a. Rh. 1978 (= Militärgeschichte seit 1945, Bd 5)

Wald, Eduard, Die Gefahr des Neofaschismus in der Bundesrepublik, in: Der Gewerkschafter 1 (1953), Nr. 1 (Juni), S. 6–8

Wanke, Walter, Zur Frage der Kriegsdienstverweigerung, München 1953 (= Schriftenreihe der Gesellschaft für Wehrkunde, H. 11)

Warner, Geoffrey, The British Labour Government and the Atlantic Alliance, 1949–1951, in: Western Security. The Formative Years. European and Atlantic Defence, 1947–1953, hrsg. von Olav Riste, Oslo, Bergen, Stavanger, Tromsø 1985, S. 247–265

Was will die Deutsche Partei? Reden auf dem 3. Bundesparteitag in Kassel am 1. 12. 1951, Alfeld/Leine, o. J.

Watson, Robert J. siehe: The History of the Joint Chiefs of Staff, Vol. 5

Watt, Donald Cameron, Großbritannien und Europa 1951–1959. Die Jahre konservativer Regierung, in: VfZG 28 (1980), S. 389–409

Watt, Donald Cameron, Die Konservative Regierung und die EVG 1951–1954, in: Die Europäische Verteidigungsgemeinschaft. Stand und Probleme der Forschung. Im Auftrag des Militärgeschichtlichen Forschungsamtes hrsg. von Hans-Erich Volkmann und Walter Schwengler, Boppard a. Rh. 1985, S. 81–99 (= Militärgeschichte seit 1945, Bd 7)

Weber, Adolf, Das Arbeitseinkommen und unsere wirtschaftliche Not, München 1951

Wehrbeitrag birgt Verfassungskonflikte. Juristische Meinungsverschiedenheiten zwischen SPD und FDP, in: Frankfurter Rundschau, 9. 1. 1952, S. 1

Wehrbeitrag ohne Änderung der Verfassung, in: Die Welt, 17. 1. 1952, S. 1

Wehrbeitrag und Lastenausgleich, in: Bulletin, Nr. 50, 3. 5. 1952, S. 529

Weichert, Jürgen C., Der Ausschuß für Auswärtige Angelegenheiten, in: Außenpolitik 11 (1960), S. 618–627

Wells, Samuel F., Jr., The First Cold War Buildup: Europe in United States Strategy and Policy, 1950–1953, in: Western Security. The Formative Years. European and Atlantic Defence, 1947–1953, hrsg. von Olav Riste, Oslo, Bergen, Stavanger, Tromsø 1985, S. 181–197

Western Security. The Formative Years. European and Atlantic Defence, 1947–1953, hrsg. von Olav Riste, Oslo, Bergen, Stavanger, Tromsø 1985

Westeuropäische Verteidigungskooperation, hrsg. von Karl Carstens und Dieter Mahncke, München, Wien 1972 (= Schriften des Forschungsinstituts der Deutschen Gesellschaft für Auswärtige Politik e.V., Bd 31)

Die westliche Sicherheitsgemeinschaft 1948–1950. Gemeinsame Probleme und gegensätzliche Nationalinteressen in der Gründungsphase der Nordatlantischen Allianz. Im Auftrag des Militärgeschichtlichen Forschungsamtes hrsg. von Norbert Wiggershaus und Roland G. Foerster, Boppard a. Rh. 1988 (= Militärgeschichte seit 1945, Bd 8)

„Westverträge ja oder nein", Wahlpublikation, hrsg. vom Vorstand der SPD, Bonn 1953 [Plakat/Bibliothek des Deutschen Bundestages]

Wettig, Gerhard, Entmilitarisierung und Wiederbewaffnung in Deutschland 1943–1955. Internationale Auseinandersetzungen um die Rolle der Deutschen in Europa, München 1967 (= Schriften des Forschungsinstituts der Deutschen Gesellschaft für Auswärtige Politik e.V., Bd 25)

Weymar, Paul, Konrad Adenauer. Die autorisierte Biographie, München 1955

Wickel, Helmut, Gewerkschaften im Kalten Krieg, in: Gewerkschaftliche Monatshefte, 2 (1951), S. 357–361

Wiggershaus, Norbert, Außenpolitische Voraussetzungen für den westdeutschen Verteidigungsbeitrag, in: Wiederbewaffnung in Deutschland nach 1945, hrsg. von Alexander Fischer, Berlin 1986, S. 63–77

Wiggershaus, Norbert, Bedrohungsvorstellungen Bundeskanzler Adenauers nach Ausbruch des Korea-Krieges, in: MGM 25/1979, S. 79–122

Wiggershaus, Norbert, Effizienz und Kontrolle. Zum Problem einer militärischen Integration Westdeutschlands bis zum Scheitern des EVG-Vertragswerkes, in: Westdeutschland 1945–1955. Unterwerfung, Kontrolle, Integration, hrsg. von Ludolf Herbst, München 1986, S. 253–265 (= Schriftenreihe der VfZG, Sondernummer)

Wiggershaus, Norbert, Die Entscheidung für einen westdeutschen Verteidigungsbeitrag 1950, in: Anfänge westdeutscher Sicherheitspolitik 1945–1956, Bd 1, hrsg. vom Militärgeschichtlichen Forschungsamt, München 1982, S. 325–402

Wiggershaus, Norbert, Überlegungen und Pläne für eine militärische Integration Westdeutschlands 1948–1952, in: Kalter Krieg und deutsche Frage. Deutschland im Widerstreit der Mächte 1945–1952, hrsg. von Josef Foschepoth, Göttingen, Zürich 1985, S. 314–334

Wiggershaus, Norbert, Zum Problem einer militärischen Integration Westdeutschlands 1948–1950, in: Die westliche Sicherheitsgemeinschaft 1948–1950. Gemeinsame Probleme und gegensätzliche Nationalinteressen in der Gründungsphase der Nordatlantischen Allianz, hrsg. von Norbert Wiggershaus und Roland G. Foerster, Boppard a.Rh. 1988, S. 311–341 (= Militärgeschichte seit 1945, Bd 8)

Wiggershaus, Norbert, Zur Frage der Planung für die verdeckte Aufstellung westdeutscher Verteidigungskräfte in Konrad Adenauers sicherheitspolitischer Konzeption 1950, in: Heinz Ludger Borgert, Walter Stürm, Norbert Wiggershaus, Dienstgruppen und westdeutscher Verteidigungsbeitrag. Vorüberlegungen zur Bewaffnung der Bundesrepublik Deutschland, Boppard a.Rh. 1982, S. 11–88 (= Militärgeschichte seit 1945, Bd 6)

Wiggershaus, Norbert, Zur Frage einer militärischen Integration Westdeutschlands (bis Mai 1950), in: Histoire des débuts de la construction europeenne (Mars 1948–Mai 1950). Actes du colloque de Strasbourg 28–30 Novembre 1984, hrsg. von Raymond Poidevin, Bruxelles, Milano, Paris, Baden-Baden 1986, S. 343 bis 366

Der wissenschaftliche Beirat beim Bundesministerium für Wirtschaft (Hrsg.), Sammelband der Gutachten von 1948–1972, Göttingen 1973

Die wirtschaftliche Integration Europas. Denkschrift des wissenschaftlichen Beirats beim Bundeswirtschaftsministerium vom 1. Mai 1953, hrsg. vom Institut für ausländisches und internationales Recht, Frankfurt a.M. 1953

Wirtschaftskunde der Bundesrepublik Deutschland, hrsg. vom Statistischen Bundesamt, Stuttgart 1955

Wo stehen wir jetzt siehe Adenauer, Wo stehen wir jetzt

Wolf, Eduard, Geld- und Finanzprobleme der deutschen Nachkriegswirtschaft, in: Die deutsche Wirtschaft zwei Jahre nach dem Zusammenbruch, hrsg. vom Deutschen Institut für Wirtschaftsforschung, Berlin 1947, S. 195–262

Wolf, Konstanze, CSU und Bayernpartei – Ein besonderes Konkurrenzverhältnis 1948 bis 1960, Köln 1982

Yergin, Daniel, Shattered Peace. The Origins of the Cold War an the National Security State, Boston 1977 (dt.: Der zerbrochene Frieden. Die Ursprünge des Kalten Krieges und die Teilung Europas, Frankfurt a.M. 1979)

Young, J. U., Churchill, the Russians and the Western Alliance: the three-power conference at Bermuda, December 1953, in: English Historical Review 101 (1986), S. 889–912

Zenker, Karl-Adolf, Aus der Vorgeschichte der Bundesmarine, in: Seemacht und Geschichte. Festschrift zum 80. Geburtstag von Friedrich Ruge, hrsg. vom Deutschen Marine Institut, Bonn-Bad Godesberg 1975, S. 249–264

Ziebura, Gilbert, Die deutsch-französischen Beziehungen seit 1945. Mythen und Realitäten, Pfullingen 1970

Zimmermann, Wolf-Dieter, Anekdoten um Bischof Dibelius. Geist und Witz eines großen Kirchenmannes, München 1967

2. Deutscher Studententag 1952 Berlin, 30. April–3. Mai 1952, hrsg. vom Verband Deutscher Studentenschaften, Düsseldorf, o.J.

2. Parteitag der Christlich-Demokratischen Union Deutschlands, hrsg. von der CDU, Bonn, o.J.

Register

Die Autoren

Dr. Lutz Köllner, Jahrgang 1928
Veröffentlichungen:
Rüstungsfinanzierung. Dämonie und Wirklichkeit, Frankfurt/Main 1969; Militär und Finanzen. Zur Finanzgeschichte und Finanzsoziologie von Militärausgaben in Deutschland, München 1982.

Dr. Klaus A. Maier, Jahrgang 1940
Veröffentlichungen:
Die Außen- und Sicherheitspolitik der Bundesrepublik Deutschland von 1950 bis 1956, in: Entmilitarisierung und Aufrüstung in Mitteleuropa 1945–1956, Herford, Bonn 1983, S. 164–183 (= Vorträge zur Militärgeschichte, Bd 4); Die EVG in der Außen- und Sicherheitspolitik der Truman-Administration, in: Die Europäische Verteidigungsgemeinschaft. Stand und Probleme der Forschung. Im Auftrag des Militärgeschichtlichen Forschungsamtes hrsg. von Hans-Erich Volkmann und Walter Schwengler, Boppard a.Rh. 1985, S. 31–49 (= Militärgeschichte seit 1945, Bd 7).

Wilhelm Meier-Dörnberg, Jahrgang 1937
Veröffentlichungen:
Politische und militärische Faktoren bei der Planung des deutschen Verteidigungsbeitrages im Rahmen der EVG, in: Die Europäische Verteidigungsgemeinschaft. Stand und Probleme der Forschung. Im Auftrag des Militärgeschichtlichen Forschungsamtes hrsg. von Hans-Erich Volkmann und Walter Schwengler, Boppard a.Rh. 1985, S. 271–290 (= Militärgeschichte seit 1945, Bd 7); Die Europäische Verteidigungsgemeinschaft, in: 30 Jahre Bundeswehr 1955–1985. Friedenssicherung im Bündnis. Im Auftrag des Bundesministeriums der Verteidigung zur Wanderausstellung hrsg. vom Militärgeschichtlichen Forschungsamt 1985, S. 259–275.

Prof. Dr. Hans-Erich Volkmann, Jahrgang 1938
Veröffentlichungen:
DGB und Verteidigungsbeitrag in der EVG-Phase, in: Die Europäische Verteidigungsgemeinschaft. Stand und Probleme der Forschung. Im Auftrag des Militärgeschichtlichen Forschungsamtes hrsg. von Hans-Erich Volkmann und Walter Schwengler, Boppard a.Rh. 1985, S. 291–316 (= Militärgeschichte seit 1945, Bd 7); Gustav W. Heinemann und Konrad Adenauer. Anatomie und politische Dimension eines Zerwürfnisses, in: Geschichte in Wissenschaft und Unterricht 38 (1987), H. 1, S. 10–32; Die sozialdemokratische innerparteiliche Diskussion über Sicherheit, Entspannung und deutsche Einheit (1953–1955), in: Zwischen Kaltem Krieg und Entspannung. Sicherheits- und Deutschlandpolitik der Bundesrepublik im Mächtesystem der Jahre 1953–1956. Im Auftrag des Militärgeschichtlichen Forschungsamtes hrsg. von Bruno Thoß und Hans-Erich Volkmann, Boppard a.Rh. 1988, S. 193–177 (= Militärgeschichte seit 1945, Bd 9).